A B C D E F G H I J K L M N O P Q R S T U V W X Y Z

УДК [811.112.2+811.161.2] (038)
ББК 81.2 НІМ-4
Н48

За редакцією *В. Т. Бусела*

Редактори: *Ганна Володько, Ганна Воронка*

Словник: Німецько-український. Українсько-
Н48 німецький: Посіб. для загальноосвіт. та вищ. навч. закл. — К. ; Ірпінь: ВТФ «Перун», 2011. — 640 с.

ISBN 966-569-002-7

Словник містить близько 50 000 найбільш уживаних слів та словосполучень німецької та української мов. Широко наведена суспільно-політична, науково-технічна, літературна та розмовна лексика.

Словник побудований за гніздовою системою.

Призначений для учнів, викладачів, слухачів курсів іноземних мов, студентів, аспірантів та осіб, що вивчають німецьку мову самостійно.

УДК [811.112.2+811.161.2] (038)
ББК 81.2 НІМ-4

ISBN 966-569-002-7

ПЕРЕДМОВА

Українсько-німецький та німецько-український словник призначений для працівників різних професій та учнів. У ньому наведено найбільш уживану суспільно-політичну, літературну та побутову лексику, щоє основою як української, так і німецької мов, а також найпоширеніші наукові та технічні терміни. У словнику ви знайдете фразеологічні звороти та словосполучення, що часто вживаються у художніх творах, періодиці, науково-популярній літературі.

Нормативний характер словника досягається:

а) цілеспрямованим підбором лексики в обох частинах - українській та німецькій;

б) уведенням ремарок, умовних знаків і скорочень, що визначають сферу вживання слова або його значення. Щоб раціонально і компактно подати у словнику лексичний матеріал, укладачі використовували метод розміщення слів у певних гніздах.

До німецьких слів та словосполучень укладачі прагнули підібрати українські, які найбільш точно їм відповідають, і навпаки. Наш словник допоможе всім бажаючим займатися перекладами - працювати з текстами середньої складності як українськими, так і німецькими. Під час роботи над словником використовувалася така література:

Словарь: Немецко-русский. Русско-немецкий / Уклад. В. М. Могарт. - Київ; Ірпінь: ВТФ “Перун”, 1998 - 752 с.

Словник: Німецько-український. Українсько-німецький / Уклад: З. О. Басанець та ін. - Ірпінь: ВТФ “Перун”, 1994 - 640 с.

Український правопис. - К.: Наук. думка, 1993.

Український Радянський Енциклопедичний Словник: У 3-х т. - К.: УРЕ, 1986 - 1987.

ПРО КОРИСТУВАННЯ СЛОВНИКОМ

Словник побудований за гніздовою системою. Усі слова розміщені в алфавітному порядку, при цьому ä, ö, ü входять до алфавіту поряд з a, o, u; ß прирівнюється до ss.

У гніздах об'єднані слова, що мають спільне визначальне слово. Воно відокремлюється вертикальною рискою (¦), у гнізді замінюється тильдою ~:

Gedánken¦punkte *pl* крапкú, три крáпки; **~strich** *m* ~(e)s, ~e тúре.

Іменники подано в словнику у називному відмінку із зазначенням закінчень родового відмінка однини й називного відмінка множини:

Erzählung *f* ~, **~en** рóзповідь; оповідáння; пóвість.

Якщо ці форми відрізняються від форми реєстрового слова, то слово або відповідна його частина наводиться окремо:

Klóster *n* ~s, **Klöster** монастúр;

Knópfloch *n -(e)s,* ...**löcher** петéлька *(на одязі)*.

Іменники жіночого роду з суфіксом **-in** подано скорочено поряд з аддовідним іменником чоловічого роду, якщо при утворенні їх не змінюється корінь слова:

Léhrer *m~ s* учúтель; **~in** *f~*, **-nen** учúтелька.

Іменники, що вживаються лише в множині, мають позначку *pl.*

Kósten *pl* кóшти, вúтрати.

Якщо іменник у множині не вживається, позначки множини немає:

Kram *m* **~(e)s** 1) мóтлох; скарб, пожúтки; 2) дрібнúй товáр.

Дієслово подано у формі інфінітива. Перехідні дієслова позначаються *vt,* неперехідні *vi,* безособові *vimp.*

Якщо дієслово не вживається без **sich**, то воно наводиться як окреме реєстрове слово:

túmmeln, **sich** 1) грáтися; пустувáти; 2) поспішáти,

Дієслова сильної й неправильної дієвідміни позначаються *, основні їх форми подано в списку в кінці словника. Якщо дієслово вживається в сильній і слабкій дієвідміні, то зірочка подається в дужках (*).

überbríngen* *vt* передавати *(напр., лист, вітання)*

verglímmen(*) *vi (s)* (зо)тлíти, догорáти.

Позначки (s), (h), (*s,h*) після дієслова показують, що воно відмінюється з доплміжним дієсловом (sein), (haben), (sein i haben). Відсутність позначки про те, що дієслово відмінюється з допоміжним дієсловом haben.

Частина слова, читання якої не обов'язкове, береться в дужки:

beináh(e) *adv* ма́йже, ле́две; ма́ло, тро́хи не.

Пунктирна вертикальна риска після букви означає, що наступний звук вимовляється окремо.

Glóri e (e читається);

Á horn (h читається).

Здебільшого до німецького слова подано лише основі українські відповідники в порядку вживаності.

Для розрізнення понять, а також відтінків того самого поняття в словнику використано такі умовні позначки:

1) комою відокремлені одне від одного синонімічні та близькі за значенням слова;

glítschen *vi* (*s, h*) ко́взати, ско́взатися;

2) крапка з комою відокремлює слова, що позначають одне поняття, але не дуже близькі за значенням;

Glócke *f* ~, ~n дзвін; дзвіно́к; гонг; дзвіно́чок;

3) якщо німецьке слово має кілька значень, які по-різному перекладаються українською мовою, то в словниковій статті виділяються рубрики, які нумеруються арабськими цифрами з дужкою:

Míschung *f* ~, **~en** 1) змішування; 2) су́міш

Для позначення різних частин мови вживаються напівжирні арабські цифри з крапкою.

militärisch 1. *adj* військо́вий, во́єнний; **2.** *adv* по-військо́вому

Лексичні омоніми наводяться в словнику як окремі реєстрові слова і позначаються римськими цифрами.

erträglich I *adj* терпи́мий, сте́рпний;

erträglich II *adj* прибутко́вий; що дає́ висо́кий урожа́й.

Фразеологічні звороти наводяться у словнику в тій статті, де заголовним є так зване опорне слово фразеологічної одиниці. Вони внесені і відокремлені ромбом (◊).

◊ j-m einen Platz ~ надава́ти кому́сь місце (*напр., в театрі*)

УМОВНІ СКОРОЧЕННЯ

Українські

ав. — авіація
авт. — автомобільна справа
анат. — анатомія
археол. — археологія
архіт. — архітектура
астр. — астрономія
безос. — безособова форма
біол. — біологія
бот. — ботаніка
буд. — будівельна справа
бухг. — бухгалтерія
військ. — військовий термін
вставн. сл. — вставне слово
геогр. — теографія
геод. — геодезія
геол. — геологія
геом. — геометрія
гідротех. — гідротехніка
гірн. — гірнича справа
грам. — граматика
груб. — грубе слово
див. — дивись
дипл. — дипломатичний термін
дієсл. — дієслово
ек. — економіка
ел. — електротехніка
етн. — етнографія
жив. — живопис
займ. — займенник
зал. — залізничний термін
збірн. — збірне значення
здеб. — здебільшого
знев.— зневажливо
зоол. — зоологія
ім. — іменник
іст. — історичний термін
і. т. д. — і так далі
і. т. п. — і тому подібне
канц. — канцелярський термін
карт. — термін карточної гри
кіно — кінематографія
ком. — комерційний термін
косм. — космонавтика
кул. — кулінарія
лінгв. — лінгвістика
літ. — літературознавство
лог. — логіка
мат. — математика
мед. — медицина
метеор. — метеорологія
мех. — механіка
мисл. — мисливський термін
мист. — мистецтво
мін. — мінералогія
міф. — міфологія
мн. — множина
мор. — морський термін
муз. — музика
напр. — наприклад
неозн. — неозначений
одн. — однина
палеонт. — палеонтологія
перен. — в переносному значенні
поет. — поетичне слово
палігр. — поліграфія
політ. — політичний термін
през. — презирливо
прикм. — прикметник
присл. — прислівник
прост. — просторіччя

прям. — в прямому значенні
психол. — психологія
радіо — радіотехніка
рел. — релігія
розм. — розмовне слово
с.-г. — сільське господарство
скор. — скорочено
спец. — спеціальний термін
спорт. — спорт, спортивний
театр. — театральний термін
текст. — текстильна справа
тех. — техніка
тж — також
тк. — тільки
у різн. знач. — у різних значеннях
фарм. — фармацевтичний термін
фіз. — фізика
фізіол. — фізіологія
філол. — філологія
філос. — філософія
фін. — фінансовий термін
фото — фотографія
хім. — хімія
хір. — хірургія
церк. — церковний термін
числ. — чнслівник
шах. — термін шахової гри
юр. — юридичний термін

Німецькі

(A) — Akkusativ — знахідний відмінок
adj — Adjektiv — прикметник
adv — Adverb — прислівник
cj — Konjunktion — сполучник
comp — Komparativ — вищий ступінь
(D) — Dativ — давальний відмінок
etw — etwas — що-небудь
f — Femininum — жіночий рід
(G) — Genitiv — родовий відмінок
(h) — відмінюється з допоміжним дієсловом haben
inf. — Infinitiv — інфінітив, неозначена форма дієслова
int — Interjektion — вигук
j-d — jemand — хто-небудь
j-m — jemandem — кому-небудь
j-n — jemanden — кого-небудь
j-s — jemandes — чий-небудь, кого-небудь
m -, Maskulinum — чоловічий рід
mod — Modalverb — модальне дієслово
mod adv — Modaladverb — модальний прислівник
n — Neutrum — середній рід
(N) — Nominativ — називний відмінок
num — Numerale — числівник
pl — Plural — множина
pron — Pronomen — займенник
pron adv — Pronominaladverb — займенниковий прислівник
pron dem — Demonstrativpronomen — вказівний займенник
pron imp — unpersönliches Pronomen, Pronomen impersonaies безособовий займенник
pron indef — Indefinitpronomen — неозначений займенник
proп inter — Interrogativpronomen — питальний займенник

pron pers — Personalpronomen. — особовий займенник
pron poss — Possessivpronomen — присвійний займенник
pron reft — Reflexivpronomen — зворотний займенник
pron rez — reziprokes Pronomen — взаємний займенник
prp — Präposition — прийменник
prtc — Partikel — частка
(s) — відмінюється з допоміжним дієсловом sein
sg — Singular — однина
vi — intransitives Verb — неперехідне дієслово
vimp — unpersönliches Verb, verbum impersonales — безособове дієслово
vt — tiansitives Verb — перехідне дієслово

WÖRTERBUCH
DEUTSCH-UKRAINISCH

СЛОВНИК
НІМЕЦЬКО-УКРАЇНСЬКИЙ

DEUTSCHES ALPHABET
НІМЕЦЬКИЙ АЛФАВІТ

Aa	**Nn**
Bb	**Oo**
Cc	**Pp**
Dd	**Qq**
Ee	**Rr**
Ff	**Ss**
Gg	**Tt**
Hh	**Uu**
Ii	**Vv**
Jj	**Ww**
Kk	**Xx**
Ll	**Yy**
Mm	**Zz**

A

A à *n* -,- (*перша літера німецького алфавіту*) das A und (das) **O** альфа і омéга; von A bis Z від почáтку до кінця́; усé; ? wer A sagt, **muß** auch B ságen хто скáзав А, пови́нен сказáти і Б
Aal *m* **-(e)s, -e** *зоол.* вугор
áalglatt *adj* слизький, як вугóр; спри́тний
ab 1. *prp (D) (вказує на напрям)* від, з; ~ Berlin від (з) Берлíна; ~hier звідси; *(D, розм. тж A) (вказує на час)* з; ~ héute з сьогóднішнього дня; **2.** *adv* вниз; **áuf und** ~ вгóру і вниз; ~ und an, ~und zu інóді, час від чáсу, чáсом
ábändern *vt* (видо)змíнювати, переробля́ти; *(an D)* внóсити змíцни; усувáти; відміня́ти
Àbart *f* ,~ **en** різнови́д, видозмíна
Àbbau *m* **-(e)s** зни́ження *(цін, зарплати),* скорóчення *(штатів),* ви́добуток *(корисних копалин);* скорóчення, ліквідáція; ~ der Rüstungen скорóчення озбрóєння; *тех.* демонтаж
ábbauen *vt* знúжувати *(ціни, зарплату);* скорóчувати (штага); ліквідувáти; демонтувáти, знóсити; *гірн.* видобувáти
ábbeißen* *vt* відкýшувати; **sich** *(D)* die Zúnge ~ прикуси́ти язи́к
ábberufen* *vt* відкликáти, звільня́ти *(з посади)*
ábbestellen *vt* відміня́ти замóвлення
ábbiegen* *vt* відгинáти; відхиля́ти; **ein Gespräch** ~ перевóдити розмóву на іншу тéму; **2.** *vi* (звертати, ухиля́тися; vom **Wége** звертáти з дорóги
Àbbild *n* **-(e)s, -er** відображення, відбиток; портрéт; **ein getréues ~der Wírklichkeit** правди́ве відображення дíйсності
ábbinden* *vt* відв'язувати; перев'язувати; *буд.* з'єднувати, зв'язувати; тужáвіти *(про цемент)*
Àbbitte *f* **-,-n** ви́бачення, перепрóшення: ~ léisten проси́ти ви́бачення, перепрóшувати
Àbblendung *f* ~, **-en** затéмнення; *фото* діафрагмувáння
ábblühen *vi (s, h)* відцвітáти, в'янути
ábbrechen* 1. *vt* відлáмувати, ламáти: знóсити, руйнувáти; розривáти, припиня́ти; **die dip lomatische Beziehungen** ~ розірвáти дипломати́чні віднóсини; **2.** *vi (s)* відлáмуватися; *(h)* припиня́тися, обривáтися; **das Gespräch brach** ab розмóва урвáлася; **das bricht níemals** ab цьóму не бýде кінця́
ábbremsen *vt* гальмувáти
ábbrennen* 1. *vt* спáлювати; éine Stadt ~ спали́ти мíсто; випáлювати; éinen Äcker ~ випáлювати бур'я́н на пóлі; *тех.* відпáлювати; прогартóвувати; **2.** *vi (s)* згоря́ти; догоря́ти; обгоря́ти *(на сонці);* потерпíти від пожéжі
ábbringen* *vt* відмовля́ти, примýсити відмóвитись *(von D від чогось);* j-n von éiner Gewóhnheit ~ відучи́ти когóсь від якóїсь зви́чки; j-n von séiner Méinung ~ переконáти когóсь
ábbüßen *vt* покýтувати *(вину);* eine Stráfe ~ відбувáти покарáння
Abc [a: be:'tse:] *n* ~, ~ áзбука, алфáвіт; азú, оснóви
Abc ~ Buch *n* **-s, ...bücher** буквáр
ábdanken *vi* вихóдити у відстáвку
ábdorren *vi* відсихáти, засихáти
ábdrängen *vt* відти́скувати; *перен.* відстороня́ти
ábdrehen 1. *vt* відкрýчувати, скрýчувати; den **Schlüssel** ~ зламáти ключ; перекривáти *(газ, воду);* вимикáти *(радіо, світло);* **2. sich** ~ відвертáтися
ábebben *vi (s)* вщухáти, спадáти, ітú на спад; das Hóchwasser **ebbt** ab пóвінь спадáє
ábend: héute (géstern, mórgen) ~сьогóдні (вчíра, зáвтра) ввéчері; Móntag ~ у понедíлок увéчері
Àbend *m* **-s, -e** вéчір; éines **-s** одногó вéчора; díesen ~ сьогóдні ввéчері; gégen ~ надвéчір; gúten ~ дóбрий вéчір!; am (**späten**) ~ (пíзно) ввечері; **es wird** ~ вечорíє; **zu ~ éssen** вечéряти; **ein bünter** ~ естрáдний концéрт
Àbend¦blatt *n* **-(e)s, ...blätter** вечíрня газéта; **~brot n -(e)s** вечéря; **~dämmerung** *f* **-,-en** присмерки, сýтінки; **~ essen** n **-s**, вечéря; **~land n -(e)s** Зáхід, (Зáхідна) Єврóпа
ábends *adv* увéчері; вечорáми; ~ пíзно ввéчері; **um acht Uhr** ~ о вóсьмій годи́ні, вéчора
Àbenteuer *n* **-s, ~** пригóда; авантю́ра, афéра

A

áber 1. *cj* але, аджé, однáк, протé; **~auch** алé й; **~ dénnoch** але незважáючи на це; **~ doch** а всé-таки; óder ~ або ж; **2.** *(як підсил. частка);* -ja! аджé ж так, пéвно ж так; ~ nein! та ні ж!; **3.** *adv* знову, ще; táusend und ~ táusend багáто тисяч
Àberglaube(n) *m* забобóн
Àbergläubigkeit *f* ~ марновірність, забобóнність
àbergläubisch *adj* забобóнний
ábermalig *adj* повтóрний
ábernten *vt* збирáти урожáй
ábfahren* 1. *vi (s)* від'їжджáти, виїжджáти, вирушáти; **2.** *vt* звóзити, вивóзити
Àbfahrt *f* -,~en від'їзд, відхід, відплиттЯ
Àbfall *m* **-(e)s, ...fälle** схил; відпадання, відхід; зрада; *тк. pl* відхóди, рéштки
ábfallen* *vi (s)* відвáлюватися, відпадáти; спадáти *(про воду);* стухáти *(про пухлину);* спадáти, спускатися; знижуватися; хýднути; *(von D)* відпадáти, відхóдити; von einer Partei ~ вибути з партії; *(zu D)* перехóдити *(до ворога),* зрáджувати
ábfärben *vi* **1.** линяти, вицвітати; **2.** залишáти слід, відбивáтися
ábfassen *vt* **1.** складáти; etw. in Vérsen ~ написáти щось віршáми; **2.** схопити, спіймáти
ábfegen *vt* змітáти, підмітáти
ábfertigen *vt* **1.** відправляти *(поїзд);* **2.** обслугóвувати *(клієнтів)*
ábfeuern 1. *vt* вистрілити; eine Rakete ~ запустити ракету; **2.** и стріляти
ábfinden* 1. *vt* задовольняти (*кредитора*); **2. sich** ~ *(mit D)* домóвитися; задовольнитися *(відповіддю)* змиритися *(з думкою)*
ábfliegen* *vi (s)* відлітáти, вилітáти
ábfließen* *vi (s)* стікáти, витікáти; відпливáти
Àbflug *m*~ **(e)s, ...flüge** виліт *(літака);* відліт *(птахів)*
Àbfluß *m* **...flusses, ...flüsse** стік *(води);* злив; витік *(газу)*
ábfragen *vt* опитувати, питáти *(учнів)*
ábfrieren* 1. *vt* відморóжувати; **2.** *vi* відмерзáти
Àbfuhr *f* -,~en вивезення, відпрáвка; відсіч, відмóва, óдповідь
ábführen 1. *vt* вивóзити, відвóзити, відвóдити; заарештóвувати; **2.** пронóсити
Àbgabe *f* -, **-n** здáча, передáча; *pl* подáток, збір
Àbgang *m* **-(e)s, ...gänge** відхід, від'їзд; відпрáвлення: вихід, вибуттЯ; ~ von der **Schúle** закінчення школи; збиток, втрáта; збут *(товару)*
Àbgangsprüfung *f* **-,-en** випускний екзáмен
ábgeben* 1. *vt* віддавáти, вручáти, передавáти; éine Erklärung ~ зробити заяву, заявити; den Mántel bei der Garderóbe ~ здáти пальтó в гардерóб; éine Norm ~ *спорт,* здáти нóрму; séine Stímme ~ голосувати; продавáти, здавати в найми *(кімнату);* **2. sich ~** *(mit D) розм.* займáтися *(чимось)*
ábgeblast *adj* вицвілий, поблЯклий *(про колір)*
ábgebraucht *adj* знóшений; спрацьóваний
ábgegriffen *adj* пошáрпаний, знóшений; заялóжений, банáльний
ábgehärtet *adj* загартóваний
ábgehen* 1. *vi (s)* **1.** відхóдити, відпливáти, від'їжджáти; von der Schule ~ закінчувати шкóлу; вибувáти з школи; **2.** відділЯтися, схóдити; die Háut geht ab шкіра злáзить; der Knopf geht ab ґýдзик відривáється; **3.** відмовлЯтися; von séiner Méinung ~ відмóвитися від своєї дýмки; **4.** бракувáти; das geht mir ab мені цього бракýє; розхóдитися *(про товари);* **2.** *vt* стóптувати, знóшувати
ábgekürzt *adj* скорóчений
ábgelebt *adj* старéзний; віджилий, застарілий
ábgelegen *adj* віддáлений, відлюдний, глухий
ábgemacht *adj* вирішений, закінчений; розв'язаний; -! вирішено!, згóда!
ábgemagert *adj* схýдлий
ábgemessen *adj* розмірений
ábgeneigt *adj* недоброзичливий, неприхильний
ábgenutzt *adj* спрацьóваний, знóшений; заялóжений *(про слова)*
Àbgeordnete *m, f* депутáт делегáт
Àbgeordnetenhaus *n* ~es, **...häuser** палáта депутáтів; **~kammer** f **-, -n** *іст.* палáта депутáтів
ábgerechnet *adv* крім, за винятком
Àbgesandte *m, f* послáнець, делегáт
ábgeschieden *adj* самóтній: покійний; помéрлий
ábgeschlossen *adj* зáмкнутий, відлюдкуватий *(про людину);* ізольóваний *(про приміщенні;* закінчений; завéршений; уклáдений *(про угоду)*
ábgeschmackt *adj* нерозýмний, нецікáвий, нудний; вульгáрний
ábgesehen: ~ von *(D)* незважáючи на; за винятком; **ganz ~ davon, daß** ... не кáжучи вже про те, що; крім тóго, що ...
ábgesondert 1. *adj* окрéмий, відокрéмлений; **2.** *adv* окремо, відокрéмлено
ábgespannt *adj* утóмлений, знесилений
ábgetan *adj* закінчений; розв'язаний; eine -e **Sache** закінчена *(розв'язана)* справа
ábgetragen *adj* понóшений, знóшений
ábgewinnen* *vt (D)* вигравáти; добивáтися; здобувáти
ábgewöhnen *vt (j-m)* відýчувати *(когось від чогось); sich (D) etw* ~відучити себé від чóгось, відвикнути від чóгось
ábgezehrt *adj* виснажений, змарнілий
ábgezogen *adj* абстрагóваний, абстрáктний; ein **-er Begriff** абстрáктне понЯття

ábgießen* **1.** *vt віdливáти*, зливáти, розливати; *тех.* виливáти *(деталь, шрифт);* **2. sich** - обливáтися *(водою)*
Àbglanz *m* ~es вíдблиск, відби́ток
ábgleiten* *vi (s)* зіскóвзувати, зривáтися; die Valtúa gléitet ab курс валю́ти пáдає
ábgöttisch 1. *adj* **-e** Liebe шалéне кохáння; **2.** *adv* дуже, надмíрно: j-n ~ líeben пáлко кохáти когóсь
ábgrämen, sich *(um A, wegen C)* жури́тися *(за кимось, за чимось)*
ábgrenzen *vt* відокрéмлювати; розмежóвувати
Àbgrund *m* **-(e)s, ...gründe** безóдня, провáлля
ábgrundtief *adj* бездóнний
ábgucken *vt (j-m)* підглядáти;списувати, переймáти *(у когось щось)*
ábhacken *vt* відрýбувати, відтинáти
ábhalten* *vt затри*мувати, не пропускáти; (j-n von D) стри́мувати, спиня́ти; провóдити *(заняття, збори)*
ábhandeln *vt* **1.** *(J-m von D)* виторгóвувати *(щось у когось); розробля́*ти; обговóрювати; ein Thema ~ розробля́ти тéму
Àbhandlung *f* **~,~en** твір, (наукова! стаття
Àbhang *m* **-(e)s, ...hänge** схил, укіс
ábhängen 1.* *vi (h) (von D)* залéжати *(від когось, чогось);* **2.** *vt* знімáти *(з вішалки);* відчíплювати *(вагон і т. п);* віщати *(телефонну трубку)*
ábhängig *adj* залéжний; ~ sein *(von D)* залéжати *(від когось, від чогось)*
ábhärten 1. *vt* загартóвувати: **2. sich** загартóвуватися *(фізично)*
ábhauen(*) 1. *vt* відсіктú; зрубáти; стесати; спи́сувати *(про учня);* **2.** *vi (s) розм.* утекти́; hau ab! забирáйся (геть)!
ábheben* 1. *vt* знімáти; **2.** sich ~ *(von D)* вирізня́тися *(на фоні чогось)*
ábhelfen* *vi (D)* усувáти недóлік; допомагáти
ábhetzen 1. *vt* зацькувáти; **2. sich** -стоми́тися; замýчитися
Àbhilfe *f* -усýнення трýднощів; допомóга
ábhitzen, sich розгарячи́тися
ábholen *vt* захóдити, заїжджáти *(за кимось, за чимось);* зустрічáти *(на вокзалі, в аеропорту)*
ábholzen *vt* вирýбувати *(ліс);* обрýбувати сучки́
ábhorchen *vt підслух*óвувати; вислýхувати *(хворого, серце)*
ábhören *vt* опи́тувати, заслýхувати; слухати *(радіо)*
ábi¦rren *vi (s)* збивáтися *(з дороги);* відхиля́тися; vom Wege - збивáтися з дорóги
ábkaufen *vt (j-m)* купувáти, скупóвувати, викупóвувати *(у когось)*
ábkehren 1. відвóдити; die Áugen - відвести́ очі; den Kopf - відвернýтися; відвертáти; ein Únheil - відвертáти бідý; **2. sich** - відвертáтися; відмовля́тися
ábklingeln *vi* давáти відбíй *(по телефону)*
ábklingen *vi (s)* відзвучáти, затихáти *(про звук)*
ábklopfen *vt* вибивáти *(пил);* вистýкувати *(хворого)*
ábknöpfen *vt* відстібáти; *фам.* видýрювати; j-m Geld ~ ви́дýрювáти́ грóші у кóгось
ábknüpfen *vt* відв'язувати
ábkochen *vt* відвáрювати, кип'яти́ти
ábkommandieren *vt* відряджáти, відкомандирóвувати
ábkommen* *vi (s) (von D)* збивáтися *(з дороги);* відхиля́тися *(від теми);* відмовля́тися *(від думки);* вихóдити з ужи́тку, з моди; похóдити, бути родом; **gut** (**billig**) ~ лéгко (дешево) відмогти́ся
Àbkommen *n* **-s**,~ умóва, конвéнція; ein ~ treffen' уклáсти угóду
Àbkömmling *m* **-s, -e** нащáдок
ábkratzen 1. *vt* зскóблювати, зскрібáти, здря́пувати; **2.** *vi (s) розм. простягти́* нóги, здóхнути
ábkühlen 1. *vt* охолóджувати, остýджувати; *перен.* розхолóджувати; охолоди́ти; **2.** *vi (s)* холóнути, охолóджуватися *(тж перен.);* seine Zúneigung zu ihr kühlte ab йогó симпатії до неї охолóли; **3.** sich ~холóнути *(тж перен.);* охолóджуватися
Àbkunft *f* **~, ...künfte** похóдження
ábkürzen *vt* скорóчувати, змéншувати; *мат.* скорóчувати
ábkürzung *f* **-**,~en скорóчення, змéншення; абревіатýра
ábladen* *vt* розвантáжувати, вивантáжувати; звáлювати; Geld ~ *розм.* розплачувáтися
Àbladeplatz *m* **-(e)s, ...plätze** звалище, смітник; місце для складування, розвáнтаження
Àblage *f* **-,-n** склад, мíсце для зберігáння, роздягáльня, гардерóб, архів
áblagern 1. *vt складáти*, розмíщувати на складі; відкладáти, утвóрювати нашарувáння; der Fluß tágert Sand ab на дні рікú осідáеться пісóк; **2.** *vi* (h s) витримувати *(про вино);* der Wein ist gut ábgelaget винó дóбре ви́тримане; **3.** sich ~ відкладáтися
Àblagerung *f* **-,-en** відкладáння, нашарувáння
Àblas *m* **...lasses, ...lässe** спуск *(води),* місце стóку; *ком.* зни́жка *(про ціну); ohne* ~ безперéрвно
áblassen* 1. *vt* спускáти *(воду);* відправля́ти *(поїзд);* запускáти *(ракету);* зни́жувати *(ціну);* **2.** *vi* переставáти; затихáти, слáбшати *(про шум); (von D)* давáти комýсь спокíй; **Laß ab!** відстáнь!; відмовля́тися *(від чогось); vom Preis* ~ *скú*нути цінý
Àblauf *m* **-(e)s, ...läufe** *тк. sg. стік (води, рідини); закí*нчення, завéршення *(строку);* перéбіг, хід *(подій)*

A

áblaufen* **1.** *vi (s) стікáти*, витікáти; ~ lassen* спускáти *(воду);* відхóдити, відпливáти *(про корабель);* закінчуватися, минáти; der Vertrág ist ábgelaufen строк чúнності договóру закінчúвся; **2.** *Vt* **1.***(s, h)* оббíгати, вúбігати; *(h)* знóшувати *(взуття);* **3.** sich ~ на бігатися, стомúтися від біганúни

áblauschen *vt* підслýхувати

Àblaut *m* **(e)s, -e** *лінгв. аблáут*, чергування голоснúх

ábleben *vi* відживати, вмирáти

áblegen *vt* знімáти (одяг, *взуття);* відкладáти, залишáти; відмовлятися *(від чогось);* eine Gewóhnheit ~ позбýтися (поганóї) звички; *(вказує на дію, характер якої передає іменник):* éinen Eid ~ при сягати; ein Geständnis ~ признавáтися *(в чомусь);* éine Prüfung ~ складáти íспит; Rechenschaft ~ звітувáти

Àblege¦raum *m* **-(e)s ...räume** гардерóб, роздягáльня

áblehnen *vt* відхилáти, відмовляти; *юр.* відвóдити (*суддю, свідка)*

Àblehnung *f* **-,**~en відõйлення, відмóва; *юр.* відвíд *(судді, кандидатури)*

ábleiten **1.** *vt* 1) відводити *(газ, воду); 2)* відвертати, відхиляти**;** die Áufmerksamkeit ~ відвернути увагу; 3) *грам., мат.* Виводити, утворювати; éine Gleichung ~ *мат.* виводити рівняння*;* díeses Wort ist vom Gríechischen ábgeleitet це слово грецького походження; **2. sich** ~ походити

Àbleitung *f* **-,**~en відвід; *мат.* похіднá; *грам. похіднé* слóво

áblenken **1.** *vt* відвóдити; відхилáти; відвертáти *(увагу);* 2, w переводити розмóву на íншу тéму; **3.** sich ~відхилятися; *перен.* розважáтися

áblesen* *vt (von D)* зчúтувати *(з чогось);* Námen ~ робúти переклúчку; зчúтувати показáння *(вимірювального приладу);* **j-seinen Wunsch von (an)** den **Augen** ~ вгáдувати чиéсь бажáння по очáх

ábleuchten *vt* висвíтлювати; освíтлювати прóменем світла

ábleugnen *vt* заперéчувати, не визнавáти *(чогось);* зрікáтися *(своїх висловлювань, переконань)*

ábliefern *vt* здавáти, віддавáти, вручáти, відпускáти, доставляти *(товар)*

ábliegen* *vi (h)* стояти óсторонь, тримáтися на вíдстані; das Haus liegt weit vom Wége ab будúнок стоїть далéко від дорóги

áblohnen, ablöhnen *vt* розрахóвуватися *(з кимось за виконану роботу);* звільняти з робóти

áblöschen *vt* стирáти *(написане);* гасúти *(вогонь, вапно); ком.* сплáчувати *(рахунок)*

ábmachen *vt* відокрéмлювати, відв'язувáти; знімáти *(вивіску);* домовлятися *(про щось);* уладнáти *(щось);* ábgemacht! вúрішено, домóвилися, згóда!

Àbmachung *f* **-,-en** угóда, умóва; ~en **treffen** *(über A) укладáти* угóду *(про щось)*

ábmagern vi *(s)* схýднути, змарнíти

ábmähen *vt с.-г. косúти*, скóшувати

Àbmarsch *m* **~,** ~es, **...märsche** *військ.* вúступ, вúрушення

ábmarschieren *vi (s)* виступáти, вирушáти *(в похід)*

ábmelden, sich сповіщáти про свій від'їзд; випúсуватися, відкріплюватися

ábmessen* *vt* вимірювати, відмíрювати

ábmieten *vt* наймáти

ábmildern *vt* пом'якшувати, змéншувати

ábmindern *vt* змéншувати

ábmontieren *vt мех.* розбирáти, демонтувáти

ábnagen *vt* обгризáти

Àbnahme *f* **-,-n** **1.** *тк. sg відрізáння*, знімáння; die ~ éines Glíedes *мед.* ампутáція кінцівки; **2.** приймáння, прийняттá: **3.** *тк sg купівля, збут;* **4.** *тк. sg змéншення*, схýднення, втрáта вагú

ábnehmen* *vt* **1.** знімáти; **2.** віднімáти, відрíзувати; *мед,* ампутувáти; **3.** купувáти; **2.** vt **1.** змéншуватися *(про дні);* спадáти *(про воду);* хýднути

Àbnehmer *m* **-s,** ~ покупéць; клієнт

Àbneigung f **-,**~en *(gegen A) неприязнь*, антипатія (до *когось)*

abnórm *ado* непрáвильний, ненормáльний, аномальний; неприрóдний; хворoбливий; *розм.* незвичáйний, величéзний

ábnötigen *vt (j-m)* викликáти *(посмішку, сльози, пошану, захопленні;* змýсити погóдитися *(когось);* вимагáти силоміць *(гроші);* sich *(D)* **ein Lächeln** ~ змýсити себе усміхнýтися

ábnutzen, ábnützen **1.** *vt* знóшувати, **2. sich** ~ знóшуватися, спрацьóвуватися; притýплюватися

Àbnutzung *f* **-,-en,** Abnützung *f* ~en знóшування, знос; амортизáція

À-Bombe *f* **-,-n** (*скор. від* Atombom be) áтомна бóмба

Abonnement n **-s, -s** абонемéнт, передплáта

abonníeren *vt, vi (auf A)* передплáчувати; придбáти абонемéнт *(на щось);* auf éine Zéitung ~ передплатúти газéту

ábordnen *vt* послáти; відрядúти, відкомандирувáти

Àb¦ort *m* **-(e)s, -e** убирáльня

ábpassen *vt* **1.** примíрювати; **2.** вичíкувати, підстерігáти; éine Gelégenheit ~ вичíкувати слýшного момéнту

ábpausen *vt* перенóсити на кáльку

ábplagen **1.** *vt* (з)мýчити; **2.** sich ~*(mit D)* мýчитися *(з чимось),* битися *(над чимось)*

ábprallen и *(s) (von D, an D)* відскáкувати

ábpressen *vt* віджимáти, вижимáти; *(j-m)* вимагáти *(гроші, згоду);* змýшувати

Àbputz *m* ~es штукату́рка
ábquälen 1. *vt* мучити; **2.** sich ~ *(mit D)* му́читися *(з чимось, над чимось)*
ábradieren *vt* стира́ти *(написане, малюнок)*
ábrasieren *vt* **1.** поголи́ти; **2.** *перен.* зрівня́ти з землéю, стéрти з лиця́ землі́
ábraten* *vt (j-m), vi (j-m von D)* відра́джувати *(когось від чогось);* відговóрювати *(когось)*
ábräumen *vt* прибира́ти
ábrechnen 1. *vt* відрахóвувати; полічи́ти; **2.** *vi* роби́ти розрахунки, розрахóвуватися; mit j-m ~*розм.* звóдити раху́нки з ки́мось, поквита́тися
Àbrechnung *f* **-,**~en відрахува́ння; звіт, розрахунок; mit j-m ~ Hálten зводити раху́нки з ки́мось
ábreiben* *vt стира́*ти, витира́ти, обтира́ти, розтира́ти *(тіло)*
Àbreise f**-,-n** від'ї́зд
ábreisen *(s)* виїжджа́ти, вируша́ти в дорóгу
ábreißen* 1. *vt обрива́*ти, зрива́ти, здира́ти; зносити, лама́ти *(будівлю);* ~ **2.** *vi* відрива́тися, об рива́тися; перерива́тися, припиня́тися
Àbreißkalender *m* **-s** відривни́й календа́р
ábriegeln *vt* **1.** замика́ти на за́сувку; **2.** відгорóджувати, відділя́ти, ізолюва́ти
ábrinnen* *vi (s)* стіка́ти
Àbriß *m* **...risses, ...risse** крéслення, план, кóнтур; (короткий) на́рис
ábrollen 1. *vt* розмóтувати *(котушку);* розгорта́ти *(килим);* **2.** *vi (s);* розмóтуватися *(про котушку);* éinen Film ~ lássen демонструва́ти фільм; розгорта́тися, відбува́тися, мина́ти; відправля́тися, від'їжджа́ти
ábrücken 1. *vi (s)* **1.** *(von D)* відсóвуватися; *перен.* відмежóвуватися; **2.** *військ.* відступа́ти; **2.** *vt* відсува́ти
ábrufen* *vt* **1.** відклика́ти *(посла);* **2.** роби́ти переклúчку; **3.** оголóшувати *(зупинки, час відправлення поїзда)*
ábrunden *vt* **1.** округля́ти, закру́глювати; обтóчувати *(кути);* **2.** заокру́глювати *(суму)*
ábrúpt *adj* **1.** незв'я́зний, ури́вчастий; **2.** раптóвий, різки́й
ábrüsten 1. *vi* роззбрóюватися *(про державу);* **2.** *vt* роззбрóювати; демонтува́ти; *буд.* розбира́ти риштува́ння
Àbrüstung *f*-,~en роззбрóєння
Àbrüstungsfrage *f* **-,-n** проблéма роззбрóєння; **~konferenz** *f* -,~en конференція з питань роззбрóєння; **~vorschlag** *m* ~, ~es, **...schläge** пропози́ція з пита́нь роззбрóєння
Àbrutsch *m* **-(e)s, -e** *геол. зсув*
ábrutschen w *(s)* сповза́ти *(про грунт);* зсува́тися
ábrütteln *vt* стру́шувати
Àbsage *f* **-,-n 1.** відмóва, зрéчення; **2.** скасува́ння, відміна
ábsagen 1. *vt* **1.** скасóвувати; **2.** відмовля́ти; **j-m einen Wunsch** ~ відмовля́тися ви́конати чиє́сь ба жа́ння; **2.** vt *(D)* відмовля́тися *(від чогось);* зріка́тися *(чогось); від* мовля́ти *(комусь),* звільня́ти *(ко гось)*
Àbsatz *m* ~, **-(e)s, ...sätze 1.** зупинка, па́уза; **2.** усту́п, площа́дка *(сходів);* **3.** абза́ц; **4.** каблóк, підбóр; збут *(товару);* die Wáre findet guten ~ товар має хорóший збут
Àbsatzmarkt *m* ~, -(e)s, ...**märkte** ри́нок збу́ту; **~ stockung** f **-,**~en перебíй в збу́ті
ábschaffen *vt* відміня́ти, скасóвувати, усува́ти, ліквідува́ти
ábschalten *vt* вимика́ти, виключа́ти *(струм);* відключа́ти, перерива́ти *(телефонний зв'язок)*
ábschatten *vt* **ábschattieren** *vt* відтіня́ти *(малюнок);* затіня́ти
ábschätzen *vt* оці́нювати, розці́нювати, визнача́ти; den Sсháden auf táusend **Mark** ~ оцінювати зби́ток у ти́сячу марок
ábschätzig *adj* знева́жливий; **ein** ~es **Urteil** негати́вний ві́дгук
Àbschaum *m* ~, **-(e)s 1.** піна, на́кип; покидьки; ~ der Ménschheit **2.** пóкидьки суспі́льства
ábscheiden* *vt* відділя́ти, виділя́ти
Àbscheu *m* ~, **-(e)s,** f ~ оги́да, відра́за; j-m ~ einflößen виклика́ти відра́зу у кóгось; ~ gégen j-n, gégen **etw** *(A) або* vor j-m, vor etw *(D)* háben (empfínden) відчува́ти відра́зу до кóгось, чóгось
ábscheulich *adj* огíдний, мерзóтний, жахли́вий
ábschicken *vt* відсила́ти, відправля́ти
ábschieben* *vt* відсува́ти; висила́ти; евакуюва́ти
Àbschied *m* ~, **-(e)s, -e** прощáння, розлуча́ння; von j-m ~ néhmen проща́тися з ки́мось; відста́вка, звíльнення; j-m den ~ gében звільня́ти кóгось
Àbschießen* *vt* **1.** зби́ти пóстрілом; **2.** ви́стрілити; ви́пустити *(обойму, кулю, ракету);* **3.** метну́ти *(стрілу)*
ábschirmen *vt (gegen A) прикрива́*ти, затуля́ти, екранува́ти *(щось віл чогось)*
ábschlachten *vt* рíзати, колóти, забива́ти *(худобу, птицю)*
Àbschlag *m* ~, **-(e)s, ...schläge 1.** обру́бування, зру́бування *(гілок);* **2.** *ком.* зни́жка *(в ціні);* ава́нс, завда́ток; auf ~ в розстрóчку
ábschlagen* *vt* збивати, відбивати, відсікати, відрубувати; відмовляти *(комусь в чомусь); військ.* відбивати
ábschlägig *adj* негати́вний, запере́чний; eine **-e** Antwort негати́вна (заперечна) відповíдь
ábschleifen* *vt* обтóчувати, відшлі́фовувати
ábschleppen відтя́гувати, відбуксирóвувати

A

ábschließen* *vt* **1.** замикáти на ключ, закривáти; **das Gefäß ist hermetisch abgeschlossen** посудина герметично закрита; **2.** відділяти, ізолювáти; **3.** укладáти *(угоду)*, **4.** завéршувати, закінчувати; **5.** *(mit D)* кінчáтися *(чимось);* **mit j-m über etw.** *(A)* ~ уклáсти угóду (домóвитися) з кúмось про щось; **6.** sich ~ закривáтися, замикáтися; замкнýтися в собі
ábschließend *adv* на закінчення
Àbschluß *ò* **...sses, ...schlösse** *тк. sg* закінчення, завéршення; zum bríngen завéршувати; укладáння; ~ des Vertráges укладáння угóди
ábschnallen *vt* розстібáти *(пряжку, ремінь)*
ábschneiden* **1.** *vt* обрізáти, відрізáти; **2.** *vi gut ~ (bei D)* добúтися ýспіху; schlecht ~ *(bei D)* зазнáти порáзки
ábschnellen *vi (s)* відскáкувати
Àbschnitt *m* **-(e)s -e** відрізок, сегмéнт, ділянка; період, відрізок *(часу);* рóзділ
ábschnüren *vt* **1.** перев'язувати *(щось шнуром)* **2.** відв'язувати *(вірьовку);* блокувáти, ізолювáти; **3.** перен. душúти
ábschrauben *vt* відгвúнчувати
ábschrecken *vt* залякувати, лякáти, відстрáшувати; швúдко охолóджувати
ábschreckend *adj* відлякуючий, жахлúвий
ábschreiben* *vt* спúсувати, перепúсувати; спúсувати з рахýнку, сплáчувати
ábschreiten* *vt* обхóдити; відмірювати крóками
Àbschrift *f* **-,**~en кóпія
Àbschub *m* **-(e)s** евакуáція
Àbschuß *m* **...schusses, ...schüsse** **1.** пóстріл; **2.** збивáння пострілом, влучення в ціль; **3.** зáпуск *(ракети)*
ábschüssig *adj* похúлий; стрімкúй; крутúй
ábschütteln *vt* **1.** стрýшувати, обтрýшувати; **2.** *перен.* скидáти, звільнятися, збувáтися *(когось)*
ábschwächen **1.** *vt* ослабляти; пом'якшувати *(вирок);* **2. sich ~** слáбшати
ábschweifen *vi (s) (von D)* відхилятися *(вбік);* відступáти *(від теми)*
ábschwemmen *vt* змивáти, знóсити вóдою
ábschwenken *vi (s)* звертáти вбік
ábschwimmen* *vi (s)* **1.** відпливáти; **2.** *розм.* іти (геть)
ábschwören* **1.** *vi (d)* зрікáтися; **2.** *vt* зрікáтися, відмовлятися, заперéчувати *(під присягою)*
ábsegeln *vi (s)* відпливáти *(під вітрилами)*
ábsehen* **1.** *vt* **1.** передбачáти, пророкувáти; **2.** *(j-m)* переймáти *(у когось);* **3.** оглядати; **4.** w *(von D)* відмовлятися; *(von D)* не брáти до увáги; ábgesehen da vón, daß... незважáючи на те, що...,; не кáжучи про те, що ...
Àbsehen *n* **-s** нáмір

ábseits *prp* óсторонь, збóку
ábsenden* *vt* відсилáти, відправляти
Àbsender *m* **-s, ~** відпрáвник, адресáт
ábsetzbar *adj* **1.** змінюваний; **2.** ходовúй *(про товар);* **3.** тех. знімнúй
ábsetzen **1.** *vt* знімáти *(капелюх, з порядку денного);* усувáти, звільняти *(з посади); виключáти (з бюджету);* збувáти *(товар);* **2.** *vi* припинятися; переставáти
absíchern *vt* захищáти, охороняти; страхувáти
Àbsicht *f* **-,**~en нáмір, зáдум, метá; mit ~ з нáміром; ohne ~ ненавмúсне
ábsichtlich **1.** *adj* навмúсний; **2.** *adv* навмúсне
ábsinken* *vi (s)* спадáти, пáдати, опускáтися, знúжуватися
ábsitzen* **1.** *vi (s)* злáзити *(з коня, з велосипеда);* **2.** *vt* відсúджувати *(строк покарання);* er hat seine Strafe ábgesessen він відсúдів свій строк покарáння
absolút *adj* абсолютний, пóвний, безумóвний
Absolvént [-v-] *m* ~en, ~en випускнúк; той, хто закінчує курс навчáльного зàкладу
absolvíeren [-v-] *vt* закінчувати *(навчальний заклад);* die Hóchschule ~ закінчувати вúщу шкóлу, викóнувати; éine Prüfung ~склáсти екзáмен
ábsonderlich *adj* особлúвий, дúвний
absóndern **1.** відділяти, відокрéмлювати, роз'єднувати, ізолювáти; **2. sich ~** *(von D)* усамітнюватися, залишáтися на самоті; цурáтися
absorbíeren *vt хім.* абсорбувáти, поглинáти *(тж перен.)*
ábspalten* **1.** *vt* **1.** відщéплювати; відкóлювати, відокрéмлювати; **2.** *vi* **sich ~** відкóлюватися, відокрéмлюватися
ábsperren **1.** *vt* замикáти, закривáти; **2.** відгорóджувати; den Weg ~ заступúти дорóгу; **3. sich ~** усамітнитися, ізолювáтися
Àbsperrung *f* **-,-en** ізолювáння; перекриттá *(вулиці, вуличного руху)*
ábspiegeln *vt* відбивáти, відображáти
ábspielen **1.** *vt* програвáти *(платівку);* грáти *(по нотах);* **2. sich ~** відбувáтися, розігруватися
Àbspielgerät *n* **-(e)s, ~e** (електропрогравач; магнітофóн
ábspitzen *vt* загóстрювати, затóчувати
ábsplittern **1.** *vt* відщéплювати; **2.** *vi (s) і* **sich ~** відщéплюватися, відкóлюватися *(тж перен.)*
ábsprechen* *vt (mit j-m)* домóвитися *(з кимось про щось),* заперéчувати; *(j-m)* відмовляти *(комусь в чомусь)*
ábsprengen *vt* висáджувати в повітря
ábspringen* *vt (s)* сплúгувати, зіскáкувати; відскáкувати; відривáтися *(про ґудзик); спорт,* зіскáкувати; vom Théma ~ відхилятися від тéми

A

Àbsprung *m* **-(e)s, ...sprünge** зіскáкування; відскáкування; спорт, стрибóк, штовхáння

ábstammen *vi (s) (von D)* похóдити, бýти рóдом

Àbstammung f **-,~en** похóдження

Àbstand *m* **-(e)s, ...stände** вíдстань, дистáнція, інтервáл; von etw *(D)* **-n**éhmen утри́муватися від чогось; von j-m ~ halten цурáтися кóгось

ábstatten *vt.* einen Besúch ~ відвíдувати кóгось; j-m seinen Dank ~складáти подя́ку комýсь

ábstauben *vi* витирáти, вибивáти пил

ábstechen* 1 *vt* колóти, забивáти *(тварину);* рíзати *(дерен, торф);* **2.** *vi* (дуже) відрізня́тися *(від когось, чогось)*

ábstehen* *vi 1* (h) бýти на вíддалі *(від чогось); (s) (von D)* відмовля́тися *(від чогось)*

ábstehend *adj* відстовбýрчений, відстáвлений; **-e** Ohren відстовбýрчені вýха

ábsteigen* *vi (s)* вихóдити *(з автомобіля, вагона); спускáтися (по сходах);* зупиня́тися; in einem Hotel ~ зупини́тися в готелі; bei den Verwandten ~ зупини́тися у рóдичів

ábstellen *vt* відставля́ти; зупиня́ти, виключáти; усувáти *(вади);* клáсти край; стáвити *(машину на тривалу стоянку); заглуши́ти* мотóр

ábsterben* *vi (s)* відмирáти, сóхнути *(про рослини);* тéрпнути *(про руку, ногу);* meine Hand ist mir (wie) ábgestorben у мене затéрпла рукá

Àbstieg *m* **-(e)s, -e** спуск *(з гори);* зни́ження літакá; схід; спад; схóди *(хід униз); перен.* падíння, зни́ження, занéпад

ábstimmen 1. *vi* голосувáти; über etw *(A)* ~ *проголосувáти* за щось; **2.** *vt* настрóювати *(музичний інстру мент);* узгóдити

Àbstimmung *f* **-,-en** голосувáння; настрóювання

ábstoppen *vt* застóпорити, загальмувáти; припиня́ти, зупиня́ти

ábstoßen* 1. *vt* **1.** відштóвхувати; **2.** виклúкáти оги́ду; **3.** збувáти, продавáти за низьки́ми цíнами *(товар);* **2.** *vi (h, s)* відштóвхуватися; vom Zánde ~ відчáлити

ábstoßend *adj* оги́дний, відрáзливий

abstra hieren 1 *vt* абстрагувáти; **2.** *vi (von D)* абстрагувáтися *(від чогось)*

ábstreifen 1. *vt* знімáти, скидáти *(рюкзак, рукавички, панчохи);* **2.** *vi (s) (von D)* збитися з дорóги, відхили́тися *(тж перен.)*

ábstreiten* *vt* оспóрювати, заперéчувати

Àbstrich, *m* **-(e)s, -e** відрахувáння *(грошей);* урізáння *(бюджету); мед.* мазóк; einen ~ máchen (nehmen) брáти мазóк

ábströmen *vi (s)* стікáти; спадáти; схли́нути; розійти́ся *(про на товп); ел.* мáти вúтік

ábstufen *vt* **1.** розташóвувати вúступами; **2.** розподіля́ти за розря́дами

Àbstufung *f* **~, en 1.** градáція; степíнь; **2.** *мат.* стéпінь; відтíнок

ábstumpfen 1. *vt* притупля́ти; **2.** *vi (s) і* **sich ~** притупля́тися; тупíти

Àbsturz *m* ~es, **...stürze 1.** падíння *(з висоти);* **2.** військ, падíння *(літака);* zum ~ bringen* зби́ти *(літак);* **3.** обри́в, обвáл

ábstürzen 1. *vi (s)* пáдати, зривáтися; **2.** *vt* скидáти, звалювáти

ábsuchen *vt (nach D, auf D)* обшýкувати, оглядáти *(в пошуках чогось); с.-г.* оббирáти *(шкідників);* éinen Stráuch nach Ráupen ~оббирáти з~ кущів гусíнь; збирáти *(ягоди)*

absüßen *vt* підсолóджувати

Abszéß *m* **...zesses, ...zesse** нари́в, абсцéс

ábtasten *vt* обмáцувати, прощýпувати; *мед.* пальпувáти

ábtauen 1. *vi (s)* відтавáти; **2.** *vt* розтопи́ти

Àbteil *n* **-(e)s, -e** купé; вíдділ

Àbteilung *f* **-,~en** вíдділ; віддíлення; ділянка; цех; *військ.* загíн, комáнда, підрóзділ

ábtippen *vt розм. друкувáти* на маши́нці

ábtragen* 1. *vt* знóсити, розбирáти *(будівлю);* віднóсити, забирáти; знóшувати *(одяг);* **2.** sich ~ знóшуватися

Àbtransport *m* **-(e)s,-e** відпрáвка, відвантáження; евакуáція

ábtreiben* 1. *vt* відганя́ти, зганя́ти *(худобу);* знóсити *(літак, судно);* **2.** *vi* (s) пливти́ за течíєю, дрейфувáти

ábtrennen *vt* відпóрювати; відокрéмлювати, відривáти

ábtreten* 1. *vt* знóшувати, стóптувати *(взуття); (j-m, an j-n)* поступáтися, передавáти *(щось комусь);* **2.** w *(s)* віддаля́тися; іти; ~! *військ,* розійди́ся! мóжете іти!

ábtrinken* *vt* надпивáти

ábtrocknen 1. *vt* витирáти, висýшувати; **2.** *vi* (s) висихáти, відсихáти

ábtun* *vt* **1.** знімáти, скидáти *(одяг);* **2.** скінчи́ти, упóратися *(з чимось)*

áburteilen *vt* засýджувати *(когось);* оголóшувати ви́рок

ábverlangen *vt (j-m)* ви́требувати, зажадáти *(щось у когось)*

ábwägen(*) *vt* **1.** відвáжувати, звáжувати; **2.** обдýмувати; die Gründe und Gégengründe ~ звáжувати усі обстáвини

ábwählen *vt* не ви́брати на нови́й строк, проголосувáти за усýнення *(когось)*

ábwälzen *vt* **1.** відкóчувати *(бочку);* відвáлювати *(камінь);* **2.** звáлювати *(тж перен.);* die Schuld (die Verántwortung) auf j-n ~ звертáти на кóгось винý (відповідальність); den Verdacht von sich *(D)* ~ відвести́ від сéбе підóзру; *тех.* обкáтувати

A

ábwandeln *vt* змінювати, варіювáти
ábwandern 1. *vi (s)* переселя́тися; еміґрувáти, перекочóвувати; **2.** *vt (s, h)* виходити, обійти́ (пішки) *(якусь місцевість)*
ábwarten *vt* чекáти; очікувати, пережидáти
ábwärts *adv* вниз
ábwaschen* *vt змивáти*, обмивáти, вимивáти; мйтѐ, перемивáти; sich *(D)* die Hдnde ~ помйти рýки
Àbwasser *n* **-s, wässer** стічні вóди
ábwässern *vt* осýшувати; відвóдити вóду
ábwechseln 1. *vt* змінювати, заступáти; чергувáти; **2.** *vi (mit D);* **sich** *~(mit D)* змінюватися, чергувáтися
ábwechselnd 1. *adj* змінний, непостійний, мінли́вий; різноманітний; **2.** *adv* навпереміно, по чéрзі
Àbwechs(e)lung *f* -,~en çiiна, переміна; чергувáння, зміна; різноманітність, розвáга; zur ~, der ~ wégen для різноманітності
Àbweg *m* **-(e)s, -e** окружнá дорóга; хи́бний шлях; auf **-e** geráten! (kómmen) збйтися з путтЯ́
Àbwehr *f* ~ оборóна; відсіч *(удару)*, контррóзвідка; *спорт,* зáхист
ábwehren 1. *vt відбивáти (атаку); запобігати (нещастю, катастрофі);* відкидáти, відхиляти; **2.** *vi* заперéчувати, відмовля́тися
ábweichen* *vi (s) (von D)* відхиля́тися, ухиля́тися *(від чогось);* відрізня́тися; díese Méinungen wéichen voneinбnder ab ці думкѝ розхóдяться
Àbweichung f ~,~en відхилення: відступ; *політ,* ухил; розхóдження, відмінність; пóхибка, помйлка
ábweisen* *vt* **1.** відхиляти *(прохання, пропозицію);* **2.** відсилáти, випровáджувати; éinen Ángriff ~ відбивáти атáку
ábwenden(*) 1. *vt* відвертáти; відвертáти, запобігáти; відволікáти; **2. sich** ~ *(von D)* відвертáтися, відвернýтися *(від когось, від чогось)*
ábwerfen* *vt* скидáти; давáти *(прибуток); спорт,* вибивáти *(гравця з гри м'ячем);* збивáти *(планку);* перекидáти *(бар'єр)*
Àbwertung *f* **-,**~en девальвáція, зниження кýрсу, знецінювання *(валюти)*
ábwesend *adj* відсýтній; ~ sein бýти відсýтнім
Àbwesenheit *f* ~ відсýтність; неувáжність
ábwickeln 1. *vt* змóтувати, розмóтувати, розгортáти; улáгоджувати *(справу);* **2. sich** ~ розгортáтися *(про події)*
ábwiegen* *vt* вáжити, звáжувати; обміркóвувати
ábwirtschaften *vt i* **sich ~** розорйтися, прогоріти
ábwischen *vt* стирáти, витирáти, обтирáти, протирáти
ábzahlen *vt* виплáчувати *(в розстрочку),* сплáчувати *(борг)*
ábzählen *vt* лічи́ти; перерахувáти; вйрахувати; відрахувáти
Àbzahlung *f* **-,**~en платіж, вйплата в розстрóчку, сплáта частйнами; etw. auf ~ káufen купйти щось на вйплат
ábzapfen *vt* виціджувати, відціджувати
ábzäunen *vt* обгорóджувати
ábzehren 1. *vt* виснáжувати, змóрювати; **2.** и *(s)* дуже схýднути, ви~ Abzeichen сохнути, змарніти; **3. sich ~** мýчитися, марніти
Àbzeichen *n* **-s,~** знак, значóк; емблéма; *військ,* знак розрізнення; мітка
ábzeichnen 1. *vt* зображáти; змальóвувати; копіювáти; окрéслювати; підпи́сувати *(документ);* **2. sich ~** вимальóвуватися, виділя́тися
ábziehen* 1. *vt* стягáти, знімáти *(сукаю); витЯ́гувати,* виймáти; den **Schlüssel** ~ виймати ключ із замка; віднімáти, відрахóвувати; здирáти; *(von D)* відволікáти *(увагу);* **2.** *vi* (s) віддаля́тися, відхóдити
ábzielen *vi (auf A)* мітити, націлюватися *(на щось);* прáгнути *(чогось)*
Àbzug *m* **-(e)s, ...züge** відхід, відступ; стік, спуск *(води); відрахувáння,* знйжка; відбйток, кóпія; курóк, спуск куркá
ábzüglich *prp (G)* за вйнятком
ábzweigen *vi (s) i* **sich** ~ розгалýжуватися, відгалýжуватися
ábzwingen* *vt (j-m)* добивáтися силоміць *(чогось від когось);* примýшувати зробйти *(щось когось)*
Àchse *f* ~, ~ n вісь, вал, стéржень
Àchsel *f* ~, ~ *n* плечé
ácht *num* вісім; nach ~ Tágen чéрез тйждень *(в минулому)*
Àcht I *f* **-,**~en *(число)* вісім, вісімка
Acht II *f* ~ увáга, оберéжність; etw. **außer** ~ lássen вйпустити щось з увáги
áchtbar *adj* повáжний, гідний пошáни
Àchteck *n* ~ **(e)s,-e** восьмикýтник
áchteinhálb *num* вісім з половйною
Àchtel *n* **-s**, ~ вóсьма частйна
áchten 1. *vt* поважáти, шанувáти, цінувáти; **2.** *vi (auf A)* звертáти увáгу *(на щось);* рахувáтися *(з чимось)*
áchtenswert *adj* гідний повáги
áchtgeben* *vi (auf A)* спостерігáти *(за чимось);* доглядáти *(за кимось, когось);* звертáти увáгу *(на щось)*
áchtlos *adj* неувáжний, необерéжний, недбáлий
áchtsam *adj* увáжний, пйльний, обáчний
Àchtung *f* ~ **1.** увáга; **2.** пошáна; **3.** повáга
áchtungs voll 1. *adj* шанобли́вий; **2.** *adv* з глибóкою повáгою *(в листі);* **~würdig** *adj* гідний повáги
ächzen *vi* óхати, стогнáти
Àcker *m~* **s, Äcker** пóле, нйва, рілля́; den ~ bestéllen (bebáuen) обробля́ти пóле

Àcker¦bau *m* **-(e)s** хліборóбство; землерóбство, рільни́цтво; **~bauer** *m* **-s** *і* **-n, -n** хліборóб; землерóб; **~boden** *m* **-s, ~, -erde** f **-,-n** óрна земля́, **~feld** *n* **-(e)s, -er, ~land** *n* **-(e)s, ...Länder** ни́ва, рілля́, óрна земля́
áckern **1.** *vt* орáти (землю); **2.** *vi (an D) розм. старáнно* працювáти, корпíти *(над чимось)*
Àdamsapfel *m* **-s, ...äpfel** кади́к
adaptíeren *vt* пристосóвувати, адаптувáти
adäquát *adj* адеквáтний, відповíдний
addíeren *vt мат.* додавáти, підсумóвувати
Additión *f* **-,**~en *мат* додавáння, підсумóвування
Àdel *m* **-s 1.** дворя́нство, аристокрáтія; **2.** благорóдство, шляхéтність
ádelig *див.* adlig
Adept *m* ~en, ~en прихи́льник, послідóвник
Àder *f* **-,-n** кровонóсна суди́на
Àderschlag *m* **-(e)s, ...schläge** пульсáція, пульс
Àdler *m* **-,-s,**~ орéл
ádlig *adj* **1.** дворя́нський; **2.** благорóдний, шляхéтний; **3.** знáтний
adoptíeren *vt* усиновля́ти
Adverbiálbestimmung [-v-] *f* **-,**~en, **Adverbiále** *n* **-s, ...Lilen** *грам.* обстáвина
Affäre *f* **-,-n** (неприéмна) спрáва, афéра
Àffe *m* **-,-n, -n 1.** мáвпа; **2.** *розм.* дýрень
äffen *vt* **1.** дури́ти, дражни́ти; **2.** наслíдувати *(когось)*
Agentúr *f* **-,**~en **1.** агéнтство; **2.** агентýрний *(розвідувальний}* центр
Aggressión *f* **-,**~en агрéсія
Aggressiónspolitik *f* ~ агреси́вна полíтика
aggressív *adj* агреси́вний
Aggréssor *m* **-s, ...ssoren** агрéсор
agitíeren *vi* агітувáти, вести́ агітацíйну робóту; ~ für etw. (gegen etw.) (A) агітувáти за щось *(проти чогось)*
Agoníé *f* ~, **...nien** агóнія; in ~ **liegen** агонізувáти *(тж перен.),* конáти
Ahn *m* **-(e)s** f ~en, ~en *здеб. рі предок, родоначáльник,* прáдід
áhnden *vt* **1.** карáти; **2.** мсти́ти
ähneln *vi (D)* бýти схóжим *(на когось)*
áhnen *vt* передчувáти, догáдуватися
ähnlich *adj* схóжий, подíбний; und ~es тóщо, і таке íнше; j-m ~ sein (séhen) бýти схóжим на кóгось
Ähnlichkeit *f* **-,**~en схóжість, подíбність
Àhnung *f* **-,**~en **1.** передчуття́, підóзра; **2.** *розм.* уя́влення, поня́ття; keine (blásse) ~ von etw (D) háben не мáти уя́влення про щось, не розумíтися на чóмусь
áhnungslos *adj* яки́й нíчого не підóзрює; **~voll** *adj* спóвнений передчуття́
À horn *m* **-(e)s-,-e** клен
Ähre *f* **-,-n** колос; **-n** ánsetzen, in die **-n** schíeßen колоситися
Akademíe *f* **~, ...mien** акадéмія ; ~ der **Wissenschaften** Акадéмія наýк; ~der Künste Академія мистецтв
Akademíemitglied *n* **-(e)s,-er** акадéмік; korrespondierendes ~ член~кореспондéнт Акадéмії (наýк)
akadémisch *adj* академíчний; **-e** Bíldung ви́ща освíта; **-er** Grad учéний стýпінь; **-er** Senát Вчéна рáда *(вузу)*
Akázi e *f* **-,-n** акáція
Akkórd *m* **-(e)s- -e** акóрд, співзвýччя
Akkórd¦lohn *ò* **-(e)s, ...Löhne** відря́дна заробíтна плáта
akkreditíeren *vt* **1.** уповновáжувати, акредитувáти *(посла):* **2.** *фін. надавáти* креди́т
Akkreditív *n* **-s, -e 1.** *фін. акредити́в*; **2.** *дип.* вíрча грáмота
Akkumulatíon *f* **-,**~en нагромáдження, акумуля́ція
Akt *m* **-(e)s-.-e 1.** акт. ді́я; **2.** *театр,* акт, ді́я; **3.** церемóнія, урочи́сте засíдання
Àkte *f* **-,-n 1.** докумéнт; **2.** *здеб. рі* канцеля́рська спрáва, підши́вка докумéнтів
Àkten¦mappe *f* **-,-n** портфéль; **-stück** *n* **-(e)s- -e** докумéнт, офіцíйний папíр; **~tasche f-,-n** портфéль
Àktie *f* **-,-n** áкція
Àktiengesellschaft *f* **-,**~en акціонéрне товари́ство
Aktión *f* ~,~en ді́я, áкція, (відкри́тий) ви́ступ; кампáнія; оперáція; éine **-s**tárten (áufziehen) розпочáти кампáнію; in ~ treten починáти ді́яти, відкри́то ви́ступити
Aktiónsart *f* **-,**~en *грам,* вид *(дієслова)*
aktív 1. *adj* **1.** акти́вний, дія́льний; éine **-e** Hílfe дійовá допомóга; ein **-er** Mensch акти́вна (дійовá) люди́ на; éine **-e** Natur дія́льна натýра; **2.** дíючий, дíйсний, акти́вний; **-e** Bestéchung *юр.* пíдкуп, давáння хабарá; **3.** той, що перебуває на строковíй військóвій слýжбі, кáдровий; **-er** Dienst строковá (військóва) слýжба; **-er** Offizíer кáдровий офіцéр; **4.** ш, *фіз.,* радіоакти́вний; **2.** *adv у різн. знач,* акти́вно; sich ~ betätigen виявля́ти акти́вність
Aktivísmus [-v-] *m* ~ акти́вність, дія́льність, енергíйність
akút *adj мед.* гóстрий *(про хворобу); перен.* гóстрий, невідклáдний, першочергóвий
Akzeleratión *f* **-,**~en прискóрення
Akzént *m* **-(e)s-,-e 1.** акцéнт, вимóва; **2.** нáголос; знак нáголосу
akzeptábel *adj* прийня́тний, припусти́мий
akzeptíeren *vt* **1.** приймáти *(пропозицію);* давáти згóду *(на щось);* визнавáти *(щось);* **2.** фін. акцептувáти, приймáти до оплáти *(вексель)*
Alárm *vt* **-(e)s-,-e** тривóга, сигнáл тривóги; blínder (fálscher) ~ фальши́ва тривóга; ~ schlágen би́ти тривóгу
alarmíeren *vt* **1.** підіймáти по тривóзі; мобілізувáти; **2.** тривóжити, турбувáти
álbern *adj* дурни́й, нерозýмний, безглýздий

A

Àlbernheit *f* -,~en **1.** дýрість; **2.** безглýздість; **3.** дýрощі
Àlge *f* -,-n вóдорість
Àlkohol [-hol] *m* **-s, -e** алкогóль, спирт
álko hol¦frei *adj* безалкогóльний; **~haltig** *adj* алкогóльний
all *adj* **1.** весь; **2.** усякий, кóжний
All *n* **-s** всéсвіт, кóсмос
allábendlich **1.** *adj* щовечíрній; **2.** *adv* щовéчора
áll¦bekkant *adj* загальновідóмий; **~beliebt** *adj* популярний, улюблений
álledém: bei ~ всé-таки, все ж, при всьóму тóму; крім тóго; до тóго ж; trotz ~ незважáючи ні на що
Allée *f* , **Alléen** алéя, проспéкт
alléin **1.** *ado* оди́н, однá, однé, одні́; сам; наоди́нці; на самоті; самостíйний; **2.** *adv* тíльки, ви́ключно; лишé; **3.** *cj* але, протé
Alléin¦handel *m* **-s** монопóльна торгíвля; **~herrschaft** *f* ~ единовлáддя, самодержáвство
alléinig *adj* єди́ний, ви́ключний, монопóльний
alléinstehen* w не мáти сім'ї, бýти неодрýженим (неодрýженою)
állemál *adv* завждй, кóжного рáзу
állenfalls *adv* **1.** мáбуть, в усякому рáзі; **2.** у рáзі потрéби, у крáйньому рáзі
áller¦bést *adj* найкрáщий; **~dings** *adv* звичáйно, прáвда, спрáвді
Allergíe *f* ~, **...gí¦en** *мед. алергія*
áller¦hánd *adj* усякий, рíзний: **~léi** *adj* вcіля́кий, усякий; **létzt** *adj* остáнній, крáйній; **~liebst** *adj* улюблений; **-séits** *adv з усі*х бокíв, звідусíль
Àllerwéltsbürger *m* **-s,~** космополíт
állerwénigst **1.** *adj* наймéнший; **2.** *adv.* am ~en **менш за все**
állesámt *adj розм.* усі рáзом
älleuropäisch *adj* загальноєвропéйський
állgemein *adj* **1.** загáльний, абстрáктний; **2.** загáльний, всеося́жний; поголóвний
állgeméingültig *adj* загальноприйнятий, загальновжи́ваний
Àllgeméingut *n* ~es громáдська влáсність, загáльне добрó
Àllgeméinheit *f* ~, **en** **1.** *тк. sg* спíльність, універсáльність; **2.** *тк. sg* громáдськість, суспíльство, лю́дство; **3.** *pi* загáльні місця́ (фрáзи), банáльності
Alliánz *f* -,~en альянс, спíлка, об'єднання
alliíeren **1.** *vt* об'єднувати в союз; **2.** **sich ~** об'єднуватися (в союз), укладáти союз
alliíert *adj* союзний, об'єднаний, союзницький
Alliíerte **1.** *m* союзник; **2.** держáви-союзники; члéни коалíції
álljährig **alljährlich** **1.** *adj* щорíчний, рíчни́й; **2.** *adv* щорóку
allmächtig *adj* всемогýтній, всеси́льний
allmählich **1.** *adj* поступóвий; **2.** *adv* поступóво, помáлу
állmónatlich **1.** *adj* щомíсячний; **2.** *adv* щомíсяця
állnächtlich **1.** *adj* щонíчний; **2.** *adv* щонóчі
állseitig *adj* **1.** всебíчний, різносторóнній; **2.** загáльний
Àlltag *m* **-(e)s-,-e** бýдній день, бýдень
álltäglich *adj* **1.** щодéнний, повсякдéнний; **2.** бyдéнний, звичáйний
álltags *adv* **1.** у бýдні, повсякдéнно; **2.** по-будéнному
Àlltags¦anzug *m* **-(e)s-, ...züge** будéнний костю́м; **-sorgen** *pi повсякдé*нні клóпоти
állumfássend *adj* всеося́жний; ~es Programm ширóка прóграма; ~es **Wissen всеос**я́жна ерудиція
állwissend *adj* всезнáючий; *ірон.* премýдрий
állwöchentlich *adj* щотижнéвий
állzu, állzusehr *adv* (за)нáдто, надмíру
Àlmosen n **-s**, ~ подаяння, ми́лостиня
Alp *m* **-(e)s, -e** **1.** кошмáр, я́дýха (уві сні); пригнíчений стан; **2.** домови́к
Àlpdruck *m* **-(e)s, ...drücke** кошмáр, я́дýха
Àlpen¦garten *m* **-s, ...gärten** сад з альпíйською росли́нністю; **~veilchen** *n* **-s,** ~ *бот.* цикламéн, альпíйська фіáлка
Alphabét n **-(e)s-,-e** алфáвіт, áзбука
alpín *adj* альпíйський, високогíрний; альпінíстський, гíрськи́й
als *cj* **1.** коли́, в той час як; **2.** як; er ist ~ Léhrer tätig *або* er arbeitet Léhrer він працює вчи́телем; **3.** ніж *(після вищого ступ);* er ist älter ~ du він стáрший, ніж ти (за тебе); **4.** напри́клад, як; die größten Díchter Déutschlands ~ Góethe Schíller такі найвидатнíші поéти Німéччини, як: Гéте, Шíллер; **5.** як, крім *(після запереченні),* kein ánderer ~ du ніхтó, крім тéбе; **6.** (при нереальному порíвнянні нáче; мóвби, нíбито; er sieht so aus, ~ wäre er krank він нíби хвóрий; **7.** sowóhl ~ auch як ... так і ...; ~ ob, ~ wenn (не)нáче, нíби(то), немóв
álso *cj* отже, вихóдить
alt *adj* **1.** стари́й; старови́нний, стародáвній; ~es **Brot** черстви́й хліб; die Alte Geschíchte стародáвня істóрія; ~ und jung старí й малí; ~werden старíти; wie ~ sind Sie? скíльки Вам рóків? **2.** стари́й, коли́шній, дáвній; незмíнний; er ist der **-e** він (нітрóхи) не змíни́вся; álles bleibt beim ~en все залишáється по~старóму
Altán *m* **-s, -e** **1.** балкóн; терáса (дрýгого пóверху); **2.** альтáнка; **3.** верáнда
áltansässig *adj* корíнни́й *(про жителя)*
áltbacken *adj* **1.** черстви́й *(про хліб)*; **2.** старомóдний, застарíлий
Àlte *m* **-n, -n** стари́й; f **-n, n** старá, бáба; *pi* **1.** прéдки; **2.** античні нарóди; стародáвні грéки і ри́мляни
Àlter *n* **-s,** ~ **1.** вік, літá; hohes ~похи́лий вік; gleichen **-s** sein, im gléichen ~ stéhen бýти однóлітками; **2.** стáрість; **3.** вік, добá, епóха
áltern **1.** *vi (h, s)* стáріти(ся); **2.** *vt* стáрити; die Kránkheit hat ihn geáltert він постарíв від хворóби

álters: seit ~ (her), von ~ her здáвна
Àlters¦genosse *m* **-n**, **-n** ровéсник, однó-літок; **~grenze** *f* **-,-n** грани́чний вік; віко-ви́й ценз; **~rente** *f* **-,-n** пéнсія по ста́-рості; **-schwäche** *f* ~старéча слáбість, нéмічність; **-stufe** *f* **-,-n** вікова́ гру́па; **~unterschied** *m* **-(e)s**, **-e** різни́ця у віці; **~Versicherung** *f* , ~en страхувáння по стáрості; ~ **vesorgung** *f* **-**,~en забез-пéчення по стáрості
Àltertum *n* **-(e)s ,...tümer 1.** *тк. sg* старо-дáвність, стародáвні часи́; das klássische ~ антична́сть; **2.** *здеб. pi* антиквáрні рéчі
áltertümlich *adj* **1.** старови́нний, старо-дáвній, архаї́чний; **2.** застарíлий, допотóпний
Älteste 1. *m* **-n**, **-n** стáрший (син); **2.** f**-,-n** стáрша (дочкá); **3.** *m* **-n**, **-n** старшинá, стáроста, старíйшина
áltklug *adj* розу́мний не по літáх, передчáсно розви́нений *(про дитину)*
ältlich *adj* лíтній, старувáтий
áltmodisch *adj* старомóдний
Àltpapier *n* **-s** макулату́ра
Àltstoff *m* **-(e)s**, **-e** ути́ль, утильсировинá
Altwéibersommer *m* **-s**, **~** бáбине лíто
Amateur *m* **-s**, **-e** амáтор, люби́тель, ди-летáнт
Àmboß *m* **~ ...bosses**, .. bosse ковáдло
Ambulánz *f* **-**,~en **1.** амбулатóрія; **2.** ма-ши́на швидкóї допомóги
Àmeise *f* **-**,~en мурáшка
Àmeisenbär *m* ~en, ~en мурашкоїд; ~ **häufen** *m* **-s**, ~ мурáшник
Amortisatión *f* **-**,~en амортизáція
Àmpel *f* **-,-n 1.** вися́ча лáмпа; **2.** світло-фóр; **3.** підвісни́й вазóн
Àmpfer *m* **-s**, ~ *бот. Щавéль*
amphíbisch *adj* земновóдний
Amt *n* **-(e)s**, **Amter 1.** посáда, слу́жба; **2.** установá, контóра, вíдомство, управ-лíння
amtíeren *vi (als N)* **1.** займáти посáду *(когось)*; працювáти *(кимось)*; **2.** викó-нувати обóв'язки *(когось)*; заступáти *(когось)* по слу́жбі
ámtlich *adj* офіційний, службóвий
Àmts¦dauer *f* ~ строк слу́жби; **~gericht n -(e)s-,-e** дільни́чни́й суд; **~person** f **-**,~en службóва (офіційна) осóба; **-schimmel** *m* **-s** паперóва тягани́на, бюрократи́зм
amüsánt *adj* цікáвий, кумéдний, весéлий
amüsíeren 1, *vt* розважáти, весели́ти; **2. sich ~** розважáтися, весели́тися
an *prp* **1.** (D) *(вказує на місце знаходжен-ня ~ де?) на*, кóло, бíля, в, у; ~ der Uni-versität studieren вчи́тися в універ-ситéті; **2.** (A) *(вказує на напрямок ~ ку-ди!)* до, на, бíля, кóло; ~ das Fénster (géhen) (іти́) до вікнá; **3.** *(D) (вказує на час ~ коли!)* в, на; von héute ~ від сьо-гóдні; am Mórgen врáнці; **4.** *(переклад залежать від керування українського дієслова)*

Analogíe *f* ~, **... gien** аналóгія, схóжість; in ~ zu, etw. (D) за аналóгією з чи́мось
Analphabét *m* ~en, ~en неписьмéнний
Analyse *f* **-,-n** анáліз, досліджéння
analytisch *adj* аналіти́чний
Anästhesíe *f* ~, **...sien 1.** анестезія, зне-бóлювання; **2.** втрáта чутли́вості
Anatóm *m* ~en, ~en анáтом
Ànbau *m* **-(e)s**, **~ten 1.** *тк. sg* обрóблен-ня; розвéдення; вирóщування; **2.** при-будóва
ánbauen 1. *vt* **1.** обробля́ти *(поле)*; роз-вóдити; **2.** вирóщувати: **3.** прибудóву-вати, приробля́ти, приставля́ти; **2. sich ~** поселя́тися, будувáтися
Ànbau¦fläche *f* **-,-n** посівнá плóща; **~möbel** *pl* секційні (комбінóвані) мéблі; **~motor** *m* **-s**, **...toren** підвісни́й мотóр *(на човні, велосипеді)*
Ànbeginn *m* **-s** початок; seit ~, von ~(an), vom ersten ~ з сáмого почáтку
ánbehalten* *vt* не знімáти *(пальта, капе-люха)*
ánbeißen* 1. *vt* **1.** надку́шувати, відку́-шувати; **2.** прикуси́ти; **2.** *vi (aul A)* клю-нути *(на щось)*, попáсти(ся) на гачóк
ánbelangen *vt* стосувáтися; was mich (diese Sache) anbelangt що стосу́ється менé (цієї спрáви)
ánberaumen *vt* визначáти, призначáти
ánbeten *vt* поклоня́тися *(комусь)*, боготвори́ти, обóжнювати *(когось)*
Ànbetracht: in ~ (G) беручи́ до увáги, мáючи на увáзі, врахóвуючи *(щось)*
ánbetreffen* *vt* стосувáтися; was mich anbetrifft щóдо мéне
ánbieten* 1. . *vt* **1.** пропонувáти; **2.** часту-вáти; **2. sich ~** (D) пропонувáти свої́ пóслуги *(комусь)*; напрóшуватися
ánbinden* 1. *vt* прив'язувати; **2.** *vi (mit D)* **1.** почáти свари́тися; **2.** зав'язувати знайóмство, загравáти *(з кимось)*; **3.** швартувáтися
ánblasen* *vt* **1.** ду́ти *(на щось, иа когось)*; **2.** роздувáти *(вогонь)*
ánblättern *vt* перегортáти *(киигу)*
Ànblick *m* **-(e)s-,-e 1.** пóгляд; beim érsten ~, auf den érsten ~ з пéршого пóгляду, на пéрший пóгляд; **2.** вид, видóвище
ánblicken *vt* (по)диви́тися, гля́нути
ánbrechen* 1. *vt* **1.** надлáмувати, відлáмувати; **2.** відкривáти; брáтися *(за щось)*; **2.** *vi (s)* наставáти *(про час)*
ánbrennen 1. *vi (s)* загоря́тися, розгоря́-тися; пригоря́ти; **2.** *vt* обпáлювати; запáлювати
ánbringen* *vt (s)* устанóвлювати, при-робля́ти, прикріплювати; **2.** знахó-дити застосувáння; влаштóвувати; **3.** *розм.* принóсити, привóдити
Ànbruch *m* **-(e)s**, **...brüche 1.** надлóм; **2.** тк. *sg* наставáння, почáток
ándächtig *adj* **1.** благоговíйний, набóж-ний; **2.** урочи́стий; **3.** увáжний, зосерéд-жений

A

ándauern *vi* продóвжуватися, тривáти
ándauernd *adj* тривáлий; постíйний
Àndenken *n* **-s,~** **1.** *тк. sg* пáм'ять, спóгад *(an A про когось, про щось);* zum ~ на пáм'ять, на згáдку; **2.** сувенíр, подарýнок на згáдку
ánder *adj* **1.** íнший; das ist ganz étwas ~es **це** зóвсім íнша спрáва; kein **-er** als du не хто íнший, як ти; **2.** дрýгий, настýпний; am ~en **Táge** настýпного дня; únter ~en *(скор.* u.a.) в тóму числí, між íншим; éiner nach dem ~en одúн за óдним
ánderen¦falls *adv* у протúвному рáзі, інáкше; **~teils** *adv* з дрýгого бóку
ándererseits *adv* з дрýгого бóку, напрóти
ándermal: ein ~ íншим рáзом
ändern **1.** *vt (an D)* міняти, переробляти *(щось в чомусь);* **2. sich** ~мінятися, змíнюватися; sich von Grund aus ~ змінúтися докорíнно
ánders **1.** *adj* íнший; jémand ~ хто~нéбудь íнший; niemand ~ ніхтó íнший; **2.** *adv* інáкше, по~íншому
ánders¦artig *adj* íнший, відмíнний; ~denkend *adj* інакомúслячий
ánders¦wie *adv* íншим спóсобом; ~wo *adv* (де~небудь) в íншому місці
ánderthalb *num* півторá
Änderung *f* **-,~en** змíна, перемíна; переробка
ánderwärts *adv* (де~нéбудь) в íншому місці; (кудú~нéбудь) в íнше місце
ándeuten *vt* **1.** натякáти *(на щось);* **2.** відмічáти, позначáти; **3.** жéстом дáти зрозумíти
Àndeutung *f* ~,~en **1.** нáтяк; **2.** прикмéта
Àndrang *m* **-(e)s** нáтиск; дáвка
ándrängen **1.** *vi (an a, gegen a) напирáти,* натискáти *(на когось, на щось);* **2.** vt (àë à) ïðèòèñêàòè, припирáти *(когось ao чогось);* **3. sich** ~ *(an a)* **1.** *товпúтися (біля чогось);* **7.** протóвплюватися *(до чогось); перен.* приставáти *(до когось)*
ándrehen *vt* **1.** прикрýчувати, пригвúнчувати; **2.** завóдити, пускáти в хід *(двигун);* **3.** вмикáти *(світло, радіо);* відкривáти *(кран)*
ándringen* *vi (s)* наступáти, напирáти; приливáти; das Blut dringt gégen den Kopf an кров приливáє до головú
ándringlich *adj* наполéгливий, настúрливий, набрúдливий
ándrohen *vt (j-m)* погрóжувати *(чимось комусь)*
Àndrohung *f* **-,~en** погрóза *(von D чимось)*
ándrücken **1.** *vt* притискáти; **2. sich** ~притискáтися
áneignen *vt sich (D) etw.* ~ привлáснювати *(щось); sich (D)* ~ засвóювати, опанóвувати, переймáти *(щось)*
aneinánder *pron rez* одúн óдному; одúн до óдного
Anekdóte *f* **-,-n** анекдóт *(історичний);* забáвний епізóд *(з життя відомої особи)*
ánempfehlen* *vt* рекомендувáти, пропонувáти, (порáдити)
ánerben *vt* **1.** одéржати в спáдщину; **2.** *(j-m)* залишáти в спáдок *(щось комусь)*
Ànerbieten *n* **-s,~, Anerbietung** *f*-,~en пропозúція
ánerkannt *adj* вúзнаний, відóмий
ánerkennen* *vt* **1.** *юр., дипл.* визнавáти; **2.** цінúти, шанувáти
ánerkennend **1.** *adj* похвáльний; вдячний; **2.** *adv* з похвалóю, з пошáною, з вдячністю
Ànerkennung *f* **-,~en** **1.** *юр., дипл.* визнáння; **2.** похвалá, схвáлення
ánfachen *vt* роздувáти, розпáлювати; éinen Krieg ~ розпáлювати пóлум'я війнú
ánfahren* **1.** *vt* **1.** підвóзити, привóзити; **2.** наїжджáти *(на когось, на щось);* **3.** прямувáти *(в якийсь пункт);* захóдити *(в порт);* **4.** запускáти *(двигун);* **5.** *розм.* нагрúмати *(па когось);* **6.** *vi* (s) під'їжджáти, прибувáти *(про поїзд);* **7.** рушáти, від'їжджáти; der Zug fuhr weich an поїзд плáвно рýшив з місця; **8.** *(an A. gegen A)* наїжджáти *(на щось),* зíткнýтися *(з чимось)*
ànfahrt *f* **-,~en** **1.** приїзд, прибуття; **2.** під'їзд; прúстань, причáл; **3.** дорóга *(до якогось місця)*
Ànfall *m* **-(e)s, ...fälle** **1.** прúступ припáдок; **2.** нáпад
ánfallen **1.** *vi* (s) **1.** накопúчуватись; **2.** виникáти *(як супровідне явище)* **3.** *юр.* перехóдити *(у спадщину);* **4.** *vt* **1.** нападáти, кúдатися *(на когось);* **5.** оволодівáти, охóплювати *(напр., про почуття)*
Ànfang *m* **-(e)s, ...fänge** **1.** початок; ~ Mai на початку трáвня; am *(beim, im zu(m)')* ~ на початку; von ~an з (сáмого) початку; **2.** *pl* засáди, начáла, оснóви; die Ánfange éiner Wissenschaft оснóви (начáла) якоїсь наýки
ánfangen* **1.** *vt* починáти, брáтися *(за щось);* eine Arbeit ~ брáтися за якýсь робóту; was fánge ich an? що мені робúти? **2.** *vi* починáтися; die Schúle fängt um acht an заняття в шкóлі починáються о вóсьмій
Anfänger *m* **-s,** **1.** початкíвець; новачóк; **2.** ініціáтор
ánfänglich **1.** *adj* початкóвий, пéрвісний; **2.** *adv* спочáтку, на початку
ánfangs *adv* спочáтку, на початку
Ànfangs¦gründe *pl* начáла, оснóви *(науки);* **~zeit** f **-,~en** початок *(вистави, сеансу)*
ánfärben *vt* фарбувáти; підфарбóвувати
ánfassen *vt* **1.** доторкáтися *(рукою до чогось);* **2.** охóплювати *(когось);* оволодівáти *(кимось);* **3. sich** - der Stoff faßt sich weich an тканúна м'якá на дóтик; брáтися за рýки
ánfaulen *vi (s)* підгнивáти, псувáтися

ánfechten* *vt* **1.** оспóрювати, опротестóвувати, заперéчувати; оскáржувати; **2.** турбувáти, тривóжити
Ànfechtung *f* **-,-en 1.** оспóрювання, оскáрження; **2.** спокýса
ánfeinden *vt* ворóже стáвитися *(до когось, до чогось),* нападáти *(на когось, на щось)*
ánfertigen *vt* виготовляти, робити,! викóнувати *(завдання);* die Háusaufgaben ~ викóнувати домáшнє' завдáння
ánfesseln *vt (an A) прикó*вувати, прив'язувати *(до чогось)*
ánfeuchten *vt* змóчувати, зволóжувати; die Kéhle ~ вúпити
ánfeuern *vt* **1.** розпáлювати *(пічку);* **2.** запáлювати; надихáти
ánfliegen* **1.** w (5. **1.** прилітáти, підлітáти; **2.** *(j-m)* лéгко давáтися, давáтися без зусúль *(про знання),* **2.** *vt ав.* наближáтися *(до аеродрому);* захóдити на посáдку
Ànflug *m* **(e)s, ...flüge 1.** прилíт *(птахів);* наблúження *(літака);* **2.** зíткнення *(в повітрі);* **3.** *(von D)* налíт; відтíнок; *перен.* нáтяк
ánfordern *vt* вимагáти, запúтувати
Ànforderung *f-,~*en **1.** *pi домагá*ння, претéнзії, зáпити; **2.** вимóга, заявка *(на щось)*
Ànfrage *f* -,-n зáпит
ánfragen w *(bei j-m, nach D, um A, über A) запú*тувати *(когось про щось);* довíдуватися *(у когось про щось)*
ánfreunden sich 1 *(mit D)* подружúтися (*ç кимось)*
ánfrieren* vt *(s)* примерзáти
ánfühlen 1. *vt* обмáцувати; **2. sich** ~: sich weich (kalt) ~ бýти м'якúм ; (холóдним) на дóтик
Anfuhr *f* **-,**~en підвíз; привíз; до стáвка *(von D чогось)*
ánführen *vt* **1.** вестú, бýти на чолí, очóлювати; **2.** навóдити *(докази, цитати);* цитувáти *(щось);* **3.** обмáнювати) **4.** підвóзити, привóзити
Ànführer *m* **-s, ~ 1.** керівнúк, призвíдник, застрíльник; **2.** обмáнщик, шахрáй
Ànführung *f* **-,**~en **1.** *здеб. sg* керівнúцтво; **2.** посилáння; цитáта
Ànführungsstrich *m,* **Ànführungszeichen** *n ~ здеб. pl* лапкú)
ánfüllen *vt* напóвнювати, начиняти, запóвнювати
Àngabe *f* **-,-n 1.** повідóмлення; *юр,* свідчення; **2.** *pl* дáні, відóмості; і **3.** *тк. sg розм,* хвáстощі
ángeben* *vt* **1.** вкáзувати, повідомляти; давáти відóмості; **2.** донóсити *(накогось);* викáзувати *(когось)*
Àngeber *m* **-s, ~ 1.** донóщик; **2.** *розм,* хвалькó, чванькó
ángeblich 1. *adj* гáданий, так звáний; **2.** *adv* нíби, нáчебто
ángeboren *adj* прирóджений, прирóдний
Àngebot *n* **-(e)s-,-e** пропозúція; ~ und Náchfrage пóпит і пропозúція
ángebrochen *adj* **1.** надлáманий; пошкóджений; **2.** відкрúтий, почáтий; eine **-e** Zigaréttenpackung почáта пáчка сигарéт
ángegriffen *adj* змýчений, втóмлений; приголóмшений
ángehen* **1.** *vi (s)* **1.** *розм.* починáтися; die Schúle ist schon angegangen урóки~ (в шкóлі) вже почалúся; **2.** *(gegen A)* борóтися *(з кимось, з чимось);* виступáти *(проти когось, чогось);* **3.** налáзити *(про одяг);* **4.**: *das geht nicht an* це недопустúмо; **5.** vt (um *A)* звертáтися *(до когось за чимось);* просúти *(когось про щось);* **6.** торкáтися *(когось);* стосувáтися *(чогось)*; was geht Sie das an? якé вам дíло (до цього)? was mich ángeht ... що стосýється мéне ...
ángehend *adj* початкýючий, молодúй; майбýтній
ángehören *vi (D)* налéжати (до *чогось); einem Staate* ~ бýти громадянúном якоїсь держáви
Àngehörige *m, f* **1.** рóдич, рóдичка; **2.** якúй налéжить до якóїсь грýпи; ein ~r eines Stáates; громадянúн якóїсь держáви; ein **-e** der Armee військовослужбóвець
Àngeklagte *m, f юр.* підсýдний, підсýдна, обвинувачувáний, обвинувáчувана
Àngel *f* -,-*n* **1.** вýдочка; **2.** завíса *(дверей)*
Àngelegenheit *f* ~ ~en спрáва; in welcher ~ ? у якíй спрáві? in einer díenstlichen ~ у службóвій спрáві
Àngel¦hacken *m* **-s,** ~ гачóк вýдки; ~ **leine** *f* **-,-n, -**schnür *f*~, **...schnüre** волосíнь
ángeln *t* ловúти рúбу
Àngelpunkt *m* **-(e)s-,-e** центр вагú, основнá лáнка
ángemessen *adj* відповíдний, налéжний, дорéчний
ángenehm *adj* приємний
ángenommen *adj* **1.** прийóмний *(про дитину);* **2.** умóвний, вúгаданий
ángeregt *adj* жвáвий, збýджений
ángesehen *adj* шанóвний; авторитéтний; вúдний
Àngesicht *n* **-(e)s,-e** і **-er** облúччя, лицé; von ~zu ~ віч~нá~віч
ángesichts *prp* (G) пéред лицéм; зважáючи на, з óгляду на *(щось)*
ángespannt *adj* напрýжений
Àngestellte *m, f* службóвець, службóвка
ángestrengt *adj* напрýжений, посúлений
ángewandt *adj* прикладнúй; **-e** Kunst прикладнé мистéцтво
ángewiesen: ~ sein *(auf A)* бýти змýшеним обхóдитися (*чимось*); бýти залéжним *(від когось, від чогось);* не мáти іншої можлúвості *(крім чогось)*
ángewöhnen *vt (j-m)* привчáти *(до чогось когось);* sich (D) etw ~ звúкнути, привчúтися
Àngewohnheit *f* **~,**~en звúчка

A

ángezeigt *adj* дорéчний, своєчáсний, доцíльний
ángießen* *vt* **1.** доливáти, підливáти; **2.** поливáти *(саджанці після посадки)*
ángleichen* *vt* рівня́ти, зрíвнювати; уподíбнювати
Àngler *m* **-s,~** рибáлка, вудкáр
ángliedern *vt (D)* приє́днувати *(до чогось);* включáти до склáду *(чогось)*
Àngliederung *f* **~,~en** приєднáння, введéння до склáду
angreifbar* *adj* урáзливий
ángreifen* *vt* **1.** брáти, хапáти *(щось);* торкáтися *(чогось);* **2.** брáтися *(за щось);* **3.** нападáти, атакувáти, наступáти
Àngreifer *m* **-s,~** нападáючий, агрéсор
ángrenzen *vi (an A) межувáти (з чимось);* прилягáти, примикáти *(до чогось).*
Àngriff *m* **-(e)s,-e 1.** нáпад; нáступ, атáка; **2.** нáпадки; **3.**: etw in ~néhmen приступáти до чóгось, брáтися за щось
Àngriffs¦krieg *m* **-(e)s, -e** агресúвна війнá; **~waffe** *f* **-,-n** наступáльна збрóя
Angst *f* **~, Ängste** *(vor D)* страх, боя́знь *(чогось);* aus ~ , vor ~ від стрáху; ~bekómmen злякáтися; ~haben *(vor D)* боя́тися *(чогось).*
angst: mir ist ~ (und bange) менí стрáшно
ängstigen 1. *vt* лякáти; **2.** sich ~ **1.** *(vor D)* боя́тися *(когось чогось);* **2.** *(um A)* боя́тися, тривóжитися *(за когось)*
ängstlich *adj* боязкúй; несмíливий; нерішýчий
Ängstlichkeit *f* ~ бóязкість, несмілúвість; нерішýчість
ánhaben* *vt* **1.** носúти *(одяг);* бýти одя́гненим *(у щось);* **2.**: j-m etw ~wóllen мáти зуб на кóгось, замишля́ти щось прóти кóгось
Ànhalt *m* **-(e)s-,-e 1.** підстáва, прúвід; **2.** зупúнка, перéрва, пáуза
ánhalten* 1. *vt* зупиня́ти, затрúмувати; (an A) прикладáти, притúскувати; *(zu D)* спонукáти, привчáти *(когось до чогось);* **2.** *vi* зупиня́тися; робúти зупинку; тривáти, продóвжуватися; **3. Sich** *~(an D)* тримáтися *(за щось)*
ánhaltend *adj* тривáлий, затяжнúй, стійкúй
Ànhaltspunkt *m* **(e)s~,-e** відправнá тóчка; підстáва; вихíдні дáні
anhánd *prp (G* за допомóгою; на підстáві, чéрез
Ànhang *m* **-(e)s-, ...hänge 1.** допóвнення, додáток; **2.** *тк. sg* прихúльники, послідóвники, шанувáльники; **3.** *тк. sg* сім'я́, родúна, рідня́, близькí
ánhängen 1. *vt* **1.** вíшати, підвíшувати; **2.** додавáти; **3.** *(j-m) розм. нав'язувати (щось комусь);* **4.** *(j-m) розм.* непрáвильно приписувати *(щось комусь);* наговóрювати *(на когось);* **5.** розм. вíшати трýбку *(телефону);* häng an! закíнчуй розмóву! дóсить! **6.** *vi (D)* бýти властúвим (притамáнним); **7.** додéржуватися) *(чогось);* бýти прихúльним *(до когось),* бýти вíдданим *(комусь)*

Anhänger *m* **-s, ~ 1.** прихúльник, послідóвник; *спорт.* болíльник; **2.** прúчіп; **3.** ярлúк, бúрка; **4.** підвíсок, брелóк
Ànhänglichkeit *f* ~ прихúльність, вíдданість
ánhauchen *vt* **1.** дúхати, дýти *(на щось; когось);* **2.** *розм. нагрúмати (на когось)*
ánhauen* *vt* **1.** надсікáти, насікáти; **2.** почáти рубáти (ліс); почáти косúти (хліб); **3.** den Fisch mit der Angel ~підсіктú рúбу
ánhäufen 1. *vt* нагромáджувати; **2. sich** ~ нагромáджуватися; скýпчуватися, товпúтися
ánheben* *vt* (трохи) піднімáти
ánheften *vt* прикріплювати, прикóлювати, підшивáти *(папери)*
ánheizen *vt* затóплювати, розпáлювати *(тж перен.);* розігрівáти
ánhetzen *vt* підганя́ти, нацькóвувати
Ànhöhe *f* , **-n** височинá, висотá, горб, пáгорок
ánhören 1 *vt* **1.** слýхати, вислýхувати; **2.**: man hört ihm an, daß ... по йогó гóлосу чýтно, що ...; **3. sich** ~: das hört sich gut [schlecht) an це приє́мно (неприє́мно) чýти
animálisch *adj* тварúнний, плóтський
ánkämpfen *vi (gegen A) борóтися* (; *чимось, з кимось)*
Ànkauf *m* **~ (e)s, ...kaufe** закýпка скýпка
ánkaufen *vt* закупáти, купувáти
Ànker *m* **-s ~ 1.** *мор.* я́кір; **2.** *мех.* áнкер
ánkern *vi* **1.** стáвати на я́кір; **2.** стоя́ти на я́корі
Ànkerplatz *m* ~es, **...plätze** *мор. рейд,* я́кірна стоя́нка
ánketten *vt* прикóвувати (прикріпля́ти) ланцюгóм (до ланцюгá); саджáти на ланцюг
Ànklage *f* **~ ,-n** обвинувáчення; скаргá, дóкір
Ànklage¦akte *f* **-,-n** *юр. обвинувáльний* акт; **~bäiê f ~, ...Bänke** лáва підсýдних
ánklagen 1. *vt (G i wegen G)* обвинувáчувати *(когось в чомусь);* докоря́ти, скáржитися, нарікáти; **2. sich** ~ *(G)* картáти *(себе в чо мусь)*
Ànkläger *m* **-s~** обвинувáч
Ànklageschrift *f* **~,~en** обвинувáльний акт
ánklammern 1. *vt* укріплювати скобóю; прикріплювати *(білизну, папери);* **2. sich** ~ *(an A) (судорожно)* чіпля́тися *(за когось, за щось)*
Ànklang *m* **-(e)s, ...klänge 1.** відгóмін, співзвýчність, схóжість; **2.**: ~linden (haben) мáти підтрúмку, мáти ýспіх, зустрічáти співчуття́
ánkleben 1. *vt* налíплювати, приклéювати; **2.** *vi (s) (auf D, an D)* лúпнути, приставáти *(до чогось);* **3. sich** ~ прилипáти, приставáти
ánkleiden 1. *vt* одягáти; **2. sich** ~ одягáтися

Ànkleide¦raum *m* **-(e)s, ...räume, ~zimmer** *n* **-s,** ~ **1.** гардероб, роздягальня; **2.** *театр,* вбиральня актора

ánklingeln 1. *vt* дзвонити *(по телефону комусь);* **2.** vi дзвонити *(до когось у двері)*

ánklingen* *vt* **1.** звучати, бути чутним; **2.** *(an A)* нагадувати *(щось по звуку);* бути подібним *(до чогось)*

ánklopfen *vi* **1.** постукати *(у двері);* **2.** (bei j-m um A) перен. закинути вудочку, попросити *(у когось щось)*

ánknipsen *vt розм. вмикати (світло)*

ánknöpfen *vt* пристібати

ánknüpfen 1. *vt* **1.** прив'язувати, з'єднувати; *(mit j-m)* зав'язувати, починати *(з кимось знайомство, розмову);* **2.** *vi* **1.** *(mit D)* зав'язувати стосунки *(з кимось); (an A) виходити (з чогось);* спиратися *(на щось)*

ánkommen* 1. *vi (s)* **1.** прибувати, приходити, приїжджати; **2.** *(bei D)* підступати, підходити *(до когось, чогось);* **3.** *(auf A) залежати (від когось, чогось);* es kommt ihm sehr daráuf an для нього це дуже важливо; daráuf kommt es an в тому то й справа; **4.** *vt. es kommt mich schwer* (säuer) an" мені доводиться сутужно

Ànkömmling *m* **-s, -e 1.** захожий, приїжджий, прибулий; **2.** новонароджений

ánkündigen *vt* оголошувати, повідомляти

Ànkunft *f* ~, **...künfte** прибуття, приїзд, прихід

Ànlage *f* **-,-n 1.** спорудження; закладка; **2.** установка, агрегат, прістрій, споруда; **3.** *здеб. pl* сквер, парк; зелені насадження; **4.** *здеб. sg* план, задум; **5.** вкладення

ánlagern 1. *vt* **1.** відкладати, наносити, нашаровувати; **2.** *хім.* приєднувати, нарощувати; *фіз.* захоплювати *(напр.,* нейтрони); **3. sich** ~відкладатися, нашаровуватися

ánlangen 1. *vi (s)* прибувати, приїжджати, приходити; досягати, доходити; доходить; **2.** *vt* **1.** стосуватися was mich anlangt ... що стосується мене ..., щодо мене ...

Ànlaß *m* **...lasses, ...lässe** причина, привід; aus ~ (G) з приводу, з нагоди *(чогось)*

ánläßlich *prp (G)* з нагоди, з приводу *(чогось)*

Ànlauf *m* **-(e)s, ...läufe 1.** розбіг, розгін (éinen) ~ nehmen розганятися; *(zu D)* готуватися, збиратися *(зробити щось);* **2.** пуск в хід; початок *(руху, дії);* **3.** *військ.* штурм

ánlaufen* 1. vt *(s)* **1.** запрацювати, почати діяти; die Maschine ~ lássen пустити машину; **2.** *(gegen A)* налітати, натикатися *(на щось);* **3.** (gegen A) нападати, атакувати; **4.** покриватися нальотом; запотіти *(про скло, окуляри);* тьмяніти *(про колір);* **5.** збільшуватися *(напр., про борг, проценти);* **6.** брати розгін; **7.** *vt мор. заходити (в порт),* причалювати, приставати *(до берега)*

ánlegen 1 *vt* **1.** прикладати; накладати; приставляти; **2.** надівати; **3.** підкладати *(дрова у вогонь);* **4.** закладати, основувати, створювати; **5.** вкладати *(гроші);* **6.** vi **1.** *мор. причалювати,* приставати, швартуватися; **7.** *(auf j-n)* цілитися *(в когось ~ з рушниці)*

ánlehnen 1. *vt* притуляти; die Tür ~причиняти двері; **2. sich ~** *(an A)* притулятися *(до чогось);* приєднуватися *(до чогось);* спиратися *(на щось, на когось)*

Ànleihe *f* **-,-n** позика; eine ~ áufnehmen позичати

Ànleitung *f* **-,**~en **1.** керування, вказівка, інструктаж; **2.** порадник, інструкція; (навчальний) посібник

ánlernen *vt* **1.** *(j-n)* навчати *(когось),* **2.** привчатися *(до чогось)*

ánleuchten *vt* освітлювати, підсвічувати

ánliefern *vt* поставляти, доставляти

Ànlieferung *f* **-,**~en поставка, доставка

ánliegen* *vt* **1.** *(an D)* прилягати, межувати; **2.** облягати *(про сукню);* **3.** *мор.*: an éinen Kurs ~іти курсом; **4.**: es liegt mir an ... для мене дуже важливо

Ànliegen *n* **-s,-** бажання; прагнення; прохання; завдання

ánloben *vt* хвалити, вихваляти

ánlocken *vt* приваблювати, приманювати

ánlockend *adj* привабливий, принадний

ánmachen *vt* **1.** приробляти, прикріпляти, прилаштовувати; **2.** засвічувати, запалювати *(світло),* розводити *(вогонь);* **3.** готувати, змішувати, приправляти *(їжу);* Teig ~замісити тісто

ánmalen 1 *vt* **1.** намалювати, написати, нафарбувати; **2.** розфарбовувати, розмальовувати; **3.** прималювати; **2. sich ~** *розм. нафарбуватися*

Ànmarsch *m* ~ **1.** *здеб. sg підхід,* наближення; **2.** дорога, шлях *(напр., від дому до місця роботи)*

ánmelden *vt* **1.** оповіщати, оголошувати; доповідати; заявляти; **2.** прописувати *(на проживання);* реєструвати, брати на облік; **3. sich ~** повідомити про своє прибуття; доповісти про себе; **4.** прописуватися (на *проживання);* реєструватися

Ànmeldung *f* **-,**~en **1.** оголошення; заява; повідомлення, сповіщення; **2.** заявка; **3.** прописка, реєстрація

ánmerken *vt* **1.** відмічати; записувати *(на пам'ять);* **2.** зауважувати, зазначати, висловлювати зауваження; **3.** j-m etw ~ помічати щось за кимось, бачити щось по комусь

Ànmerkung *f* **~,**~en *vt* 1 ((критичне) зауваження; sich *(D)* ~en máchen робúти собі помітки; **2.** *(скор.* Anm.) примітка

ánmessen* *vt* **1.** знімáти мірку; **2.** пристосóвувати, узгóджувати; привóдити у відповідність; **3.** *астр.* вимірювати відстань *(до якоїсь планети радіотехнічними засобами)*

ánmutig *adj* граціóзний, привáбливий, чарівний

ánnadeln *vt* **1.** прикóлювати; **2.** затягáти в гхлку *(нитку)*

ánnageln *vt* прибивáти (цвяхами)

ánnähen *vt* пришивáти; нашивáти

ánnähern 1. *vt (D)* **1.** наближáти *(до чогось);* уподібнювати *(чомусь),* привóдити у відповідність *(з чимось);* 2 **sich** ~ *(B) наближáтися (до когось, до чогось); (D)* зближáтися *(з кимось)*

ánnähernd *adv* приблúзно

Ànnahme *f* **-,-n 1.** прийóм, прийняттá; **2.** припýщення, гіпóтеза

Annálen *pl* літóпис, аннáли, (історична) хрóніка

ánnehmbar *adj* **1.** прийнáтний, підхóжий; **2.** імовірний, правдоподібний

ánnehmen* **1.** *vt* **1.** приймáти; **2.** припускáти, вважáти, допускáти; **2. sich** ~ (G) піклувáтися *(про когось, про щось)*

Annehmlichkeit *f* **-,~en 1.** *тк. sg* прийнáтність; припустúмість; **2.** *тк. sg* приéмність; **3.** *здеб. pl* зрýчність

annektíeren *vt* анексувáти, насúльно приéднувати, захóплювати

ánordnen *vt* **1.** розташóвувати (у пéвному порáдку); **2.** накáзувати, припúсувати; Bettruhe ~ приписáти постільний режúм

Ànordnung *f* **-,~en 1.** розташувáння; **2.** розпорáдження, накáз, постанóва

ánormal *adj* ненормáльний, аномáльний, патологíчний

ánpacken *vt* **1.** схóплювати, хапáти; **2.** брáтися *(за щось),* приступáти *(до чогось)*

ánpassen 1. *vt (D)* приміряти *(одяг);* прилаштóвувати, пристосóвувати; **2. sich** ~ *(D)* пристосóвуватися *(до чогось);* акліматизувáтися

Ànpassungs¦fähigkeit *f* ~ пристосóвність; **~politik** *f* ~ пристосóвництво; опортунізм

ánpflanzen *vt* садúти, насáджувати

ánprallen *vi* (s) *(an A, gegen (j-n)* ударáтися *(об щось),* наскáкувати,! наштóвхуватися *(на когось, на щось);* gegeneinander ~ наштóвхуватися однé на óдного

ánprangern *vt* таврувáти (ганьбою); викривáти *(когось , щось)*

anpreisen* *vt* розхвáлювати, вихвалáти, рекламувáти

ánpressen *vt (an A) притискáти (до чогось)*

Ànprobe *f* **-,-n** примірка

ánproben, ánprobieren *vt* міряти

ánrechnen *vt* зарахóвувати, зачислáти, стáвити в рахýнок

Ànrecht *n* **-(e)s, -e 1.** прáво, домагáння; **2.** *театр,* абонемéнт; **3.** пай

Ànrede *f* **-,-n** звертáння; тúтул

ánreden *vt* заговорúти *(з кимось);* звертáтися *(до когось)*

ánregen *vt* **1.** *(j-n zu D* спонукáти, схилáти *(когось до чогось);* **2.** збýджувати; **3.** давáти пóштовх, стимулювáти

Ànregung *f* **-,~en 1.** спонукáння; імпульс, ініціатúва; **2.** збýдження; Káffee zur ~ trínken пúти кáву для бадьóрості

Ànreicherung *f* **-,~en** збагáчення, насúчення

ánreihen 1. *vt* приéднувати, стáвити в ряд; нанúзувати *(намисто); 2* **sich** ~приéднуватися, ставáти в ряд

Ànreise *f* **-,-n 1.** приїзд, прибуттá; **2.** поїздка *(до місця призначення)*

ánreißen* *vt* надривáти; розм. починáти *(запаси)*

Ànreiz *m* **~es, -e** спонукáння, стúмул; імпульс

ánreizen *vt* підбýрювати, стимулювáти; спонукáти *(до чогось)*

Ànrichte *f* **-,-n** буфéт, сервáнт

ánrichten *vt* **1.** готувáти, приправлáти; **2.** заподіювати, накóїти; **3.** *тех.* налáгоджувати; **4.** *військ.* візувáти

ánrosten *vi (s)* (почáти) іржáвіти, покривáтися іржóю

ánrösten *vt i)* обсмáжувати, підсмáжувати; **2.** *тех.* випáлювати *(руду)*

ánrüchig *adj* погáний, лихúй, підозрілий; сумнівний; якúй мáє недóбру слáву

ánrücken 1. *vt* присувáти; **2.** vt (s) присувáтися, наближáтися

Ànruf *m* **~(es),-e 1.** óклик; **2.** вúклик, дзвінóк *(по телефону);* телефóнна розмóва

ánrufen* **1.** *vt* **1.** окликáти, гукáти; **2.** виклúкáти; дзвонúти *(по телефону);* **3.** *(um A) благáти;* j-n um Hílfe ~благáти когóсь про допомóгу; **2.** *vi (bei D)* дзвонúти по телефóну *(комусь)*

ánrühren *vt* **1.** торкáти *(щось, когось);* доторкáти *(до чогось, до когось);* **2.** зворýшувати, хвилювáти; **3.** замíшувати; підмíшувати

Ànsaat *f* **-,~en** посíв; сівбá

ánsäen *vt* сіяти, засівáти

Ànsage *f* **-,-n** оголóшення, повідóмлення, об'ява; попередження

ánsagen *vt* **1.** оголóшувати *(про щось);* **2.** передавáти по рáдіо, читáти дúкторський текст; **3.** *розм.* підкáзувати *(в школі)*

Ànsager *m* **-s,~ 1.** *радіо, тб.* дúктор, коментáтор; **2.** конферансьé

ánsammeln 1. *vt* нагромáджувати, зосерéджувати; **2. sich** ~ нагромáджуватися, збирáтися, концентрувáтися

Ànsatz *m* **-s, ...sätze 1.** пристáвка; придáток; насáдка; **2.** осáдок, налíт; **3.** утвóрення, почáток утвóрення; поя́ва; der ~ des Éises auf dem Wásser утвóрення кри́ги на повéрхні води́; **4.** схи́льність, нáхил; der ~ zur Korpulénz схи́льність до повноти́; **5.** спорт, старт

Ànsatz¦punkt *m* ~es, **-e** відправнá тóчка; **-stelle** f ~, ~es місце приєднáння, відправнá тóчка

ánschaffen *vt* придбáти, купувáти

Ànschaffung *f* -,~en **1.** придбáння, покýпка; **2.** обнóв(к)а; **3.** *ком.* платíж

ánschalten *vt* **1.** приє́днувати, підключáти; **2.** вмикáти *(світло)*

ánschauen *vt* диви́тися *(на когось, щось);* розглядáти; einander ~ диви́тися однé на óдного

ánschaulich *adj* наóчний

Ànschaulichkeit *f* ~ наóчність; óбразність

Ànschauung *f* -,~en **1.** споглядáння; **2.** зоровé сприйняття́; **3.** óбразне уя́влення;**4.** пóгляд, переконáння; politische ~en політи́чні переконáння

Ànschein *m* **-(e)s** (зóвнішній) ви́гляд; ви́димість; der ~ trügt зóвнішність обмáнлива; dem (állem) ~ nach як ви́дно; sich (D) den ~ gében удавáти (з сéбе)

ánscheinend **1.** *adv* мáбуть; **2.** *adj* гáданий, уя́вний

ánschicken, sich i) збирáтися, мáти нáмір *(щось зробити),* **2.** вміти прáвильно повóдитися

ánschieben* *vt* **1.** присувáти; **2.** починáти штовхáти

ánschießen* *vt* **1.** *військ.* пристрíлювати; **2.** підстрíлювати, підбивáти; **3.** починáти стрільбý; **4.** angeschossen kommen примчáти; ри́нути *(про воду)*

ánschiffen **1.** *vi (s)* припливáти, прибувáти *(на судні);* **2.** vi привóзити по воді

ánschirren *vt* запрягáти

Ànschlag *m* **-(e)s. ...schläge** **1.** удáр; **2.** афíша; **3.** зáмах, диверсія; **4.** кошторис

ánschlagen* *vt* **1.** прибивáти, прикрíплювати; **2.** вивíшувати оголóшення, оголóшувати; **3.** ударя́ти, die Glocke ~ би́ти в дзвóни, **4.** оцíнювати; **5.** *vi (s) (gegen A, an A)* ударя́тися, би́тися *(об щось);* **6.** (h) загáвкати *(про собаку);* заспівáти *(про птахів);* **7.** (h) (по)дíяти *(про ліки);* впливáти

Ànschlag¦säule *f* -,**-n** стовп (тýмба) для афíш; **~tafel** *f* -,**-n** дóшка для оголóшень

ánschleichen* *vi (s) i* **sich** підкрадáтися; непомíтно підповзáти

ánschließen* **1.** *vt* **1.** приє́днувати, підключáти; **2.** додавáти; **3.** *vi (s)* **1.** *(an A) примикáти (до чогось),* бýти зв'я́заним *(з чимось);* **4.** **sich** **1.** *(D)* приє́днуватися, прилучáтися *(до когось, до чогось);* **5.** *(an A) примикá*ти, прилягáти *(до чогось)*

ánschließend *adv* услíд за ..., пóтім, безпосерéдньо пíсля ...

Ànschluß *m* ...**schlusses**, ...**schlüsse** **1.** приєднáння, вступ; *іст.* áншлюс; **2.** *тех.* підклю́чення, зв'язóк; **3.** Im ~ *(an A)* услíд за ..., по закíнченні ...

ánschmecken *vt* куштувáти

ánschmieden *vt* прикóвувати, закóвувати

ánschnallen *vt* пристібáти

ánschneiden* *vt* **1.** надрíзати, відрíзати пéрший шматóк; **2.** *тех.* нарíзáти *(гвинт);* **3.**: ein Théma (eint~Fráge) ~ порýшувати тéму (питáння)

Ànschnitt *m* **-(e)s-**, **-e** **1.** надрíз; **2.** пéрший надрíзаний шматóк *(напр., хліба)*

ánschrauben *vt* пригви́нчувати, прикрýчувати; нагви́нчувати; затя́гувати гвинт *(викруткою)*

ánschreiben* *vt* запи́сувати *(на дошці);* **2.** внóсити до спи́ску, реєструвáти; **3.** запи́сувати в креди́т

Ànschrift *f* -,~en **1.** адрéса *(місці проживання);* **2.** нáпис *(на книжці);* заголóвок

ánschuldigen *vt (G)* звинувáчувати, докоря́ти *(когось в чомусь)*

Ànschuldigung *f* -,~en обвинувáчення; дóкір

ánschüren *vt* **1.** роздувáти *(вогонь);* шурувáти *(вугілля в топці);* **2.** *перен. розпá*лювати *(пристрасті);* підбýрювати *(когось)*

ánschwärzen *vt* **1.** чорни́ти; **2.** *перен.* чорни́ти, обмовля́ти, звóдити нáклеп

ánschweißen *vt тех. привá*рювати, наплавля́ти

ánschwellen **1.** *vi (s)* **1.** набухáти, набрякáти; **2.** прибувáти *(про воду);* **3.** опухáти; **4.** поси́люватися *(про звук);* **5.** *vt* напóвнювати, роздувáти; der Wind schwellt die Ségel an вíтер роздувáє вітри́ла

Ànschwellung *f* -,~en **1.** набухáння, набрякáння; **2.** прибувáння *(води);* **3.** *мед. нá*бряк, припýхлість

ánschwemmen *vt* **1.** нанóсити течíєю *(пісок);* **2.** принóсити течíєю, прибивáти хви́лями

ánschwimmen* **1.** *vi (s)* **1.** підпливáти, наближáтися вплав; **2.**: gégen den Strom ~ пливти́ прóти течії; **3.** *vt* підпливáти *(до чогось)*

ánsehen* *vt* **1.** (по)диви́тися *(на когось, на щось);* оглядáти, розглядáти; **2.** *(für A, als A)* вважáти *(за когось);* j-n für (als) séinen Freund ~ вважáти когóсь своїм дрýгом; **3.**: j-m, éiner Sáche *(D)* etw, ~ помічáти, бáчити щось по кóмусь, по чóмусь; man sieht es dir an den Áugen an її òàîїх очáх ви́дно

Ànsehen *n* **-s**, **1.** ви́гляд; зóвнішність; **2.** авторитéт; прести́ж, пошáна; in hohem ~ stéhen (sein) бýти у вели́кій пошáні

ánsehnlich *adj* **1.** ви́дний, показни́й; **2.** істóтний, вели́кий, значни́й

ánsetzen **1.** *vt* **1.** стáвити, приставля́ти; **2.** прикріпля́ти; **3.** визначáти, призначáти *(строк, ціну);* **4.** готувáти; розвóдити, змішувати, настóювати *(розчин);* **5.** vt *(zu D)* починáти, прóбувати; намагáтися; **6.** осідáти, відкладáтися; **7.** *бот.* розпускáтися *(про бруньки);* покривáтися лúстям *(про дерева);* **8. sich ~** селúтися, оселятися; осідáти

Ànsicht *f* **-,-en 1.** пóгляд *(über A на щось),* дýмка; séine (éigene) ~ háben мáти влáсну дýмку; nach méiner ~ , méiner ~ nach на мою дýмку; **2.** краєвид, ландшáфт, панорáма; **3.** перéгляд, ознайóмлення

Ànsichts(post)karte *f*-,-n листівка s краєвúдом

ánsiedeln 1. *vt* селúти, оселяти **2. sich ~** селúтися, оселятися

Ànsied(e)lung *f* -,~en **1.** посéлення, сéлище, колóнія; **2.** засéлення; колóнізація

Ànsiedler *m* **~ s** поселéнець, колоніст

ánspannen 1 натягáти; напрýжувати *(м'язи);* розтягувати; **2.** запрягáти

Ànspannung *f* -,~en нáтяг; *перен.* напрýження; навантáження

ánsparen *vt* зібрáти, відклáсти *(гроші)*

Ànspielung *f* -,~en нáтяк

Ànsporn *m* **-(e)s** стúмул, заохóчення

ánspornen *vt* **1.** пришпóрювати *(коня);* **2.** підганяти, спонукáти, заохóчувати

Ànsprache *f* -,-n (вітáльна) промóва; звéрнення; вúступ

ánsprechen* 1. *vt* **1.** заговóрювати *(з кимось);* звертáтися *(до когось);* **2.** *(um A) звертáтися* з прохáнням *(до когось, про щось);* **3.** подóбатися *(комусь);* справляти гáрне враження *(на когось);* **4.** *vi (bei D)* подóбатися *(комусь)*

ánsprechend *adj* приємний, привáбливий, симпатúчний

ánsprengen *vt* **1.** обпрúскувати, окропляти; **2.** підривáти, висáджувати

ánspringen* *vi (s)* **1.** запрацювáти, завестúся *(про двигун);* **2.** *(здеб. angesprungen kommen) підскóчити,* підбігти вúстрибом

Ànspruch *m* **-(e)s, ...sprüche** домагáння, претéнзія *(auf A на щось);* вимóга; ~ háben *(auf A)* мáти прáво *(на щось);* j-n in ~ néhmen **1.** забирáти в кóгось час; **2.** звертáтися до кóгось *(по допомóгу)*

ánspruchs¦los *adj* невимóгливий, невибáгливий; непримхлúвий; **~voll** *adj* вимóгливий, вибáгливий, претензíйний

Ànstalt *f* **-,~en 1.** установа, зáклад; **2.** закрúтий навчáльний зáклад; **3.** лікáрня; санатóрій; пансіóн: **4.** в'язнúця; **5.** *pl* зáходи, приготувáння; die nötigen ~en tréffen вживáти необхідні зáходи

Ànstand *m* **-(e)s, ... stände 1.** *тк. sg* пристóйність, манéри; **2.** затрúмка, прогáяння, відстрóчка

ánständig *adj* пристóйний, порядний, налéжний) значнúй

Ànstands¦besuch *m* **-(e)s, -e** візúт ввічливості; **~gefühl** *n* **-(e)s, -e** почуття тáкту

ánstands¦halber *adv* зарáди пристóйності; **~los** *adv* беззастерéжно; негáйно

ánstarren *vt* вдивлятися, пúльно дивúтися

ánstátt 1. *prp (G)* зáмість; **2.** *cj перед int.* зáмість тóго, щоб ...; ~ zu schwätzen, árbeite! зáмість тóго, щоб базíкати, працюй!

ánstaunen *vt* дивувáтися; дивúтися з пóдивом

ánstecken 1. *vt* **1.** прикóлювати, накóлювати: **2.** запáлювати *(світло, вогонь);* підпáлювати; **3.** ЗАражáти, інфікувáти; **4.** *перен.* заражáти, захóплювати; **5. sich ~** *(bei D)* заражáтися *(від когось)*

ánsteckend *adj* **1.** зарáзний, інфекцíйний; **2.** зарáзливий

Ànsteckung *f* -,~en заражéння, інфéкція

ánstehen* *vi* **1.** *(nach D)* стояти в чéрзі *(за чимось);* **2.** (D) лúчити; підхóдити *(комусь);* Zorn steht ihm übel an йомý не лúчить сéрдитися; **3.** бýти до лицý *(про сукню)*

ánsteigen* *vi (s)* **1.** піднімáтися; зростáти, збільшуватися *(про кількість);* **2.** піднімáтися, підвúщуватися, ітú в гóру; **3.** *ав.* злітáти

anstélle, an Stélle *prp* (G) зáмість *(когось, чогось);* за *(когось)*

ánstellen *vt* **1.** приставляти, притуляти; присувáти; **2.** наймáти, зарахóвувати на слýжбу); **3.** *(j-n zu B) розм,* доручати *(комусь щось);* **4.** улаштóвувати, робúти; накóїти; **5. sich ~ 1.** повóдитися, тримáтися;
прикидáтися; **6.** *(nach D)* ставáти в чéргу *(за чимось)*

ánstellig *adj* умíлий, кмітлúвий, спрúтний, здібний; послýжливий

Ànstellung *f* -,~en **1.** *тк. sg зарахувáння* на слýжбу, признáчення на посáду, прийóм на робóту; **2.** посáда, місце

Ànstieg *m* **-(e)s-,-e 1.** підйóм; **2.** схóдження; **3.** дорóга в гóру; **4.** піднéсення, зростáння

ánstiften *vt* **1.** *(zu D)* підбýрювати *(когось до чогось);* **2.** заподíювати, кóїти *(лихо)*

Ànstifter *m* **~ s, ~** призвíдник, підбýрювач

ánstimmen *vt* заспíвувати, завóдити *(пісню);* загрáти

Ànstoß *m* ~es, **...stöße 1.** удáр, пóштовх; **2.** прúвід, стúмул

ánstoßen* *vt* **1.** штовхáти, підштóвхувати; **2.** присувáти; die Gläser ~цокáтися; **3.** підштóвхувати, спонукáти; **4.** vt **1.** *(h,s) (an A) ударятися (об щось),* зачіпáти *(за щось),* спотикáтися; **5.** *(h) (тж* mit den Gläsern ~) цóкатися; auf j-s Wohl ~ вúпити (вúголосити тост) за чиєсь здорóв'я; **6.** (A) *(an A)* примикáти *(до чогось);* межувáти *(з чимось);* **7.** (h, s); bei j-m ~ викликáти чиєсь незадовóлення; **8. sich** ~ штовхáти, підштóвхувати однé óдного

ánstößig *adj* непорядний, огúдний, аморáльний, непристóйний

ánstreichen* *vt* **1.** фарбува́ти *(пензлем, квачем);* **2.** відзнача́ти, підкре́слювати
ánstrengen 1. *vt* вто́млювати, напру́жувати *(когось);* **2. sich** ~ напру́жуватися, роби́ти зуси́лля, стара́тися
ánstrengend *adj* сто́мливий, напру́жений, важки́й
Ànstrengung *f* **-,**~en **1.** зуси́лля, напру́женість, стара́ння; **2.** тру́днощі
Ànstrich *m* **-(e)s, -e 1.** *здеб. sg* фарбува́ння; **2.** фа́рба, покриття́; *тк. sg (зовнішній)* ви́гляд, відті́нок
ánstudieren *vt,* sich *(D)* etw ~ засво́їти щось в проце́сі навча́ння
Ànsturm *m* **(e)s, ...stürme 1.** на́тиск; **2.** штурм, ата́ка, при́ступ
ánsuchen *vi (bei j-m um A) канц.* проси́ти *(когось про щось);* клопота́тися *(перед кимось про щось)*
ántasten *vt* **1.** доторка́тися *(до когось, до чогось);* обма́цувати; **2.** зазіха́ти *(на щось);* пору́шувати *(права);* зачіпа́ти *(честь, інтереси)*
Ànteil *m* **-(e)s, -e 1.** части́на; ча́стка, пай; **2.** у́часть; **3.** *тк. sg* співчуття́; ~ nehmen (an D) бра́ти у́часть *(в чомусь);* проявля́ти ціка́вість (інтере́с) *(до чогось, до когось)*
Ànteilbesitzer *m* **-s**, ~ пайови́к, акціоне́р
Ànteilnahme *f* ~ **1.** у́часть; **2.** співчуття́, симпа́тія
Anténne *f* **-,-n 1.** анте́на; **2.** *зоол.* ву́сик, щу́пальце
antík *adj* **1.** анти́чний, староданій; **2.** старови́нний; застарі́лий
Antíke *f* **-,-n 1.** *тк. sg* анти́чність, старода́вній світ; культу́ра анти́чного сві́ту; **2.** *здеб. pl* тво́ри пласти́чного мисте́цтва
Antimón *n* **-s** *хім.* сурма́
Antiquariát *n* **-(e)s, -e** букіністи́чний магази́н
Àntlitz *n* **-(e)s**, **-e** *здеб. sg поет.* лице́, обли́ччя
Àntrag *m* **-(e)s, ...träge 1.** пропози́ція; зая́ва; вимо́га; клопота́ння; **2.** осві́дчення *(в коханні);* einem Mädchen einen ~ machen осві́дчитися ді́вчині *(в коханні)*
ántragen* 1. *vt* **1.** пропонува́ти; **2.** прино́сити, підно́сити; **2. sich** ~пропонува́ти свої́ по́слуги
ántreffen* *vt* **1.** застава́ти, знахо́дити, **2.** зустріча́ти; **3.** *заст.* стосува́тися *(когось, чогось)*
ántreiben* *vt* **1.** поганя́ти *(тварину);* **2.** підганя́ти, спонука́ти, заохо́чувати; приму́шувати; j-n zur Éile ~ кváпити когось; j-n zur Árbeit ~ приму́шувати ко́гось працюва́ти; **3.** *тех.* приво́дити в рух; **4.** пригана́ти, прибива́ти *(водою);* **5.** vi (s) припливáти *(течією)*
Àntreiber *m* **-s,** ~ **1.** пого́нич, нагля́дач; **2.** підбу́рювач
Àntreibersystem *n* **-s, -e** потогі́нна систе́ма (пра́ці)
ántreten* 1. *vt* почина́ти, приступа́ти; **2.** *vi (s)* **1.** шикува́тися; ~! шику́йся! *(команда);* **3.** *(zu D)* готува́тися *(до чогось),* збира́тися *(робити щось)*
Àntrieb *m* **-(e)s, -e 1.** спону́ка; сти́мул; і́мпульс; ініціати́ва; **2.** *тех.* при́від, двигу́н, переда́ча
Àntritt *m* **-(e)s, -e 1.** поча́ток *(напр., подорожі);* vor ~ der Reise до то́го, як ви́рушити в до́рогу; **2.** настання́ *(якогось строку);* **3.** *вступ (на посаду)*
ántun* *vt* **1.** надяга́ти *(щось);* одяга́ти *(когось);* **2.** запо́дiювати, завдава́ти; j-m étwas ~ запо́діяти кому́сь зле
Àntwort *f* , ~en відповідь
ántworten *vi, vt* **1.** відповіда́ти; **2.** реагува́ти
ánvertrauen *відокр. і невідокр.* **1.** *vt (j-m)* довіря́ти, звіря́ти; j-m ein Geheimnis ~ дові́рити кому́сь таємни́цю; **2. sich** ~(D) дові́ритися, відкри́тися *(комусь);* бути відве́ртим *(з кимось)*
Ànverwandte *m, f* ро́дичка
ánwachsen* *vi (s)* **1.** *(an A) прироста́ти (до чогось);* укорі́нюватися; **2.** зроста́ти, збі́льшуватися
Ànwalt *m* **~(e) s, ...wälte** і **-e 1.** адвока́т; пові́рений, захисни́к; **2.** прокуро́р; **3.** *перен.* захисни́к
Ànwaltschaft *f* **-,**~en адвокату́ра
ánwärmen *vt* підігріва́ти, обігріва́ти
Ànwärter *m* **-s**, ~ кандида́т, претенде́нт *(auf A, für A на щось)*
Ànwartschaft *f* , ~en **1.** кандидату́ра; **2.** пра́во [зая́вка, ви́ди) на поса́ду
ánweisen* *vt* **1.** наставля́ти, навча́ти, інструктува́ти; **2.** нака́зувати, доруча́ти; **3.** *(j-m)* признача́ти, надава́ти, виділя́ти *(комусь, щось); j-m einen Platz ~ надава́ти* кому́сь мі́сце *(напр., в театрі)*
Ànweisung *f* **-,**~en **1.** інстру́кція, вказі́вка; **2.** розпоря́дження; дору́чення; **3.** (грошови́й) пере́каз, чек, о́рдер
ánwendbar *adj* застосо́вний, прида́тний
ánwenden* *vt* застосо́вувати, вжива́ти, використо́вувати, доклада́ти; Kräfte und Fleiß ~ доклада́ти сил та зуси́ль
Anwendung *f* **-,**~en застосува́ння, вжива́ння, використа́ння
ánwerben* *vt* набира́ти, вербува́ти, найма́ти, залуча́ти; sich ~ lassen завербува́тися, найня́тися
ánwesend *adj* прису́тній
Ànwesenheit *f* ~ прису́тність, перебува́ння
ánwidern *vt* виклика́ти огі́ду *(у когось);* бу́ти огі́дним *(комусь)*
Ànwohner *m* **-s,** ~ сусі́д, сусі́да
Ànwuchs *m* ~es, **...wüchse 1.** *тк. sq* приростáння; укорі́нення; **2.** збі́льшення, при́ріст; **3.** молода́ поро́сль; **4.** на́ріст, пухли́на
ánwurzeln 1. vi *(s)* укорі́нюватися, пуска́ти корі́ння; **2.** *vt* да́ти вкорени́тися *(чомусь)*
Ànzahl *f* ~ кі́лькість, число́

A

ánzahlen *vt* давáти завдáток; сплáчувати *(пéрший внéсок)*
Ànzahlung *f* **-,~en** завдáток, пéрший внéсок
ánzaubern *vt* приворожи́ти, заворожи́ти, зачарувáти *(когось)*
Ànzeichen *n* **-s**, ~ ознáка, прикмéта
Ànzeige *f* **-,-n 1.** сповíщення; повідóмлення; заяʹва; **2.** заяʹва про правопорýшення; скáрга; дóнос; **3.** оголóшення *(в газеті)*
ánzeigen *vt* **1.** повідомляʹти; **2.** донóсити, заявляʹти; **3.** покáзувати *(про прилади)*
ánziehen* *vt* **1.** одягáти; **2.** притягáти; **3.** привáблювати, цікáвити; **4.** натягати, підтягáти, затискáти; **5.** *vi (s) розм.* наближáтися; **6.** *(h)* піднімáтися, рости́ *(здеб. про ціни)*; **7. sich** ~ одягáтися
ánziehend *adj* привáбливий, принáдний, цікáвий
Ànziehung *f* **-,~en 1.** притягáння; **2.** привáбливість
Ànzucht *f* ~ *с-г.* **1.** *вир*óщування, розвéдення; **2.** відгодóвування
Ànzug *m* **-(e)s, ...züge 1.** óдяг, костю́м *(чоловічий)*; **2.** набли́ження; im ~(e) sein наближáтися, насувáтися
ánzüglich *adj* колю́чий, ущи́пливий, двозначний
ánzünden *vt* запáлювати; затóплювати, розпáлювати *(пічку)*; закýрювати *(сигарету)*
ánzweifeln *vt* сумнівáтися *(в чомусь, в комусь)*; брáти під сýмнів
apárt 1. *adj* **1.** оригінáльний, вишукáний; **2.** *adv* окрéмо
Apártheid [-hεid] *f* ~ рáсова сегрегáція, апартеїд
Àpfel *im* **-s**, **Äpfel 1.** яʹблуко; **2.** *розм.* яʹблуня
Àpfel¦baum *m* **-(e)s, ...bäume** яʹблуня; **-saft** *m* **-(e)s, ...safte** яʹблучний сік
Apfelsíne *f* **-,-n** апельси́н *(плід, дерево)*
Apparát *m* **-(e)s, -e 1.** апарáт, при́лад; **2.** апарáт, установá, штат, систéма; **3.** телефóн
Appéll *m* **-s, -e 1.** зáклик, звéрнення; **2.** *військ.* збір, перекли́чка, шикувáння, óгляд; лінíйка *(тж піонерська)*; **3.** *юр.* апеляʹція
appellíeren *vi* **1.** *(an Ä)* звертáтися (до *когось)*; **2.** *юр. подавáти* апеляʹцію
Appláus *m* ~es, **-e** óплески
April *m* **~ ³ -s, e** квíтень; j-n in den ~ schícken пожартувáти над ки́мось пéршого квíтня
Ära *f* ~, **Ären** éра, епóха
Arabeske *f* **-,-n 1.** арабéска, стилізóваний росли́нний, орнáмент; **2.** *перен.* викрутáс
Arbeit *f* **-,~en 1.** прáця, робóта, спрáва, заняʹття; **2.** робóта, твір
árbeiten *vi* **1.** працювáти, труди́тися; an etw (D) ~ працювáти над чи́мось; **2.** функціонувáти
Àrbeiter *m* **~ s,** ~ робóчий, робітни́к
Àrbeiterschaft *f* ~ робітники́, робóчий клас
Àrbeitgeber *m* **-s,** ~ роботодáвець, підприємець
árbeitsam *adj* працьови́тий, роботяʹщий, старáнний
Àrbeits¦amt *n* **-(e)s, ...ämter** бíржа прáці, вíдділ з питáнь прáці; **~aufwand** *m* **-(e)s** затрáта прáці; **~buch** *n* **-(e)s**, **...bücher** трудовá кни́жка
árbeits¦fähig *adj* працездáтний; **~frei** *adj* вíльний від робóти; **~freudig** *adj* працелю́бний
Àrbeits¦gemeinschaft *f* **-,~en 1.** гуртóк; **2.** комíсія, комітéт *(з представників різних організацій для розробки якогось питання)*, об'єднання *(різних організацій)*; **3.** (ділове) співробíтництво, спíльна робóта; **~gesetzgebung** f ~ трудовé законодáвство
árbeitsintensiv *adj* трудомісткúй
Àrbeits¦konflikt *m* **-(e)s-, -e** трудови́й конфлíкт; **~kontrakt** *m* **-(e)s, -e** трудовá угóда; **~kraft** f~, **...kräfte 1.** працездáтність; **2.** робóча си́ла *(люди, що виконують фізичну працю)*; **~leistung** f-,~en продукти́вність прáці; трудовé досяʹгнення; **lohn** *m* **-(e)s, ...löhne** заробíтна плáта
árbeitslos *adj* безробíтний
Àrbeits¦losigkeit *f* ~ безробíття; **~markt** *m* **-(e)s,** ...**markte** ри́нок прáці; **-nachweis** *m* **-(e)s,-e** бíржа прáці **-n**iederlegung f-,~en припи́нення робóти, страйк; **~organisation** f~ організáція прáці; **~platz** *m* **es, ...platze 1.** робóче мíсце; мíсце робóти; **recht** *n (e)***s, -e** *юр. трудовé* прáво; **~reserven** *pl* трудовí резéрви; резéрви підви́щення продукти́вності прáці; **-schütz** *m* ~es охорóна прáці; **-streit** *m* **-(e)s, -e** трудови́й конфлíкт; **~tag** *tn* **-(e)s, -e 2.** робóчий день; бýдні
árbeitsunfähig *adj* непрацездáтний
Àrbeits¦vermittlung *f* **-,~en** посерéдництво при влаштувáнні на робóту; **woche** *f* **-,-n** робóчий ти́ждень; **~zeit** *f* **-,~en** робóчий час
archáisch *adj* дáвній, старови́нний, архаї́чний; застарíлий
Archipél [-ç-] *m* **-s, -e** архіпелáг
árchitektónisch [-ç-] *adj* архітектýрний, архітектонíчний, компози́ційний, структýрний
Areál *n* **s, -e** прóстір, територíя
Aréna *f*~, **...nen** арена, манéж
arg 1. *adj* злий, погáний; **2.** *adv* зло; *розм.* дýже си́льно, здóрово
Àrger *m* **-s 1.** гнів, досáда, роздратувáння; **2.** неприємність, при́крість
ärgerlich *adj* серди́тий, роздратóваний
ärgern 1. *vt* сéрдити, дратувáти; **2. sich** ~ *(über A)* сéрдитися, злитися *(на когось, на щось)*

Ärgernis *n* **-ses, -se 1.** пору́шення норм мора́лі; сканда́л; **2.** неприє́мність, доса́да; обу́рення
ärg|listig *adj* підсту́пний, лука́вий, віроло́мний; **~los** *adj* простоду́шний, дові́рливий
Argumént *n* **-(e)s, -e** аргуме́нт, до́від, до́каз
Àrgwohn *m* **-(e)s** підо́зра, недові́ра
árgwöhnen *невідокр. vt, vi* підо́зрювати, передчува́ти *(щось недобре}*
arm *adj* **1.** бі́дний *(an D на щось)* незамо́жний; **2.** бі́дний, нещасний
Arm *m* **-(e)s, -e 1.** рука *(від кисті до плеча);* únter dem ~ під пахво́ю; j-m unter die ~e gréifen допомогти́ кому́сь; **2.** рука́в *(ріки);* **3.** ру́чка *(крісла);* **4.** рука́в *(сукні);* **5.** *тех. плече́ (важеля),* ва́жіль, руко́ятка
Àrm|band *n* **(e)s, ...bänder** брасле́т; **~binde** *f***-,-n** пов'я́зка *(на руці)*
Àrme *m, f* бідня́к, бідня́чка
Armée *f* **~, ... meen** а́рмія
Arméeoberkommando *n* **-s, -s** штаб а́рмії, кома́ндування а́рмії
Ärmel *m ~ s,* рука́в
Ärmelkanal *m* **-s** прото́ка Ла~Манш
ärmlich *ado* бі́дний, жалюгі́дний, убо́гий, злиде́нний
árm|los *adj* безру́кий; **-selig** *adj* убо́гий, жалюгі́дний
Àrmut *f* ~ бі́дність, нужда́, убо́гість
Àrmvoll *m~,~* обере́мок
Aróma *n* **-s, ...men** *або* **ta 1.** арома́т, па́хощі; **2.** пря́нощі
aromátisch *adj* арома́тний, запашни́й, пря́ний
Arrést *m* **-(e)s-, -e 1.** аре́шт; **2.** аре́шт, о́пис, конфіска́ція *(майна)*
arretíeren *vi* затри́мувати, арешто́вувати
arrogánt *adj* гордови́тий, зарозумі́лий, зухва́лий
Art *f* **-,~**en **1.** вид, рід, сорт, поро́да, **2.** *тк. sg* спо́сіб, мане́ра, хара́ктер, вда́ча, auf díese ~ (und Wéise) так, таки́м чи́ном
árten 1. *vi (s) (nach D* уда́тися *(в когось),* бу́ти схо́жим *(на когось);* **2.** vt. die Natúr hat den Ménschen so geártet приро́да створи́ла люди́ну тако́ю
ártenreich *adj* різномані́тний
ártig *adj* слухня́ний, че́мний, ввічливий
Artigkeit *f* **-,~**en **1.** слухня́ність, че́мність, вві́чливість; **2.** *здеб. pl* компліме́нти
Artíkel *m* **-s, ~ 1.** това́р, вид това́ру, арти́кул; **2.** стаття́ *(в газеті);* **3.** *(скор. Art)* пункт, пара́граф, стаття́ *(угоди, закону);* **4.** грам, арти́кль
artikulíeren *vt фон.* артикулюва́ти, вира́зно вимовля́ти
Arznéi *f* **-,~**en лі́ки, медикаме́нти
Arzt *m* ~es, **Ärzte** лі́кар
ärztlich *adj* лі́карський, меди́чний
As *n* **-ses, -se** ма́йстер своє́ї спра́ви, вірту́оз, ас
ásch|bleich *adj* блі́дий, сі́рий *(про колір обличчя);* **~blond** *adj* попеля́стий
Àsche *f :,* **-n** по́піл, зола, по́рох
Àschen|becher *m* **-s,** ~ попільни́ця; **~brödel** *n* **-s,** ~ попелю́шка
áschgrau *adj* (попеля́сто)сі́рий; *порей,* безра́дісний; моното́нний
askétisch *adj* аскети́чний
asoziál *adj* асоціа́льний, антигрома́дський; воро́жий (шкідли́вий) суспі́льству
Aspékt *m* **-(e)s, -e 1.** аспе́кт, то́чка зо́ру; **2.** *грам.* вид (діє́слова)
Asphált *m* **-(e)s-, -e** асфа́льт
Aspháltpresse *f*~ бульва́рна пре́са
Ast *m* **-(e)s**, **Äste** сук, гі́лка
ästen 1. *vi i* **sich** ~ галузи́тися, **2.** *vt* обрі́зувати гілки́
ästereich *adj* гілля́стий
Ästhétik *f*~ есте́тика
Asýl *n* **-s, -e** приту́лок, схо́вище
Asýlrecht *n* **-(e)s-,-e** право приту́лку
Atelier [-'lie-] *n* **-s, -s** ательє́, сту́дія, майсте́рня
Àtem *m* **-s** ди́хання, дух; den ~ ánhalten затамо́вувати (затаму́вати) по́дих; áußer ~ kómmen задиха́тися; nach ~ ríngen ва́жко ди́хати; zu ~ kómmen перевести́ дух, прийти́ до тя́ми
Àtembeschwerden *pl* зади́шка, я́духа
átemlos *adj* зади́ханий, захе́каний
Àtem|not *f* ~ зади́шка, ядуха; **pause** *f* ~переди́шка; **zug** m**~ (e)s** вдих вдиха́ння; *pl* **~züge** ди́хання; in éinem **~zug** одни́м ма́хом
Äther *m* **-s** ефі́р
Athlétik *f*~ (легка́) атле́тика
átmen 1. *vi* ди́хати; жи́ти: solánge ich átme по́ки я живи́й; durch den Mund ~ ди́хати ро́том; **2.** *vi* ди́хати *(чимось);* éine réine Luft ~ ди́хати чи́стим пові́трям
Àtmung *f* **-,-en** ди́хання
Atóm *m* **-s, -e** а́том
atomár *adj* атома́рний, а́томний
Atóm|bombe *f* **-,-n** *(скор.* A~Bombe) а́томна бо́мба; **~bomber** m **-s,** ~а́томний бомбардува́льник; **~brennstoff** m **~(eis** а́томне (я́дерне) па́ливо; **energie** f ~ а́томна ене́ргія; **-eisbre eher** m **-s,** ~ атомний кригола́м; **kern m -s, -e** а́томне ядро́; **~kontrolle** f ~ контро́ль за а́томною збро́єю; **kraft** f ~ а́томна (я́дерна) ене́ргія; **~kraftwerk** m **-(e)s, -e** а́томна електроста́нція; **~krankheit** f~ промене́ва хворо́ба; **-spaltung** f ~розще́плення а́тома; ~**sperrvertrag** *m* **-(e)s** уго́да про непоши́рення я́дерної збро́ї; **~test** *m* **-es,-e** випро́бування я́дерної збро́ї.
Atómteststopp *m* **-s,-s** припи́нення випро́бування я́дерної збро́ї.
Atóm|versuch *m* **-(e)s-,-e** випро́бування а́томної (я́дерної) збро́ї; **~waffe** *f* **-,-n** а́томна (я́дерна) збро́я.
Attentát *n* **-(e)s,-e** 1) замах; (політи́чне) вбивство; ein ~ auf j-n begéhen (verü-

áufhetzen *vt* **1.** *(zu D)* підбýрювати *(на щось);* **2.** *(gegen A) нацькóвувати (на когось)*
áufholen *vt* доганя́ти, надолýжувати *(прогаяне)*
áufhorchen *vi* прислухáтися; на сторóжуватися
áufhören переставáти, припиня́ти, закінчуватися; mit etw (D) закінчувати, припиня́ти щось; hör auf! перестань!
áufkaufen *vt* скупóвувати, закупóву вати; заготовля́ти
áufkeimen *vi* (s) проростáти; *перен.* зарóджуватися
áufklären **1.** *vt* **1.** з'ясóвувати; поя́снювати; **2.** *(j-n über A) інформувáти (когось, про щось);* **3.** агітувáти; die Bevölkerung ~ вести́ агітáцію сéред насéлення; **4.** sich проясня́тися *(здеб. про погоду);* з'ясóвуватися *(про непорозуміння)*
Àufklärer *m* **-s, ~** **1.** просвіти́тель; **2.** *військ.* розвíдник; **3.** агітáтор
Àufklärung *f* ~ **1.** з'ясувáння; **2.** *(über A) роз*'яснення, інформáція *(про щось);* **3.** агітáція; **4.** *військ.* рóзвідка; **5.** *icm.* добá Просвіти́тельства
Àufklärungsarbeit *f* **-,~en** роз'яснювальна робóта, агітáція; **~dienst** m~ **es** *військ.* рóзвідка; **~flug** *m* **-(e)s**, ...flüge розвíдувальний полíт; **~lokal** *n* **-s, -e** агітпýнкт; **~zeit** *f* ~ іст добá Просвіти́тельства
áufkleben *vt* наклéювати, розклéювати
Àufkleber *m* **s,** наклéйка, етикéтка, ярли́к
áufklingen* *vi (s, h)* зазвучáти, залунáти
áufknien, sich ставáти (опускáтися) на колíна
áufknöpfen*vt* розстібáти
áufkochen *vt* **1.** закип'яти́ти; **2.** прокип'яти́ти
áufkommen* *vi* (s) **1.** піднімáтися; **2.** поправля́тися, виду́жувати; **3.** виникáти, з'явля́тися; **4.** *(für A)* відшкодóвувати, оплачувати *(щось);* Sie kommen (mir) für den Schäden auf! відшкодуйте (мені) збитки
áuflachen *vi* розсміятися, засміятися
áufladen* *vt* навантáжувати, вантáжити *(товар, вагон)*
Àuflage *f* **-,-n** **1.** видáння; **2.** тирáж *(книги, газети);* **3.** нóрма, плáнове завдáння; ліміт *(матеріалів, електроенергії);* **5.** *тех.* опóра, оснóва
áuflasten *vt (j-m)* звáлювати *(щось на когось); перем.* звинувáчувати *(когось в чомусь)*
áuflauern *vi (D)* підстерігáти
áuflaufen* *vi (s)* **1.** здувáтися, опухáти, набрякáти; **2.** набігáти *(про хвилі),* **3.** нагромáджуватися, рости́ *(про проценти, борги);* **4.** *с-г. проростáти,* схóдити; **5.** *(auf A) мор.* сíсти на мілинý; наскóчити *(на щось)*
áufleben *vi (s)* оживáти, відрóджуватися
áuflegen *vt* **1.** клáсти, накладáти; **2.** покладáти; обкладати; j-m Stéuern ~ обкладáти когóсь подáтком; **3.** видавáти, випускáти *(книгу)*
áuflehnen **1.** *vt* прихиля́ти; **2. sich** ~ спирáтися; прихиля́тися; (gegen A) повставáти, протестувáти *(проти чогось, проти когось);* чини́ти óпір *(комусь, чомусь)*
Àuflehnung *f* ~,~en óпір, протéст
áuflesen* *vt* підбирáти, збирáти
áufleuchten *vi (h s)* спалáхувати; засвíчуватися; заблискотíти
áufliefern *vt* поставля́ти, доставля́ти
áufliegen* *vi* **1.** *(auf D)* лежáти *(на чомусь);* **2.** *(D)* бути дорýченим *(комусь)*
áuflockern **1.** *vt* розпýшувати *(землю);* розв'язувати, послабля́ти *(вузол);* збивáти *(подушку);* **2. sich** слабíти, розслáблюватися, розпýшуватися
áuflodern, áuflohen vi *(s)* спалахнýти, загорíтися, запалáти
áuflösen *vt* **1.** розв'язувати, розплýтувати *(вузол);* розпускáти, розплітáти *(волосся);* **2.** розв'язáти *(проблему, задачу);* **3.** розчиня́ти; **4.** припиня́ти, розривáти *(угоду, шлюб);* відміня́ти *(збори);* ліквідувáти, розпускáти *(організацію);* **5. sich** ~ розчиня́тися, розпадáтися
áufmachen **1.** *vt* **1.** *розм. відкривáти,* відчиня́ти, розкривáти; **2.** приробля́ти, прилáджувати; **3.** оформля́ти; надавáти пéвного ви́гляду *(чомусь);* **4. sich** ~ збирáтися, вирушáти *(в дорогу)*
Àufmarsch *m* ~es, **...märsche** демонстрáція, парáд
áufmarschieren *vi (s)* вихóдити на демонстрáцію (на парáд)
áufmerksam *adj* **1.** увáжний; **2.** люб'язний, послýжливий, ввíчливий
Àufmerksamkeit *f***-,~en** **1.** *тк. sg* увáга; j-s ~ errégen (wécken, auf sich (A) zíehen) привертáти до себе чиюсь увáгу; j-m schénken приділя́ти увáгу комýсь; **2.** ýвáжність, люб'язність; пóслуга; **3.** (малéнький) подарýнок, знак увáги
áufmontieren *vt тех. надівáти,* на сáджувати, прикріплювати, приробля́ти
áufmuntern *vt* **1.** підбадьóрювати; **2.** *(zu D)* заохóчувати *(когось, до чогось)*
Àufnahme *f* **-,-n** **1.** *тк. sg прийóм,* прийнятт́я; **2.** *тк. sg сприйняттá,* засвóєння; **3.** *тк. sg* знімáння, зйóмка, фотографувáння, зáпис *(на плівку);* **4.** *тк. sg* початок, віднóвлення *(роботи, судового процесу);* **5.** приймáльня, приймáльна віддíлення *(в лікарні)*
Àufnähme¦antrag *m*~ **(e)s, ...träge** заява про прийняттá *(в організацію):* **~ fähig keit** f **-,**~en місткість; **~gebühr** f ~, **en** вступни́й внéсок; **gerät** *n* ~**es,~ e** звукозапи́суюча апаратýра; **~konsultation** f -,~en співбéсіда *(під час вступу до вузу);* **~prüfung** f **-,**~en вступни́й íспит

áufnehmen* **1.** *vt* **1.** піднімáти; **2.** приймáти; j-n gástlich ~ зустрічáти (приймати) когóсь гостúнно; **3.** вміщáти; сприймáти, засвóювати; **4.** знімáти, фотографувáти, запúсувати *(на плівку)*; **5.** починáти, віднóвлювати; **6.** *vi заст. прибувáти*, зростáти, збільшуватися
áufnötigen *vt (j-m)* нав'язувати *(щось комусь)*
áufopfern **1.** *vt* жéртвувати *(чимось, кимось)*; віддавáти *(щось)*, **2. sich** ~*(für A)* *(по)*жéртвувати собóю *(для когось, для чогось)*; присвячувáти себé цілкóм *(комусь, чомусь)*
áufopfernd *adj* самовíдданий
Àufopferung *f* **-,**~en самопожéртва, самозрéчення
áufopferungs¦fähig *adj* voll *adj* самовíдданий
áufpacken *vt* **1.** навантáжувати, навáлювати; звалювáти; **2.** розпакóвувати
áufprägen *vt* викарбóвувати; *перен.* накладáти відбúток
Àufprall *m*~ **(e)s** *(auf A) удар (об щось)*; зíткнення *(з чимось)*
áufprallen *vi (s) (auf A) наштóвхуватися*, натикáтися, налітáти *(на щось)*; стикáтися *(з чимось)*
áufpumpen *vt* накáчувати, надувáти
Àufputz *m* ~es *здеб несхв. вбраннЯ́*, нарЯ́д; оздóба; (зовнішнє) офóрмлення
áufputzen **1.** *vt* вбирáти, прикрашáти, оздóблювати; підновлЯ́ти; **2. sich** ~вбирáтися
áufquellen* *vi (s)* розбухáти; набрякáти
áufräuchern *vt* коптúти
áufräumen **1.** *vt* прибирáти; навóдити порЯ́док; **2.** *vi* **1.** mit *(D)* покінчúти *(з чимось, з кимось)*; поклáсти край *(чомусь)*; **3.** спустóшувати
Àufräumen *n* **-s** **1.** прибирáння, очúстка; навéдення порЯ́дку; **2.** усýнення, ліквідáція
áufrechnen *vt* зарахóвувати, нарахóвувати, віднóсити за (*чúйсь*) рахýнок
áufrecht **1.** *adj* **1.** прямúй *(вертикальний)*; **2.** прямúй, чéсний, смілúвий, відвáжний; **3.** *юр.* якúй зберігáє (закóнну) сúлу, дíйсний; **2.** *adv* прЯ́мо, вертикáльно: ~ stéhen стоЯ́ти прЯ́мо; den Kopf ~ hálten вúсоко тримáти гóлову; **2.** не втрачáти мýжності
áufrecht erhalten* *відокр.* *vt* підтрúмувати, зберігáти (силу)
áufreden *vt (j-m)* наговорúти, навíяти *(щось комусь)*; нав'язáти *(умовляннями) (щось комусь)*; умóвити *(когось робити щось)*
áufregen **1.** *vt* хвилювáти, збýджувати, нервувáти; **2.** sich ~ *(über A)* хвилювáтися, збýджуватися, нервувáтися *(з-за чогось)*
áufregend *adj* хвилíоючий, захóплюючий
Àufregung *f* **-,**~en **1.** хвилювáння, збýдження, неспóкій; **2.** суєтá, переполóх
aufreiben* *vt* **1.** стирáти, розтирáти *(шкіру до крові)*; **2.** розтирáти *(в порошок)*; Kartóffeln ~ натéрти картóплю; **3.** виснáжувати, вимóтувати: **4.** *військ,* знúщувати.
áufreißen* *vt* **1.** розривáти, роздирáти; **2.** розчахнýти, ривкóм розчинúти; **3.** ривкóм піднЯ́ти *(напр., того, хто* сидить); **4.** vi (s) розривáтися, лóпатися; **5. sich** ривкóм відкривáтися, розчинúтися нáвстіж;, рвýчко піднімáтися; *перен.* взЯ́ти себé в рýки, стряхнýти з сéбе заціпенíння
áufreißen* *vi* **1.** крéслити; **2.** змальóвувати *(перспективу)*
Àufreizung *f* ~, **ån** роздратувáння, збýдження; підбýрювання, спонýка
áufrichten **1.** *vt* **1.** пиднимáти *(того). хто впав)*; **2.** *піднімáти* дух, підбадьóрювати; **3.** спорýджувати; стáвити *(пам'ятник перешкоду)*; **4. sich ~ 1.** піднімáтися; випрямлЯ́тися; **5.** набирáтися дýху, підбадьóритися
áufrichtig **1.** *adj* щúрий, відвéртий, прямúй; **2.** *adv* щúро, відвéрто: ~gesagt відвéрто кáжучи
áufrichtigkeit *f* ~ щúрість, відвéртість, прямотá
áufriegeln *vt* відмикáти, відсувáти зáсув
Àufriß *m* **..risses, ...risse** **1.** крéслення, план, ескíз; **2.** фасáд, вид спéреду; **3.** нáрис
áufrollen *vt* **1.** розгортáти *(рулон, килим)*; розмóтувати *(напр., плівку з котушки)*; *перен.* розгортáти, розкривáти, виявлЯ́ти; **2.** згортáти, скáчувати, намóтувати: **3.** закáчувати, засýкувати *(рукава)*
Àufruf *m* **(e)s, -e** **1.** вúгук; **2.** переклúчка; **3.** відóзва, зáклик
áufrufen* *vt* **1.** викликáти, робúти переклúчку; **2.** закликáти
Àufruhr *m* **-(e)s, -e** **1.** хвилювáння, збýдження, збентéження, сум'Я́ття, переполóх; **2.** зáколот, повстáння, бунт, безпорЯ́дки
Àufrührer *m* **-s,** ~ заколóтник, бунтівнúк
áufrunden *vi* заокрýглювати *(в більший бік — про число)*
áufrüsten **1.** *vi* озбрóюватися; **2.** *vt* спорýджувати, звóдити риштувáння *(на будівництві)*
Àufrüstung *f*-,-en озбрóєння, збільшення, (гóнка) озбрóєнь
áufrüttelnd *adj* приголóмшливий, разючий
áufsagen *vt* **1.** розкáзувати напáм'ять; **2.** *(j-m)* розривáти *(угоду, шлюб)*; відмовлЯ́ти *(в чомусь)*; звільнЯ́ти
Àufsagung *f* ~ розірвáння, відмóва, денонсáція *(угоди)*
áufsässig *adj* **1.** упéртий, неслухнЯ́ний; **2.** непокíрний, бунтівнúй
Àufsatz *m* ~es, **...Sätze** **1.** твір;ināttЯ́; **2.** насáдка, пристáвка

A

áufsaugen* *vt* убирáти, поглинáти, всмóктувати

áufschichten 1. *vt* клáсти шарáми, нашарóвувати; **2. sich** ~ нашарóвуватися, напластóвуватися

áufschieben* *vt* **1.** відсувáти, відкривáти *(засув)*; **2.** відстрóчувати; відкладáти

áufschießen* *vi (s)* **1.** швúдко рости́, піднімáтися; **2.** злітáти

Àufschlag *m* ~es, **...schläge 1.** удáр; *військ.* влýчення, вúбух; **2.** обшлáг, вилóга; **3.** підвúщення (ціни), націнка

áufschlagen* *vt* **1.** розбивáти, розкóлювати; **2.** відкривáти, розкривáти; **3.** розпинáти *(намет)*; **4.** підвúщувати *(ціни)*; **4.** *vi (s) (auf A, auf D)* ударя́тися *(об щось)*; *військ.* попадáти *(про снаряд)*; **5.** здіймáтися вгóру *(про полум'я)*; **6.** рости́ в ціні́, дорóжчати; die Préise schlagen auf ціни ростýть

áufschließen* 1. *vt* **1.** відчиня́ти, відмикáти; **2.** *(j-m)* розкривáти, поя́снювати, робúти достýпним *(комусь)* dem Públikum ein Kúnstwerk ~ зробúти худóжній твір зрозумілим, для пýбліки; **3.** *геол.* розві́дувати; **4.** *хім.* розчиня́ти; *vi військ., спорт,* змéншувати дистáнцію, підтя́гуватися; **5.** sich ~ розкривáтися, розпускáтися, розцвітáти *(про квіти)*; *sich j-m* ~ відкрúти комýсь своє́ сéрце

áufschlucken *vt* проковтнýти; поглúнути

Àufschluß *m* **...schlusses, ...schlüsse 1.** *тк. sg* відкривáння, відмикáння; **2.** *геол.* рóзвідка; **3.** поя́снення, роз'я́снення

áufschlußreich *adj* показóвий, повчáльний; цікáвий, змістóвний

áufschneiden* 1. *vt* **1.** розрі́зати, відкрúти *(ножем)*; **2.** нарі́зати *(хліб, ковбасу)*; **3.** *vi розм.* хвáстати(ся), розповідáти небилúці, перебі́льшувати

Àufschneider *m* **-s,** ~ *розм.* хвалькó, брехýн

áufschnellen *vi (s)* схóплюватися; злітáти вгóру

Àufschnitt *m* ~ **(e)s 1.** рóзріз; зріз; *перед,* прóба; **2.** нарі́зана ковбасá (шúнка, м'я́со), шматóчки ковбасú (шúнки, м'я́са)

áufschnüren *vt* розв'я́зувати, розшнурóвувати

áufschrauben *vt* **1.** нагвúнчувати, пригвúнчувати; **2.** розгвúнчувати

áufschrecken 1. *vt* (з)лякáти, сполóхувати; **2.*** *vi (s)* (з)лякáтися

Àufschrei *m* ~ **(e)s, -e** крик, вúгук

áufschreiben* *vt* (на)писáти, запúсу вати; відмічáти

áufschreien* *vi* скрúкувати; закричáти

Àufschrift *f* **-,-en 1.** нáпис; заголóвок; **2.** адрéса *(на листі)*

Àufschub *m* **-(e)s, ...schübe** відстрóчка; ein ~ der Záhlungsfrist *ком.* відстрóчка платежі́в

áufschütteln *vt* **1.** збóвтувати, струшувáти; **2.** збивáти *(подушки)*

áufschütten *vt* **1.** насипáти; éinen Damm ~ звóдити вал (грéблю); **2.** засипáти, завантáжувати *(зерно, вугілля)*

áufschwellen 1 *vt* здувáти, роздувáти; **2.*** *vi (s)* опухáти, набрякáти, здувáтися; прибувáти *(про воду)*; *перен.* нарос-тáти, посúлюватися

áufschwemmen *vt* **1.** нанóсити, намивáти; **2.** сплавля́ти *(ліс)*

áufschwingen* 1. *vt* змáхувати *(чимось)*; **2. sich** ~ **1.** здіймáтися, піднóситися; **2.** *(zu D)* досягáти, здобувáти; **3.** *(zu D)* зважувáтися *(на щось)*

Àufschwung *m* **-(e)s, ...schwünge** зліт, піднéсення; порúв

áufsehen* *vi* **1.** (по)дивúтися (гля́нути) вгóру; звóдити óчі; zum Hímmel ~ звéсти óчі на нéбо; **2.** *(zu D)* поважáти, шанувáти *(когось)*; **3.** *(über A) заст.* догля-дáти, наглядáти *(за кимось, за чимось)*

Àufsehen *n* **-s, 1.** сенсáція, збýдження *(викликане чимось незвичайним)*; **2.** увáга

Àufseher *m* **-s,** ~, ~ **in** f**-,-n**en нагля́дач, нагля́дачка

áufsein* *vi (s) розм.* **1.** не спáти; **2.** бýти відкрúтим, бýти відчúненим

áufsetzen 1. *vt* **1.** надівáти, насáджувати *(sich D* den Hut (die Brílle) ~надівáти капелю́х (окуля́ри); стáвити *(на щось)*;. Wásser ~ стáвити вóду *(на вогонь)*; Flícken ~ накладáти лáтку; **2.** наступáти *(ногою)*, стáвити *(ногу)*; **3.** саджáти (пря́мо); man sétzte den Kránken auf хвóрому допомоглú сíсти *(у ліжку)*, **4.** складáти, ствóрювати; einen Vertrág ~ склáсти угóду; **5.** *vi* приземля́тися; **6. sich** ~ сідáти, підвóдитися *(в ліжку і т, п.)*

Àufsicht *f* **-,-en 1.** *тк. sg* нáгляд, контрóль; дóгляд; **2.** *тк. sg* черговúй *(по станції і т. п.)*; **3.** вид звéрху, план

Àufsichtsbehörde *f* **-,-n** інспéкція, óрган нáгляду

áufsichtslos *adj* бездóглядний **aufsitzen*** vi **1.** *(s)* сідáти *(на коня, велосипед і т. п.)* **2.** *(h)* не лягáти спáти; die Nacht ~ просúдіти цíлу ніч; **3.** *(h):* im Bett ~ сидíти в ліжку

áufspalten 1. *vt* розкóлювати, розщéплювати; **2.** vi (s) ; **sich** ~ розкóлюватися, трíскатися, розщéплюватися

áufspannen *vt* натягáти; розтягáти

áufsparen *vt* зберігáти, нагромáджувати; відкладáти *(гроші)*

áufspeichern 1. *vt* нагромáджувати; **2.** sich ~ нагромáджуватися, набирáтися

áufsplittern 1. *vt* розщéплювати, розкóлювати, дробúти; **2.** sich ~ розщéплюватися, дробúтися

áufsprengen *vt* **1.** вилáмувати *(двері, вікно)*, **2.** висáджувати

áufspringen* *vi (s)* **1.** *(von D)* схóплюватися *(з місця)*; **2.** *(auf A)* ускáкувати, стрибáти *(в трамвай і т. п.)*; **3.**

раптóво виникáти: **4.** *(різко)* розкривáтися; **5.** тріскатися, лóпатися

áufspritzen 1. vi *(s)* бризкати (вгóру), забити ключéм; **2.** *vt* оббрíзкувати; поливáти

áufspüren *vt* вистéжувати: розшýкувати

áufstacheln *vt (zu D)* підбýрювати *(когось до чогось); (gegen A)* нацькóвувати *(когось на когось);* Léidenschaften ~ розпáлювати прíстрасті

Àufstand *m* ~es, **...stände** повстáння, зáколот

áufständisch *adj* повстáлий; повстáнський, бунтівнúй

áufstapeln *vt* склáдáти (штабелями); нагромáджувати

áufstauen 1 *vt* загáчувати *(воду);* нагромáджувати; **2.** sich ~ створювати затóр *(напр., про кригу);* скýпчуватися

áufstecken *vt* **1.** підкóлювати; накóлювати; **2.** настрóмлювати, надівáти; eine Fáhne ~ піднестú прáпор; **3.** *розм.* відмовлятися *(від чогось)*

áufstehen* *vi* **1.** *(s)* вставáти, піднімáтися; **2.** *(s) (gegen A, wider A)* повставáти, піднімáтися на боротьбý *(проти когось, чогось)*

áufsteigen* *vi (s)* **1.** *(auf A) піднімá*тися, сідáти *(напр., у вагон);* **2.** піднімáтися, злітáти *(про літак);* схóдити *(про сонце, місяць);* **3.** діставáти підвищення

áufstellen 1. *vt* **1.** стáвити, устанóвлювати; розставляти; **2.** складáти, розробляти; **3.** виставляти, висувáти *(вимоги і т. п.);* **4.** sich ~ шикувáтися

Àufstellung *f* **-,**~en **1.** устанóвка, монтáж; **2.** висувáння; **3.** *військ.* розташувáння, формувáння; **4.** спúсок, кошторис, рахýнок

áufstempeln *vt* постáвити штамп (печáтку)

Àufstieg *m* ~ **(e)s, -e 1.** підйóм, схóдження; **2.** підйóм, зліт; **3.** рóзвиток, рóзквіт

áufstören *vt* сполохáти, розтривóжити; підняти, розбудúти

áufstoßen* 1. *vt* відчиняти пóштовхом; **2.** *vi (s) (auf A) нашт*óвхуватися *(на щось);* **3.** *(h)* бродúти *(про вино);* **3.** траплятися

áufstreben *vi* **1.** піднімáтися; рости́; **2.** підносúтися, височíти

áusstreichen* *vt (auf A)* намáзувати *(на щось),* нанóсити *(фарбу)*

Àufstrich *m* ~ **(e)s,-e 1.** *тк. sg цю* намáзують на хліб, колú рóблять бутербрóди *(масло, повидло і т п),* Brot óhne ~ хліб без нічóго; **2.** тонкá рúска

áufsuchen *vt* **1.** відшýкувати; **2.** відвідувати *(когось),* захóдити *(до когось)*

áufsummen 1 *vt* підсумóвувати: **2.** *vi і* **sich ~** нагромáджуватися, рости́ ,*(про борги і т. п.)*

Àuftakt *m* **-(e)s, -e 1.** *муз.* затáкт, вступ; **2.** почáток, почúн; відкриття *(урочисте)*

áuftanken 1. *vt* заправляти *(пильним);* 2 *vi* заправлятися *(пальним)*

áuftauchen *vi (s)* **1.** виплúвáти, вирингáти; **2.** (раптово) з'являтися, виникáти

áuftauen 1. *vi (s)* тáнути, відтавáти; **2.** *vt* розморóжувати

áufteilen *vt* (по)ділúти, розділúти

Àufteilung *f* **-,**~en пóділ; розділення; розпóділ

Àuftrag *m* ~ **(e)s. ..träge** дорýчення, завдáння; замóвлення; *юр.* договíр

áuftragen* *vt* **1.** подавáти (на стіл); **2.** (j-m) доручáти *(щось комусь);* **3.** нанóсити, накладáти *(фарбу і т. п.);* **4.** знóшувати *(одяг)*

áuftreiben* *vt* **1.** піднімáти, роздувáти; **2.** надівáти, насáджувати; **3.** діставáти, роздобувáти

áuftrennen *vt* розпóрювати

áuftreten* *vi (s)* **1.** наступáти; **2.** повóдитися; **3.** виступáти *(здеб. на сцені);* **4.** виникáти, з'являтися; траплятися

Àuftreten *n* **s 1.** поведінка; позúція; **2.** вúступ *(публічний, на сцені),* **3.** вúникнення, поява

Àuftritt *m* ~ **(e)s, -e 1.** вúступ, вúхід *(на сцену);* **2.** ява, сцéна *(у п'єсі);* **3.** *перен.* сцéна, сýтичка; **4.** прíступка, схíдець

áuftrocknen 1. *vt* **1.** висýшувати; витирáти; **2.** *vi (s)* висихáти, сóхнути

áuftun* 1. *vt* **1.** відкривáти, розкривáти; **2.** надівáти *(капєуюх);* **2. sich ~** відкривáтися

áuftürmen 1. *vt* нагромáджувати; **2. sich** ~ громáдитися, здіймáтися

áufwachen *vi (s)* прокидáтися, просипáтися

áufwachsen* *vi (s)* виростáти, підростáти

Àufwand *m* ~ **(e)s** (надмірні) вúтрати; марнотрáтство

áufwärmen 1. *vt* підігрівáти; **2. sich** ~грíтися; *спорт,* робúти розмúнку

áufwärts *adv* вгóру, нагóру

Àufwärtsentwicklung *f* ~ (поступáльний) рóзвиток, підйóм; прогрéс; зростáння; збільшення

áufwärtsgehen* vt *(s)* поліпшуватися

Àufwartung *f* **-,**~en **1.** прислугóвування, (домáшнє) обслугóвування; **2.** прáця (нахóжої) хáтньої робітнúці; **3.** візúт

áufwaschen* *vt* мúти *(посуд);* витирáти *(підлогу)*

áufwecken *vt* (роз)будúти; *перен.* оживляти

áufweichen 1. *vt* розм'якшувати, розмóчувати; **2.** *vi (s)* розмокáти, розм'якшуватися

áufweisen* *vt* **1.** покáзувати, пред'являти; **2.** мати, виявляти

áufwenden* *vt* витрачáти, вживáти

áufwerten* *vt* **1.** викóпувати; **2.** насипáти *(насип і т. п.);* **3.** кúдати угóру; **4.** *перен.* порýшувати питáння; **5.** широко розчиняти *(вікно і т. п.)*

A

áufwickeln *vt* **1.** намо́тувати; **2.** розмо́тувати, розгорта́ти
áufwiegeln *vt* підбу́рювати, підбива́ти *(когось на щось)*
áufwiegen* *vt* урівнова́жувати; компенсува́ти, відшкодо́вувати; éinen Verlúst ~ відшкодува́ти збитки
Àufwiegler *m* **-s,** ~ підбу́рювач, заколо́тник
áufwinden* *vt* **1.** намо́тувати; **2.** підніма́ти лебідкою
áufwirbeln 1. *vt* здійма́ти *(куряву);* кружи́ти *(вихором);* **2.** vi здійма́тися, крути́тися ви́хором *(про куряву, сніг)*
áufwischen *vt* витира́ти, стира́ти *(пил)*
Àufwuchs *m* ~ **es, ..wüchse 1.** *тк. sg* підроста́ння; **2.** молоді́ наса́дження; **3.** моло́де поколі́ння, змі́на
áufwühlen *vt* **1.** ско́пувати, розпу́шувати; **2.** збо́втувати; **3.** підбу́рювати; **4.** хвилюва́ти, збу́джувати
áufzahlen *vt* допла́чувати
áufzählen *vt* перелі́чувати; ліч́ити
Àufzehrung *f* ~ , ~ **en** ви́снаження
áufzeichnen *vt* **1.** (на)малюва́ти (на)кре́слити: **2.** запи́сувати, про токолюва́ти
áufzeigen *vt* пока́зувати, розкрива́ти, виявля́ти
áufziehen* 1 *vt* **1.** підніма́ти, тягну́ти вго́ру; **2.** відкрива́ти; **3.** натя́гувати, *тех.* наса́джувати; **4.** заво́дити *(годинник);* **5.** виро́щувати; розво́дити; **6.** дражни́ти; **7.** *vi (s)* насува́тися *(про грозу);* **8.** вишико́вуватися; заступа́ти *(на варту)*
Àufzucht ~ розве́дення, виро́щування *(тварин, рослин)*
Àufzug *m* **-(e)s, ...züge 1.** проце́сія демонстра́ція; **2.** підйо́мник, ліфт, **3.** *театр.* ді́я, акт
áufzwingen* *vt (j-m)* нав'я́зувати *(щось комусь)*
Àugapfel *m* **-s, ...äpfel 1.** о́чне я́блуко; **2.** найдоро́жче; wie séinen ~ hüten берегти́ як зіни́цю о́ка
Àuge *n* ~ **s, -n 1.** о́ко; ві́чко, о́чко
Àugenblick *m* **(e)s, ~ e** мить, моме́нт
áugenblicklich *adj* **1.** митте́вий, момента́льний, нега́йний; тепе́рішній; **3.** *adv* відра́зу, нега́йно; **2.** в да́ний моме́нт
Àugenbraue *f* **-,~**en брова́
áugenfällig *adj* очеви́дний
Àugen¦glas *n* ~es, **...gläser 1.** ске́льце, *pl* ~ gläser окуля́ри; **2.** біно́кль; **lid** *n* **-(e)s,-er** повіка
áugenscheinlich *adj* очеви́дний, я́вний
Àugenzeuge *m* **-n, -n** очеви́дець
Augúst *m* **~ ³ ~ (e)s,~ e** се́рпень
Àula *f* ~ , **...len** а́ктовий за́л
áus 1. *prp (D)* **1.** *(вказує на напрямок зсередини): із, з;* ~ der Tíefe *з глибини;* **2.** *(вказує на віддалення): із, з;* geh mir ~ den Áugen геть з мої́х оче́й! **3.** *(вказує на походження):* з; er ist ~ Berlín він з Берліна; **4.** *(вказує на причину),* від, з; ~ diesem Gründe з цієї причи́ни; ~ Zorn від гніву; **5.** *(вказує на матеріал, з якого зроблено річ, на частини, з яких щось складається):* з; ein Kleid ~ Seide су́кня з шо́вку; dieses Buch besteh! ~ zwei Téilen ця кни́га склада́ється з двох части́н; **6.** *adv* закі́нчено; го́ді!, кіне́ць! die Stúnde ist ~ уро́к закі́нчений; es ist ~ damit з цим покі́нчено
áusarbeiten *vt* ро́зробля́ти́, виробля́ти
áusarten *vi (s)* **1.** *(in A, zu D)* перехо́дить, перетво́рюватися *(у щось);* **2.** виро́джуватися, переро́джуватися
áusatmen *vt* видиха́ти
Àusbau *m* ~ **(e)s, ~ten 1.** розбира́ння, демонта́ж; **2.** побудо́ва, ство́рення; **3.** розширення, ро́звиток
áusbauen *vt* **1.** *тех.* розбира́ти, демонтува́ти; **2.** будува́ти, розши́рювати, розвива́ти, удоскона́лювати
áusbessern *vt* виправля́ти, ла́годити, ремонтува́ти
áusbeuten *vt* експлуатува́ти; **2.** *гірн.* розробля́ти
Àusbeuter *m* **-s,** ~ експлуата́тор
Àusbeutung *f* ~ , **en 1.** експлуата́ція; **2.** *гірн.* розро́бка
áusbilden *vt* **1.** навча́ти *(фаху);* **2.** розвива́ти *(здібності)*
Àusbildung *f* **-,**~en **1.** навча́ння, підгото́вка; **2.** осві́та; **3.** ро́звиток, удоскона́лення; **4.** утво́рення, формува́ння
Àusbildungsbeihilfe *f* **-,-n** стипе́ндія
áusbinden* *vt* зв'я́зувати, пакува́ти
áusbitten* *vt* **1.** *(von j-m)* проси́ти *(у когось);* **2.** ви́кликати *(когось звідкись)*
ausblasen* *vt* **1.** задува́ти *(свічку);* **2.** *тех. видува́ти (доменну піч);* продува́ти *(трубу, цистерну);* **3.** надува́ти, роздува́ти
áusbleiben* *vi (s)* не прихо́дити, не з'явля́ться, бу́ти відсу́тнім
áusbleichen 1.' *vi (s)* вицвіта́ти, линя́ти; **2.** *vt* біли́ти, знеба́рвлювали
Àusblick *m* **-(e)s, -e** вид, перспекти́ва
áusblicken *vi (nach D)* вигляда́ти, шука́ти очи́ма *(когось)*
áusbluten *vi (h, s)* стіка́ти кро́в'ю; *перен. військ,* зазнава́ти вели́ких втрат
áusbomben *vt (вжив, в Passiv)* розбомби́ти; wir wúrden ausgebombt нас розбомби́ло
áusborgen *vt (j-m)* позича́ти
ausbracken *vt* бракува́ти, вибрако́вувати
ausbrauchen *vt* витрача́ти, ви́тратити
áusbrechen* 1. *vt* вила́мувати, відла́мувати; **2.** *vi (s)* вирива́тися, вила́муватися; **3.** (у)тіка́ти; **4.** вибуха́ти, спала́хувати (про *війну, почуття і т. п.);* **5.**: in Tränen ~ розпла́катися
áusbreiten 1. *vt* **1.** розши́рювати; **2.** розстеля́ти; розклада́ти; **3.** пошир́ювати *(чутку);* **2. sich** ~ розширюва́тися, поши́рюватися; простяга́тися; **3.** *(über A)* докла́дно говори́ти *(про когось, про щось)*

Àusbreitung *f* **-**,~en **1.** розши́рення; **2.** поши́рення; *ек. політ,* експа́нсія; **3.** зо́на поши́рення (розсе́лення); *біол.* ареа́л

áusbrennen* 1. *vt* випа́лювати, припіка́ти; **2.** *vi (s)* згоря́ти, вигоря́ти, .догоря́ти

Àusbruch *m* ~ **(e)s, ...brüche 1.** поча́ток (війни, *грози);* спа́лах, ви́бух; **2.** ви́верження *(вулкана);* **3.** вте́ча *(з в'язниці)*

áusdampfen 1. *vi* (s) випаро́вуватися; **2.** *vt* **1.** випаро́вувати; **2.** *мор.* прохо́дити *(відстань)*

Àusdauer *f* ~ ви́тримка, витрива́лість; терпі́ння; завзя́тість

áusdehnen 1. *vt* розтяга́ти; розши́рювати; продо́вжувати *(строк);* **2.** поши́рювати *(на щось, на когось);* **3. sich** ~ розтяга́тися, розши́рюватися; зволіка́тися *(про час);* **4.** розстила́тися, поши́рюватися

Àusdehnung *f* **-**,~en **1.** розтя́гнення, розши́рення; **2.** поши́рення; *ек, політ,* експа́нсія; **3.** розмір; *мат* ви́мір

áusdenken* *vt* **1.** доду́мувати; **2.**: sich (D) etw ~ вига́дувати, приду́мувати *(щось)*

áusdeuten *vt* поя́снювати, тлума́чити, коментува́ти

áusdienen *vi* **1.** відслужи́ти *(строк служби);* **2.** відслужи́ти, зроби́тися неприда́тним

áusdörren 1, *vt* суши́ти; вису́шувати; **2.** *vi (s)* со́хнути, висиха́ти

áusdrehen *vt* **1.** вимика́ти *(газ, світло і т. п);* **2.** виверта́ти; **3.** *тех.* розто́чувати; **4.** *тех.* стира́ти

Àusdruck *m* ~ **(e)s, ..drücke 1.** ви́раження, ви́явлення, ви́яв; etw zum ~bringen ви́словити щось; zum ~kommen ви́явитися, прояви́тися *(про щось);* **2.** ви́раз *(обличчя);* **3.** вира́зність, експре́сія; **4.** ви́слів

áusdrucken *vt* надрукува́ти

áusdrücken 1 *vt* **1.** вича́влювати; вида́влювати; **2.** висло́влювати; **3. sich** ~ проя́влятися; **4.** висло́влюватися

áusdrücklich 1. *adj* я́сний, вира́зний; категори́чний; **2.** *adv* я́сно, вира́зно; категори́чно

Àusdrucksform *f* ~ **en** фо́рма ви́явлення, жанр; **~gymnastik** f~ худо́жня гімна́стика; **kraft** f ~ експреси́вність, вира́зність

áusdruckslos *adj* невира́зний

Àusdrucksmittel *n* **-s, ~** за́сіб ви́раження

áusdrucksvoll *adj* вира́зний, красномо́вний

auseinánder *adv* на́різно. дале́ко оди́н від о́дного

auseinánder¦biegen* *vt* розгина́ти; **~fallen*** *vi (s)* розпада́тися; **~gehen*** *vi (s) розхо́дитися,* розпада́тися; розхо́дитися, відрізня́тися *(про погляди)'* **halten*** *vt* відрізня́ти; **~kommen*** *vi* (s) розхо́дитися, розлуча́тися; **laufen*** *vi (s)* розбіга́тися; розхо́дитися *(про дороги);* **~reißen*** *vt* розрива́ти; **~rollen** *vt* розгорта́ти; **~rücken** та *(s)* відсува́тися оди́н від о́дного; *vt* розсува́ти, відсува́ти; **-schieben*** *vt* розсува́ти; **-s**etzen *vt* виклада́ти, поя́снювати; sich setzen порозумі́тися *(з кимось);* сперечáлися, полемізува́ти

Auseinánderstzung *f*-,~en **1.** ви́клад, тлума́чення; **2.** *(критичний)* розбір, ро́згляд *(mit D чогось);* **3.** супере́чка, диску́сія

áus erkoren, áus erlesen *adj* ви́браний, добі́рний; ви́шуканий

áus erlesen* *vt* обира́ти

aus ersehen* *vt* **1.** обира́ти, вибира́ти, **2.** признача́ти *(когось для чогось)*

áus erwählen *vt* обира́ти, вибира́ти

áus essen* *vt* з'їда́ти

áusfahren* 1. *vi (s)* виїжджа́ти; вихо́дити *(про поїзд і т. п,);* 2, *vt* виво́зити *(напр., дитину на прогулян)*

Àusfahrt *f* **-**,~en **1.** ви́їзд, від'ї́зд; **2.** ви́їзд *(місце);* воро́та

Àusfall *m* ~ **(e)s, ...fälle 1.** випада́ння; **2.** втра́ти, недоста́ча; **3.** *військ.* ви́лазка; **4.** ви́пад, воро́жий ви́ступ

áusfallen* *vi* **1.** випада́ти; **2.** не відбу́тися; ви́йти з ла́ду; **3.** *розм.* вихо́дити *(добре чи погано);* дава́ти результа́ти; **4.** *хім.* випада́ти в оса́док

áusfallend *adj* гру́бий, агреси́вний

áusfällig *adj* гру́бий, агреси́вний; gegen j-n ~ werden обража́ти кого́сь

áusfegen *vt* виміта́ти *(сміття);* підміта́ти

áusfertigen *vt* склада́ти, оформля́ти, випи́сувати *(документи)*

áusfinden* 1. *vt* розшука́ти; ви́явити; розві́дати; **2.** sich ~орієнтува́тися, розбира́тися

áusfindig: etw ~ mächen розшу́кувати, приду́мувати; розві́дати щось

áusfliegen* *vi (s)* **1.** виліта́ти: **2.** роби́ти екску́рсію

áusfließen* та *(s)* витіка́ти *(про рідину)*

Àusflucht *f* ~ , **...flüchte** ви́верт; відмо́вка; лазі́вка

Àusflug *m* ~ **(e)s, ...fluge 1.** екску́рсія, прогу́лянка; **2.** ви́літ *(пташеняти :і гнізда);* **3.** ві́чко *(вулика)*

Àusfluß ***m*** **...flusses, ...flüsse 1.** злив, стік; **2.** ви́тік

áusforschen *vt* **1.** виві́дувати, дові́дуватися *(про щось);* **2.** (nach IУ) розпи́тувати *(когось про щось)*

áusfragen *vt (nach D)* розпи́тувати *(когось про щось)*

áusfrieren* *vi (s)* вимерза́ти, замерза́ти

Àusfuhr *f* ~. ~en **1.** ви́віз, е́кспорт; **2.** *pl* това́ри, що експорту́ються

áusführen *vt* **1.** виво́дити *(гуляти),* **2.** виво́зити, експортува́ти; **3.** вико́нувати, зді́йснювати; **4.** розвива́ти, розробля́ти *(напр., тему)*

áusführlich *adj* докла́дний

A

Àusführung *f*-,~en **1.** *тк. sg здійсн*éння, виконáння, реалізáція; **2.** модéль, констрýкція; **3.** *здеб. pl* вислóвлювання, вúступ; міркувáння; промóва

áusfüllen *vt* **1.** напóвнювати, запóвнювати; **2.** задовольня́ти

Àusgabe *f* **-,-n 1.** вúдача; відпуск *(напр., товарів);* **2.** вúтрата, видáток; **3.** видáння *(книжки);* вúпуск *(газети);* **4.** вихіднúй пристрій *(електронної обчислювальної машини)*

Àusgang *m* **-(e)s ...gänge 1.** вúхід *(місце),* вихідні двéрі; **2.** вúхід *(дія);* **3.** *тк. sg вихідн*úй (день): **4.** кінéць, закінчення, нáслідок, результáт; **5.** *тк. sg* вихіднúй пункт

áusgeben* **1.** *vt* **1.** видавáти, відпускáти; **2.** випускáти *(цінні папери);* **3.** віддавáти *(наказ);* проголóшувати *(гасло);* **4.** витрачáти *(гроші);* **5.** *(für A) видав*áти *(за когось, за щось);* sie hat den Schmuck für all
ausgegeben вонá вúдала прикрáси за старовúнні; **6.** sich ~ **1.** вúтратитися; *перен.* вúчерпати свої сúли *(можливості);* **7.** *(für A) видав*áти себé *(за когось)*

áusgedient *adj* **1.** відставнúй: **2.** якúй відслужúв своє́, якúй став непридáтним; понóшений

áusgeglichen *adj* зрівновáжений, рівнúй, урівновáжений; збалансóваний

áusgehen* *vt (s)* **1.** вихóдити *(з дому);* **2.** *(von D)* вихóдити *(від когось, з чогось);* wir géhen von dem Grúndsatz aus,.., ми вихóдимо з прúнципу..., **3.** кінчáтися; **4.** схóдити, линя́ти *(про фарбу);* випáдати *(про волосся)*

áusgehungert *adj* зголоднілий, вúснажений

áusgelassen *adj* пустотлúвий, нестрúманий; розпýщений

áusgelangt *adj* вúснажений *(про грунт);* змóрений, змýчений, знесúлений

áusgemacht *adj* **1.** вúрішений; **2.** закінчений; ein **-er** Narr дурнúй як пень

áusgenommen *prp (A) крім, за в*úнятком, dich ~ крім тéбе

áusgerechnet *adv* якрáз, сáме, як навмúсно

áusgerüstet *adj* оснáщений, озбрóєний, облáднаний

áusgeschlossen **1.** *adv* вúключено; **2.** *prp (A) за в*úнятком, вúключно, крім

áusgesprochen **1.** *adj* чітко вúражений; я́вний, очевúдний; **2.** *adv* винятков́о, надзвичáйно

áusgestalten *vt* оформля́ти; розвивáти; надавáти фóрми, вúгляду (чомусь)

Àusgestaltung *f* **-,~en 1.** офóрмлення; рóзробка; **2.** фóрма, (зóвнішній) вúгляд

áusgestorben *adj* вúмерлий: die Stráße ist wie ~ вýлиця нáче вúмерла

áusgesucht *adj*, **ausgewählt** *adj* вúшуканий, добірний

áusgewogen *adj* зрівновáжений, гармонíйний, пропорцíйний

áusgezeichnet *adj* відмíнний, чудóвий

áusgiebig *adj* багáтий *(на щось);* щéдрий, плодотвóрний

áusgießen* *vt* **1.** вuливáти, розливáти; **2.** заливáти, запóвнювати

Àusgleich *m* **-(e)s, -e 1.** вирíвнювання; зрівновáжування; компенсáція, відшкодувáння; **2.** угóда; згóда; компромíс, примúрення

áusgleichen* *vt* **1.** вирíвнювати; *перем,* рівня́ти; зрівновáжувати; компенсувáти; збалансóвувати; éine Réchnung ~ сплáчувати рахýнок; das Stáatsbudget ~ збалáнсувати держáвний бюджéт; **2.** улáгоджувати (з допомóгою компромíсу) *(суперечку);* **3.** **sich** ~ вирíвнюватися; *перен.* урівновáжуватися; прихóдити у відповíдність

áusgleiten* *vi (s)* посковзнýтися; зісковзнýти; вúслизнути

áusgraben* *vt* викóпувати; розкóпувати; викорчóвувати *(дереза)*

Àusgrabung *f* **-,~en 1.** розкóпки; **2.** *перен.* відкóпування, розшýкування

áusgreifend *adj.* eine weit **-e** Politik далекогля́дна полíтика: weit **-e** Pläne далекося́жні плáни

áusgucken *vi (nach D)* виглядáти *(когось, щось);* поглядáти *(на когось, щось)*

Àusguß *m* **...gusses, ...güsse 1.** зливнúк, стік; **2.** носик *(чайника);* **3.** кухóнна рáковина; **4.** звíрення *(почуттів)*

áushalten* **1.** *vt* витрúмувати, терпíти; **2.** *vi* тримáтися *(тж перен.)*

áushändigen *vt* вручáти, видавáти (на рýки); передавáти (з рук в рýки)

Àushang *m*~ **(e)s, ...hänge** оголóшення, афíша

aushängen *vt* **1.** вивíшувати: **2.** знімáти з завíс *(двері, віконні рами);* **3.** *vi* висíти *(напр., про оголошення)*

áusharren *vi* терпля́че вичíкувати; вúстояти, вúтримати

Àusheilung *f*-,~en вúлікування, зцíлення, вúдужання

áushelfen* *vi (j-m)* допомогтú *(комусь),* вúручити *когось)*

Àushilfe *f* **-,-n 1.** *тк. sg (тимчас*óва) допомóга, підтрúмка; **2.** тк. sg тимчасóва робóта; **3.** тимчасóвий~робітнúк

áushöhlen *vt* **1.** видóвбувати; виїдáти *(напр., м'якоть плода);* **2.** вихолóщувати, позбавля́ти змíсту

áushorchen *vt (über A) (обер*éжно) розпúтувати *(когось про когось, про щось);* випúтувати

áuskämpfen *vi* перестáти борóтися, припинúти боротьбý

áuskennen*, sich *(in D)* знáтися *(на чомусь),* орієнтувáтися

áuskleiden **1.** *vt* роздягáти; облицьóвувати, обшивáти (дóшками), обклéювати (шпалéрами); **2.** **sich** ~роздягáтися

A

áusklingen* *vi (h s)* **1.** відзвуча́ти, завмира́ти *(про звук);* **2.** *(in D) перен.* закі́нчуватися *(чимось)*
áusklopfen *vt* вибива́ти, витрі́пувати; Téppiche ~ вибива́ти ко́вдри
áuskochen *vt* виварюва́ти, кип'яти́ти
áuskommen* *vi (s)* **1.** *(mit D)* обхо́дитися *(чимось);* **2.** (mit j-m) ла́дити, жи́ти в зла́годі *(з кимось)*
áuskosten *vt* зазнава́ти *(чогось);* die Fréude des Lébens ~ зазна́ти ра́дощів життя́
áuskriechen* *vi (s)* виповза́ти, вилу́плюватися *(з яйця)*
Àuskunft *f* **~ künfte 1.** до́відка, інформа́ція; **2.** *тк. sg* довідко́ве бюро́
Àuskunfts¦büro *n* **~ s, -s** довідко́ва конто́ра, адре́сний стіл; **stelle** f **-,-n** довідко́ве бюро́, адре́сний стіл
áuslachen 1. *vt* висмі́ювати; **2. sich** ~насмія́тися вдо́сталь
áusladen* 1. *vt* вивантáжувати, розвантáжувати: **2.** *vi* виступа́ти, видава́тися *(про архітектурні деталі)*
áusladen* *vt* відміня́ти запро́шення
Àuslage *f* **,~ n 1.** вітри́на; ви́ставка *(товарів у вітрині);* **2.** тк. pl ви́трати
Àusland *n* ~ **(e) s** закордо́н, зарубі́жні краї́ни, інозе́мні держа́ви; im ~ за кордо́ном; ins ~ géhen поїхати (емігрува́ти) за кордо́н
Àusländer *m* **~ s,** ~ інозе́мець
áusländisch *adj* інозе́мний, закордо́нний; екзоти́чний
áuslassen* *vt* **1.** випуска́ти *(воду, пару, газ); перен.* дава́ти во́лю *(почуттям);* **2.** (an A) зганя́ти *(свою злість на комусь, на чомусь);* **3.** випуска́ти, пропуска́ти, опуска́ти; **sich** *(über A)* висло́влюватися *(про когось, про щось)*
áuslasten *vt* **1.** завантáжувати *(роботою);* по́вністю завантáжувати; **2.** *тех.* рівномі́рно розподіля́ти навантáження
Àuslauf *m* **~ (e)s, ...laufe 1.** ви́хід, ви́пуск; **2.** стік, ги́рло *(річки);* **3.** *мор.* ви́хід *(в море);* **4.** ви́гін; **5.** ма́йданчик *(для ігор)*
áuslaufen* *vi (s)* **1.** витіка́ти, висипа́тися; **2.** бра́ти поча́ток, почина́тися; **3.** кінча́тися; **4.** *(in A)* перехо́дити *(в щось);* закі́нчуватися *(чимось);* **5.** *бот.* дава́ти па́ростки; **6.** розплива́тися *(про фарбу)*
Àusläufer *m* **-s,~ 1.** па́смо *(гірського хребта);* **2.** *бот.* па́росток, па́гін, ву́сик
áusleeren *vt* спорожня́ти, очища́ти, випива́ти до дна
áuslegen *vt* **1.** виклада́ти, виставля́ти; **2.** виса́джувати *(на певній відстані, напр., картоплю);* **3.** виклада́ти, обклада́ти, інкрустува́ти; **4.** вно́сити *(гроші з умовою повернення);* **5.** тлума́чити, коментува́ти
Àusleihe *f* **-,-n 1.** *тк. sg* прока́т, ви́дача напрока́т; **2.** стіл ви́дачі *(в бібліотеці),* прока́тний пункт
áusleihen* *vt* **1.** дава́ти напрока́т (у тимчасо́ве користува́ння); дава́ти в по́зику; **2.** sich *(D)* ~ бра́ти в по́зику, напрока́т
Àuslese *f* ~ **1.** відбира́ння, ви́бір; **2.** біол. приро́дний до́бір; селе́кція; **3.** добі́рні си́ли, елі́та
áuslesen* *vt* відбира́ти, сортува́ти
áuslesen* 1. *vt* прочи́тувати; закі́нчувати чита́ти; *полігр.* вичи́тувати
áusliefern *vt* **1.** видава́ти, поставля́ти *(товар);* **2.** *(D. an A) видава́ти*, передава́ти *(в чиїсь руки)*
Àuslieferung *f* ~ ви́дача, ві́дпуск; поста́вка *(товару)*
áuslöhnen *vt* **1.** випла́чувати заробі́тну платню́; **2.** дава́ти розраху́нок *(комусь)*
áuslöschen 1. *vi* **1.** гаси́ти; **2.** стира́ти *(написане);* згла́джувати *(з нам'яті);* **2.*** *vi (s)* га́снути, ту́хнуги
áuslosen *vt* розі́грувати *(жеребкуванням, в лотерею)*
áuslösen *vt* **1.** виклика́ти ді́ю, пуска́ти *(механізм);* **2.** роз'є́днувати; **3.** збу́джувати, виклика́ти; спричиня́ти *(щось)*
Àuslosung *f* **-,~en** жеребкува́ння, ро́зіграш, тира́ж *(позики)*
Auslösung *f* ~ **1.** приве́дення в ді́ю, пуск; **2.** розче́плення, роз'є́днання **3.** ви́никнення, ви́яв *(почуттів)*
áusmachen *vt* **1.** гаси́ти, вимика́ти *(світло, газ);* **2.** домовля́тися *(про щось),* ула́годжувати *(щось);* **3.** означа́ти; das macht nichts aus це ні́чого не зна́чить; das macht viel aus це бага́то зна́чить, це склада́є вели́ку су́му
áusmalen *vt* **1.** розфарбо́вувати, розмальо́вувати; **2.** *перен.* розпи́сувати, зобража́ти
áusmarschieren *vi (s)* вируша́ти *(в похід);* руша́ти (ма́ршем)
Àusmaß n **~es, -e 1.** ро́змір; **2.** *pl тех.* габари́ти; *перен.* о́бсяг; кі́лькість
áusmessen* *vt* torn вимі́рювати, обмі́рювати
áusmontieren *vt тех. демонтува́ти*
áusmünden *vi (in A) впада́ти (про річку);* вихо́дити, упира́тися *(про вулицю)*
Àusnahme *f* **-,-n** ви́няток; mit ~ *(G і von D)* за ви́нятком *(когось, чогось);* крім; kéіne Régel óhne ~нема пра́вила без ви́нятку
áusnahmslos *adv* без ви́нятку; **~weise** *adv* як ви́няток
áusnehmen* 1. *vt* **1.** вийма́ти, споро́жнювати; **2.** виключа́ти *(когось),* роби́ти ви́няток *(для когось);* **3. sich** ~ виділя́тися, відрізня́тися; **4.**; sich gut ~ мати хоро́ший ви́гляд
áusnutzen, ausnützen *vt* **1.** використо́вувати, утилізува́ти; **2.** експлуатува́ти *(когось)*
áuspacken *vt* розпако́вувати
áusplündern *vt* грабува́ти, розграбо́вувати
áusprägen 1. *vt* карбува́ти; **2. sich** ~ відбива́тися; *перен.* виявля́тися, проявля́тися

A

áuspressen *vt* **1.** вичáвлювати, видáвлювати *(рідину);* **2.** експлуатувáти; **3.** *(j-m)* вимагáти силоміць *(щось у когось)*
áusprobieren *vt* випробóвувати
áuspumpen *vt* **1.** викáчувати; **2.** *розм.* виснáжувати, вимóтувати
áusradieren *vt* **1.** стирáти *(гумкою);* зскóблювати; **2.** знúщити, стéрти з лицú землí *(місто)*
áusräumen *vt* **1.** спорожнúти, очищáти; **2.** спростóвувати *(запереченні),* перебóрювати *(сумніви);* усувáти *(перешкоди)*
áusrechnen *vt* вирахóвувати, підрахóвувати, обчúслювати
Àusrede *f* ~, **-n** відмóвка, вúверт; прúвід *(для відмови)*
áusreden *vt* **1.** *(j-m)* відмовлáти *(когось від чогось);* перекóнувати
áusreichen *vi* вистачáти, бýти достáтнім
áusreichend *adj* достáтній, задовíльний
Àusreise *f* **-,-n** від'ї́зд; вúїзд *(за кордон)*
áusreißen* **1.** *vt* виривáти, видирáти; рвáтися, розривáтися; **2.** *розм.* утікáти
áusrenken *vt* вúвихнути
áusrichten *vt* **1.** вирíвнювати, випрямлáти; **2.** справлáти *(весілля);* **3.** викóнувати *(доручення);* передавáти *(вітання);* **4.** добивáтися
áusroden *vt* викорчóвувати
áusrotten *vt* знúщувати, винúщувати; викорíнювати
Àusruf *m* **-(e)s, -e** **1.** вúгук, вúкрик; **2.** проголóшення, оголóшення
áusrufen* *vt* **1.** викрúкувати, вигýкувати; **2.** оголóшувати; **3.** проголóшувати
áusruhen *vi i* **sich** ~ відпочивáти
áusrüsten **1.** *vt (mit D)* оснáщувати; озбрóювати; устаткóвувати; 2, **sich** ~ *(mit D)* запасáтися, оснáщуватися, озбрóюватися
Àusrüstung *f* ~, **en** **1.** *тк. sg* забезпéчення, устаткувáння, облáднання; озбрóєння; **2.** *тех.* устаткувáння оснáщення; **3.** *тк. sg військ,* зброя, амунíція
áusrutschen *vi (s)* **1.** посковзнýтися; **2.** *перен. оступúтися*
Àussaat *f* ~, **en** **1.** сівбá, посíв; **2.** посівнúй матеріáл, насíння
Àussage *f* **-,-n** **1.** вислóвлювання; *юр.* зізнáння, свíдчення; **2.** вúраження, зміст *(мистецький)*
áussagen **1.** *vi* вислóвлювати; **2.** *vi юр. давáти* показáння
Àussatz *m* ~es **1.** *мед. прокáза;* **2.** вúграш *(у грі);* нагорóда; **3.** *по~лігр.* я́кість дрýку
áussaugen* *vt* висмóктувати, *перен.* виснáжувати; тягтú сóки *(з когось)*
áusschälen *vt* чúстити, очищáти від лушпúння, лýщити *(горох)*
áusschalten 1 *vt* **1.** вимикáти *(світло, прилад);* **2.** виключáти, не допускáти, робúти неможлúвим; **3.** *vi (s) (bei D)* вибувáти *(напр., з якоїсь організації);* не допускáтися до ýчасті, не мáти змóги брáти ýчасть *(в чомусь)*
áusscheiden* **1.** *vt* виділя́ти *(тж фізіол. і хім.);* бракувáти; виключáти; **2.** *vi (s)* вибувáти, вихóдити *(напр., з організації);* залишáти, покидáти *(службу);* бýти вúключеним; **3.** виключáтися, відпадáти
Àusscheidung *f* **-,~en** **1.** вúділення, віддíлення; бракувáння; **2.** *хім.* óсад; **3.** *фізіол.* вúділення, секрéція; **4.** вúхід *(з організації, змагання, служби);* **5.** *спорт. відбірні* змагáння, кóнкурс
áusschimpfen *vt* вúлаяти *(когось)*
Àusschlag *m* ~ **(e)s, ...schlage** **1.** вúсип; налíт *(на вологій стіні);* **2.** рóзмах, амплітýда; відхúлення *(стрілки),* **3.**: den ~ geben мáти вирішáльне знáчення, відігрáти вирішáльну роль; **4.** *ел.* вúкид *(на екрані індикатора)*
áusschlaggebend *adj* вирішáльний
áusschließen* **1.** *vt* **1.** виключáти, виводúти *(з складу чогось);* **2.** робúти вúняток; **2.** sich ~ уникáти, ухиля́тися; не брáти ýчасті
áusschließlich **1.** *adj* вúключний; **2.** *adv* тíльки, вúключно; **3.** *prp (G) за вúнятком,* крíм
áusschneiden* *vt* вирíзувати; викрóювати; розбирáти, розчиня́ти *(тушу тварини); мед.* вúдаляти *(вирізувати орган)*
Àusschnitt *m* **-(e)s, -e** **1.** вúрізка *(тж газетна);* урúвок, фрагмéнт; **2.** вúріз; вúкот, прóйма; декольтé; прóріз, вúїмка
áusschöpfen *vt* **1.** вичéрпувати; **2.** перен. вичéрпувати, використóвувати до кінця́
áusschrauben *vt* вигвúнчувати, відгвúнчувати, викрýчувати
áusschreiben* *vt* **1.** випúсувати, робúти вúписки; **2.** писáти без скорóчень *(ім'я, слово);* писáти буквами *(цифри);* **3.** випúсувати *(документ, рахунок);* запóвнювати *(бланк);* **4.** оголóшувати *(конкурс, вибори)*
áusschreien* **1.** *vt* викрúкувати, проголóшувати; **2.** розтрубúти, розголосúти *(якусь звістку);* **2.** vi i **sich** ~ накричáтися, вúкричатися
Àusschreitung *f* **-,-n** **1.** *pl* вúхватки; безчúнства; ексцéси; **2.** надмíрність
Àusschuß *m* **...schusses, ...schüsse** комітéт, комíсія
Àusschuß *m* **...schusses** брак; відхóди; пóкидьки
áusschütteln *vt* витрýшувати
áusschütten **1.** *vt* **1.** виливáти, висипáти; j-m sein Herz ~ вúлити дýшу комýсь; **2.** виплáчувати, розподіля́ти *(дивіденди, виграші);* **3.** **sich** ~ виливáти дýшу; sich vor Láchen ~ wóllen качáтися від смíху
áusschwitzen **1.** *vt* **1.** виділя́ти *(піт, смолу, живицю);* **2.** виганя́ти з пóтом *(хворобу);* **2.** *vi (s)* сочúтися *(про живицю);* виступáти *(про сирість, наліт)*

áussegnen *vt* **1.** відслужи́ти панахи́ду; благословля́ти *(когось);* освя́чувати *(щось)*
áussehen* *vi* **1.** ма́ти ви́гляд; **2.** *(nach D)* виглядáти, шукáти очи́ма *(когось);* **3.**: wie sieht's bei Íhnen aus? як вáші спрáви?
áussein* *(пишеться разом тк. в inf і part) vi (s)* **1.** *розм.* кінчáтися; **2.** *(auf A)* мáти на меті́ *(щось);* прáгнути *(чогось);* **3.** *розм. перебувáти* (бу́ти) пóза дóмом
áußen *adv* зóвні; nach ~ (hin) назóвні; von ~ (her) ззóвні
Àußen¦handel *m* **-s** зóвнішня торгі́вля; **~minister** *m* **-s, ~** міні́стр закордóнних справ; **~politik** *f* ~зóвнішня політика; **-station** *f* -,~en космі́чна стáнція; **~weit** *f* зóвнішнє середóвище
áußer 1. *prp (D) (вказує на перебування поза чимось):* пóза; ~ der Réihe пóза чéргою; **2.** *(A) (вказу на спрямованість за межу чогосьул* з, із; ~ Sicht kómmen зникáти *з* пóля зóру; etw ~ acht lássen залишáти щось без увáги; **3.** *(D) (вказує на виняток):* крім, за ви́нятком; Ich hábe kéinen Freund ~ dii у мéне немáє дру́зів, крім тéбе; *cj* хібá що
äußer *adj* зóвнішній
áußerdem *adv* крім тóго
Äußere n зóвнішність, *(зовнішній)* ви́гляд
áußergewöhnlich *adj* **1.** надзвичáйний; незвичáйний, видатни́й; **2.** éкстрений
áußerhalb 1. *prp (G)* пóза, за; ~ der Stadt за мі́стом; **2.** *adv* пóза, зóвні
äußerlich *adj* зóвнішній; *перен.* поверхóвий, показни́й
äußern 1. vt **1.** виявля́ти, проявля́ти, покáзувати; **2.** вислóвлювати, виражáти; **3.** sich ~ виражáтися, проявля́тися; вислóвлюватися
áußer¦ordentlich *adj* **1.** надзвичáйний, позачергóвий; понаднормóвий; понадштáтний; **2.** винятко́вий, екстраординáрний; **~planmäßig** *adj* позапланóвий; позаштáтний; **-schu lisch** *adj* позашкільни́й
äußerst 1. *adj* крáйній, грани́чний; im ~en Nórden на далéкій пі́вночі; der ~є Termín крáйній строк; der **-e** Preis крáйня цінá *(найнижча ціна);* **2.** *adv* нáдто, кóнче, надзвичáйно
außerstánde; ~ sein бу́ти неспромóжним
Äußerung *f* **-,**~en **1.** ви́раз, ви́яв; **2.** вислóвлювання, ду́мка, ві́дзив
áussetzen 1. *vt* **1.** висáджувати *(рослини);* випускáти *(мальків);* висáджувати *(людей з судна);* **2.** навми́сно залишáти без допомóги; **3.** наражáти *(на небезпеку);* **4.** призначáти *(премію, нагороду, пенсію);* **5.** перериваáти, припиня́ти *(щось),* **6.** підки́нути *(дитину);* **7.** *vi* **1.** зупиня́тися, працювáти з перебóями *(про двигун);* **8.** (mit D) припиня́ти, переривáти *(щось);* wir müßten vier Wóchen mit der Árbeit ~ ми змýшені припини́ти робóту на чоти́ри ти́жні; **9. sich ~** наражáтися *(напр., на небезпеку);* зазнавáти *(чогось)*
Àussicht *f* -,~en **1.** *тк. sg* вид; краєви́д **2.** перспекти́ва; наді́я *(на щось),* ви́ди, шáнси
áussichts¦los *adj* безнаді́йний, безперспекти́вний; **~reich** *adj* перспекти́вний, багатообіця́ючий
áussinnen* *vt* винóшувати *(думку план),* вигáдувати
áussöhnen 1. *vt* мири́ти; **2. sich** ~ *(mit D)* мири́тися, примиря́тися *(з кимось, з чимось)*
Àussöhnung *f* **-,-en** прими́рення
áussondern *vt* відбирáти, сортувáти, відбракóвувати
áusspähen 1. *vt (nach D)* виглядáти, шукáти очи́ма *(когось, щось);* **2.** *vt* вистéжувати
áusspannen 1. *vt* **1.** розпрягáти; **2.** натягáти, розтягáти *(сітку, полотнище);* **3.** *vi* відпочивáти, роби́ти перéрву в робóті; **4. sich** ~ розстеля́тися; **5.** відпочивáти, роби́ти перéрву в робóті
áusspielen 1. *vt* **1.** догравáти *(роль);* er hat séine Rólle ausgespielt він зігрáв свою́ роль, він бі́льше не потрі́бний; **2.** *(gegen A) протистáвити (когось, щось, комусь, чомусь);* ви́користати *(когось, щось проти когось, чогось);* **3.** розі́грувати *(в лотерею);* **4.** *vi* кінчáти гру; **5. sich** ~ нагрáтися
áusspotten *vt* висмі́ювати
Àussprache *f* ~, **n 1.** вимóва, акцéнт; **2.** óбмін думкáми, розмóва, диску́сія, дебáти
áussprechen* 1. *vt* **1.** вимовля́ти *(звуки, слова);* **2.** вислóвлювати, виражáти; **3.** *vi* закінчи́ти промóву; **4. sich** ~ *(über A)* вислóвлюватися *(про когось, про щось);* **5.** (mit j-m) поговори́ти *(з кимось);* обмі́ркувáти *(з кимось щось)*
Àusspruch *m* ~ **(e)s, ...Sprüche** ви́слів, вислóвлювання
áusspucken 1. *vt* випльóвувати *(щось);* **2.** *vi* плювáти
áusspülen *vt* **1.** прополі́скувати; **2.** розмивáти *(берег);* **3.** викидáти на бéрег
Àusstand *m* **~ (e)s, ..stände 1.** *ком.* (дебі́торська) заборгóваність; **2.** *тк, sg* страйк
áusstatten *vt* **1.** *(mit D)* забезпéчувати; наділя́ти; облáднувати; **2.** давáти пóсаг *(дочці);* **3.** обставля́ти *(квартиру),* оформля́ти *(книжку)*
Àusstattung *f* -,~en **1.** постачáння, устаткувáння, оснáщення; **2.** пóсаг; ви́діл; **3.** обстанóвка *(квартири);* облáднання, офóрмлення; **4.** декорáція
áussteh(e)n* 1. *vt (h)* передбачáтися; не бу́ти ви́рішеним (зрóбленим, сплáченим і т. п.); **2.** vi зазнавáти, терпі́ти, перенóсити

A

áussteigen* *vi (s)* вихо́дити *(з ватну і т п.)*
áusstellen *vt* **1.** виставля́ти, експону-ва́ти; **2.** випи́сувати, оформля́ти *(документ)*
Àussteller *m* **-s,** ~ **1.** уча́сник ви́ставки, експоне́нт; **2.** осо́ба, що ви́писала (ви́дала) докуме́нт
Àusstellung *f* -,~en **1.** ви́ставка; **2.** випи́сування, ви́давання *(документа);* **3.** *pl* заува́ження, доріка́ння
Àusstellungs¦gegenstand *m* **-(e)s, ...stände, -stück** *n* **-(e)s, -e** експона́т
áussterben* *vi (s)* вимира́ти
áusstopfen *vt* набива́ти *(чучело)*
áusstoßen* *vt* **1.** вибива́ти, вистрі́лювати; **2.** вишто́вхувати
áusstrahlen 1. *vt* випромі́нювати; передава́ти *(радіопрограму);* **2.** *vi (h, s)* випромі́нюватися; (радіа́льної розхо́дитися *(про дороги);* **2.** *перен,* ді́яти, впливати
áusstrecken 1. *vt* розтяга́ти; простяга́ти; **2. sich** ~ простяга́тися, витяга́тися
áusstreichen* *vt* **1.** розгла́джувати *(шви);* **2.** викре́слювати
áusstreuen *vt* висипа́ти, розсипа́ти, розсіва́ти *(напр., насіння)*
áusströmen 1. *vt* вилива́ти; випуска́ти, випромі́нювання; **2.** *vi (s)* вилива́тися; вихо́дити *(про пару);* витіка́ти; **3.** впада́ти *(в море ~ про річку)*
áussuchen*vt* **1.** вибира́ти, вишу́кувати; **2.** обшу́кувати
Àustausch *m* **-es** о́бмін, замі́на; im gégen etw. (A) в о́бмін на щось, за́мість чо́гось
Àustauschabkommen *n* **-s,** ~ *ек.* уго́да про ба́ртерну торгі́влю
áustauschen *vt* **1.** *(gegen A)* обмі́нювати, міня́ти *(щось на щось);* **2.** обмі́нюватися (*чимось)*
áusteilen *vt (j-m, an j-n)* роздава́ти *(щось, комусь),* розподіля́ти *(щось між кимось)*
áustiefen *vt* погли́блювати *(річище і т. п.)*
áustilgen *vt* викорі́нювати; вини́щувати
Àustrag *m* **-(e)s** ухва́ла, постано́ва, уго́да; *спорт.* ро́зіграш
áustragen* 1. *vt* розно́сити, доставля́ти *(листи, газети);* **2.** вино́сити *(щось звідкись);* **3.** зно́шувати *(одяг);* **4.** дава́ти прибу́ток; **5.** вирі́шувати, дово́дити до кінця́; **6.** *спорт. прово́дити (змагання);* **7. sich** ~ виро́джуватися, перестава́ти плодоно́сити
áustreiben 1. *vt* **1.** виганя́ти; Vieh ~ гна́ти худо́бу на пасови́сько; **2.** *(j-m etw.)* віду́чувати *(когось від чогось);* **3.** *тех.* чека́нити; **4.** *vi бот. парости́тися,* зелені́ти
áustreten* 1. *vi (s)* **1.** вихо́дити *(із строю, з організації);* **2.** виступа́ти *(на поверхню);* стирча́ти; **3.** *розм.* вихо́дити *(в убиральню);* **4.** *vt* вито́птувати *(газон і т. п.)* уто́птувати *(стежку);* **5.** розно́шувати, сто́птувати *(взуття)*
Àustritt *m* ~ **(e)s, e** ви́хід *(тж із складу організації);* ви́хід з берегів; поя́ва
áustrocknen 1. *vt* вису́шувати, осу́шувати; **2.** *vi (s)* висиха́ти, со́хнути
áustun* *vi* **1.** зніма́ти *(одяг, взуття);* **2.** накладати *(їжу в тарілку);* **3.** спла́чувати *(борг)*
áusüben *vt* **1.** вико́нувати; займа́тися *(напр., ремеслом);* **1.** користува́тися *(правами),* здійснювати *(контроль)*
Àusverkauf *m* ~ **(e)s, ...kaufe** розпро́даж
áusverkaufen *vt* розпродава́ти; das Hotél ist ausverkauft в готе́лі ві́льних місць нема́є
áuswachsen* 1. *vi (s)* **1.** пророста́ти *(про насіння і т. п.);* **2.** вироста́ти; **3.** зароста́ти, заго́юватися *(про рану);* **2. sich** ~ *(zu D)* перероста́ти, перетво́рюватися *(у щось)*
Àuswahl *f* , ~en **1.** ви́бір, асортиме́нт; **2.** підбі́р, відбі́р; *біол.* селе́кція; **3.** збі́рка; éine ~ aus Goethes Wérken ви́брані тво́ри Гете; **4.** елі́та; *спорт.* збі́рна (кома́нда)
Àuswanderer *m* **-s,**~ емігра́нт, пересе́ленець
áuswandern *vi (s)* емігрува́ти
auswärtig *adj* зо́внішній; інозе́мний; das Ministerium für Áuswärtige Angelegenheiten Мініcте́рство закордо́нних справ
áuswärts *adv* **1.** назо́вні; зо́вні; **2.** по́за до́мом; за мі́стом; в чужи́х края́х; за кордо́ном
áuswaschen* *vt* вимива́ти, промива́ти, змива́ти
áuswechseln *vt* заміня́ти; обмі́нювати; вимі́нювати, розмі́нювати
Àusweg *m* **(e)s, -e** ви́хід *(із становища)*
áusweichen* *vi (s)* **1.** дава́ти доро́гу *(місце);* **2.** (D) ухиля́тися *(від чогось);* уника́ти *(когось, чогось)*
Àusweis *m* ~es, **-e** посві́дчення *(особи),* пере́пустка
áusweisen* 1. *vt* висила́ти *(за межі держави);* **2.** (документально) довести́, засві́дчити; **3.** sich ~ по~ сві́дчити вою осо́бу; пред'яви́ти свої́ докуме́нти; **4.** ви́явитися, підтве́рдитися
Àusweisung *f* **-,**~en ви́силка *(за межі держави)*
áuswendig *adv* напа́м'ять
áuswerfen* *vt* **1.** викида́ти, ки́дати; **2.** ри́ти, вико́пувати; **3.** асигнува́ти
áuswerten *vt* **1.** вико́нувати; **2.** оці́нювати, роби́ти ви́сновки
áuswirken 1. *vt* доби́тися, ви́клопотати; **2. sich** ~ дава́тися взнаки́, ма́ти які́сь на́слідки; *(auf A)* познача́тися *(на комусь, на чомусь)*
Àuswirkung *f* **-,**~en дія; вплив, на́слідок, результа́т
áuswischen *vt* стира́ти, витира́ти, протира́ти
Àuswuchs *m* ~es**..., wüchse 1.** пророста́ння; **2.** на́ріст; горб; **3.** ви́родок; потво́рність; **4.** поро́к, збо́чення
áuszahlen *vt* **1.** випла́чувати; **2.** звільня́ти, розрахо́вувати *(робітників)*

áuszählen *vt* підрахóвувати; лічи́ти
Àuszahlung *f*, **-en** платíж, ви́плата
áuszehren 1. *vt* виснáжувати; **2.** sich ~ виснáжуватися; засихáти
áuszeichnen 1. *vt* відмічáти; помічáти; **2.** виділя́ти, вирізня́ти; **3.** відзначáти, нагорóджувати; **4. sich** ~ *(durch A) відзначáтися*, виділя́тися *(чимось)*
Àuszeichnung *f* **-,**~en **1.** нагорóдження; **2.** нагорода; відзнáка
áusziehen* 1. *vt* витягáти; виривáти; висувáти; **2.** протягáти, розтягáти *(дріт);* **3.** знімáти, скидáти *(одяг, взуття);* **4.** випи́сувати *(напр., цитати),* роби́ти ви́писки, конспектувáти; **5.** *мат.* добувáти *(корінь);* **6.** *vi (s)* вибирáтися з кварти́ри; виселя́тися, переселя́тися; **7.** вирушáти, виступáти, вихóдити; **sich** ~ роздягáтися
Àuszug *m* ~ **(e)s, ...züge 1.** ви́хід, ви́їзд, ви́ступ; **2.** ви́писка, ви́тяг; **3.** *хім.* екстрáкт
authéntisch *adj* спрáвжній, вірогíдний, автенти́чний
Àuto *n* **-s, -s** автомобíль
Àutobahn *f* **-,**~en автострáда
autogén *adj* **1.** автогéнний; **2.** самодíючий
Autográmm *n* **-s, -e** автóграф, власнору́чний пíдпис
Autokratíe *f* ~, **...tien** самодержáвство, автокрáтія
Automát *m* ~en, ~en автомáт *(в різних значеннях)*
autonóm *adj* автонóмний, незалéжний, самостíйний
Autorität *f*, ~en **1.** *тк. sg~авторитéт*; вплив, повáга; **2.** rar. *sg* влáда; **3.** авторитéт, корифéй
Avantgarde [a'vã-] *f* **-,-n** авангáрд
Aversión [-v-] *f*,~ **en** відрáза, антипáтія
A-Waffe *f* ~ *(скор. від* **Atómwaffe**) áтомна збрóя
axiál 1. *adj* осьови́й; **2.** *adv* по óсі, на однíй óсі
Axt *f* ~, **Äxte** соки́ра; колу́н
Azur *m* **-s** 1) блаки́ть; 2) лазури́т *(мінерал).*
azúrblau *adj* блаки́тний, лазурóвий.

B

B

Baby ['be:bi] *n* **-s, -s** немовля́; дити́на
Bach *m* **~ (e)s, Bäche** струмо́к; поті́к; джерело́
Bácke *f* **-,-n** щока́; éine dícke ~флюс
bácken* 1. *vt* пекти́, випіка́ти *(хліб);* запікати; сма́жити; суши́ти *(фрукти);* 2. *vi* пекти́ся *(про хліб і т. п.);* пекти *(про духовку);* суши́тися *(про фрукти)*
Báckenbart *m* **~ (e)s, ...bärte** бакенба́рди, ба́ки; **knochen** *m* **~s,** ~ *анат.* вилиця; **~zahn** *m* **~(e)s, ...zahne** *анат.* ку́тній зуб
Bäcker *m* **~s,** ~пе́кар, булочник
Bäckerei *f*~, **~en** пекарня, бу́лочна
Báckfisch *m* **~(e)s, ~e** сма́жена ри́ба; **~obst** *n* **~es** суше́ні фру́кти; **röhre** *f* **~, ~n** духо́вка; **~stein** *m* **~ (e)s, ~e** цегли́на; **~trog** *m* **~(e)s, ...tröge** діжа; **waren** *pt* хлібобу́лочні ви́роби; **~werk** *n* **~(e)s** печиво, ті́стечко
Bad *n* **~(e)s, Bäder** купання; ва́нна; ла́зня; ein ~ néhmen приймати ва́нну; купа́тися; курорт *(з мінеральними джерелами або на морі)*
Bádeanstalt *f*~, **~en** купа́льня, ла́зня; **~anzug** *m* **~ (e)s, ...züge** купа́льник; **~hose** *f* **~, ~n** пла́вки; **~kappe** *f* **~, ~n** у́мова ша́почка *(для купання);* **~mantel** *m* **~s,** ...mäntel купа́льний хала́т
báden 1. *vt* купа́ти, ми́ти; 2. *vi i* **sich** ~ купа́тися, ми́тися
Bádezimmer *n* **s** ва́нна (кімна́та)
Bagage [ba´ga:äə] *f* **~, ~n** бага́ж, ре́чі; покла́жа
Bágger *m* **~s,** ~ *тех.* екскава́тор; землечерпа́лка
Bahn *f* **~,~ en** доро́га, шлях, тра́са; brechen прокладáти шлях; *астр.* орбі́та; залізни́ця; mit der ~ *vi* fáhren ї́хати залізни́цею
báhnbrechend *adj перен.* нова́торський
Báhnbrecher *m* **~s,** ~ нова́тор; першовідкрива́ч; піоне́р
Báhnhof *m* **~ (e)s, ...höfe** (залізни́чна) ста́нція, вокза́л
Báhnkarte *f* **~, ~n** залізнични́й квиток; **~schwelle** *f* **~. ~n** *(залізнична)* шпала; **~station** *f* **~, ~en** залізни́чна ста́нція; **~steig** *m* **~(e)s, ~e** платфо́рма, перо́н
Báhnsteighalle *f* **,~** *n* кри́тий перо́н
Báhre *f* **~, ~n** 1. носи́лки; 2. за́сік *(для корму)*
Bai *f* **~, ~en** *геогр.* бу́хта; губа́, лагу́на
Báke *f* **~. ~n** бакен; буй
Balance [-´lã:sə] *f* **~.** *n* 1. рівнова́га, die ~ hálten утри́мувати рівнова́гу, 2. *фін.* бала́нс
bald 1. *adv* незаба́ром: ~ daráuf невдовзі після цього; möglichst - якомо́га швидше; ма́ло не; ich wäre bald gefällen я ма́ло не впав; 2. *cj.* - ...-то .... то .... або .... або ...
báldig *adj* ско́рий; auf -es Wiedersehen! до ско́рого поба́чення!
Báldrian *m* **~s, ~e** *бот.* валеріа́на
Báldriantropfen *pl* валеріа́нові кра́плі
Balg I *m* **~(e)s, Bälge** 1. шку́ра (тварини); 2. чу́чело; *тех., муз,* міх
Balg II *m, n* **~(e)s, Bälge(e)r** *розм.* пусту́н, шибеник
bälgen *vi* і **sich** ~ *(mit D um A)* би́тися, затіяти бі́йку *(з кимось через щось)*
Bálken *m* **~s,** ~ ба́лка; брус; ба́нтина; коло́да; сму́га *(на гербі);* сму́га *(телевізійної випробної таблиці)*
Ball I *m* **~(e)s, Bälle** м'яч; ку́ля
Ball II *m* **~ (e)s, Bälle** бал; Zu éinem ~géhen піти на бал
bállen 1. *vt* стиска́ти: die Hand zur Fáust ~ сти́снути ру́ку в кула́к; 2. **sich** ~ стиска́тися, злі́плюватися; згуща́тися die Wolken ~ sich хмари збира́ються
Bállen *m* **~s,** ~ тюк, па́чка; руло́н
Ballón *m* **~s, ~s; ~e** бало́н, сулі́я *(обплетена); аеростá*т, повітряна ку́ля
Bállspiel *n* **~(e)s, ~e** гра в м'яч
Band I *m* **~ (e)s Bände** том
Band II *n* **~(e)s, Bänder** стрі́чка *(тж магнітофона і кінострічка),* auf ~ áufnehmen записа́ти на плі́вку; бант, тасьма́; *анат.* зв'я́зка; *радіо* сму́га *(частот)*
Band III *n* **~(e)s, e** узи; пу́та; зв'язо́к
Bándabstimmung *f* **~, ~en** *радіо* настро́йка в сму́зі (частоті)
Bándantenne *f* ~, **~n** *радіо* діапазо́нна анте́на
Bándaufnahmegerät *n* **~(e)s, ~e** магнітофо́н
Bánde *f* **~,n** ба́нда, згра́я; анса́мбль танцюва́льної му́зики; *жарт.* компа́нія, вата́га

bändigen *vt* прибóркувати, вгамóвувати
Bändiger *m* **~s, ~, ~in** f~, **~nen** прибóркувач, ...ка
Bándmaß n **~es, ~e** рулéтка, сантимéтр
bánge *adj* боязкúй; mir ist ~ um ihn я боюся за нього
bángen *vi (um A, für A)* тривóжитися, боятися *(за когось, за щось);* (vor D) боятися, страшúтися; es bangt mir davór я боюся цього
Bank I *f*~, **bänke** 1. лáва, лáвка; пáрта; 2. верстáт; 3. прилáвок; 4. мілинá; etw. auf die lánge ~schíeben відклáсти щось у дóвгий ящик
Bank II f ~, ~en банк
Bann *m* **~ (e)s, ~e** 1. вигнання; 2. чарівність, чари; in j-s ~ geráten бýти зачарóваним кúмось, чúмось
bánnen *vt* 1. виганяти; засилáти; оголóшувати пóза закóном; відлучáти від церкви; 2. зачарóвувати
Bánner *n* **~s, ~** прáпор
Bánnerträger *m* **~s, ~** прапоронóсець
bar *adj* наявний *(про гроші);* ~ bezáhlen платúти готівкою; огóлений, гóлий; etw. für ~e Münze néhmen приймати щось за чúсту монéту
Bar *f* **~, ~s** бар
Bär *m* **~en, ~en** ведмíдь
Barbár *m* **~en, ~en** вáрвар, дикýн
Barbaréi *f* ~ варварство, дикýнство, жорстóкість
Bärenhaut *f* ~, **...häute** ведмéжа шкýра; auf der ~ liegen бити бáйдики, байдикувати
Bärenhöhle *f*~, **~n** барлíг (ведмéдя)
Bärenhunger *m* **~s** вóвчий апетúт
bárfuß *adv* босóніж
bárfüßig *adj* бóсий
Bárgeld *n* **~(e)s** готíвка
bárgeldlos *adj* безготівкóвий
bárhäuptig *adj* з непокрúтою головóю
Barke *f*~, **~n** бáрка, бáржа
bármen *vi* виклúкáти жáлість
bármherzig *adj* милосéрдний, жáлісливий
Bármherzigkeit *f* ~ милосéрдя, співчуття, жáлість
Bárren *m* **~s, ~** 1. злúвок *(золота, срібла);* 2. *спорт.* паралéльні брусú
barsch *adj* 1. грýбий, різкúй; 2. їдкúй, гострúй *(на смак)*
Barsch *m* **~es, ~e** і **Bärsche** óкунь
Bart *m* **~(e)s, Barte** бородá; вýса
bärtig *adj* бородáтий, вусáтий; зарóслий
bártlos *adj* безборóдий; безвýсий
Báse *f* ~, **~n** кузúна, двоюрíдна сестрá; рóдичка
Básis *f* ~, **Basen** бáзис, бáза, оснóва, підвáлини
Báßgeige *f* ~, **~n:** gróße ~ контрабáс; kléine ~ віолончéль
Bassin (ba'se:] *n* **~s, ~s** басéйн, резервуáр, водóйма
Bast *m* **~es, ~ e** лúко, луб
básteln *vi* і *vt* (an D) майструвáти
Bástmatte *f* ~, **~n** циновка; мáта; **~schuh** *m* **~(e)s, ~e** личáк
Bau *m* ~ 1. **~(e)s** будівнúцтво, побудóва; **(e)s, ~ten** будóва, будíвля, спорýда; 2. **~(e)s, ~e** норá; 3. **(e)s** структýра, композúція; 4. **~(e)s** статýра; 5. **(e)s** обробíток *(поля)*
Báuarbeiter m **~s, ~** будівéльник
Báuart *f* ~, **~en** мéтод будівнúцтва; архітектýрний стиль
Bauch *m* **~(e)s, Bäuche** живíт, чéрево; шлýнок
bauchig, bäuchig *adj* пузатий, опýклий
Báudenkmal *n* **~(e)s, ...mäler** *f* **~e** пам'ятник архітектýри
báuen 1. *vt* 1. будувáти; 2. обробляти *(землю); 3. розвóдити,* вирóщувати; сіяти, саджáти *(рослини);* 2. *vi (auf A)* покладáтися, покладати надії *(на когось, щось)*
Báuer I 1. *m* **~n і ~s, ~n** селянúн; 2. **~n, ~n** *шах.* пішáк
Báuer II *m* **~s,~** будівéльник
Báuer III *n, m* **~s,** ~ клíтка для птахів
Bäuerin *f* ~, **~nen** селянка
bäuerlich *adj* селянський, сільськúй
Báuernschaft *f* ~ селянство
báufällig *adj* старúй *(про людину, будівлю)*
Báugenossenschaft *f* **~, ~en** житлобудівнúй кооператúв; **~gerüst** *n* **~(e)s, ~e** риштовáння, риштувáння; підмóстки; **~holz** *n* **~es** будівéльний ліс (лісоматеріал)
Báukunst *f* ~ архітектýра
Báum *m* **~(e)s, Bäume** дéрево
Báumeister *m* **~s,** ~ архітéктор, будівнúк
báumeln *vi* теліпáтися, вúсіти *(гойдаючись)* mit den Füßen ~ дриґати ногáми
Báumöl *n* **~ (e)s, ~e** маслúнова олíя
Báumstamm *m* **~(e)s, ...stämme** стóвбур дéрева; колóда
Báumstumpf *m* **(e)s, ...stümpfe** пень
Báumwolle *f* ~, **~n** бавóвна
Báuplatz *m* **~es, ..plätze** будівéльний майдáнчик
Bausch ò **~es, ~e** і **Bäusche** 1. опýклість; 2. рулóн *(паперу, сукна),* 3. буфи *(на рукавах); (ватний)* тампóн
Báuwerk *n* **~ (e)s, ~e** (архітектýрна) спорýда; **~wesen** *n* **~s** будівéльна справа
beábsichtigen *vt* мáти нáмір, намірятися, збиратися *(щось зробити)*
beáchten *vt* помічáти *(когось, щось);* брáти до увáги *(щось),* зважáти *(на щось)*
beáchtenswert *adj* вáртий увáги, важлúвий
Beámte *m* **~n, ~n** службóвець, чинóвник
beängstigen страхáти; турбувáти, непокóїти
beánspruchen *vt* 1. вимагáти, претендувáти; 2. користувáтися, скористáтися *(чимось)*

B

beántragen *vt* 1. пропонувáти; 2. клопотáтися, подавáти заяву *(про* щось)
beántworten *vt* відповідáти *(на щось)*
Beántwortung *f* **~, en** відповідь
beárbeiten *vt* 1. обробляти *(напр., метали, поле);* 2. *розробляти (тему)*
beáufsichtigen *vt* доглядáти, пильнувáти, спостерігáти
Beáufsichtigung *f* **~, en** нáгляд, спостерéження *(за кимось, за чимось);* завідування *(чимось)*
beáuftragen *vt (mit D* доручáти *(комусь щось);* уповновáжувати; ich bin beáuftragt мені дорýчено
Beáuftragte *m* **~n, ~n** уповновáжений, довірена осóба
bebáuen *vt* 1. забудóвувати; 2. обробляти *(грунт)*
bében *vi* тремтіти, трястися; die Érde bebt (відбувається) землетрýс
Bécher *m* **~s, ~** кýбок, кéлих; чáша
Bécken *n* **~s, ~** 1. чáша; рáковина; 2. басéйн; 3. водóймище; *анат.* таз
bedächtig *adj* 1. розсýдливий; 2. обережний, обáчний; 3. спокійний, статéчний
Bedächtigkeit *f* **~** 1. розсýдливість, обáчність, обережність; 2. повільність, спóкій, статéчність
bedáchtsam *adj* 1. оберéжний, обáчний, розсýдливий; 2. неквапливий
bedánken, sich *(bei D, für A)* дякувати *(комусь за щось)*
Bedárf *m* **~(e)s** *(an D)* потрéба *(в чомусь);* пóпит *(на щось)*
Bedárfsartikel *m* **~s, ~** предмéт пéршої потрéби; **~güter** *pl* предмéтди пéршої потрéби
bedáuerlich *adj* прикрий; сумний
bedauern *vt* жалкувати, шкодувáти
bedáuernswert, ~würdig *adj* прикрий; сумний
bedécken 1. *vt* вкривáти, накривáти; *військ.* прикривáти, супровóджувати; 2. **sich ~** вкривáтися, прикривáтися
bedénken* 1. *vt* обдýмувати, обмірковувати *(щось);* 2. **sich ~** одýматися; вагáтися, сумнівáтися
Bedénken *n* **~s, ~** 1. рóздум; 2. сумнів; побóювання; ~ háben (trágen) сумнівáтися, вагáтися
bedénklich *adj* сумнівний, непéвний; ризикóваний, небезпéчний
bedéuten *vt* 1. означати; мáти знáчення; was soll das ~ ? що це означáє? j-m ~, daß дати комусь зрозуміти, що ...
bedéutend *adj* значний; важливий; видатний, відóмий
Bedéutung *f* **~, ~en** знáчення, смисл; von ~ значний, важливий; éiner Sáche ~ béimessen надавáти чомусь знáчення
bedéutungslos *adj* незначний, неважливий; **~ voll** *adj* багатознáчний, важливий
bedíenen 1. *vt* прислугóвувати, обслугóвувати; пóрати *(когось, щось);* 2. **sich ~** пригощáтися; bítte ~ Sie sich прóшу, пригощáйтеся!; 3. *(G)* (с)користувáтися *(чимось),* вживáти *(щось)*
Bedíenung *f* **~,** 1. обслуговування; 2. обслугóвуючий персонáл
Bedíenungspult *n* **~(e)s, ~e** пульт керування
bedíngen *vt* обумóвлювати; зумóвлювати
bedíngt *adj* умóвний, віднóсний
Bedíngung *f*~. **~en** умóва
bedíngungslos *adj* безумóвний, безперéчний
bedrängen *vt* пригнічувати, пригнóблювати, переслідувати
Bedrängnis *f* **~, ~se** ýтиск, гніт
bedróhen *vt (mit D)* грозити, погрóжувати *(комусь чимось)*
bedróhlich *adj* загрóзливий, небезпéчний
Bedróhung *f* **~, ~en** загрóза, небезпéка
bedrücken *vt* гнóбити, пригнічувати
Bedrücker *m* **~s, ~** гнобитель
bedürfen* *vi* **(G)** потребувáти *(чогось);* мати потрéбу *(в чомусь)*
Bedürfnis *n* **~ses, ~se** *(nach D)* потрéба *(в чомусь)*
bedürftig *adj* 1. незамóжний, бідний; 2. який потребýє *(G чогось)*
Bedürftigkeit *f* **~** незамóжність, убóгість; нуждéнність
beéhren 1 *vt (mit D)* удостóїти; ушанувáти; 2. **sich ~**: ich beehre mich ... маю честь (за честь) ...
beéiden *vt* присягáти; привóдити до присяги
beéilen, sich поспішáти
beéindrucken *vt* справляти (велике) враження
beéinflussen *vt* впливати *(на когось)*
beéinträchtigen *vt* заподіяти шкóду, завдáти збитків; (на)шкóдити *(комусь, чомусь);* заважáти, перешкоджáти; порýшувати *(чиїсь)* інтереси
Beéinträchtigung *f,* **~en** заподіяння шкóди (збитків); порýшення інтересів
beénden *vt* кінчáти; припиняти; завéршувати
Beéndigung *f* **~, ~en** закінчення; припинення; завéршення
beéngen *vt* утискувати, обмéжувати
beérben *vt* успадкувати *(від когось),* одержувати в спадщину
beérdigen *vt* ховáти, хоронити
Beérdigung *f* **~, ~en** пóхорон, поховáння
Béere *f* **~, ~n** ягода
Beet *n* **~(e)s, ~e** грядка, клýмба
befáhren* *vt* їздити *(по дорозі);* плáвати *(по морю і т. п.)*
befállen* *vt* нападáти *(на когось, на щось);* охóплювати *(когось);* вражати *(когось, щось, напр., про хворобу)*
befángen *adj* 1. зніяковілий; соромливий; ~ sein сорóмитися, бентéжитися; 2. упередженй

B

Befángenheit *f* ~ 1. збенте́ження; зніяковілість; 2. упере́дженість
befássen, sich *(mit D)* займа́тися *(кимось, чимось)*
Beféhl *m* **~(e)s, ~e** нака́з, кома́нда; auf ~ за нака́зом, по кома́нді; laut ~ згі́дно з нака́зом; zu ~! слухаюсь!; einen ~ ertéilen дава́ти нака́з; den ~ áusführen ~виконувати нака́з
beféhlen* *vt* нака́зувати
beféhligen *vt* керува́ти, кома́ндувати *(кимось)*
Beféhlshaber *m* **~s,** ~ *військ.* (головно)кома́ндуючий, нача́льник
beféstigen *vt* закріплювати, кріпи́ти, прикрі́плювати; прив'язувати; зміцнювати
Beféstigung *f* **~, ~en** укрі́плення
beféuchten *vt* змо́чувати, зволо́жувати; зро́шувати
befínden*, sich 1. знахо́дитися, бу́ти; місти́тися, розташо́вуватися; 2. почувати себе; sie befindet sich wohl вона почува́є себе́ до́бре
Befínden *n* **~s** 1. самопочуття́, стан здоро́в'я; 2. ду́мка, по́гляд; nach méinem ~ на мо́ю ду́мку
beflécken *vt* (за)плямува́ти; *перен.* ославити
befléißigen, sich *(G)* стара́тися, дба́ти, сумлі́нно працюва́ти
befólgen *vt* наслі́дувати *(приклад)*; вико́нувати *(наказ)*; доде́ржуватися *(правила)*
befördern *vt* 1. відправля́ти, відсила́ти *(an A комусь)*; 2. перево́зити; підвищувати по слу́жбі *(когось)*; 3. сприя́ти *(чомусь)*
Beförderung *f* **~, ~n** 1. відпра́влення; доста́вка; транспортува́ння; 2. підви́щення на поса́ді
befráchten *vt* наванта́жувати; ein Schiff ~ зафрахтува́ти су́дно
befrágen *vt* пита́ти *(когось про когось, про щось)*; опи́тувати, допи́тувати
Befrágung *f* **~, en** опи́тування, допи́т
befréien 1. *vt* звільня́ти, визволя́ти, відпуска́ти; 2. **sich** ~ *(von D, aus D)* звільнятися *(від когось, чогось)*
Befréier *m* **~s,** ~ визволи́тель
Befréiung *f* **~, ~en** ви́зволення; звільнення *(зі служби)*
Befréiungskrieg *m* **~(e)s, ~e** визво́льна війна́
befrémden 1. *vt* (неприємно) дивува́ти *(когось)* вража́ти; здава́тися ди́вним es befrémdet mich, daß... ди́вно, що ...; 2. **sich ~** дивува́тися *(чомусь)*
befréunden, sich здружи́тися, потоваришува́ти
befríedigen *vt* задовольня́ти *(напр., потреби)*; заспокою́вати *(голод, спрагу)*; догоджа́ти *(комусь)*
befrísten *vt* визнача́ти строк *(чогось)*, обме́жувати стро́ком
Befúnd *m* **~(e)s, ~e** стан, стано́вище; результа́т *(обстеження, аналізу, перевірки)*; висновок *(спеціаліста)*
befürchten *vt* побо́юватися, боя́тися *(чогось)*
Befürchtung *f* **~, ~en** побо́ювання, о́страх
befürworten *vt* клопота́тися, заступа́тися, захищати; ein Gesúch ~підтри́мувати клопотання
begábt *adj* здібний, талано́витий, обдаро́ваний
Begábung *f* **~, ~en** здібність, таланови́тість, обдаро́вання
begében*, sich 1. відправля́тися, іти́; sich auf den Weg ~ вируша́ти в доро́гу; sich zu Bert ~ ляга́ти спа́ти; *(G)* відмовля́тися *(від чогось)*
Begébenheit *f* **~en** подія, приго́да
begégnen *vi* **(s)** (D) зустріча́ти *(когось)*; *перен.* зустрічати; трапля́тися, ста́витися; стика́тися *(з чимось)*
Begégnung *f* **~, ~en** зу́стріч
begéhen* *vt* 1. обхо́дити *(щось)*; 2. святкува́ти, відзнача́ти *(ювілей)*; 3. вчини́ти *(злочин)*
Begéhr *m, n* **~s** бажа́ння; вимога
begéhren *vt* бажа́ти, вимага́ти
begéhrlich *adj* 1. жа́дібний, ненажерливий; ненаси́тний; хти́вий
begéistern 1. *vt* запа́лювати, надиха́ти; захо́плювати; 2. **sich** ~ *(für A)* захо́плюватися *(чимось)*
Begéisterung *f* **~, ~en** натхне́ння; захо́плення
begíerig *adj* жа́дібний; ла́сий *(до чогось, на щось)*; ich bin ~ zu erfáhren ... мені ду́же хо́четься дові́датися ...
begíeßen *vt* полива́ти; облива́ти; залива́ти
Begínn *m* **~(e)s** поча́ток; bei (zu, am) ~ спочатку; von ~ an з са́мого поча́тку
begínnen* 1. *vt* почина́ти; 2. *vi* почина́тися
begléiten *vt* 1. супрово́джувати; 2. конвоюва́ти; акомпанува́ти
Begléiter *n* **~s,** ~ 1. провідник; 2. супу́тник; акомпаніатор
Begléitschein *m* **(e)s, ~ e** *канц.* супровідни́й докуме́нт *(накладна)*; **~umstände** *pl* супровідні обставини
beglücken *vt* ощасли́вити *(когось чимось)*
beglückwünschen *vt (zu D)* віта́ти, поздоровля́ти *(когось з чимось)*
begnádigen *vt* поми́лувати, амністува́ти; проща́ти
Begnádigung *f* **~, ~en** поми́лування, амністія; проще́ння
begnügen, sich *(mit D, an D)* задовольня́тися *(чимось)*; обме́жуватися *(чимось)*
begnügsam *adj* скро́мний, невимо́гливий, невиба́гливий
begraben* *vt* зако́пувати; ховати; da liegt der Hund ~! от де соба́ка зарита!

B

Begräbnis *n* **~ses, ~se** пóхорон
begréifen* *vt* розуміти, збагнýти; er begréift leicht він кмітли́вий
begréiflich *adj* зрозумілий; j-m etw máchen розтлумáчити комýсь щось
begrénzen *vt* обмéжувати
Begrénzung *f* **~, ~en** обмéження, межá
Begriff *m* **~(e)s, ~e** поняття, ідéя, уявлення; gib mir éinen ~ davon поясни́ мені суть цьогó; im ~(e) sein (stehen) *(zu + int)* збиратися, мáти намір *(щось робити)*
begründen *vt* 1. заснóвувати; обґрунтóвувати, мотивувáти; довóдити
Begründer *m* **~s, ~** заснóвник, фундатор; основополóжник
begrüßen *vt* вітáти *(когось);* вітáтися *(з кимось);* схвáлювати *(щось)*
Begrüßung *f* **~, ~en** вітáння, привітáння
Begrüßungsansprache *f* **~, ~n** вітáльна промóва
begünstigen *vt* сприяти; допомáгати *(комусь)*; заступáтися *(за когось)*
begútachten *vt* вислóвлювати дýмку; давати ви́сновок *(про щось);* розглядáти *(проблему);* рецензувáти *(щось)*
Begútachtung *f* **~, ~en** 1. розгляд, обговóрення; 2. експерти́за; zur ~ vórlegen висувáти на обговóрення
begütigen *vt* заспокóювати, задóбрювати
Behában *n* **~s** 1. самопочуттй; 2. поведінка
behágen *vi* рáдувати *(когось);* подóбатися *(комусь)*
Behágen n **~s** приємність, задовóлення
behäglich 1. *adj* приємний; зáтишний; in ~en Verhältnissen у гáрних умóвах; 2. *adv* приємно, зáтишно
behálten* *vt* 1. залишáти в сéбе; утри́мувати; зберігáти; 2. запам'ятóвувати, пам'ятáти
Behälter *m* **~s,** ~ 1. посýдина; бак; цистéрна; резервуáр; 2. схóвище; 3. *зал.* контéйнер
behándeln *vt* 1. повóдитися *(з кимось);* 2. обхóдитися *(з чимось);* 3. *тех.* обслугóвувати *(машину); 3. лікувати*; sich ärztlich ~ lássen лікувáтися *(у когось десь);* 4. *обговóрювати*, трактувáти, розробляти *(тему)*
Behándlung *f* **, ~en** 1. повóдження *(з кимось),* обхóдження *(з чимось); 2. тех.* обслугóвування *(машини);* 3. лікувáння; 4. обговóрення, трактувáння *(теми)*
behárren *vi* наполягáти *(на чомусь);* упирáтися; auf séinem Stándpunkt ~твéрдо стояти на своєму
behárrlich *adj* стійкий, упéртий, наполéгливий; пóстійний
Behárrlichkeit *f* ~ упéртість, наполéгливість, ви́тримка; постійність
behäuen* *vt* обрýбувати; обтісувати
beháupten 1. *vt* 1. ствéрджувати, запевняти; відстóювати; 2. sein Recht ~ відстóювати своє прáво; sich ~ утри́муватися, тримáтися
Beháuptung *f* **~, ~en** 1. ствéрджування; 2. обстóювання
Behäusung *f* **~, ~en** 1. житлó, помéшкання; 2. норá, барліг *(про тварин)*
behében* *vt* 1. усувáти, ліквідувáти *(напр., недоліки); 2. юр.* скасóвувати, анулювáти, відміняти; 3. спи́сувати *(збитки)*
behéizen *vt* опáлювати, обігрівáти
behélfen*, **sich** *(mit D)* обхóдитися, обійтися *(чимось);* ich behélfe mich mit wénigem я обхóджуся малим
behénd(e) *adj* мотóрний, жвáвий, спри́тний
Behéndigkeit *f* ~ жвáвість, шви́дкість, мотóрність, спри́тність
behérrschen 1. *vt* 1. володіти; прáвити *(країною); 2. перен.* панувáти; 3. знáти *(щось досконало);* 2. **sich** ~володіти собóю
behérzigen *vt* взяти до сéрця; брати до уваги; éinen Rat ~ послýхатися порáди
behílflich *adj* **1.** кори́сний; j-m ~ sein *(bei D)* допомогти́ *(комусь у чомусь)*
Behörde *f* ~, **~n** 1. óрган влáди; 2) устанóва, відомство
behüten *vt (Vor D)* охороняти, оберігáти *(від когось, від чогось)*
behútsam *adj* обережний, обáчний
bei *prp (D)* кóло, біля, при; ~ der Tür біля дверей; ~m Theáter біля теáтру; ~ Léipzig під Лейпцигом; ~ Nacht вночі́
béibehalten* *vt* зберігати, залишати у себе
béibringen* *vt* 1. навóдити *(докази);* пред'являти *(документ);* 2. навчáти *(чогось);* 3. завдáвати *(збитків)*
béide *pron indef* оби́два, обóє; і той і дрýгий, і та і дрýга
béiderlei *adj* двоякий
béiderseitig 1. *adj* взаємний, обопільний; 2. *adv* взаємно, обопільно, з обóх сторін; **~seits** 1. *adv* взаємно, обопільно, з обóх сторін; 2. *prp (G)* по оби́два бóки, обáбічо
beieinánder *pron rez* оди́н біля одного
Béifall *m* **~(e)s** схвáлення; óплески; ~ klátschen аплодувáти
béifällig 1. *adj* схвáльний; прихильний; 2. *adv* схвáльно, прихи́льно
béifügen *vt (D)* додавáти, докладáти *(щось до чогось)*
béigeben* *vt (D)* додавáти, добавляти *(щось до чогось);* klein ~поступáтися, підкорятися; der Ángeklagte gab klein bei обвинувáчений ви́знав себé ви́нним
Béigeschmack *m* **~(e)s, ...schmäcke** при́смак; éinen únangenehmen ~ háben *перен.* залишáти неприємний (гіркий) осадок
Béihilfe *f* **, ~n** 1. допомóга, субси́дія; 2. допомóга, підтри́мка
Beil *n* **~(e)s, ~e** соки́ра

Beilage *f* ~, **~n** 1. додаток, доповнення; 2. гарнір *(до риби, м'яса)*, приправа *(до їжі)*
béiläufig 1. *adj* випадковий, побіжний; 2. *adv* мимохідь; між іншим
béilegen* *vt* 1. прикладати *(щось до чогось)*; 2. улагоджувати, урегульовувати *(суперечку)*; éine Sáche ~ уладнати справу
Béileid *n* **~es** співчуття; mein ~! прийміть моє співчуття!
béiliegen *vi* (D) бути доданим *(до чогось)*
béimessen* *vt (D)* приписувати *(щось, комусь, чомусь)*; надавати *(значення)*
béimischen *vt (D* домішувати, підмішувати *(щось до чогось)*
Bein *n* **~(e)s, ~e** 1. нога; 2. ніжка *(стола)*; 3. кістка
beináh(e) *adv* майже, ледве; мало, трохи не
béiordnen *vt* прикомандирувати; зарахувати
Béirat *m* **~ (e)s, ...räte** 1. рада *(напр., наукова)*, комісія; 2. радник; експерт; консультант
beírren *vt* бентежити, збивати з пантелику
beisámmen *adv* разом
Béisatz *m* **~es, ...sätze** 1. додаток, домішка; 2. *грам,* прикладка
Béisein *n* **~s** присутність
beiséite *adv* 1. убік; геть; etw. ~ bríngen прибрати щось; 2. осторонь; збоку; ~ stéhen стояти осторонь
béisetzen *vt* 1. додавати; доповнювати; 2. ховати, поховати
Béispieln *n* **~(e)s, ~e** приклад, зразок; zum ~ наприклад
beispiellos *adj* безприкладний; нечуваний
béispielsweise *adv* наприклад, примiром
béißen* 1 *vt* 1. кусати, гризти; 2. пекти, свербіти; sich *(D)* auf die Zúnge ~ прикусити язика; 2. *vi* пекти, щипати *(про щось їдке)*; **3. sich** ~гризтися, сваритися
Béißzange *f*~, **~n** гострозубці, кусачки
Béistand *m* **(e)s, ...stände** 1. допомога; ~ léisten допомагати, надавати допомогу; 2. помічник; адвокат, захисник; юрисконсульт; консультант; радник
béistehen* *vi* **(D)** допомагати *(комусь з чимось)*; заступатися *(за когось)*
béistimmen *vi* **(D)** погоджуватися *(з кимось, з чимось)*; схвалювати, ухвалювати *(щось)*
Béitrag *m* **~(e)s, ...träge** 1. (членський) внесок; вклад; частка; частина; пожертвування; 2 *перен.* внесок, вклад; ein ~ zum Fríedenskampf вклад в боротьбу за мир
béitragen *vt* 1. *(zu D)* сприяти *(чомусь)*; 2. вносити (свою частку); приносити, доставляти
béitreten* *vi* (s) (D) вступати *(до організації)*; der Partei ~ вступити в партію; приєднуватися *(до когось, до чогось)*
Béitritt *m*~ **(e)s, ~e** *(zu D)* вступ *(до організації)*; *(zu D)* приєднання *(до чогось)*
Béiwagen *m* **~s, ~** причіпний вагон; коляска *(мотоцикла)*
béiwirken *vi* допомагати, сприяти *(чомусь)*; брати участь *(в чомусь)*
béiwohnen *vi* (D) бути присутнім *(десь)*
béizen *vt* 1. *тех.* витравлювати; 2. консервувати, маринувати, солити *(овочі, фрукти)*; 3. *мед.* припікати; роз'їдати *(про дим, запах і т. п.)*
bejáhen *vt* підтверджувати; підтакувати
bejáhrt *adj* похилого віку, старий; старезний
Bejáhung *f* **~, en** ствердна відповідь; підтвердження; згода
bejámmern *vt* жаліти, жалкувати; оплакувати
bejámmernswert *adj* вартий співчуття; жалюгідний; бідолашний
bekämpfen *vt* боротися *(з кимось, з чимось)*; подужати, перемогти *(когось, щось)*
bekánnt *adj* знайомий; відомий
Bekánnte *m, f* знайомий, знайома
bekánntgeben* *vt* повідомляти, оголошувати; опубліковувати
bekánntlich *adv* як відомо
Bekánntmachung *f* **~, ~en** оголошення; публікація
Bekánntschaft *f* **~, en** знайомство; eine ~ máchen знайомитися
beklágen 1. *vt* жаліти, жалкувати; оплакувати; 2. **sich** ~ *(bei D über A)* жалітися, скаржитися *(комусь на щось)*
beklágenswert *adj* вартий співчуття, бідолашний
bekléckern, beklécksen *vt* заплямувати, забруднити; закапати, забризкати *(напр., брудом)*
bekléiden *vt* 1. одягати *(когось у щось)*; 2. *тех.* облицьовувати, оббивати; 3. ein Amt (éine Stéllung, éinen Pósten) ~ займати посаду (місце, пост)
Bekléidung *f* **~, ~en** одяг; обмундирування; облицювання
beklémmen *vt* 1. стискувати, здавлювати; 2. давити, гнітити
beklémmend *adj* 1. задушливий *(про повітря)*; 2. гнітючий *(про почуття)*
Beklémmung *f* **~, ~en** 1. стиснення; 2. пригніченість
beklómmen *adj* подавлений, пригнічений; змучений; ich bin ganz ~ a) мені важко дихати; б) мені тяжко на душі
bekómmen* *vt* одержувати, діставати; добувати
bekömmlich *adj* корисний, здоровий, поживний
bekӧstigen 1. *vt* харчувати; постачати *(комусь щось)*; давати стіл *(комусь)*; 2. **sich** ~ харчуватися

B

Beköstigung *f* ~ харчува́ння, харч; постача́ння
bekräftigen *vt* стверджува́ти; засвідчува́ти *(підписок); перен.* змі́цнювати *(напр., дружбу)*
bekümmern 1. *vt* засму́чувати; триво́жити; 2. **sich** ~ *(über A)* засму́чуватися; триво́житися; *(um A)* піклува́тися *(про когось, про щось)*
Bekümmernis *f* **~, ~ se** сум, журба́; клопі́т
bekúnden *vt* 1. повідомля́ти *(щось);* 2. виявля́ти, виказува́ти *(симпатію і т. п.)*
belácheln *vt* смія́тися *(з когось, з чогось);* осмі́ювати, глузува́ти
beláden* *vt* 1.ванта́жити, наванта́жувати, нав'ю́чувати; 2. обтя́жувати
Belágerung *f* **~, ~en** обло́га; die ~ áufheben зня́ти обло́гу
Beláng *m*~ **(e)s, ~e** 1. зна́чення; 2. *pl* інтере́си, вимо́ги; die ~e a der Wérktätigen vertréten захища́ти інтереси трудя́щих
belánglos *adj* незначни́й, неважли́вий
beiásten *vt* 1. наванта́жувати; 2. *перен.* обтяжу́вати
belästigen *vt (mit D* докуча́ти, набрида́ти; турбува́ти *(когось чимось)*
Belástung *f* **~, ~en** 1. наванта́жування; 2. наванта́ження, тягар; 3. *перен,* обтя́ження
beláubt *adj* укри́тий ли́стям
beláuern *vt* підстерiга́ти, чатува́ти; підгляда́ти, висте́жувати
beláuschen *vt* підслухо́вувати, підгляда́ти
belében *vt* 1. оживляти, воскреша́ти *(тж перен, ~ надію і т. п.);* 2. пожва́влювати
belébt *adj* 1. бадьо́рий, весе́лий; жва́вий; 2. (багато)лю́дний, шу́мний *(напр., про вулицю)*
Beleg *m* **~(e)s, ~e** до́відка; по́свідка, (виправдни́й) доку́мент; (речови́й) до́каз; розпи́ска, квита́нція
belégen *vt* вкрива́ти, вистила́ти; обкла́дати *(податками);* займа́ти, закріплювати, залиша́ти *(собі, комусь);* ein Zímmer ~ заброню́вати но́мер *(в готелі)*
belégt *adj* 1. обкла́дений; ~e Brötchen бутербро́ди; 2. зайнятий *(про місце в купе, готелі і т. п.)*
beléhren *vt (über A)* повча́ти, наставля́ти *(когось на щось)*
Beléhrung *f* **~, ~en** повча́ння, пора́да, нау́ка
beléibt *adj* гладки́й, огря́дний, тілíстий
beléidigen *vt* обража́ти; кри́вдити
Beléidigung *f* **~, en** обра́за
belésen *adj* начи́таний
beléuchten *vt* 1. осві́тлювати: 2. висві́тлювати *(питання)*
Beléuchtung *f* **~, ~en** освітлення; féstliche ~ ілюміна́ція; висві́тлення *(питання)*
belíchten *vt* освітлювати; *фото* експонувати
belíeben *vt* бажа́ти, хоті́ти
Belíeben *n* **~s** бажа́ння, до́бра во́ля; ро́зсуд
belíebig *adj* будь-яки́й; jéder ~e хто завгодно, пе́рший-лі́пший
beliebt *adj* улю́блений, популя́рний
Belíebtheit *f* ~ любо́в, популя́рність; sich größer ~ erfréuen користува́тися вели́кою любо́в'ю (популя́рністю)
béllen *vi* га́вкати
Belóbigungsbrief *m*~ **(e)s,~ e, schreiben** *n* **~s, ~, ~urkunde** *f* **~, ~n** похва́льна гра́мота *(учня)*
belóhnen *vt (mit D)* нагоро́джувати *(когось чимось); (für A)* винагоро́джувати *(когось за щось)*
Belóhnung *f* **~, ~en** нагоро́да, винагоро́да
Belüfter *m* вентиля́тор
belügen* *vt* (на)брехати
belústigen 1. *vt* весели́ти, розважа́ти, потіша́ти; 2. **sich** ~ весели́тися, розважатися
Belústigung *f* **, ~en** розва́га, заба́ва
bemächtigen, sich (G) оволоді́ти *(чимось);* захопи́ти *(щось);* прибира́ти до свої́х рук *(щось)*
bemálen *vt* розмальо́вувати, розфарбо́вувати
bemängeln *vt* знахо́дити хи́би *(в чомусь);* гу́дити *(щось)*
Bemánnung *f* **~, ~en** екіпа́ж, кома́нда *(корабля)*
bemänteln *vt* прикрива́ти, таї́ти; маскува̀ти
bemérkbar *adj* помі́тний, примі́тний
bemérken *vt* поміча́ти
bemérkenswert *adj* чудо́вий, ва́ртий ува́ги
Bemérkung *f* **~, ~en** 1. заува́ження, 2. помі́тка; примі́тка
beméssen* *vt* вимі́рювати; оці́нювати *(заслуги);* визнача́ти *(кількість чогось)*
bemítleiden *vt* жалі́ти *(когось);* співчува́ти *(комусь)*
bemítleidenswert *adj* ва́ртий співчуття
bemíttelt *adj* замо́жний
bemóost *adj* поро́слий мо́хом, замші́лий
bemühen 1. *vt* утру́днювати; турбува́ти; 2. **sich ~** *(um A)* дба́ти, клопота́тися *(про когось, про щось)*
Bemühung *f* **~, ~en** зуси́лля; турбо́ти; кло́піт
benáchbart *adj* сусі́дній, приле́глий
benáchrichtigen *vt (von D)* повідомля́ти, сповіща́ти
benáchteiligen *vt* завдава́ти збиткiв (втраті; ста́вити у неви́гідне стано́вище *(когось);* шко́дити
benéhmen* I *vt* відніма́ти, відбира́ти *(щось у когось)*
benéhmen* II sich ~ пово́дитися; benímm dich! *розм.* пово́дься присто́йно!
Benéhmen *n* **~n** поведі́нка, вчи́нок; пово́дження *(gegen A з кимось);* kein ~

B

haben не додéржувати прáвил пристóйності

benéiden *vt (um A)* зáздрити *(комусь в чомусь, з~за чогось)*

benéidenswert *adj* завúдний

benénnen* *vt* називáти, іменувáти; висувáти *(кандидатуру)*

Benénnung *f ~, ~en* 1. нáзва, найменувáння; позначення; 2. висувáння *(кандидатури)*

Béngel *m* **~s,** ~ 1. *розм.* хлопчисько; хлóпець; kléiner ~ хлóпчик; 2. *розм.* шибеник, шалапýт

benómmen *adj* приголóмшений, заціпенілий; пригнічений; збентéжений

benötigen *vt* потребувáти *(чогось)*

benútzen, benützen *vt* користувáтися *(чимось);* використóвувати *(когось, щось);* вживáти *(щось)*

beóbachten *vt* спостерігáти; стéжити *(за кимось, за чимось)*

Beóbachter *m* **~s,** ~спостерігач

Beóbachtung *f* **~, ~en** спостереження; die ~ des Hímmels астрономічні спостерéження; дотрúмання *(тиші, дієти)*

bepácken *vt* навантáжувати, накладáти, нав'ючувати

bepflánzen *vt (mit D)* засáджувати, обсáджувати *(рослинами)*

bequém 1. *adj* зрýчний, затúшний; приємний; вигідний; 2. *adv* зрýчно, затúшно

Bequémlichkeit *f* **~, ~en** зрýчність; комфóрт, зáтишок; вúгідність, вúгода

beráten* 1. *vt* допомагати порадами, радити; 2. *vt (über A)* обговорювати *(щось);* радитися; 3. **sich** ~ радитися

Beráter *m* **~s, ~** рáдник, консультáнт

berátschlagen *(невідокр.)* 1. *vt* обговорювати *(щось);* 2. **sich** ~ *(über A)* рáдитися

Beratung *f* **~, ~en** нарáда; обговóрення; консультáц³я

Berátungsstelle *f* **~, ~n** консультáційний пункт, консультáція; *мед. тж* диспансéр; ~ für Mútter und Kind жінóча і дитяча консультáція

beráuben *vt* 1. грабувáти; 2. (G) позбáвляти *(когось чогось)*

Beráubung *f* **~, ~en** пограбувáння, грабіж

beräuchern *vt* 1. обкýрювати; 2. закóпчувати; коптúти

beráuschen 1. *vt* 1. п'янúти; 2. *перен.* п'янúти, захóплювати; **3. sich** напивáтися; 4. *(an D)* захóплюватися *(чимось)*

beréchnen *vt* 1. обчúслювати; оцінювати; 2. *перен.* урахóвувати; звáжувати; 3. *ком.* здíйснювати перерахýнок *(з однієї валюти на іншу)*

Beréchnung *f* **~, ~en** обчúслення, калькуляція; підрахýнок; *перен.* рóзсуд, розрахýнок; *ком.* рахýнок, розрахýнок

beréchtigt *adj* вúправданий; справедлúвий

Beréchtigung *f~,* **en** 1. *(zu D)* прáво, повноваження *(на щось);* 2. посвідчення *(документ)*

beréden *vt* 1. обговóрювати; 2. умовляти, підмовляти; 3. **sich** ~рáдитися; умовлятися, домовлятися

Berégnungsanlage *f* **~, ~n** зрошувальний прúстрій

Beréich *m* **~(e)s, ~e** 1. гáлузь, ділянка; сфéра; райóн, зóна; 2) компетéнція, сфéра впливу; 3. *радіо* діапазóн

beréichern 1. *vt (mit D* збагáчувати *(щось чимось);* 2. **sich** ~ *(an D)* наживáтися *(на чомусь),* збагáчуватися

Beréicherung *f* **~** збагáчення

beréinigen *vt* 1. урегулювáти, улáгоджувати; ein Problém ~ розв'язувати якýсь проблéму; éine Réchnung ~ оплáчувати рахýнок; 2. усувáти *(труднощі);* 3. виправляти *(текст)*

beréisen *vt* об'їжджáти; мандрувáти

beréit *adj (zu D)* готóвий *(до чогось, на щось)*

beréiten I *vt* 1. готувáти; 2. заподіювати; завдавáти; 3. **sich ~** *(zu D)* готувáтися *(до чогось)*

beréiten* II *vt* об'їжджáти вéрхи *(якусь місцевість);* об'їжджáти *(коня)*

beréithalten* *vt* тримáти напоготóві

Beréitheit *f* **~** готóвність

beréitlegen *vt* приготовляти; **~machen** 1. *vt* приготовляти; 2. **sich** ~ máchen *(zu D)* готувáтися *(до чогось)*

beréits *adv* вже

Beréitschaft *f* **~** готóвність; згода

Beréitstellung *f,* **~en** заготівля; резервувáння; надання́; асигнувáння; вúготовлення

beréitwillig *adj* готóвий *(щось зробити),* послýжливий

Beréitwilligkeit *f* **~** готóвність *(до послуг);* послýжливість

beréuen *vt* кáятися, жалкувáти *(про щось)*

Berg *m* **-(e)s, -e** горá

bergáb *adv* з горú; ~an *adv* на гóру

Bérgarbeiter *m* **-s, -** гірник, шахтáр

bergáuf *adv* на гóру; es geht mit ihm ~ йогó спрáви поліпшуються

Bérgbau *m* **- (e)s** гірнúча промисловість

bérgen* *vt* 1. рятувáти; зберігáти; ховáти, перехóвувати *(в безпечному місці);* die Érnte ~ збирáти урожáй; 2. таїти, прихóвувати

bérgig *adj* горúстий

Bérgkessel *m* **-s,** ~ улóгóвина; **-kette** *f* **-, -n** гірськúй хребéт, пáсмо гір; **~mann** *m* **(e)s, ...leute** гірня́к; **~rutsch** *m* **~es, ~e** óповз; **~steigen** *n* **~s** альпінізм; **~sturz** *m* **~es, ...stürze** обвáл у горах

bergúnter *див.* bergab

Bérg|werk *n* **–(e)s,-e** шахта, рудник; **~wesen** *n* -s гірнúча спрáва.

Berícht *m* **(e)s,~ e** дóповідь; звіт; повідóмлення; laut ~ згíдно з повідóм-

леннням; ~ erstátten робúти повідóмлення; доповідáти, звітувáти
beríchten *vt* повідомляти, доповідати
Beríchterstatter *m* **~s,** ~ 1. доповідáч; 2. кореспондéнт, репортéр
Beríchterstattung *f* **~,~en** 1. дóповідь; донéсення; репортáж *(для газет)*; кореспонденція; 2. звітність
beríchtigen *vt* 1. виправля́ти; 2. улáгоджувати; виплáчувати *(борг)*
Beríchtigung *f***~, ~en** 1. вúправлення, попрáвка; 2. врегулювáння; *фін,* сплáта
beríechen* *vt* нюхати, обнюхувати
Beríeselung *f* **~, ~en** зрóшування
berítten *adj* кінний, вéрховий
Bérnstein *m* **~ (e)s, ~e** бурштúн
berücksichtigen *vt* брáти до увáги; врахóвувати, зважáти *(на щось)*
Berücksichtigung *f,* **~en** зважáння, врахувáння; únter ~ берýчи до увáги
Berúf *m* **~(e)s, ~e** 1 профéсія, фах; éinen ~ erlérnen здобýти профéсію; er ist Arzt von ~ , sein ~ ist Arzt він лікар за фáхом; поклúкання
berúfen* 1. *vt* викликáти, запрóшувати; сликáти *(напр., збори)*; 2. **sich ~** *(auf A)* посилáтися *(на когось, на щось)*; апелювáти; звертáтися *(до когось, до чогось)*
Berúfsausbildung *f* **~** професíйна освíта
berúfstätig *adj* що прáцює *(за фахом)*; sind Sie ~ ? ви працюєте?
Berúfung *f* **~, ~en** 1. вúклик; запрóшення; 2. склúкання *(напр. зборів)*; признáчення *(на роботу)*: *(auf A)* посилáння *(на когось, на щось)*; *юр.* апеля́ція
berúhen *vi* грунтувáтися *(на чомусь)*; etw. auf sich ~ lássen кúдати, залишáти *(щось)*
berúhigen 1. *vt* заспокóювати; угамовувати; утихомúрювати; 2. **sich** заспокóюватися
Berúhigung *f* **, ~en** заспокóєння, утихомúрення
berühmt *adj* славéтний, знаменúтий, відóмий
Berühmtheit *f* **~** славнозвíсність, слáва
berühren *vt* 1. торкáтися (чогось); 2. *перен.* зачíпати *(когось, щось)*; 3. **sich** ~ стикáтися
Berührung *f* **, ~en** дотик; *(mit D)* стикáння, контáкт *(з кимось, з чимось)*
besäen *vt* засівáти
besámen *vt* заплíднювати
besänftigen 1. *vt* 1. заспокóювати, утихомúрювати, прибóркувати; 2. пом'я́кшувати *(гнів)*; 3. **sich** ~заспокóюватися, лагіднíти
Besátz *m* **~es, ...sätze** 1. оздóблення, облямíвка, кант, обóрка, бордю́р, обшúвка; 2. запóр *(замок)*; 3. *тех.* прокладка, ущíльнення
Besátzung *f* **~, ~en** 1. гарнізóн; 2. екíпаж, комáнда; 3. окупáція
beschädigen 1. *vt* пошкóджувати, псувáти; рáнити; 2. **sich** ~ одéржати пошкóдження, порáнити себé
beschâffen 1. *vt* добувáти; заготовля́ти; поставля́ти; 2. *adj* який має ті чи інші властúвості; gut ~ 3. хорóший, дóбрий; 4. підхóдящий, придáтний; ein gut ~er Mensch людúна хорóшої вдáчі; die Sáche ist so ~ спрáва такá, що ...
Beschâffenheit *f,* ~en властúвість, я́кість; стан *(справ)*
Beschâffung *f* **~, ~en** придбáння; заготíвля; постáчання; достáвка
beschäftigen 1. *vt* займáти *(чимось)*; давáти робóту; 2. **sich** ~ *(mit D)* займáтися *(чимось)*
Beschäftigung *f* **~, ~en** заня́ття, прáця, дія́льність
beschämen *vt* 1. *(при)*сорóмити; 2. осорóмити
beschämt *adj* присорóмлений, зніяковíлий
beschátten *vt* 1. захищáти від сóнця, затіня́ти; 2. затьмáрювати *(когось, щось)*; *перен.* затьмáрювати
beschâuen *vt* 1. оглядáти, розглядáти; 2. перевіря́ти
Beschéid *m* **(e)s, ~e** 1. вíдповідь; роз'я́снення; інформáція; ~ wissen *(in D)* знáтися *(на чомусь)*; дóбре знáти *(щось)*; 2. рíшення, вúрок
beschéiden* I *vt* 1. інформувáти; 2. викликáти; дарувáти, наділя́ти; 3. **sich** ~ *(mit D)* задовольня́тися *(чимось)*
beschéiden II *adj* скрóмний; невибáгливий
Beschéidenheit *f* **~** скрóмність; невибáгливість
Beschéidung *f* **~, ~en** зрéчення, вíдмова
beschéinen* *vt* освíтлювати
beschéinigen *vt* свíдчити; засвíдчувати
Beschéinigung *f,* **~en** посвíдчення; пóсвідка; розпúска, квитáнція
beschéren* *vt* обстригáти *(наголо)*
beschímpfen *vt* ля́яти, ганьбúти, ображáти
Beschlág *m* **~(e)s, ...schläge** 1. обшúвка, опрáва, оклáд; 2. конфіскáція
beschlágen* I *vt* 1. оббивáти, обшивáти; 2. підкóвувати; 3. *vi (s) i* **sich** ~ вкривáтися нальóтом; запотíти *(про скло)*
beschlágen II *adj* знáючий; досвíдчений; вкрúтий нальóтом; запітнíлий *(про скло)*
Beschlágnahme *f* **~, ~n** опис (арешт) майна, конфіскація
beschlágnahmen *vt* конфіскувáти, описáти
beschléunigen *vt* прискóрювати
beschlíeßen* *vt* 1. ухвáлювати, постановля́ти; 2. закíнчувати *(напр., промову)*
Beschlúß *ò* **...schlusses, ...schlüsse** 1. рíшення; постанóва; 2. завéршення
beschmíeren *vt* 1. обмáзувати, намáзувати *(щось на щось)*; 2. забрýднювати, вимáзувати

beschmútzen *vt* брудни́ти, смітити, засмічувати
beschnéiden* *vt* обрі́зувати, підрі́зувати; урі́зувати, зме́ншувати, скоро́чувати
beschnéit *adj* вкри́тий сні́гом, засні́жений
beschnüffeln *vt* обню́хувати
beschränken 1. *vt* обме́жувати; die Geschwíndigkeit ~ зме́ншити шви́дкість; 2. **sich** ~ *(auf A)* обме́жуватися, задовольня́тися *(чимось)*
beschränkt *adj* обме́жений; ~e Zeil обме́жений час; обме́жений, недале́кий, тупи́й
Beschränktheit *f*~ обме́женість
Beschränkung *f* ~, ~en обме́ження; ~ der Rüstungen скоро́чення озбро́єння
beschréiben* *vt* зобража́ти, описува́ти *(предмет, подію і т. п.)*, спи́сувати *(папір)*
beschúldigen *vt (G)* обвинува́чувати *(когось в чомусь)*
Beschúldigung *f* ~, **en** (G) обвинува́чення *(в чомусь)*
beschützen *vt (vor D, gegen A)* захища́ти; охоро́няти *(когось, щось від когось, чогось)*; протегува́ти *(комусь)*
Beschützer *m* **~s,** ~ 1. захисни́к, оборо́нець; 2. засту́пник, покрови́тель
beschwéigen* *vt* 1. замо́вчувати *(щось)*; 2. приму́сити замо́вкнути *(когось)*
Beschwérde *f* **~, ~n** 1. тру́дність; 2. неду́га; 3.ска́рга
beschwérlich *adj* утру́днений, тяжки́й (j-m ~ sein fállen) бу́ти тягаре́м для ко́гось
beschwíndeln *vt* обма́нювати, обду́рювати
beschwíngen *vt* окриля́ти; надиха́ти
beschwören* *vt* 1. присяга́ти (я *чомусь)*; 2. моли́ти, блага́ти
beséelen *vt* надиха́ти; вклада́ти ду́шу
beséhen* *vt* огляда́ти, розгляда́ти
beséitigen *vt* усува́ти *(когось, щось)*, зни́щувати, ліквідува́ти *(щось)*
Beséitigung *f* , **~en** усу́нення, ліквіда́ція
beséiligen *vt* ощасли́вити
Bésen *m* **~s,** ~ мітла́, ві́ник, щі́тка
beséssen *adj* одержи́мий; наві́жений
besétzen *vt* 1. займа́ти *(місце)*, 2. окупува́ти; 3. заміща́ти, заступа́ти *(посаду)*; 4. обшива́ти *(тасьмою)*
besétzt *adj* за́йнятий *(в різних значеннях)*; alles ~! ві́льних місць нема́є!
Besétzung *f* **~,~en** 1. займа́ння, захо́плення; окупа́ція; 2. замі́щення *(посади); 3. театр.* склад викона́вців; in wélcher ~ wird die Oper gegében? в яко́му скла́ді йде о́пера?; 4. *спорт.* кома́нда
besíchtigen *vt* огляда́ти *(напр., виставку)*
besíedeln *vt* заселя́ти
besiegen *vt* перемага́ти
besíngen* *vt* оспі́вувати, прославля́ти
besínnen*, sich 1. опам'ята́тися, оприто́мніти; 2. *(G, auf A)* зга́дувати *(про щось)*; ich kann mich nicht ~ я (щось) не приға́дую
Besínnen *n* **~s** 1. розду́мування; ро́здум, обду́мування; 2. спо́гад
Besínnung *f* ~ 1. свідо́мість, па́м'ять, почуття́; die ~ verlíeren знеприто́мніти; *перен.* втра́тити го́лову, не да́ти собі ра́ди; 2. ро́здуми, ду́ми
Besítzt *m* **~es** 1. володі́ння; etw. in ~ bekómmen придба́ти щось; etw. in néhmen оволоді́ти чи́мось; 2. вла́сність, майно́; 3. володі́ння, мае́ток
besítzen *vt* володі́ти *(чимось)*, er besítzt ... у нього (є)
besítzend *adj* замо́жний
Besítzer *m* **~s.** ~ вла́сник
besótzlos *adj* незамо́жний
besóhlen *vt* ста́вити (підбивати) підме́тки
besónder *adj* окре́мий, особли́вий; своєрі́дний; дивни́й
Besónderheit *n* **~, ~en** 1. особливість; 2. своєрідність
besónders 1. *adv* особли́во; окре́мо, спеціа́льно; nicht ~ не особли́во, не ду́же; 2. *cj* особли́во
besónnen ² *vt* осві́тлювати со́нцем; sich ~ lássen грі́тися на со́нці
besónnen II 1, *adj* розсу́дливий, помірко́ваний; обере́жний; 2. *adv* розсу́дливо, помірко́вано, обере́жно
Besónnenheit *f* ~ розсу́дливість, помірко́ваність, вду́мливість, обере́жність; die ~ behálten залиша́тися спокі́йним
besórgen *vt* 1. піклува́тися, дба́ти *(про когось, про щось)*; 2. побо́юватися *(чогось); діставати*, купува́ти; заготовля́ти
Besórgnis *f* **~, ~se** побо́ювання, триво́га; ~se hégen побо́юватися
Besórgung *f* **~, ~en** 1. викона́ння; 2. дору́чення; 3. поку́пка; ~en ma chen роби́ти поку́пки
bespótzeln *vt* сте́жити, слідкува́ти *(за кимось)*
bespréchen* 1. *vt* 1. гово́рити *(про когось, про щось)*; обгово́рювати *(щось)*; 2. рецензува́ти *(щось)*; нагово́рювати *(плівку, пластин ку)*; das Mikrophón ~ говори́ти в мікрофо́н; 3**. sich** ~ *(über A)* ра́дитися, домовля́тися *(про щось)*
Bespréchung *f* **~, ~en** 1. обгово́рення, перегово́ри; диску́сія; 2. нара́да; реце́нзія
besprítzen *vt* полива́ти; оббри́зкувати
bespülen *vt* 1. обмива́ти; обполі́скувати *(посуд)*; 2. *омива́ти (береги)*
bésser 1. *adj* кра́щий; 2. *adv* кра́ще; es geht ihm ~ йому́ кра́ще (він одужує); désto ~, um so ~ тим кра́ще (лі́пше)
béssern 1. *vt 1.* полі́пшувати; 2. виправля́ти; 3. **sich** ~ полі́пшуватися; виправля́тися; поправля́тися

B

Bésserstellung *f*, **~en** поліпшення матеріального станóвища, підвúщення добрóбуту (життєвого рівня)
Bésserung *f* **~, en** 1. поліпшення, вúправлення; 2. *видýжування*
best 1. *adj* (най)крáщий; im ~en Fálle в крáщому разі; beim ~en Wíllen при всьóму (своєму) бажанні; der érste ~e пéрший-лíпший; 2. *adv:* am ~en крáще за все; die Sáche steht nicht zum ~en спрáви кéпські
Bestánd *m~* **(e)s, ...stände 1.** стáлість, міцність, тривáлість; der ~ des Stáates цíлісність держáви; стан, наявність; зáпас, фонд
beständig 1. *adj* постíйний, незмíнний; 2. *adv* постíйно, зáвжди́
Beständigkeit *f* **~** 1. постíйність; міцність; 2. упéртість, наполегливість
Bestándteil *m~* **(e)s,~ e** складовá частúна, елемéнт, компонéнт
bestärken *vt* підкрíплювати; підтвéрджувати
bestätigen *vt* 1. підтвéрджувати; 2. затвéрджувати *(рішення);* схвáлювати *(вибір);* ратифікувáти *(договір);* 2. **sich** ~ підтвéрджуватись
Bestätigung *f* **~, en** підтвéрдження; ратифікáція
bestátten *vt* ховати, поховати
bestäuben *vt* 1. посипáти *(борошном і т. п.);* запорошúти *(снігом);* 2. *бот.* запúлювати
Béste *m, f* (най)крáщий. ...що; (най)крáще; блáго; вúгода; кóристь; er tut sein ~s він рóбить все можлúве
Bestéck *n* **~(e)s, ~e** 1. (столóвий) прибóр; 2. набíр інструмéнтів; medizínisches ~ набíр медúчних інструмéнтів; (mathemátisches) ~ готовáльня
bestéhen* 1. *vt* витрúмувати; переборювати; eine Prüfung ~ склáсти íспит; 2. *vi* (h,s) існувáти, бýти, тривáти; es kann kein Zwéifel ~ не мóже бýти сýмніву; *(auf D)* наполягáти *(на чомусь); (aus D* складáтися *(з чогось), (in D)* полягáти *(в чомусь)*
bestéhlen* *vt* обкрадáти
bestéigen* *vt* підніматися, сходити *(на щось); сідати (на коня, на пароплав, у вагон)*
bestéllen *vt* 1. *(mit D)* заставляти *(чимось): замовля́ти (щось);* 2. eine Zéitung ~ передплатúти газéту; 3. запросúти; 4. обробля́ти *(землю);* доглядáти *(щось);* den Gárten (das Vieh) ~ доглядáти сад (худобу); доставля́ти *(напр., пошту і т. п.);* передавáти j-m éinen Gruft ~передáти комýсь привíт
Bestéllung *f* **~, ~en** замóвлення, дóручення; доставка *(пошти);* обробíток *поля);* турбота *(про щось, про когось);* дóгляд *(за чимось, за кимось)*
Bestéllzettel *m* **~s, ~** бланк замóвлення; листóк~вимóга *(в бібліотеці)*
béstens *adv* найкрáще; найкрáщим чúном; ich dánke ~ щúро дя́кую
Béstie *f~,* **n** 1. дúкий звір, хижáк; 2. *перен.* недóлюдок
bestímmen *vt* призначáти; gesétzlich ~ узакóнити; визначáти; *(für A)* признача́ти *(для чогось, для когось); (zu D)* схиля́ти, спонукáти *(когось до чогось);*
bestímmt 1. *adj* вúзначений; тóчний; 2. *adv* напéвно, тóчно, обов'язкóво; категорúчно; ganz ~ неодмíнно, напéвно, обов'язкóво
Bestímmtheit *f* **~** пéвність; рішýчість; упéвненість; точнíсть
Bestímmung *f* **~, ~en** 1. признáчення; 2. вúзначення, познáчення; 3. постанóва, розпоря́дження; 4. поклúкання
bestimmungsgemäß *adv,* **mäßig** *adj* згідно з призначенням; згідно з регламентом
Bestímmungsort *m~* **(e)s, ~e** місце признáчення
Béstleistung *f* **~, ~en** рекóрд; найкрáщі показники *(в змаганні)*
béstmöglich *adv* якнайкрáще
bestráfen *vt* штрафувáти; карáти
bestráhlen *vt* освíтлювати (променями); опромíнювати
Bestráhlung *f* **~, ~en** освíтлення (променями); опромíнювання
bestrében, sich старáтися, прáгнути *(щось зробити)*
bestréichen* *vt (mit D)* 1. намáзувати; обмáзувати; фарбувáти; 2. торкáтися; 3. обстрíлювати
bestréiten* *vt* 1. заперéчувати, спростóвувати; 2. покривáти *(витрати)*
bestréuen *vt* посипáти, обсипáти
bestürmen *vt* 1. штурмувáти; 2. докучáти *(комусь проханнями, запитаннями і т. п.)*
bestürzt *adj* врáжений; збентéжений
Bestürzung *f* **~, ~en** збентéження, замішáння, заціпенíння
Besúch *m* **(e)s, ~e** 1. відвíдини, візúт; 2. гість, гóсті; wir háben ~ у нас гóсті; zu ~ sein бýти в гостя́х, гостювáти *(у когось); відвíдування (школи, театру)*
besúchen *vt* відвíдувати, провíдувати
Besúcher *m* **~s, ~** 1. відвíдувач; гість; 2. глядáч, пýбліка
betágt *adj* лíтній, похúлого вíку, старúй
betásten *vt* обмáцувати
betätigen 1. *vt* 1. привóдити в дíю, запускáти *(механізм);* 2. **sich** *(in D)* займáтися *(чимось); (bei D, an D)* брáти ýчасть
betäuben *vt 1.* оглушáти *(про шум);* одурмáнити, запáморочити; 2. *мед.* анестезувáти; durch Narkóse обезбóлювати наркóзом
betäubend *adj* 1. *оглýшливий (про шум);* 2. наркотúчний; анестезýючий, обезбóлюючий

Betäubung *f* **~, ~en** 1. оглýшення *(шумом)*; 2. нéпритомність, втрáта свідóмості; 3. *мед.* наркóз, обезбóлювання
betéiligen 1. *vt (an, bei D)* наділя́ти *(когось чимось)*; 2. залучáти *(когось до чогось)*; 3. **sich** ~ *(an D, bei D)* брáти ýчасть *(в чомусь)*
Betéiligung *f*~, **~en** ýчасть
béten *vi* моли́тися
betéuern *vt* (урочисто) запевня́ти; кля́стися *(в чомусь комусь)*
betíteln 1. *vt* озаглáвлювати *(книжку, статтю)*; титулувáти *(когось)*; 2. **sich** ~: wie betítelt sich díeser Artíkel як назувáється ця стаття́?, який заголóвок ціє́ї статті́?
betónen *vt* 1. рóбити нагóлос *(на чомусь)*; 2. *перем*, підкрéслювати; наголóшувати *(на чомусь)*; 3. виставля́ти про людськé óко; 4. награвáти, озвýчувати *(плівку, пластинку)*
Betónung *f* **~, ~en** нáголос, акцéнт; виді́лення
Betrácht *w etw.* äußer ~ lássen залишáти без увáги щось, не врахóвувати щось; etw. in ~ zíehen брáти до уваги, врахóвувати *(щось)*
betráchten *vt* диви́тися *(на когось, на щось)*; розглядáти; etw. genáu ~придивля́тися *(до чогось)*
beträchtlich 1. *adj* значни́й; **2,** *adv* знáчно, дуже; um ein ~es набагáто, знáчно
Betráchtung *f* **~, ~en** 1. розглядáння, спостерéження; 2. міркувáння
Betrág *m* **~(e)s, ...träge** 1. сýма; вáртість; пі́дсумок; im ~e von ... у сýмі . ... у рóзмірі ...; *тк. sg* рóзмір, óбсяг, кі́лькість
betrágen* 1. *vt* станови́ти, складáти *(якусь суму, число)*; дорі́внювати (*чомусь)*; обхóдитися *(в якусь суму)*; 2. **sich** ~ *(gegen)* повóдитися *(щодо когось)*
Betrágen *n* **~s** поведі́нка
betráuen *vt (mit D)* доручáти *(комусь щось)*
betréffen* *vt* 1. стосувáтися, горкáтися *(когось, чогось)*, стáвитися *(до когось, до чогось)*; 2. уражáти; спіткáти
betréffend 1. *adj* відпові́дний; дáний, згáданий; 2. *adv* віднóсно, щóдо
betréiben* *vt* 1. займáтися *(чимось)*; 2. провóдити *(політику, кампанію)*; 3. клопотáтися *(про щось)*, прискóрювати *(щось)*; *тех.* експлуатувáти; привóдити в ді́ю
betreten* I *vt* 1. вхóдити, заходити; вступати *(кудись)*; die Bühne ~вихóдити на сцéну; 2. трапля́тися, спіткáти *(про нещастя)*
betreten II *adj* 1. вторóваний, би́тий *(шлях)*; 2. збентéжений, зніякові́лий; 3. спі́йманий *(на чомусь)*, ви́критий *(в чомусь)*
Betréten *n* **~s** 1. вхід, вступ; 2. збентéження

Betríeb *m* **~(e)s, ~e** 1. підприє́мство; виробни́цтво; завóд; im ~ stéhen працювáти на підприє́мстві; 2. робóта, ді́я, експлуатáція; 3. рух; збýдження, пожвáвлення; da ist ímmer viel ~ тут зáвжди вели́ке пожвáвлення
Betríebsablauf *m* **~(e)s, ...läufe** виробни́чий процéс, **~arbeiter** *m* **~s,** ~ робі́тник завóду; **~belegschaft** *f* **~ ~en** колекти́в завóду, (підприє́мства); **~führung** *f* **~, ~en** керівни́цтво підприє́мством; **~gewerkschaftsorganisation** *f* **~, ~en** профспілкóва організáція підприє́мства; **~leiter** *m* **~s,** ~заві́дуючий виробни́цтвом; техні́чний дирéктор; **~ordnung** *f* **~, ~en** прáвила експлуатáції, прáвила внýтрішнього розпоря́дку; **~rat** *m* **~(e)s, ...räte** рáда підприє́мства, виробни́ча рáда
betróffen *adj* зніякові́лий, врáжений
betrüben *vt* засмýчувати; затьмáрювати
Betrübnis *f* **~, ~se** журбá, сум; скорбóта
Betrúg *m* **~(e)s** обмáн; шахрáйство
Bett *n* **~(e)s, ~en** 1. пóстіль, лі́жко; 2. рі́чище, руслó *(ріки)*; 3. *тех.* підвáлини, фундáмент; zu (ins) ~ géhen лягáти спáти
Béttdecke *f* **~, ~n** кóвдра, покривáло
bétteln *vi* старцювáти, жебрáчити, проси́ти ми́лостиню
béttlägerig *adj* лежáчий, *мед.* пості́льний *(про хворого)*; ~ **sein** лежáти в лі́жку *(про хворого)*
Béttler *m* **~s,** старець, жебрак
Béttsack *m* **~(e)s, ...säcke** матрáц; **~stelle** *f* **~ ~n** лі́жко, кóйка
béugen 1. *vt* 1. згинáти; нахиля́ти; 1. *грам.* відмі́нювати; 2. **sich** ~ *(vor D)* гнýтися, згинáтися, схиля́тися; підкоря́тися прини́жуватися
Béule *f* **~, ~n** ґýля; жóвно
beúnruhigen 1. *vt* непокóїти, тривóжити, турбвуáти; 2. **sich** ~ непокóїтися
beúrlauben 1. *vt* давáти відпýстку, 2. **sich** ~ брáти відпýстку
Beúrlaubung *f* **~, ~en** зві́льнення у відпýстку
beúrteilen *vt* суди́ти *(про когось, про щось, по чомусь)*; розці́нювати; обмíркóвувати; оці́нювати; вислóвлювати дýмку *(про когось, щось)*
Beúrteilung *f*~, **~en** міркувáння, оці́нка
Béute *f*~, **~n** здóбич; трóфей; приз
Béutel *m* **~s,** ~ 1. мі́шок; тóрба; 2. гаманéць; сýмка; 3. луза *(більярда)*
bevölkern *vt* населя́ти, заселя́ти
Bevölkerung *f*~, **~en** насéлення
bevollmächtigen *vt (ru D)* уповновáжувати *(на щось)*
bevór *cj* перш ніж, пóки не; до тóго, як
bevórzugen *vt (vor D)* (на)давáти перевáгу *(комусь, чомусь, перед кимось, перед чимось)*
bevórzugt *adj* привілейóваний
bewáchen *vt* охорóняти, стéрегти, вартувáти

B

bewáchsen* 1. *vi* I **sich** ~ *(s)* покривáтися *(рослинністю);* заростáти *(mit D чимось);* 2. *adj* зарóслий
Bewáchung *f* **~, ~en** охорóна; караýл, вáрта
bewáffnen 1. *vt (mit D* озброювати *(чимось);* 2. **sich** ~ озбрóюватися
bewáffnet *adj* озбрóєний; die ~en Kräfte збрóйні сúли
bewáhren 1. *vt* охороня́ти, берегтú, оберігáти; 2. **sich** ~ *(vor D)* уберігáти сéбе *(від чогось)*
Bewáhrer *m* **~s,** ~ стóрож, охорóнець
Bewährung *f* **~, ~en** 1. охорóна, зáхист; 2. зберігáння; заготíвля про запáс
bewálden *vt* садúти ліс
bewältigen *vt* перебóрювати *(щось),* справля́тися *(з чимось),* подýжувати *(щось)*
Bewándtnis *f* **, ~se** стан справ; обстáвина; die Sáche hat fólgende ~спрáва ось у чóму
bewässern *vt* зрóшувати, поливáти
bewégen 1. *vt* 1. рухáти, ворушúти; 2. *перен.* хвилювáти, зворýшувати; 2. **sich** ~ рухатися, обертатися *)навколо чогось, в чомусь)*
bewégen* II *vt (zu D)* схиля́ти, спонукáти *(когось до чогось, на щось);* sich ~ lássen *(zu D)* схиля́тися *(до чогось)*
Bewéggrund *m* **~(e)s, ...gründe** прúвід, мотúв, причúна
beweglich *adj* 1. рухóмий; 2. рухлúвий, жвáвий; 3. зворýшливий; ~e Hábe рухóме майнó
bewégt *adj* схвильóваний, зворýшений
Bewégung *f* **~, ~en** 1. рух; 2. збýдження, хвилювáння
bewégungslos *adj* нерухóмий
bewéhren *vt* 1. озбрóювати; 2. обладнувати; 3. çіїцнювати, посúлювати
bewéinen *vt* оплáкувати
Bewéis *m* **~es, ~e** дóказ; дóвід, аргумéнт
bewéisen* *vt* 1.довóдити, аргументувáти; 2. виявля́ти *(мужність, здібності і т. п.)*
Bewérber *m* **~s,** ~ 1. претендéнт, кандидáт; 2. женúх; наречéний
bewérfen* *vi* (*mit D*) закидáти *(когось, щось, чимось);* mit Kalk (mi1 Stuck) ~ штукатýрити
bewérten *vt* оцінювати
bewilligen *vt* 1. давáти (свою) згóду, погóджуватися, дозволя́ти; 2. асигнувáти, надавáти (кошти)
bewillkommnen *vt* вітáти
bewírken *vt* 1. викликáти, спричиня́ти *(щось);* сприя́ти *(чомусь);* 2) добивáтися, досягáти
bewírten *vt* пригощáти, частувáти, приймати в себе
Bewírtung *f***~, ~en** частувáння, пригощáння; гостúнність
bewítzeln *vt* висміювати, глузувáти *(з когось)*
bewóhnen *vt* жúти, мéшкати *(десь);* населя́ти *(щось)*
Bewóhner *m* **~s,** ~ жúтель, мéшканець
bewóhnt *adj* житловúй, насéлений
bewölkt *adj* хмáрний
Bewúnderer *m* **~s,** ~ поклóнник, прихúльник, шанувáльник
bewúndern *vt* милувáтися, захóплюватися
bewúndernswert *adj,* **~würdig** *adj* чудóвий, гíдний пóдиву
Bewúnderung *f* **~, ~en** захóплення, зáхват
bewúßt *adj* 1. свідомий; sich *(D)* ~sein бýти свідомим *(чогось);* 2. відóмий, той *(про кого говорили);* an dem ~en Tag тогó (сáмого) дня
bewúßtlos 1. *adj* непритóмний; 2. *adv* без пам'яті; безцíльно
Bewúßtsein *n* **~s** 1. свідóмість, пáм'ять; 2. усвідóмлення, свідомість, сприйняття́
bezáhlen *vt* платúти *(за щось),* сплáчувати *(щось);* mit dem Lében ~поплатúтися життям
Bezáhlung *f* **~, ~en** оплáта, вúплати; гонорáр
bezähmen *vt* прибóркувати
bezáubern *vt* зачарóвувати
bezáubernd *adj* чарíвний
bezéichnen *vt* відзначáти, позначáти, зазначáти; покáзувати; охарактеризувáти; *перен.* знаменувáти
bezéigen 1. *vt* виявля́ти, покáзувати; Éhren ~ віддавáти шáну *(комусь);* 2. **sich** ~ покáзати себе *(якимось);* sich tápfer ~ виявити хорóбрість
bezéugen *vt* засвíдчувати, свíдчити; довóдити *(щось)*
bezíehen* t. *vt* 1. *покривáти,* оббивáти *(меблі);* застеля́ти *(постіль):* Bétten neu ~ міня́ти постíльну білизну; 2. в'їжджáти, вселя́тися (в *нову квартиру);* вступáти *(в школу);* займáти *(посаду);* *замовля́ти,* закупóвувати *(товари);* одержýвати *(прибутки, платню);* 3. **sich ~** *(auf A)* посилáтися *(на когось, на щось);* стосувáтися *(ко гось, чогось)*
Bezíehung *f* **~, ~en** 1. віднóшення, стáвлення; *pi тж* зв'язкú; äußerliche ;-en зóвнішні зв'язкú; 2. в'їзд, переї́зд *(в квартиру);* займáння *(посади)*
bezíehungsweise 1. *adv* відповíдно; 2. *cj* або, інáкше
Bezírk *m* **(e)s, ~e** 1. райóн, ділянка, окрýга; 2. *перед.* сфéра
Bezúg m **~(e)s, ...züge** 1. оббúвка, чохóл, нáволочка; 2. одéржання *(прибутку), замóвлення,* купíвля, одéржання *(товару, газет)*
Bezúg II *m* **~s,** віднóшення; mit ~ auf etw. *(A)* посилáючись на щось, зважáючи на щось
bezüglich 1. *adj* віднóсний, що стосýється *(auf A чогось);* 2. *prp (G)*

віднóсно, стосóвно, щодó; ~ Íhres Schréibens ... віднóсно вашóго листá ...
Bezúgnahme *f* ~ посилáння; mit (únter) ~ auf etw. *(A)* посилáючись на щось
bezwéifeln *vt* сумнівáтися *(в чомусь)*
bezwíngen* 1. *vt* перемагáти; подолáти, подýжати; підкорúти; 2. **sich** ~ оволодíти собóю, брáти себе в рýки
Bíbel *f* ~, **~n** Бíблія
Bíber *m* **~s,** *~зоол.* бобéр
bíeder *adj* 1. чесний, порядний; прямодýшний; щирий; 2. простодýшний; легковíрний; недалéкий
bíegen* 1. *vt* гнýти, згинáти; нахиляти; 2. *vi (s) гнýтися;* обгинáти; 3. **sich** ~гнýтися, згинáтися **bíegsam** *adj* гнýчкий; пружнúй
Bíegung *f* ~, **~en** вúгин; прогúн; поворóт; звúвина
Bíene *f* ~, **~n** бджолá
Bíenengarten *m* **~s, ...gärten** пáсіка; **königin** *f* ~, **~nen** мáтка (бджолúна); **~korb** *m* ~ **(e)s, ...körbe** вулик; **~schwärm** *m* ~ **(e)s, ..schwärme** рій (бджолúний); **stand** *m* **~(e)s, ...stände** пасіка; **~zucht** *f* ~ бджільнúцтво; **~züchter** *m* **~s,** ~ пáсічник
Bier *n* **(e)s, ~e** пúво
Bíerbrauerei *f* ~, **~en** пивовáрний завóд; **~halle** *f* ~, **~n,** ~**lokal** *n* **~(e)s, ~e** пивнá
bíeten* 1. ***vt*** пропонувáти; давáти; надавáти *(можливість);* 2. **sich** ~ траплятися; es bot sich éine günstige Gelégenheit трáпилася нагóда
Bilánz *f* , **~en** балáнс; підсумок; die ~ zíehen склáсти балáнс; *перен* підбúти пíдсумки
Bild n~ **(e}s, ~er** картúна; портрéт; малюнок; зобрáження; (кіно)кадр; фотогрáфія; im ~e sein бýти в кýрсі чóгось
bílden *vt* 1. створювати, утвóрювати; складáти, становúти; формувáти; організóвувати; 2. вихóвувати; освíчувати
bíldend *adj* освíтній; твóрчий; die ~ en Künste образотвóрчі мистéцтва
Bílderbuch *n*~ **(e)s, ...bücher** дитяча кнúжка з малюнками; **~galerie** *f* ~, **~n** картúнна галерéя
Bíldfläche *f*~, **~n** 1. площинá зобрáження; 2. плóща зобрáження; 3. екрáн; **~hauer** *m* **~s,** ~ скýльптор, **~hauerei** *f* ~ скульптýра; лíплення
bíldlich *adj* мальóвничий, наóчний; графíчний; обрáзний, перенóсний, інакомóвний
Bíldnis *n*~ **ses, ~se** картúна, портрéт, зобрáження, óбраз
bíldsam *adj* пластúчний, м'якúй
Bíldsäule *f* ~, **~n** стáтуя, скульптýра, **~schärfe** *f* ~, **~n** рíзкість зобрáження; **~schirm** *m* **~(e)s, ~e** екрáн телевíзора; **~schnitt** *m* **(e)s, ~e** монтáж (кінострíчки)
Bíldsender *m* **~s,** ~ *тб.* передавáч сигнáлів зобрáження; **~signal** *n* **~s. ~e** *тб.* відеосигнáл; **~stand** *m* **(e)s, ...stände** (кіно)-стійкість зобрáження (кадру); **~störungen** *pl тб.* спотвóрення зобрáження перешкóдами
Bíldung *f* ~, **~en** 1. утвóрення, формувáння, організáція; 2. освíта; вихóвання; офóрмлення; зóвнішній вúгляд; *лінгв.* фóрма (слова)
Bíldungsanstalt *f* ~, **~en** навчáльний зáклад
bíllig 1. *adj 1.* дешéвий; ~ **werden** дешéвшати; справедлúвий, слýшний; 2. *adv* дешéво; 2. справедлúво
bílligen *vt* схвáлювати *(щось),* погóджуватися *(з чимось)*
Bílligkeit *f* ~ 1. дешевинá; 2. справедливість
Bílligung *f* ~, **~en** схвáлення; згода; сáнкція
Bímsstein *m* ~ **(e)s,** ~ **e** пéмза
Bínde *f* , **~n** 1. пов'язка; бинт; 2. бант; кравáтка
bínden* *vt* 1. зв'язувати, в'язáти; прив'язувати; 2. оправляти *(книжку, зошит)*
Bíndestrich *m* ~ **(e)s,** ~ **e** рúска, дефíс
Bíndfaden *m* **~s, ...fäden** шпагáт; мотýзка
Bíndung *f* .~ **en** сполýчення, скріплення
Bínnenhandel *m* внýтрішня торгíвля; **~schiffahrt** *f* ~ судноплáвство по внýтрішніх вóдах (по річках і озерах)
Bínse *f*~, **~n** очерéт, тростúна
Bírke *f*~, **~n** берéза
Bírkhahn *m* **~(e)s, ...hähne** тетерýк; **~huhn** *n* **~(e)s, ...hühner** тетéрка
Bírnbaum *m* **~(e)s, ...bäume** грýша *(дерево)*
Bírne *f*~, **~n** 1. грýша; 2. (електрúчна) лáмпочка *(у формі груші)* bis *prp (A)* (аж) до *(про час);* bis mórgen до зáвтра; ~ drei Uhr до трьох годúн; ~ wann? до якóго чáсу?, дóки?; ~ jetzt, ~ében до цьóго чáсу; *(A)* (аж) до (сáмого) *(про простір);* ~ Berlin, ~ nach Berlin до Берліна; ~ wohín?, ~ wie weit? до якóго мíсця? ~ óben дóверху; sechs ~ acht Mark від шестú до восьмú мáрок; : ~ an die Grénze до сáмого кордóну; ~ auf den héutigen Tag аж до сьогóднішнього дня; ~ in die Stadt до міста; ~ zur Ábfahrt до від'їзду; 3. *cj* доки не, доки; wárte, ~ ich kómme зачекáй, доки я не прийдý
Bíschof *m* **~s, ...schöfe** єпúскоп, архієрéй
bishér *adv* до цьóго чáсу; дóсі; дотепéр
Biß *m* **~sses, ~sse** укýс
bíßchen: ein (das) ~ небагáто; трóхи; ein ~ Salz дрíбка сóлі; ein ~ Wein крáпля винá
Bíssen *m* **~s,** ~ шматóк *(їжі)*
Biswéilen *adv* іноді, чáсом, зрідка
bítte *prtc* будь лáска, прóшу
Bítte *f* ~, **~n** прохáння, клопотáння
bítten* *vt* 1. *(um A)* просúти, прохáти *(у когось щось, когось про щось); (zu D,*

auf A) запрóшувати *(на щось);* j-n zu Gast ~ запрóшувати когóсь у гóсті

B

bítter *adj* 1. гіркúй; *перен.* гіркúй, прúкрий; заклятúй, запéклий, злий; 2. *adv* гíрко; 2. прúкро

Bítterkeit *f*~, **~en** 1. гіркота (гаг *перен.);* прúкрість; 2. озлóблення, жорстóкість; *pl* обрáзливі словá; неприéмності

bítterlich 1. *adj* гіркувáтий; *перен.* гіркúй, прúкрий; 2. *adv* гíрко *(плакати і т. п.)*

Bíttschrift *f* ~, **~en** прохáння, клопотáння

Bíttsteller *m* **~s**, прохáч

bizárr *adj* дúвний, чуднúй, химéрний

Blamáge [-zə] *f*~, **~n** ганьбá

blamíeren 1. *vt* ганьбúти, сорóмити; 2. **sich ~** осорóмитися

blank *adj* 1. блискýчий; чúстий; 2. глáдкий, полірóваний; ~e Waffe холóдна збрóя; 3. гóлий, не прикрúтий; ~er Draht *ел.* неізольóваний прóвід

blásen* *vt, vi* 1. дýти; 2. сурмúти

blasíert *adj* пересúчений; бундю́чний; розчáрований, байдýжий до всьогó

Blásorchester [-k-] *n* **~s** ~ духовúй оркéстр

blaß *adj* 1. блідúй; 2) безбáрвний; 3. неясний, слабкúй; éine blásse Érinnerung неясний спóгад

Blässe *f*~ блíдість; безбáрвність

Blatt *n* **~(e)s, Blätter** 1. *бот.* лист, пелюстки; 2. áркуш *(паперу);* 3. газéта, журнáл; kein ~ vor den Mund néhmen говорúти без нáтяків (прямо)

blättern 1.*vi* (пере)гортáти сторíнки; in éinem Buch ~ перегортáти книжкý; відшарóвуватися, відокрéмлюватися; 2. **sich** ~ розпадáтися на тóнкі шарú, шарувáтися

blátternarbig *adj* рябúй *(від віспи)*

bláu *adj* сúній, блакúтний, голубúй; ein ~er Fleck синéць; j-m ~en Dunst vórmachen замúлювати óчі комýсь

Bláu *n* **~s** 1. сúній кóлір; сúнява; блакúть; 2. сúнька

blauáugig *adj* синьоóкий, блакитноóкий

bläuen *vt* синúти, підсúнювати

Bláuhelmeinsatz *m* **~es, ...sätze** (бойове) використáння сúніх (голубúхі кáсок (ООН)

Blech *n* **~(e)s, ~**е жерсть, бля́ха; листовá сталь

Blei ² *n* **(e)s, ~e** свинéць

Blei II *m* **~(e)s, ~**е лящ

Bléibe *f* ~, **~n** нíчліг, зáхисток, притýлок

bléiben* *vi (s) залишáтися (десь);* wo ~ Sie (denn)? де ж ви (поділися)? *(bei D, an D)* залишáтися *(при чомусь);* ich bléibe dabéi я наполягáю на цьому; (N) залишáтися *(кимось, якимось), (in D)* перебувáти *(в якомусь стані);* bléib(e)rúhig! зберігáй спóкій!; ~ Sie óhne Sórge! не хвилю́йтеся!; *(з inf іншого дієслова)* продóвжувати *(робити щось);* sítzen ~лишúтися сидíти, не вставáти; *мат.* дорíвнювати *(при відніманні);* zwei von sechs bleibt vier від шестú два бýде чотúри

bléibend *adj* тривáлий; *перен.* міцнúй, постíйний, стíйкий

bléibenlassen* *vt* 1. залишáти, не чіпáти; 2. припиня́ти

bleich *adj* блідúй; безбáрвний

Bléiche *f* ~, **n** 1. блíдість; 2. білíння, вибíлювання; речовинá для білíння

bléiern *adj* 1. свинцéвий: 2. *перен.* важкúй, гнітю́чий

Bléistift *m* ~ **(e)s, ~e** олівéць

Blénde *f* ~, **~n** 1. рáйдужна оболóнка *(ока); фото* діафрáгма; mit ~ photographíeren знімáти при діафрáгмі 2. *військ,* укриттЯ, бліндáж

blénden *vt* 1. заслíплювати; сліпúти *(яскравим світлом); перен.* оcлíплювати, зачарóвувати

Blénder *m* **~s, ~** окозамилю́вач, обмáнщик

Bléndung *f* ~, **~en** 1. заслíплення *(яскравим світлом);* 2. *перен.* оcлíплення, звáблювання; затéмнення, маскувáння *(напр., вікон), А) фото* діафрáгма

Bléndwerk *n*~ **(e)s,~ e** оптúчний обмáн; ілю́зія, омáна

Blick *m* **~(e)s, ~e** 1. пóгляд; auf den érsten ~ на пéрший пóгляд, з пéршого пóгляду; 2. вид (aus ***D in A** звідкись на щось);* ein Zímmer mit ~ in den Park кімнáта з вúдом на парк

blícken *vi* (auf A) (по)дивúтися *(на когось);* sich ~ lássen *розм.* покáзуватися

Blíckfeld *n* ~**(e)s,~ er** 1. пóле зóру; im ~feld stéhen бýти в пóлі зóру; 2. *перен.* горизóнт, кругозíр; **~punkt** *m* ***~(e)s,~* e** 3. центр увáги; im ~ punkt stéhen бýти в цéнтрі увáги; 4. тóчка зóру

blind 1. *adj 1.* сліпúй; ~ wérden слíпнути; 2. *перен.* сліпúй, заслíплений, безрозсýдний; 3. недалéкий, обмéжений; ein ~er Hésse недалéка людúна; 4. не спрáвжній, фальшúвий; холостúй *(постріл);* ein ~er Kauf фіктúвна угóда; 5. схóваний, потайнúй; ein ~er Passagier безквиткóвий пасажúр; 6. adv слíпо *(вірити),* наóслíп, навмання́ ~ zúfahren дíяти наóслíп

Blínddarm *m* (e)s, **...därme** *анат.* слíпá кúшка

Blínddarmentzündung *f* ~ *мед* апендицúт

Blínde *m, f* слíпий, ...па

Blíndekuh: ~ spíelen грáти в піжмурки

Blíndheit *f* ~ сліпотá; *перен.* заслíплення; небáжання бáчити *(щось),* er ist wie mit ~ geschlágen він не помічáє очевúдного

blíndlings *adv* слíпо *(вірити і т. п.),* наóслíп, навмання́

blíndwütend, **blíndwütig** *adj* нестя́мний, шалéний

blink *adj.* ~ und blank виблискуючий чистотóю, блискýчий
blínken *vi* 1. блискати, миготіти, мерехтіти; 2. подавáти світлові сигнáли
blínzeln *vi 1. бли*мати, моргáти, мрýжити óчі; 2. миготіти
Blitz *m* **~es, ~e** блискавка *(тж перен);* wie ein ~ aus héiterem Hímmel як грім з я́сного нéба
Blítzableiter *m* **~s** громовідвíд
blítzartig *adj* блискави́чний, миттéвий
blítzblánk *adj* начи́щений до бли́ску, **~bláu** *adj* яскрáво~си́ній; **~dúmm** *adj* страшенно дурни́й; **~éinfach** *adj* das ist ~ це дýже лéгко
blítzen 1. 1. блищáти; die **Wohnung blitzt** vor Sáuberkeit квартира виблискує чистотóю; ся́яти *(від щастя);* es blitzt мигáє бли́скавка
Blítzfunk *m* **~(e)s** радіотелегрáф; **~gerät** *n* **~(e)s, ~e** фотоспáлах
Blítzschlag *n* **~(e)s, Schläge** спáлах бли́скавки; vom ~ getötet уби́тий бли́скавкою
blítzschnéll 1. *adj* блискави́чний; 2. *adv* вмить, блискави́чно
Blítztelegramm *n* **~s, ~e** (телегрáма) бли́скавка; **~zug** *m* **~ (e)s, Züge** пóїзд-експрéс
Block I *m* **~ (e)s, Blöcke** колóда; 1. (кам'яна) бри́ла; плáха; болвáнка
Block II *m* **~(e)s,~ s** 1. блок будинків, квартáл; 2. блок *(партій, країн);* 3. блокнóт, записнá кни́жка
blöd(e) *adj* 1. тупи́й, дурни́й, недоýмкуватий; 2. несміли́вий, боязки́й
Blödsinn *m* **~ (e)s** 1. тýпість, дýрість, недоýмство; 2. безглýздя, нісенітниця; welch ein ~! яка нісенітниця!
blödsinnig *adj* тупи́й, недоýмкуватий, дурни́й
blöken та мýкати, мéкати, бéкати
blond *adj* біля́вий; ein ~ Mädchen біля́ва дíвчина, блонди́нка
bloß 1. *adj* гóлий, непокри́тий; mit ~en Füßen босóніж; mit ~ em Áuge неозбрóєним óком; сам (лише); im blóßen Hemd у самій (лише) сорóчці; позбáвлений; бller Hílfe~ позбáвлений уся́кої допóмоги; 2. *adv* тíльки, лишé
Blöße *f* **~, ~n** 1. наготá; 2. *перен.* слáбість, слабкé місцé
blóßstellen 1. *vt* викривáти; компрометувáти; 2. **sich** ~ осорóмитися
blühen *vi* 1. цвісти; 2. процвіòáти
blühend *adj* 1. квітýчий, в цвітý; 2. процвітáючий
Blúme *f* **~, ~n** 1. квітка; 2. букéт *(про вино)*
Blúmenbeet *n*~ **(e)s, ~e** клýмба; ~**garten** *m* **~(e)s, ...gärten** квітни́к; **~kohl** *m* ~**(e)s** цвітна капýста
blúmig *adj 1. квітчá*стий *(тж перен.);* 2. подíбний до квітки
Blúse *f*~, **~n** блýзка, кóфточка; блýза
Blut *n* **~(e)s** 1. кров; 2. кров, похóдження, порóда; er ist aus ádligem ~він дворя́нського похóдження; 3. ein júnges ~ юнак, дíвчина; 4. темперáмент, вдáча; rúhigen (kálten) ~es спокíйно, холоднокрóвно
Blútarmut *f*~ недокрів'я, анемія; **~bad** *n* **~(e)s,...bäder** *перен.* кривáва розпрáва, різани́на, кровопролиття; **~druck** *m* **~(e)s** *мед.* êров'яни́й тиск
blútdürstig *adj* кровожéрний
Blüte *f* **~, ~n** 1. квітка, цвіт; 2. цвітіння; рóзквіт *(тж порену,* процвітання; 3. еліта; 4. прищ, фурýнкул *(на обличчі);* ви́сипка
blúten *vi* 1. *кровотóчити;* 2. *(für A)* проливáти кров *(за когось, за щось);* 3. пускáти сік (живицю) *(про дерева)*
Blútfluß *m* **...sses, ...flüsse** кровотéча; **~gefäß** *m* **~es, ~e** кровонóсна суди́на; **~geschwür** *n*~ **(e)s, ~e** *мед.* фурýнкул; **~hund** *m* **~(e)s, ~e** 1. ляráвий собáка; 2. *перен.* кровопи́вець; **~husten** *m* **~s** кровохáркання
blútig *adj* 1. кривáвий, закривáвлений; 2. кровопроли́тний *(про боротьбу);* 3. кровожéрний; 4. *розм.* абсолю́тний, пóвний
blútjung *adj* юний, дуже молодий
Blútkrankheit *f* **~, ~en** хворóба крóві; **~kreislauf** *m* **~ (e)s** кровоóбіг
Blútprobe *n* **~, ~n** анáліз крóві, **~rache** *f*~ кривáва пóмста
blútreich *adj* повнокрóвний, здорóвий; **~rot** *adj* кривáво-червóний
Blúttransfusion *f*~ переливáння крóві
Blútumlauf *m* **~(e)s** кровоóбіг; **~vergießen** *m* **~s** кровопроли́ття; **~vergiftung** *f* **~, ~en** зарáження крóві, **~verlust** *m* **~es, ~e** втрáта крóві
Bö *f* **~, ~en** шквал; (сильний) порив вітру
Bock *m* **~(e)s, Böcke** цап; барáн; бик *(моста);* 3. козéл *(гімнас тичний);* den ~ zum Gärtner máchen постáвити козлá горóд стерегти́
Bóckwurst *f*~, **wurste** сардéлька
Bóden *m* **~s, ~ l Böden** 1. земля́, ґрунт; 2. *перен.* ґрунт, підстáва; 3. підлóга, дно; 4. гори́ще; den ~ únter den Füßen wégziehen ви́бити у кóгось ґрунт з~під ніг
Bódeneinkommen *n* **~s, ~, ~ertrag** *m*~ **(e)s, ...erträge** 1. прибуток з землі, врожáй; родю́чість грýнту; **~kunde** *f*~ ґрунтознавство
bódenlos 1. *adj безд*óнний, безмéжний; безпідстáвний; 2. *adv* безмéжно, безмíрно
Bódennutzung *f*~. **~en** землекористувáння; **~politik** *f*~ земéльна (аграрна) полíтика; **~preis** *m* **~es, ~e** цінá землí; **~produkt** *n* **~(e)s,** ~ e продýкт землерóбства; **~raum** *m* **~ (e)s, ...räume** приміщення на гори́щі; **~refofm** *f*~, **~en** земельна реформа: **~schätze** *pl* корисні копáлини

B

Bógen *m* **~s, ~** *f Bцgen* 1. дугá; 2. кривизнá, вигúн; áрка, склепíння; *муз.* смичóк, лук; den ~ überspánnen *перен.* перегнýти пáлку, перестарáтися
bögenförmig *adj* дугоподíбний
Bóhle *f* ~, **~n** (товста) дóшка; брус
böhmisch *adj* 1. богéмський; *розм.* дúвний, незрозумíлий; das sind mir ~e Dörfer це для мéне кнúга за сімомá замкáми
Bóhne *f* ~, **~n** 1. біб; квасóля; *розм.* 2. цукéрка, льодянúк
Bóhnenkaffee *m* ~**s** кáва в зéрнах
Bóhner *m* ~**s, ~** натирáч підлóги
bóhnern *vt* натирáти *(підлогу)*
bóhren 1. *vt* свердлúти, бурáвити; 2. *vi* (nach D, auf A) бурúти; nach (auf) Érdöl ~ бурúти в пóшуках нáфти; 3. **sich** ~ *(durch A, in A)* (про)точúти; (про) свердлúти *(щось)*
Bóhrer *m*~ **(e)s, ~e** 1. бурúльник, свердлáр; 2. *тех.* свéрдло, бурáв; бур
Bóllwerk *n* **~(e)s, ~e** *військ,* бастíóн, укрíплення; *перен.* твердúня
Bólzen *m* **~s,** ~ болт, гвинт
bombardíeren *vt* бомбардувáти, обстрíлювати (з гармат)
Bómbenangriff *m* **~(e)s, ~e** наліт бомбардувáльників; бомбардувáння; **~flugzeug** *n* **~(e)s, ~e** літáк-бомбардувáльник
bómbensicher 1. що не пробивáється бóмбами: безсумнíвний, цілкóм надíйний; 2. *adv* дýже тóчно, упéвнено
Bonbon *m, n* **~s, ~s** цукéрка, карамéль, льодянúк
Boot *n* **~(e)s, ~e** чóвен, шлюпка
Bootshaken *m* **~s, ~** гак, багóр; **~mann** *m (e)s, ...leute* бóцман
Bord *m* **(e)s, ~e** 1. борт *(літака, судна);* an ~ на бортý; über ~ wérfen кидати за борт; 2. край *(тротуару);* карнúз *(даху)*
Bórdfunker *m* **s, ~e** *ав.* бортрадúст; *мор,* судовúй радúст
Borg *m* **~(e)s** пóзика; auf ~ у пóзику
bórgen *vt 1. (bei j-m, von j-m)* позичáти *(у когось щось);* 2. *(j-m)* давати в борг *(щось комусь)*
borníert *adj* обмéжений, тупúй
Bórsalbe *f* - борна мазь; **~säure** *f* - борна кислота.
Börse *f*~, **~n** 1. бíржа; 2. гаманéць
Börsenblatt *n* **~(e)s, Blätter** біржовúй бюлетéнь
börsenfähig, börsengängig *adj* якúй котúрується на бíржі
Börsengeschäft *n* **~(e)s, ~e** біржовá оперáція
Bórste *f* **~, ~n** щетúна
bórstig 1. *adj* 1. щетúнистий; 2. патлáтий, їжакувáтий; 3. упéртий; грýбий, незадовóлений; дратівлúвий; 2. *adv* грубо, дратівлúво; неймовíрно, дýже
Bórte *f* **~, ~n** каймá, край, обшúвка, облямíвка, тасьмá
bösartig *adj* 1. злий; злісний; підстýпний; 2. злоякісний
Böschung *f* ~, **~en** укіс, схил
böse 1. *adj* злий, лихúй, сердúтий; j-n ~ máchen сéрдити, озлоблáти когóсь; 2. *adv* зло, сердúто
Bösewicht *m* **~(e)s, ~or** *f* **~e** злочинець, лиходій, грішник
bóshaft *adj* запéклий, лютий, злóбний; підстýпний; злорáдний
Bósheit *f* **~, ~en** 1. злість, лють, єхúдство; лихúй вчúнок
Bóte *m* **~n, ~n** кур'єр, послáнець, посильний; розсúльний
bótmäßig *adj* підпорядкóваний, підвлáдний
Bótschaft *f* **~, ~en** 1. вість, звíстка; 2. послáння, звéрнення *(до народу);* 3. посóльство; 4. посáда (місія) послá
Bótschafter *m* **~s,** ~ посóл; áußerordentlicher und bevóllmächtigter ~надзвичáйний і повновáжний посóл
Bóttich *m* **~(e)s, ~e** чан, дíжка
Boulétte [bu:-] *f* ~, **~n** котлéта *(з січеного м'яса)*
Bourgeoisie *f* ~, **..sien** буржуазíя
bóxen 1. w виступáти на рúнгу; 2. *vi* штовхáти *(когось);* нанóсити удáри *(комусь)*
Bóxer *m* **~s,** боксéр *(тж порода собак)*
Bóxwettbewerb *m*~ **(e)s, ~e** змагáння з бóксу
Brack *n, m* **~ (e)s, ~e** брак, бракóваний товáр; вада, дефéкт; недýга
Brácke *f* **~,** *n* контрóль, бракувáння (*товарів)*
brácken *vt* відбирáти, бракувáти
Brand *m* **~(e)s, Brände** 1. пожéжа, горіння; 2. випалювання *(цегли, фарфору);* 3. опік; тк. sg 4. гангрéна; 5. пáливо
Brándbombe *f* **~, ~n** запáлювальна бóмба
bránden *vi* розбивáтися, бушувáти *(про хвилі)*
Brándfackel *f* **~, ~n** фáкел, смолоскúп *(тж перен.)*
brándfest *adj* вогнетривкúй; неспалúмий
Brándmal *n*~ **(e)s, ~e** y **...maler** *мед.* óпік; тавpó
brándmarken *vt* таврýвати; *перен.* затаврýвати, зганьбúти
Brándsohle *f* **~, ~n** ýстілка *(взуття);* **~stätte** *f* **~, ~n** згáрище; **~stifter** *m* **~s, ~** палíй
Brándung *f* **~, ~en** *мор.* прибíй
Brándwunde *f* **~, ~n** óпік
Brándzeichen *n* **~s,** ~ óпік; клеймó, таврó
Brássen *m* **~s,** ~ лящ
bráten* 1. *vt* жáрити; смáжити *(м'ясо, рибу);* пéкти *(яблука);* 2. **vi** жáритися, смáжитися *(про м'я со, рибу);* пéктися *(про яблука);* нíжитися *(на сонці);* ледарювáти
Bráten *m* **~s,** ~ печéня
Brátofen *m* **~s, ...öfen** духóвка; **~pfanne** *f* **~, ~ån** сковородá; **~spieß** *m* **~es, ~e**

D

D

da 1. *adv* тут; там; wer ist da? хто там?; er ist da він тут; wer ~? .. *військ.* хто йде?; hier und ~ тут і там; ось; da hast du das Geld ось (тобі) гроші; тут, тоді, в цей час; da ságte er тут (тоді) він сказав; von da an (ab) з того часу; 2. *cj* тому що, через те що, оскільки, бо; da er krank war, kónnte er nicht kómmen оскільки він був хворий, він не зміг прийти; коли; zu der Zeit, da er mit mir sprach ... в той час, коли він зі мною говорив ...

dabéi *pron adv* 1. при цьому; es bleibt ~! вирішено! er blieb ~ він лишився при своїй думці; 2. до того ж, разом з тим, водночас; er ist begábt und ~ fléißig він здібний і до того ж старанний; 3. коло, біля; ein Haus und ein Gárten ~будинок з садом

Dach *n* **~(e)s, Dächer** 1. дах, покрівля; 2. *перен.* притулок; j-n únter ~und Fach bríngen надати комусь притулок

Dáchbalken *m* **~s, ~** балка, кроква; **~boden** *m* **~s, ~** і **böden** горище; **~kammer** *f* **~, ~n** мансарда; **~luke** *f* **~, ~n** дахове вікно; **stube** *f* **~, ~n** мансарда; **ziegel** *m* **~ s, ~** черепиця

dádurch *pron adv* внаслідок цього, завдяки цьому

dafür *pron adv* 1. за те, за це; wir kämpfen ~ ми боремося за це; ich bin ~ я за це; 2. зате, замість цього (того); 3). для цього (того); ~ bist du ja noch zu klein для цього ти ще надто малий

dafürhalten* *vi* вважати; ich hálte dafür, daß... я вважаю, що ...

dagégen 1. *pron adv* проти цього; ich bin ~ я проти цього, я не згоден; 2. порівняно з цим; 3. *cj* зате, же, навпаки; er sprach wénig, dagégen tat er viel він мало говорив, зате багато робив

dahéim *adv* вдома; на батьківщині

Dahéim *n* **~ s** рідне вогнище, дім; батьківщина

dahér 1. *adv* звідти; туди; (вказує на причину) звідси, з цього, тому; 2. *cj* тому, через те

dahín *adv* туди; до того місця; bis ~ до того місця; до того часу

dahíneilen *vi (s)* 1. мчати; 2. линути *(про час);* **~fliegen*** *vi (s)* летіти, відлітати; минати, линути *(про час);* **~gehen*** *vi (s)* іти; піти геть; *перен.* вмирати; **~sein*** *vi (s)* зникати, минати; більше не існувати

dahínten *adv* позаду, за цим

dahínter *pron adv* (там) ззаду; позаду цього

dahínterkommen* *vi* (s) довідуватися, дізнаватися; **~machen, sich** братися до роботи

dámalig *adj* тодішній

dámals *adv* тоді, в той час

Dámbrett *n* **~(e)s, ~er** 1. шашечниця; *тк. sg* шашки *(гра)*

Dáme *f* **~, ~n** 1. дама, пані; 2. дама *(в картах); шах.* ферзь; дамка *(в шашках); тк. sg* шашки *(гра)*; ~ spíelen грати в шашки

Dámenbekleidung *f* **~, ~en** жіночий одяг; **~konfektion** *f* **~, ~en** жіночий одяг *(готовий одяг);* **~salon** *m* **~s, ~s** салон (дамських) мод; жіноча перукарня

Dámespiel *n* **~(e)s, ~e** шашки *(гра);* **~stein** *m* **~(e)s, e** шашка *(гральна)*

damít 1. *pron adv* (з) тим, (з) цим; ~ ist álles geságt цим усе сказано; ~ist es aus з цим покінчено; **2.** *cj* щоб, для того щоб

Damm *m* **(e)s, Dämme** 1. дамба; перемичка; насип; гребля; загата; мол; поріг; 2. *перен.* перешкода; 3. шосе; бруківка

dämmen *vt* 1. загачувати *(річку);* 2. *перен.* стримувати; 3. брукувати *(дорогу, вулицю)*

dämmerig *adj* присмерковий; неясний *(про світло)*

Dämmerlicht *n* **~(e)s** сутінки

dämmern 1. *vimp* смеркати; світати; es dämmert сутеніє; світає; **2.** *vi* розвиднятися; невиразно вимальовуватися; **3.** *vt* затемнювати, затуманювати, застилати; Tränen dämmerten den Blick сльози затуманювали очі

Dämmerung *f***~, ~en** сутінки; світанок

Dampf *m* **~(e)s, Dämpfe** 1. пара; випар; 2. дим, чад; mit vóllem ~ fáhren іти повним ходом *(тж перен.)*

Dámpfbad *n***~ (e)s, ...bäder** лазня, баня; **~boot** *n* **~(e)s, ~e** пароплав

D

dámpfen 1. *vi* (ви)пускáти пáру; димíтися; 2. *vi* *хім.* випáрювати; 3. *розм.* палúти *(люльку)*
dämpfen I *vt* 1. пригáшувати *(світло, вогонь);* гасúти *(полум'я);* 2. приглýшувати *(звук);* стúшувати *(голос);* 3. притупляти, заглушáти *(біль);* 4. стримувати *(почуття);* придýшувати *(заколот);* заспокóїти *(обурення),* *тех.* амортизувáти
dämpfen II *vt* тушкувáти *(м'ясо, овочі)*
Dámpfer *m* **~s,** ~ пароплáв
Dámpfheizung *f* ~, **~en** пáрове опáлення
dámpfig *adj* дúмний, чáдний
dämpfig *adj* 1. що хворíє на задúшку; 2. задýшливий
Dámpfleitung *f* ~, **~en** *тех.* паропровíд; **~schiff** *n* **~(e)s, ~e** пароплáв; **~schiffahrt** *f* **~, ~en** пароплáвство; пóдорож на пароплáві
danách *pron adv* потíм; пíсля цьóго; згíдно з цим; *(переклад залежить від керування українського дієслова):* er frágte ~він спитáв про це
Däne *m* **~n, ~n** датчáнин
danében *pron adv* поблизу, бíля; поряд з цим
Dänin *f* ~, **~nen** датчанка
dänisch 1. *adj* дáтський; 2. *adv* подáтськи
dank *prp (D, G)* завдякú
Dank *m* **~(e)s** вдя́чність, подя́ка; bésten (schönen, víelen) ~! дуже вдя́чний! Gott sei ~ слáва Бóгу!
dánkbar 1. *adj* вдячний; 2. *adv* з вдячністю
Dánkbarkeit *f*~ вдя́чність
dánken 1. *vt* дя́кувати; von Hérzen ~ щúро дя́кувати; 2. вíдповідáти *(на вітання, запрошення)*: auf éinen Gruß höflich ~ ввíчливо відповідáти на вітання; 3. *vt* : j-m, éiner Sáche *(D)* etw, ~ завдя́чувати комýсь, чомýсь чúмось; das dankt er séinem Fleiß цим він завдя́чує своїй старáнності; j-m etw. ~ віддя́чити комýсь чúмось; Böses mit Gútem ~ віддя́чити добрóм за зло
dann *adv* тодí; у такóму рáзі; пóтім, крім тóго; ~ und wann íноді, часом
darán *adv* 1. кóло цьóго (тогó); до цього (того); 2. по цьóму (тому); 3. за це (те); 4. від цьóго (того); чéрез це (те); цим; над цим (тим); у цьóму (тому); es liegt mir viel ~ для мéне це дýже вáжлúво
darángehen* *vi* (s) брáтися до робóти, розпочинáти *(щось);* **~kommen*** *vi* (s) бýти на чéрзі; **~setzen**: álles ~ доклáсти всіх зусúль
daráuf *pron adv* на цьóму (тому); на це (те); пíсля тóго, пóтім; ein Jahr ~ рік по тому́; es kommt ~an ... це залежúть від тóго ...
daráufgehen *vi (s)* 1. витрачáтися; es geht viel Zeit daráuf це вимагáє багáто чáсу; 2. гúнути; **~kommen*** *vt (s)* згадáти, пригадáти
daráus *pron adv* з цьóго (того); звідси, звíдти; er macht sich (D) nichts ~ йóму це байдýже
dárben *vi* бідувáти, жúти в злúднях
dárbieten* 1. *vt* піднóсити, давáти, пропонувáти; ich bíete Íhnen méinen hérzlichen Glückwunsch dar щúро вітаю Вас; 2. виступáти *(з чимось);* викóнувати *(напр., пісню);* 3. **sich ~** траплятися *(напр., про нагоду);* die Gelégenheit bot sich dar трáпилася нагóда
dárbringen* *vt* піднóсити *(подарунок),* дарувáти; навóдити *(докази)*
d(a)réin *pron adv* тудú, всерéдину
d(a)réinfinden, sich звикáтися з пéвним станóвищем; **~mischen, sich** втручатися; **~reden** vt втручатися в розмову
dárlegen *vt* вислóвлювати; пояснювати
Darm *m* **~(e)s, Därme** *анат.* кúшка; кишéчник
dárreichen *vt* піднóсити, подавáти
dárstellen 1. *vt* зображáти, представляти; виконувати *(роль);* являти собою; 2. **sich** ~ уявля́тися, здавáтися, видавáтися *(кимось, чимось)*
dárstellend *adj* зображáльний, образотвóрчий; ~e Kunst образотвóрче мистéцтво; ~e Geometrie нариснá геомéтрія
Dársteller *m* **~s, ~, ~** виконáвець *(ролі)*
Dárstellung *f* ~, **~en** 1. зобрáження, виклад 2. виконáння *(ролі)*
d(a)rüber *pron adv* 1. над цим (тим); повéрх цьóго (того); 2. пóнад це (те); бíльше, бíльш; ~ hináus пóнад це; 3. про це, про те; ich hábe ~gelésen я читáв про це; 4. з прúводу цьóго (того); над цим (тим); про це (те); die Freude ~, daß ... рáдість з прúводу того ...
d(a)rúm 1. *pron adv* навкóло цьóго (тогo); drum und dran кругóм та навкóло; за це (те); для цьóго (того), зарáди цьóго; ich würde viel ~ gében, wenn ... я багáто дав би за те, щоб ...; 2. *cj* томý
d(a)rúnter *pron adv* 1. під цим (тим); під це (те); 2. серед них; в тóму числí; 3. мéнше, нúжче (цього)
dásein* *vi (s)* 1. існувáти; 2. бýти присутнім
Dásein *n* **~s** 1. буття́; існувáння; 2. життя́; 3. присýтність
daselbst *adv* тут же, там же
dásjenige *див.* derjenige
daß *cj* що, щоб
dasselbe *див.* derselbe
dástehen* *vt* стоя́ти; знахóдитися; allein ~ бýти самóтнім; er steht da він дóбре забезпéчений
datiéren *vt* датувати *(щось)*
Dátum *n* **~s, Daten** дáта, (календарне) числó; *pl* Dáten дáні, парáметри
Dáuer *f* ~ тривáлість; час; тéрмін, auf die ~ на тривáлий час, надóвго
dáuerhaft *adj* 1. міцний, стíйкий; тривáлий; 2. добрóтний, мíцний

Dáuerlauf *m* **~(e)s, ...läufe** *спорт,* біг на довгі дистанції
dáuern I *vi, vimp* тривáти
dáuern II *vi, vimp* викликáти жаль; er dáuert mich мені йогó шкóда; es dáuert mich, daß ... мені шкóда, що ...
dáuernd 1. *adj* тривáлий;, безперéрвний; постíйний; міцний; 2. *adv* надóвго; постíйно
Dáumen *m~* **s, ~** 1) великий пáлець руки; j-m den ~ drücken *розм.* бажáти комусь ýспіху; *тех.* кулáк, пáлець, шип
Dáune *f ~,* ~n пушинка; *pl тж* пух
Dáunenbett *n* **~(e)s, ~en** пуховик, пухóва перина; **~decke** *f* ~, **~en** пухóва перина
davón *pron adv* від цьóго (тогo); Hand ~! рýки геть!; з цьóго (тогo); er geht ~ aus він вихóдить з цьóго (тогo); про це, про те; nichts mehr ~! ні слóва бíльше про це!
dávonbleiben* *vi (s)* не брáти ýчасті в чóмусь, утримуватися від чóгось; **~kommen*** *vi (s)* утекти *(від когось, чогось),* позбýтися *(когось, чогось)* врятувáтися; mit dem Lében ~ kómmen залишитися в живих; **~tragen*** *vt* винóсити; домогтися; дістáти *(в результаті чогось);* Érfolge ~ trágen здобýти перемóгу
davór *pron adv* 1. пéред цим (тим); від цьóго (тогo); до цьóго; wárne ihn ~ застережи йогó 2. від цьогo; hüte dich ~! стережися цьóго!
dawíder *pron adv* прóти цьóго (того)
dazú *pron adv* 1. до цьóго (тогo); для цьóго (тогo); на це (те); was sagst du ~? що ти на це скáжеш? wie kommst du ~? як ти домíгся цьóго?, як ти смíєш?; 2. крíм тóго; 3. з цим (тим); im Vergléich ~ порíвняно з цим
dazúgeben* *vt* приéднувати, додáвати; **~gehören** *vi* належáти *(до чогось);* **~kommen*** *vi (s)* приéднуватися *(до чогось)* підхóдити *(до чогось)*
dazwíschen *pron adv* між цим (тим)
dazwíschenkommen* *vi (s)* втручáтися, перебивáти, перешкоджáти; **~reden** *vi* втручáтися в розмóву; **~treten*** *vi (s)* заступáтися; втручáтися
Deck *n* ~**(e)s, ~e** і **~s** пáлуба; das érste (zwéite, drítte) ~ нижня (серéдня, вéрхня) пáлуба; álle Mann an ~! усі нагóру!
Déckbett *n* **~(e)s, ~en** перина *(що використовується замість ковд ~ри)*
Décke *f ~,* **~n** 1. покришка; пóкрив; 2. кóвдра; 3. скáтерка; попóна; нáстил; óпрáвá *(книжки);* стéля, дéка *(скрипки)*
Déckel *m* **~s, ~** 1. кришка; пóкришка; 2. обгóртка; карниз
décken 1. *vt* прикривáти, вкривáти; den Tisch ~ накривáти стіл; крити *(дах);* укривáти, захищати; відшкодóвувати *(витрати),* задовольняти *(потреби, попит);* 2. **sich ~** укривáтися; збігáтися; únsere Interéssen ~ sich наші інтерéси збігáються; захищáтися *(в боксі)*
Déckmantel *m~* **s,~ ..mäntel**: únter dem ~mantel під привóдом; під мáскою; **~name** *m* **~ns, ~n** псевдонім
Déckung *f* **~, ~en** 1. покриттяя́; покрíвля, настил; 2. *військ,* заслін, прикриттяя́; 3. *ек.* забезпéчення, покриття *(напр., векселя);* гарáнтія, сплáта; zur ~ der Kósten на покриття витрат; 4. задовóлення *(потреб,* попиту); 5. спорт, зáхист
defékt *adj* 1. дефéктний, зіпсóваний; 2. непóвний
Defensíve *f* ~, **~n** оборóна
definíeren *vt* визначáти *(щось)*
Dégen *m* **~s, ~** шпáга
Degengefäß *n* **~s, ~e, griff** *m* **~(e)s, ~e** ефéс *(шпаги)*
déhnbar *adj* розтяжний; ein ~er Begríff розтяжнé понятття; *тех.* ковкий
déhnen 1. *vt* розтягувати, розширювати, подовжувати; 2. **sich ~** розтягуватися, розширюватися, подóвжуватися; 3. тягнутися, простягатися; тривати *(про час)*
Déhnung *f ~,* **~en** розтягання; *мед.* витягнення; *фон.* подóвження *(голосної)*
Deich *m* **~(e)s, ~e** грéбля; вал, дáмба; загáта
dein *pron poss m (f* déine, *n* dein, *pl* déine) твій (твоя́, твоé, твій)
déiner 1. *pron pers (G від* du); 2. *pron poss (без імåнника)* твій
déinerseits *adv* з твогó бóку
déinesgleichen *adj* такий, як ти; подíбний до тéбе
déinetwegen, willen *adv* заради тебе, через тебе
déinige *pron poss;* der ~ (die ~, das ~, die ~n) твій (твоя́, твоé, твій); wéssen Mántel ist das? Ist es der ~чиé це пальтó? Твоє?; mein Kind geht schon, und das ~? моя́ дитина вже хóдить, а твоя́?
Deklinatión *f* , **~en** *грам.* відмíнювання
dekliníeren *vt грам.* відмíнювати
delikát *adj* 1. делікáтний; 2. лáсий; вишуканий
Delikatésse *f* ~, **~n** 1. *тк. sg* делікáтність; 2. лáсощі, делікатéс
Delikatéssengeschäft *n~* **(e)s. ~e, ~handlung** *f* ~, **~en** гастроном
demaskíeren 1. *vt* зірвáти мáску *(з когось); перен. тж* викрити *(когось);* 2. **sich ~** скинути мáску; *перен.* викрити себé
démentsprechend *adv* відповідно до цьóго, згідно з цим
démgegenüber *adv* протилéжно до цьóго
démgemäß *adv* 1. відповідно, відповідно до цьóго; згідно з цим; внáслідок цьóго; вихóдячи з цьóго; 2. таким чином, óтже
Demissión *f ~,* **en** відстáвка, звільнення

démnach *adv див.* demgemäß; **~nächst** *adv* незабáром, найближ́чим часом

demobilisíeren, *vt* **demobílmachen** *vt* демобілізувáти

Demonstratíon *f* ~, **~en** 1. демонстрáція: 2. покáз, демонструвáння *(напр., дослідів)*

D

Démut *f* ~ покóра, покíрливість; лáгідність

démütig *adj* покíрний, лáгідний

démütigen 1. *vt* упокóрювати; прини́жувати; 2. **sich** ~ упокóрюватися; прини́жуватися

démzufólge *adv* внáслідок цьóго; отже

Dénkart *f* ~, **~en** нáпрям думóк

dénkbar *adj* ми́слимий, можливий, допустимий

dénken* *vt* 1. дýмати, ми́слити; 2. *(an A)* дýмати *(про когось, про щось);* згáдувати *(когось, щось);* 3. уявля́ти *(щось);* передчувáти *(щось);* чекáти *(чогось);* das hábe ich mir gedácht я так і дýмав; 4. бýти якóїсь дýмки *(про когось, про щось);* wie denkst du darüber? що ти про це дýмаєш? *(з zu + пп)* мáти нáмір, збирáтися *(щось зробити);* was ~ Sie zu tun? які вáші нáміри?

Dénken *n* **~s** ми́слення

Dénker *m* **~s, ~** мисли́тель

Dénkfreiheit *f* ~ свобóда дýмки

Dénkmal *n* **~(e)s, ...mäler** пáм'ятник; **~münze** *f* ~, **~n** пáм'ятна медáль; монéта (в пам'ять когось, чогось); ювілéйний жетóн; **~schrift** *f* ~, **~en** доповіднá запи́ска, меморáндум; **~spruch** *m* **~(e)s, ...sprüche** афори́зм; ви́слів; **tafel** *f* - , **~n** меморіáльна дóшка; **~vermögen** *n*~ **s** інтелéкт, рóзум; **~weise** *f* - , **~n** нáпрям думок; **~würdigkeit** *f* ~ значýщість, важли́вість; важли́вий (значýщий) факт; *pl* **~en** пáм'ятка *(старовини і т. п.);* мемуáри

denn 1. *cj* через те що, томý що, бо; *(після вищого ступеня прикметників)* ніж; mehr ~ je більше, ніж коли-нéбудь; 2. *Prtc* невжé, ж; was ~ ? що ж ? ist er ~ krank? невжé він хвóрий? so ist es ihm ~gelúngen! йомý все ж вдалóся!

dénnoch *cj* все-таки, все ж, проте

denunzíeren *vt* донóсити *(на когось);* зрáдити *(когось)*

Depót [-´po:] *n* **~s, ~s** депó; склад

Depressión *f* ~, **~en** депрéсія, при гнічéність

deprimíeren *vt* пригнíчувати

deputíeren *vt* делегувáти, посилáти (депутатом)

Deputíertenkammer *f* ~, **~n** палáта депутáтів

der *m* (*f* die, *n* das, *pl* die) 1. *означений артикль, як правило, не перекладається,* 2. *pron dem* той (та, те, ті); цей (ця, це, ці); 3. *pron reï* котрий (котрá, котрé); хто, що

derárt *adv* 1. таки́й; 2. настíльки

derártig *adj* таки́й, подíбний

derb *adj* 1. міцни́й; 2. грýбий

Dérbheit *f* ~, **~en** міцність; грýбість

deréinst *adv* 1. згóдом, коли~небудь; 2. колись

dérentwegen, ~willen *adv* зарáди неї (них); зарáди якóї (яких)

dérgestált *adv* таки́м чи́ном, так

dérgléichen *adj* подíбний (до того), таки́й; und ~ (mehr) *(скор.* u. dgl (m)) і такé інше

dérjenige *pron dem m* (f diejenige, *n* dasjenige, *pl* diejenigen) той (та, те, ті)

dérmalig *adj* тепéрішній, ни́нішній

dérmaßen *adv* так, таки́м чи́ном; настíльки

dersélbe *pron dem m* (*f* dieselbe, *n* dasselbe, *pl* dieselben) той сáмий, той (же) сáмий (та сама, те саме, ті самі); ein und ~ той же сáмий, оди́н і той же

dérwéil *adv* тим чáсом; пóки

dérzéitig *adj* 1. ни́нішній, тепéрішній, сучáсний; 2. тодíшній

désgleichen I *adj* подíбний до тóго (до якого)

desgléichen II adj так сáмо

déshálb 1. *cj* томý, чéрез те, з цієї причи́ни; 2. *adv* зарáди цього

déssenungeáchtet *adv* незважáючи на це (на те), протé

désto *adv* тим; ~ bésser! тим крáще! ~ mehr тим більше; ~ wéniger тим мéнше

déswégen *cj* томý

Detail [~´tae] *n* **~s, ~s** 1. детáль, подрóбиця; 2. части́на; 3. im ~ verkáufen продавáти на рóздріб

Detailhandel [-´tae-] *m* **~s** рóздрібна цінá

Detonatión *f* ~, **~en** детонáція, ви́бух

detoníeren *vi* 1. вибухáти, детонувáти; 2. *муз.* фальши́во звучáти

déuten 1. *vt* тлумáчити, пояснювати *(текст, документи);* 2. *vi (auf A)* вкáзувати *(на щось);* натякáти *(на щось)*

déutlich *adj* я́сний, чíткий, вирáзний; j-m etw. ~ Máchen роз'ясни́ти комýсь щось

deutsch 1. *adj* нiмéцький; германський; 2. *adv* по~нiмéцькому, нiмéцькою мóвою; ~ spréchen розмовляти нiмéцькою мóвою; auf (zu) ~ по~нiмéцькому, нiмéцькою мóвою

Deutsch *n* ~ *i* **~s** *(здеб. без артикля)* нiмéцька мóва

Deutsche I *m, f* нíмець, нiмкéня

Deutsche II *n (лише з означеним артиклем)* нiмéцька мóва

Déutung *f* ~, **~en** тлумáчення, пояснення

Dezémber *m* ~ *i* **~s,** ~ грýдень

dezimál *adj* десяткóвий

Dezimálbruch *m* **~(e)s, ...brüche** десяткóвий дріб

Diamánt *m* **~en, ~en** алмáз; geschlíffener ~ брильянт, діамáнт

Diät *f* ~ діéта; ~ hálten додéржувати діéти

dich *pron pers (A від* du) тобí

dicht 1. *adj* густи́й, щі́льний, ча́стий; 2. *adv* щі́льно, ті́сно; ~ bevölkert густо-насе́лений; ~ an etw. *(A)* аж до чо́гось; вприту́л до чо́гось
Díchte *f* ~ 1. щі́льність; густота́; 2. непрони́кність, герметичні́сть
díchten I *vt* 1. ущі́льнювати; 2. на́глухо забива́ти; роби́ти гермети́чним; законопа́чувати
díchten II *vt i vi* склада́ти, писа́ти *(ві́рші)*; вига́дувати
Díchter *m* **~s, ~, ~in** *f* **~, ~nen** поéт, поéтеса, письмéнник, письмéнниця
díchterisch *adj* поети́чний
Díchtheit *f*~ *див.* Dichte
Díchtkunst *f* ~ поезі́я; віршува́ння
Díchtung ² *f* **~, ~en** *тех.* ущі́льнення, прокла́дка
Díchtung II *f*~, **~en** 1. поети́чна тво́рчість; пое́зія; 2. поети́чний твір; ві́рші́; 3. ви́гадка
dick *adj* 1. товсти́й, гладки́й, опа́систий; 2. густи́й, щі́льний; ~e Milch ки́сле молоко́; ~e Fréundschaft близька́ дру́жба; eine ~e Lüge зухва́ла брехня́; mit j-m durch ~ und dünn géhen іти за ки́мось у вого́нь і в во́ду
Dícke I 1. *f* ~, **~n** огря́дність; 2. густота́, консисте́нція; 3. товщина́, об'є́м *(предмета)*; поту́жність *(пластів, жил)*
Dícke II *m, f* товсту́н; товсту́ха
díckfellig, ~häutig *adj* товстошкі́рий *(тж перен.)*
Díckicht *n* **~(e)s, ~e** (лісова́) гуща́вина
díckköpfig *adj* упе́ртий, твердоло́бий
Dieb *m* **~(e)s, ~e** зло́дій
díebisch 1. *adj* злоді́йський; злодійкува́тий; **2.** *adv* по~злоді́йському; крадькома́
Díebstahl *m* **~(e)s, ...stähle** краді́жка
Díele *f* ~, **~n** 1. до́шка, мости́на; 2. підло́га; 3. сте́ля; 4. схо́динка; 5. сі́ни; вестибю́ль; 6. танцмайда́нчик
díelen *vt* настила́ти *(підлогу)*
díenen *vt* 1. служи́ти, бу́ти на слу́жбі; bei der Maríne (zur See) ~служи́ти на флоті; 2. *(als A, zu D)* пра́вити *(за щось)*; бу́ти прида́тним *(для чогось)*; als Béispiel ~ бу́ти при́кладом; 3. *(j-m mit D)* услуго́вувати, ро́бити по́слугу *(комусь чимось)*
Díener *m* **~s, ~** слуга́, лаке́й
díenlich *adj* кори́сний, прида́тний
Díenst *m* **~es, ~e** 1. слу́жба; поса́да; áußer ~ у відста́вці; 2. служі́ння *(народу, справі)*; 3. по́слуга; обслуго́вування; der ~ am Kúnden обслуго́вування по́купця клі́єнта); 4. чергува́ння; ~ háben чергува́ти
Díenstag *m* **~s, ~e** вівто́рок
Díenstalter *n* **~s** 1. (службовий) стаж; 2. старши́нство́ по́ слу́жбі; 3. *військ.* призо́вний вік
díenstbar *adj* 1. підле́глий, підвла́дний; 2. послу́жливий; **~beflissen** *adj* послу́жливий, готовий до по́слуг
Díenstbote *m* **~n,~ n** слу́га; поси́льний
díenstfertig *adj* послу́жливий; догі́дливий
Díenstgrad *m* **~(e)s, ~e** військо́ве зва́ння́, чин, ранг
díensthabend *adj* черго́вий
Díenstkleidung *f* **~, ~en** фо́рма, фо́рмений о́дяг, спецо́дяг
díenstlich 1. *adj* службо́вий; офіці́йний; 2. *adv* офіці́йно
Díenstliste *f* **~, ~n** послужни́й спи́сок; **~lohn** *m* **~(e)s, Löhne** заробі́тна пла́та; **~mädchen** *n* **~s, ~, ~magd** *f* **~, mägde** служни́ця; поко́ївка; **~reise** *f* **~, ~n** службо́ве відря́дження
díenstpflichtig *adj* військовозобов'я́заний; ~pflichtiges Álter призо́вний вік; **~tauglich** *adj* прида́тний до (військової) слу́жби; **~tuend** *adj* яки́й вико́нує обо́в'язки; черго́вий
díenstunfähig *див.* dienstuntauglich
díenstuntauglich *adj* неприда́тний до (військової) слу́жби
Díenstvergehen *n* **~s, ~** службо́ва прови́на; **~vorschrift** *f* **~, ~en** службо́ве розпоря́дження; *військ.* стату́т; **~weg** *m* auf dem ~weg(e) у службо́вому поря́дку; **~zeit** *f*~, **~en** строк слу́жби; службо́вий час
díesbezüglich 1. *adj* що стосується цього; 2. *adv* щодо цього
díeser *pron dem m* (*f* diese, n dies(es), *pl* diese) цей (ця, це, ці)
díesseits 1. *pmp* (G) на цьо́му бо́ці; ~des Flússes по цей бік рі́чки; 2. *adv* по цей бік
Differénz *f*~, **~en** 1. різни́ця, відмі́нність; 2. *здеб. pl* розбі́жності
Diktát *n* **~(e)s, ~e** дикта́нт; nach ~під дикто́вку; нака́з
diktíeren *vt* диктува́ти; нака́зувати
Dill *m* **~(e)s, ~e** кріп
Dimissión *f* ~, **~en** *див.* Demission
Ding *n* **~(e)s, ~e** 1. річ; 2. спра́ва, обста́вина; vor állen **~en** наса́мпере́д; **~(e)s, ~er** *розм,* маля́тко; gúter ~e sein бу́ти в до́брому на́строї
dir *pron pers (D від* du)
dirékt 1. *adj* прями́й; безпосере́дній; 2. *adv* пря́мо, безпосере́дньо
Direktión *f*~, **~en** на́прям, курс; дире́кція, правлі́ння; управлі́ння
dirigíeren *vt* 1. спрямо́вувати *(щось кудись)*; диригувати; 2. керува́ти, управля́ти
diskétte *m* диске́та
diskrét *adj* стри́маний; такто́вний; скро́мний; секре́тний
Diskretíon *f* ~ стри́маність; такт; скро́мність; секре́тність
diskutábel *adj* спі́рний
dislozíeren *vt* розміща́ти *(війська)*; *мед.* ви́вихнути
disponíeren 1. *vt* розміща́ти *(тж військ.)*; 2. *vi (über A)* розпоря́джатися, заві́дувати *(чимось)*

D

Dispositión *f*~, **~en** розташува́ння, розмі́щення; план; *військ.* диспози́ція; розпоря́дження; ~en tréffen дава́ти розпоря́дження
Distánz *f* ~, **~en** диста́нція, ві́дстань
Distríkt *m* **~(e)s, ~e** райо́н; о́круг
divérs *adj* рі́зний
dividíeren *vt мат.* ді́лити; durch fünf ~ діли́ти на п'ять
Divís *n* **~es, ~e** дефі́с, ри́сочка
División I *f* **~, ~en** *мат.* ді́лення
División II *f* **~, ~en** *військ.* 1. диві́зія; 2. дивізіо́н
doch 1. *cj* одна́к, про́те; все~таки, все ж; 2. *(після запитання, де є заперечення):* ні, навпа́ки; du weißt das nicht? ~Doch! ти цьо́го не зна́єш? ~Ні, знаю!; *(виражає підсилення і часто не перекладається)* адже, же; spréchen Sie ~! кажі́ть же!; denk" ~! поду́май лише! хоч би, якби́; wenn Sie ~ käme! хоч би вона́ прийшла́!
Dóktor *m* **~s, ...tóren** 1. *розм.* до́ктор, лі́кар; 2. кандида́т нау́к
Dolch *m* **~(e)s, ~e** кинджа́л; *мор.* ко́ртик
Dólmetscher *m* **~s, ~e** перекладач *(що перекладає усно)*
Dom *m* **~(e)s, ~e** 1. кафедра́льний собо́р; 2. шатро́, склепі́ння
Dómpfaff *m* **~en, ~en** сніѓур
Dónner *m* **~s, ~** грім
dónnern *vi, vimp* griміти; es dónnert грім гримить
Dónnerstag *m* **~(e)s, ~e** четве́р
Dónnerwetter *n* **~s, ~** *розм.* прочуха́н; гучна́ сва́рка, сканда́л; ~! чорт побери́!
dóppeldeutig *adj* двозна́чний
Dóppelfenster *n* **~s, ~** вікно́ з подві́йними ра́мами; **~gänger** *m* **~s, ~** двійни́к
dóppelläufig *adj* двоство́льний
dóppeln *vt* подво́ювати
Dóppelprogramm *n* **~s, ~e** дві се́рії (фільму) в один сеа́нс; **~punkt** *m* **~(e)s, ~e** *грам.* двокра́пка
dóppelsinnig *див.* doppeldeutig
dóppelt 1. *adj* подві́йний; здво́єний; двоя́кий; 2. *adv* подві́йно, вдвоє; двоя́ко
Dóppelwaise *f*~, **~n** кру́глий сирота́
dóppelzüngig *adj* нещи́рий, двору́шницький
Dorf *n* **~(e)s, Dörfer** село́
Dórfgenosse *m* **~n, ~n** односельча́нин; **~genossenschaft** *f* ~, **~en** сі́льський кооперати́в; **~rat** *m* **~(e)s, ...räte** сі́льська ра́да
Dorn *m* **~(e)s, ~en** *i* **Dörner** 1. колю́чка, те́рен; 2. **~(e)s, ~e** *тех.* шип, сте́ржень; серде́чник; j-m ein ~ im Áuge sein бу́ти в ко́гось як сіль в о́ці
Dórnbusch *m* **~es, ...büsche** терни́к
dórnenvoll *adj* колю́чий; терни́стий *(тж дерен.)*
dórnig *adj* покри́тий шипа́ми, колю́чий; *перен.* терни́стий
Dórnkrone *f* ~, **~n** терно́вий віно́к; **~pfad** *m* **~(e)s, ~e** терни́стий шлях
Dórnröschen *n* **~s** Спля́ча Красу́ня *(у казці)*
dórren *vi (s)* со́хнути; в'я́нути
dörren *vt* суши́ти, вису́шувати; в'яли́ти
dort *adv* там; von ~ звідти; hier und ~ тут і там
dorther *adv* звідти; **~hin** *adv* туди́
Dóse *f* ~, **~n** 1. коро́бка; (бляшана) консе́рвна ба́нка; 2. *ел.* ште́псельна розе́тка; *розм.* до́за, по́рція
dösen *vi розм.* дріма́ти, куня́ти
Dósis *f* ~, **...sen** до́за, по́рція
Dótter *m* **~s, ~** 1. *розм.* жовто́к; 2. *бог.* рижо́к
Dráche *m* **~n, ~n** драко́н
Dráchen *m* **~s, ~** паперо́вий змій
Draht *m* **~(e)s, Drähte** дріт; durch (per) ~ по телегра́фу, по телефо́ну
Dráhtbericht *m* **~(e)s, ~e** повідо́млення по телегра́фу
dráhten *vt* 1. телеграфува́ти; 2. з'є́днувати дро́том
Dráhthindernis *n~* **ses, ~se** дротяне́ загоро́дження
dráhtlos *adj* бездрото́вий
Dramátiker *m* **~s, ~** драмату́рг
Drang *m~* **(e)s** 1. на́тиск; 2. порива́ння, по́тяг, пра́гнення
drängen 1. *vt* натиска́ти; *військ.* тісни́ти; 2. *(auf D)* наполяга́ти *(на чомусь);* ква́пити; die Zeit drängt час не жде; 3. **sich** ~ ску́пчуватися, то́впитися; sich durch die Ménge ~ проти́скуватися крізь на́товп
Drángsal *f* ~, **~e,** *n* **~s, ~e** нужда́, лихо́, біда́
Dráufgänger *m* **~s, ~** смільча́к, урви́голова, пали́вода
dráufgehen* *vi (s)* 1. витрача́тися; es geht viel Zeit drauf на це йде бага́то ча́су; 2. ги́нути
dráußen *adv* 1. зо́вні, надво́рі, на ву́лиці; 2. *розм.* за мі́стом; 3. *розм.* за кордо́ном
Dreck *m* **~(e)s** бруд, нечисто́ти *(тж перен.)*
dréckig брудни́й
Dreh *m* **~(e)s, ~e** *i* **~s** 1. оберта́ння; поворо́т; 2. *розм.* махіна́ція
Dréharbeit *f* ,~ **en** тока́рна ро́бота
dréhbar *adj* обертовий, поворотний
Dréhbuch *n* **~(e)s, ...bücher** кіносцена́рій
dréhen 1. *vt* оберта́ти, верті́ти; крути́ти; поверта́ти; спотво́рювати; точи́ти, обто́чувати; зніма́ти *(фільм);* éinen Film ~ зніма́ти фільм; 2. **sich** ~ верті́тися, оберта́тися
Dréher *m* **~s, ~** то́кар *(по металу)*
Dreheréi *f* **~, ~en** 1) тока́рний цех, тока́рна майсте́рня; тока́рна справа
Dréhkran *m* **~es, ~e** *i* **...kräne** поворо́тний (підйомний) кран; **~maschine** *f* **~, ~n** тока́рний верста́т

Dréhung *f* ~, **~en** 1. обертáння, крутíння; 2. óберт, поворóт
drei *num* три, троє́; áller gúten Dinge sind ~ *приказка* Бог трóїцю любить
Drei *f* ~, **~en** (число) три; трíйка
Dréieck *n* **~(e)s, ~e** трикýтник
dréieckig *adj* трикýтний, тригрáнний
dréierléi *adj* троя́кий, трьох ви́дів (сортів); auf ~ Art (Wéise) трояко
dréifach 1. *adj* потрíйний; триразовий; 2. *adv* утрóє, утри́чі; три́чі
Dréigespann *n* **~(e)s, ~e** трóйка кóней
dréikantig 1. *adj* тригрáнний; 2. *adv розм.* грубо
dréimal *adv* три рази́, три́чі; у три рази́
dréiseitig *adj* трибíчний, тригрáнний
dréißig *num* три́дцять
dréißiger *adj* тридця́тий; in den ~ Jáhren у тридця́тих рокáх
Dréißiger *m* **~s, ~** 1. (чи́сло, ци́фра, нóмер) три́дцять; 2. *розм.* тридця́тий нóмер *(автобуса);* 3. люди́на, що народи́лася у тридця́тому році; 4. чоловíк вíком від 30 до 40 рокíв
Dréistigkeit *f*~, **en** 1. смілúвість; зухвáльство; 2. смілúвий, зухвáлий вчи́нок
dréistöckig *adj* триповерхóвий
Dréistufenrakete *f* ~, **~n** триступíнчаста ракéта
dréitägig *adj* тридéнний
dréivíertel *num* три чвéрті
Dreizímmerwohnung *f* ~, **~en** трикімнáтна квартúра
Dréschboden *m* **~s, ~** *i* **...böden** тік
dréschen* *vt* молоти́ти; léeres Stroh ~*розм.* переливáти з пустóго в порóжнє
drillen *vt* 1. свердли́ти; 2. крути́ти *(нитку);* 3. муштрувáти; 4. мýчити; дражни́ти
Drillinge *pl* трійня́та
dríngen* *vi* 1. (s) проникáти *(кудись),* пробивáтися *(звідкись);* 2. (h) *(auf A)* наполягáти *(на чомусь);* auf Antwort ~ вимагáти відповіді
dríngend 1. *adj* термíновий, невідклáдний; настíйний; нагáльний; éine ~e Fráge нагáльне питáння; 2. *adv* термінóво; настíйно; нагáльно
Drínglichkeit *f* ~ невідклáдність, настійність
drínnen *adv* у примíщенні *(не просто неба)*
dritt: zu ~ утрьóх
drítte *num* третíй
Drítte *m* 1. трéтє числó; 2. *m, f, n* трéтій, на третьóму місці; 3.: ein ~r сторóнній; трéтя óсóба
Dríttel *n* **~s, ~** трети́на, трéтя части́на
dríttens *adv* по-трéтє
dróhen *vi (mit D)* погрóжувати, загрóжувати (*чимось)*
dröhnen *vi* гримíти *(напр., про грім, голосу,* гудíти; mir dröhnt der Kopf у мéне гуди́ть головá
Dróhung *f* ~, **~en** погрóза
dróllig *adj* кумéдний, смішни́й
Dróssel *f* ~, **~n** дрізд
Drósselbeere *f* ~, **~n** 1. кали́на; 2. гóрóби́нá
drósseln *vt* 1. души́ти, дави́ти; 2. обмéжувати, скорóчувати *(витрáти і т. п.);* die Préie ~ збивáти цíни; die Produktión ~ скорóчувати вирóбни́цтво; 3. *тех.* глуши́ти мотóр
drüben *adv* по той бік, там
Druck ² *m* **~(e)s, Drücke** 1. тиск, нáтиск; 2. *тех.* тиск, ти́снення, напíр; 3. *тк. sg перен.* тиск, нáтиск; тя́гáр
Druck II *m* **~(e)s, ~e** 1. друкувáння, друк; 2. шрифт; видáння *(книги)*
drúcken *vt* друкувáти; ~ lássen віддáти до дрýку
drücken 1. *vt, vi* дави́ти, ти́снути; der Schuh drückt черевик ти́сне; души́ти, гнóбити; ihn ~ Sórgen турбóти пригнíчують йогó; 2. **sich ~** м'я́тися *(про речі, фрукти); (an A)* притискáтися (до *когось, до чогось); (von D) розм.* ухиля́тися *(від чогось)*
drückend *adj* тяжки́й; гнітю́чий
Drúcker *m* **~s, ~** 1. дрýкар; 2. при́нтер
Druckeréi *f* ~, **~en** типогрáфія
Drúckfehler *m* **~s, ~** дрýкарська поми́лка: **~maschine** *f* ~, **~n** друкáрська маши́на
drúnten *adv розм.* (там) унизý
drúnter *розм. див.* darunter
Drüse *f*~, **~n** *анат.* зáлоза
du *pwn pers (C* déiner, *D* dir, *A* dich) ти
dúcken 1. *vt* нахиля́ти *(голову);* 2. **sich ~** нахиля́тися; *розм.* скоря́тися
Duft *m* **~(e)s, Düfte** 1. аромáт, пáхощі; 2. тýман; 3. пáморозь, íній
dúften *vi (nach D)* духмя́ніти; пáхнути *(чимось)*
dúftig *adj* 1. аромáтний, запашни́й; 2. легки́й
dúlden *vt* терпíти, дóпýскáти́ (щось); страждáти *(від чогось);* витéрплювати
dúldsam *adj* терпи́мий
dumm *adj* дурни́й, нерозýмний; sich ~ stéllen прикидáтися дýрником; ~es Zeug! дурни́ці!, пусте́!; adv, по~дурнóму
Dúmmheit *f* ~, **~en** дурни́ця; aus ~ з дурнóго рóзуму
Dúmmkopf *m* **~(e)s, ...köpfe** дурень
dúmpf *adj* 1. глухи́й *(про звук);* 2. задýшливий, важки́й *(про повітря);* 3. тупи́й, притýплений *(про біль, почуття);* 4. тьмя́ний; 5. нея́сний, невирáзний
Düne *f* **~, n** дю́на
düngen *vt* удóбрювати, угнóювати
Dünger *m* **~s, ~** дóбриво, гній
dúnkel *adj* 1. тéмний; (по)хмýрий; 2. нея́сний, невирáзний; невідóмий, таємни́чий; 3. підозрíлий; сумнíвний
Dúnkel *n* **~s** тéмрява, мóрок
Dúnkel *m* **~s** чвáнство, пи́ха
dúnkeläugig *adj* темнóокий; **~blond** *adj* тéмно-руся́вий; **~braun** *adj* тéмнокори́чневий; смуглявий; кáрий; каштáновий

D

Dúnkelheit *f* 1. тéмрява, сýтінок; 2. неяснiсть; невідóмість
dúnkeln 1. *vi* темнíти; 2. *vt* затéмню вати; 3. *vimp.* *es* dúnkelt темнíє, смеркáє
dünn *adj* 1. тонкúй; 2. худúй; 3. рідкúй; 4) нíжний, слабкúй *(про звук)*.
Dunst *m* **~es, Dünste** випар; імла; туман; чад
dúnsten *vi* 1. (h) чадúти; 2. (s) випарóвуватися; 3. (s) укривáтися потом
dúnstig *adj* насúчений пáрами; тумáнний; хмáрний; чáдний
Dúnstkreis *m* **~es, ~e** атмосфéра *(тж перен.)*
Dúo *n*~ **s, ~s** дуéт
durch 1. *prp (A)* крізь, чéрез, по; ~ das Zímmer чéрез кімнáту; ~ die Stráße géhen іти по вýлиці; завдякú, чéрез, за допомóгою; ~ die Zéitung erfáhren дізнáтися завдяки газéті; ~ das Dekrét декрéтом; ~ Fleiß завдякú старáнності; 2. *adv* ~ und ~ пóвністю, цілкóм; die gánze Nacht ~ цíлу ніч; die Sóhlen sind ~ підмéтки зносúлися; er ist~ він пройшóв (проскóчив); він утік; він вúтримав іспит; **es ist zehn Uhr** ~ ужé бíльше десятú годúн
dúrcharbeiten 1. *vt* опрацьóвувати *(щось)*; 2. **sich** ~ продирáтися, пробирáтися *(крізь щось, через щось)*
durcháus *adv* 1. цíлком, пóвністю; абсолютно; ~ nicht ... зóвсім не ..., нітрóхи не ...; 2. неодмíнно
dúrchbeißen* 1. *vt* прокýшувати, прогризáти; 2. **sich** ~ *перен.* пробúтися *(в житті)*; перебивáтися *(з хліба на квас)*
dúrchbiegen* 1. *vt* прогинáти; 2. **sich** ~прогинáтися
dúrchblättern *vt* 1. перегортáти *(сторінки)*; 2. перегóрнути (до останньої сторінки)
dúrchblicken I 1. *vi* дивúтися *(крізь щось)*; die Sónne blickt durch сóнце проглядáє *(крізь хмари)*; 2. *vt* розумíти, бáчити; j-n etw ~ lássen дáти зрозумíти комýсь щось, натякнýти комýсь на щось
durchblícken II бáчити нáскрізь, розгáдувати
dúrchbohren I *vt* просвéрдлювати
durchbóhren II *vt* 1. просвéрдлювати; 2. пробивáти нáскрізь *(про кулю)*; пронúзувати *(мечем, поглядом)*
dúrchbrechen* I 1. *vt* пролóмлювати, пробивáти *(напр., отвір)*; розлáмувати; 2. *vi (s)* пробивáтися, проривáтися, вúрватися *(з оточення)*; прорізуватися *(про зуби)*; 3. провáлюватися; auf dem Éise ~ провалúтися під лід
durchbréchen* II *vt* пробивáти, розлáмувати *(напр., стіну)*; проривáти *(дамбу, фронт)*; порýшувати *(напр., заборону)*
dúrchbrennen* 1. *vt* пропáлювати; 2. *vi* (s) прогорáти, перегорáти; *розм.* утікáти
dúrcnbringen* 1. *vt* протягáти *(тж перен.)*; просувáти; виходжýвати *(хворого)*; розтрúнькати *(гроші)*; 2. **sich** ~ перебивáтися *(з хліба на квас)*
Dúrchbruch *m* **~(e)s, ...brüche** 1. прóлом; трíщина; 2. прорúв; ~ durch die Front прорúв фрóнту; 3. прорíзування *(зубів)*; 4. *ел.* пробíй *(ізоляції)*
dúrchdenken*, durchdénken* *vt* продýмувати, обдýмувати, звáжувати
dúrchdrängen, sich протúскуватися *(крізь натовп)*
dúrchdringen* I *vi (s)* 1. проникáти *(крізь щось)*; 2. пробиватися, проривáтися
durchdríngen* II *vt* проникáти, пронúзувати *(тж перен.)*
dúrchdringend *adj* 1. пронúкливий; 2. пронúзливий *(про звук, вітер)*; 3. їдкúй *(про запах)*
Durchdríngung *f*~, **~en** 1. пронúкнення; 2. напóвнення, насúчення
dúrchdrücken 1. *vt* продáвлювати; 2. **sich** ~ продáвлюватися; продирáтися; протúскуватися
durchéilen *vt* поспíшно прохóдити, пробíгти *(по чомусь)*
durcheinánder *adv* без розбóру, як попáло, уперéміж
Durcheinánder *n* **~s** безлáддя, плутанúна
dúrchfahren* ² *vi (s)* проїжджáти
durchfáhren* II *vt* 1. об'їздити; 2. проїхати; éine Strécke ~ *спорт,* проїхати (пройти) дистáнцію; роз'їздити *(дорогу)*; пронúзувати *(напр., про біль, страх)*
Dúrchfahrt *f* ~, **~en** 1. проїзд *(дія)*; auf der ~ проїздом; 2. прóїзд; ворóта; *мор.* протóка
Dúrchfall *m* **~(e)s, ...fälle** *мед.*1. понóс; 2. провáл, фіáско
dúrchfallen* *vi (s)* провáлюватися, пáдати *(крізь щось)*; провалювáтися *(на екзамені)*; зазнáти провáлу (фіаско)
dúrchfaulen *vi* (s) прогнúти
dúrchfechten* 1. *vt* (про)вестú до кінця *(бої)*; 2. **sich** ~ пробúтися, вúрватися *(напр., з оточення)*
dúrchfinden*, sich розібрáтися *(у чомусь)*; знайтú дорóгу; зорієнтувáтися
dúrchfliegen* I *vi* (s) 1. пролітáти *(крізь щось)*; 2. *розм.* провалúтися *(на екзамені)*
durchflíegen* II *vt* пролетíти, облетíти *(якийсь простір)*; пробíгти *(очима)*
dúrchfließen* I *vi (s)* протікáти *(через щось)*
durchflíeßen* II *vt* протікáти *(через щось, напр., про річку)*; зрóшувати
durchfórschen *vt* дослíджувати, розслíдувати
dúrchfrieren* I *vi (s)* промерзáти
durchfríeren* II *vt* заморóзити, застудúти

Dúrchfuhr *f* ~, **~en** 1. (крізний) провіз; транзи́т; 2. проїзд, прохід *(місце)*
dúrchführen *vt* 1. прокладáти *(напр., залізницю)*; 2. провóдити *(збори, операцію і т. п)*; 3. здійснювáти; 4. викóнувати *(наказ)*; 5. провóзи ти *(товари)*
Dúrchgang *m*~ **(e)s, ...gänge** 1. прохід, проліт *(місце)*; коридóр *(вагону)*; 2. прохóдження, перехід *(через щось)*; 3. транзи́т *(вантажів)*; зміна; ein dréimaliger ~ (у) три зміни
dúrchgängig 1. *adj* прохідни́й; загáльний; суцільний; 2. *adv* взагалі; скрізь; чáсто-гýсто
dúrchgehen* I 1. *vi (s)* прохóдити, пролáзити *(через щось)*; прохóдити *(наскрізь, до кінця)*; пройти́, бýти при́йнятим *(про пропозицію)*; *перен.* іти навпрóстéць; діяти прямо; *розм.* утікáти; (понести) *(про коня)*; etw, ~ lássen дозвóлити, допусти́ти щось; es geht ihm álles durch йомý все схóдить з рук; sein Gefühl ging ihm durch йогó почуття́ прорвáлося назóвні; 2. *vi* протирáти *(підошви)*; прохóдити, вивчáти; повтóрювати
durchgéhen* II *vt* прохóдити *(від початку до кінця)*
dúrchgehend 1. *adj* крізни́й; транзи́тний; безпересáдочний; ein ~er Zug поїзд прямóго сполýчення; транзи́тний поїзд; що прохóдить нáскрізь; суцільний, безпере́рвний; 2. *adv* цілком, без ви́нятку; безпере́рвно; нáскрізь, до кінця́
dúrchhalten* *vi* протри́матися, вистóяти, ви́тримати до кінця́
dúrchhauen* 1. *vt* прорýбувати, просікáти; перерýбувати; розкóлювати; *розм.* відшмагáти; 2. **sich** ~пробивáтися *(з боєм)*; прокладáти собі шлях
dúrchjagen 1. *vt* прогáня́ти *(крізь щось)*; *розм.* розтри́нькати *(гроші)*; 2. *vi* (s) промчáти, пробігти *(крізь щось)*
dúrchkämmen *vt* розчісувати *(волосся)*; прочісувати *(ліс)*
dúrchkauen *vt* 1. прожóвувати; 2. *розм.* пережóвувати одне й те саме
dúrchkochen *vt* проварювати, варити *(до готовності)*; прокип'ятити
dúrchkommen* *vi (s)* 1. прохóдити, проїжджáти; 2. проби́тися; ви́йти з скрутнóго станóвища
dúrchkreuzen I *vt* перекре́слювати (навхрест)
durchkréuzen II 1. *vt* пересікáти; розлáднувати, зривáти *(плани)*; 2. **sich** ~ перехре́щуватися
dúrchkriechen* *vi (s)* пролáзити, проповзáти *(через щось)*
Dúrchlaß *m* **~sses, ...lässe** 1. прохід, проїзд *(дія)*; 2. вузьки́й прохід; тунéль; ре́шето
dúrchlassen* *vt* пропускáти
dúrchlässig *adj* проникни́й; водопроникни́й
dúrchlaufen* I 1. *vi (s)* пробігáти; прохóдити, протікáти *(через щось)*; 2. *vt* стóптувати *(взуття)*; перебігати óчима *(швидко)*, переглядáти
durchláufen* II *vt* 1. пробігáти; 2. пробігти очи́ма, швидко глянути
dúrchleben *vt* 1. прожи́ти, пережи́ти *(якийсь час)*; 2. пережи́ти *(щось)*, зазнати *(чогось)*
dúrchlesen* *vt* прочитáти
dúrchleuchten I *vi* просвíчувати, світитися *(крізь щось)*
durchléuchten II *vt* 1. освітлювати *(тж перен.)*; 2. просвíчувати
durchlöchen *vt* 1. *тех.* пробивáти *(отвір)*, перфорувáти; продіря́влювати; 2. пробивáти компóстером
durchlöchern *vt* продіря́вити; зрешети́ти
Dúrchluft *f* ~ прóтяг; тя́га
dúrchluften *vt* провітрювати *(приміщення)*; освíжати
dúrchmachen *vt* пройти́ *(школу)*; зазнавáти *(чогось)*; переживáти *(щось)*; перенóсити *(важко)*; éine Kránkheit ~ перенéсти (важку) хворóбу
dúrchmessen* I *vt* обмірювати, вимірювати, відмíрювати
durchméssen* II *vt* обійти́, об'їздити *(якусь місцевість)*; die Stráßen ~бродúти по вýлицях; éine Strécke des Wéges ~ пройти́ части́ну шляхý
Dúrchmesser *m* **~s, ~** *(скор.* Dm) діáметр
dúrchmustern, durchmústern *vt* проглядáти; увáжно розглядáти
dúrchnässen I 1. *vt* зволóжувати, змóчувати; 2. *vimp* проникáти *(про вогкість)*; es hat dúrchgenäßt промочи́тися нáскрізь
durchnässen II *vt* промочи́ти *(наскрізь)*; просочи́ти *(водою)*
dúrchnehmen* *vt* прохóдити, опрацьóвувати *(предмет навчання)*; die Réchnungen noch éinmal ~ перевíрити ще раз рахýнки
Dúrchreise *f* ~, **~n** проїзд *(дія)*; auf der ~ прóїздом
dúrchreisen I *vi* (s) проїжджáти; er ist nur dúrchgereist він був лишé проїздом
durchréisen II *vt* об'їхати; об'їздити *(країну)*
dúrchreißen* 1. *vt* розірвáти, розідрáти; den Fáden ~ розірвáти ни́тку; 2. *vi* (s) розірвáтися, розідрáтися; 3. **sich** ~ прорвáтися, проби́тися *(до мети)*
dúrchrühren *vt* розмíшувати, перемíшувати; (роз)воруши́ти; протирáти *(щось крізь сито)*
durchsäen *vt* засівáти
dúrchsägen *vt* розпи́лювати
dúrchschauen I 1. *vi* диви́тися *(крізь щось)*; 2. *vt* проглядáти, перевіря́ти *(щось)*
durchscháuen II *vt* бáчити (наскрізь) *(когось)*
dúrchscheinen* *vi* просвíчувати

dúrchschieben* *vt* просо́вувати, просува́ти, проштóвхувати
dúrchschießen* ² *vt, vi* простріл́ювати
dúrchschießen II *vi (s)* 1. промча́ти, промайну́ти; 2. пробива́тися, би́ти *(про воду)*
dúrchschimmern *vi* (сла́бо) просві́чувати
D
dúrchschlafen* *vi* проспа́ти *(цілу ніч)*
Dúrchschlag *m* **~(e)s, ...schläge** 1. пробо́їна, проло́м; 2. решéто; друшля́к; фі́льтр; 3. *ел.* пробі́й; 4. копія *(напр., машинописна)*
dúrchschlagen* 1. *vt* пробива́ти; протира́ти *(крізь сито);* проціджувати; розгоро́джувати; друкува́ти під копірку; 2. *vi (s)* прохо́дити *(наскрізь),* проника́ти; протіка́ти *(про рідину);* просо́чуватися; про́биватися *(про по лум'я);* дія́ти, вплива́ти *(про лі ки, тж про докази і т. п.);* ма́ти у́спіх *(про театральну виставу);* 3. **sich ~** пробива́тися *(крізь оточення і т. п.);* лéдве перебива́тися
durchschlágen* *vt* пробива́ти на́скрізь
dúrchschleichen* *vi* (s) *i* **sich ~** прокрада́тися, пробира́тися, проláзити
dúrchschlüpfen *vi* (s) 1. прослиза́ти; 2. виплу́туватися *(із скрутного становища)*
dúrchschneiden* I *vt* розріза́ти, проріза́ти, перері́зати
durchschnéiden* II *vt* 1. розсіка́ти *(повітря, воду);* 2. пересіка́ти; *перен.* ра́нити, рі́зати
Dúrchschnitt *m* ~ **(e)s, ~ e** 1. ро́зріз; про́різ; 2. перéтин; 3. *буд.* ро́зріз, про́філь; 4. *мат.* серéднє (число); im ~ у серéдньому
dúrchschnittlich 1. *adj* серéдній; ~e Árbeitsleistung серéдня продукти́вність пра́ці; 2. *adv* у серéдньому
Dúrchschnittsalter *n* **~s** серéдній вік; **~linie** *f* **~, ~n** серéдня лі́нія перéтину; **~mensch** *m* **~en, ~en** звича́йна (пересі́чна) люди́на; **~punkt** *m*~ **(e)s, ~e** то́чка перéтину
dúrchschreiten* I *vi (s)* прохо́дити *(крізь щось, повз щось)*
durchschréiten* II *vt* прохо́дити *(щось до кінця);* перехо́дити убрі́д *(річку)*
dúrchschütteln *vt* стру́шувати, збо́втувати
dúrchschwimmen* I *vi (s)* проплива́ти *(через щось)*
durchschwímmen* II *vt* пла́вати *(по чомусь);* перeплива́ти *(щось)*
durchségeln *vt* проплива́ти (під вітрилами)
dúrchsehen* 1. *vt* перегляда́ти, перевіря́ти; диви́тися крізь па́льці *(на щось);* 2. *vi* диви́тися, вигляда́ти, прогляда́ти *(крізь щось)*
dúrchsetzen I 1. *vt* прово́дити в життя́ *(напр., закон);* здíйснювати *(щось);* домага́тися *(чогось);* séinen Wíllen ~ наполяга́ти *(на чомусь);* 2. **sich** ~перемогти́ *(у боротьбі за існування);* здобу́ти визна́ння, ма́ти у́спіх
durchsétzen II *vt (mit D)* просо́чувати *(щось чимось),* прони́зувати *(щось чимось)*
Dúrchsicht *f* ~, **~en** 1. вид *(крізь щось);* 2. перéгляд; перевíрка
dúrchsichtig *adj* прозо́рий
dúrchsickern *vi (s)* просо́чуватися
dúrchsieben *vt* просі́ювати *(щось крізь сито)*
dúrchsprechen* *vt* 1. переговори́ти *(про щось),* докла́дно обговори́ти *(щось);* розібра́тися *(в чомусь);* 2. переда́ти по телефо́ну
dúrchspringen* *vi (s)* проско́чити, стрибну́ти *(через якийсь отвір)*
Dúrchspruch *m*~ **(e)s, ...sprüche** повідо́млення *(по телефону, радіо)*
dúrchstechen* *vt* проколо́ти, прониза́ти
dúrchstecken *vt* просо́вувати; просиля́ти *(нитку в голку)*
dúrchstehlen*, sich 1. прокрада́тися; 2. жи́ти краді́жками
Dúrchstich *m* **~(e)s, ~e** 1. проко́л, проко́лювання; 2 . *мед.* пропи́в; 3. о́твір; тунéль; 4. рів, траншéя, рівча́к
dúrchstöbern *vt* обни́шпорити, пери́ти
dúrchstoßen* I *vt* 1. проштóвхувати *(щось крізь щось);* 2. проко́лювати; 3. пробива́ти, прола́мувати, пробу́бувати; 4. прорва́ти *(фронт)*
durchstóßen* II *vt* пробива́ти; прорива́ти *(фронт)*
dúrchstreichen* I *vt* закрéслювати, перекрéслювати
durchstréichen* II *vt* об'ї́здити, обі́йти́ *(усю місцевість)*
durchstréifen *vt* об'ї́здити, обійти́ *(усю місцевість)*
dúrchströmen I *vi (s)* текти́, протіка́ти; прохо́дити *(десь)*
durchströmen*vt* *vt* текти́, протіка́ти *(по чомусь, через щось)*
dúrchstudieren *vt* ви́вчити *(грунтовно)*
dúrchsuchen I *vt* переры́ти, перегля́нути *(щось в пошуках чогось)*
durchsúchen II *vt* обшу́кувати, огляда́ти *(напр,, вантаж); мор.* протра́лювати
durchtränken *vt* просо́чувати *(тж перем.);* вимо́чувати; наси́чувати *(водою)*
dúrchtreten* 1. *vt* прото́птувати; дави́ти (мі́сити) (ногами); 2. *vi* (s) прохо́дити, ступа́ти *(через щось)*
dúrchwandern I *vi (s)* пройти́ шлях
durchwándern II *vt* ви́ходити *(всю* місцевість); блука́ти *(десь)*
dúrchwaten I *vi (s)* іти́ бро́дом
durchwáten II *vt* перехо́дити вбрі́д *(щось)*
dúrchweg *adv* 1. завжди́; 2. всю́ди
Dúrchweg *m* **~(e)s, ~e** прохі́д, проїзд

durchwéhen *vt* 1. продувáти; 2. обвíювати; *перен.* овíяти
dúrchweichen I *vi (s)* 1. розм'якнути; 2. промóкнути
durchwéichen II *vt vt* 1. розм'якшувати; 2. просóчувати; вимóчувати
durchwühlen *vt* 1. перерйти, обнйшпорити; 2. схвилювáти, стурбувáти
dúrchzählen *vt* перелічйти, лічйти
dúrchziehen* I 1. *vt* протягáти *(щось через щось);* просилйти (нитку); 2. *vi (s)* прохóдити, проїжджáти; тягтй, продувáти *(про вітер);* 3. **sich** ~тягтися, прохóдити *(тж перен.)*
durchzíehen* II 1. *vt* проїжджáти *(місцевість);* мандрувáти *(десь);* збóрознйтй; 2. **sich** ~ убирáти *(вологу)*
Dúrchzug *m~* **(e)s, züge** 1. прóхід, проїзд *(місце);* 2. прохóдження, проїзд *(дія);* 3. протягування *(через щось);* 4. просмйкування; протяг
dúrchzwängen 1. *vt* протйскувати. 2. **sich** ~ протйскуватися
dürfen* *mod* могтй *(з чийогось дозволу),* смíти, матй прáво; man darf мóжна; man darf nicht не мóжна; er darf він мóже, йомý мóжна; er darf nicht він не мóже, йому не мóжна, він не повйнен
dürftig *adj* бíдний, мізéрний
dürr *adj* 1. сухйй; 2. худйй *(про людину);* 3. пісний *(про грунт)*
Dürre *f~,* **~n** 1. сýхість; 2. посýха; 3. худорбá
Durst *m* **~es** спрáга; ich hábe ~ мені хóчеться пйти; den ~ löschen (stíllen) вгамувáти спрáгу
dúrsten, dürsten *vi* відчувáти спрáгу; mich dúrstet (dürstet) мені хóчеться пйти; *(nach* D) жадáти, прагнути (чогось)
dúrstig *adj* спрáглий; ich bin sehr ~мені дуже хочеться пити; (nach etw. *D*) жадати (чогось); бути жадíбним (до чогось)
Dúsche *f ~,* **~n** душ
dúschen 1. *vi* **sich** ~ приймáти душ; 2. *vt* постáвити під душ; *перен.* охолóджувати *(чийсь)* запал
Düsenflugzeug *n* **~(e)s,~ e** реактйвний літáк; **~triebwerk** *n* **~(e)s, e** реактйвний двигýн
düster *adj* похмýрий, тéмний; хмýрий
Dútzend *n* **~ s, ~e** дюжина

D

E

E

Ébbe *f*-, **-n** *(морський)* відплив; занепад, застій; брак *(грошей)*
ében I *adj* гладкий, рівний; плоский; ~es Land рівнина; zu ~er Érde wóhnen жити на першому поверсі
ében II 1. *adv* щойно, зараз; ~ erst, jetzt ~ тільки що; ледве-ледве; помірно; man lóbte ihn nur so ~його не дуже хвалили; 2. *prtc* саме, якраз; das wóllte ich ~ ságen саме це я й хотів сказати
Ébenbild *n* **~(e)s, ~er** портрет; (точна) копія *(про людину);* er ist (ganz) das ~ séines Váters він викапаний батько
ébendá *adv* тут же, там же, саме на тому місці; **~dahér** *adv* саме звідти; саме тому; **~dahín** *adv* саме туди, туди ж; **~darúm** *adv* саме тому
Ébene *f*~, **~n** рівнина; площина; галузь, сфера; éine Konferénz auf höchster ~ конференція на вищому рівні
ébenfalls *adv* також, теж, так само
ébenmäßig 1. *adj* рівномірний; симетричний; пропорційний; 2. *adv* так само
ébenso *adv* так само; таким же чином; такою ж мірою; такий же
ébensogut *adv* так само добре; з таким же успіхом; **~häufig** *adv* так само часто; **~lange** *adv* так само довго; **~sehr** *adv* настільки ж; **~viel** *adv* стільки ж; **~wenig** *adv* так само мало
Éber *m* **~s, ~** (дикий) кабан; вепр
Éberesche *f* **~, ~n** горобина
ébnen *vt* вирівнювати, рівняти; згладжувати; планувати
Échse *f* **~, ~n** ящірка
echt *adj* 1. справжній, непідробний; чистий *(про золото і т. п.);* ein ~er Bruch *мат.* правильний дріб; ein ~er Freund справжній друг; ~e Wólle чиста шерсть; 2. *adv* чисто; ~und recht правильно в усіх відношеннях
Écke *f* **~, ~n** ріг; виступ; an der ~на розі; *мат.* вершина кута
éckig *adj* кутастий, який має кути; ~e Klámmern квадратні дужки; незграбний, вайлуватий; неотесаний; різкий, колючий *(про людину, характер)*
édel *adj* благородний; знатний *(за походженням);* благородний *(про метал)*
Édelmann *m* **~(e)s, ...leute** дворянин; аристократ; **~metall** *n* **~s, ~e** благородний метал; **~mut** *m* **~(e)s** благородство, великодушність
édelmütig *adj* благородний, великодушний
Édelpilz *m* **~es, ~e** білий гриб, боровик; **~stein** *m* **~es, ~e** коштовний камінь; **~wein** *m* **~(e)s, ~e** марочне вино
Editión *f* **~, ~en** видання; видавництво
Effékt *m* **~(e)s, ~e** ефект, враження; ефект, результат; наслідок; ~ist gleich null ефект дорівнює нулю; продуктивність; потужність
effektív *adj* ефективний, дійовий; справжній; чистий; фактичний; реальний
Effektivität *f* ~ ефективність, дієвість; реальність
efféktvoll *adj* ефектний
egál 1. *adj* однаковий, рівний; байдужий; mir ist álles ~ мені все одно; 2. *adv* рівно; рівномірно; ~ schnéiden рівно нарізати; *розм.* завжди, постійно
éggen *vt* боронувати
éhe 1. *vt* перш ніж, раніше ніж; поки не; 2. *adv* поет. колись, раніше
Éhe *f* **~, ~n** шлюб; die ~ schlíeßen одружитися; die ~ schéiden (áuflösen, trénnen) розлучитися
Éhefrau *f* **~, ~en** жінка, дружина; одружена жінка; **~gatte** *m* **~n, ~n** чоловік; **~gatten** *pl* подружжя; **~gattin** *f* **~, ~nen** дружина, жінка; **~leute** *pl* подружжя
éhelich *adj* шлюбний; подружній
ehemalig *adj* колишній
éhemals *adv* раніше, колись
Éhemann *m* **~(e)s, ...männer** чоловік; **~paar** *n* **~(e)s, ~e** подружжя
éher *adv* раніше: скоріше; швидше
Éhering *m* **~(e)s, ~e** обручка; **~scheidung** *f* **~, ~en** розлучення; **~schließung** *f* **~, ~en** одруження
éhest 1. *adj* найближчий *(час);* 2. *adv.* am ~en раніше за всіх; найшвидше
éhrbar *adj* поважний, шановний; порядний
éhrbegierig *adj* честолюбний
Éhre *f* **~, ~n** честь; повага; шана
éhren *vt* поважати; вшановувати

éhrenamtlich 1. *adj* почéсний, громáдський; добровíльний *(про участь в громадській роботі);* на громадських засадах; 2. *adv* на громáдських засáдах; ~ tätig sein працювáти на громáдських засáдах

Éhrendenkmal *n* **~(e)s, ...mäler** пáм'ятник; **~dieb** *m* **~(e)s, ~e** наклéпник; **~grab** n **~(e)s, ...gräber** брáтська могила; **~gruß** *m* **~es, ...grüße** салют

éhrenhaft *adj* чéсний, порядний; повáжний

Éhrenhaftigkeit *f* **~** чéсність, порядність; повáжність; **~kompanie** *f* **~, ...nien** почéсна вáрта; **~sache** *f* **~ñïðáва** чéсті; **~titel** *m* **~s, ~** почéсне звання

éhrenvoll 1. *adj* почéсний; 2. *adv* з чéстю; з пóчестями

Éhrenwache *f* **~, ~n** почéсна вáрта; ~wache hálten стояти на почéсній вáрті; **~wort** n **~(e)s, ~e** слóво чéсті; mein ~wort! слóво чéсті!

Éhrfurcht *f* **~** *(vor D)* глибóка повàга *(до когось, до чогось),* шанобливість *(до когось);* **~gefühl** *n* **~(e)s, ~e** почуття влáсної гíдності; самолюбство; **~geiz** *m* **~es** честолюбство

éhrgeizig *adj* честолюбний

éhrlich *adj* чéсний, порядний

Éhrlichkeit *f*~чéсність, порядність

éhrlos *adj* безчéсний; ганéбний

Éhrung *f* **~, ~en** вшанувáння; почéсть

éhrwürdig *adj* гíдний повáги, повáжний

Ei *n* **~(e)s, ~er** яйцé

Éiche *f*~, **~n** дуб

Éichel *f*~, **~n** жóлудь

éichen *adj* дубóвий

Éichhorn *n* **~(e)s, ...hörner, ~hörnchen** *n* **~s,** ~ бíлка

Eid *m* **~(e)s, ~e** клятва; присяга; den ~áblegen (ábgeben, léisten, schwören) клястися; присягáти; den ~ bréchen порýшити клятву (присягу)

Éidechse *f*~, **~n** ящірка

Éidotter *m, n* **~s, ~** жовтóк

Éidschwur *m* **~(e)s, ...schwüre** присяга, клятва

Éierfrucht *f* **~, ...früchte** баклажáн; **~kuchen** *m* **~s, ~** омлéт; **~linie** *f*~, **~n** овáл; **~pilz** *m* **~es, ~e** *бот.* опéньок; лисичка *(гриб);* **~schale** *f* **~, ~n** шкаралýпа яйця, **~speise** *f* **~, ~n** яéчня

Éifer *m* **~s** старáнність, ретéльність; зáпал, ентузіáзм; in ~ geráten увійти в азáрт; розпалитися; розсéрдитися

éifern *vi* *(nach D)* старáтися, наполéгливо добивáтися *(чогось);* *(für A, gegen A)* рішýче виступáти *(за когось, за щось; проти когось, проти чогось);* *(mit j-m in D)* змагáтися *(з кимось в чомусь);* mit j-m um die Wétte змагáтися з кúмось; гарячúтися, хвилювáтися

Éifersucht *f*~ рéвнощі

éifersüchtig *adj* ревнúвий

éiförmig *adj* яйцевúдний, овáльний

éifrig 1. *adj* старáнний, рéвний; 2. *adv* старáнно, ретéльно, завзято, ~ bemüht sein (zu inf) докладáти всіх зусúль *(щоб зробити щось)*

Éifrigkeit *f* **~** ретéльність, старáнність, завзятість

Éigelb *n* **~(e)s, ~** жовтóк

éigen *adj* влáсний; ~er Beríchterstatter влáсний кореспондéнт, ein Kind als ~(es) ánnehmen усиновúти дитúну; auf ~e Kósten за свій рахýнок; властúвий; характéрний; своєрíдний, особлúвий, дúвний; das ist ihm ~ це йомý властúво; díese Musik hat éinen ~en Reiz цій мýзиці притамáнна якáсь особлúва чарíвність; etw. auf ~e Faust (Gefáhr, Hand) tun зробúти щось на свій страх і риск

Éigenart *f* **~, ~en** своєрíдність, (характéрна) особлúвість; самобýтність

éigenartig *adj* своєрíдний, особлúвий; дúвний; самобýтній

Éigenbericnterstatter *m* **~s, ~** влáсний кореспондéнт; **~besitz** *m* **~es** влáсність, (привáтне) володíння; **~besitzer** *m* **~s, ~** влáсник

éigengemacht *adj* влáсного вúготовлення; **~gesetzlich** *adj* автонóмний

Éigengewicht *n* **~(e)s, ~e** влáсна вагá; чúста вагá

éigenhändig 1. *adj* власнорýчний; 2. *adv* влáсними рукáми, власнорýчно

Éigenheit *f* **~, ~en** своєрíдність, особлúвість, характéрна рúса, характéрна властúвість; дúвна річ, дúвне явище

Éigenlieben *n* **~s, ~** привáтне (особúсте) життя; **~liebe** *f* **~** егоїзм, себелюбство; **~macht** *f* **~** самопрáвство, свавóля

éigenmächtig 1. *adj* самовíльний, самопрáвний; *юр.* насúльний; ~e Ábwesenheit самовíльна відсýтність; 2. *adv* самовíльно; *юр.* на сúльно; ~ hándeln свавóлити, займáтися самопрáвством

Éigenmächtigkeit *f* **~** самопрáвство; **~name** *m* **~ns, ~n** *грам,* влáсна нáзва; **~nutz** *m* **~es** користолюбство, егоїзм

éigennützig *adj* корúсливий

Éigenschaft *f*~, **~ån** властúвість

Éigensinn *m* **~(e)s** упéртість

éigensinnig *adj* упéртий; норовлúвий; **~staatlich** *adj* самостíйний, незалéжний, суверéнний *(про державу)*

éigenständig *adj* самостíйний, незалéжний; eine ~e Kultúr самобýтня культýра

éigensüchtig *adj* егоїстúчний, себелюбний, корúсливий

éigentlich 1. *adj* влáсний; спрáвжній; im ~en Sínne в прямóму знáченні; die ~en Ábsichten спрáвжні нáміри; прямúй, безпосерéдній; der Zusámmenhang прямúй (безпосерéдній) зв'язóк; 2. *adv* влáсне кáжучи

Éigentum *n* **~(e)s, ...tümer** влáсність *(an A на щось),* надбáння; gesellschaftliches ~ суспíльна влáсність; privátes ~ привáтна влáсність

Éigentümer *m* **~s, ~** вла́сник
éigentümlich 1. *adj* своєрі́дний, ди́вний, особли́вий; власти́вий; 2. *adv* ди́вно, незрозумі́ло, незвича́йно; **~willig** *adj* упе́ртий, сваві́льний, норовли́вий; **~wüchsig** *adj* оригіна́льний, своєрі́дний, самобу́тній
éignen, sich *(zu D, für A)* годи́тися, *(на щось),* бу́ти прида́тним
Éignung *f* ~, **~en** зді́бність, зда́тність *(zu D до чогось);* прида́тність; зді́бність, необхі́дна для якоїсь профе́сії
Éiklar *n* **~s** біло́к яйця́
Éile *f* ~ поспі́шність, по́спіх; ~ háben поспіша́ти; die Sache hat ~ спра́ва терміно́ва; es hat damit kéine ~ це не терміно́во
éilen 1. *vi* *(s)* поспіша́ти; zu Hílfe ~ поспіша́ти на допомо́гу; *(h) (mit D)* ква́питися *(з чимось);* спіши́ти *(щось зробити);* die Sáche eilt, es eilt mit der Sáche час не жде; 2. **sich ~** *розм.* поспіша́ти; ква́питися
éilfertig *adj* поспі́шний, необду́маний *(про рішення і т. я.);* кваплй́вий *(про людину)*
éilig 1. *adj* спі́шний, терміно́вий; ich hábe es ~ я поспіша́ю; 2. *adv* поспі́шно, квапли́во; wohín so ~ куди́ ви так поспіша́єте?
Éilschrift *f*~, **~en** стеногра́фія; **~sendung** *f* ~, **~en** терміно́ве пошто́ве відпра́влення; **~zug** *m* **~(e)s, ...züge** швидки́й пасажи́рський по́їзд
Éimer *m* **~s, ~** відро́, це́бер, ківш, черпа́к
ein 1. *m* *(f* eine, *n* ein; *без іменника m* einer, *f* eine, *n* eins, *рідше* eines) *(неозначений артикль, як правило, не перекладається):* ~ Tisch стіл; ~e Blume кві́тка; 2. *num* оди́н, одна́, одне́; ~ Tisch оди́н стіл; ich hábe nur ein Heft у ме́не ли́ше оди́н зо́шит; той са́мий, та са́ма, те са́ме; одна́ковий, одна́кова, одна́кове; wir sind stets ~er Méinung ми за́вжди́ одніє́ї ду́мки; Sie sind an ~em Táge gebóren вони́ народи́лися в оди́н (і той же) день; 3. *adv.* bei j-m aus und ~ géhen ча́сто бува́ти у ко́гось; nicht (wéder) aus noch ~ wíssen не зна́ти, що роби́ти; не знахо́дити ви́ходу; уві́мкнуто! *(напис на приладі);* 4. *pron indef* хтось; щось; ~er von uns хтось із нас
einánder *pron rez* оди́н о́дного, одне́ о́дному, взає́мно; ~ hélfen допомага́ти одне́ о́дному; ~ grüßen віта́тися оди́н з о́дним
éinarbeiten 1. *vt* залуча́ти до робо́ти, привча́ти до робо́ти; вво́дити в курс спра́ви; вставля́ти, вмонто́вувати; 2. **sich ~** втя́гуватися в робо́ту, вхо́дити в курс спра́ви, осво́юватися *(в якійсь справі);* sich aufeinánder ~ спрацюва́тися одне́ з о́дним
éinartig *adj* однорі́дний
éinatmen *vt* вдиха́ти *(щось);* ди́хати
Éinatmungskur *f* ~ лікува́ння інгаля́ціями; **~organe** *pl* о́ргани ди́хання
éinäugig *adj* одноо́кий
Éinbahn *f* ~, **~en, Éinbahnstraße** *f* ~, **~en** ву́лиця (доро́га) з односторо́ннім ру́хом; **~verkehr** *m* **~(e)s,** ~ односторо́нній рух (тра́нспорту)
Éinband *m* **~(e)s, ...bände** опра́ва, паліту́рка *(книжки)*
éinbändig *adj* одното́мний
éinbauen *vt* *тех.* встано́влювати; вмонто́вувати; *авген.* вставля́ти
éinbegreifen* *vt* включа́ти *(до списку)*
éinbegriffen *(тж* mit éinbegriffen) *adv* включно, з урахува́нням; Verpáckung ist im Preis (mit) ~ ва́ртість упаковки вхо́дить у ці́ну́ (това́ру)
éinbeißen* **1.** *vi* *(in A)* куса́ти, надку́шувати *(щось);* in éinen Ápfel ~ надкуси́ти я́блуко; **2. sich** ~ *(in A)* угриза́тися *(у щось; тж перен.)*
éinberufen* *vt* склика́ти *(з'їзд, збори і т. п.);* призива́ти *(на військову службу)*
Éinberufung *f* **~, ~en** скли́кання *(зборів, з'їзду і т. п.);* при́зов *(на військову служб)*
éinbezüglich *adv* включно
éinbiegen* 1. *vt* загина́ти; увігну́ти; 2. *vi* *(s)* поверта́ти *(у провулок, на вулицю);* um die Écke ~ поверну́ти за ріг
éinbilden *vt.* sich *(D)* etw. ~ уявля́ти, вважа́ти щось *(помилково);* was bíldest du dir ein? *розм.* як тобі́ могло́ спа́сти на ду́мку таке́?; *розм.* ду́же захоті́ти *(чогось);* бу́ти про се́бе на́дто висо́кої ду́мки
Éinbildung *f*~, **~en** уя́ва, фанта́зія, ви́гадка; зарозумі́лість
éinbinden* *vt* *(in A)* загорта́ти; зав'я́зувати *(у щось);* оправля́ти *(книжку)*
Éinblick *m* **~(e)s, ~e** *(in A)* по́гляд *(на щось);* ознайо́млення *(з чимось);* j-m ~ in etw, *(A)* gében ознайо́мити ко́гось з чи́мось; *тех.* окуля́р; о́твір окуля́ра
éinbrechen* 1. *vt* зла́мувати; пролама́увати, пробива́ти; 2. *vi* *(s)* *(in A)* вирива́тися, вдира́тися; *(s)* учиня́ти крадіжку зі зло́мом; прова́люватися *(під лід);* прорива́тися *(про воду і т. п.);* настава́ти *(про ніч, зиму і т. п.);* розва́люватися *(про будівлю)*
éinbrennen* 1. *vt* випа́лювати, пропа́лювати; 2. *vi* *(s)* вигоря́ти; загорі́ти *(на сонці)*
éinbringen* *vt* вно́сити; вво́зити; розмі́щувати; вклада́ти; die Érnte ~збира́ти врожа́й; Gefángene ~ бра́ти полоне́них; Éhre ~ прино́сити (вели́ку) сла́ву; вно́сити *(пропозицію, законопроект);* дава́ти прибу́ток; надолу́жувати
Éinbruch *m* **~(e)s, ...brüche** злом; мі́сце обва́лу (прова́лу); *тк. sg* настання́ *(ночі, зими і т. п); військ.* вто́ргнення, ата́ка; *радіо* перешко́ди

éinbürgern 1. *vt* надавáти правá громадя́нства *(комусь);* приймáти в піддáнство; 2. **sich** ~ одéржати правá громадя́нства; укорíнюватися; вхóдити в óбіг

éinbüßen *vt, vi (an D)* губи́ти, втрачáти *(щось);* зазнавáти зби́тків; sein Lében ~ поплати́тися життя́м

éindämmen *vt* загáчувати; обмéжувати; локалізувáти

éindeutig *adj* я́сни́й, недвозначний, ви́значений; *мат.* однознáчний

Éindeutigkeit *f* **~, ~en** *тк. sg* я́сність, недвознáчність, ви́значеність; *тк. sg* однознáчність; грýбість

éindeutschen *vt* онімéчувати; надавáти (звуковóї) фóрми, типóвої для німéцької мóви; das Wort ist éingedeutscht слóво увійшлó в німéцьку мову; перекладáти на німéцьку мóву

éindrängen 1. *vt* ути́скувати; 2. **sich** ~проникáти, втирáтися; sich in j-s Vertráuen ~ утирáтися до кóгось у довíру

éindringen* *vi* (s) *(in A)* проникáти; вторгáтися *(кудись);* *(in A)* вникáти *(в проблему і т. п.);*
(auf A) напирáти, натискáти, насідáти . *(на когось);* er drang mit Frágen auf mich ein він заси́пав менé запитáннями

éindringlich 1. *adj* наполéгливий, перекóнливий; 2. *adv* наполéгливо, перекóнливо

Éindringling *m* **~s, ~e** непрóшений гість; порýшник кордóну; інтервéнт, загáрбник, окýпант; пролáза, прóйда

Éindruck *m* **~(e)s, ..drücke** відби́ток; ум'я́тина; слід; врáження; den ~ máchen справля́ти врáження

éindrucken *vt* друкувáти, відбивáти

éindrücken 1. *vt* вдáвлювати; продáвлювати; видáвлювати *(скло, дно і т. п);* сплю́щувати; залишáти відби́ток (слід); 2. **sich** ~ вдáвлюватися; продáвлюватися; сплю́щуватися

éindrücklich 1. *adj* примíтний, визначни́й; перекóнливий; вирáзний; 2. *adv* перекóнливо, категори́чно

éindrucksfähig *adj* сприйня́тливий, вразли́вий; **~voll** *adj* вирáзний, ефéктний

éine *див.* ein

éineinhálb *num* півторá; ~ Stúnde(n) півтори́ годи́ни

Éiner *m* **~s, ~** (числó, ци́фра, нóмер) оди́н, одини́ця; *мат.* одини́ця *(остання цифра багатозначного числа)*

éinerléi *adj* однáковий; auf ~ Art одноманíтно; тим сáмим спóсобом; das ist mir ~ це менí бáйдуже

éinernten *vt* збирáти врожáй; *перен.* пожинáти

Éinerntung *f*~ збирáння врожáю

éinerseits *adv* з одногó бóку

éinfach 1. *adj* прóстий; одинáрний; однокрáтний; ein ~es Bier оди́н кýхоль пи́ва; ~e Fáhrkarte квитóк в оди́н кінéць; прóстий, звичáйний; прóстий, нескладни́й; ~er Bruch *мат.* прóстий дріб; прóстий, нескладни́й, легки́й**; 2.** *adv* прóсто, звичáйно; лéгко; *розм.* прóсто, пóпросту; прóсто-таки́; ~hérrlich! прóсто чудóво!

éinfahren* 1. *vt* ввóзити; звóзити; die Érnte ~ звóзити хліб *(в комору);* 2. *vi (s)* в'їжджáти; 3. **sich** ~ навчáтися їзди́ *(на чомусь);* звикáти до їзди́ *(на чомусь)*

Éinfahrt *f*~, **~en** в'їзд *(дія);* спуск *(у шахту);* вхід *(у гавань);* ворóта, в'їзд, під'їзд

Éinfall *m* **~(e)s, ...fälle** обвáл; навáла, втóргнення *(ворога);* (раптóва) дýмка, ідéя, фантáзія; настáння́ *(напр., ночі, холодів і т. п.)*

éinfallen* *vi (s)* обвáлюватися, розвáлюватися *(про будівлю);* вторгáтися *(про ворога);* пáдати (*про світло*); наставáти *(напр., про ніч, холод і т. п.);* втручáтися в розмóву; спадáти на дýмку *(комусь)*

éinfällig *adj* наї́вний, простодýшний; обмéжений, дурни́й

éinfangen* *vt* спіймáти, злови́ти; ein Gefühl in Wórte ~ ви́словити почуття́ словáми

éinfarbig *adj* одноколірний, однобáрвний, одноτóнний

éinfassen I *vt* оправля́ти *(коштовне каміння);* облямóвувати

éinfassen II *vt* розливáти в бóчки

éinfinden*, sich з'яви́тися, знайти́ся; sich pünktlich ~ з'яви́тися тóчно в признáчений час; *(in A)* кори́тися *(чомусь);* пристосувáтися *(до чогось)*

éinfließen* *vi (s)* вливáтися, впадáти *(про річку);* ein Wort ~ lássen встáвити слóво *(в розмову);* прибувáти *(про гроші)*

éinflößen *vt* вливáти *(в рот комусь щось);* вселя́ти; Mut ~ додавáти мýжності; Mitleid ~ викликáти співчуття́; Trost ~ утішáти

Éinflug *m* **~(e)s, ...flüge** *військ.* повітряни́й налíт; прилíт; *ав.* підхід до аэрóму; *ав.* втóргнення *(у повітряний простір);* льóтні випрóбування; : der ~ der Rakéte in die Flúgbahn ви́хід ракéти на орбíту

Éinfluß *m* **~sses, ...flüsse** вплив; ~ háben мáти вплив; únter j-s ~stéhen бýти під чи́ї́мось впли́вом, впадíння *(річки);* притóка *(річки)*

éinflußreich *adj* впливóвий

éinförmig *adj* одноманíтний; монотóнний

éinfrieren* 1. *vi (s)* замерзáти; примерзáти; ~ lassen заморóжувати; 2. *vt* заморóжувати *(тж перен.)*

éinfrosten *vt* заморóжувати *(овочі,* фрукти*)*

éinfügen 1. *vt* вставля́ти, вкладáти, прилáджувати; вставля́ти, включáти

(напр., у список); 2. **sich ~** *(in A)* включáтися *(у щось);* звикáти *(до чогось)*
Éinfuhr *f* ~, **~en** ввіз, íмпорт *(von D чогось)*
éinführen 1. *vt у різн. знач.* вводити, запровáджувати; eine Refórm ~ запровáджувати реформу; das ist hier so éingeführt тут так заведено; 2. **sich** ~: er hat sich gut éingeführt він спрáвив хорóше врáження
Éinführung *f*~, **~en** вступ; ввезення, íмпорт; привіз; *у різн знач.* введення, запровáдження
éinfüllen *vt* напóвнювати, запóвнювати, завантáжувати; заправляти *(пальним);* заливáти; засипáти *(зерном)*
Éingabe *f* ~, **~n** подання *(заяви),* заява, прохáння; éine ~ éinreichen подáти заяву; éine ~ erlédigen задовольнúти прохáння; подання *(про нагородження);* введення *(даних в обчислювальну машину)*
Éingang *m* **~(e)s ...gänge** вхід *(у будинок);* kein ~! немá вхóду!; дóступ; ~ fínden вхóдити у вжиток; пронúкнути; надхóдження, одéржання *(кореспонденції, за ~мовлень);* почáток; вступ *(напр., до статті); радіо* вхід *(приймача)*
Éingangsabfertigung *f* **~, ~en** мúтний óгляд; **~halle** *f*~, **~n** вестибýль; **~rede** *f* **~, ~n** вступ, вступнé слóво; **~tüf** *f* **~, ~en** вхідні двéрі
éingeben* *vt* давáти *(напр., ліки);* подавáти *(заяву);* представляти *(до нагороди);* вселяти *(думку);* спонукáти *(до дії);* підкáзувати *(розв'язання питання)*
éingebildet *adj* уявний; гордовúтий, зарозумíлий
Éingeborene *m, f* урóдженець, корінний жúтель
éingleiten* *vi (s)* прослизнýти
Éingebung *f* **~, ~en** натхнення; дія; (раптова) дýмка
éingefallen *adj* що розвалúвся, провалúвся *(напр., про дах);* запáлий *(про щоки, очі)*
éingehen* 1. *vi (s)* надхóдити (*про кореспонденцію і т. п.*); збігáтися *(про тканину);* гúнути; переставáти існувáти; *розм.* вмирáти *(про людину);* засвóюватися, укладáтися *(в голова;* es geht ihr schwer ein вонá погáно розуміє це; *(auf A)* погóджуватися *(з чимось);* auf éine Bítte ~ задовольнúти прохáння; *(auf A)* доклáдно зупинúтися *(на якомусь питанні);* auf Éinzelheiten ~ удавáтися в подрóбиці; 2. *vt (h, s)* вступáти *(у спілку шлюб і т. п.);* eine Éhe ~ одружúтися; éinen Hándel ~ уклáсти угóду; éine Verpflíchtung ~ взяти на сéбе зобов'язання; éine Wétte ~бúтися об заклáд
éingehend *adj* доклáдний, ґрунтóвний; що надхóдить; ~er Betrag сýма, яка надійшлá; вúручка, прихóд
éingelernt *adj* вúвчений, заýчений
éingemacht *adj.* **~es** Obst (фруктóве) варéння; компóт; консервóвані фрýкти
éingenommen *adj.* für j-n ~ sein бýти прихúльним до кóгось; gégen j-n, gégen etw. *(A)* ~ sein стáвитися упередженo до кóгось, до чóгось; von etw, (e) ~ sein цікáвитися, захóплюватися чúмось: ich bin von díesem Gedánken ganz ~ ця дýмка не дає мені спóкóю
éingeschrieben *adj* рекомендóваний *(про кореспонденцію);* ~ рекомендóваний *(напис на листі)*
éingeschüchtert *adj* заляканий, затýрканий
Éingeständnis *n* **~ses, ~se** визнáння *(чогось),* признáння *(в чомусь)*
éingestehen* *vt* вúзнати *(свою про ~вину),* признáтися *(в чомусь)*
éingestellt *adj* настрóєний; er ist gégen mich ~ він настрóєний прóти мéне, йогó підбýрили прóти мéне
éingewöhnen 1. *vt* привчáти; 2. **sich** ~*(in A)* звикáти *(до чогось);* акліматизувáтися, призвичáюватися *(до чого-сь);* освóюватися
éingewurzelt *adj* закоренíлий, застарíлий; er blieb wie ~ stéhen він зупинúвся як укóпаний
éingießen* *vt* наливáти, вливáти
éingittern *vt* обнóсити ґрáтами
éingleisig *adj зал.* одноколíйний
éingliedern 1. *vt* включáти, вводити *(до складу чогось),* приєднувати: 2. **sich ~** вступáти *(до лав),* приєднуватися; ставáти члéном *(організації)*
éingliederig *adj* одночлéнний; *грам,* односклáдний *(про речення)*
éingraben* 1. *vt* закóпувати, заривáти; вирíзувати, вирíзьблювати! *(на камені);* 2. **sich ~** заривáтися, закóпуватися; *військ.* обкóпуватися; sich ins Gedächtnis ~ урíзатися в пáм'ять, зберегтися в пáм'яті
Éingrabung *f* **~, ~en** окóп
éingreifen* *vi* втручáтися; вживáти зáходів; in j-s Réchte ~ зазіхáти на чиїсь правá; вступáти в бій
éingrenzen *vt* встанóвлювати кордóн, межý
Éingriff *m* **~(e)s, ~e** втручáння; вживáння зáходів; *мед.* втручáння; ein ärztlicher (operatíver) ~хірургíчне втручáння, оперáція
éingruppieren *vt* класифікувáти; зарахувáти до пéвної категóрії
éinhaken 1. *vt* зачиняти на гачóк; 2. *vi перен.* зачепúтися *(за щось);* причепúтися *(до чогось);* втручáтися *(у щось)*
éinhalbmal *adv* наполовúну
éinhalten* 1. *vt* зупиняти, затрúмувати; утрúмувати; дотрúмуватися *(строку, правила);* die Prinzípien ~ дотрúмуватися прúнципів; 2. *vi (mit D)* припиняти

(щось); hált(e) ein! припини́!, зупини́ся!; halt mit dem Láchen ein! перестáнь смія́тися!

Éinhaltung *f ~* додéржання, дотри́мання *(умови, строку і т. п.)*

éinhämmern *vt* вбивáти, забивáти *(цвях);* розбивáти молоткóм; *розм.* утовкмáчувати *(в голову)*

éinhändigen *vt* вручáти, передавáти у влáсні рýки

éinhauchen *vt* вдихáти; *перен* вдихнýти: j-m, éiner Sáche *(D)* néues Lében ~ воскреси́ти когóсь; оживи́ти когóсь, щось; вдихнýти життя́ у кóгось, у щось

éinhauen* 1. *vt* вирýбувати, вирі́зьблювати; *розм.* вибивáти, вилáмувати *(вікно, двері);* рубáти, розрýбувати *(м'ясо);* 2. *vi (aut A)* рубáти, би́ти, ударя́ти *(по чомусь, когось, щось)*

éinhegen *vt* обгорóджувати

éinheilen *vi (s)* загóюватися, заростáти

éinheimen, sich акліматизувáтися, освóюватися *(в країні)*

éinheimisch 1. *adj* вітчизня́ний; місцéвий; ~ wérden акліматизувáтися, освóїтися *(у країні);* 2. *adv.* sich ~ fühlen освóїтися, акліматизувáтися

Éinheimische *m, f* місцéвий жи́тель, місцéва жи́телька: тубі́лець, тубі́лка

Éinheit *f~,* **~en** є́дність, згуртóваність; одностáйність; одини́ця *(виміру);* військовá части́на, підрóзділ; елемéнт *(конструкції)*

éinheitlich *adj* єди́ний; однáковий, уніфікóваний, однорі́дний; одностáйний

Éinheitlichkeit *f ~,* **~en** є́дність; однáковість; уніфікóваність

Éinheitsbücherei *f ~,* **~en** публі́чна бібліотéка; **~front** *f ~* °áйний фронт; **~gewicht** *n* **~(e)s, ~e** *фіз.* питóма вагá; **~maß** *n* **~es, ~e** єди́на мі́ра; **~preis** *m* **~es, ~e** єди́на (стандáртна) цінá

éinheizen *vt* затопи́ти; розпали́ти; натопи́ти *(піч)*

éinherbsten *vt* збирáти врожáй *(фруктів)*

éinheucheln, sich *(bei D)* утéртися в довíру *(до когось)*

éinholen *vt* доганя́ти; надолýжувати; die verlórene Zeit ~ надолýжувати згáяний час; діставáти, добувáти *(відомості і т. п.);* Erkúndigungen ~ навóдити дóвідки; eine Érláubnis ~ проси́ти дóзволу; купувáти *(продукти);* sie ist ~ gegángen вонá пішла в магази́н (за продýктами)

Éinholkorb *m* **~(e)s, ...körbe** кóшик для покýпок; **~tasche** *f* **~, ~n** сýмка для покýпок, господáрська сýмка

éinhüllen 1. *vt (in A)* закýтувати, укýтувати; загортáти *(у щось);* 2. **sich** ~ укýтуватися, закýтуватися *(у щось)*

éinig *adj* згóдний; одностáйний, згуртóваний; ~ wérden *(über A)* домóвитися *(про щось);* єди́ний

éinige *pron indef f (n* éiniges, *pl* éinige) дéяка (деяке, деякі); небагáто; nach ~r Zeit чéрез дéякий час; er hat noch ~s Geld у ньóго є ще трóхи грóшей; *тк. n sg* дéщо; *тк. pl* дéкілька; дéякі, дéхто; *перед числ.* бли́зько, пóнад; ~ Mále дéкілька разі́в; vor ~n Jáhren кі́лька рóків томý; in ~n Stúnden через кі́лька годи́н; ~ von íhnen дéхто з них

éinigemal *adv* кі́лька разі́в

éinigen 1. *vt* об'є́днувати, з'є́днувати; мири́ти, примиря́ти; 2. **sich** ~ домовля́тися *(про щось),* згóджуватися *(на щось);* об'є́днуватися

éiniges *див.* éinige

Éinigkeit *f ~* є́дність, одностáйність, згóда

Einigung *f* **~, ~en** єднáння, об'є́днання; погóдженість; примирення; éine ~ vollzíehen дійти́ згóди

Éinimpfung *f~,* **~en** *мед.* щéплення; наві́ювання

éinjagen *vt* уганя́ти, заганя́ти, забивáти; éinen Keil ~ забивáти клин; наві́ювати, вселя́ти, виклика́ти *(почуття);* Angst ~ вселя́ти страх

éinjährig *adj* річни́й, однорі́чний

éinkäfigen *vt* посади́ти в клі́тку

éinkämmen *vt* зачі́сувати

éinkassieren *vt* інкасувáти; збирáти, одéржувати *(гроші);* Schúlden ~стя́гувати боргú; *розм.* привлáснити, укрáсти; *розм.* посади́ти *(за грати)*

Éinkauf *m* **~(e)s, ...kaufe** покýпка, кýпівля; Einkäufe máchen роби́ти покýпки

éinkaufen *vt* купувáти

éinkehren *vi (s) (in D, bei D)* заїжджáти, захóдити *(в ресторан,~ готель; до когось);* зупиня́тися *(десь, у когось)*

éinkerben *vt* зарýбувати, роби́ти зáрубки

éinkerkern *vt* ув'я́знювати

Éinkesselung *f ~,* **~en** *військ,* отóчення

éinklammern *vt* скрі́плювати скóбами; брáти в дужки́

Éinklang *m* **~(e)s, ...klänge** *муз.* співзвýчність, гармóнія *(тж перен.)* злагóдженість; відповíдність

éinkleben *vt* вклéювати; наклéювати; підклéювати

éinkleiden 1. *vt* одягáти; обмундирóвувати; 2. **sich** ~ одягáтися

éinklemmen *vt* затискáти; *спорт.* притúснути до бóрту *(хокей з шайбою)*

éinkneifen* *vt* примрýжити *(очі);* стули́ти *(губи); den* Schwanz ~підібгáти хвіст *(тж перен.);* загинáти *(напр., ріжок сторінки)*

éinkochen 1. *vt* увáрювати; випáрювати; Obst ~ консервувáти фрýкти; 2. *vi (s)* увáрюватися; википáти

éinkommen* *vi (s)* надхóдити *(в касу); (um A)* клопотáтися *(про,щось)*

Éinkommen *n* **~s, ~** прибýток

éinkreisen *vt* отóчувати; блокувáти; ізолювáти

Éinkreisung *f* ~, **~en** оточення; блокада, ізоляція
éinladen* I *vt* вантажити, навантажувати
éinladen* II *vt* запрошувати
Éinladung *f* ~, **~en** запрошення
Éinlage *f* ~, **~n** вміст; додаток; прокладка; *тех.* вкладиш; грошовий вклад, внесок; *мед.* тампон; тимчасова пломба
Éinlaß *m* ...**lasses, lasse** впуск, доступ; хвіртка; вхід; ополонка
éinlassen* 1. *vt* впускати; die Schúhe lássen Wásser ein черевики пропускають воду; вставляти; вклеювати; врізати; встромляти; 2. *vt* збігатися *(про тканину)*; 3. **sich ~** *(in, auf A)* зважуватися *(на щось)*. брати участь *(у чомусь)*; sich auf Unterhándlungen ~ вступати в переговори; (mit D) зв'язуватися *(з кимось)*
éinlaufen* 1. *vi* (s) надходити *(про кореспонденцію)*; входити в гавань *(про судно)*; підходити до (критого) перону *(про поїзд)*; *спорт,* фінішувати; збігатися *(про тканину)*; 2. *vt* die néuen Schúhe ~ розношувати нові черевики
éinlegen *vt* вкладати, вставляти, поміщати; закладати; éinen Film neu ~ *фото* перезарядити плівку; sein Veto ~ накладати вето; für j-n ein gútes Wort ~ замовити слово за когось; маринувати, консервувати; інкрустувати
éinleiten *vt* починати; ein Geríchtsverfahren ~ порушувати судову справу; ein Buch ~ написати вступ до книги
éinleitend 1. *adj* вступний; 2. *adv* на початку, у вступі; у вступному слові; перш ніж перейти до ...
Éinleiter *m* **~s,** ~ початківець, новачок
Éinleitung *f*~, **~en** вступ; передмова; *муз.* прелюдія; вступ *(розділ науки)*; посібник; ~ in die Chemíe посібник (підручник) з хімії
éinlenken 1 *vt (in A)* завертати *(куди)*; наводити *(напр., ракету на ціль)*; 2. *vi* поступатися, іти на поступки *(у суперечці)*; повертатися *(до чогось у розмові)*
éinlernen *vt* завчити *(напр., вірш)*
éinlesen* I *vt* збирати *(ягоди плоди)*
éinlesen* II sich ~ *(in A)* вчитуватися *(у щось)*
éinleuchten *vt* бути ясним (зрозумілим); es léuchtet óhne wéiteres ein це ясно без доказів, це цілком очевидно
éinliefern *vt* доставляти; постачати; здавати; вручати
éinmachen *vt* консервувати, маринувати, варити джем (варення) *(з чогось)*; laß dich ~! багато ти розумієш!
éinmal 1. *adv* (один) раз, одноразово; noch ~ ще раз; noch ~ soviel ще стільки ж; auf ~ раптом; відразу, водночас; одного разу, колись; коли~небудь *(у майбутньому)*; по~перше; 2. *prtc* ~но, лише; denke dir ~ ... подумай~но!, подумай лише!; вже *(із значенням допустовості)*; wenn du schon ~hier bist ... якщо вже ти тут ...; nicht ~ навіть не; nicht ~lesen kann er він навіть не вміє читати
Einmaléins *n* ~, ~ таблиця множення
éinmalig *adj* одноразовий; разовий; єдиний у своєму роді, неповторний, оригінальний
éinmauern *vt* замуровувати
éinmischen, sich *(in A)* втручатися *(у щось)*
Éinmischung *f* **~,~en** втручання
éinmütig 1. *adj* одностайний, дружний; 2. *adv* одностайно; в один голос
Éinmütigkeit *f* ~ одностайність, згода
éinnähen *vt* ушивати
Éinnahme *f* ~, **~n** прибуток, виручка; виторг
éinnehmen* *vt* займати *(місце, посаду)*; *військ.* займати, окупувати; одержувати *(гроші, прибуток)*; приймати *(ліки, їжу)*; das Míttagessen ~ обідати; : die Fracht ~ прийняти вантаж; die Ségel ~ згортати вітрила
éinnehmend *adj* привабливий, симпатичний
Éinordnung *f* ~, **~en** розміщення; класифікація; розподіл
éinpacken *vi* укладати; упаковувати
éinpflanzen 1. *vt* саджати, висаджувати *(рослини)*; запроваджувати; впливати; *перен.* прищеплювати; 2. **sich ~** укорінюватися
éinprägen 1. *vi* вибивати, карбувати; вирізьблювати; вигравірувати; закарбувати; sich (D) etw. ~запам'ятати щось; 2. **sich ~** запам'ятатися; зберегтися в пам'яті
éinquartieren 1. *vt* розміщати по квартирах, розквартировувати; 2. **sich ~** *(bei D)* оселитися на квартирі *(у когось)*
éinräumen *vt* *(in A)* прибирати, складати *(кудись)*; die Wóhnung ~обставляти квартиру; den Schrank ~ розкласти речі в шафі; поступатися *(напр., місцем)*; надавати *(право, повноваження)*; допускати *(щось)*; погоджуватися *(з чимось)*
Éinräumung *f* **~, ~en** поступка; припущення
éinrechnen *vt* зараховувати; включати *(в рахунок)*; (mit) éingerechnet включно
Éinrede *f* **~, ~n** заперечення; ~ erheben заперечувати
éinreden 1. *vt* впливати; переконувати; j-m Mut ~ підбадьорювати когось; 2. *vi (auf A)* (наполегливо) умовляти, переконувати *(когось)*
éinreiben* *vt* втирати *(мазь)*; розтирати, натирати *(маззю)*
éinreichen 1, *vt (bei D)* подавати *(заяву і т. п. кудись)*; вносити *(пропозицію)*; séinen Ábschied ~подавати у відставку; 2. *vi (um A)* подавати заяву, клопотатися *(про щось)*

éinreihen 1. *vt* стáвити в ряд; зарахóвувати, приймáти *(в організацію, армію);* включáти *(у колекцію);* 2. **sich** ~ *(D)* ставáти в ряд; вступáти до лав *(організації, армії і т. п.)*

éinrennen* 1. *vt* пробивáти, розбивáти (з розгóну); . sich (D) den Kopf ~ розбúти собі гóлову; j-m das Haus ~ набридáти комýсь чáстими відвíдинами; óffene Türen ~ломúтися у відчúнені двéрі; 2. vt *(s) (auf A)* мчáтися *(на когось)*

éinrichten 1. *vt* облáднувати; обставляти *(квартиру);* sein Leben ~ улаштувáти своє́ життя́; *тех.* устаткóвувати; *мед.* вправляти *(вивих);* 2. **sich** ~ влаштóвуватися; *(auf A) розм.* приготувáтися *(до чогось); (nach D)* пристосóвуватися *(до чогось);* рахувáтися *(з чи мось)*

Éinrichter *m* **~s,** ~ розпоря́дник, організáтор: *тех.* налáдчик; настрóювач

Éinrichtung *f* ~, **~en** влаштувáння, облáднання, організáція *(дія);* зáклад; устанóва; geséllschaftliche ~ громáдський ýстрій; обстанóвка *(кімнати);* облáднання; *мед.* впрáвлення *(вивиху); тех.* налáдка, устанóвка, регулювáння

éinrosten *vt (s)* заіржáвіти; méine Stímme ist éingerostet *розм.* я захрúп; *перен.* обростú мóхом

éinrücken 1. *vt (in A)* вставляти, поміщáти, занóсити *(кудись);* j-n in die Wáhlliste ~ занестú когóсь у вúборчий спúсок; *тех.* вмикáти *(машину,* двигун); 2. vt *(s)* вступáти, поступáти; zum Militärdienst ~ ітú в áрмію; *військ.* вхóдити, вступáти *(у місто і т. п.);* повертáтися на бáтьківщину *(про війська)*

eins *див.* ein

Eins *f* **~,~en** (числó, цúфра, нóмер) одúн, одинúця; *розм.* пéрший нóмер *(трамвая);* одинúця *(найвища оцінка в німецьких школах),* відмíнно

Éinsaat *f* **~,~en** посíв; насíння, посівнé зернó

éinsacken 1. *vt* клáсти в мішóк; 2. *vi (s)* осідáти; вáжко опускáтися на зéмлю; пáдати (без сил)

éinsalben *vt* змáзувати, натирáти (мáззю); бальзамувáти

éinsalzen *vt* солúти, засóлювати *(рибу, м'ясо)*

éinsam *adj* самíтний; відлюдний; глухúй *(про місце)*

Éinsamkeit *f* **~, ~en** самóтність, відлюдність

Éinsatz *m* **~es, ...sätze** встáвка, прошúвка *(на сукні);* ýчасть; застосувáння; mit ~ aller Kräfte не шкодýючи сил; in únermüdlichem ~невтóмно; стáвка *(у грі);* застáва; *муз.* вступ *(голосу); військ.* вéдення в бій; *тех.* вклáдиш

éinsaugen 1. *vt* всмóктувати, вбирáти, поглинáти; den Duft der Blúmen ~ вдихáти аромáт квітів; etw. mit der Múttermilch ~ *перен.* увібрáти щось з молокóм мáтері; 2. **sich** ~ присмóктуватися

éinschalten 1. *vt* вставляти, включáти; ein Wort ~ встáвити слóво *(в чиюсь розмову);* вмикáти *(радіо);* 2. **sich** ~ включáтися (у *роботу);* вмикáтися *(про прилади)*

Éinschalter *m* **~s,** ~ *ел., радіо* вимикáч, контáктор, рубúльник

éinschätzen *vt* оцíнювати *(тж перен.);* оцíнювати *(роботи учнів),* стáвити оцінки

éinschenken *vt* наливáти *(напій)*

éinschicken *vt* посилати, присилáти, засилáти

éinschieben* 1. *vt* всóвувати, вставляти; вставляти, вмикáти; **2. sich** ~ всóвуватися

Éinschiffung *f* **~, ~en** посáдка на суднó

éinschlafen* *vi (s)* засинáти, заснýти; *розм.* поступóво припинятися, згасáти; затерпáти *(про руки, ноги)*

éinschläfern *vt* присипляти *(тж перен.);* заколúсувати; навíювати сон *(на когось, тж перен.)*

Éinschlag *m* **~(e)s, ..schläge** забивáння; удар *(блискавки);* влýчення в ціль *(бомби і т. п:, тж спорт,); перен.* елемéнт; ýхил; mit téchnischem ~ з технíчним ýхилом; обгóртка, обклáдинка; конвéрт

éinschlagen* 1. *vt* вбивáти, забивáти; розбивáти *(скло);* вилáмувати *(двері)* загортáти *(в папір);* обгортáти *(книжки, зашити);* прикóпувати *(рослини);* підшивáти *(сукню);* вибирáти *(шлях);* 2. *vi* ударяти *(про блискавку);* (s) розривáтися, влучáти *(про снаряд);* дійтú згóди; schlag ein! згóда! *розм.* мáти ýспіх *(про виставу, книжку);* стосувáтися, мáти віднóшення; *(auf A)* бúти, хльóскати *(когось);* висихáти *(про фарбу)*

éinschleichen* *vi (s) і* **sich** ~ прокрадáтися; закрадáтися *(про сумніви і т. п.)*

éinschließen* 1. *vt* замикáти на ключ; ув'язнювати; in Klámmern ~ брáти в дужкú; *військ.* отóчувати; включáти; Bedíenung (mit) éingeschlossen включáючи обслугóвування; 2. **sich** ~замикáти *(в кімнаті)*

éinschließlich 1. *prp* включáючи; 2. *adv* включно

Éinschluß *m* **...schlusses, ...schlüsse** додáток; дописка *(у листі);* включення; mit ~ *(G, von D)* включáючи *(щось)*

éinschmuggeln 1. *vt* ввóзити (контрабáндою); *розм.* протягáти *(напр., резолюцію);* пóтай провестú *(когось, кудись);* 2. **sich** ~*розм.* прохóдити, проникáти, прокрадáтися *(потай)*

éinschmutzen *vt* забруднúти

éinschnüren *vt* затягáти, зашнурóвувати; *тех.* звýжувати

Éinschränkung *f* **~, ~en** обмéження; скорóчення; ~ der Rüstungen скорóчення озбрóєнь; застерéження

E

éinschrauben *vt* угви́нчувати; пригви́нчувати; загви́нчувати
Éinschreib(e)brief *m* **~(e)s, ~e** *(скор.* Ebf.) рекомендо́ваний лист
éinschreiben* 1. *vt* запи́сувати; *мат.* впи́сувати; 2. **sich** ~ запи́суватися
éinschüchtern *vt* заля́кувати; sich nicht ~ lássen не да́ти себе́ заляка́ти
Éinschüchterung *f*~, **~en** заля́кування
éinschütten *vt* всипа́ти, насипа́ти; влива́ти, налива́ти
éinschweißen *vt* прива́рювати
éinschwenken 1. *vt* поверта́ти; хлю́пнути; 2. *vi (s)* заверта́ти, захо́дити *(кудись)*
éinschwören*, sich *(auf A)* присяга́ти *(на щось);* éingeschworen sein *(auf A)* бу́ти тве́рдо впе́вненим *(в чомусь)*
éinsehen* 1. *vt* загляда́ти *(у щось),* перегляда́ти *(щось);* розумі́ти, усвідо́млювати *(свою помилку і т. п.);* визнава́ти *(свою помилку);* пого́джуватися *(з чимось);* роздиви́тися; розпізна́ти; 2. *vi* *(in A)* загляда́ти, проника́ти *(у щось),* *(bei D)* завіта́ти *(до когось),* відві́дати *(когось)*
éinseifen 1. *vt* нами́лювати; натира́ти *(милом, снігом); розм.* обду́рювати *(когось);* 2. **sich** ~ нами́люватися
éinseitig 1. *adj* односторо́нній, однобо́кий *(тж перен.);* ein ~er Vertrag односторо́ння уго́да; ein ~er Mensch обме́жена люди́на. *розм.* криви́й, горба́тий; 2. *adv* однобі́чно *(тж перен.)*
éinsenden(*) *vt* присила́ти; посила́ти; відсила́ти
éinsetzen 1. *vt* вставля́ти; вса́джувати; поміща́ти; вправля́ти; вшива́ти; *(zu D, als A, in A)* признача́ти *(кимось);* вво́дити в ді́ю; (по)ста́вити на ка́рту *(тж перен.); військ,* вво́дити в бій; саджа́ти *(рослини);* 2. *vi* почина́тися, настава́ти; 3. **sich** ~ напру́жувати всі си́ли; *(für A)* заступа́тися *(за когось, щось)*
Éinsicht *f* **~, ~en** *(in A)* пере́гляд *(чогось),* ознайо́млення *(з чимось);* пізна́ння; знання́; усвідо́млення: дося́гнення; результа́т (дослі́дження); *тк. sg.* прони́кливість; розсу́дливість; розумі́ння
éinsichtig *adj* розу́мний, розсу́дливий; оба́чний
éinsichtslos *adj* нерозу́мний, нерозсу́дливий, легкова́жний, необа́чний
éinsichtsvoll *adj* розсу́дливий, розу́мний; розумі́ючий
Éinsiedelung *f* **~, ~en** все́лення *(у приміщення)*
éinsiegeln *vt* запеча́тувати (сургуче́м)
éinsilbig *adj грам.* односкладо́вий; лаконі́чний; мовчазни́й
éinspannen *vt* запряга́ти *(коней);* завантажувати робо́тою
éinsperren 1. *vt* замика́ти *(когось);* ув'я́знювати; 2. **sich** ~ замика́тися *(десь)*
Éinspritzung *f*~, **~en** *мед.* ін'є́кція, уко́л; *тех.* упо́рскування
Éinspruch *m* **~(e)s, ...sprüche** запере́чення, проте́ст; відсі́ч; gégen j-n ~tun дава́ти відві́д кому́сь
éinspurig *adj зал.* одноколі́йний
einst *adv* одного́ ра́зу, колись, рані́ше; коли́~не́будь *(у майбутньому)*.
éinstauben 1. *vi (s)* запороши́тися; 2. *vt* вкри́ти тонки́м ша́ром *(пилу, води і т. п)*
éinstecken *vt* вклада́ти, засо́вувати, всо́вувати; den Brief ~ вки́нути лист *(у поштову скриньку)*
éinstehen* *vi (s) (für A)* відповіда́ти; руча́тися *(за когось, за щось)*
éinsteigen* *vi (s)* вхо́дити, сіда́ти *(у вагон і т. п.);* ~, bítte! займа́йте місця́!; nicht ~! поса́дки нема́є!
éinstimmig 1. *adj* одноголо́сний, односта́йний; 2. *adv* одноголо́сно
Éinstimmigkeit *f* **~** одноголо́сність, односта́йність
éinstöckig *adj* одноповерхо́вий *(відповідає українському* двоповерхо́вий)
Éinstrahlung *f*~, **~en** попада́ння *(світла, променів);* опромі́нення
éinstreichen* *vt* зма́зувати, покрива́ти *(клеєм, фарбою і т. п.)*
éinströmen *vi (s)* впада́ти, втіка́ти, влива́тися
éinstudieren *vt* зау́чувати, розу́чувати
Éinstufenrakete *f* **~, ~n** одноступі́нчаста раке́та
Éinsturz *m* **~(e)s, ...stürze** паді́ння; обва́л
éinstweilig *adj* тимчасо́вий; попере́дній
éintägig *adj* одноде́нний, добови́й
éintauchen 1. *vt* умоча́ти, зану́рювати; опуска́ти у во́ду; 2. *vi (s)* пірна́ти; зану́рюватися
éintauschen *vt (gegen A)* обмі́нювати, мі́няти *(на щось)*
Éinteilung *f*~, **~en** розпо́діл; класифіка́ція; шкала́
éintönig *adj* однобарвний; моното́нний, одномані́тний; нудни́й; упе́ртий, наполе́гливий
Éintracht *f* **~** односта́йність, зго́да; in ~ lében жи́ти в зла́годі
éinträchtig *adj* дру́жний, односта́йний
éintragen* 1. вно́сити (в список); (за)реєструва́ти; Korrektúren ~вно́сити попра́вки; нано́сити *(на карту);* прино́сити *(користь, неприємності);* das Geschäft trägt viel ein спра́ва дає́ вели́кий прибу́ток; 2. **sich** ~ (зареєструва́тися; запи́суватися *(в чергу)*
éinträglich *adj* ви́гідний, прибутко́вий, рента́бельний
éintreffen* *vi (s)* (in D) прибува́ти, прихо́дити, приї́жджа́ти *(кудись);* здійсню́ватися *(про надії);* настава́ти *(про події)*
éintreten* 1. *vi (s) (in A)* вхо́дити (*кудись*); вступа́ти *(в партію і т. п.)*; настава́ти *(про пори року і т. п.)*;

траплятися, відбуватися; *(für A)* заступатися *(за когось);* für den Frieden ~ виступати за мир; 2. *vt* втоптувати; розношувати *(взуття)*

Éintritt *m* **~(e)s, ~e** вхід; ~ verbóten! вхід заборонено! вступ *(до школи і т. п.)*; настання *(темряви, холоду і т. п.)*

Éintrittsexamen *n* **~s,** I **...mina** вступний екзамен; **~halle** *f* **~, ~n** вестибюль; **~karte** *f***~, ~n, ~schein** *m* **~(e)s, ~e** вхідний квиток

éintrocknen 1. *vi (s)* висихати, засихати; **2.** *vt* засушити

éinüben 1. *vt* розучувати; вправлятися *(з чогось);* 2. **sich** ~ вправлятися, тренуватися

Éinung *f* **~, ~en** об'єднування, єдність; спілка, об'єднання, товариство: примирення

éinverstanden *adj* згодний *(mit D ячимось, з кимось);* sich ~ erklären заявити про свою згоду; ~! згоден!

Éinverständnis *n* **~ses, ~se** згода, погодження; zum ~ kómmen дійти згоди, порозумітися

Éinwand *m* **~(e)s, ...wände** заперечення; відмовка; Éinwände erhében заперечувати, протестувати

éinwandern *vi (s)* переселятися *(в країну),* іммігрувати

Éinwanderung *f***~, ~en** переселення *(в країну),* імміграція

éinwandfrei 1. *adj* бездоганний; **2.** *adv* бездоганно

éinwechseln *vt (in A, gegen A)* обмінювати *(гроші на щось);* розмінювати

éinweichen *vt* розмочувати; замочувати *(білизну);* vom Régen éingeweicht werden *розм.* промокнути під дощем

éinweihen *vt* (урочисто) відкривати! освячувати; *(in A)* відкривати *(таємницю)*

éinweisen* *vt* давати вказівки *(комусь),* інструктувати *(когось); (in A)* призначати *(на посаду);* давати направлення; j-n in ein Sanatórium ~ направляти когось (дати путівку) до санаторію

Éinweisung *f* **~, ~en** інструктаж, вказівка; направлення *(до санаторію, лікарні і т. п. ~ дія);* направлення, ордер, путівка

éinwenden* *vt* заперечувати; ich hábe nichts dagégen éinzuwenden я нічого не маю проти (цього)

éinwerfen* *vt* вкидати, опускати *(напр., лист і т. п.);* вибивати *(скло); (gegen A)* заперечувати *(проти чогось);* вставляти *(свої зауваження)*

éinwertig *adj хім.* одновалентний; одноатомний; *мат.* однозначний *(про функції)*

éinwickeln 1. *vt* загортати; сповивати; закутувати; бинтувати; 2. **sich** ~ закутатися

Éinwickelung *f***~, ~en** упаковування *(в папір); мед.* компрес

éinwilligen *vi (in A)* погоджуватися *(щось)*

Éinwilligung *f* ~, **~en** згода *(zu D на щось);* séine ~ gében дати (свою) згоду; seine ~ verwéigern не давати (своєї) згоди, не погоджуватися

éinwirken *vi (auf A)* впливати *(на когось)*

Éinwirkung *f* ~, **~en** вплив; chémische ~ хімічна реакція

Éinwohner *m* **~s, ~, ~in** *f* ~, **~nen** житель, жителька; мешканець, мешканка

Éinwohnerschaft *f* ~ населення, жителі

Éinwohnerzahl *f*~ кількість населення

éinwurzeln *vi (s) i* **sich** ~ пускати коріння, вкор³іюватися *(тж перен.)*

Éinzahl *f* ~ грам, однина

éinzahlen *vt* платити, вносити *(гроші)*

Éinzahlung *f* ~, **~en** платіж, внесок, оплата

éinzäunen *vt* обгороджувати, загороджувати

Éinzelheit *f*~, **~en** подробиця, деталь; in állen ~en досконально, докладно

éinzeln 1. *adj* окремий, поодинокий; jéder ~e кожний (зокрема); **2** *adv* окремо, порізно, поодинці; im ~en зокрема

éinziehen* 1. *vt* втягувати, просовувати; затягати *(нитку);* втягувати, забирати; die Béine ~ підігнути під себе ноги; вдихати *(па , хощі);* вбирати, всмоктувати! *(воду,* ліквідувати; вилучати; j-s Vermögen ~ конфіскувати чиєсь майно; стягати *(податки)**;* 2. *vi (s)* вступати *(напр., в місто);* переїжджати, вселятися *(в квартиру);* наставати *(про пори року)*

éinzig 1. *adj* єдиний; kein ~er жоден; 2. *adv* виключно, тільки; особливо; ~ und allein виключно, тільки, лише

Éinzugsfest n **~es, ~e** новосілля, входини

éirund *adj* яйцевидний, овальний

Éis n **~es** лід, крига; éwiges ~вічна крига; fossíles ~ *геол.* вічна мерзлота; морозиво

Éisbahn *f* ~, **~en** ковзанка; **~bär** *m* **~en, ~en** білий ведмідь; **~brecher** *m* **~s,** ~криголам.

Éisen *n* **~s, ~** залізо; *мет.* чавун; сталь; кайдани; підкова; меч

Éisenbahn *f*~, **~en** залізниця; **~bahner** *m* **~s, ~** залізничник; **~erz** *n* **~es, ~e** залізна руда; **~hütte** *f* ~, **~n** металургійний завод

éisern *adj* залізний *(тж перон про волю, здоров'я і т. п.);* постійний; непорушний; ~er Bestánd непорушний запас; ~es Inventár постійний інвентар

Éisfuchs *m* **~es, ..fuchse** *зоол.* песець; **~gang** *m* **~(e)s** льоäохiä

éisgrau *adj* сивий, сивоволосий; *перен.* сивий, стародавній

Éishockey *n* **~s** хокей з шайбою

Éishockeymannschaft *f*~, **~en** хокейна команда; **~spieler** *m* **~s, ~** хокеїст

éisig *adj* крижаний, холóдний
Éiskeller *m* **~s, ~** льодóвня; **~kunstlauf** *m* **~(e)s, ...laufe** фігýрне катáння (на ковзанáх); **~kunstläufer** *m* **~s,~**фігурист; **~revue** [~vy:] *f* ~ балéт на льодý; **~schölle** *f* ~, **~n** крижина; **~schrank** *m* **~(e)s, ...schränke** холодѝльник; **~stadion** *n* **~s, ...dien** катóк, кóвзанка; **~stand** *m* **~(e)s, ...stände** кióск для прóдажу морóзива; **~zapfen** *m* **~s, ~** бурýлька; **~zeit** *f* ~, **~en** льодовикóвий період

E

éitel *adj* пихáтий, самовпевнений
Éiter *m* ~s гній; ~ ábsetzen гноїтися
Éiterbeule *f*~, **~n** нарив, абсцéс
éintern *vi* гноїтися, наривáти
Éiweiß *n* **~es, ~e** білóк
Ékel *m* **~s** огида, відрáза
ékelhaft *adj* огидний, бридкий
ékeln *vimp i* **sich ~** (*vor D*) відчувáти огиду *(до чогось)*
Elch *m* **~(e)s, ~e:** (europäischer) ~ лось (*європейський).*
Elefánt *m* **~en, ~en** слон; aus einer Mücke éinen ~en máchen робити з мýхи слонá
Elektrifizíerung *f* **~** електрифікáція
eléktrisch *adj* електричний; ~es Licht електричне освітлення
elektrisíeren *vt* електризувáти; оживляти; надихáти
Elektrizität *f* **~** електрика
Elektrizitätserzeugung *f* **~, ~en** виробництво електричної енéргії; **~werk** *n* **~(e)s, ~e** електростáнція
Eléktrowerk *n* **~(e)s, ~e** електростáнція, електроцентрáль
Eléktrum *n* **~s** бурштин
Elemént *n* **~(e)s, ~e** елемéнт, складовá частина; стихія; in séinem ~sein бýти у своїй стихії; *pl* оснóви *(знань); pl* елемéнти *(суспільства);* schléchte (üble, verbrécherische! ~e *розм.* злочинні елемéнти
elementár *adj* основний, важливий; стихійний; елементáрний
Elementárbegriffe *pl* основні понят́тя; **~bestandteil** *m* **~(e)s, ~e** основнá складовá частина; **~bildung** *f* **~** початкóва освіта; **~ereignis** *n* **~ses, ~se** стихійне лихо
élend 1. *adj* жалюгідний, убóгий; підлий, огидний; 2. *adv* жалюгідно; убóго; погáно; ~ áussehen мáти погáний (хворобливий) вигляд
Élend *n* **~(e)s** бідá, лихо; злидéнність; злидні
elf *num* одинáдцять
Elf I *f*~, **~en** (числó, цифра, нóмер) одинáдцять; комáнда (футбóльна)
Elf II *m* **~en, ~en** *міф.* ельф, гном
Élfenbein *n* **~(e)s** слонóва кістка
Éllbogen *m* **~s, ~** лікоть
élterlich *adj* бáтьківський
Éltern *pl* бáтьки

Élternausschuß *m* **...schusses, schüsse** бáтьківський комітéт; **~beratung** *f* **~, ~en** бáтьківські збóри; **~haus** *n* **~es, ... häuser** бáтьківський дім; **~versammlung** *f*~,**~en** бáтьківські збóри
emanzipíert *adj* емансипóваний, рівноправний; без забобóнів
Empfáng *m* **~(e)s, ...fänge** одéржання *(грошей, листів);* ~ bestätigt одéржано *(на розписці);* etw. in ~ néhmen одéржувати, приймáти *(щось);* прийóм, зýстріч *(гостей, делегації і т. п.)*; *радіо* прийóм; контóра *(готелю);* приміщення адміністрáтора
empfángen* *vt* приймáти, одéржувати; сприймáти; приймáти, зустрічáти
Empfänger *m* **~s, ~** адресáт; vom ~záhlbar післяплáтою; приймáльник; (радіо)приймáч
empfänglich *adj* сприйнятливий *(für A до чогось)*
Empfángszimmer *n* **~s, ~** приймáльня *(лікаря і т. п),* вітáльня
empféhlen* 1. *vt* рекомендувáти, рáдити; es empfíehlt sich (nicht) (не) рекомендýється; ~ Sie mich Ihren Éltern! вітáйте від мéне своїх батьків!; 2. **sich ~** *(für A, zu Ct)* пропонувáти свої пóслуги *(для чогось);* прощáтися
Empféhlung *f* ~, **~en** рекомендáція, порáда; привіт, уклін
empfínden* *vt* відчувáти, зазнавáти; mit i-m ~ співчувáти комýсь
empfíndlich *adj* чутливий, сприйнятливий; відчýтний *(напр., про холод, втрату і т. п.);* урáзливий
Empfíndlichkeit *f* **~** чутливість, сприйнятливість; урáзливість; *фото* світлочутливість
Empfíndung *f* ~, **~en** почуттяˊ, відчуттяˊ, сприйняттяˊ
empór *adv* вгóру, догори
empören 1. *vt* обýрювати; 2. **sich** *(über A)* обýрюватися *(з чогось); (gegen A)* повставáти *(проти когось, проти чогось)*
empörend *adj* обýрливий
empórragen *vi (s) (über A)* височіти, піднóситися *(над чимось):* перевéршувати *(когось, щось),* бýти вищим *(за когось, за щось)*
empört *adj* обýрений
Empörung *f* ~, **~en** обýрення; бунт, зáколот
empórwachsen* *vi (s)* підростáти, виростáти
Énde *n* **~s, ~n** кінéць, закінчення; ein ~ máchen закінчувати; zu ~ sein закінчуватися; zu ~ bríngen довóдити до кінця; am ~ в кінці; кінéць кінцéм, врéшті-решт; ~ Apríl у кінці квітня; край, кінéць; am ~ der Welt на краю світу
énden 1. *vt зact.* кінчáти, закінчувати; 2. *vi* кінчáтися, закінчуватися
éndgültig *adj* остатóчний

éndlich 1. *adj* кінцéвий, остáнній *(про результат);* остатóчний *(про рішення);* 2. *adv* нарéшті, кінéць кінцéм
éndlos 1 *adj* нескінчéнний; безмéжний; 2. *adv* без кінця́
Éndlosigkeit *f* ~ нескінчéнність, безмéжність
Éndspiel *n* **~(e)s, ~e** *спорт,* фінáл; **~station** *f*~, **~en** кінцéва стáнція
Éndung *f* **~, ~en** *грам.* закíнчення, флéксія
enérgisch *adj* енергíйний, наполéгливий, рішу́чий
eng *adj* вузьки́й, тісни́й; тісни́й, близьки́й *(про дружбу, зв'язки і т. п.);* ~e Bezíehungen близькí стосу́нки
engagieren 1. *vt* прийма́ти, запрóшувати на робóту; запрóшувати *(на танець);* зобов'я́зувати *(когось щось зробити);* 2. **sich** ~ поступáти на робóту; зобов'я́зуватися *(щось зробити); (für A)* заступáтися *(за когось)*
Énge *f* **~, ~n** тіснóта; ву́зькість; обмéженість; in der ~ sein бу́ти у скрутнóму станóвищі; міжгíр'я, тісни́на; протóка
Éngel *m* **~s,** ~ áнгел
Éngländer *m* **~s, ~** англíєць
énglisch *adj* англíйський
Énkel *m* **~s, ~** внук; ~in *f* ~, **~nen** вну́чка
enórm 1. *adj* величéзний, надмíрний, колосáльний; 2. *adv* ду́же, надзвичáйно
entäußern, sich *(G)* відмовля́тися *(від чогось),* поступáтися *(чимось);* звільня́тися *(від чогось);* збувáтися *(чогось)*
entbéhrlich *adj* непотрíбний, зáйвий; das ist ~ без цьóго мóжна обійти́ся
Entbéhrung *f* **~, ~en** *pl* нестáтки, зли́дні
entbínden* *vt (G, von D)* увільня́ти *(напр., від обов'язків);* von éinem Kínde entbúnden wérden народи́ти
Entbíndung *f* **~, ~en** увíльнення *(напр., від обов'язків);* рóди
entbrénnen* *vi (s)* загоря́тися, спaлáхувати *(тж перен.)*
entdécken *vt* відкривáти *(напр., країну, таємницю);* знахóдити, виявля́ти
Entdéckung *f* **~, ~en** відкриття́; знáхідка **~n** дослідна (наукова) експедѐція
Entdéckungsreise *f*~,**~n** експеди́ція
Énte *f*~, **~n** кáчка; *перен* плíтка, ви́гадка
entéhren 1. *vt* збезчéстити, зганьби́ти; 2. **sich** ~ зганьби́ти себé
entéhrend *adj* ганéбний
Entéignung *f* **~, ~en** експропріáція, відчу́ження (влáсності)
entérben *vt* позбавля́ти спáдщини
Énterich *m* **~s, ~e** кáчур
entfállen* *vi (s) (D)* випадáти *(у когось);* вислизáти *(з рук); (D)* випадáти з пáм'яті; das Worl ist mir ~ слóво ви́пало у мéне з пáм'яті, я не мóжу згадáти слóво
entfálten 1. *vt* розгортáти; розправля́ти; виявля́ти *(напр., талант),* розвивáти; розгортáти, організóвувати; 2. **sich** ~ розкривáтися, розгортáтися; *перен.* розвивáтися, розквітáти
Entfáltung *f* ~ розгортáння, розкривáння; рóзвиток, рóзквіт, прóяв
entfärben 1. *vt* знебáрвлювати; 2. **sich** ~ блíднути, міня́тися на обли́ччі; линя́ти, жовтíти *(про листя)*
entférnen 1. *vt* видаля́ти; усувáти; 2. **sich** ~ віддаля́тися; іти́; sich von der Wáhrheit ~ відступáти від прáвди
entférnt 1. *adj* віддáлений, далéкий; 2. *adv* здáлеку; далéко
Entférnung *f* **~, ~en** вíддаль; вíдстань; звíльнення *(з посади, з армії)*
entflámmen 1. *vt* розпáлювати, запáлювати; *(zu D)* надихáти *(на щось);* 2. *vi (s) і* **sich ~** запали́тися, спалахну́ти; надихáтися
Entführung *f*~, **~en** ви́крадення
entgégen 1. *adv* назу́стріч; прóти, всу́переч; 2. *prp (D)* назу́стріч; dem Wínd(e) прóти вíтру; всу́переч, прóти; dem Beféhl ~всу́переч накáзу
entgégenarbeiten *vi* протидíяти чому́сь
entgégengesetzt *adj* протилéжний, зворóтний; зустрíчний *(про вітер);* in ~er Ríchtung у зворóтному нáпрямі
entgégenkommen* *vi (s)* зустрічáти, іти́ назу́стріч *(тж перен.)*
Entgégenkommen *n*~ **s~** люб'я́зність, послу́жливість
entgégnen *vt* заперéчувати; виступáти прóти
Entgélt *n* **~(e)s** винагорóда, відшкодувáння; als ~ натóмість; gégen ~ за плáту; óhne ~ безплáтно
entgéltlich 1. *adj* плáтний; 2. *adv* за плáту
Entgéltung *f* **~, ~en** відплáта, кáра, розплáта; поку́тування
entháften *vt* звільняти з ув'язнення
enthálten* 1. *vt* місти́ти; 2. **sich ~**(G) утри́муватися *(від чогось);* sich der Kritík ~ утри́матися від кри́тики
enthében* *vt* звільня́ти, усувáти; увільня́ти *(від чогось)*
enthéimen *vt* виселя́ти, позбавля́ти приту́лку
enthüllen 1. *vt* знімáти покриття́; відкривáти *(щось);* ein Dénkmal ~відкривáти пáм'ятник; розкривáти *(напр.,* таємницю); 2. **sich** ~розкривáтися
entkéimen 1 *vt* ни́щити пáростки; стерилізувáти; 2. *vi (s)* проростáти; розцвітáти; похóдити, бу́ти рóдом *(звідкись)*
entkérkern *vt* звільня́ти з в'язни́ці
entkléiden 1. *vt* роздягáти; 2. **sich** ~роздягáтися
entknéchten *vt* звільня́ти від рáбства
entknóspen *vi (s) і* **sich** ~ розпускáтися, розцвітáти
Entkómmen *n* **~s** втéча, рятувáння втéчею
entkórken *vt* відку́пóрювати, відкоркóвувати
entkräften *vt* знеси́лювати; ослабля́ти; спростóвувати *(доводи); юр.* визнавáти

недійсним, скасо́вувати, анулюва́ти (*скаргу*)

entláden* 1. *vt* розванта́жувати, вивантáжувати; *військ., ел.* розряджа́ти; 2. **sich ~** розряди́тися; *переи,* сла́бнути; вда́рити (*про грозу*)

Entládung *f ~,* **~en** розвантáження; *ел.* розря́д; *військ,* розряджа́ння (*зброї*)

entláng 1. *pmp* уздо́вж; das Ufer (dem Ufer) ~ уздо́вж бе́рега; про́тягом; das gánze Jahr ~ про́тягом ро́ку; **2.** *adv* уздо́вж; am Fluß ~ уздо́вж рі́чки

entlárven *vt* викрива́ти (*когось*)

entlássen* *vt* відпуска́ти, звільня́ти; звільня́ти, увільня́ти; aus éiner Léhranstalt ~ випуска́ти з навча́льного за́кладу

entlásten 1. *vt (G, von D)* розвантáжувати; звільня́ти (*від чогось*): зніма́ти обвинува́чення; 2. **sich ~** признава́тися, (по)ка́ятися; сповіда́тися

entláufen* *vi (s)* (D) тіка́ти (*когось, від чогось*)

entléeren *vt* спорожни́ти

entlégen *adj* відда́лений, дале́кий

entléhnen *vt* (D, *aus D, von D*) запози́чáти (*з якоїсь мови*)

Entléhnung *f ~,* **~en** запози́чення: *лінгв.* запози́чене сло́во

entléihen* *vt* позича́ти; бра́ти напрока́т, бра́ти у тимчасо́ве користува́ння (*напр., книгу з бібліотеки*)

Éntlein *n* **~s, ~** каченя́; das häßliche ~бридке́ каченя́ (*у казці*)

entlócken *vt (j-m)* вима́нювати (*щось у когось*); j-m ein Gehéimnis ~ ви́відати у ко́гось таємни́цю; j-m Tränen ~ ви́кликати сльо́зи у ко́гось

entlódern *vi (s)* загорі́тися, запала́ти

entlóhnen *vt* винагоро́джувати (*за працю*); розпла́чуватися (*з кимось*); звільня́ти (*з роботи*)

entlüften *vt* провітрювати, вентилюва́ти

Entlüfter *m* **~s,** ~ вентиля́тор

entmútigen *vt* позбавля́ти му́жності збенте́жувати; sich ~ lássen занепада́ти ду́хом

entnéhmen* *vt* (D) бра́ти, вибира́ти, запози́чувати (*з чогось*); (*D, aus* D) робйти ви́сновок (*з чогось*)

entpflíchten *vt* увільня́ти від службо́вих обо́в'язків

entprésssen *vt* вида́влювати

enträtseln *vt* відгáдувати; розшифро́вувати

entréchten *vt* позбавля́ти (громадя́нських) прав

entréißen* 1. *vt* (D) вирива́ти, вихо́плювати, відніма́ти (*у когось*); j-n dem Tód(e) ~ ви́рвати кого́сь з па́зурів сме́рті; 2. **sich** *(D, aus D)* ви́рватися

entrínnen* *vi (s)* (D) витіка́ти, текти́ (*з чогось*); уника́ти (*когось, чогось*); утіка́ти (*від когось, від чогось*); Stúnde um Stúnde entrann мина́ла годи́на за годи́ною

entrücken 1. *vt* відшто́вхувати, відсува́ти; 2. *vi (s)* і **sich ~** *(D)* зника́ти (*з поля зору, з пам'яті*)

entrüsten 1. *vt* обу́рювати; 2. **sich** ~обу́рюватися

Entrüstung *f~,* **~en** обу́рення

entsáften *vt* вича́влювати сік (*з фруктів, овочів*)

entságen *vi (D)* відмовля́тися (*від чогось*); зріка́тися (*чогось*)

éntságungsvoll *adj* безкори́сливий, самові́дданий, гото́вий до самопоже́ртви

entsálzen *vt* опрі́снювати

entsátteln *vt* розсідла́ти

entschädigen *vt (für A)* винагоро́джувати (*когось за щось*); відшкодо́вувати (*збитки і т. п.*); компенсува́ти

Entschädigung *f ~,* **~en** відшкоду́вання (*збитків*); компенса́ція

entschädigungslos *adv* безпла́тно

Entschéid *m* **~(e)s, ~e** ухва́ла, резолю́ція; éinen ~ tréffen ухвали́ти резолю́цію

entschéiden* 1. *vt, vi (in D, über A)* вирі́шувати, розв'я́зувати (*питання, проблему і т. п.*); für j-n ~ вирі́шувати на чию́сь ко́ристь; 2. **sich** ~ вирі́шуватися (*про справу, долю*) (*für A*) зва́жуватися (*на щось*)

entschéidend *adj* виріша́льний, рішу́чий

Entschéidung *f ~,* **~en** рі́шення; zu éiner ~ kómmen дійти́ ви́сновку; *спорт.* фіна́л; in die ~ gelángen ви́йти у фіна́л; *юр.* ви́рок, постано́ва су́ду

entschíeden 1. *adj* рішу́чий; упе́внений; ein ~er Gégner запе́клий супроти́вник; eine ~e Ábsage ertéilen рішу́че відмо́вити; 2. *adv* рішу́че; навідрі́з; sich ~ gégen etw. *(A)* áussprechen рішу́че ви́ступити про́ти чо́гось; aufs ~ste якнайрішу́чіше; безсумні́вно, я́вно; das ist ~ falsch це безсумні́вно (я́вно) непра́вильно

Entschíedenheit *f* **~** рішу́чість, тве́рдість

entschlíeßen*, sich *(zu D, für A)* зва́жуватися (*на щось*)

Entschlíeßung *f* **~, ~en** ухва́ла, постано́ва, резолю́ція

Entschlíeßungsentwurf *m* **~(e)s, ...würfe** прое́кт резолю́ції

entschlóssen *adj* рішу́чий; fest ~sein тве́рдо ви́рішити (*щось зробити*); kurz ~ не до́вго ду́маючи

Entschlóssenheit *f* **~** рішу́чість; mit ~рішу́че

entschlüpfen *vi* (s) *(D)* ви́слизнути, ви́рватися (*у когось, звідкись*); зірва́тися (з язика́) (*у когось*); sich *(D)* etw. ~ lássen проговори́тися про щось; dem Ei ~ ви́лупитися з яйця́

Entschlúß *m* **...sses, ...schlüsse** рі́шення; на́мір; durch éigenen ~ доброві́льно; éinen ~ fássen (tréffen) вирі́шувати; zu éinem ~kómmen прийти́ до рі́шення

entschlüsseln *vt* розшифро́вувати, *перен.* розкрива́ти, поя́снювати роби́ти зрозумі́лим

Entschlúßfähigkeit *f*~ рішу́чість
Entschlúßlosigkeit *f* **~** нерішу́чість
entschnüren *vt* розшнуро́вувати
entschúldbar *adj* прости́мий, прощéнний
entschúldigen 1. *vt (wegen G)* вибача́ти, проща́ти *(за щось);* es ist (nicht) zu ~ це (не)прости́мо; ~Sie (bítte) ви́бачте! 2. **sich ~** *(bei j-m wegen* G) вибача́тися *(перед кимось за щось),* випра́вдуватися
Entschúldigung *f* **~, ~en** ви́бачення, проба́чення; ви́правдання; um ~ bítten проси́ти проба́чення; (ich bítte um) ~ перепро́шую!
entschwínden* *vi (s)* зника́ти; die Jáhre ~ ро́ки́ летя́ть: dem Gedächtnis ~стира́тися, згла́джуватися з па́м'яті
entsénden* *vt* відсила́ти, відправля́ти
entsétzen I *vt* (G) зніма́ти *(з посади);* eine Féstung ~ зніма́ти обло́гу з форте́ці
entsétzen II 1. *vt (mit D)* наляка́ти, спо́внити жа́хом; 2. **sich** ~ *(über A, vor D)* жаха́тися (*чогось)*
Entsétzen *n* ~i жах; vor ~ від жа́ху; von ~ gepáckt охо́плений жа́хом
entsétzlich 1. *adj* жахли́вий, страхітли́вий; 2. *adv розм.* ду́же, страше́нно; ich bin ~ müde я страше́нно втоми́вся
entsétzt *adj* зля́каний, охо́плений жа́хом
Entsétzung I **f~, ~en** звільнення *(з посади)*
Entsétzung II *f* ~ жах
entséuchen *vt* обеззара́жувати, дезінфікува́ти
entsíegeln *vt* розпеча́тувати *(щось)*
entsinnen*, sich *(G)* пам'ята́ти, зга́дувати *(про щось);* пригадувати *(щось);* ich kann mich der Sáche nicht entsínnen я не мо́жу цьо́го пригада́ти
Entsklávung *f* ~розкріпа́чення
entspánnen 1. *vt* розряджа́ти, посла́бля́ти напру́ження, розслабля́ти; *тех.* зніма́ти напру́гу; зніма́ти (зме́ншувати) тиск; розпряга́ти (коней); 2. **sich** ~ відпочива́ти; розслабля́тися
Entspánnung *f* **~, ~en** розря́дження, розря́дка, посла́блення напру́женості; internationále ~ , die ~ der internationálen Láge посла́блення (розря́дка) міжнаро́дної напру́женості; *мед.* розсла́блення, ато́нія; відпочи́нок, заспоко́єння
entspínnen* 1. *vt* почина́ти, зав'я́зувати *(розмову і т. п.);* 2. **sich** ~ зав'я́зуватися, почина́тися, виника́ти (*про розмову);* заро́джуватися *(про дружбу, кохання)*
entspréchen* *vt* відповіда́ти *(вимогам)*
entspréchend 1. *adj* відпові́дний; 2. *prp (D)* відпові́дно *(до чогось);* séinem Vórschlag ~ згі́дно з його́ пропози́цією
Entspréchung *f* **~, ~en** відпові́дність; еквівале́нт
entspríngen* *vi (s) (D)* тіка́ти *(від когось, звідкись);* (aus) dem Gefängnis ~утекти́ з в'язни́ці; витіка́ти, текти́ *(з чогось);* бра́ти свій поча́ток *(десь — про річку);* похо́дити, бра́ти свій поча́ток *(з чогось, вц когось);* виника́ти *(через щось ~ напр., про сумніви)*
entstámmen *vi (s) (D)* похо́дити *(від когось, з чогось)*
Entstáuber, Entstäuber *m* **~s,** ~ пилосо́с; *тех.* пиловло́влювач
entstéh(e)n* *vi (s)* виника́ти, похо́дити, утво́рюватися; was ist daráus entstánden? що з цього ви́йшло?
Entstéhen *n* **~s, ~, Entstéhung** *f* **~, ~en** ви́никнення, похо́дження, заро́дження, утво́рення
entstéigen* *vi (s) (D)* вихо́дити *(з чогось)*
entstéllen *vt* спотво́рювати; *перен. тж* перекру́чувати *(факти)*
entstéllt *adj* спотво́рений; перекру́чений
entstráhlen 1. *vt* дезактивува́ти; 2. *vi (s) (D)* випромі́нюватися *(з чогось)*
enttäuschen *vt* розчаро́вувати
Enttäuschung *f* **~, ~en** розчарува́ння
enttrümmern *vt* очища́ти (ву́лиці) від руї́н
entwáchsen* *vi (s) (D)* вироста́ти, вихо́дити *(з певного віку);* вироста́ти, виника́ти *(з чогось)*
entwáffnen *vt* роззбро́ювати, обеззбро́ювати *(тж перен.)*
Entwáffnung *f*~, **~en** роззбро́єння
entwässern *vt* обезво́днювати, осу́шувати
entwéder: ~ **oder** *cj* або́ ... або́ ..., чи ... чи ...; ~ óder! одно́ з двох!
entwéhren *vt* обеззбро́ювати
entwéichen* *vi (s)* іти́, тіка́ти; звітрюватися *(про газ);* витіка́ти *(про струм)*
entwerfen* *vt* кре́слити *(схему, план);* проектува́ти
entwerten *vt* знеці́нювати
Entwértung *f* **~, ~en** знеці́нення, девальва́ція
entwíckeln 1. *vt* розвива́ти, вдоскона́лювати; розробля́ти; розвива́ти *(напр., швидкість);* розвива́ти *(думку, план);* конструюва́ти *(машину); мат.* розклада́ти; *хім.* виділя́ти, звільня́ти; *фото* проявля́ти; 2. **sich** ~ розвива́тися; *(zu D)* перетво́рюватися *(у щось); військ.* розгорта́тися
Entwíckler *m* **~s, ~** констру́ктор, винахі́дник; *фото* проя́вник; *тех.* генера́тор
Entwícklung *f* **~, ~en** ро́звиток; *фото* проя́влення; *військ.* розгорта́ння; *мат.* розклада́ння *(напр., бінома)*
entwírken, sich проявля́ти акти́вну ді́яльність, розгорта́тися *(творчо)*
entwírren(*) *vt* розплу́тувати; *перен. тж* розслі́дувати *(справу)*
entwöhnen 1. *vt (C, von D)* відучувати *(від чогось);* 2. **sich** ~ *(G, von D)* (відвика́ти *(від чогось)*

E

entwürdigen *vt* принижувати
Entwúrf *m* **~(e)s, ...würfe** начерк, ескіз, план, проєкт
entwúrzeln *vt* виривати з корінням, викорчовувати; *перен. тж* викорінювати
entzíehen* 1. *vt* *(D)* позбавляти *(когось, чогось);* віднімати *(щось в когось);* j-m das Wort ~ позбавити когось слова; витягати *(щось з чогось);* 2. **sich** ~ *(D)* ухилятися *(від чогось);* уникати *(чогось);* sich séinen Pflíchten ~ ухилятися від своїх обов'язків; не піддаватися *(напр., обліку)*
Entzífferung *f*~, **~en** розшифровка
entzücken *vt* захоплювати
entzückend *adj* чудовий, чарівний
Entzückung *f* **~, ~en** захоплення, екстаз; захопленість
entzündbar *adj* займистий; *перен.* палкий, гарячий
entzünden 1. *vt* запалювати; 2. **sich** ~ запалюватися; спалахувати *(тж перен.);* *мед.* запалюватися
Entzündung *f* **~, ~en** запалення, спалах; мед. запалення
entzwéi *adv* надвоє, навпіл; ganz ~ ущент; ~ sein бути розбитим, розбитися, зламатися
entzwéien 1. *vt* посварити *(когось);* 2. **sich** ~ посваритися
entzwéischlagen* *vt* розбивати, розколювати; **~springen*** *vi (s)* тріснути, луснути
Entzwéiung *f* **~, ~en** розрив, сварка, розкол
er *m pron pers* (*G* seiner, *D* ihm, *A* **ihn**) він
eráchten *vt (für A, als A)* вважати *(щось чимось);* визнавати *(чимось);* дивитися *(як на щось)*
Eráchten *n* **~s** думка, погляд; nach méinem ~ на мою думку
erárbeiten, *vt* заробляти; виробляти; розробляти *(план);* виробляти *(навички)*
erbármen, sich *(G, über A)* зглянутися *(на когось, на щось)*
Erbármen *n* **~s** жаль
erbärmlich *adj* жалюгідний
erbármungslos *adj* безжалісний; **~würdig** *adj* який заслуговує на співчуття
erbáuen *vt* будувати, споруджувати; розводити, вирощувати
Erbáuer *m* **~s,** ~ будівельник, архітектор, конструктор; *перен* будівник, творець
Érbe I *m* **~n, ~n** спадкоємець
Érbe II *n* **~s** спадщина
erbében *vi (s)* здригатися, двигтіти; тремтіти
érben *vt (von j-m, nach j-h)* одержувати в спадщину, успадковувати *(щось від когось)*
erbéten *vt* випрошувати, вимолювати
erbétteln *vt* вимолити, випросити; просити (милостиню), жебрачити
erbíeten*, sich *(zu D)* пропонувати свої послуги
Érbin *f* **~, ~nen** спадкоємиця
erbítten* *vt* випрошувати
erbíttern *vt* озлобляти
Erbítterung *f* **~, ~en** гірка образа; кривда; озлоблення, злоба; ворожнеча
erblássen *vi (s)* збліднути
Érblassenschaft *f*~, **~en** заповіт
erbléichen* *vi* (s) збліднути; побіліти; потьмяніти
érblich *adj* спадковий, родовий
erblícken *vt* побачити; das Licht der Welt ~ народитися, з'явитися на світ
erblínden *vi* (s) осліпнути; (по)тьмяніти
erblühen *vi* (s) розцвітати
erbórgen *vt* позичати *(у когось)*
erbóst *adj* озлоблений, розлючений
erbréchen* **vi** *i* **sich** ~ нудити, блювати; er erbrícht (sich) він блює, його нудить
erbrénnen* *vi (s)* спалахувати
Érbschaft *f* **~, ~en** спадщина, спадок
Érbse *f* **~, ~n** горох; горошина; grüne ~n зелений горошок
Érdachse *f* ~ земна вісь; **~anschluß** *m* **...schlusses, ...schlüsse** *ел.* заземлення; **~bagger** *m* **~s,** ~ екскаватор; земснаряд; **~ball** *m*~ **(e)s** земна куля; **~bau** *m* **~(e)s** земляні роботи; підземна споруда; **~beben** *n* **~s,** ~землетрус; **~beere** *f* **~, ~n** суниця **~boden** *m* **~s** земля; грунт
Érde *f* **~, ~n** Земля *(планета),* земля *(у різн. знач),* грунт;. júngfräuliche ~ цілина; schwärze! ~чорнозем; zu ébener ~ wóhnen жити на першому (нижньому) поверсі
érden *vt ел.* заземляти
Érdengrund *m* **~(e)s, ...gründe** земні надра
erdénken* *vt* вигадувати
erdénklich *adj* мислимий; можливий
Érdfeld *n* **~(e)s** магнітне поле Землі; **~ferne** *f* ~ апогей; **~gas** *n* **~es, ~e** природний газ; **~geschoß** n **~sses, ~sse** перший поверх; партер; **~gravitation** *f* ~ земне тяжіння; **~gürtel** *m* **~s,** ~ *геогр.* пояс, зона
érdhaft *adj* природний
Érdhalbkugel *f* **~, ~n, Erdhälfte** *f*~, **n** півкуля Землі
Érdhöhle *f* **~, ~n** печера, грот; **~hülle** *f* **~, ~n** оболонка Землі, земна кора
erdíchten *vt* складати, писати, вигадувати
Erdíchtung *f* **~, ~en** вигадування; фантазія, казка; вигадка, неправда
érdig *adj* земляний, землистий: забруднений землею
Érdkarte *f* **~, ~n** карта земної кулі, **~kohle** *f* **~, ~n** буре вугілля; **~kruste** *f* ~ земна кора; **~kugel** *f* ~ земна кора; глобус; **~künde** *f* ~ географія; **~männchen** *n* **~s,** ~ *міф.* карлик, гном; **~messer** *m* **~s,** ~ землемір; **~messung** *f* ~ геодезія; **~mittelpunkt** *m* **~(e)s** центр Землі;

~nähe *f* **~** перигéй; **~nuß** *f* **~, ~nüsse** арáхіс, земляни́й горíх; **~oberfläche** *f* ~поверхня Землí; ~ *n* **~(e)s** нáфта
Érdölarbeiter *m* **~s,** ~ нафтови́к; **~benälter** *m* **~s,** ~ нафтосхóвище; **~bergwerk** *n* **~(e)s, ~e** нáфтóвий прóмисел; **~bohrloch** n **~(e)s, ~löcher** нáфтóва свердлови́на
Érdölderivate *pl,* **~erzeugnisse** *pl* нафтопроду́кти; **~feld** *n* **~(e)s,** ~**er** нáфтóвий прóмисел; **~förderung** *f* **~, ~gewinnung** *f* **~** âйдобуток нáфти
érdölhaltig *adj* нафтонóсний
Érdölindustrie *f* **~** нáфтóва промислóвість; **~leitung** *f* **~, ~en** нафтопровíд
Érdpech *n* **~(e)s** асфáльт; **~physik** *f* ~геофíзика; **~pol** *m* **~s** пóлюс Землí; **~reich** *n* **~(e)s** світ; земля́, грунт
erdréisten, sich *(zu D)* навáжуватися *(на щось),* посмíти *(щось зробити)*
Erdréistung *f* ~, **~en** відвáжність, сміли́вість
Érdrinde *f*~ земнá корá; ~**rotation** *f* ~obертáння Землí *(навколо осі)*
erdrücken *vt* задуши́ти; *перен.* придуши́ти
Érdrutsch *m* **~(e)s, ~e** зсув, обвáл; **~satellit** *m* **~en, ~en** супу́тник Землí; **~stoß** *m* **~es, ...stöße** підзéмний пóштовх; **~teil** *m* **~(e)s, ~e** *геогр.* части́на свíту; **~trabant** *m* **~en, ~en** супу́тник Землí
erdúlden *vt* зазнавáти *(чогось)*
Érdumdrehung *f* ~ обертáння Землí; **~umfang** *m* **~(e)s** перúметр земнóї ку́лі; **~umkreisung** *f* **~, ~en** óберт, витóк *(навколо Землі);* **~umlauf** *m* **~(e)s, ...läufe** облíт Землí, витóк; **~umschiffung** *f*~, **~en,** **~umseg(e)lung** *f* **~,~en** кругосвíтнє плáвання; **~zun~ge** *f* **~, ~n** *геогр.* мис; косá; перéшийок
eréifern, sich гарячи́тися, сéрдитися
eréignen, sich трапля́тися, відбувáтися
Eréignis *n* **~ses, ~se** подíя, пригóда
erérben *vt* успадкувáти
erfáhren* I *vt* довíдуватися, дізнавáтися; чу́ти; зазнавáти *(чогось)*
erfáhren II *adj* досвíдчений
Erfáhrung *f* **~, ~en** дóсвід
Erfáhrungsaustausch *m* **~es** óбмін дóсвідом; **~auswertung** *f* **~, ~en** використáння дóсвіду (робóти)
erfássen *vt* хапáтися *(за щось);* розумíти; оволодівáти; охóплювати, включáти; зачепи́ти, зби́ти; наї́хати *(на когось)*
Erfássen I *n* **~s** сприйняття́, розумíння, засвóєння
Erfássen II *n* **~s** *с.~г.* заготíвля
Erfássung I f **~, ~en** розумíння, схóплювання; охóплення, óблік
Erfássung II *f* **~, ~en** заготíвля, постáвки
erféchten *vt* завойóвувати *(щось);* добивáтися *(чогось);* éinen Sieg здобу́ти перемóгу
erfínden* *vt* винахóдити; вигáдувати
Erfínder *m* **~s, ~** винахíдник
erfínderisch *adj* винахíдливий
Erfíndung *f* ~, **~en** ви́нахід; ви́гадка, ви́мисел
Erfíndungsgabe *f* **~** винахíдливість; **~geist** *m* **~es** твóрчий рóзум; твóрчий дух
Erfólg *m* **~(e)s, ~e** у́спіх; удáча; результáт; досягнення; mit ~ успíшно
erfólgen *vi (s)* бу́ти *(після чогось);* трапля́тися
erfólglos *adj* невдáлий, мáрний, безрезультáтний; **~reich** *adj* успíшний, вдáлий, хорóший
erfórderlich *adj* необхíдний, потрíбний
erfórdern *vt* вимагáти *(чогось)*
Erfórdernis *n* **~ses, ~se** вимóга; потрéба; необхíдність; die ~se der Gégenwart вимóги сучáсності
erfórschen *vt* дослíджувати; розпи́тувати
Erfórscher *m* **~s, ~** дослíдник; розвíдник
Erfórschung *f* ~, **~en** дослíдження, випрóбування; розвíдування *(надр)*
erfrágen *vt* розпи́тувати
erfréuen 1. *vt* рáдувати; 2. **sich** *(an D)* радíти *(з чогось);* милувáтися *(чимось);* *(G)* користувáтися *(чимось),* мáти *(напр., шану, авторитет);* sich größer Belíebtheih ~ користувáтися вели́кою популя́рністю
erfréulich *adj* радíсний; дóбрий
erfríeren* 1. ma (s) замерзати; вимерзати; *перен.* закам'янíти; 2. *vt* вíдморозити
erfríschen 1. *vt* освіжи́ти, підкріпи́ти; оживля́ти; 2. **sich ~** *(an D, durch A)* освіжи́тися, підкріпи́тися *(чимось)*
Erfríschung *f* ~, **~en** освíження, підкрíплення; прохолóдний напíй; легкá заку́ска
Erfríschungsgetränk *n* **~(e)s, ~e** прохолóдний напíй; **~pause** *f* ~, **~n** перепочи́нок, невели́ка перéрва *(в роботі);* **~räum** *m* **~(e)s, ...räume** буфéт; кафетéрій
erfróren *adj* замéрзлий; відморóжений; морóжений; *перен.* задубíлий; закам'янíлий
erfüllen 1. *vt* напóвнювати; викóнувати; 2. **sich** ~ здíйснюватися, спрáвджуватися
Erfüllung *f* ~, **~en** виконáння, здійснéння; in ~ géhen викóнуватися, здíйснюватися
Erfüllungsbericht *m* **~(e)s, ~e** звíтна дóповідь
ergänzen *vt* допóвнювати
Ergänzung *f* ~, **~en** допóвнення; zur ~на додáток
ergében* 1. *vt* виявля́ти, покáзувати *(щось);* свíдчити *(про щось);* станови́ти *(у підсумку);* 2. **sich ~** виявля́тися, випливáти, бу́ти я́сним; es ergáb sich, daß ... ви́явилося, що ...; здавáтися *(у полон);* капітулювáти; *(in A)*

скори́тися *(долі);* *(D)* присвя́чувати себе́, віддава́тися *(чомусь);* er hat sich dem Trunk ~ він запи́в

Ergébenheit *f ~* відданість; прихи́льність; покі́рність

Ergébnis *n* **~ses, ~se** результа́т; ви́сновок; пі́дсумок

ergébnislos 1. *adj* безрезульта́тний; 2. *adv* безрезульта́тно; **~reich** *adj* ефекти́вний

Ergébung *f ~* *військ.* капітуляція; покі́рність; ві́дданість

ergéhen* 1. *vi* *(s)* бу́ти опублі́кованим; ви́йти, бу́ти оголо́шеним *(про наказ, розпорядження і т. п.);* бу́ти віді́сланим *(про лист);* *(h):* etw. über sich *(A)* ~ lássen терпля́че зно́сити щось; скори́тися *(долі);* 2. **sich ~** гуля́ти, прогу́люватися; sich in Lob ~ розсипа́тися в похва́лах

Ergéhen n **~s** стан здоро́в'я, самопочуття́

ergíebig *adj* родю́чий *(про грунт);* бага́тий *(урожай);* éine ~e Érnte бага́тий урожа́й; вичéрпний *(про дані);* прибутко́вий

Ergíebigkeit *f ~* родю́чість; продукти́вність; урожа́йність; прибутко́вість; бага́тство

ergíeßen* 1. *vt* вилива́ти; j-m sein Herz ~ вилива́ти (свою́) ду́шу кому́сь; 2. **sich ~** *(in A)* впада́ти *(напр.. в море);* *(über A, in A)* ли́тися; ри́нути *(тж перен.);* розлива́тися; sich in Tränen ~ залива́тися сльізьми́

erglänzen *vi (s, h)* (за)блища́ти; (за)ся́яти

erglühen *vi (s)* розжа́рюватися; спала́хувати; (по)червоні́ти

ergötzen 1. *vt* ра́дувати; весели́ти; ті́шити, розважа́ти *(когось);* 2. **sich** *~(an D, mit D)* насоло́джуватися, ті́шитися, милува́тися *(чимось)*

ergráuen *vi (s)* роби́тися сі́рим, сірі́ти; (по)сиві́ти; постарі́ти; der Ábend ergráut смерка́є

ergréifen* *vt* хапа́ти, бра́ти *(в руки),* бра́тися *(за щось);* die Féder ~ взя́тися за перо́, ста́ти письме́нником; схопи́ти, пійма́ти *(когось);* охо́плювати *(про вогонь); перен.* захопи́ти, зворуши́ти; *(в різних словосполученнях):* éinen Berúf ~ ви́брати профе́сію; das Wort ~взя́ти сло́во; éine Gelégenheit ~ скориста́тися з наго́ди

ergréifend *adj* захо́плюючий, звору́шливий

ergríffen *adj* звору́шений, схвильований

ergründen *vt* виміі́рювати глибину́ *(напр., річки);* дослі́джувати; доко́пуватися *(до істини)*

ergrünen *vi (s)* покри́тися зе́ленню, зазелені́ти

erháben *adj* підви́щений *(про місцевість);* рельє́фний; видатни́й, вели́кий; вели́чний; благоро́дний

erhálten* 1. *vt* оде́ржувати; зберіга́ти; den Fríeden ~ зберіга́ти мир; утри́мувати, забезпе́чувати *(матеріально);* 2. **sich ~** утри́мувати себе́, годува́тися; зберіга́тися; sich frisch und gesúnd ~ зберегти́ бадьо́рість і здоро́в'я

Erháltung *f ~* оде́ржання; збере́ження; die ~ des Fríedens збере́ження ми́ру; утри́мання, підтри́мка

Erháltungsmittel *pl* за́соби існува́ння

erhängen 1. *vt* ві́шати, повіси́ти *(когось);* 2. **sich ~** повіси́тися

erhárren *vt* терпля́че чека́ти *(на когось, щось)*

erhárten *vi (s)* тве́рднути, затверді́ти; че́рстві́ти

erhärten *vt* роби́ти тверди́м; загарто́вувати; підтве́рджувати, підкрі́плювати *(прикладами, доказами)*

erháschen *vt* злови́ти; схопи́ти *(тж перен.)*

erhében* 1. *vt* підніма́ти; підно́сити; звели́чувати; збира́ти *(податки); А)* збира́ти *(відомості),* розпи́тувати; заявля́ти *(протест),* Ánspruch ~ *(am A)* заявля́ти прете́нзію *(на щось);* почина́ти, здійма́ти *(галас);* ein Geschréi ~ підня́ти крик *(тж перен.);* 2. **sich ~** підніма́тися; встава́ти; височі́ти *(напр., про гори);* повстава́ти; почина́тися, здійма́тися *(про вітер, грозу);* éine Fráge erhébt sich постає пита́ння

Erhébung *f ~, ~en* узви́шшя, височина́; рельє́фність; висота́, горб; *тех.* ви́ступ, підйо́м; підняття́, підніма́ння; підне́сення, звели́чування; збира́ння *(податків);* збира́ння *(відомостей);* розслі́дування; о́блік; зая́ва; за́колот; повста́ння

erhéitern 1. *vt* розвесели́ти; 2. **sich** ~розвесели́тися; проя́снюватися *(про обличчя, небо)*

erhéllen 1. *vt* осві́тлювати, осява́ти; просвіща́ти *(уми);* роз'я́снювати *(щось);* пролива́ти сві́тло *(на щось);* 2. **sich ~** проя́снюватися

erhítzen 1. *vt* нагріва́ти; розжа́рювати; збу́джувати; 2. **sich ~** нагріва́тися; розжа́рюватися; розпаля́тися, гарячи́тися

Erhítzung f~, **~en** нагріва́ння; розжа́рювання

erhóffen *vt* чека́ти *(чогось);* сподіва́тися *(на щось)*

erhöhen 1. *vt* надбудо́вувати; підви́щувати, збі́льшувати; підно́сити, звели́чувати; 2. **sich ~** підви́щуватися, збі́льшуватися; звели́чувати само́го себе́

Erhöhung *f ~, ~en* узви́шшя, височи́на; підви́щення, збі́льшення, наро́щування; підви́щення *(на посаді)*

erhólen, sich відпочива́ти; виду́жувати *(після хвороби);* *(von D)* отя́митися *(від чогось);* підніма́тися, зроста́ти *(про ціни)*

Erhólung *f* ~, **~en** відпочи́нок; ви́дужання; er ging zur ~ він поїхав відпочива́ти; *ек.* зроста́ння *(цій, акцій);* віднóвлення, регенера́ція
Erhólungsheim *n* **~(e)s, ~e** будинок відпочи́нку
erínnern 1. *vt* *(j-n an A)* нага́дувати *(комусь про щось);* запере́чувати; критикува́ти; dagégen ist nichts zu ~про́ти цьо́го не мо́жна запере́чувати; 2. **sich ~** *(G, an A)* пам'ята́ти, зга́дувати *(щось, про щось)*
Erínnerung *f* **~, ~en** *(an A)* спо́гад, зга́дка *(про когось, про щось);* in ~ kómmen пригада́тися; zur ~ *(an A)* на па́м'ять *(про когось, про щось);* нага́дування; *pl* спо́гади, мему́ари
Erínnerungsstück *n* **~(e)s, ~e** сувенір; **~tafel** *f* ~, **~n** меморіа́льна до́шка
erkálten *vi (s)* охоло́джуватися, остига́ти; *перен.* холо́нути
erkälten, sich засту́джуватися
Erkältung *f* ~, **~en** просту́да; sich *(D)* éine ~ hólen застуди́тися
erkämpfen *vt* завойо́вувати; den Sieg ~ здобу́ти перемо́гу
erkénnbar *adj* ви́димий, помі́тний; пізнава́нний, досту́пний для пізна́ння
erkénnen* 1. *vt* *(an D, nach D)* (у)пізнава́ти *(по чомусь);* розпізнава́ти; виявля́ти; sich ~ пізнава́ти одне́ о́дного; визнава́ти; séinen Írrtum ~ ви́знати свою́ по́ми́лку; 2. *vi (auf A) юр.* ухва́лювати ви́рок; auf Fréispruch ~ ви́правдати кого́сь
Erkénntnis I **f** ~, **~se** *філос.* пізна́ння; свідо́мість, усвідо́млення; zur ~ kómmen зрозумі́ти, усвідо́мити; *pl* накопи́чений до́свід; науко́ві ви́сновки
Erkénntnis II *n* **~ses, ~se** *юр.* ви́рок, рі́шення су́ду
erklärbar *adj* зрозумі́лий
erklären 1. *vt* поя́снювати; заявля́ти, оголо́шувати; проголо́шувати; den Krieg ~ оголоси́ти війну́; *(für A)* визнава́ти, вважа́ти *(чимось, кимось);* für (ún)schúldig ~ ви́знати (не)ви́нним; *(zu D)* признача́ти *(кимось);* 2. **sich** з'ясо́вувати; поя́снювати; осві́дчуватися в коха́нні *(комусь);* заявля́ти *(про щось);* з'ясо́вуватися, става́ти я́сним
Erklärung *f* ~, **~en** поя́снення; тлума́чення; комента́р; зая́ва; проголо́шення, деклара́ція; об'я́ва; оголо́шення *(війни і т. п.)*
erkräftigen 1. *vt* змі́цнювати, поси́лювати; 2. **sich** ~ змі́цнюватися, поси́люватися
erkránken *vi (s) (an D)* захворі́ти *(чимось,* від чогось)
Erkránkung *f* ~, **~en** захво́рювання
erkúndigen, sich *(nach D, über A)* дові́дуватися, наво́дити до́відки *(про когось, про щось)*
Erkúndigung *f* ~, **~en** до́відка; ~en éinziehen наво́дити до́відки; наве́дення до́відок; розпи́тування
Erkúndigungsbüro *n* **~s, ~s, ~stelle** *f*~, **~en** довідко́ве бюро́
erlángen *vt* досяга́ти, здобува́ти; den Sieg ~ здобу́ти перемо́гу; дістава́ти *(рукою)*
Erláß *m* **...lasses, ...lasse** ука́з, постано́ва, нака́з, розпоря́дження; láut ~ згі́дно з постано́вою; éinen ~verábschieden ви́дати ука́з; зві́льнення *(від чогось),* скасува́ння *(догани)*
Erlássung *f* **~, ~en** опублі́кува́ння, видання́ *(закону і т. п);* зві́льнення *(від чогось);* скасува́ння *(догани)*
erláuben *vt* дозволя́ти; Éintritt nicht erláubt вхід заборо́нено
Erláubnis *f* ~до́звіл
erláuschen *vt* підслухо́вувати
erläutern *vt* поя́снювати; тлума́чити; коментува́ти
Erläuterung *f* ~, **~en** поя́снення; тлума́чення; комента́р
Erläuterungsbindestrich *m* **~(e)s, ~e** дефі́с; **~schrift** *f* **~, ~en** по́яснювальна запи́ска
erlében *vt* пережива́ти, зазнава́ти; пізнава́ти *(на власному досвіді);* дожи́ти *(до чогось);* ich hóffe das noch zu ~ сподіва́юся дожи́ти до цьо́го
Erlébnis *n* **~ses, ~se** пережива́ння; поді́я; приго́да; das Konzért war ein ~ конце́рт був чудо́вий
Erlébnisroman *m* **~s, ~e** автобіографі́чний рома́н
erlédigen *vt* зроби́ти, закінчи́ти; уладна́ти; die Sáche ist erlédigt! з цим покі́нчено!; die Fráge ist erlédigt пита́ння ви́черпане; *розм.* уби́ти, поріши́ти *(когось)*
Erlédigung *f*~, **~en** викона́ння; заве́ршення; fríedliche ~ (internationáler Stréitfälle) ми́рне розв'яза́ння (міжнаро́дних конфлі́ктів); вака́нсія
erléichtern *vt* поле́гшувати
Erléichterung *f* ~, **~en** поле́гшення; *pl* пі́льгові умо́ви
erléiden* *vt* зазнава́ти *(чогось);* éine Níederlage ~ зазна́ти пора́зки
erlérnen *vt* вивча́ти; навчи́тися *(щось робити)*
erléuchten *vt* осві́тлювати, осява́ти
Erléuchtung *f* ~, **~en** осві́тлення, ілюміна́ція; *перен.* проя́снення; здо́гадка
Érlkönig *m* **~(e)s** *міф.* лісови́й цар
Erlös *m* **~es, ~e** ви́торг, прибу́ток
erlöschen* *vi (s)* га́снути; тьмя́ніти; припиня́тися; мина́ти *(про строк)*
ermáhnen *vt* *(zu D)* заклика́ти *(до чогось);* умовля́ти; застеріга́ти; повча́ти; нага́дувати *(напр., про борг)*
ermánnen 1. *vt* підбадьо́рювати; 2. **sieh** ~ мужа́тися, бра́ти себе́ в ру́ки; ermánne dich! візьми́ себе́ в ру́ки!

E

Érzlager *n* **~s,** ~ поклади руди
erzürnen 1. *vt* (роз)сéрдити; 2. *vi (s) i* **sich** ~ *(über A)* (роз)сердитися *(ім когось, на щось);* обýрюватися *(з приводу чогось)*
erzwíngen* *vt* змýшувати, сúлувати
es 1. *pron pers* вонó *(при перекладі тж* він, вона, вони); 2. *pron dem* це; *в словосполученнях часто не перекладається,* es ist gesúnd zu báden купáтися корисно; wir sind es це ми; 3. *pron imp не перекладається:* es regnet іде дощ; es brennt! пожéжа!; 4. *prtc при зворотному порядку слів не перекладається,* es lébe der Fríeden! хай живé мир!
Ésche *f* **~, ~n** ясен
Ésel *m* **~s,** ~ осéл
Éspe *f* **~, ~n** осика
éßbar *adj* їстівний
Éßbesteck *n* **~(e)s, ~e** столóвий прибóр
éssen* *vt* їсти; харчувáтися; sein Frühstück ~ снідати; zu Míttag ~обідати; zu Ábend ~ вечéряти
Éssig *m* ~s, ~e óцет
Éßlöffel *m* **~s,** ~ столóва лóжка; **~waren** *pl* продовóльчі товáри; продýкти харчувáння
Éste *m* **~n, ~n** естóнець
Éstin *f* **~, ~nen** естóнка
éstnisch *adj* естóнський
Etáppe *f* **~, ~n** етáп; тил; місце відпочинку (привáлу)
étliche *pron indef (n* étliches, *pl* étliche) дéяка, дéяке, дéякі; небагáто; nach ~er Zeit чéрез дéякий час; дéщо; *тк. pl* дéкілька, дéякі, дéщо; *перед числівниками:* з лишнім, близько, приблизно
étlichemal *adv* неодноразóво
étwa *adv* приблизно, близько; можливо; хіба, невжé, можé *(у запитаннях);* ist er ~ krank? можé, він хвóрий? *(в умовних реченнях)* на випáдок, якщо; *(із запереченням)*: méinen Sie nicht ~, daß? ... чи не дýмаєте ви, що ...?
étwas 1. *pron indef* щось, дéщо, що-нéбудь; трóхи; 2. *adv* дéкілька, небагáто
euch *(pron pers, D i A від* ihr) вам, вас
éuer *(pron pers, G від* ihr вас; *pron poss m f* (éu(e)re, *n* éuer, *pl* eu(e)re); *без імен. m* éu(e)rer, *f* éu(e)re, *n* éueres, *pl* éu(e)re) ваш, вáша, вáше, вáші
Éule *f*~, **~n** совá
éurerseits *adv* з вáшого бóку
éuresgléichen *adj* такий як ви; подібний до вас
éuretwégen *adv* зарáди вас, з-за вас
Europäer *m* **~s,** ~ європéєць
europäisch *adj* європéйський
Európameister *m* **~s,** ~ чемпіóн Єврóпи
éwig 1. *adj* вічний; für ~e Zéiten на вічні часи; 2. *adv* вічно, безперестáнку; auf ~ навіки; дýже, безмірно; es ist ~ schâde дýже жаль
Éwigkeit *f* **~, ~en** вічність
exákt *adj* тóчний; пунктуáльний; акурáтний; ~e Wíssenschaften тóчні наýки
Exámen *n* **~s,** ~ i **...mina** екзáмен; ein ~ ablégen складáти екзáмен, екзаменувáтися
exekutív *adj* виконáвчий
Exekutívkomitee *n* **~s, ~s** виконáвчий комітéт; **~rat** *m* **~(e)s, ...räte** виконáвча рáда; **~tagung** *f* **~, ~en** сéсія виконáвчої рáди (комітéту)
Exémpel *n* **~s,** ~ приклад; ein ~líefern бýти прикладом; sich (D) ein ~ an j-m, an etw. *(D)* néhmen брáти приклад з кóгось, з чóгось; *мат.* задáча
Exíl *n* **~s, ~e** заслáння; im ~ lében жити на зáсланні
Existénz *f* **~, ~en** існувáння; зáсоби існувáння; людина, осóба; éine dúnkle ~ загадкóва осóба
Existénzberechtigung *f* **~, ~en** прáво на існувáння; **~minimum** n **~s, ...minima** прожиткóвий мінімум
exklusív *adj* винятковий; зáмкнутий; відосóблений; éine ~e Geséllschaft вибране товариство
Expansiónspolitik *f* **~** загáрбницька полíтика
explizíeren *vt* поя́снювати, тлумáчити
explodíeren *vi (s)* вибухáти
Exploitatión [-ploa-] *f* **~,en** експлуатáція, гнóблення
Explosión *f*~, **~en** вибух
Explosiónsmotor *m* **~s, ~e** двигýн внýтрішнього згоряння
expréß 1. *adj* терміновий; ясний, категоричний; недвознáчний; 2. *adv* термінóво
extérn *adj* зóвнішній; позаштáтний
éxtra 1. *adv* спеціáльно, осóбливо; окрéмо, додаткóво; чудóво, відмінно; 2. *adj* чудóвий, першоклáсний; вищого гатýнку
Exzéß *m* **...zesses, ...zesse** ексцéс, скандáл; неподóбство
exzessív *adv* надмірний, перебільшений; ~es Klíma континентáльний клімат
É-Zug = Éilzug швидкий пасажирський поїзд

F

Fábel *f*~, **~n** байка, ка́зка; фа́була, сюже́т; ви́гадка
fábelhaft 1. *adj* казко́вий, чудо́вий, нечу́ваний; 2. *adv* ду́же, надзвича́йно
Fabrík *f*~, **~en** фа́брика, заво́д
Fabrikatión *f* ~, **~en** виробни́цтво, ви́готовлення, фабрика́ція
fabríkmäßig 1. *adj* фабри́чний, ви́готовлений на фа́бриці; *перен.* штампо́ваний, шабло́нний; 2. *adv.* ~neu пря́мо з фа́брики (із заво́ду)
fabrizíeren *vt* виробля́ти, виготовля́ти; *несхвально* фабрикува́ти
Fach *n* **~(e)s, Fächer** шухля́да; поли́ця *(у шафі);* відді́лення; части́на; га́лузь *(науки);* предме́т *(навчання);* спеціа́льність
Fácharbeiter *m* **~s, ~** кваліфіко́ваний робітни́к, спеціалі́ст; **~arzt** *m* **~es, ...ärzte** ліка́р-фахіве́ць; ~**ausbildung** *f* ~, **~en** сере́дня спеціа́льна (професі́йна) осві́та; **~ausdruck** *m* **~(e)s, ...drücke** те́рмін; **~gebiet** *в* **~(e)s, ~e** спеціа́льність, фах; га́лузь нау́ки
fáchgemäß 1. *adj* спеціа́льний, професіона́льний; компете́нтний; 2. *adv* із знання́м спра́ви; науко́во; **~kundig** *adj* обі́знаний із своїм фа́хом, досві́дчений
fáchlich *adj* спеціа́льний, фа́ховий; die ~e Qualifikatión фахова́ кваліфіка́ція
Fáchliteratur *f* **~** спеціа́льна (фа́хова) літерату́ра; **~mann** *m* **~(e)s, ...männer** *f* **~leute** спеціалі́ст, фахіве́ць; ~**richtung** *f* **~, ~en** спеціа́льність, га́лузь дія́льності; **~schule** *f* **~, ~n** сере́дній спеціа́льний навча́льний за́клад, те́хнікум; ~**wort** n **~(e)s, ...wörter** те́рмін, спеціа́льний ви́раз; **~wörterbuch** *n* **~(e)s, ...bücher** спеціа́льний (галузе́вий) словни́к; **~zirkel** *m* **~s, ~** предме́тний гурто́к *(у школі)*
fáckeln *vt* мерехті́ти *(про свічку);* пала́ти; бари́тися, зволіка́ти
fád(e) *adj* позба́влений смаку́, прі́сний; нудни́й *(про людину);* вульга́рний
fádeln *vt* просиля́ти ни́тку *(в голку);* нани́зувати
Fáden *m* **~s, Fäden** ни́тка
fádenscheinig *adj* поте́ртий, зно́шений *(про тканину);* ~e Gründe непереко́нливі до́кази
Fádensommer *m* **~s, ~** ба́бине лі́то
fähig *adj* таланови́тий, зді́бний; зда́тний *(G або zu D на щось)*
Fähigkeit *f* ~, **~en** зді́бність, умі́ння; обдаро́ваність
fahl *adj* бля́клий, блід́ий, біля́стий
Fähnchen *n* **~s, ~** прапоре́ць, флю́гер; *мор,* ви́мпел; *розм.* просте́нька (повсякде́нна, лі́тня) су́кня
fáhnden *vt, vi (nach D, auf A)* переслі́дувати, висте́жувати *(когось);* розшу́кувати *(злочинців і тих, хто пропав без вісті)*
Fáhne *f* ~, **~n** прапор; флю́гер, *полігр.* гра́нка
Fáhneneid *m* **~(e)s, ~e** військо́ва прися́га; **~flucht** *f* **~** дезерти́рство; **~flüchtige** *m, f* дезерти́р; **~stange** *f*~, **~n** дре́вко пра́пора, флагшто́к; **~träger** *m* **~s, ~** прапороно́сець
Fáhrbahn *f* ~, **~en** проїзна́ части́на *(вулиці);* залізни́чне полотно́. *мор.* фарва́тер; **~dämm** *m* **~(e)s, ...dämme** проїзна́ части́на *(дороги),* полотно́ доро́ги; **~dienstleiter** *m* **~s,** ~черговий по ста́нції
Fáhre *f* ~, **~en** поро́м
fáhren* 1. *vi (s)* ї́хати, ї́здити; поїхати, руша́ти *(про поїзд);* ї́здити, ката́тися *(на човні, на санях);* Áuto ~ ї́хати автомо́білем; Rad ~ката́тися на велосипе́ді; *вказує на швидкий рух:* aus dem Bett ~зіско́чити з лі́жка; in die Kléider ~шви́дко одягти́ся; 2. *vt* вози́ти, везти́; пра́вити *(автомобілем)*
Fáhrer *m*~**s,** ~ воді́й, шофе́р; ї́зде́ць; велосипеди́ст; мотоциклі́ст
Fáhrerlaubnis *f*~, **~se** права́ водія́; сигна́л "шлях ві́льний"; **~gast** *m* **~(e)s, ...gäste** пасажи́р; **~geld** *n* **~(e)s,~er** пла́та за прої́зд
fáhrig *adj* неспокі́йний, нерво́вий; квапли́вий; неува́жний
Fáhrkarte *f* ~, **~n** (прої́зний) квито́к; **~kartenschalter** *m* **~s, ~** *зал.* квитко́ва ка́са
fáhrlässig *adj* недбайли́вий; необере́жний, неува́жний
Fáhrlässigkeit *f* ~, **~en** недбайли́вість; необере́жність, неува́жність; **~plan** *m* **~(e)s, ...pläne** ро́зклад (гра́фік) ру́ху *(транспорту)*

fáhrplanmäßig *adj* за рóзкладом, за грáфіком
Fáhrpreis *m* **~es, ~e** вáртість проїзду; **~rad** *n* **~(e)s, ...räder** велосипéд; **~schein** *m* **~(e)s, ~e** проїзний квитóк (докумéнт); **~schule** *f* ~, **~n** автошкóла, кýрси водіїв; **~spur** *f* ~, **~en** слід, кóлія; смýга рýху; **~straße** *f* ~, **~n** дорóга, шосé; водяний шлях; **~stuhl** *m* **~s, ...stühle** ліфт, підйóмник
Fáhrt *f* ~, **~en** їздá, поїздка; плáвання, рейс; пóдорож; проїзд; fréie ~ безкоштóвний проїзд; вільний шлях; зелéна вýлиця *(для поїзда)*; хід, швидкість *(судна)*; in ~на ходý
Fährte *f* ~, **~n** слід: der ~ fólgen вистéжувати; auf der fálschen ~ sein бýти на непрáвильному шляхý; помилятися
Fáhrtreppe *f* ~, **~n** ескалáтор
Fáhrtrichtung *f* ~, **~en** нáпрям рýху *(напр., поїзда)*
Fáhrzeug *n* **~(e)s, ~e** трáнспортний зáсіб, зáсіб пересувáння *(напр., автомобіль)*
Fáktum *n* **~s, ...ta i ...ten** факт
Fálke *m* **~n, ~n** сóкіл
Fall I *m* **~(e)s, Fälle** падіння; водоспáд; падіж *(худоби)*; схил, пóхил; спад, змéншення, знижéння; багáті пóклади рудú
Fall II 1. *m*~ **(e)s, Fälle** вúпадок, подія; *юр*, спрáва; 2: im ~e daß *cj* (на вúпадок) якщó, колú; ich kómme nur, im ~e, daß ich áufgefordert wérde я прихóжу тільки (тóді), колú (якщó) менé запрóшують
Fall III *m* **~(e)s, Fälle** *грам*, відмінок
Fállbaum *m* **~(e)s, ...bäume** шлагбáум; **~brücke** *f*~, **~n** звідний міст
Fálle *f* ~, **~n** пáстка *(тж перен.)*; клямка, зáсувка
fállen* *vi* (s) пáдати; пáдати, змéншуватися *(напр., про ціни)*; спускáтися *(про дорогу)*; der Weg fällt schroff ins Tal дорóга крýто спускáється в долúну; впáсти *(морально)*; упáсти *(про фортецю)*; загúнути *(в бою)*; здихáти *(про худобу)*; припадáти *(на якесь число)*; припадáти на дóлю; впадáти *(про річку)*; впадáти *(в якийсь)*, in Úngnade ~ впáсти в немúлість; пролунáти; ein Schuß fiel пролунáв пóстріл
fällen *vt* рубáти, вирýбувати *(ліс)*; різати *(худобу)*; ухвáлювати *(напр., рішення, вирок)*
falls *cj* якщó; на вúпадок, якщó
Fállschirm *m* **~(e)s, ~e** парашýт
Fállschirmabsprung *m* **~(e)s, ..sprünge** стрибóк з парашýтом; **~springer** *m* **~s,** ~ парашутúст
falsch 1. *adj* фальшúвий; штýчний, удáваний; помилкóвий, непрáвильний; 2. *adv* непрáвильно, помилкóво
fälschen *vt* підрóблювати, фальсифікувáти
Fälscher *m* **~s,** ~ фальсифікáтор
Fálschheit *f* ~, **~en** хúбність, непрáвильність; фальшúвість; лицемíрство
Fälschung *f*~, **~en** підрóбка, фальсифікáція
Fálte *f* ~, **~n** склáдка; збóрка: змóршка
fálten *vt* складáти; згинáти; мóрщити *(лоба)*
fáltig *adj* складчáстий; у склáдках; у збóрках; зім'ятий, змóршкуватий
familiär *adj* інтúмний; невúмушений; фамільярний, безцеремóнний
Famílie *f* ~, **~n** сім'я, родúна; рід
Famílienname *m* **~ns, ~n** прізвище
Fanál *n* **~s, ~e** маяк, сигнáльний вогóнь; *перен.* провісник *(подій)*
Fang *m* **~(e)s, Fänge** rar. *sg* лóвля; *тк. sg.* улóв; здóбич
Fángarme *pl* щýпальця, **~eisen** *n* **~s,** ~капкáн
fángen* *vt* ловúти, піймáти; *перен. розм.* спіймáти на гачóк, ошукáти; Féuer ~ загорятися спалáхувати
Fárbe *f*~, **~n** кóлір; фáрба, масть *(коня)*; масть *(в картах)*
färben 1. *vt* фарбувáти; bunt ~ розфарбóвувати; 2. *vi* линяти, фарбувáти; 3. **sich ~** фарбувáтися
Fárbenblindheit *f* ~ *мед.* дальтонізм; **~pracht** *f* ~ барвúстість
fárbenreich *adj* барвúстий
Färber *m* **~s,** фарбáр
Fárbfernsehen *n* **~s, ~** кольорóве телебáчення
Fárbfilm *m* **~(e)s, ~e** кольорóвий (кінó) фільм; кольорóва плівка
fárbig *adj* кольорóвий, барвúстий, строкáтий; *перен.* обрáзний, яскрáвий
fárblos *adj* блідúй; безбáрвний
Fárbmuster *n* **~s, ~** розцвíтка *(тканини)*; зразóк фáрби; **~stift** *m* **~(e)s, ~e** кольорóвий олівéць; **~stoff** *m* **~(e)s, ~e** барвнúк; пігмéнт; **~ton** *m* **~(e)s, ...töne** відтінок кóльору
Färbung *f* ~, **~en** фарбувáння; забáрвлення, кóлір; відтінок; пігментáція
Farm *f* ~, **~en** фéрма, хýтір; ферма *(птахівницька і т. п.)*
Fáser *f*~, **~n** волокнó
fáserig *adj* волокнúстий
Faß *n* **~sses, Fässer** бóчка
fáßbar *adj* уловúмий; зрозумілий
fássen 1. *vt* хапáти, схопúти; вміщáти; розуміти, улóвлювати; охóплювати; вставляти *(щось в раму, оправу і т. п.)*; 2. **sich** ~ заспокóїтися; зібрáтися з думкáми; взяти себé в рýки
fáßlich *adj* зрозумілий, дохідливий
Fáßreifen *m* **~s, ~** обрýч *(бочки)*
Fássung *f*~, **~en** опрáва; *ел.* патрон; одержання *(напр., їжі)*; вúклад; варіáнт; редáкція; офóрмлення; текст; формулювáння; самовладáння, стрúманість; j-n aus der ~ bríngen вúвести когóсь з сéбе

fássungslos *adj* що втрáтив самовладáння, що розгубився
Fássungsvermögen *n* **~s, ~** місткість; здáтність засвóювати навчáльний матеріáл
fast *adv* мáйже
fául *adj* гнилий; тýхлий; прíлий; ~ wérden (зі)псувáтися, (про)тýхнути; ліни́вий, ледáчий
Fáulbeerbaum *m* **~(e)s, ...bäume** черéмха; жóстір
fáulen *vi* гни́ти; тýхнути; псувáтися
fáulenzen *vi* ледарювáти
Fáulenzer *m* **~s, ~** лéдар
Fáulheit *f* **~** лінощі
fáulig *adj* підгни́лий, тýхлий
Fäulnis *f* **~** ѐгніння; псувáння; гниття́
Fáulpelz *m* **~es, ~e** лéдар
Fáust *f~,* **Fäuste** кулáк; die ~ bállen сти́снути кулáк; etw. auf éigene ~ tun зроби́ти щось самовíльно, на свій страх і риск
Fáusthammer *m* **~s, ~e** *іст.* булавá, пáлиця; ручни́к *(молоток);* **~handschuh** *m* **~(e)s, ~e** рукави́ця
fáxig *adj* пустотли́вий
Fázit *n* **~ s, ~e** *і* **~s** (загáльна) сýма, підсумок; підсумок, висновок; das ~ aus etw. *(D)* zíehen підби́ти пíдсумки чомýсь, зроби́ти висновок з чóгось
febríl *adj* гарячкóвий
Fébruar *m* **~** *і* **~s, ~e** лю́тий *(назва місяця)*
féchten* *vi* фехтувáти; борóтися
Féder *f* **~, ~n** перó *(птаха);* пух; *pl* перó *(збірн);* перó *(писання);* пружи́на; ресóра; рапíра
Féderball *m* **~s, bälle** бадмінтóн; **~bett** *n* **~(e)s, ~en** пери́на; **~kästen** *m* **~s.** ~і **...kästen** пенáл; ~ **kraft** *f* **~** *фіз.* прýжність, еласти́чність; **~krieg** *m* **~(e)s,** ~e літератýрна полéміка; **~messer** *n* **~s,** ~ склáданий ніж
fédernd *adj* пружни́й, еласти́чний
Féderstrich *m* **~(e)s, ~e** рóзчерк перá **~vieh** *n* **~(e)s** свíйська пти́ця; **~volk** *n* **~(e)s** пернáті; **~wolken** *pl* пери́сті хмáри
féenhaft *adj* феєри́чний, чудóвий, чарівни́й; фантасти́чний
fégen 1. *vt* чи́стити; замітáти; das Zímmer ~ підмітáти кімнáту; (den) Schmutz aus der Stúbe ~ винóсити смíття з хáти; 2. *vi* *(s)* мчáти; es fegt héute сьогóдні замéтіль
Feh *n* **~(e)s, ~e** бíлка; бíляче хýтро
féhlen 1. *vi* не вистачáти, бракувáти; бýти відсýтнім; помиля́тися; провини́тися; 2. *vimp (an D)* не вистачáти, бракувáти *(чогось);* es fehlt ihm an Gedúld у ньóго не вистачáє терпíння; 3. *vi* не влýчити *(у* щось); das Ziel ~ не влýчити в ціль
Féhler *m* **~s, ~** пóми́лка; хи́ба, вáда, дефéкт; aus den ~n lérnen вчи́тися на пóми́лках
féhlerfrei *adj* безпомилкóвий, бездогáнний
féhlerhaft *adj* помилкóвий, хи́бний; недоброя́кісний
féhlerlos *див.* féhlerfrei
Féhlgriff *m* **~(e)s, ~e** пóхибка; пóми́лка; **~schluß** *m* **~sses, ..schlüsse** помилкóвий ви́сновок; **~tritt** *m* **~(e)s, ~e** хи́бний крок; провина, простýпок
Féier *f~,* ~n свя́то
Féierabend *m* **~(e)s, ~e** кінéць робóчого дня; кінéць ти́жня; вíльний час пíсля робóти
féierlich 1. *adj* урочи́стий; святкóвий; 2. *adv* урочи́сто; святкóво
féiern 1. *vt* святкувáти; вшанóвувати; прославля́ти; **2.** *vi* святкувáти; відпочивáти; не працювáти
Féierstunde *f~,* **~n** годи́на відпочи́нку; урочи́сті збóри; **~tag** *m* **~(e)s, ~e** свя́то; ~вихідни́й день
Féigheit *f* **~** боягýзтво, малодýшність; **~ling** *m* **~s, ~e** боягýз
Féile *f~,* **~n** *мех.* напи́лок, терпýг
féilen *vt* пиля́ти
féilschen *vi (um A)* торгувáтися *(через щось, за щось)*
fein 1. *adj* тонки́й; дрібни́й; тóчний; тонки́й; ein ~es Ínstrument тóчний інструмéнт; тонки́й, чутки́й: ein ~es Gehör чутки́й слух; ви́шуканий, ви́точений; ~e Maníeren хорóші манéри; гáрний, чудóвий; ein ~er Kerl дóбрий хлóпець; багáтий, знáтний; eine ~e Dáme елегáнтна дáма; слабки́й, ти́хий; ein ~es Geräusch слабки́й шум; хи́трий, спри́тний; розýмний; ein ~er Kopf розýмна головá; 2. *adv* тóнко, чудóво
Féinbäckerei *f~,* **~en** конди́терська
Féind *m* **~(e)s, ~e** вóрог, нéдруг, проти́вник
féindlich *adj* ворóжий
Féindschaft *f* **~, ~en** ворóжість, непри́язнь
féindselig *adj* ворóжий, недобрози́чливий, непри́язний
Féindseligkeit *f~,* ~en непри́язнь, ворóжість; *pl* воéнні дíї
féinfühlend, féinfühlig *adj* чýйний, делікáтний
Féingefühl *n* **~ (e)s** чýйність, делікáтність; **~gewicht** *n* **~(e)s** чи́ста вагá
Féinheit *f* **~, ~en** тóнкість; нíжність; ви́тонченість
Féinkost *f* **~** гастронóмія, делікатéси; **~kosthandlung** *f* **~, ~en** гастронóм; **~mechanik** *f~* ѐчна механíка
Feld *n* **~(e)s, ~er** пóле; ни́ва, рілля́; пóле бóю; пóле діяльності; *ел.* пóле
Féldarbeiten *pt* польовí робóти; **~bau** *m* **~(e)s** рільни́цтво; **~bestellung** *f* **~, ~en** обробíток пóля; **~herr** *m* **~(e)n, ~en** полковóдець; **~lager** *n* **~s, ~** тáбір; **~post** *f* **~, ~en** польовá пóшта; **~zug** *m* **~(e)s, ..züge** похíд

Fell *n* **~(e)s, ~e** хýтро; шкíра, шкýра
Fels *m* **~en, ~en, Félsen** *m* **~s,** ~ скéля
félsenfest *adj* твердúй як скéля; непохúтний
Félsenkluft *f* **~, ...klüfte** ущéлина
félsig *adj* скелястий; кам'янистий
Fénster *n* **~s,** ~ вікнó
Fénsterbrett *n* **~(e)s, ~er** підвікóння; **~scheibe** *f* **~, ~n** шúбка
Ferienheim *n* **~(e)s, ~e** будúнок відпочúнку; **~platz** *m* **~es, ...plätze** путíвка в будúнок відпочúнку
Férkel *n* **~s,** ~ поросЯ
fern 1. *adj* далéкий, дáльній, віддáлений; 2. *adv* далéко
Férnamt *n* **~(e)s, ...ämter** (центрáльна) телефóнна стáнція; переговóрний міжміськúй пункт
Férnbedienungspult *n* пульт дистанцíйного управлíння
férnbleiben* *vi (s)* *(von D)* бýти відсýтнім; von der Árbeit ~ не з'явúтися на робóту; *(D)* бýти далéким *(від чогось),* бýти непричéтним *(до чогось),* не цікáвитися *(чимось)*
Férne *f* **~, ~n** далечíнь
Férngespräch *n* **~(e)s, ~e** міжміська (телефóнна) розмóва
férngesteuert *adj* керóваний на вíдстані
Férnglas *n* **~es, ...gläser** польовúй бінóкль
férnhalten* 1. *vt (von D)* усувáти *(когось від чогось);* утримувати *(когось від чогось);* оберігáти *(когось від чогось);* **2. sich** ~ *(von D)* цурáтися *(когось);* тримáтися óсторонь *(від когось, від чогось)*
Férnkurse *pl* кýрси заóчного навчáння; **~lenkung** *f* **~** дистанцíйне керувáння, телекерувáння
férnliegen* *vi* *(D)* бýти невластúвим *(комусь);* das liegt mir fern ... менí й на дýмку не спадáє ...
Férnrakete *f*~, **~n** ракéта далéкої дíї; **~röhr** *n* **~(e)s, ~e** телескóп; підзóрна трубá; **~schaltgerät** *n* **~(e)s, ~e** дистанцíйний перемикáч; **~schreiber** *m* **~s,** ~ телетáйп
Férnsehband *n* **~(e)s, ~e** телевізíйний діапазóн; **~bild** *n* **~(e)s, ~er** телевізíйне зобрáження; **~bildröhre** *f*~, **~n** кінескóп; **~bildschirm** *m* **~(e)s, ~e** телевізíйний екрáн; **~darbietung** *f*~, **~en** телевізíйна передáча; **~empfang** *m* **~(e)s, ...fänge** прийóм телепередáч
férnsehen* *vi* дивúтися телепередáчу
Férnsehen *n* **~s** телебáчення; etw. im ~ séhen *розм.* дивúтися щось по телевíзору
Férnseher *m* **~s,** ~ телеглядáч
Férnsehfilm *m* **~(e)s, ~e** телевізíйний фільм; **~funk** *m* **~(e)s** телемóвлення; **~gerät** *n* **~(e)s, ~e** телевíзор; **~kanal** *m* **~s, ...näle** телевізíйний канáл; **~normen** *pl* телевізíйні стандáрти; **~schirm** *m* **~(e)s, ~e** екрáн телевíзора; **~sender** *m* **~(e)s,~** телевізíйний передáтчик, телецéнтр; **~sendung** *f*
Férnsicht *f* ~ перспектúва; кругозíр
férnsichtig *adj* далекозóрий
Férnsprecher *m* **~s,** ~ телефóн; телефóнний апарáт; телефонíст; **~spruch** *m* **~(e)s, ~sprüche** телефоногрáма; **~student** *n* **~en, ~en** студéнт-заóчник; **~studium** *n* **~s** заóчне навчáння
Férse *f*~, **~n** п'ятá, п'Ятка
fértig *adj* готóвий
fértigbringen* *vt* довóдити до кінцЯ *(щось);* справлЯтися *(з чимось)*
Fértigkeit *f* ~, **~en** нáвичка, вправність, умíлість
fértigmachen 1. *vt* закінчúти; зробúти, дороб*и*ти; 2. **sich** приготувáтися, бýти напоготóві
Fértigung *f* ~, **~en** вúготовлення, вирóбнúцтво; технолóгія
Féssel *f* ~, **~n** кайдáни; пýта
fésseln *vt* закóвувати в кайдáни; спýтувати *(коня);* зв'Язувати *(когось); перен.* прикóвувати; den Blick ~ привертáти пóгляд; захóплювати, полонúти; das Buch hat mich gefésselt кнúжка менé захопúла
fésselnd *adj* захóплюючий
fést 1. *adj* твердúй; ~es Land сýша, землЯ; міцнúй; eine ~e Gesúndheit міцнé здорóв'я; твердúй, стійкúй; устáлений; ein ~er Kurs твердúй курс (біржовúй); твердúй, впéвнений; твердúй, непохúтний; ein ~er Charákter твердúй харáктер; твердúй, постíйний; ~er Preis твердá цінá 2. *adv* твéрдо, міцно; міцно, щíльно; тýго
Fest *n* **~es, ~e** свЯто; ein ~ begéhen (féiern) відзначáти свЯто
féstbinden* *vt* зав'Язувати; скрýчувати; *(an A)* прив'Язувати *(до чогось)*
féstgesetzt *adj* признáчений, домóвлений; zur ~en Zeit у признáчений час
désthalten* 1. *vt* (міцно) тримáти, утримувати; затрúмувати, заарештóвувати; 2. *vi (an D)* додéржуватися *(чогось);* 3. **sich ~** *(an D)* міцно тримáтися *(за щось, за когось)*
féstigen 1. *vt* змíцнювати; 2. **sich** ~ змíцнюватися
Féstigkeit *f* ~ твéрдість, міцність; *тех.* óпір; стíйкість; непохúтність; твéрдість харáктеру; стíйкість
Féstigung *f* ~, **~en** змíцнення; закріплéння
Féstkleid *n* **~(e)s, ~er** святкóве вбраннЯ
Féstland *n* **~(e)s, ...länder** материк, континéнт, сýша
féstlegen *vt* признача́ти, визначáти; вкладáти *(капітал)*
féstlich 1. *adj* святкóвий; урочúстий; 2. *adv* по~святкóвому; урочúсто
Féstlichkeit *f* ~, **~en** урочúстість; свЯто, святкувáння
Féstnahme *f* ~, **~n** затрúмання, арéшт

féstnehmen* *vt* затри́мувати, заарешто́вувати
Féstspiele *pl* фестива́ль
féststellen *vt* визнача́ти; констатува́ти; устано́влювати; die Úrsache ~з'ясо́вувати причи́ну
Féststellung *f* ~, ~**en** устано́влення, ви́значення; констата́ція
Féstung *f* ~, ~**en** форте́ця
Féstzug *m* ~**(e)s, züge** урочи́ста проце́сія; корте́ж; *спорт.* пара́д
fett *adj* жи́рний, гладки́й
Fett *n* ~**(e)s, ~e** жир, са́ло
féttgedruckt *adj* надруко́ваний жи́рним шри́фтом
féttig *adj* жи́рний, засмальцьо́ваний, брудни́й; жирови́й
Fétzen *m* ~**s, ~** кла́поть; *pl* лахмі́ття
féucht *adj* сири́й, вогки́й
Féuchtigkeit *f* ~ си́рість, во́гкість, воло́га
Féuer *n* ~**s, ~** вого́нь, по́лум'я; *мор.* (сигна́льний) вого́нь; мая́к; поже́жа; стрільба́, вого́нь; во́гнище, то́пка; па́лкість, завзя́ття; блиск *(очей);* гра *(діамантів)*
Féueralarm *m* ~**(e)s, ~e** поже́жна триво́га; ~**eifer** *m* ~**s, ~** за́пал, завзя́ття; ~**einstellung** *f* ~, ~**en** припи́нення вогню́
féuerfest *adj* вогнетривки́й, неспали́мий; тугопла́вкий; ~**gefährlich** *adj* вогненебезпе́чний
Féuerlöscher *m* ~**s, ~** вогнега́сник; ~**mannschaft** *f* ~, ~**en** поже́жна кома́нда; ~**meider** *m* ~**s** поже́жний сигна́л
féuern 1. *vi (mit D)* топи́ти, розпа́лювати *(чимось);* стріля́ти, вести́ вого́нь; *ел.* іскри́ти; 2. *vt розм.* ки́дати, шпурля́ти
féuersicher *adj див.* féuerfest
féuerspeiend *adj* вогнеди́шний
Féuerstätte *f* ~, ~**n** пожа́рище, зга́рище; во́гнище; ~**stein** *m* ~**(e)s, ~e** кре́мінь; ~**taufe** *f* ~, ~**n** бойове́ хре́щення
Féuerung *f* ~, ~**en** па́ливо; то́пка; спа́лювання; горі́ння
Féuerwache *f* ~, ~**n** поже́жна охоро́на; ~**waffe** *f* ~, ~**n** вогнепа́льна збро́я; ~**wehr** *f* ~, ~**en** поже́жна кома́нда
Féuerwehrmann *m* ~**(e)s, ...männer** *i* **leute** поже́жник; ~**schlauch** *m* ~**(e)s, ...schläuche** поже́жний шланг
Féuerwerk *n* ~**(e)s, ~e** феєрве́рк; ~**zeug** *n* ~**(e)s, ~e** запальни́чка
féurig *adj* вогне́нний, пала́ючий; полум'я́ний, палки́й, при́страсний
Fíbel [2] *f* ~, ~**n** буква́р
Fíbel II *f* ~, ~**n** пря́жка, за́стібка
Fíchte *f* ~, ~**n** яли́на; я́ли́ця
Fíchtenbaum *m* ~**(e)s, ...bäume** *див.* Fichte; ~**hain** *m* ~**(e)s, ~e** яли́новий гай; ~**pilz** *m* ~**es, ~e** бі́лий гриб; ~**zapfen** *m* ~**s, ~** яли́нова ши́шка
Fíeber *n* ~**s** (підви́щена) температу́ра; жар, гаря́чка; пропа́сниця; er hat stárkes ~ у ньо́го висо́ка температу́ра
fíeberfrei *adj* без (підви́щеної) температу́ри; der Kránke ist ~ у хво́рого норма́льна температу́ра
fíeberhaft *adj* гарячко́вий
Fíebermittel *n* ~**s, ~** жарозни́жувальний за́сіб
fiebern *vt* моро́зити; er fíebert у ньо́го гаря́чка (температу́ра); бу́ти гарячко́во збу́дженим
fíebersenkend *adj* жарозни́жувальний
Film *m* ~**(e)s, ~e** (кіно)фі́льм; der ~ lief an фі́льм ви́йшов на екра́н; éinen ~ áufführen демонструва́ти фі́льм; кінемато́гра́фія; *кіно, фото* плі́вка
Fílmaufnahme *f* ~, ~**n** кінозйо́мка; ~**festspiele** *pl* кінофестива́ль; ~**folge** *f* ~, ~**n** се́рія фі́льму; ~**kunst** *f* ~ кіномисте́цтво; ~**künstler** *m* ~**s, ~** кіноа́ктор; ~**vorführung** *f* ~, ~**en** демонстра́ція фі́льму, кіносеа́нс
Filz *m* ~**es, ~e** повсть; фі́льц; фетр
Fílzstiefel *m* ~**s, ~** ва́лянок; ~**zeit** *n* ~**(e)s, ~e** ю́рта
finanziéll *adj* фіна́нсовий; грошови́й
fínden* 1. *vt* знахо́дити, відшу́кувати; Ábsatz ~ ма́ти збут; Ánerkennung ~ діста́ти визна́ння; знахо́дити, застава́ти; ich fand ihn zu Háuse я заста́в його́ вдо́ма; вважа́ти, визнава́ти; ich fínde das nicht in Órdnung я вважа́ю це непра́вильним; 2. **sich** ~ знахо́дитися, знайти́ся; трапля́тися, виявля́тися; es fand sich, daß ich Recht hätte ви́явилося, що я пра́вий; *(in A)* пристосува́тися *(до чогось);* примири́тися (з *чимось)*
fíndig *adj* метки́й; спри́тний
Fínger *m* ~**s, ~** па́лець *(на руці)*
Fíngerfertigkeit *f* ~ спри́тність; *муз.* впра́вність па́льців; ~**hut** *m* ~**(e)s, ...hüte** напе́рсток; ~**nagel** *m* ~**s, ...nägel** ні́готь па́льця руки́
fínster *adj* те́мний, похму́рий; ein ~er Wald дрі́му́чий ліс; éine ~e Nacht те́мна ніч; суво́рий, похму́рий; *розм.* те́мний, підозрі́лий
Fínsternis *f* ~, ~**se** те́мрява, мо́рок; *астр.* зате́мнення
firm *adj* тверди́й, впе́внений, досві́дчений; мо́дний
Firmamént *n* ~**(e)s** небозві́д
Fisch *m* ~**es, ~e** ри́ба
físchen *vt* лови́ти ри́бу
Físcher *m* ~**s, ~** риба́лка, риба́к
Fischeréi *f* ~, ~**en** риба́льство, ри́бний про́мисел
Físchfang *m* ~**(e)s, ...fange** риба́льство; риболо́вля; уло́в; ~**gräte** *f* ~, ~**n** ри́б'яча кі́стка; ~**netz** *n* ~**es, ~e** не́від; ~**tran** *m* ~**(e)s, ~e** ри́б'ячий жир
fix 1. *adj* тверди́й, пе́вний; незмі́нний, пості́йний; eine ~e Idée насти́рлива іде́я; спри́тний; ein ~er Kerl спри́тний хло́пець, молоде́ць; 2. *adv розм.* жва́во, шви́дко

fixíeren *vt* (за)фіксувáти, встанóвлювати; зупиня́ти; закріплювати, пи́льно диви́тися *(на когось, на щось)*
flach 1. *adj* плóский; низи́нний, рівни́й; мілки́й, неглибóкий; заялóжений, банáльний; 2. *adv* нáвзнáк; горизонтáльно
Fläche *f* ~, **~n** площинá; повéрхня; плóща; пóле; територія; рівни́на
Fláchheit *f* ~, **~n** площинá; банáльність
Fláchland *n* **~(e)s länder** рівни́на, низовинá
Flachs *m* **~es** льон
Fláchsbau *m* **~(e)s** льонáрство
Fláchzange *f* **~, ~n** *мех.* плоскогýбці
fláckern *vt* мерехті́ти, мигті́ти, блимáти *(про свічку, лампу)*
Flágge *f* **~, ~n** прáпор; die ~ híssen підня́ти прáпор
flággen *vi* піднімáти (вивішувати) прáпор; die Stadt hat gefläggt у місті булú ви́вішені прапори́; сигналізувáти прапорця́ми
flämisch *adj* фламáндський
Flámme *f* **~, ~n** пóлум'я, вогóнь; in ~n áufgehen спалахнýти, згорі́ти; in ~n sétzen підпáлювати; вогóнь, зáпал; завзя́ття; er ist gleich Féuer und ~ *(für A)* він відрáзу захóплюється *(чимось)*
flámmen 1. *vi* палáти, полум'я́ніти; sein Gesícht flámmte vor Zorn йогó обли́ччя палáло гнівом; 2. *vt* запáлювати; підпáлювати
flámmend *adj* полум'я́ний, палки́й; палáючий
Flásche *f* **~, ~n** пля́шка; фля́жка
fláttern *vi* *(h)* розвівáтися; *(s)* пýрхати
flau *adj* слабки́й, в'я́лий; ви́снажений
Flaum *m* **~(e)s** пух, пушóк
Fléchte *f* **~, ~n** косá *(з волосся)*, *бот.* лишáйник; *мед.* лишáй
fléchten* *vt* плести́, заплітáти *(косу)*; плести́ *(вінок)*
Fleck *m* **~(e)s, ~e** пля́ма; ein bláuer ~ си́ня пля́ма; синéць; лáтка, клáпоть; éinen ~ áufsetzen залатáти; клáпоть *(землі)*; ein schöner ~Érde чудóве мíсце; мíсце, тóчка
Flécken *m* **~s, ~** пля́ма *(тж перен.)*; селó, сéлище; *pl мед.* кір
fléckig *adj* плями́стий, у пля́мах; засмальцьóваний
Flédermaus *f* ~, **...mäuse** кажáн
flégelhaft *adj* неви́хований, брутáльний
fléhen *vi* *(um A)* благáти, проси́ти *(про щось)*
Fléisch *n* **~es** м'я́со; м'я́коть *(плодів)*; тíло; ~ ánsetzen потóвщати; товсті́ти; плоть; álles ~ auf Érden усé живé на землі́
Fléischer *m* **~s, ~** м'ясни́к
fléischig *adj* м'яси́стий
Fléischwolf *m* **~(e)s, ..wölfe** м'ясорýбка
Fléiß *m* **~es** старáнність; mit ~ старáнно; óhne ~ kein Preis без трудá немá плодá
fléißig 1. *adj* старáнний, ретéльний; 2. *adv* старáнно, ретéльно
flícken *vt* латáти, лáгодити, штóпати
Flíeder *m* **~s,** ~ бузóк
Flíege *f* **~, ~n** мýха; zwei ~n mit éiner Kláppe schlágen одни́м пóстрілом двох зáйців уби́ти
flíegen* 1. *vi (s)* літáти, летíти; мчáти, летíти; die Stúnden ~ час збігáє; in die Luft ~ злетíти в повíтря, ви́бухнути; розвівáтися; 2. *vt* вести́ *(літак)*
flíegend *adj* летю́чий; літáючий
Flíegenpapier *n* **~(e)s** липýчка; **~pilz** *m* **~es, ~e** мухомóр
Flíeger *m* **~s,** ~ льóтчик, пілóт
Flíegerabwehr *f* ~ протиповíтряна оборóна; **~alarm** *m* **~(e)s, ~e** повíтряна тривóга; **~angriff** *m* **~(e)s, ~e** налíт авіáції, нáпад з повíтря; **~truppen** *pl* льóтні части́ни; військóва авіáція
flíehen 1. *vi (s)* бíгти, тікáти; рятувáтися втéчею; *(vor D)* утікáти *(од когось)*; **2.** *vt* уникáти, цурáтися *(когось, чогось)*
Flíeßarbeit *f*~, **~en** конвéєрна робóта; **~band** *n* **~(e)s, ...bänder** конвéєр
flíeßen* *vi (s)* текти́, ли́тися; струмувáти; ins Meer ~ впадáти в мóре; спливáти, збігáти *(про час)*; die Zeit fließt час ідé; тáнути; розтóплюватися; розплавля́тися; текти́, протікáти, пропускáти вóду
flíeßend 1. *adj* текýчий; рідки́й, плáвний; 2. *adv* плáвно; вíльно; ~ deutsch spréchen говори́ти вíльно німéцькою мóвою
flímmern *vi, vimp* мерехтíти *(про світло)*; мигтíти *(про зображення)*
flink *adj* жвáвий, спри́тний
Flínte *f* **~, ~n** рушни́ця
Flócke *f*~, **~n** сніжи́нка; пуши́нка; *pl* лапáтий сніг
flóckig *adj* пухнáстий
Floh *m* **~(e)s, Flöhe** блохá; éinen ~für éinen Elefánten ánsehen роби́ти з мýхи слонá
Flor *m* **~s, ~e** цвітíння, цвіт; im ~ stéhen (sein) цвісти́, *перен.* бýти у рóзквіті; рóзквіт, процвітáння
Floß *n* **~es, Flöße** пліт, порóм; поплавóк
flößbar *adj* сплавни́й; ~es Holz сплавни́й ліс
Flósse *f* **~, ~n** плавéць *(у риб)*; *мех.* стабілізáтор, кіль; *pl спорт,* лáсти
flößen *vt* сплавля́ти *(ліс)*; гнáти *(плоти)*
Flößer *m* **~s,** ~ порóмник; сплáвник *(лісу)*; плотáр
Flößerei *f*~, **~en** лісосплáв
Flößholz *n* **~es, ... hölzer** сплавни́й ліс
Flöte *f* **~, ~n** флéйта
Flötenbläser *m* **~s, ~** флейти́ст
flott 1. *adj* плáваючий, плавýчий; весéлий; жвáвий, мотóрний; спри́тний; 2. *adv* жвáво, спри́тно
Flótte *f*~, **~n** флот
Fluch *m* **~(e)s, Flüche** проклЯ́ття
flúchen *vi* *(D, über A, auf A)* проклинáти *(когось, щось)*; лáятися, лихослóвити

Flucht *f~*, **~en** втéча; auf der ~ sein тікáти, рятувáтися втéчею; швидкá зміна *(чогось);* die ~ der Erschéinungen (der Jáhre) плин рóків; низка; прямá лíнія; ряд; in éiner ~ по однíй лíнії; eine ~ von Zímmern анфілáда кімнáт; зграя птахів

flüchten vt *(s) i* **sich** ~ бíгти, тікáти, рятувáтися втéчею

flüchtig 1. *adj* збíглий, утéклий; швидкий, корóткий, побíжний; поверхóвий, неглибóкий, недбáлий; *хім.* леткий; 2. *adv* мимохідь, побíжно; неувáжно, недбáло, пóспіхом

Flüchtigkeit *f* ~ швидкість, рухлúвість; неувáжність; недбáлість; *хім.* лéткість; мінлúвість

Flüchtling *m* **~s, ~e** утікáч; біженець

Flug *m* **~(e)s, Flüge** політ, переліт; im ~e на льотý; миттю; мимохідь, злéгка

Flúgbahn *f~*, **~en** траєктóрія (польоту); **~blatt** *n* **~(e)s, ...blätter** листівка, прокламáція; **~dienst** *m* **~es, ~e** повітряне (пасажúрське) сполýчення

Flügel *m* **~s, ~e** крúло *(птаха);* крúло *(будівлі),* флігель; прибудóва; стýлка *(дверей);* (концéртний) роя́ль

Flúghafen *m* **~s, ...häfen** аеропóрт, аеродрóм; **~halle** *f~*, **~n** ангáр; **~platz** *m* **~es, ...plätze** аеродрóм; **~route** *f~*, **~n** повітряна трáса; **~schrift** *f* **~,~n** брошýра, листівка; **~verkehr** *m* **~(e)s** повітряне сполýчення; **~waffe** *f* **~, ~n** військóво~повітряні сúли; **~wesen** *n* **~s** авіáція; **~wetter** n **~s:** (ún)günstiges **~weiter** (не)льóтна погóда; **~zeit** *f~* тривáлість польóту; **~zeug** *n* **~(e)s, ~e** лíтáк

Flur *m* **~(e)s, ~e** коридóр; передпóкій; хол, вестибýль; сіни; вхіднá сходовá клітка; auf dem ~ у коридóрі

Fluß *m* **~Flusses, Flüsse** рíчка; перéбіг, хід, плин; der ~ der Gedánken плин думóк

flußáb, flußábwärts *adv* унúз по рíчці, за течíєю

flußáuf, flußáufwärts *adv* увéрх по рíчці

Flúßbett *n* **~(e)s, ~en** рýсло рíчки, рíчище

flüssig *adj* рідкúй, текýчий; розплáвлений; вíльний, ліквíдний; ~es Geld вíльні (наявні) грóші; вíльний *(про мову)*

Flüssigkeit *f* **~, ~en** рідинá; текýчість, плúнність; *ек.* ліквíдність

Flúßpferd *n* **~(e)s, ~e** бегемóт

flüstern 1. *vi* шептáтися, шушýкатися; 2. *vt* шептáти, говорúти пóшепки

Flut *f* **~, ~en** приплúв; пáводок, пóвідь; *pl* хвúлі; потік *(тж перен,)*

flúten 1. *vi (h, s)* текти *(суцільним потоком);* здувáтися *(напр., про річку);* 2. *vt* напóвнювати водóю, запóвнювати *(басейн і т. п.);* 3. *vimp.* es flútet починáється приплúв; водá прибувáє

Fóhlen *n* **~s,** ~ лошá

Fólge *f* **~, ~n** нáслідок, результáт; die ~n trägen відповідáти за нáслідки; зазнавáти збúтків; вúсновок; послідóвність; ряд, сéрія, чéрга; черговúй нóмер

fólgen *vi (s) (D, auf D)* ітú *(за кимось, за чимось);* j-m auf dem Fúße ~ ітú слідóм за кúмось; aufeinánder ~ чергувáтися, ітú одúн за óдним; *(D, auf A)* бýти настýпником *(когось на якійсь посаді);* бýти спадкоéмцем *(когось); (aus D)* вихóдити, виплúвати *(з чогось); was* folgt daráus? якúй з цьóго вúсновок?; (D) стéжити *(за кимось, за чимось);* j-s Gedánken ~стéжити за хóдом чиїхось думóк; *(D)* слýхатися *(когось, чогось),* прислухáтися *(до чогось);* додéржуватися *(чогось);* dem Hérzen ~прислухáтися до гóлосу сéрця

fólgend *adj* настýпний

fólgendermaßen, ~weise *adv* такúм чúном, у такúй спóсіб

fólgerichtig *adj* послідóвний, логíчний

fólgern *vt* вивóдити, робúти вúсновок; daraus läßt sich ~, daß ... з цьóго мóжна зробúти вúсновок, що ...

Fólgerung *f* **~, ~en** вúсновок; aus etw. *(D)* ~en zíehen робúти вúсновки з чóгось; нáслідок

fólglich 1. *adv* надáлі; 2. *cj* óтже, томý

fólgsam *adj* слухня́ний, покíрний

Fólter *f* **~, ~n** катувáння; *тж перен.* мýка; тортýри

Fólterkammer *f~*, **~n** катíвня

fóltern *vt* катувáти; *перен.* мýчити

Förderband *n* **~(e)s, ...bänder** *мех.* транспортéр, конвéєр

förderlich *adj* корúсний, сприя́тливий

fórdern *vt* вимагáти; викликáти

fördern *vt* сприя́ти *(чомусь);* прискóрювати, просувáти *(щось);* заохóчувати *(когось);* видобувáти *(руду)*

Fórderung *f~*, **~en** *(auf A, nach D)* вимóга *(чогось);* претéнзія, зазіхáння *(на щось);* territoriále ~en територіáльні претéнзії; j-m (an j-n) ~en stéllen стáвити вимóги до кóгось; вúклик; éine ~ vor Gerícht вúклик у суд; *фін.* боргóве зобов'язáння; рахýнок; претéнзія

Förderung *f* ~, **~en** сприя́ння; заохóчення; просувáння; прискóрення *(чогось);* die ~ der Fähigkeiten und Talénte рóзвиток здíбностей і талáнтів; *гірн.* транспортувáння; вúдача на-горá; вúдобуток

Form *f~*, **~en** фóрма, вúгляд, óбраз, óбриси; фóрма, формáльність; фóрма, модéль, фасóн

Fórmblatt *n* **~(e)s, ...blätter** бланк

Fórmel *f* **~, ~n** фóрмула

forméll *adj* формáльний

förmlich 1. *adj* формáльний, офіцíйний; фóрмений, спрáвжній; 2. *adv* формáльно, офіцíйно; цілкóм, зóвсім, дíйсно

fórmlos *adj* безфóрмний, амóрфний; безцеремóнний, невúхований

fórmschön *adj* красúвої фóрми

fórschen *vi (nach D* дослі́джувати; розві́дувати; розслі́дувати *(щось);* nach der Wáhrheit ~ дошу́куватися і́стини
Fórscher *m* **~s, ~** дослі́дник
Fórschung *f* **~, ~en** (науко́ве) дослі́дження
Fórschungsarbeit *f***~, ~en** дослі́дницька робо́та; **~reise** *f* **~, ~n** науко́ва експеди́ція
Forst *m* **~es, ~e** ліс, гай
Förster *m* **~s, ~** лісни́чий
Försterei *f***~, ~en** лісни́цтво
F
Fórstwesen *n* **~s, ~** лісна́ спра́ва; **~wirtschaft** *f* **~, ~en** лісове́ господа́рство
fort *adv* геть; ~ damit забери́ це!; ~!, ~ mit dir! геть звідси! да́лі; ~und ~ безпере́рвно, за́вжди́; und so ~ і так да́лі, то́що; відсу́тній; er ist ~ його́ нема́є, він пішо́в
fortáb *adv* відни́ні
fortán *adv* нада́лі
fórtbewegen 1. *vt* зру́шувати (з місця), ру́хати впере́д; пересува́ти; 2. **sich ~** ру́хатися впере́д (да́лі); пересува́тися
fórtbilden 1. *vt* підви́щувати *(чиюсь)* кваліфіка́цію, продо́вжувати *(чиюсь)* осві́ту; 2. **sich** ~ продо́вжувати свою́ осві́ту, підви́щувати свою́ кваліфіка́цію
Fórtbildung *f* ~ підви́щення кваліфіка́ції; удоскона́лення; да́льший ро́звиток
Fórtbildungskurse *pl* ку́рси підви́щення кваліфіка́ції
fórtbleiben* vi *(s)* бу́ти відсу́тнім; не з'явля́тися; **~dauern** *vi* продо́вжуватися, трива́ти; **~fahren*** 1. *vi (s)* від'їжджа́ти; *(h) (mit D або zu + int)* продовжувати *(щось робити);* **2.** *vt* відво́зити (*щось*);! **~führen** *vt* відво́дити; відво́зити; продо́вжувати *(щось, якусь справу)*
Fórtgang *m* **~(e)s** ви́хід, відхі́д; да́льший хід *(справ, подій);* продо́вження; seinen ~ nehmen продо́вжуватися; трива́ти
fórtgehen* *vi (s)* відхо́дити, віддаля́тися; продо́вжуватися; трива́ти; просува́тися (впере́д)
fórtgeschritten *adj* яки́й устига́є *(про учня);* прогреси́вний, передови́й
fórtjagen 1. *vi* проганя́ти; 2. *vi* (*s*) поска́кати *(верхи);* **~kommen*** *vi (s)* відхо́дити, іти́, від'їжджа́ти; зника́ти; досяга́ти у́спіхів, ру́хатися впере́д; рости́, розвива́тися
Fórtkommen *n* **~s** ви́хід, зни́кнення; за́соби існува́ння; sein ~ fínden знайти́ джерело́ існування; у́спіх у житті́, кар'є́ра
fórtlassen* *vt* відпуска́ти; **~laufen*** *vi (s)* тіка́ти; продо́вжуватися
fórtlaufend 1. *adj* пото́чний, безпере́рвний; ~e Númmern номери́ по поря́дку; 2. *adv* по поря́дку, підря́д
fórtleben *vi* жи́ти да́лі, втілюватися *(у чомусь);* **~pflanzen** 1. *vt* пошúрювати, розповсю́джувати *(чутки і т. п.);* 2. **sich** ~ pflanzen розмно́жуватися; розповсю́джуватися, поши́рюватися *(про хвилі);* успадко́вуватися; sich von éiner Generatión auf die ándere ~pflanzen передава́тися з поколі́ння в поколі́ння; **~reißen*** *vt* вирива́ти; відрива́ти; відніма́ти; зно́сити *(течією);* захо́плювати кого́сь *(чимось);* **~schreiten*** vi *(s)* іти́ впере́д; досяга́ти у́спіхів; прогресува́ти; in éiner Wíssenschaft ~schreiten досяга́ти у́спіхів у нау́ці
Fórtschritt *m* **~(e)s, ~e** у́спіх, прогре́с; ~e máchen досяга́ти у́спіхів
fórtschrittlich *adj* прогреси́вний, передови́й
fórtsetzen 1. *vt* продо́вжувати; 2. *vi i* **sich** ~ продо́вжуватися
Fórtsetzung *f* **~, ~en** продо́вження
fórttreiben* *vt* проганя́ти
fórtwährend 1. *adj* пості́йний, безпере́рвний, невпи́нний; трива́лий; 2. *adv* пості́йно, безпереста́нку
Fracht *f***~, ~en** ванта́ж; пла́та за приве́зення, фрахт; тари́ф
Fráge *f* **~, ~n** пита́ння; пробле́ма; in ~stéllen бра́ти під су́мнів; das kommt nicht in ~ про це не мо́же бу́ти й мо́ви; eine ~ an j-n stéllen зверта́тися до ко́гось із запита́нням
Frágebogen *m* **~s, ~** *i* **bögen** анке́та
frágen *vt* (*nach D)* запи́тувати, дові́дуватися *(про когось, про щось);* j-n um Rat ~ ра́дитися з ки́мось; *юр.* допи́тувати
Frágesatz *m* **~es, ...sätze** *грам,* пита́льне ре́чення; **~zeichen** *n* **~s,** ~знак пита́ння
fráglich *adj* сумні́вний, спі́рний, проблемати́чний
fráglos *adj* безпере́чний, безсумні́вний
französisch 1. *adj* францу́зький; 2. *adv* по~францу́зькому
frappánt *adj* разю́чий, приголо́мшливий
Frau *f* **~, ~en** жі́нка; дружи́на; па́ні, фра́у *(звертання)*
fráuenhaft 1. *adj* жіно́чий; 2. *adv* жіно́чно; по~жіно́чому
Fráuentag *m:* Internationaler ~ Міжнаро́дний жіно́чий день
Fräulein *n* **~s, ~** ді́вчина; фре́йлейн, па́нна *(звернення до незаміжньої жінки)*
Fráulichkeit *f* ~ жіно́чність
frech *adj* зухва́лий, наха́бний; ein ~er Kerl наха́ба
Fréchheit *f* **~, ~en** зухва́льство; наха́бство
frei 1. *adj* ві́льний, незале́жний; es ist mein ~er Wílle це моя́ до́бра во́ля; ві́льний, вака́нтний; ~e Stúnden годи́ни дозві́лля; der ~e Tag вихідни́й день; відкри́тий; únter ~em Hímmel про́сто не́ба; ві́льний, ні́чи́м не обме́жений; ~er Markt ві́льний ри́нок; безпла́тний; опла́чений напере́д; *(von D)* ві́льний *(від чогось);* ~von Kummer sein го́ря не зна́ти; необов'язко́вий; ein ~er Léhrgegenstand факультати́вний навча́ль-

ний предме́т; доброві́льний; aus ~em Ántrieb доброві́льно; 2. *adv* ві́льно; відве́рто; безпла́тно, задарма́

fréibekommen* 1. *vt* звільня́ти; 2. *vi* оде́ржати відпу́стку

Fréie 1. *m, f* ві́льна люди́на; 2. *n* (ві́льний) про́стір; ins ~ fáhren поїхати за мі́сто; im ~n на сві́жому пові́трі

fréien и *(um A)* сва́татися *(до когось)*

Fréier *m* **~s,** ~ жени́х; той, хто сва́тається

fréigeben* *vt* відкрива́ти; звільня́ти; зніма́ти заборо́ну

fréigebig *adj* ще́дрий

freihaben* *vt* бу́ти ві́льним

freihalten* *vt* плати́ти *(за когось);* часту-ва́ти *(когось);* залиша́ти в си́лі; резерву-ва́ти, бронюва́ти; займа́ти *(напр., місце для когось)*

Fréiheit *f* **~, ~en** свобо́да, во́ля; смілі́вість; відва́жність, ві́льність;пі́льга; привіле́й

Fréiheitskampf *m* **~es, ...kämpfe** визво́льна боротьба́

fréiheitsliebend *adj* волелю́бний

Fréiheitsstrafe *f* **~, ~n** позба́влення во́лі, аре́шт

fréilassen* *vt* випуска́ти на волю; звільняти *(з ув'язнення);* відпуска́ти *(школярів додому)*

Fréilassung *f*~, **~en** зві́льнення

fréilegen *vt* звільня́ти, відко́пувати; очища́ти *(напр., вулицю);* визволя́ти

fréilich *adv* звича́йно, пе́вна річ; проте́, одна́к

Fréilichtbühne *f*~, **~n** відкри́та сце́на; лі́тній (зеле́ний) теа́тр

Fréimut *m* **~(e)s** відве́ртість, щи́рість

fréimütig *adj* відве́ртий, щи́рий, щиросе́рдний

fréisprechen* *vt* ви́правдати; j-n von éiner Schuld ~ ви́знати кого́сь неви́нним

fréistehen *vi* бу́ти дозво́леним; es steht íhnen frei, zu wählen ви ма́єте можли́вість ви́брати

fréistellen *vt* надава́ти *(право вибору);* дозволя́ти; звільня́ти

Fréitag *m* **~(e)s, ~e** п'я́тниця

fréitags *adv* щоп'я́тниці

fréiwillig 1. *adj* доброві́льний; 2. *adv* доброві́льно

Fréiwillige *m, f* доброво́лець; sich als ~mélden запи́суватися доброво́льцем

Fréizeit *f*~, **~en** ві́льний час, дозві́лля

Fréizeitgestaltung *f* **~, ~en** за́ходи по прове́денню дозві́лля

fremd *adj* чужи́й, сторо́нній; ein ~er Mann сторо́ння (чужа́) люди́на; інозе́мний; ~e Spráchen інозе́мні мо́ви; ві́льний, дале́кий *(від чогось);* неприче́тний *(до чогось);* das ist mir ~ я да́лекий від цього́; невідо́мий, незнайо́мий: die Sáche ist mir ~ я не в ку́рсі справ

frémdartig *adj* ди́вний, незвича́йний, своєрі́дний

Frémde I *f* ~ чужина́, чужи́й край; in der ~ на чужи́ні

Fremde II *m, f* інозе́мець, інозе́мка; приї́жджий, приї́жджа; незнайо́мий, незнайо́ма

Frémdenführer *m* **~s,** ~ гід, провідни́к; путівни́к; **~verkehr** *m* **~(e)s** інозе́мний тури́зм; **~verkehrsbüro** *n* **~s, ~s** бюро́ обслуго́вування інозе́мних тури́стів

Frémdherrschaft *f* **~, ~en** інозе́мне панува́ння; **~körper** *m* **~s, ~e** сторо́нній предме́т

Frémdling *m* **~s, ~e** чужи́нець; незнайо́мець

Frémdsprache *f* **~, ~en** інозе́мна мо́ва

frémdsprachig *adj* іншомо́вний, що гово́рить інозе́мною мо́вою; інозе́мний ~e Literatúr літерату́ра інозе́мною мо́вою; **~sprachlich** *adj* що стосу́ється інозе́мної мо́ви

Frémdwort *n* **~(e)s, ...wörter** іншомо́вне сло́во

fréssen* *vt* ї́сти *(про тварин),* aus der Hand ~ бу́ти приру́ченим (ручни́м) *(тж перен.),* об'ї́да́ти; *грубо* же́рти

Fréude *f* **~, ~n** ра́дість, задово́лення, весе́лощі; mit ~n з ра́дістю; er ist áußer sich vor ~ він нестя́мно ра́дий

Fréudenbotschaft *f* **~, ~en** ра́дісна звістка; **~taumel** *m* **~s** захва́т, захо́плення

fréudig *adj* ра́дісний, весе́лий

fréudlos *adj* безра́дісний

fréuen 1. *vt* ра́дувати; das freut mich це мене́ ра́дує; 2. **sich** ~ *(über A)* раді́ти *(з того, що вже відбулося); (auf A)* раді́ти *(з того, що має відбутися);* ich fréue mich auf den Sómmer я з ра́дістю чека́ю лі́та

Fréund *m* **~(e)s, ~e** друг, при́ятель, това́риш; dícke ~e *розм.* нерозлу́чні дру́зі; mit j-m gut ~ sein бу́ти в хоро́ших сто-су́нках з кимось; прихи́льник *(чогось);* die ~e des Fríedens прихи́льники ми́ру; люби́тель *(чогось);* охо́чий *(до чогось);* ла́сий *(на щось);* ein ~ des Fúßballs люби́тель футбо́лу, болі́льник футбо́лу

Fréundin *f*~, **~nen** по́друга

fréundlich *adj* приві́тний, люб'я́зний, ласка́вий; das ist sehr ~ von Íhnen це ду́же люб'я́зно з Ва́шого бо́ку

Fréundlichkeit *f* **~, ~en** приві́тність, люб'я́зність; щи́рість

Fréundschaft *f*~, **~en** дру́жба; ~ schlíeßen подружи́тися

fréundschaftlich 1. *adj* дру́жній, приязний; 2. *adv* по~дру́жньому

Fréundschaftsbande *pl* у́зи дру́жби; **~besuch** *m* **~(e)s, ~e** візи́т дру́жби, **~beziehungen** *pl* дру́жні сто́сунки

Fréundschafts ~, Bündnis~ und Beistandsvertrag *m* **~(e)s. ...träge** до́говір про дру́жбу, співробі́тництво та взає́мну допомо́гу

Frével *m* **~s,** ~ провина; злочин; святотатство, блюзнірство

F

frévelhaft *adj* злочи́нний; зухва́лий; блюзні́рський

Fríede *m* **~ns, ~ h, Frieden** *m* **~s, ~** мир, зго́да; ~ schlíeßen укла́сти мир; ~ erhálten зберегти́ мир; mit j-m in ~ lében жи́ти ми́рно (в зла́годі) з ки́мось; спо́кій; laß mich in ~ ! дай мені́ спо́кій!

Fríedensanhänger *m* **~s, ~** прихи́льник ми́ру; **~bewegung** *f* **~, ~en** рух на за́хист ми́ру; **~bruch** *m* **~(e)s, ...brüche** пору́шення ми́ру; **~kampf** *m* **~es, ...kämpfe** боротьба́ за мир, **~konferenz** *f* **~, ~en** ми́рна конфере́нція; **~preis** *m* **~(e)s, ~e** пре́мія за змі́цнення ми́ру; **~rat** *m* ~es Ра́да ми́ру; **~schluß** *m* **...schlusses, ...schlüsse** уклада́ння ми́ру; **~verhandlungen** *pl* ми́рні перегово́ри; **vertrag** *m* **~(e)s, ...träge** ми́рний до́говір

Fríedhof *m* **~(e)s, ...höfe** кладови́ще

fríedlich *adj* ми́рний, миролю́бний; спокі́йний

fríedliebend *adj* миролю́бний

fríeren* 1. *vi* *(h)* ме́рзнути; ich fríere мені́ хо́лодно; (s) заме́рзнути, закля́кнути; покри́тися кри́гою *(про рі́чку);* 2. *vimp.* es friert dráußen надво́рі моро́з; es friert mich мені́ хо́лодно

frisch 1. *adj* сві́жий, незіпсо́ваний, an der ~en Luft на сві́жому пові́трі; сві́жий, чи́стий; ein ~es Hemd чи́ста соро́чка; здоро́вий, бадьо́рий; er ist ~ und gesúnd він живи́й і здоро́вий; сві́жий, прохоло́дний; ~er Wind прохоло́дний ві́тер; неда́вній, нови́й; ~er Schnee сві́жий сніг; 2. *adv* бадьо́ро; ті́льки що, неда́вно; ~ gebáckenes Brot свіжоспе́чений хліб; etw. ~ im Gedächtnis háben (ще) до́бре пам'ята́ти щось

Frísche *f* **~** сві́жість, прохоло́да; яскра́вість барв; бадьо́рість, сві́жість

Friseur *m* **~s, ~e** перука́р

Friseuse *f* **~, ~n** перука́рка

frisíeren 1. *vt* зачі́сувати, роби́ти за́чіску; 2. **sich** ~ зачі́суватися

Frisíersalon *m* **~s, ~s** перука́рня

Frist *f* **~, ~en** строк; те́рмін; in kürzester ~ найближ́чим ча́сом; відстро́чка

frísten *vt* відстро́чувати; ein elendes Dásein ~, sein Lében kümmerlich ~ (ле́две) животі́ти, жи́ти на́дголодь

frístlos 1. *adj* безстрокови́й; нега́йний; 2. *adv* без строку; нега́йно

Frístverlängerung *f* **~, ~en** відстро́чка; продо́вження строку

Frisúr *f* **~, ~en** за́чіска

froh *adj* весе́лий, ра́дісний; j-m ein ~es néues Jahr wünschen привіта́ти кого́сь з Нови́м ро́ком; задово́лений, щасли́вий; ра́дісний, що виклика́є ра́дість; eine ~є Botschaft ра́дісна зві́стка

fröhlich *adj* весе́лий, ра́дісний

frohlócken *vj* раді́ти, тріумфува́ти

Fróhmut *m* **~es, ~sinn** *m* **~(e)s** весе́ла вда́ча; весе́лий на́стрій

fromm *adj* побо́жний, благочести́вий; ти́хий, ла́гідний

frönen w *(D)* віддава́тися *(чомусь);* вдава́тися *(у щось);* séinen Léidenschaften ~ бу́ти рабо́м свої́х при́страстей; der Mode ~ сліпо наслі́дувати мо́ду

Front *f* **~, ~en** фронт; an der ~ на фро́нті; фронт, стрій; vor die ~ tréten ста́ти пе́ред стро́єм; *перен.* фронт *(об'єднання суспільних сил для боротьби за спільні цілі);* éine nationále ~ áufrichten створи́ти націона́льний фронт; фаса́д, фронто́н

Fróntdienst *m* **~es** слу́жба в ді́ючій а́рмії; **~kämpfer** *m* **~s,** ~фронтови́к

Frosch *m* **~es, Frösche** жа́ба

Frost *m* **~es Fröste** моро́з, хо́лод; *мед.* озно́б

frösteln 1. *vi* ме́рзнути; 2. *vimp* mich fröstelt ме́не́ моро́зить

fróstig *adj* моро́зний, холо́дний; ~ *перен.* холо́дний, крижани́й; ein ~er Empfáng холо́дний прийо́м

fróstkrank *adj* обморо́жений *(про людину);* **~sicher** *adj* морозості́йки́й

Frottíertuch *n* **~(e)s, ...tücher** махро́вий рушни́к

Frucht *f* **~, Früchte** плід, фрукт; eingemachte Früchte консерво́вані фру́кти; варе́ння; *мед.* плід; плід, результа́т

frúchtbar *adj* родю́чий; урожа́йний; плодю́чий; *перен.* плодотво́рний, плі́дний

Frúchtbarkeit *f* **~** родю́чість, урожа́йність; плодю́чість; *перен.* плодотво́рність, плі́дність

frúchten *vt* прино́сити плоди́, плодоно́сити; прино́сити ко́ристь, бу́ти кори́сним

Frúchtkern *m* **~(e)s, ~e** кі́сточка *(у плодах);* **~knoten** *m* **~s, ~** за́в'язь

frúchtlos *adj* безплі́дний, неродю́чий; *перен.* безплі́дний, ма́рний, даре́мний

Frúchtsaft *m* **~(e)s, ...safte** фрукто́вий сік

früh 1. *adj* ра́нній; am ~en Mórgen ранова́нці; ра́нній, да́вній; in ~en Zéiten коли́сь, давно́; 2. *adv* ра́но; morgen ~ за́втра вра́нці; von ~ bis spät зра́нку до ве́чора

Frühbeet *n* **~(e)s, ~e** парни́к

Frühe *f* **~** ðaíü; in áller ~ ç ðaннього ра́нку

Frühfrost *m* **~es, ...froste** ра́нні за́морозки; **~jähr** *n* **~(e)s, ~e** весна́

Frühling *m* **~s, ~e** весна́; im ~ навесні́

frühreif *adj* скоростпі́лий; розви́нений не по лі́тах

Frühschicht *f* **~, ~en** ранко́ва змі́на; **~sport** *m* **~s** ранко́ва гімна́стика, заря́дка; **~stück** *n* **~(e)s, ~e** сніда́нок; beim ~ за сніда́нком

frühstücken *vi* сні́дати

frühzeitig 1. *adj* ра́нній; ранко́вий; передча́сний; 2. *adv* ра́но-вра́нці; завча́сно, заздалегі́дь

Fuchs *m* **~es, Füchse** лиси́ця; ли́сяче ху́тро; *розм.* руди́й *(про людину); гніди́й* кінь; *перен.* лис, хитру́н, пройди́світ

Fúchsbau *m* **~s, ~e** ли́сяча нора́
fúchsrot *adj* руди́й
fügen 1. *vt* зв'я́зувати, з'є́днувати, припасо́вувати; 2. **sich** ~ *(an A)* припасо́вуватися, підхо́дити *(до чогось);* з'є́днуватися, зв'я́зуватися *(з чимось);* die Ringe ~ sich ineinánder кі́льця вкладаються (вхо́дять) одне́ в і́нше; трапля́тися, відбува́тися; роби́тися; das fügt sich gut це до́бре влашто́вується; die Ũmstände ~ sich so обста́вини так склада́ються; (D *in A)* підкоря́тися, скоря́тися *(комусь, чомусь);* sich dem Wíllen éines ánderen ~ скори́тися во́лі і́ншого
Fügung *f*~, **~en** з'єдна́ння, зв'язо́к, зче́плення; збіг обста́вин, до́ля; підко́рення, покі́рливість, слухня́ність
fühlbar *adj* відчу́тний, помі́тний; sich ~ máchen дава́тися взнаки́
fühlen 1. *vt* відчува́ти, почува́ти; обма́цувати; відчува́ти на до́тик; vi *(nach D)* шука́ти навпо́мацки; 2. **sich ~** почува́ти себе́; усвідо́млювати
Fühler *m* **~s, ~, Fühlhorn** *n* **~(e)s, ...höfner** щу́пальце, ву́сик
Fühlung *f* **~, ~en** зіткнення, конта́кт, зв'язо́к; mit j-m ~ áufnehmen вступа́ти в конта́кт з ки́мось, устано́влювати зв'язо́к з ки́мось
Fúhre *f*~, **~n** віз, підво́да
führen 1. *vt* вести́, води́ти, приво́дити, відво́дити, виво́дити, вво́дити, дово́дити *(кудись);* das Kind an der Hand ~ вести́ дити́ну за ру́ку; das Ángefangene zu Énde ~ дово́дити поча́те *(про справу)* до кінця́; наво́дити, спрямо́вувати; das Gespräch auf etw. *(A)* ~ спрямо́вувати розмо́ву на щось; вести́, керува́ти; кома́ндувати; очо́лювати; den Háushalt ~ вести́ (ха́тнє) господа́рство; den Vórsitz ~ вести́ збо́ри, головува́ти; ein Flúgzeug ~ пілотува́ти літа́к; володі́ти *(чимось);* die Féder ~ володі́ти перо́м, бу́ти письме́нником; води́ти, ру́хати *(чимось);* тягти́, проклада́ти *(канал і т. п.);* спору́джувати; вози́ти, перево́зити; ма́ти при собі *(щось);* володі́ти (*чимось);* den Paß bei sich *(D)* ~ ма́ти при собі па́спорт; 2. *vi* вести́, приво́дити, дово́дити; der Weg führt in den Wald доро́га веде́ в ліс; 3. **sich** ~ пово́дитися
führend *adj* керівни́й, провідни́й, головни́й
Führer *m* **~s,** ~ вождь, керівни́к; водій, шофе́р; машиніст; піло́т; рульови́й; *військ.* команди́р, кома́ндуючий; провідни́к; путівни́к; *спорт.* лі́дер
Führerhaus *n* **~es, ...häuser** кабі́на водія́, машині́ста
Führerschaft *f* ~ керівни́цтво, кома́ндування
Führung *f* **~, ~en** керува́ння, управлі́ння; керівни́цтво, керівники́; ве́дення *(справ);* поведі́нка, спо́сіб дій; поя́снення екскурсово́да; екску́рсія з екскурсово́дом; *спорт.* ліди́рування
Fúhrwerk *n* **~(e)s, ~e** візо́к, екіпа́ж
Fülle *f* ~ доста́ток, бага́тство; in Hülle und ~ у вели́кій кі́лькості; повнота́, огря́дність; фарш, начи́нка
füllen 1. *vt* напо́внювати, запо́внювати, начиня́ти, фарширува́ти, éinen hóhlen Zahn ~ запломбува́ти зуб; заванта́жувати; запо́внювати, займа́ти *(місце; (in A, auf A)* налива́ти *(щось кудись);* 2. **sich** ~ напо́внюватися, запо́внюватися
Füller *m* **~s, ~, Füllfeder** *f*~, **~n** авторучка
Füllung *f* ~, **~en** напо́внення, запра́вка *(пальним);* начи́нка, фарш; пло́мба *(зубна)*
Fund *m* **~(e)s, ~e** зна́хідка; родо́вище
fünf *num* п'ять; п'я́теро
Fünf *f* ~, **~en** п'ять; п'яті́рка; *розм.* п'яті́рка, п'я́тий но́мер *(трамваю);* п'яті́рка *(оцінка, у німецьких школах найнижча)*
Fünfeck *n* **~(e)s, ~e** п'ятику́тник
fünffach *adj* п'ятиразо́вий
Fünfjahrplan *m* **~(e)s, ...pläne** п'ятирі́чний план, п'ятирі́чка
fünfmál *adv* п'ять разі́в, у п'ять разі́в
fünfstöckig *adj* п'ятиповерхо́вий *(відповідає українському* шестиповерхо́вий);
~tägig *adj* п'ятиде́нний
fünftel *num;* ein ~ одна́ п'ята
fünftens *adv* по-п'я́те
fungíeren *vi* ді́яти; функціонува́ти: вико́нувати обо́в'язки; als stéllvertretender Diréktor ~ вико́нувати обо́в'язки засту́пника дире́ктора
Funk *m* **~(e)s** ра́діо, радіомо́влення
Fúnkamateur [~to:r] *m* **~s, ~e** радіолю́битель; **~anlage** *f* **~, ~n** радіоста́нція, радіоустано́вка; **~bake** *f* **~, ~n** радіомая́к; **~bericht** *m* **~(e)s, ~e** повідо́млення по ра́діо
fúnkeln *vi* бли́скати, іскри́тися
Fúnkempfänger *m* **~s, ~** радіоприйма́ч
fúnken 1. *vt* передава́ти по ра́діо; 2. *vi* іскри́ти, дава́ти і́скри
Fúnken *m* **~s, ~** і́скра; про́блиск
Fúnker *m* **~s, ~** ради́ст
Fúnkfernsprecher *m* радіотелефо́н
Fúnkspruch *m* **~(e)s, ...sprüche** радіогра́ма; **~station** *f* ~, **~en, ~stelle** *f* ~, **~n** радіоста́нція
Funktión *f*~, **~en** *f*~, **~en** функціонува́ння, ді́я; die Kommisión trat in ~ комі́сія почала́ свою́ робо́ту; фу́нкція, ді́яльність, робо́та; eine léitende ~ bekléiden займа́ти керівну́ поса́ду; *мат.* фу́нкція
Funktionär *m* **~(e)s, ~e** активі́ст; дія́ч, праці́вни́к *(профспілковий, партійний)*
Fúnkverbindung *f*~, **~en** радіозв'язо́к; **~weilen** *pl* радіохвилі́; **~wesen** *n* **~s** радіоте́хніка; радіоспра́ва; **~zeichen** *n* **~s, ~** радіосигна́л
für 1. *prp (A)* для; Bücher ~ die Schüler книжки́ для у́чнів; das Institút ~ Frémdsprachen інститу́т інозе́мних мов; за,

зара́ди, на кори́сть, на бо́ці; ~ den Frieden kämpfen бо́ротися за мир; ~ j-n sein бу́ти на бо́ці кого́сь; за, за́мість; ~ zwei árbeiten працюва́ти за двох; ~ j-n záhlen заплати́ти за кого́сь; *(вказує на ціну, кількість)* за, на; ~ éine Mark káufen купи́ти за одну́ ма́рку; *(вказує на строк, на обмеженість у часі)* на; ~ ein **Jahr** на рік; ~ immer наза́вжди; про́ти, від; ein Míttel ~ Kópfschmerzen за́сіб від головно́го бо́лю; *(вказує на послідовність)* за, у; Jahr - Jahr рік у рік; Tag ~ Tag день у день; etw. ~ gut befínden вважа́ти щось хоро́шим; *(переклад залежить від керування українського дієслова):* sich ~ etw. interessíeren ціка́витися чи́мось; ~ etw. sórgen дба́ти про щось; 2 *adv.* ~ und ~ пості́йно, ві́чно

Fúrche *f* ~, **~n** борозна́; змо́ршка, скла́дка *(шкіри); pl* зви́вини *(мозку)*

fúrchen *vt* борозни́ти *(щось);* мо́рщити

Furcht *f* ~ *(vor D)* страх *(перед ки мось);* боя́знь *(когось);* побо́ювання *(чогось);* ~ hа́ben боя́тися

fúrchtbar 1. *adj* страшни́й, жахли́вий; незвича́йний; 2. *adv* стра́шно, жахли́во; ду́же

fürchten *vt i* **sich ~** *(vor D)* боя́тися, побо́юватися *(когось, чогось)*

fúrchtlos *adj* безстра́шний

fúrchtsam *adj* боязки́й

Fürsorge *f* ~ піклува́ння; соціа́льне забезпе́чення

Fürsprache *f*~, **~n** клопота́ння

Fürst *m* **~en, ~en** князь

Fusiónsbombe *f* **~, ~n** термоя́дерна бо́мба; **~reaktor** *m* **~s, ~** термоя́дерний реа́ктор

Fuß *m* **~es, Füße** ного́, стопа́; ла́па, кі́готь *(птаха);* ні́жка *(стола, стільця);* підні́жжя *(гори); мат.* осно́ва; стопа́ (у *вірші)*

Fúßball *m* **~(e)s** футбо́л

Fúßballelf *f* **~, ~en ~mannschaft** *f* **~, ~en** футбо́льна кома́нда; **~spieler** *m* **~s, ~** футболі́ст

Fúßbekleidung *f*~, **~en** взуття́; **~boden** m **~s,** böden підло́га; **~decke** *f* **~, ~n** плед; **~gänger** *m* **~s,** ~пішохі́д; **~pfad** *m* **~(e)s, ~e** сте́жка; **~sohle** *f* **~, ~n** підо́шва ноги́; **~steig** *m* **~(e)s, ~e** тротуа́р; **~tritt** *m* **~(e)s, ~e** крок, хода́; схо́динка; педа́ль; стуса́н, уда́р ного́ю; **~weg** *m* **~(e)s, ~e** despite дорі́жка для пішохо́дів; тротуа́р

Fútter I *n* **~s** ~корм *(для худоби);* фура́ж

Fútter II *n* **~s, ~** підкла́дка *(одягу)*

Fútterál n **~s, ~e** футля́р

füttern I *vt* годува́ти *(тварин, тж дітей, хворих)*

füttern II *vt* підшива́ти підкла́дку

G

Gábe *f* ~, **~n** дар, подару́нок; хист, тала́нт; до́за; прийо́м *(ліків)*
Gábel *f* ~, **~n** виде́лка; ви́ла; роздво́єння; розгалу́ження; роздорі́жжя
gábeln 1. *vt* бра́ти виде́лкою; бра́ти ви́лами; роздво́ювати; 2. **sich ~** роздво́юватися; розгалу́жуватися
gáckeln, gáckern *vi* кудкуда́кати, кво́ктати *(про курей);* ґелґота́ти *(про гусей)*
Gáffer *m* **~s, ~** роззя́ва
gähnen *vi* позіха́ти; зя́яти *(напр., про безодню, прірву)*
Gähnen *m* **~s** позіха́ння; зія́ння *(напр., про прірву)*
Galanteríe *f*~, **...ríen** гала́нтність, люб'язність, ввічливість
Galanteríewaren *pl* галантере́я, галантере́йні това́ри
Gálgen *m* **~s, ~** ши́бениця
Gálgenhumor *m* **~s, ~** гу́мор вішальника, гірки́й гу́мор
Gálle *f*~, **~n** *тк. sg* жовч; *розм.* жо́вчний міху́р; sich (D) ~ máchen ви́лити свою́ жовч, да́ти во́лю своє́му роздратува́нню; kéine ~ háben бу́ти урівнова́женим
gálle(n)bitter *adj* гіркий як жовч, гірки́й як поли́н; ein ~er Mensch жо́вчна люди́на
Gállenblase *f* ~, ~ *анат.* жо́вчний міху́р
gállig *adj* жо́вчний; злі́сний
gang: es ist ~ und habe *(bei j-m)* так заве́дено, так прийнято *(у когось);* звича́йна спра́ва *(для когось)*
Gang *m* **~(e)s, Gänge** ході́ння; ходьба́; крок; хід; sich in ~ sétzen руша́ти (з мі́сця); хода́, по́ступ; ході́ння у спра́вах; *тех.* хід *(рух);* áußer ~ sétzen зупини́ти *(ма шину);* léerer ~ холости́й хід; in ~ bríngen (sétzen) включи́ти; привести́ в рух; *перен. тж* нала́годити; *перен.* хід, пере́біг *(напр., по дії);* стра́ва; der drítte ~ тре́тя стра́ва, соло́дке, десе́рт; коридо́р, (про)хі́д
gängig *adj* рухли́вий, швидки́й; ходови́й *(про товар)*
Gans *f* ~, **Gänse** гу́ска
Gänseblümchen *n* **~s, ~** *бот.* маргари́тка; **~füßchen** *pl розм.* лапки́; **~haut** *f* ~ гу́сяча шкі́ра *(тж перен.);* **~marsch**: im ~ marsch géhen іти́ оди́н за о́дним, ни́зкою
Gänserich *m* **~s, ~e** гуса́к
ganz 1. *adj* ці́лий, весь; vom ~en Hérzen від щи́рого се́рця; ein ~es Jahr уве́сь (ці́лий) рік; *мат.* ці́лий; ~e Záhlen *мат.* ці́лі чи́сла; ці́лий, неушко́джений; das Buch, ist nicht ~ у кни́зі бра́кує сторі́нок; 2. *adv* зо́всім, цілко́м; ду́же; ~ alléin зо́всім оди́н; ~ recht цілко́м пра́вильно; до́сить, де́якою мі́рою; ~ bequém цілком зру́чно
Gánze *n* ~ ці́ле, суку́пність; als ~s genómmen взя́те в цíло́му; die Fráge geht ums ~ на ка́рту поста́влено все
gänzlich 1. *adj* по́вний, доскона́лий; 2. *adv* по́вністю, цілко́м
gar 1. *adj* гото́вий, зва́рений; ~kóchen довари́ти *(до готовності);* 2. *adv* зо́всім; ду́же
Garantíe *f*~, **~tien** гара́нтія, пору́ка
Gárde *f* ~, **~n** гва́рдія; éiner von der álten ~ оди́н з ветера́нів
Gardíne *f* ~, **~n** зaві́ска, фіра́нка, гарди́на
Gardíst *m* **~en, ~en** гварді́єць
Garn *n* **~(e)s, ~e** нитки́, пря́жа; сі́тка; сільце́; тене́та; das ~ áufstellen розста́вити сі́ті *(комусь); тж перен.* умишля́ти зле *(комусь)*
Gárten *m* **~s, Gärten** сад
Gártenanlage *f* ~, **~n** сквер; **~bau** *m* **~(e)s** садівни́цтво; городни́цтво; **~haus** *n* **~es, häuser** альта́нка; да́ча; **~petersilie** *f* ~, **~n** петру́шка
Gärtner *m* **~s, ~** садівни́к; горо́дник; den Bock zum ~ máchen пусти́ти козла́ в капу́сту
Gas *n* **~es, ~e** газ; *військ. тж.* бойова́ отру́йна речовина́; das ~ ánstecken (áuf)drehen, ánzünden включи́ти газ; das ~ ábstellen (ábdrehen, áuslöschen) ви́ключити газ
Gásabwehr *f* ~ протихімі́чний за́хист; **~alarm** *m* **~(e)s, ~e** хімі́чна триво́га; **~feuerung** *f* ~, **~en** га́зове опа́лення; **~flasche** *f* ~, **~n** *тех.* га́зовий бало́н; **~herd** *m* **~(e)s, ~e, ~kocher** *m* **~s, ~** га́зова плита́; **~maske** f~, **~n** протига́з
Gásse *f* ~, **~n** прову́лок
Gast *m* **~es, Gäste** гість, го́стя; постоя́лець, приї́жджий *(в готелі);* відпочива́ючий; пасажи́р; *театр.* гастроле́р

gástfrei, ~freundlich *adj* гостинний
Gástfreundschaft *f* ~ гости́нність, **~geber** *m* **~s,** господар; **~haus** *n* **~es, häuser, ~hof** *m* **~(e)s, ..höfe** готе́ль, постоя́лий двір
gastíeren *vi* гостюва́ти; гастролюва́ти
Gáststätte *f* **~, ~n** рестора́н, їда́льня, кафе́
Gáttung *f* **~, ~en** вид: поро́да; рід; тип; сорт; катего́рія; сіме́йство; се́рія; *літ.* жанр
Gaul *m* **~(e)s, Gäule** кінь: éinem geschénkten ~ sieht man nicht ins Mául даро́ваному коне́ві в зу́би не ди́вляться
Gebäck *n* **~(e)s, ~e** пе́чиво, бу́лочки; хлібоа́олочні ви́роби

G

gebáhnt *adj* прокла́дений, проторо́ваний *(про дорогу)*
gebállt *adj* сти́снутий в жмут (в кула́к); ~e Fáust сти́снутий кула́к; ~e Kraft об'є́днана си́ла
Gebärde *f* **~, ~n** жест; мі́на; ~n máchen жестикулюва́ти
gebären* *vt* роди́ти, наро́джувати
Gebäude *n* **~s,** ~ будинок, буді́вля, спору́да; систе́ма *(науки)*
Gebéin *n* **~(e)s, ~e** кістки́; скеле́т; *pl* оста́нки, прах *(людини),* der Schreck fuhr ihm ins ~ його́ охопи́в страх
Gebéll *n* **~(e)s** га́вкання; ла́йка
gében* 1. *vt* дава́ти; gern ~ бу́ти ще́дрим; дава́ти, подава́ти, простяга́ти; die Hand ~ (по)да́ти~ ру́ку; дава́ти, вруча́ти; ein Zéugnis ~вруча́ти атеста́т; дава́ти, віддава́ти в розпоря́дження; éine Wóhnung ~ да́ти кварти́ру; дава́ти, влашто́вувати; ein Éssen ~ да́ти *(званий)* обі́д; ein Stück ~ ста́вити п'є́су; ein Béispiel ~ подава́ти при́клад; séine Stímme ~ відда́ти свій го́лос, бра́ти у́часть в голосува́нні; éine gute Erzíehung ~да́ти хоро́ше вихова́ння; Rat ~дава́ти пора́ду; sich (D) den Ánschein ~ роби́ти ви́гляд, прикида́тися; sich (D) Mühe ~ стара́тися, намага́тися; in Druck ~ відда́ти до дру́ку; j-m etw. zu verstéhen ~ да́ти зрозумі́ти кому́сь щось; 2. *vimp.* es gibt є, існу́є *(щось);* es gibt viel zu tun бага́то робо́ти; was gibt's? що ста́лося?, у чо́му спра́ва?; was gibt's Néues? що ново́го?; 3. **sich ~** прохо́дити, мина́ти, ула́годжуватися; das gibt sich álles усе владна́ється; sich wie ein Erwáchsener ~ удава́ти з се́бе доро́слого; sich héiter ~ прийня́ти весе́лий ви́гляд; sich in sein Schícksal ~ скори́тися своїй до́лі
Gebíet *n* **~(e)s, ~e** о́бласть, терито́рія; *перен.* га́лузь, сфе́ра
gebíeten* 1. *vt* нака́зувати; вимага́ти; 2. vi *(über A)* керува́ти; розпоряджа́тися *(кимось, чимось);* ~ Sie über mich! я до ва́ших по́слуг!
Gebílde n **~s,** ~ твір; зобра́ження; о́браз; структу́ра, будо́ва; *тех.* при́стрій; утво́рення, форма́ція
gebíldet *adj* осві́чений, гра́мотний; pólitisch ~ політи́чно гра́мотний
Gebírge *n* **~s,** ~ го́ри; гірськи́й кряж, гірське́ па́смо; *геол.* гірська́ поро́да
gebírgig *adj* гори́стий
Gebírgspaß m **~sses, ...pässe** гірськи́й про́хід, гірськи́й перева́л; **rücken** *m* **~s,** ~ гірськи́й хребе́т; **~zug** *m* **~(e)s, züge** гірське́ па́смо, гірськи́й кряж
Gebíß *n* **...bisses, ...bisse** щеле́па, зу́би; ein fálsches (künstliches) ~зубни́й проте́з; вуди́ла; мундшту́к
gebóren *adj* уро́джений; уро́джена; приро́джений *(напр., про педагога)*
Gebót *n* **~(e)s, ~e** нака́з, вимо́га
Gebráuch *m* **~(e)s, ...bräuche** вжива́ння, використа́ння *(чогось);* користува́ння *(чимось);* зви́чка; *тж* зви́чаї; обря́д; etw. in ~ háben користува́тися чи́мось; von etw, *(D)* ~ máchen вжива́ти, використо́вувати щось
gebráuchen *vt* вжива́ти *(щось),* користува́тися *(чимось);* das kann ich gut ~ це мені́ згоди́ться
gebräuchlich *adj* вжи́ваний; звича́йний; загальноприйня́тий; nicht mehr ~ застарі́лий, невжи́ваний
Gebráuchsanweisung *f* **~, ~en** спо́сіб вжива́ння; інстру́кція; **~artikel** *m* **~s,~, ~gegenständ** *m* **~(e)s, ...stände** предме́т вжи́тку; **~wert** *m* **~(e)s, ~e** спожи́вча ва́ртість; добро́тність, мі́цність
gebréchlich *adj* слабки́й, кво́лий; крихки́й, ламки́й
gebróchen *adj.* ~es Deutsch ла́мана німе́цька мо́ва; ~es Schwéigen пору́шене мовча́ння; éine ~e Zahl *мат.* дробо́ве число́
Gebröckel *n* **~s** кри́хти; ула́мки, оско́лки
Gebrüder *pl* бра́ти
Gebrüll *n* **~(e)s** рев, рича́ння; гарча́ння; му́кання
gebückt *adj* згорблений, суту́лий; in ~er Háltung зігну́вшись, згорби́вшись; схили́вшись
Gebühr *f*~, **~en** нале́жне, заслу́жене; nach ~ по заслу́зі; j-n nach ~würdigen віддава́ти кому́сь нале́жне; присто́йність; *перев. pl* збір, пла́та, тари́ф, пода́ток; ми́то
gebúnden *adj* переплéтений; ~e Energíe *фіз.* потенціа́льна ене́ргія
Gebúrt *f* **~, ~en** наро́дження; *перед. тж* ство́рення *(чогось);* похо́дження; ро́ди, поло́ги; новонаро́джений; плід
Gebúrtsfehler *m* **~s,** ~ уро́джена ва́да; **~shein** *m* **~(e)s, ~e** свідо́цтво про наро́дження, ме́трика; **~tag** *m* **~(e)s,~e** день наро́дження
Gebüsch *n* **~es, ~e** кущі́, чагарни́к
Gedächtnis *n* **~ses, ~se** па́м'ять; zum ~на па́м'ять
gedämpft *adj* па́рений; тушко́ваний *(про м'ясо);* приглу́шений, сти́шений *(про звук);* м'яки́й, ма́товий *(про світло);* нея́скра́вий, спокі́йний *(про колір)*

Gedánke *m* **~ns, ~n** дýмка, ідéя *(an A про когось, про щось);* sich *(D)* ~n máchen *(über A)* турбувáтися *(про когось, про щось)*
Gedánkenarmut *f~* безідéйність, безмістóвність; **~austausch** *m* **~es** óбмін думкáми; **~freiheit** *f* **~n** свобóда дýмки; **~gut** *n i* **~(e)s** сукýпність (багáтство) думóк (ідéй)
Gedánkenpunkte *pl* крапкú, три крапкú; **~strich** *m* **~(e)s, ~e** тирé
Gedéck *n* **~(e)s, ~e** (столóвий) прибóр; обíд (за *певним меню),* ein tróckenes ~ обíд без винá
gedéihen* *vi* (s) (дóбре) ростú, уродúти; процвітáти, мáти ýспіх
gedéihlich *adj* корúсний; успíшний; процвітáючий
gedénken* 1. *vi (G)* пам'ятáти, згáдувати *(когось, щось);* **2.** *vt* мáти нáмір *(щось зробити); (j-m)* пригадáти *(щось, комусь)*
Gedénkfeier *f* **~, ~n** торжествó, присвя́чене пáм'яті когóсь, чогóсь; річнúця; ювілéй; **~tafel** *f* **~, ~n** меморіáльна дóшка; **~tag** *m* **~(e)s, ~e** день пáм'яті, річнúця; **~zimmer** *n* **~s,** ~ кімнáта-музéй
Gedícht *n* **~(e)s, ~e** вірш, поéма
gedíegen *adj* добрóякісний; міцнúй; солíдний *(про людину);* ein ~er Charákter урівновáжений харáктер; саморóдний; ~es Gold саморóдне зóлото
Gedränge *n* **~s** штовханúна, дáвка; тіснотá; нáтовп; бідá, скрýта; im ~ sein бýти в скрутнóму станóвищі; ins ~ kómmen попáсти в бідý
gedrängt *adj* убóристий *(про шрифт);* стúслий, корóткий
gedrúckt *adj* друкóваний, віддрукóваний
Gedrúckte *n* **~n** друкóваний текст
gedrúngen *adj* кремéзний, призéмкуватий; стúслий *(про стиль)*
Gedúld *f* **~** терпíння; sich in ~ fássen запастúся терпíнням
gedúlden, sich мáти терпíння; ~ Sie sich! стривáй!, почекáй!
gedúldig 1. *adj* терпля́чий; поблáжливий; **2.** *adv* терпля́че
geéignet *adj* придáтний *(zu D, für A до чогось, для чогось, на щось);* відповíдний, слýшний; in ~er Wéise vórgehen дiяти налéжним чúном
Gefáhr *f~,* **~en** небезпéка; рúзик; auf éigene ~ на свій страх та рúзик
gefährden *vt* загрóжувати *(комусь, чомусь);* шкóдити
gefährlich *adj* небезпéчний, ризикóваний
Gefährte *m* **~n, ~n** супýтник; товáриш; співучáсник; сорáтник
gefállen* *vi* подóбатися; бýти до смакý; gut ~ дýже подóбатися; sich (D) etw. ~ lássen мирúтися з чúмось, терпíти щóсь
Gefállen I *m* **~s,** ~ люб'я́зність, пóслуга, лáска; j-m etw. zu ~ tun зробúти пóслугу (лáску) комýсь
Gefállen II *n* **~s** задовóлення, втíха; an etw. (D) ~ fínden мáти задовóлення від чóгось
Gefállene *m, f* убúтий, полéглий; пропáщий
gefälscht *adj* підрóблений, фальшúвий
Gefángene *m, f* полонéний, полонéна; ув'я́знений, ув'я́знена
Gefángennahme *f* ~ взяття́ в полóн, арéшт
Gefángenschaft *f* ~ полóн, невóля
Gefängnis *n* **~ses, ~se** в'язнúця
Gefäß *n* **~es, ~e** посýдина; *гвх.* резервуáр; *анат.* судúна; *військ.* ефéс
gefáßt *adj* опрáвлений, обрáмлений; ~e Édelsteine коштóвне камíння в опрáві; спокíйний; стрúманий; sich ~ máchen *(auf A)* настрóїти себé на щось, бýти готóвим *(до чогось)*
Geféсht *n* **~(e)s, ~e** бій, бúтва; das ábbrechen вúйти з бóю; áußer ~ sétzen вúвести з лав
Geflécht *n* **~(e)s, ~e** плéтиво; плéтений вúріб; джгут
gefléckt *adj* у пля́мах; строкáтий; *розм.* рябúй
geflíssen *adj* старáнний
Geflügel *n* **~s** жúвність, домáшня птúця
geflügelt *adj* окрúлений; крилáтий; ~e Wórte *лингв.* крилáті словá
Geflüster *n* **~s** шéпіт; шéлест *(листя),* дзюрчáння *(струмка)*
gefríeren* 1. *vimp* морóзити; es hat in der Nacht gefróren вночі був морóз; 2. *vi (s)* замерзáти, вимерзáти; ~ lássen заморóжувати
Gefríerfleisch *n* **~es** заморóжене м'я́со; **~punkt** *m* **~(e)s** *фіз.* тóчка замерзáння; **~schiff** *n* **~(e)s, ~e** рефрижерáторне сýдно
Gefühl *n* **~(e)s, ~e** почуття́; емóція; відчуття́; ein féines ~ háben тóнко відчувáти; er ist ganz ~ він дýже чутлúвий
gefühllos *adj* бездýшний, черствúй, безсердéчний, нечýлий; нечутлúвий; онімíлий, затéрплий
gégen *prp (A)* до, в нáпрямку до, на, прóти; ~ Nórden на пíвніч; ~ die Sónne photographíeren фотографувáти прóти сóнця; *(вказує на приблизний час)* блúзько; бíля, під, ~ Mítternacht блúзько пíвночі; ~ Énde під кінéць; *(вказує на приблизну кількість)* блúзько, бíля; die Höhe des Háuses beträgt ~ 20 Méter висотá будúнку блúзько 20 мéтрів; до, по віднóшенню до, з, пéред; die Pflíchten der Kínder ~ die Éltern обов'язки дітéй пéред батькáми; прóти, з; ~ den Feind kämpfen борóтися прóти вóрога (з вóрогом); прóти, всýпереч; ~ méinen Wíllen прóти моєї вóлі; прóти, від; ein Míttel ~ Kópfschmerzen зáсіб прóти (від) головнóго бóлю; порівнюючи (з кúмось, з чúмось), у порівня́нні (з кúмось, з чúмось); du bist noch jung ~

G

mich ти ще молодий у порівнянні зі мною; за, замість; ~ báre Bezáhlung káufen купити щось за готівку; ~ Ersátz в обмін на щось

Gégenangriff *m* **~(e)s, ~e** *військ.* контратака; **~anklage** *f* **~, ~n** зустрічне обвинувачення; **~bemerkung** *f* ~, **~en** заперечення

Gégend *f* **~, ~en** місцевість, край, країна; die úmliegende ~ околиця

Gégendienst *m* **~es, ~e** взаємна послуга; **~druck** *m* **~(e)s** протидія, відсіч

gegeneinánder *pron rez* один проти одного; (по відношенню) один до одного; взаємно

G

Gégengewicht *n* **~(e)s, ~e** противага; **~maßnahme** f~, **~n** контрзахід; **~satz** *m* **~es, ...sätze** протилежність, контраст

gégenseitig *adj* взаємний, двосторонній; ~e Bezíehungen взаємовідносини; ~e Verständigung взаєморозуміння

Gégenstand *m* **~(e)s, ...stände** предмет, річ; предмет, об'єкт, тема, сюжет; **~stoß** *m* **~es, ...stöße** контратака; **~strömung** *f* ~, **~en** зустрічна течія; **~teil** *n* **~(e)s, ~e** протилежність; im ~ teil навпаки

gegenüber *prp (D)* навпроти; dem Háuse ~ навпроти будинку; по відношенню до, перед; у (на) противагу чомусь; die Pflicht der Héimat ~ обов'язок перед батьківщиною; j-m ~ die Stímme erhében підвищити на когось голос; у порівнянні з; séinem Brúder ~ ist er klein у порівнянні зі своїм братом він маленький

Gégenverpflichtung *f* ~, **~en** зустрічне зобов'язання; взаємне зобов'язання

Gégenwart *f* ~ присутність; теперішній час, сучасність; die Báukunst der ~ сучасна архітектура

gegenwärtig 1. *adj* теперішній, сучасний; bis zum ~en Zéitpunkt до цього часу, досі, дотепер; ~ sein бути присутнім; 2. *adv* зараз, тепер

Gégenwartsliteratur *f* ~ сучасна література; **~mensch** *m* **~en, ~en** сучасна людина

Gégenwartspotik *f* ~ сучасна політика; **~roman** *m* **~s, ~e** роман про сучасність (на сучасну тему)

Gégenwehr *f* ~ самооборона; опір; **~wert** *m* **~(e)s, ~e** еквівалент; **~wind** *m* **~(e)s, ~e** зустрічний вітер; **~wirkung** *f* ~, **~en** протидія, реакція

geglíedert *adj* розчленований; складовий

geglückt *adj* вдалий

Gégner *m* **~s, ~** ворог; опонент; *спорт.* супротивник

Gehált I *n* **~(e)s, ...hälter** заробітна плата

Gehált II *m* **~(e)s, ~e** зміст *(напр., літературного твору);* змістовність; ~ und Gestált форма і зміст; Wórte óhne ~ пусті балачки; *хім. тех.* вміст *(напр., металу в руді);* проба *(металу);* місткість

Gehältsaufbesserung, ~erhöhung *f* **~, ~en** підвищення заробітної плати; **~kürzung** *f* ~, **~en** зниження заробітної плати

Gehäuse *n* **~s, ~e** *тех.* корпус; кожух; коробка, камера, футляр; кузов; шкаралупа, черепашка *(молюска)*

gehéim 1. *adj* таємний, секретний; in ~er Ábstimmung при таємному голосуванні; 2. *adv* секретно; im ~en таємно

gehéimhalten* *vt (vor D)* тримати в таємниці, приховувати

Gehéimnis *n* **~ses, ~se** таємниця, секрет; ein ~ aus etw. *(D* máchen робити таємницю з чогось; um ein~ wíssen знати секрет

gehéimnisvoll *adj* таємничий

Gehéimschrift *f*~, **~en** шифр; **~sender** *m* **~s,** ~ таємний радіопередавач

géhen* 1. *vi (s)* іти; ходити; séines Wegs ~ іти своєю дорогою; від'їжджати; відправлятися, рушати; aufs Land ~ (по)їхати за місто; піти з роботи, звільнитися; er wúrde gegángen *(розм.)* його звільнили; виходити *(на південь, північ і т. п.);* das Fénster geht nach Nóden вікно виходить на північ; піти, вступити до; auf die Universität ~ вступити до університету; діяти, функціонувати, працювати; die Mühle geht млин працює; йти, минати; vor sich ~ відбуватися; das Lében geht zur Néige життя спливає; *ком.* іти, мати збут; die Wáre geht gut товар іде добре; *(an A)* приступати *(до чогось);* братися *(за щось);* an die Árbeit ~ взятися за роботу; приходитися; уміщатися; zehn Stück ~ auf ein Kílo на кілограм іде десять штук; 2. *vimp:* es geht auf Míttag час наближається до полудня; wie geht es? як справи?; es geht nicht це неможливо; es geht um *(A)* ... мова йде про ..., йдеться про ...; es geht ums Lében це питання життя

Géhen *n* **~s** ходіння, ходьба, хід; das fällt ihm schwer йому важко ходити

Gehétze *n* **~s** біганина, суєта; поспіх; цькування

Gehéul *n* **~(e)s** виття, голосіння; рев, ревіння

Gehílfe *m* **~n, ~n** помічник; асистент

Gehírn *n* **~(e)s, ~e** (головний) мозок

Gehör *n* **~(e)s** слух; nach dem ~ на слух; ein féines ~ тонкий слух

gehórchen *vi (D)* слухатися *(когось),* коритися *(комусь, чомусь);* aufs Wort ~ беззаперечно коритися

gehören 1. *vi (D)* належати *(комусь); (zu D)* належати до складу *(чогось);* бути потрібним; dazú gehört Zeit для цього потрібний час; 2. **sich** ~ : wie es sich gehört як і годиться, як і ведеться; es gehört sich nicht прийнято

gehörig 1. *adj* який належить *(комусь);* який входить до складу *(чогось);*

нале́жний чимали́й; 2. *adv* нале́жним чи́ном; грунто́вно, солі́дно
gehörlos *adj* глухи́й, позба́влений слу́ху
Gehörn *n~(e)s, ~e* ро́ги
gehórsam 1. *adj* слухня́ний; ~ sein бу́ти слухня́ним; 2. *adv* слухня́но
Gehórsam *m* **~s** слухня́ність, пoкі́рність; ~ bezéigen слу́хатися, кори́тися
Géhsteig *m* **~(e)s, ~e** тротуа́р; **~stock** *m* **~(e)s, ...stöcke** па́лиця, ціпо́к
Géier *m* **~s, ~** шулі́ка, корша́к
Géige *f* **~, ~en** скри́пка; die érste ~spíelen гра́ти пе́ршу скри́пку
Géist *m* **~es, ~er** дух, душа́, ро́зум, ду́мка; ein großer ~ блиску́чий ро́зум; (viel) ~ háben бу́ти розу́мним; дух, прима́ра, при́вид
Géistesarbeit *f*~, **~en** розумо́ва пра́ця; **~armut** *f* **~** духо́вне убо́зтво; безда́рність; **~bildung** *f* **~** розумо́вий ро́звиток; **~fähigkeiten** *pl* розумо́ві зді́бності; **~größe** *тк. sg* геніа́льність, ве́лич ду́ху; ге́ній; світи́ло; **~kraft** *f*~ си́ла ду́ху; си́ла ро́зуму
géisteskrank *adj* душевнохво́рий, псиxі́чно хво́рий
Géisteswissenschaften *pl* гуманіта́рні нау́ки
géistig 1. *adj* духо́вний, розумо́вий; ~e Árbeit розумо́ва пра́ця; 2. *adv* духо́вно, розумо́во; die ~ Scháffenden лю́ди розумо́вої пра́ці
Géistliche *m* **~n, ~n** духо́вна осо́ба, свяще́ник
géistlos *adj* безда́рний; **~reich** *adj* доте́пний; **~voll** *adj* розу́мний, натхне́нний
géizen *vi (mit D)* скупи́тися *(на щось);* еконо́мити; mit der Zeit ~еконо́мити час; *(nach D)* жада́ти *(чогось);* пра́гнути *(напр., слави)*
géizig *adj* скупи́й, жа́дібний, заже́рливий
Gejämmer *n* **~s** кри́ки, голосі́ння; сто́гін
Gekícher *n* **~s** хихи́кання
Geklápper *n* **~s** стук, сту́кіт, грю́кання, кла́цання, цо́кання; das ~ des Geschírrs бряжча́ння по́суду
Geklírr *n* **~(e)s** дзвін, бря́зкіт; дзе́нькіт
Geklüft *n* **~(e)s** уще́лина, міжгі́р'я
gekränkt *adj* обра́жений; sich ~ fühlen почува́ти себе́ обра́женим
gekrönt *adj* короно́ваний, уві́нчаний
Gelächter *n* **~s, ~** сміх, ре́гіт; zum ~ wérden ста́ти посміхо́виськом
gelähmt *adj* паралізо́ваний *(тж перен.)*
Gelände n **~s, ~** місце́вість, терито́рія; земля́, ділянка землі́
Geländekunde *f* **~** топогра́фія; **~meßkunst** *f* ~ геоде́зія
Geländer *n* **~s ~** пери́ла, по́ручні, парапе́т
gelángen *vi (s) (in, an, auf A, zu, bis zu D)* попада́ти, прибува́ти, досяга́ти, дохо́дити *(кудись);* zum Verkáuf ~ надхо́дити в про́даж
Gelärm *n* **~(e)s** шум, га́мір
gelássen *adj* спокі́йний, холоднокро́вний
geläufig 1. *adj* ужи́ваний, звича́йний; відо́мий; 2. *adv* ві́льно *(розмовляти якоюсь мовою)*
gelb *adj* жо́втий; der ~e Neid чо́рна за́здрість; das ~ Fíeber жо́вта пропа́сниця; гаду́чка
Geld *n* **~(e)s, ~er** гро́ші; báres ~ готі́вка; dícke ~er *розм.* вели́кі гро́ші; zu ~ kómmen розбагаті́ти; kléines ~дрібна́ моне́та
Géldanleihe *f* **~, n** грошова́ по́зика; **~anweisung** *f* **~, ~en** грошови́й пе́реказ; **~beutel** *m* **~s, ~** гамане́ць; **~einnahme** *f* **~, ~n** збір гро́шей; ви́ручка, ви́торг; **~empfänger** *m* **~s, ~** інкаса́тор; оде́ржувач гро́шей; **~entwertung** *f* **~, ~en** *ек.* знеці́нювання гро́шей, інфля́ція; **~fälscher** *m* **~s, ~** фальшивомоне́тник; **~geber** *m* **~s, ~** кредито́р; **~geschäft** *n* **~(e)s, ~e** грошова́ опера́ція; **~gier** *f* **~** жа́дібність, пожа́дливість, користолю́бство
géldgierig *adj* заже́рливий, користолю́бний, жа́дібний
Géldkriese *f*~, **~n** *ек.* грошова́ кри́за; **~kurs** m **~es, ~e** *ек.* валю́тний курс; **~mann** *m* **~(e)s, ...leute** бага́ч, фіна́нсист, діло́к; **~markt** *m* **~(e)s, ...mäkrte** валю́тний ри́нок; **~mittel** *pl* ко́шти; **~schein** *m* **~(e)s, ~e** грошо́вий знак, банкно́т; **~stück** n **~(e)s, ~e** моне́та; **~wechsel** *m* **~s** ро́змін гро́шей; о́бмін *(іноземно!)* валю́ти
gelégen 1. *adj* розташо́ваний; das Zímmer ist nach Süden ~ кімна́та вихо́дить на пі́вдень; зру́чний, слу́шний; zu ~er Zeit в зру́чний час; 2. *adv* вча́сно, до ре́чі; das kómmt mir sehr ~ це мені́ са́ме до ре́чі
Gelégenheit *f* **~, ~en** зру́чний ви́падок, можли́вість; при́від; éine féstliche ~урочи́стий ви́падок; bei (günstiger) ~ при наго́ді; bei der érsten bésten ~, bei érster ~ при пе́ршій наго́ді
gelégentlich 1. *adj* випадко́вий; 2. *adv* випадко́во; при наго́ді *(куплений);* 3. *prp* (G) у зв'я́зку, з при́воду; ~ séines Jubiläums з наго́ди його́ ювіле́ю
Geléhrte *m, f* уче́ний
Geléise *n* **~s, ~** (залізни́чна) ко́лія; *перен.* ко́лія, шлях; aus dem ~ kómmen ви́битися (ви́йти) з ко́лії; etw. ins ~ bríngen наве́сти поря́док в чо́мусь, ула́годити спра́ву
Geléit *n* **~(e)s, ~e** про́води; су́провід; j-m das létzte ~ gében віддава́ти комусь оста́нню ша́ну; *військ., мор.* еско́рт, конво́й, охоро́на, ва́рта
Geléitwort *n* **~(e)s, ~e** передмо́ва *(до книжки);* напу́тнє сло́во
Gelénk *n* **~(e)s, ~e** *анат.* сугло́б, зчлену́вання; das Bein ist aus dem ~ нога́ ви́вихнута; *мех.* шарні́р
gelérnt *adj* кваліфіко́ваний, на́вчений
Gelíebte *m, f* коха́ний, коха́на; коха́нець, коха́нка

G

gelínd(e) 1. *adj* м'який, помірний; 2. *adv* м'якó, помірно ~ geságt м'яко кáжучи; ~ gesálzen слáбо солóний
gelíngen* *vi (s)* удавáтися, щастúти; лáдитися; die Sáche will nicht ~ спрáва не лáдиться
géllen *vi* рíзко звучáти; in den Óhren ~рíзати слух
géllend *adj* різкúй, пронúзливий *(про звук)*
gelóben *vt* урочисто обіцяти, давáти клятву; sich (D) etw. ~твéрдо вирішити щось; присвятити себé чомусь
Gelöbnis *n* **~ses, ~se** урочúста обіцянка, обітниця; ein ~ áblegen (tun) дáти урочúсту обіцянку (обітницю)
gelóckt *adj* кучерявий; завитий *(про волосся)*
gélten* 1. *vt* кóштувати, цінúтися; мáти авторитéт; 2. *vi* бýти дійсним, мáти сúлу, годúтися; die Fáhrkarte gilt nicht квитóк недійсний; (D) стосувáтися *(когось);* das gilt dir це стосýється тебé; *(als N, für A)* вважáтися *(кимось, чимось);* слáвитися *(як хтось, як щось);* 3. *vimp.* es gilt! гарáзд!; es gilt Lében und Tod йдéться про життя і смерть
géltend *adj* якúй (що) дíє, дíючий; чúнний, якúй мáє сúлу; дíйсний; die ~en Ánsichten панівнá дýмка: eine Fórderung ~ máchen пред'являти претéнзію (вимóги)
Géltung *f* **~, ~en** значення, значýщість; цінність; in ~ sein бýти дíйсним, мáти сúлу; áußer ~ sein втрáтити свою сúлу (своє значення)
gelúngen *adj* вдáлий, чудóвий, надзвичáйний
gemách 1. *adj* спокíйний, тúхий; повільний; зручнúй; 2. *adv* спокíйно, тúхо, повільно; nur ~ ! спокíйно!, не так швúдко!
gemächlich 1. *adj* спокíйний; зручнúй; повільний; 2. *adv* не поспішáючи, повільно; спокíйно; зрýчно
gemáhlen *adj.* ~er Káffee мóлота кáва
Gemälde *n* **~s,** ~ картúна
gemäß 1. *adj* відповідний; 2. *prp (D)* згíдно, відповідно; доцільно; в мíру; séinen Kräften ~ в мíру своїх сил; den Verdíensten ~ по заслýзі; ~ séinem Wúnsch (e) відповідно до йогó бажáння
geméin *adj* загáльний; простúй, звичáйний; ein ~er Tag бýдень; der ~e Verstánd здорóвий глузд; низькúй, підлий; вульгáрний, низькопрóбний
Geméinde *f* **~, ~n** общúна; громáда; місцéве самоврядувáння; муніципалітéт, магістрáт; *рел.* парáфія, прихóд
Geméindeverwaltung *f* **~, ~en** общúнне (комунáльне) управлíння; **~wählen** *pl* общúнні (комунáльні, муніципáльні) вúбори; **~wirtschaft** *f* **~, ~en** общúнне (комунáльне, муніципáльне) господáрство
Geméineigentum *n* **~(e)s** суспíльна влáсність; ~ an (Grund und) Bóden суспíльне (общúнне) землеволодíння; **~gebrauch** *m* **~(e)s** громáдське (суспíльне) користувáння
Geméingut *n* **~(e)s** громáдська влáсність; **~heit** *f* **~, ~en** негíдність, підлість; низькопрóбність, вульгáрність
geméinnützig *adj* загальнскорúсний, ~e Árbeit суспíльно корúсна прáця
Gemeinrecht *n* **~(e)s** *юр.* загáльне прáво
geméinsam 1. *adj* загáльний, колектúвний; 2. *adv* спíльно, рáзом
Geméinsamkeit *f* **~, ~en** спíльність, єдність; схóжість, збіг
geméinschaftlich *adj див.* geméinsam
Geméinschaftsbesitz *m* **~es** суспíльна (колектúвна) влáсність; **~geist** *m* ~es дух солідáрності; **~sinn** *m* **~(e)s** почуття солідáрності; **~verpflegung** громáдське харчувáння
Geméinwesen *n* **~s,** ~ колектúв; комýна; громáдськість, **~wirtschaft** *f* **~, ~en** усуспíльнене господáрство; **~wohl** *n* **~(e)s** загáльне блáго
Geménge *n* **~s,** ~ штовхáння, сум'яття; ein ~ von Ménschen нáтовп, юрбá; сýміш, мішанúна
geméssen *adj* вúзначений, тóчний; розмíрений; статéчний, повáжний
Gémse *f* **~, ~n** сáрна
Gémsleder *n* **~s** зáмша
Gemúrmel *n* **~s** бурмотáння; шéпіт, тúха розмóва; дзюрчáння *(струмка)*
Gemüse *n* **~s,** ~ óвочі, зéлень
Gemüsebau *m* **~(e)s** овочівнúцтво
Gemüsefeld *n* **~(e)s, ~er** горóд (велúкий); **~garten** *m* **~s, ...gärten** горóд; **~handlung** *f* **~, ~en** овочéвий магазúн; **~speicher** *m* **~s,** ~ овочесхóвище
Gemüt *n* **~(e)s, ~er** вдáча, натýра, харáктер, душа; ~ háben бýти дóбрим (чýйним); *pl* уми; die ~er áufregen (errégen) хвилювáти умú
gemütlich *adj* зáтишний; приємний; привíтний, добродýшний; nur ímmer ~ спокíйно; не хвилюйтесь!
Gemütsruhe *f* **~** душéвний спóкій; самовладáння; **~stimmung** *f* **~, ~en, ~zustand** *m* **~(e)s, ...stände** душéвний стан, нáстрій
gemütvoll *adj* задушéвний, щúрий
genáu 1. *adj* тóчний; доклáдний; старáнний, ретéльний; 2. *adv* тóчно; доклáдно; рíвно
Genáuigkeit *f* **~** тóчність; старáнність, ретéльність
genáuso *adv* (тóчно) такúй же сáмий
genéhmigen *vt* схвáлювати, санкціонувáти; дозволяти; éine Bítte ~ задовольняти прохáння
Genéhmigung *f* **~, ~en** дóзвіл, ствéрдження; схвáлення, згóда
genéigt *adj* похúлий; полóгий; схúльний, прихúльний; доброзúчливий
Generálstreik *m* **~(e)s, ~s** *i* ~у загáльний стрáйк; in den ~ streik tréten оголосúти

загáльний стрáйк; **~versammlung** *f* ~, **~en** загáльні збóри; генерáльна асамблéя; **~vertrag** *m* **~(e)s, ...träge** спíльний дóговір

Generatión *f* ~, **~en** поколíння; von ~zu ~ із поколíння в поколíння

genésen* *vi (s)* видýжувати, поправлятися

Genésung *f* ~, **~en** вúдужання, вúлікування

Genie *n* **~s, ~s** гéній; геніáльність

geníeßen* *vt* їсти, вживáти в їжу; зазнавáти насолóди; користувáтися (правáми); мáти (авторитéт); éine gründliche Áusbildung ~одéржати гáрну освíту

Genósse *m* **~n, ~n** товáриш; der ~ séines Lébens супýтник йогó життя

Genóssenschaft *f* ~, **~en** товарúство; артíль; кооперáтúв; спíлка

Genre *n* **~s, ~s** рід, вид, жанр

genúg *adv* дóсить, довóлі; ich hábe ~(davón) з менé (цьогó) дóсить

genügen *vi* вистачáти, бýти достáтнім; задовольняти

genügend *adj* достáтній; задовíльний

Genúgtuung *f~,* ~**en** задовóлення

Genúß *m* **~nusses, ~nüsse** насолóда; споживáння *(їжі і т. п.)* користувáння *(чимось);* in den éines Stipéndiums kómmen (почáти) одéржувати стипéндію

Gepäck *n* **~(e)s, ~e** багáж; нóша

Gepäckaufbewahrungsraum *m* **~(e)s, ...räume** кáмера схóву багажý; **~schein** *m* **~(e)s, ~e** багáжна квитáнція; **~träger** *m* **~s, ~** носúльник

gepflégt *adj* пéщений, плéканий, вúкоханий; ~es Benéhmen ввíчливе повóдження

Gepflógenheit *f* **~, ~en** звúчай; звúчка; традúція

Gepólter *n* **~s** гýркіт, гуркотíння; шум, лáйка

Gepräge *n*~**s** карбувáння, відбúток; *перен.* ознáка, відбúток

gepréßt *adj* (с)пресóваний; штампóваний; вúдавлений; mit ~er Stímme здáвленим гóлосом

geráde 1. *adj* прямúй; *перен,* прямúй, прямодýшний; відвéртий; *мат.* пáрний; 2. *adv* прямо, рíвно; прямо, відвéрто; прямо, сáме, якрáз; er ist ~ gekómmen він сáме прийшóв

gerádeaus *adv* прямо, навпростéць

gerádlinig *adj* прямолінíйний *(тж перен);* **~winklig** *adj* прямокýтний; **~zahlig** *adj мат.* пáрний

Gerät *n* ~(e)s, **~e** *тех.* прúлад, апарáт, інструмéнт; *спорт.* снаряд; начúння; пóсуд

Gerätebau *m* **~(e)s** приладобудувáння

geraten* *vi (s)* потрáпити, опинúтися; прийтú *(в якийсь стан);* удавáтися; séine Árbeit ist gut ~у ньóго дóбра робóта

Geratewóhl: aufs ~ навманнá, наугáд; на щáстя

geräuchert *adj* кóпчений

geräumig *adj* простóрий, місткúй

Geräusch *n* **~es, ~e** шéрех, (легкúй) шум, шýрхіт; *радіо* перешкóди

geräuschlos *adj* безшýмний, тúхий; **~voll** *adj* шýмний

geréchnet *adv* зважáючи, беручú до увáги, врахóвуючи; von héute an ~починáючи з сьогóднішнього дня; schlecht ~ мíнімум; gut ~ мáксимум

gerécht *adj* справедлúвий, прáвильний; прáведний

Geréchtigkeit *f* ~ справедлúвість; закóнність; правосýддя

gerégelt *adj* (у)регульóваний, впорядкóваний

geréuen *vimp.* mich geréut es, daß... я розкáююся, що ..., я жалкýю, що ...

Gerícht ² *n* **~(e)s, ~e** суд; j-n vor ~bríngen притягнýти когóсь до сýду; das Óberste ~ Верхóвний суд

Gerícht II *n* **~(e)s, ~e** стрáва; kóchfertige ~e *кул.* напівфабрикáти

Geríchtsbehörde *f* -n суд, судовá інстáнція; **~hof** *m* **~(e)s, ...höfe** суд, трибунáл; **~urteil** *n* **~(e)s, ~e** судовé рíшення, вúрок; **~verfahren** *n* **~s,** ~судочúнство; **~verhandlung** *f* ~, **~en** судовúй процéс

geríng 1. *adj* незначнúй, малúй; низькúй *(про якість);* дешéвий *(про сорт);* 2. *adv* незнáчно, мáло, трóхи

geríngfügig *adj* маловáжний, незначнúй; нуждéнний, бíдний *(про їжу)*

geríngschätzig 1. *adj* зневáжливий, презúрливий; 2. *adv* звúсока, презúрливо

geríngwertig *adj* малоцíнний; низькосóртний

gerínnen* *vi* (*s*) скипáтися *(про кров);* зсідáтися *(про молоко);* застигáти; твéрднути; згущáтися

Gerippe *n* **~s, ~** скелéт; кістяк, каркáс

gerissen *adj* рвáний; обíрваний; *перен.* хúтрий, шахраювáтий; спрúтний; ein ~er Kerl прóйда

Germanístik *f* **~** германíстика, німéцька філолóгія

gérn(e) *adv* охóче, із задовóленням; sehr ~ з (велúким) задовóленням; j-n (etw.) ~ háben любúти *(когось, щось);* ~ geschéhen! немáє за що дякувати

Gérste *f*~ ячмíнь

Geruch *m* **~(e)s, Gerüche** *тк. sg* нюх, чуття; зáпах; слáва, репутáція

gerúchlos *adj* без зáпаху

Gerücht *n* **~(e)s, ~e** чýтка, поголóска

gerührt *adj* розчýлений

gesálzen *adj* солóний, засóлений; leicht ~ малосóльний

gesámmelt *adj* зíбраний *(разом);* ~e Wérke вúбрані твóри; зосерéджений, спокíйний

gesámt *adj* вéсь, цíлий; загáльний; im ~en в цілóму; всьогó

Gesámtausgabe *f* **~, ~n** пóвне зібрáння творíв; *pl* загáльні витрáти; **~eindruck**

G

m (e)s, ...drücke загáльне врáження; **~einkommen** *n* **~s,** ~ *ек.* вáловий дохóд (прибýток); **~erscheinung** *f* **~, ~en** загáльне я́вище; **~heit** *f* **~** ñóкýпність; усé в цілóму; **~leistung** *f***~, ~en** загáльна потýжність, загáльна продуктúвність; загáльна успíшність *(учнів);* **~produkt** *n* **~(e)s** *ек.* сумáрний (вáловий) продýкт

gesámtstaatlich *adj* загальнодержáвний

Gesándte *m* **~n, ~n** послáнник

Gesáng *m* **~(e)s, Gesänge** спів, співи; пíсня

Geschäft *n* **~(e)s, ~e** спрáва; заня́ття; спрáва, угóда, торговéльна оперáція; фíрма, підприéмство, торгóвий дім, магазúн

geschäftig *adj* дія́льний; працьовúтий

Geschäftsabkommen *n* **~s,** ~ ділова́ угóда; **~bericht** *m* **~(e)s, ~e** звіт про стан справ; **~beziehungen** *pl* ділові́ зв'язкú (стосýнки); **~haus** *n* **~es, ...häuser** фíрма, торгóвий дім; **~jähr** *n* **~(e)s, ~e** господáрський (фінáнсовий) рік; **~mann** *m* **~(e)s, ...leute** ділóк; комерсáнт

geschéhen* *vi (s)* відбувáтися, трапля́тися, зчиня́тися

Geschéhen *n* **~s** подíя

Geschéhnis *n* **~ses, ~se** подíя, вúпадок; internationále ~se події́ міжнарóдного життя́

geschéit *adj* розýмний; тямýщий; ein ~er Kopf *розм.* розýмник, тямýща людúна

Geschénk *n* **~(e)s, ~e** подарýнок, дар *(für A, an A комусь)*

Geschíchte *f* **~, ~n** *тк. sg* істóрія (лід *розвитку); істóрія (наука); тк. sg* істóрія, минýле; *розм.* істóрія, вúпадок; істóрія, оповідáння, пóвість *розм.* вúгадка, брехня́

geschíchtlich *adj* історúчний

Geschíck I *n* **~(e)s, ~e** дóля, фáтум, sich in sein ~ ergében корúтися своїй дóлі

Geschíck II *n* **~(e)s** спрúтність, майстéрність, умíння; ~ zu etw. *(D)* háben мáти здíбності до чóгось

geschíckt *adj* майстéрний, впрáвний, умíлий

geschíeden *adj* розвéдений, розлýчений *(про подружжя)*

Geschírr *n* **~(e)s, ~e** пóсуд, начúння; збрýя

Geschlécht *n* **~(e)s, ~er** рід, поколíння; *біол.* стать; рід, сім'я́; *грам.* рід

geschlóssen *adj* закрúтий; зáмкнений; згуртóваний, єдúний

Geschlóssenheit *f* **~** згуртóваність, зáмкнутість; éдність

Geschmáck *m* **~(e)s, Geschmäcke** смак

Geschméicheln *n* **~s** лéстощі, улéсливі словá

geschmíert *adj* брудний, неохáйний; хúтрий, підстýпний

Geschóß [2] *n* **~sses, ~se** снаря́д; кýля; *поет.* стрілá

Geschóß II *n* **~sses. ~se** пóверх; я́рус

Geschrei *n* **~(e)s** крик

geschúlt *adj* нáвчений; кваліфікóваний

Geschütz *n* **~es, ~e** *військ.* гармáта

Geschwáder *n* **~s,** ~ авіаційна ескадрúлья; *мор.* ескáдра

Geschwärm *n* **~(e)s, ~e** рій, шум, гáмір

geschwéige *cj.* ~ (denn) не кáжучи вже про те, що ...

geschwínd *adj* швидкúй, мотóрний, меткúй

Geschwíndigkeit *f***~, ~en** швúдкість

Geschwíster *pl* братú і сéстри; брат і сестрá; сéстри; братú

Geschwúlst *f* **~, ...schwülste** пухлúна; eine bösartige (gútartige) ~ злоя́кісна (доброя́кісна) пухлúна

Geschwür *n* **~(e)s, ~e** вúразка, боля́чка; нарúв

Geséllschaft *f* **~, ~en** суспíльство; товарúство, об'éднання, спíлка; *ком.* товарúство, компáнія

geséllschaftlich 1. *adj* громáдський; колектúвний; світський; 2. *adv* суспíльно; ~ nützliche Árbeit суспíльно корúсна прáця

Geséllschaftsordnung *f***~, ~en** суспíльний лад

geséllschaftspolitisch *adj* суспíльно-політúчний

Geséllschaftswissenschaft *f* **~, ~en** наýка про суспíльство, соціолóгія; *pl* суспíльні наýки

geséllschaftswissenschaftlich *adj* соціологíчний

Gesétz *n* **~es, ~e** закóн

Gesétzbuch *n* **~(e)s, ...bücher** *юр.* кóдекс; **~entwurf** *m* **~(e)s, ..würfe** законопроéкт

Gesétzgebung *f* **~, ~en** законодáвство

gesétzlich *adj* закóнний, легáльний

Gesétzlichkeit *f* **~** закóнність

Gesétzlosigkeit *f* **~** беззакóння

gesétzmäßig *adj* закономíрний, закóнний

Gesétzmäßigkeit *f* **~, ~en** закономíрність

gesétzwidrig *adj* протизакóнний

gesíchert *adj* забезпéчений; гарантóваний

Gesícht *n* **~(e)s, ~er** облúччя; *перем.* вúгляд; ~er máchen (schnéiden) гримасувáти, кривля́тися

Gesíchtsausdruck *m* **~(e)s, ...drücke** вúраз облúччя; **~feld** *n* **~(e)s, ~er** пóле зóру; **~kreis** *m* **~es, ~e** горизóнт; кругозíр; **~punkt** *m* **~(e) s, ~e** тóчка зóру; unter diesem **~punkt** з ціéї тóчки зóру; **~zöge** *pl* рúси облúччя

gesínnt *adj* настрóєний *(про людину);* fórtschrittlich ~ прогресúвно настрóєний; *(D)* настрóєний *(щодо когось, чогось);* прихúльний *(до когось, до чогось)*

Gesínnung *f* **~, ~en** нáпрям дýмок, пóгляди, переконáння, нáстрій; die polítische ~ політúчні переконáння

gesínnungslos *adj* безпринци́пний
gesíttet *adj* ви́хований, ввíчливий; ~e Maníeren гáрні манéри; культу́рний, цивілізóваний
Gespánn *n* **~(e)s, ~e** упря́жка; ein úngleiches ~ *перен.* нерíвна пáра *(про людей)*
gespánnt *adj* натя́гнутий, напру́жений; auf etw. *(A)* ~ sein з нетерпíнням чекáти чогóсь
Gespénst *n* **~es, ~er** при́вид, примáра, марá
Gespött *n* **~es** насмíшка, глузувáння, знущáння; посміхóвище
Gespräch *n* **~(e)s, ~e** розмóва, бéсіда; ein (telephónisches) ~ ánmelden замóвити телефóнну розмóву
gespróchen *adj* у́сний; das ~e Wort живé слóво
Gestált *f* ~, **~en** фóрма, óбраз, ви́гляд; фігу́ра, стату́ра; зріст; зóвнішність; von hóher ~ висóкий на зріст
gestálten 1. *vt* надавáти ви́гляду *(чомусь);* оформля́ти *(щось); тех.* розробля́ти, конструювáти; 2. **sich** ~набувáти ви́гляду, формувáтися, складáтися
gestálterisch *adj* твóрчий; образотвóрчий, худóжній; der ~e Áufbau худóжнє офóрмлення
Gestáltung *f* ~, **~en** офóрмлення; зобрáження; констру́кція; фóрма, ви́гляд, óбрис; утвóрення *(дія);* die ~ der Kínderferien організáція лíтнього відпочи́нку дітéй
Geständnis *n* **~ses, ~se** визнáння *(тж обвинуваченого);* ein ~ áblegen ви́знати (свою) прови́ну; sein ~ máchen освідчитися в кохáнні
gestátten *vt* дозволя́ти, допускáти; ~Sie! дозвóльте!; ist es gestáttet? мóжна? Éintritt nicht gestáttet! вхід заборóнений
Géste *f* ~, **~n** жест; ~n máchen жестикулювáти
gestéhen* *vt* усвідóмлювати, визнавáти *(напр., провину);*признавáтися *(в чомусь)*
Gestéin **~(e)s, ~e** камíння, гíрська порóда
Gestéll *n* **~(e)s, ~e** підстáвка, стани́на; *тех.* кóрпус *(машини);* каркáс; *спорт.* помíст; стелáж; шасí; *анат.* кістя́к, скелéт
géstern *adv* вчóра; seit ~ з учорáшнього дня
Gestírn *n* **~(e)s, ~e** (небéсне) світи́ло; небéсне тíло; сузíр'я
Gestöber *n* **~s, ~** замéт, кучугу́ра, перемéт
Gestótter *n* **~s** заїкáння
Gesträuch *n~(e)s,* **~e** чагарни́к, кущí
gestréift *adj* смугáстий; ein ~er Stoff смугáста ткани́на; weiß und rot ~ в бíлу і червóну сму́жку
géstrig *adj* вчорáшній
gesúnd *adj* здорóвий; міцни́й; ~ wérden ви́дужати; ~ und múnter живи́й і здорóвий
gesúnden *vi (s)* виду́жувати, поправля́тися
Gesúndheit *f* ~ здорóв'я
Gesúndheitslehre *f* ~ гігíєна *(наука);* **~pflege** *f* ~ гігíєна *(турбота про здоров'я)*
gesúndheitswidrig *adj* нездорóвий, антисанітáрний
Gesúndheitszustand *m* **~(e)s, ...stände** стан здорóв'я
getéilt *adj* роздíлений; подíлений; ~e Ánsichten рíзні пóгляди
Getöse *n* **~s** бушувáння; шум; виття́
Getränk *n* **~(e)s, ~e** напíй; erfríschende ~e прохолóдні напóї
Getréide *n* **~s, ~** хліб; зернóві культу́ри; зернó; збíжжя
Getréideabgabe *f* ~, ~n хлібоздáча; **anbau** *m* **~(e)s** вирóщування зернóвих культу́р; **~bau** *m* **~(e)s** землерóбство; зернóве господáрство; **~ernte** *f* ~ збирáння урожáю зернóвих культу́р; **~feld** *n* **~(e)s, ~er** ни́ва, лан, пóле; **~land** *n* **~(e)s, ...länder** жи́тниця *(про країну);* **~pflanzen** *pl* зернóві культу́ри
getréu *adj* вíрний, вíдданий, надíйний; прáвильний, тóчний
getróst *adj* спокíйний; впéвнений; séien Sie ~ бу́дьте пéвні; не хвилю́йтесь!
Getrümmer *n* **~s,** ~ руїни; улáмки
Getúe *n* **~s** суєта, метушня́; манірність
Gewächs *n* **~es, ~e** росли́на; росли́нність; *бот.* нáріст; *рози.* ґу́ля, пухли́на
Gewächshaus *n* **~es, ...häuser** оранжерéя, тепли́ця
gewágt *adj* ризикóваний, небезпéчний, смíли́вий
gewählt *adj* ви́браний *(про твори);* ви́шуканий *(про товариство)*
gewähren *vt* викóнувати, задовольня́ти; надавáти, давáти *(право, пільги);* віддавáти в розпоря́дження, давáти змóгу
gewährleisten *vt* гарантувáти, забезпéчувати *(щось);* ручáтися *(за щось)*
Gewährleistung *f* ~, **~en** гарáнтія; забезпéчення; ~ gében гарантувáти
Gewährung *f* ~, **~en** виконáння, задовóлення; надання́
Gewált *f* ~, **~en** влáда, си́ла; *тк. sg* си́ла, могу́тність; mit ~ наси́льно
gewáltig 1. *adj* си́льний, могу́тній; велетéнський; 2. *adv* (ду́же) си́льно, щоси́ли; sich ~ írren гли́боко помиля́тися
Gewálttat *f* **~, ~en** наси́льство
Gewánd *n* **~(e)s, ...wänder** óдяг, убрáння; im ~e *перен.* під мáскою
Gewässer *n* **~s, ~** вóди; вóдний потíк; хвилí; водóйма
Gewässerkunde *f* ~ гідролóгія
Gewébe *n* **~s, ~** ткани́ни; ткання́ *(процес);* павути́на
gewéckt *adj* розви́нений; кмітли́вий; жвáвий; тяму́щий
Gewéhr *m* **~(e)s, ~e** гвинтíвка; карабíн; кулемéт

Gewérbe *n* **~s, ~** прóмисел; ремеслó; занятт́я, профéсія
Gewérbebetrieb *m* **~(e)s, ~e** підприє́мство; **~schule** *f* ~, професíйно-технíчне учúлище
Gewérbzweig *m* **~(e)s, ~e** гáлузь промислóвості
gewérblich *adj* промислóвий, ремісничий; технíчний; професíйний, професіонáльний; ~e Nútzpflanzen технíчні культýри
Gewérkschaft *f* ~, **~en** професíйна спíлка
gewésen *adj* колúшній
Gewícht *n* **~(e)s, ~e** вагá, тягáр; гúря; вагá; вплúв; важлúвість
gewíchtlos *adj* невагóмий
Gewínn *m* **~(e)s, ~e** вúграш; прибýток; вúгода; кóристь; *гірн.* добувáння, вúдобуток
gewínnbringend *adj* прибуткóвий, рентáбельний; вúгідний
gewínnen* *vt (von D)* вигравáти *(в когось);* 4:0 (vier zu null) *~спорт.* вúграти з рахýнком 4:0; добувáти *(корисні копавший);* отрúмувати, здобувáти *(користь, вплив і т п.)*
gewínnend *adj* приє́мний, симпатúчний, привáбливий
Gewínnung *f* ~ добувáння, одéржання *(G, von D чогось)*
Gewírr *n* **~(e)s** плутанúна, лабірúнт *(вулиць);* хаóс *(звуків)*
gewíß 1. *adj* неминýчий; дéякий, якúйсь, пéвний; відóмий; *m* gewíssem Máße до дéякої мíри; 2. *adv* звичáйно, безсумнíвно, безперéчно; ~ und wáhrhaftig! слóво чéсті!
Gewíssen *n* **~s, ~** сóвість, сумлíння
gewíssenhaft *adj* добросóвісний, сумлíнний
gewíssenlos *adj* безсóвісний, недобросóвісний
gewíssermáßen *adv* дéяким чúном
Gewítter *n* **~s,** ~ грозá
Gewógenheit *f* **~** прихúльність, доброзúчливість, благоволíння
gewöhnen 1. *vt (an.A)* привчáти *(когось до чогось);* er ist darán gewöhnt він звик до цьóго; 2. **sich ~***(an A)* звикáти *(до чогось)*
Gewóhnheit *f* ~, **~en** звúчка; звúчай; нáвичка; die Macht der ~ сúла звúчки
gewöhnlich 1. *adj* звичáйний, рядовúй; посерéдній; вульгáрний; 2. *adv* звичáйно; wie ~ як зáвжди, як звичáйно
Gewölbe *n* **~s, ~** склепíння; підвáл; комóра; склеп
gewölbt *adj* склепúстий; опýклий, вúпуклий
gewünscht *adj* бáжаний
Gewürz *n* **~es, e** прянóщі; припрáва
Gezíefer *n* **~s, ~** шкідлѐві комáхи; парази́ти; дрібнá свíйська худóба; домáшня птúця
geziert *adj* манíрний, церемóнний; бундю́чний; неприрóдний
Gezíschel *n* **~s** шушýкання
Gezwéig *n* **~(e)s** гіллá
gezwéigt *adj* розгалýжений
Gezwítscher *n* **~s** щебетáння, цвíрікання
gezwúngen *adj* вúмушений, сúлуваний; удáваний, неприрóдний
Gíchtbeere *f*~, **~n** сморóдина
Gier *f* ~ жáдібність, пожáдливість, зажéрливість; жадóба *(напр., до розваг)*
gíerig *adj (nach D, auf A)* жáдібний *(до чогось)*
gießen* 1. *vt* лúти; наливáти; *мех.* відливáти; 2. *vimp.* es gießt in Strömen (дощ) лле як з відрá
Gift *n*~ **(e)s, ~e** отрýта
Gíftgas *n* **~es, ~e** отрýйний газ, отрýйна речовинá
gíftig *adj* отрýйний; *мед.* токсúчний; ущúпливий, єхúдний
Gípfel *m* **~s, ~** вершúна *(гори, дерева);* верхíвка; верх; auf dem ~ des Rúhmes на вершúні слáви
Gípfelkonferenz *f*~, **~en** конферéнція (нарáда) на вúщому рíвні; **~leistung** *f* ~, **~en** найвúще досягнення; **~punkt** *m* **~(e)s, ~e** найвúщий стýпінь, кульмінацíйний пункт, апогéй; зенíт
Giráffe *f* ~, **~n** жирáфа
Gítter *n* **~s, ~** грáти; сíтка
Glanz *m* **~es, ~e** блиск, сяння, сіяння; лиск, глянс; im ~e des Rúhmes stéhen бýти на вершúні слáви
glänzen *vi* блищáти, сяяти; лиснíтися; вирізнятися
glánzschleifen* *vt* полірувáти до блúску; лощúти
Glas *n* **~es, Gläser** скло; склянка; чáрка; склянá бáнка; *pl* окулáри; бінóкль
gläsern *adj* склянúй
Gláshaus *n* **~es, ...häuser** оранжерéя
glatt 1. *adj* глáдкий, рíвний; ~er Stoff тканúна без візерýнка; слизькúй; підлéсливий; вивертúй; *перен.* чистíсінький, цілковúтий; éine ~e Lüge чистíсінька брехня; éine ~e Réchnung крýглий рахýнок; 2. *adv* глáдко, рíвно; álles geht ~ все йдé глáдко; прямо, навідрíз, рішýче; цілкóм
Glátteis *n* **~es** *спорт.* дзеркáльний лід; óжеледь; ожелéдиця
Glátze *f* ~, **~n** лúсина
gláuben 1. *vt* гадáти, дýмати; вíрити; 2. *vi (an A)* вíрити (в *когось, щось); er* glaubt fest darán він твéрдо впéвнений в цьóму
Gláuben *m* **~s, ~** вíра *(an A когось, щось);* довíр'я; j-m ~ schénken довірáти комýсь; вíра, релíгія
gláubhaft *adj* правдоподíбний, вірогíдний
gläubig 1. *adj* вíруючий; довíрливий; 2. *adv* з вíрою; довíрливо, легковíрно
gleich 1. *adj* рíвний, однáковий; подíбний; zu ~er Zeit в той сáмий час; байдýжий; ganz ~ все однó; 2. *adv* однáково; зáраз, негáйно

Gléichaltrige *m, f* ровéсник, ровéсниця
gléichartig *adj* однорíдний, аналóгíчний
Gléichberechtigung *f* ~ рівнопрáвність
Gléichgewicht *n* **~(e)s** рівновáга; урівновáженість
gléichgültig *adj* байдýжий
Gléichheit *f* ~, **~en** рíвність; тотóжність
Gléichheitszeichen *n* **~s, ~** знак рівнЯння
gléichkommen* *vi (s) (D an D* рівнЯтися *(з кимось у чомусь);* бýти рíвним (еквівалéнтним) *(комусь, чомусь у чомусь)*
gléichmachen *vt* рівнЯти, вирíвнювати; dem Bóden ~ зрівнЯти з землéю, зруйнувáти
gléichmäßig *adj* розмíрний, симетрíчний, пропорцíйний; рівномíрний
Gléichmut *m* **~(e)s** байдýжість; холоднокрóвний; ~ besítzen бýти урівновáженим, холоднокрóвним
gléichmutig *adj* байдýжий; холоднокрóвний, незворýшний
gléichsehen* *vi* бýти схóжим; das sieht ihm gleich це на нього схóже; це властúво йомý
Gléichspannung *f* ~ *ел.* постíйна напрýга
Gléichstrom *m* **~(e)s, ...ströme** постíйний струм; рівномíрний потíк
gléichwertig *adj* рівноцíнний; еквівалéнтний
gléichzeitig 1. *adj* одночáсний, синхрóнний; 2. *adv* одночáсно; рáзом
gléiten* *vi (s)* кóвзати, посковзнýтися; *(s, h)* ширЯти; *ав.* планерувáти
Gléitflieger *m* **~s,** ~ планерíст
Glied *n* **~(e)s, ~er** óрган *(тіла);* кінцíвка; суглóб; лáнка *(ланцюга);* член *(суспільства, сім'ї);* стрій; колóна; шерéнга; *тех.* лáнка, елемéнт
glíedern *vt* розчленóвувати, ділúти
Glíederung *f* **~, ~n** розчленувáння; підрóзділ; організáція, структýра; *військ. тж* бойовúй порЯдок
Glíedmaßen *pl* óргани *(тіла);* кінцíвки
glítschen *vi (s, h)* кóвзати, сковзáтися
Glócke *f* **~, ~n** дзвін; дзвінóк; гонг; дзвінóчок
Glórie *f* **~, ~n** блиск, ореóл, слáва, вéлич
Glück *n* **~(e)s** щáстя; благополýччя; ýспіх; ~ auf! в дóбрий час!
glücken *vi (h, s) i vimp* вдавáтися, щастúти; es glückt спрáва íде на лад
glücklich 1. *adj* щаслúвий, благополýчний; вдáлий; 2. *adv* щаслúво, благополýчно
glücklicherweise *adv* на щáстя
Glücksfall *m* **~(e)s, ...fälle** щаслúвий вúпадок, нагóда; шанс
Glückwunsch *m* **~es, ...wünsche** поздорóвлення; j-m séinen ~ zu etw. *(D)* ábstatten (áussprechen) поздоровлЯти когóсь з чúмось
Glühbirne *f*~, **~n** *ел.* лáмпочка
glühen 1. *vt* розжáрювати, розпікáти; 2. *vi* розжáрюватися, розпікáтися; горíти, палáти; *перен.* палáти *(гнівом)*
Gnáde *f* ~, **~n** мúлість, лáска; пощáда, помúлування
Gold *n* **~(e)s** зóлото
gólden *adj* золотúй *(тж перен.)*
Góldfelder *pl* золотí рóзсипи; **~grübe** *f*~, **~n** золотá копáльня; *перен.* золотé дно
góldig *adj* золотúй; мúлий, чарівнúй
Golf *m* **~(e)s, ~e** морськá затóка; лимáн
gönnen *vt (j-m)* бажáти *(чогось комусь);* надавáти *(щось комусь);* не зáздрити *(в чомусь комусь);* дозволЯти *(щось);* удостóювати *(чогось);* ~ Sie mir die Rühe! дáйте менí спóкій!
gótisch *adj* готúчний; *іст.* гóтський
Grab *n* **~(e)s, Gräber** могúла
gráben* 1. *vt* копáти, рúти, вúкопувати; 2. **sich** ~ зариватися, закóпуватися
Gráben *m* **~s, Gräben** рів, канáва, котловáн, окóп
Gräber *m*~*s,* ~ землекóп; могúльник
Grábfund *m* **~(e)s,** ~e *археол.* (кургáнне) похóвання; **~gewölbe** *n* **~s,** ~склеп; **~hügel** *m* **~s,** ~ могúла, кургáн; **~mal** *n* **~(e)s, ~e** *i* **...mäler** надгрóбний пáм'ятник; **~rede** *f* **~, ~n** надгрóбна промóва; **~stein** *m* **~(e)s, ~e** могúльна плитá, нагрóбний кáмінь
Grábung *f* ~, **~en** розкóпки
Grad *m* **~(e)s, ~e** грáдус; стýпінь, мíра; стýпінь спорíдненості; стýпінь; чин; der akadémische ~ наукóвий стýпінь
grämen, sich *(um A, über A)* уболівáти, журúтися, сумувáти *(за кимось, чимось)*
Gras *n* **~es, Gräser** травá
Gráshalm *m* **~(e)s, ~e** стеблó травú, солóмина
Gratulatión *f* **~, ~en** поздорóвлення; вітáння
gratulíeren *vi (j-m zu D)* поздоровлЯти *(когось з чимось)*
grau *adj* сíрий; ~es Wétter хмáрна погóда; сúвий; ~es Haar сивинá
Gráupe *f* **~, ~n** *перев. pl* перлóва крупá; Ячна крупá
gráusam *adj* жорстóкий, лютий; ein ~er Wínter лЮта зимá
gréifbar *adj* відчýтний, помíтний; Явний
gréifen* *vt. vi (nach D, an A, in A, bei D)* хапáти, схóплювати *(когось, щось);* хапáтися *(за щось);* брáти, взЯти; ловúти, зловúти *(когось, щось);* брáтися, взЯтися *(за щось);* удавáти, звертáтися (до *чогось);* nach dem Buch ~ взЯтися за кнúгу
Greis *m* **~es, ~e** старúй, дід
gréisenhaft *adj* старéчий
grell *adj* яскрáвий, різкúй, крикливий *(про колір);* різкúй, пронúзливий
gréllen *vi* рíзко звучáти
Gremium *n* **~s, ...mien** óрган; об'éднання; корпорáція; комíсія; вченá рáда; зібрáння
Grénze *f* ~, **~n** кордóн, рубíж; границя, межá, грань

grénzen *vi (an A)* грани́чити, межува́ти, стика́тися, приляга́ти, примика́ти
Grénzlinie *f*~, **~n** розмежува́льна лі́нія; демаркаці́йна лі́нія; кордо́н; **~pfahl** *m* **~(e)s, ...pfähle** прикордо́нний стовп; **~schutz** *m* **~es** за́хист кордо́ну; прикордо́нна охоро́на; **~streife** *f* **~, ~n** прикордо́нний патру́ль; **~truppen** *pl* прикордо́нні військá; **~verletzung** *f* **~, ~en** пору́шення кордо́ну; **~zwischenfall** *m* **~(e)s, ...fälle** прикордо́нний інциде́нт
gríechisch *adj* гре́цький
Grieß *m* **~es, ~e** ма́нна крупа́; дрібни́й гра́вій; пісо́к; *мед.* пісо́к *(в нирках)*
Griff *m* **~(e)s, ~e** схо́плювання, хапа́ння; хва́тка, прийо́м; *pl* ви́верти, хи́трощі; ру́чка; руко́ятка; ефе́с
Grille ² *f* **~, ~n** ко́ник, цвіркýн
Gríle II *f* **~, ~n** химе́ра, при́мха, диву́цтво
grínsen *vi* шкі́рити зу́би; осміха́тися; глузува́ти, глуми́тися
Grippe *f* **~, ~n** грип
grob *adj* *у різн. знач.* гру́бий; einer Féhler гру́ба по́милка; нето́чний; гру́бий; чорнови́й; in ~en Úmrissen в зага́льних ри́сах; ~e See бурхли́ве мо́ре; ~es Sieb рідке́ си́то; *(з підсилювальним значенням):* den gröbsten Húnger háben бу́ти голо́дним як вовк
Gróbheit *f* **~, ~en** гру́бість; брута́льність
groß 1. *adj* вели́кий; просто́рий; вели́кий, доро́слий; вели́кий; вели́чний, благоро́дний *(про характер, вчинок);* значни́й; важли́вий; вели́кий, урочи́стий; 2. *adv.* etw. ~schréiben писа́ти щось з вели́кої лі́тери; надава́ти чому́сь вели́кого зна́чення; im ~en geséhen (розгляда́ючи щось) в зага́льному пла́ні (в ціло́му); im ~en (und)gánzen загало́м і в ціло́му; в основно́му
gróßartig *adj* розкі́шний, чудо́вий; грандіо́зний; вели́чний
Gróßbautätigkeit *f* **~, ~en** капіта́льне будівни́цтво
Gróßbetrieb *m* **~(e)s, ~e** вели́ке підприє́мство
Größe *f* **~, ~n** величи́на́, ро́змір; in meiner ~ на мій зріст *(про одяг);* величина́, знамени́тість; ве́лич
Gróßeltern *pl* дід і ба́ба
Gróßgewicnt *n* **~(e)s, ~e** *ком.* ва́га бру́тто; **~grundbesitzer** *m* **~s, ~** вели́кий, землевла́сник; **~handel** *m* **~s** о́птова торгі́вля; **~herzigkeit** *f* **~** великоду́шність, благоро́дство; **~hirn** *n* **~(e)s, ~e** *анат.* головни́й мо́зок; **~industrie** *f*~ вели́ка промисло́вість; **~jährigkeit** *f* **~** ïîâíîë³ття; **~macht** *f* **~, ...mächte** вели́ка держа́ва; **~mame** f~, **~s** бабуся: **~mut** *f*~ великоду́шність
gróßmütig *adj* великоду́шний; ще́дрий
Gróßmutter *f* **~, ...mütter** бабу́ся; **~ðàðà** *m* **~s, ~s** діду́сь; **~preis** *m* **~es, ~e** головни́й приз; **~produktion** *f* **~**виробни́цтво *(чогось)* у вели́ких масшта́бах; **~reparatur** *f* **~, ~en** капіта́льний ремо́нт; **~tat** f~, **~en** сла́вний по́двиг; вели́ке дося́гнення
gróßtun* 1. *vi (mit D)* хва́стати *(чимось);* велича́тися, зано́ситися, зазнава́тися; 2. **sich** ~ *(mit D)* хва́стати *(чимось)*
Gróßvater *m* **~s, ...väter** дід, діду́сь
gróßziehen* *vt* виро́щувати, розво́дити; вихо́вувати *(дітей)*
gróßzügig 1. *adj* ще́дрий, великоду́шний; широ́кий *(про натуру);* éine ~e Natúr широ́ка нату́ра; 2. *adv* ще́дро, великоду́шно; широко *(напр., відзначати щось)*
Grúbe *f* **~, ~n** я́ма; нора́; котлова́н; кар'є́р, ша́хта
grübeln *vi (über A)* міркува́ти, розмірко́вувати; лама́ти собі го́лову *(над чимось)*
grün *adj* зеле́ний; зеле́ний, несрі́лий; незрі́лий; ~es Holz сирі́ дро́ва
Grünanlage *f* **~, ~n** сквер; *pl* зеле́ні наса́дження; **~anpflanzung** *f* **~, ~en** озеле́нення
Grund *m* **~(e)s, Gründe** *тк, sg* грунт; земля́; дно; доли́на, лощи́на; фон; фунда́мент, осно́ва *(тж перен.);* підста́ва, причи́на; auf ~ (G) на підста́ві *(чогось);* aus wélchem ~e? на які́й підста́ві?, з якої причи́ни?
Grúndbegriff *m* **~(e)s, ~e** основне́ поня́ття; **~besitz** *m* **~es, ~e** нерухо́ме майно́; земе́льна вла́сність; землеволоді́ння
gründen 1. *vt* засно́вувати; устано́влювати; *(auf A, auf D)* грунтува́тися *(на чомусь); (auf A)* обґрунто́вувати *(чимось);* 2. **sich** ~ *(auf A)* грунтува́тися на чо́мусь
Grúndlage *f* **~, ~n** осно́ва; ба́за; опо́ра; фунда́мент
grúndlegend 1. *adj* основни́й, виріша́льний, докорі́нний; 2. *adv* докорі́нно
gründlich 1. *adj* ґрунто́вний, міцни́й, глибо́кий, ділови́й; 2. *adv* грунто́вно, мі́цно, гли́боко, докла́дно
Grúndsatz *m* **~es, ...sätze** при́нцип, основне́ поло́ження; пра́вило *(поведінки)*
Gründung *f* **~, ~en** заснува́ння, утво́рення *(чогось)*
Grüne *n* зе́лень *(лугів і лісів);* ins ~ fáhren (géhen) поі́хати за мі́сто; im ~n на ло́ні приро́ди; зе́лень, о́вочі
grünen *vi* зелені́ти
Grünzeug *n*~**(e) s** зелень, о́вочі
Gruß *m* ~es, **Grüße** приві́т, поклі́н, віта́ння; салю́т; mit hérzlichem ~ з щи́рим приві́том
grüßen *vt* віта́ти *(когось);* віта́тись *(з кимось);* er läßt Sie ~ він шле Вам приві́т
Grütze *f*~, **~n** крупа́; ка́ша
gúcken *vi (auf A, nach D)* диви́тися *(на щось);* вдивля́тися
gültig *adj* ді́йсний, зако́нний
Gültigkeit *f* **~** чи́нність, зако́нність; си́ла *(закону, договору)*

Gúmmi *m* **~s,~** *i* **~s** каучу́к; гу́ма; гу́мка
Gunst *f* ~ прихи́льність, добрози́чливість; ла́ска
günstig *adj* сприя́тливий, слу́шний; eine ~e Gelégenheit слу́шний мо́мент, на́года; ~er Wind попу́тний ві́тер
Gúrgel *f* **~, ~n** го́рло, горля́нка; горта́нь
gúrgeln *vi* полоска́ти го́рло; клекота́ти
Gúrke *f*~, **~n** огіро́к; saure ~n соло́ні огірки́; leicht gesálzene ~n малосо́льні огірки́ *розм.* ніс
Gürtel *m* **~s, ~** по́яс, па́сок; *геол.* по́яс, зо́на
gúßeisern *adj* чаву́нний
Gúßmörtel *m* **~s** бето́н
gut 1. *adj* га́рний, до́брий; доброя́кісний; 2. *adv* до́бре; ~davónkommen ле́гко відбу́тися; sowie nichts ма́йже нічо́го
Gut *n* **~(e)s, Güter** бла́го, добро́; ма́єток; майно́; това́р, ванта́ж; матеріа́л; проду́кт
Gútachten *n* **~s, ~** ду́мка; по́гляд; ві́дгук; експерти́за; реце́нзія
gútartig *adj* з до́брими зада́тками; доброя́кісний *(тж мед.)*
Güte *f* **~** доброта́, до́брість; (хоро́ша) я́кість *(чогось);* доброя́кісність, добро́тність
Güterabfertigung *f* ~, **~en** відпра́вка вантажі́в; **~austauscht** *m* **~es** товаро́обмін; **~bahnhof** *m* **~(e)s, ...höfe** *зал.* това́рна ста́нція; **~wagen** *m* **~s,** ~това́рний ваго́н; **~zug** *m* **~es, ...züge** това́рний по́їзд
gútgelaunt *adj* весе́лий, в до́брому на́строї; ~gesinnt *adj* прихи́льний *(до когось);* благонаді́йний, **~gewachsen** *adj* ро́слий, висо́кий на зріст; ãàрної стату́ри
gútheißen* *vt* схва́лювати; санкціонува́ти
gútheizig *adj* доброду́шний, м'якосе́рдий; приві́тний, щи́рий
gútmachen *vt* виправля́ти *(помилку);* загла́джувати *(вину); бот.* полі́пшувати *(сорт, породу)*
gútmütig 1. *adj* доброду́шний; 2. *adv* доброду́шно; ~ áussehen ма́ти доброду́шний ви́гляд
gútsagen *vi (für A)* руча́тися *(за когось, за щось);* гаранту́вати *(щось)*
Gútsbesitzer *m* **~s, ~** помі́щик
gúttun* *vi (D)* роби́ти добро́; прино́сити ко́ристь; бу́ти кори́сним *(комусь)*
Gütung *f* **~** меліора́ція
gútunterrichtet *adj* до́бре поінфо́рмо́ваний
Gymnástik *f* **~** гімна́стика; ~ treiben займа́тися гімна́стикою

G

H

Haar *n* **~(e)s, ~e** волоси́на; воло́сся; die ~e máchen причі́суватися, роби́ти за́чіску; ше́рсть; ворс

Háarbürste *f* ~, **~n** щі́тка для воло́сся

háargenáu 1. *adj* ду́же то́чний; 2. *adv* точні́сінько

háarig *adj* волоса́тий; шерсти́стий; ворси́стий

Háarnadel *f* ~, **~n** шпи́лька (для воло́сся); **~pflege** *f* ~ до́гляд за воло́ссям; **~schnitt** *m* **~(e)s, ~e** стри́жка; **~strähne** *f* ~, **~n** па́смо воло́сся

Hábe *f* ~ майно́, вла́сність

háben* 1. *vt* ма́ти *(щось)*, володі́ти *(чимось)*; оде́ржати, здобу́ти; придба́ти; da hast du das Buch ось (тобі́) кни́жка; *(у сполученні з zu + inf виражає повинність):* ich hábe zu ... мені́ тре́ба ,.., я пови́нен ...; ich hábe noch zu arbeiten мені́ ще тре́ба попрацюва́ти; was hat er zu tun? що він ще ма́є роби́ти; *(у сполученні з Inf без zu):* du hast gut reden тобі́ до́бре говори́ти; er hat gut láchen йому́ до́бре смія́тися; 2. *(допоміжне дієслово в складних часових формах; окремим словом не перекладається);* wir ~ gelésen ми чита́ли

Hábgier *f* ~ користолю́бство, жа́дібність, заже́рливість

habgierig *adj* користолю́бний, жа́дібний, заже́рливий

Hábicht *m* **~(e)s, ~e** я́струб

Hábseligkeiten *pl* майно́, ре́чі, пожи́тки; **~sucht** *f* ~ *див.* Hábgier; **~süchtig** *див.* hábgierig

Hácke I *f* ~, **~n** ки́рка; моти́ка

Hácke II *f* ~, **~n**, **Hácken** *m* **~s, ~** п'я́тка *(ноги, панчохи);* каблу́к, підбо́р

hácken *vt* руба́ти *(дрова);* сікти́, рі́зати *(м'ясо, овочі);* моти́жити, сапа́ти, ско́пувати; дзьо́бати

Háfen *m* **~s, Häfen** га́вань, порт

Háfenarbeiter *m* **~s,** порто́вий робітни́к, до́кер; **~stadt** *f* ~, **...städte** порто́ве мі́сто

Háfer *m* **~s** ове́с

Haft *f* ~ позба́влення во́лі, ув'я́знення, аре́шт; in ~ néhmen заарештува́ти

Háftanstalt *f* ~, **~en** в'язни́ця

háften I *vi* *(an D)* прилипа́ти, пристава́ти *(до чогось);* *(in D)* застрява́ти, мі́цно сиді́ти *(в чомусь)*

háften II *vi* *(für A)* відповіда́ти, нести́ відповіда́льність *(за когось, за щось);* руча́тися *(когось, за щось);* гаранту-ва́ти *(щось)*

háftenbleiben* *vi (s)* пристава́ти, прилипа́ти; залиша́тися в па́м'яті, запам'ято́вуватися

Häftling *m* **~s, ~e** в'я́зень

Hágel *m* **~s** град; *мед.* ячмі́нь

hágeln *vimp.* es hagelt йде́ град: es hágelte Frágen посипався град запитань

háger *adj* худи́й, сухорля́вий

Hahn I *m* **~(e)s, Hähne** пі́вень; саме́ць *(у птахів)*

Hahn II *m* **~(e)s, Hähne** *i* **~en** кран; куро́к

Hai *m* **~(e)s, ~e** аку́ла

Hain *m* **~(e)s, ~e** гай; дібро́ва; лісо́к

Háken *m* **~s, ~** за́щіпка, крючо́к; баго́р; ріг, поворо́т; die Stráße macht éinen ~ ву́лиця ро́бить поворо́т; апо́строф

Hákenkreuz *n* **~es, ~e** сва́стика

halb 1. *adj* полови́нний; ein ~es Jahr півро́ку; полови́нчатий, непо́вний, частко́вий; mit ~em Ohr zúhören слу́хати кра́єм ву́ха; ~er Schlaf напівсо́н, дрімо́та; 2. *adv* наполови́ну; ма́йже; ~ im Ernst напівсерйо́зно; ~ umsónst ма́йже да́ром

Hálbdunkel *n* **~s** су́тінки, напівте́мрява

hálberwachsen *adj* напівдоро́слий; **~fertig** *adj* напівгото́вий, недоро́блений

halbíeren *vt* діли́ти (рі́зати) попоє́ам; роздво́ювати

Hálbinsel *f* ~, **~n** піво́стрів; **~jahr** *n* **~(e)s, ~e** піврі́ччя

hálbjährig *adj* піврі́чний; **~jährlich** 1. *adj* піврі́чний; 2. *adv* ко́жних півро́ку

Hálbkugel *f*~, **~n** півку́ля

hálblaut *adj, adv* напівго́лосно; **~leer** *adj* напівпоро́жній

Hálbleiter *m* **~s, ~** *фіз.* напівпровідни́к; **~messer** *m* **~s, ~** *мат.* ра́діус

Hálbschlaf *m* **~(e)s** напівсо́н; **~schuh** *m* **~(e)s, ~e** череви́к, полуботи́нок; **~starke** *m, f* пі́дліток; розбиша́ка

hálbverfallen *adj* напівзруйно́ваний

Hálbware *f*~, **~n** напівфабрика́т

Hálbwüchsige *m, f* пі́дліток; **~zeit** *спорт.* полови́на гри, тайм

Hälfte *f* ~, **~n** половина
Hall *m* **~(e)s, ~e** звук, відгук, луна
Hálle *f*~, **~n** (великий) зал; павільйон, пасаж, вестибуль, критий ринок; гараж; критий перон; ангар; цех
hállen *vi* лунати
Halm *m* **~(e)s, ~e** стебло; соломинка
Hals *m* **~es, Hälse** шия; j-m um den ~ fállen кинутися комусь на шию, обійняти когось; горло, горлянка; шийка *(пляшки)*
hálsbrecherisch *adj* ризикований, небезпечний; відчайдушний
Hálskette *f* ~, **~n** намисто
Háls-Násen-Óhrenarzt *m* **~es, ...ärzte** *мед.* лікар-отоларинголог
Hálsschmerzen *pl* біль у горлі; **schmuck** *m* **~(e)s, ~e** намисто, кольє; кулон
hálsstarrig *adj* упертий, твердолобий
Hálstuch *n* **~es, ...tücher** шарф; косинка; галстук; das bláue ~ піонерський (блакитний) галстук
Halt *m* **~(e)s** зупинка, привал, стоянка; опора, підпора, підтримка; (моральна) витримка, стійкість
háltbar *adj* міцний, стійкий, добротний
hálten* 1. *vt* тримати; j-n an (bei) der Hand ~ тримати когось за руку; додержуватися *(чогось);* виконувати *(щось);* Diät ~ додержуватися дієти; мати, тримати *(щось);* éinen Hund ~ мати (тримати) собаку; утримувати, затримувати; ~ Sie mich nicht! не затримуйте мене!; *(für A)* вважати *(когось кимось, щось чимось);* j-n für éinen Freund ~ вважати когось другом; éinen Vórtrag ~ робити доповідь; Hóchzeit ~ святкувати весілля; den Mund ~ держати язик за зубами; j-n beim Wórte ~ спіймати когось на слові; Rat ~ радитися; 2. *vi* зупинятися; der Zug hält fünf Minúten поїзд стоїть п'ять хвилин; *(auf A)* надавати значення *(чомусь);* стежити *(за чимось, за кимось);* auf séine Gesúndheit ~ стежити за своїм здоров'ям; 3. **sich ~** триматися; sich ábseits ~ триматися осторонь; sich gut ~ добре поводитися; додержуватися *(чогось);* sich ans Gesétz ~ додержуватися закону
Háltestelle *f* ~, **~n** місце зупинки, стоянка; станція
háltlos *adj* нестримний; нестійкий; необгрунтований, безпідставний; ~e Lügen *pl* безсоромна брехня
Háltung *f* **~, ~en** виправка, постава; поза; манера поводитися; самовладання; ставлення; позиція; настрій; витримка; твердість; додержання; збереження; утримання; ~ der Tíere *с.-г.* утримання тварин
Hámmel *m* **~s,~ Hämmel** баран
Hámmer *m* **~s, Hämmer** молот, молоток
hämmern 1. *vt* стукати, бити молотком; убивати, забивати; 2. *vi, vimp* стукати; das Herz hämmert серце голосно стукає
Hámpelmann *m* **~ (e)s, ...männer** маріонетка; петрушка *(іграшка)*
Hámster *m* **~s,** ~ хом'як
Hand *f* **~, Hände** рука, кисть *(руки);* bei der ~ néhmen брати за руку; etw. an (bei, únter) der ~ háben мати щось під рукою; ~ in ~пліч-о-пліч; éine léserliche schréiben мати чіткий (розбірливий) почерк; álle Hände voll zu tun háben бути зайнятим по горло; die Hände in den Schoß légen сидіти склавши руки, ледарювати
Hándarbeit *f* **~, ~en** ручна (фізична) праця; рукоділля; **~atlas** *m* ~ *i* **~ses, ...atlánten** шкільний атлас; **~ball** *m* **~(e)s** *спорт,* ручний м'яч
Hándbuch *n* **~es, ...bücher** довідник, посібник
Hándel *m* **~s** торгівля
hándeln 1. *vi* діяти, чинити; *(mit D)* торгувати *(чимось); (um A)* вести переговори; торгуватися *(за щось); (von D)* трактувати; мати темою (щось); описувати, змальовувати (щось); das Buch hándelt von ... у книзі йдеться про ...; 2. *vimp.* es hándelt sich um... *(A)* йдеться про ...; worum (um was) hándelt es sich ? про що йде мова?; в чому справа?
Hándelsabkommen *n* **~ s,** ~ торгова (комерційна) угода; **~austausch** *m* **~es** товарообмін; **~beziehungen** *pl* торговельні відносини (зв'язки); **~hochschule** *f* **~, ~n** вища торгова школа; торговельний інститут; **~kammer** *f* **~, ~n** торгова палата; **~ministerium** *n* **~s, ...rien** міністерство торгівлі; **~verkehr** *m* **~(e)s** торговельні відносини (зв'язки), торгівля; **~vertrag** *m* **~(e)s, ...träge** торговельна угода
hándfertig *adj* спритний; **~fest** *adj* міцний, кремезний, дужий
Hándfläche *f* **~, ~n** долоня; **~gelenk** *n* **~(e)s, ~e** зап'ясток; **~gepäck** *n* **~(e)s, ~e** ручний багаж
hándgeschrieben *adj* рукописний; **~greiflich** *adj* очевидний; переконливий; ein ~er Vórzug явна перевага
hándhaben *vt* (уміти) користуватися *(чимось);* володіти, орудувати *(чимось);* маніпулювати *(чимось)*
Händler *m* **~s,** ~ торговець
hándlich *adj* зручний (в користуванні), похватний; портативний
Hándlung *f* ~, **~en** дія, вчинок; дія *(роману, п'єси);* die ~ rollt ab дія розгортається; торгівля: магазин, крамниця, лавка
Hándlungsfreiheit *f* ~ свобода дій; **~weise** *f* ~, **~n** спосіб дій; вчинок
Hándpflege *f* ~ манікюр; **~schellen** *pl* наручники; **~schlag** *m* **~ (e)s, ...schläge** рукостискання; **~schrift** *f*~, **~en** почерк, рука; рукопис
hándschriftlich *adj* рукописний
Hándschuh *m* **~ (e)s, ~e** рукавичка; **~tasche** *f* **~, ~n** (жіноча) сумочка; **~tuch**

H

n **~es, ...tücher** рушни́к; ~**umdrehen**: im ~ umdrehen вмить; **~voll** *f* **~** жме́ня; **~werk** *n* **~s, ~e** ремесло́; профе́сія; **~werker** *m~* **s,** ~реміснúк; майстровúй
hándwerklich *adj* ремісни́чий, кустарний
Hándwörterbuch *n* **~(e)s, ...bücher** настільний словни́к: **~zeichen** *n* **~s, ~** знак руко́ю; підняття́ рук *(при голосуванні);* пі́дпис *(уже скороче́ний);* **~zettel** *m* **~s, ~** листі́вка; рекла́мний листо́к
Hanf *m* **~(e)s** коно́плі
Hang *m* **~(e)s, Hänge** косогі́р, схил, укі́с; схи́льність, по́тяг *(до чогось);* der ~ zum Vergnügen по́тяг до розва́г
Hängebahn *f* **~, ~en** підвісна́ доро́га; **~brücke** *f* **~, ~n** вися́чий міст; **~lampe** *f* **~, ~n** вися́ча ла́мпа; **~leuchter** *m* **~s, ~** лю́стра
hängen 1.* *vi* ви́сіти; продо́вжуватися, трива́ти; застрява́ти, стоя́ти на мі́сці; не закінчи́тися; der Prozéß hängt noch судови́й проце́с ще продо́вжується; *(an D)* бу́ти прихи́льним (до *когось),* люби́ти *(когось, щось);* am Géld(e) ~ люби́ти гро́ші; 2. *vt* ві́шати, пові́сити; Gardínen an das Fénster ~ ві́шати на вікно́ гарди́ни; 3. **sich** ~ ви́сіти, пови́снути
hängenbleiben* *vi (s) (an D)* пови́снути *(на чомусь),* зачепи́тися *(за щось);* застрява́ти *(тж перен.)*
hängenlassen* *vt* залиши́ти ви́сіти; éinen Mántel ~ забу́ти пальто́ (да *вішалці)*
hantíeren *vi (an D, mit D)* вози́тися *(з кимось, з чимось);* по́ратися *(коло чогось);* майструва́ти *(щось); тех.* маніпулюва́ти *(з чимось);* керува́ти *(чимось);* sie hantíert in der Küche вона́ по́рається на ку́хні
hápern *vimp* не ла́дитися; не йти на лад; worán hápert es? за чим ді́ло ста́ло?; не вистача́ти; es hápert an Geld не вистачáє гро́шей
hármlos *adj* нешкідли́вий; безневи́нний; прости́й, простоду́шний, нехи́трий
harmónisch *adj* гармоні́йний
hárren *vi (G, auf A)* чека́ти *(когось, чогось з нетерпінням);* díese Áufgabe harrt der Lösung ця зада́ча чекáє свого́ ви́рішення
hart 1. *adj* тверди́й; міцни́й; жорсто́кий, гру́бий; різки́й, суво́рий; че́рствий; різки́й *(про звук, світло);* контра́стний *(про фотопапір);* 2. *adv* суво́ро, жорсто́ко, тве́рдо; впри́тул, безпосере́дньо, щі́льно, бли́зько (до *чогось);* ~am Ránde з са́мого кра́ю
Härte *f* **~, ~n** тве́рдість; мі́цність; контра́стність; суво́рість, жорсто́кість, че́рствість; рі́зкість; ва́жкість; загарто́ваність; витрива́лість
härten *vt* гартува́ти
hártgefroren *adj* ме́рзлий; проме́рзлий; **~gekocht**, **~gesotten** *adj* кру́то зва́рений; **~herzig** *adj* безсерде́чний; **~näckig** 1. *adj* упе́ртий; наполе́гливий; 2. *adv* упе́рто; наполе́гливо
Hártnäckigkeit *f~* упе́ртість; наполе́гливість
Harz *n* **~es, ~e** смола́
háschen 1. *vt* лови́ти, злови́ти, хапа́ти; éinen Dieb ~ пійма́ти зло́дія; sich ~ лови́ти оди́н о́дного; **2.** *vi (nach D)* гна́тися *(за чимось);* лови́ти *(щось)*
Háse *m* **~n, ~n** за́єць; mein Náme ist ~ моя ха́та скра́ю, я ні́чого не зна́ю
Haß *m,* **~Hasses** нена́висть
hássen *vt* ненави́діти
háßerfüllt *adj* спо́внений нена́висті
häßlich *adj* нега́рний, потво́рний; огидний
Häßlichkeit *f* **~, ~en** потво́рність; мерзо́тність, оги́дність
Hast *f* **~** поспі́шність, кваплúвість, по́спіх; го́нка, гаря́чка
hásten *vi* поспіша́ти, кâàпитися; метушитися
hástig *adj* поспі́шливий, квапли́вий; гаря́чий; запальни́й
Hauch *m* **~(e)s, ~e** ди́хання; по́дих; по́дув; *фон.* при́дих, аспіра́ція; налі́т; відті́нок, слід, на́тяк; озна́ка
háuen* *(impf* hieb *зброєю,* háute *знаряддям);* 1. *vt, vi (зброєю)* руба́ти, завдава́ти уда́ру; стьо́бати; *(знаряддям)* руба́ти, проу́бувати, висіка́ти; коси́ти *(траву); розм.* би́ти, лупцюва́ти; 2. **sich** ~би́тися
Háufen *m* **~s, ~** ку́па; на́товп, юрба́
häufen 1. *vt* склада́ти в ку́пу; нагрома́джувати; накопи́чувати; 2. **sich** ~ нагрома́джуватися; накопи́чуватися
häufig 1. *adj* ча́стий; 2. *adv* ча́сто
Haupt *n* **~(e)s, Häupter** голова́; das ~ néigen схили́ти го́лову; голова́ *(організації),* шеф, нача́льник; верши́на *(гори);* верхі́вка *(дерева)*
Háuptaufgabe *f* **~, ~n** основне́ завда́ння; **~bedeutung** *f* **~, ~en** основне́ зна́чення *(напр., слова);* **~betrieb** *m* **~(e)s, ~e** основне́ (головне́) підприє́мство; годи́ни пік; ро́зпал *(чогось);* **~darsteller** *m* **~s, ~** викона́вець головно́ї ро́лі; **~daten** *pl* основні́ да́ні; **~eingang** *m* **~(e)s, ...gänge** головни́й (центра́льний) вхід; пара́дний під'ї́зд; **~fach** *n* **~(e)s, ...fächer** основни́й навча́льний предме́т; основна́ спеціа́льність; **~frage** *f~,* **~n** головне́ пита́ння, основна́ пробле́ма
Häuptling *m* **~s, ~e** ватажо́к, вождь *(племені); розм.* нача́льник, шеф
Háuptmann *m* **~(e)s, ...leute** капіта́н (армі́йський); ватажо́к; **~platz** *m* **~es, ...plätze** головна́ (центра́льна) пло́ща; **~post** *f* **~, ~en, ~pos~tamt** *n* **~(e)s, ...ämter** головни́й пошта́мт; **~rolle** *f* **~, ~n** головна́ роль; **~sache** *f* **~** головне *(про справу),* суть
háuptsächlich 1. *adj* головни́й, основни́й, провідни́й; найважливі́ший; сут-

тéвий; перевáжний; 2. *adv* головнúм чúном; особлúво; насáмперед
Háuptsatz *m* **~es, ...sätze** *грам.* головнé рéчення; **~stadt** *f* **~, ..städte** столúця; **~straße** *f* **~, ~n** центрáльна вýлиця; **~verkehrszeit** *f* **~, ~en** годúни пік; **~zweig** *m* **~(e)s, ~e** основнá гáлузь
Haus *n* **~es, Häuser** будúнок, будíвля; домáшнє вóгнище, домíвка; господáрство; сімéйство; zu ~(e) вдóма; nach ~e додóму; wo ist er zu ~e? звідки він рóдом? von ~aus з сáмого дитúнства; рід, динáстія; er ist von ~ aus ein Máler він прирóджений худóжник; das königliche ~ королíвська динáстія; палáта *(парламенту),* парлáмент, теáтр; фíрма; торгóвий дім; магазúн; das ~ der Lords палáта лóрдів; Größes ~ Велúкий óперний теáтр *(в Лейпцігу);* das ~ ist áusverkauft! усí квиткú прóдано *(у театрі);* Áuftrage únseres ~es за дорýченням нáшої фíрми
Háusarbeit *f* **~, ~en** домáшня робóта; домáшнє завдáння, урóки *(задані додому);* **~aufgabe** *f* **~, ~n** урóк *(заданий додому),* домáшнє завдáння; **~aufsatz** *m* **~es, ...sätze** домáшній твір; **~bedarf** *m* **~(e)s:** für den ~ bedarf для домáшнього вжúтку; **~besitzer** *m* **~s,** ~домовлáсник; **~bewohner** *m* **~s, ~, ~bewohnen n** *f* **~, ~nen** мéшканець, мéшканка будúнку
Häuschen *n* **~s,** ~ будúночок; бýдка, сторóжка
háusen *vi* мéшкати; мáти притýлок; господарювáти; еконóмити, заощáджувати
Häuserblock *m* **~(e)s, ~e** квартáл, блок *(будинків)*
Háusfrau *f* **~, ~en** домогосподáрка; **~halt** *m* **~(e)s, ~e** хáтнє (домáшнє) господáрство; den ~halt besórgen (führen) займáтися хáтнім господáрством; господарювáти; бюджéт; **~herr** *m* **~n, ~en** хазяїн дóму; домовлáсник
häuslich 1. *adj* домáшній; родúнний, сімéйний; хазяйновúтий; 2. *adv* по-домáшньому; хазяйновúто
Háusnummer *f* **~, ~n** нóмер дóму; **~suchung** *f* **~, ~en** óбшук *(у домі);* **~tier** *n* **~(e)s, ~e** свíйська тварúна; **~vater** *m s,* **...väter** хазяїн дóму; завíдувач, начáльник, комендáнт *(будинку відпочинку, туристської бази, готелю, табору)*
Haut *f* **~, Häute** шкíра; шкýра *(тварини);* оболóнка, плíвка, шкíрка; die álte ~ áusziehen змінúти свої пóгляди; aus der ~ fáhren втрачáти вúтримку; éine éhrliche ~ дóбрий хлóпець; éine kómische ~дивáк
H-Bómbe [ha:-] *f* **~, ~n** воднéва бóмба
Hébel *m* **~s, ~** підóйма, вáжіль; рукоятка; домкрáт
hében* 1. *vt* піднімáти, піднóсити; éine Last ~ піднімáти важкý річ; підвúщувати, піднімáти, збільшувати; розвивáти; полíпшувати; одéржувати *(гроші);* стягувати, збирáти *(податки, мито);* 2. **sich** піднімáтися, збільшуватися; зростáти; розвивáтися; припинятися, минáти; *мат.* скорóчуватися; взаємно знúщуватися
Hébung *f* **~, ~en** піднімáння, підняттяʹ; підвúщення, збíльшення, зростáння, рóзвиток; покрáщання; одéржання *(грошей);* стягнення *(податків, мита);* припúнення; усýнення; скасувáння
Hecht *m* **~(e)s, ~e** щýка
Heer *n* **~(e)s, ~e** áрмія; вíйсько; сúла, бéзліч
Héeresdienst *m* **~es** вíйськóва слýжба
Héerführer *m* **~s, ~** полковóдець, воєначáльник
Heft I *n* **~(e)s, ~e** зóшит; вúпуск; книжка; нóмер *(журналу);* брошýра
Heft II *n* **~(e)s,** ~e рукоятка, рýчка
héften 1. *vt* *(an A)* прикріплювати *(до чогось);* примéтувати, пристібáти; зшивáти, брошурувáти; 2. **sich ~** *(an A)* чіплятися *(до когось, чогось);* переслíдувати *(когось, щось)*
héftig 1. *adj* сúльний; запéклий; рíзкий; запальнúй; гарячий; **2.** *adv* дýже; рíзко, гóстро
Héftklammer *f* **~, ~n** скрíпка *(канцелярська);* **~pflaster** *n* **~s~** *мед.* лейкоплáстир; **~zweck** *m* **~(e)s, ~e, ~zwecke** *f* **~, ~n** кнóпка *(канцелярська)*
Héide I *f* **~, ~n** пýстище, напівпустéля, вéресове пýстище; пóле; *бот.* вéрес
Héide II *m* **~n, ~n** язúчник, ідолопоклóнник
Héide(n)rose *f* **~ , ~n, ~röschen** *n* **~s, ~röslein** *n* **~s,** ~ шипшúна
héidnisch *adj* язúчеський
heil *adj* цíлий, непошкóджений
Heil n **~(e)s** блáго, добрóбут; щáстя; *(вітання):* ~ dir! вітáємо тебé!; ура!
héilbar *adj* вилікóвний
héilen 1. *vt* лікувáти, вилікóвувати; **2**. *vi (s)* гóїтися, загóюватися; поправлятися
héilkräftig *adj* цілющий
Héilkraut *n* **~(e)s, ...kräuter** лíкарська рослúна
héillos *adj* жахлúвий, страшнúй; ~es Durcheinánder жахлúва плутанúна; невилікóвний
Héilmittel *n* **~s, ~** лíки *(gegen A від чогось);* **~pflanze** *f* **~, ~n** лíкарська рослúна; **~quelle** *f* **~, ~n** мінерáльне (цілюще) джерелó
héilsam *adj* цілющий, корúсний
Héilung *f* **~, ~en** вúдужання, загóювання; лікувáння
Héilwasser *n* **~s, ...wässer** мінерáльна водá
heim *adv* додóму; на батьківщúну
Heim *n* **~(e)s, ~e** домíвка; домáшнє вóгнище; будúнок *(заклад соціального забезпечення, оздоровчий, культурний);* гуртóжиток; інтернáт

~leiten робити висновки; **~machen, sich** *(über A)* братися *(до чогось)*, розпочинати *(щось)*; нападати *(на когось)*; **~nehmen*** *vt* взяти, роздобути; брати *(звідкись)*; запозичати

herníeder *adv* униз, донизу *(у напрямку до того, хто говорить)*

Herr *m* **~(e)n, ~en** пан, добродій *(звертання)*; mein ~! пане!; meine ~en! панове!; méine Dámen und ~en! пані і панове!; хазяїн; власник; патрон

Hérrenanzug *m* **~(e)s, ...züge** чоловічий костюм; **~artikel** *pl* предмети чоловічого туалету; готовий чоловічий одяг; **~konfektion** *f* **~, ~en** чоловічий одяг; **~rock** *m* **~(e)s, ...röcke** чоловічий піджак; **~salon** *m* **~s, ~s** чоловіча перукарня; **~schuhe** *pl* чоловіче взуття

H

hérrichten 1. *vt* влаштовувати, готувати; опоряджати, обладнувати; накривати *(на стіл)*; 2. **sich** ~ причепуритися

Hérrin *f* **~, ~nen** пані; хазяйка; власниця

hérrisch 1. *adj* владний, панський; 2. *adv* по~панському, владно

hérrlich 1. *adj* чудовий, прекрасний; 2. *adv* чудово, прекрасно

Hérrschaft *f* **~, ~en** *тк, sg* панування; влада *(über A над кимось, над чимось)*; *pl* пани, хазяї; méine ~en! панове! *(звертання)*

hérrschen *vi* панувати, царювати; *(über A)* керувати *(кимось, чи мось)*; панувати *(над кимось, над чимось)*; *(über A)* підноситися *(над чимось, напр., про гору)*

hérrschend *adj* панівний, правлячий; переважний

Hérrscher *m* **~s, ~** володар, господар

hérrufen* *vt* підкликати; **~sagen** *vt* говорити, розповідати *(усе підряд від початку до кінця)*; **~stellen** *vt* виготовляти, виробляти, випускати *(продукцію)*; встановлювати *(напр., зв'язок)*; організовувати, створювати; відновлювати; реставрувати; виліковувати

Hérrstellung *f* **~, ~en** виготовлення; створення; випуск *(продукції)*; встановлення *(напр., зв'язку)*; організація; видужування; відновлення

herüber *adv* через; сюди; на цей бік

herüberkommen* *vi (s) (zu D)* переходити *(до того, хто говорить)*; **~ziehen** *vt* перетягати *(на свій бік) (тк перен.)*

herúm *adv* навколо, навкруги; um etw. (A) ~ sein обійти, об'їхати *(навколо чогось)*; майже, близько; er ist um zwánzig Jáhre ~ йому близько двадцяти років

herúmblättern *vi (in D)* перегортати. *(щось)*; **~drehen** *vt* повертати; пере інакшувати чиїсь слова; **~fahren*** 1. *vi (s) (um A)* об'їжджати *(щось)*; їздити *(навкруги, навколо чогось)*; роз'їжджати; 2. *vt (um A)* (об)возити, катати *(навколо чогось)*; **~gehen*** *vi (s) (um A)* ходити навколо *(чогось)*; обходити навколо *(чогось)*; ходити туди і сюди; минати *(про час)*; **~kommen*** *vi (s) (um A)* обходити навколо *(чогось)*; *(zu D)* *розм.* завітати в гості *(до когось)*; **~reisen** vi *(s) (um A)* подорожувати *(навколо чогось)*; роз'їжджати; **~sitzen*** *vi (um A)* сидіти *(навколо чогось)*; **~stehen*** *vi (um A)* стояти *(навколо чогось)*

herúnter *adv* униз

herúnterbringen* *vt* зносити вниз; знижувати, зменшувати; знесилювати; розоряти; **~gehen*** *vi (s)* іти вниз; спускатися; спадати, знижуватися *(напр., про ціни)*

herúnterkommen *vi (s)* *(von D)*сходити .(вниз), спускатися, злазити *(з чогось)*; знесилюватися, слабнути; *перен.* опускатися; розорятися, біднішати; **~springen*** *vi (s)* зіскакувати, сплигувати

hervór *adv* назовні, вперед

hervórblicken *vi* виглядати, з'являтися *(з-за чогось)*; **~bringen*** *vt* породжувати; вимовляти *(звук)*; **~gehen*** *vi (s) (aus D)* випливати *(з чогось)*; daráus geht hervór ... з цього випливає ...; **~heben*** *vt* підкреслювати *(щось)*, наголошувати *(на чомусь)*; висувати; **~holen** *vt* виймати, витягати; **~ragen** *vi* підноситися, височіти; видаватися, виступати; виділятися, вирізнятися

hervórragend *adj* видатний, визначний, надзвичайний

hervórrufen* *vt* викликати *(щось)*; спричинювати *(щось)*; **~stehen*** та виступати, стирчати; **~treten*** *vi* (s) виходити, виступати вперед *(про людину)*; вирізнятися, впадати у вічі; **~tun*, sich** вирізнятися, привертати до себе увагу; **~ziehen*** *vt* витягати, виймати

Herz *n* **~ens, ~en** серце; vom gánzen ~en від щирого серця; серце, центр; im ~en Európas у серці (в центрі) Європи

Hérzanfall *m* **~(e)s, ...fälle** серцевий напад (приступ)

hérzensgut *adj* добрий, сердечний, щирий

Hérzensgüte *f* ~ щирість, сердечність

hérzergreifend *adj* зворушливий

Hérzfehler *m* **~s, ~** порок серця

hérzig *adj* милий, любий

hérzkrank *adj* хворий на серце

hérzlich 1. *adj* сердечний, щирий; ніжний; 2. *adv* сердечно, щиро; дуже

Hérzlichkeit *f* ~ сердечність, щирість; ніжність

hérzlos *adj* безсердечний, бездушний

Hérzlosigkeit *f* ~ безсердечність, бездушність; **~schlag** *m* **~(e)s, ...schläge** биття серця; параліч серця; **~schwäche** *f* ~ серцева недостатність

Hétze *f* ~ цькування; гарячка, поспіх

hétzen *vt* цькувати; нацьковувати, підбурювати

Heu *n* **~(e)s** сіно; ~ machen косити сіно

héucheln 1. *vi* лицемірити; 2. *vt* прикидатися *(кимось)*, удавати з себе; Únschuld ~ прикидатися невинним

héuchlerisch *adj* лицемірний, святенницький
Héuernte *f* **~,~n** косовиця, сінокіс; **~haufen** *m* **~s,** ~копиця сіна
héulen *vi* вити, ревти; плакати
Héuschober *m* **~s, ~** копиця сіна; **~schrecke** *f* **~, ~n** сарана; коник
héute *adv* сьогодні; ~ abend сьогодні ввечері; ~ früh сьогодні вранці; ~míttag сьогодні вдень; von ~ an з сьогоднішнього дня; ~ in acht Tágen, ~ über acht Táge через тиждень; ~ vor acht Tágen тиждень тому
héutig *adj* сьогоднішній; сучасний
héutzutage *adv* сьогодні, в наші дні, у наш час
Héxe *f*~, **~n** відьма, чаклунка
Héxenmeister *m* **~s** ~ чаклун, чарівник
Hexeréi *f* ~, **~en** чаклунство; чарівництво; магія
Hieb *m* **~(e)s, ~e óääр**; випад *(проти когось);* рубання, рубка *(дія);* косовиця (для)
hier *adv* тут; von ~ an звідси; er ist von ~ він тутешній
hieráuf *adv* на це; на цьому; після цього, потім, тоді; **~áus** *adv* звідси; з цього; **~béi** *adv* при цьому; тут; **~dúrch** *adv* через це; цим (самим), таким чином; **~hér** *adv* сюди; bis ~ her до цього місця; **~hín** *adv* сюди, у цьому напрямі; **~mít** *adv* разом з цим; цим самим; **~über** *adv* над цим; про це; **~zú** *adv* і) сюди ж, до того ж; крім того; для цього
Hílfe *f* ~, **~n** допомога, підтримка; um ~ rúfen кликати на допомогу; допомога (грошова); помічник, помічниця
Hílfeleistung *f* ~, **~en** подання допомоги
hílflos *adj* безпорадний; покинутий; **~reich** *adj* готовий допомогти
Hílfsaktion *f* **~, ~en** подання допомоги, організація допомоги; **~arbeiter** *m* **~, s** ~ підсобний робітник
hílfsbedürftig *adj* який потребує допомоги; **~bereit** *adj* готовий допомогти, послужливий
Hílfskraft *f* **~, ...kräfte** допоміжна (підсобна) робоча сила; помічник, помічниця **~mittel** *n* **~s, ~** допоміжний засіб; посібник *(напр., навчальний);* **~verb** *n* **~s, ~en** *грам.* допоміжне дієслово
Hímbeere *f*~, **~n** малина
Hímmel *m* **~s, ~** небо, небозвід
hímmelblau *adj* блакитний, лазуровий; **~hoch** *adj* (високий) до неба
Hímmelsgegend *f* **~, ~en** *геогр.* сторона світу; **~karte** *f* **~, ~n** карта зоряного неба; **~körper** *m* **~s** ~небесне тіло; **~richtung** *f* **~, ~en** сторона світу
hin *adv* туди, в напрямку до, геть; geh ~ ! іди туди!; wo willst du ~? куди ти?; ~ und zurück, ~und her туди й назад; туди й сюди; *при позначенні часу,* bis spät in die Nacht ~ до пізньої ночі; ~ und wíeder часом, інколи; : auf j-s Rat ~ за чиєюсь порадою; auf Íhre Bítte ~ у відповідь на Ваше прохаbetween; auf éinen Verdácht ~ за підозрою; ganz ~ sein смертельно втомитися; бути у повному захваті; ~ ist ~ що про пало, то пропало; álles ist ~ усе пропало
hináb *adv* униз *(у напрямку від того, хто говорить)*
hinábfließen* *vi (s)* стікати, текти вниз; **~führen** *vt* зводити (вести) вниз; **~gehen*** *vi (s),* **~steigen** *vi (s)* спускатися, іти вниз; **~stürzen** *vi (s)* падати (вниз)
hináuf *adv* угору, увepx; den Fluß ~угору річкою
hináuffahren* 1. *vt* везти вгору; 2. *vi* (s) їхати вгору, в'їжджати (вгору); **~gehen*** vi *(s)* іти вгіру, підніматися (вгору); **~kommen*** *vt ~(s),* **~steigen*** *vi (s)* підніматися вгору; die Tréppe ~steigen підніматися сходами
hináus *adv* *(при позначенні місця)* назовні, з, за; zum Fénster ~з вікна; zur Tür ~ за двері; ~ mit dir! забирайся геть! *(при позначенні часу):* auf Jáhre ~ на довгі роки; *(вказує на вихід за межі чогось),* über etw, *(A)* понад; er ist über die fünfzig Jáhre ~ йому понад п'ятдесят років
hináusfahren* 1. *vt* виводити**;** 2. *vi (s)* виїжджати**; ~fliegen*** *vi (s)* вилітати; **~gehen*** *vi (s)* виходити; *(über A)* перевершувати *(щось);* виходити за межі *(чогось); (auf A)* мати на увазі *(щось); прагнути (чогось);* woráuf geht das hináus? до чого це йдеться?; **~lehnen, sich** висовуватися *(з вікна);* **~setzen** *vt розм.* виставити за двері *(когось);* **~ziehen*** 1. *vt* витягати; зволікати**;** 2. **sich ~** ziehen затягуватися *(напр., про засідання, збори і т. д)*
hínbringen* *vt* відносити; відвозити; відводити; приносити; приводити; проводити *(час)*
híndern *vt (an D, bei D, in D)* перешкоджати, заважати *(комусь в чомусь)*
Híndernis *n* **~ses, ~se** перешкода; утруднення; затримка
híndeuten *vi (auf A) вказувати (на щось);* натякати *(на щось);* передвіщати *(щось)*
hindúrch *adv (стоїть після імен.)* крізь, наскрізь; протягом якогось часу; Jáhre ~ роками; die gánze Nacht ~ протягом усієї ночі
hindúrchgehen* *vi (s)* проходити *(крізь щось);* **~ziehen*** 1. *vt* протягувати; 2. **sich** ~ ziehen проходити *(крізь щось)*
hinéin *adv (при позначенні місця),* у, усередину; углиб; аж до *(у напрямку від того, хто говорить);* ins Zímmer ~ в кімнату; bis ms Herz ~ до глибини душі; *(при позначенні часу):* до, аж до (наших днів); bis in die Nacht ~ до пізньої ночі
hinéinarbeiten, sich втягуватися в роботу, освоюватися з роботою; **~bauen** *vt* вбудовувати, вмонтову вати; **~brin-**

gen* *vt* внóсити, ввóдити, ввóзити; уміщáти; **~denken*, sich** вдýмуватися; **~lesen*,** sieh вчúтуватися; ~**mischen, sich** *(in A)* втручáтися *(у щось);* **~reden** *vi* втручáтися *(у розмову);* **~sprächen*** *vi (in A)* говорúти *(в якийсь отвір, в телефонну трубку);* ins Mikrophon ~ говорúти в мікрофóн; перекóнувати *(когось);* **~ziehen*** 1. *vt (in A)* втягувати *(кудись);* залучáти; 2. *vi (s)* вхóдити, вступáти; в'їжджáти

Híngabe *f* ~ віддáність; самовідданість; захóплення

híngeben* 1. *vt* віддавáти; поступáтися; 2. **sich** - віддавáтися, присвячувати себé

híngebend *adj* відданий; самовідданий

hingégen 1. *adv* прóти; всýпереч; 2. прітé, затé

híngeh(e)n* *vi (s)* пітú (туди); минáти *(про час)*

híngehören *vi (D)* налéжати *(комусь, чомусь),* стосувáтися *(когось, чогось)*

híngerissen *adj* захóплений, натхнéнний *(von D чимось)*

hínhalten* *vt* подавáти, підставлáти; затрúмувати, відкладáти *(щось);* **~hören** *vt* слýхати, вслухáтися

hínken *vi* кульгáти, шкутильгáти

hínkommen* *vi (s)* прихóдити (туди); дівáтися; wo ist mein Buch híngekommen? Куди поділася моя книжка?

hínlegen 1. *vt* клáсти, поклáсти (туди); ~ legen! лягáй! *(команда);* 2. **sich** ~legen лягáти; **~nehmen*** *vt* брáти, взяти (собі); мирúтися *(з чимось);* терпіти *(щось);* **~reichen** 1. *vt* подавáти, протягувати; 2. *vi* бýти достáтнім, вистачáти

hínreißend *adj* захóплюючий, чарівнúй

hínrichten *vt* стрáчувати

Hínrichtung *f* ~, **~en** стрáта, смéртна кáра

hínsetzen 1. *vt* садовúти *(когось);* клáсти, стáвити *(напр., миску на стіл);* 2. **sich** ~ сідáти

Hínsicht *f* **~, ~en** віднóшення, тóчка зóру; in ~ auf etw. *(A)* беручú до увáги щось; in díeser ~ у цьóму віднóшенні, щóдо цьóго

hínsichtlich *prp (G)* щóдо, віднóсно *(когось, чогось)*

hínstellen 1. *vt* (по)стáвити (тудú); 2. **sich** ~ stellen ставáти, розташóвуватися; *(als A)* прикидáтися *(кимось);* ~**strecken** 1. *vt* простягáти; (з) валúти з ніг; 2. **sich** ~ strecken простягáтися, лягáти

hínten *adv* ззáду, позáду; nach ~назáд; von ~ ззáду, із зáдніх рядíв

hínter 1. *prp (D) (вказує на місцезнаходження ~ де?)* за, ззáду, позáду; *(A) (вказує на напрям ~куди*)* ззáду, позад; sich ~ j-n sétzen сісти позад когóсь; *(D) (вказує на відставання від когось, від чогось)* від; ~ der Zeit zurückbleiben відстáти від чáсу; 2. *adj* зáдній, остáнній; die ~e Réihe остáнній ряд

hintereinánder *pron rez* одúн за óдним, послідóвно, підрáд

Híntergedanke *m* **~ns, ~n** прихóвана, таéмна дýмка; **~grund** *m* **~(e)s, ...gründe** зáдній план, фон *(тж перен.);* підґрýнтя; **~halt** *m* **~(e)s, ~e** зáсідка

hínterhaltig, hínterhältig *adj* підстýпний, лукáвий

hinterhér *adv* позáду, слідом; зáднім числóм

Hínterkopf *m* **~(e)s, ...köpfe** потúлиця; **~land** *n* **~(e)s** *військ.* (глибóкий) тил

hínterlassen* *vt* залишáти після сéбе; **~legen** *vt* здавáти на зберéження, депонувáти

Hínterlist *f* ~ підстýпність, віролóмність

hínterlistig *adj* підстýпний, хúтрий, віролóмний

hínterrücks *adv* нáвзнак; ззáду; за спинóю; з тúлу; *перен.* підстýпно, віролóмно

híntertreiben* I *vt* гнáти назáд

hintertréiben* II *vt* заважáти *(чомусь);* розлáднувати, зривáти *(щось)*

híntragen* *vt* віднóсити; **~tun*** дівáти *(кудись);* стáвити, клáсти *(кудись)*

hinüber *adv* чéрез, на той бік; на тóму бóці; das Boot ist schon ~чóвен вже на тóму бóці; *(вказує на знос, смерть):* der Ánzug ist ~костю́м відслужúв своє

hinüberfahren* 1. *vt* перевóзити, переправлáти; 2. *vi (s)* переїжджáти, переправлáтися; **~geh(e)n*** *vi (s)* перехóдити (на той бік); вмирáти

hinúnter *adv* унúз, донúзу *(у напрямку від того, хто говорить);* den Fluß ~ унúз по рíчці; геть!; ~ mit ihm! геть йогó!

hinúnterbringen* *vt* знóсити, звóзити (вниз); **~stürzen** 1. *vt* перекидáти, скидáти вниз; 2.. *vt (s)* (стрімко) пáдати (вниз); 3. **sich** ~stürzen кúнутися (стрибнýти) вниз

hinwég *adv* геть; прóтягом; über das gánze Jahr ~ прóтягом всьогó рóку

hinwéggeh(e)n* *vi* (s) *(über A)* оминáти *(щось);* не звертáти увáги *(на щось);* **~sehen*** *vi (über A)* дивúтися пóверх *(чогось),* не помічáти *(чогось),* заплю́щувати óчі *(на щось);* **~setzen** 1. *vi (über A)* перестрúбувати *(через щось);* 2. **sich** ~setzen *(über A)* не звертáти увáги *(на щось);* не рахувáтися *(з чимось)*

Hínweis *m* **~es, ~e** зауважéння, вказíвка; посилáння; нáтяк

hínweisen* *vi (auf A)* вкáзувати; посилáтися; натякáти *(на щось)*

hínwerfen* 1. *vt* кúдати (тудú); накúдати (записáти); 2. **sich** ~werfen кúдатися додóлу; **~ziehen*** 3. *vt* тягтú (тудú); зволікáти; вáбити, привáблювати; 4. *vi (s)* вирушáти, ітú, їхати (тудú); 5. **sich** ~ziehen тягтúся, тривáти

hinzú *adv* до; крім тóго, до тóго

hinzúfügen *vt* додавáти, допóвнювати; **~kommen*** *vi (s)* підхóдити; додавáтися, приéднуватися; **~setzen** *vt* дода-

вáти; **~treten*** *vi (s)* підхóдити; додавáтися; **~tun*** *vt* додавáти; **~ziehen*** *vt (zu D)* залучáти *(до чогось)*
Hirn *n* **~(e)s, ~e** головнúй мóзок
Hirsch *m* **~es, ~e** óлень
Hírschgeweih *n* **~(e)s, ~e** олéнячі рóги
Hírse *f* **~** прóсо; пшонó
Hirt *m* **~en, ~en** пастýх; пáстир
Hírtenjunge *m* **~n, ~n, ~knabe** *m* **~n, ~n** підпáсок
híssen *vt* піднімáти *(прапор, вітрила)*
histórisch *adj* істори́чний
Hítze *f* **~** спéка; *мед* жар; зáпал, завзя́ття; in der ~ зóпалу, згáрячу
hítzig *adj* гаря́чий, запальнúй
hóbeln *vt* стругáти
hoch 1. *adj* висóкий; fünf Méter ~ п'ять мéтрів заввúшки; висóкий, велúкий *(про розміри);* висóкий, благорóдний, велúкий *(про ідеї, завдання)* велúчний, піднéсений; впливóвий; важлúвий; знáтний; почéсний: hohes Álter глибóка стáрість; der hóhe Sómmer рóзпал лíта; der hóhe Juni серéдина чéрвня; 2. *adv* вúсоко; zwei Tréppen ~ на трéтьому пóверсі; ~im Nórden на далéкій пíвночі; ~und níedrig усі (без вúнятку); wenn es ~ kommt в крáйньому рáзі; ~ und héilig урочúсто; Hände ~ ! рýки вгóру!
Hoch *n* **~s, ~s** урá! (вітáльний вигук); тост
hóchachten *vt* глúбоко шанувáти, цінúти
hóchachtungsvoll *adv* з глибóкою повáгою *(у кінці листа),* **~aktuell** *adj* злободéнний
Hóchantenne *f* **~, ~n** зóвнішня антéна; **~bau** *m* **~(e)s, ~ten** висóтний будúнок; надзéмна спорýда
hóchbedeutend *adj* важлúвий; **~begabt** *adj* високообдарóваний
Hóchbetrieb *m* **~(e)s** (велúке) пожвáвлення; напрýжена робóта, рóзпал робóти; годúни пік
hóchbringen* *vt* вúсунути, підвúщити *(когось);* постáвити на нóги; вúростити *(когось); розм.* роздратувáти, вúвести з сéбе
hóchdeutsch *adj лінгв.* верхньонімéцький
Hóchdeutsch(e) n літератýрна нíмецька мóва; **~druck** *m* **~(e)s** висóкий тиск; **~ebene** *f* **~, ~n** плоскогíр'я
hóchempfindlich *adj* високочутлúвий; **~entwickelt** *adj* високорозвúнений
hóchfahren* *vi (s)* схопúтися; здригнýтися
hóchfahrend *adj* гордовúтий, зарозумíлий; **~fein** *adj* вúщого гатýнку; вúшуканий; вúтончений
Hóchfläche *f*~, **~n** плоскогíр'я; **~flut** *f* ~ пóвінь; висóкий приплúв
hóchgeachtet *adj* вельмишанóвний; **~gebildet** *adj* високоосвíчений
Hóchgebirge *n* **~s, ~** високогíрний масúв
hóchgeehrt *adj* вельмишанóвний
hóchgehen* *vi (s)* піднімáтися, ітú (вгóру); хвилювáтися *(про море);* здіймáтися *(про хвилі);* розхвилювáтися; розлютúтися; попáстися, бýти заарештóваним
hóchheben* *vt* піднóсити, піднімáти (вгóру)
hóchkommen* *vi (s)* підня́тися (на нóги); зайня́ти висóке полóження; mir kommt der Mágen hoch *розм.* менé нýдить; **~krempeln** *vt* засýкувати *(рукава, штани)*
Hóchland *n* **~(e)s, ...länder** *n* **~e** плоскогíр'я; гíрська країна
Hóchleistung *f*~, **~en** висóка продуктúвність (потýжність)
hóchleistungsfähig *adj* високопродуктúвний; велúкої потýжності; **~mechanisiert** *adj* високомеханізóваний; **~modern** *adj.* **~modisch** *adj* ультрасучáсний, ультрамóдний
Hóchmut *m* **~(e)s** зарозумíлість, гордовúтість
hóchmütig *adj* зарозумíлий , гордовúтий
hochschätzen *vt* глúбоко шанувáти, поважáти
Hóchschulabschluß *m:* ~abschluß háben мáти завéршену вúщу освíту; **~absolvent** *m* **~en, ~en** випускнúк вýзу; **~(aus)bildung** *f* вúща освíта
Hóchschule *f* **~, ~n** вуз, вúща шкóла, інститýт
Hóchschullehrer *m* **~s, ~** виклáдач вýзу; **~studium** *n* **~s** навчáння у вýзі; **~wesen** *n* **~s** вúща шкóла; вúща освíта *(як сфера діяльності)*
Hóchseeflotte *f* **~, ~n** океáнський флот; флот відкрúтого мóря; **~hafen** *m* **~s, ...häfen** морськúй порт
Hóchsommer *m* **~s** серéдина (рóзпал) лíта; **~spannung** *f* **~, ~en** висóка напрýга; висóкий тиск; **~sprache** *f* **~, ~n** (нiмéцька) літератýрна мóва
höchst *adj (superl від* hoch) 1. *adj* найвúщий; найбíльший; надзвичáйний; гранúчний; верхóвний; 2. *adv* надзвичáйно, нáдто, дýже; am ~en найвúще; aufs ~e дýже, надзвичáйне
höchstehend *adj* вéрхній; високопостáвлений; *перен.* висóкого рíвня
höchstellen *vt* вúсоко (по)стáвити; піднімáти *(комір);* цінúти
höchstens *adv* щонайбíльше; у крáйньому рáзі
Höchstfall *m* im ~fall максимáльно; в крáйньому рáзі; **~geschwindigkeit** *f* **~en** максимáльна швúдкість; **~leistung** *f* **~, ~en** найвúще досягнення; рекóрд; **~maß** *n* **~es, ~e** мáксимум *(an D чогось)*
höchstmöglich 1. *adj* найвúщий, максимáльний; 2. *adv* всебíчно, максимáльно
Höchstniveau [-vo] *n* **~s, ~s** найвúщий рíвень *(чогось)*
höchstwahrscheinlich *adv* напéвно, цілкóм імовíрно

H

Höchstwert *m* **~(e)s, ~e** ма́ксимум
Hóchverrat *m* **~(e)s** держа́вна зра́да; **~verräter** *m* **~(e)s** ~ держа́вний зра́дник; **~wasser** *n* **~s** по́вінь; (морськи́й) приплі́в
hóchwertig *adj* високоя́кісний; **~willkommen** *adj* довгоджда́ний, жада́ний *(напр., гість)*
Hóchzahl *f* ~, **~en** *мат.* пока́зник сте́пеня
Hóchzeit ¹ *f* ~, **~en** весі́лля
Hóchzeit II *f* ~, **~en** ро́зквіт, апоге́й; свя́то
hócken *vi* сиді́ти навпо́чіпки; zu Háuse ~ *розм.* стирча́ти вдо́ма
Hócker *m* **~s, ~** табуре́т; домосі́д; люди́на, яка́ сиди́ть навпо́чіпки
Hockey *n* **~s, ~e** хоке́й на тра́ві
Hóckeyschläger *m* **~s, ~** клю́чка *(у хокеї)*
Hof *m* **~(e)s, Höfe** подві́р'я; сади́ба; ху́тір; двір *(королівський);* am ~e при дворі́; готе́ль, постоя́лий двір
hóffen vi *(auf A), vt* наді́ятися, сподіва́тися *(на щось);* auf Fríeden ~ наді́ятися на мир; ~ wir das Béste! бу́демо сподіва́тися на кра́ще
hóffentlich *adv* тре́ба сподіва́тися
Hóffnung *f* ~, **~en** наді́я, сподіва́ння *(auf A на щось)*
hóffnungslos *adj* безнаді́йний; **~voll** *adj* спо́внений наді́й: яки́й подає́ наді́ї; багатообіця́ючий
höflich *adj* вві́чливий, че́мний
Höflichkeit *f*~, **~en** *тк. sg* вві́чливість, че́мність; люб'я́зність, ласка́вість
Höhe *f* ~, **~n** висота́, височина́; рі́вень (висоти́); die ~ der Préise рі́вень цін; auf gléicher ~ *геогр.* на одні́й широті́; верх, верши́на, мета; die ~ der Kránkheit ро́зпал хворо́би; висота́, височина́; горб; величина́, ро́змір
Hóheit *f* ~, **~en** ве́лич; вели́чність; верхо́вна вла́да, панува́ння; суверені́те́т
Höhepunkt *m* **~(e)s, ~e** найви́ща то́чка, кульмінаці́йний пункт, апоге́й
höher *(comp від* hoch) 1. *adj* ви́щий; ~e Mathematík ви́ща матема́тика; ви́щий; висо́кий; вплив́овий; важли́вий; 2. *adv* ви́ще; éinen Stock ~ по́верхом ви́ще
hohl *adj* пусти́й *(тж перен);* поро́жній, порожни́стий; запа́лий; угну́тий; поглиблений; die ~e Hand доло́ня; жме́ня
Höhle *f*~, **~n** пече́ра, грот; барлі́г, лі́гвище, нора́; за́куток *(про житло);* дупло́ *(дерева);* поро́жність, порожне́ча
Hohn *m* **~(e)s** глузува́ння, глум; знуща́ння; іро́нія, сарка́зм
höhnen *vt* глузува́ти, знуща́тися *(з когось)*
höhnisch *adj* насмі́шкуватий, глузли́вий, у́їдливий
hólen *vt* прино́сити; приво́дити; приво́зити; Brot ~ іти́ за хлі́бом; éinen Arzt ~ виклика́ти лі́каря; (з)добува́ти, оде́ржувати; sich *(D)* den ersten Preis ~ оде́ржати пе́ршу пре́мію; Átem (Luft) ~перевести́ дух; sich *(D)* Dank ~ заслужи́ти подя́ку; sich (D) éine Erkältung ~ застуди́тися
Hölle *f* ~ пе́кло
höllisch *adj* пеке́льний; дия́вольський, страшни́й, жахли́вий
hólp(e)rig 1. *adj* вибо́їстий, нері́вний: 2. *adv* нері́вно, негла́дко; ~ lésen чита́ти затина́ючись
hólpern *vi* спотика́тися; трясти́ся *(про транспорт)*
Holúnder *m* **~s, ~** бузина́
Holz *n* **~es, Hölzer** де́рево *(матеріал);* деревина́; дрова́; ліс
Hólzbau *m* **~(e)s, ...ten** дерев'я́на спору́да; **~kohle** *f* ~, **~n** вугі́лля; **~schnitt** *m* **~(e)s, ~e** гравю́ра на де́реві
hólzverarbeitend *adj* деревообро́бний
Hónig *m* **~s** мед
hópsen *vi (s)* підстри́бувати, стриба́ти
hörbar *adj* чу́тний, розбі́рливий
hórchen *vi* слу́хати, прислуха́тися; підслухо́вувати; auf die Musík ~слу́хати му́зику; an der Tür ~ підслухо́вувати бі́ля двере́й
hören *vt* чу́ти, слу́хати; Vórlesungen ~ слу́хати (відві́дувати) ле́кції; слу́хатися; ви́слухати *(когось, чиюсь думку);* auf j-n ~ слу́хатися когось; auf j-s Rat ~ слу́хатися чиє́їсь пора́ди
Hörer I *m* **~s, ~** тру́бка (телефо́нна); наву́шники; den ~ ábnehmen (áuflegen) зня́ти (покла́сти) телефо́нну тру́бку
Hörer II *m* **~s, ~** слуха́ч
Horn *n* **~(e)s, Hörner** ріг *(тварини);* горн; су́рма
Hórnbrille *f* ~, **~n** рогові́ окуля́ри; **~haut** *f* ~, **... häute** рогова́ оболо́нка, рогі́вка *(ока);* мозо́ля; **~vieh** *n* **~(e)s** рога́та худо́ба
Hörorgan *n* **~s, ~e** о́рган слу́ху, ву́хо; **~saal** *m* **~(e)s, ...säle** аудито́рія, лекці́йний зал
Horst *m* **~es, ~e** гніздо́ *(хижого птаха);* аеродро́м; чагарни́к; гай
Hort *m* **~(e)s, ~e** гру́па продо́вженого дня *(в дитячому садку, школі);* оплі́т, тверди́ня
Hóse *f* **~, ~n** брю́ки, штани́
Hospitánt *m* **~en, ~en** ві́льний слуха́ч; практика́нт
Hospitatión *f* **~, ~en** відві́дування уро́ків, ле́кцій *(для контролю, обміну досвідом і т. п.)*
hospitíeren *vi* бу́ти ві́льним слухаче́м; бу́ти практика́нтом; відві́дувати заня́ття *(для контролю, обміну досвідом і т. п.)*
Hotél *n* **~s, ~s** готе́ль
Hotélgast *n*~(e)s. **...gaste** приї́жджий у готе́лі; **~zimmer** *n* **~s,** ~ но́мер у готе́лі
hübsch 1. *adj* га́рний, краси́вий; sich ~ máchen вбира́тися; 2. *adv (з підсилювальним значенням):* sítze ~ rúhig! сиди́ сми́рно!
Húbschrauber *m* **~s,** ~ вертолі́т

Huf *m* ~(e)s, ~e копи́то
Húfeisen *n* ~s, ~ підко́ва
Hüfte *f* ~, ~n стегно́
Hügel *m* ~s, ~ горб, па́горок
Huhn *n* ~(e)s, **Hühner** ку́рка
Hühnerbrühe *f* ~ ку́рячий бульйо́н; **~farm** *f* ~, **~en** птахофе́рма
Hülse *f* ~, ~n лушпа́йка, шкі́рка, стручо́к; оболо́нка; гі́льза
humán, humanitär *adj* гума́нний, лю́дяний
Humanität *f* ~ гума́нність, лю́дяність
humórvoll *adj* доте́пний
Hund *n* ~(e)s, ~e соба́ка
Húndehütte *f* ~, ~n (соба́ча) конура́ *(тж перен.)*
húndert *num* сто
Húndert *n* ~s, ~ *і* ~e со́тня, сто штук *(міра)*; ein hálbes ~ півсо́тні; etw. nach ~en verkáufen продава́ти щось со́тнями; zu ~en со́тнями
húndertfach *adj* стокра́тний; **~jährig** *adj* сторі́чний, віко́ви́й; **~mal** *adv* сто разі́в; **~prozentig** *adj* стопроце́нтний
hündisch *adj* соба́чий; підле́сливий; пі́длий, оги́дний, відра́зливий
Húpe *f* ~, ~n гудо́к, сире́на
húpen *vi* дава́ти (акусти́чний) сигна́л, сигна́лити, гуді́ти
hüpfen *vi (s, h)* стриба́ти, підстри́бувати; би́тися, калата́ти *(про серце)*
hústen *vi* ка́шляти
Hústen *m* ~s ка́шель
Hut *m* ~(e)s, **Hüte** капелю́х
hüten 1. *vt* стерегти́, оберіга́ти; das Bett ~ хворі́ти, лежа́ти в лі́жку; па́сти *(худобу)*; 2. **sich ~** *(vor D)* остеріга́тися *(когось, чогось)*
Hüter *m*~ s, ~ охоро́нець; *уроч.* страж; пасту́х
Hütte I *f*~, ~n хати́на, хи́жа; ку́рінь
Hütte II *f* ~, ~n металургі́йний заво́д; склозаво́д, гу́та
Hüttenarbeiter *m* ~s, ~ металу́рг; **industrie** *f* ~, **~rien** металургі́йна промисло́вість

H

I

ich *pron pers (G* meiner, *D* mir, *A* mich) я; ~ bin es це я; ~ für méine Persón як на мéне, щóдо мéне

Íchform *f*-, **- n:** eine Erzählung in der ~ рóзповідь від пéршої осóби; **~sucht** *f* ~ егоїзм

íchsüchtig *adj* егоїстичний, себелюбний

ideál *adj* ідеáльний; взірцéвий, доскона́лий; *філос.* ідеáльний, що стосу́ється ідéї; уя́вний; не існу́ючий реáльно

Ideál *n* **~s, ~e** ідеáл, взірéць доскона́лості; прóобраз; ідеáл, метá прáгнень; нездійснéнна мрíя; ілю́зія

ideálgesinnt *adj* безкори́сливий; мрійли́вий

Idée *f* ~, **Idéen** ідéя; ду́мка; зáдум; éine fíxe ~ насти́рлива ідéя; für éine ~ kämpfen, éine ~ verféchten борóтися за ідéю; *розм.* уя́влення *(von D про щось);* kéine ~ von etw. háben не мáти (ніякого) уя́влення про щось; éine ~ *розм.* трóхи; kéine ~! *розм.* нічóго подíбного!; анітрóхи!

ideél *adj* ідеáльний *(нематеріáльний);* ідéйний, духóвний; уя́вний; die ~e Grúndlage ідéйна оснóва

idéenarm *adj* недотéпний, неспри́тний, неоригінáльний; безідéйний; **~leer, ~los** *adj* безідéйний; беззмістóвний

Idéenlosigkeit *f* ~ безідéйність; беззмістóвність; відсу́тність ідéй; **~weit** *f* ~ світ ідéй, духóвний світ

identifizíeren 1. *vt* *(mit D* ототóжнювати *(щось з чимось),* ідентифікувáти; (у)пізнавáти; 2. **sich** *~(mit j-m)* цілкóм погóджуватися *(з кимось),* поділя́ти чиюсь ду́мку, чиїсь пóгляди

idéntisch *adj* тотóжний, іденти́чний; ~e Gléichung *мат.* тотóжність, тотóжне рівня́ння

Identität *f* ~ тотóжність, іденти́чність; цілкови́тий збіг; *юр.* осóба; j-s ~ féststellen установи́ти чиюсь осóбу; (у)пізнáти когóсь

Igel *m* **~s, ~** їжáк; so ein ~! *перед.* таки́й упéртий!

ihm *pron pers (D від* er, *i* es); gib ~díeses Heft дай йому цей зóшит; ein Bekánnter von ~ його знайóмий

ihn *pron pers (A від* er); siehst du ~oft? ти чáсто його бáчиш?

íhnen *pron pers (D від* sie ver geht zu? хто йдé до них?; erzählen Sie es ~ розкáжіть їм про це

Íhnen *pron pers (D від* Sie); ich kann ~ein Buch gében я можу дати Вам кни́жку

ihr 1. *pron pers* *(G* éuer, *D* euch, *A* euch) ви; ~ habt recht ви мáєте рáцію; *D від* sie; ein Bekánnter von ~ її знайóмий; **2.** *pron poss m (f* íhre, *n* ihr, *pl* íhre; *без імен, m* íhrer, f íhre, *n* íhres *pl* íhre) її; свій (своя, своє, свої); ich bin ~em Mann begégnet я зустрів її чоловіка; sie liebt ~e Tóchter sehr вонá ду́же лю́бить свою дочку́; їх; свій (своя, своє, свої); die Kínder áchten ~e Éltern діти поважáють своїх батьків

Ihr *pron poss m (f* Íhre, *n* Ihr, *pl* Íhre; *без імен, m* Íhrer, *f* Íhre, *n* Íhres, *pl* Íhre) ваш (ваша, ваше, ваші; в листах Ваш, Ваша, Ваше, Ваші ~ *форма ввічливого звертання);* свій (своя, своє, свої); ist das ~ Sohn? це Ваш син?; néhmen Sie ~є Sáchen mit! візьміть свої речі з собóю!; wéssen Buch ist das; Ist es das ~e? чия це книжка? Ваша?

íhrerseits *adv* з її бóку; з свогó бóку; з їхнього бóку

Íhrerseits *adv* з Вашого боку

íhresgléichen *adj* таки́й, як вонá; подібний до неї; таки́й, як вони́; подібний до них

Íhresgléichen *adj* таки́й, як Ви; подібний до Вас *(ввічливе звертання)*

íhrethálben, **íhretvégen** *adv* чéрез неї, зарáди неї; чéрез них, зарáди них

Íhrethálben, Íhretégen *adv* чéрез Вас, зарáди Вас *(ввічливе звертання)*

íhretwíllen: um ~ зарáди неї, чéрез неї, для неї; зарáди них, чéрез них, для них

Íhretvíllen: um ~ зарáди Вас, через Вас, для Вас *(ввічливе звертання)*

íhrige *pron poss.* der ~ (die ~, das ~, die ~n) її, свій (своя, своє, свій); wéssen Mántel ist das? ist es der ~ ? чиє це пальтó, її? їхній; свій (своя, своє, свої); wessen Sáchen sind das? Sind es die ~n? Чиї ці речі, їхні?

Íhrige *pron possr.* der ~ (die ~, das ~, die ~n) ваш (ваша, ваше, ваші, *в листах* Ваш, Вáша, Вáше, Вáші *~форма ввіч-*

ливості); свій (своя, своє, свої); wéssen Sáchen sind das? Sind es die ~n? чиї це речі? Ваші?

íllegal *adj* нелегáльний, підпíльний; незáкóнний, протизакóнний

Illegitimität *f* ~ незакóнність, протизакóнність

illiberál *adj* нетерпи́мий, уї́дливий, дріб'язкóвий

illimitíert *adj* необмéжений

illusórisch *adj* ілюзóрний, примáрний; обмáнливий; нереáльний; мáрний, дарéмний; j-s Pläne ~ máchen зруйнувáти чиї́сь плáни

Illustríerte *f* ілюстрóваний журнáл

Ílme *f* ~, **~n** в'яз, бéрест

im = in dem: ~ Schrank у шафі; Fréien на свіжому повíтрі; ~ Wínter взи́мку; ~ Gégenteil навпаки́

imaginär *adj* уя́вний, вигáданий; удáваний

Imaginatión *f* ~, **~en** уя́ва, си́ла уя́ви; хи́бне уя́влення

Ímbiß *m* ..**bisses, ..bisse** закуска; éinen ~ éinnehmen закуси́ти, перекуси́ти

Ímbißhalle *f* ~, **~n** (автомáт-) закýсочна; **~stube** *f* ~, **~n** закýсочна

Imitatión *f*~, **~en** імітáція, наслідувáння; імітáція, підрóбка

imitíeren *vt* імітувáти; наслідувати *(когось, щось),* імітувáти, підробля́ти

Ímker *m* **~s, ~** бджоля́р, пáсічник

Imkeréi *f*~, **~en** *тк. sg* бджільни́цтво; пáсіка

Immatrikulatión *f* ~, **~en** зарахувáння *(до вищого навчального закладу)*

immatrikulíeren *vt* зарахóвувати когóсь (до *вищого навчального закладу)*

Ímme *f* ~, **~n** бджолá

ímmer *adv* i) завжди́, постійно; кóжного рáзу; auf (für) ~ назавжди́; ~ mehr (wéniger) дедáлі більше (мéнше); ~ wíeder знов і знов; ~ víer (und víer) по чоти́ри; ~ der víerte кóжний четвéртий; все-таки, все ж; er bleibt ~ dein Váter він все ж твій бáтько; was (auch) ~ що б не; wer (auch) ~ хто б не; wo ~ де б не, хоч де; sovíel du ~ willst скільки тóбі завгóдно

ímmerfort *adv* постійно, безперéрвно, весь час

ímmergrün *adj* вічнозелéний; *перен.* нестаріючий

immerhín *adv* все-таки, все ж

ímmerwährend 1. *adj* постійний, вічний; безперестáнний; ~e Neutralität постійний нейтралітéт; **2.** *adv* постійно, вічно, безперестáнно, завжди́

ímmerzu *adv* постійно, невпи́нно, весь час; раз у раз

immobíl *adj* нерухóмий

Immobílien *pj* нерухóме майно, нерухóмість

immorálisch *adj* аморáльний

immún *adj* імýнний, несприйня́тливий (до *хвороби); перен.* невразли́вий; gégen etw. sein мати імунітéт прóти чогóсь

impersonál *adj* безосóбовий

ímpfen *vt* *с.-г.* прищéплювати; роби́ти . укóли (щéплення) *(комусь);* вакцинувáти; j-n gégen etw, ~ зроби́ти комýсь щéплення прóти чогóсь; *перен.* прищéплювати *(якісь риси);* виклика́ти *(якесь почуття);* j-m den Haß ins Herz ~виклика́ти у когóсь нéнависть

Ímpfing *m* **~s, ~e** *с.-г.* живéць для щéплення; паціє́нт, якомý робиться щéплення

Ímpfstoff *m* **~(e)s, ~e** вакци́на; **~tier** *n* **~es, ~e** піддослідна твари́на

Ímpfung *f* ~, **~en** щéплення, вакцинáція

Impietät *f* ~ неповáга, зневажли́ве стáвлення; чéрствість; безбóжність; блюзнірство

Implantatión *f* ~, **~m** *с.-г.* щéплення, прищéплювання; *мед.* імплантáція, пересáдка *(тканини, органів)*

Implikatión *f* ~ **~en** включéння; *лог., мат.,* лінгв. імплікáція; нерозри́вний зв'язóк

implizíeren *vt* включáти (в себе), припускáти, мáти на увáзі

implizít *adj* який припускáється, яки́й мáється на увáзі; прихóваний; нея́вний

imponíeren *vi (D)* імпонувáти, виклика́ти повáгу (я *когось);* справля́ти врáження *(на когось)*

imprägníert *adj* просочéний, непромокáльний; ein ~er Mántel непромокáльне пальтó

Impressión *f*~, **~en** врáження, сприйня́ття

Impréssum *n* **~s, ...essen** вихідні дáні *(книги, журналу)*

improbábel *adj* неймовірний; неприйня́тний

imstánde: ~ sein могти́, бути́ спромóжним; ich bin dazú nicht ~ я не можý цьогó зроби́ти

in *prp (А на питання* куди́?, *D на питання* де?, коли?) в, у, на; через, за; ~ Kiew у Києві; ~ der Schúle у шкóлі; ~ der Vórlesung на лéкції; ins Áusland за кордóн; in die Vórlesung géhen піти́ на лéкцію

Inángriffnahme *f* ~ початок *(якоїсь роботи)*

Inánspruchnahme *f* ~ використóвування; навантáження; заваї́тáженість; únter ~ за рахýнок *(чогось),* використóвуючи *(щось)*

Ínbegriff *m* **~(e)s** втілення; ідеáл; der ~ der Schönheit втілення краси́; сукýпність; mit ~ включно; mit ~ áller Éinzelheiten з усімá подрóбицями

ínbegriffen *adv* включно

Inbetríebnahme *f* **~, ~setzung** *f* ~ введéння в дію (в експлуатáцію), пуск

in bezúg, inbezúg *prp (auf A)* щодо, віднóсно *(когось, чогось)*

Inbrándsetzung *f*~, **~en** підпáл

ínbrünstig *adj* старáнний, завзя́тий; пáлкий

indém *cj* *(виражає одночасність):* тим часом як, тоді як; ~ er sich zum Wéggehen ánschickte, ságte er ... збираючись іти, він сказав ..; *(вказує на спосіб дії):* тим що; ~ er éifrig árbeitete, erwéiterte er séine Kénntnisse старанно працюючи, він поглиблював свої знання
Índer *m* **~s, ~** індієць
indés, indéssen 1. *cj* проте, однак, все ж
Indiáner *m* **~s, ~** індіанець
Indifferénz *f*~ индиферéнтність, байдужість; нейтральність
índirekt 1. *adj* посерéдній, непрямий, побічний; ~er Bewéis *юр.* побічний доказ: 2. *adv* посерéдньо, побічно
índisch *adj* індійський
índiskret *adj* нескромний; нетактовний; балакучий
Indiskretión *f*~, **~en** нескромність; нетактовність; балакучість; розголошення таємниці
índisponiert *adj* в поганому настрої; не в гуморі; несхильний *(робити щось);* не зовсім здоровий; *спорт.* не в формі
índisputabel *adj* незаперечний, безперечний
índolent *adj* байдужий, безтурботний, пасивний, інертний; невразливий; безболісний
indulgént *adj* слухняний, піддатливий; поступливий; терпимий; поблажливий
Industríe *f* ~, **...rien** індустрія, промисловість; *pl* галузі промисловості; órtliche ~ місцева промисловість
ineinánder *pron rez* одне в одне
ineinánderfügen *vt* (щільно) з'єднуватися; **~greifen*** *vi тех.* зчіплюватися; *перен.* переплітатися; взаємодіяти
infám *adj* підлий, мерзотний, безчесний
Infamíe *f*~, **...mien** підлість, негідний вчинок; ганьба, безчестя
infamíeren *vt* ображати; зводити наклеп, зневажати
Ínfanterie *f* ~, **...eríen** піхота; motorisíerte ~ мотопіхота
Infanteríeflieger *m* **~s, ~** льотчик військової авіації; літак військової авіації; *pl* військова авіація
Infanteríst *m* **~en, ~en** піхотинець
Influénz *f* ~, **~en** вплив; *фіз.* індукція
infólge *prp (C, von D)* внаслідок *(чогось);* ~ des Unfalls внаслідок нещасного випадку
infolgedéssen *adv* внаслідок цього, з цієї причини
Informatíon *f* ~, **~en** інформація, відомості; ~en éinziehen збирати інформацію; з'ясовувати, довідуватися; інформування, роз'яснення; інструктаж; навчання
informíeren 1. *vt* інформувати, доводити до відома; навчати, інструктувати; 2. **sich ~** одержувати інформацію, довідуватися
Infrágestellung *f* ~ оспорювання; заперечування

Ingenieur *m* **~s, ~e** інженер
Ínhaber *m* **~s, ~** власник, господар *(майна);* володар *(титулу);* кавалер *(ордена)*
inhaftíeren *vt* заарештувати
Inhaftíerung *f* ~, **~en** арешт; перебування під арештом
Ínhalt *m* **~(e)s, ~e** зміст; der ~ éines Wórtes значення слова; dem ~nach, vom ~ her за змістом; вміст; місткість
ínhaltlich *adv* за змістом
ínhaltsleer, ~los *adj* беззмістовний; **~reich, ~voll** *adj* змістовний
Ínhaltsverzeichnis *n* **~ses, ~se** зміст, покажчик; перелік; **~zeichen** *n* **~s, ~, ~zettel** *m* **~s,~** етикетка
ínkonsequent *adj* непослідовний
Ínland *n* **~(e)s** своя країна; im ~ у своїй країні
ínländisch *adj* вітчизняний, внутрішній *(для даної країни);* континентальний
ínliegend *adj канц.* вкладений *(у конверт);* ~ sénden wir Íhnen ... до цього додаємо ...
ínnebehalten* *vt* утримувати, зберігати; **~haben*** *vt* мати, займати *(посаду);* володіти *(чимось);* **~halten*** 1. *vt* дотримуватися *(закону);* витримувати *(строки);* 2. *vi* зупинятися; *(mit D, in D)* припиняти, переривати *(щось)*
ínnen *adv* усередині; зсередини; nach ~ усередину; von ~ зсередини
Ínnenarzt *m* **~es, ...ärzte** лікар внутрішніх хвороб, терапевт; **~leben** *n* **~s** внутрішній світ (людини); духовне життя; **~minister** *m* **~s, ~**міністр внутрішніх справ
ínner *adj* внутрішній: ~e Krankheiten внутрішні хвороби
Ínnere *n* ~ внутрішня частина; середина; надра; нутро; *перен.* душа, внутрішній світ; ins ~ всередину; углиб; das ~ der Érde надра землі
Innereíen *pj* нутрощі, потрухи; субпродукти
ínnerhalb 1. *prp (G, von D)* усередині, у; в; *(G, D)* протягом; в, за; **2.** *adv* всередині
ínnerlich 1. *adj* внутрішній; **2.** *adv* внутрішньо; всередині; *перен.* у душі, у глибині душі
Ínnerlichkeit *f* ~ внутрішня суть; духовне життя; душевність, щирість, щиросердність
ínnesein* *vi (s) (G, A)* пізнавати; розуміти; усвідомлювати; er war es bald íhne він швидко зрозумів це; **~werden*** *vi (s) (G, A)* помічати; пізнавати; усвідомлювати; розуміти *(щось);* переконуватися *(в чомусь);* er wúrde séines Féhlers íhne він зрозумів (усвідомив) свою помилку
ínnewohnen *vi (D)* бути властивим (притаманним) *(чомусь)*
ínnig *adj* щирий, задушевний; глибокий *(про почуття)*
Ínnigkeit *f* ~ щирість, задушевність, сердечність; глибина *(почуття)*

ins - **in das**
Insaß, Insasse *m,* **sassen, ...sassen** (місцевий) житель; ув'язнений вихованець; пацієнт; пасажир
insbesónd(e)re *adv* особливо; зокрема
Ínschrift *f* ~, **~en** напис, епіграф
ínseitig *adj* внутрішній, з внутрішнього боку
Insékt *n* **~(e)s, ~en** комаха
Ínsel *f*~, **~n** острів
insgehéim *adv* потай, секретно, крадькома
ínsgeméin *adv* взагалі, звичайно; як правило; разом, усього *(про суму)*
insgesámt *adv* в цілому, у сукупності; разом
insófern I *adv* у цьому відношенні, щодо цього
insoférn II *cj* оскільки, бо
insolánge *cj* оскільки, тому що
insolvént *adj* неплатоспроможний, неспроможний *(про боржника)*
insowéit *cj* оскільки, бо
inspiríeren *vi* надихати; викликати: підбурювати *(до чогось)*
instánd: ~ halten тримати в доброму стані; ~ sétzen ремонтувати; відновлювати
ínständig *adj* наполегливий
Instánz *f* ~, **~en** інстанція; in létzter ~кінець кінцем
Institutión *f* ~, **~e**n установа, заклад, орган
instruíeren *vt* інструктувати
insultíeren *vt* ображати; нападати *(на когось);* знущатися *(над кимось)*
Intellektuélle *m, f* інтелігент, людина розумової праці
Intendánt *m* **~en, ~en** директор; художній керівник, головний режисер *(театру радіо, телебачення); військ.* інтендант
Intensität *f* ~інтенсивність; сила
interessánt *adj* цікавий, інтересний
Interésse *n* **~s, ~n** інтерес, зацікавлення; ~ für etw. háben виявляти інтерес до чогось
Interéssengebiet *n* **~(e)s, ~e** сфера впливу, область інтересів *(держави)*
Interéssengemeinschaft *f* ~ спільність інтересів; ~, **~en** гурток *(любителів чогось);* 3. ~, **~en** *ек.* об'єднання, концерн *(скор.* IG); ~der Fárbenindustrie *(скор.* IG-Fárben) фарбеніндустрі *(хімічний концерн)*
interessíeren 1. *vt* цікавити, зацікавлювати; 2. **sich** ~ *(für A)* цікавитися *(чимось)*
Interessíertheit *f* ~ інтерес, зацікавленість
Ínterimsregierung *f* **~, ~en** тимчасовий уряд; **~schein** *m* **~(e)s, ~e ~zeugnis** *n* **~ses, ~se** тимчасова посвідка
interkontinentál *adj* міжконтинентальний
intérn *adj* внутрішній
interpretíeren *vt* інтерпретувати, тлумачити
Interpunktión *f*~, **~en** пунктуація
Interpunktiónszeichen *n* **~s, ~** розділовий знак
Ínterview [~vju:] *n* ~s, ~s інтерв'ю, бесіда
Intimität *f* ~, **~en** інтимність; делікатність; затишок
intolerábel *adj* нестерпний
Intoleránz *f* ~, **~en** нетерпимість *(до чогось),* непримиренність
Invasión *f* ~, **~en** вторгнення, напад
ínwendig 1. *adj* внутрішній; 2. *adv* всередині
inwieférn, ~weit *adv* наскільки, якою мірою; чому
inzwíschen *adv* між тим, тим часом
írden *adj* глиняний
írdisch *adj* земний; *перен.* життєвий; тлінний
írgend 1. *adv* тільки; як-небудь; wenn ~ möglich якщо тільки можна; wenn du ~ kannst якщо ти як-небудь зможеш; 2. *pron indef.* ~ étwas що-небудь, щось; ~ jémand хто-небудь, хтось
írgendein *pron indef* який-небудь, якийсь
írgendeinmal, írgendwann *adv* коли-небудь, колись
írgendwas *pron indef* що-небудь, щось, дещо; **~welcher** *pron indef m (f* ~ welche, *n* ~welches, *pl* ~welche) який-небудь, будь-який, якийсь; **~wer** *pron indef* хто-небудь, будь-хто, хтось, дехто
írgendwie *adv* як-небудь, якось; абияк; **~wo** adv де-небудь, десь; **~woher** *adv* звідки-небудь, звідкись; **~wohin** *adv* куди-небудь, кудись
írisch *adj* ірландський
írre *adj* який заблудився, який збився з дороги; який помиляється; божевільний
Írre *m, f* божевільний, божевільна
írreal *adj* нереальний, ірреальний
írreführen *vt* збивати з дороги; *перен. тж* збивати з пантелику, вводити в оману, дезорієнтувати; обманювати; **~gehen*** *vi (s)* заблудити; помилитися; **~machen** *vt* збивати з пантелику
írren 1. *vi* блукати, никати; помилятися; 2. **sich** ~ помилятися
Írrenanstalt *f* ~, **~en** психіатрична лікарня; **~arzt** *m* **~es, ...ärzte** психіатр; **~haus** *n* **~es, ...häuser** психіатрична лікарня
írrereden *vi* марити
Írrfahrt *f* ~, ~ **en** блукання; **~garten** *m* **~s, ...gärten** лабіринт *(тж перен.)*
írrgläubig *adj* єретичний
írrig *adj* помилковий, хибний
irritíeren *vt* дратувати, сердити; турбувати; бентежити; заважати *(комусь)*
írrsinnig *adj* божевільний
Írrtum *m* **~(e)s, ...tümer** помилка
írrtümlich 1. *adj* помилковий, хибний; 2. *adv* помилково
írrtümlicherweise *adv* помилково

I

ist *präs від* sein

Isthmus *m* ~, **...men** *геогр.* перешийок

Italiéner *m* **~s, ~** італієць

italiénisch *adj* італійський

J

ja 1. *prtc* так, звичайно; 2. *cj* адже́, же, наві́ть
Ja *n* ~ так; зго́да, позити́вна ві́дповідь; mit ~ ántworten дати зго́ду, пого́джуватися; mit ~ für etw. *(A)* stimmen проголосува́ти за щось
Jácht *f* ~, **~en** я́хта
Jácke *f* ~, **~n** ку́ртка; ко́фточка; жаке́т; бушла́т
Jackétt [ʒa~] *n* **~(e)s, ~e** *i* **~e** піджа́к; тужу́рка; кі́тель; жаке́т; півпальто́
Jagd *f* ~, **~en** полюва́ння; auf die ~gehen ходи́ти на полюва́ння; пого́ня, пересі́дування
Jágdausbeute *f* ~ мисли́вська здо́бич; **~büchse** *f* ~, ~n мисли́вська рушни́ця; **~flügzeug** *n* **~(e)s,~e** (літак)~вини́щувач
jágen 1. *vt* полюва́ти *(на когось, на щось);* пересі́дувати *(когось);* гна́ти; заганя́ти; проганя́ти; 2. *vi* *(auf A, nach D)* полюва́ти, цькува́ти; nach éinem Wild ~полюва́ти на дичи́ну; *(nach D) перен.* гна́тися, гони́тися (за *чимось);* прагну́ти *(до чогось);* nach Ábenteuern ~ шука́ти приго́д; (s) мча́ти, мча́тися; проно́ситися; die Wólken ~ am Hímmel хма́ри пли́вуть по не́бу; 3. **sich** ~ ганя́тися оди́н за одни́м
Jäger *m* **~s, ~** мисли́вець; є́гер; (літак) вини́щувач; *pl* вини́щувальна авіа́ція
jäh 1. *adj* раптóвий; на́глий; éines ~en Tódes stérben поме́рти на́глою сме́ртю; крути́й, обри́вистий; стрі́мкий; ein ~er Félsen крута́ (стрімка) скéля; 2. *adv* ра́птом; відра́зу; стрі́мголов; рі́зко; кру́то, стрі́мко
Jähe *f* ~ 1. раптóвість; стрі́мкість; пори́вчастість; 2. кру́ча, урви́ще
Jahr *n* **~(e)s, ~e** рік
Jährbuch n **~(e)s, ...bücher** 1. щорі́чник; альмана́х; 2. лі́топис; хро́ніка
jáhrelang 1. *adj* багаторі́чний, довголі́тній; 2. *adv* протя́гом багатьо́х ро́ків, ро́ками
Jáhresbericht *m* **~(e)s, ~e** рі́чни́й звіт; **~feier** *f* ~, **~n** святкува́ння рі́чни́ці, ювіле́й: **~schrift** *f* ~, **~en** щорі́чник; **~tag** *m* **~(e)s, ~e** рі́чни́ця; **~wechsel** *m* **~s, ~**, **~wende** *f* ~, **~en** настава́ння но́вого ро́ку; um die ~ wende під кіне́ць ро́ку; **~zeit** *f* ~, **~en** пора́ ро́ку, сезо́н; die vier **~zeiten** чоти́ри пори́ ро́ку
jáhreszeitlich 1. *adj* сезо́нний; 2. *adv* сезо́нно
Jahrfünf *n* **~(e)s, ~e** п'ятилі́ття, п'ятирі́чка
Jáhrgang *m* **~(e)s, ...gänge** 1. рік наро́дження; лю́ди одно́го ро́ку наро́дження, одноліт́ки, рове́сники; *військ.* рік при́зову; 2. ви́пуск *(учнів, студентів);* 3. урожа́й *(якогось)* ро́ку; 4. рік ви́пуску *(виробу);* рік вида́ння *(журналу і т. п.)* 5. рі́чни́й компле́кт *(журналу, газети);* підши́вка газе́ти за рік
Jahrhúndert *n* **~(e)s, ~e** *(скор. Jh.)* столі́ття, сторі́ччя, вік; *перен.* епо́ха, е́ра
jährig *adj* 1. одноріч́ний, одноліт́ній; ein ~es Kind одноріч́на дити́на; 2. *бот.* одноліт́ній
jährlich *adj* рі́чни́й; щорі́чний; *adv* щорі́чно; zweimal ~ два рази́ на рік, дві́чі на рік
Jáhrmarkt *m* **~(e)s,... markte** я́рмарок
Jahrtáusend *n* **~s, ~e** тисячолі́ття; **~zehnt** *n* **~(e)s, ~n** десятирі́ччя, десятилі́ття
Jähzorn *m* **~(e)s** запа́льність, гаря́чність
Jámmer *m* **~s** 1. плач, голосі́ння; стогі́н; 2. го́ре; ли́хо; неща́стя
jämmerlich 1. *adj* жалюгі́дний; мізе́рний; нікче́мний; жа́лібний, тужли́вий; 2. *adv* сумно́; жалі́бно
Jämmerling *m* **~(e)s, ~e** нікче́мна люди́на; нікче́ма
jámmern 1. *vi* *(голосно)* пла́кати, голоси́ти; крича́ти *(від болю); (über A, um A, wegen* G) опла́кувати *(когось, щось);* горюва́ти (*кимось, за чимось); (nach D)* тужи́ти *(за кимось, за чимось);* 2. *vt* виклика́ти жалі́сть *(у когось);* er jámmert mich мені шко́да його́
Jánuar *m* ~ *i* **~s, ~e** сі́чень
jäten *vt с.-г.* поло́ти
jáuchzen *vi* (го́лосно) раді́ти, тріумфува́ти
jáulen *vi* ви́ти, скигли́ти
jawóhl *mod adv* так, звича́йно; *військ.* так то́чно
je 1. *adv* коли-небу́дь, будь-коли́, коли́сь; 2. *prp (здеб. з числівником):* по; je drei по три; по троє; 3. *cj* залежно від

того, чи ...; je nach den Mítteln залéжно від кóштів; : je ... je, je ... désto, je ... um so чим ... тим ...; je länger, je líeber чим далі, тим крáще; je nachdém в залéжності від
jédenfalls *mod adv* в усякому рáзі; неодмінно
jéder *pron indef m (f* jede, *n* jedes) кóжний (кóжна, кóжне), усякий (усяка, усяке), будь~якúй (будь~яка, будь~яке)
jédermann *pron indef (G -s)* кóжний, усякий
jéderzeit *adv* у будь~якúй час, завждú
jédesmál *adv* щорáзу, в кóжному вúпадку
jedóch *cj* протé, однáк, все ж, все~такú
jéglicher *pron indef m (тж m* (ein) jéglicher, *f* (eine) jégliche, *n* (ein) jégliches кóжний (кóжна, кóжне), усякий (усяка, усяке)
jéher *adv:* von ~ здáвна, з дáвніх~дáвен
jémals *adv* коли~небýдь, колúсь
jémand *pron indef* хто~небýдь, будь~хтó; хтóсь; ~ ánders хто~небýдь інший
jéner *pron dem m* (*f* jene, *n* jenes, *pl* jene) той (та, те, ті)
jénseitig *adj* розташóваний по той бік
jénseits *prp* (G) по той бік; за
jétzig *adj* теперішній, нúнішній; сучáсний; in der ~en Zeit тепéр ярмó, тягáр; упряжка
jetzt *adv* тепéр, зáраз; gleich ~ зáраз же; bis ~ досі, до цьогó чáсу; von ~ab з цьогó чáсу, віднúні
jéweilig *adj* відповідний, дáний *(часто при перекладі опускається)*
jéweils *adv* щоразу; відповідно; залéжно від обстáвин
Joch *n* **~(e)s, ~e** ярмó, хомýт; (волів); перевáл, сідловúна *(гори);* прогін (моста)
Johánnisbeere *f* ~, **n** сморóдина; róte (schwárze, wéiße) ~ червóна (чóрна, біла) сморóдина; **~käfer** *m* **~s,** ~ світляк
Jólle *f* ~, **~n** ялик, шлюпка
Jóppe *f* ~, ~ n кýртка, тужýрка
Journál [ur~] *n* **~s, ~e** щодéнник, журнáл *(реєстрації і т. п.);* журнáл; газéта *(щоденна)*
joviál [-v] *adj* привітний; життєрáдісний, весéлий, жартівлúвий
Júbel *m* **~s** рáдість, веселість;
júbeln *vi* радіти, тріумфувáти; (бурхлúво) виявляти свою рáдість
Jubilár *m* **~s, ~e** ювіляр; **~in** *f* ~, **~nen** ювілярка
jubilíeren *vi* відзначáти ювілéй
júcken 1. свербíти; 2. *vt* чýхати; 3. **sich** ~ чýхатися
Júgend *f* ~ мóлодість, юність; von ~an (auf) з юності, змóлоду; мóлодь, юнáцтво
Júgendausschuß *m,* **...schusses, ...schüsse** молодіжний комітéт; **~bewegung** *f* ~, **~en** молодіжний рух; **~erziehung** *f* ~ вихованння мóлоді **~forum** *n* **~s, ~ra** *i* **...ren** молодіжний фóрум, зýстріч мóлоді; **~freund** *m* **~(e)s, ~e** друг юності, шкільний товáриш; **~heim** *n* **~(e)s, ~e** гуртожúток для мóлоді; **~herberge** *f*~, **~n** молодіжна турúстська бáза; **~jahre** *pl* мóлоді рóки, рóки юності; in séinen ~jahren замóлоду, за молодúх літ
júgendlich *adj* 1. юний, молодúй; 2. неповнолітній; юнáцький: моложáвий
Júgendliche *m, f* підліток; юнáк; дівчúна; *pl* мóлодь
Júgendorganisation *f* ~, **~en** молодіжна організáція; **~verband** *m* **~(e)s, ...bände** спілка мóлоді; **~weihe** *f* ~свято повноліття
Júli *m* ~ *i* **~s, ~s** лúпень
jung *adj* 1. молодúй, юний; von ~auf змóлоду; ~ und alt старі й малі; 2. молодúй, свíжий; ~es Laub свіжа зéлень, молодé листя; ~es Gemüse свіжі óвочі; 3. недáвній, нóвий
Júnge *m* **~n, ~n** хлóпчик; юнáк, пáрубок
Júnggeselle *m* **~n, ~n** холостяк; пáрубок; **~gesellin** *f* ~, **~nen** незаміжня жінка
Jüngling *m* ~s, ~e юнак
jüngst 1. *adj* (най) молóдший; недáвній, остáнній; die ~en Eréignisse остáнні події; die ~en Náchrichten остáнні вісті; 2. *adv* недáвно; остáннім чáсом
Júni *m* ~ *i* **~s, ~s** чéрвень
jurídisch, jurístisch *adj* юридúчний, правовúй
Justíz *f*~, **~en** 1. юстúція, правосýддя; 2. справедлúвість
Júte *f* ~ джут
Juwél *n* **~s, ~en,** *m* **~s, ~e** 1. коштóвність; коштóвний кáмінь; 2. *перен.* зóлото; ein ~ von éinem Mensch золота людúна
Jux *m* **~es, ~e** *розм. жарт.*, вúтівка; sich (D) éinen ~ mit j-m máchen посміятися з кóгось
juxen *vi* жартувати; дурúти

K

Kabále *f* **~, ~n** підсту́пність; інтри́ги
Kábel *n* **~s,** ~ 1. ка́бель; 2. трос
Kabíne *f* **~, ~n** кабі́на, каю́та
Káchel *f* **~, ~n** ка́хля; mit ~n áuslegen облицьо́вувати ка́хлями
Káder *m* **~s,** ~ 1. ка́дри; 2. ка́дровий працівни́к
Káderlenkung *f* **~, ~en** розподіл кадрів; **~schulung** *f* **~** підготовка кадрів
Käfer *m* **~s,** ~ жук
Káffee *m ~s,* ~s *tk sg* ка́ва; stárker ~міцна́ ка́ва
Káffeegeschirr *n* **~(e)s, ~e** ка́вовий сервіз; **~haus** *n* ~es, **...häuser** ка́фе, кав'я́рня; **~kanne** *f* **~, ~n** ка́вник; **~~kocher** *m* **~s,** ~ кавова́рка; **~stube** *f* **~, ~n** кав'ярня
Käfig *m* **~(e)s, ~e** клі́тка
kahl *adj* го́лий; ли́сий; безше́рстий
Kahn *m* **~(e)s, Kähne** ба́ржа; чо́вен; я́лик
Kai *m* **~s, ~e** ³ **~s** на́бережна; пірс; прича́льна сті́нка
Kaktée *f~,* **~n, Káktus** *m* ~, **...teen** *бот.* ка́ктус
Kalamität *f* ~, **~en** ли́хо, біда́, неприє́мності, тру́днощі; нещастя; wírtschaftliche ~en економі́чні потрясі́ння
Kalb *n* **~(e)s, Kälber** теля
kálben *vi* (о)тели́тися
Kalénder *m* **~s, ~** календа́р
Kalk *m* **~(e)s, ~e** вапно́; gelöschter ~га́шене вапно́; mit ~ bewérfen штукату́рити
kálken *vt* білити вапном; вапнувати *(ґрунт)*
kálkhaltig *adj* вапни́стий, який містить вапно́
Kálkmörtel *m* **~s, ~** вапни́стий ро́зчин; **~stein** *m* **~(e)s** вапня́к
kalt 1. *adj* холо́дний; ~ es Blut bewáhren залиша́тися спокі́йним; das läßt mich ~ це мене́ не хвилю́є; 2. *adv* хо́лодно; es läuft mir ~ über den Rücken у ме́не моро́з по́за шкі́рою пробіга́є
káltblütig *adj* холоднокро́вний
Káltblütigkeit *f* ~ холоднокро́вність, байду́жість
Kälte *f* ~ холо́д, моро́з; холо́дність
Kälteanlage *f* ~, **~n** *mex.* холіаильна устано́вка
kältebeständig *adj* морозостійки́й
kälten *vt* охоло́джувати; осту́джувати
Kamél *n* **~(e)s,** ~e верблю́д; *розм.* ду́рень, осел
Kamélhaar *n* **~(e)s, ~e** верблю́жа шерсть
Kámera *f* **~, ~s** кінока́мера; фотока́мера, фотоапара́т; опера́тор *(у титрах фільму)*
Kamerád *m* **~en, ~en** 1. това́риш, при́ятель; 2. коле́га
Kamerádschaft *f* ~, **~en** товари́ські сто-су́нки, дру́жба; gúte ~ hálten бу́ти до́брими дру́зями, дружи́ти
Kámeramann *m* **~(e)s, ...männer** кінооперáтор
Kamm *m* **~(e)s, Kämme** 1. гре́бінь, гребіне́ць; 2. гре́бінь *(гори, хвилі, покрівлі)*; 3. гірськи́й хребе́т; гребіне́ць *(півня, холка коня)*
kämmen *vt* 1. причі́сувати, розчі́сувати, чесати; 2. **sich ~** причі́суватися
Kámmer *f* **~, ~n** кімна́тка, комі́рка, комірчи́на; пала́та *(парламенту)*
Kampf *m* **~(e)s, Kämpfe** боротьба́; бій; der ~ ums Dásein боротьба́ за існування; ein ~ auf Lében und Tod боротьба́ не на життя́, а на смерть
Kámpfbereitschaft *f* **~** бойова́ гото́вність; **~einheit** *f~,* **~en** бойова́ одини́ця; бойови́й підро́зділ
kämpfen *vi* *(für, um A; mit D, gegen A)* боро́тися, би́тися, вою́вати *(за щось)*; *військ.* вести́ бій *(за щось, з кимось, з чимось проти когось, чогось)*; *спорт.* змага́тися
Kämpfer *m* **~s, ~** боє́ць, во́їн; боре́ць
kämpferisch 1. бойови́й; войовни́чий; 2. по-бойово́му; войовни́чо
kámpferprobt *adj* ви́пробуваний у боя́х; **~fähig** *adj* боєзда́тний
Kámpfgenosse *m* **~n, ~n** сора́тник; **~kraft** *f* **~, ...kräfte** бойова́ си́ла (міць)
kámpflustig *adj* войовни́чий
Kámpfplatz *m* **~es, ...plätze** по́ле бо́ю; *перен.* аре́на боротьби́; **~richter** *m* **~s, ~** *спорт,* судця́, арбі́тр; **~runde** *f* **~, ~n** ра́унд; **~stellung** *f~,* **~en** бойова́ пози́ція; **~stoff** *m* **~(e)s, ~e** бойова́ стру́йна речови́на; **~wagen** *m* **~s,** ~ танк; бойова́ маши́на; **~zone** *f* **~, ~n** зо́на вое́нних дій

Kanárienvogel *m* **~s, ...vögel** канáрка
Kandidatúr *f* **~, ~en** кандидатýра; die ~ áufstellen висувáти чиюсь кандидатýру; die ~ zurückweisen (ábleh nen) відхи-ляти чиюсь кандидатýру
kandidíeren *vi (für A)* виступáти як кандидáт; висувáти свою кандидатýру
Kándis *m ~,* **Kandiszucker** *m* **~s** льодянúк
Kanínchenstall *m* **~(e)s, ...ställe** кро-лятник
Kánne *f ~,* **~n** глéчик; кýхоль; чáйник; бідóн
Kannibále *m* **~n, ~n** людоїд
Kanóne *f* **~, ~n** гармáта
Kanónenboot *n* **~(e)s, ~e** *мор.* кано-нéрка; **~ donner** *m* **~s** канонáда; **~kugel** *f***~, ~n** гармáтне ядрó
Kánte *f ~,* **~n** 1. край, кант, ребрó, грань; облямíвка; 2. кант, бордюр; окрáєць *(хліба)*
kánten *vt* кантувати, облямóвувати
kántig *adj* кутáстий, ребрúстий
Kap *n* **~s, ~s** 1. мис; 2. передгір'я; хви-лерíз
kapitál *adj* 1) капітáльний; 2. солідний, міцний; der ~e Áufbau капітáльне будів-нúцтво
Kapitál *n* **~s, ...liån** *тк. sg. ек.* капітáл; fixes (stéhendes) ~ основнúй капітáл; in-vestíertes ~ капіталовкладення; kon-stántes ~ постійний капітáл; variábles ~ змíнний капітáл; zirkulíerendes (umláu-fendes) ~ оборóтний капітáл; aus etw. (D) ~ schlágen одéржувати прибýток
Kapitálanlage *f* ~, ~n капіталовклáдення, інвестúція
Kapítel *n* ~s, ~ рóзділ, главá *(в книзі);* das ist ein tráuriges ~ це сумнá істóрія; auf ein ánderes ~ kómmen змінúти тéму розмóви
Kapitulatión *f*~, ~en капітуля́ція; bedín-gungslose (totále) ~ беззастерéжна капітуля́ція
Káppe *f* ~, ~n 1. шáпка, берéт, ковпак; 2. шолóм *(льотчика, мотоцикліста);* шá-почка *(плавця); тех.* наконéчник; ков-пачóк, крúшка; чохóл; 3. кýпол *(парашута)*
kapútt *adj розм.* 1. розбúтий, зламаний, зіпсóваний, розíрваний; загúблий; ~ sein розбúтися; зламáтися; etw. ~ kríegen (máchen) зіпсувáти, зламáти *(щось);* 2. утóмлений, розбúтий; ich bin ganz ~ я страшéнно втомúвся
kapúttgehen* *vi (s)* зіпсувáтися, зла-мáтися
Karáffe *f*~, ~n графúн, карáфа
Karáusche *f*~, ~n карáсь
kardinál *adj* кардинáльний, головнúй, основнúй
Kardinálzahl *f*~, ~en *грам.* кількісний числíвник
karg *adj* 1. скупúй; 2. убóгий, бíдний; ein ~es Lében führen жúти у злúднях
kárgen *vi (mit D)* скупúтися *(на щось);* mit Wórten ~ скупúтися на словá
kärglich 1. *adj* убóгий, бíдний; **2.** *adv* скýпо, бíдно
karíert *adj* картáтий
Kárpfen *m* ~s, ~ кóроп
Kárre *f* ~, ~n, **Kárren** *m* ~s, ~ тáчка; візóк; вагонéтка
Kárte *f* ~, ~n 1. кáрта *(географічна, гральна);* 2. листíвка (поштова); 3. квитóк; 4. меню
Kartéi *f*~, ~en картотéка
Kártenblatt *n* **~es, ...blätter** географíчна кáрта, грáльна кáрта; **~kunde** *f* карто-грáфія
Kartóffel *f*~, ~n картóпля
Käse *m* ~s ~ сир; das ist doch álles ~*розм.* це все дурнúці
Käserei *f*~, ~en 1. сировáрня; 2. сиро-варíння
Kasérne *f* ~, ~n казáрма
Kásperl *m* ~s, ~ *f* ~n, **Käsperle** *n, m* ~s, *театр.* Петрýшка
Kásperl(e)theater *n* ~s, ~ лялькóвий теáтр
Kassíerer *m* ~s, ~ касúр; скарбнúк
Kastánie *f*~, ~n каштáн
Kastánienbaum *m* ~(e)s, **...bäume** каш-тáн, каштáнове дéрево
kastánienbraun каштáновий *(про колір)*
Kásten *m* ~s, ~ *i* **Kästen** 1. я́щик; скрúня; ко-рóбка; шухля́да; футля́р; 2. вітрúна *(для оголошень);* 3. *розм.* радіоприймáч
Kásus *m -, -* 1. *грам,* відмíнок; 2. кáзус, (рідкий) вúпадок
Káter *m* ~s, ~ кіт; der Gestíefelte ~ кіт у чобóтях *(у казці)*
Kathéder *f, m* ~s, ~ кáфедра
Kathedrále *f* ~, ~n кафедрáльний собóр
Kattún *m* ~s, ~e сúтець; róter ~ кумáч
kattúnen *adj* сúтцевий
Kátze *f* ~ ~n кíшка
káuen *vt, vi* 1. жувáти; 2. грúзти, кусáти
káuern 1. *vt* сид?ти навпóчіпки; при-чаї́тися; 2. **sich** - сíдати навпóчіпки; причаї́тися
Kauf *m* **~(e)s, Käufe** купíвля
káufen *vt* купúти, купувáти
Käufer *m* ~s, ~ покупéць
Káufhaus *n* **~es, ...häuser** універсáльний магазúн;
- interesse *n* ~s, ~n пóпит *(на товар);* **~kraft** *f* **~, ...kräfte** купівéльна спромóжність; **~la-den** *m* ~s, ~ *i* **...läden** магазúн, крамнúця
käuflich *adj* якúй продається, наявний у прóдажу; продáжний *(тж перен.)*
Káufmann *m* **~(e)s, ...leute** торгóвець, комерсáнт, купéць
káufmännisch *adj* торговéльний, ко-мерцíйний
Káufpreis *m* **~(e)s, ~e** купівéльна цінá; **~vertrag** *m* **~(e)s, ...träge** торгóвий дóго-вір; **~zettel** *m* ~s, ~ 1. чек *(у магазині);* 2. оголóшення про купíвлю (продаж) чогóсь

Káugummi *m* **-s,** *-i* **-s** жува́льна ґу́мка
Kaukásier *m* **-s,** - кавка́зець
kaum *adv* ледве, ледь; тро́хи; тільки, лише́; навря́д чи; er kann ~ géhen він ле́две хо́дить; das ist ~ gláublich у це ва́жко пові́рити
Káviar *m* **~s, ~e** ікра́; gepréßter ~па́юсна ікра; körniger ~ зерни́ста ікра́; róter ~ ке́това ікра́
keck *adj* смілúвий, відва́жний; завзя́тий
Kégel *m* **~s,** ~ 1. ке́гля; **~** schíeben гра́ти в ке́глі; 2. *мат.* ко́нус
Kéhle *f*~, **~n** го́рло, горта́нь, гло́тка; трахе́я; aus vóller ~ schréien крича́ти на все го́рло
Kéhlkopf *m* **~(e)s, ...köpfe** горта́нь
Kéhrbesen *m* **~s,** ~ мітла́
kéhren I 1. *vt* поверта́ти, поверну́ти**;** j-m den Rücken ~ поверну́тися спеною до ко́гось; 2**.** *vi (s)* поверта́тися, поверну́ти(ся); 3. **sich** ~ поверта́тися; sich ~ und wénden викру́чуватися; *(an A)* рахува́тися *(з кимось, з чимось);* зверта́ти ува́гу *(на когось, на щось)*
kéhren II *vt* підміта́ти
kéhrtmachen 1. поверта́тися круго́м; 2. і?ти́ іаса́а
Keil *m* **~(e)s, ~e** кли́н; ein ~ treibt den ánderen клин кли́ном вибива́ють
kéilen *vt* забива́ти клин
Kéiler *m* **~s,** ~ (ди́кий) каба́н, вепр
Keim *m* **~(e)s, ~e** па́росток, за́родок; мікро́б
kéimen *vi* 1. пророста́ти, пуска́ти па́ростки; 2. заро́джуватися, виника́ти, розвива́тися
kéimfrei *adj* стери́льний, стерилізо́ваний; ~e Milch пастеризо́ване молоко́
kein *pron indef m* (*f* kéine, *n* kein, *pl* kéine; *без імен, m* kéiner, *f* kéine, *i* keins *i* kéines, *pl* kéine) нія́кий (нія́ка, нія́ке, нія́кі); жо́дний (жо́дна, жо́дне, жо́дні), ніхто́; ні; **in ~ em** Fáll**(e)** ні в я́кому ра́зі; ~ Wort! ні сло́ва!; nur kéine Angst! не бі́йся!
kéinerlei *adj* нія́кий; auf ~ Wéise нія́ким спо́собом
kéinerseits *adv* ні з я́кого бо́ку
kéinesfálls, ~ **wégs** аж нія́к, анітро́хи; ні в я́кому ра́зі
kéinmal *adv* ні разу; ніко́ли
Kelch *m* **-(e)s, -e** 1. ча́ша, ку́бок; 2. *бот.* ча́шечка
Kéller *m* **~s,** ~ по́гріб, підва́л, льох
Kéllergeschoß *n* **-sses, -sse** підва́льний по́верх, підва́л
Kéllner *m* **-s, -, in** *f* -, **-nen** îфіціа́нт, офіціа́нтка
kénnen* *vt* зна́ти *(когось, щось);* бу́ти знайо́мим *(з кимось, з чимось)*
kénnenlernen *vt* (по)знайо́митися *(з кимось, з чимось);* дізна́тися *(про щось)*
Kénner *m* ~s, ~ знаве́ць
Kénntnis *f*~, **~se** *тк. sg* відо́мість; von etw. *(D)* ~ néhmen ознайо́митися з чи́мось; взя́ти до ві́дома щось; знання́, ериди́ція
Kénnwort *n* **~(e)s, ...wörter** паро́ль, пере́пустка; **~zeichen** *n* **-s,** - прикме́та, озна́ка; умо́вний знак
kénnzeichnen *vt* 1. відзнача́ти; 2. характеризува́ти; познача́ти; ознаменува́ти
Kénnzeichnung *f*~, **-en** 1. позна́чення; 2. характери́стика; 3. по́значка
Kérbe *f*~, **-n** надрі́з, за́рубка, на́січка; карб
kérben *vt* роби́ти на́січки (надрі́зи, за́рубка); карбува́ти
Kérbholz *n* **~es, ...hölzer** би́рка; **-tier** *n* **-(e)s, -e** кома́ха
Kérker *m* **-s,** ~-в'язни́ця
Kérkerhaft *f* ~ ув'я́знення
Kerl *m* **-(e)s, -e** хло́пець; суб'є́кт, тип; ein fíxer ~ молоде́ць; ein geríebener ~ пройди́світ
Kern *m* **-(e)s, -e** 1. кі́сточка; ядро́; зерно́, сі́м'я; серцеви́на; 2. центр, сере́дина; 3. суть; **das ist der ~ der** Fráge в цьо́му суть пита́ння
Kérnenergie *f* - я́дерна ене́ргія; **~forschung** *f* **-, -en** дослі́дження в га́лузі я́дерної фі́зики; ~ **frage** *f* -, **-n** основне́ пита́ння
kérngesund *adj* цілко́м здоро́вий
kérnig *adj* 1. з кі́сточка́ми; 2. здоро́вий; міцни́й; влу́чний, вира́зний; 3. eine ~e Réde виразна мова; ein ~es Wort круте (міцне́) сло́во
Kérnpunkt *m* **-(e)s, -e** суть; основни́й (головни́й) пункт; **~truppen** *pl військ,* ка́дрові військá; **~waffe** *f* **-, -n** я́дерна (а́томна) збро́я
Kérze *f* ~, ~n сві́чка
Késsel *m* **-s, -** 1. ка́зан, казано́к, чаву́н; 2. *геогр.* улóговина; 3. *військ.* ото́чення
Kétte *f*-, **-n** 1. ланцю́г; an die ~ légen посади́ти на ланцю́г *(собаку);* 2. ланцю́жок; нами́сто; 3. *pl* кайда́ни *(тж перен.);* 4. па́смо *(гір);* гі́рський хребе́т; ряд, ни́зка
kétten 1. *vt* прико́вувати, прив'я́зувати (до *чогось);* ско́вувати; 2. **sich -** змика́тися; *(an A)* виявля́ти прихи́льність *(AO когось)*
Kétzer *m* ~s, ~ єрети́к
kéuchen *vi* пи́хкати, задиха́тися; schwer ~ ва́жко ди́хати
Kéuchhusten *m* **-s** ко́клюш
kíchern *vi* хихи́кати
Kíefer I *m* **-s**, ~ щеле́па
Kíefer II *f* ~, **-n** сосна́
Kíefernzapfen *m* **-s,** - сосно́ва ши́шка
Kien *m* **-(e)s** смоли́сте (сосно́ве) де́рево; сосно́ва скі́пка
Kíenapfel *m* **-s, ...äpfel, ~zapfen** *m* ~s, сосно́ва ши́шка
Kies *m* **-es, -e** гра́вій, ще́бінь; gróber - га́лька
Kíesel *m* **-s,** - кре́мінь; га́лька; були́жник

K

Kind *n* **-(e)s, -er** дити́на, ди́тя; von ~auf з дити́нства

Kinderfrau *f*-, **-en** вихова́телька, ня́нька, бо́нна; **-garten** *m* **-s, ...gärten** дитя́чий садо́к; **-gärtnerin** *f* **-, -nen** вихова́телька в дитя́чому садку́; **-heim** n **-(e)s, -e** дитя́чий буди́нок; **-krippe** *f* -, **-n** дитя́чі я́сла

kinderleicht *adj* ду́же легки́й, про́стий

kinderlieb *adj* той, хто лю́бить діте́й

kinderlos *adj* безді́тний

Kindermädchen *n* **-s, -** ня́нька, **-schuh** *m* **-(e)s, -e** дитя́чий черевек; **-wagen** *m* **-s,** -дитя́ча коля́ска

Kindesalter *n* **-s** дитя́чий вік; **-kind** *n* **-s, -er** внук; вну́чка

Kindheit *f* - дити́нство; von ~an (auf) з дити́нства

kindisch *adj* дитя́чий; дити́нячий *(несхвально)*

kindlich *adj* дитя́чий

Kinn *n* **-(eis, -e** підборі́ддя

Kinnbacke *f*-, -**n, lade** *f*-, **-n** щеле́па

Kinovorstellung *f*-, **-en** кіносеа́нс

K

Kippe *f* **~, ~n** 1. ребро́, край, ві́стря; auf der ~ stéhen (sein) бути в небезпе́ці; 2. *тех.* самоски́д; 3. недо́курок

kippen 1. *vt* перекида́ти; 2. *vi (s)* перекида́тися; *(A)* втрача́ти рівнова́гу, точи́тися

Kipper *n* -s, -самоски́д

Kirche *f*-, **-n** це́рква

Kirsche *f* **-, -n** ви́шня

Kissen *n* -s, - поду́шка

Kissenbezug *m* **-(e)s, ...züge** на́волочка

Kiste *f*-, **-n** я́щик; скри́ня

Kittel *m* -s, - спецо́дяг; (робо́чий) хала́т; робо́ча блу́за

kitten *vt* зама́зувати, скле́ювати

Kitzel *m* **-s** 1. ло́скоти; 2. сверблячка; *розм.* при́мха

kitzeln 1. *vi* лоскота́ти; ті́шити, лоскота́ти *(напр., самолюбство)* 2. *vimp:* es kitzelt mich мені́ ло́скотно

Kladde *f* -, **-n** черне́тка, чорнови́й зо́шит

kläffen *vi* зя́яти, глибочі́ти

kläffen *vi* га́вкати, дзя́вкати

klagbar *adj юр.* що підлягає ро́згляду в суді; gégen j-n ~ wérden подавати скаргу на когось

Klage *f*-, **-n** плач, ска́рга, сто́гін; *юр.* ска́рга, по́зов; eine ~ erhében, ~ führen *(gegen j-n, ьber)* подава́ти ска́ргу *(на когось)*

Klagegeschrei *n* **-(e)s** крик, ле́мент

klagen *vi* 1. *(ьber A)* ска́ржитися *(на когось, на щось); (um A)* опла́кувати *(когось);* 2. *(gegen* A) подава́ти в суд *(на когось)*

Kläger *m* ~s, ~ *юр.* пози́вач

kläglich 1. *adj* жа́лібний; жалюгі́дний; жа́лісний; 2. *adv* жа́лібно; жа́лісно; жалюгі́дно

klamm *adj* 1. вузьки́й, тісни́й; ~e Schúhe тісне́ взуття́; 2. воло́гий, во́гкий; die Wäsche ist noch ~ білизна ще воло́га; 3. *розм.* недоста́тній; ~ sein не ма́ти гро́шей; 4. закляклий, заніміл́ий, задубі́лий

Klammer *f* **-, -n** 1. скоба́, затиска́ч, скрі́пка; 2. *здеб. pl* дужки́; éckige ~n квадра́тні дужки́

Klamotten *pl* ще́бінь, лом; *розм.* мо́тлох, ганчі́р'я

Klang *m* **~(e)s, Klänge** 1. дзвін; 2. звук; òон; тембр; ein Name von ~ відо́ме ім'я

Klangfarbe *f* тембр

klanglos *adj* беззву́чний; глухи́й *(про звук); ~***voll** *adj* зву́чний, дзвінки́й

klappbar *adj* 1. відкидни́й; складани́й; 2. стулча́стий

Klappbett *n* **-(e)s, -en** склада́не лі́жко; *розм.* розкладу**ш**ка

Klappe *f***-, -n** 1. кла́пан, 2. заслі́нка; 3. (відкидна́) кри́шка; 4. квати́рка; 5. ла́цкан; пого́н; 6. Хло́павка

klappen I 1. *vi* ля́скати, сту́кати; 2. *vt.* in die Höhe - відкрива́ти, відкидаои, підніма́ти *(кришку, комір і ін.)*

klappen II *vi, vimp* ла́дитися, іти на лад; es klappt спра́ва йде на лад

klappern *vi* грими́ти, сту́кати; трі́ща́ти; деренча́ти; кла́цати *(зубами)*

Klappfenster *n* **~s,** ~ квати́рка

klapsen *vt, vi* шльо́пати; дава́ти ля́пас

klar *adj* 1. я́сний, прозо́рий; 2. зрозумі́лий

klären 1. *vt* з'ясо́вувати; *тех.* очища́ти, відсто́ювати; поло́ти; розчища́ти (ліс); 2. **sich** ~ розгоди́нюватися *(про погоду); тех.* з'ясо́вуватися; *тех.* очища́тися, відсто́юватися

Klarheit *f* 1. я́сність, прозо́рість; 2. я́сність, зрозумі́лість; вирасність, чі́ткість

klarmachen *vt* поясню́вати

Klasse *f* **-, -n** 1. клас *(у різн. значеннях);* 2. розря́д, катего́рія

Klasseneinteilung *f* **~, ~en** класифіка́ція; **~kämpf** *m* **~(e)s, ...kämpfe** класо́ва боротьба́; **~konferenz** *f* **~ çá**ори учителі́в кла́су; **~leiter** *m* **~s,** ~ кла́сний керівни́к

klassenlos *adj* безкла́совий

Klassiker *m* **~s,** ~ кла́сик

klassisch *adj* класи́чний

Klatsch I *m* ~(e)s, ~e ляпа́с

Klatsch II *m* ~(e)s, ~e плі́тка

klatschen I *vt* шльо́пати, ляпа́ти; Béifall ~ аплодува́ти

klatschen II *vi (ьber A)* розпуска́ти плі́тки

Klatscherei *f* ~, ~en плі́тки

klauben *vt* вибира́ти, виколу́пувати; збира́ти *(ягоди); (an D)* чіпля́тися *(до чогось);* er fand an jédem Wort étwas zu ~ він присі́кувався до ко́жного сло́ва

Klaue *f* ~, ~n кі́готь, пазу́р; ла́па *(з кігтями);* рати́ця; *тех.* зубе́ць

klauen *vi* укра́сти

Klavier *n* ~s, ~e роя́ль; піані́но; фортепіа́но; ~ spíelen гра́ти на роя́лі (піані́но)

klében 1. *vt* клéїти; наклеювáти; 2. та *(an D)* прилипáти, приставáти *(до чогось)*
klébenbleiben* *vi (s) (an D)* прили́пнути *(до чогось); розм.* застря́ти *(десь);* in éiner Klásse ~залиши́тися на дру́гий рік *(у тому самому класі)*
klébrig *adj* клéйкий, ли́пкий; насти́рливий, уї́дли́вий
Klébstoff *m* ~(e)s, ~e клéй
Klecks *m* ~(e)s, ~e (чорни́льна) пля́ма
klécksen *vi* 1. роби́ти пля́ми, брудни́ти; 2. брýдно писáти
Klee *m* ~s конюши́на
Kleid *n* **~(e)s, ~er** сýкня; одя́г, убрáння
kléiden 1. *vt* одягáти *(когось);* gut gekléidet sein бýти дóбре одя́гненим; бýти до лиця́, личи́ти; es kléidet mich gut це менí до лиця́; 2. sich ~ *(in A)* одягáтися, убирáтися *(у щось)*
Kléiderablage *f* ~, ~n гардерóб, роздягáльня; **~bügel** *m* ~s, ~ плíчка, вíшалка; **~puppe** *f* ~, ~n манекéн; **~schnitt** *m* ~(e)s, ~e ви́крійка (сукні); фасóн сýкні; **~schrank** *m* ~(e)s, ...**schränke** шафá для óдягу
Kléidung *f* ~, ~en óдяг
klein *adj* 1. мáленький; ~ von Wuchs невисóкий на зрíст; der ~e Fínger мізи́нець; 2. *adv.* ein ~ wénig трóшки; ~ ánfangen *розм.* починáти з мáлого; über ein ~es скóро, незабáром; um ein ~es на небагáто; von ~ auf змáлку
Kléinbahn *f* **~, ~en** залізни́ця місцéвого знáчення; вузькоколíйка; **~bürger** *m* ~s, ~ дрібни́й буржуá, міщани́н, обивáтель
kléinbürgerlich *addj* 1. дрібнобуржуáзний; обивáтельський; 2. міщáнський
Kléinigkeit *f*~, **~en** 1. дріб'я́зок, дрібни́ця; 2. das ist kéine ~ це не жáрти!
kléinlaut *adj* 1. бóязкий, нерішýчий, невпéвнений; 2. збентéжений; розгýблений; **~lich** *adj* дріб'язкóвий, уї́дливий; **~mütig** *adj* малодýшний. боя́зкий
kléinstädtisch *adj* провінціáльний, обивáтельський, міщáнський
Kléinwagen *m* ~s, ~ малолітрáжний автомобíль
Kléister *m* **~s**, ~ клéй, клéйстер
kléistern *vt* клéїти; мáзати (клейстером)
Klémme *f* ~, ~n 1. *тех.* затискáч; 2. *ел.* клéма; шпильканéви-ди́мка *(для волосся);* in der ~ sein бýти в скрутнóму станóвищі
klémmen 1. *vt* зати́скати; стискувáти; *розм.* крáсти; 2. *vi* затискáтися, стискáтися; 3. **sich** ~ притаскувáтися
kléttern *vi (s, h)* лáзити, лíзти; піднімáтися, дерти́ся
Klétterpflanze *f* ~, ~n повзýча росли́на
Klíma *n* **~s, ~á** *i* ...**mate** клíмат; gemäßigtes ~ помíрний клíмат; обстанóвка, атмосфéра
Klínge *f*~, **~n** клинóк; лезó
Klíngel *f* **~, ~n** дзвінóк *(біля дверей)*
klíngeln *vi* дзвони́ти; es klingelt! дзвóнять!; дзвóник!
klíngen* *vi* 1. дзвенíти; звучáти, лунáти; 2. звучáти *(виражати щось)*
klíngend *adj* дзвíнкий
Klínke *f*~, **~n** рýчка (дверей); кля́мка
klírren *vi* деренчáти; бряжчáти; дзвя́кати; mit den Kétten ~ дзвенíти (бря́зкати) ланцюгáми
klítschig *adj* ли́пкий, клéйкий
Klóben *m* **~s**,~ полíно; колóда; *тех.* (підйóмний) блóк; гак; скóба; лещáта; неотéсана (брутáльна) люди́на
klóbig *adj* 1. важки́й, грýбий, безфóрмний; 2. незгрáбний, неотéсаний
klópfen 1. *vt* би́ти, колоти́ти; den Staub aus den Kléidern ~ вибивáти óдяг; 2. *vi* стýкати; ля́пати; an **die** Tür ~ стýкати в двéрі; es klopft стýкають; би́тися *(напр., про серце);* пульсувáти
Kloß *m* **~es, Klöße** грýдка, жмут, клубóк; грýда, бри́ла; галýшка; фрикадéлька
Klóster *n* **~s, Klöster** монасти́р
Klotz *m* **~es, Klötze** колóда; неотéсана люди́на
Kluft *f* **~, Klüfte** 1. ущéлина, розкóлина; 2. безóдня, прíрва
klug *adj* 1.розýмний, тямýщий; 2. durch Schäden wird man ~ на поми́лках вчáться
klügeln *vi* мудрувáти
Klúgheit *f* ~ рóзум; тямýщість; розсýдливість
Klúmpen *m* **~s,** ~ бри́ла; грýдка; зли́вок; згýсток; кýпа.
klúmpfüßig *adj* клишонóгий
knábbern vi *(an D), vt* гри́зти *(щось)*
Knábe *m* **~n, ~n** хлóпчик; підлíток; юнáк
Knábenalter *n* ~s óтроцтво
knábenhaft *adj* хлопчáчий, хлоп'я́чий
knácken 1. *vt* лýзати, гри́зти *(насінна;* 2. *vi* тріщáти; хрустíти
Knall *m* **~(e)s, ~e** тріск; клáцання; звук пóстрілу (ви́буху)
knállen 1. *vi (mit D)* ля́скати, грю́кати *(чимось);* тріщáти; гримíти, лунáти *(про постріл);* вибухáти! **2.** *vt* застрели́ти
Knállgas *n* **~es** *хім.* гримýчий газ
knállrot *adj* яскрáво-червóний
knapp 1. *adj* тíсний, вýзький; мíзерний, обмéжений; ~e drei Wóchen непóвні три ти́жні; mit ~er Not лéдве, наси́лу; meine Zeit ist ~у мéне мало чáсу; сти́слий; небагатослíвний; 2. *adv* лéдве, в обрíз, без ли́шку; mit etw, *(D)* ~ áuskommen лéдве зводи́ти кінцí з кінця́ми
knárren *vi* тріщáти, скрипíти
Knäuel *m, n* **~s,** ~ 1. клубóк, мотóк; 2. ю́рба, кýпа; рій
knáuserig *adj* скупи́й
Knecht *m* **~(e)s, ~e** слугá, робітни́к, найми́т
Knéchtschaft *f* **~** кабалá, невóля, рáбство

K

knéifen* *vt* (*in A*) щипати, ущипнýти *(за щось)*
Knéifzange *f* **~, ~n** кусáчки; кліщі; щипці
Knéipe *f* **~, ~n** пивнúця, шинóк
knéipen *vi* гуля́ти, пиячúти
knéten *vt* місúти, м'я́ти; масажувáти
knícken 1. *vt* надламувáти, розламувáти; роздавúти *(комаху);* надломúти *(психічно);* 2. *vi* надломлювáтися; підгинáти колíна; підгинáтися *(про ноги)*
knícksen *vi* 1. тріщáти, хрустíти; 2. робúти реверáнс, присідáти
Knie *n* **~s, ~** колíно; закрýт, колíно *(річки, дороги); тех.* відвíд, колíно *(труби)*
Kníebeuge *f* **~, ~n** присідання
kníefällig 1. *adj* уклíнний; 2. *adv* навколíшки; **~hoch** *adj* по колíна
kníen *vi* *(h)* стояти навколíшки, *(s)* ставáти (впасти) навколíшки
Kníescheibe *f***~, ~n** *анат.* колíнна чáшечка; **~strumpf** *m* **~(e)s, ...strümpfe** гóльфи
Kniff *m* ~(e)s, ~e щипóк; синéць *(від щипка);* склáдка; *розм.* хúтрість, вúверт
kníffelig *adj* мудрóваний, хúтрий; кáверзний; eine ~e Geschíchte заплýтана (темна) істóрія
knípsen *vt* клáцати; компостирувáти *(квитки); розм.* фотографувáти; 2. *vi розм,* вмúкати світло
Knirps *m* **~(e)s, ~e** карапýз, маля́тко; складáна дáмська парасóлька
knírschen *vi* хрустíти, скрипíти; скреготáти
knístern *vi* тріщáти, хрустíти; шелестíти
kníttern 1. *vt* бгáти, м'я́ти; 2. *w* м'я́тися, бгáтися *(про тканину)*
Knóblauch *m* **~(e)s** часнúк
Knóchen *m* ~s,~ кістка, кíсточка; *pl* кóсті *(людини)*
Knóchenbruch *m* **~(e)s, ~brüche** перелóм кíстки; **~gerüst** *n* **~(e)s, ~e** скелéт, кістя́к; *перен.* кíстяк, стрúжень, óстов; **~mark** *n* **~(e)s** кісткóвий мозóк
knóchig *adj* кощáвий, кістля́вий
Knólle *f* **~, ~n, Knóllen** *m* **~s, ~** грýдка; брúла; *бот.* бýльба; ґýля, нáріст
Knopf *m* **~(e)s, Knöpfe** ґýдзик; запóнкá; кнóпка *(напр., дзвінка);* набалдáшник; голíвка
knöpfen 1. *vt* застібáти; 2. *vi* застібáтися (на ґýдзики)
Knópfloch *n* **~(e)s, ...löcher** петелька *(на одязі)*
knórrig *adj* вузлувáтий, сукувáтий, гуля́стий
Knóspe *f* **~, ~n** *бот.* брýнька; бутóн
knóspen *vi* розпукувáтися *(про бруньки); перен.* почáти розвивáтися
Knóten *m* **~s, ~** вýзол; éinen ~knüpfen зав'язувáти вýзол; зав'я́зка *(дії)*
knótig *adj* вузлувáтий; сукувáтий
knüllen *vt* м'я́ти, бгáти
knüpfen 1. *vt* зав'язувáти *(вузол, тж перен.); (an A)* прив'язувáти *(щось до чогось); перен.* обумовлювáти *(щось чимось);* плести *(напр., сітки);* 2. **sich** ~ *(an A) перен.* бутú зв'я́заним *(з чимось)*
Knüppel *m* **~s, ~** дрючóк, кийóк
knúrren *vi* ричáти, гарчáти *(про собаку);* бурчáти, буркотíти; бурчáти *(в животі)*
knúrrig *adj* буркотлúвий
knúspern *vt, vi* грúзти *(щось);* хрýмкотіти *(чимось)*
knúsprig *adj* хрýмкий, дóбре підсмáжений
Knúte *f* **~, ~n** батíг
Koch *m* **~(e)s, Köche** кýхар
kóchen 1. *vt* варúти, готувáти; кип'ятúти; 2. *vi* варúтися; кипíти; es kocht in mir я розлютóваний
Kóchen *n* **~s** кип'ятíння; варíння; кипíння: приготувáння їжі
Kócher *m* **~s, ~** 1. кип'ятúльник; казáн; 2. гаснúця; прúмус; спиртíвка
Kóchherd *m* **~(e)s, ~e** плитá
Köchin *f***~, ~nen** куховáрка
Kóchkiste *f* **~, ~n** ящик~тéрмос; **~kunst** *f* **~, ...künste** кулінарíя; **~salz** *n* **~es** кýхонна сіль; **~topf** *m* **~(e)s, ...töpfe** кастрýля, чавýн, горщúк
Kóexistenz *f* **~, ~en** співіснувáння; fríendliche ~ мирне співіснувáння
kóexistíeren *vi* співіснувáти
Kóffer *m* ~s, ~ чемодáн, валíза; скрúня
Kófferradio *n* **~s, ~s** портатúвний радіоприймáч
Kohl I *m* **~ (e)s, ~e** капýста
Kohl II *m* **~(e)s** *розм.* дурнúця, нісенітнúця, безглýздя
Kóhle *f* **~, ~n** вугíлля
Kóhlenbecken *n* **~e, ~** кам'яновугíльний басéйн; жарóвня; **~grübe** *f* **~, ~n** кам'яновугíльна шáхта; **~lager** *n* ~s, ~ покладú кам'я́ного вугíлля; склад вугíлля; **~säure** *f* **~** *хім,* вуглекúслий газ; **~stoff** *m* **~(e)s** *хім,* вуглéць; **~vorkommen** *pl* покладú вугíлля
Kóhlepapier *n* ~s, **~e** копіювáльний папíр
Kóhlkopf *m* **~(e)s, ..köpfe** голóвка капýсти; **~meise** *f* **~, ~n** синúця; **~rübe** *f* **~, ~n** брýква
kóhlschwarz *adj* чóрний як смолá
Kokeréi *f* **~, ~en** коксувáльний завóд; коксувáння
kokétt *adj* кокéтливий
Kólben *m* ~s, ~ кóлба; балóн *(лампи); бот.* качáн *(кукурудзи);* пóршень; приклад *(гвинтівки)*
Kólon *n* **~s, ~s і Kóla** двокрáпка
Kolónne *f***~, ~n** колóна, стрій, ряд; бригáда *(напр., лісорубів); тех.* колóна; *полігр.* стóвпчик, шпáльта ~ abtrennen відокрéмити кóмою
Kommándo *n* **~s, ~s** комáндування; комáнда *(наказ);* комáнда *(підрозділ)*

Kommándobrücke *f* **~, ~n** *мор.* капітáнський містóк; **~stand** *m* **~(e)s, ...stände** комáндний пýнкт
kómmen* *vi* (s) 1. приходи́ти, прибувáти, приїжджáти; j-n ~ lássen покли́кати когóсь; 2. веліти комýсь прийти́; доноси́тися, долинáти! *(про звук);* наближáтися, наставáти; der Wínter kommt настає зимá; 3. іти, піти; попадáти *(нудись);* díeses Buch kommt in den Schrank цій кни́жці мíсце у шáфі; 4. an den réchten Mann ~ потрáпити у хорóші рýки; 5. іти слíдом; jetzt kommt ein Béispiel тепéр іде при́клад; 6. відбувáтися, трапля́тися; es kam ánders ви́йшло інáкше; 7. припадáти *(на частку когось);* діставáтися *(комусь);* es kommt auf jéden húndert **Mark** на кóжного припадáе їо сто мáрок; es kommt mir zu téuer це для мéне занáдто дóрого; 8. додýматися *(до чогось);* здогáдуватися *(про щось);* auf éinen Gedánken ~ натрáпити на якýсь дýмку; *(um A)* втрáтити *(щось);* позбýтися *(чогось);* um sein Geld ~ втрáтити грóші; ums Lében заги́нути; *(з zu + inf)* виявИ́тися; die Sáchen kámen oben zu líegen речі виявИ́лися нагорі; von Sínnen ~ збожевóліти; zu Kräften ~ зміцніти; zum Áusdruck ~виражáтися; zu Wórte ~ висловитися; das kommt nicht in Fráge про це не мóже бýти й мóви; zu sich прийти́ до пáм'яті; an den Tag ~проявля́тися
kómmend *adj* майбýтній, настýпний
Kommunikatión *f* ~, ~en комунікáція, зв'язóк; *лінтв,* комунікáція, (словесне) повідóмлення; спілкувáння
Kompaktdisk *m* компáкт~диск
Kompaníe *f* **~, ...nien** *військ.* рота; *хом.* компáнія; товари́ство
Komparatión *f* **~, ~en** порівняння
komplementär *adj* додаткóвий
komplementíeren *vt* допóвнювати, попóвнювати, додавáти
komplétt *adj* пóвний, комплéктний
komplettíeren *vt* комплектувáти, попóвнювати
Komplikatión *f***~, ~en** усклáднення
kompliziert *adj* склáдний
Kompliziertheit *f* **~, ~en** склáдність, трýдність
Komplótt *n* **~(e)s, ~e** змóва
Komponénte *f* **~, ~n** компонéнт, складовá части́на; *фіз.* складовá *(сила, швидкості); мат.* компонéнта
komponíeren *vt* компонувáти, склáдáти; твори́ти, писáти **(***музику)*
Komponist *m* ~en, ~en компози́тор
Kompositión *f* **~, ~en** 1. компози́ція; 2. музи́чний твір; 3. *хім.* сполýка, сýміш; 4. *техн.* сплав
Konditioníergerät *в* кондиціонéр
Konditoréi *f***~, ~en** конди́терська
Kondolénz *f* **~, ~en** співчуття́; sein ~ áusdrücken вислóвлювати своє співчуття́
kondolíeren *vi* вислóвлювати співчуття́
Konfektión *f***~, ~en** поши́ття óдягу; швейна промислóвість; швéйні вирóби, готóвий óдяг
Konfektiónsgeschäft *n,* **~(e)s, ~e** магази́н готóвого óдягу; **~industrie** *f* **~, ...rien** швéйна промислóвість
konferíeren *vi* проводи́ти конферéнцію *(нараду);* ради́тися, вести́ переговóри
Konfessión *f* **~, ~n** віросповідáння, віра
konfiszíeren *vt* конфіскувáти
Konfitüre *f* **~, ~n** варéння, джем
Konfrontatión *f* **~, ~en** *юр.* óчна стáвка; порівня́ння *(даних)*
konfús *adj* збентéжений, розгýблений; j-n ~ máchen зби́ти з пантели́ку, збентéжити; ~ wérden збентéжитися; плýтаний, суперéчливий
Konfusión *f* **~, ~en** плутани́на; збентéження; сум'яття
kongruént *adj* *мат.* конгруéнтний, подíбний; *грам,* узгóджений
Kongruénz *f* **~** 1. збіг; суміщення; подíбність, рíвність; *мат.* конгруéнція; 2. *грам.* узгóдженість
König *m* ~(e)s, ~e корóль, цар; корóль *(карти, шахи)*
Königin *f* **~, ~nen** 1. королева, цариця; 2. мáтка *(у бджіл);* 3. дáма *(карти);* 4. ферзь, королéва *(шахи)*
königlich *adj* королíвський
Königreich *n* **~(e)s, ~e, ~tum** *n* **~(e)s, ...tümer** королíвство
können* *мод.* 1. могти́, мáти можливість; man kann мóжна; man kann nicht не мóжна; 2. уміти, знáти; er kann deutsch spréchen він мóже (вміє) говори́ти по-німéцькому; er kann Deutsch він знáє німéцьку мóву
Können *n* ~s можли́вість; умíння; нáвичка; знання́; майстерність
konsequént *adj* 1. послíдовний; 2. наполéгливий, завзя́тий
Konsequénz *f* **~, ~en** 1. послíдовність; 2. *pl* ви́сновки, нáслідки; die ~en zíehen (з)роби́ти ви́сновки; 3. *pl* нáслідки; die ~en trágen мáти нáслідки; 4. наполéгливість, завзя́ття
Konsérvenbüchse *f* **~, ~n** консéрвна бáнка
Konsonánt *m* **-en, -en** при́голосний (звук), приголосна (бýква)
konspiríeren *vi* конспірувáтися; вéсти підпíльну робóту
konstánt *adj* постíйний
Konstitutión *f* **~, ~en** 1. конститýція; 2. *біол.* конститýція, будóва тíла, статýра
Konstrukteur *m* **-s, -e** констрýктор
Konsulát *n* **-(e)s, -e** кóнсульство
Konsúm I *m* **-s** *ек.* споживáння
Konsúm II *m* **-s, -s** (спожи́вча) кооперáція
Konsúmartikel *pl* товáри ширóкого вжи́тку
Konsumént *m* **-en, -n** споживáч

K

Konsúmgenossenschaft *f* **-, -en** спожи́вча коопера́ція; *pl* **~guter** това́ри широ́кого вжи́тку
konsumíeren *vt* спожива́ти
Kónto *n* **-s, ...ten** раху́нок; láulendes -пото́чний раху́нок; persönliches ~особо́вий раху́нок; ein ~ eröffnen відкри́ти раху́нок
Kóntra *n* **~s,** ~ супере́чності; das Pro und (das) ~ за і про́ти
kontráktlich, ~mäßig 1. *adj* яки́й відповіда́є контра́кту; догові́рний; 2. *adv* за контра́ктом, за до́говором; sich ~ verpflíchten законтракто́вуватися
Kontrólle *f* **~, ~n** контро́ль, переві́рка; ~ áusüben контролюва́ти; únter ~ stéhen перебува́ти під контро́лем
Kontrovérse *f* **~, - n** спі́рне пита́ння; розбі́жність, супере́чка
Konversatión *f* **~. ~en** бе́сіда, розмо́ва
Konversatiónlexikon енциклопеди́чний словни́к, енциклопе́дія; **~stunde** *f* **-, -n** урі́к розмо́вної пра́ктики
kónvex *adj* опу́клий
konzentríeren 1. *vt* концентрува́ти, зосере́джувати; 2. sich ~ *(auf A)* концентрува́тися, зосере́джуватися *(на чомусь)*
Konzépt *n* -(e)s, -e план, конспе́кт
Konzessión *f* **-, -en** 1. до́звіл; по́ступка; 2. *ек.* конце́сія
Kopf *m* ~(e)s, **Köpfe** 1. голова́; 2. голова́, ро́зум; ein hárter ~ ду́рень, твердоло́бий; 3. ве́рхня части́на *(чогось)*; верши́на, ша́пка *(горя)*; ша́пка *(у газеті)*; 4. голо́вка *(шпильки, квітки і ін.)*; 5. ніс *(літака, човна і т. п.)*; 6. голо́вка *(капусти)*; den ~ hóchhalten не схиля́ти голови́; ~ hoch! ви́ще го́лову!; den ~ oben behálten не ві́шати го́лову; den ~ hängen lássen занепа́сти ду́хом; sich *(D)* etw. in den ~ sétzen вби́ти собі щось в го́лову
Kópfarbeit *f* ~ розумо́ва пра́ця; - **bedeckung** *f* **-, -en** головни́й убі́р
Kópfende *n* **-s, -n** узголі́в'я *(ліжка)*; **~hörer** *m -,s* - наву́шники *(радіо)*; **~kissen** *n* ~s, ~ поду́шка
kópflos *adj* дорний, безголо́вий
Kópflosigkeit *f* ~ безрозсу́дність, голово́тяпство; **~polster *n* ~s,** ~ поду́шечка під го́лову; **~putz** *m* **~es** головни́й убі́р; **~rechnen n ~s** у́сний рахунок; **~tuch n ~(e)s, ...tücher** коси́нка
kopfüber *adv* впере́д голово́ю; шкере́берть; стрімголо́в
kóppeln *vt* 1. з'є́днувати, зв'я́зувати; трино́жити *(коней)*; 2. здійснювати стикува́ння *(штучних супутників)*
Kópp(e)lung *f* **~, -en** 1. зв'я́зування; зв'я́зок; 2. *тех.* з'єднання; 3. *зал.* зче́плення; 4. *грам.* написа́ння *(слова)* че́рез дефі́с; 5. стикува́ння
Korb *m* -(e)s, **Körbe** ко́шик
Kórbball *m* ~(e)s баскетбо́л; **-sessel** *m* ~s,~ плe̓тене крі́сло
Koreáner *m* **-s, -** коре́єць
koreánisch *adj* коре́йський
Kork *m* **-(e)s, ~e** ко́рок
kórken *vt* заку́порювати, затика́ти
Korn I *n* **-(e)s,** ~e зернови́й хліб; зерно́; жи́то
Korn II *n* **-(e)s, Körner** зерно́, зерни́на; крупи́нка
Korn III *m* **-(e)s** *розм.* хлі́бна горі́лка
Kórnblume *f* ~, ~n воло́шка; **~brennerei** *f* **-, -en** спи́рто~горілча́ний заво́д; **~darre** *f* **-, -n** зерносуша́рка; клу́ня
körnen 1. *vt тех.* дроби́ти, гранулюва́ти; 2. **sich** ~ колоси́тися
Kórnfeld *n* **-(e)s, -er** ни́ва, лан; рілля́
körnig *adj* 1) зерни́стий; 2. дро́блений
Kórnkammer *f* ~, ~n зерносхо́вище; жи́тниця *(тж перен)*; **~kasten** *m* ~s, ~ *і* **...kästen** зá́сік; **~schwinge** *f* ~, ~n ві́ялка; **~Speicher** *m* ~s, ~ зерносхо́вище
Körper *m* ~s, ~ ті́ло, ту́луб, ко́рпус; органі́зм
Körperbau *m* **-(e)s** бу́дова ті́ла, стату́ра **~behinderung** *f* ~, ~en фізи́чна ва́да, калі́цтво; **~beschädigung** *f* **~, -en** ті́лесне ушко́дження, калі́цтво; **~erzieher** *m* **-s, -** учи́тель фізкульту́ри; **~erziehung** *f* ~ фізкульту́ра; **~kraft** *f* **~, ...kräfte** фізи́чна си́ла
körperlich *adj* фізи́чний; тіле́сний
Körperpflege *f* ~ гігіє́на ті́ла, особи́ста гігіє́на
Körperthermometer *n* **-s, -** термо́метр, гра́дусник; **~verletzung** *f* **~, ~en** ті́лесне ушко́дження, калі́цтво
korpulént *adj* по́вний, огря́дний
korrékt *adj* 1. пра́вильний; 2. коре́ктний
Korrektúr *f* ~, **-en** ви́правлення, коректу́ра
Korrelatión *f* -, **-en** співвідно́шення, кореля́ція
Korrespondénz *f* -, **-en** 1. листува́ння, кореспонде́нція; 2. слу́жба інформа́ції
Korrespondénzbüro *n* **-s, -s** інформаці́йне бюро́ *(для преси)*
korrespondíeren *vi (mit D)* 1. листува́тися *(з кимось)*; 2. відповіда́ти *(чомусь)*
korrespondíerend *adj.* ~es Mítglied член-кореспонде́нт *(академії)*
korrigíeren *vt* виправля́ти
Korruptión *f*-, **-en** 1. ро́зклад, розбе́щення; 2. пі́дкуп, кору́пція; розбе́щеність; прода́жність, кору́пція
kósen *vt* пе́стити, голу́бити *(когось)*
Kósename *m* **-ns, -n** пестли́ве ім'я
Kosmonáut *m* **-en, -en** космона́вт
Kost *f* - ї́жа, харчі́, харчува́ння, раціо́н; géistige ~ духо́вна ї́жа; ~ und Lógis háben жи́ти на всьо́му гото́вому (на по́вному пансіо́ні)
kóstbar *adj* ці́нний; кошто́вний; дороги́й
Kóstbarkeit *f* **-, -en** кошто́вність
kósten I *vt* куштува́ти, про́бувати
kósten II *vt* ко́штувати, обхо́дитися *(в якусь суму)*; was kóstet díeses Buch? скі́льки ко́штує ця кни́жка?

K

Kósten *pj* кóшти, ви́трати
kóstenfrei, -los *adj* безплáтний
Kóstgeld *n* **-(e)s, -er** ви́трати на харчувáння, плáта за харчувáння
kóstlich *adj 1. вишуканий, смачни́й*; 2. чудóвий, прекрáсний; 3. (дорого)цінний
Kot *m* **-(e)s** бруд; нечистóти; кал; послíд; екскремéнти; лайнó
Kotelétt *n* **~(e)s, ~e** *i* **-s** відбивнá котлéта
Krábbe *f* **~. ~n** 1. краб; 2. kléine ~карапýз, маля́
krábbeln 1. *vi (s)* пóвзати, бóрсатися, копоши́тися; 2. *vt* чýхати, лоскотáти
Krach *m* **-(e)s, -e** 1. тріск, гýркіт, шум; 2. скандáл, свáрка; ~ máchen зчини́ти скандáл; шумíти; 3.банкрýтство, крах
kráchen *vi* 1. тріщáти, гуркотíти; 2. лóпатися; 3. зазнáти банкрýтства
krächzen *vi* 1. кáркати; 2. хрипíти; 3. кректáти
Kraft *f* **-, Kräfte** 1. си́ла, міць; aus allen Kräften що е духу; nach Kräften всемірно; von Kräften kómmen ви́битися із сил; 2. *мех., тех.* сила, енéргія; *юр.* сила; áußer ~ sétzen скасóвувати, анулювáти; 3. in ~ bléiben залишáтися в силі; 4. робітни́к, фахівéць; *pi* кáдри; éine júnge ~ молоди́й помічни́к; éine gelérnte ~ кваліфікóваний робітни́к
Kráftaufwand *m* **-(e)s** затрáта сил, ви́трати енéргії; **~fahrer** *m* **-s,** ~шофéр, водíй; **~fahrzeug** *n* **-(e)s, -e** автомобíль
kräftig *adj* 1) си́льний, міцни́й; 2. пожи́вний; éine ~e Brühe міцни́й бульйóн; 3. *adv* си́льно, міцно; 4. гýсто
kräftigen 1. *vt* зміцнювати; посилювати; 2. sich ~ зміцнюватися; посилюватися
Kráftleistung *f*-, **-en** працездатність
kráftlos *adj* безсилий, виснажений; немічний; *юр.* недійсний
Kráftlosigkeit *f* - безси́лля, ви́снаження; **~maschine** *f* **-, -n** мотóр, двигýн; **~probe** *f*-, **-n** ви́пробування сили; **~rad** *n* **-(e)s, ...räder** мотоци́кл; **~stoff** *m* **-(e)s, -e** пальнé; **~wagen** *m* -s, -автомобíль; **~werk** *n* **-(e)s, -e** електростáнція
Krágen *m* **-s,** -кóмір
Krähe *f*~, **~n** ворóна
krähen *vi* кáркати, співáти *(про півня)*
Králle *f* **~, ~n** кíготь, пáзур
krállen 1. *vt* дря́пати, дéрти; 2. ~ **sich** *(an A)* уп'я́стися кíгтями *(у щось);* чіпля́тися *(за щось)*
Kram *m* **-(e)s** 1. мóтлох; скарб, пожи́тки; 2. дрібни́й товáр
krámen *vi* ри́тися, перебирáти
Krämer *m* **-s,** - 1. крамáр; 2 торгáш
Krampf *f* **-(e)s, Krämpfe** сýдорога, спазм
krámpfhaft *adj* сýдорожний; напрýжений
Kran *m* **-(eis, -e** *i* **Kräne** вантажопідйóмний кран
Kránich *m* **-(e)s, -e** журавéль
Krank *adj* хвóрий
Kránke *m, f* хвóрий, хвóра
kränkeln *vi* хворíти, слабувати
kránken *vi (an D)* хворіти *(на щось)*
kränken 1. *vt* кри́вдити, ображáти; 2. **sich** ~ *(über A)* ображáтися *(на щось)*
kränkend обрáзливий, кри́вдний
Kránkenhaus *n* **-es, ...häuser** лікáрня; **~pfleger** *m* ~s, ~ санíтар; **~pflegerin** *f* **~, ~nen** санітáрка; доглядáльниця; **~saal** *m* **-(e)s, ...säle** палáта (у лікáрні); **~schein** *m* -(e)s, -e листóк непрацездáтності, лікарня́ний; **~versicherung** *f* -, -en страхувáння на ви́падок хворóби; **~wagen** *m* -s, -автомобíль (вагон) для перевéзення хвóрих, санітáрна машина; **~zimmer** *n* **-s,** -палáта (у лікáрні)
kránkhaft *adj* хворобли́вий
Kránkheit *f* **-, -en** хворóба; нездýжання; éine ánsteckende - зарáзна хворóба; éine akúte -гóстре захвóрювання
kránkheitshalber *adv* чéрез хворóбу
kränklich *adj* хворобли́вий, нéмічний, квóлий
Kränkung *f* **~, -en** обрáза, кри́вда; éine ~ zúfügen обрáзити, скри́вдити
Kranz *m* **~(e)s, Kränze** 1. вінóк, вінéць; 2. гурт (людей); коло *(предметів)*
kraß *adj* різки́й, грýбий, крикли́вий; ein krásses Béispiel разю́чий (яскрáвий) при́клад; éine krásse Lüge нахáбна брехня́
krátzen 1, *vt* 1. чýхати; дря́пати; 2. скобли́ти; *розм.* дря́пати, писати карлю́чки; vi дря́пати(ся); es kratzt mir im Hálse у мéне дерé в гóрлі; **3. sich** - чýхатися
Krátzer *m* **-s,** - 1.подря́пина 2. скребáчка, скребóк
kraus *adj* 1. кучеря́вий; зави́тий; змóрщений, у змóршках
kräuseln 1. *vt* завивáти; 2. **sich** ~ завивáтися; кучеря́витися
Kraut *n* ~(e)s, **Kräuter** 1. травá; бади́лля; 2. зéлень; 3. óвочі; *розм.* капýста
kráuten *vt* полоти
Krawáll *m* **-s, -e** 1. шум, метушня́; 2. заворýшення
Krawátte *f* **-,** -**n** гáлстук, кравáтка
Kreatúr *f* -, **-en** створíння; *през.* тварю́ка
Krebs *m* **-es, -e** рак; *тк. sg мед.* рак.
krébserzeugend *adj мед.* канцерогéнний
Kredit *m* -**(e)s, -e** креди́т
Kréide *f* -, -**n** крéйда
Kreis *m* **-(e)s, -e** 1. круг; кóло; ~e zíehen опи́сувати круги́; крути́тися, кружля́ти; *перен.* поши́рюватися; 2. райóн, óкруг; 3. кóло; гуртóк, компáнія; 4. сфéра *(діяльності)*
Kréisbahn *f* -, **-en** 1. óкружна залізни́ця; 2. дорóга місоавого знáчення; 3. *астр.* коловá орбíта; **~bewegung** *f* ~, **-en** обертáльний рух; циркуля́ція
kréischen *vi* вищáти, верещáти
Kréisel *m* ~s, ~ дзи́ґа
kréisen *vi* 1. крути́тися; обертáтися; 2. кружля́ти; циркулювáти
kréisförmbig *adj* крýглий, колоподíбний

K

Kréislauf *m* **-(e)s** круговорóт; цикл; циркуляція; *мед.* кровообіг; der ~ des Blútes кровообіг; féhlerhafter ~порóчне кóло; зачарóване кóло
Kréisstadt *f* ~, **...städte** районний центр *(у ФРН);* ~**verkehr** *m* -(e)s кільцéвий рух
kreuz: ~ und quer в усі бóки; уздовж і впóперек
Kreuz *n* **-es, -e** хрест; das Róte ~Червóний Хрест; *анат.* пóперек, крижі; хрест, тягáр, мýка
Kréuzband *n* -(e)s, **...bänder** бандерóль
kréuzen 1. *vt* схрéщувати, перехрéщувати; пересікáти; 2. **sich** -пересікáтися; схрéщуватися, перехрéщуватися; розійтися; розминýтися *(напр., про листи)*
Kréuzer *m* **-s**, - крéйсер
Kréuzfahrer *m* ~s, ~ *іст.* хрестонóсець; ~**feuer** n ~s *військ.* перехрéсний вогóнь; -**otter** *f*-, **-n** гадюка; -**punkt** *m* -(e)s, -e тóчкаператину; -**ritter** *m* **-s**, - *див*. Kreuzfahrer; -**spinne** *f* -, **-n** павýк-хресговик; -**stich** *m* -(e)s, **-e** вишивка хрестóм
Kréuzung *f* ~,**-en** 1. схрéщення *(доріг);* перехрéстя, роздоріжжя; 2. *біол., с.-г.* схрéщування
Kréuzverhör *n* **-(e)s,** -e перехрéсний дóпит, -**weg** *m* **-(e)s, -e** перехрéстя, роздоріжжя
Kréuzworträtsel *n* **~s,** ~ кросвóрд, ~zug *m* ~(e)s, **züge** *іст.* хрéстовий похід
kríbbeln *vimp* 1. кишіти; es kríbbelt und krábbelt аж кишить; 2. свербіти; es kríbbelt mir in der Náse у мéне свербить у нóсі
kríechen* *vi* (*s*) 1. повзти, лізти; aus dem Ei - вилупитися з яйця, 2. (s) *(vor D)* підлабýзнюватися *(до когось),* плазувáти *(перед кимось)*
Kríechtier *n* **-(e)s,** -e плазýн, рептилія
Krieg *m* **-(e)s, -e** війнá; éinen ~ áuslösen (enfésseln) розв'язáти війнý, den ~ erklären оголосити війнý,
~ führen вéсти війнý; den ~ verhíndern відвертáти війнý; in den ~ zíehen іти на війнý
kríegen 1. *vt розм.* одéржувати, здобувáти; Húnger ~ зголодніти; éine Kránkheit ~ захворіти; éinen Mann ~ вийти зáміж; 2. sich ~ *розм* одружитися
Krieger *m* -s, - воїн, боець
kríegerisch *adj* 1. войовничий, бойовий; 2. воєнний
Kríegsaufruf *m* -(e)s, ~e мобілізáція; -**ausbruch** *m* **-(e)s** почáток війни, -**berichter** *m* -s, - військóвий кореспондéнт; ~**beschädigte** *m, f* інвалід війни; ~**brandstifter** *m* ~s, ~ палій війни; -**dienst** *m* -es військóва слýжба; ~**entschädigung** *f* ~, **-en** від шкодування военних витрат, ~**erklärung** *f* ~ оголóшення війни; ~**fuß;** mit j-m auf dem ~fuß stéhen воювáти з кимось; ворогувáти: ~**gefangene** *m* військовополонéний; -**rüstung** *f* ~, **-en** озбрóєння, їідготóвка до війни; ~**schätzung** *f* ~, **-en** контрибýція; -**schauplatz** *m* **-(e)s,** ...**plätze** теáтр воєнних дій; ein Beŕicht vom - schauplatz оперативне звéдення; ~**verbrecher** *m* -s, - военний злочинець; -**verhältnisse** *pl* умóви воєнного часу; -**wesen** *n* ~s військóва спрáва; ~**zustand** *m* **-(e)s,** ...**stänbde** воєнний стан; стан війни
Kriminálfall *m* ~(e)s, ...**fälle** кримінáльна спрáва
kriminéll *adj* кáрний, кримінáльний, злочинний
Kríngel *m* -s, - крéндель; бýблик
Krippe *f* ~, ~n ясла
Kristáll *n* ~s кришталь
kristállen *adj* 1. кришталевий; 2. чистий як кришталь
Kritík *f*~, **~en** 1. критика; 2. критична стаття; рецéнзія
krítisch *adj* 1. критичний; ~e Bemérkungen entgégennehmen врахувáти критичні зауваження; 2. *adv* критично
kritisíeren *vt* критикувáти *(когось, щось);* критично стáвитися (до *когось, до чогось)*
Króne *f* ~, **~n** корóна; вінéць; крóна *(дерева);* вінчик *(квітки);* корóнка *(зуба);* люстра; королівська династія
krönen *vt* коронувáти; увінчувати
Krönung *f*~, **~en** коронáція; коронувáння
Kröte *f*~, ~n жáба
Krücke *f.* ~, ~n милиця, кóстур; ковінька; кочергá
Krug *m*~(e)s, **Krüge** глéчик; кýхоль
Krügel *n* ~s, ~ кýхоль, кýхлик
Krümchen *n* ~s, ~ крихта *(хліба);* ein ~ трóшки
Krúme *f* ~, ~n (хлібна) м'якýшка; *pi* крихти
krümeln 1. *vt* кришити; 2. *vi* кришитися
krumm *adj* кривий, скривлений; зігнýтий
krümmen 1. *vt* згинáти, гнýти; горбити *(спину);* 2. sich ~ *(vor* D) кóрчитися, згинáтися *(від чогось); тех.* згинáтися, деформувáтися; плазувáти, принижуватися
Krümmung *f* ~, **~en** вигин; викривлення; закрýглення; поворóт; звивина *(напр. дороги);* колíно *(ріки)*
Krüppel *m* ~s, ~ калíка, інвалід
krüppelhaft, krüppelig *adj* 1) покалíчений; 2. корявий, низькорóслий *(про дерево)*
Krúste *f*~, **~n** скоринa *(хліба),* корá *(напр., земна)*
Kubaner *m* ~s, ~, ~ **in** *f*~, **-nen** кубинець, кубинка
kubánisch *adj* кубинський
kúbisch *adj* кубічний
Küche *f*~, **-n** 1. кýхня; 2. кухóнні меблі; 3. кýхня, харчі, їжа; kálte ~холóдна закýска; wárme ~ гарячі страви

Kúchen *m* ~s, ~ пиріг; тістечко; торт; пéчиво; кекс

Küchenanrichte *f* ~, ~n кухóнний сервáнт; **~ausguß** *m* **...gusses, ...güsse** кухóнна рáковина; **~garten** *m* **~s, ...gärten** город; **~geschirr** *n* **~(e)s, -e** кухóнний пóсуд; **~kräuter** *pl* зéлень *(прянощі);* **-salz** *n* **-es** кухóнна сіль

Kü(c)ken *n* **-s**, - курчá

Kúckuck *m* **-(e)s, -e** зозýля

Kúgel *f* ~, ~n 1. кýля; кýлька; 2. кýля; ядрó

kúgelfest *adj* куленепробивнúй; ~**förmig** *adj* кулястий

Kúgellager *n* ~s, ~ шарикопідшúпник

kúgeln 1. *vt* качáти, котúти; надавáти фóрму кýлі *(чомусь);* 2. *Vi (s)* качáтися, котúтися; балотувáти *(чиюсь канди датуру);* **sich ~**: sich ~ vor Láchen *розм.* качáтися від сміху

Kúgelschreiber *m* **-s,** - кулькова рýчка

Kuh *f*~, **Kühe** корóва

kühl *adj* 1. прохолóдний, свіжий; etw. -hálten тримáти на хілоді *(перев. про продукти харчуванні);* 2. холóдний, стрúманий; 3. тверéзий, холóдний, розвáжливий; ein ~er Kopf тверéза (розважлива) людúна

Kühle *f* ~ 1. прохолóда, свіжість; 2. холодність, стрúманість; хóлодність, розвáжливість

kühlen *vt* охолóджувати

Kühlfisch *m* **~(e)s, ~e** свіжомóрбжена рúба; **~schiff** *n* **~(e)s, ~e** рефрижерáторне сýдно; ~ **schrank** *m* ~(e)s, **schränke** холодúльник; **~wagen** *m* **~s,** ~ вагон~рефрижерáтор

kühn *adj* смілúвий, відвáжний

Kühnheit *f* ~ смілúвість, відвáга; дерзáння

Kúhstall *m* ~(e)s, **...ställe** корíвник

Küken *n* ~s, ~ *див.* Kücken

Kultúr *f* ~, ~en культýра; *с.-г,* культýра; dúrchwinterte ~ зимостíйка культýра *с.~г.* обробíток: ein Land in ~ néhmen обробляти ділянку землí

Kultúraustausch *m* ~es культýрний обмін; **~denkmal** *n* ~s, **...mäler** пáм'ятка культýри

kulturéll *adj* 1. культýрний; ~e Bezíehungen культýрні зв'язкú; 2. *adv* культýрно

Kultúrensemble *n* ~s, ~s худóжній ансáмбль; **~erbe** *n* ~s культýрна спáдщина; **~film** *m* **~(e)s, ~e** наукóво-популярний фільм; **~gruppe** *f* ~, **~n** гуртóк худóжньої самодіяльності; **~programm** *n* ~s, ~e худóжня частúна, концéрт; **~schaffende** *m, f* діяч (працівнúк) культýри

Kúmmer *m* ~s гóре, сум, скорбóта; j-m ~ verúrsachen завдáти гóря комýсь.; aus (vor) ~ з гóря

kümmerlich 1. *adj* бідний, жалюгідний, убóгий; 2. *adv* бідно, убóго, злúденно

kümmern 1. *vt* турбувáти; засмýчувати; was kümmert mich das! яке мені до цьогó діло!; 2. **sich** ~ *(um A)* турбувáтися *(про когось, про щось);* сумувáти, журúтися; sich um nichts ~ не цікáвитися нічúм

Kümmernis *f* **~, ~se** турбóта, клóпіт; журбá, смýток; гóре

kúmmervoll *adj* сумнúй, тýжний, тужлúвий; заклопóтаний

Kúmpel *m* **~s,** ~ шахтáр, гірнúк; *розм.* дружúще

kúndbar *adj* (загáльно)відóмий

Kúnde I *f* ~, **~n** звістка; von etw. *(D)* ~ gében свідчити про щóсь; von j-m óhne ~ sein не мáти звісток від когóсь

Kúnde II *m* **~n, ~n** покупéць; клієнт

künden *vt* оголóшувати, повідомляти *(щось);* сповіщáти *(про щось)*

Kúndenbuch *n* **~(e)s, ...bücher** кнúга скарг і пропозúцій: **~dienst** *m* **~(e)s, ~e** обслугóвування клієнтів (покупців)

kúndgeben* 1. *vt* сповіщáти, оголóшувати, обнарóдувати; виявляти; 2. **sich** ~ виявлятися

Kúndgeber *m* **~s,** ~ провíсник *(чогось);* **~gebung** *f* **~, ~en** демонстрáція, маніфестáція, мíтинг; оголóшення, бнарóдування; виявлéння *(почуттів)*

kúndig *adj* знáючий, обíзнаний *(з чимось);* досвідчений *(в чомусь);* séiner Sáche ~ sein знáти свою спрáву

kündigen 1. *vt* скасовувáти; розривáти; *дип.* денонсувáти *(договір);* éinen Vértrag ~ повідомляти про розíрвання угóди: розірвáти договíр; 2. *vi (j-m)* звільняти *(когось);* заявляти про звільнення з робóти

Kündigung *f* **~, ~ en** оголóшення, поперéдження, повідóмлення *(про звільнення з роботи, про відмову від роботи, про скасування договору); дип.* денонсáція, розíрвання *(договору)*

Kundin *f* **~, ~nen** покупнúця; клієнтка

kúndmachen *vt* оголóшувати, обнарóдувати; заявляти *(про щось)*

Kúndschaft *f* **~, ~en** покупці, замóвники, споживачі, клієнтýра

kúndschaften *vt* розвíдувати, дослíджувати

Kúndschafter *m* **~s,** ~ розвіднúк, шпигýн, таемний агéнт; розвíдник *(напр., земних надр)*

künftig 1. *adj* майбýтній, настýпний; прийдéшній; ~en Jáhres настýпного рóку; 2. *adv* надáлі, у майбýтньому

Kunst *f* **~, Künste** мистéцтво; ángewandte ~ прикладнé мистéцтво; мистéцтво, майстéрність, уміння

Künsteléi *f* **~, ~en** штýчність, удавáність; вигáдливість; мудрувáння

künsteln 1. *vi* прикидáтися; манíритися; *(an D)* мудрувáти *(над чимось);* 2. *vt* штýчно створювати (вигáдувати): Fréude ~ прикидáтися рáдісним

kúnstfertig *adj* умíлий, впрáвний: худóжньо завéршений

kúnstgemäß, kúnstgerecht *adj* за всімá прáвилами мистéцтва

Künstler *m* ~s, ~ худóжник; артúст; дія́ч (працівнúк) мистéцтва: verdíenter ~ заслу́жений дія́ч мистéцтв

Künstlergruppe *f* **~, ~n** худóжній ансáмбль

künstlerisch *adj* худóжній; артистúчний

künstlich *adj* штýчний, фальшúвий, рóблений; *хім.* синтетúчний; неприрóдний, удавáний

Kúnstliebhaber *m* **~s,** ~ поклóнник (любúтель) мистéцтв; дилетáнт *(у галузі мистецтва)*

kúnstlos *adj* невигáдливий, нехúтрий; прирóдний, простúй

Kúnstmuseum *n* **~s, ...seen** музéй образотвóрчого мистéцтва; **~sammlung** *f* **~, ~en** колéкція твóрів мистéцтва; **~sinn** *m* ~(e)s, ~e розумíння мистéцтва, худóжній смак; **~stück** *n* ~(e)s, ~e фóкус, трюк: ~ **student** *ni* ~en, ~en студéнт худóжнього інститу́ту

kúnstvoll *adj* умíлий, впрáвний; майстéрний; худóжній, артистúчний

Kúnstwerk *n* **~(e)s, ~e** худóжній твір, твір мистéцтва

kúnstwidrig *adj* антихудóжній

Kúnstwissenschaft *f* **~, ~en** мистéцтвознавство

Kúpfer *n* **~s** мідь; мíдний пóсуді мíдні грóші

kúpfern *adj* мíдний

Kúppe *f* **~, ~n** окрýгла вершúна, кýпол *(гори);* кíнчик *(напр., пальця);* голóвка *(сірника, пляшки, гвіздка)*

Kúppel *f* **~, ~n** мáківка, кýпол; окрýгла вершúна *(горн);* ковпáк *(для лампи)*

kúppeln *vt* 1) з'éднувáти, зчíплювáти; свáтати *(когось комусь);* зводúти

Kur *f* **~, ~en** (курс) лікувáння; zur ~sein перебувáти на лікувáнні

kurábel *adj* вилікóвний; éine kuráble Kránkheit вилікóвна хворóба

Kürbis *m* **~ses, ~se** гарбу́з

Kúrgast *m* **~es ...gäste** курóртник

kuríeren *vt* лікувáти, вилікóвувати

kuriós, kuriös курйóзний, забáвний, цікáвий; дúвний

Kurs *m* **~(e)s, ~e** курс, нáпрям; éinen néuen ~ stéuern провадúти нóвий кýрс von dem ~ áusgehen *спорт,* зійтú з дистáнції; курс *(біржовий)*

Kúrsus *m* ~, **Kurse** курс *(лекцій) pl* курси

Kúrve *f* ~, ~n *мат.* кривá; грáфік, кривá *(напр., температури);* заворóт *(дороги);* вірáж

kurz 1. *adj* корóткий; in (mit) ~ en Wórten кóротко, стúсло; корóткий, нетривáлий; ein ~er Blick побíжний пóгляд; in (nach) ~er Zeit незабáром; von ~er Dáuer короткочáсний; нетривáлий; ein ~es Gedächtnis корóтка пáм'ять; 2. *adv* кóротко; стúсло; sich ~ fássen говорúти стúсло; швúдко, рвýчко; швúдко, недóвго; ~ vor etw. *(D)* незадóвго до чогóсь; seit ~em віднедáвна; vor ~em недáвно; ~ und bündig кóротко і я́сно; ~ (und gut) корóтше кáжучи; über ~ óder lang рáно чи пíзно; ~ angebúnden sein сухо (різко) роз мовля́ти з кúмось

kúrzatmig *adj* хвóрий на задúшку; астматúчний; ~ **dauernd** *adj* нетривáлий, короткочáсний

Kürze *f* ~ кóроткість, стúслість; in ~ незабáром; кóротко, стúсло; in áller ~ ду́же стúсло

Kúrzeit *f* ~, ~en лікувáльний сезóн

kürzen *vt* укорóчувати; скорóчувати, змéншувати

kúrzerhand *adv* на швидку́ рýку, нашвидку́; відрáзу, не дóвго ду́маючи

Kúrzfilm *m* ~(e)s, ~e короткометрáжний фíльм

kúrzfristig *adj* короткотермінóвий; **~gefaßt** *adj* стúслий, лаконíчний *(про стиль);* швидкúй, рішу́чий

kürzlich *adv* недáвно; незадóвго (перед тим)

Kúrzschluß *m* **...sses, ...schlüsse** *ел.* корóтке замикáння; **~schritt** *f* ~ стенографíя

kúrzsichtig *adj* короткозóрий; *перен.* недалекогля́дний; **~sinnig** *adj* забудькувáтий

kurzúm *adv* однúм слóвом; корóтше кáжучи

Kürzung *f* ~, ~en скорóчення; змéншення

Kúrzwaren *pl* галантерéя, галантерéйні вúроби (товáри)

Kúrzwellenempfänger *m* ~s, ~ короткохвильóвий приймáч; **~sender** *m* ~s, ~ короткохвильóвий передавáч

Kuß *m* **Kusses, Küsse** поцілу́нок

küssen 1. *vi* цілувáти; **2.** sich ~ цілувáтися

Küste *f* **~, ~n** морськúй бéрег, узберéжжя

Kútsche *f*~, ~n карéта, екіпáж, візóк

Kútter *m* ~s, ~ кáтер; шлю́пка

Kuvert [~vɛːr] *n* **~s, ~s** *i* [~vɛrt] *n* **~(e)s, ~e** конвéрт; столóвий прибóр

L

láben 1. *vt* освіжáти; підкріплювати; тішити; 2. **sich** ~ *(an D, mit D)* освіжáтися; насолóджуватися; підкріплюватися *(чимось)*
lábend *adj* приемний; живодáйний, свіжáючий
laboríeren *vi (an D)* їрацювáти, трудйтися *(над чимось); хворíти (на щось)*
Láche I *f* ~, ~n сміх, регіт
Láche II *f* ~, ~n калюжа
lächeln *vi* посміхáтися; усміхáтися lachen *vi (uber A)* сміятися *(з когось, чогось; над кимось, над чимось)*
Láchen *n* ~s сміх, регіт
lächerlich *adj* смішнйй, кумéдний; etw., j-n ~ máchen піднімáти на сміх, висмíювати когóсь, щось
láchlustig *adj* смішлйвий
Lachs *m* ~es, ~e лосóсь; сьóмга
lackíeren *vt* лакувáти; *розм.* обмáнювати, піддýрювати
Láde *f* ~, ~n скрйня; шухляда; полйця
láden* I *vt (auf A)* вантáжити, навантáжувати; *тех.* завантáжувати; *військ.* заряджáти
láden* II *vt* запрóшувати; j-n zu Gast ~ запрóшувати в гóсті когóсь; викликáти; j-n vor Gerícht ~ викликáти в суд когóсь
Láden I *m* ~s, ~ / **Läden** крамнйця, магазйн; вікóнниця
Láden II *n* ~s навантáження; завантáження;
Ládenfenster *n* ~s, ~ вітрйна; **~preis** *m* **~es, ~e** роздрібна ціна; ~ **tisch** *m* **~es, ~e** прилáвок
Láderaum *m ~s, ...***räume** приміщення для вантажів, трюм *(на судні);* **~schein** *m* **~(e)s, ~e** накладнá; **~streifen** *m* **~s**, ~ *військ.* патрóнна обóйма
Ládung ² *f* ~, ~en навантáження; вантáж; *військ,* заряд
Ládung II *f* ~, ~en *юр.* вйклик; повістка про вйклик; запрóшення
Láge *f* ~, ~n 1. полóження; пóза; 2. розміщення, місцезнахóдження; 3. ситуáція, полóження;станóвище; die internationále ~ міжнарóдне станóвище; 4. стан, станóвище; in der ~ sein *(zu + inf)* бути спромóжним *(зробити щось);* шар, верствá
Láger *n* ~s, ~ лóже, постíль; нічліг; табір, стан; *перен.* табір, угрупóвання; склад (товáрів); *тех.* підшйпник; опóра; *геол,* пóклади
lágern 1. отаборювáтися; розташóвуватися (табóром); зберігáтися на склáді; 2. *vt* складáти; зберігáти на склáді *(щось);* 3. **sich** розташовувáтися (табóром); лежáти, відпочивáти
Lágerung *f* ~, ~en розташувáння (табором); зберігáння (на склáді); *геол.* залягáння *(шарів і т. п.)*
láhmen *vi* кульгáти; er lahmt (am línken Bein) він кульгáе (на ліву нóгу)
lähmen *vt* паралізувáти *(тж перен.);* розслаблювáти
láhmlegen *vt перен.* паралізувáти, зупиняти
Lähmung *f* ~, ~en *мед.* паралíч; застíй
Laib *m* ~(e)s, ~e хлібйна; круг *(сиру)*
Laich *m* ~(e)s, ~e ікрá *(риб)*
láichen *vi* метáти íкру, нерестйтися
Láienbühne *f* **~, ~n** любительська сцéна; **~gruppe** *f* ~, ~n гуртóк худóжньої самодíяльності
láienhaft *adj* недосвідчений, дилетáнтський
Láienkunst *f* ~ худóжня самодіяльність
Láke *f* ~, **~n** розсіл; маринад
Láken *n* ~s, ~ простирадло; полотно
lamentíeren скáржитися; голосйти; ремствувáти
Lamm *n* ~(e)s, **Lämmer** ягня; козеня
Lámpe *f* ~, ~n лáмпа
Lámpenschirm *m* ~(e)s, ~e абажýр
Land ~(e)s, **Länder** країна, край; землá *(одиниця адміністративного поділу в ФРН, Австрії); тк. sg* землá, грýнт; *тк. sg* землá; сýша; *тк. sg* сільська місцéвість, селó; auf dem ~e в селí; за містом, на дачі
landáus: ~ **landéin** з країни в країну
Ländebahn *f* ~, ~en *ав.* злітно-посáдочна смýга; **~brücke** *f* ~, **~n** причáл, прйстань; **~feld** *n* **~(e)s, ~er** *ав.* посáдочна площáдка (смýга)
lánden 1. *vi* (s) висáджуватися (на бéрег); приставáти до бéрега; *ав.* приземлювáтися; прибувáти на місце; 2. *vt* висáджувати *(когось на берег, з літака)*

Lándenge *f*~, **~n** перешийок
Länderéi *f*~, ~en земля́, маеток; угі́ддя
Länderkampf *m* ~(e)s, **...kämpfe** *спорт.* міжнаро́дне змага́ння; **~kunde** *f* ~ геогра́фія
Lándesaufnahme *f* ~, ~n топогра́фія; **~fahne** *f*~, ~n держа́вний пра́пор
Lándesgebiet *n* **~(e)s, ~e** терито́рія краї́ни; **~künde** *f* ~ краезна́вство; країнозна́вство; **~meister** *m* **~s,** *~спорт.* чемпіо́н краї́ни; **~tracht** *f* ~, ~en націона́льний костю́м
lándfremd *adj* чужи́й, чужозе́мний
Lándhaus *n* **~es, ...häuser** да́ча; **~karte** *f*~, **~n** географі́чна ка́рта
ländlich *adj* сільськи́й
Lándmacht *f*~, **..mächte** континента́льна держа́ва; сухопу́тні ві́йська́; **~mann** *m* **~(e)s, ...leute** сі́льський жи́тель, селя́нин; хліборо́б; **~messer** *m* **~s,** ~ землемі́р
Lándschaft *f*~, ~en 1. краї́на, край; місце́вість; о́бласть; 2. ландша́фт, пейза́ж
Lándsmann *m* **~(e)s, ...leute** земля́к, співвітчи́зник; **~männin** *f* ~, **~nen** земля́чка, співвітчи́зниця
Lándspitze *f*~, **~n** *геогр.* мис; **~straße** *f*~, **~n** путівéць; шосé; **~streicher** *m* **~s,** ~ бродя́га; **~strich** *m* **~(e)s, ~e** місце́вість; смýга; **~stück** *n* ~(e)s, **~e** земе́льна ділянка
Lándung *f*~, **~en** ви́садка; вивантáження; *ав.* призе́млення, поса́дка; *військ.* деса́нт
Lándungsabteilung *f* ~, ~en *військ.* деса́нтний загі́н; **~brücke** *f* ~, **~n** *мор.* при́стань, прича́л; **~platz** *m* ~es, **...plätze** прича́л; *військ.* мі́сце ви́садки деса́нту; *ав.* мі́сце призе́млення, мі́сце поса́дки; **~truppen** *pl* деса́нтні ві́йська́
lándwärts *adv* до землі́, до бе́рега
Lándweg *m* **~(e)s, ~e** ґрунто́ва доро́га; сухопу́тна доро́га; **~wirt** **~(e)s, ~e** фе́рмер; агроно́м; **~wirtschaft** *f* ~ сі́льське господа́рство; селя́нський двір
lándwirtschaftlich *adj* сільськогоспода́рський
Lándzunge *f*~, **~n** *геогр.* мис, коса́
lang *adj* до́вгий; до́вгий, трива́лий; nach ~en Jáhren бага́то ро́кiв по тому; vor ~en Jáhren бага́то ро́кiв тому́; ~e Zeit трива́лий час; mein Lében ~ (за все мое життя́)
Länge *f*~, **~n** довжина́; протя́жність; трива́лість; auf die ~ надо́вго; sich in die ~ zíehen затя́гуватися; *геогр.* довгота́
lángen 1. *vi (nach D* діставáти *(щось);* тягти́ся, простяга́ти ру́ку *(за чимось);* (bis an A, bis zu D) досяга́ти *(чогось),* доходи́ти *(до чогось); розм.* вистача́ти; 2. *vt* діставáти, бра́ти; sich *(D)* etw. ~взя́ти (собі) що́сь
Längeneinheit *f*~, **~en** одини́ця довжини́; **~grad** *m* **~(e)s, ~e** *геогр.* гра́дус довготи́; **~kreis** *m* **~es, ~e** *геогр.* меридіа́н; **~maß** *n* **~es, ~e** мі́ра довжини́
Lángeweile *f*~ нудьга́
lángfristig *adj* довгостроко́вий, трива́лий; **~jährig** *adj* довгорі́чний, багатолі́тній
länglich *adj* довга́стий; подо́вжений
lángmütig *adj* терпля́чий; поблажли́вий
längs *prp (D, G)* уздо́вж
lángsam 1. *adj* пові́льний; 2. *adv* пові́льно, ти́хо
Lángschallplatte *f* ~, **~en** довгогра́юча пласти́нка; **~schläfer** *m* ~s, ~ *розм.* сплю́х; **~spielplatte** *f*~, **~en** довгогра́юча пласти́нка
längstens *adv* не пізні́ше ніж ...; не да́лі як ...; не до́вше як ...
lángweilen 1. *vt* набридáти, наводи́ти нудьгу́; 2. **sich** ~ нуди́тися, нудьгува́ти; sich zu Tóde ~ помира́ти з нудьги́
lángweilig *adj* ну́дний; набридли́вий
lángwierig *adj* трива́лий, затяжни́й
Lánze *f*~, **~n** спис, пі́ка
Láppen *m* **~s,** ~ ганчі́рка, кла́поть; ла́тка
Lärche *f*~, **~n** модри́на
Lärm *m* **~(e)s** шум; метушня́; ~ máchen підніма́ти шум; триво́га; ~ schlágen би́ти на спо́лох
lärmen *vi* шумі́ти; бешкетува́ти
Lárve *f*~, **~n** *біол.* личи́нка; личи́на, ма́ска; *розм.* обли́ччя; éine hübsche ~ гарне́ньке ли́чко
lássen* 1. *vt* залиша́ти; etw. zu Háuse ~ залиша́ти щось вдо́ма; j~n in Rúhe ~ да́ти кому́сь спо́кій; припиня́ти, перестава́ти: laß das Wéinen! переста́нь пла́кати!; 2. *vi (von D)* відмовля́тися *(від чогось).* розлуча́тися *(з кимось);* von seinem Entschlúß ~ відмовля́тися від свого́ рі́шення; 3. *mod* велі́ти, приму́шувати; ich hábe ihn rúfen ~ я велі́в покли́кати його: den Arzt kómmen ~ виклика́ти лі́каря; sich rasíeren ~ поголи́тися (я *перукарні); дозволя́*ти, допуска́ти, дава́ти можли́вість; laß mich schréiben! дозво́ль (дай) мені́ написа́ти!; laß das Kind spíelen! хай дити́на гра́ється!; laß mich das máchen дозво́ль мені́ це зроби́ти; éinen Téller fállen ~упусти́ти тарі́лку; laß dir's gut schmécken! смачно́го!
lásten 1. *vt наванта́*жувати; зафрахтува́ти *(судно);* 2. *vi (auf D)* тяжі́ти *(над кимось, над чимось):* schwére Sórgen ~ auf mir тяжкі́ кло́поти ти́снуть на ме́не
Láster *n* ~s, ~ поро́к
lásterhaft *adj* поро́чний, розбе́щений, розпусни́й
lästern 1. *vt* ганьби́ти, паплю́жити; 2. *vi (wider A, uber A, gegen A)* зводи́ти накле́п *(на когось);* чорни́ти *(когось)*
lästig *adj* набри́дливий, доку́чливий; обтяжли́вий
Lástkahn *m* ~(e)s, ...**kähne** ба́ржа, **~kraftwagen** *m* ~s, ~ *(скор.* вантáжний автомобі́ль; **~schiff** *n* ~(e)s, ~e вантáжне су́дно; **~tier** *n* ~(e)s, ~e в'ю́чна твари́на; **~wagen** *m* ~*у* ~ *див.* Lástkraftwagen

L

Latéin *n* ~s лати́нь, лати́нська мо́ва
latént *adj* схо́ваний, прихо́ваний; латéнтний
Latérne *f* ~, **~n** ліхта́р
látschig *adj* ліни́вий; незгра́бний; неповоро́ткий; брудни́й
Láttenzaun *m* ~(e)s, ...**zäune** парка́н
lau *adj* *теплува́*тий; прохоло́дний; байду́жий, індиферéнтний
Laub *n* **~(e)s** ли́стя, зéлень
Láube *f* ~, **~n** альта́нка; ло́жа (*театру*)
Láubfall *m* ~(e)s, листопа́д; ~**hütte** *f* ~, ~n хати́на, халу́па
láublos *adj* безли́стий
Lauch *m* ~(e)s, ~e *бот.* цибу́ля
Láuer *f* ~ засі́дка; чатува́ння; auf der ~ sein бути в засідці,підстеріга́ти
láuern *vi (auf A)* сиді́ти в засі́дці; чатува́ти *(на когось, щось); перен.* чека́ти з нетерпі́нням *(когось, щось)*
Lauf *m* ~(e)s, **Läufe** *тк. sg* біг; хід; рух; der ~ der Zeit плин ча́су; der ~ der Geschíchte хід істо́рії; im vóllen ~ на по́вному ходу́; im ~e díeser Wóche про́тягом цього́ ти́жня; im ~e des Gesprächs під час розмо́ви; *тк. sg* поті́к; течія́; річи́ще; *тк. sg* шлях; хід; траєкто́рія; *спорт.* біг, забі́г; заї́зд; го́нка; б) ство́л *(вогнепальної зброї)*
Láufbahn *f* ~, ~en *спорт,* бігова́ despite дорі́жка; трек; *перен.* кар'єра, прохо́дження слу́жби; по́ле ді́яльності; ~**band** n ~(e)s, ...**bänder** конвéєр; ~**brücke** *f* ~, ~en кла́дка, місто́к, схо́ди; ~**bursche** *m* ~n, ~n хло́пчик на побігéньках; роси́льний
láufen* *vi (s)* бі́гати, бі́гти; *спорт.* займа́тися бі́гом; відбува́тися; der Prozéß läuft процéс іде́; проходи́ти, бі́гти, мина́ти *(про час);* ма́ти си́лу; бути́ ді́йсним; der Vertrág läuft ein Jahr догові́р ді́йсний про́тягом ро́ку; простяга́тися; der Fluß läuft von Nórden nach Süden рі́чка течé з пі́вночі на пі́вдень; текти́, протіка́ти *(здеб. про посудину, рідину, тж перен.);* das Faß läuft бо́чка течé; *тех.* працюва́ти, функціонува́ти; оберта́тися; die Maschíne läuft маши́на працю́є; den Motór ~ lássen завести́ мото́р; іти́, демонструва́тися *(про фільм, виставу);* поспіша́ти *(про годинник)*
Läufer *m* ~s, ~ бігу́н; ли́жник, ковзаня́р; півзахисни́к *(футбол); шах.* слон; дорі́жка, килимо́к; *тех.* ро́тор, бігуно́к
Läuferei *f* ~, ~en бігани́на
Láufgitter *n* ~s, ~ дитя́чий мане́ж; ~**graben** *m* ~s, ...**gräben** *військ.* траншéя; ~**kran** *m* **~es, ~e** *i* ...**kräne** пересу́вний (мостови́й) кран; ~**riemen** *m* ~s, ~ приводни́й пас
Láuge *f* ~, **~n** *хім.* луг
Láune *f* ~, **~n í**áстрій; (bei, in) gúter ~ sein бути́ в до́брому на́строї; при́мха, капри́з
láunenhaft *adj* **láunisch** *adj* капри́зний; норовли́вий; примхли́вий
láunig *adj* весéлий, заба́вний
Laus *f* ~, **Läuse** во́ша
láuschen *vi* підслухо́вувати; прислуха́тися *(до чогось)*
láuschig *adj* тихи́й, зати́шний, відлю́дний
laut I 1. *adj* голо́сний, гу́чний; дзві́нкий; ~ wérden ста́ти відо́мим; пошир́юватися, розповсю́джуватися; 2. *adv* голо́сно
laut II *prp (G)* згі́дно *(з чимось),* відпові́дно *(до чогось)*
Laut *m* ~(e)s, ~e звук, тон
láuten *vi* звуча́ти; гласи́ти
läuten *vt, vi* дзвони́ти
láuter 1. *adj* чисти́й; прозо́рий; ~ e Wáhrheit щи́ра пра́вда; 2. *adv* ви́ключно, суці́льно
Láuterkeit *f* ~ чистота́; я́сність; прозо́рість; чéсність; щи́рість
läutern *vt очищ*а́ти; осві́тлювати; *перен.* облагоро́джувати
lautíeren *vt* чита́ти по склада́х
láutlos *adj* беззву́чний, безмо́вний
Láutschrift *f* ~, ~en фонети́чна тран скрипці́я; ~**sprecher** *m* **~s,** ~ *радіо* дина́мік, гучномо́вець; ~**stärke f** гу́чність; ~**stärkeanzeiger** *m* ~s, ~ індика́тор гу́чності; ~**verstärker** *m* **~s**, ~ *радіо* звукопідси́лювач
láuwarm *adj* теплува́тий
lében *n* ~s, ~ життя́, існува́ння; am ~ bléiben залиши́тися в живи́х; ums ~ kómmen заги́нути; auf ~ und Tod не на життя, а насмéрть; життя́, пожва́влення; hier herrscht réges ~ тут пану́є пожва́влення
lébend 1. *adj* живу́чий; живи́й; 2. *adv* живцéм, живи́м
lebéndig *adj* живи́й; жва́вий; пожва́влений, лю́дний
Lebéndigkeit *f* ~ жва́вість; бадьо́рість
Lébensalter *n* **~s** вік; **~art** *f* ~, ~en спо́сіб життя́, по́бут; ввічливість; ~**aufgäbe** *f* ~, ~n метá життя́; ~**dauer** *f* ~ трива́лість життя́; ~**freude** *f* ~ життера́дісність
lébensgefährlich *adj* небезпéчний для життя́
Lébenslauf *m* ~(e)s, ...**läufe** життя́; біогра́фія
lébenslustig *adj* життера́дісний
Lébensmittel *pl* проду́кти харчува́ння
Lébensmittelgeschäft *n* ~(e)s, ~e гастроно́м
Lébensmut *m* ~(e)s сті́йкість, життера́дісність, бадьо́рість; ~**niveau** [ni'vo:] *n* ~s, ~s життеви́й рі́вень; ~**rente** *f* ~, ~n дові́чна пéнсія; ~**standard** *m* **~s, ~s** життевий, рі́вень; ~**stellung** *f* ~, **~en** станови́ще, поса́да; ~**unterhalt** *m* **~(e)s** за́соби (до) існува́ння; ~**wandel** *m* ~s спо́сіб життя́, поведі́нка; ~**weise** *f* спо́сіб життя́; ~**weisheit** *f* ~ життева́ му́дрість; ~**wert** *n* ~(e)s, ~e спра́ва всього́ життя́; ~**zeit** *f* ~, *~en* життя́; auf ~ zeit на все життя́, наза́вжди́
Léber *f* ~, ~n печі́нка

L

Léberfleck *m* ~(e)s, ~e родимка; **~trän** *m* ~(e)s риб'ячий жир; **~wurst** *f*~, ...**würste** ліверна ковбаса
Lébewesen *n* **~s,** ~ жива істота, живий організм
Lébewohl *n* **~(e)s,** ~e *i* ~s прощання; j-m ~ ságen (роз)прощатися з кимось
lébhaft *adj* жвавий, бадьорий, діяльний
Lébkuchen *m* **~s,** ~ (медовий) пряник, медяник
léblos *adj* позбавлений життя, безживний; неорганічний *(про природу)*
lécken I *vt* лизати
lécken II текти, протікати; витікати, просочуватися
Lécker *m* **~s,** ~ ласун; підлабузник
Léckerbissen *m* **~s,** ~ ласий шматок, ласощі
Leckeréi *f*~, **~en** ласощі; підлабузництво
Léder *n* **~s,** ~ (вичинена) шкіра
lédern *adj шкіряний*; *розм.* нудний
lédig *adj* вільний; áller Sórgen ~вільний від усяких турбот; неодружений, холостий
lédiglich *adv* лише, тільки, виняткóво
leer *adj* порожній, пустий; незайнятий, вільний; пустий, необгрунтований
Léere *f*~ порожнеча, пустота, вакуум
léeren 1. *vt* спорожняти, спустошувати; очищати; 2. sich ~ пустіти, пустішати
Legalität *f*~ легальність
légen 1. *vt* класти, покласти, укладати; Wert auf etw. ~ надавати чомусь значення; 2. **sich** ~ лягати, лягти, улягатися *(тж перен.);* затихати, слабнути, заспокоюватися; sein Zorn légte sich його гнів вгамувався
legéndenhaft *adj* легендарний
legitím *adj* законний
Legitimatión *f* -, - en, **Legitimatións-schein** *m* **~(e)s,** ~e особисте посвідчення
legitimíeren 1. *vt* узаконювати; посвідчувати *(чиюсь* особу); 2. **sich** ~ посвідчувати свою особу, пред'являти посвідчення
Lehm *m*~(e)s, ~e глина
léhmig *adj* глинястий
Léhne *f*~, ~n спинка *(крісла)*
léhnen 1. *vt (an A, gegen A)* притуляти *(щось до* чогось); 2. *vi (an D)* спиратися *(на щось);* 3. sich ~ *(an A, gegen A)* притулятися *(до чогось),* спиратися, обпиратися *(на щось); (uber A)* перехиляти ся *(через щось);* sich aus dem Fénster ~ висовуватися з вікна
Léhnsessel *m*~s, ~ крісло
Léhnstuhl *m*~**(e)s,** ...**stüle** крісло
Léhramt *n*~**(e)s,** ...**ämter** посада вчителя; професура; **~anstatt** *f* ~, **~en** навчальний заклад; **~art** *f*~, **~en** метод викладання; **~auftrag** *m* ~(e)s, ...**träge** навантаження *(викладача);* курс *(професора);* **~buch** *n* ~(e)s, ...**bücher** підручник
Léhre *f*~, ~n учення, доктрина, теорія; навчання; урок, повчання, наука, мораль
léhren *vt* учити, навчати, викладати
Léhrer *m*~s, ~ учитель, викладач, **~in** *f*~, **~nen** учителька
Léhrerschaft *f* ~, **~en** викладацький склад; **~zimmer** *n*~s, ~учительська
Léhrfach *n* ~(e)s, ...**fächer** дисципліна, предмет *(навчанна);* **~gang** *m* **~(e)s,** ...**gänge** педагогічний процес; навчальний курс
léhrhaft *adj* дидактичний; повчальний
Léhrkörper *m* ~s, ~ професорсько-викладацький склад; **~kraft** *f* ~, ...**kräfte** викладач, педагог
Léhrling *m*~s, ~e учень *(на виробництві)*
Léhrmittel *n*~s, ~ навчальний посібник, підручник
léhrreich *adj* повчальний; напутливий
Léhrsatz *m* **~es,** ...**sätze** наукове твердження, теза; **~stuhl** *m*~(e)e, ...**stühle** кафедра; **~tätigkeit** *f*~ педагогічна діяльність; **~zeit** *f*~, **~en** час навчання *(на виробництві)*
Leib *m* **~(e)s, ~er** тіло, тулуб; живіт; нутро; черево
Léibeigene *m, f* **~n, ~n** *іст.* кріпак, кріпачка
Léibesfrucht *f*~, ...**früchte** *біол.* зародок; плід; **~kraft~** *f*~, ...**kräfte** фізична сила; **~übungen** *pl* фізичні вправи; **~visitation** *f*~, ~en *юр.* особистий обшук (огляд)
léibhaft, **léibhaftig** *adj* усоблений; втілений; *перен.* викапаний, вилитий
léiblich *adj фізичний*; тілесний; рідний, кровний; ~ er Brúder рідний брат
Léibischmerzen *pl* біль у животі; **~wache** *f* ~ особиста охорона; **~wasche** *f* ~ натільна (нижня) білизна
leicht 1. *adj легкий*; легкий, невеликий, незначний; легкий, неважкий; 2. *adv* легко; злегка
léichtblütig *adj* легковажний, безтурботний
léichtfallen* *vi (s)* легко даватися; das Lérnen fällt ihm leicht навчання дається йому легко
léichtfertig *adj див.* léichtblütig
léichtgläubig *adj* легковірний, довірливий
Léichtgläubigkeit *f* ~ легковірність, довірливість
leichthín *adv* злегка; мимохідь, побіжно
Léichtigkeit *f*~ легкість
Léichtindustrie *f*~, ...**strien** легка промисловість
Léichtsinn *m* ~(e)s легковажність, безтурботність
léichtsinnig *adj див.* léichtblütig
leid *adj.* es tut mir ~ мені шкода; sie tut mir ~ мені її шкода
Leid *n*~**(e)s** біль, страждання; горе, сум, печаль; нещастя; зло, несправедливість, образа

léiden* 1. *vt* страждáти; терпíти *(щось);* 2. *vi* страждáти; an etw. *(D)* ~ страждáти *(від чогось);* хворíти *(на щось);* durch etw. *(A)* ~ страждáти з~за (внáслідок) чогось; únter etw *(D)* ~ страждáти від чогóсь; durch j-n ~ терпíти від когóсь; ich léide an Gríppe я хворíю на грип
Léiden *n* **~s**, ~ страждáння; недýга; хворóба
léidend *adj* який страждáє; хворобли́вий; хвóрий
Léidenschaft *f* ~, **~en** при́страсть
léidenschaftlich *adj* пристрáсний, пáлкий
Léidenschaftlichkeit *f* ~ пристрáсність, пáлкість
léidenschaftslos *adj* безпристрáсний, байдýжий
léider *adv* на жаль; на нещáстя
léidig *adj* ги́дкий, бри́дкий, мерзóтний; ein ~er Zúfall нещáсний ви́падок
Léidwesen *n* **~s** жаль; сум, скорбóта, zu méinem (größen) ~ на мій (превели́кий) жаль
Léier *f* ~, **~n** лíра; ímmer die álte ~! *розм.* стáра пíсня!
Léihe *f* ~, **~n** пози́ка, пози́чка; прокáт *(майна)*
léihen* *vt (j-m)* пози́чати *(комусь); (von j-m)* пози́чати *(у когось);* брáти напрокáт
léihweise *adv* позичкóво; напрокáт
Leim *m* **~(e)s, ~e** клей
léimen *vt* клеї́ти, склеювати; *розм.* обмáнювати, обдýрювати
Lein *m* ~(e)s, ~e льон
Léine *f* ~, **~n** мотýзка, канáт; вíжка; j-n an der ~ háben тримáти когóсь у рукáх
léinen *adj* лляни́й, полотня́ний
Léinen *n* ~s, ~ полотнó; білизнá *(постільна, столова)*
Léinwand *f* ~ полотнó; (кіно)екрáн
léise *adj* ти́хий; слабки́й, ein ~ Schlaf чýткий сон
Léisetreter *m* ~s, ~ *розм.* пронóза, пролáза
Léiste *f* ~, **~n** плáнка, рéйка; плíнтус; лямíвка, каймá *(тканини); анат.* пах
léisten *vt* роби́ти; здíйснювáти; викóнувати; досягáти *(позитивних результатів);* Hílfe ~ подавáти допомóгу; éine gróße Árbeit ~ виконáти вели́ку робóту; éinen Eid ~присягáти
Léistung *f* ~, **~en** викóнана робóта; ýспіх; досягнéння; *спорт,* рекóрд; результáт; *тех.* продукти́вність; потýжність; *pi* успíшність *(у навчанні)*
léistungsfähig *adj* працездáтний
Léistungsfähigkeit *f* ~, **~en** працездáтність; *тех.* продукти́вність; потýжність; **~kapazität** *f* ~, **~en** *тех.* виробни́ча потýжність
Léitartikel *m* **~s**, ~ передовá статтЯ́ *(в газеті журналі)*
léiten *vt* вести́, направля́ти; керувáти, очóлювати; *фіз.* проводи́ти
Léiter I *m* ~s,~ керівни́к, завíдуючий; тpи́нер; передовá статтЯ́ *(в газеті); фіз.* провідни́к; *ел.* прóвід
Léiter II *f* ~, ~n (приставнá) драби́на; градацíя, шкалá
Léitfaden *m* **~s**, **...fäden** провіднá ни́тка; **~fahigkeit** *f* ~, ~en *фіз.* провідність; **~stern** *m* **~(e)s, ~e** Поля́рна зоря́; провіднá зоря́
Léitung *f* ~, **~en** керівни́цтво, завíдування; керівни́й óрган; *ел.* прóвід; провóдка; лíнія
Léktor *m* **~s**, **...tören** лéктор; викладáч ви́щого навчáльного зáкладу *(який проводить практичні заняття);* видавни́чий редáктор
Lektüre *f* **~, ~n** читáння; ~ tréiben читáти; літератýра *(для читання)*
Lénde *f* ~, **~n** поперéк; стегнó
lénkbar *adj* керóваний; слухня́ний, покíрливий
lénken *vt* прáвити, управля́ти; керувáти, направля́ти
Lénker *m* **~s,** ~ стернóвий; водíй, шóфер; керівни́к; *тех.* вáжіль; кермó, стернó
Lénkrad *n* **~(e)s, ...räder** стернóве колесó; **~stange** *f* ~, **~n** кермó
Lérche *f* ~, **~n** жáйворонок
lérnen *vt* учи́тися, навчáтися; учи́ти, вивчáти
Lérnen *n* ~s навчáння
lésbar *adj* розбíрливий, чíткий *(про почерк);* яки́й легкó читáється *(про книгу)*
Lésebuch *n* **~(e)s, ...bücher** хрестомáтія; **~halle** *f* ~, **~n** читáльний зал
lésen* I *vt* читáти
lésen* II *vt* збирáти *(плоди і т. п.);* перебирáти *(напр., горох)*
Léseprobe *f* ~, **~n** *театр,* читáння, чи́тка *(п'єси);* **~pult** *n* **~(e)s**, ~e пюпíтр; кáфедра *(лектора)*
Léser *m* **~s,** ~ чи́тáч
Lésesaal *m* **~(e)s, ...säle** читáльний зал
Lésung *f* **~, ~en** читáння *(законопроекту в парламенті)*
Létte *m* **~n, ~n** лати́ш
Létter *f* **~, ~ n** *поліг.* лíтера, бýква
léttisch *adj* лати́ський; латвíйський
letzt *adj* остáнній; крáйній; минýлий; грани́чний; ~e Wóche минýлого ти́жня
létztens *adv* недáвно; нарéшті; наостáнку
létzthin *adv* недáвно; дня́ми
létztlich *adv* нарéшті; кінéць кінцéм
Léuchte *f* ~, **~n** світи́льник; ліхтáр; лáмпа; *перен.* свíточ
léuchten *vi* світи́ти; світи́тися; сяяти́; блищáти, блискáти
Léuchter *m* **~s,** ~ свічни́к
Léuchtfeuer *n* **~s,** ~ мая́к, сигнáльний вогóнь; **~käfer** *m* **~s,** ~ світля́к; **~pistole** *f* **~, ~n** сигнáльний пістолéт, ракéтниця; **~schiff** *n* **~(e)s, ~e** плавýчий мая́к; **~turm** *m* **~(e)s, ...türme** мая́к

L

вáти; скасóвувати, анулювáти; сплáчувати; éine Ehe ~розірвáти шлюб; éinen Vertrág ~розірвáти (анулювáти) договíр: *хім.* розчинúти; розв'язáти *(задачу);* розгадáти *(загадку), купувати;* éine Fáhrkarte ~ купувáти квúток *(залізничний);* 2. **sich ~** розв'язуватися, відв'язуватися; відділятися; *(von D)* розлучáти- ся *(з кимось);* відмежóвуватися *(від когось);* розчинятися

lósfahren* *vi (s)* рушáти (відправлятися) в дорóгу; від'їджáти; **~knöpfen** *vt* розстібáти; **~lassen*** *vt* звільняти, відпускáти; **~sagen, sich** *(von* D) відмовлятися, зрікáтися; **~sprechen*** *vt* виправдати; звільняти; **~werden*** *vt (s)* збувáтися *(когось, чогось);* спéкатися *(когось, чогось);* збувáти *(з рук);* **~wickeln** *vt* розгортáти; розмóтувати, розплýтувати; **~ziehen*** 1. *vt* розтягáти; розпускáти, розв'язувати *(вузол);* відкривáти *(ящик стола);* 2. *vi (s) (zu D)* відправлятися *(кудись);* виряджáтися; *(gegen A)* виступáти *(проти когось);* нападáти *(на когось);* лáяти *(когось); (auf A)* прямýвати *(до чогось)*

Lot *n* **~(e)s, ~e** *мор.* лот; *буд.* висóк; 3. грузúло; 4. *мат.* перпендикуляр

löten *vt* паяти

Lötkolben *m* **~s,** ~ паяльник; **~lampe** *f* ~, **~n** паяльна лáмпа

lótrecht *adj* прямовúсний, вертикáльний, перпендикулярний

Lótse *m* **~n, ~n** лóцман

lótsen *vt мор.* провóдити *(судно); розм.* (за)тягтú *(когось, кудись)*

Lotteríe *f* **~, ...rien** лотерéя

lótterig *adj* 1. недбáлий; халáтний; 2. безпýтний, розбéщений

Löwe *m* **~n, ~n** лев

Löwin *f* ~, **~nen** левúця

Luchs *m* **~es,** ~e 1. *зоол.* рись; 2. скнáра; хитрýн, пройдúсвіт

Lücke *f* ~, **~n** 1. пірóжнé мíсце; 2. прогáлина; відсýтність *(знань);* 3. прóпуск *(у тексті);* 4. óтвір, пролóм

lückenhaft *adj* недостáтній, непóвний; з проблéмами; **~los** *adj* суцíльний; безперéрвний; без прóпусків

Luft *f* ~, **Lüfte** повíтря; вíтер

Lúftabwehr *f* ~ протиповíтряна оборóна; **~angriff** *m* **~(e)s, ~e** повíтряний нáпад; **~ballon** *m* **~s, ~e** *f* **~s** **1.** аеростат; 2. повíтряна кýля (кýлька)

lúftdicht *adj* герметúчний

Lúftdruckbremse *f* ~, **~n** пневматúчне гальмó; **~messer** *m* **~s,** ~ барóметр

lüften *vt* провíтрювати, вентилювáти

Lüfter *m* ~**s**, ~ вентилятор

Lúftfahrt *f* ~, **~en** 1. полíт; 2. аеронавігáція; **~flotte** *f* ~, **~n** повíтряний флот.

lúftförmig *adj* газоподíбний

lúftig *adj* 1. спóвнений повíтря; 2. легкúй; повíтряний; прозóрий; тонкúй; 3. легковáжний; пустотлúвий

Lúftkampf *m* **~(e)s, ...kämpfe** повíтряний бій; **~kissen** *n* ~s, ~ надувнá подушка; повíтряна подýшка; **~kühlung** *f* ~ *тех.* повíтряне охолóдження; **~kurort** *m* **~(e)s, ~e** кліматúчний курорт; **~landung** *f* ~, ~en повíтряний десáнт

Lúftlinie *f* ~, ~n 1. прямá лíнія *(між двома географічними точками),* 2. повíтряна (авіаційна) лíнія; **~löcher ~(e)s, ...löcher** вентиляційний óтвір; *ав.* повíтряна яма; **~post** *f* ~ авіапошта; **~schiff** *n* ~(e)s. ~e дирижáбль; **~schütz** *m* ~es *див.* Lúftabwehr; **~schutzkeller** *m* ~s, ~бомбосхóвище; **~streitkräfte** *pl* військово-повітряні сúли: **~stützpunkt** *m* ~(e)s, ~e авіаційна бáза

Lúftung *f* ~, **~en** провíтрювання; вентиляція

Lúftverkehr *m* **~(e)s** повíтряне сполýчення; **~waffe** *f* **~, ~n** військово-повітряні сúли; **~wechsel** *m* **~s, ~ çi**ìна клíмату; вентиляція; **~zug** *m* ~(e)s, **züge** прóтяг

Lüge *f* ~, **~n** непрáвда, *розм.* брехня

lúgen *vi* 1. видивлятися, виглядáти, підстерігáти; 2. виднíтися, стирчáти *(звідкись)*

lügen* *vi* брехáти

Lúke *f* ~, ~n люк

lúllen *vt* заколúсувати, заспокóювати!

lümmelhaft *adj* 1. грубий, брутáльний, невúхований, неотéсаний, неввíчливий; 2. незгрáбний

Lump *m* **~en, ~en** 1. обíдранець, босяк; 2. негíдник

Lúmpen *m* ~s, ~ ганчíрка, клáпоть; *pl* лахмíття, дрантя

Lúmpengeld *n* **~(e)s, ~er** 1. мізéрна сýма, дрібнí грóші; 2. незначнá цінá; мізéрна плáта; **~kerl** *m* **~(e)s, ~e** негíдник, нерóба, лéдар

Lumperéi *f* ~, **~en** 1. пíдлість; 2. безлáддя; 3. дрібнúця, дурнúця

lúmpig *adj* 1. обíдраний, обíрваний; 2. погáний, паскýдний, пíдлий; жалюгíдний, незначнúй

Lúnge *f* ~, **~n** легéня

Lúngenentzündung *f* ~, **~en** запáлення легéнь

Lúrche *pl зоол.* амфíбії, земновóдні

Lust *f* ~, **Lüste** 1. рáдість, задовóлення; 2. насолóда; втíха; 3. бажáння, прáгнення

Lústbarkeit *f* ~, **~en** розвáга; свято

Lüster *m* **~s, ~** 1. люстра; 2. лиск, глянс

lústig *adj* весéлий; рáдісний; забáвний, смішнúй

Lústigkeit *f* ~ весéлість, рáдість; хорóший нáстрій

lústlos 1. *adj* безрáдісний; нуднúй; 2. *adv* неохóче; мляво

Lústspiel *n* **~(e)s, ~e** комéдія; **~spielfilm** *m* **~(e)s, ~e** кінокомéдія

lústwandeln *vi* (s) прогýлюватися, гуляти

lútherisch *adj* лютерáнський

lútschen *vt* ссáти, смоктáти
Lútscher *m* **~s,** ~ сóска, пустýшка
luxuriös *adj* розкíшний, пи́шний, багáтий
Lúxus *m* ~ рóзкіш, пи́шність; марнотрáт-ство
Lúxusartikel *m* **~s,** ~ предмéт рóзкоші
Lýrik *f* **~** лíрика, ліри́чна поéзія
lýrisch *adj* ліри́чний

L

M

máchen 1. *vt* робити, виготовляти; виробляти; готувати; das Éssen ~готувати їжу; Féuer ~ запалювати вогонь; робити, виконувати *(якусь роботу);* займатися *(чимось);* Schúlaufgaben ~ робити уроки; éine Übung ~ виконувати вправи; діяти, чинити *(якимось чином);* er macht, was er will він робить, що хоче; *(виражає дію, на характер якої вказує іменник);* den Ánfang ~покласти початок; Musík ~ грати; влаштовувати, організовувати; Hóchzeit ~ *розм* справляти весілля; давати лад *(чомусь),* прибирати; приготовляти; das Bett ~ застилати ліжко; das Zímmer ~ прибирати кімнату; становити *(про суму); мат.* дорівнювати; zwei mal vier macht acht двічі чотири ~ вісім; die Réchnung macht zwánzig Mark рахунок становить 20 марок; *(у сполученні з прикметником вказує на надання предмету, особі якоїсь якості):* sich fein ~ причепуритися; j-n gesúnd ~ вилікувати когось; *(zu D)* перетворити *(когось у щось);* зробити *(когось кимось);* such j-n zum Freund ~ зробити когось своїм другом; sich *(D)* etw, ~ завдавати собі *(чогось);* робити (собі); sich *(D)* Sórgen *~(um A, uber A)* хвилюватися, тривожитися *(за когось, за щось);* (з inf. іншого дієслова): примушувати, спонукувати *(робити щось);* das máchte mich láchen це мене розсмішило; *(у сполученні з підрядним реченням виражає спонукання):* mach, daß du fórtkommst! забирайся звідси!; 2. *vi розм.* діяти; acht Stúnden ~ працювати 8 годин; mach, mach! швидше! (in D) торгувати *(чимось)* in Textílien ~ торгувати мануфактурою; 3. займатися чимось, грати у щось; in Politík ~ займатися політикою, грати в політику; 3. sich ~ *(an A)* приступати *(до чогось); (auf A):* sich auf die Réise ~ вирушати в дорогу

Macht *f* **~, Mächte** сила, міць; влада, вплив; *політ,* влада; держава

Mächteblock *m* **~(e)s, ~s** союз (блок) держав

mächtig *adj* могутній; сильний; величезний; який володіє (*чимось)*

Mächtigkeit *f* **~** могутність, міць, сила; *геол.* потужність, товщина *(напр., пласта)*

máchtlos *adj* безсилий, беззахисний; безвладний

máchtvoll *adj* могутній; сильний; потужний; переконливий; вражаючий

Mädchen *n* ~s, ~ дівчинка; дівчина; служниця

mädchenhaft *adj* дівочий; дівоцький, невинний, цнотливий; соромливий

mádig *adj* чорнявий; мерзенний, огидний

Madjár *m* ~en, ~en, ~ in *f*~, ~nen угорець, угорка

Magazín *n* **~s, ~e** склад; сховище; книгосховище *(в бібліотеці);* ілюстрований журнал; *військ.* магазин, обойма

Magd *f*-, **Mägde** служниця, наймичка, хатня робітниця

Mágen *m* **~s,** ~ шлунок

mágenkrank *adj,* **~leidend** *adj* хворий на шлунок

máger *adj* худий, худорлявий; нежирний; пісний; *перен.* бідний; виснажений; ~er Bóden виснажений грунт; ~er Gewínn низький (малий) прибуток; ~e Kost погана їжа

Magnét *m* **~(e)s** *i* **~en, ~e** *i* **~en** магніт

Magnétaufzeichnungsgerät *n* відеомагнітофон

Magnétband *n* **~es, ...bänder** магнітофонна стрічка; **~bandgerät** *n* **~(e)s, ~e** магнітофон

Mähdrescher *m* **~s,** ~ комбайн *(зерновий)*

Mähdrescherführer *m* ~s, ~ комбайнер

mähen I *vt* косити; жати

mähen II w бекати, мекати

Mäher *m* **~s,** ~ косар; жнець

Mahl *n* **~(e)s, Mähler** *i* **~e** їда; обід, бенкет

máhlen *vt* молоти; дрібнити

Máhlzeit *f* **~, ~en** їжа *(сніданок, обід, вечеря);* ~! смачного!

Mähmaschine *f*-, ~n косарка, жатка

Mähne *f*~, ~n грива

máhnen *vt* *(an A, um A, wegen G)* нагадувати *(про щось); (vor D* попереджати *(про щось);* застерігати *(від чогось);*

(zu D) закликати *(до чогось);* **zur Rúhe** ~закликати зберігати спокій
Mai *m* ~(e)s *і* ~ травень
Máiglöckchen *n* **~s,** ~ конвалія; **~käfer** *m* **~s,** ~ хрущ
Mais *m* **~es, ~e** кукурудза
majestätisch *adj* величний
mákellos *adj,* бездоганний; незапля-мований
mal 1. *adv* раз; noch ~ *розм.* ще раз; zwei ~ zwei два рази по два; 2. *prtc* ~но, лиш, лишень; **komm ~her**! йди-но (ходи-но) сюди!
Mal I *n* **~(e)s, ~e** *і* **Mäler** знак, цятка, родимка; ein bláues ~ синець; знак, позначка; знак, ознака
Mal II *n* ~(e)s, ~e раз; das érste (zum érsten) ~ уперше; létztes ~ минулого разу
Mal III *n* **~(e)s, ~e** *і* **Mäler** монумент, пам'ятник
málen *vt* (на)малювати, (написати *(картину і т. п.)* фарбувати; *перен.* змальовувати, описувати
Máler *m* **~s,** ~ художник; маляр
Maleréi *f* ~, **~en** живопис *(твір, мистецтво)*
málerisch *adj* художній; мальовничий
málnehmen* *vt* (по)множити
Mámmut *n* ~s, ~e *f* ~s мамонт
man 1. *pron indef (не перекладається, вживається як підмет в неозначено-особових реченнях); ~,* ~sagt говóрять; кáжуть; ~ pocht an die Tür стукають у двері; 2. *(вживається в неозначено-особових спонукальних реченнях); ~,* ~stélle sich vor уяви (уявіть) собі
manch *pron indef* не один (не одна, не одне, не одні), деякий (деяка, деяке, деякі), дехто; *pl тж* багато хто; ~e ságen дехто каже; ~es багато що; so ~es Jahr протягом багатьох років
mancherléi *adj* різний, різноманітний; всілякий
mánchmal *adv* інколи, часом; час від часу
Mándel *f* **~, ~n** мигдаль *(плід); анат.* мигдалина, гланда
Mángel *m* ~s, **Mängel** нестача, відсутність, брак, дефіцит *(an D чогось);* ~ an Zeit брак часу; недолік, дефект; бідність, нестаток
mángelfrei *adj* бездоганний; безпомилковий; **~haft** *adj* недостатній дефіцитний; незадовільний; несправний; помилковий; бракований
mángeln *vi, vinip (an D)* не вистачати, бракувати (*чогось);* es mángelt ihm an Geld у нього не вистачає грошей
maniérlich *adj* вихований, чемний; пристойний, порядний
Mann *m* **~(e)s, Männer** чоловік; álter ~ старий, дід; людина, особа *(здеб. про чоловіків);* ein ~ von Talént талановита людина
mánnbar *adj* змужнілий, дорослий; повнолітній
mánnhaft *adj* чоловічий; мужній, хоробрий; енергійний; рішучий
mánnigfach, ~faltig *adj* різноманітний, різний
Mánnigfaltigkeit *f* **~, ~en** різноманітність; різнобічність
Mánnschaft *f* **~, ~en** команда, екіпаж *(судна);* обслуга *(гармати); спорт.* команда; *військ. здеб.pl* рядові
Mántel *m* ~s, **Mäntel** пальто; плащ; шинель; шуба; *перен.* покров; прикриття; вигляд; únter dem ~ der Nacht під покровом ночі; *тех.* кожух, коробка, оболонка; зовнішня поверхня; *мат.* бокова поверхня
Mántelkragen *m* **~s,** ~ комір пальта
manuéll 1. *adj* ручний *(про роботу);* 2. *adv* вручну
Máppe *f* **~, ~n** папка; портфель; етюдник; географічна карта
Márathonlauf *m* **~(e)s** марафонський біг
Märchen *n* **~s,** ~ казка; вигадка, небилиця
märchenhaft *adj* казкóвий; чарівний; неймовірний
Maríne *f* **~, ~n** військово-морський флот
Marínestation *f* **~, ~en** військóво-морськá бáза
maritím *adj* морський; ~es Klíma морський клімат
Mark I *f* ~, ~ *(скор. M)* марка *(грошова одиниця)*
Mark II *n* **~(e)s** кістковий мозок; серцевина, стрижень; суть, основа, найголовніше
markánt *adj* визначний, характерний
Márke *f* **~ ~n** марка *(поштова);* талон; номерок, жетон; маркірування; марка *(фабрична),* знак *(фірмовий),* клеймо; марка, сорт *(товару)*
markíeren *vt* позначати, маркірувати; таврувати; установлювати кордон; виділяти, підкреслювати *(слова); розм.* прикидатися *(кимось),* den Dúmmen прикидатися дурником
márkig *adj* мозковий, соковитий; сильний, міцний, енергійний, життєздатний
Márkstein *m* **~(e)s, ~e** межовий камінь; *перен.* поворотний пункт; **~stück** *n* **~(e)s, ~e** марка *(монета, купюра)*
Markt *m* ~(e)s, **Märkte** ринок, базар; ярмарок; *ек.* ринок, збут; ринкова площа
márktfähig, ~gängig *adj* ходовий *(товар);* широковживаний *(вислів)*
mártern 1. *vt* мордувати, катувати; 2. **sich** ~ мучитися *(чимось)*
März *m* ~ *і* ~es, ~e березень
märzlich *adj* березневий, як у березні
Maschíne *f* ~, **~n** машина; верстат; механізм; двигун; *розм.* машина *(автомобіль, літак і т. п.) розм.* машинка *(друкарська, швейна)*
maschínengeschrieben *adj* машинописний
maschinéll *adj* машинний, механічний; механізований

M

Maschínenbau *m* **~(e)s** машинобудування; **~gewehr** *n* **~(e)s, ~e** ручний кулемет; **~pistote** *f~*, ~n автомат
maskíeren 1. *vt* маскувати; приховувати; 2. **sich ~** надягати на себе маску; вбиратися *(кимось);* маскуватися, приховуватися
maß *n*~es, ~e міра: мірка, мірило; розмір; *перен.* міра, межа
Másse *f~*, ~en маса, кількість; велика кількість; товща, шар; (народні) маси; натовп
Máßeinheit *f***~, ~ en** *фіз.* одиниця виміру; міра
Mássenaktion *f~*, ~en масовий виступ; **~ausrottungswaffen** *pl* зброя масового знищення; **~bedarf** *m*~(e)s потреби мас; широкий попит, вжиток
Mássenbedarfsartikel *m ~s, ~* предмет (товар) широкого вжитку; **~guter** *pl,* **~waren** *pl* товари широкого вжитку
Mássenbewegung *f~*, ~en масовий рух; **~erzeugung** *f~* масове виробництво; **~friedhof** *m*~(e)s, ...**höfe** братське кладовище
mássenhaft 1. *adj* масовий, величезний; 2. *adv* у великій кількості
Mássenkommunikationsmittel *pl,* **~medien** *pl* засоби масової інформації; **~organisation** *f~*, ~en масова організація
Mássenproduktion *f ~* масове виробництво; **~sport** *m ~* (**e**)s масовий спорт
máßgebend, ~geblich 1. *ado* авторитетний; вирішальний, визначальний; éine ~e Persönlichkeit компетентна особа; 2. *adv* значною мірою
máßhalten* *vi* знати міру; дотримувати міри
mássig *adj* масивний; величезний; об'ємний; грубий
mäßig *adj* помірний; стриманий; середній, посередній
mäßigen 1. *vt* зменшувати; стримувати; 2. **sich ~** зменшуватися, пом'якшуватися; стримуватися
Mäßigkeit *f~* помірність; стриманість; посередність.
Mäßigung *f~* пом'якшення, зменшення, уповільнення; стримування; самовладання
massív 1. *adj* масивний; важкий; міцний; грубий; er wúrde sehr ~*розм.* він почав грубити; капітальний; ein ~es Haus капітальний будинок; 2. *adv* грубо; j-m ~ kómmen грубо розмовляти з кимось
máßlos *adj* безмірний; безмежний; невгамовний
Máßnahme *f~*, ~n захід; **~regel** *f~*, ~n захід; розпорядження, директива
Mast *m* **~es, ~e** *i* **~en** *мор.* щогла; *ел.* опора, стовп
Match *m, n* **~es, ~e** *спорт.* матч, зустріч
Materiál *n*~s, **~ien**, *перев. sg* матеріал, сировина; матеріали (документи)
Mathematík *f~* математика
mathemátisch *adj* математичний
matt *adj* стомлений; слабкий; виснажений; неяскравий, матовий; приглушений *(про звук),* не смачний *(про їжу);* невиразний; нецікавий; непереконливий; *шах:.* ~ in zwei Zügen мат у два ходи
Mátte I *f~*, ~n альпійська лука; пасовисько, вигін, полонина
Mátte II *f~*, ~n циновка, постілка; мат *(гімнастичний);* килим *(для боротьби)*
Máttigkeit *f~* матовість; стомленість, в'ялість
Máttscheibe *f~*, ~n матове скло; *розм,* екран телевізора
Máuer *f~*, **~n** мур, стіна *(кам'яна)*
máuern *vt* мурувати
Mául *n* **~(e)s, Mäuler** морда; паща, зів
Máulbeerbaum *m* **~(e)s**, ...**bäume** шовковиця; **~held** *m* **~en, ~en** базіка, хвалько
Máurer *m*~s, ~ муляр; штукатур
Maus *f~*, **Mäuse** миша
mäuschenstill *adj розм.* тихесенький, смирненький
máusen 1. *vi* ловити мишей; красстися; 2. *vt розм.* вкрасти, поцупити
Mechánik *f~*, ~en механіка; механізм
Medaille *f~*, ~n медаль
Medizín *f~*, ~en медицина; *розм,* ліки
Medizíner *m*~s, ~ медик
Medizínmann *m* ~(e)s, ...**männer** лікар; **~schwester** *f~*, ~n медсестра; **~wagen** *m*~s, ~ санітарна автомашина
Méer *n* **~es, ~e** море; океан
Méerbusen *m* **~s**, морська затока; **~enge** *f~*, **~n** (морська) протока
Méeresboden *m* **~s**, **~grund** *m* **~(e)s** морське дно; **~spiegel** *m* ~s *геогр.* рівень моря; **~strand ~(e)s, ~e** берег моря, пляж; **~strömung** *f~*, **~en** морська течія
Méerrettich *m* **~(e)s, ~e** хрін; **~schweinchen** *n* **~s**, ~ морська свинка
méerwärts *adv у* напрямку до моря
Meeting n **~s, ~s** мітинг
Mehl *n*~**(e)s, ~e** борошно
mehr *(comp. від* viel) *adv* більше, більш; nie ~ніколи (більше)
Méhrarbeit *f ~ ек.* додаткова праця; додаткова, понаднормова робота
méhrbändig *adj* багатотомний
méhrdeutig *adj* неоднозначний; багатозначний
méhren 1. *vt* множити, збільшувати; 2. **sich** ~ множитися, збільшуватися, рости
méhrere *pron indef* деякі; декілька; різні
Méhrheit *f*~, **~en** більшість; численність
méhrjährig *adj* багаторічний
Méhrkampf *m* **~(e)s**, ...**kämpfe** *спорт.* багатоборство
méhrmalig *adj* багаторазовий, неодноразовий, частий; **~mals** *adv* кілька разів, неодноразово; **~stöckig** *adj* багатоповерховий; **~stündig** *adj* багатогодинний; **~tägig** *adj* багатоденний
mein *pron poss* мій

méinen *vt* думати, гадати; вважати; мáти на дýмці, бажáти; мати намір *(зробити щось); A)* висловити свою думку; зауважувати, казати
méinesgleichen *adj* такий, як я; подібний до мене
méinetwegen *adv* заради мене, через мене; гаразд, не заперечую; як бажаєте; **~willen** *adv:* um ~ wíllen заради мене, через мене
Méinung *f~ ~en* думка, погляд
Méinungsaustausch *m ~es* обмін думками; дискусія
Méise *f~, ~n* синиця
méißeln *vt* видовбувати, довбати; висікати; чеканити
méistens, **méistenteils** *adv* здебільшого, переважно
Méister *m* **~s,** ~ майстер (яв *виробництві),* майстер, фахівець, знавець; учитель, наставник; *спорт.* майстер *(звання),* чемпіон, рекордсмен
méisterhaft, **méisterlich**, *adj* майстерний, умілий
méistern *vt* опановувáти, освоювати *(щось);* справлятися *(з чимось);* майстерно володіти *(чимось)*
Méisterschaft *f ~, ~en* майстерність, умíння; *спорт.* пéршість, чемпіонáт
Méisterschaftskampf *m ~(e)s,* **...kämpfe** *спорт.* чемпіонат, змагання на першість; **~titel** *m ~s, ~ спорт.* звання чемпіона
Méisterwerk *n* **~(e)s, ~ e** шедевр; видатне досягнення
mélden 1. *vt (D, bei D* повідомляти; доповідати *(комусь про щось);* 2. **sich** ~ *(bei D* рекомендуватися *(комусь)* з'явитися *(до когось);(zu D)* виявити бажання *(до чогось),* подати заявку на участь *(у чомусь);* sich zum Wort ~ попросити слова; повідомити про свою присутність, давати про себе знати; sich am Telephón; відповідати *(по телефону),* das Álter méldet sich вік дае себе знати
Méldung *f* **~en** повідомлення; *військ.* рапорт; заявка *(на участь у чомусь)*
Mélkanlage *f***~, ~n** доїльна установка
Mélker *m ~s, ~,* **~in** *f* **~, ~nen** дояр, доярка
melódisch *ддо* мелодійний; музичний
Melóne *f***~, ~n** диня
Ménge *f* **~, ~n** маса, велика кількість; величезна кількість; *мат.* іножина
méngen 1. *vt* змішувати, перемішувати; плутати; 2. **sich** ~ втручатися, встрявати
Ménsa *f~,* **...sen** студентська їдальня
Mensch *m* **~en, ~en** людина
Ménschenalter *n* **~s,** ~ людський вік; покоління
ménschenfreundlich *adj* людяний, гуманний
Ménschenfreundlichkeit *f* **~** людя́ність, гуманність
ménschenleer *adj* безлюдний, ненаселений
Ménschenrechte *pl* права людини
ménschenscheu *adj* відлюдний, відлюдкуватий
Ménschenverstand *f* **~(e)s** людський розум; der gesúnde **~verstand** здоровий глузд; **~würde** *f***~** людськá гідність
ménschenwürdig *adj* гідний людини; людський *(про умови життя і т в.)*
Ménschheit *f***~** людство
ménschlich 1. *adj* людський; der ~e Körper тіло (організм) людини; людяний, гуманний; 2. *adv* гуманно, по-людськи
Ménschlichkeit *f* **~** людя́ність, гуманність
Menüladen **~s, ~** *i* **...läden** кулінарний магазин
mérken *vt* помічати; відчувати; бачити; сприймати; запам'ятовувати
mérklich *adj* помітний; відчутний; значний
Mérkmal *n* **~(e)s, ~e** ознака, відмітна риса
mérkwürdig *adj* дивний; дивовижний
mérkwürdigerweise *adv* дивним способом; якось дивно
Mésse *f* **~, ~n** я́рмарок, ви́ставка-прóдаж
Méssebesucher *f* **~s, ~, ~gast** *m* **~(e)s, ...gäste** відвідувач ярмарку; **~halle** *f* **~, ~n, ~haus** *n* **~es, ...häuser** ви́ставочний павільйóн
Méßeinheit *f~,* **~en** одиниця виміру
méssen* *vt* вимірювати; *(an D, mit D)* порівнювати; обдивлятися, міряти поглядом; 2. *vi* становити, мати розмір; das Kind mißt éinen Méter зріст дити́ни ~оди́н мéтр; drei Méter in die Bréite ~ 3 метри шириною; 3. **sich** ~ *(mit j-m an D, in D)* (по)мірятися (з *кимось, напр., силами);* рівнятися *(на когось в чомусь)*
Mésser *n* **~s,** ~ ніж
Méssestadt *f~,* **...städte** місто ярмарків
Méßgerät **~(e)s, ~e** вимірювальний прилад
Méssing *n* **~s,** латунь, жовта мідь
Méßkunde *f***~, ~kunst** ~ гео Азія
Méssung *f***~, ~en** вимір, вимірювання
Metállerz *n* **~es, ~e** металева руда
metállverarbeitend *adj* металообробний
Méter *n* **~s,** ~ метр
méuchlerisch *adj* лиходійський; зрадницький
méuchlings *adv* по зрадницькому
Méute *f***~, ~n** зграя, ватага, банда
Meuteréi *f***~, ~en** бунт, заколот
méutern *vi* бунтувати, вчиняти заколот
mich *pron pers (A від* ich) мене; fráge ~ nicht не їитай мене; *(тж як pron* refl) zíehe ~ an я одягаюся
Míene *f***~, ~n** вираз (обличчя), міна
Míete *f***~, ~n** наймáння, прокат; плата за наймання (прокат); квартирна

M

плата; zur ~ wóhnen наймати квартиру (кімнату)
míeten *vt* наймати, орендувати; брати в оренду; брати напрокат
Míeter *m* **~s,** ~ квартиронаймач; квартирант; орендатор
Míezekatze *f* **~, ~n** киця, кішечка
Míkrowellen *f pl* мікрохвилі; НВЧ хвилі
Míkrowellengerät *f* **~(e)s, ~e, ~ herd** *m* **~(e)s, ~e** мікрохвильова пічка; НВЧ-пічка
Milch *f* ~ молокó
Mílchbar *f* **~, ~s** молóчне кафе; **~gebiß ...bisses, ...bisse** молочні зуби; **~geschäft** *n* **~(e)s, ~e** молочний магазин; **~kaffee** *m* **~s** кава з молоком; **~straße** *f* ~ *астр.* Чумацький шлях
míld(e) *adj* м'якúй, дóбрий; лáгідний милосéрдний
míldern *vt* пом'якшувати, полегшувати; вгамовувати *(біль)*
Mílderung *f* **~, ~en** полегшення, пом'якшення; зменшення
Militär I *n* ~s, **~s** військовий, військовослужбовець; солдат
Militär II *n* ~s війська, армія; військовослужбовці
militärisch 1. *adj* військовий, военний; 2. *adv* по військовому
Milíz *f* **~, ~ån** міліція, народне ополчення
Milizionär *m* **~s, ~e** міліціонер
millionenfach *adj* багатомільйóнний
mínder 1. *adj* менший, менш значний; 2. *adv* менше, менш
Mínderheit *f* ~, **~en** меншість
Míne I *f* **~, ~n** рудник, копальня, штольня
Míne II *f* **~, ~n** *військ.* міна
Míne III *f* **~, ~n** стержень *(кулькової ручки),* графіт
Mineráldünger *m* **~s,** ~ *с.-г.* мінеральне добриво
Minister *m* **~s,** ~ міністр
Ministérium *n* **~s, ...rien** міністерство
Ministerpräsident *m* **~en, ~en** прем'ер міністр; **~rat** *m* **~(e)s, ...räte** Рада міністрів
Mínus *n* ~, *мат.* мінус; *ком.* дефіцит; брак *(чогось),* відсутність; мінус, недолік
Minúte *f* **~, ~n** хвилина; *мат.* мінута
minútenlang 1. *adj* хвилинний; *2. adv* протягом кількох хвилин
Minútenzeiger *m* **~s,** ~ хвилинна стрілка *(годинника)*
mir *pron (D від* ich) мені; gib ~ дай мені; ein Freund von ~ один з моїх друзів
míschen 1. *vt* змішувати, перемішувати, тасувати *(карти);* підмішувати; *перен.* змішувати, плутати; 2. **sich** ~ змішуватися; втручатися, встрявати *(у щось);* sich in ein Gespräch ~ втручатися в розмову
Míschung *f* **~, ~en** змішування; суміш
miserábel *adj* жалюгідний, нікчемний, мізерний
mißáchten *vt* зневажати *(когось);* ставитися з презирством *(до когось, чогось)*
Mißáchtung *f* **~** неповáга; презирство; зневажання
mißbílligen *vt* не схвалювáти, засýджувати, гудити *(когось, щось);* відхиляти, не визнавати
mißbráuchen *vt* зловживати *(чимось);* **~deuten** *vt* хибно тлумачити
Mißerfolg *m* **~(e)s, ~e** невдача, провал; **~ernte** *f* **~, ~n** неврожай
mißfállen* *vi (D)* не подобатися, бути неприемним *(комусь)*
mißgelaunt *adj* незадовблений; не в (доброму) настрої, не в гуморі
Míßgeschick *n* **~(e)s, ~e** нещастя
mißhándeln *vt* жорстоко поводитися *(з кимось);* знущатися *(з когось)*
Mißhándlung *f* **~, ~en** жорстоке поводження, катування
míßmutig *adj* невдоволений; сумний похмурий
mißráten* *vi (s)* не вдаватися **~trauen** *vi (j-m)* не довіряти *(комусь);* остерігатися *(когось)*
míßtrauisch *adj* недовірливий, підозрілий
Míßvergnügen *n* **~s** незадоволення, досада
míßverstehen* *vt* неправильно розуміти
Míßwirtschaft *f* **~** безгосподáрність
Mist *m* **~es, ~e** гній; *розм.* мотлох, дурниця
mit 1. *prp (D) (вказує на спільність дії чи стану, взаемодію)* з, разом з; er kam ~ séinem Freund він прийшов із своїм другом; er árbeitet ~ mir він працюе (разом) зі мною; ~ j-m spréchen розмовляти з кимось; *(вказуе на наявність чогось, на оснащеність чимось)* з; mit Gepäck з багажем; Tee ~ Zitróne чай з лимóном; der Júnge ~ den schwárzen Áugen хлопчик з чорними очима; *(вказуе на явище або стан, якими супроваджується дія, на спосіб дії)* з; ~ Gesáng зі співом; ~ Geschréi з крúком; ~ Recht по прáву; *(вказуе на час)* з, на; ~ Tágesanbruch на світáнку; ~ dem Ábend надвéчір; ~ der Zeit з часом; *(вказуе па знаряддя, засіб чи спосіб виконання дії, перекладаеться здеб. орудним відмінком).* ~dem Bus fáhren їхáти автóбусом; ~ Séife wáschen мúти мúлом; ~ éinem Mésser schnéiden різати ножéм; *(вказуе на стан особи чи явища, на пов'язані з ними обставини):* wie steht es ~ ihm як його справи?, як його здоров'я?; 2. *adv* також, так само, теж; ~ dabei sein бýти присýтнім при чомýсь; das gehört ~ dazú це відноситься сюди ж
Mítarbeit *f* **~** співробітництво
mítarbeiten *vi (an D)* співробітничати, брати активну участь *(в чомусь)*
Mítarbeiter *m* ~s, ~ співробітник; **~arbeiterin** *f* ~, **~nen** співробітниця

Mítbewerber *m* **~s,** ~, ~ **in** *f* **~, ~nen** претендент, ~ка; учасник, ~ниця *(конкурсу, змагання)*
mítbringen* *vt* приносити (приводити, привозити) з собою
miteinánder *pron. rez* один з одним; разом
míterleben *vt* переживати, відчувати *(разом з кимось);* **~fahren*** *vi (s)* їхати разом з кимось; мати при собі; **~geben*** *vt* давати (з собою); надати *(комусь щось),* наділити *(когось чимось)*
Mítgefühl *n* **~(e)s** співчуття; симпатія, прихильність
mítgehen* *vi (s)* ітú *(разом з кимось);* супроводжувати *(когось); перен.* іти в ногу *(з чимось);* ebr geht mit der Zeit mit він іде в ногу з часом
Mítgift *f* **~, ~en** придане, посаг
Mítglied *n* **~(e)s, ~er** член *(організації, сім'ї)*
Mítgliedsausweis *m* **~es, ~e** членський квиток; **~beitrag** *in* **~(e)s, ...beitrage** членський внесок; **~buch ~(e)s ...bücher, ~karte** *f* **~, ~n** членський квиток
Mítgliedstaat *m (e)s* **~en** держава~член *(організації);* країна~учасниця *(блоку)*
míthaben* *vt* мати при собі; **~helfen*** *vi* допомагати; zu etw ~сприяти чомусь
míthören *vt* підслуховувати (*по телефону*), слухати *(мимоволі)*
Mítkämpfer *m* **~s** ~ соратник, бойовий товариш
mítkommen* *vi (s)* приходúти, прибувати, іти разом *(з кимось); розм.* встигати, не відставати
Mítleid *n* **~(e)s** *(mit D)* співчуття, жаль *(до когось);* ~ mit j-m háben співчувати комусь; жаліти когось; зглянутися *(на когось)*
mítmachen *vt* брати участь *(в чомусь);* **~nehmen*** *vt* брати (забирати) з собою; миритися *(з чимось);* знесилювати, виснажувати, негативно позначатися; die Kránkheit hat ihn tüchtig mítgenommen хвороба дуже ослабила його
Mítreisende *m, f* супóтник, .ниця
mítreißen* *vt* тягти, нести (за собою); захоплювати *(чимось)*
Mítschuldige *m, f* співучасник, - ниця
Míttag I *n* **~(e)s, ~e** обід; обідня перерва; zu ~ éssen обідати; ~ máchen робити перерву на обід
Míttag II *m* **~(e)s, ~e** полудень; am ~, zu ~ опівдні
Míttagessen n ~s обід
míttags *adv* опівдні; в обідаю перерву
Míttagspause *f* **~, ~n** обідня перерва; **~zeit** *f*~ полудень; обідня перерва
Mítteilung *f* ~, **~ån** повідомлення
Míttel *n* **~s,** ~ засіб, спосіб; ліки; (лікувальний) засіб; *pl* (матеріальні) засоби; засоби (до існування); (природні) дані; ресурс
Míttelalter *n* **~s** середньовіччя
míttelbar *adj* проміжний; непрямий; посередній; **~europäisch** *adj* середньоевропейський; **~groß** *adj* середнього розміру; середній на зріст
Mítteläufer *m ~s, ~ спорт.* центр півзахисту *(футбол)*
Míttelpunkt *m* **~(e)s, ~e** центр (*тж перен.);* im ~punkt stéhen бути в центрі уваги; **~schule** *f*~, **~n** середня школа; **~stufe** *f* ~, **~n** середні класи школи (6-8 кл.); **~stürmer** *m* ~s, ~ *спорт.* центральний нападаючий *(футбол);* **~wellen** *pl (скор.* mw) *радіо* середні хвилі
Míttelwellenbereich *m* **~(e)s, ~e** *радіо* середньохвильовий діапазон
Míttelwert *m* ~(e)s, ~e *ек.* середня вартість; *мат.* середня величина
Mítternacht *f* ~ північ; um ~ опівночі
míttler *adj* середній
míttlerweile *adv* тим часом
Míttwoch *m* ~(e)s, ~e середа
míttwochs *adv* щосереди
mitúnter *adv* інколи, часом
Mítverfasser *m* ~s, ~ співавтор; **~weit** *f* сучасник(и); сучасне покоління
mítwirken *vi (an D, bei D, in D)* співробітничати, брати участь *(у чомусь);* сприяти *(чомусь);* брати участь разом з кимось; *(zu D)* сприяти *(чомусь)*
míxen *vt* змішувати *(коктейлі і ін. надої)*
Möbel *n ~s, ~ перев. pl* меблі
Möbelgeschäft *n* **~(e)s, ~e** меблевий магазин
mobíl *adj* рухливий, моторний; діяльний; бадьорий; *ек.* рухомий; ~es Vermögen рухоме майно; *військ.* моторизований; мобілізований; пересувний
möblíeren *vt* меблювати
Móde(n)heft *n* **~(e)s, ~e ~journal** *n* **~s, ~e** журнал мод
Módepuppe *f* ~, ~ манекен; **~salon** *m* **~s**, ательє мод; салон мод
modifizíeren *vt* (видо)змінювати, модифікувати
módisch 1. *adj* модний; елегантний; 2. *adv* по моді
mögen* *mod (здеб. із запереченням)* бажати, хотіти; любити; ich mag díese Spéise nicht я не люблю цієї страви; ich mag ihn nicht séhen я не хочу його бачити; *(в conj виражає ввічливе прохання, побажання):* ich möchte Sie um díeses Buch bítten можна попросити у вас цю книгу?; ich möchte das gérne tun я охоче зробив би це; mögest du glücklich sein! нехай щастить тобі!; *(виражає дозвіл, іноді попередження та погрозу):* darüber mag er selbst entschéiden нехай він сам вирішує; möge er kómmen! хай він тільки спробує прийти!; *(має допустове значення, при перекладі речення починається словами):* хай, нехай, хто б не, що б не, де б не, як би не і т. п.; er mag nur réden ну і нехай він каже; *(вживається для*

M

висловлення припущення, імовірності): sie mag 20 Jáhre alt sein їй. мабуть, років 20; er mag schon gekómmen sein можливо, він уже приїхав; wer mag das sein? хто б це міг бути?
möglich 1. *adj* можливий; 2. *adv* можливо
Möglichkeit *f*~, ~en можливість: варіант, шанс
möglichst *adv* по можливості; ~ bald як можна швидше; ~ viel як можна більше
Mohn *m* **~(e)s, ~e** мак
Möhre *f*~, ~n, **Mohrrübe** *f*~, ~n морква
móldauisch *adj* молдавський
Molékel *f*~, ~n, **Molekül** *n* ~s, ~e молекула
móllig *adj* теплий; затишний; пухнастий; м'який, ніжний *(на дотик)*
Momént ² *m* **~(e)s, ~e** момент, мить
Momént II *n* **~(e)s, ~e** момент, фактор; чинник, обставина; елемент .
momentán 1. *adj* миттевий; раптовий;! моментальний; 2. *adv* тепер, зараз; тимчасово
Mónat *m* **~(e)s, ~e** місяць
mónatlich *adv* (що)місячний
Mónatsheft *n* ~(e)s, ~e номер журналу *(який виходить щомісячно),* (що)місячник *(журнал);* **~karte** *f* **~ ~n** місячний (проїзний! квиток; **~lohn** *m* ~(e)s, ...**löhne** місячна зарплата; **~schritt** *f*~, **~ån** щомісячник *(журнал)*
Mönch *m* **~(e)s, ~e** чернець, монах
Mond *m* **~(e)s, ~e** *тк. sg* місяць; *астр.* Місяць *(супутник Землі);* der júnge ~ молодик; *розм.* лисина
Móndfinsternis *f*~ затемнення Місяця; **~flug** *m* ~(e)s, ...**flüge** політ на Місяць; **~landunbg** *f* ~, ~en посадка на Місяці; **~schein** *m* ~(e)s місячне сяйво
Mónitor *m* монітор
Móntag *m* ~(e)s, ~e понеділок
móntags *adv* щопонеділка; в понеділок
montíeren *vt* монтувати, збирати *(установку);* встановлювати; *спорт* приклепувати *(ковзани)*
Móor *n* **~(e)s, ~e** болото, трясовина
Móos *n* **~es, ~e** мох
Móosbeere *f*~, **~n** журавлина
Morást *m* **~es, ~e** / **Moräste** болото, трясовина
Mord *m* **~(e)s, ~e** вбивство
mórden *vt* вбивати; *перен.* знищувати, руйнувати
Mörder *m* ~s, ~ вбивця; *перен.* душогуб
mörderisch *adj* вбивчий; смертоносний; жахливий; страшенний
mörderlich *adj* жахливий; страшенний; дуже сильний; надмірний
mórgen *adv* завтра
Mórgen *m* ~s, ~ ранок
Mórgendämmerung *f*~ світанок
Mórgenfeier *f*~, **~n** ранок *(дитяче свято);* **~gymnastik** *f* **~** ранкóва гімнастика; **~land** *n* **~(e)s** (Близький) Схід
mórgens *adv* вранці, ранком
mórgig *adj* завтрашній; майбутній
mórsch *adj* гнилий, трухлявий
Mótor *m* **~s, ...toren, Motór** *m* ~s, **~e** мотор, двигун
Mótorboot *n* **~(e)s, ~e** моторний човен; **~rad** *n* **~(e)s, ...räder** мотоцикл
Mótto *n* **~s, ~s** девіз; епіграф
Möwe *f*~, **~n** чайка
Mücke *f*~, **~n** комар, мошка
müde *adj* стомлений
Müdigkeit *f*~, **~en** втома
Mühe *f* ~, **~n** зусилля; клопіт; турботи; sich *(D)* góße ~ gében (дуже) старатися; máchen Sie sich kéine ~! не турбуйтеся, будь ласка!; mit ~насилу
mühelos 1. *adj* легкий, неважкий; 2. *adv* без великих зусиль, легко
mühen, sich трудитися; старатися; sich um etw. (A) mühen домагатися, добиватися чогось
mühevoll *adj* важкий; трудівничий
Mühle *f*~, **~n** млин
Múlde *f* ~, **~n** лощина, низина; улоговина; ночви, діжа
Mull *m* **~(e)s, ~e** марля; серпанок
Müll *m* **~(e)s** сміття, покидьки
Müllschlucker *m* **~s,** ~ сміттепровід
multilaterál *adj* багатосторонній; **~national** *adj* багатонаціональний
Multiplikatión *f* **~, ~en** *мат.* множення; мультиплікація
multiplizíeren *vt (mit D)* множити
Mund *m* **~(e)s Münde(r)** рот, уста; den ~ áuftun відкрити рот; *перен, розм.* заговорити, висловитися; den ~ hálten *розм.* мовчати, помовчувати
Múndart *f*~, **~en** діалект
münden *vi (in A)* впадати *(про річку); (in A, auf A)* виходити *(про вулицю);* díese Sträße mündet auf den Markt ця вулиця виходить на ринкову площу; *(A) перен.* закінчуватися чимось
mündig *adj* повнолітній
mündlich *adj* усний; словесний
Mündung *f*~, **~en** гирло; кінець *(вулиці труби); війсь,* дуло; жерло
Munitión *f*~, **~en** *війсь.* боєприпаси
múnter *adj* бадьорий, веселий, жвавий; ~ máchen підбадьорити; розбудити; ~ sein почувати себе бадьорим; ~ wérden прокинутись; який не спить; свіжий; міцний, здоровий
Münze *f*~, **~n** монета
Münzfemsprecher *m* **~s,** ~ телефонавтомат; таксофон
mürbe *ado* м'який, ніжний *(про м'ясо);* розсипчастий *(про печиво):* пухкий *(про тісто);* крихкий, трухлявий *(про дерево);* крихкий; ламкий; *перен.* знесилений; м'якотілий
múrmeln 1. *vt* бурмотати, шепотіти; *2. vi* дзюрчати *(про струмок і т. п.)*
Mus *n* ~es, ~e мус, пюре з фруктів, повидло

Múschel *f~*, **~n** черепашка; *анат.* раковина *(вушна);* телефонна трубка
Muséum *n* **~s, ...seen** музей; будинок-музей
Musík *f* му́зика
Músiker *m* ~s, ~ музикант; композитор; диригент
Musíkhochschule *f~*, **~n** консерваторія; **~stück** *m* ~(e)s, ~e музичний твір; **~truhe** *f~*, **~n** радіола
musizíeren *vi* займатися музикою; грати
Múskel *m* **~s, ~n,** *f~*, **~n** м'яз, мускул; *pl тж* мускулатура
muskulös *adj* мускулистий, м'язистий
Muß *n ~* необхідність, приму́с, потреба
Múße *f~* вільний час, дозвілля
müssen* *mod* мусити, бути змушеним *(щось зробити через моральний обов'язок або обставини);* wir ~ den Plan erfüllen ми пови́нні викона́ти план; man muß необхі́дно, тре́ба, доводи́ться er muß він пови́нен, йому́ потрібно; *(виражає волю, побажання того, хто говорить):* das mußt du nicht tun *розм.* цьoró тобі не слід роби́ти; *(виражає припущення, основане на фактах)* er muß jéden Augenblick kómmen він пови́нен прийти́ з хвили́ни на хвили́ну; das muß wahr sein це, напе́вно, пра́вда; тре́ба ж було́ ...; da muß auch noch das Rad bréchen і требá ж було́ ще й злама́тися колесу́; *(виражає мимовільну дію):* da múßte er láchen тут він мимово́лі розсмія́вся
müßig *adj* вільний *(від роботи),* незайнятий; бездіяльний; пустий, безцільний
Müßiggang *m* ~(e)s неробство, ледарство; дармоїдство; **~gänger** *m* ~s, ~ нероба, ледар
Múster *n* ~s, ~ взірець; модель; приклад зразок *(товару);* модель, макет; модель, викрійка *(одягу)*
Músterbeispiel *n* ~(e)s, ~e, **~exemplar** *n* ~i, ~e взірець, зразок
mústergültig, **~haft** *adj* зразковий, взірцевий
Mústermesse *f~*, ~n ярмарок (виставка) зразків; виставка-продаж
Mut *m* **~(e)s** мужність, хоробрість; настрій, самопочуття
mútig *adj* мужній, хоробрий
mútlos *adj* малодушний
Mútter ² *f~*, **Mütter** мати, мама
Mútter II *f~*, **~n** гайка
mütterlich *adj* материнський
mütterlicherseits *adv* з материнського боку, по матері
Múttermal *n* **~(e)s, ~e ~er** родимка; **~schaft** *f~* материнство; **~schütz** *m* **~es** охорона материнства; **~spräche** *f~*, ~n рідна мова
Mútti *f~*, ~s мама, неня, матуся
mútwillig 1. *adj* пустотливий, бешкетний; навмисний; 2. *adv* пустотливо; навмисно
Mütze *f~*, ~n шапка, кашкет, картуз, кепка; éine ~ mit Óhrenklappen вуша́нка
Mýthe *f~*, ~n, **Mýthos**, **Mýthus** *m ~*, **Mýthen** міф

N

na *int* ну! na also! ну нарéшті!; na ja! ну звичáйно!; na, so was! ну і íó!
Nábel *m* ~s, - / **Näbel** пуп, пупóк
nach 1. *prp (D) (вказує на напрям):* в, на, до, у, за; - Kiew до Кúєва; der Zug - Berlín пóїзд на Берлін; - dem Nórden на північ; -oben вгóру, вверх; - únten вниз; - áußen назóвні, надвір; - innen всерéдину; - Háuse додóму; *(вказує на послідовність у часі, на проміжок часу в минулому):* чéрез, після, по; - der Árbeit після робóти; nach Empfáng Íhres Bríefes після одéржання вáшого листа; zehn Minúten - acht дéсять хвилúн на дев'яту; - kúrzer Zeit незабáром, невдóвзі; *(вказує на порядок слідування):* за, після; éiner -dem ánderen одúн за дрý-гим; *(вказує на відповідність, узгодженість з чимось; часто стоїть після іменника):* згідно, на, за; сýдячи по; - der Natúr málen писáти з натýри; sich - der Móde kléiden одягáтися по мóді; - Vórschrift згідно з розпорядженням; méiner Méinung - на мóю дýмку; 2. *adv* (слідом) за; після (того); ihm -! за ним; - und - мáло-помáлу, поступóво; wie vor як колúсь, як і раніше
náchahmen *vt* наслідувати, удавáти *(когось);* копіювáти
náchahmenswert *adj* гідний наслідування; зразкóвий, взірцéвий
Náchahmung *f*-, -en наслідування; копіювáння; кóпія; підрóбка
nácharbeiten 1. *vt* копіювати *(зразок);* виправляти, удосконалювати; відпрацьóвувати, надолýжувати; 2. *vi (D)* наслідувати *(чийсь)* прúклад *(в роботі);* залишáтися в шкóлі після урóків *(як покарання),* викóнувати додаткóве завдáння
Náchbar *m* **-s** / **-n, -n, in** *f* **-, -nen** сусід, ...ка
Náchbarschaft *f* **-** сусідство; *збірн.* сусіди; добросусідські стосýнки
Náchbilduhg *f* -, -en підрóбка; копіювáння; вúготовлення за зразкóм; копія; імітáція; підрóбка; модéль; макéт
nachdém 1. *cj* після тóго як; je - залéжно від тóго, як; - er den Brief gelésen hätte, ging er zur Post після тóго, як він прочитáв листá, він пішóв на пóшту; 2. *adv* потім
náchdenken* *vi (uber A)* дýмати, міркувáти *(про щось); (D)* замúслюватися *(над чимось)*
Náchschrift *f* **-, -en** припúска, постскрúптум; зáпис, конспéкт
náchsehen* 1. *vt* перевірáти; дивúтися *(за кимось, чимось);* переглядáти; контролювáти; довідуватися *(про щось у книзі і т. п); (j-m)* прощáти *(комусь, щось),* стáвитися поблáжливо *(до когось, до чогось);* 2. *vi (D)* дивúтися услід *(комусь; (in D)* дивúтися *(в книжці, довіднику);* **-setzen** *vi (s) (D)* гнáтися *(за кимось),* переслідувати *(когось); vt (D)* стáвити *(щось після чогось)*
nächst *adj* найблúжчий; настýпний; дрýгий, майбýтній; черговúй; am -en Tag настýпного дня; das -e Mal настýпного рáзу, іншим рáзом
Nächste *m* блúжній, блúзький рóдич
náchstehen* *vi (j-m an D)* поступáтися *(комусь в чомусь);* **-stehend** 1. *adj* нижченавéдений; 2. *adv* нижче, далі *(в тексті);* **-stellen** 1. *vt* регулювáти, відстрóювати; die Uhr -stéllen перевóдити стрілки годúнника назáд; 2. *vi (D)* підстерігáти, переслідувати *(когось)*
nächstens *adv* у майбýтньому; настýпного рáзу: незабáром; найблúжчим часом
náchsturzen *vi (s)* кúдатися навздогін *(за кимось);* **-suchen** 1. *vi* шукáти; *(um A)* клопотáтися *(про щось)* 2. *vt* розшýкувати
Nacht *f* -, **Nächte** ніч; *перен.* тéмрява; gute -! на добраніч!
Náchtarbeit *f* **- -en** робóта в нічнý зміну; **-dienst** *m* **-es, -e** робóта (чергування) в нічнý зміну, нічнá зміна
Náchteil *m* **-(e)s, -e** збúток, шкóда; недóлік; дефéкт
náchteilig *adj* збиткóвий, невúгідний: шкідлúвий
Náchtigall *f* -, **-en** соловéй
Náchtisch *m* **-es, -e** десéрт; zum - на десéрт, на солóдке, на третє
Náchtlager *n* -s, - нічліг; ночівля; пóстіль
nächtlich *adj* нічний, zu -er Zeit уночі

náchtragend, náchträgerisch *adj* злопа́м'ятний; мсти́вий
náchträglich 1. *adj* додатко́вий; запізнілий; злопа́м'ятний; неви́гідний; шкідли́вий; 2. *adv* додатко́во; по́тім; за́днім число́м
Náchtruhe *f* - нічний спо́кій, сон
nachts *adv* вночі́, ноча́ми; von früh bis - з ра́нку до ночі́
Náchtsanatorium *n -s,* **...rien** профілакто́рій, нічний санато́рій; **-schicht** *f* -, **-en** нічна́ змі́на; **-tisch** *m* **-(e)s, -e** нічни́й сто́лик; ту́мбочка
Náchweis *m* **-es, -e** до́каз; свідчення *(чогось);* підтве́рдження *(чогось);* посере́дницька конто́ра, бі́ржа пра́ці; індекс, спи́сок *(напр., використаної літератури)*
náchweisen* *vt* дово́дити, підтве́рджувати *(документально);* виявля́ти; *(j-m)* викрива́ти, лови́ти *(когось на чомусь)*
Náchwelt *f* - наща́дки; майбу́тні по колі́ння; **-wirkung** *f* -, **~en** (наступна) дія; вплив; наслі́док; **-wort** *n* **-es, -e** післямо́ва; епілог; **-wuchs** *m* **-es** підроста́юче поколі́ння; змі́на; мо́лодь; пото́мство; молодня́к
Náchwuchskraft *f* - мо́лодий фахі́вець (робітник); молоди́й спортсме́н (актор, художник *і т. п.); pl* **-kräfte** мо́лодь, молоді ка́дри; **-wissenschaftler** *m* **-s,** -молоди́й науко́вець
náchzählen *vt* переліч́увати *(напр., здачу);* **-zeichnen** *vt* змальо́вувати, копіюва́ти *(за зразком);* зобража́ти; домальо́вувати; **-ziehen*** *vt* тягну́ти за собо́ю, волочи́ти *(напр., ногу);* затя́гувати, підкру́чувати *(гайку);* потягти́ за собо́ю *(когось);* підмальо́вувати; наво́дити *(контури); vi (h, s) (D)* руша́ти слі́дом *(за кимось, за чимось)*
Nácken *m* **-s**, - поти́лиця
nackt 1. *adj* го́лий; розд́ягнутий: ого́лений; 2. *adv* голяка́
Nádel *f* **-, -n** го́лка; die - einfädeln встромля́ти ни́тку в го́лку:спи́ця *(в'язальна);* шпи́лька; значок; стрі́лка *(компаса); бот.* го́лка; *pl* хвоя́; пік, шпиль
Nágel *m* **-s, Nägel** гвіздо́к: ні́готь
Nágellack *m* **-(e)s, -e** лак для ні́гтів
nágeln *vt* прибива́ти (цвяхами)
nágelneu *adj* нові́сінький; з го́лочки
nágen *vi (an D)* гри́зти *(щось); перем. тж* підто́чувати; an éinem Knóchen - гри́зти кі́стку
Nágetier *n* **-(e)s, -e** *зоол.* гризу́н
náh(e) 1. *adj* близьки́й; неда́лекий; ein - er Freund близьки́й друг; in - er Zúkunft у неда́лекому майбу́тньому; 2. *adv (an D, bei D, von D)* поблизу́, неда́леко від *(когось, чогось),* бі́ля *(чогось, когось);* впри́тул *(до чогось, до когось)*
Nähe *f* **-, -n** бли́зькість, сусі́дство; in der - поблизу́, по́руч, неда́леко від *(чогось, когось)*
náhebringen* *vt* (j-m) познайо́мити *(когось з чимось);* зацікáвити *(в чомусь когось);* зблизити *(когось* з *кимось);* **-gehen*** *vi (s) (D)* вра́зити, дошкули́ти; das geht mir náhe я ва́жко пережива́ю це
náhegelegen *adj* близьки́й, сусі́дній; **-liegend** *adj* приро́дний, зрозумі́лий
náhen 1. *vi (s)* наступа́ти, наближа́тися; der Frühling naht незаба́ром весна́; 2. **sich** - підхо́дити, наближа́тися *(до когось, до чогось)*
Näherin *f* **-, -nen** шва́чка
nähern 1. *vt (D)* наближа́ти *(щось до чогось);* зближа́ти *(з кимось);* 2. **sich** - *(D)* наближа́тися, підхо́дити *(до когось, до чогось);* знайо́митися бли́жче *(з кимось)*
náhestehen* *vi (D)* бу́ти бли́зьким *(комусь);* бути у близьки́х стосу́нках *(з кимось)*
náhezu *adv* ма́йже
Nähmaschine *f* -, **~n** шве́йна маши́на
nähren 1. *vt* харчува́ти; годува́ти; 2. **sich** - *(von D, mit D, durch A)* харчува́тися *(чимось)*
nährhaft *adj* пожи́вний, си́тний
Nährstoff *m* -(e)s, -є пожи́вна речови́на
Náhrung *f* - ї́жа, харчува́ння
Náhrungsmittel *pl* проду́кти харчува́ння
Nährwert *m* **-(e)s** пожи́вність, калорі́йність
Náht *f* **-, Nähte** шов *(тж тех.)*
Náhverkehr *m* **-(e)s** примі́ське сполу́чення; **-zug** *m* **-(e)s, ...züge** примі́ськи́й по́їзд
Naivität *f* - наївність; невинність
Náme *m G* **-ns**, *D* **-n**, *A* **-n**, *pl* **-n** ім'я́; прі́звище; кличка; ім'я, репутація, сла́ва; im -n ім'я́м, менем; від імені; im - n des Gesetzes іменем зако́ну
námens *adv* на ім'я́; на прі́звище
Námenverzeichnis *n* **-ses, -se** спи́сок (покажчик) імен
námhaft *adj* 1. видатни́й; відо́мий; 2. зна́чний, істо́тний *(про суму,різницю і т. п.);* máchen назва́ти; ви́сунути *(кандидатуру)*
nämlich 1. *adj* той (же) са́мий, таки́й са́мий; тото́жний; на́званий, вка́заний; незмі́нний; 2. *adv* оскі́льки, бо; 3. *cj* а са́ме, то́бто
Napf *m* **~(e)s, Näpfe** ми́ска, ча́шка; го́рщик
Nárbe *f* **-, -n** рубе́ць; шрам; лицьо́вий бік *(шкіри);* де́рен
nárrenhaft *adj* дурни́й, блазе́нський
Nárrenhaus *n* **-es, ...häuser** *розм.* буди́нок для божевільних; *перен. тж* бедла́м
närrisch *adj* дурни́й, безглу́здий; наві́жений; шале́ний; auf etw. (A) - sein *розм.* па́лко бажа́ти чого́сь; бу́ти до нестя́ми захо́пленим чи́мось
náschen *vi (an D, von* D), *vt* ласува́ти (щглгось); смакува́ти *(щось)*

N

Náschwerk *n* **-(e)s** *збірн.* ла́сощі, со́лодощі
Náse *f* **-, -n** ніс; нюх; ви́ступ; но́сик, мис; шип; носова́ части́на
näseln *vi* гугня́вити
náseweis *adj* нескро́мний, зухва́лий, надоку́чливий, ї́дливий
násführen *невідокр.* *vt* води́ти за но́са, дури́ти
Náshorn *n* **-es, ...hörner** носорі́г
naß *adj* мо́крий, воло́гий, во́гкий; -werden промо́кнути
Nässe *f* **-** во́гкість, воло́гість, си́рість; воло́га
náßkalt *adj* сири́й і холо́дний, во́гкий *(про погоду)*
Natión *f* **-, -en** на́ція, наро́д; краї́на
nationál *adj* націона́льний; (загальнодержавний; die -e Souveränität націона́льний суверені́тет
Nationáleinkommen *n* **-s, -** націона́льний прибу́ток; **-farben** *pl* націона́льні ко́льори, ко́льори націона́льного пра́пору; **-feiertag** *m* **-(e)s, -e** націона́льне свя́то; **flagge** *f* **-, -n** націона́льний (державний) пра́пор; **-hymne** *f* **-, ~n** націона́льний (державний) гімн
nationalisíeren 1. *vt* *націоналізува́ти*; надава́ти права́ громадя́нства *(комусь)*; 2. **sich** - діста́ти права́ громадя́нства
nationalístisch *adj* націоналі́стський, націоналісти́чний
Nationalität *f* **-, -en** націона́льність; громадя́нство
Nationálmannschaft *f* **-, -en** націона́льна збі́рна; збі́рна (команда) краї́ни; **-speise** *f* **-, -n** націона́льна стра́ва
Nátter *f* **-, ~n** вуж; змія́, гадю́ка *(тж перен.)*
Natúr *f* **-, -ån** *тк. sff* приро́да; хара́ктер; нату́ра, вда́ча *(людини)*; суть *(речей, явищ)*; нату́ра *(в живопису)*
naturalístisch *adj* натураліст́и́чний
Natúrdenkmal *n* **-(e)s, -mäler** *i* **...male** пам'ятник приро́ди, запові́дник; **-forscher** *m* **~s, -** натураліст, природозна́вець
natúrgemäß *adj* приро́дний, натура́льний
Natúrkunde *f* **-** природозна́вство; біоло́гія
natürlich 1. *adj* приро́дний, натура́льний; 2. *adv* звича́йно; норма́льно; про́сто
Natúrschutz *m* **~(e)s** охоро́на приро́ди; **-schutzgebiet (e)s, -e** запові́дник; **-trieb** *m* **~(e)s, -e** і́нстинкт
natúrwidrig *adj* протиприро́дний
Natúrwissenschaft *f* **-, -en** природозна́вство; *pl* **-schaften** приро́дничі нау́ки; **-schaftler** *m* **-s, -** натура́ліст; дослі́дник приро́ди
natúrwissenschaftlich *adj* природозна́вчий; природни́чий
Nébel *m* -s, - тума́н; *астр.* тума́нність; *перен.* плутани́на, тума́нність, неясні́сть, невира́зність
nébelhaft, néb(e)lig *adj* тума́нний; нея́сни́й, розпли́вчастий, нечі́ткий
nében *prp (D) (вказує на місцезнаходження* - де?) коло, біля, поряд з, рядом; - der Tür біля дверей; (A) *(вказує на напрямок-куди?)* біля, поряд з; sétze dich -mich! сядь поряд зі мною; (D) поряд з, крім
nébenamtlich *adv* за сумі́сництвом
nebenán *adv* по́ряд, поблизу́
nebenbéi *adv* поблизу́, по́ряд; крім то́го, по́ряд з цим; між і́ншим, мимохі́дь
nebeneinánder *pron rez* оди́н біля о́дного, по́ряд
Nébeneingang *m* **-(e)s, ...gänge** запасни́й вхід; сусі́дній вхід; **-fach** *n* **-(e)s, ...fächer** другоря́дний (не основний) навча́льний пре́дмет; дру́га спеціа́льність; **-fluß** *m* **...sses, ...flüsse** прито́ка *(річки)*; **-gasse** *f* **-, -n** прову́лок
nebenhér *adv* по́ряд, збо́ку; парале́льно; крім то́го; між і́ншим; мимохі́дь
Nébenrolle *f* **-, -n** другоря́дна роль; **-sache** *f* **-, -n** другоря́дна спра́ва; дрібни́ця
nébensächlich *adj* другоря́дний, несутте́вий, неі́стотний
Nébensatz *m* **-es, ...sätze** підря́дне речення; **-stelle** *f* **-, -n** філіа́л; відді́лення; підста́нція; **-straße** *f* **-, -n** бокова́ ву́лиця; прову́лок; **-zimmer** *n* **-s, -** сусі́дня кімна́та
nécken 1. *vt (mit D)* дражни́ти *(когось, чимось)*; дратувати *(когось, чимось)*; кепкувати *(з когось)*; 2. **sich** - дражни́ти оди́н о́дного; дражни́тися; (жартома́) ла́ятися
Néffe *m* **-n, -n** племі́нник, не́біж
negatív 1. *adj* негати́вний; запере́чливий; запере́чний; 2. *adv* нега́тивно; запе́речно
Néger *m* **-s, ~, -in** *f* **-, -nen** негр; негритя́нка
negíeren *vt* запере́чувати; відхиля́ти *(пропозицію)*; оспо́рювати
néhmen* *vt* бра́ти, взя́ти; das Wort - взя́ти сло́во *(на зборах)*; etw. aus der Tásche - ви́тягти щось з кише́ні; взя́ти, завоюва́ти; éine Stadt - оволоді́ти мі́стом; прийма́ти всере́дину; ї́сти; пи́ти; etw. zu sich - з'ї́сти щось; закуси́ти чи́мось; éine Arznéi - прийма́ти лі́ки; *(j-m)* забира́ти *(щось н когось)*; позбавля́ти *(когось чогось)*; j-m das Brot - позба́вити ко́гось шматка́ хлі́ба; бра́ти, найма́ти; éinen Bus - пої́хати авто́бусом; éinen Léhring - взя́ти (найняти) у́чня; eine Wóhnung - найня́ти кварти́ру; сприйма́ти, розумі́ти *(як щось)*; j-n nicht (zu) ernst - не сприйма́ти ко́гось всерйо́з; *(означає дію, на характер якої вказує іменник)*: Ábschied -*(von D)* проща́тися *(з кимось)*; ein Bad - прийма́ти ва́нну; Platz - сі́сти, сіда́ти; Rücksicht - *(auf A)* раху́ватися *(з кимось, з чимось)*
Neid *m* **-(e)s** за́здрість
néidisch *adj* за́здрісний, за́здрий

néigen 1. *vt* нахиля́ти; згина́ти; 2 *vi* ма́ти на́хил *(до чогось);* **3. sich** - 1) нахиля́тися, схиля́тися; кла́нятися
Néigung *f* **-, -en** на́хил, схил, відхи́лення; схильні́сть, симпа́тія; тенде́нція
nein *prtc* ні; das geht nicht, -! ні, це неможли́во!
Nélke *f* **~, ~n** гвозди́ка
nénnen* 1. *vt (A)* назива́ти *(когось кимось);* зва́ти; дава́ти ім'я *(комусь);* нази́вати, згадува́ти; 2. **sich** - назива́тися; нази́вати се́бе; er nennt sich Díchter він вважа́є (називає) себе́ поéтом
nénnenswert, -würdig *adj* помі́тний значни́й
Nerv *m -s i* **~en, -en** нерв; *pl* нерво́ва систе́ма
nérvig *adj* жи́лавий, ду́жий, мускули́стий; енергі́йний
nervös 1. *adj* нерво́вий; 2. *adv* нерво́во, роздрато́вано
Nervosität *f* - нерво́зність, нерво́вість
Nerz *m* **-es, -e** *зоол.* но́рка; но́рка *(хутро)*
Néscafé, **Néskaffee** *m* **-s, -s** розчи́нна ка́ва
Néssel *f*, -n кропива́
Nest *n* **-(e)s, -er** гніздо́, кубло́; *перен.* гнізде́чко; виво́док; глушина́
nett 1. *adj* ми́лий; прие́мний; симпати́чний; 2. *adv* ми́ло; симпати́чно; люб'я́зно; sein Sie so - ... бу́дьте ла́скаві ...; sehr - von Íhnen це ду́же ми́ло з Ва́шого бо́ку
Netz *n* **-es, -e** сі́тка; не́від; павути́ння; сплеті́ння; мере́жа, (розгалужена) систе́ма; das eléktrische - електромере́жа; *перен.* тене́та; па́стка; хитросплеті́ння; інтри́ги
nétzen *vt* змо́чувати; зволо́жувати; бри́зкати
Nétzregler *m* -s, - *радіо* стабіліза́тор напру́ги електромере́жі; **-schalter** *m* **-s**, *-ел.* вимика́ч електромере́жі; **-schnur** *f* -, **-schnüre** *f* **-en** шнур жи́влення; **-schwankungen** *pl ел.* колива́ння напру́ги електромере́жі; **-spannung** *f* -, **-en** *ел.* напру́га електромере́жі: **-störungen** *pl радіо* перешко́ди в електромере́жі; **-teil** *m, n* -(**e**)**s**, *радіо* блок жи́влення; **-transformator** *m* -s, **-toren**, **-wandler** *m* -s, - *радіо* сітьо́вий трансформа́тор
neu 1. *adj* нови́й; неда́вній; die -esten Náchrichten оста́нні ві́сті *(по радіо);* нови́й *(який не був у вжитку);* нови́й, і́нший; нови́й, сві́жий, молоди́й; -e Kartóffeln молода́ карто́пля; нови́й, суча́сний; мо́дний; 2. *adv* за́ново, на́ново; неда́вно
néuartig *adj* нови́й, оригіна́льний; своєрі́дний
Néuaufbau *m* **~(e)s** (нове) будівни́цтво; реорганіза́ція; перебу́дова; відбудо́ва; **-auflage** *f*, **-n**, **-ausgabe** *f*, -n нове́ вида́ння, перевида́ння
Néubau *m* **-(e)s,** **...ten** новобудо́ва; нова́ структу́ра
Néubauviertel *f* -, **-en** райо́н новобудо́в; нови́й райо́н
Néuentwicklung *f* -, **-en** ро́звиток у ново́му на́прямку; розро́бка *(нової конструкції);* нова́ констру́кція, нова́ моде́ль
néuerbaut *adj* відбудо́ваний
néuerdings *adv* неда́вно, щойно; оста́ннім ча́сом; за́ново, зно́ву
Néuerer *m* **-s**, - нова́тор, реформа́тор
néuerlich *adj* нови́й; повто́рний; неда́вній
Néuerung *f* -, **-ån** нови́на, нововве́дення; рефо́рма
néuestens *adv* неда́вно
néugebacken *adj здеб. перен.* новоспе́чений; **-geboren** *adj* новонаро́джений; **-geschaffen** *adj* новоство́рений; **-gewählt** *adj* новоо́браний
Néugier *f* - цікавість; допитливість
néugierig *adj* цікавий; допитливий
Néuheit *f* -, **-en** *тк. sg* новизна́; нови́нка
Néuigkeit *f* -, **-en** новина́; **-jahr** *n* ~(e)s Нови́й рік; glückliches -jähr! з Нови́м ро́ком!; prósit -jahr! з Нови́м ро́ком! *(тост)*
Néujahrsabend *m* **-s, -e** новорі́чний ве́чір; **-fest** *n* **-(e)s, ~e** новорі́чне свя́то; **-geschenk** *n* **-(e)s, -e** новорі́чний подару́нок
Néuland *n* **(e)s** *с.-г.* (піднята) цілина́, цілинні́ зе́млі; недослі́джена га́лузь *(знань),* -land betréten іти́ нови́ми шляха́ми *(в науці)*
néulich *adv* нещода́вно, дня́ми, оста́ннім ча́сом
Néuling *m* **-(e)s,** -e новачо́к, початкі́вець
neun *пит* де́в'ять
Neun *f*, -en *(число, цифра, номер)* де́в'ять, дев'я́тка
néunhúndert *пит* дев'ятсо́т; **- zehn** *пит* дев'ятна́дцять; **- zig** *пит* дев'яно́сто
Néuordnung *f* **-** нови́й лад, нови́й поря́док; перебудо́ва, перетво́рення; **-siedler** *m* -s, - новосе́л, переселе́нець
neutrál *adj* нейтра́льний
Neutralität *f* **-** нейтралі́тет; нейтра́льність
Néuwahl *f* **-** переви́бори, переобра́ння; **-wort** *n* **-es, ...wörter** *лінгв.* неологі́зм; новоутво́рення; **- zeit** *f* -, -en нови́й час, суча́сність; in der - zeit у наш час; die Geschíchte der - zeit нова́ і́сторія
néuzeitlich *adj* нови́й, суча́сний
nicht 1. *prtc* ні; не; -!, - doch! ні*!*, не тре́ба!; та ні ж!; *(у питальних реченнях)* (хіба́) не; -wahr? чи не пра́вда?; freust du dich -? (хіба́) ти не ра́дий?; *(має підсилювальне значення)* не; ні; was er - álles weiß! чого́ він ті́льки не зна́є!; 2. *cj.* nicht nur.,.; sondern auch не тільки ..., а й ...; nicht..., sondern ... не .... а ...; nicht ... noch ні ... ні; nicht héute noch mórgen ні сього́дні, ні за́втра
Níchtangriffspakt *m* **-(e)s, -e** пакт про нена́пад; **-vetrag** *m* **-(e)s, ...träge** до́говір про нена́пад

Níchte *f* -, **-n** племíнниця, небóга
Níchteinmischung *f* невтручáння
níchtig *adj* незначнúй, дрібнúй, нікчéмний; *юр.* недíйсний
Níchtleiter *m* -s, - *фіз.* непровіднúк, ізолятор
nichts *рюп indef* нíщо, нічóго; gar -зóвсім нічóго; (das) macht -! нічóго!, дармá!; - Neues нічóго новóго
nichtsdestowéniger *adv* незважáючи на це; протé; однáк
níchtssagend *adj* пустúй, незначнúй; неважлúвий
Níchtstuer *m* -s, - нерóба; лéдар, дармоїд
nícken *vi* ківáти; mit dem Kopf -ківáти головóю; (за)дрімáти
nie *adv* нікóли; - mehr нікóли бíльше!; - und nímmer! нікóли (в світі)!, ні за що!
níeder 1. *adj низькúй*, невисóкий; нúжчий; низькúй, нúций, пíдлий; 2. *adv вниз; -! лягáй*! геть; - mit ihm! геть йогó!
níederbrennen* 1. *vt* спáлювати *(дощенту);* 2. *vi (s)* згорЯти *(дощенту);* **-bringen*** *vt* знестú вниз; повалúти
Níedergang *m* **-(e)s, ...gänge** занéпад; падíння; загúбель; зáхід *(сонця);* спуск *(аеростата)*
níedergedrückt *adj* пригнíчений; убúтий *(горем)*
níedergehen* *vi (s)* опускáтися, захóдити *(про сінце); ав.* íти на посáдку; випадáти *(про опади); перев.* занепадáти *(про епоху)*
níedergeschlagen* *adj* пригнíчений, засмýчений; убúтий *(горем)*
Níederlage ² *f*-, **-n** склад; бáза; *ком.* віддíлення, фíлія
Níederlage II *f*-, **-n** порáзка; провáл
níederlassen* 1. *vt спускáти*, опускáти; клáсти (ставити) на зéмлю; 2. **sich** - опускáтися, сідáти; поселЯтися; улаштóвуватися; häuslich - влаштувáтися по-домáшньому
Níederlassung *f* -, **-ån** *тк. sg* спуск; поселéння; фíлія
níederlegen 1. *vt клáсти*, поклáсти; éinen Kranz - поклáсти вінóк; die Wáffen - *перен.* скласти збрóю; клáсти *(спати);* відмовлЯтися *(від чогось);* ein Amt - відмóвитися від посáди; die Regíerung - зректúся влáди; die Árbeit - припинúти робóту; оголосúти страйк; руйнувáти *(будівлю);* запúсувати, викладáти *(письмово);* 2. **sich** - лягáти *(спати)*
níederschießen* *vt* пристрелúти; застрелúти; перестрíляти
Níederschlag *m* **-(e)s, ...schläge** óсад, осáдок; *pl* (атмосфéрні) óпади; відбúття, відобрáження
níederschlagen* 1. *vt* ударЯти, бúти *(по тому, що лежить внизу);* звáлювати, збивáти *(з ніг);* придýшувати (повтання); зіпсувáти нáстрій *(комусь);* гнітúти; заспокóювати, знúжувати, збивáти; Fíeber - знизити (збúтиі температуру; 2. *vi* ударЯти *(по тому, хто лежить внизу);* 3. **sich-** осідáти; сконденсувáтися; опускáтися, лягáти; *(in* D)відображáтися *(в чомусь);* відбивáтися *(на чомусь)*
níederschlagsarm *adj* бíдний на óпади, посýшливий
níederschreiben* *vt* запúсувати; викладáти *(письмово);* запротоколювáти
Níederschrift *f* -, **-en** зáпис; вúклад; протóкол
níedersetzen 1. *vt* опускáти; (по)садúти; (по)стáвити; (по)клáсти на зéмлю; 2. **sich** - сідáти; опускáтися; **-stimmen** *vt* забалотувáти, провалúти *(при голосуванні)*
Níederung *f* -, **-en** низовинá, оболóнь; долúна
níedlich *adj* миловúдний, гарнéнький; мúлий; вúтончений; мініатЮрний;: das ist ja -! *розм. ірон.* гарнéнька спрáва!
níedrig *adj* низькúй, невисóкий; невелúкий; незнатний, прóстий; низькúй, нúций, пíдлий
níemals *adv* нікóли; **-mand** *pron indef* ніхтó; es ist - da (тут) нікóго нема
níesen *vi* чхáти
Níethose *f* -, **-n** джúнси
Nílpferd *n* **-(e)s, -є** *зоол.* бегемóт
nímmer *adv розм.* нíколи; уже не.
nímmermehr *adv* 1. нікóли (бíльше); **-müde** *adj* невтóмний; **-satt** *adj* ненасúтний, ненажéрливий
nírgends *adv* нідé
nírgendwo *adv* нідé; **-woher** *adv* нізвідки; **-wohin** *adv* нікуди
Nirósta *n* -s нержавíюча сталь
Nísche *f* -, **-n** нíша
nísten *vi* гніздúтися, кублúтися; *перен.* (по)ділúтися
Niveau [ni'vo:] *n* **-s, -s** рíвень; горизóнт; *перен.* рíвень; das - des Lébensstandards *ек.* рíвень життЯ
Níxe *f* -, **-n** русáлка
nóbel *ado* благорóдний *(про характер, вчинок);* благорóдний, знáтний, шляхéтний; елегáнтний, фешенéбельний, вúшуканий; щéдрий, великодýшний
Nóbelpreis *m* **-es, -e** Нóбелівська прéмія
noch 1. *adv* (поки) що; все ще; ímmer - все ще; як і дóсі; es ist -Zeit ще є час; ще, коли-нéбудь; ще, не пізнíше; - vor zwei Tágen ще два дні тóму; ще, крім тóго; додаткóво; wer -? хто ще? - éinmal ще раз; ще *(означає підсилення з вищим ступенем);* größer ще бíльше; - dréimal größer ще втрóє бíльше; geráde -,ében - якрáз; лéдве-лéдве; er erréichte den Zug geráde - він лéдве встиг на поїзд (в останню хвилину); 2. *cj.* weder ... noch ні ... ні; weder héute noch mórgen ні сьогóдні, ні зáвтра
nóchmalig *adj* повтóрний; **-mals** *adv* ще раз, знóву, повтóрно

Nomáde *m* **-n -n** кочівни́к
nominíeren *vt* назива́ти; висува́ти, виставля́ти *(кандидатуру); спорт.* оголо́шувати склад кома́нди
Nord *m (вжив, без артикля)* північ, норд; in - und Süd на півночі і на півдні, в усіх країнах світу; von - з півночі; **-s, -e** норд, північний вітер
Nórden *m (вжив, без артикля)* північ *(напрямок);* nach - на північ; -S *(вжив . лише з означ, артиклем)* північ *(територія);* der hóhe - Кра́йня Північ
Nórdpol *m* **-s** Північний по́люс
nórdwärts *adv* на північ
Norm *f* **-, -en** но́рма; пра́вило; етало́н; станда́рт; die - en überbíeten переви́конати но́рму
normalisíeren *vt* нормалізува́ти
Not *f* **-, Nöte** потре́ба; необхі́дність; нужда́; неста́ток; зли́дні; скру́та
Nótausgang *m* **-(e)s, ...gänge** запасни́й ви́хід; **-bremse** *f* **-, ~n** сто́пкран
nótdürftig 1. *ado* бі́дний, убо́гий; 2. *adv* в зли́днях, в неста́тках; убо́го; аби́як, як-небудь
Nóte *f* **-, -n** за́пис; до́пис *(напр., в газету);* при́мітка; ви́носка; оці́нка; *муз.* нота; *pl* ноти; nach -n по но́тах; *лип.* но́та; банкно́та, (грошова) купю́ра
notíeren *vt* запи́сувати; занотову́вати
nötig *adj* потрі́бний, необхі́дний; - sein бути потрібним
nötigenfalls *adv* у разі потре́би
Notíz *f* **-, -en** за́пис, нота́тка, замі́тка; sich *(D)* - en máchen занoто́вувати; до́пис *(до газети)*
Notízblock *m* **-(e)s, - s** блокно́т; **-buch** *n* **-es, ...bücher** записна́ кни́жка
Nótlandung *f*, **-en** ви́мушена посадка
nótleidend *adj* який те́рпить нужду́; нужденний
nótwendig 1. *adj* необхі́дний, потрі́бний; немину́чий; 2. *adv* обов'язко́во; немину́че
nótwendigenfalls *adv* у разі необхідності, у ра́зі потре́би
nótwendigerweise *adv* немину́че
Nótwendigkeit *f* **-, -en** необхі́дність; немину́чість
Novélle *f* **-, -n** нове́ла, оповіда́ння
Novémber *m* **-s** *i* -, - листопа́д
Nu: im -, in éinem - миттю́, за о́дну хвили́ну
nüchtern 1. *adj* твере́зий; твере́зий, ро́зсудливий; сухи́й; безпристра́сний; бу́денний; 2. *adv* твере́зо, розсу́дливо, розу́мно; натще́серце; су́хо; ну́дно
Nüchternheit *f*- тверезість; розумність; порожній шлунок *(відчуття);* розсудливість
Núdel *f* **-, -n** локшина; вермішель
nukleár *adj фіз.* ядерний; атомний
null *виш* нуль; - Kómma fünf нуль цілих п'ять десятих
Null *f* **-, -en** нуль *(цифра);* das Thermométer steht auf - термо́метр пока́зує нуль градусів; únter - sínken опуска́тися ни́жче ну́ля *(про температуру); перен.* нуль, нікчема
numeríeren *vt* нумерува́ти
Númmer *f*, **-n** но́мер, ро́змір *(взуття, одягу)*
nun *adv* тепер; зараз; von - an відтепе́р, з цього ча́су, нада́лі
núnmehr *adv* відтепер, зараз, після цього
nur 1. *adv* тільки, лише́, всього́; 2. *cj* проте́, тільки; крім; nicht nur ..., sóndern auch ... не тільки ..., а й ...
Nuß *f*, **Nüsse** горі́х
Nútria *f*, **-s** ну́трія
nútzbar *adj* кори́сний, прида́тний; **-bringend** *adj* кори́сний; ви́гідний; плодотво́рний
Nútzeffekt *m* **-(e)s, -e** ефе́кт, кори́сть, результа́т; ефекти́вність; *тех.* коефіцієнт корисної дії; економічний ефект
nútzen, nützen 1. *vi* бути корисним, бути придатним, приносити користь; 2. *vt* використо́вувати; дістава́ти ко́ристь; скориста́тися *(чимось)*
Nútzen *m* -s, - користь, вигода; зиск; прибуток
nützlich *adj* корисний; потрібний; вигідний
nútzlos *adj* непотрібний; даремний; безплідний
Nútzung *f* **-en** використання; експлуатація

O

Oáse *f* -, -n оáзис
ob чи; ob er mich noch erkénnen wird? чи він ще мене́ пізнає́?; хоч, хочá; ob er sehr müde war, er setzte sich nicht хоч він ду́же втоми́вся, він нáвіть не присі́в
Óbacht *f* - увáга; обере́жність; -! увáга!, обере́жно!
Óbdach *n* -(e)s приту́лок, зáхисток, пристанóвище
óbdachlos *adj* бездóмний, безприту́льний
óben *adv* вгорі́, нагорі, звéрху; nach-угóру; von - згори́; von - bis únten звéрху (згори́) вниз; j-n von - heráb ánsehen стáвитися до кóгось звéрхньо
obenán *adv* угорі́; на пе́ршому мі́сці; на чолі́; **-áuf** *adv* звéрху; нагорі́
óbenerwähnt, **óbengenannt** *adj* вищезазнáчений, вищезгáданий
óbenhin *adv* мимохі́дь, побі́жно, поверхóво
óbenstehend, **óbenzitiert** *adj* вищенаве́дений, вищезгáданий
óber *adj* вéрхній, ви́щий; ви́щий, головни́й; стáрший; верхóвний; die - en Klássen стáрші клáси (*в школі)*
Óber *m* -s, - *розм.* (стáрший) офіціáнт; Herr -! офіціáнт! *(звернення)*
Óberassistent *m* **-en**, **-en** стáрший наукóвий співробі́тник; **-befehlshaber** *m* -s, - головнокомáндуючий; **-bekleidung** *f* -, **-en** вéрхній одяг; **-fläche** *f*-, **-n** повéрхня
óberflächlich 1. *adj* поверхнéвий; поверхóвий; несерйóзний; 2. *adv* поверхóво; неглибóко
Óbergeschoß *n* **...sses**, **...sse** вéрхній пóверх; **-gewalt** *f* - верхóвна влáда
óberhalb *prp (G)* пóнад, над, ви́ще
Óberkellner *m* ~s, - стáрший офіціáнт; **-klasse** *f*-, **-n** стáрший клас *(в школі)*; **-kommandierende** *m* **-n**, **-n** головнокомáндуючий; **-kommando** *n* **-s**, **-s** головнокомáндування; **-lehrer** *m* **-s**, - стáрший викладáч, **-leitungsomnibus** *m* **-ses**, **-se** тролéйбус; **-leutnant** *m* **-s**, **-s** *i* **~e** стáрший лейтенáнт; **-liga** *f* -, -s i ...**gen** ви́ща ліга *(футбол)*; **-sehenkel** *m* -s, - стегнó
Óberst *m* **-s** *f* **-en, -en** полкóвник
Óberstleutnant *m* **-s, -e** *i* -s підполкóвник
obgléich *cj* хочá, хоч; дармá що; незважáючи на те, що
Óbhut *f*- піклувáння; нáгляд; зáхист
óbig *adj* вищезгáданий, вищезазнáчений, вищенаве́дений
Óbjékt *n* **(e)s**, -e об'є́кт, предмéт; *грам,* додáток; громáдський зáклад *(ресторан, магазин, кафе і т. ін.)*
objektív *adj* об'є́ктивний; неупере́дженений
óbliegen *vi (D) (h)* старáнно займáтися *(чимось)*; *(h)* доручáти, зобов'я́зувати; es óbliegt mir, es liegt mir ob мені́ доручено...; (s) перемогти́
Óbliegenheit *f* -, **-en** обóв'язок *(службовий)*; зобов'я́зання
obligatórisch *adj* обов'язкóвий
obschón *cj* хоча, хоч; дармá що; незважáючи на те, що
Obst *n* **-es** фру́кти, плоди́
Óbstbau *m* **-(e)s** плодівни́цтво; **-baum** *m* **-(e)s, ...bäume** фруктóве (плодóве) дéрево; **-garten** *m* **-s, ...gärten** фруктóвий (плодовий) сад; **-kuchen** *m* -s, - пирі́г з фру́ктами; **-saft** *m* -es, **säfte** фруктовий сік; **-zucht** *f*- *c.-г.* плодівни́цтво
Óbus *m* - *i* **-ses, -se** *(скор. від* Óberleitungsomnibus) тролéйбус
obwóhl, **obzwár** *cj* хоч, хочá; незважáючи на те, що
Óchs(e) *m* **-(e)n**, **-(e)n віл, бик;** *розм.* ду́рень, йóлоп; so ein -! ну і йóлоп!
óchsen *vt розм.* зубри́ти
öd(e) *adj* пусте́льний, пусти́нний, глухи́й; безлю́дний; нежили́й, запу́щений; нудни́й, пусти́й; безглу́здий; безрáдісний
Öde *f* -, **-n** пусти́р, пу́стка, пу́стеля; глушинá, глухомáнь; нудьгá, безуті́шність
óder *cj* або; чи; чи то; - áber або ж; - auch а тáкож; - nicht? хі́бá не так?
Ófen *m* **-s, Öfen** піч, гру́ба, гру́бка
óffen 1. *adj* відкри́тий, незачи́нений, незáмкнений; відкри́тий, незахи́щений; необгорóджений; auf -er Straße на відкри́тому мі́сці; пря́мо на ву́лиці; únter -em Hímmel прóсто нéба; auf -er See у відкри́тому мóрі; ві́льний, незáйнятий;

відкри́тий, досту́пний, публі́чний; відкри́тий, відве́ртий, щи́рий; ein -er Mensch відве́рта (щира) люди́на; я́вний, неприхо́ваний; відкри́тий, невирі́шений;: eine ~e Hand ще́дра рука́; ein -er Kopf, світла голова́; -es Haar розпу́шені ко́си; 2. *adv* відве́рто, щи́ро; відкри́то
óffenbar 1. *adj* очевидний, я́вний, неприхо́ваний; ясни́й; 2. *adv* очеви́дно
offenbáren 1. *vt* викрива́ти, виявля́ти; пока́зувати; 2. **sich** - виявля́тися, проявля́тися, відкри́ватися; sich j-m - відкри́тися кому́сь
Óffenheit *f* - відве́ртість, щи́рість, прямота́
óffenherzig *adj* щиросе́рдний, відве́ртий, щи́рий; прями́й; **-kundig, -sichtlich** ***adj*** очеви́дний, я́вний
óffenstehen* *vi* *бу́ти* відчи́неним; дозволя́тися, допуска́тися
öffentlich *adj* I) грома́дський; публі́чний, відкри́тий; офіці́йний.
Öffentlichkeit *f* - грома́дськість; публі́чність; in die - bríngen розголо́шувати *(щось)*
öffnen 1. *vt* відкрива́ти; відчиня́ти; розкрива́ти; відмика́ти; 2. **sich** - відкрива́тися, розкрива́тися; відчиня́тися
Öffnung *f*-, **-en** о́твір; відту́лина; розкриття́; ро́зтин; розпеча́тування
oft *adv* ча́сто; so - ко́жного ра́зу, коли́; щора́зу; wie -? скі́льки разі́в?; як ча́сто?
öfter *(тж*-s, des -en) *adv* повто́рно; ча́сто, неодноразо́во
óftmalig *adj* ча́стий
óftmals *adv* ча́сто, неоднора́зо́во
óhne 1. *prp* (A) без, крім; - Áusnahme без ви́нятку; - Mühe без вели́ких зуси́ль; - Ábsicht ненаро́ком; 2. *cj (сполучення його з дієсловом в інфінітиві перекладається дієприслівниковим зворотом із запереченням):* - zu spréchen ні́чого не ка́жучи, не розмовля́ючи; óhne daß хоча́ (й) без то́го, щоб
óhnedies *adv* і так, і без то́го; все одно́
ohnegléichen *adj* незрівня́нний, нечу́ваний, безпри́кладний
ohnehín *adv* і без то́го; і так
Óhnmacht *f* -, -en безси́лля, не́мічність, безпора́дність; неприто́мність
óhnmächtig *adj* безси́лий, не́мічний, неспромо́жний; неприто́мний, знеприто́мнілий
Ohr *n* **-(e)s, -en** ву́хо
Óhrfeige *f* ~, -n ля́пас; **-ring** *m* -(e)s, -e сере́жка, се́рга
Ökonóm *m* **-en, -en** економі́ст *(науковець);* управля́ючий (мае́тком); завідуючий господа́рством
Ökonomíe *f* - економі́ка; еконо́мія, оща́дливість
Ökonómik *f* - економіка
ökonómisch *adj* економі́чний; еконо́мний, оща́дливий
Október *m* **-s** жо́втень

Öl *n* **-(e)s, -e** олія; на́фта
ölen *vt* зма́зувати ма́слом, масти́ти; прома́слювати; фарбува́ти олі́йною фа́рбою
Ölfarbe *f* -, **-n** олі́йна фа́рба; **-gemälde** *n* -s, - карти́на, намальо́вана олі́йними фа́рбами; **-gewinnung** *f* -нафтодобува́ння; **-industrie** / -на́фтова промисло́вість
Ölleitung *f*-, **-en** нафтопро́від; **-pflanze** *f* -,-n олі́йна росли́на; **-vorkommen** *n* -s, - родо́вище на́фти
Olympiáde *f*-, **-n** олімпіа́да, олімпі́йські і́гри; wéiße - бі́ла олімпіа́да *(зимова)*
Olýmpiadelegation *f* -, **-en** делега́ція на олімпі́йські і́гри; **-mannschaft** *f* -, **-en** олімпі́йська кома́нда; **-meisterschaft** *f* - олімпі́йська пе́ршість; **-sieger** *m* ~s, олімпі́йський чемпіо́н
Olýmpier *m* -s, - олімпі́єць
Olympioníke *m* **-n, -n** перемо́жець олімпі́йських і́гор
olýmpisch *adj* олімпі́йський; Olýmpische Spíele олімпі́йські і́гри; Olýmpische Winterspíele зимо́ва олімпіада
Óma *f*-, **-s** бабу́ся
Ómnibus *m* **-ses, -se** авто́бус
Ómnibusbahnhof *m* -(e)s, **...höfe** автовокза́л; **-haltestelle** *f* -, -n авто́бусна зупи́нка
Ónkel *m* **-s**, - дя́дько
Ópa *m* **-s, -s** діду́сь
Óper *f* -, -n о́пера
operíeren 1. *vt* оперува́ти *(когось).* роби́ти опера́цію *(комусь); 2. vi (mit D)* оперува́ти *(цифрами і т.*п)
Ópernglas *n* **-es, ...gläser** театра́льний біно́кль; **-sänger** *m* **-s**. - о́перний співа́к
Ópfer *n* **~s**, - же́ртва
ópfern 1. *vt* же́ртвувати; 2. **sich** - *(fur A)* же́ртвувати собо́ю *(заради чогось)*
Óptik *f* - о́птика; опти́чні сте́кла (прила́ди)
Optimíerung *f*-, -en оптиміза́ція
Orange *f* **-, -n** апельсин
orange *adj* ора́нжевий, жовтогаря́чий
Orbitálrakete *f* -, -n орбіта́льна космі́чна раке́та; **-station** *f* -, **-en** орбіта́льна космі́чна ста́нція
Órden *m* **-s,** - о́рден; j-m éinen - verléihen нагоро́джувати о́рденом ко́гось
Órdensträger *m* -s, - орденоно́сець
órdentlich *adi* а́куратний, оха́йний, упорядко́ваний; поря́дний, че́сний; солі́дний; постíйний; шта́тний ордина́рний
ordinär *adj* звича́йний, ордина́рний; вульга́рний, гру́бий, брута́льний
órdnen 1. *vt* упорядко́вувати, дава́ти лад чому́сь; систематизува́ти; 2. **sich** - організо́вуватися, лаштува́тися
Órdner *m* -s, - відповіда́льний за поря́док; розпоря́дний
Órdnung *f* -, *-en тк. sg* порядок; in - bríngen наводити порядок; прибирати; (від)ремонтувати; *тк. sg* наведення по-

O

рядку, упорядкування *(справ);* систематизація; лад *(суспільний)*
órdnungsgemäß 1. *adj* правильний; належний, відповідний; 2. *adv* по порядку, послідовно; належним чином; по черзі; правильно; по правилу; **-halber** *adv* для порядку; для годиться
organisatórisch *adj* організаційний; організаторський
orgánisch *adj* органічний (у *різн. знач.)*
organisíeren *vt* організовувати
Órgel *f* -, **-n** орган
Órgelspieler *m* -s, - органіст
Órient *m* -(e)s (Ближній і Середній) Схід
orientálisch *adj* східний
orientíeren 1. *vt* направля́ти, вка́зувати *(визначати)* на́прям*; (uber A)* орієнтувати; вводити в суть справи; орієнтувати, спрямовувати *(на щось);* er ist links orientíert він прибічник лівих поглядів; 2. **sich** - *(in D, nach D)* орієнтуватися *(в чомусь, по чомусь)*
Orientíerung *f* - орієнтування; орієнтація; обізнаність *(з чимось)*
originéll *adj* оригінальний, своєрідний, самобутній; дивний
Orkán *m* -**(e)s, -e** ураган
orkánartig *adj* ураганний
Ort *m* **-(e)s, -e** *i* **Örter** місце; пункт; місцевість; населений пункт; *pl* örter *астр.* місцеположення, місцезнаходження
Orthographíe *f* -, ...**phien** орфографія, правопис
örtlich *adj* місцевий; локальний
Órtschaft *f* -, **-en** населений пункт; місцевість
Ost *m (без артикля) геогр., мор., поет.* схід, ост; nach - на схід; in - und West у всьому світі; по всіх усюдах; **-(e)s, -e** східний вітер, ост
Ósten *m (здеб. без артикля)* схід *(напрямок);* східна сторона; ост; der Wind kommt von - дме східний вітер; -s *(з означ. артиклем)* Схід, східні країни, країни Сходу; der Férne - Далекий Схід
österreichísch *adj* австрійський
Östeuropa *n* -s Східна Європа
östlich 1. *adj* східний; 2. *adv* на схід
óstwärts *adv* на схід
Ozean *m* **-s, -e** океан
ozeánisch *adj* океанський
Ozón *n* **-s,** - озо́н

P

paar *adj* 1. па́рний; 2. *num indef.* ein - кі́лька; vor ein - Tágen кі́лька днів тому́
Paar *n* **-(e)s, -e** па́ра; ein - Schúhe па́ра черевиків; подру́жжя; das júnge - молоде́ подру́жжя, молодя́та
páarig *adj* па́рний
Páarlauf *m* -(e)s па́рне фігу́рне ката́ння
páarmal: ein - кі́лька разі́в
páarweise *adv* попа́рно, па́рами; по двоє
Pack *m* **-(e)s, -e** *і* **Päcke,** *здеб. sg* пачка *(цигарок, чаю);* паку́нок; в'я́зка, ни́зка; зго́рток; ву́злик; па́ка, тюк
Päckchen *n* **-s,** - паке́тик, зго́рточок; (невелика) па́чка; поси́лка
pácken 1. *vt* уклада́ти, паку́вати; схопи́ти; j-n am Arm - схо́пити когось за ру́ку; охо́плювати *(про почуття);* Angst páckte ihn його́ охо́пив страх; захо́плювати; das Buch páckte mich кни́га захо́пила мене́; 2. **sich** - *розм.* і́ти геть; pack dich! забира́йся (геть)!
Pácken *m* **-s,** - тюк; вели́кий паке́т; штабель
Páckung *f* -, -en упако́вка *(тара);* па́чка *(сигарет, чаю);* упако́вування, уклада́ння
Pädagóg(e) *m* **...gen, ...gen** педаго́г, вихо́ватель
pädagógisch *adj* педаго́гічний, виховний
Páddelboot *n* **-(e) s, -e** байда́рка
Pakét *n* **-(e)s, -e** паке́т, паку́нок; поси́лка
Pánne *f* -, -n ава́рія (поло́мка) в доро́зі; невда́ча *(в роботі)*
Panorámafilm *m* **~(e)s,** -e панора́мний (широкоформатний) кіно́фільм; **-theater** *n* **-s,** - кінопанора́ма
Pantóffel *m* **-s, ~n** *і* - панто́фля, ха́тня ту́фля; er steht únter dem *-розм.* він під п'ятою (черевиком) у дружи́ни
Pánzer *m* -s, - па́нцир; бро́ня;танк
Pánzerabwehrgeschütz *n* **-es, -e, -abwehrkanone** *f* -, -n протита́нкова гарма́та; **-abwehrrakete** *f* -, -n протита́нкова раке́та; - **kommandant** *m* **-en, ~en** команди́р та́нка; **-schrank** *m* **-(e)s, ...schränke** сейф;
-schütze *m* **-n, -n** та́нкіст; **-wagen** *m* -s, - танк; броньови́к; броньо́ваний ваго́н
Papagéi *m* **-en** *і* **-(e)s, -en** *і* **-e** папу́га
Papíer *n* **-s, -e** папі́р; докуме́нт, посві́дчення; *pl* ці́нні папе́ри; а́кції; (фото)папі́р
papíeren *adj* паперо́вий; *перен.* канцеля́рський, сухи́й *(про мову)*
Páppe *f* -, **-n** карто́н; па́пка; das ist nicht von! *розм.* це не дрібни́ця!
Páppel *f* -, **-n** топо́ля
Páprika *m* **-s, -s** черво́ний (стручковий) пе́рець
Papýrus *m* -, **...ri** папі́рус *(рослина, папір, рукопис)*
Parábel *f*-, -**n** пара́бола; *літ.* при́тча
Paráde *f* -, **-n** пара́д; die - ábnehmen прийма́ти пара́д; святко́ве вбра́ння; блиск, пи́шність
Paradíes *n* **-es, -e** рай; *театр. розм.* гальо́рка, райо́к
Paradígma *n* -s, **...men** і **-ta** при́клад, взіре́ць; *грам,* паради́гма
Parallèle *f* **-n** *і-,* **-n** *мат.* парале́ль; парале́льна лі́нія; паралель; порівня́ння
Parfüm *n* **-s, -e** арома́т, па́хощі; духи́, парфу́ми
Parfümeríe *f* -, **...rien** парфу́мерна промисло́вість; парфу́мерія; магази́н парфу́мерних това́рів
Park *m* **-(e)s, -e** і **-s** *у різн. знач.* парк
párken 1. *vt* поста́вити на стоя́нку (машину); 2. *vi* стоя́ти на стоя́нці
Párken *n* **-s** стоя́нка авто́машин; - verbóten! стоя́нка (автомашин) заборо́нена!
Parkétt *n* **-(e)s, -e** парке́т; *театр.* парте́р
Parkéttplatz *m* **-es, ...plätze**, - **sitz** *m* **-es, -e** *театр,* мі́сце в парте́рі
Párkplatz *m* **-es,** ...**plätze** авто́стоянка; **-verbot** *n* **-(e)s** заборо́на стоя́нки *(автомашин)*
Parlamént *n* **-(e)s, -e** парла́мент
Partéi *f* -, **-en** па́ртія; сторона́ *(у судовому про́цесі, договорі змаганні і т. п.);* квартира́нт; квартиронайма́ч
Partéifunktionär *m* **-s, -e** парті́йний працівни́к
partéiisch *adj* упере́джений
Parterre [~'t:r] *n* **~s, ~s** ни́жній (перший) по́верх *(будинку)*; *театр.* парте́р; клу́мба (квітів)
Partíkel *f* **~, ~n** *фіз., хім.* частинка *(речовини); грам.* частка

Pártner *m* **~s**, ~ партнéр; ком. компаньйóн

Pártnerstaat *m* **~(e)s, ~en** die ~staaten éines Verlágs країни ~ учасники угóди; **~stadt** *f* ~, **...städte** мíсто~побратим

Pas *m* **Passes, Pässe** пáспорт; перевáл *(гірський);* пас, передáча *(м'яча)*

Passánt *m* **~en, ~en** перехожий, пішохід

pássen *vi* підхóдити, пасувати, личити; der Ánzug paßt ihm костюм личить йомý; підхóдити, годитися; das paßt nicht hierhér це сюди не підхóдить; *спорт.* передавáти *(м'яч),* пасувати, робити передáчу

pássend *adj* підхóжий: налéжний; доцільний

passíerbar *adj* прохідний

passíeren 1. *vi (s) траплятися;* was ist passíert? що трáпилося?; es passíert буває, трапляється; минáти, прохóдити (мимо); 2. *vt* проїжджáти; перетинáти; прохóдити; éinen Fluß ~ переправитися чéрез річку

Passíerschein *m* **~ (e)s, ~e** перепýстка

Pátenkind *n* **~es, ~er** хрещéник, ...ни~ця; **~schaft** *f* ~, **~en** шéфство *(ьber A над кимось);* die ~schaft übernéhmen взяти шéфство *(над кимось)*

patént *розм. adj* молодéцький; стильний; чудовий, першоклáсний; спритний; ein ~er Kerl хлóпець хоч кýди; ein ~es Mädel дівчина хоч кýди

Patént *n* **~ (e)s, ~e** патéнт; ein ~ ánmelden заявити патéнт, подáти заявку на пáтент; свідóцтво (диплом) про набýту кваліфікáцію

patentíeren *vt* (за)патентувáти *(щось);* видавáти *(реєструвати)* патéнт *(на щось);* etw. ~ lássen взяти патéнт на щось

patriótisch *adj* патріотичний

Patróne *f* ~, **~n** патрóн; касéта *(для фотоплівки)*

Páuke *f* ~, **~n** литáври; *розм.* пропóвідь; j~m eine ~ hálten читáти комýсь нотáцію

páuken *vi* бити в литáври; зубрити, товкти; fürs Exámen ~ зубрити пéред екзáменом

Páuse *f* ~, **~n** пaýза; перéрва; антрáкт

páusenlos 1. *adj* безперéрвний; 2. *adv* без перéрви

Pech *n* **~ (e)s, ~e** смолá; вар; пек; *тк. sg розм.* невдáча, невезіння, er hat ~ йомý не щáстить (не таланить); im ~ sítzen зазнавáти (постійних) невдáч

péch (ráben) schwárz *adj* чóрний як смолá

Péchvogel *m* **~s, ...vögel** *розм.* невдáха

pedántisch *adj* педантичний; дріб'язкóвий

péilen *vt* пеленгувáти; визначáти; прикидáти; über den Dáumen ~ *розм.* визначáти приблизно (на око)

péinigen *vt* мýчити, терзáти

péinlich *adj* áóë³ñíèé; неприємний, прикрий; педантичний

Péitsche *f* ~, **~n** батіг, канчýк, бич

Péllkartoffel *f* ~, **~n** картóпля в лушпинні

Pelz *m* **~es, ~e** шкýра, хýтро; шýба; кожýх

Péndel *n* **~s,** ~ маятник

Pensión *f* ~, **~en** пéнсія; eine ~ bezíehen одéржувати пенсію; in ~ géhen іти на пéнсію; пансіóн; плáта за стіл (за харчування)

pensioníeren *vt* звільнити (відправити) на пéнсію; sich ~ lássen піти на пéнсію

Pénsum *n* **~s, ...sen / ...sa** навантáження; завдáння, урóк; навчáльний матеріáл, das ~ scháffen викoнáти завдáння; вивчити урóк

Pérle *f* ~, **~n** перлина; *pl* намисто

Pérlmutter *f* ~ перламýтр

Pérser *m* **~s,** ~ перс; пéрський килим

Persiáner *m* **~s,** ~ карáкуль

pérsisch *adj* пéрський

Persón *f* ~, **~en** персóна, осóба, людина; pro ~ за осóбу; на осóбу; *юр.* осóба; *теáтр., літ.* дійова осóба; *грам.* осóба

personál *adj* персонáльний, особистий

Personál *n* **~s** персонáл, особóвий склад, штат

Personálabbau *m* **~(e)s** скорóчення штáтів; **~akten** *pl* особова справа *(папка з документами);* **~ausweis** *m* **~es, ~e** посвідчення осóби; **~bestand** *m* **~ (e)s, ...bestände** особóвий склад; **~büro** *n* **~s ~s** відділ кáдрів, **~endung** *f* ~, **~en** *грам,* особóве закінчення

Personálien *pl* анкéтні дáні

Personálleiter *m* **~s,** ~ начáльник відділу кáдрів

Persónenauto *n* **~s, ~s, ~kraftwagen** *m* **~s,** ~ *(скор.* Pkw) легковий автомобіль; **~wagen** *m* **~s,** ~ пасажирський вагóн; легкóвий автóмобіль; **~zug** *m* **~ (e)s, ..züge** пасажирський поїзд

persönlich *adj* особистий, індивідуáльний

Persönlichkeit *f* **~, ~en** людина, особа; особистість, індивідуáльність; (високопоставлена) осóба; діяч; ~ en des öffentlichen Lébens громáдські діячі

Perücke *f~,* **~n** парик, перýка

Petróleum *n* **~s** гас; нафта

Pfad *m* **~ (e)s, ~e** стежкá; *перен.* шлях

Pfahl *m* **~ (e)s, Pfähle** стовп; пáля

Pfand *n* **~(e)s, Pfänder** застава

Pfánne *f~,* **~n** сковородá; жарóвня

Pfánnkuchen *m* **~s,** ~ млинчик; пóнчик з повидлом *(смажений в олії);* олáдка, олáдок

Pfáu *m* **~ (e)s, ~en** павич; перен. франт

Pféffer *m* **~s,** ~ перець

Pféfferminze *f* ~, **~n** м'ята перцева

Pféife *f* **~, ~n** свистóк; дýдка; сопілка; люлька *(для паління);* стебло *(рослини); розм.* дýрень, бóвдур

pféifen* *vi, vt* свистáти, насвистувати

Pfeil *m* **~(e)s, ~e** стрілá; стрілка; шпилька *(для волосся)*

Pféiler *m* **~s,** ~ стовп; опóра; колóна; вúшка: *перен.* опóра; оплóт
Pfénnig *m* **~ (e)s, ~e** *і* ~ пфéніг; *перен.* грóші
Pferd *n* **~(e)s, ~e** кінь, конякá; auf das ~ (zu ~ e) stéigen сíсти на конá, сíсти вéрхи
Pférderennen *n* **~s,** ~ перегóни, скáчки; **~schwänz** *m* **~es, ...schwänze** кíнський хвіст *(тж зачіска)*; **~stärke** *(скор.* PS*)* *f* **~, ~n** кíнська сúла *(одиниця вимірювання. потужності)*; **~zucht** *f*~конярство
Pfiff *m* **~ (e)s, ~e** свистóк; свист; *розм.* викрутáс; вúтівка; хúтрощі
Pfírsich *m* **~(e)s, ~e** пéрсик; пéрсикове дерево
Pflánze *f* **~, ~n** рослúна
pflánzen *vt* саджáти *(рослини)*
Pflánzenkunde *f* **~, ~lehre** *f* ~ботáніка; **~schütz** *m* **~es** зáхист рослúн; **~weit** *f* ~ рослúнний світ, флóра; **~zucht** *f* ~ рослúнництво
Pflánzung *f* **~, ~en** садíння *(рослин, розсади)*; плантáція
Pfláster *n* **~s,** ~ плáстир; брукíвка, мостовá
pflástern *vt* наклáдати плáстир; мостúти, брукувáти
Pfláume *f* **~, ~n** слúва
Pflége *f* **~, ~n** (G) дóгляд *(за кимось, чимось)*; турбóта (їро *когось, щось)*; die ~ des Kránken дóгляд за хвóрим
pflégen I *vt* доглядáти, ходúти *(за кимось, чимось)*
pflégen II *vt (zu + int)* мáти звúчай, мáти звúчку *(робити щось)*; um díese Zeit pflegt er noch zu schláfen в цей час він звичáйно ще спить
Pfléger *m* **~s,** ~, **~in** *f* **~, ~nen** вихователь, ...ка; санітáр, ...ка; опікун, ...ка
Pflicht *f* **~, ~en** обóв'язок, повúнність; *спорт,* обóв'язкова прогрáма
pflíchtbewußt *adj* свідóмий свогó обов'язку; **~eifrig** *adj* старáнний; **~treu** *adj* вíрний своєму обов'язку
pflücken *vt* рвáти, збирáти *(квіти,ягоди)*
Pflug *m* **~(e)s, Pflüge** плуг
pflügen *vt* орáти
Pfórte *f* **~, ~n** ворóта; хвíртка; двéрі; вхід, прохíд
Pfórtner *m* **~s,** ~ швейцáр, портьє; вартовúй *(біля входу)*
Pfóte *f* **~, ~n** лáпа *(тварини)*; *розм.* кривýлі, карлючкú *(про почерк)*
Pfund *n* **~(e)s, ~e** *і з числ.* ~ *(скор. Pfd)* фунт *(міра ваги)*; фунт *(грошова одиниця)*; *перен.* талáнт
Pfütze *f* **~, ~n** калюжа
phantasíeren *vi* фантазувáти, мрíяти
Pháse *f* **~, ~n** фáза
Philatelíe *f* ~ філателíя
Philharmoníe *f* **~, ...níen** філармóнія
Philológ(e) *m* **...gen, ...gen** філóлог, мовознáвець
Philologíe *f* **~, ...gíen** філолóгія, мовознáвство
Philosophíe *f* **~, ...phíen** філосóфія
Phonothék *f* **~, ~en** фонотéка
Phótoamateur [~to:r] *m* **~s, ~e** фотолюбúтель, фотоамáтор; **~apparat** *m* **~s, ~e** фотоапарáт; ~ **aussteilung** *f* **~, ~en** фотовúставка
Phráse *f* **~, ~n** фрáза; гучні слóва (фрази)
Physík *f* ~ фíзика
physikálisch *adj* фізúчний *(щодо фізики)*
Phýsiker *m* **~s,** ~ фíзик
Physiologíe *f* ~ фізіолóгія
physiológisch *adj* фізіологíчний
phýsisch *adj* фізúчний; матеріáльний; прирóдний; ein ~ er Schmerz фізúчний біль; eine ~ e Kárte фізúчна кáрта
pícken *vt* дзьóбати, клювáти
Pílle *f* **~, ~n** пілюля
Pilz *m* **~es, ~e** гриб, *мед.* грибóк
Pílzvergiftung *f* **~, ~en** отрýєння грибáми
Pínsel *m* **~s,** ~ пéнзель, щíточка; den ~ führen займáтися живóписом; *розм,* дýрень, йóлоп
Pioníer *m* **~s, ~e** піонер; новáтор; *військ,* сапéр; *pl* інженéрні війська
Pistóle *f* **~, ~n** пістолéт
placíeren [~'si:~] *і* [tsi:~] *vt* 1. помістúти; поклáсти; влаштувáти *(когось)*; поміщáти *(капітал)*; *спорт.* (точно) направлáти *(м'яч)*; 2. **sich** ~ влаштувáтися; *спорт,* займáти якéсь місце *(в змаганні)*
plädíeren *vi* виступáти *(за щось)*; *юр.* виступáти на суді *(про прокурора, адвоката, оборонця)*
Pláge *f* **~, ~n** мýка; турбóти, клóпоти; біда, лúхо, халéпа; проклáття
plágen 1. *vt* мýчити; набридáти, докучáти *(комусь)*; *(um A)* приставáти *(до когось)*; випрóшувати *(щось)*; 2. **sich** ~ мýчитися
Plan *m* **~(e)s, Pläne** план, зáдум
plánen *vt* (за)планувáти; задýмувати
Pláner *m* **~s,** ~ плановúк
plángemäß *adj* планомíрний; плáновий; передбáчений планом
Plánke *f* **~, ~n** плáнка; паркáн; дóшка, мостúна
Plánmäßigkeit *f* ~ планомíрність; плáновість
Plánung *f* **~, ~en** планувáння
plánvoll *adj* плáновий; планомíрний; обдýманий
Plast *m* **~es, ~e** пластмáса
plástisch *adj* пластúчний; об'ємний; ein ~ er Film стереофíльм
Plateau [~'to:] *n* **~s, ~s** платó, плоскогíр'я
plätschern *vi* плескáти(ся), хлюпати(ся); дзюрчати *(тж перен.)*
platt 1. *adj* плóский; банáльний; явний, очевúдний; 2. *adv* крúжем; нáвзнак
Plátte *f* **~, ~n** плитá, плúтка; пластúна; дóшка; пластúнка *(фото, муз.)*; панéль; диск *(муз.)*; піднóс; тáця; блюдо;

P

страва; éine kálte ~ холодні закуски; éine gemíschte ~ різні закуски; *розм.* лисина

Plätte *f* ~, **~n, Plätteisen** *n* **~s**, ~ праска

plätten *vt* гладити; прасувати

Pláttenbauweise *f* ~ великопанельне будівництво; **~spieler** *m* **~s**, ~ програвач

Platz *m* **~es, Plätze** місце; ~ nehmen зайняти місце; zwei Plätze auf éinem Schiff néhmen купити два квитки на пароплав; майдан; ein grüner ~ лужок; галявина. *спорт,* майданчик; поле; місце *(в змаганні);* місце, посада

plátzen 1. *vi (s)* лопатися, тріскатися; розриватися; vor Wut ~ луснути від злості; 2. **sich** ~ *розм.* плюхатися *(сідати)*

Plátzkarte *f* ~, **~n** плацкарта; **~regen** *m* **~s**, ~ злива

pláuderhaft *adj* балакучий

pláudern *vi* базікати, балакати; пробовкуватися

Pléite *f* ~, **~n** *розм.* банкрутство, крах; безгрошів'я, безгрішшя; ~ máchen збанкрутувати

plötzlich 1. *adj* раптовий; несподіваний; 2. *adv* раптом, несподівано

plump *adj* незграбний; нетактовний, грубий

plündern *vt* грабувати; спустошувати; знімати плоди *(з дерева);* знімати іграшки *(з новорічної ялинки)*

póchen 1. *vi* стукати; an die Tür ~стукати в двері; битися *(про серце); (auf A)* хизуватися (*чимось*); 2. *vt* товкти, дрібнити *(напр., руду); розм.* бити; лупцювати

P

Pócken *pl мед.* віспа; gégen ~ ímpfen прищеплювати віспу

Póckenimpfung *f* ~, **~en** прищеплювання віспи

Pódium *n* **~s**, **...dien** естрада, поміст; трибуна

Pokál *m* **~s, ~e** келих; кубок

Pokálspiel *n* **~(e)s, ~e** *спорт.* гра на кубок

Pol *m* **~s, ~e** *геогр., фіз.* полюс; negatíver ~ *фіз.* катод; positíver ~ *фіз.* анод

Polárbär *m* **~en, ~en** білий (полярний) ведмідь; **~licht** *n* **~es, ~er** північне сяйво

Politík *f* ~, **~en** політика; die auswärtige ~ внутрішня політика

Pólstermöbel *pl* м'які меблі

populär *adj* популярний; загальнодоступний

Portión *f* ~, **~en** порція, частка, доза

portugíesisch *adj* португальський

Porzellán *n* **~s, ~e** фарфор, порцеляна; фарфорові вироби

Positión *f* ~, **~en** позиція, місцезнаходження; місце *(в змаганні);* посада, місце *(по службі);* точка зору

positív (pósitiv) *adj* позитивний; певний; конкретний

Pósitiv *n* **~s, ~e** фото позитив

Póssen *m* **~s**, ~ (лихий) жарт, витівка

póssenhaft *adj* смішний, забавний; дурний

Post *f* ~, **~en** пошта; поштове відділення; etw. mit der (per) ~ schícken посилати поштою

Póstamt *n* **~es, ...ämter** поштамт, поштове відділення; **~anweisung** *f* **~, ~en** поштовий переказ; **~bote** *m* **~n, ~n** листоноша, поштар

Pósten *m* **~s**, ~ пост, посада; éinen ~ bekléiden займати (пост) посаду; *військ.* пост, вартовий; auf ~ zíehen заступати на варту

Póstfach *n* **~(e)s, ...fächer** абонементна поштова скринька

Póstkarte *f* **~, ~n** (поштова) листівка; **~kasten** *m* **~s**, ~ / **...kästen** поштова скринька

póstlagernd *adv* до запитання

Póstleitzahl *f* ~, **~en** номер поштового відділення, поштовий індекс; **~marke** *f* ~, **~n** поштова марка

Póst- und Férnmaldewesen *n* **~s** пошта і телеграф, пошта ~ телеграф ~ телефон; зв'язок

Póstzusteller *m* **~s**, ~ листоноша

Potentiál, potentiéll *adj* потенційний, можливий

Poténz *f* ~, **~en** потенція; (притаманна) сила; можливість, спроможність *(щось зробити);* потужність; *мат.* степінь; in die zwéite ~ erhében піднести до другого степеня

Pracht *f* ~ пишнота, розкіш

prächtig *adj* пишний, розкішний; чудовий; прекрасний

Práchtmensch *m* **~en, ~en, Práchtskerl** *m* **~s, ~e** *розм.* добрий хлопець, молодець

Prädikát *n* **~(e)s,~e** *грам.* присудок; оцінка *(в школі);* die Prüfung mit dem ~ "gut" áblegen скласти екзамен з оцінкою "добре"

prägen *vt* карбувати; штампувати; створювати; sich *(D)* etw. ins Gedächtnis ~ запам'ятати щось

prägnánt *adj* влучний; виразний; точний; чіткий; змістовний

práhlen *vi (mit D)* хвалитися *(комусь чимось)*

Práktik *f* ~, **~en** практика, досвід; прийом; поводження *(з чимось); pl* інтриги

Práktikum *n* **~s, ...ken** / **...ka** практика, практичні заняття *(студентів);* im ~sein бути на практиці; ein **~** ábleisten (máchen) проходити практику

Pralíne *f* **~, ~n** шоколад з начинкою; шоколадна цукерка *(з начинкою)*

prall 1. *adj* тугий, (туго) натягнутий; (туго) набитий; (туго) надутий; напханий; сильний, пекучий; die ~ e Sonne пекуче сонце; 2. *adv* das Kleid lag ~ an сукня сиділа в обтяжку

Prall *m* **~(e)s, ~e** сильний пóштовх (удар)
prállen *vi* (s) *(gegen A)* битися, ударятися *(об щось);* наскóчити *(на когось, на щось)*
Prämie *f* **~, ~n** прéмія; нагорóда; éine ~ áuszahlen видáти прéмію
prämíeren *vt (mit* D) преміювáти *(когось чимось),* нагороджýвати *(когось чимось)*
prángen *vi* красуватися, блищáти; *(mit D) розм.* хизуватися *(чимось)*
Präparát *n* **~(e)s, ~e** ліки *(готові); хім., мед.* препарáт; навчáльний наóчний посібник; експонáт
Präsént *n* **~(e)s, ~e** подарýнок; j~m ein ~ máchen зробити комусь подарýнок
präsentíeren 1. *vt* пропонувáти; подавáти, пред'являти *(напр., документ, рахунок);* пригощáти, частувáти когóсь чимось; (по)~дарувати; підносити; знайомити; рекомендувáти *(когось, комусь);* 2. **sich ~** покáзувати себé; мáти вигляд; er präsentíert sich gut він має дóбрий вигляд
Präsident *m* **~en, ~en** головá *(організації);* президéнт
Präsidéntenwahl *f* **~, ~en** вибори президéнта, президéнтські вибори
präsidíeren *vi (D)* головувáти, вéсти збóри; éiner Versámmlung ~ головувáти на збóрах
Práxis *f* **~, ...xen** прáктика, дóсвід; прáктика (лікаря, *юриста); розм. години прийому (лікаря,юриста);* прáктичні заняття
präzís(e) *adj* тóчний
Preis *m* **~es, ~e** ціна; um jeden ~за всяку ціну; um kéinen ~! нізáщо!; etw. únter dem ~ verkáufen продавáти щось нижче своєї ціни; прéмія, нагорóда, приз
préisen* *vt* вихваляти
préisgeben* *vt* залишáти, кидати; відмовлятися *(від чогось);* ein Geheímnis ~ розголóшувати таємницю; séine Éhre ~ поступáтися своєю чéстю
préisgekrönt *adj* відзнáчений премією; *спорт,* нагорóджений призóм
préisgünstig *adj* дешéвий
Préisträger *m* **~s,** ~ призéр; лауреáт
préiswert *adj,* **~würdig** *adj* недорогий; гідний похвали
Premierminister *m* **~s**, ~прем'éр~міністр
Présse I *f* **~, ~n** прес; лещáта
Présse II *f* **~** прéса; eine gúte ~ háben дістáти позитивну оцінку в прéсі
Présseberichterstatter *m* **~s,** ~ кореспондéнт газéти; **~konferenz** *f* **~, ~en** пресконферéнція; **~meidung** *f* **~, ~en** повідóмлення в газéті
préssen *vt* тиснути; пресувáти; формувáти; *(an A)* притискувати *(щось до чогось); (aus D)* вичáвлювати, видáвлювати *(напр,, сік); (in A)* втискувати *(щось кудись); (zu D)* примýшувати *(когось до чогось)*
príckeln *vi* щипáти, лоскотáти; свербіти
Príester *m* **~s**, ~ свящéник, проповідник; жрець
prima *adj* першоклáсний; ~ Qualität вищої якості, вищого гатýнку; *розм.* прекрáсний, відмінний; das ist ja ~ це чудóво!
primär *adj* первинний; найпéрший
Prímus *m* **~, ...mi** *і* **~se** пéрший учéнь *(у класі)*
Prinzíp *n* **~s, ~e** і **...pien** принцип; aus~ tun робити щось з принципу; im~ у принципі
Prinzípienfestigkeit *f* **~** принципóвість
Príse *f* **~, ~n** пýчка, дрібка *(солі і т.п.)*
Prítsche *f* **~, ~n** полиця; нáри; платфóрма
privát [-v-] *adj* влáсний, привáтний, особистий; ~ es Éigentum привáтна влáсність; eine ~ e Ángelegenheit привáтна (особиста) спрáва
Priváteigentum *n* **~s** привáтна влáсність; **~lehrer** *m* **~s**, ~ репетитор
pro *prp* за, на, в; ein Stück ~ Persón по однíй штýці на кóжного; ~Kopf на душу; ~ Wóche за тиждень
Pro n ~: das ~ und (das) Kóntra (усі) "за" і "проти"
probát *adj* випробуваний; перевірений (на досвіді); надíйний
Próbe *f* **~, ~n** випрóбування, прóба
Próbelektion *f* **~, ~en** прóбний урóк *(молодого вчителя);* **~ zeit** *f* **~, ~en** випрóбний (іспитовий) тéрмін
probíeren *vt* випробóвувати, перевіряти; куштувáти, дегустувáти; прóбувати *(щось зробити)*
Problém *n* **~s, ~e** проблéма; ein ~lösen розв'язувати проблéму; ein ~ áufrollen піднімáти питáння, висувáти проблéму; завдáння
Produkt *n* **~(e)s, ~e** продýкт; *мат.* добýток
Produktión *f* **~, ~en** виробництво; продýкція
Produktiónsablauf *m* **~(e)s**, **..läufe** виробничий процéс; **~ausstoß** *m* **~es** випуск продýкції *(за проміжок часу);* **~beratung** *f* **~, ~en** виробнича нарада; **~genossenschaft** *f* **~, ~en** виробничий кооператив; **~mittel** *pl* засóби виробництва; **~verhältnisse** *pl ек.* виробничі віднóсини; **~weise** *f* **~, ~n** спóсіб виробництва; **~zweig** *m* **~es, ~e** гáлузь виробництва
Produktivität [-v-] *f* **~** продуктивність *(праці)*
Produktívkräfte *pl* продуктивні сили
produzíeren 1. *vt виробляти (здеб. товар);* 2. **sich ~** демонструвáти своє вміння (свою майстерність)
professionéll *adj* професíйний
Profít *m* **~(e)s, ~e** прибýток; бариш, зиск
profitábel *adj* прибýтковий; вигідний
profitíeren *vi (von D)* мáти бáриш (вигоду, зиск) *(від когось, від чогось);* мати кóристь, вигравáтися *(від чогось)*

P

Prognóse *f* ~, **~n** прогнóз, передбачення; die ~ traf (nicht) zu прогнóз (не) спрáвдився
Prográmm *n* **~s, ~e** прогрáма; план
prográmmäßig *adj* відповідний до прогрáми
Programmíerung *f* ~, **~en** програмувáння
Prográmmsteuerung *f* ~ прогрáмне управлíння (керування); **~vorschau** *f* ~ прогрáма *(радіопередач);* репертуáр *(театру)*
Projékt *n* **~(e)s, ~e** проéкт; план; нáмір
Projektiónsapparat *m* **~(e)s, ~e** проекцíйний апарáт, проéктор; **~leinwand** *f* **~, ~wände** екрáн
projizíeren *vt* проектувáти *(щось),* намічáти план *(чогось);* проектувáти *(на екран),* покáзувати за допомóгою проéктора
proklamíeren *vt* (урочисто) проголóшувати
Prüfungsanforderungen *pl* екзаменацíйні вимоги; **~sses, ~schüsse** екзаменáцíйна комíсія; **~bericht** *m* **~(e)s, ~e** ревізíйний вúсновок; **~fach** *n* **~es, ...fächer** предмéт, з якóго провóдиться екзáмен; предмéт, що винóситься на íспит; **~kandidat** *m* **~en, ~en** екзаменóваний; той, кого екзаменýють; **~zeugnis** *n* **~ses, ~se** свідóцтво про склáдення íспитів
Prügel *pl* побóї
Prügeléi *f*~, **~en** бíйка
prügeln *vt* бити, лупцювáти
publizíeren *vt* публікувáти
Púder *m* **~s,** ~ пýдра
Púderdose *f* ~, **~n** пýдрениця
púdern 1. *vt* пýдрити; 2. **sich** ~ пýдритися
Pullóver [-v-] *m* **~s,** ~ пулóвер, светр
Pult *n* **~(e)s, ~e** пульт, пюпíтр; кáфедра
Púlver *n* **~s,** ~ порошóк; пóрох
Púmpe *f* ~, **~n** насóс, пóмпа
púmpen *vt* качáти (насосом); *(bei D, von D)* позичáти *(гроші у когось); (D)* давáти в пóзику *(комусь)*
Punkt *m* **~(e)s, ~e** крáпка, тóчка; пункт, стаття́ (закону), парáграф; (Uhr) рíвно о 12
(годині); *спорт.* очкó
pünktlich 1. *adj* пунктуáльний, тóчний; акурáтний; 2. *adv* вчáсно, тóчно; акурáтно
Pünktlichkeit *f* ~ пунктуáльність, тóчність; акурáтність
Pupílle *f* ~, **~n** зіни́ця
Púppe *f* ~, **~n** ля́лька; манекéн; *зоол.* ля́лечка
pur *adj* чи́стий, без домíшок; ~ es Gold чи́сте зóлото; die ~ e Wáhrheit щи́ра прáвда
pústen ['pu:~] *vi розм.* вáжко ди́хати, хéкати: (сильної дути; дмухати; ins Féuer ~ роздмýхувати вогонь
Púte *f* ~, **~n** інди́чка
Púter *m* **~s,** ~ інди́к
Putz *m* **~es, ~e** вбрáння; штукатýрка; оздóба, прикрáса
pútzen 1. *vt* чи́стити: die Fénster ~ми́ти вíкна; das Zímmer ~ прибирáти кімнáту; наряджáти; прикрашáти, чепури́ти; die Knöpfe ~ das Kleid ґýдзики прикрашáють сукню; штукатýрити; 2. sich ~чепури́тися, наряджáтися
Pútzfrau *f* ~, **~en** прибирáльниця

P

Q

Quadrát *n* **~(e)s, ~e** квадрáт *(тж мат.);* éine Zahl ins ~ erhében *мат.* підносити число до квадрата
quadrátförmig *adj* квадрáтний
Quadrátinhalt *m* **~(e)s, ~e** *мат.* плóща квадрáта; квадратýра
Quadrátwurzel *f* **~, ~e** *мат.* квадрáтний кóрінь; die ~ aus éiner Zahl zíehen добувáти квадрáтний кóрінь з числá
quadríeren *vt мат.* піднóсити до квадрáта
Qual *f* **~, ~en** мýка; гризóта
quälen 1. *vt* мýчити; терзáти; катувáти; гнітúти; j~n zu Tóde ~ замордувáти до смéрті когóсь; 2. **sich** ~ мýчитися, терзáтися, мордувáтися; (*durch* A) насилу пробирáтися *(через щось)*
Qualiftkatiónskampf *m* **~(e)s,...kämpfe**, **~spiel** *n* **~es, ~e** *спорт.* відбірні змагáння, відбірна гра, відбірний матч
qualifizíeren 1. *vt* кваліфікувáти, атестувáти; підвищувáти кваліфікáцію (якість, рівень) *(чогось);* покрáщувати, поліпшувати *(щось);* 2. **sich** ~ підвúщувати свою кваліфікáцію; *(fur A, zu D)* набувáти *(якоїсь)* спеціáльності
qualifizíert *adj* кваліфікóваний; ~e Méhrheit кваліфікóвана (переважна) більшість *(при голосуванні);* дві третúни голосів
Qualifizíerung *f* ~ кваліфікáція, атестáція; підвúщення кваліфікáції (рівня, якості); покрáщання
Qualität *f* **~, ~en** якість; гатýнок, сóрт; béste ~ найвищого гатýнку; díese Wáre ist ~ це товáр найвищого гатýнку; здібності
qualitatív 1. *adj* якісний; 2. *adv* за якістю
qualitätsgerecht *adj* якúй відповідáє встанóвленій якості
Qualm *m* **~(e)s** (густий) дим, чад
quálmen 1. *vi* диміти, чадúти; 2. *vt розм.* смалúти *(цигарки)*
quálvoll *adj* нестéрпний, бóлісний
Quantität *f* **~, ~en** кількість
quantitatív *adj* кількісний
Quark *m* **~(e)s, ~e** сир *(м'який); розм.* дурнúця, нісенітнúця
quartálweise *adj* поквартáльний
Quartíer *n* **~s, ~e** квартúра *(тимчасова),* житлó; bei j~m ~ néhmen (bezíehen) найнáти у когось житло; j~n ins ~ néhmen пускáти когóсь на квартúру
Quatsch *m* **~es** *розм.* базікання; нісенітнúця; mach nicht sólchen ~ ! не говорú дурнúць!
quátschen *vi розм.* базікати, молóти дурнúці, вéрзти нісенітницю; quatsch nicht (so viel)! не базікай!; не мелú дурнúць!
Quátschkopf *m* **~(e)s, ..köpfe** базіка, пустомéля
Quécksilber *n* **~s** ртуть; er ist das réine ~ *розм.* він непосúда
Qúelle *f* **~, ~n** джерелó; струмóк; *перен.* джерелó ; першоджерелó
quéllen* *vi (s)* бúти джерелóм; пробивáтися; лúтися, тéкти; набухáти; набрякáти
Quéllenangabe *f* **~, ~n** посилáння на першоджерелó; **~nachweis** *m* **~es, ~e** бібліогрáфія; **~verzeichnis** *n* **~es, ~se** бібліогрáфія, спúсок першоджерéл
quer 1. *adj* поперéчний; навіжений; сварлúвий; сумнівний; 2. *adv* чéрез, поперéк; kreuz und ~крúво й кóсо
Quére *f* ~ поперéчний напрямóк; *тех.* поперéчний переріз; in die ~ упóперек; j~m in die ~ kómmen стáти пóперек дорóги комусь
quéren *vt* пересікáти *(щось),* переходúти *(через щось)*
querfeldéin *adv* навпростéць, нáпрямки; не по дорóзі
Quérlgasse *f* **~, ~n** провýлок; **~kopf** *n* **~(e)s, ...köpfe** упéрта людúна, упéртий; **~schnitt** *m* **~(e)s, ~e** поперéчний розріз; огляд *(durch A чогось);* **~straße** *f* **~, ~n** поперéчна вýлиця
quértreiben* vi інтригувáти.
querüber *adv* навскіс; упóперек
quétschen 1. *vt* давúти; м'яти; товктú; зажáти; віддавúти; sich (D) éinen Fínger ~ прищипнýти (собі) пáлець; 2. **sich** ~ штовхáтися; тиснýтися
quícklebendig *adj* жвáвий; бадьóрий
quíeken, quíeksen, quíetschen *vi* пищáти; верещáти
quitt *adv* квит(и); mit j~m ~ sein (wérden) розквитáтися з кимóсь; посваритися з кимось; wir sind (mit ihm) ~! ми (з ним) квити!

quittíeren *vt тж vi (uber A)* розписува́тися *(про одержання чогось);* видава́ти розписку, квитанцію; er quittíerte (über) den Erhált des Géldes він розписа́вся про одéржання гро́шей; заперéчувати; відповіда́ти; реагува́ти *(якось на щось);* den Scherz mit éinem Lächeln ~ сприйма́ти жарт з усмішкою, відповісти на жарт усмішкою

Quíttung *f* ~, **~en** квита́нція, розпи́ска; éine ~ *(fur A, uber A)* áusstellen вида́ти квита́нцію *(про щось)*

Quiz [kviz] *n* ~ віктори́на; концéрт ~зага́дка *(по радіо, телебаченню)*

Q

R

Rábe *m* **~n, ~n** вóрон; *розм.* негідник, бешкéтник
rábenschwarz *adj* вороний *(про коня)*, кóльору ворохóвого крилá
Ráche *f* ~ пóмста, відплáта; ~ nehmen *(an D für A)* мстити *(комусь за когось, за щось)*; an j~m ~ üben мстити комýсь
rächen 1. *vt* мстити *(за когось, за щось)*; etw. an j~m ~ мстити за щось комýсь; 2. **sich** ~ *(an D für A)* мстити *(комусь за щось)*
Ráchen *m* **~s,** ~ пáща; глóтка
Ráchsucht *f* ~ мстивість
ráckern *vi* / **sich** ~ мýчитися, надривáтися
Radáu *m* **~s** шум, гáлас; скандáл; ~ máchen шуміти, галасувáти; скандáлити
rádfahren* *vi (s)* їздити на велосипéді
radíeren *vt* стирáти *(написане)* гýмкою; травити; гравіювáти *(на металі)*
Radíergummi *m* **~s,** ~ і **~s** гýмка
Rádio *n* **~s, ~s** рáдіо; im ~ по рáдіо
Rádioansager *m* **~s,** ~ дúктор рáдіо; **~apparat** *m* **~s, ~e** радіоприймáч, **~bastler** *m* **~s,** ~ радіолюбитель; **~gerät** *n* **~(e)s, ~e** радіоприймáч; рація; **~hörer** *m* **~s,** ~ радіослухач; **~röhre** *f* ~, ~n радіолáмпа; **~übertragung** *f*~, **~en** радіопередача
Rádspur *f* ~, **~en** колія, слід коліс
ráffen *vt* збирáти, підбирáти; складáти; захóплювати, привлáснювати
Ráffgier *f* ~ жадібність, жадóба нажи́ви
rágen *vi* підносúтися, висóчіти; стирчáти
Rahm *m* **~(e)s** вершкú
Ráhmen *m* **~s,** ~ рáма; *буд.* налúчник; *перен.* отóчення, середóвище; in féierlichem ~ в урóчистій обстанóвці; мéжі, рáмки; im~ des Möglichen у мéжах можлúвого; рант *(взуття)*
Rain *m* **~(e)s, ~e** межá; узлíсся; край
Rand *m* **~(e)s, Ränder** край, межá; узлíсся; окóлиця; облямівка; пóля *(сторінки)*
Rang *m* **~(e)s, Ränge** ступінь, клас, *театр.* ярус; der érste ~ балкóн (ложа) першого ярусу
ránken, sich *(an A, um A)* вúтися, обвивáтися, обкручýватися *(навколо чогось)*
Ránzen *m* **~s,** ~ рáнець, сýмка; den pácken зібрáти рéчі в рáнець; den ~ schnüren зібрáтися в дорóгу
ráscheln *vi* шелестіти, шарудіти
rásen *vi* *(h)* шаленіти, божевóліти; бушувáти; *(h, s)* мчáти
Rásen I *m* **~s,** ~ травá; газóн
Rásen II *n* **~s** шалéнство; божевíлля; бýйство
rásend *adj* шалéний, несамовúтий; бýйний; j~n ~ máchen вúвести когóсь з сéбе; стрімкúй, бурхлúвий
Raseréi *f* ~, **~en** шаленство; безýмство; необерéжна, швидкá їздá
rasíeren 1. *vt* голúти; 2. **sich** ~ голúтися
Rásse *f*~, **~n** рáса; порóда
rásseln *vi* гриміти; дзвеніти; побрязкувáти; хрипіти *(при диханні)*
rásten *vi* відпочивáти; робúти прúвал
rástlos 1. *adj* невтóмний; безперестáнний; **2.** *adv* невтóмно; безперестáнку
Rat *m* **~(e)s, Räte** *pl здеб.* Rátschläge порáда; (éinen) ~ gében рáдити, давáти порáду; ~ súchen просúти порáди; j~n um ~ frágen звернýтися до когóсь за порáдою; рáда *(орган)*; рáдник
ráten* *vt* рáдити; sich (D) ~ lássen слýхатися чиєїсь порáди; відгáдувати, угáдувати; Rätsel ~ відгáдувати загáдки
Rágeber *m* **~s,** ~ порадник; радник; довідник; **~haus** n **~es,** ... **häuser** ратуша
rätlich *adj* розсýдливий, доцільний; es ist nicht ~ цьогó не слід робúти, ощáдливий, ековóмний
rátlos *adj* розгýблений, безпорáдний; нерішýчий
rátsam *adj* розсудлúвий, доцільний; бажáний
Rátschlag *m* ~ **(e)s Ratschläge** порáда
Rátschluß *m* **...schlusses, ...schlüsse** ухвáла, постанóва; вúрок
Rätsel *n* **~s,** ~ загáдка; ~ áufgeben загáдувати загáдки *(тж перен.)*; ein ~ lösen відгáдувати загáдку
rätselhaft *adj* загадкóвий; незрозумілий; таємнúчий
Ráub *m* **~(e)s** грабіж; розкрадáння; розбій; награбóване, здóбич
ráuben *vt (D)* грабувáти; викрадáти; крáсти; *(D)* позбавляти *(когось чогось)*;

R

j~m die Hóffnung ~позба́вити когóсь надії

Räuber *m* **~s,** ~ розбійник, грабіжник

räuberisch *adj* грабіжницький, розбійницький

ráubgierig *adj* хи́жий, жадібний

Ráubkrieg *m* **~(e)s, ~e** загарбни́цька війна; **~mörder** *m* **~s,** ~ банди́т, уби́вця; **~schütz** *m* **~es, ~e** браконьє́р; **~tier** *n* **~es, ~e** хижа́к

Rauch *m* ~ **(e)s** дим; кіптя́ва; імла

ráuchen 1. *vi* диміти; чади́ти; 2. *vt* кури́ти, пали́ти

räuchern *vt* копти́ти; обку́рювати

ráuchig *adj* ди́мний; проку́рений; закоптілий

ráufen 1. *vt* висмикува́ти, рва́ти; щипа́ти; 2. **sich** ~ би́тися, боро́тися

rauh *adj* шорша́вий; шо́рсткий; нерівний; гру́бий; суво́рий; різкий; суво́рий *(про клімат і т.* п); хрипли́й *(про голос)*

Raum *m* **~(e)s, Räume** про́стір; місце: es ist kein ~ da немає вільного місця; приміщення: кімната; кабіна; ємність, місткість; райо́н, місце́вість; im ~von Berlín в райо́ні Берліна; *астр.* космічний про́стір, ко́смос

räumen *vt* очища́ти, прибира́ти залиша́ти, звільня́ти; евакуюва́ти; das Land ~поки́нути (залишити) краї́ну

Ráumfahrer *m* **~s,** ~ космона́вт; **~fahrt** *f* ~, ~en космона́втика; космічний політ, космічна по́дорож; **~film** *m* ~(e)s, ~e стереокіно́; **~flieger** *m* **~s,** (льотчик~) космона́вт; **~flug** *m* **~es, ...flüge** космічний політ; bemannter ~ flug політ космічного корабля́ з люди́ною на борту́; **~flugbahn** *f* ~ траєкто́рія космічного польо́ту; ~ **forschung** *f*~, **~en** дослідження космічного про́стору; **~lehre** *f* ~ геоме́трія; стереоме́трія; вче́ння про про́стір

räumlich 1. *adj* просторо́вий: об'ємний, місткий; 2. *adv* у просторо́вому відно́шенні

Ráumschiff *n* **~(e)s, ~e** космічний кора́бель; **~schiffahrt** *f* ~ космонавтика; **~station** *f* ~, **~en** космічна станція

Ráupe *f* ~, **~n** гу́сениця

ráuschen *vi* шуміти; шелестіти, шурхотіти; дзюрча́ти

räuspern, sich відка́шлюватися: пока́шлювати

Rébe *f* ~, **~n** виногра́д; (виноградна) лоза́

rebellíeren *vi* бунтува́ти; повстава́ти

rébeln *vt* збира́ти *(виноград),* обрива́ти, оббира́ти *(ягоди, грона ягід);* лущи́ти *(кукурудзу)*

Rébstock *m* **~(e)s, ...stöcke** виноградна лоза́

Réchenaufgabe *f* ~, **~n** арифмети́чна задача; **~buch** *n* **~(e)s, ...bücher** підру́чник арифме́тики; **...formel** *f* ~, **~n** математи́чна фо́рмула; **~kunst** *f* ~арифме́тика; **~maschine** *f*~, **~n** лічи́льна маши́на, арифмо́метр; **~regeln** *pl* пра́вила арифмети́чних дій

Réchenschaft *f* ~ звіт; (j~m) ~ áblegen звітува́ти *(перед кимось);* j~n zur ~ zíehen притягти́ когóсь до відповіда́льності

Réchenschaftsbericht *m* **~(e)s, ~e** звітна до́повідь, звіт

Réchenschieber *m* **~s,** ~ лічи́льна (логарифмічна) лінійка; **~stelle** *f* ~, ~n обчислюва́льний це́нтр

réchnen 1. *vt* лічи́ти, рахува́ти; обчислюва́ти; рахува́тися *(з чимось),* брати́ до уваги *(щось); (zu D, unter A)* вважа́ти, визнава́ти *(чимось);* зарахо́вувати *(до когось);* 2. *vi* розв'язува́ти, підрахо́вувати; обчислюва́ти; *(auf A)* розрахо́вувати *(на когось, на щось); (mit D)* рахува́тися *(з чимось),* бра́ти до ува́ги *(щось)*

Réchnen *n* **~s** арифме́тика; раху́нок

Réchner *m* **~s,** ~ матема́тик; обчислювальна маши́на, калькуля́тор

Réchnung *f* ~, **~en** обчи́слення; розраху́нок; облік; підраху́нок; раху́нок *(документ);* раху́нок *(напр., в банку); (фінансовий)* звіт

recht I 1. *adj* пра́вий; die ~ e Hand пра́ва рука́; ~er Hand правору́ч; пра́вильний, підходя́щий; спра́вжній; im ~ en Áugenblick вча́сно; es ist éine ~ e Fréude це спра́вжня ра́дість; der ~ e Gláube істинна віра; die ~ e Mútter спра́вжня ма́ти; 2. *adv* пра́вильно, справедли́во; ganz ~! цілко́м слу́шно!; ду́же; доси́ть; ~ gut ду́же до́бре; ~gern! із задово́ленням!

recht II: ~ behálten (bekómmen, erhálten) вияви́тися пра́вим; j~m ~ gében визнава́ти чию́сь правоту́; ~háben бу́ти пра́вим, ма́ти ра́цію

Recht *n* **~(e)s, ~e** пра́во *(на щось);* ein ~ auf etw. (A) háben ма́ти пра́во на що́сь; пра́во *(правові норми),* зако́н; правота́; пра́вильність; пра́вда; im ~ sein бу́ти пра́вим; mit ~ по пра́ву, пра́вильно

Réchte *f* ~ пра́ва ру́ка

Réchteck *n* **~(e)s, ~e** *мат.* прямоку́тник

réchten *vi* сперечáтися; суди́тися; über etw. (A) ~ сперéчатися про що́сь; свари́тися из~за чого́сь

réchtfertigen 1. *vt* виправдо́вувати; 2. **sich** ~ *(vor j~m)* виправдо́вуватися *(перед кимось)*

réchtlich *adj* правови́й, юриди́чний; зако́нний; че́сний, справедли́вий

réchtlos *adj* безпра́вий; неза́конний

réchtmäßig 1. *adj* зако́нний, лега́льний; 2. *adv* зако́нно, лега́льно

rechts *adv* правору́ч; ~von mir право́руч від ме́не; nach ~напра́во; von ~ nach links спра́ва наліво

Réchtsanwalt *m* **~(e)s, ...wälte** *юр.* адвока́т; **...berater** *m* **~s,** ~ юриско́нсульт; **~brecher** *m* **~s,** ~ правопо́рушник

Réchtschreibung *f* ~ орфогра́фія, право́пис
réchtsum *adv:* напра́во! *(команда)*
Réchtsverhältnisse *pl* правові́ відно́сини; **~verletzer** *m* **~s**, ~ правопору́шник
réchtswidrig *adj* протизако́нний
réchtwinkelig *adj* прямоку́тний
réchtzeitig 1. *adj* своєча́сний; 2. *adv* своєча́сно, вча́сно
récken 1. *vt* витяга́ти, розтяга́ти; 2. **sich** ~ витяга́тися, тягти́ся; потяга́тися
Réde *f* ~, **~n** мо́ва; розмо́ва; висло́влювання; промо́ва, ви́ступ; відповідь, відповіда́льність; j~n zur ~ stéllen притягти́ кого́сь до відповіда́льності; *лінгв.* мо́ва; мо́вний сти́ль; dirékte (indirékte) ~ пряма́ (непряма) мо́ва
rédefaul *adj* неговіркий, небалаку́чий; **~fertig** *adj* красномо́вний
Rédefreiheit *f* ~ свобо́да сло́ва
réden *vt, vi* говори́ти; розмовля́ти: виступа́ти з промо́вою: du hast gut ~! тобі до́бре говори́ти!; er läßt mit sich ~ з ним мо́жна домо́витися
Rédestrom *m* **~es** поті́к слів; **~teil** *m* **~es, ~e** части́на мо́ви; **~wendung** *f* ~, **~en** мо́вний зво́рот, ви́раз
rédlich 1. *adj* че́сний; сумлі́нний; *розм.* поря́дний; 2. *adv* че́сно, сумлі́нно; sich ~ bemühen докла́сти всіх зуси́ль
Rédner *m* **~s**, ~ промо́вець, доповіда́ч
rédselig *adj* говіркий, балаку́чий
referíeren *vi* *(über A)* доповіда́ти, ро́бити до́повідь; реферува́ти
reflektíeren 1. *vt* відбива́ти; Licht ~ відбива́ти світло; 2. и *(über A)* міркува́ти *(про щось); (auf A)* розрахо́вувати, претенду́вати *(на щось)*
reflexív *adj* зворо́тний; відби́тий; *грам,* зворо́тний
Regál *n* **~s, ~e** поли́ця; етаже́рка; стела́ж
rége *adj* жва́вий, ді́яльний; акти́вний; ~s Interésse für etw. (A) zéigen виявля́ти жва́вий інтере́с до чого́сь; ~s Lében пожва́влення; ein ~r Mensch ді́яльна люди́на
Régel *f* ~, **~n** пра́вило; in der ~ як пра́вило; das wird zur ~ це стає пра́вилом
régellos *adj* нерегуля́рний, безла́дний; **~mäßig** 1. *adj* пра́вильний; закономі́рний; регуля́рний; ein ~mäßiges Gesícht обли́ччя з пра́вильними ри́сами; 2. *adv* пра́вильно; регуля́рно; звича́йно
régeln *vt* регулюва́ти; управля́ти; den Stráßenverkehr ~ регулюва́ти вули́чний рух; (у)регулюва́ти, улагоджува́ти; éine Schuld ~ спла́тити борг
Régelung *f* ~, **~en** (у)регулюва́ння; нормаліза́ція; die fríedliche ~ ми́рне урегулюва́ння; розпоря́дження, устано́вка; поло́ження; auf Grund éiner néuen ~ згідно з но́вим поло́женням
régen 1. *vt* руха́ти, ворушити; 2. **sich** ~ ру́хатися, ворушитися; ei regtsich tüchtig він не сиди́ть склавши ру́ки
Régen *m* **~s**, ~ дощ; der ~ fällt іде дощ; im ~ під доще́м
Regíerung *f*~, **~en** у́ряд, правлі́ння; панува́ння; zur ~ kómmen прийти́ до вла́ди
Regimént I *n* **~s, ~e** панува́ння, вла́да; das ~ führen пра́вити, керува́ти
Regimént II *n* **~s, ~er** полк
réglos *adj* нерухо́мий
régnen *vimp.* es régnet іде дощ
régnerisch *adj* дощови́й; ein ~ es Wétter дощо́ва пого́да
Régung *f* ~, **~en** рух; пори́в, порива́ння; почуття́
Reh *n* **~(e)s, ~e** козу́ля
réiben* 1. *vt* тéрти; натира́ти; 2. **sich** ~ свари́тися
Réibung *f*~, **~en** те́ртя; натира́ння; *здеб. pl* сва́ри, незго́да
reich 1. *adj* бага́тий; *(an D)* бага́тий *(на щось);* ~ an Bódenschätzen бага́тий на кори́сні копали́ни; ря́сний, вели́кий; éine ~e Ánzahl вели́ка кількість, бе́зліч, си́ла; ~e Érnte бага́тий урожа́й; 2. *adv* бага́то; ря́сно
Reich *n* **~(e)s, ~e** держа́ва, імпе́рія; *перен.* цари́на; о́бласть, сфе́ра, га́лузь
réichen 1. *vt* подава́ти, простяга́ти; 2. вистача́ти; das Geld réichte nicht гроше́й не вистачи́ло; *(bis an A)* дістава́ти, досяга́ти, доходи́ти; das Wásser reicht mir bis an den Hals вода́ мені вже по го́рло; простяга́тися; das Feld reicht biszum Wald поле́ сягає лісу
réichlich 1. *adj* (більш ніж) доста́тній; ря́сний; 2. *adv* бага́то, ря́сно; ще́дро; удо́сталь, з ли́шком: ду́же, до́сить; ~ viel доси́ть бага́то
reif *adj* спі́лий, зрі́лий *(тж перен.);* ~es Obst спі́лі фру́кти; das ~ e Álter зрі́лий вік
Reif I *m* **~(e)s, ~e** каблу́чка; о́бруч; ко́ло
Reif II *m* **~(e)s** іній, па́морозь
Réife *f* ~ спі́лість, зрі́лість; визріва́ння *(тж перен.)*
réifen *vi (s. h)* спі́ти, достига́ти, дозріва́ти
Réifen I *n* **~s** дозріва́ння
Réifen II *vi* **~s**, ~ обі́д, о́бруч; ши́на; покри́шка
Réifeprüfung *f* ~, **~en** екза́мен на атеста́т зрі́лості; **~zeugnis** n **~ses, ~se** атеста́т зрі́лості
réiflich *adj* зрі́лий, обду́маний, обгрунто́ваний; nach ~ er Überlegung до́бре розмірку́вавши
Réihe *f* ~, **~n** ряд; се́рія; ряд; шере́нга; коло́на: in ~n ряда́ми; че́рга; поря́док; an der ~ sein бути на че́рзі
réihen 1. *vt* ста́вити в ряд *(щось);* нанизува́ти; 2. **sich** ~ става́ти в ряд; *(an A)* відбува́тися услі́д *(за чимось)*
Reim *m* **~(e)s, ~e** ри́ма; вірш
réimen 1. *vt* римува́ти; 2. *vi* склада́ти ві́рші; 3. **sich** ~ римува́тися; *перен.* гармоніюва́ти
rein 1. *adj* чисти́й, оха́йний, акура́тний; чи́стий, без домішок; éine ~e Ás-

R

Rótstift *m* **~(e)s, ~e** червóний олівéць
rótwangig *adj* рум'яний, червонощóкий
Rübe *f* ~, **~n** буря́к; ріпа; gélbe ~мóрква; róte ~ буря́к; wéiße ~ брýква
Rübenbau *m* **~(e)s** буряківни́цтво; **~zucker** *m* **~s** буряковий цýкор
Ruck *m* **~(e)s, ~e** поштóвх, ри́вок; sich *(D)* éinen ~ gében взя́ти себé в рýки; mit éinem ~ ривкóм, поштóвхом: рáптом
Rückblick *m* **~(e)s, ~e** погля́д назáд; ретроспекти́вний пóгляд; óгляд; éinen ~ auf etw. *(A)* wérfen оглянýтися на щось; підби́ти підсумки *(життя)*
rücken 1. рýхати, пересýвати; etw zur Séite ~ відсýнути щось убік; 2. *vi (s)* рýхатися, посувати́ся; rücke ein wénig! посýнься трóхи!; *(an D, mit D)* совáти *(щось, чимось);* поправляти; dáran ist nicht zu ~ тут нічóго не зміни́ш
Rücken *m* **~s**, ~ спинá; j~m den ~kéhren повернýтися спинóю до когóсь; *перен.* відвернýтися, відцурáтися від когóсь; *військ. тил;* 3. корінець *(книжк);* ти́льна сторонá *(руки)*
Rückenlehne *f*~, **~n** спинка *(стільця, крісла);* **~mark** *n* **~(e)s** спинни́й мозóк
Rückfahrkarte *f* ~, **~n** квитóк для проїзду назáд; **~fahrt** *f*~, **~en** дорóга назад; **~fall** *m* **~(e)s**. **...fälle** рециди́в; **~gang** *m* **~(e)s**, **...gänge** повéрнення, зворóтний рух; занепáд; спад
rückgängig *adj* зворóтний; що скорóчується, що змéншується; etw. ~ máchen скасóвувати, ліквідувáти, анулювáти *(щось)*
rückhältig *adj* потáйливий; стри́маний
rückhaltlos 1. *adj відвéртий*, прями́й; беззастерéжний; нестри́маний; експанси́вний; 2. *adv* відвéрто, прямо; беззастерéжно; нестри́мно
Rückkehr *f*~, **Rückkunft** *f*~ повéрнення
rückläufig *adj* зворóтний; éine ~ e Entwícklung регрéс; що скорóчується, що змéншується
Rückreise *f* ~, **~n** дорóга назáд, повéрнення
Rúcksack *m* **~(e)s**, **...säcke** рюкзáк
Rückschau *f* ~ óгляд (прóйденого шляху); **~schlag** *m* **~(e)s**, **...schläge** удáр у вíдповідь; невдáча, провáл; éinen ~ erfáhren зазнáти невдáчі; **~seite** *f* ~, **~n** зворóтний бік; ви́воріт; **~sicht** *f* ~, **~en** *(auf A)* повáга, увáжне стáвлення *(до когось);* урахувáння *(чогось);* mit ~ auf etw. (A) берýчи до увáги щось; зважáючи на щось
Rücksprache *f* ~, **~n** нарáда, переговóри; mit j~m ~ néhmen порáдитися, проконсультувáтися з кимóсь; **~stand** *m* **~(e)s**, **...stände** заборгóваність, борг; зали́шок, осáд
rückständig *adj відстáлий*; не ви́плачений *(борг)*
Rückübersetzung *f* ~, **~en** зворóтний перéклад
rückwärts *adv назáд*, у зворóтному нáпрямі; nach ~ *розм.* назáд; ззáду, позáду
rúckweise *adv* ривкáми, пори́вчасто; різко
rüde *adj* грýбий, неотéсаний; нечéмний
Rúder *n* **~s**, ~ весло́; *мор.* кермó; ans ~ kómmen прийти́ до влáди
rúdern *vi* (h, *s)* веслувáти
Ruf *m* ~(e)s, ~e крик; óклик; зáклик, звéрнення; auf den érsten ~ на пéрший зáклик; запрóшення, ви́клик; репутáція, слáва; éinen gúten ~ háben мáти дóбре репутáцію; ein Künstler von ~худóжник з ім'ям
rúfen* 1. *vi* кричáти; 2. *vt* кли́кати, закликáти; j~n zur Órdnung ~ закликáти когóсь до поря́дку
rügen *vt* засýджувати; *(wegen G)* оголóшувати догáну *(комусь за щось);* ля́яти *(когось за щось)*
Rúhe *f* ~ спокій, нерухóмість; спóкій; відпочи́нок, сон; zur ~ kómmen перепочи́ти, відпочи́ти;die Kínder zur ~ bríngen укладáти дітей спáти; спóкій; olýmpische~ олімпійський спóкій; ти́ша; мир; затишшя́; поря́док; ~! ти́хо!спокійно!; j~n in ~ lássen дáти спóкій комýсь, відстáти від когóсь
Rúhebett *n* **~(e)s, ~en** тахтá; кушéтка; дивáн
rúhelos *adj* неспокійний, тривóжний
rúhen *vi* відпочивáти; лежáти; бýти нерухóмим, стоя́ти, нічóго не роби́ти; die See ruht мóре спокійне; на морі шти́ль
Rúhestand *m* **~(e)s** відстáвка; im ~stand у відстáвці; **~statte** *f* ~, **~n** лóже, місце відпочи́нку; **~tag** *m* ~(e)s, ~e вихідни́й день
rúhig 1. *adj* спокійний, ти́хий; ein ~er Átem рівне ди́хання; einen ~ en Schlaf háben спáти спокійно; sei ~! заспокóйся!; 2. *adv спокійно, холоднокрóвно*; ти́хо, спокійно
Ruhm *m* **~es** слáва
rühmen 1. *vt* хвали́ти, прославля́ти; 2. **sich** *~(G mit D)* хвали́тися, хвáстатися
rúhmlos *adj* безслáвний; ~ **voll** *adj* слáвний, услáвлений
Rührei *n* **~(e)s, ~er** я́єчня
rühren 1. *vt* рýхати, воруши́ти; er hat kéinen Fínger gerührt він і пáльцем не поворухнýв; мішáти, перемішувати, помішувати; зворýшувати, розжáлобити; das rührt mich nicht це менé не зачіпáє; 2. *vi (an A)* (до)торкáтися *(до чогось);* 3. **sich** ~ рýхатися, воруши́тися; rühr dich nicht von der Stélle! ані з місця!
rührend *adj* зворушли́вий
Ruíne *f* ~, **~n** руїна, руїни
ruiníeren 1. *vt* розоря́ти; руйнувáти; 2. **sich** ~ розоря́тися; підривáти своє здорóв'я
rumänisch *adj* румýнський

R

rúmpeln 1. *vi* (h, *s)* гриміти, грюкати, стукати; 2. *vt* перемішувати, плутати, влаштовувати безлад *(у чомусь)*

Rumpf *m* **~(e)s, Rümpfe** тулуб, торс; кістяк; головна частина; корпус *(судна);* фюзеляж *(літака); обрубок*; залишки *(здеб.перен); стовбур* дерева; колода

rund 1. *adj* круглий; 2. *adv* навколо, навкруги; ~ um die Welt навколо світу; приблизно; ~ geréchnet приблизно; відверто, прямо; etw. ~ heráussagen сказати щось відверто

Rúnde *f* ~, **~n** коло; патруль, дозор; тур, коло *(змагань)*

rúnden 1. *vt* закруглювати, округлювати; 2. **sich** ~ округлюватися, закруглюватися; завершуватися

Rúndfahrt *f* ~, **~en** екскурсія; турне; поїздка по коловому маршруту; **~frage** *f* ~, **~n** опитування, анкета

Rúndfunk *m* ~s радіо, радіомовлення; im ~ sénden (übertrágen) передавати по радіо

Rúndfunkempfänger *m* **~s,** ~ радіоприймач; **~hörer** *m* **~s,** ~ радіослухач; **~sendung** *f* **~, ~en; ~übertragung** *f* ~, **~en** радіопередача

Rúndgang *m* **~(e)s, ...gänge** обхід; патруль, дозор

Rúndschau *f* ~, **~en** огляд; internationále ~ міжнародний огляд

rúndúm *adv,* **~umher** *adv* навколо, навкруги; **~weg** *adv* зразу, прямо, навідріз, категорично

Rúnzel *f* ~, **~n** зморшка; складка

rúnzeln 1. *vt* (з)морщити, (на)хмурити; 2. **sich** ~ зморщуватися

rúpfen *vt* общипувати; *(an D)* щипати, рвати

Ruß *m* **~es** сажа; кіптява

Rússe I *m* **~n, ~n** росіянин

Rússe II *m* **~n, ~n** тарган

rúßig *adj* закоптілий

rússisch *adj* російський

Rússisch *n~ i* **~s** російська мова

rüsten 1. *vt* споряджати; готувати; озброювати; 2. *vi* і **sich ~** готуватися, споряджатися; sich zur Réise ~ збиратися в дорогу; озброюватися

Rüstung *f*~, **~en** підготовка; лаштування; озброєння; Beschränkung der ~en обмеження озброєнь; *буд.* риштування; *тех.* обладнання

Rüstungsbegränzung, ~ beschränkung *f* ~, ~en обмеження озброєнь; ~industrie *f* ~ військова промисловість

Rutsch *m* **~es, ~e** зсув; *розм.* прогулянка, вилазка; éinen ~ máchen зробити вилазку, поїхати на прогулянку за місто

rútschen *vi (s) ковзати*; повзати; соватися; зсовуватися, з'їжджати; die Krawátte ist zur Séite gerútscht краватка з'їхала набік

rütteln 1. *vt* трусити, струшувати; 2. *vi (an D)* трясти *(щось); перен-* зворушувати; вражати; приголомшувати

R

S

Saal *m* **~(e)s Säle** зал
Saat *f*~, **~en** 1. сівба; 2. посів; die frühe ~ ярйна; die späte ~ озимйна; 3. насінйна; насіння
Sáatgut *n* **~(e)s** насіння, посівний матеріáл; **~ krähe** *f*~, **~n** грак
Säbel *m* **~s**, ~ шáбля
Sáche *f* ~, **~n** 1. річ, предмéт; 2. *pj* рéчі, пожйтки; 3. спрáва; обставйна; zur ~ kómmen перейтй до спрáви; das ist nicht méine ~! це не моя спрáва
sáchgemäß *adj* налéжний, відповідний, потрібний
Sáchkatalog *m* **~s, ~e** предмéтний катáлог; **~kenntnis** *f* ~, **~künde** *f* ~знаннй спрáви, обізнаність, компетéнтність
sáchkundig *adj* обізнаний, досвідчений, кваліфікóваний, компетéнтний
Sáchlage *f* ~, **~n** стан спрáв, ситуáція
sáchlich 1. *adj* 1. ділóвий, конструктйвний *(про критику), 2.* об'єктйвний; 3. доцільний, розýмний; економічний; 4. істóтний, важлйвий; **2.** *adv* по ділóвому
säсhlich *adj грам,* серéднього рóду; ~es Geschlécht серéдній рід
sáchverständig 1. *adj* компетéнтний, обізнаний; **2.** *adv* із знанням спрáви, як фахівéць
Sack *m* **~(e)s, Säcke** 1. мішóк, лантýх; 2. *розм.* товстýн; тюхтій
Sáckgasse *f* ~, **~n** тупйк, глухйй кут *(тж перен.);* безвйхідь; in éine ~geráten зайтй у безвйхідь
säen *vt* сіяти
Saft *m* **~(e)s**, **Säfte** 1. сік; сирóп; 2. підлйва, соус
sáftig *adj* 1. соковйтий; пóвний сóку; 2. соковйтий, яскрáвий, свіжий *(про кольори)*
sáftlos *adj* 1. без сóку, сухйй; 2. млявий; нýдний *(про людину)*
sáftvoll *adj* міцнйй, здорóвий
Ságe *f*~, **~n** билйна, легéнда
Säge *f* ~, **~n** пйлка
ságen *vt* 1. сказáти; говорйти; man sagt ... кáжуть, говорять ...; wie man zu ~pflegt як прийнято казáти; geságtgetän скáзано зрóблено, 2. знáчити, означáти; das hat nichts zu ~ це нічóго не знáчить
sägen 1. *vt* пилйти; 2. vi *розм.* хроптй
ságenhaft *adj* 1. казкóвий, легендáрний; 2. *розм.* приголомшлйвий, разючий, надзвичáйний
Sáhne *f* ~ вершкй; sáure ~ сметáна
Sáite *f* ~, **~n** стрyнá
Sálbe *f* ~, **~n** мазь
sálben *vt* мáзати, натирáти мáззю
Sálmiak *m* **~s** *кім.* нашатйр
salópp *adj* 1. неохáйний, недбáлий; 2. невймушений; 3. *лінгв.* фамільярний
Sálve *f* ~, **~n** залп
Salz *n* **~es, ~e** 1. сіль; ~ an die Spéise tun посолйти стрáву; 2. *перен.* сіль
Sálzbüchse *f* ~, **~n** сільнйця
sálzen *vt* солйти
Sálzfaß *n* **~sses, ...fässer** сільнйця; **~fleisch** *n* **~es** солонйна; **~gurke** *f* ~, **~n** солóний огірóк
sálzhaltig *adj* що містить сіль
sálzig *adj* (занадто) солóний
Sálzkartoffeln *pl* варéна картóпля; **-lake** *f* -, **-n** розсіл; **-säure** *f* - *хім,* солянá кислотá
Sämenn *m* **-s, ...männer** сівач; **~maschine** *f* -, **-n** сівалка, зарóдок; 2. *перен.* нащáдки
Sámmelband *m* **-(e)s, ...bände** збірка, зібрáння; **~bericht** *m* ~s, **~e** інформаційне звéдення
sámmeln 1. *vt* 1. збирáти; 2. накопичувáти; **2. sich** ~ 1. Збирáтися, накопичувáтися; 3. збирáтися з дýмками, зосереджувáтися
Sámmlung *f* -, **-en** 1. збирáння, колекціонувáння; 2. зібрáння, колéкція; 3. музéй, вйставка; 4. збірник *(книга); 5.* збирáння *(підписів);* 6. *тк sg* зосерéдження, концентрáція *(сил і т. п.);* зосерéдженість *(думок)*
Sámstag *m* **-(e)s, -e** субóта
Samt *m* **-(e)s, -e** оксамйт, бáрхат
samt *prp (D)* рáзом з
sämtlich *adj* усі (без винятку); -e Wérke пóвне зібрáння твóрів
Sand *m* **-(e)s,-e** пісóк
Sándbank *f* -, **...bänke** 1. піщáна обмілина; 2. піщáні дюни; **~boden** *m* **~s, ~** / **...böden** піщáний грунт
Sánder *m* **-s**, - судáк
sándig *adj* піщáний

Sándkorn *n* **-(e)s, ... körner** піщинка; **-kuchen** *m* **-s,** - пісочне тістечко; пісочний торт; **~strand** *m* **-(e)s, -e** піщаний пляж; **-uhr** *f* -, en пісочний годинник

sanft *adj* 1. м'який, ніжний; 2. лагідний; -es Licht м'яке (розсіяне) світло; ein ~es Lüftchen легкий вітерець; 3. пологий; 4. плавний

sänftigen *vt* 1. заспокоювати, угамовувати; 2. пом'якшувати *(гнів і т.п.)*

Sang *m* **-(e)s, Sänge** спів; *поет.* пісня

Sänger *m* **-s,** - співець; співак

Sängerin *f* -, **-nen** співачка

Sanitätsgehilfe *m* **-n, -n** фельдшер; **-stelle** *f* -, **-n** медпункт; **-wagen** *m* **-s,** - машина швидкої допомоги; **-zug** *m* **~es, ...züge** санітарний поїзд

Sarg *m* **-(e)s, Särge** труна

sässig *adj* осілий

Satellít *m* **-en, -en** супутник: éinen -en auf die kósmische Bahn bríngen вивести супутник на орбіту

satt 1. *adj* 1. ситий; 2. *перен.* ситий (по зав'язку); ich hábe es ~ *розм.* мені це набридло; 3. соковитий, насичений, густий *(про колір і т. п.);* 4. ситий, самовдоволений; 5. досхочу; **2.** *adv* 1. досхочу; 2. соковито, густо; 3. щільно

Sáttel *m* **-s, Sättel** сідло

sátteln *vt* (о)сідлати

sättigen 1. *vt* **1.** (На)годувати досхочу; 2. *хім.* насичувати; 3. задовольняти *(цікавість і т. п.);* 4. *перен.* поповнювати, наповнювати; der Markt ist mit Wáren gesättigt ринок насичений товарами; **2.** *vi* бути ситим; **3. sich** -наїдатися, угамовувати голод

Satz *m* **-es, Sätze** 1. *грам,* речення; 2. теза, положення, твердження, правило, закон; 3. норма; ставка *(грошова);* 4. тариф; ціна; 5. комплект, набір, асортимент; 6. *полігр.* набір; 7. *спорт,* партія, сет, тур *(гри);* 8. *хім.* бсад; 9) стрибок, in einem ~ одним махом; 10) *муз.* частина *(твору)*

Sátzanalyse *f*, **-n** граматичний аналіз речення; **-gefüge** *n* **-s,** *-грам.* складнопідрядне речення; **-lehre** *f* - *грам,* синтаксис; **-reihe** *f* -, **-n, -verbindung** *f*, **-en** складносурядне речення; **-zeichen** *n* **-s,** - *грам.* розділовий знак

Sau *f*, **Säue** свиня, свиноматка

sáuber 1. *adj* 1. чистий; охайний; 2. чистий, акуратний *(про роботу і т. п.);* 3. щирий, чесний; 4. гарненький; 2. *adv* 1. чисто, охайно; 2. чисто, акуратно; 3. щиро, чесно; 4. обережно *(торкатися до чогось і т. п.)*

säuberlich *adv* 1. чисто, охайно; 2. чисто, акуратно; ретельно; 3. обережно

säubern *vt* чистити; мити; прибирати

sáuer *adj* 1. кислий; *хім.* кислотний; 2. *перен.* кислий, невдоволений, похмурий; 3. важкий; ein saures Brot нелегка праця

Sáuerampfer *m* **-s,** - щавель; **-kraut -(e)s** кисла капуста

säuerlich *adj* 1. кислуватий; 2. підкислений; 3. кислий, невдоволений

Sáuermilch *f* -кисле молоко, кисляк

sáuern *vi див.* **säuern**

säuern 1. *vt* 1. *хім.* окисляти; *2.* додавати кислоти *(у щось);* 3. квасити *(тісто і т. п.);* **2.** *vi* кваситися; киснути, прокисати

Sáuerstoff *m -(e)s хім.* кисень; **-teig** *m* -(e)s, -e закваска, запара

sáufen* *vt* **1.** пити *(про тварин); 2. розм.* пиячити

sáugen* *vt, vi* ссати, смоктати; усмоктувати

säugen *vt* годувати груддю; годувати з ріжка

Säugling *m* **-s, -e** немовля

Säuglingskrippe *f* -, **-n** дитячі ясла; **-pflegerin** *f* -, **-nen** няня; **-schuh** *m* **-(e)s, -e** пінетка

Säule *f*, **-n** 1. колона, стовп; 2. *перен.* підпора

Saum *m* **-(e)s, säume** 1. облямівка, кайма; обшивка; 2. узлісся

Säure *f*, **-n** 1. *хім.* кислота; 2. кислий смак

Saus: in - und Braus lében *розм.* жити- в своє задоволення

sáusen *vi* 1. (h) шуміти; 2. *(s) розм.* мчати; durch Exámen - *розм.* провалитися на екзамені

S-Bahn ['es-] *(скор. від* Schnéllstadtbahn) *f*, **-en** міська залізниця

schában *vt* скоблити, скребти

schäbig *adj* 1. убогий; 2. потертий, старий; 3. скупий, скнарий; 4. підлий

Schach *n* **-(e)s** 1. шахи; - spíelen грати в шахи; 2. шах *(у гр.);* -und matt! шах і мат!

Schächbrett *n***-(e)s, -er** шахівниця

Schächspiel *n* **-(e)s, -e** (гра в) шахи

Schacht *m* **-(e)s, Schächte** шахта

Schächtel *f* -, **-n** коробка

scháde *adj* жаль, шкода; *(wie)* -! який жаль!

Schädel *m* **-s,** - череп

scháden *vi (D)* шкодити *(комусь, чомусь);* das schadet ihm nicht це йому не (за)шкодить; das schádet nichts це не біда; це нічого не значить

Schádenfreude *f* - зловтіха

schádenfroh *adj* зловтішний

schádhaft *adj* пошкоджений, зіпсований

schädigen *vt* шкодити, завдавати шкоди; j-s Interéssen - зачепити чиїсь інтереси

schädlich *adj* шкідливий; - sein шкодити

Schädling *m* **-s , -e** 1. *с.-г.* шкідник; 2. шкідник, підривний елемент

Schaf *n* **-(e)s, -e** 1. вівця; 2. *розм.* дурень

Schäfer *m* **-s,** - вівчар, чабан

Schäferhund *m* **-(e)s, -e** вівчарка

scháffen* I (vt) створювати, творити; створювати, організовувати

scháffen II 1. vi працювати, трудитися; er hat viel zu у нього багато роботи; **2.**

S

vt 1. (з)робúти *(щось);* упорáтися *(з чимось);* wir - es ми це зрóбимо, ми справимóся з цим; Órdnung - навестú порядок; 2. доставляти *(кудись);* 3. забирáти, усувáти; 4. встúгати; 5. діставáти
Scháffner *m* **-s,** - кондýктор; провіднúк *(пасажирського вагона)*
Scháffung *f* -, **-en** 1. виробнúцтво, виготóвлення; створення; 2. організáція; формувáння
Schápelz *m* **-es, -e** овéча шкýра, овчúна; кóжух
Schafzucht *f-* вівчáрство
Schále I *f* -, **-n** 1. шкаралýпа, шкірка; оболóнка; 2. пáнцир *(черепахи і т. п.)*
Schále II *f*-, **-n** чáша, чáшка, блюдо, мúска
schälen 1. *vt* чúстити, знімáти шкаралýпу, лýщити *(горох, зерно),* 2. **sich** ~ лущúтися, облýплюватися *(про шкіру і т. п.)*
Schall *m* **-(e)s, -e** і **Schälle** звук
schálldicht *adj* звуконепронúкний
schállen* *vi* звучáти, лунáти
schállend *adj* голóсний, гýчний, дзвінкий
Schállplatte *f*-, **-n** грамплатівка; **-Schutz** *m* **~es** звукоізоляція; **-trichter** *m* **-s,** - рýпор; **-welle** *f* -, **-n** звуковá хвиля; **-zeichen** *n* **-s,** -звуковúй сигнáл
schálten 1. *vt ел.* вмикáти; з'єднувáти; перемикáти; **2.** *vi* 1. *(uber A, mit D)* розпоряджáтися *(чимось);* -und wálten порядкувáти на свій рóзсуд; 2. *розм.* тямити, розуміти
Schálter *m* **-s,** - 1. (засувне) віконце *(в установі),* каса; 2. комутáтор *(напр., вимикач, перемикач і т. п.)*
Schältjahr *n* **-(e)s, -e** високóсний рік; **-knöpf** *m* **-(e)s, ...knöpfe** *ел.* вимикáч; **~pult** *n* **-(e)s, -e** пýльт управління; **-satz** *m* **-es, ...stze** *грам,* вставнé рéчення
Scham *f* - сóром; сорóмливість; vor -rot wérden почервоніти від сорóму
schämen, sich (G) соромúтися *(когось, чогось);* schäme dich! як тобі не сорóмно!
schámhaft *adj* сором́лúвий, сором'язлúвий
schámlos 1. *adj* 1. безсорóмний; нахáбний; 2. непристóйний, цинічний; **2.** *adv* непристóйно, цинічно
schándbar *adj* 1. ганéбний; 2. мерзóтний, гúдкий
Schánde *f* - *рідко pl* -n сорóм, ганьбá; j-m - bríngen осоромúти когóсь; vor ~ vergéhen горіти від сорóму
schänden *vt* 1. ганьбúти; 2. знеслáвлювати
schändlich *adj див.* schándbar
Schándmal *n* **-(e)s, -e** *і* **...mäler** ганéбне таврó; **-schrift** *f*-, **-en** пáсквіль; **-tat** *f* -, -en ганéбний вчúнок
Schánze *f* -, **-n** 1. окóп, землянé укріплення; 2. трамплін
Schar *f* -, **-en** 1. натóвп, юрбá; 2. зграя *(птахів)* косяк *(риб),* табýн
schären, sich збирáтися, товпúтися, юрмúтися; sich um j-n, um etw (A) - 1. скýпчитися навкóло когóсь, чогóсь; 2. згуртувáтися навкóло когóсь, чогóсь
schärenweise *adv* 1. натóвпом, гуртóм; 2. зграями *(про птахів);* косякáми *(про риб)*
scharf 1. *adj* 1. гóстрий *(про ніж і т.* я.); éine -e Zúnge *перен.* гóстрий на язик; 2. різкий; чіткий; ясний; виразнúй; éine -e Brílle сúльні окуляри; 3. сúльний, різкий, пронизлúвий *(про вітер і т.* я.); 4. їдкий; гóстрий; пряний; 5. гóстрий, тóнкий *(напр., про слух);* ~er Verstánd гóстрий рóзум; 6. сúльний, радикáльний; ~es Míttel радикáльний зáсіб; 7. швúдкий, мотóрний; 8. сувóрий; 9. різкий, рішýчий, категорúчний; ein ~er Protést рішýчий протéст; **2.** *adv* 1. гóстро; 2. тóчно, чітко; 3. різко, яскрáво; 4. рішýче, енергійно; 5. швúдко; б) пúльно, увáжно; 7.: - schíeßen влýчно стріляти; j~n ~ háben *розм.* ненавúдіти когóсь
Schárfblick *m* **-(e)s** зіркість; проникливість; пúльність
Schärfe *f* -, **-n** 1. гостротá; 2. різкість; сувóрість; 3. чіткість; *фото* різкість; 4. їдкість; 5. зіркість, проникливість; 6. сúла
schärfen *vt* 1. гострúти *(ніж і т. п.);* застругувáти *(олівець); 2.* розвивáти, удосконалювати *(слух, зір)*
schárfkantig *adj* з гóстрими краями; **-körnig** *adj* 1. зернúстий, колючий *(про сніг); 2.* великий, крýпний *(про пісок)*
Schárfrichter *m* **-s,** - кат; **-schütze** *m* **-n, -n** снáйпер
schárfsichtig *adj* 1. зіркий, 2. далекоглядний
schárfsinnig *adj* 1. проникливий; 2. дотепний
Schárlach I *m* **-s, -e** яскрáво-червóний кóлір
Schárlach [22] *m, n,* **-s** скарлатúна
schárren 1. *vi* 1. шкребтú *(лапами);* рúтися; 2. човгáти *(ногами);* **2.** *vt* 1. копáти, рúти; 2. закопáти; 3. загрібáти; 4. скоблúти
Schátten *m* **-s,** - тінь
Schättenbild *n* **-(e)s, -er, -riß** *m* **-sses, -sse** силуéт, кóнтур; **-seite** *f* -, **-n** тіньóвий бік *(тж перен.)*
schattíeren *vt* **1.** тушувáти; відтіняти; 2. заштрихóвувати
Schattierung *f* -, **-en** відтінок
schättig *adj* тінúстий
Schatúlle *f*-, **-n** скрúнька, шкатýлка
Schatz *m* **~es, Schätze** 1. скарб, багáтство; 2. скарбнúця, казнá: 3. *розм.* кохáний, ...на
schätzbar *adj* 1. (дорого)цінний, коштóвний; 2. повáжаний
schätzen *vt* 1. цінúти, шанувáти; 2. *(auf A)* оцінювати; 4. визначáти *(кількість:*

вагу, ціну і т. п.); ich schätze ihn älter мені здається, що він старший

Schätzkammer *f*-, **-n** скарбниця *(тж перен.)*

Schätzung *f*-, **-en** 1. оцінка *(майна і т. п.);* 2. повага

Schau *f*-, **-en** 1. вистaвка; демонстрація, пóказ; 2. óгляд

Scháubild *n* **-(e)s, -er** діаграма, графік; **-bude** *f*-, **-n** балаган; **-bühne** *f*-, -n сцена; die polítische -bühne політична арена

Scháuder *m* **-s,** - 1. тремтіння; озноб; 2. жах; огида; - errégen викликати жах

scháuderhaft *adj* жахливий; огидний

scháudern 1. *vi (vor D)* тремтіти *(від холоду);* **2.** *vi (vor D)* жахатися

scháuen *vi* 1. *(auf A)* дивитися *(па когось, на щось);* um sich - оглядатися; 2. *(nach* D) доглядати *(ко гось, щось)*

Scháuer I *m* **-s** 1. тремтіння, озноб; 2. трепет, благоговіння

Scháuer II *m* **-s** глядач

Scháuer III *m* **-s,** - злива; сильний град; сніжна крупа

scháuerlich *adj* моторошний, жахливий; зловісний

Scháufel *f*-, **-n** 1. лопата; 2. *тех.* лопать, крило

scháufeln *vt* 1. копати, рити; 2. згрібати, згортати (лопатою)

Scháufenster *n* **-s,** - вітрина; **-gerüst** n **-(e)s, ~e** підмостки, естрада; **-haus** *n* **-es, ...häuser** морг

Scháukel *f*-, **-n** гойдалка

scháukeln I. *vt* гойдати, розгойдувати; 2. *vi i* **sich** - гойдатися, розгойдуватися; коливатися; вібрувати

Schaum *m* **-(e)s**, **Schäume** 1. піна; 2. накип

schäumen 1. *vi* пінитися; **2.** *vt* знімати піну (накип) *(з чогось)*

Scháumünze *f*-, **-n** пам'ятна медалі; **-platz** *m* **-es, ...platze** арена; місце дії; **-spiel** n **-(e)s, -e** 1. видовище; 2. спектакль; 3. п'єса, драма; **-spieler** *m* **-s,** - актор; **-spielerin** *f*-, **-nen** акторка; **-spielhaus** *n* **-es, ...häuser** театр

Scheck *m* **-s, -s** чек, платіжне доручення

schéckig *adj* рябий, строкатий

scheel *adj* 1. косий *(про очі, погляд);* 2. *перен.* заздрісний, неприязний

schéelsüchtig *adj* 1. косоокий; 2. *перен.* заздрісний; неприязний

Schéibe *f*-, **-n** 1. диск; круг; пластинка; 2. *військ.* мішень; 3. шибка; 4. скибочка, шматочок *(ковбаси, хліба і т, п.);* 5. шайба *(хокейна);* 6. *тех.* шайба; шків; 7. гиря; стільник

Schéibenhonig *m* **-s** 1. стільниковий мед; 2. *розм.* похибка, промах; непорозуміння; **~ stand** *m* **-(e)s, ...stände** тир

Schéide I *f*-, **-n** 1. піхви; 2. *тех.* чохол, футляр, капот

Schéide II *f*~, **~n** 1. рубіж; межа; 2. вододіл

schéiden * 1. *vt* 1. розділяти, відділяти; 2. сортувати, очищати; 3. розлучати *(подружжя);* éine Éhe ~розлучитися; **2.** *vi (s)* 1. іти, піти; 2. розставатися; розлучатися; прощатися; **3. sich ~** розлучатися *(про подружжя)*

Schéidewand *f* -, **.., wände** перегородка *(тж перен.);* **- weg** *m* **-(e)s, -e** роздоріжжя

Schéidung *f* -, **-en** 1. поділ; сепарація; сортування; 2. *юр.* розлучення

Schein ² *m* **-(e)s, -e** 1. світло, сяйво, блиск; 2. *тк. sg* видимість; зовнішність; zum.- для годиться

Schein II *m* **-(e)s, -e** 1. свідоцтво *(документ);* посвідчення; 2. розписка; 3. грошовий знак; асигнація

schéinbar 1. *adj* уявний, позірний; **2.** *adv* 1. очевидно; здається; 2. для годиться

schéinen* *vi* 1. світити, сяяти; 2. здаватися, мати вигляд; es scheint mir, daß мені здається, що ...

Schéinwerfer *m* **-s**, - 1. прожектор; 2. фара

Schéitel *m* **~s**, - 1. тім'я; маківка; 2. проділ; 3. *мат,* вершина *(кута);* 4. вододіл

schéitern *vi (s)* 1. розбиватися, зазнавати аварії *(про судно); 2.* зазнавати невдачі

Schélfe *f* -, **-n** шкаралупа; шкірка; лушпайка; оболонка

schéllen *vi* дзвонити

Schéma *n* **-s, -s** *i* **-ta** схема

schemátisch *adj* схематичний

Schémel *m* **-s**, - табурет(ка), ослінчик

Schénkel *m* **-s**, - 1. стегно; 2. *мат.* сторона *(кута);* 3. ніжка *(циркуля);* 4. одвірок

schénken I *vt* 1. (по)дарувати; etw. geschénkt bekómmer одержати щось у подарунок; 2. приділяти, виявляти; j-m *(D)* Aufmerksamkeit - приділяти увагу комусь; 3. *перен. розм.* увільняти *(когось відчогось);* das wird dir nicht geschénkt! це тобі даром не минеться!

schénken II *vt* наливати *(напій);* Káffee in die Tássen - наливати каву у чашки

Schérbe *f*-, **-n** черепок, уламок, осколок

Schére *f*-, **-n** 1. ножиці; 2. клішня *(рака)*

schéren* *vt* стригти, підстригати; обрізати

Schereréi *f* -, **-en** клопіт, морока, неприємності

Scherz *m* **-es, -e** жарт; дотеп; забава; aus (im, zum) - жартома

schérzen *vi* 1. жартувати; 2. загравати

schérzhaft *adj* жартівливий

schérzweise *adv* жартома

scheu *adj* 1. лякливий, боязкий; 2. соромливий

Scheu *f* - боязкість, несміливість; сором'язливість; ohne - безбоязно

Schéuche *f*-, **-n** опудало, страховище

schéuchen *vt* полохати

schéuen 1. *vt* боятися, лякатися; **2.** *vi (vor D)* злякатися *(когось, чогось);* **3. sich ~** *(vor D)* боятися *(чогось)*

S

schéuern 1. *vt* 1. тéрти, натирáти *(ушкоджувати)*; 2. тéрти, мúти; **2. sich ~** тéртися *(об щось)*
Schéune *f* -, **-n** сарáй, комóра; зерносхóвище
Schéusa *n* **-(e)s, -e** чудóвисько, потвóра; страхóвище
schéußlich 1. *adj* огúдний, мерзéнний, протúвний, жахлúвий; **2.** *adv* гúдко, жахлúво
Schi *m* **-s, -er** *i* - лúжа; - láufen ходúти на лúжах
Schicht *f*-, **-en** 1. шар; 2. прошáрок *(суспільства)*; 3. (робоча) змíна; - árbeiten працювáти позмíнно; 4. трудовá вáхта; 5. *розм.* кінéць; - máchen кінчáти робóту, шабáшити; 6. плівка
schíchten *vt* складáти (рядами) *(дрова і т. п.)*
schíchtenweise *adv* 1. шáрами; 2. позмінно
Schíchter *m* **-s**, - змíнний робітнúк, змíннúк
Schíchtung *f* -, **-en** 1. нашарувáння; 2. прошáрок; 3. розшарувáння
schick *adj* вúтончений, елегáнтний, шикáрний, **sich** - mächen *розм.* причепýритися
schícken ² *vi* посилáти, відправлятú; éinen Gruß an j-n - послáти комýсь привітáння; das Kind zur Schúle ~ відпрáвити дитúну в шкóлу; nach j-m - послáти за кимóсь
schícken II: **sich** - 1. бýти пристóйним; личúти; подóбати; das sickt sich nicht це непристóйно; 2. *(zu D)* пасувáти; бýти придáтним *(для чогось)*; 3. *(in A)* упокóрюватися, корúтися *(чомусь)*
Schícksal *n* **-(e)s, -e** дóля, талáн
schíeben* *vt* рухáти; совáти; штовхáти; beiséite - відсóвувати (вбік)
schief 1. *adj* 1. косúй, кривúй; похúлий; ein -es Lächeln крива усмішка; 2. хибний, фальшúвий; непрáвильний; ein -er Vergleich невдáле порівняння; **2.** *adv* 1. кóсо; крúво *(тж перен.)*; 2. непрáвильно; перекрýчено
Schíefer *m* **-s**, - 1. слáнець; шúфер; 2. скáлка, скíпка
schíefgehen* vi *(s)* не удавáтися; álles geht schief усе йде кóсо й крúво; **~ treten*** *vt* стоптувáти *(взуття)*
schíeläugig *adj* косоóкий
schíelen *vi 1.* косúти, бýти косоóким; 2. дивúтися скóса; 3. *(nach D)* задивлятися, дивúтися із заздрíстю *(на щось)*
Schíene *f*-, **-n** 1. рéйка *(залізнична)*; 2. штáба; плáнка; шúна; 3. *мед.* шúна
schíeßen* I 1. vi 1. *(auf A, nach D)* стрілятú *(у когось, у щось)*; 2. висáджувати у повітря; **2.** *vt* 1. стрілятú *(у когось, у щось, чимось)*; 2. запускáти *(ракету)*; 3. *спорт.* бúти, ударятú; ein Tor - забúти гол
schíeßen* II *vi (s)* 1. кидáтися, рýшати; in die Höhe - підскочúти; das Blut schoß ihm ins Gesicht кров кúнулася йóму в oблúччя; 2. швúдко ростú; ins Kraut ~ бýйно розростáтися *(тж перен.)*; in die Ähren - *с. -г.* колосúтися
Schíeßhund *m* **-(e)s, -e** мислúвський собáка; **-pulver** *n* **~s** пóрох; **~sport** *m* **~(e)s** стрілéцький спóрт; **-stand** *m* **-(e)s, ...stände** тир
Schiff *n* **-(e)s, -e** 1. сýдно; корáбель; 2. *тех.* чóвник
Schíffahrt *(при переносі* Schíff-fahrt) *f* 1. судноплáвство, мореплáвство; 2. пóдорож на кораблі
schíffbar *adj* судноплáвний
Schíffbau *m* **-(e)s** суднобудувáння; **-bauer** *m* **-s**, - суднобудівнúк; **~bruch** *m* **~(e)s, ...brüche** корабéльна авáрія; **-brücke** *f* -, **-n** понтóнний міст
Schíffer *m* **-s**, - морякú; шкíпер; човняр
Schíffsunge *m* **-n, ~n** юнга; **-kämpf** *m* **-(e)s, ...kämpfe** морськúй бій; **~mannschaft** *f* ~, **~en** екіпáж кораблá; **~raum** *m* **-(e)s, ...räume** трюм
schikaníeren *vt* чіплятися *(до когось)*; мýчити *(когось)*; переслідувáти *(когось)*
Schílauf *m* **-(e)s** лúжний спорт
schílaufen* vi ходúти на лúжах
Schíläufer *m* **-s**, - лúжник
Schild I *m* **-(e)s, -e** щит, герб
Schild II *n* **-(e)s, -er** 1. вúвіска; таблúчка; 2. бляха; значóк; 3. козирóк
schíldern *vt* описувáти, зображáти, змальóвувати, характеризувáти
Schílderung *f*, **-en** óпис, зобрáження; характерúстика
Schíldkröte *f*, **-n** черепáха; **-wache** *f* -, **-n** вартóвий; wáche stéhen стоятú на постý
Schilf *n* **~(e)s, -e** очерéт, кóмиш; тростúна
schíllern *vi* вилискувáти, мінúтися, переливáтися *(різними кольора ~ми)*
schímmeln *vi* пліснявіти, зацвітáти
Schímmer *m* **-s**, - 1. блиск; мерехтіння; слабкé світло; 2. прóблиск; ein ~ von Höffnung прóблиск надії
schímmern *vi* блищáти, виблискувáти; мерехтіти
Schimpf *m* **-(e)s, -e** 1. обрáза, крúвда; j-m éinen - antun образúти когóсь; 2. ганьбá, сóром
schímpfen 1. *vt* лáяти, вúлаяти; j-n éinen Féigling - назвáти(когóсь боягýзом; 2. *vi* 1. *(auf A, uber A)* лáяти, вилáяти, ганьбúти *(когось, щось)*; 2. лáятися
Schímpfwort *n* **-(e)s**, ...**wörter** лайлúве слóво, лáйка
schínden* 1. vi 1. здирáти шкýру *(з тварин)*; 2. *розм.* мýчити; експлуатувáти; **2. sich ~** надривáтися, мýчитися
Schínken *m* **-s**, - шúнка; óкіст
Schirm *m* **-(e)s, -e** 1. зонт, парасóлька; den - áufspannen (schlíeßen) розкрúти (закрúти) зонт; 2. козирóк; 3. абажýр, ковпáк; 4. шúрма; 5. шáпка *(гриба)*; 6. кýпол *(парашута)*, 7. екрáн *(телевізора)*

schírmen *vt* 1. захищáти; 2. екранувáти
Schísport *m* **-(e)s** лíжний спорт; **-spur** *f* -, **-en** лижня́; **-stock** *m* **~(e)s, ..stocke** ли́жна пáлка; **-tour** (-tu:r] *f* - лижни́й похід
Schlacht *f* -, **-en** би́тва, бій
schláchten *vt* 1. колóти, різати *(худобу, птицю),* 2. вбивати, зни́щувати *(людей)*
Schlächter *m* **-s**, - 1. м'ясни́к; 2. *перен.* кат
Schláchtfeld *n* **~(e)s, ~er** пóле бою
Schlaf *m* **-(e)s** сон
Schläfe *f*-, **-n** скрóня
schláfen* *vi* спáти; - géhen іти спáти; schláfe wohl! спи спокíйно!
schlaff *adj* 1. квóлий, в'я́лий; мля́вий, розслáблений; 2. обви́слий
schláflos *adj* безсóнний
Schláflosigkeit *f* - безсóння; **~mittel** *n* **-s**, - снотвóрне
schläfrig *adj* 1. сóнний; сонли́вий; 2. квóлий; ледáчий; нýдний
Schláfrock *m* **-(e)s, ..rocke** домáшній халáт; **-sack** *m* **-(e)s, ...säcke** спáльний мішóк
schláftrunken *adj* зáспаний; сóнний; сонли́вий
Schláfwagen *m* **-s**, - спáльний вагóн; **-zimmer** *n* **-s**, - спáльня
Schlag *m* **~(e)s, schläge** 1. удáр; *pl* побóї; 2. удар, гуркіт *(грому);* 3. бій *(годинника);* 4. спів *(солов'я);* 5. двéрці *(автомобіля і т.п.);* 6. биття́ *(серця);* 7. загорóдка; 8. *муз.* такт; 9. *мед.* Параліч; 10. лісосіка; 11. *с.~г.* ділянка
schlágen* 1. *vt* 1. би́ти; ударя́ти; вбивáти; забивáти; пробивáти; 2. розбивáти, перемагáти; 3. *(aus D)* вибивáти; **2.** *vi* 1. би́ти, би́тися; 2. рвáтися, поривáтися *(кудись);* 3. *(gegen A, auf A)* би́тися *(об щось);* 4. би́тися *(про серце, пульс);* 5. би́ти *(про годинник);* 6. співáти *(про солов'я);* **3. sich ~**1. би́тися; 2. пробивáтися
schlágend *adj* влýчний, переконли́вий; ein ~er Bewéis переконли́вий доказ
schlágfertig *adj* 1. готóвий до бою; 2. мéткий; дотéпний
Schlágkraft *f* -, **...kräfte** 1. си́ла удáру; удáрна си́ла; 2. головнá си́ла; вирішáльне знáчення; **-sahne** *f* - збíті вершки́; **-uhr** *f* -, **-en** годи́нник з бóєм; **~wort** *n* **~(e)s, ...wörter** 1. влýчне слóво; 2. заголóвне слóво *(у словнику);* заголóвок; 3. лóзунг; девіз; мóдне слóво
Schlamm *m* **-(e)s,-e** 1. мул, твáнь; грязь; 2. *пе*рен. бруд, грязь; вир; драгови́на; j~n durch den - zíehen змішáти з болóтом когóсь, утоптáти в грязь когóсь
schlámmig *adj* 1. мýлистий; 2. грýзький
Schlánge *f* -, -n 1. змія; 2. *тех.* шланг; змійови́к; 3. чéрга; - stéhen стоя́ти в чéрзі
schlängeln, sich 1. звивáтися, ви́тися; 2. *пе*рен. викрýчуватися *(з неприємної справи)*
schlank *adj* стрýнкий; гнучки́й; худорля́вий
schlapp *adj* 1. мля́вий; слабки́й; 2. обви́слий
Schlaráffenland *n* **-(e)s** казкóва країна; **-leben** *n* **-s** дозвільне, бездія́льне життя́
schlau *adj* хи́трий.
Schlauch *m* **-(e)s, Schläuche** шланг, рукáв, кишкá
Schláuheit *f* -, **Schläuigkeit** *f* - хи́трість, лукáвство; спри́тність
Schláukopf *m* **-(e)s, ...köpfe** *розм.* хитрýн
schlecht *adj* погáний; - wérden псувáтися; er hat es - йомý погáно живéться
Schléchtigkeit *f*-, **-en** ни́зькість, підлість, зло, ни́цість
schlécken *vt, vi розм.* 1. лизáти; хлебтáти; 2. (потай) ласувáти *(чимось);* 3. *жарт.* цілувáтися
Schleckeréi *f* -, **-en** лáсощі
schléichen* 1. *vi (s)* 1. крáсти́ся, підкрадáтися; повзти; **2. sich ~** 1. пробирáтися, прокрадáтися; 2. *перен.* украдáтися, закрадáтися; sich in j-s Vertráuen - утéртися в довіру до когóсь
Schléier *m s*, - 1. покривáло, вуáль; фатá; 2. тумáн; покрóв; завіса; es fiel ihm ein ~ von den Áugen йомý ніби полýда з очéй спáла; únter dem ~ der Nacht під покрóвом ночі
schléierhaft *adj* тумáнний, неясний; таємни́чий
Schléife *f* -, **-n** 1. бант; стрічка; 2. петля́; 3. петля, поворóт *(дороги);* 4. шлейф *(тж тех.)*
Schléifen* I 1. *vt* 1. гостри́ти; заточувáти; 2. шліфувáти (тж *перен.);* **2.** *vi* ковзáти *(по льоду)*
schléifen* II 1. *vt* тягти́, волочи́ти; **2.** vi волочи́тися, тягти́ся *(по землі)*
schhléppen 1. *vt* 1. тягти́, волочи́ти; 2. буксирувáти; **2.** vi волочи́тися *(по землі);* **3. sich** ~ 1. тягти́ся, плентáтися; 2. тягти́ся, тривáти; 3. би́тися, старáтися, мýчитися *(з чимось)*
Schlépper *m* **~s**, ~ 1. трáктор, тягáч; 2. букси́р; 3. трал
schléudern *vt* 1. кидáти, шпурля́ти; 2. центрифугувáти; пропускáти чéрез сепарáтор *(молоко);* 3. катапультувáти
schléunigst *adv* негáйно, якнайшви́дше, термінóво
schlicht *adj* 1. прости́й; скрóмний; 2. глáденький, рівний
schlíchten *vt* 1. згладжувати, вирівнювáти; 2. уладнувáти *(суперечку)*
Schlíchtheit *f* - простотá, скрóмність
schlíeßen* 1. *vt* 1. закривáти; 2. зачиня́ти, зами́кати; 3. закінчувати; 4. роби́ти ви́сновок; 5. укладáти *(договір і т. п.);* éine Éhe - одрýжитися; **2.** *vt 1.* закривáтися, зачиня́тися; 2. закінчуватися; **3. sich** ~1. зачиня́тися; 2. *(an A)* приєднувáтися *(до чогось)*

S

schlíeßlich *adv* нарéшті; врéшті решт; на закінчення
schlimm *adj* 1. погáний, кéпський; sein ~ ster Feind його найлютíший вóрог; es geht ~ aus це погáно скінчиться; 2. хвóрий *(напр., про палець)*
schlímmstenfalls *adv* у крáйньому рáзі
Schlínge *f* -, **-n** 1. петля́; 2. аркáн; 3. сільцé; *перен.* пáстка; j~m éine~ légen влаштувáти комýсь пáстку; sich aus der- zíehen виплутáтися з біди́, ви́йти сухи́м з вóди
schlíngen* I 1. *vt 1. (um A)* обвивáти, обхóплювати; обв'язувáти; обмóтувати; 2. *(in A)* вплітáти *(напр., стрічки)*; 3. зав'язувáти (вузлом); **2. sich** - ви́тися, обвивáтися
schlíngen* II *vt* (жадібно) ковтáти
Schlips *m* **-es, -e** гáлстук, кравáтка; den - bínden (abbínden) зав'язáти (розв'язáти) гáлстук
Schlítten *m* **-s**, - сáни; - fáhren катáтися на сáнях
Schlíttschuh *m* **-(e)s, -e** ковзан; - láuten катáтися на ковзанáх
Schlíttschuhläufer *m* **-s**, - ковзаня́р
schlítzen 1. *vt* прорізувáти уздóвж; **2.** *vi* ковзáти *(по льоду)*
Schloß I *n* **-sses, Schlösser** замóк; ein - vorhängen повісити замóк; hínter ~und Ríegel 1. під замкóм; 2. у в'язни́ці
Schloß II *n* **-sses, Schlösser** зáмок, палáц
Schlósser *m* **-s**, - слю́сар
Schlósserei *f* -, **-en** слюсáрна майстéрня
Schlucht *f*-, **-en** ущéлина, каньйóн
schlúchzen *vi* ридáти, схлипувáти
Schlúchzer *m* **-s**, - ридáння, схлипувáння
Schluck *m* **-(e)s, -e** у **Schlücke** ковтóк; éinen - tun ви́пити ковтóк
schlúcken *vt* ковтáти
schlúckweise *adv* ковткáми
Schlúmmer *m* **-s** дрімóта, напівсóн; in - líegen дрімáти
schlúmmern *vi* дрімáти; спáти
schlüpfen *vi (s)* шмигнýти, прослизнýти *(кудись, через щось)*
schlüpfrig *adj* 1. сли́зький; 2. *перен.* сли́зький; двознáчний; непристóйний
Schlúpfwinkel *m* **-s** - схóванка, притýлок
schlürfen 1. *vi* човгáти ногáми; **2.** *vt* 1. (голосно) хлебтáти, сьóрбати *(напр., суп)*; попивáти *(вино)*, пля́мкати; 2. ковтáти, вбирáти в сéбе
Schlüssel *m* **-s**, - 1. ключ *(до замка; тж перен.)*; 2. ключ, код, шифр
Schlüsselbein *n* **-(e)s, -e** *анат.* ключи́ця; **-bund** *n*, *m* **-(e)s, -e** в'я́зка ключів; **~loch** *n* **~(e)s, ...löcher** замкóва щіли́на; **~wort** n **-(e)s, ..wörter** ключ до шифру
schlúßfolgern vi робити висновки; підсумóвувати
Schlúßfolgerung *f* -, **-en** ви́сновок; die - fólgerung aus etw. zíehen робити ви́сновок з чогóсь; **-wort** *n* **~(e)s - e** заключне слóво
Schmach *f* - ганьбá, безчéстя; j-m éine - ántun зганьби́ти когóсь; -und Schánde! стид і сóром!
schmáchten *vi* 1. томи́тися; *(vor D)* знемагáти *(від чогось)*; vor Durst -помирáти від спрáги; 2. *(nach D)* тужи́ти *(за кимось)*; 3. *(nach D)* жадáти *(чогось)*
schmächtig *adj* худи́й; тендітний; квóлий
schmáchvoll *adj* ганéбний; безслáвний
schmáckhaft *adj* смáчний
schmal *adj* 1. вýзький; 2. тóнкий, худи́й; 3. убóгий, бідний; ein ~ es Éinkommen скрóмний прибýток
schmälern *vt* 1. звýжувати; 2. змéншувати, урізувати, скорóчувати
schmálspurig *adj* 1. *зал.* вузькокóлійний; 2. *перен.* непереконливий, недостáтній; неслýшний
Schmalz *n* **-es, -e** топлéне сáло, смáлець; im - sítzen купáтися як сир у маслі
Schmárre *f*-, **-n** шрам, рубéць
schmécken 1. *vt* куштувáти, пробувáти *(на смак)?* **2.** vi 1. *(nach D)* мáти смак *(чогось)*; нагадувáти за смáком *(щось)*; 2. подóбатися; смакувáти *(про їжу, напої)*; das schmeckt (gut) це (дуже) смáчно
Schmeicheléi *f* -, **-en** лéстощі, улесли́вість
schméichelhaft *adj* принáдний; ein -er Áuftrag принáдне дорýчення
schméicheln 1. *vi* лести́ти, тішити; **2. sich** - пести́тися; утирáтися в довіру
Schméichler *m*, **-s**, - підлéсник
schméichlerisch *adj* підлесли́вий
schméißen* *vt розм.* кидáти, шпýрляти
Schmelz *m*, **-es, -e** 1. емáль; поли́ва; 2. блиск; перели́ви *(звуків, кольорів)*
Schmélze *f* -n, **-n** 1. танéння, розтавáння *(снігу)*; *2. тех.* плáвка
schmélzen 1.* *vi (s)* 1. (роз)танýти; (роз)плáвитися; 2. *перен.* танýти, змéншуватися; 2. *vt* плáвити, розплавля́ти; (роз)топи́ти
Schmélzkäse *m* -s, - плáвлений сир; **-punkt** *m* **-(e)s, -e** температýра (точка) плавлéння; **-wasser** *n* **-s** тáла вóда
Schmerz *m* **-es, -en** 1. біль; 2. страждáння; *перен.* скорбóта, гóре
schmérzbetäubend *adj* знеболю́ючий
schmérzen *vi, vt* боліти, завдавáти бóлю
schmérzhaft *adj* бóлісний, болю́чий; **-lich** *adj* прикри́й; **-los** *adj* безбóлісний
Schmétterling *m* **-(e)s, -e** метéлик
schméttern 1. кидáти, шпурля́ти; **2.** *vi* 1. гриміти, оглýшливо лунáти; 2. співáти, заливáтися *(про птахів)*
Schmied *m* **~(e)s, ~e** ковáль
schmíeden *vt* 1. кувáти; 2. *перен.* кувáти, ствóрювати; готувáти; Pläne ~ уклáдати плáни; den Sieg ~ кувáти перемóгу
schmíegen, sich 1. *(an A)* тули́тися, горнýтися *(до когось)*; 2. *(an A, in A)* пристосóвуватися *(до умов і т. п.)*; 3. *(an*

S

A, um A) прилягáти, облягáти *(про сукню);* 4. *(um A)* обвивáти *(напр, про рослини і т. п.)*

schmíegsam *adj* 1. гну́чкий, 2. піддáтливий *(про людину)*

Schmíere *f* -, **-n** мазь, масти́ло

schmíeren *vt* 1. змáзувати, мáзати, масти́ти; Bútter aufs Brot - намáзати мáсло на хліб; álles geht wie geschmíert усе йде як по мáслу; 2. *розм.* давáти хабарá; 3. бруднúти, мáзати

Schmínke *f*-, **-n** космéтика; грим

schmínken 1. *vt* підфарбóвувати, гримувáти: **2. sich** - підфарбóвуватися; гримувáтися: користувáтися космéтикою

Schmórbraten *m* **-s,** - печеня́, жаркé; тушкóване м'ясо

schmóren 1 *vt* тушкувáти, жáрити, смáжити; **2.** *vi* тушкувáтися, жáритися, смáжитися; in der Hítze ~знемагáти від спéки

Schmuck *m* **-(e)s, -e** 1. прикрáса; вбрання́; 2. коштóвності

Schmúckartikel *pl* ювелірні ви́роби

schmücken 1. *vt* прикрашáти, наряджáти; **2. sich** ~ гáрно вбирáтися, наряджáтися

schmúcklos *adj* без прикрáс, прости́й, стрóгий

Schmúcksachen *pl* коштóвності; прикрáси; ювелірні ви́роби

Schmúggel *m* **~s** контрабáнда

Schmutz *m* **~es 1.** бруд, смíття́ *(тж перен);* 2. сльóта

schmútzen vi 1. бруднúти; 2. бруднúтися, бу́ти мазкúм

schmútzig *adj* брудни́й, неохáйний

Schnáke *f*~, **~n** мóшка; комáр

Schnálle *f*~, **~n** пря́жка, застíбка

schnállen *vt* прикріпля́ти ремéнем, застібáти пря́жку

schnáppen 1. гаї) зроби́ти шви́дкий рух; стрибну́ти; защепну́тися; in die Höhe ~ підскочи́ти угóру *(напр., про пружину, кришку годинника і т. п.);* die Tür schnáppte ins Schloß двéрі защепну́лися (на замок); 2. *(h)* хапáти, (жадібно) жадібно; nach Luft хапáти (рогом) повітря; вáжко ди́хати; **2.** *vt* хапáти, схóплювати; man hat den Dieb geschnáppt *розм.* злóдія схопи́ли; ich géhe Luft *~розм,* я йду поди́хати (свіжим) повітрям

Schnáps *m* **~es, Schnäpse** горілка

schnárchen *vi* хрóпти; сопіти

schnárren 1. *vi* 1. тріщáти, 2. дзижчáти; 3. гаркави́ти; 4. бурчáти; **2.** *vt* гаркáвити; er schnarrt das R він гаркáвить

schnáttern *vi* **1.** ґелґотáти *(про гусей);* кря́кати *(про качок); 2. розм.* торохтíти, базíкати

schnáufen *vi* сопіти, пи́рхати; хрóпти (про тварин)

Schnáuze *f*-, **-n 1.** мóрда, пи́сок, ри́ло; 2. *груб,* пáща *(людини);* halt déine - заткни́ пéльку!; 3. нóсик *(чайника і т. п.)*

Schnécke *f* **-, -n** равли́к, слимáк

Schnee *m* **-s** сніг

Schnéeball *m* **-(e)s, ...balle** сніжка; **-düne** *f* -, **-n** замéт; **-fall** *m* **-(e)s, ...fälle** снігопáд; **-flocke** *f*-, -, **-n** сніжи́нка; **-gestöber** *n* **-s,** - завірю́ха

schnéeweíß *adj* білосніжний

Schnéide *f*-, **-n** лéзо

schnéiden* 1. *vt* 1. рíзати; 2. стригти́; коси́ти *(траву), мед.* оперувáти; 4. *мат.* перетинáти; **2. sich** - 1. порíзатися; *2. мат.* перетинáтися; 3. *розм.* помиля́тися; прорахувáтися

schnéidend *adj* 1. гóстрий *(про біль і т. п);* 1. рíзкий, прони́зливий *(про вітер);* 3. рíзкий, гóстрий, ущипли́вий *(про слова і т. я)*

Schnéider *m* **-s, -** кравéць

schnéidern *vt* ши́ти, перешивáти, кравцювáти

schnéien *vimp.* es schneit іде сніг

schnell *adj* шви́дки́й, пру́дкий

schnéllen 1. *vt* кидáти, метáти; **2.** *vi* 1. *(s)* підстрибувáти; 2. *(s)* пружи́нити; zur Séite ~ відскóчити вбік

Schnéllschrift *f* - стенографія; **-zug** *m* **~(e)s, ...züge** шви́дки́й поїзд, експрéс

Schnitt *m* **-(e)s, -e** 1. надріз, поріз, розріз; перети́н; *2.* різьбá; 3. *с.-г.* укіс; 4. *мед* розти́н; 5. стри́жка; 6. крій, фасóн; 7. ви́крійка; 8. *мат.* фóрма, óбрис

Schnítte *f* -, **-n** скибка, шматóк; éine belégte - бутербрóд

Schnítzel ² *n, m*-s, - 1. обрізок (*перу);* 2. стру́жка *(дерева)*

Schnítzel II *n* **-s,** - шніцель

schnítzen *vt* різьби́ти *(по дереву)*

Schnitzeréi *f*-, **-en** різьблéння *(по* дереву)

schnüffeln *vi* 1. ню́хати, обню́хувати; 2. *розм.* виню́хувати, шпигувáти, вистéжувати, виню́хувати, 3. розм. сопіти

Schnúller *m* **-s,** - пипка, пусту́шка

Schnúpfen m -s, -, нéжить; sich (D) den - hólen підхопи́ти нéжить

Schnur *f* -, **Schnüre** моту́зка, шпагáт, шнур

Schnürchen *n* **-s,** - моту́зочка; etw, an ~ háben пóвністю володіти чи́мось; j~n am ~ háben тримáти когóсь в рукáх

schnüren 1. *vt* зашнурóвувати; зав язувáти; **2. sich** - шнурувáтися

schnúrgerade 1. *adj* прями́й як стрíла *(про дорогу і т. п.)*; 2. *adv* 1. пря́мо, навпростéць; 2. зрáзу, негáйно

Schnúrrbart *m* **-(e)s, ...bärte** ву́са

schnúrren *vi* 1. дзижчáти, гудíти, 2. муркотáти *(про кішку)*

schnúrrig *adj* 1. смішни́й, кумéдний, 2. ди́вний

Schnürsenkel *m* **-s**, - шнурóк для черевиків

schnúrstracks *adv* 1. пря́мо, навпростéць; 2. зрáзу, негáйно

Schóber *m* **~s,** - 1. стіг; ски́рта; 2. сінник; сарáй

S

Schólle I *f* -, **-n** 1. брила; грудка; шар; (велика) крижина; 2. *перен.* свій клаптик землі
Schólle II *f* -, **-en** камбала́
schon *adv* уже; ~ längst уже́ давно́; ~ gut! ну, до́бре!
schön 1. *adj* гарний, прекрасний; хороший; чудовий; 2. *adv* 1. гарно, прекрасно, чудово; 2. *(в значенні підсилення):* bítte -! будь ласка!, прошу!; dánke-! дякую!
schónen 1. *vt* берегти́, щадити; **2. sich-** берегтися
schöngeistig *adj* естетичний; - e Literatúr художня література
Schönheit *f*, **-en** 1. краса: 2. красуня
schönmachen 1. *vt розм.* прикрашати; **2. sich** - 1. наряджатися, гарно вбиратися; 2. *розм* фарбуватися, користуватися косметикою
Schönschreiben *n* **-s** красиbпис, каліграфія
Schónung *f* -, **-en** 1. пощада; дбайливе ставлення; обережність; 2. догляд *(за кимось, за чимось);* 3. (лісовий) заповідник
schónungslos *adj* нещадний, немилосердний
Schopf *m* **~(e)s, Schöpfe** 1. вихор, чуб, чуприна; 2. навіс, сарай; 3. крона *(дерева)*
schöpfen *vt* черпати, набирати; вичерпувати; Wásser aus dem Fluß ~черпати воду з річки; Luft - дихати свіжим повітрям; Mut - підбадьоритися; Átem ~ перевести дух; aus dem vóllen - *перен.* жити в достатку
Schöpfer *m* **-s,** - 1. черпак; 2. творець, автор
schöpferisch *adj* творчий
Schöpfung *f*, **-en** 1. *тк. sg* створення; 2. твір
Schóppen *m* **-s,** - кухоль
Schórnstein *m* **-(e)s, -e** димар; das kannst du in den - schréiben пиши пропало!
Schoß I *m* **-sses, -sse** паросток, пагін
Schoß II *m* **-es, Schöße** 1. *анат.* таз; 2. лоно; im - der Famílie у сімейному колі; im ~ der Natúr на лоні природи; 3. надра *(землі);* 4. пола, фалда; поділ спідниці, пелена; die Hände in den - légen сидіти склавши руки
Schößling *m* **~s, -e** 1. пагін, паросток; 2. нащадок
Schóte *f* -, **-n** стручок; grüne - n зелений горошок
Schótter *m* **-s,** - щебінь; галька
schóttisch *adj* шотландський
schräg 1. *adj* косий, похилий; **2.** *adv* навскоси, навскіс
Schrámme *f* -, **-n** шрам, рубець; рана
Schrank *m* **-(e)s, Schränke** шафа
Schránke *f*, **-n** 1. бар'єр; перепона; 2. шлагбаум; 3. межа, рубіж *(здеб, перен.);* die ~n übertréten переходити межі (дозволеного); 4. *тех.* щит; екран
schránkenlos *adj* 1. безмежний; -e Fréude безмежна радість; 2. невтримний; неприборканий
Schránkwand *f* -, **...wände** стінка *(меблів)*
Schráube *f* -, **-n** гвинт; болт
schráuben *vt* 1. загвинчувати; з'єднувати болтами; 2. *перен.* підвищувати, роздувати; die Préise in die Höhe - роздувати ціни
Schráubenmutter *f* -, -n гайка; - **zieher** *m* -s, - викрутка
Schreck *m* **-(e)s, -e, Schrécken** *m* -s, -переляк; страх; vor - з переляку
schrécken I *vt* лякати
schrécken* II *vi (s)* лякатися
schréckhaft *adj* лякливий
schrécklich *adj* жахливий
Schrei *m* **-(e)s, -e** крик
schréiben* *vt* писати; groß - писати з великої букви
Schréiben *n* **-s,** - **1.** лист; (офіційний) папір; 2. письмо, написання
Schréiber *m* **-s,** - 1. автор *(листа, книжки);* 2. писар; секретар; переписувач
Schréibfehler *m* **-s,** - описка; (орфографічна)) помилка; **-kraft f -, ...kräfte** друкарка: **-maschine** *f* -, **-n** друкарська машинка; **papier** *n* **-s, -e** папір для писання; **-tisch** *m* **-es, -e** письмовий стіл; **-waren** *pl* канцелярські товари; **-zeug** *n* **-(e)s, -e** письмове приладдя
schréien* *vi* 1. кричати: 2. *(um A, nach D)* звертатися *(по щось);* благати *(чогось);* um Hílfe - кликати на допомогу
schréiend *adj* 1. кричущий; eine - e Úngerechtigkeit, кричуща несправедливість; 2. різкий; крикливий
schréiten* *vi (s)* 1. крокувати; йти, *2. (zu D)* братися *(до чогось);* розпочинати *(щось)*
Schrift *f* -, **-en** 1. шрифт, букви; 2. (офіційний) документ; заява; 3. твір; 4. почерк; 5. напис *(наменоріальній дощці);* 6. писемність
Schífftleiter *m* **-s**, - редактор; **~leitung** *f* -, **-en** редакція *(колектив)*
schríftlich *adj* письмовий
Schríftsprache *f* -, **-n** 1. літературна мова; 2. писемна мова; **-steller** *m* **-s**, - письменник; **-stück** *n* **-(e)s, -e** рукопис; 2. (офіційний) документ
schrill *adj* різкий, пронизливий *(про звук)*
schrillen *vi* 1. різко звучати; 2. тріщати, скрекотати
Schritt *m* **-(e)s, -e** крок; - für - крок за кроком; - hálten іти в ногу; auf - und Tritt на кожному кроці
schríttweise 1. *adv* крок за кроком, поступово; 2. *adj* поступовий
schroff 1. *adj* 1. крутий, стрімкий; 2. різкий, крутий, суворий; éine -e Áblehnung категорична відмова; ein -er Charákter суворий характер; **2.** *adv* 1. круто, різко; стрімко; 2. різко, рішуче, навідріз

S

Schrot *n, m* **- (e)s, -e** 1. дріб; 2. Крупá, (борошно) грýбого помéлу; 3. поліно, колóда; 4. металолóм

schrúmpfen *vi (s)* ї) стискáтися, стягуватися; 2. зморщувáтися, морщитися; 3. збігáтися *(про тканину);* 4. *перен.* скорóчуватися, змéншуватися; згортáтися *(про виробництво)*

Schub *m* **- (e)s, Schübe** поштóвх, зсув

Schúbfach *n* **-(e)s, ...fächer** шухляда; **-karre** *m* **- s,** - тáчка; **-lade** *f* -, **-n** шухляда

schüchtern *adj* боязкий, соромливий, полохливий, нерішýчий

Schuh *m* **-(e)s, -e** черевик; *pl тж* взуттЯ; wo drückt dich der - ? що тебе турбýє?

Schúlabgänger *m* **-s,** - випускник (школи); **-bank** *f* -, **...bänke** пáрта; **-buch** *n* **~(e)s, ...bücher** шкільний підрýчник

schuld: - sein *(an D)* бýти винним *(у чомусь)*

Schuld *f* ~, **-en** 1. борг; зобов'язання; 2. *тк. sg* провинá; séine - éingestehen визнати свою провину

schúlden *vt (j-m)* бýти винним *(гроші і т. п. комусь),* бýти боржникóм

schúldenfrei *adj* без боргів

schúldig *adj* 1. винний; sich - máchen провинитися *(перед кимось, перед чимось);* j~n ~ sprechen *юр.* визнати кóгось винним; 2. Geld -sein заборгувáти *(гроші);* er blieb mir die Ántwort - він мені не відповів

Schúldigkeit *f* - 1. борг *(грошовий і т. п.);* зобов'язання; 2. обов'язок

schúldlos *adj* невинний

Schúle *f* -, **-n** шкóла; allgeméinbildende - загальноóсвітня шкóла; die - besúchen, zur (in die) - géhen ходити до шкóли; héute ist kéine - сьогóдні немає занять у шкóлі

schúlen 1. *vt* навчáти, вчити; тренувáти; **2. sich -** навчáтися, підвищувати свою кваліфікáцію

Schüler *m* **-s,** - учéнь, школяр

schülerhaft *adj* учнівський, школярський

Schülerheim *n* **-(e)s, -e** інтернáт

Schülerin *n* -, **-nen** учениця, школярка

Schúlferien *pl* шкільні канікули

schúlfrei *adj* вільний від шкільних занять; wir háben héute - у нас сьогóдні немає урóків

Schúlfreund *m* **-(e)s, -e** шкільний товáриш; **-geld** *n* **-(e)s** плáта за навчáння; **~gemeinde** *f* ~, **-n** колектив шкóли; **-hort** *m* **-(e)s, -e** грýпа продóвженого дня *(в школі)*

schúlisch *adj* шкільний, навчáльний, ~e Léistungen успішність *(у школі)*

Schúljahr *n* **-(e)s, -e** навчáльний рік; **-junge** *m* **-n, -n** школяр; **-lehrer** *m* **~s,** ~ шкільний учитель; **~leiter** *m* **~s.** ~ дирéктор шкóли

schúlmeistern *невідокр. vi* повчáти, муштрувáти

Schúlpflicht *f* -, **-en** обов'язкове навчáння; **-ranzen** *m* -s, шкільний рáнець; **-sachen** *pl* навчáльне прилáддя; **-tasche** *f* -, **-n** портфéль *(школяра)*

Schúlter *f* -, **-n** плечé; j-m die kálte zéigen *розм,* відвернýтися відкогóсь; etw. auf die léichte - néhmen стáвитися до чогóсь легковáжно

Schúlterblatt *n* -(e)s, ...**blätter** *анат.* лопáтка

Schúlung *f* -, **-en** 1. навчáння; 2. урок, кýрси; 3. вихувáння; 4. *спорт,* тренувáння

Schúlunterricht *m* **-(e)s** заняття в школі; шкільне навчáння; **-zeugnis** *n* **-ses,** ~se тáбель *(школяра)*

Schúppe *f* -, **-n** 1. лусóчка; 2. *pl* лýска; 3. *pl* лýпа

Schúppen *m -s,* - 1. сарáй, навіс; 2. склад; 3. гарáж; депó; ангáр

schüren *vt* 1. шурувáти *(вугілля);* das Féuer ~ роздувáти вогóнь; 2. *перен.* розпáлювати *(щось),* підбурювáти *(до чогось)*

Schürze *f*-, -n фáртух

schürzen *vt* 1. зав'язувати (яузол); 2. підгортáти *(сукню);* 3. засукувáти *(рукава)*

Schüssel *f* -, **-n** 1. миска, блюдо; 2. стрáва

Schúßwaffe *f* -, **-n** вогнепáльна зброя; **-wunde** *f* -, **-n** вогнестрільна рáна

Schúster *m -s,* - швéць

Schutt *m* **-(e)s** (будівельне) сміття; in - und Ásche líegen лежáти в руїнах

schütteln 1. *vt* 1. трясти, трусити; хитáти; Hände - потиснути один однóму рýки; den Kopf - похитáти головóю; 2. збовтувáти; **2. sich** -обтрýшуватися; 2. здригáтися

schütten 1. *vt* 1. сипати; 2. засипáти; завантажувáти; 3. лити, наливáти; **2.** vi опадáти, облітáти; der Baum schüttet дéрево осипáється

Schutz *m* **-es, -e** *тк. sg* зáхист *(vor* D, *gegen A від когось, від чогось);* охорóна; j-m - bíeten узяти когóсь під зáхист; - von Mútter und Kind охорóна мáтері і дитини

Schütze *m* **-n, -n** стрілéць

schützen 1. *vt (vor D, gegen Д)* захищати, охоронЯти *(від когось, чогось);* gesétzlich geschützt sein охоронятися закóном; **2. sich** - *(vor D, gegen A)* захищáтися *(від когось, від чогось);* остерігáтися *(чогось)*

Schützengraben *m* **-s, ...gräben** окóп

schútzlos *adj* беззáхисний

Schútzmarke *f* -, **-n** фабрúчне клеймó; **-maske** *f* -, **-n** протигáз

schwach *adj* 1. слабкий; безсилий; 2. слáбий, нездорóвий, квóлий; 3. слабкий, неміцний; eine -e Lösung слабкий розчин; 4. слáбий, погáний; ein -es Buch погáна книжка

S

Schwäche *f*, **-n** 1. слабість, безсилля; 2. *(fur A)* слабість, пристрасть *(до когось, до чогось);* 3. дошкульне місце, недолік; jéder hat séine -n у кожного свої недоліки

schwächen *vt* ослабляти; знесилювати; j-s Gesúndheit - підривати чиєсь здоров'я

schwächlich *adj* кволий, хворобливий

Schwächling *m* **-s, -e** 1. квола, хвороблива людина; 2. слабовільна людина

schwáchmütig *adj* малодушний; **~sinnig** *adj* недоумкуватий

Schwägerin *f*, **-nen** зовиця; своячка; невістка

Schwálbe *f*, **-n** ластівка

Schwall *m* **-(e)s, -e** потік; наплив; ein - von Wórten *перен.* потік слів

Schwamm *m* **-(e)s, Schwämme** губка

schwámmig *adj* 1. губчастий; ніздрюватий, пористий; 2. забрезклий (яро *людину),* одутлий

Schwan *m* -(e)s, **Schwäne** лебідь

schwánger *adj* вагітна

Schwángerschaft *f*, -en вагітність

schwánken *vi* 1. хитатися; коливатися; 2. вагатися, бути в нерішучості

Schwánkung *f* -, **-en** 1. коливання; відхилення; 2. мінливість

Schwanz *m* **-es, Schwänze** хвіст

schwänzeln vi 1. крутити (вертіти) хвостом; *(um j - n) розм.* лестити *(комусь)*

schwänzen *vt розм,* прогулювати *(напр., заняття в школі)* ухилятися *(від чогось);* die Schúle - прогулювати заняття в школі

Schwänzer *m* **-s,** - прогульник; недбайливий працівник

schwärmen I 1. *vi* роїтеся *(про бджії і т. п.);* **2.** *vimp* кишіти; es schwärmt von Ménschen auf der Stráße вулиця кишить народом

schwärmen II *vi* 1. *(von D)* мріяти *(про когось, про щось);* 2. *(fur A)* захоплюватися *(кимось, чимось)*

S

Schwärmer *m* **-s**, - мрійник; ентузіаст; фанатик

schwarz *adj* 1. чорний; 2. чорний, брудний; 3. чорний, похмурий, сумний; 4. нелегальний; der -er Markt чорний ринок

Schwárzbeere *f* -, **-n** *бот.* чорниця

Schwärze *f*, **-n** 1. чорнота; 2. вакса; 3. друкарська фарба; 4. огидність, підлість

schwärzen *vt* 1. чорнити, покривати чорною фарбою; мазати ваксою *(взуття);* 2. чорнити, обмовляти *(когось)*

Schwárzerde *f* -, *-n* чорнозем; **-fahrt** *f* -, **-en** *розм.* проїзд зайцем (без квитка); **~handel** *m* **~s** торгівля на чорному ринку, спекуляція; **-markt** *m* **-(e)s, ..markte** чорний ринок; **~seher** *m* **-s,** - песиміст

schwátzen *vt* базікати

Schwätzer *m* **-s,** - базіка, пустомеля

schwében *vi* 1. ширяти, висіти (в повітрі); витати; 2. знаходитися (в *якомусь стані);* in Gefähr ~ бути в небезпеці

schwébend *adj* 1. ширяючий; висячий *(у повітрі);* éine -e Brücke висячий міст; 2. нерозв'язаний; не закінчений; -e Verhándlungen не закінчені переговори

schwédisch *adj* шведський

Schweif *m* **-(e)s, -e** 1. хвіст; *2. розм.* шлейф

schwéifen 1. *vi* (s, *h)* блукати, бродити; **2.** *vt* полоскати *(білизну)*

Schwéifstern *m* **-(e)s, -e** комета

schwéigen* *vi* 1. мовчати; замовкнути; 2. замовчувати *(щось),* критися *(з чимось):* dávon schweigt die Geschíchte історія замовчує про це

schwéigend 1. *adj* безмовний; **2.** *adv* мовчки

schwéigsam *adj* мовчазний, небалакучий

Schwein *n* **-(e)s, -e** 1. свиня; 2. брудна, неохайна людина; 3. *розм.* щастя, везіння, талан; er hat ~ йому щастить

Schwéinefleisch *n* **-es** свинина; **~hirt** *m* **-en, -en** свинопас

Schweineréi *f*, **-en** *розм.* свинство

Schwéinezucht *f* - свинарство

Schweiß *m* **-es, -e** піт; in -geráten спітніти; von - tríefen обливатися потом; der - bricht ihm aus його кинуло в піт

schwéißen *vt тех* зварювати

Schwéißer *m* -s, - зварник

schwéißig *adj* спітнілий

schwélen *vi* тліти; жевріти; димитися, куритися; мерехтіти

Schwélle *f* -, **-n** 1. поріг; 2. *перен,* поріг, межа; 3. *зал.* шпала

schwéllen* I vi *(s)* 1. набрякати, пухнути; здуватися; 2. бубнявіти; 3. підніматися *(про воду);* 4. *перен.* сповнюватися *(чимось)*

schwéllen II *vt* 1. надувати, надимати, напинати *(вітрила);* роздувати; наповнювати; der Wind schwellt die Ségel вітер напинає вітрила

Schwéllung *f* -, **-en 1.** опухання; 2. пухлина; 3. набухання, набрякання

schwémmen *vt* 1. купати *(коней);* 2. зносити, змивати; наносити *(водою);* 3. сплавляти *(ліс);* 4. промивати *(руду)*

schwénken 1. *vt* 1. махати *(чимось);* 2. кружити; 3. полоскати; **2.** *vi (h, s)* повернути, змінити напрям *(перен. тж погляди);* 3. **sich** - розвіватися; sich im Tánze ~ кружляти в танці

Schwénkung -, **-en** 1. розмахування; 2. поворот; éine - nach links поворот наліво; *перен,* полівіння

schwer *adj* 1. важкий; 2. важкий, складний; 3. міцний *(сон, напій);* 4. тяжкий, прикрий

Schwére *f* - 1. тягар, вага; 2. *фіз.* тяжіння, гравітація; 3. *перен.* вагомість, значущість; die ~ der Stráfe суворість покарання

schwérelos *adj* невагóмий
schwérfallen* *vi (s)* вáжко давáтися; das Lérnen fällt ihm schwer навчáння дається йóму вáжко
schwérfällig *adj* неповорóткий; незгрáбний; **-flüssig** *adj* тугоплàвкий *(про метал)*
Schwérkraft *f* - *фіз.* тя́жіння, сúла тя́жіння
schwérmütig *adj* смутний, меланхолійний; - werden засмутитися
schwérnehmen* *vt* брáти (близько) до сéрця
Schwérpunkt *m* ~(e)s, -e 1. *фіз.* центр ваги; 2. суть, сутність
Schwert *n* -(e)s, -er мéч
schwérwiegend *adj* вагóмий, серйóзний; -e Fólgen серйóзні нáслідки
Schwéster *f* -, -n 1. сестрá; 2. медúчна сестрá
Schwíegereltern *pl* батькú чоловіка (дружини); **~mutter** *f* ~, **...mütter** тéща; свекрýха; **~sohn** *m* ~(e)s, **...söhne** зять; **~tochter** *f* ~, **...töchter** невістка; **~vater** *m* **~s, ...väter** тéсть; свéкор
Schwíele *f* ~, **~n** мозóля
schwíerig *adj* важкúй, складнúй, скрýтний; éine ~e Sáche складнá спрáва; ein ~er Mensch людúна з важкúм харáктером
schwímmen* *vi (h, s)* плáвати
schwímmend 1. *adj* плавýчий; éine ~e Brücke плавýчий міст; **2.** *adv* плавóм, уплав
Schwímmer *m* **~s,** ~ 1. плавéць; 2. *мор.* плавóк, буйóк
Schwíndel I *m* **~s** запаморóчення (голови)
Schwindel II *m* **~s** обдýрювання; шахрáйство; брехня́
schwíndeln I *vimp* паморóчитися *(про голову);* mir schwíndelt у мéне паморóчиться головá
schwíndeln II *vi* шахрувáти; брехáти, обдýрювати
schwínden* *vi (s)* 1. спадáти, зникáти; змéншуватися; 2. збігáтися; усихáти; давáти усáдку
schwíngen* 1. *vt* 1. махáти, розмáхувати; 2. *с.-г.* віяти; **2.** vi 1. гойдáтися; auf der Scháukel ~ гойдáтися на гóйдалці; 2. коливáтися, вібрувáти; **3. sich** ~ 1. *(auf D)* розгойдувáтися *(на чомусь);* 2. *(uber A)* перестрибувáти *(через щось);* 3. злітáти
Schwíngung *f* -, **-en** 1. гóйдання; 2. коливáння; вібрáція
schwírren *vi (h, s)* 1. (про)свистіти; (про)дзижчáти; die Kúgeln ~ кýлі
schwítzen *vi* 1. потіти; 2. пітніти; 3. пріти
schwören* *vt, vi* 1. кля́стися; божúтися, заприсягáтися; 2. присягáти; zur Fáhne ~ давáти військовý присягу
schwül *adj* 1. пекýчий, дýшний; 2. дурмáнний; 3. тяжкúй, стрáшний; похмýрий
Schwüle *f* - 1. духотá, спéка; 2. тривóга, стрáх
Schwulst *m* **-es**, **Schwülste** 1. пухлúна; 2. пишномóвність
Schwung *m* **-(e)s**, **Schwünge** 1. змах; пóмах; 2. запáл, піднéсення, порúв; schöpferischer ~ твóрче піднéсення; 3. пóрція; ein - Súppe пóрція сýпу
Schwúngbrett *n* **-(e)s, -er** трамплін; місток (гімнастичний); **~kraft** *f* ~1. *фіз.* відцентрóва сúла; 2. *перен.* енéргія, піднéсення, натхнéння
schwúngvoll *adj* 1. піднéсений, натхнéнний; 2. жвáвий *(про торгівлю і т. п),* 3. розмáшистий
Schwur *m* **-(e)s**, **Schwüre** кля́тва; присяга; einen ~ áblegen дáти кля́тву; éinen ~ bréchen порýшити кля́тву
sechs *num* шість
Sechs *f* -, -, **-en** (число, цифра, номер) шість; шістка
séchsfach 1. *adj* шестирáзовий; **2.** *adv* у шість разів, ушéстеро
séchzehn *num* шістнáдцять
séchzig *num* шістдеся́т
See [2] *m* **-s, -n** óзеро
See II *f* -, **-n** 1. мóре; höhe - відкрúте мóре; éine schwére - бурхлúве мóре; zur - мóрем; 2. (велитка) хвиля
Séebad *n* **-(e)s, ...bäder** 1. морськé купáння; 2. примóрський курóрт; **~fahrt** *f* ~, **~en** 1. мореплáвство; 2. морськá пóдорож; **-hund** *m* **-(e)s, -e** тюлéнь
séekrank *adj* хвóрий на морськý хворóбу
Séele *f* -, **-n** душá
séelenfroh *adj* рáдий від душі; зрáділий; **~los** *adj* бездýшний, чéрствий
Séeleute *pl від* Séemann
séelisch *adj* 1. душéвний; 2. психічний
Séemacht *f* -, **...mächte** 1. морськá держáва; 2. військóво-морські сúли; **~mann** *m* **~(e)s, ...leute** *і* **..männer** моря́к, матрóс
Ségel *n* **-s**, - вітрúло, пáрус
ségeln vi *(h, s)* 1. плистú (під вітрúлами); 2. ширя́ти
Ségeltuch *n* **-(e)s, -e** парусúна; **-werk** *n* **-(e)s** вітрúла
Ségen *m* **-s**, - 1. благословéння; 2. схвáлення, згóда; 3. щáстя, вдáча
Ségler *m* **-s**, - 1. пáрусник, вітрúльний; 2. яхтсмéн; 3. *зоол.* стриж
ségnen *vt* 1. благословля́ти; 2. схвáлювати *(щось),* давáти згóду *(на щось)*
séhen* vi, *vt* дивúтися, бáчити; j-m ähnlich - бýти схóжим на когóсь; aus dem Fénster ~ дивúтися у віннó; sich satt - *(an D)* надивúтися вдóсталь на когóсь; wann ~ wir uns? колú ми побáчимося?
séhenswert, **-würdig** *adj* визначний, вáртий увáги
Séhenswürdigkeit *f* -, **-en** визначна пáм'ятка
Séhkraft *f* - зір

S

Séhne *f*-, **-n** 1. *анат.* сухожилля; 2. тятивá *(лука)*
séhnen, sich *(nach D)* тужи́ти *(за кимось, за чимось);* прáгнути *(чогось);* sich nach Rúhe ~ жадáти спóкою
séhnig *adj* жилáвий, мускули́стий
séhnlich *adj* жагу́чий, пáлкий
Séhnsucht *f*-, *(pl рідко* ...**süchte**) пристрасне бажáння *(чогось);* прагнéння *(до чогось);* nach j-m -háben тужи́ти за ки́мось
séhnsüchtig *adj* спóвнений ту́ги; тужни́й; спóвнений бажáння; ein ~es Verlángen пáлке бажáння
sehr *adv* ду́же
séhschwach *adj мед.* зі слабки́м зóром
Séhvermögen *n* **-s** зір
seicht *adj* 1. мілкий, мілковóдний; 2. поверхóвий; - es Geréde пусті розмóви
Séide *f*-, **-n** шовк
séiden *adj* шóвковий
Séife *f*-, **-n** ми́ло
séifen *vt* 1. ми́лити, нами́лювати; 2. *розм.* обдури́ти
séifig *adj* ми́льний
Seil *n* **-(e)s, -e** канáт; трос; мотýзка
sein* I 1. *vi (s)* 1. бу́ти, існувáти; 2. трапля́тися, відбувáтися; es war im Wínter це булó зимóю; 3. бу́ти, знаходи́тися; er ist da він тут; 4. похóдити, бу́ти рóдом *(звідкись);* 5. бу́ти *(дієслово-зв'язка у складеному лрксудху); sie ist gesund* вонá здорóва; 6. *(з inf + zu виражає повинність або можливість):* dieses Buch ist zu háben цю кни́жку мóжна купи́ти; **2.** *(допоміжне дієслово, служить для утворення складних часових форм, окремим словом не перекладається).* sie sind gekómmen вони́ прийшли́
sein II *pron poss m (f* séine, *n* sein, *pl* séine) йогó, свій (своя, своє, свої); sie nahm - Buch вонá взялá йогó кни́жку; álles zu -er Zeit на все свій час
Sein *n* **-s** буття, існувáння
Séine: der - (die -, das -, die - n) йогó; свій (своя, своє, свої); das -його; його майно; своє; своє майнó; jédem das - кóжному своé
séinerseits *adj* з йогó бóку; що стосу́ється йогó; -zeit *adv* 1. у свій час, тоді, раніше; 2. у свій час, пізніше, у майбу́тньому
séinesgléichen *adj* таки́й, як він, подібний до ньогó; подібний собі
séinethálben, **-wégen** *adv* 1. чéрез ньогó; зарaди́ ньогó; 2. на йогó ду́мку; **~willen** *adv.* um ~willen зарáди ньогó; чéрез ньогo
séinige *pron poss.* der - (die -, das -, die - n) йогó; свій (своя, своє, свої)
seit 1. *prp (D) (вказує на час, з якого щось починається)* з, від; ~ géstern з учорáшнього дня; - wann? з якóго часу? - je здáвна; **2.** *cj* з тогó чáсу як...
seitdém 1. *adv* з тогó чáсу; **2.** *cj* з тогó чáсу як ...

Séite *f*-, **-n** 1. сторонá, бік; *мор.* борт; 2. сторінка
séitens *prp (G)* з бóку *(когось)*
seithér *adv* з тогó чáсу
séitlich 1. *adj* бокови́й; **2.** *adv* збóку; нáбік
séitwärts *adv* 1. убік; бóком; 2. з бóку; 3. нáбік
Sekt *m* **-(e)s, -e** шампáнське
sekundär *adj* 1. втори́нний; 2. другоря́дний
sélber *pron dem* сам, самá, самé, самі
selbst 1. *pron dem* сам, самá, самé, самі; **2.** *prtc* навіть
sélbständig *adj* 1. самостійний; незалéжний; 2. самостійний; окрéмий; 3. автонóмний
Sélbständigkeit *f* - 1. самостійність; незалéжність; 2. автонóмність
Sélbstbedienung *f* - самообслугóвування; **-beherrsehung** *f*- самовладáння; **-bestimmung** *f*~ самови́значення
sélbstbewußt *adj* 1. впéвнений у собі; 2. самовпéвнений
Sélbstbewußtsein *n* **~s** 1. самосвідóмість; почуття́ влáсної гідності; 2. самовпéвненість; **-erhaitung** *f* ~ самозберéження
sélbstgefällig *adj* самовдовóлення
Sélbstgefühl *n* **-(e)s** 1. почуття́ влáсної гідності; 2. пи́ха; **-herrschaft** *f* самодержáвство; **-kosten** *pl ек.* собівáртість
sélbstlos *adj* самовідданий
Sélbstlosigkeit *f*- 1. самовідданість; 2. безкори́сливість, альтруїзм; **-mord** *m* **-(e)s, -e** самогу́бство
Sélbstsucht *f* егоїзм
sélbstsüchtig *adj* егоїсти́чний, кори́сливий
sélbsttätig *adj* 1. самодія́льний; 2. автомати́чний
sélbsverständlich 1. *adj* очеви́дний; прирóдний; нормáльний; **2.** *adv* звичáйно, (само собою) зрозуміло
Sélbstvertrauen *n*, **-s** впéвненість у своїх си́лах, самовпéвненість; **~verwaltung** *f* ~ самоврядувáння
sélig *adj* 1. щасли́вий, рáдісний; блажéнний; 2. покійний, помéрлий
sélten 1. *adj* рідкісний, рідки́й; **2.** *adv* 1. рідко; 2. ду́же, надзвичáйно
Séltenheit *f*-, **-en** рідкість; винятко́вість
séltsam *adj* ди́вний; особли́вий, незвичáйний
Semikólon *n* **-s, -s** *і* **...kyla** *грам.* крапка з кóмою
Sémmel *f*-, **-n** бу́лка, бу́лочка
sénden* *vt* 1. надсилáти, відправля́ти; 2. *(за слабкою дієвідміною)* передавáти по рáдіо
Sénder *m* **-s**, - радіопередавáч
Sénderaum *m* **-(e)s, ...räume** (радіо)-сту́дія
Séndung *f*-, **-en** 1. поси́лка; поштóве відпрáвлення; грошóвий перекáз; 2. пе-

S

редáча *(радіо);* 3. (дипломатѝчна) місія, дорýчення
Senf *m* **-(e)s, -e** гірчѝця
Sénfpflaster *n* **-s**, - гірчѝчник
séngen *vt* палѝти; спáлювати
Sénkel *m* **-s,** - зав'язка, шнурóк (*черевика)*
sénken 1. *vt* 1. опускáти; 2. занýрювати; 3. знѝжувати *(ціни і т. п.);* 4. нахиляти *(голову);* 2. **sich** - 1. опускáтися; 2. осідáти; 3. знѝжуватися
sénkrecht *adj* прямовѝсний, вертикáльний
Sénkrechte *f мат.* перпендикуляр; вертикáль
Sénkung *f* -, **-en** 1. схил; спад; 2. опускáння; осідáння; 3. знѝження *(цін і т. п.);* 4. занýрення
Sénse *f* -, **-n** *с.-г.* косá
sénsen *vt* косѝти
Septémber *m* - *i* **-s,** - вéресень
sérienweise 1, *adj* серійний; 2. *adv* сéріями
seriös *adj* серйóзний
Service I (-vi:s] *n* - *i* **-s** - сервіз
Service II *m* -, **-s** побутóве обслугóвування
Serviétte *f* ~, **-n** сервéтка
Séssel *m* **-s,** - крісло; ein áusziehbarer - крісло-ліжко
sétzen 1. *vt* 1) садѝти; (по)стáвити; клáсти; поміщáти *(щось кудись);* den Hut auf den Kopf ~ надіти капелюх; sich *(D)* ewt. in den Kopf -вбити собі щось в гóлову; ein Dénkmal - спорудѝти пáм'ятник; 2. садовѝти *(рослини);* 3. *(у словосполученнях із значенням "доводити до якогосі стану"; переклад залежить від іменника).* áußer, Kraft скасóвувати, анулювáти; in Angst - залякáти; in Bewégung -надавáти рýху; in Brand- підпалѝти; 4. *полігр.* набирáти, складáти; 5. *(у різних словосполученнях);* éine Frist ~встанóвлювати строк; Grénzen - встанóвлювати межі; Schránken - обмежувáти; ein Énde ~ поклáсти край чомýсь, покінчѝти з чимóсь; sich *(D)* ein Ziel - постáвити собі за метý; **2.** *vi (h, s) (uber A)* перестрибувáти *(через щось);* долáти *(щось);* über éinen Fluß- переправлятися чéрез річку; **3, sich** - 1. сідáти; 2. осідáти, відстóюватися, спадáти; 3. *(у словосполученнях із значенням "дійти до якогось стану"; переклад залежить від іменника):* sich mit j-m in Verbíndung - зв'язáтися з кимóсь; sich zur Rúhe ~ відійтѝ від справ, пітѝ на пéнсію
Sétzling *m* **-s, -e** *с.-г.* сáджанець; *pi* розсáда
Séuche *f*-, **-n** *мед.* епідéмія; ендéмія
séufzen *vi* зітхáти; охáти; стогнáти
Séufzer *m* -s, - зітхáння, стогін
sich 1. *pron refl* 1. *(A)* себé; 2. (O) собі; ~ fréuen рáдіти; es fragt -постає питáння; es hat nichts auf -це нічогó не знáчить; bei - при собі; **2.** *pron rez* одѝн одногó; одѝн з однѝм; sie líeben - вонѝ люблять одѝн одногó
Síchel *f* -, **-n** серп
sícher 1. *adj* 1. безпéчний; 2. надійний; 3. впéвнений; **2.** *adv* 1. впéвнено; 2. напéвно, неодмінно; 3. звичáйно; безумóвно
Sícherheit *f* -, **-en** 1. *тк. sg* безпека; internationále - міжнарóдна безпéка; 2. *тк. sg* надійність; 3. *тк. sg* впéвненість; mit - напéвно; 4. *ком* гарáнтія; - (en) leisten гарантувáти; 5. міцність
sícherlich *adv* напéвно; безумóвно
síchern *vt* 1. забезпéчувати, гарантувáти; 2. *(gegen A, vor D)* охороняти, захищáти *(від когось, від чогось)* 2. констатувáти, з'ясóвувати, 3. заарештóвувати; 4. конфіскувáти
Sícherung *f* -, **-en** 1. забезпéчення, гарáнтія; збережéння; 2. *тех.* запобіжник
Sicht *f*- 1. вѝдимість, вид; перспектѝва; áußer - поза вѝдимості; in -sein бýти на видý; 2. строк; eine Polítík auf wéite - далекоглядна політика; auf - *ком.* по пред'явленню; 3. тóчка зóру, позѝція
síchtbar *adj* вѝдимий; явний, очевѝдний; - máchen показáти; вѝявити; вѝкрити
síchtlich *adj* очевѝдний, явний
Síchtweite *f* -, **-n** кругозір; **~werbung** *f* - наóчна агітація
síckern *vi* (A, *s)* сочѝтися, просочувáтися
sie *pron pers* 1. вонá *(C* íhrer, *D* ihr, *A* sie); 2. вонѝ *(C* íhrer, *D* íhnen, *A* sie)
Sie *pron pers* ви, Ви *(G* Íhrer, *D* Íhnen, *A* Sie) *(форма ввічливого звертання)*
Sieb *n* **-(e)s, -e** сито, решетó
sieben ² *vt* просіювати; фільтрувáти
sieben II *num* сім.
Síeben *f* -, - (, цифра, номер) сім, сімка
Síebentel *m* **-s,** - сьóма частѝна
síebzehn *num* сімнáдцять
síebzig *num* сімдесят
síedeln 1. *vi* оселѝтися; **2.** *vt* оселѝти
síeden* 1. *vt* 1. кип'ятѝти; 2. варѝти; кипіти; закипáти; варѝтися; 3. кип'ятѝтися *(тж перен.)*
síedend *adj* киплячий; - es Wásser кип'ятóк, окріп
Síedlung *f* -, **-en** селѝще; колóнія
Sieg *m* **-(e)s, -e** перемóга; den - gewínnen *(uber A)* здобýти перемóгу *(над кимось)*
Síegel *n* **-s,** - печáтка; тавро
síegeln *vt* 1. запечáтувати *(лист);* опечáтати *(щось); 2.* наклáсти печáтку
síegen *vi (uber A)* перемагáти *(когось)*
Síeger *m* -s, - перемóжець
síegesbewußt *adj* упéвнений у перемóзі
síegreich *adj* перемóжний
Sílbe *f*-, **-n** *грам,* склад; kéine - ! ні звуку!; - buchstabíeren читáти по склáдах
Sílbentrennung *f* - поділ слóва на склади; перенóс слóва
Sílber *n* **-s** сріблó

S

sílberig *adj* сріблястий
sílbern *adj* срібний
Silvéster *n, m* **-s** - новорічний вечір, перед день Нового року
símpel *adj* 1. простий; 2. простодушний
Sims *m, n* **-es, -e** карниз
simultán *adj* одночасний, паралельний, синхронний
Simultánlspiel *n* **~(e)s, -e** *шах.* сеанс одночасної гри; **-übersetzung** *f* -, **-en** синхронний переклад
Sinfoníe *f*-, **...nien** симфонія
síngen* *vt* співати; im Chor ~ співати хором; ein Kind in den Schlaf - співати дитині колискову пісню, заколисувати дитину
síngend 1. *adj* співучий; **2.** *adv* співуче
Síngular *m* **-s, -e** *грам,* однина
sínken* *vi (s)* 1. падати, опускатися; 2. спускатися, спадати; die Sónne sinkt сонце заходить; 3. тонути, іти на дно; занурюватися; 4. *перен.* занепадати, опускатися *(морально); 5.* падати, зменшуватися, слабшати; séine Kräfte - сили його покидають; 6. die Hände in den Schoß - lássen *перен.* опустити руки; die Hóffnung nicht - lássen не втрачати надії
Sinn *m* **-(e)s, -e** 1. відчуття; 2. свідомість, розум; помисли; 3. *pl* органи чуттів; 4. зміст, значення; сенс; 5. розуміння *(чогось);* смак (до *чогось); -* für ewt (A) háben розумітися на чомусь; - für Húmor почуття гумору
Sínnbild *n* **-(e)s, -er** символ
sínnen* *vi* 1. думати, міркувати; 2. *(auf A)* замишляти *(щось)*
Sínnesorgan *n* **-(e)s, -** орган чуттів
sínnfällig *adj* очевидний; ясний; відчутний; **~gemäß 1.** *adj* змістовий; логічний: 2. *adv* за змістом; логічно
sínnig *adj* 1. продуманий; розумний; 2. чулий, чуйний
sínnlich *adj* чуттєвий
sínnlos *adj* безглуздий; безрозсудний; **~reich** *adj* дотепний; глибокодумний
Sínnspruch *m* **-(e)s, ...sprüche** вислів, афоризм
sínnverwandt *adj* близький за змістом; **-voll** *adj* осмислений; раціональний; **-widrig** *adj* що суперечить здоровому глузду; абсурдний
Sítte *f* -, **n** 1. звичай; 2. *перен, pl* поведінка, манери; gúte -n хороший тон, хороші манери
Síttenlehre *f* етика *(учення)*
síttenlos *adj* аморальний
síttig *adj* добре вихований; скромний
síttlich *adj* моральний; -e Bíldung моральне виховання
Situation *f* -, **-en** ситуація, становище, стан, обстановка; die áußenpolitische-~ зовнішньополітична обстановка; die - behérrschen бути господарем становища
Sitz *m* **-es, -e** 1. сидіння; місце; 2. місце проживання, місцеперебування; der - der Regíerung резиденція уряду
sítzen* *vi* 1. сидіти; 2. знаходитися, перебувати; *розм.* сидіти *(в ув'язненні);* 4. сидіти *(про одяг);* der Ánzug sitzt wie ángegossen костюм як на нього шитий; 5. бути (твердо) засвоєним; diese Léhre sitzt цей урок не забудеться
sítzenbleiben* vi *(s)* 1. залишатися на другий рік (у *класі); 2.* не вийти заміж
Sítzung *f* -, **-en** засідання
Skála *f*-, **...len** *i* **-s** шкала; градація
Ski *m* **-s, -er** *i* - лижа
Skízze *f* -, **-n** 1. ескіз; схема; креслення; 2. нарис
skizzíeren *vt* зробити ескіз
Skláve [-v- *i* -f-] *m* **-, -n** раб, невільник
Sklávenhalter *m* **~s,** - рабовласник
Sklaveréi [-v- *i* -f-] *f* -рабство, неволя
Sklávin [-v- *i* -f-] *f* ~-, **-nen** рабиня, невільниця
sklávisch [-v- *i* -f-] *adj* 1. рабський; 2. раболіпний
Skrúpel *m* **-s,** -, *здеб. pl* сумніви, докори сумління
skrúpellos *adj* безсовісний, безсоромний
Sláwe *m* **-n, -n** слов'янин
sláwisch *adj* слов'янський
so 1. *adv* 1. так; таким чином; so ein такий; das ist nicht so це не так; 2. так, до такої міри; so viel стільки, так багато; **2.** *adv* так, отже; so daß ... так що ...
sobáld *cj* як тільки
Sócke *f*-, **-n** шкарпетка
Sóckel *m* -s, - цоколь; тумба; п'єдестал
Sod *m* -(e)s, -e 1. кипіння; 2. окріп, кип'яток; 3. відвар; 4. печія
sodánn *adv* тоді, потім
Sódbrennen *n* **-s,** - печія
soében *adv* тільки що, щойно
Sófa *n* **-s,** -s кушетка, диван
soférn *cj* оскільки; якщо
sofórt *adv* зараз, негайно
sogár *adv* навіть
sógenannt *adj* так званий
sogléich *adv* зараз же, негайно
Sóhle *f*-, - 1. підошва *(ноги);* 2. підошва, підметка *(взуття)*
sóhlen *vt* 1. підбивати, підметки;2. *розм.* брехати
Sohn *m* **-(e)s, Söhne** син
soláng(e) *cj* поки, у той час як
sólcherárt, -lei *adj* такого роду, подібний; **~weise** *adv* таким чином
Söldner *m* **~s** ~ найманець *(у війську)*
Solidarität *f* - солідарність; - üben виявляти солідарність
Soll *n* - *i* -s, - *i* -s 1. *фін.* дебет; - und Háben дебет і кредит; 2. кошторис; 3. планове завдання; норма; 4. Належне
sóllen* *mod* 1. мусити, бути зобов'язаним *(щось зробити за чиїмось наказом, за законом, за правилами, за*

S

звичаєм і т. п.); 2. (виражає наказ, пораду, побажання, погрозу): hier soll man nicht ráuchen! тут не можна палити!; soll er kómmen! нехай він прийде!; 3. *(у питальному реченні виражає готовність виконати побажання, наказ і т. п.):* was soll ich tun? що мені робити?; 4. *(виражає можливість, вірогідність):* das soll ein Witz sein це, мабуть, жарт; 5. *(служить для передачі чужої)* жуть, що він дуже розумний; 6. *(виражає дію, яка стосується кайбутиьосок.)* du sollst zufríeden sein ти будеш задоволений

somít *adv* отже, таким чином

Sómmer *m* **-s,** - літо; im - улітку

Sómmerferien *pl* літні канікули; **~sprosse** *f* -, **-n** веснянка

sómmersprossig *adj* веснянкуватий

sonách *adv* отже

sónderbar *adj* дивний, своєрідний

sónderlich 1. *adj* особливий; **2.** *adv.* nicht ~ не дуже

sóndern I *cj* а, а й *(здеб. після заперечення);* nicht ich, - du не я, а ти; wir wóllen nicht nur hören, ~ auch séhen ми хочемо не лише чути, а й бачити

sóndern II *vt* відділяти; сортувати

Sóndernummer *f* -, **-n** спеціальний випуск *(газети і т. п); **-recht** n* **-(e)s, -e** привілей, пріоритет; **~schule** *f* ~, **~n** спеціальна школа; **~tagung** *f* ~, **~en** надзвичайна сесія

Sónnabend *m* **-s, -e** субота

sónnabends *adv* щосуботи

Sónne -, **-n** сонце; in der - líegen загоряти

sónnen 1. *vt* виставляти на сонце; **2. sich** - 1. грітися на сонці, загоряти; 2. *перен.* насолоджуватися, тішитися *(чимось)*

sónnenklar *adj* ясний як день, цілком очевидний

Sónnenschein *m* **-(e)s** сонячне світло; **-schirm** *m* **-(e)s, -e** парасолька *(від сонця);* **-stich** *m* **-(e)s, -e** сонячний удар; **~strahl** *m* **-(e)s, -en** сонячний промінь; **-untergang** *m* **-(e)s, ...ginge** захід сонця

sónnenverbrannt *adj* загорілий, засмаглий

sónnig *adj* сонячний

Sónntag *m* **-(e)s, ~e** неділя; am - у неділю

sónntäglich *adj* 1. недільний; 2. святковий

sónntags *adv* щонеділі, по неділях

sónst *adv* 1. інакше, а то; 2. крім того; ще; - noch étwas? ще що-небудь?; 3. звичайно; mehr als -більше, ніж звичайно

sónstig *adj* 1. інший; 2. такий самий, звичайний

sónstwie *adv* як-небудь ,(ще, інакше); **-wo** *adv* де-небудь (ще, в іншому місці); **-wohin** *adv* куди-небудь (ще в інше місце)

soóft *cj* кожного разу, як; коли б не

Sórge *f* -, -n 1. турбота, клопіт; хвилювання; тривога; das laß méine ~sein! це моя справа!; j-m -n máchen хвилювати когось; sich *(D)* -n máchen *(um A, uber A)* хвилюватися, турбуватися, тривожитися *(за когось), 2.* піклування *(про когось, про щось);* увага *(до чогось);* die - um den Ménschen піклування про людину

sórgen *vi* 1. *(fur A)* турбуватися, піклуватися *(про когось, про щось);* 2. *(fur A)* доглядати *(когось, щось);* опікати *(когось);* 2 sich -*(um A)* турбуватися, тривожитися *(про когось, про щось);* хвилюватися *(за когось, за щось)*

sórgenfrei, -los *adj* безтурботний; **-schwer, -voll** *adj* заклопотаний

Sórgfalt *f* - 1. старанність, ретельність, сумлінність; точність; 2. дбайливість, турботливість

sórgfältig *adj* ретельний, старанний, сумлінний; точний

sórglos *adj* безтурботний

Sórglosigkeit *f* - безтурботність

sórgsam *adj* 1. ретельний, сумлінний: 2. дбайливий, турботливий

Sóße *f* -, **-n** соус, підлива

sovíel 1. *adv* стільки; dóppelt ~ удвічі більше; halb ~ удвоє менше; **2.** (на)скільки; ~ ich weiß, hat er zúgestimmt наскільки мені відомо, він погодився

sowéit 1. *adv* певною мірою, у цілому; ~ als (wie) möglich по можливості; es ist noch nicht ~ ще не настав час; **2.** *cj* наскільки; ~ ich davón weiß ... наскільки мені про це відомо ...

sowénig 1. *adv* так само не ... (як ..,); er ist - dazú beréit wie du він до цього так само не готовий, як і ти; **2.** *cj* як би мало не, наскільки; - ich davón verstéhe ... як би мало я на цьому не розумівся ...

sowíe *cj* 1. (так само) як і ...; а також; *2.* як тільки, тільки-но

sowiesó *adv* все одно, так чи інакше

sowóhl: **~ ... als (auch)** ... *cj* як ..., так і; не тільки ... , а й

soziál *adj* соціальний, суспільний

Soziálfürsorge *f* - соціальне забезпечення

Soziálwesen *n* **-s** соціальне забезпечення, система соціального забезпечення; **~wissenschaften** *pl* суспільні науки

sozuságen *adv* так би мовити; певною мірою

spähen *vi (nach D, auf A)* 1. виглядати *(когось, щось);* спостерігати (за *кимось, за чимось);* 2. шпигувати *(за кимось),* вистежувати *(когось)*

Späher *m* **-s**, - 1. *військ.* спостерігач; розвідник; 2. шпигун

Spalt *m* **-(e)s, -e** 1. щілина; *тех.* зазор; 2. тріщина; розколина

Spálte *f* -, **-n** 1. щілина; 2. *поліґр.* шпальта; гранка; 3. сторінка; *поліґр.* полоса; in den - *n* der Zéitung на сторінках газети

S

spálten 1. *vt* колóти; діли́ти, розщéплювати; **2.** *vi (s)* розкóлюватися; розщéплюватися; **3. sich - 1.** розкóлюватися; сікти́ся *(про волосся);* 2. *перен.* розколотися
Spáltung *f* -, **-en** 1. розщеплéння; поділ; 2. розшарувáння; розколювáння; 3. щілинá, тріщина; 4. роздвóєння, розгалýження; 5. розкóл; розри́в; незгóда; розбрáт
Span *m* **-(e)s, Späne** 1. тріска; стрýжка; скіпка; 2. улáмок, оскóлок; 3. *перен.* при́мха, капри́з; 4. *перен.* ворожнéча
Spánier *m* **-s**, - іспáнець
spánisch 1. *adj* іспáнський; **2,** *adv* по іспáнському
Spánne *f* -, **-n** 1. п'ядь; kéine - (Érde) breit ні п'яді (землі); 2. проміжок, відрізок; 3. різниця
spánnen 1. *vf* 1. натягáти, розтя́гати; 2. напружувáти; 3. запрягáти; **2.** *vi* 1. натягáтися, розтягáтися; 2. *(auf A)* підстерігáти; чекáти з нетерпінням *(когось, чогось)*
Spännung *f* ~, **~en** 1. напрýга; 2. напрýження; 3. прýжність; 4. напрýженість *(у стосунках)*
spáren *vt, vi* 1. заощáджувати, відкладáти *(гроші); 2.* берегти́, екону́мити
spärlich *adj* бідний, убóгий, мізерний
spársam *adj* ощадли́вий, екóномний
Spaß *m* **-(e)s, Spaße** жарт; втіха, розвáга; viel - бажáю дóбре повесели́тися; das ist kein -! це не жарт!; - beiséite! без жáртів!
spáßen vi жартувáти
spáßhaft *adj* весéлий, забáвний; дотéпний
spáßig *adj* 1. забáвний, смішни́й; 2. жартівли́вий
spät 1. *adj* пізній; запізнілий; am -en Abend пізно ввечері; - im Jahr у кінці року; es ist schon - вже пізно; wie - ist es? котра година?; **2.** *adv* пізно; zu - kómmen запізнюватися
Spáten *m* **~s**, ~ лопáта, зáступ
später *(comp, від* spät) 1. *adj* пізніший; 2. *adv* пізніше
spätestens *adv* не пізніше, ніж ...
Spatz *m* **-en, -en** горобéць
Spazíerengehen* *vi (s)* гуля́ти, прогýлюватися
Spazíergang *m* **-(e)s, ...gänge** прогýлянка
Specht *m* **-(e)s, -e** дя́тел
Speck *m* **-(e)s, -e** сáло, шпи́к
Spéiche *f* -, **-n** 1. спи́ця *(колеса);* j-m in die - n fällen вставля́ти комýсь палиці в колéса
Spéichel *m* **-s** слинá
Spéicher *m* **-s**, - 1. склад; *2.* ел. акумуля́тор; 3. *тех.* нагромáджувач, при́стрій для запам'ятовувáння; 4. водосхóвище
spéichern *vt* 1. складáти, зберігáти *(на складі);* 2. нагромаджýвати; 3. *ел.* акумулювáти; 4. *твх.* запам'ятóвувати, зберігáти *(інформацію)*
spéien* *vt, vi* 1) плювáти, харкáти; блювáти; 2. вивергáти *(тж перен.)*
Spéise *f*-, **-n** їжа; стрáва
Spéisehalle *f* -, **-n** їдáльня; **-karte** *f* -, **-n** меню́
spéisen 1. їсти; харчувáтися; zu Ábend - вечéряти; zu Míttag - обідати; **2.** *vt* 1. годувáти; 2. *тех.* постачáти, живи́ти; заправля́ти
Spéiseröhre *f* ~, **~n** *анат.* стравохід; **~saal** *m* **~(e)s,** ., **säle** їдальня; **~wagen** *m* **~s,** ~ вагóн ресторáн; **~zimmer** *n* **~s,** ~ їдáльня *(в квартирі)*
spénden *vt* (по)жертвувáти, подарувáти; j-m Lob - хвали́ти когóсь
spendíeren *vt розм.* 1. жертвувáти; 2. частувáти *(чимось);* плати́ти *(за щось),* ich spendíere éine Flásche Wein я стáвлю пля́шку винá
Spérling *m* **-s, -e** горобéць
Spérre *f* -, **-n** 1. бар'є́р, перепóна; 2. загáта; грéбля; 3. *військ,* блокáда; 4. *ек.* економічна блокáда, ембáрго; 5. *спорт.* блокувáння
spérren 1. *vt* 1. загорóджувати; блокувáти; 2. закривáти; 3. забороня́ти; **2. sich** ~ *(gegen A)* чини́ти опір *(комусь, чомусь);* опирáтися
Spezialität *f* -, **-en** 1. фах, спеціáльність; 2. особли́вість; ~ des Háuses фірмóва стрáва
Spézies *f* -, 1. *біол.* вид; 2.: die vier - чоти́ри арифмети́чні дії; 3. лікарські трáви
spezífisch *adj* 1. специфічний; особли́вий; 2. *фіз.* питóмий; - es Gewícht питóма вагá; 3. *бот.* видóвий
Sphäre *f* -, **-n 1.** *мат.* сфéра, кýля; 2. *астр.* сфéра; 3. середóвище; 4. сфéра, кóло діяльності, галузь.
Spíegel *m* **-s**, - 1. дзéркало: рефлéктор; 2. *перен.* відобрáження; 3. рівень; повéрхня *(рідини)*
Spíegelbild *n* **-(e)s, -er** (дзеркальне) відобрáження
spíegelblank *adj* дзеркáльно чи́стий, дзеркáльний, блискýчий як дзéркало
Spíegelei *n* **-(e)s, -er** я́єчня
spíegeln 1. vi 1. блищáти; 2. виднітися; 2. *vt* відбивáти(ся), відображáтися *(тж перен.);* **3. sich** ~ відбивáтися *(тж перен.),* віддзеркалювáтися
Spíegelung *f*-, **-en** відби́ття, відобрáження *(тж перен.)*
Spiel *n* **-(e)s, -e** гра; розвáга
spíelen *vt, vi* грáти(ся); die Hándlung spielt дія відбувáється; etw - lássen пускáти в хід, застосóвувати; Ball - грáтися в м'яча; ein Instrumént - грáти на (музичному) інструмéнті; éine Rólle - грáти роль
spíelend *adv* грáючи; лéгко, за іграшку; etw. - lérnen учи́тися чогóсь без трýднощів

Spíeler *m* **-s,** - гравéць
Spíelfeld *n* **-(e)s, -er** 1. спорти́вний майда́нчик; корт; 2. пóле дія́льності; *перен.* свобóда дій; **-gefährte** *m* друг дити́нства; **-gefährtin** *f* -, **-nen** подру́га дити́нства; **-leiter** *m* -s, ~режисéр; **-plan** *m* **-(e)s, ...plane** репертуáр; **-räum** *m* **-(e)s 1.** місце для ігор; 2. *перен.* простір; свобóда дій; **-zeug** *n* **-(e)s, -e** іграшка
spíeßen *vt* простромлювати, прони́зувати
Spíeßertum *n* **-s** міщáнство
Spíndel *f* -, **-n** веретенó
Spínne *f* -, **-n** паву́к
spínnen* **1.** *vt* прясти́; Garn - прясти́ пря́жу; *перен.* розповідати; **2.** *vi* 1. *розм.* вигáдувати, фантазувáти; 2. муркотáти *(про кішку)*
Spínn(en)gewebe *n -i,* - павути́на
Spitál *n* **~s, ...täler** лікáрня, гóспіталь
spitz *adj* 1. гóстрий, шпиля́стий; 2. гóстрий, колю́чий, ущипли́вий, уї́дли́вий
Spítze *f* -, **-n** 1. вістря, кінчик, шпи́ль; 2. верши́на, верхівка. 3. головá *(поїзда, колони і т.);* 4. кóлкість, ущипли́ве слóво; 5. *pi* мерéживо; 6. носóк *(взуття)*
Spítzel *m -i,* - шпигу́н, провокáтор
spítzeln *vi* шпигувáти *(за кимось)*
spítzen 1. *vt* загóстрювати; застругувáти *(олівець);* die Óhren - *розм.* нашорошúти вýха; **2. sich -** *(auf A)* настрóїтися; розрахóвувати *(на щось);* з нетерпінням чекáти *(чогось);* 3. *vi* виднітися
Spítzenleistung *f* -, **-en** 1. *тех.* максимáльна потýжність; 2. вúще досягнення, рекóрд; **~qualität** *f* -, **-en** найвúща я́кість; **-reiter** *m* **-s,** -лідер *(турніру і т. п.);* **-Sportler** *m* **~s,**- рекордсмéн; найкрáщий спортсмéн; **~stunde** *f* -, **-n** годúни пік; **-tuch** *n* **~(e)s, ...tücher** мереживнá хýстинка
Spítzåname *m* **-ns, -n** клúчка: -pocken *pi мед.* вітрянá віспа; **-säule** *f*-, **-n** обеліск
spítzwink(e)lig *adj* гострокýтний
Splítter *m* **-s.** - 1. оскóлок, улáмок; частка; 2. тріска; 3. скáлка
Sporn *m* **-(e)s, Spóren** шпóра
spórnen *vt* 1. пришпóрювати: 2. *перен.* заохóчувати, стимулювáти
Sport *m* **-(e)s, -e** спорт; - tréiben займáтися спóртом
Spórtabzeichen *n* **-s** - спортúвний значóк; **-anhänger** *m* **-s** - любúтель спóрту, болільник: **~anläge** *f* -, **-n** спортúвна спорýда; **-art** *f* -, **-en** вид спóрту; **-ausschuß** *m,* **...schusses, ...schüsse** спортúвний комітéт; **-blatt** n **-(e)s, ..blätter** спортúвна газéта; спортúвний журнáл; **-forum** *n* **-s, ...rån** спортúвне містéчко, спортúвний кóмплекс: **-gemeinschaft** *f* -, - спортúвне товарúство; **-leis-tung** *f*-, **-en** спортúвне досягнення
Spórtler *m,* **-s,** - спортсмéн: фізкультýрник
Spórtmeldung *f* -, **-en** спортúвна передáча *(по радіо);* **~palast** *m* **~es, ...paläste** палáц спóрту; **-platz** *m* **-es,** platze спортúвний майдáнчик; **~sendung** *f* -, **-en** спортúвна передáча; **-verein** *m* **-(e)s, -e** спортúвне товарúство; **-wettbewerb** *m* **-(e)s, -e, -wettkampf** *m* **-es, ...kämfe** спортúвне змагáння
Spott *m* **-(e)s** насмішка, іронія; знущáння; mit j-m *(D)* - tréiben знущáтися з когóсь
spótten *vi (uber A)* насміхáтися, знущáтися (з *когось)*
spöttisch *adj* насмішкувáтий, іронічний, уї́дливий
Spráche *f* -, **~-n** мóва
Spráchfertigkeit *f* - знання́ мов; (вільне) володіння мóвою; *pl* ~ **fertigkeiten** мóвні навúчки; **-führer** *m* **-s,** - розмóвник *(посібник)*
spráchgewandt *adj* красномóвний; **~kundig** *adj* той, хто знає мóву (мови)
spráchlich *adj* мóвний
Spráchpflege *f* - культýра мóви; **~schatz** *m* **-es** словникóвий склáд мóви; **-unterricht** *m* **-(e)s** викладáння мóви; **-wissenschaft** *f* -, **-en** мовознáвство, філолóгія
sprèchen* 1. *vi* 1. *(mit j-m uber A або von D)* говорúти, розмовля́ти *(з кимось, про когось, про щось);* gut (geläufig, flíeßend) déutsch ~ дóбре (вільно) говорúти німéцькою мóвою; ich hábe mit dir zu - мені трéба з тобóю поговорúти; 2. *(auf A)* відзивáтися *(про когось, про щось);* 3. виступáти, говорúти, über das Férnsehen - виступáти по телебáченню; 4. *(fur A, gegen A)* говорúти, свідчити *(на користь когось, чогось; проти когось, чогось);* das spricht für ihn це говорúть на йогó кóристь; **2.** *vt 1.* говорúти, розмовля́ти; éine Spráche - говорúти якóюсь мóвою; 2. *(auf A)* наговóрювати *(щось на плівку і т. п.);* auf Band - наговóрювати на магнітофóнну плівку
Sprécher *m* **-s,** - 1. промóвець, доповідáч; 2. дúктор; 3. спікер
Spréchstunde *f* -, **-n** *pl* приймáльні годúни; **-zimmer** *n* **-s,** - 1. приймáльня; 2. кабінéт лікаря
spréngen ² *vt* підривáти *(тж перен.);* висаджувáти в повітря; злáмувати; розривáти
spréngen II *vt* бри́зкати, кропúти; поливáти *(вулицю)*
Spríchwort *n* **-(e)s, ...wörter** прислів'я; прúказка
spríeßen* *vi* (h, *s)* проростáти; сходúти; розвивáтися *(про рослини)*
Spríngbrunnen *m* **-s,** -фонтáн
spríngen* *vi (s)* 1. стрибáти, скакáти; 2. лóпатися; тріскатися; 3. виривáтися, вихóплюватися
Springer *m* **-s,** - 1. стрибýн; 2. *шах* кінь; 3. фонтáн
Spríngstunde *f* -, **-n** вільний урóк, "вікно" в рóзкладі урóків

S

Sprítzbad *n* **-(e)s, ...bäder** душ
Sprítze *f* -, **-n** 1. шпри́ц; 2. *мед.* укол; 3. поже́жний насо́с
sprítzen 1. *vt* бри́зкати, оббризкува́ти; розбризкува́ти; пирска́ти; облива́ти; **2.** бри́зкати(ся); **3.** *vimp.* es spritzt мря́чить дощ
Sproß *m* **-sses, -sse** *i* **-ssen** 1. пагін, паро́сток; 2. наща́док
Sprósse *f*-, **-n** 1. ща́бель; схо́динка; 2. весня́нка
sprόssen *vi* (s) сходи́ти; паростíтися
Spruch *m* **-(e)s, Sprüche** 1. ви́слів, сенте́нція, афори́зм; 2. *юр.* ви́рок
Sprúchband *n* **-(e)s, ...bänder** транспара́нт
Sprúdel *m* **-s,** - 1. мінера́льне джерело́; 2. мінера́льна (газована) вода́
sprúdeln 1. *vi* (s) 1. би́ти стру́менем; 2. вирува́ти, кипі́ти; 2. t збива́ти; змі́шувати
sprühen 1. *vi* 1. розліта́тися; розбризкува́тися; 2.: es sprüht мря́чить (дощ); 3. іскри́тися, блища́ти; **2.** *vt* викида́ти
Sprung *in* **-(e)s, Sprünge 1.** стрибо́к; 2. трі́щина; 3. усту́п, ви́ступ *(гори);* auf éinen - zu j-m kómmen *розм.* заскочи́ти до кого́сь на хвили́нку
Sprúngbrett *n* -(e)s, -er *спорт.* 1.місто́к для стрибків; підкидна́ до́шка́ *(гімнастика);* 2. трамплін **-feder** *f* -, **-ї** пружи́на
sprúnghaft *adj* 1. стрибкоподі́бний, різки́й; 2. неврівнова́жений; ein -es Wésen неврівнова́жена нату́ра
sprúngweise *adv* стрибка́ми
spúcken *vt, vi* плюва́ти
Spuk *m* ~(e)s, **-e** при́вид
spúkhaft *adj* прима́рний
Spúle *f* -, **-n** коту́шка; шпу́лька
spülen *vt* 1. полоска́ти, ми́ти; 2. прино́си́ти хви́лею; ans Úfer - ви́кинути́ на бе́рег; 3. *гідр.* намива́ти
Spülung *f* -, **-en** 1. полоска́ння; 2. *мед.* промива́ння, полоска́ння
Spur *f*-, **-en** 1. слід; 2. лижня́; колія́; kéine - ! нічо́го́ поді́бного!
spürbar *adj* відчу́тний
spüren 1. *vt* 1. відчува́ти; Húnger -відчува́ти го́лод; 2. чу́ти *(напр., про собаку);* 2. *vi (nach D)* іти по слі́да́х; розшу́кувати.
spúrlos *adj* безслі́дний; непомі́тний
Spürsinn *m* **-(e)s** чуття́, нюх, інтуї́ція
Spútnik *(т* sp-) *m* **-s, -s** /' -і (штучний) супу́тник (Землі); den stárten запуска́ти супу́тник;, der -umkréist die Érde супу́тник здійсню́є полі́т навко́ло Землі
Staat *m* **-(e)s, -en** 1. держа́ва; 2. штат *(одиниця адміністративного поділу)*
stáatlich *adj* 1. держа́вний; 2. казе́нний
Stáatsangehörige *m, i* громадя́ни́н, громадя́нка; пі́дданий, ...на *(якоїсь держави);* **-anwalt** *in* **~(e)s, ...wälte** прокурор; **-haushalt** *m* **~(e)s, -e** держа́вний бюдже́т; **-macht** / -держа́вна вла́да; **-rat** *m* **-(e)s, ...räte** держа́вна ра́да; **-recht** *n* ~**(e)s,** **-e** **-streich** *m* -(e)s, -є держа́вний переворо́т; **-wappen** *n* **~s,** - держа́вний герб
Stab *m* **-(e)s, Stäbe** 1. па́лиця; жезл; 2. *військ.* штаб; 3. *спорт,* жерди́на; естафе́тна пали́чка; 4. *тех.* сте́ржень, брус
Stáchel *m* -s, -n 1. колю́чка, шпи́лька; 2. жа́ло *(комах);* 3. го́лка *(їжака);* 4. *перєн.* ко́лкість, ущипли́ве сло́во
Stáchelbeere *f* -, -а́грус; **-draht** *in* **-(e)s, ...drähte** колю́чий дріт
stáchelig *adj* 1. колю́чий; 2. уї́дливий, ущипли́вий
Stáchelschwein *n* ~(e)s, -е дикобра́з
Stádium *n* **-s, ...dien** ста́дія, період; фа́за
Stadt *f* -, **Städte** мі́сто
städtisch *adj* 1. міськи́й; 2. муніципа́льний
Stádtrat *m* **-(e)s, ...räte** міська́ ра́да; муніципалі́те́т; **-teil** *in* **-(e)s, -e** райо́н (частина) мі́ста; кварта́л; **-verwaltung** *f*- міське́ самоврядува́ння; **-viertel** *n* **-s,** - кварта́л мі́ста
Stafétte естафета
Stáffel *f* -, **-n** 1. ступі́нь, ща́бель; я́рус; *перен.* рі́вень; 2. *спорт.* естафе́та; 3. *військ.* ешело́н; 4. *ав.* ескадри́лья
Stahl -(e)s, **Stähle** *i* - сталь
stählen 1. *vt* загарто́вувати; **-** загарто́вувати органі́зм; **2. sich** - загарто́вуватися
stählern *adj* стальни́й; ein - er Wílle стальна́ во́ля
Stáhlgießer *in* **-s,** - сталева́р; **-hütte** сталелива́рний заво́д
Stall *m* **~(e)s, Ställe** хлів; стайня́; сара́й
Stamm *m* **-(e)s, Stämme** 1. стовбу́р; коло́да; пень; 2. пле́м'я, рід, сі́м'я; 3. постійний (кадровий) скла́д; 4.осно́ва *(слова)*
stámmeln 1. *vi* заїка́тися; 2. *vt* бурмоті́ти, ми́мрити.
stámmen *vi (s) (aus D)* 1. походи́ти *(від* ...), бу́ти ро́дом *(з якоїсь місцевості);* 2. вести похо́дження *(від чогось),* бра́ти поча́ток *(у чомусь),* ма́ти вихідни́м пу́нктом *(щось);* dieser Brauch stammt aus álter Zeit цей звичай іде з да́вніх да́вен; 3. *(von D)* нале́жати *(автору)*
Stámmgast *m* **-es, ...gäste** завсі́дник, постійний відвідувач (кліє́нт)
stämmig *adj* креме́зний, корена́стий
stámpfen 1. *vt* 1. товкти́; сі́кти́ *(капусту);* 2. ту́пати; 3. трамбува́ти; **2.** w 1. ту́пати нога́ми; 2. ва́жко ступа́ти
Stand *m* ~(e)s, **Stände** 1. стоя́ння; 2. мі́сцезнахо́дження; 3. стан *(речей);* der - der Dínge стан рече́й; 4. рі́вень; показа́ння *(приладу);* 5.рунду́к, ларьо́к,сто́йка; кі́оск; 6. стан; *перен.* зва́ння́, профе́сія
Stándard *m* ~s, -s 1. станда́рт; 2. *спорт.* но́рма
Stánder *m* -s, - 1. стани́на, коло́на; 2. пу́льт; 3. ві́шалка *(стояча)*
Stándesamt *n* ~(e)s, **...ämter** бюро́ запису актів громадянського ста́ну,

загс; auf dem - héiraten реєструвáти шлюб у зáгсі
stándfest *adj* стійкий
stándhaft *adj* стійкий, непохи́тний; éine -e Wéigerung рішу́ча відмóва
stándhalten* *vi* 1. *(D)* устоя́ти *(перед кимось, чимось); 2.* вияви́тися переконли́вий *(обгрунтованим)*
ständig *adj* постійний, тривáлий
Stándort *m* ~(e)s, -e 1. місцезнахóдження *(військової частини);* гарнізóн; 2. місце стоя́нки *(автомашин);* -punkt *m* ~(e)s, -e 1. пози́ція, місцезнахóдження; 2. тóчка зóру; пози́ція; vom -punkt der Wíssenschaft aus з наукóвої тóчки зóру
Stánge 1. жерди́на; пáлиця; 2. *розм.* здоровáнь; 3. штáнга
Stápel *m* -s, - 1. *мор.* Стáпель; 2.кýпка, кýпа, стіс; 3. склáд
stápeln *vt* складáти штабеля́ми
stápfen *vi* вáжко ступáти
Star I *m* -(e)s *i* **-en, -e** шпáк
Star II (st-] *m* **-s, -s** зірка *(знаменитість),* кінозірка
stark 1. *adj* 1. си́льний; міцни́й; éine -e Natúr вольовá люди́на; 2. си́льний, інтенси́вний; -er Frost лю́тий морóз; -er Nébel густи́й тумáн; 3.товсти́й; міцни́й; стійкий; -e Máuern міцні стіни; -es Papíer цу́пкий папір; 4. товсти́й, огря́дний; 5. міцни́й, концентрóваний, наси́чений; -er Káffee міцнá кáва; 6. численни́й, вели́кий; eine -e Famílie великá сім'я́; 2. *adv* си́льно; дóбре; ду́же
Stárkasten *m* -s, - *i* ...**kästen** шпаківня
Stärke I *f* -, -n 1. си́ла, міць; 2. товщи́на; 3. чисéльність; 4. концентрáція
Stärke II *f* -, -n крохмáль
stärken ² 1. *vt* 1. зміцнювати, staunen підкріплювати; 2. збільшувати, нарóщувати *(темп);* 3. sich підкріплювáтися
stärken II *vt* крохмáлити
starr *adj* 1. нерухóмий; 2. закляклий; задубілий; 3. твéрдий; непохи́тний; ein -er Charakter твéрдий харáктер
stárren *vi* 1. *(auf A)* пи́льно диви́тися *(на когось, на щось),* 2. *(vor D)* заціпеніти *(від жаху);* задубіти *(від холоду);* 3. *(von D)* бýти напóвненим *(чимось);* sie starrt von Gold вонá вся в зóлоті
Stárrheit *f* - 1. пи́льність;, 2. задубілість; 3. твéрдість; 4. непохи́тність, упéртість
Stárrkopf *m* **~(e)s,** ...**köpfe** упéрта люди́на
stárrsinnig *adj* упéртий
Start *m* ~**(e)s, -e** *i* -s 1. стáрт, пуск; an den - géhen вихóдити на старт; 2. початóк; der - ins Lében почáток самостійного життя́
stárten 1. *vi* стартувáти; 2. *vt* 1. починáти; 2. пускáти, запускáти; éinen Érdsatelliten - запускáти (штучний) супу́тник Землі
Statión *f* -, **-en** 1. стáнція; вокзáл; 2. стоя́нка, місце стоя́нки; 3. відділéння, кóрпус *(лікарні);* 4. радіостáнція
statt 1. *prp (G)* замість; 2. *cj* замість тогó щоб
Stätte *f* -, -n місце *(дії, події)*
státtfinden* *vi* відбувáтися, мáти місце
státtlich *adj* 1. стáвний, показни́й; 2. знáчний; éine -e Súmme значнá су́ма
Statúr *f* -, **-en** комплéкція, фігу́ра; зріст
Statút *n* ~(e)s, -en стату́т
Staub *m* **-(e)s,** *рідко pl* **-e** *i* **Stäube** 1. пил, пóрох; 2. попіл *(вулканічний)*
Stáubecken *n* **-s**, - водосхóвище, водойми́ще
stáuben *vi* пили́ти, кури́ти
stäuben 1. *vi* 1. розпорóшуватися; **2.** *vt* 1. розпорóшувати; 2. посипáти пóрохом; 3. sich - купáтися в пилю́ці *(про курей)*
stáubig *adj* 1. запи́лений, запорóшений; 2. порошкоподібний
Stáubregen *m* **-s**, - дрібни́й дощ, мря́ка; **-sauger** *m* **-s**, - пилосóс; **-wirbel** *m* -s, - цукрóва пу́дра
Stáudamm *m* **~(e)s,** ...**dämme** грéбля
stáuen 1. *vt* загачувáти; 2. **sich** застóюватися; збирáтися; 2. скупчувáтися; нагромáджуватися
stáunen *vi (uber A)* дивувáтися, бути врáженим *(чимось)*
stáunenswert *adj* вражáючий
Stáusee *m* **-s, -n** штýчне мóре, водосхóвище
stéchen* 1. *vt* 1. колóти; прокóлювати; 2. жáлити; 3. гравірувáти; *2. vi* 1. колóтися; 2. колóти, жáлити; die Sónne sticht сóнце печé; in die Áugen - *перен.* впадáти в око
Stéckdose *f* -, **-n** штéпсельна розéтка
stécken 1. *vt* 1. втикáти, встромля́ти; 2. садови́ти *(рослини);* 2. *vi* перебувáти, бýти; wo steckst du wíeder? де ти знóву пропáв?
stéckenbleiben* *vi (s)* 1. застрявáти, зупиня́тися; 2. затинáтися.
Stéckenpferd *n* **-(e)s, -e** *перен.* коньóк; улю́блене заня́ття; er reitet wíeder auf séinem - herum він знóву осідлáв свогó конькá
Stécknadel *n* -, **-n** шпи́лька
Steg *m* **~(e)s, -e** 1. стёжка; 2. містóк; 3. схóдні
Stégreif: aus dem - експрóмтом
stéhen* *vi* 1. стоя́ти; 2. знаходи́тися; бýти розташóваним; 3. бýти до лиця́; 4.: fur j-n, etw. *(A)* - ручáтися за когóсь, за щóсь; wie stent es? як спрáви?; auf éigenen Fufíen - бути самостійним; im Wége -стоя́ти на шляху́, заважáти; zur Verfügung - бýти в розпоря́дженні; j-m zur Séite - допомагáти комýсь; es steht geschrieben напи́сано; mit j-m im Bríefwechsel - листувáтися з кимóсь; in Verbíndung - підтри́мувати зв'язкі

S

stéhenbleiben* *vi (s)* зупинятися
stéhend *adj* 1. стоячий; 2. незмінний, постійний; éine -e Rédensart *лінгв.* стáле словосполýчення
stéhenlassen *vt* 1. залишáти; кидáти; не чіпáти; 2. забýти
Stéhkragen *m* **-s,** - стóячий комір; **-lampe** *f* **-n** торшéр
stéhlen* 1. *vt (j-m)* крáсти *(у когось);* j-m den Schlaf - позбáвити когóсь сну; 2. **sich** - крáстися *(кудись, звідкись)*
steif 1. *adj* 1. твéрдий, жóрсткий; 2. тугий; 3. густий, крутий; 4. затéрплий, закляклий; 5. міцний, насичений; 6. церемóнний, манірний; eine -e Unterháltung вимушена розмóва; 2. *adv.* etw. - und fest behäupten категорично ствéрджувати щось
Steig *m* **-(e)s, -e** стéжка
stéigen* *vi (s)* 1. піднімáтися, збільшуватися; das Wásser steigt водá прибувáє; 2. зростáти; die Préise - вони зростáють; 3. сідáти *(на коня, у трамвай),* вилазити *(на щось);* auf éinen Baum - залізти на дéрево; über den Zaun - перелізти чéрез паркáн; vom Pférde - злізти з коня
stéigern 1. *vt* 1. збільшувати, підвищувати; 2. посилювати; 2. **sich** -збільшуватися, зростáти; посилюватися
Stéigerung *f* **-en** 1. збільшення, зростáння; 2. посилення; éine - der Geschwíndigkeit прискóрення; 3. *грам,* утвóрення ступенів порівняння
steil *adj* крутий, стрімкий; ein -er Fels стрімка скéля; eine -e Tréppe круті схóди
Stein *m* **-(e)s, -e** 1. кáмінь; коштóвний кáмінь; 2. кісточка *(плода);* 3.шáшка, фігýра *(у шахах);* hat die wéißen -e він грає білими
stéinern *adj* кáм'яний
Stéingut *n* **-(e)s** фаянс
stéinhärt *adj* твéрдий як кáмінь
stéinig *adj* кам'янистий
Stéinkohle - кам'янé вугілля; **-metz** *m* **-en, -en** каменяр; **-pflaster** *n* **-s,** - брук, бруківка; **-pilz** *m* **-es, -e** білий гриб
stéinreich I *adj* кам'янистий
stéinreich II *adj* дуже багáтий
Stélldichein *n* - *i* **-s,** - побáчення
Stélle *f* -, **-n** 1. місце; пункт; 2. посáда, робóта; 3. інстáнція, установа; 4.: an - von *(D)* замість *(когось, чогось);* auf der - негáйно; zur - sein бýти наявним; an Ort und - на місці
stéllen 1. *vt* стáвити, встанóвлювати; etw. in Ábrede - заперéчувати щось; éine Fráge - стáвити запитáння; etw. in Fráge - брáти щось під сумнів; zur Réde - притягáти до відповідáльності; **2. sich** 1.ставáти *(кудись);* 2. Стáвитися *(до когось, чогось);* 3. удавáти з сéбе *(когось);* sich dumm - прикидáтися дýрником; 4. з'являтися; sich dem Gericht - з'явитися в суд
stéllenlos *adj* безробітний
stéllenweise *adv* місцями, подéкуди
Stéllung *f* -, **-en** 1. полóження; позс 2.посада; 3. *військ,* позиці; 4.позиція, тóчка зóру; - nehme вислóвити свою дýмку; визначит свою позицію
stéllvertretend *adj* (тимчасово) вико нуючий обóв'язки *(когось);* der -e Vorsítzende заступник голови; викóнуючий обóв'язки голови
Stéllvertreter *m* **-s,** - заступник; викóнуючий обóв'язки
Stélze *f*-, -n 1. ходýля; 2. дерев'яна ногá, протéз
stémmen 1. *vt* 1. притискати, спирáтися *(чимось);* die Árme in die Séiten брáтися в бóки; 2. гальмувáти; 3. *тех.* видовбувáти; 2. sich ~ 1. *(an A, auf A, gegen A)* упирáтися *(у щось),* спирáтися *(об щось);* sich auf die Éllbogen - спирáтися ліктями; 2. *(gegen A)* опирáтися *(чомусь),* не погóджуватися *(з чимось)*
Stémpel *m* -s, - 1. штéмпель; печáтка; тáвро; 2. *перен.* відбиток, слід
stémpeln 1. *vt* 1. стáвити печáтку *(на щось);* 2. стáвити клеймó *(тж перен.),* маркувáти; **2.** *vt.* - géhen *розм.* бýти безробітним
Sténgel *m* **-s,** - стеблó
Stéppe *f*-, степ
stéppen *vt* стьобáти *(одіяло і т. п.)*
stérben* *vi (s)* помирáти; éiner Kránkheit - помéрти від хворóби; éines natürlichen Tódes - помéрти своєю смéртю; durch j-s Hand -помéрти від чиєїсь руки; vor Húnger - помирáти з гóлоду
stérblich *adj* смéртний
Stern *m* **-(e)s, -e** зірка; світило; der fünfzackige - п'ятикýтна зірка
Stérnbild *n* **~(e)s, -er** сузір'я; **-forscher** *m* -s, - астронóм; **-himmel** *m* -s зóряне нéбо; **-karte** *f*-, -n кáрта зóряного нéба
stérnklar *adj* зóряний *(про ніч);* -los *adj* беззóряний
Stérnschnuppe *f* -, **-n** пáдаюча зірка, метеорит; -**warte** *f*-, -**n** обсерватóрія
stet, **stétig** *adj* постійний; стійкий; безперéрвний
stets *adv* завждú, постійно
Stéuer I *f*-, -n подáток
Stéuer II *n* -s, - кермó
Stéuermann *m* -(e)s, **...männer** *i* **...leute** штýрман; шкіпер; рульовий; кермáнич
stéuern I *vt* 1. сплáчувати *(податки, внески);* 2. оподаткóвувати
stéuern II 1. *vt* керувáти; управляти *(напр., судном);* 2. и 1. *(S)* прямувáти *(кудись);* 2. *(h) (D)* перешкоджáти *(чомусь)*
Stéuerrad *n* ~(e)s, **...räder** штурвáл
Stéuerung *f*-, **-en** 1. *тех.* керувáння, регулювáння; 2. *тех.* розподільний механізм; 3. протидія *(чомусь);* боротьбá *(проти чогось)*
Stich *m* **~(e)s, -e** 1. укóл; 2. укýс *(комахи, змії);* 3. *перен.* кóлкість, ущиплúве

слóво; 4. стібóк; 5. гравюра; 6. відтінок; j-n im - (e) lássen кúнути когóсь напризволяще

Stíchwort *n* **~(e)s, -e** і ...**wörter 1.** лóзунг; 2. рéпліка; 3. заголóвне слóво; 4. ключовé слóво; *pl* корóткі тéзи *(до доповіді)*

stícken *vt* вишивáти

Stickeréi *f* -, -en вишивáння

Stíckhusten *m* -s кóклюш

stíckig *adj* дýшний, задýшливий

Stíckstoff *m* -(e)s азóт

stíeben* *vi(s)* розлітáтися; розсіюватися; розпорóшуватися

Stíefbruder *m* -s, ...**brüder** зведéний брат

Stíefel *m* -s, - чóбіт; черевúк

Stíefeltern *pl* нерідні батькú

Stíefgeschwister *pl* зведéні братú і сéстри; **-kind** *n* -(e)s, **-er** пáсинок, пасéрбиця; **-mutter** *f*, ...**mütter** мáчуха

stíefmütterlich *adj* нелáскавий, сувóрий; несправедлúвий

Stíefschwester *f* -, -n зведéна сестрá; **-söhn** *m* **~(e)s, ...söhne** пáсинок; **-tochter** *f* -, ...**töchter** пасербúця; **-vater** *m* -s, ...**väter** вітчим

Stíege *f* -, -n схóди; драбúна

Stiel *m* ~(e)s, -e 1. рукоятка; рýчка, держáк; 2. стеблó; корінéць *(гриба)*

stier *adj* нерухóмий, застúглий; осовілий

Stier *m* ~(e)s, -e бик, віл, бугáй

stíerköpfig *adj* упéртий (як бик)

Stift *m* -(e)s, -e 1. штифт, штир; 2.олівéць, грúфель

stíften *vt* 1. заснóвувати; 2. творúти, робúти *(добро)*; заподіювати *(зло)*; 3. жéртвувати

Stífter *m* -s, - 1. заснóвник; 2. винувáтець, призвіднúк

Stil *m* **-(e)s,** -e стиль

still *adj* 1. тúхий, спокíйний, 2. мовчáзний; безмóвний; 3. таéмний

Stílle *f* - тúша, безмóвність; in áller - нúшком, потáй

Stílleben *n* -s натюрмóрт

stíllen *vt* 1. заспокóювати; вгамóвувати; den Durst - вгамóвувати спрáгу; 2. годувáти грýддю *(немовля)*

stíllhalten* 1. *vi* не рýхатися, стояти спокíйно; поводúтися спокíйно; 2. *vt* не ворушúти, тримáти спокíйно; не крутúти *(головою)*; махáти, ногáми; den Mund - мовчáти

Stíllstad *m* **-(e)s** 1. застій; затúшшя; бездіяльність; 2. нерухóмість

stíllstehen* *vi* 1. зупинятися; 2. стояти, не працювáти

Stímme *f* -, -n гóлос; die - ábgeben голосувáти; éine - háben мáти прáво гóлосу

stímmen 1. *vi* 1. *(fur A, gegen A)* голосувáти за (проти) когóсь; 2. відповідáти дíйсності; бýти прáвильним (вірним); das stimmt! це вірно!; 2. *vt* 1. настрóювати *(музичний інструмент)*; 2. *перен.* настрóювати; er ist gut gestímmt він у дóброму нáстрої

stímmhaft *adj фон.* дзвінкий; **-los** *adj фон.* глухúй

Stímmung *f*, **-en** нáстрій; hier ist -! *розм.* тут вéсело!; in gúter - sein бýти в хорóшому нáстрої

stímmungslos *adj* нýдний, безрáдісний; **-voll** *adj* бадьóрий, піднéсений, у дóброму гýморі

stínken* *vi (nach D)* смердіти (*чимось*); 0 hier stinkt étwas *розм.* тут щось не в порядку

stínkend, stínkig *adj* смердючий

Stirn *f* -, **-en** лоб, чолó; die - fálten мóрщити лóба; хмýритися

stöbern 1. *vi* 1. рúтися, нишпóрити; 2. кружляти *(про сніжинки)*; *2. vimp.* es stobert метё, кýрить

Stock I *m* **-(e)s, Stöcke** 1. пáлиця; 2. колóда; 3. пеньóк; корінь; стебло; кущ; 4. кóрпус, тулýб; оснóва

Stock II *m рідко n* **~(e)s,** - *і* **Stöckwerke** пovéрх; im zwéiten - на другóму пóверсі *(відповідає українському)*, на трéтьому пóверсі

stóckblind *adj розм.* зóвсім сліпúй; **-dumm** *adj* дурнúй, як пень; **-dunkel** *adj* дýже тéмний

stócken *vi* 1. зупинятися, застрявáти; 2. затинáтися *(про мову)*; 3. застóюватися; згущáтися; 4. пліснявіти

stóckfinster *adj* зóвсім тéмний; es ist тéмно, хоч око вúколи

stóckig *adj* гнилúй; зáтхлий; цвілий

Stóckung *f* -, **-en** зупúнка, затóр; прóбка; затрúмка; застій; перебій; замúнка; éine - des Verkéhrs затóр (пробка) у вулúчному русі

Stóckwerk *n* **-(e)s, -e** пóверх; ярус

Stoff *m* **~(e)s, -e** 1. *філос.* матéрія; 2. речовúна, матéрія; матеріáл; 3. матéрія, тканúна; 4. матеріáл; сюжéт; - zu éinem Film матеріáлдля фільму

Stóffwechsel *m* **-s** обмін речовúн

stöhnen *vi* стогнáти; вáжко зітхáти

stólperig *adj* вибоїстий, нерівний

stólpern *vi (uber A)* спотикáтися *(об щось)*

stolz *adj* гóрдий; - sein *(auf A)* пишáтися кимóсь, чимóсь

Stolz *m* **-es** гóрдість; mit - з гóрдістю

stópfen *vt* 1. набивáти *(люльку і т. п.)*; начиняти, фаршировáти; 2. затикáти; 3. штóпати, лагодúти *(одяг)*

stóppen 1. *vt* 1. призупиняти; (за)стопорúти; den Ángreifer - зупинúти агрéсора; den Lohn - заморóжувати зарóбітну плáту; 2. засікáти *(час)*; *2. vi* зупинятися, застопорúтися

Stóppuhr *f* -, **-en** секундомір

Stöpsel *m* **-s,** - 1. прóбка; затúчка; 2. *ел.* штéпсель; штéкер

Storch *m* **~(e)s, Störche** чорногýз, лелéка

stören *vt* заважáти *(комусь)*, турбувáти *(когось)*; darf ich - ? я не потурбýю?; lássen Sie sich nicht -! не турбýйтеся, будь лáска!
Störenfried *m* ~(e)s, -e порýшник спóкою (миру)
störrig, störrisch *adj* упéртий, непокірний
Störung *f* -, -en 1. турбóта, клóпіт; перешкóда; порýшення; 2. *pl тех.* перешкóди, завáди; 3. *pl* неполáдки *(у чомусь)*
störungsfrei *adj* безперебíйний; спрáвний
Stoß I *m* -es, **Stöße** 1. поштóвх; удáр; порúв *(вітру)*; j-m éinen - gében штовхнýти, удáрити когóсь; - auf - удáр за удáром; 2. *перен.* удáр; зворýшення, урáза; 3. *фіз.* імпульс; 4. кулмéтна чéрга; 5. *тех.* стик, зіткнéння
Stoß II *m* -es, **Stöße** кýпа, стіс; штáбель
stößen* *vt* 1. штовхáти; ударя́ти, бúти; 2. товктú; 3. довбáти; бúти; 4. гнáти, виганя́ти; **2.** *vi (s)* стýкатися *(об щось)*; наштовхувáтися *(на щось)*; *2.* (s) *(an A)* примикáти, прилягáти *(до чогось)*; 3. *U (zu D)* приєднувáтися, приставáти *(до когось)*; 4. бúтися, колотúся рогáми *(про корову)*; 5. рýхатися ривкáми; трястú; der Wágen stößt auf schléchter Stráße машúну трясé на погáній дорóзі; **3. sich** 1. штовхáтися; 2. *(an D)* ударя́тися *(об щось)*; 3. *(an D)* бýти шокóваним *(чимось)*; бýти незгóдним *(з чимось)*
Stóßkraft *f*- 1. сúла удáру; 2. удáрна сúла
stóßweise *adv* 1. поштóвхами; порúвчасто
Stóßwelle *f* - удáрна хвúля; **-zahn** *m* ~(e)s, ...**zähne** íкло
stóttern 1. *vi* 1. заїкáтися; 2. працювáти з перебóями *(про машину)*; 3. *vt* бурмотáти *(щось)*
stracks *adv* 1. прямо; 2. негáйно; 3. обов'язкóво
S
stráfbar *adj* кáраний; sich - máchen порýшити закóн
Stráfe *f*-, -n 1. покарáння, кáра; bei - des Lébens під стрáхом смéртної кáри; 2. штраф; - záhlen (за)платити штраф; 3. розплáта, відплáта, кáра
stráfen *vt* 1. карáти; 2. штрафувáти
Stráferlaß *m* -sses, -sse помúлування; амністія
straff 1. *adj* 1. тугúй, тýго натягнутий; -es Iáàr гладеньке, прилизане волосся; 2. тугúй, пóвний, тýго набúтий; ein -er Béutel тýго набúтий гаманéць; 3. *перен.* підтя́гнутий; 4. сувóрий, крутúй; -e Disziplín сувóрадисципліна; 5. стúслий *(про мову, стиль)*; 6. *adv* тýго, щільно
stráffen 1. *vt* натя́гувати; 2. sich випрямля́тися
Sträfling *m* -s, -e арештáнт, в'я́зень
stráflos *adj* безкáрний
Strahl *m* -(e)s, -en 1. прóмінь; 2. стрýмінь; 3. *мат.* прямá; 4. *тех.* фáкел
stráhlen *vi* 1. сяя́ти; die Sónne strahlt сóнце світúть; sein Gesícht strahlt vor Glück його іалúччу сяє від щáстя; 2. *фіз.* випромінювáти
Stráhlen *n* -s 1. ся́йво; 2. *фіз.* випромінювáння
Stráhlenquelle *f* -, -n джерелó випромінювáння; - **schütz** *m* -es зáхист від опромінення
Stráhlung *f* -,-en 1. випромінювáння: 2. *фіз.* радіáція
Strähne *f* -, -n 1. пасмó *(волосся)*; 2. мотóк *(пряжі)*
stramm 1. *adj* 1. прямúй; рíвний; натя́гнутий; 2. міцнúй, здорóвий; бадьóрий; 3. *перен.* сувóрий; -e Zucht сувóра дисципліна; 4. завзя́тий; 5. *adv* 1. тýго; щільно; 6. стрýнко
Strand *m* -(e)s, -e 1. пляж; 2. морськé узберéжжя
Stránden *vi (s)* 1. сíсти на мілúну; зазнáти корабéльної авáрії; 2. *перен.* зазнáти порáзки
Strang *m* ~(e)s, **Stränge** 1. мотýзка; канáт: 2. мотóк; жмут; 3. *зал.* колія́
Strapáze *f* -, -n (велике) напрýження; (надмірне) навантáження
strapazíeren 1. *vt* 1. перевтóмлювати; 2. знóшувати; éinen Ánzug -носúти костюм не скидáючи, не жалíти костюма; ein Wort - заялóжувати слóво; 2. sich - перевтóмлюватися
strapaziös *adj* виснáжливий; напрýжений
Stráße *f*-, -n 1. вýлиця, дорóга, шосé; 2. протóка; 3. *тех.* автоматúчна лінія
Stráßenbahn *f*-, -en трамвáй; **-kreuzung** *f* -, -en перехрéстя; **-laterne** *f* -, -n вулúчний ліхтáр; **-pflaster** *n* -s брукíвка; **-verkehr** *m* -(e)s дорóжній рух; **-verkehrsordnung** f -прáвила дорóжнього рýху
sträuben 1. *vt* настовбурчувáти; 2. sich настовбурчувáтися; наїжачувáтися; 3. *(gegen A)* опирáтися *(чомусь)*
Strauch *m* -(e)s, **Sträucher** кущ; *pl* чагáрник
Strauß I *m* -es, **Sträuße** букéт
Strauß II *m* -es, -e стрáус
strében *vi (nach D)* прáгнути, добивáтися *(чогось)*
strébsam *adj* старáнний; цілеспрямóваний
Strécke *f* -, -n 1. відстань, дистáнція; 2. *зал.* перегін; 3. *гірн.* штрек; 4. *мат.* відрізок; 5. *спорт.* дистáнція, трáса
strécken 1. *vt* 1. витягáти, розтягáти; подóвжувати; die Béine - випростáти нóги; die Árbeit - розтягтú робóту; 2. *тех.* плющити, розкóвувати; 2. sich - 1. потягáтися; 2. витягáтися, розтягáтися; sich ins Graß - простягтúся на трáві
Streich *m* -(e)s, -e 1. удар; auf éinen -однúм мáхом; 2. витíвка; жарт; j-m

éinen - spíelen зіграти з кимось (злий) жарт

stréicheln *vt* гладити, голубити

stréichen* 1. *vi (s)* 1. ходити, бродити; 2. простягатися; 3. торкатися *(чогось);* проводити рукою *(по чомусь); 2. vt* 1. гладити *(щось);* торкатися *(чогось);* 2. намазувати; 3. фарбувати; frisch gestríchen! (обережно) пофарбовано!; 4. викреслювати; j-n aus der Líste -викреслити когось із списку; 5. спускати; die Flágge - спустити прапор; *перен.* здатися

Stréichholz *n* ~ **es, ...hölzer** сірник

Streíchholzschachtel *f* -, **-n** коробка сірників

Stréichinstrument *n* **~(e)s, -e** струнний інструмент; **-orchester** [-k] *n* **-s,** - струнний оркестр

stréifen 1. *vt* 1. робити смуги *(на чомусь);* 2. торкатися *(чогось);* зачіпати *(щось);* легко ранити *(когось);* 3. знімати, стягати; натягати; die Ärmel in die Höne - засукати рукава; sich (D) den Strumpf über das Bein - натягти на ногу панчоху; 2. *vi* 1. *(s, h)* бродити, никати; *2. (h)* патрулювати; 3. *(h)* торкатися *(чогось);* межувати *(з чимось)*

Stréifen *m* **-s,** - 1. смуга, смужка; стрічка; 2. фільм; (кіно) плівка; 3. лампас; 4. *військ.* обойма

stréifig *adj* смугастий

Streik *m* **~(e)s, -s** *i* **-e** страйк; éinen - áusrufen оголосити страйк; in den - tréten почати страйк

stréiken *vi* страйкувати

Stréikkämpfe *pl* страйкова боротьба; **-komitee** *n* **-s, -s, -leitung** *f* -, **-en** страйковий комітет; **-verbot** *n* **-(e)s, -e** заборона страйків; **-welle** /-, **-n** хвиля страйків

Streit *m* ~(e)s, -e 1. спір, суперечка; 2. справа, процес *(у суді);* 3. сутичка, бій

stréitbar *adj* 1. спірний; 2. бойовий, войовничий; éine -e Gesínnung бойовий дух; 3. сварливий

stréiten* 1. *vi* 1. сперечатися *(про щось);* сваритися *(через щось);* über etw. (A) - сперечатися про щось; urn etw. (A) - сваритися через щось; darüber läßt sich - це спірне питання; 2. *(gegen A, wider A)* боротися *(проти когось, з кимось); 2.* **sich** - сперечатися, сваритися

stréitig *adj* спірний

Stréitkräfte *pl* збройні сили

stréitsüchtig *adj* задерикуватий, сварливий

streng *adj* 1. суворий; *перен.* жорсткий; різкий *(напр., запах);* 2. *adv* суворо; різко

stréuen *vt* сипати, розсипати; розкидати; розпорошувати

Strich *m* **-(e)s, -e** риска; лінія; штрих; смуга; дефіс; тире; поділка *(на шкалі);* éinen - durch etw. máchen закреслити, перекреслити щось

Stríchpunkt *m* **~(e)s,** -e крапка з комою; **-vogel** *m* **~s, ... vögel** перелітний птах

Strick *m* **~(e)s, -e** мотузка, канат

Stríckarbeit *f* -, *-en* в'язання, плетіння

strícken *vt* плести

Stríckgarn *n* ~(e)s, -e пряжа для в'язання; **-kleidung** *f* - *трикотаж (вироби);* **-nadel** *f* -, **-n** (в'язальна) спиця

Stríeme *f* -, *-n,* **Stríemen** *m* **-s,** -1. смуга; 2. рубець *(від рани);* садно; синець

strikt 1. *adj* визначений, точний; 2. *adv* точно, пунктуально, послідовно; das Ábkommen - éinhalten точно дотримувати угоди; 2. категорично; etw. - áblehnen категорично відхилити щось

stríttig *adj* спірний

Stroh *n* **~(e)s** солома

stróhgelb *adj* солом'яно-жовтий, палевий

Stróhhalm *m* **-(e)s, -e** соломинка; **-mann** *m* **~(e)s, ...männer** 1. солом'яне опудало; 2. маріонетка

Strom *m* **~(e)s, Ströme** 1. багатоводна ріка; 2. потік, течія; es goß in Strömen дощ лив як з відра; 3. *ел.* струм; електроенергія

stromáb(wärts) *adv* униз річкою, за течією; **-auf(wärts)** *adv* угору річкою, проти течії

Strómbahn *f* -, **-en** річище, русло річки; **-einsparung** *f* - економія електроенергії

strömen *vi (h, s)* 1. текти; струменіти, литися; 2. прямувати *(кудись)*

Strómleiter *m* -s, - *ел.* провідник (струму); кабель; **-messer** *m* **-s,** -ел. Амперметр; **-stärke** *f* - *ел.* сила струму; **-system** *n* -s, -e система електропостачання

Strömung *f* -, **~en** течія *(тж перен.)*

Strómzähler *m* **-s,** - електролічильник; **-zentrale** *f* -, **-n** центральна електростанція

strótzen *vi (von D)* бути багатим *(на щось);* von Féhlern - рясніти *(чимось);* er strotzt von Kraft він сповнений сил

Strúdel *m* **-s,** - вир *(тж перен.);* im - der Vergnügungen у вирі розваг

strúdeln 1. *vi (h, s)* вирувати, нуртувати, клекотати, буяти; **2.** *vt* збовтувати; збивати

Strumpf *m* **~(e)s, Strümpfe** панчоха

Strúmpfhose *f* -, -n колготки

Stúbe *f* -, **-n** кімната

Stuck *m* -(e)s штукатурка

Stück *n* **-(e)s, -e** 1. шматок; частина; 2. штука; екземпляр; примірник; місце *(про багаж);* 3. п'єса; 4. уривок *(з книги);* 5. фігура *(у шахах);* aus fréien -en добровільно

stückeln *vt* дробити

Studéntenaustausch *m* -es (міжнародний) обмін студентами; **-heim** *n* **-s,** -e студентський гуртожиток

Studéntenschaft *f* -, -en студентство

Studéntenwohnheim студентський гуртожиток; **-zirkel** *m* -s, -студентський гурток

S

Stúdie *f* ~, -n 1. ескіз; (фото)етюд; 2. дослідження; 3. науковий трактат

Stúdienbuch *n* ~**(e)s,** ...**bücher** залікова книжка; **-jähr** *n* ~(e)s, -e навчальний рік *(у вузі);* -plan *m* ~(e)s, ...**pläne** навчальний план *(у вузі);* -tag *m* ~**(e)s**, -e день самостійної роботи студента; **-zeit** *f* - час навчання *(у вузі)*

studíeren 1. *vt* вивчати; 2. вчитися у вузі; an der Universität - вчитися в університеті

Stúdium *n* **-s,** ...**dien** 1. вивчення; 2. навчання, заняття; ein vólles - absolvíeren повністю закінчити курс навчання

Stúfe *f*-, *-n* 1. ступінь, уступ; ярус; die létzte - der Trägerrakete останній ступінь ракети-носія; 2. *перен.* ступінь, щабель, рівень; auf níedriger - на низькому рівні; 3. фаза, стадія; епоха, період; 4. градація; показник шкали; 5. грам, ступінь; die -n der Komparatión степені порівняння

stúfenweise *adv* поступовий, послідовний

Stuhl *m* -(e)s, **Stühle** 1. стілець; 2. *тех.* станина, опора, рама

stülpen *vt* 1. *(auf A)* накладати *(щось на щось);* накривати *(щось; чимось);* den Hut auf den Kopf -насунути капелюха *(на голову); 2.* відігнути *(край);* вивернути (навиворіт)

stumm *adj* 1. німий; 2. безмовний

Stúmmel *m* -s - 1. залишок, кінчик *(чогось);* недогарок *(свічки);* 2. обрубок

Stúmmheit *f* - 1. німота; mit - geschlágen sein *розм.* оніміти, втратити дар мови; 2. безмовність, мовчання; мовчазність

stumpf *adj* 1. тупий; eine -e Náse кирпатий ніс; 2. матовий, без блиску; 3. отупілий; байдужий; - für Kunst sein бути байдужим до мистецтва; 4.: -er Kégel *мат.* зрізаний конус

Stumpf *m* -(e)s, **Stümpfe** 1. пень; 2. залишок, кінчик; недогарок *(свічки)*

stúmpfnasig *adj* кирпатий; **-sinnig** *adj* тупоумний, тупий

Stúnde *f*-, -n 1. година; éine hálbe - півгодини; éine kléine - менше години; éine víertel - чверть години; eine - früher на годину раніше; 2. урок; 3. *перен.* час, пора

stúndenlang *adj* що триває годинами; *перен.* нескінченний

Stúndenplan *m* -(e)s, ...**plane** 1. розклад уроків; 2. годинний графік

stúndenweise 1. *adj* погодинний; *2. adv* годинами; щогодини

stündlich 1. *adj* щогодинний; 2. *adv* щогодини

Stúpsnase *f* -, -n *розм.* кирпатий ніс

Sturm *m* -(e)s, Stürme 1. буря *(тж перен);* шторм; ein - des Béifalls буря оплесків; 2. *військ.* атака; штурм; - schlágen бити на сполох

stürmen 1. *vt* атакувати; штурмувати; 2. *vi (s)* 1. поспішати, мчати; 2. *(gegen A)* накидатися *(на когось, на щось);* 3. *vimp.* es stürmt надворі буря

stürmisch *adj* бурхливий *(тж перен.);* -er Béifall бурхливі оплески

Sturz *m* -es, **Stürze** 1. падіння *(з висоти);* 2. обвал; 3. *перен.* падіння; крах, загибель

stürzen 1. *vt* скидати, кидати, перекидати; 2. скидати *(напр., уряд);* 2. vi (s) 1. звалитися; падати;! 2. кинутися, ринути; aus dem Zímmer - вибігти (прожогом) з кімнати; 3. **sich** - кинутися

Stütze *f* -, -n 1. опора, підпора; 2. *буд.* колона, стовп; 3. *тех.* підпірка, підставка, кронштейн

stützen 1. *vt* 1. підпирати; 2. підтримувати; підкріплювати; 3. обґрунтовувати; 2. **sich** - *(auf A)* 1. спиратися *(на щось);* 2. грунтуватися *(на чомусь);* woráuf - Sie sich dabéi? які у вас для цього підстави?

Stützpunkt *m* -(e)s, -e 1. точка опори; опорний пункт; 3. база

Subjékt *n* -(e)s, -e 1. суб'єкт; 2. *грам.* підмет

Súbstantív *n* -s, -e *грам.* іменник

substituíeren *vt* 1. замінювати; підставляти; 2. призначати наступником

Substitutión *f* -, -en 1. заміщення, заміна; 2. *лінгв.* субституція

subtrahíeren *vt (von D) мат.* віднімати *(від чогось)*

Subtraktión *f* -, -en *мат.* віднімання

Súche *f* - пошуки; auf der - nach j-m, nach etw. *(D)* у пошуках когось, чогось

súchen *vt, vi (nach D)* 1. шукати, розшукувати: 2. збирати; Pílze -збирати гриби; 3. жадати, прагнути *(чогось);* Rat - *(bei j-m)* просити поради *(у когось);* 4. *(zu + inf)* намагатися *(щось зробити);* er sucht ihr zu hélfen він намагається їй допомогти

Sucht *f* -, **Süchte** 1. пристрасть: манія; 2. *мед.* наркоманія; 3. *розм.* хвороба

Süd *m* 1. південь; 2. ~**(e)s, -e** південний вітер, зюйд

Süden *m* -s південь

südlich 1 *adj* південний; 2. *adv* на південь

Südóst *m* 1. південний схід; 2. ~(e)s, -є південно-східний вітер; зюйд-ост

Südósten *m* -s південний схід

südwärts *adv* на південь

Südwést *m* 1. південний захід; 2. -**(e)s,** -e південно-західний вітер, зюйд-вест

Südwésten *m* південний захід

Sujet *n* -s, -s сюжет

Súmme *f*-, -n 1. сума; 2. підсумок; результат; die - zíehen підвести підсумок

súmmen 1. w дзижчати; гудіти; 2. *vt* наспівувати, мугикати *(пісню)*

summíeren 1. *vt* підсумовувати; додавати; 2. sich - накопичуватися

Sumpf *m* ~(e)s, **Sümpfe** болото,- трясовина

Súmpfbeere *f* -, -n журавлúна; -**biber** *m* -s, - нýтрія; -**fieber** *n* -s болóтна пропáсниця; малярія; -**gas** *n* -es болóтний газ, метáн
súmpfig *adj* болóтистий
súmsen *vi* 1. дзижчати, 2. базікати
Sünde *f* -, -**n** гріх; éine - begéhen (з) грішúти
Sünder *m* -s, - грішник
sündhaft 1. *adj* грішний; 2. *adv розм.* безбóжно, страшéнно, дýже; téuer страшéнно дóрого
sündigen *vi* (со)грішúти
Súperlatív *m* -**s**, -**e** *грам,* найвúщий стýпінь
Súppe *f* -, -**n** суп
súrren *vi* гудіти, дзижчати
süß *adj* 1. солóдкий; -es Wásser прісна водá; солóдка водá; 2. мúлий, приéмний; ein -es Kind мúла дитúна
süßen 1. *vt* підсолóджувати *(тж пе-рен.у,* 2. *vi* бýти солóдким (солодкуватим), ставáти солóдким
Süßigkeit *f* -, -**en** 1. солóдкість; 2. *перен.* приéмність; 3. *pl* солóдощі, кондúтерські вúроби
Süßkirsche *f*-, -**n** черéшня
süßsauer *adj* кисло-солóдкий
Süßwasser *n* -s прісна водá
Symból *n* -s, -**e** сúмвол
Synoným *n* -s, -**e** *i* ...**nónyma** *лінгв.* синóнім
syntáktisch *adj грам,* синтаксúчний
Sýntax *f* сúнтаксис
Sýnthese *f* -, ~**n** сúнтез
Synthetisátor *m* синтезáтор
synthétisch *adj* синтетúчний; -e Fáser синтетúчне волокнó
Systém *n* -**s**, -**e** система
Széne *f*-n 1. сцéна *(театру);* 2. сцéна *(п'єси);* епізóд; кадр; 3. *перен.* сцéна, подія; j-m éine - máchen *розм.* влаштувáти комýсь сцéну
Szénenphoto *n* -**s**, -**s** кадр з фільму; -**wechsel** *m* -s, - зміна декорáцій

S

T

Tabélle *f* ~, **~n** таблиця; табель; список; розклад

Tabéllenführer *m* **~s**, ~ *спорт.* лідер (змагання): **~spitze**: an der ~spítze sein (líegen) *спорт.* очолювати таблицю, лідирувати

Tablétt *n* **~(e)s, ~e** піднос, таця

Tádel *m* **~s**, ~ догана; осуд; j-m éinen ~ gében (ertéilen) оголосити комусь догану; докір, закид; вада

tádellos *adj* бездоганний

tádeln *vt (wegen C, fur A)* гудити, осуджувати *(когось за щось)*

tádelnswert, **tádelnswürdig** *adj* вартий осуду, негожий

tadelsüchtig *adj* причепливий, сварливий

Táfel *f* ~, **~n** дошка; таблиця; панель; плитка; *тех.* плита, щит; лист *(металу); (обідній)* стіл; die ~ décken накривати на стіл

táfeln *vi* сидіти за (обіднім) столом, обідати; бенкетувати

täfeln *vt* облицьовувати; настилати *(паркет)*

Táfelsalz *n* **~(e)s, ~e** кухонна сіль; **~tuch** *n* **~(e)s**, **...tücher** скатертина *(для обіднього столу);* **~wasser** *n* **~s**, **...wässer** мінеральна вода; **~wein** *m* **~(e)s, ~e** столове вино

Tag *m* **~(e)s, ~e** день; доба; gúten ~! добрий день!; am ~e удень; jéden ~щодня; für éinen ~ на один день; in éinigen ~en через кілька днів; von ~ zu ~ з дня на день, день у день; etw. kommt an den ~ щось стає відомим

Tágeblatt *n* **~(e)s, ...blätter** щоденна газета; **~buch** *n* **~(e)s, ...bücher** щоденник; журнал

tágen 1. *vi* засідати; 2. *vimp. vi* світати, розвиднятися; es tagt світає

Tágesanbruch *m* **~(e)s, ...brüche** світанок; **~bericht** *m* **~(e)s, ~e** бюлетень; хроніка (за день) *(в газеті);* **~frage** *f* ~, **~n** злободенне (актуальне) питання; **~licht** n **~es** денне світло; das ~ licht erblícken з'являтися на світ, народжуватися; **~ordnung** *f* ~, **~en** порядок денний; **~plan** *m* **~(e)s, ...pläne** розпорядок (режим) дня

tághéll *adj* ясний, світлий (як день)

täglich 1. *adj* щоденний; повсякденний; 2. *adv* щодня; з кожним днем

tags *adv* удень; ~ daráuf наступного дня; ~ zuvór напередодні

tágsüber *adv* протягом дня; за день

Tágung *f* ~, **~en** з'їзд; конференція; засідання; сесія

táktlos *adj* нетактовний

táktmäßig *adj* ритмічний

Táktstock *m* **~(e)s, ..stöcke** диригентська паличка; **~straße** *f* **~n** конвеєр, поточна (автоматична) лінія

táktvoll *adj* тактовний, делікатний

Tal *n* ~ **(e)s, Täler** долина

Talént *n* **~(e)s, ~e** талант, обдарованість

taléntlos *adj* бездарний; **~voll** *adj* талановитий, високообдарований

Talg *m* **~(e)s, ~e** сало; жир

Tálkessel *m* **~s, ~, ~muide** *f* ~, **~n** улоговина; **~sperre** *f* ~, **~n** гребля; водоймище

Tank *m* **~(e)s, ~s** *і* **~e** бак; резервуар; цистерна

tánken *vi* заправлятися пальним; наповнювати (авторучку) чорнилом

Tánksäule *f* ~, **~n** бензоколонка; **~schiff** *n* **~(e)s ~e** танкер; **~stelle** *f* ~, **~n** бензоколонка

Tánne *f* ~, **~n** ялина; смерека; ялиця

tánnen *adj* ялиновий; смерековий; ялицевий

Tánnenbaum *m* **~(e)s, ...bäume** новорічна ялинка

Tánte *f* ~, **~n** тітка

Tanz *m* **~es, Tänze** танець, танок; j-n zum ~ áuffordern запросити когось до танцю

tánzen *vi, vt* танцювати

Tapéte *f* ~, **~n** шпалери

tapezíeren *vt* обклеювати шпалерами *(кімнату);* оббивати *(меблі)*

tápfer *adj* хоробрий, мужній, відважний, сміливий

Tápferkeit *f* ~ хоробрість, сміливість, мужність

táppen *vi* важко ступати; іти навпомацки

tárnen *vt* маскувати, приховувати

Tásche *f* ~, **~n** кишеня; футляр; портфель, сумка

Táschenbuch *n* **~(e)s, ...bücher** записнá книжка; кни́жка кишенькóвого формáту; **~tuch** *n* **~(e)s, ...tücher** носовá хусти́нка
Tásse *f* **~, ~n** чáшка
Tastatúr *f* **~, ~en** клавіатýра *(рояля),* клáвіші
Táste *f* ~, **~n** клáвіша, кнóпка
tásten 1. *vi (nach D)* обмацувáти рукáми; *(nach D) перен.* прощýпувати; зондувáти грунт *(стосовно чогось);* нати́скати на кнóпки (на клавіші); 2. *vt* торкáтися рукáми *(чогось),* обмацувáти *(щось)*
Tat *f* **~, ~en** дія, вчи́нок; спрáва; etw. in die ~ úmsetzen здійсни́ти щось
tátenfroh *adj* діяльний; **~los** *adj* бездіяльний
Täter *m* **~s,** ~ винувáтець; злочи́нець
tätig *adj* діяльний, акти́вний: er ist als Arzt ~ він працює лікарем
Tätigkeit *f* **~, ~en** діяльність, робóта; функціонувáння
Tátkraft *f* ~ енéргія; акти́вність
tátkräftig *adj* енергійний, акти́вний, діяльний
tätlich *adj* наси́льницький
Tátsache *f* ~, **~n** факт
tátsächlich 1. *adj* факти́чний, дійсний; 2. *adv* факти́чно; насправді; дійсно
Tátze *f* ~, **~n** лáпа *(тварини)*
Tau I *m* **~(e)s** росá; gefrorener ~ іній
Tau II *n* **~(e)s**, ~e канáт, трос
taub *adj* глухи́й; затéрплий, нечутли́вий; порóжній; безплідний; eine ~e Blüte пустоцвіт
Táube *f* ~,~n гóлуб
táubenfarbig, ~ grau *adj* си́зий, си́вий
Táubheit *f* ~ глухотá; затéрплість *(кінцівок)*
táubstumm *adj* глухоніми́й
Táuchboot *n* **~(e)s, ~e** підвóдний чóвен
táuchen 1. *vt* занýрювати; вмочáти; 2. *vi* (h, s) пірнáти, занýрюватися
Táucher *m* **~s,** ~ водолáз; нирéць
táuen 1. *vi (h, s)* танýти, розставáти; 2. *vimp.* es taut розтає; випадáє росá
táufen *vt* хрести́ти
táugen *vi (zu D)* годи́тися, бýти придáтним *(до чогось);* díese Spéise taugt dem Kránken nicht ця стрáва протипокáзана хвóрому
Táugenichts *m i* **~es, ~e** нерóба, дармоїд, нікчéма
táuglich *adj (zu D)* придáтний *(до чогось);* здáтний *(на щось);* ~ sein годи́тися, бýти придáтним
Táumel *m* ~ **s** хитáння; запаморóчення; ich bin wie im ~ я ненáче уві сні; *перен.* захóплення
táumeln *vi* (h, *s)* хитáтися, погáно (невпевнено) тримáтися на нóгах
Tausch *m* **~es, ~e** обмін
táuschen *vt (gegen A)* міняти, обмінювати *(щось на щось)*
täuschen 1. *vt* обмáнювати, вводи́ти в омáну; 2. **sich** ~ *(in D, uber A)* поми-лятися *(в комусь,, в чомусь)*
Täuschung *f* **~, ~en** обмáн; ввéдення в омáну; поми́лка; ілюзія
táusend *num* ти́сяча; ein paar ~Ménschen кілька ти́сяч людéй
Táusend *f* **~, ~en** (число, цифра) ти́сяча
Táuwetter *n* ~s відли́га
Táxe *f* **~, ~n** ȍакса, розцінка; таксі
taxíeren *vt* оцінювати
Téchniker *m ~s,* ~ тéхнік; інженéр
téchnisch *adj* техні́чний; ~e Fáchschule тéхнікум, технічне учи́лище; Téchnische Hóchschule *(скор.* TH) вище технічне учи́лище, втуз; ~es Zéichnen креслення
technisíeren *vt* впровáджувати тéхніку *(в щось)*
Tee *m* **~s, ~s** чай; den ~ áufbrühen завари́ти чай
Téegeschirr *n* **~(e)s, ~e** чáйний сервіз; **~kanne** *f* **~, ~n** чáйник *{для заварки);* **~kessel** *m* **~s,** ~ чáйник *(для кип'ятіння води);* самовáр; **~löffel** *m* **~s,** ~ чáйна лóжка
Teer *m* **~(e)s, ~e** смолá; дьóготь; вар
Teich *m* **~(e)s, ~e** ставóк
Teig *m* **~(e)s, ~e** тісто
Teil *m* **~(e)s, ~e ÷àñò**и́на; чáстка; zum ~ частково; zum gróßen ~ значнóю мірою; *n* ~(e)s, ~e *тех.* детáль; елемéнт; *юр,* сторонá; *військ.* части́на, підрозділ
téilen *vt* ділити; розділяти; розчленóвувати
Téilen *n* **~s** *мат.* ділéння
téilhaben* *vi (an D)* брáти учáсть *(у чомусь),*бýти учáсником (пайовиком)
Téilnahme *f* ~ учáсть *(an D у чомусь); співу*часть; співчуття́
téilnahmslos *adj* байдýжий, холóдний, індиферéнтний
téilnahmsvoll *adj* співчутли́вий
téilnehmen* *vi (an D)* брáти учáсть *(у чомусь); співчувáти (чиємусь горю)*
Téilnehmer *m* **~s,** ~ учáсник; співучáсник
teils *adv* часткóво
Téilung *f* ~, **~en** поділ, розподіл; *тех.* градуювáння; *мат.* ділéння
téilwese 1. *adj* частко́вий; 2. *adv* части́нами; частко́во
Téilwert *m* **~(e)s, ~e** *мат.* чáстка *(при діленні);* **~zahlung** *f* ~, **~en** ви́плата в розстрóчку
Telefón *n* **~s, ~e** телефóн
Telefónbuch *n* **~es, ...bücher** телефóнний довідни́к; **~gespräch** *n* **~(e)s, ~e** телефóнна розмóва, розмóва по телефóну; **~hörer** *m* **~s,** ~ телефóнна трýбка
telefoníeren 1. *vi (mit D)* телефонувáти; дзвони́ти *(комусь);* говори́ти по телефóну *(з кимось);* 2. *vt* передавáти по телефóну *(щось)*
telefónisch 1. *adj* телефóнний; ein ~er Ánruf телефóнний дзвінóк;. 2. *adv* по

сльозáми; крізь сльóзи; bíttere ~n wéinen гíрко плáкати
Tränke *f* ~, **~n** водопíй; пíйло
tränken *vt* напувáти *(худобу);* просóчувати, насúчувати
Transfusión *f* ~, **~en** переливáння *(крові)*
tránsitiv *adj грам.* перехíдний *(про дієслово)*
Transózeandampfer *m* **~s,** ~ океáнський пароплáв; **~flug** *m* ~(e)s, ...**flüge** перелíт чéрез океáн; **~rakete** *f* **~, ~n** міжконтинентáльна ракéта
transparént *adj* прозорий
Tráube *f* **~, ~n** *pl* виногрáд; грóно, кíтиця *(винограду, смородини і т. п.)*
tráuen I 1. *vi (D)* вíрити, довірáти *(комусь, чомусь);* ich tráute kaum méinen Áugen я очáм своїм не повíрив; 2. **sich** ~ насмíлюватися; навáжуватися
tráuen II *vt* вінчáти; sich ~ lássen вінчáтися, sich auf dem Stándesamt ~ lássen зареєструвáти шлюб у зáгсі
Tráuer *f* ~ сум, печáль, скорбóта; жалóба, трáур; sie hat ~ вонá в жалóбі
Tráueranzeige *f* **~, ~n** 'повідóмлення про смерть; **~binde** *f* **~, ~n** жалóбна пов'язка: **~birke** *f* **~, ~n** плакýча берéза
tráuern *vi (um A, uber A)* сумувáти, журúтися, тужúти *(за кимось, за чимось);* оплáкувати *(когось);* бýти в жалóбі, носúти трáур; sie tráuert um ihn вонá носúть траýр по ньóму
Tráuerrede *f* **~, ~n** надгрóбне слóво; **~spiel** *n* **~(e)s, ~e** *театр.* трагéдія; **~weide** *f* **~, ~n** плакýча вербá; **~zug** *m* **~(e)s, ...züge** похорóнна процéсія
Tráufe *f* **~, ~n** кáпання, капíж; водостíчна трубá, рúнва
träufeln 1. *vt* (на)кáпати; 2. *vi* капати
Traum *m* **~(e)s, Träume** сновидíння, сон; éinen ~ háben бачити сон; aus dem ~ erwáchen прокúну - тися; мрíя, ілюзія; гадюцинá - ція
träumen 1. *vi (von D)* бáчити вві сні *(когось, щось);* мрíяти *{про щось);* 2. *vt.* éinen Traum ~ бачúти сон
träumerisch *adj* мрíйний, мрійлúвий
tráumhaft *adj* казковий, чарівний
tráurig *adj* сумнúй, смутнúй; скорбóтний; ~ sein *(uber A)* сумувáти (за *кимось, за чимось);* жалюгíдний
Tráurigkeit *f* ~ сум, смýток, печáль, журбá
Tráuring *m* **~(e)s, ~e** обрýчка; **~schein** *m* **~(e)s, ~e** свідóцтво про одрýження
traut *adj* затúшний, інтúмний; *перен.* теплий; ein ~es Heim рíдний дім
Tráuung *f* **~, ~en** шлюб; вінчáння; éine stándesamtliche ~ реєстрáція шлюбу в зáгсі
Treff *m* **~(e)s, ~e** удáр *(по чомусь);* порáзка; *розм.* явка, зýстріч, побáчення
tréffen* 1. *vt* влучáти *(у когось, у щось);* der Blitz traf den Baum блискáвка влýчила в дéрево; зустрíти; застáти *(вдома); спіткáти (когось, щось);* ihn traf ein Únglück йогó спіткáло нещáстя; схопúти (схожість); угадáти; gut ~ *фото* вдáло сфотографувáти; *(означає Ai/o, на характер якої вказує іменник):* ein Ábkommen ~ дійтú згóди, домовитися, укласти угоду; Ánordnung ~ віддати розпо рядження; Máßnahmen ~ вживати заходів; Vorberéitungen ~ *(zu D)* готуватися *(до чогось);* 2. *vi (auf A)* натрáпити *(на когось, на щось);* зустрíти *(когось);* 3. **sich** ~ зустрічáтися; траплáтися; вихóдити; es traf sich so, daß ... трáпилося так, що ...; es trifft sich gut дýже до рéчі
Tréffen *n* ~s, ~ зýстріч, зліт; *спорт,* зýстріч, змáгання; das ~ éndete mit 3:2 für (zugúnsten) ... зýстріч закінчúлася з рахýнком 3:2 на кóристь ...; зíткнення; бíйка; сýтичка; влýчення
tréffend *adj* влýчний, тóчний, прáвильний
Tréffer *m* **~s,** ~ влýчення *(напр., кулі); спорт.* гол; éinen ~ erzíelen забúти гол; удар; вúграш; вúграшний білéт; *перен.* удáча, щаслúвий вúпадок
Tréffpunkt *m* **~(e)s, ~e** тóчка попáдання; мíсце зýстрічі; збíрний пункт; явка
tréiben* 1. *vt* гнáти, виганяти, das Vieh auf die Wéide ~ гнáти худóбу на пасовúще; підганяти *(тж перен.);* спонукáти; j-n zur Éile ~квáпити когóсь; забивáти, вганяти; набивáти *(обручі на бочку);* éinen Nágel in die Wand ~ забивáти цвях у стінý; *тех.* надавáти рýху; викликáти, спричинáти *(якийсь стан, явище);* j-m die Tränen in die Áugen ~ викликáти сльóзи у кóгось; займáтися *(чимось);* Hándel ~ займáтися торгíвлею; *(означає* дію, на характер якої вказує іменник); Spaß ~ забавлáтися, жартувáти; 2. *vi* мчáти; рýхатися; дрейфувáти; die Wólken ~ хмáри пливýть; im Strom ~ плúсти за течією *(тж перен.);* схóдити, розвивáтися; die Saat fängt an zu ~схóди зазеленíли; розширюватися; розбухáти; бродúти *(напр., про пиво)*
Tréiben *n* ~ **s** поведінка; вчúнки: дії
Tréibhaus *n* **~es, ..häuser** теплúця, оранжерéя; **~holz** *n* **~es** сплавнúй ліс; **stoff** *m* **~(e)s, ~e** пальнé
trénnbar *adj* відокрéмлюваний; подíльний
trénnen 1. *vt* відділяти, відокрéмлювати; розділяти, роз'єднувати; розлучáти; éine Éhe ~ розривáти шлюб; розрізнáти, диференціювáти; розпóрювати; 2. **sich** ~ *(von D)* розставáтися *(з кимось. з чимось); тех.* відшарóвуватися; відклéюватися; розстикóвуватися
Trénnung *f* **~, ~en** відокрéмлення; розривáння, роз'єднання; розлýка, розлýчення; *грач.* складоподíл; перенóс; *тех* від клéювання; розстикóвка

Trénnungszeichen *n* **~s,** ~ *грам.* перенóс *(знак)*
tréppab *adv* унúз по схóдах; **~auf** *adv* угóру по схóдах
Tréppe *f* ~, **~n** схóди
Tréppenabsatz *m* **~es, ...sätze** площáдка схóдів; **~aufzug** *m* **~(e)s, ...züge** ескалáтор; **~geländer** *n* **~s,** ~ порýччя схóдів; **~haus** *n* ~es, **...häuser** сходовá клíтка
tréten* 1. *vi (s)* (на)ступáти; ступúти; in die Pedále ~ натúснути на педáлі; *(an A)* підхóдити *(до чогось); (aus D)* вихóдити *(звідкись); (in A)* вхóдити *(кудись);* вступáти *(кудись, тж перен.);* bítte ~ Sie näher! підійдíть, будь лáска, блúжче!; in éinen Dienst ~ влаштувáтися на робóту; in Erschéinung ~ прояâвлятися, виявлятися; 2. *vt* натискáти ногóю; топтати *(щось);* наступáти *(на щось);* бúти ногóю; *(j-n um A, wegen A) розм.* нагáдувати *(комусь про щось)*; j-n zu Bóden ~ утоптáти в болóто когóсь
treu *adj* вíрний, вíдданий; надíйний; прáвильний, тóчний перéклад
Tréue *f* ~ вíрність, вíдданість; надíйність; тóчність; прáвильність
Tréueid *m* **~(e)s, ~e** присяга на вíрність
tréuergeben *adj* вíрний, вíдданий
tréuherzig *adj* щиросéрдний, прямодýшний, щúрий
tréulos *adj* невíрний, вíролóмний
Tríckfilm *m* **~(e)s, ~e** трюковий (кіно-)фíльм; мультфíльм
Trieb *m* **~(e)s, ~e** íмпульс, порúв; інстúнкт; прáгнення; *тех.* передавáльний механíзм, передáча; *бот.* пáгін; пáросток
tríebhaft *adj* інстинктúвний
Tríebkraft *f* **~, ...kräfte** рушíйна сúла; **~werk** *n* **~(e)s, ~e** *тех.* приводнúй механíзм; двигýн
tríefen(*) *vi (s)* крáпати, тектú, струмувáти; (h) промóкнути до рубцяâ; der Mäntel trieft (vor Nässe) пальтó промóкло до рубцяâ
tríftig I *adj мор.* дрейфýючий
tríftig II *adj* перекóнливий; вáжлúвий
Tríftstation *f* **~, ~en** дрейфýюча стáнція; лісосплáвна стáнція
tríllern *vt* насвúстувати, наспíвувати
trínkbar *adj* придáтний до питтяâ; питнúй *(про воду)*
trínken* *vt* пúти; etw. heiß (kalt) ~пúти щось в гарячому (холодному) вúгляді; auf j-s Gesúndheit ~ випúти за чиєсь здорóв'я; ein Glas Wásser ~ випúти склянку вóди; sich satt ~ напúтися, угамувáти спрáгу
Trínkglas *n* **~es, ...gläser** склянка: **~med** *n* **~(e)s, ~er** застíльна пíсня; **~spruch** *m* **~(e)s, ...sprüche** тост, заздорóвниця; **~wasser** *n* **~s** пúтна вóда
Tritt *m* **~(e)s, ~e** крок; ходá; sie hat éinen léichten ~ у неї легкá ходá; стусáн; підніжка: прúступка
Tríttbrett *n* **~(e)s, ~er** підніжка; прúступка
trócken *adj* сухúй *(тж перен.);* вúсохлий
tróckenlegen *vt* осýшувати *(болото);* переповивáти *(немовля)*
Tróckenobst *n* **~es** сушéні фрýкти; **~wind** *m* **~(e)s, ~e** суховíй
trócknen 1. *vt* сушúти, осушувáти; die Hände ~ витирáти рýки; 2. *vi (s)* сóхнути, просихáти; сушúтися
Trómmel *f* ~, **~n** барабáн
trómmeln *vt, vi* бúти в барабáн; барабáнити
Trómmler *m* **~s,** ~ барабáнщик
Trompéte *f* ~, **~n** сýрма; die ~ blásen сурмúти
trompéten *vt, vi* сурмити
Trompéter *m* **~s,** ~ сурмач
Trópen *pl геогр.* тропіки
tröpfeln 1. *vi (h, рідко s)* крáпати; 2. *vt* (на)кáпати, наливáти по краплúні; 3. *vimp* накрáпати *(про дощ);* es tröpfelt мрячúть дощ
trópfen 1. *vi (h, s)* крапати; 2. *vt* наливати по краплині; 3. *vimp.* es tropft von den Bäumen з дерев кáпає
Trópfen *m* **~s,** ~ крáпля; *pl* крáплі *(ліки); перен.* крáпля, трóхи
trópfenweise *adv* по крáплі, крáплями
trópisch *adj* тропíчний
Trost [troist] *m* **~es** утíха; відрáда
trösten 1. *vt* утíшати; 2. **sich** ~ оо?оаоeny
tröstlich *adj* утíшний, відрáдний
tróstlos *adj* невтíшний: безрáдісний; безнадíйний; розпáчливий
trotz *prp (C, D)* незважáючи на *(когось, щось),* всýпереч *(комусь, чомусь);* ~ des Régens незважáючи на дощ
Trotz *m* **~es** упéртість; норовлúвість; завзятість
trotzdém 1. *adv* незважáючи на це; 2. *cj* незважáючи на те, що ...
trótzen *vi* опирáтися; чинúти óпір; *перен.* зневажáти, нéхтувати; dem Tóde ~ знааажáте смерть; *(mit D)* сéрдитися, гнíватися *(на когось)*
trótzig *adj* упéртий; норовлúвий; завзятий
trüb(e) *adj* каламýтний; тьмяний; хмýрий; хмáрний; похмýрий, сумнúй, понýрий
trüben 1. *vt* каламýтити; затумáнювати; *перен.* затьмáрювати, засмýчувати; 2. **sich ~** каламýтитися; тьмянíти; затумáнюватися; затьмáрюватися; хмýритися
Trübsal *f* ~, **~e** сум, гóре, смýток, скорбóта
trübselig *adj* сумнúй, тужнúй, похмýрий
Trübsinn *m* **~(e)s** сум, меланхóлія, нудьгá
Trübung *f* ~, **~en** помутнíння; каламýть; *хім.* осад; затьмáрення
Trug *m* **~(e)s** обмáн, обдýрювання; ілюзія
trügen* *vt* обдýрювати
trügerisch *adj* обмáнливий, облýдний
Trúhe *f* ~, **~n** скрúня

Trümmer *pl* ула́мки; руї́ни; in ~ géhen зруйнува́тися; розби́тися вщент
Trunk *m* **~(e)s, Trünke** ковто́к; напі́й; *sg* пия́цтво
trúnken *adj* п'я́ний; *(vor D, von D) перен.* захоплений *(чимось)*
Trúpp *m* **~s, ~s** *військ.* кома́нда, гру́па бійців; на́товп; гру́па
Trúppe *f* **~, ~n** військо́ва части́на; підро́зділ; загі́н; *pl* війська; *театр.* трупа́
Trúthahn *m* **~(e)s, ...hähne** інди́к; **~henne** *f* **~, ~n, ~huhn** *n* **~(e)s, ...hühner** інди́чка
Túbe *f* **~, ~n** тю́бик
Tuch I [tu:x] *n* **~(e)s, Tücher** ху́стка; коси́нка; шаль; ганчі́рка
Tuch II [tu:x] *n* **~(e)s, ~e** сукно
tüchtig 1. *adj* тяму́щий; хоро́ший; умі́лий; здібний; чима́лий, неабиякий; ein ~es Stück Geld чимала́ су́ма гро́шей; 2. *adv* ду́же; бага́то; *розм.* здо́рово
Tüchtigkeit *f* **~** працьовитість; впра́вність; здібності
Tücke *f* **~, ~n** підсту́пність
tückisch *adj* підступний; злісний
Túgend *f* **~, ~en** доброче́сність, чесно́та
túgendhaft *adj* доброче́сний
Túlpe *f* **~, ~n** тюльпа́н
túmmeln, sich гра́тися; пустува́ти; поспіша́ти
Túmmelplatz *m* **~es, ...platze** майда́нчик для дитя́чих і́гор; мі́сце гуля́ння; аре́на; мане́ж
Tumúlt *m* **~(e)s. ~e** метушня́, шум; га́мір; сум'я́ття; хвилюва́ння '
tun* 1. *vt* роби́ти; здійснювати; вико́нувати; nichts ~ нічо́го не ро́бити; nichts zu ~! нічо́го не вдієш!; was (ist zu) ~ що ро́бити?; ста́вити, кла́сти; etw. béiseite ~ відкла́сти щось убік; Salz in die Súppe ~ посоли́ти суп; заподі́яти; j-m Böses ~ заподі́яти кому́сь зло; *(означає дію, на характер якої вказує іменник):* Abbitte ~проси́ти пробачення; Dienst ~ чергува́ти; 2. *vi* працюва́ти; aíyoe; viel zu ~ háben бу́ти ду́же за́йнятим; er hat álle Hände voll zu ~ у нього справ по са́му за́в'язку; роби́ти, спричиня́ти, завдава́ти; пово́дитися; es tut mir leid мені́ шко́да; das tut viel це бага́то зна́чить; es tut mir weh мені боляче; j~m recht ~ догоди́ти кому́сь; прикида́тися, удава́ти (з себе); ро́бити ви́гляд; er tut so, als ob ... він робить ви́гляд ...; tu nicht so beléidigt! не удава́й з се́бе обра́женого!; ich hábe damít nichts zu ~ це мене не стосу́ється
Tür *f* **~, ~en** две́рі; дверця́та; an der ~ ánklopfen (по)сту́кати в двері; hínter verschlóssenen ~ en за зачи́неними двери́ма
Turm *m* **~(e)s, Türme** ве́жа, ба́шта; ви́шка *(напр., нафтова); іст.* в'язни́ця; *шах.* ту́ра
türmen 1. *vt* нагрома́джувати; 2. **sich ~** грома́дитися, нагрома́джуватися
Túrmkran *m* **~(e)s, ~e** *i* **...kräne** ба́штовий кран
túrnen *vi* займа́тися гімна́стикою, фізкульту́рою
Túrnen *n* **~s** *спор*ти́вна гімна́стика; фізкульту́ра *(як навчальний предмет)*
Túrner *m* **~s**, ~ гімна́ст
Túrngerät *n* **~(e)s, ~e** гімна́стичний при́лад; **~halle** *f* **~, ~n** гімна́стичний (спо́ртивний) зал; **~kunst** *f* **~** гімна́стика; акроба́тика; **~platz** *m* **~es, ...plätze** спортивний майда́нчик; **~saal** *m* **~(e)s, ...säle** спо́ртивний зал; **~stunde** *f* **~, ~n** урок фізкульту́ри; **~übung** *f* **~, ~en** гімна́стична вправа
túscheln *vi* шушу́катися, шепта́тися
túschen *vt* малюва́ти (креслити) ту́шшю; тушува́ти; *перен.* затушо́вувати, прихо́вувати
Tüte *f* **~, ~n** паке́т(ик), кульо́к, міше́чок: посу́дина коні́чної фо́рми *(напр., вафельний стаканчик для морозива)*
túten *vi* сурми́ти, труби́ти
Typ *m* **~s, ~e** *i* **~en** тип, зразо́к
Týpenhaus *n* **~es, ...häuser** станда́ртний (оеіóаее) аоаийііе
Týphus *m* **~** тиф
týpisch *adj* типо́вий
Týpus *m* **~, Typen** тип
Tyrannéi *f* **~, ~en** тиранія, деспоти́зм

T

U

U-Bahn *f~ (скор. від* Úntergrundbahn) метрó

übel *adj* погáний; невдáлий; mir ist ~ менí погáно, менé нудить

Übel *n* **~s,** ~ зло; лихо; недýга, хворóба

Übelkeit *f~* нудóта, млість

übelnehmen* *vt (j-m)* ображáтися *(за щось на когось)*

Überstand *m* **~(e)s, ...stände** недолíк; непорядок; **~tat** *f ~*, **~en** лиходíйство; злóчин

übeltun* *vi* (D) заподíяти зло *(комусь);* **~wollen*** *vi* (D) бути недоброзичливим *(до когось),* зичити зла *(комусь)*

üben 1. *vt* тренувáти; (am) Klavíer ~ вправлятися на рóялі; *(означає дію, на характер якої вказує іменник):* Fleiß ~ бýти старáнним; Gedúld ~ виявляти терпíння; Kritík ~ *(an D)* критикувáти *(когось, щось);* Ráche ~ *(an D)* мститися *(комусь);* 2. **sich ~** *(in D)* вправлятися *(з чогось);* тренувáти *(щось)*

über 1. *prp (A на питання "куди?", D на питання "де?")* над, поверх; er hängt die Lámpe ~ den Tisch він вішáє лáмпу над столóм; die Lámpe hängt ~ dem Tisch лáмпа висить над столóм; *(A)* чéрез, по; ~ den Platz géhen іти по майдáну (через майдан); *(A) (вказує на час)* чéрез, після; прóтягом; héute ~ drei Wóchen рівно чéрез три тижні; ~ den Tag war schönes Wétter вдень бýла хорóша погóда; *(A)* більшé, понáд, зверх; ~ drei Wóchen більшé трьóх тижнів; ~ táusend Mark більшé тисячі мáрок; das geht ~ méine Kraft це понáд моєї сили; *(A)* про; ~ éinen Vórfall erzählen розповісти про подію; *(D) (вказує на причину, джерело)* від, з-за, за, по; ~ der Árbeit hábe ich das vergéssen за робóтою я це забýв; ~dem Lärm erwáchen прокинутися від шýму; *(A) (переклад залежить від керування українського дієслова):* ~ den Feind síegen здобýти перемóгу над вóрогом; ~ j-n hérfallen напáсти на когóсь; 2. *adv* прóтягом; den Wínter ~ прóтягом зими; die Nacht ~ прóтягом нóчі; : ~ und ~ genúg більш ніж до сить; ~ und ~ besprítzt забризка ний від вéрху до низу; ~ und ~ erröten почервонíти; er ist mir ~ він менé перевéршує; das ist mir schon ~ ~це мені вже набридло; Gewéhr ~! *військ.* на плечé! *(команда)*

überall *adv* скрізь, всюди; von ~звідусíль, з усіх бóків

überarbeiten I *vt* переробляти; працювáти понаднормово

überarbeiten II 1. *vi* переробляти; перевтóмлювати (роботою) *(очі, нерви);* 2. sich перевтóмлюватися

Überbelastung *f~*, **~en** перевантáження

überbíeten* 1. *vt* перевéршувати; перевиконувати *(план, норму);* 2. **sich ~** перевéршити самогó сéбе

überbinden* ² *vt* пов'язáти *(щось поверх чогось)*

überbínden* II *vt* перев'язувати *(рани);* накладáти пов'язку *(на щось)*

überblättern *vt* перегортáти *(книжку);* пропустити *(щось, перегортаючи сторінки)*

Überbleibsel *n* **~s,** ~ залишок; *pl тж* недоїдки; пережиток

Überblick *m* **~(e)s, ~e** вид *(uber A на щось);* перспектива; óгляд; ein kúrzer ~ корóткий óгляд; éinen ~ über etw. *(A)* háben мáти загáльне уявлення про щóсь

überblícken *vt* оглядáти; простéжувати, розглядáти

überbríngen* *vt* передавáти *(напр., лист, вітання)*

Überdecke *f~*, **~n** покривáло *(ліжка)*

überdénken* *vt* продýмати, обдýмати

überdíes *adv* притóму, крім тогó, до того ж

überdrüssig: ich bin es ~, ich bin der Sáche *(G)* (die Sáche A) ~ менí це набридло

überéin *adv* спільно, рáзом

übereinánder *pron rez* один над óдним; один на одногó; один про одногó

überéinkommen* *vi (s) (uber A)* домовлятися *(про щось),* з'ясóвувати *(щось)*

Überéinkommen *n* **~s, ~, Überéinkunft** *f* **~, ...künfte** угóда, договір, конвéнція; mit j~m ein ~ tréffen дійти згóди, домóвитися з кимóсь

überéinstimmen *vi (mit D)* збігáтися *(напр., про думки);* ich stímme mit Íhnen

U

überéin я з вáми згóден; відповідáти *(чомусь);* узгóджуватися *(з чимось)*
Überéinstimmung *f* **~, ~en** відповíдність; погóдження; згóда
übererfüllen *vt* перевиконувати
überfáhren* I 1. *vi (s)* переїжджáти *(напр., на інший берег);* 2. *vt* перевозúти *(на інший берег)*
überfahren* II *vt* переї́хати *(когось);* проїхати *(напр., на червоне світло)*
Überfahrt *f* **~, ~en** переї́зд *(залізничний);* перепрáва *(напр., через річку)*
Überfall *m* **~(e)s, ...fälle** нáпад, атáка; (водо)злив; перепáд
Überfällen* *vt* нападáти *(на когось);* атакувáти *(когось); жарт.* нагрянути *(напр., про гостей)*
überfliegen* I *vi (s)* перелітáти *(через щось, кудись)*
überfliegen* II *vt* пролітáти *(над чимось);* перелітáти *(щось);* перебíгти очúма
überfließen* I *vi (s)* переливáтися (через край)
überflíeßen* II *vt* заливáти, затóплювати *(напр., луг)*
überflüssig *adj* зайвúй, непотрíбний
überfluten I *vi (s)* переливáтися чéрез край; виходúти з берегíв
überflúten II *vt* затóплювати *(тж перен.)*
überführen I *vt* перевозúти; передавáти
überführen II *vt* урóчисто доставляти *(когось кудись); (G)* викривáти *(когось)*
Überführung *f* **~, ~en** перевéзення; переведéння *(кудись);* передáча *(чогось комусь);* шляхопрóвід, віадýк
Übergabe *f* **~, ~n** передáча; врýчення
übergében* 1. *vt* передавáти; вручати; 2. **sich ~** здавáтися, капітулювáти; er übergíbt sich йогó нýдить
übergéhen* *vt* проходúти *(повз щось),* не помічáти *(чогось);* пропускáти *(щось);* обділяти *(когось);* порýшувати *(напр., закон)*
übergießen* I *vt* переливáти; розливáти, наливáти занáдто багáто
übergíeßen* II *vt* облúвати, заливáти
übergreifen* поширюватися *(на щось),* охóплювати *(щось);* порýшувати *(чиїсь права),* втручáтися
Überhang *m* **~(e)s, ...hänge** завíса
überhäufen *vt (mit D)* осипáти *(напр., подарунками, ласками),* перевантажувáти *(роботою);* завáлювати *(напр. подарунками)*
überháupt *adv* взагалí, загáлом
überholen I *vt* переправляти *(на свій берег, на свій бік);* hol'über! гей (поромник), давáй порóм!
überhólen II *vt* обганяти, випереджáти *(тж* перен); ремонтувáти *(механізм);* перебирáти *(двигун)*
überhören *vt* недочýти, прослýхати; пропустúти повз вýха; перевíрити *(усну вправу)*

Überknöpfer *m* ~s, ~ підодія́льник
überkómmen* I *vt* охóплювати *(про почуття);* es
überkám ihn heiß йогó нáче жáром обсúпало; одéржувати в спáдщину *(щось від когось)*
überkommen* II *vi (s)* переходúти на протилéжний бік
überladen* *vt* перевантажувáти, надтó завантáжувати *(тж перен.)*
überláden *adj* перевантáжений, переобтя́жений
überlássen* 1. *vt* поступáтися, віддавáти; залишáти; sich *(D)* selbst ~ sein бýти полúшеним на самóго сéбе; передавáти, довірáти; 2. **sich** ~ (D) віддавáтися *(напр., роздумам)*
Überlast *f* **~, ~en** перевантáження, зáйва вáга; *первн.* непосúльний тягáр
überlásten *vt* перевантажувáти, надмíрно завантажувáти
überlästig *adj* обтяжлúвий, надокýчливий
überlaufen* I *vi (s)* переливáтися *(через край); (in A)* переливáтися *(кудись, у щось); (zu D)* перебігáти, переходúти *(на бік ворога)*
überláufen* II 1. *vt* обминáти *(когось);* не рахувáтися *(з кимось, з чимось);* перебігáти (очима); не давáти спóкою, досаждáти *(комусь; A)* перепóвнювати; 2. **sich** ~ набігатися
überlében 1. *vt* пережúти *(людину, славу);* переживáти *(щось),* зазнавáти *(чогось);* пережúти, вúжити; 2. **sich** ~ das hat sich überlébt це віджúло свій вік
überlegen I *vt (uber A)* клáсти *(щось поверх чогось);* накúнути *(хустку, пальто)*
überlégen II *vt* обдýмувати, обмíркóвувати
überlégen III *adj* якúй перевéршує *(D an D когось чимось);* j-m an Kraft ~ sein перевéршувати когóсь сúлою
Überlégenheit *f* ~ (*an D uber A*) перевáга *(в чомусь над кимось, над чимось)*
Überlégung *f* **~, ~en** міркувáння; etw. mit ~ tun робúти щось свідóмо; розсудлúвість
überleiten *vt* переводúти, переносúти; переливáти *(про рідину); (zu D)* переходúти *(напр., до наступного питання)*
überlíefern *vt* передавáти; вручáти; передавáти, повідомляти *(з покоління в поколінні)*
Überlíeferung *f* **~, ~en** передáча; врýчення; перекáз; традúція
Übermacht *f* ~ перевáга
übermächtig 1. *adj* могýтній; 2. *adv* надзвичáйно, дýже
Übermaß *n* **~es** *(an D, von D)* надлúшок *(чогось);* etw. im ~ háben мáти щось з лúшком; ~ im Éssen надмíрності в їжí
übermäßig 1. *adj* надмíрний; 2. *adv* надмíрно, нáдто
übermítteln *vt* передавáти, пересúлати

übermorgen *adv* післязáвтра
übermüden 1. *vt* перевтóмлювати; 2. **sich** ~ перевтóмлюватися
übernáchten *vi* (пере)ночувáти
Übernáchtung *f* **~, ~en** ночíвля; нíчлíг
Übernáhme *f* **~, ~en** приймáння *(напр., замовленні);* прийня́ття на сéбе; ~ éines Ámtes прийня́ття на робóту
übernehmen* I *vt* наки́нути *(одяг)*
übernéhmen* II 1. *vt* одéржувати, приймáти *(напр., замовлення);* брáти на сéбе *(відповідальність);* переймáти, запози́чати; 2. **sich** *~(in D)* не знáти мíри *(в чомусь)*
überprüfen *vt* (додатково) перевіря́ти; контролювáти; переглядáли, ревізувáти
Überprüfung *f* **~, ~en** перевíрка, контрóль; перегля́д, ревíзія
überquéren *vt* пересíкáти; переїжджáти; перелітати
überrágen *vt* піднімáтися, височíти *(над чимось); (an D)* перевéршувати *(когось чимось)*
überráschen *vt (mit D, durch A)* уражáти, дивувáти *(когось чимось);* захóпити зненáцька
überráschend *adj* несподíваний, раптóвий; разю́чий
Überráschung *f,* **~en** несподіваність, раптовість; сюрприз
überréden *vt (zu D)* умовля́ти, перекóнувати *(когось зробити щось)*
überréichen *vt* передавáти, вручáти
überréichlich 1. *adj* ря́сний, багáтий *(на щось);* 2. *adv* ря́сно, щéдро
Überrest *m* **~es, ~e** зали́шок, улáмок; *pl* пережи́тки, зали́шки
Überrock *m* **~(e)s, ...röcke** пальтó, сюртýк
übersättigen 1. *vt* перенасичувати *(розчин);* 2. sich ~ *(mit D, an D)* пересититися *(чимось)*
Überschallflug *m* **~(e)s, ...flüge** надзвуковúй полíт
überschátten *vt* затінювáти; кидáти тінь *(на щось); перен.* затьмáрювати; стéжити, шпигувáти *(за кимось)*
überschätzen *vt* переоцíнювати
Überschau *f* **~** óгляд
überschréiben* I *vt* писáти *(поверх чогось);* перепи́сувати, переноси́ти на íншу сторíнку
überschréiben* II *vt* роби́ти нáпис *(на чомусь);* озаглáвлювати *(щось); (j-m)* переписувáти *(майно на чиєсь ім'я);* передавáти *(замовлення)*
überschréiten* *vt* переходи́ти, перестипáти *(щось);* перевéршувати; перевикóнувати *(норму);* перевищýвати *(повноваження, кошторис);* порýшувати, переступáти; ein Gesétz ~ порýшувати закóн
Überschrift *f* **~, ~en** нáпис; заголóвок; адрéса на листí
überschütten *vt* переси́пати; переливáти; *розм.* розсипáти; розли́ти
überschwímmen* *vt* перепливáти
überséhen* *vt* оглядáти; пропускáти, не помíчáти; дивитися крізь пáльці *(на щось)*
übersétzen *vt* перекладáти *(з однієї мови на іншу);* aus dem Ukraínischen ins Déutsche ~ переклáсти з української мóви на німéцьку
Übersetzer I *m* **~s, ~** перевізни́к *(на річці)*
Übersétzer II *m* **~s ~** перекладáч
Übersétzung *f* **~, ~en** переклáд *(на іншу мову);* перепóвнення; перевантáження; перетвóрення
übersichtig *adj* далекозóрий
übersichtlich *adj* достýпний для óгляду *(про місцевість);* я́сний, наóчний
übersiedeln *vi (s)* переселя́тися; переїжджáти *(в інше місто)*
Übersiedelung *f* **~, ~en** переселéння
überspringen* I *vi (s) (von D zu D, auf A)* перестрибувáти, перескакувáти *(з одного місця на інше); перен.* переходи́ти, перескакувáти *(з одного на інше)*
überstéhen* *vt* витерплювáти, переноси́ти, переборювáти *(труднощі)*
übersteigen* I *vi* (s) *(uber A)* перелáзити *(через щось);* переливáтися чéрез край; виходи́ти з берегíв
überstéigen* II *vt* переходи́ти *(через щось);* перебóрювати
übertrágbar *adj* перенóсний; яки́й мóжна переклáсти на íншу мóву; nicht ~ яки́й не мóжна переклáсти *(на іншу мову); ком* без прáва передáчі
übertrágen *adj* перенóсний, фігурáльний *(про значення слова)*
Übertrágung *f* **~, ~en** перенесéння; переміщення; рáдіо передáча, трансля́ція: перéклад *(здеб. віршів);* перенóс *(значення слова);* óбразний ви́слів; *мед.* перенéсення *(інфекції)*
übertréffen* *vt (an D, durch A)* перевéршувати
übertréiben* *vt* перебíльшувати
Übertritt *m* **~(e)s, ~e** перехід; der ~ aus éinem Berúf in den ánderen змíна професії
übervölkern *vt* перенаселя́ти
überwáchen *vt* стéжити, наглядáти *(за кимось),* доглядáти *(напр., дитину);* контролювáти
überwältigen *vt* перемагáти, переси́лювати
überwíegen* 1. *vi* переважáти, брáти верх; 2. *vt* переви́щувати *(тж перен);* die Néugier überwóg die Furcht цікáвість перебóрола страх
überwínden* 1. *vt* перемагáти, перебóрювати, долáти *(тж перен);* éinen Fluß ~ форсувáти рíчку; 2. **sich** ~ перебороти себé
Überwíndung *f* **~, ~en** переборéння, подолáння; ліквідáція; зуси́лля

U

Überzahl *f*~ кількісна перевáга
überzéugen 1. *vt (von D)* переконувáти *(когось в чомусь)*; 2. **sich** ~ (von D) перекóнуватися *(в чомусь)*
überzéugend *adj* перекóнливий
Überzéugung *f*~, **~en** переконáння; die ~ gewínnen переконáтися
überziehen* I *vi (s)* переїжджáти *(в інший будинок)*
überzíehen* II 1. *vt* обтягувати, покривáти *(щось, напр., тканиною)*; натягувати, надівáти; das Bett frisch ~ змінúти білизнý на ліжку; 2. **sich** ~ *(mit D)* покривáтися *(напр., іржею)*
üblich 1. *adj* звичáйний, уживáний, загальновживáний; so ist es ~ так заведенó; 2. *adv* звичáйно; wie ~як звичáйно
U-Boot *n* **~es, ~e** *(скор. від* Unterseeboot) підвóдний чóвен
übrig 1. *adj* рéшта; das ~e рéшта; die ~en íнші; зáйвий; er hat nichts mehr ~ у ньогó нічогó бíльше не залишúлось; 2. *adv.* im ~en а втім, зрéштою
übrigens *adv* а втім, зрéштою
Übung *f*~, **~en** впрáвляння; тренувáння; прáктика; семінáр; *військ.* навчáння; вправа *(напр., з граматики)*; навúк; aus der ~ kómmen розучúтися *(щось робити)*
Úfer *n* **~s**, ~ бéрег; узберéжжя
úferlos *adj* безберéжний, безкрáй; нескінчéний *(напр., про суперечку)*
Úferstraße *f*~, **~n** нáбережна
Uhr *f*~, **~en** годúнник; die ~ geht nach годúнник відстає; die ~ geht vor годúнник поспішáє; *тк. sg* годúна *(при визначенні часу)*; Punkt zwei ~ рівно о другій годúнні
Úhrband *n* ~(e)s, **...bänder** ремінéць для нарýчного годúнника; **~zeiger** *m* **~s**, ~ стрíлка годúнника
Ukraíner *m* **~s**, ~ украïнець
ukraínisch *adj* украïнський
Últrastrahlung *f* ~, **~en** космíчне випромінювáння
um 1. *prp. (A)* навкóло, навкрýги; поряд; éine Réise um die Welt пóдорож навкóло свíту; um den Tisch sítzen сидíти навкóло столá; *(вказує на час)* о, у, чéрез, блúзько; um fünf Uhr о п'ятíй годúні; um díese Zeit у цей час; um Néujahr напередóдні Нóвого рóку; *(при позначенні кількості, часто при порівнянні)*; sich um fünf Minúten verspäten запізнúтися на п'ять хвилúн; um drei Jáhre jünger на три роки молóдший; за, чéрез *(про послідовність)*; Wóche um Wóche тúждень за тúжнем; um ein Jahr kehrt er zurück чéрез рік він повернéться; за *(вказує на обмін, ціну)*; um drei Mark káufen купúти за три мáрки; um kéinen Preis ні за що, *(переклад залежить від керу вання українського дієслова)*: um den Fríeden kämpfen борóтися за мир: ich weiß um die Sáche я знаю про цю спрáву; wie steht es um ihn? як його здорóв'я?, як його спрáви?; um ... wíllen (зарáди, з~за *(когось, чогось)*; um des Fríedens wíllen зарáди миру; um déinetwillen зарáди тéбе; 2. *adv* навкругú; rechts um! напрáво!; um und um з усíх бóків; 3. *cj (zu + inf)* щоб, з метóю; er kommt um uns zu hélfen він прийдé, щоб нам допомогтú; um Íhnen zu bewéisen, daß ... щоб вам довестú, що ...
úmarbeiten *vt* переробляти; виправляти
umármen *vt* обіймáти
Úmbau *m* **~(e)s** перебудóва, реконстрýкція; реорганізáція
úmbauen *vt* перебудóвувати; реорганізóвувати
úmbiegen* 1. *vt* згинáти; загинáти; 2. *vi (s)* повертáти *(про дорогу)*
umbílden *vt* перетвóрювати; реорганізóвувати; перепідготóвлювати
úmbinden* ² *vt* обв'язувати, пов'язувати *(напр., голову хусткою)*
umbínden* II *vt (mit D)* обв'язувати, перев'язувати, обмóтувати *(щось, чимось)*
úmblättern *vt* перегортáти сторінкú
Úmblick *m* **~(e)s, ~ e** кругозíр; óгляд; пóгляд навкóло сéбе
úmblicken, sich оглядáтися, озиратися (навкóло); *(nach D)* оглянýлися на щось; шукáти очúма *(щось)*
úmbringen* 1. *vt* убивáти, губúти; 2. **sich** ~ наклáсти на сéбе рýки
úmdrehen 1. *vt* повертáти; вертíти, крутúти: 2. **sich ~** повертáтися; обертáтися
Úmdrehung *f*~, **~en** поворóт; óберт
úmfahren* I 1. *vt* наïжджáти *(на когось, на щось)*, збивáти з ніг *(когось)*, 2. *vi (s)* ïхати в об'ïзд
umfáhren* II *vt* об'ïжджáти, обминáти
Úmfahrt *f*~, **~en** об'ïзд; гак; éine ~ hálten об'ïжджáти
úmfallen* *vi (s)* пáдати; перекидáтися
Úmfang *m* **~(e)s, ...fänge** *мат.* перúметр; кóло; óбсяг; розмíр; ємність; in vóllem ~ пóвною мíрою, цілкóм
umfángen* *vt* о(б)хóплювати; обвивáти; обіймáти; отóчувати, охóплювати
úmfänglich *adj* велúкий, об'ємистий
úmfangreich *adj* велúкий, об'ємис~тий, просторий, широкий
umfássen *vt* о(б)хоплювати, обіймáти; містúти (в собі), охóплювати
umfássend 1. *adj* велúкий, ширóкий; ein ~es Prográmm ширóка прогрáма; éine ~e Bedéutung величéзне знáчення; 2. *adv* ширóко; ein ~gebíldeter Mensch широко освíчена людúна
úmfliegen* I *vi (s)* облітáти
umflíegen* II *vt* облітáти *(якийсь простір)*; літáти *(навколо чогось)*
umflíeßen* *vt* обтікáти, тектú *(навколо чогось)*, омивáти *(щось)*
úmformen *vt* міняти фóрму *(чогось)*; деформувáти *(щось)*; перетвóрювати, переробляти; міняти структýру *(чогось)*

U

Úmfrage *f* **~, ~n** опит; анкéта; референдум
úmfragen *vi* óпитувати; провóдити опитування
Úmgang *m* **~(e)s, gänge** обхíд; об'ïзд; *тк. sg* спілкувáння, знайóмство; ~ mit j~m háben зустрічáтися, підтри́мувати знайóмство з кимось; *тк. sg* компáнія, товари́ство
úmgänglich *adj* товари́ський; ввíчливий, лáгідний
Úmgangssprache *f* **~, ~n** розмóвна мóва
umgében* *vt* отóчувати
Umgébung *f* **~, ~en** околи́ця; *перен.* отóчення, середóвище
Úmgegend *f* **~, ~en** місцéвість
úmgehen* I *vi (s)* броди́ти, блукáти; вертíтися, обертáтися; минáти *(про час);* ходи́ти *(про чутки);* обходи́ти, роби́ти гак; *(mit D)* спілкувáтися *(з кимось); (mit D)* повóдитися, обхóдитися *(з кимось, з чимось)*
umgéhen* II *vt* обхóдити; уникáти *(чогось);* éine Ántwort ~ уникáти вíдповіді; das läßt sich nicht ~це немину́че
úmgehend 1. *adj* термінóвий *(про відповідь);* mit ~er Post ántworten відповісти́ термінóвим листóм; 2. *adv* термінóво
úmgekehet 1. *adj* перевéрнутий; вивéрнути́й навúворіт; зворóтний, протилéжний; 2. *adv* навпаки́
úmgestalten *vt* перетвóрювати, видозмíнювати, реорганізóвувати
úmgießen* *vt* переливáти; розливáти
umhér *adv* навкруги́, навкóло
umhérblicken vi оглядáтися, озирáтися; **~fahren*** *vi (s)* роз'ïжджáти, катáтися; mit der Hand ~ fáhren жестикулювáти; **~~fliegen*** *vi (s)* літáти навкруги́; опадáти *(про листя);* **~gehen*** *vi (s)* розгу́лювати,~ походжáти; **~liegen*** *vi* лежáти навкóло в безлáдді, бу́ти розки́даним; **~reisen** w *(s)* роз'ïжджáти; мандрувáти; **~treiben*** 1. *vt* розганя́ти; 2. **sich** ~ tréiben бродяжити; **~werfen*** *vt* розкидáти; **~ziehen*** *vi (s)* броди́ти, кочувáти
úmhören, sich *(nach D)* прислухáтися *(до того, про що кажуть навкруги);* розпи́тувати *(про щось)*
úmkehren 1. *vi (s)* повертáти назáд; 2. *vt* перевертáти, перекидáти; вивертáти *(напр.,* кишені); *перен.* перевертáти; das gánze Haus ~ перевернýти в будинку все догори́ ногáми; 3. **sich** ~ перевертáтися, перекидáтися
úmkippen 1. *vt* перекидáти; 2. *vi (s)* перекидáтися, втрачáти рівновáгу
úmkleiden I 1. *vt* переодягáти *(когось);* 2. **sich** ~ переодягáтися
umkléiden II *vt* оббивáти, обтягувáти *(тканиною);* отóчувати; mit éinem Schímmer von Romántik ~ отóчувати ореóлом ромáнтики
úmkommen* *vi (s)* ги́нути; *(vor D)* знемагáти, умирáти *(напр., від нудьги)*
Úmkreis *m* **~es, ~e** кóло; *тк. sg* місцéвість; райóн
umkréisen *vt* отóчувати; кружля́ти *(над чимось, біля чогось)*
umlágern *vt* отóчувати, блокувáти *(місто, фортецю):* j-n ~ приставáти до когóсь, докучáти комýсь
Úmlauf *m* **~(e)s, ...läufe** колóвий рух, обертáння; циркуля́ція; ~ des Géldes *ек.* грошóвий обіг; циркуля́р
úmlaufen* 1. *vt* збивáти з ніг; 2. *vi (s)* вертíтися, обертáтися; бýти в óбігу (про гроші), циркулювáти *(про кров);* ходи́ти *(про чутки);* минáти *(про час)*
úmliegend *adj* навколи́шній
úmmachen *vt* переробля́ти
úmordnen *vt* змíнювати поря́док (послідовність) *(чогось);* переставля́ти *(щось)*
umráhmen *vt* вставля́ти в рáмку; обрамóвувати
Umráhmung *f* **~, ~en** рáмка; обля́мівка
úmräumen *vt* переміщáти, переставля́ти
úmreisen ² *vi (s)* об'ïжджáти, зроби́ти гак
umréisen II *vt* об'ïжджáти; die Érde ~ об'ïхати навкóло світу
umríngen *vt* отóчувати, обступáти
Úmriß *m* **...risses, ...risse** кóнтур, обри́с; крéслення
úmschaffen* *vt* переробля́ти, змінювáти; перетвóрювати
Úmschau *f* **~** óгляд; internationále ~міжнарóдний óгляд
úmschauen, sich *див.* úmsehen, sich
Úmschlag *m* **~(e)s, ...schläge** обгóртка; обклáдинка; конвéрт; обшлáг, ви́лога *(на одязі); мед.* компрéс; (раптова) зміна *(напр.,* погоди); злам, перелóм; різкий перехід *(з одного стану в інший)*
úmschlagen* 1. *vt* надягáти, напи́нати *(хустку);* обгортáти, обмóтувати; перегортáти *(сторінки);* перевантáжувати *(товар);* перекидáти, звáлювати; загинáти, загортáти; пускáти в óбіг *(товар);* 2. *vi (s)* різко міня́тися *(про погоду);* ламáтися *(про голос);* перекидáтися; *(in A)* переходи́ти, перетвóрюватися *(у щось);* скисáти, псувáтися *(про рідину)*
umschließen* *vt* отóчувати *(щось, напр., стіною);* обхóплювати: обіймáти; включáти *(напр., в список)*
umschränken *vt* отóчувати, обгорóджувати *(напр., бар'єром); перен.* обмéжувати
úmschreiben* I *vt* перепи́сувати; *(auf j-n)* перепи́сувати *(напр., майно, борг на когось),* передавáти *(щось комусь)*
umschréiben* II *vt* опи́сувати, переказувáти; перефразовувáти
úmschütten *vt* пересипати; перели́вати; розси́пати; розливáти, перекидáти *(напр., склянку з водою)*
úmsehen*, sich оглядáтися, обертáтися назáд; роздивля́тися, озирáтися; *(nach*

U

D) шукáти (очима) *(щось);* sich nach Árbeit ~шукáти робóту

úmseits *adv* на дрýгій сторінці, на зворóті *(сторінки)*

úmsetzen *vt* пересáджувати *(рослини);* переміщáти, переставля́ти; пускáти в обіг (в продаж); éinen Plan in die Tat ~ здійснювати план

úmsichtig *adj* обáчний, оберéжний

úmsiedeln 1. *vt* переселя́ти; 2. *vi (s)* переселя́тися

umsónst *adv* дáром, безплáтно; дарéмно, мáрно

Úmsorge *f* ~, **~n** обáчність, оберéжність

umspánnen *vt (mit D)* обтя́гувати *(щось чимось);* обхóплювати; стискати

úmspülen I *vt* підмивáти; змивáти *(течією, хвилями)*

umspülen II домивáти *(напр., берег)*

Úmstand *m* **~(e)s, ..stände** обстави́на; die näheren Úmstände подрóбиці; *pl* умóви *(життя);* ситуáція; *pl* церемóнії, турбóти; Úmstände machen церемóнитися

úmsteigen* *vi (s) (in A)* пересідáти *(в інший поїзд)*

úmstellen 1. *vt* переставля́ти; den Hahn ~ повертáти кран, переключáти вóду (газ і т. п.); міня́ти розміщення; *(auf A)* перебудóвувати; переключáти; 2. **sich** ~ *(auf A)* перебудóвуватися, переключáтися *(на щось)*

Úmstellung *f* ~, **~en** перестанóвка, переміщéння; поворóт *(напр., крана);* переключéння; переналáдка; *(auf A)* перебудóва, переключення *(на щось)*

Úmsturz *m* **~es, Úmstürze** зруйнувáння, падіння *(напр., стіни);* скинéння, повáлення *(влади);* переворóт

úmstürzen 1. *vt* руйнувáти *(тж перен.),* спростóвувати; скидáти; *vi (s)* пáдати, валитися; руйнувáтися

Úmtausch *m* ~es, ~e *i* **...täusche** обмін

úmtauschen *vt* обмінювати, міня́ти

úmwälzen *vt* перекочувáти, котити; робити переворóт *(у громадському житті, в науці);* скидáти *(чиюсь владу)*

úmwandeln *vt* перетвóрювати

Úmwelt *f* ~ навколи́шній світ, отóчення; навколи́шнє середóвище

úmweltfeindlich *adj* небезпéчний для навколи́шнього середóвища; **~freundlich** *adj* нешкідли́вий

Úmweltschutz *m* **~(e)s** зáхист навколи́шнього середóвища

úmwenden* 1. *vt* вивертáти; перевертáти; перегортáти; змінювати нáпрям рýху *(чогось);* 2. **sich** ~ перевертáтися; обертáтися; *(nach D)* обертáтися *(до когось)*

úmwerfen* 1. *vt* перекидáти, збивáти з ніг; 2. *vi (s)* впáсти, перекинутися

umwíckeln *vt (mit D)* обмóтувати, обгортáти *(чимось);* обкýтувати *(щось чимось)*

umwínden* *vt (mit D)* обвивáти *(щось чимось);* обіймáти

umwölken 1. *vt* заволікáти (затягати) хмáрами; 2. **sich** ~ заволікáтися хмáрами; затьмáрюватися, хмурніти

úmziehen* 1. *vi (s) (in A)* переїжджáти *(на іншу квартиру, в інше місто);* 2. **sich** ~ переодягáтися

Úmzug *m* ~(e)s, **...züge** переїзд *(на іншу квартиру);* процéсія; демонстрáція

únabhängig *adj* незалéжний

Únabhängigkeit *f* ~ незалéжність

únablässig *adj* постійний, безперéрвний; невпи́нний

unabséhbar *adj* неося́жний; непередбáчений

únabsichtlich 1. *adj* ненавми́сний; 2. *adv* ненавми́сне

únachtsam *adj* неувáжний; необерéжний, необáчний

únangenehm *adj* неприє́мний; прикри́й

únangréifbaar *adj* непристýпний; непорýшний *(запас);* незаперéчний

únannéhmbar *adj* неприйнятний, неприпусти́мий

Únannehmlichkeit *f*~, ~en неприє́мність

unantástbar *adj* недотóрканий

únartig *adj* нечéмний, невихóваний

únauffällig 1. *adj* непомітний; 2. *adv* непомітно

unaufháltbar 1. *adj* невтри́мний; 2. *adv* невтри́мно

únaufhörlich 1. *adj* безперéрвний, безупи́нний; 2. *adv* безперéрвно, безупи́нно

unauflösbar *adj* нерозри́вний, непорýшний; нерозчи́нний

unaufschíebbar *adj* невідклáдний

únauslöschbar *adj* незглади́мий; невгаси́мий *(про вогонь);* невсити́мий *(про голод)*

únausspréchlich 1. *adj* невимóвний; éine ~e Fréude несказáнна рáдість; 2. *adv* дýже, надзвичáйно

únausstéhlich *adj* нестéрпний, незносний

únbändig *adj* невгамóвний, неприбóрканий

únbarmherzig *adj* немилосéрдний, жорстóкий

únbeabsichtigt 1. *adj* ненавми́сний; 2. *adv* ненавми́сне

únbeachtet *adj* непоміченний; зали́шений без увáги

únbeaufsichtigt *adj* бездогля́дний

únbedacht *adj* необдýманий, необáчний

únbedeutend *adj* незнáчний; невели́кий

únbedingt 1. *adj* безумóвний, беззастерéжний; 2. *adv* безумóвно, неодмінно

únbefangen *adj* невимушений, прирóдний, простий; об'єкти́вний, неуперéджений

únbefriedigt *adj* незадовóлений

únbefristet *adj* безстрокóвий

únbefugt *adj* некомпетéнтний, неправомóчний

U

únbegrenzt *adj* необмéжений
Únbehagen *n* ~s незрýчність; ніякóвість; невдовóлення; нездужáння
únbehaglich *adj* неприє́мний; незати́шний; незрýчний
únbekannt *adj* невідóмий, незнайóмий
únbelebt *adj* малолю́дний *(напр., про вулицю)*
únbeliebt *adj* нелюби́мий, непопуля́рний
únbemannt *adj* без екіпáжу; ein ~ es Flúgzeng безпілóтний літáк
únbemerkt 1. *adj* непомічений; 2. *adv* непомітно
Únbequemlichkeit *f* ~, ~en незрýчність
únberechtigt *adj* неправомóчний; несправедли́вий, необгрунтóваний
unberúfen *adj* некли́каний, непрóшений; самовільний; некомпетéнтний
únbeschädigt *adj* непошкóджений, цілий: ~ **bléiben** уціліти
unbeschränkt *adj* необмéжений
unbeschréiblich *adj* невимóвний, несказанний
únbeschrieben *adj* неопи́саний; несписаний, чи́стий *(про папір)*
únbesíegbar *adj* непереможний, непобóрний, неперебóрний
únbesórgt *adj* безтурбóтний
únbeständig *adj* непостійний, мінли́вий
únbestimmt *adj* неви́значений, неозначений *(тж грам.)* нетóчний; неви́разний
únbestrítten *adj* безперéчний; беззаперéчний; неспростóвний
únbeteiligt *adj (bei D)* непричéтний *(до чогось);* яки́й не берé ýчасті *(у чомусь);* нейтрáльний; байдýжий
únbetont *adj* ненаголóшений
unbéugsam *adj* негнýчкий непохи́тний, незлáмний
únbevölkert *adj* ненасéлений; безлю́дний
unbewégbar *adj* нерухóмий; яки́й не мóжна зрýшити (з місця)
únbeweglich *adj* нерухóмий *(тж про майно)*
únbewiesen *adj* недоведéний
únbewohnt *adj* ненаселéний, нежили́й
únbewußt *adj* несвідóмий; ненавми́сний
únbezahlt *adj* неоплáчений, несплáчений
únbiegsam *adj* негнýчкий; *перен. тж* впéртий
und *cj* Herbst ~ Wínter осінь і зимá; ~ doch і все ж таки́; ~ ánd(e)res (mehr) *(скор.* u.a., u.a.m.) та інше; ~ so wéiter *(скор.* usw.) і так далі; a; ich blieb zu Háuse, ~ mein Brúder ging in die Schúle я залиши́вся вдома, а мій брат пішóв до шкóли; ~ zwar *(скор.* u zw) а сáме
úndankbar *adj* невдя́чний
undénkbar, **undénklich** *adj* неймовірний, незбáгненний
úndeutlich *adj* нея́сний; неви́разний
únduldsam *adj* нетерпи́мий
Únehre *f* ~ безчéстя, ганьбá
únehrlich *adj* нечéсний; безчéсний; безслáвний, ганéбний
Úneinigkeit *f* ~, ~en незгóда; свáрка
unéndlich 1. *adj* нескінченний; неося́жний; 2. *adv* нескінченно
unentgéltlich 1. *adj* безплáтний; 2. *adv* безплáтно
únentschieden *adj* нерозв'я́заний *(напр.. про питання);* нерішýчий *(напр., характер); спорт.* нічи́йний; ein ~es Spiel нічия́
unentwégt *adj* стійкий, непохи́тний
unerbíttlich *adj* невблáганний, непохи́тний, безжáлісний
unerklärbar *adj* непоя́сненний, нез'ясóвний
unermüdlich *adj* невтóмний
unerréichbar *adj* недося́жний
unerschütterlich *adj* непохи́тний; стійкий
unerträglich *adj* нестéрпний
únerwartet 1. *adj* несподіваний, раптóвий; нежданий; 2. *adv* несподівано, раптóво; рáптом
únerwünscht *adj* небажáний
únerzogen *adj* неви́хований
Únfall *m* **~(e)s, ...fälle** нещáсний ви́падок; авáрія
Únfallstation *f* ~, ~en стáнція швидкóї допомóги; **~wagen** *m* ~s, ~ маши́на швидкóї допомóги
unfáßbar *adj* невлóвний, невлови́мий; незбáгненний
únförmig *adj* безфóрмний; потвóрний; бри́дкий
Úngar *m* ~n, ~n, ~ in *f* ~, ~nen угóрець, угóрка
úngarisch *adj* угóрський
úngeachtet 1. *adj* якóго не поважáють; 2. *prp* (G) незважáючи *(на когось, щось);* ~ áller Mühe незважáючи на всі зуси́лля; 3.: úngeachtet daß / úngeachtet déssen, daß *cj* незважáючи на те, що
úngebildet *adj* неосвічений, некультýрний
úngebräuchlich *adj* невжи́ваний
Úngeduld *f* ~ нетерпіння; mit ~ з нетерпінням
úngeeignet *adj* непідходя́щий, непридáтний
úngefähr 1. *adj* приблизний; нея́сний, нечіткий; 2. *adv* приблизно, бли́зько; nicht von ~ не випадкóво
úngeheuer 1. *adj* страхітли́вий; жахли́вий, жахли́вий, величéзний; надзвичáйний, нечýваний; 2. *adv* жахли́во, надзвичáйно
Úngeheur *n* **~s**, чудóвисько; страхови́ще
úngehindert *adj* безперешкóдний
úngeladen I *adj* некли́каний, непрóшений
úngeladen II *adj* незаря́джений; незавантáжений: порóжній
úngelegen 1. *adj* незрýчний *(напр., про час);* неприє́мний; 2. *adv* не до рéчі, недорéчно

U

úngenügend *adj* недостáтній; незадовільний (*тж про оцінку)*
úngerade *adj* непрямúй, нерівний; непáрний
úngerecht *adj* несправедлúвий
Úngewiß *adj* невідóмий, невúзначений
Úngewißheit *f* **~, ~en** невідóмість, невúзначеність; невпéвненість
Úngewitter *n* **~s,** ~ негóда; грозá; бýря
úngewohnt *adj* незвúчний; який не звик *(G до чогось);* er ist déssen ~ він до цьóго не звик
úngezogen *adj* невихóвний, грýбий; неслухнянúй
úngezwungen *adj* невúмушений, прирóдний, простúй
úngläubig *adj* недовірливий, скептичний; невіруючий
ungláublich *adj* неймовірний
úngleich *adj* нерівний, неоднáковий, різний; нерівний; кривúй
úngleichartig *adj* неоднорідний
Úngleichheit *f* **~, ~en** нерівність; неоднáковість
Únglück *n* **~(e)s, ~e** нещáстя, невдáча, бідá; ~ háben бýти нещаслúвим
Úngunst *f* **~** немúлість, неприхúльність; bei j-m in ~ stéhen бýти в немúлості у когóсь
únheimisch *adj* чужúй, безрідний: незатúшний; жахлúвий
únheimlich *adj* жахлúвий; тривóжний; зловісний
únpassend *adj* непідходя́щий, незрýчний; недорéчний
únpersönlich *adj* позбáвлений індивідуáльності; *грам.* безосóбовий
Únrecht *n* **~(e)s** несправедлúвість; im ~ sein бýти непрáвим; mit ~, zu ~ непрáвильно, дарéмно
únregelmäßig *adj* непрáвильний, не регуля́рний
Únruhe *f* **~, ~n** неспóкій, тривóга
únruhig *adj* неспокійний; ~ über etw. *(A)* sein турбувáтися про щось; неспокійний, невгамóвний
uns *pron pers D i A від* wir; únter ~(geságt) між нáми (кажучи); fráge ~ nicht не запитýй (у) нас
únschmackhaft *adj* несмáчний
Únschuld *f* **~** невúнність; невинувáтість
únschuldig *adj)* невúнний; невинувáтий
únser 1. *pron poss т* (*f* úns(e)re, *n* únser, *pl* úns(e)re; *без імені* úns(e)rer. *f* úns(e)re, *n* úns(e)res, *pl* úns(e)re) наш (наша, наше, наші); *(при вказуванні на належність підмета)* свій (своя, своє, свої); 2. *pron pers G від* wir
únser(er)seits *adv* з нáшого бóку, щодó нас
únsicher *adj* небезпéчний; ненадійний, непéвний, сумнівний; невпéвнений
únsichtbar *adj* невúдимий
únsterblich *adj* безсмéртний, невмирýщий
úntadelhaft, **úntad(e)lig** *adj* бездогáнний
úntätig *adj* бездія́льний: мля́вий, пасúвний
untéilbar *adj* неподільний, цілісний
únten *adv* унúзу, наспóді; nach ~унúз; von ~ знúзу
únter *prp (D) на питання "де?", A на питання "куди')* під; ~ dem Tisch під столóм; ~ dem Baum під дéревом: er stellt die Bank ~ den Tisch він стáвить лáву під стіл; sétzte sich ~ die Zúschauer він зайня́в місце серéд глядачів; *(D)* нúжче; etw. ~ dem Preis verkáufen продáти щось нижчé цінú; *(D)* при, з, за, під; ~ der Bedíengung за умóви; з умóвою; ~ Mítwirkung von j-m за сприя́ння когось; ~ díesem Léhrer при цьóму вчúтелі; ~ séiner Führung під йогó керівнúцтвом; від *(про причину):* ~ der Hítze léiden страждáти від спéки
Únterarm *m* **~(e)s, ~e** передпліччя
unterbréchen* *vt* переривáти, перебивати; (при)зупиня́ти
Unterbréchung *f* **~, ~en** перéрва, зупúнка *(в чомусь);* тимчасóве припинення *(чогось)*
únterbringen *vt* поміщáти; розміщáти; розташóвувати; стáвити; влаштóвувати *(людей десь);* вміщáти, друкувáти *(статтю);* вкладáти *(гроші)*
unterdés, unterdéssen *adv* тим чáсом
unterdrücken *vt* придушувати, гнобити
Unterdrückung *f* **~, ~en** гноблення, гніт; придушення *(напр., повстання)*
Unterführung *f* **~, ~en** тунéль, підзéмний перехід
Úntergang *m* **~(e)s, gänge** зáхід *(світила);* загúбель; *перен.* занепáд, загúбель
úntergeh(e)n* *vi (s)* заходúти, сідáти закóчуватися *(про небесні світила);* тонýти, іти на дно; гúнути
Úntergrund *m* **~(e)s, ...gründe** підґрýнтя *(тж перен);* фон, тло; óсад; осáдок; підпілля
Úntergrundbahn *f* **~, ~en** *(скор.* U-Bahn) метрó
únterhalb 1. *adv* внизý, знúзу; 2. *prp (G)* нúжче, під; ~ des Flússes унúз по річці
unterhálten* 1. *vt* підтрúмувати; gute Bezíehungen zu j~m ~ підтрúмувати з кимóсь дóбрі стосýнки; утрúмувати *(когось);* розважáти *(розмовою);* 2. **sich** ~ *(mit D uber A i von D)* розмовля́ти *(з кимось про когось, про щось); (mit D)* розважáтися, займáтися *(чимось);* er hat sich gut ~ він дóбре провів час
Unterháltung *f*~, ~en бесіда, розмóва; розвáга; технічне обслугóвування; дóгляд
Unterhándlung *f* **~, ~en** *pl* переговóри; ~en führen вестú переговóри; посерéдництво
únterirdisch *adj* підзéмний: підпільний, таємний, нелегáльний

unterjóchen *vt* поневóлювати, пригнóблювати.
Únterklasse *f* **~, ~n** молóдший клас *(у школі)*
Únterkleidung *f* **~, ~en** спідня білизнá
únterkommen* *vi (s)* улаштóвуватися, знаходи́ти притýлок; укривáтися *(десь);* улаштóвуватися *(на підприємстві кимось)*
Únterkommen *n* **~s,** притýлок, пристáновище; гуртожи́ток; місце робóти
Únterkunft *f* **~, ...künfte** притýлок; гуртожи́ток; житлó
unterlíegen* *vi (s) (D)* зазнавáти порáзки, бýти перемóженим *(кимось);* поступáтися *(комусь); спорт.* прогрáти *(комусь);* бýти у відáнні *(когось, чогось);* бýти підлéглим *(комусь);* es unterlíegt kéinem Zwéifel, daß ... не підлягáє сумніву, що ...
unternéhmen* *vt* починáти *(щось),* брáтися *(за щось)*
Unternéhmen *n* **~s,** ~ спрáва, починáння; підприéмство; організáція; спрóба
Unternéhmer *m* **~s,** ~ підприéмець
únterordnen 1. *vt (D)* підкоря́ти *(когось, щось комусь, чомусь);* 2. **sich** ~ *(D)* кори́тися *(комусь, чомусь)*
unterréden, sich *(mit D)* розмовля́ти *(з кимось);* вести́ перемовóри *(з кимось)*
Unterrédung *f* ~, **en** розмóва; перегово́ри, ~ en pflégen вести́ перегово́ри
Únterricht *m* **~(e)s** викладáння, навчáння; заня́ття; урóки
unterríchten 1. *vt (j-n in D)* викладáти *(комусь щось);* навчáти *(когось чомусь); (uber A, von D)* інформувáти, повідомля́ти *(когось про когось, про щось);* 2. **sich** *~(uber A)* довідуватися, збирáти відомості *(про когось, про щось)*
Únterrichtsanstalt *f* **~, ~en** навчáльний! зáклад; ~ **fach** *n* **~(e)s,** ... **fächer** навчáльний предмéт; ~ **jahr** *n* **~(e)s, ~e** навчáльний рік; ~ **stoff** *m* **~(e)s, ~e** навчáльний матеріáл; ~ **wesen** *n* ~s освіта; народна освіта; навчáння
unterságen *vt (j-m)* забороня́ти *(щось комусь)*
unterschätzen *vt* недооцінювати
unterschéiden* 1. *vt* розрізня́ти, розпізнавáти; 2. **sich** ~ *(durch A, in* D *von D)* відрізня́тися *(чимось від когось, від чогось)*
Únterschied *m* **~(e)s, ~e** різниця, відмінність
unterschíeden *adj* різний, неоднáковий
unterschréiben* *vt* підпи́сувати
Únterschrift *f* **~, ~en** підпис; éine ~, léisten стáвити (свій) підпис
Únterseeboot *n* ~(e)s, ~e *(скор.* Ú-Boot) підвóдний чóвен
Únterseite *f***~, ~n** виворітний бік, ви́ворiт
untersétzt *adj* приземкувáтий, осадкувáтий
úntersinken* *vi (s)* (за)тонýти; занýрюватися; заходи́ти, сідáти *(про небесні світила)*
Únterstand *m* **~(e)s**, ...**stände** *військ.* схóвище; бліндáж; притýлок, пристанóвище; j-m gében давáти притýлок комýсь
unterstéhen* 1. *vi (D)* підпорядкóвуватися *(комусь);* бýти в підлéглості *(у когось);* підлягáти (*чомусь);* 2. **sich** ~ насмілювáтися, наважувáтися *(щось робити)*
unterstéllen I 1. *vt* (D) підкоря́ти *(когось комусь);* 2. **sich** ~ підкоря́тися *(комусь)*
únterstellen II 1. *vt* підставля́ти, стáвити *(щось під щось);* 2. **sich** ~ставáти *(під щось),* ховáтися *(під щось)*
unterstréichen* *vt* підкрéслювати *(тж перен.)*
unterstützen *vt* підтри́мувати *(когось, щось),* підпирáти
untersúchen *vt* досліджувати; випрóбовувати; перевіря́ти; оглядáти *(хворого); юр.* розслідувати
Untersúchung *f*~, **~en** дослідження, вивчéння; óгляд; éine ärztliche ~медичний óгляд; *юр.* попере́днє слідство
Untersúchungsrichter *m* ~s, ~ слідчий
Úntertasse *f* ~, ~n блюдце
úntertauchen *vi (s)* занýрюватися; пори́нати; зникáти, щéзати *(напр., в натовпі)*
untertéilen *vt* розділя́ти, діли́ти на части́ни
Untertéilung *f* ~, ~en поділ, розподіл, членувáння
Úntertitel *m* **~s,** ~ підзаголóвок; субти́тр *(кіно)*
Únterwäsche *f* **~** спідня білизнá
unterwégs *adv* по дорóзі, дорóгою; попýтно, мимохідь
unterwérfen* 1. *vt* підкоря́ти, поневóлювати; *(D)* піддавáти *(когось випробуванню і т. п.);* 2. **sich** *(D)* підкоря́тися, кори́тися *(комусь,* чомусь)
unterzéichnen *vt* підпи́сувати
untrénnbar *adj* неподільний; не відді́льний; нерозлýчний; *грам.* невідокрéмлюваний *(про дієслово)*
Úntreue *f* **~** невірність, зрáда
untröstlich *adj* невтішний
unüberséhbar *adj* неозóрий; я́вний, очеви́дний, помітний
unüberwíndbar, **unüberwíndlich** *adj* непереборний; неперемóжний *(народ)*
únumgänglich I *adj* відлю́дний, нетовари́ський
únumgänglich II 1. *adj* неминýчий, обов'язкóвий, необхідний; 2. *adv* обов'язкóво, неминýче
ununterbrochen *adj* безперéрвний, безупи́нний, постійний
unveränderlich *adj* незмінний
unverbésserlich *adj* невипрáвний *(про людину);* непопрáвний

U

unverbrüchlich *adj* непорýшний
unveréinbar *adj* несумісний
unvergéßlich *adj* незабýтній, пáм'ятний
únverkäuflich *adj* непродàжний
únverkauft *adj* непрóданий
Unverlétzlichkeit /недотóрканність
únverletzt *adj* непошкóджений, цілий
unverméidbar, unverméidlich *adj* немину́чий
únvermittelt *adj* раптóвий, несподіваний
únvermögend *adj* бідний, незамóжний; безсúлий, неспромóжний
únvermutet *adj* несподіваний, раптóвий
únvernünftig *adj* нерозýмний
únverträglich *adj* нелáгідний; сварлúвий; несумісний
únverwandt 1. *adj* неспоріднений; несхóжий; пúльний *(погляд);* 2. *adv* пúльно, не зводячи очéй
unverzüglich *adj* негáйний, невідклáдний
únvollkommen *adj* недосконáлий
únvorsichtig *adj* необерéжний
unwéigerlich *adj* неминýчий; обов'язкóвий
únweit 1. *prp (G)* недалéко від, поблúзу від; ~ von недалéко від; 2. *adv* недалéко, поблúзу
únwesentlich *adj* неістóтний, незнáчний
Únwetter *n* **~s,** ~ негóда, бýря
unwiderrúflich *adj* категорúчний
Únwille *m* **~ns, Únwillen** *m* **~s** незадовóлення, обýрення
únwillig *adj* незадовóлений, обýрений
únwillkürlich *adj* мимовільний
únwirksam *adj* безрезультáтний
únwirtschaftlich *adj* безгосподáрний; неекономний; нерентáбельний
únwissend *adj* неосвічений: непоінформóваний
Únwissenheit *f* ~ неосвіченість; непоінформóваність
únwohl 1. *adj.* mir ist ~, ich bin ~ я нездýжаю; 2. *adv* погáно *(себе почув)*
Únzahl *f*~ безліч, сúла, незліченна кількість
unzählig *adj* незлічéнний
unzertrénnbar *adj* нерозрúвний
únzufrieden *adj (mit D)* незадовóлений *(кимось, чимось)*
unzwéifelhaft *adj* безсумнівний, безперéчний
üppig *adj* пúшний; розкішний
Úrahn *m* ~(e)s, ~en прáдід; прéдок
Úrall *n~s,* всéсвіт, світ
úralt *adj* стародáвній
Úraltertum *n* ~s доісторúчна епóха; ,сúва давнинá
Úraufführung *f*~, ~en прем'єра
Úrenkel *m* **~s, ~, ~ in, ~, ~nen** прáвнук, прáвнучка
Úrgeschichte *f*~ істóрія первісного суспільства
Úrgesellschaft *f*~ первісне суспільство
Úrkunde *f*~, **~n** докумéнт, акт, грáмота
úrkunden *vi (von D)* свідчити *[про щось)*
úrkundlich *adj* документáльний
Úrlaub *m* **~(e)s, ~e** відпýстка; ~ háben бути у відпýстці; auf ~ géhen іти у відпýстку; auf ~ sein бýти у відпýстці
Úrmensch *m* ~en, ~en первісна людúна
Úrquell *m* ~(e)s, ~e, **Úrquelle** *f*~ **n** першоджерéло
Úrsache *f*~, **~n** причúна; aus wélcher ~? на якій підстáві?, з якóго прúводу?; kéine ~ нема за що!, не вáрто подя́ки
Úrsage *f*~, ~n перекáз, легéнда
Úrsprung *m* ~(e)s, **...sprünge** почáток, похóдження
úrsprünglich *adj* первісний
Úrteil *n*~(e)s, ~e дýмка; міркувáння; *юр.* вирок
úrteilen *vi (uber A)* судúти, міркувáли *(про когось, про щось)*
Úrteilsspruch *m* ~(e)s. ..**sprüche** вирок, присýд
Úrzeit *f*~, ~en сúва давнинá; *pl* доісторúчні часú

V

vagabundíeren [~v~] *vi* брóдити, блукáти; кочувáти
váge [v~] *adj* неви́значений, нея́сний; неви́разний; хи́ткий *(про надії і т. п.)*
vakánt [v~] *adj* вакáнтний, вільний, незáйнятий
Valénz [v~] *f* ~, ~**en** *хім.* валéнтність
variábel [v~] *adj* непостійний, змінний; різноманітний
Variánte [v~] *f*~, ~n варіáнт
variíeren [v~] 1. *vt* варіювáти; змінювáти, урізноманітнювáти; 2. *vi* видозмінювáтися; відрізня́тися
Váter *m* ~s, **Väter** бáтько; *pl* прабатькú, прéдки; *перен.* бáтько, творéць, основополóжник, ініціáтор, áвтор
Váterland *n* ~(e)s, ...**länder** батьківщи́на, вітчи́зна
váterländisch *adj* вітчизня́ний
väterlich *adj* батьківський
Váterschaft *f*~ батьківствó
Vátersname *m* ~**ns,** ~**n** батькóве ім'я, по батькóві; mit ~ по батькóві
vegetabílisch [v~] *adj* росли́нний
vegetárisch [v~] *adj* вегетаріáнський
Vegetatión [v~] *f* ~, ~en росли́нність, флóра; вегетáція, пророст́ання
vegetatív [v~] *adj* росли́нний; *у різн. знач.* вегетати́вний
vehemént [v~] *adj* стрімки́й; си́льний; різкий
Véilchen *n* ~s, ~ фіáлка
véilchenblau *adj* фіáлковий; фіолéтовий
Véne [v~] *f*~, ~**n** *анат.* вéна
Ventíl [v~] *n* ~**s,** ~**e** кли́пан; вéнтиль
ventilíeren [v~] *vt* провітрювáти, вентилювáти; *розм.* обговóрювати *(питання)*
Vénus [v~] *f міф., астр.* Венера
verábfolgen *vt* відпускáти, видавáти *(напр.,* товар)
verabréden 1. *vt* домовля́тися *(про щось);* обумóвлювати (щось); 2. **sich** ~ домовля́тися; *(mit D)* признача́ти побáчення, домовля́тися про зу́стріч *(з кимось)*
Verábredung *f* ~, ~en умóва, угóда, домóвленість
verábreichen *vt* давáти *(напр., ліки);* видавáти, відпускáти *(щось)*
verábscheuen *vt* відчувáти оги́ду *(до когось, до чогось);* ненави́діти *(когось, щось)*
verábschieden 1. *vt* звільня́ти *(когось);* влаштóвувати прóводи *(комусь),* проводжáти *(когось);* приймáти, затвéрджувати *(закон);* 2. **sich** ~ *(von D)* прощáтися *(з кимось)*
veráchten *vt* зневажáти *(когось);* стáвитися з прези́рством *(до когось);* нехтувáти *(кимось, чимось);* не звертáти увáги *(на щось)*
veráchtlich *adj* презирли́вий; зневажли́вий; оги́дний
verálbern *vt розм.* дури́ти, обду́рювати; дражни́ти; роби́ти посміхóвиськом *(когось,* щось)
verállgemeinern *vt* узагальнювáти
verálten *vi (s)* старіти
veränderlich *adj* мінли́вий, змінний, непостійний
verändern 1. *vt* змінювáти, міня́ти; 2. **sich** ~ змінювáтися, міня́тися; міня́ти місце робóти, переходи́ти на іншу робóту
Veränderung *f*~, en перемінa, зміна
veránkern 1. *vt мор.* (по)стáвити на якір; *тех.* скріплювáти; укріплювáти, закріплювáти; *перен.* зміцнювáти; *(in D) перен.* записáти, зафіксувáти *(десь),* закріпля́ти *(чимось);* etw. gesétzlich ~ узакóнити щóсь; in der Verfássung veránkert sein бу́ти записаним в конститу́ції; 2. **sich** ~ укріплювáтися; зміцнювáтися
veránlagt *adj (zu D)* схи́льний *(до чогось);* здібний *(до чогось);* musikálisch ~ sein мáти здібності до му́зики
veránlassen *vt* спонукáти *(когось);* давáти при́від *(комусь);* виклика́ти, спричи́нити; розпоряди́тися *(про щось)*
Veránlassung *f* ~, ~en при́від; причи́на; bei jéder ~ з уся́кого при́воду; спонукáння, ініціати́ва; розпоря́дження; auf ~ des Diréktors з ініціати́ви (за розпоря́дженням) дирéктора
veránschaulichen *vt* унаóчнювати, покáзувати наóчно
veránstalten *vt* влаштóвувати, організовувати, проводити *(захід);* éinen Kongréß ~ скликати з'їзд (конгрес)

V

Veránstaltung *f*~, ~en організація, проведе́ння *(заходу);* за́хід; свя́то *(вечір, ранок і т. п.)*
verántworten 1. *vt* відповіда́ти, нести́ відповіда́льність *(за щось);* 2. **sich** ~ виправдо́вуватися; усвідомлюва́ти; відповіда́ти
verántwortlich *adj* відповіда́льний
Verántwortung *f* ~ відповіда́льність; die ~ für etw. *(A)* trágen нести́ відповіда́льність за щось
verántwortungsbewußt *adj* свідо́мий, яки́й усвідо́млює свою́ відповіда́льність; ~los безвідповіда́льний; ~voll *adj* відповіда́льний
verárbeiten *vt* обробля́ти; переробля́ти *(сировину); перен.* опрацьо́вувати *(напр., сюжет);* використо́вувати, узага́льнювати *(досвіді);* перетра́влювати *(їжу); перен,* осми́слювати; Eindrücke ~ осми́слити вра́ження
verárgen *vt* обража́тися *(за щось на когось);* ста́вити за провйну *(щось комусь);* доріка́ти *(комусь)*
verärgern *vt* (роз)серди́ти, розгні́вати *(когось),* розізли́ти, роздратува́ти *(когось)*
verármen *vi (s)* зубожі́ти, збідні́ти
veráusgaben *vt* 1. витра́тити, потра́тити; 2. **sich** ~ витра́титися; знесили́тися
Verb [v~] *n* ~s, ~en *грам.* дієсло́во
Verbánd *m* ~(e)s, ...**bände** пов'я́зка, бинт, перев'я́зка; éinen ~ ánlegen наклада́ти пов'я́зку, перев'я́зувати *(рану);* зв'язо́к, з'є́дна́ння, кріплення; спілка, товари́ство; *військ.* з'єдна́ння; частина; формува́ння
Verbándstoff *m* ~(e)s, ~e *мед.* перев'я́зний матеріа́л
verbánnen *vt* висила́ти, виганя́ти *(з країни);* відганя́ти *(від себе),* проганя́ти *(напр., думку)*
Verbánnung *f*~, ~en ви́гнання, засла́ння
verbéißen* 1. *vt* стримува́ти; затамо́вувати *(щось);* утри́муватися *(від чогось);* sich *(D)* éine Ántwort ~ утри́матися від відповіді; огриза́ти *(щось);* 2. **sich** ~ *(in A)* учепи́тися зуба́ми (в *когось, щось);* не відпуска́ти *(когось); розм.* бу́ти одержи́мим *(чимось),* схибну́тися *(на чомусь)*
verbérgen* 1. *vt* хова́ти, прихо́вувати; 2. **sich** ~ хова́тися, перехо́вуватися
verbéssern 1. *vt* виправля́ти *(напр,, помилку);* поліпшувати, вдо́ско налюва́ти, раціоналізува́ти; підноси́ти *(напр., життєвий рівень);* вноси́ти випра́влення (поправки); 2. **sich** ~ виправля́тися *(в розмові);* поліпшуватися; *розм.* поліпшувати своє́ службо́ве стано́вище
Verbésserungsvorschlag *m* ~(e)s, ...**schläge** раціоналіза́торська пропози́ція
verbéugen sich *(vor D)* кла́нятися, поклоня́тися *(комусь); перен.* схиля́тися *(перед кимось, перед чимось)*

Verbéugung *f*~, ~en покло́н, уклін
verbíeten* *vt* забороня́ти; Eintritt verbóten! вхід заборо́нено!
verbínden* 1. *vt* зв'язува́ти, з'єднува́ти, сполуча́ти *(тж тех. і перен,);* перев'язува́ти *(напр., рану);* зобов'язува́ти; ich bin Íhnen sehr verbúnden ... я вам ду́же зобов'я́заний; 2. **sich** ~ з'єднува́тися; sich éhelich ~ одру́жуватися
Verbíndung *f* ~, ~en з'єдна́ння; сполу́чення; конта́кт, зв'язо́к, стосу́нки; geschäftliche ~ en ділові стосу́нки; mit j-m in ~ stéhen підтри́мувати стосу́нки з кимо́сь; бу́ти зв'я́заним з кимо́сь; *тех.* зв'язо́к; *хім.* сполу́ка; об'єдна́ння, організа́ція; *лінгв.* сполу́чення; *мед.* перев'я́зка; злиття́ *(річок), pl* зв'я́зки, проте́кція
verbíssen *adj* озло́блений; жорсто́кий; зата́єний
verbíttern *vt* отрую́ва́ти, псу́вати *(життя)*
Verbítterung *f* ~ біль, прикрість, озло́бленість
verblássen *vi (s)* блідну́ти; блякну́ти, вицвіта́ти
verbléiben* *vi (s)* перебу́вати, залиша́тися; bei séiner Méinung ~ залиша́тися при своїй ду́мці; перебува́ти, прожива́ти; знахо́дитися
verbénden *vt* засліплюва́ти; вводи́ти в ома́ну; зачаро́вувати; облицьо́вувати, обшива́ти; *військ.* маскува́ти *(світло)*
verblüffen *vt (mit D, durch A)* приголо́мшувати, спантеличува́ти, уражáти *(когось чимось)*
verblühen *vi (s)* відцвіта́ти, в'я́нути *(тж перен); розм.* зника́ти, щеза́ти
verblümt 1. *adj* прихо́ваний, інакомо́вний, завуальо́ваний *(про висловлювання);* 2. *adv* натя́ками
verblúten *vi (s) і* **sich** ~ стіка́ти кров'ю; *перен.* вибива́тися з сил, сла́бнути; зазнава́ти вели́ких втрат *(про війська)*
verbórgen ² *vt* дава́ти в пози́ку, позича́ти
verbórgen II 1. *adj* схо́ваний, тає́мний; 2. *adv.* im ~en пота́й, тає́мно
Verbót *n* ~(e)s, ~e заборо́на
verbóten *adj* заборо́нений
Verbráuch *m* ~(e)s спожива́ння, ви́трата *(an D чогось); мед.* висна́ження
Verbráucher *m* ~і, ~ спожива́ч
Verbráuchsgüter *pl* това́ри широ́кого вжи́тку
verbréchen* *vt* лама́ти, злама́ти, відла́мувати *(кінець, край чогось);* вчини́ти *(щось злочинне);* провини́тися *(в чомусь);* накоїти *(щось)*
Verbréchen *n* ~s, ~ зло́чин; ein ~ begéhen вчини́ти зло́чин
Verbrécher *m* ~s, ~ злочи́нець
verbrécherisch *adj* злочи́нний
verbréiten 1. *vt* пошйрювати, розповсю́джувати; 2. **sich** ~ *(uber A)* поши́рюватися *(десь);* захо́плювати; розповсю́джуватися, става́ти відо́мим; *розм.*

V

до́вго (до кладно, багато) говори́ти *(про ко гось, про щось)*
Verbréitung *f* **~, ~en** поши́рення, розповсю́дження *(чогось);* поши́реність
verbrénnen* 1. *vt* спа́лювати: обпа́лювати; обпіка́ти; sich die Fínger ~ обпекти́ собі па́льці; *перен.* обпекти́ся на чому́сь; 2. *vi* (s) згора́ти; 3. **sich** ~ *(an D)* обпіка́тися *(чимось)*
Verbrénnung *f* **~, ~en** горіння;! спалюва́ння; крема́ція; опік
verbríngen* *vt* проводи́ти *(час);* перебува́ти *(деякий час де-небудь)*
verbrüdern, sich *(mit D)* брата́тися; об'єднува́тися; згурто́вуватися
verbrühen *vt* обва́рювати, обпіка́ти, обпа́рювати
verbúchen *vt* заноси́ти до (рахункової) кни́жки; підрахо́вувати *(щось);* підбива́ти підсу́мок; записа́ти на свій раху́нок *(тж дерен.)*
verbünden, sich *(mit D, gegen A)* уклада́ти сою́з, об'єднува́тися *(з кимось, проти когось)*
Verbúndenheit *f* ~ (тісний) зв'язо́к; сою́з, єдна́ння
verbündet *adj* союзний, союзницький
verbürgen 1. *vt* руча́тися, поручи́тися *(за когось, за щось);* гаранту́вати *(щось);* 2. **sich** ~ *(fur A)* руча́тися *(за когось, за щось)*
verbürgt *ado* вірогідний, достовірний
Verdácht *m* ~es підо́зра *(wegen G в чому́сь)*
verdächtig *adj* підозрілий; сумнівний; насторожуючий; підозрюваний; запідозрений *(wegen G в чомусь)*
verdächtigen *vt (wegen G)* підозрюва́ти *(когось в чомусь)*
verdámmen *vt (zu D)* прирі́ка́ти *(на щось);* засу́джувати *(до чогось);* проклина́ти
Verdámmnis *f* ~ прокля́ття; ка́ра
verdámpfen 1. *vt* випа́рювати; перетво́рювати в па́ру; 2. *vi (s)* випаро́вуватися, перетво́рюватися в па́ру; *розм.* зника́ти, щеза́ти
verdánken *vt (D)* завдя́чувати, бу́ти зобов'язаним *(чимось комусь, чомусь)*
verdérben* 1. *vt* псува́ти; губи́ти, псува́ти *(людяну);* es mit j-m ~ посвари́тися, порва́ти стосу́нки з кимо́сь; 2. *vi (s)* ги́нути *(тж перен.);* занепа́дати; псува́тися; гни́ти; скиса́ти *(про молоко)*
Verdérben *n* ~s псува́ння; загибель
verdérblich *adj* згу́бний; який шви́дко псу́ється, швидкопсу́вний
Verdérbnis *f* ~, **~se** погибель; псува́ння, ро́зклад; нещастя
verdéutlichen *vt* пояснюва́ти, роз'яснюва́ти; показува́ти
verdíchten 1. *vt фіз., тех.* згу́щувати; ущільнюва́ти; конденсува́ти; стиска́ти; набива́ти; 2. **sich** ~ згуща́тися *(тж перен.)*
verdíenen *vt* заслуго́вувати; заробля́ти *(гроші),* sein Brot ~ заробля́ти на хліб
Verdíenst ² *m* ~es, ~e заробіток
Verdíenst II *n* ~es, ~e заслу́га
verdíenstvoll *adj* заслу́жений, гідний, досто́йний (яро *людину)*
verdíngen* 1. *vt* укладáти; дава́ти напрока́т; 2. **sich** ~ найма́тися; бра́ти підря́д
verdólmetschen *vt* (усно) переклада́ти; пояснюва́ти
verdóppeln 1. *vt* подвоюва́ти, збільшувати вдво́є; 2. **sich** ~ подвоюва́тися, збільшуватися вдво́є
verdórren *vi (s)* засиха́ти, со́хнути *(про рослину)*
verdörren *vt* суши́ти, вису́шувати
Verdrängung *f* ~, ~en витісне́ння; водотонна́жність, тонна́ж
verdréhen *vt* скру́чувати; перекру́чувати; крути́ти; ви́вихнути, скрути́ти; скри́влювати, згина́ти; перекру́чувати *(напр., факти),* спотво́рювати; переіна́кшувати; j-m den Kopf ~ запамоpo͗чити го́лову ко́мусь
verdríeßen* серди́ти, дратува́ти; засму́чувати
Verdrúß *m* ...**drusses**, ..**drusse** доса́да, прикрість; непри́ємність
verdúften *vi (s)* видиха́тися, втрача́ти за́пах; *розм.* зника́ти, щеза́ти *(про людину)*
verdünnen *vt* робити то́ншим; розводи́ти, розріджува́ти
verdúnsten *vi (s)* випаро́вуватися
verdúrsten *vi (s)* вмира́ти від спра́ги
verdüstern 1. *vt* затьмарюва́ти; 2. **sich** ~ затьма́рюватися
verdútzen *vt* спантели́чувати, бенте́жити
verébben *vi (s)* спада́ти *(про приплив, тж перен.)*
verédeln *vt* облагоро́джувати; *с.-г.* поліпшувати поро́ду *(тварин);* окулірувати *(рослини); гірн.* збага́чувати
veréhelichen 1. *vt* видава́ти за́між; жени́ти; 2. **sich** ~ одру́жуватися
veréhren *vt* поважа́ти, шанува́ти; *(j~m)* приноси́ти в дар *(щось комусь);* ушано́вувати *(чимось когось);* присвя́чувати *(напр., вірші комусь)*
Veréhrer *m* **~s**, ~ шанува́льник, прихи́льник
veréidigen *vt* приводи́ти до прися́ги
veréidigt wérden прийма́ти прися́гу, присяга́ти
Veréin *m* **~(e)s, ~e** спілка, товари́ство, об'єдна́ння, корпора́ція
veréinbar *adj* сумісний *(mit D з чимось)*
veréinbaren *vt (mit j~m)* пого́джувати *(з кимось);* éine Zusámmenkunft mit j-m ~ домови́тися про зу́стріч з кимо́сь; 2. **sich** ~ пого́джуватися; домовля́тися *(про щось)*
Veréinbarung *f* ~, ~en зго́да, домо́вленість; угода

V

veréinen 1. *vt* об'єднувáти, з'єднувáти; 2. **sich** ~ об'єднувáтися
veréinfachen *vt* спрощувáти
veréinheitlichen *vt* уніфікувáти; нормалізувáти
veréinigen 1. *vt* об'єднувáти, з'єднувáти; зосерéджувати *(напр., війська); (mit D)* сполучáти *(щось з чимось);* 2. **sich** ~ об'єднувáтися, з'єднувáтися; сполучáтися, поєднувáтися
veréinigt 1. *adj* з'єднáний, об'є́днаний; зосерéджений; 2. *adv* спільно, рáзом, спільними зусиллями
Veréinigung *f* ~, ~en з'єднáння; єднáння; спілка, об'є́днання, корпорáція; злиття *(річок, тж перен.)*
veréinsamt *adj* самітний, самóтній, одинóкий; відлюдний, ізольóваний
veréint *adj* спільний, об'є́днаний
veréinzeln 1. *vt* роз'єднувáти, ізолювáти; відокремлювáти; розчленóвувати, деталізувáти; 2. **sich** ~ усамітнювáтися; замикáтися в собі
veréisen 1. *vt* заморóжувати *(тж мед.);* 2. *vi* (s) перетвóрюватися на лід; замерзáти; обмерзáти; покривáтися кригóю
veréiteln *vt* зривáти, розстрóювати *(чиїсь плани),* не допустити здійснення *(чогось)*
veréitern *vi (s)* загнóюватися
veréngen *vt*, **veréngern** 1. *vt* звужувáти; 2. **sich** ~ звужувáтися
verérben 1. *vt (j-m, auf j-n)* передавáти в спáдщину, заповідáти *(комусь);* 2. **sich** ~ переходити в спáдщину
veréwigen 1. *vt* увічнювáти; зробити безсмéртним; 2. sich ~ увічнити сéбе
verfáhren* I *vi (h, s)* робити, діяти; *(mit D)* повóдитися, обходитися *(з кимось якось)*
verfáhren* II 1. *vt* проїздити *(гроші,* час); 2. **sich** ~ збитися з дорóги *(тж перен.)*
verfáhren III *adj розм.* зіпсóваний, заплýтаний
Verfáhren *n* ~s, ~ дія, акт; повóдження; мéтод, спóсіб; процéс; систéма *(роботи);* захід; *юр.* судочинство
Verfáll *m* **~(e)s** руйнувáння; стáрість; рóзпад; занепáд; загибель
verfállen* *vi (s)* руйнувáтися; занепадáти; *перен.* деградувáти; *гірн.* завáлюватися; втрачáти сили чáхнути, хýднути *(про хворого);* наставáти, минáти *(про термін дії); (D)* переходити у влáсність *(чиюсь);* діставáтися *(комусь); (D)* бути прирéченим *(на щось),* стáти здобиччю *(чогось); (in A)* віддавáтися *(чомусь);* припускáтися *(напр., помилки); (auf A)* надýмати *(щось)*
verfälschen *vt* підробляти, фальсифікувáти
verfänglich *adj* підстýпний, кáверзний *(про питання);* ризикóваний, двознáчний *(про розмову)*

V

verfärben, **sich** змінювати забáрвлення; вицвітáти; блíднути
verfássen *vt* укладáти (упорядковувати) *(напр., збірник);* складáти
Verfásser *m* ~s, ~ укладáч, áвтор
Verfássung *f* ~, ~en складáння; створення; конститýція; стан; нáстрій; спортивна фóрма
verfássungsmäßig *adj* конститýційний
verfáulen *vi (s)* гнити, загнивáти
verféchten* *vt* захищáти, обстóювати *(щось),* борóтися *(за щось)*
verféhlen *f vt* промахнýтися, схибити, не влучити *(в ціль);* не досягти *(результату);* пропустити; 2. **sich** ~ провинитися *(перед кимось)*
Verféhlung *f* ~, ~en прóмах, помилка, упýщення; порýшення прáвил
verféinden, **sich** *(mit D)* посварúтися *(з кимось)*
verféinern *vt* робити тóншим; удосконáлювати; *тех.* рафінувáти
verfértigen *vt* виготовляти; складáти *(документ)*
verfílmen *vt* екранізувáти, знімáти для фільму
verfínstern 1. *vt* затемнювáти, затьмáрювати; 2. **sich** ~ темніти; хмурніти, затьмáрюватися
verfléchten* 1. *vt* вплітáти; сплі тáти; (тісно) переплітáти; вплутувáти; 2. **sich** ~ сплітáтися, пе реплітáтися; вплутувáтися
verflíegen* 1. *vi (s)* випарóвуватися; зникáти *(про запах);* розвіюватися *(про туман);* минáти *(про час);* 2. **sich** ~ залетіти *(кудись);* заплутáтися *(в чомусь ~ про* птаха); збитися з дорóги; *ав.* втрáтити орієнтáцію
verflíßen* *vi (s)* проходити; минáти *(про термія);* розплив
verflúchen *vt* проклинáти
verfólgen *vt* переслідувáти *(когось, тж перен.);* мáти на меті; éine Ábsicht ~ мáти нáмір; éine bestímmte Politík ~ проводити пéвну політику; спостерігáти, стéжити *(за кимось, за чимось); військ.* супровóджувати *(ціль);* іти слідом; die Spur ~ іти слідáми *(когось)*
verfórmen *vt* деформувáти; змінювáти кóнтури *(чогось);* обробляти; надавáти фóрми *(чомусь)*
verfríeren* *vi (s)* замерзáти
Vertróstung *f* ~, ~en мерзлотá
verfrühen, **sich** поспішити *(з чимось);* зробити щось передчáсно; випереджáти події; прийти завчáсно (надто рано)
verfügbar *adj* наявний
verfügen 1. *vt* постановляти, ухвалювáти; наказувáти; 2. *vi (uber A)* мáти в своéму розпорядженні *(щось),* розпоряджáтися *(чимось);* 3. **sich** ~ відправлятися, вирушáти
Verfügung *f* ~, ~en постанóва, розпорядження; інстрýкція, директива

vergángen *adj* мину́лий, колúшній; längst ~ давноминýлий

Vergángenheit *f* ~ минýле; *грам.* минý-лий час

vergänglich *adj* минýщий, нетривáлий; álles ist ~ ніщó не вíчне

vergásen *vt* газифікувáти; отрýювати гáзом

vergében* *vt (an j-n)* давáти, віддавáти, передавáти, роздавáти *(комусь);* роз-поділя́ти *(між кимось); (j~m)* прощáти *(комусь); (D)* шкóдити *(комусь, чомусь);* sich *(D)* (séinem Ánsehen) étwas ~ втрачáти свою гідність

vergébens *adv* мáрно; дарéмно; безре-зультáтно

vergéblich *adj* мáрний, дарéмний, без-результáтний

Vergébung *f* ~, ~en роздáча; вúдача; прощéння; (ich bítte um) ~! вúбачте!

vergégenständlichen *vt* зображáти наóчно; конкретизувáти

vergéh(e)n* 1. *vi (s)* проходúти, минáти *(про час);* зникáти, пропадáти; *(D)* про-ходúти, припиня́тися *(напр., про біль); (vor D)* (за)гúнути, вмирáти, мýчитися, знемагáти *(від спраги, нудьги і т.* я,); палáти *(від нетерпіння, кохання і т. п.*.); 2. **sich ~***(an D, gegen A)* провинúтися *(перед кимось);* вчинúти злóчин

Vergéhen *n* ~s, ~ злóчин, порýшення; припúнення; знúкнення

vergélten* *vt (j-m)* винагорóджувати *(напр., чиєсь старання);* відплáчувати, віддя́чувати *(за щось комусь)*

Vergéltung *f* ~, ~en винагорóда, від-плáта; пóмста, відплáта *(an D комусь)*

vergéssen* 1. *vt* забувáти *(когось, щось; про когось, про щось);* j~m etw. nicht ~ не прощáти комýсь щось; 2. **sich** ~ забувáтися; втрачáти самовлáдання

Vergéssenheit *f* ~ забуття́

vergéßlich *adj* забудькувáтий

vergéuden *vt* марнувáти, розтрáчувати *(без користі),* марнотрáтити, розбазá-рювати *(гроші);* Zeit ~ гайнувáти час

vergewissern 1. *vt (G, uber A, von D)* запевня́ти *(когось в чомусь);* 2. **sich** ~ *(G, uber A)* упевнювáтися, пересвідчу-вáтися *(в чомусь);* заручáтися *(чимось)*

vergíeßen* 1. *vt* проливáти; 2. **sich** ~про-ливáтися; розливáтися; виливáтися

vergíften *vt* отрýювати *(тж перен.)*

vergílben *vi (s)* (по)жовкнýти *(про папір, листя)*

Vergíßmeinnicht *n* ~ *і* ~s, ~ *і* ~e *бот.* не-забýдка

verglásen *vt* (за)склúти

Vergléich *m* **~(e)s, ~e** порівня́ння; éinen ~ ánstellen порівнювáти; *спорт.* зма-гáння; угóда, компроміс; éinen ~ schlíe-ßen уклáсти угóду *(з кимось)*

vergleichen* 1. *vt (mit D)* порівнювáти *(з кимось, з чимось);* звіря́ти *(з чимось);* зіставля́ти *(з кимось, з чимось);* мирúти, примиря́ти *(ворогуючі сторо-ни);* улáгоджувати *(суперечку);* 2. **sich** ~*(mit D)* рівня́тися, порівнювати себé *(з кимось);* мирúтися, доходúти згóди *(з кимось)*

vergléichsweise *adv* для пóрівня, рівнюючи; порівня́но; шля́хом згóди

verglímmen(*) *vi (s)* (зо)тліти, догоря́ти

vergnügen 1. *vt* розважáти, веселúти, забавля́ти; 2. **sich** ~ розважáтися, ве-селúтися

Vergnügen *n* ~s, ~ утіха, задовóлення; рáдість; розвáга, забáва

vergnügt *adj* весéлий, рáдісний; задовó-лений

vergönnen *vt* дозволя́ти; es war vergönnt мені судúлося, мені пощастúло

vergöttern *vt* боготворúти, обожнювáти

vergráben* 1. *vt* закопувáти, заривáти; 2. **sich** ~ закопувáтися, заривáтися; *військ.* окопувáтися; *перен.* зарúтися, заглибú-тися, занýритися; залишúтися на самóті

vergrämt *adj* сумнúй, похмýрий

vergréifen*, sich (in *D, bei D)* помиля́тися *(у виборі чогось): (an D)* знімáти рýку *{на когось);* вдарúти *(когось); (an etw. D)* зазіхáти *(на щось)*

vergríffen *adj* розкýплений, (повністю) розпрóданий

vergrößern 1. *vt* збільшувáти, мнóжити; розшúрювати *(підприємство, зв'язки);* підвúщувати *(напр., продуктивність);* 2. **sich** ~ збільшуватися, зростáти, роз-ростáтися; розширювáтися

Vergrößerung *f* **~, ~en** збільшення; розшúрення, зростáння

Vergünstigung *f* **~, ~en** пільга; постýпка

vergüten *vt* відшкодóвувати *(витрати, збитки);* винагорóджувати *(за щось);* платúти *(проценти по внескам); A)* поліп-шувати я́кість *(чогось); тех.* рафінувáти

Vergütung *f* **~, ~en** відшкодувáння збúтків; винагорóда; оплáта; поліп-шення я́кості *(чогось)*

verháften *vt* заарештóвувати, затрú-мувати; прикріплювáти, скріплювати

Verháftung *f* **~, ~en** арéшт, затрúмання

verhállen *vi (s)* затихáти, завмирáти *(про звук);* відлунáти

verhálten* 1. *vt* стримувáти *(сміх, сльо-зи);* затамовувáти *(подих);* 2. **sich** ~ повóдитися, тримáти себе; : die Sáche verhält sich so так стоїть спрáва; *(zu D, gegenuber D)* стáвитися *(до когось, до чогось якось)*

Verhálten *n* **~s** поведінка, повóдження, спóсіб дій; стáвлення *(gegen A, zu D до когось, до чогось)*

Verháltenheit *f* **~** стрúманість; приглý-шеність; пом'я́кшеність

Verháltensmaßregel *f* **~, ~n** розпоря́д-ження; *pl* прáвила поведінки

Verhältnis *n* **~ses, ~se** співвіднóшення, пропóрція; масштáб; коефіціéнт; im ~ zu etw. *(D)* у порівнянні з чимóсь; *(zu D)*

V

стáвлення *(до когось до чогось);* зв'язóк *(з кимось, з чимось);* віднóсини *(дружні, ділові та ін.);* gégenseitige ~se взаємовіднóсини; *pl* умóви, обставúни; обстанóвка; polítische ~se політúчна обстанóвка; *pl* зáсоби, можлúвості; über seine ~se lében жúти невідповідно до своїх достáтків

verhältnismäßig *adj* віднóсний; порівнянльний; відповідний; розмірний, пропорційний

verhältnisweise *adv* пропорційно; розмірно; віднóсно

verhándeln *vi (mit j-m uber A)* вестú перегóвори *(з кимось, про щось); юр.* слýхати спрáву, розбирáти спрáву

Verhándlung *f* **~, ~en** *pl* перегóвори; in ~en (éin) tréten починáти перегóвори; *юр.* засідáння *(суду);* слýхання *(справ)*

verhármlosen *vt* змéншувати серйóзність *(чогось);* недооцінювати *(напр., небезпеку чогось)*

verhaßt *adj* ненавúсний

verháuen *vt розм.* (зі)псувáти *(справу);* витрачáти, розтрúнькувати *(гроші); розм.* побúти (когось); **sich** ~ *розм. (in D, mit D)* (з)робúти помúлку, дáти мáху *(в чомусь)*

verhéeren *vt* спустóшувати, розорЯти, руйнувáти

verhéhlen *vt (vor j-m)* прихóвувати, затáювати *(від когось)*

verhéimlichen *vt* приховувáти, утáювати; замóвчувати

verhéiraten 1. *vt (mit j~m)* одрýжувати *(когось з кимось); (an j-n)* видавáти заміж *(за когось);* 2. **sich** *~(mit j-m)* одрýжуватися *(з кимось)*

verhéiratet *adj* одрýжений; заміжня

verhéißen* *vt* обіцЯти; віщувáти, пророкувáти

verhéißungsvoll *adj* багатообіцЯючий

verhérrlichen *vt* прославлЯти

verhétzen *vt* підбýрювати, нацькóвувати

verhíndern *vt* запобігáти *(чомусь);* перешкóджати *(комусь. чомусь);* затримувати *(когось, щось)*

verhöhnen *vt* знущáтися, насміхáтися, глузувáти *(з когось, з чогось)*

Verhör *n* **~(e)s, ~e** дóпит; j-n ins ~ néhmen допúтувати когóсь, опитувáння

verhören 1. *vt* 1. допúтувати; опитувáти *(напр.. учнів);* прослýхати, не розчýти, пропускáти повз вýха; 2. **sich** ~ не те почýти, недочýти, не зрозуміти, не розібрáти

verhüllen 1. *vt* обкутувáти, закутувáти, закривáти, покривáти; die Wáhrheit ~ покривáти істину; 2. **sich** ~ обкутувáтися; закутувáти, закривáтися, покривáтися

verhüten *vt* запобігáти *(чомусь);* охоронЯти *(від чогось)*

Verhütung **f~, ~en** запобігáння *(чомусь);* охорóна *(від чогось);* профілáктика

verírren, sich заблудúти (ся)

Verírrung *f* **~, ~en** помúлка; недóгляд; прóмах

verjágen *vt* проганЯти, розганЯти, виганЯти, відганЯти

verjüngen *vt* омолоджувáти, обновлювáти; *тех.* змéншувати, скорóчувати; звужувáти

Verkáuf *m* **~(e)s**, **...käufe** прóдаж, збут

verkáufen *vt (j-m, an j-n)* продавáти *(щось, когось комусь; тж перен.);* préiswert ~ продавáти недóрого; im éinzelnen ~ продавáти в роздріб; im größen ~ продавáти óптом; zu ~ продається, продаються, є в прóдажу *(в оголошеннях, рекламі)*

Verkäufer *m* ~s, ~ продавéць

Verkäuferin *f* **~, ~nen** продавщúця

verkäuflich *adj* продáжний *(тж перен.);* ходовúй *(про товар);* éine leicht ~ e Wáre ходовúй товáр

Verkéhr *m* **~(e)s** рух *(вуличний, дорожній);* трáнспорт; перевéзення; рух, сполýчення; курсувáння; плáвання *(суден); військ.* просувáння *(по комунікаціях);* зв'язóк, рід (вид, спосіб) зв'язкý; сполýчення, комунікáція; (грошовий) обіг; віднóсини, стосýнки; спілкувáння; знайóмство; bríeflicher ~ листувáння, кореспондéнція; der offiziélle ~ офіційні віднóсини

verkéhren 1. *vi (mit D)* спілкувáтися, підтрúмувати стосýнки (знайомство); mit j-m bríeflich ~ листувáтися з кимóсь; *(in D, bei D)* (часто) бувáти *(десь, у когось),* ходúти, курсувáти, здійснювáти рéйси; 2. *vt* перекручувáти, спотворювáти; перетвóрювати; 3. **sich** ~ *(in A)* перетвóрюватися *(на щось, здеб. на свою протилежність)*

Verkéhrsader *f* **~, ~n** трáнспортна магістрáль; **~ampel** *f* **~, ~n** світлофóр; **~flugzeug** *n* **~(e)s, ~e** пасажúрський літáк; **~mittel** *n* **~s,** *~pl* спóсоби спілкувáння *(між людьми);* транспортнúй зáсіб, зáсіб сполýчення (пересування); *pl* зáсоби зв'язкý *(телеграф, те лефон і т. я.);* **~regel** **f~, ~n** прáвило дорóжнього рýху; **~wesen** *n* ~s трáнспорт; **~zeichen** *n* ~s, ~ дорóжній знак

verkéhrt 1. *adj* зворóтний, протилéжний, перевéрнутий; перекрýчений, хибний; абсýрдний, спотвóрений; 2. *adv* навпакú; навúворіт *(надіти)*

verkléiden 1. *vt* переодягáти (*метою маскування); тех., буд.* обшивáти; облицьóвувати; обкладáти; оббивáти *(матерією);* маскувáти; ховáти, прихóвувати, прикривáти; 2. **sich** ~ переодягáтися; маскувáтися

verkléinern *vt* змéншувати; примéншувати, недооцінювати

verklíngen* *vi (s)* відзвучáти *(про музику);* завмирáти *(про звуки); перен.* припинЯтися, проходúти

V

verknéifen* 1. *vt розм.* утри́муватися *(від чогось);* прихо́вувати, затамо́вувати *(напр., біль);* змо́рщити, скриви́ти *(обличчя);* 2. **sich** ~помиля́тися; да́ти ма́ху
verknüpfen *vt* зв'язува́ти *(вузлом);* скріплюва́ти *(частини); перен.* зв'язува́ти, об'єднува́ти
verkómmen* *vi (s)* занепада́ти; *перен.* опуска́тися *(про людину)*
verkörpern *vt* втілюва́ти, уособлюва́ти
verkráchen *розм.* 1. *vi (s)* збанкрутува́ти, прогоріти; 2. **sich** ~ *(mit D)* посвари́тися *(з кимось)*
verkümmern *vi (s)* ча́хнути, хиріти; занепада́ти; ги́нути
verkünd(ig)en *vt* проголо́шувати, сповіща́ти; обнаро́дувати
verkürzen *vt* укоро́чувати *(довжину);* скоро́чувати *(напр., час)*
verláden* *vt* вантажити; навантажувати, відвантажувати
Verlág *m* **~(e)s, ~e** видавни́цтво
verlágern *vt* перебазо́вувати; переміща́ти; переводи́ти; зсува́ти; *(auf A)* переводи́ти *(розмову на когось, на щось);* перекла́сти *(відповідальність на когось)*
Verlähmung *f* **~, ~en** *мед.* параліч
verlángen 1. *vt* бажа́ти, проси́ти; вимага́ти; виклика́ти *(когось);* díese Wáre wird viel verlángt на цей това́р вели́кий попит; 2. *vi (nach D)* пра́гнути *(до чогось);* nach dem Arzt ~ жада́ти *(чогось);* проси́ти *(щось);* клі́кати *(лікаря)*
Verlángen *n* ~s, ~ бажа́ння, вимо́га; потре́ба
verlängern *vt* подовжува́ти *(напр., сукню);* продо́вжувати *(строк);* відстро́чити *(вексель); спорт.* дава́ти додатко́вий час *(для гри)*
verlángsamen *vt* сповільнюва́ти
Verláß *m,* **...lasses** надійність
verlássen* I *vt* залиша́ти, покида́ти; 2. **sich** ~ *(auf A)* поклада́тися *(на когось, на щось)*
verlássen II *adj* само́тній, поки́нутий
verläßlich *adj* надійний
Verláuf *m* **~(e)s, ...läufe** хід *(подій);* im ~ der Unterhándlungen під час переговорів; nach ~ méhrerer Stúnden че́рез кілька годи́н; лінія, напря́мок *(напр., кордону)*
verláufen* 1. *vt (s)* мина́ти, проходи́ти *(напр.,* про час); відбува́тися; проходи́ти, іти, тягти́ся, пролягати *(напр.. про кордон); (in D)* кінча́тися, губи́тися *(десь); (in A)* переходи́ти *(в інший колір);* 2. *vt* j-m den Weg ~ перейти́ доро́гу комусь *(тж перен);* 3. **sich** ~ заблуди́тися; знижува́тися, спада́ти *(про рівень води, перен. тж про ентузіазм);* розходи́тися, розсіюватися
verláuten 1. *vi* стати відомим; 2. *vt* повідомляти, сповіщати
verlégen [2] 1. *vt* покла́сти *(щось не туди);* загуби́ти; перекла́сти *(щось на інше місце);* переводи́ти *(в інше місце);* відклада́ти, переноси́ти *(напр., засідання на інший день);* проклада́ти *(кабель, труби);* здійснюва́ти кла́дку *(цегли);* загоро́джувати, блокува́ти *(шлях);* видава́ти *(книжки, газети);* 2. **sich** ~ *(auf A)* стара́нно займа́тися *(чимось);* захопи́тися *(чимось)*
verlégen II *adj* збенте́жений, сором-ли́вий; зале́жаний, зіпсо́ваний
Verlégenheit *f* **~, ~en** збенте́ження; утрудне́ння, скрутне́ станови́ще; j-n in ~ bríngen збенте́жити, поста́вити у скрутне́ станови́ще кого́сь
Verléger *m* ~s, ~ видаве́ць
verléihen* *vt (j-m)* пози́чати, дава́ти напрока́т *(щось, комусь);* додава́ти *(напр., сили);* нагороджува́ти *(чимось когось);* надава́ти *(почесне звання комусь);* присуджува́ти *(премію комусь)*
Verléihung *f* **~, ~en** пози́чка, прока́т; нагоро́дження *(напр., орденом);* присво́єння *(почесного звання);* прису́дження *(премії)*
verlésen* I 1. *vt* прочита́ти вго́лос; зачи́тувати, оголо́шувати; роби́ти перекли́чку; 2. **sich** ~ помиля́тися під час чи́тання
verlésen* II *vi* сортува́ти, відбира́ти, перебира́ти; Béeren ~ перебира́ти я́годи
verlétzbar *adj* вразли́вий; образли́вий.
verlétzen *vt* пошко́дити, пора́нити; пору́шити *(закон, договір, кордон);* обража́ти
verlétzend *adj* образли́вий
verléugnen 1. *vt* запере́чувати *(напр., провину);* er verléugnete séine Gebúrt він прихо́вував своє похо́дження; зріка́тися *(когось, чогось);* er ließ sich ~ він звелів сказа́ти, що його́ немає вдо́ма; 2. **sich** ~ самозріка́тися; зраджува́ти самого́ се́бе
verléumden *vt* зводи́ти накле́п *(на когось);* осла́вити; (о)чорни́ти, дискредитува́ти *(когось)*
Verléumder *m* ~s, ~ накле́пник
Verléumdung *f* **~, ~en** накле́п, лихослів'я; дискредита́ція
verlíeben, sich *(in A)* закохува́тися *(в когось)*
Verlíebte *m. f* зако́ханий
verlíeren* 1. *vt, vi* губи́ти, втра́ча ти *(щось);* позбува́тися *(чогось) (тж перен.);* sich selbst ~ втрача́ти віру в свої сили; an Ánsehen ~ втрача́ти (свій) авторите́т; die Nérven ~ нервува́тися; програва́ти *(війну, процес, гру і т. д.);* зазнава́ти збитків; 2. **sich** ~ (за)губи́тися; забу́тися, замріятися; захопи́тися
verlóben, sich *(mit D)* заручи́тися *(з кимось)*
verlócken *vt (mit D)* зама́нювати; спокуша́ти, прива́блювати *(когось чимось)*

V

verlógen *adj* брехли́вий; помилко́вий, хи́бний
verlóren *adj* загу́блений; програ́ний; втра́чений
verlórengeh(e)n* *vi (s)* пропада́ти
Verlórenneit *f* ~ самотність; загу́бленість; розгу́бленість
Verlórensein *n* **~s** заги́бель; безви́хідне станови́ще
verlöschen 1.* *vi (s)* га́снути *(тж перен.)*; *перен.* затиха́ти, вгамовува́тися *(напр., про гнів)*; 2. *vt* гаси́ти; стира́ти *(написане)*
verlósen *vt* розігрувати *(в лотереї)*; визнача́ти жеребкува́нням
Verlúst *m* **~es, ~e** втра́та, пропа́жа; зби́ток; про́граш; éinen ~ erléiden зазна́ти зби́тків
vermáchen *vt* заповіда́ти, відпи́сувати
Vermächtnis *n* ~ses, ~se заповіт
vermählen 1. *vt* одру́жувати; видава́ти за́між; 2. **sich** ~ одружува́тися; *перен.* з'єднува́тися, уклада́ти союз
verméhren 1. *vt* збільшувати, примно́жувати, 2. **sich** ~ розмно́жуватися
verméiden* *vt* уника́ти *(когось, щось)*; ухиля́тися *(від чогось)*
verméngen *vt* змішувати *(тж перен.)*; готува́ти су́міш
verménschlichen *vt* олю́днити; персоніфікува́ти, втілюва́ти
Vermérk *m* **~(e)s, ~e** замітка, по́значка, нота́тка; коро́тка примітка
vermérken *vt* познача́ти; роби́ти нота́тки; відзнача́ти
verméssen* 1. *vt* вимірювати, обмірювати; розмежо́вувати; 2. **sich** ~ помиля́тися в обмірюванні; (G) зважува́тися *(на щось)*
Verméssenheit *f* **~, ~en** риск; зухва́лість, зарозумілість, пиха́тість
Verméssung *f* **~, ~en** вими́рювання, обмірювання; межува́ння; (геодезична) зйо́мка; поми́лка у вимірюванні
vermíeten 1. *vt* здава́ти вна́йми; віддава́ти напрока́т; Zímmer zu здаю́ться кімнати *(оголошення)*; 2. **sich** ~ найма́тися
vermíndern *vt* зме́ншувати, скоро́чувати
vermíschen 1. *vt* змішувати, готува́ти су́міш; перемі́шувати; *перен.* змішувати, плута́ти; *с.-г.* схре́щувати; 2. **sich** ~ змішуватися; *с.-г.* схре́щуватися
vermítteln *vt* бу́ти посере́дником; сприя́ти *(чомусь)*; повідомля́ти; передава́ти *(напр., досвід, знання)*
Vermíttlung *f* **~, ~en** посере́дництво, сприя́ння; durch ~ von ... за посере́дництвом *(когось)*; переда́ча *(досвіду, знань)*; зв'язо́к, з'єдна́ння, вклю́чення, комута́ція; комута́тор, комутаці́йний пу́нкт; посере́дництво, ма́клерство; посере́дницька конто́ра
vermögen* *vi* бути спромо́жним, могти́
Vermögen *n* ~s, ~ майно́, добро́; зда́тність, спромо́жність, можли́вості, си́ли; das geht über mein ~це пона́д мої си́ли

vermúten *vt* припуска́ти, гада́ти, здога́дуватися *(про щось)*; підозрюва́ти
vermútlich 1. *adj* га́даний, передбачува́ний; 2. *adv* можли́во, напе́вно
vernárben *vi (s)* зарубцьо́вуватися; die Wúnde vernárbt ра́на загою́ється *(тж перен.)*
vernébeln *vi* оповива́ти (огортати) тума́ном *(щось)*; *перен.* тума́нити, затума́нювати; *військ.* ста́вити димову́ заві́су
vernéhmen* *vt* (по)чу́ти, слухати; допи́тувати; опи́тувати
vernéhmlich *adj* чутни́й; ви́разний, я́сний, зрозумі́лий
Vernéhmung *f* **~, ~en** до́пит; опитува́ння
vernéinen *vt* запере́чувати
Vernéinung *f* **~, ~en** запере́чення *(тж грам.)*; відмо́ва
vernichten *vt* зни́щувати, вини́щувати, руйнува́ти; припиня́ти; ліквідува́ти; *перен.* зни́щувати; руйнува́ти, розбива́ти *(надії)*
Vernúnft *f* ~ здоро́вий глузд
vernünftig *adj* розу́мний; розсу́дливий
veröden 1. *vt* спустошува́ти; 2 *vi* **s** (о)пусті́ти
veröffentlichen *vt* опублíко́вувати; обнаро́дувати
Veröffentlichung *f* **~, ~en** опублікува́ння; обнаро́дування; публіка́ція; оголо́шення
verórdnen *vt* відда́ти розпоря́дження; наказува́ти; постановля́ти; *мед.* пропи́сувати *(ліки)*; признача́ти, припи́сувати *(дієту)*
Verórdnung *f* **~ ~en** адміністрати́вне розпоря́дження; постано́ва; нака́з; *мед.* призна́чення
verpássen *vt* упуска́ти, пропуска́ти; не скориста́тися *(напр., нагодою)*; приміря́ти; підганя́ти по мірці
verpflánzen *vt* переса́джувати, виса́джувати *(рослини)*; *перен.* переноси́ти, поши́рювати *(напр., ідеї)*; *мед.* переса́джувати, трансплантува́ти
Verpflégung *f* ~, ~en продово́льство; продово́льче постача́ння; харчува́ння; до́гляд *(за хворим)*
verpflíchten 1. *vt* *(durch A zu D)* зобов'язува́ти *(когось до чогось)*; прийма́ти *(на роботу когось)*; уклада́ти до́говір (трудову угоду) *(з кимось)*
verpflíchtet wérden an (*A*) працюва́ти *(десь)*; 2. **sich** ~ зобов'язува́тися, взя́ти на се́бе зобов'я́зання
Verpflíchtung *f* ~, ~en обо́в'язок; зобов'я́зання
verprügeln *vt* відлупцюва́ти, поби́ти
Verpútz *m* *~es* штукату́рка
verpútzen *vt* (о)штукату́рити
Verrát *m* ~(e)s зра́да, зра́дництво
verráten* 1. *vt* зраджува́ти *(когось, щось)*; *(j-m)* видава́ти *(когось, щось, напр., ворогу)*; розголо́шувати *(таємницю)*, *перен.* виявля́ти *(щось)*; 2. **sich** ~ видава́ти себе́; проявля́тися

V

Verräter *m* ~s, ~ зрáдник
verräterisch *adj* зрáдницький, запрóданський; вірoлóмний
verráuchen *vi (s)* розсіюватися (як дим); видихáтися, випарóвуватися; проходи́ти *(напр., про гнів);* зникáти *(розм.)*
verréchnen 1. *vt* i) розрахувáти *(щось); (j-m)* розрахувáтися *(за щось з кимось) (тж перен.);* 2. **sich** ~ прорахувáтися; помили́тися в розрахýнках *(тж перен.)*
verréisen 1. *vi (s)* від'їжджати; 2. *vt* проїздити, витратити на їзду *(гроші)*
verrénken *vt* ви́вихнути
verríegeln *vt* запирáти *(на засувку, ланцюжок);* блокувáти
verríngern 1. *vt* змéншувати, скорóчувати, зни́жувати; 2. **sich** ~ змен шувáтися, скорóчуватися, зни́жуватися
verrínnen* *vi (s)* витікáти; стікáти; минáти, проминáти *(про час)*
verrótten *vi (s)* зотлівáти, гни́ти, руйнувáтися; розкладáтися
verrückt *adj* зрýшений *(з місця);* пересýнутий; божевíльний
Verrúf *m* ~(e)s недóбра слáва; погáна репутáція; j-n in ~ bríngen зneслáвити, зганьби́ти, дискредитувáти когóсь
verrúfen* *vt* зганьби́ти, знеслáвити, дискредитувáти
verrúßen 1. *vi (s)* закоптíти, вкри́тися кіптя́вою; 2. *vt* вкри́ти кіптя́вою (сажею)
Vers *m* ~es, ~e вірш, віршóваний рядóк
versáchlichen *vt* конкретизувáти; розглядáти по сýті *(питання)*
versácken *vi (s)* тонýти *(про судно); перен.* попáсти у безви́хідь, застрявáти
verságen 1. *vt (j-m)* відмовля́ти *(в чомусь комусь);* 2. *vi перен.* відмовля́ти, відмовля́тися служи́ти *(про механізм і т. п);* переставáти діяти; виходи́ти з лáду, ламáтися; давáти осíчку *(про гвинтівку);* вияви́тися неспромóжним, не справля́тися *(з чимось)*
versálzen(*) *vt* пересоли́ти; *перен. розм.* зіпсувáти *(радість);* відби́ти охóту *(до чогось);* завáдити *(здійсненню чогось);* j-m die Súppe ~ насоли́ти комýсь
versámmeln 1. *vt* збирáти; скликáти; 2. **sich** ~ збирáтися, сходи́тися, зосерéджуватися *(напр., про війська)*
Versámmlung *f*~,~en збóри; éine ~(áb)halten проводи́ти збóри
versáuern *vi (s)* скисáти *(напр., про молоко); перен.* кíснути, тупíти *(про людину)*
versäumen *vt* пропусти́ти; не скористáтися *(чимось);* den Zug ~спізни́тися на пóїзд; пропусти́ти, прогуля́ти *(заняття)*
Versäumnis *f*~, **~se**, *n* **~ses, ~se** недóгляд; недолíк; невиконáння; прóпуск *(занять)*
verschämt *adj* соромли́вий, сором'язли́вий, боя́зкий
verschärfen 1. *vt* загóстрювати, посúлювати *(напруження і т. п.);* прискóрювати *(темп);* 2. **sich** ~ загóстрюватися, посúлюватися *(про наш пруження);* прискóрюватися, наростáти, підви́щуватися *(про темп)*
verschícken *vt* відправля́ти, посилáти, розсилáти, направля́ти; засилáти
verschíeben* 1. *vt* зрýшувати *(з місця);* пересувáти; відкладáти, відстрóчувати, переноси́ти; торгувáти на чóрному ри́нку; нелегáльно продавáти; спекулювáти *(чимось); військ.* передислокувáти; 2. **sich** ~ зрýшитися *(з місця),* пересувáтися
verschíeden 1. *adj* рíзний; ~es рíзне; багáто чóго; ~e von íhnen дéхто; 2. *adv.* ~lang рíзної довжини́; ~stark рíзної си́ли
verschíedenartig *adj* різноманíтний; рíзний
Verschíedenheit *f* ~, ~en рíзниця; відмíнність; неоднáковість
verschláfen* I 1. *vt* проспáти; 2. **sich** ~спáти надтó дóвго, переспáти, заспáтися
verschláfen II *adj* зáспаний, сóнний
verschlágen* I 1. *vt (mit D)* забивáти; перегорóджувати; заноси́ти; *мор., ав. тж* відноси́ти *(вбік);* закидáти *(напр., м'яч)* надтó далéко; 2. *vi (s)* опини́тися *(десь),* попáсти, потрáпити *(кудись);* durch den Sturm verschlúgen Sie auf éine Ínsel бýрею їх занеслó на óстрів; *(bei 'D)* подíяти, впли́нути
verschlágen II *adj* хи́трий, лукáвий
verschléchtern 1. *vt* погíршувати; 2. *vi* **sich** ~ *по*гíршуватися
verschléißen* *vi (s)* зношувáтися, сточувáтися, спрацьóвуватися (*тж тех.)*
verschléudern *vt* розтрачувáти *(тж перен.);* марнотрáтити; продавáти за бéзцінь
verschlíeßen* 1. *vt* замикáти; mit éinem Pfrópfen ~ закоркóвувати; тримáти під замкóм; *перен.* прихóвувати, затáювати; 2. **sich** ~: sich gégen j-s Bítten nicht ~ не бýти глухи́м до чиї́хось прохáнь; sich in sich *(D)* selbst ~ замикáтися в собí
verschlímmern 1. *vt* погíршувати; 2. *vi і* **sich** ~ погíршуватися, загóстрюватися
verschlíngen* I *vt* ковтáти; Bücher ~ *розм.* читáти запóєм; *розм.* погли́нати *(напр., багато грошей)*
verschlíngen* II 1. *vt* зв'язувáти однé з óдним *(щось);* 2. **sich** ~ сплітáтися, переплітáтися *(тж перен.)*
verschlóssen *adj* закри́тий, зачи́нений, зáмкнений; etw ~ hálten тримáти під замкóм *(щось);* зáмкнутий, відлю́дний, потайни́й *(про людяну)*
verschlúcken 1. *vt* проковтувáти, ковтáти *(тж перен.);* поборóти, затаї́ти *(досаду, гнів),* die Tränen ~*розм.* ковтáти сльóзи; 2. **sich** ~ *(an* D) закáшлятися; подави́тися; захли́нутися
verschmälern 1. *vt* звýжувати*;* змéншувати; 2. **sich** ~ звýжуватися

V

verschmélzen 1. (*) *vt* плáвити; *тех.* виплавля́ти; сплавля́ти; синтезувáти; *перен.* зливáти воєди́но, згуртóвувати; 2. *vi* (s) і sich ~ розплавля́тися; зливáтися
verschmútzen 1. *vt* забрýднити; 2. *vi (s)* зарости́ брýдом, забрудни́тися
verschnáufen *vi і* **sich** ~ віддихáтися, перевéсти дух, передихнýти
verschnéien *vi (s)* укривáтися снíгом
verschnúpft *adj* застýджений; er ist ~ у ньóго нéжить; *розм.* засмýчений; обрáжений
verschränken *vt* схрести́ти; поклáсти навхрéст; die Árme ~ схрести́ти рýки; обмéжувати, скорóчувати
verschréiben* 1. *vt* (про)писáти, займáтися писáнням *(якийсь часу)* списáти, витратити́; випи́сувати *(когось, щось);* пропи́сувати *(ліки);* відпи́сувати *(своє майно комусь);* непрáвильно написáти *(слово);* 2. **sich** ~ помиля́тися на письмí; *(D)* дáти письмóве зобов'я́зання *(комусь); перен.* віддавáтися *(чомусь);* із захóпленням займáтися *(чимось)*
verschüchtern *vt* залякувáти
verschütten *vt* розси́пати; розливáти; *(mit D)* засипáти, завáлювати *(чимось)*
verschwéigen* *vt* замóвчувати; ein Gehéimnis ~ берегти́ таємни́цю
verschwénden *vt* витрачáти безрозсýдно, марнувáти
verschwíegen *adj* мовчáзний, потайни́й
verschwímmen* *vi (s)* розпливáтися *(про фарби, контури)*
verschwínden* *vi* (s) зникáти, ховáтися
verschwómmen *adj* розпли́вчатий, нея́сний, неви́разний, тумáнний
verschwören* 1. *vt* кля́стися, давáти кля́тву *(в чомусь);* зрікáтися *(чогось);* 2. **sich** ~ *(mit D, gegen A)* вчиня́ти змóву *(з кимось проти когось)*
Verschwörer *m* ~s, ~ змóвник
Verschwörung *f*~, ~en ýрочиста кля́тва
verséhen* 1. *vt (mit D)* постачáти *(чимось):* викóнувати *(обов'язки):* ein Amt ~ викóнувати свої службóві обов'язки; 2. **sich** ~ *(mit D)* запасáтися *(напр., продуктами); (bei D)* помиля́тися, недогля́нути
Veréhen *n* **~s**, ~ поми́лка, недóгляд; aus ~ помилкóво, чéрез недóгляд
versélbständigen, sich стáти самостíйним (незалежним); відокреми́тися; заснувáти влáсну спрáву; відокреми́тися
versénden(*) *vt* відправля́ти; розсилáти; доставля́ти *(щось замовникам)*
Versénder *m* **~s**, ~ вантажовідправни́к
Verséndung *f*~, **~en** відпрáвка; розси́лка
versénken 1. *vt* занýрювати, опускáти; die Hände in die Táschen ~засýнути рýки в кишéні; затóплювати, топи́ти *(судно);* 2. **sich** ~ занýрюватися *(напр., про підводний човен, тж перен.)*
versétzen 1. *vt* переставля́ти, пересувáти; пересáджувати *(дерева);* переводи́ти на нóву посáду; переводи́ти в наступний клас *(учнів);* загорóджувати *(дорогу);* заступáти *(вхід);* віддавáти в застáву *(речі); (в словосполученнях із значенням ~ приводити у стан):* j-n in Fréude ~ обрáдувати когóсь; 2. **sich** ~ переміщáтися
verséuchen 1. *vt* заражáти, інфікувáти; отрýювати *(місцевість; тж перен.);* 2. *vi (s) бути* охóпленим епідéмією
versíchern 1. *vt* запевня́ти, перекóнувати *(когось в чомусь); (gegen A* страхувáти *(когось, щось від чогось);* 1. **sich** ~ *(gegen A)* застрахувáтися *(від чогось); (G)* заручи́тися, забезпéчити себé *(чимось)*
Versícherung *f* ~, ~en запéвнення *(С в чомусь);* éine - gében запевня́ти; страхувáння *(gegen A від чогось);* дóговір страхувáння; éine ~ ábschließen застрахувáтися
Versícherungsgebühr *f* ~, **~en** страхóвий внéсок; ~schein *m* ~(e)s, ~e страховé свідóцтво; **~vertrag** *m* ~(e)s, ...**träge** дóговір страхувáння; -**vertreter** *m* ~s, ~ страхови́й агéнт
versíckern *vi (s)* просочувáтися; вичерпувáтися *(тж перен)*
versíegeln *vt* запечатувáти, опечáтувати
versíegen *vi (s)* вичéрпуватися (*тж перен)*
versínken* *vi (s)* тонýти, занýрюватися; *(in A) перен.* загли́блюватися *(напр., в роботу);* віддавáтися *(чомусь);* погрузáти
versínnbildlichen *vt* символізувáти
versínnen* 1. *vt* роздýмувати, міркувáти; обміркóвувати *(щось);* не помíтити *(чогось, замислив шись);* 2. **sich** ~ глибóко зами́слитися
verskláven 1. *vt* поневóлювати; підкоря́ти собі *(когось);* 2. *vi (s)* стáти *(чиїмось)* рабóм *(тж перен.)*
versöhnen 1. *vt (mit D)* помири́ти *(когось з кимось);* примири́ти *(когось з чимось);* 2. **sich** ~ *(mit D)* (по)мири́тися *(з кимось);* примири́тися *(з чимось)*
versónnen *adj* задýмливий, мрíйний; неувáжний
versórgen 1. *vt (mit D)* постачáти *(комусь щось);* забезпéчувати *(когось, щось чимось);* 2. **sich** ~ *(mit D)* запасáтися *(чимось)*
Versórgung *f* ~, ~en постачáння, забезпéчення; обслугóвування
verspäten, **sich** запíзнюватися, спíзнюватися
verspérren *vt* загорóджувати; перегорóджувати; закривáти, замикáти
verspótten *vt* насміхáтися, глузувáти *(з когось, з чогось);* висмíювати *(когось, щось)*

V

verspréchen* 1. *vt* обіця́ти; 2. **sich** ~ помили́тися на сло́ві, обмовля́тися; *(j-m)* заручи́тися *(з кимось)*
Verspréchen *n* ~**s**, рідко *pl* ~ обіця́нка; sein ~ hálten дотри́мувати своє́ї обіця́нки
Verspréchung *f* ~, ~en обіця́нка; j-m ~ máchen дава́ти комусь обіця́нки
versprе́ngen *vt* розсі́ювати; розганя́ти *(напр., натовп)*; виса́джувати, підрива́ти
verspüren *vt* відчува́ти, почува́ти
verstáatlichen *vt* націоналізува́ти
Verstánd *m* ~**(e)s** ро́зум, глу́зд, інтеле́кт; bei vóllem ~ при по́вному ра́зуми
verständig *adj* розу́мний, тяму́щий, кміткли́вий
verständigen 1. *vt (uber A, vonD)* сповіща́ти,повідомля́ти *(когось, про щось)*; 2. **sich** ~ *(mit j-m uber A)* порозумі́тися *(з кимось з приводу чогось)*; домовля́тися *(з кимось про* щось)
Verständigung *f* ~, ~**en** повідо́млення; уго́да; домо́вленість; взаєморозумі́ння; розмо́ва *(між кимось)*
Verständigungspolitik *f* ~ полі́тика взаєморозумі́ння; полі́тика перегово́рів (контактів)
verständlich *adj* зрозумі́лий; я́сний; переконли́вий; розбі́рливий *(про почерк)*
verständnislos *adj* нетя́мущий; нечу́йний; ~**voll** *adj* тя́мущий; чуйни́й
verstärken *vt* підси́лювати, зміцнюва́ти; збі́льшувати *(капіталовкладення)*
Verstärkung *f* ~, ~**en** підси́лення, змі́цнення, підкрі́плення *(тж військ)*, збі́льшення; сто́вщення
verstárren *vi (s)* тверді́ти, холону́ти, застига́ти
verstáuben *vi (s)* укрива́тися пи́лом, запоро́шуватися; зника́ти, розвіюватися
Verstéck *n* ~**(e)s, ~e** схо́ванка; тайни́к; ~ spíelen гра́ти у хо́ванки; засі́дка
verstécken 1. *vt* хова́ти; 2. **sich** -хова́тися; sich hínter Wórten прикрива́тися слова́ми
verstéh(e)n* 1. *vt* розумі́ти, розбира́ти; сприйма́ти, розрізня́ти *(на слух)*; умі́ти, зна́ти, поста́витися побла́жливо *(до чогось)*; дава́ти свою́ зго́ду *(на щось)*; er will sich nicht dazú ~ він і чу́ти про це не хо́че; *(auf A)* розумі́тися *(на чомусь)*, розбира́тися *(в чомусь)*
verstéigen*, sich забра́тися надто́ високо́; заблуди́тися *(в горах)*; *перен.* заноси́тися, зарива́тися *(про людину)*
verstéllen 1. *vt* переставля́ти; *(mit D)* загоро́джувати, заставля́ти *(чимось)*; поста́вити не на мі́сце (щось) змі́нювати *(голос, почерк)*; 2. **sich** ~ прикида́тися
verstérben* *vi (s)* поме́рти
verstört *adj* розгу́блений, збенте́жений, зби́тий з пантели́ку; зля́каний
verstóßen* 1. *vi (gegen A)* пору́шувати *(напр.,* закон); 2. *vt* відкида́ти, виганя́ти, відштовхува́ти *(когось)*
verstréuen *vt* розсипа́ти; розсі́ювати розумі; über méinen ~ це понад розумі́ння
verstümmeln *vt* покалі́чити, зніве́чити; спотво́рювати, псува́ти
verstúmmen *vi (s)* скам'яні́ти, онімі́ти *(напр.,* від подиву); сти́хнути *(про музику, голоси)*
Versúch *m* ~**(e)s, ~e** спро́ба; *юр* за́мах; до́слід, дослі́дження; експериме́нт
versúchen *vt* ку́штувати *(їжу)*; нама-га́тися, про́бувати; випро́бувати *(когось)*, спокуша́ти
Versúchsarbeit *f* ~, ~**en** експериме́нт; експеримента́льна робо́та; ~**flieger** *m* ~**s**, ~ льо́тчик-випробува́ч; ~**werk** *n* ~**(e)s, ~e** дослі́дний заво́д; ~**wirtschaft** *f* ~, ~**en** дослі́дне господа́рство
versúmpfen *vi (s)* заболо́чуватися; *перен.* опусти́тися; *(in D)* погру́знути *(в розпусті)*
vertágen *vt* відклада́ти, переноси́ти *(на інший час)*
vertáuschen *vt* (випадково) переплу-та́ти, обміня́ти *(щось)*; переставля́ти; *(mit D, gegen A)* заміни́ти *(щось на щось)*
vertéidigen 1. *vt (gegen A)* захища́ти, обороня́ти *(когось, щось від когось, від чогось)*; 2. **sich** ~ захища́тися, обороня́тися
Vertéidigung *f* ~, ~**en** *у різн. знач* за́хист; *військ.* оборо́на
Vertíefung *f* ~, ~**en** заглиблення, запа-ди́на, я́мка; уло́говина; лощи́на; погли́блення *(чогось, тж перен.)*; посилення; ~ der Kríese загострення кри́зи; die ~ der Zusámmenarbeit посилення співробі́тництва
vertíeren *vi (s)* озвірі́ти, втра́тити людську́ подо́бу
vertílgen *vt* вини́щувати; погли́нати *(їжу)*
vertönen *vi (s)* відлуна́ти, завме́рти *(про звук)*
Vertrág *m* ~**(e)s, ...träge** до́говір, контра́кт
vertrágen* 1. *vt* терпі́ти, зноси́ти; зно́шувати *(напр., одяг)*; 2. **sich** ~ *(mit D)* ладна́ти, ужива́тися *(з кимось)*
verträglich 1. *adj* догові́рний; 2. *adv* згі́дно з догово́ром
verträglich *adj* ла́гідний, миролю́бний, ввічли́вий
vertráuen 1. *vi (D)* довіря́ти(ся), ві́рити *(комусь, чомусь)*; *(auf A)* покла́стися *(на когось, на щось)*; 2. *vt (j-m)* довіря́ти, звіря́ти *(щось комусь)*
Vertráuen *n* ~**s** дові́ра *(auf A, in A, zu D до когось)*
Vertráuensstellung *f* ~, ~**en** відпові́да́льна поса́да
vertráuensvoll *adj* довірли́вий; спо́внений дові́ри *(до когось)*
vertráulich 1. *adj* бли́зький, інти́мний; до́бре (давно) знайо́мий; фаміль'яр-

V

ний; конфіденці́йний, секре́тний; éine ~e Sítzung закри́те засі́дання; 2. *adv.* streng ~цілком секре́тно

vertréiben* *vt* проганя́ти, виганя́ти; den Húnger ~ тамува́ти го́лод; j-m das Láchen ~ відби́ти у кого́сь бажа́ння сміятися; продава́ти, збува́ти

vertréten* *vt* представля́ти *(напр., якусь країну);* захища́ти *(чиїсь інтереси),* заміня́ти, заміща́ти *(когось, щось);* j-n im Amt~ заміща́ти кого́сь, вико́нувати чиї́сь обо́в'язки; *(j-m)* заступа́ти *(дорогу комусь)*

Vertréter *m* **~s, ~** представни́к, засту́пник; áußerordentlicher - *дип.* надзвича́йний представни́к; bevóllmächtigter - повнова́жний представни́к; засту́пник; аге́нт *(напр., фірми)*

Vertrétung *f* **~, ~en** представни́цтво; замі́щення *(когось на посаді);* вико́нання *(чиїхось)* обо́в'язків

Vertíeb *m* **~(e)s, ~e** про́даж, збут

vertrócknen *vi (s)* засиха́ти; хирі́ти *(про рослину);* черстві́ти *(про хліб);* - lássen ви́сушити *(щось);* сху́днути, ви́сохнути *(про людину); перен.* зачерстві́ти; ста́ти сухаре́м *(нудною і черствою людиною)*

vertrösten 1. *vt (auf A)* подава́ти наді́ю *(комусь на щось);* умовля́ти почека́ти *(напр., кредитора);* 2. **sich** ~ *(auf A)* наді́ятися *(на щось)*

vertún* *vt* витрача́ти даре́мно *(гроші, час)*

verübeln 1. *vt* (j-m) обража́тися (за *щось на* когось); 2. *vi (s)* бідні́ти, убожі́ти

verüben *vt* учиня́ти *(злочин)*

verúnglimpfen *vt* ганьби́ти; обража́ти; (о)соро́мити; зводи́ти накле́п *(на когось)*

verúnreinigen *vt* забруднюва́ти; опога́нювати; заплямува́ти

verúrsachen *vt* бути причи́ною *(чогось);* спричиня́ти; виклика́ти *(напр., суперечку, гнів)*

verúrteilen *vt* засу́джувати *(тж перен.); (zu D)* прису́джувати *(когось на щось); перен.* прирі́кати *(на щось)*

Verúrteilung *f* **~, ~en** засу́дження; *юр.* ви́рок

vervíelfachen *vt* мно́жити, збільшувати *(щось в кілька разів)*

vervóllkommnen 1. *vt* удоскона́лювати; 2. **sich** ~ удоскона́люватися, підвищувати свою́ кваліфіка́цію

vervóllständigen *vt* попо́внювати *(напр., колекцію, бібліотеку);* допо́внювати *(напр.,* список); удоскона́лювати

verwáchsen* *vi (s)* зроста́тися *(тж перен.);* mit etw. *(D)* ~ sein бу́ти нерозри́вно зв'я́заним з чи́мось; зароста́ти; гої́тися *(про рану);* кри́во рости́, карлю́читися

verwáhren 1. *vt* берегти́, зберіга́ти; 2. **sich** ~ *(gegen A)* берегти́ся *(від чогось);* протестува́ти, захища́тися, запере́чувати *(проти чогось)*

verwáhrlosen 1. *vt* залиша́ти без до́гляду, занедбува́ти; 2. *vi (s)* за пусті́ти; залиши́тися без до́гляду

Verwáhrung *f* **~, ~en** зберіга́ння, схов; проте́ст, запере́чення

verwáisen *vi (s)* осироті́ти *(тж перен.)*

verwálten *vt* керува́ти, заві́дувати (*чимось)*

Verwáltung *f* **~, ~en** управлі́ння, заві́дування; адміністра́ція, правлі́ння; управлі́ння *(орган)*

Verwáltungsbehörde *f* **~, ~n** адміністрати́вна устано́ва

verwándeln 1. *vt(in A)* перетво́рювати *(в щось);* 2. **sich** ~ перетво́рюватися *(в щось)*

verwándt *adj* роди́нний; *перен.* спорі́днений, близьки́й

Verwándte *m, f* ро́дич, ро́дичка

Verwándtschaft *f* **~, ~en** спорі́дненість; рідня́, ро́дичі

verwárnen *vt (vor D)* остеріга́ти, застеріга́ти *(когось від чогось);* попереджа́ти *(когось)*

verwáschen *adj* запра́ний; вицві́лий, полиня́лий; *перен.* розпли́вчастий, нея́сний

verwében(*) *vt* сплі́тати, переплі́тати, вплі́тати; *перен.* переплі́тати, зв'язува́ти

verwéchseln *vt* (с)плута́ти, змі́шувати

Verwéchs(e)lung *f* **~, ~en** плутани́на, непорозумі́ння, поми́лка

verwégen *adj* відва́жний, смі́ли́вий; зарозумі́лий; зухва́лий

verwéhen 1. *vt* розві́яти: замести́ *(про вітер);* 2. *vi (s)* розві́ятися, розсі́ятися *(тж перен. про сум, турботу)*

verwéigern *vt* відмовля́ти *(в чомусь);* відхиля́ти *(прохання);* éinen Beféhl ~ *військ.* не підкори́тися нака́зу

verwéilen 1. *vi* перебува́ти; затри́муватися; bei j-m als Gast ~ гостюва́ти в кого́сь; 2. **sich** ~залиша́тися, затри́муватися (десь)

Verwéis *m* **~es, ~e** зауважéння, дога́на; посила́ння *(на якесь джерело, книжку)*

verwéisen* *vt (j-m)* виноси́ти дога́ну, роби́ти зауважéння; *(an j-n)* посила́ти, направля́ти *(когось до когось); (auf A)* роби́ти посила́ння *(на щось);* (G *aus D)* висила́ти, виганя́ти *(з країни, з міста);* j-n aus der Wóhnung ~ виселя́ти з кварти́ри кого́сь

verwénden* 1. *vt* використо́вувати, застосо́вувати, вжива́ти; 2. **sich** *~(bei j-m fur A)* клопота́тися, проси́ти *(когось за когось);* заступа́тися *(перед кимось за когось, за щось)*

Verwéndung *f* **~, ~en** вжива́ння, застосува́ння, використа́ння; клопота́ння, засту́пництво

verwérfen* *vt* закида́ти *(щось кудись);* відхиля́ти *(пропозицію);* відкидати *(думку)*

V

verwérflich *adj* непридáтний; неприйнятний; ганéбний; вáртий осýду, недостóйний
verwérten *vt* використóвувати; реалізувáти
verwésen *vi (s)* тліти, гнúти, розкладáтися *(тж перен.)*
verwíckeln 1. *vt* заплутувáти *(тж перен.); (in A) перен.* вплутувáти *(когось у щось);* 2. **sich** ~ плутáтися *(про пряжу, нитки);* плутáтися, говорúти плýтано
Verwíck(e)lung *f* **~, ~en** усклáднення *(становище); літ.* зав'язка
verwíldern *vi (s)* здичáвіти; опускáтися *(про людину);* заглýхнути, зарости́ бур'яном *(про сад):* дичáвіти, виродджуватися *(про культурні рослини)*
verwínden* *vt* обвивáти, переплітáти; подолáти; вúнести
verwírken *vt* втрачáти *(з власної вини) (щось)*
verwírklichen *vt* здійснювáти, запровáджувати в жúття *(щось)*
verwírtschaften *vt* розбазáрювати, марнотрáтити
verwíschen 1. *vt* стирáти, змáзувати *(написане і т. п); перен.* зглáджувати, затушóвувати; замáзувати *(суперечності);* замітáти *(напр., сліди);* 2. **sich** ~ стирáтися *(напр., про напис, тж перен. про враження і т. п.)*
verwöhnen *vt (durch A)* балувáти *(когось, чимось);* розпещувáти *(когось)*
verwöhnt *adj* розпéщений, знíжений вибагливий, вúтончений *(напр., про смак)*
verwórfen *adj* підлий; ганéбний, розбéщений; знедóлений
verwúnden *vt* рáнити *(тж перен.)*
verwúndern 1. *vt* дивувáти, вражáти; **sich** ~ *(uber A)* дивувáтися, вражáтися
Verwúnderung *f***~, ~en** подив; здивування; in ~ sétzen дивувати
Verwúndete *m, f* порáнений, порáнена
Verwúndung *f* **~, ~en** *мед.* порáнення, ушкóдження, пошкóдження
verwünschen *vt* проклинáти; заворóжити, зачарувáти
verwúrzeln *vi* (s) (глибоко) укорінювáтися; *(mit D) перен.* зрости́ся, бути крóвно (тісно) зв'язаним *(з кимось, з чимось)*
verwüsten *vt* спустóшувати, розорáти; підривáти, губúти *(здоров'я)*
verzánken, sich посварúтися
verzáubern *vt* зачарувáти, заворóжити
verzéhren 1. *vt* з'їдáти, споживáти; *перен.* пожирáти; виснажувáти *(про хворобу);* 2. **sich** ~ мýчити себé; *(vor D)* зводúтися, мáрніти *(напр., від горя)*
verzéihen* *vt (j-m)* прощáти *(щось комусь, за щось когось);* вибачáти *(за щось когось);* ~Sie! пробáчте!
Verzéihung *f* - прощéння, вибачéння; ~! пробáчте!; вúбачте!; j~n um ~bítten просúти пробáчення у когóсь
verzíchten *vi (auf A)* відмовлáтися; зрікáтися *(чогось);* примирáтися *(з своєю долею)*
verzíehen* 1. *vt* розтáгувати, (с)кривúти, (з)мóрщити; das Gesícht ~ помóрщитися; розпестúти; (зі)псувáти *(когось вихованням); с.-г.* проріджувати *(сходи);* 2. *vi (s)* переїжджáти, переселáтися; 3. **sich** ~ зникáти, розвіювáтися *(напр., про туман);* розтягтúся; скривúтися; жолобúтися; деформувáтися
verzíeren *vt (mit D)* прикрашáти, оздóблювати *(чимось)*
verzögern 1. *vt* сповільнювáти *(темп);* затрúмувати, зволікáти; 2. **sich** ~сповільнювáтися, затягувáтися; запізнювáтися
Verzögerung *f* **~, ~en** сповíльнення, затягувáння, затрúмка; зволікáння; відставáння *(годинника)*
verzückt *adj* захóплений
Verzúg *m* **~(e)s** зволікáння, затрúмка; in ~ geráten (kómmen) відставáти *(в роботі);* прострóчення *(платежу);* переїзд *(на іншу квартиру, в інше місце); здеб. перен.* наблúження; im ~ sein насувáтися, загрóжувати
verzwéifeln *vi (an D)* і) втрачáти надíю *(на щось);* зневірáтися *(в чомусь);* глибокó розчарóвуватися *(в комусь, в чомусь)*
Verzwéiflung *f* **~** відчáй, рóзпач; aus (in, vor) - etw. tun зробúти щóсь у рóзпачі
verzwéigen, sich розгалýжуватися
Véto [v-] *n* **~s, ~s** вéто, заборóна; sein - gégen etw *(A)* éinlegen накладáти вéто на щось; sein ~ zurückziehen знімáти вéто
Vétter *m* **~s, ~n** двоюрідний брат, кузéн
Vieh *n* -(e)s худóба; das gróße (kléine) ~ велúка (дрібна) худóба
Víehbestand *m* **~(e)s, ...bestände** поголів'я худóби; **~hof** *m* ~(e)s, **...höfe** скóтний двір; **~zucht** *f* **-** тварúнництво
viel 1. *pron, num* багáто; er Ménschen багáто людéй; wie ~e Mále? скíльки разів?; en Dank! дýже дякую!; - Glück зúчу вам (багато) щáстя!; 2. *adv* багáто; er árbeitet ~ він багáто працює; (на)багáто, знáчно; ~ bésser набагáто крáще
víelbändig *adj* багатотóмний; **~deutig** *adj* багатознáчний; двознáчний
víelerléi *adj* рíзний, різноманíтний
víelfach 1. *adj* багаторазóвий; 2. *adv* багáто разів, неодноразóво, багаторазóво, чáсто; в багáто разів більше
Víelfache *n мат.* крáтне
Víelfalt *f* ~ різноманíтність
víelfältig *adj* різномáнітний; багатогрáнний; різностóрбнній
Víelheit *f* бéзліч, чúсленність
vielléicht *adv* можлúво, мабýть
víelmals *adv* багáто разів, неоднорáзóво; dánke ~! велике спасúбі!
vielméhr 1. *adv* скорíше, більше тогó; 2. *cj* навпакú

víelsagend *adj* багатозна́чний; **seitig** *adj* багатосторо́нній; різносто́рбнній, різноманітний; **~versprechend** *adj* багатообіця́ючий
Víelzahl *f*~ ма́са, вели́ка кількість, бе́зліч
vier *num* чоти́ри; че́тверо *(збірн.)*
víerbeinig *adj* чотирино́гий
Víereck *n* **~(e)s, ~e** чотирику́тник
Víertel *n* **~s,** ~ чверть, четве́рта! части́на; кварта́л, райо́н *(міста)*
Víertelfinale *n* **~s** *спорт,* чвертьфіна́л; **~jahr** *n* **~(e)s, ~e** чве́рть ро́ку, ква́ртал
Viertelstúnde *f*~ ÷âéðòü годи́ни
Vietnamése [viet~] *m* **~n, ~n** в'єтна́мець
Violíne [v-] *f*~, **~n** скри́пка
Víper [v-] *f*~, **~n** *зоол.* гадю́ка
Visíte [v-] *f*~, **~n** візи́т, відві́дини
visuéll [v-] *adj* зо́ровий, візуа́льний
Vísum [v-] *n* **~s, ...sa** віза; das ~ áusstellen (ertéilen) да́ти ві́зу
vitál [v-] *adj* цілю́щий, живода́йний; житте́вий, актуа́льний
Vógel *m* **~s, Vögel** птах
vógelfrei *adj* поза зако́ном; знедо́лений
Vógelhaus *n* **~es, ...häuser** пта́шник; вольє́р для птахів; **~perspektive** *f* **~, schau** *f*~ перспекти́ва (вид) з висоти́ пташи́ного польо́ту
Vokabulár [v-] *n* **~s, ~e** пере́лік (реєстр) слів, коро́ткий словни́к; словнико́вий запа́с
Volk *n* **~(e)s, Völker** наро́д; на́ція; наро́дність; насе́лення *(країни): sg збірн.* лю́ди; das júnge ~ мо́лодь; das kléine ~ дітворá
Völkerkunde *f*~ народозна́вство, етногра́фія; **~recht** *n* **~(e)s, ~e** міжнаро́дне пра́во
völkerrechtlich 1. *adj* міжнаро́дно-правови́й, що відповіда́є но́рмам міжнаро́дного пра́ва; 2. *adv* відпові́дно до норм міжнаро́дного пра́ва
Vólkseigentum *n* **~s** всенаро́дне добро́; **~einkommen** *n*~ *s* націона́льний дохо́д; **~entscheid** *m* **~(e)s, ~e** рефере́ндум, всенаро́дне опитува́ння
vólksfeindlich *adj* антинаро́дний
Vólksfest *n* **~es,** ~e наро́дне свя́то; **~held** *m* **~en, ~en** наро́дний (національний) геро́й; **~kunst** *f* ~народне мисте́цтво; наро́дна тво́рчість; худо́жня самодія́льність; **~lied** *n* **~(e)s, ~er** наро́дна пі́сня; **~märchen** *n* **~s,** ~наро́дна ка́зка; **~menge** *f*~, **~n** на́товп
vólkstümlich *adj* наро́дний, популя́рний
Vólksverbundenheit *f*~ (тісний) зв'язок з наро́дом; наро́дність *(в мистецтві);* **~vergnügen** *n* **~s** наро́дне свя́то, наро́дне гуля́ння; **~versammlung** *f*~, **~en** наро́дні збо́ри *(орган законодавчої влади);* ма́совий мі́тинг: **~vertreter** *m* **~s**, ~представни́к наро́ду, депута́т; **~vertretung** *f*~, **~en** наро́дне представни́цтво; örtliche ~ **vertretungen** місце́ві о́ргани наро́дного представни́цтва;
~weise *f* **~, ~n** наро́дна мело́дія; **~wirtschaft** *f*~ наро́дне господа́рство, еконо́міка; ~**zählung** *f* **~, ~en** пе́репис населе́ння
voll *adj* по́вний; запо́внений, напо́внений; ~ (von) Ménschen, ~er Ménschen по́вний наро́ду (людей); по́вний, то́встий, гла́дкий; цілкови́тий, абсолю́тний; по́вний, ці́лий; махро́вий *(про квітку)*
volláuf *adv* удо́сталь, цілко́м
vóllautomatisiert *adj* по́вністю автоматизо́ваний; ~ **berechtigt** *adj* повнопра́вний; повнова́жний, уповнова́жений
vóllblütig *adj* повнокро́вний *(тж перен.);* чистокро́вний *(про породу)*
vollbríngen* *vt* здійснювати; вико́нувати, завершува́ти *(роботу);* es ist vollbrácht! ста́лося!
vollénden *vt* завершува́ти, закі́нчувати
vóllends *adv* цілко́м, зо́всім, оста́точно
Volléndung *f* **~, ~en** заве́ршення, закі́нчення; доскона́лість
vollführen *vt* здійснюва́ти, вико́нувати; влашто́вувати, учиня́ти *(скандал)*
vóllgültig *adj* повноці́нний; по́вний, ді́йсний; спра́вжній; достові́рний
völlig 1. *adj* по́вний, цілко́витий, оста́точний; 2. *adv* по́вністю, цілко́м, зо́всім
vólljährig *adj* повнолі́тній
vollkómmen 1. *adj* по́вний, цілкови́тий; 2. *adv* цілко́м; зо́всім
Vollkómmenheit *f*~, **~en** доскона́лість
Vóllmacht *f* **~, ~en** повнова́ження; дору́чення
vóllschlank *adj* ста́вний, ста́тний
Vóllsitzung *f*~, **~en** плена́рне засі́дання
vóllständig 1. *adj* по́вний, оста́точний, цілкови́тий; 2. *adv* цілко́м, зо́всім
Vóllversammlung *f* **~, ~en** пле́нум; плена́рне засіда́ння; зага́льні збо́ри; die ~ der UNO Генера́льна асамбле́я ООН
Vóllwaise *f*~, **~n** кру́глий (кругла) сирота́
vóllwertig *adj* повноці́нний; **~zählig** 1. *adj* по́вний *(про кількісний склад),* компле́ктний; 2. *adv* у по́вному скла́ді; по́вністю
vollzíehen* 1. *vt* здійснювати; вико́нувати *(напр., вирок, доручення);* 2...**sich** ~ відбува́тися, проходи́ти; das álles vollzóg sich sehr rasch все це відбу́лося ду́же шви́дко
Vollzúg *m* **~(e)s** викона́ння, здійснення *(напр., вироку, доручення)*
Vollzúgsorgan *n* **~(e)s, ~e** викона́вчий о́рган
Volúmen [v-] **n ~s, ~ ...mina** *фіз.* об'є́м; том, кни́га; сувій
von *prp (D) (вказує на початковий пункт в просторі)* з, із, від; der Zug kómmt ~ Berlín пої́зд іде з Берлі́на; *(вказує на початковий момент у часі)* з, від; vom Mórgen bis zum Ábend з ра́нку до ве́чора; *(вказує на усунення або віддалення чогось)* з, від; die Téller vom

V

Tisch wegnehmen прибрáти тарíлки зі стóлу; *(вказує на походження когось, чогось, на джерело чогось)* з, із, від, у; er stámmt vom Lánde він з селá; von j-m hören чýти від когóсь; ~ gánzem Hérzen від щúрого сéрця; *(вказує на частину від цілого)* з; *(сполучення його з іменником перекладається на українську мову тж родовим імен ником відповідного іменника):* éine Grúppe ~ Schülern грýпа ýчнів; jéder ~ uns кожний з нас; *(вказує на матеріал, з якого виготовлено предмет* з; *сполучення його з іменником перекладається тж прикметником):* der Ring ist ~ Gold каблýчка із зóлота, каблýчка золотá; ein Tisch ~ Éichenholz дубóвий стіл; *(вказує на розміри, обсяг і т. п.)* в; ein Bétrag ~ húndert Mark сýма в сто мáрок; ein Weg ~ 50 Kilométern шлях (завдовжки) в 50 кілометрів; *(вказує на наявність певної властивості, якості)* з; *(сполучення його з іменником перекладається тж родовим відмінком відповідного іменника);* ein Mann ~ hóhem Wuchs висóкий на зріст чоловíк; ein Kleid ~héller Fárbe світла сýкня; *(вказує на джерело або носія дії, на причину певного стану, сполучення його з іменником перекладається* на українську мову здеб. орудним відмінком відповідного іменника): er ist müde ~ der Árbeit він стомúвся від робóти; ~ Kúmmer gebéugt зігнýтий гóрем; *(вка зує на авторство, належність ко мусь, чомусь, сполучення його з іменником перекладається на українську* мову здеб. родовим відмінком відповідного іменника): Gedicht ~ Schíller вірш Шіллера; die Stráßen ~ Berlín вýлиці Берлíна; *(сполучення його з іменником синонімічне формі родового відмінка іменника і вживається при відсутності артикля, служить тж для вираження зв'язку)* éine Ménge ~ Ménschen мáса (натовп) людéй; die Frau ~ héute сучáсна жíнка; *(вказує на предмет мови, думки, сприйняття)* про; ~ j-m, ~ etw. *(V)* spréchen говорúти про когóсь, про щось; ich hábe ~ ihm gehört я чув про ньóго; *(по двійні прийменники з першим компонентом von);* von ... ab з; von jetzt ab віднúні, відтепéр; von ... an з, від, починáючи від; von díeser Zeit an з цьогó чáсу; von ... auf з; von Júgend auf з юнáцьких рóків; von ... aus із, з, від: von da aus звідтú; von Fénster aus з вікна; von ... her із, з, від; von Léipzig her з Лейпцига; von .,. heráb з, зверху, згори

voneinánder *pron* один від óдного; один про óдного

vonnöten *adj* необхíдний

vonstátten *adv* вперéд, дáлі; gut ~ géhen дóбре (вдало) проходúти

vor 1. *prp (D) (вказує на місцезнаходження* (де?) пéред; vor dem Háuse líegen бути розташóваним пéред будúнком; *(A)* перед; sich - das Haus sétzen сíсти пéред будúнком; *(D) (вказує на час)* до, тому, пéред; - dem Krieg до війнú; ~zwei Jáhren два рóки томý; *(D) (вказує на стан, почуття до когось, до чогось; на дію, здійснювану по відношенню до когось, до чогось)* перед, до, від; Áchtung ~ j-m háben відчувáтиповáгу до когóсь; *~f* j-m flíehen тікáти від когóсь; *(D) (вказує на причину)* від; ~ Kälte zíttern тремтíти від хóлоду; *(D) (вказує на перевагу, вищість)* пéред; ich líebe ihn - állen ánderen я люблю йогó більшé за всіх; *(вказує на послідовність)* за; Schritt - Schritt крок за крóком; 2. *adv* - вперéд!; nach wie - як колúсь, як і раніше

Vórabend *m* **~s**, **~e** переддéнь; am -напередóдні

Vórahnung *f* ~, **~en** передчуттЯ́

vorán *adv* спéреду, попéреду; на чолí; j-m ~ sein ітú спéреду (попереду); бýти пéршим; вперéд

vcoránbringen* *vt* рýхати вперéд; **~führen** *vt перен.* рýхати вперéд, розвивáти; **~gehen*** *vi* іти попéреду; іти на чолí; mit gútem Béispiel ~ géhen показувáти (гарний) прúклад; *(D)* передувáти *(чомусь); перен.* просувáтися; die Árbeit geht gut vorán робóта просувáється успíшно

vorángehend 1. *adj* вищезгáданий; im -en як буthough скáзано вúще; 2. *adv* вúще *(посилання в тексті)*

voránkommen* *vi (s)* просувáтися, рýхатися вперéд *(тж перен.);* **~schicken** *vt* посилáти вперéд *(когось, щось);* подавáти *(щось перед чимось; напр., вступ у книжці);* **~treiben*** *vt* прискóрювати, форсувáти *(розвиток чогось)*

vórarbeiten 1. *vi* випереджáти *(когось)* в робóті; *(D) перен.* запобігáти *(чомусь),* відвéртати *(щось); vt (D)* готувáти (заздалегідь) *(щось для когось);* викó нувати підготóвчі операціï *(для дальшої роботи); перен.* готувáти грунт *(для чогось,, для когось);* показувáти, як потрíбно працювáти; **sich** ~ просувáтися вперéд *(долаючи якісь перешкоди);* пробирáтися; пробивáтися

voráus *adv* упéред; раніше

voráusbestellen *vt* заздáлегідь (попередньо) замовлЯ́ти; **~bestimmen** *vt* признáчати; визначáти (наперед); **~bezahlen** *vt* заплатúти вперéд; **~gehen*** *vi (s)* іти впéред; *(D)* передувáти *(чомусь);* **~haben*** *vt (vor j-m)* перевéршувати, переважáти *(в чомусь когось);* мати перевáгу

Voráussage *f* ~, **~n** пророкувáння, прогнóз

voráussagen *vt* пророкувáти, передбáчати, прогнозувáти; **~schicken** *vt*

V

посилáти вперéд; випереджáти *(щось чимось);* **~sehen*** *vt* передбáчати; **~setzen** *vt* припускáти
Voráussetzung *f* ~, **~en** припýщення, гіпóтеза; передумóва; умóва; únter der ~, daß ... за умóви, що ...
Voráussicht *f* ~ передбáчення
voráussichtlich 1. *adj* передбáчуваний, імовíрний, очíкуваний; 2. *adv* пéвно, очевидно, мабýть
vórbedacht *adj* навмисний
Vórbedeutung *f* **~, ~en** ознáка, прикмéта
Vórbedingung *f* ~, **~en** передумóва, попередня умóва
Vórbehalt *m* **~(e)s, ~e** застерéження; вúняток; упередження
vórbehaltlos *adj* беззастерéжний
vorbéi *adv* мúмо *(an D когось, чогось);* ~ sein минýти
vorbéifahren* *vi (s) (an D)* проїжджáти мúмо *(когось, чогось);* **~geh(e)n*** *vi* (s) *(an D)* проходúти мúмо *(когось, чогось);* bei j-m ~ зайтú, заглянýти до когóсь *(по дорозі);* зникáти, минáти; *(an D) спорт.* випередúти *(когось);* вúйти вперéд; **~lassen*** *vt* пропускáти *(когось);* дáти пройтú *(комусь);* **~marschieren** *vi (s) (an D)* проходúти урóчистим маршем *(повз когось, щось);* **~reden**: aneinánder ~ réden *перен.* говорúти різними мóвами; не розумíти однé óдного
Vórbemerkung *f* ~, **~en** попередження; передмова *(в книжці)*
vórbereiten 1. *vt (auf A, fur A, zu D)* готувáти *(щось до чогось);* 2. **sich** ~готувáтися *(до чогось)*
Vórbereitung *f* ~, **~en** підготóвка, підготóвча робóта *(*auf A, für A, zu D *до чогось)*
Vórbesprechung *f* ~, **~en** попередне обговóрення; попередня нарáда
vórbestellen *vt* зробúти попереднє замóвлення *(на щось);* передплáчувати *(щось)*
Vórbestellung *f* ~, **~en** заявка; попереднє замóвлення (абонемент); передплáта
vórbeugend *adj* запобíжний; профілактúчний
Vórbeugungsmaßnahmen *pl* запобíжні зáходи; *мед.* профілактúчні зáходи; **-mittel** *n* **~s**, ~ профілактúчний зáсіб
Vórbild *n* **~(e)s, ~er** прúклад, зразóк, прототúп; *тех.* зразóк, модéль, шаблóн
vórbildlich *adj* зразкóвий, взірцéвий
vórdatieren *vt* позначáти зáднім числóм
vórder *adj* передній: передовúй;die ~en Zähne пéредні зýби
Vórdergrund *m* **~(e)s** передній план; in den ~ tréten (rücken) *перен.* вúсунутися (виступити) на передній план
vórderhand *adv* пóки що
vórdringen* *vi (s)* просувáтися вперéд, *військ. спорт,* наступáти
vórdringlich 1. *adj* першочергóвий, актуáльний; 2. *adv* у пéршу чéргу; негáйно
Vórdruck *m* **~(e)s, ~e** бланк, формуляр
vóreilig *adj* поспíшний, необáчний, передчáсний
vórenthalten* *vt. (j-m)* затрúмувати, не давáти *(щось комусь);* незакóнно позбавляти *(чогось);* прихóвувати, таїти *(щось від когось)*
vorérst *adv* спéршу, передусíм, пóки що
vórerwähnt *adj* вищезгáданий
Vórfahr *m* **~en, ~en** прéдок
vórfahren* *vi (s) (vor A)* під'їжджáти *(до чогось); (bei j-m)* заїжджáти *(до когось); (D)* їхати попéреду; виперéдити
Vórfall *m* **~(e)s**, **...fälle** вúпадок, інцидéнт; подíя
vórfallen* *vi (s)* траплятися
vórfinden* *vt* заставáти, знахóдити, виявляти
vórfristig *adj* дострокóвий
Vórfrühling *m* **~s, ~e** рáння веснá; почáток веснú
vórfühlen 1. *vt* передчувáти; 2. *vi* промацувáти, зондувáти (грунт)
vórführen *vt* виставляти для пóказу; демонструвáти *(щось комусь);* грáти *(виставу);* стáвити *(п'єсу);* демонструвáти
Vórführung *f* **~, ~en** демонстрáція, пóказ *(фільму); театр,* вистáва
Vórgang *m* **~(e)s**, **...gänge** зразóк, прúклад
Vórgänger *m* **~s, ~** попередник
Vórgarten *m* **~s, ...gärten** палісáдник
vórgeben* *vt* і подавáти *(до столу); спорт,* давáти фóру; необгрунтовано ствéрджувати *(щось);* прикидáтися
Vórgebirge *n* **~s**, ~ передгíр'я; мис
vórgeblich 1. *adj* уявний, вúгаданий; 2. *adv* ніби
Vórgehen *n* **~s** спосіб дій; вчинок; *військ.* наступ, просування
vórgenannt *adj* вищезгáданий
Vórgericht *n* **~(e)s, -e** закýска
Vórgeschichte *f* ~, доісторúчна епóха, доісторúчні чáси; передістóрія
Vórgesetzte *m, f* начáльник
vórgestern *adv* позавчóра
vórgreifen* 1. *vi (j-m in D)* випереджáти, перевéршувати; 2. *vt* угадувáти нáперед; випереджáти *(події)*
Vórhaben *n* **~s,** ~ нáмір, задýм; проéкт
Vórhalle *f* ~, **~n** вестибýль
vórhalten* 1. *vt* тримáти; *(j-m)* зауважувати *(щось комусь);* дорікáти; 2. *vi* продóвжуватися, тривáти
Vórhaltung *f* ~, **~en** дóкір, догáна
vorhánden *adj* наявний, існýючий; -sein існувáти, бýти в наявності, nur éinmal ~ унікáльний, єдúний
Vorhándensein *n* **~s** наявність
Vórhang *m* **~(e)s, ...hänge** завíса; штóри; портьéри; *театр,* вúклик (на біс)
vorhér *adv* рáніше, колúсь; lánge - задóвго *(до чогось)* заздалегíдь
Vórherrschaft *f* **~, ~en** панувáння, перевáжання, засúлля

vórherrschen *vi* переважáти, панувáти, займáти панíвне становище; мáти перевáгу *(над кимось, чимось)*
Vorhérsage *f* ~, **~n** пророкувáння; прогнóз *(погоди, захворювання)*
vorhín *adv* нещодáвно, ранíше, до цьóго; тíльки що
vórhinein: ~ заздалéгідь; з сáмого почáтку, відрáзу
Vórhut *f* ~, **~en** *військ.* авангáрд, головнúй загíн *(тж перен.)*
vórig *adj* минýлий; ~en Jáhres минýлого рóку; ~e Wóche минýлого тúжня
vórjährig *adj* тóрішній
vórkommen* vi *(s)* виходúти вперéд; *(bei D)* заходúти *(до когось);* відбувáтися, траплятися; *(D)* здавáтися *(комусь);* das kommt mir bekánnt vor це менí здаéться знайóмим
Vórkommen *n* **~s, ~** подíя, вúпадок, фáкт; існувáння, наявність; *гірн.* родовúще
Vórkriegszeit *f* **~, ~en** довоєнний час; передвоєнні роки
Vórlage *f* **~, ~n** проéкт, пропозúція; - zur Beschlúßfassung проéкт резолюції; éine - éinbringen внестú проéкт *(для обговорення);* зразóк, оригінáл; подáння *(von D документів і т. п.);* підстúлка, килимóк *(перед ліжком), спорт.* передáча, пас
vórlassen* *vt* пропускáти вперéд; пропускáти без чéрги; допускáти *(когось кудись)*
vórlaufen* *vi (s)* забігáти нáперед; бігтú спéреду
Vórläufer *m* **~s, ~** поперéдній
vórläufig 1. *adj* поперéдній, початкóвий; тимчасовúй; 2. *adv* пóки (що), тимчасóво
vórlegen 1. *vt* *(D)* класти, поклáсти *(щось, перед кимось, перед чимось);* подавáти *(напр., їжу);* розкладáти; покáзувати *(товар);* подавáти, показувáти *(документ);* 2. **sich** ~ нахилúтися вперéд *(про лижника, вершника)*
Vórleger *m* **~s, ~** килимóк *(перед дверима, ліжком)*
vórlesen* *vt (j-m)* читáти вгóлос *(щось комусь);* зачúтувати *(текст документа)*
Vórlesung *f* **~, ~en** лéкція; éine ~ hálten читáти лéкцію
Vórlesungsverzeichnis *n* **~ses, ~se** рóзклад лéкцій
vórletzt *adj* передостáнній
vórliegen* *vi* лежáти *(перед чимось); бýти наявним, існувáти, бýти пóданим (про проект, документи);* es liegt kein Grund vor ... немає ніякої підстáви ...
vórmáchen *vt* припасувáти *(щось перед чимось);* показувáти *(як щось робиться комусь); (j-m)* обмáнювати; брехлúво запевняти *(в чомусь когось)*
vórmalig *adj* колúшній, минýлий; остáнній
vórmals *adv* колúсь, ранíше
vórmerken *vt* намічáти *(напр., план дій); (fur A)* реєструвáти *(замовлення);* записувати *(напр., на прийом);* sich für etw. (A) ~ lássen (заздалегідь) записáтися *(напр., на прийом);* зареєструвáтися; (заздалегідь) уподóбати (облюбувати)
Vórmittag *m* **~(e)s** пéрша половúна дня, рáнок; am ~ пéред обíдом, у пéршій половúні дня
vórmittags *adv* у пéршій половúні дня, врáнці; um zehn Uhr ~ о десятій годúні рáнку
Vórmund *m* **~(e)s, ~e** / **...münder** опікýн *(тж перен.)*
Vórmundschaft *f* **~, ~en** опíка
vorn *adv* спéреду, попéреду; von спéреду; спочáтку; nach ~вперéд
Vórname *m* **-ns, ~n** ім'я *(на відміну від прізвища)*
vórnehmen* *vt* надівáти *(фартух, маску);* займáтися *(чимось);* проводúти *(роботу, дослід);* **sich** *(D)* etw. узятися *(до чогось, за щось),* почáти, затíяти *(щось);* **sich** *(D) - (zu + inf)* мáти нáмір, збирáтися *(робити щось)*
Vórnehmen *n* **~s,** ~ нáмір, задýм, план
vórnehmlich 1. *adj* головнúй, основнúй; 2. *adv* особлúво, головнúм чúном, пéрш за се, перевáжно
Vórort *m* **~(e)s, ~e** передмíстя
Vórort(s)verkehr *m* **~s** примíське сполýчення
Vórortzug *m* **~(e)s, ...züge** примíський пóїзд
Vórprüfung *f* **~, ~en** 1) попередня перевíрка; зáлік *(у вузі, технікумі)*
vórragen *vi* виступáти впéред, стирчáти
Vórrang *m* **~(e)s** перевáга, перевáжне прáво; пéршість; j-m den ~ éinräumen поступáтися пéршістю комýсь
vórrangig 1. *adj* перевáжний, найпéрший; 2. *adv* перевáжно, головнúм чúном
Vórrat *m* **~(e)s, ...räte** запас; Vórräte ánschaffen робúти запаси
vórrätig *adj* наявний (в запасі); заготóвлений
Vórratskammer *f* **~, ~n** комóра
Vórraum *m* **~(e)s, ..räume** передпóкій, вестибýль
vórrechnen *vt* нарахувáти; підрахувáти
Vórrecht *n* **~(e)s, ~e** перевáга, привілéй; ~e genießen користувáтися привілéями
Vórrede *f* **~, ~n** передмóва, вступ; промóва поперéднього промóвця
vórreden *vt (j-m)* наговорúти, набрехáти *(щось комусь);* навíювати *(щось комусь);* перекóнувати *(когось в чомусь)*
vórrichten *vt* готувáти, підготовляти, налáгоджувати
Vórrichtung *f* **~, ~en** прúстрій; прúлад; підготóвчі робóти, підготóвка (до *чогось)*
vórrücken 1. посувáти (висувати) вперéд; die Uhr ~ перевестú стрíлку

V

W

Wáage *f* ~, **~n** вагá, терезй
wáagerecht *adj* горизонтáльний
wach *adj* 1): ~ bléiben, ~ sein не спáти; бадьóрий, живúй; діяльний
Wáche *f* ~, **~n** *військ.* вáрта; охорóна; *мор.* вáхта; постовúй, вартовúй; вáрта; вартóве приміщення, бýдка; поліцéйський відділок
wáchen *vi* не спáти; *(uber A)* стéжити, пильнувáти *(за кимось, за чимось),* піклувáтися *(про когось, про щось);* охоронятн *(когось, щось);* *військ.* нестú сторожовý слýжбу: *мор.* нестú вáхту
Wáchposten *m* **~s, ~** (вартовий) пост; вартовúй
Wachs *n* **~es, ~e** віск; (лижна) мазь
wáchsam *adj* пúльний; чýткий *(про собаку)*
wáchsen* *vi (s)* ростú; виростáти; gut gewáchsen sein бýти гáрної статýри; ростú, розвивáтися, зростáти; in die Bréite ~ ширшáти, розширюватися; éiner Sáche *(D)* gewáchsen sein бýти на висотí *(чогось);* справлятися *(з чимось)*
Wáchsen *n*~ **s** ріст; im ~ sein ростú, бýои в процéсі рóсту; ріст, рóзвиток, збільшення
wächsern *adj* воскóвий, з вóску; жóвтий як віск
Wáchstuch *n* **~(e)s, ...tücher** клейóнка
Wáchstum *n* **~(e)s** ріст; рóзвиток
wáckelig *adj* хúткий, нестíйкий
wáckeln *vi* хитáтися, гойдáтися; нещільно прилягáти
wácker *adj* брáвий, хорóбрий; чéсний, сумлíнний
Wáde I *f* ~, **~n** лúтка *(ноги)*
Wáde II ~ ~ **~n** нéвід
Wáffe *f* ~, **~n** збрóя; озбрóєння; férngesteuerte ~n збрóя з дистанційним керувáнням; hérkömmliche (konventionélle) ~n звичáйне озбрóєння; nukleáre ~n ядерна збрóя; atomáre ~n áтомна збрóя; рід військ
Wáffenbruder *m* **~s, ...brüder** товáриш по збрóї, бойовúй сорáтник; **-bund** *m* **~(e)s, ...bünde** воєнний союз; **~dienst** *m* **~es** військова слýжба; **~haus** *n* **~es, häuser** арсенáл; **~rock** *m* **~(e)s, ...rocke** військовий мундúр; **~ruhe** f ~, **~stilIstand** *лі* **~(e)s** перемир'я
wáffnen 1. *vt* озбрóювати; **2, sich** ~*(mit D)* озбрóюватися *(чимось)*
Wágehals *m* **~es, ...halse** смілúвець, зірвиголовá; **~mut** *m* **~(e)s** смілúвість, відвáга
wágen 1. *vt* зважувáтися; насмілювáтися *(на щось);* ризикувáти *(чимось);* den Hals (das Lében) ~ ризикувáои головóю (життям); **2. sich** ~ навáжуватися, насмілювáтися
Wágen *m* **~s,** ~ 1} екіпáж, колягска; візóк, віз; вóзик; автомобіль, машúна; *зал.* вагóн, вагонéтка; *астр.* der Größe ~ Велúка Ведмéдиця; der Kléine - Малá Ведмéдиця
wägen* *vt* звáжувати *(тж перен)*
Wágnis *n* **~ses, ~se** рúзик; ризикóвана спрáва
Wahl *f* ~, **~en** вúбір; die - tréffen вúбрати, зробúти вúбір; *здеб. рі* вúбори, óбрання; gehéime - вúбори таємним голосувáнням; die ~en ábhalten провестú вúбори; *ком.* сорт, якість; Wáren érster - товáри пéршого сóрту
Wáhlagitation *f* ~ передвúборна агітáція; **~akt** *m* **~(e)s** процедýра вúборів (голосування); **~ausfall** *m* **~(e)s, ~ausgang** *m* **~(e)s** результáт вúборів
wáhlberechtigt *adj* якúй мáє прáво гóлосу
Wáhlbezirk *m* **~(e)s, ~e** вúборча дільнúця
wählen *vt* вибирати; обирати; голосувати *(за когось);* набирати *(номер телефону)*
Wähler *m* **~s, ~** вúборець; *тех* шукáч; селéктор
wáhlfähig *adj* якúй має прáво гóлосу; якúй мóже бýти óбраним; **~frei** *adj* факультатúвний, необов'язкóвий *(про навчальний предмет)*
Wáhlfreiheit *f* ~ прáво (свобода) вúбору; свобóда вúборів; **~kreis** *m* **~es, ~e** вúборчий óкруг; **~liste** f~, **~n** спúсок кандидáтів на вúборах; **~lokal** *n* **~(e)s, ~e** вúборчий пункт; **~recht** n **~(e)s, ~e** вúборче прáво; **~Versammlung** f **~, -eї**

передви́борні збо́ри; **~zettel** *m* **~s,** ~ ви́борчий бюлетень
wáhlweise *adv* на ви́бір, вибірко́во
Wahn *m* **~(e)s** ілю́зія; мрія; поми́лка, засліплення; міра́ж; *мед.* ма́рення, ма́нія
Wáhnbild *n* **~(e)s, ~er** хи́мера; при́вид, фанто́м; галюцина́ція; **~sinn** *m* **~(e)s** божеві́лля; in ~ (ver)fállen збожево́літи; *перен.* безу́мство, безрозсу́дність, безглу́здя
wáhnsinnig 1. *adj* божеві́льний, причи́нний; *перен.* безрозсу́дний, безглу́здий; страше́нний, жахли́вий *(напр., про біль);* **2.** *adv* безу́мно, страше́нно, жахли́во; надмірно; нестерпно
wahr *adj* істинний, спра́вжній, вірний, пра́вильний; das ist ~ це пра́вда; nicht ~? чи не пра́вда?
wáhren *vt* берегти́, охороня́ти *(напр., честь);* доде́ржувати, зберіга́ти *(напр., спокій)*
während **1.** *prp (G)* під час, про́тягом; за; ~ des Únterrichts під час уро́ку, на уро́ці; **2.** *cj* в той час як, по́ки
wáhrhaft, **wáhrhaftig** 1, *.adj* істинний, спра́вжній, ді́йсний; правди́вий: **2.** *adv* ді́йсно, спра́вді
Wáhrheit *f*~, **~en** пра́вда, істина; in ~спра́вді, наспра́вді
wáhrheitsgemäß, **~getreu** *adj* правди́вий, (цілком) пе́вний, віро́гідний
wáhrlich *adv* ді́йсно, спра́вді, наспра́вді
wáhrnehmbar *adj* ви́димий, помі́тний; відчу́тний
wáhrnehmen* *vt* **1.** поміча́ти; відчува́ти: сприйма́ти; використо́вувати; éine Gelégenheit ~ скориста́тися наго́дою; дотри́муватися *(строків, інтересів)*
wáhrsagen *невідокр.* *vt* пророкува́ти (майбутнє) , ворожи́ти
wahrschéinlich 1 *adj* імовірний, правдоподібний; 2. *adv* пе́вно, мабу́ть, очеви́дно
Wáhrung *f* ~ збере́ження, охоро́на; доде́ржання
Währung *f* ~, **~en** *ек.* валю́та
Wáhrzeichen *n* **~s**, ~ прикме́та, о́знака; си́мвол
Wáise *f* ~, **~n** сирота́
Wal [va:l] *m* **~(e)s, ~e** кит
Wald *m* **~(e)s, Wälder** ліс; ein líchter ~ рі́дкий ліс; ein tíefer ~ дрі́му́чий ліс
Wáldkomplex *m* **~es, ~e** лісови́й маси́в; **-lichtung** *f* ~, **~er*** лісова́ поля́на, галяви́на
Wálfang *m* **~(e)s**, **...fänge** китобі́йний про́мисел; **~fisch** *m* **~es, ~e** кит
Wall *m* ~ **(e)s**, **Wälle** вал, на́сип
wállen *vi* ви́рувати, кипіти; хвилюва́тися *(напр., про море, тж перен.);* струмува́ти; майо́ріти, колиха́тися
Wálnuß [Val-] *f* ~, **...nüsse** гре́цький горі́х
Wálroß [Val-] *n* **rosses, ...rosse** морж
wálten *vi (uber A)* панува́ти *(над чимось);* управля́ти *(чимось)*
Wálze *f* ~, **~n** *тех.* ва́лик; циліндр; ро́лик; кото́к
wálzen *vt* *тех.* прока́тувати; вальцюва́ти: подрібнюва́ти, розме́лювати *(щось у валках)*
wálzen II *vi* танцюва́ти ва́льс
wälzen 1. *vt* коти́ти; перекочува́ти, *(in D)* обка́чувати *(щось у чомусь); кул.* панірува́ти; *(auf A)* зверта́ти, склада́ти *(вину, відлові -дальність на когось);* **2. sich ~** валя́ться, кача́тися; переверта́тися; sich vor Láchen ~ *розм* зайти́ся сміхом
Wálzer *m* **~s,~** ва́льс
Wálzhütte *f* ~, **~n** *тех.* прока́тний заво́д (цех)
wálzig *adj* циліндри́чний
Wálzstraße *f* ~, **~n** прока́тний стан; **~werk** *n* **~(e)s, ~e** прока́тний стан; прока́тний цех
Wams *n* **~es**, **Wämser**, *m* **~es, Wämse** (ватна) ку́ртка, фуфа́йка, безрука́вка
Wand *f* **~, Wände** стіна́; перегоро́дка; éine spánische ~ ши́рма; екра́н: die wéiße ~ екра́н *(в кіно);* (стрімка) ске́ля; стіна́ *(гір, скель).*
Wándbild *n* **~(e)s, ~er** настінна фре́ска
Wándel *m* **~s** переміна, зміна; спо́сіб життя́; поведі́нка
wándelbar *adj* мінли́вий, непості́йний
Wándelgang *m* **~(e)s, gänge** галере́я, прохі́д; кулуа́ри; **~halle** *f* ~, **~n** кри́та галере́я; *театр,* кулуа́ри, фойє́
wándeln 1. *vt (in A)* змінювати; перетво́рювати *(щось у щось);* **2.** и *(s)* ходи́ти, броди́ти; прогу́люватися; 3. **sich** ~ *(in A)* змі́нюватися; перетво́рюватися *(в щось)*
Wándelstern *m* **~(e)s, ~e** плане́та
Wándelung *див.* Wándlung
Wánderausstellung *f* ~. **~en** пересувна́ ви́ставка
Wánderer *m* **~s,** ~ подоро́жній, мандрівни́к; тури́ст *(який мандрує пішки)*
Wánderfahrt *f* ~, **~en** тури́стський похі́д; **~karte** *f* ~, **~n** маршру́тна (туристська) ка́рта
wándern *vi (s)* подорожува́ти *(пішки);* мандрува́ти, броди́ти; займа́тися тури́змом; блука́ти, переміща́тися
Wánderplan *m* **~(e)s**, **..pläne** план тури́стського маршру́ту; **~pokal** *m* **~(e)s, ~e** *спорт,* перехідни́й ку́бок; **~preis** *m* **~es, ~e** *спорт.* перехідни́й приз; - quartier *n* **~s, ~e** турба́за
Wándersport *m* **~(e)s** тури́зм; **~stützpunkt** *m* **~(e)s**, ~e тури́стська ба́за
Wánderung *f* ~, **~en** прогу́лянка, екску́рсія, мандрі́вка *(пішки);* тури́стський похі́д; блука́ння, переміщення; мігра́ція
Wándervogel *m* **~s**, **...vögel** перелі́тний птах
Wándlung *f* ~ **~en** зміна; перетво́рення
Wándmalerei *f*~, **~en** настінний живопис, фре́ски; **~regal** *n* **~s, ~e** настінна

V

по́лиця; **~schrank** *m* **~(e)s**, ...schränke вбудо́вана (стінна) ша́фа; **-tafel** *f* ~, **n** стінна́ (класна) до́шка; **~uhr** *f* **~, ~en** стінни́й годи́нник

Wánge *f* ~, **~n** щока́

Wánkelmut *in* **~(e)s** нерішу́чість; вага́ння

wánken *vi (h, s)* хита́тися, колива́тися; вага́тися, не нава́жуватися; пода́тися, похи́тнутися

wann *adv* колú; bis ~? до якóго часу?; до́ки?; seit ~? von ~ an? з якóго ча́су?

Wánne *f* ~, **~n** ва́нна *(тж тех.);* чан, бак; *геол.* му́льда, улогови́на, загли́блення

Wánze *f*~, **~n** блощи́ця, клоп

Wánzenbeere *f* ~, **~n** чо́рна сморо́дина

Wáppen *n* **~s,** ~ герб

Wáre *f* ~, **~n** това́р; ви́ріб *(як предмет купівлі-продажу);* féhlerhafte (zurückgesetzte) ~ брак; hálbfertige ~ напівфабрика́т; verbótene ~ контраба́нда

Wárenabkommen *n* **~s, ~** уго́да про товаро́обмін *(між країнами);* **~aus** tausch *m* **~es** *ек.* товаро́обмін; **~haus** *n* **~es, ...häuser** універса́льний магази́н; **~lager** *n* **~s,** - (товарний) склад; **~messe** *f* ~, **~n** торго́вий я́рмарок; **~produktion** *f* ~ *ек.* това́рне виробни́цтво; **~umsatz** *m* **~es, ...sätze, ~umschlag** *m* **~(e)s**, ...**schlage** товаро́обіг; **~zeichen** *n* **~s,** ~ това́рний знак; фабри́чне клеймо́

warm *adj у різних значеннях* те́плий; ~e Spéisen гаря́чі стра́ви; wärmsten Dank! вели́ке спаси́бі!

Wármbeet *n* **~(e)s, ~e** *с.~г.* парни́к

wármblütig *adj* теплокро́вний

Wärme *f* ~ тепло́, теплота́ *(тж перші.)*

Wärmeaustausch *m* **~es** *фіз.* теплообмі́н; **~behälter** *m* **~s,** ~ те́рмос; **~einheit** *f* ~, **~en** *фіз.* одини́ця тепла́; кало́рія; **~leitfähigkeit** *f* ~ **~leitung** *f* ~, **~leitvermögen** *n* **~s** *фіз.* теплопрові́дність; **~mechanik** *f* ~ термодина́міка

wärmen *vt* грі́ти, нагріва́ти, зігріва́ти, обігріва́ти

Wärmflasche *f* ~, **~n** *мед.* грі́лка

Wármhaus *n* **~es, ...häuser** *с.-г.* тепли́ця, оранжере́я

wármherzig *adj* щи́рий, щиросе́рдий, співчутли́вий, те́плий

wárnen *vt (vor D)* остерiга́ти, застеріга́ти *(когось від чогось):* попере́джати *(когось про щось);* сповіща́ти

Wárnsignal *n* **~(e)s, ~e** сигна́л триво́ги

Wárnung *f* ~, **~en** пересторо́га, застере́ження

Wárnzeichen *n* **~s,** - попереджува́льний сигна́л; попере́джувальний знак *(напр., дорожній)*

Wárte *f* **~, ~n** (сторожова) ба́шта, спостере́жна ви́шка; метеорологі́чна ста́нція; обсервато́рія

Wártehalle *f* ~, **~n** зал чека́ння *(для пасажирів)*

wárten *vi (auf A)* чека́ти *(когось, чогось, на когось, на щось)*

Wärter *m* **~s**, ~ сто́рож; саніта́р

Wärterin *f* **~, ~nen** саніта́рка, догляда́льниця, ня́ня

Wártesaal *m* **~(e)s,** ...**säle** зал чека́ння *(для пасажирів),* **~zimmer** *n* **~s,** ~прийма́льня

warúm *adv* чому́, чого́

Wárze *f* ~, **~n** борода́вка; сосо́к; ді́йка

was 1. *pron inter* що; - ist das?! що це (таке)?; - ist Ihr Brúder?! хто ваш брат *(за фахом)";* *(як підсилювальна або оклична частка) розм.* що (ж), як; ну і; - du nicht (álles) sagst! та що ти ка́жеш!; **2.** *pron rel* що; das, - du geságt hast те, що ти сказа́в; 3. *pron indef (скор. від* étwas) *розм.* щось; дещо́; ~ Néues щось но́ве

Wáschanstalt *f* ~, **~en** пра́льня; **-becken** *n* **~s,** ~ умива́льник; таз; **~blau** *n* **~(e)s** си́нька *(для білизни)*

Wäsche *f* ~, **~n** білизна́ *(натільна, постільна);* пра́ння; in die (zur) ~ gében віддава́ти пра́ти *(щось);* пра́льна маши́на

Wäscheklammer *f* **~, ~n** прищі́пка *(для сушіння білизни)*

wáschen* 1. *vi* ми́ти; пра́ти; sich *(D)* das Gesícht ~ умива́тися, ми́ти обли́ччя; *гірн.* промива́ти; **2. sich** ~ ми́тися, умива́тися; sich kalt ~ ми́тися холо́дною водо́ю

Wäscheréi *f* **~, ~en** пра́льня; *тех.* ми́йка; *гірн.* збага́чувальна фа́брика; *розм.* бала́канина

Wäscherin *f* ~, **~nen** пра́чка

Wäschewaschen *n* **~s** пра́ння білизни́

wáschledern *adj* за́мшевий

Wáschmaschine *f* ~, **~n** пра́льна маши́на; *тех.* ми́йна маши́на; **~mittel** *n* **~s,** ~ миючий за́сіб; **~pulver** *n* **~s,** - пра́льний порошо́к; **~raum** *m* **~(e)s, ...räume** кі́мната для умива́ння, душова́ *(напр., на заводі, в шахті);* **~seife** f~ господа́рське ми́ло; **~trog** *m* **~(e)s, ...tröge** но́чви

Wáschung *f* ~, **~en** умива́ння; обмива́ння; промива́ння

was für ein *pron inter m* (was für éine, *n* was für ein, *pl* was für) що за, яки́й (яка, яке, які); was für ein Buch ist das? що це за кни́жка?

Wásser *n* **~s,** ~ *і (про мінеральні, стічні води)* **Wässer** вода́; 2): Kölnisches ~ одеколо́н

Wásserballspiel *n* **~(e)s** во́дне по́ло; ватерпо́ло; **~spieler** *m* **~s,** ~ ватерполі́ст

Wásserbecken *n* **~s,** ~ во́дний басе́йн; резервуа́р для води́'**~behandlung** *f* ~ *мед.* водоліку́ва́ння, гідротерапі́я

wásserdicht *adj* водонепрони́кний; непромока́льний; водотри́вкий

Wásserfall *m* **~(e)s, ...fälle** водоспа́д; каска́д; **~färbe** *f* -, **~n** акваре́ль, акваре́льна фа́рба; ко́лір води́

Wásserfläche *f* ~, **~n** водянáповéрхня; водянúй прóстір; **~flut** f ~, **~en** хвúля; приплúв; прибувáння водú; пóвідь, розлúття *(річки);* **~glas** *n* **~es, ...gläser** склянка; *тк. sg хім.* рідке (розчинне) скло; **~gras** *n es, водопровідний кран;* **haushalt** *m* **~(e)s** вóдне господáрство; вóдний режúм; вóдний балáнс: **~heilanstalt** *f* ~, **~en** водолікáрня
wässerig *adj* водянúстий; *хім.* вóдний
Wásserkraftanlage *f* ~, **~n** гідроелектростáнція, ГЕС; гідросиловá устанóвка; **~werk** *n* ,**~(e)s, ~e** гідроелектростáнція, ГЕС, гідроцентрáль
Wásserkur *f~ див.* Wásserbehandlung
Wásserlehre *f* ~ гідролóгія; **~leitung** *f* ~, **~en** водогін, водопрóвід; **~melone** *f* **~n** кавýн
wássern *vi ав.* здійснювати посáдку на вóду, привóднюватися
wässern 1. *vt* зрóшувати; обводнювáти; вимóчувати; промивáти у воді; розводúти водóю; **2.** *vi* зволожувáтися
Wássernixe *f* ~, **~n** *міф.* рудáлка; **~not** *f* ~ недостáча водú; посýха; авáрія на воді; корабéльна авáрія; **~pflanze** *f* ~, **~n** водянá рослúна, водорість
wásserrecht *adj* горизонтáльний; **~reich** *adj* повновóдний, багато-воднúй
Wásserreichtum *m* **~(e)s, ...tümer** водяні ресýрси; **~reinigungsanlage** *f* ~, **~n** водоочисна спорýда; **~scheu** f ~ боязнь водú; *мед.* водобоязнь; сказ; **~spiegel** *m* **~s** рівень водú; дзéркало вóди, вільна повéрхня водú,~ **~spiel** *n* **~(e)s, ~e** фонтáн; каскáд; **~sport** *m* **~(e)s** вóдний спорт; **~stoff** *m* **~(e)s** *хім.* вóдень
Wásserstoffbombe *f* ~, **~n** водневá бóмба; **~waffe** ~, **~n** водневá збрóя
Wásserstraße *f* ~, **~n** вóдний шлях; *геогр.* протóка
Wásserung *f* ~, **~en** *ав.* посáдка на вóду, приводнéння
Wässerung *f*~, **~en** зрóшення, обводнéння, іригáція; вимóчування; промивáння водóю; розведéння водóю
Wásserverdrängung *f* ~, **~en** *мор.* водотоннáжність; **~verkehr** *m* **~s** вóдне сполýчення; **~versorgung** *f* ~, **~ en** водопостачáння; **~vogel** *m* **~s ...vögel** водоплáвний птах; **-vorrat** *m* **~(e)s, ...rate** запáс водú; водяні ресýрси; **~waage** *f* ~, **~n** ватерпáс, рівень; **~wehr** *n* **~(e)s**, ~e загáта; грéбля; **~welle** *f* **~, ~n** водянá хвúля; *здеб.* холóдна завúвка
Wásserwerk *n* **~(e)s, ~e** водопровідна (насосна) стáнція
wáten *vi (s, h) (durch A)* переходúти вбрід *(щось);* загрузáти *(в болоті в снігу)*
Wátte *f* ~, **-n** вáта
wében 1, *vt* ткáти; Spítzen -плестú мерéживо; плестú *(павутину);* **2.** *vi* рухатися; діяти
Wéber *m s,* ~ ткач
Weberéi *f* ~, **~en** ткáцька фáбрика; *sg* ткáцтво, ткáцьке виробнúцтво
Wéberin *f* ~, **~en** ткáля
Wébpelz *m* **~es, ~e** штýчне (ткане) хýтро: **~stuhl** *m* **~(e)s**, **...stühle** ткáцький верстáт
Wéchsel *m* **~s,** ~ перемíна, змíна; змíна, чергувáння; im - по чéрзі; розмíн *(грошей);* обмíн; замíна *(тж спорт.);* 6) *спорт.* передáча естафéти; 7) *лінгв.* чергувáння
Wéchselbeziehung *f* ~, **~en** взаємозв'язóк, взаємозалéжність, взаємовіднóшення; **~dienst** *m* **~es**, ~e обмíн валюти *(на . кордоні);* пýнкти обмíну валюти; **~feld** *n* **~e)s, ~er** *ел.* змíнне пóле; **~geld** *n* **~(e)s, -er** розмíнна монéта, дрібні грóші
wéchselhaft *adj* мінлúвий; ~es Wétter мінлúва (нестійка) погóда
wéchseln 1. *vt* міняти; обмíнювати; обмíнюватися *(чимось);* Bríefe -листувáтися; розмíнювати, міняти *(гроші);* **2.** *vi* мінятися; *(mit D)* чергувáтися *(з кимось, з чимось);* змíнюватися *(чимось);* змíнювати місце проживáння; блукáти; кочувáти; über die Grénze ~ перекочувáти за кордóн
Wéchselspannung *f* **~, ~en** *ел.* змíнна напрýга; **-strom** *m* **~(e)s**, **...ströme** змíнний струм
Wéhselung *f* ~, **~en** обмíн; розмíн *(грошей)*
wéchselweise *adv* навперемíнно; взаємно, обопільно
Wéchselwirkung *f* ~, **~en** взаємодія; **~zahn** *m* **~(e)s,** **...zähne** *анат.* молóчний зуб
wécken *vt* (роз)будúти; j-n aus dem Schláfe ~розбудúти когóсь; будúти, пробýджувати *(щось в комусь, напр., цікавість)*
Wécker *m* **~s**, ~, **Wéckuhr** *f* ~, **~en** будúльник
wédeln 1. *vi (mit D)* обмáхуватися *(напр., віялом);* 2): mit dem Schwanz (mit dem Schweif) - махáти хвостóм; *перен. тж* підлабýзнюватися, плазувáти *(перед кимось);* **2.** *vt (von D)* змахувáти *(напр., пил з чогось);* відганяти *(мух)*
wéder ...noch *cj* ні ... ні
weg [vek] *adv* геть; вдалúну, Hände -! *розм.* рýки геть!; geh ~! *розм* Іди геть!; геть з очéй!; - sein бýти відсýтнім; пропáсти, знúкнути; бýти непритóмним
Weg *m* **~(e)s, ~e** дорóга, шлях *(тж перен.);* стéжка; séinen ~ géhen іти своєю дорóгою *(тж перен.);* j-m in ~ (e) stéhen (sein) стояти на чиємусь шляхý; *перен~ тж* стояти комýсь поперéк дорóги; заважáти, шлях, напрямок *(тж перен.);* auf dem ~e sein etw. zu tun збирáтися (бути готовим) зробúти щось; дорóга; поїздка, пóдорож; der létzte ~ остáння путь, похорóн; gúten ~!

W

щасли́вої доро́ги!; sich auf den ~ máchen (begében) виряджа́тися в доро́гу; шлях, відста́нь; éinen (lángen) ~ zurücklegen пройти́ (довгий) шлях; шлях, спо́сіб, за́сіб; auf fríedlichem ~e ми́рним шля́хом; auf dem *~e der Verhándlungen шля́хом перегово́рів, séinen ~ (im Lében) máchen ви́йти в лю́ди; зроби́ти кар'є́ру; доби́тися *(чогось)* у житті́; sich auf hálbem ~e tréffen піти́ на компромі́с
wégarbeiten *vt відпрацюва́ти (свій час)* закі́нчити *(роботу);* викона́ти *(своє завдання);* лікві́дува́ти *(вади, недоліки);* **-begeben*,** sich іти *(собі геть),* ретирува́тися; **~blasen*** *vt* здува́ти; розві́яти— *(тж перен.);* **~bleiben*** vi *(s)* бу́ти відсу́тнім; не прийти́; не з'яви́тися; не поверну́тися; **~drehen 1.** *vt* відкрути́ти; відгвинти́ти; **2. sich ~drehen** відверта́тися; **~eilen** *vi (s)* шви́дко піти́ геть; поспіши́ти геть
wégelos *adj* непрохідни́й, непроі́жджий; бездоро́жній
wégen *prp (G) (часто стоїть після іменника)* зара́ди, че́рез, (і)з-за; внаслі́док; ~ des Váters, des Váters ~ зара́ди ба́тька; ~ schléchten Wétters че́рез пога́ну пого́ду
Wégerich *m* **~s, ~e** *бот.* подоро́жник
wégfahren* 1. *vi (s)* від'їжджа́ти; **2.** *vt* відвози́ти; **~fallen*** vi (s) відпада́ти, не відбу́тися; скасо́вуватися; **~lassen*** *vt відпускати (когось);* пропуска́ти *(частину тексту при читанні)*
Wégnahme *f* **~, ~n** відня́ття; вилу́чення; конфіска́ція; *мед.* видале́ння
wégnehmen* *vt* відніма́ти, відбира́ти; **~räumen** *vt* прибира́ти *(напр., сміття);* усува́ти *(непорозуміння, перешкоди);* **~rufen*** *vt* відклика́ти; **~schaffen** *vt* забира́ти; відноси́ти; відвози́ти; усува́ти; скасо́вувати; **~scheren*** *vt* обстри́гти; обри́ти; зрі́зати но́жицями (бритвою); **~treten*** *vt (s)* віді́йти вбік, відступи́ти; ~**treten**!, **~getreten**! розійди́ся! *(команда)*
Wégweiser *m* **~s,** ~ провідни́к; проводи́р; путівни́к, дороговка́з; покажчи́к доро́ги; доро́жній знак
wégwenden* 1. *vt* відверта́ти; **2. sich ~** відверта́тися; **~werfen* 1.** *vt* викида́ти; відкида́ти; **2. sich** ~ wérfen прини́жуватися
wégwerfend 1. *adj* презирли́вий, зневажли́вий; **2.** *adv* зарозумі́ло, зго́рда
wégziehen* 1. *vt* відсува́ти; відтя́гувати (вбік); відслоня́ти *(фіранку);* **2.** *vi* (s) виї́жджа́ти; переселя́тися; відліта́ти *(про перелітних птахів)*
Wégzug *m* ~(e)s, **...züge** від'ї́зд; пере́їзд, пересе́лення; відлі́т *(птахів).*
weh 1. *adj розм.* хво́рий *(про орган, частину тіла);* ich hábe éinen ~en Fínger у ме́не боли́ть (нарива́є) па́лець; хвороблі́вий *(про відчуття);* гі́ркий; : j-m ~ tun заподі́ювати біль кому́сь; *перен.* завдава́ти бо́лю кому́сь; es tut mir ~ мені́ боля́че; мені́ ду́же шко́да; мені́ со́ромно; **2.** *int* ох!; бо́же мій; ~(mir)! го́ре мені́!
Weh *n* ~(e)s сум, скорбо́та, го́ре; біль; mit ~ und Ach, mit Ach und ~ наси́лу
Wéhe *f* ~, ~n *здеб. pl мед.* переймú; заме́ти *(снігові, піщані)*
wéhen 1. *vi* ду́ти, ві́яти *(про вітер);* розвіва́тися, майо́ріти *(на вітрі);* die Fáhnen ~ майо́рять пра́пори; die Schnee weht мете́ сніг; **2.** *vt (von D)* здува́ти ві́тром *(щось звідкись); (auf A)* прино́сити (намі́тати) ві́тром *(щось кудись)*
wéhklagen *невідокр. vi* ремствува́ти, ска́ржитися; über j-n ~ опла́кувати кого́сь *(чиюсь долю)*
Wéhmut *f*~сум, смуто́к, печа́ль, ту́га; меланхо́лія
Wehr I *f*~. **~en** оборо́на, о́пір; sich zur ~ sétzen чини́ти о́пір, захища́тися; зброя
Wehr II *n* **~(e)s, ~e** загата; гре́бля
Wéhrdamm *m* ~(e)s, **...dämme** да́мба, мол
Wéhrdienst *m* **~es, ~e** військова́ слу́жба; aktíver ~ ді́йсна військова́ слу́жба
wéhren, sich *(gegen A, wider A)* оборо-ня́тися, захища́тися, відбива́тися *(від когось, від чогось)*
Wéhrfähigkeit *f* ~ обороноздáтність; прида́тність до військово́ї слу́жби; **~gesetz** *n* **~es, ~e** зако́н про військову́ пови́нність
wéhrlos *adj* безза́хисний; беззбро́йний; j-n ~ máchen обеззбро́їти кого́сь
Wéhrpflichtalter *n* **~s** *військ.* призовни́й вік
wéhrpflichtig *adj* військовозобов'я́заний
Weib *n* **~(e)s, ~er** *заст. і розм.* жі́нка; *поет,* дружи́на; *знев* ба́ба *(тж про боягуза, базіку)*
Wéibchen *n* **~s,** ~ *пестл.* бабу́ся; ста́ренька; дружи́нонька; *зоол.* са́мка
wéiblich *adj* жіно́чий: ~es Geschlécht жіно́ча стáть; *грам,* жіно́чий рід
weich *adj* м'я́кий; гнучки́й; м'я́кий, ла́гідний, ні́жний; *тех.* ко́вкий, тягу́чий; *фон.* дзві́нкий
wéichen I 1. *vt* зм'якшува́ти; пом'я́кшувати; вимо́чувати, розмо́чувати; **2.** vi (h, s) зм'якшува́тися; пом'я́кшуватися; мо́кнути
wéichen* II *vi (s)* відхиля́тися *(вбік);* ухиля́тися; відступа́ти, відходи́ти; *(D)* поступа́тися *(силі, сильнішому); der* Nótwendigkeit підкори́тися необхі́дності
Wéichensteller *m* **~s**, ~, **~Wärter** *m* **~s**, *зал.* стрі́лочник
wéichgekocht, ~gesotten *adj* розва́рений; ein ~gekóchtes Ei рі́дко (некруто) зва́рене яйце́
Wéichheit *f* ~ м'я́кість, еласти́чність; м'я́кість, ла́гідність, ні́жність
wéichherzig *adj* м'якосе́рдий
Wéichtier *n* **~(e)s, ~e** *зоол.* молю́ск

Wéide I *f* ~, ~n вéрба; лози́
Wéide II *f* ~, ~пангін, пасóвище
wéiden 1. vi нáсти; *(an D) ne~prn,* тíшити *(зір, слух чимось);* **2.** *vi* пасти́ся; **3. sich ~** *(an D)* втішáтися, милувáтися *(чимось);* радíги *(чомусь)*
wéigern 1. *vt (j-m)* відмовля́ти *(я чомусь комусь);* **2. sich ~** відмовля́тися; чини́ти опíр; ухили́тися *(віл чоíпсь)*
Wéigerung *f* ~, **~en** відмóва; опíр; ухи́линмя; непокóра *(комусь, чомусь)*
wéihen *vt* освя́чувати, святи́ти; урóчисто відкривáти *(напр., пам'ятник); (D)* присвя́чувати *(щось комусь, чомугь)*
Wéihnachten *pl* рíздвó
wéihnachtlich *adj* різдвя́ний
Wéihnachtsabend *m* **~es, ~e**. святи́й вéчір, передде́нь рíздвó; ~baum *m* ~(e)s, **...bäume** різдвя́на яли́нка; **~fest** *n* **~es** різдвó
weil *cj* бо, томý що, чéрез те що
Wéile *f* ~ яки́йсь (деякий) час; éine gánze (lánget) ~ дóвгий час, дóвго; éine kléine (kúrze) ~ недóвго, однý хвили́нку
wéilen *vi* бýти, перебувáти; зупини́тися *(десь)*
Wein *m* **~(e)s, ~e** винó; ábgelagerter ~ стáре (витримане) винó; héuriger (fríscher) ~ молоди́ ви́но; reiner ~ натурáльне ви́но; виногрáд
Wéinlbau *m* **~ (e)s** виногрáдарство; **~berg** *m* **~e(s), ~e** виногрáдник; **~bland** *m* **~(e)s** коньяк
wéinen *vi (uber A)* плáкати *(за кимось, за чимось);* bítteie Tränen ~плáкати гíркими сльозáми
Wéinen *n* **~s** плач; zum ~ bríngen доводи́ти до сліз
wéinerlich *adj* плакси́вий
Wéinernte *f* ~ збирáння виногрáду; **~garten** m **~s,** ..gärten виногрáдник; **~glas** *n* **~es, ...gläser** чáрка, кéлих; **~stock** *m* **~(e)s, ...stocke** виногрáдна лозá: **~traube** *f* ~, **~n** виногрáдне грóно; *pl* **~trauben** виногрáд
wéise *edj* мýдрий
Wéise I m мудрéць; мисли́тель
Wéise II *f* **~, ~n** спóсіб; манéра: aul jéde ~ всіля́ко, вся́кими спóсобами; auf wélche ~? яки́м чи́ном?: як?
Wéisen* 1. *vt* покáзувати, укáзувати; j~n zur Rúhe ~ закликáти когóсь до поря́дку; відсилáти, направля́ти *(когось, щось кудась);* aus dem Lánde ~ ви́слати з краíни; ans der Schúle ~ ви́ключити з шкóли; **2.** *vi (auf Л)* укáзувати *(на когось, на щось)*
Wéisheit *f* ~ мýдрість
wéiß *adj* бíлий; си́вий; білосні́жний; чи́стий *(тж прреи)*
Wéißbäckerei *f* **~, ~en** бýлочна, кондитерська
Wéißblütigkeit *f* **~** *мел.* лейкемíя, білокрíв'я; ~**brot** *n* **~(e)s, ~e** бíлий хліб
wéißen *vt* біли́ти, мáзати
Wéisung *f* **~, ~en** вказíвка, накáз, розпоря́дження, директи́ва
weit 1. *adj* і) далéкий, дáльній; простóрий, широ́кий; ein ~ er Ábstand вели́ка відстань: вели́ка різни́ця **2.** *adv* далéко; удалині; широкó; набагáто, знáчно; größer набагáто (значно) бíльше
wéitáus *adv* набагáто, знáчно
Wéitblick *m* **~(e)s** далекогля́дність, прозорли́вість
Wéite *f* **~, ~n** далéчінь; прóстір; ширóчінь; відстáнь; довжинá *(шляху);* ширинá; діáметр; рóзмір; *veoip.* широтá
wéiten 1. *vi* розши́рювати; **sich** ~розши́рюватися
wéiter *(comp піл* weil) 1. *adj* подáльший; тривáючий; ~e Tátsachen додаткóві (нові) фáкти; bis auf ~es пóки що; до пори́, до чáсу; до нóвого розпоря́дження; óhne ~es зрáзу, негáйно; без розмóв; das ist óhne ~es klar це цілкóм я́сно; **2.** *adv* дáлі; ~ nichts бíльше нíчóго; ~ níemand бíльше ніхтó; und so ~*(скор.* usw.) І так дáлі
wéiterbesteh(e)n* - продóвжувати існувáти; залишáтися, зберігáтися
Wéiterbildung *f* **~** підви́щення кваліфікáції
Wéitergabe *f* **~** передáча, передавáння *(чопзсь комусь);* передáча (м'яча) *(футбол);* **~gang** *m* **~(e)s** продóвження, розви́ток
wéitergeh(e)n* *vi* (s) іти дáлі, проходи́ти; не зупини́тися; продóвжуватися, тривáли; die Sáche kann so nicht ~ так дáлі продóвжуватися не мóже
wéiterher *adv* здалéка, на вели́кій відстані; **~hin** *adv* дáлі, надáлі
wéiterkommen* *vi (s)* рýхатися вперéд; *перен. тж* досягáти ýспіху; so kómmen wir nicht wéiter! *перен.* так спрáва не пíде!
wéitem *vt* розши́рювати
wéitgehend *adj* далекося́жний; широ́кий *(про права, повноваження);* знáчний
wéithér *adv* здалéка
wéitherzig *adj* щéдрий, великодýшний
wéithin *adv* вдалинý; кругóм, усіди; задóвго
wéitläufig 1. *adj* вели́кий, простóрий, широ́кий; доклáдний, багатослíвний; далéкий *(lipo рідню);* **2.** *adv* доклáдно, багатослíвно
wéiträumig *adj* простóрий; *тех.* великогабари́тний; **~reichend** *adj* широ́кий; з вели́ким рáдіусом дії; réichen de Pläne далекося́жні плáни; *вiйськ,* далекобíйний
Wéitsicht *f* ~ гáрна ви́димість, ви́димість на далéку вíдстань; далекогля́дність, прозорли́вість, прони́кливість
wéitsichtig *adj* *мед.* далекозóрий; далекогля́дний, прозорли́вий, прони́кливий
Wéitung *f* **~, ~en** розши́рення

Wéizen *m* **~s** пшени́ця
Wéizenmehl *n* **~(e)s, ~e** пшени́чне борошно́
welch 1. *pron inter* яки́й (яка, яке, які), ко́трий (котра, котре, котрі); що за: а) *у змінюваній формі (m* welcher: f wélche; *n* wélches, *pl* wélche); in ~em Jahr bist du gebóren? в яко́му ро́ці ти народи́вся?; б) *(у незмінюваній формі в сполученні з неозначеним артиклем або прикметником в окличних і питальних реченнях):* ~ein Mann! що за люди́на!; schöner Tag! яки́й чудо́вий день!; в) *(у незмінюваній формі з іменником середнього роду однини):* ~ Wúnder що за ди́во!; **2.** *pron rel (тк. у змінюваній формі m* wélcher, *f* wélche, *n* wélches, *pl* wélche; *G sg m i n* déssen, *G sg f i G pl* déren) ко́трий (котра, котре, котрі); der Mann, ~er es tat люди́на, яка́ це зроби́ла; 3.. *pron indef розм. здеб. n sg i pt* ~*es* дещо́, що-небу́дь; ~є дея́кі, дехто́; де́що; ich hábe kein Geld. Hast du ~es? у ме́не нема́є гро́шей. У те́бе є що-небу́дь (скільки~небудь)?
Welf *m* **~(e)s, ~e,** *n* **~(e)s, ~er** цуценя́, щеня́; вовченя́; лисеня́
welk *adj* зів'я́лий, побля́клий *(тж перен.);* в'я́лий *{про листя)*
wélken *vi (s)* в'я́нути, ма́рніти, бля́кнути
Wélle *f* ~, **~n** хви́ля *(тж перен),* водяни́й вал; *здеб. pi* укла́дка; хвиля́сте воло́сся; *тех.* вал
wéllen 1. *vt* роби́ти хвиля́стим; завива́ти *(волосся);* **2. sich** ~ завива́тися, куче́ря́витися
Wéllenbereich *m* **~(e)s, ~e** *радіо* діапазо́н хвиль; **~bruch** *m* **~(e)s, ...brüche** прибі́й; **~länge** *f* ~, **~n** *фіз., радіо* довжина́ хви́лі
Wéllfleisch *n* **~es** буженина
wéllig *adj* хвиля́стий
Wels *m* **~es, ~e** сом
welsch *adj* рома́нський; італі́йський; францу́зький; *здеб. знев.* інозе́мний, чужозе́мний, замо́рський
Welt *f*~, **~en** світ, все́світ; земна́ ку́ля; seitdem die ~ steht споконві́ку; зда́вна; zur ~ kómmen з'яви́тися на світ, народи́тися; світ; лю́дство, лю́ди; álle ~ die gánze ~уве́сь світ, всі лю́ди; die júnge ~мо́лодь; світ *(чогось);* сфе́ра; середо́вище; eine ~ der Träume світ мрій; світ, суспі́льство; die gröβe ~ ви́ще товари́ство
Wéltall *n* **~s** все́світ; ко́смос; **~anschauung** *f* ~, **~en** світогля́д
wéltbekannt *adj* всесвітньовідо́мий; **~berühmt** *adj* просла́влений на весь світ
Wéltbeste *m, f* спортсме́н, -ка із світови́м ім'ям; *pl* кра́щі спортсме́ни сві́ту; **~bestleistung** *f* ~, **~en** світови́й реко́рд, світове́ дося́гнення
Weltbewegung *f* ~ всесві́тній рух, міжнаро́дний рух; **~bild** *n* **~es** *астр.* систе́ма світу; *перен.* світо́гляд, по́гляди
Wélterelgnis *n* **~ese, ~se** поді́я світово́го зна́чення
wéltfremd *adj* віді́рваний (далекий) від життя́
Wéltgegend *f* ~, **~en** *геогр.* краї́на сві́ту; **~geltung** *f* ~ світове́ зна́чення; світове́ ви́знання; **~gerichtshof** *m* **~(e)s** Міжнаро́дний суд *(орган ООН);* **~geschiente** *f* ~ всесві́тня істо́рія
Wéltgewerkschaftsbund *m* **~(e)s** *(скор.* WGB) Всесві́тня федера́ція профспіло́к
Wéltkarte *f* ~, **~n** *геогр.* ка́рта сві́ту (земної кулі); **~krieg** *m* **~(e)s. ~e** світова́ війна́; **~kugel** *f* ~ небе́сна сфе́ра, небе́сний гло́бус; земна ку́ля; **~läge** *f* ~ міжнаро́дне станови́ще; **~literatur** *f* ~ всесві́тня літерату́ра; **~macht** *f* ~ , **...mächte** світова́ держа́ва, вели́ка держа́ва; ~markt *m* **~(e)s, ...markte** *ек.* світови́й ри́нок; **~meister** *m* **~s, ~** чемпіо́н світу; **~meisterschaft** *f* ~, **~en** *спорт.* пе́ршість світу
Wéltraum *m* **~(e)s** космі́чний про́стір; ко́смос; все́світ; die Erschlíeßung des ~s осво́єння ко́смосу
Wéltraumfahrer *m* **~s,** ~ космона́вт; астрона́вт; **~fahrt** *f* ~ космона́втика, астрона́втика; **~fahrzeug** *n* **~(e)s, ~e** космі́чний апара́т (корабель); bemánntes ~ fáhrzeug космі́чний апара́т з люди́ною на борту́
Wéltfrekord *m* **~(e)s, ~e** *спорт,* світови́й реко́рд; **~ruf m ~(e)s** всесві́тня сла́ва; ein Künstler von ~ ruf арти́ст (художник) із світови́м і́м'ям; **~teil** *m* **~(e)s, ~e** *геогр.* части́на світу
Wélttitelkämpfe *pl спорт,* змага́ння на пе́ршість світу
Wélttreffen *n* **~s, ~** міжнаро́дна зу́стріч
Wéltumschiffung *f*~, **~en** кругосві́тнє пла́вання
wéltweit *adj* яки́й охо́плює весь світ, всеося́жний
Wénde *f* ~, **~n** поворо́т; обе́рт; *перен.* поворо́т, перемі́на *(долі);* рубі́ж *(про час);* um die ~ des Jahrhúnderts на зла́мі двох столі́ть
Wéndekreis *m* **~es, ~e** *геогр.* тро́пік
Wéndel *f* ~, **~n** гвинтова́ лі́нія, спіра́ль *(тж ел.)*
wénden(*) 1 *vt* *(тк. слабка дієвідміна)* переверта́ти; виверта́ти; лицюва́ти *(одяг);* bítte ~! *(скор. U.* w.) диви́сь на зворо́ті!; поверта́ти; оберта́ти; **2.** *vi (тк. слабка дієвідміна)* поверта́ти (назад) *(напр., про автомобіль);* 3. sich ~ поверта́тися, оберта́тися; *(an j~n)* зверта́тися *(до когось);* **sich** mit éiner Bítte an j~n ~ зверта́тися до кого́сь з проха́нням; *(тк. слабка дієвідміна)* міня́тися, змі́нюватися *(напр., про погоду)*
Wéndepunkt *m* **~(e)s, ~e** мі́сце поворо́ту, поворо́тний круг (пункт); *перен.*

поворо́тний пункт; перело́м, кри́за; рубі́ж

Wéndung *f* ~, **~en** поворо́т, розворо́т, віра́ж; оберт; переміна; поворо́т спра́ви; 3) *лінгв.* ви́слів, зворо́т мо́ви

wénig 1. *pron indef, тж num indef* ма́ло, небага́то, тро́хи; деякі, деко́трі; а) *в змінюваній формі (здеб. pl* wenige, *n sg* weniges, das wenige); ~e Bríefe дея́кі листи́; б) *и незмінюваній формі.* ~ Zeit мало часу; **2.** *adv* ма́ло; ein (klein) ~небага́то, тро́хи; zu ~ зана́дто ма́ло

wéniger *(comp від* wenig) ме́нше; менш; désto ~ тим ме́нше; mehr óder ~ більш або менш, більш~менш; 2): sieben ~ fünf ist zwei сім мінус п'ять бу́де два

wénigstens *adv* принаймні, хоч би

wenn *cj* коли́: а) *(при повторюваних діях в усіх часах):* ~ der Herbst begínnt коли́ почина́ється осінь ...; б) *(при одноразовій д/ї в майбутньому):* ~ er zurückkommt ... коли́ він поверне́ться ...; якщо́; ~ du Zeit hast ,., якщо́ у те́бе є (буде) час ...; хоч (би), я́кби; ~er doch käme! Хоч би він прийшо́в!; wenn ... auch, wenn ... gleich, wenn ... schon хоч, навіть якщо́

wer 1. *pron inter* хто?; ~ ist es? хто це (такий)?; (G) wessen? чий?, чия?, чиє?, чиї?; wéssen Buch ist das? чия ця кни́жка?; **2.** *pron rel* хто; ~ das tut, hat die Fólgen zu tragen хто це зро́бить, відповість за на́слідки

wérben* 1. *vt* вербува́ти; набира́ти; залуча́ти до якоїсь спра́ви *(когось);* Kúnden ~ *ком.* вербува́ти клієнтів; **2.** *w (fur A)* агітува́ти *(за щось); (um A)* добива́тися, домага́тися *(чогось);* um ein Mädchen ~ сва́татися до дівчи́ни

Wérbung *f* ~, **~ en** вербува́ння; агіта́ція; рекла́ма; сва́тання

wérden* 1. *vi (s) (N)* става́ти, роби́тися, бу́ти *(кимось, чимось, якимсь);* Léhrer - ста́ти вчи́телем; gesúnd ~ виду́жувати; *(zu D)* перетво́рюватися *(в щось);* става́ти *(чимось);* die Áusnahme wird zur Régel виня́ток стає пра́вилом; виходи́ти, удава́тися; наступа́ти; почина́тися; es wird Wínter настає́ зима́; **2.** *(допоміжне дієслово, яке вживається для утворення складних дієслівних форм):* du wirst hier bléiben! ти зали́шишся тут!; das Háus wird gebáut буди́нок буду́ється

wérdend *adj* майбу́тній

wérfen* 1. *vt* кида́ти, викида́ти *(тж перен.);* Blícke ~ кида́ти по́гляди; накида́ти; den Mántel über die Schúltern ~ наки́нути пальто́ на пле́чі; роди́ти *(про тварин);* **2. sich** ~ кида́тися *(на когось, на щось),* кида́тися *(кудись); (auf A)* наки́нутися *(на когось, на* щось)

Werft *f* ~, **~en** верф, корабе́льня

Werk *n* ~(e)s, **~e** спра́ва; пра́ця; робо́та; das ist sein ~ це спра́ва його́ рук; am ~(e) sein працюва́ти над чимо́сь; бу́ти в дії *(про якісь сили);* ans ~ géhen, sich ans ~ máchen бра́тися (взя́тися) за спра́ву (за роботу); твір; (наукова) пра́ця; видання́; gesámmelte ~є збірка творів; заво́д, фа́брика, підприє́мство; спору́да; укріплення; механізм *(напр., годинниковий)*

Wérkabteilung *f* ~, **~en** цех *(заводу, фабрики);* **~ausgabe** *f* ~, **~n** вида́ння тво́рів; **~bank** *f* ~, **...bänke** верста́т

wérken *vi* працюва́ти; майструва́ти

Wérkhalle *f* ~, **~n** цех *(заводу, фабрики);* **~hof** *m* **~(e)s, ...höfe** випра́вно-трудова́ коло́нія *(для неповнолітніх);* **~leiter** *m* **~s,** дире́ктор підприє́мства (заводу, фабрики); **~schule** *f* ~, **~n** заводська́ професійна шко́ла; **~statt** *f* ~, **...stätten**, **~stätte** *f* ~, **~n** майсте́рня; цех *(на заводі, фабриці);* **~stoff** *m* **~(e)s**, **~e** *тех.* матеріа́л

Werktätige *m, f* трудя́щий, ...ща, трудівни́к, ...ниця

Wérktisch *m* **~es, ~e** верста́т; **~unterricht** *m* **~(e)s** виробни́че навча́ння; уро́к ручно́ї пра́ці; **~zeug** *n* **~(e)s, ~e** інструме́нт *(тж перен)*

wert *adj* дороги́й, лю́бий; ~ er Fréund! лю́бий дру́же!, ва́ртий; *перен. тж* гідни́й; es ist fünf Mark ~ це коштує́ п'я́ть ма́рок; das ist nicht der Réde ~ про це не ва́рто говори́ти

Wert *m* **~(e)s, ~e** ва́ртість; цінність; ціна́; von geríngem ~ малоці́нний; an ~ gewínnen (verlíeren) підвищува́тися (пада́ти) в ціні; цінність, зна́чення; (größen) ~auf erw. *(A)* légen надава́ти чому́сь (великого) зна́чення; цінність; кошто́вність; річ; майно́; géistige ~е духо́вні цінності; *мат.* зна́чення; величина́; *рі* да́ні

Wértbetrag *m* **~(e)s** ва́ртість, ро́змір су́ми

Wértbrief *m* **~(e)s, ~e** ці́нний лист

wérten *vt* ціни́ти, оцінювати

Wértigkeit *f~ хім.* вале́нтність

wértlos *adj* знецінений (напр., про гроші); яки́й не має цінності, нічо́го не ва́ртий (тж перен)

Wértpaket *n* **~(es), ~e** цінна посилка; **~papier** *n* **~(e)s, ~e** цінні папе́ри (*напр.*, акції)

wértschätzen *vt* поважа́ти (когось); дорожи́ти (кимось, чимось)

Wértung *f* ~, **~en** оцінка; за́лік

Wértungseinheit *f* ~, **~en** бал (тж спорт.); **~punkt** *m* **~(e)s, ~e** спорт. очко́

wértvoll *adj* (дуже) ці́нний, кошто́вний, дорогоцінний

Wésen *n* **~s, ~** істо́та, ство́ріння; вда́ча, хара́ктер; поведі́нка; суть, су́тність; існува́ння, буття́; шум, га́лас, метушня́

wésenhaft *adj* (ді́йсно) існу́ючий реа́льний; істо́тний, суттє́вий

Wésenheit *f* ~ буття́, існува́ння; суть, су́тність

Wésenszug *m* **~(e)s, ...züge** характе́рна (основна) ри́са; суттє́ва озна́ка

W

wésentlich *adj* істóтний; знáчний, важлúвий; im ~en по сýті; в основнóму
Wésentliche *n* **~n** суть, головнé; ядрó, оснóва, зернó (проблеми і т. п.)
wéshalb *adv* чомý, чогó; чéрез що; за що
Wéspe *f* ~, **~n** оса
Wéste *f* ~, **~n** жилéт
Wésten *m* **~s** (вжив, без артикля) (скор W) захід (напрямок); nach ~на зáхід; Зáхід (територія); зáхідна óбласть; Зáхід, країни Зáходу
wéstlich 1. *adj* зáхідний, ~er Länge *геогр.* зáхідної довготú; **2.** *adv* на зáхід, дáлі на зáхід
Wéttbewerb *m* **~(e)s, ~e** змагáння (тж спорт.); in ~ mit j~m stéhen (sein) змагáтися з кимóсь; кóнкурс; áußer ~ пóза кóнкурсом; ек. конкурéнція
Wétte *f* ~, **~n** парí; зáклад; um die ~ láufen бíгати наввиперéдки
wétteifern *vi* змагáтися
wétten *vi (um A), vt* бúтися об зáклад, закладáтися *(на щось)*
Wétter *n* **~s, ~** погóда; *перен.* атмосфéра; бýря, грозá
Wétteramt *n* ~(e)s, **...ämter** слýжба погóди; метеорологíчне бюрó; *розм.* бюрó погóди; **~ansage** *f* ~, **~n** повідóмлення про погóду *(по радіо);* **~aussichten** *pl* прогнóз погóди; **~bericht** *m* **~(e)s, ~e** звéдення погóди, метеозвéдення
wétterbeständig *adj* погодостíйкий, стíйкий прóти атмосфéрних вплúвів
Wétterdienst *m* **~es, ~e** метеорологíчна слýжба, слýжба погóди; **~fahne** *f* ~, **~n** флюгер *(тж перен.)* ~kunde f ~ метеоролóгія; ~lage *f* ~ метеорологíчна обстанóвка, стан погóди
wétterleuchten *невідокр. vjmp.* es wétterleuchtet спалáхує блискáвиця
Wéttermantel *m* **~s, ... mäntel** плащ, непромокáльне пальтó; **~meldung** *f* **~en** метеозвéдення; звéдення погóди
wéttern 1. *vimp.* es wéttert грім гримúть; бушýє негóда; **2.** *vi розм.* *(uber A)* бушувáти, шумíти *(із~за когось, чогось); (auf A, gegen A)* напáсти, накúнутися *(на когось, на щось),* кричáти *(на когось)*
Wétterlsäule *f*~, **~n** смерч; метеорологíчна вúшка; **~station** *f* ~, **~en, ~stelle** *f* ~, **~n** метеорологíчна стáнція; **~verhältnisse** *pl* стан погóди; метеорологíчні умóви; **~voraussage** *f* ~, **~n** прогнóз погóди; **~warte** f ~, **~n** метеорологíчна стáнція; **~wechsel** *m* **~s,** ~ змíна (перемíна) погóди
Wéttfahrt *f* ~, **~en** *спорт.* гóнки; **kampf** *m* **~(e)s, ...kämpfe** змагáння *(тж спорт.);* **~lauf** *m* **~(e)s, ...läufe** змагáння з бíгу; забíг; *перен.* змагáння; супéрництво
Wéttlaufen* *vi (s)* змагáтися з бíгу; бігтú наввиперéдки
Wéttrüsten *n* **~s** гóнка озбрóєнь; **~spiel** *n* **~(e)s, ~e** *спорт,* матч, змагáння, зýстріч, гра; **~streit** *m* ~(e)s, ~e змагáння; *перен. тж* супéрництво; суперéчка; ein akadémischer ~ наукóва дискýсія, полéміка
Wéttstreiten* *vi* змагáтися; *перен. тж* супéрничати; сперéчатися; дискутувáти, полемізувáти
Wétzstein *m* **~(e)s, ~e** точúло; брусóк
wíbbeln *vi* кишíти; копошúтися
Wíchsbürste *f* ~, **~n** щíтка для взуттЯ
Wíchse *f* ~, **~n** вáкса, крем для взуттЯ
wíchsen чистити, ваксувати *(взуття)*
wíchtig *adj* вáжлúвий; ~ tun, sich ~ máchen величáтися, задирáти нóса
Wíchtigkeit *f* ~ знáчення, важлúвість; das ist von größer ~ це дýже важлúво; *pl* ~en важлúві обстáвини
Wíckel *m* **~s,** ~ згóрток; пакýнок; клубóк, пучóк, мотóк; рулóн; кýчер; завитóк; пелюшка; *мед.* компрéс *(з пов'язкою)*
Wíckelkind *n* **~(e)s, ~er** немовлЯ: **~kissen** *n* **~s,** ~ конвéрт *(для немовляти)*
wíckeln 1. *vt (auf A)* намóтувати *(щось на щось); (in A)* загортáти *(щось в щось);* сповивáти *(дитину); (aus D)* виймáти *(щось з обгортки); мед.* накладáти компрéс *(комусь);* **2. sich ~** *(in A)* кýтатися, закýтуватися *(у щось)*
wíder *prp (A)* прóти, всýпереч; ~ méinen Wunsch прóти могó бажáння; ~ Erwárten несподíвано, раптóво
Wíderhall *m* **~(e)s, ~e** лунá; відгýк; відгомíн, резонáнс *(тж перен.)*
wíderlégen *vt* спростóвувати; заперéчувати
wíderlich *adj* огúдний, протúвний, брúдкий, осорýжний
wídern *vt* викликáти огúду; es wídert mich менí гúдко, я відчуваю відрáзу
wíderrechtlich *adj* протизакóнний
Wíderrede *f* ~, **~n** суперéчність; заперéчення; óhne ~! без заперéчень!; промóва опонéнта
wíderrufen* *vt* спростóвувати, заперéчувати *(сказане);* скасóвувати *(напр., розпорядження, наказ)*
Wíderschein *m* **~(e)s, ~e** вíдблиск, вíдбиття; вíдсвíт; *фіз.* рефлéкс
widersétzen, sich *(D)* чинúти опíр; не підкорЯтися, заперéчувати *(комусь, проти чогось)*
Wídersinn *m* ~(e)s безглýздя, нісенітнúця, абсýрд
wíderspiegeln 1 *vt* відбивáти *(промені, тж. перен.);* **2. sich ~** відбивáтися, відображувáтися *(в чомусь; тж перен.)*
widerspréchen* *vi (D)* заперéчувати; суперéчити, бýти несумíсним *(зш чимось)*
Wíderspruch *m* **~(e)s, ...sprüche** суперéчність; розбíжність; антагонíзм; in ~ mit etw. *(D)* stéhen (sein) суперéчити

W

(чомусь); заперéчення, протéст; óhne ~ беззаперéчно
wídерspruchslos *adj* беззаперéчний
wíderspruchsvoll *adj* суперéчливий
Wíderstand *m* **~(e)s, ..stände** опір, відсіч *(gegen A чомусь);* непокóра; j~m ~ léisten чини́ти опір комýсь; *ел., мех.* опір; *ел.* Реостáт
wíderstandsfähig *adj* здáтний до опóру; стійкий; витривáлий
widerstréh(e)n* *vi (D)* чини́ти опір *(чомусь);* протистоя́ти *(чомусь);* витримáти *(щось);* dem Ángriff ~відби́ти нáпад; 2): das Éssen widerstéht mir їжа викликáє у мéне відрáзу
widerstrében *vi (D)* (внутрішньо) чини́ти опір (опиратися) *(чомусь)*
Wíderstreit *m* **~(e)s, ~e** сýтичка, суперéчка
wíderwärtig *adj* проти́вний, неприє́мний; огидний; відразли́вий
Wíderwille *m* **~ns, Widerwillen** *m* **~s** оги́да; незадовóлення
wíderwillig 1. *adj* незадовóлений; змýшений; ви́мушений; **2.** *adv* з оги́дою, неохóче
Wíderwort *n* **~(e)s, ~e** заперéчення
wídmen 1. *vt (D)* присвячувати *(щось комусь, чомусь);* **2. sich ~** *(D)* віддаватися *(чомусь);* присвячувати себе *(комусь, чомусь)*
Wídmung *f* **~, ~en** присвя́чення *(чогось комусь);* дáрчий нáпис
wídrig *adj* протилéжний; ворóжий; зустрічний *(напр., про вітер);* мінли́вий *(про долю);* оги́дний, проти́вний, ги́дкий
wídrigenfalls *adv* інáкше, а то
wie 1. *adv* як; ~ alt ist er? скільки йóму рóків?; ~ bítte? пробáчте, що ви сказáли?; ~ geht es dir? як ти поживáєш?; **2.** *(при порівнянні)* як; weiß ~ Schnee білий як сніг; як напри́клад, а самé; як тільки, лéдве, коли́; ~ er das hörte ... як тільки він це почув ...
wíeder *adv* знóву; ~ und (ímmer) ~все знóву (і знову); hin und ~ іноді, інколи
Wiederáufbau *m* **~(e)s** віднóвлення, відбудóва; реконстрýкція, перебудóва
wiederáufbauen *vt* віднóвлювати, відбудóвувати, реставрувáти *(будівлю);* перебудовувáти; **~aufheben*** *vt* скасóвувати, відміня́ти; ліквідувáти
Wiederáufnahme *f* **~** віднóвлення *(перерваної діяльності);* *(in A)* понóвлення члéнства *(в партії, профспілці)*
Wíederdruck *m* **~(e)s, ~e** переви́дання; стереоти́пне ви́дання
wíedererersetzen, wíedererstatten *vt* відшкодовувáти; компенсувáти
wíederfinden* 1. *vt* знахóдити *(знову);* **2. sich ~** опам'ятáтися, отя́митися; оволодіти собóю
Wíedergabe *f* **~, ~n** виконáння *(напр., твору);* перекáз *(змісту);* перéклад *(чогось на іншу мову);* відтвóрення; демонстрáція *(фільму);* проéкція
wíedergeben* *vt* повертáти *(борг);* викóнувати *(твір);* переказувáти *(зміст);* перекладáти *(щось на іншу мову)*
wíedergeboren *adj* відрóджений, онóвлений
Wíedergeburt *f* **~** відрóдження
wiederhérstellen *vt* віднóвлювати
Wiederhérsteller *m* **~s, ~** реставрáтор
wiederhólen *vt* повтóрювати; відновлювáти
wiederhólt *adj* повтóрний, неоднорáзовий
Wíederhören: auf ~! до настýпного рáзу!, до побáчення!; дзвóни (дзвоні́ть)! *(при прощанні по телефону);* до настýпної радіопередáчі!
Wíederkehr *f* **~** повéрнення; річни́ця, ювілéй
wíederkehren *vi (s),* **~kommen*** *vi (s)* повертáтися; повтóрюватися *(напр,, про пори року)*
Wíederkunft *f* **~** повéрнення *(когось)*
wíederrufen* *vt, vi* кричáти у відповідь; відгукувáтися; **~sagen** *vt* повтóрювати; передавáти; переказувáти; **~seh(e)n*** *vt* знóву побáчити (зустріти); sich ~ séhen побáчитися знóву
Wíederseh(e)n *n* **~s** побáчення, зýстріч; auf ~! до побáчення!; auf ~ ságen попрощáтися
wíederum *adv* знóву; навпаки́; з іншогó бóку
wíedervereinigen 1. *vt* возз'єднувáти; **2. sich ~** возз'єднувáтися
wíederwählen *vt* переобирáти
Wiege *f* **~, ~n** коли́ска *(тж перен.);* лю́лька; von der ~ an з рáннього дити́нства
wíegen 1. *vt* колихáти *(колиску);* колисáти *(дитину);* гойдáти, розгóйдувати; подрібнювáти, криши́ти; сікти́ *(м'ясо);* шаткувáти *(капусту);* **2. sich ~** гойдáтися; *перен.* тішитися ілюзіями
wíegen* II 1. *vt* звáжувати; **2.** *vi* вáжити
Wíese *f* **~, ~n** лýка, луг
wiesó *adv* яки́м чи́ном, як так
wieviel *adv* скільки; як багáто
wievíelt *adj* кóтрий, яки́й; den ~en háben wir héute? яке сьогóдні числó?; am ~en? якóго числá?
wild *adj* ди́кий; здичáвілий; ~er Wein ди́кий виногрáд; ди́кий, незáйманий; занедбáний; ди́кий, бýйний; ein ~er Knábe невгамóвний хлóпець; нéслух; бурхли́вий *(напр., про море)*
Wild *n* **~(e)s** дичи́на
Wílddieb *m* **~(å), ~e** браконьéр
wíldern *vi* займáтися браконьéрством
Wíldheit *f* **~** ди́кість; вáрварство; *перен.* бешкетувáння, пестувáння *(про дітей]*
Wíldleder *n* **~s** зáмша
Wílle *m G* **~ns,** *D* **~n,** *A* **~n,** *рідко pl* ~n вóля; Ménschen gúten ~ns люди дóброї вóлі; j~m séinen (den) ~n tun ви́конати чиє́сь бажáння
wíllenlos *adj* безвільний

W

Wíllenskraft *f* ~ сила вóлі; **~schwäche** *f* ~ слабовілля
willig 1 *adj (zu D)* згóдний *(на щось)*, готóвий *(до чогось)*; слухня́ний; **2.** *adv* охóче
willigen *vi (m A)* погóджуватися *(на щось)*; in den Vórschlag ~ прийня́ти чиюсь пропозúцію
willkómmen *adj* бажáний, жáданий; приє́мний; ~ !, sei (seid, seien Sie) (mir) ~! Ласкáво прóсимо!, j~n ~ héißen вітáти когóсь
Willkür *f* ~ свавóля
willkürlich *adj* довільний; самовільний, свавільний; навмúсний
wimmeln *vi (von D)* кишіти *(чимось)*
wimmern *vi* жалібно стогнати; скúглити; скавучáти *(про собаку)*
Wimper *f*~, ~n вія
Wind *m* ~(e)s, ~e вітер; bei ~ und Wétter у негóду
Windel *f*~, ~n пелюшка; das Kind in ~n wíckeln (hüllen) сповивáти дитúну
windeln *vt* сповивáти
winden* 1. *vt* мотáти, намóтувати; обвивáти; крутúти; *тех.* піднімáти лебідкою *(вантаж)*; **2. sich** ~ звивáтися, вúтися; *перен,* викрýчуватися
Windhose *f* ~, **~n** смерч; **~ hund** *m* **~(e)s, ~e** хорт *(порода собак)*; *розм.* вітрогóн
windig *adj* вітряний; es ist ~ вітряно, дме вітер; *розм.* ненадійний; вітряний, легковáжний
Windjacke *f* ~, **~n** *спорт.* непромокáльна спортúвна кýртка, штормівка
Windsbraut *f* ~ бýря, шквал, урагáн
Windschutzscheibe *f* ~, ~n вітровé скло *(автомобіля)*; лобовé скло *(напр., літака)*; ~stärke *f* ~ сúла вітру; **~stille** *f* ~ безвітря; *мор.* затúшшя, (мертвий) штиль; ~stoß *n* **~es**, ...stoße порúв вітру
Windung *f* ~, **~en** óберт *(навколо чогось)*, витóк; хвиля́ста лінія; звивинá
Wink *m* **~(e)s, ~e** знак *(рукою)*, кивóк *(головою)*; j~m éinen ~ gében подáти знак; кивнýти комýсь; натя́к; вказівка, порáда; ein ~von óben *розм.* вказíвка згорú; *розм.* дрімóта, корóткий сон
Winkel *m* **~s, ~** кутóк *(кімнати)*; *перен.* кутóчок, віддáлене (затишне) місце; *мат.* кут; réchter ~ прямúй кут; spítzer ~ гóстрий кут; stúmpfer ~ тупúй кут; im réchten ~ під прямúм кутóм; прямовúсно, перпендикуля́рно; косинéць; *тех.* кронштéйн
Winkelmaß *n* **~es, ~e** косинéць; кутомір; **~messer** *m* **~s, ~** *тех.* кутомір, транспортúр
winkeln *vt* згинáти *(під кутом)*
winken* *vi, vt* робúти знак; махáти, сигналізувáти; кивáти; підморгувáти
Winker *m* **~s, ~** *військ., мор.* сигнáльник; *зал.* семафор
Winter *m* **~s, ~** зимá; im ~ узúмку
Winterferien *pl* зимóві канікули; **~getrede** *n* **~s,** ~ озúмі зернові
winterhart *adj с.- г.* 'зимостійкий
Winterlkorn *n* **~(e)s, ~e** озимі (зернові); озиминá; **~lager** *n* **~s, ~** зимóвище
winterlich 1. *adj* зимóвий; **2.** *adv* позимóвому
Wintermantel *m* **~s,** mäntel зимóве пальтó
Winterlsaat *f* ~, **~en** озúмина; **~schlaf** *m* **~te)s** зимовá спля́чка *(тепло кровних тварин)*; **~schuhe** *pl* зимовé взуття́; **~sport** *m*~ **(e)s** зимовúй спóрті
wintersüber *adv* взúмку; прóтягом зимú; за зúму
winzig *adj* дýже малúй, крúхітний
Wipfel *m* **~s, ~** верхівка, верховіття *(дерева)*
Wippe *f* ~, **~n** гóйдалка; *тех.* баланcúр
wir *pmon pers (G* unser, *D* uns, *A* uns) ми
Wirbel I *m* **~s, ~** кружля́ння; вúхор; вир, коловорóт *(тж перен.)*; клýби *(диму; куряви)*; барабáнний дріб; метушня́; 6) *анат.* хребéць; 7) *анат.* маківка; тім'я; vom ~ bis zur Zéhe з головú до п'ят
Wirbel II *f* ~, **~n** спірáль
wirbellos *adj* безхребéтний
wirbeln 1. (й) крутúтися, вертітися; (A *s)* носúтися вúхором; (h) вирувáти *(про воду)*; (A) клубóчитися *(про дим, куряву)*; **2.** *vt* швúдко обертáти, крутúти; *муз.* вибивáти *(дріб)*
Wirbelsäule *f* ~, **~n** *анат.* хребéт, хребéтний стовп; **~tier** *n* **~(e)s,~e** хребéтна тварúна
wirken 1. діяти; für j~n ~ діяти в інтерéсах когóсь; *(auf A)* діяти, впливáти *(на когось, на щось)*; als Béispiel ~ бýти прúкладом; працювáти; als Léhrer ~ працювáти вчúтелем; **2.** *vt* ткáти; плестú; робúти, творúти
wirklich 1. *adj* дійсний, спрáвжній; реáльний; істинний; існýючий; фактúчний; **2.** *adv* дійсно, спрáвді
Wirklichkeit *f* ~ дійсність; реáльність; фáкт(и); in ~ наспрáвді; etw. in die ~ umsétzen перетворúти в життя́, здійснити щось
wirksam *adj* дійóвий, ефектúвний; діючий
Wirksamkeit *f* ~ дієвість, ефектúвність; дія, діяльність
Wirkung *f*~, **~en** дія *(чогось)*; in ~ tréten, zur ~ kómmen набирáти чúнності; дія, вплúв; ~ áusüben впливáти; нáслідок, результáт, ефéкт
wirkungslos *adj* безрезультáтний; невдáлий; неефектúвний; **~reich**, **~voll** *adj* ефéктний; ефектúвний
Wirkwaren *pl* в'я́зані вúроби, трикотáж
wirr *adj* заплýтаний, сплутаний; скуйóвджений; *перен.* заплýтаний, неясний
wirren* *vt* плутáти, змішувати
Wirrwarr *m* **~s** плутанúна, безлáддя, метушня́, хаóс

N

Wirt *m* **~(e)s, ~e** господáр
Wírtin *f* ~, **~nen** господи́ня
Wírtschaft *f* ~, **~en** господарство; економіка; ресторáн; пивнá; ведéння господáрства, господарювáння; die ~ besórgen займáтися (домашнім) господáрством
wírtschaften *vi* займáтися господáрством, господарювáти; порядкувáти; створювати бéзлад
wírtschaftlich *adj* економічний, господáрський; die ~e Réchnungsführung *ек.* господáрський розрахýнок, госпрозрахýнок; рентабельний, прибуткóвий; економний, ощáдливий
Wírtschaftsbeziehungen *pl* економічні зв'язкú (відносини); **~hilfe** *f* **~e**кономічна допомóга; **~krise** *f* **~, ~n** економічна криза; **~ordnung**/~,**~en** економічний лад, економіка; **~politik** *f* ~ економічна політика; **~schule** f ~, **~n** торговéльна школа; економічний тéхнікум; **~wissenschaft** *f* ~ економічна наýка, економіка; **~ wissenschaftler** *m* **~s, ~** економіст; **~zweig** *m* **~(e)s, ~e** гáлузь господáрства
wíschen 1, *vt* тéрти, витирáти: **2.** *vi* (s) швидкої ковзáти; вислизáти
Wíscher *m* **~s. ~** ганчірка; *авт* склоочисни́к; *перен. розм.* прочухáн
Wísent *m* **~(e)s, ~e** зубр
wíspeln, wíspern *vi* шептáти; шушýкатися
Wíßbegier(de) *f* ~ допи́тливість, цікáвість
wíßbegierig *adj* допитливий
wíssen* *vt (von D, um A)* знáти *(щось про когось, про щось);* soviel ich weiß наскільки мені відомо; 2): Beschéid ~ знати *(щос), (zu + inf)* уміти *(щось робити);* sich zu benéhmen ~ уміти (гарно) повóдитися
Wíssenschaft *f* ~, **~en** наýка
Wíssenschaft(l)er *m* **~s, ~** учéний, наукóвий працівни́к
wíssenschaftlich *adj* наукóвий
Wíssensgebiet *n* **~(e)s, ~e** гáлузь знань; **~lücke** *f* ~, **~n** прогáлина в знаннях
wíssentlich *adj* свідóмий, навми́сний
wíttern 1. *vt* чýти *(про тварин); перен.* відчувáти; **2.** *vimp.* es wittert вдáрила грозá
Wítterung *f* ~, **~en** погóда; чуття́, нюх *(у тварин, тж перен.)*
Wítwe *f* **~, ~n** удовá
Wítwer *m* **~s, ~** удівéць
Witz *m* **~es, ~e** жарт, дóтеп; *тк. sg* дотéпність
wítzig *adj* дотéпний; забáвний, потішний, смішни́й
wo 1. *adv* де? wo ist es? де це?, **2.** *cj* який; той; де; коли́; das Haus, wo ich wohne будинок, де (в якому) я живý; der Tag, wo er sie das érstemal sah день, коли́ він впéрше побáчив її
Wóche *f* ~, **~n** ти́ждень; díese ~, in díeser ~ на цьóму ти́жні
Wóchenschau *f* ~, **~en** кіножурнáл, кінохрóніка; **~schritt** *f* ~, ~en щотижнéвик; **~tag** *m* **~(e)s, ~e** бýдень, робóчий день
wöchentlich *adj* щотижнéвий
wodúrch *adv* внáслідок чогóсь, чéрез щось; завдяки́ чóмусь; чим
wofür *adv* за що: замість чогóсь; для чогóсь; *(переклад залежить від керування українського дієслова):* ~ sorgt er про що він турбýється?
wohér *adv* звідки; ~ her des Wéges? звідки ви?, звідки ви йдéте?; **~hín** *adv* куди́
wohl 1. *adj* здорóвий; er ist wíeder ~він ви́дужав; **2.** *adv* дóбре; ~bekómm's! на здорóв'я!; lében Sie ~! прощáйте!, всьогó найкрáщого!; мабýть, пéвно; можли́во; er wird es ~ tun він це, мабýть, зрóбить
Wohl *n* **~(e)s** блáго, добрó; добрóбут; auf dein ~! за твоє́ здорóв'я!; zum ~! за вáше (твоє *і т, д.)* здорóв'я!; zum ~ на блáго, для блáга
wohlán *int* дóбре!, гарáзд!; уперéд!; ну!; **~auf** *adv* у дóброму здорóв'ї
wóhlbedacht *adj* (добре) обдýманий; продýманий; **~behalten** *adj* непошкóджений, цілий; який дóбре зберігся; **~bekannt** *adj* дóбре відóмий
Wóhlergehen *n* **~s** здорóв'я; благополýччя
wóhlerzogen *adj* дóбре ви́хований
Wóhlgefallen *n* **~s** задовóлення; симпáтія, співчуття́
wóhlgefällig 1 *adj* прихи́льний; приє́мний; **2.** *adv* із задовóленням, охóче; **~gehalten** *adj* си́тий; відгодóваний *(про тварин);* **~gemeint** *adj* доброзичливий; **~geordnet** *adj* упорядкóваний
Wónlgeruch *m* **~(e)s** пáхощі, аромáт; **~geschmack** *m* **~(e)s** приє́мний смак
wóhlhabend *adj* спромóжний, замóжний
Wóhlstand *m* **~(e)s** добрóбут; замóжність: **~tat** *f* ~, **~en** 1) благодійність; благотвóрна дія
wóhltun* *vi (D)* бýти приє́мним, прино́сити кóристь *(комусь);* благотвóрно впливáти *(на когось);* роби́ти добрó *(комусь)*
Wóhnbau *m* **~(e)s, ~ten** житловá будівля, житлови́й буди́нок; житловé будівни́цтво; **~block** *m* **~(e)s, ~s** житлови́й квартáл
wóhnen *vi* жи́ти, мéшкати; проживáти
Wóhngebäude *n* **~s, ~** житлови́й буди́нок
wóhnhaft *adj.* **~ sein in** ... мéшкати (проживати) за адрéсою ...
Wóhnhaus *n* ~es, **..häuser** житлови́й буди́нок; **~heim** *n* **(e)s, ~e** гуртожи́ток
Wóhnraum *n* **~(e)s, ...räume** житловá плóща; житловé приміщення: **~sitz** *m* **~es, ~e, ~statte** *f* ~, **~n** місце проживáння; резидéнція
Wóhnung *f* ~, **~en** кварти́ра; житлó, осéля
Wóhnungslanschluß *m* **..schlusses, ...schlüsse** кварти́рний телефóнний

W

апарáт; **~bau** *m* **~es** житловé будівни́цтво; **~zuweisung** *f* ~, **~en** óрдер на квартиру

Wóhnverhältnisse *pl* житлові умóви, **~viertel** *n* **~s, ~** житлови́й квáртал; **~zimmer** *n* **~s, ~** житловá кімната

wölben, sich вигинáтися (дугою); заокру́глюватися

Wolf *m* **~(e)s, Wölfe** вовк

Wólke *f* ~, **~n** хмáра

Wólkenbruch *m* **~(e)s, ...brüche** зли́ва; **~kratzer** *m* **~s, ~** хмарочóс

wólkenlos *adj* безхмáрний

Wólle *f*~, **~n** шéрсть; вовнá; in der ~ sítzen мáти тéпле місце, жи́ти з комфóртом

wóllen I *adj* шерстяни́й, вовня́ний

wóllen* II хотіти, бажáти; прáгнути; er will він бажáє; він прáгне; хотіти, вимагати; er wóllte sein Geld він вимагáв свої грóші; *(в значенні майбутнього часу);* wir ~ séhen поди́вимось; *(висловлює спонукання до дії, прохання, на каз):* ~ wir géhen! ходімо!; ~ sie

wóllig *adj* пухнáстий, вовни́стий

Wóllacke *f* ~, **~n** шерстянá кóфточка; **~kleid** *n* **~(e)s, ~er** шерстянá су́кня

womít *pron adv* чим; з чим; ~ schreibst du? чим ти пи́шеш?

wonách *pron adv* у зв'язку з чим; після чого

worán *pron adv* на чóму; на що; до чогó; про що; ~ denkst du? про що ти ду́маєш?; ~ liegt es? в чому́ спрáва?; від чогó це залéжить?

woráuf *pron adv* на чóму; на що; після чогó; ~ bestéht er на чому́ він наполягáє?

woráus *pron adv* з чогó; звідки; ~schließt du es? з чогó ти рóбиш таки́й ви́сновок?

Wort *n* **~(e)s, Wörter** слóво *(окреме);* ~ für ~ слóво в слóво, дослівно; **~(e)s, ~e** слóво *(мова);* ви́слів; geflügelte ~e крилáті словá; das geschríebene ~ писемнá мóва; das gespróchene ~ у́сна мóва; kein mehr! ні слóва більше!; mit ánderen ~en іншими словáми; mit éinem ~e одни́м слóвом, корóтше кáжучи; ~(e)s слóво *(виступ);* das ~ ergréifen взя́ти слóво; j~m das ~ ertéilen (gében) (на)дáти слóво комусь; ums ~ bítten, sich zum mélden проси́ти слóва; **~(e)s** слóво чéсті *(обіцянка);* das ~ hálten дотри́мати слóва

Wórtart *f* ~, **~en** *грам.* части́на мóви; **~bau** *m* **~(e)s** структу́ра слóва; **~bildung** *f* ~ словотвір

wórtbrüchig *adj* вірослóмний

Wörterbuch *n* **~(e)s, ..bücher** словни́к; **~verzeichnis** *n* **~ses, ~se** покáжчик слів, індекс; реєстр слів

Wórtfolge *f* ~, **~n** порядок слів; **~fügung** *f* **~, ~en** побудóва мóви; словосполу́чення, зворóт; **~geschichte** *f* ~ істóрія слóва, етимолóгія

Wórtgut *n* **~(e)s** словникóвий склáд *(мови)*

wórtkarg *adj* неговіркий: лаконічний;

Wórtkunst *f* ~ поети́чне мистéцтво; **~laut** *m* **~(e)s** дослівний (тóчний) тéкст; **~lehre** *f* ~ учéння про слóво; семáнтика; лексиколóгія

wörtlich *adj* дослівний, буквáльний, тóчний

wórtlos 1. *adj* безсловéсний, безмóвний; **2.** *adv* без слів, не кáжучи ні слóва, мóвчки

Wórträtsel *n* **~s, ~** шарáда; ~schatz *m* **~es** лéксика, лекси́чний склáд мóви; запáс слів; **~sinn** *m* **~(e)s** буквáльне знáчення; **~spiel** *n* **~(e)s ~e** гра слів; каламбу́р; **~stamm** *m* **~(e)s, .. .stämme** *лінгв.* основа (слова); **~stellung** *f* ~, **~en** порядок слів; ~übersetzung *f* ~, **~en** дослівний переклáд; **~verbindung** *f* ~, **~en** словосполу́чення

wórtwörtlich *adj* дослівний, буквáльний

worüber *pron adv* над чим; про що; ~ freut er sich? чому́ він радіє?

wovón *pron adv* від чогó; з чогó; про що; ~ hängt das ab? від чогó це залéжить?; ~ spréchen sie? про що ви говори́те?

wrack *adj* пошкóджений, розби́тий; яки́й потрібно ремонтувáти; неприда́тний *(напр., про товари)*

Wrack *n* **~(e)s, ~s i ~e** улáмки *(корабля, літака); тех.* улáмки, відхóди; *перен.* руїна

wríngen *vt* віджимáти, викру́чувати *(білизну)*

Wúcherer *m* **~s, ~** ли́хвар

Wuchs [vu:ks] *m* **~es** ріст; зростáння; зріст; стан, фігу́ра; hoch von ~ sein бу́ти висóким на зріст; von hóhem ~ висóкий на зріст

wühlen 1, *vi* копáти; копáтися: ри́ти; ри́тися; *(gegen A)* підбу́рювати, вести́ підривну́ діяльність *(проти когось);* **2.** *vt* ри́ти; der Fluß wühlte sich ein néues Bett річка проклáла собі нóве річище

wühlerisch *adj* підбурювáльний; підривни́й *(перен.)*

Wühlmaschine *f* ~, **~n** землери́йна маши́на; **~ tätigkeit** *f* ~ підривнá діяльність

Wulst *m* ~es, **Wülste, ...Wülste** пухли́на, стóвщення, жовно; поду́шка, вáлик

wúlstig *adj* здутий; стóвщений

wund *adj* порáнений; стéртий до крóві; болю́чий, вразли́вий *(при дотику);* éine ~e Stélle болю́че місце *(тж перен.)*

Wúnde *f* ~, **~n** рáна; порáнення

Wúnder *n* **~s, ~** чу́до; ~ tun (verríchten, wírken) верши́ти чудесá; kein ~, daß ... не ди́вно, що

wúnderbar *adj* чудéсний, ди́вний; чу́дний

wúnderlich *adj* ди́вний, химéрний, дивови́жний

wúndern 1. *vt* дивувáти; es wúndert mich менé диву́є; **2. sich ~** *(uber A)* дивувáтися (*чомусь*)

W

wúnderschön *adj* чудóвий, напрочýд гáрний, прекрáсний; **~tätig** *adj* чудотвóрний, чудодíйний; **~voll** *adj* чудóвий

Wúnderwerk *n* **~(e)s, ~e** чýдо *(мистецтва, техніки)*

Wunsch *m* **~es, Wünsche** бажáння; побажáння; auf séinen ~ за йогó бажáнням

Wúrstwaren *pl* ковбáсні вúроби

Würze *f* ~, **~n** прянíсть, припрáва

Wúrzel *f* ~, ~n кóрінь *(в різних значеннях)*; die ~ aus éiner Zahl zíehen *мат.* добýти кóрінь з числá

wúrzeln *vi* укорінювáтися, пускáти коріння; *(in D) перен.* коренúтися *(в чомусь)*

Wúrzelstock *m* **~(e)s, ...stocke** коренéвище; **~werk** *в* **~(e)s, ~e** коренéва систéма, кóрені; корíння: **~wort** *n*; ***~(e)s,*** **...wörter** коренéве слóво; **~zeichen** *n* ***~i,*** *~ мат.* знак кóреня, радикáл

würzen *vt (mit D)* приправлáти, присмáчувати *(чимось); перен* усолóджувати *(чимось, напр., життя)*

Würzmittel *n* **~s**, ~, **~stoff** *m* **~(e)s, ~e** прянíсть; *збірн.* прянощі

wüst *adj* пустúнний; ненаселéний, безлюдний; *розм.* заплýтаний, безлáдний; ein ~es Durcheinánder страшéнний хаóс, плутанúна

Wüste *f* ~, **~n** пустéля, пустúня

Wut *f* ~ лють, шалéнство: in ~gerâten розлютувáтися; vor ~ kóchen кипіти від злóсті; *мед.* водобоязнь; сказ

wütend *adj* лютий, розлючений, шалéний; завзятий, запéклий, рéвний

wútentbrannt *adj* розлютóваний, розлючений, оскаженілий

Wüterich *m s,* **~e** лиходій, недолюдок; тирáн; жорстóка людúна

wútschen *vi* прослизнýти, промайнýти (як тінь)

W

X

x-fach [ˈiks-] *adv розм.* невідо́мо у скі́льки разі́в

X-Strahlen [ˈiks-] *pl* х~промені, рентге́нівське промі́ння

Xylographie *f* ~, **...phien** ксилогра́фія, гравю́ра по де́реву

Y

Y, y *n* ~, ~ *мат.* íгрек *(невідома величина)*
Y-Achse *f* ~, **~n** *мат.* вісь ординáт
Yacht *f* ~, **~en** я́хта
Yperít [ipe-] *n* **~(e)s** іпри́т
Ýpsilon [ˈypsilon-]*n* **~s, ~s** íпсилон, íгрек (*буква*).

Z

Zácke *f* ~, **~n** зубéць; зазýблина
záckig *adj* 1) зубчáстий; зазýблений; 2) молодéцький, брáвий
zágen *vi* 1) боя́тися; полоши́тися; 2) вагáтися, бари́тися
zághaft *adj* 1) лякли́вий, полохли́вий; 2) повíльний; оберéжний; нерішýчий
zäh 1. *adj* 1) тверди́й; 2) в'язки́й, густи́й; 3) стійки́й; витривáлий; ein Mensch von ~em Fleiß люди́на величéзної працездáтності; **2.** *adv* 1) упéрто, стíйко; чíпко; 2) наси́лу, чéрез си́лу; повíльно; вáжко
Zähigkeit *f* ~ в'я́зкість; густотá
Zahl *f* ~, **~en** 1) *мат.* числó; éine gánze ~ цíле числó; éine geráde ~пáрне числó; éine úngerade ~ непáрне числó; éine gebróchene ~дробовé числó: rúnde ~ крýгле числó; 2) ци́фра; *pl тж* дáні; 3) кíлькість; 4) *грам.* категóрія числá
záhlbar *adj* що підлягáє оплáті
záhlen *vt* 1) *(für A)* плати́ти *(за щось);* оплáчувати *(щось);* виплáчувати; éine Réchnung ~ оплати́ти рахýнок; 2) *перен:.* den höchsten Preis für etw. *(A)* ~ плати́ти за щось дорогóю цінóю
zählen 1. *vt)* 1) лічи́ти; рахувáти; 2) *(zu D, unter A)* вважáти *(когось кимось, чимось);* ich zähle ihn zu méinen Fréunden я вважáю йогó своїм дрýгом; 3) налíчувати; дорíвнювати *(чомусь);* die Stadt zählt éine Millión Éinwohner мíсто налíчує мільйóн жи́телів; **2.** *vi* 1) рахувáти, лічи́ти; vorwärts (rückwärts) ~ рахувáти в звичáйному (зворóтному) поря́дку; 2) рахувáтися, брáтися до увáги; das zählt nicht це не берéться до увáги; 3) *(nach D)* налíчувати; місти́ти (в собі); дорівнювати *(чомусь);* 4) *(auf A)* розрахóвувати *(на когось, на щось);* 5) *(zu D, unter A)* вважáтися *(кимось, чимось);* належáти *(до когось, до чогось);* er zählt zu den bésten Studénten він вважáється одни́м з крáщих студéнтів
záhlenmäßig *adj* 1) числови́й; 2) чисéльний, кíлькісний; ~e Überlégenheit кíлькісна перевáга; 3) статисти́чний
Zähler *m* **~s,** ~ 1) *тех.* лічи́льник *(прилад);* 2) *мат.* чисéльник
záhllos *adj* незлічéнний; нескінчéнний; **~reich** *adj* числéнний
Záhlstelle *f* ~, **~n** кáса
Záhlung *f* ~, **~en** платíж; внéсок; плáта; éine ~ léisten внести́ грóші
Zählung *f* ~, **~en** 1) лічбá, підрахýнок; 2) перéпис *(населення)*
záhlungsfähig *adj* платоспромóжний
Záhlwort *n* **~(e)s, ...wörter** *грам.* числíвник; ~ **zettel** *m* **~s,** ~ чек *(у магазині)*
zahm *adj* 1) свíйський; прирýчений, прибóрканий; ручни́й *(про тварин);* домáшній; ~ machen приручáти прибóркувати; 2) сми́рний, лáгідний, слухня́ний; er ist éine ~e Natúr у ньóго м'яки́й харáктер
zähmen 1. *vt* приручáти; прибóркувати; дресирувáти; séine Zúnge ~притри́мати язикá; séine Úngeduld стри́мати своє́ нетерпíння; 2 **sich** стри́муватися
Zahn *m* **~(e)s, Zähne** 1) зуб; die Zähne pútzen чи́стити зýби; 2) *тех.* зубéць, зуб *(колеса);* 3) зубéць; ви́ступ; 4) *перен.:* der ~ der Zeit руйнівнá дíя чáсу
Záhnarzt *m* **~es, ...ärzte** зубни́й лíкар; **~bürste** *f* ~, **~n** зубнá щíтка
Záhnfleisch *n* **~es** я́сна; **~füllung** *f* ~, **~en** зубнá плóмба; **~höhle** *f* ~, **~n** порожни́на зýба
záhnig, zähnig *adj* 1) зубчáстий; 2) зубáтий
Záhnklinik *f* ~, **~en** стоматологíчна клíніка; **~kröne** *f* ~, **~n** корóнка зýба
záhnlos *adj* беззýбий
Záhnpasta *f* **~, ...ten, ~paste** f ~, **~n** зубнá пáста; **~pflege** *f* ~ дóгляд за зубáми
Zánge *f* ~, **~n** 1) щи́пці; клíщі; обцéньки; 2) клішня́; j-n in der ~ háben тримáти когóсь у своїх рукáх
Zank *m* **~(e)s** свáрка; лáйка
zánken 1. *vi (mit j~m) (um A, über A)* свари́тися, сперечáтися *(з кимось з~за чогось};* 2) лáяти, свари́ти *(когось);* **2. sich** ~ лáятися, свари́тися
zánkhaft, zänkisch, zánksüchtig *adj* сварли́вий; задери́куватий
Zánkwort *n* **~(e)s, ...wörter** лайли́ве слóво; лáйка
Zápfen *m* **~s,** ~ 1) зáтичка, прóбка; 2) *тех.* цáпфа; втýлка; 3) ши́шка *(хвойна);* 4) (крижанá) бурýлька
Zápfenbäume *pl* хвóйні дерéва

zart *adj* 1) ніжний, лáгідний; 2) ніжний; м'який; лéгкий; 3) делікáтний, тактóвний; обережний; ein ~es Gewíssen чýла сóвість
zärtlich *adj1)* ніжний, лáгідний, щиросéрдий; 2) чутли́вий, вразли́вий
Zärtlichkeit *f* ~, **~en** 1) ніжність, лáгідність; 2) лáска; 3) вразли́вість, чутли́вість
Zärtling *m* **~s, ~e** пестýн, мазýн; матýсин синóк
Záuber *m* **~s,** ~ 1) чаклýнство, чарувáння; 2) чáри, чарівли́вість; áusüben зачарóвувати; 3) *розм. обман*
Zauberéi *f* ~, **~en** 1) чаклýнство; ~ tréiben чаклувáти; 2) фóкус
záuberhaft *adj* чарівни́й; чарівли́вий
záubern *vi* 1) чаклувáти; 2) покáзувати фóкуси
záudern *vi (mit D)* бари́тися, зволікáти *(з чимось);* вагáтися; не наважувáтися зроби́ти *(щось)*
Zaum *m* **~(e)s, Zäume** 1) вуздéчка; 2) *тех.* гальмó
zäumen *vt* 1) гнуздáти; 2) *перен.* прибóркувати
Zaun *m* **~(e)s, Zäune** паркáн, огорóжа
Zébra *n* **~s, ~s** *зоол.* зéбра
Zéche *f*~, **~n** 1) рахýнок *(у ресторані);* 2) гуля́нка, вечíрка; 3) *гірн.* шáхта, рудни́к; 4) *іст.* цех, гíльдія, корпорáція
Zéder *f* ~, **~n**, **Zéderbaum** *m* **~s, ..bäume** кедр
Zeh *m* **~(e)s, ~en, Zehe** *f* ~, **~n** пáлець на нозí; auf den Zéhen géhen ходи́ти навшпи́ньки
zehn *num* дéсять
Zehn *f* ~, **~en** (числó, ци́фра, нóмері дéсять, деся́тка
zéhnfach 1. *adj* десятиразóвий; **2.** *adv* у дéсять разíв
Zéhntausend *n* **~s, ~e** ~ дéсять ти́сяч
Zéhntel *n* **~s, ~** деся́та части́на
zéhntens *adv* по-деся́те
zéhren 1. *vi* 1) *(von Щ* їсти *(щось);* харчувáтися *(чимось);* жи́ти *(чимось; тж перен.);* 2) *(an D)* гри́зти *(щось);* 3) *(von D)* витрачáти *(щось);* 4) *(an D)* підтóчувати, виснáжувати; **2.** *vt* 1) з'їдáти, пожирáти; вини́щувати *(тж перен);* 2) руйнувáти, зни́щувати
Zéichen *n* **~s, ~ 1)** знак; си́мвол; 2) знак, сигнáл; j~m ein ~ gében подáти комýсь знак (сигнал); 3 знáк *(напр., товарний);* мáрка; клеймó, таврó, мíтка; 4) знак, пóзначка; 5) знак, ознáка
Zéichenbrett *n* **~(e)s, ~er** кресля́рська дóшка; **~film** *m* **~(e)s, ~e** мультиплікаці́йний фíльм; **~spräche** *f* ~, **~n** мóва жéстів; пантомíма; ~trickfilm *див.* Zéichenfilm
zéichnen *vt* 1) малювáти; крéслити; 2) позначáти; 3) підпи́сувати; 4) *перен.* малювáти, зображáти, опи́сувати; 5) відзначáти, помічáти; мíтити; таврувáти
Zéichnen *n* **~s** малювáння; téchnisches ~ крéслення
Zéichner *m ~s,* ~ 1) рисувáльник, худóжник; téchnischer ~ креслЯ́р, 2) передплáтник
Zéichnung *f* ~, **~en** 1) малю́нок; крéслення; ескíз; 2) узóр, візерýнок, рóзцвітка *(тканини і т. п.);* 3) *перен.* зображення, описáння; 4) пíдпис
Zéigefinger *m* **~s,** ~ вказівни́й пáлець
zéigen 1. *vt* 1) покáзувати; 2) проявля́ти, виявля́ти; Háltung ~ виявля́ти ви́тримку; séine Wérke ~ viel Talént його твóри свíдчать про вели́кий талант; **2.** *vi (auf A)* покáзувати, вкáзувати *(на когось, на щось);* die Uhr zeigt (auf) acht годи́нник покáзує вíсім; 3. **sich** ~1) покáзуватися, з'являтися (десь, *у когось);* 2) виявля́тися, проявля́тися; 3) показáти себé; проявля́ти себé *(якось)*
Zéiger *m ~s,* ~ стрíлка *(годинника, приладу); тех. тж* покáжчик
Zéile *f* ~, **~n** рядóк; ~ für ~ ábschreiben спи́сувати слóво в слóво
Zeit *f* ~ **~en** 1) час; kéine ~ háben *(für A, zu D)* не мáти чáсу *(для чогось);* mit der ~ з чáсом; fähr planmäßige ~ час за рóзкладом рýху (поїздíв); mitteleuropäische середньоєвропéйський поясни́й час; Wélche ~ ist es? Кóтра годи́на? 2) перíод чáсу; строк, тéрмін; éine kúrze ~ недóвго; auf ~ на тéрмін; von ~ zu ~ час від чáсу; vor kúrzer ~ недáвно; 3) час; епóха; únsere ~ наш час, нáша епóха, сучáсність; zu állen ~en у всі часи́; kómmende ~en майбýтнє
Zéitalter *n* **~s,** ~ вік, епóха, éра; столíття, сторíччя; **~angabe** *f* **~, ~n** дáта; вкáзаний час; **~dauer** *f* ~ прóміжок чáсу; **~folge** *f* ~, **~n** хронологíчний поря́док; **~form** *f* ~, **~en** *грам,* час, часовá фóрма *(дієслова)*
zéitgemäß *adj* 1) своєчáсний, вчáсний; 2) сучáсний
Zéitgenosse *m* **~n, ~n** сучáсник
zéitgenössisch *adj* сучáсний
zéitig 1. *adv* 1) рáно; zu ~ передчáсно; 2) завчáсно; заздалегíдь; **2.** *adj* 1) рáнній; 2) завчáсний
zéitigen 1. *vt* 1) дáти дозрíти *(чомусь);* ви́тримати *(щось);* 2) виявля́ти, покáзувати; er hat góte Kéntisse gezéitigt він ви́явив хорóші знання́; **2.** и *(h, s)* дозрівáти
zéitlich 1. *adj* тимчасóвий; **2.** *adv* тимчасóво
Zéitlohn *m ~(e)s,* **...löhne** погоди́нна оплáта прáці; **~punkt** *m* **~(e)s, ~e** момéнт, мить; дáта; **~raum** *m* **~(e)s, ...räume** перíод (чáсу); **~rechnung** *f* ~, **~en** літочи́слення; vor unserer **~rechnung** *(скор.* v.u. *Z)* до нáшої éри; **~schrift** *f* **~, ~en** журнáл; **~spanne** *f* ~, **~n** прóміжок чáсу, перíод, строк; **~tafel** *f* ~, **~n** хронологíчна таблиця

Zéitung *f* ~, **~en** газéта; was bringt die ~ ? що пи́шуть у газéтах?; éine ~abonníeren передплáчувати газéту
zéitweilig 1. *adj* тимчасóвий, скороминý-щий; **2.** *adv* 1) тимчасóво; 2) íноді
Zéitwort *n* **~(e)s**, **...wörter** *грам*. дієслóво
Zélle *f* ~, **~n** 1) кабíна *(телефонна, в роздягальні і т п.)*; 2) кáмера *(в'язниці)*; 3) *біол.* клітíна; 4) осерéдок *(тж перен.)*; 5) *тех.* кáмера; сéкція; корóбка *(літака)*; кóрпус *(ракети)*; 6) *ел.* елемéнт
Zelt *n* **~(e)s, ~e** намéт; курíнь; ю́рта; die ~e (áuf) baúen стáвити намéти
zélten *vi* жи́ти в намéті
zensíeren *vt* 1) оцíнювати; стáвити оцíнку; 2) *перен.* давáти оцíнку *(чомусь)*; розцíнювати *(щось якимось чином)*; 3) цензурувáти
Zensúr *f* ~, **~en** 1) оцíнка; 2) свідóцтво про успíшність, тáбель *(школяра)*; 3) *тк. sg* цензýра
Zénsus *m* ~, ~ 1) ценз (майнови́й); 2) перéпис (насéлення)
Zentiméter *n* **~s, ~** сантимéтр
Zentrále *f* ~, **~n** 1) центрáльна (електростáнція; 2) (центрáльна) телефóнна стáнція, комутáтор; 3) центр; центрáльний пункт
Zentrálheizung *f* ~, **~en** центрáльне опáлення
Zéntrum *n* **~s**. **...tren** центр
zerárbeitet *adj* натрýджений; мозоли́стий *(про руки)*
zerbéißen* *vt* розкýшувати; розгризáти
zerbréchen* 1. *vt* 1) (з)ламáти; (роз)би́ти; розірвáти; 2): sich *(D)* den Kopf über etw. *(A)* ~ *розм.* суши́ти собí гóлову над чи́мось; **2.** *vi (s)* (з)ламáтися; (роз)би́тися; розірвáтися
zerbréchlich *adj* ламки́й, крихки́й
zerdrücken *vt* роздави́ти, роздуши́ти, зім'яти, сплю́щити
zerfállen* *vi* (s) 1) розпадáтися, розкладáтися *(тж хім.)*; руйнувáтися; розсипáтися; 2) розбивáтися *(ущент)*; 3) *перен.* розпадáтися; занепадáти; розкладáтися; 4) ділитися *(на частини)*
zerfétzen *vt* роздирáти на шматки́ (на клáптики); пошматувáти; (роз)дроби́ти
zerfléischen *vt* роздирáти; *перен.* крáяти,
zerflíeßen* *vi (s)* розпливáтися *(тж перен.)*; плáвитися, тáнути; перетвóрюватися в рідину́; in Tränen ~заливáтися сльозáми
zerfréssen* *vt* проїдáти, прогризáти; роз'їдáти
zergéh(e)n* *vi (s)* розчинятися; (роз)тáнути
zerglíedern *vt* 1) розчленóвувати, підрозділяти; 2) *грам.* розбирáти, аналізувáти *(речення)*; 3) анатомувáти
zerhácken *vt* розрýбувати
zerkáuen *vt* розжóвувати
zerkléinern *vt* роздрíбнювати
zerknácken *vt 1)* розгризáти; 2) розкóлювати *(щипцями)*
zerknírschen *vt* 1) роздáвлювати *(щось з хрускотом)*; 2) придýшувати
zerkníttern *vt* (зі)м'яти, зібгáти
zerkóchen **1** *vt* розвáрювати; **2.** *vi (s)* розвáрюватися
zerkrátzen *vt* роздряпувати
zerlégbar *adj* 1) *хім.* розкладни́й *(про речовину)*; 2) розбірни́й *(про механізм)*
zerlégen *vt* 1) *хім.* розкладáти; 2) розкладáти *(на складові частини)*
zermáhlen* розмéлювати, роздрíбнювати
zernágen *vt* перегризáти, згризáти; стóчувати *(про черв'яків)*
zerplátzen *vi (s)* розривáтися; лóпатися; розлітáтися на шматки́
zerpréssen *vt* роздáвлювати; сплю́щувати
Zérrbild *n* **~(e)s, ~er** спотвóрене зобрáження; карикатýра
zerréißen* 1. *vt* розривáти; **2.** *vi (s)* порвáтися; розірвáтися
zérren *vt* сми́кати: тягти́ *(грубо, силоміць)*
zerrínnen* *vi (s)* 1) розтікáтися; тáнути; 2) (поступóво) зникáти
zerríssen *adj* розíрваний
zerschlágen* **1.** *vt* розбивáти *(тж перен.)*; пошкóдити; **2. sich** ~ *перен.* розбивáтися; руйнувáтися; зазнавáти катастрóфи; séine Hóffnungen háben sich ~ йогó плáни руйнýються
zerschmélzen 1. (*) *vt* розплавляти; розтóплювати; **2.** *vi* (s) 1) плáвитися; розтóплюватися; 2) (роз)тáнути, розчини́тися, зни́кнути
zerschméttern *vt* розби́ти; розтрощи́ти; 2) розгроми́ти *(ворога)*
zerschnéiden* *vt* розрíзувати (на шматки́)
zersétzen 1. *vt* 1) розкладáти; розділяти на части́ни; 2) дезорганізóвувати; **2. sich** ~ 1) розкладáтися, розпадáтися; 2) дезорганізóвуватися
zerspálten* *vt* розкóлювати *(тж перен.)*; розщéплювати *(тж хім.)*
zersplíttern 1. *vt* роздробляти; розкóлювати; розпорóшувати *(сили)*; 2. *vi (s)* розкóлюватися (розлітáтися) на шматки́; 3. **sich** ~ розпорóшуватися
Zersplítterung *f* ~, **~en** 1) роздрóблення; 2) розпорóшення сил; 3) роздрóбленість; розкóл; 4) *перен.* незíбраність
zerspréngen *vt* 1) висáджувати в повíтря; розривáти; 2) розбивáти; 3) розкидáти; 4) розгóнити
zerspríngen* *vi (s)* 1) лóпатися; розлітáтися на шматки́; 2) розсíюватися
zerstámpfen *vt* **1)** розтóптувати; 2) (роз)товкти́
zerstäuben *vt* розпорóшувати; розсíювати *(тж перен.)*
Zerstäuber *m* **~s,** ~ розпи́лювач, пульверизáтор

Z

zerstören *vt* руйнувáти; псувáти; знúщувати

Zerstörer *m* **~s,** ~ 1) руйнівнúк; винúщувач; 2) *мор.* есмíнець

Zerstörung *f* ~, **~en** руйнувáння; спустóшення; знúщення

Zerstörungsarbeit *f* ~, **~en** підривнá робóта; руйнівнá дíя; **~kraft** *f* **~, ...kräfte** руйнівнá сúла

zerstréuen 1. *vt* розсíювати; розсипáти; розкидáти; розпорóшувати; **2. sich** ~ 1) розсíятися; розхóдитися, розбігáтися; 2) розважáтися

zerstréut *adj* 1) розкúданий, розпорóшений *(über A по чомусь);* 2) розсíяний *(про світло і т. п);* 3) неувáжний

Zerstréuung *f* ~, **~en 1)** розсíювання, розпорóшування; 2) розгíн *(натовпу і т. п.);* 3) розвáга; 4) неувáжність

zertéilen 1. *vt* 1) ділúти на частúни; 2) розділяти; **2.** sich ~ ~ розділятися, дробúтися (на частúни)

zertréten* *vt* розтóптувати; das Graß ~ потоптáти травý

zertrümmern 1, *vt* руйнувáти (вщент), **2.** *vi* руйнувáтися, перетвóрюватися в руїни

Zerwürfnis *n* **~ses, ~se** незлáгода; свáрка

Zéttel *m* **~s,** ~ 1) áркуш папéру; кáртка; 2) запúска; 3) етикéтка, наклéйка, ярлúк; 4) афíша

Zeug *n* **~(e)s, ~e** 1) інструмéнт; спорядження, оснáщення; облáднання; 2) сировинá; 3) *розм.* тканúна; 4) *збірн.* штýка, штукóвина; was ist das für (ein) ~ ? що це за штýка?, що це такé?; 5) *розм.* дурнúця; dummes ~ нісенíтниця, дурнúця

Zéuge *m* **~n, ~n** свíдок; *перен.* очевидець

zéugen I *vt* порóджувати

zéugen II *vi* 1) давáти показáння, свíдчити; 2) *(von D)* свíдчити *(про щось)*

Zéugnis *n* **~ses, ~se** 1) свідóцтво; посвíдчення; дóвідка; сертифікáт; атестáт; (шкíльний) тáбель; 2) *юр.* показáння свíдків

Zíckzack *m* **~(e)s, ~e** зигзáг; злам

Zíege *f* ~, **~n** козá

Zíegel *m* **~s,~** цéгла; черепúця

Zíegelbrennerei *f* ~, **~en** цегéльний завóд; **~dach** *n* **~(e)s, ...dächer** черепичний дах

Ziegeléi *f* ~, **~en** цегéльний завóд

Zíegenbock *m* **~(e)s, ...böcke** цап

Zíehbrunnen *m* **~s,** ~ колóдязь *(здеб. з журавлем);* **~eltern** *pl* назвáні батькú

zíehen* 1. *vt* 1) тягтú; тягáти; смúкати; in die Höhe ~ піднімáти; 2) витягáти, виймáти; діставáти; ein Los ~ тягтú жéреб; éinen Zahn ~ виривáти зуб; 3) натягáти *(мотузку, одяг і т. п,);* надягáти; éinen Mántel über das Kleid ~ надíти пальтó повéрх сýкні; 4) знімáти; den Hut *(vor j~m)* ~ знімáти капелюха *(перед кимось);* 5) розтягувати; витягувати; 6) *(aus D)* добувáти, одéржувати *(щось з чогось);* Saft aus Pflánzen ~ вичáвлювати сік з рослúн; die Fólgen aus etw. *(D)* ~(з)робúти вúсновки з чóгось; 7) провóдити *(лінію, борозну і т. п.);* 8) залучáти, притягáти; die Áufmerksamkeit auf sich *(A)* ~ привертáти до сéбе увáгу; j~n. zu ~ Ráte рáдитися з кúмось; j~n zur Verántwortung ~ притягтú когóсь до відповідáльності; 9) ростúти, вихóвувати *(дитину);* вирóщувати *(тварин, рослини);* 10): etw. in Betrácht ~ брáти щось до увáги, врахóвувати щось; 2. кг 1) (s) тягтúся, (повільно) рýхатися; die Wólken ~ хмáри пливýть *(у небі);* 2) *(s)* прямувáти *(кудись);* in den Krieg ~ ітú на війнý; die Vögel ~nach dem Süden птахú летять у вúрій; 3) *(s)* переїздúти *(кудись);* 4) тягтú, протягáти; 5) ссáти; усмóктувати, убирáти; das Kind zieht дитúна ссе (грýди); 6) настóюватися *(про каву, чай);* den Tee ~ lássen настóювати чай; **3.** *vimp* 1) тягтú, притягáти (до себе); 2) нúти, ломúти; es zieht mir in der Schúlter у мéне нúє плечé; **4. sich** ~ 1) тягтúся, простягáтися; 2) *(in A)* пронукáти *(у щось);* 3) тягтúся, розтягуватися; die Sáche zieht sich in die Länge дóвго затягуватися; 4) деформувáтися

Zíehharmonika *f* ~, **..ken** *f* **~s** гармóшка; **~kind** *n* **~(e)s, ~er** вихованець; прийóмна дитúна; **~mutter** *f* **~, ...mütter** назвáна мáти; **~tochter** *f* **~...töchter** прийóмна дочкá

Ziel *n* **~(e)s, ~e** 1) ціль; das ~ tréffen влучúти в ціль; 2) пункт признáчення; sein ~ ist Hámburg він їде в Гáмбург; wir sind am ~ ми прибулú!; 3) *спорт,* фíніш

zíelbewußt *adj* цілеспрямований; свідомий

zíelen *vi* 1) *(auf A, nach D, in A)* цíлити *(у щось);* 2) *(auf A, nach P)* прáгнути *(чогось);* 3) *(auf A)* натякáти *(на щось);* стосувáтися *(когось, чогось);* das zielt auf mich це камінéць у мій горóд

Zíelkorn *n* **~(e)s, ~e** мýшка *(прицільна);* **~linie** *f* ~, **~n** лíнія фíнішу

zíellos *adj* безцíльний

zíelstrebig *adj* цілеспрямóваний

ziemen *vi (D) i* **sich** ~ лúчити, належáти, випадáти; es ziemt sich nicht für dich це тобí не лúчить

zíemlich 1. *adj розм.* чималúй, порядний 2. *adv* 1) дóсить; ~ gut дóсить дóбре; 2) приблúзно; so ~in méinem Álter *розм.* приблúзно могó вíку

Zíerde *f* ~, **~n** прикрáса, окрáса

zíeren 1. *vt* прикрашáти, оздóблювати; **2. sich** ~ 1) прикрашáтися; 2) манíритися; церемóнитися

zíerlich *adj* вúтончений, вúшуканий; граціóзний

Zíerlichkeit *f* ~, **~en** вишуканість, вишуканість; граціозність
Ziffer *f* ~, **~n** цифра; arábische (römische) ~n арабські (римські) цифри.
Zigarétte *f* ~, **~n** сигарета
Zigéuner *m* **~s,** ~ циган
Zímmer *n* **~s,** ~ кімната; кабінет *(службовий);* номер *(у готелі)*
Zímmerer *m* **~s,** ~ тесляр
Zímmerholz *n* **~es** будівельний ліс; **~mädchen** *n* ~s, ~ покоївка; **~mann** *m* **~s, ...leute** тесляр
zímmern *vi* теслярувати
Zimt *m* **~(e)s, ~e** кориця
zínken *adj* цинковий
Zínkweiß *n* **~es** цинкове білило
Zinn *n* **~(e)s** олово
Zínne *f* ~, **~n** зубець *(стіни);* гострий виступ *(напр., скелі)*
zínnern *adj* олов'яний
zírka *adv* близько, приблизно
Zírkel *m ~s,* ~ 1) циркуль; 2) коло; 3) гурток; компанія; товариство; der dramátische ~ драматичний гурток
Zírkelabschnitt *m* **~(e)s, ~e** *мат.* сегмент круга; **~linie** *f* ~, **~n** коло
zírkeln *vt* 1) описувати коло; 2) вимірювати циркулем
Zírkus *m* ~, **~se** 1) цирк; 2) *розм.* балаган; метушня, сум'яття
Zírpe *f* ~, **~n** цвіркун; коник; цикада
zírpen *vi* 1) скрекотати, цвірчати; 2) цвірінькати, щебетати
zíscheln 1. *vt* (злобно) шептати; **2.** *w* 1) шептатися, шушукатися; 2) шепелявити
zíschen *vi* шипіти *(напр., про воду, пару);* сичати *(про змію і т. п.)*
Zitróne *f* ~, **~n** лимон
zíttern *vi* тремтіти: трусйтися; тріпотіти; die Hände ~ ihm у нього тремтять руки; vor Angst (vor Kälte) ~ тремтіти від страху (від холоду)
zivíl [-v-] *adj* 1) цивільний; 2) ввічливий: 3) помірний *(про ціну]*
Zivíl *n* **~s** 1) цивільне населення; 2) цивільний одяг
Zóbel *m* **~s,** ~ соболь
zögern *vi* вагатися; зволікати; mit der Ántwort ~ зволікати з відповіддю
Zögling *m* **~s, ~e** вихованець
Zoll I *m* **~(e)s,** ~ дюйм; vier ~ stark чотири дюйми завтовшки
Zoll II *m* **~(e)s, Zölle** 1) мито; митний тариф; 2) данина; 3) митниця
Zóllamt *n* **~(e)s, ...ämter** митниця; **~beamte** *m* **~n, ~n** митник; **deklaration** *f* ~, **~en** митна декларація
zóllen *vt* **1)** сплачувати мито; 2) *перен.* j~m Áchtung ~ виявляти повагу до когось; j~m Bewúnderung ~висловлювати захоплення; j~m Dank ~ висловлювати комусь подяку
zóllpflichtig *adj* що обкладається митом

Zóne *f* ~, **~n 1)** зона, смуга; сфера; район, область; 2) *зал.* пояс *(тарифний, кліматичний)*
Zoo *m* ~ *i* **~s, ~s** зоологічний сад, зоопарк
Zopf *m* **~(e)s, Zöpfe** коса *(зачіска)*
Zórn *m* **~(e)s** гнів, лють; j-n in ~ bríngen розлютити когось; in ~ geráten розгніватися, розлютитися
zórnig *adj* розгніваний, розлючений
Zórnwut *f* ~ несамовитість, нестяма
zótt(l)ig *adj* кошлатий, кудлатий; патлатий
zu 1. *prp (D)* 1) *(вказує на напрям, кінцевий пункт руху)* до, на; у; в; zur Tür géhen іти до дверей; zu Bóden fállen упасти на землю; zur Stadt géhen ітй в місто; zu Énde kómmen кінчитися; 2) *(вказує на місцезнаходження)* у, в; на; за; по; zu Háuse вдома; zu Tisch(e) sítzen сидіти за столом; zu Bett líegen лежати в ліжку; zu béiden Séiten der Stráße по обидва боки вулиці; 3) *(вказує на час)* у, в; на; zu Énde des Jáhres у кінці року; zu Wéihnachten на різдво; zum Gebúrtstag на день народження; 4) *(вказує на призначення, мету]* для, заради, на; Wásser zum Trínken вода для пиття; j~m zu Hílfe éilen спішити на допомогу до когось; 5) *(вказує на перехід у новий стан):* zum Gespótt wérden стати посміховиськом; zu Staub wérden перетворитися на пил; 6) *(вказує на спосіб дії]:* zu Fuß пішки; zu Schiff на пароплаві; zu zwei удвох; 7) *(вказує на ставлення до когось, до чогось)* до, (і)з; Néigung zu etw~ (D) схильність до чогось; aus Fréundschaft zu ihm з почуття дружби до нього; 8) *(вказує на вартість чогось)* за; das Kílo zu zehn Mark один кілограм за десять марок 9) *(вказує на додавання до чогось)* до; Zúcker zum Tée néhmen взяти цукру до чаю; **2.** *adv (вказує):* 1) *(на напрям):* nach Nórden zu на північ; 2) *(на знаходження в закритому стані):* die Tür ist zu *розм.* двері зачинені; zu закрито *(напис на чомусь);* **3.** *prtc (підсилювальна частка)* (за)надто; zu jung надто молодий; zu téuer надто дорого
zuallerérst *adv* насамперед, перш за все; **~létzt** *adv* наприкінці, під кінець; нарешті
zúbereiten *vt* готувати *(їжу, ліки)*
zúbilligen *vt* **1)** дозволяти; визнавати; давати згоду *(на щось);* j~m ein Recht ~ визнавати за кимось право на щось; 2) *(J~m)* присуджувати *(щось комусь)*
zúbringen* **1.** *vt* 1) приносити (з собою); підносити; 2) доставляти;, подавати; підводити; 3) розпускати! плітки, доносити *(на когось);* 2. проводити *(час);* er hat die gánze Nacht mit Lésen zúgebracht він провів усю ніч за читанням

Z

Zucht *f* ~ 1) вихова́ння; 2) поко́ра; дисципліна; поведі́нка; 3) поря́дність, ви́хованість; 4) розве́дення, виро́щування *(тварин, рослин)*; 5) поро́да, пон́ос; Húnde éiner ~ соба́ки одного́ поно́су
züchten *vt* розво́дити, виро́щувати
Zúchthaus *n* **~es, ...häuser** (ка́торжна) в'язни́ця; **~häusler** *m* **~s, ~** каторжа́нин
züchtig *ado* скро́мний, сором'ли́вий; поря́дний
züchtigen *vt* кара́ти
zúcken *vi* 1) здрига́тися; 2) *перен.* бли́скати *(напр., про блискавку)*; 3) *(mit D)* сми́кати *(чимось)*; mit den Áchseln ~ зни́зувати плечи́ма
Zúcker *m* **~s** цу́кор; klárer ~ цу́кор~пісок
Zúckerldose *f* ~, **~n** цу́корниця; **~rübe** *f* ~, **~n** цукро́вий буря́к; **~waren** *pl* конди́терські ви́роби; **~werk** *n* **~(e)s** цуке́рки, соло́дощі
zúdecken 1. *vt* закрива́ти; покрива́ти; прикрива́ти; **2. sich ~** закрива́тися; прикрива́тися
zudém *cj* крім то́го, до то́го ж
zúdrängen, sich проти́скуватися; натиска́ти
zúdrehen *vt* 1) закру́чувати *(кран)*; прикру́чувати *(гвинт)*; 2) *(j-m)* поверта́тися *(якимось боком до когось)*; j~m den Rücken ~ поверну́тися до ко́гось спи́ною *(тж верея.)*
zúdringlich *adj* насти́рливий, надоку́чливий
zúdrücken *vt* 1) зати́скувати; (щі́льно) закрива́ти; 2) заплю́щувати *(очі)*; ein Áuge ~ *перен.* диви́тися крізь па́льці, заплю́щувати о́чі *(на щось)*
zúeignen *vt* *(j-m)* 1) присвя́чувати *(щось комусь)*; 2) дарува́ти *(щось комусь)*
zueinánder *pron rez* оди́н до о́дного
zuérst *adv* спочáтку; перш за все, наса́мперед, передусі́м
Zúfall *m* **~(e)s, Zufälle** ви́падок, випадко́вість; der blínde ~ сліпи́й ви́падок; durch ~ випадко́во
zúfallen* vi *(s)* 1) закрива́тися, зачиня́тися; 2) випада́ти (на долю)
zúfällig *adj* випадко́вий
zúfälligerweise *adv* випадко́во, несподі́вано
Zúfälligkeit *f* ~, **~en** випадко́вість, несподі́ванка
zúflicken *vt* зашто́пати
Zúflucht *f* ~ приту́лок; схо́ванка; ~gewähren (на)дава́ти приту́лок; bei j~m ~ súchen шука́ти приту́лку у ко́гось
Zúfluß *m* **..sses, ...flüsse** 1) припли́в; 2) прито́ка *(річки)*
zufríeden *adj* *(mit D)* задово́лений (*чимось)*
zufríedengeben*, sich *(mit D)* задовольни́тися *(чимось)*
zufríedenstellen *vt* задовольня́ти (когось)
zúfrieren* *vi* *(s)* замерза́ти; вкрива́тися кри́гою
zúfügen *vt* 1) додава́ти; 2) заподі́ювати; j~m ein Leid ~ завдава́ти стражда́нь кому́сь; j-m Schäden ~завдава́ти шко́ди (зби́тків) кому́сь
Zug *m* ~(e)s, **Züge** 1) рух; перехі́д; похі́д *(тж військ.)*; пере́літ *(птахів)*; хід *(риб)*; der ~ der Wólken рух хмар; 2) проце́сія; коло́на; загі́н; взвод; ein éndloser ~ von Demonstránten нескінче́нний поті́к демонстра́нтів; 3) ключ *(птахів)*; ко́ся́к *(риб)*; цуг *(коней)*; упря́жка *(биків)*; ряд; ланцю́г; па́смо *(гір)*: 4) по́їзд; *зал.* соста́в, ешело́н; карава́н *(суден)*; ein dirékter ~ по́їзд прямо́го сполу́чення; der ~ nach Berlín по́їзд на Берлі́н; mit dem ~fáhren ї́хати по́їздом; 5) стру́мінь *(повітря)*; про́тяг; 6) ковто́к; das Glas auf éinen ~ léeren ви́пити скля́нку за́лпом; mit (in) éinem ~e за́лпом, одра́зу; 7) вдих; затя́жка *(при палінні)*; éinen ~ aus der Zigarétte néhmen (tun) затягти́ся сигаре́тою; 8) уло́в; 9) лі́нія, ри́ска; ко́нтур; 10) ри́са *(обличчя, характеру, явища)*, régelmäßige Züge пра́вильні ри́си *(обличчя)*; 11) по́тяг; схи́льність; dem ~e séines Hérzens fólgen іти за по́кликом се́рця
Zúgang *m* **~(e)s, Zugänge** 1) до́ступ; 2) вхід; прохі́д; пі́дступ; 3) при́ріст; нові́ надхо́дження
zúgänglich *adj* 1) досту́пний, присту́пний; 2) товари́ський
zúgeben* *vt* 1) дава́ти на дода́чу, додава́ти; 2) пого́джуватися *(з чимось)*; das kann ich nicht ~ я не можу пого́дитися з цим; 3) зізнава́тися *(в чомусь)*
zugégen: ~ **sein** бу́ти прису́тнім
Zúgehörigkeit *f* ~ нале́жність (до *чогось)*
Zügel *m* **~s**, ~ по́від, вузде́чка *(тж перед.)*; *pl переи.* кермо́ вла́ди
zügellos *adj* неприбо́рканий, нестри́мний
zügeln 1. *vt* **1)** гнузда́ти; 2) прибо́ркувати, стри́мувати; **2. sich ~** стри́муватися
Zúgeständnis *n* **~ses, ~se** 1) визна́ння; 2) по́ступка
zúgestehen* *vt* 1) зізнава́тися *(у чомусь)*; 2) визнава́ти *(щось за кимось)*; дозво́лити *(щось)*; 3) поступа́тися *(чимось)*
zúgetan *adj* ві́дданий, прихи́льний; j~m ~ sein бу́ти ві́дданим кому́сь; бу́ти прихи́льним до ко́гось
zugléich *adv* водно́час, у той са́мий час; ра́зом з тим
zúgreifen* *vi* 1) хапа́ти, бра́ти; bítte gréifen Sie zu! despite бері́ть (ї́жте), будь ла́ска!, пригоща́йтеся!; 2) бра́тися *[до чогось)*; почина́ти
zugrúnde: ~ géhen ги́нути, заги́нути; ~ légen покла́сти в осно́ву *(чо гось)*; j-n ~ ríchten погуби́ти, зана пасти́ти *(когось)*; розори́ти *(ко гось)*
zugúnsten *prp* *(G)* на ко́ристь *(чогось)*
zugúte: j~m ~ kómmen бу́ти кори́сним кому́сь, іти на ко́ристь кому́сь

Z

Zúgvieh *n* **~(e)s** робо́ча худо́ба; **~vogel** *m* **~s, ...vögel** перелі́тний птах
Zúgwind *m* **~(e)s, ~e** про́тяг
zúhaben* **1.** *vt* трима́ти закри́тим; er hat die Áugen zu його́ о́чі заплю́щені; **2.** *vi.* die Geschäfte háben sónntags zu магази́ни в неді́лю зачи́нені
zúhalten* *vt* трима́ти закри́тим; затика́ти *(напр., вуха)*
zuhánden **1.** *adv* під руко́ю, поблизу́; ~ kómmen потрапля́ти під ру́ку; **2.** *prpr* (GJ *(скор.* z. H) для *(ко гось);* у вла́сні ру́ки *(напис на листі)*
zúhängen *vt* заві́шувати
zúheilen *vi (s)* го́їтися, заго́юватися
zúhören *vi* слу́хати, прислу́хатися; hören Sie zu! слу́хайте!; éinen Referénten ~ (за)слу́хати доповідача́
Zúhörer *m* ~s, ~ слуха́ч
zúkehren **1.** *vt (D)* поверта́ти *(щось до чогось, до чогось);* j~m den Rücken ~ поверну́тися спи́ною до ко́гось; **2.** и *(bei D)* захо́дити, заї́жджа́ти, загляда́ти *(до когось)*
zúklappen **1.** *vt* закрива́ти, зачиня́ти; **2.** w *(s)* закрива́тися, зачиня́тися
zúkleben *vt* закле́ювати
zúkneifen* *vt* примру́жувати
zúknöpfen *vt* засті́бати *(на ґудзики)*
zúkommen* *vi (s)* 1) *(auf A)* підхо́дити *(до когось, до чогось),* 2) прихо́дити, прибува́ти; 3) нале́жати; припада́ти (на до́лю); díeses Geld kommt Íhnen nicht zu ці гро́ші вам не нале́жать; 4) ли́чити, годи́тися
Zúkunft *f* ~ майбу́тнє; майбуття́; in nächster ~ найбли́жчим ча́сом
zúkünftig **1.** *adj* майбу́тній; **2.** *adv* в майбу́тньому, надалі
zúlassen* *vt* 1) допуска́ти *(когось до чогось);* zur Prüfung ~ допуска́ти до екза́мену; den Wágen ~ дозволя́ти користува́тися вла́сним автомобі́лем; 2) дозволя́ти *(щось)*
zúlässig *adj* допусти́мий
zúlaufen* *vi (s)* 1) *(auf A)* підбіга́ти *(до когось);* 2) збіга́тися *(про натовп);* 3) притіка́ти *(про рідину);* Wásser ~ lássen доли́ти води́; налива́ти во́ду *(у ванну)*
zuléide j-m etw. ~ tun обра́зити когóсь чи́мось; er kann kéiner Flíege etw. ~ tun *рож.* він і му́хи не скри́вдить
zulétzt *adv* наприкінці́; вре́шті~решт, зре́штою; оста́ннє; пі́сля всіх
zum = zu dem
zúmachen *vt* закрива́ти; зачиня́ти; ich kónnte kein Áuge ~ я не міг засну́ти
zuméist *adv* здебі́льшого, переважно
zúmessen* *vt* 1) примі́ря́ти; 2) *(j~m)* признача́ти, приділя́ти, відмі́рювати *(комусь щось)*
zumíndest *adv* принаймні, щонайме́нше
zumúte: mir ist wohl (schlécht) ~ у ме́не до́бре (недо́бре) на душі́; wie ist Íhnen ~ яки́й у вас на́стрій?
Zúmutung *f* ~, **~en** вимо́га *(несправедлива);* припу́щення; пропози́ція; підо́зра; звинува́чення; éine fréche ~ зухва́лість
zunächst *adv* перш за все, спочáтку
zúnähen *vt* зашива́ти, пришива́ти
Zúnahme *f* ~, **~n** при́ріст, збі́льшення
Zúname *m* **~ns, ~n** 1) прі́звище; 2) прі́звисько
zünden **1.** *vt* запа́лювати *(тж перен.* виса́джувати; **2.** *vi* запа́люватися, спала́хуватися; вибуха́ти
zúnehmen* 1. *vi* збі́льшуватися, поси́люватися; **2.** *vt 1)* приє́днувати, додава́ти; 2) повні́шати
zúneigen **1.** *vt* 1) нахиля́ти *(щось до когось, до чогось);* 2) схиля́ти *(когось до чогось);* 2.*vi* і **sich** ~1) нахиля́тися *(до когось, до чогось,* над *кимось, над чимось);* 2) схиля́тися (до *чогось);* пого́джуватися *(на щось);* j~m zúgeneigt sein бу́ти прихи́льним до ко́ гось
Zúneigung *f* ~ прихи́льність, симпа́тія; für j-n ~ empfínden відчува́ти симпа́тію до ко́гось
Zúnge *f* ~, **~n** 1) язи́к; das Wort schwebt mir auf der ~ *розм.* сло́во кру́титься у ме́не на ду́мці; éine böse ~ háben бу́ти злим на язи́к; eine fálsche ~ háben бу́ти брехли́вим; éine gelénkige ~ háben ма́ти до́бре підві́шений язи́к; 2) язичо́к, кла́пан; хво́стик; 3) коса́, вузька́ сму́жка землі́; 4) стрі́лка *{приладу)* ,
Zúngenbrecher *m* ~s, ~ скоромо́вка; **~drescher** *m* **~s, ~** бази́ка; **~spitze** *f* ~, **~n** кі́нчик язика́
zúnicken *vi (D)* кива́ти *(комусь)*
zúpfen *vt 1) (an D, bei D)* сми́кати, сі́пати *(когось за щось);* j~n am Ärmel ~ сми́кати когóсь за рука́в; 2) вирива́ти, висми́кувати *(нитки і т. п.);* Únkraut ~ вирива́ти бур'я́н
zur = zu der
zúraten* *vi (J~m zu D)* (по)ра́дити *(комусь зробити щось)*
zuréchtbringen* *vt* упорядко́вувати, дава́ти лад; **~finden***, sich орієнтува́тися *(в чомусь);* розумі́тися *(на чомусь);* **~kommen*** *vi (s)* 1) *(mit D)* спра́витися, упо́ратися *(з чимось);* 2) прийти́ вча́сно; ~legen *vt* 1) уклада́ти; приготовля́ти; упорядко́вувати; 2) *перен.* обмірко́вувати; приду́мувати; **~stellen** *vt* поста́вити на мі́сце; розста́вити; **~weisen*** *vt* напу́чувати, повча́ти *(ко гось)*
Zuréchtweisung *f* ~, **~en** вказі́вка; заува́ження; дога́на
zúreden *vi (D)* умовля́ти, переко́нувати *(когось);* er läßt sich nicht ~його не перекона́єш
zúreichen 1. *vt (D)* подава́ти, простяга́ти *(щось комусь); 2. vi розм.* вистача́ти.
zúrichten *vt* 1) готува́ти; Spéisen ~готува́ти ї́жу; 2) *тех.* заготовля́ти; 3) нала́годжувати, виві́ря́ти

Z

zürnen *vi* сéрдитися, злостúтися
zurück *adv* 1) назáд; er ist noch nicht ~ *розм.* він ще не повернýвся; 2) позáду
zurückbleiben* *vi (s)* відставáти, **~blicken** *vi* оглядáтися; **~bringen*** *vt* прино́сити назáд, повертáти; **~denken*** *vi (an A)* згáдувати *(про щось);* дýмати про минýле; **~fahren*** 1. *vi (s)* 1) їхати назáд, повертáтися; 2) відско́чити, відсахнýтися; **2.** *vt* відво́зити назáд; **~finden*** *vi* знайтú доро́гу назáд; **~führen** *vt* 1) вестú назáд; 2) *(auf A)* зво́дити (до *чогось);* поя́снювати *(чимось);* woráuf ist das zurückzuführen? чим це поя́снюється?
Zurückgabe *f* ~ повéрнення; віддáча
zurückgeben* *vt* 1) повертáти, віддавáти; 2) давáти здáчу; **~gehen*** *vi (s)* 1) ітú назáд, повертáтися; 2) відступáти; 3) спадáти *(про воду);* 4) пáдати, знúжуватися; **~halten*** vt 1) утрúмувати, стрúмувати; 2) прихо́вувати; не виявля́ти; **2.** *vi (mit D)* стрúмуватися, утрúмуватися *(від чогось);* прихо́вувати *(щось);* **3. sich ~ halten*** 1) тримáтися о́сторонь; 2) *(von D)* стрúмуватися, утрúмуватися
Zurückhaltung *f* ~ 1) стрúманість; скро́мність; 2) зáмкнутість; 3) бездія́льність, пасúвність
zurückkämmen *vt* зачíсувати назáд *(волосся);* **~kehren** *vi* (s) повертáтися; **~kommen*** *vi (s)* 1) повертáтися; 2) *(mit D)* відставáти *(з якоюсь роботою);* 3) *(auf A)* зно́ву заговорúти *(про щось);* повернýтися *(до якогось питання);* **~können*** *vi* мáти можлúвість повернýтися; **~lassen*** *vt* залишáти; **~legen** *vt* 1) клáсти назáд; 2) відкладáти, приберігáти; 3) проїжджáти, прохо́дити *(певну відстань);* die Strécke ~ légen *спорт,* пройтú дистáнцію; **~ lehnen, sich** відкидáтися назáд; **~schlagen*** *vt* відбивáти; **~setzen** 1. *vt* 1) стáвити назáд; відсувáти; 2) нéхтувати *(кимось);* 3) знúзити *(ціни);* **2. sich ~** sétzen відсувáтися
Zurücksetzung *f* ~, **~en** 1) нéхтування *(кимось);* 2) знúження *(цін);* 3) бракувáння *(товарів)*
zurückstehen* *vi (s)* 1) *(hinter D* відставáти *(від когось, від чогось);* поступáтися *(перед кимось, перед чимось);* 2) відмовля́тися, утрúмуватися *(від чогось);* **~stellen** *vt 1)* стáвити назáд (на мíсце), повертáти: 2) відставля́ти (вбік), відсувáти; 3) відкладáти, відстро́чувати; 4) увільня́ти *(когось від чогось);* **~stoßen** *vt* 1) штовхáти назáд; відштóвхувати; 2) *(von D)* викликáти огúду; 3) відкидáти *(щось);* відмовля́тися *(від когось, від чогось);* **~strahlen 1.** *vt* відбивáти *(напр., світло); 2. vi (s)* відбивáтися *(про світло, звук);* **~treten*** *vi* (s) 1) відступáти, відхо́дити; 2) *(von D)* відмовля́тися *(від чогось);* 3) пíти у відстáвку; **~weichen** *vi* (s) *(vor D)* 1) відступáти; поступáтися *(перед кимось, перед чимось);* 2) відхитнýтися *(від когось, від чогось);* **~weisen* 1.** *vt D* відмовля́ти *(ко мусь);* відхиля́ти *(щось);* 2) давáти відсíч *(комусь); 2. vi (auf A)* посилáтися *(на щось);* **~zahlen** *vt* сплáчувати, повертáти *(борг)*
Zúruf *m* **~(e)s, ~e** 1) о́клик; зáклик; 2) вúгук
zúrufen* *vt* 1) *(j~m)* кричáти *(щось комусь);* j~m Béifall ~ кричáти "брáво" комýсь; 2) окликáти *(когось)*
zúsagen 1. *vt* обіця́ти *(щось);* пого́джуватися *(на щось); 2. vi* годúтися, подóбатися
zusámmen *adv* 1) рáзом, спíльно; fáhren wir ~? поїдемо рáзом?; 2) у цілóму, у пíдсумку; das macht ~ húndert Mark *розм.* рáзом це складáє сто мáрок
Zusámmenarbeit *f* ~ спíльна робо́та; співробíтництво
Zusámmenbruch *m* **~(e)s, ...brüche** розвáл, катастро́фа: крах, загúбель
zusámmendrängen 1. *vt* стискáти; ущíльнювати; **2. sich** ~ скýпчуватися, товпúтися; **~drehen** *vt* згортáти; скрýчувати; **~fahren*** *vi (s)* 1) стикáтися; зштóвхуватися; здригáтися *(від страху);* **~fallen*** *vi (s)* 1) завáлюватися, пáдати; 2) збігáтися; 3) знемагáти; **~fassen** *vt* 1) охо́плювати; 2) з'є́днувати, об'є́днувати; 3) узагáльнювати; підсумо́вувати
Zusámmenfassung *f* ~ 1) охо́плення; об'є́днання; 2) вúсновки, резюмé
zusámmenfügen *vt* з'є́днувати, зв'я́зувати; **~gehören** *vi* бýти зв'я́заним однé з о́дним; налéжати однé о́дному; становúти однé цíле
zusámmengesetzt *adj* складнúй, склáдений; *тех. тж* комбіно́ваний; **ein** ~er Bruch *мат.* змíшаний дріб
Zusámmenhang *m* **~(e)s, ...hänge** ; зв'я́зність; контéкст; in (im) ~ mit etw. *(D)* у зв'я́зку з чúмось
zusámmenhängen* *vi (mit D)* бýти тíсно пов'я́заним *(з чимось);* das hängt dámit zusámmen, daß ... це пов'я́зано з тим, що ...; **~häufen** *vt* збирáти в кýпу; скýпчувати; **~holen** *vt* **1)** збирáти звідусíль; зно́сити; 2) сликáти; **~kommen*** *vi (s)* зустрічáтися *(з кимось);* збирáтися; схо́дитися; **~krümmen, sich** зігнýтися, скóрчитися
Zusámmenkunft *f* **~, ...künfte** 1) збо́ри; зýстріч; 2) побáчення
Zusámmenlauf *m* **~(e)s, ..läufe** 1) скýпчення *(народу);* збо́рище, 2) злиття́ *(річок)*
zusámmenlaufen* *vi (s)* 1) збігáтися; стікáтися; 2) з'є́днуватися *(в одній точці);* зливáтися *(про річки, фарби);* 3) зсідáтися, скипáтися *(про молоко);* 4) збігáтися *(про тканину)*

Z

Zusámmenleben *n* **~s** 1) співжиття́; 2) співіснува́ння
zusámmennehmen* **1.** *vt* збира́ти *(тж перен. про думки, сили і т.* д.); **2. sich** ~ зібра́тися з си́лами; узя́ти себе́ в ру́ки; **~passen** *vi* підхо́дити одне́ о́дному; гармоніюва́ти, **~schließen* 1.** *vt 1)* з'єд-нувати; **2. sich** ~ schlíeßen об'єднува-тися *(в союз і т. п.)*
Zusámmenschluß *m* **...sses, ...schlüsse** об'єднання, згуртува́ння; змичка
zusámmensetzen 1. *vt 1)* складáти *(ра-зом);* 2) збира́ти *(механізм);* **2. sich** ~ 1) *(aus D)* складáтися; *(з когось, з чогось);* 2) збира́тися *(для обговорення чогось)*
Zusámmensetzung *f* ~, **~en** 1) *у різн. знач.* склад; 2) склада́ння; компози́ція; *тех.* монта́ж; 3) *лінгв.* складне́ сло́во
zusámmenstellen *vt* 1) склада́ти *(доку-пи),* ста́вити по́ряд; 2) склада́ти *(прог-раму, меню і т. п.);* 3) порі́внювати; etw. zum Vergléich ~ порі́внювати щось; **~stimmen** *vi (mit D)* узго́джуватися, збіга́тися *(з чимось);* відповіда́ти *(чо-мусь);* гармоніюва́ти; **~stoßen* 1.** *vt* 1) зшто́вхувати; 2) стика́ти; **2.** *vi (s) (mit D)* зшто́вхуватися; стика́тися
Zusámmensturz *m* **~es, ..stürze** обва́л, паді́ння; ава́рія
zusámmenstürzen *vi (s)* па́дати, зава́-люватися; розва́люватися; *перен.* заз-на́ти кра́ху; **~treffen*** *vi (s).* 1) *(mit D)* зустріча́тися *(з кимось);* 2) збіга́ти-ся *(у часі);* **~wachsen*** *vm (s)* зроста́-тися; **~wirken** *vi* 1) ді́яти спі́льно; 2) взаємоді́яти
Zusámmenwirkung *f* ~, **~en** взаємоді́я
zusámmenzählen *vt* підрахо́вувати; підсумо́вувати; **~ziehen* 1.** *vt* 1) стяга́ти *(щільніше),* затя́гувати; ein Loch im Strumpf ~ zíehen заши́ти ді́рку в панчо́сі; **2. sich** ~ zíehen 1) стя́гуватися; ратягатися; 2) зби ра́тися, насува́тися; ein Gewítter zieht sich zusámmen насува́ється гроза́
Zúsatz *m* **~es, ...sätze** 1) допо́внення; дода́ток; 2) до́мішка
zúsätzlich *adj* додатко́вий
zúschauen *vi (D)* диви́тися *(на когось, на щось);* слідкува́ти *(за кимось, за чимось)*
Zúschauer *m* **~s, ~** глядáч; *pl* пу́бліка
Zúschauerraum *m* **~(e)s, ...räume** зал для глядачі́в
zúschicken *vt* присила́ти
zúschieben* *vt* 1) *(j-m)* підсува́ти *(щось чогось);* підклада́ти *(щось комусь);* 2) *(j-m)* припи́сувати *(щось комусь);* звер-та́ти *(щось на* когось); 3) засо́вувати *(надр., шухляду)*
Zúschlag *m* **~(e)s, ...schläge** допла́та
zúschlagen* 1. *vt* 1) зачиня́ти; 2) забива́-ти; 3) *ком.* надбавля́ти; роби́ти наці́нку; **2.** w 1) *(s)* зачиня́тися; 2) *(h) (auf A)* би́ти, вдаря́ти *(ко гось по чомусь)*
zúschließen* *vt* зачиня́ти, замика́ти; die Tür ~ замкну́ти две́рі на ключ
zúschneiden* *vt* 1) кро́їти; 2) *(fьr A, auf A)* пристосо́вувати *(щось до чогось)*
Zúschneider *m~ s,* ~ закрі́йник
Zúschnitt *m* **~(e)s, ~e** 1) крій, 2) ви́крійка; 3) проектува́ння
zúsehen* *vi* 1) *(D)* диви́тися *(на когось, на щось);* сте́жити *(за кимось, за чимось);* 2) *розм.* стара́тися, вжива́ти за́ходів
zúsein* *vi (s)* бу́ти закри́тим (зачи́неним)
zúsenden* *vt* присила́ти, доставля́ти до-до́му
zúsetzen 1. *vt* додава́ти *(щось до чогось);* **2.** *vi (mit D)* надокуча́ти *(комусь чимось);* чіпля́тися *(до когось з чимось)*
zúspitzen 1. *vt* заго́стрювати *(тж перен,);* **2. sich** ~ заго́стрюватися
zúsprechen* 1. *vt* 1) прису́джувати *і (щось комусь);* j-m Trost ~ втіша́ти кого́сь; j~m Mut ~ підбадьо́рювати *(ко-гось); 2. vi (J-m)* умовля́ти *(когось)*
Zústand *n* **~(e)s, ...stände** 1) стан *(здоров'я і т. п.);* 2) *здеб. pl розм* стан (рече́й); обста́вина
zustánde: ~ bríngen зді́йснювати; вико́-нувати; ~ kómmen здійснюватися; der Vertrág ist éndlidh ~ gekómmen догові́р наре́шті укла́дено
zústellen *vt* доставля́ти, вруча́ти
Zústeller *m* **~s, ~** листоно́ша
zústimmen *vi (D)* пого́джуватися *(з кимось, з чимось);* схва́лювати *(щось)*
Zústimmung *f* ~, **~en** зго́да, схва́лення; séine ~ zu etw. *(D)* geben дава́ти свою́ зго́ду на щось; séine ~ verwéigern не дава́ти своє́ї зго́ли
zústopfen *vt* 1) затика́ти; 2) зашто́пувати
zústoßen* 1. *vt* зачиня́ти *(двері і т. п.);* **2.** *vi (s)* 1) *(Щ* тра́плятися *(з кимось);* ihm ist ein Únglück zúgestoßen з ним тра́пи-лося нещáстя; 2) ударя́ти
zústreben *vi (D)* прямува́ти *(до чогось);* éinem Zíele ~ йти до мети́
zutáge: ~ bríngen ви́яви́ти, розкри́ти; ~ kómmen, ~ tréten ви́яви́тися; розкри́-тися
zúteilen *vt (j-m)* 1) роздава́ти *(комусь);* обділя́ти *(когось);* 2) доруча́ти *(ко-мусь);* 3) призна́чати *(когось кудись)*
zuträglich *adj* кори́сний; ви́гідний; про-дукти́вний; ein ~ es Klíma сприя́тливий клі́мат
zútrauen *vt (j~m)* вважа́ти *(когось)* зда́тним *(до чогось);* das hätte ich ihm nicht zúgetraut цього я від нього не чека́в; es ist ihm álles zúzutrauen від нього всього мо́жна чека́ти
zútraulich *adj* 1) дові́рливий; 2) сві́й-ський *(про тварин)*
zútreffen* *vi* 1) спра́вджуватися, зді́й-снюватися; 2) відповіда́ти ді́йсності, бу́ти пра́вильним; 3) *(für A, auf A)* стосува́тися *(когось, чогось)*

Z

zútreffend 1. *adj* відповíдний, прáвильний; тóчний, влýчний *(напр., про відповідь);* 2. *adv* налéжним чи́ном, прáвильно
Zútritt *m* **~(e)s** дóступ, вхід; kein ~! вхóду немáє! ; ~ verbóten! вхід заборóнено!
zútun* *vt розм.* 1) додавáти; Wásser ~ доли́ти води́; 2) закривáти; kein Áuge ~ не зімкнýти óчей
zúverlässig *adj* надíйний, вíрний, вірогíдний; fáchlich ~ дóсить кваліфікóваний
Zúversicht *f* ~ впéвненість, вíра, перекóнаність
zúversichtlich *adj* 1) впéвнений; 2) яки́й подає́ надíю
zuvíel *adv* занáдто (багáто); das ist ~ це вже занáдто!
zuvór *adv* до цьóго чáсу, ранíше; перш за все; kurz ~ незадóвго до тóго; größer als je ~ бíльше, ніж бýдь~коли
zuvórkommen* *vi (s) (D)* випереджáти *(когось);* j~s Wünschen ~ упереджáти чиї́сь бажáння
Zúwachs *m* **~es** прíрiст
Zúwanderer *m* **~s, ~** іммігрáнт
zuwéilen *adv* íноді
zúweisen* *vt (D)* 1) направля́ти, призначáти *(когось, напр., на роботу);* 2) давáти, надавáти *(щось комусь);* відрахóвувати *(суми комусь);* 3) рекомендувáти, призначáти *(щось комусь)*
zúwenden(*) **1.** *vt (B)* 1) повертáти *(щось до когось, до чогось);* j~m den Rücken ~ повернýтися спи́ною до кóгось; 2) спрямóвувати *(щось кудись);* séine Schrítte dem Háuse ~прямувáти до буди́нку; 3) (надавáти *(щось комусь);* 2. **sich** ~ *(D)* **1)** повертáтися *(до когось, до чогось);* 2) прямувáти *(кудись);* 3) звертáтися *(до когось);* 4) пере хóдити, звертáтися *(до чогось)*
zúwerfen* *vt* 1) *(j~m)* ки́дати *(щось комусь);* 2) зачиня́ти *(двері);* 3) засипáти (землéю)
zuwíder **1**. *prp (D)* всýпереч; dem Beféhl ~ всýпереч накáзу; **2.** *adv* 1) наперекíр, врóзріз; das ist dem Gesétz ~ це протизакóнно, це суперéчить закóну; 2); es ist mir sehr ~ менí дýже неприє́мно; ~ werden остоги́днути, обри́днути
zúwinken *vi (D)* ківáти *(комусь);* махáти *(комусь)*
zúzahlen *vt* доплáчувати
zuzéiten *adv* íноді, íнколи, чáсом
zúziehen* 1. *vt* 1) *(D)* тягти́ *(до чогось);* підтя́гувати; 2) затягáти *(вузол);* завíшувати *(завісу);* 3) залучáти *(когось до чогось);* 4): sich *(D)* etw. ~ придбáти щось; виликáти *(підозру і т. п.);* sich *(D)* éine Erkältung ~ застуди́тися; **2.** *vi (s)* осели́тися *(на новому місці)*
Zwang *m* **~(e)s, Zwänge** 1) необхíд ність; немину́чість; ein innerer ~ внýтрішня необхíдність; 2) при́мус наси́льство
zwánglos **1.** *adj* 1) неви́мушений, неофіцíйний, вíльний; 2) нерегуля́рний; **2.** *adv* і) вíльно, неофіцíйно, неви́мушено; 2) вíльно, неофіцíйно
zwánzig *num* двáдцять
zwar *adv* (що)прáвда, хоч(á); und a сáме
Zweck *m* **~(e)s, ~e** 1) метá, ціль; séinen ~ erréichen досягти́ своє́ї мети́; zu wélchem ~ ? з якóю метóю?, для чóго?; zu díesem ~ з цíєю метóю; zum ~ з метóю; 2) розм. сенс; was hat das álles für éinen ~ яки́й у цьóму всьóму сенс?; das hat kéinen ~ це не мáє сéнсу
zwécklos *adj* 1) безцíльний; 2) некори́сний; мáрний, дарéмний; **~mäßig** *adj* доцíльний
zwei *mim* два
zwéibeinig *adj* двонóгий; **~bettig** *adj* з двомá нíжками; ein ~ bettiges Zímmer нóмер на двох *(у готели);* і **~deutig** *adj* двознáчний
zwéieinhálb *num* два з полови́ною
zwéierléi *adj* 1) двоя́кий, двох ви́діві (сортíв); 1) рíзний; непáрний *(про взуття і т п);* 3) дворýшницький
zwéifach 1. *adj* подвíйний; дворазóвий; in ~er Áusfertigung у двохі примíрниках; **2.** *adv* у два рáзи, удвíчі
Zwéifel *m* **~s, ~** сýмнів; áußer állem ~ пóза вся́ким сýмнівом; kein ~; óhne ~ безсумнíвно, безперéчно
zwéifelhaft *adj* сумнíвний; ненадíйний; підозрíлий; éine ~e Persón підозрíла осóба; **~los** *adj* безперéчний
zwéifeln *vi (an D)* сумнівáтися (в *комусь, в чомусь)*
Zwéifeln *n* **~s** сýмнів
Zwéifler *m* **~s ~** скéптик
Zweig *m* **~(e)s, ~e** 1) гíлка; сук; 2)гáлузь
Zwéigbahn *f* ~, **~e** залізни́чна вíтка; **~geschäft** *n* **~(e)s, ~e** філіáл
zwéigliederig *adj* двочлéнний; двоскладни́й *(яро речення)*
Zwéigstation *f* ~, **~en** підстáнція; **~stelle** *f* ~, **~n** вíдділ, філіáл
zwéihúndert *num* двíсті
zwéijährig *adj* дворíчний
Zwéikampf *m* **~(e)s, ...kämpfe** 1) по єди́нок; дуéль; 2) *спорт,* двоебóрство
zwéimal *adv* двíчі; у два рáзи
zwéimalig *adj* дворазóвий; **~motorig** *adj* двомотóрний; **~rädrig** *adj* двоколíсний; **~seitig** *adj* двосторóнній; **~silbig** *adj* двоскладóвий; **~sprachig** *adj* двомóвний; **~stöckig** *adj* двоповерхóвий *(відповідає українському* триповерхóвий); двоя́русний
zweit: zu ~ удвóх
zweitägig *adj* дводнéнний
zweitens *adv* по~дрýге
Zwerg *m* **~(e)s, ~e** кáрлик, гном
Zwíeback *m* **~(e)s, ...bäcke** *і* **~e** сухар
Zwíebel *f* ~, **~n** 1) цибýля; 2) цибули́на
Zwíegespräch *n* **~(e)s, ~e** діалóг; **~licht** *n* **~(e)s** сýтінки, при́смерк; **~spalt** *m* **~(e)s,**

Z

~e рóзлад, рóзбрат; **~sprache** *f* ~, **~n** розмóва віч~нá~віч; **~tracht** *f* ~ рóзлад, рóзбрат, чвáри

Zwílling m **~s, ~e** близню́к; *pl* близня́та, двійня́та

zwingen* *vt* 1) приму́шувати, зму́шувати; sich zur Rúhe ~ приму́сити сéбе заспокóїтися; 2) перемагáти, підкоря́ти

Zwinger *m* **~s,** ~ 1) фортéця; 2) в'язни́ця; 3) клітка *(для звірів);* бу́да *(для собаки)*

zwenke(r)n *vi* моргáти; бли́мати; mit den Áugen ~ підмóргувати

Zwirn *m* **~(e)s, ~e** нитки́; пря́жа

zwíschen *prp* 1) *(D)* (вказує на місцезнаходження ~ де?) між, серед; 2) (А) (вказує на напрям куди!) (по)між, серед; 3) (D) (вхазує на час, взаємовідносини, взаємодію] між

Zwíschenbemerkung *f* ~, **~en** рéпліка; **~fall** *m* **~(e)s, ...fälle** ви́падок, інцидéнт; **~lösung** *f* ~, **~en** компромíс, компромíсне рішення; - **pause** *f* ~, **~n** перéрва, антрáкт; **~raum** *m* **~(e)s, ...räume** прóміжок.; інтервáл; **~ruf** *m* **~(e)s, ~e** рéпліка; **~spiel** *n* **~(e)s, ~e** інтермéдія, інтерлю́дія

zwítschern *vi* 1) щебетáти; цвірíнькати; 2) бли́скати, вибли́скувати: мерехтíти (ттро *світло);* ряботíти

zwölf *num* дванáдцять; um ~ Uhr (míttags) опíвдні; um ~ Uhr (nachts) опíвночі

Zýklus *m* ~, **Zýklen** цикл

zýnisch *adj* цинíчний

Zyprésse *f* ~, **~n** кипари́с

СЛОВНИК
УКРАЇНСЬКО-НІМЕЦЬКИЙ

WÖRTERBUCH
UKRAINISCH-DEUTSCH

УКРАЇНСЬКІЙ АЛФАВІТ
UKRAINIAN ALPHABET

Аа
Бб
Вв
Гг
Ґґ
Дд
Ее
Єє
Жж
Зз
Ии
Іі
Її
Йй
Кк
Лл
Мм
Нн
Оо
Пп
Рр
Сс
Тт
Уу
Фф
Хх
Цц
Чч
Шш
Щщ
ь
Юю
Яя

А

а *спол.* 1) (*протиставний*) und, áber, dagégen; sóndern (*після заперечення*); це твоя́ кни́га, а не моя́ das ist dein Buch und nicht meins; я чекáв його́, а він не прийшóв ich wártete auf ihn, áber er kam nicht; на вýлиці булó хóлодно, а вдóма тéпло dráußen war es kalt, zu Háuse dagégen warm; мені́ потрі́бна не ця кни́га, а та ich bráuche nicht díeses Buch, sóndern jénes; 2) (*приєднувальний*) und; я зáраз іду́ на лéкцію, а пóтім в бібліотéку ich géhe jetzt zur Vórlesung und dann in die Bibliothék; ◊ а сáме und zwar, nämlich; а (не) то sonst

абажу́р Lámpenschirm *m*

абзáц 1) (*відступ в тексті*) Ábsatz *m*; по-чáти з ~а éinen Ábsatz máchen; 2) (*частина тексту*) Ábsatz *m*, Ábschnitt *m*

абия́к *присл.* náchlässig

абó *спол.* óder; ~ ... ~ entwéder ... óder ...

абонемéнт Abonnement [-nəˈmaŋ] *n*; Ánrecht *n* (*театральний*); по ~у auf Ánrecht

абонéнт Abonnént *m*; Téilnehmer *m* (*телефону*)

абрикóс 1) (*плід*) Aprikóse *f*; 2) (*дерево*) Aprikósenbaum *m*

абсоля́тн|ий absolt; ~а бі́льшість absolúte Méhrheit

абстрагувáтися abstrahíeren *vi*, áb|sehen* *vi* (von *D*), áuer Betrácht lássen* *vt*

абстрáк|тний abstrákt; **~ція** Abstraktión *f*

абсу́рд nsinn *m*; **~ний** absúrd, wídersinnig

абхá|зець Abchásе *m*; **~зький** abchásisch

авангáрд *у різн. знач.* Vórhut *f*; Avantgárde [avaŋ-] *f*

авангард|и́зм *мист.* Avantgárde [avaŋ-] *f*; **~и́ст** *мист.* Máler [Díchter] der Avantgárde; **~и́стський** *мист.* avantgardístisch; ~и́стський живóпис avantgardistische Malerei

авáнс Vórschuß *m*; **~ом** als Vórschuß

авантю́р|а Ábenteuer *n*; **~и́ст** Ábenteurer *m*

авáрія 1) (*ушкодження, поломка*) Stö-rung *f*; *авт.* Pánne *f*; Havaríe [-va-] *f* (*на судні, літаку*); Eisenbahnunglck *n* (*поїзда*); Schíffbruch *m* (*корабля*); Störfall *m* (*на електростанції і т. п.*); 2) (*нещасний випадок*) Únfall *m*

авіа|бáза Lúftstützpunkt *m*; **~бóмба** Flíegerbombe *f*; **~десáнт** Lúftlandung *f*; **~диспéтчер** Flúglotse *m*; **~завóд** Flugzeugwerk *n*; **~катастрóфа** Flúgzeugunglück *n*; **~квитóк** Flúgkarte *f*; **~компáнія** Lúftverkehrsgesellschaft *f*; **~констру́ктор** Flúgzeugkonstrukteur [-tø:r] *m*; **~лáйнер** (gróßes) Verkéhrsflugzeug *n*; **~лі́нія** Flúglini e *f*; **~пасажи́р** Flúggast *m*; **~пóшта** Lúftpost *f*

авіаці́йн|ий Flúgzeug-; Flíeger-; Flug-; Luft-; ~а промислóвість Flúgzeugindustrie *f*; ~е учи́лище Fliegerschule *f*; ~ квитóк Flúgkarte *f*, Ticket *n*

авіáція 1) (*повітряний флот*) Lúftflotte *f*; циві́льна ~ zivile [-ˈvi:-] Lúftflotte; військóва ~ Lúftstreitkräfte *pl*; 2) (*повітроплавання*) Lúftfahrt *f*; циві́льна ~ Zivilluftfahrt [-ˈvi:l-] *f*; 3) (*льотна справа*) Flúgwesen *n*

авітамінóз *мед.* Avitaminóse [-vi-] *f*, Vitamínmangelkrankheit *f*

австралі́|єць Austráli er *m*; **~йський** austrálisch

австрі́|єць österreicher *m*; **~йський** österreichisch

авто|бáза Kráftverkehrsbetrieb *m*; **~бензозапрáвник** Tánkfahrzeug *n*, Kráftstofftankwagen *m*, Tánkwagen *m*

автобіогр|афі́чний autobiográphisch; **~áфія** Autobiographíe *f*, Lébenslauf *m*

автóбус Bus *m*, Áutobus *m*, mnibus *m*

автовокзáл Áutobusbahnhof *m*

автогéнн|ий autogén; ~е звáрювання autogénes Schwéißen

автóграф Autográmm *n*

автозавóд Áuto(mobíl)werk *n*

автозапрáвн|ий: ~а стáнція Tánkstel-le *f*

авто|колóна Áutokolonne *f*; **~люби́тель** Áutoliebhaber *m*; **~магістрáль** Áutostraße *f*, Férnverkehrsstraße *f*; **~майстéрня** Áutoreparaturwekstatt *f*

автомáт 1) (*автоматичний апарат*) Automát *m*; ~ для прóдажу квиткі́в Fáhrkartenautomat *m*; газéтний ~ Zéitungsautomat *m*; грáльний ~ Spíelautomat *m*; 2) *розм.* (*телефон*) Münzfernsprecher *m*; Telefónzelle *f* (*будка*); 3) *розм.* (*зброя*) Maschínenpistole *f*

автоматизáція Automatisíerung *f*

A

аналіти́чний analýtisch
анал|огі́чний analóg, gléichartig; ähnlich (*поді́бний*); **~о́гія** Analogíe *f*, Ähnlichkeit *f* (*схожість*)
анана́с Ánanas *f*
ана́пест *літ.* Anapäst *m*
анархі|зм Anarchísmus *m*, **~ст** Anarchíst *m*
ана́рхія Anarchíe *f*
ана́т|ом Anatóm *m*, **~омі́чний** anatómisch; **~о́мія** Anatomíe *f*, **~омува́ти** sezíeren *vt*
анахроні́зм Anachronísmus [-kro-] *m*
а́нгел ¬ngel *m*
ангі́на Angína *f*, Mándelentzün- dung *f*
англі́єць ¬ngländer *m*
англі́йський énglisch
англомо́вний 1) énglisch spréchend; 2) énglischsprachig
анекдо́т Witz *m*
анемі|чний anämisch, blútarm; **~я** Anämie *f*, Blútarmut *f*
анестез|ія Anästhesíe *f*, Betäubung *f*, місце́ва, зага́льна ~ lokále, totále Anästhesíe; **~ува́ти** *мед.* anästhe(ti)síeren *vt*
анке́т|а 1) (*опитува́ння*) Rúndfrage *f*, Úmfrage *f*, 2) (*опитува́льний лист*) Frágebogen *m*, **~ний**: ~ні да́ні Personáli en *pl*
ано́д *ел.* Anóde *f*
анома́лія Anomalíe *f*
анoні́мний anonýт
ано́нс Annonce [a'nɔŋsə] *f*, Ánzeige *f*, Inserát *n*
анот|а́ція kúrze Ínhaltsangabe; **~ува́ти** éine kúrze Ínhaltsangabe verfássen (von *D*)
анса́мбль *у різн. знач.* Ensémble [aŋ'sambəl] *n*
антагон|і́зм Antagonísmus *m*, **~істи́чний** antagonístisch
анте́на Anténne *f*
антибіо́тики *мн.* (*одн.* антибіо́тик) Antibiótika *pl* (*sg* Antibiótikum *n*)
анти|во́єнний Antikriegs-; **~грома́дський** ántisozial **~гума́нний** ménschenfeindlich; **~імперіалісти́чний** ántiimperialistisch
антиква́рний: ~ магази́н Antiquitätenladen *m*, Antiquariát *n* (*букіністи́чний*)
анти|колоніа́льний ántikoloniál; **~мілітари́стський** ántimilitaristisch; **~наро́дний** vólksfeindlich; **~парті́йний** partéifeindlich
антипа́тія Ábneigung *f*, Antipathíe *f*
анти|раси́стський ántirassistisch; **~релігі́йний** ántireligiös
антисаніта́рний gesúndheitswidrig, únhygienisch
антисемі́т Ántisemit *m*, **~и́зм** Ántisemitismus *m*, **~ський** ántisemítisch
антиурядо́вий regíerungsfeindlich
антифаши́ст Ántifaschist *m*, **~ський** ántifaschistisch
антицикло́н Hóchdruckgebiet *n*, Antizyklóne *f*
анти́чний antík; ~ світ Antíke *f*, Áltertum *n*
антоло́гія Antologíe *f*
анто́нім Antonýт *n*
антра́кт Zwischenpause *f*, Páuse *f*
анулюва́ти annullíeren *vt*, für úngültig erklären *vt*
ао́рта *анат.* Aórta *f*, Háuptschlagader *f*
апара́т 1) (*прилад*) Apparát *m*, Gerät *n*, кінозніма́льний ~ Bildkamera *f*, слухови́й ~ Hörapparat *m*, телефо́нний ~ Férnsprechapparat *m*, Telefónapparat *m*, космі́чний літа́льний ~ Ráumflugkörper *m*, 2) (*сукупність установ*) Apparát *m*, держа́вний ~ Stáatsapparat *m*, 3) (*збірн.* — *працівники якоїсь установи*) Personál *n*, Personálbe-stand *m*
апартеї́д Apártheid [hɛit / -hait] *f*
апа́тія Apathíe *f*, Téilnahmslosigkeit *f*, Indifferénz *f*
апельси́н 1) (*плід*) Apfelsíne *f*, Orange [o'raŋʒə] *f*, 2) (*дерево*) Apfelsínenbaum *m*, Orangenbaum [o'raŋʒən-] *m*, **~овий** Apfelsínen-, Orangen-[o'raŋʒən-]; ~ове де́рево Apfelsínenbaum *m*, Orángenbaum *m*
апел|юва́ти appellíeren *vi* (an *D*); **~яці́йний** Appellatións-, Berúfungs-; **~я́ція** Berúfung *f*, пода́ти ~я́цію Berúfung éin|legen
апендици́т *мед.* Blínddarmentzündung *f*, Appendizítis *f*
апети́т Appetít *m*, приє́много ~у! gúten Appetít!, Máhlzeit!; **~ний** 1) appetítlich, lécker; 2) verlóckend (*споку́сливий*)
аплодисме́нти *мн.* Béifall *m*, Appláus *m*, Händeklatschen *n*, під бурхли́ві ~ únter dem stürmischen Béifall
аплодува́ти Béifall klátschen, applaudíeren *vi* (*кому́сь D*)
апоге́й 1) *астр.* Apogäum *n*, Erdferne *f*, 2) *перен.* Höhepunkt *m*
аполіти́чний únpolitisch, ápolítisch
апостро́ф Apostróph *m*, Áuslassungszeichen *n*
апроб|а́ція 1) Approbatión *f*, Genéhmigung *f*, Billigung *f*, 2) *с.-г.* Ánerkennung *f*, ~ насі́ння Sáatgutanerkennung *f*, **~ува́ти** approbíeren *vt*, genéhmigen *vt*, billigen *vt*, guthéißen* *vt*
апте́ка Apothéke *f*
апте́карський Apotheker-; ~ това́р Dróge *f*, ~ магази́н Drogeríe *f*
ара́б Áraber *m*, **~ський** arábisch; **~ські** ци́фри arábische Ziffern
арбі́тр Schíedsrichter *m*
аргенти́н|ець Argentíni er *m*, **~ський** argentínisch
арго́ *лінгв.* Argot [-'go:] *n*
аргуме́нт Argumént *n*, Beweis *m*, **~а́ція** Bewéisführung *f*, **~ува́ти** argumentíeren *vt*, bewéisen* *vt*
аре́на Aréna *f*, *перен.* *тж* Scháuplatz *m*, Kámpfplatz *m*, ~ ци́рку Manége [-ʒə] *f*, міжнаро́дна ~ internationále Árena
аре́шт Arrést *m* Verháftung *f*, **~ува́ти** verháften *vt*, fést|nehmen* *vt* (*затримати*)
аристокра́т Aristokrát *m*, **~и́чний** aristokrátisch; **~ія** Aristokratíe *f*, Ádel *m*

арифме́т|ика Arithmétik *f*, Réchnen *n* (*шкільний предмет*); **~и́чний** arithmétisch
а́рія Ári e *f*
а́рка Bógen *m*
аркти́чний árktisch, Polár-
армі́йський Armée-
а́рмі|я Armée *f*, служи́ти в ~ї in [bei] der Armée sein
арома́т Aróma *n*, Wóhlgeruch *m*; **~ний** aromátisch, wóhlriechend
арсена́л Arsenál *n*, Waffenhaus *n*
артезіа́нський artésisch; ~ коло́дязь artésischer Brúnnen, Bóhrbrunnen *m*, Stéigbrunnen *m*
арте́рія 1) *анат.* Artéri e *f*, Pulsschlagader *f*, со́нна ~ Kópfschlagader *f*; 2): тра́нспортна ~ Verkéhrsader *f*
артил|ери́ст Artillerist *m*; **~ері́йський** Artillerie-; ~ері́йський вого́нь Artilleriefeuer *n*; **~е́рія** *у різн. знач.* Artillerie *f*, легка́, важка́ ~е́рія léichte, schwére Artillerie; морська́ ~е́рія Maríneartillerie *f*, служи́ти в ~е́рії bei der Artillerie díenen *vi*
арти́ст Künstler *m*, Scháuspieler *m* (*актор*); ~ кіно́ Fílmschauspieler *m*, ~ бале́ту Balléttänzer *m*, ~ ци́рку Artíst *m*, заслу́жений ~ респу́бліки Verdíenter Scháuspieler der Republík; **~и́чний** 1) künstlerisch; ~и́чний тала́нт künstlerische Begábung; 2) (*митецький*) kúnstvoll
арті́ль Artél *n*, Genóssenschaft *f*, Árbeitsgenossenschaft *f*
а́рф|а Hárfe *f*, гра́ти на ~і die Hárfe spielen [zúpfen]; **~і́стка** Harfístin *f*
архаї́зм 1) *лінгв.* Archaísmus *m*; 2) *перен.* (*пережиток*) berbleibsel *n*
архаї́чний archáisch
археó|лог Archäológe *m*, **~логі́чний** archäológisch; **~ло́гія** Archäologíe *f*
архі́в *у різн. знач.* Archív *n*, Úrkundensammlung *f*, зда́ти щось в ~ etw. zu den Ákten légen
архіпела́г Archipél *m*, Inselgruppe *f*
архіте́кт|ор Architékt *m*, Báumeister *m*, **~у́ра** Architektúr *f*, (*мистецтво будування - тж*) Báukunst *f*, **~у́рний** architektónisch, Bau-; ~у́рний па́м'ятник Báudenkmal *n*, ~у́рний стиль Báustil *m*
асамбле́я Vóllversammlung *f*, Генера́льна Асамбле́я ООН die UNO-Vóllversammlung, die Vóllversammlung der Veréinten Natiónen
асигнува́|ння 1) (*дія*) Géldanweisung *f*, Géldbewilligung *f*, 2) (*сума*) (bewílligte) Súmme *f*, держа́вні ~ stáatliche Zúweisungen; **~ти** án|weisen* *vt*, zú|weisen* *vt*, bewílligen *vt*
асиметр|и́чний asymmétrisch; **~і́я** Asymmetríe *f*
асисте́нт Assistént *m*
аске́т Askét *m*, **~и́зм** Askése *f*, **~и́чний** askétisch
аскорбі́нов|ий: ~а кислота́ Askorbinsäure *f*
асортиме́нт Sortimént *n* (an *A*), Áuswahl *f*, Ángebot *n* (von Wáren); ~ страв die Auswahl an Geríchten; ~ това́рів Warensortimént *n*
асорті́: шокола́дне ~ Pralínen *pl*, м'ясне́ ~ (*холодна закуска*) Áufschnitt *m*, овоче́ве ~ Mischgemü- se *n*
асоціати́вний assoziatív
асоціа́ці|я 1) (*об'єднання*) Veréinigung *f*, 2) *психол.* Assoziatión *f*, Gedánkenverbindung *f*, за ~єю з чи́мось im Zusámmenhang mit (*D*)
асоціюва́ти (*з чимось*) assoziíeren *vt*, verbínden* *vt* (*зв'язувати*) (mit *D*); **~ся** (*з чимось*) sich assoziíeren, sich verbínden (mit *D*)
аспе́кт Aspékt *m*, Gesíchtspunkt *m* (*точка зору*)
аспіра́нт Aspiránt *m*, **~у́ра** Aspirantúr *f*
астеро́їд Asteroíd *m*
а́стм|а Ásthma *n*, **~а́тик** Asthmátiker *m*, **~ати́чний** asthmátisch
астроло́гія Astrologíe *f*
астрона́вт Astronáut *m*, **~ика** Astronáutik *f*
астроно́м Astronóm *m*, **~і́чний** astronómisch; **~ія** Astronomíe *f*, Stérnkunde *f*
астрофі́зика Astrophysík *f*, kósmische Physík
асфа́льт Asphált *m*, **~ува́ти** asphaltíeren *vt*
атаві́|зм Atavismus [-'vis-] *m*, **~сти́чний** atavistisch [-'vi-]
ата́к|а *у різн. знач.* Attácke *f*, Án-griff *m* (*напад*); відби́ти ~у den Ángriff zurück|schlagen* [ab|wehren]
атакува́ти *у різн. знач.* án|greifen* *vt*, attackíeren *vt*
аташе́ Attaché [-'ʃe:] *m*, торго́вий ~ Hándelsattaché *m*, культу́рний ~ Kultúrattaché *m*
атеї́|зм Atheísmus *m*, **~ст** Atheíst *m*, **~сти́чний** atheístisch
ательє́ 1) (*художника*) Atelier [-'lje:] *n*, Künstlerwerkstatt *f* (*майстерня*); 2) (*швейне*) Máßschneiderei *f*, Módeatelier [-lje:] *n* (*вищого розряду*); 3): ~ прока́ту Verléih *m*, телевізі́йне ~ Férnsehatelier [-'lje:] *n*
атеста́т Attést *n*, Zéugnis *n* (*свідоцтво*)
атеста́ція Attestíerung *f*
атестува́ти attestíeren *vt*
а́тлас *геогр.* Átlas *m*, ~ сві́ту Wéltatlas *m*, ~ автомобі́льних дорі́г Áutokarte *f*, Áutoatlas *m*
атла́с (*тканина*) Átlas *m*, **~ний** 1) Átlas-; 2) (*про шкіру і т. п.*) séiden, zárt
атле́т *у різн. знач.* Athlét *m*, **~ика** Athlétik *f*, легка́ ~ика Léichtathle-tik *f*, важка́ ~ика Schwérathletik *f*, **~и́чний** *у різн. знач.* athlétisch
атмосфе́р|а *у різн. знач.* Atmosphäre; ділова́ ~ sáchliche Atmosphäre; ~ взаєморозумі́ння éine Atmosphäre der gégenseitigen Verständigung; в ~і дру́жби in fréundschaftlicher Átmosphäre; **~ний**

atmosphärisch, Luft-; ~ний тиск Lúftdruck *m*; ~ні óпади Níederschläge *pl*
áтом Átom *n*
áтомн|ий Átom-; ~а вагá Atómgewicht *n*; ~а енéргія Atómenergie *f*, ~а бóмба Atómbombe *f*, ~а збрóя Atómwaffe *f*, atomáre Wáffe; ~а електростáнція (AEC) Atómkraftwerk *n*
атомохíд Atómschiff *n*
атракціóн 1) (*цирковий номер*) Attraktión *f*, Zirkusnummer *f*, 2) *мн.* ~и (*у парку і т. п.*) Vergnügungseinrichtungen *pl*
атрибýт 1) (*властивість, ознака*; *тж філос.*) Attribút *n*, Mérkmal *n*, 2) *грам.* Attribút *n*, Béifügung *f*
атрофíя *мед.* Atrophíe *f*, Schwund *m*, Ábsterben *n*
атроф|óваний atrophíert, geschwúnden, ábgestorben; **~увáтися** atrophíeren *vi* (s); áb|sterben* *vi* (s) (*відмерти*)
АТС (автоматúчна телефóнна стáнція) Férnsprechamt für Sélbstwählbetrieb
аудитóрія 1) (*слухачі*) Auditórium *n*, Zúhörerschaft *f*, Zúhörer *pl*, 2) (*приміщення*) Únterrichtsraum *m*, Seminárium *m*, Hörsaal *m* (*лекційний зал*)
аудiéнці|я Audiénz *f*, Empfáng *m*; дáти ~ю empfángen* *vt*; одéржати ~ю empfángen wérden
аудіовізуáльний audiovisuéll [-vi-]
аукціóн Auktión *f*, Verstéigerung *f*; продавáти щось з ~у etw. verstéigern *vt*
аутогéнн|ий: ~е тренувáння autogénes Training ['tre:- / 'trɛ:-]
афгáн|ець Afghane [-'ga:-] *m*, **~ський** afghanisch [-'ga:-]
афéр|а Schwíndel *m*, únsauberes Geschäft; **~úст** Schwíndler *m*
афíш|а Ánschlag *m*, Ánschlagzettel *m*, Plakát *n*; **~увáти** zur Schau stéllen *vt*; án|preisen* *vt*; Rekláme máchen (mit *D*)
афорúзм Aphorísmus *m*
африкáн|ець Afrikáner *m*, **~ський** afrikánisch

В

ба́б|а Грóßmutter *f*, óma *f*, *розм.* Weib *n*, Fráuenzimmer *n*; ◊ сніговá ~ Schnéemann *m*; ~ине лíто Altwéibersommer *m*
бабáк *зоол.* Múrmeltier *n*
бáбка Libélle *f*
бавáр|ець Báyer *m*, **~ський** báyerisch
бáвити amüsíeren *vt*, Spaß máchen (*D*); **~ся** sich amüsíeren, sich vergnügen
бавóвна Báumwolle *f*
бавóвник Báumwolle *f*, Báumwollstrauch *m*
бавóвництво Báumwollanbau *m*
бавóвня́н|ий Báumwoll-, báumwollen; ~а ткани́на Báumwolle *f*, Báumwollstoff *m*, ~а сорóчка báumwollenes Hemd
багáж Gepäck *n*, ручни́й ~ Hándgepäck *n*, прийóм ~ý Gepäckannahme *f*; **~ний** Gepäck-; ~ний вагóн Gepäckwagen *m*, **~ник** Kófferraum *m* (*автомобіля*); Gepäckträger *m* (*велосипеда*)
багáт|ий reich (*чимось, на щось* an *D*); бýти ~им (*на щось*) reich sein (an *D*); (*рясний - тж*) réichlich
багатíти reich wérden
багáт|о 1) *з дієсл.* (*у великій кількості*) viel; 2) *в знач. прис.* viel; zu viel (*занадто багато*); менí цьóго ~ das ist zu viel für mich; 3) *з прикм. і присл.* (*набагато*) viel; ~ теплíше viel wärmer; ~ стáрший viel älter; 4) *в знач. числ.* viel; víele (*перед імен. у множ.*); у мéне ~ чáсу ich hábe viel Zeit; у нéї ~ дрýзів sie hat víele Fréunde; ~ рóків víele Jáhre; ◊ у ~ьóх віднóшеннях in máncher Bezíehung; оди́н з ~ьóх éiner von víelen; він знáє тут ~ьóх er kennt hier víele Léute; ~ хто mánche (Léute)
багатобóр|ець *спорт.* Méhrkämpfer *m*, **~ство** *спорт.* Méhrkampf *m*
багатовікови́й jahrhúnderteалt
багатовóдий wásserreich
багатогалузéв|ий víelverzweigt, réichgegliedert; ~е сíльськé господáрство víelseitige Agrikultúr
багатогрáнний *перен.* víelseitig
багатодéнний méhrtägig
багатодіапазóнний *радіо* mit méhreren Wéllenbereichen; mit méhreren Méßbereichen (*про вимірювальний прилад*)
багатодíтний kínderreich
багатодорíжковий: ~ (*магнітний*) звукозáпис Méhrspurtonbandaufzeichnung *f*
багатознáчн|ий 1) bedéutungsvoll, víelsagend; 2) *мат.* méhrstellig; ~е числó méhrstellige Zahl; 3) *лінгв.* méhrdeutig, polysém; **~ість** *лінгв.* Méhrdeutigkeit *f*, Polysemíe *f*
багатоканáльн|ий (*зв'язок*) Méhrkanal-, Víelkanal-: ~а систéма Víelkanalsystem *n*, ~а передáча Méhrkanalübertragung *f*
багатоквартíрний: ~ будúнок Méhrfamíli|enhaus *n*
багатокóлірний méhrfarbig, Méhrfarben-
багатолю́дний vólkreich, díchtbevölkert (*густонаселений*); belébt (*про вулицю*); stark besúcht (*про збори, виставки і т. п.*)
багатомільйóнний Milliónen-; milliónenstark; milliónenköpfig
багатомíсний víelsitzig; méhrsitzig; ~ лíтáк (автомобíль) Víelsitzer *m*
багатомóвний méhrsprachig
багатомотóрний méhrmotorig
багатонаціонáльн|ий multinationál; ~а держáва Nationalitätenstaat *m*
багатообіця́ючий víelversprechend
багатоплáновий víelschichtig
багатоповерхóвий méhrstöckig
багатопрогрáмний Méhrprogramm-
багатопрóфільн|ий: ~а лікáрня allgeméines Kránkenhaus
багаторáзов|ий víelfach, wiederhólt; космíчний корабéль ~ого використáння wíederverwendbares Ráumschiff
багаторíчн|ий 1) víeljährig, lángjährig; ~а прáця lángjährige Arbeit; 2) (*про рослини*) méhrjährig; víeljährig; lángjährig; ~і трáви méhrjährige Gräser
багатосерíйний: ~ фíльм méhrteiliger Film
багатосімéйний kínderreich
багатоскладóвий *грам.* méhrsilbig
багатослíвний wortreich, wéitläufig
багатосторóнній víelseitig; multilateral (*про договір і т. п.*)
багатоступíнчаст|ий: ~а ракéта Méhrstufenrakete *f*, méhrstufige Rakéte
багатотóмний méhrbändig
багатоцільови́й Méhrzweck

Б

багато що vieles, viel; я ~ чого забув ich hábe vieles [viel] vergéssen; він ~ у чому правий er hat in vielem recht

багатств|о 1) Réichtum *m*; 2) *мн.* ~а (*цінності*) Réichtümer *pl*, Schätze *pl*; духовні ~а géistige Réichtümer; природні ~а Natúrschätze *pl*

багаття (*на привалі і т. п.*) Lágerfeuer *n*, Féuer *n*; розвести ~ Féuer (án)máchen; варити щось на ~і etw. über dem Féuer kóchen

багач der Réiche

багнет Bajonett *n*

багнистий schlámmig

баговиння Schlamm *m*

багряний púrpurrot

бадилля Kraut *n*, картопляне ~ Kartóffelkraut *n*

бадмінтон Féderball *m*

бадьорий múnter, frisch

бадьорити áuf|muntern *vt*, erfríschen *vt* (*освіжати*)

бадьорість Múnterkeit *f*, Frísche *f*, ~ духу Lébensmut *m*

бажанн|я Wunsch *m*, Lust *f* (*охота*); за ~ям nach Wunsch, nach Belíeben; за власним ~ям auf éigenen Wunsch; при всьому ~і beim bésten Willen; у мене нема ~ (*робити щось*) ich hábe kéine Lust (zu + *inf*)

бажано: ~, щоб... es ist [es wäre] wünschenswert [zu wünschen], daß...

бажа|ти 1) (*щось або чогось хотіти*) wóllen* *vt*, wünschen *vt*; 2) (*щось комусь – виражати побажання*) wünschen *vt* (*D*); ~ю тобі щасливого Нового року! ich wünsche dir ein glückliches néues Jahr!

база 1) (*основа*) Básis *f*, Grúndlage *f*, матеріально-технічна ~ materiéll-téchnische Básis; 2) (*військ*). Stützpunkt *m*, Militärbasis *f*, військово-морська ~ Flóttenstützpunkt *m*, ракетна ~ Rakétenstützpunkt *m*, 3) *установа* Statión *f*, туристська ~ Júgendherberge *f*, Tourístenheim [tu-] *n*, 4) (*склад*) Materiállager *n*, Láger *n*, Lágerstätte *f*, овочева ~ Gemüselager *n*

базар Markt *m*, Basár (*східний*); книжковий ~ Búchbasar *m*; **~ний** Markt-

базис Básis *f*, Grúndlage *f* (*основа*)

базіка *розм.* Schwätzer *m*

базікати *розм.* schwátzen *vi*, pláudern *vi*, pläppern *vi*

базування Basíerung *f*

базувати 1) basíeren *vt*, gründen *vt*, 2) *військ.* stationíeren *vt*, únterbringen* *vt*

базуватися (*на чомусь*) 1) (*виходити з чогось*) sich stützen (auf *D*); він базується на фактах er stützt sich auf Tátsachen; 2) (*спиратися на щось, будуватися на чомусь*) berúhen *vi*, sich gründen, báuen *vi* (auf *D*); цей план базується на тому, що ... dieser Plan baut [berúht] daráuf, daß ...

байдар|ка Páddelboot *n*, Kájak *m*, Fáltboot *n* (*розбірна*); плисти на ~ці páddeln *vi*

байдикувати *розм.* (*ледарювати*) müßig herúm|sitzen* *vi*, fáulenzen *vi*

байдуже 1) gléichgültig; 2) *безос.* es ist egál [gléich]; мені абсолютно ~ ... es ist mir ganz gléich [ganz egál] ...; йому до всього ~ ihm macht es nichts aus

байдуж|ий 1) (*до чогось*) gléichgültig (gégen *A або* gegenüber *D*); úninteressiert, désinteressiert (an *D — який не виявляє зацікавленості*); 2) téilnahmslos; **~ість** Gléichgültigkeit *f*, Téilnahmslosigkeit *f*, Désinteresse *n* (*відсутність зацікавленості*)

байка Fábel *f*

байкар Fábeldichter *m*

бак Tank *m*, Behälter *m*, Bóiler *m* (*для кип'ятіння*); Ölschrank *m* (*бензоколонки*)

баклажан 1) (*плід*) Aubergine [obɛr'ʒi:nə] *f*, Éierfrucht *f*, 2) (*рослина*) Aubergine [obɛr'ʒi:nə] *f*

бактері|олог Bakteriológe *m*; **~ологічний** bakteriológisch; ~ологічна зброя bakteriológische Wáffe; **~ологія** Bakteriologíe *f*

бактерія Baktéri e *f*

бал I 1) (*одиниця шкали*) Grad *m*, вітер в три ~и Windstärke drei; 2) (*оцінка*) Nóte *f*, Zensúr *f*, 3) очко Punkt *m*

бал II Ball *m*, ~ -маскарад Másken-ball *m*, Máskenfest *n*

балада Balláde *f*

балаканина *розм.* Geschwätz *n*, Geréde *n*

балакучий gesprächig, rédselig; geschwätzig

балалайка Balaláika *f*

баланс 1) *фин.* Bilánz *f*, торговий ~ Hándelsbilanz *f*, підвести ~ Bilánz ziehen*; 2) *перен.* (*рівновага*) Gléichgewicht *n*, ~ сил Kräftegleichgewicht *n*

баласт Ballást *m*

балерина Balléttänzerin *f* (*при переносі* Ballett-tänzerin), Ballerína *f*

балет Ballétt *n*, ~ на льоду Éisrevue [-vy:] *f*; **~мейстер** Balléttmeister *m*, Choreográph [ko-] *m*

балістичний ballístisch

балка *тех.* Bálken *m*, Träger *m*

балкон 1) Balkon [-'kɔŋ] *m*, 2) *театр.* Rang *m*

балон газовий ~ Gásflasche *f*

балотуватися kandidíeren *vi*

балувати verwöhnen *vt*, verzíehen* *vt*

бальзам Bálsam *m*

бамбук Bámbus *m*

банальн|ий banál, ábgedroschen; **~ість** Banalität *f*, Plàttheit *f*

банан 1) (*плід*) Banáne *f*, 2) (*рослина*) Banánenbaum *m*

банда Bánde *f*, Hórde *f*

бандерол|ь Streifband *n*, Päckchen *n*, рекомендована ~ Éinschreibpäckchen *n*, послати щось ~лю etw. als Päckchen schícken

бандит Bandít *m*; **~изм** Bandítentum *n*

банеподібний kúppelförmig
банк Bank *f*
бáнк|а 1) (*скляна посудина*) Glas *n*, 2): ~ консéрвів Konsérvenbüchse [-vən-] *f*, Büchse *f* (*жерстяна*); Konsérvenglas *n*, Glas *n* (*скляна*); 3) *мн.* ~и *мед.* Schröpfköpfe *pl*, постáвити комýсь ~и j-m Schröpfköpfe (án)sétzen
банкéт Bankétt *n*, Féstessen *n*
банкíр Bankier [baŋ'kje:] *m*
банкрóт Bankrotteur [-'tø:r] *m*; **~ство** с Bankrótt *m*, Pléite *f*
бант Schléife *f*, зав'язáти щось ~óм etw. zur Schléife bínden*
бáня I *див.* лáзня
бáня II (*купол*) Kúppel *f*
бар Bar *f*, пивнúй ~ Bíerstube *f*
барабáн Trómmel *f*; **~ити** trómmeln *vi*, die Trómmel schlágen*; **~ний** 1) Trómmel-; ~ний бій Trommelschlag *m*, ~ний дріб Trómmelwirbel *m*, 2): ~на перéтинка *анат.* Trómmelfell *n*; **~щик** Trómmler *m*
барáк Barácke *f*
барáн Hámmel *m*, **~ина** Hámmelfleisch *n*
барáнка I Kríngel *m*
барáнка II *розм.* (*кермо автомобіля*) Lénkrad *n*
барáнчик 1) Lamm *n*, kléiner Hámmel; 2) *мех.* Lámmfell *n*
барáнчики *мн.* 1) (*хмари*) Schäfchen (-wolken) *pl*, 2) (*на воді*) Scháumwellen *pl*
барвúстий (*яскравий*) fárbenreich, fárbenprächtig
бар'єр 1) Barriere [-'je:-] *f*, Schránke *f*, мóвний ~ Spráchbarriere *f*, звуковúй ~ Schállmauer *f*, 2) *спорт.* Hürde *f*; **~ний**: ~ний біг *спорт.* Hürdenlauf *m*
бáржа Schléppkahn *m*, Lástkahn *m*
барикáда Barrikáde *f*
барúло Fäßchen *n*
барúтися (*з чимось*) säumen *vi*, zögern *vi* (mit *D або* zu + *inf*)
баритóн 1) (*голос*) Báriton *m*, Báritonstimme *f*, 2) (*співак*) Báriton *m*, Báritonsänger *m*
барлíг Bärenhöhle *f*
барокáмера Drúckkammer *f*
барóметр Barométer *n*
барс Pánther *m*
бáрхат Samt *m*; **~ний** sámten, Samt-
бас 1) (*голос*) Baß *m*, Báßstimme *f*, 2) (*співак*) Baß *m*, Báßsänger *m*
басéйн 1): плáвальний ~ Schwímmbad *m*, Schwímmhalle *f* (*закритий*); Fréibad *n* (*відкритий*); 2): кам'яновугíльний ~ Stéinkohlenbecken *n*
баскетбóл Básketball *m*, змагáння по ~у Básketballturnier *n*, грáти в ~ Básketball spielen; **~íст** Básketballspieler *m*, **~ьний** Básketball-; ~ьний майдáнчик Básketballplatz *m*, ~ьний м'яч Básketball *m*
бастіóн *м.* ~ мúру Bóllwerk des Fríedens
бастувáти stréiken *vi*
батальйóн Bataillon [-tal'jo:n] *n*, **~ний** Bataillons- [-tal'jo:ns-]
батарéйка *эл.* (kléine) Batteríe *f*, Mónozelle *f* (*кругла*)
батарéя 1) (*парового опалення*) Héizkörper *m*, Radiátor *m*, 2) *військ.*, *ел.* Batteríe *f*
батерфляй *спорт.* Schmétterlingsstil *m*
батúст Batíst *m*; **~овий** Batíst-, batísten
батíг Péitsche *f*
батóн (lánges) Wéißbrot *n*
батрáк Knecht *m*, Tágelöner *m*, Lándarbeiter *m*
батрáчка Magd *f*, Tágelönerin *f*
батькú *мн.* Éltern *pl*
бáтьківство Váterschaft *f*
бáтьківськ|ий Éltern-; väterlich, Váter-; **~і** збóри Élternberatung *f*
бáтьківщúн|а Héimat *f*, Váterland *n*, на ~і in der Héimat; тýга за ~ою Héimweh *n*
бáтько Váter *m*, по ~ві Vátersname *m*
бахромá Fránse *f*
бацúла Bazíllus *m*
бáчит|и 1) (*мати зір*) séhen* *vt*, він погáно ~ь er sieht schlecht; 2) (*сприймати щось зором*) séhen* *vt* (*тж перен.* — *розуміти*); **~ися** (*зустрічатися*) sich séhen*, sich tréffen*
башкúр Baschkíre *m*, **~ський** baschkírisch
баштáн Melónenfeld *n*, Kürbisfeld *n*
баян größe Zíehharmonika
бджільнúцтво Bíenenzucht *f*, Imkeréi *f*
бджол|á Bíene *f*, **~úний** Bíenen-; ~úний вýлик Bíenenstock *m*, Bíenenkorb *m*
бджоляр Bíenenzüchter *m*, Ímker *m*
бегемóт Nílpferd *n*
без óhne (*A*); ~ вúнятку óhne Áusnahme, áusnahmslos; ~ сýмнівів óhne Zwéifel, zwéifellos; ~ могó відома óhne mein Wíssen; ~ мéне óhne mich (*без моєї участі*); in méiner Ábwesenheit (*за моєї відсутності*); ◊ і ~ тóго ohnehín; ~ кінцá únaufhörlich
безалкогóльн|ий: ~і нáпої álko holfreie Getränke
безапеляцíйний kategórisch
безáтомн|ий: ~а зóна atómwaffenfreie Zóne
безбáрвний fárblos
безберéжний úferlos; éndlos, grénzenlos (*нескінченний*)
безбóлісний schmérzlos
безбóязно fúrchtlos
безвúхідн|ий áusweglos; tróstlos; hóffnungslos (*безнадійний*); **~ість** Hóffnungslosigkeit *f*, Áuswegslosigkeit *f*
безвідмóвно 1) óhne Wíderrede; 2) (*функціонувати — про механізм*) störungsfrei, éinwandfrei
безвідплáтний kóstenlos, únentgelt-lich
безвідповідáльн|ий verántwortungslos, únverántwortlich; **~ість** Verántwortungslosigkeit *f*
безвíзовий visafrei ['vi:]
безвíл|ля Wíllenlosigkeit *f*; **~ьний** willenlos

Б

безві́тря Wíndstille *f*
безво́ддя Wásserarmut *f*, Wássermangel *m*, Wásserlosigkeit *f*, Wássernot *f*
безво́дний 1) wásserarm, wasserlos; 2) *хім.* wásserfrei
безглу́зд|ий 1) únsinnig, absúrd; sínnlos; blöde (*дурний*); 2) (*про людину*) verständnislos, begríffs stutzig; **~ість** Únsinn *m*; **~я** Únsinn *m*
безгосподáрн|ий únwirtschaftlich, únpraktisch; **~ість** Míßwirtschaft *f*
безготівко́вий: ~ розраху́нок *бухг.* bárgeldlose Záhlung
безгрáмотн|ий 1) (*неосвічений*) úngebildet, únwissend; 2) (*неписьменний*) des Lesens und Schreibens unkundig; 3) (*виконаний з помилками*); féhlerhaft, vóll(er) Féhler; **~ість** 1) (*неуцтво*) Únwissenheit *f*, політи́чна ~ Mángel an polítischem Wíssen; 2) (*неписьменність*) Analphabétentum *n*
безгрі́шшя Géldmangel *m*
безгрошови́й 1) *бухг.* bárgeldlos (*напр., розрахунок*); 2) míttellos (*про людину*)
безгрунто́вний únbegründet
бездáрний 1) (*про людину*) taléntlos, géistlos; únbegabt, únfähig ~ худо́жник Stümper *m*; 2) (*про роботу, твір*) stümperhaft
бездефéктний féhlerfrei, féhlerlos, éinwandfrei
бездефіци́тний óhne Défizit: ~ бюджéт áusgeglichener Háushalt
безді́тн|ий kínderlos; **~ість** Kínderlosigkeit *f*
бездія́льність 1) (*людини*) Untätigkeit *f*, 2) (*про підприємство*) Stíllstand *m*
бездоѓанний éinwandfrei, tádellos, mákellos
бездо́глядний 1) áufsichtslos, verwáhrlost; únbeaufsichtigt; 2) (*бездомний*) óbdachlos
бездоказо́вий únbegründet
бездо́мний 1) óbdachlos; 2) (*про тварин*) hérrenlos
бездо́нний bódenlos, ábgrundtief
бездорі́жжя Únbefahrbarkeit *f* (der Wége), Wégelosigkeit *f*
бездорі́жній wéglos, únbefahrbar, únwegsam
бездрото́вий dráhtlos
безду́мний gedánkenlos; léichtsinnig (*легковажний*)
безду́шний hérzlos, hártherzig
безжáлісний erbármungslos, únbarmherzig
безжи́вний léblos
беззаві́тн|ий sélbstlos, híngebungsvoll; grénzenlos (*безмежний*); ~о ві́дданий réstlos ergében
беззако́нний gesétzwidrig, úngesetzlich
беззапере́чний únbedingt, únwéigerlich, wíderspruchslos
беззастере́жно bedíngungslos, vórbehaltlos
беззáхисний schútzlos, wéhrlos; hílflos (*безпомічний*)
беззбитко́вий verlústlos
беззбро́йний 1) únbewaffnet; 2) *перен.* wéhrlos
беззву́чний klánglos; láutlos (*безшумний*)
беззмі́нний nicht áblösbar; ständig (*постійний*)
беззмісто́вний ínhaltslos, níchtssagend
беззу́бий záhnlos
безіде́йн|ий idéenlos; **~ість** Idéenlosigkeit *f*, Idéenleere *f*
безіме́нний námenlos
безкáрн|ий úngestraft, stráflos; **~ість** Stráflosigkeit *f*
безклáсовий klássenlos
безконтро́льн|ий áufsichtslos, únkontrolliert; **~ість** Áufsichtslosigkeit *f*, Féhlen *n* einer Kontrólle
безконфлі́ктн|ий konflíktlos; **~ість** Konflíktlosigkeit *f*
безкори́слив|ий úneigennützig, sélbstlos; ~а допомо́га úneigennützige Hílfe; **~ість** Sélbstlosigkeit *f*
безкошто́вн|ий únentgéltlich, kóstenlos, frei; ~е навчання únentgeltlicher Únterricht; ~ біле́т Fréi(fahr)karte *f*, ~ вхід fréier Éintritt; **~о** grátis
безкрáїй éndlos; unéndlich, grénzenlos
безкри́зовий krísenfest, krísensicher
бе́злад Únordnung *f*
безлáддя Verwírrung *f*, Únordnung *f*, Durcheinánder *n* (*плутанина*); Verfáll *m*, Níedergang *m* (*занепад*); Zerrüttung *f*, Desorganizatión *f* (*у справах і т. п.*)
безлáдний únordentlich
безлі́сний wáldlos, únbewaldet, báumlos
бе́зліч (*когось/чогось*) éine Ménge (*G*); gróße Ánzahl (von *D*) (*велика кількість*); ~ разів méhrmals, únzählige Mále
безлю́дний ménschenleer, schwachbesíedelt [bewóhnt] (*малонаселений*); schwach besúcht (*маловідвідуваний*)
безме́жний grénzenlos, unéndlich; únbegrenzt
безми́тний zóllfrei
безмі́рний máßlos, únermeßlich
безмо́вн|ий stumm, still; **~ість** Schwéigen *n*, Stílle *f*
безмо́вно óhne zu múrren
безнаді́йний hóffnungslos
безо́дня Ábgrund *m*, Schlucht *f*, Kluft *f*
безособо́вий *грам.* únpersönlich
безпартíйний 1) *прил.* partéilos; 2) *сущ.* der Partéilose
безпе́|ка Sícherheit *f*, в ~ці in Sícherheit; міжнаро́дна ~ internationále Sícherheit; о́ргани держáвної ~ки Stáatssicherheitsorgane *pl* систе́ма колекти́вної ~ки Systém der kollektíven [-vən] Sícherheit; Рáда Безпе́ки ООН der ÚNO-Sícherheitsrat; тéхніка ~ки Sícherheitstechnik *f*
безпербі́йний únunterbróchen, réibungslos; régelmäßig (*регулярний*)

Б

безпере́рвний ununterbróchen, únaufhörlich, únausgesetzt; páusenlos
безпереса́дочний dúrchgehend; ~ зв'язо́к dirékte Verbíndung
безпере́чн|ий únbestréitbar, únstréitig; ~а і́стина éine únumstößliche Wáhrheit; ~е пра́во únbestrittenes Recht
безперешко́дний úngehindert, úngehemmt; frei (*ві́льний*)
безперспекти́вний áussichtslos, perspektívlos
безпе́чний 1) (*наді́йний, захи́щений*) sícher, geschützt; 2) (*не небезпе́чний*) úngefährlich, gefáhrlos; únschädlich (*нешкі́дливий*)
безпідста́вний gründlos, únbegründet; nicht stíchhaltig, háltlos
безпіло́тний *ав.* únbemannt
безпла́новий plánlos
безплі́дний 1) únfruchtbar; 2) *перен.* frúchtlos, erfólglos; vergéblich (*ма́рний*)
безпові́тряний: ~ про́стір lúftleerer Raum
безповоро́тний unwiederbrínglich; únwiderrúflich, únabänderlich
безпомилко́вий féhlerfrei; únféhlbar (*то́чний*)
безпо́мічний 1) hílflos, rátlos; 2) (*незгра́бний*) únbeholfen
безпоса́дочний: ~ переліт [політ] Flug óhne Zwíschenlandung, Nonstópflug *m*
безпосере́дн|ій 1) únmittelbar, dirékt; 2) (*приро́дний, невиму́шений*) natürlich, únbefangen; **~ість** (*невиму́шеність*) Únbefangenheit *f*
безпра́вний réchtlos
безправ'я Réchtlosigkeit *f*
безпрецеде́нтний präzedénzlos béispiellos
безприбутко́вий únrentabel, únvorteilhaft; únwirtschaftlich, ertráglos
безпри́кладний béispiellos; unvergléichlich (*незрівня́нний*)
безпринци́пний prinzípi enlos, óhne Grúndsätze
безпри́страсний gelássen; káltblütig (*холоднокро́вний*)
безпричи́нний gründlos
безпро́граш|ний verlústlos, gewínnsicher; ~а лотере́я Lotteríe óhne Nieten
безпросві́тний 1) (*ці́лком те́мний*) stóckfinster; 2) (*безнаді́йний*) hóffnungslos, düster
безпроце́нтний zínslos
безра́дісний fréudlos, trübselig, tróstlos
безрезульта́тний ergébnislos
безробі́тний 1. *прикм.* árbeitslos; **2.** *імен.* der Árbeitslose
безробі́ття Árbeitslosigkeit *f*, ма́сове ~ Mássenarbeitslosigkeit *f*, частко́ве ~ Téilarbeitslosigkeit *f*, Kúrzarbeit *f*, по́вне ~ Vóllarbeitslosigkeit *f*
безрозді́льний úngeteilt, vólIständig
безрозсу́дний únvernünftig, únbesonnen
безсерде́чн|ий hérzlos, hártherzig; **~ість** Hérzlosigkeit *f*, Hártherzigkeit *f*
безси́лий 1) kráftlos, schwach; 2) *перен.* máchtlos, óhnmächtig
безсисте́мний systémlos, únsystematisch
безсіме́йний óhne Famíli e; únverheiratet (*неодру́жений*); alléinstehend (*само́тній*)
безсла́вний rúhmlos; schmáchvoll (*га́небний*)
безслі́дно spúrlos
безсме́рт|ний unstérblich; **~я** Unstérblichkeit *f*
безсо́вісний 1) (*нече́сний*) gewíssenlos, éhrlos; 2) (*наха́бний*) únverschämt, frech
безсо́нн|ий schláflos; **~я** Schláflosigkeit *f*
безсоро́мний schámlos; únverfroren, rücksichtslos; skrúpellos, únverschämt (*наха́бний*)
безсторо́нній únvoreingenommen, únpartei isch
безстра́шний fúrchtlos, únerschrocken; kühn (*відва́жний*)
безстроко́вий frístlos, únbefristet
безта́ктн|ий táktlos; **~ість** Táktlosig-keit *f*
безта́рний lóse, únverpackt
безтурбо́тн|ий sórglos, sórgenfrei.; rúhig; fríedlich (*ми́рний*); léichtsinnig (*легкова́жний*); **~ість** Sórglosigkeit *f*, Léichtsinn *m* (*легкоду́мство*)
безу́мець Tor *m*, wáhnsinniger Mensch
безумо́вний únbedingt
безумо́вно 1) únbedingt; 2) *вставн. сл.* (*безсу́мнівно*) zwéifellos
безупи́нний únunterbróchen, únaufhörlich
безуспі́шний erfólglos
безуті́шний tróstlos, úntröstlich
безфо́рмний fórmlos
безхара́ктерний charákterlos [ka-], charákterschwach
безхма́рний 1) únbewölkt, wólkenlos; héiter (*я́сний*); 2) *перен.* úngetrübt
безцеремо́нний rücksichtslos, úngeniert [-ʒe-]; dreist (*розв'я́зний*)
безцеремо́нно *присл.* rücksichtslos
безці́льний zíellos, zwécklos
безці́нний únschätzbar, kóstbar (*дорогоці́нний*)
бе́зцінь *ж.* за ~ spóttbillig
безче́с|ний éhrlos, schändlich; **~тя** Schimpf *m*, Schmach *f* (*ганьба*); Schánde *f* (*со́ром*)
безчинство Únfug *m*
безшу́мний geräuschlos, láutlos
без'я́дерн|ий: ~а зо́на kérnwaffenfreie Zóne
бейсбо́л *спорт.* Baseball ['be:sbɔ:l] *m*, **~іст** Baseballspieler ['be:sbɔ:l-] *m*
бе́кати blöken *vi* (*про ове́ць*)
белетри́стика Belletrístik *f*, schöne Literatur
бельгі́|єць Bélgi er *m*; **~йський** bélgisch
бельета́ж 1) *театр.* érster Rang; 2) (*будинку)* érster Stock
бенефі́с Benefízvorstellung *f*
бензи́н Benzín *n*

бензобáк Kráftstoffbehälter *m*, Benzíntank *m*
Б
бензоколóнка Tánkstelle *f*
бенкéт Gástmahl *n*, Féstmahl *n*
бенкетувáти schmáusen *vi*, zéchen *vi*
бентéжити beunruigen, stören aufregen, belästigen; **~ся** besorgt sein, sich Sorgen machen
бенуáр *театр.*: лóжа ~а Parkéttloge [-ʒə] *f*
бéрег 1) Úfer *n* (*ріки*, *озера*); Strand *m* (*морський*); Küste *f* (*узбережжя*); на бéрезі рікú am Flúßufer; вийти з ~ів über die Úfer tréten* *vi* (s); 2) (*суша*) Land *n*; зійтú на ~ an(s) Land géhen* *vi* (s); пристáти до ~а (am Úfer) án|legen *vi*
берегтú 1) (*зберігати*) áufbewahren *vt*; 2) (*від чогось оберігати*) schützen *vt* (vor *D*); 3) (*ощадливо витрачати*) spáren *vt* (*час*, *гроші*); schónen *vt* (*щадити — здоров'я*, *сили*)
берегтúся (*чогось*) sich hüten, sich in acht néhmen* (vor *D*)
бережлúв|ий spársam; wírtschaftlich, háushälterisch (*ощадливий*); **~ість** Spársamkeit *f*
берéза Bírke *f*
бéрезень März *m*
березнéвий März-
берéзовий Bírken; ~ гай Bírkenhain *m*
берéт Báskenmütze *f*
бéркут *зоол.* Königsadler *m*
бéсіда 1) (*розмова*) Unterháltung *f*, Gespräch *n*; 2) (*інтерв'ю*) Interview [-'vju:] *n*, Áussprache *f*
бесíдувати sich unterhálten* (*з кимось* mit *D*, *про щось* über *A*)
бетóн Beton [-'tɔŋ] *m*, **~ний** beton- [-'tɔŋ-], aus Betón; **~увáти** betonieren *vt*
би (*неперекладна частка*, *виражається умовним способом*: *для майб. часу Konj Imperfekt та Konditionalis I*, *для мин. часу Konj Plusquamperfekt*); 1) (*з попереднім або наступним умовним реченням*): я прийшов би, якби... а) (*в майбутньому*) ich würde kómmen, wenn...; б) (*в минулому*) ich wäre gekómmen, wenn ...; 2) (*для вираження бажання*): прийшов би він нарéшті! käme er doch éndlich!; прийшов би він вчóра! wäre er doch géstern gekómmen!; я хотів би поговорúти з ним ich möchte mit ihm spréchen; тільки б не забýти сказáти йомý про це nur nicht vergéssen, ihm das zu sá-gen
бик Stier *m*, Búlle *m*
билинá (áltrussische) Ságe *f*
бинт Bínde *f*, **~увáти** verbínden* *vt*
бúрка Anhänger *m*, Kófferanhänger *m* (*на багажі*)
бúтва Schlacht *f*, Kampf *m*, Geféсht *n* (*бій*)
бúти 1) (*ударяти*) schlágen* *vt*; 2) (*розбивати на шматки*) zerschlágen* *vt*, zerbréchen* *vt*; 3) (*про струмінь*, *джерело*) quéllen* *vi* (s), sprúdeln *vi* (h, s)
бúтися 1) (*боротися*) sich schlágen*; sich prügeln; kämpfen *vi*; 2) (*пульсувати*) schlagen* *vi*, klópfen *vi*; 3) (*над чимось або з чимось - докладати зусиль*) sich áb|mühen, sich áb|plagen (mit *D*); 4): скло лéгко б'ється Glas zerbrícht leicht
битóчки *мн. кул.* Klópse *pl*, Fléischklopse *pl*
биттЯ́ 1) Verprügeln *n*; 2) Schlag *m*, Schlágen *n*; ~ пýльсу Púlsschlag *m*
бич 1) (*батіг*) Péitsche *f*; 2) (*кара*) Géißel *f*
біатлóн *спорт.* Bíathlon *n*; **~íст** Bíathlonsportler *m*
біб Bóhne *f*
бібліогрáфія Bibliographíe *f*
бібліотé|ка Bibliothék *f*, (*громадська - тж*) Bücheréi *f*; **~кар** Bibliothekár *m*; **~чний** Bibliothéks-
Бíблія die Bíbel
біг Lauf *m*; естафéтний ~ Stáffellauf *m*; ~ з перешкóдами Híndernislauf *m*; бар'єрний ~ Hürdenlauf *m*; на ~ý im Láufen
бíгати láufen* *vi* (s)
бігов|úй Renn-; ~ кінь Rénnpferd *n*; ~á дорíжка *спорт.* Rénnbahn *f*
бігти 1) láufen* *vi* (s); 2) (*про час*) verflíegen* *vi* (s), verrínnen * *vi* (s)
бігудí *мн.* Lóckenwickler *pl*
бігýн Läufer *m*; ~ на корóткі дистáнції Kúrzstreckenläufer *m*, Sprínter *m*, Kúrzstreckler *m*
бід|á Únglück *n*, Not *f*, попáсти в ~ý ins Únglück geráten* *vi* (s); допомогтú комýсь в ~і j-m in der Not hélfen*; ◇ не ~! das schádet nichts!, das ist nicht so schlimm!
бíдн|ий 1) arm; 2) (*убогий*, *мізерний*) dürftig, karg; **~ість** Ármut *f*
бідніти verármen *vi* (s), arm wérden
бідняк der Árme
бідóн Bléchkanne *f*, ~ для молокá Mílchkanne *f*
бідувáння Nótlage *f*
біженець Flüchtling *m*
біжутéрія Módeschmuck *m*, Bijouteríe [biʒu-] *f*
бíзнес Busineß ['bisnis] *n*, Geschäft *n*
бізнесмéн Geschäftsmann *m*
бій I Kampf *m*, Geféсht *n*, Schlacht *f*, повітряний ~ Lúftkampf *m*, вýличний бій Stráßenkämpfe *pl*, Stráßenschlacht *f*, ◇ ~ бикíв Stíerkampf *m*
бій II: ~ годúнника Schlag der Uhr; барабáнний ~ Trómmelschlag *m*
бíйка Schlägeréi *f*, *розм.* Hándgemenge *n*, Rauferéi *f*
бік 1) Séite *f*, на цьóму бóці auf díeser Séite, díesseits (*G*); по той ~ auf jéner Séite, jénseits (*G*); з бóку нá ~ von éiner Séite auf die ándere; по бокáх von béiden Séiten; 2) (*напрям*) Ríchtung *f*, тобі в якúй ~? in wélcher Ríchtung gehst du?; у ~ лíсу in Ríchtung Wald [zum Wald hin]; ◇ з одного бóку .., з íншого бóку ... éinerseits.... ándererseits

Б

білéт: екзаменаціíний ~ Prüfungszettel *m*, лотерéйний ~ Lotterielos *n*, Lotteríesschein *m*
білéтн|ий: ~а кáса *зал.* Schálter *m*, Fáhrkartenschalter *m*, ~і кáси Fáhrkartenausgabe *f* (*залізничні*); Theáterkasse *f* (*театральні*)
біли́зна Wäsche *f*, постíльна ~ Béttwäsche *f*, ни́жня ~ Únterwäsche *f*
білизнá Wéiße *f*
біл|ий weiß; ~ як сніг schnéeweiß; ◊ ~ гриб Stéinpilz *m*, ~ хліб Wéißbrot *n*; ~і нóчі die weißen Nächte; Білий дім das Weiße Haus; Біла Олімпіáда die Olýmpischen Wínterspiele; сéред ~ого дня am héllichten Táge
біли́ти wéißen *vt*, tünchen *vt*
біліти 1) (*ставати білим*) weiß wérden; 2) (*видні́тися*) weiß schím-mern *vi*
бíлка 1) Éichhörnchen *n*, 2) (*хутро*) Feh *n*
білкóв|ий *хім.*, *біол.* Éiweiß-; ~а речовинá Éiweißstoff *m*
білóк 1) (*яєчний*) Éiweiß *n*, 2) (*ока*) das Wéiße (des Áuges); 3) *хім.*, *біол.* Éiweißstoff *m*
білокрíв'я *мед.* Leukämíe *f*
білорý|с Bélorusse *m*, **~ський** bélorussisch
білоснíжний schnéeweiß
біль Schmerz *m*, Schmérzen *pl*; головни́й ~ Kópfschmerzen *pl*; плáкати від бóлю vor Schmérzen wéinen *vi*; завдáти комýсь бóлю j-m weh tun*
більмó Hórnhautfleck *m*, Laukóm *n*
більш 1) *див.* більше II 2; 2) (*з прикм. і присл.*): ~ важли́ве завдáння éine wíchtigere Áufgabe; ~ спокíйно rúhiger; ◊ ~ менш mehr óder wéniger
бíльше I größer (*когось/чогось або ніж щось/хтось* als *N*)
бíльше II *присл.* 1) mehr (*когось/чогось або ніж хтось/щось* als *N*) це кóштує ~ das kóstet mehr; він читáє ~ за мéне [~, ніж я] er liest mehr als ich; 2): пройшлó ~ одногó мíсяця es war mehr als ein Mónat vergángen; ◊ ~ не nicht mehr
бíльш|ий 1) größer; 2): ~а части́на кóгось/чóгось der größte Teil von (*D*), die méisten (*N pl*)
бíльш|ість с 1) (*більша частина*) die méisten; ~ студéнтів die méisten Studénten; в ~ості ви́падків in den méisten Fällen, méistens; 2) (*при голосуванні*) Méhrheit *f*, ~ голосíв Stímmenmehrheit *f*
більярд Bíllard [-jart] *n*, грáти в ~ Bíllard spíelen
бíля 1) *присл.* danében (*поряд*); nébenán (*неподалік*); 2) *прийм.* an, nében (*D або A*); bei (*D*); бíля вікнá а) (*де*) am Fénster; 2) (*куди*) ans Fénster; бíля вхóду am [nében dem, beim] Éingang
біля́вий blond
біля́ч|ий Éichhorn-; ~е хутрó Feh *n*
бінóкль Férnglas *n*, pernglas *n* (*театральний*); Féldstecher *m* (*польовий*)
біóграф Biográph *m*
біогрáфія Biographíe *f*, (*для анкети і т. п. - тж*) Lébenslauf *m*
біóл|ог Biológe *m*, **~огíчний** biológisch; **~óгія** Biologíe *f*
біо|фíзика Biophysík *f*, **~хíмія** Biochemíe *f*
бір Nádelwald *m*, Fíchtenwald *m* (*соснови́й*)
бíрж|а 1) Börse *f*, фóндова ~ Efféktenbörse *f*, товáрна ~ Wárenbörse *f*, 2): ~ прáці Árbeitsamt *n*, **~ови́й** Börsen-; ~ови́й курс Börsenkurs *m*, ~овá угóда Börsengeschäft *n*
бірюз|á Türkís *m*, **~óвий** (*про колір*) türkis(blau), türkísfarben
біс I Téufel *m*
біс II da capo!; на ~ als Zugabe
бісектри́са die Halbíerende, Halbíerungslini e *f*
бíсер Glásperlen *pl*
бісквíт Biskuit [-'kvi:t] *n*, *m*
біфштéкс *кул.* Beefsteak ['bi:fste:k] *n*
благáти (*когось*) án|flehen *vt*, fléhen *vi* (bei *D*) (*про щось* um *A*); bítten* *vt* (*про щось* um A)
благ|и́й: ~í нáміри gúte Vórsätze, wóhlmeinende Ábsichten
блáг|о 1) (*благополуччя*) Wohl *n*, суспíльне ~ das állgeméine Wohl; на ~ нарóду zum Wohl des Vólkes; на ~ ми́ру für den Fríeden; 2) *мн.* ~а (*цінності*) Güter *pl*, матеріáльні ~а materiélle Güter
благозвýчний wóhlklingend
благонадíйн|ий (*що заслуговує на довіру*) zúverlässig; sícher (*достовірний*); (*політично*) regíerungs treu; **~ість** (*надійність*) Zúverlässigkeit *f*, Sícherheit *f* (*достовірність*); (*політична*) Regíerungstreue
благополýч|ний günstig (*сприятливий*); glücklich (*щасливий*); **~чя** 1) Wóhlergehen *n*, 2) (*добробут*) Wóhlstand *m*
благорóд|ний 1) édel; édelmütig (*великодушний*); ~ вчи́нок éine édle Tat; 2): ~ні метáли Édelmetalle *pl* **~ство** Édelmut *m*, Édelsinn *m*
блажéнство Seligkeit *f*, Wónne *f*
блáзень Narr *m*, придвóрний ~ Hófnarr *m*
блаки́тний azúrfarben, azúrblau; héllblau, blau; hímmelblau
бланк Formulár *n*, Vórdruck *m*
блéшня́ Blínker *m*, Köder *m*
близня́та *мн.* Zwíllinge *pl*
близьк|и́й 1): на ~íй вíдстані in nächster Nähe (*знаходитися*), aus nächster Nähe (*розглядати і т. п.*); 2) (*про час*) náh(e), báldig; ~ від'їзд báldige Ábreise; в ~óму майбýтньому in nächster Zúkunft; 3) (*подібний*) ähnlich; wórtgetreu (*про переклад*); 4) (*про відносини*) nah, intím; 5) (*про людей*) nah, (*про друзів - тж*) náhestehend, intím; ~ рóдич ein náher Verwándter
близькí *мн.* Umgébung *f*

бли́зькість 1) (*за місцем та часом*) Nähe *f*, 2) (*у відносинах людей*) Vertráulichkeit *f*, Intimität *f*, 3) (*поглядів і т. п.*) Verwándschaft *f*

бли́зько I 1) (*недалеко від чогось/когось*) in der Nähe, nicht weit (von *D*), náh(e) (bei *D або* an *D*); 2): ми з ним ~ знайо́мі wir sind gúte Bekánnte; 3) (*до чогось*) *безос.* es ist nicht weit (bis zu *D*); мені́ до робо́ти ~ ich hábe es nicht weit bis zu méiner Árbeit

бли́зько II 1) (*приблизно*) an (*A*), étwa, úngefähr; йому́ ~ тридцяти́ ро́ків er ist an die dréißig, er ist étwa dréißig Jáhre alt; пройшло́ ~ годи́ни es ist étwa éine Stúnde vergángen; 2): він поверну́вся ~ пе́ршої годи́ни er war gégen eins zurück

близькосхі́дн|ий Nahóst-; ~а полі́тика Nahóstpolitik *f*

блиск Glanz *m*, Blítzen *n*, Fúnkeln *n*

блискави́чний blítzschnell

бли́скавка 1) Blitz *m*, бли́снула ~ es blítzte; 2): телегра́ма-~ Blítztelegramm *n*, 3) (*застібка*) Réißverschluß *m*

бли́ска|ння Blítzen *n*, Fúnkeln *n*, Glítzern *n*, **~ти** blítzen *vi* (*спалахувати*); fúnkeln *vi* (*іскритися*); glänzen *vi* (*блищати*); ~є бли́скавка es blitzt

виску́ч|ий glänzend, *перен. тж.* hervórragend; ~а іде́я éine glänzende Idée; ~і дося́гнення hervórragende Léistungen

бли́сну|ти áuf|blitzen *vi*, áuf|glänzen *vi*, áuf|leuchten *vi*, ~ла бли́скавка es hat geblítzt

блища́ти glänzen *vi*, blítzen *vi*, stráhlen *vi* (*сяяти*); fúnkeln *vi* (*блискати*)

блі́д|ий bléich, blaß; **~ість** Blässe *f*

блі́днути bléich [blaß] wérden, erbléichen* *vi* (s), erblássen *vi* (s)

блок I *тех.* Block *m*

блок II *політ.* Block *m*, військо́во-політи́чний ~ militär-polítischer Block; військо́вий ~ НАТО NATO-Militärblock *m*

блока́да Blockáde *f*, Spérre *f*, економі́чна ~ Wírtschaftsblockade *f*

блокно́т Notízblock *m*

бло́ковий *тех.* Block -; ~ при́нцип *тех.* Báukastenprinzip *n*, ~ буди́нок Blóckbau *m*, ~ ме́тод будівни́цтва Blóckbauweise *f*

блокува́ти blockíeren *vt*, spérren *vt*

блонди́н der Blónde; **~ка** Blondíne *f*

блоха́ Floh *m*

блу́зка Blúse *f*, Dámenbluse *f*

блука́|ти umhérwandern *vi* (s); umhé-r|irren *vi* (s); sich herúmtreiben*; wándern *vi* (s); sich umhértreiben*

блука́ч Wánderer *m*, Héimatlose *m*

блюва́ння (*дія*) Erbréchen *n*

бля́до Kúchenteller *m*, Kúchenplatte *f*, Plátte *f*

бля́дце Úntertasse *f*

блюзні́рство Lästerung *f*

бля́к|лий fahl, matt (*про фарбу, колір*); verschóssen (*вицвілий*); **~нути** fahl [matt] wérden; verschíeßen* *vi* (s) (*про колір*)

бо denn; weil, da

бобе́р Bíber *m*, (*хутро*) Bíberfell *n*

бобі́на *тех.* Bobíne *f*, Spúle *f*, *ел.* Spúlenkern *m*, Wickelkern *m*, ~ запа́лювання *авто.* Zündspule *f*, ~ для плі́вки Fílmspule *f*, Tónbandspule (*для магнітофона*)

бобо́в|ий *бот.* **1.** Bóhnen-; ~ стручо́к Bóhnenschote *f*, ~і росли́ни Hülsenfruchtgewächse *pl*, Schótengewäch-se *pl*; **2.** **~і** *мн. бот.* Hülsenfrüchte *pl*

бобслеї́ст Bóbsportler *m*, Bóbfahrer *m*

бобсле́|й *спорт.* Bóbsport *m*, змага́ння по ~ю Bóbrennen *n*

Бог Gott *m*, ◊ зара́ди ~а а) um Góttes wíllen; б) (*будь ласка, не заперечую*) von mir aus, méinetwegen сла́ва ~у! Gott sei dank! не дай ~ Gott bewáhre [behüte]

богати́р 1) (*епічний герой*) Récke *m*, 2) (*силач*) kräftiger Mensch

боги́ня Göttin *f*

богослужі́ння Góttesdienst *m*

боготвори́ти vergöttern *vt*

боєголо́вка Spréngkopf *m*, я́дерна ~ Kérnsprengkopf *m*

боєзда́тн|ий kámpffähig, kámpftüchtig; **~ість** Kámpffähigkeit *f*, Kámpfkraft *f*

бо́єць Soldát *m*, Kämpfer *m* (*борець*)

божеві́лля Wáhnsinn *m*, Géistesstörung *f*, Írrsinn *m*, Verrücktheit *f*, ◊ до ~ zum Verrücktwerden

божеві́льний **1.** 1) verrückt, wáhnsinnig, írrsinnig; géistesgestört; 2) Verrückte *m*, Írrsinnige *m*, Wáhnsinnige *m*, **2.** *в знач. імен.* Géisteskranke *m*, Verrückte *m*

боже́ственний göttlich

божество́ Góttheit *f*, *перен.* Ábgott *m*

бойко́т Boykótt *m*, **~ува́ти** boykottíeren *vt*

бо́йня 1) (*різниця*) Schláchthof *m*, Schláchthaus *n*, 2) (*різанина*) Gemétzel *n*, Massáker *n*, крива́ва ~ Blútbad *n*

бойов|и́й Geféchts-, Kampf-; ~а́ підгото́вка Geféchtsausbildung *f*, ~а́ гото́вність Geféchtsbereitschaft *f*, ~е́ завда́ння Kámpfaufgabe *f*, ~а́ міць Kámpfkraft *f*

боков|и́й Séiten-; ~а́ ву́лиця Séitenstraße *f*

бо́ком 1) (*до когось/чогось*) séitwärts (zu *D*); 2) (*косо*) schräg

бокс Bóxen *n* (*вид спорту*); Bóxkampf *m* (*змагання*); **~е́р** Bóxer *m*

боксува́ти bóxen *vi*

болга́р|ин Bulgáre *m*, **~ський** bulgárisch

болезаспокі́йливий: ~ за́сіб schmérzstillendes Míttel

бо́лісний (*що спричиняє біль*) quálvoll, péinlich; schmérzhaft (*фізичний*); schmérzlich (*душевний*)

бол|і́ти weh tun*, schmérzen* *vi* (*D*); що в те́бе ~и́ть? was tut dir weh?, wo hast du Schmérzen?; у ме́не ~я́ть о́чі mir tun die Áugen weh, mir schmérzen die Áugen; у ме́не ~и́ть голова́ ich hábe Kópfschmerzen

болóт|истий súmpfig, morástig; **~ний** Sumpf-, Moor-
болóто Sumpf *m*, Moor *n*, Morást *m*
болт Bólzen *m*
боля́ч|ий *прил.* krank; ◊ ~е питáння brénnende Fráge; ~е мíсце wúnder Punkt
бóляче: менí ~ (ходи́ти) es tut mir (beim Géhen) weh; очáм ~ від яскрáвого свíтла die Áugen schmérzen vom gréllen Licht
бомба Bómbe *f*, áтомна ~ Atómbombe *f*, нейтрóнна ~ Neutrónenbombe *f*, воднéва ~ Wásserstoffbombe *f*
бомбардувá|льник Bómbenflugzeug *n*, Bómber *m*; **~ння** Bombardíerung *f*, повíтряне ~ння Bómbenangriff *m*; **~ти** bombardíeren *vt*
бомби́ти bombardíeren *vt*
бомбосхóвище Búnker *m*, Lúftschutzkeller *m*
борг Schuld *f*, Schúlden *pl*; взя́ти [дáти] щось в ~ etw. bórgen [léihen*]
бордо, **бордóвий** wéinrot
борéць 1) (*за щось*) Kämpfer *m*; 2) *спорт.* Ringkämpfer *m*
боржни́к Schúldner *m*
боржóмі (*мінеральна вода*) Borshóm-Wásser *n*
борн|ий *хім.* Bor-; ~а кислотá Bórsäure *f*
бородá Bart *m*; носи́ти бóроду éinen Bart trágen*; відпускáти (собí) бóроду sich (*D*) éinen Bart wáchsen lássen*
бородáвка Wárze *f*
бородáтий bärtig
борознá Fúrche *f*
борон|á *с.-г.* Égge *f*, ди́скова ~ Schéibenegge *f*, посівнá ~ Sáategge
борóтися kämpfen *vi* (*за щось* für *A* *або* um *A*, *проти когось/чогось з чимось* gegen *A*); ~ за мир für den Fríeden kämpfen; ~ з недóліками gégen die Mängel kämpfen
боротьбá 1) Kampf *m*; ідеологíчна ~ ideológischer Kampf; клáсова ~ Klássenkampf *m*; ~ за мир Kampf für den Fríeden, Fríedenskampf *m*; національно-визвольна ~ der nationále Befréiungskampf; ~ з злочи́нністю Kampf gégen das Verbréchertum, Bekämpfung der Kriminalität; 2) *спорт.* Ringen *n* (*вид спорту*); Ríngkampf *m* (*змагання*); вíльна ~ Fréistilringen *n*
бóрошно Mehl *n*
борошня́н|ий Mehl-; ~і ви́роби Téigwaren *pl*
борсу́к Dachs *m*
борт 1) (*судна, човна*) Bord *m*; прáвий ~ Stéuerbord *m*, лíвий ~ Báckbord *m*; уздовж ~у längsseits; 2) *тк. одн.*: на ~у́ (*чогось*) an Bord (*G*); піднятися на ~ кораблá, літакá an Bord éines Schíffes, éines Flúgzeugs géhen* *vi* (s); з людиною на ~у́ *косм.* bemánnt; 3) (*хокейного поля*) Bánde *f*
борт|механíк Bórdmechaniker *m* **~провідни́ця** Stewardeß ['stju:ərdɛs] *f*
борщ Bórschtsch *m*, róte Rübensuppe
бóсий 1) (*про людину*) bárfüßig; 2) (*про ноги*) nackt, bloß
босóніж bárfuß
босонíжки *мн.* Sandalétten *pl*
ботáн|ік Botániker *m*, **~іка** Botánik *f*, **~íчний** botánisch; ~íчний сад botánischer Gárten
бóцман Bóotsmann *m*
бóчка Faß *n*, Tónne *f*
боягу́з Féigling *m*, Ángsthase *m*, **~ливий** féige; **~тво** Féigheit *f*, Kléinmut *m* (*малодушність*)
боязки́й schüchtern; ängstlich, fúrchtsam; zághaft (*невпевнений*)
бóязкість Schüchternheit *f*, Ángstlichkeit *f*, Zághaftigkeit *f* (*невпевненість*)
боя́тися 1) (*когось/чогось - відчувати страх*) Angst háben, sich fürchten (vor *D*); 2) (*за когось/щось - відчувати неспокій*) fürchten *vi* (für *A*), Angst háben (um *A*); 3) (*побоюватися*) fürchten *vt*, боя́ся, (що) він прави́й ich fürchte, er hat recht
брáво! brávo [-vo]!
брази́л|ець Brasiliáner *m*, **~ьський** brasiliánisch
брак I (*чогось - відсутність*)) Mángel *m* (*чогось* an *D*); ~ робóчої си́ли Arbeitskräftemangel *m*, Mángel *m*, за ~ом чогóсь aus Mángel an (*D*); чéрез ~ часу aus Zéitmangel
брак II 1) (*недоброякісні вироби*) Áusschuß *m*, Áusschußware *f*, 2) (*недолік*) Féhler *m*, Scháden *m*
брак|óваний Áusschuß-; **~увáти** áus|sortieren *vt*, beánstanden *vt*
брас *спорт.* Brústschwimmen *n*, плáвати ~ом [сти́лем ~] brúst|schwimmen* *vi* (h, s); 200 мéтрів ~ом [сти́лем ~] 200 Méter Brust
браслéт Ármband *n*, Ármspange *f*
брат Brúder *m*, ~ та сестрá, ~тя та сéстри Geschwíster *pl*
брáти *див.* взя́ти; ~ при́клад з кóгось sich (*D*) an j-m ein Béispiel néhmen*; ~ верх над ки́мось/чи́мось die Óberhand über j-n/etw. gewínnen*; ти багáто на сéбе берéш du mútest dir zu viel zu; **~ся** *див.* взя́тися
братки́ *мн. бот.* Stíefmütterchen *n*
брáтство Brüderlichkeit *f*, ~ нарóдів die Brüderlichkeit zwíschen den Völkern; ~ по збрóї Waffenbrüderschaft *f*
брáтськ|ий brüderlich, Brúder-; ~ привíт brüderlicher Gruß; ~а допомóга brüderliche Hílfe; ◊ ~а моги́ла Mássengrab *n*
брезéнт 1) (*тканина*) Zéltleinwand *f*, 2) Pláne *f*, Zéltplane *f*, Zéltbahn *f* (*наметовий*)
брéзклий áufgedunsen
брести́ lángsam géhen* *vi* (s); sich schléppen
брехáти 1) (*говорити неправду*) lügen* *vi*; áuf|schneiden* *vi* (*хвастатися*); 2) (*комусь - обдурювати*) belügen* *vt*

Б

брехли́вий verlógen
брехн|я́ Lüge *f*, викрива́ти чия́сь ~ю j-n der Lüge überfhren
бреху́н Lügner *m*
брига́да Brigáde *f*, уда́рна ~ Stóßbrigade *f*, ко́мплексна ~ Kompléxbrigade *f*, буді-ве́льна ~, ~ будіве́льників Báubrigade *f*
бригади́р Brigadíer *m*
бридки́й ékelhaft, gárstig; häßlich; wíderwärtig; abschéulich (*огидний*); wíderlich (*противний*)
бри́дкість Häßlicühkeit *f*
бри́жі Séegang *m* (*на морі*); Kräuseln *n* (*на річці*)
бри́зкати 1) sprítzen *vi*; 2) (*обприскувати*) besprítzen *vt*
бри́зки *мн.* Sprítzer *pl*
бри́знути *див.* бри́зкати
бри́ла Block *m* (*каміння*); Schólle *f* (*землі, льоду*)
бри́тва *ж.* безпе́чна ~ Rasíerapparat *m*, електри́чна ~ Eléktrorasierer *m*, Tróckenrasierer *m*
бри́тий rasíert
брід Furt *f*
бро́ви *мн.* (*одн.* брова́) Áugenbrauen *pl*, Bráuen *pl* (*sg* Áugenbraue *f*, Bráue *f*); су́пити ~ die Stirn rúnzeln
броди́ти I (umhér)wándern *vi* (s); (umhér)schléndern *vi* (s) (*тинятися*); ~ по мі́сту durch die Stadt búmmeln *vi*
броди́ти II (*про вино і т. п.*) gären* *vi*
броді́ння Gärung *f*, (*перен. - тж*) Únruhen *pl*
бром *хим.* Brom *n*
бронебі́йний: ~ снаря́д Pánzergeschoß *n*
броне|та́нковий: ~та́нкові ві́йська́ Pánzertruppen *pl* **~транспорте́р** Schützenpanzerwagen *m*
бро́нз|а Bronze ['brɔŋsə] *f*, **~овий** bronzen ['brɔŋsən], Bronze- ['brɔŋʒə-] ~ова меда́ль Brónzemedaille [-daljə] *f*
бро́нх|и *мн* Brónchen *pl*, **~і́т** Bronchítis *f*
бронюва́ти (*закріплювати за кимось*) reservíeren [-'vi:-] *vt*, búchen *vt* (*місце на літаку*)
броня́ I Pánzer *m*
броня́ II (*закріплення за кимось*) Reservíerung [-'vi:-] *f*, Búchung *f* (*на місце в літаку*)
бро́шка Brósche *f*
брошу́ра Broschüre *f*
брудни́й schmútzig, únsauber
брудни́ти beschmútzen *vt*, beschmíeren *vt*, besúdeln *vt* (*чимось рідким*); **~ся** sich beschmútzen, schmútzig wérden
бру́ква Stéckrüben *pl*, wéiße Rüben
бруко́вка Kópfsteinpflaster *n*, Pflaster *n*, Fáhrdamm *n*, Fáhrbahn *f*
бруна́тний braun
бру́нька *бот.* Knóspe *f*
брус 1) Bálken *m*, Stab *m*, Träger *m*, 2): (парале́льні) ~и́ *спорт.* Bárren *m*
брусни́ця Préiselbeeren *pl*
брусо́к Block *m*, Kántholz *n*, Klotz *m*, Stánge
брюне́т der Brünétte
бряжча́ння Klírren *n*
бря́зкальце Kínderklapper *f*
бу́блик Kríngel *m*
бу́бон Tamburín *n*
бува́й! *розм.* bis bald!, Tschüß!; mach's gut! (*всього доброго*)
бува́|ти 1) (*траплятися*) vór|kommen* *vi* (s), geschéhen* *vi* (s); passíeren *vi* (s) (*з кимось D*); тако́го не ~є so étwas gibt es nicht; це ~є рі́дко das kommt sélten vor; тако́го зі мно́ю ще не ~ло so étwas ist mir noch nie passíert; ~є, що ... es kommt (mánchmal) vor, daß...; ча́сто ~ло, що... es gescháh oft, daß...; 2) (*відбуватися — про щось заплановане*) státt|finden* *vi*, kómmen* *vi* (s); ле́кції ~ють по вівто́рках die Vórlesungen finden jéden Díenstag statt; ця переда́ча ~є по се́редах díese Séndung kommt míttags; 3) (*знаходитися - десь, в якомусь стані*) sein* *vi* (s); вечора́ми я (звича́йно) ~ю вдо́ма ábends bin ich gewöhnlich zu Háuse; і́ноді він ~є смутни́м mánchmal ist er traurig; 4) (*ходити, відвідувати*) sein* *vi* (*десь* in *D*, *у когось* bei *D*), besúchen *vt*, géhen* *vi* (s) (in *A*); я давно́ не ~в в цьо́му мі́сті ich war schon lánge nicht in díeser Stadt, ich hábe schon lánge díese Stadt nicht besúcht; ми ча́сто ~ємо в кіно́ wir géhen oft ins Kíno
буга́й Stier *m*, Búlle *m*, Zúchtstier *m*
буго́р Hügel *m*, Ánhöne *f*
буди́льник Wécker *m*
буди́нок 1) (*будівля*) Haus *n*, Gebäude *n*, висо́тний ~ Hóchhaus *n*, житлови́й ~ Wóhnhaus *n*, ~ Wóhngebäude *n*, 2) (*в назвах установ*) Haus *n*, Heim *n* ~ відпочи́нку Erhólungsheim *n*, Féri enheim *n*, Буди́нок книги das Haus des Búches; дитя́чий ~ Kínderheim *n*
буди́ти wécken *vt*
будіве́льн|ий Bau-; ~ ліс Báuholz *n*, ~і матеріа́ли Báumaterial *n*, Báustoffe *pl*, ~ майда́нчик Báustelle *f*, Báuplatz *m*, (студе́нтський) ~ загі́н (studéntische) Báubrigade *f*
будіве́льник Báuarbeiter *m*
будівля Bau *m*, Gebäude *n*, адміністрати́вна ~ Verwáltungsgebäude *n*
будівни́к Erbáuer *m*, Schöpfer *m*
будівни́цтв|о 1) (*дія*) Bau *m*, Báuen *n*, Áufbau *m* (*спорудження*); житлове́ ~ Wóhnungsbau *m*, 2) (*об'єкт*) Bau *m*, молоді́жне ~ Júgendobjekt *n* 3) (*територія*) Báustelle *f*, Báuplatz *m*, працюва́ти на ~і auf dem Bau árbeiten *vi*, 3) (*побудо́ва*) Áufbau *m*, ми́рне ~ fríedlicher Áufbau
бу́дка *ж.* телефо́нна ~ Telefónzelle *f*, Férnsprechzelle *f*, сторожова́ ~ Wächterhäus chen *n*, соба́ча ~ Húndehütte *f*
бу́дні *мн.* 1) (*робочі дні*) Wérktage *pl*, 2) *перен.* Álltag *m*

будóва 1) (*структура*) Bau *m*, Áuf-bau *m*, Struktúr *f*, 2) (*споруда*) Bau *m*, Gebäude *n*
будувáти 1) báuen *vt*, áuf|bauen *vt* (*споруджувати*); 2) *перен.* (*творити*) áuf|bauen *vt*, ◊ ~ плáни Pläne schmíeden; **~ся** 1) (*споруджуватися*) gebáut wérden, sich im [in] Bau be-fínden*; 2) (*будувати щось собі*) sich (*D*) etw. báuen
будь-якúй (будь-якá, будь-якé, будь-які) 1) (*кожний*) jéder (jéde *f*, jédes *n*); в ~ час zu jéder Zeit, jéderzeit; 2) (*перший-ліпший*) belíebig, x-beliebig ['iks-]
бýєр *спорт.* Ségelschlitten *m*, Éis-jacht *f*, **~úст** Éissegler *m*, **~ний**: ~ний спорт Éissegeln *n*
бузинá Holúnder *m*
бузкóвий 1) (*колір*) flíederfarben, líla; 2): ~ кущ Flíederbusch *m*
бузóк Flíeder *m*
бýйвіл Büffel *m*
бýйн|ий 1) (*бурхливий*) úngestüm, toll; wild, stürmisch, unbändig, zügellos; ~е божевілля Tóbsucht *f*, 2) (*стрімкий*) schnell; 3) (*пишний — про рослинність*) üppig; ~ ріст üppiges Wáchstum
бук Búche *f*
буквáльний búchstäblich, wörtlich
буквáр Lésebuch *n*, Fíbel *f*
букéт Strauß *m*, Blúmenstrauß *m*, ~ троя́нд Rósenstrauß *m*
букініст Antiquár *m*, **~úчний:** ~úчний магазин Antiquariát *n*
бýлка *ж*, **бýлочка** Brötchen *n*, Sémmel *f*
бýлочна Bäckeréi *f*
бýльба *бот.* Knólle *f*
бýльбашк|а: мúльні ~и Séifenblasen *pl*
бульвáр Boulevard [buləˈva:r] *m*, **~ний** Boulevard- [buˈva:r-] ◊ ~на прéса Boulevardpresse *f*
бульдóг Búlldogge *f*
бульдóзер Planíerraupe *f*
бульйóн Bouillon [bulˈjoŋ] *f*, Brühe *f*
бýлькати glúcksen *vi*, glúckern *vi*
бумазéя Bárchent *m*
бундесвéр (*збройні сили Німеччини*) Búndeswehr *f*
бундескáнцлер (*голова уряду Німеччини*) Búndeskanzler *m*
бундесрáт (*орган представництва земель Німеччини*) Búndesrat *m*
бундестáг (*парламент Німеччини*) Búndestag *m*
бунт Áufruhr *m*, Áufstand *m*, Empörung *f*, **~увáти** sich empören, rebellíeren *vi*, méutern *vi*
бур *тех.* Bóhrer *m*
бурáвлення Bóhren *n*
бурáн Schnéesturm *m*, Schnéegestöber *n* (*заметіль*)
бургомíстр Bürgermeister *m*
буржуá Bourgeois [burˈʒoa] *m*, Bürger *m*, **~зíя** Bourgeoisie [burʒoaˈzi:] *f*, Bürgertum *n*, велúка ~зíя Gróßbourgeoisie *f*, дрібнá ~зíя Kleinbürgertum *n*
буржуáзний bürgerlich, Bürger-
буржуáзно-демократúчний bürgerlich-demokrátisch
бýр|ий braun; ~е вугíлля Bráunkohle *f*
бурúти bóhren *vt*
буркотáти méckern *vi*, nörgeln *vi*
буркотлúвий brúmmig
бурмотáти múrmeln *vi*, *vt*
буров|úй Bohr-; ~á свердловúна Bóhrloch *n*
бурýлька Éiszapfen *m*
бурхлúвий stürmisch
бýря Sturm *m*, Únwetter *n* (*непогода*)
буря́к 1) *с.-г.* (*культура*) столóвий ~ róte Rüben *pl*, róte Béte; кормовúй ~ Fútterrüben *pl*, цукрóвий ~ Zúckerrüben *pl*, 2) (*плід*) Rübe *f*, Béte *f*, я́шка з ~ів (kálte) Rübensuppe *f*
бур'я́н Únkraut *n*
бутербрóд belégtes Brot [Brötchen], Schnítte *f*, ~ з сúром Käsebrot *n*
бýти 1) sein* *vi* (s); у нас є ... wir háben [besítzen] ...; де ти був? wo warst du?; в кімнáті булó тéмно im Zímmer war es dúnkel; усí булú в зáхваті álle wáren begéistert; 2) (*для передачі майб. часу*) wérden* *vi* (s), sein* *vi* (s); ким ти хóчеш ~? was willst du wérden?; я бýду вдóма в дві годúни ich bin um zwei (Uhr) zu Háuse, ich wérde um zwei (Uhr) zu Háuse sein; зáраз ми бýдемо читáти jetzt lésen wir; 3) *безос.*: es gibt; es bestéht (*існує*); є у прóдажу (in Hándel) zu háben sein, zu káufen sein; в цьóму слóві є помúлка in díesem Wort gibt es éinen Féhler [ist ein Féhler]; тут колúсь булó багáто дерéв hier hat es éinmal víele Bäume gegében; у мéне є брат ich hábe éinen Brúder; у них не булó дітéй sie hátten kéine Kínder; ◊ як ~? was tun?; повúнно ~ wahrschéinlich; мóже ~ vielléicht, mag sein; не мóже ~! (das ist) únmöglich!, das kann nicht sein!; бýдьте ласкáві séien Sie so gut; так і ~! méinetwegen! нехáй бýде, що бýде es mag kómmen, was da will; бýдьте здорóві! а) (*при чханні*) Gesúndheit!; б) (*при прощанні*) lében Sie wohl!
бутóн Knóspe *f*, Blütenknospe *f*
бýтси *мн.* Fußballschuhe *pl*
буття́ *с* Dásein *n*, Sein *n*
буфéт (*закусочна*) Ímbißraum *m*, Erfríschungsraum *m*
бухáн|ець Brot *n*, два ~ця жúтнього хлíба zwei Róggenbrote
бухгáлт|ер Búchhalter *m*, **~éрія** (*відділ*) Búchhaltung *f*
бýхта Bucht *f*
бушувáти bráusen *vt*, tósen *vi*
бюджéт Háushalt *m*, Budget [byˈdʒe:] *m*, держáвний ~ Stáatshaushalt *m*, військóвий ~ Rüstungshaushalt *m*, **~ний**: ~ний рік Háushaltsjahr *n*
бюлетéнь 1) (*офіційне повідомлення, звіт*) Bulletin [bul(ə)ˈtɛ̃] *n*, Bericht *m*, 2) (*періодичний інформаційний орган*) Informatiónsblatt *n*, 3): вúборчий ~

Stímmzettel *m*, 4) *розм.* (*лікарняний лист*) Kránkenschein *m*

Б

бюро́ с Büro *n*, Stélle *f*, довідко́ве ~ Áuskunftsbüro *n*, Áuskunftsstelle *f*, Áuskunft *f*, ~ прогно́зів Wetterdienststelle *f*, Wéttermeldestel-le *f*, туристи́чне ~, ~ по́дорожей Réisebüro *n*

бюрокра́т Bürokrát *m*, **~и́зм** Bürokratísmus *m*, **~и́чний** bürokrátisch; **~ія** Bürokratíe *f*

бюст 1) (*скульптура*) Büste *f*, 2) (*жіночі груди*) Büste *f*, Búsen *m*

бюстга́льтер Büstenhalter *m*

бязь Nésselstoff *m*, Néssel *m*

В

В

в (*див. тж* у) 1) (*при позначенні місця або напрямку*) in (*A*), nach (*D*) (*куди?*); in (*D*), an (*D*) (*де?*); увійти в кімнату ins Zímmer tréten* *vi* (s); в кімнаті in Zímmer; поїхати в Швейцарію in die Schweiz fáhren* *vi* (s); в Швейцарії in der Schweiz; учитися в університеті an der Universität studíeren *vi*; 2) (*для позначення часу*) in (*D*), an (*D*), um (*A*); в минулому році im vórigen Jahr, vóriges Jahr; в травні im Mai; у вівторок am Dónnerstag

ваг|á Gewícht *n тж спорт.*; (*перен.- тж*) Éinfluß *m* (*вплив*); на ~ý nach Gewícht; найлегша ~ *спорт.* Fliegengewicht *n*; ◊ на ~ý зóлота Góldes wert

вагá|ння (*нерішучість*) Schwánken *n*, Bedénken *n*; **~тися** schwánken *vi*, únschlüssig sein; zögern *vi*; záudern *vi*

вагітн|а 1. *прикм.* schwánger; **2.** *імен.* die Schwángere; **~ість** Schwángerschaft *f*

вагов|ий: ~á категóрія *спорт.* Gewíchtsklasse *f*

ваговитий gewíchtig, schwérwiegend

вагóн Wágen *m* (*пасажирський і трамвайний*); Waggon [-gɔŋ] *m* (*товарний*); ~-ресторáн Spéisewagen *m*

вагоновóд Stráßenbahnfahrer *m*

вáд|а Féhler *m*, Mángel *m*, Defékt *m* (*дефект*); з ~ою féhlerhaft; beschädigt (*пошкоджений*); достóїнства і ~и Vórzüge und Mängel, Vorund Náchteile

вáжити wíegen* *vt*

вáжіль Hébel *m*

важк|ий 1) schwer; korpulént (*про людину*); 2) (*трудний, трудомісткий*) schwer, schwíerig; ~á прáця schwére Árbeit; 3) (*складний*) schwíerig, kompliziert; бýти у ~óму станóвищі in éiner schwíerigen Láge sein; ~á робóта schwére [schwíerige] Árbeit; ~é питáння schwíerige [komplizíerte] Fráge; 4) (*серйозний*) schwer, ernst; ~é захвóрювання schwére [érnste] Kránkheit; ~á провúна schwéres Vergéhen; 5) (*про ходу*) schwérfällig; ◊ ~á промислóвість Schwérindustrie *f*, ~á атлéтика Schwérathletik *f*, ~á дитúна schwíeriges Kind

вáжко 1) (*з трудом*) schwer, mühsam; 2) (*серйозно*) schwer, érnstlich; він ~ хвóрий er ist schwer krank [érnstlich erkránkt]; 3) *безос.* (*комусь*) j-d hat es schwer; es fällt j-m schwer (zu + *inf* — *зробити щось*); тоді всім нам булó ~ dámals hätten wir es álle schwer; мені ~ говорúти про це es fällt mir schwer, darüber zu spréchen; зáраз ~ сказáти... es ist jetzt schwer zu ságen...; спочáтку нам усім булó ~ ánfangs hätten wir es álle schwer; мені ~ в це повірити ich kann es kaum gláuben; 4) *безос.* (*про настрій*): йомý ~, у нього ~ на душі es ist ihm schwer zumúte [ums Herz]

важкоатлéт *спорт.* Schwérathlet *m*

важкодостýпний schwer zúgänglich

важлúв|ий (*значний*) wíchtig, bedéutend **~ість** (*значущість*) Wíchtigkeit *f*, Bedéutung *f*

вáза Vase ['va:-] *f* (*для квітів*); Óbstschale *f* (*для фруктів*)

вазелíн Vaselíne [va-] *f*

вазóн Blúmentopf *m*

вакáн|сія únbesetzte [fréie] Stélle; **~тний** únbesetzt, frei

вакцúна *мед.* Vakzín [va-] *n*, Ímpfstoff *m*

вал I (*земляний*) Wall *m*, Érdwall *m*

вал II (*хвиля*) Wélle *f*, Wóge *f*, ◊ вогневúй ~ *військ.* Féuerwalze *f*, дев'ятий ~ die schwérste Prüfung, die größte Gefáhr

валеріáнка *розм.* Báldriantropfen *pl*

валéт *карт.* Búbe *m*

валúти 1) (*кидати*) wérfen* *vt*; 2) (*перекидати*) úm|stoßen* *vt*; 3): ~ (дерéва) fällen *vt*

валíз|а Kóffer *m*; уклáсти ~у den Kóffer pácken

валов|ий *ек.* Brútto-, Roh-, ~ прибýток Brúttoertrag *m*, Róhertrag *m*; ~á продýкція Brúttoproduktion *f*, Gesámtproduktion *f*

валýн Róllstein *m*, Fíndling *m*; льодовикóві ~и *геол.* Glaziálgeschiebe *n*

вальс Wálzer *m*

валют|а Valúta [va-] *f*, Währung *f*, Devisen [-'vi:-] *pl* (*іноземна*); **~ний** Währungs-, Devisen- [-'vi:-] ~ний курс Devísenkurs *m*

вáлянки *мн.* (*одн.* вáлянок) Fílzstiefel *pl* (*sg* Fílzstiefel *m*)

валятися 1) (*качатися*) sich wälzen; 2) (*лежати у безладді*) (überáll) umhér|liegen* *vi*

ванíль Vanille [va'niljə] *f*

ва́нн|а 1) (*посудина*) Bádewanne *f*, Wánne *f*, 2) (*купання*) Bad *n*, гаря́ча ~ héißes Bad; прийня́ти ~у ein Bad néhmen*; 3) (*процедура*) Bad *n*, повітряні ~и Lúftbäder *pl*, со́нячні ~и Sónnenbäder *pl*, 4) *розм.* Bad *n*, Bádezimmer *n*

В

вантáж 1) (*вага*) Last *f*, 2) Ládung *f*, Fracht *f*, 3) (*тягар*) Last *f*, Bürde *f*
вантáжити 1) (*наповняти щось вантажем*) beláden* *vt* (mit *D*); 2) (*поміщати вантаж кудись*) láden* *vt*
вантажíвка LKW [ɛl ka:'ve *и* 'ɛl -] *m*, Lástauto *n*, Lást(kraft)wagen *m*
вантáжн|ий Last-; Fracht- (*про судно*): ~е таксí Gütertaxi *n*
вантáжник Lástträger *m*, Scháuermann *m* (*в порту*)
вапни́стий Kalk-, kálkhaltig; ~ ро́зчин Mörtel *m*
вапно́ Kalk *m*, негáшене ~ úngelöschter Kalk
вапня́к Kálkstein *m*
вáрвар Barbár *m*, **~ство** Barbaréi *f*, Gráusamkeit *f* (*жорстокість*); **~ський** barbárisch; gráusam (*жорстокий*)
варéн|ий 1) gekócht; ~а карто́пля gekóchte Kartóffeln, Sálzkartoffeln *pl*, 2): ~а ковбасá Kóchwurst *f*
варéння Konfitüre *f*
вар'єтé Varieté [varje'te:] *n*
вари́ти 1) (*їжу шляхом кип'ятіння*) kóchen (lássen*) *vt*, ~ я́йця (п'ять хвили́н) Éier (fünf Minúten láng) kóchen lássen*; 2) (*готувати якусь страву*) kóchen *vt*, zú|bereiten *vt*, ~ обíд das Éssen zú|bereiten [kóchen]; ~ кáву Káffee kóchen [máchen]
варіá|нт Variánte [va-] *f*, **~ція** Variatión [va-] *f*
варіювáти variíeren [va-] *vt*, áb|wechseln *vt*
вáрт|а 1) Wáche *f*, прикордо́нна ~ Grénzwache *f*, стоя́ти на ~і auf Wáche stéhen*, Wáche hálten* [háben*]; стоя́ти на ~і ми́ру über den Fríeden wáchen; бу́ти на ~і чиї́хось інтерéсів j-s Interéssen wáhrnehmen*; перебувáти під ~ою verháftet sein; взя́ти під ~у verháften *vt*, in Haft néhmen*; ◊ почéсна ~ 1) Éhrenwache *f*, 2) *війсь.* (*підрозділ*) Éhrenformation *f*, Éhrenkompanie *f*
вáртіс|ть Wert *m* (*цінність*); Preis *m* (*ціна*); Kósten *pl* (*грошові витрати*); номінáльна ~ Nénnwert *m*, ~ проїзду Fáhrpreis *m*, ~ пересúлки Versándkosten *pl*, ~ життя́ Lébenshaltungskosten *pl*, мáрка ~тю п'ять копíйок éine Bríefmarke im Wert von fünf Kopéken; ◊ додатко́ва ~ *ек.* Méhrwert *m*
вáрто *безос.*: ~ (*має сенс зробити щось*) es lohnt (sich) (zu + *inf*)
вартови́й Pósten *m*, Wáche *f*
вартувáти (*охороняти*) bewáchen *vt*, Wáche hálten* (bei *D*)
ват *ел.* Watt *n*
вáт|а Wátte *f*, на ~і wattíert
ватерполíст Wásserballspieler *m*, Wásserballer *m*
вáтн|ий 1) Wátte-, aus Wátte; 2) (*на ваті*) wattiert; ~а ко́вдра Stéppdecke *f*, wattíerte Décke
вáфля Wáffel *f*
вáхт|а 1) (*чергування, варта*) Wáche *f*, стоя́ти на ~і auf Wáche stéhen* *vi*, нести́ ~у Wáche hálten*; 2) *перен.*: удáрна ~ Hóchleistungsschicht *f*
вахтéр Pfórtner *m*, Wächter *m*
ваш (вáша, вáше, *мн.* вáші) ihr *m*, *n*, íhre *f*, *pl* (*до кількох осіб*); Ihr *m*, *n*, Íhre *f*, *pl* (*до однієї особи*)
вбивати, вби́ти éin|schlagen* *vt*, éin|hämmern *vt* (*молотком*), ◊ ~ щось собí в го́лову sich (*D*) *etw.* in den Kopf sétzen
вбирáти áuf|saugen* *vt*, éin|saugen* *vt*, **~ся** sich éin|saugen*; éin|dringen* *vi* (s) (*проникнути*)
вбігáти, вбíгти heréin|laufen* *vi* (s), hinéin|laufen* *vi* (s) (in *A*)
вбік zur Séite
вбрáтися 1) sich féstlich kléiden, sich schmücken; 2) (*кимось, у щось*) sich verkléiden
вважáти 1) (*когось кимось/щось чимось - розцінювати*) hálten* *vt* (für *A*), betráchten *vt* (als *A*); 2) (*гадати*) méinen *vt*, dénken* *vt*
вважá|тися 1) (*кимось/чимось*) gélten* *vi* (als *N*, für *A*); 2) *безос.*: ~ється, що... es wird ángenommen, daß... (*припускається*); es wird geméint, daß... (*стверджується*)
ввáлюватися, ввали́тися (*стати запалим*) éin|fallen* *vi* (s), éin|sinken* *vi* (s)
ввéдення *м.* ~ в експлуатáцію [в дію] Inbetríebnahme *f*
ввéзення *эк.* Impórt *m*, Éinfuhr *f*
ввéзти importíeren *vt*, éin|führen *vt*
ввести́ 1) (*привести когось кудись*) führen *vt* (in *A*); 2) *перен.* éin|führen *vt*, ~ нови́й закóн, нову́ мóду ein néues Gesétz, éine néue Móde éin|führen; ~ щось в експлуатáцію [в дію], etw. in Betríeb néhmen* [sétzen], etw. dem Verkéhr übergében*; 3): ~ когóсь в омáну j-n írre|führen
ВВІР (вíдділ віз і реєстрáції) Pasund Visabüro ['vi:] *n*
ввіря́ти ánvertrauen *vt*
ввíчлив|ий höflich, úmgänglich, zuvórkommend; líebenswürdig (*люб'язний*); **~ість** Höflichkeit *f*
ввóзити *див.* ввезти́
вго́лос laut; читáти щось ~ etw. laut lésen*; (*комусь*) etw. vór|lesen* (*D*)
вгорí óben
вго́ру 1) nach óben, (*з дієсл. руху - тж*) heráuf-; hináuf-; йти [піднімáтися] ~ по схо́дах die Tréppe hináuf|gehen* *vi* (s), treppáuf géhen* *vi* (s); 2): ~ по рíчці [за течíєю] flußáuf (-wärts)
вдавáтися: ~ у подро́биці auf Éinzelheiten éin|gehen* *vi* (s)

вдави́ти, **вда́влювати** (hin)éin|drücken *vt*, (hin)éin|pressen *vt*
вда́л|ий 1) (gut) gelúngen; erfólgreich (*успішний*); ~ поча́ток gúter Ánfang; 2) (*правильний*) tréffend; ~ при́клад tréffendes Béispiel; **~о** glücklich; все скінчи́лося ~ álles éndete glücklich
вдих Átemzug *m*, Éinatmen *n*; зроби́ти глибо́кий ~ tief éin|atmen *vi*; при кожному **~у** bei jédem Átemzug
вдиха́ти *див.* вдихну́ти 1)
вдихну́ти 1) (*зробити вдих*) éin|atmen *vi*; 2) *перен.* éin|flößen *vt* (*в когось/у щось D*)
вдово́лено zufríeden
вдо́сталь genúg, hínreichend; volláuf; ~ наїстися sich satt éssen*
вдру́ге wiederhólt, zum zwéitenmal; nóchmals (*ще раз*)
вду́м|атися (*у щось*) sich hinéin|denken* (in *A*); **~ливий** érnsthaft; tief (*глибокий*)
вду́муватися *див.* вдуматися
вдя́чн|ий dánkbar, erkénntlich; я тобі ду́же ~ за це ich bin dir sehr dánkbar dafür; **~ість** Dánkbarkeit *f*, Erkénntlichkeit *f*, із ~ості до ко́гось aus Dánkbarkeit zu j-m
вегетаріа́н|ець Vegetári er [ve-] *m*, **~ський** vegetárisch [ve-]
ве́дення Führung *f*, Léitung *f*
ведме́диця Bärin *f*, Вели́ка Ведме́диця *астр.* der Gróße Bär, der Gróße Hímmelswagen
ведмежа́ Bärenjunge *m*, Téddy(bär) *m* (*дитяча іграшка*)
ведме́ж|ий Bären-; ~ барлі́г Bärenhöhle *f*, ◊ **~а** по́слуга Bärendienst *m*
ведмі́дь Bär *m*, бі́лий ~ Éisbär *m*
веду́чий (*головний*) Grund-, grúndlegend, léitend
ве́жа Turm *m*, телевізі́йна ~ Férnsehturm *m*
вез|ти́ 1) fáhren* *vt*, bríngen* *vt*; 2) *безос.*: йому́ **~é** er hat Glück; йому́ не **~é** er hat Pech
везі́ння Glück *n*
ве́ксель Wéchsel *m*
ве́лет|ень Ríese *m*, Récke *m*, Gigánt; ~ нау́ки Gigánt der Wíssenschaft; **~е́нський** ríesig, ríesengroß
вели́к|ий 1) (*за розміром*) groß; ~ хло́пчик ein gróßer [erwáchsener] Júnge; 2) (*за масштабом*) groß, Groß-; **~е** мі́сто gróße Stadt, Gróßstadt *f*, **~і** держа́ви Gróßmächte *pl*, **~а** країна ein gróßes Land; **~а** ра́дість éine gróße Fréude; **~е** підприємство Gróßbetrieb *m*, 3) (*значний*) bedéutend; ~ вче́ний bedéutender [prominénter] Wíssenschaftler; ~ у́спіх bedéutender Erfólg; 4) (*який складається з великих часток*) grob; ~ пісо́к gróber Sand; ◊ ~ план *кіно* Grißaufnahme *f*, ~ па́лець Dáumen *m* (*на руці*); die gróße Zéhe (*на нозі*); Вели́кий теа́тр das Bolschóitheater, das Bolschói-Theáter; **~а** бу́ква gróßer Búchstabe
великоду́шн|ий gróßmütig, hóchherzig; **~ість** Gróßmut *f*
ве́лич Gröβe *f*, Erhábenheit *f*
величе́зн|ий ríesengroß, ríesig, (*за силою, мірою - тж*) Ríesen-, gewáltig; ~ у́спіх Ríesenerfolg *m*, **~е** вра́ження gewáltiger Éindruck; ~ у́спіх Ríesenerfolg *m*
величина́ Gröβe *f*
вели́чний majestätisch
велі́ти (*комусь зробити щось*) lássen* *vt* (+ *inf*); beféhlen* *vt* (*тж.* zu + *inf*, *комусь D — наказати*)
велого́нка *ж*, **велого́нки** *мн.* Rádrennen *n*
велого́нщик Rádrennfahrer *m*
велодро́м Rádrennbahn *f*
велосипе́д Fáhrrad *n*, Rad *n*; їздити на **~і** rád|fahren* *vi* (s); **~и́ст** Rádfahrer *m*
вело|спо́рт Rádsport *m*, **~тре́к** Rádrennbahn *f*
вельве́т Kord *m*
ве́льми sehr, höchst; äußerst; ~ можли́во dúrcháus möglich' це ~ важли́во das ist äußerst wíchtig; я ~ здиво́ваний ich bin sehr verwúndert
вельмишано́вний hóchgeehrt, sehr geéhrt; hóchverehrt
ве́на Vene ['ve-] *f*, Blútader *f*
венери́чний 1) (*про хворобу*) venérisch [ve-]; 2) (*про хворого*) geschléchtskrank
венесуе́л|ець Venezoláner [ve-] *m*, **~ський** venezolánisch [ve-]
вентил|юва́ти lüften *vt*, ventilíeren [ven-] *vt*, **~я́тор** Ventilátor [vɛn-] *m*, Lüfter *m*
вентиля́ція 1) (*дія*) Lüftung *f*, Ventilatión [vɛn-] *f*, 2) (*установка*) Lüftungsanlage *f*, Gebläse *f*
вепр (*кабан*) Éber *m*, Wíldschwein *n*
вера́нда Veránda [ve-] *f*
верба́ Wéide *f*, плаку́ча ~ Tráuerweide *f*
верблю́|д Kamél *n* (*двогорбий*); Dromedár *n* (*одногорбий*); **~жий** Kamél
вербува́ння Wérbung *f*
вербува́ти wérben* *vt*
верве́чк|а: ~ою im Gänsemarsch
вередли́вий nörglerisch
ве́рес|ень Septémber *m*, **~не́вий** Septémber-
ве́реск Gekréisch *n*, **~ли́вий** (*про голос, звук*) kréischend
вермі́ше́ль Fádennudeln *pl*
ве́рсія Versión [vɛr-] *f*, Fássung *f*
верста́т Wérkbank *f*, Wérkzeugmaschine *f*, друка́рський ~ Drúckerpresse *f*, тка́цький ~ Wébstuhl *m*
верстатобуд|і́вний: ~ заво́д Wérkzeugmaschinenfabrik *f*, **~ува́ння** Wérkzeugmaschinenbau *m*
ве́рстви *мн.* Schíchten *pl*, соціа́льні ~ soziále Schíchten; широ́кі ~ насе́лення bréite Schíchten der Bevölkerung
ве́рстка *поліґр.* Úmbruch *m*
вертика́льний sénkrecht, vertikál [vɛr-]
верті́ти dréhen *vt*, herúm|drehen *vt* **~ся** sich dréhen, sich herúm|drehen; ◊ **~ся** на язиці auf der Zúnge líegen* *vi*

В

верткий (*спритний*) gewándt, fix; (*хитрий*) schlau, findig
верткість (*спритність*) Gewándtheit *f*, Behéndigkeit *f*, (*хитрість*) Schláuheit *f*, Findigkeit *f*

вертоліт Húbschrauber *m*
верф Werft *f*
верх Óberteil *m*
вéрхи zu Pferd; іздити ~ réiten* *vi* (s, h)
верхівка Wípfel *m* (*дерева*); Gípfel *m* (*гори*)
верхів'я Óberlauf *m*
вéрхн|ій (*що знаходиться нагорі*) Óber-; der óbere (*з двох*); der óberste (*з багатьох*); ~я пáлуба Óberdeck *n*; ~ пóверх die óbere [óberste] Etáge [-ʒə]; ~я поли́ця в шáфі das óberste Fach im Schrank
верхов|и́й Reit-; ~ кінь Réitpferd *n*, ~á їздá Réiten *n*, Réitkunst *f*
верхóвн|ий óberste, Óber-; Верхóвний суд das Óberste Gerícht; ~а влáда die óberste Macht; ~е комáндування *війсь.* Óberkommando *n*
верши́на 1) (*гори*) Gípfel *m*, Bérggipfel *m*, 2) (*дерева*) Wípfel *m*, Báumwipfel *m*, 3) *перен.* Höhepunkt *m*
вершк|и́ *мн.* Sáhne *f*, збíти ~ Schlágsahne *f*, **~óвий** Sáhne-; ~óве морóзиво Sáhneeis *n*, ~óве мáсло Táfelbutter *f*, Bútter *f*
вéршник Réiter *m*
весéлий fröhlich, lústig, héiter
весели́ти belústigen *vt*, áuf|heitern *vt*, **~ся** sich vergnügen; sich amüsíeren (*розважатися*)
весéлка Régenbogen *m*
вéсело 1) fröhlich, lústig; 2) *безос.*: йому булó ~ ihm war froh zumúte, er war lústig; там булó ~ es war dort lústig, es ging dort lústig zu
весéлощі Héiterkeit *f*, Lústigkeit *f*
весíлл|я Hóchzeit *f*, справля́ти ~ Hóchzeit féiern; на ~і zur Hóchzeit
весíльн|ий Hóchzeits-; ~а пóдорож Hóchzeitsreise *f*
веслó Rúder *n*
веслови́й Rúder-; ~ спорт Rúder-sport *m*
веслувáння Rúdern *n*
весля́р Rúderer *m*
весн|á Frühling *m*, Frühjahr *n* **~óю** im Frühling, im Frühjahr
весня́н|ий Frühlings-, Frühjahrs-; ~ день Frühlingstag *m*, ~і канíкули Frühlingsferi en *pl*, ~ посíв Frühjahrsaussaat *f*
весня́нк|и *мн.* Sómmersprossen *pl* **~увáтий** sómmersprossig
вéстерн Wéstern *m*, Wíldwestfilm *m*
вести́ 1) (*когось*) führen *vt*, begléiten *vt* (*супроводжувати*); bríngen* *vt* (*звідкись*); 2) (*щось - керувати*) léiten *vt*, führen *vt*, 3) (*щось - управляти*) lénken *vt*, stéuern *vt* (*судно*); fáhren* *vt* (*машину*); 4) (*напр. про дорогу*) führen *vi* (*тж. перен.* zu (*D*) — *мати наслідком*); 5) *спорт.* (*бути ведучим*) führen *vi*, in Führung líegen* [sein] *vi*, 6) (*у сполученні з імен.*) führen *vt*, ~ вíйнý Krieg führen; ~ перегóвори Verhándlungen führen, verhándeln *vi*, unterhándeln *vi*
вестибу́ль Vórhalle *f*, Hálle *f*, Vestibül [vɛs-] *n*
весь (ввесь, увéсь) (вся, все, *мн.* всі) *мест.* (*цілий, повний*) ganz; álle, all die (*з імен.*) вся сім'я́ die gánze Famíli e; всі кни́ги álle Bücher, all die Bücher; від усіє́ї душí von gánzem Hérzen; увéсь час die gánze Zeit; fórtwährend, dáuernd (*постійно*); ◊ він ~ в бáтька er ist ganz der Váter; з усíх ніг was die Béine hérgeben*; при всьóму бажáнні beim bésten Wíllen; на все дóбре! álles Gúte!
ветерáн Veterán [ve-] *m*, ~ вíйни́ Kríegsveteran *m*
ветеринáр Tíerarzt *m*, **~ний** tíerärztlich
вéто Veto ['ve:-] *n*, Éinspruch *m*, прáво ~ Éinspruchsrecht *n*
вéтхий alt; báufällig (*про будівлю*); gebréchlich, álters schwach (*про людину*); ábgenutzt (*про речі*)
вечéр|я Ábendessen *n*, Ábendbrot *n*, на ~ю zum Ábendessen; за ~ею beim Ábendessen; **~яти** Ábendbrot éssen*, zu Ábend éssen*
вéч|ір 1) Abend *m*, 2) (*захід*) Ábendveranstaltung *f*, Ábend *m*
вечíрн|ій *у різн. знач.* Ábend-; ~ спектáкль Ábendvorstellung *f*, ~я сýкня Ábendkleid *n*
вечорáми ábends
вечорí|ти: ~є es wird Ábend
в'єтнáм|ець Vietnamése [vjet-] *m* **~ський** vietnamésisch [vjet-]
вже schon, beréits; ~ не nicht mehr, kein... mehr
вживáти, вжи́ти gebráuchen *vt*, ánwenden(*) *vt*, verwénden (*) *vt*, ~ захóдів Máßnahmen tréffen [ergréifen*]
вжи́т|ок: предмéти ширóкого ~ку Mássenbedarfsartikel *pl*, Konsúmgüter *pl*
взагалí 1) (*зовсім*) überháupt; 2) (*в цілому*) im allgeméinen, im größen und gánzen; ◊ ~ кáжучи éigentlich
взаємн|ий 1) gégenseitig, béiderseitig, wéchselseitig; ~а довíра gégenseitiges Vertráuen; 2) (*про почуття*) Gégen-; ~е кохáння Gégenliebe *f*
взаємн|ість 1) Gégenseitigkeit *f*, при́нцип ~ості das Prinzíp der Gégenseitigkeit; 2) (*симпатія*) Gégenliebe *f*
взаємови́гідний béiderseitig vórteilhaft
взаємовіднóсини (gégenseitige) Beziehungen *pl*
взаємовіднóшення Wéchselbeziehung *f*
взаємодíя Wéchselwirkung *f*, Zusámmenarbeit *f* (*співробітництво*); *війсь.* Zusámmenwirken *n*
взаємодопомóга gégenseitige Hílfe [Unterstützung], gégenseitiger Béistand
взаємозв'язок Wéchselbeziehung *f*

взаєморозумі́ння gégenseitiges Verständnis; gégenseitiges Éinverständnis (*згода*)
взвод *військ.* Zug *m*
взува́ти, **взу́ти** Schúhe án|ziehen* (*D*); **~ся** Schúhe án|ziehen*
взутте́вий Schuh-; ~ магази́н Schúhladen *m*
взуття́ Schúhe *pl*, лі́тнє ~ Sómmerschuhe *pl*, крем для ~ Schúhcreme [-kre:m] *f*, щі́тка для ~ Schúhbürste *f*
взя́ти 1) néhmen* *vt*, ~ кого́сь/щось з собо́ю j-n/etw. mít|nehmen*; 2) (*у когось - на час, в борг*) bórgen *vt* (von *D* або bei *D*), léihen* *vt* (von *D*); 3) (*купити*) káufen *vt*, néhmen* *vt*, bestéllen *vt* (*замовити*); 4) (*забрати звідкись*) (áb)hólen *vt*, 5) *спорт.* (*подолати*) néhmen* *vt*, ~ переш-ко́ду ein Híndernis néhmen*; ◊ ~ себе́ в ру́ки sich behérrschen, sich zusámmen|nehmen*; ~ сло́во das Wort ergréifen*; ~ з кого́сь сло́во *j-m* das Verspréchen áb|nehmen*; ~ щось на се́бе *etw.* auf sich néhmen*, *etw.* übernéhmen*; ~ щось до ві́дома etw. zur Kénntnis néhmen*; ~ щось до ува́ги etw. berücksichtigen, etw. in Betrácht zíehen*; ~ у́часть в чо́мусь an etw. (*D*) téil|nehmen*, sich an etw. (*D*) betéiligen
взя́тися 1) (*за щось – схопитися*) án|fassen *vt*, ~ за́ руки einánder an den Händen fássen; 2) (*за щось – приступити до чогось*) sich máchen (an *A*); begínnen* *vt*, án|fangen* *vt* (zu + *inf*); ~ за робо́ту sich an die Árbeit máchen; 3) (*зобов'язатися зробити щось*) sich verpflíchten, auf sich néhmen* *vt* (zu + *inf*)
взя́тка (*в картах*) Stich *m*
ви ihr (*G* éuer, *D i A* euch) (*до кількох людей*); Sie (*G* Íhrer, *D* Íhnen, *A* Sie) (*до однієї людини, в листах Ви*); де ви були́? wo wart ihr?, wo wáren Sie?; вчо́ра вас не було́ вдо́ма géstern wart ihr [wáren Sie] nicht zu Háuse; у вас є час? habt ihr [háben Sie] Zeit?; ми (з ним) на ~ wir ságen Sie zueinánder
виба́гливий ánspruchsvoll, ánmaßend
вибача́ти entschúldigen *vt*, Verzéihen* *vt*, ви́бачте, будь ла́ска! entschúldigen Sie bítte!, Entschúldigung!, Verzéihung!; ви́бачте, не могли́ б ви мені́ сказа́ти ... Verzéihung [Entschúldigung], könnten Sie mir bítte ságen...; ви́бач(те)! Verzéihung!, Entschúldigung (bítte)!; ви́бач за запі́знення entschúldige mein Zuspätkommen; **~ся** sich entschúldigen (*перед кимось* bei *D*, *за щось* für *A*)
ви́бачення Entschúldigung *f*, Verzéihung *f*, проси́ти у ко́гось ~ j-n um Entschúldigung bítten*, sich bei j-m entschúldigen; j-n um Verzéihung bítten*
ви́бачити(ся) *див.* вибача́ти(ся)
вибива́ти(ся) *див.* ви́бити(ся)
вибира́ти *див.* ви́брати; **~ся** *див.* ви́братися
ви́бити 1) áus|schlagen* *vt*, éin|schlagen* *vt*, 2) (*пил*) áus|klopfen *vt*, 3): ~ чек 1) (*про покупця*) (an der Kásse) záhlen *vi*, 2) (*про касира*) bóngen *vt*, **ся**: ~ з сил erschöpft sein; sich áb|mühen
вибіга́ти, **ви́бігти** hinauslaufen *vi* (s), herauslaufen *vi* (s), hinausrennen *vi* (s)
ви́бір 1) (*дія*) Wahl *f*, зроби́ти (свій) ~ séine Wahl tréffen*; 2) (*асортимент*) Áuswahl *f*, вели́кий ~ това́рів gróße Áuswahl von [an] Wáren; ◊ на ~ zur Wahl, zur Áuswahl
ви́блюва|ти: він ~в er hat (sich) erbróchen
ви́бовкати, **вибо́вкувати** áus|plaudern *vt*, áus|schwatzen *vt*
ви́бої|на Schláglocн *n*, Fúrche *f*, Ríllе *f*, **~стий** hólprig , vóll(er) Schláglöcher
ви́борець Wähler *m*, Stímmberechtigte *m*, Wáhlberechtigte *m*
ви́бори *мн.* Wáhlen *pl*, Wahl *f*, зага́льні ~ állgemeine Wáhl(en); призна́чити ~ Wáhlen áus|schreiben*
ви́браний 1) (*про твори*) áusgewählt; 2) (*привілейований*) erlésen, privilígiert [-vi-]
ви́брати 1) (áus)wählen *vt*, áus|suchen *vt* (*відібрати*); 2) (*голосуванням*) wählen *vt* (*кимось* zu *D*); 3) (*час, момент*) fínden* *vt*
вибува́ти áus|scheiden* *vi* (s), áus|treten* *vi* (s); verlássen* *vt* (*покинути*); áus|ziehen* *vi* (s) (*виїхати*); ~ з гри aus dem Spiel áus|scheiden*; адреса́т ви́був Empfänger verzógen
ви́будувати báuen *vt*, áuf|bauen *vt*
ви́бути *див.* вибува́ти
ви́бух 1) Detonatión *f*, Explosión *f* (*бомби*); я́дерний ~ Kérnwaffenexplosión *f*, 2) *перен.* (*спалах*): ~ смі́ху Láchsalve [-və] *f*, ~ аплодисме́нтів Béifallssturm *m*, ◊ демографі́чний ~ Bevölkerungsexplosion *f*
вибуха́ти, **ви́бухнути** *перен.* áus|brechen* *vi* (s) (in *A*); ~ смі́хом in Gelächter áus|brechen*
вибухо́в|ий explosív, Spreng-; ~а речовина́ Spréngstoff *m*
вива́лювати, **ви́валити** heráus|werfen* *vt*, hináus|werfen* *vt*, **~ся** heráus|fallen* *vi* (s), hináus|fallen* *vi* (s); stürzen *vi* (s) (*впасти*)
ви́вантаження Ábladen *n*, Áusladen *n*, Löschen *n* (*судна*)
виванта́жувати, **ви́вантажити** áb|laden* *vt* (von *D*), áus|laden* *vt* (aus *D*); löschen *vt* (*судно*)
ви́везти 1) (*відвезти*) ábtransportieren *vt*, wég|schaffen *vt*, áus|führen *vt*, exportíeren *vt* (*за кордон*); 2) (*доставити*) bríngen* *vt*, mít|bringen* *vt* (*привезти з собою*); éin|führen *vt*, importíeren *vt* (*з-за кордону*)
ви́верження (*вулкана*) Áusbruch *m*
ви́вернути (*навиворіт*) wénden *vt*, **~ся** (*із скрути*) sich heráus|drehen, sich heráus|winden*

В

ви́верт Kniff *m*, Wínkelzug *m*, Áusflucht *f*, Áusrede

виверта́ти(ся) *див.* ви́вернути(ся)

ви́вести 1) (*звідкись*) (hináus)führen *vt*, wég|führen *vt*, áb|ziehen* *vt* (*війська*); 2) (*привести кудись*) bríngen* *vt*; 3) (*знищити*) entférnen *vt* (*пляму*); vertílgen *vt* (*бур'яни, пацюків і т. п.*); ~ пля́ми Flécke entférnen; 4) (*пташенят*) áus|brü ten *vt*; 5) (*новий сорт і т. п.*) züchten *vt*; ◊ ~ кого́сь з терпі́ння j-n aus der Fássung bríngen*; ~ кого́сь на чи́сту во́ду *j-n* entlárven [-vən]

ви́вестися (*про пташенят*) aus dem Eikríechen* *vi* (s)

ви́вих Verrénkung *f*, Áusrenkung *f*, **~нути** áus|renken *vt*, verrénken *vt*

ви́від Entférnung *f* (*видалення речовин з організму і т. п.*); *військ.* Zurückziehen *n*, ~ ві́йськ Trúppenabzug *m*

ви́віз Expórt *m*, Áusfuhr *f*

ви́віс|ити áuf|hängen *vt* (*повісити*); áus|hängen *vt* (*об'яву і т. п.*); **~ка** Áushängeschild *n*

виві́шувати *див.* ви́вісити

виво́дити *див.* ви́вести; **~ся** *див.* ви́вестися

ви́водок Wurf *m*

виво́зити *див.* ви́везти

ви́вор|іт Kéhrseite *f*, línke Séite; прасува́ти щось з ~оту etw. von links bügeln

вивча́ти 1) (*навчатися чогось*) studíeren *vt*, lérnen *vt*, ~ філосо́фію Philosophíe studíeren; ~ інозе́мні мо́ви Frémdsprachen lérnen; 2) *див.* ви́вчити 2

ви́вчення 1) (*навчання чогось*) Stúdium *n*, Erlérnen *n*, 2) (*дослідження*) Untersúchung *f*, Erfórschung *f*

ви́вчити 1) (*оволодіти в процесі навчання*) lérnen *vt*, erlérnen *vt*; 2) (*дослідити*) untersúchen *vt*, erfórschen *vt*; 3) (*стати знавцем чогось*) studíeren *vt*, kénnen|lernen *vt*, kénnen* *vt*; **~ся** (*на когось*) lérnen *vt*

ви́гад|ати I áus|denken* *vt*, erfínden* *vt* (*винайти*); erdíchten *vt*, ersínnen* *vt*

ви́гадати II gewínnen* *vi*; ~ на чо́мусь an etw. (*D*) spáren *vi* (*економити*); aus etw. (*D*) Nútzen [Vórteil] zíehen* (*одержувати користь*); ~ час Zeit gewínnen*; що ти (на цьо́му) ви́гадав? was hast du davón?

ви́гадк|а 1) (*вимисел*) Erfíndung *f*, Erdíchtung *f*, Zügenmärchen *n*, Lüge *f* (*неправда*); 2) (*ідея*) Éinfall *m*, 3) (*винахід- ливість*) Éinbildungskraft *f*, Phantasíe *f*, 4): ~и *мн. розм.* Geschwätz *n*, Faseléien *pl*

вига́дування Áusdenken *n*, Ersínnen *n*

вига́дувати I, II 1) *див.* ви́гадати I, II; 2) *розм.* (*брехати*) flúnkern *vi*; áuf|schneiden* *vi* (*хвастати*)

виганя́ти vertréiben *vt*, verbánnen *vt*, hináus|jagen *vt*, hináus|treiben* *vt* (*худобу і т. п.*); wég|jagen *vt* (*прогнати когось*)

ви́гвинтити, ви́гвинчувати heráus|schrauben *vt*

ви́гин Krümmung *f*, Bíegung *f*, Wíndung *f* (*звивина*)

ви́гідний 1) vórteilhaft; nützlich (*корисний*); gewínnbringend (*прибутковий*); 2) (*сприятливий*) günstig

ви́гляд 1) (*зовнішність*) Áussehen *n*, das Áußere; Miene *f* (*вираз обличчя*); у нього хво́рий ~ er sieht krank aus; на ~, з ~у dem Áussehen nach; 2) (*перспектива*) Áussicht *f*, з ~ом на мо́ре mit Áussicht aufs Meer; 3) (*стан*) Zústand *m*, в сиро́му ~і (*про їжу*) roh; 4) (*форма*) Form *f*, у ~і табли́ці in Form éiner Tabélle

вигляда́ти (*мати вигляд*) áus|sehen* *vi* (*кимось або як хтось* wie *N*); wírken *vi* (*здаватися, представлятися*)

вигна́нець der Verbánnte

вигна́ння 1) (*дія*) Vertréibung *f*, Verbánnung *f*, 2) (*вимушене перебування десь*) Verbánnung *f*, Exíl *n*

ви́гнати *див.* виганя́ти

ви́гнути krümmen *vt*, béugen *vt*, **~ся** sich krümmen, sich béugen; sich bíegen*

ви́года I Nútzen *m* (*користь*); Gewinn *m* (*прибуток*); Vórteil *m* (*перевага*)

ви́года II (*обладнання житла і т. п.*) Komfort [-'fo:r] *m*, Bequémlichkeiten *pl*, з усіма́ ~ми mit állem Komfórt

вироло́шувати, ви́голосити: ~ промо́ву éine Réde [éine Ánsprache] hálten* ~ тост за ко́гось/щось éinen Toast [to:st] *auf j-n/etw.* áus|bringen*

вигора́ти, ви́горіти 1) (*згоріти*) verbrénnen* *vi* (s), níeder|brennen* *vi* (s); 2) (*вицвісти*) áus|bleichen* *vi* (s), verbléichen* *vi* (s)

ви́готовити erzeúgen *vt*, verfértigen *vt* (*зробити*); hér|stellen *vt*, produzíeren *vt* (*виробити*)

ви́готовлення Verfértigung *f*, Hérstellung *f*, Produktión *f* (*виробництво*)

виготовля́ти *див.* ви́готовити

ви́грати, вигрува́ти *у різн. знач.* gewínnen* *vt або vi* (*у когось* gégen *A*)

ви́граш *у різн. знач.* Gewínn *m*, **~ний** (*вигідний*) vorteilhaft; ~не поло́ження günstige Láge

ви́гук 1) Áusruf *m*, Ruf *m*, ра́дісний ~, ~ ра́дості Fréudenruf *m*, 2) *грам.* Interjektión *f*

ви́гукнути (áus)rúfen* *vt*

вид Art *f*, ~ спо́рту Spórtart *f*

видава́ти I, II *див.* ви́дати I, II

видава́тися hervór|treten* *vi* (s), hervór|stehen* *vi*, hervór|ragen *vi* (*догори*)

видаве́ць Heráusgeber *m* (*газети, журналу*); Verléger *m* (*книг*)

ви́давити, вида́влювати áus|drücken *vt*, áus|pressen *vt*

видавни́цтво Verlág *m*, ~ книг Búchverlag *m*

вида́ння 1) (*дія*) Heráusgabe *f*, Veröffentlichung *f* (*опублікування*), (*закону і т. п. - тж*) Erláß *m*, 2) (*друкований твір*)

Áusgabe *f*, передплáтне ~ Subskriptiónsausgabe *f*, мáсове ~ Mássenausgabe *f*, посмéртне ~ postúme Áusgabe; реклáмне ~ Wérbeschrift *f*, 3) (*тираж*) Áuflage *f*, пéрше ~ Érstauflage *f*

ви́дати I 1) áus|geben* *vt*, áus|händigen *vt* (*вручити*); áus|stellen *vt* (*документ*); áus|zahlen *vt* (*зарплату*); áus|leihen* *vt* (*книгу в бібліотеці*); 2)) (*книгу і т. п.*) heráus|geben* *vt*, verlégen *vt* (*забезпечити вихід — про видавництво*); 3) (*закон і т. п.*) erlássen* *vt*, 4)(*зрадити*) verráten* *vt*, préis|geben* *vt* (*комусь D*); 5) (*відкрити, поділитися*) offenbáren *vt*, enthüllen *vt*, verráten *vt*, ~ свої нáміри séine Gedánken offenbáren; ~ таємни́цю [секрéт] ein Gehéimnis verráten*; 6): ~ себé sich verráten*; 7): ~ себé за когóсь sich für j-n áus|geben*; 8) (*за когось – заміж*) verhéiraten *vt* (mit *D*)

ви́дати II (*звук*) von sich (*D*) gében* *vt*, (*про голосний - тж*) áus|stoßen* *vt*

ви́датися *див.* видавáтися

видатн|и́й hervórragend (*про подію тж.*) heráusragend; ~é досягнення Spítzenleistung *f*

ви́дача 1) Áusgabe *f*, Áushändigung *f* (*вручення*); Áusstellung *f* (*документа*); Áuszahlung *f* (*зарплати*); 2) (*злочинця*) Áuslieferung *f*

видéлка Gábel *f*

ви́дертися hináuf|klettern *vi* (s), heráuf|klettern *vi* (s)

видивля́тися 1) (*розглянути*) erspähen *vt*, erblícken *vt*, 2) *розм.* (*знайти, вибрати*) finden* *vt*, auswählen *vt*

ви́димий 1) (*помітний*) síchtbar; 2) (*що здається*) schéinbar

ви́димість 1) (*помітність*) Sicht *f*, Sichtbarkeit *f*, 2) (*образ, що здається*) Schein *m*, Ánschein *m*

ви́дих Áusatmen *f*, зроби́ти ~ aus|atmen *vi*

видихáти 1) áus|atmen *vt*, 2) (*аромат і т. п.*) áus|strömen *vt*, verbréiten *vt*

ви́дихнути *див.* видихáти 1

ви́дихнутися verflíegen* *vi* (s) (*про запах*); den Duft [das Aroma] verlíeren* (*утратити запах*)

ви́ділити 1) (*дати в розпорядження*) beréit|stellen *vt*, zur Verfügung stéllen *vt*, áb|stellen *vt* (*відібрати*); 2) (*відзначити*) áus|zeichnen *vt*, unterstréichen* *vt*, betónen *vt* (*підкреслити*); 3) *хим.*, *физиол.* áus|scheiden* *vt*, áb|sondern *vt*, **~ся** 1) (*відзначитися, висунутися*) sich hervór|tun*; 2) *хим.*, *физиол.* áus|scheiden* *vi* (s), sich áb|sondern

виділя́ти *див.* (ви́ділити); **~ся** 1) *див.* ви́ділитися; 2) (*на тлі чогось*) áb|stechen* *vi*, sich áb|heben* (von *D*); 3) (*чимось серед когось*) sich áus|zeichnen (durch *A*)

видíння Visión [vi-] *f*

видн|и́й 1) (*видимий*) síchtbar; erkénnbar (*помітний*); 2) (*значний*) bedéutend, ángesehen, prominént; ~a осóба prominénte Persönlichkeit

виднíтися zu séhen sein; síchtbar sein

ви́дно 1) Es ist zu séhen; (*комусь*) man kann séhen; менí нíчого не ~ ich séhe nichts; 2) (*помітно, ясно*) es ist hell; es ist klar; (*комусь*) man sieht es; стáло зóвсім ~ es wúrde ganz hell; менí ~ es ist mir hell genúg; 3) *вводн. сл.*: (як) ~ wie es scheint; ◊ там ~ бýде das wéitere wird sich (schon) finden [ergében]; тобí виднíше du weißt es bésser

ви́добуток 1) (*добування*) Förderung *f*, Gewínnung *f*, ~ вугілля Kóhlenförderung *f*, 2) (*добуте*) Béute *f*, das Erbéutete

ви́довбати, **видóвбувати** áus|höhlen *vt*, áus|meißeln *vt*

видóвище Ánblick *m* (*вид*); Scháuspiel *n* (*картина, сцена, вистава*)

видозмíнювати, **видозміни́ти** (ver)ändern *vt*, modifizíeren *vt*

ви́дра Otter *m*

ви́друкувати (áb)drúcken *vt* (*друкарським способом*)

ви́дряпати, **видря́пувати** áuskratzen *vt*

ви́дужати wíeder gesúnd sein

виду́жувати gesúnd wérden, genésen* *vi* (s)

ви́жати *спорт.* hében* *vt*

ви́ждати áb|warten *vt*, áb|passen *vt* (*момент*)

виживáти, **ви́жити** am Lében bléiben* *vi* (s); ◊ ~ з рóзуму schwáchsinnig wérden

ви́зватися (*зробити щось*) sich erbíeten* (zu + *inf*)

визволи́тель Befréier *m*

ви́зволити rétten *vt* (*врятувати*), befréien *vt* (*звільнити*) (von *D*)

визвóльн|ий Befréiungs-; ~a вíйнá Befréiungskrieg *m*, Fréiheitskrieg *m*

визволя́ти *див.* ви́зволити

визивни́й heráusfordernd, áuffällig, frech

визирáти, **ви́зирнути** 1) hináus|sehen* *vi*, hináus|schauen *vi*; ~ з вікнá zum Fénster hináus|sehen*; 2) (*показатися — про сонце і т. п.*) hervór|sehen* *vi*, hervór|schauen *vi*

визнавáти *див.* ви́знати

ви́знаний ánerkannt

ви́знати 1) (*право і т. п.*) án|erkennen* *vt*, 2) (*усвідомити*) (éin)gestéhen* *vt*, zú|geben* *vt* (*погодитися*)

визначáти *див.* ви́значити

ви́значен|ий 1) (*встановлений*) bestímmt, féstgesetzt; до ~ого стрóку zu éinem féstgesetzten Termín; 2) (*ясний, чіткий*) bestímmt, klar, genáu

ви́значення 1) (*дія*) Bestímmung *f*, Féststellung *f* (*встановлення*); ~ хворóби Diagnóse *f*, die Féststellung der Kránkheit; 2) (*формулювання*) Definitión *f*

ви́значити 1) (*дати визначення*) bestímmen *vt*, definíeren *vt*, 2) (*встановити*) bestímmen *vt*, áb|schätzen *vt* (*відстань*); 3) (*призначити*) bestímmen *vt*, fést|set-

В

zen *vt*, fést|legen *vt*; ~ строк для чогось den Termín für etw. (*A*) fést|setzen
визрівання 1) Réifen *n*; 2) (*ідеї, плану і т. п.*) Heránreifen *n*
вúзубрити *розм.* sich (*D*) etw. éin|pauken, éin|ochsen *vt*

B

виїжджáти *див.* вúїхати
вúїз|д 1) (*місце*) Áusfahrt *f*; 2) (*від'їзд*) Ábfahrt *f*, Áusreise *f*; **~ний**: ~нá віза Áusreisevisum [-vi:-] *n*
вúїмка (*заглиблення*) Vertíefung *f*, Múlde *f*
вúїхати 1) lós|fahren* *vi* (s); (hináus)fahren* *vi* (s) (aus *D*); ~ за місто ins Grüne fáhren* *vi* (s); 2) (*переїхати, переселитися*) wég|fahren* *vi* (s); áus|reisen *vi* (s) (*з країни*); verréisen *vi* (s) (*у подорож, відрядження*); úm|ziehen* *vi* (s) (*переїхати*) áus|ziehen* *vi* (s) (*з квартири*); verlássen* *vt* (*з міста, країни*); 3) (*під'їхати, досягти*) fáhren* *vi* (s), kómmen* *vi* (s)
виймáти, **вúйняти** heráus|nehmen* *vt*, hólen *vt* (aus *D*); heráus|ziehen* *vt* (*витягти*); entférnen *vt* (*видалити занозу і т. п.*)
вúйти 1) (*з приміщення*) hináus|gehen* *vi* (s), hináus|treten* *vi* (s); verlássen* *vt* (*залишити*); 2) (*з автобуса і т. п.*) áus|steigen* *vt* (s); 3) (*прийти до якогось місця*) kómmen* *vi* (s); 4) (*з'явитися — про книгу і т. п.*) erschéinen* *vi* (s), heráus|kommen* *vi* (s); 5) wérden* *vi* (s), heráus|kommen* *vi* (s); 6) (*витратитися*) áus|gehen* *vi* (s), álle sein* *розм.*; ◊ ~ заміж за когось *j-n* héiraten; ~ з моди aus der Móde kómmen* *vi* (s); ~ з положення éinen Áusweg fínden*; ~ з себе die Fássung verlíeren*, áußer sich (*D*) geráten* *vi* (s); ~ з вжитку nicht mehr gebráucht wérden, aus dem Gebráuch kómmen* *vi* (s); ~ на пенсію in Rénte géhen *vi* (s); ~ на роботу die Árbeit áuf|nehmen*
вúкачати, **викáчувати** áus|pumpen *vt*
викидáти *див.* вúкинути
вúкидень Féhlgeburt *f*
вúкинути wérfen* *vt*, wég|werfen* *vt* (*щось непотрібне*); ~ щось з вікна etw. zum Fénster hináus|werfen*; ◊ ~ щось з голови sich (*D*) *etw.* aus dem Kopf schlágen*
вúклад Wiedergabe *f*, Dárlegung *f*
викладáння Únterricht *m*
викладáти 1) heráus|legen *vt*; 2) (*читати лекції*) unterríchten *vt*, léhren *vt*; 3) (*чимось покрити*) áus|legen *vt* (mit *D*); 4) (*думки*) wíeder|geben* *vt*, vór|bringen* *vt*, dár|legen *vt*
викладáч Léhrer *m*; Léktor *m* (*у вузі*)
вúкласти *див.* викладáти 1, 3, 4
вúклик Vórladung *f* (*офіційний*); Áufforderung *f*, Áufruf *m* (*на змагання і т. п.*); Éinladung *f* (*запрошення*); Ánruf *m* (*по телефону*)
вúкликати, **викликáти** 1) (herbéi)rúfen* *vt*, kómmen lássen* *vt*, éin|laden* *vt* (*запросити*); ~ когось до себе j-n zu sich (*D*) bestéllen; ~ когось в суд j-n vor Gerícht láden*; ~ лікаря den Arzt kómmen lássen* [rúfen*, bestéllen]; ~ таксі ein Táxi bestéllen; ~ учня до дошки éinen Schüler an die Táfel rúfen*; 2) (*на щось – спонукати до чогось*) heráus|fordern *vt*, áuf|fordern *vt*; ~ когось на змагання j-n zum Wéttbewerb áuf|fordern* [áuf|rufen*]; 3) (*стати причиною чогось*) hervór|rufen* *vt*, áus|lösen *vt*, errégen *vt* (*збудити*); verúrsachen *vt* (*спричинити*); ~ апетит den Appetít án|regen; ~ сльози у когось j-n zum Wéinen bríngen*; ~ підозру Verdácht errégen; ~ цікавість Interésse wécken; ~ сенсацію Áufsehen errégen [máchen]
вúклопотати erwírken *vt*, verschäffen *vt*
виключáти *див.* вúключити
виключáючи (*когось/щось*) áusgenommen (*A*), mit Áusnahme (von *D*)
вúключення (*з організації*) Áusschließung *f*
вúключити áus|schließen* *vt*, stréichen* *vt* (*із списку*); exmatrikulíeren *vt* (*з вузу*)
викoнáвець (*артист*) Dársteller *m* (*ролі*); Interprét *m* (*співак, музикант*); ~ головної ролі Háuptdarsteller *m*
викoнáвч|ий (*про владу*) exekutív, Exekutív-; vollzíehend, Vollzúgs-; ~ комітет Exekutívkomitee *n*; ~і органи Vollzúgsorgane *pl*, Vollzúgsbehörden *pl*
викoнáння 1) Erfüllung *f*, Áusführung *f*, Verwírklichung *f* (*плану і т. п.*); Erlédigung *f* (*роботи, замовлення*); Vollzíehung *f* (*обов'язків і т. п.*); 2) (*на сцені і т. п.*) Dárbietung *f*, Dárstellung *f* (*ролі*)
вúконати 1) áus|führen *vt*, erfüllen *vt*, erlédigen *vt* (*роботу, замовлення, бажання і т. п.*); vollzíehen* *vt*, verwírklichen *vt* (*здійснити*); ~ обіцянку ein Verspréchen hálten*; 2) (*на сцені і т. п.*) vór|tragen* *vt*, dár|bieten *vt*, dár|stellen *vt* (*про актора*)
вúконатися (*здійснитися*) sich erfüllen, in Erfüllung géhen* *vi* (s)
виконкóм Vollzúgskomitee *n*, Vollzúgsausschuß *m*, Exekutívkomitee
виконрóб (виконавець робіт) (*на будівництві*) Báuleiter *m*
викóнувати *див.* вúконати; **~ся** *див.* вúконатися
вúкопати, **викóпувати** 1) (*яму*) gráben* *vt*, áus|heben* *vt*; 2) (*відкопати*) áus|graben* *vt*
вúкористання Áusnutzung *f*, Ánwendung *f*, Éinsatz *m* (*застосування*); Verwértung *f*, Áuswertung *f* (*реалізація*)
вúкористати áus|nutzen *vt*, benútzen *vt*, verwérten *vt*, áus|werten *vt* (*реалізувати*); éin|setzen *vt* (*пустити в хід*)
викорíнювати áus|rotten *vt*, áus|merzen *vt* (*знищувати*); áb|schaffen *vt* (*усувати*); überwínden* *vt* (*долати*)
вúкорчувати, **викорчóвувати** áus|roden *vt*

викрадáти stéhlen* *vt*, ráuben *vt*, entführen *vt* (*літак, машину, людину*); wég|treiben* *vt* (*худобу, коней*)
викрадáч Räuber *m*, Dieb *m*, Entführer *m* (*когось*)
вúкрадення Díebstahl *m*, Raub *m*, (*людини - тж*) Entführung *f*, ~ автомашúни Áutodiebstahl *m*, ~ літакá Flúgzeugentführung *f*
вúкрасти *див.* викрадáти
викрéслювати, **вúкреслити** (áus)stréichen* *vt*
викривáльний entlárvend [-vənt]; ánklagend, beschúldigend (*звинувачувальний*)
викривáти 1) entlárven [-vən] *vt*, (*щось - тж*) ent hüllen *vt*, áuf|decken *vt*, überführen *vt* (*G*); ~ чиясь брехня j-n Lügen stráfen; 2) (*бичувати*) géißeln *vt*
вúкривлений *перен.* verzógen, verzérrt
вúкривлення (*спотворення*) Entstéllung *f*, Verdréhung *f*
вúкрик Schrei *m*
викрúкувати, **вúкрикнути** schréien* *vt*
вúкрити *див.* викривáти
викриттѧ́ Entlárvung [-vuŋ] *f*, (*чогось - тж*) Ent hüllung *f*, Áufdeckung *f*, Géißelung *f* (*бичування*)
вúкрійка Schnitt *m*, Schníttmuster *n*
вúкроїти, **викрóювати** zú|schneiden* *vt*
вúкрутити (*вигвинтити*) áus|schrauben *vt*, heráus|drehen *vt*
вúкрутка Schráubenzieher *m*
викрýчувати *див.* вúкрутити
вúкувати *тж. перен.* schmíeden *vt*, ~ кваліфіковáні кáдри qualifizíerte Káder heránbilden
вúкупати báden *vt*, **~ся** báden *vi*, (*прийняти ванну - тж*) ein Bad néhmen*
викупáти, **вúкупити** áus|lösen *vt*, éin|losen *vt* (*з-під залогу*); lós|kaufen *vt* (*заплативши викуп*)
викýрювати, **вúкурити** ráuchen *vt*
вúла *мн.* Héugabel *f* (*для сіна*); Místgabel *f* (*для перегною*)
вилáзити 1) (*виповзти*) heráus|kriechen* *vi* (s); 2) (*про волосся*) áus|fallen* *vi* (s)
вúлаяти áus|schelten* *vt*, áus|schimpfen *vt*, **~ся** schímpfen *vi*
вúлетіти (*полетіти*) (áb-) flíegen* *vi* (s), (hináus)flíegen* *vi* (s) (*про птаха*); áb|fliegen* *vi* (s), stárten *vi* (s) (*про літак*); ~ у когóсь з рук j-m aus den Händen flíegen*; ◊ це вúлетіло у мéне з головú das ist mir gänzlich entfállen
виливáти 1) *див.* вúлити: 2): ~ комýсь дýшу j-m sein Herz áus|schütten; ~ гнів на когóсь séinen Zorn an j-n áus|lassen*
виливáтися *див.* вúлитися
вилúскувати (*якимось кольором*) schíllern *vi*, schímmern *vi*, ~ сріблом, червóним sílbern, rötlich schímmern *vi*
вúлити (áus)gießen* *vt*, áus|schütten *vt*, vergíeßen* *vt*, verschütten *vt* (*пролити*); **~ся** áus|fließen* *vi* (s); über|fließen *vi* (s) (*через край*)

вúлитий: він ~ бáтько er ist ganz der Váter
вúлиця *анат.* Báckenknochen *m*
вúлізти *див.* вилáзити
вилікóвний héilbar
вилікóвувати(ся) *див.* вúлікувати(ся)
вúлікування Héilung *f*, Genésung *f*
вúлікувати héilen *vt*, gesúnd máchen *vt*, (*якусь хворобу - тж*) áus|heilen *vt*, **~ся** genésen* *vi* (s), gesúnd wérden; sich áus|heilen, áus|heilen *vi* (s); ~ від чогóсь etw. áus|heilen
вúліпити modellíeren *vt*
вúліт (*літака і т. п.*) Ábflug *m*, Start *m*
вилітáти *див.* вúлетіти
вúлка (*штепсельна*) Stécker *m*
вúловити, **вилóвлювати** áb|fangen* *vt*, heráus|físchen *vt* (*рибу*)
вúлупитися, **вилýплюватися** aus dem Ei kríechen* *vi* (s)
вúлучити, **вилучáти** beschlágnahmen *vt*, konfiszíeren *vt* (*конфіскувати*); ~ щось із ужúтку etw. aus dem Gebráuch néhmen* *vt*
вимагá|ти 1) verlángen *vt*, fórdern *vt* (*від когось* von *D*); erpréssen *vt*, ábpressen *vt*, ~ грóші у когóсь aus j-m das Geld heráuspressen; ~ визнáння у когóсь j-m ein Geständnis abnötigen, von j-m ein Geständnis erzwíngen*; 2) (*потребувати*) erfórdern *vt*, verlángen *vt*, bedürfen* *vi* (*G*); це ~є багáто чáсу das erfórdert viel Zeit; **~тися** erfórderlich [nötig] sein
вúмазати, **вимáзувати** *розм.* beschmíeren *vt*, beflécken *vt*, beschmútzen *vt* (*забруднити*); **~ся** *розм.* (*забруднитися*) sich beschmíeren; sich beschmútzen
вимáнювати 1) (*когось*) heráus|locken *vt*, 2) (*щось у когось*) áb|listen *vt*, áb|locken *vt* (*D*)
вимерзáти, **вúмерзнути** áus|frieren* *vi* (s)
вúмерти áus|sterben* *vi* (s)
вúмести áus|kehren *vt*, áus|fegen *vt*
вимикáти áus|schalten *vt*, (*мотор, верстат - тж*) áb|stellen *vt*, (*світло - тж*) áus|machen *vt*, áb|drehen *vt* (*газ, воду*)
вимикáч Schálter *m*
вимирáти *див.* вúмерти
вúмисел Erfíndung *f*, Erdíchtung *f*, Zügenmärchen *n*, Lüge *f* (*неправда*)
вúмити(ся) *див.* мúти(ся)
вúмишлений erfúnden, erdíchtet
вимíнювати, **вúміняти** (*на щось*) éin|tauschen *vt* (für *A або* gégen *A*)
вúмір *мат.* Dimensión *f*
вимíрнúй méßbar
вимíрник (*прилад*) Méßgerät *n*
вимíрювання Méssung *f*
вимíрювач (*прилад*) Méßgerät *n*
вúміряти, **вимíрювати** méssen* *vt*, ausmessen* *vt*, abmessen* *vt*
вимітáти *див.* вúмести
вúмкнути *див.* вимикáти
вимóва Áussprache *f*, Akzént *m* (*акцент*)

В

вимовля́ти, **ви́мовити** 1) áus|sprechen* *vt*, artikulíeren *vt* (*звук і т. п.*); 2) (*сказати*) ságen *vt*, spréchen* *vt*; не ~ ні слóва kein Wort spréchen*; він не ви́мовив ні слóва er sprach kein Wort

В

вимóг|а 1) Fórderung *f*, справедли́ва ~ geréchte Fórderung; 2) *мн.* ~и (*претензії*) Ánforderungen *pl*, Ánsprüche *pl*; стáвити до кóгось/чóгось висóкі ~и hóhe Ánforderungen an j-n/ etw. stéllen; ◊ зупи́нка за ~ою Bedárfshaltestelle *f*

вимóгливий ánspruchsvoll; streng (*суворий*)

вимокáти, **ви́мокнути** durchnäßt sein, naß wérden

ви́мушен|ий 1) erzwúngen, nótgedrungen; ~а посáдка Nótlandung *f*, 2) (*неприродний*) gezwúngen, únnatürlich

ви́м'я Éuter *n*

вин|á Schuld *f*, це трáпилося не з моєї ~и́ darán bin ich nicht schuld; з твоєї ~и́ déinetwegen

винагорóда 1) (*платня*) Lohn *m*, Bezáhlung *f*, 2) (*нагорода*) Belóhnung *f*

ви́нагородити, **винагорóджувати** (*чимось за щось*) belóhnen *vt* (mit *D* für *A*)

ви́найти erfínden* *vt*

ви́нахід Erfíndung *f*

винахі́длив|ий fíndig, schlágfertig; erfínderisch; **~ість** Fíndigkeit *f*, Schlágfertigkeit *f*

винахі́дник Erfínder *m*

винахóдити *див.* ви́найти

ви́нен: він мені́ ~ п'ять карбóванців er ist mir fünf Rúbel schúldig

ви́нести 1) (*назовні*) hináus|tragen* *vt*, (*принести кудись тж.*) bríngen* *vt*; 2) (*перенести*) ertrá-gen* *vt*, áus|halten* *vt* (*витримати*); 3): ~ резолю́цію [рі́шення] éinen Beschlúß fássen; ~ ви́рок ein Úrteil fällen; ~ кому́сь подя́ку j-m éine Ánerkennung áus|sprechen*

ви́никáти *див.* ви́никнути

ви́никнення Entstéhung *f*

ви́ник|нути entstéhen* *vi* (s), áuf|treten* *vi* (s); (*у когось*) kómmen* *vi* (s) (*D*); у мéне ~ла пі́дóзра, що ... mir kam der Verdácht, daß...; у ньóго ~ла ду́мка... er kam auf den Gedánken..

ви́нищити vertílgen *vt*; vernichten *vt* (*знищити*); áus|rotten *vt* (*викоренити*)

вини́щування Vertílgung *f*, Verníchtung *f* (*знищення*); Áusrottung *f* (*викорінювання*)

вини́щувати *див.* ви́нищити

вини́щувач *ав.* Jágdflugzeug *n*, Jäger *m*

ви́нний (*в чомусь*) schúldig (*G*), schuld (an *D*)

винó Wein *m*

винoгрáд 1) (*рослина*) Wein *m* *збірн.*; Wéinstock *m*, Wéinrebe *f* (*лоза*); 2) (*плоди*) Wéintrauben *pl*, збір ~у Wéinlese *f*, **~ний** 1) Wéin-; ~не грóно Wéintraube *f*, 2) (*з винограду*) Wéintrauben-, Tráuben-; ~не винó Traubenwein *m*, **~ник** Wéinberg *m*

винорóб Wínzer *m*, **~ство** Wéinbereitung *f*

винóсити 1) *див.* ви́нести; 2): не ~ чогóсь etw. nicht vertrágen* (können*); не ~ когóсь j-n nicht léiden [nicht áusstehen] können*

ви́нóска (*примітка*) Fúßnote *f*

винувáт|ець 1) Úrheber *m*, der Schúldige; 2): ~ торжествá der Geféierte; **~ість** Schuld *f*

винувáт|ий 1) schúldig; бу́ти ~им в чóмусь an etw. (*D*) schuld sein; 2) (*що виражає почуття вини*) schúldbewußt

винувáтити beschúldigen *vt* (*в чомусь або за щось G*)

винувáто schúldbewußt

винятків|ий 1) (*особливий, незвичайний*) äußerst, áußerordentlich; únnachahmlich; спрáва ~ої важли́вості éine Sáche von äußerster Wíchtigkeit; 2) (*єдиний*) Áusnahme-; éinzigartig; ~ ви́падок Áusnahmefall *m*, **~о** 1) (*лише*) áusschließlich; 2) (*особливо*) áußerordentlich; äußerst (*вельми*)

ви́нят|ок (*з правил і т. п.*) Áusnah-me *f*, без ~ку óhne Áusnahme, áusnahmslos; як ~ áusnahmsweise; ◊ за ~ком (*когось/чогось*) *див.* виключáючи

ви́пад 1) *спорт.* Áusfall *m*, Áuslage *f* (*у фехтуванні*); 2) *перен.* Áusfall *m*, Ángriff *m*

випадáти *див.* ви́пасти

випадкóв|ий 1) (*непередбачений*) zúfällig, Zúfalls-, únvorhergesehen; 2) (*який трапляється час від часу*) gelégentlich, Gelégenheits-; ~і пóмилки gelégentliche Féhler; ~а поку́пка Gelégenheitskauf *m*, **~ість** 1) (*властивість*) Zúfälligkeit *f*, 2) (*непередбачена обставина*) Zú-fall *m*

випадкóво *присл.* 1) (*за велінням випадку*) zúfällig, zúfälligerweise, durch Zúfall; 2) (*ненавмисно*) aus Verséhen, verséhentlich

ви́пад|ок 1) Vórfall *m* (*подія*); Zwíschenfall *m* (*інцидент*); Erlébnis *n* (*подія особистого характеру*); нещáсний ~ Únfall *m*, ди́вний ~ ein séltsamer Vórfall; ~ на кордóні Grénzzwischenfall *m*, ціка́вий ~ ein interessántes Erlébnis; 2) (*випадковість*) Zúfall *m*, щасли́вий ~ ein glücklicher Zúfall; 3) (*нагода*) Gelégenheit *f*, Ánlaß *m* (*привід*); зручни́й ~ éine günstige Gelégenheit; в урочи́стих ~ках bei féierlichen Gelégenheiten [Ánlässen]; 4) (*явище, факт*) Fall *m*, *тж мед.*, *юр.*; одини́чний ~ Éinzelfall *m*, в дáному ~ку im vórliegenden Fall; у ~ку пожéжі bei Féuer; ◊ у тóму ~ку, якщó... falls..., für den Fall, daß..., im Fálle, daß...; у бі́льшості ~ків in den méisten Fällen, méistens; у край-ньому ~ку im äußersten Fall, im Nótfall; на вся́кий ~ auf [für] álle Fälle

ви́пари *мн.* Dämpfe *pl*, Áusdünstungen *pl*, Dünste *pl*

випарóвування Verdúnstung *f*

випаро́вуватися verdámpfen *vi* (s), verdúnsten *vi* (s)
ви́па|сти 1) heráus|fallen* *vi* (s); entfállen* *vi* (s) (*з чогось D*); 2) (*про опади*) fállen* *vi* (s); ~в сніг es hat geschnéit; 3) (*комусь діс-татися*) zú|fallen* *vi* (s), zutéil wérden (*D*)
ви́пекти (áus)backen* *vt*
ви́передити, **випереджа́ти** zuvór|kommen* *vi* (s) (*D*), überhólen *vt*
ви́пестуваний gepflegt; verhätschelt (*розпещений*)
ви́пестувати pflegen *vt*, hégen
випива́ти *див.* ви́пити
випи́лювати, **ви́пиляти** áus|sägen *vt*
ви́писати 1) (*цитату і т. п.*) heráus|schreiben* *vt* (aus *D*); schréi-ben* *vt* (in *A* — *написати в зошит і т. п.*); 2) (*скласти*) áus|stellen *vt* (*чек*); (áus)schreiben* *vt* (*рахунок*); 3): ~ кого́сь (на робо́ту) (*після хвороби*) j-n gesúnd schréiben*
ви́писка (*з тексту*) Áuszug *m*
випи́сувати *див.* ви́писати
ви́питати áus|forschen *vt*, áuskundschaften *vt*
ви́пити 1) trínken* *vt*; ~ ча́ю Tee trínken*; ~ ча́шку ка́ви éine Tásse Káffee trínken; 2) (*випити все*, *допити*) áus|trinken*; ~ скля́нку ein Glas áus|trinken*
випи́тувати *див.* ви́питати
випіка́ти *див.* ви́пекти
ви́плата Áuszahlung *f*
ви́платити, **випла́чувати** (áus)záhlen *vt*
виплива́ти, **ви́пливти** 1) hináus|schwimmen* *vi* (s), heráus|schwimmen* *vi* (s); 2) (*спливти*) nach óben schwímmen* [kómmen*] *vi* (s); ~ на пове́рхню an die Óberfläche kómmen* *vi* (s)
ви́плутатися, **виплу́туватися** (*з чогось*) 1) sich heráus|winden (aus *D*); 2) *перен.* sich (*D*) heráus|helfen* (aus *D*)
виплььо́вувати, **ви́плюнути** áus|spucken *vt*
виповза́ти, **ви́повзти** heráus|kriechen* *vi* (s), hervór|kriechen* *vi* (s)
ви́повни|тися: йому́ ~лося два́дцять ро́ків er ist zwánzig Jáhre alt gewórden; сьо́годні ~лося три ро́ки з то́го ча́су, як ... héute sind es drei Jáhre her, daß ...
ви́полоскати 1) (*білизну і т. п.*) áus|spülen *vt*; 2) (*обполоскати миску і т. п.*) áb|spülen *vt*
ви́порожнення *мед.* Stúhlgang *m*
ви́правдання 1) Réchtfertigung *f*, Entschúldigung *f* (*вибачення*, *пояснення*); 2) (*підсудного*) Fréisprechung *f*
ви́правдати 1) (*вчинок*, *поведінку*) réchtfertigen *vt*; 2) (*підсудного*) fréi|sprechen* *vt* 3): ~ себе́ sich bewähren (*про метод і т. п.*); sich lóhnen (*про зусилля і т. п.*); 4): ~ ви́трати die Áusgaben décken; **~ся** 1) (*довести свою правоту*) sich réchtfertigen; 2) (*окупитися — про витрати*) sich décken
випра́вдувальний: ~ ви́рок Fréispruch *m*
випра́вдувати *див.* ви́правдати; **~ся** 1) *див.* ви́правдатися; 2) (*пояснювати свою поведінку*) sich entschúldigen (mit *D*)
ви́правити (ver)béssern *vt*, korrigíeren *vt*, beríchtigen *vt* (*помилки*); **~ся** sich béssern
ви́правка (*постава*) Háltung *f*
виправля́ти(ся) *див.* ви́правити(ся)
ви́прасувати *див.* прасува́ти
ви́прати wáschen* *vt*
випро́бн|ий Test-, Próbe-, Versúchs-; ~ полі́т Téstflug *m*; ~ строк Próbezeit *f*; ~á ста́нція Versúchsstation *f*
випробо́вувати erpróben *vt*, prüfen *vt*, tésten *vt*; probíeren *vt*, versúchen *vt*; випробо́вувати літа́к Téstflüge dúrch|führen
ви́пробуваний erpróbt, geprüft; ~ друг bewährter Freund
ви́пробування 1) (*перевірка*) Ver-súch *m*, Test *m*, Próbe *f*; ~ я́дерної збро́ї Kérnwaffentests *pl*, Kérnwaf-fenversuche *pl*; 2) *перен.* Prüfung *f*
ви́пробувати *див.* випробо́вувати
випро́бувач: льо́тчик-~ Téstflieger *m*, Téstpilot *m*
випромі́нювання Stráhlung *f*, Áusstrahlung *f*
випромі́нювати 1) (*світло*, *тепло*) áus|strahlen *vt*; 2) *перен.* (*радість і т. п.*) áus|strömen *vt*; 3) *фіз.* stráhlen *vi*
випро́шувати, **ви́просити** erbítten* *vt*, sich (*D*) etw. áus|bitten*
ви́прямити, **випрямля́ти** geráde|machen *vt*, geráde|biegen* *vt*; **~ся** (*стати прямо*) sich áuf|richten
ви́пуск 1) Produktiónsausstoß *m* (*продукції*); Heráusgabe *f* (*книг і т. п.*); 2) (*частина видання*) Líeferung *f*, Heft *n*; 3): спеціа́льний ~ газе́ти Sónderausgabe der Zéitung; 4) (*студентів*, *школярів*) Jáhrgang *m*
випуска́ти *див.* ви́пустити
випускн|и́й 1) (*про учбові заклади*) Abgangs-; ~í і́спити Abitúr *n*, Réifeprüfungen *pl*, Ábschlußprüfungen *pl*; 2): *тех.*: ~ кла́пан Áblaßventil [-vɛn-] *n*
випускни́к Absolvent [-'vɛnt] *m*, Schúlabgänger *m*, Abituriént *m* (*школи*)
ви́пустити 1) (*звідкись*) hináus|las-sen* *vt*; ~ щось з рук etw. aus den Händen lássen*; etw. fállen lássen* (*упустити*); 2) (*продукцію*) hér|stellen *vt*, produzíeren *vt*, líefern *vt*; 3) (*видати*) heráus|geben* *vt*; 4) (*з учбового закладу*) áus|bilden *vt*; 5) (*пропустити частину тексту*) áus|lassen* *vt*; 6) (*звільнити*) fréi|lassen* *vt*, entlássen* *vt*
вир Strúdel *m*, Wásserwirbel *m*, Strúdel *m*
виража́ти(ся) *див.* ви́разити(ся)
ви́ражений: яскра́во ~ scharf áusgeprägt
ви́раз *у різн. знач.* Áusdruck *m*; ~ обли́ччя Gesíchtsausdruck *m*; влу́чний ~ ein tréffender Áusdruck; ◊ з ~ом mit Áusdruck

В

ви́разити 1) (*висловити*) äußern *vt*, áus|sprechen* *vt*, 2) (*проявити*) zum Áusdruck bríngen *vt*, 3) (*передати*) áus|drücken *vt*, dár|stellen *vt* (*в цифрах*); **~ся** 1) (*висловитися*) sich áus|drücken; 2) (*проявитися*) sich äußern zum Áusdruck kómmen* *vi* (s)
ви́разка *мед.* Geschwür *n* (*нарив*); Wúnde *f* (*рана*); ~ a Mágengeschwür
вира́зн|ий déutlich, klar; ; vernéhmlich; áusdrucksvoll; (*про зображення - тж*) scharf; **~ість** Áusdruckskraft *f*
ви́рвати (her)áus|reißen* *vt*, zíehen* *vt* (*зуб*); ~ щось у когось з рук j-m etw. aus der Hand réißen*; ~ зуб éinen Zahn zíehen*
ви́рватися 1) sich lós|reißen*, sich lós|machen; 2): ~ вперéд vórbrechen *vi* (s); 3) (*у когось – про слово, крик і т. п.*) entfáhren* *vi* (s), entschlüpfen *vi* (s) (*D*)
вирива́ти I *див.* ви́рвати
вирива́ти II *див.* ви́рити
вирива́тися *див.* ви́рватися
ви́ринути áuf|tauchen *vi* (s)
ви́рити 1) (*яму і т. п.*) gráben* *vt*, áus|heben* *vt*, 2) (*витягти з землі*) áus|graben* *vt*
вирі́внювання Ángleichung *f*, Áusgleich *m*, ~ цін Préisausgleich *m*
вирі́внювати(ся) *див.* ви́рівняти(ся)
ви́рівняти *див.* рівня́ти; **~ся** (*в одну лінію*) sich ríchten
ви́різ Áusschnitt *m*
ви́різати, **вирíза́ти** 1) (*видалити*) áus|schneiden* *vt*, *мед. тж* operíeren *vt*, 2) (*виготовити*) schnéiden* *vt*, schnítzen *vt* (*з дерева*); méißeln *vt* (*з каміння*)
ви́різка 1) (*з газети і т. п.*) Áusschnitt *m*, 2) (*сорт м'яса*) Léndenstück *n*
ви́різнити, **вирізня́ти** áus|zeichnen *vt*, **~ся** (*чимось*) sich áus|zeichnen (durch *A*)
ви́різьбити méißeln *vt*, aus Stein háuen* (*з каменю*)
виріша́льний entschéidend; áusschlaggebend (*визначальний*)
ви́рішен|ий beschlossen; ця справа ~a das ist beschlóssene Sáche
ви́ріши|ти 1) (*прийняти рішення*) beschlíeßen* *vt*, éinen Entschlúß fássen; entschéiden* *vt*, éine Entschéidung tréffen* (*зробити вибір*); 2) (*стати вирішальним в чомусь*) entschéiden* *vt*, цей гол ~в долю гри díeses Tor entschíed das Spiel
ви́рішитися (*остаточно визначитися — про справу і т. п.*) sich entschéiden*
ви́роби *мн.* (*одн.* ви́ріб) Erzéugnisse *pl* (*sg* Erzéugnis *n*) (*продукти виробництва*); Wáren *pl* (*sg* Wáre *f*) (*товари*); ~ хімічної промисловості Erzéugnisse der chémischen Industríe; готові ~ Fértigerzeugnisse *pl*, Fértigwaren *pl*, швейні ~ Konfektión *f*
виробля́ючий produzíerend, erzéugend
виробни́цтв|о 1) Produktión *f*, (*виробіток - тж*) Erzéugung *f*, Hérstel-lung *f*, Fértigung *f*, спосіб ~a Produktiónsweise *f*, засоби ~a Produktiónsmittel *pl*, знаряддя ~a Produktiónsinstrumente *pl*, ~ зерна Getréideproduktión *f*, ~ товарів масового [широкого] вжитку Produktión [Hérstellung, Fértigung] von Konsúmgütern [von Mássenbedarfsartikeln]; ~ зброї Rüstungsproduktion *f*, спільне ~ (*кінофільму*) Geméinschaftsproduktion *f*, Kóproduktion *f*, 2) (*підприємство*) Betríeb *m*, працювати на ~і im Betríeb [in de Produktión] árbeiten *vi*
виробни́ч|ий 1) Produktións-; ~ план Produktiónsplan *m*, ~ процéс Produktiónsprozeß *m*, 2): ~a прáктика (*студентів*) Berúfspraktikum *n*, ~e навчáння (*в школі*) Unterricht im Betríeb, produktíve [-və] Árbeit (PA)
ви́родження Entártung *f*, Áusartung *f*, Degeneratión *f*, Verfáll *m* (*занепад*)
ви́родитися, **виро́джуватися** entárten *vi* (s); áus|arten *vi* (s), degeneríeren *vi* (s) (*тж. перен.*)
виродли́вий (*з фізичною вадою*) míßgestaltet
ви́рок Úrteil *n*, дивéртний ~ Tódesurteil *n*, винести комусь ~ *тж перен.* ein Úrteil über j-n fällen; виконати ~ ein Úrteil vollstrécken
вироста́ти, **ви́рости** 1) (*стати більше, довше і т. п.*) wáchsen* *vi* (s), groß wérden; 2) (*стати дорослим*) erwáchsen sein; áuf|wachsen* *vi* (s) (*провести дитинство десь*); 3) (*збільшитися*) (án)wáchsen* *vi* (s) stéigen* *vi* (s)
ви́ростити, **виро́щувати** 1) (*рослину*) ziehen* *vt* (*з чогось* aus *D*); (*тварин, рослини*) züchten *vt*, 2) (*дітей*) gróß|ziehen* *vt*ж (áuf)ziehen* *vt*, gróß|ziehen* *vt*
виру́бувати, **ви́рубати** 1) (*ліс*) áus|holzen *vt*, 2) (*дерево*) fällen *vt*, 3) (*отвір*) hácken *vt*
вирува́ти *перен.* sprúdeln *vi* (s), pulsíeren *vi*
вируча́ти, **ви́ручити** hélfen* *vi* (*D*); ~ когось з біди j-m aus der Not hélfen*
ви́рушити, **вируша́ти** (*про людину*) sich begében*; géhen* *vi* (s) (*піти*); fáhren* *vi* (s) (*поїхати*); ~ в поїздку [у подорож] sich auf éine Réise begében*; ~ пішки zu Fuß géhen*; ~ на поїзді [поїздом] mit dem Zug fáhren*; ~ в дорогу sich auf den Weg máchen
ви́садити, **виса́джувати I** 1) (*рослини*) (áus)pflánzen *vt*, verpflánzen *vt*, 2) (*когось*) áb|setzen *vt*, áus|steigen lássen* *vt* (*з машини, трамвая і т. п.*); an(s) Land sét-zen *vt* (*з судна на берег*); **~ся** áus|steigen* *vi* (s) (*з вагона*); an Land géhen* *vi* (s) (*з судна*)
ви́садити, **виса́джувати II** (*у повітря*) spréngen *vt*
ви́садка 1) (*рослин*) Áuspflanzen *n*, Verpflánzung *f*, 2) (*людей*) Áussteigen *n* (*з вагона*); Lándung *f* (*з судна*)
ви́сапати, **виса́пувати** (áus)jäten *vt*

висве́рдлювати, **ви́свердлити** (áus)-bohren *vt*
ви́світлення (*тлумачення*) Beléuchtung *f*, Behándlung *f* (*розгляд*)
ви́світлити, **висві́тлювати** behándeln *vt*, beléuchten *vt*, erläutern *vt*
ви́сидіти, **виси́джувати** (*пташенят*) áus|brüten *vt*
висила́ти *див.* ви́слати
ви́силка 1) (*по пошті*) Ábsendung *f*; 2) (*заслання*) Áusweisung *f*
ви́сип Áusschlag *m*
ви́сипати, **висипа́ти** 1) (*звідкись*) áus|s-chütten *vt*, verschütten *vt* (*розсипати*); 2) (*всипати кудись*) schütten *vt*, stréuen *vt*, tun* *vt* (in *A* — *в їжу, що готується*); 3) (*про висип*) áus|schlagen* *vi* (s); 4) *розм.* (*про натовп*) strömen *vt*
ви́сипатися, **висипа́тися** heráus|rie-seln *vi* (s); heráus|fallen* *vi* (s) (*випасти*)
висиха́ти *див.* со́хнути
ви́сів *с.-г.* Áussaat *f*, **~а́ти** säen *vt*, aussäen *vt*
ви́сівки *мн.* Kléie *f*
висіка́ти, **ви́сікти** (áus)meißeln *vt*
висі́ти hängen* *vi*; ◊ ~ в пові́трі in der Luft schwében *vi*
виска́кувати, **ви́скочи|ти** 1) hináus|sp-ringen* *vi* (s) (*вистрибнути*); hervór|sprin-gen* *vi* (s) (*зненацька з'явитися*); 2) (*випасти*) (her)áus|fal-len* *vi* (s) ◊ у ньо́-го з голови́ ~ло ... es ist ihm entfállen..
ви́скочка *м*, 1) (*кар'єрист*) Emporköm-mling; 2) (*що намагається звернути на себе увагу*) Náseweis *m*
ви́слати 1) (*послати по пошті*) (áb)schic-ken *vt*, 2) (*заслати*) áus|weisen* *vt*
вислиза́ти, **ви́слизнути** (*піти непо-мітно*) entschlüpfen *vi* (s); entwíschen *vi* (s) (*від когось D* — *втекти*); ~ у когóсь з рук j-m aus der Hand gléiten* *vi* (s)
ви́слів Áusspruch *m*, Spruch *m*
ви́словити áus|sprechen* *vt*, ságen *vt*, äußern *vt*, **~ся** sich äußern (über *A*); ~ся за щось, прóти чогось sich für etw. (*A*), gégen etw. (*A*) áus|sprechen*
ви́словлення (*судження*) Áußerung *f*, Erklärung *f* (*заява*); Áusspruch *m* (*ви́слів*)
вислóвлювати(ся) *див.* ви́словити(ся)
ви́слуг|а *ж.* за ~ою рóків für lángjährige Dienste
ви́слухати, **вислу́хувати** 1) án|hören *vt*, sich (*D*) etw. an|hören (*щось*); zú|hören *vi* (*D*) (*когось*); 2) *мед.* (áb)hórchen *vt*
ви́смикнути, **висми́кувати** (her)áus|rei-ßen* *vt*, (her-)áus|ziehen* *vt*
висмі́ювати, **ви́сміяти** áus|lachen *vt*, verspótten *vt*
ви́смоктати áus|saugen* *vt*
ви́снажен|ий erschöpft; (*про людину тж*) entkräftet; **~ня** *у різн. знач.* Erschöpfung *f*
ви́снажити, **висна́жувати** erschöpfen *vt*, áuf|reiben* *vt*, entkräften *vt*
ви́снов|ок Schluß *m*, Schlúßfolgerung *f*, Gútachten *n* (*спеціаліста*); ми прийшли до ~ку [зроби́ли ~], що ... wir kámen zu dem Schluß, daß ...; зроби́ти ~ки з чогóсь aus etw. (*D*) Schlúßfolgerungen [Konse-quénzen] zíehen*; з цьóго ~ ... daráus ergíbt sich fólgender Schluß ..
висóвувати(ся) *див.* ви́сунути(ся)
висóк|ий 1) *у різн. знач.* hoch; ~а трава́ hóhes Gras; ~а температу́ра hohe Tem-peratúr; ~а нóта hóhe Nóte; ~а продук-ти́вність праці hóhe Arbeitsproduktivität [-vi-]; 2) (*про людину*) groß; ~ого зрóсту von hóhem Wuchs; 3) (*піднесений*) erhában, hoch
ви́сóко *у різн. знач.* hoch; ~ в гора́х hoch óben im Gebírge; ~ оціни́ти щось etw. hoch éin|schätzen
високовиробнич|ий hóchproduktiv; hó-chleistungsfähig; ~і маши́ни Hochleistun-gsmaschinen *pl*
високоврожа́йний ertrágreich
високоефекти́вний hóchwirksam, hó-cheffektiv, Hóchleistungs-
висококваліфікóваний hóchqualifiziert
високооплáчуваний gútbezahlt
високопродукти́вн|ий ertrágreich: ~а порóда (*худоби*) hóchergiebige Rásse
високорозви́нений hóchentwickelt
високóсний: ~ рік Schа́ltjahr *n*
високоя́кісний Qualitäts-; von hóher Qualität, hóchwertig
висота́ Höhe *f*
висóтн|ий: ~а будíвля Hóchhaus *n*
ви́сохнути *див.* сóхнути
височина́ Ánhöhe *f*
височі́ти empór|ragen *vi*, sich erhében*
ви́спатися, **висипа́тися** áus|schlafen* *vi*, sich áus|schlafen*
виспі́вувати síngen* *vi*, *vt*, schlágen* *vi* (*про солов'я*); krähen *vi* (*про півня*)
виста́ва *театр.* Vórstellung *f*, Inszeníe-rung *f* (*спектакль*); Áufführung *f* (*поста-новка*); вечíрня ~ Ábendvorstellung *f*, пéрша ~ Érstaufführung *f*
ви́ставити 1) (*вперед*) vór|schieben* *vt*, vór|rücken *vt*, 2) (*для огляду*) áus|stellen *vt*, zur Schau stéllen *vt*, 3) (*назовні*) hináus|stellen *vt*, 4): ~ чия́сь кандида-ту́ру éine Kandidatúr áuf|stellen [vór|s-chlagen*]; ~ комáнду *спорт.* éine Mán-nschaft áuf|stellen
ви́ставка 1) Áusstellung *f*, Schau *f* (*мод, квітів*); промислóва ~ Industríeaus-stellung *f*, ~-прóдаж Verkáufsausstellung *f*, ~ карти́н Gemäldeausstellung *f*, 2) (*вітрина в магазині*) Áuslage *f*
виставля́ти *див.* ви́ставити
вистача́|ти *див.* ви́стачити; йомý не ~є дóсвіду es fehlt ihm an Erfáhrung; цьогó ще не ~ло! das hat geráde noch geféhlt!; чогóсь не ~є es mángelt [fehlt] an etw. (*D*) (*комусь D*); мені́ тебé ду́же не ~ло ich hábe dich sehr vermíßt, du hast mir sehr geféhlt
ви́стачи|ти (áus)réichen *vi*, genügen *vi*; цьóго мені́ ви́стачить damít kómme ich

aus; у нього ~ло на це му́жності er fand den Mut dazú; мені не ~ло ча́су ich hätte nicht genúg Zeit; мені не ~ло гро́шей mein Geld réichte nicht (aus)

В

ви́стежити auf die Spur kómmen* *vt* (s) (*D*)

висте́жувати nách|spüren *vi* (*D*)

ви́стояти 1) (*простояти*) (éine Zeitlang) stéhen* *vi*; 2) (*устояти*) dúrchhalten* *vi*

ви́страждати (*пережити*) erléiden* *vt*, erdúlden *vt*

ви́стрибнути hináus|springen* *vt* (s), heráus|springen* *vi* (s)

ви́стрибом hüpfend

вистри́бувати *див.* ви́стрибнути

ви́стрілити schießen* *vi*, éinen Schuß áb|gebén*; ~ з рушни́ці ein Gewéhr áb|feuern

ви́ступ 1) Vórsprung *m*; 2) Áuftritt *m*; Dárbietung *f* (*артистів*); 3) (*дія, акція*) Aktión *f*; ма́сові ~и Mássenaktionnen *pl*; 4) (*усний або в пресі*) Réde *f* (*промова*); Ánsprache *f* (*по радіо*); Artíkel *m* (*стаття*); 5) (*в дорогу, в похід*) Áufbruch *m*

виступа́ти 1) *див.* ви́ступити; 2) (*видаватися вперед*) vór|springen* *vi* (s), hervór|ragen *vi*

ви́ступи|ти 1) (*вийти вперед*) heráus|treten* *vi* (s), hervór|treten* *vi* (s); 2) (*в дорогу, в похід*) áuf|brechen* *vi* (s); 3) (*проступити*) áus|schlagen* *vi* (s) (*про цвіль*); dúrch|sickern *vi* (s) (*про рідину*); у неї на оча́х ~ли сльо́зи ihr tráten die Tränen in die Áugen; 4) (*привселюдно*) áuf|treten* *vi* (s); spréchen* *vi* (*з усним повідомленням*); ~ з промо́вою éine Réde hálten*; ~ по ра́діо im Rúndfunk spréchen*; ~ за щось für etw. (*A*) éin|treten* *vi* (s); ~ про́ти чого́сь gégen etw. (*A*) áuf|treten* *vi* (s)

висува́ння ~ кандида́тів Áufstellung [Nominíerung] der Kandidáten

висува́ти(ся) *див.* ви́сунути(ся)

ви́сунути 1) hináus|strecken *vt*, heráus|strecken *vt*, vór|schieben* *vt*, heráus|ziehen* *vt* (*ящик*); 2) (*запропонувати для обслуговування і т. п.*) vór|bringen* *vt*; áuf|stellen *vt* (*теорію, кандидатуру*); ~ до́кази Bewéise bríngen*; ~ пропози́цію éinen Vórschlag máchen; ~ щось на пе́рший план etw. in den Vórdergrund rücken [stéllen]; **~ся** vór|rücken *vi* (s), áuf|rücken *vi* (s); sich hináus|lehnen, sich heráus|lehnen

ви́сушити (áus)trócknen (lássen*) *vt*

ви́сякатися sich schnáuben, sich schnéuzen, sich die Náse pútzen

вися́чий hängend, Hänge-; ~ замо́к Vórhängeschloß *n*

ви́текти áus|fließen* *vi* (s), áus|laufen* *vi* (s) (*про рідину*); entwéi-chen* *vi* (s), áus|strömen *vi* (s) (*про газ*)

ви́терти 1) (*насухо*) (áb)tróсknen *vt*; ~ обли́ччя рушнико́м das Gesícht mit [an] dem Hándtuch tróсknen; 2) (*обтерти щось, витерти пил і т. п.*) (áb)wíschen *vt*; ~ чоло́ sich (*D*) die Stirn áb|wischen; **~ся** (*насухо*) sich áb|trocknen

ви́ти I (*ревти*) héulen *vi*

ви́ти II (*мотати*) wínden* *vt*

ви́тий gewúnden

витира́ти(ся) *див.* ви́терти(ся)

ви́тискати, витиска́ти verdrängen *vt*

ви́тися 1) (*про волосся*) sich lócken, sich kräuseln; 2) (*про рослини*) sich ránken; 3) (*звиватися — про дорогу і т. п.*) sich schlängeln; 4) (*кружляти в повітрі*) kréisen *vi* (*про птахів*); schwírren *vi* (*про комах*); wírbeln *vi* (*про пил і т. п.*); 5) (*про прапор*) wéhen *vi*

ви́тівка Áusschreitung *f*, Streich *m*, Schábernack *m* (*пустощі*)

ви́тік I (*початок*) Quélle *f*

ви́тік II Áusfließen *n*, Ábfließen *n*, Síckern *n* (*рідини*); Áusströmen *n* (*газу*); Ábleitung (*струму*); *тех.* Ver-lúst *m* (*втрата*)

витіка́|ти 1) *див.* ви́текти; 2) (*випливати*) fólgen *vt* (s), sich ergében*; з цього ~є, що... daráus folgt [hieráus ergíbt sich], daß..

ви́ткати wében* *vt*, wírken *vt*

вито́к 1) (*спіралі і т. п.*) Wíndung *f*; 2) (*при польоті*) Umkréisung *f*; ~ навко́ло Землі́ Érdumkreisung *f*

ви́тончен|ий fein, elegánt; verféinert, raffiníert; áusgeklügelt; **~ість** Féin-heit *f*, Elegánz *f*, Verféinerung *f*, Raffiníertheit *f*

ви́топити I (*піч*) héizen *vt*, éin|heizen *vt*

ви́топити II (*сало, віск і т. п.*) schmélzen

ви́топтати *див.* топта́ти

ви́точити *див.* точи́ти **I** 2

ви́трата Áusgabe *f*, Áufwand *m*, Verbráuch *m*, Vergéudung *f* (*марнотратство*)

ви́трати *мн.* 1) (*грошові*) Áusgaben *pl*, Kósten *pl*, Spésen *pl*; ~ на соціа́льні потре́би Soziálausgaben *pl*; відшкодува́ння ви́трат Spésenvergütung *f*; 2) Aufwand *m*; ~ сил Kráftaufwand *m*; виробни́чі ~ Produktiónskosten *pl*

ви́тратити, витрача́ти 1) (*тратити*) áuf|wenden *vt*; (*гроші - тж*) áus|geben* *vt*, veráusgaben *vt* (für *A*); vergéuden *vt*, verschwénden *vt* (*марнувати*); 2) (*споживати*) verbráuchen *vt*; **~ся** *розм.* sich veráusgaben

витрива́лий zäh, áusdauernd, wíderstandsfähig

витрива́лість Áusdauer *f*, Wíderstandskraft *f*

ви́триманий 1) (*що володіє собою*) behérrscht; 2) (*послідовний*) konsequént

ви́тримати 1) áus|halten* *vi*; вона́ не ви́тримала і запла́кала sie kónnte sich nicht behérrschen und brach in Tränen aus; 2) (*перенести*) überstéhen* *vt*, ertrágen* *vt*; 3): ~ і́спит éine Prüfung bestéhen*

ви́тримка 1) (*самоконтроль*) Sélbstbeherrschung *f*, Áusdauer *f* (*стійкість*); 2) *фото* Belíchtungszeit *f*

витри́мувати *див.* ви́тримати
ви́трусити 1) (*килим і т. п.*) áus|stauben *vt*; 2) (*висипати*) áus|schütten *vt*
виття́ Gehéul *n*, Héulen *n*
витяга́ти, **ви́тягти** 1) (heráus)- zíehen* *vt* (*витягнути*); (heráus)- schléppen *vt* (*тягнучи, перемістити*); 2) (*дістати з кишені, ящика і т. п.*) hólen *vt*; 3) (*розтягти*) áus|dehnen *vt*, áus|strecken *vt*; **~ся** 1) (*розтягтися*) sich áus|dehnen, sich áus|strecken; 2) *розм.* (*вирости*) áuf|schießen* *vi* (s)
ви́тяжка (*екстракт*) Áuszug *m*, Extrákt *m*
вихваля́ння *розм.* Prahleréi *f*, Áufschneiderei *f*, Größsprecherei *f*, Überheblichkeit *f*
ви́хід 1) (*місце*) Áusgang *m*; 2) (*журналу, книги*) Erschéinen *n*; 3) Áusweg *m*
вихідни́й I (*початковий*) Áusgangs-
вихідни́й II: ~ день 1) (*в магазині і т. п.*) Rúhetag *m*, Schließtag *m*; 2) (*робітника, службовця*) (árbeits)fréier Tag; у нього сьогóдні ~ день, він сьогóдні ~ er hat héute frei
вихлопн|и́й: ~í гáзи (*автомашин*) Áuspuffgase *pl*
вихля́пувати, **ви́хлюпнути** áus|gießen* *vt* (*вилити*); vergíeßen* *vt*, verschütten *vt* (*пролити*); **~ся** heráus|schwappen *vi* (s)
вихова́ння Erzíehung *f*
вихова́тель Erzíeher *m*
ви́ховати 1) (*когось*) erzíehen* *vt* (*кимось, якимось* zu *D*); 2) (*в комусь, щось прищеплювати*) j-n zu etw. (*D*) erzíehen* j-m etw. ánerziehen* *vt*; 3) (*виростити*) gróß|ziehen* *vt*
виховни́й gut erzógen
вихо́вувати *див.* ви́ховати
ви́ходити (*обійти багато місць*) durchwándern *vt*, durchstréifen *vt*
вихо́ди|ти 1) *див.* ви́йти; вікнó вихóдить на ву́лицю das Fénster geht auf die Stráße; вихóдить, (що) ти був прави́й du háttest álso doch recht; 2) (*в результаті чогось*) heráus|kommen* *vi* (s), fólgen *vi* (s), wérden* *vi* (s); sich ergében*, áus|machen *vt* (*тж в результаті підрахунку*); geráten* *vi* (s), gelíngen* *vi* (s) (*у когось D — удаватися чи не удаватися*); з цього ~ть, що... daráus folgt, daß...; з цього нічóго не ви́йде daráus wird nichts; знíмок ви́йшов хорóший das Bild ist schön gewórden; пирíг у тéбе ви́йшов не ду́же вдáлим der Kúchen ist dir nicht sehr gut geráten [gelúngen]; 3) (*з чогось - ґрунтуватися на чомусь*) áus|gehen* *vi* (s) (von *D*); 4) (*від когось або з чогось - відбуватися, поширюватися*) áus|gehen* *vi* (s); (*про відомості - тж*) stámmen *vi* (von *D*)
вихо́дить (*значить*) *вставн. сл.* álso
ви́хопити, **вихо́плювати** 1) (*різко вийняти*) heráus|reißen* *vt*; 2) (*у когось – вирвати*) entréißen* *vt* (*D*)
ви́хор 1) Wírbelwind *m*, Wírbelsturm *m*; сніговий ~ Schneegestöber *n*; 2) *перен.* Wírbel *m*, Strúdel *m* (*вир*)
ви́цвісти, **вицвіта́ти** áus|bleichen* *vi* (s), verbléichen* *vi* (s)
ви́чавити, **вича́влювати** áus|drücken *vt*, áus|pressen *vt* (*сік і т. п.*)
ви́чепурений (heráus)gepútzt, áufgedonnert
ви́черпати 1) erschöpfen *vt* (*запаси*); verbráuchen *vt* (*витратити*); áusschöpfen *vt*, ~ землечерпáлкою ausbaggern; 2) (*улагодити*) erlédigen *vt*, ~ інцидéнт éinen Zwischenfall béi|legen; **~ся** versíegen *vt* (s)
вичéрпний erschöpfend; áusführlich (*детальний*)
вичéрпувати(ся) *див.* ви́черпати(ся)
ви́чинка Beárbeitung *f*, Gérbung *f* (*шкіри*)
ви́чистити *див.* чи́стити 1
ви́читати, **вичи́тувати** (*когось*) *розм.* áb|kanzeln *vt*
вичі́кувати *див.* ви́ждати
вишива́ння Sticken *f*
вишива́ти *див.* ви́шити
ви́шивка Stickeréi *f*
ви́шикувати ríchten *vt*, *військ.* án|treten lássen* *vt*; **~ся** sich ríchten; *військ.* án|treten* *vi* (s)
ви́шити sticken *vt*, ~ щось на чóмусь etw. in etw. (*A*) éin|sticken
ви́шка Turm *m*, Wárte *f* (*сторожова*)
вишне́в|ий 1) Kirsch-; ~ сад Kirschgarten *m*; 2) (*з вишні*) Kirsch(en)-; ~ сік Kirschsaft *m*, ~е варéння Kírschkonfitüre *f*; 3) (*про колір*) kirschrot, kirschfarben
ви́шня 1) (*плоди*) Sáuerkirschen *pl*, Kírschen *pl*; 2) (*дерево*) Sáuerkirschbaum *m*, Kirschbaum *m*; 3) (*одна ягода*) Sáuerkirsche *f*, Kírsche *f*
ви́штовхнути, **вишто́вхувати** hináus|stoßen* *vt*
ви́шукан|ий fein, elegánt; áuserlesen, áusgesucht; gewählt (*про мову*); **~ість** Féinheit *f*, Elegánz *f*
вища́ти kréischen *vi*, áuf|kreischen *vi*, jáulen *vi*, wínseln *vi* (*про собаку*)
ви́ще 1. *прикм.* (*порівн. ст. від* висóкий) höher, größer (*більший на зріст*); **2.** *присл.* (*порівн. ст. від* вúсоко); 1) höher; він живé (на два пóверхи) ~ er wohnt (zwei Tréppen) höher; 2) (*раніше в тексті*) óben; диви́сь ~ (*примітка*) sieh(e) óben (s. o.); **3.** *прийм.* 1) (*чогось*) über, п'ять грáдусів ~ нуля́ fünf Grad über Null; 2): ~ за течією stromáufwärts, flußáuf(wärts)
вищезга́даний óbenerwähnt
ви́щ|ий 1) der höchste; ~а нагорóда, оці́нка die höchste Áuszeichnung, Éinschätzung; товáри ~ої я́кості Qualitätswaren *pl*, ~а мíра покарáння Höchststrafe *f*, 2): ~ учбóвий заклáд Hóchschule *f*, у нього ~а освíта er hat éine akadémische Bíldung

В

віддан|ий ergében; treu (*вірний*); **~ість** Ergébenheit *f*, Tréue *f* (*вірність*)

віддáти 1) (*повернути*) zurück|geben* *vt*, (*борг – тж*) zurück|zahlen *vt*; 2) (*дати*) (áb)gében* *vt*, übergében* *vt* (*передати*); 3) (*присвятити*) hín|geben* *vt*; ópfern *vt* (*пожертвувати*); 4): ~ комýсь/чомýсь перевáгу j-m/éiner Sáche den Vórzug gében*, j-n/etw. vór|ziehen*; 5) *військ.*: ~ накáз éinen Beféhl ertéilen; ~ комáнду (ein) Kommándo gében*; ~ комýсь честь j-n grüßen; 6) (*здати*) (áb)gében* *vt*, ~ щось в ремóнт, в хімчúстку etw. zur Reparatúr, zur Réinigung áb|geben*, etw. reparíeren, réinigen lássen*; 7): ~ дитúну в дитя́чий садóк, до шкóли das Kind in den Kíndergarten, in die Schúle schícken; 8): ~ когóсь під суд j-n vor Gerícht stéllen; ~ щось в чиє́сь розпоря́дження j-m etw. zur Verfügung stéllen

віддáтися (*чомусь – присвятити себе*) sich wídmen (*D*); sich hín|geben* (*D — захопитися чимось*)

віддáч|а: з пóвною ~ею (*працювати і т. п.*) mit vóller Híngabe

віддúхатися zu Átem kómmen* *vi* (s); Átem hólen (*перевести дух*)

віддієслíвний *грам.* Verbál- [-vɛr-], verbál, von éinem Verb [vɛrp] ábgeleitet, deverbatív [-vɛr-]; ~ імéнник Verbálsubstantiv *n*

відділ 1) (*установи, магазину і т. п.*) Abtéilung *f*, ~ кáдрів Káderabteilung *f*, ~ взуття́ Schúhabteilung *f*, інформаціи́ний ~ Informatiónsabteilung *f*, 2) (*розділ*) Teil *m*, (*в газеті, журналі – тж*) Rubrík *f*, 3) (*концерту, програми*) Teil *m*

відділенн|я 1) (*дія*) Ábtrennung *f*, Separatión *f*, Ábsonderung *f*, 2) (*установи*) Abtéilung *f* (*тж у вузі*); Statión *f* (*в лікарні*); дитя́че ~ (*в лікарні*) Kínderstation *f*, учúтися на дéнному, заóчному ~і im Diréktstudium, im Férnstudium studíeren *vi*; 3) (*філіал*) Zwéigstelle *f*, Filiále *f*, поштóве ~, ~ зв'язкý Póstamt *n*, ~ мілíції Milízrevier [-viːr] *n*, 4) (*приміщення*) Ábteil *n*, 5) (*ящика, портфеля і т. п.*) Fach *n*, 6) *військ.* Grúppe *f*

відділúти, **відділя́ти** 1) (áb)trénnen *vt*, lós|lösen *vt*;; 2) (*відібрати*) áus|sondern *vt*; **~ся** 1) sich (áb)trénnen, sich lós|lösen; 2) (*від землі — про літак і т. п.*) áb|heben* *vi* (s)

віддя́чити dánken *vi*, sich erkénntlich zéigen (*D*)

відео|зáпис Bíld(signal)aufzeichnung *f*; **~касéта** Videokassette ['vi-] *f*; **~магнітофóн** Videorecorder ['videorekɔr- dər] *m*; **~телефóн** Bíldtelefon *n*, Férnsehtelefon *n*; **~фíльм** Videofilm ['vi-] *m*

від'єднáти trénnen *vt*, (die Verbíndung) lösen *vt*, *ел.* ábschalten *vt*

від'ємник *мат.* Subtrahénd *m*,

віджúлий (*застарілий*) überhólt, überlébt, veráltet

відзвітувáти (*перед кимось в чомусь*) j-m Réchenschaft über etw. (*A*) áb|legen; j-m Berícht über etw. (*A*) erstátten (*подати звіт*)

відзивáтися *див.* відізвáтися

відзиви *мн.* (*в пресі*) Préssestimmen *pl*, Présseäußerungen *pl*

відзнáк|а (*нагорода*): з ~ою (*закінчити школу і т. п.*) mit Áuszeichnung; диплóм з ~ою ein Diplóm mit Áuszeichnung

відзначáти, **відзнáчити** 1) (*позначити позначкою*) án|merken *vt*, kénnzeichnen *vt*; 2) (*звернути увагу на щось*) bemérken *vt*, fést|stellen *vt*; ~ щось про сéбе etw. bei sich (*D*) dénken*; 3) (*вказати на щось*) erwähnen *vt* (*згадати*); betónen *vt*, unterzéichnen *vt* (*підкреслити*); 4) (*удостоїти похвали, нагороди*) hervór|heben* *vt*, würdigen *vt*, áus|zeichnen *vt*; 5) (*подію, дату*) begéhen* *vt*, féiern *vt* (*відсвяткувати*); gedénken* *vi* (*G*) (*річницю смерті*)

відібрáти 1) (*у когось - відняти*) wég|nehmen* *vt* (*D*); ráuben *vt* (*D*); 2) (*вибрати*) áus|suchen *vt*, áus|wählen *vt*

відігнáти wég|jagen *vt*, wég|treiben* *vt*

відігнýти 1) zurück|biegen* *vt*, zurück|schlagen* *vt*; 2) (*розпрямити*) geráde|biegen* *vt*

відігрáтися, **відігравáтися** 1) (*відіграти програне*) (das Verlórene, das Verspíelte) zurück|gewinnen* *vt*; 2) (*за щось на комусь*) *розм.* héim|zahlen *vt* (*D*)

відігрівáти, **відігрíти** (er)wärmen *vt*, warm máchen *vt*; **~ся** sich erwärmen

відізвáтися (*про когось/щось - висловити свою думку*) sich äußern (über *A*)

відійтú 1) wég|gehen* *vi* (s); beiséite tréten* *vi* (s), zur Séite géhen* (*убік*); sich entférnen (*піти геть*); 2) (áb)fáhren* *vi* (s) (*про поїзд*); áb|legen *vi* (*про теплохід і т. п.*); 3) (*від когось/чогось - стати чужим*) sich entfrémden (*D*); 4) (*прийти до тями*) wíeder zu sich (*D*) kómmen* *vi* (s); sich berúhigen (*заспокоїтися*); 5) (*від чогось - відхилятися*) áb|kommen* *vi* (s), áb|weichen* *vi* (s) (von *D*); 6) (*відокремитися*) áb|gehen* *vi* (s), áb|fallen* *vi* (s), sich áb|lösen

відімкнýти (*відкрити*) öffnen *vt*, áuf|schließen* *vt*

відіпрáти (*пляму і т. п.*) áuswaschen* *vt*, ~ білúзну Wäsche wáschen*

відірван|ий (*який втратив зв'язок*) ábgeschieden, isolíert; ~ від життя́ wéltfremd; **~ість** Isolíerung *f*, Ábgeschiedenheit *f*

відірвáти 1) áb|reißen* *vt*; 2) (*відвернути*) lós|reißen* *vt* (von *D*) (*тж погляд*); áb|halten* *vt* (von *D — від роботи і т. п.*); **~ся** 1) áb|reißen* *vi* (s), áb|gehen *vi* (s), áb|sein* *vi* (s); 2) (*від землі — про літак і т. п.*) áb|heben* *vi* (s); 3) (*від якогось заняття*) sich lós|reißen* (von *D*); ~ від робóти die Árbeit unterbréchen*

відісла́ти 1) (*послати*) ab|schicken *vt*, ab|senden* *vt*; 2) (*відіслати назад*) zurück|schicken *vt*, zurück|senden* *vt*

відіспа́тися sich áusschlafen*

від'їжджа́ти áb|reisen *vi* (s), sich entférnen; wég|fahren* *vi* (s), verréisen *vi* (s) (*про людину*); (áb)fáhren* *vi* (s) (*про поїзд і т. п.*)

від'їжджа́ючий Ábfahrende *m*, Ábreisende *m*

від'ї́зд (*відправлення*) Ábreise *f*, Ábfahrt *f* (*поїзда*); готóвий до ~у réisefertig; ◊ бýти у ~і verréist sein

від'ї́хати *див.* від'їжджáти

відкара́скатися (*від когось/чогось – позбутися*) lós|werden* *vt* (s), sich (*D*) j-n/etw. vom Hálse schaffen; in Rúhe lássen *vt*

відкача́ти, **відка́чувати** (*воду*) áus|pumpen *vt*, áb|pumpen *vt*

відка́шлюватися, **відка́шлятися** sich räuspern

відкида́ти 1) wég|werfen* *vt*, zurück|werfen* *vt* (*назад*); beiséite wérfen* *vt* (*убік*); 2) (*відігнути*) zurück|schlagen* *vt*, áuf|klappen *vt* (*кришку*); 3) (*відмовитися від чогось*) verwérfen* *vt*, áuf|geben* *vt*, fállen|lassen* *vt*; 4) (*відхиляти щось*) áb|lehnen *vt*, zurück|weisen* *vt*; **~ся** (*на спинку крісла і т. п.*) sich zurück|lehnen

відкидн|и́й (áuf)kláppbar, Klapp-, Kipp-; ~é сидíння Kláppsitz *m*; ~é вікнó Kíppfenster *n*

відки́нути *див.* відкидáти

відклада́ти *див.* відклáсти

відкла́дення *геол.* Áblagerung *f*, Schicht *f* (*шар*)

відкла́сти 1) (*убік*) beiséite légen *vt*, wég|legen *vt*; 2) (*приберегти*) zurück|legen *vt*, áuf|heben* *vt*; ~ грóші на щось Geld für etw. zurück|legen [spáren]; 3) (*перервати якесь заняття*) áb|brechen* *vt*; ~ пáртію *шах.* die Partíe áb|brechen*; відклáдена пáртія Hängepartie *f*; 4) (*відстрочити*) verschíeben* *vt*, áuf|schieben* *vt*

відкле́ювати, **відкле́їти** lós|lösen *vt*, lós|machen *vt*; **~ся** sich lós|lösen, lós|gehen* *vi* (s)

відкли́кати: ~ когóсь в стóрону j-n beiséite rúfen* [néhmen*]

відключа́ти, **відключи́ти** ábschalten *vt*

відколо́ти, **відко́лювати** áb|hauen* *vt*, áb|spalten *vt* (*відщепити*)

відкопа́ти, **відко́пувати** áus|graben* *vt*

відкоти́ти, **відко́чувати** wég|rollen *vt*; **~ся** davón|rollen *vi* (s), wég|rollen *vi* (s)

відкрива́ти(ся) *див.* відкрúти(ся)

відкри́ти 1) (*розкрити*) öffnen *vt*, áuf|machen *vt*; 2): ~ кран *розм.* den Wásserhahn áuf|drehen; 3) (*почати*) eröffnen *vt*, begínnen* *vt*; 4) (*нову установу і т. п.*) eröffnen *vt*; 5) (*виявити*) entdécken *vt*; ◊ ~ дýшу комýсь *j-m* sein Herz áus|schütten

відкри́т|ий 1) óffen; geöffnet (*тж про магазин і т. п.*); 2) (*доступний для погляду; без навісу, прикриття*) óffen, frei, Frei-, ~а місцéвість óffene Gégend; у ~ому пóлі auf fréiem Feld; ~ (плáвальний) басéйн Fréibad *n*; 3) (*непокритий, оголений*) bloß; 4) (*доступний для всіх*) óffen, öffentlich; ~е голосувáння óffene Ábstimmung; ~і партíйні збóри öffentliche Partéiversammlung; день ~их двéрей Tag der óffenen Tür; 5) (*щирий*) óffen, (*про людину – тж*) óffenherzig; 6) (*неприхований, явний*) óffen, óffenbár, óffenkundig; 7) *лінгв.* óffen; ~ склад óffene Sílbe; ◊ у ~ому мóрі auf óffener [hóher] See; під ~им нéбом únter fréiem Hímmel; на ~ому повíтрі an der fréien [fríschen] Luft; з ~ою душéю óffenherzig; ~е питáння óffene [úngelöste] Fráge

відкри́тися 1) (*розкритися*) sich öffnen, áuf|gehen* *vi* (s); 2) (*почати працювати*) geöffnet wérden (*про магазин і т. п.*); eröffnet wérden (*про виставку, нову установу*); 3) (*почати́ся*) begínnen* *vi* (*про навігацію, театральний сезон і т. п.*)

відкри́то óffen; áufrichtig (*відверто*)

відкриття́ 1) (*дія*) Eröffnung *f* (*виставки, змагань і т. п.*); Enthüllung *f* (*пам'ятника*); 2) (*наукове, географічне і т. п.*) Entdéckung *f*

відкріпи́ти, **відкрі́плювати** lós|machen *vt*, (lós)lösen *vt*

відкрути́ти 1) ábwickeln *vt*, lóswickeln *vt*; 2) (*відгвинтити*) ábschrauben *vt*, ábdrehen *vt*, lósdrehen *vt*

відкува́ти schmíeden *vt*

відку́порювати, **відку́по́рити** öffnen *vt*, (*пляшку - тж*) entkórken *vt*

відкуси́ти, **відку́шувати** áb|beißen* *vt*

відлама́ти, **відла́мувати** áb|brechen* *vt*; **~ся** áb|brechen* *vi* (s); áb|fallen* *vi* (s) (*відвалитися*)

відлеті́ти 1) fórt|fliegen* *vi* (s), wég|fliegen* *vi* (s); 2) (*на літаку і т. п.*) fliegen* *vi* (s); 3) (*про літак і т. п.*) áb|fliegen* *vi* (s); 4) (*відскочити*) áb|prallen *vi* (s); 5) *розм.* (*відірватися*) áb|gehen* *vi* (s); áb|springen* *vi* (s) (*про ґудзик і т. п.*)

відлива́ти *див.* відлúти

відли́га Táuwetter *n*

відли́ти 1) áb|gießen* *vt*; 2) (*метал*) gießen* *vt*

відліпи́ти lós|kleben *vt*, (áb)lösen *vt*; **~ся** sich lós|kleben, sich (lós)lösen

відлі́т Ábflug *m*

відліта́ти *див.* відлетíти

відлу́чення: ~ (дитúни) від грудéй Ábstillen

відля́дний entlégen

відляг|ти́: у мéне ~лó від сéрця mir fiel ein Stein vom Hérzen

відмежува́тися, **відмежо́вуватися** (*від когось/чогось*) sich áb|sondern, sich distanzíeren (von *D*)

відме́рти 1) áb|sterben* *vi* (s); 2) (*про звичай і т. п.*) áus|sterben* *vi* (s)

відмива́ти(ся) *див.* відмúти(ся)

відмира́ння 1) Ábsterben *n*; 2) *перен.* Áussterben *n*
відмира́ти *див.* відме́рти
відми́ти 1) (*пляму, бруд і т. п.*) áb|waschen* *vt*; 2) (*щось від бруду і т. п.*) rein wáschen* *vt*, réinigen *vt*; **~ся** 1) (*про пляму, бруд і т. п.*) (beim Wáschen) heráus|gehen* *vi* (s); 2) (*стати чистим*) (nach dem Wáschen) sáuber wérden (*про предмет*); sich sáuber wáschen* (*про людину*)
відмі́н|а 1) (*відмінність*) Únterschied *m*; на ~у від чо́гось/ко́гось zum Únterschied von (*D*), im Únterschied zu (*D*); im Gégensatz zu (*D*) (*на противагу*); 2) Ábschaffung *f*, Áufhebung *f*, Außerkráftsetzen *n* (*закону, постанови і т. п.*); Áusfall *m* (*поїзда, п'єси*); Ábbestellung *f* (*замовлення*); 3) *грам.* Deklinatión *f*
відміни́ти *див.* відміня́ти
відмі́нний 1) únähnlich (*D*); 2) áusgezeichnet
відмі́нник (*учень*) béster Schüler; Béststudent *m*
відмі́нність 1) (*різниця*) Únterschied *m*; 2) (*неоднаковість*) Verschíedenheit *f*
відмі́нно áusgezeichnet, hervórragend; glänzend
відмі́нок *грам.* Fall *m*, Kásus *m*; місце́вий ~ *грам.* Präpositív *m*
відмі́нюваний *грам.* deklinierbar
відмі́нюва|ння *грам.* Konjugatión *f*; **~ти** *грам.* konjugíeren *vt*, deklinieren *vt*; **~тися** *грам.* dekliníert wérden
відміня́ти rückgängig máchen *vt* (*наказ*); áb|sagen *vt* (*щось заздалегідь оголошене*); áb|bestellen *vt* (*замовлення*)
відмі́тити 1) (*позначити позначкою*) án|merken *vt*, kénnzeichnen *vt*; 2) (*записати*) vermérken *vt*, notíeren *vt*; 3) (*звернути увагу на щось*) bemérken *vt*, fést|stellen *vt*
відмі́тка (*оцінка*) Zensúr *f*, Nóte *f*
відмі́тний Erkénnungs-, Unterschéidungs-
відміча́ти *див.* відмі́тити
відмо́ва 1) (*від чогось*) Verzícht *m* (auf *A*); 2) (*негативна відповідь на щось*) Ábsage *f*, Áblehnung *f* (*відхилення*); Wéigerung *f* (*небажання виконати щось*)
відмо́вити 1) (*відповісти негативно на прохання і т. п.*) áb|sagen *vi* (*кому-л. D*); áb|schlagen* *vt*, áb|lehnen *vt*, verwéigern *vt* (*в чомусь*); 2): ~ собі в чо́мусь auf etw. (*A*) verzíchten; 3): йому не мо́жна ~ [не відмо́виш] в доте́пності es ist nicht zu léugnen, daß er géistreich ist; 4) (*про механізм і т. п.*) verságen *vi*; **~ся** 1) (*від чогось або зробити щось, не прийняти, відкинути*) áb|sagen *vt*, áb|schlagen* *vt*, áb|lehnen *vt* (*тж* zu + *inf*); 2) (*від чогось - відступитися*) verzíchten *vi* (auf *A*); áuf|geben* *vt* (*від надій, звичок і т. п.*); 3) (*від чогось - зректися*) sich lós|sagen (von *D* — *від принципів і т. п.*), zurück|nehmen* *vt* (*від своїх слів і т. п.*); 4) (*не погодитися виконати щось*) sich wéigern (zu + *inf*)
відмо́вка Áusrede *f*, Áusflucht *f*, Vórwand *m* (*привід*)
відмовля́ти *див.* відмо́вити 1, 2, 4; **~ся** *див.* відмо́витися
відмо́вчуватися sich áusschweigen*, sich in Schwéigen hüllen
відморо́жувати, **відморо́зити** sich (*D*) etw. erfríeren* *vt*
відмота́ти ábwickeln *vt*, ábspulen *vt* (*плівку*)
віднести́ 1) fórt|tragen* *vt*, fórt|bringen* *vt*, wég|schaffen *vt* (*звідкись*); trágen* *vt* (*нести кудись*); bríngen* *vt* (*принести кудись*); 2) (*вітром, течією*) fórt|treiben* *vt*, fórt|tragen* *vt*; 3) (*до когось/чогось - зарахувати*) zú|schreiben* *vt* (*D*); ◊ ~ щось на раху́нок ко́гось *j-m etw.* án|rechnen
відни́ні von nun an, von héute ab
відніма́ння Subtraktión *f*
відніма́ти *див.* відня́ти
віднов|и́ти ernéuern *vt*, wiederáuf|bauen *vt* (*господарство*) wiederhér|stellen *vt* (*сили, порядок і т. п.*); restauríeren *vt* (*пам'ятник і т. п.*); ~ щось в па́м'яті etw. ins Gedächtnis zurück|rufen*; ~ знайо́мство éine Bekánntschaft áuf|frischen; ~ перегово́ри die Verhándlungen wiederáuf|nehmen*; **~лення** Wiederáufbau *m* (*господарства*); Wiederhérstellung *f* (*сил, порядку і т. п.*); Restauratión *f*, Restauríerung *f* (*пам'ятника і т. п.*)
відно́влювати *див.* віднови́ти
відно́сини *мн.* Bezíehungen *pl*; міжнаро́дні ~ internationále Bezíehungen
відно́сити *див.* віднести́
відно́сн|ий 1) relatív; 2) (*порівняно невеликий*) mäßig, verhältnismäßig; 3): ~ займе́нник *грам.* Relatívpronomen *n*; **~ість** Relativität [-vi-] *f*; тео́рія ~ості Relativitätstheorie *f*
відно́сно **1.** *присл.* verhältnismäßig, relatív; **2.** *прийм.* (*чогось/когось - стосовно*) bezüglich, hínsichtlich (*G*), in bezúg (auf *A*); betréffs (*G*), betréffend (*A*); ~ цьо́го diesbezüglich
відно́шенн|я (*зв'язок, причетність*) Bezíehung *f*; ма́ти ~ до чо́гось/ко́гось mit etw./j-n zu tun habén; ◊ у цьо́му ~і in díeser Hínsicht
відня́ти 1) (*у когось - відібрати*) wég|nehmen* *vt* (*D*); 2) *мат.* áb|ziehen* *vt*, subtrahíeren *vt*
відобража́ти(ся) *див.* відобрази́ти(ся)
відобра́ження (*зображення*) Ábbildung *f*, Wíderspiegelung *f*, Dárstellung *f*
відобрази́ти (*зобразити*) áb|bilden *vt*, wieder|geben* *vt*, dár|stellen *vt*; **~ся** sich wíderspiegeln
відо́зва Áufruf *m*, Appéll *m*
відокре́мити (áb)trénnen *vt*, lós|lösen *vt*; **~ся** 1) sich (áb)trénnen, sich lós|lösen;

sich áb|sondern, sich isolíeren; 2) (*від землі — про літак і т. п.*) áb|heben* *vi* (s)
відокрéмлений ábgesondert, isolíert
відокрéмлюваний: ~ прéфікс *грам.* trénnbare Vórsilbe
відокрéмлювати(ся) *див.* відокрéмити(ся)
відома: без могó ~а óhne mein Wíssen; взяти щось до ~а etw. zur Kénntnis néhmen*, sich (*D*) etw. mérken; довести щось до ~а когóсь j-m etw. zur Kénntnis bríngen*, j-n von etw. (*D*) in Kénntnis sétzen
відóм|ий 1) (*знайомий*) bekánnt; усім ~ факт éine állgeméin bekánnte Tátsache; 2) (*знаменитий*) bekánnt, berühmt; berüchtigt (*з поганого боку*)
відомість Verzéichnis *n*, Líste *f*
відóмість Berühmtheit *f*, Ruhm *m* (*слава*)
відóмо (es ist) bekánnt; як стáло ~ ... wie bekánnt (wúrde) ..., bekánntlich ...; кóжному ~, що ... es ist jédem bekánnt, daß ..., наскíльки мені ~ ... soviel ich weiß ..., sowéit mir bekánnt ist ...
відóмості *мн.* 1) (*інформація*) Náchrichten *pl* (*вісті*); Mítteilungen *pl* (*повідомлення*); Áuskunft *f* (*довідка*); 2) (*дані*) Ángaben *pl*, Dáten *pl*; статистúчні ~ statístische Ángaben [Dáten]
відомство Behörde *f*, Amt *n*, Verwáltungsdienststelle *f*
відпадáння Ábfall *m*, *перен.* *тж* Áusscheiden *n*
відпадáти *див.* відпáсти
відпá|сти 1) (*відстати, відвалитися*) áb|fallen* *vi* (s), lós|gehen* *vi* (s); 2): у мéне ~ло бажáння mir ist die Lust vergángen
відпúлювати, **відпиляти** áb|sägen *vt*
відплáта Vergéltung *f*, Ábrechnung *f*, Stráfe *f*; Vergéltung *f* (*кара*)
відплатúти, **відплáчувати** (*за щось*) vergélten* *vt*, héim|zahlen *vt*; відплатúти тією ж монéтою mit gléicher Münze héim|zahlen; відплатúти тúм же Gléiches mit Gléichem vergélten*
відплúв 1) (*морський*) Ébbe *f*, 2) *перен.* (*спад, зменшення*) Ébbe *f*, Ábebben *n*, Rückgang *m*
відпливáти *див.* відпливтú
відпливтú áb|fahren* *vi* (s) (*на судні*); in See stéchen* *vi* (s) (*про судно*); wég|schwimmen* *vi* (s), áb|schwimmen* *vi* (s) (*про людей, тварин*)
відплиття́ Ábfahrt *f*
відповзáти, **відповзтú** davón|kriechen* *vi* (s); beiséite [zur Séite] kríechen* *vi* (s) (*убік*)
відповідáльн|ий 1) (*за щось*) verántwortlich (für *A*); 2) (*важливий*) verántwortlich; schwérwiegend, entschéidend (*вирішальний*); ~е дорýчення verántwortungsvoller Áuftrag; **~ість** Verántwortung *f*, взяти на сéбе ~ість за щось die Verántwortung für etw. (*A*) übernéhmen* [auf sich néhmen*]; нестú ~ість за щось die Verántwortung für etw. (*A*) trágen*; притягтú когóсь до ~ості j-n zur Verántwortung zíehen*; кáрна ~ість stráfrechtliche Verántwortlichkeit
відповідá|ти 1) *див.* відповістú; абонéнт не ~є (der) Téilnehmer méldet sich nicht; 2) (*за щось/когось - бути відповідальним*) verántwortlich sein (für *A*); 3) (*чомусь*) entspréchen* *vi*, gerécht wérden, Réchnung trágen* (*D*); überéin|stimmen (mit *D* — *узгоджуватися*); 4) (*збігатися у часі*) zusámmen|fallen* *vi* (s) (mit *D*)
відповíдний entsprechend; geeignet (*належний*), passend, geeignet (*підходящий*), angemessen (*доцільний*)
відповíдність 1) (*співвідношення*) Überéinstimmung *f*, 2) (*еквівалент*) Entspréchung *f*, Äquivalent [-va-] *n*
відповíдно (*до чогось*) entspréchend, gemäß (*D*); auf Grund (*G* — *на основі чогось*); ~ цьóму démentsprechend
вíдповідь 1) Ántwort *f*, дáти ~ на щось éine Ántwort auf etw. (*A*) gében*, etw. beántworten; у ~ на щось als Ántwort auf etw. (*A*); in Beántwortung (*G* — *на лист, письмове прохання і т. п.*); візúт у ~ Gégenbesuch *m*, питáння у ~ Gégenfrage *f*, телегрáма~ Ántworttelegramm *n*, нóта~ *дип.* Ántwortnote *f*, 2) *мат.* Lösung *f*
відповістú 1) (*на щось*) ántworten *vi* (auf *A*), beántworten *vt*, 2) (*за щось - нести відповідальність*) verántworten *vt*
відпорóти, **відпóрюватися** áb|trennen *vt*, lós|trennen *vt*, **~ся** áb|gehen* *vi* (s), sich lós|trennen
відпочивá|ти 1) (*від чогось*) sich áus|ruhen, sich erhólen (von *D*); 2) (*десь — проводити свою відпустку, канікули і т. п.*) sich erhólen, den Úrlaub [die Féri en] verbríngen*; ~ в санатóрії, на мóрі [у мóря] sich in éinem Sanatórium, an der See erhólen; ми ~ли на півдні wir háben den Úrlaub im Süden verbrácht
відпочивáючий Féri engast *m*, Úrlauber *m* (*у будинку відпочинку і т. п.*); Gast *m*, Kúrgast *m* (*на курорті і т. п.*)
відпочúн|ок 1) Erhólung *f*, потребувáти ~ку Erhólung bráuchen; поїхати (*кудись*) на ~ *irgendwohin* zur Erhólung fáhren* *vi* (s); будúнок ~ку Erhólungsheim *n*, Féri enheim *n*, 2) (*вільний від роботи час*) Fréizeit *f*
відпочúти *див.* відпочивáти
відпрáвити 1) (*щось поштою*) (áb)schícken *vt*, (áb)sénden* *vt*, 2) (*здати для відправки вантаж, телеграму і т. п.*) áuf|geben* *vt*, 3) (*доставити кудись*) bríngen* *vt*, scháffen* *vt*, 4) (*послати когось*) schícken *vt*
відпрáвка, **відпрáвлення** 1) (*листів, вантажу*) Ábsendung *f*, Beförderung *f*, 2) (*поїзда, судна*) Ábfahrt *f*, Ábfertigung *f*
відправля́ти *див.* відпрáвити; **~ся** *див.* відпрáвитися

відправн|ий (*вихідний*) Áusgangs-; ~ пункт, ~á тóчка Áusgangspunkt *m*
відпрáвник Ábsender *m*
відпрасóвувати, **відпрасувáти** bügeln *vt*
відпрацьóван|ий 1) (*день і т. п.*) ábgearbeitet; ~і годи́ни geléistete Árbeitsstunden; 2) *тех.* verbráucht; ~і гáзи Ábgase *pl*; ~е мáсло Áltöl *n*
відпроси́тися, **відпрóшуватися** um die Erláubnis bítten*, wéggehen [wégfahren] zu dürfen; ~ на дéкілька днів (*з роботи і т. п.*) sich (*D*) für éinige Táge Úrlaub néhmen*; ~ на годи́ну éine Stúnde frei néhmen*
відпускáти *див.* відпусти́ти
відпускн|и́й Úrlaubs-; **~и́к** Úrlauber *m*
відпусти́ти 1) (*не затримати, дозволити піти*) géhen lássen* *vt*, lássen* *vt* (+ *inf*) (*дозволити піти кудись*); ~ дітéй в кінó, гуля́ти у двір die Kínder ins Kíno, in den Hof láufen lássen*; 2) (*звільнити*) fréi|lassen* *vt*, 3) (*випустити з рук*) lós|lassen* *vt*, aus den Händen lássen* *vt*; 4) (*ослабити мотузку і т. п.*) lóckern *vt*, 5) *розм.* (*про біль*) nách|lassen* *vi*; 6) (*відростити*) wáchsen lássen* *vt*; ~ собі́ бóроду sich (*D*) den Bart wáchsen lássen*
віднýст|ка Úrlaub *m*, ітú у ~ку auf [in] Úrlaub géhen* *vi* (s); бýти у ~ці in [auf] Úrlaub sein
відрáда Fréude *f*, Trost *m* (*утіха*)
відрáдний erfréulich
відрáз|а Ábscheu *m*, *f*, Wíderwillen *m*, Únlust *f* (*небажання робити щось*); відчувáти ~у до кóгось/чóгось j-n/etw. nicht áusstehen können*
відрáзливий ábstoßend, abschéulich, wíderlich
відрахувáння I (*з навчального закладу*) Exmatrikulatión *f*
відрахувáння II Ábzug *m*, ~ із зарплáти Lóhnabzug *m*, Gehältsabzug *m*, за ~м чогóсь nach (únter) Ábzug (*G*), abzüglich (*G*); ábgerechnet (*A*)
відреагувáти (*на щось*) reagíeren *vi* (auf *A*)
відрекомендувáти empféhlen* *vt*, (*представити*) vórstellen *vt*, bekánnt máchen; **~ся** (*при знайомстві*) sich vórstellen; sich hín|stellen (*кимось* als *N*)
відремонтувáти *див.* ремонтувáти
відри́в: навчáння без ~у від виробни́цтва Stúdium nében der Berúfstätigkeit
відривни́й ábreißbar, zum Ábreißen, Ábreiß-; ~ календáр Ábreißkalender *m*
відри́жка Áufstoßen *n*, Rülpsen *n*
відри́нути 1) zurück|strömen *vi* (s), zurück|fluten *vi* (s); 2) (*про натовп*) zurück|weichen* *vi* (s)
відрі́г *геогр.* Áusläufer *m*
відрі́з 1): лíнія ~у 1) Schníttlini e *f*, 2) "hier ábtrennen" (*напис*); 3) (*тканини*) (ábgeschnittenes) Stóffstück *n*, ~ на пальтó Stück Stoff für éinen Mántel
відрізáти, **відрі́зати** áb|schneiden* *vt*
відрізни́ти, **відрізня́ти** unterschéiden* *vt*
відрізня́тися 1) (*від когось/чогось – бути несхожим*) sich unterschéiden* (von *D*); 2) (*чимось - характеризуватися*) sich áus|zeichnen (durch *A*); 3) (*бути неоднаковим*) verschíeden sein
відрі́зок Ábschnitt *m*, Strécke *f* (*шляху*); ~ чáсу Zéitabschnitt *m*, Zéitspanne *f*
відрó Éimer *m*
відрóблен|ий (*день і т. п.*) ábgearbeitet; ~і годи́ни geléistete Árbeitsstunden
відроди́ти(ся) *див.* відрóджувати(ся)
відрóдження 1) Wíedergeburt *f*, Wíederáufleben *n*, Ernéuerung *f* (*поновлення*); 2) *ист.*: Відрóдження, епóха Відрóдження die Renaissance [rənɛ'sɑ̃:s]
відрóджувати ernéuern *vt*, wíederbeleben *vt*, **~ся** wiederauf|leben *vi* (s), wiederáuf|kommen* *vi* (s)
відростáти, **відрости́** wáchsen* *vi* (s), nách|wachsen* *vi* (s)
відрости́ти (*волосся, бороду і т. п.*) sich (*D*) etw. wáchsen lássen*
відрýбувати, **відрубáти** áb|hauen* *vt*, áb|hacken *vt*, áb|schlagen* *vt*
відря́дженн|я Díenstreise *f*, наукóве ~ Stúdi enreise *f*, éine Réise zu wíssenschaftlichen Zwécken; бýти у ~і auf Díenstreise sein
відряди́ти delegíeren *vt*, schícken *vt*, *військ.* (áb)kommandíeren *vt*
відря́дн|ий Léistungs-; Stück-, Akkórd-; ~а оплáта прáці Léistungslohn *m*, Stücklohn *m*, Akkórdlohn *m*, **~о** *присл.*: працювáти ~ im Stücklohn [im Akkórd] árbeiten *vi*
відсвíт Schímmer *m*, Líchtreflex *m*, Wíderschein *m*
відсвíчувати 1) (*давати відблиск*) schímmern *vi*, 2) (*відбиватися*) sich reflektíeren
відсвяткувáти *див.* святкувáти
відсилáння Verséndung *f*, Ábsendung *f*
відсилáти *див.* відіслáти
відси́пати, **відсипáти** 1) (*зменшити кількість*) áb|schütten *vt*, 2) (*насипати з чогось*) éin|schütten *vt*
відсíв (*учнів і т. п.*) Áusscheiden *n*, vórzeitige Ábgänge *pl*, процéнт ~у Ábgängerquote *f*
відсікáти, **відсíкти** áb|hauen* *vt*, áb|schlagen* *vt*, áb|hacken *vt*
відсíч Ábwehr *f*, Wíderstand *m*, дáти ~ комýсь j-m Wíderstand léisten [entgégen|setzen]
відсíяти 1) (*відділити просіюванням*) (áus)síeben *vt*, áuslesen* *vt*, 2) *перен.* (*усунути*) ábsondern *vt*, áusscheiden*; **~ся** 1) (*відділитися при просіюванні*) sich ábsondern; 2) (*вибути із складу*) áusscheiden* *vi*, 3) *с.-г.* die Áussaat beénden
відскáкувати, **відскóчити** 1) zurück|springen* *vi* (s) (*назад*); zurück|fahren* *vi* (s); beiséite spríngen* *vi* (s) (*убік*); 2)

(*про м'яч*) áb|prallen *vi* (s); 3) *розм.* (*відірватися, відламатися*) áb|springen* *vi* (s), áb|gehen* *vi* (s)
відслони́ти, **відслоня́ти** (*занавіску і т. п.*) zur Séite schieben* *vt*
відслужи́ти 1) *військ.* séine Díenstzeit áb|leisten; 2) (*про речі*): ~ свій строк, ~ своє áus|dienen *vi*
відсми́кувати, **відсмикну́ти** (*руку*) zurück|ziehen* *vt*
відсортува́ти, **відсорто́вувати** (áus)-sortíeren *vt*, áuswählen *vt*, áuslesen* *vt*
відсо́ток *див.* проце́нт
відстава́ння Zurückbleiben *n*; Rückstand *m* (*в роботі*)
відстава́ти *див.* відста́ти
відста́вити 1) (*відсунути*) wég|stellen *vt*, wég|rücken *vt*; 2): ~! (*команда*) Kom-mándo zurück!
відста́в|ка 1) (*уряду, міністра*) Rücktritt *m*; пода́ти у ~ку séinen Rücktritt erklären; 2) *військ.*: ви́йти у ~ку séinen Ábschied néhmen*; у ~ці áußer Dienst
відставля́ти *див.* відста́вити
відставни́й *військ.* áußer Dienst
відста́л|ий 1) zurückgeblieben, rückstän-dig; 2) konservatív [-va-] (*консерватив-ний*); träge (*інертний*); **~ість** 1) Rück-ständigkeit *f*; 2) Konservatísmus [-va-] *m* (*консерватизм*); Trägheit *f* (*інертність*)
відста|нь 1) Entférnung *f*, Ábstand *m* (*проміжок*); на де́якій ~ні in éiniger Ent-férnung, mit éinigem Ábstand; 2) (*від-різок шляху*) Strécke *f*
відста́ти 1) (*залишитися позаду*) zurü-ck|bleiben* *vi* (s); 2) (*про годинник*) ná-ch|gehen* *vi* (s); 3) (*відділитися*) sich ló-s|lösen, áb|gehen* *vi* (s); 4) *розм.* (*дати спокій*) in Rúhe lássen* *vt*
відстаю́чий *дієприкм. і прикм.* zurückge-blieben; *в знач. імен.* Zurückgebliebene *n*
відстебну́ти áuf|knöpfen *vt* (*ґудзики*); áuf|haken *vt* (*гачки*); **~ся** lós|gehen* *vi* (s), áuf|gehen* *vi* (s); sich áuf|knöpfen (*про ґудзик*); sich áuf|haken (*про гачок*)
відстикува́тися *косм.* áb|docken *vi*, áb|koppeln *vi*
відсті́бати(ся) *див.* відстебну́ти(ся)
відстороня́ти (*відсунути*) beiséite schíe-ben*, entférnen *vt*; **~ся** (*відсунутися*) áusweichen* *vi* (s); beiséite tréten*; zur Séite tréten* *vi* (s); Platz máchen (*D — дати місце комусь*); ~сь! Platz da!
відсто́яти (*захистити*) vertéidigen *vt*, schützen *vt*, bestéhen* *vi* (auf *A — думку і т. п.*); ~ свої права́ sein Recht behäupten
відстрига́ти, **відстри́гти** áb|scheren* *vt*, áb|schneiden* *vt*, stútzen *vt* (*підстригти*)
відстро́чити áuf|schieben* *vt*, vertágen *vt* (*засідання і т. п.*); stúnden *vt* (*платіж*)
відстро́чка Áufschub *m*, Vertágung *f* (*засідання і т. п.*); Stúndung *f* (*платежу*)
відстро́чувати *див.* відстро́чити
відступ 1) *військ.* Rückzug *m*, Rück-marsch *m*; 2) (*від правил і т. п.*) Áb-weichung *f*, Áusnahme *f* (*виняток*); 3) (*від теми і т. п.*) Ábschweifung *f*
відступа́ти, **відступи́ти** 1) zurück|tre-ten* *vi* (s), zurück|weichen* *vi* (s); 2) *військ.* sich zurück|ziehen*; 3) *перен.* (*перед чимось/кимось*) wéichen* *vi* (s) (vor *D*); 4) (*від чогось - зрадити щось*) áb|weichen* *vi* (s) (von *D*); **~ся** (*від чогось - відмовитися*) verzíchten *vi* (auf *A*) áuf|geben* *vt*
відсува́ти, **відсу́нути** áb|rücken *vt*, wég|schieben* *vt*, zurück|schieben* *vt* (*назад*); beiséite [zur Séite] schíeben* *vt* (*убік*); ~ щось від се́бе etw. von sich (*D*) (wég)schíeben*; **~ся** áb|rücken *vi* (s); sich zurück|ziehen* (*назад*); zur Séite rücken *vi* (s), beiséite géhen* *vi* (s) (*убік*)
відсу́тн|ій **1.** *імен.* der Ábwesende; **2.** *прикм.* 1) ábwesend; nicht vorhánden; бу́ти ~ім а) (*про людей*) ábwesend sein; féhlen *vi* (*на уроці, зборах і т. п.*); б) (*не бути в наявності*) nicht vorhánden sein; féhlen *vi* (*комусь D — бракувати*); 2) (*про погляд, вираз обличчя і т. п.*) ábwesend, gedánkenverloren
відсу́тн|ість (*когось десь*) Ábwesenheit *f*, Féhlen *n* (*неявка*); під час моєї ~ості in [während] méiner Ábwesenheit
відтава́ти, **відта́нути** 1) (*розтанути*) áb|tauen *vi* (s), áuf|tauen *vi* (s), schmél-zen* *vi* (s); 2) (*розмерзтися*) áb|tauen [áuf|tauen] (lássen*) *vt*
відтво́рення 1) Wíedergabe *f*, 2) (*репро-дукція*) Náchbildung *f*, Reproduktión *f*
відтвори́ти, **відтво́рювати** wíeder|ge-ben* *vt* (*передати*); nách|bilden* *vt*; відтвори́ти щось у па́м'яті sich (*D*) etw. ins Gedächtnis zurück|rufen*
відті́ни́ти 1) schattíeren *vt*, áb|tönen *vt*; 2) (*виділити, підкреслити*) betónen *vt*, hervór|heben* *vt*
відті́н|ок 1) (*кольору*) Fárbton *m*, Tönung *f*, Stich *m*; з зеле́ним ~ком mit éinem Stich ins Grüne, grün getönt; 2) (*різновид*) Schattíerung *f*, Nuance [ny'aŋsə] *f*, смислові́ ~ки Bedéutungsnuancen *pl*; 3) (*слабий вияв чогось*) Ánflug *m*, Únterton *m*, з ~ком іро́нії mit éinem Ánflug von Ironíe; з ~ком співчуття́ mit éinem Únterton von Mítleid
відтіня́ти *див.* відтіни́ти
відтісни́ти, **відтісня́ти** 1) wég|drängen *vt*, zurück|drängen *vt* (*назад; тж військ.*); 2) *перен.* (*витіснити*) verdrängen *vt*
відточи́ти 1) schärfen *vt*, schléifen* *vt*; áb-ziehen* *vt* (*бритву*); 2) *перен.* (*стиль*) féilen *vt*
відтяга́ти, **відтягти́** wég|schleppen *vt*, beiséite schléppen [zíehen*] *vt* (*убік*)
відучи́ти, **віду́чувати** (*когось від чогось*) j-m etw. áb|gewöhnen; **~ся** (*від чогось*) sich (*D*) etw. áb|gewöhnen; verlé-rnen *vt* (*розучитися*); ~ся від пога́ної зви́чки éine schléchte Gewóhnheit áb|legen

відхи́лення 1) (*від курсу, норми і т. п.*) Ábweichen *n*, Ábweichung *f*, 2) (*від теми і т. п.*) Ábschweifen *n*; 3) (*відмова*) Áblehnung *f* (*плану і т. п.*); Ábschlagen *n* (*прохання і т. п.*); 4) Néigung *f*

В

відхили́ти, **відхиля́ти** 1) áb|lehnen *vt* (*план, кандидатуру і т. п.*); áb|schlagen* *vt* (*прохання і т. п.*); 2) (*від чогось*) áb|lenken *vt*, áb|bringen* *vt* (von *D*); **~ся** 1) (*від чогось*) áb|lenken *vi*, sich áblenken lássen* (von *D*); 2) (*напр., від курсу*) áb|weichen* *vi* (s) (von *D*); 3) (*відійти від теми і т. п.*) áb|schweifen *vi* (s) (von *D*)

відхитну́тися zurück|wanken *vi* (s), zurück|fahren* *vi* (s)

відхі́д 1) (*відправлення*) Ábreise *f*, Ábgang *m*, Ábfahrt *f* (*поїзда*); 2) *військ.* (*відступ*) Rückzug *m*, Rückmarsch *m*; 3) (*відхилення*) Ábweichung *f*

відхо́ди *мн.* Ábfälle *pl*, Ábfallprodukte *pl*, Müll *m* (*покидьки*); радіоакти́вні ~ Atómmüll *m*

відхо́дити *див.* відійти́

відцвісти́, **відцвіта́ти** áb|blühen *vi* (s), verblühen *vi* (s)

відцентро́вий *фіз.* zentrifugál, Zentrifugál-

відча|й Verzwéiflung *f*, дово́дити когось до ~ю j-n zur Verzwéiflung bríngen*; мене́ бере́ ~ ich bin verzwéifelt

відчайду́шний 1) verzwéifelt; hóffnungslos (*безнадійний*); 2) *розм.* (*безрозсудно сміливий*) tóllkühn, verwégen, wághalsig

відча́лювати, **відча́лити** (vom Úfer) áb|stoßen* *vi* (s), áb|fahren* *vi* (s)

відчепи́ти 1) lós|haken *vt*, áb|machen *vt* (*щось, що приклеїлося*); 2) *зал.* áb|hängen *vt*, áb|kuppeln *vt*, **~ся** 1) sich lós|haken, sich (lós)lösen; 2) (*про вагон*) sich áb|kuppeln

відчини́ти, **відчиня́ти** öffnen *vt*, áuf|machen *vt*, **~ся** sich öffnen, áuf|gehen* *vi* (s)

відчіпля́ти *див.* відчепи́ти

відчува́|ти fühlen *vt*, empfínden* *vt*, (ver)spüren *vt*, spüren *vt*, erléiden* *vt*, ~ страх Angst áus|stehen*; **~тися** sich bemérkbar máchen; ~ється, що ... man fühlt [spürt], daß ..

відчу́ти *див.* відчува́ти

відчу́ження Entfrémdung *f*

відчу́тний empfíndlich, fühlbar; wáhrnehmbar; mérklich (*помітний*); gréifbar (*реальний*); ле́две ~ kaum mérklich [spürbar]; kaum bemérkbar (*ледве помітний*); kaum hörbar (*ледве чутний*)

відчуття́ Empfíndung *f*, Gefühl *n*; у ме́не таке́ ~, на́че ... ich hábe ein Gefühl, als ob ... ; ~ го́лоду Húnger *m*, ~ бо́лю Schmerz *m*, ~ мо́ви Spráchgefühl *n*

відшкодо́вувати ersétzen *vt* (*збитки і т. п.*); ~ кому́сь щось j-n für etw. (*A*) entschädigen

відшкодува́ння Entschädigung *f*, Ersátz *m*

відшкодува́ти *див.* відшкодо́вувати

відшпурну́ти wég|schmeißen* *vt*, beiséite schléudern *vt* (*убік*)

відштовхну́ти, **відшто́вхувати** 1) wég|stoßen* *vt*, zurück|stoßen* *vt* (*назад*); áb|stoßen* *vt* (*човен від берега*); 2) *перен.* áb|stoßen* *vt*, **~ся** áb|stoßen* *vi* (s), sich áb|stoßen*

відшука́ти fínden* *vt*, áusfindig máchen *vt*

відшу́кувати súchen *vt*, auf der Súche sein (nach *D*)

ві́дьма Héxe *f*

віз Fuhre *f*, Wagen *m*

ві́за 1) (*в паспорті*) Visum ['vi:-] *n*, ~ на ви́їзд Áusreisevisum *n*, ~ на в'ї́зд Éinreisevisum *n*; 2) (*на заяві і т. п.*) Síchtvermerk *m*

візи́т Besúch *m*, Visíte [vi-] *f*, ~ у ві́дповідь Gégenbesuch *m*; нанести́ кому́сь ~ j-m éinen Besúch áb|statten; прибу́ти з офіці́йним ~ом zu éinem offiziéllen Besúch éin|treffen* *vi* (s)

візо́к (kléiner) Wágen *m*, Fúhrwerk *n*, Karren *m* (*тачка*); ручни́й ~ Hándkarren *m*

візува́ти mit éinem Visum [vi:-] verséhen* *vt*, begláubigen *vt* (*завіряти*)

ві́ї *мн.* (*одн.* ві́я) Wímpern *pl* (*sg* Wímper *f*)

війн|а́ Krieg *m*, Вели́ка Вітчизня́на ~ der Gróße Váterländische Krieg; імперіалісти́чна ~ imperialístischer Krieg; світова́ ~ Wéltkrieg *m*, я́дерна ~ Kérnwaffenkrieg *m*, ◊ холо́дна ~ kálter Krieg

вій́ну́|ти 1) (*повіяти*) wéhen *vi*, ~в вітере́ць es wéhte ein léichter Wind; 2) *безос.*: з вікна́ ~ло хо́лодом es wéhte kalt durch das Fénster; на нас ~ло горі́лим ein Brándgeruch schlug uns ins Gesícht

ві́йська *мн.* Trúppen *pl*

ві́йсько Heer *n*

військо́вий der Militärangehörige, Militär *m*, der Arméeangehörige

військовозобов'я́заний der Wéhrpflichtige

військо́во-морськ|и́й: ~і́ си́ли, ~ флот Séestreitkräfte *pl*, ~а́ ба́за Flóttenstützpunkt *m*

військо́во-пові́трян|ий: ~і си́ли Lúftstreitkräfte *pl*

військовополоне́ний der Kríegsgefangene

військо́во-промисло́вий: ~ ко́мплекс MilitärIndustrie-Komplex *m*

військо́во-стратегі́чний militär-strategisch

вік Álter *n*, Lébensalter *n*, ми з ним одного́ ~у wir sind gléichaltrig

вікн|о́ Fénster *n*, диви́тися у ~ [з ~а́] aus dem Fénster séhen* *vi*

віко́вий 1) (*древній*) húndertjährig, úralt; 2) (*що триває віками*) jahrhúndertelang

віко́нний Fénster-

віко́нниця Láden *m*, Fénsterladen *m*

віко́нце 1) kléines Fénster; 2) (*у касі і т. п.*) Schálter *m*

вікторина Frágeund-Ántwort-Spiel *n*, Quiz [kvis] *n*
віл Óchse *m*, ◊ працювáти як ~ wie ein Pferd árbeiten
ві́лла Villa ['vi-] *f*, Lándhaus *n*
ві́льн|ий 1) frei; úngezwungen (*невимушений*); úngehindert (*безперешкодний*); 2) (*не зайнятий кимось/чимось*) frei; ~е мíсце fréier [únbesetzter] Platz; у мéне немáє ~ого чáсу ich hábe kéine (fréie) Zeit; у ~ (*від роботи*) час in der Fréizeit; зáвтра я ~ mórgen hábe ich frei; 3) (*про одяг*) lóse; weit, breit (*просторий*); **~о** 1) frei; úngezwungen (*невимушено*); úngehindert (*безперешкодно*); 2) (*легко*) leicht; flíeßend, geläufig (*володіти якоюсь мовою*); ~! (*команда*) rührt euch!
вільноду́мний fréidenkend, fréisinnig
вільноду́мство Fréisinn *m*, Fréisinnigkeit *f*, Fréidenkertum *n*
вільнона́йманий vertrágsmäßig gebúnden
ві́льх|а Érle *f*, **~о́вий** Érlen-
вільша́нка (*птах*) Rótkehlchen *n*
він (йогó, йомý, ним, про ньóго) er (*m* — *G* séiner, *D* ihm, *A* ihn); він студéнт er ist Studént; ~ (мíсяць) яскрáво свíтить er (der Mond) scheint hell; ~ (лист) лежи́ть на столí er (der Brief) liegt auf dem Tisch
віндсе́рфінг *спорт.* Bréttsegeln *n*, Wíndsurfing [-sø:(r)-] *n*
вінегре́т Salát *m* (mit róten Rüben)
ві́ник Bésen *m*
ві́ничок Wédel *m* (*для змахування пилу*); Bésen *m* (*для підмітання*)
віно́к Kranz *m*
віолонч|елі́ст Cellíst [tʃɛ-] *m*, **~е́ль** Cello [tʃɛlo] *n*
ві́ра 1) (*впевненість*) Zúversicht *f*, Gláube *m*, 2) (*релігія*) Gláube *m*, Religión *f*, 3) (*довіра*) Vertráuen *n*
ві́р|ити 1) (*чомусь, в істинність чогось*) gláuben *vt*, я цьомý ~ю ich gláube das; 2) (*комусь/чомусь довіряти*) gláuben *vi*, vertráuen *vi* (*D*); я не ~ю йогó словáм ich gláube séinen Wórten nicht; 3) (*в когось/у щось*) gláuben *vi* (an *D*), sícher sein (*G*); **~итися**: менí не ~иться, що ... ich kann kaum gláuben, daß...
вірме́н Arméni er *m*, **~ський** arménisch
ві́рний 1) (*правильний*) ríchtig; 2) (*надійний*) sícher, zúverlässig; 3) (*відданий*) treu, ergében
ві́рність 1) (*правильність*) Richtigkeit *f*, 2) (*відданість*) Tréue *f*, Ergébenheit *f*
ві́рно 1) (*правильно*) ríchtig; 2) (*віддано*) treu, ergében
віроломн|ий wórtbrüchig, tréulos **~ість** *c* Tréulosigkeit *f*
віртуо́з Virtuóse [vir-] *m*, **~ний** virtuós [vi-], méisterhaft
ві́рус Virus ['vi:-] *n*, **~ний** Virus- ['vi:-]; ~ний грип Vírusgrippe *f*
ві́руючий der Gläubige
ві́рч|ий: ~а грáмота *дип.* Begláubigungs schreiben *n*
вірш Vers *m*, Gedícht *n*, римóвані, неримóвані ~і geréimte, réimlose Vérse; п'єса у ~áх Vérsdrama *n*
віршо́ваний 1) (*написаний віршами*) in Vérsform, in Gedíchtform; 2) (*який складається з віршів*) Gedícht-
віршов|и́й Vers-, Gedícht-; ~á фóрма Vérsform *f*, ~ рóзмір Vérsmaß *n*
віршува́ння (*побудова віршованої мови*) Vérsbau *m*
ві́сім acht; **~деся́т** áchtzig; **~деся́тий** der áchtzigste; ~десяті рóки die áchtziger Jáhre
вісімна́дця|тий der áchtzehnte; **~ть** áchtzehn
вісімсо́т áchthundert
віск Wachs *n*
віско́за 1) Viskóse [vis-] *f*, 2) (*тканина з віскози*) Kúnstseide *f*
вісля́к Ésel *m*
ві́сп|а Pócken *pl*, вітрянá ~ Wíndpocken *pl*, прищепи́ти комýсь ~у j-n gégen Pócken ímpfen
віспи́нка (*на обличчі*) Póckennarbe *f*
ві́сті *pl*. остáнні ~ (*по радіо*) Náchrichten *pl*
ві́стря 1) (*гострий кінець*) Spítze *f*, 2) (*ножа і т. п.*) Schnéide *f*
вісь *у різн. знач.* Áchse *f*, ведýча ~ (*авт.*) Ántriebsachse *f*, земнá ~ Érdachse *f*
віта́льний Begrüßungs-, Gruß-; Glückwunsch-, Gratulatións-
вітамі́н Vitamín [vi-] *n*
віта́ння 1) Gruß *m*, Begrüßung *f*, передáти комýсь ~ j-n grüßen lássen*; 2) (*вітальна промова*) Begrüßungsrede *f*, Grúßansprache *f*, Grúßwort *n*, 3) (*письмове звернення*) Grúßschreiben *n*, Grúßbotschaft *f* (*послання*)
віта́ти 1) (*з чимось*) gratulíeren *vi* (*когось D*), beglückwünschen *vt* (zu *D*); 2) (*когось*) begrüßen *vt*, willkómmen héißen* *vt* (*з приїздом*); grüßen *vt* (*вітатися з кимось*); 3) (*схвалювати щось*) begrüßen *vt*, gút|heißen* *vt*, zú|stimmen *vi* (*D*)
віта́тися begrüßen *vt* (*з кимось*); sich begrüßen (*взаємно*)
ві́т|ер Wind *m*, на ~рі im Wind
вітри́л|о Ségel *n*, піднЯти ~а die Ségel híssen; ітú під ~ами ségeln *vi* (*h, s*); ◊ під усимá ~ами mit vóllen Ségeln
вітри́льн|ий Ségel-; ~і гóнки, ~а регáта Ségelregatta *f*
вітри́льник (*судно*) Ségelschiff *n*, Ségler *m*
вітри́на 1) (*магазину*) Scháufenster *n*, Áuslage *f*, 2) (*в музеї і т. п.*) Vitríne [vi-] *f*, Scháukasten *m*
ві́тряний 1) (*з вітром*) wíndig; 2) (*легковажний*) léichtsinnig, léichtfertig
вітряни́й Wind-; ~ двигýн Windkraftmaschine *f*
вітчи́зна Váterland *n*, Héimat *f*
вітчизня́н|ий 1) váterländisch; Велика Вітчизняна війнá der Gróße Váterlän-

dische Krieg; 2) (*про продукцію і т. п.*) éinheimisch; ~ого виробни́цтва éigener Produktión
вітчи́м Stíefvater *m*
ві́ха 1) Ábsteckpfahl *m*; 2) *перен.* Márkstein *m*, Wéndepunkt *m* (*поворотний пункт*)
ві́хола Schnéesturm *m*, Schnéegestöber *n*
віце- Vize-; ~адміра́л Vízeadmiral *m*, ~ка́нцлер Vízekanzler *m*, ~президе́нт Vízepräsident *m*
ві́чко Gúckloch *n*
віч-на́-віч 1) (*наодинці*) zu zweit; únter vier Áugen; 2) (*про єдиноборство*) Mann gégen Mann
ві́чний ewig; ◊ Ві́чний вого́нь Éwige Flámme
ві́чність Éwigkeit *f*
ві́чно 1) éwig; 2) *розм.* (*постійно*) fórtwährend, dáuernd
ві́шалка 1) (*одягу*) Áufhänger *m*, 2) (*для одягу*) Kléiderhaken *m* (*окремий гачок*); Kléiderrechen *m* (*у вигляді дошки на стіні*); Kléiderbügel *m* (*плічко*); 3) *розм.* (*місце для роздягання*) Flúrgarderobe *f*, Garderóbe *f* (*в квартирі*); Kléiderablage *f* (*в громадських місцях*)
ві́шати hängen *vt*; áuf|hängen *vt* (*підвісити, тж пальто, штори*); ~ щось на стіну́, на моту́зку etw. an die Wand, auf die Léine hängen; ~ щось су́шиться etw. zum Trócknen áuf|hängen; ◊ ~ тру́бку der Hörer áuf|legen, áuf|legen *vi*
ві́яло Fächer *m*
ві́яння *перен.* Strömung *f*, Ríchtung *f* (*напрямок*); Tendénz *f* (*тенденція*); ~ ча́су Geist der Zeit
ві́яти 1) (*дути — про вітер*) wéhen *vi*; 2): віє весно́ю der Frühling liegt in der Luft
в'їда́тися (*про іржу, фарбу*) sich éin|fressen*, éin|dringen* *vi* (s)
в'їжджа́ти *див.* в'ї́хати
в'ї́з|д 1) (*місце*) Éinfahrt *f*, Áuffahrt *f*, 2) (*дія*) Éinfahren *n*, Éinzug *m* (*в квартиру*); Éinreise *f* (*в країну*); **~ни́й**: ~на́ ві́за Éinreisevisum [-vi:-] *n*
в'ї́стися *див.* в'їда́тися
в'ї́хати 1) fáhren* *vi* (s), éin|fahren* *vi* (s); hináuf|fahren* *vi* (s) (*нагору*); éin|reisen *vi* (s) (*в країну*); ~ на двір in den Hof (éin)fáhren* ~ в воро́та durch das Tor [ins Tor] fáhren*; ~ на пло́щу auf den Platz fáhren*; ~ на го́ру den Berg hináuf|fahren*; 2) (*поселитися*) éin|ziehen* *vi* (in *A*)
вказі́вка Hínweis *m* (*напучення*); Ánordnung *f*, Ánweisung; Wéisung *f* (*розпорядження*); Instruktión (*інструкція*)
вказівни́й: ~ па́лець Zéigefinger *m*
вклад Éinlage *f*
вклада́ти *див.* вкла́сти
вкла́диш *тех.* Éinsatz *m*, Éinlage *f*
вкла́дник Deponént *m*
вкла́сти 1) (*покласти усередину*) hinéin|legen *vt*, hinéin|tun* *vt*; 2) (*робити вклад*) deponíeren *vt*, án|legen *vt*, investíeren [-vɛs-] *vt* (*вкладати кошти*)
вкле́ювати, **вкле́їти** éinkleben *vt*
вкли́нюватися, **вкли́нитися** sich éin|keilen, sich einzwängen; *військ.* éinbrechen* *vi* (s); éindringen* *vi* (s)
вклони́тися (*комусь*) sich verbéugen (vor *D*)
включа́ючи éinschließlich (*щось A*), mitéinschluß (*von D*); mitéinbegriffen; mitéingeschlossen; mit éingerechnet; inklusíve [-və] (*скор.* inkl)
вклю́чення Éinschluß *m*, Éinschließung *f*, Áufnahme *f*, ~ у ви́борчі спи́ски Éintragung *f*, in die Wáhllisten
включи́ти áuf|nehmen* *vt* éin|schließen* *vt* (in *A*); ~ кого́сь/щось в спи́сок j-n/etw. in éine Líste éin|tragen*
включи́тися téil|nehmen* *vi* (an *D*), sich án|schließen* (*D*)
вко́чувати, **вкоти́ти** hinéin|rollen *vt*, hinéin|wälzen *vt* **~ся** heréin|rollen *vi* (s)
вла́д|а 1) Gewált *f*, Macht *f*, викона́вча ~ die exekutíve Gewált, Vóllzugsorgan *n*, знахо́дитися [стоя́ти] при ~і an der Macht sein; 2) (*адміністрація*) Behörden *pl*, місце́ва ~ die örtlichen Behörden
вла́дний gebíeterisch, hérrisch
вла́сне *вставн. сл.* éigentlich; ~ ка́жучи im Grúnde genómmen, éigentlich; що він, ~, хоті́в сказа́ти? was wóllte er éigentlich ságen?
вла́сний éigen
вла́сник Éigentümer *m*, Besítzer *m*, Inhaber *m*
вла́сність 1) (*майно*) Éigentum *n*, Éigenbesitz *m*, держа́вна, особи́ста ~ stáatliches, persönliches Éigentum; нерухо́ма ~ únbewegliches Éigentum; 2) (*право володіння чимось*) Éigentum *n*, Éigentumsrecht *n* (an *D*); прива́тна, капіталісти́чна, суспі́льна ~ на за́соби виробни́цтва privates [-'va:-], kapitalístisches, geséllschaftliches Éigentum an den Produktiónsmitteln; перейти́ в чия́сь ~ in j-s Éigentum über|gehen* *vi* (s)
власти́вий (*комусь/чомусь*) éigen (*D*); charakterístisch [ka-] (für *A*) (*характерний*); kénnzeichnend, bezéichnend (für *A*) (*показовий*)
власти́вість Éigenschaft *f*, Beschaffenheit *f*, Zug *m* (*риса характеру*); Natúr *f* (*природна якість*)
влаштува́ти, **влашто́вувати** 1) éin|richten *vt*, án|legen *vt* (*розмістити і обладнати*); 2) (*організувати*) veránstalten *vt*, organisíeren *vt*, éin|richten *vt* (*допомогти здійсненню чогось*); 3) (*впорядкувати*) régeln *vt*, órdnen *vt*, 4) (*зчинити*): ~ сканда́л éinen Skandál máchen; ~ комусь сце́ну j-m éine Széne máchen; 5) (*розмістити, призначити*) únter|bringen* *vt*, ~ кого́сь на робо́ту j-m Stélle verschaffen; 6) *розм.* (*підійти комусь, задовольнити когось*) recht sein, pássen *vi* (*D*); вас влашто́вує цей час? ist Íhnen díese Zeit recht?; **~ся** 1) (*наладитися, упорядкува-*

тися) sich régeln, sich gében*, in Órdnung kómmen* *vi* (s); все влаштується álles wird sich gében; 2) (*розташуватися, оселитися*) sich éin|richten (*у квартирі, на новому місці*); es sich (*D*) bequém máchen (*зручно сісти, лягти*); 3) (*десь, у когось*) únter|kommen* *vi* (s), Únterkunft finden*, úntergebracht wérden; ~ся у готéлі, у друзів in éinem Hotél, bei den Fréunden únter|kommen*; 4) (*на роботу*) Arbeit [éine Arbeitsstelle] finden*; únter|kommen* *vi* (s) (*кимось* als *N*); ~ся на робóту éingestellt wérden (in *D*); ~ся на нову робóту éine néue Árbeit án|treten* *vi* (s); він влаштувáвся на робóту учителем er hat éine Stélle als Léhrer gefúnden, er wúrde als Léhrer éingestellt

влетíти heréin|fliegen* *vi* (s), hinéin|fliegen* *vi* (s)

вливáти, **влúти** (éin)gießen* *vt*

влізáти, **влíзти** 1) (*на щось – забратися*) (hináuf)kléttern *vi* (s) (auf *A*); 2) (*у щось – проникнути*) kléttern *vi* (s) (in *A*); 3) (*потай проникнути кудись*) éin|dringen* *vi* (s) (in *A*)

влітáти *див.* влетíти

влíтку im Sómmer

влучáння (*в ціль*) Tréffen *n*, Tréffer *m*; прямé ~ Vólltreffer *m*

влучáти, **влýчити** tréffen *vt*; ~ в ціль das Ziel tréffen; не ~ в ціль das Ziel verféhlen

влýчний 1) (*про стрільця, постріл*) sícher, scharf, tréffsicher; 2) (*про вираз, зауваження і т. п.*) tréffend, schlágend

влýчність Tréffsicherheit *f*, *перен. тж* Schlágfertigkeit *f*

вмикáти *див.* увімкнýти

вмикáч *тех.* Éinschalter *m*, Schálter *m*

вміст Gehált *m*, Ínhalt *m*

вмістúти, **вміщáти** únter|bringen* *vt*, Platz finden* (für *A*); **~ся** hinéin|gehen* *vi* (s) (*про речі*); Platz finden* (*про людей*)

вмонтувáти éinbauen *vt*

внаймú *нареч.*: взяти ~ míeten *vt*, віддавáти ~ vermíeten *vt*, здавáтися ~ zu vermíeten sein

внáслідок (*чогось*) infólge (*G*); zufólge (*D*) (*ставиться після сущ.*); ~ цього infolgedéssen

внéсок (*грошовий*) Béitrag *m*, члéнський ~ Mítgliedsbeitrag *m*, вступнúй ~ Béitrittsgeld *n*

внéсти 1) (*принести всередину*) hinéin|tragen* *vt*, bríngen* *vt* (in *A*); 2) (*сплатити*) éin|zahlen *vt*; 3) (*вписати в список і т. п.*) éin|tragen* *vt* (in *A*); 4) (*разом з імен.*): ~ якýсь пропозúцію etw. beántragen, éinen Ántrag stéllen; ~ змíни у щось Ánderungen an etw. (*D*) vór|nehmen*

вниз 1) nach únten, (*з дієсл. руху - тж*) hinúnter-, hináb-, herúnter-, heráb-; йти [спускáтися] ~ по схóдах die Tréppe hinúnter|gehen* *vi* (s), treppáb gehen* *vi* (s); 2): ~ за тéчією stromáb (wärts)

внизý únten

вникáти, **вникнути** (*у щось*) éin|dringen* *vi* (s) (in *A*)

внічия́: гра закінчилася ~ das Spiel éndete únentschieden; зігрáти (пáртію) ~ *шах.* remis [rə'mi:] máchen

внóсити *див.* внестú

внук Énkel *m*

внýтрішн|ій 1) (*що знаходиться усередині*) Ínnen-; ínner *тж. перен.* ~ бік Ínnenseite *f*, ~ двóрик Ínnenhof *m*, ~є задовóлення ínnere Befríedigung; 2) (*внутрішньодержавний*) Ínnen-; Bínnen-; ~я полíтика Ínnenpolitik *f*, ~ рúнок Bínnenmarkt *m*

внутрішньо|партíйний ínnerparteilich; **~політúчний** ínnenpolitisch

внýчка Énkelin *f*

вóбла Zärte *f*

вовк Wolf *m*, ◊ дивúтися ~ом *розм.* fínster dréin|schauen *vi*

вóвняний wóllen, Woll-

вовченя́ das Wólfsjunge

вóвч|ий Wolfs-, (*як у вовка - тж*) wölfisch; ~а згрáя Wólfsrudel *n*, ◊ ~ апетúт Wólfshunger *m*, Bärenhunger *m*

вовчúця Wölfin *f*

вóгкий (*про погоду*) feucht, náßkalt

вогнегáсник Féuerlöscher *m*

вогне|небезпéчний féuergefährlich

вогнéнний 1) Féuer-; 2) *перен.* féurig

вогнепáльн|ий: ~а збрóя Schúßwaffe *f*, Féuerwaffe *f*

вогнестíйкúй féuerfest

вогнетривкúй féuerfest

вóгник kléine Flámme; Líchtschimmer *m* (*видимий удалині*)

вóгнищ|е 1) *іст.* Schéiterhaufen *m*, спáлювати когóсь на ~і j-n auf den Schéiterhaufen bríngen*; 2) (*на привалі і т. п.*) Lágerfeuer *n*, Féuer *n*, розвестú ~ Féuer (án)máchen; варúти щось на ~і etw. über dem Féuer kóchen; 3) *перен.* Herd *m*, ~ землетрýсу ein Herd des Érdbebens, Érdbebenherd *m*, ~ зарáження Ánsteckungsherd *m*, ~ напрýженості Spánnungsherd *m*

вогóнь 1) (*полум'я*) Féuer *n*, розпалúти ~ Féuer án|zünden [(án)máchen]; 2) (*світло*) Licht *n*, запалúти (засвітúти) ~ das Licht éin|schalten, Licht máchen; 3) *військ.* Féuer *n*, відкрúти, припинúти ~ das Féuer eröffnen, éin|stellen; ◊ боятися когóсь як вогня́ *j-n* wie die Pest fürchten

вод|á *у різн. знач.* Wásser *n*, питнá ~ Trínkwasser *n*, мінерáльна ~ Minerálwasser *n*, тримáтися на ~í sich über Wásser hálten*; ◊ вúвести когóсь на чúсту ~у *j-n* entlárven [-vən], *j-n* überführen; вийти сухим з ~и mit héiler Haut davón|kommen* *vi* (s)

водевíль Síngspiel *n*

вóдень Wásserstoff *m*

вóди *мн.* 1) (*водні простори*) Gewässer *pl*, територіáльні ~ Hóheitsgewässer *pl*, внутрішні ~ Binnengewässer *pl*, 2) (*курорт з мінеральними водами*) Kúrort *m*, Bad *n*

водитися 1) (*бути*): тут водиться багато риби hier gibt es viele Físche; 2): як водиться wie gewöhnlich, wie üblich (*як звичайно*); wie es Brauch ist (*за звичаєм*)

водій Fáhrer *m*, ~ таксі Táxifahrer *m*, ~ вантажівки LKW-Fahrer [-ɛl ka:'ve: / 'ɛl-] *m*, права водія Führerschein *m*, Fáhrerlaubnis *f*

вóдка Wódka *m*, Bránntwein *m* Schnaps *m розм*

воднев|ий Wásserstoff-; ~а бомба Wásserstoffbombe *f*

вóдн|ий Wásser-; ~е поло Wásserball *m*, ~им шляхом auf dem Wásserweg; ~ транспорт Schíffsverkehr *m*

водночас zugléich; вона плакала і ~ сміялася sie wéinte und láchte zugléich

водозабезпеченість Wásserversorgung *f*

водозабір Wásserentnahme *f*

водойма Wásserbehälter *m*, Wásserreservoir [-voɑ̃:r] *n*

водолаз Taucher *m*

водонепроникний wásserdicht, wásserundurchlässig

водоочищення Wásserreinigung *f*

водопровід Wásserleitung *f*, **~ний** Wásserleitungs-; ~на вода Léitungswasser *m*, **~ник** Installateur [-'tø:r] *m*, Klémpner *m*

вóдорість Álge *f*, Tang *m*

водоспад Wásserfall *m*

водостійкий wásserbeständig

водосховище Wásserbehälter *m*, Wásserspeicher *m*, Stáubecken; Stáusee *m*

водотоннажність *мор.* Wásserverdrängung *f*

водян|ий Wásser-; ~é опалення Wásserheizung *f*, ~ млин Wássermühle *f*

водянистий wässerig

воєнн|ий 1. *сущ.* Militär *m*, Militärperson *f*, der Militärangehörige; **2.** *прил.* Kriegs-, (*призначений для війни - тж*) Rüstungs-; ~ час Kríegszeit *f*, ~ злочинець Kriegsverbrecher *m*, ~ бюджет Rüstungshaushalt *m*, ~і витрати Rüstungsausgaben *pl*, ~ стан Áusnahmezustand *m*

вождь 1) Führer *m*, 2) (*племені*) Stámmeshäuptling *m*

возз'єднання Wíedervereinigung *f*

возити *див.* везти 1)

воістину wahrháftig, wáhrlich

воїн Krieger *m*, Kämpfer *m* (*боєць, борець*); Soldát *m* (*солдат*); **~ський** Militär-, Wehr-, militärisch

войовничий kriegerisch, kámpflustig

вокальн|ий Vokál [vo-]; ~а музика Vokálmusik *f*

вокзал Báhnhof *m* (*залізничний*); автобусний ~ Áutobusbahnhof *m*

волан I *спорт.* Féderball *m*

волан II (*оборка*) Volant [vo'lan] *m*, Rüsche *f*

волейбол Volleyball ['vɔle-] *m*, змагання з ~у Vólleyballturnier *n*, **~іст** Volleyballspieler ['vɔle-] *m* **~ьний** Volleyball- ['vɔle-]; ~ьна команда Vólleyballmannschaft *f*, ~ьний м'яч Volleyball *m*

волелюбн|ий fréiheitsliebend; **~ість** Fréiheitsliebe *f*

волога Féuchtigkeit *f*, Nässe *f*

волог|ий feucht; **~ість** Féuchtigkeit *f*

володар (*чогось*) Besítzer *m*

володіння (*чимось*) Besítz *m*, Besítzen *n*

володіти 1) (*мати*) háben* *vt*, besítzen *vt* (*тж перен. — якоюсь здібністю, талантом і т. п.*); verfügen *vi* (über *A — мати щось в розпорядженні*); 2): ~ якоюсь мовою éine Spráche behérrschen; ◇ ~ собою sich behérrschen

волокнистий fáserig

волокно Fáser *f*

волосінь (*риболовна*) Ángelschnur *f*

волосся *мн.* Haar *n*, Háare *pl*

волоський: ~ горіх Wálnuß *f*

волочити schléppen *vt*, schléifen *vt*, ледь ноги ~ sich mühsam fórt|schleppen

волошк|а Kórnblume *f*, **~овий** (*про колір*) kórnblumenblau

вольовий (*енергійний*) wíllensstark, enérgisch; tátkräftig (*діяльний*); entschlóssen (*рішучий*)

вольт *эл.* Volt [vɔlt] *n*

вол|я *у різн. знач.* Wílle *m*, сила ~і Wíllenskraft *f*, за власною ~ею aus éigenem Ántrieb; проявити добру ~ю gúten Wíllen bekúnden; ◇ дати ~ю сльозам séinen Tränen fréien Lauf lássen*

вона (її, їй, нéю, про нéї) sie (*f — G* íhrer, *D* ihr, *A* sie); ~ студентка sie ist Studéntin; ~ (книжка) цікава es (das Buch) ist interessánt; ~ (дівчина) дуже мила es [sie] (das Mädchen) ist sehr nett; вона (дитина) спить es (das Kind) schläft

вони *мн.* (їх, їм, ними, про них) sie (*G* íhrer, *D* íhnen, *A* sie); er (*m — G* séiner, *D* ihm, *A* ihn); ~ (батьки) вдома sie (die Éltern) sind zu Háuse; ~ (ножиці) тупі sie (die Schére) ist stumpf; ~ (ворота) закриті es (das Tor) ist [steht] zu

воно (його, йому, ним, про нього) es (*n — G* séiner, *D* ihm, *A* es); ~ (вікно) велике es (das Fénster) ist groß;; ~ (варення) смачне sie (die Konfitüre) schmeckt gut; ~ (місто) стоїть на річці sie (die Stadt) liegt am Fluß

воркотати gírren *vi*

вóрог Feind *m*, Gégner *m* (*супротивник*)

ворожий féindlich; féindselig (*неприязний*)

ворожити wáhrsagen *vt*, ~ на картах aus Kárten wáhrsagen, Kárten légen

ворожість Féindseligkeit *f*

ворожнеча Féindschaft *f*

ворона Krähe *f*

ворота *мн.* 1) Tor *n*, Pfórte *f*, 2) *спорт.* Tor *n*, бити по ~х aufs Tor schíeben*; забити м'яч у ~ ein Tor schíeben*

воротар Tórwart *m*, Tórmann *m*

ворс Haar *n*, Strich *m*, Flor *m* (*килима*)
ворухнýтися sich régen, sich rühren
ворушúти, ворухнýти (*чимось*) bewégen *vt*, rühren *vt*; **~ся** sich bewégen, sich rühren
восенú im Herbst
восковúй Wachs-; wächsern (*тж про колір обличчя*)
воскресúти, воскрешáти wíederbeleben *vt*, wíedererwecken *vt*; ~ щось у пáм'яті etw. ins Gedächtnis zurück|rufen*
восторжествувáти triumphíeren *vi* (*над чимось* über *A*)
вóсьм|ий der áchte; ~ого числá am Áchten (des Mónats)
восьмигодúнний 1) (*що триває вісім годин*) áchtstündig, Áchtstunden-; ~ робóчий день Áchtstundentag *m*, 2) (*призначений на вісім годин*) Áchtuhr-; ~ пóїзд Áchtuhrzug *m*
восьминíг Kráke *f*
вóтум Votum [vo:-] *n*, ~ довíри Vertráuensvotum *n*, ~ недовíри Míßtráuensvotum *n*
вóхра Ócker *m*, *n*
вóша Laus *f*
воювá|ти 1) (*з кимось або проти когось*) Krieg führen (*вести війну — про країну*), kämpfen *vi* (*про окрему людину*) (gégen *A*); 2): він ~в er war im Krieg [an der Front]
впадáти münden *vi*, sich ergíeßen*
впáсти (*в якийсь стан*) geráten* *vi* (s), verfállen* *vi* (s); ◊ ~ в дитúнство kíndisch wérden
вперéд 1) nach vórn(e), vórwärts, (*з дієсл. руху - тж*) vórwärts-, voráus-; 2) (*авансом*) im voráus
впéрше zum érstenmal
впивáтися *див.* впúтися
вписáти, впúсувати 1) éin|schreiben* *vt*, éin|tragen* *vt* (*в список*); 2) *геом.*: ~ трикýтник в кóло éin Dréieck in éinen Kreis éin|zeichnen
впúтися (*уткнутися вістрям*) éin|dringen* *vi* (s) (in *A*)
вплéсти, вплітáти (hin)éin|flechten* *vt*
вплив *у різн. знач.* Éinfluß *m*, робúти ~ на когóсь/щось auf j-n/etw. Éinfluß áus|üben [háben]; піддавáтися ~ові когóсь/чогóсь sich von j-m/etw. beéinflussen lássen*; мáти ~ Éinfluß háben
впливáти (*на когось/щось*) Éinfluß háben (auf *A*), beéinflussen *vt*, (éin)wirken *vi*
впливóвий éinflußreich
вповзáти, вповзтú 1) (*усередину*) hinéin|kriechen* *vi* (s), heréin|kriechen* *vi* (s); 2) (*нагору*) heráuf|kriechen* *vi* (s), hináuf|kriechen* *vi* (s)
впрáва Übung *f* *тж спорт*
впрáвити, вправля́ти (*вивих*) éin|renken *vt*
впрáві: ми ~ сподівáтися на це wir háben éinen gúten Grund, das zu hóffen; ти не ~ так казáти du sollst nicht so réden; бýти ~ berechtigt sein; ein Recht auf etw. (*A*) háben
впрáвлений éingesetzt; éingebaut (*вбудований*)
вправля́ти 1) (*вставляти*) éinsetzen *vt*, fássen *vt*, éinrahmen *vt*, 2) *мед.* éinrenken *vt*
впрáвн|ий gewándt, geschíckt; **~íсть** Gewándtheit *f*, Geschícktheit *f*, Fértigkeit *f*, Übung *f* (*навик*)
впритýл fest dicht (*до чогось/когось* an *A* *або* an *D*)
впровáдити éin|führen *vt*, übernéhmen* *vt*, éinsetzen *vt*
впровáдження Einführung *f*, übernahme *f*, Einsatz *m*
впровáджувати *див.* впровáдити
впрóголодь *нареч.* húngernd, arm, ärmlich; жúти ~ húngern *vi*
впрягáти, впрягтú éin|spannen *vt*, vór|spannen *vt*
впускáти, впустúти éin|lassen* *vt*, hinéin|lassen* *vt*, heréin|lassen* *vt*
вражáти erschüttern *vt*, erstáunen *vt*, überráschen *vt*, verblüffen *vt* (*приголомшити*); in Stáunen versétzen *vt*; **~ся** stáunen *vi*, erstáunt [frappíert, überráscht] sein (*чомусь* über *A*)
вражáючий aúffallend, überráschend, erstáunlich; verblüffend, frappánt (*приголомшуючий*)
врáжений erstáunt
врáження Éindruck *m*, спрáвити гáрне ~ на когóсь auf j-n éinen gúten Éindruck máchen
врáзити(ся) *див.* вражáти(ся)
вразлúвий empfíndlich
вразлúвість Empfíndlichkeit *f*
врáнці am Mórgen, mórgens; сьогóдні ~ héute mórgen [früh]; рáно-врáнці ~ am frühen Mórgen, frühmorgens
врахóвувати *див.* врахувáти
врахувáння Statístik *f*, Erfássung *f*, ~ пóпиту statístische Erfássung der Náchfrage [des Bedárfs]
врахувáти (*взяти до уваги*) berücksichtigen *vt*, in Betrácht zíehen* *vt*, Rücksicht néhmen* (auf *A*)
врéшті **1.** *присл.* éndlich, schlíeßlich; **2.** *у знач. вставн. сл.* übrigens; schlíeßlich
вривáтися *див.* увірвáтися
врізáтися, врíзатися 1) (*зіштовхнутися — про поїзди і т. п.*) aufeinánder|stoßen* *vi* (s); 2): ~ в пáм'ять sich ins Gedächtnis éin|prägen (*комусь D*)
врóзбрід *нареч.* *розм.* getrénnt; zerstreut; úngeordnet
врóзріз zuwíder (*D*), gégen (*A*); йти ~ zuwíder|laufen* *vi* (s)
вручáти, вручúти áus|händigen *vt*, überréichen *vt* (*в урочистій обстановці*)
вручнý *нареч.* mit der Hand; von Hand, manuéll; робóта ~ Hándarbeit *f*
врятувáти rétten *vt* (*від когось/чогось* vor *D*), ~ комýсь життя́ j-m das Lében rétten; **~ся** sich rétten (*від когось/чогось*)

vor *D*), ~ся втéчею sich durch die Flucht rétten

все I 1) все álles; все в порядку álles ist in Órdnung; 2) *мн.* (*все - про людей*) álle; його знають всі álle kénnen ihn; 3): краще за все було б ... am bésten wäre es ...; він розумніший за всіх er ist der klügste von állen; ◊ все одно а) (*так чи інакше*) sowiesó; б) (*комусь байдуже*) es ist gleich [egál] (*D*); перш за все vor állem, in érster Línie (*в першу чергу*); zuérst, zunächst (*спочатку*)

все II *присл.* 1) (*увесь час, завжди*) ímmer, die gánze Zeit, fórtwährend, dáuernd; дощ ~ йде es régnet dáuernd; його ~ не було er kam und kam nicht; 2): ~ ще (*досі*) ímmer noch; дощ ~ ще йде es régnet ímmer noch; 3) (*з порівн. ст.*) ímmer; ~ краще, швидше, ближче ímmer bésser, schnéller, näher; 4) (*виключно*) nur; і ~ через тебе und nur déinetwegen; ◊ ~-таки, ~ ж doch, ímmerhín

всебічний állseitig

вселитися, вселятися (*в'їхати в квартиру, будинок*) éin|ziehen* *vi* (s) (in *A*)

всемогутній allmächtig

всенародн|ий állgemein, Volks-; ~е схвалення állgemeine Zústimmung; ~е свято Vólksfest *n*

всерйоз 1) (*грунтовно*) érnst, érnstlich; 2) (*не на жарт*) im Ernst; ти це ~? ist das dein Ernst?, meinst du es ernst damít?

всесвіт Wéltall *n*, Universum [-'ver-] *n*

всесвітн|ій Welt-; wéltweit; ~я історія Wéltgeschichte *f*, ~є значення wéltweite Bedéutung

всесвітньо: ~ відомий wéltberühmt

всесильний allmächtig, állgewaltig

все-таки 1. *союз* (а) ~ trótzdem; **2.** *частица* doch, ímmerhín

всипати (hin)éin|schütten *vt*, (hin)éin|streuen *vt*, tun* *vt* (in *A* — *в їжу*)

всіляко mit állen Mítteln (*усіма засобами*); auf jéde Wéise (*усіма способами*); nach Kräften (*в міру сил*)

вскочити, вскакувати hinéin|springen* *vi* (s) (in *A*); áuf|springen* *vi* (s) (auf *A* — *на ходу у вагон і т. п.*)

вслухатися, вслухуватися (*у щось*) (áufmerksam) zú|hören *vi* (*D*); hín|hören *vi*, láuschen *vi* (*D*) (*прислухатися*)

всмоктати éin|saugen* *vt*

всовувати *див.* всунути

вставати *див.* встати

вставити, вставляти (hin)éin|stellen *vt*, éin|stecken *vt* (*в отвір і т. п.*); éin|setzen *vt* (*скло і т. п.*); ~ щось в раму etw. éin|rahmen

вставн|ий: ~е речення *грам.* Scháltsatz *m*

встановлювати, встановити 1) (*поставити*) áuf|stellen *vt*, montíeren *vt*, (*обладнання і т. п.*); 2) (*налагодити*) hér|stellen *vt*, áuf|nehmen* *vt* (*стосунки і т. п.*); ~ зв'язок die Verbíndung hér|stellen; 3) (*ввести, призначити*) éin|führen *vt*, fést|setzen *vt*, bestímmen *vt*, 4) (*констатувати*) fést|stellen *vt*, konstatíeren *vt*, **~ся** 1) (*про погляди і т. п.*) sich heráus|bilden; sich entwíckeln (*про стосунки і т. п.*); 2) (*про погоду*) án|halten* *vi*, éin|treten* *vi* (s) (*настати*)

встати 1) (*на ноги*) áuf|stehen* *vi* (s) (*тж. після сну*); sich erhében* (*з чогось* von *D*); 2) (*кудись*) sich stéllen; ~ на щось (*піднятися*) auf etw. (*A*) stéigen* *vi* (s); ~ в чергу sich án|stellen; 3) (*про небесні світила*) áuf|gehen* *vi* (s)

встигати *див.* встигнути; ~ за кимось j-m nách|kommen*, mit j-m Schritt hálten*

встигнути zuréchtkommen* *vi* (s); не ~ sich verspäten, zu spät kómmen* *vi* (s)

встромити hinéinstoßen* *vt*, stoßen* *vt*, **~ся** sich hinéinbohren; sich éinkrallen (*пазурами*); éindringen*

вступ 1) (*вступна частина*) Éinführung *f*, Éinleitung *f*, Vórwort *n* (*в промові, книзі*); Vórspiel *n* (*в музиці*); 2) (*дія*) Éintritt *m*, Ántritt *m*, Béitritt *m* (*в організацію, партію*)

вступати, вступити 1) (*стати членом*) éin|treten* *vi* (s) (in *A*); béi|treten* *vi* (s) (*D* — *в якусь організацію і т. п.*); ~ до школи in die Schúle kómmen* *vi* (s); 2) (*до вузу*) géhen* *vi* (s) (an *A*), das Stúdium begínnen* (an *D*); immatrikulíert wérden (*бути зарахованим*); die Áufnahmeprüfungen áb|legen (an *D*) (*складати вступні іспити*); 3) (*почати якусь дію*): ~ в розмову з кимось mit j-m ein Gespräch án|knüpfen; ~ в переговори з кимось mit j-m Verhándlungen áuf|nehmen* [in Verhándlungen éin|treten*; 4) (*перейти в новий стан*) übergehen* *vi* (s), (éin)tréten* *vi* (s) (in *A*); 5) (*увійти — про війська і т. п.*) éin|ziehen* *vi* (s), éin|rücken *vi* (s), (in *A*)

вступитися (*за когось/щось*) éin|treten* *vi* (s), sich éin|setzen (für *A*)

вступн|ий 1) (*початковий*) éinleitend, éinführend, Éinführungs-; ~ розділ (*книги і т. п.*) Éinleitung *f*, Vórwort *n*, ~á промова Vórrede *f*, Eröffnungsrede *f*, 2) (*пов'язаний зі вступом кудись*) Áufnahme-; ~ іспит Áufnahmeprüfung *f*, ~ внесок Béitrittsgeld

всувати, всунути hinéin|schieben* *vt*, éin|stecken *vt*, zú|schieben* *vt* (*шухляду столу і т. п.*)

всупереч trotz (*G*) (*незважаючи на*); entgégen (*D*), gégen (*A*), wíder (*A*) (*проти*); zuwíder (*D*) (*врозріз з*); ~ усім правилам állen Régeln zuwíder, ~ моєму бажанню gégen méinen Wunsch; ~ сподіванням wíder Erwárten; ~ всіляким сподіванням wíder álles Erwárten

всюди überáll

всюдихід Geländefahrzeug *n*

всяк|ий 1) (*кожний, будь-який*) jéder; ~ раз jédes Mal; 2) (*різний*) verschíeden;

állerlei, állerhánd (*усілякий*); 3) (*який би не був*) jéder, jéglicher
втекти́ *див.* втікáти 1
втéрти éin|reiben* *vt*
втéча 1) Flucht *f*, 2) (*звідкись*) Áusbruch *m*
втирáти *див.* втéрти
вти́скувати, **вти́снути** hinéin|quetschen *vt*, hinéin|pressen *vt*; **~ся** sich hinéin|drängen, sich hinéin|pressen
втікá|ти 1) flüchten *vi* (s), flíehen* *vi* (s), eutkommen *vi* (s) (*від когось, від чогось D*); davónlaufen* *vi* (s) (*бігти*); 2) (*про річку*) münden *vi*, sich ergíeßen*; ~ч Flüchtling *m*
вті́лення Verkörperung *f*, Verwírklichung *f* (*здійснення*)
вті́лити, **вті́лювати** verkörpern *vt*, verwírklichen *vt* (*здійснювати*); **~ся** sich verkörpern; sich verwírklichen (*здійснитися*)
втім 1. *вводн. сл.* übrigens; **2.** *союз* állerdings, áber
вті́шний tröstlich, tróstbringend
втлумáчувати, **втлумáчити** (*комусь*) *розм.* éin|schärfen *vt*, erklären *vt* (*пояснити*); beibringen* *vt*, éinprägen *vt*
втоптáти, **втóптувати**(hinéin)stámpfen *vt*
вторгáтися éin|fallen* *vi* (s), éin|dringen* *vi* (s); éinbrechen* *vi* (s) (*в державу*)
втóргнення Éinbruch *m*, Invasión [-va-] *f*
втóргнутися *див.* вторгáтися
втрáт|а Verlúst *m*, Éinbuße *f*, ~ працездáтності der Verlúst [die Éinbuße] der Árbeitsfähigkeit; ~ прести́жу Prestígeverlust [-ʒə-] *m*, зазнáти вели́кої ~и éinen schmérzlichen [schwéren] Verlúst erléiden*; зазнáти втрат Verlúst erléiden* [davón|tragen*]
втрáтити, **втрачáти** (*щось*) verlíeren* *vt*, éin|büßen *vt*, kómmen* *vi* (s) (um *A*); ~ надíю die Hóffnung áuf|geben* [verlíeren*]; не ~ мýжність den Mut nicht sínken lássen*; **~ся** verlóren|gehen* *vi* (s)
втрýтитися sich éin|mischen (*у щось* in *A*)
втручáння Éinmischung *f*
втручáтися *див.* втрýтитися
втя́гувати, **втягнýти** 1) (*витягти*) hinéin|ziehen* *vt* (*усередину*); hináuf|ziehen* *vt* (*нагору*); 2) (*залучити до участі у чомусь*) herán|ziehen* *vt* (zu *D*); 3) (*схилити до чогось*) verléiten *vt* (zu *D*); **~ся** (*у щось – звикнути*) sich gewöhnen (an *A*); ~ся в робóту sich éin|arbeiten
вýгілля 1) Kóhle *f*, кам'янé ~ Stéinkohle *f*, видобувáти ~ Kóhle fördern [áb|bauen]; 2) (*паливо*) Kóhle *f*, Kóhlen *pl*, топи́ти ~м mit Kóhlen héizen *vi*
вýгільн|ий Kóhlen-; ~а промислóвість Kóhlenindustrie *f*, ~ басéйн Kóhlenbecken *n*
вуглевóд Kóhlenhydrat *n*, **~ень** Kóhlenwasserstoff *m*
вуглеки́сл|ий kóhlensauer; **~отá** Kóhlensäure *f*
вуглецéвий kóhlenstoffhaltig, Kóhlenstoff-
вуглéць Kóhlenstoff *m*
вугóр I (*риба*) Aal *m*
вугóр II (*на обличчі*) Mítesser *m*
вýдити 1) (*займатися риболовлею*) ángeln *vi*, Físche fángen* [ángeln]; 2) (*когось*) ángeln *vt* ~ карасів Karáuschen ángeln
вýдочк|а Ángel *f*, заки́нути ~у die Ángel áus|werfen*
вуж Nátter *f*
вуз (ви́щий учбóвий зáклад) Hóchschule *f*
вуздéчка Zügel *m*, Zaum *m*
вузлов|и́й: ~á стáнція *зал.* Éisenbahnknotenpunkt *m*
вýзол 1) Knóten *m*, 2) (*згорток*) Bündel *n*
вузьки́й 1) schmal; 2) (*тісний* eng; *комусь* zu eng (*D*) (*вужче, ніж потрібно — про одяг*)
вузькоколíйка *розм.* Scmálspurbahn *f*, Kléinbahn *f*
вýлик Bíenenstock *m*, Bíenenkorb *m*
вýлиц|я 1) Stráße *f*, я мéшкаю на ~і І. Франка ich wóhne in der Ivan-Frankostraße; перейти́ чéрез ~ю über die Stráße géhen* *vi* (s); іти́ по ~і die Stráße entlán-g|gehen* *vi* (s); 2): на ~і хóлодно es ist kalt dráußen; піти́ на ~ю nach dráußen gehen* *vi* (s); прийти́ з ~і von dráußen kómmen* *vi* (s)
вýличний Stráßen-; ~ рух Stráßenverkehr *m*
вулкáн Vulkán [vul-]; **~íчний** vulkánisch [vul-]
вульгáрний vulgär [vul-]; gemέin (*грубий*)
вус *див.* вýса; ◊ китóвий ~ Físchbein *n*
вýса (*одн.* вус) 1) (*людини*) Schnúrrbart *m*, відрости́ти [відпусти́ти] собí ~ sich (*D*) éinen Schnúrrbart wáchsen [stéhen] lássen*; 2) (*тварин*) Bárthaar *n*
вусáтий schnúrrbärtig
вýсики *мн.* (*одн.* вýсик) 1) (*комахи*) Fühler *pl* (*sg* Fühler *m*); 2) (*рослини*) Ránken *pl* (*sg* Ránke *f*)
вýтлий zerbréchlich, nícht fest, morsch
вýхо Ohr *n*, шептáти щось на ~ etw. ins Ohr flüstern
вушáнка wárme Mütze mit Yhrenklappen
вýшко (*голки*) Nádelöhr *n*
вхід 1) (*місце*) Éingang *m*, головни́й [центрáльний] ~ Háupteingang *m*, 2) (*дія*) Éintritt *m*, Zútritt *m* (*доступ*); ~ заборóнено Éintritt verbóten; плáта за ~ Éintrittsgeld *n*
вхідн|и́й Éingangs-; Éintritts-; ~í двéрі Éingangstür *f*, ~ білéт Éintrittskarte *f*
вхóдити *див.* увійти́
вчáсно geráde recht, zur réchten Zeit; réchtzeitig; zéitig (*завчасно*); не ~ zur únrechten Zeit; úngelegen (*недоречно*)
вчéн|ий 1. *прикм.* 1) (*про людину*) gelέhrt; 2) (*науковий*) wíssenschaftlich; ~а рáда wíssenschaftlicher Rat; ~ стýпінь akadémischer [wíssenschaftlicher] Grad; **2.** *імен.* der Geléhrte, Wíssenschaftler *m*

вчепи́тися (*у щось*) sich án|klammern, sich fést|klammern (an *D*)
вчи́нок Tat *f*, Hándlung *f*
вчо́ра géstern **~шній** der géstrige
вшива́ти, **вши́ти** éin|nähen *vt*
вштовхну́ти, **вшто́вхувати** hinéin|stoßen* *vt*, heréin|stoßen* *vt*
в'яз Úlme *f*
в'язан|ий Strick-, gestríckt (*на спицях*); Häkel-, gehäkelt (*гачком*); **~і** ви́роби Stríckwaren *pl*
в'яза́ння 1) (*дія*) Strícken *n*, Stríckarbeit *f* (*на спицях*); Häkeln *n* (*гачком*); 2) Stríckarbeit *f* (*те, що в'яжеться на спицях*); Häkelarbeit *f*, Häkeléi *f* (*те, що в'яжеться гачком*)
в'яза́ти strícken *vi* (*займатися в'язанням*) *або vt* (*в'язати щось на спицях*); häkeln *vi або vt* (*гачком*)
в'я́зень Häftling *m*
в'язк|а Bündel *n* (*пакунок*); Pácken *m* (*пакет*); ~ ключів Schlüsselbund *n*
в'язни́ця Gefängnis *n*
в'я́знути *див.* зав'я́знути
в'я́лений gedörrt, Dörr-
в'я́лий 1) (*про листя і т. п.*) welk; 2) (*про шкіру, мускули*) schlaff
в'я́лити dörren *vt*
в'я́нути verwélken *vi* (s), welk wérden; verblühen *vi* (s) (*відцвісти*)
вщент: згоріти ~ níeder|brennen* *vi* (s)

Г

Г

га (гектáр) ha (Héktar)
габарúт (*розміри*) Ábmessungen *pl*, Áußenabmessungen *pl*, Größe *f*
гáвань Háfen *m*; морськá ~ Séehafen *m*, торгóва ~ Hándelshafen *m*; захóдити в ~ in den Háfen éin|laufen* *vi* (s)
гáвкання Gebéll *n*, Béllen *n*; ~ собáк Húndegebell *n*
гáвкати 1) béllen *vi*; 2) (*на когось*) án|béllen *vt*
гад 1) *зоол.* Reptíl *n* (*pl тж* — li en), Kríechtier *n*; 2) *лайл.* Schéusal *n*
гáданий (*імовірний*) voráussichtlich, vermútlich
гадáти méinen *vt*, gláuben *vt*; án|nehmen* *vt* (*припускати*)
гадю́ка Ótter *f*, Viper ['vi:-] *f*
газ Gas *n*; прирóдний ~ Érdgas *n*; промислóвий ~ Industríegas *n*; сльозоточúвий ~ Tränengas *n*
газéт|а Zéitung *f*; **~ний** Zéitungs-; ~ний кіóск Zéitungsstand *m*, Zéitungskiosk *m*; ~ний зв'язóк Préssemeldung *f*
газифікáція Ánschluß ans Gásnetz, Gásversorgung *f*
газóван|ий: ~а водá Sódawasser *n*, Bráuse *f*
гáзов|ий Gas-; ~е родóвище Gásvorkommen *n*; ~а плитá Gásherd *m*; ~е звáрювання Gásschweißen *n*
газогенерáтор Gáserzeuger *m*, Gásgenerator *m*
газóн Rásen *m*
газоподíбний gásförmíng
газопрóвід Gásleitung *f*; магістрáльний ~ Férngasleitung *f*
гай Gehölz *n*, Hain *m*; берéзовий ~ Bírkenhain *m*, Bírkenwald *m*
гáйка Mútter *f*, Schráubenmutter *f*
гак Háken *m*
галáктика *астр.* Mílchstraßensystem *n*, Galáxis
галантерéйн|ий Kúrzwaren-; ~ магазúн Kúrzwarengeschäft *n*; ~і товáри *див.* галантерéя
галантерéя Kúrzwaren *pl*
галерéя 1) *стр.* Galeríe *f*, Gang *m*; 2): картúнна ~ Gemäldegalerie *f*
гáлка Dóhle *f*
галóп Galópp *m* (*тж танець*); **~ом** 1) im Galópp; скакáти ~ом (*про коня*) im Galópp láufen* *vi* (s), galoppíeren *vi* (h, s); 2) *розм.* (*дуже швидко, стрімко*) im Galópp; бíгти ~ом galoppíeren *vi* (s)
гáлстук Krawátte *f*, Schlips *m*; одягтú, знятú ~ éine Krawátte úm|binden*, áb|legen
гáлуз|ь Gebíet *n*, Beréich *m*, Zweig *m*; в ~і я́дерної фíзики auf dem Gebíet der Kérnphysik; у всіх ~ях нарóдного господáрства auf állen Gebíeten [in állen Beréichen] der Vólkswirtschaft; ~ промислóвості Industríezweig *m*; ~ наýки [знань] Wíssenszweig *m*
гальван|ізáція Galvanisíerung [-'va-] *f*; **~íчний** galvanisch [-'va-]
гáлька 1) (*камінь*) Kíesel *m*, Kíeselstein *m*; 2) *збірн.* Kies *m* (*дрібна*); Geröll *n* (*велика*)
гальмó 1) Brémse *f*, Brémspedal *n* (*педаль*); запаснé ~ Nótbremse *f*; натиснýти на ~ auf die Brémse tréten*; 2) (*гальмування, уповільнення чогось*) Hémmung *f*; 3) (*завада*) Hémmnis *n*, Híndernis *n* (*перешкода*)
гальмувá|ння 1) *тех.* Brémsen *n*; 2) *фізіол.* Hémmung *f* (*тж перен. – уповільнення, затримка*); **~ти** 1) (*включити гальмо*) brémsen *vi*, die Brémse betätigen; 2) (*автомашину, пóїзд і т. п.*) brémsen *vt*, zum Stéhen bríngen* *vt*; 3) (*зупинятися — про автомашину, пóїзд і т. п.*) brémsen *vi*, zum Stéhen kómmen* *vi* (s); 4) *перен.* (*уповільнювати, затримувати*) brémsen *vt*, hémmen *vt*, verzögern *vt*, híndern *vt*
галюцинáція Halluzinatión *f*, Sínnestäuschung *f*; слуховá ~ Gehörtäuschung *f*, зоровá ~ óptische Täuschung; Trúgbild *n* (*міраж*)
галя́вина Líchtung *f*, Wáldwiese *f*
гáм|а 1) *муз.* Tónleiter *f*, Skála *f*; грáти ~и Tónleitern spíelen; 2) *перен.* Skála *f*; кольорóва ~ Fárbenpalet- te *f*
гамáк Hängematte *f*
гаманéць Portemonnaie [pɔrtmɔ'ne:] *n*, Géldbörse *f*, Bríeftasche *f*, Géldtasche *f*
гáмір *розм.* Larm *m*, Stímmenlärm *m*
гáнгстер Gangster ['gɛŋ-] *m*
гандбóл *спорт.* Hándball *m*; **~íст** Handballspieler *m*, Hándballer *m*; *розм.* **~ьний** Hándball-; ~ьний м'яч Hándball *m*

ганéбний schändlich, schmáchvoll, schímpflich
гантéлі *мн.* Hánteln *pl*
ганчíрка Láppen *m*, Tuch *n*, Wáschlappen *m*
ганьб|á Schmach *f*, Schánde *f*, Blamáge [-ʒə] *f*, Beschämung *f*, **~úти** schänden *vt*, verléumden *vt*, läs- tern *vt*, entéhren *vt* (*безчестити*)
гаӈяти *див.* гнáти; **~ся** *див.* гнáтися
гар Brándgeruch *m*, пáхне ~ом es riecht brándig (nach Brand)
гарáж Garáge [-ʒə] *f*, підзéмний ~ Tiefgarage *f*
гарáзд *розм.* (*добре, згоден*) gut, éinverstanden
гарáнтíйн|ий: ~ тéрмін Garantiefrist *f*, ~а майстéрня, майстéрня ~ого ремóнту Vertrágswerkstatt *f*
гарáнтія Garantíe *f*
гарантувáти 1) (*забезпечити*) sí chern *vt*, garantieren *vt*, gewährleisten *vt*, 2) (*ручатися*) háften *vi*, bürgen *vi* (für *A*)
гарбýз 1) *с.-г.* (*культура*) Kürbis *m*, Kürbisse *pl*; 2) (*плід*) Kürbis *m*
гардерóб 1) (*приміщення*) Garderóbe *f*, роздягтúся в ~і an der Garderóbe áb|legen *vt*; 2) (*одяг*) Garderóbe *f*, Kléidung *f*
гардерóбниця *розм.* Garderóbenfrau *f*
гардúни *мн.* (*одн.* гардúна) Gardínen *pl*, Fénstervorhänge *pl* (*sg* Gardíne *f*, Fénstervorhang *m*); запнýти, розсýнути ~ Gardínen zú|ziehen*, zurück|ziehen*
гармáта Kanóne *f*, Geschütz *n*
гармонíст Harmónikaspieler *m*
гармонíйн|ий, **гармонíчн|ий** 1) (*благозвучний*) harmónisch, wóhlklingend; 2) *перен.* harmónisch; ~а особúстість ein harmónischer Mensch; ~ рóзвиток harmónische Entwícklung
гармонíювáти (*з чимось*) harmoníeren *vi*, überéin|stimmen *vi* (mit *D*)
гармóнія 1) (*милозвучність*) Harmoníe *f*, Wóhlklang *m*, 2) (*згода*) Harmoníe *f*, Éinklang *m*, Éintracht *f*, 3) (*розділ теорії музики*) Harmoníelehre *f*, 4) (*гармошка*) Harmónika *f*, Zíehharmonika *f*, губнá ~ Múndharmonika *f*
гарнéньк|ий hübsch, nett
гáрн|ий gut, schön; ~а погóда schönes Wétter; вонá ~а собóю sie ist hübsch; **~о** 1) gut, schön; 2) *безос.*: тут ~о (*гуляти*) hier ist es schön (spazierenzugehen); мені тут ~о ich fühle mich hier wohl
гарнізóн Garnisón *f*, Stándort *m* (*міста*); Besátzung *f* (*фортеці*); Trúppen im Stándort (*в мирний час*)
гарнíр Béilage *f*, овочéвий ~ Gemüsebeilage *f*
гарнітýр Garnitúr *f*, мéблевий ~ Möbelgarnitur *f*, ~ білúзни Wäschegarnitur *f*
гарнíшати schön(er) [hübsch(er)] wérden
гарт 1) *тех.* Härtung *f*, Härten *n*, 2) *перен.* Ábhärtung *f*, Stählung *f*
гарчáти 1) (*бурчати*) brúmmen *vi*; 2) (*про собаку*) knúrren *vi*
гарячч|ий 1) heiß (*при протиставленні теплому*); warm (*при протиставленні холодному*); ~і сосúски wárme Würstchen; 2) (*запальний; бурхливий*) hítzig, héftig
гарячúтися sich erhitzen
гарячк|а Fíeber *n тж перен.*; Schüttelfrost *m* (*озноб*); **~óвий** Fíeber-, fíeberhaft, *перен. тж* héktisch
гарячність 1) (*палкість*) Éifer *m*, Féuer *n*, 2) (*запальність*) Hítzigkeit *f*, Héftigkeit *f*
гас Petróleum *n*
гасúти 1) (*полум'я, свічку*) löschen *vt*, aus|löschen *vt*, 2) (*вимикати*) áus|schalten *vt*, ~ світло das Licht áus|schalten [áus|machen]
гасíння Löschen *n*, Áuslöschen *n*, Dämpfen *n* (*коливань*); ~ вапнá Kálklöschen
гáсло 1) (*заклик*) Lósung *f*, Paróle *f*, Devíse [-'vi:-] *f* (*девіз*); під ~м únter der Devíse; 2) (*плакат*) Sprúchband *n*, Lósung *f*
гáснути 1) (*про вогонь*) erlöschen* *vi* (s), áus|gehen* *vi* (s); 2) *перен.* (*про сили і т. п.*) vergéhen* *vi* (s)
гасовий Petróleum-
гастролéр Künstler auf Gástspiel, Gast *m*
гастрóлі *мн.* Gástspiel *n*
гастрóльн|ий Gást(spiel)-; ~ спектáкль Gástvorstellung *f*, ~а поїздка Gástspielreise *f*, Tournee [tur'ne:] *f*
гастролювáти gastíeren *vi*
гастронóм Lébensmittelgeschäft *n*
гачóк *у різн. знач.* Háken *m*, рибол́овний ~ Ángelhaken *m*, повíсити щось на ~ etw. an den Háken hängen
гáяти: ~ час die Zeit tót|schlagen* (vergéuden)
гвáрдія Gárde
гватемá|лець Guatemaltéke *m* **~льський** guatemaltékisch
гвинт Schráube *f*
гвинтíвка Gewéhr *n*
гвинтов|ий Schráuben-; ~á нарíзка Schráubengewinde *n*
гвоздúка I (*квітка*) Nélke *f*
гвоздúка II (*прянощі*) Gewürznelken *pl*, Nélken *pl*
гегемóнія Hegemoníe *f*
гедзь *зоол.* Brémse *f*
гектáр (га) Héktár *m*, *n* (ha)
гемоглобíн *фізіол.* Hämoglobín *n*
гендляр Krämer *m*, *перен.* Krämerseele *f*
генеал|огíчний genealógisch **~óгія** Genealogíe *f*
генерáл Generál *m*, ~ áрмії Arméegeneral *m*
генералітéт Generalität *f*
генерáл|-лейтенáнт Generálleutnant *m* **~-майóр** Generálmajor *m* **~-полкóвник** Generáloberst *m*
генерáльн|ий 1) Generál-; Генерáльний секретáр der Generálsekretär; 2): Гене-

ра́льна Асамбле́я ООН ÚNO — Vóllversammlung *f*, ◊ ~а репети́ція Generálprobe *f*
генера́тор Generátor *m*, Strómerzeuger *m*
гене́тика Genétik *f*
генети́чний genétisch, érblich bedíngt
геніа́льний geniál
геніа́льність Genialität *f*
ге́ній Genie [ʒe'ni:] *n*
гео́граф Geográph *m*, **~і́чний** geográphisch; ~і́чна ка́рта Lándkarte *f*, ~і́чні на́зви geográphische Námen
геогра́фія Geographíe *f*, Érdkunde *f* (*шкі́льний предме́т*)
геоде́зія Geodäsíe *f*
гео́|лог Geológe *m*, **~логі́чний** geológisch; **~ло́гія** Geologíe *f*
гео|метри́чний geométrisch; **~ме́трія** Geometríe *f*
гера́нь Geráni e *f*, Stórchschnabel *m*, Gerániun *n*
герб Wáppen *n*, держа́вний ~ Stáatswappen *n*, ~ мі́ста Stádtwappen *n*
герба́рій Herbárium *n*, збира́ти ~ ein Herbárium án|legen
ге́рбов|ий 1) Wáppen-; ~а печа́тка Wáppensiegel *n*, 2): ~ збір Stémpelgebühr *f*, ~а ма́рка Stémpelmar-ke *f*
геркуле́с Háferflocken *pl*
германі́ст Germaníst *m*, **~ика** Germanístik *f*
герма́нськ|ий 1) *ист.*, *лингв.* germánisch; ~і мо́ви germánische Sprächen; 2) (*ні́мецький*) deutsch; ~і держа́ви die déutschen Stáaten
герметиза́ція Ábdichtung *f*
гермети́чн|ий hermétisch, lúftdicht; ~а кабі́на *косм.* Drúck(ausgleich)kabine *f*, ~ шо́лом Drúckhelm *m*
герої́зм Héldenmut *m*, Héldentum *n*, Heroísmus *m*
герої́ня Héldin *f*
герої́чний 1) (*до́блесний*) héldenmütig, heldenhaft, heróisch, Hélden-: ~ по́двиг Héldentat *f*, ~ вчи́нок heróische Tat; 2) *лит.* Hélden-; ~ е́пос Héldenepos *n*
геро́й *у рі́зн. знач.* Held *m*, головни́й ~ (*рома́ну, фі́льму і т. п.*) Háuptfigur *f*
геро́йс|ький *див.* герої́чний 1; **~тво** Héldenmut *m*
ге́три *мн.* Stútzen *pl*, Fúßballstrümpfe *pl* (*футбо́льні*)
геть *нареч.* fort, weg, hináus; ви́йти ~ hináusgehen* *vi* (s); ви́гнати ~ fórtjagen *vt*, hináusjagen *vt*, ~!, fort!, weg!; ~ з доро́ги! Platz da!; ~ звідси! fort von hier!; ◊ ру́ки ~! Hände weg!
гидли́в|ий 1) (*про люди́ну*) ékelig; 2): ~е почуття́ Ékelgefühl *n*
гидува́ти sich ékeln (vor *D*)
ги́кавка Schlúcken *m*, Schlúckauf *m*
гика́ти, гикну́ти den Schlucken haben
ги́нути 1) (*вмира́ти*) úm|kommen* *vi* (s), ums Lében kómmen* *vi* (s) (*про люде́й*); éin|gehen* *vi* (s) (*про росли́ни*); ~ на ві́йні (im Kreig) fállen* *vi* (s); 2) (*занепада́ти*) zugrúnde géhen* *vi* (s), únter|gehen* *vi* (s)
ги́рло Mündung *f*, Flúßmündung *f*
ги́ря *у рі́зн. знач.* Gewícht *n*
гіаци́нт (*кві́тка*) Hyazínthe
гібри́д Hybríde *f*, Míschling *m*
гіга́нт Ríese *m*, Gigánt *m*, заво́д-~ Ríesenwerk *n*, ~и промисло́вості Industríegiganten *pl*, **~ський** Ríesen-, ríesig, ríesenhaft, gigántisch
гігіє́на Hygiéne *f*
гігієні́чний hygiénisch
гід Stádtführer *m* (*по мі́сту*); Muse umsführer *m* (*по музе́ю*)
гі́дн|ий wert, würdig (*G*); ~а похвали́ lóbenswert
гі́дність Würde *f*, почуття́ вла́сної гі́дності Sélbstbewußtsein *n*
гідра́вл|іка Hydráulik *f*, **~і́чний** hydráulisch
гідроелектроста́нція (ГЭС) *див.* гідроста́нція
гідропла́н, гідроліта́к Wásserflugzeug *n*
гідро|ста́нція Wásserkraftwerk *n* **~те́хніка** Hydrotéchnik *f*, Wásserbautechnik *f*
гіє́на Hyäne *f*
гі́лка 1) Zweig *m*, Reis *n* (*ві́дросток*); 2): залізни́чна ~ Zwéigbahn *f*
гі́льза Hülse *f*, патро́нна ~ Patrónenhülse *f*
гімн Hýmne *f*, держа́вний ~ Stáatshymne *f*, націона́льний ~ Nationálhymne *f*
гімна́ст Túrner *m*
гімна́стик|а 1) (*вид спо́рту*) Túrnen *n*, Gymnástik *f*, спорти́вна ~ на снаря́дах Geräteturnen *n*, худо́жня ~ künstlerische Gymnástik; пе́ршість зі (спорти́вної) ~и éine Méisterschaft im Túrnen; 2) (*заря́дка*) Gymnástik *f*, лікува́льна ~ Héilgymnastik *f*, ранко́ва ~ Frühsport *m*, Mórgengymnastik; роби́ти ~у Gymnástik máchen
гімнасти́чн|ий gymnástisch; Turn- (*про спорти́вну гімна́стику*); ~ зал Túrnhalle *f*, ~ снаря́д Túrngerät *n*, ~і впра́ви Túrnübungen *pl*, gymnástische Übungen
гінеко́лог Fráuenarzt *m*, Gynäkóloge *m*
гінеколо́гія Gynäkologíe *f*
гіпе́рбола Hypérbel *f*
гіперболі́чний hyperbólisch, *перен. тж.* übertríeben (*перебі́льшений*)
гіпертоні́я Hypertoníe *f*, Hóchdruckkrankheit *f*
гіпно́|з Hypnóse *f*, **~тизува́ти** hypnotisíeren *vt*
гіподинамі́я *мед.* Bewégungsarmut *f*
гіпо́тез|а Hypothése *f*
гіпотену́за *мат.* Hypotenúse *f*
гіпс Gips *m*, накла́сти ~ на но́гу das Bein éin|gipsen [in Gips légen]; **~овий** gipsern, Gips-; ~ова пов'я́зка Gipsverband *m*, ~овий бюст gipserne Büste
гірк|и́й bítter **~о** bítter (*посміха́тися і т. п.*)
гіркота́ 1) Bítterkeit *f*, bítterer Geschmáck; 2) *перен.* Bítternis *f*

гірлянда Girlánde *f*
гірни́к (*робітник*) Kúmpel *m*, Bérgarbeiter *m*, Bérgmann *m* (*pl* -leute)
гірни́ч|ий Bérgbau-; ~а промисло́вість Bérgbau *m*
гірськ|и́й 1) (*стосовно гори*) Berg-; ~а верши́на Bérggipfel *m*; 2) (*стосовно гірської місцевості*) Gebírgs-; ~е о́зеро Gebírgssee *m*; ~á росли́нність Gebírgsflora *f*; 3) (*гористий*) bérgig; gebírgig, ~á країна Bérgland *n*, Gebírgsland *n*
гірськолúжний: ~ спорт alpíner Rénnsport, alpíner Skisport ['ʃi:-]
гірськолúжник alpíner Rénnläufer, alpíner Skiläufer ['ʃi:-], der Alpíne
гірчúти bítter schmécken *vi*
гірчú|ця Senf *m*; **~чник** Sénfpflaster *n*
гíрше (*порівн. ст. від* пога́ний *і* пога́но) schléchter, schlímmer; тим ~ désto schlímmer; мені́ ста́ло ~ ich fühle mich schlímmer
гість Gast *m*
гіта́р|а Gitárre *f*, семиструнна ~ síebensaitige Gitárre; гра́ти на ~і Gitárre spíelen; співа́ти під ~у zur Gitárre síngen* *vt*; **~и́ст** Gitarríst *m*, Gitárrespieler *m*
глава́ I (*головна особа*) Haupt *n*, Óberhaupt *n*, Chef [ʃɛf] *m*, Léiter *m* (*керівник*); Präsidént *m* (*правління і т. п.*); ~ держа́ви Stáatsoberhaupt *n*, ~ у́ряду Regíerungs chef *m*, ~ делега́ції Delegatiónsleiter *m*, ~ сім'ї das Famíli enoberhaupt *n*
глава́ II (*розділ книги*) Kapítel *n*
гла́дити stréichen* *vi*; stréicheln *vt* (*пестити*)
гладіо́лус Gladióle *f*
гла́дкий 1) glatt; 2) (*рівний*) ében
гладки́й féttleibig, dick, gemästet, wohlgenährt
гладь Pláttstickerei *f*
глазу́р 1) (*на посуді і т. п.*) Glasúr *f*, Schmelz *m*; 2) *кул.* Guß *m*, Überzug *m*, цукро́ва́ ~ Zúckerguß *m*, шокола́дна ~ Schokoládenguß *m*, Schokoládenüberzug *m*
гла́нди *мн.* Hálsmandeln *pl*, Mandeln *pl*, вида́лити ~ die Mándeln heráus|nehmen*
гласний (*публічний, відкритий*) öffentlich
гла́сн|ість Öffentlichkeit *f*, Offenheit *f* (*відкритість*); полі́тика ~ості die Politík der Offenheit
гле́чик Krug *m*, Kánne *f*
глиб Tíefe *f*, у ~ лі́су tief in den Wald hinéin
глибин|а́ 1) Tíefe *f* (*тж перен. — про думки, почуття і т. п.*); на ~і́ десяти́ ме́трів zehn Méter tief; 2): в ~і́ са́ду tief im Gárten; ◊ в ~і́ душі́ im Ínnersten; до ~и́ душі́ bis ins Ínnerste
глибо́к|ий 1) tief *тж перен.*; ~а тарі́лка tíefer Téller, Súppenteller *m*, ~ сніг hóher Schnee; ~а ду́мка tíefer Gedánke; ~ сон tíefer Schlaf; 2) (*обґрунтований*) gründlich, ~і знання́ gründliche Kénntnisse; ~ ана́ліз éine gründliche Analýse; 3): ~а о́сінь Spätherbst *m*, до ~ої о́сені bis tief in den Herbst hinéin, ~а ста́рість hóhes Álter
глибокоду́мний tíefsinnig
гли́н|а 1) (*вид ґрунту*) Lehm *m*; 2) (*керамічна сировина*) Ton *m*, гонча́рна ~ Töpferton *m*, ви́роби із ~и Tónwaren *pl*; **~истий** Lehm-, léhmig, tónhaltig (*що містить глину*), ~истий ґрунт Léhmboden *m*, tónhaltige Érde
глинозе́м Tónerde *f*, Aláunerde *f*
гли́няний Ton-, tönern, ~ го́рщик Tóntopf *m*
глі́сер Gléitboot *n*
гліцери́н Glyzerín *n*; **~овий** Glyzerín-
глобальн|ий globál, Globál-; у ~ому масшта́бі im globálem Máßstab
гло́бус Glóbus *m*
глузд Verstánd *m*, Vernúnft *f*, здоро́вий ~ gesúnder Ménschenverstand; люди́на здоро́вого ~у ein Mensch von gesúndem Verstánd
глузува́ти 1) (*говорити дотепи*) Wítze máchen [réißen*]; 2) (*з когось/чогось*) áus|lachen *vt*, spótten *vi* (über *A*), verspótten *vt*, verhöhnen *vt* (*знущатися*); spötteln *vi*, sich lústig máchen (über *A*)
глум: на ~ zum Spott
глуха́р Áuerhahn *m*
глух|и́й **1.** *прил.* 1) (*про людину*) taub; 2) (*про звук, голос*) dumpf; 3) (*тихий, окраїнний*) still, ábgelegen; ~а́ ву́лиця stílle [únbelebte] Stráße; ~е́ село́ entlégenes Dorf; 4): ~ ліс díchter [tíefer] Wald; 5) *лингв.* stímmlos; **2.** *сущ.* der Táube
глу́хнути taub wérden
глухоні́ми́й **1.** *прил.* táubstumm; **2.** *сущ.* der Táubstumme
глухота́ Táubheit *f*
глушина́ 1) (*про ліс*) Wáldesdickicht *n*, Dickicht *n*; 2) (*про віддалене місце*) Öde *f*, ábgelegener Ort
глюко́за Glykóse *f*, Tráubenzucker *m*
глядач Zúschauer *m*, Kínobesucher *m* (*кіноглядач*); Férnsehzuschauer *m* (*телеглядач*); зал для ~ів Zúschauerraum *m*, (*в кіно - тж*) Kínosaal *m*
глянс Glanz *m*
гна́ти 1) (*поганяти*) tréiben* *vt*, jágen *vt*; 2) (*проганяти*) vertréiben* *vt*, fórt|treiben* *vt* (*відганяти*)
гна́тися 1) (*за кимось/чимось – намагатися наздогнати*) nách|jagen *vi* (s) (*D*); 2) (*за чимось*) *розм.* (*домагатися, прагнути*) strében *vi* (nach *D*)
гнили́й faul; verfáult (*прогнилий*)
гнилі́сть Fäulnis *f*
гни́ти fáulen *vi* (s), verfáulen *vi* (s)
гниття́ Fáulen *n*, Fäulnis *f*
гнів Zorn *m*, Wut *f*
гні́ва|тися (*на когось*) sich ärgern (über *A*), böse sein (*D або* auf *A*); за що ти на ме́не ~єшся? weswégen bist du mir böse?
гніви́ти ärgern *vt*, böse máchen *vt*
гні́вний zórnig
гніди́й (*про коня*) braun
гнізди́тися nísten *vi*, hórsten *vi* (*про хижих птахів*)

гніздо́ Nest *n*, Horst *m* (*хижих птахів*); звúти ~ ein Nest báuen

гній 1) Mist *m*, Dünger *m* (*добриво*); 2) Éiter *m*, **~ни́к** Éiterherd *m*

гніт II Unterdrückung *f*, Last *f* (*важкий предмет*)

гніти́ти bedrücken *vt*, níeder|drücken *vt*

гнітя́чий 1) (*про спеку і т. п.*) drückend; 2) (*про почуття*) bedrückend; níederdrückend, deprimíerend; erdrückend

гноби́тель Unterdrücker *m*

гно́бити (*утискувати*) unterdrücken *vt*

гно́блення Unterdrückung *f*

гної́тися éitern *vi*

гном 1) Gnom *m*, Kóbold *m*, 2) (*символічна фігурка*) Zwerg *m*, Gártenzwerg *m* (*для саду*)

гну́ти blíegen* *vt*, krümmen *vt*, **~ся** sich bíegen*, sich krümmen

гнучк|и́й 1) bíegsam, (*про тіло – тж*) geschméidig; gelénkig (*про пальці*); 2) *перен.* flexíbel; ~á полíтика flexíble Polítík

гну́чкість 1) Bíegsamkeit *f*, (*про тіло - тж*) Geschméidigkeit *f*, 2) *перен.* Flexibilität *f*

го́вір 1) (*звуки розмови*) Geréde *n*, Gemúrmel *n* (*невиразний*); 2) (*діалект*) Múndart *f*, Dialékt *m*, 3) (*манера говорити*) Áussprache *f*

гові́рка (*діалект*) Múndart *f*, Dialékt *m*

говор|и́ти 1) (*розмовляти*) spréchen* *vi*, réden *vi* (*про когось/щось* über *A або* von *D*); ~ з ки́мось по телефо́ну mit j-m telefoníeren *vi*, 2) (*висловлювати, вимовляти*) ságen *vt*, гово́рять, що ... man sagt, daß ...

гогота́ти gáckern *vi*, schnáttern *vi*

годи́н|а 1) (*60 хвилин*) Stúnde *f*, ~у тому́ vor éiner Stúnde; че́рез ~у а) (*коли мине*) in éiner Stúnde; б) (*кожну годину*) jéde Stúnde; в двох ~ах польо́ту, ї́зди́ (*на машині*) zwei Flúgstunden, Áutostunden entférnt; 2) (*час по годиннику*) Uhr *f*, ко́тра (за́раз) ~? wie spät ist es?; за́раз двана́дцята ~ дня es ist jetzt Míttag [zwölf Uhr míttags]; о ко́трій ~і? um wieviel Uhr?; о шо́стій ~і um sechs Uhr; до ко́трої ~и ...? bis wann ...?; до семи́ годи́н ве́чора bis síeben Uhr ábends; 3) *мн.* ~и (*час чогось або для чогось*) Zeit *f*, Stúnden *pl*, ~и пік Spítzen(belastungs)zeit *f*, Berúfsverkehr *m*, ~и робо́ти (*магазину і т. п.*) Öffnungszeit *f*, прийо́мні ~и Spréchstunden *pl* (*у лікаря, юриста і т. п.*), Empfángszeit *f* (*відвідувачів в установі*)

годи́нний éinstündig (*який триває одну годину*); Stúnden- (*який розрахований на годину, який одержується за годину*)

годи́нник Uhr *f*, нару́чний ~ Ármbanduhr *f*, ~ спіши́ть, відстає die Uhr geht vor, geht nach; завести́ ~ die Uhr áuf|ziehen*

годинникар Úhrmacher *m*

годи́нниковий Uhr-, Úhren-; ~ механі́зм Úhrwerk *n*, ~ магази́н Úhrengeschäft *n*

годи́|тися 1) (*для чогось або на щось – бути придатним*) sich éignen, geéignet sein (für *A*); táugen *vi* (für *A або* zu *D* — *частіше із запереченням*); pássen *vi* (für *A* — *підходити*); 2) (*комусь бути в міру*) pássen *vi* (*D*); 3): це ніку́ди не ~ться а) (*про поведінку*) das gehört sich nicht; б) (*про погану роботу і т. п.*) das taugt nichts, das ist nichts; це роби́ти не ~ться das soll man nicht tun; як ~ться wie es sich gehört

годівни́ця Fútterkrippe *f* (*тж перен.*); Ráufe *f* (*для худоби*); Fúttertrog *m*

годова́нець Pflégekind *n*, Adoptívkind *n*

годува́ти 1) zu éssen gében* (*D*) (*людей*); zu fréssen gében* (*D*) (*худобу*); füttern *vt* (*дитину, птахів, риб, тварин*); тут до́бре году́ють hier ißt [speist] man gut; 2) (*груддю*) stíllen *vt*

го́ї́тися *див.* загоїтися

го́йдалка Scháukel *f*

гойда́ти scháukeln *vt*

гойда́тися scháukeln *vi*, schwíngen* *vi*

гол *спорт.* Tor *n*, заби́ти ~ ein Tor schíeßen*; ~! Tor!

го́л|ий 1) nackt, (*про частину тіла тж.*) bloß; 2) (*позбавлений рослинності, нічим не покритий*) kahl; ~і ві́тки, поля́ káhle Zwéige, Félder; ~і сті́ни káhle Wände

голи́ти rasíeren *vt*, **~ся** sich rasíeren; sich rasíeren lássen* (*у перукаря*)

го́лк|а 1) Nádel *f* (*тж хвойна*); 2) *мн.* ~и (*у тварин*) Stácheln *pl*

голкотерапі́я Akupunktúr *f*

голла́ндськ|ий hólländisch (*тж розм. про нідерландський*); ◊ ~ сир hólländischer Käse

голова́ 1) Kopf *m*, у ме́не боли́ть ~ ich hábe Kópfschmerze; ◊ мені́ прийшло́ в го́лову es fiel mir ein; як сніг на го́лову wie ein Blitz aus héiterem Hímmel; 2) (*головна особа*) Haupt *n*, Óberhaupt *n*, Chef [ʃɛf] *m*, Léiter *m* (*керівник*); der Vórsitzende (*тж зборів*); Präsidént *m* (*правління і т. п.*);

голо́вка 1) (*цвяха*) Nágelkopf *m*, 2) (*шпильки і т. п.*) Kopf *m*, 3) (*магнітофона*): запи́суюча ~ Áufnahmekopf *m*

головн|и́й 1) Kopf-; ~ біль Kópfschmerzen *pl*, ~ мо́зок Gehírn *n*, 2) (*передній*) Spítzen..., Vor...; 3) (*основний*) Háupt...; háuptsächlich; wésentlich (*істотний*); 4) (*керівний, старший*) Háupt...; Ober, Chef...; 5): ~é *у знач. імен.* Háuptsache *f*, це ~é das ist die Háuptsache; 6): ~é *у знач. вставн. сл.* vor állem; ~é, ти пови́нен це до́бре обмі́ркува́ти du sollst dir das vor állem ríchtig überlégen; ◊ ~и́м чи́ном háuptsächlich

головнокома́ндуючий Óberbefehlshaber *m*

головоло́м|ка Kópfzerbrechen *n*, Gedúldspiel *n*, Rätsel *n*, Puzzlespiel ['puzl-] *n*, **~ний** kópfzerbrechend

Г

головува́ти den Vórsitz führen [hában]
голográ|ма Holográmm *n*, **~фія** Holographíe *f*
го́лод 1) (*почуття*) Húnger *m*, 2) (*бідування*) Húngersnot *f*
голо́дний húngrig
голодува́ння Húngerstreik *m*, оголоси́ти ~ in den Húngerstreik tréten* *vi* (s)
голодува́ти Húnger léiden*; húngern *vi* (*тж. утримуватися від їжі*)
го́лос *у різн. знач.* Stímme *f*, пра́во ~у Stímmrecht *n*, ◊ в оди́н ~ wie aus éinen Múnde, éinstimmig
голослі́вний únbegründet
голосни́й *сущ. лингв.* Vokál ['vo-] *m*, Sélbstlaut *m*
голосов|и́й: ~і зв'я́зки *анат.* Stímmbänder *pl*
голосува́ння Ábstimmung *f*, поста́вити щось на ~ etw. zur Ábstimmung bríngen*
голосува́ти 1) (*подати голос*) stímmen *vi* (*за когось/щось* für *A*, *проти когось/чогось* gégen *A*); 2) (*ставити на голосування*) áb|stimmen *vi* (über *A*); 3) *розм.* (*зупиняти машину*) ein Áuto (durch Wínken) án|halten*
го́луб Táube *f*
голубни́к Táubenschlag *m*
го́льфи *мн.* 1) (*панчохи*) Kníestrümpfe *pl*; 2) (*штани*) Kníckerbocker *pl*
голяка́ *розм.* nackt, splítternackt
гомеопа́т Homöopáth *m*, **~ичний** homöopáthisch **~ія** Homöopathíe *f*
комі́лка *анат.* Unterschenkel *m*
гомоні́ти Lärm máchen
гонг Gong *m*, *n*
гондо́ла Góndel *f*
гоні́ння Verfólgung *f*
го́нки *мн. спорт.* Wéttrennen *n*, Rénnen *n*, автомобі́льні ~ Áutorennen *n*, пáрусні ~ Regátta *f*
гонора́р Honorár *n*
го́ночн|ий Renn-; ~ автомобі́ль Rénnauto *n*, ~а я́хта Rénnjacht *f*
гонча́к (*собака*) Jágdhund *m*
гонча́р Töpfer *m*, **~ний** Töpfer-; ~не виробни́цтво Töpferei *f*, ~ні ви́роби Töpferware *f*, Stéingut *n* (*фаянсові*)
гонча́рство Töpferhandwerk *n*, Töpferéi *f*
го́нщик (*авто-, мото-, велоспорт*) Rénnfahrer *m*
гор|а́ 1) Berg *m*, в го́ру bergáuf; під ~у bergáb; 2) *розм.*: ~ книжо́к ein Háufen Bücher, го́ри книжо́к Bérge von Büchern
го́р|е 1) (*печаль*) Kúmmer *m*, з ~я vor Kúmmer; 2) (*нещастя*) Únglück *n*
го́р|и *мн.* Gebírge *n*, в ~áх im Gebírge
горб I Hügel *m*
горб II Búckel *m*, Höcker *m*, **~а́тий** búck(e)lig, verwáchsen
го́рбитися den Rücken krümmen, sich krumm hálten*
горбкува́тий hügelig, wéllig, Hügel-; ~кува́та місце́вість Hügelland *n*
горбу́н der Búcklige
горбу́ша (*риба*) Búckellachs *m*
го́рд|ий stolz; **~ість** Stolz *m*
гордови́тий hóchmütig
го́рець Bérgbewohner *m*
горизо́нт Horizónt *m*, на ~і am Horizónt
горизонта́льний horizontál, wáagerecht
гори́стий bérgig, gebírgig
гори́щ|е Bóden *m*, Dáchboden *m*, **~ний** Bóden-, Dáchkammer-
горі́лий brándig, verbránnt
горі́ння Brénnen *n*
горі́ти 1) (*згоряти*) brénnen* *vi* (*про дрова і т. п.*); in Flámmen stéhen* *vi* (*про будівлю і т. п.*); 2) (*світити*) brénnen* *vi* (*про лампу і т. п.*); léuchten *vi* (*про зірку*); 3) (*блискати — про очі*) glänzen *vi*, stráhlen *vi*; 4) (*палати — про щоки і т. п.*) glühen *vi*, 5): ~ бажа́нням (*зробити щось*) daráuf brénnen* *vi* (zu + *inf*)
горі́х 1) (*плід*) Nuß *f*, гре́цький ~ Wálnuß *f*, 2) (*дерево*) Nüßbaum *m*, **~овий** Nuß-; Nüßbaum-; ~ове де́рево (*матеріал*) Nüßbaum *m*, Nüßbaumholz *n*
го́рло Kéhle *f*, Gúrgel *f* (*глотка*); Hals *m* (*тж в знач. "шия"*); ди́хальне ~ Lúftröhre *f*, у ме́не боли́ть ~ ich hábe Hálsschmerzen
гормо́н *фізіолог.* Hormón *n*, **~альний** hormonál, Hormón-, Hormonál-; ~а́льні препара́ти Hormónpräparate *pl*
горноста́й Hermelín *m*, *мех. тж* Hermelínpelz *m*
горобе́ць Spérling *m*, Spatz *m*
горобина 1) (*дерево*) Éberesche *f*, Vógelbeerbaum *m*, 2) (*ягоди*) Vógelbeeren *pl*, Ébereschenbeeren *pl*
горо́д Gemüsegarten *m*, **~ній** Gemüse, Gárten-; ~ні росли́ни Gártenpflanzen *pl*, Gemüsepflanzen *pl*
городя́нин Städter *m*
горо́х Érbsen *pl*, **~овий** Érbsen-
горо́ш|ок 1): зеле́ний ~ *кул.* grüne Érbsen; запашни́й ~ *бот.* wóhlriechende Plätterbsen; 2): в ~, ~ком gepúnktet
горта́нний 1) *анат.* Kéhl(kopf)- 2) *лингв.* Kehl-, Gutturál; ~ звук Kéhllaut *m*
горта́нь *анат.* Kéhlkopf *m*
горте́нзія Horténsi e *f*
го́рщик Topf *m*, ~ для кві́тів Blúmentopf *m*
горюва́ти tráurig sein
го́спіталь Spitál *n*
госпо́дар 1) (*власник*) Besítzer *m*, ~ кварти́ри Wóhnungsinhaber *m*, 2) (*дому — щодо гостей*) der Herr des Háuses, Gástgeber *m*, 3) (*який веде господарство*): він хоро́ший ~ er ist sehr háushälterisch, er kann gut wírtschaften; ◊ ~і по́ля *спорт.* gástgebende Mánnschaft, Gástgeber *pl*
господа́рка 1) (*власниця*) Besítzerin *f*, 2) (*стосовно гостей*) die Frau des Háuses, Gástgeberin *f*, 3) (*яка веде домашнє господарство*) Háusfrau *f*, вона́ хоро́ша ~ sie ist éine gúte Háusfrau, sie kann gut wírtschaften; ◊ дома́шня ~: вона́ дома́шня ~ sie ist nicht berúfstätig, sie ist Háusfrau

господа́рство 1) (*спосіб виробництва, економіка*) Wírtschaft *f*, сільське ~ Lándwirtschaft *f*, 2) (*сільськогосподарська одиниця*) Wírtschaft *f*, велике ~ Gróßwirtschaft *f*, дрібне ~ Kléinwirtschaft *f*, колективне ~ Kollektívwirtschaft *f*, садове ~ Gärtneréi *f*, 3) (*виробнича одиниця*) Betríeb *m*, велике ~ Gróßbetrieb *m*, 4): домашнє ~ Háushalt *m*, вести домашнє ~ den Háushalt führen

господа́рськ|ий Wírtschafts-, Háushalts-, wírtschaftlich; ~ рік Wírtschaftsjahr *n*, ~а діяльність wírtschaftliche Tätigkeit

господа́рч|ий Háushalts-; ~і товари Háushaltsartikel *pl*, ~а сумка Éinkaufstasche *f*, ~е мило Wáschseife *f*

господарюва́ти mit dem Háushalt beschäftigt sein; wírtschaften *vi*, die Wírtschaft lénken

господи́ня 1) (*дому — стосовно гостей*) die Frau des Háuses, Gástgeberin *f*, 3) (*яка веде домашнє господарство*) Háusfrau *f*, вона хороша ~ sie ist éine gúte Háusfrau, sie kann gut wírtschaften

госпо́дь Gott *m*, ~ його знає! Gott weiß!

госпрозраху́н|ок (господарський розрахунок) wírtschaftliche Réchnungsführung, Rentabilitätsprinzip *n*, на ~ку auf éigener Réchnungsführung, auf éigener wírtschaftlicher Básis; **~ко́вий** wírtschaftlich sélbständig, háushaltsunabhängig; ~кове підприємство Betríeb mit wírtschaftlicher Réchnungsführung

гости́нець Geschenk *n*, Mítbringsel *n*

гости́нн|ий entgégenkommend; gástfreundlich, gástlich; **~ість** hérzliches Entgégenkommen; Gástfreundschaft *f*, Gástlichkeit *f*

го́ст|і *мн.* (*у знач. "візит"*) Besúch *m*, йти до когось в ~ zu j-m zu Besúch géhen* *vi* (s); бути у когось в ~ях bei j-m zu Besúch sein; у нас сьогодні ~ wir háber héute Besúch

го́стр|ий 1) scharf (*про ріжуче*); spitz (*про колюче*); 2) (*про почуття, біль*) héftig; 3) (*про зір, слух і т. п.*) scharf, fein; 4) (*на смак*) béißend, scharf; 5) (*напружений*) gespánnt, zúgespitzt; ~а нестача чогось größer [stárker] Mángel an (*D*); ~ криза akúte [schárfe] Kríse; ~ конфлікт héftiger Konflíkt; ~е бажання h„ißer Wunsch; 6) (*уїдливий*) bíssig, b„ißend, wítzig; ◊ ~ кут spítzer Winkel

гостри́ти schärfen *vt*, schléifen* *vt*, spítzen *vt* (*олівець*)

го́стрість (*ножа і т. п.*) Schärfe *f*

гострота́ 1) Schärfe *f* (*ножа, зору; розуму*); Héftigkeit *f* (*почуття*); Féinheit *f* (*слуху, смаку*); 2) (*напруженість*) Schärfe *f*, Gespánntheit *f*

гостюва́ти (*у когось*) zu Gast [zu Besúch] sein (bei *D*)

го́стя Gast *m*

готе́ль Hotél *n*

го́тика *иск.* Gótik *f*

готи́чний gótisch

готі́вк|а Bárgeld *n*, платити ~ою in bar záhlen *vi*; за ~у gégen Bárzahlung, gégen bar

готова́льня Réißzeug *n*

гото́в|ий 1) (*що підготувався; закінчений*) fértig; ти ~? bist du fértig?; обід ~ das Míttagessen ist fértig; ~ до від'їзду réisefertig; ~ одяг *збірн.* Konfektión *f*, ~і вироби, ~а продукція Fértigwaren *pl*, 2) (*схильний, охочий до чогось*) beréit (zu *D* або zu + *inf*); 3) (*близький до того, щоб зробити щось*): я був ... ich war náhe darán (zu + *inf*); 4) (*що зварився — про їжу*) gar; м'ясо ~е das Fleisch ist gar

гото́вніст|ь 1) (*підготовленість*) Beréitschaft *f*, бойова ~ Kámpfberéitschaft *f*, 2) (*згода, бажання зробити щось*) Beréitschaft *f*, Beréitwillig keit *f*, ~ допомогти [надати допомогу] Hílfsbereitschaft *f*, ~ до взаєморозуміння Verständigungsbereitschaft *f*, виразити ~ (*зробити щось*) sich beréit erklären (zu + *inf*)

готува́ти 1) vórbereiten *vt*, beréiten *vt*, zurécht|machen *vt* (*приводити в порядок*); ~ уроки die Háusaufgaben máchen [vórbereiten]; 2) (*обід і т. п.*) zú|bereiten *vt*, máchen *vt*, kóchen *vt*; вона добре готує sie kann gut kóchen; 3) (*спеціалістів*) áus|bilden *vt* (*навчати*); heráus|bilden *vt* (*давати кваліфікацію*); **~ся** (*до чогось*) sich vór|bereiten (auf *A*, für *A* або zu *D*)

гра 1) Spiel *n*, Spíelen *n* (*процес гри*); 2) *спорт.* Spiel *n*, ~ у футбол Fúßballspiel *n*, Олімпійські ігри Olýmpischen Spíele

грабі́ж Räuberéi *f*, Raub *m*, Beráubung *f*, Plünderung *f*, зчинити ~ éinen Raub verüben [begéhen*]; **~ник** Räuber *m*, **~ницький** räuberisch; Räuber-

граблі́ *мн.* Härke *f* (*залізні*); Réchen *m* (*дерев'яні*)

грабува́ти ráuben *vt*, plündern *vt*

граве́р Graveur [-'vø:r] *m*, Radíerer *m*, Stécher *m* (*по металу*); Hólzschneider *m* (*по дереву*)

граве́ць Spieler *m*, ~ збірної країни Nationálspieler *m*, запасний ~ Ersátzmann *m*

гра́вій Kies *m*

гравірува́ти gravieren [-'vi:-] *vt*, radíeren *vt*

гравю́ра Gravüre [-'vy:-] *f*, Radíerung *f*, Stich *m* (*на металі*); Hólzschnitt *m* (*на дереві*)

град Hágel *m*, йде ~ es hágelt

града́ція Ábstufung *f*, Gradatión *f*

гра́дус *у різн. знач.* Grad *m*, кут в 45 ~ів ein Winkel von 45 Grad; 10 ~ів тепла 10 Grad Wärme

гра́дусник *розм.* Thermométer *n*

грак Sáatkrähe *f*

гра́льний Spiel-; ~ автомат Spíelautomat *m*

грам Gramm *n*, два ~и zwei Gramm

грама́т|ика Grammátik *f*, **~и́чний** grammátisch, (*про правило*) *тж.* grammati-

kálisch; ~ични вправи grammátische Übungen
грамзапис Schállplattenaufnahme *f*
грамота (*документ*) Úrkunde *f*, почесна ~ Éhrenurkunde *f*, ◊ вірча ~ *дип.* Begláubigungsschreiben *n*
грамотн|ий 1) (*про людину*): він ~ий а) (*вміє читати та писати*) er kann lésen und schréiben; б) (*пише без помилок*) er schreibt féhlerlos, er macht kéine Féhler beim Schréiben; 2) (*про роботу і т. п.*) féhlerlos (*без помилок*); fáchmännisch (*професійний*); **~ість** die Behérrschung des Lésens und Schréibens
грамплатівка Schállplatte *f*
гранат I *бот.* 1) (*плід*) Granátapfel *m*, 2) (*дерево*) Granátapfelbaum *m*
гранат II *мін.* Granát *m*
граната Granáte *f*, ручна ~ Hándgranate *f*
грандіозний grandiós
граничити (*з чимось*) grénzen *vi* (an *A*)
граничн|ий Grenz-; höchst, äußerst; ~а швидкість Spítzengeschwindigkeit *f* (*гранично можлива*); Höchstgeschwindigkeit *f* (*гранично допустима*); ~ вік Áltersgrenze *f*
граніт Granít *m*, **~ний** 1) Granít-; ~ний стрімчак, ~на скеля Granítfelsen *m*, 2) (*зроблений з граніту*) graníten, aus Granít
гранки *мн. полигр.* Korrektúrfahnen *pl*
гранований facettíert [-sɛ-]
гранчастий geschlíffen
грань 1) Facette [-'sɛ-] *f*, 2) *мат.* Fläche *f*, 3) Grénze *f* (*межа*); Rand *m*
грати 1) (*розважатися, бавитися*) spíelen *vi* (*з кимось/чимось* mit *D*); ~ в ляльки [з ляльками] mit Púppen spíelen; 2) (*у щось - в якусь гру*) spíelen *vt*; ~ у хованки, у м'яч, в шахи Verstécken, Ball, Schach spíelen; 3) (*на чомусь - володіти грою на якомусь музичному інструменті*) spíelen *vt*; ~ на гітарі, на піаніно Gitárre, Klavier [-'vi:r] spíelen; 4) (*про актора, виконавця*) spíelen *vi або vt* (*роль, музичний твір і т. п.*); vór|spielen *vt* (*D — комусь*); mít|wirken *vi* (in *D*) (*брати участь у виставі, фільмі і т. п.*)
графа Rubrík *f*, Spálte *f* (*стовпчик*)
графин Karáffe *f*
графік I 1) (*діаграма*) gráphische Dárstellung, Scháubild *n*, Diagrámm *m*, 2) (*розклад руху транспорту*) Fáhrplan *m*, 3) (*план робіт*) Árbeitsablaufplan *m*
графік II (*художник*) Gráphiker *m*, Gráfiker *m*
графіка *иск.* Gráphik *f*, Gráfik *f*
графічний gráphisch
граціозний graziös
грація Grázi e *f*
гребінець Kamm *m*
гребінь 1): ~ горі Gebírgskamm *m*, ~ хвилі Wéllenkamm *m*, 2) (*у птахів*) Kamm *m*
гребля Damm *m*, Deich *m*
гребти rúdern *vi*; páddeln *vi* (*на байдарці*)
грейпфрут 1) (*плід*) Grapefruit ['gre:p-fru:t] *f*, Pámpelmuse *f*, 2) (*дерево*) Pámpelmuse *f*
грек Gríeche *m*
грецький gríechisch
гречаний Búchweizen-
гречка *розм.* Búchweizen *m*
гриб Pilz *m*, ходити за ~ами [по ~и *розм.*] Pílze súchen géhen* *vi* (s); **~ний** Pilz-; ~ний суп Pílzsuppe *f*
грива Mähne *f*
грижа *мед.* Bruch *m*
гризти nágen *vi* (an *D*); knábbern *vt або vi* (an *D — сухарі і т. п.*); knácken *vt* (*горіхи*)
гризун *зоол.* Nágetier *n*
гриль Grill *m*, Eléktrogrill *m*
грим Schmínke *f*
гримаса Grimásse *f*
грим|іти dónnern *vi*; dröhnen *vi*, ertönen *vi* (s) (*про музику*); kláppern *vi*, klírren *vi* (mit *D — брязкати чимось*); ~ить грім es dónnert
гримуватися sich schmínken
гримуч|ий 1): ~ газ *хим.* Knállgas *n*, 2): ~а змія Klápperschlange *f*
грип Gríppe *f*
грізн|ий dróhend, bedróhlich (*загрозливий*); fürchterlich (*страшний*); streng (*суворий*); ~а небезпека dróhende Gefáhr; ~ погляд sténger Blick
грілка Wärmflasche *f* (*з водою*); Héizkissen *n* (*електрична*); Béttwärmer *m* (*для ліжка*)
грім Dónner *m*, гримить ~ es dónnert
грі|ти 1) (*нагрівати щось*) warm máchen *vt*, áuf|wärmen *vt* (*розігрівати*); 2) (*зігрівати щось/когось*) wärmen *vt*, ~ руки sich (*D*) die Hände wärmen; 3) (*випромінювати тепло*) wärmen *vi*, пічка погано ~є der Ófen wärmt schlecht; 4) (*про одяг*): ця куртка погано ~є díese Jácke wärmt gut [hält gut warm]; **~тися** sich wärmen
гріх Sünde *f*, ◊ з ~ом пополам mit Müh und Not, mit Ach und Krach
гріш Gróschen *m*, ◊ цьому ~ ціна das ist kéinen Gróschen [nichts] wert
грішити 1) sündigen *vi*; 2) (*проти чогось – порушувати правила*) verstóßen* *vi* (gégen *A*)
грішний sündhaft, sündig
гробниця Grábmal *n*
гроза Gewítter *n*
грозити dróhen *vi*
грозов|ий: ~а хмара Gewítterwolke *f*
громадськ|ий 1) (*який належить суспільству*) geséllschaftlich; Volks- (*загальнонародний*); ~а власність geséllschaftliches Éigentum, Vólkseigentum *n*, ~а безпека öffentliche Sícherheit; ~ діяч Persönlichkeit des öffentlichen Lébens; 2) (*який здійснюється на добровільних началах*) éhrenamtlich; ~е доручення éhrenamtlicher Áuftrag; на ~их засадах éhrenamtlich, únbezahlt; ~ працівник éhrenamtlicher Funktionär; 3) (*який від-*

носиться до громадськості) öffentlich; ~а ду́мка öffentliche Méinung; 4) (*пов'язаний з обслуговуванням населення*) öffentlich; ~ тра́нспорт öffentliche Verkéhrsmittel; ~е харчува́ння Kantínen- und Gáststättenwesen *n*

грома́дськість 1) (*передова частина суспільства*) Öffentlichkeit *f*; світова́ ~ Wéltöffentlichkeit *f*; 2) (*громадські організації*) geséllschaftliche Organisatiónen

громадяни́н Bürger *m*, Stáatsbürger *m*

громадя́нств|о Stáatsbürgerschaft *f*, Stáatsangehörigkeit *f* (*підданство*); права́ ~а Bürgerrechte *pl*; прийня́ти ~ die Stáatsbürgerschaft án|nehmen*

громадя́ськ|ий 1) Bürger-, bürgerlich; ~ обо́в'язок Bürgerpflicht *f*, stáatsbürgerliche Pflicht; ~і свобо́ди bürgerliche Fréiheiten; ◊ ~а війна́ Bürgerkrieg *m*

громіздки́й plátzraubend, spérrig

громовідві́д Blítzableiter *m*

гро́но Tráube *f*; ~ виногра́ду Wéintraube *f*

гросме́йстер *шах.* Gróßmeister *m*

гро́ші *мн* Geld *n*

грошови́й Geld-; ~ пере́каз Géldanweisung *f*; ~ знак Bánknote *f*, Géldschein *m*

гру́бий grob; barsch (*різкий*); rauh (*суворий*); hart (*жорсткий*)

гру́бість Gróbheit *f*

грубія́н Gróbian *m*

грубія́нити кому grob sein (gégen *A*)

гру́бка Ófen *m*

гру́д|ень Dezémber *m*; **~не́вий** Dezémber-

гру́ди Brust *f*

груди́нка Brúststück *n*

гру́дка Klúmpen *m*, Schnéeklumpen *m* (*снігу*); Érdklumpen *m*, Érdscholle *f* (*землі*)

грудн|и́й 1) *анат.* Brust-; ~а́ клі́тка Brústkasten *m*; 2): ~а́ дити́на Säugling *m*; ◊ ~ го́лос Brúststimme *f*

грузд Mílchpilz *m*

грузи́н Geórgi er *m*; **~ський** geórgisch, grusínisch; ~ська мо́ва die geórgische Spráche, das Geórgische; ~ський чай grusínischer Tee

гру́знути éin|sinken* *vi* (s)

грунтов|и́й: ~і́ во́ди Grúndwasser *n*; ~а́ доро́га únbefestigte Lándstraße

грунто́вн|ий (*добросовісний і глибокий - про виклад, розповідь і т. п.*) gründlich, úmständlich, áusführlich; **~о** (*глибоко, серйозно*) gründlich, von Grund auf

грунтува́ти grundíeren *vt*

грунтува́тися (*на чомусь*) sich stützen (auf *D*); на чо́му це грунту́ється? woráuf berúht das?

гру́па Grúppe *f*; **~ми** in Grúppen, grúppenweise

групови́й Grúppen-; ~ зні́мок Grúppenbild *n*

групува́ти gruppíeren *vt*; **~ся** sich gruppíeren

гру́ша 1) (*плід*) Bírne *f*; 2) (*дерево*) Bírnbaum *m*

грушоподі́бний bírnenförmig

гря́дка Beet *n*

грязь Schmutz *m* (*сміття і т. п.*); Schlamm *m* (*мокра земля, глина і т. п. — на дорозі*)

грязьов|и́й: ~і ванни Schlámmbäder *pl*, Móorbäder *pl*

гу́би *мн* (*одн.* губа́) Líppen *pl* (*sg* Líppe *f*)

губи́ти verdérben* *vt*, zugrúnde ríchten *vt*

губи́тися 1) (*пропадати*) verlóren|gehen* *vi* (s); 2) (*розгубитися — про людину*) den Kopf verlíeren* (*у важкій ситуації*); verlégen wérden (*соромитися*)

гу́бка 1) *зоол.* Schwamm *m*; 2) (*для миття*) Bádeschwamm *m*

губн|и́й 1) Líppen-; ~а́ пома́да Líppenstift *m*; 2) *лингв.* labiál; ~ звук Labiállaut *m*, Líppenlaut *m*

гу́дзик Knopf *m*; застебну́ти ~и die Knöpfe schließen* [zú|machen]; застебну́ти пальто́ на ~и den Mántel zú|knöpfen

гуді́ння Súmmen *n* (*комах*); Súrren *n* (*літака і т. п.*); Héulen *n* (*сирени, вітру і т. п.*)

гуді́ти súmmen *vi* (*про комах*); súrren *vi* (*про літак і т. п.*); héulen *vi* (*про сирену, вітер і т. п.*)

гудо́к Siréne *f*, Húpe *f*, Pféifen *n* (*паровозний*)

гул Getöse *n*; ~ голосі́в Stímmengewirr *n*

гу́ля Béule *f*

гуля́ння 1) (*прогулянка*) Spazíergang *m*; 2): наро́дне ~ Vólkfest *n*

гуля́ти spazíeren|gehen* *vi* (s); ~ по мі́сту durch die Stadt búmmeln *vi* (s, h)

гуля́ш Gulásch *m*

гу́ма Gúmmi *m*, *n*

гумані́зм Humanísmus *m*

гуманіта́рн|ий géisteswissenschaftlich; ~і нау́ки Géisteswissenschaften

гума́нний humán, ménschlich; humanitär, ménschenfreundlich (*що базується на принципах гуманності*)

гума́нність Humanität *f*, Ménschlichkeit *f*

гу́мка 1) (*для стирання*) Radíergummi *m*; 2): жува́льна ~ Káugummi *m*

гу́мовий Gúmmi-

гу́мор Humór *m*; з ~ом humórvoll; **~и́ст** (*письменник*) Humoríst *m*; **~исти́чний** humorístisch, humórvoll; ~исти́чне оповіда́ння Humoréske *f*

гу́ркіт Gepólter *n*, Dónnern *n*

гуркоті́ти póltern *vi*, krа́chen *vi*

гурма́н Féinschmecker *m*

гурто́житок Wóhnheim *n*; студе́нтський ~ Studéntenheim *n*

гурто́к Árbeitsgemeinschaft *f*, Zírkel *m*

гуса́к Gänserich *m*

гу́сениця 1) *зоол.* Ráupe *f*; 2) *тех.* Ráupenkette *f*

гу́ска Múttergans *f*, Gans *f*

густ|и́й 1) dicht (*тж. про туман*); ~ ліс díchter Wald; 2) (*не рідкий*) dick; ~а́ ка́ша dícker Brei

густíшати 1) (*про ліс і т. п.*) dícht(er) wérden; 2) (*про рідину*) díck(er) wérden; 3) (*про туман і т. п.*) sich verdíchten
густонасéлений dicht besíedelt
густотá 1) (*щільність*) Díchte *f*, Díchtheit *f*, Dícke *f*, ~ насéлення Bevölkerungsdichte *f*, 2) (*рідини*) Díckflüssigkeit *f*
гýсяч|ий Gänse-; ◊ ~а шкíра Gänsehaut *f*

гучн|ий 1) laut, lärmend; schállend; ~í суперéчки Streitigkeiten *pl*, 2): ~ий ýспіх Bómbenerfolg *m*, ~í словá schöne Rédensarten
гýчність Láutstärke *f*
гýщ|а 1) (*осад*) Bódensatz *m*, кáвова ~ Káffeesatz *m*, 2) (*хаща*) Díckicht

Г

Ґ

ґáнок Áußentreppe *f*, Áufgang *m*
ґатýнок (*категорія товару*) Sórte *f*, Wahl *f*, Qualität *f* (*якість*)
ґвалт 1) Lärm *m*; зчини́ти ~ Lärm máchen; 2): ~! Hílfe!
ґвалтувáти (*жінку*) vergewáltigen *vt*
ґніт Docht *m*
ґрáти Gítter *n*
ґрéчн|ий höflich; **~ість** Höflichkeit *f*
ґрунт Bóden *m*, Grund *m*; болóтистий ~ Súmpfboden *m*; чорнозéмний ~ Schwárzerde *f*

Д

дава́льний: ~ відмі́нок Dátiv *m*
дава́|ти 1) *див.* да́ти; 2): ~й(те) ся́демо! néhmen wir Platz!, wóllen wir Platz néhmen!
дави́ти (*на щось*) drücken *vi або vt*
да́вн|ій 1) vor lánger Zeit geschéhen, längst gewésen, längst vergángen; 2) (*старий, стародавній*) alt; ~ друг álter Freund; в ~і часи́ in álten Zéiten; ◊ з ~іх пір seit lánger Zeit, von álters her, von jéher
давно́ 1) (*багато часу тому*) längst, lánge her; всі ~ пішли́ álle sind längst wéggegangen; це було́ ~ das war lánge her; 2) (*протягом довгого часу*) lánge, seit lángem; я ~ його́ не ба́чив ich hábe ihn lánge nicht geséhen; ми живе́мо тут ~ wir wóhnen hier seit lángem
дале́к|ий 1) (*віддалений*) fern, entlégen, weit, entférnt; 2) (*довгий*) weit; 3) (*про родичів*) entférnt; 4): по́їзд ~ого прямува́ння Férnzug *m*; раке́та ~ого ра́діусу дії Lángstreckenrakete *f*; я дале́кий від ціє́ї ду́мки díeser Gedánke liegt mir völlig fern
дале́кість Ábgelegenheit *f*
дале́ко weit; ~ від чогось weit weg [weit entférnt] von (*D*); чи ще ~ до вокза́лу? ist es noch weit bis zum Báhnhof?
далекогля́дний úmsichtig; voráusschauend, voráussichtlig (*завбачливий*); wéitblickend (*проникливий*)
далекогля́дність Úmsicht *f*, Voráussicht *f* (*передбачливий*); Wéitblick *m*
далекозо́рий wéitsichtig
далечі́нь Férne *f*, Wéite *f*
да́лі 1) (*порівн. ст. від далеко*); 2) (*потім*) wéiter; що було́ ~? was war wéiter?; ◊ і так ~ (і т. д.) und so wéiter (usw.); не ~ як вчо́ра erst géstern
да́льність Wéite *f*, Entférnung *f* (*віддаленість*); ~ польо́ту *ав.* Flúgweite *f*, раке́та сере́дньої да́льності Míttelstreckenrakete *f*
да́ма Dáme *f*
да́мба Damm *m*
да́мський Dámen-
да́н|ий (*цей*) gegében; entspréchend (*відповідний*); в ~ому випа́дку im gegébenen Fall; в ~ий час gégenwärtig
данина́ *перен.* Tribút *m*, Schúldigkeit
да́н|і *мн* 1) (*відомості*) Ángaben *pl*, Dáten *pl*; цифрові́ ~ Záhlenangaben *pl*; статисти́чні ~ statístische Ángaben; анке́тні ~ Personáli en *pl*, Personálangaben *pl*; за оста́нніми ~ими den néuesten Ángaben nach; 2) (*підстави*) Gründe *pl*, Voráussetzungen *pl* (*передумови*); 3) Ánlagen *pl* (*задатки*); Fähigkeiten *pl*
дар 1) (*подарунок*) Gábe *f*, Geschénk *n*; принести щось в ~ etw. zum Geschénk máchen; 2) (*хист*) Gábe *f* Begábung *f*, Ánlagen *pl* (*задатки*); ~ сло́ва Rédnergabe *f*
даре́мний 1) (*марний*) vergéblich; únnötig (*непотрібний*); 2) (*необгрунтований*) únbegründet; 3) (*несправедливий*) úngerecht
даре́мно 1) (*марно*) umsónst, únnütz, vergéblich, vergébens; zwécklos (*безцільно*); не ~ (*з користю*) nicht umsónst; 2) (*несправедливо*) úngerecht; únverdient (*незаслужено*); 3) (*безпідставно*): ~ він так зроби́в das hätte er bésser nicht tun sóllen; ~ ти тривожишся du brauchst dir kéine Sórgen zu máchen; не ~ nicht óhne Grund; говори́ти ~ in den Wind réden
дарма́: *розм.:* йому́ все ~ ihm macht es nichts aus
дармої́д Schmarótzer *m*
даро́ваний geschénkt
дарови́й *розм.* unentgéltlich, kóstenlos, Frei-
да́ром 1) (*безкоштовно*) umsónst, únentgeltlich, grátis
дарува́ння Begábung *f*
дарува́ти schénken *vt*; ~ щось кому́сь на па́м'ять j-m etw. zum Ándenken [zur Érinnerung] schénken
да́т|а Dátum *n*; істори́чна ~ históriscches Dátum; ~ наро́дження Gebúrtsdatum *n*, вказа́ти ~у das Dátum án|geben*
да́ти 1) gében* *vt*; ~ кому́сь пи́ти j-m zu trínken gében*; ~ щось кому́сь у борг j-m etw. bórgen [léihen*]; 2) (*дати можливість, дозволити*) lássen* *vt*; дай мені́ поду́мати laß mich überlégen; шум не дає мені́ спа́ти der Lärm läßt mich nicht schláfen; ~ зна́ти кому́сь про щось j-n

etw. wíssen lássen*; дай про се́бе зна́ти laß von dir hören; ~ кому́сь доро́гу j-m den Weg fréi|geben*
да́тський dänisch
датува́ти datíeren *vt*, das Dátum án|geben*
датча́нин Däne *m*
да́тчик *тех.* Géber *m*, Gébergerät *n*; дистанці́йний ~ Férngeber *m*
дах Dach *n*
да́ч|а 1) (*замі́ський будинок*) Dátsche *f*, Wóchenendhaus *n*; 2) (*дачна місцевість*) Sómmerfrische *f*, Dátsche *f*; жити на ~і auf der Dátsche wóhnen
да́чн|ий: ~е се́лище Dátschensiedlung *f*, ~ сезо́н Féri enzeit *f*
да́чник Sómmergast *m*, Sómmerfrischler *m*
дбайли́вий behútsam, schónend, sórgsam; fürsorglich; áufmerksam (*уважний*)
два 1) zwei, по ~ je zwei (*при поділі*); páarweise (*парами*); 2) *див.* дві́йка 2; ◊ в двох слова́х kurz gesägt; in wenigen Wórten
двадця́тий der zwánzigste
два́дцять zwánzig
двана́дцятий der zwölfte
двана́дцять zwölf
две́рі Tür *f*, вхідні́ ~ Éingangstür *f*
двигу́н Mótor *m*, *ав.* Tríebwerk *n*, ~ вну́трішнього згоря́ння Verbrénnungsmotor *m*, реакти́вний ~ Stráhltriebwerk *n*, Düsentriebwerk *n*, раке́тний ~ Rakétentriebwerk *n*
дві́йка 1) (*цифра*) Zwei *f*, 2) *розм.* (*другий номер*) Zwéi er *m* (*автобуса, тролейбуса*); Zwei *f* (*трамвая*)
двійни́к Doppelgänger *m*
двійня́та Zwillinge *pl*, Zwillingspaar *n*
двір Hof *m*, за́дній ~ Hínterhof *m*, прохідни́й ~ Dúrchgangs hof *m*, на дво́рі im [auf dem] Hof
двірни́к 1) Háusmeister *m*, 2) *розм.* (*склоочисник автомобіля*) Schéibenwischer *m*
дві́сті zwéihundert
дві́чі 1) (*два рази*) zwéimal; 2) (*подвійно*) zwéifach
двобо́ртний zwéireihig
дводе́нний zwéitägig; в ~ те́рмін in zwei Tágen
дво́|є zwei; ~ чоловікі́в zwei Männer; нас було́ ~ wir wáren zwei, es wáren únserer zwei; обі́д на ~х ein Míttagessen für zwei Persónen; кімна́та на ~х (*в готелі і т. п.*) Zwéibettzimmer *n*
двоєбо́рство *спорт.* Zwéikampf *m*
двозна́чн|ий 1) zwéideutig, doppelsinnig; 2): ~е число́ zwéistellige Zahl
двокімна́тний Zwéizimmer-
двоколі́сний zwéiräd(e)rig
двокра́пка Dóppelpunkt *m*
двокра́тний zwéifach, zwéimalig; dóppelt (*подвійний*); wiederhólt (*повторний*)
двомі́сн|ий: ~а ка́юта Doppelbettkabine *f*, ~ велосипе́д Tándem *n*, Tándemfahrrad *n*, ~ літа́к, ~а (авто)маши́на Zwéisitzer *m*
двомі́сячн|ий zwéimonatig; ~а дити́на ein Kind von zwéi Mónaten; в ~ те́рмін ínnerhalb von zwéi Mónaten
двомо́вний zwéisprachig
двоповерхо́вий zweistöckig, mit Obergeschos; Doppelstock
дворі́чний zwéijährig
дворня́жка Hófhund *m*, Köter *m*
двор|яни́н der Ádlige; **~я́нство** Ádel *m*
двоспа́льн|ий: ~е лі́жко Doppelbett *n*
двосторо́нн|ій 1) (*що має дві сторони*) zwéiseitig, dóppelseitig; 2): ~ рух (*транспорту*) Verkéhr in zwei Ríchtungen; 3) (*обопільний*) bilaterál; ~я уго́да bilateráles Ábkommen, Zwéierabkommen *n*
двотижне́вий zwéiwöchig; в ~ те́рмін ínnerhalb von zwéi Wóchen
двото́мний zwéibändig, in zwei Bänden
двохсо́тий zwéihundertste(r)
двохсотлі́тній zwéihundertjährig, Zwéihundertjahr-
двохсотлі́ття 1) (*період в двісті років*) zwéihundert Jáhre; zwei Jahrhúnderte (*два сторіччя*); 2) (*річниця чогось*) zwéihundertster Jáhrestag; Zwéihundertjahrfeier *f* (*ювілей*)
двоюрі́дн|ий: ~ брат Cousin [ku'zɛŋ] *m*, Vétter *m*, ~а сестра́ Cousine [ku-] *f*
двоя́кий zwéifach; dóppelt (*подвійний*)
де wo
деба́ти *мн.* Diskussión *f*, Debátte *f*, Méinungsaustausch *m*
дебю́т Debüt [-'by:] *n*, **~ува́ти** debütíeren *vi*, sein Debüt [-'by:] gében*
девальв|а́ція Ábwertung *f*, **~ува́ти** áb|werten *vt*
деві́з Devise [-'vi:-] *f*, Mótto *n*, Wáhlspruch *m*
дев'яно́стий der néunzigste
дев'яно́сто néunzig
дев'я́тий der néunte
дев'ятисо́тий der néunhundertste
дев'ятна́дця|тий der néunzehnte **~ть** néunzehn
дев'ятсо́т néunhúndert
де́в'ять neun
дегаза́ція Entgásung *f*, Entgíftung *f*
дегенера́|т der Degenerierte; **~ти́вний** degeneriert; **~ція** Degeneratión *f*
деград|а́ція Verfáll *m*, **~ува́ти** verfállen* *vi* (s)
дезактива́|тор Entaktivierungsmittel [-'vi:-] *n*, **~ція** Dekontaminatión *f*, Entséuchung *f*, Ínaktivierung [-vi:-] *f*, Entaktivierung *f*
дезерти́р Deserteur [-'tø:r] *m*, der Fáhnenflüchtige
дезерти́рство Fáhnenflucht *f*, Desertión *f*
дезерти́рувати desertíeren *vi* (s), fáhnenflüchtig wérden
дезинф|е́кція Desinfektión *f*, Entséuchung *f*, **~ікува́ти** desinfizíeren *vt*, entséuchen *vt*, **~іку́ючий** Desinfektións-
дезодора́нт Deodoránt *n*, Déospray [-ʃpre: / -spre:] *m* (*в аерозольній упаковці*)

Д

дезорганізáція Desorganisatión *f*, Desorganisíerung *f*
дезорганізувáти, **дезорганізóвувати** desorganisíeren *vt*
дезорієнт|áція Írreführung *f*, Desoríentíerung *f*, **~увáти** írre|führen *vt*, desoríentíeren *vt*
декáда Dekáde *f*
декадéнт Dekadénte *m*, **~ський** dekadént, Dekadénz-
декáн Dekán *m*, **~áт** Dekanát *n*
Д
дéкільк|а éinige, ein paar; ~ разів éinige Mále; ~ слів ein paar Wórte; ~ чоловік спізнилися éinige háben sich verspätet; ◊ в ~ох словáх in wénigen Wórten
деклам|áція Deklamatión *f*, Rezitatión *f*, **~увáти** deklamíeren *vt*
декларáція Deklaratión *f*, Erklärung *f*
декор|ати́вний dekoratív **~áція** Dekoratión *f*, Bühnenbild *n*
декрéт Dekrét *n*
делег|áт der Delegíerte; **~áція** Delegatión *f*, **~увáти** delegíeren *vt*
делікатéс Delikatésse *f*, Féinkost *f*
делікáтний 1) zártfühlend, rücksichtsvoll; 2) (*дражливий*) héikel
делікáтність Zártgefühl *n*, Táktgefühl *n*, Rücksicht *f*
дéльта Délta *n*
дельфíн Delphín *m*
демагóг Demagóge *m*, **~ія** Demagogíe *f*
демілітаризáція Entmilitarisíerung *f*
демобіліз|áція Demobilisíerung *f*, **~увáти** demobilisíeren *vt*
демографíчний demográphisch; ~ вибух Bevölkerungsexplosion *f*
демокрáт Demokrát *m*, **~изáція** Demokratisíerung *f*, **~и́чний** demokrátisch
демокрáті|я Demokratíe *f*, розвивáти ~ю die Demokratíe wéiter|entwickeln
демонстрати́вний demonstratív
демонстрáція 1) Demonstratión *f*, Kúndgebung *f*, ~ протéсту Protéstdemonstration *f*, 2) (*публічний показ*) Vórführung *f*, ~ фíльму Fílmvorführung *f*, ~ мод Módenschau *f*, 3) (*прояв*) Demonstratión *f*, Bekúndung *f*, ~ сили Demonstratión der Stärke; ~ дóброї вóлі Bekúndung des gúten Wíllens
демонструвáти 1) (*брати участь в демонстрації*) demonstríeren *vi*, sich an éiner Demonstratión betéiligen; 2) (*привселюдно показувати*) vór|führen *vt*, zéigen *vt*, 3) (*виявляти*) demonstríeren *vt*, bekúnden *vt*
демонтувáти áb|montieren *vt* demontíeren *vt*
деморалíз|áція Demoralisíerung *f*, Demoralisatión *f*, **~увáти** demoralisíeren *vt*
дéнн|ий *у різн. знач.* Táges-; при ~ому світлі bei Tágeslicht; ~а вистáва Tágesvorstellung *f*, Náchmittagsvorstellung *f*
день Tag *m*, ~ нарóдження Gebúrtstag *m*, робóчий ~ Árbeitstag *m*, Wérktag *m*, цілий ~ den gánzen Tag; цілими днями tágelang ◊ ~ у ~ tagáus, tagéin; Tag für Tag; з кóжним днем von Tag zu Tag; на днях а) (*недавно*) néulich, vor éinigen Tágen; б) (*незабаром*) in díesen [in éinigen] Tágen; дóбрий ~! gúten Tag!
депó Depot [-'po:] *n*
депрéсія 1) *мед.* Depressión *f*, Níedergeschlagenheit *f*, 2) *эк.* Depressión *f*, Fláute *f*
депутáт der Ábgeordnete, der Deputíerte
деревинá Holz *n*
деревн|и́й 1) Holz-; ~é вугілля Hólzkohle *f*, 2): ~í насáдження Báumanpflanzungen *pl*
дéрево 1) Baum *m*, 2) (*матеріал*) Holz *n*
дерев'я́ний hölzern, Holz-
дéрен Rásen *m*
деренчáти klírren *vi*
держáва Macht *f*, Staat *m*
держáвн|ий Staats-, stáatlich; ~ лад Stáatsordnung *f*, ~ кордóн Stáatsgrenze *f*, ~і кóшти stáatliche Míttel
дéржаний gebräucht
держáтель (*власник*) Ínhaber *m*, Besítzer *m*, ~ áкцій Aktionär *m*, Ákti enbesitzer *m*, Ákti eninhaber *m*
дéрти: у мéне дерé в гóрлі mir kratzt es im Háls(e)
дéртися kléttern *vi* (s) (*на щось* auf *A*); ~ нагóру hináuf|klettern *vi* (s)
десáнт 1) (*висадка військ*) Landúng *f*, 2) (*війська*) Lándetruppen *pl*, Lándungstruppen *pl*
десéрт Dessert [-'sɛ:r / -'sɛrt] *n*, Náchtisch *m*, на ~ als Dessért
дéспот Despót *m*, Gewáltherrscher *m*, **~и́зм** Despotísmus *m*, Gewáltherrschaft *f*
деспоти́чний despótisch
десятибóрство *спорт.* Zéhnkampf *m*
десятидéнний zéhntägig
десятий der zéhnte
десятиразóвий zéhnfach
десятирíчний zéhnjährig
десятирíччя 1) (*період*) Jahrzéhnt *n*, 2) (*річниця*) der zéhnte Jáhrestag
деся́тка 1) (*цифра*) Zehn *f*, 2) *розм.* (*банкнота*) Zéhnrubelschein *m*
десяткóвий dezimál, Dezimál-
деся́т|ок 1) (*десять штук*) zehn (Stück); два ~ки яєць zwánzig Éier; 2) *мн* ~ки (*про велику кількість*): ~ки людéй Dútzende von Ménschen
дéсять zehn
десь írgendwo
детáл|ь 1) (*подробиця*) Detail [-'tai] *n*, Éinzelheit *f*, 2) *тех.* Éinzelteil *n*, Teil *m*, ~і машин Maschínenelemente *pl*, 3) (*оброблювана на верстаті і т. п.*) Wérkstück *n*
детáльний áusführlich, éingehend
детáльно im éinzelnen
детекти́в 1) (*твір*) Krími *m*, (*повість - тж*) Kriminálgeschichte *f*, (*фільм - тж*) Kriminálfilm *m*, (*роман - тж*) Kriminálroman *m*, 2) (*сищик*) Detektív *m* (*приватний*); Gehéimpolizist *m* (*з поліції*)

дефéкт Defékt *m*, Mángel *m*, Féhler *m*, Schäden *m* (*ушкодження*)
дефіци́т (*недостача чогось*) Mangel *m* (an *D*); **~ний**: ~ний товáр Mángelware *f*, knáppe Wáre
дéхто díeser und jéner, máncher
дешеви́зна Bílligkeit *f*
дешéв|ий 1) bíllig; ~ товáр bíllíge Wáre; 2): ~а ціна́ níedriger Preis
дешéвшати bílliger wérden
дéщо 1) éiniges, írgendwas, étwas; 2) (*небагато, злегка*) ein wénig, étwas
дéяк|ий 1) (*невизначений*) éinige, ein gewísser; máncher; ~ час éinige Zeit, éine gewísse Zeit, éine Zéitlang; з ~ого ча́су seit éiniger Zeit; ~ою мíрою in gewíssem Máße; 2) *мн.* **~і** (*з числа когось/чогось*) éinige, mánche; в ~их ви́падках in éinigen Fällen; ~і з нас éinige von uns
джаз 1) (*музика*) Jazz [dʒɛs] *m*, Jázzmusik *f*, 2) (*оркестр*) Jazzkapelle ['dʒɛs-] *f*, Jazzband [-bɛnt] *f*, **~овий** Jazz- [dʒɛs-]
джгут *мед.* Schlauch *m*, еласти́чний ~ Schláuchbinde *f*
джем Marmeláde *f*
джéмпер Pullóver [-vər] *m*
джерелó Quélle *f*, *перен. тж* Úrsprung *m*, ◊ би́ти ~м (*про рідину*) hervór|sprudeln *vi* (s)
джерéльн|ий Quell-; ~а водá Quéllwasser *n*
джи́нси *мн* Jeans [dʒi:ns] *pl*
джи́нсов|ий Jeans- [dʒi:ns-]; ~а тканина Jeansstoff *m*
джміль Húmmel *f*
джу́нглі *мн* Dschúngel *f*
дзвен|íти klíngen* *vi*, läuten *vi*; ~и́ть дзвóник es klíngelt
дзвін 1) Glócke *f*, 2) Läuten *n*, Klang *m*, Klírren *n*; **~и́ця** Glóckenturm *m*
дзвінк|и́й 1) schállend, (héll-)tönend, klángvoll, klingend; 2) *лінгв.* stímmhaft; ~і при́голосні stímmhafte Konsonánten
дзвінóк 1) (*звук*) Klíngelzeichen *n*, дзвени́ть ~ es klíngelt; 2) (*по телефону*) Ánruf *m*
дзвінóчок Glöckchen *n*, Schélle *f*
дзвóник Klíngel *f*, ~ дверéй Türklingel *f*, подзвони́ти в ~ klíngeln *vi*
дзвóники *мн.* (*квітка*) Glóckenblume *f*
дзвон|и́ти 1) (*про дзвінок, будильник і т. п.*) klíngeln *vi*; 2) (*в дзвінок*) klíngeln *vi*; (*в двері*) дзвóнять es klíngelt (an der Tür); 3) (*по телефону*) án|rufen* *vt*, telefoníeren *vi* (*комусь* mit *D*); ~íть по телефóну 09 bítte 09 wählen
дзеленчáння Klírren *n*
дзéрк|ало Spíegel *m*, диви́тися в ~ sich im Spíegel beséhen* [betráchten]; **~áльний** 1) Spíegel-; ~áльне відобрáження Spíegelbild *n*, 2) (*як дзеркало*) spíegelglátt (*гладкий*); spíegelblánk (*блискучий*)
дзи́га (*іграшка*) Kréisel *m*, Drehkreisel *m*
дзижчá|ння Súmmen *n*, Súrren *n*, **~ти** súmmen *vi*, súrren *vi*
динáмік м Láutsprächer m
динáміка ж Dynámik *f*
дзьоб Schnábel *m*
дзюдó *спорт.* Júdo *n*, Júdosport *m*, **~íст** Judóka *m*, Júdosportler *m*
дзя́ркіт Múrmeln *n*, Ríeseln *n*
дзюрчáти múrmeln *vi*, ríeseln *vi*
ди́бом: у ньóго волóсся стáло ~ die Háare stánden ihm zu Bérge
дивáк Sónderling *m*, (kómischer) Kauz *m* *розм.*
дивáн Couch [kautʃ] *f*, Sófa *n*
дивáцтво 1) Ábsónderlichkeit *f*, 2) (*дивний вчинок*) Schrúlle *f*
диверс|áнт Diversánt [-vɛr-] *m*, **~íйний** Diversións- [vɛr-], Sabotáge- [-ʒe]
дивéрсія Diversión [-vɛr-] *f*, Sabotáge [-ʒə] *f* (*шкідництво*)
дивинá Séltsamkeit *f*, Mérkwürdigkeit *f*
диви́тися 1) séhen* *vi*, blícken *vi*, scháuen *vi*; ~ на кóгось auf j-n séhen*, j-n án|sehen* [án|schauen]; ~ на годи́нник auf die Uhr séhen*; ~ у вікнó [з вікнá] zum Fénster hináus|sehen*, aus dem Fénster blícken; 2) (*бути глядачем*) séhen* *vt*, án|sehen* *vt*, sich (*D*) etw. án|sehen*; zú|sehen* *vi* (*D*) (*спостерігати за тим, що відбувається*); ~ вистáву (sich) ein Bühnenstück án|sehen*; я люблю́ ~ такí фíльми ich séhe sólche Fílme gern, ich séhe mir sólche Fílme gern an; ~ телевíзор férn|sehen* *vi*; ~ в дзéркало sich im Spíegel betráchten; ◊ диви́сь не запізни́сь! sieh zu, daß du nicht zu spät kommst!
дивізіóн Abtéilung *f*
диві́зія División [-vi-] *f*
ди́вний wúndervoll, wúnderbar, wúnderschön; séltsam, sónderbar; mérkwürdig (*дивовижний*); schrúllig (*чудернацький*); ◊ ди́вна річ, ди́вним чи́ном séltsamerweise, mérkwürdigerweise
ди́вно *присл.* 1) séltsam, sónderbar; mérkwürdig (*викликаючи подив*); 2) *безос.* es ist séltsam [mérkwürdig]; ~, що... es ist séltsam, daß...; не ~, що ... es ist nicht verwúnderlich [kein Wúnder], daß ...; як (це) не ~ séltsamerweise, mérkwürdigerweise; менí ~, що ... es kommt mir mérkwürdig vor, daß ..., mich wúndert, daß...
ди́во Wúnder *n*, ◊ на ~ sélten, áußergewöhnlich; на ~ хорóша люди́на ein sélten gúter Mensch
дивови́жний erstáunlich; mérkwürdig, sónderbar (*дивний*); bewúndernswert (*вартий подиву*); wúndervoll, wúnderschön (*чудовий*); únge heuer (*у різн. знач.*)
дивувáти (ver)wúndern *vt*, in Erstáunen [in Verwúnderung] sétzen *vt*, erstáunen *vt*, in Stáunen versétzen *vt*, **~ся** sich (ver)wúndern, stáunen *vi* (s), erstáunt sein (*чомусь* über *A*)
дизáйн Design [di'zain] *n*, Fórmgestaltung *f*, **~ер** Designer [di'zainər] *m*, Industríeformgestalter *m*

ненáвисть до вóрога der Haß gégen den Feind; 4) (*для позначення часової межі*) gégen (*A*), um (*A*), zu (*D*), bis zu (*D*); повернýтися до дванáдцяти годи́н, до обíду, до вечéрі, до вівтóрка, до кінця́ мíсяця gégen 12 Uhr, gégen Míttag, zum Ábendbrot, zum Díenstag, gégen Énde des Mónats zurück|kommen *vi* (s); до цьóго чáсу а) (*в цей час*) um díese Zeit; б) (*до цього строку*) bis zu díesem Zéitpunkt; 5) (*біля*) gégen, ungefähr, étwa, an die; зáвтра бýде до двадцяти́ грáдусів морóзу mórgen wird an die [étwa] zwánzig Grad Frost; 6) (*при звертанні до особи*) an (*A*); лист до дрýга ein Brief an den Freund; у мéне до вас прохáння ich hábe éine Bítte an Sie; звернíться до дирéктора wénden Sie osich an den Diréktor; 7) (*раніше*) vor (*D*); до нáшої éри vor únserer Zéitrechnung; за ти́ждень до йогó приї́зду éine Wóche vor séiner Ánkunft; 8) (*про стан*) zu (*D*); довести́ когóсь до сліз j-n zum Wéinen bríngen*; 9) (*з деякими імен.*) до вáших пóслуг zu Íhren Díensten; ◊ до тóго ж áußerdém, dazú noch; до вимóги póstlagernd; до зáвтра! bis mórgen!; до побáчення! auf Wíedersehen!

доб|á víerundzwanzig Stúnden; Tag und Hacht; прóтягом ~и́ im Láufe von víerundzwánzig Stúnden; ці́ла ~ vólle víerundzwánzig Stúnden; дві ~и́ zwei Táge (und zwei Nächte); ◊ ці́лу ~ý Tag und Nacht, rund um die Uhr

добирáтися *див.* добрáтися

добíгти (*до чогось*) láufen* *vi* (s) (bis zu *D*); erréichen *vt* (*досягти*)

добíрний (áus)erlésen, áusgesucht

дóблесний héldenmütig (*геройський*); rúhmreich (*славний*)

дóблесть Héldenmut *m*

добов|и́й 1) (*який дорівнює добі*) víerundzwánzigstündig; 2) (*розрахований на добу, який одержується за добу*) Táges-; ~á нóрма Tágessoll *n*

добрáніч: (на) ~! gúte Nacht!; gúte Nacht!; vor dem Schláfengehen

добрáтися (*до чогось*) erréichen *vt*, gelángen *vi* (s) (in *A*)

дóбре 1) gut, schön; 2) *безос.*: тут ~ (*гуляти*) hier ist es schön (spazíerenzugehen); мені́ тут ~ ich fühle mich hier wohl; ◊ тобí ~ говори́ти du hast gut réden

дóбриво Dünger *m*, Düngemittel *n*

дóбр|ий gut, gútmütig; schön; ~а порáда gúter Rat; він мій ~ знайóмий er ist ein gúter Bekánnter von mir; ◊ ~ого рáнку! gúten mórgen!; всьогó ~ого! álles Gúte!

добрó *с* 1) (*щось хороше, добрий вчинок*) Gúte, Wóhltat *f*, 2) (*майно*) (Hab und) Gut *n*, Hábseligkeiten *pl* (*пожитки*); нарóдне ~ Vólkseigentum *n*, 3) (*добра справа*) Wóhltat *f*

добрóбут Wóhlstand *m*, Lébensstandard *m* (*життєвий рівень*)

доброво́|лець der Fréiwillige; **~льний** fréiwillig

добрóдії *мн* (*звертання*): ~! méine Hérrschaften!

добродíйний wóhltätig; Wóhltätigkeits-

добродýшний gútmütig

добродýшність Gútmütigkeit *f*

добрози́чливий wóhlwollend, gútgesinnt; gewógen (*до когось D*)

добропоря́дний ánständig, éhrenhaft, órdentlich

добропоря́дність Ánständigkeit *f*, Éhrenhaftigkeit *f*, Órdentlichkeit *f*

добросéрдий gútherzig; séelengut; gútmütig (*добродушний*)

добросéрдя Gútherzigkeit *f*

добросусíдськ|ий: ~і стосýнки gúte Náchbarschaft

добротá Güte *f*, Hérzensgüte *f*

добрóтний gut; háltbar (*міцний*); gedíegen (*солідний*)

доброчéсн|ий túgendhaft; **~ість** Túgend *f*

доброчи́нний wóhltuend, héilsam

доброя́кісний 1) (*гарної якості*) von gúter Qualität; 2) *мед.* gútartig

добувáти *див.* добýти

добувн|и́й: ~á проми́слóвість extraktíve [-və] Industríe

добýти 1) (*корисні копалини*) gewínnen* *vt*, fördern *vt*, 2) (*дістати*) verschäffen *vt*, beschäffen *vt*, áuf|treiben* *vt*, ermítteln *vt* (*дані і т. п.*); 3): ~ кóрінь *мат.* éine Wúrzel zíehen*

довгáстий länglich

дóвгий 1) lang; ~ шлях lánger Weg; ~ час lánge [längere] Zeit; 2) (*про одяг*) zu lang (*D*)

дóвго lánge

довгогрáюч|ий: ~а плáтівка Lángspielplatte *f*

довгожи́тель der Lánglebige

довголíтній lángjährig

довгоочíкуваний lángerwartet, lángersehnt

довгострокóвий lángfristig, Dáuer-

довготá *у різн. знач.* Länge *f*

довезти́ bríngen* *vt*, fáhren* *vt* (*до чогось* bis zu *D*)

довéршення Volléndung *f*, на ~ всьогó zu gúter Letzt

довести́ 1) bewéisen* *vt*, nách|weisen* *vt*; 2)(*когось до чогось – привести*) bríngen* *vt*, begléiten *vt* (bis zu *D*); 3): ~ щось до кінця́ etw. zu Énde führen; 4) (*до якогось стану*) bríngen* *vt* (zu *D*); ~ когóсь до вíдчаю j-n zur Verzwéiflung bríngen*; ~ вóду до кипíння das Wásser zum Síeden bríngen*; ◊ ~ щось до вíдома когóсь *j-m etw.* zur Kénntnis bríngen*; ~ до вíдома про щось *j-n etw.* wíssen lássen*, *j-n von etw.* (*D*) in Kénntnis sétzen

довжин|á Länge *f*, мíра ~и́ Längenmaß *n*

дóвід Bewéisgrund *m*, Argumént *n*

довíдатися 1) (*дізнаватися про когось/щось*) sich erkúndigen, frágen *vi* (nach

D); ~ у ко́гось j-n frágen, sich bei j-m erkúndigen; 2) (*подивитися в довіднику, словнику і т. п.*) nách|schlagen* *vi* (in *D*)
до́відк|а 1) (*інформація*) Áuskunft *f*, оде́ржати ~у; про щось/ко́гось über etw./j-n Áuskunft [Áuskünfte] éin|holen; 2) (*документ*) Beschéinigung *f*, ~ з мі́сця прожива́ння éine Beschéinigung vom Wóhnort; ви́дати ~у éine Beschéinigung aús|stellen
довідко́в|ий Áuskunfts-; Náchschlage- (*про книгу і т. п.*); ~е бюро́ Áuskunftsstelle *f*, Áuskunft *f*, ~а літерату́ра Náchschlagewerke *pl*
дові́дник Náchschlagebuch *n*, Handbuch *n*, залізни́чний ~ Kúrsbuch *n*
дові́дуватися *див.* дові́датися
дові́льн|ий 1) willkürlich; éigenmächtig (*самовільний*); 2) (*необгрунтований*) únbegründet; 3) *спорт* Kür-; ~і впра́ви Kürübungen *pl*
дові́р|а Vertráuen *n*, користува́тися ~ою Vertráuen genießen*
дові́рен|ий: ~а осо́ба Vertráuensperson *f*
дові́рити (*комусь*) 1) (*передати, повідомити*) ánvertrauen *vt* (*D*); 2) (*якусь справу*) beáuftragen *vt*, betráuen *vt* (*щось* mit *D*); 3) (*уповноважити довіреністю*) bevóllmächtigen *vt* (zu + *inf*)
дові́ритися 1) (*комусь*) sich ánvertrauen (*D*); 2) (*комусь/чомусь – покластися*) sich verlássen (auf *A*)
дові́рливий zútraulich; léichtgläubig (*легковірний*)
дові́рчий vertráulich
довіря́ти 1) *див.* дові́рити; 2) (*комусь/чомусь – мати довіру*) vertráuen *vi* (*D*), Vertráuen háben (zu *D*); **~ся** *див.* дові́ритися
дові́чн|ий lébenslänglich, auf Lébenszeit; ~е ув'я́знення lébenslängliche Haft; ~а пе́нсія Rénte auf Lébenszeit
дово́дити *див.* довести́
дово́ди|тися: йому́ ~ться ра́но встава́ти er muß früh áuf|stehen*; йому́ довело́ся до́вго чека́ти er múßte lánge wárten
дово́єнний Vórkriegs-
дово́зити *див.* довезти́
дога́дка Mútmaßung *f*, Vermútung *f*
дога́дливий schárfsinnig
дога́на Verwéis *m*, Rüge *f*, Tádel *m*
доганя́ти 1) *див.* догна́ти; 2) (*намагатися догнати*) éinzuholen versúchen *vt*
догі́дливий schméichlerisch
до́гляд Pflége *f*, Áufsicht *f*, Beáufsichtigung *f*, ~ за хво́рим Kránkenpflege *f*
догляда́льниця Kránkenwärterin *f*
догляда́ти (*когось/щось*) séhen* *vi* (nach *D*); áuf|passen *vi*, áchten *vi* (auf *A*); pflegen *vt* (*хворих, дітей, квіти і т. п.*)
до́гма Dógma *n*, **~ти́чний** dogmátisch
догові́р Vertrág *m*, Ábkommen *n*, ми́рний ~ Fríedensvertrag *m*, ~ про нена́пад Níchtangriffspakt *m*
догові́рний vertrágsgemäß, vertráglich, Vertrágs-
догоджа́ти, **догоди́ти** (*комусь*) gefällig sein, zu Gefállen tun* *vt* (*D*); zufríeden|stellen *vt* (*задовольняти*); j-s Geschmáck tréffen* (*подарунком і т. п.*)
догори́ nach óben
догоря́ти, **догорі́ти** áus|brennen* *vi* (s), zu Énde brénnen* *vi* (s)
додава́ння *мат.* Additión *f*
дода́нок *мат.* Summánd *m*
дода́ти, **додава́ти** (*щось або чогось*) 1) (*комусь*) (da)zú|geben* *vt* (*D*); 2) (*у щось – в їжу і т. п.*) tun* *vt*, (hinzú)gében* *vt* (*in A або* an *A*); (hinzú)gießen* *vt* (*долити*); 3) (*до чогось*) dazú|geben* *vt* (zu *D*); hinzú|fügen *vt*, ergänzen *vt* (zu *D - до сказаного*); 4) *мат.* addíeren *vt*, 5) (*підсилити*) verléihen* *vt*, gében* *vt*, ~ кому́сь сил j-m Kraft verléihen*; ~ кому́сь ду́ху [му́жності, хоро́брості] j-m Mut éin|flößen
додатко́в|ий 1) zúsätzlich, ergänzend, náchträglich, Éxtra-; ~і ви́трати zúsätzliche Áusgaben [Kósten]; ~а опла́та Éxtrageld *n*, ~ заробі́ток Nébenverdienst *m*, ~ час *спорт.* Verlängerung *f*, 2. *грам.*: ~е ре́чення Objékt(neben)satz *m*, ◊ ~а ва́ртість *ек.* Méhrwert *m*
додатко́во zúsätzlich, ergänzend, éxtra, náchträglich; óbendréin, áußerdem
дода́ток 1) (*до журналу і т. п.*) Béilage *f*, 2) *грам.* Objékt *n*, Ergänzung *f*
дода́ч|а: на ~у до чо́гось а) (*понад щось*) als Zúgabe zu (*D*); б) (*до того ж*) óbendréin, dazú noch
додзвони́тися (*по телефону* Ánschluß bekómmen*; (telefónisch) erréichen *vt* (*до когось*)
додо́му nach Háuse
доду́матися, **доду́муватися** (*до чогось*) auf éinen Gedanken kómmen* *vi* (s); як ти до цьо́го доду́мався? wie bist du daráuf gekómmen?
дожива́ти *див.* дожи́ти 1
дожида́тися (*когось/чогось*) wárten *vi* (auf *A*)
дожи́ти 1) (*до якогось віку*) lében *vi* (bis *A*); ~ до глибо́кої ста́рості ein hónes Álter erréichen; 2) (*до якоїсь події*) erlében *vt*
до́за Dósis *f*, Dóse *f*, ~ радіа́ції Stráhlendosis
до́зв|іл Erláubnis *f*, (*офіційний*) Genéhmigung *f*, Bewílligung *f*, ~ на в'ї́зд (*до країни*) Éinreisegenehmigung *f*, ~ на ви́везення Áusfuhrbewilligung *f*, з ~олу ко́гось mit j-s Erláubnis, mit j-s Genéhmigung; ◊ з ва́шого ~олу wenn Sie erláuben [gestátten]; без ~олу éigenmächtig, willkürlich
дозві́лл|я Fréizeit *f*, на ~і in der Fréizeit.
дозво́лений erláubt, gestáttet
дозво́|лити 1) erláuben *vt*, gestátten *vt*, zú|lassen* *vt* (*допустити*); bewílligen *vt*,

genéhmigen *vt* (*дати офіційну згоду, дозвіл*); ~льте увійти́? darf ich éintreten?
дозволя́|ти *див.* дозво́лити; **~тися** (*бути дозволеним*) erláubt [gestáttet] sein; це ~ється усім álle dürfen das tun
дозріва́ння Réifen *n*
дозріва́ти, дозрі́ти 1) réifen *vi* (s), reif wérden; 2) *перен.* herán|reifen *vi* (s)
доісторичний vórgeschichtlich, prä historisch
доїда́ти *див.* доїсти
доїжджа́|ти *див.* доїхати; не ~ючи п'яти́ кілометрів до міста fünf Kilométer vor der Stadt
доїсти áuf|essen* *vt*, zu Énde éssen* *vt*
доїти mélken *vt*
доїхати (*до чогось*) fáhren* *vi* (s) (bis zu *D*), kómmen* *vi* (s) (zu *D*); erréichen *vt* (*досягти*); án|kommen* *vi* (s) (in *D* — *прибути кудись*)
док Dock *n*
до́каз Beweís *m*, Beweísstück *n* (*речовий доказ*); на ~ чогось als [zum] Beweís (für *A*)
до́кер Háfenarbeiter *m*
докі́нчити beénd(ig)en *vt*, vollénden *vt*, zu Énde führen
до́кір Vórwurf *m*, зробити ~ (*комусь за щось*) j-m éinen Vórwurf máchen (wégen *G*), j-m etw. vór|werfen*; до́кори сумлі́ння Gewíssensbisse *pl*
докі́рливий vórwurfsvoll
докладáти 1) (*приєднати*) béi|legen *vt*, 2) (*застосувати*) án|wenden* *vt*, ~ зусиль sich bemühen; ~ усіх сил álle Kräfte áuf|bieten*, sich (*D*) álle Mühe gében*
докла́дний (*про виклад, розповідь і т. п.*) gründlich, úmständlich, áusführlich; éingehend
докла́сов|ий: ~е суспільство die klássenlose Úrgesellschaft
докла́сти *див.* докладáти
доко́наний: ~ вид *грам.* pérfektíver [-vər] [volléndeter] Aspékt
докорі́нн|ий (*істотний, основний*) Grund-, grúndsätzlich; gründlich, radikál (*радикальний*); ~а перебудо́ва, ~і перетво́рення gründliche [durchgréifende, radikále] Úmgestaltung; **~о** gründlich, bis auf den Grund
докоря́ти (*когось в чомусь або за щось*) j-m Vórwürfe máchen (wégen *G*), j-m etw. vór|werfen*
до́ктор 1) (*вчений ступінь*) habilitíerter Dóktor (Dr. habil.); ~ нау́к Dóktor der Wíssenschaften (Dr. sc.); ~ меди́чних нау́к Dóktor der medizínischen Wíssenschaften; 2) (*лікар*) Arzt *m*, Dóktor *m* (*звичайно із зазначенням прізвища і як звернення*)
доктри́на Doktrín *f*
докуме́нт 1) (*історичний*) Dokumént *n*, 2) *частіше мн* ~и (*юридичні*) Únterlagen *pl*, особисті ~и Áusweispapiere *pl*, Papíere *pl*, пред'явіть, будь ласка, ваші ~и wéisen Sie sich bítte aus, zéigen Sie bítte Íhre Papíere
документа́льний dokumentárisch; ~ фільм Dokumentárfilm *m*
докуча́ти (*комусь*) belästigen *vt*, ~ комусь проха́ннями j-n mit Bítten belästigen
дола́дний (*про мову*) gewándt, flíeßend; zusámmenhängend (*зв'язний*)
до́лар Dóllar *m*
дола́ти überwältigen *vt*, überwínden* *vt* (*перешкоди*)
долеті́ти (*до чогось*) flíegen* *vi* (s) (bis *A* або bis zu *D*); erréichen *vt* (*досягнути*)
долива́ти *див.* доли́ти
доли́на Tal *n*, ~ річки Flúßtal *n*, гірська ~ Gebírgstal *n*
доли́ти (hin)zú|gießen* *vt*
доліта́ти *див.* долеті́ти
доло́н|я (fláche) Hand *f*, Hándfläche *f*, ◊ як на ~і (*про видимість*) déutlich, klar; щось ви́дно як на ~і es liegt klar auf der Hand; плéскати в ~і in die Hände klátschen *vi*
до́л|я 1) (*частина*) Teil *m*, Ánteil *m* (*при розподілі*); 2) (*талан*) Schícksal *n*, Los *n*, Geschíck *n*, Verhängnis *n* (*лиха*); ви́пасти комусь на ~ю j-m zutéil wérden
домага́ння Ánspruch *m* (*чогось* auf *A*); територіальні ~ Gebíetsansprüche *pl*
домага́тися (*чогось*) strében *vi* (nach *D*), erstrében *vt*, zu erlángen súchen *vt*
дома́шн|ій 1) Haus-, häuslich; ~є господа́рство Háushalt *m*, ~є пла́ття Háuskleid *n*, ~ за́тишок häusliche Gemütlichkeit; ~є завда́ння Háusaufgabe *f*, ~і пироги́ sélbstgebackene Kúchen; 2) (*не робочий, особистий*) Privát- [-'va:t-]; ~я адреса Privátadresse *f*, ~ телефо́н Privátnummer *f*, 3): ~і тварини Háustiere *pl*, ~я пти́ця Geflügel *n*
до́менн|ий ~а піч Hóchofen *m*
доміну́вати dominíeren *vt*, vór|herrschen *vi*
до́мішка Béimischung *f*
до́мна Hóchofen *m*
домо́витися 1) (*про щось, з кимось – умовитися*) verábreden *vt*, áb|machen *vt* (mit *D*); veréinbaren *vt*, sich verábreden (zu + *inf*); 2) (*прийти до згоди*) sich éinigen, überéin|kommen* *vi* (s)
домовла́сник Háusbesitzer *m*
домо́вленіс|ть Überéinkommen *n*, Veréinbarung *f*, Verábredung *f*, Éinverständnis *n* (*згода*); за взаємною ~тю in [laut] béiderseitigem Éinverständnis; згідно з ~тю laut Veréinbarung
домовля́тися 1) *див.* домо́витися; 2) (*вести переговори*) unterhándeln *vi*, verhándeln *vi*
домогти́ся (*чогось*) erlángen *vt*, erréichen *vt*, erzíelen *vt*
доморо́слий háusbacken; primitív (*примітивний*)
домосі́д Stúbenhocker *m*
домоуправлі́ння Háusverwaltung *f*

донеда́вна bis vor kúrzem
доне́сення Bericht *m*, Méldung *f*
донести́ (*на когось*) án|zeigen *vt*, denunzieren *vt*
дони́зу nach únten
до́нор Blútspender *m*
доно́с Ánzeige *f*, Denunziatión *f*
доно́сити *див.* донести́
доно́щик Denunziánt *m*
допива́ти *див.* допи́ти
до́пит Verhör *n*, Vernéhmung *f*, перехре́сний ~ Kréuzverhör *m*; **~а́ти** verhören *vt*, vernéhmen* *vt*
допита́тися heráusbekommen* *vt*, erfáhren* *vt*
допи́ти 1) áus|trinken* *vt*, zu Énde trínken* *vt*; 2) (*склянку, пляшку і т. п.*) leéren *vt*
допи́тлив|ий wíssensdurstig, wíßbegierig; **~ість** Wíßbegierde *f*
допи́тувати *див.* допита́ти
допи́туватися áus|forschen *vt*, áuskundschaften *vt*
до́пінг Dóping *n*
допла́т|а Náchzahlung *f*, Zúschlag *m*; лист з ~ою ein Brief mit Náchporto
доплати́ти, **допла́чувати** nách|zahlen *vt*, zú|zahlen *vt*
доповіда́ти *див.* доповісти́
доповіда́ч Referént *m*
доповідн|и́й: ~а́ запи́ска Áktennotiz *f*
до́повідь 1) (*наукова*) Referát *n*, Vórtrag *m*; 2) (*звіт*) Bericht *m*
доповісти́ 1) (*щось або про щось*) berichten *vt або vi* (über *A*), mélden *vt*; 2) (*про когось*) mélden *vt*
допо́внення Ergänzung *f*
допо́внювати, **допо́внити** (*чимось*) ergänzen *vt* (durch *A*), hinzú|fügen *vt*
допомага́ти *див.* допомогти́
допоміжн|и́й 1) Hilfs-; ~і́ за́соби Hílfsmittel *pl*; 2): ~е́ дієсло́во *грам.* Hílfsverb [-vɛrp] *n*
допомо́г|а Hílfe *f*, Unterstützung *f*, Béihilfe *f* (*грошова*); меди́чна ~ ärztliche Hílfe; економі́чна ~ Wírtschaftshilfe *f*; нада́ти кому́сь ~у j-m Hílfe léisten; прийти́ на ~у кому́сь j-m zu Hílfe kómmen* *vi* (s); за ~ою чого́сь mit Hílfe von (*D*), durch (*A*), míttels (*G*); ◊ пе́рша ~ Érste Hílfe; за ~ою, з ~ою кого́сь/чого́сь mit Hílfe (*G або* von *D*)
допомогти́ (*комусь*) hélfen* *vi* (*D*)
допуска́ти, **допусти́ти** zú|lassen* *vt*, géstatten *vt*
дора́дчий berátend
дореволюці́йний vórrevolutionär [-vo-]
доре́чний pássend, ángebracht
доре́чно gelégen, ángebracht
дорівню|вати (*чому*) 1) (*складає якусь величину, суму*) beträgt; відстань, яка́ ~є трьом ме́трам éine Entférnung von drei Métern; діа́метр ко́ла ~є... der Dúrchmesser des Kréises béträgt...; 2) (*дає у підсумку*) ist gleich, ergíbt, macht; три ра́зи по три ~є дев'яти́ drei mal drei ist gleich neun
дорі́дний beléibt, korpulént
дорі́жка 1) Pfad *m*, Fúßweg *m*; бігова́ ~ Láufbahn *f*; 2) (*постілка*) Läufer *m*; 3) (*на магнітофонній стрічці*) Spur *f*, Tónspur *f*
доробити, **доро́блювати** fértig|machen *vt* zu Énde führen [bringen*] *vt*
доро́|га 1) Weg *m тж перен.*; Stráße *f*, зби́тися з ~ги vom Wég(e) áb|kommen* *vi* (s); 2) *зал.* Gleis *n*, Eisenbahnlini e *f* (*лінія*); 3) (*подорож*) Réise *f*, Fahrt *f* (*поїздка*); Weg *m*, взя́ти щось з собо́ю в [на] ~гу etw. auf die Réise mít|nehmen*; на зворо́тній ~зі auf dem Rückweg; auf der Rückreise [Rückfahrt]; щасли́вої ~ги! glückliche Réise [Fahrt]!; по ~зі додо́му auf dem Wég(e) nach Háuse; ◊ по ~зі а) (*мимохідь*) unterwégs; б): нам з тобо́ю по ~зі wir háben densélben Weg
дорог|и́й 1) téuer; kóstbar (*дорогоцінний*); 2) (*як звертання, тж в листі*) lieb, wert, téuer; ~а́ ма́ма líebe Mútti; ~і́ дру́зі! líebe Fréunde!
до́рого *нареч.* téuer; ~ ко́штувати viel kósten
дорогоці́нний kóstbar, wértvoll; ~ ка́мінь Édelstein *m*
дорогоці́нність Kóstbarkeit *f*, Kléinod *n*, Schatz *m* (*скарб*)
доро́гою *нареч.* unterwégs
дорожи́ти (*чимось*) schätzen *vt*
доро́жн|ій 1) Stráßen-, Wég(e)-; ~є будівни́цтво Stráßenbau *m*, ~ знак Verkéhrszeichen *n*, ~ пока́жчик Wégweiser *m*, Wégzeichen *n*; 2) (*пов'язаний з подорожжю, поїздкою*) Réise-; ~і витра́ти Réisekosten *pl*, ~ костю́м Réiseanzug *m*, ~і ви́трати Réisekosten *pl*
доро́жчання Vertéuerung *f*
доро́жчати téuer wérden, sich vertéuern
доро́сл|ий **1.** *імен.* Erwáchsene *m*, **2.** *прикм.* erwáchsen
доруча́ти *див.* доручи́ти
дору́чення Áuftrag *m*, за моі́м ~м in méinem Áuftrag; за ~м кого́сь im Áuftrag von j-m
доручи́|ти (*комусь щось*) beáuftragen *vt* (mit *D*); мені́ ~ли (*зробити щось*) ich hábe den Áuftrag (zu + *inf*)
доса́д|а Verdrúß *m*, Árger *m*, яка́ ~! wie ärgerlich!; **~ний** ärgerlich, bedáuerlich; **~увати** (*на щось*) sich ärgern (über *A*)
досажда́ти (*комусь*) *розм.* ärgern *vt*
до́свід Erfáhrung *f*, о́бмін ~ом Erfáhrungsaustausch *m*
досві́дчений erfáhren, bewándert
до́сита satt; наї́стися ~ sich satt éssen*
до́сить 1) (*достатньо*) ziemlich, ganz, recht; ~ до́бре ganz [recht] gut; ~ дале́ко ziemlich weit; 2) (*порівняно*) genúg, ziemlich, recht; ~ докла́дно ziemlich áusführlich; він ~ розу́мний er ist klug genúg; 3) (*в знач. прис.*): цьо́го ~ das genügt, das reicht; тут ~ мі́сця hier gibt es genúg

Д

Platz; у нас ~ ча́су wir háben genúg Zeit; 4) (*безос. - варто тільки зробити щось*) es genügt (zu + *inf*); ~ ті́льки ... (*зробити щось*) man braucht nur (zu + *inf*) ~ нати́снути на кно́пку і ... es genügt auf éinen Knopf zu drücken, und ..; 5): ~! genúg!, genúg jetzt!; ~ про це! genúg davón!; з ме́не ~ (*мені набридло*) ich hábe genúg davón, ich hábe es satt

доскона́лий vollkómmen, perfékt

доскона́л|ість Vollkómmenheit *f*, Volléndung *f*, **~о** *присл.* vollkómmen, volléndet

Д

доскона́льно gründlich

дослі́вний wörtlich; búchstäblich (*буквальний*)

до́слід (*експеримент*) Versúch *m*, Experimént *n*

дослі́дження 1) (*дія*) Fórschung *f*, Erfórschung *f*, Untersúchung *f*, соціа́льне ~ Soziálforschung *f*, космі́чні ~ Wéltraumforschung *f*, 2) (*наукова праця*) wíssenschaftliche Ábhandlung; 3) *мн.* (*наукові*) Fórschungen *pl*, Untersúchungen *pl*

дослі́джувати, **дослiди́ти** ermitteln *vt*, erfórschen *vt* (*науково*); untersúchen *vt* (*обстежити*)

до́слідн|ий 1) Fórschungs-; 1) (*експериментальний*) Versúchs-, experimentéll; ~им шляхо́м experimentéll, durch Versúche

дослі́дник Fórscher *m*, Erfórscher *m*

доста́вити (*до місця призначення*) líefern *vt* (*товари і т. п.*); zú|stellen *vt* (*пошту*); bríngen* *vt* (*пасажирів і т. п.*)

доста́вка Líeferung *f*, Zústellung *f*, Áustragen *n* (*пошти*)

доставля́ти *див.* доста́вити

доста́тній genügend, hínreichend

достеме́нно *розм.* genáu, aufs Haar

достига́ти réifen *vi* (s), reif wérden

достові́рний zúverlässig, sícher (*надійний*); gláubwürdig (*правдоподібний*)

досто́їнств|о Wert *m*, Vórzug *m* (*перевага*); ~а та недо́ліки Vórund Náchteile *pl*; ◊ оціни́ти щось по ~у *etw.* nach Gebühr [gebührend] würdigen [éin|schätzen]

досто́йний verdíent; gerécht (*справедливий*)

дострoко́вий vórfristig

до́ступ Zútritt *m*, Zúgang *m*

досту́пний 1) zúgänglich, erréichbar; 2) (*про ціну*) erschwínglich

досяга́ти *див.* досягти́

dося́гнення Errúngenschaft *f*, Léis tung *f*, Erfólg *m* (*успіх*)

досягти́ erréichen *vt*, (*домогтися чогось - тж*) erzíelen *vt*

ося́жний erréichbar

дота́ція Subventión [-vən-] *f* (*підприємствам*); (stáatliche) Zúwendung *f* [Zúweisung *f*] (*організаціям, установам*)

до́теп Witz *m*, говори́ти ~и Wítze máchen [réißen*]

дотепе́рішній (*такий, як раніше*) alt

доте́пн|ий schárfsinnig, géistreich; wítzig (*з гумором*); **~ість** Schárfsinn *m*, Geist *m*, Witz *m* (*гумор*)

до́тик Berührung *f*, Tástsinn *m*, Tástgefühl *n*, на ~ durch Befühlen; beim Betásten; бу́ти м'яки́м на ~ sich weich án|fühlen

доторка́тися, **доторкну́тися** (*до чогось/когось*) berühren *vt*, stréifen *vt*, не ~ до чо́гось etw. nicht án|rühren

дотри́мання Beáchtung *f*, Befólgung *f*, Éinhaltung *f* (*умов*)

дотри́мати(ся), **дотри́мувати(ся)** beáchten *vt*, befólgen *vt*, éin|halten* *vt*, ~ сло́ва sein Wort hálten*; не ~ свого́ сло́ва sein Wort bréchen*

дохі́дний éinträglich, rentábel

до́хлий (*про тварину*) krepíert, tot

дохо́дити 1) *див.* дійти́; 2) (*досягати якогось рівня*) erréichen *vt*, 3) (*комусь до чогось – діставати*) réichen *vi* (bis zu *D*)

доце́нт Dozént *m*

доцентро́вий *фіз.* zentripetál, Zentripetál-

доці́льн|ий zwéckmäßig; ángemessen (*D*); entspréchend (*D*); **~ість** Ángemessenheit *f*, Zwéckmäßigkeit *f*

доча́сний vórzeitig

дочека́|тися: ми ~лися його́ (прихо́ду) wir wárteten, bis er kam; він ~вся наре́шті листа́ er erhíelt éndlich den lángerwarteten Brief; ми чека́ємо не ~ємося... wir können es kaum erwárten..

до́чиста 1) rein, sáuber; ви́мити щось ~ etw. rein wáschen*; 2) (*повністю*) völlig, vóllständig; з'ї́сти все ~ álles áuf|essen*

дочита́ти, **дочи́тувати** (*до кінця*) zu Énde lésen* *vt*

дочка́ Tóchter *f*

до́шка 1) (*шматок дерева*) Brett *n*, 2): кла́сна ~ Schúltafel *f*, Táfel *f*, ~ (для) оголо́шень Ánschlagtafel *f*, das Schwárze Brett; До́шка поша́ни Éhrentafel *f*, ша́хова ~ Scháchbrett *n*

дошкі́льний Vórschul-, vórschulisch

дошкі́льник Vórschulkind *n*

дошука́тися entdécken *vt*, áuf|decken *vt*, áusfindig máchen *vt*

дошу́куватися súchen *vt*, nách|forschen *vi*, erfórschen *vt* (*дізнаватися*)

дощ Régen *m*, йде ~ es régnet

доща́тий Brétter-, bréttern

дощов|и́й régnerisch, Régen-, verrégnet; ~а́ пого́да Régenwetter *n*, ~е́ лі́то verrégneter Sómmer; ~а́ вода́ Régenwasser *n*

доя́рка Mélkerin *f*

драби́на Léiter *f*

дражли́вий (*делікатний*) héikel, delikát

дражни́ти nécken *vt*

дра́ма Dráma *n*, **~ти́чний** 1) dramátisch; 2): ~ти́чний теа́тр Scháuspielhaus *n*

драмату́рг Dramátiker *m*, **~і́я** 1) (*драматичні твори*) Dramátik *f*, dramátische Díchtung; 2) (*теорія*) Dramaturgíe *f*

драп Drap [dra] *m*, **~овий** aus Drap [dra], Drap-

дратівли́вий réizbar, empfíndlich; (*про людину - тж*) leicht geréizt [áufgebracht]
дратівн|и́й Reiz-; ~á дія Réizwirkung *f*
дратувáти 1) in Wut bríngen* *vt*, rásend máchen *vt*, 2) (*сердити*) verdríeßen* *vt*, ärgern *vt*, áuf|bringen* *vt*; **~ся** (*сердитися*) sich ärgern, áuf|gebracht sein
дрéвній 1) (*стародавній*) alt, áltertümlich; antík (*античний*); 2) (*дуже старий*) úralt
дрейф *мор.* Drift *f*, **~увáти** dríften *vi*, tréiben* *vi* (h, s)
дресирувáльник Dresseur [-'sø:r] *m*, Dompteur [-'tø:r] *m* (*хижаків*)
дресирувáти dressíeren *vt*
дріб 1) (*рушничний*) Schrot *n*, *m*, 2) *мат.* Bruch *m*, десяткóвий ~ Dezimálbruch *m*
дрібн|и́й 1) (*який складається з дрібних частинок*) fein; ~ пісóк féiner Sand; ~ дощ Sprühregen *m*, 2) (*невеликий*) klein; Klein-; ~á картóпля kléine Kartóffeln; на ~і шматóчки in kléine Stücke; ~ ремóнт Kléinreparatur *f*, ~á дичинá Kléinwild *n*, ~á буржуазія Kléinbürgertum *n*, ◊ ~і грóші Kléingeld *n*
дрібни́ц|я 1) Kléinigkeit *f*, Bagatélle *f*, 2) *мн.* ~і (*дурниці*) Níchtigkeiten *pl*, говори́ти про ~і über Níchtigkeiten réden
дрібни́чка Níppsache *f*
дрíбно fein, klein; ~ нарíзати щось etw. fein [in kléine Stücke] schnéiden*; ~ наколóти щось etw. kléin|hacken; ~ писáти mit kléiner Schrift schréiben* *vi*
дрібнобуржуáзний kléinbürgerlich
дріботíти *розм.* tríppeln *vi* (s)
дріб'язкóв|ий kléinlich; **~íсть** Kléinlichkeit *f*
дрíжджі *мн.* Héfe *f*
дріжджов|и́й Héfe-; ~é тíсто Héfeteig *m*
дрізд Dróssel *f*
дрíмати schlúmmern *vi*
дрімýчий: ~ ліс díchter Wald, Úrwald *m*
дріт Draht *m*, колю́чий ~ Stácheldraht *m*
дроби́ти 1) (*розбивати*) zerstückeln *vt*, zerkléinern *vt*, granulíeren *vt*, 2) *перен.* (*розділяти*) zerstückeln *vt*, zersplittern *vt*, **~ся** sich zerstückeln
дрóва *мн.* Brénnholz *n*, Holz *n*
дротян|и́й: ~é загорóдження Dráhtverhau *m*
друг Freund *m*, ~ я́ності Júgendfreund *m*, ~ дити́нства Spíelgefährte *m*
дрýге (*страва*) Háuptgericht *n*, der zwéite Gang; на ~ булó.. . als Háuptgericht gab es...
дрýг|ий 1. *числ.* der zwéite; der nächste, der fólgende; на ~ день am nächsten Tag; ~ого рáзу zum zwéiten Mal; ~е трáвня der zwéite Mai; ~а сторíнка die Séite zwei; на ~ому пóверсі im érsten Stock, im zwéiter Geschoß; **2.** *імен.*: зáраз пів на ~у es ist jetzt halb zwei
друго|клáсник Schüler der zwéiten Klásse; **~кýрсник** Studént des zwéiten Stúdi enjahres
другоря́дний zwéitrangig; nébensächlich, Nében- (*побічний*)
дрýжба Fréundschaft *f*, ~ нарóдів Völkerfreundschaft *f*
дружеля́бний fréundlich
дружи́на Éhefrau *f*, Frau *f*
дружи́ти (*з кимось*) befréundet sein, Fréundschaft hálten* (mit *D*)
дрýжн|ий éinig, éinmütig, ~а роди́на éine éinträchtige Famíli e; ~ими зуси́ллями mit veréinten Kräften, durch geméinsame Ánstrengungen
дрýжн|ій 1) fréundschaftlich, Fréundschafts-, fréundlich; 2) Fréundschaft-; ~і зв'язкú Fréundschaftsbeziehungen *pl*, ~я краïна befréundetes Land
дрýжно in Fréundschaft, in Éintracht (*у злагоді*); geméinsam, mit veréinten Kräften (*разом*); éinmütig (*одноголосно*); жи́ти ~ sich gut vertrágen*
друк 1) (*преса*) Présse *f*, з'яви́тися у дрýці in der Présse erschéinen* *vi* (s), veröffentlicht wérden; 2) (*друкування*) Druck *m*, віддáти щось до ~у etw. in Druck gében*; вийти з ~у (im Druck) erschéinen* *vi* (s), heráus|kommen* *vi* (s); 3) (*шрифт*) Schrift *f*, дрібни́й ~ Kléinschrift *f*, чітки́й ~ klárer Druck, kláre Schrift
друкáрня Druckeréi *f*
друкáрство Buchdruck *m*, Búchdruckerkunst *f* (*мистецтво*)
друкáрськ|ий: ~а маши́нка Schréibmaschine *f*
друкóван|ий Druck-; gedrúckt (*надрукований*); ~а сторíнка Drúckseite *f*, ~ими бýквами in Drúckschrift; ◊ ~ áркуш Drúckbogen *m*
друкувáти drúcken *vt*, maschíne|schreiben* *vi*, *vt*, típpen *vi*, *vt* (*на друкарській машинці*); **~ся** 1) (*знаходитися у друці*) im Druck sein; 2): йогó твóри друкýються в ... séine Wérke erschéinen in ...
дрюк Knüppel *m*, Kéule *f*
дря́пати krátzen *vt*, rítzen *vt*, **~ся** krátzen *vi*
дуб 1) (*дерево*) Éiche *f*, 2) (*матеріал*) Éichenholz *n*
дуби́ти gérben *vt*
дублéр 1) (*запасний*) Ersátzmann *m* (*pl тж.* -leute); 2) (*кіно*) Double ['du:bəl] *n* (*актора*); Synchron(isatións)sprecher [-kro-] *m*, Sprécher *m* (*при синхронізації ролі*)
дублéт Dublétte *f*
дублікáт Duplikát *n*, Dóppel *n*
дублювáння Sinchronisíerung *f*, Parallélarbeit *f*, Dóppelforschungen *pl* (*в науковій роботі*)
дублювá|ти (*кіно*) synchronisíeren [-kro-] *vt* (*фільм*); рóлі ~ли... als Sprécher wírkten mit..
дубля́нка Lámmfellmantel *m*, Schápelzmantel *m*
дубóвий éichen, Éichen-
дугá Bógen *m*
дýдка Róhrpfeife *f*

дуе́ль Duéll *n*, Zwéikampf *m*
дуе́т Duétt *n*; **~ом** im Duétt
ду́же sehr; не ~ nicht so sehr, nicht besónders
ду́жк|а (*знак*) Klámmer *f*, бра́ти щось в ~й etw. in Klámmern sétzen, etw. éin|klammern; відкри́ти ~и die Klámmern áuf|lösen
ду́ло Mündung *f*
ду́мати 1) (*про щось – міркувати*) dénken* *vi* (an *A*), (sich *D*) überlégen *vt*, nách|denken* *vi* (über *A*); 2) (*над чимось – намагатися вирішити, прийняти рішення*) nách|denken* *vi* (über *A*); 3) (*про когось/щось – згадувати*) dénken* *vi*, sich erínnern (an *A*); 4) (*вважати*) méinen *vt*, dénken* *vt*, gláuben *vt*; що ти про це ду́маєш? was meinst du dazú?; 5) (*мати намір зробити щось*) dénken* *vt або vi* (an *A*), beábsichtigen *vt* (zu + *inf*), wóllen* *vt* (+ *inf*); 6) (*про когось/щось – піклуватися, тривожитися*) dénken* *vi* (an *A*)
ду́мк|а Méinung *f*, Ánsicht *f* (*погляд*); Gedánke *m*, Idée *f* (*ідея*); рапто́ва ~ Éinfall *m*, основна́ ~ Háuptgedanke *m*, Háuptidee *f*, на моя́ ~у méiner Méinung [Ánsicht] nach; грома́дська ~ öffentliche Méinung; спа́сти на ~у in den Sinn kómmen* *vi* (s), éin|fallen* *vi* (s)
ду́нути *див.* ду́ти 3
дупло́ 1) (*в дереві*) Höhlung *f*, 2) (*в зубі*) Loch *n*
ду́рень Dúmmkopf *m*, Narr *m*, Tor *m* (*безумець*)
дури́ти *розм.* fóppen *vt*, nás|führen *vt*
ду́рість Dúmmheit *f*, че́рез ~ aus Dúmmheit *f*
дурни́й dumm; ~ жарт dúmmer [fáuler] Witz
дурни́ц|я Dúmmheit *f*, роби́ти ~і Dúmmheiten máchen; говори́ти ~і dúmmes Zeug réden; що за ~і! was für ein Únsinn!
дурні́ти dumm wérden
дурнува́тий éinfältig, álbern
ду́ти 1) (*про вітер*) wéhen *vi*, blá sen *vi*; 2) (*на щось – ротом*) pústen *vi*, blásen *vi* (in *A*)
ду́тися (*на когось*) *розм.* schmóllen *vi* (mit *D*)

дух 1) Geist *m*; в ду́сі дру́жби im Géiste der Fréundschaft; в ду́сі ча́су zéitgemäß, im Géist der Zeit; 2) (*моральний стан*) Stímmung *f*, Mut *m* (*бадьорість*); па́дати ~ом den Mut verlieren*; 3) (*примара*) Gespénst *n*; ◊ це не в моєму ду́сі das ist nicht nach méinem Geschmáck; бу́ти в ду́сі gut geláunt [gúter Láune] sein; бу́ти не в ду́сі verstímmt [schlecht geláunt, schléchter Láune] sein; що ду́ху was das Zeug hält, aus Léibeskräften
духівни́цтво Géistlichkeit *f*, Klérus *m*
духов|и́й: ~і́ інструме́нти Blásinstrumente *pl*
духо́вка Báckofen *m*
духо́вний 1) géistig, séelisch; 2) (*церковний*) géistlich
духота́ Schwüle *f*, drückende Hítze
душ Dúsche *f*, прийня́ти ~ (sich) dúschen vi, éine Dúsche néhmen*
душ|а́ ж Séele *f*, ◊ ~е́ю і ті́лом mit Leib und Séele; в глибині́ ~і́ im Grúnde des Hérzens; це мені́ до ~і́ das ist ganz [so recht] nach méinem Hérzen; це мені́ не до ~і́ dafür hábe ich nichts [nicht so viel] übrig; від (усіє́ї) ~і́ von (gánzem) Hérzen, hérzlich; відвести́ ду́шу sich (D) das Herz erléichtern; жи́ти ~ в ду́шу ein Herz und éine Séele sein; на ду́шу насе́лення pro Kopf der Bevölkerung
душе́вн|ий séelisch, Séelen-; ~ спо́кій Séelenruhe *f*, ~і стражда́ння séelische Léiden
душевнохво́рий **1.** *прикм.* géisteskrank; **2.** *імен.* der Géisteskranke
души́ти 1) (*убивати*) würgen *vt*; 2) (*стискувати дихання*) ersticken *vt*; 3) (*гнітити*) bedrücken *vt*, unterdrücken *vt*
души́тися sich parfümieren
ду́шно: мені́ ~ ich bekómme kéine Luft
дя́жина Dútzend *n*
дюйм Zoll *m*
дю́на Düne *f*
дя́дько Ónkel *m*
дя́ку|вати (*комусь*) dánken* *vi* (*D*), sich bedánken (bei *D*) (*за щось* für *A*); ~ю вам! ich dánke íhnen!; ~ю! dánke (schön)!, vielen Dank!
дя́тел Specht *m*

Е

евaку|áція Evakúierung [-va-] *f*, **~ювáти** evakuíeren [-va-] *vt*, **~ювáтися** evakuíert [-va-] wérden
еволя́ція Evolutión [-vo-] *f*
егої́зм Egoísmus *m*
егої́ст Egoíst *m*
егоїсти́чний egoístisch, (*про людину - тж*) sélbstsüchtig
еквáтор Áquátor *m*, **~іáльний** äquatoriál, Áquatoriál-
еквівалéнт Áquivalént [-va-] *n*, **~ний** äquivalént [-va-], gléichwertig
екзальтóваний exaltíert, überspánnt
екзáмен Prüfung *f*, вступні́ ~и Áufnahmeprüfungen *pl*, випускні́ ~и Ábschlußprüfungen *pl*, держáвний ~ Stáatsexamen *n*, ~и на атестáт зрі́лості Réifeprüfungen *pl*, ~ з фі́зики éine Prüfung in Physík, Physikprüfung *f*, на ~і in der Prüfung; складáти ~ éine Prüfung áb|legen [haben*]; склáсти [ви́тримати] ~ éine Prüfung bestéhen
екзаменáтор Prüfer *m*
екзаменаці́йн|ий Prüfungs-; ~а сéсія Prüfungszeit *f*, ~ білéт Prüfungszettel *m*
екзаменувáти prüfen *vt* (*з чогось* in *D*)
екзéма *мед.* Ekzém *n*
екземпля́р Exemplár *n*
екзóт|ика Exótik *f*, **~и́чний** exótisch
екіпáж I (*коляска*) Wágen *m*, Equipage [eki'paʒə] *f*, Kútsche *f*
екіпáж II (*команда*) Besátzung *f*, *мор. тж* Mánnschaft *f* (*матроси*); ~ космі́чного корабля́ die Besátzung des Ráumschiffes
екіпірóвка Áusrüstung *f*, Áusstattung *f*
екіпірувáти áusrüsten *vt*, áusstatten *vt*
екологі́чн|ий ökológisch; ~а рівновáга ökológisches Gléichgewicht
еколóгія Ökologíe *f*
економи́ти (éin)spáren *vt*, spáren *vi*
еконóм|іка 1) (*господарство*) Wírtschaft *f*, Ökonímik *f*, світовá ~ Wéltwirtschaft; 2) (*наука*) Ökonomíe *f*, Wírtschaftswissenschaft *f*, **~і́ст** (*фахівець*) Ökonóm *m*, Wírtschaftswissenschaftler *m* (*теоретик*)
економі́чн|ий 1) (*господарський*) Wírtschafts-; wírtschaftlich, ökonómisch; vórteihaft (*вигідний*); rentábel (*рентабельний*); ~а полі́тика Wírtschaftspolitik *f*, ~ ефéкт wírtschaftlicher Nútzen; ~е змагáння ökonjmischer Wéttbewerb; 2) (*науковий*) wírtschaftswissenschaftlich; **~ість** Wírtschaftlichkeit *f*, Nützlichkeit *f* (*вигідність*); Rentabilität *f*
еконóмія Éinsparung *f*, Spársamkeit *f* (*ощадливість*); ~ чáсу Zeiteinsparung *f*, ~ кóштів Éinsparung von Géldmitteln; ◊ полі́ти́чна ~ polítische Ökonomíe
еконóмний spársam; wírtschaftlich
екрáн (*для зображення*) Fílmleinwand *f*, Bíldwand *f* (*кіно*); Bíldschirm *m* (*телевізора*)
екраніз|áція Verfílmung *f*, **~увáти** verfílmen *vt*
екскавáтор *тех.* Bágger *m*, крокýючий ~ Schréitbagger *m*
екскурсáнт Ausflügler *m*, Exkursiónsteilnehmer *m*
екскурсі́йний Áusflugs-, Exkursións-
екскýрсія 1) Exkursión *f* (*відвідування з метою огляду, ознайомлення*); Áusflug *m* (*поїздка за місто і т. п.*); Führung *f* (*з оглядом визначних пам'яток*); ~ по мі́сту Stádtrundfahrt *f* (*автобусна*); Stádtrundgang *m* (*пішохідна*); ~ в музéй Muséumsbesuch *m*, 2) (*учасники екскурсії*) Grúppe *f*, Führung *f*
екскурсовóд Führer *m* (*в музеї і т. п.*); Frémdenführer *m* (*гід*)
експанси́вн|ий expansiv, únbeherrscht, impulsív; **~ість** Únbeherrschtheit *f*, Impulsivität [-vi-] *f*
експáнсі|я *політ.*, *ек.* Expansión *f*, економі́чна ~ wírtschaftliche Expansión [Áusbreitung]
експеди́ція *у різн. знач.* Expeditión *f*
експеримéнт Experimént *n*, Versúch *m*, **~áльний** experimentéll, Versúchs-; **~áтор** Experimentátor *m*
експериментувáти experimentíeren *vi*; Versúch án|stellen (*ставити досліди*)
експéрт Sáchverständige *m*, Expérte *m*, **~и́за** Expertíse *f*, Begútachtung *f*, **~ний**: ~на комі́сія Sáchverständigenkommission *f*, Expértenkommission *f*
експлуатáтор Áusbeuter *m*, **~ський** áusbeuterisch, Ausbeuter-; ~ські кла́си Áusbeuterklassen *pl*
експлуат|áція (*гноблення*) Áusbeutung *f*, **~увáти** (*гнобити*) áus|beuten *vt*

експози́ція Expositión *f*, Áusstellung *f* (*виставка*)
експон|а́т Áusstellungsgegenstand *m*, Exponát *m*; **~ува́ти** áus|stellen *vt*
е́кспорт Expórt *m*, Áusfuhr *f*; **~е́р** Exporteur [-'tø:r] *m*
е́кспортний Expórt-, Áusfuhr-
експортува́ти exportíeren *vt*, áus|führen *vt*
експре́с 1) (*поїзд*) Expréß(zug) *m*, D-Zug ['de:-] *m*; Schnéllzug *m* (*швидкий*); 2) (*автобус*) Éilbus *m*
експреси́вний expressív, áusdrucksvoll
експре́сія Áusdrucksraft *f*, Áusdruck *m*, Expressión *f*
експро́мт Improvisatión [-vi-] *f*; **~ом** aus dem Stégreif
екста́з Ekstáse *f*, Verzückung *f*
екстенси́вн|ий extensív; **~ість** Extensität *f*
екстериторіа́льн|ий exterritoriál; **~ість** Exterritorialität *f*
екстé́рн Extérn *m*, *f*; **~а́т** Externát *n*
е́кстра éxtra; von höchster Qualität (*найкращої якості*)
екстрава́гантний extravagánt [-va-]
екстра́кт Extrákt *m*, Áuszug *m*
екстраордина́рний áußerordentlich, áußergewöhnlich
екстрема́льний extrém
екстремі́зм Extremísmus *m*
екстремі́ст Extremíst *m*; **~ський** extremístisch
е́кстрен|ий 1) (*надзвичайний*) éxtra, Éxtra-, Sónder-; ~ ви́пуск газе́ти Éxtrablatt *n*; 2) (*терміновий*) dríngend, éilig, Eil-; ~і за́ходи Sofórtmaßnahmen *pl*
е́кстреність Drínglichkeit *f*, Éiligkeit *f*
е́кстрено dríngend, éilig
ексцентри́чний exzéntrisch, überspannt
ела́ст|ик (*матеріал*) Silástik *f*; **~и́чний** 1) elástisch, déhnbar; 2) (*з еластику*) Silástik-; ~и́чні панчо́хи Silástikstrümpfe *pl*
елева́тор 1) (*зерносховище*) Getréidespeicher *m*; 2) (*вантажопідйомник*) Elevátor [-'va-] *m*, Áufzug *m*
ела́нтн|ий elegánt, (*про одяг - тж*) schick; **~ість** Elegánz *f*, (*про одяг - тж*) Schick *m*
елегі́йний *літ.* elégisch
еле́гія *літ.*, *муз.* Elegíe *f*
еле́ктрик *розм.* Eléktriker *m*, Eléktroinstallateur [-tø:r] *m*, Eléktrotechniker *m*; інжене́р-~ Eléktroingenieur [-inʒenjø:r] *m*
еле́ктрика Elektrizität *f*, Strom *m* (*струм*)
електрифік|а́ція Elektrifizíerung *f*; **~ува́ти** elektrifizíeren *vt*
електри́чка *розм.* (*поїзд*) (eléktrisch betríebener) Vórortzug *m*
електри́чний eléktrisch
електробри́тва Eléktrorasierer *m*, Tróckenrasierer *m розм*
електрово́з Eléktrolok *f*, ÉLOK *f*
електрогіта́ра eléktrische Gitárre
електро́д *фіз.* Elektróde *f*
електро|двигу́н Eléktromotor *m*; **~дина́міка** Elektrodynámik *f*; **~ене́ргія** Eléktroenergie *f*, Kráftstrom *m*; **~зва́рювання** *тех.* Eléktroschweißung *f*
електро|кардіогра́ма (ЕКГ) Eléktrokardiogramm *n* (EKG); **~магні́тний** elektromagnétisch; **~мере́жа** Strómnetz *n*; **~меха́ніка** Elektromechánik *f*; **~монте́р** Eléktromonteur [-tø:r] *m*, Eléktroinstallateur [-tø:r] *m*, Eléktriker *m*; **~мото́р** Eléktromotor *m*; **~музи́чн|ий**: ~музи́чні інструме́нти eléktrische Musíkinstrumente
електро́н *фіз.* Éléktrón *n*; **~іка** Elektrónik *f*
електро́нн|ий Elektrónen-: ~а обчи́слювальна маши́на Elektrónenrechner *m*, Computer [kɔm'pju:tər] *m*
електро́нно-обчи́слювальн|ий: ~а маши́на (ЕОМ) elektrónische Dátenverarbeitungsanlage *f*
електро|обла́днання eléktrische Áusrüstung; **~побуто́в|ий**: ~побуто́ві при́лади eléktrische Háushaltsgeräte; **~по́їзд** eléktrischer Zug; **~промисло́вість** Eléktroindustrie *f*; **~ста́нція** Kráftwerk *n*; а́томна ~ста́нція (АЕС) Kérnkraftwerk *n* (KKW); теплова́ ~ста́нція Wärmekraftwerk *n*; **~те́хнік** Eléktrotechniker *m*, Elektromechániker *m*; **~те́хніка** Eléktrotechnik *f*; **~техні́чний** eléktrotechnisch; **~устаткува́ння** *див.* електрообла́днання; **~шо́к** Eléktroschok *m*
елеме́нт 1) (*складова частина*) Elemént *n*, Bestándteil *m*; 2) *хім.* Elemént *n*, Grúndstoff *m*; 3) *мн.* ~и (*представники якогось суспільного середовища*) Eleménte *pl*
елемента́рн|ий 1) (*основний*, *початковий*) elementár, grúndlegend, Ánfangs-; 2) (*нескладний*, *примітивний*) elementár, primitív, éinfach; 3) *фіз.*, *хім.* Elementár-; ~і части́нки Elementárteilchen *pl*
е́ліпс *мат.* Ellípse *f*
елі́т|а Elíte *f*; **~а́рний** elitär
ема́левий Email- [e'mai-]
ема́ль Email [e'mai] *n*, Emaille [e'maljə] *f*
емальо́ваний emailliert [e'mal'ji:rt]
емансип|а́ція Emanzipatión *f*, Emanzipíerung *f*; ~ жі́нки Fráuenemanzipation *f*; **~о́ваний** emanzipíert
емансипува́ти emanzipíeren *vt*; **~ся** sich emanzipíeren
емба́рго Embárgo *n*; ~ на торгі́влю Hándelsembargo *n*; накла́сти ~ на щось ein Embárgo über etw. (*A*) verhängen, etw. mit Embárgo belégen
емблéма Emblém *n*
ембріо́н *біол.* Émbryo *m*, Kéimling *m*; **~а́льний** *біол.* embryonál, Embryonál-; *перен.* únentwickelt, únreif
емігра́|нт Emigránt *m*, Áuswanderer *m* (*переселенець*); **~ція** 1) (*дія*) Emigratión *f*, Áuswanderung *f* (*переселення*); 2) (*стан*) Emigratión *f*, Exíl *n* (*вигнання*); жи́ти в ~ції in der Emigratión [im Exíl] lében *vi*; 3) *збірн.* Emigratión *f*

емігрувáти emigríeren *vi* (s); áus|wandern *vi* (s) (*переселитися*)
емісíйний *ек.* Emissións-; ~ банк Emissiónsbank *f*, Nótenbank *f*
емíсія *ек* Emissión *f*
емоцíйний emotionál
емóція Emotión *f*
емýльсія Emulsión *f*
ендокринолóгія Endokrinologíe *f*
енергéт|ика Energétik *f*, **~ичний** energétisch, Energíe-, Kráft-
енергíйний enérgisch, (*про людину - тж*) tátkräftig
енéргія Energíe *f*, (*про людину - тж*) Tátkraft *f*
енергомерéжа Energíenetz *n*
енергооснáщеність Energíe einsatz *m*, Energíeausstattung *f*
енергопостáвки *мн.* Strómlieferungen *pl*
енергопостачáння Energíeversorgung *f*
енергосистéма Energíe(versorgungs)system *n*
ентузіá|зм Enthusiásmus *m*, Elán *m*, Begéisterung *f*, з ~змом begéistert; трудовий ~ Árbeitseifer *m*, Léistungsbereitschaft *f*, твóрчий ~ schöpferischer Elán; **~ст** Enthusiást *m*
енциклопедичний enzyklopädisch; ~ словник Enzyklopädíe *f*, Konversatiónslexikon [-vər-] *n*
енциклопéдія Enzyklopädíe *f*, Léxi-kon *n*, Konversatiónslexikon [-vər-] *n*
ЕОМ (електрóнно-обчислювальна машина) EDVA *f* (elektrónische Dátenverarbeitungsanlage)
епігрáма Epigrámm *n*
епíграф Mótto *n*
епід|еміччний epidémisch; **~éмія** Epidemíe *f*, Séuche *f*
епізóд Episóde *f*, **~ичний** episódisch; únregelmäßig (*несистематичний*)
епілóг Epilóg *m*, (*післямова - тж*) Náchwort *n*, (*у п'єсі - тж*) Náchspiel *n*
епітáфія Epitáph *n*, Epitáphium *m*, Gráb(in)schrift *f*
епíтет Epítheton *n*, Béiwort *n*
епіцéнтр Epizéntrum *n*
епíчний épisch
епопéя 1) *літ.* Epopöe *f*, 2) *перен.* Epopöe *f*
éпос Épos *n*
епóха Epóche *f*
éра 1) (*система літочислення*) Zéitrechnung *f*, до нáшої éри vor únserer Zéitrechnung; 2) (*історичний період, епоха*) Ára *f*, Zéitalter *n*, Epóche *f*
ерóт|ика Erótik *f*, **~ичний** erótisch
ерудиція Bíldung *f*, Geléhrsamkeit *f*, Belésenheit *f* (*начитаність*); Wíssen *n* (*знання*)
ерудóваний gebíldet, geléhrt (viel) belesén
есé Essay *m*, *n*, Essai [ɛ'se:] *m*, *n*
есéнція Essénz *f*
ескáдра *мор.*, *ав.* Geschwáder *n*
ескадрилья *ав.* Flíegerstaffel *f*
ескалáтор Rólltreppe *f*
ескалáція Eskalatión *f*
ескíз Skízze *f*, Entwúrt *m*
ескімó Eis am Stiel
ескімóс Eskimo *m*
ескóрт Eskórte *f*, Geléit *n*, **~увáти** eskortíeren *vt*, geléiten *vt*
есмíнець Zerstörer *m*
естакáда 1) *буд.* Gerüstbrücke *f*, 2) *гідр.* Léitwerk *n*, 3) *гірн.* Förderbrücke *f*, 4) *зал.* Hóchgleis *n*, 5) (*вулиці*) Hóchstraße *f*
естáмп Estámpe *f*
естафéт|а *спорт.* Stáffel *f*, **~ний** *спорт.* Stáffel-; ~ний біг Stáffellauf *m*
естéтика 1) Ásthétik *f*, 2): промисловá ~ Fórmgestaltung *f*
естетичний ästhétisch
естóн|ець Este *m*, **~ський** éstnisch
естрáд|а 1) (*поміст*) Bühne *f*, 2) (*вид мистецтва*) Unterháltungskunst *f*, búnte Veránstaltung; **~ний**: ~ний концéрт Unterháltungskonzert *n*, ~на вистáва Show [ʃo:] *f*
етáп 1) (*стадія розвитку*) Etáppe *f*, Entwícklungsstufe *f*, на сучáсному ~і auf der héutigen Entwícklungsstufe; 2) *спорт.* Etáppe *f*, Téilstrecke *f*, перемóжець ~у (велогóнки) Etáppensieger *m*
éтика Ethik *f*
етикéт Etikétte *f*, дотримуватися ~у die Etikétte wáhren
етикéтка Etikétt *n*, Présschild *n* (*із зазначенням ціни*)
етимол|огічний *лінгв.* etymológisch; **~óгія** Etymologíe *f*
етичний éthisch, síttlich, morálisch
етнíчний éthnisch
етнóгр|аф Ethnográph *m* **~афíчний** ethnográphisch; **~áфія** Ethnogra-phíe *f*
етюд 1) *літ.*, *мист.* Stúdi e *f*, 2) *муз.*, *шах.* Etüde *f*
ефéкт *у різн. знач.* Effékt *m*, економíчний ~ ökonómischer Nútzeffekt; світловий ~ Líchteffekt *m*, **~ивний** effektív, wírksam; **~ивність** Effektivität [-vi-] *f*
ефéктний efféktvoll, wírkungsvoll, éindrucksvoll
ефіóп Áthiopi er *m*, **~ський** äthiópisch
ефíр *у різн. знач.* Áther *m*, **~ний** *хім.* äthérisch
ешелóн 1) *військ.* Stáffel *f*, 2) (*спеціального призначення*) Transpórt *m* *зал.*; Áutokolonne *f* (*автоколо-на*)

E

Є

є 1) *див.* бу́ти; 2) es gibt; у ме́не ~... ich hábe...; ◊ так і ~ in der Tat, so ist es auch
є́вангеліє Evangélium [-van-] *n*
євре́й Júde *m*, Hebräer *m*; **~ський** jüdisch; hebräisch
євроба́чення (*телевізійна система*) Eurovisión [-vi-] *f*
європе́|єць Európäer *m*; **~йський** europäisch
єги́петський ägýptisch
єди́н|ий 1) der éinzige; ~ в своєму ро́ді éinzigartig, éinmalig; 2) (*неподільний, суцільний*) éinheitlich, Éinheits-; ~ план éinheitlicher Plan; ~ фронт Éinheitsfront *f*, 3) (*одностайний*) éinmütig; ми в цьо́му ~і darín sind wir (uns) éinig; 4): ~ проїзни́й квито́к Nétzkarte *f*, ◊ один-~ ein éinziger; один-~ раз (nur) ein éinziges Mal
єдна́ння Éinigung *f*, Éinigkeit *f* (*згода*)
є́дність Éinheit *f*, Éinigkeit *f*
є́мнісний kapazitív
є́мність Ráuminhalt *m*, Kapazität *f*, Fássungsvermögen *n*
єно́т 1) Wáschbär *m*, 2) (*хутро*) Wáschbärpelz *m*
є́ресь Ketzeréi *f*
єхи́дний gíftig, bóshaft

Ж

ж 1. *союз* áber, jedóch, híngegen; ja, doch; моя́ змі́на вихóдить на робóту о вóсьмій, вáша ж о трéтій méine Schicht begínnt die Árbeit um acht Uhr, éure áber um drei; **2.** *частица* 1) (*підсилювальна*) denn, doch, áber; все ж und doch, und dénnoch; коли́ ж ви бу́дете готóві? wann wérden Sie denn fértig sein?; кáжіть же! spréchen Sie doch!; все ж він прави́й und doch hat er recht; 2) (*для вказування тотожності*): цей же dersélbe; той же diesélbe; це ж dassélbe; ці ж diesélben; таки́й же ébensolcher; тоді́ ж ébendann, zur (der)sélben Zeit; там же ebendá; 3) (*адже*) doch, ja; я ж казáв тобі́ ich hábe dir doch [ja] geságt; я ж її знáю! ich kénne sie ja!

жáба Frosch *m*, Kröte *f*

жáдібний 1) gíerig, hábsüchtig; 2) (*скупий*) géizig

жáдібність 1) Hábsucht *f*, Hábgier *f*, 2) (*скнарість*) Geiz *m*

жáйворонок Lérche *f*

жакéт Jackétt [ʒa-] *n*

жáлити stéchen* *vt* (*про комах*); béißen* *vt* (*про змій*)

жáлісливий mítleidig

жáлість Mítleid *n*

жалí|ти Mítleid háben (mit *D*), bemítleiden *vt*, bedáuern *vt*, йогó всі ~ють álle háben Mítleid mit ihm, er tun állen leid

жалкувáти bedáuern *vt*, beréuen *vt* (*каятися*)

жáло Stáchel *m* (*у комах*); Zúnge *f* (*у змії*)

жалóб|а Tráuer *f*, **~ний** Tráuer-

жаль Bedáuern *n*, Mítleid *n*, Mítgefühl *n*, з душéвним жáлем in tíefster Tráuer; на мій ~ zu méinem Bedauern; ◊ на ~ léider

жалюгíдний 1) (*що викликає жалість*) beklágenswert, bedáuernswert; 2) (*незначний*) kläglich, jämmerlich, erbärmlich

жанр Genre [ˈʒɑ̃rə] *n*

жар 1) (*спека*) Hítze *f*, Glut *f*, 2) (*підвищена температура*) Fíeber *n*

жарá Hítze *f*, стоїть жахли́ва ~ es ist schrécklich heiß

жаргóн Jargon [ʒarˈgɔŋ] *m*, злодíйський ~ Gáunersprache *f*

жарки́й heiß

жарозни́жуючий fíebersenkend

жарт 1) Schérz *m*, Spaß *m*, 2) (*витівка*) Streich *m*, зігрáти з ки́мось злий ~ j-m éinen bösen Streich spíelen; ◊ не на ~ állen Érnstes, im Ernst

жартівли́вий schérzhaft, Scherz-; spáßhaft

жартівни́к Spáßmacher *m*, Spáßvogel *m*

жартомá 1) zum Spaß, im [zum, aus] Scherz; schérzend; 2) (*без зусиль*) spíelend (leicht)

жартувáти 1) (*говорити жарти*) schérzen *vi*, spáßen *vi*, Spaß máchen; 2) (*розігрувати когось*) sich lústig máchen (über *A*), Scherz tréiben* (mit *D*); 3) (*говорити, діяти не всерйоз*) schérzen *vi*, ви жарту́єте! (*не може бути*) Sie schérzen!; я не жарту́ю das ist mein vóller Ernst

жасми́н Jasmín *m*

жáти érnten *vt*

жах Entsétzen *n*, Gráuel *n*, Schré-cken *m*, Schreck *m* (*переляк*)

жахáти erschrécken *vt*, in Schrécken versétzen *vt*, **~ся** (*чомусь*) sich entsétzen, entsétzt sein (über *A або* vor *D*)

жахли́вий schrécklich, entsétzlich, fúrchtbar

жахли́во 1) (*надмірно*) fúrchtbar, fúrchterlich, máßlos; 2) (*дуже погано*) fúrchtbar, schrécklich, schéußlich; entsétzlich; ~ виглядáти (*про хвору людину*) fúrchtbar (schlecht) áussehen*

жахну́ти(ся) *див.* жахáти(ся)

жвáвий 1) (*про людину*) lébhaft, lebéndig (*веселий, збуджений*); bewéglich (*рухливий*); áusgelassen (*пустотливий*); (*живий*); flink, fix, schnell (*швидкий*); gewándt (*спритний*); findig; 2) belébt (*про вулицю і т. п.*); rége (*про торгівлю, рух і т. п.*)

жвáвість Lébhaftigkeit *f*, Múnterkeit *f*

жвáво 1) (*яскраво*) lébhaft; 2) *розм.* (*швидко*) rasch, flink

же *див.* ж

желати́н Gelatíne [ʒə-] *f*

желé Gelee [ʒeˈle:] *n*

жени́тися héiraten *vt*, sich verhéiraten (*на комусь* mit *D*)

жерди́на 1) Stánge *f*, 2) (*спорт.*) Sprúngstab *m*

жéреб Los *n*, ки́нути ~ lósen *vi*, das Los entschéiden lássen* *vt*

жеребе́ць Hengst *m*
жеребкува́ння *спорт.* Áuslosung *f*
жерст|ь Blech *n*, **~яни́й** bléchern, Blech-
же́ртва Ópfer *n*
же́ртвувати 1) (*чимось для чогось або заради чогось/когось*) ópfern *vt* (für *A*, *заради когось D*); ~ собо́ю sich áuf|opfern; 2) (*принести в дарунок*) spénden *vt*
жест Géste *f*
жив|и́й 1) Lébe-, lébend, lebéndig; ~í істо́ти Lébewesen *pl*; ~á ри́ба lébende Físche; його́ батьки́ ще живі́ séine Éltern lében noch; зали́шитися в ~и́х am Lében bléiben* *vi* (s); 2): ~í кві́ти échte Blúmen; ~а огоро́жа Hécke *f*
живі́т Bauch *m*; у нього́ боли́ть ~ er hat Báuchschmerzen
К
живо́пис Maleréi *f*
живопи́сець Máler *m*, Kúnstmaler *m*
животрепе́тн|ий hoch aktuéll; ~е пита́ння brénnende Fráge
живу́чий zäh, lébensfähig
живце́м *розм.* lebéndig
жи́вчик: з ~ом mit éinem gewíssen Étwas
жи́ла 1) (*сухожилля*) Séhne *f*, 2) (*кровоносна судина*) Áder *f*, Blútgefäß *n*, 3) *горн.* Áder *f*
жила́вий séhnig
жиле́т Wéste *f*
жим *спорт.* Stémmen *n*, Drücken *n*
жир Fett *n*, росли́нний ~ Öl *n*, ри́б'ячий ~ Lébertran *m*, Físchtran *m*
жира́ф *м*, **жира́фа** Giráffe *f*
жи́рн|ий 1) (*що містить багато жиру*) fett, féttig, fétthaltig; ~а ї́жа féttes Éssen; ~е молоко́ Vóllmilch *f*, ~ сир Sáhnequark *m*, 2) (*забруднений жиром, сальний*) féttig, Fett-; ~а пля́ма Féttfleck *m*
жи́тель Bewóhner *m*, Éinwohner *m*, місько́й ~ Stádtbewohner *m*, Städter *m*, корінни́й ~ Úreinwohner *m*
жи́ти lében *vi*, (*проживати - тж*) wóhnen *vi*
житл|о́ Wóhnung *f*, Behásung *f*, придатний для ~á bewóhnbar
житлов|и́й Wóhnungs-; Wóhn-; ~é будівни́цтво Wóhnungsbau *m*, ~í умо́ви Wóhnverhältnisse *pl*, Wóhnbedingungen *pl*
жи́тній Róggen-; ~ хліб Róggenbrot *n*
жи́то Róggen *m*
життє́в|ий 1) (*стосовний життя*) Lébens-; Álltags- (*повсякденний*); ~ до́свід Lébenserfahrung *f*, ~ шлях Lébensweg; ~ рі́вень Lébens standard *m*, Lébensniveau [-vo:] *n*, 2) (*життєво важливий*) lébenswichtig, Lébens-; ~і потре́би lébenswichtige Bedürfnisse, Lébensbedürfnisse *pl*, ~і інтере́си Lébensinteressen *pl*, 3) (*близький до дійсності*) lébensnah, gégenwartsnah
життєзда́тний lébensfähig
життєра́дісний lébenslustig, lébens-froh
життя́ *у різн. знач.* Lében *n*, повсякде́нне ~ Álltagsleben *n*, сіме́йне ~ Famíli enleben *n*, духо́вне ~ géistiges Lében; суспі́льне ~ geséllschaftliches [öffentliches] Lében; господа́рське ~ краї́ни Wirtschaftsleben [wírtschaftliches Lében] des Lándes
жі́нка Frau *f*, Dáme *f*
жіно́ч|ий 1) wéiblich, Fráuen-, Dámen-; ~а стать wéibliches Geschlécht; ~ труд Fráuenarbeit *f*, ~а кома́нда *спорт.* Dámenmannschaft *f*, ~е гото́ве пла́ття Dámenkonfektion *f*, 2): ~ рід *грам.* Feminínum *n*, wéibliches Geschlécht
жіно́чний fráuenhaft, fráulich
жме́ня 1) (*руки*) hóhle Hand; 2) (*вміст*) Hándvoll *f*, ~ піску́ éine Hándvoll Sand
жмут 1) (*волосся*) Büschel *n*, Zótte *f* (*шерсті*)
жнива́ Érnte *f*, Érntezeit *f*
жо́вт|ень Október *m*, на поча́тку, в сере́дині, в кінці́ ~ня́ Ánfang, Mítte, Énde Október
жовте́ць *бот.* Ranúnkel *f*, Háhnenfuß *m*
жо́втий gelb
жовті́ти 1) (*ставати жовтим*) gelb wérden, vergílben *vi* (s); 2) (*виднітися*) gelb schímmern *vi*
жовтне́в|ий Október-; ~а пого́да Októberwetter *n*
жовто́к Éigelb *n*, Dótter *n*
жовч Gálle *f*
жо́вчний 1) Gállen-; ~ ка́мінь Gállenstein *m*, ~ мíху́р Gállenblase *f*, 2) *перен.* gállig, bítter
жо́дн|ий kein éinziger; я не ба́чив ~ої люди́ни ich hábe kéinen éinzigen Ménschen geséhen; ~ого сло́ва kein éinziges Wort; я не ма́ю про це ~о́го уя́влення ich hábe kéine blásse [nicht die gerіngste] Áhnung davón
жоке́й *спорт.* Jockei [dʒɔki] *m*
жо́лоб Rínne *f*
жо́лудь Éichel *f*
жонгл|е́р Jongleur [ʒɔŋ'lø:r] *m* **~юва́ти** jonglieren [ʒɔŋ'li:-] *vi*
жоржи́на Dáhli e *f*, Georgíne *f*
жо́рсткий hart (*твердий*); starr (*негнучкий*); rauh (*цупкий*)
жорсто́к|ий 1) gráusam, brútal; hart (*суворий*); 2) (*дуже сильний*): ~ моро́з grímmiger [strénger] Frost; ~ о́пір erbítterter Wíderstand; **~о** *див.* жорсто́кий; ти ~о помиля́єшся du irrst dich gewáltig
жорсто́кість 1) (*нещадність*) Gráusamkeit *f*, Brutalität *f*, 2) (*суворість*) Strénge *f*, Härte *f*
жува́льн|ий: ~а гу́мка Káugummi *m*
жува́ти káuen *vt*
жу́йн|ий: ~а твари́на Wíederkäuer *m*
жук Käfer *m*, колора́дський ~ Kartóffelkäfer *m*
жураве́ль Kránich *m*
журавли́н|а Móosbeeren *pl*, **~ний** Móosbeeren-
жури́тися den Mut verlíeren*, verzágen *vi*, den Kopf hängen lássen*; sich grämen; betrübt sein

журі́ Jury [ʒy'ri:] *f*, Préisgericht *n*
журна́л 1) Zéitschrift *f*, ілюстро́ваний ~ die Íllustrierte, Magazín *n*, ~ мод Módeheft *n*, Módezeitschrift *f*, 2) (*для записів*): кла́сний ~ Klássenbuch *n*, ва́хтовий [бортови́й, судови́й] ~ Schíffstagebuch *n*, Lógbuch *n*, 3) *розм.* (*кіножурнал*) Vórfilm *m*
журналі́ст Journalíst [ʒur-] *m*, **~ика** Journalistik [ʒur-] *f*

З

3

з, зі, із 1) mit (*D*); говори́ти з ки́мось mit j-m spréchen* *vi*; гра́ти з ки́мось mit j-m spíelen *vi* (*розважати когось грою*); mit j-m zusámmen spíelen *vi*, (mit j-m) mít|spielen *vi* (*брати участь у грі*); ма́ти щось з собо́ю etw. bei sich (*D*) háben*, etw. mít|haben*; 2) (*і*) und; ми з бра́том mein Brúder und ich; ми з тобо́ю du und ich, wir béide; 3) (*звідкись, з чогось*) von (*D*); von (*D*)... aus; aus (*D*); вста́ти зі стільця́ vom Stuhl áuf|stehen* *vi* (s); з цьо́го мі́сця von díesem Platz aus; з Кавка́зу aus dem Káukasus; ви́йти з кімна́ти aus dem Zímmer géhen* *vi* (s), das Zímmer verlassen*; поверну́тися із шко́ли, з госте́й aus [von] der Schúle, vom Besúch kómmen* *vi* (s); пи́ти із скля́нки aus éinem Glas trínken* *vi*; він з робо́чої сім'ї er stammt aus éiner Árbeiterfamili e; ви́йти з мо́ди aus der Móde kómmen* *vi* (s); 4) (*починаючи з — про час*) seit (*D*); von (*D*)... an; ab; з о́сені seit dem Herbst, vom Herbst an; із сього́днішнього дня von héute an, ab héute; 5) (*для позначення матеріалу, складових частин*) aus (*D*); з де́рева aus Holz, Holz-; су́кня з бі́лого шо́вку ein Kleid aus wéißer Séide; су́кня із шо́вку Séidenkleid *n*; ви́роби із шкі́ри Léderwaren *pl*; сім'я́ з трьох чолові́к éine Famíli e aus drei Persónen; обі́д із трьох страв ein Míttagessen mit drei Gängen; 6) (*з числа*) von (*D*); оди́н з багатьо́х éiner von víelen; оди́н із на́ших знайо́мих éiner únserer [von únseren] Bekánnten; 7) (*для позначення причини*) aus (*D*); vor (*D*), aus (*A*); з го́ря vor Kúmmer; із стра́ху vor [aus] Angst; зі зло́сті aus Bósheit; із ціка́вості aus Néugier; із при́нципу aus Prinzíp; 8): з ... до ... (*про час і простір*) von (*D*) ... bis (*D*); з ра́нку до ве́чора vom Mórgen bis zum Ábend, von mórgens bis ábends, von früh bis spät; з тре́тього по сьо́ме тра́вня vom 3 bis zum 7 Mai; з поча́тку до кінця́ von Ánfang bis Énde; 9) (*приблизно*) étwa, úngefähr; ми живемо́ тут з рік wir wóhnen hier étwein Jahr; з ти́ждень тому́ étwa vor éiner Wóche; ◊ з ча́сом mit der Zeit; величино́ю з so groß [so hoch] wie; що з тобо́ю? was ist mit dir?, was hast du?

за 1) (*позаду*) hínter (*A або D*); jénseits (*G*) (*по той бік*); за де́рево hínter den Baum; за де́ревом hínter dem Baum; за рі́чкою jénseits des Flússes; 2) (*біля*) an (*A або D*); сі́сти за стіл sich an den Tisch sétzen; сиді́ти за столо́м am Tisch sítzen* *vi*; 3) (*взятися, триматися*) an (*A або D*); взя́тися за ру́ки sich an den Händen fássen; трима́тися за би́льця sich am Geländer fést|halten*; 4) (*протягом*) in (*D*), während (*G*), im Láufe von (*D*); an (*D*) (*тж про термін в один день*); за ці ро́ки in díesen Jáhren, während díeser Jáhre; за два дні in zwei Tágen, im Láufe von zwei Tágen; за день [за оди́н день] ми пройшли́ два́дцять кіломе́трів an éinem Tag légten wir zwánzig Kilométer zurück; за оста́нні два ти́жні in den létzten zwei Wóchen, die létzten zwei Wóchen; 5): за... до... (*раніше*): за годи́ну до обі́ду éine Stúnde vor dem Míttagessen; за день до то́го éinen Tag zuvór; 6): за... від... (*на відстані*): за сто кіломе́трів від Москви́ húndert Kilométer von Móskau entférnt; 7) (*заради, на користь*) für (*A*), um (*A*); боро́тися за мир für [um] den Fríeden kämpfen *vi*; 8) (*по причині*) für (*A*), wégen (*G*); за те, що... dafür, daß...; за що ти на ме́не се́рдишся? weswégen bist du mir böse?; 9) (*про ціну, плату*) für (*A*), (*про плату тж.*) gégen (*A*); роби́ти щось за гро́ші, за пла́ту etw. für Geld, gégen Bezáhlung tun*; 10) (*замість*) für (*A*); зроби́ це за ме́не tu das für mich [an méiner Stélle]; 11) (*слідом*) nach (*D*), (*з дієсл. - тж*) nach-; оди́н за о́дним éiner nach dem ánderen; ми бі́гли за ним wir líefen ihm nach, wir líefen hínter ihm her; 12) (*про послідовну зміну чогось*) für (*A*); um (*A*); крок за кро́ком Schritt für Schritt (*повільно*); Schritt um Schritt (*поступово*); 13) (*за якимось заняттям*) bei (*D*); за вече́рею beim Ábendessen; за робо́тою bei der Árbeit; 14) (*з метою*) nach (*D*); посла́ти кого́сь за молоко́м j-n nach Milch schícken; він пішо́в за ним (*щоб привести його*) er ging ihn hólen; я зайду́ [заіду] за тобо́ю ich hóle dich ab; 15) (*про час*): ~ п'ять хвили́н пе́рша fünf Minúten vor eins

заба́в|а 1) (*розвага*) Vergnügen *n*, Belústigung *f*, Erhéiterung *f*, Vergnügung *f*, *здеб. мн.* Vergnügungen *pl*, Spaß *m*; для ~и zum Spaß; 2) (*несерйозне заняття*) Spielerе́i *f*

заба́вний spáßig, dróllig; lústig (*веселий*)

заба́рвлення 1) (*колір*) Fárbe *f*, Ton *m*; 2) *перен.* Färbung *f*, Ánst-rich *m*

забезпе́чений (*чимось - який має все необхідне*) versórgt (mit *D*)

забезпе́чення 1) (*чогось - гарантія*) Sícherung *f* (*G*); ~ зага́льного ми́ру Sícherung des állgeméinen Fríedens; 2) (*чимось - постачання*) Versórgung *f* (mit *D*); 3): соціа́льне ~ Soziálfürsorge *f*

забезпе́чувати, **забезпе́чити** 1) (*гарантувати*) síchern *vt*, gewährleis-ten *vt*, sícher|stellen *vt*; 2) (*постачати чимось*) versórgen *vt*, verséhen* *vt* (mit *D*); belíefern *vt* (mit *D*); 3) (*матеріально*) versórgen *vt*

забива́ти *див.* заби́ти

забинтува́ти, **забинто́вувати** verbínden* *vt*

забира́ти (*займати якийсь. час, вимагати якихось зусиль*) in Ánspruch néhmen* *vt*

забира́|тися 1) *див.* забра́тися; 2): ~йся! mach, daß du fórtkommst!, fort!

заби́ти 1) éin|schlagen* *vt*; ~ цвях у щось éinen Nágel in etw. (*A*) schlágen*; 2) *спорт.* schíeßen* *vt*; ~ м'яч у воро́та den Ball ins Tor schíeßen*; ~ гол ein Tor schíeßen*; 3) (*закрити*) zú|schlagen* *vt*, vernágeln *vt* (*цвяхами*); 4) (*вбити*) éin|schlagen* *vt*

забі́гати, **забі́гти** (*до когось*) vorbéi|kommen* *vi* (s) (bei *D*), éinen Sprung máchen (zu *D*)

заблища́ти (er)glänzen *vi* (s, h)

заблуди́ти(ся) sich verírren, sich verláufen* *розм.*; (hín)geráten* *vi* (s)

забобо́н|и *мн.* Vórurteil *n*, без ~ів vórurteilsfrei, vórurteilslos

заболі́|ти zu schmérzen begínnen* *vi*; weh tun* *vi*, schmérzen *vi* (*у когось D*); у ньо́го ~ла голова́ er bekám Kópfschmerzen

заборго́ваність Schúlden *pl*

заборгува́ти in Schúlden geráten* *vi* (s); ~ кому́сь j-m schúldig sein

заборо́н|а Verbót *n*, Áchtung *f*, Untersа́gung; накла́сти ~у на щось ein Verbót über etw. (*A*) verhängen, etw. verbíeten*; зня́ти ~у ein Verbót áuf|heben*; знахо́дитися під ~ою verbóten sein; ~ пропага́нди війни́ Verbót der Kríegspropaganda; ~ розмі́щення я́дерної збро́ї в ко́смосі Verbót der Stationíerung von Kérnwaffen im Wéltall; ~ а́томної збро́ї Atómwaffenächtung *f*

заборо́нен|ий 1) verbóten; 2): ~а зо́на Spérrzone *f*

заборони́ти, **забороня́ти** verbíeten* *vt*, verwéhren *vt*, úntersagen *vt*

забороня́|тися: пали́ти ~ється Ráuchen verbóten

забра́ти 1) (*відібрати, взяти геть звідкись*) wégnehmen* *vt*, wég|schaffen *vt*, wég|räumen *vt*, (ab)néhmen* *vt*; ~ з собо́ю mítnehmen* *vt*; ~ щось зі сто́лу etw. vom Tisch (áb)räumen; 2) (*захопити*) éinnehmen* *vt*, entnéhmen* *vt*; 3) *розм.* (*заарештувати*) verháften *vt*, fést|nehmen* *vt*

забра́тися 1) (*піднятися*) hináuf|steigen* *vi* (s), hináuf|klettern *vi* (s); 2) (*проникнути*) éin|dringen* *vi* (s); sich (éin)schléichen* (*пробратися потай*)

забри́зкати, **забри́зкувати** bespritzen *vt*

забронюва́ти *див.* бронюва́ти

забру́дненість Verschmútzung *f*, Verschmútzungsgrad *m*

забру́днення Verschmútzung *f*, Verúnreinigung *f*, ~ навко́лишнього середо́вища Úmweltverschmutzung *f*

забрудни́ти, **забру́днювати** verschmútzen *vt*, verúnreinigen *vt*, beschmútzen *vt*, beschmíeren *vt*, besúdeln *vt*, schmútzig máchen *vt*, beflécken *vt* (*плямами*); **~ся** sich (völlig) beschmútzen, sich besúdeln; sich schmútzig máchen, sich beschmíeren

забува́ти *див.* забу́ти

забудо́ва Bebáuung *f*

забудо́вувати, **забудува́ти** bebáuen *vt*

забу́ти 1) vergéssen* *vt*; 2) (*випадково залишити*) líegen|lassen* *vt*, stéhen|lassen* *vt*

забу́тливий vergéßlich; zerstréut (*розсіяний*)

забуття́ 1) (*дія*) Vergéssen *n*; 2) (*стан*) Vergéssenheit *f*

завагі́тніти schwánger wérden

заважа́|ти 1) (*комусь - порушувати спокій і т. п.*) stören *vt*; шум ~є мені́ спа́ти, працюва́ти der Lärm stört mich bei der Árbeit, beim Schláfen; 2) (*чомусь/комусь - перешкоджати*) híndern *vt*; щось ~є тобі́ зроби́ти це? was híndert dich darán?

завали́ти, **зава́лювати** 1) (*засипати*) verschütten *vt*, zúschütten *vt*; 2) (*захарастити*) verspérren *vt*; 3) (*переобтяжити*) überláden* *vt*, überlásten *vt*; 4) *перен. розм.* ~ робо́ту éine Árbeit verháuen (verderben*); **~ся** 1) (*упасти*) (zu Bóden) stürzen *vi* (s); 2) (*обрушитися*) éin|stürzen *vi* (s), zusámmen|brechen* *vi* (s)

завантаження (*зайнятість роботою*) Áuslastung *f*

заванта́жувати, **заванта́жити** füllen *vt* (*наповнити*); beláden* *vt* (*навантажити*)

зава́рювати, **завари́ти** (*чай*) áuf|brühen *vt*; **~ся** (*настоятися*) zíehen* *vi*; чай завари́вся der Tee hat gezógen

завго́дно *частка*: хто ~ jéder belíebige; скільки ~ so viel man will; як ~ belíebig, auf belíebige Wéise

завдава́ти beréiten *vt*, máchen *vt*, zú|fügen *vt*, béi|bringen* *vt*; ~ кому́сь обра́зи

З

j-m éine Beléidigung zú|fügen; ~ комусь порáзки j-m éine Níederlage béi|bringen*; ~ комусь удáру j-m éinen Schlag versétzen; ~ шкóди éinen Verlúst zú|fügen

завдáння Áufgabe *f*, Áuftrag *m* (*доручення*); домáшнє ~ Háusaufgabe *f*; плáнове ~ Plánaufgabe *f*, Plánauflage *f*, Plánsoll *n* (*норма*); постáвити собí [пéред собóю] ~ (*зробити щось*) sich (*D*) die Áufgabe stéllen (zu + *inf*); вúконати ~ éine Áufgabe [éinen Áuftrag] erfüllen [áus|führen]; die Háusaufgabe máchen (*про учня*); за ~м когóсь im Áuftrag (*G*)

завдáти *див.* завдавáти

завдякú (*комусь/чомусь* dank (*D*); durch (*A — тк. чомусь*); infólge (*G — унаслідок чогось*); ~ йогó допóмозі dank séiner Hílfe; ~ вúтримці durch Áusdauer; ~ спíльним зусúллям infólge geméinsamer Ánstrengungen ◊ ~ **томý що** dadúrch, daß

завезтú (*доставити*) (hín)bríngen* *vt*, zú|stellen *vt*

завелúкий (*комусь*) zu groß (*D*)

завербувáти *див.* вербувáти

завернýти, **завертáти** 1) ábbiegen *vi* (s), éinbiegen *vi* (s) (*вбік*); 2) (*заходити, заїжджати*) éinkehren *vi* (s) (*до когось* bei D); 3) (*назад*) úmdrehen *vt*, úmkehren *vt*; ◊ ~ за ріг um die Écke bíegen* *vi* (s)

завертíтися án|fangen* sich zu dréhen

завéршення Volléndung *f*, Ábschluß *m* (*закінчення*)

завершúти, **завéршувати** vollénden *vt*, beénden *vt*, áb|schließen* *vt*

завестú 1) (*кудись*) (hín)führen *vt*, (hín)bríngen* *vt* (*привести*); 2) (*придбати щось*) sich (*D*) etw. án|schaffen; 3) (*увести правило, моду і т. п.*) éin|führen *vt*, 4): ~ мотóр den Motór án|lassen*; ~ годúнник die Uhr áuf|ziehen*; 5): ~ розмóву про щось/когóсь auf etw./j-n zu spréchen kómmen* *vi* (s)

зáвждú ímmer

завзя́т|ий hártnäckig, behárrlich; éifrig; léidenschaftlich; ~ колекціонéр léidenschaftlicher Sámmler; **~ість** Hártnäckigkeit *f*, Behárrlichkeit *f*

завивáти(ся) *див.* завúти(ся)

завúвка (*зачіска*) Wélle *f*, хімíчна ~ Dáuerwelle *f*

завúдний benéidenswert

завúдно: йомý ~, що я... er benéidet mich um...; менí стáло ~ ich wúrde néidisch

завúти áuf|heulen *vi*, án|fangen* zu héulen; ~ волóсся sich (*D*) die Háare lócken [wéllen, frisíeren] (lássen*); **~ся** sich frisíeren (lássen*)

завíдува|ння Léitung *f*, Verwáltung *f*, **~ти** léiten *vt*, verwálten *vt*

завíдуючий Léiter *m*, Ghef [ʃɛf] *m*

завíрити 1) (*в чомусь – запевнити*) versíchern *vt* (*A або D*); 2) (*підпис і т. п.*) begláubigen *vt*

завірю́ха Schnéesturm *m*, Schnéegestöber *n*

завіря́ти *див.* завíрити

завíса Vórhang *m*, (*туману, дощу і т. п.*) Schléier *m*

завíсити verhängen *vt*, zú|hängen *vt*

завíт 1) Vermächtnis *n* 2): *рел.*: Старúй ~ Áltes Testamént; Новúй ~ Néues Testamént

завíшувати *див.* завíсити

завмéрти, **завмирáти** 1) (*зупинитися, припинитися*) stíll|stehen* *vi* (s), stócken *vi*, stéhen|bleiben* *vi* (s); 2) (*про звуки*) erstérben* *vi* (s), verhállen *vi* (s)

завóд I 1) (*підприємство*) Betríeb *m*, Werk *n*, автомобíльний ~ Áuto(mobíl)werk *n*, вíйськóвий ~ Rüstungsbetrieb *m*; металургíйний ~ Hüttenwerk *n*, скляний ~ Gláshütte *f*, лісопúльний ~ Ságewerk *n*, чавуноливáрний ~ Éisengießerei *f*, 2): кíнний ~ Gestüt *n*

завóд II (*у годинника і т. п.*) Áufzug *m*

завóдити *див.* завестú

заводн|úй Áufzieh-, **~á** ля́лька Áufziehpuppe; **~á** íграшка mechánisches Spíelzeug

заводськ|úй Betríebs-; **~á** їдáльня Kantíne *f*, Betríebskantine *f*, ~ колектúв Belégschaft *f* (des Betríebes)

зáводь Stíllwasser *n*, kleine Bucht

завóзити *див.* завезтú

завойóвник Eróberer *m*

завойóвувати 1) (*силою зброї*) eróbern *vt*; 2) *перен.* erríngen* *vt*, gewínnen* *vt*; ~ незалéжність die Únabhängigkeit erríngen*; ~ чиюсь повáгу j-s Áchtung gewínnen*; ~ золотý медáль éine Góldmedaille [-daljə] gewínnen*; ~ пéрше мíсце den érsten Platz erríngen*

заволодівáти, **заволодíти** sich (*D*) etw. án|eignen, in Besítz néhmen* *vt*, Besítz ergréifen* (von *D*); *військ.* éin|nehmen* *vt*

заворóжувати, **заворожúти** 1) verzáubern *vt*, verhéxen *vt*; 2) *перен.* bezáubern *vt*

заворýшення *мн* Únruhen *pl*

завоювá|ння 1) (*дія*) Eróberung *f*; 2) *мн* (*досягнення*) Errúngenschaften *pl*; **~ти** *див.* завойóвувати

зáвтра mórgen; ~ врáнці mórgen früh

зáвтрашній mórgig

завýлок Séitengasse *f*

завчúти lérnen *vt*, erlérnen *vt*, sich (*D*) etw. áneignen (*засвоїти*); sich (*D*) etw. éinprägen (*запам'ятати*); ~ напáм'ять áuswendig lérnen

зав'язáти 1) (úm)bínden* *vt*; ~ хýстку, ~ гóлову хýсткою sich (*D*) ein Tuch úm|binden*; 2) zú|binden* *vt* (*щось, що розв'язалося*); zusámmen|binden* *vt* (*зв'язати*); verbínden* *vt* (*перев'язати*)

зав'язáтися (*початися, виникнути*) begínnen* *vi*, sich entspínnen*; lós|gehen* *vi* (s) *розм*

зав'я́зка 1) Band *n*, Schnúrband *n*, Schnur (*шнур*); 2) (*дії в п'єсі, романі і т. п.*) Verwícklung *f*

зав'я́знути versínken* *vi* (s), stécken|bleiben* *vi* (s)
зав'я́зування *бот.* Frúchtknoten *m*
зав'я́зувати *див.* зав'яза́ти
зав'я́нути (ver)wélken *vi* (s), welk wérden
зага́вкати 1) béllen *vi*; 2) (*на когось*) án|bellen *vt*
загада́ти: ~ кому́сь за́гадку j-m ein Rätsel áuf|geben*
за́гадк|а Rätsel *n*; **~о́вий** rätselhaft
зага́дувати *див.* загада́ти
загало́м: беручи́ ~ insgesámt, im (gróßen und) gánzen
загальмува́ти *див.* гальмува́ти
зага́льн|ий 1) állgeméin; ~а ува́га, ду́мка állgeméine Áufmerksamkeit, Méinung; ~е пра́вило állgeméine Régel; за ~ою зго́дою mit állgeméiner Zústimmung; ~е бла́го Geméinwohl *n*; ~е ви́борче пра́во állgemeines Wáhlrecht; 2) (*який містить основне*) grúndlegend, állgeméin; ~і пробле́ми grúndlegende Probléme; в ~их ри́сах in állgeméinen Zügen; 3) (*сукупний*) Gesámt-; ~а су́ма Gesámtsumme *f*; ~е вра́ження Gesámteindruck *m*; 3) *грам.:* ~е ім'я́ Gáttungsname *m*
загальновжи́ваний allgeméingebräuchlich
загальновідо́мий állgeméin bekánnt
загальногоспода́рський gesámtwirtschaftlich
загальнодержа́вний gesámtstaat-lich
загальнодосту́пний 1) (*зрозумілий, популярний*) allgeméinverständlich, populär; 2) (*про ціни*) erschwínglich
загальноєвропе́йський gesámteuropäisch
загальнонаро́дн|ий Volks-; ~е свя́то Vólksfest *n*
загальноосві́тній allgeméinbildend
загальноприйня́тий allgeméinüblich; lándläufig (*про думку і т. п.*)
заганя́ти *див.* загна́ти
зага́р Sónnenbräune
зага́рбник Eróberer *m*, Éindringling *m*
зага́рбницький Eróberungs-, Raub- (*про війну*); Annexións-, Expansións- (*про політику*)
загарто́ваний 1) (*про метал*) gehärtet; 2) *перен.* gestählt, ábgehärtet
загарто́вувати, загартува́ти 1) *тех.* härten *vt*; 2) *перен.* stählen *vt*, ábhärten *vt*
загаси́ти *див.* гаси́ти
зага́т|а Damm *m*, Stáudamm *m*, De-ich *m*, **~и́ти, зага́чувати** stáuen *vt*, dämmen *vt*
загвинти́ти, загви́нчувати zú|schrauben *vt*, fést|schrauben *vt*
заги́бель 1) (*занепад*) Úntergang *m*, Verfáll *m*; 2) (*смерть*) Tod *m*; 3) *перен.* Schéitern *n*, Zusámmenbruch *m*
загина́ти *див.* загну́ти
заги́нути *див.* ги́нути
загі́н *військ.* Abtéilung *f*, Trupp *m*, головни́й ~ Vórtrupp *m*, партиза́нський ~ Partisánenabteilung *f*
загли́блення Vertíefung *f*
заглуша́ти, заглуши́ти 1) (*звук*) übertönen *vt*; 2) (*про бур'яни*) überwúchern *vt*; 3) (*почуття, біль і т. п.*) betäuben *vt*, dämpfen *vt*
загна́ти (*змусити увійти*) (hinéin)jágen *vt*, (hinéin)tréiben* *vt*
загнива́ти, загни́ти verfáulen *vi* (s)
загну́ти úm|biegen* *vt*, éin|biegen* *vt* (*кут листа і т. п.*); áuf|krempeln *vt* (*рукава, поля капелюха*)
заговори́ти, загово́рювати 1) (*почати говорити*) án|fangen* zu spréchen; 2) (*про щось/когось – почати розмову*) zu spréchen kómmen* *vi* (s) (auf *A*); 3) (*з кимось – звернутися до когось*) án|sprechen* *vt*, án|reden *vt*
заго́їтися (*про рану і т. п.*) héilen *vi* (s)
заголо́вн|ий: ~а лі́тера Gróßbuchsta-be *m*, ~а роль Títelrolle *f*
заголо́вок Títel *m*, Überschrift *f* (*назва*)
загора́тися, загорі́тися 1) (*почати світити*) áuf|flammen *vi* (s); загорі́лося сві́тло das Licht ging an; 2) (*почати горіти*) án|fangen* zu brénnen, Féuer fángen*; 3) (*чимось – якимось почуттям, бажанням*) entbrénnen* *vi* (s), entflámmen *vi* (in *D*)
загорну́ти (*у щось – обгорнути, упакувати*) éin|wickeln *vt*, éin|hüllen *vt*, éin|schlagen* *vt* (in *A*)
загорну́тися (*закутатися*) sich éin|wickeln, sich éin|hüllen
загоро́дження Spérre *f*, Híndernis *n*
загоро́джувати *див.* загороди́ти
загороди́ти 1) (*обнести огорожею*) éin|zäunen *vt*, umzäunen *vt*; 2) (*перепинити*) verspérren *vt*, áb|sperren *vt*
загорта́ти *див.* загорну́ти; **~ся** *див.* загорну́тися
загоря́|ти 1) (*набувати загару*) braun wérden; 2) (*лежати на сонці*) sich sónnen, in der Sónne líegen* *vi*; він ~є er läßt sich in der Sónne bräunen
заго́стрений 1) spitz, zúgespitzt; 2) (*про відносини*) zúgespitzt; 3) (*про сприйняття, відчуття*) verschärft
заго́стрення 1) (*відносин, становища*) Zúspitzung *f*, Verschärfung *f*; 2) (*хвороби*) Verschlímmerung *f*
загостри́ти, заго́стрювати 1) (án)spítzen *vt*; 2) (*ситуацію, відносини*) verschärfen *vt*, zú|spitzen *vt*; 2) (*почуття, відчуття і т. п.*) verstärken *vt*, verschlímmern *vt* (*біль і т. п.*); **~ся** 1) (*про ситуацію, відносини*) sich verschärfen, sich zú|spitzen; 2) (*про почуття, відчуття*) sich verstärken; sich verschléchtern (*про хворобу і т. п.*)
заготі́вля Erfássung *f*, Beschäffung *f*, Beréitstellung *f*, ~ кормі́в Fútterbereitstellung *f*, ~ сировини́ Róhstoffbeschaffung *f*, Róhstofferfassung *f*
заготовля́ти, загото́влювати, загото́вити 1) (*приготувати*) vór|berei-ten *vt*,

З

beréit|halten* *vt* (*тримати напоготові*); 2) (*запастися*) besórgen *vt*, sich verséhen; (mit *D*); 3) (*зерно, ліс і т. п.*) beschäffen *vt*

зáгрáва Féuerschein *m*

загравáти (*з кимось*) liebäugeln *vi* (mit *D*)

загримувáти schminken *vt*, **~ся** sich schminken

загрóжу|вати (*комусь/чомусь*) dró-hen *vi* (*D*), bedróhen *vt*; йомý ~є небезпéка ihm droht Gefáhr; мíсту ~вала пóвінь das Hóchwasser bedróhte die Stadt

загрóз|а (*небезпека*) Gefáhr *f*, ~ ядерної війнú die Gefáhr éines Kérnwaffenkrieges; ~ ядерного нáпаду atomáre Bedróhung; ~ мúру Bedróhung [Gefährdung] des Friedens; бýти під ~ою in Gefáhr sein, bedróht sein; постáвити щось під ~у etw. gefährden

загрóзливий dróhend, bedróhlich

загрубí|лий (*про шкіру*) rauh, hart; **~ти** (*про шкіру*) rauh [hart] wérden

загрузáти, **загрýзнути** 1) éin|sinken* *vi* (s), stécken|bleiben* *vi* (s) (*в чомусь* in *D*); 2) *перен.* hängen|bleiben* *vi* (s); sich verstricken (*в чомусь* in *A* — *заплутатися*)

загс (вíддiл зáпису áктів громáдського стáну) Stándesamt *n*

загубúти verlieren* *vt*, verlégen *vt* (*засунути кудись*); **~ся** 1) (*пропасти*) verlóren|gehen* *vi* (s); 2) (*зникнути*) verschwínden* *vi* (s), sich verlieren*

загýблений verlóren; ~ час vertáne Zeit

загустíти sich verdíchten, díckflüssig wérden

зад 1) (*задня частина чогось*) hínterer Teil, Hínterseite *f*, 2) (*сідниця*) Gesäß *n*, Híntern *m розм*

задавáти *див.* задáти; ◊ ~ питáння frágen *vi*

задавáтися *див.* задáтися

задавúти zerdrücken *vt* (*роздавити*); überfáhren* *vt*, tót|fahren* *vt* (*переїхати*)

задáти áuf|geben* *vt*; ~ урóк éine Háusaufgabe áuf|geben*; що тобí зáдано на зáвтра? was hast du für mórgen auf?

задáтки *мн* Ánlagen *pl* (*до чогось* für *A*)

задáток Ánzahlung *f*, Vórschußzahlung *f* (*аванс*); внéсти ~ éine Ánzahlung léisten

задáч|а Réchenaufgabe *f* (*арифметична*); розв'язáти ~у éine Aufgabe [ein Problém, éine Réchenaufgabe] lösen; **~ник** Réchenbuch *n*

задерев'янíлий starr, steif

задерикувáтий übermütig, streitsüchtig (*визивний*); keck, néckisch (*глузливий*); hítzig (*запальний*)

задéшево *нареч. розм.* spóttbillig

задзвенí|ти erklíngen *vi*; ~в дзвінóк es klíngelte

задзвонú|ти (án|fangen* zu) klíngeln *vi*; рáптом ~в телефóн plötzlich klíngelte das Téleфóн

задирáка Händelsucher *m*, Stréithahn *m*

задúрливий *розм.* zänkisch, zánksüchtig, stréitsüchtig

задихáтися, **задихнýтися** erstícken *vi* (s), áußer Átem kómmen* [sein] *vi* (s)

задúшк|а Átemnot *f*, Átembeschwer-de *f*, страждáти на ~у an Átemnot léiden*, kúrzatmig sein

задкувáти rückwärts géhen* *vi* (s); zurück|weichen* *vi* (s) (*відступати*)

зáдн|ій 1) Hínter-; ~ план Híntergrund *m*, ~і нóги Hínterbeine *pl*, ~і колéса Hínterräder *pl*, ~і рядú die hínteren Réihen; в ~ьому ря́ду in der híntersten [in der létzten] Réihe; 2): ~ хід *авто* Rückwärtsgang *m*, 3): ~ прохíд *анат.* Áfter *m*

задóвго (*до чогось*) lánge vor (*D*)

задовíльний befriedigend; genügend (*достатній*)

задовóлений zufrieden (*чимось/кимось* mit *D*)

задовóлення 1) (*почуття, стан*) Befriedigung *f*, Genúgtuung *f*, із ~м mit Genúgtuung; 2) Vergnügen *n*, Spaß *m*, Fréude *f* (*радість*); з велúким ~м! mit großem Vergnügen!; sehr gern! (*охоче*); 3) (*дія*) Befriedigung *f*, ~ матеріáльних потрéб Befriedigung der materiéllen Bedürfnisse

задовольнúти 1) (*зробити приємність*) befriedigen *vt*, zufrieden|stellen *vt*, ти задовóлений? bist du zufrieden?; 2) (*виконати прохання, бажання*) erfüllen *vt*, 3) (*забезпечити в достатній кількості*) décken *vt*, ~ потрéби в чóмусь den Bedárf an etw. (*D*) décken; **~ся** (*чимось*) sich begnügen, sich zufrieden|geben* (mit *D*)

задовольня́ти 1) *див.* задовольнúти; 2) (*відповідати чомусь*) entspréchen* *vi*, gerécht wérden (*D*); ~ усíм вимóгам állen Ánforderungen entspréchen*

задовольня́тися *див.* задовольнúтися

зáдом rückwärts; ◊ ~ наперéд verkéhrt

задрімáти éin|schlummern *vi* (s)

задубí|лий erfróren, (vor Kälte) steif; erstárrt, starr; **~ти** erfríeren *vi* (s), (vor Kälte) steif wérden; erstárren *vi* (s)

задувáти *див.* задýти

зáдум 1) (*намір*) Vórhaben *n*, Áb-sicht *f*, 2) (*художнього твору*) Vórsatz *m*, Grúndidee *f*

задýмати (*зробити щось*) sich (*D*) etw. vór|nehmen*, beábsichtigen *vt* (*тж.* zu + *inf*)

задýматися 1) (*стати замисленим*) nachdenklich wérden, sich in Gedánken vertíefen; 2) (*над чимось або про щось*) nách|denken* *vi*, sich (*D*) Gedánken máchen (über *A*)

задýмливий náchdenklich

задумливість Náchdenklichkeit *f*

задýмувати *див.* задýмати; **~ся** *див.* задýматися; не задýмуючись óhne viel náchzudenken; óhne zu zögern (*не вагаючись*)

задýти (*погасити*) áus|blasen* *vt*, áus|löschen *vt*

задушéвний ínnig; óffenherzig (*щирий*); vertráulich (*довірчий*)
задуши́ти erwürgen *vt*
задýшлив|ий 1) (*душний*) stíckig; schwül; ~а спéка drückende Hítze; 2) (*який перешкоджає дихати*) erstíckend, Stick-; ~ газ Stíckgas *n*; ~е повíтря stíckige (dúmpfe, múffige] Luft
задýшливо: сьогóдні ~ es ist héute schwül
зáєць Háse *m*
зажéрлив|ий gíerig, habsüchtig; **~iсть** Gier *f*, Hábsucht *f*, Hábgier *f* hábgierig
зазвучáти erklíngen *vi* (s), ertönen *vi* (s), erschállen *vi* (s)
заздалегíдь im voráus; beizéiten; von vórnherein (*з самого початку*); (früh)zéitig (*завчасно*)
зáздрити (*комусь/чомусь*) benéiden *vt* (um *A*), néidisch sein (auf *A*)
зáздрісний néidisch
зáздр|iсть Neid *m*; від ~ості vor Neid; з ~істю vóller Neid, néidisch
зазеленíти grün wérden
зазéмлення Érdung *f*
зазивáти (her)ánlocken *vt*, éinladen* *vt*
зазирáти, **зазирнýти** 1) (*подивитися усередину*) hinéin|blicken *vi*; ~ в словни́к in éinem Wörterbuch nách|schlagen*; 2) (*зайти*) vorbéi|kommen* *vi* (s) (*до когось* bei *D*); (hin)géhen* *vi* (s) (*кудись*)
зазіхáння Ánspruch *m* (*на щось* auf *A*)
зазнавáти, **зазнáти** ertrágen* *vt*, erléiden* *vt*, erdúlden *vt*, dúrchmachen *vt*, áusstehen* *vt*, kénnen|lernen *vt*, erfáhren* *vt*; ~ змін Veränderungen [éinen Wándel] dúrch|machen; ~ крúтики kritisíert wérden; ~ порáзки éine Níederlage erléiden*; ~ катастрóфи éinen Únfall erléiden* (*про пóїзд*); éinen Schíffbruch erléiden* (*про судно*); (*перен. — про плани і т. п. - тж*) schéitern *vi* (s); ~ невдáчі éinen Míßerfolg háben
зазн|авáтися sich (*D*) (zu) viel éin|bilden; **~áтися** éingebildet [überhéblich] sein
зазнáчення (*відомість про щось*) Ángabe *f*, Hínweis *m* (*посилання*); із ~м адрéси mit Ángabe der Adrésse; із ~м (*чогось*) únter [mit] Hínweis auf (*A*)
зазубри́ти (*вивчити зубрінням*) sich (*D*) etw. éin|pauken
заіржáві|лий verróstet; **~ти** verrósten *vi* (s)
заїжджáти *див.* заїхати
заїкáтися stóttern *vi*
заїр|ець Zaírer [za-] *m*, **~ський** zaírisch [za-]
заї́хати 1) (*ненадовго*) fáhren* *vi* (s) (*кудись*); besúchen *vt*, vorbéi|kommen* *vi* (s) (bei *D* — *до когось*); éinen Ábstecher máchen (*по дорозі*, *до когось* zu *D*, *в якесь місто* nach *D*); 2) (*за кимось/чимось*) áb|holen *vt*; ~ за кúмось в готéль j-n im Hotél áb|holen; 3) (*усередину*) (hinéin)fáhren* *vi* (s) (in *A*); 4) (*попасти випадково*) hín|geraten* *vi* (s) (*кудись*); henéin|geraten* *vi* (s) (*у щось*)
зáйв|ий 1) (*понад потрібної або необхідної кількості*): тут дві ~і книги hier sind zwei Bücher zuvíel; у мéне є ~ квитóк ich hábe éine Éintrittskarte übrig; ~а вагá Übergewicht *n*, 2) (*непотрібний*) únnötig, überflüssig; nútzlos; без ~их розмóв óhne viel zu réden; ◊ ~ раз noch éinmal, ein übriges [wéiteres] Mal
займáти 1) *див.* зайняти; 2) (*квартиру і т. п.*) bewóhnen *vt*, 3) (*цікавити*) beschäftigen *vt*, interessíeren *vt*, 4) (*посаду*) bekléiden *vt*
займáтися 1) (*чимось – якоюсь справою*) sich beschäftigen (mit *D*); 2): ~ спóртом Sport tréiben*
займéнник Pronómen *n*, особóвий ~ Personálpronomen *n*, присвíйний ~ Possessívpronomen *n*, вказівни́й ~ Demonstratívpronomen *n*, віднóсний ~ Relatívpronomen *n*, питáльний ~ Interrogatívpronomen *n*
зайня́ти 1) (*заповнити собою*) éin|nehmen* *vt*, ~ багáто мíсця viel Platz éin|nehmen*; 2) (*оволодіти містом і т. п.*) besétzen *vt*, 3) (*про час*) in Ánspruch néhmen* *vt*, 4): ~ мíсце а) (*сісти*) éinen [séinen] Platz éin|nehmen*; б) (*комусь або для когось*) éinen Platz frei hálten* (*D*); в) (*в змаганні*) Platz éin|nehmen* [belégen]; 5) (*чимось когось*) beschäftigen *vt* (mit *D* — *справою*); unterhálten* *vt* (mit *D* — *розважити*)
зáйнятий 1) (*про людину*) beschäftigt (*чимось* mit *D*); 2) (*невільний*) besétzt
зайня́тися (*чимось – приступити до якоїсь справи*) sich máchen (an *A*)
зáйнятість *эк.* Beschäftigung *f*, пóвна ~ Vóllbeschäftigung *f*, непóвна ~ Kúrzarbeit *f*, Téilbeschäftigung *f*
зайти́ 1) (*ненадовго*) géhen* *vi* (s) (in *A* — *кудись*); besúchen *vt* (*відвідати*); vorbéi|kommen* *vi* (s) (bei *D*), kómmen* *vi* (s) (zu *D*) (*до когось*) 2) (*за кимось/чимось*) áb|holen *vt*, 3) (*увійти*) hinéin|gehen* *vi* (s) (in *A*); 4) (*потрапити кудись*) (hín)geráten* *vi* (s), kómmen* *vi* (s); 5) (*повернути за щось*) bíegen* *vi* (s); ~ за ріг будúнку um die Háusecke bíegen*; 6) (*закотитися — про сонце і т. п.*) únter|gehen* *vi* (s); 7): мóва зайшлá [розмóва зайшлá] про когóсь/щось die Réde [das Gespräch] kam auf j-n/etw., man kam auf j-n/etw. zuspréchen; ◊ ~ далéко zu weit géhen* *vi* (s)
закáпати, **закáпувати** (*забруднити*) betröpfeln *vt*, bespritzen *vt*
закидáти, **заки́нути** 1) (*кинути*) wérfen* *vt*, 2) (*залишити без уваги*) vernáchlässigen *vt*
закипá|ти *див.* закипíти 1; водá ~є при ста грáдусах das Wásser síedet bei húndert Grad; молокó ~є die Milch wird bald kóchen

3

закип|іти 1) (*почати кипіти*) (án|fangen* zu) kóchen [síeden] *vi*; молокó скóро ~ить die Milch wird bald kóchen; 2) (*прийти в стан кипіння*) áuf|kochen *vi* (s) (*скипіти*); kóchen *vi* (*кипіти*); молокó ~іло die Milch ist áufgekocht [kocht schon]

закíнчений 1) volléndet, ábgeschlossen; 2) (*досконалий*) vollkómmen

закíнчення 1) (*завершення*) Beéndigung *f*, Ábschluß *m*, Schluß *m*, Áblauf *m* (*строку*); ~ будівéльних робíт Ábschluß der Báuarbeiten; 2) (*навчального закладу*) Beéndigung *f*, Absolvierung [-'vi:-] *f*; після ~ інститýту nach dem Stúdium; 3) (*кінець*) Schluß *m*, Énde *n*; 4) *грам.* Éndung *f*; ◊ на ~ zum Schluß

закінчи́ти 1) (*робити щось*) beénden *vt*, (áb)schlíeßen* *vt*, fértig sein (mit *D*), zum Schluß kómmen* *vi* (s); 2) (*чимось*) schlíeßen* *vt*, beénden *vt* (mit *D*); 3) (*навчальний заклад*) beénden *vt*, absolvieren [-'vi:-] *vt*, (*вуз тж.*) das Stúdium áb|schlíeßen* (an *D*); **~ся** 1) (*підійти до кінця*) zu Énde sein, énden *vi*; 2) (*чимось*) énden *vi* (mit *D*); гра закінчи́лася з рахýнком два — оди́н das Spiel éndete zwei zu eins

закíнчувати 1) *див.* закíнчити; 2): ~ шкóлу das Abitúr máchen; ~ робóту [робóчий день] Féierabend máchen [háben]; **~ся** 1) (*на щось - мати своїм закінченням*) áus|gehen* *vi* (s) (auf *A*); zu Énde géhen* *vi* (s); 2) *див.* закíнчитися

зáклад Ánstalt *f*, Éinrichtung *f*, навчáльний ~ Bíldungseinrichtung *f*, ви́щий навчáльний ~ Hóchschule *f*, серéдній спеціáльний навчáльний ~ Fáchschule *f*, лікувáльний ~ Héilstätte *f*, торгóвий ~ Hándelseinrichtung *f*

заклáд Wétte *f*, би́тися об ~ wétten *vi*, éine Wétte éin|gehen*

заклáдка 1) (*фундаменту і т. п.*) Grúndsteinlegung *f*; 2) (*для книги*) Lésezeichen *n*

заклáсти 1) (*покласти кудись*) légen *vt*, stécken *vt* (*засунути*); ~ рýки за спи́ну die Hände auf den Rücken verschränken; 2) (*будинок і т. п.*) gründen *vt*, den Grúndstein légen

заклéювати, **заклéїти** zú|kleben *vt*

зáклик (*звернення*) Ruf *m*, Zúruf *m*, Áufruf *m*, Lósung *f* (*лозунг*)

закли́кати, **закликáти** (*привернути до увагу до якоїсь дії*) áuf|fordern *vt*, rúfen* *vt* (zu *D*); ~ когóсь до порядку j-n zur Órdnung rúfen*

заклинá|ння Beschwörung *f*, (*формула - тж*) Záuberspruch *m*; **~ти** (*благати*) beschwören* *vt*

заклопóтан|ий besórgt, sórgenvoll (*поринулий у турботи*); bekümmert (*занепокоєний*); бýти ~им чи́мось um etw. (*A*) besórgt sein; **~ість** Besórgtheit *f*, Besórgnis *f*

закля́чн|ий Schluß-, Ábschluß-, ábschließend; ~е слóво Schlúßwort *n*, ~ докумéнт Schlúßdokument *n*, Ábschlußdokument *n*, ~і переговóри ábschließende Verhándlungen; ~ íспит Ábschlußprüfung *f*

заклякáти, **закля́кнути** erstárren *vi* (s), steif wérden; я закля́к від пóдиву ich war starr vor Stáunen

закля́тий: ~ вóрог Érzfeind *m*, Tódfeind *m*

закóвувати fésseln *vt*; ~ когóсь в кайдáни j-n in Kétten légen

заколисáти éin|lullen *vt*, in den Schlaf wíegen [síngen*] *vt*

заколи́сливий éinschläfernd, Schlaf-

заколи́сувати *див.* заколисáти

зáколот Áufruhr *m*, Meuteréi *f*

заколóти 1) (*людину*) erstéchen* *vt*; 2) (*тварину*) áb|stechen* *vt*, (áb)schláchten *vt*; 3) (*закріпити шпилькою і т. п.*) zú|stecken *vt*

заколóтник Áufrührer *m*, Méuterer *m*

закóлювати *див.* заколóти

закóн *у різн. знач.* Gesétz *n*, ~и суспíльного рóзвитку die Gesétze der geséllschaftlichen Éntwícklung; ~ прирóди Natúrgesetz *n*, Закóн про охорóну прирóди Natúrschutzgesetz *n*, Закóн про охорóну прáці Gesétz zum Schutz der Árbeit, Árbeitsschutzgesetz *n*, Закóн про індивідуáльну трудовý дія́льність Gesétz über die individuélle [-vi-] Erwérbs|tätigkeit; за ~ом, згíдно з ~ом laut Gesétz

закóнн|ий 1) (*що відповідає закону*) gesétzlich, gesétzmäßig, réchtmäßig, legitím; ~ нащáдок gesétzlicher Érbe; ~ ýряд réchtmäßige Regíerung; ~е прáво legitímes Recht; 2) (*справедливий*) beréchtigt, gerécht; ~і вимóги beréchtigte Ánsprüche [Fórderungen]; ~а гóрдість beréchtigter Stolz

закóнність 1) (*відповідність закону*) Gesétzmäßigkeit *f*, Réchtmäßigkeit *f*; 2) (*правопорядок*) Gesétzlichkeit *f*

закóнно *нареч.* von Gesétz wégen (*за законом*); Gesétzgebungs-

законодáвець Gesétzgeber *m*

законодáвство Gesétzgebung *f*, соціáльне ~ Soziálgesetzgebung *f*, трудовé ~ Árbeitsgesetzgebung *f*

законодáвч|ий gesétzgebend, Gesétzgebungs-; ~а влáда gesétzgebende Macht; Legislatíve [-və] *f* (*законодавчий орган*); ~ акт Gesétzgebungsakt *m*, gesétzgebender Akt

закономíрний gesétzmäßig

закономíрність Gesétzmäßigkeit *f*

законопроéкт Gesétzentwurf *m*

закопáти, **закóпувати** vergráben* *vt*, verschárren *vt*

закóпчений verrúßt, verräuchert

закордóн *розм.* Áusland *n*

закордóнн|ий 1) Áuslands-, áusländisch; ~а поїздка Áuslandsreise *f*, ~ пáспорт Paß *m*, Réisepaß *m*; 2) (*який відноситься до зовнішньої політики*) Áußen-;

áuswärtig; міністéрство ~их справ Áußenministerium *n*, Ministérium für áuswärtige Ángelegenheiten

закоренíлий (*за звичкою і т. п.*) éingewurzelt

закотúтися 1) (*про м'яч і т. п.*) ról-len *vi* (s); 2) (*про сонце*) únter|gehen* *vi* (s)

закóханий 1. *прил.* verliebt; **2**. *сущ.* der Verlíebte

закохá|тися, **закóхуватися** (*в когось*) sich verlíeben (in *A*)

закрéслювати, **закрéслити** dúrch|streichen* *vt*

закривáвлений blútbefleckt, blútig

закривáти, **закрúти** 1) schlíeßen* *vt*, zú|machen *vt*, zú|schließen* *vt*, verschlíeßen* *vt* (*замкнути на ключ*); ~ кран den Hahn zú|drehen; 2) (*покрити*) zú|decken *vt*, bedécken *vt*; 3) (*зупинити роботу чогось*) schließen* *vt*; 4) (*вулицю, кордон і т. п.*) spérren *vt*; **~ся** 1) schlíeßen* *vi*, zú|gehen* *vi* (s); 2) (*стулитися*) zú|fallen* *vi* (s); 3) (*чимось накритися*) zú|decken (mit *D*); 4) (*закінчити роботу — про виставку, магазин і т. п.*) schlíeßen* *vi* (s)

закрúт|ий 1. *дієприкм. від* закрúти; **2**. *прикм. у різн. знач.* geschlóssen; ~е засíдання geschlóssene Sítzung; ~а машúна geschlóssenes Áuto; ~е плáття hoch geschlóssenes Kleid; в ~ому приміщенні in éinem geschlóssenen Raum; ◊ ~е голосувáння gehéime Ábstimmung

закриттЯ Schlíeßung *f*

закричáти (án|fangen* zu) schréien* *vi*

закрíйник Zúschneider *m*

закріпáчити, **закріпáчувати** knéchten *vt*, verskláven [-vən]

закріпúти, **закрíплювати** beféstigen *vt*

зáкрут Wíndung *f*, Krümmung *f*

закрутúти, 1) fést|schrauben *vt*; 2) (*кран і т. п.*) zú|drehen *vt*; 3) (*навколо чогось – обмотати*) wínden* *vt*, wíckeln *vt* (um *A*)

закрутú|тися 1) sich dréhen; wírbeln *vi* (*вихором*); 2): у мене́ ~лася головá mir wúrde schwíndlig

закрýчувати *див.* закрутúти

закувáти *див.* закóвувати

закулíсн|ий *перен.* verbórgen, gehéim, héimlich; ~а угóда gehéime Ábmachung; вестú ~і переговóри héimlich verhándeln *vi*

закупáти, **закупúти** 1) (*купити*) éin|kaufen *vt*; 2) (*скупити*) áuf|kaufen *vt*

закупíвля 1) (*покупка*) Éinkauf *m*; 2) (*скупка оптом*) Áufkauf *m*

закýпорка *мед.* Verstópfung *f*, ~ судúн Thrombóse *f*

закупóрювати, **закупóрити** 1) zú|pfropfen *vt*, verkórken *vt* (*пляшку*); 2) (*засмітити*) verstópfen *vt*

закурúти, **закýрювати**: ~ сигарéту sich (*D*) éine Zigarétte án|zün-den

закусúти (*трохи поїсти*) éinen (kléinen) Ímbiß (éin)néhmen*, étwas zu sich (*D*) néhmen*

закýск|а 1) (*страви, що подаються на початку обіду*) Vórspeise *f*, холóдні ~и kálte Vórspeisen; замóвити щось на ~у etw. als Vórspeise bestéllen; 2) (*легка їжа*) Ímbiß *m*, приготувáти (легкý) ~у éinen (kléinen) Ímbiß zurécht|machen; 3): холóдна ~ (*бутерброди і т. п.*) kálte Plátte

закýсочна Ímbißstrube *f*

закýтати éin|hüllen *vt*, éin|wickeln *vt*; **~ся** sich éin|hüllen, sich éin|wickeln

зáкуток Wínkel *m*, Ecke *f*

закýтувати(ся) *див.* закýтати(ся)

закýшувати *див.* закусúти

зал Saal *m*, Hálle *f*, Raum *m*, ~ (для) засíдань Sítzungsaal *m*, áктовий ~ Aula *f*, спортúвний [гімнастúчний] ~ Túrnhalle *f*, ~ для глядачíв Zúschauerraum *m*, ~ очíкування (*на вокзалі*) Wártesaal *m*, ~ вúльоту (*в аеропорту*) Ábflughalle *f*, ~и музéю Muséumsräume *pl*

залáзити 1) (*усередину*) hinéin|kriechen* *vi* (s), heréin|kriechen* *vi* (s); 2) (*піднятися*) hináuf|klettern *vi* (s), heráuf|klettern *vi* (s); ◊ ~ в боргú *розм.* in Schúlden gerâten* *vi* (s)

заледенí|лий veréist, mit Eis bedéckt; **~ти** veréisen *vi* (s)

залежáлий überlágert; ~ товáр ábgelagerte (úngangbare, überlágerte) Wáre

залéжати 1) (*від чогось/когось*) áb|hängen *vi* (von *D*); 2) (*від когось – бути залежним*) ábhängig sein (von *D*)

залéжн|ий ábhängig; ~а країна ábhängiges Land; ~е полóження ábhängige Stéllung, Ábhängigkeit *f*

залéжн|ість 1) Ábhängigkeit *f*, знахóдитися в чиúсь ~ості von j-m ábhängig sein; 2) (*причинний зв'язок*) Zusámmenhang *m*, ◊ в ~ості від чогóсь je nach (*D*); в ~ості від обстáвин je nach den Verhältnissen; в ~ості від погóди je nachdém, wie das Wétter wird

залетíти (*влетіти*) hinéin|fliegen* *vi* (s), heréin|fliegen* *vi* (s)

заливáти, **залúти** 1) (*затопити*) überschwémmen *vt*, überflúten *vt*; 2) (*облити*) begíeßen* *vt*

залицЯтися (*до жінки*) den Hof máchen (*D*), umwérben* *vt*

залишá|ти 1) (*не взяти з собою*) lássen* *vt*, zurück|lassen* *vt*, líegen|lassen* *vt*, stéhen|lassen* *vt* (*забути*); hinterlássen* *vt* (*D — для когось або комусь*); 2) (*в якомусь стані*) lássen* *vt*; ~ вікнó відкрúтим das Fénster óffen lássen*; ~ все як є laß álles so, wie es ist; ~ щось без увáги etw. únbeachtet lássen*; 3) (*зберегти*) áuf|heben* *vt*, zurück|legen *vt*, reservieren [-'vi:-] *vt* (*для когось* für *A*); ~ щось собí etw. für sich behálten*; ~ щось собí на пáм'ять etw. als [zum] Ándenken behálten*; 4) (*покинути*) verlássen* *vt*, ~ когóсь в бідí j-n in Stich lássen*; **~тися** *див.* залишúтися; нам не ~ється нíчого

іншого, як чека́ти es bleibt uns nichts ánderes übrig, als zu wárten
залиши́ти *див.* залиша́ти
залиши́|тися 1) (*не піти, не поїхати і т. п.*) bléiben* *vi* (s); ~ вдо́ма zu Háuse bléiben*; ~ ночува́ти [на́ ніч] über Nacht bléiben*; 2) (*бути в наявності*) bléiben* *vi* (s), sein* *vi* (s); до відхо́ду поїзда ~лося п'ять хвили́н bis zur Ábfahrt des Zúges bléiben [sind es] noch fünf Minúten; у ме́не ~лося ще п'ять хвили́н ich hábe noch fünf Minúten; 3) (*продовжувати знаходитися в якомусь. стані*) bléiben* *vi* (s); ~ спокі́йним rúhig bléiben*; ~ сиді́ти sítzen|bléiben* *vi* (s); вони́ ~лися дру́зями sie blíeben Fréunde; ~ в живи́х am Lében bléiben*; ~ при своїй ду́мці bei séiner Méinung bléiben*; 4) (*зберегтися від чогось, у когось*) übrig|bléiben* *vi* (s); від цьо́го нічо́го не ~лося davón blieb nichts übrig; 5) *безос.* (*комусь - слід зробити щось*): мені́ ~лося прочита́ти ще п'ять сторі́нок ich muß noch fünf Séiten lésen
за́лиш|ок (*остання частина чогось*) Rest *m*, ~ки *мн.* 1) (*після чогось*) Réste *pl*; Spéisereste *pl* (*їжі*); Éssenreste *pl* (*недоїдки*); 2) (*незначна частина*) Rest *m*, оста́нні ~ води́, проду́ктів ein létzter Rest vom Wásser, von den Lébensmitteln
залі́зн|ий éisern, Eisen-; ~і това́ри, ~і ви́роби Éisenwaren *pl*
залізни́ц|я 1) (*колії*) Éisenbahnlinie *f*, 2) (*вид транспорту*) Éisenbahn *f*, по ~і mit der Éisenbahn, mit der Bahn
залізни́чний Éisenbahn-, Bahn-, Zug-; ~ рух Éisenbahnverkehr *m*, ~ тра́нспорт Zúgverkehr *m*, ~ квито́к Fáhrkarte *f*
залізни́чник Éisenbahner *m*
залі́зо Éisen *n*
залізобето́н Stáhlbeton [-tɔŋ] *m*
залі́зти *див.* зала́зити
за́лік 1) (*у навчальному закладі*) Zwíschenprüfung *f* (*з чогось* in *D*); здава́ти ~и Zwíschenprüfungen áb|legen; він склав [одéржав] ~ er hat die Zwíschenprüfung bestánden; 2) *спорт.*: у кома́ндному ~у in der Mánnschaftswertung
заліко́в|ий: ~а кни́жка Stúdienbuch *n*
заліко́вувати, **залікува́ти** héilen *vt*, áus|kurieren *vt*
заліпи́ти, **залі́плювати** 1) (*замазати*) verschmíeren *vt*, verkítten *vt*; 2) (*заклеїти*) verklében *vt*, zú|kleben *vt*
заліта́ти *див.* залеті́ти
за́лоза *анат.* Drüse *f*
за́лозистий éisenhaltig, Éisen-
залп Sálve [-və] *f*, да́ти ~ éine Sálve áb|geben* [áb|feuern]
залуча́ти 1) (*до участі в чомусь*) her-án|ziehen* *vt* (zu *D*); 2) (*приєднати*) hin-zúfügen *vt*, ánschließen* *vt*; 3) (*ознайомити з чимось*) téilnehmen* lássen* (an *D*); heránführen (an *A*); **~ся** téilnehmen* *vi* (an *D*)
залу́чення 1) (*приєднання*) Hinzúfügung *f*, Eingliederung *f*, 2) (*ознайомлення з чимось*) Téilnahme *f* (an *D*); Heránfügung *f* (an *A*)
залучи́ти(ся) *див.* залуча́ти(ся)
заляка́ти, **залякувати** éin|schüchtern *vt*
зама́зка (*речовина*) Kitt *m*
замальо́вка (*малюнок*) Zéichnung *f*, Skízze *f* (*ескіз*)
замани́ти (ver)lócken *vt*, hinéin|lócken *vt*
заман|у́тися: він ро́бить, що йому́ ~е́ться er tut, was ihm belíebt
зама́нювати *див.* замани́ти
замаско́ваний maskíert, getárnt, verstéckt
замаскува́ти tárnen *vt*, **~ся** sich tárnen
за́мах (*на щось*) Ánschlag *m* (auf *A*), Áttentát *m*, Éingriff *m* (in *A*); ~ на чия́сь свобо́ду Ánschlag gégen j-s Fréiheit; ~ на вби́вство Mórdanschlag *m*, учиня́ти ~ на чиєсь життя́ j-m nach dem Lében tráchten; éinen Mórdanschlag máchen
зама́хуватися, **замахну́тися** (zum Schlag) áus|holen *vi* (*на когось* nach *D*)
зама́шки *мн* Allüren *pl*, Ángewohnheit *f*, Maníer *f*
замерза́ти, **заме́рзнути** 1) (*перетворитися на лід*) gefríeren* *vi* (s); 2) (*покритися льодом — про водойми*) zú|frieren* *vi* (s); 3) (*змерзти*) fríeren* *vi* (s); у мене́ заме́рзли но́ги mir fróren die Füße; я зо́всім заме́рз ich bin ganz durchfróren; 4) (*загинути*) erfríeren* *vi* (s)
замести́ 1) (*мітлою і т. п.*) fégen *vt*, 2) (*засипати снігом і т. п.*) verwéhen *vt*, ◇ ~ слід(и́) die Spúren verwíschen
заме́т 1) Schnéewehe *f*, Schnéehaufen *m*, 2) ~и *мн.* (*снігові*) Schnéeverwehungen *pl*
замива́ти *див.* зами́ти
замика́ння *с*: коро́тке ~ *эл.* Kúrzschluß *m*
замика́ти(ся) *див.* замкну́ти(ся)
зами́нк|а *розм.* Stóckung *f*, Páuse *f* (*в розмові*); без ~и réibungslos, flíeßend
зами́слитися 1) (*стати задумливим*) nachdenklich wérden, sich in Gedánken vertíefen; 2) (*над чимось або про щось*) nách|denken* *vi*, sich (*D*) Gedánken máchen (über *A*)
замишля́ти im Sínne háben *vt*, vór|haben* *vt*
за́між: ви́йти ~ за ко́гось j-n héiraten
змі́жжя Héirat *f*, Éhe *f*
замі́жня: ~ жі́нка verhéiratete Frau
замі́на 1) (*дія*) Ersátz *m*, Ersétzen *n*, 2) (*предмет, засіб*) Ersátz *m*, Ersátzmittel *n*
заміни́ти 1) (*щось чимось, когось кимось – поміняти*) ersétzen *vt* (durch *A*), áus|wechseln *vt* (gégen *A*); 2) (*когось – змінити в роботі і т. п.*) áb|lösen *vt*, éin|springen* *vi* (s) (für *A*)
замі́нний ersétzbar
замі́нник Áustauschstoff *m*, Ersátzstoff *m*, ~ шкі́ри Lédersatz *m*, Kúnstleder *n*
заміня́ти *див.* заміни́ти
за́мір Ábsicht *f*, Vórsatz *m*, із ~ом ábsichtlich, mit Ábsicht, vórsätzlich, mit Vórbedacht

заміси́ти: ~ ті́сто Teig knéten
за́місь statt, anstátt (*G*); an Stélle (von *D*); ~ цьо́го statt déssen; ~ ме́не für mich, an méiner Stélle; ◊ ~ того́, щоб (*робити щось*) statt, anstátt (zu + *inf*)
замі́ськ|ий 1) Land-; ~ буди́нок Lándhaus *n*; 2): ~а́ прогу́лянка Áusflug aufs Land
заміта́ти *див.* замести́
замі́тка (*для стінної газети*) Notíz *f*, (*коротке повідомлення в пресі - тж*) kúrze Míttеilung;
замі́шаний (*в чомусь*) verwíckelt (in *A*)
заміша́ння Verwírrung *f*, Verlégenheit *f* (*зніяковілість*); Bestürzung *f* (*розгубленість*)
заміща́ти vertréten *vt*
замкну́ти áb|schließen* *vt*, verschlíeßen* *vt*
за́мкнутий 1) (*про простір*) geschlóssen; 2) (*нетовариський*) verschlóssen
замкну́тися (*про людину*) sich éin|schließen*
замко́в|ий Schloß-; ~а щіли́на Schlüsselloch *n*
замо́вити bestéllen *vt*; ~ щось на вече́рю etw. zum Ábendbrot bestéllen; ~ лі́ки (*в аптеці*) éine Medizín ánfertigen lássen*; ~ міжміську́ телефо́нну розмо́ву ein Férngespräch án|melden
замовка́ти, **замо́вкнути** verstúmmen *vi* (s), (*про людину - тж*) (stíll)schwéigen* *vi*
замо́влення 1) Bestéllung *f*, за індивідуа́льним ~м nach Kúndenwünschen; 2) *эк.* Áuftrag *m*, виробни́че ~ Produktiónsauftrag *m*
замовля́ти *див.* замо́вити
замо́вник Bestéller *m*, Kúnde *m* (*клієнт*); *эк.* Áuftraggeber *m*
замовч|а́ти verstúmmen *vi* (s), schwéigen* *vi*; ~и́! schweig!, sei still!
замо́вчувати verschwéigen* *vt*
замо́жн|ий wóhlhabend; vermögend; ~і кла́си die besítzenden Klássen; **~ість** Wóhlstand *m*, Wóhlhabenheit *f*
за́мок Schloß *n* (*палац*); Burg *f* (*фортеця*)
замо́к Schloß *n*, дверни́й ~ Türschloß *n*, закри́ти щось на ~ etw. verschlíeßen* [zú|schließen*]
заморо́жування Éinfrieren *n*, *эк. тж* Stopp *m*, ~ за́робітної пла́ти Éinfrieren der Löhne, Lóhnstopp *m*, ~ арсена́лів я́дерної збро́ї Éinfrieren der Kérnwaffenbestände
заморо́жувати, **заморо́зити** 1) (*продукти і т. п.*) gefríeren (lássen*) *vt*, 2) (*засоби, зарплату, ціни*) éin|frieren* *vt*
за́морозки *мн* Frost *m*, Mórgenfrost *m* (*ранкові*); Náchtfrost *m* (*нічні*); ~ на ґру́нті Bódenfrost *m*
замочи́ти 1) (*злегка намочити*) naß máchen *vt*, ~ но́ги násse Füße bekómmen*; 2) (*занурити в воду*) éin|weichen *vt*
замо́чувати *див.* замочи́ти 2
замру́жити: ~ о́чі *див.* замружитися; **~ся** die Áugen zú|kneifen*
за́мужем: бу́ти ~ verhéiratet sein (*за кимось* mit *D*)
заму́чити 1) (*до смерті*) zu Tóde quälen *vt*, 2) (áb)quälen *vt*, plágen *vt*, **~ся** sich áb|quälen, sich áb|plagen (*з чимось/кимось* mit *D*)
за́мш|а Wíldleder *n*, **~евий** Wíldleder-
зана́дто 1) *перед присл. і прикм.* zu, viel zu, állzu-; ~ ра́но (viel) zu früh, állzufrüh; цього́ ~ ма́ло das ist viel zu wénig; він не ~ розу́мний er ist nicht állzu klug; 2) *перед. дієсл.* zu sehr, állzusehr; ◊ це вже **~!** das geht zu weit!, das ist doch zu arg [zu stark]!
зане́дбаний vernáchlässigt, úngepflegt
занедба́ти (*залишити без догляду, закинути*) vernáchlässigen *vt*
зане́пад Verfáll *m*, Níedergang *m*, ~ сил Schwäche *f*, Kräfteverfall *m*
занепада́ти verfállen* *vi* (s), in Verfáll geráten* *vi* (s)
занепа́дницький Verfáll(s)-; dekadént (*про мистецтво і т. п.*); ~ на́стрій Depressión *f*, bedrückte Stímmung
занепа́сти *див.* занепада́ти
занепоко́єний bekümmert
занепоко́їтися únruhig wérden
занес|ти́ 1) (*принести*) bríngen* *vt*, 2) (*записати*) éin|tragen* *vt*, éin|schreiben* *vt*, 3) (*снігом, піском*) verwéhen *vt*, zú|wehen *vt*, 4): машину ~ло́ der Wágen geriet ins Schléudern
занеха́яний vernáchlässigt
зани́зити zu stark herábsetzen (sénken); zu níedrig ánsetzen (*план, норму, ціну*); zu níedrig bewérten, únterbewerten *vt* (*вартість, оцінку*)
зано́сити *див.* занести́
заното́вувати, **занотува́ти** (*записати*) vermérken *vt*, notíeren *vt*
зано́шений ábgetragen; ábgeschabt, schäbig (*потертий*)
зану́рення 1) (*у воду і т. п.*) Éintauchen *n*, Táuchen *n*, 2) (*корабля і т. п.*) Versénken *n*, Sínken *n*
зану́рювати, **зану́рити** éin|tauchen *vt*, versénken *vt*, **~ся** 1) táuchen *vi* (s); únter|tauchen *vi* (s) (*з головою*); 2) *перен.* sich vertíefen
заня́ття 1) (*справа*) Beschäftigung *f*, улю́блене ~ Líeblingsbeschäftigung *f*, 2) (*учбове*) Únterrichtsstunde *f*, 3) (*навчання*) Únterricht *m*, ~ почина́ються о де́в'ятій годи́ні der Únterricht begínnt um neun Uhr; ~ в школі почина́ються у ве́ресні die Schúle begínnt im Septémber
заодно́ 1) (*спільно*) geméinsam, éinträchtig; 2) *розм.* zugléich (*попутно*); nebenbéi (*мимохідь*)
заокеа́нський übersee isch, Übersee-; transatlántisch (*трансатлантич-ний*)
заохо́тити áuf|muntern *vt* (*когось*); fördern *vt* (*щось*)
заохо́ч|ення Áufmunterung *f* (*когось*); Förderung *f* (*чогось*); **~увальний** áufmunternd

З

заохóчувати *див.* заохóтити
заóчн|ий: ~е навчáння Férnstudium *n*, Férnunterricht *m*
заóчно 1) (*за відсутністю*) in Ábwesenheit; 2) (*про навчання*) im Férnstudium, im Férnunterricht
заощáдження *мн.* (*грошові*) Erspárnisse *pl*
заощáдити (éin)spáren *vt*
запáдина Höhlung *f*, Vertíefung *f* (*заглиблення*)
запакувáти, **запакóвувати** éin|packen *vt*, verpácken *vt*
зáпал Hítze *f*, Übermut *m*, Éifer *m*, Féuer *n* (*гарячність*); Héftigkeit *f* (*запальність*); у ~і суперéчки in der Hítze des Stréits; у ~і битви im Éifer des Geféchts; у ~і гніву im Zorn
запалáти áuf|flammen *vi* (s); áuf|lodern *vi* (s) (*про вогонь*)
3 **запáлений** entzündet;
запáлення Entzündung *f*, ~ легéнів Lúngenentzündung *f*
запáлий hohl, éingefallen, éingesunken
запали́ти 1) án|zünden *vt*, 2) (*увімкнути*): ~ світло Licht máchen [éin|schalten]; **~ся** 1) sich entzünden; Féuer fángen* (*загорітися*); 2) (*про вогні і т. п.*) áuf|flammen *vi* (s); запали́лося світло das Licht ging an
запали́тися sich entzünden
запáльний bráusend, héftig, jähzornig; áufbrausend
запальни́й entzündlich, Entzündungs-
запальни́чка Féuerzeug *n*
запáльність Héftigkeit *f*, Jähzorn *m*
запáлюватися *див.* запали́тися
запáмороч|ення Schwíndel *m*, **~ливий** schwíndelnd, schwíndelerregend; verblüffend
запам'ятóвувати, **запам'ятáти** sich (*D*) etw. mérken, (im Gedächtnis) behálten* *vt*, **~ся** (*комусь*) im Gedächtnis bléiben* *vi* (s), sich éin|prägen (*D*) (*про щось*); in Erínnerung bléiben* *vi* (s) (*D*) (*про когось*)
запанувáти, **запанóвувати** (*наступити*) éin|treten* *vi* (s); запанувáло глибóке мовчáння éine tiefe Stílle trat ein
запáс 1) Vórrat *m* (*чогось* an *D*); Béstand *m* (*наявне*); Resérve [-və] *f* (*резерв*); ~ продовóльства Lébensmittelvorrat *m*, золоти́й ~ Góldbestand *m*, 2) *мн* ~и (*ресурси*) Vórräte *pl*, ~и сировини́ Róhstoffvorräte *pl*, ~и енéргії Energíevorrat *m*, Energíevorräte *pl*, 3) (*перен.*): ~ слів, словникóвий ~ Wórtschatz *m*, 4) (*у шві одягу*) Éinschlag *m*, 5) *військ.* Resérve [-və] *f*, офіцéр ~у Resérveoffizi-er *m*, звільни́тися в ~ sich in die Resérve versétzen lássen*; ◊ мáти щось в ~і *etw.* im Vórrat [in Resérve] háben про ~ auf Vórrat; auf álle Fälle (*на всякий випадок*)
запасáти(ся) *див.* запасти́(ся)
запасн|и́й Ersátz-, Resérve[-və]; ~ гравéць *спорт.* Ersátzspieler *m*, Áuswechselspieler *m*, ~і части́ни *тех.* Ersátzteile *pl*, ~é кóлесо Resérverad *n*, ~ ви́хід Nótausgang *m*, ~ шлях *зал.* Ábstellgleis *n*
запáсти (*про щоки*) éin|fallen* *vi* (s)
запасти́ sich versórgen, sich veréhen (mit *A*); **~ся** (*чимось*) *див.* запасти́; ◊ ~ся терпíнням sich gedúlden, sich mit Gedúld wáppnen
зáпах Gerúch *m*, Duft *m* (*аромат*); ~ гáзу Gásgeruch *m*, ~ квíтів Blúmenduft *m*
запашни́й 1) wóhlriechend, dúftend; 2): ~ горóшок wóhlriechende Plätterbse
запáювати, **запаяти** zú|löten *vt*
запéвнення Versícherung *f*, Betéuerung *f*, Zúsicherung *f* (*обіцянка*)
запевни́ти, **запéвнювати** versíchern *vt*, betéuern *vt* (*когось D*)
запéклий éifrig (*запальний*); léidenschaftlich (*палкий*)
запекти́ bácken* *vt*
заперéче|ння 1) (*дія*) Vernéinung *f*, Áblehnung *f*, Áblеugnung *f*, 2) (*виявлення незгоди*) Widerspruch *m*, без ~нь óhne Wíderrede; не терпíти ~нь kéinen Wíderspruch dúlden; 3) (*доказ*) Éinwand *m*, у мéне немá ~нь прóти цьóго ich hábe nichts dagégen (éinzuwenden); 4) *грам.* Negatión *f*, Vernéinung *f*
заперéчити 1) vernéinen *vt*, áb|leugnen *vt*, bestréiten* *vt* (*спростовувати*); цьóго не мóжна ~ das läßt sich nicht bestréiten; 2) (*комусь суперечити*) widerspréchen* *vi* (*D*); 3) (*наводити докази*) erwídern *vt*, entgégnen *vt* (auf *A*); на це він нíчóго не міг ~ daráuf kónnte er nichts erwídern
заперéчний négativ
заперéчу|вати *див.* заперéчити; якщó ви не ~єте wenn Sie nichts dagégen háben
запечáтати, **запечáтувати** 1) versíegeln *vt*, 2) (*конверт*) zú|kleben *vt*
запи́лення *бот.* Bestäubung *f*
запили́ти, **запи́лювати** 1) bestáuben *vt*, stáubig máchen *vt*, 2) *бот.* bestäu-ben *vt*, **~ся** verstáuben *vi* (s), verstáubt sein
запи́нк|а *ж.* без ~и fließend
зáпис 1) (*записки*, *позначки*) Notíz *f*, Áufzeichnung *f*, 2) (*магнітофонний і т. п.*) Áufnahme *f*, 3) (*на прийом і т. п.*) Ánmeldung *f*, попередній ~ Vóranmeldung *f*
записáти 1) áuf|schreiben* *vt*, notíe-ren *vt* (*робити нотатки*); nách|schreiben* *vt* (*лекцію і т. п.*); 2) (*на плівку*, *платівку*) áuf|nehmen* *vt*, 3) (*внести в список*, *включити в склад чогось*) éin|tragen* *vt* (in *A*); án|melden *vt* (in *D* — *в школу*, *бібліотеку і т. п.*); vór|merken *vt* (für *A* — *в гурток*, *на екскурсію і т. п.*); **~ся** sich án|melden (in *D* — *в бібліотеку і т. п.*; für *A* — *на екскурсію і т. п.*); sich éin|tragen* (für *A* — *в гурток і т. п.*); ~ся на прийóм до лíкаря sich beim Arzt án|melden
запи́с|ка Zéttel *m*, (schríftliche) Náchricht *f*, ~ки *мн* Notízen *pl*, Skízzen *pl*, Áufzeichnungen *pl* (*нотатки*); **~ни́й**: ~нá кни́жка Notízbuch *n*

запúсувати(ся) *див.* записáти(ся)
зáпити *мн* Bedürfnisse *pl*, Interéssen *pl* (*інтереси*); Wünsche *pl* (*побажання*); Ansprüche *pl*
запідóзрити verdächtigen *vt*
запíзнення Verspätung *f*, без ~ óhne Verspätung, pünktlich; із ~м mit Verspätung, verspätet; пóїзд ідé із ~м на дéсять хвилúн der Zug hat zehn Minúten Verspätung
запізнú|тися, **запíзнюватися** zu spät kómmen* *vi* (s), sich verspäten; versäumen *vt*, verpássen *vt* (*пропустити через запізнення*); ~ на п'ять хвилúн (um) fünf Minúten zu spät kómmen*; пóїзд ~вся на дéсять хвилúн der Zug hätte zehn Minúten Verspätung; ~ на пóїзд sich zum Zug verspäten, den Zug versäumen
запікáнка (*страва*) Púdding *m*
запікáти *див.* запектú
запітнíлий (*про скло і т. п.*) ángelaufen
заплáканий verwéint
заплáкати (án|fangen* zu) wéinen *vi*
заплан|óваний éingeplant; **~увáти** éinplanen *vt*, plánen *vt*, vorá usplanen *vt*
заплатúти 1) (*розрахуватися з кимось*) záhlen *vi* (*комусь D*); ~ в кáсу an der Kásse záhlen; 2) (*оплатити покупку, послугу і т. п.*) záh-len *vi* (für *A*), bezáhlen *vt*; ~ за квартúру für die Wóhnung záhlen, die Wóhnungsmiete bezáhlen; ~ по рахýнку éine Réchnung bezáhlen [begléichen*]; 3) (*якусь суму*) (be)záhlen *vt* (*за щось* für *A*)
заплеснýти (*хвилями*) überflúten *vt* überschwémmen *vt*
заплестú fléchten* *vt*
заплúв *спорт.* Wéttschwimmen *n*, ~ на дóвгу дистáнцію Lángstreckenschwimmen *n*
запливáти, **запливтú** (*про плавця*) schwímmen* *vi* (s), fórtschwimmen* *vt*, hináusschwimmen* *vt*
заплíднення Befrúchtung *f*
заплíднювати, **заплíднúти** befrúchten *vt*
запліснявí|лий verschímmelt; **~ти** verschímmeln *vi* (s)
заплітáти *див.* заплестú
запломбувáти *див.* пломбувáти
заплýтаний verwíckelt; kompliziert (*складний*)
заплýтати, **заплýтувати** 1) (*щось*) durcheinánder|bringen* *vt*; 2) (*збити з пантелику*) verwírren *vt*, in Verwírrung bríngen* *vt*; **~ся** 1) (*про ситуацію*) sich verwíckeln; 2) (*в чомусь - про людину — збитися*) írre wérden (an *D*), nicht zurécht|kommen* *vi* (s) (mit *D*)
заплямувáти beflécken *vt*, besúdeln *vt*
запнýти: ~ фірáнку den Vórhang zú|ziehen*
запобігáння Vórbeugung *f*, Verhü-tung *f*, Verhínderung *f*, (réchtzeitige) Ábwendung *f*
запобігáти, **запобíгти** vór|beugen *vi* (*D*), verhüten *vt*, áb|wenden* *vt*
запобíжн|ий Schutz-, Sícherheits-; **~ик** Sícherung *f*
заповзáти, **заповзтú** (hinéin)kríechen* *vi* (s)
заповідáти vermáchen *vt*, testamentárisch hinterlássen* [verér-ben] *vt*
заповíдний Schutz-
заповíдник Natúrschutzgebiet *n*
зáповідь Gebót *n*
заповíт Testamént *n*
заповíтний séhnlich
запóвнити, **запóвнювати** 1) (*наповнити*) füllen *vt*; 2) (*анкету*) áus|füllen *vt*
заподíювати, **заподíяти** verúr|sachen *vt*, zú|fügen *vt*
запозúч|ення Entléhnung *f*, **~ити** entléhnen *vt*
заполярн|ий Polár-; ~е мíсто Polárstadt *f*
зáпонка Manschéttenknopf *m*
запóр *мед.* Verstópfung *f*
запорýка (*гарантія*) Bürgschhaft *f*, Garaníe *f*, Beweís *m* (*доказ*), Unterpfand *n* (*джерело, основа*); ~ мúру Únterpfand des Friedens; ~ подáльших ýспіхів ein Únterpfand für wéitere Erfólge
заправúти, **заправлáти** 1) (*про страву*) án|richten *vt*, würzen *vt* (*прянощами*); 2) (*паливом*) tánken *vi*; 3) (*у щось – засунути*) stécken *vt* (in *A*)
запрáвн|ий: ~а стáнція Tánkstelle *f*
запрасувáти, **запрасóвувати** (*праскою*) glätten *vt*
запрацювá|ти (*про механізм і т. п.*) in Gang kómmen* *vi* (s); wieder funktioníeren (*запрацювати знову — після поломки і т. п.*); мотóр ~в der Motór sprang an
заприсягáтися schwören* *vi* або *vt* (*в чомусь*)
запровáдження Verwírklichung *f*, Realisíerung *f*, Dúrchführung *f*, ~ в життя́ Verwírklichung *f*
запровáдити, **запровáджувати**: ~ в життя́ verwírklichen *vt*, realisíeren *vt*
запрограмувáти 1) (*на обчислювальній машині*) programmíeren *vt*, 2) *перен.* vórprogrammieren *vt*
запропонувáти vór|schlagen* *vt* (*тж* zu + *inf*) (*на вибір, для обговорення*); án|bieten* *vt* (*просити прийняти*); áuf|fordern *vt* (zu + *inf*) (*зробити щось*); ~ якийсь план éinen Plan vór|schlagen*; ~ комýсь своя́ допомóгу, чáшку кáви j-m séine Hílfe, éine Tásse Káffee án|bieten*
запросúти 1) éin|laden* *vt*, ~ когóсь на день нарóдження j-n zum Gebúrtstag éin|laden*; 2) (*запропонувати зробити щось*) áuf|fordern *vt* (zu *D* або zu + *inf*); ~ пасажúрів на посáдку die Fáhrgäste zum Éinsteigen áuf|fordern; ~ когóсь сíсти j-n áuf|fordern, Platz zu néhmen; 3) (*лікаря і т. п.*) rúfen* *vt*, kómmen lássen* *vt*
запротоколювáти zu Protokóll néhmen* *vt*, protokollíeren *vt*
запрóшення 1) Éinladung *f*, прийня́ти ~ die Éinladung án|nehmen*, der Éinladung

fólgen; 2) (*пропозиція зробити щось*) Áufforderung *f* (zu *D або* zu + *inf*); 3) (*білет*) Éinladungskarte *f*
запрóшувати *див.* запросúти
запрягáти, **запрягтú** án|spannen *vt*, éin|spannen *vt*
зáпуск (*ракети, космічного корабля*) Start *m*; здійснúти ~ ракéти éine Rakéte stárten
запускáти, запустúти (*ракету і т. п.*) stárten *vt*
запустíння Verwüstung *f*, Verödung *f*
запýщений 1) (*без догляду*) vernáchlässigt; verwíldert (*здичавілий*); 2) (*про хворобу*) verschléppt
запýщеність Zerrütung *f*, Verfáll *m*, Verwílderung *f* (*здичавіння*)
запчастúни *мн.* (запаснí частúни) Ersátzteile *pl*
зап'ясток *анат.* Hándgelenk *n*
3
зарáди (*чогось, когось*) 1) (*для*) für (*A*); ~ загáльного блáга für das Geméinwohl; 2) (*з-за*) wégen (*G*), um (*G*)... wíllen; ~ менé méinetwegen, um méinetwillen; ~ чогó я повúнен...?; weswégen [warúm] muß ich...?; ~ дрýжби aus Fréundschaft; 3) *розм.* (*з якоюсь метою*) zu (*D*); ~ жáрту zum Scherz; ~ чогó? wozú?
заражáти(ся) *див.* заразúти(ся)
зарáження 1) *мед.* Infektión *f*, Ánsteckung *f*, ~ крóві Blútvergiftung *f*, 2) (*середовища*) Verséuchung *f*
зáраз 1) (*тепер*) jetzt; in Áugenblick, áugenblicklich (*в даний момент*); сáме ~ében jetzt; 2) (*скоро*) gleich; я ~ прийдý ich kómme gleich; ◊ ~ же sofórt, auf der Stélle
зарáза Infektión *f*
заразúти 1) (*передати заразу*) án|stecken *vt*, infizíeren *vt*; 2) (*отрýїти місцевість, воду і т. п.*) verséuchen *vt*, vergíften *vt*; **~ся** sich án|stecken (*чимось* mit *D*)
зарáзливий ánsteckend, mítreißend
зарáзний ánsteckend, Infektións-
зарахóвувати, **зарахувáти** (*віднести до числа когось/чогось*) zählen *vt* (zu *D*); éin|stellen *vt* (*на роботу*); immatrikulíeren *vt* (*у вуз*)
зареєструвáти(ся) *див.* реєструвáти(ся)
зарекомендувáти: ~ себé sich bewähren (*кимось* als *N*)
заривáти(ся) *див.* зарúти(ся)
заридáти in Tränen [Schlúchzen] áus|brechen* *vi* (s)
зарúти éin|graben* *vt*, vergráben* *vt*, **~ся** sich vergráben*
зарíзати 1) (*убити*) ermórden *vt*, erstéchen* *vt*; 2) (*худобу*) áb|stechen* *vt*, (áb)schláchten *vt*
заробúти (*гроші*) verdíenen *vt*
заробíтн|ий: ~а плáта Lohn *m* (*робітників*); Gehált *n* (*службовців*)
заробíток Verdíenst *m*, Lohn *m*, Gehált (*зарплата*)
заробля́ти *див.* заробúти
зарóдження Entstéhung *f*, Bíldung *f*
зарóджувати, **зародúти** erzéugen *vt*, hervór|rufen* *vt* (*викликати*); erwécken *vt* (*пробудити*); **~ся** entstéhen* *vi* (s), áuf|kommen* *vi* (s)
зáродок Keim *m*, Émbryo *m*
зарозумíл|ий éingebildet; überhéblich, hóchmütig; arrogánt; hóchmütig, dünkelhaft; **~íсть** Sélbstgefälligkeit *f*, Éinbildung *f*, Überhéblichkeit *f*, Hóchmut *m*, Éigendünkel *m*
заростáти, **заростú** zú|wachsen* *vi* (s)
зáрості *мн.* Gestrüpp *n*, Díckicht *n* (*хаща*)
зарплáт|а (заробíтна плáта) Lohn *m*; одéржати ~у den Lohn in Empfáng néhmen*
зарубíжн|ий áusländisch, Áuslands-; ~а прéса] die áusländische Présse; ~а поїздка Áuslandsreise *f*, ~а літератýра Wéltliteratur *f*
зарубцювáтися, **зарубцьóвуватися** vernárben *vi* (s)
заручáтися (*чимось*) sich (*D*) etw. sichern
зарýчений Verlóbungs-
зарýчини Verlóbung *f*
заручúтися *див.* заручáтися
зарýчник Géisel *f*
заря́д *військ.*, *ел.* Ládung *f*, **~жáти, ~йти** láden* *vt*, (*струмом - тж*) áuf|laden* *vt*
заря́дка *спорт.* Gymnástik *f*, ранкóва ~ Frühsport *m*, Mórgengymnastik *f*
засадúти, **засáджувати** (*рослинами*) bepflánzen *vt*
засáлений féttig
засвíдчення 1) Bezéugung *f*, Beschéinigung *f*, Bestätigung (*підтвердження*); 2) (*підпису*) Begláubigung *f*, Beúrkundigung
засвíдчити beschéinigen *vt*, beúrkunden *vt*, begláubigen *vt*, náchweisen* *vt*, bestätigen *vt*, bekräftigen *vt* (*підтвердити*); ~ пíдпис die Únterschrift begláubigen; ~ чиясь особúстість j-n legitimíeren
засвíдчитися (*в чомусь*) sich vergewíssern (*G або* von *D*), sich überzéugen (von *D*)
зáсвітла noch bei Tágeslicht, vor Ánbruch der Dúnkelheit
засвóєння 1) Áneignen *m*, Áneig-nung *f*, Erlérnung *f* (*шляхом вивчення*); 2) *біол.* Assimilatión *f*, Verdáuung *f* (*їжі*)
засвóїти, **засвóювати** 1): ~ щось (*зробити звичним для себе*) sich (*D*) etw. án|gewöhnen, sich (*D*) etw. án|eignen (*тж* zu + *inf*); 2) (*сприйняти*) sich (*D*) etw. án|eignen [zu éigen máchen]; (er)lérnen *vt* (*вивчити*); begréifen* *vt*, verstéhen* *vt* (*зрозуміти*); behálten* *vt* (*запам'ятати*); 3) *біол.* assimilíeren *vt*, verdáuen *vt* (*їжу*)
засéлений: гýсто ~ dicht besíedelt [bevölkert]
засéлення 1) (*місцевості*) Besíed(e)lund *f*, 2) (*будинку*) Beziehen *n*, готóвий до ~ Schlüsselfertig

засúпати, **засипáти I** 1) (*яму і т. п.*) zú|schütten *vt*, zú|werfen* *vt*; 2) (*усипати*) überschütten *vt*, bedécken *vt*
засипá|ти II, **засинáти** beim Éinschlafen sein; він дóвго не ~в er kónnte lánge nicht éinschlafen
засихáти *див.* засóхнути
зáс|іб 1) (*прийом, спосіб*) Míttel *n*; усімá ~обами mit állen Mítteln; 2) (*препарат, ліки*) Míttel *n*; лікувáльний ~ Héilmittel *n*; ~ від кáшлю, від комарів ein Míttel gégen Hústen, gégen Mücken; ~ для миттÿ пóсуду Geschírrspülmittel *n*; ◊ ~оби виробнúцтва *ек.* Produktiónsmittel *pl*; ~оби мáсової інформáції Mássenmedi|en *pl*, Médi|en *pl*; ~оби до існувáння Existénzmittel *pl*
засівáти *див.* засíяти
засíдання Sítzung *f*, Tágung *f*; пленáрне ~ Plenársitzung *f*; робóче ~ Árbeitstagung *f*
засідáтель *м.* нарóдний ~ Schöffe *m*
засідáти 1) (*про з'їзд і т. п.*) tágen *vi*; 2) (*про людей*) éine Sítzung háben
зáсідка Hínterhalt *m*, Verstéck *n*; Láuer *f*, Fálle *f* (*пастка*)
засíяти besäen *vt*
заскалúти sich (*D*) éinen Splítter éinstechen*
засклúти verglásen *vt*
заскрипíти *див.* скрипíти
заскучáти Lángeweile bekómmen*
зáсланий Verbánnte *m*, Deportíerte *m*
заслáння 1) (*покарання*) Verbánnung *f*, Áusweisung *f*, Deportíerung *f* (*висилка*); 2) (*місце*) Verbánnung-sort *m*
заслáти verbánnen *vt*, áus|weisen* *vt*, deportíeren *vt* (*вислати*)
засліпúти, bléndén *vt*; *перен.* *тж* verbléndén *vt*
заслíплення Verbléndung *f*
заслíплювати *див.* засліпúти
заслýга Verdíenst *n*
заслугóву|вати (*бути гідним чогось*) verdíenen *vt*, wert [würdig] sein (*G*); він ~є на похвалý er verdíent ein Lob, er verdíent es, gelóbt zu wérden; це ~є на увáгу das ist bemérkenswert
заслýжен|ий 1) verdíent; ~ ýспіх verdíenter Erfólg; ~а нагорóда verdíente Áuszeichnung; 2) (*у складі почесного звання*): ~ діяч наýки Verdíenter Wíssenschaftler; ~ майстер спóрту Verdíenter Méister das Sports
заслужúти verdíenen *vt*, erwérben* *vt*; ~ чиÿсь довíру j-s Vertráuen gewínnen*; ~ загáльне визнáння állgeméine Ánerkennung fínden*, állgeméin ánerkannt wérden
засмáглий sónnengebräunt, bráungebrannt
засмáгнути sónnengebräunt [bráungebrannt] sein
засмальцьóваний féttig
засміяти *розм.* áuslachen *vt*, verspótten *vt*
засміятися (án|fangen* zu) láchen *vi*, áuf|lachen *vi*
засмутúти betrüben *vt*, tráurig stímmen [máchen] *vt*; verstímmen *vt*, bekümmern *vt*; ~**ся** betrübt [tráurig] wérden; betrübt sein; verstímmt [míßgestimmt] wérden [sein]
засмýчен|ий betrübt; verstímmt, míßgestimmt; ~**ість** Betrübnis *f*, Árger *m* (*прикрість*)
засмýчувати(ся) *див.* засмутúти(ся)
заснóвник Gründer *m*, Stífter; Begründer *m* (*основоположник*)
заснóвувати gründen *vt*, stíften *vt*, scháffen* *vt*
заснувáння Organisíerung *f*, Grün-dung *f*, Scháffung *f*
заснувáти *див.* заснóвувати
заснýти éin|schlafen* *vi* (s)
засóвувати *див.* засýнути
засолúти *див.* солúти 2
засорóмитися (*чогось*) sich schämen (*G*)
засóхнути vertrócknen *vi* (s)
зáспаний verschláfen, schläfrig
заспівáти án|fangen* (etw.) zu sín-gen
заспíвувач 1) Vorsänger *m*, Vorsängerin *f*; 2) *перен.* Initiátor *m*, Initiáto-rin *f*
заспокíйливий berúhigend, *мед.* sedatív; ~ зáсіб Berúhigungsmittel *n*, *мед.* sedatíves [-'vəs] Míttel, Sedatívum [-vum] *n*
заспокóєння 1) (*дія*) Berúhigung *f*, Besänftigung *f*, Línderung *f*; 2) (*спокій*) Rúhe *f*
заспокóїти, **заспокóювати** berúhigen *vt*; zur Rúhe bríngen* *vt* (*угамувати*); ~**ся** 1) sich berúhigen, rúhig wérden; 2) *розм.* (*задовольнитися досягнутим*) sich zufrieden|geben* (mit *D*)
застáв|а (*гарантія*) Gewähr *f*, Únterpfand *n*, Pfand; віддáти в ~у verpfänden *vt*, in Versátz gében*; взяти грóші під ~у Geld gegen Pfand léihen*
заставáти *див.* застáти
застарівáти verálten *vi* (s), überhólt sein, aus der Mode kómmen*
застарíлий verältet, überhólt
застарíти *див.* застарівáти
застáти 1) (*встигнути побачити когось/щось*) erréichen *vt*; колú вас мóжна ~? wann sind Sie zu erréichen?; 2) (*когось десь, за якимось заняттям*) án|treffen* *vt* (bei *D*); erwíschen *vt*, ertáppen *vt* (bei *D — захопити за якимось вартим осуду заняттям*); ~ когóсь зненáцька j-n überráschen [überrúmpeln]; ~ когóсь на мíсці злóчину j-n auf fríscher Tat ertáppen
застерегтú (*від чогось*) wárnen *vt* (vor *D*)
застерéження 1) Wárnung *f*, 2) (*умова*) Vórbehalt *m*, *юр.* Kláusel *f*
застерéжн|ий: ~і зáходи Vórsichtsmaßnahmen *pl*
застерігáти *див.* застерегтú
застигáти, **застúгнути** gerínnen* *vi* (s)
застібáти, **застебнýти** 1) (*одяг, взуття і т. п.*) zú|knöpfen *vt* (*на гудзики*); zú|ha-

З

ken *vt* (*на крючки*); zú|schnallen *vt* (*на пряжку*); 2) (*гудзик, "блискавку" і т. п.*) zú|machen *vt*; ~ крючкú на спіднúці den Rock zú|haken; ~ рéмені (*про пасажирів літака*) sich án|schnallen

зáстібка Verschlúß *m*, ~**-блúскавка** Réißverschluß *m*

застíй Stagnatión *f*, Stíllstand *m*, *ек.* Fláute *f*

застосóвувати án|wenden* *vt*, verwénden* *vt*

застосувáння Ánwendung *f*, Verwéndung *f*, Éinsatz *m* (*використання*)

застосувáти *див.* застосóвувати

застрáйкувáти in den Streik tréten* *vi*(s), stréiken *vi*

застрахувáти(ся) *див.* страхувáти(ся) 1, 2

застрілúти erschíeßen* *vt*; ~**ся** sich erschíeßen*

застругáти, **застрýгувати** (án)spitzen *vt* (*олівець і т. п.*)

застрявáти, **застря́ти** stécken|bleiben* *vi*(s)

застýда Érkältung *f*

застудúтися, **застýджуватися** sich erkälten, sich (*D*) éine Erkältung zú|ziehen*

зáступ Spáten *m*

заступáтися, **заступúтися** (1) (*за когось*) protegieren [-'ʒi:-] *vt*, éin|treten* *vi* (s), sich éin|setzen (für *A*); beschützen *vt* (*захищати*); 2) (*за щось*) begünstigen *vt*

заступник 1) Gönner *m*, Beschützer *m*, Vertéidiger *m*, Fürsprecher *m*; 2) (*що тимчасово заміняє когось*) Stéllvertreter *m*, Vertréter *m*; ~ дирéктора der Stéllvertreter des Diréktors; в я́кості ~а in Vertrétung; 3) (*в офіційній назві посади*): ~ дирéктора stéllvertretender Diréktor

застýпництво Gunst *f*, Schutz *m* (*захист*); Protektión *f* (*протекція*)

застýпницький gönnerhaft

зáсувка Ríegel *m*, *тех.* Schíeber *m*, вікóнна ~ Fénsterriegel *m*

засýджен|ий der Verúrteilte; ~**ня** Verúrteilung *f*

засýджувати, **засудúти** 1) tádeln *vt*, rügen *vt*, mißbílligen *vt* (*не схвалювати*); 2) (*присудити до чогось*) verúrteilen *vt* (zu *D*, *за щось* wégen *G*)

засукáти áuf|krempeln *vt*, hóch|krempeln *vt*

засумнівáтися (*в чомусь*) zwéifeln *vi* (an *D*), bezwéifeln *vt*

засумувáти tráurig wérden

засýнути (hinéin)stécken *vt*, zú|schieben* *vt*, hinéin|schieben* *vt* (*всунути*)

засýшувати, **засушúти** éin|trocknen lássen* *vt*, tröcknen *vt*

засяя́ти áufleuchten *vi*, áufstrahlen *vi*, erglänzen *vi*

затаврувáти *див.* таврувáти

затáєний gehéim, héimlich, verbór-gen

затаї́ти: ~ на кóгось óбрáзу verbórgenen Groll gégen j-n hégen

затамувáти: ~ пóдих den Átem án|halten*

затвéрдження (*санкціонування*) Bestätigung *f*, Sanktioníerung *f* (*законним порядком*); Verábschiedung *f* (*прийняттям закону*)

затвéрдити, **затвéрджувати** (*санкціонувати*) bestätigen *vt*, sanktioníeren *vt* (*законним порядком*); verábschieden (*прийняттям закону*)

затвердíти, **затвéрднути** hart wérden; geríńnen* *vi* (s) (*про рідкі тіла*)

затвóр 1) (*гвинтівки*) Schloß *n*; 2) (*фотоапарата*) Verschlúß *n*

затé dafür áber

затектú 1) (*всередину*) (hinéin)flíeßen* *vi* (s); 2) (*опухнути*) án|schwellen* *vi* (s)

затéмнення *астр.* Fínsternis *f*, сóнячне ~ Sónnenfinsternis *f*, (пóвне) мíсячне ~ (totále) Móndfinsternis *f*

затéрпнути erstárren *vi*(s); áb|sterben* *vi* (s); steif wérden, éin|schlafen* *vi*(s) *розм*

затикáти *див.* заткнýти

зáтиск 1) *тех.* (*дія*) Éinklemmen *n*, Befestigung; 2) *перен.* Unterdrückung *f*, Éinschränkung *f* (*обмеження*)

затискáти *див.* затúснути

затискáч Klémme *f*, Spánnelement *m*, Klámmer *f*, ~ для білúзни Wäscheklammer *f*

затúснути éin|klemmen *vt*

затихáти, **затúхнути** sich berúhigen (*заспокоїтися*); verstúmmen *vi* (s) (*замовкнути*); ánf|hören *vi* (*про шум*); nách|lassen* *vi*, sich légen (*про вітер*); still wérden; verhállen *vi*(s), verstúmmen *vi* (*про звуки*)

зáтичка Pfrópfen *m*, Stöpsel *m* (*напр., у ванні*)

затúшний beháglich, gemütlich

зáтишок Gemütlichkeit *f*, Beháglichkeit *f*

затúшшя 1) (*безвітря*) Wíndstille *f*, 2) (*тиша*) Stíle *f*, Rúhe *f*

затівáти *див.* затíяти

затíкати *див.* затектú

затíяти (*влаштувати*) arrangieren [araŋ'ʒi:-] *vt*, unternéhmen* *vt*, án|zetteln *vt* (*щось варте осуду*)

заткнýти zú|stopfen *vt*

затовáрювання Wárenhortung *f*, übermäßige Wárenvorräte

затóка Bucht *f*, (*морська тж*) Méerbusen *m*

затонýти versínken* *vi*(s), úbter|gehen* *vt* (s)

затопúти I (*піч*) (án)héizen *vt*

затопúти II 1) (*про воду*) überschwémmen *vt*, überflúten *vt*; 2) (*потопити*) versénken *vt*

затоптáти, **затóптувати** zertréten* *vt*, zerstámpfen *vt*

затóр 1) Stóckung *f*, ~ у вýличному рýсі Verkéhrsstockung *f*, 2) (*криги*) Éisstau *m*, Éisbarriere [-rje:rə] *f*

заточúти (*загострити*) áb|schleifen* *vt*, schärfen *vt*, spítzen *vt* (*олівець*)

затра́т|а (*витрати чогось*) Áufwand *m*, Verbráuch *m* (an *D*); ~ робо́чого ча́су Árbeitszeitaufwand *m*, ~ електроене́ргії Strómverbrauch *m*

затра́тити, **затра́чувати** (*зусилля і т. п.*) áuf|wenden* *vt*

затремті́ти erzíttern *vi* (s), (án|fangen* zu) zíttern *vi*

затри́мати 1) áuf|halten* *vt* (*не дати піти*); án|halten* *vt* (*зупинити*); 2) (*сповільнити*) verzögern *vt*, hináus|schieben* *vt*, verschíeben* *vt* (*відкласти*); 3) (*заарештувати*) verháften *vt*, fést|nehmen* *vt*; **~ся** länger bléiben* *vi* (s), sich länger áuf|halten*

затри́мка 1) (*завада*) Störung *f*, Híndernis *n*; 2) (*зволікання*) Verzögerung *f*, Áufschub *m*

затри́мувати *див.* затри́мати

затушува́ти, **затушо́вувати** (*згладжувати*) vertúschen *vt*

за́тхлий (*про повітря*) dumpf, múffig; móderig

затьма́рити, **затьма́рювати** 1) (*перевершити когось*) in den Schátten stéllen *vt*, übertréffen* *vt*; 2) (*засмутити*) betrüben *vt*; **~ся** sich verfínstern, sich verdüstern

затяг|ти́ 1) (*туго стягнути*) fést|zie-hen* *vt*; 2) (*уповільнити, затримати*) verzögern *vt*, in die Länge zíehen* *vt*; 3) (*засмоктати*): його́ **~ло** в боло́то er versánk im Sumpf; 4) (*покрити*) überzíehen* *vt*, bedécken *vt*; не́бо **~ло** хма́рами der Hímmel ist mit Wólken bedéckt; **~ти́ся** (*уповільнитися, затриматися*) sich hín|ziehen*, sich in die Länge zíehen*

затя́гування (*справи і т. п.*) Verzögerung *f*, Verschléppung *f*

затя́гувати(ся) *див.* затягти́(ся)

затяжни́й lángwierig; ánhaltend (*тривалий*); verzögert (*уповільнений*)

заува́ження 1) (*висловлення*) Bemérkung *f*, 2) (*догана*) Verwéis *m*, Verwárnung *f*

заува́жити bemérken *vt*, ságen *vt*, éine Bemérkung máchen

зафарбува́ти, **зафарбо́вувати** übermálen *vt*, überstréichen* *vt*

зафіксува́ти *див.* фіксува́ти

захара́щувати, **захара́стити** verstéllen *vt*

за́хват Entzücken *n*, Begéisterung *f*, Raúsch *m*, Táumel *m*; бу́ти у ~і [прийти́ в ~] від кого́сь/чого́сь von j-m/etw. begéistert sein; привести́ кого́сь в ~ j-n in Begéisterung versétzen, j-n begéistern

захворі́ти erkránken *vi* (s), krank wérden; ~ гри́пом Gríppe bekómmen*, an Gríppe erkránken

захво́рюван|і́сть Erkránkungshäufigkeit *f*, **~ня** Erkránkung *f*

захво́рювати *див.* захворі́ти

захе́катися áußer Átem kómmen* [sein] *vi* (s)

захисн|и́й 1) (*який служить для захисту*) Schutz-, Ábwehr-; **~і́** окуля́ри Schútzbrille *f*, **~е́** забáрвлення (*тварин*) Schútzfarbe *f*, **~а́** реа́кція Ábwehrreaktion *f*, 2): **~о́го** ко́льору khakifarben ['ka:-]

захисни́к 1) Vertéidiger *m*, Beschüt-zer *m*; 2) *юр.* Vertéidiger *m*, Ánwalt *m*; 3) *спорт.* Vertéidiger *m*, Híntermann *m*;

за́хист 1) Vertéidigung *f*, Schutz *m*; ~ ми́ру Vertéidigung das Fríedens; ~ навко́лишнього середо́вища Úmweltschutz *m*; ви́ступити на ~ чого́сь für etw. (*A*) éin|treten* *vi* (s); для ~у від чо́гось zum Schutz gégen (*A*); 2): ~ дисерта́ції, дипло́ма Vertéidigung der Dissertatión, der Diplómarbeit; 3) *спорт.* Vertéidi-gung *f*, Híntermannschaft *f*, 4) *юр.* Vertéidigung *f*

захисти́ти 1) (*відстояти*) vertéidigen *vt*, 2) (*взяти під захист*) beschützen *vt*, in Schutz néhmen* *vt*, éin|treten* *vi* (s) (für *A*); 3) (*від чогось*) schützen *vt* (vor *D* або gégen *A*); 4): ~ дисерта́цію, дипло́м éine Dissertatión, éine Diplómarbeit vertéidigen; **~ся** 1) (*від когось/чогось*) sich vertéidigen (gégen *A*); 2) (*від чогось*) sich schützen (vor *D* або gégen *A*); 3) *розм.* *див.* захисти́ти 4

захита́тися ins Wánken kómmen* *vi* (s), wáckeln *vi*; táumeln *vi* (*про людину*)

захи́т|увати: його́ **~а́ло** er wúrde séekrank

захища́ти 1) *див.* захисти́ти; 2): ~ воро́та *спорт.* das Tor hüten, im Tor stéhen* *vi* (h, s); **~ся** *див.* захища́тися

за́хід I (*сонця*) Sónnenuntergang *m*

за́хід II 1) Wésten *m*, на ~ [на за́ході] від чо́гось wéstlich von (*D*); 2) За́хід (*країни Західної Європи та Америки*) Wésten *m*, на За́ході im Wésten; між Схо́дом та За́ходом (*про відносини, торгівлю і т. п.*) zwíschen Óst und West; пів́де́нний ~ Südwésten *m*

за́х|ід III 1) Veránstaltung *f*, 2) *мн.* **~оди** Máßnahmen *pl*; вжи́ти **~одів** Máßnahmen tréffen* [ergréifen*]

за́хідн|ий *у різн. знач.* wéstlich, West-; в **~ому** на́прямку in wéstlicher Ríchtung; ~ кордо́н Wéstgrenze *f*, **~і** краї́ни Wéstmächte *pl*; За́хідна Євро́па Westeurópa *n*

західноєвропе́йський wésteuropäisch

захлина́тися, **захлину́тися** Wásser schlúcken

захмелі́лий betrúnken, beráuscht

захова́ти *розм.* verstécken *vt*, verbérgen* *vt*; **~ся** 1) (*зникнути*) verschwínden* *vi* (s); 2) (*втекти*) flíehen* *vi* (s) (vor *D*), entkómmen* *vi* (s) (*D*); 3) (*таїтися від когось*) sich verbérgen*, sich verstécken (vor *D*)

захо́дити *див.* зайти́

захопи́|ти 1) erwíschen *vt*, ertáppen *vt*; ~ кого́сь знена́цька j-n überráschen; 2) (*взяти з собою*) mít|nehmen* *vt*, mít|haben* *vt*, mít|ziehen* *vt*, mít|reißen* *vt*, fórt|ziehen* *vt*; 3) (*чимось - заволодіти*) eróbern *vt*, ergréifen* *vt*; 4) (*заполонити*) ergréifen* *vt*, hín|reißen* *vt*, mít|reißen* *vt*,

З

збільшувальний Vergrößerungs
збільшувати(ся) *див.* збільшити(ся)
збільшувач *фото* Vergrößerungsgerät *n*
збір 1) (*виручка від продажу квитків*) Éinnahme *f*, Ertrág *m*; 2) (*податок*) Stéuer *f*, Ábgabe *f*, Gebühr *f* (*поштовий, митний*); 3) (*зібрання*) Versámmlung *f*, Zusámmenkunft *f* (*зустріч*); *військ.* Appéll *m*; 4): ~ учáсників похóду о вóсьмій біля шкóли die Téilnehmer der Wánderung tréffen sich um acht Uhr an der Schúle; ◊ усі в збóрі álle sind da, álle sind vóllzählig ánwesend
збірна *спорт.* Áuswahl *f*, Áuswahlmannschaft *f*, ~ країни Nationálmannschaft *f*
збірн|ий 1) *тех., буд.* montíerbar, zusámmensetzbar; ~ будинок Fértighaus *n*; 2): ~ пункт Sámmelplatz *m*, Tréffpunkt *m*; 3): ~а комáнда *спорт.* Áuswahl *f*, Áuswahlmannschaft *f*; 3): ~ імéнник *грам.* Sámmelname *m*
збірник (*оповідань і т. п.*) Sámmlung *f*, Sámmelband *m*
зближáти(ся) *див.* зблизити(ся)
зближення Ánnäherung *f*, ~ позицій Ánnäherung der Stándpunkte
зблизити 1) (*присунути ближче один до одного*) nähern *vt*, näher bríngen* *vt* (*з чимось D*); 2) (*когось*) *перен.* näher|bringen* *vt* (*з кимось D*); **~ся** 1) (*наблизитися один до одного*) sich einánder nähern. einánder näher kómmen* *vi* (s); 2) (*з кимось*) *перен.* näher|kommen* *vi* (s) (*D*); sich befréunden (mit *D* — *здружитися*)
збліднути *див.* бліднути
збовтáти, збóвтувати (dúrch) schütteln *vt*
збожевóліти den Verstánd verlíeren*, wáhnsinnig wérden; verrückt wérden
збóку 1. *присл.* 1) (*де, куди*) séitlich, séitwärts; danében (*поруч*); 2) (*звідки*) von der Séite; **2.** *прийм.*: ~ чогóсь séitlich (*G*); ~ від чóгось séitlich von (*D*); ~ від кóгось an j-s Séite
збóри *мн.* 1) Versámmlung *f*, загáльні ~ Generálversammlung *f*, звітно-вибóрчі ~ Beríchtswahlversamm-lung *f*; 2) *спорт.* Trainingslager [-'trɛ:- *i* -'tre:-] *n*
збóрк|а (*на одязі*) Fálte *f*, спідниця в ~у Fáltenrock *m*
збóчення Perversión *f*
збрехáти *розм. див.* брехáти
збривáти, збрúти áb|rasieren *vt*
збрóя 1) *військ.* Wáffe *f*, Wáffen *pl*, ядерна ~ Kérnwaffe *f*, ~ мáсового знищення Mássenvernichtungswaffen *pl*; ~ пéршого удáру Érstschlagwaffen *pl*; 2) *перен.* (*засіб*) Wáffe *f*, Míttel *n*, ідеологічна ~ ideológische Wáffe
збрýя Pférdegeschirr *n*, Geschírr *n*
збувáти *див.* збýти
збувáтися (*здійснюватися*) in Erfüllung géhen*
збýджений 1) (*про людину*) áufgeregt, errégt; errégbar, leicht errégt; 2) (*про орган*) réizbar
збýдження Áufregung *f*, Errégung *f*
збýджуючий: ~ зáсіб Réizmittel *n*, Ánregungsmittel *n*
збудúти errégen *vt*, erwécken *vt*, hervór|rufen* *vt*
збýдливість 1) (*про людину*) Errégbarkeit *f*, 2) (*про орган*) Réizbarkeit *f*
збунтувáтися sich empören, rebellíe-ren *vt*, áuf|begehren *vi*
збут Ábsatz *m*, Vertríeb *m*, Verkáuf *m* (*продаж*)
збýти (*товар*) áb|setzen *vt*, vertréiben* *vt*, verkáufen *vt* (*продати*); ◊ ~ щось з рук *розм.* *etw.* lós|werden*, sich (*D*) *etw.* vom Hálse schäffen
збýтися *див.* збувáтися
звáжити, звáжувати 1. (*на терезах*) wíegen* *vt*, wíegen lássen* *vt* (*віддати для зважування*); áb|wiegen* *vt* (*комусь D* — *відважити якусь кількість товару*) 2. *перен.* áb|wägen *vt*, erwägen *vt*, **~ся** 1) sich wíegen lássen*; 2) (*на щось*) sich erkühnen (zu *D*), wágen *vt* (*або* zu + *inf*)
звалúти 1) (*змусити падати*) úm|werfen* *vt*, zu Bóden wérfen* *vt* (*на землю*); fällen *vt* (*дерево*); 2) (*в одне місце*) zusámmen|werfen* *vt*, áuf|häufen *vt*, áuf|laden* *vt*, áuf|bürden *vt*; 3) *розм.* (*звільнити себе від чогось*) von sich (*D*) áb|wälzen *vt*; ◊ ~ провину на кóгось die Schuld auf *j-n* wälzen; **~ся** (*на когось - про нещастя, турботи і т. п.*) heréin|brechen* *vi* (s), heréin|stürzen *vi* (s) (über *A*)
звáлище 1) (*купа чогось*) Schútthaufen *m*, Müllhaufen *m*; 2) (*місце для сміття*) Schúttabladeplatz *m*, Müllgrube *f* (*смітник*)
звáлювати(ся) *див.* звалúти(ся)
звáний: так ~ sógenannt
званнý 1) (*почесний титул*) Títel *m*, ~ Герóя Радянського Союзу *іст.* der Títel éines Hélden der Sowjétunion; ~ заслýженого артиста der Éhrentitel éines Verdíenten Künstlers; 2) *військ.* Rang *m*, Díenstgrad *m*, чергове ~ nächsthöherer Díenst-grad
зварúти 1) (*до готовності*) gar kóchen *vt*, 2) *див.* варúти 2; 3) *тех.* (zusámmen)schwéißen *vt*, **~ся** (*про їжу*) gar wérden [sein]
звáрник Schwéißer *m*
звáрювання *тех.* Schwéißung *f*, Schwéißen *n*
звáрювати *див.* зварúти 3
звáти 1) (*кимось - називати*) nénnen* *vt* (*A*); 2) (*якимось іменем*): як тебé ~? wie heißt du?, wie ist dein Náme?
звéден|ий 1) zusámmengefaßt; ~а таблиця Áufstellung *f*, 2): ~ брат Stíefbruder *m*, Hálbbruder *m*
звéдення Bericht *m* (*звіт*); Méldung *f* (*повідомлення*); ~ погóди Wétterbericht *m*
звезтú 1) (*відвезти щось. кудись*) fáhren* *vt*, bríngen* *vt*; 2) (*привезти в одне місце*) zusámmen|bringen* *vt*, 3) (*вивез-*

ти звідкись) wég|fahren* *vt*, fórt|schaffen *vt*

звели́чувати, **звели́чити** lóben *vt*, rühmen *vt*, préisen* *vt*; ◊ ~ когóсь до небéс j-n in den Hímmel hé-ben*

звéрнення Ánrede *f*, Ánsprache *f*, Schréiben *n* (*письмове*); Áufruf *m*, Appéll *m* (*відозва*)

зверну́ти, **звертáти** 1) (*в сторону*): éin|biegen* *vi* (s) (in A); ~ з дорóги vom Wége áb|biegen* *vi* (s); ~ лівóруч (nach) links áb|biegen*; 2): ~ увáгу на кóгось/щось j-n/etw. beáchten, auf j-n/etw. áchten; ~ чиясь увáгу на кóгось/щось j-s Áufmerksamkeit auf j-n/etw. lénken [ríchten], j-n auf j-n/etw. áufmerksam máchen; **~ся** (*до когось; на щось*) 1) (*адресуватися*) sich wénden*, sich ríchten (an *A*); 2) (*заговорити з кимось*) án|reden *vt*; 3) sich ríchten, sich wénden* (auf *A*); усí пóгляди зверну́лися на ньóго [до ньóго] álle Áugen ríchteten sich auf ihn

зверх (*вище норми*) über (*A*) (hináus), mehr als (*A*); ~ плáну über den Plan (hináus), áußerplanmäßig

звéрху 1. *присл.* óben (*де*); von óben (*звідки*); ~ донизу von óben bis únten; **2.** *прийм.* (*чогось*) óberhalb (*G*), über (*A* *або* *D*)

звеселя́ти belústigen *vt*, erhéitern *vt*

звести́ 1) (*униз*) heráb|führen *vt*, herúnter|führen *vt*; 2) (*до чогось*) zurück|führen *vt* (auf *A*); ◊ ~ щось до нуля́ *etw.* zuníchte máchen

звивáтися sich wínden*, sich schlängeln

зви́ви|на Wíndung *f*, Krümmung *f*, **~стий** gewúnden

звикáти *див.* зви́кнути 1; **~ся** (*з чимось*) sich gewöhnen (an *A* — *звикнути*); sich éin|leben (in *A* — *освоїтися*)

зви́кнути 1) (*до когось/чогось*) sich gewöhnen (an *A*); 2) (*до чогось - привчитися робити щось*) sich (*D*) etw. án|gewöhnen, gewöhnt sein (zu + *inf*); він звик рáно вставáти er ist gewöhnt, zéitig áufzustehen; **~ся** *див.* звикáтися

звисáти herúnter|hängen* *vi*, heráb|hängen* *vi*

зви́сока *присл.* von óben heráb; hóchmütig (*зарозуміло*); géringschätzig (*зневажливо*)

зви́ча|й 1) Gewóhnheit *f*, Brauch *m*, Sítte *f*, таки́й ~ es ist so Brauch; мáти ~ роби́ти щось die Gewóhnheit háben etw. zu tun, etw. zu tun pflégen; за ~єм gewóhnheitsgemäß, wie gewöhnlich; 2): ~ї *мн.* Sítten *pl*, Gebräuche *pl*, для ~ю ánstandshalber; додéржувати ~ю den Ánstand wáhren

звичáйн|ий 1) (*постійний, звичний*) gewöhnlich, gewóhnt, üblich; в ~ час zur üblichen Zeit; на ~ому мíсці an der gewóhnten Stélle; 2) (*нормальний, пересічний, нічим не примітний*) gewöhnlich, normál; míttelmäßig, dúrchschnittlich; 3): ~е озбрóєння konventionélle [-vɛn] [hérkömmliche] Wáffen

звичáйно **1.** *присл.* gewöhnlich; **2.** *вставн. сл.* natürlich, gewíß; fréilich (*правда*); ви, ~, знáєте ... Sie wíssen natürlich ...; він, ~, прави́й, алé ... fréilich hat er recht, áber ...; **3.** *частка* natürlich, áber gewíß, áber ja

зви́ч|ка Gewóhnheit *f*, це увійшло у ньóго в ~ку [стáло у ньóго ~кою] das ist ihm zur Gewóhnheit gewórden; за (старóю) ~кою aus (álter) Gewóhnheit; **~ний** 1) (*який увійшов у звичку*) gewóhnt; в ~ний час zur gewóhnten Stúnde; 2) (*до чогось*) gewöhnt (an *A*)

звід: ~ закóнів Gesetzbuch *n*, Kó-dex *m*

зві́дки: wóher; ~ ти йдеш? wohér kommst du?, wo kommst du her?

зві́дки-нéбудь, **зві́дкись** írgendwohér

зві́дси 1) (*з цього місця*) von hier (aus); 2) (*з цього*) daráus, hieráus; ~ випливáє, що ... daráus folgt, daß ...

зві́дти von dort (aus), von da

звідусі́ль von überall (her), von állen Séiten

звíльнення 1) Befréiung *f*, Fréisetzung *f*, Fréilassung *f* (*з-під варти*); 2) (*від когось/чогось*) Befréiung *f*, Erlösung *f*, Erlássung *f* (*від покарання, податків*); Dienstbefreiung *f* (*від військового обов'язку*); 3) (*з роботи*) Entlássung *f*, Kündigung *f*

звільни́ти, **звільня́ти** 1) (*надати свободу*) befréien *vt*, fréi|lassen* *vt* (*відпустити*); 2) (*від чогось*) befréien *vt*, fréi|stellen *vt* (von *D*); erlássen* *vt* (*когось D — від покарання, податків*); 3) (*з роботи*) entlássen* *vt*, kündigen *vi* (*D*); йогó звільни́ли er wúrde entlássen, ihm wúrde gekündigt; 4) (*очистити*) räumen *vt* (*приміщення і т. п.*); frei máchen *vt* (*місце і т. п.*); **~ся** 1) (*отримати свободу*) sich befréien; 2) (*від чогось/когось*) sich frei máchen (von *D*), frei sein (von *D*); sich befréien (von *D*); lós|werden* *vt* (s) (*здихатися*); 3) (*з роботи*) kündigen *vi*, die Stélle [die Árbeit] áuf|geben*; 4) (*від справ*) sich fréi|machen*; я сьогóдні пізно звільня́ся ich kann mich héute erst spät fréimachen; 5) (*стати порожнім, незайнятим*) frei wérden

звір Tier *n*

звíрення Vergléich *m*, Vergléichen *n*, Verifizíerung [ve-] *f*, Kollatión *f*, Kollationíerung *f* (*копії тексту з оригіналом*); ~ годи́нника Úhrenvergleich *m*, ~ раху́нків *бухг.* Kóntenvergleich *m*

звíреня́ júnges Tier

звíрити vergléichen* *vt* (*з чимось* mit *D*); kollationíeren *vt* (*текст*); ~ годи́нник die Úhren [die Úhrzeit] vergléichen*

звірíти vertíeren *vi* (s), gráusam (tíerisch) wérden

звíрство Gráusamkeit *f*, Bestialität *f*, Gréueltat *f* (*звірячий вчинок*)

звіря́ти *див.* зві́рити

звіря́ч|ий tíerisch, gráusam, bestiálisch; пово́дитися по-звіря́чому Gréueltaten verüben [begéhen*]

зві́стк|а Bótschaft *f*, Kúnde *f*, Nachricht *f*, пода́ти про се́бе ~у von sich (*D*) hören lássen*

звіт 1) (*про роботу і т. п.*) Berícht *m*, Réchenschaftsbericht *m* (*звітна доповідь*); статисти́чний ~ statístischer Berícht; ~ про викона́ння пла́ну Plánbericht *m*, Berícht zur Plánerfüllung; 2) (*пояснення*) Réchenschaft *f*

зві́тн|ий: ~ пері́од Beríchtsperiode *f*, ~ рік Beríchtsjahr *n*; Réchnungsjahr *n* (*фінансовий*); ~а до́повідь Réchenschaftsbericht *m*

зві́тно-ви́борч|ий: ~і збо́ри Beríchtswahlversammlung *f*, Jáhreshauptversammlung *f*

3 **зво́зити** *див.* звезти́

зволіка́ння Verzógerung *f*, без ~ únverzüglich, sofórt

зволіка́ти 1) (*з чимось*) säumen *vi*, zögern *vi* (mit *D або* zu + *inf*); 2) (*вагатися*) záudern *vi*

зволо́ж|ення Beféuchtung *f*, Ánfeuchtung *f*, Féuchtmachen *n*; **~ити**, **~увати** feucht máchen, beféuchten *vt*, ánfeuchten *vt*, **~уватися** feucht (naß)wérden

зворо́т 1) (*зворотний бік*) Rückseite *f*, на ~і auf der Rückseite; *див.* (= диви́сь) на ~і bítte wénden (b. w.); 2) (*слово, вираз*) Wéndung *f*, мо́вний ~ Rédewendung *f*

зворо́тн|ий 1) Rück-, (*протилежний - тж*) entgégengesetzt; ~ хід Rückwärtsgang *m*, в ~ому на́прямку in die entgégengesetzte Ríchtung; ~ бік а) (*листа*) Rückseite *f*, б) (*тканини*) línke Séite; г) (*медалі, монети*) Kéhrseite *f*, д) *перен.* die ándere [négative] Séite; ◊ ~а адре́са die Adrésse des Ábsenders, Ábsender *m*, ~ бік меда́лі die Kéhrseite der Medaille [-'daljə]; 2) *грам.* reflexív

звору́шення Rührung *f*

зворуши́ти rühren *vt*, **~ся** gerührt se-in

звору́шливий bewégend

звору́шувати(ся) *див.* зворуши́тися

зву́ження Veréngung *f*, Éinengung *f*, ~ ри́нку *ек.* Schrúmpfen *n f* (Éinengung *f*) des Márktes

зву́жувати, **зву́зити** énger máchen *vt*, verénge(r)n *vt*, **~ся** énger wérden, sich verénge(r)n

звук 1) Ton *m*, Klang *m*, Laut *m*, 2) *лінгв.* Laut *m*, голосни́й ~ Vokál [vo-] *m*, при́голосний ~ Konsonánt *m*

звуковбирни́й schállschluckend

звуков|и́й Laut -, Schall-, Ton-; ~а́ хви́ля Schállwelle *f*, ~ фільм Tón-film *m*

звукоза́пис Tónaufnahme *f*, Tónbandaufnahme *f* (*на магнітофоні*); сту́дія ~у Tónstudio *n*

звукозніма́ч Tónabnehmer *m*, Tónarm *m*

звуконаслі́дування Láutnachahmung *f*

звуконепроникни́й schálldicht

звукоопера́тор Tónmeister *m*

звукорежисе́р Tónregisseur [-ʒisø:r] *m*

звуча́ти 1) (*видавати звук*) tönen *vi*, klíngen* *vi*; 2) (*лунати*) erschállen* *vi* (s), erklíngen* *vi* (s), ertönen *vi* (s)

зву́чний klángvoll

зв'я́заний 1) gebúnden, verbúnden; 2) (*обмежений*) únfrei, befángen, gezwúngen, gehémmt

зв'яза́ти 1) zusámmen|binden* *vt*; zú|binden* *vt*; ~ кни́ги мотузко́ю die Bücher mit éinem Strick zusámmen|binden*; ~ воло́сся стрі́чкою das Haar mit éinem Band (zusámmen)bínden*; 2) (*встановити зв'язок*) verbínden* *vt*, 3) (*встановити залежність між чимось*) in Zusámmenhang bríngen* *vt* (mit *D*); це зв'я́зано з тим, що ... das hängt damít zusámmen [ist damít verbúnden], daß...; 4) (*виготовити в'язкою*) strícken *vt* (*на спицях*); häkeln *vt* (*крючком*)

зв'яза́тися (*встановити зв'язок*) in Verbíndung tréten* *vi* (s), sich in Verbíndung sétzen (*з кимось* mit *D*); éine Verbíndung hér|stellen (*з чимось* zu *D*)

зв'я́зк|а: голосові́ ~и *анат.* Stímmbänder *pl*

зв'язки́ *мн.* (*спілкування, відносини*) Bezíehungen *pl*, Kontákte *pl* (*контакти*); культу́рні ~ kulturélle Bezíehungen; міжнаро́дні ~ internationále Kontákte

зв'я́зний zusámmenhängend; fólge richtig (*логічний*)

зв'яз|о́к Verbíndung *f*, Zusámmenhang *m* (*причинний*); ◊ у ~ку́ з чи́мось а) im Zusámmenhang mit (*D*); б) (*внаслідок чогось*) infólge, wégen (*G*); в) (*з приводу чогось*) ánläßlich (*G*), aus Ánlaß von (*D*)

зв'я́зувати *див.* зв'яза́ти 1, 2; **~ся** *див.* зв'яза́тися

згада́ти (*когось/щось або про когось/щось*) 1) (*відновити в пам'яті щось забуте*) erwähnen *vt*, sich erínnern (an *D*); згада́в! jetzt weiß ich's!, jetzt fällt es mir ein!; 2) (*викликати в пам'яті минуле*) sich erínnern, dénken* *vi* (an *D*); zurück|denken* *vi* (an *D — тк. щось або про щось*)

зга́дк|а Ándenken *n*, Erínnerung *f*, на ~у про щось zum Ándenken an etw. (*A*)

зга́дувати *див.* згада́ти

зганьби́ти in Verrúf bríngen* *vt*, Schánde án|tun* (*D*); verléumden *vt* (*звести наклеп*)

зганя́ти *див.* зігна́ти

зга́рище 1) Brándstelle *f* (im Wald); 2) *залишки перегорілого вугілля*) Stéinkohlenasche *f*

згаса́ти 1) (*про вогонь*) erlöschen* *vi* (s), áus|gehen* *vi* (s); 2) (*слабшати, помирати*) dahín|siechen *vi* (s), vergéhen* *vi* (s); still wérden; verhállen *vi* (s), verstúmmen *vi* (*про звуки*)

зга́слий erlóschen (*тж перен.*)

зга́снути *див.* згаса́ти

згвалтува́|ння Vergewáltigung *f*, **~ти** vergewáltigen *vt*

згин Bíegung *f* (*вигин*); Knick *m* (*загин*); KnícksteIle *f* (*місце згину*); ~ ліктя Ármbeuge *f*
згина́ти(ся) *див.* зігну́ти(ся)
зго́дн|ий 1) (*готовий зробити щось*) beréit (zu + *inf*); він ~ допомогти́ нам er ist beréit, uns zu hélfen; 2) (*однієї думки*) éinverstanden (mit *D*); бу́ти ~им з ки́мось у чо́мусь mit j-m in etw. (*D*) éinverstanden sein [übereín|stimmen]
зго́дно (*з чимось*) laut (*G або D*), gemäß (*D*), entspréchend (*D*); ~ з уго́дою laut Vertrág; ~ із пла́ном plángemäß; ~ з обста́винами den Úmständen gemäß
згі́рклий ránzig
згла́дити, **згла́джувати** 1) glätten *vt*; ébnen *vt* (*вирівняти*); 2) *перен.* áus|gleichen* *vt*; verwíschen *vt*, áuslöschen *vt*; ~ з па́м'яті aus dem Gedächtnis tílgen; ~ неприємне вра́ження éinen únangenehmen Eindruck verwíschen; **~ся** 1) sich glätten, glatt wérden; 2) *перен.* sich verwíschen; verschwínden* *vi* (s) (*зникнути*); sich áus|gleichen* (*вирівнятися*)
згля́нутися (*на когось/щось*) sich erbármen (*G або* über *A*), Mítleid háben (mit *D*)
згни́ти verfáulen *vi* (s)
згної́ти verfáulen lássen* *vt*
зго́д|а 1) (*дозвіл*) Éinwilligung *f* (*на щось* zu *D*); з чиєї́сь ~и mit j-s Éinwilligung; 2) (*схвалення*) Zústimmung *f* (*з чимось* zu *D*), Éinverständnis *n*; за зага́льною ~ою únter állgeméinter Zústimmung; 3) (*взаєморозуміння*) Éintracht *f*, Éinvernehmen *n*; жи́ти з ки́мось у ми́рі і ~і in Fríeden und Éintracht mit j-m lében *vi*
згоди́т|ися (*комусь*) zustátten kómmen* *vi* (s), nützlich sein (*D*); це мені́ ще ~ься das wérde ich noch (ge)bráuchen können
зго́дом später, in der Fólge (-zeit)
зголодні́ти húngrig wérden [sein], Húnger bekómmen* [háben]
зго́рблений gekrümmt; búck(e)lig (*горбатий*)
згорі́ти verbrénnen* *vi* (s), áus|brennen* *vi* (s); áb|brennen* *vi* (s) (*догоріти — про свічку, сірник і т. п.*)
згорну́ти zusámmen|rollen *vt* (*скатати*); zusámmen|legen *vt* (*скласти*)
згорну́тися, **згорта́тися** (*про квітку*) sich schlíeßen*
згорто́к (*пакунок*) Pakét *n*, Rólle *f* (*у вигляді трубки*)
згоря́ння Verbrénnen *n*, Verbrénnung *f*
згоря́ти *див.* горі́ти 1 і згорі́ти; ~ від нетерпі́ння, від со́рому vor Úngeduld, vor Scham vergéhen* *vi* (s)
згра́я 1) Zug *m*, Schwarm *m* (*птахів, риб*); Schar *f* (*птахів*); Rúdel *n* (*вовків*); 2) *збірн.* (*мисливські собаки*) Méute *f*, 3) *збірн. перен.* Pack *n*, Bánde *f*
згріба́ти, **згребти́** (*в одне місце*) zusámmen|scharren *vt*, zusámmen|schaufeln *vt* (*лопатою*); zusámmen|rechen *vt* (*граблями*)
згрупува́ти, **згрупо́вувати** gruppíeren *vt*, **~ся** sich gruppíeren (*навколо когось/чогось* um *A*)
згуби́ти *розм.* verdérben* *vt*, zugrúnde richten *vt*
згу́бн|ий verdérblich; schädlich; únheilvoll (*пагубний*); verhängnisvoll (*фатальний*); ~і на́слідки verhängnisvolle Áuswirkungen, únheilvolle Fólgen
згу́бник Verdérber *m*, Zerstörer *m*, Verwüster *m* (*спустошувач*); ~ серде́ць Hérzensbrecher
згурто́ван|ий geschlóssen, fest zusámmengefügt; éinig, éinmütig (*одностайний*); **~ість** Zusámmenschluß *m*, Geschlóssenheit *f*, Éinigkeit *f* (*єдність*)
згурто́вувати, **згуртува́ти** zusámmen|schließen* *vt*, verbínden* *vt*, veréinigen *vt*, éinigen *vt* (*об'єднати*); féstigen *vt* (*укріпити*); ~ ряди́ die Réihen schlíeßen*; **~ся** sich zusámmen|schließen*; sich veréinigen (*об'єднатися*); sich schären (*навколо чогось* um *A*)
згусти́ти verdíchten *vt*, ◊ ~ ба́рви (zu)dick áuf|tragen* *vt*; **~ся** dick [dicht] wérden, sich verdíchten
згу́сток Klúmpen *m*, Gerínnsel *n* (*крові і т. п.*)
згуща́ти(ся) *див.* згусти́ти(ся)
згу́щен|ий verdíchtet, kondensíert; ~е молоко́ Kondénsmilch *f*, Büchsenmilch *f*
згу́щення Verdíckung *f*, Verdíchtung *f*, Gerínnen *n* (*крові*)
здава́ти 1) áb|geben* *vt* (*віддати*); übergében* *vt* (*передати*); áuf|geben* *vt* (*багаж*); zurück|geben* *vt* (*вернути*); ~ щось пра́ти etw. zum Wáschen gében*; ~ де́сять копі́йок (зда́чі) zehn Kopéken heráus|geben*; 2) (*фортецю і т. п.*) übergében* *vt*, räumen *vt* (*залишити*); 3) (*внайми*) vermíeten *vt*, verpáchten *vt* (*в оренду*); 4) *розм.*: ~ і́спит éine Prüfung áb|legen [bestéhen*]
здава́тися I (*комусь*) 1) (*кимось/чимось, якимось*) schéinen* *vi* (s); erschéinen* *vi* (s), vór|kommen* *vi* (s) (*видаватися*); áus|sehen* *vi* (*виглядати*); він здається (мені́) сього́дні сумни́м er scheint (mir) héute tráurig (zu sein); він здається дити́ною er sieht wie ein Kind aus; це здається мені́ ди́вним das kommt mir mérkwürdig vor; 2) *безос.*: мені́ здається ich gláube; ich fínde (*я вважаю*); мені́ здається, що він прави́й ich gláube, er hat recht; мені́ здало́ся, що ... es schien mir, als ob ... ; 3) *безос.*: здається (*ввижається*) es scheint; (тобі́) це ті́льки так здається es scheint (dir) nur so; мені́ здається (, що ..., на́чебто ...) es scheint mir [mir scheint] (daß ..., als ob ...)
здава́тися II 1) *див.* зда́тися; не ~ stand|halten* *vi* (s), stándhaft bléiben* *vi* (s); 2): здається кімна́та ein Zímmer ist zu vermíeten

здави́ти (zusámmen)préssen *vt*, (zusámmen)drücken *vt*
зда́влений 1) zerdrückt, (zusámmen)gepréßt; 2) (*про голос, крик*) gepréßt; unterdrückt (*стримуваний*)
зда́влювати *див.* здави́ти
зда́вна von jé her, von álters her, seit Langen
здає́ться 1) *див.* здава́тися; 2) *вставн. сл.* (wie) es scheint; ~, йде дощ es scheint zu régnen; ти, ~, задово́лений wie es scheint, bist du zufríeden; du scheinst zufríeden zu sein; здава́лось би ... man könnte méinen ..
зда́лека, **зда́леку** von wéitem, aus der Férne
зда́ти *див.* здава́ти
зда́тися 1) (*визнати себе переможеним*) sich ergében*; kapitulíeren *vi* (*капітулювати*); ~ у поло́н sich gefángen|geben*; 2) (*поступитися комусь*) nách|geben* *vi* (*D*); 3) (*піддатися на щось*) éin|gehen* *vi* (s) (auf *A*)
зда́тн|ий (*на щось*) fähig (*G або* zu *D*); **~ість** Fähigkeit *f* (*до чогось* zu *D*); ~ ру́хатися Bewégungsfähigkeit *f*
зда́ч|а 1) Übergabe *f* (*передача*); Áufgabe *f* (*багажу*); 2) (*фортеці і т. п.*) Übergabe *f*, 3) (*внайми*) Vermíeten *n*, Verpáchtung *f* (*в оренду*); 4) (*гроші*) Rest *m*, купи́ти щось на ~у etw. für den Rest káufen
здебі́льшого größtenteils; méistens; meist
здеше́влен|ий (*про товар*) verbílligt; **~ня** Verbilligung *f*
здзвони́тися, **здзво́нюватися:** здзво́нимося за́втра wir rúfen mórgen einánder an, wir telefoníeren mórgen miteinánder
здиво́ваний erstáunt
здивува́ння Erstáunen *n*
здивува́|ти erstáunen *vt*, in Stáunen versétzen *vt*, (ver)wúndern *vt*, in Erstáunen [in Verwúnderung] sétzen *vt*, мене́ ~ло, що ... es (ver)wúnderte mich [ich war verwúndert], daß ...; **~тися** sich (ver)wúndern, stáunen *vi* (s), erstáunt sein (*чомусь* über *A*)
здиха́ти verrécken *vi* (s), krepíeren *vi* (s)
зди́хатися (*когось/чогось*) *розм.* lós|werden* *vt* (s)
зді́бн|ий 1) (*до чогось*) ~fähig; ~ до пра́ці árbeitsfähig; 2) (*обдарований*) begábt, talentíert; **~ість** (*звичайно мн.*) **~ості** (*обдарованість*) Begábung *f*, Fähigkeiten *pl*, музи́чні ~ості musikálische Fähigkeiten, Begábung für Musík; ~ості до мов Begábung für Sprächen
здійсне́нний dúrchführbar, realisíerbar ausführbar (*про план і т. п.*) erfüllbar (*про бажання і т. п.*)
зді́йснення Vollzíehung *f*, Vollführung *f*, Verwírklichung *f*, Dúrchführung *f*, Dúrchsetzung *f*, Áusübung *f* (*проведення*); Erfüllung *f* (*виконання*); ~ зло́чину die Verübung (Begéhung) éines Verbréchens
здійсни́ти, **здійснювати** verwírklichen *vt*, in die Tat úm|setzen *vt*, dúrch|führen *vt*, áus|führen *vt* (*виконати*); realisíeren *vt* (*реалізувати*); vóllziehen* *vt*, vollbríngen* *vt* (*подвиг і т. п.*); máchen* *vt*, begéhen* *vt* (*щось погане*); verüben *vt* (*злочин*); ~ ремо́нтні робо́ти Reparatúrarbeiten dúrch|führen; ~ поса́дку *ав.* lánden *vi* (s); ~ поїздку [по́дорож] éine Réise unternéhmen* [máchen]; **~ся** sich verwírklichen; sich erfüllen (*виконатися*); sich vollzíehen*
здо́ба *збірн.* Féinbrot *n*
здо́бич Raub *m*
здо́бн|ий mit Milch, Bútter und Éiern zúbereitet; ~а бу́лочка Mílchbrötchen *n*
здобу́ти, **здобува́ти** gewínnen* *vt*, finden* *vt* (*друзів і т. п.*); ~ світову́ сла́ву Wéltruf erlángen; ~ перемо́гу den Sieg erríngen* [davón|tra-gen*]
здобуття́ Bewérbung *f*, на ~ уче́ного сту́пеня до́ктора нау́к zur Erlángung der Dóktorwürde
здогада́тися 1) (*вгадати*) erráten* *vt*, 2) kómmen* *vi* (s) (auf *A*), auf éinen Gedánken kómmen* *vi* (s) (zu + *inf*)
здога́дуватися 1) *див.* здогада́тися; 2) (*припускати*) áhnen *vt*, vermúten *vt*
здоро́вий 1) gesúnd; 2) *перен.* vernünftig; ~ глузд gesúnder Ménschenverstand
здоро́в'я Gesúndheit *f*, як ва́ше ~? wie ist Ihr Befínden?, wie geht es Íhnen gesúndheitlich?; ◊ за ва́ше ~! zum Wohl!, prósit!, auf Íhre Gesúndheit!; ◊ охоро́на ~ Gesúndheitswesen *n*
здорожи́ти vertéuern *vt*, die Préise hóchtreiben* (stéigen*, erhöhen)
здо́хнути krepíeren *vi* (s), verrécken *vi* (s)
здра́вниця Héilstätte *f*, Héilanstalt *f*, Erhólungsstätte *f*, Sanatórium *n*
здра́стуй(те)! gúten Mórgen! (*вранці*), gúten Tag! (*вдень*), gúten Ábend! (*увечері*)
здриг|а́ння Erbében *n*, *перен. тж* Scháuder *m*, **~а́тися, ~ну́тися** erbében *vi* (s), zusámmen|zucken *vi* (s); zusámmen|fahren* *vi* (s); áuf|fahren* *vi* (s) (*від переляку і т. п.*); *перен. тж* scháudern *vi* (*від чогось* vor *D*)
здрімну́ти ein wénig schlúmmern *vi*
здружи́тися sich befréunden (*з кимось*) mit *D*)
здува́ти, **зду́ти** wég|blasen* *vt*, fórt|pusten *vt* (*про людину*); wég|wehen *vt* (*про вітер*)
зе́бра Zébra *n*
зеле́ний grün
зелені́ти 1) (*ставати зеленим*) grün wérden; 2) (*виднітися*) grünen *vi*, grün schímmern *vi*
зе́лень 1) (*рослинність*) Grün *n*, 2) *кул.* Grünes *n*, frísche Kräuter
землевла́сник Grúndbesitzer *m*
землеро́б Lándmann *m* (*pl* -leute), Lándwirt *m*, **~ство** Lándwirtschaft *f*, Áckerbau

З

m, **~ський** Agrár-, Lándwirtschaftlich, Áckerbau-
землетрýс Érdbeben *n*
земл|я́ 1) Землá (*планета*) Érde *f*, Érdkugel *f* (*земна куля*); орбíта Землí Érdbahn *f*, 2) (*суша*) Féstland *n*, Land *n*, 3) (*грунт*) Bóden *m*, Érde *f*, родя́ча ~ frúchtbarer Bóden; 4) (*поверхня планети*) Érde *f*, над ~éю über der Érde; під ~éю únter der Érde; 5): колгóспні ~і Kolchósländereien *pl*, цілúнні ~і Néulandgebiete *pl*, 6) (*адміністративна одиниця в федерації*) Land *n*, Búndesland *n*
земляк Lándsmann *m* (*pl* -leute)
землянúй Érd-; ~ горíх Érdnuß *f*
земля́нин Érdbewohner *m*
землянка 1) Érdhütte *f*, 2) Únterstand *m* (*бліндаж*)
земля́цтво Lándsmannschaft *f*
земн|úй 1) Érd-; ~á кýля Érdkugel *f*, 2) *перен.* írdisch
зенíт 1) *астр.* Zenít *m*, Schéitelpunkt *m*, 2) *перен.* Zenít *m*, Höhepunkt *m*, Gípfel *m*, в ~і слáви auf dem Gípfel des Rúhmes
зернúстий körnig, gekörnt
зернó 1) (*зернина*) Korn *n*, ~ пшенúці Wéizenkorn *n*, кáва в зéрнах Bîhnenkaffee *m*, 2) *збірн.* (*хліб*) Korn *n*, Getréide *n*
зернов|í *мн.* Getréidekulturen *pl*, урожáй ~úх Getréideernte *f*
зерносхóвище Getréidespeicher *m*
з'єднаний veréinigt, veréint
з'єднáння 1) (*дія*) Veréinigung *n*, Zusámmenschließen *n*, 2) *тех.* Kúpplung *f*, Verbíndung *f*, 3) *ел.* Schältung *f*, 4) *військ.* Verbánd *m*
з'єднáти 1) (*скріпити*) (miteinánder) verbínden* *vt*, 2) (*об'єднати*) veréinigen *vt*, veréinen *vt*, **~ся** 1) sich verbínden*; 2) (*об'єднатися*) sich veréinigen
з'єднувальний Bínde-; Verbíndungs-
з'єднувати(ся) *див.* з'єднáти(ся)
зжáти (*хліб*) schnéiden* *vt*, áb|mähen *vt*, ~ пóле das Feld áb|mähen
з-за, **із-за** 1) (*звідкись*) hínter etw. (*D*) hervór-; вигляда́ти ~ двере́й hínter der Tür hervór|blicken *vt*, з'явúтися ~ хмар hínter der Wólken hervór|kommen* *vt* (s); рáптом ~ рóгу виїхала машúна plötzlich kam um die Écke ein Auto hervór; 2) (*про причину*) wégen (*G*); durch (*A*); aus (*D*); vor (*D*); ~ дрібнúць wégen Níchtigkeiten; ~ шýму vor (láutem) Lärm; ~ цьóго déswegen, déshalb; ◊ ~ кордóну aus dem Áusland; встáти ~ стóлу vom Tisch áuf|stehen* *vi* (s)
ззáду *присл.* hínten (*де*); nach hínten (*куди*); von hínten (*звідки*)
ззóвні *присл.* (*звідки*) von dráußen, von äußen her
зигзáг Zickzáck *m*, Zickzácklini e *f*
зигзагоподíбний Zickzáck-, zickzáckförmig
зимá Wínter *m*
зимбабві|єць Simbábwer *m*, **~йський** simbábwisch
зимíвля Überwíntern *n*
зимíвник Überwínterer *m*
зимóв|ий Wínter-, wínterlich; ~ день Wíntertag *m*, ~ спорт Wíntersport *m*, ~і Олімпíйські íгри die Olýmpischen Wínterspiele
зимóвище (*станція*) Überwínterungsstation *f*
зимостíйкúй wínterhart, wínterfest; wínterbeständig
зимувáти überwíntern *vi*
зібгáти zerkníttern *vt*, zusámmenballen *vt*, zerknüllen *vt*
зíбран|ий konzentríert, gesámmelt; **~ість** Konzentratión *f*
зібрáння 1) (*колекція*) Sámmlung *f*, 2): ~ твóрів gesámmelte Wérke; Sámmelband *m* (*в одному томі*)
зібрáти 1) (*щось*) sámmeln *vt*, éin|sammeln *vt* (*в одне місце*); áuf|räumen *vt* (*прибрати*); áuf|heben* *vt* (*з підлоги, з землі*); ~ щось в корóбку etw. in die Schächtel légen; 2) (*когось*) versámmeln *vt*, zusámmen|holen *vt*, zusámmen|rufen* *vt* (*скликати*); éin|laden* *vt* (*запросити*); kómmen lássen* *vt* (*викликати, покликати*); 3) (*зірвати*) pflücken *vt* (*квіти, ягоди*); sámmeln *vt*, súchen *vt* (*гриби*); 4) (*фрукти, овочі*) érnten *vt*, ~ урожáй die Érnte éin|bringen*; 5) (*нагромаджувати*) án|sammeln *vt*, sámmeln *vt*, kollektioníeren *vt* (*колекціонувати*); 6) (*з деталей*) zusámmen|bauen *vt*, montíeren *vt* (*мотор і т. п.*); báuen *vt* (*модель*); 7) (*речі, валізу*) pácken *vt*, ~ рéчі в дорóгу die Sáchen für éine Réise fértig|machen
зібрá|тися 1) (*зійтися, з'їхатися*) sich versámmeln, zusámmen|kommen* *vi* (s); sich tréffen* (*зустрітися*); 2) (*нагромадитися*) sich án|sammeln, sich án|häufen; 3) (*приготуватися*) sich fértig|machen; ~ в дорóгу sich réisefertig máchen, réisefertig sein; ти ~вся? bist du fértig?; 4) (*мати намір*) wóllen *vt*, die Ábsicht háben, beábsichtigen *vt*, vór|haben* *vt* (zu + *inf*); що ти ~вся робúти? was willst du tun?, was hast du vor?; ◊ ~ з дýмкáми séine Gedánken sámmeln
зів'я́лий verwélkt; welk; verblüht
зігнáти 1) (*з місця*) verjágen *vt*, vertréiben* *vt*, verschéuchen *vt* (*сполохати*); 2) (*в одне місце*) zusámmen|treiben* *vt*
зігнýти 1) (*руку, тулуб і т. п.*) béugen *vt*, ~ спúну den Rücken krümmen; 2) (*якийсь предмет*) biegen* *vt*, krümmen *vt*, (zusámmen)fálten *vt* (*скласти лист паперу і т. п.*)
зíгнутий gebógen, krumm
зігнýтися 1) (*про людину і частини тіла*) sich béugen, sich krümmen; 2) (*про предмети*) sich bíegen*; sich krümmen (*покоробитися*)
зíграний éingespielt
зігрáти *див.* грáти

З

зігрівання Erwärmen *n*
зігрівати, **зігріти** warm máchen *vt*, erwärmen *vt*, áuf|wärmen *vt* (*підігріти їжу, воду і т. п.*); wärmen *vt* (*когось*); ~ руки sich (*D*) die Hände wärmen; **~ся** warm wérden (*розігрітися — про їжу, руки і т. п.*); sich erwärmen (*нагрітися — про повітря і т. п.*); sich wärmen (*про когось*); я зігрівся mir ist warm
зізнання (*в чомусь*) Bekénntnis *n*, Geständnis *n*
зійти 1) (*спуститися униз*) herúnter|gehen* *vi* (s), herúnter|kommen* *vi* (s); ~ сходами die Tréppe hinúnter|gehen*; 2) (*піднятися*) hináuf|steigen* *vi* (s), heráuf|steigen* *vi* (s) bestéigen* *vt* (*на вершину*); 3) (*про сонце*) áuf|gehen* *vi* (s); 4) (*про насіння*) áuf|gehen* *vi* (s), áuf|keimen *vi* (s); 5) (*про пасажирів*) áussteigen* *vi* (s); ~ з поїзда, з автобуса aus dem Zug, aus dem Bus (áus)stéigen* *vi* (s); ~ з літака, з корабля von Bord éines Flúgzeuges, éines Schíffes géhen* *vi* (s); 6) (*зникнути з поверхні*) áb|gehen* *vi* (s) (*про фарбу, шкіру*); wég|gehen* *vi* (s), weg sein* *vi* (s) (*про загар і т. п.*); táuen *vi* (s) (*про сніг*); ◊ ~ з дистанції *спорт.* áus|scheiden* *vi* (s)
зійтися 1) (*зібратися*) sich versámmeln, zusámmen|kommen* *vi* (s); 2) (*зблизитися з кимось*) näher|treten* *vi* (s) (*D*); sich befréunden (mit *D*) (*здружитися*); 3) (*виявитися одностайними в чомусь*) überéin|kommen* *vi* (s) (in *D*); sich éinigen, éinig wérden (über *A*); 4) (*збігтися*) überéin|stimmen *vi*, zusámmen|fallen* *vi* (s)
зімкнути schließen* *vt*
зімкнутий geschlóssen
зімкнутися sich schließen*
зім'яти zerknittern *vt* (*одяг, папір*); zerknüllen *vt* (*зібгати*); zerknittern *vt*, zerdrücken *vt* (*траву і т. п.*); zerknüllen *vt* (*зібгати*)
зім'ятий zerknittert (*про одяг, папір*); zerdrückt (*про траву і т. п.*); zerknüllt (*зібганий*)
зім'ятися zerknittert [zerknüllt] wérden [sein]
зіниц|я Pupílle *f*, берегти щось як ~ю ока etw. wie séinen Áugapfel hüten
зіпсований 1) verdórben; únbrauchbar; beschädigt, kapútt (*пошкоджений*); 2) (*розбещений*) verdérbt, verdórben; síttenlos (*аморальний*)
зіпсувати(ся) *див.* псувати(ся)
зір Gesichtssinn *m*, Séhkraft *f*, мати хороший, поганий ~ gúte, schléchte Áugen háben; втратити ~ die Séhkraft éin|büßen, das Áugenlicht verlíeren*; зіпсувати собі ~ sich (*D*) die Áugen verdérben*
зірвати 1) áb|reißen* *vt*, herúnter|reißen* *vt*, pflücken *vt* (*квіти, ягоди*); 2) (*провалити*) veréiteln *vt*, sabotíeren *vt* (*роботу*); spréngen *vt*, zum Schéitern bringen* *vt* (*переговори і т. п.*)
зірватися 1) (*упасти звідкись*) áb|stürzen *vi* (s), herúnter|stürzen *vi* (s); 2) *розм.* (*не вдатися*) mißlíngen* *vi* (s), mißglücken *vi* (s)
зірка 1) Stern *m*; 2) (*про артиста, спортсмена і т. п.*) Star *m*; ~ екрану Fílmstar *m*
зіркий scharf; schárfsichtig (*тж перен. — проникливий*)
зірниця Wétterleuchten *n*
зіскакувати *див.* зіскочити
зісковзнути áb|rutschen *vi* (s), (her)áb|gleiten* *vi* (s)
зіскок *спорт.* Ábsprung *m*
зіскочити (*сплигнути*) herúnter|springen* *vi* (s); (áb)springen* *vi* (s) (*з чогось* von *D*)
зістав|ити gegenüber|stellen *vt*, vergléichen* *vt* (*порівняти*); **~лення** Gegenüberstellung *f*, Vergléichung *f* (*порівняння*)
зіставляти *див.* зіставити
зістарити *див.* старити
зістикувати(ся) *див.* стикувати(ся)
зіткнення Berührung *f*, Fühlung *f*, Zusámmenstoß *m*, Kollisión *f* (*транспорту*); точка ~ Berührungspunkt *m*
зіткнутися *див.* стикатися
зітхати, **зітхнути** séufzen *vi*
зіщулитися zusámmen|schrumpfen *vi* (s)
з'їдати *див.* з'їсти
з'їжджати *див.* з'їхати; **~ся** *див.* з'їхатися
з'їзд 1) Kongréß *m*, ~ партії, партійний ~ Partéitag *m*, 2) (*прибуття*) Ánkunft *f*, Éintreffen *n*, Zusámmenkunft *f*
з'їзди|ти 1) (*поїхати кудись на короткий строк*) fáhren* *vi* (s); ~ на тиждень в ... für éine Wóche nach ... fáhren*; 2) (*побувати десь і повернутися назад*): він ~в на тиждень в ... er war éine Wóche in ...
з'їсти áufessen* *vt*, verspéisen *vt*
з'їхати (*спуститися униз*) herúnter|fahren* *vi* (s), herúnter|kommen* *vi* (s)
з'їхатися (*зібратися разом*) zusámmen|kommen* *vi* (s), sich éin|finden*
зйомк|а *кіно* Áufnahme *f*, натурні ~и Natúraufnahmen *pl*, ~ фільму Dréharbeiten *pl*
злагод|а Éintracht *f*, Éinvernehmen *n*, жити з кимось у мирі і ~і in Fríeden und Éintracht mit j-m lé-ben *vi*
злагоджен|ий qut organisíert; qut éingespielt; qut ábgestimmt; **~ість** qúte Organisation, qúte Éinrichtung; *військ.* Geschlóssenheit *f*
злазити *див.* злізти
злаки *мн.* хлібні ~ Getréidearten *pl*, Getréidegräser *pl*
злам (*будинку*) Ábbruch *m*, Ábtragen *n*
зламаний zerbróchen, zerschlágen; kapútt, entzwéi
зламати *див.* ламати; **~ся** *див.* ламатися 1, 2
зле: йому (стало) ~ ihm wúrde übel [schlecht]
злегка (*не сильно*) leicht; léise (*потихеньку*); 2) (*трохи, ледь-ледь*) ein wénig, ein bíßchen, étwas
злетіти 1) (*спуститися*) herúnter|fliegen* *vi* (s); 2) (*полетіти*) (fórt)flíegen* *vi* (s) (*з*

чогось) von *D*); 3) (*про птаха*) áuf|fliegen* *vi* (s); fliegen* *vi* (s) (*на щось* auf *A*); 4) (*про літак*) stárten *vi* (s), sich in die Luft erhében*; 5) *розм.* (*упасти*) (hinúnter)fállen* *vi* (s) (*з чогось*) von *D*); ~ зі схóдів die Tréppe [von der Léiter] hinúnter|stürzen *vi* (s); ◊ ~ в пові́тря in die Luft fliegen* *vi* (s)

злеті́тися herbéi|fliegen* *vi* (s); zusámmen|fliegen* *vi* (s) (*в одне місце*)

зли́в|а Régenguß *m*, Plátzregen *m*; потрáпити під ~у in éinen Régenguß geráten* [kómmen*] *vi* (s); йде ~ es régnet in Strömen

зливáти(ся) *див.* зли́ти(ся)

зли́вок Bárren *m*; Stánge *f* (*довгастий*); ~ зóлота Góldbarren *m*

злигóдній élend, erbärmlich

зли́дні *мн.* Élend *n*, Ármut *f*

злизáти, **зли́зувати** áb|lecken *vt*

злий böse, bóshaft; zórnig (*сердитий*); я ~ на тéбе ich bin dir [auf dich] böse

злипá|тися *див.* зли́пнутися: у мéне óчі ~ються mir fállen die Áugen zu

зли́пнутися zusámmen|kleben *vi*

зли́ти I ärgern *vt*; böse máchen *vt* (*сердити*); **~ся** (*на когось/щось*) sich ärgern (über *A*); böse sein (*D або* auf *A* — *на когось*)

зли́ти I, **зливáти** 1) áb|gießen* *vt* (*відлити*); áus|gießen *vt* (*вилити*); 2) (*злити разом*) zusámmen|gießen* *vt*; (miteinánder) (ver)míschen *vt*, (*змішати*); 3) (*об'єднати*) veréinigen *vt*, zusámmen|ziehen* *vt*; **~ся** 1) (*про ріки, струмки і т. п.*) zusámmen|fließen* *vi* (s); 2) (*про звуки, фарби і т. п.*) verschmélzen* *vi* (s); verschwímmen* *vi* (s), verflíeßen* *vi* (s) (*розплистися*); 3) (*об'єднатися*) sich veréinigen, verschmélzen* *vi* (s)

злиття́ 1) (*рік*) Zusámmenfließen *n*, Zusámmenfluß *m*; 2) (*об'єднання*) Veréinigung *f*, Verschmélzung *f*

злíва (*звідки*) von links

злíзти 1) (*спуститися униз*) herúnter|klettern *vi* (s), hérunter|steigen* *vi* (s); stéigen* *vi* (s) (von *D* — *з коня, велосипеда і т. п.*); 2) *розм.* (*про шкіру, фарбу*) áb|gehen* *vi* (s)

зліпи́ти *див.* ліпи́ти

злíпок Ábdruck *m*, Ábguß *m* (*копія*); зня́ти ~ з чóгось éinen Ábdruck von etw. (*D*) áb|nehmen*

злíсть Bósheit *f*, Wut *f* (*лють*); Haß *m* (*ненависть*); Zorn *m* (*гнів*)

злiт I (*зустріч*) Zusámmenkunft *f*, Tréffen *n*

злiт II 1) (*літака, ракети*) Start *m*; 2) *перен.* (*підйом*) Áufschwung *m*

злітáти I *див.* злеті́ти

злітá|ти II 1) (*полетіти кудись на короткий строк*) fliegen* *vi* (s); 2) (*побувати десь і повернутися назад*); я ~в на дéкілька днів в ... ich war éinige Táge in ...

злітáтися *див.* злеті́тися

злíтн|ий: ~а смýга Stártbahn *f*

зло I *імен.* Übel *n*, das Böse; зі зла vor Wut, aus Árger

зло II *присл.* böse

злóбний böse, bóshaft, wütend

злободéнний aktuéll, brénnend

зловживá|ння Míßbrauch *m*; **~ти** míßbráuchen *vt*; ти ~єш кáвою du trinkst zu viel Káffee

зловжи́ти *див.* зловживáти

зловíсний únheilschwer, únheilverkündend

зловми́сний böswillig

зловми́сник Übeltäter *m*, Áttentäter *m*, Verbrécher *m*

зловтішáтися schádenfroh sein

злóдій Dieb *m*; кишенькóвий ~ Táschendieb *m*

злодíйство 1) Missetat *f*, Verbrechen *n*; 2) (*крадіжка*) Díebstahl *m*

зломи́ти 1) (*відломити*) áb|brechen* *vt*; 2) (*звалити*) úm|brechen* *vt*; 3) (*подолати*) überwin-den* *vt*; ~ óпір den Wíderstand bréchen*

злопáм'ятний náchtragend

злорадíти schádenfroh sein

злорáдний schádenfroh

злóчин Verbréchen *n*

злочи́нець Übeltäter *m*, Áttentäter *m*, Verbrécher *m*; військóвий ~ Kríegsverbrecher *m*

злочи́нн|ий verbrécherisch; **~ість** Kriminalität *f*

злоя́кісний bösartig

злягти́ érnstlich erkránken *vi* (s), béttlägerig wérden

зля́каний erschrócken; erschréckt (*наляканий*)

зля́кано erschrócken

злякáти erschrécken *vt*; **~ся** erschrécken* *vi* (s), erschrócken sein

злякáтися Angst kríegen

змагáння 1) Wéttbewerb *m*; ~ за висóку я́кість продýкції Wéttbewerb um hóhe [höchste] Qualität; вступи́ти в ~ з ки́мось mit j-m in Wéttbewerb tréten* *vi* (s); ви́кликати когóсь на ~ j-n zu éinem Wéttbewerb áuf|fordern; 2) *мн. спорт.* Wéttkampf *m*, Wéttkämpfe *pl*; міжнарóдні ~ Länderkämpfe *pl*, Länderspiele *pl*; ~ на пéршість світу Wéttkampf um die Wéltmeisterschaft; ~ на кýбок Pokálwettkämpfe *pl*; ~ з плáвання Schwímmwettkampf *m*, Schwímmwettkämpfe *pl*; Wéttschwimmen *n*; ~ з футбóлу Fúßballspiel *n*

змагáтися (*з кимось*) 1) (*намагатися перевершити когось*) sich méssen*; wétteifern *vi* (mit *D*, *в чомусь* in *D*, *за щось* um *A*); im Wéttbewerb [im Léistungsvergleich] stéhen* *vi* (mit *D* — *брати участь у змаганні*); ~ за пéрше мíсце um den érsten Platz wétteifern [kämpfen]; ~ з бíгу (*бігти наввипередки*) um die Wétte láufen* *vi* (s); 2) *спорт.* sich méssen* (mit *D*, *в чомусь*, *з чогось* in *D*); an éinem

З

Wéttkampf téil|nehmen* *vi* (*брати участь в якомусь змаганні*); ~ за званнń чемпіóна світу um die Wéltmeisterschaft kämpfen

змáзати éin|schmieren *vt*, ölen *vt* (*маслом*)

змáзування Éinschmieren *n*, Ölen *n* (*маслом*)

змáзувати *див.* змáзати

змалювáти, **змальóвувати** áb|zeichnen *vt*, schíldern *vt*

змáнювати (wég)lócken *vt*, ábwerben *vt*

змарнíлий erschöpft, entkräftet; siech, kränklich

змарнíти áb|magern *vi* (s)

змáхувати, **змахнýти** (*чимось*) schwíngen* *vt*, schlágen *vi* (*mit D — крилами*); schwénken *vt* (*руками*)

змéншення Verkléinerung *f* (*за розміром*); Vermínderung *f*, Verrínge-rung *f*, Ábnahme *f* (*за обсягом, кількістю*); Rückgang *m*, Reduzíerung *f* (*скорочення*); ~ військóвої небезпéки Mínderung der Kríegsgefahr; ~ чисéльності військ Trúppenverringerung *f*

змéншити verkléinern *vt*, kléiner máchen (*за розміром*); verríngern *vt*, vermíndern *vt* (*за обсягом, кількістю*); reduzíeren *vt* (*скоротити*); **~ся** sich verkléinern, kléiner wérden (*за розміром*); sich verríngern, sich vermíndern; wéniger wérden (*за обсягом, кількістю*); áb|nehmen* *vi* (*убути*); reduzíert wérden (*скоротитися*); nách|lassen* *vi* (s) (*ослабнути*)

змéншуване *мат.* Minuénd *m*

змéншувати(ся) *див.* змéншити(ся)

змéрзнути (ganz) durchfróren sein

змести́ wégfegen *vt*, ábfegen *vt*; ~ пил з чóгось etw. ábstäuben; (*в купу*) zusámmenfegen *vt*

змивáти *див.* зми́ти

змикáти(ся) *див.* зімкнýти(ся)

зми́луватися, **змилости́витися** sich erbármen (*над кимось G або* über *A*)

зми́ти 1) (*відмити*) áb|waschen* *vt*; 2) (*знести водою*) fórt|schwemmen *vt*, wég|spülen *vt*

змíїний Schlángen-

змій: паперóвий ~ Dráchen *m*

змíн|а 1) (*дія*) Ánderung *f*, Veränderung *f*, Wéchsel *m*, Úmschlag *m* (*погоди, настрою і т. п.*); Ábfolge *f* (*подій і т. п.*); Áblösung *f* (*чергових і т. п.*); ~ дня і нóчі der Wéchsel von Tag und Nacht; ~ вáрти Wáchablösung *f*, стрімкá ~ подíй die rásche Ábfolge der Eréignisse; 2) (*на виробництві і т. п.*) Schicht *f* (*тж група робітників*); у дві ~и in zwei Schíchten; працювáти у ранкóву ~у Frühschicht háben; вчи́тися у пéршу, у дрýгу ~у am Vórmittag, am Náchmittag Únterricht háben; 3) (*черговість*) Dúrchgang *m* (*тж група людей*); у три ~и in drei Dúrchgängen; на пéршу ~у (*поїхати кудись*) zum érsten Dúrchgang; 4) (*нове покоління*) Náchwuchs *m*, die júnge Generatión; 5) (*комплект одягу*) Garnitúr *f*, однá ~ білизни éine Garnitúr Wäsche

зміни́ти 1) (*поміняти щось*) verändern *vt*, wéchseln *vt*, úm|tauschen *vt*; 2) (*замінити когось*) áb|lösen *vt*; **~ся** (*змінити одне одного*) sich áb|lösen; abgelöst wérden (*на варті і т. п.*)

зміни́тися sich ändern, sich verändern

змíнн|ий 1) veränderlich, variábel, Wéchsel, wéchselnd; 2) (*по змінах*) Schicht-, in Schíchten-; **~а** робóта Schíchtarbeit *f*; 3): ~ струм Wéchselstrom *m*

змíнювати(ся) 1) *див.* зміни́ти(ся); 2) *грам.*: ~ за відмíнками dekliníert [gebéugt] wérden; ~ за осóбами konjugíert [gebéugt] wérden

змíряти (áb)mésse* *vt*, áus|messen* *vt*

зміст 1) (*листа, книги і т. п.*) Ínhalt *m*; 2) (*перелік розділів, частин і т. п.*) Ínhaltsverzeichnis *n*

змісти́ти 1) (*зрушити з місця*) verschíeben* *vt*; 2) (*з посади*) áb|setzen *vt*, des Ámtes enthében* *vt*; **~ся** sich verschíeben*

змістóвн|ий inhaltsreich, gehältvoll; **~ість** Ínhaltsreichtum *m*

змíцнення 1) (*здоров'я і т. п.*) Stärkung *f*; 2) Féstigung *f*; ~ ми́ру, довíри Féstigung des Fríedens, des Vertráuens

зміцни́ти 1) (*здоров'я і т. п.*) stär-ken *vt*, kräftigen *vt*; 2) (*дружбу, владу*) féstigen *vt*, sichern *vt*; **~ся** 1) (*про здоров'я*) erstárken *vi* (s); 2) (*про дружбу, владу*) sich féstigen

зміцнíти 1) (*укріпитися*) erstárken *vi* (s); 2) (*стати сильним, сильнішим*) stark [stärker] wérden; zu Kräften kómmen* *vi* (s), sich erhólen (*після хвороби і т. п.*)

зміцнювати(ся) *див.* зміцни́ти(ся)

змíшаний gemíscht; vermíscht (*перемішаний*)

змішáти 1) (*перемішати*) (ver)míschen *vt*; 2) (*спричинити безлад*) verwírren *vt*, in Únordnung bríngen* *vt*; 3) (*переплутати*) verwéchseln *vt*; **~ся** 1) sich (ver)míschen; 2) (*розладнатися*) in Únordnung geráten *vi* (s), durcheinánder kómmen* *vi* (s)

змíшування: ~ понять Begríffsverwirrung *f*

змíшувати *див.* змішáти; **~ся** *див.* змішáтися

змíшувач Míscher *m*, Míschapparat *m*, Míxer *m*

змíщáти(ся) *див.* змісти́ти(ся)

змíщення 1) (*переміщення*) Verschíebung *f* (*тж перен. — зміна*); ~ понять Begríffsverwirrung *f*, 2) (*з посади*) Ábsetzung *f*, Ámtsenthebung *f*

змія́ Schlánge *f*, отрýйна ~ Giftschlange *f*, очкóва ~ Brillenschlan-ge *f*, Kóbra *f*

змóва Verschwörung *f*, Komplótt *n*

змовкáти, **змóвкнути** 1) (*про звуки*) verstúmmen *vi* (s); verhállen *vi* (*відлунати*); 2) (*перестати говорити, співати*) schwéigen* *vi*, verstúmmen *vi* (s)

змо́вник Verschwörer *m*
змо́вчати schwéigen* *vi*, nichts erwídern (*не заперечити*)
змогти́ *див.* могти́ 1
змоделюва́ти modellíeren *vt*
змо́ршка Rúnzel *f*, Fálte *f*, Fúrche *f*
змо́ршкуватий rúnz(e)lig, fáltig
змо́рщений zusámmengeschrumpft, verrúnzelt
змо́рщити *див.* мо́рщити; **~ся** zusámmen|schrumpfen *vi* (s)
змота́ти, **змо́тувати** 1) (*намотати, зробити моток*) (aúf)wíckeln *vt*; 2) (*розмотати, зняти, мотаючи*) áb|wickeln *vt*
змочи́ти, **змо́чувати** naß máchen *vt*, án|feuchten *vt*
змужні́ти mánnbar wérden (*стати зрілим*); erwáchsen [groß] wérden (*стати дорослим*)
зму́сити 1) (*когось*) zwíngen* *vt* (zu *D* *або* zu + *inf*); я зму́шений... ich bin genötigt [gezwúngen] (zu + *inf*); 2) áb|zwingen* *vt* (*D*), erzwíngen* *vt* (von *D*)
зму́чений (áb)gequält, geplágt; erschöpft
зму́чити ermüden *vt*, **~ся** sich áb|quälen
зму́шувати *див.* зму́сити
знаве́ць Kénner *m*, ~ мисте́цтва Kúnstkenner *m*
знадоб|и́тися: це мені́ ще ~и́ться ich wérde es noch bráuchen; якщо́ я вам ~ля́ся ... falls Sie mich bráuchen ...; мені́ ~и́лися гро́ші ich bráuchte Geld; ich hátte Geld nötig; на це мені́ ~и́лося два дні dafür bráuchte ich zwei Táge, das hat bei mir zwei Táge in Ánspruch genómmen
знайо́м|ий 1. *прикм.* bekánnt; бу́ти ~им з ки́мось mit j-m bekánnt sein, j-n kénnen; **2.** *імен.* der Bekánnte; ми старі́ ~і wir sind álte Bekánnte
знайо́мити 1) (*з кимось*) bekánnt máchen *vt* (mit *D*); 2) (*з чимось - ознайомити*) bekánnt máchen *vt* (mit *D*); zéigen *vt* (*D*) (*показати щось*); **~ся** 1) (*з кимось*) kénnen|lernen *vt*, sich kénnen|lernen (*взаємно*); 2) (*з чимось -ознайомитися*) sich bekánnt máchen, sich vertráut máchen (mit *D*); besíchtigen *vt* (*оглянути*); studíeren *vt* (*вивчити*)
знайо́мство 1) (*з кимось*) Bekánntschaft *f*, підтри́мувати з ки́мось ~ die Bekánntschaft mit j-m pflégen, mit j-m verkéhren; 2) (*з чимось — наявність знань*) Kénntnis *f*
знайти́ 1) (*відшукати*) fínden* *vt*, áus|findig máchen *vt*, 2) (*прийти до висновку, визнати*) fínden* *vt*, 3): він не знайшо́в, що мені́ відповісти́ er blieb mir die Ántwort schúldig; **~ся** (*відшукатися*) sich fínden*; чи не зна́йдеться у вас ...? háben [hätten] Sie vielléicht ...?
знак 1) (*символ, зображення*) Zéichen *n*, розділо́ві ~и Interpunktiónszeichen *pl*, ~ рі́вності Gléichheitszeichen *n*, м'які́й ~ Wéichheitszeichen *n*, ~ мно́ження Multiplikatiónszeichen *n*, доро́жній ~ Verkéhrszeichen *n*, 2) (*клеймо*) Márke *f*, фабри́чний ~ Fabríkmarke *f*, ~ я́кості Gütezeichen *n*, 3) (*сигнал*) Zéichen *n*, Wink *m*, умо́вний ~ veréinbartes Zéichen; пода́ти кому́сь ~ руко́ю j-m ein Zéichen mit der Hand gében*; ◊ ~ розрі́знення Díenstabzeichen *n*, Díenstgradabzeichen *n* (*звання, чину*); грошови́й ~ Bánknote *f*, під ~ом (*чогось*) im Zéichen (*G*)
знаменит|и́й berühmt, bekánnt; **~ість** Berühmtheit *f*
знаме́нний bedéutend, dénkwürdig
знаме́нник *мат.* Nénner *m*
знаменува́ти bezéichnen *vt*, kénnzeichnen *vt*, zéugen *vi* (*щось* von *D*); bedéuten *vt* (*означати*)
знання́ 1) (*володіння якимись відомостями*) Kénntnis *f*, ~ люде́й Ménschenkenntnis *f*, зі ~м спра́ви mit Sáchkenntnis; 2) *мн.* (*сукупність відомостей*) Kénntnisse *pl*, Wíssen *n*, міцні́, поверхо́ві ~ féste, óberflächlich Kénntnisse; ~ з фі́зики, літерату́ри Kénntnisse in Physík, in Literatúr; зага́льні ~ Allgeméinwissen *n*
знаря́ддя (*праці*) Wérkzeug *n*, Instrumént *n*, Gerät *n*, ~ виробни́цтва Produktiónswerkzeuge *pl*, сільськогоспода́рське ~ Lándwirtschaftliche Geräte
зна́ти 1) (*мати відомості про* щось/*когось*) wíssen* *vt*, звідки ти це [про це] зна́єш? wohér weißt du das? наскі́льки я зна́ю sovíel ich weiß ...; хоті́в би я ~ ... ich möchte gérne wíssen ...; 2) (*володіти знанням чогось*) kénnen* *vt*, sich áus|kennen, Beschéid wíssen* (in *D*); ~ щось напа́м'ять etw. áuswendig kénnen*; до́бре ~ німе́цьку грама́тику in der déutschen Grammátik gut Beschéid wíssen*; 3) (*бути знайомим з кимось*) kénnen* *vt*, ~ кого́сь особи́сто j-n persönlich kénnen*; ~ кого́сь по і́мені j-n dem Námen nach kénnen*; 4) (*володіти умінням*) können* *vt*, verstéhen* *vi* (zu + *inf*), behérrschen *vt*, ◊ да́ти ~ а): да́ти ~ кому́сь про щось j-n etw. wíssen lássen*; б): да́ти ~ про се́бе von sich (*D*) etw. hören lássen*
зна́тний 1) (*видатний за своєю діяльністю*) ángesehen; náhmhaft; 2) (*який належить до знаті*) vórnehm
знахабні́ти frech wérden
зна́хі́дка Fund *m*
знахі́дний: ~ відмі́нок *грам.* Ákkusa-tiv *m*
знахо́дити *див.* знайти́ 1; ~ задово́лення в чо́мусь Gefállen an etw. (*D*) fínden*; ~ щось можли́вим etw. für möglich hálten*
знахо́дитися (*бути десь*) sein* *vi* (s); sich befínden*, (*про місто і т. п. - тж*) líegen* *vi*
зна́чення 1) (*зміст*) Bedéutung *f*, Sinn *m* (*смисл*); перено́сне ~ übertrágene Bedéutung; нове́ ~ сло́ва die néue Bedéutung des Wórtes; пряме́ ~ dirékte Bedéutung; 2) (*важливість*) Bedéutung *f*, Wert *m* (*значимість*); мати вели́ке ~ von

größer Bedéutung sein; надава́ти ~ чомусь Wert auf etw. (*A*) légen
зна́чи|ти 1) (*означати*) bedéuten *vt*, bezéichnen *vt*, héißen *vt*; що це ~ть? а) was bedéutet das?; б) (*як докір*) was soll das bedéuten [héißen]?; 2) (*мати значення, вагу*) gélten* *vi*, bedéuten *vt*
значн|и́й 1) (*великий*) bedéutend, beträchtlich; ~а́ су́ма éine bedéutende Súmme; ~і́ дося́гнення beträchtliche Erfólge; 2) (*важливий*) bedéutend, wíchtig; ~і поді́ї bedéutende Eréignisse
зна́чно 1) (*з дієсл.*). bedéutend, beträchtlich; 2) (*з порівн. ст.*) bedéutend, wésentlich, viel; він ~ ста́рший від ме́не er ist bedéutend älter als ich
значо́к 1) (*нагрудний*) Ábzeichen *n*, 2) (*позначка, знак*) Zéichen *n*, Mérkzeichen *n*
зна́ючий wíssend , bewándert (*в чомусь* in *D*); (sách)kúndig; erfáhren (*досвідчений*)
З
знеба́рвлювати, **знеба́рвити** entfärben *vt*, fárblos máchen *vt*
знебо́лювання *мед.* Anästhesíe *f*, Betäubung *f*
знева́га Veráchtung *f*
зневажа́ння Geríngschätzung *f*
зневажа́ти veráchten *vt*
знева́жлив|ий heráblassend, hochmütig; beléidigend, kränkend; geríngschätzig, verächtlich; **~ість** Heráblassung *f*, Hóchmut *f*
зневі́ритися, **зневіря́тися** 1) (*поринути у відчай*) verzwéifelt sein; 2) (*втратити надію*) verzwéifeln *vi* (s) (an *D*)
зneда́вна seit kúrzer Zeit, seit kúrzem
знезара́жування Desinfektión *f*, Desinfizíerung *f*, Entséuchung *f*, Entaktivierung [-'vi:-] (*від радіоактивних речовин*)
знезара́жувати, **знезара́зити** desinfizíeren *vt*, entséuchen *vt*, entaktivieren [-'vi:-] *vt* (*від радіоактивних речовин*)
знемага́ти (*від чогось*) vergéhen* *vi* (s) (vor *D*)
знемо́га Erschöpfung *f*
знемо́жено erschöpft
знена́видіти *див.* нена́видіти
знена́цька: захопи́ти когось ~ j-n überráschen [überrúmpeln]
знеприто́мніти in Óhnmacht fállen* *vi* (s), óhnmächtig wérden; die Besínnung verlíeren*
зноси́лено erschöpft
знеси́лити, **знеси́лювати** entkräften *vt*; erschöpfen *vt* (*виснажити*); **~ся** kráftlos wérden, von Kräften kómmen* *vi* (s)
знесла́вити in Verrúf bríngen* *vt*, verléumden *vt* (*звести наклеп*)
знесла́витися sich blamíeren
знести́ 1) (*кудись*) trágen* *vt*, bríngen* *vt* (*принести*); zusámmen|tragen* *vt* (*в одне місце*); 2) (*звідкись*) fórt|tragen* *vt*, fórt|bringen* *vt*, wég|schaffen *vt*, 3) (*вітром, бурею і т. п.*) fórt|reißen* *vt*, herúnter|reißen* *vt* (*зірвати*); fórt|tragen* *vt* (*віднести*); wég|schwemmen *vt* (*водою*); 4) (*зруйнувати*) níeder|reißen* *vt*, áb|reißen* *vt* (*будівлю*); 5): ~ яйце́ ein Ei légen; 6) (*стерпіти щось*) ertrágen* *vt*, sich (*D*) etw. gefállen lássen*
знеці́нювання Entwértung *f*
знеці́нювати, **знеці́нити** entwérten *vt*, wértlos máchen *vt*
знешко́дити, **знешко́джувати** únschädlich máchen *vt*
зни́жен|ий [в ці́ні] zu éinem herábgesetzten Preis; това́ри за ~ою ціно́ю préisgesenkte (wértgeminderte) Wáren; магази́н това́рів за ~ою ціно́ю Láden für verbílligte Wáren
зни́ження 1) (*зменшення*) Verríngerung *f*, Ermäßigung *f*, Reduzíerung *f*, Sénkung *f*, Herábsetzung *f*, ~ цін Préissenkung *f*, 2) Herábsetzung *f*, Sínken *n* (*рівня води і т. п.*); Fállen *n* (*температури*); Rückgang *m* (*якості і т. п.*); 3) *ав.*: іти́ на ~ zur Lándung án|setzen *vi*
зни́жка (*зменшення суми*) Ermäßigung *f*, Rabátt *m*, Ábzug *m*, ~ ціни́ Préisnachlaß *m*, Préisermäßigung *f*
зни́жувати(ся) *див.* зни́зити(ся)
зниза́ти: ~ плечи́ма mit den Áchseln [die Áchseln] zúcken
зни́зити sénken *vt*, heráb|setzen *vt*, ermäßigen *vt*, verríngern *vt* (*зменшити*); reduzíeren *vt* (*скоротити*); ~ ці́ни на щось die Préise für etw. (*A*) sénken; **~ся** 1) (*зменшитися*) sich vermíndern, sínken* *vi* (s), zurück|gehen* *vi* (s); 2) herúnter|fliegen* *vi* (s); (*про літак*) *тж* níeder|gehen* *vi* (s); fállen* *vi* (s)
зни́зу *присл.* únten (*де*); von únten (*звідки*)
зника́ти verschwínden* *vi* (s); verlóren|gehen* *vi* (s) (*загубитися*)
зни́кнення Verschwínden *n*
зни́кнути *див.* зника́ти
зни́щення 1) (*винищування*) Vernichtung *f*, Áusrottung *f*, Zerstörung *f* (*зруйнування*); 2) (*скасування*) Beséitigung *f*, Ábschaffung *f*
зни́щити, **зни́щувати** 1) verníchten *vt*, áus|rotten *vt*, zerstören *vt* (*зруйнувати*); 2) (*скасувати*) beséitigen *vt*, áb|schaffen *vt*
зні́вечити verúnstalten *vt*, verstüm-meln *vt*, verkrüppeln *vt*
зні́жений verwéichlicht
зніма́льн|ий *кіно* Dreh-, Áufnahme-; ~і робо́ти Dréharbeiten *pl*
зніма́ти *див.* зня́ти; **~ся** *див.* зня́тися
знімни́й ábnehmbar
знí́мок Áufnahme *f*, Fóto *n*, Bild *n* (*в газеті і т. п.*); рентге́нівський ~ Röntgenaufnahme *f*
зніякові́ти in Verwírrung [in Verlégenheit] geráten* *vi* (s), verlégen wérden
знобú|ти *безос.*: мене́ ~ть ich fíeb(e)re, es fíebert mich, ich hábe Fíeber
зно́в(у) 1) wíeder; érnéut, ábermals (*ще раз*); ~ і ~ ímmer wíeder; 2) (*заново*) von

néuem, aufs néue; 3) (*спочатку*) von Ánfang an, von vorn
знос Verschléiß *m* (*тж тех.*); Ábnutzung *f*
зно́сини *мн.* (*зв'язки*) Verbíndung *f*, Verkéhr *m*; дипломати́чні ~ diplomátische Bezíehungen
зноси́ти áb|nutzen *vt*, áb|tragen* *vt* (*одяг*); **~ся** ábgenutzt sein; áb|getragen sein (*про одяг*)
зношений ábgetragen (*про одяг*)
зно́шувати *див.* зноси́ти
знуща́льний höhnisch, spöttisch
знуща́ння Verhöhnung *f*, Hohn *m*, Mißhándlung *f* (*жорстоке поводження*)
знуща́тися (*над кимось*) verhöhnen *vt*, mißhándeln *vt* (*жорстоко поводитися*)
зня́ти 1) (*дістати, взяти, прибрати*) (áb)néhmen* *vt* (*з чогось* von *D*); ~ книгу з полиці das Buch aus dem Fach néhmen*; ~ телефо́нну тру́бку den Hörer (áb)néhmen*; 2) (*з себе*) áus|ziehen* *vt* (*одяг, взуття*); áb|legen *vt* (*верхній одяг*); áb|nehmen* *vt*, áb|setzen *vt* (*головний убір, окуляри*); áb|machen *vt* (*годинник, каблучку, краватку*); 3) (*на плівку*) áuf|nehmen* *vt*, fotografíeren *vt*, knípsen *vt розм.* (*сфотографувати*); fílmen *vt* (*кіноапаратом*); ~ фільм éinen Film dréhen; 4) (*з роботи*) entlássen* *vt*, áb|setzen* (*усунути*); ◊ ~ урожа́й érnten *vt*, die Érnte bérgen [éin|bringen*]; ~ ко́пію éine Kopíe [éine Ábschrift] máchen; ~ заборо́ну das Verbót áuf|heben*
зня́тися: ~ з місця sich auf den Weg máchen; ~ з я́коря den Ánker líchten; ~ з о́бліку sich áb|melden; ~ в кіно́ fílmen *vi*, in (éinem) Film mít|wirken *vi*
зобов'я́заний 1): я ~ це зроби́ти ich soll [muß] es tun; ко́жний ~ труди́тися jéder ist verpflíchtet zu árbeiten; 2): я йому́ бага́то чим ~ ich hábe ihm viel zu verdánken
зобов'я́зання Verpflíchtung *f*, індивідуа́льне ~ Éinzelverpflichtung *f*, догові́рне ~ verträgliche Verpflíchtung; взя́ти на се́бе якéсь ~ éine Verpflíchtung übernéhmen*
зобов'яза́ти, **зобов'я́зувати** (*примусити*) verpflíchten *vt* (zu *D або* zu + *inf*); **~ся** (*зробити щось*) sich verpflichten (zu + *inf*)
зобража́льний dárstellend
зобража́ти dár|stellen *vt*, schíldern *vt*
зобра́ження 1) (*картина*) Bild *n*, 2) (*дія*) Dárstellung *f*, Schílderung *f*
зобрази́ти *див.* зобража́ти
зови́ця Schwägerin *f*
зо́вні 1. *присл.* 1) dráußen (*за межами чогось*); 2) (*з зовнішнього боку*) von áußen, von der Áußenseite; **2.** *прийм.* (*чогось*) äußerhalb (*G*)
зо́внішнє *мед.* Arznéi für äußerlichen Gebráuch
зо́внішн|ій 1) Áußen-, der äußere; з ~ього бо́ку von der Áußenseite; 2) (*що виявляється зовні*) äußerlich; ~я подібність äußerliche Áhnlichkeit; 3) (*стосовний зв'язків з іншими країнами*) Áußen-; ~я полі́тика Áußenpolitik *f*, ~я торгі́вля Áußenhandel *m*
зо́внішн|ість Áußere *n*, Áussehen *n*, судячи з ~ості dem Áußeren nach
зовнішньоекономі́чний áußenwirtschaftlich
зовнішньополіти́чний áußenpolitisch
зо́всім 1) (*абсолютно*) ganz, gänzlich, völlig; ~ не (ganz und) gar nicht, durcháus nicht; überháupt nicht (*взагалі*); не ~ nicht ganz; ~ неда́вно erst vor kúrzem; 2) (*назовсім*) für ímmer; ◊ ~ ні ganz und gar nicht, durcháus nicht, kéines-wegs
зо́дчий Báumeister *m*, Architékt *m*
зозу́ля Kúckuck *m*
зойк Schrei *m*, Klágeruf *m* (*жалібний*)
зокрема́ únter ánderem (u. a.) (*між іншим*); insbesóndere (*особливо*)
зола́ Ásche *f*
золота́в|ий góldfarbig, góldgelb; ~е воло́сся góldblondes Haar
золот|и́й Góld-, gólden; ~á меда́ль Góldmedaille [-daljə] *f*, ~ годи́нник góldene Uhr; ◊ ~á о́сінь der góldene Herbst; ~í ру́ки góldene Hände; ~é весі́лля die góldene Hóchzeit; ~á ри́бка (*у казці*) Góldfisch *m*
золоти́стий góldfarbig, góldgelb
зо́лот|о 1) Gold *n*, з чи́стого ~а aus réinem [púrem] Gold; ~ом (*в золотій валюті*) in Góld(währung); 2) *спорт.* (*золота медаль*) Gold *n*, Góldmedaille [-daljə] *f*, ◊ на вагу́ ~а Góldes wert
золотоно́сн|ий góldhaltig; ~а жи́ла Góldader *f*
золо́чений vergóldet, übergóldet
зо́на Zóne *f*, Gebíet *n*, беза́томна, без'я́дерна ~ atómwaffenfreie [kérnwaffenfreie] Zóne; ~ ми́ру Fríedenszone *f*, нейтра́льна ~ neutrále Zóne; ~ лісів Wáldgebiet *n*, ~ відпочи́нку Erhólungsgebiet *n*
зонд *мед.*, *тех.* Sónde *f*, *метеор.* Sondíerballon [-lɔŋ] *m*
зоо́|лог Zoológe *m*, **~логі́чний** zoológisch; **~ло́гія** Zoologíe *f*
зоопа́рк Zoo *m*, Tíergarten *m*
зо́палу *присл.* in der Hítze, im Éifer; únbedacht (*невиважено*)
зора́ти (áuf)pflügen *vt*
зорієнтува́тися sich zurécht|finden*
зоров|и́й Seh-; ~ нерв Séhnerv *m*, ~á пам'ять visuélles [vi-] Gedächtnis
зо́рювати *див.* зора́ти
зоря́ Mórgenröte *f*, Mórgenrot *n* (*ранкова*); Ábendröte *f*, Ábendrot *n* (*вечірня*)
зо́рян|ий 1) *астр.* Stern-; ~а ка́рта, ка́рта ~ого не́ба Stérnkarte *f*, ~ дощ Stérnschnuppenfall *m*, 2) (*усипаний зорями*) Stérnen-; ~а ніч Stérnennacht *f*, stérnklare Nacht
зосере́джен|ість (*думок, уваги*) Konzentratión *f*, Sámmlung *f*, Áufmerksamkeit *f*, **~о** *присл.* konzentríert, gesámmelt; áufmerksam (*уважно*)

З

зосере́джувати(ся) *див.* зосере́дити(ся)

зосере́дити 1) (*зібрати в одному місці*) án|sammeln *vt*, versámmeln *vt*, konzentríeren *vt* (*сконцентрувати*); 2) (*думки, увагу*) konzentríeren *vt* (auf *A*); sich vertíefen (in *A*) (*заглибитися*); **~ся** 1) (*зібратися в одному місці*) sich án|sammeln; sich konzentríeren (*сконцентруватися*); 2) (*про людину*) sich sámmeln, sich konzentríeren; ~ся на чо́мусь sich auf etw. (*A*) konzentríeren, sich in etw. (*A*) vertíefen

зотліва́ти, **зотлі́ти** 1) (*згнити*) vermódern *vi* (s), verwésen *vi* (s); 2) (*згоріти*) verglímmen* *vi* (s)

зо́шит 1) Heft *n*; чорнови́й ~ Schmíerheft *n*; ~ в клітúнку, в лініі́йку kariértes, liniíertes Heft; 2): но́тний ~ Nótenheft *n*; ~ для малюва́ння Zéichenheft *n*

3 **з-під**, **із-під** 1) (*звідкись*) únter etw. (*D*) hervór-; діста́ти щось ~ ша́фи etw. únter dem Schrank hervór|holen; 2): пля́шка ~ молока́ (éine léere) Mílchflasche f; коро́бка ~ цуке́рок (éine léere) Pralínenschachtel *f*

зра́да 1) Verrát *m*; держа́вна ~ Stáatsverrat *m*, Hóchverrat *m*; 2): ~ обо́в'язку Pflíchtverletzung *f*; ~ ідеа́лам Ábkehr von Ideálen; 3) Úntreue *f*; подру́жня ~ Éhebruch *m*

зра́дити, **зра́джувати** (*когось/щось*) 1) verráten* *vt*; 2) úntreu sein (*D*); ~ своє́му сло́ву sein Wort bréchen*; ~ своїй зви́чці von séiner Gewóhnheit áb|weichen* *vi*, (s)

зраді́ти (*чомусь*) sich fréuen, erfréut sein (über *A*)

зра́дни|к Verräter *m*; **~цтво** Verrát *m*; **~цький** verräterisch; ~цьке убúвство Méuchelmord *m*

зразко́в|ий músterhaft, mústergültig, vórbildlich; **~о** músterhaft, vórbild-lich

зразо́к 1) Múster *n*; Wárenmuster *n* (*товарний*); 2) (*приклад*) Béispiel *n*, Vórbild *n*; ~ му́жності ein Vórbild an Tápferkeit; на ~ (*чогось*) in der Art von (*D*)

зра́зу 1) plötzlich, mit éinem Mál(e), mit éin(em)mal; 2) (*відразу ж*) sofórt, gleich; ~ як тільки sobáld; 3) (*одночасно*) gléichzeitig, zugléich; 4) (*одним заходом*) auf éinmal

зра́нку mórgens, am Mórgen

зректи́ся verléugnen *vt*, widerrúfen* (*слів і т. п.*); áb|schwören *vt*, sich lós|sagen (*переконань, релігії і т. п.*); ~ престо́лу áb|danken *vi*

зрив Veréitelung *f*, Hintertréibung *f*, Torpedíerung *f* (*переговорів і т. п.*); Durchkréuzung *f* (*планів і т. п.*); Spréngung *f* (*зборів і т. п.*); Níchterfüllung *f* (*невиконання*); ◊ нерво́вий ~ Nérvenzusammenbruch [-vən] *m*

зрива́ти *див.* зірва́ти; **~ся** зірва́тися

зрівнова́жен|ий (*рівний — про характер, тон*) áusgeglichen, gléichmäßig; **~ість** (*характеру*) Áusgeglichenheit *f*, Gléichmäßigkeit *f*, Gléichmaß *n*

зрівнова́жити, **зрівнова́жувати** áus|gleichen* *vt*, ins Gléichgewicht bríngen* *vt*

зрівня́ти 1) (*зробити щось рівним*) gléich|machen *vt*, áus|gleichen* *vt*, ébnen *vt*; 2) (*прирівняти когось з кимось*) gléich|stellen *vt* (*D*); ◊ ~ щось із землéю etw. dem Érdboden gléich|machen; ~ раху́нок *спорт.* die Púnkte áus|gleichen*, den Áusgleich erzíelen; **~ся** (*з кимось в чомусь*) sich méssen (mit *D* in *D*), sich gléich|stellen (*D* in *D*)

зрі́дка dann und wann, hin und wíeder, zuwéilen

зріз Schníttstelle *f*

зрі́зати, **зріза́ти** áb|schneiden* *vt*; **~ся** *розм.* (*на екзамені*) dúrch|fallen* *vi* (s)

зріка́тися *див.* зректи́ся

зрі́л|ий reif; **~ість** Réife *f*

зріст (*людини*) Wuchs *m*, Körpergröße *f*, Größe *f*; яки́й він на **~ ?** wie groß ist er?; висо́кий на ~ groß, von größem Wuchs; на ~, як ти er hat déine Größe

зрі́ти (*дозрівати*) réifen *vi* (s), reif wérden

зроби́ти(ся) *див.* роби́ти(ся)

зрозумі́л|ий verständlich; begréiflich; klar, déutlich (*ясний*); **~о** 1) verständlich; 2) *безос.* es ist verständlich; es ist klar (*комусь D*); ~, що ... es ist verständlich, daß ...; мені все ~ mir ist álles klar; 3) *вставн. сл.* natürlich, sélbstverständlich

зрозумі́ти *див.* розумі́ти 1

зрони́ти fállen lássen* *vt*

зроси́ти *с.-г.* bewässern *vt*, beríeseln *vt*

зроста́ння 1) (*процес*) Wáchsen *n*, Wáchstum *n*; 2) (*збільшення*) Wáchstum *n*; Ánwachsen *n*, Zúnahme *f*, Zúwachs *m* (*приріст*); Áufstieg *m* (*піднесення*); економі́чне ~, ~ еконо́міки Wirtschaftswachstum *n*; ~ продукти́вності пра́ці Stéigung [Erhöhung] der Árbeitsproduktivität [-vi-]; ~ наро́дного добро́буту die Erhöhung des Wóhlstandes des Vólkes; ~ цін Préiserhöhung *f*, Préisanstieg *m*

зроста́ти, **зрости́** (án)stéigen* *vi* (s), wáchsen* *vi* (s); zú|nehmen* *vi* (*збільшуватися*)

зроста́тися, **зрости́ся** verwáchsen* *vi* (s), zusámmen|wachsen* *vi* (s)

зро́шення *с.-г.* Bewässerung *f*, Beríeselung *f*

зро́шувати *див.* зроси́ти

зро́щення Verwáchsen *n*, Zusámmenwachsen *n*

зру́бувати, **зруба́ти** áb|hauen* *vt* (*відрубати гілку і т. п.*); fällen *vt* (*валити дерева*); áb|holzen *vt* (*вирубати ліс*)

зруйнува́ння (*дія*) Zerstörung *f*, Vernichtung *f* (*знищення*)

зруйнува́ти zerstören *vt*, vernichten *vt* (*знищити*); zuníchte máchen *vt*, veréiteln *vt*, durchkréuzen *vt* (*плани, задуми*); ruiníeren *vt*, untergráben* *vt* (*здоров'я*); **~ся** 1) (*обрушитися*) éin|stürzen *vi* (s), zusámmen|brechen* *vi* (s); 2) (*занепас-*

ти) verfállen* *vi* (s); 3) (*про плани, надії і т. п.*) zuníchte wérden, schéitern *vi* (s)
зручни́й 1) bequém; 2) (*сприятливий*) günstig; geéignet, pássend; 3) (*доречний*) ángebracht, schícklich
зру́чн|ість Bequémlichkeit *f*; для ~ості пасажи́рів im Interésse der Fáhrgäste
зру́чн|о 1) beqúem; ~ сидíти bequém sítzen*; 2) (*сприятливо*) günstig; готéль розташóваний ~ das Hotél liegt günstig; 3) *безос.*: менí тут ~ ich hábe es hier bequém; 4) *безос.* (*підходить*) es ist recht, es paßt (*D*); якщó вам ~ wenn es Íhnen recht ist; робíть, як вам ~ tun Sie ganz nach Íhrem Belíeben; 5) *безос.* (*пристойно, доречно*) es ist ángebracht, es schickt sich
зру́шення Wándlung *f*, Fórtschritt *m* (*прогрес*)
зру́шувати, зру́шити (*з місця*) rü-cken *vt*, schíeben* *vt*; ~ щось з місця, в стóрону etw. von der Stélle, zur Séite rücken; **~ся** sich verschíeben*; sich in Bewégung sétzen
зсерéдини von ínnen
зси́пати, зсипа́ти (zusámmen)schütten *vt*; áufschütten *vt*, spéichern *vt* (*на склад*)
зсіда́ння (*крові, молока*) Gerínnen *n*
зсіда́тися 1) (*про молоко*) gerínnen* *vi* (s); 2) (*про тканину, одяг*) éin|gehen* *vi* (s), éin|laufen* *vi* (s)
зскобли́ти áb|schaben *vt*, áb|kratzen *vt*
зсув Érdrutsch *m*, Bérgrutsch *m*
зсу́нути, зсо́вувати zusámmen|rücken *vt*; **~ся** (*один до одного*) zusámmen-|rücken *vi* (s)
зуб Zahn *m*; ~ му́дрості Wéisheitszahn *m*; ◊ трима́ти язи́к за ~а́ми die Zúnge im Zaum hálten*
зубе́ць 1) *тех.* Zahn *m*, Zácke *f*; 2) (*стіни*) Zínne *f*
зубни́й 1) Zahn-; ~ біль Záhnschmerzen *pl*; ~ лíкар Záhnarzt *m*; 2): (*звук*) *лінгв.* Dentál *m*, Dentállaut *m*, Záhnlaut *m*
зубо́жі|ння Verármung *f*; **~ти** verár-men *vi* (s)
зуболíкарський: ~ кабінéт Behándlung-sraum des Záhnarztes
зубр *зоол.* Wísent *m*, Wísentbulle *m* (*бик*)
зубри́ти *розм.* páuken *vi* (*займатися зубрінням*) *або vt* (*щось*)
зубча́стий gezáckt, gezähnt
зумі́ти können* *vt* (*змогти*); scháffen *vt*, fértig|bringen* *vt* (*справитися*)
зумо́влювати, зумо́вити voráus-|bestimmen *vt*
зупини́|ти 1) (*припинити рух когось/чогось*) án|halten* *vt*, stóppen *vt*; ~ когóсь на ву́лиці j-n auf der Stráße án|halten*; ~ маши́ну а) (*чужу*) das Áuto án|halten*; б) (*свою*) das Áuto zum Stéhen bríngen*; ~ рух den Verkéhr stóppen; 2) (*припинити, перервати роботу і т. п.*) unterbréchen* *vt*, éin|stellen *vt*; 3) (*утримати, стримати*) zurück|halten *vt*; 4) (*на чомусь - зосередити, затримати*) ríchten *vt*, lénken *vt*, konzentríeren *vt* (auf *A*); ~ пóгляд, увáгу на комусь/чомусь den Blick, die Áufmerksamkeit auf j-n/etw. ríchten; він ~в свій ви́бір на менí sein Wahl fiel auf mich
зупини́тися 1) (*перестати рухатися*) stéhen|bleiben* *vi* (s); (*зробити зупинку*) (án)hálten* *vi* (s) (*про машину, поїзд і т. п.*), hált|machen *vi* (s) (*про людей*); 2) (*припинитися*) stócken *vi*; 3) (*стриматися*) sich hálten*, sich behérrschen; 4) (*на чомусь - затриматися*) stéhen|bl-eiben* *vi* (s) (bei *D*); éin|gehen* *vi* (s) (auf *A — зосередитися*); 5) (*тимчасово оселитися десь, у когось*): ~ в готéлі ein Zímmer in éinem Hotél néhmen*; ~ у кóгось bei j-m wóhnen *vi*; ~ на ніч über Nacht bléiben* *vi* (s)
зупи́н|ка 1) (*в роботі, розмові* і *т. п.*) Unterbréchung, *f*, Stóckung *f* (*затримка*); без ~ки únunterbrochen; 2) (*в дорозі*) Áufenthalt *m*; пóїзд ідé без ~ки [без ~ок] der Zug hat kéinen Áufenthalt; зроби́ти ~ку в дорóзі unterwégs hált|machen *vi*; без ~ок óhne háltzumachen; 3) (*пункт*) Háltestelle *f* (*автобусна, трамвайна і т. п.*); Statión *f* (*в метро, на залізниці*)
зупиня́ти *див.* зупини́ти; **~ся** *див.* зупини́тися
зуси́|лля 1) (*фізичне напруження*) Ánstrengung *f*, Kráftaufwand *m* (*затрата сил*); 2) *мн.* (*старання*) Ánstrengungen *pl*, Bemühungen *pl*, Mühe *f*; доклáсти до чóгось всіх ~ль álle Mühe auf etw. (*A*) verwénden*; доклада́ти ~, щоб ... sich (*D*) Mühe gében* [sich bemühen, sich án|strengen], um [damit] ... (zu + *inf*); це кóштувало вели́ких зуси́ль das hat viel Mühe gekóstet
зустрí|ти 1) (*випадково побачити*) tréf-fen* *vt*, begégnen *vi* (s) (*D*); я ~в йогó на ву́лиці ich traf ihn [er begégnete mir] auf der Stráße; 2) (*прибуваючого*) áb|holen *vt*, empfángen* *vt* (*більш урочисто*); ~ когóсь на вокзáлі, в аеропорту́ j-n am [vom] Báhnhof, am [vom] Flúghafen áb|holen; 3) (*відзначити якусь подію і т. п.*) begéhen* *vt* würdigen *vt*, féiern *vt* (*відсвяткувати*); 4) (*прийняти, відреагувати*) áuf|nehmen* *vt*; 5) (*виявити*) (án)tréffen* *vt*; 6) (*знайти*) fínden* *vt*; ~ у когóсь підтри́мку, розумíння bei j-m Unterstützung, Verständnis fínden*
зустрí|тися 1) (*з кимось*) sich tréffen* (*тж. за домовленістю*); tréffen* *vt*, begégnen *vi* (s) (*D*); я ~вся з ним на ву́лиці ich hábe ihn auf der Stráße getróffen, er ist mir auf der Stráße begégnet; ми домóвилися ~ wir háben uns verábredet; 2) (*з кимось*) *спорт.* spíelen *vi* (gégen *A*); 3) (*з чимось – наштовхнутися*) stóßen* *vi* (s) (auf *A*); begégnen *vi* (s) (*комусь D*)
зу́стріч 1) Tréffen *n*, Zusámmenkunft *f*, ~ на ви́щому рíвні [в верхáх] Gípfeltreffen

п, ділова́ ~ *дип.* Árbeitstreffen *п*, 2) (*в дорозі і т. п.*) Begégnung *f*, несподівана ~ únerwartete Begégnung; 3) (*прийом, тж. прибуваючого*) Empfáng *m*, влаштува́ти комусь урочи́сту ~ j-m éinen féierlichen Empfáng beréiten, j-n féierlich empfángen* beréiten, j-n féierlich empfángen*; 4) *спорт.* Spiel *n* (*про спортивні ігри*); Tréffen *n* (*про інші види спорту*); товари́ська ~ Fréundschaftsspiel *п*, 5) (*святкування*) Féier *f*, ~ Ново́го ро́ку Néujahrsfeier *f*, Silvesterfeier [-'ves-] *f*

зустріча́|ти *див.* зустрі́ти; тако́го я ще не ~в so étwas hábe ich noch nie ángetroffen [geséhen]

зустріча́|тися *див.* зустрі́тися; ми ча́сто ~ємося wir séhen uns oft; таке́ ~ється рі́дко so étwas kommt sélten vor, so étwas trifft man sélten

зустрі́чн|ий *у різн. знач.* Gégen-; ~ рух Gégenverkehr *m*, ~ план Gégenplan *m*

зухва́л|ий frech; **~ість** Fréchheit *f*

зціди́ти, **зці́джувати** ábgießen* *vt*

зчепи́ти zusámmen|haken *vt*, kúppeln *vt* (*вагони і т. п.*); **~ся** sich ineinánder verháken

зче́плення *авт.* Kúpplung *f*, включи́ти ~ éin|kuppeln *vi*, ви́ключити ~ áus|kuppeln *vi*

зчи́тування Áblesen *п*, Ábtasten *п*, Ábfühlen *п*, ~ інформа́ції *спец.* Informatiónsabfühlung *f*

зчіпля́ти(ся) *див.* зчепи́ти(ся)

зчлено́вувати verbínden* *vt*, zusámmenfügen *vt*, zusámmensetzen *vt*

зчленува́ння 1) *анат.*, *тех.* Gelénk *п*, 2) *тех.* (*спосіб кріплення*) Verbíndung *f*, Kúpplung *f*

зчленува́ти *див.* зчлено́вувати

зшива́ти *див.* зши́ти 2

зши́ти 1) (*сукню і т. п.*) nähen *vt*, ~ собі щось sich (*D*) etw. nähen (lássen*); 2) (*з'єднати швом*) zusámmen|nähen *vt*

зштовхну́ти 1) (*з чогось*) herúnter|stoßen* *vt*, heráb|stoßen* *vt* (von *D*); (*щось з місця*) etw. vom Platz rücken; 2) (*одне з одним*) zusámmen|stoßen* *vt*, gegeneinánder|stoßen* *vt*, **~ся** 1) (*вдаритися одне об одного*) zusámmen|stoßen* *vi* (s), zusámmen|prallen *vi* (s); 2) (*з чимось/кимось*) zusámmen|stoßen* *vi* (s), zusámmen|treffen* *vi* (s) (mit *D*)

зяб *с.-г.* (*рілля*) Hérbstacker *m*

зя́блик Fink *m*

зя́бра *мн* Kíemen *pl*

з'яви́|тися, **з'явля́тися** 1) (*прийти*) erschéinen* *vi* (s), kómmen* *vi* (s), sich éin|finden*, sich melden; 2) (*показатися*) erschéinen* *vi* (s), (*про людину - тж*) áuf|tauchen *vi* (s); sich zéigen, zum Vórschein kómmen* *vi* (s) (*стати видимим*); 3) (*виникнути*) entstéhen* *vi* (s), áuf|tre-ten* *vi* (s)

з'ясо́вувати ermitteln *vt*, erfórschen *vt*, (áuf)klären *vt*, erfássen *vt*, fést|stellen *vt* (*установити*); ~ для се́бе щось sich (*D*) über etw. (*A*) klár|werden*; **~ся** 1) (*прояснятися*) klár|werden* *vi* (s), sich (áuf)klären; 2) (*виявлятися*) sich heráus|stellen

з'ясува́ння Klärung *f*, Aufklärung *f*

з'ясува́ти(ся) *див.* з'ясо́вувати(ся)

зять Schwiegersohn *m* (*чоловік дочки*); Schwáger *m* (*чоловік сестри, зовиці*)

зя́яти kláffen *vi*, gähnen *vi*

I

і 1. *спол.* 1) und; ти і я du und ich; 2): і ... і ... а) sowóhl ... als auch ...; і влітку, і взи́мку sowóhl im Sómmer als auch im Wínter; і те й і́нше sowóhl das éine als auch das ándere, béides; б) und; вонá і сміялася і плáкала sie láchte und wéinte (zugléich); 3) und (*часто не перекладається*); і що ти на це відповів? und was hast du daráuf geántwortet? і що ти будеш тепéр роби́ти? und was fängst du álso jetzt an?; 4) gerade,ében; це я і хотів сказáти geráde das wóllte ich ságen, das wóllte ich ében ságen; ось і наш автóбус! da kommt geráde únser Bus!; **2.** *частка* 1) (*теж, також*) auch; і в цьóму ви́падку auch in díesem Fall; 2) (*навіть*) sogár, selbst, (*із запереченням - тж*) nicht éinmal; це і дити́ні зрозуміло sogár ein Kind verstéht das; і він цьогó не знáє selbst er weiß das nicht; я і ду́мати про це не хóчу! ich will nicht éinmal darán dénken!

і́волга Piról *m*, Góldamsel *f*

ігнорувáти ignoríeren *vt*

і́грашка Spíelzeug *n*

іграшкóвий Spíelzeug-; ~ автомобіль Spíelzeugauto *n*

ідеáл Ideál *n*

ідеалі́зм Idealísmus *m*

ідеалізувáти idealisíeren *vt*

ідеалі́ст Idealíst *m*, **~и́чний** idealístisch

ідеáльний ideál

ідейн|ий 1) (*ідеологічний*) ideológisch; ~ рівень ideológisches Niveau [-'vo:]; ~е вихо́вання ideológische Erzíehung; 2) (*який висловлює основну думку*) Idéen-; ~ зміст Idéengehalt *m*, **~і́сть** 1) (*високий ідейний рівень*) hóher ideológischer Wert; 2) (*ідейний зміст*) Idéengehalt *m*

іденти́чний idéntisch

ідеóл|ог Ideológe *m*, **~огі́чний** ideológisch; ~огічний супроти́вник ideológischer Gégner; **~óгія** Ideolo- gíe *f*

ідé|я 1) Idée *f*, передові́ [прогреси́вні] ~ї fórtschrittliche Idéen; 2) (*художнього твору*) Gedánke *m*, Idée *f*, 3) (*думка*) Idée *f*, Éinfall *m*, у мéне є ~! ich hábe éine Idée!

іди́лія Idýll *n*, Idýlle *f*

ідіóма *лінгв.* Idióm *n*, idiomátische Wéndung; **~ти́чний** idiomátisch

і́дол 1) (*язичеське божество*) Götze *m*, 2) (*кумир*) Ábgott *m*, Idól *n*

ідолопоклóнство Götzendienst *m*, Abgötteréi *f*

ієрáрхія Hi erarchíe *f*, Rángordnung

ієрóгліф Hi eroglýphe *f*

ізолювáти isolíeren *vt*, áb|sondern *vt* (*відокремити*)

ізоля́тор 1) *ел.* Isolátor *m*, 2) (*у лікарні*) Isolíerstation *f*

ізоля́ція 1) Isolatión *f*, Ábsonderung *f*, 2) *ел.* Isolíerung *f*

ізотоп Isotóp *n*

ізраї́ль|ський *бібл.* isra elítisch; *суч.* israélisch; **~тя́нин** *бібл.* Isra:elít *m*, *суч.* Israéli *m*

ізюм Rosínen *pl*

і́кло Stóßzahn *m*, Éckzahn *m* (*у людини*)

ікона Ikóne *f*

іконостас Héiligenbilderwand *f*

ікр|á 1) *зоол.* Rógen *m* (*у риби*); Laich *m* (*виметчена*); метáти ~ý láichen *vi*, 2) (*оброблена*) Káviar [-via:r]; зерни́ста ~ körniger Káviar; пáюсна ~ geprémter Káviar 3): баклажáнна ~ Auberginenpüree [obɛr'ʒi:nən-] *n*

ілю́зі|я Illusión *f*, Täuschung *f* (*обман*); плекáти ~ї Illusiónen hégen

ілюзорний illusórisch

ілюмінáтор Búllauge *n* (*судна*); Fénster *n* (*літака*)

ілюмінáція Illuminatión *f*, Féstbeleuchtung *f*

ілюстрати́вний illustratív; ~ мéтод Ánschauungsmethode *f*

ілюстр|áція Illustratión *f*, Ábbildung *f*, **~óваний** illustríert; ~óваний журнáл die Illustríerte

ілюструвáти illustríeren *vt*

імени́ни *мн.* Námenstag *m*

імéнник *грам.* Súbstantiv *n*, Háuptwort *n*

імі́т|áція Imitatión *f*, Náchahmung *f*, Ersátz *m* (*сурогат*); **~увáти** imitíeren *vt*, nách|ahmen *vt*

імлá 1) (*пелена*) Dunst *m*, 2) (*сутінок*) Fínsternis *f*

імли́стий nébelig; düster, dúnstig

іммігр|áнт Immigránt *m*, Éinwanderer *m*, **~áція** Immigratión *f*, Éinwanderung *f*,

I

~увáти immigríeren *vi* (s); éin|wandern *vi* (s)
імовíрн|ий wáhrscheinlich; **~ість** Wáhrscheinlichkeit *f*, цілкóм ~о áller Wáhrscheinlichkeit nach
імперáтор Káiser *m*
імперіалí|зм Imperialísmus *m*, **~ст** Imperialíst *m*, **~стúчний** imperialístisch; ~стúчні держáви imperialístische Stáaten
імпéрія Káiserreich *n*, Reich *n*, Impérium *n*
імпонувáти (*комусь*) imponíeren *vi* (*D*)
íмпорт Impórt *m*, Éinfuhr *f*, ~ товáрів Wáreneinfuhr *f*, ~ вугíлля Impórt von Kóhle; **~ний** Impórt-, Éinfuhr-; **~увáти** importíeren *vt*, éin|füh- ren *vt*
імпресáріо Impressário *m*, Manager ['mɛnɛdʒər] *m*
імпресіон|íзм Impressionísmus *m*, **~íст** Impressioníst *m*, **~істúчний** impressionístisch
імпровіз|áція Improvisatión [-vi-] *f*, **~увáти** improvisíeren [-vi-] *vi*
íмпульс Impúls *m*, Ántrieb *m*, **~úвний** impulsív
імунітéт Immunität *f*
імýщ|ий: ~і клáси die besítzenden Klássen; ◊ влáсть ~і die Máchthabenden
ім'я́ 1) Náme *m*, (*на відміну від прізвища - тж*) Vórname *m*, як вáше ~? wie ist Ihr Náme? wie héißen Sie?; ~ і прíзвище Vór- und Zúname; ~ та по бáтькові Vór- und Vátersname; 2) (*репутація*) Ruf *m*, Náme *m*, дóбре ~ gúter Ruf; набýти ~ Berühmtheit erlángen, sich (*D*) éinen Námen máchen; людúна з íменем ein Mann von [mit] Námen; ◊ íмені когóсь: Бібліотéка ім. Шевчéнка die Schewtschénko-Bibliothék; в ~ чогóсь im Námen (*G*); в ~ мúру im Námen des Fríedens; в ~ нáшої дрýжби um únserer Fréundschaft wíllen; на ~ когóсь auf *j-s* Námen; на моє ~ auf méinen Námen; від íмені когóсь in *j-s* Námen; від íмені нарóду im Námen des Vólkes; від свогó íмені im éigenen Námen
інáкше 1. *присл.* (*по-іншому*) ánders; ◊ ~ кáжучи ánders geságt; так чи ~ sowiesó, wie dem auch sei (*як би там не було*); jédenfalls (*у всякому разі*); **2.** *спол.* (*а то*) sonst; поквáпся, ~ ми спізнúмося beéile dich, sonst kómmen wir zu spät
інвалíд Invalíde [-va-] *m*, ~ прáці Árbeitsinvalide *m*, ~ війнú der Kriegsbeschädigte; **~ність** Invalidität [-va-] *f*, Árbeitsunfähigkeit *f* (*непрацездáтність*)
інвентáр Inventár [-vɛn-] *n*, Bes- tánd *m*
інвентаризáція Inventúr [-vɛn-] *f*, Bestándsaufnahme *f*
інвестúція *ек.* Investitión [-vɛs-] *f*, Kapitálanlage *f*, Géldanlage *f*
інвéстор Investitiónsträger [-vɛs-] *m*, Invéstor *m*
інвестувáти *ек.* investíeren [-vɛs-] *vt*, ánlegen *vt*, ~ капітáл Kapitál ánle-gen
інгаля́ція Inhalatión *f*
íндекс 1) Índex *m*, Kénnziffer *f* (*показник*); 2): поштóвий ~ Póstleitzahl *f*
індивідуáльн|ий individuéll [-vi-], persönlich, Éinzel-, Selbst-; ~а рúса (харáктеру) individuéller Zug; ~е житловé будíвнúцтво individuéller Wóhnugsbau; ~е навчáння Éinzelunterricht *m*, ~е зобов'я́зання Sélbstverpflichtung *f*, Éinzelverpflichtung *f*
індú|к Trút hahn *m*, **~чка** Púte *f*, Trúthenne *f*
індíанець Indiáner *m*
індíанка (*жителька Америки*) Indiánerin *f*
індíанський indiánisch, Indiáner-
індíєць (*житель Індії*) Índer *m*
індíйка (*жителька Індії*) Índerin *f*
індíйський índisch
індонезí|єць Indonési er *m*, **~йський** indonésisch
індустріалізáція Industrialisíerung *f*
індустріáльн|ий Industríe-, industriéll; ~е будівнúцтво Industríebau *m*, ~і мéтоди industriélle Methóden
індýстрія Industríe *f*, важкá ~ Schwérindustrie *f*
інертн|ий *фіз.* träge *тж перен*, **~ість** Trägheit *f*
інéрці|я *фіз.* Trägheit *f тж перен.*; закóн ~ї Trägheitsgesetz *n*, по ~ї nach dem Trägheitsgesetz, *перен.* aus Gewóhnheit
ін'єкці|я Injektión *f*, Sprítze *f*, зробúти комýсь ~ю j-m éine Injek- tión máchen, j-m éine Sprítze gében*
інженéр Ingenieur [-ʒe'njø:r-] *m*, Diplómingenieur *m*, головнúй ~ Chefingenieur [-ʃɛf-] *m*, ~-будівнúк Báuingenieur *m*, ~-машинобудівнúк Ingenieur für Maschínenbau
íній Reif *m*, сьогóдні був ~ héute hat es geréift; покрúтися íнеєм sich mit Reif bedécken, beréift sein
ініціáли *мн.* Initiálen *pl*, Ánfangsbuchstaben *pl*
ініціатúв|а 1) Initiatíve [-və-] *f*, Ánregung *f*, вúявити ~у Initiatíve zéigen [an den Tag légen]; з ~и трудя́щих auf Initiatíve der Wérktätigen; з влáсної ~и aus éigener Initiatíve, aus éigenem Ántrieb; 2) *мн.* ~и (*пропозиції, кроки*): мúрні ~и Fríedensinitiativen [-vən-]; **~ний** initiatív, Initiatív-; unternéhmerisch (*підприємливий*)
ініціáтор Initiátor *m*, Úrheber *m*
інквізúція Inquisitión *f*
інкрустáція Éinlegearbeit *f*, Intársia *f*
інкубáтор Inkubátor *m*, Brútschrank *m*
íноді mánchmal; ab und zu (*час від часу*)
інозéм|ець Áusländer *m*, **~ний** 1) (*закордонний*) áusländisch, Áuslands-; ~ний капітáл áusländisches Kapitál; ~ні громадя́ни Áusländer *pl*, frémde Stáatsbürger; ~ні робітникú Gástarbeiter *pl*; 2) (*не рідний*) Fremd-, fremd; ~на мóва Frémdsprache *f*
інопланетя́нин der Áußerirdische, Bewóhner éines ánderen Planéten

інспе́к|тор Inspéktor *m*; **~ція** Inspektión *f*
інста́нці|я Instánz *f*, Behörde *f* (*адміністративна*); ви́ща ~ höchste Instánz; відпові́дні ~ї die zúständigen Stéllen
інсти́нкт Instínkt *m*, Trieb *m*; **~и́вний** instínktmäßig, instinktív
інститу́т 1) (*навчальний заклад*) Hóchschule *f*, Institút *n*; театра́льний ~ Theáterhochschule *f*, педагогі́чний ~ Pädagógische Hóchschule, Pädagógisches Institút; заочний ~ Institút für Férnstudium; 2) (*наукова установа*) Institút *n*; науко́во-до́слідний ~ Fórschungsinstitut *n*
інстру́ктор Instrukteur [-'tø:r] *m*, Áusbilder *m*
інструктува́ти instruíeren *vt*, unterwéisen* *vt*
інстру́кція Ánweisung *f*, Instruktión *f*, Vórschrift *f* (*рекомендація*); Gebráuchsanweisung *f* (*правила користування*)
інструме́нт 1) Wérkzeug *n* (*знаряддя — напр., молоток, рубанок і т. п.*); Instrumént *n* (*тонкий, складний*); хірургі́чні ~и chirúrgische Instruménte; музи́чні ~и Musíkinstrumente *pl*; 2) *збірн.* (*знаряддя ручної праці*) Wérkzeug *n*, Gerät *n*; **~а́льний** 1) *тех.* Instruménten-, Wérkzeug-, Geräte-; 2) *муз.* Instrumentál-
інсу́льт *мед.* Gehírnschlag *m*, Insúlt *m*
інсценува́ти 1) (*переробляти на п'єсу*) für die Bühne beárbeiten *vt*; dramatisíeren *vt* (*роман*); 2) (*удавано зображати*) inszeníeren *vt*, vór|täuschen *vt*, simulíeren *vt*
інтегра́л *мат.* Integrál *n*
інтегра́ція Integratión *f*, військо́ва ~ militärische Integratión
інтеле́кт Intellékt *m*, Intelligénz *f*, Verstánd *m* (*розум*)
інтеліге́нт der Intellektuélle; **~ний** intelligént; gebíldet (*освічений*)
інтеліге́нція Intelligénz *f*. тво́рча ~ die Intellektuéllen, die Géistesschaffen-den
інтенси́вн|ий intensív; **~ість** Intensität *f*, ~ радіа́ції Stráhlungsintensität *f*, ~ ру́ху Verkéhrsdichte *f*
інтенсифіка́ція Intensivierung [-'vi:-] ~ сільсько́го господа́рства Intensivíerung der Lándwirtschaft
інтерба́чення (*система телепередач*) Intervisión [-vi-] *f*
інтерва́л Intervall [-'val] *m*, (*у часі - тж*) Zéitspanne *f*, (*відстань - тж*) Ábstand *m*
інтерве́н|т Intervent [-'vɛnt] *m*, **~ція** Interventión [-vɛn-] *f*
інтерв'ю Interview [-'vju: *и* 'in-] *n*, спеціа́льне ~ Exklusívinterview *n*, ~ для пре́си Présseinterview *n*; бра́ти у ко́гось ~ mit j-m ein Interview máchen, j-n interviewen [-'vju:ən]; да́ти кому́сь ~ j-m ein Interview gében*; **~ва́ти** (*когось*) interviewen [-'vju:ən] *vt*, ein Interview [-'vju: / 'in-] máchen (mit *D*)
інтере́с 1) (*увага, цікавість*) Interés-se *n* (für *A*); з ~ом mit Interésse, interessíert; 2) (*важливість*) Interés-se *n*, представля́ти собо́ю особли́вий ~ von besónderem Interésse sein; 3) (*зацікавленість в чомусь/комусь*) Interésse *n* (an *D*); виявля́ти ~ до чо́гось/ко́гось Interésse an etw./j-m zéigen [háben]
інтерес|и *мн.* 1) (*захоплення*) Interéssen *pl*, багатосторо́нні ~ víelseitige Interéssen; 2) (*потреби*) Interéssen *pl*, духо́вні ~ géistige Interéssen; ~ безпе́ки Sícherheitsinteressen *pl*; 3) (*користь, вигода*) Interésse *n*, в ~ах спра́ви im Interésse der Sáche
інтерна́т Internát *n*
інтернаціон|алі́зм Internationalísmus *m*; **~а́льний** internationál
інтернува́ти interníeren *vt*
інтерпрет|а́ція Interpretatión *f*, Áuslegung *f*, Déutung *f* (*тлумачення*); **~ува́ти** interpretíeren *vt*, áus|legen *vt*, déuten *vt* (*тлумачити*)
інти́мний intím; (*задушевний - тж*) vertráut, ínnig
інтона́ція Intonatión *f*, Tónfall *m*
інтри́г|а Intríge *f*; **~ува́ти** 1) intrigíeren *vi*; 2) (*викликати цікавість*) néugierig máchen *vt*
інтуї́ці|я Intuitión *f*, Éingebung *f*, по ~ї intuitív
інфа́ркт Infárkt *m*; ~ се́рця Hérzin-farkt *m*
інфекці́йний Infektións-, infektiös; ánsteckend (*заразний*)
інфе́кція Infektión *f*, Ánsteckung *f* (*зараження*)
інфля́ція *ек.* Inflatión *f*, Geldentwertung *f*
інформ|ати́вний informatív; **~а́тика** Informátik *f*
інформаці́йн|ий Informatións-; ~ бюлете́нь Informatiónsblatt *n*, ~е аге́нтство Náchrichtenagentur *f*
інформа́ці|я 1) (*дія*) Informatión *f*, Informíerung *f*, слу́жба ~ї Informatiónsdienst *m*; 2) (*повідомлення*) Informatión *f*, Áuskunft *f* (*довідка*); Náchricht *f* (*в газеті*); оде́ржати ~ю Áuskunft erhálten*
інформува́ти informíeren *vt* (*про щось* über *A*); benáchrichtigen *vt* (*повідомити*)
інциде́нт Zwíschenfall *m*, прикордо́нний ~ Grénzzwischenfall *m*
і́нш|е: усе́ ~ álles übrige; в усьо́му ~ому im übrigen, sonst
і́нш|ий andere(r); і той і ~ der éine wie der ándere, béide; ні той ні ~ wéder der éine noch der ándere, kéiner von béiden; хтось ~ jémand ánderes; ~им ра́зом ein ándermal, mánchmal; в ~ому мі́сці ánderswo; в ~е мі́сце ánderswohin; з ~ого бо́ку ándererseits; **~ими слова́ми** (ка́жучи) mit ánderen Wórten, ánders geságt; ◊ ... та ~е .... und ánders mehr (u.a.m); між ~им а) nebenbéi, flüchtig (*мимохідь*); béiläufig (*побіжно*); б) *вставн. сл.* (*до речі*) übrigens, apropos [-'po:]
іншомо́вний frémdsprachig
іподро́м Rénnbahn *f*

іра́к|ець Iráker *m*, **~ський** irákisch
іра́н|ець Iráner *m*, **~ський** iránisch
іржа́ Rost *m* **~вий** róstig
іржа́віти rósten *vi*, verrósten *vi* (s)
іржа́ти wiehern *vi*
ірига́ція Bewässerung *f*, Irrigatión *f*
ірис (*квітка*) Íris *f*
ірла́нд|ець Íre *m*, **~ський** írisch
ірон|ізува́ти ironisíeren *vi*, **~і́чний** iró-nisch; spöttisch (*насмішкуватий*)
іро́нія Ironíe *f*
і́скра Fúnke(n) *m*
іскри́ти Fúnken bílden
іслáм Íslám *m*
ісла́нд|ець Isländer *m*, **~ський** isländisch
існува́|ння 1) (*життя*) Dásein *n*, Existénz *f*, Lében *n*; 2) (*наявність*) Bestéhen *n*, Existénz *f*, Vorhándensein *n*, **~ти** 1) (*жити*) existíeren *vi*, lében *vi*; ~ти на щось von etw. (*D*) lében; 2) (*бути, бути наявним*) existíeren *vi*, bestéhen* *vi*, sein* *vi* (s); vorhánden sein; існу́є можли́вість ... es gibt die Möglichkeit ..
іспа́н|ець Spánier *m*, **~ський** spánisch
і́спит 1) (*випробування*) Prüfung *f*, 2) *див.* екза́мен; склада́ти ~ éine Prüfung háben [áb|legen]
істе́р|ика Wéinkrampf *m*, hystérischer Ánfall (*істеричний припадок*); **~и́чний** hystérisch
істері́я Hysteríe *f*, Psychóse *f*, воєнна ~ Kríegspsychose *f*, Kríegshysterie *f*
і́стин|а Wáhrheit *f*, **~ний** 1) (*який відповідає істині, правдивий*) wáhrhaft, wahr; 2) (*справжній*) wahr, wírklich, echt
істо́р|ик Históriker *m*, Geschíchtsforscher *m*
істори́чний históríisch, geschíchtlich; ~ матеріалі́зм históríscher Materialísmus; ~ факт geschíchtliche Tátsache
істо́рія *у різн. знач.* Geschíchte *f*
істо́та (*живий організм*) Wésen *n*, Geschöpf *n* (*створіння*)
істо́тний wésentlich; bedéutend (*значний*)
італі́|єць Italiener [-'lje-] *m*, **~йський** italienisch [-'lje-]
і т. д. (і так да́лі) usw. (und so wéiter)
іти́ 1) géhen* *vi* (s); kómmen* *vi* (s) (*звідкись*); fólgen *vi* (s); (*D*), (hér)géhen* *vi* (s) (hínter *D*) (*слідом за кимось/чимось*); etw./j-n (áb)hólen géhen* *vi* (s) (*за кимось/чимось — щоб принести щось, привести когось*); ~ додо́му, на робо́ту nach Háuse, zur Árbeit géhen*; ~ з робо́ти, з госте́й von der Árbeitsstelle, vom Besúch kómmen*; іди́ сюди́! komm her!; 2) (*про транспорт*) géhen* *vi* (s), fáhren* *vi* (s); áb|gehen* *vi* (s) (*відходити*); kómmen* *vi* (s) (*наближатися, з'являтися*); 3) (*про дорогу, кордон і т. п.*) géhen* *vi* (s); führen *vi* (*вести*); 4) (*про час*) vergéhen* *vi* (s); 5) (*про опади*): іде́ дощ es régnet; іде́ сніг es schneit; 6) (*відбуватися, мати місце*) státt|finden* *vi*; 7) (*демонструвати*) láufen* *vi* (s) (*про фільм*); gezéigt wérden (*по телевізору*); gespíelt [gegében] wérden (*у театрі*); 8) (*личити – про одяг, колір і т. п.*) (gut) stéhen* *vi* (*D — бути до лиця*); pássen *vi* (zu *D*) (*підходити до чогось*); тобі́ йде блаки́тний ко́лір Blau steht dir gut; цей капеля́шок не йде до твого́ пальта́ díeser Hut paßt nicht zu déinem Mántel
і т. п. (і тому́ поді́бне) u. dgl. (und dergléichen)

Ї

їда́льня 1) (*громадська*) Gáststätte *f*, Spéisegaststätte *f*, Kantíne *f* (*на підприємстві*); Ménsa *f* (*студентська*); 2) (*кімната у квартирі*) Éßzimmer *n* (*тж гарнітур меблів*), Spéisezimmer *n*

їдк|и́й 1) ätzend, Ätz-; béißend (*що викликає подразнення*); 2) *перен.* bíssig, béißend; ~é заува́ження bíssige Bemérkung

ї́жа Náhrung *f*, Kost *f*, Éssen *n*, Spéise *f*, Gerícht *n* (*страва*); гаря́ча ~ wármes Éssen

їжа́к Ígel *m*

їзд|á 1) Fáhren *n*, верхова́ ~ Réiten *n*, ~ на автомобілі Áutofahren *n*, ~ на велосипе́ді Rádfahren *n*, 2): в двох годи́нах ~и́ від... zwei Stúnden Fahrt von...; в двох годи́нах ~и на маши́ні zwei Áutostunden entférnt

ї́здити 1) fáhren* *vi* (s); réisen *vi* (s) (*подорожувати*); ~ на автомобілі Áuto fáhren*; ~ ве́рхи réiten* *vi* (h, s); ~ на велосипе́ді rád|fahren* *vi* (s); 2) (*до когось; кудись — відвідувати*) besúchen *vt*, kómmen* *vi* (*до когось* zu *D*), sein* *vi* (s) (*до когось* bei *D*)

ї́сти 1) (*про людину*) éssen* *vi*, *vt*, spéisen *vi*; 2) (*про тварин*) fréssen* *vi*, *vt*

їстівн|и́й éßbar; ~í припа́си Lébensmittel *pl*

ї́хати 1) (*на транспорті*) fáhren* *vi* (s) (*на чомусь* mit *D*); réisen *vi* (s) (*на далеку відстань*); 2) (ї*хати*) (weg)fáhren* *vi* (s), áb|reisen *vi* (s); 3) (*про транспорт*) fáhren* *vi* (s); kómmen* *vi* (s) (*наближатися*)

Й

йємен|ець Jemenít *m*, **~ський** jemenítisch
йог Jógi *m*, Yogi ['jo:-] *m*
йóга Jóga *m*, *n*, Yoga ['jo:-] *m*, *n*
йогó *мест.* 1) (*род. та знах. відм. від* він *та* вонó); 2) *присв.* sein *m*, *n*, séine *f*, *pl*

йод Jod *n*, **~истий** Jod-, jódhaltig; ~истий кáлій Jódkalium *n*, **~ний** Jod-; ~на настóйка Jódtinktur *f*
йорж (*риба*) Káulbarsch *m*
йот|а: ні на ~у nicht um ein Jóta, nicht im geríngsten

К

кабáн Éber *m*, Kéiler *m*, Wíldschwein *n*
кабачóк *бот.* Melónenkürbis *m*
кáбель Kábel *n*
кабíна Kabíne *f*, Fáhrerhaus *n*, Fáhrerkabine *f* (*вантажного автомобіля*); Pilótenkanzel *f*, Cockpit ['kɔk-] *n* (*пілота*); телефóнна ~ Férnsprechzelle *f*, душовá ~ Dúschkabine *f*, ~ для голосувáння Wáhlkabine *f*
кабінéт 1) (*в установі*) Zímmer *n*, ~ дирéктора das Zímmer des Diréktors, Diréktorenzimmer *n*; 2) (*в квартирі*) Árbeitszimmer *n*; 3) (*спеціальний*) Fáchkabinett *n*, Fáchraum *m* фізи́чний ~ Physíkzimmer *n*; 4): ~ міні́стрів Kabinétt *n*
каблу́к Ábsatz *m*, череви́ки на ~áх Schúhe mit Ábsätzen; череви́ки без ~ів fláche Schúhe
кáв|а Káffee *m*, натурáльна ~ Bóhnenkaffee *m*, ~ в зéрнах Káffeebohnen *pl*, Bóhnenkaffee *m*, розчи́нна ~ löslicher Káffee, Instantkaffee [-stənt-] *m*, млинóк для ~и Káffeemühle *f*
кáверза Intríge *f*, Schikáne *f*, Ränke *pl*
кавкáзький kaukásisch
кáвник Káffeekanne *f*
кавовáрка Káffeemaschine *f*
каву́н Wássermelone *f*
кади́к Ádamsapfel *m*
кадр (*фільму*) Fílmbild *n*, Bild *n*
кáдри *мн.* Káder *pl*, ~ фахівців Fáchkräfte
казáн Késsel *m*
казáрма Kasérne *f*
казáти: що ви кáжете! (*не може бути*) was Sie nicht ságen!; ánders geságt, mit ánderen Wórten; по прáвді кáжучи um die Wáhrheit zu ságen, éhrlich geságt; відвéрто кáжучи áufrichtig geságt, óffen gestánden; не кáжучи вже про те, що... geschweige denn, daß...
казáх Kasáche *m*, **~ський** kasáchisch
кáзка Märchen *n*
казкáр (*автор*) Märchendichter *m*
казкóвий 1) Märchen-; ~ світ Märchenwelt *f*, ~ персонáж Märchengestalt *f*, 2) (*незвичайний*) märchenhaft, ságenhaft
казнá Stáatsschatz *m*, Stáatskasse *f*, держáвна ~ Stáatsgelder *pl*
кайдáни *мн.* Féssеln *pl*, Kétten *pl* (*ланцюги*) (*тж перен.*)
какáо Kakáo *m*
кáктус Káktus *m*
каламу́тити trüben *vt*, trübe máchen *vt*
калатáти schlágen* *vi*, klópfen *vi* (*по чомусь або у щось* an *A або* auf *A*)
календáр Kalénder *m*, відривни́й ~ Ábreißkalender *m*, перекидни́й ~ Tíschkalender *m* (zum Umblättern)
кали́на 1) (*кущ*) Schnéeballstrauch *m*, 2) (*ягода*) Schnéeballbeeren *pl*
калíбр (*зброї*) Kalíber *n*
кáлій *хім.* Kálium *n*
калíка Krüppel *m*
калíцтво Mißgestalt; Verstümmelung *f*, Körperverletzung *f*
калíчити verkrüppeln *vt*, verstümmeln *vt* (*тж перен.*)
калорíйність Kaloríengehalt *m*, ~ пáлива Héizwert *m*, Héizkraft *f*
калóрія Kaloríe *f*
кáлька 1) (*папір*) Páuspapier *n*; 2) *лінгв.* Léhnübersetzung *f*
калькуля́тор: кишенькóвий ~ Táschenrechner *m*
кáльцій *хім.* Kálzium *n*
каля́ж|а Pfütze *f*, Láche *f* (*невелика; тж пролита рідина*); ◊ сíсти в ~у in der Pátsche [in der Tínte] sít-zen* *vi*
кáмбала Butt *m*, Schólle *f* (*морсь-ка*)
каменя́р Stéinmetz *m*, **~ня** Stéinbruch *m*
кáмера 1): ~ схóву ручнóго багажу́ Gepäckaufbewahrung *f*, Gepäckautomat *m* (*автоматична*); 2) (*в'язнична*) Zélle *f*, 3) (*гумова*) Schlauch *m*, 4) (*кіно, фото*) Kámera *f*, телевізíйна ~ Férnsehkamera *f*, прихóвана ~ die verstéckte Kámera; 5): морози́льна ~ Gefríerfach *n*, Tiefkühlfach *n*
камíн Kamín *m*
кáмінь Stein *m*
кампáнія 1) Kampagne [-'panje] *f*, Aktión *f*, передви́борна ~ Wáhlkampagne *f*, 2) *с.-г.* Kampágne *f*, посівнá ~ Frühjahrskampagne *f*
кам'ян|и́й 1) (*з каменю*) Stein-; 2): ~é вугíлля Stéinkohle *f*
кам'яни́стий stéinig
кам'яновугíльний Stéinkohlen-; ~ басéйн Stéinkohlenbecken *n*
канáва Gráben *m*

канáд|ець Kanádi er *m*, **~ський** kanádisch
канáл 1) (*русло*) Kanál *m*, судноплáвний ~ Schiffahrtskanal *m* (*при переносі* Schíff-fahrtskanal); зрóшувальний ~ Bewässerugskanal *m*, 2) *тб.* Kanál *m*, Férnsehkanal *m*, по трéтьому ~у auf Kanál drei; 3) *мн* ~и (*шляхи, способи дії*) Kanäle *pl*, за дипломатúчними ~ами über [durch] diplomátische Kanäle
каналізáція Kanalisatión *f*
канáрка Kanári envogel *m*
канáт Seil *n*, Tau *n* (*для причалу*)
кандидáт 1) (*намічений до обрання*) Kandidát *m*, Ánwärter *m* (*претендент*); ~ в депутáти Wáhlkandidat *m*, Deputíerten-kandidat *m*, ~ на пост президéнта Präsidéntschaftskandidat *m*, ~ на якýсь посáду Ámtsanwärter *m*, 2) (*вчений ступінь*): ~ наýк Dóktor der Wíssenschaften; ~ технíчних наýк Dóktor der Téchnischen Wíssenschaften; **~ський** 1) Kandidáten-; 2) (*який відноситься до вченого ступеня*) Dóktor-; ~ський мінімум, ~ські екзáмени Dóktorprüfungen *pl*, ~ська дисертáція Dóktorarbeit *f*, ~ський стýпінь Dóktorgrad *m*
К
кандидатýр|а Kandidatúr *f*, виставля́ти своя́ ~у на ... kandidíeren für ...; виставля́ти чия́сь ~у j-s Kandidatúr áuf|stellen
канíкул|и *мн.* Féri en *pl*, студéнтські ~ Seméstterferi en *pl*, на ~ах in den Féri en
канóе *спорт.* (*човен*) Kánu *n*, Kanádi er *m*
каноїст Kanúte *m*
кант Kánte *f*, Bórte *f*, Saum *m* (*облямівка*)
канцеля́р|ія Kanzléi *f*, Büró *n*, **~ський**: ~ські товáри Schréibwaren *pl*
канцерогéнний *мед.* kanzerogén, krébserzeugend
кáнцлер Kánzler *m*, федерáльний ~ Búndeskanzler *m*
капеля́х Hut *m*
капіля́р Kapilláre *f*, Haarröhrchen *n*, Kapillárgefäß *n*
капітáл Kapitál *n*
капіталí|зм Kapitalísmus *m*, **~ст** Kapitalíst *m*, **~стúчний** kapitalístisch; ~стúчний лад die kapitalístische Geséllschaftsordnung
капіталовклáдення Kapitálanlage *f*, Investitión [-vεs-] *f*
капітáльн|ий: ~е будівнúцтво Investbau [-'vεst-] *m*, ~а стінá Háuptmauer *f*, ~ ремóнт Generálreparatur *f*, Generálüberholung *f*, kompléxe Renovierung [-'vi:-] (*будинку, квартири*)
капітáн 1) *мор.* Kapitän *m*, ~ корабля́ Schíffskapitän *m*, 2) *військ.* Háuptmann *m* (*pl* -leute); 3) *спорт.* Mánnschaftskapitän *m*, Kapitän *m*
капітул|ювáти kapitulíeren *vi*, **~я́ція** Kapitulatión *f*, беззастерéжна ~я́ція bedíngungslose Kapitulatión
каплúця Kapélle *f*
капрúзний láunisch
капризувáти Láunen háben
капрóн Kaprón *n*
кáпсула 1) *фарм.* Kápsel *f*, 2) *анат.* Hülle *f*, 3) *косм.* Lándekapsel *f*
кáптур Kapúze *f*
капýста Kohl *m*, Kraut *n*, (біло)качáнна ~ Wéißkohl *m*, цвітнá ~ Blúmenkohl *m*, квáшена [кúсла] ~ Sáuerkohl *m*, Sáuerkraut *n*
кáпці *мн. розм.* Pantóffeln *pl*
кáр|а Hínrichtung *f*, Stráfe *f*, Bestrá-fung *f*, дивéртна ~ Tódesstrafe *f*, присудúти когóсь до дивéртної ~и j-n zum Tóde verúrteilen
каравáн Karawáne *f*
карáкуль Persiáner *m*, Ástrachan *m*
карáльний Straf-
карамéль Bonbon [bɔŋ'bɔŋ] *m*, *n*, Karamélle *f*
карантúн Quarantäne [ka-] *f*
карáсь Karáusche *f*
каратé *спорт.* Karáte *n*
карáти bestráfen *vt* (*за щось* für *A або* wégen *G*)
каратúст Karátesportler *m*
караýл *вигук.* ~! Hílfe!
карбюрáтор Vergáser *m*
кардіогрáма *мед.* Kardiográmm *n*
кардіóлог Kardiológe *m*, Fácharzt für Hérzkrankheiten
карéта Kútsche *f*
кар'єр *гірн.* Tágebau *m*, Grúbe *f*, кам'яний ~ Stéinbruch *m*
кар'єр|а Karriere [-je:-] *f*, Láufbahn *f*, побúти ~у Karriére máchen; **~йст** Stréber *m*, Karriеríst [karje-] *m*
кáрий (*про очі*) braun
карикатýр|а Karikatúr *f*, Zérrbild *n*, **~ний** karikíert
каркáс Karkásse *f*, Gerípe *n*
кáркати, кáркнути krächzen *vi*
карколóмний verblüffend; unerhört (*нечуваний*)
кáрлик Zwerg *m*, **~овий** Zwerg
карнавáл Kárneval [-val] *m* Fásching *m*
карнúз 1) *архіт.* Gesíms *n*, 2) (*для штор*) Gardínenstange *f*
кáрний Kriminál-, kriminéll; ~ злóчин Kriminálverbrechen *n*
кáрт|а 1) *геогр.* Kárte *f*, Lándkarte *f*, ~ світу Wéltkarte *f*, 2) (*гральна*) Kárte *f*, Spíelkarte *f*, тасувáти, здавáти ~и die Kárten míschen, gé-ben*
картáтий (*про тканину*) karíert, gewürfelt
кáрти *мн.* (*гра*) Kárten *pl*, грáти в ~ Kárten spíelen
картúн|а Bild *n*, Gemälde *n* (*маслом*); **~ка** (*малюнок*) Bild *n*, Ábbildung *f*, кнúжка-~ка Bílderbuch *n*, перебивні ~ки Ábziehbilder *pl*
кáртка Kárte *f*, візúтна ~ Visítenkarte [vi-] *f*
картóн Páppe *f*
картóпл|я 1) *с.-г. культура, бульба*) Kartóffel *pl*, Kartóffelknolle *f*, 2) *збірн. розм.* Kartóffeln *pl*, ~ в мундúрі Péllkartoffeln *pl*,

варéна [відварнá] ~ gekóchte Kartóffeln, Sálzkartoffeln *pl*, молодá ~ néue Kartóffeln; саджáти, копáти ~ю Kartóffeln légen, gráben [róden]; **~яний** Kartóffel-; ~яне пюрé Kartóffelbrei *m*

картотéка Kartothék *f*, Kartéi *f*

каруcéль Karusséll *n*

кáса Kásse *f*, Schálter *m* (*віконце*); Záhlbox *f* (*в трамваї, автобусі і т. п.*); ◊ ~ взаємодопомóги Unterstützungskasse *f*

касéт|а Kassétte *f*, **~ний** Kassétte-; ~ний магнітофóн Kasséttenrecorder [-kɔr-] *m*

касúр Kassíer(er) *m*

кáска Helm *m*

каскадéр (*дублер*) Kaskadeur [-'dø:r] *m*

кáста Káste *f*

кастóров|ий: ~а олíя Rizínusöl *n*

кастрýля Kóchtopf *m*, Topf *m*, Kaserólle *f* (*з довгою ручкою*)

кат Hénker *m*

каталóг Katalóg *m*

катáння: ~ на човні Bóotfahren *n*, ~ на ковзанáх Schlittschuhlaufen *n*, ~ з гір на сáнках Ródeln *n*, фігýрне ~ на ковзанáх Éiskunstlauf *m*

катастрóфа Katastróphe *f*, Únglück *n*, Únfall *m* (*нещасний випадок*); автомобíльна ~ schwérer Áutounfall; залізнúчна ~ Éisenbahnunglück *n*, авіацíйна ~ Flúgzeugunglück *n*, Ábsturz *m*

катастрофíчний katastrophál

катáти 1) (*возити*) fáhren* *vt*, 2) (*кулю, м'яч і т. п.*) róllen *vt*

катáтися: ~ вéрхи réiten* *vi* (h, s); ~ на велосипéді rád|fahren* *vi* (s); ~ на човні Boot fáhren* *vi* (s); ~ на ковзанáх, на лúжах Schlittschuh, Ski [ʃi:] láufen* *vi* (s); ~ на сáнках Schlítten fáhren* *vi* (s); ródeln *vi* (h, s) (*з гір*)

категорúчний, категорúчно kategorísch

категóрія 1) Kategoríe *f*, Gáttung *f* (*розряд, група*); 2) *спорт.* Klásse *f*, вагова ~ Gewichtsklasse *f*

кáтер Kútter *m*, Mótórboot *n*

кáтет *мат.* Kathéte *f*

катíвня Fólterkammer *f*

катóд *фіз.* Kathóde *f*

катóк Éisbahn *f*

катóл|ик Katholík *m*, **~úцтво** Katholizísmus *m*, **~úцький** kathólisch

каучýк Káutschuk *m*

кафé Café [ka'fe:] *n*, ~-морóзиво Éisbar *f*, Éisdiele *f*

кáфедра 1) (*для виступів*) Kathéder *n*, *m*, Rédnerpult *f*, 2) (*у вузі*) Léhrstuhl *m*, 3) (*в церкві*) Kán-zel *f*

кафетéрій Cafetéria [ka-] *f*, Káffeestube *f*

кáхель Káchel *f*, Flíese *f* (*плитка*)

качáлка Rólle *f*, ~ для тíста Téigrolle *f*

качáн *м*. ~ капýсти Kóhlkopf *m*

качáти 1) schaukeln *vt*, 2) (*насосом*) púmpen *vt*

качáтися: ~ на хвúлях auf den Wéllen schaukeln

кáчка Énte *f*

кáчур Énterich *m*

кáш|ель Hústen *m*, **~ляти** hústen *vi*, Hústen háben

кáша 1) (*їжа*) Grütze *f*, Brei *m* (*рідка*); гречáна ~ Búchweizengrütze *f*, вівсяна ~ Háferbrei *m*, 2) *розм.* (*плутанина*) Wírrwarr *m*, Durcheinánder *n*

кашалóт *зоол.* Póttwalm, Póttfisch *m*

кашкéт Mütze *f*, Schírmmütze *f*

кашнé Hálstuch *n*, Schal *m*

каштáн 1) (*плід*) Kastáni e *f*, Maróne *f* (*їстівний*); 2) (*дерево*) Kastáni enbaum *m*, **~овий** 1) Kastáni en-; 2) (*про колір*) kastáni enbraun

каюта Kabíne *f*, Kajüte *f*, пасажúрська ~ éine Kabíne für Passagiere [-'ʒi:-]; капітáнська ~ Kapitänskajüte *f*

кáятися 1) (*признаватися в чомусь*) gestéhen* *vt*, éingestehen* *vt*, 2) (*розкаюватися в чомусь*) beréuen *vt*, bedáuern *vt* (*жаліти про щось*)

каяттú Réue *f*

квадрáт 1) (*фігура*) Quadrát *n*, 2) (*степінь*) Quadrát *n*, die zwéite Poténz; піднóсити до ~а ins Quadrát [in die zwéite Poténz] erhében* *vt*; **~ний** 1) (*про форму*) quadrátisch; éckig; ~ний двір quadrátischer Hof; ~і плéчі éckige Schúltern; 2) *мат.* Quadrát-; ~ний метр Quadrátmeter *m*, ~ний кóрінь Quadrátwurzel *f*, ~не рівняння Gléichung zwéiten Grádes; ◊ ~ні дýжки éckige Klámmern

кваліфікáці|я 1) (*міра підготовлен... *) Qualifikatión *f*, Qualifizíerung *f*, підвúщувати ~ю sich qualifizíeren, sich wéiterbilden; 2) (*професійна*) Qualifikatión *f*, Fach *n* (*фах*); Berúf *m* (*професія*); здобýти ~ю слюсаря sich zum Schlósser qualifizíeren

кваліфікóван|ий qualifizíert, Fach-; ~ прáця qualifizíerte Árbeit; ~ робітнúк Fácharbeiter *m*, ~а порáда kompeténter Rat

квáп|úти zur Éile án|treiben* *vt*, drängen *vt* (*з чимось* zu *D або* zu + *inf*); **~итися** es éilig háben; sich beéilen (*з чимось* mit *D*); sich überéilen (*діяти поспішно*); я дýже ~лясь ich hábe es sehr éilig; я не ~лясь ich hábe kéine Éile: не ~ся beéile [überéile] dich nicht

кваплúв|ий éilig; hástig; **~о** *присл.* in der Éile, eilends; hástig

квартáл 1) (*частина міста*) Stádtviertel *n*, Víertel *n*, Häuserblock *m* (*група корпусів*); житловúй ~ Wóhnviertel *n*, 2) (*четверта частина року*) Quartál *n*, Víerteljahr *n*

квартéт *муз.* Quartétt *n*

квартúр|а Wóhnung *f*, **~ний** 1) Wóhnungs-; 2): ~на плáта Míete *f*

кварц Quarz *m*

квас Kwaß *m*

квасóля Bóhnen *pl*, стручкóва ~ Schníttbohnen *pl*

кватúрка Klappfenster *n*

квитáнція Quíttung *f*, Empfángsschein *m*

квúти: тепéр ми ~ *розм.* jetzt sind wir quitt

квитóк 1) (*для проїзду на транспорті*) Fáhrschein *m* (*автобусний, трамвайний, тролейбусний*); залізни́чний ~, ~ на пóїзд Fáhrkarte *f*, авіаці́йний ~, ~ на літáк Flúgkarte *f*, мíсячний (проїзни́й) ~ Mónatskarte *f*, 2) (*вхідний*) Éintrittskarte *f*, ~ в кінó Kinokarte *f*, театрáльний ~, ~ в теáтр Theáterkarte *f*, 3) (*документ, посвідчення*): члéнський ~ Mitgliedsbuch *n*, студéнтський ~ Studéntenausweis *m*, партíйний ~ Partéidokument *n*, військóвий ~ Wéhrdienstausweis *m*, Sóldbuch *n*
квíтень April *m*
квíт|и *мн.* Blúmen *pl*, букéт ~ів Blúmenstrauß *m*
квíтка 1) Blúme *f*, 2) (*на дереві, кущі*) Blüte *f*
квітнéвий April-
квітни́к Blúmengarten *m*, Blúmenbeet *n*
квітникáрство Blúmenzucht *f*, Blúmenbau *m*
квітýчий *у різн. знач.* blühend
квітчáстий blúmenreich; (*строкатий*) bunt, fárbenreich; (*про слово*) blúmig
квóлий schwächlich; gebréchlich, kränklich; kränklich (*хворобливий*)
квóчка Brúthenne *f*
кéди *мн.* Spórtschuhe *pl*
кедр Zéder *f*, **~овий** Zéder(n)-, Zírbel-; ~овий горíх Zírbelnuß *f*
кекс Rosínenkuchen *m*
кéлих Glas *n*, Wéinglas *n*, Séktglas *n* (*для шампанського*); Bierglas *n* (*для пива*)
кéмпінг Camping ['kεm-] *n*, Zéltplatz *m*
кенгурý Känguruh *n*
кені́|єць Keniáner *m*, **~йський** keniánisch
кéпка Schírmmütze *f*, Spórtmütze *f*
кепкувáти (*з когось/чогось*) éinen Streich spíelen (*D*), sich lústig máchen (über *A*)
керáм|іка *у різн. знач.* Kerámik *f*, **~íчний** kerámisch
керівн|и́й 1) (*який стоїть на чолі чогось*) Führungs-, leitend, Leit-; ~í кóла Führungskreise *pl*, ~í óргани die léitenden Orgáne; ~ працівни́к Führungskader *m*, 2) (*який слугує керівництвом*) Leit-, Richt-, ~á ідéя Léitgedanke *m*
керівни́к Léiter *m*, Führer *m* (*лідер, вождь*); ~ делегáції Delegatiónslei-ter *m*, клáсний ~ Klássenlehrer *m*, Klássenleiter *m*, наукóвий ~ wíssenschaftlicher Betréuer; партíйний ~ Partéifunktionär *m*, Partéiführer *m*
керівни́цтво 1) (*дія*) Führung *f*, Léitung (*роботою і т. п.*); Lénkung *f*, Ánleitung *f* (*наставництво*); здíйснювати ~ чи́мось etw. léiten; 2) (*директива*) Ríchtlinie *f*, 3) (*керівники*) Führung *f*, Léitung *f* (*підприємства, установи*); Verwáltung *f* (*адміністрація*); ~ підприємства Betriebsleitung *f*
кермáнич Stéuermann *m*
кермó Stéuer *n* (*штурвал*); Lénkrad *n* (*автомобіля*); Lenkstange *f*, Lenker *m* (*велосипеда*)
керувáння *грам.* Rektión *f*
керувáти (*чимось*) 1) (*управляти*) verwálten *vt*, léiten *vt*, regieren *vt* (*країною*); betréuen *vt* (*аспірантами і т. п.*); án|leiten *vt* (*наставляти*); 2) (*регулювати рух, роботу чогось*) an der Spitze stéhen* *vi* (*G — якимось рухом*); stéuern *vt*, (*машиною - тж*) lénken *vt*, fáhren* *vt*, ~ маши́ною das Áuto fáhren* [lénken]; 3) (*хором, оркестром*) léiten *vt*, dirigíeren *vt*, 4) *грам.* regieren *vt*, verlángen *vt*
керувáтися (*чимось*) sich léiten lássen* (von *D*), sich ríchten (nach *D*); áus|gehen* *vi* (s) (von *D — виходити з чогось*)
кéта sibírischer Lachs
кефíр Kéfir *m*, Jóghurt [-gurt] *m*, *n*
кивáти, кивнýти 1) nícken *vi*, zú|nicken *vi* (*комусь D*); 2) (*на когось/щось*) mit dem Kopf (hín)wéisen* [(hín)déuten] (auf *A*)
ки́дати *див.* ки́нути; ~ в кóгось чи́мось j-n mit etw. (*D*) bewérfen*; ◊ ~ словá на вíтер in den Wind réden *vi* **~ся** 1. *див.* ки́нутися 2. (*чимось*) (*один в одного*) einánder bewérfen* (mit *D*)
кидóк Wurf *m*
ки́лим Téppich *m*
кинджáл Dolch *m*
ки́нути 1) wérfen* *vt*, schléudern *vt*, 2) (*перестати робити щось*) áuf|geben *vt*, ~ пали́ти das Ráuchen áuf|geben*; ◊ ~ пóгляд а) (*на щось*) blícken *vi* (auf *A*); б) (*якийсь на когось*) éinen Blick wérfen* (auf *A*)
ки́нутися 1) stürzen *vi* (s); sich stürzen; strömen *vi* (s) (*про натовп*); ~ в кімнáту, до вікнá ins Zímmer, ans Fénster stürzen; ~ бíгти los|rennen* *vi* (s), davón|stürzen *vi* (s), die Flucht ergréifen*; ~ упéред vór|stürzen *vi* (s); ~ навздогíн за ки́мось j-m nách|setzen *vi* (s); 2) (*на щось - впасти, повалитися*) sich wérfen* (auf *A*); ~ з мостá в рíчку sich von der Brücke in den Fluß stürzen; 3) (*на когось - накинутися*) sich stürzen, sich wérfen* (auf *A*)
кипари́с Zyprésse *f*
кипí|ння Kóchen *n*, Síeden *n*, **~ти** 1) kóchen *vi*, síeden* *vi*, 2): ~ гнíвом vor Wut kóchen *vi*
кип'яти́льник Táuchsieder *m*
кип'я|ти́ти kóchen (lássen*) *vt*, síeden (lássen*) *vt*, **~тóк** kóchendes [síedendes] Wásser; **~чéний** ábgekocht
кирги́з Kirgíse *m*, **~ький** kirgísisch
кирпáтий stúmpfnasig, stúpsnasig
ки́сень Sáuerstoff *m*
кисíль Kíssel *m* süßsaure Nachspeise
ки́слий 1) (*про смак*) sáuer; 2) (*прокислий*) Sáuer-
кислотá *хім.* Säure *f*, азóтна ~ Salpétersäure *f*, сірчáна ~ Schwéfelsäure *f*
кисля́к *розм.* sáure [dícke] Milch, Sáuermilch *f*
киснéвий Sáuerstoff-
кисть (*руки*) Hand *f*
кит Wal *m*, Wálfisch *m розм*

китá|єць Chinése *m*, **~йський** chinésisch
кишéн|я Tásche *f*, ◊ це мені не по ~і *розм.* das geht über méine Míttel
кишéчник Darm *m*
кишí|ти wímmeln *vt*, плóща ~íла людьми́ der Platz wímmelte von Ménschen
ки́шка *анат.* Darm *m*, сліпá ~ Blínddarm *m*
кишкови́й Darm-
кібернéт|ика Kybernétik *f*, **~и́чний** kybernétisch
ківш 1) Kélle *f*, 2) *тех.* Kübel *m*, ливáрний ~ Pfánne *f*, ~ екскавáтора Bággereimer *m*, Löffel *m*
кíготь Králle *f*, Kláue *f*
кіл Pfahl *m*
кілó *розм.* Kílo *n*
кіловáт Kilowátt *n*
кілогрáм Kilográmm *n*
кіломéтр Kilométer *m*
кіль *мор.* Kiel *m*
кільвáтер *мор.* Kíelwasser *m*, в ~ in Kíellini e
кíлька Strömling *m*
кíлькісний 1) quantitatív, záhlenmäßig; 2): ~ числíвник *грам.* Grúndzahl *f*, Kardinálzahl *f*
кíльк|ість 1) Quantität *f*, перехíд ~ості в я́кість das Úmschlagen von Quantität in Qualität; 2) (*чисельність, маса*) Ménge *f*, у вели́кій ~ості gróßen Méngen; в достáтній ~ості in áusreichenden Méngen; 3) (*когось/чогось - число*) Ánzahl *f*, Zahl *f*, вели́ка ~ людéй éine gróße Ánzahl von Ménschen
кільцé Ring *m*
кільцéв|ий Ríng-; ~а автомагістрáль Áutobahnring *m*
кíльця *мн. спорт.* Ringe *pl*, вправля́тися на ~х an den Ríngen túrnen *vi*
кімнáт|а Zímmer *m*, **~ний** Zímmer-
кінематогрáфія Fílmkunst *f*, Kinematographíe *f*, Fílmindustrie *f* (*промисловість*)
кінескóп Bíldröhre *f*, Férnsehröhre *f*
кін|éць Énde *m*, Ábschluß *m*, Schluß *m* (*закінчення*); Áblauf *m* (*гри*); час підхóдить до ~ця́ die Zeit läuft ab; ◊ в обидва ~ці́ hin und zurück; з усíх ~ці́в світу von überallhér; кінéць кінцéм létzten Éndes, schlíeßlich, éndlich; під ~ zum Schluß
кíнн|ий 1) Pférde-; ~ завóд Gestüt *n*, 2) (*який складається з вершників*) Réiter-, berítten; ~а мілíція beríttene Milíz
кінó 1) Fílmkunst *f*, Kinematographíe *f*, 2) *див.* кінотеáтр; 3) *див.* кінофíльм
кіно|арти́ст Fílmschauspieler *m*, **~екрáн** Fílmleinwand *f*, **~журнáл** Vórfilm *m*, Wóchenschau *f*, **~зíрка** Fílmstar [-sta:r] *m*, **~зйóмка** Fílmaufnahme *f*, **~кáмера** Fílmkamera *f*, **~карти́на** Film *m*, **~комéдія** Fílmlustspiel *n*, **~люби́тель** Fílmamateur [-tø:r] *m*, **~мистéцтво** Fílmkunst *f*, **~оператóр** Kameramann *m* (*pl тж.* -leute); **~панорáма** Fílmpanorama *n*, **~режисéр** Fílmregisseur [-ʒisø:r] *m*, **~стýдія** Fílmstudio *n*, **~сценáрій** Dréhbuch *n*, **~теáтр** Fílmtheater *n*, Kíno *n*, **~фестивáль** Fílmfestspiele *pl*, Fílmfestival [-val] *n*, **~фíльм** Film *m*
кíнськ|ий Pférde-; ◊ ~а си́ла Pférdestärke *f*
кінцéв|ий End-; Schluß- (*заключний*); ~а стáнція Éndstation *f*, ~ результáт Éndergebnis *n*
кінцíвки *мн.* Glíedmaßen *pl*
кінчáти, **кінчи́ти** 1) (*довести до кінця*) fértig sein (mit *D*), beénden *vt*, 2) (*припинити*) áuf|hören *vi* (zu + *inf*), Schluß máchen (mit *D*); 3) (*чимось - завершити*) schlíe-ßen* *vt*, beénden *vt* (mit *D*); 4) (*навчальний заклад*) beénden *vt*, absolvíeren [-'vi:-] *vt*, **~ся** 1) énden *vi*, zu Énde sein [géhen*] *vi* (s); 2) (*завершитися*) áus|géhen*; *vi* (s), énden *vi* (*чимось* mit *D*)
кінь 1) Pferd *n*, Roß *m*, 2) *шах.* Springer *m*, 3) (*спортивний снаряд*) Pferd *m*, на кóнях (*їхати, орати*) mit Pférden; сíсти (вéрхи) на коня́ aufs Pferd stéigen* *vi* (s); вéрхи на конí zu Pférde
кіóск Kíosk *m*, Verkáufsstand *m*, Stand *m*, газéтний ~ Zéitungskiosk *m*, Zéitungsstand *m*, ~ квíтів Blúmenstand *m*
кíпоть Ruß *m*
кір *мед.* Másern *pl*
кíрка Rínde *f*, Schále *f* (*плоду*)
кíст|ка 1) Knóchen *m*, Gräte *f* (*риб'яча*); 2): різьблення по ~ці Béinschnitzerei *f*, слонóва ~ Élfenbein *n*
кістля́вий knóchig, grätig (*про рибу*)
кíсточка 1) kléiner Knóchen; Gräte *f* (*риб'яча*); 2) (*плоду*) Kern *m*, Stein *m*
кістя́к 1) *анат.* Geríppe *n*, Skelétt *n*, Knóchengerüßt *m*, 2) тех. Rumpf *m*, Gerüßt *n*
кіт Káter *m*
кíшка Kátze *f*
клавіатýра Tastatúr *f*, (*друкарської машинки і т. п. - тж*) Klaviatúr [-vi-] *f*
клáвіша Táste *f*
клáдовище Fríedhof *m*
клáнятися 1) (*робити поклін*) sich verbéugen, sich vernéigen (*комусь* vor *D*); 2) (*комусь - вітатися*) begrüßen *vt*, 3) (*комусь - передавати вітання*) grüßen lássen* *vt*
клáпан *тех.* Ventíl [vɛn-] *n*
клáпоть Flícken *m*, Láppen *m* (*ганчірка*); Fétzen *m* (*рваний*)
кларнéт Klarinétte *f*, **~и́ст** Klarinettíst *m*
клас I (*соціальна група*) Klásse *f*, робóчий ~ Árbeiterklasse *f*
клас II 1) (*розряд, категорія, тж біол.*) Klásse *f*, 2) (*у школі*) Klásse *f*, (*кімната - тж*) Klássenzimmer *n*, 3) (*ступінь, рівень*) Klásse *f*, Niveau [-'vo:] *n*
клáсик Klássiker *m*
класифік|áція Klassifizíerung *f*, **~увáти** klassifizíeren *vt*
класици́зм Klassizísmus *m*
класи́чний klássisch
клáсн|ий Klássen-; ~а кімнáта Klássenzimer *n*, ~а дóшка Wándtafel *f*

К

клáсов|ий Klássen-; ~е суспíльство Klássengesellschaft *f*, ~а боротьбá Klássenkampf *m*
клáсти légen *vt*, ~ щось на мíсце etw. an séinen Platz légen; ~ щось в кишéню etw. in die Tásche (éin) stécken [tun*]; ~ цýкор в чай Zúcker an den Tee tun*
клáцати knállen *vi*, kláppern *vi* (*зубами, дзьобом і т. п.*), schnálzen *vi* (*язиком*), schníppen *vi* (*пальцями*) (mit *D*); schnáppen *vi* (*про замок і т. п.*)
клéїти klében *vt*, léimen *vt*
клей Leim *m*, Klébstoff *m*, **~кúй** klébrig, léimig
клеймó Stémpel *m*, Zéichen *n*, фабрúчне ~ Wárenzeichen *n*, Hándelsmarke *f*
клейóнка Wáchstuch *n*
клекотáти *перен.* sprúdeln *vi* (s), pulsíeren *vi*
клен Áhorn *m*, Áhornbaum *m*
кленóв|ий Ahorn-; ~ лист Áhornblatt *n*, ~а алéя Áhornallee *f*
клúкати 1) rúfen* *vt або vi* (nach *D*); 2) (*запрошувати*) éin|laden* *vt*, ~ когóсь на допомóгу j-n zu Hílfe rúfen*
клич Ruf *m*, Zúruf *m*
клúчка Rúfname *m*, Náme *m* (*тварин*)
клiєнт Kúnde *m*, **~ýра** Kúndschaft *f*
клíзм|а *мед.* Klistíer *n*, Éinlauf *m*, стáвити ~у ein Klistíer gében*, éinen Éinlauf máchen
клíка Clique ['kli:kə] *f*
клíмат Klima *n*, **~úчний** klimátisch, Klíma-
клíн|іка Klínik *f*, **~íчний** klínisch
клітúн|а *біол.* Zélle *f*
клітúнк|а 1) (*прямокутник, квадрат*) Kästchen *n*, 2): у ~у karíert, папíр у ~у karíertes Papíer; в дрібнý ~у kléinkariert; в блакúтну ~у bláukariert
клíтк|а 1) Käfig *m*, Báuer *n*, *m*, Vógelbauer *n*, *m* (*для птахів*); 2) (*прямокутник, квадрат*) Kästchen *n*, 3): у ~у karíert, папíр у ~у karíertes Papíer; в дрібнý ~у kléinkariert; в блакúтну ~у bláukariert; 4): груднá ~ *анат.* Brústkasten *m*, ◊ сходовá ~ Tréppenhaus *n*
клітковúна *анат.* Zéllgewebe *n*
клішнЯ Krébsschere *f*
кліщі *мн.* Zánge *f*
клозéт *розм.* Ábort *m*
клоп Wánze *f*
клóпіт Sórgen *pl* (*турботи*); Bemühungen *pl*, Ánstrengungen *pl* (*зусилля*); Scheréien *pl* (*обтяжливий*); завдáти комýсь велúкого клóпоту j-m viel Mühe máchen; вам не завдáсть клóпоту, якщó ... würde es Íhnen étwas áusmachen, wenn ...; я не хотíв би Вам завдавáти клóпоту ich möchte Íhnen nicht zur Last fállen
клопітлúвий geschäftig (*про людину*); mühevoll; schwíerig
клопотáння 1) (*документ*) Gesúch *n*, 2) (*дія*) Fürsprache *f*
клопотáтися 1) (*про щось*) án|suchen *vi* (um *A*), beántragen* *vt*, 2) (*за когось*) sich éin|setzen, sich verwénden*, Fürsprache éin|legen (für *A*); 3) (*бути у клопотах*) wírtschaften *vi*, geschäftig sein, sich (*D*) zu scháffen máchen; не клопочíться! máchen Sie sich bítte kéine Úmstände!; 4) (*піклуватися*) sich bemühen (um *A*)
клóун Clown [klaun] *m*
клуб I 1) (*об'єднання*) Klub *m*, спортúвний ~ Spórtklub *m*, 2) (*заводський, сільський*) Klub *m*, (*будинок - тж*) Klúbhaus *n*
клуб II (*хмара*) Ráuchschwaden *m* (*диму*); ~й пúлу Stáubwolke *f*
клубóк Knäuel *m*, *n*
клуботáтися sich bállen; áuf|steigen* *vi* (s) (*підніматися догори*)
клýмба Blúmenbeet *n*, Beet *n*
клювáти, клЯнути 1) (*про птаха*) pícken *vt* (*корм*); hácken *vt* (*ударяти дзьобом*); 2) (*про рибу*) án|beißen* *vt*
ключ I 1) (*від замка*) Schlüssel *m*, ~ від квартúри Wóhnungsschlüssel *m*, замкнýти щось ~éм [на ~] etw. áb|schließen*; 2) (*інструмент*): гайковúй ~ Schráubenschlüssel *m*, консéрвний ~ Büchsenöffner *m*, 3) *перен.* Schlüssel *m*, ~ до розв'язáння проблéми der Schlüssel zur Lösung éines Probléms; 4) *муз.* Schlüssel *m*
ключ II (*джерело*) Quélle *f*, ◊ бúти ~éм а) (*про рідину*) hervór|spru-deln *vi* (s); б) *перен.* sprúdeln *vi* (s), pulsíeren *vi*
ключúця Schlüsselbein *n*
клЯчка Hockeyschläger ['hɔki-] *m*
ключов|úй (*найзначніший*) Schlüssel-, Grund-, entschéidend; ~é питáння Grúndfrage *f*, entschéidende Fráge
клЯсер Éinsteckalbum *n*
клЯстися schwören* *vi або vt* (*в чомусь*)
клЯтв|а Schwur *m*, Eid *m*, дáти ~у éinen Eid [Schwur] léisten [áb|legen]
кмітлúв|ий fíndig; schnell áuffassend; geschéit (*тямущий*); **~ість** Fíndig-keit *f*, Áuffassungsgabe *f*
кнúжка 1) (*для читання*) Buch *n*, Büchlein *n* (*маленька*); дитЯча ~ Kinderbuch *n*, ~-картúнка Bílderbuch *n*, 2) (*документ*) Buch *n*, чле́нська ~ Mítgliedsbuch *n*, трудовá ~ Árbeitsbuch *n*, чéкова ~ Schéckbuch *n*, ощáдна ~ Spárbuch *n*, 3): записнá ~ Notízbuch *n*
книжкóв|úй Buch-, Bücher-; ~ магазúн Búchhandlung *f*, ~а полúця Bücherregal *n*
кнóпка. 1) (*застібка*) Drúckknopf *m*, 2) (*канцелярська*) Réißzwecke *f*, 3) (*дзвоника і т. п.*) Knopf *m*
коаліцíйний Koalitións-
коалíція Koalitión *f*
кобúла Stúte *f*
кобурá Tasche *f*
ковáль Schmied *m*
ковбáня (*глибока яма на дні річки, озера*) Úntife *f*
ковбасá Wurst *f*, варéна ~ Kochwurst *f*, копчéна ~ geräucherte Wurst; лíверна ~ Léberwurst *f*

ко́вдра Décke *f*, Béttdecke *f*, Stéppdecke *f*
ковзани́ *мн.* (*одн* ковзáн) Schlíttschuhe *pl* (*sg* Schlíttschuh *m*)
ко́взання Gléiten *n*, Rútschen *n*, Ábrutschen *n*
ковзаня́р Schlíttschuhläufer *m*, Éisläufer *m*; **~ський** Schlíttschuh-; ~ський спорт Éislaufen *n*
ко́взати 1) (*плавно рухатися*) gléiten* *vi* (s); ~ по кри́зі, по воді über das Eis, durch das Wásser gléiten*; 2) (*втрачати стійкість*) ins Rútschen kómmen* *vi* (s); rútschen* *vi* (s) (*на чомусь* - auf *D*)
ковпа́к 1) (*для прикриття чогось*) Déckel *m*, Lámpenschirm *m* (*для лампи*); 2) (*головний убір*) Káppe *f*
ковта́ти 1) (*робити ковтальний рух*) schlúcken *vi*; мені вáжко ~ ich kann nicht [kaum noch] schlúcken; 2) (*проковтувати щось*) schlúcken *vt*
ковтну́ти 1) *див.* ковтáти 1; 2) (*чогось, щось – випити ковток води і т. п.*) éinen Schluck néhmen* [tun*] (an *D*, *з чогось* aus *D*)
ковт|о́к 1) (*ковтальний рух*) Schluck *m*, малéнькими ~кáми in [mit] kléinen Schlúcken; одни́м ~кóм in [mit] éinem Schluck; 2) (*чогось – як міра*): ~ води́ ein Schluck Wásser
код 1) Kóde *m*, Code [ko:t] *m*, Schlüssel *m*; 2) (*телефонний*) Vórwahlnummer *f*
ко́декс Gesétzbuch *n*, цивíльний ~ Bürgerliches Gesétzbuch; Zivilgesetzbuch [-'vi:l-] *n*, кримінáльний ~ Stráfgesetzbuch *n*, ~ закóнів про прáцю Árbeitsgesetzbuch *n*
коефіціє́нт Koeffiziént *m*, ~ кори́сної дії *тех.* Wírkungsgrad *m*, Nútz-effekt *m*
ко́жн|ий 1. *займ.* *m* jéder, *f* jéde, *n* jédes, *pl* álle; ~ день jéden Tag, täglich; ~е слóво jédes Wort; ~у добу́ álle Táge; ~і дві годи́ни álle zwei Stúnden; **2.** *імен.* jéder; ~ з нас jéder von uns; ~ пови́нен це знáти (ein) jéder muß es wíssen; ◊ на ~ому крóці auf Schritt und Tritt
кожу́х (kúrzer) Scháfpelz *m*
коза́ Zíege *f*
коза́к Kosák *m*
козе́л Zíegenbock *m*, ◊ ~ відпу́щення Sündenbock *m*
козеня́ Zícklein *n*
ко́зир Trumpf *m*
ко́йка 1) *мор.* Kóje *f*, 2) (*ліжко*) Bett *n*
коке́тка I (*жінка*) Kokétte *f*
коке́тка II (*сукні*) Pásse *f*
коке́т|ливий kokétt; **~ство** Koketteríe *f*, **~ува́ти** kokettíeren *vi*
ко́клюш Kéuchhusten *m*
коко́с 1) (*плід*) Kókosnuß *f*, 2) (*дерево*) Kókospalme *f*, **~овий** Kókos-
кокте́йль 1) (*напій*) Cocktail ['kɔkte:l] *m*, 2) (*прийом*) Cocktailparty ['kɔkte:lpa:ti] *f*, Cócktail *m*
ко́лба Kólben *m*
колго́тки *мн.* Strúmpfhose *f*
коле́га Kollége *m*, Kollégin *f*
коле́гія Kollégium *n*
колекти́в Kolléktív *n*, Mítarbeiter *pl* (*співробітники*); студéнтський ~ Studéntenkollektiv *n*, áвторський ~, ~ áвторів Autórenkollektiv *n*, Verfásserkollektiv *n*, ~ худóжньої самодія́льності Kultúrgruppe *f*, ~ викладачíв Léhrkörper *m*, ~ робітникíв (завóду) Belégschaft *f*, Рáда трудовóго ~у der Rat des Árbeitskollektivs
колективіза́ція Kollektivierung [-'vi:-] *f*
колекти́вн|ий kollektív, Kollektív-; Geméinschafts- (*спільний*); ~е керівни́цтво kollektíve [-və] Léitung; ~е зобов'я́зання Kollektívverpflichtung *f* ~а прáця (*про книгу і т. п.*) Geméinschaftsarbeit *f*, ~ договíр Kollektívvertrag *m*, **~ість** Kollektivität [-vi-] *f*
колекціон|е́р Sámmler *m*, **~ува́ти** sámmeln *vt*
коле́кція Sámmlung *f*, ~ карти́н Bíldersammlung *f*, ~ модéлей óдягу Módekollektion *f*
ко́лесо Rad *n*
коли́ 1. *присл.* wann; ~ це булó? wann war das?; **2.** *спол.* 1) (*для означення однократної дії в минулому*) als; ~ він прокúнувся ... als er erwáchte ...; 2) (*для майб. часу і для означення повторюваності дії в теперішньому і минулому часі*) wenn; ~ настáне лíто ... wenn der Sómmer kommt ...; щорáзу, ~ він прихóдив ... (jédesmal,) wenn er kam ...
колива́|ння 1) (*качання*) Schwíngung *f*, 2) (*нестійкість*) Schwán-kung *f*, **~тися** 1) (*про маятник*) péndeln *vi*); 2) (*бути нестійким — про температуру і т. п.*) schwánken *vi*
коли-не́будь 1) (*в майбутньому*) írgendwann, (später) éinmal; 2) (*в минулому*) je, jémals; чи бáчив ти ~ (щось) подíбне? hast du jé(mals) so étwas geséhen?
коли́ск|а Wíege *f*, **~о́ва**: ~óва пíсня Wíegenlied *n*
коли́сь (*в минулому*) einst, éinmal; éhemals; früher; ~ ми булú знайóмі einst wáren wir miteinánder bekánnt; жив-був ~ ... es lébte éinmal ...
колиха́ти, **колихну́ти** bewégen* *vt*, scháukeln *vt*, wíegen *vt* (*погойдувати*); **~ся** sich bewégen*, schwanken *vi*, sich scháukeln (*розгойдуватися*)
коли́шнє *сущ.* Vergángenheit *f*, das Vergángene
коли́шн|ій der éhemalige, der frühere, Ex-; ~ вчи́тель der éhemalige Léhrer; ~я столи́ця die frühere Háuptstadt; ~ чемпіóн свíту Exweltmeis-ter *m*
колі́н|о 1) Knie *n*, стоя́ти на ~ах kní en *vi*, стáти на ~а níeder|kní en *vi*, по ~ kníetief (*про воду, сніг*); kníehoch (*про траву і т. п.*); стоя́ти по ~ у воді bis zu den Kní en [bis an die Kníe] im Wásser stéhen* *vi*, 2) *мн.* ~а (*того, хто сидить*) Schoß *m*, Kníe *pl*, взя́ти [посади́ти] когóсь до сéбе на ~а j-n auf den Schoß néhmen*

К

кóлір Fárbe *f*, чóрний ~ schwárze Fárbe, das Schwárze; сýкня зелéного кóльору ein grünes Kleid; фарбувáти щось у жóвтий ~ etw. gelb färben [án|streichen*]
кóлі|я 1) (*від коліс, полозів*) Fáhrrinne *f*, Rádspur *f*, 2) *зал.* Spur *f*, Gleis *n*; ширинá ~ї Spúrweite *f*
кóл|о I 1) *у різн. знач.* Kreis *m*, накрéслити ~ éinen Kreis zíehen*; стáти в ~ éinen Kreis bílden; по ~у im Kreis; ~ знайóмих Bekánntenkreis *m*, в сімéйному ~і im Famíli enkreise; 2) *мн.* ~а (*група людей*) Kréise *pl*, прáвлячі ~а Regíerungskreise *pl*, 3) *мат.* Kreis *m*, Kréislini e *f*, довжинá ~а Kréisumfang *m*
кóло II *прийм.* (*чогось*) nében (*A або D*), an (*A або D*)
кóловорот *тех.* Winde *f*
колóда I 1) Hólzklotz *m*, Hólzstamm *m*, Bálken *m* (*обтесана*); 2) *спорт.* Schwébebalken *m*
колóда II (*карт*) ein Spiel Kárten
колóквіум Kollóquium *n*
колóн|а 1) *архіт.* Säule *f*, 2) (*стрій*) Kolónne *f*, ~и демонстрáнтів die Kolónnen der Demonstránten; ~ автомашúн Áutokolonne *f*, шикувáтися в ~и sich in Kolónnen órdnen
колоніалíзм Kolonialísmus *m*
колоніáльн|ий Koloniál-; ~а полíтика Koloniálpolitik *f*, ~а країна Koloniálland *n*, Koloníe *f*
колонізáція Kolonisatión *f*
колóнія *у різн. знач.* Koloníe *f*
колóнка 1) (*автозаправна*) Tánkstel-le *f*, 2) (*стовпчик*) Kolónne *f* (*цифр і т. п.*); 3) (*водозабірна*) Hydránt *m*, 4) (*у ванній*) Bádeofen *m*, гáзова ~ Gás therme *f*, 5) (*стереоапаратури*) Box *f*
колорúтний fárbenreich, málerisch (*мальовничий*); markánt (*яскравий — про особистість*)
кóлос Áhre *f*, колóсся жúта Róggenähren *pl*
колосáльний ríesig, kolossál
колосúтися Áhren tréiben*, Áhren án|setzen
колóти I 1) (*голкою і т. п.*) stéchen* *vt*, 2): у мéне кóле у бóці es sticht mich in der Séite, ich hábe Séitenstechen
колóти II (*розколювати*) hácken *vt* (*дрова*); knácken *vt* (*горіхи*)
кольнýти *див.* колóти I
кольорóв|ий Farb-; fárbig (*розфарбований*); bunt, Bunt(*строкатий*); ~а фотогрáфія Fárbfotografie *f*, ~е телебáчення Fárbfernsehen *n*, ~і малю́нки fárbige Zéichnungen; ~і олівцí Búntstifte *pl*, ◊ ~і метáли Búntmetalle *pl*
кольчýга Pánzerhemd *n*
коля́ч|ий 1) stáchelig; dórnig (*про рослину*); ~ дріт Stácheldraht *m*, 2) *перен.* (*уїдливий*) spitz, béißend; **~ка** Stáchel *m*, Dorn *m* (*рослини*)
коля́ска Wágen *m*, дитя́ча ~ Kínderwagen *m*, ~ мотоцúкла Béiwagen *m*

кóма Kómma *n*
комáнд|а 1) (*наказ*) Kommándo *n*, Beféhl *m*, за ~ою auf Kommándo, auf Beféhl; 2) *військ.* (*загін*) Kommándo *n*, Trupp *m*, 3) *мор.* Mánnschaft *f*, Besátzung *f* (*екіпаж*); 4) *спорт.* Mánnschaft *f*, футбóльна ~ Fúßballmannschaft *f*, Fúßballelf *f*, збíрна ~ Áuswahlmannschaft *f*, Áuswahl *f*
командúр 1) *військ.* Kommandeur [-'dø:r] *m*, Chef [ʃɛf] *m*, Führer *m*, ~ полкá Regiméntskommandeur *m*, ~ рóти Kompaníechef *m*, ~ взвóду Zúgführer *m*, 2) *мор.*, *косм.* Kommandánt *m*, ~ підвóдного човнá Ú-Boot-Kommandánt *m*, ~ космíчного корабля́ Kommandánt éines Wéltraumschiffes; 3) (*керівник*) Léiter *m*
комáндн|ий 1) *військ.* Kommándo-; ~ склад Kommándobestand *m*, 2) *спорт.* Mánnschafts-; ~а пéршість Mánnschaftswettbewerb *m*
комáндування 1) *збірн.* Kommándo *n*, Léitung *f*, головнé ~ Óberkomman-do *n*, 2) (*дія*) Trúppenführung *f*, Kommándo *n*, під ~м когóсь únter dem Beféhl [beféhligt] von (*D*)
комáндувати 1) (*давати команди*) kommandíeren *vi*, 2) (*чимось/кимось - бути командиром*) kommandíe-ren *vt*, beféhligen *vt*, léiten *vt* (*керувати*)
комáндуючий Beféhlshaber *m*, ~ áрмією Armée(ober)befehlshaber *m*
комáр Mücke *f*, малярíйний ~ Anópheles *m*
комáха Insékt *n*
комбáйн Kombine [-'bain] *f*, зерновúй ~ Mähdrescher *m*, вýгільний ~ Kóhlenkombine *f*
комбінáт Kombinát *n*, ~ побутóвого обслугóвування Díenstleistungskombinat *n*
комбінáція 1) Kombinatión *f* *тж спорт.*; 2) (*білизна*) Únterkleid *n*
комбінезóн Overall ['o:vərɔ:l] *m*, Kombinatión *f*, Látzhose *f* (*на бретелях*)
комбінувáти kombiníeren *vt*
комéдія Komödi e *f*, Lústspiel *n*
комендá|нт 1) *військ.* Kommandánt *m*, 2) (*будинку*) Háusverwalter *m*, **~тýра** Kommandantúr *f*
комéнтá|р Kommentár *m*, Erläute-rung *f*, **~тор** Kommentátor *m*, спортúвний ~тор Spórtreporter *m*
коментувáти kommentíeren *vt*, erläutern *vt*
комéрцíйний Handels-, kommerzíell
комéта Komét *m*
кóмік (*актор*) Kómiker *m*
кóмір Krágen *m*, Hálsrand *m*
комірéць Krágen *m*
комíрка Kámmer *f*, Vórratskammer *f* (*для продуктів*)
комісáр Komissár *m*, **~іáт** Komissariát *n*
комісíйний: ~ магазúн Gebráuchtwarengeschäft *n*
комíсія Komissión *f*, Áusschuß *m*, урядóва ~ Regierungskomission *f*, вúборча ~ Wáhlkomission *f*, ~ з охорóни прáці Árbeitsschutzkomission *f*

К

комітéт 1) (*колективний орган*) Komitée *n*, Áusschuß *m*; Міжнарóдний олімпíйський ~ das Internationále Olýmpische Komitée; Комітéт з роззбрóєння Ábrüstungskomitee *n*; вúставочний ~ Áusstellungsauss-chuß *m*; 2) (*місцевий виборний орган*) Léitung *f*, цеховúй (профспілковий) ~ Ábteilungs gewerkschaftsleitung *f*
комíчний kómisch
комóра Lager *n*, Ábstellraum *m* (*для товарів*); Vórratskammer *f*, Spéisekammer *f* (*для провізії*); Spéicher *m*, Lágerraum *m*, *с.-г.* Schéune *f*, Getréidespeicher *m*
компáктний kompákt
компáні|я *у різн. знач.* Geséllschaft *f*, торгóва ~ Hándelsgesellschaft *f*; ◊ склáсти комýсь ~ю *j-m* Geséllschaft léisten; за ~ю zur Gesélls-chaft
кóмпас Kómpaß *m*
компенсáція Kompensatión *f*
компенсувáти kompensíeren *vt*
компетéн|тний 1) kompetént; sáchkundig (*знаючий*); máßgebend (*авторитетний*); 2) (*про установу*) zúständig; **~ція** Kompeténz *f*, це пóза моєї ~ції dafür bin ich nicht zúständig
кóмплекс *у різн. знач.* Kompléx *m*, агропромислóвий ~ Agrár-Industríe-Komplex *m*, пáливно-енергетúчний ~ Brénnstoffund Energíekomplex *m*, орбітáльний ~ Orbitálkomplex *m*, спортúвний ~ Spórtkomplex *m*, **~ний** kompléx, Kompléx-; ~на механізáція kompléxe Mechanisíerung; ~на бригáда Kompléxbrigade *f*
комплéкт 1) (*набір*) Satz *m* (*інструментів*); Garnitúr *f* (*білизни*); Sámmlung *f* (*книг*); Serie *f* (*листівок*); Jáhrgang *m* (*журналів, газет*); 2) (*повна кількість чогось*) vóllständige Zahl, komplétte Ánzahl; пóнад ~ zúsätzlich, éxtra; **~увáння** Komplettíerung *f*, Ergänzung *f*, Vervóllständigung *f* (*поповнення*); **~увáти** komplettíeren *vt*, vervóllständigen *vt*, ergänzen *vt* (*поповнювати*)
комплéкція Körperbau *m*
комплімéнт Komplimént *n*, робúти [говорúти] комýсь ~и j-m Kompliménte máchen
компози|тор Komponíst *m*, **~ція** Kompositión *f*
компонéнт Komponént *f*, Beständteil *m*
компонувá|ння Zusámmenstellung *f*, Ánordnung; **~ти** zusámmenstellen *vt*, ánordnen *vt*
компóстер *зал.* Lócher *m*, Lóchzange *f*
компóт 1) (*напій*) Kompótt *n*; 2) (*сухі фрукти*) Dörrobst *n*
компрéс Komprésse *f*, Úmschlag *m*, постáвити комýсь тéплий ~ j-m éinen wármen Úmschlag máchen
компрéсор *тех.* Kompréssor *m*, Verdíchter *m*
компрометувáти kompromittíeren *vt*
компрóміс Kompromíß *m*, ітú на ~ éinen Kompromíß éin|gehen*; **~ний**: ~не рíшення Kompromíßlösung *f*
комп'ютер Computer [kɔm'pju:-] *m*
комýна Kommúne *f*, Парúзька ~ die Pariser Kommúne
комунáльн|ий kommunál, Kommunál; ~е господáрство Kommunálwirtschaft *f*, ~і пóслуги kommunále Díenstleistungen
комунíзм Kommunísmus *m*
комунікáбельний kontáktfähig, mítteilsam, óffen
комунíст Kommuníst *m*, **~úчний** kommunístisch; ~úчна пáртія kommunístische Partéi
комутáтор Zentrale *f*, Stromwender *m*, Vermíttlung *f*
комфóрт Komfort [-'fo:r] *m*, Bequémlichkeit *f* (*зручність*); **~áбельний** komfortábel; bequém (*зручний*)
конвáлія Máiglöckchen *n*
конвéєр Fließband *n*, **~ний** Fließband-
конвéнція Konventión [-vɛn-] *f*, Vertrág *m*, Ábkommen *n* (*угода*)
конвéрт Bríefumschlag *m* Úmschlag *m*
конвертóваний *ек.* konvertíerbar [-vɛr-]
конвертувáти *ек.* konvertíeren [-vɛr-] *vt*
конвóй Eskórte *f*, Geléit *n*, Bedé-ckung *f*
конвýльсія Konvulsión [-vul-] *f*, Krampf *m*, Zúckung *f*
конгрéс 1) (*з'їзд*) Kongréß *m*, Всесвíтній ~ прибíчників мúру der Wéltfriedenskongréß; 2) (*парламент*) Kongréß *m*, ~ США der Kongréß der USA [u:ɛs'a:]
конденсá|тор *ел.*, *тех.* Kondensátor *m*, **~ція** Kondensatión *f*
кондúтерськ|а Konditoréi *f*, **~ий** Süßwaren-; ~а фáбрика Süßwarenkombinat *n*, ~і вирóби Süßwaren *pl*; ~ий відділ (*в магазині*) Süßwarenabteilung *f*, Süßwaren *pl*
кондиціонéр Klímagerät *n*, Klímaanlage *f*
кондýктор Schäffner *m*
кóник Héuschrecke *f*, Gráshüpfer *m* *розм.*
конкретиз|áція Konkretisíerung *f*, **~увáти** konkretisíeren *vt*
конкрéтний konkrét
конкурéнція Konkurrénz *f*
кóнкурс Wéttbewerb *m*, Préisausschreiben *n*, **~ний** Wéttbewerb(s)-; ~ний екзáмен Áufnahmeprüfung *f*
конкурувáти konkurríeren *vi*
консерватú|вний konservatív [-va-]; **~зм** Konservatísmus [-və-] *m*
консервáтор der Konservatíve [-və-]
консерватóрія Konservatórium [-va-] *n*
консéрви *мн.* Konsérven [-vən] *pl*; м'ясні ~ Fléischkonserven *pl*, Büchsenfleisch *n*, овочéві ~ Gemüsekonserven *pl*
консéрвний Konsérven[-vən]; ~ завóд Konsérvenfabrik; ~ ніж Konsérvenöffner *m*, Büchsenöffner *m*
консервувá|ння Konservíerung [-'vi:-] *f*, **~ти** konservíeren [-'vi:-] *vt*; éin|machen *vt* (*в домашніх умовах*)
консúліум Konsílium *n*
конспéкт Ínhaltsübersicht *f*, Konzept *n*, **~увáти** kurz zusámmen|fassen *vt*, im Konzept entwerfen

короткотермінóвий kúrzfristig
короткочáсн|ий kurz; ~е перебувáння Zwíschenaufenthalt *f*
корпорáція Korporatión *f*
кóрпус 1) (*будинок*) Gebäude *n*, Block *m*, 2) *військ.* Korps [ko:r] *n*, тáнковий ~ Pánzerkorps *n*, 3) (*тулуб*) Rumpf *m*, Körper *m*, 4) *тех.* Rumpf *m* (*судна*); Gehäuse *n* (*годинника і т. п.*); ◊ дипломатúчний ~ das diplomátische Korps [ko:r]
корт Ténnisplatz *m*
корýпція Korruptión *f*, Bestéchung *f*
корявий knórrig, (*про пальці, руки - тж*) knótig
косá I (*з волосся*) Zopf *m*, заплестú кóси Zöpfe fléchten*
косá II *c.-г.* Sénse *f*
косá III *геогр.* Ländzunge *f*
кóсий 1) (*скісний*) schief, schräg; 2) (*косоокий*) schíeläugig, schíelend; 3) (*про погляд*) scheel
косúнка Kópftuch *n* (*головна*); Hálstuch *n* (*шийна*)
кóсинус *мат.* Kósinus *m*
косúти I *c.-г.* mähen *vt*, schnéiden* *vt*
косúти II (*бути косооким*) schíelen *vi*
косúтися (*на когось/щось - дивитися скоса*) án|schielen *vt*, von der Séite án|sehen* *vt*
космéтика Kosmétik *f*
косметúчка 1) Kosmétikerin *f*, 2) (*сумочка*) Kosmétiktasche *f*
косметúчний kosmétisch
космíчн|ий kósmisch, Wéltraum-, Raum-; ~ полíт Wéltraumflug *m*, ~ корабéль Ráumschiff *n*, ~а стáнція Ráumstation *f*, ~ прóстір Wéltraum *m*
космодрóм Kosmodróm *n*
космонáвт Kosmonáut *m*
кóсмос Kósmos *m*, Wéltall *n* (*Всесвіт*); Wéltraum *m* (*космічний простір*)
кóсо 1) schief, schräg; 2) *перен.* scheel
косовúця 1) (*дія*) Héuernte *f*, Héumahd *f*, 2) (*час косовиці*) Héuernte(zeit) *f*
косоóкий schíeläugig, schíelend
кóсті *мн.* (*гральні*) Würfel *pl*, грáти в ~ würfeln *vi*
костям Ánzug *m* (*чоловічий*); Kos-tüm *n* (*жіночий*); Tracht *f* (*національний*)
косýля *зоол.* Reh *n*, Rícke *f* (*самиця*); Réhbock *m* (*самець*)
котéдж Lándhaus *n*, Villa ['vi-] *f*, Éinfamili enhaus *n*
котúти róllen *vt*, **~ся** 1) róllen *vi* (s); 2) (*про сльози і т. п.*) fließen* *vi* (s)
котлéта Bulétte *f* (*рублена*); Kotelétt *n*, Schnítzel *n* (*відбивна*)
котловáн *тех.* Báugrube *f*
котóк *тех.* Wálze *f*, Stráßenwalze *f*
котр|úй *займ. пит.* (*при виборі*) wélcher (*f* wélche, *n* wélches, *pl* wélche); ◊ ~ годúна? wie spät [wíeviel Uhr] ist es? о ~íй годúні? um wíeviel Uhr?
котýшка 1) (*ниток*) Rólle *f*, ~ бíлих нúток wéiße Zwírnrolle; 2) *тех.* Spúle *f*
котячий Kátzen-; kátzenartig (*як у кішки*)
кóфта Jácke *f*, Wéste *f*, в'язана ~ Stríckjacke *f*, вóвняна ~ Wóll-jacke *f*
кóфточка 1) (*блузка*) Blúse *f*, 2) (*трикотажна*) Púlli *m*, Jäckchen *n*
кохáнець Líebhaber *m*, Freund *m розм*
кохáння Líebe *f*
кохá|ти (*когось*) líeben *vt*, líeb|ha-ben* *vt*, вонú ~ють одúн óдного sie líeben einánder, sie háben einánder lieb
кочегáр Héizer *m*
кочівнúк Nomáde *m*
кочовúй Nomáden-
кошеня júnge Kátze *f*, Kätzchen *n*
кóшик Korb *m*
кошлáтий zóttig
кошмáр Álpdruck *m*, *перен.* Gráuen *n*, **~ний** *перен.* scháuderhaft, gráuenhaft; ~ний сон Álptraum *m*
кóшти (*капітал, гроші*) Míttel *pl*, грошові ~ Géldmittel *pl*, держáвні ~ stáatliche Míttel
кошторис Ánschlag *m*, Kóstenanschlag *m* (*прибутку і видатку*); склáсти ~ veránschlagen *vt*, **~ний** Kóstenanschlags-; veránschlagt; ~на вáртість Plánkosten *pl*
кóшту|вати 1) (*про ціну*) kósten *vt*, скíльки це ~є? was kóstet das?; 2) (*вимагати затрат, зусиль*) kósten *vt* (*комусь A або D*); це ~є (мені) велúких зусúль das kóstet (mich [mir]) viel Mühe
кощýнствувати lästern *vi або vt* (*над чимось*)
краб Krábbe *f*
кравáтк|а Krawátte *f*, Schlips *m*, одягтú, зняти ~у éine Krawátte úm|binden*, áb|legen
кравéць Schnéider *m*
кравчúня Schnéiderin *f*
крадíжка Díebstahl *m*, ~ зі злóмом Éinbruchsdiebstahl *m*
крадькомá héimlich, verstóhlen, im stíllen
краєвúд Lándschaft *f*
краєзнáвчий: ~ музéй Héimatkundemuseum *n*
краї́н|а Land *n*, Staat *m* (*держава*); ~и-учáсниці Téilnehmerstaaten *pl* (*конференції і т. п.*); Unterzéichnerländer *pl* (*угоди*); ~и НАТО NÁTO-Stáaten *pl*
кра|й 1) Kánte *f* (*ребро, грань*); Én-de *n* (*кінець — лави і т. п.*); Rand *m* (*посудини, площини, заглиблення, міста, дороги*); лúтися чéрез ~ über den Rand láufen* *vi* (s), über|laufen* *vi* (s); на ~я провáлля am Rände des Ábgrundes; бíля ~ю дорóги am Ránd(e) des Wéges; на ~я мíста am Stádtrand; 2) (*місцевість, країна*) Gégend *f*, Land *n*, в цих ~ях in díeser Gégend; тéплі ~і wárme Länder; 3) (*адміністративна одиниця*) Región *f*
крáйн|ій 1) (*який знаходиться з краю*) der létzte; ~ будúнок на вýлиці das létzte Haus in der Stráße; 2) (*дуже сильний, винятковий*) äußerst; ~я стурбóваність äußerste Únruhe; ◊ в ~ьому рáзі im

äußersten Fall, im Nótfall, nótfalls; ~ строк äußerster Termín

крамни́ця Geschäft *n*, Láden *m*, Verkáufsstelle *f*, ~-автопричéп Verkáufsanhänger *m*

кран I (*пристрíй*) Hahn *m*, водопровíдний ~ Wásserhahn *m*, ~ з гаря́чою водóю Wármwasserhahn *m*

кран II (*механíзм*) Kran *m*, пiдйóмний ~ Hébekran *m*, навантáжувальний ~ Verládekran *m*, бáштовий ~ Túrmkran *m*

кранiвни́к Kránführer *m*

крáпати trópfen *vi* (h, s), tröpfeln *vi* (h, s)

крáпка Punkt *m тж грам.*; ~ з кóмою Semikólon *n*

крапки́ *мн. грам.* Gedánkenpunkte *pl*, Áuslassungspunkte *pl*

крáпл|я 1) Trópfen *m*, по ~i trópfenweise; 2) *розм.* (*трíшки*) ein (klein) bißchen, ein (klein) wénig; нi ~i (*нiтрохи*) nicht im geríngsten, gar nicht; 3) *мн.* (*лiки*) Trópfen *pl*, ~i для очéй Áugentropfen *pl*, ~i вiд кáшлю Hústentropfen *pl*, ◊ це ~ в мóрi das ist nur ein Trópfen auf den héißen Stein; вонú схóжi як двi ~i водú sie gléichen sich wie ein Ei dem ánderen

крáпнути *див.* крáпати

красá Schönheit *f*

красноголóвець (*гриб*) Rothäuptchen *n*, Rótkappe *f*

красномóв|ний 1) (*про людину*) berédt, rédegewandt; 2) (*про жест, погляд*) berédt; áusdrucksvoll (*виразний*); ~ прúклад ein áufschlußreiches Béispiel **~ство** Rédegewandtheit *f*, Berédsamkeit *f*

красóля *бот.* blumenkresse *f*

крáсти stéhlen* *vt*, kláuen *vt розм*

крáстися schléichen* *vi* (s), sich schléichen*

красýня Schönheit *f*, die Schöne

крáтер Kráter *m*

крáтн|е *мат.* das Víelfache; **~ий** téilbar (*чомусь* durch *A*)

крах Zusámmenbruch *m*, Schéitern *n*, Bankrótt *m*, зазнáти ~у schéitern *vi* (s)

крáще 1. *порiвн. ст. вiд* хорóший *i* дóбре 1) bésser; нiж ранíше, тим ~ je früher, désto bésser; 2) *в знач. найвищ. ст. вiд* дóбре: ~ за всiх, ~ всьогó am bésten; 3) (*комусь*) *безос.* bésser; хвóрому стáло ~ es geht dem Kránken schon bésser, der Kránke fühlt sich schon bésser; **2.** *частка* líeber; ~ не питáй frag líeber nicht ◊ якомóга ~ so gut wie möglich, möglichst gut; тим ~ désto bésser, um so bésser

крáщ|ий der [die, das] béste (*з багатьох*); der [die, das] béssere (*з двох*); ◊ в ~ому вúпадку bésten-falls

крáяти (*завдавати горя*) zerréißen* *vt*

креди́т Kredít *m*, ◊ в ~ auf Kredít

кредитóр Kredítgeber *m*

кредитоспромóжн|ий kredítfähig; **~iсть** Kredítfähigkeit *f*

крéйда Kréide *f*

крéйсер Kréuzer *m*

кректáти ächzen *vi*

крем *у рiзн. знач.* Creme [krɛ:m] *f*, шоколáдний ~ Schokoládencreme *f*, ~ для взуття́ Schúhcreme *f*, ~ для гoлiння Rasíercreme *f*

крем|атóрiй Krematórium *n* **~áцiя** Éinäscherung *f*

кремéзний stämmig, untersétzt

крéмовий (*про колiр*) cremefarben [krɛ:m-]

крéслення (téchnische) Zéichnung *f*, Riß *m*

крéслити zéichnen *vt*, réißen* *vt*

креслья́р (téchnischer) Zéichner *m*

креслья́рськ|ий Zéichen-, Reiß-; ~а дóшка Zéichenbrett *n*, Reißbrett *n*

кривá *мат.* Kúrve [-və] *f*, ~ температýри Temperatúrkurve *f*

кривáвий 1) Blut-; blútig (*закривавлений - тж перен. — кровопролитний*); 2) (*про колiр*) blútrot

кривизнá Krümmung *f*, Bíegung *f* (*вигин*)

криви́й schief (*косий, який покосився*); krumm (*зiгнутий*)

кривонóгий krúmmbeinig

кри́г|а 1) Eis *n*, вiльний вiд ~и éisfrei; 2): вiчна ~ éwiges Eis

криголáм Éisbrecher *m*

крижан|и́й (*дуже холодний*) éisig, éiskalt; ~ вiтер éisiger Wind; ~i пáльцi éiskalte Fínger

крижи́на Éisscholle *f*

кри́з|а Kríse *f*, економíчна ~ Wirtschaftskrise *f*, енергетúчна ~ Energíekrise *f*, **~овий** Krísen-, krísenhaft

крик Schrei *m*, Geschréi *n*, Ruf *m* (*заклик*)

крикли́вий (*про людину*) laut

кри́кнути *див.* кричáти 1, 2

крилáт|ий 1) (*з крилами*) geflügelt *тж перен.*; ~i словá geflügelte Wórte; 2): ~а ракéта Flügelrakete *f*

крилó 1) (*птаха, комахи*) Flügel *m*, 2) *авт.* Kótflügel *m*, *ав.* Trágflügel *m*, Flügel *m*, Trágfläche *f*

кримiнáльн|ий Kriminál-, kriminéll; ~ злóчин Kriminálverbrechen *n*, 2) (*кримiнально-правовий*) Straf-, stráfrechtlich; ~е прáво Stráfrecht *n*, ~а вiдповiдáльнiсть stráfrechtliche Verántwortung

крини́ця Brúnnen *m*

кристáл Kristáll *m*, **~íчний** kristállísch, kristállen

критéрiй Kritérium *n*

кри́т|ик Krítiker *m*, **~ика** Kritík *f*, **~икувáти** kritisíeren *vt*, **~и́чний** *у рiзн. знач.* krítisch; ~и́чна стаття́ krítischer Artíkel; ~и́чна ситуáцiя krítische Situatión [Láge]

кри́хiтний *розм.* wínzig (klein)

крихки́й 1) (*ламкий*) zerbréchlich; brüchig; ~ лiд brüchiges Eis; 2) (*нiжний*) zart, fein

кри́хти *мн.* (*одн.* кри́хта) Krümel *pl* (*sg* Krümel *m*)

кричáти 1) (*видавати крик*) schréien* *vi*, rúfen* *vi*, 2) (*щось - викрикувати*) schréien* *vt*, rúfen* *vt*, zú|rufen* *vt* (*комусь D*); 3) (*на когось - лаяти*) án|schreien* *vt*

кричу́щий (hímmel)schreiend; empörend (*обурливий*)
кришúти (zer)krümeln *vt*, (zer)bröckeln *vt*
кри́шка Déckel *m*
кришталéвий 1) kristállen, Kristáll-; 2) (*прозорий*) kristállklar, kristállen; 2) (*бездоганний*) kristállen, mákellos
кришта́лик *анат.* Áugenlinse *f*
кришта́ль 1) (*сорт скла*) Kristállglas *n*; 2) (*вироби*) Kristáll *n*; 3): гірськúй ~ Bérgkristall *m*
крíзн|ий Dúrchgangs-, (*про дорогу*) *тж* dirékt; ~ óтвір Dúrchgangsloch *n*; ~ прохíд Dúrchgang *m*, Passáge [-ʒə] *f*
крізь (*щось*) durch (*A*); ~ нáтовп durch die Ménge; ◊ ~ сльóзи únter Tränen
крій (*одягу*) Schnitt *m*
крім *прйп* (*когось/чогось* áußer (*D*); zúsätzlich zu (*D*); áusgenommen (*A*) (*за винятком*); ~ тóго darüber (hináus), áußerdém, überdíes, obend-réin
кріп Dill *m*
кріпúти *перен.* féstigen *vt*, stärken *vt*
кріпúтися sich zusámmen|nehmen*, die Fássung bewáhren
кріпосн|úй *іст.* 1) *імен.* der Léibeigene *m*; 2) *прикм.* léibeigen; ~é прáво Léibeigenschaft *f*
кріпоснúцтво *іст.* Léibeigenschaft *f*
крíсло Séssel *m*; Léhnsessel *m* (*з високою спинкою*)
кріт Máulwurf *m*
кров Blut *n*
крóвн|ий 1) (*рідний*) blútsverwandt; 2) (*насущний*) ~ інтерéс lébenswichtiges Interésse; ~а обрáза tödliche Beléidigung; ~а пóмста Blútrache
крововúлив Blúterguß *m*
кровожéрний blútdürstig, blútgierig
кровонóсн|ий: ~а судúна Blútgefäß *n*; ~а системá Blútgefäßsystem *n*
кровоóбіг Blútzirkulation *f*, Blútkreislauf *m*
кровопролúт|ний blútig; **~тя** Blútvergießen *n*
кровотéча Blútung *f*, Blúten *n*
кровоточúти blúten *vi*
крóїти zú|schneiden* *vt*
крок 1) Schritt *m*; зробúти дéкілька ~ів ein paar Schrítte tun*; велúкими ~ами mit gróßen Schrítten; прискóрити ~ den Schritt beschléunigen; 2) (*вчинок*) Schritt *m*; ризикóваний ~ gewágter Schritt; зробúти [здійснúти] відчайдýшний ~ éinen gewágten Schritt tun*; 3) *мн.* ~и (*заходи*) Schrítte *pl*; ~и, напрáвлені на розрядку Schrítte zur Entspánnung; ◊ ~ уперéд, назáд ein Schritt vórwärts, rückwärts; ~ за ~ом Schritt für [um] Schritt, schríttweise; пéрший ~ до чóгось der érste Schritt bei (*D*) *або* zu (*D*); за дéкілька ~ів від чóгось éinen Kátzensprung von (*D*) entférnt; на кóжному крóці auf Schritt und Tritt; ~ом руш! (*команда*) im Gléichschritt marsch!
крóква Dachstuhl *m*
крокодúл Krokodíl *n*
крокувáти 1) (*іти*) géhen* *vi* (s); ~ в нóгу im (gléichen) Schritt géhen*; 2) (*переступати через щось*) schréiten* *vi* (s) (über *A*)
крóлик Kanínchen *n*
крол|ь *спорт.* Kráulschwimmen *n*; плáвати ~ем kráulen *vi*
крóна (*дерева*) Báumkrone *f*, Króne *f*
кропивá Brénnessel *f* (*при переносі* Brénn-nessel)
крос *спорт.* Cross *m*, Geländelauf *m* (*біг*); Geländefahrt *f* (*гонки*)
кросвóрд Kréuzworträtsel *n*; розв'язувати [відгáдувати] ~ ein Kréuzworträtsel lösen
кросóвки *мн.* Spórtschuhe *pl*, Láufschuhe *pl*
крохмáлити stärken *vt*
крохмáль Stärke *f*, **~ний** (*накрохмалений*) gestéift, gestärkt
круг Ring *m*; рятувáльний ~ Réttunsring *m*
крýгл|ий 1) (*про форму*) rund; 2) (*повний, цілковитий*) ganz; ~ рік das gánze Jahr (hindúrch); у ньóго ~і п'ятíрки er hat láuter Éinsen; він ~ відмíнник er hat in állen Fächern éine Eins
кругля́к Pflasterstein *m*, Kópfstein *m*
кругов|úй 1) (*який здійснюється по колу*) Rund-; ~ полíт Rúndflug *m*; 2) (*обертальний*) Kreis-; ~ рух Kréisbewegung *f*
кругозíр Gesíchtskreis *m*
кругóм ringsúm; ~! (*команда*) kehrt!
кругоóбіг Kréislauf *m*, Úmlauf *m*
кругосвíтн|ій: ~є плáвання éine Schiffsreise um die Welt, Wéltreise *f*
кружля́ти (*про птаха, літак*) kréisen *vi*, Kréise zíehen*
кружн|úй: ~úм шляхóм auf Úmwe-gen
кружóк (kléiner) Kreis *m*
круї́з Kréuzfahrt *f*
крук Rábe *m*
крупá: Grütze *f*; гречáна ~ Búchweizen *m*; мáнна ~ Grieß *m*; перлóва ~ Gráupen *pl*, Pérlgraupen *pl*; вівсяна ~ Háfer *m*
крут|úй 1) (*стрімкий*) steil; ~í схóди stéile Tréppe; ~á горá stéiler Berg; на ~óму бéрезі am Stéilufer; 2) (*різкий, раптовий*) jäh, plötzlich; scharf (*про поворот*); 3) (*суворий*) hart, streng; ~í зáходи strénge Máßnahmen; 4) (*густий, щільний*) dick; ~á кáша dícker Brei, Grütze *f*, ~é яйцé hártgekochtes Ei; ◊ ~ кип'ятóк síedend héißes Wásser
крутúти (*обертати*) dréhen *vt*; **~ся** (*обертатися*) sich dréhen
крюк Háken *m*
крюч|óк *у різн. знач.* Háken *m*; застібнýти ~кú на спіднúці den Rock zú|haken; в'язáти ~кóм häkeln *vi*
ксерокóпі|я Xerokopíe *f*, Áblichtung *f*, знімáти ~ю з чóгось etw. áb|lichten
куб *мат.* 1) (*геометрична фігура*) Würfel *m*; 2) (*степінь*) drítte Poténz, Kúbus *m*; піднóсити до ~а zur drítten Poténz erhében* *vt*, kubíeren *vt*

К

кубі́чний Kubík-, kúbisch; ~ ко́рінь Kubíkwurzel *f*
ку́бков|ий *спорт.* Pokál-; ~а гра, ~ матч Pokálspiel *n*
ку́б|ок *спорт.* Pokál *m*; ро́зиграш ~ка Pokálrunde *f*, гра на ~ Pokálspiel *n*
кубомéтр Kubíkmeter *n*
кува́ти (*про коваля*) schmíeden *vt*
куди́ wohín
куди-нéбудь, **куди́сь** írgendwohin
кудкуда́кати gáckern *vi*
кудла́тий zóttig
ку́зов Wágenkasten *m* (*вантажівки*); Karosseríe *f* (*легкового автомобіля*)
ку́ка|ти kúckuck rúfen*; зозу́ля ~є der Kúckuck ruft
кукурі́кати krähen *vi*, kikerikí schréien*
кукуру́дза Máis *m*
кула́к Faust *f*; сти́снути ~и́ die Fäuste bállen; сти́снути ру́ку в ~ die Hand zur Faust bállen
кулемéт Maschínengewehr *n*
кулінáр|ія (*магазин*) Menüladen *m*; **~ний** kulinárisch, Koch-; ~на кни́га Kóchbuch *n*
кулі́си *мн. театр.* Kulíssen *pl*
кульба́ба Löwenzahn *m*
кульга́вий 1. *прикм.* lahm, hínkend; **2.** *імен.* der Láhme
кульга́вість Hínken *n*
кульга́ти hínken *vi*, láhmen *vi*; ~ на пра́ву но́гу auf [mit] dem réchten Bein hínken
кульков|и́й: ~á ру́чка Kúgelschreiber *m*
кульмінаці́йний Kulminatións-, Höhe-; ~ пункт Kulminatiónspunkt *m*, Höhepunkt *m*
кульóк Tüte *f*
культ Kult *m*, *рел. тж* Kúltus *m*; ~ осо́би Persónenkult *m*
культивува́ти kultivíeren [-'vi:-] *vt*, züchten *vt*, *перен. тж* pflégen *vt*
культу́р|а 1) *у різн. знач.* Kultúr *f*; анти́чна ~ die antíke Kultúr; націона́льна ~ nationále Kultúr, Nationálkultur *f*; ~ мо́ви Spráchpflege *f*; 2) *с.-г.* Kultúr *f*; кормові́ ~и Fútterkulturen *pl*; зернові́ ~и Getréidekulturen *pl*
культури́зм Kulturístik *f*
культу́рн|ий 1) (*який відноситься до культури*) kulturéll, Kultúr-; ~а спа́дщина kulturélles Érbe; ~ рі́вень das kulturélle Niveau [-'vo:]; ~і ці́нності Kultúrwerte *pl*; 2) (*освічений*) gebíldet; ~а мо́ва gepflégte Spráche; 3) *с.-г.* Kultúr-; ~і росли́ни Kultúrpflanzen
ку́ля 1) Kúgel *f*; 2) Ball *m*; пові́тряна ~ Lúftballon [-lɔŋ] *m*
куля́стий kúgelförmig, kúgelig, Kúgel-
куми́р Götzenbild *n*, *перен. тж* Ábgott *m*, Idól *n*
ку́мкати, **ку́мкнути** quáken *vi*
куни́ця Márder *m*
ку́п|а 1) Háufen *m*; ~ піску́ Sándhaufen *m*; в ~у (*скласти і т. п.*) auf éinen [zu éinem] Háufen; 2) *розм.* (*велика кількість*) Háufen *m*, Ménge *f*, Másse *f*; ці́ла ~ нови́н *розм.* éine gánze Ménge Néuigkeiten
купа́льний Báde-
купа́льник Bádeanzug *m*; закри́тий ~ éinteiliger Bádeanzug; розді́льний ~ zwéiteiliger Bádeanzug, Bikíni *m*
купа́ння Báden *n*
купа́ти báden *vt*; **~ся** báden *vi*
купé Ábteil *n*; **~йний**: ~ ваго́н Schláfwagen *m*
купéць Káufmann *m* (*pl* -leute)
купи́ти káufen *vt*
купівéльн|ий Kauf-; ~на спромо́жність Káufkraft *f*
купі́вля Kauf *m*; **~-про́даж** Kauf und Verkáuf; Káufgeschäft *n*
ку́пка (*листів, книг і т. п.*) Stoß *m*
куплéт (*пісні*) StrópHe *f*
ку́пол Kúppel *f*; **~оподі́бний** kúppelförmig
купоро́с *хім.* Vitriól [vi-] *n*
ку́прик *анат.* Stéißbein *n*
купува́ти *див.* купи́ти
купю́ра I (*скорочення в тексті*) Kürzung *f*
купю́ра II *фін.* Schein *m*
кура́нти *мн.* Túrmuhr *f* (mit Glóckenspiel)
курга́н (*могила*) 1) *геогр.* Hügel *m*; 2) *археол.* Hügelgrab *n*
курéць Ráucher *m*
кур'є́р (*посильний*) Bóte *m*; **~ський**: ~ський поі́зд Expréß *m*, D-Zug ['de:-] *m*
ку́ри *мн. збірн.* Hühner *pl*
кури́ти 1) (*бути курцем*) ráuchen *vi*, Ráucher sein; 2) (*щось*) ráuchen *vt*
курі́ння Ráuchen *n*
курі́нь Láubhütte *f*
курі́пка Rébhuhn *n*
ку́рка Huhn *n*, Hénne *f* (*квочка*)
куро́к Hahn *m*; звести́ ~ den Hahn spánnen; спусти́ти ~ den Hahn áb|drücken
куро́рт Kúrort *m*, Bad *n*, Bádeort *m*; морськи́й ~ Séebad *n*
курс 1) (*напрям, тж перен.*) Richtung *f*, Kurs *m*; взя́ти ~ на пі́вніч Kurs nach Nórden néhmen*; ~ на розря́дку напру́женості Kurs auf die Entspánnung; 2) (*рік навчання, студенти певного року навчання*) Stúdienjahr *n*; 3): ~ лéкцій Vórlesungen *pl*, Vórlesungsreihe *f*, Vórlesung- szyklus *m*; 4): ~ лікува́ння Kur *f*, прохо́дити ~ лікува́ння éine Kur máchen; 5) (*грошовий*) Kurs *m*; валю́тний ~ Währungskurs *m*; ~ а́кцій Áktienkurs *m*; ◊ бу́ти в ~і *розм.* im Bílde sein, auf dem láufenden sein
курса́нт Léhrgangsteilnehmer *m*, Offiziersschüler *m* (*військового училища*); Flúgschüler *m* (*льотного училища*)
ку́рси *мн.* Kúrsus *m*, Kúrse *pl*, Léhrgang *m*; ~ інозéмних мов Spráchkurse *pl*; ~ нiмéцької мо́ви Déutschkursus *m*, ein Kúrsus für Deutsch; ~ для початкі́вців ein Léhrgang für Ánfänger; ~ водіі́в Fáhrschule *f*
курси́в *поліграф.* Kursív *f*, Kursívschrift *f*
курсува́ти verkéhren *vi*
ку́ртка Jácke *f*, Windjacke *f* (*непромокальна, спортивна*); Ánorak *m* (*з капюшоном*)

К

курчá 1) Kücken *n*; 2) *кул.* Hühnchen *n*
кýряч|ий Hühner-; ~і я́йця Hühnereier *pl*
кусáти 1) béißen* *vt*; stéchen* *vt* (*жалити*); 2) (*відкушувати*) áb|beißen* *vt*; **~ся** béißen* *vi*; stéchen* *vi* (*жалити*)
кустáр Héimarbeiter *m*, Hándwerker *m*
кут 1) Écke *f*; у куткý in der Écke; 2) *мат.*, *фіз.* Wínkel *m*
кутáстий éckig
кутови́й: ~ удáр (*футбол*) Éckstoß *m*, Éckball *m*
кýхар Koch *m*
кýхня *у різн. знач.* Küche *f*
кухавáрськ|ий Koch-; ~а кни́га Kochbuch
кýхоль Krug *m*, Bécher *m* (*невеликий*)
кухóнн|ий Küchen-; ~а сіль Kóchsalz *n*
кýчер Lócke *f*
кýчер|і *мн.* Lócken *pl*; **~я́вий** 1) (*про волосся*) lóckig; 2) (*про людину*) lóckenköpfig, kráushaarig
кушнíр Kürschner *m*
куштувáти (*їжу*) probíeren *vt*, kósten *vt*
кущ Strauch *m*, Busch *m*; трояндовий ~, ~ троя́нд Rósenstrauch *m*; ~ бузкý Fliederbusch *m*

К

Л

лабіри́нт Labyrínth *n*
лабора́нт Loboránt *m*
лаборато́рія Labór *n*; науко́во-до́слідна ~ Fórschungslabor *n*
ла́ва I (*вулканічна*) Láva [-va] *f*
ла́ва II Bank *f*; ◊ ла́ва підсу́дних *юр.* Ánklagebank *f*
лава́нда *бот.* Lavéndel [-'vɛn-] *m*
лави́на Lawíne *f*
ла́вка Bank *f*
лавр Lórbeer *m*, Lórbeerbaum *m*; ◊ пожина́ти ~и Lórbeeren érnten
лавро́вий Lórbeer-; ~ лист Lórbeerblatt *n*; ~ віно́к Lórbeerkranz *m*
ла́гідн|ий sánft(mütig), mild; **~ість** Sánftmut *f*, Mílde *f*
ла́годити áus|bessern *vt*, reparíeren *vt*; stópfen *vt* (*штопати*); flícken *vt* (*латати*)
лад 1) (*система*) Órdnung *f*, держа́вний ~ Stáatsform *f*, суспі́льний ~ Gesellschaftsordnung *f*; 2): ста́ти до ~у in Betríeb genómmen wérden; ви́вести щось з ~у *etw.* áußer Betríeb sétzen; ви́йти з ~у áus|fallen* *vi* (s) (*про верстати і т. п.*); áußer Betríeb gesétzt wérden (*про електростанції і т. п.*); kapútt sein* [géhen* (s)] (*про механізм, мотор*)
ла́дити (*з кимось*) *розм.* sich (gut) vertrágen* (mit *D*)
ла́дит|ися: спра́ва не ~ься *розм.* die Sáche klappt nicht
ла́зер (*прилад*) Laser ['le:- *и* 'la:-] *m*, **~ний** Laser- ['le:- *і* 'la:-]
ла́зити *див.* лі́зти 1, 2
ла́зня Bádehaus *n*, Bad *n*; Dámpf-bad *n* (*парна*); фі́нська ~ Sáuna *f*
ла́йка I (*собака*) Éskimohund *m*
ла́йка II 1) (*сварка*) Schímpfen *n*, Geschímpfe *n*, Schímpfworte *pl*; 2) Schímpfwort *n*
лайли́в|ий: ~і слова́ Schímpfworte *pl*
ла́йнер Überseeschiff *n* (*судно*); Gróßraumflugzeug *n*, Verkéhrsflugzeug *n* (*літак*)
лак Lack *m*, Fírnis *m*; ~ для ні́гтів Nágellack *m*
лако́ваний lackíert, Lack-
лаконі́чний lakónisch
лакува́ти lackíeren *vt*, mit Lack überzíehen* *vt*
ла́маний gebróchen, zerbróchen
лама́ти 1) (*переламувати*) (dúrch)bréchen* *vt*; áb|brechen* *vt* (*відламувати*); 2) (*розбивати*) zerbréchen* *vt*, zerschlágen* *vt*, kapútt máchen *vt* (*псувати*); 3) (*зносити, знищувати*) áb|reißen* *vt*, nieder|reißen* *vt* (*будівлі*); áb|brechen* *vt* (*міст*); ◊ ~ собі́ го́лову над чи́мось sich (*D*) den Kopf *über etw.* (*A*) zerbréchen*
лама́тися 1) zerbréchen* *vi* (s) (*розбиватися*); in Brüche [in Stücke] géhen* *vi* (s) (*на шматки*); dúrch|brechen* *vi* (s) (*переламуватися*); áb|brechen* *vi* (s) (*відламуватися*); 2) (*псуватися, виходити з ладу*) kapútt géhen* [sein*] *vi* (s); 3) (*бути крихким, ламким*) leicht bréchen* *vi* (s), zerbréchlich sein
ламки́й brüchig; spröde, zerbréchlich (*крихкий*)
ла́мпа 1) (*освітлювальна*) Lámpe *f*, ~ де́ного сві́тла Tágeslichtlampe *f*; 2) *радіо* Röhre *f*; 3) *див.* ла́мпочка
ла́мпочка: електри́чна ~ eléktrische Lámpe, Glühlampe *f*, Glühbirne *f*, Bírne *f* *розм*
лан Ácker *m*
ландша́фт Lándschaft *f*
ла́нка 1) (*ланцюга, тж перен.*) Glied *n*, Kéttenglied *n*; 2) (*група*) Grúppe *f*, Únterabteilung *f*
ланцюго́в|ий Kétten-; ~а реа́кція *тж перен.* Kéttenreaktion *f*
ланцюжо́к Kétte *f*
лань Dámhirsch *m*, Hírschkuh *f* (*самиця*)
лао́с|ець Laóte *m*; **~ький** laótisch
ла́па Pfóte *f*, Tátze *f*
лапки́ *мн.* Ánführungszeichen *pl*, Gänsefüßchen *pl* (*розм.*)
ла́сий lécker; schmáckhaft (*смачний*)
ла́ска I 1) Líebkosung *f*, 2) (*ніжність*) Zärtlichkeit
ла́ск|а II: будь ~! а) bítte; ви́бачте, ~! entschúldigen Sie bítte!; сіда́йте, ~! néhmen Sie bítte Platz!; б) bítte sehr, bítte schön; мо́жна вас спита́ти? — Будь ла́ска! darf ich Sie frágen? — Bítte sehr!; зробі́ть ~у ... tun Sie mir den Gefállen ...
ласка́вий zärtlich (*ніжний*); fréundlich (*привітний*)
ласка́во: ~ про́симо! hérzlich willkómmen!

Л

ла́сощі *мн.* 1) (*солодощі*) Násch-werk *n*; 2) (*ласа страва*) Léckerbissen *m*
ла́сти *мн.* 1) (*у тварин*) Flóssen *pl*; 2) *спорт.* Schwímmflossen *pl*
ла́стівка Schwálbe *f*
ла́сувати (*чимось*) náschen *vt*
ласу́н Léckermaul *n*, Náschkatze *f*; **~ка** Náschkatze *f*
лата́ття Séelili e *f*, Wásserlili e *f*
латві́йський léttisch
латиноамерика́н|ець Latéinamerikaner *m*; **~ський** latéinamerikanisch
лати́нський latéinisch
лати́нь Latéin *n*
лати́|ш Létte *m*; **~ський** léttisch
ла́тка Flícken *m*
лауреа́т Préisträger *m*; ~ держа́вної пре́мії Stáatspreisträger *m*
лахмі́ття *мн.* Lúmpen *pl*; в ~х zerlúmpt, verlúmpt
лаштува́ння *мн.* (*в дорогу*) Réisevorbereitungen *pl*
лашту́нки *мн. театр.* Kulíssen *pl*
ла́яти schímpfen *vi* (auf *A або* über *A*); schélten* *vt* (*дорікати комусь*); **~ся** 1) schímpfen *vi*; 2) (*між собою*) aufeinánder schímpfen *vi*; sich zánken (*сваритися*)
лебеди́ний Schwánen-
лебі́дка *тех.* Wínde *f*
ле́бідь Schwan *m*
лев Löwe *m*
левко́й Levkóje *f*
ле́вов|ий Löwen-; ◊ ~а па́йка Löwenanteil *m*
ле́в'ячий Löwen-
лега́льний legál
леге́нд|а Legénde *f*, Ságe *f*; **~а́рний** legendär, ságenhaft
леге́|ня *анат.* Lúnge *f*; запа́лення ~нь Lúngenentzündung *f*
легіо́н Legión *f*
ле́гк|ий *у різн. знач.* leicht; ~ ві́тер léichter Wind; ~а́ хода́ léichter Gang; ~а́ робо́та léichte Árbeit; ~а́ му́зика léichte Musík, Unterháltungsmusik *f*; ◊ ~а́ промисло́вість Léichtindustrie *f*; ~а́ атле́тика Léichtathletik *f*
ле́гкість 1) (*по вазі*) Léicht|heit *f*; 2) (*нескладність*) Léichtigkeit *f*; 3) (*моторність*) Gewándt heit *f*
ле́гко 1) leicht, (*без зусиль - тж*) mit Léichtigkeit, mühelos; 2) *безос.* es ist leicht (zu + *inf*); це зроби́ти ~ das läßt sich leicht máchen; 3) (*комусь*) *безос.* (*робити щось*) es ist leicht (für *A*), es fällt leicht [nicht schwer] (*D*) (zu + *inf*); ◊ ~ сказа́ти! leicht geságt!; тобі́ ~ говори́ти du hast gut réden
легкоатле́т Léichtathlet *m*
легкоатлети́чн|ий: ~і змага́ння Léichtathletik-Méisterschaft *f*
легкова́жн|ий léichtsinnig, léichtfertig; **~ість** Léichtsinn *m* Léichtfertigkeit *f*
легков|и́й: ~ автомобі́ль, ~а́ (авто-) маши́на PKW ['pe:ka:ve: / -'ve:] *m*, Persónen(kraft)wagen *m*, Persónenauto *n*
легкові́рний léichtgläubig
легкозасво́юваний léichtverdaulich
легкопла́вкий léichtschmelzend
ле́дар *розм.* Fáulenzer *m*, Tágedieb *m*
ле́дарство Fáulheit *f*
ледарюва́ти *розм.* fáulenzen *vi*
ле́две, ледь 1. *нареч.* 1) kaum, (*насилу – тж*) nur mit Mühe; ~ помі́тний kaum mérklich; він ~ ди́хає er átmet kaum; ~ помі́тний kaum bemérkbar; ~ чу́тно kaum hörbar, sehr léise, ~ те́плий láuwarm; 2): ~ не fast, béinahe; він ~ не впав fast wäre er gefállen, er wäre beináhe gefállen; ми ~ не спізни́лися на по́їзд wir hätten [háben] den Zug fast versäumt; 3) (*з трудом*) kaum, nur mit Mühe; ~-~ mit knápper Not; **2.** *союз* kaum; ~ я увійшо́в, (як) задзвони́в телефо́н kaum war ich éingetreten, da klíngelte das Telefón
лежа́ти líegen* *vi*
ле́зо 1) Schnéide *f*, Klínge *f*, 2) (*для безпечної бритви*) Rasíerklinge *f*
лейкопла́стир Leukoplást *n*
лейтена́нт Léutnant *m*; ста́рший ~ Óberleutnant *m*; моло́дший ~ Únterleutnant *m*
ле́ксика *лінгв.* Wórtschatz *m*, спеціа́льна ~ Fáchwortschatz *m*; літерату́рна ~ literatúrsprachlicher Wórtschatz
ле́ктор Léktor *m*; Referént *m* (*доповідач*)
ле́кці|я 1) (*у вузі*) Vórlesung *f*, чита́ти, відві́дувати ~ї Vórlesungen hálten*, besúchen; 2) (*доповідь*) Vórtrag *m*
леле́ка Storch *m*
леопа́рд Leopárd *m*
лести́ти (*комусь*) schméicheln *vi* (*D*)
ле́стощі Schmeicheléi *f*
леті́ти 1) flíegen* *vi* (s); 2) (*про час*) dahín|eilen *vi* (s)
лива́рн|ий: ~ заво́д [цех] Gießeréi *f*, **~ик** Gießer *m*
ли́ж|і *мн.* (*одн.* ли́жа) Schie *f*, ходи́ти, ката́тися на ~ах Ski fáhren*, láufen* *vi* (s); спуска́тися [їхати] на ~ах з гори́ mit Ski den Berg hináb|fahren* *vi* (s)
ли́жн|ий ski-[ʃi:]; ~ спорт Skísport *m*, Skílauf *m*; ~а прогу́лянка Skíwanderung *f*, **~ик** Skiläufer ['ʃi:-] *m*
лижня́ Skispur ['ʃi:-] *f*
лиза́ти, лизну́ти lécken *vt*
лима́н *геогр.* Limán *m*, Mündungssee *m*, Haff *n*
лимо́н 1) (*плід*) Zitróne *f*, 2) (*дерево*) Zitrónenbaum *m*
лимона́д Limonáde *f*, Bráuse *f*
лимо́нн|ий Zitrónen-; ~а кислота́ Zitrónensäure *f*
лин *зоол.* Schléie *f*, Schlei *m*
ли́нути (*про час*) dahín|eilen *vi* (s)
линя́ти 1) háaren *vi* (*про тварин*); fédern *vi* (*про птахів*); 2) (*про матерію*) áb|färben *vi*
ли́па Línde *f*, Líndenbaum *m*
ли́п|ень Júli *m*, **~не́вий** Júli-

липки́й kléb(e)rig
ли́пнути klében *vi*, klében|bleiben* *vi* (s) (*до чогось* an *D*)
ли́пов|ий Línden-; **~а** але́я Líndenallee *f*
ли́си|й 1) (*про голову*) kahl; 2) (*про людину*) káhlköpfig; **~на** Glátze *f*
лиси́ця Fuchs *m*
лисі́ти 1) (*про голову*) kahl wérden; 2) (*про людину*) káhlköpfig wérden, éine Glátze bekómmen* *розм*
лиск Glanz *m*; зо́внішній ~ äußerlicher (äußerer) Glanz, äußerer Schein, Schliff *m*; навести́ ~ на щось etw. políeren
лисні́ти glänzen *vi*
лист I 1) *бот.* Blatt *n*; бере́зовий ~ Bírkenblatt *n*; 2) (*паперу*) Blatt *n*, Bógen *m* (*звичайно великого розміру*); два ~и́ папе́ру zwei Blatt [Bógen] Papíer
лист II Brief *m*, Schréiben *n* (*офіційний*); рекомендо́ваний ~ éingeschriebener Brief; Éinschreib(e)brief *m*; ці́нний ~ Wértbrief *m*
лист III (*щоб жарити*) Kúchenblech *n*, Báckblech *n*
листі́вка Flúgblatt *n*; Póstkarte *f*, Ánsichtskarte *f* (*з видом*); віта́льна ~ Glückwunschkarte *f*
листоно́ша Briefträger *m*, Póstbote *m*
листопа́д I (*падолист*) Láubfall *m*
листопа́д II November [-'vεm-] *m*; **~овий** November- [-'vεm-]
листува́ння Briefwechsel *m*, Korrespondénz *f*
листува́тися (*з кимось*) sich (*D*) [einánder] schréiben*; im Bríefwechsel stéhen* *vi*, korrespondíeren *vi* (mit *D*)
ли́стя *збірн.* Laub *n*; покрива́тися **~м** sich beláuben; зів'я́ле ли́стя wélke Blätter, *збірн.* wélkes Laub
листян|и́й Laub-; ~ ліс Láubwald *m*; **~і́** де́рева Láubbäume *pl*
литво́ *збірн.* (*вироби*) Guß *m*
ли́ти gießen* *vt*; ◊ (дощ) ллє як з відра́ es gießt wie aus Éimern [Kánnen]; ~ сльо́зи Tränen vergießen*
лити́й (*відлитий*) gegóssen
ли́тися fließen* *vi* (s); strömen *vi* (h, s) (*сильно*)
ли́тка Wáde *f*
лито́в|ець Lítauer *m*; **~ський** lítauisch
лихва́р Wúcherer *m*
ли́хо Not *f*, Únheil *n*, Katastróphe *f*, стихі́йне ~ Natúrkatastrophe *f*
лиході́й Bösewicht *m*, Míssetäter *m*; **~ство** Míssetat *f*, Gréueltat *f* (*звірство*); Verbréchen *n* (*злочин*); **~ський** méuchlerisch; verbrécherisch (*злочинний*)
лихосло́вити (*про когось*) schmähen *vt*, lästern *vi* (über *A*); únflätige Réden führen
ли́цар Ritter *m*
лиц|е́ 1) (*лицьовий бік*) die réchte Séite; 2) Gesícht *n*; ◊ це вам до **~я́** das steht Íhnen; пе́ред **~е́м** чого́сь ángesichts (*G*)
лицемі́р Héuchler *m*; **~ний** héuchelerisch; **~ство** Heucheléi *f*
лицьови́й 1) (*який відноситься до обличчя*) Gesíchts-; 2): ~ бік Áußenseite *f* (*матерії*); Vórderseite *f* (*будинку*)
личаки́ *мн.* (*одн.* лича́к) Bástschuhe *pl* (*sg* Bástschuh *m*)
ли́чи|ти (gut) stéhen* *vi* (*D* — *бути до лиця*); pássen *vi* (zu *D*) (*підходити до чогось*); тобі́ **~ть** блаки́тний ко́лір Blau steht dir gut
личи́нка *зоол.* Lárve [-və] *f*, Máde *f* (*червоподібна*)
лише́ *частка* 1) nur; ~ він nur er, er alléin; ~ два дні nur zwei Táge; ~ де́кілька хвили́н nur éinige Minúten; ~ за́втра (*в жодний інший день*) nur mórgen; 2) (*не раніше ніж*) erst; він при́йде ~ за́втра er kommt erst mórgen; ~ годи́ну тому́ erst vor éiner Stúnde; че́рез де́кілька хвили́н erst nach éinigen Minúten
ли́ш|ок Überschuß *m*; ◊ з **~ком** über-genug, im Überfluß
лібер|алі́зм; Liberalísmus *m*; **~а́льний** liberál
лібре́тто Librétto *n*; Óperntext *m* (*опери*)
ліва́н|ець Libanése *m*; **~ський** libanésisch
лі́верн|ий: ~а ковбаса́ Léberwurst *f*
лі́в|ий 1) link; по ~ бік zur línken Séite; 2) *політ.* Links-, link; **~і** си́ли línke Kräfte; **~а** па́ртія Línkspartei *f*
ліві́|єць Líbyer *m*; **~йський** líbysch
ліво́руч 1) (*куди*) nach links; 2) (*де*) links; ~ на карти́ні links auf dem Bild; ~ від *чогось/когось* links von (*D*); ~ від ме́не links von mir; ~ від доро́ги links (von) der Stráße; ~ від двере́й links nében der Tür
лівша́ Línkshänder *m*
лі́га Líga *f* *тж спорт.*, Bund *m*, ви́ща ~ *спорт.* Óberliga *f*
лід 1) Eis *n*; холо́дний як ~ éiskalt; бале́т на льоду́ Éisrevue [-vy:] *f*, 2): ві́чні льоди́ éwiges Eis
лі́дер 1) *політ.* Führer *m*, профспілко́вий ~ Gewérkschaftsführer *m*, 2) *спорт.* Spítzenreiter *m*, **~ство** *політ.*, *спорт.* Führung *f*
ліди́рувати in Führung líegen* *vi*, führen *vi*
лі́жко Bett *n*
лі́зти 1) (*вгору*) kléttern *vi* (s); 2) (*повзти*) kríechen* *vi* (s); 3) *розм.* (*втручатися*) sich éin|mischen (*у щось* in *A*); 4) (*про волосся*) áus|fallen* *vi* (s)
лі́кар Arzt *m*, Ärztin *f* (*жінка*)
лі́карн|я Kránkenhaus *n*; **~я́ний**: **~я́ний** лист Kránkenschein *m*
лі́карськ|ий ärztlich; **~а** допомо́га ärztliche Hílfe; **~а** росли́на Arznéipflanze *f*
ліквід|а́ція Liquidíerung *f*, Liquida-tión *f*, Ábschaffung *f*, Beséitigung *f* (*усунення*); **~ува́ти** liquidíeren *vt*, áb|schaffen *vt*, beséitigen *vt* (*усунути*)
ліке́р Likör *m*
лі́ки *мн.* Arznéi *f*, Héilmittel *n*, Medikamént *n*, Medizín *f* (*звичайно в рідкому стані*); Míttel *n* (*засіб від/проти чогось* gégen *A*)

лíкоть Éll(en)bogen *m*

лікувáльн|ий Heil-; ~і трáви Héilkräuter *pl*, ~а гімнáстика Héilgymnas-tik *f*

лікувáння (ärztliche) Behándlung *f*, амбулатóрне ~ ambulánte Behándlung; курс ~ Kur *f*

лікувáти 1) (*когось/щось - про лікаря*) ärztlich behándeln *vt*, хто вас лікýє? von wem wérden Sie behándelt?; 2) (*собі щось*) sich (*D*) etw. behándeln lássen*; **~ся** sich (ärztlich) behándeln lássen* (*від чогось* gégen *A*); ~ся у кóгось bei j-m in Behándlung sein, von j-m behándelt wérden

лíлія Líli|e *f*

лілóвий líla, violétt [vio-]

лімíт Límit *n*, **~увáти** limitíeren *vt*

лінгафóнний: ~ кабінéт Spráchkabinett *n*

лінгвíст Linguíst *m*, Spráchwissenschaf-tler *m*

лінгвістúчний linguístisch, spráchwis-senschaftlich

лíнза Línse *f*

ліни́вий 1) faul; 2) (*повільний*) lässig

ліні́йк|а 1) (*пряма риска, стрій*) Líni e *f*, писáти по ~ах auf Líni en schréiben* *vi*; зóшит в ~у, в косý ~у ein lin(i)íertes, sch-räg karíertes Heft; шикувáтися в ~у sich in éiner Líni e áuf|stellen; 2) (*для крес-лення*) Lineál *n*, 3) (*шикувáння*) Ap-péll *m*

лíні|я 1) Líni e *f*, прямá, косá ~ éine gerá-de, schräge Líni e; в однý ~ю (*розміщу-ватися, шикуватися*) in éiner Líni e; 2) (*транспортна*) Líni e *f*, залізни́чна ~ Éisenbahnlini e *f*, повíтряна ~ Flúglini e *f*, ~ метрó U-Bahnlini e *f*, Métrolini e *f*, 3) (*зв'язку*) Léitung *f*, телефóнна ~ Telefón-leitung *f*, Férnsprechleitung *f*, 4) *перен.* Líni e *f*, генерáльна ~ Generállini e *f*

лінóлеум Linóle|um *n*

лíнощі Fáulheit *f*

лінувáтися faul sein (*бути лінивим*); zu faul sein (zu *D або* zu + *inf* - *робити щось*)

лíньки: мені́ ~ (*робити щось*) ich bin zu faul dazú

ліпи́ти fórmen *vt*, modellíeren *vt* (*з глини і т. п.*); báuen *vt* (*з снігу*)

ліпн|и́й modelliert, Stuck-; ~é оздóб-лення Stúckverzierungen *pl*, ~ фасáд Stúckfassade *f*

лíр|ика Lýrik *f*, lyrische Díchtung; любóв-на ~ Líebeslyrik *f*, лицáрська ~ *літ.* Mín-nesang *m*, **~ичний** Lýrisch

ліс 1) Wald *m*, соснóвий ~ Kíefernwald *m*, 2) (*матеріал*) Holz *n*, Báuholz *n* (*бу-дівельний*)

лісúстий wáldig, wáldreich, bewáldet

лісівнúцтво 1) (*наука*) Fórstwissenschaft *f*, 2) (*практична діяльність*) Fórstwirt-schaft *f*

лісни́|к Fórstmeister *m*, **~цтво** Försteréi *f*, **~чий** Förster *m*

лісов|и́й 1) Wald-; ~ райóн Wáldgebiet *n*, ~é повíтря Wáldluft *f*, 2) (*про матеріал*) Holz-; ~á промислóвість Hólzindustrie *f*, 3) (*про лісівництво*) Forst-; ~é господáр-ство Fórstwirtschaft *f*

лісозахисн|и́й: ~á смýга Wáldschut-zgürtel *m*

лісо|насáдження Wáldanpflanzung *f*, Áufforstung *f*, **~пáрк** Wáldpark *m*

лісо|рýб Hólzfäller *m*, **~сплáв** Flöße-réi *f*

лісо|стéп *геогр.* Wáldsteppe *f*, **~тýндра** *геогр.* Wáldtundra *f*

ліспромгóсп Fórstwirtschaftsbetrieb *m*

лiтáк Flúgzeug *n*, летíти на ~ý [~óм] (mit dem Flúgzeug) fliégen* *vi* (s)

лiтакобудувáння Flúgzeugbau *m*

лiтáти fliegen* *vi* (s)

лíтер|а Búchstabe *m*, це слóво пи́шеться з вели́кої ~и díeses Wort wird groß geschríeben; ви́мовити слóво по ~ах ein Wort buchstabíeren

літератýр|а *у різн. знач.* Literatúr *f*, **~ний** literárisch, Literatúr-; ~ний твір literáris-ches Werk; ~на кри́тика Literatúrkritik *f*, ◊ ~на мóва Literatúrsprache *f*, das Hóch-deutsche (*німецька*)

літературознáв|ець Literatúrwissens-chaftler *m* **~ство** Literatúrwissenschaft *f*

лíтн|ій I Sómmer-; ~я сýкня Sómmerkleid *n*, ~і канíкули Sómmerferi en *pl*

лíтній II (*про вік*) bejáhrt, bei Jáhren

лíто Sómmer *m*

літогрáфія (*спосіб, малюнок*) Lithographíe *f*

літóпис Chronik ['kro:-] *f*, Annálen *pl*

літочи́слення (*ера*) Zéitrechnung *f*

літр Líter *m*, *n*, **~óвий** Líter-; ~óва пля́шка Líterflasche *f*

ліфт Fáhrstuhl *m*, Lift *m*, Áufzug *m* (*вантажний*)

ліхтáр Latérne *f*, вýличний ~ Stráßen-laterne *f*

ліхтáрик: кишенькóвий ~ Taschenlampe *f*

ліцéнзія Lizénz *f*, ~ на ввéзення Éin-fuhrlizenz *f*, Impórtlizenz *f*, ~ на вироб-ни́цтво чогóсь Lizénz für die Hérstellung (*G*)

лічб|á 1) Zählen *n*, збíтися з ~и́ sich ve-rzählen; 2) (*арифметичні дії*) Réchnen *n*, ýсна ~ mündliches Réchnen, Kópfre-chnen *n*

лíчен|ий: до відхóду пóїзда залишáлися ~і хвили́ни bis zur Ábfahrt des Zúges wáren nur noch wénige Minúten

лічи́льн|ий Réchen-; ~а комíсія Zählkom-mission *f*

лічи́льник (*прилад*) Zähler *m*, ~ електро-енéргії Elektrizitätszähler *m*, Strómzähler *m*, гáзовий ~ Gásuhr *f*, Gásmesser *m*, ~ óбертів Dréhzahlmesser *m*, ~ кáдрів *фото* Bíldzählwerk *n*

лічи́ти 1) (*вести рахунок*) zählen *vi*, ~ до десяти́ bis zehn zählen; 2) (*щось/когось - визначати кількість, суму*) zählen *vt*

ліщи́на 1) (*рослина*) Núßstrauch *m*, 2) (*чагарник*) Núßwäldchen *n*

ллян|и́й Flachs-; léinen, Lein-; ~é волокно́ Fláchsfaser *f*, ~é полотно́ Léinwand *f*, Léinen *n*, ~á олі́я Léi-nöl *n*
лоб Stirn *f*
лови́ти 1) (*в руки м'яч і т. п.*) (áuf) fángen* *vt*, лови́! fánge!; 2) (*вести лов*) fángen* *vt*, ~ ри́бу Físche fángen*, físchen* *vi*, (*на вудочку - тж*) ángeln *vi*; 3) (*на чомусь - застати*) ertáppen *vt* (bei *D*); ◊ ~ когóсь на слóві *j-n* beim Wort néhmen*
лóвля Fang *m*, ри́бна ~ Físchfang *m*
логари́фм *мат.* Logaríthmus *m*
лóгіка Lógik *f*
логíчний lógisch
логопе́д Logopäde *m*, Spráchheilpädagoge *m*, **~ія** Logopädíe *f*, Spráchheilkunde *f*
лóджія Loggia ['lɔdʒ(j)a] *f*
лóжа *театр.* Lóge- [-ʒə] *f*, ~ бенуа́ра Parkéttloge *f*
лóжк|а Löffel *m*, дві столóві ~и сóлі zwei Éßlöffel Salz
лоза́ (*виноградна*) Rébe *f*, Wéinstock *m*
лока́|тор Órtungsgerät *n*, **~ція** Ór-tung *f*
локомоти́в Lokomotíve [-və] *f*, Lok *f*
лóкшина 1) Núdeln *pl*, 2) (*суп*) Núdelsuppe *f*
лом (*інструмент*) Brécheisen *n*
лопа́та Spáten *m* (*плоска*); Scháu-fel *f* (*совкова*)
лóпати, **лóпатися**, **лóпнути** plátzen *vi* (s), bérsten* *vi* (s)
лопа́тки *мн.* (*одн.* лопа́тка) *анат.* Schúlterblätter *pl* (*sg* Schúlterblatt *n*); ◊ поклáсти когóсь на оби́дві ~ j-n auf die Schúltern legen
лопу́х Klétte *f*
лóск|іт Kítzel *m*, боя́тися ~оту kítz(e)lig sein
лоскота́ти 1) (*когось*) kítzeln *vt*, 2) *безос.* у мéне лоскóче у гóрлі es kítzelt mir im Háls(e)
лососи́на Láchsfleisch *n*
лосóсь Lachs *m*
лось Elch *m*
лосьйóн Gesíchtswasser *n*, Lotión *f*
лотерé|йний Lotteríe-; ~ квитóк Lotteríelos *n*, **~я** Lotteríe *f*, розíгрувати щось в ~ю etw. verlósen
лотó Lótto *n*
лóцман Lótse *m*
лоша́ Fóhlen *n*, Füllen *n*
лоя́льний loyál
луг I Wíese *f*
луг II *хім.* Álkali *n*, Láugensalz *n*
лу́жний *хім.* alkálisch, Álkali-
лужóк kléine Wiese; Wáldwiese *f*
луза́ти (*горіхи, насіння*) knácken *vt*
лук (*зброя*) Bógen *m*
лука́ Wíese *f*
лу́ковиця *анат.* Zwíebel *f*
луна́ Écho *n*, Wíderhall *m* (*відгук*)
лунки́й wíderhallend
лу́па Lúpe *f*, Vergrößerungsglas *n*
лупа́ Kópfschuppen *pl*, Schuppen *pl*
луска́ Schúppe *f*
луску́нчик (*у казці*) Núßknacker *m*
лу́тка Pfósten *m*
лушпи́ння Schále *f*, Hülse *f*, Schúp-pe *f*
лу́щ|ення *мед.* Háutschuppung *f*, **~итися** *мед.* sich schúppen
льодови́й Eis-; ~ перíод Éiszeit *f*
льодови́к *геогр.* Glétscher *m*
льодохíд Éisgang *m*
льодя́н|ий (*з льоду*) Éis-; veréist (*покритий кригою*); ~ пóкрив Éisdecke *f*, ~á верши́на veréister Bérggipfel
льодяни́к Frúchtbonbon [-bɔŋɔŋ] *m*, *n*
льон Flachs *m* (*рослина і волокно*); Lein *m* (*рослина на полі*)
льона́рство Fláchsbau *m*, Léin(an)bau *m*
льонопряди́льн|ий: ~а фа́брика Fláchsspinnerei *f*
льóтн|ий Flíeger-; Flug-; ~а шкóла Flíegerschule *f*, ~а погóда gútes Flúgwetter
льóтчик Flíeger *m*, Pilót *m*, **~**-космона́вт Flíegerkosmonaut *m*
люб|и́ти 1) (*когось*) líeben *vt*, líeb|haben* *vt*, вони́ лю́блять оди́н óдного sie líeben einánder, sie háben einánder lieb; 2) (*знаходити задоволення в чомусь; відчувати симпатію до когось*) líeben *vt*, gern háben* *vt* (*тж* zu + *inf*), mögen *vt*, я ~лю́ морóзиво ich ésse gern Eis; вона́ лю́бить в'яза́ти sie strickt gern
любúтель 1) (*чогось*) -liebhaber *m*, -freund *m*, -fan [-fɛn] *m*, ~ му́зики Musíkfreund *m*, Musíkliebhaber *m*, ~ футбóлу Fúßballfreund *m*, Fúßball-fan *m*, він ~ поговори́ти er rédet viel und gern; 2) (*непрофесіонал*) Amateur [-'tø:r] *m*, Láie *m*, **~ський** 1) (*непрофесіональний*) Láien-, Amateur- [-'tø:r]; **~ський** теа́тр Láientheater *n*, **~ський** фільм Amatéurfilm *m*, 2) (*дилетантський*) láienhaft
лю́блячий líebevoll; líebend (*тж в листі*)
любóв Líebe *f* (*до когось/ чогось* zu *D*)
любóвний 1) Líebes-; 2) (*ніжний*) líebevoll, zärtlich
люб'я́зн|ий zuvórkommend, verbíndlich; líebenswürdig; **~ість** Zuvórkommenheit *f*, Verbíndlichkeit *f*, Líebenswürdigkeit *f*
лю́ди *мн.* (*одн.* люди́на) Ménschen *pl*, Léute *pl*, молоді́ ~ júnge Léute
люди́на Mensch *m*, Persón *f*, (*про чоловіка - тж*) Mann *m*
людинолю́б|ний ménschenliebend, ménschenfreundlich; **~ство** Ménschenliebe *f*
людиноненави́сни|к Ménschenhas-ser *m*, **~цтво** Ménschenhaß *m*
людиноподі́бн|ий ménschenähnlich; ~а ма́впа Ménschenaffe *m*
лю́дний belébt; dicht bevölkert (*густо заселений*)
лю́дство Ménschheit *f*
лю́дськ|ий ménschlich, Ménschen-; ~á гі́дність Ménschenwürde *f*, ~é суспі́льство ménschliche Geséllschaft; ~ поті́к Ménschenstrom *m*
лю́дян|ий ménschlich, húman; **~ість** Ménschlichkeit *f*

люк Lúke *f*, *мор.* Luk *n*
люкс Lúxus-: готéль ~ Lúxushotel *n*, кaю́та ~ Lúxuskajüte *f*
ля́льк|а (*для паління*) Pféife *f*, Tábakspfeife *f*, пали́ти ~у Pféife ráuchen
ля́стра Krónleuchter *m*
ля́тий I (*місяць*) Fébruar *m*
ля́тий II wütend, rásend; gráusam (*жорстокий*); ◊ ~ морóз grimmiger Frost
ля́тість Wíldheit *f*, Wut *f*, Gráusamkeit *f* (*жорстокість*)
лютнéвий Fébruar-
ля́тн|я *муз.* Láute *f*, гравéць на ~і Láutenspieler *m*, Lautenist *m*
лють Wut *f*, Raseréi *f*
лягáвий: ~ (собáка) Hühnerhund *m*, Vórstehhund *m*
лягáти, **лягти́** 1) sich légen, sich hín|legen; 2): ~ (спáти) schláfen gé-hen* *vi* (s), ins [zu] Bett géhen* *vi* (s), sich schláfen légen
ляка́|ти 1) (er)schrécken *vt*, ängstigen *vt*, мене́ це не ~є ich hábe kéine Angst davór; 2) (*залякувати чимось*) éin|schüchtern *vt* (durch *A*); **~тися** erschrécken* *vi* (s); sich ängstigen, Angst háben (*чогось* vor *D*)
лякли́вий scheu, fúrchtsam
ля́лечка (*комахи*) Púppe *f*
ля́лька Púppe *f*
лялькóвий Púppen-; ~ теáтр Púppentheater *n*, Marionéttentheater *n*
ля́мка Trágriemen *m*
ля́пас Óhrfeige *f*, дáти комýсь ~а j-n óhrfeigen, j-m éine Óhrfeige gében*
ля́псус Lápsus *m*, Schnítzer *m*
ля́скати, **ля́снути** 1) (*бити*) schlágen* *vt*, klátschen *vt* (*по чомусь* auf *A*); 2) (*чимось*) kláppen *vt або vi* (mit *D*); ~ двери́ма mit der Tür kláppen *vi*, die Tür kláppen [zú|werfen*, zú|schlagen*]; 3) (*видавати звук*) kláppen *vi*, schlágen* *vi*
лящ Blei *m*
лящáти (*про птахів*) schlágen* *vi*

М

мабу́ть 1) es ist möglich [wáhrscheinlich]; ánscheinend; wahrschéinlich (*очевидно*); óffensichtlich (*певно*); 2) *вставн. сл.* wáhrscheinlich; vermútlich, wohl
ма́впа 1) Méerkatze *f*, Áffe *m*; Áffin *f* (*самиця*); 2) *перен.* Áffe *m*
ма́впячий Áffen-
магази́н Geschäft *n*, Láden *m*; універса́льний ~ Káufhaus *n*, Wárenhaus *n*; книжко́вий ~ Búchhandlung; *f* ме́блевий ~ Möbelhaus *n*; ~ гото́вого о́дягу Konfektiónsgeschäft *n*
МАГАТЕ (Міжнаро́дне аге́нтство з а́томної ене́ргії) IAEA *f* (Internationále Atómenergie-Agentúr)
магістра́ль 1) (*дорожня*) Verkéhrsader *f*, автомобі́льна ~ Férnverkehrsstraße *f*, залізни́чна ~ Háuptstrecke *f*, Háupt(eisen)bahnlinie *f*, во́дна ~ Háuptwasserweg *m*; 2) (*водопровідна, газова і т. п.*) Háuptleitung *f*, теплова́ ~ Héiztrasse *f*
магі́чний mágisch; záuberhaft (*чарівний*)
ма́гній *хім.* Magnésium *n*
магні́т Magnét *m*; **~ний** Magnét-, magnétisch
магнітофо́н Tónbandgerät *n*; касе́тний ~ Kasséttenrecorder [-kɔr-] *m*; **~ний** Tónband-; ~на стрі́чка Tónband *n*; ~ний за́пис Tónbandaufnahme *f*
ма́зати schmíeren *vt*, stréichen* *vt*; ~ хліб ма́слом éine Schnítte (Brot) mit Bútter stréichen*; ~ ма́сло на хліб Bútter aufs Brot [auf die Schnítte] stréichen* [schmíeren]
мазо́к 1) (*пензлем*) Pínselstrich *m*; 2) *мед.* Ábstrich *m*
мазу́т Masút *n*, Héizöl *n*
мазь 1) (*медична*) Sálbe *f*, 2): ли́жна ~ Skiwachs [ʃi:-] *n*, ~ для взуття́ Schúhkrem *f*
майбу́тн|є Zúkunft *f*, в ~ьому in Zúkunft, künftig; в недале́кому ~ьому in ábsehbarer Zúkunft; пла́ни на ~ Zúkunftspläne *pl*
майбу́тн|ій 1) (*наступний — про рік, місяць, тиждень*) der nächste, der kómmende; ~ього ти́жня nächste Wóche, in der nächsten Wóche; ~ього лі́та (im) nächsten Sómmer; 2) (*прийдешній*) (zú)künftig; ~і поколі́ння (zú)künftige Generatiónen; ~і спеціалі́сти künftige Fáchleute; 3): ~ час *грам.* Zúkunft *f*, Futúr (-um) *n*
майда́н Platz *m*
майда́нчик 1) Platz *m*, дитя́чий ~ Kínderspielplatz *m*, спорти́вний ~ Spórtplatz *m*, буді́вельний ~ Báuplatz *m*, Báustelle *f*, 2): штрафни́й ~ *спорт.* Stráfraum *m*
ма́йже fast, beináhe
ма́йка 1) T-Shirt ['ti:ʃø:t / -ʃø:rt] *m*, Nícki *m* (*дитяча*); Trikot [-'ko:] *n*, Trikothemd ['triko] *n*, Spórthemd *n* (*спортивна*); 2) (*білизна*) Únter-hemd *n*
майно́ Réichtum *m*, Vermögen *n*, Gut *n*, Éigentum *n*; Hab und Gut *n* (*речі*); рухо́ме ~ bewégliches Gut, Mobílien *pl*; нерухо́ме ~ Immobílien *pl*, держа́вне ~ Stáatseigentum *n*; особи́сте ~ persönliches Éigentum
майну́|ти vorbéi|fliegen* *vi* (s), vorbéi|huschen *vi* (s); тут у ме́не ~ла ду́мка da schoß mir ein Gedánke durch den Kopf
майо́р Majór *m*
ма́йстер 1) Méister *m* (*на заводі*); Handwerker *m* (*який виконує ремонт*); 2) (*великий фахівець своєї справи*) Méister *m*, Könner *m*; він ~ своє́ї спра́ви er ist ein Méister in séinem Fach; 3) (*звання*): ~ спо́рту Méister des Sports; ◊ він ~ на всі ру́ки er ist ein Táusendkünstler
майсте́рний (*про роботу*) kúnstvoll
майсте́рність 1) (*ремесло*) Hánd-werk *n*, 2) (*мистецтво, уміння*) Méisterschaft *f*
майсте́рня 1) Wérkstatt *f*, ~ по ремо́нту взуття́ Schúhmacherwerkstatt *f*, 2) (*художника, скульптора*) Atelier [-'lje] *n*
мак Mohn *m*
макаро́н|и *мн.* Makkaróni *pl*, **~ний:** ~ні ви́роби Téigwaren *pl*
маке́т Modéll *n*
ма́ківка (*голови*) Schéitel *m*
максима́льн|ий Maximál-, maximál, Höchst-; ~а шви́дкість Höchstgeschwindigkeit *f*, ~а кі́лькість Máximum *n*, ~ строк Höchstdauer *f*
ма́ксимум 1. *імен.* Máximum *n*; **2.** *присл.* höchstens, maximál
макулату́ра Áltpapier *n*, Papíerabfälle *pl*
мала́|єць Malái e *m*, **~йський** malái isch
малахі́т Malachít *m*, **~овий** Malachít-, aus Malachít

М

мале́нький klein; wínzig (*крихітний*)
мал|и́й klein (*про величину*); gering (*за значенням*); ◊ з ма́лих літ ро́ків von Kíndheit an [auf], von klein auf від ~óго до вели́кого alt und jung, groß und klein
мали́на 1) (*ягода*) Hímbeeren *pl*, 2) (*кущ*) Hímbeerstrauch *m*
мали́новий 1) Hímbeer-; 2) (*про колір*) hímbeerrot
ма́ло *присл.* 1) (*небагато*) wénig; він ~ відо́мий er ist wénig bekánnt; 2) (*в знач. прис. недостатньо*) (zu) wénig; ти́жня для цьóго ~ éine Wóche ist dafür zu wénig; 3) *в знач. числ.* (nur) wénig, nicht viel; nur wénige, nicht (sehr) viele (*з імен. у множ.*); у ме́не~ ча́су ich hábe nicht viel [(nur) wénig] Zeit; у ньóго ~ дру́зів er hat nur wénige [nicht sehr viele] Fréunde; ~ наро́ду nur wénige Ménschen, nicht viel Leúte; 4) *із займ.*: ~ хто nur wénige; ~ що kaum étwas
малова́жний únbedeutend, geringfügig
маловідо́мий wénig bekánnt
маловжи́ваний wénig gebräuchlich
малогабари́тн|ий klein-; ráumsparend; hándlich (*портативний*); ~і ме́блі Kleinmöbel *pl*
малогра́мотний 1) (*про людину*) úngebildet; 2) (*про роботу*) voll von Féhlern, féhlerhaft; 3) *в знач. імен.* Hálbanalphabet *m*
малодосві́дчений únerfahren, mit geringer Erfáhrung
малоду́шн|ий kléinmütig;**~ість** Kléinmut *m*
малоймові́рний wénig [kaum] wahrschéinlich
малолі́тній 1. *прикм.* mínderjährig; **2.** *імен.* der Mínderjährige
малолітра́жний: ~ автомобі́ль Kléinwagen *m*
малоля́дний wénig bevölkert (*про місцевість*); wénig belébt, mit geringem Verkéhr (*про вулицю*)
малосо́льн|ий: ~і огірки́ frisch gesálzene Gúrken
малюва́|ння 1) Zéichnen *n*, 2) (*стінний живопис*) Wándmalerei *f*, Frésken *pl* (*фрески*); **~ти** zéichnen *vi*, *vt*, málen *vi*, *vt* (*фарбами*)
маля́к der Kléine, Knirps *m*
маля́нок 1) Bild *n*, Ábbildung *f*, 2) Zéichnung *f*, 3) (*узор*) Múster *n*
маля́р Ánstreicher *m*, Máler *m* (*кваліфікований*)
малярі́я Malária *f*, Wéchselfieber *n*
мальовни́чий málerisch
ма́ма Máma *f*, Mútti *f*
мандари́н 1) (*плід*) Mandaríne *f*, 2) (*дерево*) Mandarínenbaum *m*
мандолі́на Mandolíne *f*
мандрі́вка Réise *f*
мандрівни́к der Réisende; der Fórschungsreisende (*дослідник*)
мандрува́ти wándern *vi* (s); réisen *vi* (s) (*подорожувати*)
мане́ври *мн. військ.* Manöver [-vər] *pl*, Kriegsübungen *pl*
мане́ж 1) (*у цирку*) Manége [-ʒə] *f*, 2) (*для верхової їзди*) Réitbahn *f*, 3) (*дитячий*) Láufgitter *n*
манеке́н (*у вітрині*) Scháufensterpuppe *f*
манеке́нниця Mannequin ['manəkɛ̃ *i* -'kɛ̃] *n*, Model *n*
мане́р|а Maníer *f*, Art und Wéise; **~и** *мн.* Maníeren *pl*, Úmgangsformen *pl*
манже́ти *мн.* (*одн.* манже́та) Manschétten *pl* (*sg* Manschétte *f*)
мани́ти 1) (*кликати*) (zú)winken *vi* (*D*); 2) (*приваблювати*) lócken *vt*
манікю́р Maniküre *f*
мані́рн|ий maniert, affektíert; geziert, zímperlich; **~ість** Zímperlichkeit *f*
маніфе́ст Manifést *n*
маніфеста́ція Kúndgebung *f*, Manifestatión *f*
ма́нія Manie *f*, Wahn *m*, ~ вели́чності Größenwahn *m*, ~ переслі́дування Verfólgungswahn *m*
маня́к Wahsinnige(r) *m*, der Beséssene, Géisteskranke *m*
ма́нн|ий: ~а крупа́ Grieß *m*, ~а ка́ша Grießbrei *m*
мано́метр Manométer *n*
манса́рда Mansárde *f*, Dáchstube *f*
марафо́нський: ~ біг *спорт.* Márathonlauf
ма́рганець *хім.* Mangan [maŋ'ga:n] *n*
маргари́н Margaríne *f*
маргари́тка *бот.* Gänseblümchen *n*
ма́рево 1) (*серпанок*) Höhenrauch *m*, Dunst *m*, 2) (*міраж*) Lúftspiegelung *f*
ма́рення 1) Fíeberwahn *m*, Fíeberphantasie *f*, 2) *перен.* Únsinn *m*
марин|а́д Marináde *f*, **~о́ваний** mariníert; ~о́вані огірки́ éingelegte Gúrken
маринува́ти mariníeren *vt*, ~ гриби́ Pílze éin|machen
ма́рити 1) im Fíeber spréchen* *vi*, írre|reden *vi*, 2) *розм.* (*кимось/чимось – захоплюватися*) schwärmen *vi* (für *A*)
марихуа́на Marihuána *n*
маріоне́т|ка Marionétte *f тж перен.*; теа́тр ~ок Marionéttentheater *n*, **~ковий** Marionétten-; ~ковий у́ряд Marionéttenregierung *f*
ма́рка I 1) (*поштова*) Bríefmarke *f*, Márke *f*, 2) (*клеймо*) Márke *f*, Zéichen *n*, фабри́чна [заводська́] ~ Fabríkmarke *f*, 3) (*сорт, тип*) Már-ke *f*, нова́ ~ автомаши́ни éine néue Áutomarke
ма́рка II (*грошова одиниця*) Mark, німе́цька ~ Déutsche Mark
маркси́зм Marxísmus
ма́рля Mull *m*, Gáze [-zə] *f*
мармела́д Geleebonbon [-zə'le:bɔŋbɔŋ] *m*, *n*
ма́рмур Mármor *m*, **~о́вий** Mármor-, mármorn
ма́рн|ий vergéblich; nútzlos, únnütz; únnötig (*непотрібний*); ◊ **~а** пра́ця verlórene [vergébliche] Mühe

марніти dahínsiechen *vi* (s) dahínschwinden* *vi* (s); wélken *vi* (s); verblühen *vi* (s) (*частіше про жінку*)
марно umsónst, vergébens
марновір|ний ábergläubisch; **~ство** Áberglaube *m*
марнотрат Verschwéndler *m*, Vergéuder *m*; **~ний** verschwénderisch; **~ність** Verschwéndungssucht *f*
марш *у різн. знач.* Marsch *m*; урочистий ~ Parádemarsch *m*; ~ протесту Protéstmarsch *m*; Марш миру Fríedensmarsch *m*
маршал Márschall *m*
марширувати marschíeren *vi* (h, s)
маршрут 1) Wánderroute [-ru:tə] *f* (*туристський*); Réiseroute *f* (*подорожі*); 2) (*автобуса, трамвая і т. п.*) Línie *f*
маршрутн|ий Línien-; ~е таксі Línientaxi *n*
мас|а 1) (*речовина*) Másse *f*, густа ~ dícke Másse; 2) (*велика кількість*) Másse *f*, Ménge *f*, 3) *мн*, **~и** (*верстви населення*): широкі ~и трудящих die bréiten Mássen der Wérktätigen
масаж Masságe [-ʒə] *f*, робити комусь ~ j-n massíeren; **~ист** Masseur [-'sø:r] *m*
масив 1) *геол.*, *геогр.* Massív *n*, гірський ~ Gebírgsstock *m*, 2) (*великий простір*): лісні ~и gróße Wáldflächen
маска Máske *f*, *перен. тж* Lárve *f* (*личина*)
маскарад Máskenball *m*, Kostümfest *n*
маскарадний Másken(ball)-
маскува|ння Tárnung *f*, **~ти** tárnen *vt*, **~тися** sich tárnen
маслин|а 1) (*дерево*) Ölbaum *m*, Olívenbaum [-vən-] *m*, 2): ~и *мн*. (*плоди*) Olíven [-vən-] *pl*, **~овий** Olíven[-vən]; ~ова олія Olívenöl *n*
масл|о 1) Bútter *f* (*коров'яче*); Öl *n* (*рослинне*, *мінеральне*); 2) *жив.* Öl *n*, писати ~ом in Öl málen *vi*; ◊ справи йдуть як по ~у es geht wie geschmíert [wie am Schnürchen]
масляк Bútterpilz *m*
маслян|ий Öl-, Fett-
маслянистий 1) (*який містить масло*) ölhaltig; 2) (*схожий на масло*) ölartig; 2) (*лискучий*) ölig, féttig
маслянка 1) (*посуд*) Bútterdose *f*, 2) *тех.* Öler *m*, Ölkanne *f*
масний (*про пляму*) féttig
масниця Fástnachtswoche *f*, Fásching *m*
масов|ий *у різн. знач.* Mássen-; ~а організація Mássenorganisation *f*, товари ~ого споживання Mássenbedarfsartikel *pl*, засоби ~ої інформації Mássenmedien *pl*, Médien *pl*, зброя ~ого знищення Mássenvernichtungswaffe *f*
мастика (*для натирання підлоги*) Bóhnerwachs *n*
мастило Schmíere *f*
масть *у різн. знач.* Fárbe *f*
масштаб 1) (*співвідношення*) Máßstab *m*, в ~і один до десяти im Máßstab 1:10 [eins zu zehn]; 2) (*розмах, значення, охоплення*) Máßstab *m*, Áusmaß *n*, Maß *n*, в грандіозних ~ах in ríesigem Maß [Áusmaß]; у світовому ~і im Wéltmaßstab; в міжнародному ~і auf internationáler Ébene
мат *шах.* Matt *n*, оголосити [поставити] комусь ~ j-n matt sétzen
математ|ик Mathemátiker *m*, **~ика** Mathematík *f*, **~ичний** Mathematík-, mathemátisch; ~ична лінгвістика mathemátische Linguístik
материк Féstland *n*, Kontinént *m*
материнство Mútterschaft *f*
материнськ|ий mütterlich, Mútter-; ~а любов Mútterliebe *f*
матеріал 1) Materiál *n*, Wérkstoff *m*, будівельний ~ Báumaterial *n*, синтетичні ~и synthétische Wérkstoffe; 2) (*дані, відомості і т. п.*) Materiál *n*, Stoff *m*, навчальний ~ Léhrstoff *m*, Únterrichtsstoff *m*, 3) (*тканина*) Stoff *m*, підкладковий ~ Fútterstoff *m*
матеріал|ізм 1) Materialísmus *m*, діалектичний ~ dialéktischer Materialísmus; історичний ~ histórischer Materialísmus; **~іст** Materialíst *m*, **~істичний** materialístisch
матеріальн|ий (*майновий*) materiéll; ~ стан materiélle Láge; ~е забезпечення materiélle Sícherstellung
матеріально-технічний materiélltéchnisch
матерія 1) *філос.*, *фіз.* Matérie *f*, 2) (*тканина*) Stoff *m*
мати I Mútter *f*
мати II *дієсл.* háben* *vt*, besítzen* *vt* (*володіти*); ◊ ~ справу з кимось/ чимось es mit j-m/etw. zu tun háben*; ~ на увазі а) (*когось/щось*) méinen *vt*, im Áuge háben* *vt*, б) (*щось - брати до уваги*) berücksichtigen *vt*, in Betrácht ziegen* *vt*, 3) (*щось 'зауважити собі*) sich (*D*) *etw.* mérken, im Áuge behálten* *vt*
матка 1) (*самиця*) Wéibchen *n*, Königin *f*, Bíenenmutter *f* (*у бджіл*); 2) *анат.* Gebärmutter *f*
матов|ий matt; ~е скло Máttglas *n*
матрац Matrátze *f*, Béttsack *m*, Póls-ter *n*
матрос Matróse *m*
матч *спорт.* Spiel *n*, Wéttkampf *m*, футбольний ~ Fúßballspiel *n*
матч-реванш *спорт.* Rückspiel *n*
мафі|я Máf(f)ia; член ~ї Mafióso *m*
махати 1) (*розмахувати*) schwénken *vt*, ~ хусткою, прапорцями das Tuch, die Fähnchen schwénken; ~ руками mit den Händen herúm|fuchteln; gestikulíeren *vi* (*жестикулювати*); ~ крилами mit den Flügel schlágen*; ~ хвостом (*про собаку*) mit dem Schwanz wédeln; 2) (*на прощання*) zú|winken *vi* (*D*, *чимось* mit *D*)
махінація Máchenschaft *f*
махнути *див.* махати; ◊ ~ рукою на щось *etw.* áuf|geben*

М

махро́вий 1) *бот.* gefüllt; 2) (*про тканину*) Frottíer-; ~ рушни́к Frottíerhandtuch *n*
ма́цати befühlen *vt*, betásten *vt*
ма́чуха Stíefmutter *f*
маши́н|а 1) Maschine *f*, сільськогоспода́рські ~и Lándmaschinen *pl*, пра́льна ~ Wáschmaschine *f*, шве́йна ~ Nähmaschine *f*, 2) (*автомашина*) Áuto *n*, Wágen *m*, Kráftwagen *m*
машина́льний mechánisch; únbewußt (*несвідомий*)
машині́ст 1) (*поїзда*) Lók(omotiv)-führer *m*, 2) (*механік*) Maschiníst *m*
машині́стка Schréibkraft *f*, Maschínenschreiberin *f*, Stenotypístin *f* (*стенографістка*)
маши́н|ка 1) (*друкарська*) Schréibmaschine *f*, Maschíne *f*, друкува́ти на ~ці auf der Maschíne schréiben* *vi*, maschíne|schreiben* *vi*; 2) (*швейна*) Nähmaschine *f*, Maschíne *f*, ши́ти на ~ці mit der Nähmaschine nähen *vi*
маши́нн|ий Maschínen-, (*який здійснюється машиною - тж*) mechánisch; ~е відді́лення Machínenabteilung *f*, ~а обро́бка mechánische Beárbeitung; ~ пере́клад Maschínenübersetzung *f*
машинобуд|івни́й Maschínenbau-; ~ заво́д Maschínenfabrik *f*, **~ува́ння** Maschínenbau *m*
мая́к Léuchtturm *m*, сві́тло ~а́ Léuchtfeuer *n*
ма́ятник Péndel *n*
ме́блі *мн.* Möbel *pl*, Éinrichtung *f* (*обстановка*)
меблюва́ти möblíeren *vt*, éin|richten *vt* (*обставляти*)
мед Hónig *m*, соло́дкий як ~ hónigsüß
меда́ль Medaille [-'daljə] *f*
медвитвере́зник Ausnüchterungsanstalt *f*
медикаме́нт Medikamént *m*, Medizín *f* (*звичайно в рідкому стані*), Arznéi *f*, Arznéimittel *n*
медици́на Medizín *f*
меди́чн|ий medizínisch; ärztlich (*лікарський*); ~ інститу́т medizínische Hóchschule; ~а допомо́га ärztliche Hílfe; ~а сестра́ Kránkenschwester *f*, ~і працівники́ Mítarbeiter des Gesúndheitswesens
медо́вий Hónig-; ◊ ~ мі́сяць Flítterwochen *pl*
медо́гляд (меди́чний о́гляд) ärztliche Untersúchung
медсестра́ (меди́чна сестра́) Kránkenschwester *f*
меду́за Medúse *f*, Quálle *f*
меж|а́ Grénze *f*, Rand *m*, Schránke *f*, Grénzfurche *f*, Rain *m* (*поля*); на ~і́ війни́ am Rände des Kríeges; прикордо́нна ~ Grénzlini e *f*, в ме́жах мі́ста ínnerhalb der Stádtgrenze, im Wéichbild der Stadt; за ~е́ю мі́ста áußerhalb der Stádtgrenze; всьому́ є ~ álles hat séine Grénzen; це ~ мої́х бажа́нь mehr kann ich mir nicht wünschen
ме́ж|і *мн.* Ráhmen *m*, Schránken *pl*, Grénzen *pl*, трима́тися в ~ах sich in Schránken hálten*; ві́йти за ~ über den Ráhmen hináusgehen*; у ~ах мі́ста ínnerhalb der Stadt; за ~ами краї́ни áußerhalb des Lándes [der Lándesgrenzen]; в ~ах мо́жли́вого im Ráhmen des Möglichen
ме́кати méckern *vi* (*про кіз*)
мексика́н|ець Mexikáner *m*, **~ський** mexikánisch
меланх|олі́йний melancholisch [-laŋ-'ko:-], schwérmütig; **~о́лік** Melancholiker[-laŋ'ko:-] *m*, **~о́лія** Melancholíe [-laŋ'ko:-] *f*, Schwérmut *f*
меліора́ція Melioratión *f*
мелоді́йний melódisch, wóhlklingend
мело́дія Melodíe *f*
мельхіо́р Néusilber *n*, **~овий** néusilbern
мемора́ндум Memorándum *n*
меморіа́льн|ий Gedénk-; ~а до́шка Gedénktafel *f*, ~ музе́й Gedénkstät-te *f*
мемуа́ри *мн.* Memoiren [-mo'a:rən] *pl*, Erínnerungen *pl*
ме́неджер Manager ['mɛnɛdʒər] *m*
мензу́рка Mensúr *f*, Méßglas *n*, Strichglás *n*
ме́нше *порівн. ст. від* ма́ло 1) *з імен.* wéniger als; (не) ~ ти́жня (nicht) wéniger als éine Wóche; пройшло́ ~ ти́жня es vergíng wéniger als éine Wóche; 2) *з прикм. і присл.* wéniger
ме́нш|ий *порівн. ст. від* мале́нький 1) (*з двох*) der kléinere, der geríngere; 2) (*з багатьох*) der kléinste, der geríngste; ~ за всіх der kléinste
ме́ншість Mínderheit *f*
меню́ 1) (*підбір страв*) Menü *n*, 2) (*листок з переліком страв*) Spéisekarte *f*
мере́жа (*система доріг, ліній*) Netz *n*, залізни́чна ~ Éisenbahnnetz *n*, телефо́нна ~ Férnsprechnetz *n*
мере́жив|ний Spitzen-; **~о** Spítze *f*, Spítzen *pl*
мерехті́|ння Flímmern *n*, Geflímmer *n*, Fláckern *n* (*про свічку і т. п.*); **~ти** flímmern *vi*, schímmern *vi*, fláckern *vi* (*про свічку і т. п.*); blin-ken *vi* (*про зорі*)
мерзе́нний abschéulich, schéußlich
мерзе́нність Abschéulichkeit *f*, Schéußlichkeit *f*, ékelhaft *f*, ék(e)lig *f*
ме́рзлий gefróren; durchfróren (*промерзлий*)
мерзлота́: ві́чна ~ éwiger Bódenfrost, Dáuerfrostboden *m*
мерзлякува́тий leicht frierend-
ме́рзну|ти fríeren* *vi*, у ме́не ~ть ру́ки ich fríere an den Händen
меридіа́н Meridián *m*
ме́ркнути verblássen *vi* (s), erlöschen *vi*
ме́ртв|ий tot; ◊ ~а петля́ *ав.* Looping ['lu:-] *n*, ~а ти́ша Tótenstille *f*, ~ сезо́н Fláute *f*, Geschäftsstillstánd (*m*)
ме́сник Rächer *m*
мести́ (*підмітати*) kéhren *vt*, fégen *vt*
мет|а́ Ziel *n*, Zweck *m*, переслі́дувати яку́сь ~у́ ein Ziel [éinen Zweck] verfólgen;

з якóю ~óю? zu wélchem Zweck?, wozú?; ◊ з ~óю чогóсь mit der Ábsicht (zu + *inf*)
метáл Metáll *n*, **~éвий** Metáll-, (*як у металу - тж*) metállisch
металообрóбн|ий: **~а** промислóвість metállbearbeitende Industrie (*f*)
металýрг Metallúrg *m*, Hüttenwerker *m* (*робітник*); **~íйний** metallúrgisch, Hütten-, ~íйний завóд Hüttenwerk *n*, Hütte *f*, **~íя** Metallurgíe *f*, Hüttenindustrie *f* (*промисловість*); чóрна ~íя Éisenund Stáhlindustrie *f*, кольорóва ~íя Búntmetallindustrie *f*
метáння: ~ дúска Dískuswerfen *n*, ~ спúса Spéerwerfen *n*
метастáз *мед.* Metastáse *f*
метáти 1) *спорт.* wérfen* *vt*, ~ мóлот den Hámmer wérfen; 2): ~ ікрý láichen *vi*
метафíз|ика Metaphysík *f*, **~úчний** metaphýsisch
метáфор|а Metápher *f*, **~úчний** metaphórisch, bíldlich; ~úчний смисл übertrágener Sinn
метéлик Fálter *m*, Schmétterling *m*, нічнúй ~ Náchtfalter *m*
метеозвéдення Wétterbericht *m*
метеопрогнóз Wéttervorhersage *f*
метеóр Meteór *m*, Stérnschnuppe *f*
метеорúт Meteorít *m*
метеорол|огíчний meteorológisch, Wétter-; **~огíчна** слýжба Wétterdienst *m*, ~огíчне звéдення Wétterbericht *m*, **~óгія** Meteorologíe *f*, Wétterkunde *f*
метеослýжба Wétterdienst *m*
метеостáнція Wétterwarte *f*, meteorológische Statión *f*
метеосупýтник Wéttersatellit *m*
меткúй *розм.* fix, flink
метнýти *див.* метáти 1
мéтод Methóde *f*, Verfáhren *n* (*спосіб*)
метóдика Methódik *f*
методúчний methódisch
метр 1) (*одиниця довжини*) Méter *m*, *n*, 2) (*лінійка, стрічка*) Métermaß *n*
метрдотéль Óberkellner *m*
мéтрика (*документ*) Gebúrtsschein *m*, Gebúrtsurkunde *f*
метрó Ú-Bahn *f*, Métro *f*, стáнція ~ Ú-Bahnhof *m*, Métrostation *f*, їздити на ~ mit der Ú-Bahn [mit der Métro] fáhren* *vi* (s)
метромíст Ú-Bahn-Brücke *f*
метрополітéн Úntergrundbahn *f*
метуш|úтися hásten *vi* (s), geschäftig hin und her láufen* *vi* (s); **~лúвий** 1) (*про людину*) állzu geschäftig sein; 2) (*квапливий*) hástig, hécktisch
метушнá Durcheinánder *n*, Wírrwarr *m* (*плутанина*); Pánik *f* (*паніка*)
механізáція Mechanisíerung *f*
механíзм Mechanísmus *m* (*тж перен. — структура*); годúнниковий ~ Úhrwerk *n*, пусковúй ~ (*ракети*) Stárteinrichtung *f*, держáвний ~ stáatlicher Mechanísmus [Apparát]; ~ управлíння Léitungsmechanismus *m*
механізувáти mechanisíeren *vt*
мехáн|ік Mechániker *m*, **~іка** Mechánik *f*, **~íчний** mechánisch
меч Schwert *n*
мечéть Moschée *f*
мéшкан|ець 1) Bewóhner *m*, ~ці будúнку Háusbewohner *pl*, 2) (*що наймає кімнату або квартиру*) Mieter *m*
мéшкати (*десь*) lében *vi*, wóhnen *vi*
ми (нас, нам, нáми, про нас) wir (*G* únser, *D і A* uns); ~ булú вдóма wir wáren zu Háuse; нас не булó вдóма wir wáren nicht zu Háuse; у нас немáє часý wir háben kéine Zeit; ми з тобóю du und ich, wir (béide)
мигдáль 1) (*плоди*) Mándeln *pl*, 2) (*дерево*) Mándelbaum *m*, **~ний** Mándel-
миготíння (*в очах*) das Flímmern vor den Áugen
мигтíти (*з'являтися і зникати*) léuchten *vi*, blítzen *vi*, blinzeln *vi*, schímmern *vi*, flímmern *vi* (*про зорі*); fláckern *vi* (*про свічку і т. п.*)
мигцéм flüchtig; поглянути ~ flüchtig ánsehen*
мúл|ий 1) (*люб'язний, славний*) lieb, lieblich, nett; 2) (*привабливий*) hübsch, nett; ~е облúччя hübsches Gesícht, ein líebliches Gesicht; **~а** пóсмішка néttes Lächeln; 3) (*дорогий — при звертанні, тж в листі*) lieb, tener, wert
мúлити (éin)séifen *vt*
мúлиця Krücke *f*
мúлість Gnáde *f*, Gunst *f*, з мúлості aus Gnáde und Barmhérzigkeit
мúло Séife *f*
миловúдний líeblich, ánmutig, nett
милосéрд|ий barmhérzig; **~я** Barmhérzigkeit *f*
мúлостин|я Álmosen *n*, просúти ~ю um Álmosen bítten*; bétteln *vi*
мúлувати begnádigen *vt*, j-m éine Stráfe erlássen*
милувáтися (*чимось/кимось*) bewúndern *vt*, líebäugeln *vi* (*чимось, кимось* mit *D*)
мúльн|ий Séifen-, séifig; ~а бýльбашка Séifenblase *f*
мúльниця Séifenschale *f*, Séifendose *f*
мúля Méile *f*
мúмо 1. *присл.* 1): пройтú, проїхати ~ vorbéi|gehen* *vi* (s), vorbéi|fahren* *vi* (s); 2): вúстрілити, вдáрити ~ féhl|schießen* *vi*, féhl|schlagen* *vi*, **2.** *прийм.* 1) (*чогось/когось*): пройтú, проїхати ~ чогóсь/когóсь an etw./j-m vorbéi|gehen* *vi* (s), vorbéi|fahren* *vi* (s); 2) (*чогось*): вúстрілити ~ цíлі féhl|schießen* *vi*, das Ziel verféhlen
мимовíльний spontán; únwillkürlich; úngewollt
мимовóлі *розм.* nótgedrungen, wohl óder übel; úngewollt; únwillkürlich,
мимохíдь 1) (*проходячи мимо*) im Vorübergehen; unterwégs (*по дорозі*); im

M

vorbéigehen; 2) (*між іншим*) béiläufig, nebenbéi; flüchtig;

минáти 1) (*закінчитися*) vorbéi sein; áb|laufen* *vi* (s), verláufen *vi* (s), verflíeßen* *vi*(s), vergéhen* *vi*(s) (*про строк*); 2) (*залишати щось позаду*) vorüber|fahren* *vi* (s) (*проїхати*), vorüber|gehen* *vi* (s) (*пройти*) (an *D*); 3) (*уникнути чогось*) verméiden *vt*, entgéhen* *vi* (s), áus|weichen* *vi*(s) (*D*)

минýл|е Vergángenheit *f*, в далéкому ~ому in férner Vergángenheit; ◊ в ~ому früher

минýл|ий 1) der vergángene; der vórige; vergángen, verflóssen; ~ої óсені im vórigen [vergángenen] Herbst, vórigen Herbst; ~ого рáзу vóriges Mal; das létzfe Mal; 2): ~ час *грам.* Vergángenheit *f*, Ímperfekt *n*, Präféritum *n*, Pérfekt *n*

минýти *див.* минáти

минь (*риба*) Quáppe *f*

мир Fríeden *m*, жúти у ~і im Fríeden lében *vi*; боротьбá за ~ Fríedenskampf *m*; ~ у всьóму свíті Wéltfrieden *m*, Всесвíтня Рáда Мúру der Wéltfriedensrat; велогóнка Мúру Fríedensfahrt *f*

мирúти versöhnen *vt*, áus|söhnen *vt*, **~ся** 1) (*з кимось - після сварки*) sich versöhnen, sich áus|söhnen (mit *D*); Frieden schhéßen*; 2) (*з чимось - примирятися*) sich áb|finden, sich zufríeden gében* (mit *D*), sich fügen (in *A*); sich (*D*) etw. gefállen lássen* (*допускати*)

мúрн|ий 1) (*з метою миру*) Frie-dens-; ~а полíтика Fríedenspolitik *f*, ~і пропозúції Fríedensvorschläge *pl*; 2) (*не військовий*) fríedlich, Fríedens-; ~ рóзвиток fríedliche Entwícklung; ~а прáця fríedliche Árbeit; ~ час Fríedenszeit *f*; 3) (*спокійний*) fríedlich

миролю́бн|ий 1) (*який прагне до миру*) fríedliebend, Fríedens-; ~і сúли, нарóди fríedliebende Kräfte, Vólker; ~а полíтика Fríedenspolitik *f*, 2) (*про характер людини*) fríedlich, fríedfertig

миролю́бність Fríedfertigkeit *f*, Fríedlichkeit *f*, Fríedensliebe

мис *геогр.* Kap *n*

мúска Schüssel *f*

мúслення Dénken *n*, Dénkweise *f* (*спосіб мислення*)

мислúвець Jäger *m*

мислúвський 1) (*який стосується полювання*) Jagd-; ~ сезóн Jágdzeit *f*, ~ собáка Jágdhund *m*, 2) (*який стосується мисливця*) Jäger-

мислúтель Dénker *m*

мúслити dénken* *vi*

мистéцтво 1) Kunst *f*, 2) (*уміння*) Kunst *f*, Fértigkeit *f*

мúти wáschen* *vt*, schéuern *vt* (*підлогу*); pútzen *vt* (*вікна*); **~ся** sich wáschen*; ~ся під дýшем dúschen *vi*, ~ся у вáнні báden *vi*

мúтни|й Zoll-; ~ óгляд Zóllkontrolle *f*, Zóllabfertigung *f*, ~ збір Zoll *m*, Zollgebühr *f*, **~к** Zóllbeamte *m*

мúтниця Zóllamt *n*

мúто Zoll *m*, Zóllgebühren *pl*

миттéвий áugenblicklich, blítzschnell

мúттю im Nu, im Hándumdrehen, in éinem Áugenblick; blítzschnell

мить Augenblíck *m*, Áugenblick *m*, Moмént *m*, на однý ~ für éinen Augenblíck, für éinen Áugenblick; ◊ в однý ~ im Nu, im Hándumdrehen, in éinem Áugenblíck

мúша Maus *f*

мишолóвка Máusefalle *f*

миш'я́к (*препарат*) Arsénik *n*

мúючий: ~ зáсіб Wáschmittel *n*

мігрáція Migratión *f*, Wánderung *f*

мігрéнь Migräne *f*

мідеплавúльний: ~ завóд Kúpferhütte *f*

мíдний Kúpfer-, kúpfern

мідь Kúpfer *n*

між 1) (*чимось/кимось*) zwíschen (*A або D*); 2) (*серед когось* únter (*D*); ~ собóю untereinánder; ◊ ~ íншим а) *попутно* béiläufig, únter ánde-rem, nebenbéi; б) (*до речі*) übrigens, apropos [-'po:]; ~ нáми кáжучи únter uns geságt

міжвíдомчий zwíschenbehördlich

міжконтинентáльний interkontinentál

міжміськ|úй Fern-; ~á розмóва Férngespräch *n*, ~á телефóнна стáнція Férnamt *n*

міжнарóдн|ий internationál; Міжнарóдний жінóчий день der Internationále Fráuentag; Міжнарóдна спíлка студéнтів der Internationále Studéntenbund; Міжнарóдна демократúчна федерáція жінóк die Internationále Demokrátische Fráuenföderation; Міжнарóдний день зáхисту дітéй der Internationále Kíndertag; ~е станóвище internationále Láge; ~і віднóсини internationále Bezíehungen; ~е прáво Völkerrecht *n*

міжпарлáментський interparlamentárisch

міжпланéтн|ий interplanetár(isch); ~е сполýчення interplanetárer Verkéhr; ~а ракéта interplanetárische Rakéte

міжсоя́зницький interalliíert

міжурядóв|ий auf Regíerungsebene, zwíschenstaatlich; ~а угóда Regíerungsabkommen *n*

мізéрн|ий wínzig, geríng (*дуже малий*); níchtig, geríngfügig, dúrftig (*незначний*); miserábel; ármselig (*жалюгідний*); wínzig (*крихітний*); **~ість** Geríngfügigkeit *f*, Wínzigkeit *f*

мізúнець kléiner Fínger (*на руці*); kléine Zéhe (*на нозі*)

мій (моя́, моє, мої) mein *m*, *n*, méi-ne *f*, *pl*

мікроавтóбус Kléinbus *m*

мікрóб Mikróbe *f*

мікробіолóгія Míkrobiologíe *f*

мікрокалькуля́тор Táschenrechner *m*

мікрорайóн *м.* новúй ~ ein néuer Wóhnkomplex

мікроскóп Mikroskóp *n*, **~íчний** mikroskópisch

мікросхéма Miniatúrschaltung *f*, Míkroschaltung *f*
мікротелевíзор Kófferfernsehgerät *n*, Kófferfernseher *m*
мікротелефóн Hándapparat *m*, Spréchhörer *m*
мікрофíльм Míkrofilm *m*
мікрофóн Mikrophón *n*, Mikrofón *n*
мíксер Míxer *m*
мікстýра Mixtúr *f*
мілин|á Sándbank *f*, сíсти на ~ý stránden *vi* (s)
мілі|грáм Milligrámm *n*, **~мéтр** Milliméter *m*, *n*
мілітаризáція Militarisíerung *f*
мілітарíзм Militarísmus *m*
мілітаризувáти militarisíeren *vt*
мілітарíст Militaríst *m*
мілітаристúчний, **мілітарúстський** militarístisch
мілíти seicht wérden, versánden *vt*
міліціонéр Milizionär *m*
мілíці|я Milíz *f*, вíддiл ~ї Milízrevier [-vi:r] *n*
мілк|úй seicht, flach; ~á рíчка séichter Fluß; ~á тарíлка flácher Tél-ler
мíлко: тут ~ hier ist es seicht [flach]
мілковóдий seicht
міль Mótte *f*
мільйóн Million [-'ljo:n] *f*
мільйонéр Millionär *m*
мільярд Milliárde *f*
мíміка Mímik *f*
мімóза Mimóse *f*
мíна I (*вираз обличчя*) Míene *f*, кúсла ~ ein sáures Gesícht
мíна II *вíйськ.* Míne *f*
мінерáл Minerál *m*, **~óгія** Mineralogíe *f*
мінерáльн|ий Minerál-; ~а водá Minerálwasser *n*, ~е джерелó Minerálquelle *f*, ~і дóбрива Minerálдünger *pl*
мініатю́рний ganz klein, wínzig; zíerlich (*витончений*)
мінімáльний Míndest-, minimál, Minimál-; в ~ строк in állerkürzester Zeit
міні-мóда Mínimode *f*
мíнімум Mínimum *n*, прожиткóвий ~ Existénzminimum *n*, ◊ як ~ míndestens
міністéрство Minisérium *n*, ~ закордóнних справ Ministérium für Áuswärtige Ángelegenheiten; Außenministérium *n*, ~ оборóни Vertéidigungsministerium *n*, ~ зв'язкý Ministérium für Póst und Férumeldewesen
міністéрський ministeriéll, Miníster-
міністр Miníster *m*, ~ закордóнних справ Áußenminister *m*, ~ внýтрішніх справ Innenminister *m*
мінлúв|ий veränderlich, únbeständig; ~а хмáрність wéchselnde Bewölkung
мінувáти *вíйськ.* vermínen *vt*, Minen légen
мíнус 1) mínus; п'ять ~ два дорíвнює трьом fünf mínus zwei ist gleich drei; на вýлиці ~ дéсять грáдусів dráußen sind mínus zehn Grad [zehn Grad mínus]; 2) (*знак*) Mí-nus *n*, Mínuszeichen *n*, три з ~ом (*оцінка*) Drei mínus; 3) *розм.* (*недолік*) Mínus *n*, Mángel *m*, Féhler *m*
міня́|ти 1) (*обмінювати*) táuschen *vt* (*на щось* gégen *A*); úm|tauschen *vt* (*напр., паспорт*); wéchseln *vt* (*на щось* in *A* — *гроші на іноземну валюту*); 2) (*перемінити*) wéchseln *vt*, ~ білúзну, робóту die Wäsche, séinen Árbeitsplatz wéchseln; 3) (*змінити*) ändern *vt*, ~ (своя́) дýмку, (свої) звúчки séine Méinung, séine Gewóhnheiten ändern; це ~є спрáву das ändert die Sáche; **~тися** 1) (*чимось - обмінюватися*) táuschen *vt*, 2) (*змінюватися*) sich ändern; 2) (*міняти один одного*) einánder áb|lösen
мíр|а Maß *n*, Máßeinheit *f* (*одиниця виміру*); 2) (*розмір, межа*) Maß *n*, Ausmaß *n*, зня́ти ~у, мáти почуттá ~и máß|halten* *vi*, Maß hálten*; пóвною ~ою, у пóвній ~і in vóllem, in bedéutendem Máße; без ~и máßlos
мірúло Maßstab *m*, Kritérium *n*
мíр|ка Maß *n*, зня́ти ~ку Maß néhmen*; по ~ці nach Maß, máßge-recht
міркувáння 1) (*хід думок*) Gedánkengang *m*, 2) (*умовивід*) Schlúßfolgerung *f*, Erwägung *f*, 3) (*висловлювання*) Äußerung *f*
міркувáти (*над чимось, про щось*) sich (*D*) etw. überlégen, náchdenken* *vi* (über *A*); dénken* *vi*, sich (*D*) etw. überlégen; erwägen *vt* (*зважувати*)
мірóшник Müller *m*
мíряти 1) (*вимірювати*) méssen* *vt*, 2) (*приміряти*) án|probieren *vt*
місúти knéten *vt*
мíсі|я 1) (*доручення*) Missión *f*, Gesáudschaft *f*, Áuftrag *m*, з особлúвою ~єю in besónderer Missión; 2) (*дипломатична*) Missión *f*, торгóва ~ Hándelsmission *f*, вíйськóва ~ Militärmission *f*, 3) (*відповідальна роль*) Missión *f*, висóка ~ мистéцтва die hóhe Missión der Kunst
міст Brücke *f*
мíстика Mýstik *f*
містúти enthálten *vt*
містúтися (*знаходитися*) sich befínden*, sein* *vi* (s)
містифікáція Mystifikatión *f*, Täuschung *f*
містúчний mýstisch
місткúй úmfangreich; geräumig (*про приміщення і т. п.*)
мíсто 1) Stadt *f*, велúке ~ gróße Stadt; Großstadt *f* (*що має риси, характерні для великого міста*); 2) за мíстом áußerhalb der Stadt, auf dem Lánde; за мíсто nach áußerhalb, ins Grüne, aufs Land
мíсц|е 1) Platz *m*, Ort *m*, Stélle *f*, ~я́ для пасажúрів з дíтьми Plätze für Fáhrgäste mit Kíndern; ~ нарóдження Gebúrtsort *m*, в цьóму ~і hier, an díeser Stélle; зайня́ти пéрше ~ *спорт.* den érsten Platz belégen [éin|nehmen*]; 2) *мн.* ~я́ (*місцевість*) Gégend *f*, 3) (*частина тексту*) Stélle *f*, 4) (*багаж*) Gepäcks-tück *n*, ◊ постáвити ко-

гóсь на ~ (*осадити*) j-n zuréchtǀweisen*; болячe ~ wúnder Punkt; на моєму ~і an méiner Stélle; не знахóдити собі ~я kéine Rúhe fínden*; ~ проживáння Wóhnort *m*, Wohnsitz *m*

місцéв|ий örtlich, Orts-, Lokál-, (*в знач.* "*з даної місцевості*" - *тж*) órtsansässig, híesig (*тутешній*); ~ час Órtszeit *f*, ~а промислóвість örtliche Industríe; ~а газéта Lokálblatt *n*, ~і жителі Órtseinwohner *pl*, die Órtsansässigen

місцéв|ість 1) (*характер земної поверхні*) Gelände *n*, Gégend *f*, Lándschaft *f*, горúста ~ bérgiges Gelände; болóтиста ~ Súmpfgegend *f*, Súmpfgelände *n*, 2) (*край, район*) Gégend *f*, в нáшій ~ості in únserer Gégend

місцеперебувáння Áufenthalt *m*, Áufenthaltsort *m*

місцями stéllenweise

міськвиконкóм Exekutívkomitee des Stádtsowjets

міськ|úй 1) Stadt-; ~ трáнспорт Stádtverkehr *m*, ~é населення Stádtbevölkerung *f*, 2) (*характерний для міста*) städtisch; ~é життя das städtische Lében

місяц|ь 1) Mond *m*, пóвний ~ Vóllmond *m*, при ~і im Móndschein; полíт на Місяць Móndflug *m*, der Flug zum Mond; 2) (*календарний*) Mónat *m*

місяцями mónatelang

місячн|ий 1) Mond-; ~е світло Móndlicht *n*, Móndschein *m*, ~а повéрхня Móndoberfläche *f*, ~е затéмнення Móndfinsternis *f*, 2) Mónats-, (*щомісячний* - *тж*) mónatlich; ~ план Mónatsplan *m*, в ~ строк in Mónatsfrist

місячник: ~ дрýжби Fréundschaftsmonat *m*, ein Mónat der Fréundschaft

мітинг Kúndgebung *f*, Meeting ['mi:-] *n*, мáсовий ~ Gróßkundgebung *f*, Mássenkundgebung *f*, ~ (в знак) солідáрності *з кимось* Solidaritätskundgebung mit (*D*); ~ протéсту прóти війнú Protéstkundgebung gégen den Krieg

мітити I (*ставити мітку*) markíeren *vt*, bezéichnen *vt*, zéichnen *vt*, ~ білизну Wäsche zéichnen

мітити II (*цілити*) zíelen *vi*

мітка Zéichen *n*, Markíerung *f*, Kénnzeichen *n*

мітлá Bésen *m*

міф Mýthos *m*, Ságe *f*, **~íчний** mýthisch

міфолóгія Mythologíe *f*

міхýр: сечовúй ~ *анат.* Hárnblase *f*

міцн|úй 1) dáuerhaft, háltbar; fest; hart (*твердий*); ~á мотýзка féstes Seil; ~ горíх hárte Nuß; 2) (*надійний*) fest; dáuerhaft; ~ мир dáuerhafter Fríeden; ~á дрýжба féste Fréundschaft; ~ сон féster Schlaf; 3) (*здоровий, сильний, насичений*) stark; ~і нéрви stárke Nérven [-vən]; ~ морóз stárker Frost; ~ чай stárker Tee

міцність 1) Féstigkeit *f*, 2) Háltbarkeit *f*, Dáuerhaftigkeit *f*, Schéuerfestigkeit *f* (*про тканину*); ~ на пробíй *ел.* Dúrchschlagsfestigkeit *f*, ~ на розрúв Réißfestigkeit *f*, 3) (*вміст алкоголю*) Stärke *f*

міцнíти erstárken *vi* (s), sich féstigen

міцно 1) fest; 2) (*сильно, енергійно*) stark

міць Macht *f*, Kraft *f*, оборóнна ~ Vertéidigungsmacht *f*, військóва ~ militärische Stärke

мíшаний: ~ ліс Mischwald *m*

мішáти 1) (*розмішувати*) úmǀrühren *vt*, 2) (*змішувати*) míschen *vt* (*з чимось* mit *D*)

мішéнь Zíelscheibe *f*

мішóк 1) Sack *m*, ~ бóрошна ein Sack Méhl; 2): спáльний ~ Schláfsack *m*

міщáнський (*обивательський*) spíeßbürgerlich, philísterhaft

млин Mühle *f*

млинцí *мн* (*одн.* млинéць) (fláche) Pfánnkuchen *pl* (*sg* (flácher) Pfánnkuchen *m*), Plinsen *pl*

млúнчики *мн* (*одн.* млúнчик) Plín-sen *pl* (*sg* Plínse *f*); ~ з м'ясом mit Fleisch gefüllte Plínsen

млість Übelkeit *f*

млявий (*про людину*) träge; ~ нáстрій fláue Stímmung

многокýтник *мат.* Víeleck *n*

мнóжене *мат.* Multiplikánd *m*

мнóження 1) (*збільшення*) Verméhrung *f*, Vergrößerung *f*, 2) *мат.* Multiplikatión *f*

множинá *грам.* Plúral *m*, Méhrzahl *f*

мнóжити 1) (*збільшувати*) (ver)méhren *vt*, vergrößern *vt*, vervíelfältigen *vt*, 2) *мат.* málnehmen* *vt*, multiplizíeren *vt* (*на щось* mit *D*); **~ся** (*збільшуватися*) sich verméhren, sich vergrößern; zúǀnehmen* *vi* (*зростати*)

мнóжник *мат.* Multiplikátor *m*

мобіліз|áція Mobilisíerung *f*, *військ.* - *тж* Mobílmachung *f*, **~увáти** mobilisíeren *vt*, *військ. тж* mobílǀmachen *vt*

мóв|а 1) Spráche *f*, Réde *f*, писéмна ~ Schríftsprache *f*, schríftliche Réde; рíдна ~ Múttersprache *f*, ýсна ~ gesprόchene Spráche, mündliche Réde; літератýрна ~ Schríftsprache *f*, розмóвна ~ Úmgangssprache *f*, інозéмна ~ Frémdsprache *f*, 2) *грам.* Réde *f*, прямá, непрямá ~ dirékte, índirekte Réde; частúни ~и Rédeteile *pl*, Wórtarten *pl*; ◊ знайтú *з кимось* спíльну ~у éine geméinsame Spráche *mit j-m* fínden*; про що йде ~? wovón ist die Réde?, worúm hándelt es sich?; про це не булó й ~и! davón war gar kéine Réde!; про це не мóже бýти й ~и das kommt gar nicht in Fráge; davón kann gar kéine Réde sein

мóвний *лінгв.* spráchlich, Spräch-; ~ вуз Frémdsprachenhochschule *f*

мовознáвець Linguíst *m*, Spráchwissenschaftler *m*

мовознáвство Spráchwissenschaft *f*, Linguístik *f*

мовознáвчий spráchwissenschaftlich, linguístisch

мовчазн|и́й 1) (*неговіркий*) schwéigsam; 2) (*зрозумілий без слів*) stíllschweigend; ~а́ зго́да stíllschweigendes Éinverständnis
мовча́ння Schwéigen *n*
мовч|а́ти 1) (*не говорити*) schwéi-gen* *vi*; ~и! sei still!; 2) (*про щось - приховувати*) schwéigen* *vi* (über *A*)
мо́вчки schwéigend, wórtlos, stumm
моги́ла Grab *n*; моги́ла Невідо́мого солда́та das Grábmal des Únbekannten Soldáten; бра́тська ~ Mássengrab *n*
могти́ 1) (*бути в змозі*) können* *vt*, imstánde sein (zu + *inf*); я це мо́жу das kann ich; 2) (*мати дозвіл*) dürfen* *vt*; я мо́жу вас спита́ти? darf ich Sie frágen? я мо́жу йти? darf ich géhen?, kann ich schon géhen?; 3) (*із запереченням в знач. "немає необхідності"*: ти мо́жеш мене́ не проводжа́ти du bráuchst mich nicht zu begléiten; ◊ мо́же бу́ти vielléicht, mag sein; не мо́жу бу́ти! (das ist) únmöglich!, das kann nicht sein!
могу́тні|й gewáltig, mächtig, máchtvoll; **~сть** Macht *f*, Stärke *f*
мо́д|а Móde *f*, бу́ти в ~і (in) Móde sein; вхо́дити в ~у Móde wérden, in Móde kómmen* *vi* (s); ви́йти з ~и aus der Móde kómmen* *vi* (s), nicht mehr Móde sein
мода́льн|ий: ~е дієсло́во *лінгв.* Modálverb [-vɛrp] *n*
моде́ль Modéll *n*
модерніза́ція Modernisíerung *f*
моderні́зм *мист.* Modernísmus *m*
модернізува́ти modernisíeren *vt*
модерні́стський modernístisch
мо́дний módisch, Móde-
модри́на Lärche *f*
можли́в|ий möglich; (*який може мати місце - тж.*) eventuéll [-vɛ-]; зроби́ти все ~е sein Möglichstes (Béstes) tun*
можли́в|ість 1) Möglichkeit *f*, Gelégenheit *f* (*наявність умов*); є ~ (*зробити щось*) es bestéht die Möglichkeit (zu + *inf*); при пе́ршій ~ості bei der érsten Gelégenheit; 2) *мн.* ~ості 1) (*здібності*) Möglichkeiten *pl*; 2) (*перспективи*) Áussichten *pl*
можли́во 1) *безос.* (es) ist möglich, (es) kann sein; це ~ das ist dúrcháus möglich; якщо́ ~ wenn möglich; наскі́льки ~ sowéit möglich, möglichst; 2) *вводн. сл.* vielléicht kann sein
мо́жна 1) (*можливо*) man kann; тут ~ застуди́тися hier kann man sich erkälten; дощу́ немає, ~ піти́ гуля́ти es régnet nicht mehr, wir können [könnten] spazíerengehen; це ~ ле́гко поясни́ти das kann man leicht erklären, das läßt sich leicht erklären, das ist leicht zu erklären; 2) (*дозволено*) es ist erláubt, man darf; ~ увійти́? darf ich heréin?; тут ~ пали́ти? darf [kann] man hier ráuchen?; ◊ ~ поду́мати, що ... man könnte gláuben, daß ...
моза́їка Mosaík *n*
мозамбі́к|ець Moçambiquer [mosam'bi:kər] *m*, **~ський** moçambiquisch [mosam'bi:kiʃ]
мо́зок 1) (*головний*) Gehírn *n*, Hirn *n*; 2) (*кістковий*) Mark *n*, Knóchenmark *n*; ◊ електро́нний ~ Elektrónenhirn *n*
мозо́ля Schwíele *f*, Hühnerauge *n* (*на пальцях ніг*)
мо́зочок *анат.* Kléinhirn *n*
мо́кнути 1) naß wérden; 2) (*вимочуватися*) wéichen *vi*
мо́крий naß
мол Móle *f*, Háfendámm *m*
молдава́нин Móldauer *m*
молда́вський móldauisch
моле́кул|а Molekül *n*, **~я́рний** molekulár, Molekulár-
моли́тв|а Gebét *n*, чита́ти ~у ein Gebét spréchen*, Béten *n*
моли́ти (*когось*) án|flehen *vt*, fléhen *vi* (bei *D*) (*про щось* um *A*)
моли́тися 1) béten *vi* (*за когось* für *A*); ~ бо́гу zu Gott béten; 2) (*на когось - боготворити*) án|beten *vt*, vergöttern *vt* (*обожнювати*)
моло́де́цтво Kühnheit *f*, Verwégen-heit *f*, Schneid *m*
молоде́ць (*молодчина*) Práchtkerl *m*
молоде́цький flott, keck, kühn; verwégen; dráufgängerisch
молоди́й jung
молоди́к I (*молодий місяць*) Néumond *m*
молоди́к II *розм.* Júnge *m*, Mílchbart *m* (*молокосос*)
молоді́ (*молодята*) *мн.* die Júngverheirateten; júnges Paar; Bráutpaar *n* (*на весіллі*)
молоді́жний Júgend-
мо́лодість Júgend *f*
молодня́к 1) (*про худобу*) Júngvieh *n*; 2) (*про ліс*) júnger Wald, Únter-holz *n*
моло́дш|ий 1) (*за віком*) der jungere (*з двох*); der jungste (*з декількох*); 2) (*за положенням*) úntergeordnet (*підлеглий*); Únter- (*за званням*); ~ лейтена́нт Únterleutnant *m*, ~ науко́вий співробі́тник wíssenschaftlicher Assistént; 3) (*про клас і т. п.*) der úntere; ~і кла́си, ку́рси die únteren Klássen, Seméster
мо́лодь Júgend *f*, die Júgendlichen; júnge Léute (*молоді люди*)
моложа́вий júgendlich (áussehend); у ньо́го ~ ви́гляд er wirkt júgendlich
молоко́ Milch *f*
молокосо́с *розм.* Mílchbart *m*, Grünschnabel *m*
мо́лот Hámmer *m*
моло́ти máhlen* *vt*, ◊ ~ дурни́ці Únsinn réden
молото́к Hámmer *m*
моло́чн|ий Milch-; ~а ка́ша Mílchbrei *m*, ~і проду́кти Mílchprodukte *pl*, Molkeréiwaren *pl*, ◊ Моло́чний Шлях *астр.* Mílchstraße *f*
мольбе́рт Staffeléi *f*

M

момéнт 1) (*період часу*) Moment *m*, Augenblick *m*; в тóй же ~ im sélben Augenblick; 2) (*обставина*) Moment *n*, Punkt *m*; **~áльно** momentán, áugenblicklich

монархí|зм Monarchísmus *m*; **~ст** Monarchíst *m*; **~чний** monarchístisch

монáрхія Monarchíe *f*

монасти́р Klóster *n*; жінóчий ~ Nónnenkloster

монгóл Mongole [mɔŋ'go:-] *m*; **~ьський** mongolisch [mɔŋ'go:-]

монéт|а Münze *f*; п'ятикопíєчна ~ Fünfkopékenstück *n*, Fünfer *m розм.*; ◊ прийня́ти щось за чи́сту ~у etw. für báre Münze néhmen*

монолíтний *перен.* éinheitlich, Monolíth-

монолóг Monológ *m*

моно|полізувáти monopolisíeren *vt*; **~пóлія** Monopól *n*; **~пóльний** Monopól

монотóнний monotón, éintönig

монтáж Montáge [-ʒə] *f*; (*фільму тж*) Schnitt *m*, Zusammenbau *m*

монтéр 1) (*монтажник*) Monteur [-'tø:r] *m*; 2) (*електромонтер*) Installateur [-'tø:r] *m*

монтувáти 1) montíeren *vt*; 2) (*фільм*) schnéiden* *vt*, Zusammenbauen* *vt*

монумéнт Monumént *n*; **~áльний** monumentál

мопéд Móped *m*

моралісти́чний beléhrend

морáль Morál *f*, Morálpredigt *f* (*напучення*); читáти комýсь ~ j-m Morál prédigen; **~ний** morálisch, síttlich; **~ність** Morál *f*, Síttlichkeit *f*

морatóрій Moratórium *n*; ~ на випрóбування я́дерної збрóї Kérnwaffentestmoratorium *n*, Moratórium für Kérnwaffenversuche; оголоси́ти ~ ein Moratórium verkünden

морг Léichen(schau)haus *n*, Léichenhalle *f* (*для громадянської панахиди*)

моргáти, **моргнýти** 1) (*мимовільно*) zwínkern *vi*, blínzeln *vi*; 2) (*комусь - подавати знак*) zú|blinzeln *vi* (*D*)

мóрда Schnáuze *f*, Maul *n*

мóр|е Meer *n*, See *f*; у відкри́тому ~і auf hóher See; їхати [плисти́] ~ем [пó ~ю] über das Meer fáhren* *vi* (s); плисти́ пó ~ю (*про судно*) auf dem Meer fáhren* *vi* (s)

мореплáвання Séefahrt *f*, Séeschiffahrt *f* (*при переносі* Seeschifffahrt)

мореплáвець Séefahrer *m*

морж 1) Wálroß *n*; 2) (*купальник*) Éisbader *m*, Wínterbader *m*

мóрква Móhrrüben *pl*, Möhren *pl*

морквя́ний Möhren-

морóз Frost *m*; двáдцять грáдусів ~у zwánzig Grad Kälte

морóзиво Eis *n*; шоколáдне ~ Schokoládeneis *n*

морóзи|ти: менé ~ть mich fröstelt, ich habe Schüttelfrost

морóзний fróstig, Frost-

морозостíйк|ий kältebeständig, fróstfest; ~і сорти́ фрýктів fróstfeste Óbstsorten

морозостíйкість Fróstresistenz *f*

мóрок Fínsternis *f*

морóшка Súmpfbrombeeren *pl*, Múltbeeren *pl*

морськ|и́й 1) Méeres-, See-; ~ бéрег [пляж] Méeresstrand *m*, Séeküste *f*; ~ вíтер Séewind *m*; 2) (*військово-морський*) Maríne-; ~ офіцéр Marineoffizier *m*; ~ флот Maríne *f*; ◊ ~á хворóба Séekrankheit *f*; страждáти на ~ý хворóбу séekrank sein

мóрфій Mórphium *n*

морфол|огíчний morphológisch; **~óгія** Morphologíe *f*

мóрщити: ~ лоб die Stirn rúnzeln; **~ся** das Gesícht verzíehen*

моря́к Séemann *m*; військóвий ~ Matróse *m*, Marínesoldat *m* (*рядовий*), Maríneoffizier *m* (*офіцер*)

мотáти (áuf)wickeln *vt*

мотéль Motél *n*

моти́в 1) (*причина*) Motív *n*, Beweggrund *m*; 2) (*тема, сюжет*) Motív *n*; 3) (*мелодія*) Melodíe *f*

мотивувá|ння Motivierung [-'vi:-] *f*, Begründung *f*; **~ти** motivieren [-'vi:-] *vt*, begründen *vt*

мóтлох Kram *m*, Plúnder *m*, Gerümpel *n*, álter Kram

мотогóн|ки *мн.* Motórradrennen *n*; **~щик** Motórradrennfahrer *m*

motóк Dócke *f*; ~ пря́жі Gárn-docke *f*, Wíckel *m*

мотокрóс Motórradgeländefahrt *f*, Geländefahrt *f*, Móto-Cross [-krɔs] *n*, *m*

мотóр Mótór *m*

морáллі Motórradrallye [-rali / -rɛli] *f*, *n*

моторизóваний motorisíert

мотóрн|ий be hénd, flink, gewándt, húrtig, fix; **~ість** Be héndigkeit *f*, Gewándtheit *f*, Flínkheit *f*, Rührigkeit *f*

моторóлер Motórroller *m*

мóторошн|ий únheimlich, grús(e)lig; **~о**: менí ~о mir graut, mir ist únheimlich

мотоспóрт Motórsport *m*

мотоци́кл Motórrad *n*; **~íст** Motórradfahrer *m*

мотýзка Schnur *f*, Bíndfaden *m*, Strick *m*, Léine *f*

мох Moos *n*

мохнáтий zóttig, strúppig (*про шерсть тварин*); fláuschig, wóllig (*про тканину*)

мочáлка Bástwisch *m*

мочи́ти 1) (*змочувати*) án|feuchten *vt*, naß máchen *vt*; 2) (*вимочувати*) éin|weichen (lássen*) *vt*

мóчка *анат.* Óhrläppchen *n*

мóшка kléine Flíege, Schnáke *f*

мóщений gepflástert

мрець der Tóte; Léiche *f* (*труп*)

мрійли́вий träumerisch, schwärmerisch, verträumt

мрíя Wúnschtraum *m*, Traum *m*

мріяти (*про щось/когось*) träumen *vi*, schwärmen *vi* (von *D*)
мружити: ~ очі *див.* мружитися; **~ся** die Augen zusámmen|kneifen*; blinzeln *vi* (*від яскравого світла*)
мружитися die Áugen zusámmen|kneifen*, blinzeln *vi*
мряка Sprühregen *m*
мрячи|ти: ~ть (дощ) es nieselt
мстивий ráchsüchtig, rachgierig
мстити: ~ за когось/щось j-n/etw. rächen; ~ комусь за щось an j-m etw. rächen, sich an j-m für etw. (*A*) rächen
мудрець der Wéise
мудр|ий wéise, klug; **~ість** Wéisheit *f*
мужні|й 1) (*хоробрий*) mútig, tápfer; 2) (*властивий чоловіку*) mánnhaft; **~сть** Mut *m*
музей Muséum *n*, будинок-~, ~-квартира Gedénkstätte *f*
музик|а Musík *f*, під ~у nach Musík
музикант Músiker *m*, Musikant *m*
музичний Musík-; musikálisch (*тж здібний до музики*)
мука 1) Quál *f*, Pláge *f*, Pein *f*, 2): мені з тобою ~ ich hábe méine líebe Not mit dir
мукати múhen *vi*, brüllen *vi*
мул I Máultier *n*
мул II (*бруд*) Schlamm *m*
мулат Mulátte *m*
мулистий schlámmig, Schlamm-
мультиплікаційний: ~ фільм Zéichentrickfilm *m* (*мальований*); Púppentrickfilm *m* (*ляльковий*)
муляж Náchbildung *f*, Modéll *n*
мундир Úniform *f*
мураш|ка Ámeise *f*, **~ки** *мн.* Gänsehaut *f*, **~ник** Ámeisenhaufen *m*
муркотати schnúrren *vi*
мускул Múskel *m*, **~атура** Muskulatúr *f*, **~истий** muskulös; **~ьний** Múskel-
мусульманин Mo hammedáner *m*
мусульман|ський mo hammedánisch; **~ство** Íslám *m*
мутний trübe, (*про скло - тж*) matt
муха Flíege *f*
мухомор Flíegenpilz *m*
мученик Märtyrer *m*
мучення Qual *f*, Pláge *f*, Márter *f*
мучитель Quäler *m*, Péiniger *m*
мучити quälen *vt*, plágen *vt*, péinigen *vt*, mártern *vt*; **~ся** 1) (*від чогось - страждати*) léiden* *vi* (únter *D*), sich quälen (mit *D*); ~ся від спраги Durst léiden*; 2) (*чимось - томитися*) geplágt sein (von *D*); 3) (*над чимось або з чимось/кимось*) *розм.* sich (áb)quälen, sich (áb)plágen (mit *D*)
мушка (*прицільна*) Korn *n*, Visierkorn *n*
мчати(ся) rénnen* *vi* (s) (*бігти — про людину*); rásen *vi* (*про машину і т. п. або про людину, яка їде на чомусь*)
мюзикл Musical ['mju:zikəl] *n*
м'яз Múskel *m*
м'язовий Múskel-
м'як|ий weich; zart, sanft (*ніжний*); gedämpft (*про світло*); mild (*про клімат, погоду*); ~а посадка wéiche Lándung; ~і булочки frísche Brötchen; ◊ ~і меблі Pólstermöbel *pl*, ~ знак Wéichheitszeichen *n*, ~ вагон Wágen érster Klásse; їхати у ~ому вагоні érste Klásse fáhren* *vi* (s)
м'якоть (*плоду*) Frúchtfleisch *n*
м'ясистий fléischig
м'ясн|ий Fléisch-; ~а страва Fléischgericht *n*, ~і консерви Büchsenfleisch *n*, ~і котлети Buletten *pl*, **~ик** Fléischer *m*
м'ясо Fleisch *n*, пиріжки з ~м Fléischpasteten *pl*
м'ясорубка Fléischwolf *m*
м'ята Mínze *f*
м'яти 1) (*одяг, папір і т. п.*) zerknüllen *vt*, zerknittern *vt*, nieder|treten* *vt* (*траву*); 2) (*місити*) knéten *vt*, **~ся** (*про тканину і т. п.*) knittern *vi*, який не мнеться knitterfrei
м'яч Ball *m*

Н

на 1) (*куди або де при позначенні положення предмета*) auf (*A або D*) (*про горизонтальне положення*); an (*A або D*) (*про вертикальне положення*); на стіл auf den Tisch; на столі auf dem Tisch; на стіну an die Wand; на стіні an der Wand; 2) (*куди при позначенні напрямку, мети*) auf (*A*), in (*A*), zu (*D*), nach (*D*), an (*A*); на пóшту auf die [zur] Post; на концéрт ins Konzért; на збóри in die [zur] Versámmlung; на схід nach Ósten; на Вóлгу an die Wólga; 3) (*де при позначенні місця перебування когось, знаходження чогось/когось* auf (*D*), in (*D*), an (*D*); на пóшті auf der Post; на концéрті im Konzért; на збóрах in [auf] der Versámmlung; на сходi im Ósten; на Вóлзі an der Wólga; на пляжі am Strand; на сóнці in der Sónne; 4) (*при позначенні часу, строку* а) *на питання "коли?"* an (*D*), in (*D*); на настýпний рік nächstes Jahr, im nächsten Jahr; б) *на питання "на який час?"* für (*A*), auf (*A*); признáчити щось на сéреду, на сьогóдні, на дві годи́ни etw. für Mittwoch, für héute, auf zwei Uhr ánberaumen; на все лíто für den gánzen Sómmer; він поїхав на мíсяць er ist auf éinen Mónat verréist; 5) (*на чомусь при позначенні засобів пересування*) mit (*D*); їхати на автóбусі mit dem Bus fáhren* *vi* (s); пли́сти́ на човні mit dem Boot fáhren* *vi* (s); катáтися на човні Boot fáhren* *vi* (s); ходи́ти [катáтися] на ли́жах Ski [ʃi:] fáhren* [láufen*] *vi* (s); 6) (*з деякими імен.*) zu (*D*); на моя́ рáдість zu méiner Fréude; на щáстя zum Glück; на крáще zum bésten; на обíд zum Míttag; на снідáнок zum Frühstück; ◊ на злó zum Trotz (*комусь D*); як ~ wie zum Trotz; на прóтязі im Lauf(e) (*G або* von *D*), während (*G*); ~ усьогó рóку im Láufe des gánzen Jáhres, während des gánzen Jáhres; ~ дóвгого чáсу éine lánge Zeit hindúrch; ~ дéякого чáсу éine Zéitlang; ~ усьогó життя́ das gánze Lében lang; ~ трьох днів drei Táge lang

набáвити zúgeben* *vt*, zúlegen *vt*, zússchlagen* *vt* (*додати*); áufschlagen* (*збільшити ціну*)

набагáто viel; ~ крáще, рáніше viel bésser, früher

набаки́р: він надів шáпку ~er hat die Mütze schief (aufs Ohr) áufgesetzt

нáбережна Kai *m*, Úferstraße *f*

наби́вка 1) (*дія*) Pólstern *n* (*матраца, дивану*); Áusstopfen *n* (*чучела*); 2) (*матеріал для набивки*) Füllung *f*, Pólsterung *f*

набирáти *див.* набрáти; **~ся** *див.* набрáтися

наби́ти füllen *vt*, stópfen *vt*, áusstopfen *vt* (*чучело*); (áus)pólstern *vt* (*матраци*)

набíг Überfall *m*, розбíйницький ~ Ráubzug *m*, Einfall *m*

набíгатися *розм.* sich müde láufen*, sich die Béine áblaufen* (*в пошуках чогось*)

набíгти 1) (*на щось*) gegen etw. (*A*) rénnen* (laufen*); ánrennen* *vt*, ánlaufen* *vt*, ans Úfer schlágen* (*про хвилю*); heráufziehen* *vi* (s) (*про хмари*); 2) (*назбиратися*) sich ánsammeln; sich ánhäufen; áuflaufen* *vi* (*про борги*)

нáбік zur Séite; schief (*косо*)

нáбіло *присл.* ins réine

набíр 1) (*комплект*) Satz *m*; 2) (*прийом*) Áufnahme *f* (*учнів*); Éinstellung *f* (*робітників, службовців*); Ánwerbung *f* (*добровольців*); 3) *полігр.* Sétzen *n* (*дія*); Satz *m* (*набраний текст*); ◊ ~ слів léere Wórte

наближáтися *див.* набли́зитися; ◊ ~ до кінця́ sich séinem Énde nähern, dem Énde zú|gehen* *vi* (s)

набли́ження Náhen *n*, Heránnahen *n*, Heránrücken *n* (*строку і т. п.*)

набли́зитися 1) (*до когось/чогось підійти ближче*) sich nähern (*D*), herán|treten* *vi* (s), herán|kommen* *vi* (s) (an *A*); 2) (*за часом*) herán|rücken *vi* (s), náhen *vi* (s)

набрáти 1) (*зібрати*) sámmeln *vt*, pflücken *vt* (*нарвати*); 2) (*прийняти*) áuf|nehmen* *vt* (*учнів*); éin|stellen *vt* (*робітників, службовців*); *спорт.* áuf|stellen *vt*, zusámmen|stellen *vt* (*команду*); án|werben* *vt* (*добровольців*); 3) *полігр.* sétzen *vt*; ◊ ~ нóмер (*телефону*) éine Númmer wählen

набрáтися (*назбиратися*) sich án|sammeln (*про людей*); sich án|häufen (*про

речі, предмети); ◊ ~ сміли́вості sich (*D*) ein Herz fássen
набреха́|ти *розм. див.* брехáти; він все це ~в er hat das álles vórgelogen
набрида́|ти 1): це шви́дко ~є das hat [bekómmt] man schnell satt, déssen wird man schnell überdrüssig; 2) (*комусь докучати*) belästigen *vt* (*чимось* mit *D*), lästig fállen* *vi* (s) (*D*)
набри́дливий lästig, zúdringlich (*настирливий*); lángweilig (*нудний*)
набри́д|нути: мені́ це ~ло das lángweilt mich, ich hábe genúg davón, ich hábe [bin] es satt, ich bin déssen überdrüssig; мені́ ~ло (*робити щось*) ich hábe [bin] es satt (zu + *inf*)
на́брід *розм.* Gesíndel *n*, Pack *n*
на́бряк Wássergeschwulst *f*, *мед.* Ödem *n*; ~ леге́нь Lúngenödem *n*
набряка́ти, **набря́кнути** án|schwellen* *vi* (s)
набу́ти, **набува́ти** 1) erwérben* *vt*; ~ до́свіду Erfáhrungen sámmeln; ~ спеціа́льності сляса́ря Schlósser lérnen; 2) (*якогось вигляду, форми, характеру*) án|nehmen* *vt*, bekómmen* *vt*, gewínnen* *vt*
набу́тий erwórben
набуха́ти, **набу́хнути** án|schwellen* *vi* (s), quéllen* *vi* (*про бруньки*)
нава́житися, **нава́жуватися** (*на щось*) 1) (*прийняти рішення*) sich entschlíeßen* (zu *D*); sich entschéiden* (für *A* — *зробити вибір*); 2) (*відважитися*) wágen *vt* (*або* zu + *inf*)
нава́ла Éinfall *m*, Invasión [-va-] *f*
нава́лювати, **навали́ти** áuf|häufen *vt*, áuf|türmen *vt*; áuf|laden* *vt* (*вантаж*); **~ся** (*на щось* 1) (*обпертися*) sich stützen (auf *A*); 2) (*жадібно накинутися*) hér|fallen* *vi* (s) (über *A*)
наванта́жений beláden, belástet, únter Last
наванта́ження *тех.* Belástung *f* (*тж перен. — завантаженість чимось, зайнятість*)
наванта́жити, **наванта́жувати** 1) (*чимось завантажити*) beláden* *vt*, (*судно тж*) befráchten *vt* (mit *D*); 2) (*щось кудись*) láden* *vt*, verláden* *vt*; **~ся** (*чимось*) sich beláden* (mit *D*), sich (*D*) éine Last áuf|laden*
навви́передки *розм.* um die Wétte
навести́ (*приклад, цитату і т. п.*) án|führen *vt*, nénnen* *vt*; ~ поря́док Órdnung scháffen; ~ до́відки Erkúndigungen án|stellen [éin|ziehen*]; ~ кого́сь на яку́сь ду́мку j-n auf éinen Gedánken bríngen*; ~ нудьгу́ на ко́гось j-n lángweilen
навздогі́н: бі́гти ~ за кимось j-m nách|laufen* *vi* (s); кри́кнути кому́сь щось ~ j-m etw. nách|rufen*
на́взнак rücklings, auf den Rücken (*упасти*); auf dem Rücken (*лежати*)
навзнаки́ platt, flach
нави́воріт verkéhrt; ви́вернути щось ~ etw. auf die línke Séite kéhren
на́ви|к Fértigkeit *f*, ~чки у́сного мо́влення Spréchfertigkeit *f*
нависа́ти über|hängen* *vi* (*звисати*); vór|springen* *vi* (s) (*виступати*)
нави́с|нути *див.* нависа́ти; над на́ми ~ла небезпе́ка uns droht éine Gefáhr
наві́дрі́з: відмо́витися ~ rúndweg áb|schlagen* *vi*, abléhnen *vi*
наві́же́ний Tóllkopf *m*
наві́ки auf éwig, für ímmer
наві́с Schírmdach *n*, Sónnendach *n*, Schútzdach *n* (*над вікном, дверима*); Überdáchung *f* (*над платформою і т. п.*)
на́віть sogár; (*з імен. і займ. тж*) selbst; ◊ ~ не nicht éinmal; ~ якщо́ auch wenn
на́віч *нареч.* mit éigenen Áugen
наві́що warúm, wéshálb, weswégen (*чому*); wozú, zu wélchem Zweck (*для чого*)
навко́лишн|ій úmliegend, umgébend; benáchbart, Náchbar-; ~є середо́вище, ~я обстано́вка Umgébung *f*, Milieu [-'ljø:] *n*; ~є середо́вище, ~ світ Úmwelt *f*
навко́ло 1) *нареч.* ríngsúm, ríngsherum, ringsumhér; 2) *предл.* (*чогось/когось*) um (*A*) herúm; по́дорож ~ сві́ту éine Réise um die Welt; ~ стола́ um den Tisch herúm; ~ нас um uns her
навколоземн|и́й: ~а́ орбі́та Érdumlaufbahn *f*, ~ (космі́чний) про́стір érdnaher Raum
навманн́я aufs Gerátewohl, auf gut Glück
навми́сний vórbedacht, vórsätzlich, ábsichtlich; beábsichtigt
навми́сно 1) ábsichtlich, mit Ábsicht; 2) (*спеціально*) éigens, éxtra; ◊ як ~ wie zum Trotz, áusgerechnet
наводи́ти *див.* навести́; це наво́дить на ро́здуми das gibt zu dénken
на́волочка Kíssenbezug *m*
навпаки́ **1.** *присл.* (*інакше*) úmgekehrt, verkéhrt; **2.** *вставн. сл.* dagégen, im Gégenteil
навперебі́й: говори́ти ~ durcheinánder|sprechen* *vi*
навпереміі́нно ábwechselnd
навпо́мацки tástend; пробира́тися ~ sich herán|tasten
навпо́чіпки: сиді́ти ~ káuern *vi*, hócken *vi*
навпросте́ць *розм.* 1) (*по прямій лінії*) geradeáus; 2) (*щиро*) óffen; óhne Úmschweife
навря́д, **навря́д чи** kaum, wohl kaum, schwérlich
на́вскач im Galópp; нести́ся ~ galoppíeren *vi*
на́вскіс schräg gegenüber (*від чогось D*)
навскоси́ schief, schräg
на́встіж óffenstehen*; две́рі відкри́ті ~ die Tür steht (spérraugel)wéit auf
наву́шники *мн.* (*радіо*) Kópfhörer *pl*
на́вхрест *присл.* kréuzweise; kréuzförmig
навча́льн|ий 1) Lehr-, Schul-, Únterrichts-; ~ рік Léhrjahr *n*, Schúljahr *n* (*у*

школі); Stúdi enjahr *n* (*у вузі*); ~і заня́ття Únterrichtsstunden *pl*, Únterricht *m*; ~ зáклад Bíldungseinrichtung *f*; ви́щий ~ зáклад Hóchschule *f*; 2) (*тренувальний*) Übungs-, Schul-, Próbe-; ~е суднó Schúl-schiff *n*

навча́ння 1) (*чомусь*) Únterricht *m*, Áusbildung *f* (in *D*); виробни́че ~ (*в школі*) Únterricht im Betríeb; професíйне ~ Berúfsausbildung *f*, програмóване ~ programmíerter Únterricht; 2) (*десь*) Lérnen *n* (in *D* — *в школі*); Stúdium *n* (an *D* — *у вузі*); Léhre *f* (*виробниче*); ~ без відри́ву від виробни́цтва Stúdium nében der Berúfstätigkeit; 3) *військ. мн.* Manöver [-vər] *pl*, Kríegsübungen *pl*

навча́ти 1) *див.* навчи́ти; 2) (*викладати*) unterríchten *vt* (in *D*); **~ся** 1) *див.* навчи́тися; 2) (*учитися десь*) lérnen *vi* (in *D* — *в школі*); studíeren *vi* (an *D* — *у вузі*); 3) (*якоїсь професії*) áusgebildet wérden (in *D*)

на́вчений áusgebildet

навчи́ти 1): ~ когóсь чогóсь j-n etw. (tun) léhren, j-m etw. béi|bringen*; 2) (*якоїсь професії*) áus|bilden *vt* (in *D*); **~ся** (*чомусь*) erlérnen *vt*

навшпи́ньки auf den Zéhenspitzen

нав'яза́ти (*комусь примусити прийняти*) áuf|drängen *vt*, áuf|zwingen* *vt* (*D*)

нав'я́злив|ий 1) (*про людину*) áufdringlich, zúdringlich; 2) (*невідступний*) únablässig; ~а ідéя éine fíxe Idée

нав'я́зувати *див.* нав'яза́ти

нагада́|ти (*комусь*) 1) (*щось або про щось примусити не забути*) erínnern *vt* (an *A*); 2) (*когось/щось примусити згадати*) eríinnern *vt* (an *A*); свóїм обли́ччям вонá ~ла менí ïï мáти ihr Gesícht eríinnerte mich an íhre Mútter

нага́дувати 1) *див.* нагада́ти; 2) (*когось/щось бути схожим на когось/щось*) ähnlich sein (*D*); schmécken *vi* (nach *D*) (*за смаком*)

нага́льний dríngend, drínglich (*невідкладний*); Lébens(*життєвий*); únerläßlich (*необхідний*)

наганя́ти *див.* нагна́ти

нагвинти́ти, **нагви́нчувати** áufschrauben *vt*, ánschrauben *vt*

нагина́ти *див.* нагну́ти; **~ся** *див.* нагну́тися

на́гл|ий: ~а смерть plötzlicher [jäher] Tod

на́глухо fest, dicht; hermétisch (*герметично*)

на́гляд (*контроль*) Áufsicht *f*, Überwáchung *f*, Kontrólle *f*; під ~ом лíкаря únter ärztlicher Áufsicht

наглядáти (*за кимось/чимось, когось/щось*) beáufsichtigen *vt*, (áuf)pássen *vi* (auf *A*); ~ за поря́дком auf Órdnung áchten

нагна́ти 1) (*наздогнати*) éin|holen *vt*, 2) (*надолужити*) nách|holen *vt*, 3) (*на когось викликати якесь почуття*): ~ стрáх на кóгось j-m Angst éin|jagen; ~ сон на кóгось j-n éin|schläfern, j-n schläfrig máchen

нагнóєння Veréiterung *f*

нагну́ти béugen *vt* (*тулуб*); néigen *vt* (*голову*); **~ся** sich béugen, sich bücken

нагóд|а Gelégenheit *f*, günstige [pássende] Gelégenheit; Ánlaß *m* (*привід*); при ~і bei Gelégenheit

нагодува́ти *див.* годува́ти 1

на́голос 1) Betónung *f*, Akzént *m*; ~ пáдає на дру́гий склад die Betónung [der Akzént] liegt auf der zwéiten Sílbe; поби́ти прáвильний ~ у слóві das Wort ríchtig betónen; логíчний ~ lógische Betónung; 2) (*знак наголосу*) Akzént *m*, Betónungszeichen *n*; постáвити ~ Akzénte sétzen

нагорí óben

нагорóда Áuszeichnung *f*

нагорóдження Áuszeichnung *f*

нагороди́ти, **нагорóджувати** áus|zeichnen *vt*; ~ когóсь óрденом j-n mit éinem Órden áus|zeichnen, j-m éinen Órden verléihen*

нагóру nach óben, (*з дієсл. руху тж*) hináuf-, heráuf-; підня́тися ~ hináuf|steigen* *vi* (s), heráuf|kommen* *vi* (s)

наготá Nácktheit *f*

нагри́мати (*на когось*) án|schreien* *vt*

нагріва́ти, **нагрíти** erwärmen *vt*, **~ся** sich erwärmen, warm [heiß] wérden

нагромáдження Ánhäufung *f* (*купа*); Durcheinánder *n* (*хаос*)

нагромáджувати áuf|türmen *vt*, án|häufen *vt*, **~ся** sich türmen

нагромáджувач *тех.* Spéicher *m*, Spéicherwerk *n*; ~ комáнд Beféhlsspeicher *m*

нагромáдити *див.* нагромáджувати

нагрубiя́нити *див.* груби́ти

нагру́дн|ий Brust-; ~а кишéня Brústtasche *f*

над (нáді) 1) (*вище чогось*) über (*D*); над столóм über dem Tisch; нáді мнóю über mir; 2) (*вказує на спрямованість дії на щось*) an (*D*), über (*A*); працювáти над статтéю an éinem Artíkel árbeiten; смiя́тися над ки́мось über j-n láchen

надава́ти *див.* надáти; ~ знáчення чому́сь Wert auf etw. (*A*) légen, éiner Sáche Bedéutung béi|messen*

надави́ти, **надáвлювати** (*щось або на щось натиснути*) drücken *vt* або *vi* (auf *A*)

надáлі künftig; von nun an (*з цього часу*)

надáння Verléihung *f* (*звання і т. п.*); Überlássung *f*, Éinräumung *f*, Zúweisung *f* (*в розпорядження*); Gewährung *f*, Bewilligung *f*, Fréistellung *f* (*дозволу*)

надáти 1) verléihen* *vt*, gében* *vt*, zú|erkennen* *vt* (*D*); не ~ знáчення чому́сь éiner Sáche kéine Bedéutung béi|messen*; 2) (*дати*) gewähren *vt*, gében* *vt*, ~ прáво das Recht gewähren [éin|räumen]; 3) (*дати можливість зробити щось*) überlássen* *vt*, ermöglichen *vt* (*D*), lássen* *vt* (+ *inf*), zur Verfügung stéllen

надбáвка Zúschlag *m*, Áufschlag *m*
надбáння Éigentum *n*, Gut *n*, Besítz *m*; Erwérbung *f* (*знань, навичок*)
надбудóва 1) (*частина будівлі*) Áufbau *m*; 2) *філос.* Überbau *m*
надбудóвувати, надбудувáти áuf|stocken *vt* (*будинок і т. п.*); áuf|setzen *vt* (*поверхі т. п.*)
надвáртість *ек.* Méhrwert *m*
надвечíрній: ~ час Spätnachmittag *m*
надвиробни́цтво Überproduktion *f*
нáдвоє *присл.* entzwéi; in zwei Téile
надвóрі (*на вулиці*) im Fréi en, dráußen
надгрóбний Grab-; ~ пáм'ятник Grábmal *n*
надзвичáйн|ий 1) (*виключний*) áußerordentlich, áußergewöhnlich; 2) (*спеціальний, особливий*) áußerordentlich, Sónder-, Áusnahme-; ~е засíдання áußerordentliche Sítzung; ~і зáходи Sóndermaßnahmen *pl*; ~ стан Áusnahmezustand *m*; ~а подíя besónderes Vórkommnis; **~о** außerordentlich; äußerst
надзвичáйно äußerst; ~ швúдко erstáusnlich schnell; ~ талановúтий áußerordentlich talentíert; ~ гáрний áuffallend schön, wúnderschön; ~ мáло äußerst wénig
надзвуковúй Überschall-; ~ літáк Überschallflugzeug *n*
надихáти, надихнýти begéistern *vt* (*чимось* für *A*, *на щось* zu *D*); **~ся** begéistert sein (*чимось* für *A*, *на щось* zu *D*)
наді *див* над
надíйний sícher; zúverlässig, (*про людину тж*) verläßlich
надійтú éin|gehen* *vi* (s), éin|laufen* *vi* (s), éin|treffen* *vi* (s)
наділúти (*чимось*) áus|statten *vt* (mit *D*)
надí|я Hóffnung *f*, плекáти ~ю éine Hóffnung hégen; втрáтити ~ю die Hóffnung áuf|geben* [verlíeren*]; ◊ подавáти ~ю Hóffnung máchen (*D*); подавáти велúкі ~ї zu gróßen Hóffnungen beréchtigen; покладáти (свої) ~ї на кóгось/щось séine Hóffnung *auf j-n/etw.* sétzen
надíятися 1) (*на щось розраховувати*) hóffen *vt* (*тж* zu + *inf*) *або vi* (auf *A*), réchnen *vi* (mit *D*); 2) (*на когось покладатися*) sich verlássen*, báuen *vi* (auf *A*)
надкритúчний überkritisch
надкусúти, надкýшувати án|beißen* *vt*
надламáти, надлáмувати knícken *vt*, án|brechen* *vt*
надлúшок Überschuß *m* (*чогось* an *D*)
надлюдúна Übermensch *m*
надлядський übermenschlich
надмініатю́рний *ел.* Míkro(miniatur)
нáдмір Überfluß *m* (*чогось* an *D*)
надмíрн|ий übermäßig, äußerst (groß); **~ість** Übermäßigkeit *f*, Übermaß *n*
надмíрно übermäßig, máßlos; äußerst
надміцнúй súperfest
надмóдний übermódisch, hýpermodern
надмóр'я Küstengebiet *n*
надóвго für lánge (Zeit); це ~ das wird lánge dáuern
надокýчливий áufdringlich, zúdringlich; lästig (*набридливий*)
надолýжити, надолýжувати nách|holen *vt*
надпивáти, надпúти: ~ ковтóк éinen Schluck trínken* [máchen]
надплáновий überplanmäßig; äußerplanmäßig
надпотýжний *тех.* Höchstleistungs-
надприбýток *ек.* Éxtraprofit *m*, Méhrprofit *m*
надпридóдний 1) übernatürlich; 2) (*незвичайний*) úngewöhnlich, áußergewöhnlich; erstáunlich, überráschend (*вражаючий*)
надпровіднúк *фіз.* Súpraleiter *m*
нáдра *мн.* das Innere (Schóß) our Erde; ~ землí Érdinnere *n*; розрóбка надр Áusbeutung der Bódenschätze
надрíз Éinschnitt *m*, Kérbe *f*
надрíзувати, надрíзати án|schneiden* *vi*, éinen Éinschnitt máchen (in *A*)
надрукувáти típpen *vt* (*на друкарській машинці*), drucken *vt*
надстроковúк *військ.* Längerdíenen-de *m*
надсучáсний übermodern, hýpermodern
нáдто 1) *перед присл. і прикм.* zu, viel zu, állzu-; ~ рáно (viel) zu früh, állzufrüh; цьогó ~ мáло das ist viel zu wénig; він не ~ розýмний er ist nicht állzu klug; 2) *перед. дієсл.* zu sehr, állzusehr
надувáти, надýти áuf|blasen* *vt*, áuf|pumpen *vt* (*насосом*); **~ся** 1) sich áuf|blähen* án|schwellen* *vi* (s) (*набухнуть*); 2) *розм.* (*образитися*) schmóllen *vi*
надушúтися sich parfümíeren
надхóдити *див.* надійтú
надчúст|ий *тех.* hóchrein, Reinst-; ~і речовúни Réinststoffe *pl*
надчутлúвий übersinnlich
надшвúдкісний überschnell
надягáти, надягтú 1) án|ziehen* *vt* (*одяг, взуття*); áuf|setzen* *vt* (*капелюх, окуляри*); úm|legen *vt* (*шарф*); án|legen *vt* (*прикраси*); (án)stécken *vt* (*каблучку*); 2) (*причепити*) án|stecken *vt* (*брошку, значок*); án|schnallen *vt* (*лижі*); 3): ~ чохóл [нáволочку] на щось etw. bezíehen*
нажúва Gewínn *m*, Profít *m*
нажúвка Köder *m*
назáвждú für ímmer; раз і ~ ein für állemal
назáвтра *розм.* am nächsten Tag, tags daráuf
назáд (*у зворотному напрямку*) zurück; (*з дієсл. тж*) zurück-; ~! zurück!; тудú і ~ hin und zurück; ітú ~ zurück|gehen* *vi* (s); озирнýтися ~ zurück|blicken *vi*, віддáти щось ~etw. zurück|geben*; взя́ти свої словá ~ séine Wórte zurück|nehmen*; одéржати щось ~ etw. zurück|bekom-

Н

men*; поста́вити кни́жку ~ на поли́цю das Buch wíeder in das Regál stéllen; поверну́ти ~ úm|kehren *vi* (s); по доро́зі ~ auf dem Rückweg, auf der Rückreise; квито́к на доро́гу ~ Rückfahrkarte *f*

на́зва Náme *m* (*тж географі́чна*); Títel *m* (*книги, фільму*)

на́зван|ий: ~і батьки́ Adoptíveltern *pl*, Pflégeeltern *pl*

назва́|ти 1) (*кимось/чимось дати ім'я, назву; охарактеризувати когось якось*) nénnen* *vt* (*A*); benénnen* *vt* (nach *D*) (*вулицю і т. п.*); вони́ ~ли дочку́ Анною sie nánnten íhre Tóchter Ánna; 2) (*вимовити ім'я, назву*) nénnen* *vt*; ~ кого́сь на прі́звище j-n beim Famíliennamen nénnen*, j-n mit Famíliennamen án|reden; ~ себе́ [своє ім'я] séinen Námen nénnen*

наздога́д aufs Gerátewohl, auf gut Glück

наздоганя́ти, **наздогна́ти** éin|holen *vt*

назива́ти *див.* назва́ти; ~ ре́чі своїми імена́ми die Dínge beim réchten Námen nénnen*; **~ся** (*носити якесь ім'я, назву*) héißen* *vi*

називни́й: ~ відмі́нок *грам.* Nóminativ *m*

назо́вні nach áußen

назріва́ти, **назрі́ти** herán|reifen *vi* (s); akút wérden (*стати невідкладним*)

назу́стріч entgégen-; спіши́ти ~ кому́сь j-m entgégen|eilen *vi* (s); іти́ кому́сь ~ j-m entgégen|gehen* *vi* (s) [entgégen|kommen* *vi* (s) *тж перен.*]; ві́тер віяв нам ~ der Wind blies uns ins Gesícht

Н

наївн|ий naív; **~ість** Naivität [-vi-] *f*

наїда́|тися *див.* наїстися; він ні́коли не ~ється er wird nie satt

наїжджа́ти (*на щось/когось*) fáhren* *vi* (s) (gégen *A*), án|fahren* *vt*

наї́зник Réiter *m*, Kúnstreiter *m* (*цирковий*)

наї́стися 1) (*бути ситим*) satt sein; 2) (*чимось або чогось*) sich satt éssen* (an *D*)

наї́хати *див.* наїжджа́ти

найбли́жч|ий 1) (*за часом*) der nächste; ~е завда́ння die nächste Áufgabe; в ~ому майбу́тньому in állernächster Zúkunft; 2): при ~ому ро́згляді bei näherer Betráchtung

найви́щий der (áller)höchste; ~ сту́пінь *грам.* Súperlativ *m*

найгі́рший der (áller)schlímmste, der schléchteste (únter állen)

найголовні́ше 1) (*основне*) das Wíchtigste; 2) (, що) ... (*найважливіше*) Háuptsache ist (, daß)...

найдрібні́ш|ий *найвищ. ст. від* дрібни́й der kléinste; до ~их подро́биць bis ins kléinste

найкра́щий der (áller)béste

на́йманий: ~ робітни́к Lóhnarbeiter *m*, Tagelöhuer *m*, ~ солда́т Söldner *m*

найма́ч 1) (*квартири і т. п.*) Míeter *m*, 2) (*робочої сили*) Árbeitge-ber *m*

найменува́ння Náme *m*, Bezéichnung *f*

наймéнше am wénigsten

наймéнш|ий der geríngste, der míndeste; у мéне немає до цього ані ~ого бажання ich hábe nicht die geríngste Lust dazú

найни́жч|ий (*найв. ст. від* низьки́й) der níedrigste, der tíefste; ~ сорт níedrigste Sórte; ~а то́чка Tíefpunkt *m*

найня́ти 1) (*орендувати*) míeten *vt*; ~ у ко́гось кварти́ру sich éinmieten; zur Míete wóhnen; 2) (*робітника і т. п.*) éinstellen *vt*, in Dienst néhmen*

найпрості́ший der éinfachste, der primitívste

найсильні́ший der (áller)stärkste

найти́: що це на тéбе найшло́? was ist denn in dich gefáhren?

нака́з 1) Beféhl *m*, Kommándo *n* (*команда*); 2) (*розпорядження*) Ánordnung *f*, Verórdnung *f*

наказа́ти 1) *військ.* (*віддати наказ*) beféhlen* *vt*, éinen Beféhl gében [ertéilen]; 2) (*розпорядитися*) án|ordnen *vt*, lássen* *vt* (*звеліти*); він наказа́в його́ покли́кати er ließ ihn rúfen*

наказо́вий: ~ спо́сіб *грам.* Ímperativ *m*

нака́зувати *див.* наказа́ти

накача́ти, **нака́чувати** púmpen *vt*

накида́ти 1) (*зробити начерк*) entwérfen* *vt*, skizzíeren *vt* (*малюнок, креслення*); 2) *див.* наки́нути

накида́тися *див.* наки́нутися

наки́нути über|werfen* *vt* (*пальто і т. п.*); úm|legen *vt* (*шаль і т. п.*)

наки́нутися (*на когось/щось*) hér|fallen* *vi* (s) (über *A*), sich stürzen (auf *A*); lós|stürzen *vi* (s) (auf *A*)

наклада́ти *див.* накла́сти

накладна́ *ком.* Fráchtbrief *m*, Líeferschein *m*, Begléitschein *m*

накла́сти 1) (*пов'язку, шов і т. п.*) án|legen *vt*; 2) (*покласти*) légen *vt*, füllen *vt* (in *A*) (*наповнити чимось*); láden* *vt* (*навантажити*)

накле́йка Klébezettel *m*, Etikétt *n* (*етикетка*)

на́клеп Verléumdung *f*, зво́дити ~ (*на когось*) verléumden *vt*

накле́пни|к Verléumder *m*, **~цький** verléumderisch

накле́ювати, **накле́їти** (áuf)klében *vt* (*на щось.* auf *A*)

нако́їти *розм.* án|richten *vt*, án|stellen *vt*, máchen *vt*

наконе́чник Spítze *f*, Éndstück *n*, Zwínge *f* (*у парасольки, ціпка*)

накопи́чення *ек.* Akkumulatión *f*

накопи́чити, **накопи́чувати** án|sammeln *vt*, zusámmen|sparen *vt* (*гроші*); **~ся** sich án|häufen, sich án|sammeln

накре́слити *див.* кре́слити

накрива́ти, **накри́ти** (*чимось*) bedécken *vt* (*покрити*), zú|decken *vt* (*укрити*) (mit *D*); ~ стіл ска́теркою éine Tíschdecke áuf|legen; ◇ ~ на стіл den Tisch décken; **~ся** (*чимось*) sich bedécken (*покритися*), sich zú|decken (*укритися*) (mit *D*)

накрича́ти (*на когось*) án|schreien* *vt*
накрохма́лювати, **накрохма́лити** *див.* крохма́лити
накупа́ти, **накупи́ти** (*багато*) zusámmen|kaufen *vt*
нала́годити, **нала́годжувати** 1) (*упорядкувати*) in Órdnung bríngen* *vt*, éin|stellen *vt* (*відрегулювати*); instánd sétzen *vt* (*поправити*); verbéssern *vt* (*покращити*); 2) (*створити, організувати*) áuf|nehmen* *vt*, hér|stellen *vt*, in Gang bríngen* *vt*, organisíeren *vt*; **~ся** in Órdnung [in Gang] kómmen* *vi* (s), herrichten, in Gáng sétzen *vi*
нале́ж|ати 1) (*бути чиєюсь власністю*) gehören *vi* (*D*); 2) (*входити в число когось, до складу чогось*) gehören *vi* (zu *D*), án|gehören *vi* (*D*); zählen *vi* (zu *D* — *входити в число когось/чогось*); 3) (*про авторство*) stámmen *vi* (von *D*); ця ідéя ~ить йому́ díese Idée stammt von ihm
нале́жне Gebührende *n*; віддáти ~ Tribút zóllen (*D*), würdigen *vt*,
нале́жн|ий gebührend, gehörig, entsprechend; ~им чи́ном gebührendermaßen; wie es sich gehört; в ~ строк réchtzeitig, termingemäß
нале́жність (*до організації і т. п.*) Ángehörigkeit *f*, Zúgehörigkeit *f*
налива́ти *див.* нали́ти 1; **~ся** *див.* нали́тися
нали́вка Frúchtlikör *m*
нали́ти 1) gíeßen* *vt*, éin|gießen* *vt* (*влити*); éin|schenken *vt* (*комусь D — частуючи*); füllen *vt* (mit *D*) (*наповнити*); 2) (*розлити*) vergíeßen* *vt*, verschütten *vt*
нали́тися 1) (*натекти, проникнути всередину*) éin|dringen* *vi* (s), kómmen* *vi* (s) (*у щось* in *A*); 2) (*про плоди*) réifen *vi* (s), sáftig wérden
наліпи́ти *див.* наклéїти
налі́т I 1) (*шар*) Hauch *m*, Ánflug *m*; 2) *мед.* Belág *m*
налі́т II *військ.* Überfall *m*, повітряний ~ Lúftangriff *m*
налі́чу|вати (*містити*) zählen *vt*; **~ватися**: ~ у спи́ску in der Líste stéhen*; ~ється es gibt; в мíсті ~ється мільйóн жи́телів die Stadt zählt éine Millión Éinwohner
наляка́ти erschrécken *vt*, Furcht [Angst] éin|jagen (*D*); verschéu-chen *vt* (*відігнати*); **~ся** sich erschrécken* *vi* (s)
намага́тися versúchen *vt* (zu + *inf*); sich bemühen (zu + *inf*)
нама́зати, **нама́зувати** bestréichen* *vt* (*маслом*); éin|reiben* *vt* (*маззю*); schmínken *vt* (*губи*)
намалюва́ти *див.* малювáти
наме́т Zelt *n*, тури́стський ~ Campingzelt ['kɛm-] *n*, жи́ти у ~і [в ~ах] zélten *vi*
нами́лювати, **нами́лити** éin|seifen *vt*
нами́сто Kollier [-'lje:] *n*, Hálsschmuck *m*, Hálskette *f*
на́мір Ábsicht *f*, Vórhaben *n*, мáти ~ beábsichtigen *vt*, vór|haben* *vt* (*тж* zu + *inf*); я не мáю ~у (*зробити щось*) ich hábe nicht die Ábsicht (zu + *inf*)
намі́ря́тися beábsichtigen *vt*, vór|haben* *vt* (*тж* zu + *inf*)
намі́тити, **наміча́ти** 1) (*запланувати*) sich (*D*) etw. vór|nehmen* (*тж* zu + *inf*); fést|legen *vt* (*план дій і т. п.*); fést|setzen *vt* (*строк*); 2) (*накреслити в загальних рисах*) entwérfen* *vt*, skizzíeren *vt*; 3) (*кандидатів*) áuf|stellen *vt*
намока́ти, **намо́кнути** naß wérden
намочи́ти, **намо́чувати** naß máchen *vt*, benétzen *vt* (*змочити*)
наму́читися sich áb|quälen, sich áb|plagen (*з кимось/чимось* mit *D*)
нанести́ 1) (*принести*) zusámmen|tragen* *vt*, herán|schwemmen *vt* (*водою*); zusámmen|wehen *vt*, zusámmen|fegen *vt* (*вітром*); 2) (*завдати*) zú|fügen *vt*, béi|bringen* *vt*; ◊ нанести́ візи́т кому́сь *j-m* éinen Besúch áb|statten
на́ново 1) (*знову*) von néuem; 2) (*по-новому*) aufs néue; 3) (*з самого початку*) von vórnherein, von Ánfang an
нано́сити *див.* нанести́
нао́пашки *нареч.* umgehängt
нао́сліп blíndlings; aufs Gerátewohl (*навмання*)
наоста́нку zum Schluß
нао́чний ánschaulich
на́пад 1) Überfall *m*, Ángriff *m* (*атака*); 2) *спорт.* Sturm *m*, Stürmer *pl* (*гравці нападу*); 3) (*якогось почуття*) Ánfall *m*, Áusbruch *m* (*гніву і т. п.*)
напада́ти *див.* напáсти
напада́ючий *спорт.* Stürmer *m*
напа́м'ять áuswendig (*знати, вивчити щось*); aus dem Kopf (*прочитати, сказати щось*)
напа́сти 1) (*на когось/щось здійснити напад*) überfállen* *vt*, hér|fallen* *vi* (s) (über *A*) (*накинутися на когось*); 2) (*на когось оволодіти — про почуття*) überkómmen* *vt*, befállen* *vt*
напе́вно 1) (*мабуть*) wohl, wáhrschéinlich; 2) (*безперечно*) (ganz) bestímmt, sícher; ◊ ді́яти ~ sícher|gehen* *vi* (s)
напередо́дні **1.** *присл.* tags zuvór, am Tag zuvór; **2.** *прийм.* (*чогось*) kurz vor (*D*)
наперекі́р zum Trotz; ді́яти ~ кому́сь j-m zuwíder|handeln *vi*
напива́тися *див.* напи́тися
напи́лок Féile *f*
на́пис Áufschrift *f*, Ínschrift *f* (*на камені, монеті і т. п.*)
написа́ти schréiben* *vt*, (*про поета тж*) díchten *vt*, (*про композитора тж*) komponíeren *vt*
напи́тися 1) (*угамувати спрагу*) sich satt trínken*, den Durst stíllen [löschen]; 2) (*чогось випити*) trínken* *vt*, ~ чáю Tee trínken*; 3) (*сп'яніти*) sich betrínken*

напівавтомáт Hálbautomat *m*; **~ика** Hálbautomatik *f*; **~ичний** hálbautomatisch
напіввідкри́тий hálboffen
напівгóлий hálbnackt
напівголóдний hálbhungrig
напівгóлосно hálblaut, mit hálber Stímme
напівдержáвний hálbstaatlich
напівди́кий hálbwild
напівжартомá halb im Scherz
напівживи́й hálbtót
напівзабýт|ий hálbvergessen; **~тя́** hálbohnmächtiger Zústand
напівкрýглий hálbrund
напівмóрок Hálbdunkel *n*
напіводя́гнений únvollständig bekléidet, hálbangezogen
напівписьмéнний kaum lésen und schréiben können, úngebildet
напівпровідни́к *фіз.* Hálbleiter *m*
напівсухи́й (*про вино*) hálbtrocken
напівтéмний hálbdunkel
напівфабрикáт Hálbfabrikat *n*; *кул.* kóchfertiges Gerícht
напівфінáл *спорт.* Hálbfínale *n*; вийти у ~ das Hálbfinale erréichen; **~íст** *спорт.* Hálbfinalist *m*, Hálbfinalgegner *m*
напівшерстяни́й Hálbwoll-, hálbwollen
напідпи́тку *розм.* ángeheitert, beschwípst, beráuscht
напíй Getränk *n*
напíр (*тиск*) Druck *m*, Ándrang *m*
наплáкатися sich áusweinen; він ще наплáчеться das wird ihm noch Tränen kósten
наплýтати (*помилитися*) sich írren
наплювáти *див.* плювáти
наповáл: убити когóсь ~ j-n auf der Stélle töten
напóвнити, **напóвнювати** (*чимось*) füllen *vt* (mit *D*); **~ся** voll wérden*; sich füllen (*чимось* mit *D*)
напоготóві in Beréitschaft, beréit; тримáти щось ~ etw. beréit|halten*; бýти ~ auf der Hut sein
напоі́ти *див.* поіти
напокáз *присл.* zur Schau
наполéглив|ий 1) behárrlich, hártnäckig; 2) (*про прохання і т. п.*) náchdrücklich, dríngend; **~ість** Behárrlichkeit *f*, Hártnäckigkeit *f*, Áusdauer *f* (*витримка*)
наполови́ну halb, zur Hälfte
наполягáти, **наполягти́** ((*на чомусь*) bestéhen* *vi*, behárren *vi* (auf *D*); dúrch|setzen *vt*; ~ на своєму auf séiner Méinung bestéhen*, séinen Wíllen dúrch|setzen
напослíдок zum Schluß
напрáвити 1) (*надати якогось напрямку*) ríchten *vt*, lénken *vt*; 2) (*послати*) schícken *vt*, delegíeren *vt*, verwéisen* *vt* (*до когось.* an *A*); éin|weisen* *vt* (*в санаторій, на лікування*); **~ся** sich begében*, géhen* *vi* (s) (*про людину*); fáhren* *vi* (s) (*про човен, машину*)
напрáвлення (*документ*) Éinweisung *f* (*в санаторій і т. п.*); Zúweisung *f* (*на роботу*); одéржати ~ на завóд in éinem Betríeb éingesetzt wérden
направля́ти(ся) *див.* напрáвити(ся)
напризволя́ще: кинути когóсь ~ *j-n* séinem Schícksal überlássen*, j-n im Stich lássen*
напри́клад zum Béispiel
напрокáт: брáти щось ~ etw. áus|leihen*; давáти щось ~ etw. verléihen*
напрóти **1.** *присл.* (*на протилежному боці*) gegenüber; вони́ живýть ~ sie wóhnen gegenüber; **2.** *прийм.* (*когось/чогось*) gegenüber (*D*)
напрýга *ел.* Spánnung *f*; висóка ~ Hóchspannung *f*
напрýжен|ий 1) (*про роботу*) ánstrengend, ángestrengt; intensív (*інтенсивний*); 2) (*про увагу, про стосунки*) gespánnt; **~ість** (*у стосунках*) Gespánntheit *f*; *політ.* Spánnung *f*, Spánnungen *pl*; розря́дка [послáблення] **~ості** Entspánnung *f*; **~о** ángestrengt
напрýження (*зусилля*) Ánstrengung *f*, Ánspannung *f*
напрýжити, **напрýжувати** án|strengen *vt*; **~ся** sich án|strengen
нáпрям Ríchtung *f*; *перен. тж.* Strömung *f*, Tendénz *f*; ~ думóк Gesínnung *f*, Dénkart *f*
напувáти (*тварин*) tränken *vt*
напýчення Morál(predigt) *f*
нарáда Berátung *f*, Konferénz *f* (*конференція*); виробни́ча ~ Produktiónsberatung *f*; ~ глав ýряду Konferénz der Regíerungschefs [-ʃɛfs]; Нарáда з безпéки та співробíтництва в Єврóпі Konferénz über Sícherheit und Zusámmenarbeit in Európa (KSZE)
наражáтися: ~ на небезпéку sich éiner Gefáhr áus|setzen
нарахóвувати, **нарахувáти**, *бухг.* zúschlagen* *vt*, dazúrechnen *vt*; ~ процéнти на капітáл die Zínsen zum Kapitál schlágen*
нарвáти *див.* рвáти 1, 3
наречéна Braut *f* (*на весіллі*); die Verlóbte (*до весілля*)
наречéний Bräutigam *m* (*на весіллі*); der Verlóbte (*до весілля*); ~ та наречéна Bráutpaar *n*
нарéшті éndlich; ◊ ~! na, éndlich!
нари́в Geschwür *n*
нари́нути 1) (*про хвилі і т. п.*) her-béi|strömen *vi* (s); 2) (*на когось про почуття*) überkómmen* *vt*, befállen* *vt*
нáрис 1) (*літературний твір*) Skízze *f*, Essay [ɛ'se:] *m*, *n* (*есе*); Reportáge [-ʒə] *f* (*в газеті*); 2) (*загальний виклад*) Grúndriß *m*
нáрівні *присл.* 1) (*з кимось*) gleich; ébenso wie, gléichweise; auf gléichem Fuß (*на однакових умовах*); 2) (*з чимось*) in gléicher Höhe; auf gléichen Niveau [-vo:]; auf gléicher Básis

Н

нарі́жний: ~ ка́мінь Grúndstein *m*; ~ буди́нок Éckhaus *n*
нарі́зати, нарізáти *див.* рі́зати 1
на́різно getrénnt, ábgesondert; éinzeln (*по одному*)
наріка́|ння Múrren *n*; **~ти** múrren *vi* (*на щось /когось* gégen *A або* über *A*); klágen *vi* (über *A*), beklágen *vt*
нарко́з Narkóse *f*, Betäubung *f*; зага́льний ~ Vóllnarkose *f*; місце́вий ~ örtliche Betäubung; під ~ом únter Narkóse
наркома́н der Ráuschgiftsüchtige; бу́ти ~ом süchtig sein; **~ія** Ráuschgiftsucht *f*, Drógenabhängigkeit *f*
нарко́тик Ráuschgift *n*, Dróge *f розм.*; *мед.* Narkótikum *n*
наро́д 1) Volk *n*; ~и сві́ту die Völker der Welt; 2) (*люди*) Ménschen *pl*; на ву́лиці бага́то ~у auf der Stráße sind víele Ménschen
наро́дження Gebúrt *f*; день ~ Gebúrtstag *m*
наро́джуваність Gebúrtenziffer *f*, Gebúrtenzahl *f*
наро́джувати, народи́ти (*когось*) gebären* *vt*, zur Welt bríngen* *vt*, entbúnden wérden (von *D*); **~ся** 1) (*з'явитися на світ*) gebóren wérden [sein] (*у когось D*); у них народи́лася дочка́ íhnen wúrde éine Tóchter gebóren, sie háben éine Tóchter bekómmen; 2) (*виникнути*) entstéhen* *vi* (s); áuf|kommen* *vi* (s) (*про почуття і т. п.*)
наро́дн|ий 1) Volks-; Vólkseigen(*який належить народу*); ~а вла́сність, ~е надба́ння Vólkseigentum *n*; ~ добро́бут Vólkswohlstand *m*; 2) (*пов'язаний з народом*) vólkstümlich; ~е мисте́цтво Vólkskunst *f*
наро́дність (*народ*) Völkerschaft *f*
наро́дно-демократи́чний vólksdemokratisch
народонасе́лення Bevölkerung *f*
наро́зхват: розкупа́тися ~ réißenden Ábsatz fínden*
нароста́ння Ánwachsen *n*, Stéigerung *f*, Zúnehmen *n* (*збільшення*)
нароста́ти, нарости́ án|wachsen* *vi* (s), stéigen* *vi* (s); zú|nehmen* *vi* (*збільшитися*)
нарочи́то ábsichtlich; betónt (*підкреслено*)
нару́га Schmähung *f*, Beschímpfung *f*, Entwéihung *f*
нару́чний: ~ годи́нник Ármbanduhr *f*
нару́чники *мн.* Hándschellen *pl*, Hándfesseln *pl*
наря́дний elegánt, schmuck
наса́мперед in érster Líni e, vor állem; vor állen Díngen; zunächst
насе́л|ення Bevölkerung *f* (*країни*); Einwohnerschaft *f* (*міста*) **~я́ти** (*складати населення чогось*) bewóhnen *vt*
наси́лу *розм.* mit Mühe und Not; kaum (*ледве*)
наси́лувати (*примушувати*) zwíngen* *vt*, Gewált án|tun* (*D*)
наси́льний gewáltsam, Gewált-
наси́льницький gewáltsam, Gewált-
наси́льно gewáltsam, mit Gewált
наси́льство Gewált *f*, Zwang *m* (*примус*)
на́сип Damm *m*, Wall *m*
насипа́ти, наси́пати schütten *vt*, éin|s-chütten *vt* (*всипати*); vóll|schütten *vt* (mit *D*) (*наповнити чимось*)
насіни́на Sáme(n) *m*
насі́нн|ий *с.-г.* Sámen-, Saat-; ~а карто́пля Sáatkartoffeln *pl*
насі́ння 1) (*зерно для посіву*) Sámen *m*; ~ кві́тів Blúmensamen *m*; 2) (*насінний фонд*) Sáatgut *n*
наска́кувати *див.* наско́чити
наскі́льки *займ.* 1) (*питальн.*). in wieférn, inwiewéit (*якою мірою*); um wievíel (*перед порівн. ст.*); ~ це справедли́во? inwieférn stimmt das?; 2) (*відносн.*) sovíel, sowéit, sofér n; ~ мені́ відо́мо ... sovíel ich weiß ..., sowéit mir bekánnt ist ...
наскочи́ти (*на щось*) án|rennen* *vt або vi* (s) (an *A або* gégen *A*), án|stoßen* *vi* (s) (an *A*)
на́скрізь durch und durch; völlig (*цілковито*); ◊ ба́чити когось ~ *j-n* durchs-cháuen
на́слід|ок 1) Fólge *f*, Konsequénz *f*, Áuswirkung *f*, Ergébnis *n* (*результат*); ма́ти серйо́зні ~ки schwérwiegende Fólgen háben; 2) (*висновок*) Schlúßfolgerung *f*, Konsequénz *f*
наслі́дува|ння Náchahmung *f*; **~ти** (*когось/щось*) nách|ahmen *vt*; fólgen *vi* (h, s) (*D*), befólgen *vt*; ~ чийсь при́клад j-s Béispiel fólgen; ~ти когось в чо́мусь j-m etw. nách|machen
насмі́люватися, насмі́литися 1) (*наважитися на щось*) wágen *vt* (*або* zu + *inf*); 2) (*посміти зробити щось варте осуду і т. п.*) sich erdréisten, sich unterstéhen* (zu + *inf*)
насміха́тися (*над кимось/чимось*) áu-s|lachen *vt*, spótten *vi* (über *A*), verspótten *vt*, verhöhnen *vt* (*знущатися*)
насміши́ти *див.* сміши́ти
насмі́шка Spott *m*, Hohn *m* (*образлива, зла*)
насмі́шкуватий 1) spöttisch; höhnisch (*уїдливий*); 2) (*про людину*) spöttisch, spóttlustig
насна́га Begéisterung *f*
насоло́д|а Genúß *m*, Wónne *f* (*блаженство*); зазнава́ти ~и genießen* *vt*
насо́с Púmpe *f*, кача́ти щось ~ом etw. púmpen
наспі́вувати (léise) vor sich hin síngen* *vi*, *vt*
на́спіх in áller Éile
наспра́вді *присл.* in der Tat, in Wírklichkeit
настава́|ти, án|brechen* *vi* (s), kómmen* *vi* (s) (*про пору року, день, ніч*); éin|tre-

небажáння Únlust *f*
небáчений (*дивовижний*) erstáunlich; ohnegléichen (*незрівнянний*)
небезпé|ка Gefáhr *f*, смертéльна ~ Tódesgefahr *f*, ~ пожéжі Féuerge-fahr *f*, з ~кою для життя́ unter Lébensgefahr; в ~ці in Gefáhr, gefährdet; пóза ~кою áußer Gefáhr
небезпéчн|ий gefährlich; **~о** 1) gefährlich; він ~ хвóрий er hat éine gefährliche Kránkheit; 2) *безос.* es ist gefährlich; це ~ для життя́ das ist lébensgefährlich
небезсторóнн|ій partéi isch, vóreingenommen; **~ість** Partéilichkeit *f*, Vóreingenommenheit *f*
небезуспíшно nicht óhne Erfólg
небéсн|ий: ~е склепíння Firmamént *n*, Hímmelsgewölbe *n*
небиткúй únzerbrechlich, brúchfest
нéбіж Néffe *m*
небíжчик Verstórbener *m*, Entschláfener *m*, Toter *m*
неблагорóдний únedel; únfair [-fɛ:r] (*нечесний*)
нéб|о Hímmel *m*, вúсоко у ~і hoch am Hímmel; ◊ під відкрúтим ~ом únter fréiem Hímmel
небóга Níchte *f*
небозвíд Firmamént *n*, Hímmelsgewölbe *n*
небувáлий ohnegléichen; це був ~ ýспіх das war ein Erfólg ohnegléichen
невагóмий únwägbar, schwérelos
невагóмість Schwérelosigkeit *f*
невблагáнний únbéugsam; únerbítt-lich
неввíчливий únhöflich; grob (*гру-бий*)
невгамóвний zügellos, únbändig, únbezähmbar
невдáваний úngeheuchelt
невдáлий mißlúngen
невдáха Péchvogel *m*, Únglücksrabe *m*
невдáча Míßerfolg *m*, Pech *n*, Schláppe *f* *розм.*, Rückschlag *m*
невдя́чн|ий úndankbar; **~ість** Úndank *m*, Úndankbarkeit *f*
невелúкий nicht groß, klein; gering (*незначний*)
невесéлий míßmutig, únlustig, tráurig, betrübt
невжé: ~ це прáвда? sóllte das wírklich wahr sein?; ~ ви не знáєте? wíssen Sie es denn nicht?; та ~? nein, wírklich?
невжúваний úngebräuchlich
невибáгливий ánspruchslos, genügsam
невúвчений únerforscht
невúгаданий níchterdacht, wahr, wáhr-haftig
невúгідний únvorteilhaft, náchteilig
невúданий únveröffentlicht
невúдимий únsichtbar
невúзначений únbestimmt; úngewiß (*неясний*)
невúкористаний únausgenutzt
невикорíнний únausróttbar, únvertílgbar
невилікóвний únhéilbar
невимóвний únaussprechlich, únságbar; únbeschréiblich
невимóгливий 1) (*не суворий*) nicht streng; 2) (*невибагливий*) ánspruchslos, genügsam
невúмушен|ий úngezwungen, zwánglos; **~ість** Úngezwungenheit *f*
невúмушено *присл.* úngezwungen
невúнн|ий únschuldig; hármlos (*незлобивий*); **~ість** *у різн. знач.* Únschuld *f*
невинувáт|ий schúldlos, únschuldig; він в цьóму ~ er ist nicht schuld darán; **~ість** Schúldlosigkeit *f*, Únschuld *f*
невúправданий úngerechtfertigt; únbegründet (*необґрунтований*)
невúпробуваний únerprobt
невирáзний úndeutlich; áusdruckslos
невúрішений úngelöst
невисóкий nicht hoch, níedrig; nicht groß, klein (*про зріст*); nicht hoch, mäßig, erschwínglich (*про ціну*)
невúхований úngezogen, schlecht erzó-gen
невичéрпний únerschöpflich; únversíegbar
невíглас der, die Únwissende, Ignoránt *m*
нéвід Físch(er)netz *n*, Schléppnetz *n*
невідворóтний unabwéndbar, unverméidlich
невід'ємний únabdíngbar
невідклáдн|ий 1) únaufschíebbar, dríngend; únverzüglich; 2): ~а (медúчна) допомóга Schnélle Medizínische Hílfe (*скор.* SMH)
невідмíнюваний *грам.* úndekliníebar
невідóм|ий únbekannt, (*комусь тж*) nicht bekánnt (*D*); **~о** es it únbekannt, es ist nicht bekánnt; це пóки ~о das ist vórläufig únbekannt; ~о де es ist nicht bekánnt, wo; менí це ~о das weiß ich nicht, das ist mir nicht bekánnt
невідповíдність Nichtübereínstimmung *f*, Míßverhältnis *n*
невідчýтний kaum wáhrnehmbar, ún-mérklich
невíра Únglaube *m*
невíрний 1) (*помилковий*) falsch, ún-richtig; 2) (*зрадливий*) tréulos, úntreu
невірогíдний únglaubwürdig, únzuverlässig, zwéifelhaft
невíруючий **1.** *прикм.* úngläubig; **2.** *іменн.* der Úngläubige, Atheíst *m*
невíстка Schwíegertochter *f* (*дружина сина*); Schwägerin *f* (*дружина брата*)
невластúвий (*комусь/чомусь*) nicht éigen (*D*)
невловúмий (*ледве помітний*) únmér-klich, únsichtbar (*для ока*); únhörbar (*для слуху*)
невмíлий úngewandt, úngeschickt
невóля Únfreiheit *f*, Gefángenschaft *f* (*полон, ув'язнення*)
невпéвнен|ий únsicher; **~ість** Únsicher-heit *f*, Úngewißheit *f*
невпúнний únaufhörlich, fórtwährend; únermüdlich; (be)ständig

невпізна́нний nicht wíederzuerken-nen

невпорядко́ваний únkomfortabel

невразли́вий únverwúndbar, únverlétzlich

невралгі́чний neurálgisch

невралгі́я Neuralgíe *f*

неврастені́|чний neurasthénisch; **~я** Neurasthení́e *f*

неврожа́й Míßernte *f*

невропато́лог Nérvenarzt [-vən-] *m*

невтоле́нний unstíllbar; unersättlich (*ненаситний*)

невто́мний únermüdlich

невтри́мний rückhaltlos; únaufhaltsam, úngehemmt (*нестримний*); únbändig; únwiderstéhlich (*непереборний*)

невтруча́ння Níchteinmischung *f*, ~ у вну́трішні спра́ви Níchteinmischung in die ínneren Ángelegenheiten; полі́тика ~ Polití́k der Níchteinmischung

нев'я́нуч|ий únvergänglich; ~а сла́ва únstérblicher Ruhm

нега́йн|ий úmgehend, únverzüglich, sofórtig; **~о** sofórt, únverzüglich, auf der Stélle, úmgehend; únerzüglich

нега́рний únschön, häßlich

негати́в *фото* Negatív *n*

негати́вний négativ

негі́дник Schuft *m*, Lump *m*

негла́сний gehéim, héimlich, ínoffizi ell

неглибо́кий 1) nicht tief, seicht; 2) (*поверховий*) óberflächlich

неговірки́й wórtkarg, nicht rédselig; schwéigsam (*мовчазний*)

него́да Únwetter *n*

него́лений únrasiert

негости́нний úngastlich

негр Néger *m*

негра́мотн|ий 1. *прикм.* 1) ungebildet; 2) (*який погано знає свою справу*) únkundig, nicht fáchkundig; 3) (*який має помилки*) féhlerhaft; **2.** *імен.* Ánalphabét *m*, **~ість** 1) Ánalphabétentum *n*, 2) Únwissenheit *f* (*про людину*); Féhlerhaftigkeit *f* (*про роботу*)

негритя́нський Néger

негума́нний únmenschlich, ínhuman

неда́вн|ій der jüngste; в ~ьому мину́лому in der jüngsten Vergángenheit, vor kúrzer Zeit, vor kúrzem; до ~ього ча́су bis vor kúrzem; з ~ього ча́су, з ~іх пір seit kúrzer Zeit, seit kúrzem; **~о** 1) (*в недавньому минулому*) vor kúrzem, únlängst, néulich; це було́ ~о das war vor kúrzem; 2) (*протягом короткого часу*) noch nicht lánge; я живу́ тут ~о ich wóhne hier noch nicht lánge

неда́лек|ий 1) náhe, nicht weit (*про відстань*); kurz (*про час*); в ~ому майбу́тньому in nächster Zúkunft, nächstens; в ~ому мину́лому in der jüngsten Vergángenheit; недале́кий той час, коли́ ... die Zeit ist nicht mehr fern, wo ...; 2) *перен.* (*про людину*) beschränkt; **~о́** 1) únweit, nicht weit, in der Nähe; ~ від чо́гось. nicht weit von (*D*); 2) *безос.* (*про відстань*) es ist nicht weit (*до чогось* bis zu *D*); in der Nähe (*поблизу*)

недалекогля́дний kúrzsichtig

неда́рма́, **неда́ром** nicht umsónst (*немарно*); nicht von úngefähr (*неспроста*); nicht óhne Grund (*не без підстав*)

недба́л|ий náchlässig, líederlich (*про роботу і т. п.*); lässig (*про манери і т. п.*); **~ість** Náchlässigkeit *f*, Schlamperéi *f*

недвозна́чний únzweideutig

неделіка́тн|ий rücksichtslos (*безцеремонний*); táktlos (*нетактовний*); **~ість** Rücksichtslosigkeit *f* (*безцеремонність*); Táktlosigkeit *f* (*нетактовність*)

недисципліно́ван|ий úndiszipliniert; **~ість** Úndiszipliniertheit *f*

неді́йсний úngültig, áußer Kraft

неділови́й únsachlich; únpraktisch

неді́льний sónntäglich, Sónntags

неді́ля Sónntag *m*, по ~х sónntags

недо́бре 1) nicht gut, schlecht; ~ себе́ почува́ти sich nicht (ganz) wohl fühlen; 2) *безос.* (*неправильно*) es ist nicht gut [nicht schön]; 3) *безос.* (*комусь про самопочуття*): мені́ ~ mir ist schlecht [übel]

недо́брий schlecht, kein gúter

недобрози́члив|ий míßgünstig; **~ість** Míßgunst *f*

недобрoя́кісн|ий von schléchter Qualität; **~ість** schléchte Qualität

недо́вго nicht lánge

недовгові́чний kúrzlebig (*про живі істоти*); nicht dáuerhaft (*про речі, явища*)

недові́р|а Míßtrauen *n*, ста́витися до ко́гось з ~ою j-m mißtráuen; **~ливий** míßtrauisch

недога́дливий begríffsstutzig

недо́гарок Stúmmel *m*, Zigaréttenstummel *m* (*сигарети*)

недо́гляд Versäumnis *n*, Náchlässigkeit *f*, Únachtsamkeit *f*, Verséhen *n*, че́рез ~ aus Verséhen

недогля́нути (*пропустити, не помітити*) dúrch|lassen* *vt*, überséhen* *vt*

недо́гризок (*залишок*) Rest *m*

недозво́лений únerlaubt, nicht gestáttet; verbóten; únzulässig (*недопустимий*)

недокрі́вний blútarm, anämisch

недокрі́в'я Blútarmut *f*, Anämíe *f*

недола́дний (*про мову і т. п.*) úngereimt, únzusammenhängend

недо́людок Únmensch *m*, Úngeheuer *n*

недооці́нювати, **недооціни́ти** unterschätzen *vt*

недопусти́мий únzulässig

недоре́чн|ий únangebracht; únpassend (*про питання і т. п.*); це заува́ження ~е díese Bemérkung ist fehl am Platze

недоре́чно fehl am Platz; úngelegen; zur únpassenden Zeit (*не вчасно*)

недороги́й nicht téuer, préiswert

недорозви́нений únterentwickelt

недосвідчен|ий únerfahren, óhne Erfáhrung; **~ість** Únerfahrenheit *f*, mángelnde Erfáhrung
не до́сить: 1) (*про кількість*) zu wénig; у нього ~ досвіду er hat zu wénig Erfáhrung; 2) (*про якість*) nicht ... genúg; ~ хороший nicht gut genúg; 3) *безос.:* цього ~ das ist zu wénig, das reicht nicht (aus), das genügt nicht
недоскона́лий 1) únvollkómmen; féhlerhaft, mángelhaft (*з недоліками*); 2): ~ вид *грам.* imperfektiver [-vər] [únvollendeter] Aspékt
недослі́джений únerforscht
недоспі́лий hálbreif, únausgereift
недоста́тн|ій úngenügend, únzureichend, nicht hínreichend; **~ьо** 1) (*про кількість*) zu wénig; 2) (*про якість*) nicht ... genúg; 3) *безос.:* цього ~ das ist zu wénig, das reicht nicht (aus), das genügt nicht
недоста́ча (*чогось*) Mángel *m* (an *D*)
недости́глий hálbreif, únausgereift
недосто́йний únwürdig (*чогось G*)
недосту́пний unzugänglich, únerschwinglich (*про ціну*); únverständlich (*для розуміння*)
недося́жний únerréichbar
недоторка́нн|ий (*який знаходиться під захистом закону*) unverlétzlich, únantástbar; *дип.* immún; **~ість** Únverlétzlichkeit *f*, Únantástbarkeit *f*, територіальна ~ territoriále Únverlétzlichkeit; ~ особистості Únantástbarkeit der Persón; дипломатична ~ diplomátische Immunität
недотри́мання Níchtbefolgung *f*
недоу́мство Únüberlegenheit *f*, Únverstand *m*, Unüberlégtheit *f*
недоці́льний únzweckmäßig, nicht zwéckmäßig
недочу́ти überhören *vt*, nur halb hören
не́друг Wídersacher *m*, Feind *m*, Gégner *m*
недружеля́бний féindselig, únfreundlich
недурни́й (*досить розумний*) nicht dumm, recht geschéit; він недурний er ist nicht auf den Kopf gefállen
неекономі́чний únwirtschaftlich
неекономний nicht spársam
нежда́ний únerwártet, únverhofft
неживи́й únbelebt, léblos
нежили́й únbewohnt
нежитлови́й únbewóhnbar
не́жить Schnúpfen *m*; у нього ~ er hat Schnúpfen; підхопити ~ sich (*D*) den Schnúpfen hólen
незаба́ром bald; in der nächsten Zeit; ~ після цього 1) (*по відношенню до моменту висловлення*) bald daráuf 2) (*по відношенню до моменту в минулому*) kurz danách; ~ після кóгось bald nach j-m
незабу́дка Vergíßmeinnicht *n*
незабу́тній únvergéßlich; únauslöschlich (*незгладимий*)
незави́дний nicht benéidenswert
незадо́вго (*до чогось* kurz vor (*D*); ~ до цього [пéред цим] kurz vórhér
незадові́льний únbefriedigend, úngenügend
незадово́лен|ий únbefriedigt, únzufrieden; **~ість** Únzufriedenheit *f*
незадово́лення Únzufriedenheit *f*
неза́йманий júngfräulich, keusch, únberührt; ~ ліс Úrwald *m*
неза́йнятий frei, únbesetzt, únbelegt
незакі́нчений nicht beéndet, únvolléndet, nicht ábgeschlossen
незако́нний úngesetzlich, gesétzwidrig, wíderrechtlich
незале́жн|ий únabhängig (*від когось/чогось* von *D*); sélbständig (*самостійний*); **~ість** Únabhängigkeit *f*, Selbständigkeit *f* (*самостійність*); **~о** 1) únabhängig; selbständig (*самостійно*); ~ один від одного voneinánder únabhängig; 2): ~ від чогось úngeachtet (*G*), trotz (*G*); ~ від цього únabhängig davón, déssen úngeachtet
незамі́нний únersétzlich, únentbéhrlich
неза́мкнений únverschlossen
незамо́жн|ий 1. *прикм.* únbemittelt; besítzlos; 2. *в знач. імен. здеб. мн.* **~і** (die) Besítzlose(n); (die) Árme(n)
незапа́м'ятний úralt
незапере́чний únbestréitbar, únanféchtbar; únumstößlich
незаплано́ваний úngeplant, nicht vórgesehen
незаслу́жен|ий únverdíent; **~о** únverdíent, únverdíenterweise; ~ забутий zu Únrecht vergéssen
незастосува́ння: ~ сили *політ.* Gewáltverzicht *m*
незастрахо́ваний únversichert
незати́шний úngemütlich
незаціка́влений únvoreingenommen
незбагне́нний únausspréchlich, únságbar; únfáßbar, únbegréiflich
незбу́тній únerfüllbar
незважа́ючи (*на щось*) trotz (*G, рідше D*), úngeachtet (*G*); ~ на це trótzdem; ~ ні на що trotz álledém; ~ на те, що ... obwóhl ...; ~ ні на що trotz álledém
незвича́йний 1) úngewöhnlich; 2) (*дивний*) mérkwürdig; 3) (*надзвичайний*) áußergewöhnlich, áußerordentlich; hervórragend (*видатний*)
незви́чний 1) (*новий, незвичайний*) úngewohnt, úngewöhnlich; sónderbar (*дивний*); 2) (*до чогось про людину*) úngewohnt (*G*), nicht gewóhnt (an *A*)
незві́даний 1) (*невідомий*) únbekannt; 2) (*недосліджений*) únerforscht
незвору́шн|ий gelássen, unerschütterlich; **~ість** Gelássenheit *f*
незв'я́зний zusámmenhang(s)los únzusammenhängend
незгі́дний (*з кимось/чимось*) nicht éinverstanden (mit *D*)
незглади́мий únauslöschlich
незговí́рлив|ий hálsstarrig, wíderspenstig; він ~а людина mit ihm ist schwer áuszukommen

незго́да 1) (*розбіжність*) Méinungsverschiedenheit *f*, Úneinigkeit *f*, 2) (*сварка*) Zwist *m*, 3) (*відмова*) Ábsage *f*, Wéigerung *f*
незгра́бний plump; úngeschickt, línkisch
нezда́тний (*до чогось або на щось*) únfähig, nicht fähig (*G*)
нездéржливий 1) (*непомірний*) únmäßig; 2) (*нестриманий*) únbeherrscht, heftig
нездíбний únbegabt, únfähig
нездійснéнний, **нездійсни́мий** únerfüllbar, únausführbar; úndurchführbar
нездоро́вий úngesund, (*хворий тж*) krank, (*хворобливий тж*) kränklich, (*шкідливий для здоров'я тж*) (gesúndheits)schädlich
нездýжання Únwohlsein *n*, Únpäßlichkeit *f*
нездýжати sich únwohl fühlen
нездýжа|тися: мені́ ~ється ich fühle mich nicht wohl
незíбраний (*про людину*) únkonzentriert
незла́мний únbéugsam, únzerstörbar, únerschütterlich
незлічéнний únzählig, záhllos
незло́бний 1) gútmütig, gutherzig; 2) (*необразливий — про жарт і т. п.*) hármlos
незмíнний únveränderlich; beständig (*постійний*)
незмíрний únerméßlich
незнайо́мець der Frémde, ein frémder Mann
незнайо́м|ий únbekannt, (*комусь тж*) nicht bekánnt (*D*); ~і словá únbekannte Wörter; ми з ним ~і wir sind einánder nicht bekánnt, wir kénnen uns nicht
незна́ний únbekannt
незнання́ Únkenntnis *f*, Únwissenheit *f*, чéрез ~ aus Únkenntnis
незначни́й 1) (*маловажний*) únbedeutend, geríngfügig; únwesentlich (*неістотний*); 2) (*невеликий*) geríng, únbedeutend
незна́чність Geríngfügigkeit *f*, Wínzigkeit *f*
незна́ючий únwissend
незрівня́нний ohnegléichen; unvergléichlich; éinzigartig
незрíлий únreif
незрозумíлий 1) únverständlich; únklar; 2) (*дивний*) únbegréiflich, mérkwürdig
незрýчний 1) únbequem; 2) (*неслушний*) únpassend, ungeéignet; úngünstig (*несприятливий*); 3) (*неприємний*) péinlich, únangenehm; héikel (*делікатний*)
незрýчність 1) (*властивість*) Únbequemlichkeit *f*, 2) (*ніяковість*) Verlégenheit *f*, péinliches Gefühl
незрýчно 1) únbequem (*про фізичну незручність*); úngünstig (*про розташування*); 2) *безос.* es ist únbequem; es ist úngünstig (*щось не підходить комусь*); 3) *безос.* (*про почуття ніяковості*) es ist péinlich (*D*); 4) *безос.* (*непристойно*) es ist nicht ángebracht, es schickt sich nicht
незчислéнн|ий unzählbar; záhllos, únzählig; ~а кíлькість когóсь/чогóсь éine Únzahl von (*D*)
нез'ясо́вний únausspréchlich, únság-bar
неісто́тний únbedeutend, únwesentlich, belánglos, únwichtig
неї́стівни́й úngeníeßbar, nicht éß-bar
нейло́н Nylon ['nailɔn] *n*
неймовíрний úndénkbar, únvorstéllbar, úngláublich, úngehéuer; únwahrscheinlich, úngláublich; únerhört (*нечуваний*)
нейтраліз|а́ція Neutralisíerung *f*, **~ува́ти** neutralisíeren *vt*
нейтраліте́т Neutralität *f*
нейтра́льний neutrál
нейтро́н *фіз.* Néutron *n*, **~ний** Neutrón-
некваліфіко́ваний únquallfiziert, úngelernt
некомпетéнтний (*в чомусь*) nicht kompetént (für *A*); nicht zúständig
некомплéктний únvollständig
некорéктний 1) (*неточний*) únkorrekt; 2) (*нетактовний*) únhöflich, táktlos
некроло́г Náchruf *m*, Nekrológ *m*
некрýто: яйцé (,звáрене) ~ wéichgekochtes Ei; звари́ти яйцé ~ ein Ei weich kóchen
некультýрн|ий únkultiviert [-vi:rt-]; úngebildet (*неосвічений*); **~ість** Únkultiviertheit [-vi:rt-] *f*
некуря́щий *розм.* Níchtraucher *m*
нела́гідний únverträglich
нелега́льний íllegal
нелíтн|ий: ~á погóда schléchtes Flúgwetter
нелогíчний únlogisch; ínkonsequent (*непослідовний*)
нелюби́мий unbelíebt, úngeliebt, verháßt (*ненависний*)
нелюбо́в Ábneigung; Wíderwille(n) *m*, Ábscheu *m*
нелюб'я́зний únfreundlich
нéлюд Únmensch *m*, Úngeheuer *n*
неля́дський únménschlich; gráusam (*жорстокий*)
нема́є *безос.*: у мéне ~ ціє́ї кни́жки ich hábe díeses Buch nicht; у мéне ~ чáсу ich hábe kéine Zeit; тут ~ нічóго цікáвого hier gibt es nichts interessántes; тут ~ телефóну hier gibt es [ist] kein Télefón; йогó тут ~ er ist nicht da; тут нікóго ~ níemand ist da
нема́ло nicht wénig, recht viel
немалова́жний nicht únbedeutend, wésentlich
неметки́й úngewandt (*незграбний*); lángsam (*повільний*)
неми́лість Úngnade *f*, упáсти в ~ in Úngnade fállen* *vi* (s)
немилозвýчний míßtönig, míßklingend
неминýчий únverméidlich, únumgänglich
неми́слимий úndénkbar, úngláublich
неміцни́й nicht dáuerhaft, únháltbar; zerbréchlich (*крихкий*)
нéмічний kráftlos
немовля́ Säugling *m*, Baby [-'be:bi] *n*
неможли́ве das Únmögliche
неможли́вий 1) (*нездійсненний*) unmöglich, unerfüllbar; 2) *розм.* (*нестерпний*) unerträglich

неможли́в|ість Únmöglichkeit *f*, до ~ості über álle Máßen

неможли́во 1. *присл.* únmöglich; **2.** *безос.* es ist únmöglich, es ist nicht möglich; це абсоля́тно ~ das ist ganz (und gar) únmöglich, das kommt gar nicht in Fráge

не мо́жна 1) (*не слід*) man darf nicht; тут ~ пали́ти hier darf nicht geráucht wérden; нам ~ га́яти ча́су wir dürfen [können] kéine Zeit verlíeren; 2) (*забороня́ється*) man soll nicht; тобі ~ запізнюватися du sollst nicht zu spät kómmen; 3) (*неможли́во*) man kann nicht, es ist únmöglich; це ~ то́чно перекла́сти man kann das nicht [das läßt sich nicht] genáu übersétzen

немолоди́й nicht jung; bejáhrt (*лі́тній*)

ненáвидіти hássen *vt*

ненáвисний verháßt

ненáвист|ь Haß *m*, з ~ю voll Haß, háßerfüllt

ненавми́сний ábsichtslos, únabsichtlich; únvorsätzlich; *юр.* nicht vórsätzlich

ненавми́сно únverséhens, únvermutet; únabsichtlich; verséhentlich (*помилко́во*)

ненав'я́зливий únaufdringlich

ненаголо́шений *лінгв.* únbetont

ненаді́йний 1) (*про людину*) únzuverlässig; 2) (*неміцний*) nicht háltbar; báufällig (*про будівлю*)

ненадо́вго nicht für lánge; auf kúrze Zeit (*на коро́ткий час*)

ненаже́ра *розм.* Víelfraß *m*

ненаже́рливий gefräßig

неналéжний úngehörig, únschicklich

ненáпад gégenseitiger Verzícht auf Ángriffshandlungen; договíр про ~ Níchtangriffspakt *m*

ненасéлений únbewohnt

ненаси́тний únersättlich

ненатурáльний 1) künstlich, únecht; 2) (*удаваний*) únnatürlich, gemácht

нéнець Nénze *m*, **~кий** nénzisch, Nénzen-

необачний únvorsichtig; únbedacht, únüberlegt; überéilt (*поспі́шний*)

необгрунто́ваний nicht stíchhaltig, háltlos; únbegründet

необду́маний únüberlegt, únbedacht

необере́жн|ий únvorsichtig; **~ість** Únvorsichtigkeit *f*, Fáhrlässigkeit *f*, чéрез ~ість fáhrlässig

необі́знаний (*в чому́сь*) únwissend; únkundig (*G*), únbewandert (in *D*)

необмéжений únbegrénzt, únbeschränkt, únumschränkt

необов'язко́вий nicht únbedíngt nótwendig, únverbíndlich; nicht obligatórisch (*про відвідування і т. п.*); fakultatív (*про предмет*)

необоротни́й unwiederbrínglich

необрáзливий hármlos

необхі́дн|ий nötig, benötigt, nótwendig, erfórderlich; мені́ ~а допомо́га ich bráuche Hílfe; **~ість** Nótwendigkeit *f*, життєва ~ість Lébensnotwendigkeit *f*, у рáзі ~ості wenn nötig, im Nótfall, nötigenfalls; **~о** es ist nötig [nótwendig]; ~о це зроби́ти das muß gemácht wérden

неогля́дний únübersehbar

неоголо́шен|ий: ~а війна́ únerklärter Krieg

неодмі́нн|ий únbedíngt; **~о** únbedíngt, bestímmt

неоднора́зо́вий méhrfach, wiederhólt

неодру́жений únverheiratet, lédig

неозбро́єн|ий únbewaffnet; ◊ ~им о́ком mit blóßem Áuge

неозна́чен|ий: *грам.:* ~а фо́рма (*дієслова*) Ínfinitiv *m*, Nénnform *f*, ~ арти́кль der únbestimmte Artíkel

неоколоніалі́|зм Néokolonialismus *m*, **~стський** néokolonialistisch

неологі́зм *лінгв.* Neologísmus *m*

неонаци́|зм Néonazismus *m*, **~ст** Néonazi *m*, **~стський** néonazistisch

нео́новий Néon-

неопа́люваний nícht(be)heizbar

неопла́чений únbezahlt, únbeglichen

неопублікóваний únveröffentlicht

неоргані́чний ánorgánisch

неосві́чен|ий únwissend, úngebildet; **~ість** Únwissenheit *f*

неосла́бний únablässig, unvermíndert

неостато́чний nicht éndgültig

неосу́дний *юр.* únzurechnungsfähig

неося́жний únerméßlich

неофаши́|зм Néofaschismus *m*, **~ст** Néofaschist *m*, **~стський** néofaschistisch

неофіці́йний ínoffizi ell

неоха́йний únordentlich, schlámpig; únsauber, únreinlich

неохо́че úngern; wíderwillig (*проти волі*)

неоціне́нний únschätzbar

непа́л|ець Nepalése *m*, **~ьський** nepalésisch

непа́рний úngerade

непе́вний úndeutlich, vág(e)

неперебі́рливий nicht wählerisch, ánspruchlos

непереборний únüberwíndlich

неперевéршений únübertróffen

непереда́ваний nicht wíederzugebend; únaussprechlich (*невимовний*)

непередба́чений únvorhergesehen; nicht vórgesehen

непередба́чливий nicht vórsorglich, únbedacht

неперекладни́й únübersétzbar

непереко́нливий nicht überzéugend

непере́мо́жний únbesíegbar

непере́рвний únunterbróchen, únaufhörlich, páusenlos

непересі́чний áußergewöhnlich; hervórragend (*видатний*)

неперехідни́й *грам.* íntransitív

неперспекти́вний perspektívlos, óhne Perspektíve [-və-]

непи́саний úngeschrieben; ~ зако́н úngeschriebenes Gesétz

непідготóвлений nicht [schlecht] vórbereitet
непідкóрення Úngehorsam *m*
непідкýпний únbestéchlich
непідрóбний echt, únverfälscht
непідходя́щий únpassend, úngelegen
непілотóваний *косм.* únbemannt
неплатíж Níchtzahlung *f*
неплатоспромóжн|ий záhlungsunfähig; **~ість** Záhlungsunfähigkeit *f*
неповáга Míßachtung *f*, Respéktlosigkeit *f*
неповáжний (*про причину*) nicht tríftig, nicht stíchhaltig
непóвн|ий únvollständig; nicht voll (*про вагу, міру*); nicht vóllzählig (*за кількістю*); ~і два рóки nicht ganz zwei Jáhre; ~ робóчий день verkürzter Árbeitstag
неповнолíтній mínderjährig, únmündig
неповноправний nicht vóllberechtigt
неповноцінний mínderwertig
неповороткий schwérfällig, plump
неповтóрний éinmalig, éinzigartig
непогáн|ий 1) nicht übel, nicht schlecht; 2): вонá ~а з сéбе sie sieht nett aus
непогóжий trübe; régnerisch (*дощовий*)
непогрíшний únféhlbar
неподалíк únweit, nicht weit, in der Nähe; ~ від чóгось nicht weit von (*D*)
неподíльний únteilbar
непоінформóваний úninformiert
непоказний únansehnlich; únschön
непокóра Úngehorsam *m*
неполáдки *мн.* Míßstände *pl*, Betríebsstörungen *pl* (*виробничі*)
неполюбля́ти nicht mögen* *vt*, nicht besónders gern háben *vt*
непоміркóван|ий únmäßig; **~ість** Únmäßigkeit *f*
непомíрний máßlos, únmäßig
непомíтн|ий únmérklich; únauffällig; **~о** únbemerkt, únmérklich
непоправний únverbésserlich
непоправно: це ~ das ist nicht wiedergútzumachen
непорівня́нний unvergléichbar
непорозумíння Míßverständnis *n*; тут якéсь ~ da liegt ein Míßverständnis vor; чéрез ~ auf Grund éines Míßverständnisses
непорýшний únverbrüchlich, únzerstörbar; únerschütterlich; únlöslich, únauflöslich, únlösbar; ~ запáс (*їжі*) éiserne Ratión
непоря́дний gewíssenlos; únanständig, únehrenhaft
непоря́док Únordnung *f*
непосильний die Kräfte überstéigend
непослідóвний ínkonsequent, nicht fólgerichtig
непостíйн|ий únbeständig; **~ість** Únbeständigkeit *f*
непостýпливий únnachgiebig
непотрíбний únnötig, únnütz
непохитний únbéugsam; únerschütterlich; stándhaft (*стійкий*)
непочáтий nicht ángefangen, nicht ángerissen; nicht ángeschnitten (*про хліб*); nicht ángebrochen (*про пляшку*); ~ край (*чогось*) únéndlich viel
непошкóджений únversehrt; heil (*цілий*)
непрáвд|а Únwahrheit *f*, Lüge *f* (*брехня*); говорити ~у die Únwahrheit ságen, lügen *vt*; це ~ das ist nicht wahr, das stimmt nicht
неправдоподíбний únwahrscheinlich
непрáвий: він ~ er hat nicht recht, er hat únrecht
непрáвильн|ий 1) (*який не відповідає нормам*) únregelmäßig (*нерегулярний*); úngleichmäßig (*про риси обличчя*); ~е дієслóво *грам.* únregelmäßiges Verb [vɛrp]; 2) (*невірний*) únrichtig, nicht richtig; falsch, írrtümlich (*помилковий*)
неправомóчний únberechtigt
неправотá Únrecht *n*, Írrtum *m* (*помилка*)
непрактичний únpraktisch
непрацездáтн|ий árbeitsunfähig; **~ість** Árbeitsunfähigkeit *f*
неприбóрканий zügellos, únbändig
непривáбливий réizlos, nicht ánziehend
непривíтний únfreundlich
непридáтн|ий úntauglich, únbráuchbar; úngenießbar (*про їжу*); ~ до військóвої слýжби díenst untauglich; зробити щось ~им etw. úntauglich máchen; **~ість** Úntauglichkeit *f*, Únbrauchbarkeit *f*
неприє́мн|ий únangenehm, (*про ситуацію тж*) péinlich; ärgerlich (*прикрий*); **~ість** Únannehmlichkeit *f*, Ärger *m* (*прикрий випадок*); якá ~! so ein Ärger!
неприйнятний únannéhmbar
непримирéнний únversöhnlich
непримхливий ánspruchslos
неприрóдний únnatürlich, gekünstelt (*удаваний*); gezwúngen (*вимушений*)
непристóйний ánstößig; únanständig, únflätig; zótig, schlüpfrig (*сальний*)
неприступний únzugänglich, únnáhbar
непритóмн|ий besínnungslos, óhnmächtig; бýти ~им bewúßtlos [óhnmächtig] sein; ~ стан Bewúßtlosigkeit *f*
непритóмність Óhnmachtsanfall *m*, Óhnmacht *f*, Óhnmachtszustand *m* (*непритомний стан*)
непричéтн|ий únbetéiligt (*до чогось* an *D*); **~ість** Níchtteilnahme *f*, Níchtbeteiligung *f* (*до чогось* an *D*)
неприя́зний féindselig
неприя́знь Féindseligkeit *f*
непри́ятель Feind *m*
непродуктивн|ий únproduktiv, únergiebig; ~а витрата чáсу Zéitvergeudung *f*
непродýманий nicht durchdácht, únbedacht
непромокáльний wásserdicht; ~ плащ Régenmantel *m*
непроникний 1) (*для чогось*) -dicht; ~ для повíтря lúftdicht; 2) *перен.* (*про вираз обличчя і т. п.*) úndurchdringlich
непропорцíйний únproportional, únverhältnismäßig

по́верх die úntere [únterste] Etáge [-ʒə], Érdgeschoß *m*; ~я поли́ця в ша́фі das únterste Fach im Schrank; 2) (*про бiлизну*) Únter-; ~я бiлíзна Únterwäsche *f*

ни́жче 1. *присл.* (*порiвн. ст. вiд* низько 1) níedriger, tíefer; 2) (*униз вiд чогось*) tíefer; (nach) únten; по́верхом ~ éine Tréppe tíefer; диви́сь ~ (*примiтка*) síeh(e) únten (s. u.); **2.** *прийм.* 1) (*чогось*) únter (*D*); ~ нуля́ únter Null; 2): ~ за течiєю stromábwärts, flußáb(wärts)

нижченаве́дений, **нижчезга́даний** úntenangeführt, úntenerwähnt

нижчепiдпи́саний Unterzéichnete *m*

ни́жчий (*порiвн. ст. вiд* низький níedriger; kléiner (*менший на зрiст*); tíefer (*глибший*)

низ Únterteil *n*

ни́зка Réihe *f*

низовина́ *геогр.* Níederung *f*, Tíef-land *n*

низови́нний *геогр.* tíefliegend

низьк|и́й 1) níedrig, (*про якiсть тж*) schlecht, (*про вчинок тж*) níederträchtig, geméin; 2) (*про людину, дерево*) klein; 3) (*про звук, голос*) tief

ни́зькiсть Geméinheit *f*, Níedertracht *f*

ни́зько 1) (*невисоко*) níedrig, tief; 2) (*про звук*) tief; 3) (*пiдло*) níederträchtig, geméin

низькоопла́чуваний schlecht bezáhlt

низькопро́бний mínderwertig

низькоро́слий klein (von Wuchs) (*про людину*); Zwerg(*про рослину*)

ни́нiшн|iй *розм.* 1) (*який вiдноситься до теперiшнього часу*) der héutige, der jétzige; в ~i часи́ héutzutage; 2) (*сьогоднiшнiй, цей*) díeser; в ~ьому ро́цi díeses Jahr

ни́рка *анат.* Níere *f*

ни́ти weh tun*, schmérzen *vi* (*у когось D*)

ни́тк|а 1) Fáden *m*; утягти́ ~у (в го́лку) éinen Fáden éin|fädeln; 2) *мн.* ~и́ *збiрн.* Zwirn *m* (*для шиття*); Garn *n* (*для в'язання, вишивки*); ◊ промо́кнути до ~и bis auf den létzten Fáden naß sein

ни́цiй (*безчесний*) níederträchtig, níedrig

ни́шком héimlich, verstóhlen, héim-lich

нищiвни́й vernίchtend, zerstörend

нi 1) (*при вiдповiдi*) nein; вiн вдо́ма? — Нi; ist er zu Háuse? — Nein; 2) (*при запереченнi*) nicht; ти при́йдеш чи ~? kommst du óder kommst du nicht?; ще ~, ~ ще noch nicht; чому́ ~? warúm nicht?; я зна́ю це, а вiн ~ ich weiß das und er nicht; чому́ б i ~! warúm denn nicht!; та ~ ж! nicht doch!, áber nein!; 3) kein; ~ ра́зу kein éinziges Mal; ~ оди́н з нас kéiner von uns; 4): нi ... нi ... wéder... noch...; нi той нi íнший wéder der éine noch der ándere, kéiner von béiden; ◊ нi бíльше нi ме́нше, нiж nicht mehr und nicht wéniger als

нíби, **нíбито** ángeblich

нíвечити verstümmeln *vt*

нiгерí|єць Nigeriáner *m*; **~йський** nigeriánisch

нíготь Nágel *m*

нíде 1) (*немає мiсця*) nírgends; менí ~ поста́вити ша́фу ich kann den Schrank nírgends hínstellen; менí ~ сидíти ich hábe kéinen Platz zum Sítzen; 2) (*нiзвiдки*): менí ~ це взя́ти ich weiß nicht, wohér ich das néhmen soll

нiде́ nírgends

нiдерла́нд|ець Níederländer *m*; **~ський** níederländisch

нiж I Mésser *n*; склада́ний ~ Táschenmesser *n*; консе́рвний ~ Büchsenöffner

нiж II *порiвн. спол.* 1) als; 2) (*замiсть того щоб*) statt, ánstatt (zu + *inf*)

нíжк|а 1) (*меблiв*) Bein *n* (*стола, стiльця*); Fuß *m* (*крiсла, шафи*); 2) (*келиха, квiтки*) Stiel *m*; ◊ пiдста́вити кому́сь ~у *тж перен.* *j-m* ein Bein stéllen

нíжн|ий 1) zart; 2) (*лагiдний*) zärtlich; **~iсть** 1) Zártheit *f*; 2) (*лагiднiсть*) Zärtlichkeit *f*

нiжно-блаки́тний zártblau

нiза́що um kéinen Preis, auf kéinen Fall

нíзвiдки níergendwohér; менí ~ взя́ти це ich weiß nicht, wo ich es hérnehmen soll

нíздрi *мн.* (*одн.* нíздря) Násenlöcher *pl* (*sg* Násenloch *n*)

нiздрюва́тий pórig, porös; zellulár; ~ сир löchriger Käse

нiкарагуа́н|ець Nikaraguáner *m*; **~ський** nikaraguánisch

нíко|го нíкого (нíкому, нíким, нi про ко́го): менí ~ про це попроси́ти ich hábe níemand(en), den ich darúm bítten könnte; це ~му зроби́ти es ist níemand da, der es máchen könnte

нíколи: менí ~ ich hábe kéine Zeit

нiко́ли níemals, nie; ◊ як ~ wie noch nie, wie nie zuvór

нíкуди nírgends, nírgendwohin; ~ сíсти man kann sich nírgends hínsetzen; нам ~ пiти́ уве́чорi wir können ábends nírgendwohin (áus)géhen; ◊ менí поспiша́ти ~ ich hábe kéine Éile

нiку́ди nírgendwohin; я сього́днi ~ не пiду́ ich géhe héute nírgends hin; ◊ це ~ не годи́ться das geht ganz und gar nicht

нiкче́ма Níchtigkeit *f*, вiн ~ er ist éine Null

нíм|ець der Déutsche; **~е́цький** deutsch; ~е́цька мо́ва die déutsche Spráche, das Déutsche

нiмецькомо́вний déutschsprachig

нiми́й 1. *прикм.* stumm; **2.** *iмен.* Stúmme *m*

нiмíти 1) (*втрачати здатнiсть говорити*) spráchlos sein [wérden]; 2) (*втрачати чутливiсть*) erstárren *vi* (s)

нiс 1) Náse *f*; говори́ти в ~ näseln *vi*, durch die Náse spréchen* *vi*; 2) (*судна*) Bug *m*; ◊ води́ти кого́сь за но́са *j-n* an der Náse herúm|führen; пiд са́мим ~ом dirékt vor der Náse

нiсенíтниц|я Únsinn *m*, dúmmes Zeug; Quatsch *m*, верзти́ ~ю *розм.* dúmmes Zeug réden, faseln *vi*

ніскі́льки gar nicht, nicht im geríngsten, dúrcháus nicht

нітро́хи gar nicht, dúrcháus nicht, kéineswegs; nicht im geríngsten; überháupt nicht (*зовсім не*)

ніхто́ níemand, kéiner

ніч Nacht *f*, ноча́ми, по ноча́х nachts

нічи́й níemandem gehörig

нічия́ *спорт.* Únentschieden *n*, *шах.* Remis [-'mi:] *n*

нічлі́г Übernáchten *n*, Übernáchtung *f*, зупини́тися на нічлі́г übernáchten *vi*

нічн|и́й Nacht-, nächtlich; ~е́ чергува́ння Náchtdienst *m*, в ~ час in der Nacht

нічни́к Náchtlampe *f*

ні́чого 1. *займ.* (нема́ чого́, ні́чим, нема́ про що) nichts; мені́ тобі́ ~ сказа́ти ich habe dir nichts zu ságen; **2.** *в знач. прис.*: ~ роби́ти щось (*дарма*) es ist nicht nötig, es hat kéinen Sinn, es lohnt (sich) nicht (zu + *inf*); тобі́ ~ турбува́тися du bráuchst dir kéine Sórgen zu máchen; ◊ ~ роби́ти! (da ist) nichts zu máchen! з ~ роби́ти aus [vor] Lángerwéile, zum Zéitvertreib

нічо́го I *род. відм. від* ніщо́; ~ поді́бного! nichts dergléichen!; kéine Spur! (*нітрохи*)

нічо́го II *розм.* 1) (*терпимо*) léidlich, éinigermaßen; 2) (*не має значення*) (das) macht nichts; das schádet nichts (*це не страшно*)

ні́ша Nísche *f*

нія́к: ~ не (*ніяким чином*) auf kéine Wéise, auf kéinen Fall; це ~ неможли́во das ist dúrcháus nicht möglich

нія́к|ий kein; kéinerlei; нема́є ~ої наді́ї, що ... es bestéht kéine Hóffnung, daß ...; я не ма́ю про це ~о́го уя́влення ich hábe kéine blásse [nicht die geríngste] Áhnung davón

ні́яковість 1) (*неприємне почуття*) Péinlichkeit *f*, 2) (*збентеження*) Verlégenheit *f*

ніякові́ти sich geníeren [ʒe-] (vor *D*)

ніщо́ (нічо́го, нічо́му, ніщо́, нічи́м, ні про що) nichts

-но (*при наказ. способі*) mal, doch; скажи́-но мені́ sag mir mal

нова́тор Néuerer *m*, Báhnbrecher *m*

новачо́к Néuling *m*, Ánfänger *m* (*початківець*)

нове́л|а Novelle [-'vɛlə] *f*, **~і́ст** Novellíst [-'vɛl-] *m*

новизна́ Néuheit *f*, das Néue

нов|и́й 1) neu; зо́всім ~ (fúnkel)nágelneu; що ~о́го? was gibt es Néues?; 2): Нови́й рік Néujahr *n*

новина́ Néuigkeit *f*, Náchricht *f*, які́ нови́ни? was gibt es Néues?; це для ме́не ~ das ist mir neu, das ist neu für mich

нови́ни *мн.* 1) (*радіо-, телепрограма*) Náchrichten *pl*, вечі́рні ~ Ábendnachrichten *pl*, 2) (*щось раніше невідоме*) Néuigkeit *f*, Néue *m*, ~ нау́ки [в нау́ці] Néues in der Wíssenschaft

нови́нка Néuheit *f*

нові́тній der (áller)néuste; súpermodern (*найсучасніший*)

новобра́нець Néuberufene *m*

новобудо́ва Néubau *m*

нововве́дення Néuerung *f*

новозела́нд|ець Neuséeländer *m*, **~ський** neuséeländisch

новонаро́джений 1. *дієприкм.* néugeboren; **2.** *імен.* 1) Néugeborene *m*, 2) (*який святкує день народження*) Gebúrtstagskind *n*

новоо́браний néugewählt

новоприбу́лий néuangekommen

новорі́чн|ий Néujahrs-; ~і віта́ння Néujahrswünsche *pl*, ~ ве́чір Néujahrsabend *m*, Silvesterabend [-'vɛs-] *m*

новосе́л Néusiedler *m*, Míeter éiner Néubauwohnung (*який вселився у нову квартиру*)

новосі́лля Éinzugsfeier *f*

ног|а́ Fuß *m* (*ступня*); Bein *n* (*нога вище ступні*); ◊ іти́ в но́гу а) (*з кимось*) im Gléichschritt géhen* *vi* (s) (mit *D*); б) (*з кимось/чимось*) *перен.* Schritt hálten* (mit *D*); до-гори́ ~а́ми kopfüber; з усі́х ніг was die Béine hérgeben; на широ́ку но́гу auf größen Fuß

но́жик (kléines) Mésser *n*

но́жиці *мн.* Schére *f*

ножн|и́й Fuß-; ~а́ ва́нна Fúßbad *n*

нока́ут *спорт.* Knockout [nɔk'aut] *m* (K. o.); **~ува́ти** *спорт.* k. o. [ka:'o:] schlágen* *vt*

но́мер 1) Númmer *f*, ~ буди́нку Háusnummer *f*, кварти́ра ~ де́сять die Wóhnung Númmer zehn; ~ телефо́ну Telefónnummer *f*, набра́ти ~ éine Númmer wählen; 2): авто́бус ~ два ein Bus der Líni e zwei; 3) (*газети, журналу*) Númmer *f*, Áusgabe *f*, у жовтне́вому ~і журна́лу in der Októbernummer der Zéitschrift; в ~і від пе́ршого тра́вня in der Áusgabe vom **1**. Mai; 4) (*частина концерту і т. п.*) Númmer *f*, Prográmmnummer *f*, 5) (*розмір одягу, взуття і т. п.*) Grö-ße *f*, Númmer *f*, 6) (*у готелі*) Hotélzimmer *n*, Zímmer *m*, ~ на двох Zwéibettzimmer *n*, ein Zímmer mit zwei Bétten; ключ від ~а Zímmerschlüssel *m*

номеро́к Márke *f*, гардеро́бний ~ Garderóbenmarke *f*

нора́ Höhle *f*, Loch *n* (*отвір*)

норве́|жець Nórweger *m*, **~зький** nórwegisch

но́рм|а 1) (*середня величина*) Norm *f*, ви́ще ~и über die Norm; 2): ~ ви́робітку Léistungsnorm *f*, Soll *n*, 3) *мн.* ~и (*правила*) Nórmen *pl*, ети́чні ~и éthische Nórmen

норма́льн|ий Normál-, normál; **~о** normál

нормо́ваний normíert

норови́ст|ий wíderspenstig, wíderborstig; störrisch (*упертий*); **~ість** Wíderspenstigkeit *f*, Störrigkeit *f*

норовли́вий éigenwillig, éigensinnig; láunenhaft (*капризний*); únbändig (*про дітей*)

носи́лки *мн.* Trágbahre *f*, Báhre *f*
носи́ти trágen* *vt*
носи́тися 1) *див.* нести́ся I 1; 2): ~ з ду́мкою sich mit dem Gedánken trágen*
носі́й 1) (*носильник*) Gepäckträger *m*; 2): ~ мо́ви Spráchträger *m*, Múttersprachler *m*; 3): ракéта-~ Trägerrakete *f*
носов|и́й 1): ~á хýсточка Táschentuch *n*; 2) *фон.* nasál, Nasál-; ~ звук Nasállaut *m*
нос|óк 1) (*взуття, панчохи*) Spítze *f*; 2) (*ноги́*) Fúßspitze *f*; на ~кáх auf den Zéhenspitzen
носорі́г Náshorn *n*
ностальгі́чний nostálgisch
ностальгі́я Nostalgíe *f*
нóт|а I 1) (*звук*) Ton *m*, Nóte *f* (*знак*); 2) *мн.* ~и (*текст*) Nóten *pl*, (*зошит тж*) Nótenheft *n*; грáти по ~ах nach Nóten spíelen *vi*
нóта II *дип.* Nóte *f*, ~ протéсту Protéstnote *f*
нотаріáльн|ий notariéll; ~а контóра Notariát *n*
нотáріус Notár *m*
нотáтки (*записи*) Notízen *pl*, Áufzeichnungen *pl*; ~ на поля́х Marginálien *pl*, Rándbemerkungen *pl*; дорóжні ~ Réisenotizen *pl*
ночі́вл|я Übernáchten *n*, Übernáchtung *f*
ночувáти übernáchten *vi*
нóша Bürde *f*, Last *f*
нóшений getrágen (*про одяг*)
ну 1. *вигук розм.* na, nun; ну дóбре! nun gut!, na schön!; ну й погóда! was für ein Wétter áber!; nein, ist das áber ein Wétter! ну зачекáй! na, wárte!, wárte nur!; **2.** *частка:* та ну? nein, wírklich?, ist das möglich?, was du nicht sagst!
нýди|ти 1): менé ~ть mir ist übel, ich muß bréchen; 2) (*від чогось*) *перен. розм.* менé від цьóго ~ть mir wird übel davón, das wídert mich an
нудни́й 1) (*який викликає нудьгу*) lángweilig, fáde; 2) (*який відчуває нудьгу*) gelángweilt; míßgestimmt (*безрадісний*); tráurig (*невеселий*)
нýдно 1) *присл.* lángweilig; 2) *безос.* es ist lángweilig; тут жахли́во ~ hier ist es schrécklich lángweilig; 3) *безос.* (*комусь*): мені́ ~ ich lángweile mich, ich hábe Lángewéile, mir ist lángweilig
нудóт|а 1) Übelkeit *f*, виклика́ти ~у Übelkeit errégen [hervór|rufen*]; 2) (*огида*) Ékel *m*
нудóтний 1) állzu [wíderlich] süß; 2) *перен.* süßlich; lángweilig
нудьг|á Lángewéile *f*, навóдити на кóгось ~ý j-n lángweilen; тут смертéльна ~ hier ist es zum Stérben lángweilig; від ~и́ aus [vor] Lángewéile
нудьг|увáти 1) (*відчувати нудьгу*) sich lángweilen, Lángewéile háben; не ~ýй тут (без нас) laß dir die Zeit nicht zu lánge wérden!, vertréib dir die Zeit!; 2) (*за кимось/ чимось*) (*тужити*) sich séhnen, Séhnsucht háben (nach *D*); я за тобóю дýже ~ýю ich vermísse dich sehr
нужд|á (*бідність*) Not *f*, Élend *n*, терпі́ти ~ý Not léiden*
нул|ь 1) null; ~ годи́н п'ять хвили́н null Uhr fünf; ~ — два (*рахунок у грі*) null zu zwei; в дéсять ~-~ punkt zehn (Uhr); температýра пові́тря ~ грáдусів die Lúfttemperatur beträgt null Grad; два мі́нус два дорі́внює ~я́ zwei mínus zwei ist (gleich) null'; два грáдуси ни́жче ~я́ zwei Grad únter Null; 2) (*цифра*) Null *f*
нумер|áція Numeríerung *f*, **~увáти** numeríeren *vt*
нумізмáтика Numismátik *f*, Münz(en)kunde *f*
нýтрощі *мн* Éingeweide *pl*
нюáнс Nuance [ny'aŋsə] *f*, Schattíerung *f*
нюх Gerúchssinn *m*, Spürsinn *m*, Wítterung *f*, у ньóго хорóший ~ er hat éine féine [gúte] Náse; **~ати** ríechen* *vi* (an *D*)
ня́вкати, нявчáти miáuen *vi*
ня́нчити(ся) pflégen *vt*, áuf|passen *vi* (auf *A*)
ня́ня 1) (*при дітях*) Kinderpflégerin *f*, Kínderfrau *f*, 2) *розм.* (*у лікарні*) Kránkenwärterin *f*

Н

О

оáзис Oáse *f*

об (*при позначенні зіткнення*) an (*A*), gégen (*A*); удáритися об кáмінь an [gégen] éinen Stein stóßen*; розби́тися об бéрег am Úfer zerschéllen

обáчн|ий úmsichtig; vórsichtig (*обережний*); **~ість** Úmsicht *f*, Vórsicht *f* (*обережність*)

оббивáти *див.* оббúти

оббúвка 1) (*дія*) Beschlágen *n*, Bezíehen *n*, Tapezíeren *n* (*шпалерами*); 2) (*матерія*) Bezúg *m*, Möbelstoff *m*; м'якá ~ Pólsterung *f*

оббирáти *див.* обібрáти

оббúти bezíehen* *vt* (*меблі*); verschálen *vt*, áus|schlagen* *vt* (*обшити дошками і т. п.*)

оббрехáти *розм.* belügen* *vt*, verléumden *vt* (*звести наклеп*)

оббри́зкувати, **оббри́зкати** (*чимось*) bespritzen *vt*, bespréngen *vt* (mit *D*)

обвáл Éinsturz *m*, Bergsturz *m*

обвáлюватися, **обвали́тися** éin|stürzen *vi* (s)

обвести́ 1) (*навколо чогось - провести*) (herúm)führen *vt* (um *A*); 2) (*обкреслити*) um|zíehen* *vt*, umránden *vt* (*напр., частину тексту*); 3) *спорт.* (*гравця*) um|spíelen *vt*; ◇ ~ когóсь круг пáльця *j-n* um den Fínger wíckeln, *mit j-m* léichtes Spiel háben

обвивáти umwínden* *vt*, umránken *vt* (*про рослини*); umschlíngen* *vt* (*руками*); **~ся** (*навколо чогось*) sich wínden*, sich schlíngen*; sich ránken (*про рослини*) (um *A*)

обвинувáтити *див.* обвинувáчувати

обвинувáчений der Beschúldigte (*який знаходиться під слідством*); der Ángeklagte (*відданий під суд*)

обвинувáчення Beschúldigung *f*, Ánschuldigung *f*, Ánklage *f* (*перед судом*); публíчне ~ öffentliche Ánklage; неправди́ве ~ fálsche Ánschuldigung

обвинувáчувати (*в чомусь*) 1) beschúldigen *vt* (*G*); vór|werfen* *vt* (*когось D — докоряти*); 2) *юр.* án|klagen *vt* (*G*)

обви́ти *див.* обвивáти

обвíтрений wétterhart; wéttergebräunt (*загорілий*); rauh (*погрубілий*)

обвóдити *див.* обвести́

обвóднення Bewässerung *f*, Irrigatión *f*

обводни́ти (be)wässern *vt*

обвýглюватися, **обвýглитися** verkóhlen *vi* (s)

обв'язáти, **обв'язувати** (*чимось*) umbínden* *vt*, umwíckeln *vt* (mit *D*); bínden* *vt* (*щось* um *A*)

обганя́ти *див.* обігнáти

обгíн Überhólen *n*

обговóрення Bespréchung *f*, Erörterung *f* (*розгляд*); Diskussión *f* (*дискусія*)

обговори́ти, **обговóрювати** bespréchen* *vt*, erörtern *vt* (*розглянути*)

обгорíти ábbrennen* *vi*; ángekohlt wérden; ~ на сóнці éinen Sónnenbrand bekómmen*

обгорну́ти (*у щось або чимось - завернути*) éin|wickeln *vt* (in *A*), umwíckeln *vt* (mit *D*)

обгороди́ти, **обгорóджувати** (*захистити від чогось*) (be)schützen *vt*, bewáhren *vt* (vor *D*)

обгортáти *див.* обгорну́ти

обгóртк|а Úmschlag *m*, Hülle *f*, **~овий**: ~овий папíр Éinschlagpapier *n*, Páckpapier *n*

обгоря́ти *див.* обгорíти

обгрунтóван|ий begründet, stíchhaltig; tríftig (*про причину*); **~ість** Stíchhaltigkeit *f*, Tríftigkeit *f*

обгрунтувá|ння 1) (*дія*) Begründung *f*, Motivierung [-'vi:-] *f*, 2) (*докази*) Beweísgründe *pl*, Arguménte *pl*; **~ти** begründen *vt*, motivieren [-'vi:-] *vt*

обдарóван|ий begábt; talentíert (*талановитий*); **~ість** Begábung *f*, Talént *n*

обдарóвувати, **обдарувáти** 1) (*подарунками*) beschénken *vt* (mit *D*); 2) (*здібностями, талантом*) áus|statten *vt* (mit *D*)

обдирáти *див.* обдéрти

обділи́ти, **обділя́ти** benáchteiligen *vt*

обдýман|ий überlégt; vórbedacht (*умисний*); **~о** (wóhl)überlégt, mit Vórbedacht

обдýмувати, **обдýмати** sich (*D*) etw. überlégen

обдури́ти, **обдýрювати** préllen *vt*, übers Ohr háuen* *vt*

обеззбрóювати, **обеззбрóїти** entwáffnen *vt*

обезсмéртити únstérblich máchen *vt*
обелíск Obelísk *m*
обережн|ий vórsichtig, behútsam; áchtsam (*обачний*); **~ість** Vórsicht *f*, Behútsamkeit *f*, **~о** vórsichtig, behútsam; ~! (*бережись*) Vórsicht!, Áchtung!, Áufgepaßt!
оберéмок Ármvoll *m*
оберігáти (be)hüten *vt*, bewáhren *vt*, (be)schützen *vt* (*захищати*); **~ся** (*від чогось*) sich hüten, sich in acht néhmen* (vor *D*)
обернýтися sich úm|drehen (*на когось/щось*. nach *D*): ~ (облúччям) до вікнá sich zum Fénster wénden*
обертáння 1) Dréhung *f*, Rotatión *f* (*навколо своєї осі*); Kréisen *n* (*навколо іншого тіла, іншої точки*); 2) (*чиясь дія*) Dréhen *n*
обертáти dréhen *vt*, **~ся** 1) sich dréhen, rotíeren *vi* (*навколо своєї осі*); kréisen *vi* (*навколо чогось* um *A*); 2) (*часто бувати десь, спілкуватися з кимось* verkéhren *vi* (in *D або* mit *D*)
óбертом: у мéне головá йде ~ ich weiß nicht, wo mir der Kopf steht
об'єднаний 1) veréinigt; 2) (*спільний*) veréint, geméinsam
об'єднання 1) (*дія*) Veréinigung *f*, Zusámmenschluß *m*, 2) (*спілка*) Veréinigung *f*, виробнúче ~ Produktiónsvereinigung *f*
об'єднáти, об'єднувати 1) veréinigen *vt*, zusámmen|fassen *vt*, 2) (*згуртувати*) veréinigen *vt*, zusámmen|schließen* *vt*, veréinen *vt*, verbín-den* *vt*, **~ся** 1) sich zusámmen|schließen*, (*у щось - тж*) bílden *vt*, 2) (*згуртуватися*) sich veréinigen, sich zusámmen|schließen*
об'єкт *у різн. знач.* Objékt *n*, ~ спостережéння Beóbachtungsobjekt *n*, промислóвий ~ Industríeobjekt *n*, будівéльний ~ Báuobjekt *n*, Báuvorhaben *n*
об'єктив Objektív *n*
об'єктивн|ий *у різн. знач.* objektív; ~а дíйсність objektíve [-və] Realität; ~і причúни objektíve Gründe; ~а дýмка objektíve Méinung
об'єм Úmfang *m*, *мат.*, *фіз.* Ráuminhalt *m*, Volúmen [vo-] *n*, ~ грудéй Brústumfang *m*
об'єм|истий úmfangreich; úmfänglich; **~ний** Raum-; Volúm(en)[vo-]; räumlich
обжáрювати, обжáрити ánbraten *vt*, rösten *vt*
обжéрливість *розм.* Gefräßigkeit *f*
обзавестúся, обзавóдитися (*чимось*) sich (*D*) etw. án|schaffen; ~ сім'єю éine Famíli e gründen
обзивáти *див.* обізвáти
обивáтель Spíeßbürger *m*, Spíeßer *m*, **~ський** spíeßbürgerlich, spíeßig
обúдва (обúдві) béide, die béiden
обíг *ек.* Úmlauf *m*, Zirkulatión *f* (*грошей*); Úmschlag *m*, Úmsatz *m* (*товарів*)
обігнáти überhólen *vt*, *перен. тж* übertréffen* *vt*
обігравáти, обіграти 1) (*отримати верх у грі*) gewínnen* *vi* (gégen *A*); 2) (*виграти у когось якусь суму*) áb|gewinnen* *vt* (*D*)
обігрíв Héizung *f*, **~áння** Erwärmung *f*, Behéizung *f* (*опалення*)
обігрівáти, обігрíти erwärmen *vt*, **~ся** sich erwärmen
обíд 1) Míttagessen *n*, Éssen *n*, що сьогóдні на ~? was gibt es héute zum Míttagessen?; після ~у nach dem Míttagessen [nach Tisch]; дáти ~ на честь когóсь ein Éssen zu j-s Éhren gében*; 2) (*полудень*): до ~у vórmittags, am Vórmittag, bis Míttag; після ~у náchmittags, am Náchmittag; з рáнку до ~у von mórgens bis míttags; з ~у до вéчора von míttags bis ábends; 3) *розм.* (*обідня перерва*) Míttag *m*, Míttagspause *f*, у нас зáраз ~ wir máchen jetzt Míttag; в ~ in der Míttagspause
обíдати (zu) Míttag éssen*; залишáйтеся з нáми ~ bléiben Sie bei uns zum Míttagessen
обíдн|ій 1): ~я перéрва Míttagspause *f*, 2): ~ стіл Éßtisch *m*
обізвáти (*кимось*) nénnen* *vt* (*A*); ~ когóсь дýрнем j-n éinen Dúmmkopf nénnen*
обізнан|ий (*в чомусь*) kúndig (*G*), bewándert (in *D*); **~ість** Kénntnis *f*, Wíssen *n*
обіймáти *див.* обійняти
обійми *мн.* Umármung *f*
обійняти umármen *vt*, ~ когóсь за плéчі j-n um die Schúltern fássen, j-m die Arme um die Schúltern légen
обійти 1) (*щось або навколо чогось*) umgéhen* *vt*, herúm|gehen* *vt* (s) (um *A*); 2) (*побувати всюди*): ~ увéсь парк durch den gánzen Park géhen* *vi* (s); ~ багатьóх знайóмих víele Bekánnte besúchen [áuf|suchen]; ◊ ~ щось мовчáнням *etw.* mit Stíllschweigen übergéhen* *vi* (s)
обій|тися 1) (*повестися якимось чином*) úm|gehen* *vi* (s) (mit *D*), behándeln *vt*, ~ з кúмось грýбо j-n grob behándeln; 2) *розм.* (*коштувати комусь*) kósten *vi* (*A*), *перен. тж* zu stéhen kómmen* *vi* (s) (*D*); це мені дóрого ~шлóся *прям. і перен.* das ist mir téuer zu stéhen gekómmen, das hat mich viel gekóstet; 3) (*без чогось/когось або чимось*) *розм.* (*виходити із становища*) áus|kommen* *vi* (s) (óhne *A або* mit *D*); ~ без сторóнньої допомóги óhne frémde Hílfe áus|kommen*; 4) (*уладнатися*) áus|gehen* *vi* (s), áb|laufen* *vi* (s); все ~шлóся вдáло álles ist günstig áusgegangen
обірвáти 1) zerréißen* *vt* (*розірвати*); áb|reißen* (*відірвати*); 2) (*зірвати*) áb|reißen* *vt*, (áb)pflücken *vt* (*ягоди, квіти*); 3) (*різко припинити*) áb|brechen* *vt*, **~ся** 1) (*відірватися*) áb|reißen* *vi* (s); 2) (*зірватися, упасти*) (her)áb|stürzen *vi* (s);

3) (*раптово припинитися*) áb|brechen* *vi* (s)
обітниц|я Gelübde *n*, Gelöbnis *n*; дáти ~ю ein Gelübde áb|legen
обіцянк|а Verspréchen *n*; дотри́мувати ~и sein Verspréchen hálten*
обіця́ти versprechen* *vt*
об'їда́тися *див.* об'ïстися
об'їжджа́ти *див.* об'їхати
об'ї́зд 1) (*гак*) Úmweg *m*; поїхати в ~ éinen Úmweg máchen; 2) (*місце*) Úmleitung *f*
об'ї́стися (*чимось*) sich überéssen* (mit *D*)
об'ї́хати (*щось або навколо чогось*) (herúm)fáhren* *vi* (s) (um *A*)
обкла́дин|ка 1) Búchumschlag *m*, Búchdeckel *m*, Éinband *m* (*книги*); Títelseite *f* (*журналу*); кни́га в м'якíй ~ці Paperback [pe:pərbɛk] *n*; 2) (*палітурка*) Éinband *m*; 3) (*для книг, зошитів і т. п.*) Hülle *f*, Úmschlag *m*; ~ для пáспорта Áusweishülle *f*
обкле́ювати, **обкле́їти** beklében *vt*; ~ шпалéрами tapezíeren *vt*
обкрада́ти, **обкра́сти** bestéhlen *vt*
обку́тати, **обку́тувати** (*чимось*) éin|wickeln *vt*, éin|hüllen *vt* (in *A*); **~ся** sich éin|wickeln, sich éin|hüllen (in *A*)
обла́ва 1) (*на полюванні*) Tréibjagd *f*, Hétzjagd *f*; 2) (*поліцейська*) Rázzia *f*
облагоро́джувати, **облагоро́дити** verédeln *vt*
обладна́|ння Konstruktión *f*, Éinrichtung *f*, Áusstattung *f*, Áusrüstung *f*
обладна́ти, **обла́днувати** áus|statten *vt*, áus|rüsten *vt* (mit *D*), éin|richten *vt*
обла́мувати(ся) *див.* обломи́ти(ся)
обласни́й Gebíets-; ~ центр Gebíetszentrum *n*
о́бласт|ь 1) (*частина країни*) Gebíet *n*, Región *f*; півні́чні ~і die nördlichen Gebíete; в гірськи́х ~я́х in den Gebírgsregionen; 2) (*адміністративна одиниця*) Gebíet *n*
обла́яти *розм.* beschímpfen *vt*
обледені́|лий veréist; **~ти** veréisen *vi* (s), sich mit Eis bedécken
облеті́ти 1) (*щось або навколо чогось*) umflíegen* *vt*, (herúm)flíegen* *vi* (s) (um *A*); 2) (*швидко розповсюдитися*) sich schnell verbréiten; 3) (*про листя*) áb|fallen* *vi* (s); das Laub verlíeren* (*про дерева*)
облива́|ти *див.* обли́ти; **~тися** *див.* обли́тися; ~тися сльоза́ми in Tränen zerfließen* *vi* (s); ~тися пóтом in Schweiß gebádet sein; у мéне сéрце крóв'ю ~ється mir blútet das Herz
облисі́лий 1) (*про людину*) káhlköpfig, glátzköpfig; 2) (*про голову*) kahl
облисі́ти 1) (*про людину*) káhlköpfig wérden; 2) (*про голову*) kahl wérden
обли́ти (*чимось*) begíeßen* *vt* (mit *D*); **~ся** (*чимось*) sich begíeßen* (mit *D*)
облицюва́|ння Verkléidung *f*, **~ти** verkléiden *vt*
обли́ччя Gesícht *n*; ри́си ~ Gesíchtszüge *pl*
облиша́ти: обли́ште мене́! laß mich in Rúhe!
облíга́ція Obligatión *f*, Ánleiheschein *m* (*позики*)
о́блік 1) (*інвентаризація*) Bestándsaufnahme *f*, Inventúr [-vən-] *f* (*у магазині*); 2) (*реєстрація*) Registríerung *f*, Éintragung *f*, стáти на ~ sich án|melden; зня́тися з ~у sich áb|melden; **~óвий** statístisch, Beréchnungs-
обліпи́ти 1) (*прилипнути*) háften *vi* (an *D*); 2) (*обклеїти чимось*) beklében *vt* (mit *D*); 3) *розм.* (*оточити*) úmringen *vt*, dicht umdrängen *vt*
обліпи́ха *бот.* Sánddorn *m*
облі́плювати *див.* обліпи́ти
облітáти, *див.* облеті́ти
обло́г|а Belágerung *f*, стан ~и Belágerungszustand *m*
обломи́ти áb|brechen* *vt*, **~ся** áb|brechen* *vi* (s)
облупи́тися áb|gehen* *vi* (s), áb|schuppen *vi* (s) (*про шкіру*); áb|bröckeln *vi* (s), áb|blättern *vi* (s) (*про лак, фарбу і т. п.*)
облягáти 1) (*про сукню*) án|liegen* *vt*, 2) *військ.* belágern *vt*
облямі́вка Kánte *f*, Saum *m*, Rand *m*
облямува́|ння Éinrahmung *f*, Éinfassung *f*, **~ти** éin|rahmen *vt*, éin|fassen *vt*
обма́н 1) Betrúg *m*; 2) (*омана*) Täuschung *f*, ~ зóру óptische Täuschung
обма́нливий trügerisch, täuschend
обма́нн|ий 1) betrügerisch; ~им шляхóм [спóсобом] auf betrügerische Wéise; 2): ~ рух *спорт.* Fínte *f*, Täuschung *f*
обману́ти 1) (*когось*) betrügen* *vt*, belügen* *vt*, lügen* *vi* (*D*); 2) (*довіру, сподівання*) täuschen *vt*; 3) (*порушити обіцянку*) sein Verspréchen nicht hálten*
обма́нщик Betrüger *m*
обма́цати, **обма́цувати** betásten *vt*, befühlen *vt*
обме́жен|ий 1) (*у коштах і т. п.*) beschränkt, knapp; 2) (*про людину*) beschränkt, borníert; nicht weit her (*недалекий*); **~ість** 1) (*коштів і т. п.*) Beschränktheit *f*, Knáppheit *f*, 2) (*людини, розуму*) Beschränkt-heit *f*, Borníertheit *f*
обме́ження Begrénzung *f*, Beschränkung *f*, Éinschränkung *f*, ~ озбрóєнь Rüstungsbegrenzung *f*, ~ íмпорту Éinfuhrbeschränkung *f*
обме́жувати, **обме́жити** beschränken *vt*, begrénzen *vt*, éin|schränken *vt*; ~ себé sich éin|schränken; **~ся** (*чимось*) sich beschränken (auf *A*); sich begnügen (mit *D*) (*задовольнитися*)
обми́ти wáschen* *vt*, ábwaschen* *vt*; **~ся** sich ábwaschen*
обмі́лина séichte Stélle; піща́на ~ Sándbank *f*

О

обміліти seicht wérden

óбмін 1) (*чимось — взаємний*) Áustausch *m*; ~ думкáми Méinungsaustausch *m*, Áussprache *f*; ~ дóсвідом Erfáhrungsaustausch *m*; ~ інформáцією Informatiónsaustausch *m*; культýрний ~ kulturéller Áustausch; 2) (*чогось — заміна*) Úmtausch *m*, Tausch *m*, Wéchsel *m*; ~ грóшей Géldumtausch *m*; ~ житловóї плóщі Wóhnungstausch *m*; ◊ ~ речовúн Stóffwechsel *m*

обмíнювати, **обміня́ти** (*на щось*) 1) úmtauschen *vt* (gégen *A*); 2) (*валюту*) úmtauschen *vt* (in *A*), wéchseln *vt* (in gégen *A*); **~ся** (*чимось*) 1) (áus)táuschen *vt* (*з кимось* mit *D*); ~ся думкáми Méinungen áus|tauschen; 2) (*поглядами, словами*) wéchseln *vt* (*з кимось* mit *D*)

óбмір Méssung *f*, Áusmessen *n*

обмíрити, **обмíрювати**, **обміря́ти** verméssen *vt*, áus|messen *vt*

обмóвити (*когось*) *див.* обмовля́ти

обмóвитися *див.* обмовля́тися

обмóвка Verspрécher *m*, Schnítzer *m розм*

обмовля́ти (*когось*) án|schwärzen *vt*, verléumden *vt*

обмовля́тися *розм.* sich verspréchen*

обмолóт Dréschen *n*; **~úти** dréschen* *vt*

обморóжений erfróren

обмотáти, **обмóтувати** 1) (*щось чимось*) umwíckeln *vt* (mit *D*); 2) (*щось навколо чогось*) wíckeln *vt* (um *A*)

обмундирувáння (*комплект одягу*) Unifórm *f*, Bekléidung *f*

обнарóдува|ння Veröffentlichung *f*, Bekánntmachung *f*, Kúndgebung *f*; **~ти** veröffentlichen *vt*, bekánnt|machen *vt*, kúnd|geben* *vt*

обнестú (*чимось - оточити*) umgében* *vt* (mit *D*)

обнóва *розм.* Néuanschaffung *f*

обновúти ernéuern *vt*

обнóвлення Ernéuerung *f*

обновля́ти *див.* обновúти

обнóсити *див.* обнестú

обов'язкóв|ий verbíndlich, Pflicht-; obligatórisch (*приписаний правилами*); ~а прогрáма (*у фігурному катанні*) Pflichtkür *f*; **~о** únbedingt; bestímmt (*неодмінно*)

обóв'яз|ок 1) Pflicht *f*, Schúldigkeit *f*; почéсний ~ Éhrenpflicht *f*; вважáти щось своїм ~ком etw. für séine Pflicht hálten*; 2) (*сукупність посадових справ*) Pflichten *pl*; викóнувати ~ки дирéктора den Diréktor vertréten*, kommissárischer Diréktor sein; це вхóдить в мої ~ки das gehört zu méinen Pflichten, das ist méine Pflicht

обóжнюва|ння Vergötterung *f*, Ánbetung *f*; **~ти** 1) vergöttern *vt*, án|beten *vt*; 2) *розм.* (*дуже любити щось*) schwärmen *vi* (für *A*)

оболóнка 1) Hülle *f*; 2) *анат.* Haut *f*

обопíльн|ий gégenseitig, wéchselseitig, béiderseitig; за ~ою згóдою mit béiderseitigem Éinverständnis

обóрка Volant [vo'laŋ] *m*, Rüsche *f*

оборóн|а Vertéidigung *f*, Ábwehr *f*; протиракéтна ~ (ПРО) Rakétenabwehr *f*; цивíльна ~ Zivilverteidigung [-'vi:l-] *f*; **~ний** Defensív-, Vertéidigungs-, Ábwehr-

обороноздáтність Vertéidigungsfähigkeit *f*

обороня́ти vertéidigen *vt*; **~ся** sich vertéidigen; sich wéhren (*захищатися*)

оборóт 1) (*круговий поворот*) Úmdrehung *f*; чилó ~ів Úmdrehungszahl *f*, Úmlaufzahl *f*; ~ навкóло Землí Érdumkreisung *f*; 2) *ек.* Úmlauf *m*, Zirkulatión *f* (*грошей*); Úmschlag *m*, Úmsatz *m* (*товарів*); 3) (*вживання, використання*) Úmlauf *m*; пустúти щось в ~ etw. in Úmlauf bringen* [sétzen]; 4) (*поворот; перен. новий напрям у ході розвитку чогось*) Wéndung *f*

оборóтний (*який знаходиться в обігу*) Úmlauf-, Zirkulatións-

обпалúти verséngen *vt*

обпáлювати (*цеглу, вапно*) brénnen* *vt*

обпектú (*руку і т. п.*) verbrénnen* *vt*; verbrühen *vt* (*кип'ятком*); **~~ся** (*чимось*) sich verbrénnen* (an *D*); sich verbrühen (mit *D — кип'ятком*)

обпéртися, **обпирáтися** (*на щось або об щось*) sich stützen (auf *A*)

обпікáти *див.* обпектú

обполíскувати, **обполоснýти** áb|spülen *vt*, bespülen *vt*

обпрúскувати, **обпрúскати** bespréngen *vt*, bespritzen *vt*

обрáдувати (er)fréuen *vt*, Fréude beréiten (*D*)

ображáтися *див.* обрáзитися

обрáжений beléidigt, verlétzt, gekränkt

óбраз (*вигляд*) Gestált *f*, Figúr *f* (*тж літ.*);

обрáз|а Beléidigung *f*, Kränkung *f*; завдáти комýсь ~и j-m éine Beléidigung zú|fügen

обрáзити beléidigen *vt*, kränken *vt*; **~ся** sich beléidigt [gekränkt] fühlen; gekränkt sein, sich gekränkt fühlen; ~ся на кóгось за щось j-m etw. übel|nehmen*, j-m wégen etw. (*G*) böse sein

обрáзливий beléidigend, kränkend

óбразний bíldlich, bildhaft

образотвóрч|ий dárstellend; ◊ ~е мистéцтво bíldende Künste

óбраний gewählt

обрáти (*когось кимось/чимось*) wählen *vt* (zu *D*)

обрахóвуватися sich verréchnen

обрахувáння *розм.* Réchenfehler *m*, Betrúg *m*

обрúв (*крутий укіс*) Ábhang *m*

обривáти(ся) *див.* обірвáти(ся)

обрúвистий steil, ábschüssig

обрúвок Fétzen *m*

óбриси *мн.* Úmrisse *pl*, Kontúren *pl*

обрíз: у нас чáсу в ~ wir sind knapp mit der Zeit

обрíзати, **обрізáти** beschnéiden* *vt*

О

оброби́ти 1) (*землю*) bebáuen *vt*, bestéllen *vt*; 2) (*завершити обробку*) vollénden *vt*, fértig|stellen *vt*; *буд.* áus|bauen *vt*, áus|statten *vt*; beárbeiten *vt*; 3) (*сировину, дані*) verárbeiten *vt*

обро́бка Beárbeitung *f*, Vollénduung *f*; *буд.* Áusbau *m*; (*грунту - тж*) Bestéllung *f*, Verárbeitung *f* (*сировини; даних*)

обробля́ти *див.* оброби́ти

обро́бн|ий: ~а промисло́вість die verárbeitende Industríe

обру́бувати, **обруба́ти** beháuen* *vt*, áb|hauen* *vt* (*відрубати*)

обру́ч Réifen *m*

обру́чка Éhering *m*, Tráuring *m*

обря́д Rítus *m*, Zeremoníe *f* (*церемонія*)

обсади́ти, **обса́джувати** (*чимось*) bepflánzen *vt* (mit *D*)

обсвиста́ти, **обсви́стувати** áus|pfeifen* *vt*

обсервато́рія Observatórium [-va-] *n*, Sternwarte *f*

обси́пати, **обсипа́ти** (*чимось*) bestréuen *vt*, überschútten *vt* (mit *D*); **~ся** heráb|rollen *vi* (s) (*про землю, каміння*); áb|bröckeln *vi* (s) (*про штукатурку*); áb|fallen* *vi* (s) (*про листя*); sich entblättern (*про дерева*); áb|blühen *vi* (s) (*про квіти*)

обсиха́ти *див.* обсо́хнути

обсіда́ти: ~ когóсь з прохáннями j-n mit Bítten bestürmen

обску́бувати, **обскуба́ти** rúpfen *vt*, áb|zupfen *vt* (*висмикувати*)

обслуго́вува|ння 1) (*населення*) Betréuung *f*; меди́чне, культу́рне ~ medizínische [ärztliche], kulturélle Betréuung; 2) (*відвідувачів, покупців, замовників і т. п.*) Service ['sø:vis *і* 'sø:rvis] *m*, Kúndendienst *m*; Bedíenung *f* (*в магазині, їдальні і т. п.*); техні́чне ~ (автомаши́н) Áutoservice *m*; **~ти** bedíenen *vt*

обслуго́вуючий: ~ персонáл Bedíenung *f*, Bedíenungspersonal *m*

обслужи́ти *див.* обслуго́вувати

обсми́кувати, **обсмикну́ти** (*про сукню і т. п.*) zuréchtzupfen *vt*, zuréchtziehen* *vt*

обсмо́ктувати sáugen* *vi*, lútschen *vi*, (an *D*)

обсо́хнути (áb)tröcknen *vi* (s), trócken wérden

обста́вин|а 1) (*подія, факт*) Úm-stand *m*, ~и спрáви Sáchlage *f*, Sáchverhalt *m*; 2) *мн.* ~и (*умови, обстановка*) Úmstände *pl*, Verhältnisse *pl*; ні за яки́х обстáвин únter kéinen Úmständen; залéжно від обстáвин je nach den Úmständen; je nachdém (*як відповідь*); сімéйні ~и Famíli enverhältnisse *pl*; 2) *грам.* Adverbiále [-vɛr-] *n*, Úmstandsbestimmung *f*, ~ мíсця Adverbiále des Órtes

обстано́вка 1) (*квартири і т. п.*) Éinrichtung *f*, Áusstattung *f*; 2) (*становище*) Situatión *f*, Láge *f*, Verhältnisse *pl* (*умови*); 3) (*атмосфера*) Atmosphäre *f*

обсте́ження 1) Überprüfung *f*; 2) *мед.* Untersúchung *f*

обсте́жити 1) überprüfen *vt*; 2) *мед.* untersúchen *vt*

обстрига́ти, **обстри́гти** schnéiden* *vt*, schéren* *vt*; **~ся** sich (*D*) die Háare schnéiden* (lássen*)

о́бстріл Beschíeßung *f*

обстрі́лювати, **обстріля́ти** beschíeßen* *vt*

обструга́ти áb|hobeln *vt*

обступа́ти, **обступи́ти** umríngen *vt*

о́бся|г Úmfang *m*, Volúmen [vo-] *n*; ~ робі́т Árbeitsumfang *m*; ~ виробни́цтва Produktiónsumfang *m*, Produktiónsvolumen *n*; у по́вному ~зі in vóllem Úmfang

обте́рти 1) (*витерти*) áb|wischen *vt*; 2) (*висушити*) áb|trocknen *vt*; **~ся** 1) (*витертися*) sich áb|trocknen; 2) (*зробити обтирання*) sich áb|reiben*, sich frottíeren

обтира́ння Ábreiben *n*, Frottíeren *n*

обтира́ти(ся) *див.* обте́рти(ся)

обті́чн|ий: ~а фо́рма Strómlini enform *f*

обтрі́паний zerlúmpt, stark ábgetragen

обтріпа́ти áb|tragen* *vt*, áb|nutzen *vt*

обтру́шувати, **обтруси́ти** áb|schütteln *vt*, áb|streifen *vt*; **~ся** (*від чогось*) von sich (*D*) áb|schütteln *vt*

обтя́гувати (*прилягати*) eng án|liegen* *vi*

обтя́ження Belástung *f*, Beschwérung *f*

обтя́ж|ити (*когось, чимось*) schwér|fallen* *vi* (s), étwas áus|machen (*D*); belásten *vt*, beschwéren *vt* (mit *D*); zur Last fállen* (*D*); bedrücken *vt*, belästigen *vt* (mit *D*); вас не ~ить, якщó ... würde es Íhnen étwas áusmachen, wenn ...; я не хоті́в би вас ~ ich möchte Íhnen nicht zur Last fállen

обтя́жливий beschwérlich, lästig

обтя́жувати *див.* обтя́жити

обумо́влювати, **обумо́вити** bedíngen *vt*

обу́рений empört

обу́рення Entrüstung *f*, Empörung *f*

обу́рити empören *vt*; **~ся** sich empören, entrüstet [empört] sein (*чимось* über *A*)

обу́рливий abschéulich, geméin; empörend

обу́рювати(ся) *див.* обу́рити(ся)

обхва́т *м.* в ~і im Úmfang

обхі́д 1) (*для огляду, перевірки*) Rúndgang *m*, Visíte [vi-] *f* (*лікаря в лікарні*); Rúnde *f* (*варти*); 2) (*кружний шлях*) Úmweg *m*; піти́ в ~ éinen Úmweg máchen

обхідни́й: ~ лист(óк) Láufzettel *m*

обхі́дник: колі́йний ~ *зал.* Stréckenwärter *m*

обхо́дження Úmgang *m*

обхо́дити *див.* обійти́; **~ся** *див.* обійти́ся

обхопи́ти, **обхо́плювати** umfássen *vt*

обчи́слення Beréchnung *f*

обчи́слити beréchnen *vt*, áus|rechnen *vt*

обчи́слювальн|ий Réchen-; ~ центр Réchenzentrum *n*, електро́нно ~а маши́на elektrónische Réchenmaschine,

Computer ['pju:-] *m*, ~а маши́нка Táschenrechner *m*
обчи́слювати *див.* обчи́слити
обша́рпаний zerlúmpt, stark ábgetragen
обша́рпати áb|tragen* *vt*, áb|nutzen *vt*
обша́рювати, **обша́рити** durchstöbern *vt*, durchwühlen *vt*, durchsúchen *vt*
обшива́ти, **обши́ти** 1) benähen *vt*, besétzen *vt*; 2) (*оббити дошками і т. п.*) verkléiden *vt*, verschálen *vt*
о́бшук (*квартири*) Háussuchung *f*
обшу́кувати, **обшука́ти** 1) (*робити обшук*) éine Háussuchung vór|nehmen* (*приміщення*); éine Léibesvisitation [-vi-] vór|nehmen* (*людину*); 2) (*оглянути все у пошуках чогось*) durchsúchen *vt*
общипа́ти, **общи́пувати** rúpfen *vt*
ова́л Oval [o'va:l] *n*, **~ьний** oval [o'va:l]
ова́ці|я Ovatión [-va-] *f*, бурхли́ві ~ї stürmischer Béifall
овдові́|лий verwítwet; **~ти** Wítwe wérden (*про жінку*); Wítwer wérden (*про чоловіка*)
ове́с Háfer *m*
ове́чий Schaf(s)-
оволоді́ти, **оволодіва́ти** 1) (*чимось*) in Besítz néhmen* *vt*, Besítz ergréifen* (von *D*); eróbern *vt*, besétzen *vt* (*захопити місто, фортецю і т. п.*); 2) (*кимось - про думки, почуття*) erfássen *vt*, ergréifen* *vt*, befállen* *vt*; 3) (*чимось - вивчити*) erlérnen *vt*, méistern *vt*, behérrschen *vt* (*засвоїти*); ◊ ~ собо́ю sich zusámmen|nehmen*, sich fássen
овоче́вий Gemüse-
овочесхо́вище Gemüselagerhalle *f*
о́вочі *мн.* Gemüse *n*
овочівни́цтво Gemüseanbau *m*
овчи́на Schäffell *n*
оги́да Ábscheu *m, f*, Wíderwillen *m*
оги́дний abschéulich, wíderlich, wíderwärtig, ékelhaft
огі́р|о́к Gúrke *f*, соло́ні ~ки́ Sálzgurken *pl*, сала́т з ~кі́в Gúrkensalat *m*
огле́дітися *перен.* (*освоїтися*) sich úm|sehen*; sich zuréchtfinden* (*зорієнтуватися*)
оглу́хнути taub wérden
оглуша́ти, **оглуши́ти** betäuben *vt*
оглу́шливий (óhren)betäubend, dröhnend
о́гляд 1) éingehende Besíchtigung, Untersúchung *f*, Prüfung *f*, 2) Kommentár *n*, Übersicht *f*, Rúndschau *f*, міжнаро́дний ~ internationále Rúndschau; 3) (*коротке повідомлення*) Überblick *m*, Übersicht *f* (*чогось* über *A*); 4) Kontrólle *f*, ми́тний ~ Zóllkontrolle; прикордо́нний ~ Grénzkontrolle *f*, ~ вантажі́в Fráchtkontrolle *f*, 5) (*міста, музею*) Besíchtigung *f*, 6) (*обстеження*) Untersúchung *f*, техні́чний ~ téchnische Dúrchsicht [Ьberprüfung]; 7) *військ.* Trúppenbesichtigung *f*, Trúppenparade *f*, 8) (*публічний показ*) Schau *f*, Léistungsschau *f* (*досягнень*); Áusscheid *m* (*конкурс*); ~ худо́жньої самодія́льності Láienkunstausscheid *m*
огляда́ти *див.* огля́нути
огля́дач Kommentátor *m*, політи́чний ~ polítischer Kommentátor; міжнаро́дний ~ áußenpolitischer Kommentátor; спорти́вний ~ Spórtreporter *m*
огля́дк|а *ж*: він біг без ~и er lief, so schnell ihn die Béine trúgen
огля́нути 1) sich (*D*) etw. án|sehen*, beséhen* *vt*, überblícken *vt*, betráchten *vt*, überscháuen *vt*, mústern *vt* (*уважно*); ~ кого́сь з ніг до голови́ j-n von óben bis únten án|sehen*; 2) (*місто, музей і т. п.*) besíchti-gen *vt*, 3) (*обстежити*) untersúchen *vt*, prüfen *vt*
огля́нутися (*подивитися навколо себе*) sich (nach állen Séiten) úm|blicken, um sich blícken *vi*
огляну́тися 1) (*на когось/щось - подивитися назад*) sich úm|sehen* (nach *D*), Úmschau hálten*, zurück|blicken *vi* (auf *A*); 2) (*подивитися навколо себе*) sich (nach állen Séiten) úm|blicken, um sich blícken *vi*
ого́лен|ий 1) entblößt, (*про людину - тж*) nackt; 2): ~а нату́ра *мист.* Akt *m*
оголи́ти entblößen *vt*
оголоси́ти 1) (*довести до відома*) bekánnt|geben* *vt*, mít|teilen *vt*, án|kündigen *vt* (*про щось наступне*); án|sagen *vt* (*номер — про конферансьє*); áus|rufen* *vt* (*зупинку — про водія*); 2): ~ війну́ den Krieg erklären; ~ страйк in den Streik tréten* *vi* (s); ~ кому́сь подя́ку, дога́ну j-m den Dank, éinen Verwéis áus|sprechen*; ~ шах (короля́) (dem König) Schach bíeten*; 3) (*офіційно визнати*) erklären *vt*, ~ збо́ри відкри́тими die Versámmlung für eröffnet erklären; ~ щось неді́йсним etw. für úngültig erklären; ~ кого́сь перемо́жцем j-n zum Síeger erklären
оголо́шення 1) (*дія*) Verláutbarung *f*, Verlésung (f); Veröffentlichung *f* (*опублікування*); Bekánntmachung *f*, Verkünd(ig)ung *f* (*повідомлення*); 2) (*повідомлення*) Informatión *f*, Ánkündigung *f* (*про щось наступне*); 3) (*письмове*) Bekánntmachung *f*, Ánschlag *m* (*плакат, афіша і т. п.*); Ánzeige *f*, Inserát *n* (*в газеті, журналі*); рекла́мне ~ Wérbeanzeige *f*, дошка́ (для) оголо́шень Ánschlagtafel *f*, Schwárzes Brett; ві́дділ оголо́шень (*в газеті*) Ánzeigenteil *m*
оголо́шувати *див.* оголоси́ти
ого́лювати *див.* оголи́ти
огоро́жа Zaun *m*, Umzäunung *f*, Gít-ter *n* (*грати*); Hécke *f* (*жива загорожа*)
огорта́ти, **огорну́ти** *перен.* umhüllen *vt* (mit *D*); **~ся** *перен.* sich umhüllen (mit *D*)
огриза́тися, **огризну́тися** 1) (*про собаку*) die Zähne flétschen; 2) *розм.* (*про людину*) únwirsch ántworten *vi*, án|schnauzen *vt*

о́гріх (*недолік*) Lücke *f*, Féhler *m*, Mángel *m*
огрубі|лий rauh, hart
огря́дни́й robúst, stämmig
огу́дити *розм.* herúntermachen *vt*, schmähen *vt*
одві́рок Pfósten *m*
одéжн|ий: ~а шáфа Kléiderschrank *m*, ~а щíтка Kléiderbürste *f*
одеколо́н Kölnischwasser *n*
оде́ржання Empfáng *m*, Erhálten *n*, Bezúg *m* (*пенсії*, *грошової допомоги*)
оде́ржати bekómmen* *vt*, erhálten* *vt*, empfángen* *vt*
одержи́мий (*чимось*) beséssen (von *D*)
оде́ржувати *див.* одéржати
оде́ржувач Empfänger *m*, Adressát *m* (*адресат*)
оди́н (однá, однé, одні́) **1.** *числ.* 1) ein *m*, *n*, éine *f*, в одно́му то́мі in éinem Band; 2) (*при лічбі*) eins; ~ плюс два eins plus zwei; сторі́нка но́мер ~ die Séite eins; **2.** *прикм.* 1) (*якийсь*) ein *m*, *n* éine *f*, у мéне є ~ знайо́мий, яки́й ... ich hábe éinen Bekánnten, der...; 2) (*без інших; сам*) allein; він живé ~ er lebt allein; вонá повернýлася однá sie kam allein zurück; 3) (*ніхто інший*, *ніщо інше*) allein, nur, láuter; він ~ це знáє er allein [nur er] weiß das; 4) (*з певної кількості*) éiner *m*, éi-ne *f*, éines *n*, **3.** *займ.* éiner *m*, éine *f*, éines *n*, ~ з дрýзів éiner der Fréunde; в ~ з днів an éinem Táge; **4.** *імен.* der éine, éiner *m*, die éine, éine *f*, das éine, éins *n*, ~ за о́дним éiner nach dem ánderen; одні́ ..., і́нші ... die éinen ..., die ánderen ...; однé о́дному не заважáє das éine stört das ándere nicht; ◊ ~ за всіх, всі за одногó éiner für álle, álle für éinen всі до о́дного álle óhne Áusnahme, álle bis auf éinen (усі́) як ~ а) (*одностайно*) éinmütig, instimmig; б) (*дружно*, *спільно*) álle geméinsam; в ~ го́лос wie aus éinem Múnde; ~ о́дного, ~ о́дному einánder; ~ за о́дним hintereinánder, nacheinánder; ~ на о́дному aufeinánder; ~ бі́ля о́дного nebeneinánder; ~ від о́дного voneinánder; ~ з о́дним miteinánder
одина́дцятий der élfte
одинадцятиметро́вий: ~ (штрафни́й) удáр *спорт.* Stráfstoß *m*, Élfmeter *m*
одина́дцять elf
одини́ця 1) (*величина*) Éinheit *f*, ~ ви́міру Máßeinheit *f*, грошовá ~ Géldeinheit *f*, адміністрати́вна ~ Verwáltungseinheit *f*, 2) (*цифра, число один*) Eins *f*, 3) (*оцінка*) Eins *f*
одини́чний (*єдиний*, *один*) éinzeln; ~ випáдок Éinzelfall *m*
одино́чка *спорт.* (*байдарка*) Éiner *m*
одино́чн|ий *у різн. знач.* Éinzel-; ~а гра *спорт.* Éinzelspiel *n*, ~а палáта Éinzelzimmer *n*, ~е ув'я́знення Éinzelhaft *f*
оді́яло Décke *f*, Béttdecke *f*, вáтне ~ Stéppdecke *f*
одна́ков|ий gleich; ~ого ко́льору gléichfarbig; **~о** gleich (*таким же чином*); ébenso (*такою мірою*)
одна́че *вставн. сл.* áber, doch; ти, ~, хи́трий! du bist áber schlau!
одне́: ~ і тé ж ein und dassélbe
одни́на́ *грам.* Síngular *m*, Éinzahl *f*
однобáрвний éinfarbig
одноголо́сно, **одноголо́сний** éinstimmig
одноде́нний éintägig, Éintags-
одноду́мець Gesínnungsgenosse *m*, der Gléichgesinnte
однозву́чний éintönig, monotón
одномі́нний (*про режим роботи*) éinschichtig
однозна́чний 1) éindeutig; 2) *мат.* éinstellig
однойме́нний gléichnamig
однокімна́тний Éinzimmer-
одноклáсник Mítschüler *m*, Klássenkamerad *m*
одноколі́йний éinspurig, éingleisig
одноку́рсник Stúdi enkamerad *m*
одно́літка *розм.* Áltersgenosse *f*, Gléichaltrige *f*
одномані́тн|ий éinförmig, éinheitlich, éintönig; monotón (*монотонний*); **~ість** Éinförmigkeit *f*, Éintönigkeit *f*, Éinheitlichkeit *f*
одномі́сний éinsitzig; Éinbett(*про номер, каюту*); ~ лі́ták Éinsitzer *m*
одноплемі́нник Stámmesgenosse *m*
одноповерхо́вий: ~ буди́нок ébenerdiges [éingeschossiges] Gebäude
однорі́дний 1) (*схожий*) gléichartig, verwándt; 2) (*про склад*) homogén
однорі́чний éinjährig (*про дитину*); jährig (*про тварину*)
односкладо́вий éinsilbig, (*перен. -тж*) lakónisch
одностáйний éinmütig
одностáйність Éinmütigkeit *f*
односторо́нн|ій 1): ~ рух Éinbahnverkehr *m*, ву́лиця з ~ім ру́хом Éinbahnstraße *f*, 2) (*обмежений*) éinseitig
одноти́пн|ий vom sélben Typ; ~е суднó Schwésterschiff *n*
однотóмн|ий éinbändig; **~ик** éinbändige Áusgabe; Sámmelband *m* (*збірник*)
однофамі́лець Námensvetter *m*
одночáсно gléichzeitig, zu gléicher Zeit
óдповідь Ábfuhr *f*
одру́жений verhéiratet (*на комусь* mit *D*)
одру́ження Héirat *f*
одряхлі́ти gebréchlich [áltersschwach] wérden
оду́жання Genésung *f*
оду́жати sich erhólen, (gesúndheitlich) wiederhérgestellt sein, genésen *vi*, wieder gesúnd wérden
оду́матися 1) (*змінити свої наміри*) sich (éines Bésseren) besínnen*; 2) *розм.* (*схаменутися*) zur Vernúnft kómmen* *vi* (s), Vernúnft án|nehmen*
одурмáнювати, **одурмáнити** betäuben *vt*, benébeln *vt*, beráuschen *vt*

О

одýтлий (áuf)gedúnsen; ángeschwollen (*припухлий*)
одухотвóрений vergéistigt
óдяг Kléidung *f*, Bekléidung *f*, Kléi-der *pl*; вéрхній ~ Óberbekleidung *f*, готóвий ~ Konfektión *f*, чоловíчий ~ Hérren(be)k-léidung *f*, вéрхній Óberbekleidung *f*, тéплий ~ wárme Kléidung, wárme Sáchen; старúй ~ álte Kléider
одягáти *див.* одягтú; 2) (*когось якось*) kléiden *vt*; гáрно, зі смáком ~ когóсь j-n schön, geschmáckvoll kléiden; **~ся** 1) *див.* одягтúся; 2) (*носити якийсь одяг*) sich kléiden; ~ся мóдно sich módisch kléiden, módische Sáchen trágen*; вонá вміє ~ся sie weiß sich zu kléiden
одягтú án|ziehen* *vt*, ~ дитúну das Kind án|ziehen*; ~ когóсь у щось j-m etw. án|ziehen*; **~ся** 1) sich án|ziehen*; 2) (*у щось*) án|ziehen* *vt*
óжеледь Glátteis *n*
оживáти *див.* ожúти
оживúти 1) (*повернути до життя*) wieder-beleben *vt*, *мед.* reanimíeren *vt*, 2) (*відновити в пам'яті*) belében *vt*, áuf|frischen *vt*, **~ся** lébhaft wérden, áuf|leben *vi* (s)
ожúна 1) (*ягода*) Brómbeeren *pl*, 2) (*кущ*) Brómbeerstrauch *m*
ожирí|ння Verféttung *f*, Féttsucht *f*, **~ти** verfétten *vi* (s), fett wérden
ожúти 1) (*повернутися до життя*) áuf|leben *vi* (s); 2) (*про почуття і т. п.*) wíeder áuf|leben *vi* (s); 3) (*про вулицю і т. п.*) sich belében
озаглáвити, **озаглáвлювати** betíteln *vt*
озбрóєний 1) bewáffnet; 2) (*чимось*) *перен.* áusgerüstet (mit *D*)
озбрóєн|ня 1) (*дія*) Áusrüsten *n* (*армія*); Rüsten *n* (*країни*); гóнка ~ь Wéttrüsten *n*, 2) (*зброя*) Bewáff-nung *f*, Áusrüstung *f*, Wáffen *pl*, Rüstung (*країни*); звичáйне ~ня konventionélle [-'vən-] [hérkömmli-che] Wáffen; ракéтне ~ Rakétenwaffen *pl*
озбрóїти, **озбрóювати** 1) bewáffnen *vt* (*людей*); áus|rüsten *vt* (*армію*) (mit *D*); 2) *перен.* verséhen* *vt*, áus|rüsten *vt* (mit *D*); **~ся** 1) Wáffen án|legen, sich bewáffnen (*про людей*); rüsten *vi* (*про країну*) (mit *D*); 2) *перен.* sich áus|rüsten, sich versórgen (mit *D*)
озвáтися (*відповісти*) erwídern *vi*, ánt-worten *vi* (*D*)
озвýчувати, **озвýчити** (*фільм*) vertónen *vt*
оздóблення Schmuck *m*, Besátz *m* (*сукні*); verzíerung *f*
оздóблювати (*сукню і т. п.*) besétzen *vt*
оздоровúти 1) héilen *vt*, gesúnd máchen; 2) (*покращити, нормалізувати*) saníeren *vt*, verbéssern *vt*, ~ фінáнси die Finánzen saníeren
оздорóвлення 1) Gesúndung *f*, Héilung *f*, 2) (*покращання*) Saníerung *f*, Verbés-serung *f*
оздорóвлювати *див.* оздоровúти

озеле́нення Begrünung *f*
óзеро See *m*
озúм|ий Wínter-; ~е жúто Winterroggen *m*
озиминá Wíntersaat *f*, Wínterkorn *n*
озирáтися sich (nach állen Séiten) úm|b-licken, um sich blícken *vi*
озлúтися böse wérden, in Wut geráten* *vi* (s)
озлóблений erbóst, erbíttert, verbít-tert
озлóблення Erbítterung *f*, Erbóstheit *f*
ознайóмити (*з чимось*) bekánnt [vert-ráut] máchen *vt* (mit *D*), éin|führen *vt* (in *A*); **~ся** (*з чимось*) sich bekánnt [vertráut] máchen (mit *D*), kénnen|lernen *vt*
ознáка Zéichen *n*, Ánzeichen *n*, Mérkmal *n*, Symptóm *n* (*симптом*)
ознаменувáння: в ~ чогóсь zur Féier (*G*), zu Éhren (*G — в честь*), zum Gedächtnis (*G — в пам'ять*)
означá|ти 1) (*значити*) bedéuten *vt*, héi-ßen *vt*, що це ~є? а) was bedéutet das?; б) (*як докір*) was soll das bedéuten [héißen]?; 2) (*позначити*) bezéichnen *vt*
oзнáчений *грам.* bestímmt; ~ артúкль der bestímmte Artíkel
oзнáчення 1) *грам.* Attribút *n*, 2) *мат.* Definitión *f*
ознóб Schüttelfrost *m*, у мéне ~ mich fröstelt
окам'янíлий 1) (*який перетворився на камінь*) verstéinert; *геол.* fossíl; 2) (*нерухомий*) starr, erstárrt
окам'янíти 1) (*про копалини*) verstéinern *vi* (s); 2) (*втратити рухливість*) erstárren *vi* (s), starr wérden
океáн Ózean *m*
океанáрій Méeresaquarium *n*
океаногрáфія, **океанолóгія** Méeres-kunde *f*, Ozeanographíe *f*
океáнський ozeánisch, Ózean-
окидáти, **окúнути**: ~ пóглядом щось éinen Blick auf etw. (*A*) wérfen*; ~ пóглядом когóсь j-n mústern
óкис *хім.* Oxýd *n*, ~ вуглецю́ Kóhlenoxyd *n*
óкіст Schínken *m* (*свинячий*); Hám-melkeule *f* (*баранячий*)
окíт Wérfen *n*, Lammen *n* (*овець*)
оклáд (*зарплата*) Gehált *n*, мíсячний ~ Mónatsgehalt *n*
óклик Ruf *m*, Zúruf *m*
окликáти, **оклúкнути** zú|rufen* *vi* (*D*)
оклúчн|ий *грам.*: ~е рéчення Áusrufe-satz *m*, знак óклику Áusrufezeichen *n*
óко (*мн.* óчі) Áuge *n*, ◊ на ~ nach Áugenmaß; на очáх у всіх vor áller Áugen
окóви *мн.* Fésseln *pl*, Kétten *pl*
окóлиця Úmgebung *f*, Stádtrand *m* (*міста*); Dórfrand *m* (*села*)
окомíр Áugenmaß *n*
окóп Schützengraben *m*
окостенí|лий verknöchert; **~ти** verknö-chern *vi* (s)
окотúтися Júnge bekómmen*; Júnge wérfen*; lámmen *vi* (*про овець*)
окрáєць Rand *m*

окрéм|ий 1) (*особливий*) der besóndere, speziéll, Sónder-; ~ вúпадок speziéller Fall, Sónderfall *m*; 2) (*окремий від інших*) Éinzel-; der éigene (*власний, особистий*); 3) (*одиничний, деякий*) Éinzel-, éinzeln; **~о** 1) (*спеціально, особливо*) éxtra; 2) (*від чогось*) gesóndert (von *D*); 3) (*роздільно*) getrénnt

óкрик 1) (*оклик*) Zúruf *m*; 2) (*грубий наказ*) Ánschnauzer *m*

окрилúти, **окрилáти** (*надією і т. п.*) beschwíngen *vt*, beflügeln *vt*

окрíп kóchendes [síedendes] Wásser

óкруг 1) (*адміністративно-територіальна одиниця*) Bezírk *m*; автонóмний ~ der autonóme Bezírk; 2): вúборчий ~ Wáhlkreis *m*; 3): військóвий ~ Militärbezirk *m*

округлúти, **округлáти** áb|runden *vt*

окружн|úй 1) (*який відноситься до округу*) Bezírks-; Kreis-; ~ центр Bezírksstadt *f*; **~á** вúборча комíсія Kréiswahlkommission *f*; 2) (*який іде по колу*) Ring-; **~á** залізнúця Ríngbahn *f*

октáва *муз.*, *літ.* Oktáve [-və] *f*

окулíст Áugenarzt *m*

окулáр|и *мн.* Brílle *f*; носúти ~, ходúти в ~ах éine Brílle trágen*; надíти, знáти ~ die Brílle áuf|setzen, áb|nehmen*

óкунь Barsch *m*; морськúй ~ Rótbarsch *m*

окупáти décken *vt*, áus|gleichen* *vt*; **~ся** 1) (*про витрати*) sich décken, sich rentíeren, sich bezáhlt máchen; 2) *перен.* (*виправдатися*) sich lóhnen, sich bewähren

окупаційний Besátzungs-, Okkupatións

окупáція Besétzung *f*, Okkupatión *f*

окупúти(ся) *див.* окупáти(ся)

окупувáти okkupíeren *vt*, besétzen *vt*

олáдки *мн.* Fláden *pl*, fláche Pfánnkuchen

óлень Hirsch *m*; півнíчний ~ Réntier *n*

оленáр Réntierzüchter *m*; **~ство** Réntierzucht *f*

олúвк|и *мн.* Olíven [-vən-] *pl*; **~овий** (*про колір*) olivgrün [-'li:v-]

олів|éць Bléistift *m*; кольорóві ~цí Fárbstifte *pl*; червóний ~ Rót-stift *m*

олігáрхія Oligarchíe *f*

олíйн|ий 1) Öl-; 2): ~і фáрби Ölfarben *pl*

олімпіáда Olympíade *f*

олімпíєць Olýmpiateilnehmer *m*

олімпíйськ|ий olýmpisch, Olýmpia-; Олімпíйські íгри die Olýmpischen Spíele; ~ чемпіóн Olýmpiasieger *m*; Олімпíйське селó Olýmpiadorf *n*, Olýmpisches Dorf; ~а золотá медáль Olýmpiagold *n*; учáсник Олімпíйських íгор Olýmpiateilnehmer *m*; ◊ ~ спóкій olýmpische Rúhe

олíфа Ölfirnis *m*, Fírnis *m*

олí|я 1) Öl *n*; Pflánzenöl *n*; 2) *жив.* Öl *n*; писáти ~єю in Öl málen *vi*

óлово Zinn *n*

олов'яний Zinn-

ом *фіз.* Ohm *n*

омáр Húmmer *m*, Séekrebs *m*

омертвí|ння *мед.* Ábsterben *n*; **~ти** *мед.* áb|sterben* *vi* (s)

омивáти *геогр.* umspülen *vt*

омлéт Omelétt *n*, Éierkuchen *m*

омóнім Homoným *n*

он *частка розм.* (*там*) da, dort

ондáтра Bísamratte *f*

онімíти stumm wérden; *перен.* spráchlos sein

онкóлог Onkológe *m*, Krébsforscher *m* (*дослідник*)

онкологíчн|ий onkológisch, Onkologíe-, Geschwúlst-; ~е захвóрювання Geschwúlsterkrankung *f*; ~ хвóрий der Geschwúlstkranke, der Krébskranke

онколóгія Onkologíe *f*, Krébsforschung *f*

ООН (Організáція Об'єднаних Нáцій) ÚNO *f* (die Organisatión der Veréinten Natiónen); під егíдою ООН únter der Schírmherrschaft der ÚNO

опадáти *див.* опáсти

óпади *мн.* (*атмосферні*) Níederschläge *pl*

опáлення 1) (*дія*) Héizen *n*; 2) (*система*) Héizung *f*, центрáльне ~ Zentrálheizung *f*, пічнé ~ Ófenheizung *f*

опáлювальний Heiz-

опáлюваний héizbar

опáлювати (be)héizen *vt*

опам'ятáтися zur Vernúnft kómmen* *vi* (s), Vernúnft án|nehmen*

опанувáти, **опанóвувати** (*чимось - вивчити*) erlérnen *vt*, méistern *vt*, behérrschen *vt* (*засвоїти*); ◊ ~ собóю sich zusámmen|nehmen*, sich fássen

опáсти (*обсипатися*) áb|fallen* *vi* (s)

опéньок Hállimasch *m*

óпера Óper *f*, *театр.* *тж* Ópernhaus *n*

оперативка *розм.* kúrze Produktiónsberatung

оперативн|ий 1) (*гнучкий, дійовий*) operatív, wéndig, bewéglich; 2): ~а грýпа (міліція) Éinsatzgruppe (der Milíz); 3): ~е втручáння *мед.* operatíver [-vər] [chirúrgischer] Éingriff; **~ість** Wéndigkeit *f*, Bewéglichkeit *f*

оперáтор 1) (*кіно*) Kámeramann *m*; 2) (*на ЕОМ*) Operátor *m*

операційний Operatións-

оперáці|я *у різн. знач.* Operatión *f*, ~ на сéрці Hérzoperation *f*, зробúти комýсь ~ю j-n operíeren; перенестú ~ю éine Operatión dúrchmachen; десáнтна ~ Lándungsoperation *f*

опергрýпа оперативна грýпа (міліція) Éinsatzgruppe *f* (der Milíz)

оперезáти (*оточувати*) umgében* *vt*, umríngen *vt*

опéрення 1) (*птаха*) Gefíeder *n*; 2) *ав.* Léitwerk *n*; хвостовé ~ Héckleitwerk *n*

оперéта Operétte *f*

оперíзувати *див.* оперезáти

óперний Ópern-; ~ теáтр Óper *f*, Ópernhaus *n*; ~ співáк Ópernsänger *m*

оперувá|ти I *мед.* operíeren *vt*, éine Operatión vór|nehmen* (an *D*); йомý ~ли шлýнок er wúrde am Mágen operíert

оперувáти II (*чимось*) operíeren *vi* (mit *D*)

О

опечáтати versíegeln *vt*
опечáтування Versíegeln *n*
опинятися, **опинúтися** (*десь*) gerá-ten* *vi* (s), gelángen *vi* (s), sich (be)fínden*; як ти тут опинився? wie bist du hierhér geráten?
опирáтися (*чомусь*) sich widersétzen (*D*); sich sträuben, Wíderstand léisten (gégen *A* — *чинити опір*)
óпис 1) (*список*) Inventárliste [-vεn-] *f*, Verzéichnis *n* (*товару*); складáння ~у Inventáraufnahme *f*, 2) (*майна*) Beschlá-gnahme (Konfiskatión) des Vermögens
описáння Beschréibung *f*, Schílde-rung *f* (*здеб. художнє*)
описáти beschréiben* *vt*, schíldern *vt* (*зобразити*)
опúска Schréibfehler *m*
опúсувати *див.* описáти
опитáти 1) befrágen *vt*, (áb)frágen *vt* (*учнів*); 2) *юр.* vernéhmen* *vt*
опитнúй: ~ лист Frágebogen *m*
опúтування 1) Befrágung *f*, Úmfrage *f*, Rúndfrage *f*, ~ громáдської дýмки Méi-nungsumfrage *f*, 2) *юр.* Vernéhmung *f*, ~ свідків Zéugenvernehmung *f*, 3) (*на уроці*) Ábfragen *n*
опúтувати *див.* опитáти
опíвдні míttags, um die Míttagszeit
опівнíчний mitternächtlich
опíвночі nach Mitternacht, um Mítter-nacht
óпік Brándwunde *f*
опíка 1) Vórmundschaft *f*, 2) *перен.* Bevórmundung *f*
опікáти 1) bevórmunden *vt* (*тж перен.*); betréuen *vt* (*обслуговувати, супровод-жувати*); 2): ~ гравця́ *спорт.* éinen Spíeler décken
опíкування Fürsorge *f*, Sórge *f*, Pflége *f*, Óbhut *f* (*заступництво*)
опікýн Vórmund *m*, Fürsorger *m*, Pfléger *m*, Kurátor *m*, **~ка** Fürsorgerin *f*, Pflégerin *f*, Patrónin *f* (*благодійниця*)
óпір Wíderstand *m*, чинúти ~ комýсь j-m Wíderstand léisten, widerstéhen* *vi* (*D*) (*упиратися*); sich sträuben, sich widersét-zen (gégen *A*) (*не погоджуватися*)
опíрність Widerstandsfähigkeit *f*, *мед.* Resisténz *f*
óпіум Ópium *n*
оплáкувати bewéinen *vt*
оплá|та Bezáhlung *f*, ~ прáці Árbeitslohn *m*, **~тúти** bezáhlen *vt*, begléichen* *vt* (*по рахунку*); **~чений**: з ~ченою відповіддю mit bezáhlter Rückantwort
оплáчувати *див.* оплатúти
óплески *мн.* Händeklatschen *n*, Béifall *m*, Appláus *m*, Ovatión [-va-] *f*, бурхлúві ~ stürmischer Béifall
оплóт Bóllwerk *n*, Hort *m*, ~ мúру Bóllwerk des Fríedens
оповідá|ння Erzählung *f*, Erzählen *n*, **~ч** Erzähler *m*
оповіднúй erzählend
опозúція Oppositión *f*
ополóнка Éisloch *n*
ополчáтися, **ополчúтися** (*на когось або проти когось*) lós|ziehen* *vi* (s) (gégen *A*)
опонéнт Opponént *m*, Gútachter *m* (*при захисті дисертації*)
опóр|а Stütze *f*, **~ний** Stütz-
опортуні|зм Opportunísmus *m*, **~ст** Opportuníst *m*
опоряджáти (*квартиру*) éin|richten *vt*
опорáдження (*квартири і т. п.*) Áusstattung *f*, Einríchtung *f*
опóсум Opóssum *n*, Béutelratte *f*
опóшлити, **опошляти** verfláchen *vt*, banalisíeren *vt*, **~ся** verfláchen *vi* (s), banál wérden
опрáва Éinfassung *f*, Fássung *f* (*окулярів, коштовного каміння*)
опрáвити (*вставити в оправу*) éin|fassen *vt*, fássen *vt* (*камінь*)
опрáвитися (*від страху і т. п.*) sich fássen, zu sich (*D*) kómmen* *vi* (s)
оправляти *див.* опрáвити
опритóмніти (wíeder) zu sich (*D*) kóm-men* *vi* (*s*), zur Besínnung kómmen* *vi* (*s*)
опромíнення Bestráhlung *f*, (*лікування - тж*) Stráhlenbehandlung *f*, дóза радіоак-тúвного ~ Stráhlendosis *f*, зазнáти радіо-актúвного ~ éine Stráhlendosis bekóm-men*, der Stráhlung áusgesetzt wérden
опромíнитися (*зазнати радіоактивного опромінення*) éine Stráhlungsdosis bekómmen*, der Stráhlung áusgesetzt wérden (*про людину*); verstráhlt wérden (*про продукти харчування і т. п.*)
опромíнювати *мед.* bestráhlen *vt*, **~ся** *мед.* sich bestráhlen lássen*
опротестувáти, **опротестóвувати** *юр.* Berúfung éin|legen (gégen *A*), appellíeren *vi* (wégen *G*)
óптика Óptik *f*
оптимáльний optimál
оптимі|зм Optimísmus *m*, **~ст** Opti-míst *m*, **~стúчний** optimístisch
оптúчний óptisch
оптóв|ий Gróßhandel(s)-; ~а торгíвля Gróßhandel *m*, ~а цінá Gróßhandelspreis *m*
óптом im gróßen; ~ і в рóздріб im gróßen und im kléinen, im Gróß und Éinzelhandel
опублікóвувати veröffentlichen *vt*
опублікувáння Veröffentlichung *f*
опублікувáти *див.* опублікóвувати
опýдало 1) áusgestopftes Tier (*опудало*); áusgestopfter Vógel (*птаха*); 2) (*городнє*) Vógelscheuche *f*
опýклий gewölbt
опускáти, **опустúти** 1) herúnter|lassen* *vt*, stéllen *vt* (*поставити*); légen *vt* (*пок-ласти*); 2) (*руки, голову*) sénken *vt*, sín-ken lássen* *vt*, níeder|schlagen* *vt* (*очі*); 3) (*у щось - лист, монету*) éin|werfen* *vi* (in *A*); 4) (*пропустити*) áus|lassen* *vt*, **~ся** (níeder)sinken* *vi* (s), sich sénken;

sich níeder|lassen* (*в крісло і т. п.*); níeder|gehen* *vi* (s) (*про сонце, літальний апарат*); fállen* *vi* (s) (*про завісу*)

опухáти, **опýхнути** (án)schwéllen* *vi* (s)

орáва *розм.* Háufen *m*, Hórde *f*, Bánde *f*

орáнжевий orange [o'ranʃ *і* o'rɑ̃:ʒ(ə)], oránge(n)farben [o'raŋʒə(n)- *і* o'rɑ̃:ʒə(n)-], oránge(n)farbig

оранжерéя Tréibhaus *n*, Orangerie [o'raŋʒə'ri:] *f*, Gewächshaus *n*

óранка Pflügen *n*; Áufpflügen *n*

орáти pflügen *vt*

орáтор Rédner *m*

оратóрія Oratórium *n*

орбíт|а *астр.*, *фіз.* Bahn *f*, *косм.* *тж* Úmlaufbahn *f*, Órbit *m*; ~ Землí Érdbahn *f*, навколоземнá ~ Érdumlaufbahn *f*, вúвести на ~у auf die Úmlaufbahn bríngen* *vt*; вúйти на ~у in die Úmlaufbahn éin|treten* *vi* (s); **~áльний**: ~áльна (космíчна) стáнція Orbitálstation *f*

оргáзм Orgásmus *m*

óрган *у різн. знач.* Orgán *n*; ~ зóру Séhorgan *n*; ~и чуттíв Sínnesorgane *pl*; ~и дрýку, друкóвані ~и Présseorgane *pl*

оргáн Órgel *f*; грáти на ~і (auf der) Órgel spíelen *vi*

організáтор Organisátor *m*

організацíйний Organisatións-

організáці|я 1) (*дія*) Organisíerung *f*, Organisatión *f*, Gestáltung *f*; наукóва ~ прáці (НОП) wíssenschaftliche Árbeitsorganisation (WAO); 2) (*об'єднання, установа*) Organisatión *f*, Éinrichtung *f*, Institutión *f*; громáдська ~ geséllschaftliche Organisatión; партíйна ~ Partéiorganisation *f*; керівнá ~ léitende Institutión; вищестоя́щі ~ї übergeordnete Institutiónen; будівéльна ~ Báubetrieb *m*

організм Organísmus *m*

організóваний 1) (*упоряджений*) gut organisíert, gerégelt, geórdnet; plánmäßig (*планомірний*); 2) (*про людину*) organisíert, disziplíniert

організувáти, **організóвувати** organisíeren *vt*, (*улаштувати - тж*) veránstalten *vt*, unternéhmen* *vt*, dúrch|führen *vt*, (*наладнати - тж*) órdnen *vt*, Órdnung bríngen* (in *A*), (*створити - тж*) gründen *vt*; **~ся** 1) (*утворитися*) sich bílden; entstéhen* *vi* (s) (*виникнути*); 2) (*об'єднатися*) sich organisíeren, sich zusámmen|schließen*

органíст Organíst *m*, Órgelspieler *m*

органíчн|ий orgánisch; ~е скло Pléxiglas *n*

оргáнн|ий Órgel-; ~а мýзика Órgelmusik *f*, концéрт ~ої мýзики Órgelkonzert *n*

óргія Órgi e *f*

оргкомітéт (організацíйний комітéт) Organisatiónskomitee *n*

ордá Hórde *f*

óрден Órden *m*; óрден Дрýжби нарóдів Órden der Völkerfreundschaft; нагородúти когóсь ~ом j-m éinen Órden verléihen*, j-n mit éinem Órden áus|zeichnen

орденонóсець Órdensträger *m*

óрдер Órder *f*, Ánweisung *f*; ~ на квартúру Wóhnungszuweisung *f*

орéл Ádler *m*

орéнд|а Míete *f*, Pacht *f* (*землі*); **~увáти** míeten *vt* (*приміщення*); páchten *vt* (*землю*)

ореóл *перен.* Nímbus *m*, Schein *m*, Héiligenschéin *m*

оригінáл 1) Originál *n*, Úrschrift *f*, Manuskrípt *n* (*рукопис*); Úrtext *m* (*літературний*); в ~і im Originál, im Úrtext; 2) (*про людину*) Originál *n*, Sónderling *m*; **~ьний** 1) (*справжній*) Originál-, originál, echt; authéntisch; ~ьний текст Origináltext *m*, Úrtext *m*; 2) (*своєрідний*) originéll, originál

орієнтáція Orientíerung *f*, виробнúча ~ Berúfsberatung *f*

орієнтóвно (*приблизно*) úngefähr, ánnähernd

орієнтувáтися sich orientíeren, sich zurécht|finden*, sich áus|kennen*

оркéстр Orchester [-'kεs-] *n*, Kapél-le *f*; ~ нарóдних інструмéнтів Vólksmusikorchester *n*; вíйськóвий ~ Militärkapelle *f*; **~áнт** Orchestermusiker [-'kεs-] *m*, Orchésterspieler *m*

орлúний Ádler-

орнáмент Ornamént *n*

орýдний: ~ відмíнок *грам.* Instrumentális

орфогр|афíчний orthográphisch; **~áфія** Orthographíe *f*, Réchtschreibung *f*

осá Wéspe *f*

óсад (*в рідині*) Bódensatz *m*

осáдок *перен.* Náchgeschmack *m*, Náchgefühl *n*

освíдчення Líebeserklärung *f*

освíдчитися, **освíдчуватися**: ~ комýсь j-m éine Líebeserklärung máchen, j-m séine Gefühle gestéhen*

освіжáти *див.* освіжúти

освіжáюч|ий erfríschend; ~і напóї Erfríschungsgetränke *pl*, erfríschende Getränke

освіжúти 1) erfríschen *vt*, kühlen *vt* (*охолодити*); 2) (*обновити — знання, спогади і т. п.*) áuf|frischen *vt*

освíта 1) Bíldung *f*, нарóдна ~ Vólksbildung *f*, вúща ~ Hóchschulbildung *f*, серéдня ~ Míttelschulbildung *f*, Óberschulbildung *f*, 2) (*знання, які даються в результаті навчання*) Bíldung *f*, Áusbildung *f*, вúща ~ Hóchschulabschluß *m*, akadémische Áusbildung; університéтська ~ akadémische Bíldung; медúчна, технíчна ~ medizínische, téchnische Áusbildung

освітúти beléuchten *vt*, erléuchten *vt*, erhéllen *vt* (*осяяти*); **~ся** 1) sich erhéllen, hell wérden; 2) *перен.* (*засяяти*) erstráhlen *vi* (s)

освíтленн|я (*світло*) Licht *n*, Beléuchtung *f*, електрúчне ~ eléktrisches Licht; святкóве ~ féstliche Beléuchtung; при дéнному ~і bei Tágeslicht; при нічнóму ~і bei nächtlicher Beléuchtung

O

освітній Bíldungs-
освічений gebíldet, áufgeklärt
освоєння Áneignung *f*, Méisterung *f*, Behérrschung *f* (*оволодіння*); ~ дóсвіду Áuswertung der Erfáhrungen*; ~ кóсмосу Eróberung des Wéltalls; ~ нової продýкції Áufnahme éiner néuen Produktión
освоїти, **освóювати** sich (*D*) etw. án|eignen, behérrschen *vt*, méistern *vt* (*оволодіти методами роботи*); nútzen lérnen *vt* (*прилади і т. п.*); erschließen* *vt* (*джерела сировини, космос, нові території і т. п.*); **~ся** *з чимось - звикнути*) sich éin|leben (in *A*), sich zurécht|finden* (in *D*)
осéл Ésel *m*
оселéд|ець *розм.* Héring *m*, *збірн. тж* Héringe *pl*; **~цевий** Hérings-
осетéр Stör *m*
осетин Osséte *m*; **~ський** ossétisch
осетрина Störfleisch *n*
осик|а Éspe *f*; **~овий** Éspen-
осипати, **осипáти** *перен.* überschüt-ten *vt* überhäufen *vt* (mit *D*)
осиротіти verwáisen *vi* (s)
осідáти *див.* осісти
осілий séßhaft, ánsässig
осінній Herbst-, hérbstlich
óсінь Herbst *m*
осісти 1) (*про будинок, землю*) sich sénken; 2) (*про пил і т. п.*) sich sétzen; 3) (*про опади*) áus|fallen* *vi* (s)
оскаженілий toll, wütend, rásend
оскандáлитися *розм.* sich blamíeren, sich lächerlich máchen
оскáрж|ення Berúfung *f*, **~ити** Berúfung éin|legen (gégen *A*)
осквернити, **оскверняти** entwéihen *vt*, schänden *vt*, besúdeln *vt* (*заплямувати*)
оскільки da
оскóлок Splítter *m*; Schérbe *f* (*скла і т. п.*)
ослáбити 1) (*фізично*) schwächen *vt*, entkräften *vt*; 2) (*пом'якшити*) míldern *vt*, áb|schwächen *vt*; 3) (*розпустити*) lóckern *vt*
ослáблення Schwächung *f*, Entspánnung *f* (*напруги і т. п.*); Lóckerung *f*, Náchlassen *n*; Mílderung *f* (*пом'якшення*)
ослабляти *див.* ослáбити
ослáвити Schánde án|tun* (*D*)
осліпити, **осліплювати** bléndеn *vt*
осліпнути erblínden *vi* (s), blind wérden
ослячий Ésels-
осмислений sinnvoll; vernünftig, verständig (*розумний*)
осмислювати, **осмислити** 1) (*продумувати*) durchdénken* *vt*; 2) (*зрозуміти*) erfássen *vt*, verstéhen* *vt*, begréifen* *vt*; 3) (*тлумачити, інтерпретувати*) déuten *vt*, éinen Sinn gében* (*D*)
осміліти Mut fássen [bekómmen*]
осміювати, **осміяти** áus|lachen *vt*, sich lústig máchen (über *A*)
оснастити (*чимось*) áus|rüsten *vt*, áus|statten *vt* (mit *D*)
оснáщення Áusrüstung *f*, Áusstattung *f*
оснáщувати *див.* оснастити
оснóв|а 1) Básis *f*, Grúndlage *f*, економічна ~ wirtschaftliche Básis; на мирній ~і auf friedlicher Grúndlage; взяти щось за ~у etw. als Básis néhmen*; 2) (*фундамент*) Únterbau *m*, Fundamént *n*, BГsis *f* (*колони*); Fuß *m* (*гори*); 3) *мн.* ~и (*вихідні положення*) Grúndlagen *pl*, теоретичні ~и theorétische Grúndlagen; 4) *грам.* Stamm *m*; ◊ лежҐти в ~і чогось zugrúnde líegen* (*D*)
основн|ий Grund-; Haupt- (*головний*); ~ принцип Grúndprinzip *n*, ~á дýмка Grúndgedanke *m*, Háuptgedanke *m*, ~é питáння Háuptfrage *f*
основополóжний grúndlegend, Grund-
основополóжник Gründer *m*, Begründer *m*, Schöpfer *m* (*творець*)
осóб|а 1) Persón *f*, Persönlichkeit *f*, офіційна ~ Ámtsperson *f*, дійовá ~ hándelnde Persón; на дві ~и für zwei Persónen; 2) *грам.* Persón *f*, пéрша ~ однинй die érste Persón Singular; за осóбами (*змінюватися*) nach der Persón
особист|ий 1) persönlich; privat [-'vat], Privát- (*приватний*); ~а відповідáльність persönliche Verántwortung; це моя ~а дýмка das ist méine persönliche [priváte] Méinung; 2) (*власний*) éigen; з ~ого дóсвіду aus éigener Erfáhrung
особист|ість Persönlichkeit *f*, Persón *f*, рóзвиток ~ості Persönlichkeitsentwicklung *f*, яскрáва ~ hervórragende Persönlichkeit
особисто persönlich; selbst (*сам*)
особлив|ий der besóndere; úngewöhnlich, spezífisch (*незвичайний*); éigenartig, éigentümlich (*своєрідний*); ◊ нічóго ~ого nichts Besónderes [Áußergewöhnliches]; **~ість** Besónderheit *f*, Éigenart *f* (*характерна властивість*); **~о** 1) besónders; insbesóndere, vor állem; 2) (*своєрідно*) éigenartig
особняк Villa ['vila] *f*
особóв|ий 1) *грам.* Personál-; ~і займéнники Personálpronomen *pl*, ~і закінчення Personálendungen *pl*, 2) persönlich; ~а спрáва Personálakte *f*, ~ склад Personál *n*, *військ.* Personálbestand *m*, Besátzung *f* (*команда*)
осокір *бот.* Schwárzpappel *f*
осорóмити blóß|stellen *vt*, blamíeren *vt*, beschämen *vt*, Schánde máchen (*когось D*); **~ся** *розм.* sich blamíeren, sich blóß|stellen
оспівувати, **оспівáти** besíngen* *vt*, (lób)préisen* *vt* (*вихваляти*)
оспóрювати bestréiten* *vt* (*думку і т. п.*); áb|streiten* *vt* (*D — чиєсь право*)
остáнки *мн.* Leichnam *m*
остáнн|є *імен.* das Létzte; віддáти ~ das Létzte (sein Létztes) híngeben*; до ~ього bis zum létzten
остáнн|ій 1) der létzte; в ~ раз zum létzten Mal; 2) (*найновіший*) der néueste, der

jüngste; за ~ьою мо́-дою nach der néuesten Móde; ~і вісті (*по радіо*) Náchrichten *pl*; 3) (*щойно згаданий*) der létztere, der létztgenannte; 4) (*попередній*) der vórige, der létzte; ◊ ~ім ча́сом in der létzten Zeit; в ~ю че́ргу zulétzt

оста́н|ок: ~ життя́ der Rest des Lébens; до ~ку réstlos

остато́чний éndgültig

оста́ч|а *мат.* Rest *m*; два в ~і zwei Rest; без ~і (*ділиться*) óhne Rest; ◊ без ~і réstlos

остеріга́тися 1) (*чогось/когось*) sich hüten, sich in acht néhmen* (vor *D*); 2) (*уникати робити щось*) sich vór|sehen*; auf der Hut sein (*проявляти обережність*)

остига́ти, **ости́гнути** kalt wérden; áb|kühlen *vi* (s), erkálten *vi* (s)

ості́льки: ~ оскі́льки insoférn als

остовпі́ти erstárren *vi* (s), verblüfft sein

остоги́днути (*комусь*) zuwíder wérden (*D*)

о́сторонь ábseits; ~ від чо́гось in éiniger Entférnung von (*D*)

о́страх Angst *f*, Furcht *f*

о́стрів Ínsel *f*

остуди́ти, **осту́джувати** áb|kühlen *vt*, erkálten lássen* *vt*

оступа́тися, **оступи́тися** stólpern *vi* (s), stráucheln *vi* (s)

о́суд Verúrteilung *f*, Míßbilligung *f*, Tádel *m*, Rüge *f*, грома́дський ~ öffentlicher Tádel

осу́дження Verúrteilung *f*, Mißbílligung *f*, Tádel *m*

осу́джувати verúrteilen *vt*, mißbílli-gen *vt* (*не схвалювати*)

осу́нутися 1) (*про людину*) áb|ma-gern *vi* (s); 2) (*про обличчя*) hóhlwangig wérden

осу́шення Tróckenen *n*, Tróckenlegung *f*

осуши́ти, **осу́шувати** (*грунт*) trócken|legen *vt*

осява́ти *див.* ося́яти

осяга́ти, **осягну́ти** (*зрозуміти*) begréifen* *vt*, erfássen *vt*, verstéhen* *vt*

ося́яти (*освітити*) beléuchten *vt*, bestráhlen *vt*, erhéllen *vt*; **~ся** (*освітитися*) erglänzen *vi* (s); áuf|leuchten *vi* (s, h) (*спалахнути*)

от, ось da, hier, ~ і ми da sind wir! ~ там dort

о́твір Öffnung *f*, Loch *n*, Spalt *m* (*щілина*)

отели́тися kálben *vi*

о́тже álso, sómit, nun; fólglich

ототóжн|ити identifizíeren *vt*; **~ення** Identifizíerung *f*; **~ювати** *див.* ототóжнити

ото́ченн|я 1) (*середовище*) Úmwelt *f* (*природне*); Umgébung *f*, Milieu [-'ljø:] *n* (*про людей*); 2) *військ.* Éinkesselung *f*, потра́пити в ~ in éinen Késsel geráten* *vi* (s); ◊ в ~і когóсь umgében von (*D*)

оточи́ти 1) (*розташуватися навколо*) umgében *vt*, umríngen *vt*; 2) (*обнести*) umgében *vt* (mit *D*); 3) *військ.* umzíngeln *vt*, éin|kesseln *vt*; 4) (*любов'ю і т. п.*) umgében *vt* (mit *D*); ~ когóсь піклува́нням j-n mit Fürsorge umgében, j-n umsórgen; ~ когóсь ува́гою j-m Áufmerksamkeit entgégen|bringen*

ото́чу|вати 1) *див.* оточи́ти; 2) (*розташовуватися, знаходитися навколо чогось/когось*) umgében* *vt*, umgében sein (von *D*); селó ~ють поля́ Félder umgében das Dorf, das Dorf ist von Féldern umgében; йогó ~ють дру́зі er ist von Fréunden umgében

óтроцтво Teenageralter ['ti:ne:-dʒər-] *n*, (*хлопчика - тж*) Búrschenalter *n*, (*дівчинки - тж*) Mädchenjahre *pl*

отру́єння Vergíftung *f*

отру́їти 1) (*когось*) vergíften *vt*; 2) (*зробити отруйним*) vergíften *vt*, verséuchen *vt*; 3) (*зіпсувати радість, задоволення і т. п.*) verdérben *vt*, vergällen *vt* (*D*); **~ся** 1) (*прийняти отруту*) Gift néhmen*; 2) (*випадково*) sich vergíften (*чимось* an *D*)

отру́йний Gift-; gíftig (*тж перен.*)

отру́та Gift *n*

отя́митися (wíeder) zu sich (*D*) kómmen* *vi* (s); sich besínnen*; sich fássen (*заспокоїтися*)

офіце́р Offizíer *m*

офіціа́нт Kéllner *m*, Óber *m* (*як звертання*)

офіці́йн|ий offiziéll, ámtlich; ~ візи́т offiziéller Besúch; ~е повідóмлення ámtliche Méldung; ~а осóба Ámtsperson *f*, offiziélle Persón; ~ тон förmlicher Ton

офóрмити 1) (*художньо*) (áus)gestálten *vt*, áus|statten *vt*; 2) (*виконати необхідні формальності*) registríeren *vt* (*зареєструвати*); legalisíeren *vt* (*узаконити*); áus|fertigen *vt* (*договір і т. п.*); áus|stellen *vt* (*документи, візу і т. п.*); ~ авіаквитóк éine Flúgkarte [ein Flúgticket] áus|stellen; 3) (*зарахувати на роботу*) éin|stellen *vt*, **~ся** 1) (*набрати закінченої форми*) entgültige Form [Gestált] án|nehmen*, sich heráus|bilden; 2) (*на роботу*) éingestellt wérden

офóрмлення 1) (*виконання формальностей*) Erlédigung der Forma-litäten; ~ вантажу́ Gepäckabfertigung *f*, 2) (*на роботу*) Éinstellung *f*, 3) (*художнє*) Áusstattung *f*, Gestáltung *f*, Ráumausgestaltung *f* (*приміщення*); Scháufensterdekoration *f* (*вітрини*); Búchausstattung *f* (*книги*)

оформля́ти(ся) *див.* офóрмити(ся)

оха́йн|ий réinlich, sáuber; stúbenrein (*про тварин*); (*порядний*) éhrlich, ánständig; **~ість** 1) Réinlichkeit *f*, Sáuberkeit *f*, 2) (*порядність*) Éhrlichkeit *f*, Ánständigkeit *f*

óхати ächzen *vi*, krächzen *vi*

охля́лий *розм.* ábgemagert, herúntergekommen

охля́нути ábmagern *vi* (s), ábfallen* *vi* (s)

óхнути *див.* óхати

охолоди́ти, **охолóджувати** 1) kühlen *vt*, áb|kühlen [erkálten] lássen* *vt*; 2) *перен.* áb|kühlen *vt*, dämpfen *vt* (*запал і т. п.*); **~ся** sich áb|kühlen, erkálten *vi* (s)

О

охолóнути kalt wérden; áb|kühlen *vi* (s), erkálten *vi*(s) (*тж перен. — про почуття*)
охопи́|ти 1) (*обхопити*) umfássen *vt*, 2) (*огорнути*) erfássen *vt*, пóлум'я ~ло будúнок die Flámmen erfáßten das Gebäude; 3) (*про почуття*) erfássen *vt*, pácken *vt*, überkómmen* *vt* (*про неприємне почуття*); йогó ~ла рáдість Fréude erfáßte ihn; йогó ~в жах der Schreck überkám [páckte] ihn
охóплений (*чимось*) 1) ergríffen, erfáßt (von *D*); 2): ~ пóлум'ям líchterloh brénnen, vom Féuer erfóßt
охóплю|вати 1) *див.* охопи́ти; 2) (*включати в себе*) umfássen *vt*, кни́га ~є перíод ... das Buch umfáßt die Perióde ...
охорóна 1) (*захист*) Schutz *m*, (*інтересів, прав і т. п. - тж*) Wáhrung *f*, ~ прáці Árbeitsschutz *m*, ~ навкóлишнього середóвища Úmweltschutz *m*, ~ кордóнів Grénzsicherung *f*, 2) (*варта*) Wáche *f*, Schutz *m*, прикордóнна ~ Grénzwache *f*, Grénzschutz *m*, особи́ста ~ Léibwache *f*, persönlicher Schutz
охорóнець Léibwächter *m*
охороня́ти 1) (*вартувати*) bewáchen *vt*, 2) (*захищати*) schützen *vt*, (*інтереси, права і т. п. - тж*) wáhren *vt*
охóт|а (*бажання*) Lust *f*, у мéне пропáла ~ (*робити щось*) mir vergíng die Lust (zu + *inf*); з ~ою gern, mit Vergnügen (*із задоволенням*); по своїй ~і aus éigenem Ántrieb
охóтитися (*за кимось/чимось - розм. вистежувати, намагатися знайти, зловити*) nách|jagen *vi* (s) (*D*), hínter j-m/etw. her sein
охóч|е gern; mit Vergnügen (*із задоволенням*); ~іше líeber
óцет Éssig *m*
оцинкóваний verzínkt
оціни́ти 1) (*визначити ціну, вартість*) schätzen *vt*, bewérten *vt*, 2) (*дати оцінку, характеристику*) éin|schätzen *vt*, beúrteilen *vt*, bewérten *vt*, 3) (*визнати достоїнства*) würdigen *vt*, ánerkennen *vt*
оцíнк|а 1) (*думка, судження*) Éinschätzung *f*, Beúrteilung *f*, Bewér-tung *f*, дáти чомýсь висóку ~у etw. hoch éin|schätzen; 2) (*бал*) Zensúr *f*, Nóte *f*
оцíнювати *див.* оціни́ти
очеви́дець Áugenzeuge *m*
очеви́дн|ий óffensichtlich, óffenbár, óffenkúndig; **~о** 1) es ist óffenbár [óffensíchtlich]; це (цілкóм) ~ das liegt auf der Hand; 2) *вставн. сл.* wáhrschéinlich, óffenbár
очерéт 1) (*рослина*) Rohr *n*, Schíl-frohr *m*, 2) (*зарості*) Röhricht *n*
очи́стити, **очищáти** *див.* чи́стити
очи́стка Réinigung *f*, Säuberung *f*, (*картоплі, яблук*) Schälen *n*
очíкуваний voráussichtlich
очíкуванн|я 1) (*стан*) Wárten *n*, Erwártung *f* (*чогось, з надією на щось*); після дóвгого ~ nach lángem Wárten; в ~і льóтної погóди in Erwártung gúten Flúgwetters
очк|ó (*одиниця рахунку у грі*) Punkt *m*, перемогти́ за ~áми éinen Púnktsieg erríngen*
óчн|ий I Áugen-, Áug-; ~е я́блуко Áugapfel *m*
óчн|ий II: ~е навчáння Diréktstudium *n*, ~а стáвка *юр*. Konfrontíerung *f*, Gegenüberstellung *f*
очóлити, **очóлювати** an der Spítze stéhen* *vi*, léiten *vt* (*керувати*)
очорни́ти (*обмовити*) án|schwärzen *vt*, verléumden *vt*
оша́тний elegánt, schmuck
оштрафувáти mit éiner Géldstrafe belégen *vt*
оштукатýрити verpútzen *vt*
ошýкувати, **ошукáти** préllen *vt*, übers Ohr háuen* *vt*
ошýрки *мн.* Metállstaub *m*
ощáдн|ий Spar-; ~а кáса Spárkasse *f*, ~а кни́жка Spárbuch *n*, поклáсти грóші на ~у кни́жку Geld auf die Spárkasse légen [trágen*]
ощасли́вити, **ощасли́влювати** beglücken *vt*, glücklich máchen *vt*

О

П

пави́ч Pfau *m*
павільйо́н 1) Pávillon [viljɔŋ *i* -jɔ̃:] *m*; виставочний ~ Áusstellungspavillon *m*; 2) *кіно* Atelier [-'lje:] *n*
па́водок Hóchwasser *n*
паву́к Spínne *f*
павути́на Spínngewebe *n*
па́гін Trieb *m*, Sproß *m*
па́горок Hügel *m*, Ánhöhe *f*
па́дати 1) fállen* *vi* (s); stürzen *vi* (s) (*стрімко*); 2) (*знижуватися*) fállen* *vi* (s), sínken* *vi* (s)
паді́ння 1) Fállen *n*; Sturz *m* (*стрімке*); 2) (*зниження*) Fállen *n*, Sínken *n*; 3) (*занепад*) Verfáll *m*
падля́ка Schuft *m*, Schúrke *m*
па́зух|а: за ~ою an der Brust
пай Ánteil *m*
пайови́й: ~ внéсок Ánteilleistung *f*, ánteilmäßiger Béitrag
пайови́к Téilhaber *m*
пайо́к Ratión *f*, Verpflégungssatz *m*; сухи́й ~ Káltverpflegung *f*
па́ка Stoß *m*, Pácken *m*
паке́т 1) (*згорток*) Pakét *n*; 2) (*для продуктів і т. п.*) Tüte *f* (*кульок*); Béutel *m* (*сумка*); поліетилéновий ~ Plástbeutel *m*
пакиста́н|ець Pakistáner *m*; **~ський** pakistánisch
пакт Pakt *m*; Vertrág *m* (*договір*); ~ про ненáпад Nichtángriffspakt *m*
пакува́ти pácken *vt*
пала́т|а 1) (*у лікарні*) Kránkenzim-mer *n*, Kránkensaal *m*; приймáльна ~ (*в лікарні*) Áufnahme *f*, Empfángsraum *m*; 2) (*установа*) Kámmer *f*; торгóва ~ Hándelskammer *f*; 3) (*вищий законодавчий орган*) Kámmer *f*
пала́ти 1) (*горіти*) lódern *vi*, flámmen *vi*; líchterloh brénnen*, in Flámmen stéhen* *vi* (*про будинок і т. п.*); 2) *перен.* glühen *vi* (*про щоки*); flámmen *vi* (*про очі*)
пала́тк|а (*для дрібної торгівлі*) Búde *f*, Verkáufsstand *m*, Kíosk *m* (*кіоск*)
пала́ц Palást *m*; Палáц спóрту Spórtpalast *m*
палести́н|ець Palästinénser *m*, **~ський** palästinénsisch
па́лець Fínger *m* (*руки́*); Zéhe *f* (*ноги́*); вели́кий ~ Dáumen *m* (*руки́*), große Zéhe (*ноги́*); ◇ і пáльцем не ворухну́ти kéinen Fínger rühren
па́ливо Brénnstoff *m*, Héizmaterial *n* (*для опалення*); Tréibstoff *m* (*для двигунів*); рідкé ~ flüssiger Brénnstoff *m*
пали́ти 1) (*бути курцем*) ráuchen *vi*, Ráucher sein; 2) (*щось*) ráuchen *vt*; 3) (*спалювати*) verbrénnen* *vt*; 4) (*змушувати горіти*) brénnen Lássen* *vt*
па́личк|а 1): дириге́нтська ~ Dirigéntenstab *m*, Táktstock *m*; барабáнні ~и Trómmelschlegel *pl*; естафéтна ~ Stáffelstab *m*; чарівнá ~ (*у казці*) Záuberstab *m*; 2) *мед.* (*бактерія*) Baktéri e *f*, Bazíllus *m* (*баци-ла*)
палі́|й Brándstifter *m*; ~і війни́ Kríegsbrandstifter *pl*
палі́ння Ráuchen *n*
паліса́дник Vórgarten *m*
палі́тра Palétte *f*
паліту́р|ка (*книги*) Éinband *m*
паліту́рник Búchbinder *m*
па́лка Stock *m*
палк|и́й féurig, héftig; flámmend; léidenschaftlich (*пристрасний*); ~á суперéчка héftiger Streit; ~é бажáння léidenschaftlicher Wunsch
паломн|ик Pílger *m*, Wállfahrer *m*; **~ичати** pílgern *vi*, éine Wállfahrt unternéhmen*; **~ицтво** Pílgerfahrt *f*, Wállfahrt *f*
па́луба Deck *n*; вéрхня ~ Óberdeck *n*, ни́жня ~ Únterdeck *n*
па́льма Pálme *f*, фíнікова ~ Dáttelpalme *f*
пальне́ Brénnstoff *m*, Tréibstoff *m*
пальни́к Brénner *m*; гáзовий ~ Gásbrenner *m*
пальто́ Mántel *m*
па́л|я Pfahl *m*; забивáти ~і Pfähle éin|rammen
па́морозь (*іній*) Ráuh reif *m*
па́морочи|тися: у мéне ~ться головá mich schwíndelt, mir wird schwíndlig
памфле́т Pamphlét *n*, Schmähschrift *f* (*пасквіль*)
пам'ята́|ти (*когось/щось або про щось*) sich erínnern (an *D*); dénken* *vi* (*про щось* an *A* — *постійно*); наскíльки я ~ю ... wenn ich mich recht erínnere, so ...; ~й про це! dénk(e) garán!; а ~єш ...? weißt du noch ...?

П

па́м'ятка Mérkblatt *n* (*листок*); Táschenbuch *n* (*книжка*); визначна́ ~ Séhenswürdigkeit *f*
па́м'ятн|ий 1) (*гідний пам'яті*) dénkwürdig; ~а поді́я dénkwürdiges Eréignis; 2) (*в пам'ять чогось*) Gedénk-; ~а меда́ль Gedénkmünze *f*
па́м'ятник 1) (*комусь*) Dénkmal *n*; 2) (*надгробний*) Grábstein *m*; 3) (*твір стародавньої культури*) Dénkmal *n*; архітекту́рний ~ Báudenkmal *n*
па́м'ят|ь 1) Gedächtnis *n*; 2) (*згадка*) Ándenken *n*, Erínnerung *f*; на ~ про щось zum Ándenken an etw. (*A*); 3) (*свідомість*) Bewúßtsein *n*, Besínnung *f*; при ~і bei vóllem Bewúßtsein; без ~і bewúßtlos, besínnungslos
пан 1) (*у різн. знач.*) Herr *m*; 2) (*в звертанні перед титулом, званням, прізвищем*) Herr; ~ професор Herr Proféssor; ~ Мя́ллер Herr Müller
панахи́да Séelenmesse *f*; ◊ громадя́нська ~ Tráuerfeier *f*
па́ні (*у звертанні перед титулом, званням, прізвищем*) Frau; Fräulein (*до незаміжньої жінки*); ~ Мя́ллер Frau [Fräulein] Müller
па́нік|а Pánik *f*; бу́ти в па́ніці von Pánik ergríffen sein; **~е́р** Pánikmacher *m*
пані́чний pánisch
панора́ма Panoráma *n*
пансіо́н (*невеликий готель*) Pensión [paŋ-] *f*; (*навчальний заклад*) Pensionát [paŋ-] *n*; (*повне утримання*) (vólle) Pensión [paŋ-] *f*
пансіона́т Féri enheim *n* (*будинок відпочинку*); Frémdenheim *n* (*готель*)
панте́ра Pánther *m*
пантомі́ма Pantomíme *f*
панто́флі Háusschuhe *pl*; Pantóffeln *pl* (*sg* Pantóffel *m*)
панува́ння Hérrschaft *f*; світове́ ~ Wéltherrschaft *f*
панува́ти 1) hérrschen *vi*; 2) (*переважати*) vór|herrschen *vi*, dominíeren *vi*
пану́юч|ий 1) (*що має владу*) hérrschend; ~ клас hérrschende Klásse; 2) (*переважний*) vórherrschend, dominíerend; ~е стано́вище Vórmachtstellung *f*
па́нцир Pánzer *m*
панчо́хи *мн.* (*одн.* панчоха) Strümp-fe *pl* (*sg* Strumpf *m*)
па́па: ~ ри́мський Papst *m*
паперо́в|ий Papíer-; ~а скля́нка Páppbecher *m*
папі́р Papíer *n*
па́пка (*для паперів*) Áktendeckel *m*, Áktenordner *m* (*швидкозшивач*), Máppe *f*, Aktentasche *f*
па́пороть Fárnkraut *n*, Farn *m*
папу́га Papagéi *m*
пар *с.-г.* 1) (*земля*) Bráche *f*, Bráchfeld *n*; 2) (*обробка*) Bráche *f*; залиша́ти під ~ом brách|legen *vt*, bráchliegen lássen* *vt*
па́р|а I 1) Dampf *m*; від води́ йде ~ das Wásser dampft; вари́ти на ~у́ dämpfen *vt*; 2) *мн.* ~и́ (*випари*) Dämpfe *pl*, Dünste *pl*; отру́йні ~и́ giftige Dünste; ◊ на всіх ~а́х mit Vólldampf; mit Hóchdruck (*про роботу*)
па́р|а II 1) (*про предмети*) Paar *n*; дві ~и рукави́чок zwei Paar Hándschuhe; 2) (*про людей*) Paar *n*; ~ зако́ханих Líebespaar *n*, подру́жня ~ Éhepaar *n*; 3) *розм.* (*декілька*) ein paar, éinige; че́рез ~у днів in (ein) paar Tágen; ~у разі́в éinige Mále; 4): видова́ ~ *грам.* Aspéktpaar *n*
пара́бола *мат.*, *літ.* Parábel *f*
парагва́|єць Páraguayer *m*, **~йський** páraguayisch, Páraguayer
пара́граф Paragráph *m*
пара́д Paráde *f*; прийма́ти ~ die Paráde áb|nehmen*
пара́дний 1) (*урочистий*) Gála-Paráde-; 2) (*головний*): ~ під'ї́зд Háupteingang *m*
парадо́кс Parádoxon *n*, **~а́льний** paradóx
парази́т *біол.* (*тж перен.* — *дармоїд*) Parasít *m*, Schmarótzer *m*, **~и́чний** schmarótzerhaft, parasitär
парале́ль 1) *мат.* Paralléle *f*, провести́ ~ (*тж перен.*) éine Paralléle ziehen*; 2) *геогр.* Bréitenkreis *m*, **~ний** parallél, gléichlaufend
паралізо́ваний paralysíert, gelähmt
паралізува́ти paralysieren *vt*, lähmen *vt*, (*перен. - тж*) láhm|legen *vt*
пара́ліч Paralýse *f*, Lähmung *f*, розби́тий ~ем gelähmt
пара́метр *мат.*, *фіз.* Parámeter *m*, за́даний ~ Sóllwert *m*, Sóllgröße *f*, вихідні́ ~и Áusgangsgrößen *pl*, Áusgangswerte *pl*
па́рами páarweise, je zu zweit
парапсихоло́гія Párapsychologie *f*
парасо́лька Schirm *m*, Sónnenschirm *m* (*від сонця*); Régenschirm *m* (*від дощу*); склада́на ~ Taschenschirm *m*, Knirps *m*
парашу́т Fállschirm *m*, стрибо́к з ~ом Fállschirmabsprung *m*, стриба́ти з ~ом mit dem Fállschirm áb|springen* *vi* (*s*, *h*); **~и́ст** Fállschirmspringer *m*, **~ний** Fállschirm-; ~ний спорт Fállschirmsport *m*, ~ний деса́нт Fállschirmlandung *f*
парите́т *юр.*, *ек.*, *політ.* Parität *f*, військо́во-стратегі́чний ~ militär-strategische [-ʃt- / -st-] Parität; **~ний** paritätisch
па́рити (*варити на пару*) dämpfen *vt*, schmóren *vt*
парі́: на ~ um die Wétte
парк 1) Park *m*, Párkanlage *f*, ~ культу́ри Kultúrpark *m*; 2) (*місце стоянки транспорту*) Depo [-'po:] *n* (*депо*); Wágenpark *m* (*автопарк*); трамва́йний ~ Stráßenbahnhof *m*, таксомото́рний ~ Táxipark *m*
парка́н Zaun *m*
парке́т Parkétt *n*, Parkétt(fuß)boden *m*, настила́ти ~ ein Parkétt légen
парла́мент Parlamént *n*, ◊ Європе́йський ~ Európaparlament *n*, Europäisches Parlamént
парламента́рій Parlamentári er *m*

парламента́рний parlamentárisch
парламенте́р Parlamentär *m*, Únterhändler *m*
парла́ментськ|ий Parlaménts-, parlamentárisch; ~і ви́бори Parlaméntswahlen *pl*
па́рн|ий 1) geráde; ~е числó geráde Zahl; 2) *спорт.*: ~а гра (*у тенісі*) Dóppelspiel *m*, ~е ката́ння (*на ковзанах*) Páarlauf *m*
парни́к Tréibhaus *n*, Frühbeet *n*
паров|и́й 1) Dampf-; ~é опáлення Dámpfheizung *f*, 2) *кул.* gedämpft
паровóз Lokomotíve [-və] *f*, Lok *f розм.*
паро́дія Parodíe *f* (*на щось/когось* auf *A*)
паро́ль Paróle *f*, Kénnwort *n*
паропла́в Dámpfschiff *n*, Dámpfer *m*
пароподі́бний dámpfförmig
па́рост|ок Keim *m*, Sproß *m*, Trieb *m*, Reis *n*, Sprößling *m*, пусти́ти ~ки kéimen *vi* spróssen *vi* (h, s); Tríebe bekómmen*
паротвóрення Dámpfbildung *f*
па́рта Schúlbank *f*
парте́р *театр.* Parkétt *n*
партиза́н Partisán *m*, **~ський** Partisánen-; ~ська війна́ Partisánenkrieg *m*
партиту́ра *муз.* Partitúr *f*, ~ óпери Ópernpartitur *f*
партíйн|ий Partéi-; ~ з'ïзд Partéitag *m*, ~а робóта Partéiarbeit *f*, ~і збóри Partéiversammlung *f*, ~ стаж Dáuer der Partéizugehörigkeit
па́рті|я I *політ.* Partéi *f*, створи́ти (нову́) ~ю éine néue Partéi gründen; вступи́ти в ~ю in éine Partéi éintreten*, Mítglied éiner Partéi wérden; ви́йти з ~ï aus der Partéi áustreten* *vi* (s)
па́рті|я II 1) (*загін*) Trupp *m*, геологорозвідувальна [пошукóва] ~ Erkúndungstrupp *m*, 2) (*певна кількість чогось/когось*) Pósten *m*, Partíe *f* (*про товар, вантаж*); Grúppe *f* (*людей*); 3) (*гра*) Partíe *f*, зігра́ти ~ю в ша́хи éine Partíe Schach spíelen; 4) *спорт.* (*волейбол, настільний теніс*) Satz *m*, ви́грати в трьох ~ях in drei Sätzen gewínnen*; 5) *муз.* Partíe *f* (*голосу*); Part *m* (*інструмента*); ~ тéнора Tenórpartie *f*, ~ фортепіáно Klavierpart [-'vi:r-] *m*
партне́р Pártner *m*, (*спорт. - тж*) Mítspieler *m* (*гравець своєї команди*), Gégenspieler *m* (*гравець команди супротивника*); торгóвий ~ Hándelspartner *m*
паруси́н|а Ségeltuch *n*, **~овий** Ségeltuch-
парфу́ми *мн* Parfüm *n*
парфуме́р|ія Parfümeríe *f*, **~ний** Parfümerie-
паса́ж *у різн. знач.* Passáge [-ʒə] *f*
пасажи́р Passagíer [-'ʒi:r] *m*, (*метро, автобуса і т. п. - тж*) Fáhrgast *m*, (*літака - тж*) Flúggast *m*, **~ський** Persónen-; ~ський пóїзд Persónenzug *m*, ~ський літáк Verkéhrsflugzeug *n*, ~ський ліфт Persónenaufzug *m*, Fáhrstuhl *m*
па́сербиця Stíeftochter *f*
паси́вн|ий passív; **~ість** Passivität [-vi-] *f*, Úntätigkeit *f* (*бездіяльність*)
па́синок Stíefsohn *m*
па́сі|ка Imkeréi *f*, Bíenengarten *m*, Bíenenstand *m*, **~чник** Ímker *m*, Bíenenzüchter *m*
па́смо Strähne *f*, Háarsträhne *f*
пасови́ще Wéide *f*
па́сок Hósengürtel *m* (*для брюк*)
па́спорт Personálausweis *m*, Áusweis *m*, закордóнний ~ Paß *m*, Réisepaß *m*, Áuslandspaß *m*, **~ний** Paß-; ~ний стіл Méldestelle *f*, Paßstelle *f*, Páßamt *n*, ~ний контрóль (*на кордоні*) Páßkontrolle *f*
па́ста Páste *f*, зубнá ~ Záhnpasta *f*
пасте́ль 1) (*живопис*) Pastéllmalerei *f*, 2) (*малюнок*) Pastéll *n*, Pastéllzeichnung *f*, 3) (*олівець*) Pastéllstift *m*
па́сти 1) wéiden (lássen*) *vt*, 2) (*худобу*) hüten *vt*, **~ся** wéiden *vi*
па́стка Fálle *f*
па́стор Pástor *m*, Pfárrer *m*
пасту́х Hirt *m*
пасува́ти I (gut) stéhen* *vi* (*D — бути до лиця*); pássen *vi* (zu *D*) (*підходити до чогось*); цей капеля́шок не пасу́є до твогó пальтá díeser Hut paßt nicht zu déinem Mántel
пасува́ти II 1) *карт.* pássen *vi*, 2) *перен.* (*відступати перед кимось/чимось*) zurück|weichen* *vi* (s) (vor *D* або *D*)
пасува́ти III *спорт.* (*комусь*) pássen *vi* (zu *D*), zú|spielen *vt* (*D*)
па́сх|а (*релігійне свято*) Óstern *n* або *pl*, Ósterfest *n*, на ~у zu Óstern
пат *шах.* Patt *n*, йомý ~ er ist patt; постáвити ~ королЯ́ den König patt sétzen
пате́нт Patént *n*, **~óваний** patentíert, Patént-
патла́тий zóttig
патріа́рх Patriárch *m*, **~а́льний** patriarchálisch
патріóт Patriót *m*
патріоти́зм Patriotísmus *m*
патріоти́чний patriótisch
патрóн 1) *військ.* Patróne *f*, холости́й ~ blínde Patróne; 2) *ел.* Fássung *f*
патру́ль Stréife *f*, (*військ. - тж*) Patrouille [-'truljə] *f*, міліцéйський ~ Milízstreife *f*
па́уза Páuse *f*
па́фос Páthos *n*
пах *анат.* Léiste *f*, Léistengegend *f*
пахв|á: під ~óю únter dem Arm
па́хнути ríechen* *vi*, (*про приємний запах - тж*) dúften *vi*, (*про неприємний запах - тж*) stínken* *vi* (*чимось* nach *D*)
па́хощі Wóhlgeruch *m*, Duft *m*, Aró-ma *n*
паху́чий stark ríechend; wóhlriechend, dúftend (*запашний*)
пациф|íзм Pazifísmus *m*, **~íст** Pazifíst *m*
пацíєнт Patiént *m*
пацЯ́к Rátte *f*
па́чка 1) Stoß *m* (*купка*); Pácken *m* (*велика пака книг і т. п.*); Bündel *n* (*невеликий пакунок листів і т. п.*); 2)

П

(*упаковка*): ~ чаю ein Päckchen Tee; ~ печива éine Páckung Keks; ~ сигарет éine Schächtel Zigarétten; ~ масла ein Stück Bútter
паша Wéidefutter *n*
пашіти (*про щоки*) glühen *vi*
паштет Pastéte *f*, печінковий ~ Léberpastete *f*
паща Rächen *m*
пая|льник Lötkolben *m*, **~ти** löten *vt*
певн|ий (*деякий; розм. безсумнівний*) ein gewísser; bestímmt, gewíß; у ~ их випадках in gewíssen Fällen; у них є ~а схожість sie háben éine gewísse Ähnlichkeit; за ~их умов únter besctímmten Bedíngungen; ~ою мірою gewísser Máßen
педагог Pädagóge *m*, **~ічний** pädagógisch; ~ічна рада Pädagógischer Rat
педаль Pedál *n*, Trétkurbel *f* (*у велосипеда*); ~ зчеплення *авт.* Kúpplungspedal *n*, Fúßhebel *m*
педант Pedánt *m*, **~ичний** pedántisch
педіатр Kínderarzt *m*
пейзаж Lándschaft *f*, (*картина - тж*) Lándschaftsbild *n*, **~ист** Lándschaftsmaler *m*
пекар Bäcker *m*
пекарня Bäckeréi *f*
пекло *розм.* Glut *f*, *перен.* Hölle *f*, höllisches Féuer
пекти 1) (*хліб і т. п.*) bácken* *vt*; 2) brénnen* *vi* (*D* auf *A* — *про сонце*, auf *D* — *про гостру їжу, мазь і т. п.*); stéchen* *vi*
пекуч|ий glühend, séngend; brénnend; *перен. тж* héftig (*про біль*); heiß (*про сльози*); akút (*про проблему і т. п.*); ~а спека glühende Hítze
пелена Schléier *m*, Décke *f* (*заволока*)
пеленгатор Péilgerät *n*
пелікан Pélikán *m*
пельмені *мн.* Pelméni *pl* mit Fleisch gefüllte Klößchen
пелюстка Blütenblatt *n*
пеляш|ка Wíndel *f*, ◊ з ~ок von Kíndesbeinen an
пемза Bímsstein *m*
пенал Fédermappe *f*
пенальті *спорт.* Stráfstoß *m*, Elfméter *m*, призначити ~ éinen Stráfstoß verhängen [gében*]; пробити ~ den Stráfstoß áus|führen; реалізувати ~ éinen Stráfstoß verwándeln
пензель Pínsel *m*
пенсійний Rénten-; ~ вік Réntenal-ter *n*
пенсіонер Réntner *m*
пенсі|я Rénte *f*, ~ по старості Áltersrente *f*, вийти на ~ю in (die) Rénte géhen* *vi* (s), Réntner wérden
пень Báumstumpf *m*
пепсі-кола Pépsi-Cola [-'ko-] *f*
первинний primär; úrsprünglich (*первісний*)
первісн|ий Ur-; ~е суспільство Úrgesellschaft *f*, ~а людина Úrmensch *m*
первісток der Érstgeborene, Érst-ling *m*
пергамент Pergamént *n*, **~ний** Pergamént-
переатестація periódische Überprüfung des Qualifikatiónsstandes, Néuattestierung *f*
перебивати *див.* перебити 3
перебивн|ий: ~і картинки Ábziehbilder *pl*
перебинтувати, **перебинтовувати** éinen néuen Verbánd ánlegen
перебирати *див.* перебрати
перебити 1) (*розбити посуд і т. п.*) zerschlágen* *vt*, kurz und klein schlágen* *vt*; 2) (*знищити*) erschlágen* *vt*; 3) (*перервати*) unterbréchen* *vt*, ins Wort fállen* *vi* (s) (*D*)
перебіг Verláuf *m*, Gang *m*, ~ подій Verláuf der Eréignisse
перебігати, **перебігти** (*щось або через щось*) láufen* *vi* (s) (über *A*)
переб|ій 1) Stóckung *f* (*затримка*); Störung *f* (*заминка*); Unterbréchung *f* (*перерва*); 2) *мн.* ~ої *мед.* Áussetzen *n*
перебільшений übertríeben
перебільшення Übertréibung *f*
перебільшувати, **перебільшити** übertréiben* *vt*, überschätzen *vt* (*переоцінити*)
переборний überwíndbar, bezwíngbar
перебороти, **переборювати** überwínden* *vt*, überwältigen *vt*, ~ себе sich überwínden*
переборщити *розм.* zu weit géhen* *vi* (s), es zu weit tréiben*, übertréiben* *vt*
перебрати (*розсортувати*) sortíeren *vt*
перебування Áufenthalt *m*, короткочасне ~ Zwíschenaufenthalt *m*
перебудова 1) (*будівлі і т. п.*) Úmbau *m*, Rekonstruktión *f*, 2) (*реорганізація*) Úmgestaltung *f*, Reorganisatión *f*, Úmstellung *f* (*ідеологічна*)
перебудувати, **перебудовувати** 1) úm|bauen *vt*; 2) (*реорганізувати*) úm|gestalten *vt*, reorganisíeren *vt*
перевáг|а 1) Vórzug *m*, Vórteil *m* (*вигода*); віддавати ~у чомусь bevórzugen *vt*, den Vórzug gében* (*D*); 2) (*переважне право*) Vórrang *m*, Vórrecht *n*, Privilég [-vi-] *n* (*привілей*); 3) (*вищість*) Überlégenheit *f*, *ек.* Übergewicht *n*, *військ.* Übermacht *f*, перемогти з великою ~ою *спорт.* überlégen síegen *vi*, кількісна ~ záhlenmäßige Überlégenheit; військовостратегічна ~ militärstratégische Überlégenheit
переважа|ння Vórherrschen *n*, Übergewicht *n*, **~ти** vór|herrschen *vi*, überwiegen* *vi*, dominíeren *vi* (*домінувати*)
переважаюч|ий vórherrschend, überwiegend, vórwiegend; ~і сили *військ.* die überlégenen Kräfte
переважн|ий überwältigend; vórherrschend, überwíegend, vórwiegend; ~а більшість überwältigende Méhrheit
переважно háuptsächlich, vórzugsweise, vórwiegend; meist, méistens, größtenteils

перевáл (*гірський*) Gebírgspaß *m*
перевáл|ка Úmschlag *m*, Úmladen *n*, ~ вантажів Güterumschlag *m*, **~очний** Úmschlag-, Úmlade-; ~очний пункт Úmschlagplatz *m*
перевáлюватися wátscheln *vi*
перевантáженість Überlástung *f*, Überbördung *f*
перевантáження 1) (*в інше місце*) Úmladung *f*, 2) (*надмірне навантаження*) Überládung *f*, Über(be)lástung *f*, *косм.* Beschléunigungsbelastung *f*, 3) *перен.* (*роботою і т. п.*) Überlástung *f*
перевантáжити, **перевантáжувати** 1) (*в інше місце*) umláden* *vt*, 2) (*надмірно навантажити*) überláden* *vt*, 3) *перен.* (*роботою і т. п.*) überlásten *vt*
переварúти 1) (*занадто*) zerkóchen (lássen*) *vt*, 2) (*засвоїти*) verdáuen *vt*, **~ся** 1) (*занадто*) zerkócht wérden; 2) (*засвоїтися*) verdáut wérden
перевáрювання Verdáuen *n*, Verdáuung *f*
перевáрювати(ся) *див.* переварúти
перевéдення (*в інше місце*) Überführung *f*(*установи і т. п.*); Versét-zung *f*(*людей*)
перевéзення Beförderung *f*, Transpórt *m*
перевезтú befördern *vt*, transportíeren *vt*, bríngen* *vt* (*доставити*); über|setzen *vt* (*на інший берег*)
перевернýти, **перевертáти** 1) (*з одного боку на інший*) (úm)wénden* *vt*, úm|drehen *vt*, úm|kehren *vt*, 2) *розм.* (*перекинути*) úm|kehren *vt*, úm|stülpen *vt*, úm|kippen *vt*; **~ся** 1) (*з одного боку на інший*) sich (úm)wénden*, sich (úm)dréhen; 2) (*перекинутися*) úm|schlágen* *vi* (s), úm|kippen *vi* (s)
перевéрш|ити, **перевéршувати** 1) (*когось в чомусь*) überbíeten* *vt*, übertréffen* *vt*(in *D*), überlégen sein (an *D*, *когось D*); 2) (*перевищити*) übertréffen* *vt*, це ~ило усі мої сподівáння das übertráf álle méine Erwártungen; ◊ ~ самóго себé sich selbst übertréffen*
перевестú 1) (*в інше місце*) führen *vt*, bríngen* *vt*, 2) (*по службі; в наступний клас*) versétzen *vt*, 3) (*стрілку годинника*) úm|stellen *vt*, vór|stellen *vt* (*вперед*); nách|stellen *vt* (*назад*); 4) (*виразити в інших величинах*) úm|rechnen *vt*, ◊ ~ дух Átem hólen [schöpfen]
перевзувáтися, **перевзýтися** die Schúhe wéchseln, ándere Schúhe án|ziehen*
перевúбори *мн.* Néuwahlen *pl*
перевúборний Néuwahl-
перевидавáти *див.* перевúдати
перевидáння Néuausgabe *f*, Néuauflage *f*(*новий тираж*)
перевúдати neu heráus|geben* *vt*, neu áuf|legen *vt*(*випустити новий тираж*)
перевиконáння Übererfüllung *f*, Überbíetung *f*
перевúконати, **перевикóнувати** übererfüllen *vt*, überbíeten* *vt*
перевúтра|та Méhrausgabe *f* (*коштів*); Méhrverbrauch *m*(*матеріалів, енергії і т. п.*); **~тити** zuvíel veráusgaben *vt*(*кошти*); zuvíel verbráuchen *vt* (*матеріали, енергію і т. п.*)
перевиховáння Úmerziehung *f*
перевúховати, **перевиховувати** úm|erziehen* *vt*
перевúщення 1) (*норми*) Überstéigen *n*, Übertréffen *n*, 2) (*прав і т. п.*) Überschréitung *f*, Mißbráuch *m*(*зловживання*); ~ влáди Máchtmißbrauch *m*
перевúщувати, **перевúщити** 1) (*норму*) übertréffen* *vt*, überstéigen* *vt*, 2) (*права і т. п.*) überschréiten* *vt*, mißbráuchen *vt* (*зловживати чимось*)
перевíз (*переправа*) Überfahrt *f*, Fäh-re *f* (*пором*)
перевізнúй Beförderungs-, Transpórt-
перевíр|ити prüfen *vt*, überprüfen *vt*, kontrollíeren *vt*, korrigíeren *vt* (*письмові роботи учнів*); **~ка** Prüfung *f*, Überprüfung *f*, Kontrólle *f*, ~ка якості Gütekontrolle *f*, ~ка паспортів на кордóні Páßkontrolle *f*
перевірáти *див.* перевíрити
перевíсити (*повісити інакше*) úm|hängen *vt*
перевлаштувáння Úmgestaltung *f*, Reorganisíerung *f*
перевóдити *див.* перевестú
перевóзити *див.* перевезтú
переворóт 1) (*перелом, докорінна зміна*) Úmwälzung *f*, Revolutión [-vo-] *f*, докорíнний ~ tíefgreifende Úmwälzung; наукóво-технíчний ~ wíssenschaftlich-téchnische Revolutión; 2) (*зміна суспільно-політичної системи*) Úmsturz *m*, держáвний ~ Stáatsstreich *m*, військóвий ~ Militärputsch *m*
перевтíлення Verwándlung *f*, Úmgestaltung *f*
перевтíлитися, **перевтíлюватися** sich verwándeln, sich úmgestalten
перевтóма Ьbermüdung *f*, Überánstrengung *f*
перевтомúтися, **перевтóмлюватися** übermüdet sein, sich überánstrengen; sich überárbeiten (*від роботи*)
перев'язáти 1) (*рану, хвору руку і т. п.*) verbínden* *vt*, 2) (*зв'язати*) (zú)binden* *vt*, verschnüren *vt* (*мотузкою*); úm|binden* *vt*(*обв'язати навколо*)
перев'язк|а: зробúти комýсь ~у j-n verbínden*, j-m éinen Verbánd án|legen
перев'язувати *див.* перев'язáти
переганáти *див.* перегнáти
перегúн *перен.* (*крайність*) Überspítzung *f*, Übertréibung *f*
перегинáтися *див.* перегнýтися
перегíн (*між двома станціями*) Strécke *f*
перéгляд Revisión [-vi-] *f*
переглядáти, **переглянути** 1) (*книгу, рукопис*) dúrch|sehen* *vt*, 2) (*з метою змін*) revidíeren [-vi-] *vt*

П

vom Gégenteil überzéugen *vt*, áus|reden *vt* (*когось D*); áb|bringen* *vt* (*в чомусь* von *D*); sich überzéugen (*von D*); ~ когóсь в чóмусь j-m etw. áus|reden, j-n von séiner Méinung [von séiner Ábsicht] áb|bringen*; 2) (*умовити*) überréden *vt* (*zu + inf*); **~ся** (*в чомусь*) nicht mehr überzéugt sein (von *D*), sich überzeugen*

перекóнлив|ий 1) überzéugend, tríftig; vollgültig; ~ дóказ vóllgültiger Bewéis; 2) (*настійний*) éindringlich, náchdrücklich; **~о** 1) überzéugend; 2) (*настійно*) éindringlich

перекóнувати(ся) *див.* переконáти(ся)

перекоси́тися, **перекóшуватися** 1) (*викривитися*) krumm [schief] wérden; 2) (*про обличчя*) sich verzérren, sich verziehen*

перекрéслювати, **перекрéслити** dúrch|streichen* *vt*

перекриви́тися (*про обличчя*) sich verzérren

перекри́влений (*про обличчя*) verzérrt

перекрýчувати, **перекрути́ти** (*спотворювати*) entstéllen *vt*, verdréhen *vt*

перекýпник Áufkäufer *m*, Zwíschenkäufer *m*

перекуси́ти 1) (*дріт, нитку і т. п.*) zerbéißen* *vt*; 2) *розм.* (*поїсти*) étwas zu sich (*D*) néhmen*, éinen (kléinen) Ímbiß (éin)néhmen*

перелáзити kléttern *vi* (s), hinüber|klettern *vi* (s) (*через щось* über *A*)

перелáмувати *див.* ламáти 1; **~ся** *див.* ламáтися 1

перелетíти 1) (*щось або через щось*) flíegen* *vi* (s) (über *A*), überflíegen* *vt*; 2) (*переміститися*) (hinüber)flíegen* *vi* (s)

П

переливáння: ~ крóві Blúttransfusion *f*

переливáти *див.* перели́ти; **~ся** (*про фарби*) schíllern *vi*

перели́ти (*в інший посуд*) gíeßen* *vt* (in *A*), úm|gießen* *vt*

перели́тися (*через край*) überfließen* *vi*, überlaufen* *vi*; sich über den Rand ergíeßen*

перелицьовáти (úm)wénden *vt*

перелíзти *див.* перелáзити

перéлік Verzéichnis *n*, Líste *f* (*список*)

перелíсок kléines Wáldstück (*лісна ділянка*), Hain *m* (*гайок*)

перелíт 1) (*птахів*) Zug *m*, Vógelzug *m*; 2) *ав.* Flug *m*, Überflug *m*, Überfliegung *f* (*через щось G*); безпосáдочний ~ Nonstópflug *m*

перелітáти *див.* перелетíти

перелíтний: ~ птах Zúgvogel *m*

перелóм 1) (*кістки*) Bruch *m*, ~ рукú Ármbruch *m*; 2) (*різка зміна*) Wéndung *f*, Úmschwung *m* (*поворот*); Wéndepunkt *m* (*поворотний пункт*); Krise *f* (*у хворобі*)

перелякк Schreck *m*

перемагáти *див.* перемогти́

перемикáння *тех.* Úmschaltung *f*

перемикáти *див.* перемкнýти

перемикáч *тех.* Úmschalter *m*, Schálter *m*, ~ світла *авт.* Ábblendschal-ter *m*, ~ діапазóнів *радіо* Wéllenschalter *m*

переми́р'я Wáffenstillstand *m*, уклáсти ~ éinen Wáffenstillstand (áb)schließen*

перемíна Ánderung *f*, Veränderung *f*, Wéchsel *m*, Úmschlag *m* (*погоди, настрою і т. п.*)

переміни́ти 1) (*змінити*) (ver)ändern *vt*, 2) (*замінити*) wéchseln *vt*, **~ся** sich (ver)ändern; wéchseln *vi*, úm|schlagen* *vi* (*про погоду, настрій і т. п.*)

перемісти́ти úmstellen *vt*, versétzen *vt*, (*перевести когось*) versétzen *vt*, (*перевести щось*) verlágern *vt*, **~ся** die Stélle (den Platz) wéchseln

перемішáти, **перемíшувати** 1) (*змішати*) vermíschen *vt*, 2) (*розмішати*) úm|rühren *vt*, 3) (*сплутати*) verwírren *vt*, durcheinánder|bringen* *vt*, **~ся** 1) (*змішатися*) sich (ver)míschen; 2) (*сплутатися*) sich verwírren, durcheinánder|geraten* *vi* (s)

перемíщення Úmstellung *f*, Verschiebung *f*, ~ по слýжбі Versétzung *f*

перемкнýти *тех.* úm|schalten *vt*

перемнóжити, **перемнóжувати** multiplizíeren *vt*

перемóг|а 1) Sieg *m*, здобýти ~у den Sieg erríngen* [davón|tragen*], (*у змаганнях - тж*) gewínnen* *vi*; День Перемóги der Tag des Sieges; 2) (*успіх*) Erfólg *m*, трудовá ~ Árbeitserfolg *m*

перемогти́ 1) síegen *vi* (über *A*), besíegen *vt*, 2) (*подолати*) überwínden* *vt*, überwältigen *vt*

перемóж|ець Síeger *m*, ви́йти ~цем als Síeger hervór|gehen* *vi* (s)

перемóжний Síeges-, síegreich

перемолóти (zer)máhlen* *vt*

перенапрýження (*перевтома*) Überánstrengung *f*

перенапрýжуватися, **перенапрýжитися** sich überánstrengen

перенасéлення Übervölkerung *f*

перенести́ 1) (*перемістити*) (hinüber)trágen* *vt*, (hinüber)bríngen* *vt* (*з одного місця на інше*); trágen* *vt* (über *A* — *через щось*); 2) (*перевести в інше місце*) verlégen *vt*, 3) (*призначити на інший час*) áuf|schieben* *vt*, vertágen *vt* (*засідання і т. п.*); 4) (*слово на інший рядок*) áb|teilen *vt*, trénnen *vt*, 5) (*витримати біль і т. п.*) vertrágen* *vt*, áus|halten* *vt*, 6) (*зазнати, пережити*) ertrágen* *vt*, dúrch|machen *vt*, hínter sich (*D*) háben *vt*

перенести́ся: у дýмці ~ *кýдись* sich (in Gedánken) versétzen (in *A*)

перенíсся Násenwurzel *f*

перенóс (*слóва*) Sílbentrennung *f*

перенóсити *див.* перенести́; **~ся** *див.* перенести́ся

перенóсн|ий (*фігуральний*) übertrágen; **~е** знáчення übertrágene Bedéutung

переноси́й (*портативний*) trágbar, transportábel

переночува́ти übernáchten *vi*
переобира́ти neu wählen *vt*
переобладна́|ння Néuausrüstung *f*, Néuausstattung *f*, **~ти** neu áus|rüsten [áus|statten] *vt*
перео́блік 1) (*перереєстрація*) Néuregistrierung *f*, Úmregistrierung *f*, 2) (*товарів*) Inventúr [-vɛn-] *f*
переобра́ння Wíederwahl *f*, Néuwahl *f*
переобра́ти *див.* переобира́ти
переодяга́ти(ся) *див.* переодягти́(ся)
переодя́гнений (*кимось або в когось*) verkléidet (als *N*)
переодягти́ 1) (*когось*) úm|ziehen* *vt*, 2) (*щось*) wéchseln *vt*, **~ся** 1) (*перемінити одяг*) sich úm|ziehen*; 2) (*кимось або в когось*) sich verkléiden (als *N*)
переозбро́єння *військ.* Úmrüstung *f*, Neuausrüstung *f*
переозбро́їти, переозбро́ювати úm|rüsten *vt*, neu áus|rüsten *vt*
переорієнта́ція Néuori entierung *f*, Úmori entierung *f*
переосми́слити úmdenken* *vi*, éinen néuen Sinn gében*
переосна́щення Néuausrüstung *f*
переохолоди́ти, переохоло́джувати unterkühlen *vt*
переоціни́ти (*надто високо оцінити — значення, можливості і т. п.*) überschätzen *vt*
переоці́нка: ~ ці́нностей die Úmwertung áller Wérte
переоці́нювати *див.* переоціни́ти
пе́репел Wáchtel *f*
перепи́лювати, перепиля́ти dúrch|sägen *vt*
пере́пис Zählung *f*, ~ насе́лення Vólkszählung *f*
переписа́ти 1) (*занову*) úm|schreiben* *vt*, neu schréiben* *vt*, ~ щось на́чисто etw. ins réine schréiben*; 2) (*списати*) áb|schreiben*; 3) (*скласти список*) éine Líste áuf|stellen
перепи́тувати, перепита́ти nóchmals frágen *vt*
перепідгото́вка Wéiterbildung *f*
перепла́вити I (*метал*) úm|schmelzen *vt*
перепла́вити II (*ліс*) flößen *vt*
переплавля́ти I, II *див.* перепла́вити **I, II**
перепланува́|ння Néuplanung *f*, Úmplanen *n*, **~ти** neu plánen *vt*, úmplanen *vt*
переплати́ти, перепла́чувати (*за щось*) zu viel záhlen *vi* (für *A*), überbezahlen *vt*
переплести́ 1) (*книгу*) éin|binden* *vt*, éinbinden lássen* *vt* (*віддати в оправлення*); 2) (*сплести*) verfléchten* *vt*, **~ся** sich verfléchten*
перепливати, перепли́сти (*щось або через щось*) schwímmen* *vi* (s) (über *A*), hinüber|schwimmen* *vi* (s) (*плавом*); fáhren* *vi* (s) (über *A*), hinüber|fahren* *vi* (s) (*на човні і т. п.*)
перепліта́ти *див.* переплести́; **~ся** *див.* переплести́ся
переплу́тати 1) (*нитки, дріт*) verwír-ren *vt*, 2) (*дати, імена*) durcheinánder|bringen* *vt*, 3) (*вважати одне за інше*) verwéchseln *vt*
переповза́ти, переповзти́ 1) (*переміститися*) (hinüber)kríechen* *vi* (s); 2) (*через щось*) kríechen* *vi* (s) (über *A*)
перепо́внений überfüllt, übervoll
перепо́внити, перепо́внювати überfüllen *vt*, **~ся** sich überfüllen, übervoll wérden [sein]
переполо́х Tumúlt *m*, Verwírrung *f* (*сум'яття*)
переполоши́тися *розм.* in Verwírrung [Bestürzung] geráten* *vi* (s)
перепочи́н|ок Erhólung *f*, Rast *f*, Átempause *f* (*короткий*); без ~ку 1) (*без відпочинку*) óhne sich (*D*) éine Átempause zu gönnen; 2) (*безперервно*) únunterbróchen
перепра́ва Übersetzen *n*, Überfahrt *f* (*тж місце*)
перепра́витися, переправля́тися über|setzen *vi* (s), hinüber|fahren* *vi* (s)
перепро́даж Wíederverkauf *m*, Wéiterverkauf *m*, Zwíschenhandel *m*
перепрода́ти wíederverkaufen *vt*, wéiterverkaufen *vt*
пере́пустка (*документ*) Passíerschein *m*, Dienstausweis *m* (*службо-ва*)
перерахо́вування Réchenfehler *m*, Féhlkalkulation *f*
перерахо́вувати 1) náchzählen *vt*, 2) (*називати*) áuf|zählen *vt*, 3) *фін.* transferíeren *vt*, 4) (*шляхом обчислень*) nách|rechnen *vt*, 5) (*виразити в інших одиницях*) úm|rechnen *vt* (in *A*)
перерахува́ння 1) Áufzählung *f*, 2) (*грошей*) Transfér *m*
перерахува́ти *див.* перерахо́вувати
перераху́нок Úmrechnung *f*, Néuberechnung *f*
пере́рв|а 1) (*тимчасове припинення якоїсь дії*) Unterbréchung *f*, Páuse *f*, без ~и únunterbrochen, páusenlos; 2) (*час для відпочинку*) Páuse *f*, (*у навчальному закладі - тж*) Únterrichtspause *f*, обі́дня ~, ~ на обі́д Míttagspause *f*, працюва́ти без ~и (*про магазин і т. п.*) dúrchgehend [über Míttag] geöffnet sein; 3) (*в школі*) Páuse *f*, на ~і in der Páuse; 4): хвилі́нна ~ *спорт.* Áuszeit *f*
перереєстр|а́ція Néuregistrierung *f*, Úmregistrierung *f* **~ува́ти** neu registríeren *vt*
пери́вистий ábgebrochen; ábgerissen; stóckend; unterbróchen
пере́різ *мат.* Schnitt *m*, Dúrchschnitt *m*
пере́різати, перерíза́ти (*розрізати*) dúrch|schneiden* *vt*
переробити 1) (*сировину*) verárbeiten *vt*, 2) (*занову*) úm|arbeiten *vt*, ändern *vt* (*змінити*); 3) (*понад норму*) Überstunden máchen
переробі́ток Méhrarbeit *f*, Überstun-den *pl*

переро́бка 1) (*сировини*) Verárbeitung *f*, 2) (*заново*) Úmarbeitung *f*, Änderung *f* (*зміна*)
переробля́ти *див.* переробити
перерозпо́діл Néuverteilung *f*, Úmverteilung *f*
перерозподіли́ти, **перерозподіля́ти** neu vertéilen *vt*
переростáння Hinüberwachsen *n* (*у щось* in *A*)
переростáти, **перерости́** 1) (*стати вищим за когось*) größer wérden (als *N*), über den Kopf wáchsen* *vi* (s) (*D*); 2) *перен.* überflügeln *vt*, hináus|wachsen* *vi* (s) (über *A*); 3) (*перетворитися у щось*) hinüber|wachsen* *vi* (s), sich verwándeln (in *A*)
перерýбувати, **перерубáти** dúrch|hauen *vt*
пересáджувати *див.* пересадити; **~ся** *див.* пересісти
пересади́ти 1) (*когось*) úm|setzen *vt*, auf éinen änderen Platz sétzen *vt*; 2) (*рослину*) úm|pflanzen *vt*, verpflánzen *vt*; 3) *мед.* verpflánzen *vt*, transplantíeren *vt*
пересáдк|а 1) (*рослини*) Úmpflan-zung *f*, Verpflánzung *f*; 2) *мед.* Verpflánzung *f*, Transplantatión *f*; ~ сéрця Hérztransplantation *f*; 3) (*на транспорті*) Úmsteigen *n*; зробити ~у úm|steigen* *vi* (s); без ~и óhne úmzusteigen
пересвари́ти gegeneinánder áuf|bringen* *vt*; **~ся** sich verzánken, sich entzwéien
переселéнець Úmsiedler *m*, Übersiedler *m*
пересéлення Úmsiedlung *f*, Übersied(e)lung *f*, (*на іншу квартиру*) Úmziehen *n*, Úmzug *m*
пересилáти *див.* переслáти
переси́лити (*перебороти якесь почуття*) bezwíngen* *vt*, überwínden* *vt*
переси́лк|а Versánd *m*; вáртість ~и Versándkosten *pl*
переси́лювати *див.* переси́лити
переси́чення Übersättigung *f*
пересі́сти 1) (*на інше місце*) den Platz wéchseln; 2) (*на інший транспорт*) úm|steigen* *vi* (s)
пересі́чен|ий: ~а місцéвість durchschnittenes Gelände
пересі́чний Dúrchschnitts-, míttelmäßig; gewöhnlich (*звичайний*)
перескáкувати, **перескóчити** *розм.* (*пропустити при читанні, розповіді*) überspríngen* *vt*
переслáти übersénden* *vt*, schícken *vt*
переслі́дува|ння Verfólgung *f*; **~ти** verfólgen *vt*
пересмáжити (*надмірно*) zu stark [zu länge] bráten* (lássen*) *vt*
пересоли́ти versálzen *vt*
пересóхнути áus|trocknen *vi* (s), vertrócknen *vi* (s)
переспі́лий überreif
переспóри|ти (beim Stréiten) das létzte Wort [die Oberhand] behálten*; йогó не ~ш er läßt sich nicht überzéugen
переставáти *див.* перестáти
перестáвити, **переставля́ти** 1) úm|stellen *vt*; 2) (*годинник*) stéllen *vt*, vór|stellen *vt* (*вперед*); nách|stellen *vt* (*назад*)
перестá|ти áuf|hören *vi* (*робити щось*) zu + *inf*; дощ ~в es hat áufgehört zu régnen
перестрахóвка (*майна*) Néuversicherung *f*, *перен.* Rückversicherung *f*
перестри́бувати, **перестрибнýти** 1) (*щось або через щось*) über|spríngen* *vt*, spríngen* *vi* (s) (über *A*); 2) (*переміститися стрибком*) hinüber|springen* *vi* (s)
перестрі́лка Féuergefecht *n*
переступáти, **переступи́ти** (*щось через щось*) überschréiten* *vt*, schréiten* *vi* (über *A*)
пересувáння: зáсоби ~ Transpórtmittel *pl*
пересувáти *див.* пересýнути; **~ся** 1) *див.* пересýнутися; 2) (*ходити*) sich bewégen
перéсуди *мн.* Geréde *n*, Gerücht *n*
пересýнути verschíeben* *vt*, úm|stel-len *vt* (*переставити*); vór|rücken *vt*, vór|stellen *vt* (*вперед*); zurück|stel-len *vt* (*назад*); **~ся** sich verschíeben*
перетвóрення 1) (*дія*) Verwándlung *f*; 2) (*несподівана зміна*) Metamorphóse *f*; 3) (*переробка, зміна*) Änderung *f*, Reorganisatión *f*, Úmgestaltung *f* (*перебудова*); 4) *мн.* (*докорінні зміни*) Wándlungen *pl*, Veränderungen *pl*; соціáльні ~ soziále Veränderungen, geséllschaftlicher Wándel; докорі́нні ~ в житті́ суспі́льства tíefgreifende [grúndlegende] Veränderungen im Lében der Geséllschaft
перетвори́ти, **перетвóрювати** (*у щось/в когось*) verwándeln *vt* (in *A*); úm|gestalten *vt*, reorganisíeren *vt* (*реорганізувати, перебудувати*); **~ся** (*у щось/в когось*) sich verwándeln (in *A*); sich úm|gestalten
перетвóрювач 1) Reformátor *m*, Reorganisátor *m*; 2) *ел.* Wándler *m*, Úmformer *m*; *обчисл. тех.* Wándler *m*; ~ кóду Kódenwandler *m*, Úmkodierer *m*
перéтин (*ліній і т. п.*) Überschnéidung *f*; лíнія ~у Schníttlinie *f*, тóчка ~у Schníttpunkt *m*
перетинáти *див.* перетнýти; **~ся** *див.* перетнýтися
перéтинка Häutchen *n*, Membrán *f*; барабáнна ~ Trómmelfell *n*
перетнýти 1) durchkréuzen *vt*, (über)schnéiden* *vt*; 2) (*перейти поперек*) überquéren *vt*, kréuzen *vt*; **~ся** sich kréuzen, sich schnéiden*
перетопи́ти (úm)schmélzen* *vt*
перетя́гувати schléppen *vt* (*через щось* über *A*); hinüber|schleppen *vt* (*в інше місце*)
переукладáння Ernéuerung *f*; ~ дого-вóру die Ernéuerung des Vertráges;

переукláсти дóговір den Vertrág ernéuern

переустаткувá|ння Néuausrüstung *f*, Néuausstattung *f*, **~ти** neu áus|rüsten [áus|statten] *vt*

перефарбувáти, **перефарбóвувати** (*знову*) neu färben *vt* (*тканину, волосся і т. п.*); neu án|streichen* (*покрити фарбою*)

перехитрúти überlísten *vt*

перехíд: підзéмний (пішохíдний) ~ Fúßgängerunterführung *f*, Fúßgängertunnel *m*

перехіднúй 1) (*проміжний*) Übergangs-; ~ перíод Übergangsperiode *f*, 2) *грам.* tránsitiv; 3) Wánder-; ~ кýбок *спорт.* Wánderpokal *m*

перехóдити *див.* перейтú

перехóжий Passánt *m*

перехопúти 1) (*схопити*) ábfangen* *vt*, erwíschen *vt*, 2) (*лист, відомості*) ábfangen* *vt*, ábhorchen *vt* (*підслухати*); ~ пóгляд éinen Blick erháschen (áuffangen*); 3) *розм.* (*вихопити*) wégschnappen *vt*, 4) (*поїсти мимохідь*) éinen Bissen zu sich néhmen*; étwas zu sich (*D*) néhmen*, éinen (kléinen) Ímbiß (éin)néhmen*; 5) (*щось чимось*) úmspannen *vt*

перехотíти *розм.* die Lust verlíeren* (zu *D* або zu + *inf*), nicht mehr wóllen* *vt*

перехрéст|я Kréuzung *f*, Stráßenkreuzung *f* (*вулиць, доріг*); Kréuzweg *m* (*роздоріжжя*); на ~і an der Kréuzung

перехрéщуватися sich kréuzen

пéр|ець 1) (*рослина*): стручкóвий ~ Páprika *m*, стручóк ~цю Páprikaschote *f*, фарширóваний ~ gefüllte Páprikaschoten; 2) (*пряність*) Pféffer *m* (*чорний*); Páprika *m* (*червоний*)

перечекáти: ~ дощ (áb)wárten, bis der Régen áufhört

перечитáти 1) (*прочитати*) (dúrch)lésen* *vt*, 2) (*знову*) nóchmals lésen* *vt*

перéчити (*комусь*) *розм.* widerspréchen* *vi* (*D*)

перечúтувати *див.* перечитáти

пéречниця Pféffer streuer *m*

перешивáти, **перешúти** úm|arbeiten *vt*, ändern *vt*

перешúйок *геогр.* Ländenge *f*

перешíптуватися miteinánder flüstern *vi*, túscheln *vi*

перешкóда Híndernis *n*, Schránke *f*, Störung *f*

перешкоджáти (*комусь/чомусь*) hindern *vt*, im Wége stéhen* *vi* (*D*); ~ комýсь у чóмусь j-n an etw. (*D*) hindern

перúметр *мат.* Periméter *n*, Úmfang *m*, Úmfangsmésser *m*

перúна Féderbett *n*

периферíя Peripheríe *f*, Províńz [-v-] *f*

перíод 1) (*проміжок часу*) Periόde *f*, Zéitraum *m*, 2) *спорт.* Drittel *n*, **~úчний** periódisch; ~úчне видáння Zéitschrift *f*, ~úчний друк Periódika *pl*, Zéitschriftenliteratur *f*

перламýтр Pérlmutter *f*, **~овий** Pérlmutter-

пéрл|и Pérlen *pl*, **~úна** Pérle *f*

перлóвий I Pérlen-

перлóв|ий II: ~а крупá Pérlgraupen *pl*

перманéнт (*завивка*) Dáuerwelle *f*, зробúти (собí) ~ sich Dáuerwelle máchen lássen

перó *у різн. знач.* Féder *f*

перóн Báhnsteig *m*, пóїзд підійшóв до ~у der Zug lief ein

перпендикуля́р Sénkrechte *f*, опустúти ~ éine Sénkrechte fällen; **~ний** sénkrecht

пéрсик 1) (*плід*) Pfírsich *m*, 2) (*дерево*) Pfírsichbaum *m*, **~овий** Pfírsich-

персонáж *літ.* (hándelnde) Persón *f*

персонáл Personál *n*, обслугóвуючий ~ Bedíenungspersonal *n*, **~ьний** persönlich, Personál-; ~ьна пéнсія persónengebundene Rénte

перспектúв|а 1) Perspektíve [-və] *f*, Áussicht *f* (*вид*); 2) *мн.* ~и (*види, плани на майбутнє*) Áussichten *pl*, Perspektíven [-vən] *pl*, ~и на майбýтнє, на ýспіх Áussichten für die Zúkunft, auf Erfólg; **~ний** 1) perspektívisch [-viʃ], Perspektív-; ~ний план Perspektívplan *m*, 2) (*багатообіцяючий*) áussichtsreich

пéрстень Fíngerring *m*

перýка Perücke *f*

перукáр Friseur [-zø:r] *m*, **~ня** Frisíersalon [-lɔn] *m*

перфокáрта Lóchkarte *f*

перчúти pféffern *vt*

пéрше (*страва*) érster Gang; що сьогóдні на ~? was gibt es als érster Gang?

пéрш|ий der érste; ~ раз zum érstenmal; ~ого числá am Érsten; половúна ~ого halb eins; прийтú ~им als érster kómmen* *vi* (s); ~ пóверх Érdgeschoß; у ~ому рядý in der érsten [vórdersten] Réihe; ◇ ~а допомóга *мед.* Érste Hílfe; в ~у чéргу in érster Líni e; ~лíпший der érste béste

пéршість 1) (*вищість*) Vórrang *m*, 2): *спорт.* Méisterschaft *f*, ~ з футбóлу Fúßballmeisterschaft *f*, європéйська ~ Európameisterschaft *f*, ~ свíту Wéltmeisterschaft *f*, завоювáти ~ die Méisterschaft erríngen*

першовідкривáч Entdécker *m*

першоджерелó Úrquelle *f*

першоклáсний érstklassig, príma *розм*

першоклáсник Schüler der érsten Klásse

першокýрсник Studént des érsten Stúdi enjahres

першопричúна Grúndursache *f*

першопрохіднúк Entdécker *m*, *перен.* Pioníer *m*, Báhnbrecher *m*

першорозря́дник *спорт.* Spórtler *m* der Léistungsklasse

першоря́дний érstrangig, vórrangig

першосóртний von béster Qualität, érstklassig, Qualitäts-

першотравнéв|ий Mai-; ~а демонстрáція Máidemonstration *f*

першочерго́вий vórdringlich, vórrangig; der állerwíchtigste (*найважливіший*)
пес Hund *m*, Rüde *m*
песе́ць 1) (*тварина*) Polárfuchs *m*, 2) (*хутро*): голуби́й ~ Bláufuchs *m*, бі́лий ~ Wéißfuchs *m*
песимі|зм Pessimísmus *m*, **~ст** Pessimíst *m*, **~сти́чний** pessimístisch
пе́стити líebkosen *vt*, ~ кі́шку die Kátze stréicheln
пе́ститися (*до когось*) umschméi-cheln *vt*
пестли́в|ий zärtlich; ~е ім'я́ Kósena-me *m*
пе́стощі Zärtlichkeit *f*
петли́ця *військ.* (*нашивка*) Krágenspie-gel *m*
петля́ 1) Schlínge *f*, 2) (*у в'язанні*) Másche *f*, 3) (*в одязі*) Knópfloch *n* (*для гудзиків*); 4): ме́ртва ~ *ав.* Looping ['lu:-] *n*
петру́шка I *бот.* Petersíli e *f*
петру́шка II *театр.* Kásperle *n*, *m*, Hánswurst *m*
печа́тк|а 1) Síegel *n*, Stémpel *m*, ге́рбова ~ Wáppensiegel *n*, службо́ва ~ Díen-stsiegel *n*, Díenststempel *m*, поста́вити на чо́мусь ~у etw. áb|stempeln
печа́ть *перен.* (*відбиток*) Stémpel *m*, Gepräge *n*, Spur *f* (*слід*)
пече́ний gebácken
пече́ня Bráten *m*
пече́ра Höhle *f*
печери́ця Champignon [ʃampinjɔŋ] *m*
пе́чиво Gebäck *n* (*здобне*); Kékse *pl* (*сухе*)
печі́нка *кул.*, *анат.* Léber *f*
печія́ Sódbrennen *n*
пе́щений gepflégt
п'єдеста́л Sóckel *m*, Postamént *n*, ~ поша́ни Síegerpodest *n*, *m*
п'є́са 1) *театр.* Stück *n*, Theáterstück *n*, 2) *муз.* Musíkstück *n*
пивн|а́ Bíerstube *f*, Bíerhalle *f*, **~и́й** Bier-; ~і́ дрі́жджі Bíerhefe *f*, ~и́й ку́холь Bíerkrug *m*
пи́во Bier *n*
пивоварі́ння Bíerbrauen *n*
пивова́рний: ~ заво́д Brauerei *f*
пил Staub *m*, ви́терти з чо́гось ~ etw. áb|stauben
пили́ти stáuben *vi*, Staub máchen, Staub áufwirbeln; **~ся** verstáuben *vi* (s), stáubig wérden
пи́лка Säge *f*
пило́к *бот.* Blütenstaub *m*, Póllen *m*
пилосо́с Stáubsauger *m*, **~ити** *розм.* stáub|saugen *vi*, ~ити ки́лим den Téppich sáugen
пи́льн|ий I 1) wáchsam; 2) (*про погляд*) únverwandt, durchdríngend; 3) (*про інтерес, увагу*) ángespannt **~ість** Wách-samkeit *f*
пи́льний II (*порошний*) stáubig, bestáubt
пильнува́ти (*піклуватися*) áuf|passen *vi*, áchten *vi*, ácht|geben* *vi* (auf *A*), sórgen *vi* (für *A*)
пиля́ти sägen *vt*

пирі́г Pirógge *f*, Kúchen *m* (*солодкий*); ~ з м'я́сом Fléischpastéte *f*, éine Pirógge mit Fléischfüllung; ~ з я́блуками Ápfelkuchen *m*
пиріжо́к (kléine) Pastéte *f*
пи́рхати, **пи́рхнути** schnáuben *vi*, schnáufen *vi*
писа́льний: ~ папі́р Schréibpapier *n*
писа́ти 1) schréiben* *vt*, (*про поета - тж*) díchten *vt*, (*про композитора - тж*) komponíeren *vt*, ~ ві́рші Gedíchte schréi-ben*, díchten *vi*, ~ му́зику komponíeren *vi*, (*картини*) málen *vt*
писе́мність 1) (*система графічних знаків*) Schrift *f*, 2) (*література*) Schrífttum *n*
писк Píepen *n*, Píepsen *n*, Gequíetsche *n*, **~ли́вий** píepsend, quíetschend
письме́нник Schriftsteller *m*
письмо́в|ий 1) schríftlich; 2) (*який служить для писання*) Schreib-; ~ стіл Schréibtisch *m*, ~е прила́ддя Schréibu-tensili en *pl*, Schréibzeug *n*
пита́льний 1) (*про погляд, інтонацію і т. п.*) frágend; 2) *грам.* Fráge-; ~ знак Frágezeichen *n*
пита́ння 1) Fráge *f*, у ме́не до вас (є) ~ ich hábe éine Fráge an Sie; зада́ти комусь ~ an j-n éine Fráge stéllen; 2) (*справа, обставина*) Fráge *f*, Ángelegenheit *f*, Sáche *f*, 3) (*проблема*) Fráge *f*, Problém *n*, ~ не в цьо́му es hándelt sich nicht darúm; ◊ що за ~! was für éine Fráge!, aber sélbstverständlich [natürlich]!
пита́|ти *див.* спита́ти; вас ~ють Sie wérden verlángt; ein Ánruf für Sie (*по телефону*); тебе́ не ~ють [ніхто́ не ~є] du bist nicht gefrágt, du hast nichts mítzureden
питво́ (*напій*) Getränk *n*
пи́ти trínken* *vt*, я хо́чу ~ ich hábe Durst
питн|и́й Trink-; ~а́ вода́ Trínkwasser *n*
пито́м|ий: ~а вага́ *фіз.* spezífisches Gewícht
пиття́ (*дія*) Trínken *n*
пи́х|а Éitelkeit *f*, Hóchmut *m*, **~а́тий** éitel; hóchmütig; dünkelhaft (*чванливий*); arro-gánt (*зарозумілий*)
пихті́ти kéuchen *vi*, schnáufen *vi*, pústen *vi*
пиша́тися (*кимось/чимось*) stolz sein (auf *A*)
пи́шний 1) gróßartig, prächtvoll, hérrlich; 2) üppig; búschig (*густий — про брови*); báuschig (*зі складками — про одяг*); füllig (*округлий — про фігуру*); 3) (*розкішний*) prächtvoll, prúnkvoll
пи́шність Üppigkeit *f*, Pracht *f*, Prunk *m* (*розкіш*)
пишномо́вний hóchtrabend, schwülstig
пишно́та Pracht *f*, Hérrlichkeit *f*
пища́ти píepsen *vi*, quíetschen *vi*, píepen *vi*
пия́чити trínken* *vt*, sáufen* *vi*
піані́но Klavier [-'vi:r] *n*, гра́ти на ~ Klavíer spíelen

піані́ст Pianíst *m*
півві́ку ein hálbes Jahrhúndert
півгоди́ни éine hálbe Stúnde
півгоди́нний hálbstündlich
півде́нний südlich, Süd-
пі́вдень I (*полудень*) Míttag *m*
пі́вдень II Süden *m*; на пі́вдні im Süden; на ~ nach Süden; südwärts (*у південному напрямку*); nach dem [in den] Süden (*у південні райони*); на ~ від чо́гось südlich von (*D*); з пі́вдня von Süden (*про напрямок*); aus (dem) Süden (*з південних областей*)
півдня́ ein hálber Tag
півдобови́й hálbtägig; zwölfstündig
півдоро́|ги: на ~зі auf hálbem Wége
півдя́жини ein hálbes Dútzend
пі́вень Hahn *m*
півзахисни́к *спорт.* Läufer *m*
півза́хист *спорт.* Läuferreihe *f*
півза́хід hálbe Máßnahme
півко́ло Hálbkreis *m*
півку́ля Hálbkugel *f*
півлі́тра ein hálbes Líter
півмі́сяць Hálbmond *m*
пі́вніч I (*частина доби*) Mítternacht *f*
пі́вніч II Nórden *m*; на ~ nach Nórden; на ~ від чо́гось nördlich von (*D*); ◊ Дале́ка Пі́вніч der Hóhe Nórden
півні́чн|ий nördlich, Nord-; ~е ся́йво Nórdlicht *n*; ~а широта́ nördliche Bréite; ~ схід Nordósten *m*
півні́чно|америка́нський nordamerikánisch; **~атланти́чний** nordatlántisch, Nordatlántik-; Півні́чноатланти́чний пакт (НАТО) Nordatlántikpakt *m* (NATO)
пі́внячий Háhnen-
піво́берт hálbe Wéndung
піво́нія Päóni e *f*
піво́стрів Hálbinsel *f*
півпальто́ Kúrzmantel *m*, Kútte *f*
піврі́чний hálbjährig, ein hálbes Jahr dáuernd, Hálbjahres-
піврі́ччя Hálbjahr *n*
півро́ку ein hálbes Jahr
півсло́в|а: на ~і auf ein Wort, auf ein paar Wórte; на ~і (*обірвати і т. п.*) mítten im Satz; ні ~ kéine Sílbe; з ~ (*зрозуміти і т. п.*) bei der érsten Ándeutung, sofórt
півсо́тні ein hálbes Húndert
півста́вки: працюва́ти на ~ hálbtags árbeiten *vi*; робо́та на ~ Hálbtagsarbeit *f*
півстолі́тній fünfzigjährig
півті́нь Hálbschatten *m*
півтора́ ándertháIb, éineinhálb; ~ лі́тра ándertháIb Líter; че́рез ~ ро́ку nach ándertháIb Jáhren
півторамі́сячний anderthálbmonatig
півтора́ста húndertfünfzig
півціни́: за ~ für den (zum) hálben Preis
під 1) únter (*A або D*); ~ водо́ю únter Wásser; моне́та покоти́лася ~ стіл die Münze ist únter den Tisch gerollt; 2) únter (*D*); ~ кері́вни́цтвом únter der Léitung; 3) in (*D*); ~ ті́нню im Schátten; 4) (*біля*) bei (*D*), vor (*D*), in der Nähe von (*D*); ~ Ки́євом bei [vor] Kiew; 5) (*про час, вік*) gégen (*A*); ~ ве́чір gégen Ábend; ~ кіне́ць gégen Énde; йому́ ~ со́рок (ро́ків) er ist die [gégen] vierzig (Jáhre alt); 6) (*для*) für (*A*); буді́вля ~ клуб ein Gebäude für éinen Klub
підба́вити, **підбавля́ти** hinzú|fügen *vt*, hinzú|tun* *vt*
підбадьо́рення Áufmunterung *f*, Ermútigung *f*
підбадьо́рити, **підбадьо́рювати** áuf|muntern *vt*, ermútigen *vt*, Mut zú|sprechen* (*D*) (*вселити мужність*); **~ся** sich áuf|muntern, Mut fássen
підбира́ти(ся) *див.* підібра́ти(ся)
підбіга́ти, **підбі́гти** herbéi|laufen* *vi* (s) (*прибігти*); zú|laufen* *vi* (s) (*до когось/чогось* auf *A*)
підбі́р 1) (*дія*) Áuslese *f* (*відбір*); Áuswahl *f* (*вибір*); ~ ка́дрів Káderauswahl *f*, 2) (*склад; сполучення*) Zusámmenstellung *f*
підборі́ддя Kinn *n*
підбу́рювати, **підбу́рити** (*когось на щось, до чогось*) áuf|hetzen *vt*, áuf|wiegeln *vt* (zu *D*)
підбу́рювач Hétzer *m*, Ánstifter *m*
підва́л Kéller *m*
підва́лини Prinzípi en *pl*, Grúndsätze *pl*
підвезти́ 1) (*привезти*) zú|führen *vt*; 2) *розм.* (*довезти по дорозі*) (unterwégs) mít|nehmen* *vt*
підверну́ти *розм.* (*вивихнути*) verrénken *vt*; **~ся** 1) (*про ногу*) úm|knicken *vi* (s), sich verrénken; 3) *розм.* (*трапитися — про нагоду і т. п.*) sich bíeten*
підвести́ 1) (*привести*) (zú)führen *vt*, herbéi|führen *vt*; 2) *розм.* (*поставити в неприємне становище*) án|führen *vt*, heréin|legen *vt*; 3): ~ пі́дсумок Bilánz zíehen*, áus|werten *vt*
підви́щен|ий erhöht; ~ інтере́с erhöhtes Interésse;; ~а температу́ра erhöhte Temperatúr, Fíeber *n*; ~ тиск (*кров'яний*) hóher Blútdruck
підви́щення 1) Erhöhung *f*, Stéige-rung *f*, ~ температу́ри Temperatúranstieg *m*; ~ зарпла́ти Lîhnerhöhung *f*, ~ урожа́йності Stéigerung der Hektárerträge; ~ продукти́вності пра́ці Stéigerung der Árbeitsproduktivität [-vi-]; ~ життє́вого рі́вня Hébung des Lébensstandards; ~ кваліфіка́ції Wéiterbildung *f*, Fórtbildung *f*, Qualifizíerung *f*, ~ по слу́жбі Beförderung *f*, 2) (*місце*) Erhöhung *f*
підви́щити, **підви́щувати** erhöhen *vt*, hében* *vt*, stéigern *vt* (*тж перен.*); ~ продукти́вність пра́ці die Árbeitsproduktivität [-vi-] stéigern [erhöhen]; ~ го́лос die Stímme erhében*; **~ся** sich erhöhen, stéigen* *vi* (s)
підві́дділ Únterabteilung *f*
підві́домч|ий unterstéllt; zúständig, kompetént; **~ість** díenstliche Unterstéllung *f*, Zúständigkeit *f*, Kompeténz *f*

П

підвіз Zúfuhr *f*, Ánfuhr *f*
підвікóння Fénsterbrett *n*
підвіс|ити (áuf)hängen *vt*, án|hängen *vt*; **~ний** Hänge-, Schwébe-; ~нá дорóга Schwébebahn *f*, Séilbahn *f*, Dráhtseilbahn *f*
підвíшувати *див.* підвíсити
підвóдити *див.* підвестú
підвóдний Úntersee-, Únterwasser-; ~ чóвен Ú-Boot *n*, Únterseeboot *n*; ~ світ die Welt únter Wásser
підвóдник 1) (*на підводному човні*) Ú-Boot-Matrose *m*; 2) (*водолаз*) Táucher *m*
підвóзити *див.* підвезтú
підв'язáти, **підв'язувати** 1) bínden* *vt* (únter *A*); 2) (*обв'язати*) úm|binden* *vt*
підганя|ння *розм.* Ántreiben *n*; **~ти** *див.* підігнáти
підгвинтúти féster schráuben *vt*, án|ziehen* *vt*
підгинáти *див.* підігнýти
підглядáти, **підглянути** beláuern *vt*, héimlich beóbachten *vt*
підгнивáти, **підгнúти** án|faulen *vi* (s)
підгóнка Ánpassen *n*, Éinpassen *n*, Nácharbeit *f*
підгорíти án|brennen* *vi* (s)
підгорнýти, **підгортáти** éin|biegen* *vt*, úmbiegen* *vt*
підгоряти *див.* підгорíти
підготóвка 1) Vórbereitung *f*; ~ до польóту Flúgvorbereitung *f*; 2) (*навчання*) Schúlung *f*, Áusbildung *f*, Heránbildung *f*, Vórstudium *n* (*для вступу у вуз*); професíйна ~ Berúfsausbildung *f*; 3) (*запас знань*) Vórbildung *f*
підготóвч|ий Vórbereitungs-, vórbereitend; ~а робóта Vórarbeit *f*; ~ курс Vórkurs *m*
підготувáти vórbereiten *vt*; **~ся** sich vórbereiten
підгрýнтя Híntergrund *m*
піддавáти (*чомусь*) unterzíehen* *vi* (*D*); auf die Próbe stéllen *vt* (*випробуванню*); ~ щось крúтиці Kritík an etw. (*D*) üben
піддавáтися *див.* піддáтися; не ~ óписові sich nicht beschréiben lássen*, únbeschreiblich sein; jéder Beschréibung spótten (*тк. в заперечному значенні*)
піддан|ий (*громадянин якоїсь. держави*) der Stáatsangehörige; **~ство** Stáatsangehörigkeit *f*
піддáтися (*комусь/чомусь або на щось*) nách|geben* *vi* (*D*); ~ чиємусь вплúвові sich von j-m beéinflussen lássen*
піддóслідний Versúchs-
піддрáжнювати nécken *vt*, hänseln *vt*
піджáк Jackétt [ʒa-] *n*
піджáрити bráten* *vt*, rösten *vt*; **~ся** gebráten [geröstet] sein
підживлювати, **підживúти** nách|düngen *vt*
підзаголóвок Úntertitel *m*
підзáхисний *юр.* Kliént *m*, Mandánt *m*
підземéлля únterirdisches Gewölbe, Verlíes *n*
підзéмн|ий únterirdisch; ~ гарáж Tíefgarage [-ʒə] *f*; ~ перехíд Fúßgängerunterführung *f*, Fúßgängertunnel *m*; ~і робóти Untertágearbeiten *pl*; ~і випрóбування ядерної збрóї únterirdische Kérnwaffentests
підзóрн|ий: ~а трубá Férnrohr *n*
підібгáти: ~ хвіст (*тж перен.*) den Schwanz éin|ziehen*
підíбран|ий stramm; straff *f*, diszipliníert, korrékt; **~ість** Disziplinіertheit *f*, Korréktheit *f*
підібрáти 1) (*підняти*) áuf|heben* *vt*, áuf|sammeln *vt* (*зібрати*); 2) (*вибрати*) wählen *vt*, fínden* *vt* (*знайти*)
підібрáтися (*підкрастися*) sich herán|schleichen*
підігнáти 1) (*поквапити*) án|treiben* *vt*, ánspornen *vt*; 2) (*припасувати*) án|passen *vt*, herantreiben* *vt*
підігнýти (nach únten) bíegen* *vt*; ~ нóги die Béine únter|schlagen*; **~ся** sich éin|biegen*
підігрівáти, **підігрíти** wärmen *vt* (*зігріти*); áuf|wärmen *vt* (*розігріти*)
підійтú 1) (*про людину*) herán|treten* *vi* (s) (*до когось/чогось* an *A*), zú|kommen* *vi* (s) (*до когось* auf *A*) (*наблизитися*); kómmen* *vi* (s) (*до чогось* zu *D* *або* an *A* — *прийти до якогось місця*); 2) (*прибути* — *про автобус і т. п.*) kómmen* *vi* (s); sich nähern (*D* — *під'їхати, наблизитися до чогось*); пóїзд підхóдить до стáнції der Zug läuft ein; 3) (*настати*) kómmen* *vi* (s), herán|rücken *vi* (s); 4) (*годитися*) pássen *vi* (*комусь D, до чогось* zu *D*); geéignet sein (*для чогось* für *A*)
підірвáти 1) (*висадити*) spréngen *vt*, in die Luft sprengen *vt*; 2) *перен.* (*завдати шкоди чомусь*) untergráben* *vt*; **~ся** 1) (*про бомбу і т. п.*) explodíeren *vi* (s), detoníeren *vi* (s); 2) (*про споруди і т. п.*) in die Luft flíegen* *vi* (s)
підіслáти únter|legen *vt*, darúnter|breiten *vt*
під'їжджáти *див.* під'їхати
під'їзд (*будинку*) Háuseingang *m*, Áufgang *m*, Tréppenflur *m* (*сходи*)
під'їхати herángefahren kómmen* *vi* (s) (*приїхати*); herán|fahren* *vi* (s) (an *D*), vór|fahren* *vi* (s) (an *D* *або* bei *D*) (*наблизитися до чогось*)
підйóм 1) (*сходження*) Áufstieg *m*, Bestéigung *f* (*на гору*); 2) (*вантажу і т. п.*) Hében *n*, 3) (*розвиток*) Áufstieg *m*, Áufschwung *m*, економíчний ~ wirtschaftlicher Áufschwung; ~ нарóдного добробýту die Hébung des Vólkswohlstandes; ~ виробнúцтва die Stéigerung [der Ánstieg] der Produktión; 4) (*натхнення*) Elán *m*, Enthusiásmus *m*, Schwung *m*, Begéisterung *f*, трудовúй ~ Árbeitselan *m*; 5) (*схил горú*) Stéigung *f*, 6) (*ногú*) Spann *m*

підйо́мний Hébe-; ~ кран Hébekran *m*
підйо́мник Áufzug *m*, Héber *m*, Fáhrstuhl *m*, Fördermaschine *f*
підказа́ти, **підка́зувати** (*комусь*) 1) vór|sagen *vt* (*D*); 2) (*навести на думку*) auf éinen Gedánken bríngen* *vt*, éinen Wink [Tip] gében* (*D*)
підкарау́лити áuf|lauern *vi* (*D*), láuern *vi* (auf *A*)
підкида́ти, **підки́нути** 1) (*догори*) in die Luft [in die Höhe] wérfen* *vt*; 2) (*додати, докинути*) hinzú|geben* *vt*
підклада́ти 1) únter|legen *vt*; 2) (*додати*) (da)zú|legen *vt*, hinzú|fügen *vt*
підкла́д|ка 1) (*у пальті і т. п.*) Fút-ter *n*; на ~ці gefüttert; 2) (*тканина*) Fútterstoff *m*
підкла́сти *див.* підклада́ти
підкле́ювати, **підкле́їти** án|kleben *vt* (*приклеїти*); únter|kleben *vt* (*під щось*)
підкли́кати herán|rufen* *vt*, herbéi|rufen* *vt*, herán|winken *vt* (жестом); ~ когось до сéбе j-n zu sich (*D*) rufen*
підко́ва Húfeisen *n*
підко́вувати *див.* підкува́ти
підкомі́сія Únterkommission *f*
підкомітéт Únterkomitee *n*
підко́п 1) Míne *f*, Sáppe *f*, 2) *перен.* Intríge *f*
підко́рення 1) (*завоювання*) Eróberung *f*, 2) (*скорення*) Unterwérfung *f*
підкори́ти, **підкоря́ти** 1) (*завоювати*) eróbern *vt*; 2) (*скорити*) unterwérfen* *vt*, únter|ordnen *vt*; **~ся** (*чомусь*) 1) sich unterwérfen* (*D*), sich fügen (in *A*); 2) (*скоритися*) sich áb|finden* (mit *D*)
підкоси́|тися: у ньо́го но́ги ~лися die Béine verságten ihm (den Dienst)
підкоти́ти herán|rollen *vt*, herán|wäl-zen *vt*
підко́шуватися *див.* підкоси́тися
підкрада́тися, **підкра́стися** sich herán|schleichen*
підкре́слити, **підкре́слювати** unterstréichen* *vt*, *перен.* *тж*, betónen *vt*, hervór|heben* *vt*
підкріпи́ти (*підтвердити*) bekräftigen *vt*
підкрі́плення 1) *військ.* Verstärkung *f*, 2) (*підтвердження*) Bekräftigung *f*
підкрі́плювати *див.* підкріпи́ти
підкува́ти: ~ коня́ ein Pferd beschlágen*
пі́дкуп Bestéchung *f*, Korruptión *f* (*корупція*)
підкупо́вувати, **підкупи́ти** bestéchen* *vt*, korrumpíeren *vt* (*розбещувати підкупами і т. п.*)
підлабу́зник Spéichellecker *m*, Kríecher *m*, Schméichler *m*
підла́муватися *див.* підломи́тися
підле́глий der Unterstéllte
підле́сливий schméichlerisch, kríecherisch
підле́сник Schméichler *m*, Líebediener *m*
підле́щуватися (*до когось*) sich éin|schmeicheln (bei *D*)
підли́ва Túnke *f*, Sóße *f*
підлива́ти *див.* підли́ти
пі́длий geméin, níederträchtig
підли́ти (hin)zú|gießen* *vt*; ◊ ~ ма́сла у вого́нь Öl ins Féuer gíeßen*
пі́длість Geméinheit *f*, Níedertracht *f*
пі́длі́ток Júgendliche *m*, Hálbwüchsi-ge *m*, Teenager ['ti:ne:dʒər] *m*, ді́вчинка-~ Báckfisch *m*
підло́га Fúßboden *m*, паркéтна ~ Parkétt(fuß)boden *m*, дощана́ ~ Díelenfußboden *m*, Díele *f*
підломи́тися (éin)knícken *vi* (s); éin|brechen* *vi* (s) (*про кригу*)
підляга́|ти (*чомусь*) unterlíegen* *vi* (*D*); це не ~є су́мніву das unterlíegt kéinem Zwéifel
підмести́ (áus)kéhren *vt*, (áus)fégen *vt*
пі́дмет *грам.* Subjékt *n*
підмéтк|а Schúhsohle *f*, поста́вити ~и на череви́ки die Schúhe besóhlen (lássen*)
підмізи́нний: ~ па́лець Ríngfinger *m*
підмі́на Únterschiebung *f*
підмі́нювати, **підміни́ти** únter|schieben* *vt*, ◊ його́ нена́че підміни́ли er ist wie úmgewandelt
підміта́ти *див.* підмести́
підмі́тити, **підміча́ти** bemérken *vt*
підмовля́ти, **підмо́вити** (*на щось*) verléiten *vt*, án|stiften *vt* (zu *D*)
підмо́г|а *розм.* Béistand *m*, Unterstützung *f*, Hílfe *f*, на ~у zur Hílfe
підмока́ти, **підмо́кнути** naß [feucht] wérden
підмо́ргувати, **підморгну́ти** (*комусь*) zú|blinzeln *vi* (*D*)
підмо́стки *мн.* Bühne *f*, Brétter *pl*
піднебі́нний 1) *анат.* Gáumen-; 2): ~ звук *лінгв.* Gáumenlaut *m*, Palatál *m*
піднебі́ння *анат.* Gáumen *m*
підне́сений leicht gehóben, erhóben; ~ на́стрій gehóbene Stímmung
підне́сеність Erhábenheit *f*
підне́сення (*натхнення*) Elán *m*, Enthusiásmus *m*, Schwung *m*, Begéisterung *f*, трудове́ ~ Árbeitselan *m*
піднести́ 1) überréichen *vt*, schénken *vt* (*подарувати*); 2) (*принести*) herán|bringen* *vt*, herán|tragen* *vt*; ~ ло́жку до ро́та den Löffel zum Mund führen
підне́стися: ~ ду́хом (wíeder) Mut fássen
підні́жжя 1))*гори і т. п.*) Fuß *m*, 2) (*п'єдестал*) Sóckel *m*
підні́жк|а 1) (*висячий східець*) Tríttbrett *n*, 2): поста́вити кому́сь ~у j-m ein Bein stéllen
підніма́ти *див.* підня́ти; **~ся** *див.* підня́тися
підно́с Tablétt *n*, Servierbrett [-'vi:r-] *n*
підно́сити *див.* піднести́
підня́ти 1) (*підібрати з землі і т. п.*) áuf|heben* *vt*, áuf|sammeln *vt* (*декілька предметів*); hóch|heben* *vi* (*D*) (*людину, яка впала*); 2) (*догори*) hében* *vt*, hóch|heben* *vt*, hóch|nehmen* *vt*, ~ пра́пор die Fáhne híssen; ~ вітри́ла die Ségel sétzen; ~ я́кір den Ánker éin|holen

П

[líchten]; 3) (*розбудити*) wécken *vt*; ~ когóсь з ліжка j-n aus dem Bett hólen; 4) (*збільшити, підвищити*) stéigern *vt*, erhöhen *vt*; ◊ ~ питáння die Fráge áuf|werfen*; ~ крик ein Geschréi erhében* ~ когóсь на сміх j-n áus|lachen, j-n lächerlich máchen; ~ тривóгу Alárm schlágen*

підня́тися 1) (*встати*) sich erhében*, áuf|stehen* *vi* (s); 2) (*нагору*) hináuf|steigen* *vi* (s), hináuf|gehen* *vi* (s), heráuf|kommen* *vi* (s); erstéigen* *vt* (*на гору і т. п.*); hináuf|klettern *vi* (s) (auf *A*) *або vt* (*видертися*); 3) (*зійти на щось*) stéigen* *vi* (s) (auf *A*), bestéigen* *vt*; 4) (*підвищитися*) stéigen* *vi* (s), sich erhöhen; 5) (*виникнути*) entstéhen* *vi* (s), sich erhében

підодія́льник Überschlaglaken *n*, Béttbezug *m* (*закритий*)

підо́зр|а Verdácht *m*; викликати до сéбе ~у sich verdächtig máchen

підозрівáти, 1) (*когось*) verdächtigen *vt*, in Verdácht háben *vt*; 2) (*припускати*) vermúten *vt*

підозрі́ливий míßtrauisch, árgwöhnisch, verdächtig

підозрі́лий verdächtig

підо́зрювати *див.* підозрівáти

підохóчувати, **підохóтити** áuf|stacheln *vt*, áuf|hetzen *vt*, anreizen *vt*

підо́шва 1) *розм.* (*ступня*) Sóhle *f*, Fúßsohle *f* (*ноги*); Schúhsohle *f* (*взуття*); 2) (*гори*) Fuß *m*

підпáл Brándstiftung *f*

підпали́ти, **підпáлювати** án|zünden *vt* (*запалити*); in Brand stécken *vt* (*здійснити підпал чогось*)

підпéрти (unter)stützen *vt*, abstützen *vt* (*кришку ящика і т. п.*)

пі́дпис Únterschrift *f*; постáвити ~ на чóмусь etw. unterzéichnen

підписáти unterschréiben* *vt*, unterzéichnen *vt*; ~ щось у кóгось etw. von j-m untérschréiben lássen*; **~ся** *див.* підписáти

підпи́ска (*письмове зобов'язання*) schríftliche Verpflíchtung

підпи́сувати(ся) *див.* підписáти(ся)

підпі́л|ля: працювáти у ~лі im Úntergrund árbeiten *vi* **~ьний** íllegal, Úntergrund-; ~ьна організáція Úntergrundorganisation *f*

підпі́рка Stütze *f*, Pféiler *m*

підполкóвник Óberstleutnant *m*

підпорядкóван|ий úntergeordnet, unterstéllt; **~ість** Unterstéllung *f*

підприє́мець Unternéhmer *m*

підприє́млив|ий unternéhmungslustig; findig; **~ість** Unternéhmungslust *f*, Unternéhmungsgeist *m*

підприє́мств|о 1) (*завод і т. п.*) Betríeb *m*, промисло́ве ~ Industríebetrieb *m*, сільськогосподáрське ~ Lándwirtschaftsbetrieb *m*, Agrárbetrieb *m*, ~а легкóї промислóвості Betríebe der Léichtindustríe; держáвне ~ Stáatsbetrieb *m*, привáтне ~ Privátbetrieb *m*, ~-виготóвлювач Hérstellerbetrieb *m*, 2) (*справа*) Unternéhmen *n*, спíльне ~ geméinsames Unternéhmen

підпускáти, **підпусти́ти** herán|lassen* *vt*, heránkommen lássen* *vt*

підрахувáти, **підрахóвувати** áuf|zählen *vt*, zusámmen|zählen *vt* (*кількість чогось*); beréchnen *vt* (*обчислити*)

підраху́нок Zählung *f*, Beréchnung *f* (*обчислення*); ~ голосíв Stimmenzählung *f*

підри́в 1) *військ., гірн.* Spréngung *f*, 2) *перен.* Untergrábung *f* (*авторитету*); Unterminíerung *f* (*довіри*); Erschütterung *f* (*престижу*); Zersétzung *f* (*дисципліни*)

підривáти untergráben* *vt*

підривн|и́й 1) *військ.* Spreng-; 2) (*шкідницький*) Zersétzungs-, subversív [-vər-]; ~á діяльність subversíve [-və]; Tätigkeit, Wühlarbeit *f*

підри́ти *див.* підривáти

підрі́внювати, **підрівня́ти** ébnen *vt*, geráde|schneiden* *vt* (*підрізуючи*)

підрі́зувати, **підрі́зати** beschnéiden* *vt*, stútzen *vt*, ábschneiden* *vt*

підроби́ти I fälschen *vt*, verfälschen *vt*

підроби́ти II *розм.* (*додатково заробити*) éinen Nébenverdienst háben, zúverdienen *vt*

підробі́ток *розм.* (*заробіток*) Nébenverdienst *m*

підрóбка Fälschung *f*, Imitatión *f* (*імітація*)

підрóблений 1) (*фальшивий*) gefälscht, falsch; 2) (*штучний*) únecht, falsch, imitíert

підробля́ти I, II *див.* підроби́ти I, II

підрóзділ 1) (*дія*) Gliederung *f*, Éinteilung *f*, 2) *військ.* Einheit *f*

підрозділи́ти, **підрозділя́ти** (*на щось*) gliedern *vt*, éin|teilen *vt* (in *A*)

підростáти herán|wachsen* *vi* (s)

підростáюч|ий: ~е поколíння Náchwuchs *m*

підрости́ *див.* підростáти

підру́чник Léhrbuch *n*, Schúlbuch *n* (*шкільний*)

підря́д I Kontrákt *m*, Vertrág *m* (*договір*), Auftrag *m*

підря́д II *присл.* nacheinánder, der Réihe nach, hintereinánder

підрядкóвий: ~ перéклад Interlineárübersetzung *f*

підря́дн|ий: ~е рéчення *грам.* Nébensatz *m*

підря́дчик Áuftragnehmer *m*, Únternehmer *m* (*підприємець*); Lieferánt *m* (*постачальник*)

підсвідóм|ий únterbewußt; **~ість** Unterbewúßtsein *n*

підси́лювач *радіо* Verstärker *m*

підсихáти *див.* підсóхнути

підсідáти, **підсі́сти** (*до когось*) sich sétzen (nében *A або* zu *D*)

підскáкувати 1) *див.* підскóчити; 2) (*підстрибувати*) hüpfen *vi* (s)

підско́чити áuf|springen* *vi* (s), áuf|fahren* *vi* (s)
підслу́хати, **підслу́хувати, підслухо́вувати**, beláuschen *vt*, ább|horchen *vt*
підсма́жити, **підсма́жувати** bráten* *vt* (*на сковорідці*); rösten *vt* (*в тостері, на сухій сковорідці і т. п.*); **~ся** gebráten [geröstet] sein
підсмі́юватися (*над кимось/чимось*) sich lústig máchen (über *A*)
підсо́бн|ий Hilfs-; Neben- (*додатковий*); ~ робітни́к Hílfsarbeiter *m*, Gehílfe *m*; ~е примі́щення Nébenraum *m*; прива́тне ~е господа́рство individuélle [-vi-] Háuswirtschaft
підсо́бн|ик Míthelfer *m*, **~ицтво** Míthilfe *f*, Béihilfe *f*, **~иця** Míthelferin *f*
підсо́вувати herán|rücken *vt*, näher|rücken *vt*, rücken *vt*, schíeben* *vt*, únter|schieben* *vt*; **~ся** herán|rücken *vi* (s), näherrücken *vi* (s); rü-cken *vi* (s), sich rücken, sich (ver)schíeben*
підсо́хнути trócken wérden
підста́в|а Grund *m*; на які́й ~і? aus wélchem Grund?; нема́є ~и для занепоко́єння es ist kein Grund zur Beúnruhigung vorhánden; на ~і чого́сь auf Grund (*G*)
підста́вити únter|stellen *vt*; ◊ ~ но́гу кому́сь *j-m* ein Bein stéllen
підста́вка Gestéll *n*, Stütze *f*, Úntersatz *m*
підставля́ти *див.* підста́вити
підставн|и́й: ~а́ осо́ба Stróhmann *m*
підстеріга́ти, **підстерегти́** láuern *vi* (auf *A*), áuf|lauern *vi* (*D*)
підстила́ти *див.* підстели́ти
підсти́лка Únterlage *f*, Streu *f* (*для худоби*)
підстрибну́ти éinen Sprung máchen; (áuf)springen* *vi* (s) (*підскочити*)
підстри́бувати springen* *vi* (s), hüpfen *vi* (s)
підстрига́ти, **підстри́гти** schnéiden* *vt* (*волосся*); beschnéiden* *vt*, stútzen *vt* (*кущі, дерева*); **~ся** sich (*D*) die Háare schnéiden* (lássen*)
підступа́ти herán|rücken *vi* (s), herán|nahen *vi* (s)
пі́дступи *мн.* Intrígen *pl*, Ränke *pl*
підступи́ти *див.* підступа́ти
підсту́пн|ий tückisch, héimtückisch, hínterlistig; **~ість** Tücke *f*, Héimtücke *f* Hínterlist *f*; **~о** *див.* підсту́пний
підсу́дний der Ángeklagte
підсумко́в|ий Gesámt-; zusámmenfassend; ~а су́ма Gesámtsumme *f*
підсумо́вувати 1) (*підрахувати суму чогось*) summíeren *vt*; 2) (*підбивати підсумки*) zusámmen|fassen *vt*, áus|werten *vt*, resümíeren *vt* (*резюмувати*); 3) *бухг.* ábschließen* *vt*, Bilánz ziehen*
пі́дсум|ок *у різн. знач.* Ergébnis *n*, Bilánz *f*, кінце́вий ~ Éndergebnis *m*, зага́льний ~ Gesámtbilanz *f*, ~ки перегово́рів Ergébnisse der Verhándlungen; підби́ти ~ [~ки] Bilánz zíehen*; ◊ у кінце́вому ~ку létzten Éndes
підсумува́ти *див.* підсумо́вувати
підсу́нути(ся) *див.* підсо́вувати(ся)
підтасо́вувати, **підтасува́ти**: ~ фа́кти Tátsachen verdréhen [éinseitig dár|stellen]
підтве́рдження Bestätigung *f*, Bewéis *m* (*доказ*); на ~ цьо́го zur Bestätigung déssen
підтве́рдити, **підтве́рджувати** bestätigen *vt*, belégen *vt* (*документами*); **~ся** sich bestätigen
підтри́мати 1) (*не дати упасти*) stützen *vt*; 2) (*надати допомогу*) unterstützen *vt*; 3) (*схвалити*) zú|stimmen *vi* (*D*)
підтри́мка 1) (*допомога*) Unterstützung *f*, Béistand *m*; 2) (*схвалення*) Zústimmung *f*
підтри́мувати 1) *див.* підтри́мати; 2) (*стосунки і т. п.*) unterhálten* *vt*; 3) (*порядок і т. п.*) áufrechterhalten* *vt*
підтягти́, **підтя́гувати** 1) (*догори*) hóch|ziehen* *vt*; 2) (*затягти*) fést|ziehen* *vt*; **~ся** (*на руках*) sich hóch|ziehen*
підтя́жки *мн.* Hósenträger *pl*
підхі́д 1) Herántreten *n*, Heránrücken *m*; 2) *перен.* Betráchtungsweise *f*, Árbeitsweise *f* (*до роботи*); індивідуа́льний ~ individuélles [-vi-] Herángehen; 3) (*точка зору*) Standpunkt *m*, Éinstellung *f* (*настанова*)
підхо́дити *див.* піді́йти́
підхо́жий pássend, geéignet
підхопи́тися, підхо́плюватися: ~ (на́ ноги [з місця]) áuf|fahren* *vi* (s), áuf|springen* *vi* (s)
підше́фн|ий Páten-, únter Pátenschaft stéhend; ~а шко́ла Pátenschule *f*
підшива́ти, **підши́ти** 1) (*сукню*) besäumen *vt*; 2) (*папери і т. п.*) zusámmen|heften *vt*, zu den Ákten légen *vt*
підш|ука́ти fínden* *vt*, áusfindig máchen *vt*; **~у́кувати** sich úm|sehen* (nach *D*), súchen *vt*
піжа́ма Schláfanzug *m*
пі́жмурки *мн.* гра́ти в ~ Blíndekuh spíelen
пізнава́ти 1) (*знайомого, щось знайоме*) erkénnen* *vt*, wíeder|erkennen *vt*; Kénntnisse erwérben*; ~ кого́сь по чо́мусь j-n an etw. (*D*) erkénnen*; 2) (*ближче познайомитися з чимось/кимось*) kénnen|lernen *vt*
пізна́ння *філос.* Erkénntnis *f*
пізна́ти *див.* пізнава́ти
пі́зн|ій 1) spät; ~ьої о́сені im Spätherbst; до ~ьої но́чі bis tief in die Nacht (hinéin); 2) (*запізнілий*) verspätet, spät
пізні́ше *присл.* später, не ~, ніж о тре́тій годи́ні spätestens um drei Uhr
пі́зно spät; ~ вве́чері spät am Ábend; ◊ ра́но чи ~ über kurz óder lang
пійма́ти fángen* *vt*, erwíschen *vt*, ertáppen *vt* (*зненацька*); ◊ ~ кого́сь на сло́ві *j-n* beim Wort néhmen*
піка́нтний pikánt, gewürzt

П

піклува́ння Fürsorge *f*, Sórge *f* (*про когось/щось* für *A*)
пікні́к (Áusflug mit) Pícknick *n*
піло́т Pilót *m*, Flúgzeugführer *m*
пі́льг|а Vergünstigung *f*, Ermäßigung *f*, Privilég [-vi-] *n*; **~овий** Vórzugs-, ermäßigt, vergünstigt; ~ові умо́ви *m* Vórzugsbedingungen *pl*; ~овий квито́к Fáhrkarte mit Ermäßigung, ermäßigte Fáhrkarte
піля́ля Pílle *f*
пі́на Schaum *m*; ми́льна ~ Séifenschaum *m*; морська́ ~ Gischt *m*
пінгві́н Pinguin ['pingui:n] *m*
пінг-по́нг Tischtennis *n*
пі́нист|ий Schaum-, schäumig (*покритий піною*); schäumend (*про вино і т. п.*); ~а ва́нна Schäumbad *n*
пі́нитися schäumen *vi*
пі́нк|а Haut *f*; ◊ зніма́ти ~у den Rahm áb|schöpfen
пінопла́ст Schäumplast *m*, Schäum-stoff *m*
пінце́т Pinzétte *f*
піоне́р Pionier *m* (*зачинатель*); Báhnbrecher *m* (*новатор*)
пірамі́да Pyramíde *f*
піра́т Pirát *m*, Séeräuber *m*
пірну́ти, пірна́ти táuchen *vi*, *vt* (s, h), únter|tauchen *vi* (s)
пісе́нник (*збірник пісень*) Líederbuch *m*
пі́сля 1) *присл.* náchhér, später; 2) *прийм.* (*чогось/когось* nach (*D*); ~ нас nach uns; ~ цього danách; ◊ ~ то́го як nachdém
післявоє́нний Náchkriegs-
післяза́втра übermorgen; **~шній** übermorgig, von übermorgen
післямо́ва Náchwort *n*
П
післяобі́дній náchmittäglich, Náchmittags-
післяопераці́йний *мед.* postoperatív
пісн|и́й *розм.* (*нежирний*) máger; ~é м'я́со mágeres Fleisch
пі́сня Lied *n*
пісо́к 1) Sand *m*; 2): цукро́вий ~ Raffináde *f*, Wéißzucker *m*, Kristállzucker *m*
пісо́чний 1) Sand(*тж про тісто*); 2) (*про колір*) sándfarben
пісо́чниця *розм.* (*для дітей*) Sándkasten *m*
піст *рел.* Fásten *pl*, Fástenzeit *f*
пістоле́т Pistóle *f*
піт Schweiß *m*; уве́сь в по́ті, обливаю́чись по́том in Schweiß gebädet; schwéißtriefend
піти́ 1) wég|gehen* *vi* (s), fórt|gehen* *vi* (s) (*звідкись*); verlássen* *vt* (*залишити приміщення, будинок і т. п.*); géhen* *vi* (s) (*кудись*); ~ додо́му nach Háuse géhen*; ~ купа́тися báden géhen*; ~ за ки́мось/чи́мось j-n/etw. hólen géhen*; 2) (*почати іти*) lós|gehen* *vi* (s); пішли́ (хо́дімо)! géhen wir!, laß uns géhen!; 3) (*про опади*): пішо́в дощ es begánn zu régnen; 4) (*на щось - ризикувати*) sich éin|lassen* (auf *A*); 5: ~ у ві́дпустку auf Úrlaub géhen* *vi* (s); ~ з робо́ти die Árbeit áuf|geben*; ~ на пе́нсію in [auf] Rénte géhen* *vi* (s); 6) (*затратитися, бути потрібним на щось*): на це пішло́ бага́то ча́су das hat viel Zeit in Ánspruch genómmen; на це у ме́не пішло́ три дні, бага́то гро́шей das hat mich drei Táge, viel Geld gekóstet
пітні́|ти 1) (*вкриватися потом*) schwítzen *vi*; у нього ~ють ру́ки er schwitzt an den Händen; 2) (*про скло*) án|laufen* *vi* (s)
пітьм|а́ Fínsternis *f*, Dúnkel *n*; у ~і im Dúnkeln
піхо́т|а *військ.* Infanteríe *f*, **~ний** Infanteríe-
піч Ofen *m*, мікрохвильова́ ~ Míkrowellengerät *n*, Míkrowellenherd *m*
пічку́р (*риба*) Gründling *m*
піша́к 1) *шах.* Báuer *m*; 2) *перен.* Marionétte *f*
пі́ший Fuß-
пі́шки zu Fuß
пішохі́д Fúßgänger *m*; **~ний** Fuß-; ~на дорі́жка (*на переході вулиці*) Fúßgängerüberweg *m*, Zébrastreifen *m*
піща́н|ий Sand-, sándig; **~ик** Sándstein *m*
піщи́нка Sándkorn *n*
пла́вальн|ий Schwimm-; ~ басе́йн Schwímmbecken *n*, Schwímmbad *n* (*відкритий*); Schwímmhalle *f* (*закритий*); ~а дорі́жка (*басейну*) Schwímmbahn *f*
пла́вання 1) Schwímmen *n*, ~ на спині́ Rückenschwimmen *n*, ~ ві́льним сти́лем Fréistilschwimmen *n*, фігу́рне ~ Figúrenschwimmen *n*, займа́тися ~м schwímmen* *vi* (s, h), Schwímmsport tréiben*; 2) (*на суднах*) Schíffahrt (*при переносі* Schif-ffahrt) *f*, Séefahrt *f* (*морське*); пусти́тися в ~ (*про судно*) in See stéchen* *vi* (s)
пла́вати *див.* плисти́
плаве́ць I Schwímmer *m*
плаве́ць II (*у риб*) Flósse *f*
плави́льн|ий *тех.* Schmelz-; ~а піч Schmélzofen *m*
пла́вити *тех.* schmélzen *vt*; **~ся** schmélzen* *vi* (s)
пла́вка Schmélzen *n*
пла́вки *мн.* Bádehose *f*
плавки́й schmélzbar
пла́влений: ~ сир Schmélzkäse *m*
пла́вний fließend (*про мову*); leicht, schwébend (*про ходу*)
плаву́чий Schwimm-; ~ кран Schwímmkran *m*, ~ міст Pontónbrücke *f*
плавчи́ха Schwímmerin *f*
плагіа́т Plagiát *n*, **~ор** Plagiátor *m*
плазу́н *зоол.* Reptíl *n*, Kríechtier *n*
плака́т Plakát *n*
пла́кати wéinen *vi*; гі́рко ~ bítterlich wéinen; ре́вно ~ schlúchzen *vi*
пла́кс|а *розм.* Héulmeier *m*, Héulsu-se *f*, **~и́вий** wéinerlich
плаку́ч|ий: ~а верба́ Tráuerweide *f*
пла́н *у різн. знач.* Plan *m*, виробни́чий ~ Produktiónsplan *m*, перспекти́вний ~

Perspektívplan *m*; скла́сти, ви́конати, перееви́конати ~ éinen Plan áuf|stellen, erfüllen, überbíeten*; укладáти ~и Pläne schmíeden; виконáння ~у Plánerfüllung *f*
планéр Ségelflugzeug *n*, Gléitflugzeug *n*
планери́|зм Ségelflugsport *m*; **~ст** Ségelflieger *m*
планерувáння *ав.* Schwébeflug *m*, Gléitflug *m*
планерувáти *ав.* im Gléitflug flíegen* *vi* (s), gléiten* *vi* (s)
планéт|а Planét *m*; на нáшій ~і auf únserer Érde
планетáрій Planetárium *n*
плáнк|а 1) Látte *f*, Léiste *f* (*рейка*); 2) *спорт.* Látte *f*, збúти ~у die Látte réißen*; подолáти ~у über die Látte kómmen* *vi* (s)
плáнов|ий Plan-; plánmäßig (*передбачений планом*); ~е господáрство Plánwirtschaft *f*
планомíрний plánmäßig
плантáція Plantáge [-ʒə] *f*, Pflánzung *f*
плануваáння Plánung *f*
плануваáти (*роботу і т. п.*) plánen *vt*
пласт 1) (*шар*) Schicht *f*, 2) *гірн.* Lá-ge *f*, Flöz *n* (*кам'яновугільний*)
плáстик Plast *m*, Kúnststoff *m*
пласти́нк|а 1) Plátte *f*, Schéibe *f*ж 2) (*зі звуковим записом*) Schállplatte *f*, довгогрáюча ~ Lángspielplatte *f*, постáвити ~у éine Plátte áuf|legen
плáстир Pfláster *n*
пласти́чний plástisch; verfórmbar; fórmbar
пластíвці́ *мн.*: кукурýдзяні ~ Máisflocken *pl*
пластмáса Kúnststoff *m*, Plast *m*
плáт|а 1) (*винагорода за труд*) Bezáhlung *f*, за ~у für [gégen] Bezáhlung *f*, заробíтна ~ Lohn *m* (*робітників*), Gehált *n* (*службовців*); 2) (*платіж*) Záhlung *f*, Gebühr *f*, внести́ ~у Záhlung léisten; Gebühren entríchten (*за щось* für *A*); вхіднá ~ Éintrittsgeld *n*, квартúрна ~ Míete *f*, ~ за проїзд Fáhrgeld *n*, ~ за телефóн Telefón (grund)gebühr *f*, ~ за телефóнні розмóви Telefóngebühren *pl*
плáтина Plátin *n*
плати́ти záhlen *vi* (*без зазначення суми, комусь D*); záhlen *vt*, bezáhlen *vt* (*якусь суму, внески*); ~ зóлотом in Gold záhlen *vi*; ~ готíвкою bar záhlen *vi*; ~ в розстрóчку in Ráten záhlen *vi*; ~ за щось für etw. záhlen, etw. bezáhlen; ~ по рахýнку éine Réchnung bezáhlen [begléichen*]; ~ за квартúру Míete (be)záhlen; ~ боргú die Schúlden begléichen*
плат|íж Záhlung *f*, робúти ~ежí Záhlungen léisten; накладнúм ~ежéм per Náchnahme
плáтний gégen Bezáhlung, für Geld
платó *геогр.* Plateau [-'to:] *n*
платоспромóжн|ий záhlungsfähig; **~íсть** Záhlungsfähigkeit *f*
платфóрма 1) (*перон*) Báhnsteig *m*; 2) (*невелика залізнична станція, полустанок*) Háltepunkt *m*, kléine Éisenbahnstation; 3) *політ.* Plàttform *f*
плацкáрта Plátzkarte *f* (*для сидячого місця*); Béttkarte *f* (*для спального місця*)
плач Wéinen *n*, **~éвний** kläglich, jämmerlich
плащ Mántel *m*, Stáubmantel *m*, Régenmantel *m* (*непромокальний*)
плебісци́т Vólksbefragung *f*
плеври́т *мед.* Pleurítis *f*, Rippenfell entzündung *f*
плед Réisedecke *f*, Plaid [ple:t] *n*, *m*
плекáти: ~ надíю éine Hóffnung hégen
племíнн|ий (*про худобу*) Zucht-; Rasse (*чистокровний*); ~á худóба Zúchtvieh *n*, Rássevieh *n*
племíнни|к Néffe *m*, **~ця** Níchte *f*
плéм'я Stamm *m*
пленáрн|ий: ~е засíдання Plenársitzung *f*
плéнум Plénum *n*; засíдання ~у Plenártagung *f*, Plenársitzung *f*
плéскати (*аплодувати*) klátschen *vi*; ~ у долóні in die Hände klátschen *vi*
плéскіт Plätschern *n*, Ríeseln *n*
плести́ fléchten* *vt*; klöppeln *vt* (*мереживо і т. п.*); knüpfen *vt* (*сітки*)
плéтений geflóchten; Korb(*про меблі*)
плеч|é Schúlter *f*, Áchsel *f*; знúзувати ~úма mit den Áchseln zúcken *vi*; ~ в ~ Schúlter an Schúlter; він мені до ~á er reicht mir bis an die Schúlter
плечи́стий bréitschult(e)rig
плин: з ~ом чáсу mit der Zeit, im Láufe der Zeit (*після закінчення якогось строку*); nach und nach (*поступово*)
плúнний vorübergehend, vergänglich, zéitweilig
плисти́ 1) (*про людину, тварину*) schwímmen* *vi* (h, s); 2) (*про предмет, човен і т. п.*) schwímmen* *vi* (s); tréiben* *vi* (s) (*за течією*); 3) (*на чомусь*) fáhren* *vi* (s) (mit *D*); ségeln *vi* (h, s) (*під вітрилами*)
плитá 1) Plátte *f*, Fliese *f* (*кам'яна*); могúльна ~ Grábstein *m*, 2) (*кухонна*) Herd *m*, Gásherd *m* (*газова*)
плúтка 1) Táfel *f*, ~ шоколáду éine Táfel Schokoláde; 2) (*електрична*) (eléktrischer) Kócher *m*, 3) (*облицювальна*) Káchel *f*
плíвк|а 1) Häutchen *n*, Haut *f*, мáсляна ~ Ölfilm *m*, 2) (*пластмасова*) Fólie [-je] *f*, 3) *фото, кіно* Film *m*, кольорóва ~ Fárbfilm *m*, зня́ти на ~у *фото* fotografíeren *vt*, áuf|nehmen* *vt*, *кіно* fílmen *vt*; 4) (*магнітофонна*) Band *n*, Tónband *n*, записáти на ~у auf Band áuf|nehmen* *vt*
плід Frucht *f* (*тж біол. і перен.*); *мн.* плоди́ Obst *n*, Früchte *pl*
плíсень Schímmel *m*
плісирóван|ий: ~а спідни́ця Plisséerock *m*
плíснявіти schímmeln *vi*

П

пліт Floß *n*
пліт|**а** Klatsch *m*, Geréde *n*, *тж в знач. мн.* ~и́; розпуска́ти ~и́ (*про когось/щось*) klátschen *vi* (über *A*)
пліткáр Klátschmaul *n*, **~ка** Klátschbase *f*
плі́чка *мн. розм.* (*вішалка*) Kléiderbügel *m*
плов *кул.* Piláu *m*, Piláw *m*
плоди́тися sich fórt|pflanzen, sich vermēhren
плодівни́цтво Óbstbau *m*
плодо́в|**ий** Obst-; ~і дерева Óbstbäume *pl*; ~ сад Óbstgarten *m*
плодоно́сити Früchte trágen*
плодосхо́вище Óbstspeicher *m*, Óbstlager *n*
плодотво́рний frúchtbringend; nützlich (*корисний*); erfólgreich (*успішний*); produktív (*продуктивний*)
плодя́чий frúchtbar *тж. перен*
пломб|**а** 1) (*на дверях і т. п.*) Plómbe *f*, 2) (*зубна*) Plómbe *f*, Záhnfüllung *f*, постáвити кому́сь ~у j-m éinen Zahn plombíeren
пломбíр Sáhneeis *n*
пломбува́ти (*зуби*) plombíeren *vt*, füllen *vt*
пло́ский flach, platt
плоскогíр'я Hóchebene *f*, Hóchland *n*
плоскогу́бці *мн.* Fláchzange *f*
плотва́ *зоол.* Plötze *f*
пло́ща 1) (*в місті*) Platz *m*, 2) (*частина простору*) Fläche *f*, житлова́ ~ Wóhnraum *m*, Wóhnfläche *f*, посівна́ ~ Ánbaufläche *f*, 3) *мат.* Flächeninhalt *m*
майда́нчик

площа́дка 1) Platz *m*, поса́дочна ~ *ав.* Ländeplatz *m*, 2) (*вагона*) Pláttform *f*, 3) (*сходів*) Tréppenabsatz *m*
площина́ Fläche *f*, Ébene *f*
плуг Pflug *m*
плу́таний verwórren, verwírrt; únklar (*неясний*)
плутани́на Verwírrung *f*, Wírrwarr *m*, Durcheinánder *n*
плу́тати 1) durcheinánder|bringen* *vt*, verwírren *vt*, 2) (*змішувати з кимось/чимось*) verwéchseln *vt* (mit *D*); 3) (*збивати з пантелику*) aus dem Konzépt bríngen* *vt*, verwírren *vt*, írre|führen *vt*, **~ся** 1) (*про думки, слова і т. п.*) sich verwírren, in Verwírrung geráten* *vi* (s); 2) (*збиватися*) sich verwírren, aus dem Konzépt kómmen* *vi* (s)
плюва́ти 1) spúcken *vi*, spéien* *vi*, 2) (*на когось/щось*) *розм.* (*ставитися з презирством*) pféifen* *vi* (auf *A*); мені ~ на це ich pféife daráuf
плю́нути *див.* плюва́ти 1
плюс 1) plus; два ~ два дорíвнює чотирьо́м zwei plus zwei ist gleich vier; на ву́лиці ~ де́сять гра́дусів dráußen sind plus zehn Grad; три з ~ом (*оцінка*) Drei plus; 2) (*знак*) Plus *n*, Plúszeichen *n*, 3) *розм.* (*перевага*) Plus *n*, Vórteil *m*, це для ньо́го вели́кий ~ das ist ein großes Plus für ihn
плюш Plüsch *m*
плющ *бот.* Éfeu *m*
пляж Strand *m*, Bádestrand *m* (*морський*); Strándbad *n*, Schwímmbad *n* (*на річці або озері*); на ~і am Strand
пля́м|**а** Fleck *m*, Flécken *m*, поса́дити ~у на чо́мусь éinen Fleck auf etw. (*D*) máchen; в ~ах fléckig; за́сіб від плям Fléckentferner *m*, Fléckenwasser *n*
плями́стий fléckig, gefléckt
пля́мкати schmátzen *vi*, schnálzen *vi*
пля́шечка Fläsch chen *n*
пля́шка Flásche *f*, ~ молока́ éine Flásche Milch
пневмати́чний *тех.* pneumátisch, Drúckluft-
по 1) (*на питання "де?"*) auf (*D*), in (*D*), durch (*A*), über (*A*); по мо́рю, по о́зеру auf dem Meer, auf dem See; ходи́ти по кімна́ті im Zímmer auf und ab géhen*; пройти́ по пло́щі über den Platz géhen*; 2) (*до*) bis (*A*), bis zu (*D*), bis an (*A*); по сі́чень bis Jánuar; по пе́рше сі́чня bis zum 1 Jánuar; по колі́но у воді́ bis an die Knie im Wásser; 3) (*згідно, відповідно*) nach (*D*), laut (*D*), gemäß (*D*), auf (*A*); по можли́вості nach Möglichkeit; по со́нц. nach der Sónne; по зако́ну laut Gesétz, nach dem Gesétz, gesétzmäßig; 4) (*вздовж*) entláng (*D або A, ставиться звичайно після імен.*), längs (*G або D*); по рі́чці den Fluß entláng; по ву́лиці die Stráße entláng, längs der Stráße; 5) (*на питання "коли?"* an (*D*); 6) (*внаслідок, в результаті*) durch (*A*); -halber; wégen (*G*); aus (*D*); 7) (*після*) nach (*D*); по закі́нченні nach Beéndigung; 8): по́ двоє zu zweit; по де́сять штук на ко́жного zu [je] zehn Stück pro Mann; 9) (*за допомогою*) mit (*D*); durch (*A*); in (*D*); по по́шті mit der Post, durch die Post, per Post по ра́діо im Funk, im Rúndfunk, im Rádio; по телеба́ченню im Férnsehen; замо́вити щось по телефо́ну etw. telefónisch bestéllen
побажа́|**ння** Wunsch *m*, **~ти** wünschen *vt*
поба́чення Verábredung *f* (*ділова зустріч*); Rendezvous [rande'vu:] *n* (*тж закоханих*); Besúch *m* (*в лікарні і т. п.*); призна́чити кому́сь ~ mit j-m ein Rendezvous verábreden; у ме́не сього́дні ~ ich bin héute ver-ábredet, ich hábe héute éine Verábredung [ein Rendezvous]; ◊ до ~я! auf Wíedersehen!; auf Wíederhören! (*по телефону, по радіо*)
поба́чити séhen* *vt*, erblícken *vt*, bemérken *vt* (*помітити*)
поба́читися sich séhen*; sich wíeder|sehen* (*знову*); sich tréffen* (*зустрітися*)
поби́ти 1) schlágen* *vt*, verprügeln *vt*, 2) (*розбити*) zerschlágen* *vt*, 3) (*когось*) verprügeln *vt*, 4) (*перемогти*) schlágen* *vt*, besíegen *vt*, níederschlagen* *vt*, níederwerfen* *vt* (*ворога*); 4): ~ реко́рд éinen Rekórd bréchen* [überbíeten*]

побúтися (*з кимось*) sich prügeln, sich schlágen*

побíгти láufen* *vi* (s), rénnen* *vi* (s) (*кудись*); lós|laufen *vi* (s), lós|ren-nen* *vi* (s) (*почати бігти*)

побíжн|ий 1) (*про зауваження і т. п.*) béiläufig; 2) flüchtig; ~ пóгляд flüchtiger Blick; **~о** nebenbéi, béiläufig

побілúти wéißen *vt*

побілíти weiß wérden; erblássen *vi* (*збліднути*)

побíльше (étwas) mehr (*за кількістю*); (étwas) größer (*за розміром*)

побíчн|ий Nében-; ~а обстáвина Nébenumstand *m*

поблáжлив|ий náchsichtig; heráblassend; **~ість** Náchsicht *f*

поблизý in der Nähe (*від чогось* von *D*), nicht weit (entférnt) (von *D*), únweit (*G*)

побóї *мн.* Prügel *pl*, Schläge *pl*

побóрник Verféchter *m*, Ánhänger *m* (*прибічник*)

поборóти (*подолати*) überwínden* *vt*, bezwíngen* *vt*

побóювання 1) Befürchtung *f*, 2) (*тривога*) Besórgnis *f*, 3) *мн.* (*сумніви*) Bedénken *n*

побóюватися 1) (*чогось - боятися*) befürchten *vt*, Angst háben (vor *D*); 2) (*за когось/щось - турбуватися*) besórgt sein, sich Sórgen máchen (um *A*); 3) (*чогось/когось - остерігатися*) sich hüten, sich in acht néhmen* (vor *D*)

по-брáтньому brüderlich

побувáти besúchen *vt*, áuf|suchen *vt* (*у когось*); sein* *vi* (s) (*десь*)

пóбут 1) (*повсякденне життя*) Áll-tag *m*, Álltagsleben *n*, домáшній ~ häusliches Lében; сімéйний ~ Famíli enalltag *m*, 2) (*спосіб життя*) Lébensweise *f*, Lébensformen *pl*, сучáсний ~ modérne Lébensweise; 3) (*умови життя*) Lébensbedingungen *pl*, ◊ будúнок ~у Haus der Díenstleistungen; слýжба ~у Díenstleistungen *pl*

побутóв|ий 1) Álltags-; ~а тéма Álltagsthema *n*, ~е явище Alltagserscheinung *f*, éine állgemeín verbréitete Erschéinung; ~ ромáн soziáler Román; 2) (*що стосується способу життя*) Lébens-; ~і умóви Lébensbedingungen *pl*, 3) (*що використовується в домашньому побуті*) Háushalts-; ~і прúлади Háushaltsgeräte *pl*

повáг|а Áchtung *f*, Respékt *m*, з ~и до кóгось aus Áchtung vor (*D*); з глибóкою ~ою (*в листі*) hóchachtungsvoll

поважáти áchten *vt*

повáжний (*про людину*) solíde

повалúти I 1) (*перекинути*) úm|werfen* *vt*, níeder|werfen* *vt*, zu Bóden strécken *vt* (*на землю*); 2) (*дерева*) fällen *vt*

повалúти II (*про натовп*) strömen *vi* (s), stürzen *vi* (s)

повалúтися (úm)fállen* *vi* (s), (hín)stürzen *vi* (s), hínfallen* *vi* (*s*)

по-вáшому 1) (*про думку*) éurer [Íhrer] Méinung [Ánsicht] nach; 2) (*про бажання*) so, wie ihr es wünscht; so, wie Sie es wünschen

поведíнка Benéhmen *n*, Verhálten *n*, Betrágen *n* (*про школу*)

повезтú 1) (*відвезти когось кудись*) fáhren* *vt* (*машиною*); (auf der Réise) begléiten *vt* (*супроводити*); (auf die Réise) mít|nehmen* *vt* (*взяти з собою*); 2) (*побувати з кимось десь*): він повíз дітéй на дáчу er war mit den Kíndern auf der Dátsche,

повернýти, **повертáти** 1) (*змінити положення чогось*) (úm)dréhen *vt*, wénden* *vt*, 2) (*змінити свій напрямок*) éin|biegen* *vi* (s), bíegen* *vi* (s); ~ правóруч (nach) rechts éin|biegen*; ~ за ріг um die Écke bíegen*; ~ назáд úm|kehren *vi* (s); 3) (*віддати назад*) zurück|geben* *vt*, áb|geben* *vt*, 4) (*одержати назад*) wieder|bekommen* *vt*, zurück|gewinnen* *vt*, 5) (*когось з дороги*) zurück|geben* *vt*, zurück|rufen* *vt*, zurück|holen *vt* (*покликати*); zurück|schicken *vt* (*відіслати*); **~ся** 1) sich úm|drehen, sich (úm)wénden*; ~ся до дверéй sich zur Tür wénden*; ~ся до кóгось облúччям, спúною j-m das Gesícht, den Rücken zú|wenden*; ~ся на бік sich auf die Séite légen; 2) (*кудись*) zurück|kehren *vi* (s), zurück|kommen* *vi* (s), zurück sein* *vi* (s); ~ся додóму nach Háuse zurück|kehren héim|kehren *vi* (s); 3) (*до чогось – до перерваного заняття*) zurück|kommen *vi* (s) (auf *A*)

пóверх Stóckwerk *n*, Stock *m*, Etáge [-ʒə] *f*, Geschóß *n*, пéрший ~ Érdgeschoß *n*, Partérre *n*, на дрýгому пóверсі im érsten Stock, in der érsten Étage, im zwéiten Geschoß, éine Tréppe hoch

повéрх (*чогось*) über (*A або D*), óberhalb (*G*); auf (*A або D*)

повéрхн|я 1) Óberfläche *f*, земнá ~ Érdoberfläche *f*, ~ Місяця Móndoberfläche *f*, Móndlandschaft *f*, 2): ~ водú Wásserspiegel *m*, тримáтися на ~і sich über Wásser hálten*

поверхóвий óberflächlich; flüchtig (*побіжний*)

повеселíти lústig [héiter] wérden

повестú 1) (*відвести когось кудись*) führen *vt*, bríngen* *vt*, begléiten *vt* (*супроводити*); mít|nehmen* *vt* (*взяти з собою*); 2) (*побувати з кимось десь*): він повíв дітéй в кінó er war mit den Kíndern im Kíno

повестúся 1) hándeln *vi*, ~ прáвильно, чéсно ríchtig, éhrlich hándeln; як мені ~? was soll ich ánfangen [tun]?; 2) (*з кимось/чимось - обійтися якось*) behándeln *vt*, úm|gehen* *vi* (s) (mit *D*)

повечéряти *див.* вечéряти

повз *прийм.* (*щось/когось*): пройтú, проїхати ~ щось/кóгось an etw./j-m vorbéi|gehen* *vi* (s), vorbéi|fahren* *vi* (s);

◊ пропусти́ти щось ~ ву́ха *etw.* überhören

по́взати, повзти́ kríechen* *vi* (s)

повзунки́ *мн.* (*дитячий одяг*) Strámpelhose *f*, Strámpelanzug *m*

пови́дло Marmeláde *f*

пови́нен: я ~ закі́нчити цю робо́ту ich muß díese Árbeit beénden; ти не ~ цього́ роби́ти du sollst das nicht tun

пови́нність Pflicht *f*, Verpflíchtung *f*

пови́нно: ~ бу́ти wahrschéinlich, wohl

повиса́ти, пови́снути (*на чомусь*) hängen|bleiben* *vi* (s) (an *D*)

по́від (*у коня*) Zügel *m*

повіде́ць Léine *f*, взя́ти соба́ку на ~ éinen Hund an die Léine néhmen

повідо́мити (*щось, про щось*) mít|teilen *vt*, benáchrichtigen *vt*, in Kénntnis sétzen *vt* (von *D*), wíssen lássen* *vt* (*A*); bekánnt|machen *vt*, verkünden *vt* (*офіційно*); verlésen* *vt* (*зачитати*); beríchten *vt* (*або* über *A*), mélden *vt* (*в пресі, по радіо*); ~ кому́сь про щось j-n von etw. (*D*) benáchrichtigen, j-n über etw. (*A*) informíeren

повідо́млення 1) (*дія*) Benáchrichtigung *f*, 2) (*письмове сповіщення*) Méldung *f*, Beschéid *m*, Mítteilung *f*, Ánzeige *f* (*оголошення в газеті*); 3) (*звістка*) Mítteilung *f*, Méldung *f*, Náchricht *f*, офіці́йне ~ offiziélle [ámtliche] Mítteilung; за ~ми пре́си Préssemeldungen zufólge; 4) (*виступ*) Kórreferát *n*, Beṙicht *m* (*доповідь*)

повідомля́ти *див.* повідо́мити

пові́ки Áugenlider *pl* (*sg* Áugenlid *n*)

пові́льний 1) lángsam; 2) (*млявий*) schwérfällig, zögernd, träge

пові́льно lángsam

по́вінь Hóchwasser *n*, Flut *f*, Überschwémmung *f*

пові́рений der Bevóllmächtigte *m*, ~ у спра́вах *дип.* Geschäftsträger *m*, тимчасо́вий ~ у спра́вах Geschäftsträger ad ínterim

пові́рити *див.* ві́рити

пові́р'я Vólksglaube *m*

пові́сити 1) hängen *vt*, áuf|hängen *vt*, éin|hängen *vt*, (den Hörer) áuf|le-gen *vt* (*телефонну трубку*); 2) (*стратити*) erhängen *vt*, **~ся** sich erhängen

пові́стка (*в суд і т. п.*) Vórladung *f*

по́вість Erzählung *f*

пові́тр|я Luft *f*, бува́ти на сві́жому ~і an [in] frischer Luft sein; ◊ носи́тися в ~і in der Luft líegen* *vi*

пові́трян|ий Luft-, (*стосовний авіації - тж*) Flug-; ~а ку́ля Lúftballon [-lɔŋ] *m*, ~ флот Lúftflotte *f*, ~ про́стір Lúftraum *m*, ~ зв'язо́к Flúgverkehr *m*, ~им шля́хом auf dem Lúftweg

по́вн|ий 1) (*наповнений*) voll, gefüllt; 2) (*абсолютний*) völlig, vóllständig, voll; 3) (*про людину*) korpulént, (*про жінку - тж*) móllig, vóllschlank; 4): ~е зі́брання тво́рів sämtliche Wérke, Gesámtausgabe von Werken; ~і фо́рми прикме́тників die Lángformen der Ádjektive [-və]; працюва́ти ~ робо́чий день gánztags [voll] árbeiten *vi*

по́вністю vóllständig, völlig, ganz; réstlos (*без залишку*); ціл́ком і ~ voll und ganz, ganz und gar

повні́ти zú|nehmen* *vi*, vóller [dícker] wérden

повно́: *розм.* на ву́лиці ~ наро́ду die Stráße ist vóller Ménschen

повнова́гий vóllwichtig

повнова́ж|ення Vóllmacht *f*, **~ний** bevóllmächtigt; ~ний представни́к bevóllmächtigter Vertréter

повновла́ддя Máchtvollkommenheit *f*

повново́дий wásserreich

повноліт|ній vólljährig, *юр.* mündig; **~тя** Vólljährigkeit *f*, *юр.* Mündigkeit *f*

повномасшта́бний in vóller Größe

по́вно-повні́сінько übervoll, zum Bréchen voll

повнопра́вний vóllberechtigt; gléichberechtigt (*рівноправний*)

повнота́ 1) (*повна міра*) Fülle *f*, ~ вла́ди Máchtvollkommenheit *f*, 2) (*огрядність*) Korpulénz *f*, Beléibtheit *f*

повноці́нний vóllwertig

пово́дження 1) (*з кимось*) Behándlung *f*, Úmgang *m*, 2) (*з чимось*) Hándhabung *f*

пово́дитися 1) (*з кимось*) úm|gehen* *vi* (s) (mit *D*), behándeln *vt*, 2) (*з чимось - користуватися*) hánd|haben* *vt*

пово́лі lángsam, allmählich, nach und nach

поворо́т 1) (*дія*) Dréhung *f*, Wén-dung *f*, Umdréhung *f* (*колеса, ключа*); 2) (*місце повороту*) Krümmung *f*, Bíegung *f* (*річки, вулиці*); Kúrve [-və] *f* (*дороги*); на ~і, з-за ~у in der Kúrve; 3) (*поворотний пункт*) Wénde *f*, Wéndung *f*, Úmschwung *m* (*перелом*); ~ до кра́щого éine Wéndung zum Bésseren

поворо́тний: ~ пу́нкт [моме́нт] Wéndepunkt *m*, Wénde *f*

поворуши́ти(ся) *див.* воруши́ти(ся)

повстава́ти *див.* повста́ти

повста́н|ець der Áufständische, Re-béll *m*

повста́ння Áufstand *m*, збро́йне ~ bewáffneter Áufstand

повста́нський áufständisch

повста́ти 1) (*підняти повстання*) éinen Áufstand máchen, sich erhében*; 2) (*проти чогось – протестувати*) sich empören, sich áuf|lehnen, áuf|begehren *vi* (gégen *A*)

повся́дн|ий állgeméin; **~о** überáll

повсякде́нний 1) (*який вживається у побуті*) Gebráuchs-, Háushalts-; 2) (*звичайний*) álltäglich, Álltags-; gewöhnlich, üblich

повто́рення Wiederhólung *f*

повтори́ти wiederhólen *vt*, ~ щось за ки́мось j-m etw. nách|sprechen*; **~ся** sich wiederhólen

повтóрний wiederhólt, nóchmalig
повтóрювати(ся) *див.* повтори́ти(ся)
повчá|льний beléhrend; léhrreich; **~ння** Beléhrung *f*
повчáти beléhren *vt*, unterwéisen* *vt*, *несхв.* schulméistern *vt*
пов'язк|а 1) Bínde *f*, нарукáвна ~ Ármbinde *f*, 2) (*на рані*) Verbánd *m*, наклáсти ~у verbínden* *vt*, éinen Verbánd án|legen
погáн|ий schlecht, schlimm; übel; böse; ~ зáпах übler Gerúch; ~á погóда schléchtes [schlímmes] Wétter; йогó спрáви ~і es steht schlimm um ihn; ~а звúчка éine schléchte Ángewohnheit; ~ нáстрій schléchte Láune; ~а слáва übler Ruf; ~ вчúнок böse Tat
погáнка (*гриб*) Gíftpilz *m*
погáно schecht, schlimm; übel; ~ повóдитися sich schlecht benéhmen*; менí ~ mir ist übel
поганя́ти án|treiben* *vt*
погаси́ти *див.* гаси́ти
погáслий erlóschen (*тж перен.*)
погáснути erlöschen* *vi* (s); áus|ge-hen* *vi* (s) (*догорíти*)
погáшення (*боргів і т. п.*) Tílgung *f*, Begléichung *f*
погíршання Verschléchterung *f* (*за якістю*); Verschlímmerung *f* (*за станом*)
погíршити, **погíршувати** verschléchtern *vt*, schléchter máchen *vt* (*якість*); verschlímmern *vt* (*стан, становище*); **~ся** sich verschléchtern, schléchter wérden (*про якість*); sich verschlímmern (*про стан*)
поглáдити *див.* глáдити
погли́бити tiefer máchen *vt*; vertíe-fen *vt* *тж. перен.*; **~ся** tíefer wérden; sich vertíefen *тж. перен*
погли́блення Vertíefen *n* *тж. перен*
погли́блено éingehend, áusführlich (*детально*); gründlich (*грунтовно*)
погли́блювати *див.* погли́бити
поглинáти, **погли́нути** 1) (*вбирати*) áu-f|saugen* *vt*, 2) verschlíngen* *vt*, (*про час - тж*) in Ánspruch néhmen* *vt*
пóгляд 1) Blick *m*, Ánsicht *f*, ки́нути ~ на когóсь/щось éinen Blick auf j-n/etw. wérfen*, auf j-n/etw. blícken; 2) (*думка*) Méinung *f*, Ansicht *f*, на мій ~ méiner Méinung nach; ◊ на пéрший ~, з пéршого ~у auf den érsten Blick
пóгляд|и *мн* (*світогляд*) Ánsichten *pl*, Ánschauungen *pl*, Áuffassungen *pl*, політи́чні ~ polítische Ánsichten; єдність ~ів die Übereínstimmung der Áuffassungen
погнáти *див.* гнáти 1; **~ся** *див.* гнáтися
поговори́ти sich unterhálten*
погóд|а Wétter *n*; за будь-якóї ~и bei jédem Wétter
погóджен|ий übereínstimmend; ábgestimmt, koordiníert; **~ість** (*між кимось*). Übereínstimmung *f*, Éinstimmigkeit *f*, **~ня** Ábstimmung *f*, Veréinbarung *f* (*з кимось* mit *D* — *домовленість*); **~о** übereínstimmend (*з кимось* mit *D*)
погóджувальн|ий Schlíchtungs-; ~а комісія Schlíchtungskommision *f*
погóджуватися, **погóди|тися** 1) (*дати згоду на щось*) sich éinverstanden erklären (mit *D*), éin|gehen* *vi* (s) (auf *A*), éin|willigen *vi* (in *A* *або* zu + *inf*); він ~вся допомогти́ нам er erklärte sich beréit, uns zu hélfen; 2) (*визнати щось правильним, когось правим*) zú|stimmen *vi* (*D*); ~ з ки́мось в чóмусь mit j-m in etw. (*D*) übereín|stimmen [éinverstanden sein]; погóдься, що ти не прави́й gib zu, du hast nicht recht
погоди́нн|ий: ~á оплáта Stúndenlohn *m*
погóдити, погóджувати (*з кимось*) in Éinklang (in Übereínstimmung) bríngen* (mit *D*); veréinbaren *vt* (mit *D*); áb|sprechen* *vt*, áb|stimmen *vt* (mit *D*) (*обговорити*)
погóдн|ий: ~і умóви Wétterlage *f*, Wétterverhältnisse *pl*
погóжий *розм.* héiter; ~ день ein héiterer Tag
пого́лити(ся) *див.* го́лити(ся)
поголíв'я: ~ худóби Víehbestand *m*
пологóвн|ий állgeméin; Mássen- (*масовий*); **~о**: усí ~ álle óhne Áusnahme
поголóска Gerücht *n*, Geréde *n*, Ruf *m* (*репутація*)
погóни *мн. військ.* Schúlterstücke *pl* (*офіцерські*); Schúlterklappen *pl* (*солдатські*)
погóнич Tréiber *m*, ~ верблю́дів Kaméltreiber *m*
погóн|я 1) (*переслідування*) Verfólgung *f*, Jagd *f*, 2) (*переслідувачі*) Verfólger *pl*, 3) (*за чимось - палке прагнення до чогось*) Jagd *f*, в ~і за чимось auf der Jagd nach (*D*)
поготíв *розм.* um so mehr (*тим більше*); um so wéniger (*тим менше*)
пограбувáння Beráubung *f*, Éinbruch *m* (*крадіжка зі зломом*); ~ бáнку Bánkraub *m*
пограбувáти beráuben *vt*
пóгріб Kéller *m*
погрíти *див.* грíти 1, 2; **~ся** *див.* грíтися
погрíшність (*недолік, вада*) Defékt *m*, Mángel *m*, Féhler *m*
погрóжува|ти (*комусь*) dróhen *vi* (*D*, *чимось* mit *D*); він ~в помсти́тися йому́ er dróhte, sich an ihm zu rächen
погрóза Dróhung *f*
погрубíти 1) (*про шкіру*) rauh [hart] wérden; 2) (*про людину*) verróhen *vi* (s)
погуби́ти *див.* губи́ти
пода|вáти *див.* подáти; ◊ він ~є надії er verspricht viel
подави́тися (*чимось*) sich verschlúcken (an *D*)
подáгра *мед.* Pódagra *n*, Gicht *f*
подáльший der wéitere
подарувáти schénken *vt*, (*щось з своїх власних речей - тж*) verschénken *vt*

П

подару́нок Geschénk *n*; одéржати щось у ~ etw. als Geschénk [geschénkt] bekómmen*

пода́ти 1) réichen *vt*; ~ комýсь рýку j-m die Hand réichen; ~ щось на стіл etw. áuf|tragen*, etw. servieren [-'vi:-]; ~ комýсь пальтó j-m in den Mántel hélfen*; 2): ~ телегрáму ein Telegrámm schícken [áuf|geben* (*на пошті*]; 3) (*заяву і т. п.*) éin|reichen *vt*; ~ у відстáвку séinen Ábschied éin|reichen, zurück|treten* *vi* (s); 4) *спорт.* (*м'яч*) zú|geben* *vt*, zú|werfen* *vi* (s); ◊ ~ комýсь прíклад *j-m* ein Béispiel gében*

пода́тися: ~ вперéд vór|rücken *vi* (s); ~ назáд zurück|weichen* *vi* (s)

пода́т|ок Stéuer *f*, платни́к ~ків Stéuerzahler *m*

пода́ча 1) Ángabe *f*, Éinreichung *f* (*заяви і т. п.*); ~ скáрги Éinlegung *f* einer Beschwérde; ~ заявки Ánmeldung *f* einer Ánforderung; 2) *тех.* Zuführung *f*, Zúgabe *f*, Belíeferung *f* (*постачання*)

подая́ння Almosen *n*

по́двиг Gróßtat *f*, gróße Tat (*самовíдданий вчинок*); Héldentat *f* (*геройчний вчинок*); здійсни́ти ~ éine Héldentat vollbríngen*

подві́йний dóppelt, zwéifach, Dop-pel-

подві́йно dóppelt, zwéifach

подвóєний verdóppelt

подвóєння Verdóppelung *f*

подвóїти, **подвóювати** verdóppeln *vt*, *перен. тж* verstärken *vt* (*посилити*); vergrößern *vt*, stéigern *vt* (*збільшити*); ~ зуси́лля séine Ánstrengungen verdóppeln; **~ся** sich verdóppeln, *перен. тж* sich verstärken, zú|nehmen* *vi* (*посилюватися*); sich vergrößern, sich stéigern (*збільшитися*)

подéкуди hier und da, írgendwo; stéllenweise

подешеві́ти bíllig(er) wérden

подзвони́ти *див.* дзвони́ти

по́див Verwúnderung *f*, Erstáunen *n*; на мій (превели́кий) ~ zu méiner Verwúnderung; з ~ом mit Verwúnderung, verwúndert

подиви́тися 1) *див.* диви́тися; 2): не ~ на щось kéine Rücksicht auf etw. (*A*) néhmen*; 3): поди́вимось! wóllen wir séhen!

по́дих Séufzer *m*

поді́бн|ий 1) (*до когось/чогось*) ähnlich (*D*); в ~их ви́падках in ähnlichen Fällen; нічóго ~ого я нікóли не бáчив étwas Ähnliches hábe ich noch nie geséhen; 2) (*такий*) solch; ~і ля́ди sólche Ménschen; 3) *мат.* ähnlich; ◊ нічóго ~ого! nichts dergléichen!

поді́бність Ähnlichkeit *f*

поді́бно (*до когось/чогось*) ähnlich (*D*)

по́діл Téilung *f*, Áufteilung *f*, Éinteilung *f*, ~ прáці Árbeitsteilung *f*

поді́л Saum *m*, Schoß *m*; ~ спідни́ці Róckzipfel *m*

поділи́ти(ся) *див.* ділити(ся)

по́ділка Téilstrich *m*

поділя́ти (*думку і т. п.*) téilen *vt*

поді́|я 1) (*випадок*) Eréignis *n*, Geschéhnis *n*, Begébenheit *f*, 2) *мн.* ~ї (*сукупність фактів, явищ*) Eréignisse *pl*, Geschéhen *n*; міжнарóдні ~ї internationáles Geschéhen; ~ї у світі Wéltgeschehen *n*, ~ї дня Tágesgeschehen *n*, 3) (*надзвичайне явище*) Eréignis *n*, Erlébnis *n* (*особистого характеру*); ~ істори́чної вагú ein Eréignis von histórischer Trágweite; 4) Vórfall *m*, Vórkomm-nis *n*, Zwíschenfall *m* (*інцидент*); Eréignis *n*

поді́яти wirken *vi*, Wírkung háben

подóба|тися (*комусь*) gefállen* *vi*, schmécken *vi* (*на смак*) (*D*); тобí ~ється суп? schmeckt dir die Súppe?; мені ~ється гуля́ти тут ich géhe gérn(e) hier spazíeren; він їй ~ється sie hat ihn gern

подóвгу *розм.* lánge, längere Zeit

подóвжити, **подóвжувати** verlängern *vt*, länger máchen *vt*; **~ся** sich verlängern, länger wérden

подóвжувач *ел.* Verlängerungsschnur *f*

подола́ти überwältigen *vt*, überwínden* *vt* (*перешкоду*)

по́дорож Réise *f*, здійсни́ти ~ éine Réise máchen

подорóжник *бот.* Wégerich *m*

подорожува́ти réisen *vi* (h, s)

подорóжчання Vertéuerung *f*

подорóжчати sich vertéuern; téuer(er) wérden. im Préis(e) stéigen* *vi* (s)

подрі́бнювати, **подрібни́ти** zerklé-inern *vt*, zerstückeln *vt* (*на дрібні шматки*)

подрóбиця Éinzelheit *f*, Detail [-'tai] *n* (*деталь*)

по́друга Fréundin *f*, ~ дити́нства Kamerádin *f*, Spíelkameradin *f*

по-дру́ге zwéitens

подру́жжя Éhepaar *n*, Éhepartner *pl*

подружи́тися sich befréunden

подру́жній éhelich, Éhe-

по-дру́жньому fréundschaftlich

подря́пати (zer)krätzen *vt*, rítzen *vt*, **~ся** sich zerkrátzen, sich (*D*) die Haut áb|schürfen

подря́пина Krátzwunde *f*, Krátzer *m*

по́дув Hauch *m*, Lúfthauch *m*

поду́жати bewältigen *vt*

поду́мати *див.* ду́мати

поду́шка Kíssen *n*

подя́к|а 1) (*виявлення вдячності*) Dank *m*, ви́словити комýсь своя́ ~у за щось j-m séinen Dank für etw. (*A*) áus|sprechen*; 2) (*офіційне заохочення*) Ánerkennung *f*, оголоси́ти комýсь ~у за щось j-m éine Ánerkennung für etw. (*A*) áus|sprechen*

подя́кувати dánken *vi* (*D*), sich bedánken (bei *D*)

поéзія Díchtung *f*, Poesíe *f*

поéма Poém *n*, Gedícht *n*

поéт Díchter *m*, **~и́чний** díchterisch, poétisch

поєди́нок Zwéikampf *m*, Duéll *n* (*дуель*)

поє́днувати, поєдна́ти 1) veréinigen *vt*, ~ щось в собі́ etw. in sich (*D*) veréinen; 2) (*комбінува́ти*) kombiníeren *vt*, (aufeinánder) áb|stimmen *vt*, **~ся** 1) (*в комусь/чомусь*) veréinigt sein (in *D*); 2) (*гармоніювати*) zusámmen|passen *vi*

пожалі́ти *див.* жалі́ти

пожа́рище Brándstätte *f*

пожва́влення Lébhaftigkeit *f* (*жвавість, веселість*); Belébtheit *f* (*рух, суєта*); вели́ке ~ (*на вулиці і т. п.*) réges Lében

поже́жа Brand *m*

поже́жн|ий Féuer-; Lösch-; ~а кома́нда Féuerwehr *f*, ~а маши́на Löschfahrzeug *n*

поже́жник Féuerwehrmann *m*

поже́ртвува|ння Spénde *f*, **~ти** *див.* же́ртвувати

пожи́в|а: дава́ти ~у чому́сь etw. nähren

пожива́|ти: як (ви) ~єте? *розм.* wie geht es Íhnen?

пожи́вн|ий 1) (*який служить для харчування*) Nähr-; ~і речови́ни Nährstoffe *pl*, 2) (*про їжу — ситний*) náhrhaft, kräftig

пожи́тк|и *мн. розм.* Hábseligkeiten *pl*, з усіма́ ~ами mit Sack und Pack

пожовті́лий vergílbt

пожовті́ти vergílben *vi*, gelb wérden; від ча́су áltersgelb wérden

по́за I Póse *f*, Háltung *f*

по́за II (*чимось*) áußer, áußerhalb; ~ че́ргою áußer der Réihe; ~ ко́нкурсом áußerhalb des Wéttbewerbs

позавчо́ра vórgestern

поза́д 1. *присл.* hínten (*де*); nach hínten (*куди*); von hínten (*звідки*); **2.** *прийм.* (*чогось./когось*) hínter (*A або D*)

поза́ду 1. *прийм.* hínter (*D*); ~ буди́нку hínter dem Haus; **2.** *присл.* 1) (*ззаду*) hínten; дале́ко ~ weit hínten; 2) (*в минулому*): усе́ найгі́рше (залиши́лося) ~ das Schlímmste ist vorbéi, das Schlímmste háben wir hínter uns

поза́здри|ти *див.* за́здрити; йому́ не ~ш er ist nicht zu benéiden

позапла́новий áußerplanmäßig, im Plan nicht vórgesehen

позаслужбо́вий áußerdienstlich; áußeramtlich

позачерго́в|ий außerórdentlich; ~а се́сія außerórdentliche Tágung

позашта́тний nébenberuflich, áußerhalb des Stéllenplans

позба́вити: ~ кого́сь чого́сь j-m etw. néhmen*, j-n um etw. (*A*) bríngen*

позба́влення Entzúg *m*, Áberkennung *f*, ~ во́лі Fréiheitsentzug *m*, Fréiheitsstrafe *f*, ~ ба́тьківських прав Entzúg der Élternrechte

позбу́тися (*когось/чогось*) verlíeren* *vt*, éin|büßen *vt*, kómmen* *vi* (s) (um *A*); *розм.* lós|werden* *vt* (s)

по-звіря́чому *присл.* bestiálisch; brutál

поздо́вжн|ій Längs-; ~ пере́тин, ~ ро́зріз Längs schnitt *m*, в ~ю сму́гу längsgestreift

поздоро́вити (*з чимось*) gratulíeren *vi* (*когось D*), beglückwünschen *vt* (zu *D*)

поздоро́влення Gratulatión *f*, Glückwunsch *m*

поздоровля́ти *див.* поздоро́вити

пози́в (*до чогось*) Drang *m*, Verlángen *n* (nach *D*)

по́зик|а Dárlehen *n*, Ánleihe *f*, дава́ти кому́сь ~у j-m éine Ánleihe gewähren; бра́ти ~у éine Ánleihe máchen; держа́вна ~ Stáatsanleihe *f*, інозе́мна ~ Ánleihe im Áusland

по-зимо́вому *присл.* wínterlich, wíntermäßig

позити́вний pósitiv

пози́ці|я 1) *військ.* Positión *f*, Stél-lung *f*, передова́ ~ vórgeschobene Stéllung; 2) (*точка зору*) Háltung *f*, Éinstellung *f*, Standpunkt *m*, зайня́ти яку́сь ~ю éine Stéllung bezíehen*, éine Háltung éin|nehmen*

познача́ти, пози́чити 1) (*комусь щось*) léihen* *vt*, áus|leihen* *vt* (*D*); 2) (*дати в борг*) bórgen *vt*, léihen* *vt*, 3) sich (*D*) etw. léihen* (*у когось* von *D*), bórgen *vt* (*у когось*, von *D*, bei *D*)

позіха́ння Gähnen *n*

позіха́ти, позіхну́ти gähnen *vi*

позмі́нно schíchtweise (*по змінах*); працюва́ти ~ in Schíchten árbeiten *vi*

познайо́мити(ся) *див.* знайо́мити(ся)

познача́ти án|merken *vt*, bezéichnen *vt*, kénnzeichnen *vt*, vermérken *vt*, notíeren *vt* (*записувати*)

позна́чення 1) (*дія*) Bezéichnung *f*, Kénnzeichnung *f*, 2) (*знак*) Zéichen *n*, Bezéichnung *f*

позна́чити *див.* познача́ти

позна́читися, познача́тися (*на чомусь*) sich áus|wirken (auf *A*)

по́значка 1) (*відмітка*) Notíz *f*, Vermérk *m*, 2) (*знак*) Zéichen *n*, Kénnzeichen *n*

позоло́т|а Vergóldung *f*, **~и́ти** vergólden *vt*

позува́ти (*художнику, скульптору*) Modéll stéhen* [sítzen*] *vi* (*D*)

поіме́нн|ий Námen(s)-; ~ спи́сок Námenliste *f*, **~о** námentlich

поінформо́ван|ий informíert, unterríchtet; бу́ти до́бре ~им im Bílde sein; **~ість** Informíertheit *f*

поіржа́віти *розм.* verrósten *vi* (s), Rost ánsetzen

по́їзд Zug *m*, пасажи́рський ~ Persónenzug *m*, това́рний ~ Güterzug *m*, швидки́й ~ Schnéllzug *m*, ~ дале́кого прямува́ння Férnzug *m*, ◊ ~ дру́жби Fréundschaftszug *m*

по́їздка Fahrt *f*, Réise *f* (*подорож*); Áusflug *m* (*екскурсія, ви́їзд за місто і т. п.*)

пої́сти 1) *див.* і́сти; 2) (*чогось*) ein wénig éssen* *vt*, 3) *розм.* (*з'ї́сти все*) álles áuf|essen*

пої́ти zu trínken gében* (*D*); ~ госте́й ча́єм die Gäste mit Tee bewírten

П

поїхати 1) *див.* їхати; 2) (*рушити*) (lós)fáhren* *vi* (s); sich in Bewégung sétzen (*про транспортний засіб*); 3) wég|fahren* *vi* (s), fórt|fahren* *vi* (s), áb|reisen *vi* (s), verréisen *vi* (s) (*звідкись*); fáhren* *vi* (s), (ver)réisen *vi* (s) (*кудись*); verlássen* *vt* (*залишити місто і т. п.*); ~ за чимось/кимось etw./j-n hólen fáhren*

покáжчик 1) (*в книжці*) Índex *m*, Regíster *n*, Verzéichnis *n*; предмéтний ~ Sáchregister *n*, Regíster nach Stíchworten; бібліографíчний ~ Quéllennachweis *m*; 2) *авт.* (*знак*) Schild *n*; дорóжній ~ Verkéhrsschild *n*, Hínweisschild *n*

пóказ Schau *f*, Vórführung *f* (*демонстрація*)

показáння 1) (*на суді*) Áussage *f*; 2) (*приладу*) Ánzeige *f*, Ángabe *f*

показáти 1) (*щось*) zéigen *vt*, séhen lássen* *vt*; vór|führen *vt* (*продемонструвати*); 2) (*на когось/щось*) zéigen *vi*, wéisen* *vi* (auf *A*); 3) (*дати показання*) án|geben* *vt*, áus|sagen *vt* (*в суді, на допиті*)

показáтися sich zéigen, sich séhen lássen*; erschéinen* *vi* (s) (*з'явитися*)

показнúй Schein-, vórgetäuscht; státtlich, äußerlich (*зовнішній*)

покáзник Kénnziffer *f*, Kénnwert *m*, Índex *m* (*цифровий*); рекóрдні ~й Spítzenwerte *pl*; виробнúчі ~й Produktiónsziffern *pl*

показóвий 1) (*характерний*) bezéichnend, kénnzeichnend, charakterístisch [ka-]; 2) (*зразковий*) Múster-, mústergültig, vórbildlich; 3) (*для загального ознайомлення*) Schau-

покáзувати *див.* показáти; **~ся** *див.* показáтися

П

покалíчити entstéllen *vt*, verúnstalten *vt*, verstümmeln *vt*, verkrüppeln *vt*

покарáти bestráfen *vt* (*за щось* für *A* *або* wégen *G*)

покáшлювати hüsteln *vi*

покаяння 1) (*визнання вини*) Búße *f*, Béichte *f* (*сповідь*); 2) (*каяття*) Réue *f*

покáятися (*зізнатися*) séine Schuld bekénnen*, Búße tun*

поквáпити(ся) *див.* квáпити(ся)

поквартально *присл.* víerteljährlich, quartálweise

покепкувáти (*з когось/чогось*) éinen Streich spíelen (*D*), sich lústig máchen (über *A*)

пóки 1. *присл.* vórläufig, einstwéilen; побýдь ~ що тут bléibe vórläufig hier; ~ ще рáно говорúти про це jetzt ist es noch zu früh, darüber zu spréchen; **2.** *спол.* 1) (*в той час як*) während; solánge (*протягом того часу як*); ~ йшов дощ, мы сидíли вдóма solánge es régnete, blíeben wir zu Háuse; 2): (до тóго чáсу) ~ не bis, solánge bis; я зачекáю, ~ він (не) прúйде ich wárte, bis er kommt

покидáти verlássen* *vt*, im Stich lássen* *vt* (*залишити напризволяще*)

пóкидьки *мн.* 1) Ábfall *m*, Müll *m* (*сміття*); 2) *перен.* Áuswurf *m*, Ábschaum *m*

покúнути *див.* покидáти

покíй Rúhe *f*

покíйний (*померлий*) **1.** verstórben; **2.** *в знач. імен.* Entschláfene *m*, Verstórbene *m*

покíйник Verstórbene *m*

покінчúти (*з чимось*) 1) áb|schlie-ßen* *vt*, erlédigen *vt*, beénd(ig)en *vt*, Schluß máchen (mit *D*); 2) (*звільнитися від чогось*) lós|werden* *vt* (s), los sein* *vt* (s); ◊ ~ з собóю Sélbstmord begéhen*, sich (*D*) das Lében néhmen*

покíрлив|ий démütig; **~ість** Démut *f*

покíрн|ий gehórsam, ergében; démütig (*смиренний*); **~ість** Gehórsam *m*, Ergébenheit *f*, Démut *f* (*смиренність*); **~о** gehórsam, ergében

покладáти: ~ великí надíї на когó-сь/щось gróße Hóffnungen auf j-n/etw. sétzen

пóклади *мн* (*родовище*) Vórkommen *n*

поклáсти 1) *див.* клáсти; 2): ~ вінóк éinen Kranz níeder|legen (an *D*); ~ відповідáльність за щось на когóсь j-n für etw. (*A*) verántwortlich máchen; ◊ ~ початóк чомýсь den Grúndstein für etw. (*A*) légen

поклáстися, **покладáтися** (*на когось/щось*) sich verlássen* (auf *A*)

пóклик Ruf *m*; прийтú за пéршим ~ом auf den érsten Ruf kómmen*

поклúкання Néigung *f*

поклúкати *див.* клúкати

поклíн 1) Verbéugung *f*, 2) (*вітання*) Gruß *m*

поклóнник 1) (*чийсь*) Veréhrer *m*, 2) (*любитель чогось*) Líebhaber *m*

поклонятися 1) (*комусь*) ánbeten *vt*, 2) (*таланту і т. п.*) veréhren *vt*

поклястися *див.* клястися

покоївка Zímmermädchen *n*, Ráumpflegerin *f* (*в готелі*)

поколíння Generatión *f*, молодé ~ die júnge Generatión

покóр|а Gehórsam *m*, Ergébenheit *f*, Démut *f* (*смиренність*); вúйти з ~и j-m den Gehórsam verwéigern

покорóбитися *див.* корóбитися

покотúти róllen *vt*, **~ся** róllen *vi* (s), ins Róllen kómmen* *vi* (s)

покохáти líeb|gewinnen* *vt*, líeben *vt*

пóкрив: волосянúй ~ Behäarung *f*

покривáло (*на ліжко*) Béttdecke *f*

покривáти, **покрúти** 1) bedécken *vt*, zú|decken *vt*, 2) décken *vt*, überzíehen* *vt*, beziehen* *vt* (*шубу, меблі*); 3) (*фарбою*) stréichen*; **~ся** 1) (*накритися*) sich bedécken, sich zú|decken; 2): ~ся крúгою veréisen *vi* (s); ~ся íнеєм beréifen *vi* (s); ~ся хмáрами sich bewölken; ~ся рум'янцем erröten *vi* (s), sich röten

покрúшка *авт.* Réifen *m*, Mántel *m* (*шини*); велосипéдна ~ Fáhrraddecke *f*

покріпáчення Knéchtung *f*, Verskláwung [-vuŋ] *f*

покро́в Décke *f*, сні́жний ~ Schnéedecke *f*
покупе́ць Käufer *m*, Kúnde *f* (*постійний*)
поку́пк|а Kauf *m*, роби́ти ~и Éinkäufe máchen, éinkaufen géhen* *vi* (s)
пола́годити áus|bessern *vt*, reparíeren *vt*
пола́сувати étwas náschen (*чимось* an *D*)
пола́ятися *розм.* sich (ver)zánken
по́ле 1) Feld *n*, Ácker *m* (*лан*); 2): футбо́льне ~ Fúßballplatz *m*, ◊ ~ дія́льності Wirkungskreis *m*, ~ би́тви [бо́ю] Schláchtfeld *n*
поле́гл|ий *у знач. імен.* Gefállene *m*, ~і в боя́ die im Kámpf Gefállenen
поле́гшення (*почуття заспокоєння*) Erléichterung *f*
поле́гшити, **поле́гшувати** 1) (*роботу і т. п.*) erléichtern *vt*, 2) (*спростити*) veréinfachen *vt*, 3) (*пом'якшити, послабити*) líndern *vt* (*біль*); míldern *vt* (*покарання і т. п.*)
полемізува́ти polemisíeren
поле́м|іка Polémik *f*, **~і́чний** polé-misch
полести́ти *див.* лести́ти
полеті́ти *див.* леті́ти
полива́льн|ий Spreng-; ~а маши́на Spréngwagen *m*
полива́льниця Gíeßkanne *f*
полива́ти *див.* поли́ти 1
поли́вка Begíeßen *n*, Bewässerung *f*, ~ ву́лиць Stráßensprengung *f*
поли́н Wérmut *m*
полиня́ти *див.* линя́ти
по́лиск (*відтінок кольору*) Schíllern *n*, Schattíerung *f*, Fárbton *m*
поли́|ти 1) begíeßen* *vt*, (be)spréngen *vt* (*вулицю, газон*); 2): ~в дощ es begánn (in Strömen) zu régnen; **~тися** sich ergíeßen*, strömen *vi* (h, s)
поли́ц|я 1) (*дошка у шафі і т. п.*) Fach *n*, на ~і im Fach; 2): книжко́ва ~ (*стелаж*) Regál *n*, Bücherregal *n*, на ~і im Regál; на ~ю (*поставити і т. п.*) ins Regál; з ~і (*взяти*) aus dem Regál; 3) (*в залізничному вагоні*) Líegebank *f*, Bank *f*, ве́рхня ~ der óbere Platz *im Schlafwagen*
полівітамі́ни *мн.* Múltivitamine [-vi-] *pl*
полігло́т Polyglótte *m*
полі́го́н 1) *війсь.* Übungsplatz *m*, Schíeßplatz *m*, ракéтний ~ Rakétenversuchsgelände *n*, 2): випро́бний ~ *тех.* Prüffeld *n*
поліграфі́чн|ий polygráphisch; ~а промисло́вість polygráphische Industríe
поліграфі́я Polygraphíe *f*
поліетиле́н Polyäthylén *n*
полікл́іника Poliklínik *f*
полі́мери *мн.* Polymére *pl*
полі́но Hólzscheit *n*
полі́пшення 1) (*стан*) Bésserung *f*, ~ пого́ди Wétterbesserung *f*, 2) (*дія*) Verbésserung *f*, ~ умо́в пра́ці Verbésserung der Árbeitsbedingungen
полі́пшити, **полі́пшувати** verbéssern *vt*, **~ся** sich (ver)béssern, bésser wérden
поліро́вка 1) (*дія*) Políeren *n*, 2) (*глянс*) Politúr *f*
полірува́ти políeren *vt*
полі́сся Wáldgegend *f*
полі́т Flug *m*, космі́чний ~ Ráumflug *m*, ~ на Мі́сяць Móndflug *m*, ◊ з пташи́ного польо́ту aus der Vógelperspektive [-və]
політеконо́мія (*політи́чна еконо́мія*) polítische Ökonomíe, Polítökono-mie *f*
політехні́чний polytéchnisch
полі́тик Polítiker *m*
полі́тика Politík *f*, зо́внішня ~ Áußenpolitik *f*, áuswärtige Politík; вну́трішня ~ Ínnenpolitik *f*, ~ ми́ру Fríedenspolitik *f*, ~ з пози́ції си́ли Politík der Stärke
політика́н *розм. несхв.* Politikáster *m*, Bíertischpolitiker *m*, Bíerbankpolitiker *m*
політи́чний polítisch
політнавча́ння polítischer Únterricht; polítische Schúlung
поліце́йський 1. *прикм.* polizéilich, Polizéi-; **2.** *імен.* Polizíst *m*
полі́ція Polizéi *f*
по́лк Regimént *n*
полкови́й Regiménts-
полко́вник Óberst *m*
полково́дець Féldherr *m*
по́ло: во́дне ~ Wásserball *m*
полови́н|а 1) (*одна з двох рівних частин*) Hälfte *f*, ~ я́блука die Hälfte des Ápfels, ein hálber Ápfel; у дру́гій ~і дня náchmittags; дру́га ~ гри die zwéite Hálbzeit; два з ~ою ме́тра zwéi(und)einhálb Méter; 2): (за́раз) ~ дру́гої es ist jétzt halb zwei
полови́нчат|ий únbestimmt; únentschlossen; ~е рі́шення ein hálber Entschlúß
полови́нчастість Hálbheit *f*, Únbestimmtheit *f* (*невизначеність*); Únentschlossenheit *f* (*нерішучість*)
поло́ги *мн.* Gebúrt *f*, Entbíndung *f*
поло́гий (sanft) ábfallend; ábschüssig, genéigt
поло́гов|ий: ~ буди́нок Entbíndungsheim *n*, ~е відді́лення Entbíndungsstation *n*, *f*, ~а пала́та Kréißsaal *m*
поло́ження 1) (*місце знаходження*) Láge *f*, 2) (*поза*) Stéllung *f*, Láge *f*
поло́мка Bruch *m*, Pánne *f* (*автомобіля*); ~ обла́днання Maschínenschaden *m*
поло́н Gefángenschaft *f*, взя́ти кого́сь у ~ j-n gefángen|nehmen*; потра́пити в ~ in Gefángenschaft geráten* *vi* (s); зда́тися в ~ sich ergében*, sich gefángen|geben*; бу́ти у ~і in Gefángenschaft sein
полоне́ний der Gefángene
полони́ти (*чарувати*) fésseln *vt*, bezáubern *vt*
полоска́ння 1) (*дія*) Spülen *n*, Gúrgeln *n* (*горла*); 2) (*розчин*) Spülwasser *n*, Gúrgelwasser *n* (*для горла*)
полоска́ти spülen *vt* (*білизну, посуд, рот*); gúrgeln *vt* (*горло*)
поло́ти jäten *vt*

П

полотнó 1) (*тканина*) Léinwand *f*, Léinen *n*, 2) (*картина*) Gemälde *n*, 3): залізни́чне ~ Báhnkörper *m*, Gléiskörper *m*

полотня́н|ий léinen, Léin(en)-; ~е простира́дло Léintuch *n*

полоття́ *с.-г.* Jäten *n*

полоха́ти verschéuchen *vt*, áuf|scheuchen *vt*

полохли́вий scheu, fúrchtsam

полуботи́нки *мн.* Hálbschuhe *pl*

полу́денн|ий Míttags-, míttäglich; ~е сóнце die (wárme) Míttagssonne

пóлуд|ень 1) Míttag *m*, до ~ня vórmittags; пíсля ~ня náchmittags; 2) (*їжа між обідом і вечерею*) Zwíschenmahlzeit *f*, Náchmittagsmahlzeit

пóлум'я Flámme *f*, горíти яскра́вим ~м líchterloh brénnen* *vi*

полум'я́ний féurig, flámmend; léidenschaftlich (*палкий*)

полуни́|ці *мн.* Érdbeeren *pl*, Gártenerdbeeren *pl*; **~чний** Érdbeer-

полуста́нок *зал.* Háltepunkt *m*, Zwíschenstation *f*

полу́торн|ий anderthálbfach; у ~ому рóзмірі von anderthálbfacher Größe

полу́чк|а *розм.* 1) (*зарплата*) Lohn *m* (*робітників*); Gehált *n* (*службовців*); 2): день ~и Lóhntag *m*, Gehältstag *m*

пóлька I (*національність*) Pólin *f*

пóлька II (*танець*) Pólka *f*

польов|и́й Feld-; ~í робóти Féldarbeiten *pl*, ~í кві́ти Féldblumen *pl*

пóльський pólnisch

полюби́ти lieb|gewinnen* *vt*, líeben *vt*

полюбóвн|ий gütlich, fréundschaftlich; **~о** *присл.* gütlich, im Gúten

П

полюва́ння Jagd *f*, ~ на вовкíв die Jagd auf Wölfe, Wólfsjagd *f*, ходи́ти на ~ auf die Jagd géhen* *vi* (s)

полюва́ти 1) (*бути на полюванні*) auf der Jagd sein; піти́ ~ auf die Jagd géhen* *vi* (s); 2) (*на когось - на якогось звіра і т. п.*) jágen *vt*, auf Jagd sein (auf *A*)

пóлюс Pol *m*, Пíвдéнний ~ Südpol *m*, Пíвнíчний ~ Nórdpol *m*

поля́ *мн.* 1) (*книги і т. п.*) Rand *m*, на ~х am [über den] Rand; 2) (*капелюха*) Krémpe *f*, Hútkrempe *f*

поляга́ти (*в чомусь*) bestéhen* *vi* (in *D*)

поля́к Póle *m*

поля́на Líchtung *f*, Wáldwiese *f*

поля́рн|ий Polár-, polár; Поля́рне кóло Polárkreis *m*

поля́рник Polárforscher *m*

пома́да *ж.* губна́ ~ Líppenstift *m*

пома́лу *розм.* nach und nach, allmählich

помани́ти lócken *vt*, wínken *vi* (*когось D*)

пома́р|ка dúrchgestrichene Stélle; Verbésserung *f*, без ~ок óhne áuszubessern

помаха́ти *див.* махáти

пома́цати *див.* мáцати

помéркнути *див.* мéркнути

помéрлий **1.** *прикм.* tot, gestórben; **2.** *імен.* der Verstórbene, der Tóte

помéрти verschéiden* *vi* (s), stérben* *vi* (s)

поми́ї *мн.* Spülwasser *n*, Spülicht *n*

помили́тися sich täuschen, sich írren, j-n für éinen ándern hálten*

пóмилка 1) Féhler *m*, Verséhen *n* (*недогляд*); Írrtum *m* (*помилковий погляд*); Réchenfehler *m* (*прорахунок*); Féhltritt *m* (*неправильний вчинок*); 2) (*друкарська*) Drúckfehler *m*

помилкóв|ий falsch, írrtümlich, Fehl-; **~о** aus Verséhen, verséhentlich; írrtümlich

поми́лування Begnádigung *f*

поми́лувати begnádigen *vt*

помиля́тися *див.* помили́тися

помина́ти *див.* пом'яну́ти

помири́ти *див.* мири́ти; **~ся** *див.* мири́ться 1

пóмис|ел 1) (*думка*) Gedánke *m*, усí ~ли álles Sínnen und Tráchten; 2) (*наміри*) Vórhaben *n*, Ábsicht *f*

поми́сливий árgwöhnisch

помишля́ти (*про щось*) sínnen* *vi* (auf *A*), dénken* *vi* (an *A*)

помідóр Tomáte *f*

поміня́ти *див.* міня́ти 1, 2; **~ся** *див.* міня́тися 1, 2

поміркóван|ий entháltsam; **~ість** Entháltsamkeit *f*

помíрн|ий gemäßigt; entháltsam; mäßig (*поміркований*); **~ість** Mäßi-gung *f*, máßvoll; Entháltsamkeit *f*, Abstinénz *f*, Mäßigkeit *f* (*поміркованість*)

помíряти ánprobieren *vt*, **~ся**: ~ся з кíмось си́лами (*тж перен.*) sich mit j-m méssen*

помíст Gerüst *n*, Pódium *n*

помісти́ти únter|bringen* *vt*, (hín)stéllen *vt*, (hín)légen *vt*, **~ся** Platz fínden* (*про людей*); hinéin|gehen* *vi* (s) (*про речі*)

пóмісь (*про тварин*) Míschling *m*

помíсячний mónatlich

помíтити 1) bemérken *vt*, mérken *vt*, ánmerken *vt*, 2) (*робити помітки на чомусь*) notíeren *vt*, sich (*D*) notíeren

помíтний 1) mérklich, bemérkbar (*видимий*); erkénnbar; áuffallend (*що впадає в очі*); 2) (*значний*) bedéutend

помíтно 1) mérklich; він ~ схýднув er ist mérklich ábgemagert; 2) *безос.* man merkt; це зрáзу ~ das merkt man gleich; по ньóму ~, що... man merkt es ihm an, daß...; це ~ всім álle mérken das

помічáти *див.* помíтити 1

помічни́к 1) Hélfer *m*, Hílfe *f*, 2) (*в знач. "заступник"*: ~ головнóго редáктора stéllvertretender Chefredakteur [ˈʃɛfredaktøːr]; ~ режисéра Assistént des Regisseurs [-ʒiˈsøːrs]

поміщáти(ся) *див.* помісти́ти(ся)

помíщи|к Gútsbesitzer *m*, Gútsherr *m*, **~цький** Gútsbesitzer-, Guts-

по-мóєму (*про думку*) méiner Méinung [Ánsicht] nach, méines Eráchtens

помолодíти (viel) jünger áus|sehen* *vi*

помо́рщитися das Gesícht verzíehen*
по́мста Ráche *f*
помсти́тися *див.* мсти́тися
помутні́ння Trübung *f*, ~ кришта́лика *мед.* Katarákt *m*
помутні́ти trübe wérden, sich trüben
пом'я́кшення Erwéichung *f*, Enthärtung *f*; *перен.* Mílderung *f*, Ábschwächung *f*, Dämpfung *f* (*удару*)
пом'я́кшити weich máchen, erwéi-chen *vt*, enthärten *vt* (*воду*); *перен.* míldern *vt*, líndern *vt*; mäßigen *vt* (*зменшити*); ábschwächen *vt*, dämpfen *vt* (*удар*)
пом'яну́ти: ~ когóсь дóбрим слóвом j-s im gúten gedénken* *vi*
пом'я́ти(ся) *див.* м'я́ти(ся)
по́над (*більше чогось*) über (*A*) (hináus), mehr als (*A*); ~ де́сять відсо́тків über zehn Prozént; це ~ мої́х сил das geht über méine Kräfte; ~ план über den Plan (hináus), áußerplanmäßig; ~ мі́ру über álle Máßen, überaus; ~ усе́ über álles, über állem
пона́ді́ятися báuen *vi* (*на когось, на щось* auf *A*); sich verlássen* (auf *A* — *покластися*)
понадліміт́н|ий über das Kontingént (Limit) hináusgehend; ~е будівни́цтво über das Kontingént hináusgehende Báuobjekte *pl*
понаднормо́в|ий: ~а робо́та Überstunden *pl*, Überstundenarbeit *f*
понадшта́тний überplanmäßig, über den Stéllenplan hináus(gehend)
по-на́шому 1) (*про думку*) únserer Méinung (Ánsicht) nach; 2) (*про бажання*) nach únserem Wíllen (Wunsch)
поневіря́тися Not léiden*, dárben *vi*
понево́лення Unterjóchung *f*, Unterdrückung *f*
понево́лити, **понево́лювати** unterjóchen *vt*
понево́лювач Unterdrücker *m*
понеді́л|ок Móntag *m*, у ~ am Móntag; по ~ках móntags; у ~ ввéчері (am) Móntag ábend
пони́зззя Únterlauf *m*, Mündungsgebiet *n*
пони́ні *присл.* bis jetzt
поні́вечити verstümmeln *vt*
по-німе́цькому, **по-німе́цьки** deutsch, auf deutsch; in deutsch (*німецькою мовою*); nach déutscher Art (*на німецький лад*); говори́ти ~ deutsch spréchen; das Déutsche behérrschen (*володіти німецькою мовою*); як це назива́ється (бу́де) ~? wie heißt das (auf) deutsch?
поно́влення Ernéuerung *f*, Wiederáufnahme *f*
по-ново́му auf néue Art (und Wéise), neu
поно́с I (*виводок*) Wurf *m*
поно́с II (*пронос*) Dúrchfall *m*
поно́шений ábgetragen; schäbig (*потертий*)
по́нчик *кул.* Pfánnkuchen *m*
поня́хати *див.* ня́хати
поня́ття 1) Begríff *m*; 2) (*уявлення, обізнаність з чимось*) Vórstellung *f*; ~ не ма́ю (*відповідь на питання*) kéine Áhnung
пообі́дати zu Míttag éssen*; das Míttagessen beénden (*закінчити обід*)
пообіця́ти verspréchen* *vt*
поодино́кий éinzeln; veréinzelt; sélten (*рідкий*)
поодинці éinzeln; éiner nach dem ánderen (*один за одним*)
попада́ння (*в ціль*) Tréffen *n*, Tréffer *m*; пря́ме́ ~ Vólltreffer *m*
попада́ти *див.* попа́сти
попа́рно páarweise, je zu zweit
поп-а́рт *мист.* Póp-art *f*
попа́|сти 1) (*у когось/щось при киданні, стрільбі*) tréffen* *vt*; ~ в ціль das Ziel tréffen*; 2) (*опинитися*) kómmen* *vi* (s), geráten* *vi* (s); ◊ як ~ло а) (*без системи*) wie es (geráde) kommt; б) (*безладно*) durcheinánder; в) (*навмання*) aufs Gerátewohl
попеля́шка *фольк.* Áschenbrödel *n*
попеля́стий (*про колір*) áschgrau; áschblond (*про волосся*)
попереджа́ти *див.* попере́дити
попере́дження 1) (*застереження*) Wárnung *f*, 2) (*запобігання*) Vórbeugung *f*, Verhütung *f*, 3) (*догана*) Verwárnung *f*, Máhnung *f*, 4): він приї́хав без ~ er kam, óhne uns vorhér benáchrichtigt zu háben; 5) (*сповіщення*) Benáchrichtigung *f*
попере́джувальний (*про заходи і т. п.*) vórbeugend, präventív [-vən-]
попере́дити, 1) (*повідомити заздалегідь*) réchtzeitig [im vorаus] informíeren [benáchrichtigen] *vt*, wár-nen *vt* (vor *D*) (*застерегти від чогось.*); 2) (*запобігти*) vór|beugen *vi* (*D*), verhüten *vt*
попере́дник Vórgänger *m*
попере́дн|ій 1) der vórige, der vorhérgehende; 2) (*який передує чомусь основному*) Vor-; vórläufig (*неостаточний*); provisórisch [-vi-] (*тимчасовий*); ~і перегово́ри Vórverhandlungen *pl*, за ~іми да́ними nach vórläufigen Ángaben; 3) (*який відбувається заздалегідь*) Vor-; ~ прода́ж квиткі́в Kártenvorverkauf *m*, ~ за́пис (*до лікаря і т. п.*) Vóranmeldung *f*, 4) *юр.*: ~є ув'я́знення Untersúchungshaft *f*, ~є слі́дство Vóruntersuchung *f*
попере́дньо 1) (*заздалегідь*) vorhér; 2) (*не остаточно*) vórläufig
попе́реду 1. *нареч.* vórn(e), vorán; 2. *предл.* (*когось/чогось*) vor (*D*); ~ всіх állen vorán
по́перек Kreuz *n*
попере́к 1. *присл.* quer; 2. *прийм.* (*чогось*) querüber (*A або D*); ◊ зна́ти щось уздо́вж і ~ *etw.* inund áuswendig kénnen*
попере́чний Quer-, quer verláufend
по-пе́рше érstens
по́пит (*на щось*) Náchfrage *f* (nach *D*), Bedárf *m* (an *D*); ~ і пропози́ції *ек.* Náchfrage und Ángebot; ви́вчення ~у

Bedárfsforschung *f*, задово́лення ~у Déckung [Befríedigung] des Bedárfs

по́піл Ásche *f*

попільни́ця Áschenbecher *m*

поплаво́к Schwímmer *m*

поплати́тися (*за щось*) büßen *vt*, téuer bezáhlen *vt* (*чомусь* mit *D*)

поплéнтатися lángsam (mühsam) wég-gehen* *vi*, sich hínschleppen

поплі́чник *презр.* Hélfershelfer *m*

поп-му́зика Pópmusik *f*

по́повзом kríechend

попо́внення Ergänzung *f*, Áuffüllung *f*, Erwéiterung *f* (*розширення*); (*про кадри*) Árbeitskräftenachwuchs *m*

попо́внити ergänzen *vt*; komplettíeren *vt* (*укомплектовувати*); erwéitern *vt* (*свої знання і т. п.*)

поповні́ти zúnehmen* *vt*, dícker (vóller) wérden

попо́внювати *див.* попо́внити

попола́м 1) (*надвоє*) entzwéi, in zwei Hälften; 2) (*на рівні частки*) hálbpart, fífty-fífty *розм*

пополу́дні náchmittags

попра́вити 1) (*виправити помилку*) verbéssern *vt*, korrigíeren *vt*; 2) (*дати лад чомусь*) in Órdnung bríngen* *vt*

попра́витися 1) (*одужати*) gesúnd wérden, genésen* *vi* (s); 2) *розм.* (*поповніти*) zú|nehmen* *vi*; 3) (*про мову*) sich verbéssern

попра́вка (*виправлення*) Korrektúr *f*, Verbésserung *f*

поправля́ти *див.* попра́вити; **~ся** *див.* попра́витися; поправля́йтесь! gute Bésserung!

П

попра́вн|ий: це ~о das läßt sich wiedergútmachen

по-прия́тельському *присл.* fréundschaftlich, in áller Fréundschaft

попроси́ти *див.* проси́ти

по-просто́му éinfach; óhne Úmstände (*без церемоній*)

попроща́тися *див.* прости́тися

популя́рн|ий populär; **~ість** Popularität *f*

попу́тний: ~ ві́тер günstiger Wind, Fáhrwind *m*

попу́тник Réisegefährte *m*, Mítreisende *m*

попу́тно (*одночасно*) zugléich, gléichzeitig

пора́ 1. *імен.* Zeit *f*, Jáhreszeit *f* (*пора року*); **2.** *в знач. прис.* es ist (an der) Zeit (zu + *inf*); давно́ ~ (*робити щось*) ist höchste Zeit (zu + *inf*); мені́ ~ іти́ ich muß géhen; ◊ до сих пір (*про час*) bis jetzt (noch); до сих пір (*про місце*) bis hierhér; з тих пір seitdém, seit dér [dieser] Zeit; з тих пір, як seitdém; з дея́ких пір seit éiniger Zeit

пора́д|а Rat *m*, Rátschlag *m*; проси́ти у ко́гось ~и j-n um Rat bítten* [frágen*]; за його́ ~ою auf séinen Rat hin

пора́дити (*комусь*) án|raten* *vt* (*D*)

пора́дник Rátgeber *m*

пора́зк|а Níederlage *f*, зазна́ти ~и éine Níederlage erléiden*; завда́ти кому́сь ~и j-m éine Níederlage béi|bringen* [beréiten]

пора́нен|ий 1. *прикм.* verwúndet, verlétzt; 2. *імен.* der Verwúndete, der Verlétzte; **~ня** Verwúndung *f*, Verlétzung *f*

пора́ни|ти 1) (*когось у щось, ранити*) verwúnden *vt*, verlétzen *vt* (an *D*); його́ ~ло в плече́ er ist an der Schúlter verwúndet; 2) (*щось комусь пошкодити*) verlétzen *vt* (*D*); ~ собі ру́ку об щось sich (*D*) die Hand an etw. (*D*) verlétzen; 3) *перен.* verlétzen *vt*, kränken *vt*, ~ чиєсь самолю́бство j-s Éhrgeiz verlétzen

пора́нитися sich verwúnden, sich verlétzen

порахува́ти 1) (*вести рахунок*) zählen *vi*; ~ до десяти́ bis zehn zählen; 2) (*когось/щось*) zählen *vt* (*перерахувати*); zusámmen|zählen *vt* (*підрахувати суму чогось*); die Ánzahl (*G*) ermítteln (*визначити кількість когось*); 3) (*виконати обчислення*) áus|rechnen *vt*

порва́ти 1) *див.* рва́ти 1, 4; 2) (*з кимось*) (*припинити стосунки*) bréchen* *vi* (mit *D*)

порва́тися *див.* рва́тися

порекомендува́ти empféhlen* *vt*

пори́в 1): ~ ві́тру Wíndstoß *m*; 2) *перен.* Áufwallung *f*, Áusbruch *m*; у ~і вдя́чності in éiner Áufwallung der Dánkbarkeit; ~ гні́ву Zórnausbruch *m*, Wútanfall *m*; у ~і ра́дості vor láuter Fréude

порива́ння Bestrébungen *pl*

порива́ти *див.* порва́ти 2

порива́тися (*зробити щось*) versúchen *vt* (zu + *inf*) (*намагатися*); wóllen* *vt* (*бажати*)

пори́вчастий 1) (*про вітер*) böig; 2) (*стрімкий*) héftig, úngestüm; stürmisch (*бурхливий*); 3) (*запальний*) féurig, impulsív

по́ристий porös, pórig

по́рівну in gléiche Téile

порі́внювати *див.* порівня́ти

порівня́льний vergléichend

порівня́нн|ий vergléichbar; ~і ці́ни Vergléichspreise *pl*

порівня́нн|я Vergléich *m*, для ~ zum Vergléich; ◊ у ~і (*з кимось/чимось*) im Vergléich zu (*D*), verglíchen mit (*D*), gegenüber (*D*)

порі́вняно 1) (*відносно*) verhältnismäßig, relatív; 2): ~ (*з кимось/чимось*) im Vergléich zu (*D*), verglíchen mit (*D*)

порівня́ти vergléichen* *vt* (*з чимось* mit *D*, *по чомусь* nach *D*)

порі́г 1) (*дверей*) Schwélle *f*, Türschwelle *f*; 2) (*річки*) Strómschnelle *f*

порі́дшати sich líchten; dünn wérden

порі́з 1) Schnitt *m*; 2) (*рана*) Schníttwunde *f*

порі́зати 1) (*поранити*) schnéiden* *vt*, verlétzen *vt*, ~ собі па́лець sich in den Fínger schnéiden*; 2) (*нарізати*) (áuf)schnéiden* *vt*, in Stücke schnéiden* *vt*; **~ся** sich schnéiden* (*об щось* an *D*)

по-рíзному verschíeden(artig), auf verschíedene Wéise

порíчка róte Johánnisbeeren

порно|графíчний pornográphisch; ~ фільм Pórnofilm *m*, Pórno *m* **~гráфія** Pornographíe *f*, Pórno *m*

поробúти: нíчого не порóбиш (da ist) nichts zu máchen

порóда 1) Rásse *f*, Gáttung *f* (*тварин*); Art *f*, Gáttung *f* (*рослин*); 2) *геол.* Gestéin *n*; 3) *перен.* (*тип людей*) Art *f*, Schlag *m*

порóдження Erzéugnis *n*, Áusgeburt *f* (*в негативному значенні*)

порóджувати (*щось*) gebären* *vt*, erzéugen *vt*, hervór|rufen* *vt*

порóдистий (réin)rássig, Rásse-

породúти *див.* порóджувати

породíлля Wöchnerin *f*

порóжистий reich an Strómschnellen

порожнúна *анат.* Höhle *f*

порожнúстий hohl, Hohl-

порóжній leer, únbeladen; únbewohnt (*нежилий*); ménschenleer (*безлюдний*); frei (*незайнятий*); 2) *перен.* leer, hohl, níchtssagend; ínhaltlos (*беззмістовний*); leer, nútzlos (*даремний*)

порожня́к *зал.* Léertransport *m*, Léerzug *m*, **~ом** únbeladen, leer; óhne Gepäck

порозумíтися 1) (*досягти взаєморозуміння*) éinig wérden, überéin|kommen* *vi* (s) (mit *D*); 2) (*з кимось - уладнати непорозуміння*) sich áus|sprechen* (mit *D*); sich verständigen

порозумнíти *див.* розумнíти

порóк 1) (*недолік*) Láster *n*, 2) (*фізична вада*) Féhler *m*, ~ сéрця Hérzfehler *m*

поролóн Porolón *n*, Schäumstoff *m*

порóм Fähre *f*, **~ник** Fährmann *m*

поросся́ Férkel *n*

порося́тина Férkelfleisch *n*

порóти (*розпорювати*) (áuf)trénnen *vt*

пóрох Púlver *n*, **~овúй** Púlver-

порóчний 1) (*аморальний*) lásterhaft, verdérbt; 2) (*хибний*) féhlerhaft

порóша Púlverschnee *m*, Néuschnee *m*, frischgefallener Schnee

порошúнка Púlverkorn *n*, Stäubchen *n*

порошкоподíбний púlverförmig, púlverartig

порошóк Púlver *n*, зубнúй ~ Záhnpulver *n*, прáльний ~ Wáschpulver *n*

порт Háfen *m*, річковúй ~ Bínnenhafen *m*, Flúßhafen *m*, увійтú в ~ in den Háfen éin|laufen* *vi* (s), den Háfen án|laufen*; стоя́ти в ~ý im Háfen líegen*

портатúвний trágbar, Kóffer-, Réise-

портьє́ра Portiere [-tje:] *f*, Vórhang *m*

портóвий Háfen-

портрéт Bild *n*, Bíldnis *n*, Porträt *n*, **~úст** Porträtmaler *m*

портсигáр Zigaréttenetui [-ɛtvi:] *n*

португáл|ець Portugíese *m*, **~ьський** portugíesisch

портфéль Áktentasche *f*, Máppe *f*, Schúltasche *f* (*учнівський*)

порýк|а Bürgschaft *f*, Háftung *f* (*відповідальність*); Garantíe *f*, Gewährleistung *f*, за ~ою garantíert, verbürgt, únter Garantíe; круговá ~ solidárische Háftung; брáти когóсь на ~и bürgen, die Bürgschaft für j-n übernéhmen*; відпускáти на ~и gegen Bürgschaft fréilassen*

пóруч 1. *присл.* 1) (*один біля одного*) nebeneinánder; сíсти ~ sich nebeneinánder sétzen; sich danében [nében j-n] sétzen (*підсісти до когось*); 2) (*поблизу*) nebenán, in der Nähe; він живé ~ er wohnt nebenán; це зóвсім ~ das ist ganz in der Nähe; **2.** *прийм.* (*з кимось/ чимось*) nében (*A або D*); náhe bei [an] (*D*) (*недалеко від*); ~ зі мнóю nében mich (*куди*), nében mir, náhe bei mir (*де*); ~ з дóмом nében dem Haus; náhe am Haus, náhe dem Haus (*поблизу від дому*); ~ з мíстом náhe (bei) der Stadt

пóручень Griff *m*, Griffstange *f*, Geländerstange *f* (*перил*)

поручúтель Bürge *m*, Gewährsmann *m*, Garánt *m*, **~ство** Bürgschaft *f*, Kautión *f*, представити ~ство Kautión stéllen; Bürgschaft léisten

пóручні *мн.* Geländer *n*

порýшення Verstóß *m* (gégen *A*); Verlétzung *f* (*договору, закону, кордону*); Übertrétung *f* (*правил*); Störung *f* (*порядку*); ~ прáвил дорóжнього рýху Verkéhrsübertretung *f*, ~ трудовóї дисциплíни Verlétzung der Árbeitsdisziplin; ~ мúру Fríedensbruch *m*, Fríedensstörung *f*

порýшити 1) (*припинити щось, завадити чомусь*) unterbréchen* *vt* (*тишу*); stören *vt* (*спокій, порядок*); durchkréuzen *vt* (*плани*); 2) (*не дотримати*) verstóßen* *vt* (gégen *A*); übertréten* *vt*, verlétzen *vt* (*договір, закон, кордон*); bréchen* *vt* (*обіцянку, слово*); ~ дисциплíну gégen die Disziplín verstóßen*; ~ повітряний прóстір den Lúftraum verlétzen; ~ присягу den Eid bréchen*

порýшник Verlétzer *m*, Rúhestörer *m* (*спокою*)

порýшувати *див.* порýшити

порцеля́н|а Porzellán *n*, **~овий** Porzellán-, aus Porzellán

пóрція Portión *f*

пóршень Kólben *m*

пóряд *присл.* geméinsam mit, gléichberechtigt, nében (*D*); gleich (*D*); ~ з цим zugléich, danében

порядкóвий: ~ нóмер láufende Númmer; ~ числíвник *грам.* Órdnungszahl(wort) *n*

поря́дний (*чесний*) ánständig, éhrlich

поря́д|ок 1) Órdnung *f*, 2) (*послідовність*) Réihenfolge *f*, по ~ку der Réihe nach; 3): ~ дéнний Tágesordnung *f*

порятýнок Réttung *f*

пóсаг Mítgift *f*

П

посáда Stélle *f*, Díenststelle *f*, Posten *m* (*пост*); Amt *n* (*державна*); Funktión *f* (*державна, громадська і т. п.*)

посади́|ти 1) (*когось*) sétzen *vt*, Platz néhmen lássen* *vt*, ~ когóсь (собі) на колíна j-n auf den Schoß néhmen*; ~ когóсь на [в] таксí j-n in ein Taxí sétzen; ~ когóсь на літáк, на пóїзд j-n zum Flúgzeug, zum Zug bríngen*; ~ когóсь за робóту j-n an die Arbeit sétzen; ~ когóсь на дієту j-n auf Diät sétzen; 2) (*рослини*) pflánzen *vt*, sétzen *vt*, légen *vt* (*картоплю*); ~ сад éinen Gárten án|legen; 3) (*літак і т. п.*) áuf|setzen *vt*, 4) (*позбавити свободи*): йогó ~ли (у в'язни́цю) er kam ins Gefängnis; йогó ~ли на чоти́ри рóки er wúrde zu vier Jáhren Gefängnis verúrteilt, er bekám vier Jáhre Zúchthaus

посáдк|а 1) (*рослин*) Pflánzen *n*, Sétzen *n*, Légen *n* (*картоплі*); 2) (*пасажирів*) Éinsteigen *n* (*в поїзд, автобус і т. п.*); Éinstieg *m* (*в літак*); Éinschiffung *f* (*на судно*); оголоси́ти ~у (die Passagiere [-'ʒi:-] zum Éinsteigen áuf|fordern; (die Flúggäste) an Bord bítten*; ~и немає! nicht éinsteigen!; 3) *ав.* Lándung *f*, Lán-den *n*, Wässern *n* (*на воду*); ~ на Місяць Móndlandung *f*, м'якá ~ wéiche Lándung; ви́мушена ~ Nótlandung *f*, іти́ на ~у níeder|gehen* *vi* (s), zur Lándung án|setzen; здійсни́ти ~у lánden *vi* (s)

посáдочн|ий 1) *с.-г.* Pflanz-, Setz-; 2) *ав.* Lándungs-, Lánde-; ~а смýга Lándebahn *f*, Róllbahn *f*, 3): ~ талóн (*для посадки на літак*) Bórdkarte *f*

посвари́ти verzánken *vt*, entzwéien *vt*, áufhetzen *vt*; **~ся** sich zánken, sich entzwéien, Streit bekómmen* [háben] (*з кимось* mit *D*); sich verféinden (*з кимось*) mit *D*)

посвíдчення (*документ*) Áusweis *m*, Beschéinigung *f*, Schein *m*, особи́сте ~ Personálausweis *m*

по-свóєму: він все рóбить ~ a) (*властивим йому способом*) er macht álles auf éigene [séine] Art; 2) (*як вважає за потрíбне*) er macht álles nach éigenem [séinem] Wíllen

посвяти́ти (*когось у щось - у свої плани, таємницю і т. п.*) éin|weihen *vt*, éin|führen *vt* (in *A*)

посвя́чення (*в таємницю*) Éinwei-hung *f*

посвящáти *див.* посвяти́ти

поселéнець Síedler *m*, Ánsiedler *m*

посéлення (*селище*) Síedlung, Ánsiedlung *f*, Koloníe *f* (*колонія*); Órtschaft *f* (*населений пункт*)

посели́тися, **поселя́тися** sich án|siedeln, sich níeder|lassen* (*в якійсь місцевості*); zíehen* *vi* (s) (*у когось* zu *D*); éine néue Wóhnung bezíehen*, in éine néue Wóhnung éin|ziehen* *vi* (s) (*у новій квартирі*)

посерéдині 1. *присл.* in die Mítte (*куди*); in der Mítte (*де*); **2.** *прийм.* (*чогось*) in der Mítte (*G*), mítten in (*D*); ~ кімнáти in der Mítte des Zímmers, mítten im Zímmer; ~ вýлиці mítten auf der Stráße

посерéдник Vermíttler *m*, Míttelsmann *m*, бýти ~ом vermítteln *vt*

посерéдництв|о Vermíttlung *f*, за ~а когóсь durch Vermíttlung von j-m

посерéдницький vermíttelnd, Vermíttlungs-

посерéдн|ій nicht besónders (gut), míttelmäßig; **~ість** 1) Míttelmäßigkeit *f*, 2) (*про людину*) Míttelmaß *n*, Dúrchschnittsmensch *m*

поси́віти *див.* сивíти

посидя́ч|ий áusdauernd, behárrlich; fléißig (*старанний*); **~íсть** Áusdauer *f*, Behárrlichkeit *f*, Fleiß *m* (*старанність*)

поси́лання 1) (*вказівка*) Berúfung *f*, Bezúgnahme *f*(auf *A*); 2) (*примітка*) Verwéisung *f* (auf *A*), Verwéis *m*, Hínweis *m*, Fúßnote *f*

поси́лáти *див.* послáти

посилáтися (*на когось/щось*) sich berúfen*, sich bezíehen*; (*на щось*) *тж* verwéisen* *vi* (auf *A*)

поси́лен|ий verstärkt, verschärft; gestéigert (*підвищений*); ~е харчувáння kräftige Náhrung

поси́лення Verstärkung *f*, Verschärfung *f* (*загострення*); Stéigerung *f* (*підвищення*)

поси́лити verstärken *vt*, verschärfen *vt* (*загострити*); stéigern *vt* (*підвищити*); **~ся** stärker wérden, sich verstärken; sich verschärfen (*загостритися*); sich stéigern, zú|nehmen* *vi*, án|wachsen* *vi* (s) (*підвищитися*)

поси́лка (*поштове відправлення*) Pakét *n*, Póstpaket *n*, Póstsendung *f*

поси́льн|ий nach Kräften, (den Kräften) ángemessen; möglich (*можливий*); надáти ~у допомóгу nach Kräften Hílfe léisten

поси́лювати(ся) *див.* поси́лити(ся)

поси́нíти *див.* синíти 1

поси́пати, **посипáти** bestréuen *vt* (*чимось* mit *D*), stréuen *vt* (*на щось* auf *A* *або* über *A*)

посíбник (*навчальний*) Léhrmittel *n*, Únterrichtsmittel *n*, Léhrbuch *n* (*підручник*); Hándbuch *n* (*довідник*); Ánleitung *f*, Léitfaden *m* (*книга, брошура*); наóчні ~и Ánschauungsmittel *pl*

посíви *мн.* Saat *f*

посівн|и́й Saat-; ~á плóща Sáatfläche *f*, Ánbaufläche *f*

посíяти *див.* сíяти 1

поскáржитися *див.* скáржитися

посковзнýтися áus|gleiten* *vi* (s), áus|rutschen *vi* (s)

послáблення Náchsicht *f*, Mínderung *f*, Ábschwächung *f*

послáбшати *див.* слáбшати

посланéць Bóte *m*, Séndbote *m*

послáння Schréiben *n*, Bótschaft *f* *офіц.*; вітáльне ~ Grúßbotschaft *f*, Grúßadresse *f*

послáти schícken *vt*, sénden* *vt*; ~ когóсь за чúмось j-n etw. hólen lássen*

послідóвн|ий 1) (*про порядок*) aufeinánderfolgend; 2) (*логічний*) fólgerichtig, konsequént; 3) (*переконаний*) konsequént, überzéugt; **~ість** 1) (*порядок слідування*) Réihenfolge *f*; 2) (*логічність*) Fólgerichtigkeit *f*, Konsequénz *f*

послідóвник Ánhänger *m*, Náchfolger *m*

послідóвно 1) (*один за одним*) nacheinánder; 2) (*логічно*) fólgerichtig, konsequént

пóслуг|а 1) Dienst *m*, Gefälligkeit *f*, Gefállen *n* (*люб'язність, ласка*); зробúти комýсь ~у j-m éinen Dienst erwéisen* [éinen Gefállen tun*]; 2) *мн.* ~и (*обслуговування*) Kúndendienst *m*, Service ['sø:(r)vis] *m*, Díenstleistungen *pl* (*комунальні і т. п.*); побутóві ~и Díenstleistungen und Reparatúren; ◊ зробíть ~у ... tun Sie mir den Gefállen ...

послýжливий díenstfertig, gefällig, hílfsbereit

послýжливість Díensteifer *m*, Díenstfertigkeit *f*, Díenstbereitschaft *f*

послýхати *див.* слýхати; **~ся** *див.* слýхатися

посмéртн|ий postúm, (*про видання творів - тж*) náchgelassen; ~е видáння Náchlaßausgabe *f*

посмí|ти *див.* смíти; як ти тíльки ~в це зробúти? wie könntest du das nur tun?

посміхáтися, **посміхнýтися** lächeln *vi*; ~ комýсь j-m zú|lächeln

посміхóвище Gégenstand *m* (Zíelscheibe *f*) des Spóttes; бýти ~м sich zum Gespött máchen

пóсмішк|а Lächeln *n*, з ~ою lächelnd

посмíюватися: ~ про сéбе sich (*D*) ins Fäustchen láchen

посміятися *див.* сміятися

поснíдати *див.* снíдати

посóл Bótschafter *m*

посолúти *див.* солúти

посóльство Bótschaft *f*

поспівáти, **поспíти** (*дозріти*) reif wérden, réifen *vi* (s)

пóспіх Éile *f*, Hast *f*

поспішá|ти 1) es éilig háben; sich beéilen (*з чимось* mit *D*); sich überéilen (*діяти поспішно*); я дýже ~ю ich hábe es sehr éilig; я не ~ю ich hábe kéine Éile; не ~й beéile [überéile] dich nicht; 2) (*швидко іти кудись*) éilen *vi* (s); ~ додóму, на вокзáл, в кінó nach Háuse, zur Bahn, ins Kíno éilen; кудú ти так ~єш? wohín gehst du so éilig?; 3) (*про годинник*) vór|gehen* *vi* (s); годúнник ~є на п'ять хвилúн die Uhr geht fünf Minúten vor; ◊ робúти щось не ~ючи sich (*D*) Zeit zu *etw.* (*D*) néhmen*

поспíшн|ий 1) éilig, hástig; 2) (*необдуманий*) überéilt, überstürzt; vóreilig (*передчасний*); **~о** éilig, in Éile

по-спрáвжньому 1) (*належним чином*) wie es sich gehört; 2) (*насправді*) tátsächlich, wírklich, in der Tat

пост 1) (*місце*) Pósten *m*, контрóльний ~ Kontróllposten *m*, ~ міліції Milízposten *m*, стоя́ти на ~ý Pósten [(auf) Wáche] stéhen* *vi*; 2) (*вартовий*) Pósten *m*, Wáchposten *m*; 3) (*посада*) Pósten *m*, Stéllung *f*, Amt *n*; займáти якúйсь ~ éinen Pósten bekléiden [ínne|haben]

постáва Háltung *f*

постáвити I 1) (*помістити кудись*) (hín)stéllen *vt*, (hín)sétzen *vt*; áuf|legen *vt* (*платівку, компрес*); párken *vt* (*машину на стоянку*); 2) *театр.*, *кіно* áuf|führen *vt*, inszeníeren *vt* (*п'єсу, оперу*); dréhen *vt*, produzíeren *vt* (*фільм*); 3) (*досліди*) án|stellen *vt*; 4) (*оцінки*) gében* *vt*; 5): ~ чáйник Téewasser áuf|setzen; ~ будúльник den Wécker stéllen; ~ комýсь термóметр j-m das Thermométer gében*, j-m die Temperatúr méssen*

постáвити II (*постачити, доставити*) líefern *vt*

постáвитися (*до когось/чогось - проявити своє ставлення*) sich verhálten*, stéhen* *vi* (zu *D*); néhmen* *vt* (*сприйняти щось*); дóбре ~ до кóгось j-n gut behándeln, zu j-m nett sein; ~ до кóгось з симпáтією j-m Sympathíe entgégen|bríngen*; ~ до кóгось/чóгось з підóзрою gégen j-n/etw. míßtrauisch sein; ~ до чóгось серйóзно etw. ernst néhmen*

постáвк|а Líeferung *f*, держáвні ~и Áblieferung [Ábgabepflichten] an den Staat; тéрмін ~и Líeferfrist *f*

поставля́ти *див.* постáвити II

постамéнт Postamént *n*, Sóckel *m*

постанóва (*розпорядження*) Verórdnung *f*, ~ ýряду Regíerungsverordnung *f*

постановúти 1) (*вирішити*) beschlíeßen* *vt*; 2) (*видати постанову*) éinen Beschlúß fássen, verórdnen *vt*

постанóвка (*театральна*) Áufführung *f*, Inszeníerung *f*

постановля́ти *див.* постановúти

постарíти *див.* стáрíти

по-стáрому beim álten; wie früher, wie bis hér (*як раніше*)

постачáльник Lieferánt *m*

постачáння Versórgung *f*, Belíefe-rung *f* (*поставка*)

постачáти, **постáчити** (*забезпечити чимось*) versórgen *vt*, belíefern *vt* (mit *D*)

постелúти *розм. див.* стелúти

постíйн|ий 1) ständig, (*безперервний - тж*) fórtwährend, (*не тимчасовий - тж*) fest, (*тривалий - тж*) dáuernd, (*незмінний - тж*) beständig, konstánt; ~а вистáвка ständige Áusstellung; ~а адрéса ständige [féste] Ánschrift; ~а температýра beständige Temperatúr; ~ відвíдувач Stámmgast *m* (*кафе і т. п.*), ständiger Besúcher (*виставок і т. п.*); 2): ~ струм *ел.* Gléichstrom *m*, **~о** ständig,

П

(*безперервно - тж*) fjrtwährend, (*тривалий час - тж*) dáuernd
постілка Fúßmatte *f*, Läufer *m* (*доріжка*)
пóст|іль Bett *n*; **~ільний** Bett-; ~ільна білизна Béttwäsche *f*, ~ільний режим Béttruhe *f*
постóяти 1) (*деякий час*) éine Zéitlang stéhen* *vi* (h, s); 2) (*за когось/щось - захистити*) éin|ste-hen* *vi* (s), éin|treten* *vi* (s) (für *A*); 3): постій! wárte mal!
постраждáти verúnglücken *vi* (s) (*в результаті нещасного випадку*); betróffen sein (von *D* — *від стихійного лиха і т. п.*)
пострúгти *див.* стригти; **~ся** *див.* стригтися 1
пóстріл Schuß *m*, на відстані ~у auf Schúßweite
постскрúптум Náchtrag *m*, Postskríptum
постýкати *див.* стýкати 2; **~ся** *див.* стýкатися
постýкува|ння Klópfen *n*, Anklópfen *n*; **~ти** beklópfen *vt*, klópfen *vi*
поступáльний fórtschreitend; ~ рух Vórwärtsbewegung *f*
поступá|тися 1) *див.* поступúтися; 2) (*бути слабкішим*) nách|stehen* *vi* (*D*, an *D* або in *D*); він не ~ється йому в силі er steht ihm in Kraft nicht nach
поступúтися 1) (*чимось*) verzíchten *vi* (auf *A*), áuf|geben* *vt*, préis|geben* *vt*, 2) (*віддати*) áb|treten* *vt*, áb|geben* *vt* (*D*); ~ комусь місцем j-m séinen Platz áb|treten*; ~ комусь дорóгою j-m den Weg fréi|geben*, j-m den Vórtritt lássen*; 3) (*піддатися, погодитися*) nách|geben* *vi* (*D*)
пóступ|ка (*компроміс*) Zúgeständnis *n*, Konzessión *f*, взаємні ~ки gégenseitige Konzessiónen; іти на ~ки Zúgeständnisse máchen; без ~ок óhne Konzessiónen; **~ливий** náchgiebig, fügsam; verträglich úmgänglich
поступóв|ий allmählich; **~о** allmählich, nach und nach
пóсуд Geschírr *n*
посýдина Behälter *m*, Gefäß *n*
посýдний Geschírr-
посýдниця (*робітниця*) Geschírrwäscherin *f*
посýха Dürre *f*, Tróckenheit *f*
посýшливий tróсken, Dürre-; ~ рік Dürrejahr *n*
потаємний gehéim *m*, héimlich; (tief im Ínneren) verbórgen
пóтай insgehéim, héimlich, im stíllen; ~ від когóсь óhne j-s Wíssen, hínter j-s Rücken
потайнúй Gehéim-, gehéim; verschlóssen, zurückhaltend
потáйність Verschlóssenheit *f*, Zurückhaltung *f*
поталáни|ти glücken *vi* (s, h); gelíngen* *vi* (s) (*удатися*); йому ~ло er hátte Glück (*зробити щось* zu + *inf*); йому не ~лó er hátte Pech
по-твóєму 1) (*на твою думку*) déiner Méinung [Ánsicht] nach; як ~? was meinst du dazú?; 2) (*як ти бажаєш*) wie du (es) willst; хай бýде ~ es sei wie du willst
потвóра Míßgeburt *f*, Míßgestalt *f*
потвóрний häßlich
потвóрність Häßlichkeit *f*
пóтемк|и *мн.* Dúnkel *n*, Dúnkelheit *f*, Fínsternis *f*, в ~ах im Dúnkeln, im Fínstern
потемнíти *див.* темнíти 1
потенціáл Potentiál *m*; промисловий ~ Industríepotential *n*, ядéрний ~ Kérnwaffenpotential *n*, оборóнний ~ Vertéidigungspotential *n*
потенціáльний potentiéll; potentiál, Potentiál-
потенцíйний *див.* потенціáльний
потеплíння Wármwerden *n*, Temperatúranstieg *m* (*підвищення температури*); Fróstmilderung *f* (*послаблення морозів*); настáло ~ es ist wärmer gewórden
потерпíлий der Geschädigte (*від пожежі і т. п.*); der Verúnglückte (*від нещасного випадку*); Ópfer *n* (*жертва*)
потерпíти *див.* терпíти
потéртий ábgeschabt, schäbig, verbráucht
потúлиця Nácken *m*, Hínterkopf *m*
пóтиск: ~ рукú Händedruck *m*
потúснути: ~ комусь рýку j-m die Hand drücken
потихéньку *розм.* 1) (*тихо*) léise, sacht; 2) (*потроху*) lángsam, allmählich, nach und nach
потí|ти *див.* пітнíти 1
потíк Strom *m*, (*перен. - тж*) Fluß *m*, ~ пішохóдів Fúßgängerstrom *m*, ~ слів Wortschwall *m*
пóтім 1) dann, náchhér, hernách; danách, daráuf (*далі*); 2) (*пізніше*) náchhér, später; ◊ залишúти щось на ~ *etw.* für später lássen*
потіснúтися zusámmen|rücken *vi* (s); Platz máchen (*D* — *дати місце*)
потішáти, **потíшити** belústigen *vt*, ergötzen *vt*; **~ся** sich belústigen, sich ergötzen
потíшний kómisch, amüsánt, spáßig
по-товарúському kamerádschaftlich
потовктú *див.* товктú
потойбíчний jénseitig; überirdisch
потóков|ий Fließ-, Fließband-, Takt-; ~е виробнúцтво Fließfertigung *f*, Fließbandproduktion *f*, ~а лінія Fließstraße *f*, Táktstraße *f*
потóм|ок 1) Náchkomme *m*, 2) *мн.* ~ки (*майбутнє покоління*) die kómmende Generatión
потóмство 1) Náchkommenschaft *f*, 2) *див.* потóмок 2
потонýти 1) (*про живу істоту*) ertrínken* *vi* (s); 2) (*про судно*) versínken* *vi* (s), únter|gehen* *vi* (s)
потóп Überschwémmung *f*, всесвíтній ~ Síntflut *f*
потопáючий Ertrínkende *m*
потопúти ertränken *vt*

пото́чн|ий der láufende; díeser (*цей*); п'ятого числа́ ~ого місяця am fünften díeses [des láufenden] Mónats: в ~ому ро́ці im láufenden Jahr

потре́б|а 1) (*бажання*) Bedürfnisse *pl*, Bedürfnis *n* (*в чомусь* nach *D*); 2) Nótwendigkeit *f*, в цьо́му нема́є ~и das ist nicht nötig; в ра́зі ~и nótfalls, nötigenfalls, wenn nötig; 3) *мн.* ~и (*прагнення, інтереси*) Bedürfnisse *pl*, Bedárf *m* (*в чомусь* an *D*); життєві ~и lébensnotwendiger Bedárf; матеріа́льні і культу́рні ~и materiélle und kulturélle Bedürfnisse; задовольня́ти ~и Bedürfnisse befríedigen (*культурні, духовні*), *ек.* den Bedárf décken; за ~ами nach [entsprе́chend] den Bedürfnissen

потребува́ти (*щось*) bráuchen *vt*, benötigen *vt*, це ~ме бага́то ча́су das wird viel Zeit in Ánspruch néhmen, dafür wird man viel Zeit bráuchen

по-тре́тє dríttens

потриво́жити *див.* триво́жити 2

потрі́бн|ий 1) nötig, nótwendig; я знахо́джу це ~им ich hálte das für nötig; 2): мені́ ~а допомо́га ich bráuche Hílfe; йому́ ~ відпочи́нок er braucht Erhólung, er muß sich erhólen; це не ~е das ist nicht nötig

потрі́бно 1) (*необхідно*) man muß; ~ бу́ти обере́жним man muß vórsichtig sein; мені́ ~ іти́ ich muß géhen; йому́ ~ відпочи́ти er muß sich erhólen, er bráucht Erhólung; 2): не ~ (*робити щось*) а) man soll nicht (+ *inf*); про це не ~ забува́ти das söllte man nicht vergéssen; б) (*немає необхідності*) man braucht nicht (zu + *inf*); сього́дні тобі́ прихо́дити не ~ du brauchst héute nicht zu kómmen; що для цьо́го ~ was ist dazú erfórderlich?, was braucht man dazú?

потрі́йн|ий dréifach; в ~ому ро́змірі dréifach soviel, um das Dréifache; ◊ ~ стрибо́к *спорт.* Dréisprung *m*

потрі́йно dréimal, dréifach

потрі́скатися Rísse bekómmen*, zerplátzen *vi* (s), plátzen *vi* (s)

потрі́скувати knístern *vi*

потро́їти verdréifachen *vt*, **~ся** sich verdréifachen

потро́ху 1) (*невеликими порціями*) ein wénig; всього́ ~ von állem ein wénig; 2) (*поступово*) allmählich, nach und nach

потроши́ти (die Éingeweide) áus|nehmen* *vt*, áus|weiden *vt*

потруди́|тися: він на́віть не ~вся (*зробити щось*) er hat sich (*D*) nicht éinmal die Mühe gemácht (zu + *inf*)

по́трух Éingeweide *n*, Innereíen *pl*, гу́сячий ~ Gänseklein *n*, теля́чий ~ Kálbsgekröse *n*

потряса́ючий erschütternd

потрясі́ння Erschütterung *f*

поту́ги *мн.* 1) Ánstrengungen *pl*, 2): родові́ (поло́гові) ~ Gebúrtswehen *pl*

поту́жн|ий *тех.* stark, léistungsstark; ~а електроста́нція Gróßkraftwerk *m*, **~ість** Léistung *f*, Kapazität *f*

потура́|ння (állzu gróße) Náchsicht *f*, Vergünstigung *f*, Verwöhnung *f*, **~ти** (*комусь/чомусь*) Náchsicht üben (mit *D*)

потурбува́ти stören *vt*, be únruhigen *vt*, belästigen *vt*, **~ся** (*подбати про когось*) sich kümmern (um *A про когось, про щось*)

потушкува́ти *див.* тушкува́ти

потьма́рення Verfínsterung *f*, ~ свідо́мості Bewúßtseinstrübung *f*

по́тяг (*до чогось*) Hang *m* (zu *D*); Trieb *m*, Néigung *f* (*схильність*); Lust *f* (*бажання*)

потя́гуватися sich récken, sich déhnen

пофарбува́ти *див.* фарбува́ти

по-хазя́йському wírtschaftlich; не ~ únwirtschaftlich

по́хапцем *нареч. розм.* 1) (*квапливо*) éilig; átemlos; 2) (*поспіхом*) in der Éile, in Übereile, in áller Hast, in größter Hast

похвала́ Lob *n*

похвали́ти *див.* хвали́ти; **~ся** *див.* хвали́тися

похва́льний lóbenswert

похва́стати *див.* хва́стати

по́хибка (*помилка*) Féhler *m*, ~ у вимі́рюваннях Méßfehler *m*, допусти́ма ~ Toleránz *f*, zúlässige Ábweichung

похи́лий I genéigt; schräg (*косий*); schief (*кривий*); ábschüssig (*пологий*)

похи́лий II: ~ вік vórgerücktes [hóhes] Álter

похили́тися (*нахилитися*) schief wérden

похитну́ти erschüttern *vt*, ins Schwánken bríngen* *vt*, **~ся** schwánken *vi*, ins Schwánken kómmen* *vi* (s); wánken *vi*, ins Wánken geráten* *vi* (s)

похи́туватися schäukeln *vi*, wánken *vi*; táumeln *vi* (*при ходьбі*)

похі́д 1) Wánderung *f* (*туристський*); Áusflug *m* (*екскурсія*); Besúch *m* (*в музей, театр і т. п.*); 2) *військ.* Marsch *m*, (*перен. - тж*) Kampagne [-'panjə] *f*, ~ прибі́чників ми́ру Friedensmarsch *m*, ◊ хресто́вий ~ Kréuzzug *m*

похмі́лля Kátzenjammer *m*

похму́рий 1) mürrisch; fínster, düster; 2) (*про погоду*) trübe; 3) (*про характер*) mißmutig, schwérmutig

похмурні́ти sich verfínstern, fínster wérden

похня́плений níedergeschlagen, bedrückt

похова́ння Beérdigung *f*, Bestáttung *f*

похова́ти (*покійника*) *див.* хова́ти (*покійника*)

похо́дження 1) (*виникнення*) Entstéhung *f*, 2) (*належність за народженням*) Ábstammung *f*, Hérkunft *f*, за ~м von Gebúrt, der Hérkunft nach

похо́дити (*від когось/чогось*) stámmen *vi* (aus *D*)

похолода́|ння Temperatúrrückgang *m*, наста́ло ~ es ist kalt [kälter] gewórden; **~ти**: ~ло es ist kalt [kälter] gewórden

по́хорон Begräbnis *n*, Beérdigung *f*

похоро́нн|ий Beérdigungs-; ~ марш Tráuermarsch *m*, ~а проце́сія Léichenzug *m*

П

поцілувáти(ся) *див.* цілувáти(ся)
поцілýнок Kuß *m*
поцíнний *розм.* (*який підходить по ціні*) ángemessen, günstig, erschwínglich
почáсти zum Teil, téilweise
почастíшати 1) (*стати частішим*) häufiger wérden, öfter vór|kommen* *vi* (s); 2) (*прискоритися*) sich beschléunigen
почастувáти bewírten *vt*
почáти 1) (*щось або робити щось*) án|fangen* *vt* (*тж* zu + *inf*) *або vi* (mit *D*), begínnen* *vt* (*тж* zu + *inf*) *або vi* (mit *D*); 2) *безос.*: почалó сутенíти es begánn dúnkel zu wérden, es dämmerte; **~ся** án|fangen* *vi*, begínnen* *vi*; lós|gehen* *vi* (s) *розм.*; почáвся дощ es begánn zu régnen; у ньóго почáвся кáшель er bekám Hústen
початкíвець Ánfänger *m*
початкóв|ий 1) (*вихідний*) úrsprünglich, Ánfangs-; 2) (*елементарний*) Grund-; Elementár-; ~а шкóла Grúndschule *f*, ~і відóмості Grúndkenntnisse *pl*
початкýючий. ángehend; ~ письмéнник ein ángehender Schríftsteller
почáт|ок Ánfang *m*, Begínn *m*; на ~ку zu Begínn, am Ánfang, ánfangs; на ~ку бéрезня, лíта Ánfang März, Sómmer; на ~ку п'ятóї kurz nach vier (Uhr); з сáмого ~ку von Ánfang an, von vórnherein; з ~ку до кінця́ von Ánfang bis (zu) Énde
почекáти (éine Zéitlang) wárten *vi* (*когось/чогось, на когось/щось* auf *A*); áb|warten *vt* (*вичікувати*)
почервонíти blútrot [knállrot, hóchrot] wérden; rot án|laufen* *vi* (s) (*про обличчя*); erröten *vi*
пóчерк Hándschrift *f*
почерпнýти (*з чогось*) schöpfen *vt* (aus *D*), entléhnen *vt* (*D*)
почéсн|ий Éhren-, éhrenvoll; ~а вáрта Éhrenwache *f*, ~е завдáння éhrenvoller Áuftrag
пóчест|і *мн.* Éhrenbezeigung *f*, з велики-ми ~ями mit größen Éhren
пóчет Gefólge *n*
почúн (*ініціатива*) Ánregung *f*, Initiatíve [-və] *f*
починáння Vórhaben *n*, Initiatíve *f* [-və]; велúкі ~ gróße Táten
починáти(ся) *див.* почáти(ся)
починáючи (*з чогось*) ab (*A*), von (*D*) ... an [ab]; ~ із зáвтрашнього дня ab mórgen, von mórgen an [ab]; ~ з пéршого сíчня vom érsten Jánuar an
почúстити *див.* чúстити
почорнíти *див.* чорнíти 1
почувáти fühlen *vt*, empfínden* *vt*, (ver)spüren *vt* (*відчувати*); **~ся** sich fühlen; як ви почувáєтесь? wie fühlen Sie sich?, wie geht es Íhnen (gesúndheitlich)?
почýти 1) hören *vt*, vernehmen* *vt*, 2) (*дізнатися*) erfáhren* *vt*
почý|тися ertönen *vi* (s), erschállen* *vi* (s); ~вся стук у двері es klópfte an die [der] Tür; мені ~лося, що ... [ненáче ...] mír schien, als ob ...; тобі це тільки ~лося es kam dir nur so vor, das schien dir nur so
почуття́ 1) (*фізичне або психічне відчуття*) Gefühl *n*, ~ гóлоду Hún-ger *m*, ~ бóлю Schmerz *m*, ~ мíри Gefühl für das réchte Maß, Táktge-fühl *n*, ~ подя́ки Gefühl der Dánkbarkeit *f*, ~ обóв'язку Pflíchtgefühl *n*, ~ рáдості Fréude *f*, ~ лíктя Túchfühlung *f*, 2) (*здатність сприймати щось*) Sinn *m*, ~ гýмору Sinn für Humór; ~ новóго, прекрáсного Sinn für das Néue, für das Schöne; 3) (*любов*) Gefühl *n*, глибóке ~ tiefes Gefühl
почýхати *див.* чýхати; **~ся** *див.* чýхатися
пошáн|а Éhre *f*, Áchtung *f*, Hóchachtung *f* (*повага*); бýти в ~і, користувáтися ~ою geschätzt wérden, in hóhem Ánsehen stéhen* *vi*
пошáрпаний ábgetragen, ábgeschabt, ábgenutzt
пóшепки im Flüsterton
пóшесний epidémisch (*про хворобу*)
поширен|ий 1) (wéit)verbréitet; ~е ім'я wéitverbreiteter Náme; 2): ~е рéчення *грам.* erweíterter Satz; **~ня** Verbréitung *f*, Áusdehnung *f* (*впливу*)
поши́рити, **поши́рювати** verbréiten *vt*, áus|dehnen *vt*, erwéitern *vt* (*розширити*); erstrécken *vt* (*вплив*); **~ся** sich verbréiten; sich áus|dehnen, sich áus|breiten (*розширитися*); sich erstrécken (*про вплив*)
поши́рювач Verbréiter *m*
пошкóдження Beschädigung *f*
пошкóдити (*комусь/ чомусь*) schá-den *vi*, Scháden zú|fügen (*D*)
пóшт|а 1) (*пересилка, доставка*) Post *f*, по ~і, ~ою mit der Post, per Post; послáти грóші по ~і Geld per Post(anweisung) schícken; 2) (*установа*) Post *f*, Póstamt *n*, на ~і auf der Post; 3) (*кореспонденція*) Post *f*, рознóсити, доставля́ти ~у die Post áus|tragen*, zú|stellen; з ранкóвою ~ою mit der Mórgenpost
поштáмт: (центрáльний) ~ Háuptpost *f*
поштóв|ий 1) Post-; ~е віддíлення Post *f*, Póstamt *n*, ~ íндекс Póstleitzahl *f*, 2) (*який стосується пошти як кореспонденції*) Brief-; ~а мáрка Bríefmarke *f*, ~а скри́нька Bríefkasten *m*
пóштовх 1) Stoß *m*, Ruck *m*, одни́м ~ом mit éinem Ruck; 2) (*імпульс*) Ánstoß *m*, Ánregung *f*, 3) (*при землетрусі*) Érdstoß *m*, 4) (*при стрибку*) Ábstoß *m*
поштýчно stückweise
пощáд|а Gnáde *f*, Schónung *f*, без ~и schónungslos, erbármungslos
пощади́ти *див.* щади́ти
пощасти́ти *див.* поталáнити
пощýпати *див.* щýпати
поя́ва 1) Erschéinen *n*, 2) (*виникнення*) Áuftreten *n*
появи́тися, **появля́тися** *див.* з'яви́тися, з'явля́тися

пóяс 1) Gürtel *m*, Hósengürtel *m* (*для брюк*); 2) (*талія*) Gürtellini e *f*, Taille ['taljə] *f*, по ~ bis an den Gürtel; 3) *геогр.* Gürtel *m*, Zóne *f* (*зона*)
пoяснення 1) (*дія*) Erklärung *f*, Erläuterung *f*, 2) (*те, що вказує на причину чогось*) Erklärung *f*
поясни́ти 1) (*зробити зрозумілим*) erklären *vt*, erläutern *vt*, 2) (*встановити причину*) erklären *vt*; чим це мóжна ~? wie ist das zu erklären?, woráuf ist das zurückzuführen
пояснювальний erklärend, erläuternd
пояснювати *див.* поясни́ти
пояснюватися (*бути викликаним чимось*) sich erklären (durch *A*); sich erklären lássen*; чим це пояснюється? womít [wodúrch] ist das zu erklären?
прабабу́ся Úrgroßmutter *f*
прабатьки́ *мн.* Áhnen *pl*, Vórfahren *pl*
прабáтько Stámmvater *m*, Úrvater *m*
прáвд|а 1. (*істина*) Wáhrheit *f*, говори́ти ~у die Wáhrheit ságen; не прихóвувати ~и die Wáhrheit nicht verhéimlichen; **2.** *в знач. прис.* es ist wahr, es stimmt; чи ~, що ...? ist es wahr, daß...?; невжé це ~? söllte es wírklich wahr sein?; чи не ~? nicht wahr?; **3.** *вставн. сл.* 1) (*дійсно*) wírklich, tátsächlich; я ~, не знав цьóго ich hábe das wírklich nicht gewúßt; 2) (*щоправда*) zwar, fréilich; він, ~, цьогó не казáв er hat es fréilich nicht geságt; я, ~, з цим не згóден, але ... ich bin zwar damít nicht éinverstanden, áber ...; ◊ по ~і кáжучи um die Wáhrheit zu ságen, éhrlich geságt
правди́вий 1) wahr, wáhrheitsgetreu; 2) (*щирий*) wáhrheitsliebend, áufrichtig
правдоподíбний gláubwürdig; wahrschéinlich (*можливий*)
прáвець *мед.* Stárrkrampf *m*
прáв|ий I (*який знаходиться праворуч*) recht; на ~ому бóці auf der réchten Séite, rechts; по ~у рýку rechts, zur réchten Hand
прáв|ий II 1) *в знач. прис.*: бýти ~им recht háben (*в чомусь* in *D*); ви булí (не) ~í Sie hätten (nicht) recht; 2) (*справедливий*) geréсht; борóтися за ~е дíло für éine geréchte Sáche kämpfen
прáвил|о 1) Régel *f*, по ~у nach der Régel; 2) *мн.* ~а Órdnung *f* (*порядок*); Vórschriften *pl*, Régeln *pl* (*керівництво*); ~а дорóжнього рýху Stráßenverkehrsordnung *f*, ~а користувáння Gebráuchsanweisung *f*, Benútzungshinweise *pl* (*напр., словником*); ◊ як ~ in der Régel; за всімá ~ами wie es sich gehört; немá ~а без ви́нятку kéine Régel óhne Áusnahme
прáвильн|ий 1) richtig; korrékt, féhlerlos (*без помилок*); 2): ~е дієслóво *грам.* régelmäßiges Verb; ~і ри́си облúччя régelmäßige Gesíchtszüge
прави́тель Regént *m*, Hérrscher *m*, **~ка** Regéntin *f*, Hérrscherin *f*
прáвити I *див.* керувáти
прáвити I (*виправляти*) korrigíeren *vt*
правлíння 1) (*управління державою*) Regíerung *f*, 2) (*виборний орган*) Vórstand *m*
прáвляч|ий hérrschend, regíerend; ~і клáси die hérrschenden Klássen; ~а пáртія regíerende Partéi
прáвнук Úrenkel *m*
прáв|о 1) Recht *n*, ~á людúни Ménschenrechte *pl*, ~ гóлосу Stímmrecht *n*, загáльне ви́борче ~ állgeméines Wáhlrecht; ~ на прáцю Recht auf Árbeit; ~ на відпочи́нок Recht auf Erhólung; ~ на пéнсію Réntenanspruch *m*, ~ на самови́значення Sélbstbestimmungsrecht *n*, 2) (*наука*) Recht *n*, цивíльне ~ Zivilrecht [-'vi:l-] *n*, кримінáльне ~ Stráfrecht *n*, Kriminálrecht *n*, міжнарóдне ~ Völkerrecht *n*, internationáles Recht; 3) *мн.* ~á водíя Führerschein *m*, Fáhrerlaubnis *f*, позбáвити когóсь прав водíя j-m den Führerschein áb|nehmen* [entzíehen*]; ◊ по ~у mit Recht
правоберéжний auf dem réchten Úfer (am réchten Úfer) gelégen
правов|и́й Rechts-, réchtlich; jurístisch (*юридичний*); ~á держáва Réchtsstaat *m*
правовíрний réchtgläubig, stréngglaubig
право|мíрний gesétzlich, beréchtigt; **~мóчний** (mácht)befúgt, bevóllmächtigt, kompetént
правóпис Réchtschreibung *f*, Orthographíe *f*
правопорýшення Réchtsverletzung *f*, Réchtsbruch *m*
правопорýшник Réchtsverletzer *m*, Réchtsbrecher *m*
правопорядок Réchtsordnung *f*
правóруч 1) (*де*) rechts (*від чогось* von *D*); ~ на карти́ні rechts auf dem Bild; ~ від чóгось/кóгось rechts von (*D*); ~ від мéне rechts von mir; ~ від дорóги rechts (von) der Stráße; ~ від дверéй rechts nében der Tür; 2) (*звідки*) von rechts; 3) (*куди*) nach rechts; ~ від когóсь/чогóсь rechts von (*D*)
правослáвний orthodóx
правослáв'я orthodoxe (gríchisch-orthodoxe) Religión
правосýддя Récht sprechung *f*, Réchts pflege *f*, Justíz *f*
правотá 1) (*правильність*) Ríchtigkeit *f*, 2) (*справедливість*) Geréchtigkeit *f*
прáгн|ення 1) (*потяг*) Strében *n*, Bestrében *n*, ~ до ми́ру Strében nach Fríeden; 2) *мн.* (*наміри, помисли*) Ábsichten *pl*, Vórsätze *pl*, **~ути** (*чогось - намагатися досягти чогось*) strében *vi* (nach *D*), án|streben *vt*, bestrébt sein (zu + *inf*)
прáдід Úrgroßvater *m*
прáкти|ка 1) Práxis *f*, застосувáти щось на ~ці etw. in der Práxis án|wenden*; 2) (*прийоми та навички*) Übung *f*, Erfáhrung *f* (*досвід*); чéрез відсýтність ~ки aus Mángel an Übung; 3) (*студентська,*

П

прибутко́вий éinträglich, gewínnbringend, rentábel; ~ пода́ток Éinkommen|steuer *f*
прибу́ток Gewínn *m*, Profít *m*, Zúgang *m*, Éinkommen *n*, Einkünfte *pl*, Éinnahme *f* (*від реалізації*); ма́ти ~ Gewínn zíehen*; Profít erzíelen [máchen]
прибуття́ Ánkunft *f*, Éintreffen *n*
прива́блив|ий verlóckend, ánziehend, éinnehmend; attraktív; sympátisch; **~ість** Ánziehungskraft *f*, Charme [ʃarm] *m*, Scharm *m*, Attraktivität [-vi-] *f*
прива́блювати für sich éin|nehmen* *vt*, bezáubern *vt*; прива́блива по́смішка gewínnendes Lächeln
прива́л Rast *f*, Halt *m*; зроби́ти ~ Rast máchen, rásten *vi*
прива́тн|ий Privat- [-'va:t], privát; ~а вла́сність Priváteigentum *n*; у ~ому поря́дку auf privátem Wége
прива́тник *розм.* Privatunternehmer [-'va:t-] *m* (*підприємець*); Priváteigentümer *m* (*власник*); Priváthändler *m* (*торговець*)
привезти́ bríngen* *vt*, mít|bringen* *vt* (*з собою*); éin|führen *vt* (*з-за кордону*); ~ кого́сь додо́му j-n nach Háuse bríngen* [fáhren*]
привертá́ти 1) (*викликати в комусь симпатію*) j-s Sympathíe erwécken; ~ кого́сь до се́бе sich (*D*) j-n genéigt máchen, j-n für sich éin|nehmen* [gewínnen*]; 2) (*викликати увагу, інтерес*) án|ziehen* *vt*, imponíeren *vi* (*D*); Áufsehen errégen (*про події і т. п.*); ~ до се́бе зага́льну ува́гу die állgeméine Áufmerksamkeit auf sich zíehen* [an sich (*D*) fésseln]
привести́ 1) bríngen* *vt*, mít|bringen* *vt* (*з собою*); (herbéi)führen *vt* (*за руку і т. п.*); hólen *vt*; 2) (*до чогось*) führen *vt* (zu *D*);
при́вид Gespénst *n*, Geist *m*, Spuk *m*
при́від I Herbéiführen *n*, Heránbringen *n*; *юр.* Vórführung *f* (*звинуваченого*)
при́від II Ánlaß *m*, Veránlassung *f*, Vórwand *m*, Áusrede *f* (*відмовка*); під при́водом únter dem Vórwand; з при́воду чого́сь ánläßlich (*G*), aus Ánlaß von (*D*)
приві́з 1) (*дія*) Zúfuhr *f*, Ánlieferung *f*; 2) (*привезені товари*) ángelieferte Wáren; Líeferung *f*
привіле́й Privilég [-vi-] *n*, Vórrecht *n*
привілейо́ваний privilegíert [-vi-]
приві́лля 1) (*простір*) fréier, wéiter Raum; 2) (*вільне життя*) fréies Lében; Fréiheit *f*, Úngebundenheit *f*; тут ді́тям ~ híer können sich die Kínder frei túmmeln
приві́льний frei, úngebunden, úneingeschränkt
приві́т 1) Gruß *m*; переда́ти комусь ~ j-n grüßen lássen*; 2): ~! *розм.* hállo!, Tag! (*при зустрічі*); bis bald! (*при прощанні*)
привіта́ти (*з чимось*) gratulíeren *vi* (*когось D*), beglückwünschen *vt* (zu *D*)
привіта́тися *див.* віта́тися
приві́тн|ий fréundlich; **~ість** Fréundlichkeit *f*
привла́снення Áneignung *f*
привла́снити, привла́снювати (*заволодіти*) sich (*D*) etw. án|eignen
при́вод *тех.* Ántrieb *m*, Getríebe *n*
приво́дити *див.* привести́
приво́зити привезти́
приворожи́ти *розм.* bezáubern *vt*
привча́ти, привчи́ти (*когось до чогось*) j-n an etw. (*A*) gewöhnen, j-m etw. ánerziehen*; **~ся** (*до чогось*) sich (*D*) etw. án|gewöhnen, gewöhnt sein (in + *inf*)
прив'яза́ти, прив'я́зувати (*до чогось*) án|binden* *vt*, fést|binden* *vt* (an *A або* an *D*); **~ся** (*до когось*) líebgewinnen* *vt*, Zúneigung fássen (zu *D*)
прига́дувати, пригада́ти sich erínnern (an *A*), sich besínnen* (auf *A*), sich entsínnen* (*G*), sich (*D*) etw. ins Gedächtnis (zurück) rúfen*
пригвинти́ти, пригви́нчувати án|schrauben *vt*, fést|schrauben *vt*
пригла́дити, пригла́джувати glätten *vt*, glátt|streichen* *vt*
пригні́чен|ий níedergeschlagen, verwírrt, bedrückt, deprimíert; **~ість** Níedergeschlagenheit *f*, Bedrücktheit *f*, Depressión *f*
пригні́чувати bedrücken *vt*, deprimíeren *vt*, níeder|drücken *vt*
пригно́блений unterdrückt; unter-jócht
пригно́блення Unterdrückung *f*
пригно́блювати (*утискувати*) unterdrücken *vt*
приго́д|а Ábenteuer *n*; доро́жня ~ Verkéhrsunfall *m*; **~ницький** ábenteuerlich, Ábenteuer-; ~ницький рома́н Ábenteuerroman *m*
приголо́мшений betréten, verwírrt
приголо́мшити 1) níederschlagen* *vt*, níederschmettern *vt* (*про горе*); 2) verblüffen *vt* (*спантеличити*); überráschen *vt* (*вразити*); erdrücken *vt* (*грандіозністю і т. п.*)
приголо́мшливий verblüffend
приголо́мшувати *див.* приголо́мшити
при́голосний *фон.* Konsonánt *m*
приголу́бити líebkosen *vt*, zärtlich sein (*когось* zu *D*)
пригорі́ти án|brennen* *vi* (s)
пригорну́ти drücken *vt*; **~ся** (*до чогось/когось*) sich drücken (an *A*); sich (án)schmíegen (an *A*)
при́город Vórort *m*, Vorstadt *f*; жи́ти в ~і in éinem Vórort wóhnen *vi*
пригорта́ти *див.* пригорну́ти
пригоря́ти *див.* пригорі́ти
при́горща Hándvoll *f*; ~ я́гід éine Hándvoll Béeren
приготува́|ння 1) Vórbereitung *f*, Beréitlegen *n*; без ~нь únvorbereitet; 2) (*виготовлення*) Ánfertigung *f*, Zúbereitung *f*, Kóchen *n* (*їжі*)
приготува́ти *див.* готува́ти 1, 2
пригрози́ти dróhen *vi* (*чимось* mit *D*)
при́дане Mítgift *f*
прида́тн|ий (*для чогось*) táuglich, bráuchbar (für *A або* zu *D*); geéignet (für *A*

П

— *що має необхідні якості*); ~ для питтяʹ trínkbar; **~ість** Bráuchbarkeit *f*, Táuglichkeit *f*, Éignung *f*, Verwéndbarkeit *f*

придáток Ánhängsel *n*; Béiwerk *n*

придбáння (*покупка*) Ánschaffung *f*, Kauf *m*

придбáти sich (*D*) etw. án|schaffen; erwérben* *vt* (*про великі або дорогі речі*)

придиви́тися (*до чогось/когось*) sich (*D*) etw./j-n genáu án|sehen*

придивля́тися (*до чогось/когось*) áufmerksam betráchten [beóbach-ten] *vt*

приділи́ти, **приділя́ти**: ~ комýсь час j-m Zeit wídmen; ~ комýсь увáгу j-m Áufmerksamkeit schénken

придýм|ати *див.* придýмувати; я нічóго не мóжу ~ mir fällt nichts ein; **~увати** 1) (*здогадатися зробити щось*) sich (*D*) etw. áus|denken*; 2) (*вигадати*) erfínden* *vt*

придýшення Unterdrückung *f*

приєднáння Ánschluß *m*, Ángliederung *f*

приєднáти, **приє́днувати** (*до чогось*) án|gliedern *vt*, án|schließen* *vt* (*D*); éin|gliedern *vt* (in *A* — *включити до складу*); **~ся** (*до чогось*) sich án|schließen* (*D або* an *A*); béi|treten* *vi* (s) (*D* — *до організації*, *договору*); ~ся до чиєїсь дýмки sich j-s Méinung án|schließen*; краї́ни, які́ не приєднáлися nícht paktgebundene Länder, bündnisfreie Länder

приє́мний ángenehm; ~ на смак wóhlschmeckend, schmáckhaft

прижи́тися 1) *розм.* (*про людину*) sich éinleben, sich éingewöhnen; 2) (*про рослину*) sich akklimatisíeren; ánwachsen* *vi* (s)

приз Preis *m*

призві́дник Ánstifter *m*

призéмкуватий níedrig, untersétzt; *бот.* kléinwüchsig

призéмлення Ländung *f*, Áufsetzen *n*

приземли́тися, **приземля́тися** lánden *vi* (s)

призéр *спорт.* Préisträger *m*, Síeger *m* (*переможець*); ~ Олімпі́йських і́гор Olýmpiasieger *m*

призивáти, **призвáти** (*на військову службу*) éin|berufen* *vt*

при́зма Prísma *n*

признавáтися (*в чомусь*) bekénnen* *vt*, gestéhen* *vt*, (éin)gestéhen* *vt*, zú|geben *vt* (*погодитися*)

признáння 1) (*чогось*) Ánerkennung *f*, одéржати ~ Ánerkennung fínden*; 2) (*в чомусь*) Bekénntnis *n*, Geständnis *n*; ~ в кохáнні Líebeserklärung *f*

признáтися *див.* признавáтися

признача́ти *див.* признáчити

признáчення 1) (*встановлення*) Bestímmung *f*, Féstsetzung *f*, (*строку проведення чогось* - *тж*) Áusschreibung *f*, 2) (*на посаду*) Ernénnung *f*, Nominíerung *f*, Berúfung *f*, 3) (*функція*, *мета*) Bestímmung *f*, Zweck *m*, Verwéndungszweck *m*, Missión *f*, для особли́вого ~ zur besónderen Verwéndung; за ~м (*використати*) zwéckentsprechend, zwéckmäßig; 4) (*лікувальне*) Vórschrift *f*, Verórdnung *f*, за ~м лі́каря nach ärztlicher Vórschrift, auf (ärztliche) Verórdnung; ◊ мі́сце ~ Bestímmungsort *m*

признáчити 1) (*встановити*) bestímmen *vt*, (*строк*, *час* - *тж*) fést|setzen *vt*, án|setzen *vt*, éin|setzen *vt* (*комісію і т. п.*); 2) (*кимось* - *на посаду*) ernénnen* *vt* (zu *D*), éin|set-zen *vt* (als *A*); 3) *розм.* (*приписати* — *про лікаря*) vór|schreiben* *vt*, án|ordnen *vt*

при́зов *військ.* Éinberufung *f*, Jáhrgang *m* (*призовники певного року*)

призóвни́й: ~ вік das wéhrpflichtige Álter, Éinberufungsalter *n*

призóвник der Éinberufene

приї́жджий der Zúgereiste, der Frémde

приї́зд Ánkunft *f*, з ~ом! hérzlich willkómmen!

приї́стися: мені́ прии́лося *розм.* es ist mir zuwíder; ich hábe es satt (zu + *inf*)

приї́хати kómmen* *vt* (s); án|kom-men* *vi* (s) (in *D* — *прибути в якесь місто і т. п.*)

прийдéшній künftig, kómmend

приймáльна Empfángszimmer *n*, Spréchzimmer *m*, Wártezimmer *n* (*у лікаря і т. п.*)

приймáльн|ий Empfángs-; ~ день Empfángstag *m*, ~і годи́ни Spréchstunde *f*, ~а палáта Áufnahme *f*

приймáти 1) *див.* прийня́ти; 2) (*вести прийом хворих*) Spréchstunden háben; 3) (*радіо*) empfángen* *vt*, **~ся** *див.* прийня́тися

приймáч (*радіо*) Rádio *n*, транзи́сторний ~ Transístorradio *n*

приймéнник *грам.* Präpositión *f*

прийня́ти 1) (*когось*) empfángen* *vt*, 2) (*щось*) án|nehmen* *vt*, entgégen|nehmen* *vt*, 3) (*ліки і т. п.*) éin|nehmen* *vt*, zu sich (*D*) néhmen* *vt* (*їжу*); 4) (*включити до складу*) áuf|nehmen* *vt*, éin|stellen *vt* (*на роботу*); 5) (*закон*, *проект і т. п.*) án|nehmen* *vt*, beschlíeßen* *vt*, verábschieden *vt*, fássen *vt* (*рішення і т. п.*); 6) (*форму*, *вигляд*) án|nehmen* *vt*, 7) (*за когось*) hálten* *vt* (für *A*); 8) (*взяти на себе*) übernéhmen* *vt*, auf sich néhmen* *vt*, ◊ ~ парáд die Paráde áb|nehmen*; ~ вáнну ein Bad néhmen*, báden *vi*

при́йнят|ий 1) *дієприкм. і прикм.* ángenommen; empfángen; zúgelassen; 2) (*звичайний*) üblich, gebräuchlich; це так ~о das ist Brauch, so ist es üblich

прийня́тися (*про рослину*) Wúrzel fássen

прийня́тний ánnehmbar

прийня́ттяʹ (*резолюції і т. п.*) Ánnahme *f*, Verábschiedung *f* (*закону*); ~ рі́шення Beschlúßfassung *f*

прийóм 1) Áufnahme *f* (*в партію, в школу і т. п.*); Éinstellung *f* (*на роботу*); 2) (*посилок, листів і т. п.*) Ánnahme *f*, 3) (*гостей і т. п.*) Empfáng *m*, влаштувáти комýсь сердéчний ~ j-m éinen hérzlichen Emp-

П

fáng beréiten, j-n hérzlich empfángen*; 4) (*ліків*) Éinnahme *f*, Dó-sis *f* (*доза*); 5) (*спосіб*) Verfáhren *n*, Hándgriff *m*, Methóde *f* (*метод*); *мн. тж* Téchniken *pl*; 6) (*відвідувачів, хворих*) Spréchstunde *f*, записáтися на ~ до кóгось sich bei j-m án|melden

прий|тú 1) kómmen* *vi* (s); án|kommen* *vi* (s) (*про лист і т. п.*); 2) (*настати*) kómmen* *vi* (s); ~шлá веснá es wúrde Frühling; 3) (*до чогось - досягти, добитися чогось*) kóm-men* *vi* (s) (zu *D або* auf *A*), gelángen *vi* (s) (zu *D*); ~ до якóгось висновку zu éinem Schluß kómmen*; ~ до взаєморозумíння, до згóди zu éiner Verständigung, zu éiner Übeŕeinkunft gelángen; ~ до якóїсь дýмки auf éinen Gedánken kómmen*; 4) (*в якийсь стан - відчай, веселий настрій*) kómmen* *vi* (s), geráten* *vi* (s) (in *A*); ◊ ~ комýсь на допомóгу j-m zu Hílfe kóm-men* *vi* (s); ~ комýсь в гóлову *j-m* in den Sinn kómmen* *vi* (s), *j-m* éin|fallen* *vi* (s)

прúказк|а Spríchwort *n*, стáти ~ою zum Sprı́chwort [sprı́chwörtlich] wérden

прикидáтися, **прикúнутися** *розм.* sich (ver)stéllen, simulíeren *vi*; sich áufspielen (*кимось* als *N*); tun* als ob ...; ~ дýрником sich dumm stéllen, den Dúmmen spíelen

прúклад Béispiel *n*, (*зразок для наслідування - тж*) Vórbild *n*, Mús-ter *n*, навестú якúйсь ~ ein Béispiel án|führen [nénnen*]; брáти ~ з кóгось sich (*D*) ein Béispiel an j-m néhmen*, j-n zum Vórbild néhmen*

приклáд (*гвинтівки*) Kólben *m*

прикладáти *див.* приклáсти

прикладн|úй ángewandt; ~é мистéцтво ángewandte Kunst

приклáсти (*пластир і т. п.*) áuf|legen *vt*

приклéїти án|kleben *vt*, klében *vt* (an *A*)

прикмéт|а 1) (*ознака*) Mérkmal *n*, Kénnzeichen *n*; 2) *мн.* ~и (*описання особи*) Personálbeschreibung *f*; 3) (*передвістя*) Vórzeichen *n*, погáна ~ schlímmes Vórzeichen

прикмéтник *грам.* Ádjektiv *n*, Éigenschaftswort *n*

прикóвувати *див.* прикувáти

приколóти án|stecken *vt*; án|heften *vt* (*прикріпити*)

прикордóнн|ий Grénz-; ~е мíсто Grénzstadt *f*; ~і вíйськá Grénztruppen *pl*; ~а застáва Grénzposten *m*; ~ інцидéнт Grénzzwischenfall *m*; ~ рaйóн Grénzebiet *n*; ~ик Grénzsoldat *m*

прикрáс|а 1) Schmuck *m*, Verzíerung *f* (*оздоба*); ліпнá ~ Stúckverzierung *f*, ялúнкові ~и Wéihnachtsbaumschmuck *m*; 2) (*ювелірний виріб*) Schmuck *m*, Schmúckstück *n*, *мн.* ~и Schmuck *m*, Schmúcksachen *pl*; носúти ~и Schmuck trágen*; надíти ~и den Schmuck án|legen

прикрáсити, **прикрашáти** schmücken *vt*, verzíeren *vt* (*чимось* mit *D*); (áus)schmücken *vt*, verzíeren *vt*; beschönigen *vt*, schön|färben *vt*; übertréibend dár|stellen *vt*; **~ся** sich (áus)schmücken

прикривáти zú|decken *vt* (*чимось* mit *D*); **~ся** sich zú|decken (*чимось* mit *D*)

прúкрий kränkend, beléidigend

прикрúти(ся) *див.* прикривáти(ся)

прикріпúти, **прикріплювати** (*до чогось*) beféstigen *vt*, án|machen *vt* (an *D*)

прúкро: ~, що ... es ist ärgerlich, daß ... (*досадно*); (es ist) scháde, daß ... (*шкода*); менí ~ es kränkt mich (*мене ображає*); es ärgert mich (*мені досадно*); es tut mir leid (*мені шкода*)

прикувáти 1) (*ланцюгом*) ánketten *vt*, fésseln *vt*; 2) *перен.* fést|bahnen *vt*, fésseln *vt*; (*бути прикутим до ліжка*) an das Bett gefésselt sein

прикýрювати, **прикурúти** ánrauchen *vt*; дáти прикурúти j-m das Féuer zúreichen, j-m Féuer gében*

прилáвок Ládentisch *m*

прúлад Gerät *n*, Vórrichtung *f*

прилáдити *див.* прилáджувати

прилáддя *мн.* шкільнé ~ Schúlbedarf *m*

прилáджувати, *розм.* ánpassen *vt*, ánmachen *vt*, beféstigen *vt*

приладобудувáння Gerätebau *m*

прилéглий náhegelegen, nächstliegend

прилетíти herbéi|fliegen* *vi* (s), (ángeflogen) kómmen* *vi* (s); án|kommen* *vi* (s) (*прибути*)

прилúв *мед.* (*крові*) Ándrang *m*, Blútandrang *m*

прилипáти, **прилúпнути** fést|kleben *vi* (s), klében|bleiben* *vi* (s)

приліпúти, **прилíплювати** án|kleben *vt*, án|leimen *vt*

прилíт Herbéifliegen *n*, Ánkunft *f* (*прибуття*); Strı́chzeit *f* (*перелітних птахів*)

прилітáти *див.* прилетíти

прилучáти, **прилучúти** áuf|muntern *vt*, Mut zú|sprechen* [máchen] (*D*); **~ся** Mut fássen [schöpfen]

прилягá|ти (*примикати*) sich berühren; (án)stréifen *vi*; (án)grénzen *vi* (an *A*); **~ючий** (*суміжний*) ángrenzend; benáchbart, Náchbar (*сусідній*)

прилягтú sich (für kúrze Zeit) hín|legen; ein Schläfchen máchen (*поспати*)

примáнювати, **приманúти** ánlocken *vt*, ánziehen* *vt*

примáра Gespénst *n*, Trúgbild *n*, Phantóm *n*

примáри|тися träumen *vi*; менí ~лося, що ... mir träumte, daß ...

примáрн|ий illusórisch; **~ість** das Trügerische, das Géisthafte, das Illusórische

примéншення Vermínderung *f*, Verríngerung *f*, Ábwertung *f*, Herábsetzung *f*, Herábminderung *f*, Únterschätzung *f* (*недооцінка*)

примéншувати, **примéншити** verríngern *vt*, unterschätzen *vt* (*недооцінити*)

примика́ти 1) *див.* примкну́ти; 2) (*прилягати*) (án)grénzen *vi* (an *A*)
примире́ння 1) (*сторін, супротивників*) Versöhnung *f*, 2) (*суперечностей*) Áusgleich *m*
примири́ти 1) (*ворогів*) versöhnen *vt*, 2) (*суперечності*) in Übereinstimmung bríngen*; áusgleichen* *vt*, **~ся** (*з кимось*) sich versöhnen, Fríeden Schlíeßen (mit *D*); ~ся з думкою sich an den Gedánken gewöhnen; (*звикнутися*) sich áb|finden* (mit *D*), sich schícken (in *A*)
прими́рливий versöhnend, Versönungs-; schlíchtend
примиря́ти *див.* примири́ти
примі́рка Ánprobe *f*
примі́рювальна Ánprobekabine *f*, Ánprobe *f*
примі́ряти, **приміря́ти** án|probieren *vt*
приміськи́й Vórort-; ~ поїзд Vórortzug *m*
примі́сячення Móndlandung *f*
примiти́вний primitív
примі́тка Ánmerkung *f*, Marginálie *f*, Rándbemerkung *f* (*на полях*); Fúßnote *f* (*виноска*)
примі́тний *розм.* mérklich, síchtbar, spürbar, áuffällig (*який звертає на себе увагу*)
примі́шувати béi|mischen *vt*, zú|setzen *vt*
примі́щення Raum *m*, житлове́ ~ Wóhnraum *m*
примкну́ти (*до чогось/когось*) sich án|schließen* (*D або* an *A*)
примно́ження Méhrung *f*
примно́жувати verméhren *vt*, vergrößern *vt*
примо́вкнути verstúmmen *vi* (*s*), still wérden
примо́рський See-. Küsten-, Strand-
примру́жувати, **примру́жити**: ~ очі *див.* примру́житися; **~ся** die Áugen zusámmen|kneifen* (zúkneifen*)
при́мус Zwang *m*, Nötigung *f*, без ~у óhne Zwang; з ~у únter Zwang
приму́сити, (*зробити щось*) zwín-gen* *vt*, nötigen *vt* (zu *D або* zu + *inf*), etw. tun lássen* *vt*
примусо́в|ий Zwangs-, zwángsläufig; у ~ому поря́дку zwángsweise; ~і робо́ти Zwángsarbeit *f*
приму́шувати *див.* приму́сити
при́мха Láune *f*, Grílle *f*
примча́ти ángerannt kómmen* *vi* (s) (*прибігти*); ángesaust kómmen* *vi* (s), herán|rasen *vi* (s) (*під'їхати*)
прина́да 1) Köder *m*, Lockspeise *f*, 2) *перен.* Lóckmittel *n*, Lóckvogel *m*
прина́дний schméichelhaft
прина́ймні wénigstens
принести́ 1) bríngen* *vt*, mít|bringen* *vt* (*з собою*); hólen *vt*, 2): ~ прибу́ток Gewínn bríngen*; ~ кому́сь ко́ристь j-m Nútzen bríngen*, j-m von Nútzen sein
прини́жен|ий démütig, erníedrigt; **~ість** Démütigung *f*, Erníedrigung *f*
прини́ження Erníedrigung *f*, Démütigung *f*
прини́жувати, **прини́зити** 1) (*образити*) démütigen *vt*, erníedrigen *vt*, 2) (*применшити значення*) ábwerten *vt*, herábsetzen *vt*, **~ся** sich erníedrigen, sich démütigen
прини́зливий erníedrigend, démütigend
прино́сити *див.* принести́
при́нцип Prinzíp *n*, Grúndsatz *m* ◊ у ~і im Prinzíp, grúndsätzlich; з ~у aus Prinzíp, prinzipiéll; **~о́вий** 1) (*який витікає з принципів*) prinzipiéll; grúndsätzlich (*істотний*); ~о́ва відмі́нність grúndsätzlicher Únterschied; 2) (*вірний якимось принципам*) prinzípi enfest, prinzípi entreu; ~о́ва люди́на prinzípi enfes-ter Mensch; ~о́ва полі́тика prinzípi entreue Politík
припа́док Ánfall *m*, *перен.* Áusbruch *m*, серце́вий ~ Herzánfall *m*
припаркува́ти párken *vt*
припа́с Vórräte *pl*
припая́ти án|löten *vt*
припи́нення Ábstellung *f*, Éinstellung *f*, Ábschaffung *f*, Beséitigung *f*, ~ випро́бувань я́дерної збро́ї Éinstellung der Kérnwaffenversuche; ~ військо́вих дій Éinstellung der Kríegshandlungen
припини́ти, **припиня́ти** unterbréchen* *vt*, áuf|hören *vi* (mit *D або* zu + *inf*); éin|stellen *vt* (*призупинити*); áb|brechen* *vt* (*перервати*); **~ся** áuf|hören *vi*, áb|brechen* *vi* (s) (*перерватися*)
приписа́ти 1) (*додати до написаного*) hinzú|schreiben* *vt*, 2) (*комусь/чомусь*) zú|schreiben* *vt* (*D*)
припи́ска 1) Zúschrift *f*, Náchschrift *f*, Postskríptum *n*, 2) (*реєстрація*) Registríerung *f*, Éintragung *f*
припи́сувати *див.* приписа́ти
припіка́|ння *мед.* Áusbrennen *n*, Átzen *n* (*ляпісом*); Kauterisatión *f* (*рани*); **~ти** *мед.* (áus)brénnen* *vt*, ätzen *vt* (*ляпісом*); kauterisíeren *vt* (*рану*); (*обпалити*) ein wénig ánbrennen*
припли́в (*морський*) Flut *f*, ~ і відпли́в Ébbe und Flut
припливáти, **приплисти́** herán|schwimmen* *vi* (s) (*плавом*); herán|fahren* *vi* (s) (*на судні*)
припли́д Náchkommenschaft *f*, Zúwuchs *m*, Wurf *m* (*понос*)
приплю́снутий platt, flach
приплюсува́ти *розм.* dazúrechnen *vt*, hinzúfügen *vt*
припра́ва Zútat *f*, Gewürz *n* (*прянощі*); Sóße *f*, Túnke *f* (*соус*)
припра́вити, **приправля́ти** (*їжу*) án|richten *vt*, würzen *vt* (*прянощами*)
припуска́ти *див.* припусти́ти
припусти́мий zúlässig
припусти́ти vermúten *vt*, án|nehmen* *vt*, zú|geben* *vt*, припу́стимо, що... néhmen wir an, daß..., gében wir zu, daß...; ángenommen, daß ...; це я припуска́ю das räume ich ein

П

припýхнути ánschwellen* *vi* (s)
припýщення Vermútung *f*, Mútmaßung *f*, Ánnahme *f*
приревнувáти éifersüchtig wérden (*до когось* auf *A*)
приректи́ (*на щось*) verdámmen *vt*, verúrteilen *vt* (zu *D*)
прирéчений (*на щось*) verdámmt, verúrteilt (zu *D*)
прирíвнювати, **прирівня́ти** (*до чогось/когось*) gléich|stellen *vt* (*D*)
прирікáти *див.* приректи́
прúріст 1) Zúwachs *m*, Zúnahme *f*, 2) *с.-г.* Gewíchtszunahme *f*
приробúти án|bauen *vt*, ánmachen *vt*, ánbringen* *vt* (*до чогось* an *A*); ánsetzen *vt*, ánheften *vt*, beféstigen *vt* (*прикріпити*)
приробíток Nébenverdienst *m*, Zúsatzlohn *m*
приробля́ти *див.* приробúти
прирóда Natúr *f*
прирóджений 1) (*уроджений*) ángeboren; 2) (*справжній*) gebóren; echt
прирóдн|ий 1) natürlich, Natúr-; ~е середóвище natürliche Úmwelt; ~ газ Natúrgas *n*; 2) (*природжений*) ángeboren
природни́ч|ий: ~і наýки Natúrwissenschaften *pl*
природознáвство Natúrkunde *f*, Natúrwissenschaft *f*
природоохорóнний Natúrschutz-
приручáти, **приручи́ти** zähmen *vt*
присвíйний: ~ займéнник *грам.* Possessívpronomen *n*
присвя́та (*книги і т. п.*) Wídmung *f*, Wídmungstitel *m*
присвяти́ти, **присвя́чувати** (*щось комусь/чомусь*) wídmen *vt* (*D*)
П
присилáти *див.* прислáти
приси́лувати *див.* си́лувати
при́си́пка (*порошок*) Púlver *n*, Púder *m*
присипля́ти *див.* приспáти
присідáння Kníebeuge *f*
присíсти sich (für kúrze Zeit) hín|setzen
прискíпливий ánspruchsvoll, streng
прискóрен|ий beschléunigt (*про темп*); verkürzt (*про строк*); ~і кýрси Schnéllkursus *m*
прискóрення Beschléunigung *f*
прискóрити, **прискóрювати** beschléunigen *vt*, **~ся** schnéller wérden
прислáти (hér)schícken *vt*, (hér)sénden* *vt*
прислíвник *грам.* Adverb [-'vɛrp] *n*, ~ мíсця Advérb des Órtes; ~ мети́ Advérb des Ziels
прислíв'я Spríchwort *n*, ◇ стáти ~м spríchwörtlich wérden
прислухáтися (*до чогось*) láuschen *vi* (*D*)
при́смак Béigeschmack *m* (*у їжі, напою*); Náchgeschmack *m* (*у роті*)
присни́тися *див.* сни́тися
присорóм|ити beschämen *vt*, **~лений** beschämt, betréten
приспáти 1) éin|schläfern *vt тж. перен.*; 2) (*наркозом*) betäuben *vt*, narkotisíeren *vt*
при́спів Kéhrreim *m*, Refrain [-'frɛŋ] *m*
приспускáти, **приспусти́ти** heráblassen* *vt*, ~ прáпор die Flágge auf hálbmast sétzen
приставáти *див.* пристáти
пристáвити, **приставля́ти** (*до чогось*) rücken *vt* (an *A*); (án)léhnen *vt* (an *A* — *притулити*)
пристанóвище Únterkunft *f*, Óbdach *n*
при́стань Ánlegestelle *f*
пристáти (*причалити*) án|legen *vi* (an *A*)
пристебнýти, **пристібáти** án|schnallen *vt*, ánknöpfen *vt*
пристóйний ánständig, schícklich
пристóйно 1) ánständig; повóдитися ~ sich ánständig benéhmen*; повóдься ~! benímm dich!; 2) *розм.* (*досить добре*) ganz gut, zíemlich gut
пристосóваність Ángepaßtheit *f*, ~ до життя́ Lébensfähigkeit *f*, Táuglichkeit *f*
пристосóвувати(ся) *див.* пристосувáти(ся)
пристосувáння (*організму і т. п.*) Ánpassung *f*
пристосувáти 1) (*приладити*) án|passen *vt* (an *A*); 2) (*використати для чогось*) gebráuchen *vt*, benútzen *vt* (als *A*); ein|richten *vt* (als *N*), úm|bauen *vt* (zu *D*) (*переобладнати*); **~ся** (*до чогось*) sich án|passen (*D*)
при́страсть (*схильність до чогось*) Hang *m* (zu *D*); Vórliebe *f* (für *A* — *перевага*); Léidenschaft *f* (*до чогось* für *A*, *до когось* zu *D або* für *A*)
при́стрій (*прилад, механізм*) Vórrichtung *f*, Ánlage *f*, Mechanísmus *m*, прогрáмний ~ Prográmmgeber *m*
при́ступ *у різн. знач.* Ánfall *m*, ~ кáшлю Hústenanfall *m*, ~ гнíву Zórnausbruch *m*
приступáти, **приступи́ти** (*до чогось*) beginnen* *vt або vi* (mit *D*); schréiten* *vi* (s) (zu *D* — *перейти до наступної справи, процесу*); ~ до дíла [до робóти] sich an die Árbeit máchen, an die Árbeit géhen* *vi* (s)
присувáти näher rücken *vt*, herán|rücken *vt*, ~ щось до чóгось etw. an etw. (*A*) rücken; **~ся** näher rücken *vi* (s), herán|rücken *vi* (s) (*до чогось/когось* zu *D або* an *A*)
присýдження (*нагороди, премії*) Zúerkennung *f*, Verléihung *f*
присýджувати, **присуди́ти** 1) (*до чогось*) verúrteilen *vt* (zu *D*); 2) (*комусь надати*) zú|erkennen* *vt*, verléihen* *vt* (*D*)
при́судок *грам.* Prädikát *n*
присýнути(ся) *див.* присувати(ся)
присýтні *мн.* Ánwesenden *pl*
присýтн|ій der Ánwesende; ~і *мн.* die Ánwesenden; бýти ~ім da sein* *vi* (s), ánwesend sein* *vi* (s); бýти ~ім на чóмусь [при чóмусь] auf etw. (*A*) [bei etw. (*D*)] ánwesend [(*про офіційних осіб, гостей і т. п.*) zugégen] sein

прису́тність Ánwesenheit *f*, Gégenwart *f*
прися́г|а Eid *m*; прийма́ти [дава́ти] ~у éinen Eid léisten; привести́ когóсь до ~и j-n veréidigen
прити́снути, **прити́скувати** drücken *vt*; **~ся** (*до чогось/когось*) sich drücken (an *A*)
прити́хнути still wérden
прито́ка (*річки*) Nébenfluß *m*
прито́му dabéi; áußerdém (*крім того*); óbendréin (*до того ж*)
притули́ти (*до чогось*) án|lehnen *vt* (an *A*); **~ся** (*до чогось/когось*) sich (án)léhnen (an *A*)
приту́лок Óbdach *n*, Únterkunft *f*, Zúflucht *f*, Zúfluchtsort *m*, Asýl *n тж політ.*; да́ти ~ behérbergen *vt*, Óbdach gében*, Únterkunft gewähren (*D*)
притуля́ти(ся) *див.* притули́ти(ся)
притупи́тися, **притупля́тися** (*про почуття, біль і т. п.*) áb|stumpfen *vi* (s)
притяга́ти, **притягти́** án|ziehen* *vt*, herán|schleppen *vt*, herán|ziehen* *vt*, an sich (*A*) zíehen* *vt* (*до себе*)
прихи́льний (*до когось/чогось*) wóhlwollend (gegenüber *D*), genéigt, gewógen (*D*)
прихи́льник Ánhänger *m*, Befürworter *m*, Verféchter *m*, Kämpfer *m* (*поборник*); Vertréter *m* (*представник*); ~и ми́ру Fríedensfreunde *pl*, Friedensanhänger *pl*; ~и ми́ру і демокра́тії Kämpfer für Frieden und Demokratíe; ~и війни́ і агре́сії Befürworter von Krieg und Aggressión; ~ холóдної війни́ Anhanger des kalten Krieges; бу́ти ~ом чогóсь für etw. (*A*) sein
прихи́льність Ánhänglichkeit *f*, Ergébenheit; Sympathíe *f*, Líebe *f*, заслужи́ти чия́сь ~ j-s Zúneigung gewínnen*
прихі́д Ánkunft *f*, Eintreffen *n* (*пр ибуття*)
прихо́ваний (*непомітний*) verbórgen, verstéckt; 2) (*таємний*) héimlich, gehéim
приховáти verstécken *vt*, verhéhlen *vt* (*D*), verhéimlichen *vt* (*D*); verbérgen* *vt* (*D або* vor *D*); verschwéigen * *vt* (*умовчати про щось*); für den Nótfall beiséite légen (*приберегти*); ~ щось від кóгось etw. vor j-m verbérgen*, etw. j-m verhéimlichen [verschwéigen*]
прихо́вувати *див.* приховáти; **~ся** 1) (*ховатися десь*) sich verstéckt hálten*, sich verbérgen*; 2) (*уникати зустрічей з кимось*) (ver)méiden* *vt*, áus|weichen* *vi* (s) (*D*)
прихо́вувач Héhler *m*, **~ка** Héhlerin *f*
прихо́д (*прибуток*) Éinnahme *f*, Zúgang *m*, ~ і вида́ток *бухг.* Soll und Háben, Krédit und Débet; Éinnahmen und Áusgaben
прихо́дити *див.* прийти́
прицí́л Visíer [vi-] *n*, Visíereinrichtung *f*, опти́чний ~ Zíelfernrohr *n*
прицí́люватися, **прицíли́тися** (*у щось/в когось*) zíelen *vi*, visíeren [vi-] *vi* (auf *A або* nach *D*)
прича́л (*місце*) Ánlegestelle *f*, Ánkerplatz *m*, Kai *m* (*великий*)
прича́лювати, **прича́лити** 1) (*закріпити*) vertäuen *vt*; 2) (*пришвартуватися*) án|legen *vi* (an *A*)
прича́стя Partizíp *n*
причепи́ти án|hängen *vt*, án|kuppeln *vt* (*вагон*); **~ся** (*до чогось*) hängen|bleiben* *vi* (an *D*)
причéпливий 1) (*про людину*) nörglerisch; lästig, áufdringlich (*нав'язливий*); 2) (*про відношення, підхід*) krítisch; 3) ánsteckend (*про хворобу*)
причеса́ти 1) (*розчесати*) kämmen *vt*; 2) (*зробити комусь зачіску*) frisíeren *vt*; **~ся** 1) (*розчесати собі волосся*) sich kämmen; 2) (*зробити собі зачіску*) sich frisíeren; sich frisíeren lássen* (*в перукарні*)
причéтн|ий (*до чогось*) betéiligt (an *D*); mítbeteiligt; téilhaftig; **~ість** Mítwirkung *f*, Téilnahme *f*, Betéiligung *f*, Mítbeteiligtsein *n*
причи́н|а 1) Úrsache *f*, ~ катастрóфи Únfallursache *f*, 2) (*підстава*) Grund *m*, без вся́кої ~и óhne jéden Grund
причини́ти (*двері*) án|lehnen *vt*
при́чіп Ánhänge(r)wagen *m*, Ánhänger *m*, житлови́й ~, ~-да́ча Wóhnwagen *m*, Campinganhänger ['kɛm-] *m*
при́чіпка Schikáne *f*, *мн. тж* Nörge-léi *f*
причіпля́ти(ся) *див.* причепи́ти(ся)
причіпни́й Ánhänge-; ángehängt; ~ візóк Schléppfahrzeug *m*, ~ вагóн Hänger *m*, Ánhänger *m*, ~ інвента́р Ánhängegeräte *pl*
причі́сувати(ся) *див.* причеса́ти(ся)
причо́му 1. *присл.*: ~ тут я? was hábe ich damít zu tun?; **2.** *спол.* wobéi, dabéi
пришива́ти, **приши́ти** án|nähen *vt*
прищ Píckel *m*, Pústel *f*
прищепи́ти, **прищéплювати** 1) *мед.* ímpfen *vt*; ~ кому́сь вíспу j-n gégen die Pócken ímpfen; 2) *бот.* pfrópfen *vt*; 3) *перен.* án|erziehen* *vt*, béi|bringen* *vt* (*навчити*)
при́щик *див.* прищ
прищі́пок (*для білизни*) Wäscheklammer *f*
при́ятель Kamerád *m*, Freund *m*, **~ський** kamerádschaftlich, fréundschaftlich, Fréundschafts-
прі́звисько Spítzname *m*, Béiname *m*
прі́звище Famíli enname *m*, Náme *m*, як ва́ше ~? wie héißen Sie?, wie ist Ihr Náme?; ім'я́ та ~ Vórund Zúname *m*
прі́лий faul, verfáult, fáulig; wund (*про шкіру*)
пріоритéт Prioritát *f*, Vórrang *m*, Vórzug *m*, **~ний** Vórzugs-, Vórrang-
прі́сн|ий 1) úngesalzen (*без солі*); úngewürzt (*без приправ*); geschmácklos, fáde (*позбавлений смаку — про їжу*); úngesäuert (*про хліб*); 2): ~а водá Süßwasser *n* (*у водоймищі*); Fríschwasser *n* (*на суднах*)
про (*когось/щось*) von (*D*), über (*A*); um (*A*); an (*A*); говори́ти про кóгось von j-m

[über j-n] spréchen*; проси́ти про щось um etw. bítten*; ду́мати про ко́гось an j-n dénken*; піклува́тися про ко́гось für j-n sórgen; турбува́тися про ко́гось um j-n besórgt sein;я чув ~ це ich hábe davón gehört; я забу́в ~ це ich hábe das vergéssen; ка́зка ~ Черво́ну Ша́почку das Märchen vom Rótkäppchen; ◊ ~ се́бе а) (*не вголос*) still; б) (*у думці, в душі*) bei sich (*D*)

проаналізува́ти (durch)analysíeren *vt*

про́ба 1) (*випробування*) Próbe *f*, Versúch *m*, Test *m*; 2) (*клеймо*) Stémpel *m*

пробача́ти, **проба́чити**: проба́чте, не могли́ б ви мені́ сказа́ти ... Verzéihung [Entschúldigung], könnten Sie mir bítte ságen...; проба́ч(те)! Verzéihung!, Entschúldigung (bítte)!

пробива́ти *див.* проби́ти I

проби́ти I (*проломити*) dúrch|schlagen* *vt*

проби́ти II (*прозвучати*) schlágen* *vi*

пробі́г *спорт.* Wéttlauf *m*, Rénnen *n*; ли́жний ~ Ski(lang)lauf ['ʃi:-] *m*

пробіга́ти, **пробі́гти** 1) láufen* *vi* (s) (*через щось або по чомусь*) durch *A або* über *A*); 2): ~ повз vorbéi|laufen* *vi* (s) (*когось/чогось*) an *D*); 3) (*подолати якусь відстань*) láufen* *vi* (s); ~ 100 ме́трів за де́сять секу́нд 100 Méter in zehn Sekúnden láufen*

пробі́л (*пропуск в тексті*) Lücke *f*

пробі́рка Reagénzglas *n*

про́бк|а 1) (*матеріал*) Kork *m*; 2) (*корок*) Kórken *m*, Pfrópfen *m*, Stöpsel *m* (*скляна*); 3) *розм.* (*у вуличному русі*) Stóckung *f*, Stáuung *f*; **~овий** kórken, Kork-

пробле́м|а 1) Problém *n*; ~ мо́лоді Júgendproblem *n*; ~ безробі́ття das Problém der Árbeitslosigkeit; 3) *мн.* ~и (*з чимось/кимось*) Probléme *pl*, Schwíerigkeiten *pl* (mit *D*)

проблема́тика Problemátik *f*, Problémbereich *m*

проблемати́чний problemátisch, zwéifelhaft, fráglich (*сумнівний*)

пробле́мний problémstellend

про́бний Próbe-; ~ полі́т Próbeflug *m*

про́бочник Pfrópfenzieher *m*, Kórk(en)zieher *m*

про́бувати 1) (*намагатися зробити щось*) versúchen *vt*, probíeren *vt* (*тж* zu + *inf*); 2) (*їжу*) probíeren *vt*, kósten *vt*

пробу́дження *тж перен.* Áufwachen *n*, Erwáchen *n*

пробуди́ти, **пробу́джувати** áufwecken *vt*, wécken *vt*; *перен.* erwécken *vt*; errégen *vt*; ~ бажа́ння éinen Wunsch erwécken; **~ся** erwáchen *vi* (s), áufwachen *vi* (s), wach wérden; *перен.* rége wérden, sich régen, sich belében (*оживитися*)

пробури́ти dúrchbohren *vt*

пробу́ти (*десь*) sein* *vi* (s), sich áuf|halten*, bléiben* *vi* (s); я пробу́в там ти́ждень ich blieb dort éine Wóche lang, ich hábe dort éine Wóche verbrácht

прова́л (*невдача, крах*) Schéitern *n*, Míßerfolg *m*, Fiásko *n*

прова́люватися, **провали́тися** 1) (*завалитися*) éin|stürzen *vi* (s); 2) (*упасти в яму і т. п.*) (herúnter)fállen* *vi* (s), stürzen *vi* (s); 3) *розм.* (*зазнати невдачі*) mißlíngen* *vi* (s), schéitern *vi* (s) (*про справу*); féhl|schlagen* *vi* (*про план і т. п.*); 4): ~ на екза́мені *розм.* in der Prüfung dúrch|fallen* *vi* (s)

прове́дення (*здійснення*) Dúrchführung *f*, ~ в життя́ Verwírklichung *f*

провезти́ fáhren* *vt* (*через щось* durch *A*)

провести́ 1) (*когось*) führen *vt*, bríngen* *vt*, begléiten *vt* (*супроводити*); ~ ко́гось на вокза́л j-n zur Bahn [zum Báhnhof] bríngen*; 2) (*чимось по чомусь*) fáhren* *vi* (s), stréichen* *vi* (über *A*); 3): ~ залізни́цю éine Éisenbahn báuen [án|legen]; ~ еле́ктрику éine eléktrische Léitung légen; 4): ~ ри́ску éinen Strich zíehen*; 5) (*перебути якийсь час*) verbríngen* *vt*; 6) (*здійснити*) áus|führen *vt*, dúrch|führen *vt*, verwírklichen *vt*

прови́на Vergéhen *n*

провини́тися sich vergéhen*; ~ в чо́мусь sich (*D*) etw. zuschúlden kómmen lássen*; ~ пе́ред ки́мось vor j-m schúldig wérden

про́від I Léitung *f*, Draht *m*, Kábel *n*

про́в|ід II: під ~одом ко́гось únter der Führung (*G*)

прові́дати besúchen *vt*, áuf|suchen *vt*

провідн|и́й léitend, Leit-; ◊ ~á зоря́ Léitstern *m*

провідни́к I 1) Führer *m*, 2) (*в поїзді*) Schäffner *m*

провідни́к II *фіз.* Léiter *m*, ~ тепла́ Wärmeleiter *m*

прові́дність *фіз.* Léitfähigkeit *f*

прові́дувати *див.* прові́дати

прові́з Transpórt *m*, Beförderung *f*

прові́зія Lébensmittel *pl*

провінціа́льний provinziéll [-vin-]

прові́нція Provínz [-'vints] *f*

прові́сник Verkünder *m*, Vórbote *m*, Künder *m*; ~ ми́ру Fríedensbote *m*

прові́трювати, **прові́трити** lüften *vt*

про́води *мн.* 1) (*прощання*) Ábschied *m*, 2) (*свято на честь* того, *хто від'їжджає*) Ábschiedsfeier *f*

проводи́р Ánführer *m*

прово́дити 1) *див.* провести́; 2) *фіз.* léiten *vt*

прово́дка *ел.* Léitung *f*

прово́зити *див.* провезти́

провока́|тор Provokateur [-vokatø:r] *m*, **~ці́йний** provokatórisch [-vo-]; **~ція** Provokatión [-vo-] *f*, учини́ти ~цію éine Provokatión verüben

провокува́ти provozíeren [-vo-] *vt*

прову́лок Gásse *f*, Quérgasse *f*

провчи́ти (*когось*) zurécht|weisen* *vt*, éine Léhre ertéilen (*D*)

П

прогáвити (*щось*) *розм.* nicht áuf|passen *vi*, verpássen *vt*, versäumen *vt*
прогáлина I (*недолік, вада*) Mángel *m*, Lücke *f*
прогáлина II Líchtung *f*, Wáldlichtung *f*
проганя́ти *див.* прогнáти
прогинáтися *див.* прогнýтися
прогнáти verjágen *vt*, fórt|jágen *vt*
прогни́ти verfáulen *vi* (s)
прогнóз Prognóse *f*, ~ погóди Wéttervorhersage *f*; **~увáти** prognostizíeren *vt*
прогнýтися sich dúrch|biegen*, sich krümmen
прогодувáти ernähren *vt*
проголоси́ти verkünden *vt* (*сповістити*); proklamíeren *vt* (*оголосити*); ~ респýбліку die Republík áus|rufen*; ~ тост за кóгось/щось éinen Trínkspruch auf j-n/etw. áus|bringen*
проголосувáти *див.* голосувáти
проголóшення Verkündigung *f*, Proklamíerung *f*, Áusrufung *f*
проголóшувати *див.* проголоси́ти
програвáти *див.* програ́ти
програвáч Plättenspieler *m*, Stéreorecorder [-kɔr-] *m* (*стереофонічний*)
прогрáма Prográmm *n*
програмíст Programmíerer *m*
прогрáмний Programm-, programmátisch
програмувá|ння Programmíerung *f*, **~ти** programmíeren *vt*
прогрáти verlíeren* *vt*; ~ війнý den Krieg verlíeren*; ~ комýсь пáртію в шáхи gégen j-n éine Partíe Schach verlíeren*; ~ з рахýнком оди́н — три eins zu drei verlíeren*
прóграш 1) Verlúst *m*, Níederlage *f* (*поразка*); 2): вия́витися [залиши́тися] в ~у verlíeren* *vi*
прогрéс Fórtschritt *m*; **~и́вний** progressív, fórtschrittlich, Fórtschritts-
прогрéсія *мат.* Progressión *f*
прогресувáти fórt|schreiten* *vi* (s), Fórtschritte máchen
прогризáти, прогри́зти dúrch|nagen *vt*
прогýл Árbeitsversäumnis *n* (*неявка на роботу*); Schwänzen *n* (*уроків*)
прогýльник Bummelánt *m*, Árbeitsbummelant *m*; Schúlschwänzer *m* (*про школяра*)
прогýлювати *див.* прогуля́ти; **~ся** *див.* прогуля́тися
прогýлянка Spazíergang *m* (*пішки*); Spazíerfahrt *f* (*на машині і т. п.*); Áusflug *m* (*заміська*)
прогуля́ти (*пропустити*) die Árbeit versäumen, búmmeln *vi*; ~ заня́ття в шкóлі die Schúle schwänzen
прогуля́тися spazíeren|gehen* *vi* (s), éinen Spazíergang máchen
продавáти *див.* продáти
продавéць Verkäufer *m*
прóдаж Verkáuf *m*; Hándel *m* (*торгівля*); є у ~у (im Hándel) zu háben sein, zu káufen sein; надійти́ в ~ auf dem Markt [im Hándel] erschéinen* *vi* (s)
продáжн|ий 1): ~а цінá Verkáufspreis *m*; 2) *перен.* käuflich, bestéchlich
продáти verkáufen *vt*
продемонструвáти (vór)demonstríeren *vt*; zéigen *vt*
продзвенíти *див.* дзвенíти
продиктувáти *див*, диктувáти
прóділ Schéitel *m*
продіря́вити durchlöchern *vt*
продóвження Verlängerung *f*, Fórtsetzung *f*
продóвжити, **продóвжувати** verlängern *vt*; fórt|setzen *vt*; fórt|fahren* *vi* (zu + *inf або* mit *D*, in *D* — *після невеликої перерви*); ~ розмóву das Gespräch fórt|setzen [wéiter|führen]; ~ говори́ти zu réden fórt|fahren*, wéiter|reden *vi*; продóвжуй! fáhre fort! wéiter!
продóвжу|ватися 1) án|dauern *vi*, wéiter|gehen* *vi* (s); перегово́ри ~ються die Verhándlungen dáuern an; 2) (*тривати певний час*) dáu-ern *vi* (*до чогось.* bis *A або* bis zu *D*)
продóвжувач Fórtsetzer *m*, Náchfolger *m* (*наступник*)
продовóльство Lébensmittel *pl*, Náhrungsmittel *pl*
продовóльч|ий 1) Náhrungs-, Ernährungs-; ~а прогрáма Náhrungsmittelprogramm *n*; ~а проблéма Ernährungsproblem *n*, 2): ~ магази́н Lébensmittelgeschäft *n*
продýкт 1) (*результат, товар*) Erzéugnis *n*, Prodúkt *n*; сільськогосподáрські ~и ländwirtschaftliche Erzéugnisse; молóчні ~и Mílchproduk-te *pl*, Molkeréierzeugnisse *pl*; м'ясні ~и Fléischwaren *pl*; 2) *мн.* ~и (*харчування*) Lébensmittel *pl*, Éßwaren *pl*
продукти́вн|ий produktív, léistungsfähig; ◊ ~і си́ли Produktívkräfte *pl*
продукти́вність 1) Produktivität [-vi-] *f*, ~ прáці Árbeitsproduktivität *f*, 2) (*виробіток*) Léistung *f*, дéнна ~ Tágesleistung *f*, 3) (*потужність*) Léistungsfähigkeit *f*, Kapazität *f*
продуктóвий: ~ магази́н Lébensmittelgeschäft *n*
продýкція Erzéugnisse *pl*, Produktión *f*, готóва ~ Fértigerzeugnisse *pl*, Fértigwaren *pl*
продýман|ий durchdácht; дóбре ~ wóhlüberlegt; ~е формулювáння éine áusgewogene Formulíerung
продýмати, **продýмувати** durchdénken* *vt*, gründlich nách|denken* *vi* (über *A*); (sich *D*) überlégen *vt*
продя́сер *кіно* Produzént *m*, Spíelfilmhersteller *m*
проéкт 1) (*інженерний*) Projékt *n*, Entwúrf *m*, диплóмний ~ Diplómprojékt *n*; будівéльний ~ Báuentwurf *m*, 2) (*документа*) Entwúrf *m*, ~ договóру Vertrág-

П

sentwurf *m*, ~ резолю́ції Resolutiónsentwurf *m*, 3) (*перспективний задум, план*) Vórhaben *n*, Plan *m*, Vórschlag *m* (*пропозиція*); ~ забудóви Bebáuungsvorschlag *m*, Bebáuungsplan *m* (*генеральний план*); ~ бюджéту Háushaltsvoranschlag *m*, бýти в ~і geplánt sein

проéктно-констрýкторський Projektíerungsund Konstruktións-

проéктор Projéktor *m*, Bíldwerfer *m* (*для діапозитивів*)

проектувáти 1) (*складати проект чо|гось*) projektíeren *vt*, entwérfen* *vt*, 2) (*планувати*) plánen *vt*

проéкція *мат.* Projektión *f*

прожáрювати, прожáрити dúrchbraten (lassen*) *vt*

прожектéр Projéktmacher *m*, **~ство** Projéktmacherei *f*

прожéктор Schéinwerfer *m*

проживáння: мíсце ~ Wóhnort *m*

прожи́ти 1) (*проіснувати якийсь час*) lében *vi*, він прожи́в вісімдеся́т рóків er lébte áchtzig Jáhre; 2) (*провести деякий час десь*) lében *vi*, wóhnen *vi*, ~ дéкілька рóків за кордóном éinige Jáhre im Áusland lében; ~ усé лíто на дáчі den gánzen Sómmer auf der Dátsche verbríngen*; я прожи́в у цьóму будúнку дéкілька рóків ich wóhnte in díesem Haus éinige Jáhre

прожиткóвий: ~ мíнімум Existénzminimum *n*

прожóгом Hals über Kopf

прóз|а *у різн. знач.* Prósa *f*, худóжня ~ künstlerische Prósa; напи́саний у ~і in Prósa geschríeben; вірш у ~і Prósagedicht *n*

прозáїк Prósaschriftsteller *m*

прозаї́чний 1) Prósa-; ~ твір Prósawerk *n*, 2) *перен.* prosáisch

прозвáти éinen Spítznamen gében* (*D*)

прозвучáти *див.* звучáти

прозимувáти überwíntern *vi*

прозóрий 1) dúrchsichtig; 2) (*ясний — про повітря, воду*) klar; 3) *перен.* klar; éindeutig (*недвозначний*)

прозорли́в|ий schárfsichtig; **~ість** Schárfsichtigkeit *f*, Wéitblick *m*

прозрíння Éinsicht *f*

прозрíти 1) das Áugenlicht wíeder erlángen; séhend wérden; 2) (*розгадати, зрозуміти*) ánfangen* zu begréifen

проілюструвáти illustríeren *vt*, veránschaulichen *vt*

проінформувáти informíeren *vt*, benáchrichtigen *vt*

проіржáвіти verrósten *vi* (s); dúrch|rosten *vi* (s) (*наскрізь*)

проїжджáти *див.* проїхати

проїждж|и́й Fahr-; ~а дорóга Fáhr-weg *m*, Fáhrstraße *f*

проїзд 1) Dúrchfahrt *f*, ~ заборóнений! Dúrchfahrt verbóten!; 2): плáта за ~ Fáhrgeld *m*

проїздом auf der Dúrchreise, auf der Dúrchfahrt

проїзни́й: ~ квитóк Fahrkarte *f*

проїї|хати 1) (*якоюсь дорогою*) fáhren* *vi* (s) (*щось, по чомусь або через щось* über *A або* durch *A*); як нам ~ до вокзáлу? wie kómmen wir zum Báhnhof?; 2): ~ повз vorbéi|fahren* *vi* (*когось/чогось* an *D*); 3) (*в певному місці*) dúrch|kommen* *vi* (s), dúrch|fahren* *vi* (s) (*через щось* durch *A*); ми тут ~демо [змóжемо ~]? kómmen wir hier durch?; 4) (*якусь відстань*) zurück|legen *vt*, ~ дві зупи́нки (на автóбусі) zwei Háltestellen (mit dem Bus) fáhren* *vi* (s); 5): ~ своя́ зупи́нку séine Háltestelle verpássen

проймáтися (*почуттям, ідеєю і т. п.*) durchdrúngen sein (von *D*)

прой|ти́ 1) géhen* *vi* (s) (*по чомусь або через щось.*) über *A або* durch *A*); як нам ~ до вокзáлу? wie kómmen wir zum Báhnhof? прохóдьте, будь лáска! kómmen Sie bítte rein!; 2): ~ мимо vorbéi|gehen* *vi* (s), (*про поїзд*) vorbéi|fahren* *vi* (s) (*когось/чогось* an *D*); 3) (*у певному місці*) dúrch|gehen* *vi* (s); тут мóжна ~?, ми тут ~дéмо? kann man hier durch?; прохóдьте вперéд! (*не затримуйтесь біля входу*) géhen Sie bítte durch!; дáйте ~! lássen Sie mich bítte durch!; 4) (*якусь відстань*) zurück|legen *vt*, 5) (*минути - про час*) vergéhen* *vi* (s); 6) (*припинитися*) vorbéi sein* *vi* (s), áuf|hören *vi*, vergéhen* *vi* (s); грозá скóро ~де das Gewítter ist bald vorbéi; дощ ~шóв der Régen hat áufgehört; біль ~шóв der Schmerz ist vergángen; 7) (*випасти — про опади*): пройшóв дощ es hat gerégnet; пройшóв сніг es hat geschnéit; 8) (*закінчитися якимось результатом*) verláufen* *vi* (s); концéрт пройшóв успíшно das Konzért verlíef erfólgreich; 9) (*відбутися*) státt|finden* *vi* (s); 10) *розм.* (*вивчити*) dúrch|nehmen* *vt*, behándeln *vt*

пройти́ся 1) (*назад і вперед по кімнаті і т. п.*) hin und her [auf und ab] géhen* *vi* (s); 2) (*прогулятися*) éinen Spaziergang máchen, spazíeren|gehen* *vi* (s)

прокáт (*тимчасове користування чимось*) Miete *f*, Verléih *m*, пункт ~у Áusleihstelle *f*

прокáтний *тех.* Walz-; ~ стан Wálzwerk *n*, ~ цех Wálzhütte *f*

прокидáтися, проки́нутися erwáchen *vi* (s), áuf|wachen *vi* (s)

прокип'яти́ти *див.* кип'яти́ти

прокисáти, проки́снути sáuer wérden

прокладáти *див.* проклáсти

проклáдка 1) (*дія*) Bau *m* (*дороги*); Verlégung *f*, Légen *n* (*кабеля*); Ánlage *f* (*каналізаційних труб*); 2) (*шар*) Zwíschenlage *f*, *тех.* Díchtung *f*

прокламáція Flúgblatt *n*

прокламувáти proklamíeren *vt*, féierlich verkünd(ig)en, öffentlich bekánntmachen

прокла́сти (án)légen *vt*, verlégen *vt* (*труби, кабель*); báuen *vt* (*дорогу*)
проклина́ти, **проклясти́** verflúchen *vt*, verdámmen *vt*, verwünschen *vt*
про́клятий verflúcht, verdámmt
прокля́ття Fluch *m*, Verwünschung *f*, ◊ **~!** verdámmt!, verflúcht!
проковтну́ти schlúcken *vt*, verschlúcken *vt* (*ненавмисно*)
проко́л 1) (*дія*)) Dúrchstich *m*, *мед.* Punktión *f*, 2) (*дірка*) Loch *n*, Stich *m*, Durchlóchung *f* (*автомашини*)
проколо́ти, **проко́лювати** durchstéchen* *vt*
прокоментува́ти éinen Kommentár gében* (*D*), kommentíeren *vt*
проконсультува́ти éine Konsultatión erféilen (geben*); **~ся** sich konsultíeren (bei *D*); éine Konsultatión néhmen*
проконтролюва́ти náchprüfen *vt*, náchkontrollieren *vt*
прокопа́ти gráben* *vt*, áusgraben* *vt*, áusheben* *vt* (*канаву*)
прокопти́ти 1) (*піддавати копченню*) (dúrch)räuchern *vt*, räuchern lássen*; 2) (*наситити димом*) verräuchern *vt*, vóllqualmen *vt*; **~ся** 1) geräuchert sein; 2) (*наситититися димом*) verrúßt (verräuchert, vóllgequalmt) sein
прокра́стися sich dúrch|schleichen*, sich éin|schleichen* (*кудись* in *A*)
прокур|ату́ра Stáatsanwaltschaft *f*, **~о́р** Stáatsanwalt *m*
прола́зити *див.* пролі́зти
пролама́ти, **прола́мувати** dúrch|brechen* *vt*
пролета́р Proletári er *m*, **~iа́т** Proletariát *n*, міжнаро́дний [світови́й] ~iат Wéltproletariat *n*, **~ський** proletárisch; ~ська револю́ція die proletárische Revolutión [-vo-]
пролеті́ти 1) flíegen* *vi* (s) (*над чимось або через щось*) über *D*); 2): ~ ми́мо vorbéi|fliegen* *vi* (s) (*когось/чогось* an *D*); 3) (*про час*) verflíegen* *vi* (s)
пролива́ти, **проли́ти** vergíeßen* *vt*, verschütten *vt*, **~ся** über|laufen* *vi* (s), über|fließen* *vi* (s)
пролі́зти (*через щось*) (dúrch)kríechen* *vi* (s) (durch *A*)
про́лісок Schnéeglöckchen *n*
проліта́ти *див.* пролеті́ти
проло́г Prológ *m*
проло́м 1) Bruch *m*, Dúrchbruch *m*, 2) (*отвір*) Brésche *f*, Loch *n*
пролуна́|ти (*почутися*) ertönen *vi* (s), erschállen* *vi* (s); ~в грім es dónnerte
промайну́ти 1) vorbéi|fliegen* *vi* (s), vorbéi|huschen *vi* (s); 1) (*пронестися — про час і т. п.*) verflíegen* *vi* (s)
про́мах 1) (*при пострілі*) Féhlschuß *m*, 2) (*помилка*) Féhlschlag *m*, Féhlgriff *m*
промахну́тися, **прома́хуватися** das Ziel verféhlen, danében|schießen* *vi*
промене́в|ий 1) *фіз.* Stráhlen-; 2) (*який розходиться променями*) radiál; ◊ **~а** хворо́ба Stráhlenkrankheit *f*
промени́стий stráhlend
промерза́ти, **проме́рзнути** durchfróren sein
промива́ти *див.* проми́ти
про́мис|ел 1) (*заняття*) Gewérbe *n*, худо́жній ~ Kúnstgewerbe *n*, 2): ри́бний ~ Fischeréi *f*, Físchfang *m*, хутрови́й ~ Pélztierjagd *f*, 3) *мн.* ~ли (*підприємство*): на́фтові ~ли Érdölfelder *pl*
промисло́в|ий Industríe-, industriéll; **~е** мі́сто Industríestadt *f*, **~е** виробни́цтво Industríeproduktion *f*, industriélle Fértigung; **~iсть** Industríe *f*, важка́ ~ Schwérindustrie *f*, оборо́нна ~ Vertéidigungsindustrie *f*, військо́ва ~ Rüstungsindustrie *f*, металургі́йна ~ Hüttenindustrie *f*
проми́ти (áus)wáschen* *vt*
промі́жн|ий Zwíschen-; ~а ста́дія Zwíschenstadium *n*
промі́жок 1) (*простору*) Ábstand *m*, Zwíschenraum *m*, 2) (*часу*) Zéitspanne *f*, Zéitraum *m*
про́м|інь 1) (*смуга світла*) Strahl *m*, сóнячний ~ Sónnenstrahl *m*, 2) *мн.* ~ені *фіз.* Stráhlen *pl*
промі́ня́ти (*на щось*) 1) (*обміняти*) (éin)táuschen *vt*, úm|tauschen *vt* (gégen *A*); 2) (*віддати перевагу*) vór|ziehen* *vt* (*D*)
промо́в|а (*виступ*) Réde *f*, Ánsprache *f* (*звернення*); віта́льна ~ Begrüßungsansprache *f*, ви́голосити ~у, ви́ступити з ~ою éine Réde [éine Ánsprache] hálten*
промо́вець Rédner *m*
промо́вистий víelsagend, bedéutungsvoll (*багатозначний*)
промо́ви|ти 1) *див.* промовля́ти; 2): він не ~в ні сло́ва er ságte kein Wort
промовля́ти ságen *vt*, spréchen* *vt*
промо́вчати schwéigen* *vi*
промока́ти 1) див. промо́кнути; 2) (*пропускати вологу*) Wásser dúrch|lassen*, wásserdurchlässig sein
промо́кнути naß wérden [sein]; ~ до рубця́ bis auf die Haut naß wérden [sein]
промочи́ти durchnässen *vt*, ~ но́ги násse Füße bekómmen*
промтова́ри *мн.* (промисло́ві това́ри) Industríewaren *pl*, Industríegüter *pl*
промтова́рний: ~ магази́н Wárenhaus *n*
прому́чити quälen *vt*, **~ся** sich (éine Zéitlang) ábplagen (ábrackern) (*над чимось* mit *D*), sich ábmühen
промча́ти 1) vorbéi|rennen* *vi* (s) (*швидко пробігти*); vorbéi|sausen *vi* (s) (*про автомобіль і т. п.*); 2) (*про час*) verflíegen* *vi* (s), wie im Flúge vergéhen* *vi* (s)
пронести́ся 1) *див.* промча́ти; 2) (*про чутки і т. п.*) sich verbréiten
проні́зливий (durch)bóhrend (*про погляд*); schrill (*про голос*); durchdringend (*про звук*)

П

пронúзуючий 1) (*про холод і т. п.*) dúrchdringend, schnéidend; 2) (*про погляд*) durchbóhrend, scharf
проникáти *див.* пронúкнути
пронúклив|ий 1) éindringlich; 2) (*про людину*) schárfsinnig; schárfsichtig; 3) (*про погляд*) durchbóhrend, scharf; **~ість** 1) Éindringlichkeit *f*, Gefühlswärme *f*, 2) Schárfsinn *m*, Schárfblick *m*
пронúкнення Éindringen *n*, Dúrchdringen *n*, Vórdringen *n*
пронúкнути (*попасти всередину*) dúrch|dringen* *vi* (s), (éin)dríngen* *vi* (s) (in *A*)
пронóз|а Léisetreter *m*, Schléicher *m*; **~ливий** geríeben, durchtríeben; **~ливість** Geríebenheit *f*, Durchtríebenheit *f*
пронóситися *див.* промчáти
проноснé (*ліки*) Ábführmittel *n*
пронумерувáти (dúrch)numeríeren *vt*
прообраз Úrbild *n*, Prototýp *m*, Vór-bild *n*
пропагáнд|а Propagánda *f*, Propagíerung *f*; **~úст** Propagandíst *m*; **~úстський** Propagánda-; propagandístisch
пропагувáти propagíeren *vt*
пропадá|ти *див.* пропáсти; де ти ~в? wo hast du gestéckt?; не ~й надóвго laß dich öfter séhen
пропáжа Verlúst *m*
пропалúти, **пропáлювати** dúrch|brennen* *vt*
пропá|сти 1) (*загубитися*) verlóren|gehen* *vi* (s), abhánden kómmen* *vi* (s), weg sein* *vi* (s); у нас ~в собáка únser Hund ist verlórengegangen; у мéне ~ла кнúга mein Buch ist abhánden gekómmen; кнúга ~ла das Buch ist weg; 3) (*зникнути, втратитися — про почуття, бажання*) vergéhen* *vi* (s) (*D*); у нього ~в апетúт ihm ist der Appetít vergángen; у нього ~ло бажáння (*робити щось*) ihm ist die Lust vergángen (zu + *inf*); 3) (*виявитися марним*) umsónst sein (*про затрачені зусилля і т. п.*); verlóren|gehen* *vi* (s) (*про час і т. п.*); все ~ло! álles ist hin [verlóren]!; увéсь день ~в дарéмно der gánze Tag ist verpfúscht; нáші квиткú ~ли únsere Kinokarten sind verfállen
пропáх|нути ríechen* *vi* (*чимось* nach *D*); рýки ~ли цибýлею die Hände róchen nach Zwíebel
пропектú dúrch|backen* (lássen*) *vt*
пропéлер Propéller *m*, Lúftschraube *f*
пропивáти *див.* пропúти
прописáти 1) (*ліки, лікування*) verschréiben* *vt*, verórdnen *vt* (*D*); 2) (*на проживання*) án|melden *vt*; **~ся** sich án|melden
пропúска Ánmeldung *f*
прописн|úй: ~á íстина Bínsenwahr-heit *f*
пропúсувати *див.* прописáти; **~ся** *див.* прописáтися
пропúти vertrínken* *vt*, versáufen *vt*
пропікáти *див.* пропектú
пропливáти, **пропливтú** 1) schwímmen* *vi* (s); fáhren* *vi* (s) (*про судно; на човні і т. п.*); ~ під мостóм únter der Brücke dúrch|schwimmen* *vi* (s); 2): ~ мúмо vorbéi|schwimmen* *vi* (s), (*на човні і т. п.*) vorbéi|fahren* *vi* (s) (*чогось/когось* an *D*)
проповíдувати prédigen *vt*
прóповідь Prédigt *f*
пропозúці|я Vórschlag *m*, Ántrag *m* (*на зборах*); внестú ~ю éinen Vórschlag máchen, éinen Ántrag stél-len
прополка Jäten *n*, Áusjäten *n*
прополоскáти *див.* полоскáти
прополóти, **пропóлювати** (áus)jäten *vt*
пропонувáння *ек.* Ángebot *m*; пóпит і ~ Ángebot und Náchfrage
пропонувáти *див.* запропонувáти
пропорцíйний (wóhl)proportioníert, ébenmäßig
пропóрція Proportión *f*, Verhältnis *n*
прóпуск 1) (*невідвідування*) Versäumnis *n*; Schwänzen *n* (*уроків*); 2) (*опускання чогось*) Áuslassen *n*; 3) (*пробіл у тексті*) Lücke *f*
пропускáти 1) *див.* пропустúти; ~ шкóлу *розм.* die Schúle schwänzen; 2) (*світло, воду і т. п.*) dúrch|lassen* *vt*, dúrchlässig [úndicht] sein; leck sein, lécken *vi* (*про човен, бочку*)
пропускн|úй: ~á спромóжність Dúrchlaßfähigkeit *f*, Kapazität *f* (*потужність*); ~ пункт Passíerstelle *f*, Übergangsstelle *f*
пропустúти 1) (*когось кудись*) dúrch|lassen* *vt*, vorbéi|lassen* *vt* (*дати пройти*); éin|treten lássen* *vt* (*впустити*); ~ когóсь вперéд j-n vór|lassen*, j-m den Vórtritt lássen*; 2) (*опустити, не помітити*) áus|lassen* *vt*, überséhen* *vt*, stéhen lássen* *vt* (*помилку*); überschlágen* *vt* (*сторінку в книзі*); 3) (*не з'явитися*) versäumen *vt*; ~ урóк in der Stúnde féhlen *vi*; 4) (*запізнитися, прогавити*) verpássen *vt*; verschlá-fen* *vt* (*проспати*); ~ пóїзд а) den Zug versäumen [verpássen]; 2) (*навмисно*) éinen Zug überspríngen* [áus|lassen*]; не ~ ні слóва sich (*D*) kein Wort entgéhen lássen*; ◊ ~ щось повз вýха *etw.* überhö-ren
прорахувáтися sich verréchnen
прорахýнок. Féhlschlag *m*
прорвáти dúrchreißen* *vt*; **~ся** 1) (*розірватися*) dúrch|reißen* *vi* (s); 2) (*про нарив*) áuf|brechen* *vi* (s); 3) (*крізь щось*) sich dúrch|schlagen*, dúrch|brechen* *vi* (s)
прорúв Dúrchbruch *m*, Éinbruch *m*, ~ загáти Dámmbruch *m*, (*в роботі*) Rückstand *m*, ліквідувáти ~ den Rückstand liquidíeren
проривáти I *див.* рúти
проривáти II *див.* прорвáти; **~ся** *див.* прорвáтися
прорúти *див.* рúти
прóріз Öffnung *f*, Schlitz *m*, ~ прицíлу *військ.* Kímme *f*
прорíзати, **прорізáти** dúrch|schneiden* *vt*, éin|schneiden* *vt*; **~ся** (*про зуби*) dúrch|brechen* *vi* (s)

пророби́ти 1) (*виконати*) máchen *vt*, léisten *vt*, dúrchführen *vt*, vollénden *vt* (*завершити*); 2) (*отвір*) dúrchstoßen* *vt*, dúrchbrechen* *vt*
проро́к Prophét *m*
пророкува́ння Voráussage *f*, Vorhérsage *f*, Prophezéiung *f*
пророкува́ти prophezéien *vt*, vorhérsagen *vt*, voráus|sagen *vt*, wéissagen *vt*
проростáти, **прорости́** kéimen *vi*, spróssen *vi* (s)
проро́цтво Wéissagung *f*, Prophezéiung *f*
проро́чий prophétisch
прору́бувати, **прорубáти** dúrch|hauen* *vt*, dúrch|schlagen* *vt*
просвердли́ти dúrch|bohren *vt*
просві́т 1) (*на небі*) Líchtstreit *m*, Líchtschimmer *m*; 2) *буд.* Öffnung *f*, Turöffnung *f* (*дверей*); *тех.* lichte Wéite; Lücke; 3) (*проміжок*) Ábs-tand *m*
просві́та Áufklärung *f*
просвіти́тель *див.* просві́тник
просвітлі́ти (*про обличчя*) áuf|leuchten *vi*
просві́тн|ик Áufklärer *m*; **~ій** Áufklärungs-, áufklärend
про́світок *перен.* Hóffnungsstrahl *m*
просві́чувати 1) (*бути прозорим*) dúrchsichtig sein; 2) (*бути видним через щось*) dúrch|schimmern *vi*
просвіщáти áuf|klären *vt*
просипáти *див.* проспáти
проси́ти 1) (*звертатися з проханням*) bítten* *vt*, ~ у ко́гось ви́бачення j-n um Entschúldigung bítten*; ~ когóсь про допомóгу, ~ у кóгось допомóги j-n um Hilfe bítten*; ~ когóсь зроби́ти щось j-n bitten* etw. zu tun; 2) (*запрошувати, пропонувати зробити щось*) bítten* *vt*, áuf|fordern *vt* (zu + *inf*), éin|laden* *vt*, ~ когóсь до стóлу j-n zu Tisch bítten*; вас прóсять до телефóну Sie wérden am Télefón verlángt; ◊ ласкáво прóсимо! hérzlich willkómmen!
просихáти *див.* просóхнути
просі́ка Dúrchhieb *m*, Schnéise *f*
просі́ювання Dúrchsieben *n*
просі́ювати, **просі́яти** dúrch|sieben *vt*
прослáвити berühmt máchen *vt*; **~ся** berühmt wérden
прославля́ти 1) *див.* прослáвити; 2) (*вихваляти*) verhérrlichen *vt*, préisen* *vt*
прослизну́ти dúrch|schlüpfen *vi* (s), dúrch|gleiten* *vi* (s)
прослу́хати 1) *див.* слу́хати; 2) *мед.* áb|horchen *vt*
прóсо Hírse *f*
просóвувати *див.* просу́нути
просóхнути áus|trocknen *vi* (s)
просочи́ти, **просóчувати** durchträn-ken *vt*, imprägníeren *vt* (*обробляти спеціальним розчином*); **~ся** (*чимось*) durchtränkt sein (von *D*); dúrch|sickern *vi* (s)
проспáти 1) (*не прокинутися вчасно*) verschláfen* *vi*; 2) *розм.* (*пропустити, прогавити*) verschláfen* *vt*
проспе́кт I (*вулиця* (bréite) Stráße *f*, Prospékt *m*
проспе́кт II (*програма, план*) Prospékt *m*, Wérbeschrift *f* (*рекламний*); Verlágsprospekt *m* (*видавництва*)
проспівáти *див.* співáти
проспóрити (*програти*) éine Wétte verlíeren*
прóстий *у різн. знач.* éinfach, (*легкий - тж*) leicht
прости́мий verzéihlich
простирáдло Láken *n*, Béttlaken *n*, Béttuch *n* (*при переносі* Bettuch)
прости́ти verzéihen* *vt*, прости́ менé! verzéih mir!; ~ кому́сь щось, когóсь за щось j-m etw. verzéihen*
прости́тися (*з кимось*) Ábschied néhmen*, sich verábschieden (von *D*)
проститу́ція Prostitutión *f*
прості́й (*в роботі*) Stíllstand *m*, Líegezeit *f* (*пароплава*); Stándzeit *f* (*вагона і т. п.*)
прóстір (wéiter) Raum *m*, Wéite *f*, Fréiheit *f*, Úngebundenheit *f*, Fläche *f* (*площа*); Platz *m* (*місце*); космі́чний ~ Wéltraum *m*
прóсто 1. *присл.* 1) (*не важко*) éinfach; 2) *в знач. прис.* leicht; мені́ ду́же ~ це зроби́ти ich kann das ganz leicht tun; **2.** *частка* éinfach; це ~ неможли́во! das ist éinfach únmöglich!
простоду́шний tréuherzig, áufrichtig
простóрий 1) (*місткий*) geräumig; 2) (*про одяг*) weit
простотá 1) Éinfachheit *f*, Schlíchtheit *f*; 2) (*природність*) Natürlichkeit *f*; 3) (*простодушність*) Tréuherzigkeit *f*, Einfalt *f*
прострóчений ábgelaufen; úngültig (*недійсний*); überfällig (*про вексель*)
прострóчення Versäumnis *n*, Verfáll *m* (*векселя*); Termínüberschreitung *f*
прострóчувати, **прострóчити** einen Termín, versäumen (überschréiten*); ~ вéксель éinen Wéchsel verfállen lässen*; ~ платежі́ mit den Záhlungen in Verzúg geráten*
простягáти, **простягти́**, **простягну́ти** 1) (*витягти вперед*) áus|strecken *vt*; 2) (*подати*) réichen *vt* (*D*); **~ся** (*в просторі*) sich áus|dehnen, sich hín|ziehen* (*тягтися*); sich erstrécken (bis zu *D або* bis vor *A* — *досягати чогось*)
просувáння Vórrücken *n*, Vórdringen *n*, Vórwärtsbewegung *f*, Fórtschreiten *n*; Befórderung *f* (*кадрів*)
просу́нути dúrch|stecken *vt*, schíeben* *vt*, vórrücken *vt*, vórschieben* *vt* (*вперед*); ánschieben* *vt* (*до чогось*); dúrchschieben* *vt* (*через щось*); dazwíschenrücken *vt* (*між чимось*); (*прискорити*) beschléunigen *vt*, (*по службі*); befördern; **~ся** vorrücken *vi* vórwärtskommen* *vi*
просу́шувати, **просуши́ти** (áus)tróck-nen (lássen*) *vt*
протвере́ження Ernüchterung *f*

П

протвере́жувати, **протверези́ти** nüchtern máchen; *перен.* ernüchtern *vt*; **~ся** nüchtern wérden, sich ernüch-tern

проте́ nichtsdestowéniger; trótzdem (*все-таки*); áber (*але*); jedóch, doch (*все ж*); ми його́ чекáли, ~ він не прийшо́в wir háben auf ihn gewártet, áber er kam nicht

проте́з Prothése *f*

протекти́ *див.* протікáти 2, 3

проте́кція Protektión *f*

проте́ст Protést *m*

протестáнт Protestánt *m*, **~ство** Protestantísmus *m*, **~ський** protestántisch

протестувáти protestíeren *vi*

про́ти 1) (*навпроти*) gegenüber (*D*); сидíти оди́н ~ о́дного einánder gegenüber sítzen*; 2) (*назустріч*) gégen (*A*); ~ вíтру gégen den Wind; 3) (*всупереч*) gégen (*A*), wíder (*A*), zuwíder (*D*); ~ сподівáнь wíder Erwárten; ◊ за і ~ für und wíder; нічо́-го не мáю ~ ich hábe nichts dagé-gen

протиáтомний: ~ зáхист Atómwaffenschutz *m*, Kérnwaffenschutz *m*

протибо́рство Auseinándersetzung *f*, Konfrontatión *f* (*конфронтація*)

противáг|а Gégengewicht *n*, Áusgleichsgewicht *n*, на ~у (*комусь/чомусь*) im Gégensatz zu (*D*)

проти́вник Gégner *m*, Feind *m* (*ворог*)

протигáз Gásmaske *f*, Schútzmaske *f*

протигромáдський antisoziál, gesél-lschaftswidrig

протидíя Wíderstand *m*, **~ти** (*комусь/чомусь*) entgégen|wirken *vi* (*D*)

протиепідемíчний Séuchenbekämp-fungs-

протизако́нний gesétzwidrig, réchtswidrig

протизапальни́й *мед.* entzündungswidrig

протикáти *див.* проткну́ти

протиле́жн|ий 1) (*розташований навпроти*) gegenüberliegend; ~ бéрег das gegenüberliegende [ándere] Úfer; 2) (*який веде в зворотний бік*) entgégengesetzt; іти́ в ~ому нáпрямку in entgégengesetzter Ríchtung géhen* *vi* (s); 3) (*несхожий*) gégensätzlich, gégenteilig, entgégengesetzt

протиле́жність 1) (*несхожість*) Gégensätzlichkeit *f*, 2) (*щось протилежне*) Gégenteil *n*, Gégensatz *m*, він її прямá ~ er ist das genáue Gégenteil von ihr

протиотру́та Gégengift *n*

протиповíтрян|ий: ~а оборо́на Lúftabwehr *f*

протипоже́жний féuerverhütend

протипокáзаний *мед.* kontra indizíert

протипоказáння *мед.* Gegenindika-tion *f*, Kontra indikatión *f*

протипрáвний réchtswidrig

протиприро́дний wídernatürlich, natúrwidrig

протиракéтний Raketenabwehr-

протирáковий: ~ препарáт Krébspräparat *n*

противстáв|ити 1) (*чомусь/комусь*) entgégen|setzen *vt*, entgégen|stellen *vt* (*D*); 2) (*порівняти*) gegenüber|stellen *vt*, vergléichen* *vt*, **~лення** 1) Entgégensetzung *f*, Entgégenstellung *f*, 2) (*порівняння*) Gegenüberstellung *f*, Vergléich *m*

протиставля́ти *див.* протистáвити

протисупу́тниковий Satellítenab-wehr-

протікáти 1) (*про річку, струмок*) fließen* *vi* (s); 2) (*просочуватися*) (dúrch)fließen* *vi* (s), dúrch|sickern *vi* (s); 3) (*про дах і т. п.*) Wásser dúrch|lassen*; leck wérden (*про човен і т. п.*); 4) (*про процес і т. п.*) verláufen* *vi* (s)

проткну́ти 1) (*наскрізь*) durchsté-chen* *vt*, 2) (*отвір*) dúrch|stechen* *vt*

прото́ка Méerenge *f*, Stráße *f*, Sund *m* (*в географічних назвах*)

протоко́л Protokóll *n*

прототи́п Vórbild *n*, Prototýp *m*

прото́чн|ий: ~а водá fließen- des Wásser; ~ ставо́к Teich mit Ábfluß

протухáти, **проту́хнути** verfáulen* *vi* (s), schlecht [faul] wérden

про́тя|г I 1) (*про простір*): на ~зі п'яти́ кіломéтрів auf éiner Strécke von fünf Kilométer(n), fünf Kilométer lang; на ~зі (про́тягом) всього́ шляху́ auf dem gánzen Weg; 2) (*про час*): на ~зі (про́тягом) двох днів im Láufe von zwei Tágen, zwei Táge lang; ía ~зі (про́тягом) цього́ чáсу während dieser Zeit

про́тяг II Zug *m*, Zúgluft *f*, тут ~ hier zieht es

протягáти *див.* протягти́

про́тягом (*чогось*) während (*G*), im Verláuf (*G або* von *D*); im Láufe von (*D*) (*про тривалість дії*); in (*D*), ínnerhalb von (*D*) (*про межу строку*); ~ усьо́го ро́ку das gánze Jahr hindúrch; ~ усьо́го життя́ das gánze Lében lang

протягти́ 1) dúrch|ziehen* *vt*, dúrch|schleppen *vt*, 2) (*натягнути*) spánnen *vt*, zíehen* *vt*, 3) (*витягти вперед*) áus|strecken *vt*, **~ся** 1) (*витягнутися*) (*вперед*) sich (áus)strécken; sich entgégen|strecken (*назустріч*); 2) (*у часі*) sich hín|ziehen*, sich in die Länge zíehen* (*затягнутися*); dáuern *vi* (bis *A або* bis zu *D — протривати до якогось моменту*)

протя́жний gedéhnt, lánggezogen

протя́жність Áusdehnung *f*

профáн Láie *m* (*дилетант*); Ignoránt *m* (*неук*); по́вний ~ ein blútiger [völliger] Láie; у му́зиці я ~ ich verstéhe nichts von Musík

профанáція Profaníerung *f*, Míßbrauch *m* (*зловживання*)

профаши́стський profaschístisch

професíйн|ий 1) Berúfs-, Fach-, berúflich, fáchlich; ~а освíта berúfliche Áusbildung, Berúfsausbildung *f*, ~е захво́рювання Berúfskrankheit *f*, ~а придáтність fáchliche Éignung; 2) (*не любительський*) Berúfs-, berúfsmäßig, professionéll, von Berúf; Prófi- *розм.*; ~ співа́к ein Sänger von Berúf, ein professionéller Sänger; ~ спортсме́н Berúfssportler *m*, Prófi *m p розм.*; ◊ ~а спі́лка Gewérkschaft *f*

профе́сія Berúf *m*, ва́ша ~? was sind Sie von Berúf?

профе́сор Proféssor *m*

профіла́кт|ика Vórbeugung *f*, *мед. тж* Prophyláxe *f*, **~и́чний** Vórbeugungs-, vórbeugend, *мед. тж* prophyláktisch

про́філь 1) (*вид збоку*) Profíl *n*, Séitenansicht *f*, в ~ im Profíl, von der Séite geséhen; 2) (*специфіка*) Fach *n*, Spezialisíerung *f*

профквито́к (профспілко́вий квито́к) Mítgliedsdokument der Gewérkschaft, Gewérkschaftsbuch *n*

профко́м (профспілко́вий комі́те́т) Gewérkschaftsleitung *f*

профо́рг (профспілко́вий організа́тор) Gewérkschaftsgruppenorganisator *m*, Gewérkschaftsvertauensmann *m*

профорієнта́ція (професі́йна орієнта́ція) Berúfsberatung *f*, Berúfslenkung *f*

профспі́лк|а (професі́йна спі́лка) Gewérkschaft *f*, **~о́вий** Gewérks-chafts-; ~о́вий дія́ч Gewérkschaftsfunktionär *m*, Gewérkschafter *m*, ~о́вий квито́к Mítgliedsdokument der Gewérkschaft, Gewérkschaftsbuch *n*

профтех|осві́та (професі́йно-техні́чна осві́та) Berúfsausbildung *f*, **~учи́лище** (професі́йно-техні́чне учи́лище) téchnische Berúfsschule

проха́ння Bítte *f*, Ánliegen *n* (*офіційне*); Gesúch *n* (*супліка*); у ме́не до вас ~ ich hábe éine Bítte an Sie

прохі́д Dúrchgang *m* (*до чогось* zu *D*); прохо́ду немає! kein Dúrchgang!, Durchgang verbóten!

прохідн|и́й 1) Dúrchgangs-; ~á кімна́та Dúrchgangszimmer *n*; 2) (*про поїзд*) Dúrchgangs-, dúrchgehend,

прохо́дити 1) *див.* пройти́; 2) (*пролягати*) géhen* *vi* (s), führen *vi*, verláufen* *vi* (s)

прохоло́д|а Kühle *f*, Frísche *f* (*свіжість*); **~ний** kühl; frisch (*свіжий*); **~но** es ist kühl [frisch *свіжо*]; мені́ ~но mir ist kühl

процвіта́|ння Gedéihen *n*, Blühen *n*, **~ти** gedéihen* *vi* (s), blühen *vi*

процеду́р|а 1) (*встановлена послідовність*) Prozedúr *f*, Verfáhren *n*; 2) *мед.* (*спосіб лікування*) Héilverfahren *n*; **~ний**: ~ний кабіне́т Behándlungsraum *m*

проце́нт 1) Prozént *m*, ви́конати план на сто ~ів den Plan zu [mit] húndert Prozént erfüllen; план переви́конаний на п'ять ~ів der Plan wúrde um fünf Prozént übererfüllt; 2) *мн.* ~и (*прибуток з капіталу*) Zínsen *pl*

проце́с 1) Prozéß *m*, ~ ро́сту Wáchstumsprozeß *m*, ~ розря́дки Entspánnungsprozeß *m*, ~ нормаліза́ції Normalisíerungsprozeß *m*, ~ суспі́льних перетво́рень gesélIschaftlicher Úmgestaltungsprozeß; 2) (*хід розвитку*) Verláuf *m*, Lauf *m*, в ~і перегово́рів im Verláuf(e) der Verhándlungen; в ~і розмо́ви im Láuf(e) des Gespräches; 3) *юр.* Prozéß *m*

проце́сія Prozessión *f*, Zug *m*

процитува́ти ein Zitát ánführen, zitíeren *vt*

проці́джувати, **проціди́ти** dúrch|sei-hen *vt*, dúrchlassen* *vt*, filtríeren *vt*

проча́нин Pílger *m*, Wállfahrer *m*

прочека́|ти *див.* чека́ти; ми ~ли його́ ці́лу годи́ну, до ве́чора wir háben auf ihn éine gánze Stúnde, bis zum Ábend gewártet

про́черк Strich *m*

прочи́стити *див.* чи́стити 1

прочита́ти *див.* чита́ти

прочища́ти *див.* чи́стити 1

прочуха́н *розм.* Rüge *f*, Rüffel *m*, зада́ти кому́сь ~а j-m den Kopf wáschen*

про́шарок Zwíschenlage *f*, Schicht *f*, кре́мовий ~ Krémschicht *f*, (*суспільний*) Zwíschenschicht *f*

прошепта́ти *див.* шепта́ти

прояви́ти *фото* entwíckeln *vt*

проя́влення *фото* Entwícklung *f*

проявля́ти *див.* прояви́ти

проя́вник *фото* Entwíckler *m*

проясни́тися *див.* проясня́тися

проясні́ти 1) (*про небо*) hell wérden, sich áuf|klären; 2) (*про обличчя*) áuf|leuchten *vi*

проясня́тися 1) (*про погляд, обличчя*) sich áuf|hellen, sich áuf|heitern; 2) (*про небо*) hell [héller] wérden, sich áuf|hellen; sich áuf|klären; 3) *безос.* (*про погоду*): проясни́лося es hat sich áufgeklärt [áufgeheitert]

проща́й! lébe wohl!; **~те!** lebt wohl!, lében Sie wohl!

проща́|льний Ábschieds- **~ння** Ábschied *m*, ◊ на ~ння zum Ábschied

проща́ти *див.* прости́ти

проща́|тися *див.* прости́тися; не ~ючись (*піти, поїхати*) óhne Ábschied, óhne sich zu verábschieden

проще́ння Verzéihung *f*

пружи́на Féder *f*

пружи́нистий fédernd, spánnkräftig, elástisch

пружи́нити fédern *vi*, élastisch sein

пружи́нка (*в годиннику*) Féder *f*

пружни́й elástisch, fédernd

пру́жність Elastizität *f*

прут Gérte *f*, Rúte *f*, Stab *m* (*металевий*)

пряди́льн|ий Spinn-; ~ цех, ~а фа́брика Spinneréi *f*

пря́дка Spínnrocken *m* (*ручна*); Spínnrad *n* (*з колесом*)

пря́ж|а 1) Garn *n*, пря́сти ~у spín-nen *vt*, 2) (*нитки*) Stíckgarn *n*, Wóllgarn *n*, Wólle *f* (*шерсть*); Schúrwolle *f* (*чистошерстяна*)

пря́жка Schnálle *f*

прям|ий 1) geráde; áufrecht (*вертикальний*); 2) (*без пересадок, зупинок*) dirékt, dúrchgehend, Dúrchgangs-; 3) (*безпосередній*) dirékt, únmittelbar; ~á передáча (*телеб., радіо*) Livesendung ['laif-] *f*, Diréktsendung *f*; 4) (*відвертий*) geráde, óffen; áufrichtig (*щирий*); 5) *мат.:* ~á лінія die Geráde; ~ кут réchter Winkel
прямо 1) (*рівно, без нахилу*) geráde, áufrecht; 2) (*про напрямок*) geradeáus; 3) (*відразу, безпосередньо*) dirékt, únmittelbar; 4) (*щиро, відверто*) óffen, áufrichtig
прямовисний sénkrecht; steif (*крутий*)
прямодýшн|ий óffenherzig, geráde, fréimütig; **~ість** Óffenherzigkeit *f*, Gerádheit *f*
прямокýтн|ий réchteckig; réchtwinklig (*який має один прямий кут*); ~ трикýтник réchtwinkliges Dréieck; **~ик** Réchteck *n*
прямолінійн|ий 1) gerádlinig, geráde; 2) *перен.* geráde; áufrichtig (*щирий*); óffen (*відвертий*); **~ість** Gerádlinigkeit *f*, Gerádheit *f*, (*відвертість*) Áufrichtigkeit *f*
прямотá Gerádheit *f*, Óffenheit *f*, Áufrichtigkeit *f* (*щирість*); Únumwundenheit *f* (*висловлювань і т. п.*)
пряний würzig
пряник Pféfferkuchen *m*; м'ятний ~ Pféfferminzkuchen *m*
прянощі *мн.* Gewürze *pl*
прясти spínnen* *vt*
псевдонаукóвий pséudowissenschaftlich
псевдонім Pseudoným *n*, Déckname *m*
психіáтр Psychiáter *m*; **~ія** Psychiatríe *f*
псих|іка Psýche *f*, séelische Verfássung; **~ічний** psýchisch, séelisch
психóлог Psychológe *m*
психол|огічний psychológisch; **~óгія** 1) (*наука*) Psycholóogie *f*, 2) (*душевний склад*) Psýche *f*, Mentalität *f* (*склад розуму*)
псувáти verdérben* *vt*, beschädigen *vt*, kapútt máchen *vt* (*пошкодити*); **~ся** 1) (*погіршуватися*) sich verschléchtern, schlécht(er) wérden; 2) (*про продукти і т. п.*) verdérben* *vi* (s), verdórben [schlecht, faul] wérden; 3) (*робитися непридатним — про предмети*) entzwéi géhen* *vi* (s), kapútt géhen* *vi* (s)
птах Vógel *m*
птахівнúцтво Geflügelzucht *f*
птахофáбрика Geflügelgroßfarm *f*
пташеня das Vógeljunge, júnger Vógel, Néstling *n*
пташúн|ий Vógel-; ◊ ~ базáр Nístplatz *m*; з ~ого польóту aus der Vógelperspektive [-və]
пташнúк Geflügelhof *m*
пташниця Geflügelzüchterin *f*
птúця Vógel *m*; домáшня ~ *збірн.* Geflügel *n*, Fédervieh *n*
ПТУ (професíйно-технíчне учúлище) téchnische Berúfsschule
публіка Públikum *n*, Zúschauer *pl*
публікувáти veröffentlichen *vt*, publizíeren *vt*
публіцúст Publizíst *m*
публіцúст|ика Publizístik *f*, **~úчний** publizístisch
публíчн|ий öffentlich; ~ вúступ öffentliches Áuftreten
пýгач Uhu *m*
пýголовок *зоол.* Káulquappe *f*
пýдра Púder *m*; ◊ цукрóва ~ Púderzucker *m*
пýдрениця Púderdose *f*
пýдритися sich púdern
пузáтий dickbäuchig, dickwanstig (*про людину*); bäuchig, áusgebaucht (*про речі*)
пузúр 1) Bláse *f*
пузúрчик (*повітря і т. п.*) Bläs chen *n*
пулóвер Pullóver [-vər] *m*, Púlli *m* (*розм.*)
пульс Puls *m*; щýпати у кóгось ~ j-m den Puls fühlen
пульс|áція Pulsíeren *n*; **~увáти** pulsíeren *vi*
пункт 1) Punkt *m*; кульмінацíйний ~ Höhepunkt *m*; 2) (*місце*) Stélle *f*; приймáльний ~ Ánnahmestelle *f*; призовнúй ~ Éinberufungsstelle *f*; переговóрний ~ (*телефонний*) öffentliche Férnsprechzelle; 3) (*параграф*) Punkt *m*, Paragráph *m*; ◊ насéлений ~ Órtschaft *f*
пунктúр punktíerte Líni e; **~ний** punktíert
пунктуáльн|ий pünktlich; **~ість** Pünktlichkeit *f*
пунктуáція *грам.* Interpunktión *f*, Zéichensetzung *f*
пуп *анат.* Nábel *m*; ◊ ~ землí der Nábel der Welt
пуповúна *анат.* Nábelschnur *f*
пургá Schnéesturm *m*, Schneegestöber *n*
пýрпур Púrpur *m*
пурпýрний, пурпурóвий púrpurn, púrpurfarben, púrpurrot
пýрхати (umhér)fláttern *vi* (s)
пуск 1) (*у дію — заводу і т. п.*) Inbetríebnahme *f*, Inbetríebsetzung *f*, 2) (*запуск ракети*) Start *m*
пускáти *див.* пустúти; **~ся** *див.* пустúтися
пустéльний wüst, öde; únbewohnt (*ненаселений*); ménschenleer (*безлюдний*)
пустéля Wüste *f*
пустúй 1) leer; hohl (*порожнистий*); únbewohnt (*нежилий*); ménschenleer (*безлюдний*); frei (*незайнятий*); 2) *перен.* leer, hohl, níchtssagend; ínhaltlos (*беззмістовний*); leer, nútzlos (*даремний*); níchtig (*незначний, нікчемний*); únbegründet (*необгрунтований*)
пустúр únbebauter Platz, öder Platz, verödetes Grúndstück
пустúти 1) (*відпустити*) lós|lassen* *vt* (*випустити з рук*); wég|lassen* *vt*, fórt|lassen* *vt* (*не втримати*); 2) (*впустити*) (heréin)lássen* *vt*, dúrch|lassen* *vt*

(*пропустити*); 3) (*дозволити піти кудись*) lássen* *vt*, erláuben *vt* (zu + *inf*, *когось D*); 4) (*привести в рух*) án|lassen* *vt*, in Bewégung sétzen *vt*; 5) (*ввести в дію*) in Betrieb néhmen* *vt*, dem Verkéhr übergében* *vt* (*лінію метро і т. п.*); ◊ ~ кóрені Wúrzel fássen ~ чýтку ein Gerücht verbréiten

пýстище ödland *n*, únbebauter Platz; únbebautes (bráchliegendes) Land

пустíти leer wérden, sich léeren; veröden *vi* (s) (*опустіти*)

пустотá 1) Léere *f*, 2) *фіз.* Vakuum ['va:-] *n*

пустотлúв|ий mútwillig, úngezogen, áusgelassen; néckisch; **~ість** Mútwille *m*

пустоцвíт *бот.* Féhlblüte *f*, táube Blüte; (*про нікчемну людину*) Táuge-nichts *m*

пýстощі *мн.* Úngezogenheit *f*, Streich *m* (*витівка*)

пустувáти I (*бути порожнім*) léer|stehen* *vi* (*про будинок, приміщення*); leer bléiben* *vi* (s) (*про місце*)

пустувáти II Scherz [Schábernack] tréiben*, Stréiche máchen; sich túmmeln, tóllen *vi*

пустýн mútwilliges [áusgelassenes] Kind; Wíldfang *m*, Schelm *m*, Schalk *m*, Schlíngel *m*

путíвець Féldweg *m*

путíвка Éinweisung *f* (*напр. в санаторій*); Féri enscheck *m* (*в пансіонат, будинок відпочинку*); Beórderung *f* (*напр., на роботу*); Réisescheck *m* (*туристична*)

путівнúк Führer *m*, Réiseführer *m* (durch *A* — *по місту, музею і т. п.*); Réisehandbuch *n* (*туристський довідник*)

путч Putsch *m*

пух 1) Dáunen *pl*, Flaum *m*, 2): козя́чий ~ (*шерсть*) Ziegenwolle *f*

пухúр Bláse *f*

пухкúй 1) (*про землю і т. п.*) lócker; 2) (*про тісто*) mürbe

пýхл|ий üppig, áufgedunsen; weich, wóllig, dick; ~і гýби schwéllende Líppen

пухлúна Geschwúlst *f*

пухнáстий flóckig (*про сніг*)

пýхнути (án)schwéllen* *vi* (s)

пухóв|ий Dáunen-; ~а кóвдра Dáunenbett *n*, Dáunendecke *f*, ~а хýстка ein Tuch aus Ziegenwolle

пучúна Strúdel *m*, Wásserwirbel *m*, Méeresabgrund *m*, Úntiefe *f*

пýчка Príse *f*, ~ сóлі éine Príse Salz

пуч|óк 1) Bündel *n*, Büschel *n* (*трави, волосся*); ~ світла Lichtbündel *n*, 2) (*в'язка*) Bund *n*, два ~кú петрýшки zwei Bund Petersíli e

пушúстий fláumig; wóllig; fláuschig (*про тканину, килим*)

пшенú|ця Wéizen *m*, **~чний** Wéizen-; ~чний хліб Wéizenbrot *n*, Wéißbrot *n*

пшонó Hírse *f*

пшоня́н|ий Hírse-; ~а кáша Hírsebrei *m*

пюпíтр Pult *m*, Nótenpult *n*, Nótengestell *n* (*для нот*)

пюрé Pürée *m*, Mus *n* (*фруктове*); картопля́не ~ Kartóffelbrei *m*

п'я́вка Blút egel *m*

п'я́льці *мн.* Stíckrahmen *m*

п'я́ний betrúnken, besóffen; beráuscht (*напідпитку*)

п'янúця Trínker *m*, Säufer *m*

п'янíти betrúnken wérden

п'янкúй beráuschend

п'я́нство Trúnksucht *f*

п'ятáк *розм.* Fünfer *m*, Fünfkopékenstück *n*

п'ятдеся́т fünfzig; **~ий** der fünfzigste

п'ятдесятилíтній fünfzigjährig

п'ятдесятилíття (*строк*) fünfzig Jáhre; (*річниця*) fünfzigster Jáhrestag

п'я́теро fünf; ~ дрýзів (die) fünf Fréunde; нас булó ~ wir wáren fünf, es wáren únser fünf

п'ятибóрець *спорт.* Fünfkämpfer *m*

п'ятибóрство *спорт.* Fünfkampf *m*, сучáсне ~ modérner Fünfkampf

п'я́тий der fünfte

п'ятикýтник *мат.* Fünfeck *n*

п'ятилíття (*строк*) fünf Jáhre; Jáhrfünft *n*, (*річниця*) fünfter Jáhrestag

п'ятимíсячний fünfmonatig

п'ятиповерхóвий fünfstöckig, fünfgeschossig

п'ятирíчн|ий 1) (*про вік*) fünfjährig; ~а дитúна fünfjähriges Kind; 2) (*про строк*) Fünfjáhr-; ~ план Fünfjáhrplan *m*

п'ятíрка 1) (*цифра*) Fünf *f*, 2) (*оцінка*) Fünf *f*, 3) *розм.* (*про гроші*) Fünfer *m*, Fünfrúbelschein *m*, 4) *розм.* (*п'ятий номер*) Fünfer *m* (*автобуса, тролейбуса*); Fünf *f* (*трамвая*)

п'я́тка Férse *f*

п'ятнáдцятий der fünfzehnte

п'ятнáдцять fünfzehn

п'я́тниц|я Fréitag *m*, в ~ю am Fréitag

п'ятсóт fünfhúndert

п'ять 1) fünf; 2) *див.* п'ятірка 2

П

Р

раб Skláve [-və-] *m*
рабовла́сни|к Sklávenhalter [-vən-] *m*, **~цький** Sklávenhalter- [-və-]; ~цький лад Sklávenhalterordnung *f*
ра́бство Sklaveréi [-və-] *f*
ра́бський skláven- [-vən-], sklavisch
ра́влик Schnécke *f*
ра́да 1) (*вищий виконавчий орган*) Rat *m*, Ра́да Міні́стрів Minísterrat *m*; 2) (*колегіальний орган*) Rat *m*, Ра́да Безпе́ки ООН Sícherheitsrat der ÚNO; учéна ~ (*вузу*) Rat *m*, Senát *m*
рада́р *радіо* Rádár *m*, *n*, Rádárgerät *n*, **~ний** Rádár-; ~на устано́вка Rádáranlage *f*
ра́дий froh; erfréut (*чомусь* über *A*); (я) ~ тебé ба́чити, я тобі́ ~ ich freue mich [ich bin froh], dich zu séhen; я ~ за тéбе ich fréue mich für dich; я (ду́же) ~! (*висловлення задоволення*) das freut mich (sehr)!
радика́льний 1) *політ.* radikál; 2) (*докорінний*) radikál; grúndlegend, gründlich (*грунтовний*); tíefgreifend (*глибокий*); entschíeden
ради́ст Fúnker *m*
ра́дити 1) (*давати поради*) Rátschläge gében*; 2) (*рекомендувати*) ráten* *vt*, empféhlen* *vt* (*D*); **~ся** 1) sich beráten*; 2) (*питати поради*) um Rat bítten* *vt*, Rat (éin)hólen (bei *D*); sich beráten lássen* (von *D*), konsultíeren *vt* (*з лікарем*)
радіа́льний radiál; stráhlenförmig
радіа́тор 1) (*опалення*) Radiátor *m*, Héizkörper *m*; 2) (*двигуна*) Kühler *m*
радіа́ція *фіз.* Stráhlung *f*, со́нячна ~ Sónnenstrahlung *f*
ра́дій *хім.* Rádium *n*
ра́діо 1) (*зв'язок*) Funk *m*, (*радіомовлення*) *тж* Rúndfunk *m*, Rádio *n розм.*; по ~ 1) (*по рації*) über [durch] Funk; 2) (*по широкому радіомовленню*) im Funk, im Rúndfunk, im Rádio; слу́хати ~ Rúndfunk [Rádio] hören; 2) (*станція радіомовлення*) Rádio *n*, Rúndfunk *m*; 3) *розм.* (*приймач*) Rádio *n*, Rádioapparat *m*, Empfänger *m*
радіоакти́вн|ий radioaktív; ~е випромі́нювання radioaktíve [-və-] Stráhlung; ~е зара́ження radioaktíve [-və-] Verséuchung; ~і відхо́ди Atómmüll *m*, **~ість** Radioaktivität *f*
радіо|гра́ма Fúnkspruch *m*, **~електро́ніка** Fúnkelektronik *f*, Náchrichtenelektronik *f*, **~зв'язо́к** Fúnkverbindung *f*, **~лока́тор** Rádárgerät *n*, Fúnkmeßgerät *n*, **~любúтель** Rádioamateur [-tø:r] *m*, Fúnkamateur m, Amateurfunker [-tø:r] *m*, **~мере́жа** Fúnknetz *n*, **~мо́влення** Rúndfunk *m*, **~передава́ч** Fúnksender *m*, **~переда́ча** Rúndfunksendung *f*, Rúndfunkübertragung *f*, **~прийма́ч** Rádioapparat *m*, Empfänger *m*, **~програ́ма** Rúndfunkprogramm *n*, **~сигна́л** Fúnksignal *n*, **~слуха́ч** Rúndfunkhörer *m*, **~ста́нція** Rúndfunkstation *f*, Sénder *m*, **~сту́дія** Rúndfunkaufnahmeraum *m*, Stúdio *n*, **~то́чка** Fúnkanschluß *m*, **~устано́вка** Fúnkanlage *f*, **~фіка́ція** Radiofizíerung *f*
ра́дісний froh, fréudig, Fréuden-
ра́діс|ть Fréude *f*, з ~тю mit Fréude
ра́діус 1) *мат.* Rádius *m*, Hálbmesser *m*, 2) *перен.* (*величина охоплення*) Úmkreis *m*, в ~і двох кіломе́трів im Úmkreis von zwei Kilométern
ра́дник 1) (*посада*) Beráter *m*, Rat *m*, дипломати́чний ~ diplomátischer Beráter; ~ з економі́чних пита́нь Wírtschaftsberater *m*; 2) (*порадник*) Rátgeber *m*
ра́дувати (*когось*) (er)fréuen *vt*, Fréude beréiten (*D*); **~ся** (*чомусь*) sich fréuen (über *A*, *майбутньому* auf *A*)
раз 1) Mal *n*, mal; одного́ ~у éinmal; де́кілька ~і́в méhrmals, éinige Mále; скі́льки ~і́в? wievíelmal?; жо́дного ~у kein éinziges Mal; в пéрший ~ zum érsten Mal, zum érstenmal; мину́лого ~у vóriges Mal; того́ ~у dámals; ко́жного ~у jédesmal; цього́ ~у díesmal; ще ~ noch éinmal; 2) (*при лічбі — один*) eins; ◊ не ~ méhrmals, wiederhólt; са́ме в ~: череви́ки мені́ са́ме в ~ die Schúhe pássen mir genáu; ~ і наза́вжди ein für állemal; в уся́кому ~і jédenfalls; в будь-яко́му ~і auf jéden Fall; ні в яко́му ~і auf keinen Fall
ра́зовий éinmalig, nur éinmal gültig
ра́зом 1) (*спільно*) zusámmen, geméinsam; 2) (*усього*) insgesámt; 3) ~ (*з кимось чимось*) zusámmen mit j-m/etw.; 4) (*одночасно*) zugléich, gléichzeitig

разя́чий aúffallend, überráschend, erstáunlich; verblüffend, frappánt (*приголомшуючий*); ~ приклад krásses Béispiel
рай Paradíes *n*
ра́йдужн|ий 1) régenbogenfarbig; 2) *перен.* rósig; ~і перспекти́ви rósige Áussichten
райóн 1) (*область*) Gebíet *n*, Gé-gend *f*, Raum *m* (*місцевість*); економі́чний ~ Wírtschaftsgebiet *n*, посýшливий ~ Tróckengebiet *n*, житлови́й ~ Wóhngebiet *n*, ~ новобудóв Néubaugebiet *n*, 2) (*адміністративний*) Rayon [rɛ'jɔŋ] *m*, Kreis *m*, Bezírk *m* (*в місті*); **~ний** Rayón- [rɛ'jɔŋ-]; Kreis-; Bezírks-
рак *зоол.*, *мед.* Krebs *m*, хвóрий на ~ der Krébskranke
ракéт|а 1) Rakéte *f*, балісти́чна ~ Márschflugkörper *m*, космі́чна ~ kósmische Rakéte; крилáті ~и Flügelraketen *pl*, міжконтинентáльні ~и Interkontinentálrakete *f*, ~и наземного базувáння lándgestützte Rakéten; оперативно-тактичні ~и operatív-táktische Rakéten; орбітáльна ~ Orbitál-Rakéte *f*, ~ серéдньої дáльності Míttelstreckenrakéte *f*, 2) (*судно*) Trágflächenschiff *n*, Trágflügelboot *n*
ракéта-носíй Trägerrakete *f*
ракéтка Schläger *m*, Ténnisschläger *m* (*тенісна*)
ракéтн|ий Rakéten-; ~а збрóя Rakétenwaffe *f*, ~а держáва Rakétenund Kérnwaffenmacht *f*
ракéтно-я́дерн|ий Rakétenkernwaffen-; ~а збрóя Rakétenkernwaffen *pl*, Atóm-Rakétenwaffe *f*, ~а війнá Rakéten-Kérnwaffenkrieg *m*
ракетодрóм Rakétenstartplatz *m*
рáковина 1): вушнá ~ *анат.* Ohrmuschel *f*, 2) (*під краном*) Áusguß *m*, Wáschbecken *n* (*для миття посуду*)
рáм|а, рáмк|а Ráhmen *m*, встáвити щось у ~у etw. éin|rahmen
рáмпа *театр.* Rámpe *f*
рáна Wúnde *f*
рáнець (*шкільний*) Ránzen *m*
рáни|ти 1) (*когось у щось, поранити*) verwúnden *vt*, verlétzen *vt* (an *D*); йогó ~ло в плечé er ist an der Schúlter verwúndet; 2) (*щось комусь пошкодити*) verlétzen *vt* (*D*); ~ собí рýку об щось sich (*D*) die Hand an etw. (*D*) verlétzen; 3) *перен.* verlétzen *vt*, kränken *vt*, ~ чи№сь самолю́бство j-s Éhrgeiz verlétzen
раніше 1) *порівн. ст. від* рáно *у 2 знач.* früher, éher; не ~ як... nicht früher [nicht éher] als...; якомóга ~ möglichst früh, so zéitig wie möglich; 2) (*когось*; *якогось терміну*) früher, vor, vórhér; ~ нас früher als wir, vor uns; днем ~ éinen Tag früher [vórhér]; не ~ як чéрез ти́ждень nicht vor éiner Wóche; 3) (*у минулому*) früher; einst, éhemals (*колись*); ◊ ~ стрóку vórzeitig, frühzeitig, zu früh, zu zéitig
ранкóв|ий Mórgen-, Früh-; Vórmittags(*що відбувається в першій половині дня*); ~і годи́ни Mórgenstunden *pl*, ~а зарядка Mórgengymnastik *f*, Frühsport *m*, ~а вистáва Vórmittagsvorstellung *f*, Mórgenveranstaltung *f*, ~а змíна Frühschicht *f*
рáнн|ій früh, Früh-, (*передчасний*) *тж.* zéitig, frühzeitig; ~і óвочі Frühgemüse *n*, ~і морóзи zéitige Fröste, Frühfrost *m*
рáно 1): ~ врáнці früh am Mórgen, frühmorgens; 2) (*відносно якогось моменту, терміну*) früh, zéitig, (*передчасно*) *тж.* frühzeitig, vórzeitig; ми прийшли́ ~ 1) (*завчасно, щоб не запізнитися*) wir sind früh [zéitig] gekómmen; 2) (*надто рано*; *раніше, ніж було потрібно*) wir sind zu früh [zu zéitig] gekómmen; 3): ще ~ *безос.* 1) (*про ранній час*) es ist noch früh; 2) (*для чого*) (*про домовлений час, який ще не настав*) es ist noch zu früh (zu + *inf*); ◊ ~ чи пíзно über kurz óder lang
рáнок Mórgen *m*, о вóсьмій годи́ні рáнку um acht Uhr mórgens [früh]; дóброго рáнку! gúten Mórgen!; рáнками mórgens
рапíра Florétt *n*, фехтувáння на ~х Floréttfechten *n*
рáпорт Méldung *f*, Beríсht *m*, Rappórt *m*, **~увáти** (*про щось*) beríchten *vt*, mélden *vt* (*комусь D*)
раптóвий plötzlich, jäh, überráschend
раптово plötzlich, auf éinmal; únerwartet, überráschend (*зненацька*)
рáптом (*зненацька*) plötzlich
рáса Rásse *f*
рас|и́зм Rassísmus *m*, **~и́ст** Rassíst *m*, **~и́стський** rassístisch
рáсов|ий Rássen-; ~а дискримінáція Rássendiskriminierung *f*
ратифік|áція Ratifizíerung *f*, **~увáти** ratifizíeren *vt*
рáтуша Rát haus *n*
рáунд *спорт.* Rúnde *f тж перен*
рафінáд Würfelzucker *m*
рахувáти 1) (*вести рахунок*) zählen *vi*, ~ до десяти́ bis zehn zählen; 2) (*щось/когось - визначати кількість, суму*) zählen *vt*, 3) (*виконувати обчислення*) réchnen *vt*, ~ щось в умí etw. im Kopf réchnen
рахувáтися (*брати до уваги*) Rücksicht néhmen* (auf *A*); (*з чимось - тж*) berücksichtigen *vi*, réchnen *vi* (mit *D*), in Betrácht ziehen* *vt*
рахýн|ок 1) (*документ на оплату*) Réchnung *f*, ~ за телефóн Telefónrechnung *f*, сплати́ти ~, заплати́ти по ~ку Réchnung bezáhlen [begléichen*]; 2) (*у банку*) Kónto *n*, потóчний ~ láufende Réchnung, Kónto *n*, відкри́ти ~ ein Kónto eröffnen; 3) *спорт.* Spíelstand *m*, Spíelergebnis *n* (*результат*); при ~ку два — три beim Spíelstand von zwei zu drei; який ~? wie steht das Spiel?; нічи́йний ~ Púnktgleichheit *f*, відкри́ти ~ den érsten Tréffer eizíelen; ~ мáтчу два — один на кóристь ... das Spíelergebnis láutet zwei zu eins

Р

für...; вúграти з ~ком два — одúн zwei zu eins gewínnen* *vi* ◊ в ~ плáну настýпного рóку für den Plan des kómmenden Jáhres; за ~ 1) (*чогось/когось*) auf *j-s* Kósten [Réchnung]; за ~ держáви, за держáвний ~ auf Stáatskosten; 2) (*чогось*): за ~ крáщої організáції durch béssere Organisíerung; за ~ зеконóмленого матеріáлу aus éingespartem Materiál; бýти у кóгось на хорóшому, на погáному ~ку *bei j-m* gut, schlecht ángeschrieben sein; ◊ особóвий ~ Kónto *n*

раціóн Ratión *f*, Satz *m*, Verpflégungssatz *m*

раціоналізáтор Rationalisátor *m*, **~ський** Rationalisíerungs-; ~ська пропозúція Verbésserungsvorschlag *m*

раціоналіз|áція Rationalisíerung *f*, **~увáти** rationalisíeren *vt*

раціонáльний rationéll; zwéckmäßig (*доцільний*); vernünftig (*розумний*)

рáція Fúnkstelle *f*

рáчки auf állen víeren

рвáн|ий zerríssen, zerfétzt; ~а рáна *мед.* Ríßwunde *f*

рвáти 1) (*на частини*) zerréißen* *vt*, 2) (*виривати*) áus|reißen* *vt*, zíehen* *vt* (*зуби*); 3) (*зривати*) áb|reißen* *vt*, pflücken *vt* (*квіти*); 4) (*стосунки і т. п.*) (áb)bréchen* *vt*

рвáтися (*розриватися*) (zer)réißen* *vi* (s); verschléißen* *vi* (*зношуватися*)

реабілітáція Rehabilitíerung *f*, Rehabilitatión *f*, Wiederhérrstellung *f*

реабілітувáти re habilitíeren *vt*

реагувáти (*на щось*) reagíeren *vi*

реактúвний: ~ двигýн Düsenantrieb *m*, ~ літáк Düsenflugzeug *n*

реáктор *фіз.* Reáktor *m*

реакц|іонéр Reaktionär *m* **~íйний** reaktionär

реáкція *у різн. знач.* Reaktión *f*

реалізáція Realisíerung *f*, Verwírklichung *f* (*здійснення*)

реалíзм Realísmus *m*

реалізувáти 1) (*здійснити*) realisíe-ren *vt*, verwírklichen *vt*, in die Tat úm|setzen *vt*, 2) (*товари*) realisíe-ren *vt*, úm|setzen *vt*, áb|setzen *vt*

реалíст Realíst *m*, письмéнник-~ realístischer Schriftsteller; **~úчний** realístisch

реáльн|ий 1) (*який дійсно існує*) reál, wírklich; 2) (*який відповідає реальності, реалістичний*) reál, realístisch, reéll; ~ шанс éine reélle Chance ['ʃaŋsə]; 3) (*здійсненний*) realisíerbar, dúrchführbar; ◊ ~а заробíтна плáта Reállohn *m*, **~ість** Realität *f*, Wírklichkeit *f* (*дійсність*); Dúrchführbarkeit *f* (*здійсненність*)

реанімáці|я *мед.* Reanimatión *f*, Wíederbelebung *f*, віддíлення ~ї Intensivstation [-'zi:v] *f*

ребрó 1) *анат.* Rippe *f*, 2) (*вузький край чогось*) Kánte *f*, Rand *m*

ревáнш Revanche [-'vaŋʃə] *f тж спорт.*; полíтика ~у Revánchepoli-tik *f*, матч-~ Rückspiel *n*, Revánchespiel *n*, взя́ти ~ sich revanchíeren [-'vaŋ'ʃi:] Revánche néhmen*

реваншú|зм Revanchismus [-'vaŋ'ʃis-] *m*, **~ст** Revanchist [-'vaŋ'ʃist] *m*, Revanchepolitiker [-'vaŋʃə-] *m*, **~стський** revanchistisch [-'vaŋ'ʃi-]

ревізíйний Revisións- [-vi-]

ревізіонí|зм Revisionísmus [-vi-] *m*, **~ст** Revisioníst [-vi-] *m*, **~стський** revisionístisch [-vi-]

ревíз|ія Revisión [-vi-] *f*, **~óр** Revisor [-'vi-] *m*, Kontrolleur [-'lø:r] *m* (*контролер*)

ревíння 1) (*звірів*) Brüllen *n*, Ge-brüll *n*, 2) (*бурі*) Tósen *n*, 3) *розм.* (*голосний плач*) Héulen *n*, Ge héul *n*

рéвінь Rhabárber *m*

ревíти 1) (*про тварин*) brüllen *vi*, 2) (*про бурю*) tósen *vi*, 3) *розм.* (*голосно плакати*) héulen *vi*, brül-len *vi*

ревматú|зм Rheumatísmus *m*, Rhéuma *n*, **~чний** rheumátisch

ревнúвий éifersüchtig

рéвний éifrig (*запопадливий*); fléißig (*старанний*)

рéвнощі Éifersucht *f*

ревнувáти éifersüchtig sein (*до когось* auf *A*)

револьвéр Revolver [-'vɔlvər] *m*

революц|íйний Revolutións- [-vo-], revolutionär [-vo-]; **~іонéр** Revolutionär [-vo-] *m*

революція *у різн. знач.* Revolutión [-vo-] *f*, наукóво-технíчна ~ wíssenschaftlich-téchnische Revolutión

ревя́ Revue [rə'vy:] *f*

регіонáльний regionál, Regionál-

рéгіт Gelächter *n*, (láutes) Láchen *n*

реглáмент 1) (*зборів*) Reglement [-maŋ] *n*, 2) (*час для виступу*) Rédezeit *f*

реготáти (laut) láchen *vi*

регулювáти 1) (*упорядкувати*) ré-geln *vt*, ~ вýличний рух Stráßenverkehr régeln; 2) (*змінювати в той чи інший бік*) regulíeren *vt*

регуля́рний régelmäßig; gerégelt (*упорядкований*)

редагувáти redigíeren *vt*, lektoríeren *vt*

редáктор Redakteur [-'tø:r] *m*, Léktor *m* (*видавництва*); головнúй ~ Chefredakteur ['ʃɛf-] *m*

редакцíйн|ий Redaktións-; ~а колéгія Redaktiónskollegium *n*

редáкція 1) (*редагування*) Redigíe-ren *n*, 2) (*варіант, версія*) Fássung *f*, новá ~ Néufassung *f*, 3) (*колектив співробітників*) Redaktión *f*, Lektorát *n* (*у видавництві*); 4) (*приміщення*) Redaktión *f*

редúска Radíes chen *n*

рéдька 1) *с.-г.* (*культура*) Réttiche *pl*, 2) (*коренеплід*) Réttich *m*

реєстр|атýра Registratúr *f*, **~áція** Registríerung *f*, Registríeren *n*, ~áція пасажúрів та офóрмлення багажý (*в аеропорту*) Ábfertigung *f*

реєструва́ти registríeren *vt*, **~ся** 1) (*записуватися*) sich registríeren lássen*, sich éin|tragen* (lássen*); 2) (*оформити шлюб*) die Ehe registríeren (lássen*)
режи́м 1) *політ.* Regime [-ʒi:m] *n*, Regíerungsform *f*, 2) (*розпорядок життя*) Lébensweise *f*, ~ дня Tágesplan *m*, Tágesablauf *m*; ~ харчува́ння Diät *f*, ◊ ~ еконо́мії Spársamkeitsregime *n*
режис|е́р Regisseur [-ʒi'sø:r] *m*; **~ирува́ти** Regie [-ʒi:] führen; **~у́ра** (*керівництво постановкою*) Regie [-'ʒi:] *f*
резе́рв Resérve [-və] *f*, Vórrat *m* (*запас*); **~ний** Resérve- [-və]; Vórrats- (*запасний*); Hilfs- (*допоміжний*)
резервуа́р Behälter *m*
резервува́ти reservíeren [-vi:-] *vt*
резиде́нція Residénz *f*
рези́нка 1) (*стрічка*) Gúmmiband *n*
резолю́ці|я (*рішення*) Resolutión *f*, Entschlíeßung *f*, Beschlúß *m* (*постанова*); прийня́ти ~ю éine Resolutión án|nehmen*; éinen Beschlúß fássen
резона́нс 1) *фіз.* Resonánz *f*, Wíderhall *m*, 2) (*відгук*) Resonánz *f*, Écho *n*, Náchklang *m*, ма́ти ~ (*про події*) Resonánz fínden*
резо́нний *розм.* vernünftig, verständig (*розумний*); sínnvoll, begründet (*обгрунтований*)
результа́т 1) (*кінцевий підсумок*) Áusgang *m*, Ergébnis *n*, Resultát *n*; 2) (*досягнення, показник*) Léistung *f*, ◊ в ~і 1) (*внаслідок чогось*) infólge (*G*); в ~і цього́ infolgedéssen; 2) (*завдяки чомусь*) dank (*D*), durch (*A*); в ~і того́, що... dádurch, daß...; 3) (*кінець кінцем*) létzten Éndes, das Ergébnis war..
ре́зус *мед.* Rhésusfaktor *m*, Rh-Fáktor *m*, позити́вний ~ Rhésusfaktorpósitiv
резюм|е́ Resümée *n*, Zusámmenfassung *f*, **~ува́ти** resümíeren *vt*, zusámmen|fassen *vt*
рейд *мор.* Réede *f*, стоя́ти на ~і auf der Réede líegen* *vi*
ре́йк|а Schíene *f*, уклада́ти ~и Schíenen (ver)légen; пересува́тися по ~ах auf Schíenen fáhren* *vi* (s); ~и *зал.* Schíenenweg *m*, Gleis *n*, зійти́ з ре́йок entgléisen *vi* (s), aus den Gléisen spríngen* *vi* (s)
рейс 1) *авт., мор.* Fahrt *f*, Róute *f*, авто́бус здійснює ~и між ... der Áutobus verkéhrt zwíschen...; 2) *ав.* Flug *m*, літа́к здійснює ~и по лінії Москва́-Берлі́н das Flúgzeug beflíegt die Línie Móskau-Berlín **~овий** Líni en-; ~овий автобус Líni enbus *m*
реквізи́ція Requisíerung *f*, Beschlágnahme *f*
реквізува́ти requiríeren *vt*, beschlágnahmen *vt*
рекла́м|а Rekláme *f*, Wérbung *f*, (*рекламне оголошення*) *тж* Wérbeanzeige (für *A*); ◊ ство́рювати [роби́ти] ~у чому́сь/кому́сь *розм.* Rekláme máchen (mit *D*), án|preisen* *vt*
рекла́мний Wérbe-, Rekláme-
рекламува́ти 1) (*повідомляти про щось засобами реклами*) wérben *vi*, Rekláme máchen (für *A*); 2) *когось/щось розм.* (*розхвалювати*) án|preisen* *vt*, Rekláme máchen (mit *D*)
рекомендаці́йний Empféhlungs-
рекоменда́ці|я (*порада*) Empféhlung *f*, за чи№юсь ~єю j-s Empféhlung
рекомендо́ваний: ~ лист éingeschriebener Brief, Éinschreib(e)brief *m*
рекомендува́ти (*радити*) empféhlen* *vt*, (án)ráten* *vt*, **~ся**: рекоменду́ється es ist empféhlenswert, es wird empfóhlen; не рекоменду́ється es nicht zu empféhlen
реконструкти́вний Rekonstruktións-
реконстру́кція 1) (*відновлення*) Rekonstruktión *f*, 2) (*переобладнання*) Úmgestaltung *f*, Modernisíerung *f* (*модернізація*)
реконструюва́ти 1) (*відновити*) rekonstruíeren *vt*, 2) (*перебудувати*) úm|gestalten *vt*, modernisíeren *vt* (*модернізувати*)
реко́рд 1) *спорт.* Rekórd *m* (*з чогось* - in *D*); встанови́ти, поби́ти, переви́щити ~ éinen Rekórd áuf|stellen, schlágen*, überbíeten*; 2) (*вищий показник*) Höchstleistung *f*, Spítzenleistung *f*, **~ний** 1) *спорт.* Rekórd-, ~ час Rekórdzeit *f*, ~ результа́т Rekórdleistung *f*, 2) (*найвищий*) Spítzen-, Höchst-; ~ні дося́гнення Spítzenleistungen *pl*, Höchstleistungen *pl*
рекордсме́н Rekórdhalter *m* (*з чогось* - in *D*): ~ сві́ту Wéltrekordler *m*
ре́ктор Réktor *m*, **~а́т** Rektorát *n*
релігі́йний 1) (*який відноситься до релігії*) Religións-, religiös; 2) (*про людину*) religiös; gläubig (*віруючий*); fromm (*набожний*)
релі́гія Religión *f*
релі́квія Relíqui e *f*
релье́ф *геогр., мист.* Relief *n* [-'ljɛf]; **~ний** 1) Relief- [-'ljɛf-]; erhában (*опуклий*); 2) *перен.* plástisch
ремесло́ Hándwerk *n*, Gewérbe *n* (*професія*)
ремілітариза́ція Remilitarisíerung *f*, Wíederaufrüstung *f*
ре́мінь Ríemen *m*, Gurt *m* (*пояс*); *військ.* Kóppel *n*
реміснй|к Hándwerker *m*, **~чий** Hándwerks-, hándwerklich
ремо́нт 1) (*будинку, приміщення*) Renovíerung [-'vi:-] *f*, зроби́ти ~ у кварти́рі die Wóhnung renovíeren [vór|richten] (lássen*); бу́ти на ~і renovíert wérden; 2) (*лагодження*) Reparatúr *f*, Áusbesserung *f*, Áusbessern *n* (*одягу*); Flícken *n*, Stópfen *n* (*штопання*); дрібни́й ~ Kléinreparatur *f*, kléine Reparatúr(en); відда́ти щось у ~ etw. reparíeren [áus|bessern] lássen*, etw. zur Reparatúr gében* [bríngen*]; бу́ти в ~і in [zur] Reparatúr sein; майсте́рня по ~у Reparatúrwerkstatt *f*

Р

ремóнтн|ий Reparatúr-; Áusbesserungs-; ~і робóти Instándsetzungsarbeiten *pl*, Instándhaltungsarbeiten *pl*

ремонтувáти 1) (*будинок, приміщення*) renovíeren [-'vi:-] *vt*, (*квартиру*) *тж* vór|richten *vt*; 2) (*лагодити*) reparíeren *vt*, áus|bessern *vt* (*дорогу, дах, штопати одяг*)

ренегáт Renegát *m*

рéнта Rénte *f*

рентáбельний rentábel, éinträglich

рентáбельність Rentabilität *f*, Éinträglichkeit *f*

рентгéн 1) *розм.* (*просвічування*) Röntgenbestrahlung *f*, Durchléuchtung *f*, зробúти комýсь ~ j-n röntgen; 2) (*промені*) Röntgenstrahlen *pl*; 3) *фіз.* (*одиниця випромінювання*) Röntgen *n*, **~івський** Röntgen-; ~івський знíмок Röntgenaufnahme *f*, ~івський кабінéт Röntgenraum *m*

реорганіз|áція Reorganisatión *f*, **~увáти** reorganisíeren *vt*

репатріáнт Repatri íerte *m*, Héimkehrer *m*

репатріáція Repatriíerung *f*, Rückkehr in die Héimat

репертуáр Repertoire [-to'a:r] *n*, Spíelplan *m*

репетú|рувати *театр.* próben *vi*, *vt*, ~ роль, п'№су éine Rólle, ein Stück próben; **~ція** *театр.* Próbe *f*, на ~ції bei [in, auf] der Próbe

репетувáти *розм.* brüllen *vi*, *vt*, schréien* *vi*, *vt*

рéпліка 1) Zwíschenruf *m* (*вигук*); Erwíderung *f* (*відповідь*); 2) *театр.* Stichwort *n*

репорт|áж Reportáge [-ʒə] *f*, Beríchterstattung *f*, **~éр** Repórter *m*, Beríchterstatter *m*

репрéсі|я Vergéltungsmaßnahme *f*, *мн.* ~ї *тж* Repressáli en *pl*

репродýктор Láutsprecher *m*

репродýкція 1) (*відтворення*) Reproduktión *f*, 2) (*зображення*) Ábbildung *f*

рептúлії *мн. зоол.* Reptili en *pl*, Kríechtiere *pl*

репутáці|я Ruf *m*, користувáтися хорóшою ~єю éinen gúten Ruf háben*

реп'ях *бот.* Klétte *f*

ресóра Féder *f*, Féderung *f*

респектáбельний respektábel, ángesehen

респýбліка Republík *f*, буржуáзна ~ bürgerliche Republík

республікáнець Republikáner *m*, сенáтор-~ (*в США*) republikánischer Senátor

республікáнський (*який відноситься до республіканця*) republikánisch; ~ ýряд republikánische Regíerung

реставр|áція Restauratión *f*, Wiederhérstellung *f*, **~увáти** restauríeren *vt*, wiederhér|stellen *vt*

ресторáн Restaurant [-sto'raŋ] *n*, Gáststätte *f*

ресýрси *мн.* Ressourcen [-'sursən] *pl*, Quéllen *pl* (*джерела*); енергетúчні ~ Energíequellen *pl*, прирóдні ~ Natúrschätze *pl*

реферáт Referát *n*, Vórtrag *m* (*доповідь*)

референдум Referéndum *n*, Vólksabstimmung *f*, Vólksbefragung *f*

рефлéкс Refléx *m*, умóвний ~ bedíngter Refléx

рефлéктор 1) (*відбивач*) Refléktor *m*, 2) (*обігрівальний прилад*) Héizsonne *f*

рефóрм|а Refórm *f*, грошовá ~ Währungsreform *f*, Géldreform *f*, ~ вúщої шкóли Hóchschulreform *f*, провестú ~у éine Refórm dúrch|führen

рефрижерáтор *тех.* Refrigerátor *m*, Kältemaschine *f*, Gefriergerät *n*, Kühlraum *m*, **~ний** Kühl-, Kälte-; ~не суднó Kühlschiff *n*, ~ний флот Kühlflotte *f*

рецензéнт Rezensént *m*, Gútachter *m* (*книги, дисертації*)

рецéнзія Rezensión *f*, Beúrteilung *f*, Kritík *f*, Gútachten *n* (*на книгу*)

рецензувáти rezensíeren *vt*

рецéпт 1) (*лікаря*) Rezépt *n* (*на щось* - für *A*); вúписати ~ ein Rezépt áus|stellen; відпускáтися за ~ом, без ~а rezéptpflichtig, rezéptfrei sein; 2) (*кулінарний*) Rezépt *n* (*для чогось* - für *A*); ~ тóрта Tórtenrezept *n*, за ~ом nach éinem Rezépt

рецидúв *мед., юр.* Rückfall *m*, Rückschlag *m*, *мед. тж* Rezidív *n*

рéчення *грам.* Satz *m*, головнé ~ Háuptsatz *m*, підрядне ~ Nébensatz *m*

рéч|і *мн* 1) Sáchen *pl*, Kléidungsstücke *pl* (*одяг*); Réisegepäck *n* (*які беруть у мандрівку*); складáти свої ~ séine Sáchen pácken; 2) (*багаж*) Gepäck *n*, без ~éй óhne Gepäck; 3): постíльні ~ Béttzeug *n*

речовúй І: ~ мішóк Rúcksack *m*

речовúй ІІ: ~ дóказ Bewéisstück *n*

речовин|á Stoff *m*, пожúвні ~и Nährstoffe *pl*, радіоактúвні ~и radioaktíve [-və] Stóffe

речовúнний materiéll; stófflich

рéшето Sieb *n*, пропускáти щось чéрез ~ síeben *vt*

рéшта 1) Rest *m*, das übrige; ~ чáсу die réstliche Zeit; 2) *мн.* (*про людей*) die übrigen, die ánderen

рéштки *мн.* 1) (*після чогось*) Réste *pl*, Spéisereste *pl* (*їжі*); Éssenreste *pl* (*недоїдки*); 2) (*незначна частина*) Rest *m*, від цьóго залишúлися лúше ~ davón blieb nur ein kleiner Rest (übrig)

рúб|а Fisch *m*, *збірн. тж* Físche *pl*, свíжа ~ Fríschfisch *m*, frísche Físche; смáжити ~у Fisch bráten*; ловúти ~у Físche fángen* [ángeln], físchen *vi*, ángeln *vi*

рибáлити 1) físchen *vi*, ángeln *vi*; 2) (*займатися рибальством*) Físchfang tréiben*

рибáлк|а 1) (*рибак*) Físcher *m*, Ángler *m* (*з вудкою*); 2) (*рибальство*) Físchfang *m*, Ángeln *n* (*на вудочку*); пітú на ~у físchen [ángeln] géhen* *vi* (s)

Р

рибáльство 1) (*галузь економіки*) Fischeréi *f*, морськé ~ Hóchseefischerei *f*, 2) (*заняття*) Físchfang *m*, займáтися ~м Físchfang tréiben*
ри́бн|ий Fisch-; ~а лóвля Físchfang *m*, ~а стрáва Físchgericht *n*
ри́б'яч|ий 1) Fisch-; ~а кíстка Físchgräte *f*, 2): ~ жир Lébertran *m*
рив|óк 1) Ruck *m*, ~кáми rúckweise; 2) (*важка атлетика*) Réißen *n*, 3) (*у бігу*) Spurt *m*, робúти ~ spúrten *vi*, éinen Spurt éin|legen
ридá|ння Schlúchzen *n*, **~ти** schlúchzen *vi*, ридмá ~ти láut(hals) schlúchzen *vi*
рижóк (*гриб*) (échter) Réizker *m*
ризикувáти *див.* рискувáти
ри́ло Schnáuze *f*, Maul *n*, Rüssel *m* (*у свині*)
ри́м|а Reim *m*, **~óваний** geréimt
ри́мський römisch
римувáти réimen *vt* (*з чимось* auf *A*); **~ся** sich réimen (*з чимось* auf *A*)
ринг Ring *m*, на ~у im Ring
ри́нков|ий Markt-; ~і ціни Márktpreise *pl*
ри́нок 1) (*місце*) Markt *m*, Márkthalle *f*, (*критий*); 2) *ек.* Markt *f*, ~ збýту Ábsatzmarkt *m*, світовúй ~ Wéltmarkt *m*
ри́нути 1) (*про рідину*) (hervór)strömen *vi* (s), sich ergíeßen*; 2) (*про натовп і т. п.*) strömen *vi* (s)
рис Reis *m*
ри́с|а 1) (*лінія*) Strich *m*, Líni e *f*, 2) (*характерна особливість*) Zug *m*, ~ харáктеру Charákterzug [ka-] *m*, відмíнна ~ (*події, явища*) hervórstechender [bemérkenswerter] Wésenszug; 3): ~и обли́ччя Gesíchtszüge *pl*, ◊ в загáльних ~ах im állgeméinen, in állgeméinen Zügen, im gróßen und gánzen
риск Rísiko *n*, ітú на ~ ein Rísiko éin|gehen*; ◊ на свій страх і ~ auf éigene Gefáhr, auf éigenes Rísiko
ри́ска (*лінія*) Strich *m*, Líni e *f*
рискн|ýти 1. *див.* рискувáти 2; ~емó? sóllen wir's wágen [riskíeren]?
ри́скóваний 1) (*небезпечний*) riskánt, gewágt, gefährlich; 2) (*двозначний*) zwéideutig
рискувáти 1) (*наражатися на риск*) ein Rísiko éin|gehen*; 2) (*насмілюватися на щось*) riskíeren *vt*, wá-gen *vt* (*або* zu + *inf*); 3) (*піддавати риску*) riskíeren *vt*, aufs Spiel sétzen *vt*, ~ життя́м sein Lében riskíeren; 4) (*наражатися на можливу неприємність*) Gefáhr láufen*, riskíeren *vt* (zu + *inf*); ти рискýєш запізнúтися du riskíerst es, zu spät zu kómmen
ри́ссю im Trab; бíгти ~ tráben *vi* (s), im Trab láufen* *vi* (s)
рисýнок Zéichnung *f*
рись *зоол.* Luchs *m*
ри́ти gráben* *vt або vi* (in *D*); scháufeln *vi або vt* (*лопатою*); schárren *vt або vi* (in *D*) (*лапами*); **~ся** (*в чомусь*) 1) gráben* *vi*, (herúm)wühlen *vi* (in *D*); 2) (*шукати*) herúm|stöbern *vi* (in *D*)
ритм Rhýthmus *m*, **~íчний** rhýthmisch; ~íчна гімнáстика rhýthmische Gymnástik; (*розмірений*) *тж* táktmäßig
риття́ Gráben *n*, Scháufeln *n* (*лопатою*); Schárren *n* (*лапами*); ~ канáви das Áusheben éines Grábens
ритуáл Rituál *n*, Zeremoniéll *n* (*церемоніал*)
ри́цар Rítter *m*, **~ський** Rítter-; ríterlich (*тж перен. — благородний*)
рици́нов|ий: ~а олíя Rizínusöl *n*
ричáти brüllen *vi*
риштóвання Gerüst *n*
рів Gráben *m*
рі́в|ень *у різн. знач.* Niveau [-'vo:] *n*, Stand *m*, Ébene *f*, ~ водú Wásserstand *m*, над ~нем мóря über dem Méeresspiegel; культýрний ~ Kultúrniveau *n*, kulturélles Niveau; житт№вий ~ Lébensstandard *m*, Lébensniveau *n*, ~ вирóбнúчих сил Entwícklungsstand [Stand] der Produktívkräfte; на урядóвому ~ні auf Regíerungsebene; на ~ні світовúх стандáртів mit Wéltniveau; зýстріч на вúщому ~ні Gípfelkonferenz *f*
рі́вн|ий 1) (*однаковий*) gleich; ~ за рóзміром gleich groß, von gléicher [dersélben] Größe; йомý немáє ~их er hat nicht séinesgleichen; 2) (*про поверхню*) ében (*плоский*); glatt (*гладкий*); 3) (*прямий — про лінії*) geráde; 4) (*рівномірний*) gléichmäßig; 5) (*урівноважений — про характер і т. п.*) áusgeglichen; rúhig (*спокійний*)
рівни́на Ébene *f*, Fláchland *n*
рі́вність Gléichheit *f*, Gléichberechtigung *f* (*рівноправність*)
рі́вно I *присл.* 1) (*прямо*) geráde; 2) (*рівномірно*) gléichmäßig; 3) (*гладко*) glatt
рі́вно II *частка* (*точно*) genáu, (*про час - тж*) Punkt; ~ о другíй genáu um zwei (Uhr), Punkt zwei (Uhr)
рівнобéдрений *мат.* gléichschenk(e)lig
рівновáга *у різн. знач.* Gléichge-wicht *n*, (*політ. - тж*) Parität *f*, ~ сил Kräftegleichgewicht *n*
рівнодéння Tagundnáchtgleiche *f*, весня́нé ~ Frühlings-Tagundnáchtgleiche *f*
рівнознáчний gléichbedeutend; idéntisch (*тотожний*)
рівномі́рний gléichmäßig
рівномі́рність Gléichmäßigkeit *f* Gléichförmigkeit *f*
рівнопрáвн|ий gléichberechtigt; **~ість** Gleíchberechtigung *f*
рівноси́льний 1) (*рівної сили*) gleich kräftig, gleich stark; 2) (*рівнозначний*) gléichbedeutend
рівносторóнній *мат.* gléichseitig
рівноці́нний 1) gléichwertig, von gléichem Wert; 2) *перен.* (*про людей*) ébenbürtig
рівня́ння *мат.* Gléichung *f*

Р

рівня́ти 1) (*поверхню чогось*) ébnen *vt*, planíeren *vt*; 2) (*розміщати по прямій лінії*) ríchten *vt*, in geráde Líni e bríngen* *vt*

рівня́|тися 1) (*в строю*) sich ríchten, sich áus|richten (*по комусь* nach *D*); ~йся! (*команда*) richtet euch! 2) (*наслідувати чийсь приклад*) sich ríchten (nach *D*), sich (*D*) j-n zum Vórbild néhmen*

ріг I Horn *n*; оле́нячі ро́ги Geweíh *n*, ◊ ~ доста́тку Füllhorn *n*

ріг II Écke *f*, на ро́зі (*вулиці*) an der Écke; за ро́гом (*вулиці*) um die Écke; з-за ро́гу um die Écke hervór

рід 1) (*покоління*) Geschlécht *n*, Generatión *f*, 2) *біол.* Gáttung *f*, 3) (*сорт, вид*) Art *f*, Gáttung *f*, Sórte *f*, 4) *грам.* Geschlécht *n*, Génus *n*, ◊ вся́кого [рі́зного] ро́ду állerlei, állerhánd

ріди́на Flüssigkeit *f*

рідк|и́й 1) (*який рідко зустрічається*) sélten; 2) (*негустий*) spärlich; schütter (*про волосся і т. п.*); licht (*про ліс*); dünn (*про населення*); ~і́ зу́би auseinánderstehende Zähne; 3) flüssig; ~е́ па́ливо flüssiger Brénnstoff; 4) (*негустий, неміцний*) dünn; 5) (*про рослинність*) spärlich

рідкі́сний sélten

рі́дкість Séltenheit *f*, (*про речі*) *тж* Rarität *f*, ◊ на ~ sélten, áußergewöhnlich; на ~ хоро́ша люди́на ein sélten gúter Mensch

рі́дко 1) (*не часто*) sélten; 2) (*не густо*) wénig dicht; in éinigem Ábstand, mit wéiten Zwíschenräumen (*з проміжками*)

рі́дн|ий 1) (*по крові*) blútsverwandt, léiblich; éigen (*комусь*); вони́ ~і́ брати́ sie sind léibliche Brüder; вона́ моя́ ~а сестра́ sie ist méine éigene Schwéster; 2) (*близький*) náhe; téuer, lieb (*дорогий*); 3) (*про місце*): ~е мі́сто Héimatstadt *f*, ~ дім Váterhaus *n*, ◊ ~а мо́ва Múttersprache *f*

рі́дні *мн.* (*родичі*) die Verwándten; твої ~ déine Ángehörigen, die Déinen

рідня́ Verwándtschaft *f*, моя́ ~ méine Verwándten

рі́дшати sich líchten; sich verzíehen* (*про туман*)

ріж|о́к *муз.* Horn *n*, гра́ти на ~ку́ das Horn blásen*

рі́зати 1) schnéiden* *vt*, 2) (*худобу, птицю*) schláchten *vt*, **~ся**: у дити́ни рі́жуться зу́би das Kind zahnt [bekómmt Zähne]

різдво́ Wéih nachten *n або pl*

різк|и́й 1) (*інтенсивний*) scharf, héftig; 2) (*який неприємно діє*) schnéidend, schrill (*про звук*); grell (*про колір*); 3) (*грубий*) schroff, barsch; 4) (*раптовий*) plötzlich; 5) (*значний*) kraß: ~á суперéчність krásser Wíderspruch

рі́зкість Héftigkeit *f*, Stärke *f* (*сила*); Schärfe *f* (*звуку, зображення*); Schróffheit *f* (*поводження*)

рі́зне Verschíedenes *n*, Sónstiges *n* (*на порядку денному*)

рі́зний 1) (*несхожий*) verschíeden, unterschíedlich; 2) (*різноманітний*) verschíeden, verschíedenartig; állerlei (*всілякий*)

рі́зни́ця 1) (*в чомусь*) Unterschíed *m*, ~ у ча́сі Zéitunterschied *m*, 2) (*величин*) Differénz *f*, 3) *мат.* Differénz *f*

різноба́рвний víelfarbig; bunt (*строкатий, яскравий*)

різнобі́й *розм.* (*відсутність узгодженості*) Únstimmigkeit *f*, Diskrepánz *f* (*розходження*); Ínkonsequenz *f* (*непослідовність*)

різнобі́чний víelseitig

різнови́д Ábart *f*, *біол. тж* Spíelart *f*

різнокалі́берний 1) von verschíedenen Kalíber; 2) (*різних розмірів*) verschíeden, verschíedenartig; bunt

різномані́тний mánnigfaltig, verschíedenartig; víelgestaltig, víelfältig; ábwechslungsreich (*про їжу і т. п.*)

різномані́тн|ість Mánnigfaltigkeit *f*, Verschíedenartigkeit *f*, Víelfalt *f*, Ábwechslung *f*, ◊ для ~ості zur Ábwechslung, ábwechslungshalber

різномо́вний verschíedensprachig; víelsprachig, méhrsprachig

різнорі́дний verschíedenartig; úngleichartig (*неоднорідний*)

різносторо́нній *мат.*: ~ трику́тник úngleichseitiges Dréi eck

рі́зьблений geschnítzt, Schnitz-

рі́зьблення 1) (*вирізання*) Schnéiden *n*, Schnítzen *n*, 2) (*виріб*) Schnítzwerk *n*, ~ по де́реву Hólzschnitzerei *f*, 3) (*гвинтова нарізка*) Gewinde *n*

різьбя́р: ~ по де́реву Hólzschnitzer; Xylográph *m* (*гравер*); ~ по мета́лу Graveur [-'vø:r] *m*, по мі́ді Kúpferstecher *m*, Radíerer *m*, ~ по ка́меню Stéinschnitzer *m*

рій Schwarm *m*

рік 1) Jahr *n*, з ро́ку в ~ а) (*протягом багатьох років*) Jahr für Jahr; jahráus, jahréin; б) (*з кожним роком*) von Jahr zu Jahr; ці́лий ~ das gánze Jahr hindúrch; два ро́ки тому́ ~ vor zwei Jáhren; 2): скі́льки тобі́ ро́кі́в? wie alt bist du?; йому́ два ро́ки er ist zwei Jáhre alt; 3): Нови́й ~ Néujahr *n*, під Нови́й ~ am Néujahrsabend, zu Silvester [-'vɛ-]; з Нови́м ро́ком! glückliches néues Jahr!; поздоро́вити когось з Нови́м ро́ком j-n zum Néujahr [zum Jáhreswechsel] beglückwünschen; 4): ~ наро́дження Gebúrtsdatum *n*, Gebúrtsjahr *n*, учбо́вий ~ Schúljahr *n* (*в школі*); Stúdi enjahr *n* (*у вузі, технікумі*)

рілля́ Ácker *m*, Áckerland *n*

рі́па 1) *с.-г.* (*культура*) Rüben *pl*, 2) (*коренеплід*) Rübe *f*

річ 1) (*предмет*) Sáche *f*, Ding *n*, Gégenstand *m*, 2) (*літературний, музичний і т. п. твір*) Werk *n*, *розм. мн тж.* Sáchen *pl*, 3) (*явище, факт, справа*) Sáche *f*, Ding *n*, в таки́х реча́х in sólchen Sáchen

рі́чище Bett *n*, Flúßbett *n* (*ріки*)

річ|ка́ Fluß *m*, Strom *m* (*велика*); невели́ка ~ kléiner Fluß; піти́ на ~ку báden géhen* *vi* (s); на ~ці am Fluß; за ~кою am ánderen Úfer (des Flússes); по ~ці auf dem Fluß

річков|и́й 1) Fluß-, ~á ри́ба Flúß-fisch *m*; 2) (*про судноплавство*) Bínnen-; ~ флот Bínnenflotte *f*, ~ вокза́л Háfengebäude *n* (für Bínnenschiffverkehr)

річн|и́й éinjährig, jährlich, Jáhres-; ~í ку́рси éinjähriger Léhrgang; ~ те́рмін Jáhresfrist *f*, ~ прибу́ток Jáhreseinkommen *n*

річни́ця Jáhrestag *m*, ~ (*з дня*) диве́рті Tódestag *m*

рі́шення 1) (*обдуманий намір*) Entschlúß *m*, Entschéidung *f* (*вибір*); тверде́ ~ ein féster Entschlúß; прийня́ти яке́сь ~ éinen Entschlúß fássen, éine Entschéidung tréffen*; 2) (*постанова, резолюція*) Beschlúß *m*, ~ пле́нуму der Beschlúß der Plenártagung; ~ у́ряду die Beschlüsse der Regíerung; прийня́ти ~ éinen Beschlúß fássen; 3) *юр.* (*вирок*) Réchtsspruch *m*, Úrteil *n*; ви́нести ~ ein Úrteil fällen

рішу́ч|е 1) (*з рішучістю*) entschlóssen; fest (*твердо*); 2) (*напевно*) entschíeden; kategórisch (*категорично*); **~ий** 1) (*енергійний*) entschíeden; kategórisch (*категоричний*); 2) (*твердий*) entschíeden, fest; 3) (*вирішальний*) entschéidend; 4) (*про людину*) entschlóssen; **~ість** Entschíedenheit *f*, Entschlóssenheit *f*, Beréitwilligkeit *f* (*готовність*)

роби́|ти 1) máchen *vt*, tun* *vt*; ~ ви́сновки den Schluß zíehen*, schlíeßen* *vt*; ~ кому́сь опера́цію j-n operíeren; ~ поку́пки Éinkäufe máchen; ~ ви́гляд, що... tun* als ob...; що мені́ ~? was soll ich ánfangen?; 2) (*виробляти, виготовляти*) verfértigen *vt*, hér|stellen *vt*; **~тися** 1) (*ставати*) wérden* *vi* (s); 2) (*відбуватися*) geschéhen* *vi* (s), vór|gehen* *vi* (s); що тут ~ться? was geht hier vor?, was ist hier los?; що з тобо́ю ~ться? was ist mit dir los? was hast du?

робітни́к Árbeiter *m*, сільськогоспода́рські ~и́ Lándarbeiter *pl*

робітни́чий Árbeiter-; ~ клас Árbeiterklasse *f*

ро́бот Róboter *m*

робо́т|а 1) (*труд*) Árbeit *f*, взя́тися за ~у sich an die Árbeit máchen; у ме́не бага́то ~и ich hábe viel Árbeit [viel zu tun]; 2) (*на підприємстві*) Árbeit *f*, влаштува́тися на ~у éingestellt wérden; звільни́тися з ~и kündigen *vi*; іти́ на ~у zur Árbeit [zum Dienst] géhen* *vi* (s); пі́сля ~и nach Árbeitsschluß, nach Dienstschluß; 3) *мн* ~и (*діяльність по створенню чогось*) Árbeiten *pl*, польові́ ~и Féldarbeiten *pl*, ~и по реставра́ції Restauríerungsarbeiten *pl*, 4) (*продукт праці*) Árbeit *f*, Werk *n*, 5): дома́шня ~ (*уроки*) Háusaufgabe *f*, Háusarbeit *f*, роби́ти дома́шню ~у die Háusaufgabe(n) máchen

роботиза́ція Ánwendung von Róbotern

роботода́вець Árbeitgeber *m*

робо́ч|ий Árbeits-; ~ день Árbeits-tag *m*, ~е мі́сце Árbeitsplatz *m*, ~ о́дяг Árbeitskleidung *f*

рове́сник Áltersgenosse *m*, ми з ним ~и wir sind gléichaltrig

рога́т|ий 1) Horn-, ge hörnt; 2): вели́ка ~а худо́ба Ríndvieh *n*, Rinder *pl*

рогі́вк|а *анат.* Hórnhaut *f*, помутні́ння ~и Hórnhauttrübung *f*

рогов|и́й Horn-; ~í окуля́ри Hórnbrille *f*

родзи́н|ки *мн.* Rosínen *pl*, **~очка** Rosíne *f*

ро́ди *мн.* Gebúrt *f*, Entbíndung *f*

ро́димка Múttermal *n*

роди́н|а Famíli e *f*, *тж. біол.*; ба́тько ~и Famíli envater *m*

роди́нний verwándtschaftlich, Verwándtschafts-

роди́ти 1) gebären* *vt*, zur Welt bríngen* *vt*, entbúnden wérden (von *D*); 2) entbínden* *vi*, in den Wéhen líegen* *vi*

ро́дич Anverwándtte *m*, Verwándte *m*, ми з ним ~і wir sind miteinánder verwándt, wir sind Verwándte; бу́ти ~ами з ки́мось mit j-m verwándt sein

родови́й 1) Stamm-, Famíli en; Erb(*спадковий*); ◊ ~ лад Gentílordnung *f*, 2): ~ відмі́нок *грам.* Génitív *m*

родо́вище Láger *n*, Vórkommen *n*, ~ на́фти Érdölvorkommen *n*

родові́д Stámmbaum *m*, Genealogíe *f*, **~ний** Stamm, genealógisch; ~не де́рево Stámmbaum *m*

ро́дом von Gebúrt, gebürtig; вона́ ~ з Берлі́на sie ist aus Berlín gebürtig; sie stammt aus Berlín; зві́дки він ~? wohér ist er gebürtig?, wo ist er zu Háuse?, wo stammt er her?

родонача́льник 1) Stámmvater *m*, 2) *перен.* (*засновник*) Begründer *m*

родю́ч|ий frúchtbar, ergíebig; **~ість** Frúchtbarkeit *f*

роже́вий rósa, rósafarben; rósig(*про шкіру*)

роза́рій Rósengarten *m*

розба́вити, розбавля́ти verdünnen *vt*

розбагаті́ти *див.* багаті́ти

розбаза́р|ювання Vergéudung *f*, Verschléuderung *f*, Verschwéndung *f* (*коштів*); **~ювати**, **~ити** verschléudern *vt*, vergéuden *vt*, verschwén-den *vt* (*кошти*)

розба́лувати verwöhnen *vt*

розбе́стити (*морально*) (síttlich) verdérben* *vt* **~ся** (*морально розкластися*) (síttlich) verdérben* *vi* (s)

розбе́щений verwöhnt; verzógen

розбе́щувати(ся) *див.* розбе́стити(ся)

розбива́ти(ся) *див.* розби́ти(ся)

розби́вка 1) (*саду і т. п.*) Ánlage *f*, Ánlegen *n*, Ábstecken *n* (*при плануванні*); 2) *полігр.* Spérren *n*, Spérrung *f*, Spérrdruck *m*

розбинто́вувати, **розбинтува́ти** den Verbánd áb|nehmen* (von *D*)

розбира́ння 1) (*сортування*) Sortíerung *f*, Áussortieren *n*, 2) (*на частини*)

Р

Auseinándernehmen *n*, Zerlégung *f*, Demontáge [-ʒə] *f*

розбира́ти *див.* розібра́ти

розбира́тися 1) *див.* розібра́тися; 2) (*в комусь, чомусь*) sich áus|kennen* (in *D*)

розби́ти 1) (*розколоти*) zerbréchen* *vt*, zerschlágen* *vt*; 2) (*дуже пошкодити*) kapútt máchen *vt*; 3) (*частину тіла*) schlágen* *vt*; ~ собі обли́ччя sich (*D*) das Gesícht blútig schlágen*; 4) (*завдати поразки*) (zer)schlágen* *vt*, vernichten *vt*, besiegen *vt* (*перемогти*); 5) (*сад і т. п.*) án|legen *vt*; 6) (*табір і т. п.*) áuf|schlagen* *vt*;

розби́тий 1) (*розколотий*) zerbróchen, zerschlágen; 2) (*дуже пошкоджений*) kapútt; 3) (*утомлений, змучений*) (wie) zerschlágen, kapútt

розби́тися 1) (*розколотися*) zerbréchen* *vi* (s); 2) (*в аварії, катастрофі*) zerschéllen* *vi* (s); áb|stürzen *vi* (*про літак*); 3) (*дуже забитися*) sich verlétzen; ~ до дивéрті tödlich stürzen *vi* (s)

розбіга́тися, **розбі́гтися** 1) (*розігнатися*) (éinen) Ánlauf néhmen*; 2) (*в різні боки*) auseinánder|laufen* *vi* (s)

розбі́жність (*у поглядах, думках*) 1) Méinungsverschiedenheit *f*, Úneinigkeit *f*, Differénz *f*, Diskrepánz *f* (*розходження*); 2) (*суперечність*) Wíderspruch *m*

ро́збір 1) (*аналіз*) Áuswertung *f*, Behándlung *f* (*розгляд*); Bespréchung *f* (*обговорення*); Beúrteilung *f* (*оцінка*); 2) *грам.* Analýse *f*, 3) (*розслідування*) Untersúchung *f*, *юр. тж* Verhándlung *f* ◊ без ро́збору wáhllos

розбі́рливий 1) (*про почерк*) léserlich; déutlich (*чіткий*); 2) (*про людину*) wählerisch; ánspruchsvoll (*з претензіями*)

розбі́рн|ий zerlégbar, auseinándernehmbar, demontíerbar; ~і ме́блі Montágemöbel [-ʒə-] *pl*

розбо́вкати *розм.* (*секрет, таємницю*) áus|schwatzen *vt*, áus|plaudern *vt*, ~ секрéт aus der Schúle pláudern *vi*

розболі́|тися (*про щось*) weh tun* (*у когось D*); у мéне ~лася головá ich bekám Kópfschmerzen

розбомби́ти zerbómben *vt*

розбо́мблений zerbómbt, durch Bómben zerstört

ро́збрат Streit *m*, Zwist *m*, Zwíetracht *f*

розбуди́ти *див.* буди́ти

розбу́рхувати, **розбу́рхати** áuf|regen *vt*, in Errégung versétzen *vt*

розбуха́ти, **розбу́хнути** (áuf)quéllen* *vi* (s), (án)schwellen* *vi* (s)

розбушува́тися 1) tósen vi (*про бурю і т. п.*); bráusen *vi* (*про море*); 2) (*про людину*) in Zorn geráten* *vi* (s), áuf|brausen *vi* (s)

розва́г|а Belústigung *f*, Erhéiterung *f*, Vergnügung *f*, *здеб. мн.* Vergnügungen *pl*, Unterháltung *f*, Vergnügen *n* (*задоволення*); Zerstréuung *f* (*розрада*); пóдорож для ~и Vergnügungsreise *f*

розважа́льний belústigend, erhéiternd; Unterháltungs-; (*який приносить задоволення*) Lust-, Vergnügungs-

розважа́ти *див.* розва́жити **I**; **~ся** *див.* розва́житися

розва́жити I unterhálten* *vt* (*зайняти*); amüsíeren *vt* (*потішити*); zerst-réuen *vt* (*розрадити*); **~ся** sich unterhálten; sich amüsíeren (*потішитися*); sich zerstréuen (*з метою розради*)

розва́жити II (*на вагах*) áb|wiegen* *vt*

розва́жливий 1) (*ощадний*) spársam; háushälterisch (*хазяйновитий*); 2) (*обачливий*) úmsichtig

розважни́й (*про товар*) lóse, nach Gewícht verkäuflich

розва́л Zerfáll *m*, Éinsturz *m*, Zusámmenbruch *m*, Zerrütung *f* (*господарства*); ~ робóти Desorganisatión der Árbeit

розвали́ти, **розва́лювати** 1) zerstören *vt*, úm|sturzen *vt*, ábbrechen* *vt*, ~ стíну die Máuer áb|reißen*; 2) *перен.* desorganisíeren *vt*, zerstören *vt*, ~ господáрство die Wírtschaft zerrüten; **~ся** 1) éin|stürzen *vi* (s), éin|brechen* *vi* (s), zerfállen* *vi* (s); 2) *перен.* verfállen* *vi* (s); zerfállen* *vi* (s); sich áuf|lösen (*про армію*)

розванта́ження Áusladen *n*, Löschen *n* (*судна*)

розванта́жити (*вагон, вантажівку і т. п.*) ab|laden* *vt*, áus|laden* *vt*, löschen *vt* (*судно*)

розванта́жувальний: ~ день Fástentag *m*

розванта́жувати *див.* розванта́жити

розва́рювати, **розвари́ти** weich kóchen *vt*, zerkóchen *vt* (*занадто*)

розве́дений 1) (*про міст*) geöffnet; 2) (*розлучений*) geschíeden

розве́дення Zucht *f*, Züchtung *f*, (*рослин*) *тж* Ánbau *m*

розвезти́ (*доставити*) zú|stellen *vt*, líefern *vt* (*щось*); ~ когóсь по домáх j-n nach Háuse bríngen* [begléiten]

розверну́ти (*повернути*) wénden *vt*, **~ся** (*зробити розворот*) wénden* *vi*, éine Wéndung máchen

розвесели́ти lústig stímmen *vt*, in Stímmung bríngen* *vt*, ~ когóсь чи́мось j-n durch etw. (*A*) áuf|heitern, j-n mit etw. (*D*) erhéitern; **~ся** sich erhéitern, lústig wérden; in Stímmung kómmen* *vi* (s) (*прийти у хороший настрій*)

розвести́ 1) (*тварин, риб, рослини*) züchten *vt*, (*рослини - тж*) án|bauen *vt*, án|pflanzen *vt*; 2) (*роз'єднати, відокремити*) trénnen *vt*; 3) (*подружжя*) schéiden* *vt*; 4) (*розчинити*) (áuf)lösen *vt*; verdünnen *vt* (*розбавити*); 5): ~ вогóнь Féuer (án)máchen

розвести́ся 1) (*розірвати шлюб*) sich schéiden lássen* (von *D*); 2) (*розплодитися — про комах і т. п.*) sich verméhren

розвива́|ти entwíckeln *vt*, entfálten *vt*, schúlen *vt* (*пам'ять*); **~тися** sich entwíckeln, sich entfálten; країни, які ~ються Entwícklungsländer *pl*

розви́дні|тися: ~лося es ist Tag gewórden

розви́лка Gab(e)lung *f*, ~ доріг Wégegabelung *f*

розви́нений (*про людину*) gut entwíckelt (*тж фізично*); gebíldet (*освічений*); áufgeweckt (*кмітливий — про дитину*)

розви́нути *див.* розвива́ти

розви́нут|ий (*який досяг високого рівня розвитку*) entwíckelt; ~а промисло́вість entwíckelte Industríe

розви́нутися *див.* розвива́тися

ро́звит|ок Entwícklung *f*, шлях ~ку Entwícklungsweg *m*

розвіва́тися wéhen *vi*, fláttern *vi*

ро́зві́дка 1) (*розвідувальна служба*) Náchrichtendienst *m*, 2) *військ.* Áufklärung *f*, Erkúndung *f* (*місцевості*); 3) *гірн.* Schürfung *f*

розвідни́й: ~ міст Dréhbrücke *f* (*поворотний*); Zúgbrücke *f* (*звідний*)

розві́дник 1) (*співробітник розвідки*) Kúndschafter *m*, 2) *військ.* Áufklärer *m*, 3) *гірн.* Schürfer *m*

розві́дування (*геологічні*) Schürfungen *pl*

розвінча́ти, **розві́нчувати** (*когось*) j-m den Nímbus néhmen*; *перен.* entthrónen *vt*

розві́сити, **розві́шувати** (áuf)hängen *vt*

розві́ювати, **розві́яти** 1) (*вітром*) (auseinánder)wéhen *vt*, verwéhen *vt*, 2) *перен.* vertréiben* *vt*, verjágen *vt* (*нудьгу і т. п.*); zerstréuen *vt* (*підозри і т. п.*); vertréiben* *vt* (*горе, журбу*); **~ся** *перен.* vergéhen* *vi* (s) (*проходити*); verschwínden* *vi* (s) (*зникати*)

розво́зити *див.* розвезти́

розв'яза́ння Lösung *f* (*проблеми, завдання*); Béilegung *f* (*конфлікту, суперечностей*); ми́рне ~ пита́ння friedliche Lösung éiner Fráge

розв'яза́ти 1) lösen *vt*, áuf|knoten *vt* (*вузол*); áuf|binden* *vt* (*пояс, краватку, мішок*); áuf|schnüren *vt* (*пакет, шнурки*); 2) lösen *vt* (*проблему, завдання*); schlichten *vt* (*суперечку*); entschéiden* *vt* (*питання*); béi|legen *vt* (*конфлікт*); ◊ ~ війну́ éinen Krieg entfésseln; ~ кому́сь ру́ки j-m fréie Hand lássen*; **~ся** 1) áuf|gehen* *vi* (s), sich lösen; 2) (*про питання, справу і т. п.*) sich lösen, sich entschéiden*; sich régeln (*уладнатися*); sich klären (*з'ясуватися*)

розв'я́зка (*завершення*) Lösung *f*, Áusgang *m* (*вихід*); Schluß *m* (*роману і т. п.*)

розв'я́зний vórlaut; flégelhaft, frech (*зухвалий*); dreist (*безцеремонний*)

розв'я́зувати(ся) *див.* розв'яза́ти(ся)

розгада́ти 1) (*відгадати*) ráten* *vt*, lösen *vt*, 2) (*зрозуміти, з'ясувати*) erráten *vt*, enträtseln *vt*

розга́дка 1) (*розгадування*) Erráten *n*, 2) (*розв'язок*) Lösung *f*, Áuflösung *f*

розга́дувати *див.* розгада́ти

розгалу́ження (*дороги і т. п.*) Gáb(e)lung *f*, Wégkreuzung *f* (*перехрестя*)

розгалу́жуватися, **розгалу́зитися** (*про дорогу і т. п.*) sich gábeln; sich verzwéigen (*тж про рослини*)

розганя́ти *див.* розігна́ти

розгардія́ш *розм.* Durcheinánder *n*, Wírrwarr *m*

розгаряч|и́тися sich erhítzen; **~і́лий** erhítzt

розгвинти́ти, **розгви́нчувати** lós|schrauben *vt*, lóckern *vt* (*ослабити гвинт*)

розгина́ти(ся) *див.* розігну́ти(ся)

розг|і́н 1) (*розбіг*) Ánlauf *m*, зробити ~ éinen Ánlauf máchen; з ~óну mit Ánlauf; ◊ з усього́ ~óну (*з ходу*) in vóllem Lauf; 2) (*натовпу*) Vertréibung *f*, Auseinánderjagen *n*

розгла́дити, **розгла́джувати** (*праскою*) (glátt)bügeln *vt*

ро́згляд 1) Betráchten *n*, Dúrchsicht *f* (*перегляд*); Untersúchung *f* (*розслідування*); Prüfung *f* (*вивчення*); Erörterung *f*, Behándlung *f* (*обговорення*); 2) *юр.* Geríchtsverhandlung *f*

розгляда́ти 1) *див.* розгля́нути; 2) (*вважати*) hálten* *vt*, án|sehen* *vt* (für *A*), betráchten *vt* (als *A*)

розгля́діти 1) (*помітити*) bemérken *vt*, 2) (*упізнати*) erkénnen* *vt*

розгля́нути 1) (*оглянути*) betráchten *vt*, sich (*D*) etw. genáu án|sehen*; beséhen* *vt*, 2) (*побачити*) séhen* *vt*, erkénnen* *vt* (*розгледіти*); unterschéiden* *vt* (*розрізнити*); 3) dúrch|sehen* *vt*, untersúchen *vt* (*дослідити*); prüfen *vt* (*вивчити*); erörtern *vt* (*обговорити*); behándeln *vt* (*розібрати*); ~ спра́ву *юр.* éine Sáche verhándeln

розгні́ваний erzürnt, zórnig, wütend

розгні́вати erzürnen *vt*, wütend (zórnig) máchen, in Wut versétzen (bríngen*); **~ся** erzürnen *vi* (s), zórnig wérden, in Wut geráten*

розгну́зданий *перен.* zügellos, hémmungslos (*невтримний*)

розгну́зданість Zügellosigkeit *f*, Schránkenlosigkeit *f*

розголоси́ти, **розголо́шувати** verbréiten *vt*, únter die Léute bríngen* *vt*, áus|plaudern *vt* (*розбрехáти*)

розгорі́тися 1) (*запалати*) áuf|flam-men *vi* (s); áuf|lodern *vi* (s) (*про вогонь*); 2) (*про обличчя і т. п.*) glühen *vi*, blítzen *vi* (*про очі*); 3) (*виникнути*) entbrénnen* *vi* (s); áus|brechen* *vi* (s) (*про війну, суперечку*); áuf|lodern *vi* (s) (*про пристрасті*)

розгорну́ти 1) (*розкласти*) áus|breiten *vt*, entfálten *vt*, áuf|rollen *vt* (*згорнене*); áuf|schlagen* *vt* (*складене*); 2) (*загорнене*) áuf|machen *vt*, áus|packen *vt*, áus|wickeln *vt*, 3) (*розвинути*) entfálten *vt*, entwíckeln *vt*, in Gang bríngen* *vt* (*наладнати*); **~ся** 1) (*про загорнуте*) áuf|gehen* *vi* (s), sich öffnen; 2) (*про листя і т. п.*) sich entfálten; 3) (*розвинутися*) sich entwíckeln, sich entfálten

Р

розгороди́ти ábzäunen *vt*, ábtrennen *vt*, eine Schéidewand errichten; **~ся** sich ábgrenzen; sich voneinánder isolíeren
розгорта́ти *див.* розгорну́ти
розгоря́тися *див.* розгорітися
розграбува́|ння Áusraubung *f*, Áusplünderung *f*, **~ти** (áus)plündern *vt*, áus|rauben *vt*
розгребти́ áuf|graben* *vt*, áuf|wühlen *vt*, schäufeln *vt* (*лопатою*); áuf|harken *vt* (*граблями*)
розгриза́ти, **розгри́зти** zernágen *vt*, zerbéißen* *vt*, (áuf)knácken *vt* (*горіх*)
розгріба́ти *див.* розгребти́
розгро́м 1) (*поразка*) Zusámmenbruch *m*, Níederlage *f*, 2) (*знищення*) Vernichtung *f*, **~и́ти** 1) (*завдати поразки*) zerschlágen* *vt*, eine Níederlage beréiten [béi|bringen*] (*D*); 2) (*знищити*) vernichten *vt*
розгуби́ти verlíeren* *vt*
розгуби́тися (*про людину*) verlégen sein [wérden] (*збентежитися*); verwírrt [stútzig] wérden (*прийти в замішання*); den Kopf verlíeren* (*у важкій ситуації*); rátlos sein (*не знати, що робити*)
розгу́блен|ий verlégen (*збентежений*); verwírrt (*в замішанні*); rátlos (*безпорадний*); **~ість** Verlégenheit *f* (*збентеження*); Verwírrung *f* (*замішання*); Rátlosigkeit *f* (*безпорадність*)
розгу́л 1) Áusschweifung *f*, Zügellosigkeit *f* (*невтримність*); Schwelgeréi *f* (*гульня*); 2): ~ реакції das Wüten der Reaktión
розгу́люватися, **розгуля́тися** *розм.* (*про погоду*) sich áuf|heitern, sich áuf|klären
роздава́ти *див.* розда́ти
роздави́ти zerdrücken *vt*, zerquétschen *vt*, zertréten* *vt* (*ногою*); überfáhren* *vt* (*переїхати когось — про автомашину і т. п.*)
роздаро́вувати, **роздарува́ти** (viel, alles) verschénken *vt*
розда́ти (*комусь*) áus|teilen *vt* (*D або* an *A*), vertéilen *vt* (an *D або* únter *D*)
роздво́єний 1) (zwéi)getéilt, gegábelt; 2) *перен.* gespálten; zwíespältig
роздво́єн|ість: почуття́ ~ості zwíespältiges Gefühl
роздво́єння 1) Gáb(e)lung *f*, 2) *перен.* Spáltung *f*
роздвоїтися 1) sich gábeln; 2) *перен.* sich spálten
роздзвони́ти *розм.* (*розбазікати*) áus|posaunen *vt*
роздво́юватися *див.* роздвоїтися
роздиви́тися (*зорієнтуватися*) sich zuréch|finden*
ро́зділ (*у книзі і т. п.*) Kapítel *n*, Ábschnitt *m*, Teil *m*, Rubrík *f* (*в журналі*)
розділи́|ти 1) téilen *vt*, 2) (*роз'єднати*) trénnen *vt*, 3) (*розподілити*) éin|teilen *vt*, vertéilen *vt* (*між кимось* únter *D*); 4) *мат.* dividíeren [-vi-] *vt* (*на якесь число* durch *A*); **~тися** 1) sich téilen (*на щось* in *A*); (*один від одного*) sich trénnen; 3): на́ші думки́ ~лися únsere Méinungen téilten sich [gíngen auseinánder]
розділо́вий: ~ знак *грам.* Sátzzei-chen *n*, Interpunktiónszeichen *n*
розді́льн|ий 1) (*окремий*) getrénnt; ~е написа́ння Getrénntschreibung *f*, 2) (*чіткий*) klar, déutlich
розділя́ти *див.* розділи́ти 2; **~ся** *див.* розділи́тися
роздобри́тися fréigibig wérden; sich gnädig zéigen
роздобува́ти, **роздобу́ти** *розм.* áuf|treiben* *vt*, bescháffen *vt*, ergáttern *vt* (*хитрощами*)
роздо́|лля 1) (*простір*) (wéiter) Raum *m*, 2) (*повна свобода*) Fréiheit *f*, Úngebundenheit *f* **~льний** (*вільний*) frei, úngebunden; sórglos (*безтурботний*)
роздорі́жж|я Kréuzweg *m*, Schéideweg *m*, на ~і am Schéideweg *тж. перен.*
роздражни́ти 1) (*когось*) nécken *vt*, reizen *vt*, 2): ~ апети́т den Appetít án|regen
роздрато́ваний verdríeßlich, verdróssen, ärgerlich, geréizt
роздратува́ння 1) (*дія*) Réizung *f*, 2) (*стан*) Geréiztheit *f*, Verdrúß *m*, Ärger *m*, з ~м geréizt, verdróssen, ärgerlich
роздратува́ти (*розсердити*) verdríeßen* *vt*, ärgern *vt*, áuf|bringen* *vt*, **~ся** (*розсердитися*) sich ärgern, áuf|gebracht sein
ро́здріб: в ~ im Éinzelhandel; im éinzeln; про́даж о́птом та в ~ Groß und Einzelverkauf *m*, продава́ти щось в ~ etw. stückweise [éinzeln], verkáufen; **~ни́й**: ~ни́й про́даж Éinzelverkauf *m*, ~на́ ціна́ Éinzelhandelspreis *m*
роздрі́бнювати, **роздрібни́ти** zerkléinern *vt*
роздроби́ти, **роздробля́ти** 1) (*розбити*) zerschméttern *vt*, zerkléinern *vt*, zerschlágen* *vt*, 2) (*розчленувати*) zerglíedern *vt*, áuf|teilen *vt* (*розділити*)
роздря́пати zerkrátzen *vt*
роздува́ти(ся) *див.* розду́ти(ся)
ро́здум 1) (*міркування*) Überlégung *f*, Náchdenken *n*, Náchdenklichkeit *f* (*задумливість*); 2) (*сумнів*) Bedénken *pl*, Schwánken *n* (*вагання*); це наво́дить на ~и das gibt zu dénken;
розду́мати sich (*D*) etw. ánders überlégen, séine Ábsicht ändern
розду́мувати 1) (*над чимось або про щось*) nách|denken* *vi* (über *A*), sich (*D*) etw. überlégen; 2) (*вагатися*) schwánken vi; únschlüssig sein (*бути в нерішучості*); záudern *vi* (*баритися*)
розду́ти 1) (*вогонь*) án|fachen *vt*, 2) *перен. розм.* (*перебільшити*) übertréiben* *vt*, áuf|bauschen *vt*, **~ся** dick wérden; (án)schwéllen* *vi* (s) (*розпухнути*)
розду́тий *перен. розм.* übertríeben (*перебільшений*); áufgebläht, áufgeschwellt (*невиправдано великий*)

Р

роздягáльня *розм.* Garderóbe *f*, Kléiderablage *f*, Úmkleideraum *m* (*при спортзалі і т. п.*)

роздягáти, **роздягтú** áus|ziehen* *vt*, aus dem Mántel hélfen* (*D — допомогти комусь зняти пальто*); **~ся** sich áus|ziehen*; áb|legen *vi* (*зняти верхній одяг*); допомогтú комýсь ~ся (*зняти пальто*) j-m aus dem Mántel hélfen*

роз'єднаний 1) ábgesondert, getrénnt; isolíert (*ізольований*); 2) (*позбавлений єдності, спільності*) úneinig; 3) (*відчужений*) entfrémdet *vt*

роз'єднаність 1) (*існування*) Getrénnt heit *f*, Isolíert heit *f* (*ізольованість*); 2) (*дій*) Úneinigkeit *f*, 3) (*відчуженість*) Entfremdung *f*

роз'єднання 1) Trénnung *f*, Ábsonderung *f*, Isolíerung *f*, 2) *тех.* Ábschaltung *f*, Unterbréchung *f*

роз'єднáти, **роз'єднувати** trénnen *vt*, áb|sondern *vt* (*відокремити*); unterbréchen* *vt* (*перервати телефонну розмову*)

розжáлобити Mítleid erwécken (in *D*); rühren *vt* (*зворушити*); erwéichen *vt* (*розчулити*)

розжáрений glühend

розжáрити, **розжáрювати** glühend máchen *vt*, **~ся** glühend wérden, sich erhítzen, erglühen *vi* (s)

розжирíти fett [dick] wérden, Fett án|setzen

розжувáти, **розжóвувати** 1) (zer)káuen *vt*, kléin|kauen *vt*, 2) (*комусь*) *розм.* (*розтлумáчити*) vór|kauen *vt*, áusführlich erklären *vt* (*D*)

роззбрóєння Ábrüstung *f*, загáльне, пóвне та контрольóване ~ állgeméine, vóllständige und kontrollíerte Ábrüstung; Комітéт із ~ Ábrüstungsausschuß *m*

роззбрóїтися, **роззбрóюватися** áb|rüsten *vi*

роззувáти(ся) *див.* роззýти(ся)

роззýти (*когось*) die Schúhe áus|ziehen* (*D*)

роззýт|ий bárfuß; ходúти ~им bárfuß géhen*

роззýтися sich (*D*) die Schúhe áus|ziehen*

роззя́ва *розм.* 1) Gáffer *m*, 2) Schláfmütze *f*

роззя́ви|ти: ~ рóта *розм.* (*від подиву*) den Mund áuf|sperren; стоя́ти ~вши рóта *розм.* gáffen *vi*

роззявля́ти *див.* роззя́вити

розібрáти 1) (*на частини*) auseinánder|nehmen* *vt*, zerlégen *vt*, 2) (*упорядкувати*) órdnen *vt*, in Órdnung bríngen* *vt*, ~ на столí auf dem Tisch Órdnung máchen; 3) (*розглянути, обговорити*) behándeln *vt*, erörtern *vt*, áus|werten *vt*, untersúchen *vt* (*проаналізувати*); *грам.* analysíeren *vt*, 4) (*розпізнати, зрозуміти*) verstéhen* *vt*, begréifen* *vt*, entzíffern *vt* (*почерк і т. п.*)

розібрáтися 1) (*навести порядок*) Órdnung máchen, in Órdnung bríngen* *vt*, órdnen *vt*, 2) (*зрозуміти, з'ясувати*) sich (*D*) klár|werden* (über *A*); sich zuréch-t|finden* (in *D*) (*в обстановці і т. п.*); klug wérden (aus *D — тж в комусь*)

розігнáти auseinánder|treiben* *vt* (*натовп*); vertréiben* *vt* (*прогнати*)

розігнýти auseinánder|biegen* *vt*, gerádе|biegen* *vt* (*розпрямити*); **~ся** sich áuf|richten

розігрáти 1) (*п'єсу, сценку*) áuf|führen *vt*, 2) *спорт.* áus|tragen* *vt* (*першість*); ~ кýбок um éinen Pokál spíelen *vi*, 3) (*в лотерею*) áus|spielen *vt*, verlósen *vt*, 4) *розм.* (*підманити*) fóppen *vt*, zum bésten háben *vt*, **~ся** áus|brechen* *vi* (s) (*про море, про пристрасті*); sich áb|spielen (*про події*)

рóзіграш 1) Zíehung *f* (*позики і т. п.*); Verlósung *f* (*лотереї*); 2) *спорт.* Áustragung *f*, ~ пéршості з футбóлу die Áustragung der Fúßballmeisterschaft; ~ кýбка з футбóлу Fúßballpokalspiele *pl*, 3) *розм.* (*жарт*) Spaß *m*, Streich *m*

розігрівáння Áufwärmen *n* (*їжі*); *тех.* Erwärmung *f*, Erhítzen *n*, Áufheizung *f*

розігрівáти, **розігрíти** warm [heiß] máchen *vt*, áuf|wärmen *vt* (*підігріти*)

розíгрувати *див.* розігрáти

розізлúти erzürnen *vt*, áuf|bringen* *vt*, **~ся** wütend wérden, áufgebracht sein

розійтúся 1) (*піти*) wég|gehen* *vi* (s); auseinánder|gehen* *vi* (s) (*в різні боки*); ~ по домáм nach Háuse géhen* *vi* (s); 2) (*розстатися*) sich trénnen (*з кимось* von *D*); sich schéiden lássen* (*про подружжя*); 3) (*розминутися*) einánder verféhlen; 4): ~ в пóглядах verschíedener Méinung [unterschiedlicher Ánsicht] sein; 5) (*спродатися*) áusverkauft [réstlos verkáuft] sein; vergríffen sein (*про книгу*)

розімкнýти 1) *ел.* áusschalten *vt*, trénnen *vt*, ~ контáкти die Kontákte trénnen; **2.** (*відкрити*) entríegeln *vt*, lósmachen *vt*, öffnen *vt* ~ ворóта шлю́зу die Schléusentore öffnen

розім'я́ти zerdrücken *vt* (*картоплю і т. п.*); wéich|kneten *vt* (*тісто і т. п.*)

розірвáння Áuflösung *f*, Lösung *f*, Áufhebung *f* (*скасування*); Kündigung *f*, Annullíerung *f* (*договору*); ~ шлю́бу Éhescheidung *f*

розірвáти 1) (*порвати*) zerréißen* *vt*, in Stücke réißen* *vt*, zerfétzen *vt* (*на частини*); 2) (*зносити*) zerréißen* *vt*, kapút-t|machen *vt*, 3) (*припинити*) (áuf)lösen *vt*, áuf|heben* *vt* (*скасувати*); kündigen *vt*, annullíeren *vt* (*договір*); bréchen* *vt* (*угоду*); ~ шлюб éine Éhe schéiden* [lösen]; ~ стосýнки з кúмось die Bezíehungen zu j-m áb|brechen*; **~ся** 1) (zer)réißen* *vi* (s); 2) (*зноситися*) in Fétzen géhen* *vi* (s), kapútt sein; 3) (*про снаряди і т. п.*) explodíeren *vi* (s)

Р

розісла́ти 1) (*щось в різні місця*) áus|senden* *vt*, verschicken *vt*; 2) (*відправити усіх*) álle wég|schicken
роз'їда́ти *див.* роз'їсти
роз'їжджа́|ти 1) (*їздити*) réisen *vi* (s); ~ по країні durch das Land réisen *vi* (s); 2) (*бути в роз'їздах*): він бага́то ~є er ist ständig unterwégs [auf Réisen]
роз'їжджа́тися *див.* роз'їхатися; час ~ es ist Zeit áufzubrechen [zum Áufbrechen]
роз'ї́зд 1) Áufbruch *m* (*гостей*); Ábfahrt *f*, Ábreise *f* (*від'їзд*); 2) *зал.* Áusweichgleis *n*, Áusweichstelle *f* (*станція*); ◊ бу́ти в ~ах auf Réisen sein
роз'ї́сти zerfréssen* *vt*, án|fressen* *vt* (*про іржу*); ätzen *vt* (*про кислоту*)
роз'ї́хатися wég|fahren* *vi* (s) (*поїхати*); auseinánder|fahren* *vi* (s) (*в різні боки*); ~ по дома́х nach Háuse fáhren* *vi* (s)
розказа́ти, розка́зувати erzählen *vt*
розката́ти, розка́чувати 1): (*скачане*) áuf|rollen *vt*, 2) (*тісто*) áuf|rollen *vt*
розка́|юватися (*в чомусь*) beréuen *vt*, **~яння** Réue *f*
ро́зквіт (*піднесення*) Blüte *f*, Áufschwung *m* (*діяльності, економіки*); періо́д ~у Blütezeit *f*
розкида́ти, **розки́дати** 1) (*по поверхні*) verstréuen *vt*, 2) (*речі безладно*) auseinánder|werfen* *vt*, herúm|werfen* *vt*
розки́нути 1) (*намет*) áuf|schlagen* *vt*, 2) (*розстелити*) áus|breiten *vt*, **~ся** sich áus|breiten (*про гілки дерева*); sich áus|dehnen (*про місто і т. п.*)
ро́зкіш 1) (*пишнота*) Pracht *f*, Prunk *m*, Üppigkeit *f* (*рослинності*); 2) (*надмірність*) Lúxus *m*, жи́ти в ро́зкоші in Lúxus lében *vi*
розкі́шний 1) (*чудовий*) práchtvoll, prúnkvoll, prächtig, Pracht; üppig (*який пишно росте*); 2) (*якому властива надмірна розкіш*) luxuriös, Lúxus-
ро́зклад I 1) (*на складові частини*) Zerlégung *f*, 2) (*розпад, гниття*) Verwésung *f*, 3) *перен.* Zersétzung *f*, Verfáll *m* (*занепад*); Demoralisíerung *f* (*моральний*)
ро́зклад II Fáhrplan *m* (*поїздів, автобусів і т. п.*); Flúgplan *m* (*авіарейсів*); Stúndenplan *m* (*уроків, занять*)
розклада́ти *див.* розкла́сти 2, 3; **~ся** *див.* розкла́стися
розкладни́й Klapp-; zusámmenlegbar, áufschlagbar
розкладу́шка *розм.* Kláppbett *n*
розкла́сти 1) (*розмістити*) (áus)lé-gen *vt*, áus|breiten *vt* (*розстелити*); vertéilen *vt* (*розподілити*); 2) (*на складові частини*) zerlégen *vt*, 3) (*морально*) zersétzen *vt*, demoralisíeren *vt*, **~ся** 1) (*згнити*) verwésen *vi* (s); 2) (*морально*) verfállen* *vi* (s); sich zersétzen, demoralisíert sein
розкле́ювати, **розкле́їти** (*афіші і т. п.*) klében *vt* (*клеїти*); áuf|kleben *vt* (*наклеювати*); án|kleben *vt* (*приклеювати*)
розко́л Spáltung *f*, Áufspaltung *f*, Riß *m*, прибі́чник ~у Spálter *m*, полі́тика ~у Spáltungspolitik *f*
розко́лина 1) Riß *m*, Spálte *f* (*глибока*); 2) (*тріщина*) (tiefer) Riß *m*, Rinne *f* (*в кризі*), Spálte *f*
розколо́ти (zer)spálten *vt*, (zer)háken *vt* (*дрова*); (zer)knácken *vt* (*горіхи*)
розко́лотий gespálten; zwéigeteilt (*на дві частини*)
розко́лювати *див.* розколо́ти
розкопа́ти 1) (*розрити*) áuf|graben* *vt*, 2) (*викопати*) áus|graben* *vt*
розко́пки *мн* Áusgrabungen *pl*
розко́пувати *див.* розкопа́ти
розкрада́ння Díebstahl *m*, Ráub m; Áusplünderung *f*
розкрада́ти stéhlen* *vt*, áusrauben *vt*, áusplündern *vt*
розкрада́ч Plünd(e)rer *m*, Dieb *m*
розкра́сти *див.* розкрада́ти
розкрива́ти, **розкри́ти** 1) (*відкрити*) öffnen *vt*, áuf|machen *vt*, (*книгу*) *тж* áuf|schlagen* *vt*, 2) (*викрити*) áuf|decken *vt*, entlárven [-vən] *vt*, enthüllen *vt* (*секрет*); **~ся** 1) (*відкритися*) sich öffnen, sich áuf|tun*, áuf|gehen* *vi* (s); 2) (*виявитися*) sich heráus|stellen, an den Tag kómmen* *vi* (s)
розкрича́тися *розм.* 1) (*здійняти крик*) ein Geschréi erhében*; 2) (*на когось*) án|schreien* *vt*
розкриши́ти zerkrümeln *vt*, zerbröckeln *vt*, **~ся** zerkrümeln *vi* (s), zerbröckeln *vi* (s); áb|bröckeln *vi* (s) (*про зуб*)
розкрі́й Schnitt *m*, Zúschnitt *m*
розкріпа́чення 1) (*дія*) Befréiung *f*, Emanzipatión *f*, 2) (*стан свободи*) (ínnerliche) Fréiheit *f*, 3) (*розслаблення*) Entspánnung *f*
розкріпа́читися, **розкріпа́чуватися** 1) (*звільнитися*) sich befréien, sich emanzipíeren; 2) (*розслабитися*) sich entspánnen
розкрої́ти 1) (*тканину і т. п.*) zúschneiden* *vt*, 2) (*розітнути*) spálten *vt*, ~ че́реп den Schädel spálten
розкрути́ти 1) (*розмотати*) lós|winden* *vt*, 2) (*відгвинтити*) lós|dre-hen *vt*, áuf|drehen *vt* (*кран*); áuf|schrauben *vt* (*гвинт*)
розкупа́ти, **розкупи́ти** áuf|kaufen *vt*, кни́гу шви́дко розкупи́ли das Buch war schnell vergríffen
розкупо́рювати, **розкупо́рити** öffnen *vt*, (*пляшку*) *тж* entkórken *vt*
розкуси́ти 1) zerbéißen* *vt*, (áuf)knácken *vt* (*горіх*); 2) *розм.* (*зрозуміти*) dahínter|kommen* *vi* (s) (*щось D*); durchschäuen *vt* (*бачити когось, щось наскрізь*)
розку́шувати *див.* розкуси́ти 1
ро́злад 1) (*безладдя*) Verwírrung *f*, Únordnung *f*, Verfáll *m*, Níedergang *m* (*занепад*); Zerrüttung *f*, Desorganisatión *f*

Р

(*у справах і т. п.*); 2) (*несправність в роботі механізму і т. п.*) Störung *f*, Beschädigung *f* (*пошкодження*); 3) (*захворювання*): ~ шлу́нку Mágenverstimmung *f*, нерво́вий ~ Neuróse *f*, 4) (*відсутність узгодженості*) Únstimmigkeit *f*, 5) (*незгода*) Úneinigkeit *f*, Zwist *m*, Zwietracht *f* (*розбрат*)

розла́днаний (*про здоров'я*) untegráben; zerrüttet (*про нерви*); verdórben (*про шлунок*)

розладна́ти 1) (*порушити порядок*) verwírren *vt*, zerrütten *vt*, desorganisíeren *vt* (*тж господарство і т. п.*); 2) (*здоров'я*) untergráben* *vt*, zerrütten *vt* (*нерви*); verdérben* *vt* (*шлунок*)

розла́мувати *див.* розломи́ти

розлеті́тися (*в різні боки*) auseinánder|fliegen* *vi* (s)

розли́в (*ріки*) Hóchwasser *n*

розлива́ти, **розли́ти** 1) (*пролити*) vergíeßen* *vt*, verschütten *vt*, 2) (*налити*) éin|gießen* *vt*, éin|schenken *vt* (*по чашках, чарках*); **~ся** (*про річку*) über die Úfern tréten* *vi* (s)

розлінува́тися faul wérden

розліта́тися *див.* розлеті́тися

розло́гий bréitästig; wéitausgebreitet, wéitverzweigt (*гіллястий*)

розло́м Bruch *m*

розломи́ти (zer)bréchen* *vt*

розлу́|ка 1) Trénnung *f*, жи́ти в ~ці з ки́мось von j-m getrénnt lében *vi*; 2) (*розставання*) Schéiden *n*, 3) (*прощання*) Ábschied *m*

розлуча́ти trénnen *vt*, schéiden* *vt* (*з кимось* von *D*); **~ся** sich trénnen (*з кимось* von *D*), voneinánder schéiden* *vi* (s); sich schéiden lássen* (von *D*)

розлу́чен|ня Schéidung *f*, Ehescheidung *f*, бу́ти ~им geschíeden sein

розлучи́ти(ся) *див.* розлуча́ти(ся)

розлюби́ти nicht mehr líeben *vt* (*когось*); nicht mehr mögen* *vt* (*щось*)

розлютува́ти in Wut bríngen*, wütend (rásend) máchen; **~ся** in Wut geráten, wütend wérden

розлютува́тися wütend wérden, in Wut geráten* *vi* (s)

розлю́чений wütend, rásend

розма́зати, **розма́зувати** verschmíeren *vt* (*грязь*); verstréichen* *vt* (*фарбу, клей і т. п.*)

розмальо́ваний schlecht bemált; híngeschmiert; ángemalt, ángeschmiert

розмальо́вувати, **розмалюва́ти** 1) (*чимось*) mit Zéichnungen bedécken [áus|schmücken] *vt*, bemálen *vt* (mit *D* — *фарбами*); 2) *перен.* áus|malen *vt*, dár|stellen *vt*

ро́змах 1) (*величина коливання*) Schwíngungsweite *f*, Amplitúde *f*, 2) (*крил*) Flügelweite *f* (*птаха*); Spánnweite *f* (*літака*); 3) (*сила змаху*) Wucht *f*, уда́рити з усього ~у mit vóller [áller] Wucht zú|schlagen* *vi*, 4) (*діяльності, подій*) Schwung *m*, Áusmaß *m* (*масштаб*)

розма́хувати (*чимось*) schwíngen *vt*, hin und her schwénken *vt*, ~ рука́ми mit den Händen (herúm)fúch-teln *vi*, gestikulíeren *vi* (*жестикулювати*)

розма́хуватися, **розмахну́тися** (*замахнутися*) áus|holen *vi*

розмежо́вувати áb|grenzen *vt*, die Grénzen zíehen* (*D*); **~ся** sich áb|grenzen

розмежува́ння Ábgrenzung *f*, Vermés-sen *n*

розмежува́ти *див.* розмежо́вувати

розмежува́тися sich gegeneinánder áb|grenzen, sich trennen

розме́лювати *див.* розмоло́ти

розми́в Unterspülung *f*, ~ гре́блі Dámmbruch *m*

розмива́ти unterspülen *vt*, áuf|weichen *vt* (*дорогу*)

розмина́ти *див.* розім'яти

розми́нка *спорт.* Wármlaufen *n*, Áufwärmen *n*

розми́ти *див.* розмива́ти

ро́змін 1) Wéchseln *n*, ~ гро́шей Géldwechseln *n*, 2) *шах.* Ábtausch *m*

розмі́нн|ий 1) Wéchsel-; ~ автома́т Wéchselautomat *m*, 2): ~а моне́та Kléingeld *n*, Wéchselgeld *n*

розмі́нювати, **розміня́ти** 1) (*гроші*) wéchseln *vt*, 2) *шах.* áb|tauschen *vt*, 3) *розм.* (*одну квартиру на декілька*) táuschen *vt* (gégen *A*)

ро́змір 1) Áusmaß *n*, Úmfang *m* (*обсяг*); Größe *f* (*величина*); Höhe *f* (*рівень*); Dimensión *f* (*вимірювання*); 2) (*мірка*) Größe *f*, ~ о́дягу Konfektiónsgröße *f*, ~ взуття́ Schúhgröße *f*, 3) (*вірша*) Vérsmaß *n*, 4) *муз.* Takt *m*, Zéitmaß *n*

розмі́рен|ий 1) gléichmäßig, rhýthmisch, táktmäßig (*ритмічний*); geméssen (*неквапливий*); ~им кро́ком mit geméssenen Schrítten; 2) (*упорядкований*) gerégelt, órdnungsmäßig

розмі́рити ánpassen *vt* (*з чимось D*); beméssen* *vt* (nach *D*); ins ríchtige Verhältnis bríngen*

розмірко́вувати réden *vi*, spréchen* *vi*, philosophíeren *vi* (über *A*)

розмі́р|ний gemáß (*з чимось D*), ángemessen, entspréchend (*D*); proportionál; **~но** ángemessen (*D*); entspréchend (*D*); ánteilmäßig (*пропорційно*); **~ність** Ángemessenheit *f*, Proportionalität *f*

розмі́ряти verméssen* *vt*, méssen* *vt*, áus|messen* *vt*, beréchnen *vt* (*розрахувати*)

розмісти́ти áuf|stellen *vt* (*розставити*); án|ordnen *vt* (*розташувати*); vertéilen *vt* (*розподілити*); únter|bringen* *vt* (*помістити*); *військ.* stationíeren *vt*, **~ся** Platz fínden* (*поміститися*); únter|kommen* *vi* (*s*), sich éin|richten (*влаштуватися*); die Plätze éin|nehmen* (*зайняти місця*)

Р

vi (auf *A* *або* mit *D*); sich verlássen* (auf *A* — *покладатися на когось*); **~ся** *див.* розрахува́тися
розрахува́ти 1) (*обрахувати*) áus|rechnen *vt*, beréchnen *vt*; 2) (*звільнити*) entlássen* *vt*, kündigen *vi* (*D*)
розрахува́тися 1) (*оплатити*) bezáh-len *vt*, záhlen *vi* (für *A* — *заплатити за щось*); záhlen *vi* (*D*), áb|rechnen *vi* (mit *D* — *розплатитися з кимось*); 2) *розм.* (*помститися комусь*) áb|rechnen *vi* (mit *D*); ~ з ки́мось за щось j-m etw. héim|zahlen; 3) *розм.* (*звільнитися*) die Árbeit [die Stélle] áuf|geben*, kündigen *vi*
розраху́нок 1) (*обчислення*) Beréchnung *f*, Kalkulatión *f*; 2) (*сплата грошей*) Ábrechnung *f*; ~ за готі́вку gégen bar; 3) (*звільнення*) Entlássung *f*; да́ти кому́сь ~ j-m entlássen*, j-m kündigen; 4) *розм.* (*користь, вигода*) Vórteil *m*
розрегота́тися in Gelächter [Láchen] áus|brechen*, lós|lachen *vi*
розрекламува́ти durch Rekláme ánpreisen*
розри́в 1) Riß *m*; 2) (*стосунків, зв'язків*) Bruch *m*, Ábbruch *m*; ~ дипломати́чних стосу́нків Ábbruch der diplomátischen Bezíehungen; 3) (*снаряда*) Explosión *f*
розрива́ти I *див.* розри́ти
розрива́ти II *див.* розірва́ти; **~ся** *див.* розірва́тися
розрида́тися in Schlúchzen áus|brechen* *vi* (s)
розри́ти áuf|graben* *vt*, áuf|wühlen *vt*
розрі́джувати verdünnen *vt* (*робити більш рідким*); verflüssigen *vt* (*перетворювати в рідину*); verwässern *vt* (*розбавляти водою*)
ро́зріз 1) (*надріз*) Schnitt *m*, Éinschnitt *m*; 2) (*на спідниці, піджаку*) Schlitz *m*
розрі́зати, **розрі́за́ти** schnéiden* *vt*; áuf|schneiden* *vt* (*яблуко і т. п.*); zerschnéiden* *vt*, zertéilen *vt* (*на частини, шматки*)
розрі́знений 1) (*неповний*) únvollständig; éinzeln (*одиничний — який є частиною комплекту*); únpaarig (*непарний*); 2) (*роз'єднаний*) veréinzelt, isolíert
розрізни́ти 1) (*розпізнати*) erkén-nen* *vt*; 2) (*відрізнити*) unterschéiden* *vt* (durch *A*)
розрізня́ти *див.* розрізни́ти; **~ся** (*чимось, за чимось*) sich unterschéiden* (durch *A*)
розроби́ти (*детально дослідити, підготувати*) áus|arbeiten *vt* (*план, проект*); entwíckeln *vt* (*теорію, технологію*); erárbeiten *vt* (*метод, навчальну програму і т. п.*)
розро́бка Áusarbeitung *f*, Erárbei-tung *f*, Entwícklung *f* (*винаходу, проекту*)
розробля́ти *див.* розроби́ти
розроста́тися, **розрости́ся** 1) (*про рослини*) schnell [üppig] wáchsen* *vi* (s), sich áus|breiten; 2) (*збільшитися, посилитися*) wáchsen* *vi* (s); sich verbréiten (*розширюватися, розвиватися*); sich áus|breiten (*про місто і т. п.*)
розру́бувати, **розруба́ти** zerháuen* *vt*, (zer)spálten *vt*
розру́ха Zerrüttung *f*, Verfáll *m*
розря́д I (*категорія*) Kategoríe *f*, Klásse *f*, *спорт.* Léistungsklasse *f*
розря́д II *ел.* Entládung *f*
розряджа́ти, **розряди́ти** 1) (*зброю*) entláden* *vt*; 2) *перен.* entspánnen *vt*; **~ся** 1) (*про зброю*) sich entláden*; 2) *перен.* sich entspánnen
розря́дк|а *перен.* Entspánnung *f*; ~ міжнаро́дної напру́женості internationále Entspánnung; полі́тика **~и** Entspánnungspolitik *f*
розря́дник *спорт.* Léistungssportler *m*
розса́да Sétzlinge *pl*, Pflänzlinge *pl*
розса́джувати *див.* розсади́ти; **~ся** *див.* розсі́стися
розсади́ти 1) (*усадовити когось*) únter|bringen* *vt*; die Plätze án|weisen (*D*) (*по місцях*); 2) (*відсадити когось*) auseinánder sétzen *vt*, voneinánder wég|setzen *vt*
розса́дник *перен.* (*осередок чогось*) Brutstätte *f*, Herd *m* (*зарази*); ◊ плодо́во-я́гідний ~ Óbstbaumschule *f*
розсе́рдити ärgern *vt*, böse [zórnig] máchen *vt*; **~ся** sich ärgern, böse [zórnig] wérden [sein]
розсила́ти *див.* розісла́ти
розси́лка Versánd *m*, Verséndung *f*
розси́пати, **розсипа́ти** (ver)stréuen *vt*, (ver)schütten *vt*; **~ся** 1) verstréut [verschüttet] sein [wérden]; 2) (*кришитися*) zerbröckeln *vi* (s), zerfállen* *vi* (s)
розси́пчастий bröck(e)lig; mürbe (*про тісто*)
розсіка́ти, **розсікти́** 1) zerháuen* *vt*, zerhácken *vt*; 2) (*поранити*) stark verlétzen *vt*
розсі́л Sálzwasser *n*; Sálzlake *f*, Sálzlauge *f*
розсі́стися (*сісти*) sich sétzen, Platz néhmen*; die Plätze éin|nehmen* (*зайняти свої місця*)
розсі́ювати(ся) *див.* розсі́яти(ся)
розсі́яний (*про світло*) diffús, matt
розсі́яти *перен.* zerstréuen *vt* (*підозри і т. п.*); vertréiben* *vt* (*горе і т.п.*); **~ся** 1) sich zerstréuen; sich verziehen (*про хмари і т. п.*); sich lichten (*про туман*); 2) *перен.* vergéhen* *vi* (s) (*минути*); verschwinden* *vi* (s) (*зникнути*)
розсла́бити, **розслабля́ти** schwächen *vt*; entkräften *vt* lóckern *vt*; entspánnen *vt* (*м'язи*); **~ся** (*про людину*) sich entspánnen; áus|spannen *vi* (*відпочити*)
розслі́дува|ння Untersúchung *f* *тж юр.*, Náchforschung *f*; **~ти** untersúchen *vt* *тж юр.*, nách|forschen *vi* (*D*); ermítteln *vt* (*встановити*)
розсміши́ти *див.* смiши́ти
розсмія́тися (áuf)láchen *vi*, in Láchen áus|brechen* *vi* (s)

розсмоктáтися, **розсмóктуватися** (*про пухлину і т. п.*) zurück|gehen* *vi* (s)
розсóвувати auseinánder|rücken *vt*, auseinánder|ziehen* *vt* (*фіранки*); áus|ziehen* *vt* (*стіл*); **~ся** sich öffnen; áuf|gehen* *vi* (s) (*про завісу*)
розсóльник *кул.* Súppe mit sáuren Gúrken
розсортувáти, **розсортóвувати** (áus)sortíeren *vt*
розставáнн|я Ábschied *m*; при ~і beim Ábschied
розставáтися *див.* розстáтися
розстáвити, **розставля́ти** 1) (*поставити*) (áuf)stéllen *vt*, án|ordnen *vt* (*по порядку*); vertéilen *vt* (*розподілити*); 2) (*розсунути*) spréizen *vt*
розстанóвка (*розміщення*) Áufstellung *f*, Ánordnung *f* (*по порядку*); Vertéilung *f* (*розподіл*)
розстáтися 1) (*розійтися*) auseinánder|gehen* *vi* (s); sich verábschieden (*з кимось* von *D* — *проститися*); 2) (*розлучитися*) sich trénnen (*з кимось*) von *D*); ~ дрýзями sich als Fréunde trénnen; 3) (*відмовитися від чогось*) áuf|geben* *vt*
розстебнýти áuf|machen *vt*, öffnen *vt* (*комір*); áuf|knöpfen *vt* (*ґудзики*); áuf|haken *vt* (*крючки*); áuf|schnallen *vt*, lösen *vt* (*пряжку*); **~ся** 1) (*про щось*) áuf|gehen* *vi* (s); 2) (*про когось*) sich (*D*) den Mántel [die Jácke] áuf|knöpfen
розстели́ти áus|breiten *vt*
розстеля́ти *див.* розстели́ти; **~ся** (*простягатися*) sich áus|breiten, sich erstrécken
розстикувá|ння *косм.* Ábdockung *f*, Ábkopplung *f*, Entkópplung *f*, провести́ ~ áb|docken *vt*, áb|koppeln *vt*, entkóppeln *vt*; **~ти** *косм.* áb|docken *vt*, áb|koppeln *vt*, entkóppeln *vt*; **~тися** *косм.*: кораблі́ ~лися die Schíffe wúrden ábgedockt [ábgekoppelt, entkóppelt]
розстібáти(ся) *див.* розстебнýти(ся)
рóзстріл 1) (*дія*) Erschíeßung *f*, 2) (*страта*) Erschíeßen *n*, Tod durch Erschíeßen
розстрíлювати, **розстріля́ти** (*когось*) erschíeßen* *vt*
розстрóїти 1) (*музичний інструмент*) verstímmen *vt*, 2) (*плани і т. п.*) veréiteln *vt*, zuníchte máchen *vt*; **~ся** 1) in Verwírrung geráten* *vi* (s); 2) (*не удатися*) schéitern *vi* (s), nicht zustánde kómmen* *vi* (s); 3) (*про музичний інструмент*) sich verstímmen
розстрóчк|а: платíж в ~у Rátenzahlung *f*, купувáти щось в ~у etw. auf Ráten [auf Téilzahlung] káufen
розступáтися, **розступи́тися** auseinánder|treten* *vt* (s), zur Séite tréten* *vi* (s); Platz máchen (*перед кимось D* — *дати місце*)
розсувáти(ся) *див.* розсóвувати(ся)
рóзсуд: за влáсним ~ом nach éigenem Erméssen
розсуди́ти 1) (*винести рішення*) entschéiden* *vt*, úrteilen *vi* (*когось, щось*) über *A*); 2) (*подумати*) erwägen* *vt*, überlégen *vt*, bedénken* *vt*
розсýдлив|ий vernünftig vórsichtig (*обережний*); gründlich, solíde; **~ість** Vernúnft *f*, Úmsicht *f* (*обачність*)
розсýдливо vernünftig, nüchtern
розтáнути (áuf)táuen *vi* (s), (zer)schmélzen* *vi* (s)
розташóван|ий: мíсто ~е на рíчці die Stadt liegt am Fluß
розташувáння Únterbringung *f*, Áufstellen *n*, Láge *f*, Ánordnung *f*, Vertéilung *f*, *військ.* Stationíerung *f*, Stándort *m*
розташувáти únter|bringen* *vt*, án|ordnen *vt* (*по порядку*); áuf|stellen *vt* (*розставити*); **~ся** sich níeder|lassen* (*розміститися*); sich éin|richten (*влаштуватися*); es sich (*D*) bequém máchen (*зручно сісти, лягти*)
розтекти́ся zerflíeßen* *vi* (s)
розтéрзаний zerfléischt; zerríssen; zerfétzt (*розтріпаний*)
розтерзáти zerfléischen *vt*, zerréißen* *vt*, zerfétzen *vt* (*тж перен.*)
розтéрти 1) (*перетворити на порох*) zerréiben* *vt*, 2) (*розмазати по чомусь*) verréiben* *vt* (auf *D*); 3) *натерти чимось*) éin|reiben* *vt* (mit *D*); 4) (*зробити масаж*) áb|reiben* *vt*, massíeren *vt*, frottíeren *vt* (*рушником*); **~ся** 1) (*натертися чимось*) sich éin|reiben* (mit *D*); 2) (*зробити собі масаж*) sich áb|reiben*, sich massíeren; sich frottíeren (*рушником*)
рóзтин 1) Schnitt *m*, ◊ кéсарів ~ *мед.* Kéiserschnitt *m*, 2) *анат.* seríeren *vt*
розтирáти(ся) *див.* розтéрти(ся)
розтікáтися *див.* розтекти́ся
розтлумáчити, **розтлумáчувати** (*щось комусь*) erklären *vt*, auseinánder|setzen *vt*, klár|machen *vt* (*D*)
розтовстíти dick (korpulént) wérden, Fett án|setzen; zúnehmen* *vi*
розтопи́ти, **розтóплювати** 1) (*піч, камін*) án|heizen *vt*, Féuer án|machen (in *D*); 2) (*нагріваючи, зробити рідким*) schmélzen *vt*, zerlássen* *vt* (*масло і т. п.*); **~ся** 1) (*про піч*) án|fangen*, zu brénnen; 2) (*при нагріванні стати рідким*) (zer)schmélzen* *vi* (s); zergéhen* *vi* (s) (*про масло і т. п.*)
розтоптáти, **розтóптувати** zertréten* *vt*, zerstámpfen *vt*
розтóрсати *розм.* áuf|rütteln *vt*
розтрáта 1) (*незаконні витрати*) Verúntreuung *f*, Unterschlágung *f*, 2) (*часу, сил*) Vergéudung *f*
розтрáтити 1) (*витратити*) áus|geben* *vt*, verschwénden *vt* (*нерозумно*); 2) (*час, сили і т. п.* vergéu-den *vt*
розтрáтник Verúntreuer *m*
розтрáчувати *див.* розтрáтити
розтривóжити áufschrecken *vt* (*злякати*); beúnruhigen *vt*, stören *vt* (*за-*

Р

непокоїти); áufregen *vt*, in Sórge (in Únruhe) versétzen (*схвилювати*)
розтри́нькати vergéuden *vt*, verschwénden *vt*
розтріпáти zerzáusen *vt*, zerráufen *vt* (*волосся*); zerfétzen *vt* (*книгу*); **~ся** zerzáust sein (*про волосся*); zerfétzt [zerlésen] sein (*про книгу*)
розтрі́скатися (zer)plátzen *vi* (s), bérsten* *vi* (s), Risse bekómmen*; (an méhreren Stéllen) springen* *vi* (s) (*про посуд*); áuf|springen* *vi* (s), rissig wérden (*про шкіру, губи*)
розтрощи́ти verníchten *vt*; zerstören *vt* (*зруйнувати*)
розтули́ти, **розтуля́ти** (*губи, кулак*) öffnen *vt*; **~ся** (*про губи і т. п.*) sich öffnen
розтя́гнення: ~ зв'язок *мед.* Séhnenzerrung *f*
розтя́гнутий áusgedehnt; in die Länge gezógen
розтягти́ 1) (*витягти*) strécken *vt*, (áus)déhnen *vt*; 2) (*у часі*) hín|ziehen* *vi*, in die Länge ziehen* *vt*; **~ся** 1) (*витягнутися*) sich áus|weiten (*про одяг, взуття*); sich áus|dehnen (*про в'язані вироби*); 2) *розм.* (*упасти*) (lang) hín|schlagen* *vi* (s); 3) (*у часі*) sich hín|ziehen*, sich in die Länge ziehen*
розтя́гувати *див.* розтягти́; **~ся** 1) *див.* розтягти́ся 1, 3; 2) (*бути еластичним*) déhnbar [elástisch] sein
ро́зум Verstand *m*, Vernúnft *f*, Sinn *m* (*свідомість*); жва́вий ~ réger Verstánd; люди́на при здоро́вому ~і ein Mensch von gesúndem Verstánd; склад ~у Mentalität *f*, Dénkweise *f*, ◊ ти при своєму ро́зумі?, ти сповна́ ро́зуму? bist du bei Sínnen? він не сповна́ ро́зуму er ist nicht ríchtig im Kopf; узя́тися за ро́зум vernünftig wérden; зво́дити кого́сь з ~у *j-n* um den Verstánd bríngen* [verrückt máchen]
розумі́ння 1) (*чогось*) Verständnis *n* (für *A*), Éinsicht *f* (in *A*); 2) (*концепція*) Áuffassung *f*
розумі|ти 1) verstéhen* *vt*, begréifen* *vt*; 2) (*розбиратися в чомусь*) Verständnis háben (für *A*), verstéhen* *vt* (von *D*), sich verstéhen* (auf *A*); я ні́чо́го в цьо́му не ~ю ich verstéhe nichts davón
розу́мний 1) vernünftig, verständig; geschéit (*доладний*); klug, geschéit; vernúnftsmäßig (*логічний, раціональний*); 2) (*який володіє розумом*) vernúnftbegabt
розу́мн|ик, **~иця** Klúge *m*, klúger Kopf; Schlaukopf *m*
розумні́ти klúger [klug] wérden
розу́мно klug; vernünftig; він ~ пові́вся das war klug von ihm
розумо́вий 1) géistig, Géistes-; 2) verstándesmäßig, vernúnftsmäßig; rationál (*раціональний*)
розучи́ти éin|üben *vt*, éin|studieren *vt*
розучи́тися verlérnen *vt*, aus der Übung kómmen* *vi* (s)
розу́чування Éinstudieren *n*, Éinüben *n*
розу́чувати *див.* розучи́ти
розфарбувáти, **розфарбо́вувати** (bunt) bemálen *vt*, áus|malen *vi*
розформо́вувати áuf|lösen *vt*
розформувáння Áuflösung *f*
розформувáти *див.* розформо́вувати
розхвáлювати, **розхвали́ти** sehr ló-ben *vt*, rühmen *vt*
розхвилювáтися *розм.* *див.* хвилювáтися 1
розхворі́тися *розм.* (*про когось*) krank wérden, erkránken *vi* (s)
розхитáти, **розхи́тувати** 1) lóckern *vt*, wáck(e)lig máchen *vt*; 2) *перен.* (*послабити*) untergráben* *vt*, erschüttern *vt*, zerrútten *vt*, ruiníeren *vt* (*здоров'я, нерви*)
розхля́пати, **розхля́пувати** verschütten *vt*, vergíeßen* *vt*, verspritzen *vt* (*розбризкати*); **~ся** über|fließen* *vi* (s), über den Rand fließen * *vi*
розхо́дження 1) (*розбіжність*) Divergénz [-vər-] *f*, Ábweichung *f* (*відхилення*); 2) (*невідповідність*) Verschíedenheit *f*, Únterschied *m*, ~ у думкáх Méinungsverschiedenheiten *pl*, Differénzen *pl*
розхо́дитися 1) *див.* розійти́ся: час ~ es ist Zeit áufzubrechen [zum Aufbrechen]; 2) (*про промені, лінії*) auseinánder|laufen* *vi* (s); 3) sich zerstréuen; sich verzíehen* (*про хмари і т. п.*); sich líchten (*про туман*)
розцвісти́ (áuf)blühen *vi* (s)
розцвітáти *див.* розцвісти́
ро́зцвітка Fárbe *f* (*колір*); Fárbkombination *f* (*поєднання фарб, кольорів*)
розцілувáти (áb)küssen *vt*, **~ся** sich küssen
розціни́ти 1) (*визначити вартість*) áb|schätzen *vt*, taxíeren *vt*; 2) (*вважати чимось, кваліфікувати як щось*) betráchten *vt* (als A); éin|schätzen *vt*, bewérten *vt*
ро́зцінка (*ціна*) Preis *m* (*товару*); Taríf *m* (*праці*)
розці́нювати *див.* розціни́ти
розчаро́ваний enttäuscht
розчаро́вувати enttäuschen *vt*; **~ся** (*в комусь, чомусь*) enttäuscht wérden [sein] (von *D*); я в ньо́му розчарува́вся er hat mich enttäuscht
розчарувáння Enttäuschung *f*
розчарувáти(ся) *див.* розчаро́вувати(ся)
розчепи́ти lós|haken *vt*, lós|kuppeln *vt* (*вагони*)
розчепі́рювати, **розчепі́рити** *розм.* (auseinánder)spréizen *vt*
розчесáти (*волосся*) (áus)kämmen *vt*
ро́зчин (*рідка суміш*) Lösung *f* ~ кухо́нної со́лі Kóchsalzlösung *f*, вапня́ний ~ Kálkmörtel *m*, Mörtel *m*, сполу́чний ~ Bíndemörtel *m*
розчи́нення Áuflösung *f*, Lösung *f*, Lösen *n*
розчини́ти I (*в рідині*) (áuf)lösen *vt*, zergéhen lássen* *vt*
розчини́ти II (*відкрити*) öffnen *vt*, áuf|reißen* *vt*, áuf|sperren *vt*, áuf|machen *vt*

розчини́тися I (*в рідині*) sich (áuf)lösen; zergéhen* *vi* (s) (*розійтися*)
розчини́тися II (*розкритися*) sich öffnen, áuf|gehen* *vi* (s)
розчи́нн|ий lösbar, löslich; **~а** ка́ва löslicher Káffee
розчиня́ти(ся) I, II *див.* розчини́ти-(ся) **I, II**
розчи́стити, **розчища́ти** säubern *vt*, áuf|räumen *vt* (*прибрати*)
розчі́плювати *див.* розчепи́ти
розчі́сувати *див.* розчеса́ти
розчлено́вування Glíederung *f*, Áufgliederung *f*
розчлено́вувати *див.* розчленува́ти
розчленува́ння Zerglíederung *f*, Áufteilung *f* (*поділ*)
розчленува́ти zerglíedern *vt*, áuf|tei-len *vt* (*розділити*)
розчу́лення Rührung *f*
розчу́лити, розчу́лювати rühren *vt*, bewégen *vt*, ergréifen* *vt* (*схвилювати*); **~ся** gerührt sein
розчу́ти (déutlich) hören *vt*, vernéhmen* *vt*; не ~ щось etw. nicht recht hören [verstéhen*]
розшаро́вувати(ся) *див.* розшарува́ти(ся)
розша́рпан|ий zerzáust, strúppig, wirr; **~а** кни́га ein zerfétztes (ábgegriffenes) Buch
розшарува́ння Spáltung *f*, Schíchtung *f*, Ábblätterung *f*, *перен.* Schichtung *f*, Spáltung *f*, Differenzíerung *f*
розшарува́ти in Schíchten téilen, spálten *vt*, trénnen *vt*, *перен.* in Schíchten spálten, differenzíeren *vt*; **~ся** in Schíchten zerfállen*; sich differenzíeren
розшива́ти *див.* розши́ти
розши́рення (*збільшення*) Erwéiterung *f*, Áusbreitung *f*, Áusbau *m* (*розвиток*); ~ культу́рних зв'язкі́в Áusweitung der kulturéllen Bezíehungen; ~ торгі́влі Áusbau des Handels
розши́рити, **розши́рювати** 1) verbréitern *vt*, bréiter máchen *vt*; 2) (*збільшити*) áus|weiten *vt*, áus|bauen *vt*, áus|dehnen *vt*, erwéitern *vt*, verbréiten *vt* (*поширити*); **~ся** 1) sich verbréitern, bréiter wérden; 2) (*збільшитися*) áusgebaut wérden, stéigen* *vi* (s), zú|nehmen* *vi*, sich (áus)déhnen, sich erwéitern; sich verbréiten (*поширитися*)
розши́ти (*прикрасити вишивкою*) bestícken *vt*
розшифрува́ти, **розшифро́вувати** 1) entzíffern *vt*, entschlüsseln *vt*; 2) *перен.* enträtseln *vt*
розшнурува́ти, **розшнуро́вувати** áuf|schnüren *vt*
розшто́вхувати, розштовха́ти (*про натовп*) zurück|treten* *vi* (s), zurück|weichen* *vi* (s)
ро́зшук 1) (*пошуки*) Súche *f*, Sú-chen *n*; 2) *юр.* (*злочинця*) Fáhndung *f*, ◊ ка́рний ~ Fáhndungsdienst *m*, Kriminálpolizei *f*
розшука́ти (áuf)finden* *vt*, áusfindig máchen *vt*, **~ся** sich (áuf)finden*
розшу́кувати súchen *vt* *або* *vi* (nach *D*)
розщепи́ти *хім.*, *фіз.*, zersétzen *vt*, spálten *vt*; **~ся** *хім.*, *фіз.* sich zersétzen, sich spálten
розще́плення *хім.*, *фіз.* Spáltung *f*, ~ а́тома Atómspaltung *f*, Atómzertrümmerung *f*
розще́плювати(ся) *див.* розщепи́ти(ся)
роз'я́снення Erklärung *f*, Erläuterung *f* (*пояснення*)
роз'ясни́ти erklären *vt*, klár|machen *vt*, erläutern *vt* (*пояснити*); **~ся** sich áuf|klären, klar wérden
роз'я́снювальн|ий erklärend; erläuternd (*пояснювальний*); **~а** робо́та Áufklärungsarbeit *f*
роз'я́снювати *див.* роз'ясни́ти
роí́тися 1) (*про бджоли*) áusschwärmen *vi*; 2) (*кружитися*) schwärmen *vi*; 3) (*про думки і т. п.*) schwírren *vi* (s)
рока́ми jáhrelang
роки́ *мн* 1) (*період часу*) Jáhre *pl*, Zeit *f*, ~ дити́нства Kínderjahre *pl*, дев'яно́сті ~ двадця́того сторі́ччя die néunziger Jáhre des zwánzigsten Jahrhúnderts; в ~ війни́ in den Kriegszeiten; 2) (*вік*) Álter *n*, Lébensalter *n*, він серйо́зний не по рока́х er ist zu ernst für séine Jáhre [für sein Álter]
рок-му́зика Róckmusik *f*
ро́лик|и *мн.* Róllschuhe *pl*, ката́тися на **~ах** Róllschuhe láufen* *vi* (s)
роль Rólle *f*
рома́н Román *m*, **~íст** (*письменник*) Románschriftsteller *m*
рома́нс Románze *f*, Lied *n*
рома́нський románisch
романти́зм Romántik *f*
рома́нтик Romántiker *m*
рома́нтика Romántik *f*, das Romántische
романти́чний romántisch
рома́шка Margeríte *f*, Kamílle *f* (*лікувальна*)
ромб Ráute *f*, *мат.* Rhómbus *m*
рони́ти fállen lássen* *vt*
рос|а́ Tau *m*, ви́пала ~ es ist Tau gefállen; **~и́нка** Táutropfen *m*
росі́йський rússisch
росія́нин der Rússe
ро́слий hóchgewachsen, groß, von hóhem Wuchs
росли́на Pflánze *f*, Gewächs *n*
росли́нний Pflánzen-, pflánzlich; **~е** ма́сло Pflánzenöl *n*
росли́нництво Pflánzenzucht *f*, Pflánzenbau *m*
росли́нність 1) (*рослини*) Pflánzenwelt *f*, Vegetatión [ve-] *f*, 2) (*волосся*) Behá-arung *f*, Háarwuchs *m*
рости́ 1) wáchsen* *vi* (s), (*про людей*) *тж* áuf|wachsen* *vi* (s), groß wérden; herán|wachsen* *vi* (s) (*підростати*); gedéihen* *vi* (s) (*про рослини*); вони́ росли́ ра́зом sie sind zusámmen áufgewachsen; 2) (*збільшуватися*, *посилюватися*)

Р

(án)wáchsen* *vi* (s), zú|nehmen* *vi*, größer [stärker] wérden; stéigen* *vi*, (s) (*про ціни, виробництво і т. п.*)

ростúти 1) (*виховувати дітей*) (áuf)ziehen* *vt*, gróß|ziehen* *vt*; 2) (*розводити, вирощувати — тварин, рослини*) züchten *vt*

рóсяний betáut, táufeucht

рот Mund *m*

рóта *військ.* Kompaníe *f*

рóхкати grúnzen *vi*

роя́л|ь Flügel *m*, Klavier [-'vi:r] *n*; концéртний ~ Konzértflügel *m*; грáти на ~і Klavier spíelen

ртуть Quécksilber *n*

рубáнок Hóbel *m*

рубáти 1) (*зрубувати*) fällen *vt*; 2) (*розрубувати, подрібнювати*) hácken *vt*; ~ дрóва, капýсту Holz, Kohl hácken

рубéць (*шов*) Naht *f*, Saum *m*; (*від ран*) Nárbe *f*, Schrámme *f*

рубúльник *ел.* Hébelschalter *m*

рубíж Grénze *f*, Schránke *f* (*межа*); ◊ за рубежéм im Áusland

рубíн Rubín *m*; **~овий** 1) (*з рубіна*) Rubín-, aus Rubín; 2) (*про колір*) rubínrot

рýблен|ий: ~а хáта Blóckhaus *n*

рýбрика Rubrík *f*, Spálte *f*

рудá Erz *n*

рудúй 1) (*про волосся*) rot; 2) (*про людину*) róthaarig

руднúк Bérgwerk *n*, Grúbe *f*

рудоволóсий róthaarig

руїни *мн* Ruínen *pl*, Trümmer *pl* (*уламки*)

руйнівнúй zerstörerisch, verníchtend; verdérblich (*згубний*); verhéerend (*спустошливий*)

руйнувáння Zerstörung *f*, Verníchtung *f* (*знищення*)

руйнувáти zerstören *vt*, verníchten *vt* (*знищувати*); zuníchte máchen *vt*, veréiteln *vt*, durchkréuzen *vt* (*плани, задуми*); ruiníeren *vt*, untergráben* *vt* (*здоров'я*); **~ся** 1) (*обрушуватися*) éin|stürzen *vi* (s), zusámmen|brechen* *vi* (s); 2) (*занепадати*) verfállen* *vi* (s); 3) (*про плани, надії і т. п.*) zuníchte wérden, schéitern *vi* (s)

рук|á Hand *f* (*кисть*); Arm *m* (*від кисті до плеча*); потиснути комýсь рýку, привітáтися з кúмось за рýку j-m die Hand drücken; вестú когóсь за рýку j-n an der Hand [am Arm] führen; взя́ти когóсь на рýки j-n auf den Arm néhmen*; взя́ти когóсь під рýку sich bei j-m éin|haken; рýки вгóру! а) *спорт.* Árme hoch! б) (*здавайся!*) Hände hoch!; ~áми не торкáтися! nicht berühren; ◊ взя́ти себé в рýки sich zusámmen|nehmen*, sich ehérrschen; на швидкý рýку auf die Schnélle (*нашвидку*); in áller Éile (*швидко*); перепúсувати щось від ~ú etw. mit der Hand áb|schreiben*; мáти щось під ~óю [~áми] etw. bei der Hand háben; ~ в рýку Hand in Hand; mit veréinten Kräften, geméinsam (*дружно, згуртовано*)

рукáв 1) (*частина одягу*) Ármel *m*; 2) (*ріки*) Flúßarm *m*; 3) (*пожежний*) Schlauch *m*

рукавúці *мн.* (*одн.* рукавúця) Fáusthandschuhe *pl*, Fäustlinge *pl* (*sg* Fáusthandschuh *m*, Fäustling *m*)

рукавúчки *мн.* (*одн.* рукавúчка) Hándschuhe *pl* (*sg* Hándschuh *m*)

рукодíлля Hándarbeit *f*, Nádelarbeit *f* (*вишивання, шиття*); займáтися ~м Hándarbeiten máchen

рукóпис 1) (*авторський текст*) Manuskrípt *n*; 2) (*пам'ятка писемності*) Hándschrift *f*

рукопúсний (*написаний від руки*) hándgeschrieben

рукостискáння Händedruck *m*; обміня́тися ~м éinen Händedruck (áus)táuschen

рукоя́тка 1) (*предмета*) Griff *m*, Hándgriff *m*, Schaft *m*, Stiel *m* (*інструмента*); 2) (*механізму*) Kúrbel *f* (*для обертання*); Hébel *m* (*важіль*)

рулéтка *тех.* Bándmaß *n*, Zentiméntermaß *n*, Róllbandmaß *n*

рулúти 1) (*про льотчика*) stéuern *vt*; 2) (*про літак*) róllen *vi* (s), ánrollen *vi* (s)

рулóн *текст.* Rolle *f*, Stóffbahn *f*, Bahn *f*, скрутúти щось у ~ etw. zusámmen|rollen

рульов|úй **1.** *імен.* Stéuermann *m*; **2.** *прикм.* Stéuer-; Lenk-; ~é кóлесо *мор.* Stéuerrad *n*, *авт.* Lénkrad *n*

румýн Rumäne *m*; **~ський** rumänisch

рум'я́н|ець Röte *f*, Rot *n*; залúтися ~цем erröten *vi* (s); **~ий** rot, rótwangig (*про людину*); ~е я́блуко rótbackiger Ápfel

рундýк Kiosk *m*, Verkáufsstand *m*, Búde *f*

рунó Vlies *n*; золоте ~ *міф.* das góldene Vlies

рýпор Spráchrohr *n*, Megafón *n*

русáлка Níxe *f*

руслó 1) Bett *n*, Flúßbett *n* (*ріки*); 2) *перен.* (*напрям*) Bahn *f*, Báhnen *pl*

ruся́вий dúnkelblond

рутúна Routíne [ru-] *f*

рух 1) Bewégung *f* *тж. перен.*; привóдити щось у ~ etw. in Bewégung sétzen [bríngen*]; революцíйний ~ revolutionäre [-vo-] Bewégung; ~ на зáхист мúру Fríedensbewegung *f*, мáсовий ~ Mássenbewegung *f*, 2) (*на вулицях, дорогах*) Verkéhr *m*, вýличний ~ Stráßenverkehr *m*, автомобíльний ~ Áutoverkehr *m*, одностóронній ~ Verkéhr in éiner Ríchtung

рýхати 1) (*переміщати*) schíeben* *vt*, rücken *vt*, 2) (*чимось – ворушити*) bewégen *vt*, rühren *vt*; **~ся** 1) (*переміщатися*) sich bewégen; géhen* *vi* (s) (*йти*); fáhren* *vi* (s) (*їхати*); in Bewégung sein (*бути в русі*); 2) (*ворушитися*) sich bewégen, sich rühren

рухлúвий lébhaft, rége

рухóмий *тех.* beweglich

ручáтися (*за когось/щось*) bürgen *vi*, sich verbürgen (für *A*), *за щось тж* garantíeren *vt*, verbürgen *vt* (*комусь D*)

Р

рýчка 1) (*рукоятка*) Griff *m*; Hénkel *m* (*посуду*); Klinke *f* (*дверей*); 2) (*крісла і т. п.*) Armlehne *f*; 3) (*для писання*) Füll(feder)halter *m*, Füller *m* (*автоматична*); кулькова́ ~ Kúgelschreiber *m*

ручн|и́й 1) Hand-, Arm-; ~ бага́ж, ~а́ покла́жа Hándgepäck *n*; ~ годи́нник Ármbanduhr *f*; 2) (*який робиться вручну*) Hand-, manuéll; ~а́ пра́ця Hándarbeit, manuélle Árbeit; ~а́ робо́та (*про виріб*) Hándarbeit *f*; ~и́м спо́собом mit der Hand; ~о́ї в'я́зки hándgestrickt; 3): ~ м'яч *спорт.* Hándball *m*; 4) (*приручений*) zahm

рýшити 1) *див.* рýхати; 2) (*привести в рух*) in Bewégung sétzen [bríngen*] *vt*; **~ся** 1) *див.* рýхатися; 2) (*почати рухатися*) sich in Bewégung sétzen, in Bewégung kómmen* *vi* (s); 3): ~ся в доро́гу sich auf den Weg máchen

рушни́к Hándtuch *n*; Geschírrtuch *n* (*кухонний*); Bádetuch *n* (*банний*)

рушни́ця Gewéhr *n*; Flínte *f*; Büchse *f* (*мисливська*)

рюкза́к Rúcksack *m*

ря́бчик Háselhuhn *n*

ряд 1) Réihe *f*; сиді́ти в пе́ршому ~ý in der érsten [vórdersten] Réihe sítzen*; ста́ти в ~ sich in die Réihe stéllen; шикува́тися в ~и́ [~а́ми] in Reíhen án|treten* *vi* (s), Réihen bílden; по два в ~ zu zweit in éiner Réihe; ~а́ми по два in Réihen zu zweit; 2) (*деяка кількість чогось*) éine Réihe von (*D*), éine Ánzahl von (*D*); ці́лий ~ причи́н éine gánze Réihe von Gründen; наве́сти ~ при́кладів éine Ánzahl von Béispielen án|führen; в ~і ви́падків in éiner Réihe von Fällen, in éinigen Fällen; 3) *мн.* ~и́ (*лави*) Réihen *pl*; ~и́ борці́в за мир die Réihen der Fríedenskämpfer; вступи́ти в ~и́ па́ртії in die Réihen der Partéi éin|treten* *vi* (s)

рядко́в|и́й: ~а́ лі́тера kléiner Búchsta-be

рядови́й I (*звичайний*) gewöhnlich, ordinär; Dúrchschnitts- (*середній*); éinfach (*простий*)

рядови́й II Soldát *m*

рядо́к Zéile *f*; ◊ з ново́го рядка́ (з абза́ца) mit éinem Ábsatz

ря́са Priesterrock *m*, Talár *m*; Kútte *f* (*чернеча*)

ря́ска *бот.* Wásserlinse *f*; Éntengrütze *f*

рятівни́|й Réttungs-; réttend; **~к** Rét-ter *m*

рятува́льний Rettúngs-

рятува́ти(ся) *див.* врятува́ти(ся)

рятýнок Réttung *f*

Р

С

сабот|áж Sabotáge [-ʒə] *f*, **~увáти** 1) (*щось*) sabotíeren *vt*, éinen Sabotágeakt [-ʒə] begéhen* (an *D*); 2) (*займатися саботажем*) sabotíeren *vi*, Sabotáge [-ʒə] tréiben*
сад Gárten *m*, Óbstgarten *m*
сáджанець Sétzling *m*, Stéckling *m*
саджáти 1) (*посадити когось*) sétzen *vt*, hinsetzen *vt*, Platz néhmen lássen* *vt*; 2) (*примусити когось зайнятися чимось*) sétzen *vt* (an *A*); ~ когóсь за робóту j-n an die Árbeit sétzen; 3) (*рослини*) bepflánzen *vt* (mit *D*)
сади́ба Hof *m*, селя́нська ~ Báuernhof *m*, Hófland *n* (*присадибна ділянка*)
сади́ти *див.* саджáти
садівни́к Gärtner *m*, ~-люби́тель Gártenfreund *m*
садівни́цтво 1) (*розведення садів, наука*) Gártenbau *m*, 2) (*садове господарство*) Gärtneréi *f*
саднó Schrámme *f*, Háutabschürfung *f* (*легке*)
садóв|ий Gárten-; ~і квíти Gártenblumen *pl*
садóк: дитя́чий ~ Kíndergarten *m*, ~-я́сла Kínderkrippe *f*
сáж|а Ruß *m*, покри́тися ~ею verrúßen *vi* (s), rúßig wérden
сажотрýс Schórnsteinfeger *m*
саксóнськ|ий sächsisch; ◊ ~а порцеля́на Méiß(e)ner Porzellán
саксофóн Saxophón *m*, грáти на ~і Saxophón spíelen; **~íст** Saxophoníst *m*
салáка Strömling *m*
салáт 1) (*рослина*) Gártensalat *m*, 2) (*страва*) Salát *m*, **~ни́ця** Salátschüssel *f*
сáло Fett *n*, Speck *m* (*свиняче*)
салóн 1) (*демонстраційний зал; магазин*) Vórführraum *m*, худóжній ~ Geschäft für Kúnstgewerbe; 2) (*приміщення на судні для відпочинку пасажирів*) Salon [za'lɔŋ *і* sa'lɔ] *m*, 3) (*приміщення для пасажирів*) Fáhrgastraum *m* (*в автобусі і т. п.*); Kabíne *f* (*в літаку*)
сáльний 1) (*засмальцьований*) féttig; 2) (*непристойний*) zótig, schlüpfrig
саля́т: святкóвий ~ Féuerwerk *n*
саля́мі Salámi *f*
сам (самá, самó, самí) 1) (*особисто*) selbst, sélber; я й ~ не рáдий ich bin selbst nicht froh; 2) (*один, своїми силами*) (von) selbst, (von) allèin; sélbständig (*самостійно*); він ~ знáйде дорóгу er wird den Weg (von) allèin(e) finden; 3) (*сам по собі*) von selbst; дзéркало самó розби́лося der Spíegel ist von selbst zerbróchen; ◊ він ~ не свій er ist verstört [ganz áußer sich]; ~ на ~ 1) (*наодинці*) únter vier Áugen; 2) (*про єдиноборство*) Mann gégen Mann
сáмбо *спорт.* Sámbo *m*
сáме 1) (*якраз*) geráde,ében, áusgerechnet; 2) (*перед перерахуванням*): а ~ und zwar, nämlich; ◊ ~ так! genáu!
самéць Männchen *n*
сáм|ий 1) той [цей] же ~ geráde díeser, ében díeser; dersélbe, der gléiche; це ~е, те ж ~е ébendasselbe; в той же ~ час zur sélben Stúnde; 2) (*при позначенні місця*) ganz, gleich; dirékt, dicht; на ~ому почáтку чогóсь gleich im [ganz am] Ánfang (*G*); в ~ому кінцí чогóсь ganz am Énde (*G*); на ~ому вéрху ganz óben; біля ~óї рíки́ dirékt am Fluß; 3) (*при позначенні часу*: з ~ого почáтку von Ánfang an; до ~ого кінця́ bis ganz zulétzt; до ~ого від'ïзду bis zur Ábreise; з ~ого рáнку vom [seit dem] frühen Mórgen; ◊ ~е час (*зробити щось*) *розм.* es ist die höchste Zeit (zu + *inf*)
сами́ця Wéibchen *n*
самíтний (*про спосіб життя*) Zurückgezogen; veréinsamt, éinsam
самíтник Éinsiedler *m*, Eremít *m*
самó *від* сам; ◊ ~ собóю зрозумíло sélbstverständlich
самобýтній úrwüchsig, éigenartig
самобýтність Éigenart *f*, Originalität *f*, націонáльна ~ nationále Éigenart
самовдовóлен|ий sélbstgefällig, sélbstzufrieden; **~ня** Sélbstgefälligkeit *f*
самовдосконáлення Sélbstvervollkommnung *f*
самови́значення Sélbstbestimmung *f*, прáво на ~ Sélbstbestimmungsrecht *n*
самовихваля́ння Éigenlob *n*, Sélbstlob *n*
самовиховáння Sélbsterziehung *f*
самовíддан|ий sélbstlos, áufopfernd; híngebungsvoll; **~íсть** Sélbstlosigkeit *f*, Sélbstaufopferung *f*

самовíльний (*без дозволу*) éigenmächtig, wíllkürlich
самовладáння Sélbstbeherrschung *f*, втрáтити ~ die Fássung verlíeren*
самовлáддя Sélbstherrschaft *f*, Autokratíe *f*, (*сваволя*) Éigenmacht *f*
самовпéвнен|ий éingebildet; ánmaßend, überhéblich (*зарозумілий*); sélbstgefällig (*самовдоволений*); **~ість** Éinbildung *f*, Ánmaßung *f*, Überhéblichkeit *f* (*зарозумілість*)
самовчúтель Léhrbuch *n* [Léitfaden *m*] zum Sélbstunterricht
самогýб|ець Sélbstmörder *m*, Sélbstmörderin *f*, **~ство** Sélbstmord *m*, покінчúти життя ~ством Sélbstmord begéhen*, sich (*D*) das Lében néhmen*
самодержáв|ство 1) *іст.* (*система правління*) Autokratíe *f*, 2) (*необмежена влада*) Sélbst herrschaft *f*, Absolutísmus *m*, **~ний** 1) (*про систему*) autokrátisch; 2) (*про владу*) sélbst herrschend, absolút, únumschränkt
самодíючий automátisch, sélbstwirkend
самодіяльн|ий 1) sélbst tätig, mit éigener Initiative [-və]; 2) (*любительський*) Láien-, ~ теáтр Láientheater *m*, **~ість** 1) (*самостійна діяльність*) Sélbst tätigkeit *f*, Éigeninitiative [-və] *f* (*особиста ініціатива*); 2): худóжня ~ість Láienkunst f, Láienschaffen *n*
самодопомóга Sélbsthilfe *f*
самозабýтній sélbstvergessen
самозабуттяٌ Sélbstvergessenheit *f*
самозакóхан|ий zu sehr von sich (*D*) selbst überzéugt; **~ість** Éigenliebe *f*
самозаспокóєність Sélbstzufriedenheit *f*, Sélbstberuhigung *f*
самозáхист Sélbstverteidigung *f*, Nótwehr *f*
самозахóплення Verbléndung *f*, Sélbstbetrug *m*
самозберéження Sélbsterhaltung *f*, інстúнкт ~ Sélbsterhaltungs trieb *m*
самоізоляція Sélbst|isolierung *f*
самоконтрóль Sélbstkontrolle *f*
самокрúт|ика Sélbstkritik *f*, **~úчний** sélbstkritisch
самолікувáння Sélbstbehandlung *f*
самоляб|ний éhrgeizig; empfíndlich; **~ство** Éhrgeiz *m*
самонавіяння Áutosuggestion *f*
самообмáн Sélbsttäuschung *f*, Sélbstbetrug *m*
самообмéження Sélbstbeschränkung *f*
самооборóна Sélbstverteidigung *f*, Sélbstschutz *m*
самообслугóвування Sélbstbedienung *f*, магазúн ~ Sélbstbedienungsladen *m*
самооплáтність Rentabilität *f*
самоосвíта Sélbstbildung *f*, Sélbstunterricht *m* (*самонавчання*)
самооцíнка Sélbsteinschätzung *f*, Éigenbewertung *f*
самоперевíрка Sélbstkontrolle *f*, Éigenkontrolle, Sélbstprüfung *f*
самопізнáння Sélbsterkenntnis *f*, Sélbstbetrachtung *f*
самоплúв: пустúти щось на ~ den Díngen íhren Lauf lássen*, etw. dem Sélbstlauf überlássen*; **~ом** *перен.* im Sélbstlauf; von selbst (*само собою*); spontán [ʃp *и* sp] (*стихійно*)
самоповáга Sélbstachtung *f*
самопожéртва Sélbstaufopferung *f*
самопостачáння Sélbstversorgung *f*, Éigenversorgung *f*
самопочуттяٌ Befínden *n*, як вáше ~? wie fühlen Sie sich?, wie geht es Íhnen (gesúndheitlich)?
самопрáвство Éigenmächtigkeit *f*, Wíllkür *f* (*сваволя*)
самопринúження Sélbsterniedrigung *f*
саморóбний sélbstgemacht, sélbstgebastelt
саморóдок 1) gedíegenes Metáll; Góldklumpen *m* (*золота*); 2) (*про людину*) úrwüchsiges Talént, Natúrtalent *n*
самосвідóмість Sélbstbewußtsein *n*
самоскúд Kípper *m*
самоствéрдження Sélbstbehauptung *f*
самостíйн|ий 1) sélbständig, Selbst-; 2) (*незалежний*) únabhängig; souverän [zuvə-] (*суверенний*); **~ість** 1) Sélbstständigkeit *f*, 2) (*незалежність*) Únabhängigkeit *f*, Souveränität [zuvə-] *f* (*суверенітет*)
самостíйно sélbständig; von alléin(e); únabhängig (*незалежно*); aus éig(e)nem Ántrib (*за власною ініціативою*); вивчáти щось ~ sich (*D*) etw. im Sélbststudium áneignen
самот|á Éinsamkeit *f*, на ~í für sich alléin; на ~í з самúм собóю alléin
самóтній 1) éinsam; 2) (*безсімейний*) alléinstehend, óhne Ánhang
самóтність Éinsamkeit *f*
самотýжки *присл.* autodidáktisch, sélbständig
самоуправлíння 1) Sélbstverwaltung *f*, 2) (*автономія*) Autonomíe *f*, Sélbstbestimmung *f*, Sélbstbestimmungsrecht *n* (*право на внутрішнє законодавство*)
самоýчка *розм.* Autodidákt *m*
самофінансувáння Sélbstfinanzierung *f*, Éigenfinanzierung *f*
самохíдний sélbstfahrend, Sélbstfahr-
самоцвíт Édelstein *m*
самоцíль Sélbstzweck *m*
самочúнний éigenmächtig
самочúнствувати éigenmächtig hándeln
сан Würde *f*, Rang *m*
санатóрій Sanatórium *n*
санáція *мед.*, *ек.* Saníerung *f*
санвýзол (санітáрний вýзол) sanitäre Ánlagen *pl; буд.* Sanitärzelle *f*
сангвíн|ік Sanguiniker [zaŋ'gui:-] *m*, **~íчний** sanguinisch [zaŋ'gui:-]
сандалéти *мн.* (*одн.* сандалéта) Sandalétten *pl* (*sg* Sandalétte *f*)
сандáлі *мн.* (*одн.* сандáля) Sandálen *pl* (*sg* Sandále *f*)

С

са́ни *мн.* Schlítten *m*
саніта́р (*в лікарні*) Kránkenpfleger *m*, **~і́я** (*гігієна*) Hygiéne *f*, Sanitätswesen *n*, **~ний** Sanitär-, sanitárisch; ~на те́хніка Sanitärtechnik *f*, ~ний ву́зол sanitäre Ánlagen *pl*, *буд.* Sanitärzelle *f*
санк|и́ *мн.* Schlítten *m*, Ródelschlit-ten *m*,ката́тися на ~а́х Schlítten fáhren* *vi* (s); ródeln *vi* (h, s) (*з гір*)
санкціонува́ти sanktioníeren *vt*, genéhmigen *vt* (*схвалити*)
са́нкці|я 1) (*затвердження*) Sanktión *f*, Genéhmigung *f* (*схвалення*); 2) *мн.* **~ї** (*заходи впливу*) Sanktiónen *pl*, Zwangsmaßnahmen *pl*; економі́чні ~ї Wírtschaftssanktionen *pl*; вжива́ти ~ї Sanktiónen verhängen, Zwángsmaßnahmen ánwenden
са́нний: ~ спорт Schlíttensport *m*, Rénnrodeln *n*, Ródelsport *m*
санобро́бка sanitäre Behándlung
са́ночник (*спортсмен*) Rénnrodler *m*, Ródelsportler *m*
санте́хнік Installateur [-tø:r] *m*, für sanitäre Ánlagen
санте́хніка (саніта́рна те́хніка) Sanitärtechnik *f*
сантехні́чний sanitärtechnisch
сантиме́тр 1) (*міра*) Zéntiméter *m*, *n* (*cm*); 2) (*стрічка для вимірювання*) Bándmaß *n*
сапе́р Pioníer *m*
сапфі́р Saphir ['za:fir *и* za'fir] *m*
сара́й Schúppen *m*, Schéune *f* (*для сіна*)
сарана́ Héuschrecke *f*, *збірн.* Héuschrecken *pl*
сарафа́н (*літній*) Trägerkleid *n*
сарде́лька Bóckwurst *f*, (díckes) Würstchen *n*
сарди́на Sardíne *f*, *збірн. тж* Sardínen *pl*
са́ржа (*тканина*) Serge ['sɛrʒə] *f*
сарка́|зм Sarkásmus *m*, béißender Spott; Hohn *m* (*уїдлива насмішка*); **~сти́чний** sarkástisch, béißend, höhnisch (*уїдливий*)
са́рна *зоол.* Gémse *f*
сатана́ Sátan *m*
сателі́т 1) *астр.* Satellít *m*, Trabánt *m*; 2) (*підлегла держава*) Satellítenstaat *m*
сати́н (*тканина*) Satin [za'tɛŋ *и* sa'tɛ̃:] *m*, **~овий** Satin- [za'tɛŋ *и* sa'tɛ̃:]
сати́р|а Satíre *f* (*на щось* auf *A*); **~ик** Satíriker *m*, **~и́чний** satírisch
са́уна Sáuna *f*
сачо́к Schmétterlingsnetz *n* (*для ловлі метеликів*); Késcher *m*, Hándfischnetz *n* (*для ловлі риби*)
сваві́лля Éigenmächtigkeit *f*, Willkür *f*
сваві́льний éigenwillig; stárrsinnig (*упертий*)
сваво́лити *розм.* éigenwillig (éigenmächtig, willkürlich) hándeln
свари́тися stréiten *vi*, sich stréiten, zánken *vi*, sich zánken (*з-за чогось* um *A* *або* wégen *A*)
сва́рка Streit *m*, Zank *m* (*лайка*); бу́ти у сва́рці з ки́мось mit j-m im Streit líegen, mit j-m verzánkt sein
сва́стика Hákenkreuz *n*
сва́тати (*когось*) fréien *vi* (um *A*); **~ся** (*до когось*) fréien *vi* (um *A*), wérben* *vi* (um *A*)
све́кор Schwíegervater *m*, ~ і свекру́ха Schwíegereltern *pl*
свекру́ха Schwíegermutter *f*
свербі́|ж Júcken *n*, **~ти** júcken *vi*
све́рд|ел, **~ло́** Bóhrer *m*
свердли́ти bóhren *vt тж. перен*
свердлови́на: бурова́ ~ Bóhrloch *n*, Sónde *f*, на́фтова ~ Ölbohrung *f*
светр Róllkragenpullover [-vər] *m*
свина́р|ка Schwéinewärterin *f*, **~ник** Schwéinestall *m*
свина́рство Schwéinezucht *f*
свине́ць Blei *n*
свини́н|а Schwéinefleisch *n*, відбивна́ із ~и Schwéinskotelett *n*
сви́нка 1) (*хвороба*) Zíegenpeter *m*, *мед.* Mumps *m*, 2): морська́ ~ Méerschweinchen *n*
свино|ма́тка *с.-г.* Múttersau *f*, Zúchtsau *f*, **~фе́рма** Schwéinefarm *f*
свинце́вий bléiern, Blei-
свиня́ Schwein *n*, Sau *f* (*самиця*); Kéiler *m* (*кабан*)
свиня́ч|ий Schwéine-, Schweins-; ~е са́ло Schwéinespeck *m*, Speck *m*, ~а шкі́ра Schwéinsleder *n*
сви́сну́ти pféifen* *vi*
свист Pféifen *n* (*насвистування*); Pfiff *m* (*короткий*)
свисті́ти *див.* сви́снути
свисто́к 1) (*предмет*) Pféife *f*, Tríllerpfeife *f*, 2) (*свист*) Pfiff *m*
сві́д|ок Zéuge *m тж юр.*; Áugenzeuge *m* (*очевидець*); при ~ках vor Zéugen, in Gégenwart von Zéugen
свідо́м|ий 1) bewúßt, pflíchtbewußt; 2) (*навмисний*) bewúßt, ábsichtlich, vórsätzlich; ~ вчи́нок éine vórsätzliche Tat; **~ість** 1) Verstánd *m*, втра́тити ~ den Verstánd verlíeren*; 2) (*усвідомлення чогось*) Bewúßtsein *n*, кла́сова ~ Klássenbewußtsein *n*, політи́чна ~ polítisches Bewúßtsein; 3) (*почуття*) Bewúßtsein *n*, Besínnung *f*
сві́домо wíssentlich
свідо́цтво (*документ*) Zéugnis *n*, Beschéinigung *f*, ~ про шлюб Héiratsurkunde *f*
сві́дч|ення 1) (*твердження*) Áussage *f*, за ~енням ко́гось nach Áussage von j-m; 2) (*підтвердження*) Zéugnis *n*, Bewéis *m* (*доказ*); це ~ того́, що ... das ist ein Bewéis dafür, daß ...; **~ити** (*служити підтвердженням*) zéugen *vi* (von *D*), spréchen* *vi* (für *A*)
сві́ж|ий *у різн. знач.* frisch; ~а ри́ба frísche Físche, Fríschfisch *m*, ~ ві́тер frischer [kühler] Wind; ~а білі́зна frísche [sáubere] Wäsche; ◊ ~і газе́ти die

С

néuesten Zéitungen; ~і враження die néuen [frischen] Éindrücke

свіжість Frische *f*, Kühle *f* (*прохолода*)

свіжо *присл.* es ist frisch [kühl]

свіжозаморожен|ий Féinfrost-; ~і фрукти Féinfrostobst *n*

свій (своя, своє, свої) 1) mein, dein, sein, ihr; únser, éuer, ihr, Ihr; я візьму свою книгу ich néhme mein Buch; візьми свою книгу nimm dein Buch; він взяв свою книгу er hat sein Buch genómmen; ми любимо своє місто wir líeben únsere Stadt; 2) (*власний*) éigen; ~ власний mein [dein, sein, ihr, únser, éuer, ihr, Ihr] éigener [éigenes]; своя власна méine [déine, séine, íhre, únsere, éure, íhre, Íhre] éigene; у нього своя машина er fährt éinen éigenen Wágen; я бачив це своїми власними очима ich hábe das mit (méinen) éigenen Áugen geséhen; ◊ свого часу а) (*колись*) séinerzeit, éinmal, einst; б) (*своєчасно*) réchtzeitig; в) (*колись у майбутньому*) zu gelégener Zeit, (später) éinmal; усьому свій час álles zu séiner Zeit; на своєму місці am réchten Platz; своїми руками mit éigenen Händen; selbst (*сам*); умерти своєю дивертю éines natürlichen Tódes stérben* *vi* (s)

світ Welt *f*; сторони ~у Hímmelsrichtungen *pl*; у всьому ~і in der gánzen Welt; чемпіон ~у Wéltmeister *m*; ~ тварин Tíerwelt *f*; ~ рослин Pflánzenwelt *f* частини ~у Érdteil *m*, Wéltteil *m*; з усього ~у aus áller Welt; ◊ ні за що в ~і um nichts in der Welt; кінець ~у *рел.* Wéltuntergang *m*, der Jüngste Tag

світа|нок Mórgengrauen *n*, Mórgendämmerung *f*, Tágesanbruch *m*; на ~нку im Mórgengrauen, bei Tágesanbruch; до ~нку vor Tágesanbruch, noch im Dúnkeln; **~ти**: ~є es tagt, es dämmert

світило 1) (*небесне*) Hímmelskörper *m*; 2) (*знаменитість*) Leúchte *f*, Kapazität *f*

світильник Léuchte *f*, Lámpe *f* (*лампа*)

світити schéinen* *vi*, léuchten *vi*; ~ комусь j-m léuchten; **~ся** léuchten *vi*; fúnkeln *vi* (*іскритися*); glänzen *vi* (*блищати*); schímmern *vi* (*мерехтіти*)

світіння Léuchten *n* (*яскраве*); Glímmen *n* (*слабке*)

світлий hell

світліти hell [héller] wérden; sich áuf|klären (*про небо і т. п.*)

світл|о Licht *n*; сонячне ~ Sónnenlicht *n*, Sonnenschein *m*; при денному ~і bei Tágeslicht

світло- (*в складн. словах*) hell-; ~зелений héllgrün

світлов|ий 1) Licht-; ~ рік Líchtjahr *n*; ~á хвиля Líchtwelle *f*; 2) (*який світиться*) Leucht-; ~á реклама Léuchtreklame *f*

світловолосий blond, héllblond

світлозахисний: ~ козирок Áugenschirm *m*, *авт.* Gégenlichtblende *f*

світлолюбний *бот.* líchtbedürftig

світломаскування Verdúnk(e)lung *f*

світлонепроникний líchtundurchlässig

світлопроникний líchtdurchlässig

світлосигналізація Líchtsignalisation *f*, Blínksignalisation *f*

світлотехніка Beléuchtungstechnik *f*, Líchttechnik *f*

світлотінь *жив.* Hélldunkel *n*

світлофільтр *фото* Líchtfilter *n*

світлофор Verkéhrsampel *f*; Fúßgängerampel *f* (*який управляється пішоходами*); *зал.* Signál *n*

світлочутлив|ий líchtempfindlich; **~ість** *фото* Líchtempfindlichkeit *f*

світлячок Léuchtkäfer *m*, Glühwürmchen *n*

світов|ий (*всесвітній*) Welt-; ~ простір Wéltraum *m*; ~á війна Wéltk-rieg *m*; ~á громадськість Wéltöffentlichkeit *f*; ~ ринок Wéltmarkt *m*; ~ рекорд Wéltrekord *m*

світогляд Wéltanschauung *f*

світоч Léuchte *f*, Licht *n*, Fáckel *f*

свічка Kérze *f*, Licht *n*

свічник Léuchter *m*

свобода Fréiheit *f*, ~ слова Rédefreiheit *f*, ~ друку Préssefreiheit *f*

своєрідн|ий 1) éigenartig; originéll (*оригінальний*); 2) (*свого роду*) éine Art (*N*); це ~ музей das ist éine Art Muséum; **~ість** Éigenart *f*, Originalität *f* (*оригінальність*)

своєчасний réchtzeitig; termíngemäß (*в призначений строк*)

своєчасність Réchtzeitigkeit *f*; ~ тематики die Aktualität der Thematík

святенництво Schéinheiligkeit *f*, Bigotterie *f*

святенницький schéinheilig, bigótt

святий héilig, *перен. тж* hoch, erháben (*піднесений*, *благородний*)

святиня Héiligtum *n*

святити wéihen *vt*, éinweihen *vt*

святість Héiligkeit *f*, *перен. тж* Erhábenheit *f*

святков|ий 1) Fest-, Féier-; ~ день Fésttag *m*, Féiertag *m*; у ~і дні fésttags, féiertags; 2) (*урочистий*, *радісний*) féstlich, Fest-, Féiertags-

святкувати féiern *vt*, (féstlich) begéhen* *vt* (*відзначати*)

свято Fest *n*, Féier *f*, Fésttag *m*, Féiertag *m*; національне ~ Nationálfeiertag *m*, всенародне ~ Vólksfest *n*; сімейне ~ Famíli enfest *n*; Свято Перемоги der Tag des Síeges; з ~м! fróhes Fest!, fróhe Féiertage!

святотатство *рел.* Góttesläasterung *f*, *перен.* Frével *m*

священик Príester *m*, der Géistliche

священн|ий héilig, gehéiligt *тж перен.*; ~ обов'язок héilige Pflicht; ~а традиція éine gehéiligte Traditión

сеанс (*в кіно*) Vórstellung *f*, Vórführung *f* (*демонстрація*); піти на денний ~ in ein Tágeskino géhen* *vi* (s)

С

себé sich (*при підм. в 3-ій особі*); mich, uns (*при підм. в 1-ій особі*); dich, euch (*при підм. в 2-ій особі*); ◊ піти́ до céбе in sein Zímmer géhen* *vi* (s); про céбе а) (*читати*) still; б) (*співати, говорити*) vor sich (*A*) hin; в) (*подумати*) bei sich (*D*)
себеля́бн|ий sélbstsüchtig **~ість** Sélbstsucht *f*
севря́га Stérnhausen *m*, *збірн. тж* Stérnhausen *pl*
сезóн 1) (*пора року*) Jáhreszeit *f*, 2) (*час, період чогось*) Saison [sɛ'zɔ̃:n *и* saison] *f*, Zeit *f*, купáльний ~ Bádesaison *f*, Bádezeit *f*, театрáльний ~ Spíelzeit *f*, виногрáдний ~ Zeit der Wéinlese
сейсмі́чн|ий séismisch; ~а стáнція Érdbebenwarte *f*
сейсмі́чність Seismizität *f*, Érdbebentätigkeit *f*
сейсмоакти́вність séismische Áktivität
сейсмолóгія Seismologíe *f*, Érdbebenkunde *f*
сейф Safe [se:f] *m*, Pánzerschrank *m* (*шафа, ящик*); Tresór *m*, Géldschrank *m* (*для грошей*); Stáhlkammer *f* (*приміщення*)
секрéт Gehéimnis *n*, ◊ по ~у im gehéimen, im Vertráuen
секретáр 1) Sekretär *m*, Schríftführer *m* (*діловод*); особи́стий ~ Privatsekretär [-'va:t-] *m*, 2) (*на зборах*) Protokóllführer *m*, 3) (*виборний керівник*) Sekretär *m*, ~ партíйної организáції Sekretär der Partéiorganisation; ◊ держáвний ~ (*в США*) Stáatssekretär *m*, Áußenminister *m*, учéний ~ der wíssenschaftliche Sekretär
секретаріáт Sekretaríat *n*
секретéр Schréibschrank *m*
секрéтний Gehéim-, gehéim (*таємний*); vertráulich (*довірчий*)
секрéція *фізіол.* Sekretión *f*
секс Sex *m*, **~уáльний** sexuéll, Sexuál-; séxy (*хтивий — про людину*)
сéкт|а Sékte *f*, **~áнт** Sektíerer *m*
сектáнтство Sektíerertum *n*
сектáнтський sektíererisch
сéктор 1) *мат.* Séktor *m*, Kréisaus schnitt *m*, 2) (*відділ установи*) Abtéilung *f*, 3) (*галузь*) Zweig *m*, Séktor *m*, держáвний ~ stáatlicher Séktor; привáтний ~ privater [-'va:-] Séktor; ~ культу́ри Kultúrzweig *m*
секу́нд|а Sekúnde *f*, Augenblick *m* (*мить*); ◊ ~ в ~у (*точно в строк*) auf die Sekúnde (genáu) однý ~у! éinen Áugenblick, bítte!; в однý ~у im Nu, im Hándumdrehen; **~ний** 1) (*що показує секунди*): ~на стрíлка Sekúndenzeiger *m*, 2) (*який триває секунду*) sekúndenlang
секундомíр Stóppuhr *f*
сéкція 1) (*відділ в магазині*) Abtéilung *f*, ~ готóвого óдягу Konfektiónsabteilung *f*, 2) (*на конференції*) Sektión *f*, 3): спорти́вна ~ Spórtgruppe *f*, гімнасти́чна ~ Gymnástikgruppe *f*, 4) *буд.* Sektión *f*, Montágebauteil [-ʒə] *n*, Teil *n* (*збірних меблів*)

C

селезíнка *анат.* Milz *f*
селéкція *с.-г.* Selektión *f*
селéра Séllerie *m*, Sellerie *f*
сели́ти ánsiedeln *vt*, **~ся** sich ánsiedeln, sich níederlassen*
сéлище Síedlung *f*, Órtschaft *f*, робóче ~ Árbeitersiedlung *f*, дáчне ~ Wóchenendsiedlung *f*, Féri ensiedlung *f*
селíтра *хім.* Salpéter *m*
сел|ó 1) (*селище*) Dorf *n*, 2) (*сільська місцевість*) Land *n*, Dorf *n*, в ~í auf dem Lánde, auf dem Dorf
селяни́н Lándmann *m*, Dórfbewohner *m*, Báuer *m*
селя́нство Báuernschaft *f*, колгóспне ~ Kolchósbauern *pl*
селя́нський Báuern-, bäuerlich
семафóр *зал.* Signál *n*
сéмеро síeben
семéстр Seméster *n*
семидéнний síebentägig
семикрáтний síebenfach
семиповерхóвий síebenstöckig
семирíчний síebenjährig
семінáр Seminár *n*
семíт Semít *m*
сенáт Senát *m*, **~ор** Senátor *m*
сенегá|лець Senegalése *m* **~льський** senegalésisch
сенс Sinn *m*, Zweck *m*, ~ життя́ Lébensz-weck *m*, немáє ~у (*робити щось*) es hat kéinen Sinn [Zweck], es ist sinnlos (zu + *inf*)
сенс|аці́йний sensationéll, Sensatións-, áufsehenerregend; **~áція** 1) (*сильне враження*) Áufsehen *n*; ви́кликати ~áцію gróßer Áufsehen errégen; 2) (*подія, повідомлення*) Sensation *f*
сентиментáльн|ий sentimentál, rührselig; **~ість** Sentimentalität *f*
сепарати́зм Separatísmus *m*
сепарáтний Separát-; ~ мир Separátfrieden *m*, ~ у́ряд Separátregierung *f*
серб Sérbe *m*, **~ський** sérbisch
сервéтка Serviette [-'vjɛ] *f*, паперóва ~ Papíerserviette *f*
сервíз Service [zɛr'vi:s] *n*, Táfelgeschirr *n*
сервір|óвка Servieren [-'vi:-] *n*, **~увáти** servieren [-'vi:-] *vt*, áuftragen* *vt*, ~ стіл den Tisch décken
сéрвіс Service [-'sø:(r)vis] *m*, Kúndendienst *m*
сéрдити ärgern *vt*, böse máchen *vt*
серди́тий böse; zórnig (*гнівний*); ~ пóгляд zórniger Blick
сéрдитися (*на когось*) sich ärgern (über *A*), böse sein (*D або* auf *A*); за що ти на мéне сéрдишся? weswégen bist du mir böse?
сéред 1) (*в середині — про простір і час*) mítten (auf *D або* in *D*); ~ нóчі mítten in der Nacht; 2) (*в середовищі когось, в числі чогось*) únter (*D*); ~ нас únter uns; ◊ ~ бíлого дня am héllichten Táge
середá Míttwoch *m*, в сéреду am Míttwoch; по сéредах míttwochs

середземномо́рськ|ий mediterrán, Míttelmeer-; ~і країни Míttelmeerländer *pl*
сере́дин|а Mítte; в ~і кімна́ти in der Mítte des Zímmers, mítten im Zímmer; в самій ~і genáu in der Mítte; в ~і бе́резня Mítte März; прочита́ти кни́гу до ~и das Buch bis zur Hälfte lésen*
сере́дн|ій 1) Míttel-, der míttlere; 2) (*взятий в середньому*) Dúrchschnitts-, dúrchschnittlich, Míttel-; 3) *розм.* (*посередній*) míttelmäßig; 4): ~ рід *грам.* Néutrum *n*, das sächliche Geschlécht; ◊ в ~ьому im Durchschnitt, dúrchschnittlich; ~ па́лець Míttelfinger *m*; Сере́дні віки́ Míttelalter *n*; ~я шко́ла Óberschule *f*
середньоазіа́тський míttelasiatisch
середньоарифмети́чний dúrchschnittlich
середньові́ч|ний míttelalterlich **~чя** Míttelalter *n*
середньоєвропе́йський mítteleuropä isch; ~ час mítteleuropä ische Zeit
середо́вищ|е 1) (*соціально-побутове*) Milieu [-'ljø:] *n*, Umgébung *f* (*оточення*); в своєму ~і in séinem Milieu; únter sich (*серед своїх*); 2) (*природне*) Úmwelt *f*, охоро́на навко́лишнього ~а Úmweltschutz *m*
сере́жка (*прикраса*) Óhrring *m*, *бот.* Kätzchen *n*
сержа́нт Sergeant [-'ʒant] *m*
сері́йн|ий Séri en-; **~о** *присл.*: яки́й випуска́ється ~о séri engefertigt
се́рія 1) Séri e *f*, Réihe *f*, 2) *кіно* Teil *m*; *телеб.* Fólge *f*
серйо́зн|ий ernst, érnsthaft, érnstlich, wíchtig (*поважний*); kompliziert (*складний*); **~о** 1) *присл.* ernst, érnstlich; ти це ~о? ist das dein Ernst?, meinst du es ernst damit?; 2) *вставн. сл. розм.* (*справді*) im Ernst, in der Tat
серп Síchel *f*, ◊ ~ і мо́лот *іст.* (*символ*) Hámmer und Síchel
серпа́нок Höhenrauch *m*, Dunst *m*
серпанти́н Papíerschlangen *pl*
се́рп|ень Augúst *m*, **~не́вий** Augúst-
сертифіка́т Zertifikát *n*, Beschéinigung *f*, Attést *n*; валя́тний ~ Devisengenehmigung [-'vi:-]
се́рфінг *спорт.* Wéllenreiten *n*, Surfing ['sø:- / 'sør-] *n*
се́рц|е Herz *n*; ◊ від щи́рого ~я von gánzem Hérzen
серцебиття́ Hérzklopfen *n*
серце́вий *мед.* Herz-
серцеви́на Mark *n*, Kern *m* (*стовбура, стебла*); Gehäuse *n* (*плоду*)
серце́во-суди́нн|ий: ~е захво́рювання Hérzund Kréislaufkrankheit *f*
се́сі|я 1) (*період засідань*) Tágung *f*, позачергова ~ außerórdentliche Tágung; скли́кати ~ю éine Tágung éinberufen*; 2) (*період іспитів*) Prüfungszeit *f*, Prüfungen *pl*, склада́ти зимо́ву (екзаменаці́йну) ~ю die Prüfungen im Hérbstsemester [im Wíntersemester] áb|legen
сестра́ 1) Schwéster *f*, 2): (меди́чна) ~ Kránkenschwester *f*
сет (*в тенісі*) Satz *m*
се́ча Harn *m*, Urín *m*
сечови́й Harn-; ~ мі́хур Hárnblase *f*
сечогі́нний hárntreibend
сибі́рський sibírisch; ◊ ~ кедр Zírbel *f*, Zírbelkiefer *f*
си́вий 1) (*про людину*) gráuhaarig; 2) (*про волосся*) grau, weiß, sílbern
сивин|а́ (stéllenweise) ergráutes Haar; ç ~о́ю gráumeliert
си́віти ergráuen *vi* (s), grau [weiß] wérden, (*про людину - тж*) gráues Haar bekómmen*
сига́ра Zigárre *f*
сигаре́т|а Zigarétte *f*, закури́ти ~у sich (*D*) éine Zigarétte án|stecken [án|zünden]
сигна́л Signál *n*, Zéichen *n* (*знак*); ~ біди́ Nótsignal *n*, SOS [ɛsi:o|'ɛs]; (по)да́ти ~ ein Signál [ein Zéichen] gében*; *авт.* húpen *vi* **~іза́ція** (*пристрій*) Signálanlage *f*, поже́жна ~іза́ція Féuermelder *m*
сигналізува́ти 1) (*подавати сигнали*) Signále [Zéichen] gében*; 2) (*повідомити про щось*) signalisíeren *vt*, mélden *vt*, án|kündigen *vt*, vór an|kündigen *vt* (*попередити*); wárnen *vt* (vor *D* — *застерегти*)
сигна́льний Signál-
сиді́ння Sitz *m* (*місце*); Sítzpolster *n* (*стільця і т. п.*); відкидне́ ~ Kláppsitz *m*, м'яке́ ~ Pólstersitz *m*
сид|і́ти 1) sítzen* *vi*, ~і́ть! (*не вставайте*) bléiben Sie sítzen!; 2) (*про одяг*) sitzen* *vi*, pássen *vi* (*на комусь D*); су́кня ~и́ть до́бре das Kleid sitzt gut; пальто́ ~и́ть на тобі́ пога́но der Mántel paßt dir nicht
си́л|а 1) (*людини*) Kraft *f*, ~ во́лі Wíllenskraft *f*, з усіє́ї ~и, з усі́х сил mit áller Kraft (*ударити і т. п.*), aus állen Kräften (*закричати і т. п.*), aus Léibeskräften (*бігти і т. п.*); це йому́ під ~у das ist séinen Kräften ángemessen; це йому́ не під ~у das geht über séine Kräfte; 2) *фіз., ел.* Stärke *f*, Kraft *f*, ~ стру́му Strómstärke *f*, ~ тяжі́ння Schwérkraft *f*, 3) (*міць*) Macht *f*, Stärke *f*, Gewált *f*, 4) *мн.* ~и (*частина суспільства*) Kräfte *pl*, прогреси́вні ~и progressive Kräfte; миролю́бні ~и, ~и ми́ру Fríedenskräfte *pl*, 5) *мн.* ~и (*війська*): збро́йні ~и Stréitkräfte *pl*, сухопу́тні ~и Lándstreitkräfte *pl*, військо́во-морські́ ~и Séestreitkräfte *pl*, військо́во-пові́тряні ~и Lúftstreitkräfte *pl*, 6) *юр.* Kraft *f*, вступи́ти в ~у in Kraft tréten* *vi* (s); залиши́тися в ~і in Kraft bléiben* *vi* (s) (*тж про домовленість*)
сила́ч Atlét *m*, Kráftmensch *m*
силкува́тися *розм.* (*зробити щось*) sich án|strengen, sich bemühen (zu + *inf*)
силов|и́й 1) *ел.* Kraft-; ~а́ ста́нція Kráftwerk *n*, ~е́ по́ле Kráftfeld *n*, ~а́ лі́нія Kráftlinie *f*, 2) *спорт.*: ~і́ впра́ви Kráftübungen *pl*
силомі́ць *присл.* mit Gewált; gewáltsam

С

сúлос (*корм*) Sílofutter *n*, Gärfutter *n*
сúлою (*насильно*) gewáltsam, mit Gewált
сúлувати (*примушувати*) zwíngen* *vt*, Gewált án|tun* (*D*); nötigen *vt* (zu *D*) (*до чогось*)
силуéт Silhouétte [-lu-] *f*, Úmriß *m* (*контур*)
сúльн|ий stark, kräftig mächtig, gewáltig (*потужний*); heftig (*про гнів, біль і т. п.*); léistungsstark (*про учня*); spíelstark (*про спортивну команду*); ідé ~ дощ es régnet stark; **~о** stark, kräftig; sehr (*дуже*); ~о бажáти чогóсь sich (*D*) etw. séhnlich wünschen
сúмвол Symból *n*, Sínnbild *n*; **~ізувáти** symbolisíeren *vt*, versínnbildlichen *vt*
симвóл|іка Symbólik *f*, **~íчний** symbólisch, sínnbildlich
симетрúчний symmétrisch
симéтрія Symmetríe *f*
симпат|изувáти (*комусь*) sympathisíeren *vi* (mit *D*); **~úчний** sympáthisch; ánziehend (*привабливий*); ángenehm (*приємний*); éinnehmend (*про зовнішність*)
симпáтія Sympathíe *f*, Zunéigung *f* (*прихильність*)
симптóм Symptóm *n*, Ánzeichen *n* (*ознака*); **~атúчний** symptomátisch, bezéichnend; kénnzeichnend (*характерний — для когось/чогось*) für *A*)
симулювáти simulíeren *vt*, vór|täuschen *vt*, sich verstéllen (*прикидатися*)
симул|янт Simulánt *m*, **~яція** Simulatión *f*, Verstéllung *f* (*прикидання*)
симфонíчний sinfónisch, symphónisch, Sinfoníe-, Symphoníe-
симфóнія Sinfoníe *f*, Symphoníe *f*
син Sohn *m*
синагóга Synagóge *f*
синдикáт Syndikát *n*
син|éць bláuer Fleck; ~ під óком (*від удару*) bláues Áuge; ◊ ~ці під очúма Áugenringe *pl*
синúця Méise *f*
сúній dúnkelblau; blau (*ближче до блакитного*); bläulich (*про губи, руки*)
синíти (*виднітися*) blau schimmern *vi*
синíшати (*ставати синім*) blau wérden; bläulich wérden, blau án|laufen* *vi* (s) (*про губи, руки*)
синóнім Synonym *n*, **~íчний** synonýmisch, sínnverwandt
синóпт|ик Meteorológe *m*, Wetterfachmann *m*, **~úчний** synóptisch
сúнтакс|ис Sýntax *f*, **~úчний** syntáktisch
сúнтез Synthése *f*
синтезувáти 1) synthesíeren *vt*, 2) *хім.* synthétisch erzéugen
синтéт|ика *розм.* 1) (*матеріали*) Kúnststoffe *pl*, synthétische Wérkstoffe; 2) (*вироби*) Erzéugnisse aus Kúnststoffen; Synthétics [-tiks] *pl* (*текстиль*); **~úчний** synthétisch; Synthése-, Kúnststoff-; ~úчна тканúна synthétischer Stoff; ~úчне волокнó Synthésefasern *pl*, ~úчні вирóби *див.* синтéтика 2
сúнус *мат.* Sínus *m*
синхрóнн|ий synchron [-'kro:n], simultán; gléichzeitig (*одночасний*); ~ перéклад Simultándolmetschen *n*, ◊ ~е плáвання *спорт.* Kúnstschwimmen *n*
синювáтий bläulich, ins Bläuliche spíelend
сúнява Bläue *f*, das Blau
синяк blútunterlaufene Stélle
сúпати schütten *vt*, stréuen *vt*
сипíти héiser spréchen*; krächzen *vi*
сúплий héiser, krächzend
сипýч|ий Streu-; Flug-; stréubar; schüttfähig; ~ пісóк Flúgsand *m*, Tríebsand *m*
сир 1) Käse *m*, швейцáрський ~ Schwéizer Käse; 2) (*м'який*) Quark *m*
сирéна (*гудок*) Siréne *f*, Húpe *f* (*автомобільна*)
сир|ий 1) naß; feucht (*вологий*); ~í дрóва násses Holz; ~á травá féuchtes Gras; 2) (*про їжу*) roh, Roh-; ~é м'ясо róhes Fleisch; ~é молокó Róhmilch *f*, ~á водá úngekochtes Wásser; íсти щось в ~óму вúгляді etw. roh éssen*
сúрість Nässe *f*, Féuchtigkeit *f* (*вологість*); берегтú від сúрості! vor Nässe schützen!
сирíт|ство Wáisenstand *m*, *перен.* Verwáistheit *f*, Veréinsamung *f*, **~ський** Wáisen-
сúрник *кул.* Quarkpfannkuchen *m*
сировáрня Käsefabrik *f*, Käseréi *f*
сирóватка 1) (*молочна*) Mólke *f*, 2) *мед.* Sérum *n*, Ímpfstoff *m*
сировинá Róhstoff *m*, Róhmaterial *n* (*вихідний матеріал*); вторúнна ~ Sekundärrohstoff *m*, Áltstoff *m*
сировúнн|ий Róhstoff-; ~а бáза Róhstoffbasis *f*, ~і ресýрси Róhstoffquellen *pl*
сироíжка (*гриб*) Täubling *m*
сирóк: плáвлений ~ Schmélzkäse *m*
сирокопчéний: ~ óкіст Róhschinken *m*
сирóп Sírup *m*
сиротá Wáise *f*, Wáisenkind *n*, крýглий ~ Vóllwaise *f*
сиротлúвий éinsam, verwáist; відчувáти себé сиротлúво sich éinsam fühlen
систéма *у різн. знач.* Systém *n*, сóнячна ~ Sónnensystem *n*, вúборча ~ Wáhlsystem *n*, ~ колектúвної безпéки Systém der kollektíven [-vən] Sícherheit; ~ протиракéтної оборóни Rakétenabwehrsystem *n*
систематизувáти systematisíeren *vt*
систематúчний systemátisch; ständig (*постійний*); régelmäßig (*регулярний*)
сúтець Kattún *m*
сúтий satt; я ~ **ich** bin satt
сúтний sättigend; kräftig, réichlich; nährhaft (*поживний*)
сúто Sieb *n*, просíювати щось чéрез ~ etw. dúrch|sieben
ситуатúвний situatiónsbedingt, situatiónsabhängig

С

ситуáція Situatión *f*, Láge *f* (*положення*)
си́тцевий Kattún-
си́філіс Sýphilis *f*
си́щик *розм.* Detektív *m*
сівáлка *с.-г.* Sämaschine *f*
сівбá 1) (*дія*) Áussaat *f*, Saat *f*; 2) (*час сівби*) Sáatzeit *f*
сівозмíна *с.-г.* Sáatfolge *f*, Frúchtfolge *f*
сідá|ти *див.* сíсти; **~й!** setz dich!; **~йте**, будь лáска! bítte sétzen Sie sich! néhmen Sie bítte Platz!; **~** на свої місця́ séine Plätze éin|nehmen* [besétzen]; нам порá **~** (*в пóїзд і т. п.*) wir müssen schon éinsteigen; **~йте** на п'я́тий автóбус néhmen Sie den Bus Línie fünf [den Fünfer]
сідлáти sátteln *vt*
сідлó Sáttel *m*
сідни́ця *анат.* Gesäßhälfte *f*, Hínterbacke *f*
сік Saft *m*
сіль Salz *n*
сільгосптéхніка (сільськогосподáрська тéхніка) Lándtechnik *f*
сільни́ця Sálzfaß *n*, Sálzstreuer *m*
сільськ|и́й Dorf-, Land-, ländlich; **~á** мóлодь Dórfjugend *f*, Lándjugend *f*; в **~íй** місцéвості auf dem Lánde; ◊ **~é** господáрство Lándwirtschaft *f*
сільськогосподáрський lándwirtschaftlich, Lándwirtschafts-, Land-
сім síeben
сімдеся́т síebzig; **~и́й** der síebzigste
сімдесятирíчний síebzigjährig
сімéйн|ий 1) Famílien-; за **~ими** обстáвинами aus familiären Gründen; 2) (*який має сім'ю*) verhéiratet; він люди́на **~а** er ist verhéiratet, er hat (éine) Famílie
сімнáдця|тий der síebzehnte; **~ть** síebzehn
сімсóт síebenhúndert
сім'я *фізіол.* Spérma *n*
сім'я́ Famíli|e *f*, члéни сім'ї Famílienmitglieder *pl*; всією сім'єю mit der gánzen Famíli|e
сінни́к Héuboden *m*
сíно Heu *n*, коси́ти [заготовля́ти] **~** Heu máchen
сіон|íзм Zionísmus *m*, **~íст** Zioníst *m*, **~íстський** zionístisch
сíпатися zúcken *vi*
сíрий grau
сірí|єць Sýrier *m*, **~йський** sýrisch
сíрка 1) *хім.* Schwéfel *m*, 2) (*вушна*) Óhrenschmalz *n*
сірковóдень *хім.* Schwéfelwasserstoff *m*
сірни́к Stréichholz *n*, запали́ти **~** ein Stréichholz án|zünden; корóбка **~ів** Stréichholzschachtel *f*
сірникóвий Stréichholz-
сіроóкий gráuäugig
сіувáтий gräulich
сíсти 1) sich (hín)sétzen, Platz néhmen*; **~** на стілéць, на велосипéд sich auf den Stuhl, aufs Rad sétzen; **~** на коня́ auf ein Pferd stéigen* *vi* (s); **~** за стіл sich an den Tisch sétzen (*працювати і т. п.*), sich zu Tisch sétzen (*їсти*); **~** у вáнну in die Wánne stéigen* *vi* (s); 2) (*в транспорт*) (éin)stéigen* *vi* (s); **~** в [на] автóбус in den Bus stéigen*; **~** на корабéль, на літáк an Bord éines Schíffes, éines Flúgzeuges géhen* *vi* (s); 3) (*приземлитися*) lánden *vi* (s) (*про літак*); sich níeder|lassen* (*про птаха*); 4) (*про сонце*) únter|gehen* *vi* (s); 5) (*розпочати якусь справу*) sich sétzen, sich máchen (an A); **~** за урóки sich an die Háusaufgaben sétzen [máchen]; **~** за кермó sich ans Stéuer sétzen
сíтка 1) Netz *n*, 2) *розм.* Éinkaufsnetz *n*
сіткíвка *анат.* Nétzhaut *f*
сíчен|ий gehäckt, Hack-; **~е** м'я́со Háckfleisch *n*, **~а** котлéта Bulétte *f*
сíчень Jánuar *m*
січнéвий Jánuar-
сíяти 1) (*висівати*) (án)säen *vt*; 2) (*обробляти*) án|bauen *vt*
скажéний 1) (*про тварин*) tóllwütig; 2) (*шалений*) wütend
скажéність (*шаленість*) Raseréi *f*, оскаженíти in Wut geráten* *vi* (s)
сказ Tóllwut *f*
сказáння Ságe *f*, Legénde *f*
сказáти ságen *vt*, mít|teilen *vt* (*повідомити*); ◊ лéгко **~** leicht geságt; вáжко **~** schwer zu ságen; скáжемо (*наприклад*) ságen wir, zum Béispiel; скажíть, будь лáска! (*подумати тільки*) was Sie nicht ságen!
скази́тися 1) (*про тварину*) toll wérden; 2) *перен.* (*про людину*) wütend [rásend] wérden, in Wut geráten* *vi* (s)
скакáлка Spríngseil *n*
скакáти 1) spríngen* *vi* (s), hüpfen *vi* (s); 2) (*на коні*) (im Galopp) réi-ten* *vi* (s), galoppíeren *vi* (s)
скакови́й Renn-; **~** кінь Rénnpferd *n*, Rénner *m*
скáлка Splítter *m*
скандáл 1) Skandál *m*, 2) (*бешкет*) Radáu *m*, Krach *m* (*шум*)
скандáлити 1) (*бешкетувати*) randalíeren *vi*, Krach máchen (*шуміти*); 2) (*сваритися з кимось*) Krach háben (mit *D*)
скандалíст Radáumacher *m*
скандáльний 1) (*ганебний*) skandalös, ánstößig; 2) (*про людину*) händelsüchtig
скандинáв Skandinávier [-vjər] *m*, **~ський** skandinávisch [-viʃ]
сканувáння *фіз.* Ábtastung *f*, Zerlégung *f*
скарб 1) Schatz *m*, 2) Háusart *m*, Sáchen *pl*, з усíм **~ом** mit Sack und Pack; **~ни́ця** Schátzkammer *f*, Stáatsschatz *m*, Stáatskasse *f*, держáвна **~** Stáatsgelder *pl*
скáрга Kláge *f*, Beschwérde *f*
скáржитися (*комусь*) 1) (*на щось – сподіваючись на співчуття і т. п.*) klágen *vi* (bei *D* über *A*); 2) (*на щось/когось – виражати невдоволення, подавати*

скаргу) sich beklágen, sich beschwéren (bei *D* über *A*)
скарлатина Schárlach *m*
скасовувати áb|schaffen *vt*, annullíeren *vt*, áußer Kraft sétzen *vt*, áufheben* *vt* (*закон, постанову і т. п.*)
скасування Áufhebung *f*, Ábschaffung *f*, Annulíerung *f*, Áuflösung *f*
скасувати *див.* скасовувати
скатерка Tíschdecke *f*, Tíschtuch *n* (*обідня, звичайно, біла*); ◊ ~-самобранка Tischleindéckdich *n*
скафандр Ráumanzug *m* (*космонавта*); Táucheranzug (*водолаза*)
скачати (*згорнути*) zusámmen|rollen *vt*
скачки Pférderennen *m*; ~ з перешкодами *спорт.* Híndernisrennen *n*, Hürdenrennen *n*
сквер Ánlage *f*, Grünanlage *f*
скелет Skelétt *n*, Geríppe *n*
скеля Félsen *m*; прямовисна ~ Félswand *f*
скелястий félsig, Félsen-
скеп|сис Sképsis *f*, Zwéifel *n* (*сумнів*); **~тик** Sképtiker *m*, Zwéifler *m*; **~тичний** sképtisch
скиба Schéibe *f*, Schnítte *f*
скибочка (kléine) Schéibe *f*
скиглити 1) (*про собаку*) wínseln *vi*; 2) *розм.* (*про людину*) flénnen *vi* (*пхикати*); jámmern *vi*, nörgeln *vi* (*скаржитися*)
скидати 1) (*униз*) (hin)áb|werfen* *vt*, herúnter|werfen* *vt*; 2) (*в одне місце*) zusámmen|werfen* *vt*; 3) *розм.* (*зняти з себе*) áb|werfen* *vt*, áus|ziehen* *vt*; 4) stürzen *vt*, áb|schütteln *vt* (*ярмо*); ~ з престолу entthrónen *vt*
скида|тися (*на когось -бути схожим*) gléichen* *vi*, ähneln *vi*, ähnlich séhen* [sein] (*D*); ◊ ~ється на те, що ... es sieht danách aus, als ob ..
скинення Sturz *m*, ~ з престолу Entthrónung *f*
скинути *див.* скидати
скипатися (*про молоко, кров*) gerínnen* *vi* (s)
скипидар Terpentín *n*
скипіти (áuf)kóchen *vi* (s)
скипітися sich in éine féste Másse verwándeln, féstwerden* *vi* (s)
скип'ятити (áuf)kóchen (lássen*) *vi*
скирта Schóber *m*, ~ сіна Héuschober *m*
скисати, **скиснути** sáuer wérden
скільки 1. *займ. і числ.* wíeviel; wie viel (*як багато*); ~ чоловік? wíeviel [wie víele] Persónen?; ~ разів wievíelmal, wie víel(e) Mále; wie oft (*як часто*); ~ пройшло часу? wievíel Zeit ist vergángen?; **2.** *присл.*: ~ тобі років? wie alt bist du?; ~ це коштує? was kóstet das?; ~ ти чекав? wie lánge hast du gewártet?; ~ це важить? wie schwer ist das? а ~ він знає! und wievíel [wie viel] er weiß!; бери ~ хочеш nimm sovíel du willst

склад I (*приміщення для зберігання товарів і т. п.*) Láger *n*, Vórratsraum *m*, Spéicherraum *m*
склад II 1) Zusámmensetzung *f*, Bestándteile *pl* (*складові частини*); 2) (*про колектив людей*): ~ уряду Zusámmensetzung der Regíerung; ~ команди *спорт.* die Áufstellung der Mánnschaft; соціальний ~ населення soziále Struktúr der Bevölkerung; особистий ~ Personál *n*, Personálbestand *m*
склад III *лінгв.* Sílbe *f*, читати по ~ах Sílbe für Sílbe buchstabíeren
складальний Montáge- [-ʒə]; ~ цех Montágehalle *f*, ~ конвеєр Montágeband *n*
складан|ий Klapp-, zusámmenklappbar; Falt-; ~ стілець Kláppstuhl *m*, ~ човен Fáltboot *n*, ~а парасолька Táschenschirm *m*, Knirps *m*, ~ ніж Táschenmesser *n*
складання 1) (*з частин*) Zusámmenstellung *f*, 2) (*створення*) Áusarbeiten *n*, Verfássen *n* (*словника, підручника*); Áufsetzen *n* (*документа, листа*); 3) (*монтаж*) Montáge [-ʒə] *f*, Montíerung *f*, Zusámmen-bau *m*, Áufstellung *f* (*установлення*)
складати *див.* скласти; ~ іспит éine Prüfung áb|legen [bestéhen*]; ~ гроші Geld spáren ~ (гроші) на машину für [auf] ein Áuto spáren *vi*
складатися (*з когось/чогось*) bestéhen* *vi* (aus *D*)
складач *полігр.* Sétzer *m*
складений zusámmengesetzt
складк|а 1) Fálte *f*, Bügelfalte *f* (*на відпрасованих штанях*); спідниця в ~у Fáltenrock *m*, 2) (*на шкірі, тілі*) Fálte *f*, Rúnzel *f* (*зморшка*); ~ шкіри Háutfalte *f*
складний (*не простий*) kompliziert; schwíerig (*важкий*); verwíckelt (*заплутаний*)
складність) Kompliziertheit *f*
складно kompliziert, verwíckelt (*заплутано*)
складов|ий Bestánd-; ~а частина Bestándteil *m*
складувати (éin)lágern *vt*, éinmagazinieren *vt*
складчаст|ий Fálten-; Fáltungs-; ~і гори Fáltengebirge *n*
складчин|а: у ~у auf geméinsame Kósten
скласти 1) (*поставити*) (hín)stéllen *vt* (*в одне місце*); rücken *vt* (*присунути одне до одного*); 2) (*створити, написати і т. п.*) zusámmen|stellen *vt* (*список, програму чогось*); verfássen *vt* (*словник, підручник*); áuf|setzen *vt* (*документ, лист*); áuf|stellen *vt*, entwérfen* *vt* (*план*); 3) (*утворити*) bílden *vt*, zusámmen|stellen *vt*; áus|machen *vt* (*у підсумку*); 4) (*укласти*) légen *vt*, zusámmen|legen *vt* (*в одне місце*); ~ речі у валізу die Sáchen in den Kóffer pácken; 5) (*згорнути*) zusámmen|legen *vt* (*одяг і т. п.*)

С

zusámmen|klappen *vt* (*складаний стіл, парасольку і т. п.*); **~ся** 1) sich zusámmen|setzen; entstéhen* *vi* (s) (*виникнути*); sich bílden (*утворитися*); 2) (*сформуватися*) sich (heráus)bílden, sich gestálten; 3) sich entwíckeln, éine Wéndung néhmen*; 4): у ме́не скла́лося вра́ження... ich hábe den Éindruck (gewónnen) ...

скле́єний (zusámmen)geklébt, (zusámmen)geléimt

склеї́ти 1) (*приклеїти один до одного*) zusámmen|kleben *vt*, zusámmen|leimen *vt*; 2) (*виготовити*) klében *vt*; **~ся** klében *vi*, zusámmen|kleben *vi*

склеп Grábgewölbe *n*, Gruft *f*

склепа́ти *тех.* zusámmennieten *vt*, vernieten *vt*

склепі́ння *архіт.* Gewölbe *n*

склепі́нчастий Gewölbe-, gewölbt

склеро́з *мед.* Sklerose *f*, Verkálkung *f*, **~ний** *мед.* sklerótisch

скле́ювати(ся) *див.* склеї́ти(ся)

скли́кання Éinberufung *f*

скли́кати, **склика́ти** 1) zusámmen|rufen* *vt*; (herbéi)rúfen* *vt* (*покликати*); éin|laden* *vt* (*запросити*); 2) (*з'їзд і т. п.*) éin|berufen* *vt*

скли́ти verglásen *vt*

скло Glas *n*; Schéibe *f*, Glásscheibe *f* (*у вікні, вітрині*); **~ду́в** Glásbläser *m*

скло́ка Intrígen *pl*, Ränke *pl*; Zank *m*, Háder *m* (*чвари*); Klatsch *m*

склоочи́сник *авт.* Schéibenwischer *m*

скло́чник Intrigánt *m*, Ränkeschmied *m*

склюва́ти, **скльо́вувати** áufpicken *vt* (*про птаха*); verschlíngen* *vt* (*про рибу*)

скляни́й Glas-, gläsern; ~ заво́д Gláshütte *f*

скля́нка Glas *n*; ~ води́ ein Glas Wásser

скна́ра *розм.* Géizhals *m*

скна́р|ий géizig, knáuserig; **~ість** Geiz *m*, Knauseréi *f*

скобли́ти schában *vt*

ско́ваний (*про поведінку, рухи*) gehémmt, gebúnden, befángen

ско́ваність (*рухів і т. п.*) Gehémmtheit *f*, Gebúndenheit *f* (*зв'язаність*); Befángenheit *f* (*збентеження*)

сковорода́, **сковорі́дка** Pfánne *f*, Brátpfanne *f*

сколихну́ти áuf|wühlen *vt*, in Bewégung bríngen* *vt*; **~ся** in Bewégung geráten* *vi* (s)

сколо́ти I (*відділити ударами*) áb|hacken *vt*, áb|hauen* *vt*

сколо́ти II (*з'єднати шпилькою і т. п.*) zusámmen|heften *vt*, zusámmen|stecken *vt*

скома́ндувати éinen Beféhl ertéilen

скомпонува́ти zusámmenstellen *vt*, ánordnen *vt*

скомпрометува́ти in Míßkredit bríngen*, kompromittíeren *vt*

сконфу́жений verwírrt, konfús; verlégen (*засоромлений*)

сконфу́зитися *див.* конфу́зитися

сконцентрува́ти(ся) *див.* концентрува́ти(ся)

скопа́ти, **ско́пувати** úm|graben* *vt*

скорбо́та Gram *m*, Tráuer *f* (*сум*)

скорбо́тний tráuervoll, grámvoll, schmérzerfüllt; tráurig (*сумний*)

скори́на Krúste *f*

скориста́тися 1) (*ужити*) gebráuchen *vt*, benútzen *vt*; 2) (*використовувати для якоїсь мети*) áus|nüt-zen *vt*; ~ випа́дком die Gelégenheit nútzen; ~ чи́мось як при́водом etw. zum Vórwand néhmen*

скорі́ше *порівн. ст. від* ско́ро 1) (*швидше*) schnéller; 2) (*раніше*) früher, éher; чим ~, тим кра́ще je éher [früher], désto bésser; ~, ніж я ду́мав éher, als ich dáchte; 3) (*охочіше*) líeber, éher; 4) (*імовірніше*) vielméhr

ско́ро 1) (*швидко*) schnell, rasch; 2) (*незабаром*) bald; ~ весна́ bald kommt der Frühling

скорова́рка Schnéllkocher *m*

скороспі́лий Früh-; frühreif *тж перен*

скороспі́шний überéilt, únüberlegt, únbedacht

скороти́ти 1) (*укоротити*) áb|kürzen *vt*, verkürzen *vt*; kürzen *vt* (*тж строк*); 2) (*зменшити*) kürzen *vt*, verríngern *vt*; éin|schränken *vt*, reduzíeren *vt* (*обмежити*); 3) (*звільнити*) entlássen* *vt*, kündigen *vi* (*D*); **~ся** 1) (*стати коротшим*) sich verkürzen; 2) (*зменшитися*) sich verríngern

скоро́чений 1) Kurz-, verkürzt; kúrzgefaßt (*короткий*); 2) *лінгв.* ábgekürzt

скоро́чення 1) (*укорочення*) Verkürzung *f*, Kürzung *f*; 2) (*зменшення*) Kürzung *f*, Verríngerung *f*, Reduzíerung *f* (*обмеження*); ~ військо́вого бюдже́ту Kürzung der Rüstungsausgaben; ~ стратегі́чного озбро́єння Reduzíerung der stratégischen Rüstungen; ~ збро́йних сил Trúppenreduzierung *f*; 3) (*звільнення*) Entlássung *f*, Kündigung *f*; ~ шта́тів Stéllenplankürzung *f*, Reduzíerung des Personálbestandes; 4) (*скорочене позначення*) Ábkürzung *f*, Abbreviatúr [-vi-] *f* (*абревіатура*)

скоро́чувати(ся) *див.* скороти́ти(ся)

скорпіо́н Skorpión *m*

ско́са von der Séite, schief

скоси́ти I (*траву і т. п.*) áb|mähen *vt*; ~ луг die Wíese áb|mähen

скоси́ти II 1) (*зробити косим*) áb|schrägen *vt*; 2): ~ о́чі на ко́гось auf j-n [nach j-m] schíelen *vi*

скота́р Víehzüchter *m*; **~ство** Víehzucht *f*; займа́тися ~ством Víehzucht tréiben*; **~ський** Víehzucht-

скоти́тися heráb|rollen *vi* (s); heráb|rutschen *vi* (s) (*зісковзнути*); ~ з гори́ на санча́тах mit dem Schlítten den Berg herúnter|fahren* *vi* (s)

ско́тний: ~ двір Víehhof *m*

скра́сити, **скра́шувати** verschönern *vt*, erträglicher máchen *vt* (*зробити менш неприємним*)
скре́г|іт Knírschen *m*, **~ота́ти** knírschen *vi*
скри́вдити kränken *vt*
скриви́ти 1) krümmen *vt*, 2) (*обличчя і т. п.* verzíehen* *vt*, verzérren *vt*
скри́влений gekrümmt
скри́влення Krümmung *f*, Verkrümmung *f*
скривля́ти *див.* скриви́ти
скри́кувати, **скри́кнути** áuf|schreien* *vi*
скри́нька Dóse *f*, Kästchen *n*, Schmúckdose *f*, Kásten *m*, поштóва ~ Bríefkasten *m*
скрип Knárren *n* (*дверей, підлоги*); Knirschen *n* (*снігу*)
скрипа́ль Géiger *m*
скрипі́ти knárren *vi*, knírschen *vi* (*про сніг*)
скри́п|ка Géige *f*, Violíne [vi-] *f*, гра́ти на ~ці Géige spíelen; концéрт для ~ки з оркéстром ein Konzért für Violíne und Orchester [-'kɛ-]
скри́пнути *див.* скрипі́ти
скрипу́чий knárrend; knírschend (*про сніг*); krächzend (*про голос*)
скриши́ти zerbröckeln *vt*
скрізь überáll
скріпи́ти beféstigen *vt*, verbínden* *vt*, zusámmen|nageln *vt* (*цвяхами*); zusámmen|klammen *vt* (*листи паперу*)
скрі́пка (*для паперів*) Büróklammer *f*
скрі́плення 1) Beféstigung *f*, 2) *тех.* Verbíndung *f*
скрі́плювати *див.* скріпи́ти
скро́мн|ий beschéiden; éinfach (*простий*); ánspruchslos (*невибагливий*); **~ість** Beschéidenheit *f*, Éinfachkeit *f* (*простота*); Ánspruchlosigkeit f (*невибагливість*)
скро́ня Schläfe *f*
С **скрупульо́зний** skrupulös, gewíssenhaft; péinlich genáu
скру́та Verlégenheit *f*
скрути́тися (*про змію і т. п.*) sich zusámmen|ringeln
скрутни́й (*неприємний*) únangenehm, péinlich, schwíerig
скру́тно *присл.*: йому́ дово́диться ~ er hat es schwer
скру́чуватися *див.* скрути́тися
ску́льпт|ор Bíldhauer *m*, **~у́ра** 1) (*вид мистецтва*) Bíldhauerkunst *f*, Plás-tik *f*, 2) (*твір мистецтва*) Skulptúr *f*, Plástik *f*
ску́мбрія Makréle *f*, *збірн. тж* Makrélen *pl*
скупердя́га *розм. див.* скна́ра
скуп|и́й 1) géizig, knáuserig; ~á люди́на Krämerseele *f*, Knáuser *m*, 2) (*на щось*) *перен.* spársam (mit *D*), karg (an *D*); ~ на слова́ wórtkarg; він ~ на похвалу́ er geizt mit Lob
скупи́ти áuf|kaufen *vt*
скупи́тися 1) (*бути скупим*) géizig sein; 2) (*на щось*) *перен.* géizen *vi*, kárgen *vi* (mit *D*)
скупі́й der Géizige
ску́пість Geiz *m*, Knáuserigkeit *f*
ску́пка (*дія*) Áufkauf *m*, Ánkauf *m* (*закупівля*
скупо́вувати *див.* скупи́ти
ску́пченість Gedrängtheit *f*, Plátzmangel *m*
ску́пчення Ánhäufung *f*, Áuflauf *m*, Ándrang (*людей*); Andrang *m* (*штовханина*); Stáuung *f*
ску́пчено (zusámmen)gedrängt, eng (*тісно*); dicht (*густо*)
ску́пчуватися, **ску́пчитися** sich häufen, sich ánsammeln; sich zusámmenballen (*про хмари*); sich versámmeln (*про людей*)
скуча́|ти 1) (*відчувати нудьгу*) sich láng-weilen, Lángewéile háben; не ~й тут (без нас) (*при розставанні*) laß dir die Zeit nicht zu lánge wérden!, vertréib dir die Zeit!; 2) (*тужити за кимось/чимось*) sich séhnen, Séhnsucht háben (nach *D*); я за тобою ду́же ~ю ich vermísse dich sehr
ску́чи|ти 1) (*відчути нудьгу*) Lángewéile bekómmen*; 2) (*за кимось/ чимось*) Séhnsucht bekómmen* [háben*], sich séhnen (nach *D*); я за тобою ~в ich vermísse dich (sehr), ich hábe dich (sehr) vermíßt
слаби́й 1) schwach; schlaff (*млявий, утомлений*); 2) (*хворобливий*) schwächlich, kränklich; 3) (*поганий*) schwach, schlecht; míttelmäßig (*посередній*); léistungsschwach (*про учня*); він ~ в матема́тиці er ist schwach in Mathematík
сла́бість Schwäche *f*, *перен. тж* schwáche Séite (*недолік*)
слабі́ти *див.* сла́бшати
слабк|и́й 1) (*не тугий, не міцний*) lóse, lócker; 2) (*не міцний, не насичений*) schwach, dünn, leicht; ~ чай dünner Tee; ~é вино́ léichter Wein; 3) (*не голосний*) schwach, léise
сла́бнути *див.* сла́бшати
сла́бо *присл.* 1) schwach, lóse, lócker (*не міцно, не туго*); 2) (*не голосно*) léise; 3) (*погано*) schwach, schlecht
слабові́льний wíllensschwach
слаборозви́нений únterentwickelt
слабохара́ктерний charákterlos ['ka-]
сла́бшати 1) (*фізично*) schwach [kráftlos] wérden, von Kräften kómmen* *vi* (s); 2) (*зменшуватися - про силу, міру і т. п.*) nách|lassen* *vi*, áb|nehmen* *vi*, sich áb|schwächen; 3) (*ставати менш тугим*) lócker wérden, nách|geben* *vi*; ersch-láffen *vi* (s) (*про м'язи*)
сла́в|а 1) Ruhm *m*, 2) (*репутація*) Ruf *m*, ◊ на ~у *розм.* áusgezeichnet, aufs béste ~ Бо́гу! Gott sei Dank!
сла́вити rühmen *vt*, préisen* *vt*
сла́витися (*чимось*) berühmt sein (durch *A*), bekánnt sein (für *A*)
сла́вн|ий 1) (*прославлений*) rúhmreich, rúhmvoll; berühmt (*знаменитий*); ~

пóдвиг Ruhmestat *f*, ~і традúції rúhmreiche Traditiónen; 2) *розм.* (*хороший*) gut, fein; nett (*милий*); sympáthisch (*симпатичний*)

слайд Día *n*, Díapositív *m*; покáзувати ~и Días vór|führen

слáлом *спорт.* Slálom *m*, Tórlauf *m*; ~-гігáнт Ríesenslalom *m*

слаломíст Slálomläufer *m*, Tórläu-fer *m*

слáн|ець *геол.* Schíefer *m*; **~цевий** Schíefer-

сластолю́бний wóllüstig; sínnlich (*хтивий*)

сластолю́бство Wóllust *f*

слúва 1) (*плід*) Pfláume *f*, *збірн.* Pfláumen *pl*; 2) (*дерево*) Pfláumenbaum *m*

слиз Schleim *m*, Áuswurf *m* (*мокротиння*)

слизов|úй schléimig; Schleim-; ~á оболóнка *анат.* Schléimhaut *f*

слизькúй glatt; glítschig (*напр., від дощу*); schlüpfrig (*засалений, тж. перен.*)

слúзько *присл.* es ist glatt [glít-schig]

слúна Spéichel *m*

слúнка *мн.* у ньóго ~ течé *розм.* ihm läuft das Wásser im Múnd(e) zusámmen

слід I Spur *f*, ~ ногú Fúßspur *f*, Fúßstapfe *f* (*глибокий — в снігу і т. п.*) ~ від колíс Rádspur *f*; ◊ гарячúми ~áми auf frischer Tat; зникнути без ~у spúrlos verschwínden* *vi* (s); йогó і ~ пропáв er ist áuf und davón, er ist (längst) über álle Bérge

слід II *безос.*: ~ (*потрібно, доцільно*) man muß, man soll; тобі ~... du mußt [sollst] ...; цьóго ~ булó чекáти das war zu erwárten; ◊ як ~ órdentlich, wie es sich gehört

слíдóм: ітú ~ за кúмось j-m nach [hínter j-m her] géhen* *vi* (s), j-m fólgen *vi* (s)

слíдство (*розслідування*) Beweísaufnahme *f*, (gerichtliche) Untersúchung *f*, вестú ~ з якóїсь спрáви éine Sáche [éine Ángelegenheit] untersúchen; ◊ бýти під ~м in ein Untersúchungsverfahren verwíckelt sein

слíдч|ий *юр.* 1) Úntersuchungs-; ~і óргани Untersúchungsbehörden *pl*; 2) Untersúchungsführer *m*

сліпúй 1. *прикм.* blind; **2.** *імен.* Blínde *m*; *перен.* Verbléndete *m*

сліпúти (*засліплювати*) bléndén *vt*, blind máchen *vt*

слíпнути blind wérden, erblínden *vi* (s)

слíпо *присл.* blind, blíndlings; ~ відданий blind ergében

сліпотá Blíndheit *f*

сліпýчий bléndend

слободá (*пригород*) Vórstadt *f*, (*велике село*) großes Dorf

словáк Slowáke *m*

словáцький slowákisch

словéсний (*усний*) mündlich

словнúк 1) Wörterbuch *n*, Léxi- kon *n* (*енциклопедичний*); Wörterverzeichnis *n*, Vokabulár [vo-] *n* (*до тексту, підручника*); 2) (*запас слів*) Wórtschatz *m*

слóв|о 1) (*одиниця мови*) Wort *n*, (*якоїсь іноземної мови*) *тж* Vokábel [vo-] *f*, іншомóвні ~á Frémdwörter *pl*; незнайóмі ~á únbekannte Wörter [Vokábeln]; 2) *мн.* ~á (*щось сказане, текст*) Wórte *pl*; розýмні ~á klúge Wórte; своíми ~áми mit éigenen Wórten; кількомá ~áми mit kúrzen [wénigen] Wórten; 3) (*виступ*) Wort *n*, Réde *f* (*промова*); Ánsprache *f* (*звернення*); вступнé ~ Eröffnungsrede *f*, вітáльне ~ Begrüßungsansprache *f*, взя́ти ~ das Wort néhmen* [ergréifen*]; 4) (*обіцянка*) Wort *n*, Verspréchen *n*; чéсне ~! (mein) Éhrenwort!; порýшити своє ~ sein Wort bréchen*; ◊ крилáті ~á geflügelte Wórte; ~ в ~ Wort für Wort; однúм ~ом mit éinem Wort, kúrzúm; за остáннім ~ом наýки і тéхніки nach dem néuesten Stand der Wíssenschaft und Téchnik

слóвом *вставн. сл.* mit éinem Wort, kúrzúm

словосполýчення *лінгв.* Wórtverbindung *f*, устáлене ~ féste [stéhende] Wórtverbindung

словотвóрення *лінгв.* Wórtbildung *f*

слов'янúн Sláwe *m*

слов'я́нський sláwisch

слон 1) Elefánt *m*; 2) *шах.* Läufer *m*; **~úха** Elefántenkuh *f*; **~óвий** Elefánten-; ◊ ~óва кíстка Élfenbein *n*

слугá Díener *m*

служáнка Díenstmädchen *n*

слýжб|а *військ.* Dienst *m*; військóва ~ Wéhrdienst *m*, militärischer Dienst; ~ в áрмії, на флóті der Dienst in [bei] der Armée, in [bei] der Maríne; прохóдити військóву ~у den Wéhrdienst (áb)léisten; ◊ ~ пóбуту Kúndendienst *m*; ~ інформáції Informatiónsdienst *m*

службóв|ець der Ángestellte; der Beamte; робітникú і ~ці Árbeiter und Ángestellte; ~ держáвної устанóви stáatlicher Ángestellter; держáвний ~ der Stáatsbeamte

службóв|ий 1) Dienst-, dienstlich; ~е відря́дження Díenstreise *f*, ~е посвíдчення Díenstausweis *m*, ~а печáтка Díenststempel *m*; ~ час Díenstzeit *f*, ~ лист díenstliches Schréiben; ~і спрáви díenstliche Ángelegenheiten; 2) (*допоміжний*) Hilfs-; úntergeordnet (*другорядний*); ◊ ~і словá *лінгв.* Hílfswörter *pl*

служúти díenen *vi*; ~ в áрмії in [bei] der Armée sein

слух Gehör *n* (*тж музичний*); грáти щось на ~ etw. nach (dem) Gehör spíelen

слýха|ти hören *vt* (*музику, радіо і т. п.*), sich (*D*) etw. án|hören (*чиюсь розповідь*); zú|hören *vi* (*когось D*); ~ лéкції Vórlesungen besúchen [hören]; ~ чиíхось порáд j-s Rátschläge befolgen; ~ю! (*по телефону*) halló!, ja, bítte!

слýхатися (*коритися*) gehórchen *vi* (*D*), hören *vi* (auf *A*); ~ когóсь j-m gehórchen, auf j-n hören, ~ чиєíсь порáди auf j-s Rat hören, j-s Rat befólgen

слухáч 1) Zúhörer *m*; 2) (*учень*) Hörer *m*

С

слухняний gehórsam, fólgsam
слухняність Gehórsam *m*
слуховий Gehör-; Hör-; ~ апарат Hörapparat *m*
сльоза 1) Träne *f*, 2) *мн.* сльози (*плач*) Tränen *pl*, Wéinen *n*; сміятися до сліз Tränen láchen; прикро до сліз es ist zum Wéinen; крізь сльози únter Tränen
сльоз|итися tränen *vi*; у нього ~яться очі ihm tränen die Áugen
сльозоточивий: ~ газ Tränengas *n*
слюда *мін.* Glimmer *m*
слясар Schlósser *m*, ~-ремонтник Reparatúrschlosser *m*
слюсарн|ий Schlósser-; ~а справа Schlósserhandwerk *n*
смаж|ений gebráten, Brat-; ~ити bráten* *vt*
смак *у різн. знач.* Geschmáck *m*, мати ~ чогось nach etw. (*D*) schmécken *vi*; зі ~ом mit Geschmáck, geschmáckvoll; ◊ добрати ~у у чомусь Geschmáck *an etw.* (*D*) finden*
смалець Schwéinefett *n*, Schmalz *n*
смарагд Smarágd *m*, **~овий** 1) (*із смарагду*) smarágden, Smarágd-; 2) (*про колір*) smarágdgrün
смачний schmáckhaft; lécker (*про солодощі*); суп дуже ~ die Súppe schmeckt sehr gut
смачно 1) schmáckhaft (*приготувати їжу*); чимось ~ пахне es riecht verlóckend nach étwas; 2): це дуже ~ das schmeckt áusgezeichnet
смачного: ~! gúten Appetít!
смердіти *розм.* stínken*
смердячий *розм.* stínkend, stínkig, übelrichend
смерка|ти(ся): ~є es dämmert, es wird dúnkel
смертельн|ий 1) tödlich; *мед.* letál; ~а рана tödliche Wúnde; 2) *розм.* (*жахливий, надзвичайний*) tödlich, Tod-, Tódes-, Stérbens-; ~ страх [переляк] Tódesangst *f*, ~ ворог Tódfeind *m*, **~о** 1) tödlich; ~о хворий tódkrank; 2) *розм.* (*жахливо, дуже*) zum Stérben, stérbens-, tödlich; ~о нудно zum Stérben lángweilig; ~о втомитися tódmüde [stérbensmüde] sein
дивертн|ий Stérbe-, Tódes-; ~а кара Tódesstrafe *f*
дивертник ein zum Tóde Verúrteilter
дивертність Stérblichkeit *f*, Zahl der Stérbefälle
смер|ть Tod *m*, бути при ~ті im Stérben liegen* *vi*, ◊ не на життя, а на ~ auf Lében und Tod
смерч 1) (*вихор*) Wírbelsturm *m*, Tornádo *m* (*у Північній Америці*); 2) (*стовп чогось*) Windhose *f*, піщаний ~ Sándhose *f*
сметана sáure Sáhne
смикати 1) zúpfen *vt*, réißen* *vt*, zérren *vt* *або vi* (an *D*); ~ когось за щось j-n an etw. (*D*) zúpfen; 2) *розм.* (*не давати комусь спокою*) kéine Rúhe lássen* (*D*)
смикатися zúcken *vi*
смикнути *див.* смикати; **~ся** *див.* смикатися
смирн|ий still, rúhig; sanft (*покірливий*); ártig (*про дитину*); **~о** rúhig, still
смичок (*скрипки і т. п.*) Bógen *m*
смілив|ий kühn, tápfer, mútig (*відважний*); fúrchtlos (*безстрашний*); gewágt (*ризикований*); **~ість** Kühnheit *f*, Tápferkeit *f*, Mut *m*, **~|о** kühn, tápfer, mútig; fúrchtlos; ~іше! nur Mut!, vórwarts!
сміл ьчак *розм.* der Kühne; Dráufgänger *m* (*шибайголова*)
смі|ти 1) (*наважуватися*) wágen *vt*, sich tráuen; 2) (*мати право*) das Recht háben, dürfen* *vt*, können *vt*, ти не ~єш так говорити du hast kein Recht, so étwas zu ságen; ◊ не ~й! unterstéhe dich ja nicht!; як ви ~єте! was unterstéhen Sie sich!
смітити Schmutz máchen; не ~! bítte auf Sáuberkeit áchten!
сміттєзбиральн|ий: ~а машина Müllwagen *m*
сміттєпровід Müllschlucker *m*
сміття Kéhricht *m* (*в приміщенні і т. п.*); Schutt *m* (*будівельний*); Abfälle *pl* (*покидьки*); Müll *m* (*нечистоти*); відро для ~ Mülleimer *m*, купа ~ Schútthaufen *m*
сміх Láchen *n*, Gelächter *n* (*регіт*); ◊ задля ~у zum Scherz, zum Spaß; ~ та й годі! *розм.* das ist zum Tótlachen!
сміховинний spáßig, úrkomisch, póssenhaft, lächerlich, láchhaft
смiш|ити zum Láchen bríngen* *vt*, láchen máchen *vt*, **~ливий** láchlustigè
смішний 1) (*який викликає сміх*) lústig; 2) (*який викликає насмішку*) lächerlich, kómisch
смішно 1) (*весело*) lústig; 2) (*недоладно*) lächerlich; kómisch (*забавно*); 3): мені ~ ich muß láchen; це було ~ das war zum Láchen
сміятися 1) láchen *vi*, ~ від щастя vor Glück láchen; ~ від душі hérzlich láchen; 2) (*насміхатися над кимось/чимось*) láchen *vi*, sich lústig máchen (über *A*); áus|lachen *vt* (*висміювати*)
смог Smog *m*
смоктати (*цукерку, сухар і т. п.*) lútschen *vt*
смол|а Teer *m*, Harz *n* (*деревна*); **~истий** hárzig; **~ити** téeren *vt*
смолоскип Fáckel *f*
сморід *розм.* Gestánk *m*, übler Gerúch
смородина 1) (*ягоди*) Johánnisbee-ren *pl*, 2) (*кущ*) Johánnisbeerst-rauch *m*
смуга 1) Stréifen *m*, 2) (*область*) Zó-ne *f*, Lándstrich *m*, прикордонна ~ Grénzstreifen *m*, 3) (*період часу*) Zéitspanne *f*, Perióde *f*, 4): злітно-посадочна ~ *ав.* Róllbahn *f*, ~ перешкод *спорт.* Híndernisbahn *f*, 5) *поліг.* Kolúmne *f*
смугастий gestréift
смуглявий braun, dúnkelhäutig; gebräunt, sónnenverbrannt (*загорілий*)

С

смутни́й míßmutig, verzágt, tráurig
сму́ток Mútlosigkeit *f*, Verzágtheit *f*, Tráuer *f*, Tráurigkeit *f*, Schwérmut *f*
сна́йпер Schárfschütze *m*
снаря́д 1) *військ.* Geschóß *n*; 2) *спорт.* Gerät *n*; 3) (*технічний пристрій, машина*) Gerät *n*, Maschíne *f*
снаст|ь 1) (*рибальська*) Físchfanggerät *n*; Ángelgerät *n* (*риболова-любителя*); 2) *мн.* ~і *мор.* Tákelwerk *n*; риболо́вні ~і Ángelge-rät *n*
сни́|тися: мені́ ~лося, що... mir träumte [ich träumte], daß...; ти мені́ сього́дні ~вся héute nacht hábe ich von dir geträumt [dich im Traum geséhen]; мені́ ~вся сон ich hátte éinen Traum
сніг Schnee *m*; іде́ ~ es schneit
сніго́в|и́й Schnee-; schnéebedeckt (*покритий снігом*); ~а́ ба́ба Schnéemann *m*
снігопа́д Schnéefall *m*
снігу́р Gimpel *m*, Dómpfaff *m*
Снігу́ронька (*у казці*) Schneewít-tchen *n*
СНІД (синдро́м набу́того імунодефіци́ту) AIDS [εidz / εids]
сніда́н|ок Frühstück *n*; за ~ком beim Frühstück; на ~ zum Frühs-tück
сні́дати frühstücken *vi*
сніжи́нка Schnéeflocke *f*
сні́жк|а (*грудка снігу*) Schnéeball *m*; ~и *мн.* (*гра*) Schnéeballschlacht *f*, гра́ти в ~и́ éine Schnéeballschlacht máchen
сніжо́к (*про снігопад*) léichter Schnee
сніп 1) Gárbe *f*; 2): ~ промі́ння Stráhlenbündel *n*
сновиді́ння Traum *m*
снотво́рне (*ліки*) Schláfmittel *n*
снува́ти (*швидко рухатися*) hin und her láufen* *vi* (s), hin und her éi-len *vi* (s)
соба́|ка Hund *m*; **~чий** Húnde-
собі́ *займ.* sich (*при підм. в 3-ій особі*); mir, uns (*при підм. в 1-ій особі*); dir, euch (*при підм. в 2-ій особі*); ◊ та́к ~ mäßig; мені́ ста́ло від цього не по ~ dabéi war mir nicht ganz wohl zumúte; ма́ти щось при ~ *etw.* mít|haben*
собіва́рт|ість Sélbstkosten *pl*, Sélb-stkostenpreis *m* (*ціна*); зни́ження ~ості Sélbstkostensenkung *f*
со́боль Zóbel *m*, (*хутро*) *тж* Zóbelpelz *m*
собо́р Dom *m*, Kathedrále *f*
собо́ю *орудн. в. від* себе́; між ~ miteinánder, untereinánder; взя́ти щось з ~ etw. mít|nehmen*; ◊ бу́ти сами́м ~ sich (*D*) treu bléiben* *vi* (s); він завжди́ залиша́ється сами́м ~ er bléibt ímmer er selbst
сова́ Eule *f*
со́ва|тися hin und her rútschen *vi* (s); не ~йся! sitz doch still!
со́вісн|ий gewíssenhaft; **~ість** Gewíssen-haftigkeit *f*; **~о**: мені́ ~о ich schäme mich
со́віс|ть Gewíssen *n*, з чи́стою [із спокі́йною] ~тю mit gútem Gewíssen; ◊ сказа́ти по ~ті (um) die Wáhrheit zu ságen
сово́к Scháufel *f*, Hándschaufel *f*
со́да Sóda *f*
со́євий Sója-; ~ біб Sójabohne *f*, ~ со́ус Sójasoße *f*
соки́ра Beil *n*, Axt *f* (*лісорубна*)
со́кіл Fálke *m*
соковижима́лка Sáftpresse *f*
сокови́тий sáftig; *перен.* (*про фарби, мову - тж*) kräftig
сокови́тість Sáftigkeit *f*
солда́т Soldát *m*
соли́ти 1) (*їжу*) sálzen* *vt*; 2) (*огірки і т. п.*) (in Salz) éin|legen *vt*, éin|salzen *vt*
солідарн|ий solidárisch; бу́ти ~им з ки́мось mit j-m solidárisch sein, sich mit j-m solidarisíeren; **~ість** Solidarität *f*, мі́тинг ~ості Solidaritätskundgebung *f*, із ~ості aus Solidarität
солі́дний 1) solíde; háltbar (*міцний*); ge-díegen, gründlich (*ґрунтовний*); gehörig, bedéutend (*значний*); 2) (*про людину*) solíde, gedíegen; ernst, gesétzt (*серйозний*); bejáhrt, bei Jáhren (*літнього віку*)
солі́ння 1) (*заготівля про запас*) Éinsal-zen *n*, Sálzen *n*; 2) *мн.* das Éingesalzene
солі́ст Solíst *m*, Sólosänger *m* (*співак*); Sólotänzer *m* (*танцюрист*)
со́ло *муз., театр.* **1.** *імен.* (*сольна партія*) Sólo *n*, Sólopartie *f*, співа́ти ~ ein Sólo [éine Sólopartie] síngen*; **2.** *присл.* sólo; співа́ти ~ sólo síngen* *vi*
солове́й Náchtigall *f*
соло́дке 1) (*солодощі*) Süßigkeiten *pl*, 2) *розм.* (*десерт*) Dessert [dεsε:r і dε'sεrt] *n*, Náchtisch *m*, на ~ als [zum] Dessért, als Náchtisch
соло́дкий 1) süß; ~ чай süßer Tee; ~, як мед hónigsüß; 2) *перен.* wónnig, süß
соло́дкість Süße *f*, Süßigkeit *f*
солодкува́тий süßlich
со́лодощі *мн.* Süßigkeiten *pl*
соло́|ма Stroh *n*, - **~ми́нка** Stróhhalm *m*, **~м'я́ний** Stroh-
соло́н|ий 1) (*посолений*) sálzig, gesálzen; 2) (*який містить сіль*) sálzig, Salz-; 3) (*засолений*) Salz-, éingesalzen; ~ огіро́к Sálzgurke *f*, sáure Gúrke; ~і гриби́ (in Salz) éingelegte Pílze
солонча́к Sálzboden *m*
со́льн|ий *муз., театр.* Sólo-; ~а па́ртія Sólopartie *f* (*голосу*), Sólopart *m* (*інструменту*)
соля́н|ий: ~а кислота́ Sálzsäure *f*
соля́р *тех.* (*солярове масло*) Díese-löl *n*, Soláröl *n*
соля́рій Solárium *n*, Bestráhlungsra-um *m*
соля́рка *див.* соля́р
сом (*риба*) Wels *m*
сомалі́|єць Somáli er *m*, **~йський** so-málisch
сон 1) (*стан*) Schlaf *m*, чутки́й ~ léiser [léichter] Schlaf; крізь ~ im Schlaf; 2) (*сновидіння*) Traum *m*, ба́чити ~ [сни] träumen *vi*; ба́чити кого́сь/щось ві сні

j-n/etw. im Traum séhen*, von j-m/etw. (*D*) träumen *vi*; я бачив уві сні, що... mir träumte [ich träumte], daß ...
соната Sonáte *f*
сонет Sonétt *n*
сонливий *див.* сонний
сонливість Schläfrigkeit *f*
сонний schläfrig; verschläfen (*заспаний*)
сонц|е Sónne *f*, на ~і in der Sónne
сонцестояння Sónnenwende *f*, літнє ~ Sómmersonnenwende; зимове ~ Wíntersonnenwende *f*
сонячн|ий Sónnen-, sónnig; ~і промені Sónnenstrahlen *pl*; ~а енергія Sónnenenergie *f*, ~ день sónniger Tag; ~а сторона Sónnenseite *f*, ◊ ~а ванна Sónnenbad *n*; ~ удар *мед.* Sónnenstich *m*
соняшник Sónnenblume *f*, **~овий**: ~ова олія Sónnenblumenöl *n*
сопілка Hírtenflöte *f*, Schalméi *f*
сопіти schnáufen *vi*
сопка 1) (*невелика гора*) Bérgkuppe *f*, Kúppe *f*, 2) (*вулкан*) Vulkán [vul-] *m*
соплі *мн. груб.* Rotz *m*, Násenschleim *m*
сопрано 1) (*голос*) Soprán *m*, Sopránstimme *f*, 2) (*співачка*) Soprán *m*, Sopránsängerin *f*
соратник Kámpfgenosse *m*, Mítkämpfer *m*
сорок víerzig
сорока Élster *f*
сороковий der víerzigste
сором 1) (*почуття ніяковості*) Scham *f*, від ~у vor Scham; червоніти від ~у schámrot wérden; 2) *розм.* (*ганьба*) Schánde *f*, який ~! wélche Schánde!; ◊ на ~ мені, я повинен визнати, що ... zu méiner Schánde muß ich gestéhen, daß ...
соромити (*докоряти за щось*) beschämen *vt* (mit *D або* durch *A*); **~ся** 1) (*чогось/з-за чогось - відчувати почуття сорому*) sich schämen (*G або* wégen *G*); ~ся за когось sich für j-n schämen; 2) (*когось/зробити щось - почуватися ніяково*) sich genieren [ʒe-] (vor *D або* zu + *inf*); 3) (*бути сором'язливим*) verlégen [befángen, schüchtern] sein
сором'язливий verlégen; schüchtern (*боязкий*)
соромно *присл.* 1) (*комусь за щось/когось*): мені ~ за мої слова, за тебе ich schäme mich für méine Wórte, für dich; як тобі не ~! du sólltest dich schämen!; 2) (*ганебно, недостойно* es ist éine Schánde (zu + *inf*); ~ брехати! es ist éine Schánde zu lügen!; як ~! wélche Schánde!
сорочка Hemd *n*, чоловіча ~ Hérrenhemd *n*, нічна ~ Náchthemd *n*
сорт 1) (*категорія товару*) Sórte *f*, Wahl *f*, Qualität *f* (*якість*); вищий ~ béste Qualität; другого ~у zwéiter Wahl *тж перен.*; 2) (*різновид*) Sór-te *f*, ~ яблук Ápfelsorte *f*
сортов|ий Sórten-; ~é зерно Sórtengetreide *n*
сортуван|ня Sortíeren *n*, **~ти** sortíeren *vt*
сосиска Würstchen *n*
соска Schnúller *m*, Lútscher *m* (*пустушка*); Sáuger *m* (*на пляшку*)
сосн|á Kiefer *f*, **~óвий** Kiefern-
сосок *анат.* Brústwarze *f*, Zítze *f* (*у тварин*)
состав (*поїзд*) Zug *m*, товарний ~ Güterzug *m*
сот|ня 1) (*сто*) húndert; дві ~ні років zwei húndert Jáhre; декілька ~ень людей ein paar [éinige, méhrere] húndert Ménschen; ~ню разів húndertmal; 2) (*сто штук*) Húndert *n*, ціла ~ ein vólles Húndert; 3) *мн.* ~ні (*множина когось/чогось*) Húnderte *pl*; ~ні людей Húnderte (von) Ménschen; ~ні запитань Húnderte Frágen; 4) *мн.* ~ні *мат.* (*розряд*) Húnderter *pl*; десятки і ~ні die Zéhner und Húnderter; 5) *розм.* (*купюра в сто грошових одиниць*) Húnderter *m*, Hundertrúbelschein *m*
соус Sóße *f*, Túnke *f*
сохнути 1) tróckner *vi* (s), trócken wérden; 2) (*з-за браку вологи*) áus|dorren *vi* (s), dürre wérden (*пересихати*); (ver)wélken *vi* (s) (*в'янути*)
соціал-демократ Soziáldemokrat *m*
соціалізм Sozialísmus *m*
соціаліст Sozialíst *m*, **~ичний** sozialístisch
соціальн|ий soziál, Soziál-; ~ стан soziáler Stand; ~е забезпечення Soziálfürsorge *f*, ~е страхування Soziálversicherung *f*, **~о**: ~о небезпечний geméingefährlich, ásozial
соціолог Soziológe *m*, **~ічний** soziológisch; ~ічні дослідження soziológische Fórschungen; **~ія** Soziologíe *f*
сочевиця Línse *f* (*рослина*); Línsen *pl* (*плоди*)
сочитися síckern *vi* (s), rinnen* *vi* (s)
союз 1) (*дружня угода*) Bündnis *n*, Alliánz *f*, укласти ~ з кимось ein Bündnis mit j-m schlíeßen*, sich mit j-m verbünden; 2) (*державне об'єднання*) Bund *m*, Unión *f*
союзн|ий 1) Búndes-, Bündnis-; ~а угода Bündnisvertrag *m*, 2) (*який є союзником*) verbündet, alliíert; ~а держава verbündeter Staat; ~і держави alliíerte Mächte; **~ик** der Verbündete; Alliíerte *m*
соя Sója *f*, Sójabohnen *pl*
спад 1) Rückgang *m*, *ек.* Fláute *f*, ~ виробництва Rückgang der Produktion; економічний ~ wírtschaftlicher Rückschlag; 2) Ábnahme *f*, Fállen *n* (*падіння*); Sínken *n* (*про воду*)
спадати *див.* спасти
спадков|ий 1) (*який відноситься до спадщини*) Erb-; ~е право Érbrecht *n*, 2) (*пов'язаний із спадковістю*) érblich; verérbt (*успадкований*); **~ість** Érblichkeit *f*
спадкоємець 1) Érbe *m*, 2) *перен.* Náchfolger *m*
спадок Érbe *n*, Náchlaß *m*
спадщин|а 1) Érbe *n*, Érbschaft *f*, одержати щось у ~у etw. érben; 2) *перен.* *див.* спадок

спазм *мед.* Krampf *m*
спа́йка 1) *тех.* Löten *n*; 2) (*спаяність*) Verbúndenheit *f*, Éinigkeit *f* (*єдність*); 3) *мед.* Verwáchsung *f*
спа́лах 1) (*запалення*) Áufflammen *n*; 2) (*світла, блискавки*) Áufblitzen *n*; 3) (*несподіваний прояв*) Áusbruch *m*; ~ гніву Wútausbruch *m*; 4) *фото* Blítzlicht *n*
спала́хувати, **спалахну́ти** 1) áuf|flammen *vi* (s), áuf|lodern *vi* (s) (*про полум'я*); in Brand geráten* *vi* (s), Féuer fángen* (*про предмет*); áus|brechen* *vi* (s) (*про пожежу*); 2) (*раптово початися, виникнути*) áus|brechen *vi* (s) (*про війну, епідемію і т. п.*); entbrénnen* *vi* (s) (*про сварку*); áuf|flammen *vi* (s) (*про почуття*); 3) (*почервоніти*) erröten *vi* (s), erglühen *vi* (s)
спа́лення Verbrénnung *f*, Einäscherung *f* (*кремація*)
спали́ти verbrénnen* *vt*; éin|äschern *vt* (*в крематорії*); ~ щось дотла́ etw. níeder|brennen*
спа́льний Schlaf-; ~ ваго́н Schláfwagen *m*; ~ мішо́к Schláfsack *m*
спа́льня Schláfzimmer *n*; (*комплект меблів - тж*) Schláfzimmermöbel *pl*
спа́лювати *див.* спали́ти
спантели́чений betréten, verwírrt (*приголомшений*); verlégen (*збентежений*)
спантели́чити, **спантели́чувати** stútzig máchen *vt*, verwírren *vt* (*збити з пантелику*); in Verlégenheit bríngen* *vt* (*збентежити*)
спапля́жений beschímpft, geschmäht (*ображений*); entwéiht (*осквернений*)
спапля́ження Entwéihung *f*, Schändung *f*
спапля́жити entwéihen *vt*, schänden *vt*, besúdeln *vt* (*заплямувати*)
спа́рений gepáart, aus zwei Téilen bestéhend
спа́ржа Spárgel *m*
спартакіа́да *спорт.* Spartakiáde *f*
спаси́бі dánke; вели́ке ~! víelen [bésten] Dank!, dánke sehr [schön]!; ~ за пора́ду dánke für den Rat; ~ тобі́ за... ich dánke dir für...
спа́ти schláfen* *vi*; ляга́ти ~ schláfen géhen* *vi* (s), ins [zu] Bett géhen* *vi* (s); укла́сти кого́сь ~ j-n ins [zu] Bett bríngen*
спа́ювати *див.* спая́ти
спа́ян|ий zusámmengelötet, verlötet; *перен.* éinig; verbúnden; **~ість** Éinigkeit *f*, Verbúndenheit *f*
спая́ти (zusámmen)löten *vt*
спе́к|а Hítze *f*, Glut *f*; **~о́тливий** glühend [drückend] heiß
спекта́кль 1) (*вистава*) Vórstellung *f*; піти́ на де́нний ~ in die Tágesvorstellung géhen* *vi* (s); 2) (*театральна постановка*) Áufführung *f*, Stück *n*, Theáterstück *n* (*п'єса*); піти́ на ~ zu éiner Áufführung géhen* *vi* (s); поста́вити нови́й ~ ein néues Stück áuf|führen
спекти́ bácken* *vt*
спектр *фіз.* Spéktrum *n*; **~а́льний** *фіз.* Spektrál-
спекулюва́ти 1) (*чимось*) schíeben* *vi*, Schiebergeschäfte tréiben* (mit *D*); 2) (на чомусь - *використовувати щось в корисливих цілях*) spekulíeren *vi* (auf *A*)
спекуля́|нт Schíeber *m*; **~ція** 1) (*чимось*) Schíeben *n* (mit *D*); Schíebergeschäft *n* (*незаконна угода*); 2) (*на чомусь*) Spekulatión *f*, Spekulíeren *n* (auf *A*) (*використання чогось в корисливих цілях*)
спе́реду *розм.* vórn(e) (*де*); von vórn(e) (*звідки*); nach vórn(e) (*куди*)
спересе́рдя vor Wut, aus Árger
сперечáтися 1) (*вести суперечку*) stréiten* *vi*, ein Stréitgespräch führen (über *A*); 2) (*сваритися*) stréiten* *vi*, sich stréiten* (um *A*)
спе́ршу zuérst
специ́ф|іка Spezífik [-ʃp *и* sp-] *f*; **~і́чний** spezífisch [-ʃp *i* sp-]
спеціаліз|а́ція Spezialisíerung *f*; **~о́ваний**: ~о́ваний магази́н Fáchgeschäft *n*; **~ува́тися** sich spezialisíeren (*з чогось, в чомусь*) auf *A*)
спеціалі́ст Fáchmann *m* (*pl* -leute), Spezialíst *m* (*з чогось* für *A*)
спеціа́льн|ий 1) (*особливого призначення*) Speziál-, Sónder-; besónder (*окремий*); ~ ви́пуск *газети і т. п.*) Sónderausgabe *f*; 2) (*який відноситься до окремої галузі науки, техніки і т. п.*) Fach-: ~а літерату́ра Fáchliteratur *f*; ~а осві́та Fáchausbildung *f*
спеціа́льн|ість 1) (*галузь*) Fach *n*; Fáchgebiet *n*; літерату́ра з ~ості Fáchliteratur *f*, Literatúr zum Fáchgebiet; 2) (*професія*) Berúf *m*; він по ~ості лі́кар er ist Arzt von Berúf
спеціа́льно 1) (*особливо*) speziéll; besónders (*окремо*); 2) *розм.* (*навмисно*) éxtra, speziéll
спеці́вка *розм.* Árbeitsanzug *m*, Árbeitsjacke *f* (*куртка*)
спе́ції *мн.* (*одн.* спе́ція) *кул.* Gewürze *pl* (*sg* Gewürz *n*)
спецо́дяг Berúfskleidung *f*, Árbeitskleidung *f*
спи́лювати, **спиля́ти** áb|sägen *vt*
спи́н|а Rücken *m*; пла́вати на ~і auf dem Rücken schwimmen* (h, s)
спи́нка (*у меблів*) Léhne *f*, Rückenlehne *f*
спинни́й *анат.* Rücken-; ~ мо́зок Rückenmark *n*; ~ хребе́т Rückgrat *n*, Wírbelsäule *f*
спира́тися (*ліктем на щось*) sich (mit Éllenbogen) stützen [léhnen] (an *A або* auf *A*)
спирт Spíritus *m*; **~ни́й:** ~ні́ напо́ї alko hólische Getränke, Spirituósen *pl*; **~ови́й** Spíritus-; *хім.* alko hólisch
спис Speer *m* (*метальний, тж спорт.*); Lánze *f* (*колючий*)
списа́ти 1) (*переписати*) áb|schreiben* *vt* (*з чогось* aus *D*, von *D*; *у когось* von *D*);

С

2) (*борг, суму*) áb|schreiben* *vt*, áb|buchen *vt* (*з рахунку*); 3) (*сторінку і т. п.*) vóll|schreiben* *vt*, 4) (*олівець*) verschréiben* *vt*

спи́сок Líste *f* (*осіб, предметів і т. п.*); Verzéichnis *n* (*перелік*); ~ присýтніх Ánwesenheitsliste *f*, ~ друкáрських пóмилок Drúckfehlerverzeichnis *n*, склáсти ~ éine Líste zusámmen|stellen; ein Verzéichnis án|legen (*чогось* von *D або* über *A*)

спи́сувати *див.* списáти

спитáти 1) (*поставити питання*) frágen *vt*, éine Fráge stéllen; ~ кóгось j-n frágen, j-m [an j-n] éine Fráge stéllen; 2) (*про когось/щось*) frá-gen *vi*, sich erkúndigen (nach *D*); ~ у кóгось j-n frágen, sich bei j-m erkúndigen; 3) (*попросити*) bítten* *vt*, frágen *vi* (um *A*, *у когось A*); ~ у кóгось дóзволу j-n um Erláubnis bítten*; 4) (*провести опитування учнів*) áb|fragen *vt* (*з чогось* in *D*)

спи́ця 1) (*в'язальна*) Strícknadel *f*, в'язáти на ~х strícken *vi*, *vt*, 2) (*в колесі*) Spéiche *f*, Rádspeiche *f*

спів Síngen *n*, Gesáng *m*, Krähen *n* (*півня*); Náchtigallengesang *m*, Náchtigallenschlag *m* (*солов'я*)

співáвтор Mítverfasser *m*

співáк Sänger *m*, óперний ~ Ópernsänger *m*, естрáдний ~ Schlágersänger *m*

співáти síngen* *vi*, *vt*, schlágen* *vi* (*про солов'я*); krähen *vi* (*про півня*)

співвіднóшення Verhältnis *n*; Wéchselbeziehungen *pl*, Korrelation *f* (*взаємовідношення*); ~ сил Kräfteverhältnis *n*

співвітчи́зни|к Lándsmann *m* (*pl* -leute); **~ця** Lándsmännin *f*

співвлáсник Mítbesitzer *m*, Míteigentümer *m*, Mítinhaber *m*, Kómpagnon [-panjɔŋ] *m*

співволоді́ння *юр.* Mítbesitz *m*, Míteigentum *n*

співгромадя́ни *мн.* Mítbürger *pl*

співдрýжність 1) (*співробітництво*) Zusámmenwirken *n*, твóрча ~ schöpferische Zusámmenarbeit; 2) (*спілка*) Geméinschaft *f*

співзвýч|ний gléichklingend; harmónisch (*гармонійний*); бýти ~ним чомýсь mit etw. (*D*) im Éinklang stéhen*; **~чя** Gléichklang *m*, Harmoníe *f* (*гармонія*)

співіснувá|ння Kóexisténz *f*, ми́рне ~ fríedliche Kóexisténz; **~ти** kóexistíeren *vi*, nebeneinánder|stehen* *vi*

співпереживáти míterleben *vt*

співробі́тник 1) (*який працює з кимось*) Kollége *m*, 2) (*службовець*) Ángestellte *m*, Mitarbeiter *m* (*в газеті, журналі, науковій установі*); ◊ наукóвий ~ wissenschaftlicher Mítarbeiter

співробі́тни|цтво Zusámmenarbeit *f*, Mítarbeit *f*, Mitwirkung *f*, Pártnerschaft *f* (*співдружність*); міжнарóдне ~ internationále Zusámmenarbeit; наукóво-техні́чне ~ téchnisch-wíssenschaftliche Zusámmenarbeit; у ~цтві з ... in Zusámmenarbeit mit..., únter Mítwirkung von...; **~чати** (*з кимось*) zusámmen|arbei-ten *vi* (mit *D*); ~чати в чóмусь an etw. (*D*) mít|arbeiten *vi*

співрозмóвник Gesprächspartner *m*

співучáсник der Mítbeteiligte; Míttäter *m* (*злочину*); der Mítverschworene (*змови*); бýти ~ом mítbeteiligt sein (an *D*); sich betéiligen (an *D*); téilnehmen* *vi* (an *D*)

співýчасть Mítbeteiligung *f*, Míttäterschaft *f* (*у злочині*)

співýчий melódisch, wóhlklingend; ~ птах Síngvogel *m*

співчувáти 1) (*комусь*) Mítgefühl háben (mit *D*); 2) (*чомусь*) mít|fühlen *vt*, mít|empfinden* *vt* (*горю і т. п.*); Ánteil néhmen* (an *D* — *починанню і т. п.*)

співчутли́вий mítleidig, mítfühlend; téilnehmend

співчуття́ 1) Béileid *n*, Kondolénz *f*, ви́словити комýсь своє ~ j-m sein Béileid áus|sprechen*, j-m kondolíeren (*з приводу чогось* zu *D*); 2) Mítleid *n*, Mítgefühl *n* (*до когось* mit *D*); Téilnahme *f* (*чомусь* an *D*)

співшукáч Bewérber *m*, Ánwärter *m*

спід: на сáмому спóді ganz únten

спідлóба: диви́тися ~ fínster dréin|schauen *vi*, fínster án|sehen* *vt* (*на когось*)

спідни́ця Rock *m*

спі́знення Verspätung *f*

спізни́тися zu spät kómmen* *vi* (s), sich verspäten; versäumen *vt*, verpássen *vt* (*пропустити через запізнення*)

спізні́лий verspätet

спі́знюватися *див.* спізни́тися

спі́л|ий reif; **~ість** Réife *f*

спі́лка 1) (*організація*) Verbánd *m*, Bund *m*, Міжнарóдна ~ студéнтів der Internationále Studéntenbund; Спі́лка письмéнників Schríftstellerverband *m*, 2) Geméinschaft *f*, Geséllschaft *f*, Європéйська економі́чна ~ (ЄЕС —"Спі́льний ри́нок") Europäische Wírtschaftsgemeinschaft (EWG)

спілкувáння Verkéhr *m*, Úmgang *m*, Verbíndung *f*, особи́сте ~ persönlicher Kontákt

спілкувáтися (*з кимось*) verkéhren *vi*, úmgehen* *vi* (s), Úmgang háben (mit *D*)

спі́льн|ий 1) (*колективний, пов'язаний з іншими*) geméinsam; ~і інтерéси geméinsame Interéssen; ~і знайóмі geméinsame Bekánnte; ~ими зуси́ллями mit veréinten Kräften; ◊ не мáти ні́чого ~ого з ки́мось/чи́мось *mit j-m/etw.* nichts zu tun háben; Спі́льний ри́нок der Geméinsame Markt

спі́льник Míttäter *m*, Komplíze *m*, Hélfershelfer *m* (*пособник*); der Verbündete

спі́льність Geméinschaft *f*, ~ інтерéсів Interéssengemeinschaft *f*

спі́льно *присл.* geméinsam, zusámmen; ді́яти ~ geméinsam hándeln *vi*, ~ з ки́мось mit j-m zusámmen [geméinsam]

С

спiрáль Spirále *f*
спíрний Streit-, stríttig, umstrítten
спiткнýтися 1) stólpern *vi* (s) (*об щось* über *A*); 2) *розм.* (*затнутися*) stocken *vi*, stécken|bleiben* *vi* (s)
спiтнíлий schwéißig; verschwítzt
спiтнíти schwítzen *vi*, verschwítzt sein
спiшúти *див.* поспiшáти
спíшн|ий (*терміновий*) dríngend, drínglich; **~а** робóта dríngende Árbeit
сплав I (*лісу*) Flößen *n*
сплав II (*металів*) Legíerung *f*
сплáвити I 1) (*ліс*) flößen *vt*; 2) *розм.* (*позбутися когось/чогось*) lós|werden* *vt* (s)
сплáвити II (*метали*) legíeren *vt*
сплавлятú I, II *див.* сплáвити **I, II**
спланувáти plánen *vt*; veránschlagen *vt* (*скласти кошторис*)
сплáта Záhlung *f*, Bezáhlung *f*, Ábzahlung *f* (*виплата частинами — боргів і т. п.*)
сплатúти, **сплáчувати** (*борги і т. п.*) tílgen *vt*, begléichen* *vt*
сплестú (zusámmen)fléchten* *vt*, wínden* *vt* (*вінок*); klöppeln *vt* (*мереживо*); **~ся** sich verfléchten*, sich verschlíngen* (*у щось* zu *D*)
сплетíння 1) Verfléchtung *f*, Verschlíngung *f*, Gefldécht *n* (*переплетення*); 2): сóнячне ~ *анат.* Sónnengeflecht *n*
спливáти I (*про час*) verflíeßen* *vi* (s), verstréichen* *vi* (s); vergéhen* *vi* (s), verrínnen* *vi* (s) (*повільно*)
спливáти II, **спливтú** 1) (*на поверхню*) auf der Óberfläche erschéinen* *vi* (s); áuf|tauchen *vi* (s), (*зринути*); 2) (*виявитися*) áuf|tauchen *vi* (s), zum Vórschein kómmen* *vi* (s)
сплúгувати, **сплигнýти** herúnter|springen* *vi* (s); (áb)springen* *vi* (s) (*з чогось* von *D*)
сплiтáти(ся) *див.* сплестú(ся)
сплýтати 1) (*нитки і т. п.*) verwíckeln, *vt*, verwírren *vt*; 2) (*когось/щось з кимось/чимось*) verwéchseln *vt* (mit *D*); 3) *розм.* (*збити з пантелику*) aus dem Konzépt bríngen* *vt*; **~ся** 1) sich verwíckeln; 2) (*про думки*) sich verwírren
сплющ|éний plắttgedrückt; plắttgequetscht; platt; **~ити** plắtt|drücken *vt*; **~итися** sich áb|platten, platt wérden
сплячч|ий schláfend; прикúнутися **~им** sich schláfend stéllen; Сплячa Красýня (*в казці*) Dórnrös chen *n*
сплячка: зимóва ~ Wínterschlaf *m*
сповзáння Hinúnterkriechen *n*; (*зміщення*) Ábrutsch *m*; (*перен. несхвально*) Ábgleiten *n* (*до чогось* zu *D*)
сповзáти, **сповзтú** 1) herúnter|kriechen* *vi* (s); 2) (*зісковзнути*) áb|rutschen *vi* (s)
сповивáти wíndeln *vt*, in Wíndeln wíckeln *vt*
сповiдáти *рел.* Béichte áb|nehmen* (*D*); **~ся** béichten *vi* (*тж перен.*)
сповíдувати sich bekénnen* (zu *D*)
спóвiдь *рел.* Béichte *f*, (*перен. - тж*) Bekénntnis *n* (*признання*)
сповíльнити, **сповíльнювати** verlángsamen *vt*
сповiстúти, **сповiщáти** (*про щось*) benáchrichtigen *vt*, in Kénntnis sétzen *vt* (von *D*), wíssen lássen* *vt* (*A*); verkünden *vt*; bekánntmachen *vt*
сповíщення Benáchrichtigung *f*, Bekánntmachung *f*
спóвнá vóllständig, vóllzählig (*повністю*); ganz, völlig (*цілком*)
спóвнений (*чогось*) erfüllt, voll (von *D*), vóller
спóгад 1) Erínnerung *f* (*про когось/щось* an *A*); **~и** дитúнства Kíndheitserinnerungen *pl*; 2) *мн* **~и** (*мемуари*) Memoiren [-mo'a:ren] *pl*, Lébenserinnerungen *pl*, Erínnerungen *pl*
споглядá|льний bescháulich, kontemplatív; **~ння** 1) (*дія*) Ánschauen *n*; 2) (*стан*) Bescháulichkeit *f*, Kontemplatión *f*, **~ти** in die Betráchtung versúnken sein* *vi* (s)
сподвúжник Mítkämpfer *m*, Kámpfgenosse *m*
сподíваний voráussichtlich
сподiвáння *мн.* (*припущення, надії*) Erwártungen *pl*, Hóffnungen *pl*; миролябнi ~ Fríedenssehnen *n*; це булó пóнад усí мої ~ das übertráf álle méine Erwártungen; не вúправдати чиїхось сподiвáнь j-s Hóffnungen täuschen; ◊ пóнад усяке ~ wíder (álles) Erwárten; über Erwárten
сподiвá|тися wárten *vi* (auf *A* — *чекати кого/чогось, на когось/на щось, знаючи про прихід когось, про настання чогось*); erwárten *vt* (*розраховувати на прихід когось, настання чогось*); на це я не **~вся**! das hábe ich nicht erwártet!
сподóбатися *див.* подóбатися
споживáння Verbráuch *m* (an *D*); *ек.* Konsúm *m* (an *D або* von *D*); суспíльство ~ Konsúmgesellschaft *f*, ~ електроенéргії Strómverbrauch *m*
споживáти verbráuchen *vt*; *ек.* konsumíeren *vt*
споживáч Verbráucher *m*, Konsumént *m*, Käufer *m* (*покупець*)
спóкiй Rúhe *f*, Stílle *f* (*тиша*); Gelássenheit *f* (*незворушність*)
спокíйн|ий rúhig; still (*тихий*); gelássen (*незворушний*); **~о** rúhig; still (*тихо*); gelássen (*незворушно*); обговорúти щось ~ etw. in Rúhe bespréchen*
споконвíку seit jé her, von álters her
споконвíчний úrsprünglich
спокýс|а Versúchung *f*, Verlóckung *f*, піддáтися **~і** (*зробити щось*) sich verléiten lássen* (zu *D*)
спокусúти 1) (*привабити*) verlócken *vt* (durch *A або* von *D*); 2) (*схилити до якоїсь дії*) verführen *vt*, verléiten *vt* (zu *D*); **~ся** 1) (*звабитися*) sich verlócken lás-sen* (durch *A або* von *D*); 2) (*на*

C

якийсь вчинок) sich verléiten [sich verführen] lássen* (zu *D*)
споку́с|ливий verführerisch; verlóckend (*принадний*); **~ник** Verführer *m*, Versúcher *m*; **~ниця** Verführerin *f*
споку́та Sühne *f*, Búße *f*
споку́тувати (*провину*) büßen *vt*, sühnen *vt*
спокуша́ння Verléiten *n*, Verführung *f*
спокуша́ти(ся) *див.* спокуси́ти(ся)
споліскувати, **сполосну́ти** áb|spülen *vt*
спо́лох Stúrmläuten *n*; би́ти на ~ (*тж перен.*) Alárm schlágen*
споло́хувати, **сполохну́ти** áuf|schrecken *vt* (*людину*); áuf|scheuchen *vt* (*птахів і т. п.*)
сполуча́ти 1) (*з'єднувати*) verbínden* *vt* (mit *D*); **~ся** (*з'єднуватися*) sich verbínden (mit *D*)
сполу́чен|ий veréinigt, veréint; **~ня** 1) Veréinigung *n*, Zusámmenschließen *n*; 2) (*зв'язок*) Verkéhr *m*, Verbíndung *f*, пові́тряне ~ Lúftverkehr *m*; телегра́фне ~ Telegráfenverbindung *f*
сполу́чний Bínde-; Verbíndungs-
сполу́чник *грам.* Konjunktión *f*, Bíndewort *n*
спонта́нн|ий spontán; **~ість** Spontane ität *f*
спону́ка Ántrieb *m*, Ánregung *f*, Veránlassung *f*, Zwang *m*, Nötigung *f*
спонука́ти, **спону́кувати** (*до чогось*) veránlassen* *vt*, bewégen* *vt*, án|regen *vt* (zu *D*); den Ánstoß gében* (zu *D*) (*дати поштовх*); nötigen *vt*, zwíngen* *vt*
спорі́днений náhe, verwándt
спорі́днення Verwándtschaft *f*, Nähe *f* (*близькість*); Áhnlichkeit *f* (*схожість*)
спорожни́ти, **спорожня́ти** léeren *vt*
споро́ти áb|trennen *vt*, lós|trennen *vt*
спорт 1) Sport *m*, вели́кий ~ Léistungssport *m*; займа́тися ~ом Sport tréiben*; 2) (*вид спорту*) Spórtart *f*, Sport *m*, велосипе́дний ~ Rádsport *m*; кі́нний ~ Réiten *n*; займа́тися яки́мось ~ом éine Spórtart áus|üben, éinen Sport tréiben*; **~и́вний** 1) spórtlich; ~и́вні змага́ння spórtliche Wéttkämpfe; ~и́вна фігу́ра éine spórtliche Figúr; 2) (*який служить для спортивних цілей*) Sport-; ~и́вний ко́мплекс Spórtkomplex *m*; ~и́вне това-ри́ство Spórtklub *m*, Spórtgemeinschaft *f*; ~и́вний о́гляд Überblick über die Spórtereignisse
спорт|клу́б (спорти́вний клуб) Spórtklub *m*; **~лото́** Spórtlotto *n*
спортсме́н Spórtler *m*; ~-професіона́л Berúfssportler *m*, Prófi *m розм*
спорттова́ри *мн.* (спорти́вні това́ри) Spórtartikel *pl*
спору́д|а Ánlage *f*, Bau *m*, Gebäude *n* (*будівля*); спорти́вні ~и Spórtanlagen *pl*
спору́дження Errichten *n*, Áufbau *m* (*зведення*); Bau *m* (*будівництво*)
спору́джувати, **споруди́ти** errichten *vt* (*пам'ятник і т. п.*); erbáuen *vt* (*будівлю і т. п.*)

спо́рювати *див.* споро́ти
споря́дження Áusrüstung *f*, Áusstattung *f*, тури́стське ~ Campingausrüstung ['kɛm-] *f*
споряди́ти, **спорядж́ати** áus|rüsten *vt*; áus|statten *vt*; **~ся** sich (áus)rüsten, sich áus|statten
спо́сіб 1) Art *f*, Wéise *f*, Art und Wéise; Methóde *f* (*метод*); Verfáh-ren *n* (*прийом*); ~ життя́ Lébensweise *f*, ~ правлі́ння Regíerungsform *f*, нія́ким (жо́дним) спо́собом auf kéinen Fall; ~ виробни́цтва *ек.* Produktiónsweise *f*, ~ користува́ння (*інструкція*) Gebráuchsanweisung *f*, таки́м спо́собом auf díese [fólgende] Art (und Wéise); 2) *грам.* Módus *m*
спостере́ження Beóbachtung *f*
спостере́жлив|ий áufmerksam; **~ість** Áufmerksamkeit *f*
спостере́жний Beóbachtungs-; ~ пункт Beóbachtungsposten *m*
спостеріга́ти (*за кимось/чимось - дивитися*) beóbachten *vt*, zú|sehen* *vi* (*D*)
спостеріга́ч Beóbachter *m*
спостига́ти (*про біду і т. п.*) eréilen *vt*
спотво́рення (*викривлення*) Entstéllung *f*, Verdréhung *f*, Verzérrung *f*, ~ зна́чення Sínnentstellung *f*
спотво́рити stéllen *vt*, verúnstalten *vt*, verstümmeln *vt*, verzérren *vt*, entstéllen *vt*, verdréhen *vt* (*факти*); **~ся** (*про обличчя*) sich verzérren
спотика́тися *див.* спіткну́тися
спочáтку 1) (*спершу*) ánfangs, zuérst; 2) (*в першу чергу*) zuérst; 3) (*знову*) von vorn, von Ánfang an; noch éinmal (*ще раз*); von néuem (*заново*)
спра́в|а 1) Sáche *f*, Ángelegenheit *f*, 2) (*робота, заняття*) Árbeit *f*, у ме́не бага́то спра́ва ich hábe viel zu tun; 3) *юр.* Sáche *f*, 4) *канц.* Ákte *f*, ◊ це не моя́ ~ das geht mich nichts an; в чо́му ~? was ist los?; в чо́му (тут) ~ worúm hándelt es sich, worúm geht es; це (зо́всім) і́нша ~ das ist étwas (ganz) ánderes; як ~и? wie geht es?
спра́вдити, **спра́вджувати** (*надії, сподівання, довіру*) réchtfertigen *vt*; **~ся** sich bestätigen (*про підозри, припущення*); sich erfüllen, in Erfüllung géhen* *vi* (s) (*збутися — про надії і т. п.*); éin|treffen* *vi* (s); sich verwírklichen (*здійснитися*)
спра́вді *вставн. сл.* (*дійсно*) wírklich, tátsächlich; я ~ не знав цьо́го ich hábe das wírklich nicht gewúßt; ти й ~ гада́єш, що... meinst du es wírklich, daß...
справедли́в|ий 1) (*неупереджений*) geré́cht; 2) (*обгрунтований*) beréchtigt, geré́cht; **~ість** 1) (*неупередженість*) Geréchtigkeit *f*, 2) (*обгрунтованість*) Beréchtigung *f*, **~о** 1) (*неупереджено*) geré́cht; 2) (*обгрунтовано*) mit Recht, begründet; zu Recht (*по праву*)
спра́вжн|ій echt, wahr, richtig, wírklich, wáhrhaft; **~я** демокра́тія éine wáhre

п.)

С

[wáhrhafte] Demokratíe; ~ шовк échte [réine] Séide; ~ друг échter Freund
справля́ти, **спра́вити:** ~ на кóгось вели́ке вра́ження éinen gróßen Éindruck auf j-n máchen, j-n stark beéindrucken
справля́тися, **спра́витися** (*змогти зробити щось*) scháffen *vt*, fértig sein [wérden] (mit *D*); zuréchtǀkommen* *vi* (s) (mit *D*) (*осилити*) überwínden* *vt*, bewältigen *vt* (*побороти*)
спра́вн|ий (*в хорошому стані*) in gútem Zústand; únbeschädigt, únversehrt (*непошкоджений*); intákt (*про механізм*); **~ість** (*хороший стан*) gúter Zústand, Intáktheit *f*
спра́г|а *у різн. знач.* Durst *m*; відчува́ти ~у Durst verspüren; утамува́ти ~у den Durst löschen
спрацьо́ваний ábgenutzt; verschlíssen (*про машину і т. п.*)
спрацюва́тися (*з кимось*) sich aufeinánder éinǀarbeiten
спресува́ти (zusámmen) préssen *vt*
сприйма́ти, **сприйня́ти** 1) (*відчути, помітити*) wáhrǀnehmen* *vt*; 2) (*осягнути, зрозуміти*) áufǀfassen *vt*; ánǀeignen *vt* (*засвоїти знання і т. п.*); 3) (*відреагувати*) áufǀnehmen* *vt*, empfínden* *vt*
сприйня́тливий 1) empfänglich (für *A*); 2) (*чуттєвий*) empfíndlich (gégen *A*)
сприйня́тливість Empfäglichkeit *f*, Empfíndsamkeit *f* (*чуттєвість*)
сприйняття́ 1) Wáhrnehmung *f*, Empfínden *n* (*відчуття*); 2) (*розуміння*) Áuffassung *f*
спри́скувати, **спри́снути** bespréngen *vt*, besprítzen *vt*
спри́тн|ий (*вправний*) gewándt, geschíckt; **~ість** (*вправність*) Gewándtheit *f*, Geschícktheit *f*
спричиня́ти, **спричини́ти** verúrǀsachen *vt*, zúǀfügen; bringen* *vt*, versétzen *vt* (in *A*)
сприя́|ння Béistand *m*, Mítwirkung *f* (*співчуття*); Béihilfe *f* (*допомога*); Unterstützung *f* (*підтримка*); **~ти** 1) (*чомусь*) béiǀtragen* *vi* (zu *D*); fördern *vt*, begünstigen *vt*; 2) (*комусь*) unterstützen *vt*, béiǀstehen* *vi*, hélfen* *vi* (*D*)
сприя́тливий günstig
спро́ба Versúch *m*
спро́бувати *див.* прóбувати
спровокува́ти *див.* провокува́ти
спромо́жність Fähigkeit *f*, пропускна́ ~ Dúrchlaßfähigkeit *f*, купіве́льна ~ *ек.* Káufkraft *f*
спросо́ння *розм.* schláftrunken, vom Schlaf benómmen
спрости́ти veréinfachen *vt*, éinfacher máchen *vt*, **~ся** sich veréinfachen, éinfacher wérden
спросто́вання (*заява*) Wíderruf *m*, Deménti *n* (*офіційне*)
спросто́вувати, **спростува́ти** widerlégen *vt*, widerrúfen* *vt*, dementíeren *vt* (*офіційно*)
спро́щення Veréinfachung *f*
спро́щувати(ся) *див.* спрости́ти(ся)
спрут *зоол.* Kráke *f*
спрямува́ти ríchten *vt*, lénken *vt*, wénden* *vt* (*звернути*); ~ пóгляд на щось den Blick auf etw. (*A*) ríchten
спурт *спорт.* Spurt *m*, ~ на фініші Éndspurt *m*
спурхну́ти áufǀflattern *vi* (s), áufǀfliegen* *vi* (s)
спуск 1) (*з гори*) Ábstieg *m*, 2) (*схил*) Ábhang *m*
спуска́ти, **спусти́ти** (*опустити униз*) herábǀlassen* *vt*, herúnterǀlassen* *vt*, ◊ ~ курóк ábǀdrücken *vi*; **~ся** herúnterǀgehen* *vi* (s), herúnterǀkommen* *vi* (s); ~ся по схóдах die Tréppe hinúnterǀgehen* *vi* (s); ~ся на ліфті mit dem Fáhrstuhl hinúnterǀfahren* *vi* (s); ~ся з гори́ von éinem Berg herúnterǀsteigen* *vi* (s); ~ся на ли́жах з гори́ den Berg auf Ski hinúnterǀfahren* *vi* (s); ~ся на човні́ уни́з по рíчці mit dem Boot flußabwärts fáhren* *vi* (s)
спусті́ти leer wérden
спусто́шення Verwüstung *f*, Verhéerung *f*
спусто́шити verwüsten *vt*, verhéeren *vt*
спусто́шувальний verhéerend
спусто́шувати *див.* спустóшити
спуха́ти, **спу́хнути** ánschwellen* *vt* (s), schwéllen* *vi* (s)
сп'яні́|ння 1) Trúnkenheit *f*, Rausch *m*, 2) *перен.* Rausch *m*, Táumel *m*, **~ти** 1) betrúnken [beráuscht] sein; ángeheitert sein (*злегка*); 2) (*від чогось*) *перен.* trúnken sein (vor *D* *або* von *D*), beráuscht sein (von *D*)
срібли́тися sílbern schímmen [glänzen] *vi*
срі́бло 1) Sílber *n*, 2) *спорт.* (*срібна медаль*) Sílber *n*, Sílbermedaille [-daljə] *f*
сріблястий sílbrig, sílbern, (*про звук - тж*) sílberhell
срі́бн|ий sílbern, Sílber- ◊ ~е весі́лля sílberne Hóchzeit, Sílberhochzeit *f*, ~ при́зéр Sílbermedaillengewinner [-dalje] *m*
ссавці́ *мн.* Säugetiere *pl*
сса́ти (*всмо́ктувати рі́дину*) sáugen* *vt*
стабіліза́ція Stabilisíerung *f*
стабілізува́ти stabilisíeren *vt*, **~ся** sich stabilisíeren
стабі́льний stabíl, Stabíl-
став Teich *m*
става́ти *див.* стáти I
ста́вити 1) *див.* постáвити I; 2): ~ вимóгу Fórderungen [Ánforderungen] stéllen
ста́витися *див.* постáвитися
ста́вк|а 1) (*у грі*) Éinsatz *m*, 2) (*заробітної плати*, *тарифу*) Satz *m*, Ta-ríf *m*, Táxe *f*, 3): óчна ~ *юр.* Gegenüberstellung *f*, ◊ робити ~у на щось/когóсь auf etw./j-n (gróße Hóffnungen) sétzen
ста́вленик Protegé [-ʒe:] *m*, Schützling *m*, Günstling *m* (*фаворит*); Kreatúr *f*
ста́влення (*позиція*, *поведінка*) Háltung *f*, Einstellung *f*, Verhältnis *n*, Verhálten *n*,

Behándlung *f* (*поводження з кимось/чимось*)
ставни́й státtlich, wohlgebaut
ставо́к *див.* став
ставри́да *зоол.* Stöcker *m*
стадіо́н Stádion *n*, Spórtplatz *m* (*невеликий*)
ста́ді|я Stádium *n*, Pháse *f* (*фаза*); на початко́вій ~ї im Ánfangsstadium
ста́до Hérde *f*
стаж: трудови́й ~ Berúfsjahre *pl*, Dáuer der Berúfstätigkeit; **~и́ст** Praktikánt *m*, **~ува́ння** Práktikum *n*, Áuslandsteilstudium *n* (*іноземного студента*); прохо́дити ~ува́ння ein Práktikum [ein Áuslandsstudium] absolvieren [-'vi:-]
сталева́р Stáhlwerker *m*, Stáhlgießer *m* (*сталеливарник*)
сталéвий stahl-, stählern
ста́лість Beständigkeit *f*, Únveränderlichkeit *f* (*незмінність*)
сталь Stahl *m*, **~ни́й** Stahl-, aus Stahl; stählern *тж перен*
стан I: прокатний ~ Wálzstraße *f*
стан II (*табір*) Láger *n*, польови́й ~ Féldstützpunkt *m*
стан III 1) (*ситуація, становище*) Lá-ge *f*, Situatión *f*, Verhältnisse *pl*, міжнаро́дний ~ internationále Láge, Wéltlage *f*, надзвича́йний ~ Áusnahmezustand *m*, 2) *грам.* Génus *n* (*pl* Génera); ді́йсний ~ Áktiv *n*, паси́вний ~ Pássiv *n*
станда́рт Stándard *m*, Norm *f* (*норма*); **~ний** Stándard-; *ек.* standardisíert; Týpen-, typisíert (*типовий*)
стано́вище (*ситуація, стан*) Láge *f*, Situatión *f*, Verhältnisse *pl*, міжнаро́дне ~ internationále Láge, Wéltlage *f*, економі́чне ~ (*країни*) wírtschaftliche Láge, wírtschaftliche Verhältnisse
стано́влення Wérden *n*, Entstéhen *n*, в проце́сі ~ im Wérden; ро́ки ~ Éntwicklungsjahre *pl*
ста́нція 1) Statión *f*, залізни́чна ~ Báhnstation *f*, ~ метро́ U-Bahnhof *m*, 2) (*установа*) Stélle *f*, Amt *n*, автозапра́вна ~ Tánkstelle *f*, телефо́нна ~ Férnsprechamt *n*, 3) *косм.* Statión *f*, орбіта́льна ~ Orbitálstation *f*, автомати́чна міжплане́тна ~ automátische ínterplanetáre Statión
ста́пе|ль *мор.* Stápel *m*, спуск зі ~ля Stápellauf *m*
стара́нн|ий fléißig, tüchtig (*ретельний*); gewíssenhaft (*сумлінний*); sórgfältig; **~ість** Fleiß *m*, Sórgfalt *f*, Éifer *m*
стара́ння Fleiß *m*, Éifer *m*, з вели́ким ~м mit viel Fleiß
стара́тися 1) (*робити щось старанно*) sich án|strengen; 2) (*докладати зусилля до чогось*) sich (*D*) Mühe gében*, sich bemühen (zu + *inf*)
старе́зний 1) (*про людину*) áltersschwach, gebréchlich; 2) (*про будівлю і т. п.*) hínfällig
ста́рець Béttler *m*
старе́ч|ий 1) (*властивий старим людям*) gréisenhaft, Gréisen-; ~ го́лос Gréisenstimme *f*, ~ вік Gréisenalter *n*, 2) (*викликаний старістю*) áltersbedingt, Álters-; ~а сла́бість Áltersschwäche *f*
стар|и́й 1. *прикм.* alt, (*колишній тж*) der frühere; **2.** *імен.* der Álte, álter Mann; ◊ за ~о́ю зви́чкою aus álter Gewóhnheit
стари́ти alt máchen *vt*; **~ся** *див.* старі́ти
старі́йшина Álteste *m*, ра́да старі́йшин Áltestenrat *m*
старі́ння Áltern *n*, *тех.* Álterung *f*
ста́рість Álter *n*, Gréisenalter *n*, глибо́ка ~ hóhes Álter
старі́ти (*про людину*) alt wérden, áltern *vi* (s)
старовин|а́ 1) (*про час*) álte Zéiten; у ~у́ in (úr)álten Zéiten; 2) (*старовинні речі*) Antiquitäten *pl*
старови́нн|ий 2) (*стародавній*) alt, áltertümlich; ~ зви́чай álter Brauch; ~і ме́блі áltertümliche Möbelstücke; 2) (*давній*) alt; ~і дру́зі álte Fréunde
староданвість Áltertum *n*
старожи́л der Álteingesessene
старомо́дний áltmodisch
старослов'я́нський *лінгв.* áltslawisch
ста́роста (*групи, курсу і т. п.*) Álteste *m*, *f*, Klássenälteste *m*, *f* (*класу*)
старт 1) (*початковий момент*) Start *m*, на ~і beim Start; да́ти ~ stárten lássen* *vt*, взя́ти ~ stárten *vi* (s); 2) (*місце*) Start *m*, Stártplatz *m*, Stártlinie *f* (*лінія*); ви́йти на ~ *спорт.* an den Start géhen* *vi* (s); на ~! *спорт.* auf die Plätze!; ви́рулити на ~ *ав.* zum Start róllen *vi* (s); гото́вий до ~у *ав.* stártbereit, stártklar
ста́ртер 1) *спорт.* Stárter *m*, 2) *тех.* Stárter *m*, Ánlasser *m*
ста́ртов|ий Start-; ~а раке́та *спорт.* Stártrakete *f*, ~а площа́дка *косм.* Stártplatz *m*
стартува́ти 1) *спорт.* stárten *vi* (s); lós|schwimmen* *vi* (s) (*про плавця*); 2) *ав.* stárten *vi* (s), áb|fliegen* *vi* (s)
ста́рш|ий 1) (*за віком*) älter; ältest; 2) (*за станом*) Óber-; ~ лейтена́нт Óberleutnant *m*, ~ науко́вий співробі́тник wíssenschaftlicher Óberassistent; 3) (*близький до кінця навчання*): ~і кла́си die óberen Klássen; ~і ку́рси die óberen [höheren] Semester
старшинств|о́ (*за віком*) Álter *n*, Áltersfolge *f*, по ~у́ dem Álter nach
старшокла́сник Schüler der Óberstufe
старшоку́рсник Studént im Hauptstudium; Studént des létzten Stúdienjahres (*студент останнього курсу*); ~и Studénten der höheren Seméster
стате́вий *біол.* Geschléchts-, geschléchtlich, sexuéll
стате́чний solíde; gesétzt; würdevoll (*з гідністю*)
ста́ти I 1) (*встати*) sich áuf|richten (*піднятися зі стільця, з ліжка і т. п.*); sich stéllen (*кудись*); tréten* *vi* (s) (*до чогось*

an *A — підійти*); stéigen* *vi* (s) (*на щось* auf *D* ~ *піднятися*); 2) (*зупинитися*) stéhen|bleiben* *vi* (s); годинник став die Uhr ist stéhengeblieben; ◊ що б там не стáло kóste es, was es wólle

стáти II 1) (*почати робити щось*) án|fangen* *vt*, begínnen* *vt* (zu + *inf*); він став видýжувати er fing an, sich zu erhólen; стáло сутеніти es begánn zu dúnkeln, es dúnkelte; 2) (*для вираження майбутнього часу*) wérden* *vi* (s); я не стáну чекáти ich wérde nicht wárten; 3) (*зробитися*) wérden* *vi* (s); ~ дорóслим erwáchsen wérden*; ~ лікарем Arzt wérden*; ~ звичкою zur Gewóhnheit wérden*; стáло тéмно es ist dúnkel gewórden

статист Kléindarsteller *m*, stúmme Persón; Statíst *m*

статист|ика Statístik *f*, **~ичний** statístisch

стáтися (*трапитися*) geschéhen* *vi* (s), los sein* *vi* (s); passíeren *vi* (s); що з ним стáлося? was ist mit ihn geschéhen (los)?

стаття 1) (*в газеті і т. п.*) Artíkel *m*, Áufsatz *m* (*велика, публіцистична і т. п.*); Béitrag *m* (*наукова*); передовá ~ Léitartikel *m*; 2) (*документа*) Artíkel *m*, Paragráph *m*

статуéтка Statuétte [-ʃt *и* st-] *f*

статýр|а Körperbau *m*, Figúr *f* (*фігура*); гáрної ~и gut gebáut; атлетичної ~и von athlétischer Gestált

стáтус *юр.* Státus *m*, правовий ~ Réchtsstatus *m*, Réchtsstellung *f*

статýт Statút *n*, Ordnung *f*, Sátzung *f* (*наукового та ін. товариств*); *військ.* Vórschrift *f*, Órdnung *f*, ~ пáртії Partéistatut *n*, ~ ООН ÚNO-Charta [-k-] *f*, Sátzung der ÚNO; військóвий ~ Díenstvorschrift *f*, Díenstordnung *f*

стáтуя Stándbild *n*, Státue *f*, Skulptúr *f*, мармурóва ~ Mármorbild *n*

стат|ь *біол.* Geschlécht *n*; обóх ~éй béiderlei Geschléchts

стаціонáр stationäre (órtsfeste) Éinrichtung (*бібліотека, кіно і т. п.*); Kránkenhaus *n* (*лікарня*); **~ний** stationär, órtsfest, ~не лікувáння Kránkenhausbehandlung; ~ний хвóрий ein Kránke in stationärer Behándlung

ствéрдження (*документів*) Gégenzeichnung *f* (*підписом*); Besíegelung *f* (*печаткою*)

ствéрджувальний bejáhend, zústimmend

ствéрджувати (*висловлювати думку*) beháupten *vt*

ствол (*вогнепальної зброї*) Lauf *m*, Rohr *n* (*гарматний*)

ствóр|ення Schöpfung *f*, Erschäffung *f*, Bíldung *f*, Schäffung *f*, Gründung *f*, ~ світу *рел.* die Erschäffung der Welt

створи́ти schaffen* *vt*, erschäffen* *vt*, bílden *vt* (*утворити*); gründen *vt* (*заснувати*)

створи́|тися entstéhen* *vi* (s); у мéне ~лось врáження ... ich gewánn [hätte] den Éindruck...

ствóрювати *див.* створи́ти; **~ся** *див.* створи́тися

стеари́н Stearín *n*, **~овий** Stearín-; ~ова свíчка Stearínkerze *f*

стеблó Stiel *m*, Sténgel *m*, Halm *m* (*трави*)

стегнó 1) (*частина ноги*) Schénkel *m*, Óberschenkel *m*; 2) (*частина тулуба*) Hüfte *f*

стéження Beóbachtung *f*, Bespítze-lung *f*, Beschättung *f*

стéжити (*за кимось/чимось*) 1) (*спостерігати*) beóbachten *vt*, verfólgen *vt*; ~ за кимось очима j-m mit den Áugen fólgen; 2) (*бути обізнаним у чомусь*) verfólgen *vt*, fólgen *vi* (*D*); ~ за хóдом подíй dem Gang der Eréignisse fólgen; ~ за політикою die Politík verfólgen, in der Politík auf dem láufenden sein

стéжка Pfad *m*, Fúßweg *m*, гíрська ~ Gebírgspfad *m*

стекти́ áb|fließen* *vi* (s) (*униз*); áus|fließen* *vi* (s) (*витекти*)

стелáж Regál *n*, Geste̋ll *n*, Warenträger (*для товарів*); Bücherregal *n*, Büchergestell *n* (*для книг*)

стели́ти áus|breiten *vt*, légen *vt* (*класти*); décken (*покривати*); ~ ліжко das Bett máchen [hér|richten]; **~ся** sich áus|breiten, sich áus|dehnen

стéл|я Décke *f*, Zímmerdecke *f*, на ~і an der Décke

стемнí|ти: ~ло es ist dúnkel gewórden, es dämmerte

стенд Stand *m*, Ständer *m*, Staffeléi *f*, Scháutafel *f*, (*випробний*) Prüfstand

стенограма Stenográmm *n*

стенографíстка Stenográfin *f*, машинíстка-~ Stenotypístin *f*

стенографíчний stenográfisch

стенографíя Stenografíe *f*, Kúrzschrift *f*

стенографувáти stenografíeren *vi*, *vt*; ~ щось etw. stenografíeren, ein Stenográmm von etw. (*D*) áuf|nehmen*

стенокардíя *мед.* Stenokardíe *f*, Hérzkrampf *m*

степ Stéppe *f*

стéпінь *мат.* Poténz *f*

степов|и́й Stéppen-; ~á смýга Stéppenzone *f*

стерегти́ (*охороняти*) bewáchen *vt*, überwáchen *vt*, hüten *vt* (*стадо*)

стерегти́ся *див.* остерігáтися

стерео|апаратýра Stéreoanlage [-ʃt *і* st-] *f*, **~зáпис** Stéreoaufnahme [-ʃt *і* st-] *f*, **~магнітофóн** Stéreotonbandgerät [-ʃt *і* st-] *n*, Stéreorecorder *m*

стереомéтрія Stereometríe [-ʃt *и* st-] *f*

стереоскóп Stereoskóp [-ʃt *и* st-] *n*

стереоти́пн|ий 1.: ~е видáння únveränderte Áuflage; 2) *перен.* (*шаблонний*) stereotýp [-ʃt *і* st-]

стереофонíчн|ий stereophón, stereofón [-ʃt *і* st-], Stéreo[-ʃt *і* st-]; ~а плáтівка Stéreoplatte *f*

С

сте́ржень (*для кулькової ручки*) Míne *f*
стерилізáція Sterilisíerung [-ʃt / st-]
стерилізувáти sterilisíeren [-ʃt / st-] *vt*
стери́льний (*знезаражений*) kéimfrei, steríl [-ʃt / st-]
сте́рпі|ти 1) (*витерпіти щось*) ertrágen* *vt*, áus|halten* *vt*; 2) (*стриматися*) sich behérrschen; sich enthálten*, sich zurück|halten*; я не ~в, щоб не сказáти ich kónnte nicht umhín zu ságen
сте́рти 1) (*витерти*) (áb)wíschen *vt* (*з чогось* von *D*); 2) (*знищити написане*) áus|radieren *vt* (*гумкою*); löschen *vt* (*магнітофонний запис*); 3) (*пошкодити шкіру на чомусь*) sich (*D*) etw. wundréiben*
сте́ртий (*неясний*) verwíscht; verschwómmen; únleserlich (*про написане*); (*про монету, медаль*) ábgegriffen, ábgenutzt
сте́ртися (*про написане і т. п.*) sich verwíschen
стик Schéide *f*, Grénze *f*, Naht *f*, на ~у вікíв um die Jahrhúndertwende; *тех.* Fúge *f*, Stoß *m*
сти́катися 1) (*вдаритися одне об одного*) zusámmen|stoßen* *vi* (s), zusámmen|prallen *vi* (s); 2) (*несподівано зустрітися з чимось/кимось*) zusámmen|stoßen* *vi* (s), zusámmen|treffen* *vi* (s) (mit *D*) (*наштовхнутися*); 3) (*про транспорт*) kollidíeren *vi* (s); 4) (*вступати в суперечності*) zusámmen|stoßen* *vi* (s); kollidíeren *vi* (*про інтереси*)
стикувá|ння *косм.* Kópplung *f*, Ándocken *f*, ~ космíчних кораблíв Ráumschiffkopplung *f*, **~ти** *косм.* án|docken *vt*, án|koppeln *vt*, **~тися** ángedockt [ángekoppelt] wérden
стилíз|áція Stilisíerung *f*, **~увáти** stilisíeren *vt*
стиль Stil *m*, вíльний ~ *спорт.* Fréistil *m*
сти́мул Ánreiz *m*, Ánregung *f*, Án-trieb *m*, морáльний ~ morálischer Ánreiz
стимулювá|ння Stimulíerung [-st / ʃt-] *f*, матеріáльне ~ materiélle Stimulíerung; **~ти** 1) (*щось*) án|reizen *vt*, stimulíeren [st/ʃt-] *vt*, fördern *vt* (*сприяти чомусь*); 2) (*когось до чогось*) án|reizen *vt*, j-m éinen Ánreiz gében*, stimulíeren *vt* (zu *D*)
стипендіáт Stipendiát *m*, Stipéndi enempfänger *m*
стипе́ндія Stipéndium *n*, íменнá ~ Sónderstipendium *n*, підви́щена ~ Léistungsstipendium *n*
стирáти *див.* сте́рти
стирáтися *див.* сте́ртися
стирчáти stécken *vi* (*знаходитися десь.*); hervór|stehen* *vi* (*видаватися*); áb|stehen* *vi* (*відстовбурчуватися*)
сти́сл|ий 1) *тех.*: ~е повíтря Drúck-luft *f*, ~ газ Fláschengas *n*, 2) (*короткий*) kurz, knapp, gedrängt; в ~і стрóки mit knáppen Termínen; **~о** gedrängt, knapp, kúrzgefaßt
сти́слість Kürze *f* (*про час*); Knáppheit *f* (*про стиль*)
сти́сло kurz, in knáppen Wórten; говори́ти ~ sich kurz fássen
сти́снути, сти́скувати (zusámmen)préssen *vt*, zusámmen|ballen *vt* (*в клубок*); ◊ ~ кулáк die Faust bállen; **~ся** sich zusámmen|pressen; sich bállen (*в кулак*)
стихáти *див.* сти́хнути
стихíйн|ий 1) (*викликаний стихією*) elementár, Elementár-; ~е ли́хо Natúrkatastrophe *f*, 2) (*раптовий, неорганізований*) spontán [-ʃp / sp-]; ~ рух spontáne Bewégung; **~о** spontán
стихí|я 1) (*сила природи*) Eleménte *pl*, Natúrgewalten *pl*, розбу́рхана ~ entfésselte Eleménte; 2) (*звичне середовище*) Elemént *n*, бу́ти в своїй ~ї in séinem Elemént sein
сти́хну|ти 1) (*про звуки, шум*) still wérden; verstúmmen *vi* (s), verhál-len *vi* (s); шум ~в es wúrde still; 2) (*припинитися*) áuf|hören *vi*, sich légen (*про вітер і т. п.*)
стіг (*сіна, соломи*) Schóber *f*
стійки́й 1) stándhaft, stándfest, fest; 2) (*постійний*) beständig; stabíl (*незмінний*); fest (*про ціни*)
стíйкість 1) Stándfestigkeit *f*, 2) *перен.* (*сталість*) Stándhaftigkeit *f*
стíйло Stand *m*, Box *f* (*у стайні*)
стік (*місце стікання*) Ábfluß *m*, Wásserablauf *m*, Áblaß *m*
стікáння (*дія*) Ábfließen *n*
стікáти *див.* стекти́; **~ся** *див.* стекти́ся
стіл 1) (*меблі*) Tisch *m*, письмóвий ~ Schreibtisch *m*, обíдній ~ Éßtisch *m*, святкóвий ~ féstlich gedéckter Tisch; сíсти за ~ sich an den Tisch sétzen, am Tisch Platz néhmen*; сидíти за столóм am Tisch sítzen* *vi*, встáти з-за стóлу vom Tisch áuf|stehen* *vi* (s); накри́ти на ~ den Tisch décken; прибрáти щось зі стóлу etw. vom Tisch wég|räumen; прибрáти зі стóлу (*після їди*) den Tisch áb|räumen; 2) (*їжа*) Tisch *m*, Éssen *n*, святкóвий ~ Fésttafel *f*, проси́ти до стóлу zu Tisch [zum Éssen] bítten* *vt*, сідáти за ~ sich zu Tisch sétzen, zu Tisch géhen* *vi* (s); за столóм bei Tisch, beim Éssen; 3) (*вид їжі, режим харчування*) Kost *f*, молóчний ~ Mílchkost *f*, дієти́чний ~ Diätkost *f*, 4) (*відділ установи*) Büro *n*, Abtéilung *f*, áдресний ~ Adréßbüro *n*, ~ знáхідок Fúndbüro *n*, ~ замóвлень Bestélldienstabteilung *f*
стіле́ць Stuhl *m*
стíльки 1. *присл.* so viel (*так багато*); so oft (*так часто*); **2.** *займ. і числ.* so viel (*з імен. в одн.*); so víele (*з імен. в мн.*); ~ ж, рíвно ~ ébensovíel, genáu sovíel; ще ~ ж noch éinmal sovíel
стільни́к Hónigscheibe *f*, Hónigwabe *f*
стін|á 1) Wand *f*, на ~í an der Wand; 2) (*кам'яна, цегляна огорожа*) Máuer *f*
стінгазе́та (стíннá газе́та) Wándzeitung *f*
стíнн|ий Wand-; ~á шáфа Wándschrank *m*, ~á газе́та Wándzeitung *f*

стічн|и́й Ábfluß-; ~á трубá Ábflußrohr *n*
сто húndert
стóвбур (*дерева*) Stamm *m*, Báumstamm *m*
стовп Stütze *f*, Säule *f*, ліхтáрний ~ Latérnenpfahl *m*, телеграфний ~ Telegráfenmast *m*, Telegráfenstange *f*, прикордóнний ~ Grénzpfahl *m*, Grénzpfeiler *m*, кілометрóвий ~ Kilométerstein *m*, ◊ ~и́ суспільства die Stützen der Geséllschaft; **~чик** 1) (*в газеті і т. п.*) Spálte *f*, Kolúmne *f*, 2) (*цифр, слів і т. п.*) Kolónne *f*
стовпи́тися sich án|sammeln; sich stáuen (*про перехожих*)
стовпотворíння *розм.* (*скупчення народу*) Ménschenandrang *m*
стóвщ|ення Verdíckung *f*, **~уватися** dícker wérden, sich verdícken
стóгін Stöhnen *n*
стогнáти stöhnen *vi*
стогрáдусний húndertgradig
стóйка I *спорт.*: ~ на рукáх Hándstand *m*, ~ на голові Kópfstand *m*
стóйка II (*прилавок у буфеті, барі і т. п.*) Théke *f*, Schánktisch *m*
стокрáтний húndertfach
столи́|ця Háuptstadt *f*, **~чний** Háuptstadt-, háuptstädtisch; ~чні теáтри die Theáter der Háuptstadt
столíтник *бот. розм.* Áloe *f*
століття *див.* сторíччя
столóв|ий Eß-, Spéise-; Tisch-; Táfel-; ~а лóжка Éßlöffel *m*, ~ прибóр Éßbesteck *n*, Tíschbesteck *n*, ~ сервіз Táfelgeschirr *n*, Spéiseservice [vi:s] *m*, ◊ ~е винó Tíschwein *m*
столя́р Tíschler *m*
стоматóлог Stomatológe *m*, Múndhöhlenspezialist *m*
стоматолóгія Stomatologíe *f*
стоми́ти *див.* стóмлювати
стоми́тися müde sein [wérden], ermüden *vi* (s)
стóмлений müde, ermüdet
стóмливий ermüdend, ánstrengend (*напружений*)
стóмлювати ermüden *vt*, müde máchen *vt*; **~ся** müde wérden, ermüden *vi* (s)
стоп: ~! halt!, stopp!
стопá I (*ноги*) Fuß *m*
стопá II *літ.* Vérsfuß *m*
стопá III (*книг, газет і т. п.*) Stápel *m*, Stoß *m*
стóпка (*скляночка для вина*) Gläs chen *n*
стоп-крáн *зал.* Nótbremse *f*
стóпор Spérrbolzen *m*, Spérrvorrichtung *f*, **~ити** stóppen *vi*, *vt*, brémsen *vi*, *vt*, ánhalten* *vi*, *vt*
стопроцéнтний húndertprozentig
стóптаний ábgetragen (*про взуття*); ábgetreten, schíefgetreten (*про підбори*)
стоптáти, **стóптувати** (*зносити*) áb|tragen* *vt*, áb|treten* *vt*, schíef|treten* *vt* (*підбори*)
сторíнка Séite *f*
сторíчн|ий 1) (*про строк*) húndertjährig; 2) (*про вік*) húndertjährig, húndert Jáhre alt; 3): ~а річни́ця, ~ ювілéй *див.* сторíччя 2
сторíччя 1) (*період в сто років*) Jahrhúndert *n*, 2) (*роковини*) Hundertjáhrfeier *f* (*чогось*); húndertster Jáhrestag (*від дня чогось*); ~ від дня нарóдження der húndertste Gebúrtstag
стóрож Wächter *m*
сторóжка Wächterhäus chen *n*, *зал.* Báhnwärterhäus chen *n*
сторожов|и́й Wächter-; Wacht-; ~á бýдка Wächterhäus chen *n*, ~á вéжа [ви́шка] Wáchtturm *m*, Wárte *f*
сторонá 1) Séite *f*, 2) (*при суперечці, переговорах і т. п.*) Séite *f*, Partéi *f*, стóрони, які домовля́ються die vertrágs schließenden Séiten [Partéi en], Vertrágs|partner *pl*, стáти на чия́сь стóрону, прийня́ти чия́сь стóрону für j-n Partéi néhmen* [ergréifen*], sich auf j-s Séite stéllen; ◊ стóрони світу Hímmelsrichtungen *pl*
сторóнн|ій **1.** *прикм.* 1) (*чужий*) fremd; únbekannt (*незнайомий*); frémdartig; ~ предмéт Frémdkörper *m*, 2) (*побічний*) Nében-, nébensächlich; **2.** *імен.* 1) (*чужий, незнайомець*) der Frémde; 2) (*який не має відношення до чогось*) der Únbefugte; ~ім вхід заборóнено! Únbefugten (ist der) Éintritt verbóten!
сторопíти *розм.* verdútzt [verblüfft] sein, stútzig wérden
сторч *присл.* stéhend, áufrecht
стосóвно *прийм.* betréffs (*G*), betréffend (*A*), bezüglich (*G*), hínsichtlich (*G*)
стосувáтися (*когось/чогось - мати відношення*) sich bezíehen* (auf *A*), gélten* *vi* (*D*), gehören *vi* (zu *D*); betréffen* *vt*, án|gehen* *vt*, це спрáви не стосýється das gehört nicht zur Sáche; це йогó не стосýється а) (*не має відношення до нього*) das geht ihn nichts an; б) (*не може бути сказане про нього*) das gilt nicht ihm; ◊ що стосýється менé, то ... was mich (án)betrífft so ...
стосýнк|и *мн.* Verhältnisse *pl*, бýти в хорóших ~ах з кимось gut miteinánder stéhen* *vi*, sich mit j-m gut vertrágen*
стоя́нка 1) (*автомашин*) Párkplatz *m*, ~ таксí Táxistand *m*, ~ заборóнена! Párken verbóten!; 2) (*зупинка*): ~ пóїзда дéсять хвили́н der Zug hat zehn Minúten Áufenthalt
стоя́ння Stéhen *n*
сто|я́ти 1) stéhen* *vi*, залиши́тися ~ stéhen|bleiben* *vi* (s); 2) (*про поїзд і т. п.*) hálten* *vi*, пóки ~їть пóїзд solánge der Zug hält; 3) (*про погоду і т. п.*) sein* *vi* (s), hérrschen *vi*, ~їть óсінь es ist Herbst; ~я́ла ти́ша es war still, es hérrschte Stílle; 4) (*за щось - відстоювати*) sein* *vi* (s) (für *A*); ~ за мир für den Fríeden sein

С

субордина́ція Subordinatión *f*, Únterordnung *f*
субо́та Sónnabend *m*, Sámstag *m*; по ~х sónnabends
субпідря́д Únterauftrag *m*, Náchauftrag *m*; **~чик** Náchauftragnehmer *m*, Únterauftragnehmer *m*
субпроду́кти *мн.* Innereí en *pl*
субси́дія Subventión [-vɛn-] *f*, Zúschuß *m* (*дотація*); Unterstützung *f*, Zúweisung *f* (*допомога*)
субсидува́ти *фін.* subventionieren [-vɛn-] *vt*, finanziéll unterstützen *vt*
субти́три *мн.* Úntertitel *pl*
субтро́п|іки *мн.* Súbtropen *pl*; **~ічний** súbtropisch
сувені́р Souvenír [suvə-] *n*, Ánden-ken *n*
сувер|еніте́т Souveränität [zuvə-] *f*; **~е́нний** souverän [zuvə-]
суві́й Rólle *f*, Papíerrolle *f*
суво́р|ий 1) hart; streng; ~е випро́бування hárte Prüfung; ~ ви́рок stréнges Úrteil; ~ до ко́гось streng mit [gegenüber] j-m; 2) (*про клімат, природу і т. п.*) rauh; ~а зима́ strénger Winter; **~ість** Härte *f*, Strénge *f*; з усією ~істю mit äußerster Strénge
суво́ро *присл.* streng, hart; ◊ ~ забороня́ється (es ist) streng verbóten; ~-пресуво́ро aufs stréngste, stréngstens
суге́стія Suggestión *f*
сугло́б Gelénk *n*; біль у ~ах Gélenkschmerz *m*
суд Gerícht *n*; Верхо́вний ~ das Óberste Gerícht; наро́дний ~ Vólksgericht *n*; зверну́тися до ~у den Réchtsweg beschréiten*; відда́ти кого́сь під ~ j-n vor Gerícht stéllen
суда́к Zánder *m*
суда́н|ець Sudanése *m*; **~ський** sudanésisch
судді́вство *спорт.* Spíelleitung *f*
судд́я 1) Ríchter *m*; 2) *спорт.* Schíedsrichter *m*, Kámpfrichter *m*; ~ на ри́нгу Ríngrichter *m*
су́дження Úrteil *n*, Méinung *f*, Án-sicht *f* (*думка*)
суди́м|ість Vórstrafe *f*; не ма́ти ~ості nicht vórbestraft sein; ма́ти дві ~ості zwéimal vórbestraft sein; зня́ти ~ die Vórstrafe tílgen
суди́н|а: кровоно́сні ~и *анат.* Blútgefäße *pl*
суди́ти 1) (*когось*) vor Gerícht stél-len *vt* (*за щось* wégen *A*); за це су́дять dafür kommt man vor Gerícht; 2): ~ гру [матч] *спорт.* das Spiel léiten, bei éinem Spiel Schíedsrichter sein; 3) (*про щось - складати думку*) beúrteilen *vt*, úrteilen *vi* (über *A*); су́дячи з цього danách zu úrteilen
судно́ I (*корабель*) Schiff *n*
судно́ II *мед.* Béttpfanne *f*, Schíeber *m*
суднобуд|івни́й Schíffbau-; ~івна́ верф Werft *f*, Schíffswerft *f*; **~ува́ння** Schíffbau *m*
судноверф Schíffswerft *f*, Schíffsbaubetrieb *m*
судновла́сник Réeder *m*, Schíffseigner *m*
суднопла́в|ний 1) (*призначений для судноплавства*) schíffbar, Schífffahrts- (*при переносі* Schifffahrts-); ~ кана́л Schíffahrtskanal *m*; 2) (*доступний для судноплавства*) befáhrbar; **~ство** Schíffahrt *f* (*при переносі* Schiff-fahrt); річне́ ~ство Flúßschiffahrt *f*, Bínnenschiffahrt *f*
судов|и́й gerí́chtlich, Gerí́chts-, Rechts-; ~ проце́с Gerí́chtsprozeß *m*, Gerí́chtsverfahren *n*; ~і о́ргани Gerí́chtsorgane *pl*, Justízorgane *pl*; ~е́ слі́дство Beweísaufnahme *f*; в ~о́му поря́дку auf dem Réchtsweg, gerí́chtlich
су́доро|га Krampf *m*; **~жний** krámpfhaft, Krampf-
судочи́нство *юр.* Gerí́chtsverfahren *n*, Prozéßordnung *f*
суєта́ 1) Hast *f*; 2) (*суєтність*) Níchtigkeit *f*
сузі́р'я Stérnbild *n*, Gestírn *n*
сук Ast *m*
су́ка Hündin *f*
сука́ти zwírnen *vt*, wínden *vt* (*мотузки*)
сукно́ Tuch *n*
су́кня Kleid *n*
суко́нний Tuch-
сукува́тий 1) (*про дерево, гілку*) ästig, knórrig; 2) (*про дошку, колоду*) knórrig
суку́пн|ий 1) (*загальний*) Gesámt-; 2) (*об'єднаний*) veréint; **~ість** Gesámtheit *f*, в ~ості insgesámt
сум Tráuer *f*, Kúmmer *m*, Gram *m* (*скорбота*); повідо́мити з глибо́ким ~ом mit tíefem Schmerz bekánntgeben*
су́м|а Súmme *f*, грошова́ ~ Géldsum-me *f*, Géldbetrag *m*; на зага́льну ~у в дві ти́сячі ... für insgesámt zwei Táusend ...; ◊ зага́льною ~ою insgesámt
сумбу́р (*плутанина*) Wírrwarr *m*, Chaos ['ka:-] *n* (*безлад*); **~ний** verwórren (*плутаний*); únordentlich, chaótisch [ka-] (*безладний*)
сумі́жн|ий ángrenzend, ánstoßend (*прилеглий*) ; Nében-, benáchbart (*сусідній*); ~а кімна́та Nébenzim-mer *n*; ◊ ~а профе́сія verwándter Berúf; ~е підприємство kooperíerender Betríeb
сумі́рн|ий 1) *мат.* kommensurábel; **2.** *перен.* vergléichbar; **~ість** 1) *мат.* Kommensurabilität *f*, 2) *перен.* Vergléichbarkeit *f*
сумі́сн|ий 1) veréinbar; 2) (*психологічно*) verträglich; **~ість** 1) Veréinbarkeit *f*, 2) (*психологічна*) Verträglichkeit *f*
су́міш Míschung *f*, Gemísch *n*
су́мка Tásche *f*, Hándtasche *f* (*жіноча*); господа́рська ~ Éinkaufstasche *f*
сумлі́нний gewíssenhaft
сумни́й 1) tráurig, betrübt, kúmmervoll; betrüblich, schwérmütig; 2) (*вартий співчуття*) bedáuerlich
су́мнів Zwéifel *m*; без ~ів, не відчува́ючи ~ів óhne zu zwéifeln; ◊ без будь-яко́го ~у áußer állem Zwéifel, zwéifellos

сумніва́тися (*в чомусь/комусь*) Zwéifel hégen [háben], zwéifeln *vi* (an *D*); (*в чомусь*) *тж* bezwéifeln *vt*

сумні́вний 1) (*недостовірний*) zwéifelhaft, frágwürdig; 2) (*підозрілий*) verdächtig

су́мно 1) tráurig; 2) *безос.* es ist tráurig; мені́ ~ ich bin tráurig, mir ist tráurig zumúte

сумува́ти 1) (*бути сумним*) tráurig sein; 2) (*за кимось/чимось – відчувати втрату*) nách|trauern *vi* (*D*); ~ за до́мом Héimweh háben

суни́ці *мн.* Érdbeeren *pl*

су́нути *розм.* stécken *vt* (*у щось* in *A*); **~ся** *розм.* (*втрутитися у щось*) sich (úngebeten) éin|mischen (in *A*)

суп Súppe *f*, м'ясни́й ~ Fléischsup-pe *f*

супере́чити (*чомусь*) widerspréchen *vi* (*D*), im Wíderspruch stéhen* *vi* (zu *D*)

супере́чка 1) (*про щось*) Stréitgespräch *n*, Méinungsstreit *m* (um *A*); 2) (*сварка*) Streit *m*

супере́ч|ливий wídersprúchsvoll, widerspéchend; ínkonsequént (*непослідовний*); **~ність** Wíderspruch *m*, Ínkonsequénz *f* (*непослідовність*)

супе́рник Rivale [-'va:-] *m*, Konkurrént [-kɔŋ *и* kɔn-] *m* (*конкурент*); Nébenbuhler *m* (*у коханні і т. п.*)

супе́рництво Rivalität [-va-] *f*, Konkurrénz [-kɔŋ *і* kɔn-] *f* (*конкуренція, тж спорт.*); Wéttbewerb *m* (*змагання*); Nébenbuhlerschaft *f* (*в коханні і т. п.*)

супе́рничати (*намагатися перевершити когось*) rivalisíeren [-va-] *vi* (mit *D*; (*в чомусь*) auf éinem Gebíet (*G*); (*за щось* um *A*); wétteifern *vi* (mit *D*; (*в чомусь* in *D* — *змагатися*); konkurríeren [-kɔŋ *і* kɔn-] *vi* (mit *D*— *конкурувати*)

суперобкла́динка Schútzumschlag *m*

су́пити: ~ бро́ви die Bráuen zusámmen|ziehen*; **~ся** fínster dréin|schauen *vi*

су́пров|ід: 1) у ~оді когось in j-s Begléitung, von j-m begléitet; von j-m eskortíert (*для охорони*); 2) (*акомпанемент*) Begléitung *f*, у ~оді роя́лю mit Klavierbegleitung [-'vi:r-]

супровідн|и́й Begléit-; begléitend; ~і́ осо́би Begléitpersonen *pl*, ~ лист Begléitbrief *m*, ~ докуме́нт Begléitpapiere *pl*

супрові́дник Begléiter *m*, Betréuer *m*

супрово́дити, супрово́джувати 1) (*іти разом*) begléiten *vt* (*тж перен.*); eskortíeren *vt* (*для охорони*); 2) (*доповнювати*) verséhen* *vt* (mit *D*); 3) (*акомпанувати*) begléiten *vt*

супу́тник 1) Gefährte *m*, Réisegefähr-te *m* (*по подорожі*); 2) *астр., косм.* Satellít *m*, Trabánt *m*, ~ зв'язку́ Náchrichtensatellit *m*

сургу́ч Síegellack *m*

сурма́ *муз.* Horn *n*, **~ч** Horníst *m*

сурога́т Ersátz *m*, Surrogát *n*

сусі́д Náchbar *m*, **~и** Náchbarn *pl*, ~ по до́му Háusnachbar *m*, **~ні́й** Náchbar-, benáchbart; на ~ні́й ву́лиці in der nächsten Stráße; **~ство** Náchbarschaft *f*, по ~ству з ки́мось in j-s Náchbarschaft; по ~ству з чи́мось in der Nähe von etw. (*D*)

суспі́льн|ий Geséllschafts-, geséllschaftlich, öffentlich; ~ лад Geséllschaftsordnung *f*, ~і нау́ки Geséllschaftswissenschaften *pl*, ~е стано́вище geséllschaftliche Stéllung; ~е виробни́цтво geséllschaftliche Produktión

суспі́льно-кори́сний geméinnützig

суспі́льно небезпе́чний geméingefährlich

суспі́льно-політи́чний geséllschaftlich-polítisch, geséllschaftspolitisch

суспі́льство Geséllschaft *f*, кла́сове ~ Klássengesellschaft *f*, ~ спожива́ння Konsúmgesellschaft *f*

суспільствознáвство Geséllschaftskunde *f*, Stáatsbürgerkunde *f* (*навчальна дисципліна*)

су́тичка 1) (*конфлікт*) Konflíkt *m*, Kollisión *f*, Wíderstreit *m*; 2) *військ.* Geplänkel *n*, Tréffen *n*; 3) (*лайка*) Zusámmenstoß *m*, Wórtwechsel *m*, Náhkampf *m*, Hándgemenge *n* (*бійка*)

су́тінк|и *мн.* Dämmerung *f*, в ~ах in der Dämmerung

су́тність Wésen *n*, das Wésentliche

суту́ли|й gebückt, mit krúmmem Rücken; **~тися** sich krumm hálten*

сут|ь Wésen *n*, das Wésentliche; ~ спра́ви [пита́ння] das Wésentliche bei der Sáche; дійти́ до (само́ї) ~і чого́сь éiner Sáche auf den Grund kómmen* *vi* (s); ◊ по ~і спра́ви éigentlich, im Grúnde genómmen; говори́ти по ~і sáchlich [zur Sáche] spréchen* *vi*, по ~і (ка́жучи) im wésentlichen, im Grúnde genómmen

су́фікс *грам.* Suffix *n*

сухарі́ *мн.* 1) (*кондитерські вироби*) Zwíeback *m*, 2) (*засушений хліб*) getrócknetes Brot; 3): панірува́льні ~ Paníermehl *n*

сухи́й trócken; dürr (*висохлий, посушливий*); vertrócknet (*засохлий*); getrócknet, Trócken- (*сушений*)

су́хість Tróckenheit *f*

су́хо *присл.* trócken; dürr; на ву́лиці ~ auf der Stráße ist es trócken; *перен.* trócken, kalt, herzlos; ~ відповісти́ trócken(kurz) ántworten

сухожи́лля *анат.* Séhne *f*

сухопу́тн|ий Land-; ~ кордо́н Lándgrenze *f*, ~і військá Lándstreitkräfte *pl*, ~им шляхо́м auf dem Lándweg

сухорля́вий háger, sehnig; máger; séhnig (*жилавий*)

сухофру́кти *мн.* getrócknetes Obst, Tróckenobst *n*

суці́льн|ий 1) (*щільний*) dicht, kompákt; 2) (*безперервний*) úunterbróchen; 3) (*повний, всеохоплюючий*) dúrchgängig, dúrchgehend, vóllständig, umfássend, komplétt

С

суцільнометале́вий Gánzmetall-; вагóн Gánzmetallwagen *m*
сучáсн|ий gégenwärtig, Gégenwarts-; modérn; ~і поді́ї Gégenwartsgeschehen *n*, Zéitgeschehen *n*; ~а полі́тика Tágespolitik *f*; ~ стан gégenwärtige Láge; ~е мистéцтво Gégenwartskunst, die Kunst der Gégenwart; ~а літератýра zéitgenössische [modérne] Literatúr; ~а тéхніка die modérne Téchnik; ~а мóлодь die Júgend von héute; **~ик** Zéitgenosse *m*; **~ість** Gégenwart *f*
суч|кувáтий 1) (*про дерево, гілку*) ästig, knórrig; 2) (*про дошку, колоду*) knórrig; **~óк** 1) (*дерева*) kléiner Ast *m*, Zweig *m*; 2) (*в дошці, колоді*) Ast *m*, Knórren *m*
сýш|а I Land *n*, Féstland *n*; зійти́ на ~у das Féstland betréten*; на ~і auf dem Land; по ~і zu Lánde (*пересуватися*), auf dem Lándweg (*транспортувати*); ◊ на ~і і на мóрі zu Wásser und zu Lánde
сýша II (*засуха*) Tróckenheit *f*, Dürre *f*
сушéн|ий getrócknet, gedörrt, Dörr-; ~і фрýкти Dörrobst *n*; ~і гриби́ getrócknete Pílze
суши́ти tróknen *vt*; dörren *vt* (*фрукти і т. п.*); **~ся** 1) trócknen *vi*; повíсити щось ~ся etw. zum Trócknen áuf|hängen*; 2) (*сушити на собі мокрий одяг*) sich trócknen
суші́ння Trócknen *n*
сýшка *кул.* Kríngel *m*
сýщ|ий *розм.* (*справжній*): ~а прáвда die réin(st)e Wáhrheit; ~ дурни́ця glátter [réiner] Únsinn; ~а кáра éine wáhre Stráfe
сфéр|а Sphäre *f*, Gebíet *n*, Beréich *m*; ~ вплúву *політ.* Éinflußsphäre *f*, Interéssengebiet *n*; ~ обслугóвування Díenstleistungsbereich *m*; **~и́чний** sphärisch
сформувáти(ся) *див.* формувáти(ся)
сформулювáти *див.* формулювáти
сфотографувáти(ся) *див.* фотографувáти(ся)
схвáлення Bílligung *f*, Zústimmung *f* (*згода*)
схвали́ти béi|stimmen *vi*, zú|stimmen *vi* (*D*), bílligen *vt*, gút|heißen* *vt*
схвáльний bílligend, zústimmend
схвáлювати *див.* схвали́ти
схвильóваний áufgeregt
схвилювáти(ся) *див.* хвилювáти(ся)
схéма Schéma *n*
схемати́чний schemátisch
схил Néigung *f*, Veránlagung *f*, Ábhang *m*, Hang *m*; ◊ на ~і вíку am Lébensabend, im Álter
схили́ти 1) (*нахилити*) néigen *vt*, béugen *vt*; 2) (*умовити*) überréden *vt* (zu *D* або zu + *inf*); 3): ~ когóсь на свій бік j-n für sich (*A*) gewínnen*; **~ся** 1) (*нахилитися*) sich néigen, sich béugen (*над чимось*) über *A* — *про людину*); sich néigen, sich bíegen* (*про предмет*); 2) (*зважитися, погодитися на щось*) néigen *vi*, genéigt sein, sich entschlíeßen* (zu *D* або zu + *inf*)
схи́льн|ий 1) veránlagt (zu *D*); 2) (*готовий до якихось дій*) genéigt (zu *D* або zu + *inf*); empfänglich, ánfällig (für *A*)(*до хвороби* für *A*); я ~ припусти́ти, що... ich bin genéigt zu gláuben, daß...; **~ість** 1) (*нахил*) Néigung *f*, Ánlagen *pl*, Veránlagung *f*; ~ до повнотí éine Néigung zum Dick werden; мáти ~ до чóгось zu etw. genéigt [veránlagt] sein; 2) (*пристрасть, потяг до чогось*) Néigung *f*, Hang *m*; мáти ~ до чóгось éinen Hang zu etw. (*D*) háben; 3) (*обдарованість*) Ánlagen *pl*; ~ до математи́ки Ánlagen zur Mathematík; 4) (*до хвороби*) Empfänglichkeit *f*
схиля́ти béugen *vt*, néigen *vt*
схиля́тися (*перед кимось*) veréhren *vt* (*шанувати*); húldigen *vi* (*D*) (*поклонятися*)
схитрувáти éine List án|wenden*, zu éiner List gréifen* *vi*
схід I 1) (*сторона світу, напрямок*) Ósten *m*; на схóді im Ósten; на схóді від чогóсь östlich von (*D*); 2) Схід (*райони, країни*) Ósten *m*, Ori ént *m*; Далéкий Схід der Férne Ósten; Бли́жній Схід der Náhe Ósten; 3) Схід (*політичне поняття*) Ósten *m*, віднóсини між Схóдом та Зáходом Ost-Wést-Beziehungen *pl*
схід II Áufgang *m*, ~ сóнця Sonnenaufgang *m*
схíдець Stúfe *f*, Sprósse *f* (*драбини*); спускáтися по схíдцях die Stúfen hinúnter|gehen* *vi* (s)
схíдн|ий 1) östlich; Ost- (*тж що лежить на схід від чогось*); в ~ому нáпрямку in östlicher Ríchtung; ~ вíтер Óstwind *m*, Схíдна Єврóпа Ósteuropa *n*; 2) (*що відноситься до країн Сходу*) ori entálisch; ~а культýра ori entálische Kultúr
схíдноєвропéйський osteuropäisch
схли́нути 1) (*про воду*) zurück|fluten *vi* (s), wég|fluten *vi* (s); 2) (*про натовп і т. п.*) zurück|strömen *vi* (s)
схли́п|нути (áuf)schlúchzen *vi*; **~увати** schlúchzen *vi*
сховáти verstécken *vt*, verbérgen *vt*; áuf|bewahren *vt* (*зберегти*); **~ся** sich verstécken, sich verbérgen*
схóвище Áufbewahrungsort *m*, Láger *n* (*склад*)
схóдження Áufstieg *m*, *спорт.* Bérgbesteigung *f*
схóд|и *мн.* 1) Tréppe *f*, 2) (*сходова клітка*) Tréppenhaus *n*, на ~ах im Tréppenhaus
схóдинка *див.* схíдець
сходи́|ти 1) (*піти кудись*) géhen* *vi* (s); схóдимо в кінó? wóllen wir ins Kíno géhen*?; 2) (*побувати десь і повернутися*): ми ~ли в кінó wir wáren im Kíno; 3) (*привести когось, принести щось*) hólen *vt*
схóж|ий ähnlich; бýти ~им на кóгось gléichen* *vi*, ähneln *vi*, ähnlich séhen* [sein] (*D*); ◊ це на ньóго ~е das sieht ihm

ähnlich, das ist ihm zúzutrauen; це ні на що не ~е! das ist únerhört! на кого ти ~! wie siehst du bloß aus!

схóжість Áhnlichkeit *f*, між ними велика ~ sie sind einánder sehr ähnlich

схопи́ти gréifen* *vt* (*тж* nach *D*), fássen *vt*, pácken *vt*; ~ когось за щось j-n an etw. (*D*) fássen [pácken, ergréifen*]; 2): ~ нежить *розм.* sich (*D*) éinen Schnúpfen hólen; **~ся** (*за щось/когось*) gréifen* *vi* (nach *D*), fássen *vi* (an *D або* nach *D*)

схрести́ти kréuzen *vt*, *тж біол.*; verschränken *vt*; **~ся** sich kréuzen, *тж біол*

схре́щення (*доріг*, *вулиць*) Kréuzung *f*, Wégkreuzung *f*

схре́щування *біол.* Kréuzung *f*

схре́щувати(ся) *див.* схрести́ти(ся)

схýдлий ábgemagert

схýднути áb|magern *vi* (s), ábgemagert sein

сцéн|а 1) (*театральні підмостки*) Bühne *f*, ітй на ~і (*про виставу*) über die Bühne géhen* *vi* (s); 2) (*частина дії*) Széne *f*, Áuftritt *m*; 3) (*епізод*) Episóde *f*, Széne *f*, 4) *розм. (сварка*) Széne *f*

сценарист Dréhbuchautor *m*

сценáрій Dréhbuch *n*

сьогóдні héute; ~ врáнці héute früh [mórgen]; ~ вдень héute am Táge [náchmittags]; ~ ввéчері héute ábend; на ~ (*призначити щось і т. п.*) auf héute; на ~ дóсить genúg für héute; **~шній** héutig; до ~шнього дня bis auf den héutigen Tag, bis héute; з ~шнього дня seit héute (*з дієсл. теп. часу*); von héute ab [an], héute (*з дієсл. мин. і майб. часу.*)

сьóмга (geméiner) Lachs *m*, *збірн. тж* Láchse *pl*

сьóмий der síebente

сюди́ *присл.* hierhér; ідй ~! komm her!; сідáйте ~ néhmen Sie hier Platz

сюжéт Sujet [sy'ʒe:] *n*, Fábel *f* (*фабула*)

сюрпри́з Überráschung *f*

ся́йво Schein *m*, Glanz *m*, Léuchten *n* (*блиск*); ◊ півні́чне ~ Nórdlicht *n*, Polárlicht *n*

сяйнý|ти áufglänzen *vi* (*h*, *s*), áufblinken *vi* (*h*, *s*), áufblitzen *vi* (*h*, *s*); ~ла дýмка ein Gedánke schoß durch den Kópf

сякáтися sich (*D*) die Náse schnáuben [pútzen], sich schnéuzen

ся́к-тáк mit Mühe und Not, schlecht und recht

ся́ючий 1) stráhlend, glänzend, léuchtend; 2) (*радісний*) fréudestrahlend, glückstrahlend

ся́яти glänzen *vi*, léuchten *vi*, stráhlen *vi* (*про сонце; тж перен. від чогось* – vor *A*)

С

Т

та I 1. (*сполучник*) und; ти та я du und ich; **2.** (*частка*) (*підсилювальна*) doch; so... doch; та ні, не трéба! nicht a doch, laß das! та йди вже нарéшті! so komm doch éndlich!
та II *від* той
тáбір *у різн. знач.* Láger *n*, розбúти ~ ein Láger áuf|schlagen*; турúстський ~ Tourístenlager [tu-] *n*, Zéltplatz *m*, ~ мúру das Fríedenslager
таблéтка Tablétte *f*, в ~х in Tabléttenform: ~ від головнóго бóлю Kópfschmerztablette *f*
таблúця Tabélle *f*, ~ мнóження Einmaléins *n*, ~ логарúфмів Logaríthmentafel *f*, ~ вúграшів Gewnnnliste *f*, звéдена ~ Áufstellung *f*
таблó Informatiónstafel *f* (*в аеропорту, на вокзалі*); Ánzeigetafel *f* (*на стадіоні*)
табýн Hérde *f*
табурéт, **табурéтка** Schémel *m*, Hócker *m*
тавр|ó Stémpel *m*, Zéichen *n*, фабрúчне ~ Wárenzeichen *n*, Hándelsmarke *f*, ◊ ~ ганьбú Brándmal *n*, **~увáти**: ~ ганьбóю brándmarken *vt*
таджúк Tadshíke *m*, **~ський** tadshíkisch
таéмн|ий 1) (*секретний*) Gehéim-, gehéim; ~а угóда Gehéimabkom-men *n*, ~а зýстріч gehéime Zusámmenkunft; 2) (*приховуваний, потаємний*) héimlich, gehéim; verbórgen (*затаєний*); ~а зýстріч héimliche Zusámmenkunft; ~і думкú gehéime Gedánken; ~і сподівáння verbórgene Hóffnung; **~о** *присл.* héimlich, gehéim; im gehéimen, insgehéim (*потай*); ~ від кóгось óhne j-s Wíssen
таємнúц|я Gehéimnis *n*, зберігáти ~ю ein Gehéimnis wáhren; тримáти щось в ~і etw. gehéim|halten*
таємнúчий gehéimnisvoll
таз I *анат.* Bécken *n*
таз II 1) (*посуд*) (gróße) Schüssel *f*, 2) (*для умивання, прання*) Wáschschüssel *f*
таїлáнд|ець Tháiländer *m*, **~ський** tháiländisch
таїти 1) verbérgen* *vt* (*приховувати*); verhéimlichen *vt*, gehéim|halten* *vt* (*тримати в таємниці*); 2) (*містити в собі*) in sich (*D*) bérgen* *vt*, 3) (*відчувати*) hégen *vt*, ~ злóбу прóти кóгось Haß [Groll] gégen j-n hégen
тайгá Táigá *f*
тайм *спорт.* Hálbzeit *f*
тайнúк Verstéck *n*
так 1. (*частка*) (*стверджувальна*) ja; так чи ні? ja óder nein?; **2.** *присл.* so; auf díese Wéise (*таким чином*); ◊ і ~ дáлі (і т. д.) und so wéiter (usw.); і ~ і сяк so und so, auf verschíedene Art und Wéise; ~ чи інáкше wie dem auch sei, sowiesó; ~ звáний der sógenannte; ~ би мóвити sozuságen; ~ собí sosó, sosó lalá як ~? wiesó?
так|úй *займ.* ein sólcher, solch ein, so ein (*перед імен.*); so (*перед прикм.*); ◊ що ~é? was ist los?, was gibt's? що це ~é? was ist das?; ~úм чúном auf fólgende Wéise, fólgendermaßen
такóж *присл.* auch, ébenfalls; ..., а ~ ... ..., sowíe...; спасúбі, вас ~! (*у відповідь на привітання*) dánke, gléichfalls!
тáкса I (*собака*) Dáchshund *m*, Dáckel *m*
тáкса II (*розцінка*) Táxe *f*, Taríf *m* (*тариф*)
такс|úст Táxifahrer *m*, **~í** Táxi *n*, маршрýтне ~ Línientaxi *n*, взя́ти ~, сíсти на ~ ein Táxi néhmen*
такт I *муз.* Takt *m*, в ~ im Takt; збúтися з ~у aus dem Takt kómmen* *vi* (s)
такт II (*делікатність*) Takt *m*, Táktgefühl *n*, Féingefühl *n*, вúявити ~ Takt zéigen
тáкт|ик Táktiker *m*, **~ика** Táktik *f*, наступáльна ~ика offensíve [-və] Táktik; ~ика очíкування Ábwartetaktik *f*, **~úчний** táktisch
тактóвн|ий táktvoll; **~ість** Táktgefühl *n*
талановúтий 1))*про людину*) talentíert; begábt (*обдарований*); 2) (*про твір*) taléntvoll
талáнт Talént *n*, Begábung *f* (*обдарованість*)
тáл|ий áufgetaut; geschmólzen, Tau-; ~ сніг táuender Schnee; ~а водá Schmélzwasser *n*, Schnéewasser *n*
тáлі|я Taille ['taljə] *f*, сýкня в ~ю ein tailliertes [ta(l)'ji:-] Kleid
талóн Talon [-'lɔŋ / -'lʒ] *m*, ~и на харчувáння Talóns für das Éssen; ~ на бензúн Tánkscheck *m*, ~и на проїзд, проїзні ~и (*в громадському транспорті*) Fáhrscheine *pl*
там *присл.* dort, da; хто ~? wer ist da?; ~ же (*при посиланнях в тексті*) ebendá

(ebd.); ◊ ~ і сям hier und dort, hier und da; ~ ви́дно бу́де das Wéitere wird sich fínden [ergében]

тампо́н *мед.* Tampón *m*, Túpfer *m*, Éinlage *f*, Wáttebausch *m* (*ватний*)

та́нгенс *мат.* Tangens [taŋgɛns] *m*

танде́м (*двомісний велосипед*) Tándem *n*, Tándemfahrrad *n*

та́нення Táuen *n*, Schmélzen *n*

та́н|ець 1) Tanz *m*; ви́конати ~ éinen Tanz vór|führen [dár|bieten*]; 2): спорти́вні ~ці на льоду́ Éistanz *m*

танзані́|єць Tansáni|er *m*, **~йський** tansánisch

танк Pánzer *m*, Pánzerwágen *m*, **~і́ст** Pánzersoldat *m*

тано́к Réigen *m*

та́н|ути 1) táuen *vi* (s), schmélzen* *vi* (s); моро́зиво ~е das Eis zergéht; 2) *безос.*: ~е es taut; вдень ~уло am Táge hat es getáut

танцівни́к Tänzer *m*, Balléttänzer *m* (*при переносі* Ballétt-tänzer)

танцюва́льн|ий Tanz-; ~а му́зика Tanzmusik *f*

танцюва́ти tánzen *vi*, *vt*; ~ вальс (éinen) Wálzer tánzen; запроси́ти кого́сь ~ j-n zum Tanz áuf|fordern

та́почки *мн. розм.* 1): дома́шні ~ Háusschuhe *pl*, Pantóffeln *pl* (*пантофлі*); 2): череви́ки-~ fláche Schúhe

та́ра 1) (*упаковка*) Tára *f*, Verpáckung *f*, Páckmaterial *n*; 2) (*вага упаковки*) Tára *f*, Táragewicht *n*, Verpáckungsgewicht *n*

тарга́н Schábe *f*

тари́ф Taríf *m*, пі́льговий ~ Vórzugstarif *m*, ermäßigter Taríf; по ~у taríflich, tarífgemäß

тарифіка́ція Tarifíeren *n*, tarifmäßige Éinstufung

тари́фн|ий Tarif-; ~а сі́тка Tarífnetz *n*, ~а ста́вка Tarífsatz *m*

тарі́лк|а Téller *m*, ~ су́пу ein Téller Súppe; ◊ літа́ючі ~и fliegende Úntertassen

тасува́ти: ~ ка́рти die Kárten míschen

тасьма́ 1) Lítze *f*, Bórte *f* (*кайма*); 2) (*зав'язка*) schmáles Band; Schnur *f* (*шнур*)

тата́р|ин Tatár *m*, **~ський** tatárisch

та́то Pápa *m*, Váti *m*

тахта́ Líege *m*

та́ця Tablétt *n*, Servierbrett [-'vi:r-] *n*

та́ч|ка Schúbkarren *m*, Kárren *m*, везти́ щось на ~ці etw. kárren

твари́н|а Tier *n*, ди́кі ~и wílde Tíere; дома́шні ~и Háustiere *pl*, **~ний** Tier-; ~ний світ Tíerwelt *f*

твари́нництв|о Víehzucht *f*, Víehwirtschaft *f*, Tierproduktion *f*, проду́кти ~а tíerische Erzéugnisse

твари́нницький Víehzucht-, Tíerzucht-

тве́рдження (*висловлювання*) Behúuptung *f*, Áussage *f* (*свідчення*)

тверд|и́й 1) (*не рідкий*) fest; 2) (*не м'який*) hart; 3) (*стійкий*) fest, stándhaft; únerschütterlich (*непорушний*); ~ хара́ктер féster [stárker] Charákter [ka-]; 4) (*стійкий, міцний*) fest; ~і́ знання́ gediegene Kénntnisse; ~і́ при́нципи féste Grúndsätze; ~і́ ці́ни féste Préise; 5): ~ при́голосний *лінгв.* hárter Konsonánt; ◊ ~ знак Härtezeichen *n*

тверди́ня Féste *f*, Féstung *f*, (*оплот*) Bóllwerk *n*, Hóchburg *f*

тве́рдість 1) Härte *f*, Féstigkeit *f*, 2) *перен.* Féstigkeit *f*, Stándhaftigkeit *f* (*стійкість*)

тверді́ти, **тве́рднути** hart wérden; gerínnen* *vi* (s) (*про рідкі тіла*)

тве́рдо *присл.* 1) (*впевнено, міцно*) fest; 2) *безос.* (*мулько*): мені́ ~ лежа́ти ich líege zu hart

твере́з|ий 1) (*не п'яний*) nüchtern; 2) (*розумний*) nüchtern, vernünftig; **~і́сть** 1) Nüchternheit *f*, 2) (*розумність*) Nüchternheit *f*, Vernünftigkeit *f*

твере́зо 1) (*помірно, стримано*) nüchtern; mäßig, entháltsam; 2) (*розумно*) vernünftig, nüchtern, verständig

твій *займ.* (твоя́, твоє, твої *мн.*) dein *m*, *n*, déine *f*, *pl*

твір 1) Werk *n*, ~ мисте́цтва, худо́жній ~ Kúnstwerk *n*, літерату́рний ~ literárisches Werk; ви́брані тво́ри Пу́шкіна áusgewählte Wérke von Púschkin; 2) (*шкільний*) Áuf-satz *m*

твоє́ *займ. від* твій

твої́ *займ. мн. від* твій

творе́ць Schöpfer *m*, Begründer *m*, Gründer *m* (*засновник*)

твори́ти (*створювати*) schaffen* *vt*, ◊ ~ чудеса́ Wúnder vollbríngen*; ~ добро́ Gútes tun*

творі́ння (*художній твір*) Schöpfung *f*, Werk *n*

тво́рч|ий 1) schöpferisch; ~а ідéя schöpferische Idée; 2) (*який відноситься до творчої діяльності*) Scháffens-; ~і пла́ни Scháffenspläne *pl*, ~ шлях худо́жника [письме́нника] künstlerischer Scháffensweg; ~ ве́чір письме́нника [поéта] Díchterlesung *f*, **~ість** 1) (*творча діяльність*) Scháffen *n*, худо́жня, літерату́рна ~ість künstlerisches, literárisches Scháffen; 2) (*створене*) Scháffen *n*, Wérke *pl* (*твори*); колекти́вна ~ість kollektíve [-və] schöpferische Léistung

твоя́ *займ. від* твій

теа́тр Theáter *n*, о́перний ~ Óper *f*, Ópernhaus *n*, драмати́чний ~ Scháuspielhaus *n*, ~ ю́ного глядача́ Júgendtheater *n*, Kínderund Júgendtheater *n*, студе́нтський ~ Studéntenbühne *f*, ~ одного́ актóра Éinmanntheater *n*, ~-сту́дія Stúdiotheater *n*

театра́л Theáterfreund *m*, Theáterliebhaber *m*

театра́льний Theáter-; ~ квито́к Theáterkarte *f*, ~ сезо́н Spíelzeit *f*

тебе́ *род. і знах. в. від* ти

те́з|а Thése *f*, Léitsatz *m* (*положення*); ~и до́повіді Thésen zum Referát

тéзко *розм.* Námensvetter *m*, Námensbruder *m*; Námensschwester *f*
текст Text *m*; Wórtlaut *m* (*дослівний*); спеціáльні ~и Fáchtexte *pl*
текстúль Textílwaren *pl*, Textílien *pl*; **~ний** Textíl-; ~ні вúроби *див.* текстúль
тектú 1) (*литися*) fließen* *vi* (s); strömen *vi* (h, s) (*сильно*); 2) (*пропускати воду*) leck sein, lécken *vi*
телебáченн|я Férnsehen *n*; по ~ю im Férnsehen
телевéжа Férnsehturm *m*, Séndeturm *n*
телевізíйн|ий Férnseh-; ~а передáча Férnsehsendung *f*
телевíзор Férnsehgerät *n*, Férnse- her *m*; дивúтися ~ férn|sehen* *vi*; по ~у im Férnsehen
телеглядáч Férnsehzuschauer *m*
телегрáм|а Telegrámm *n*; ~-блúскавка Blítztelegramm *n*; послáти комýсь ~у j-m ein Telegrámm schícken, j-m telegrafíeren *vi*
телегрáф 1) Telegráf *m*; по ~у, ~ом telegráfisch; 2) (*установа*) Telegráfenamt *n*
телеграфíст Telegrafíst *m*
телегрáфний Telegráfen-, telegráfisch
телеграфувáти telegrafíeren *vt*
теледáтчик Férngeber *m*
телеекрáн Bíldschirm *m*
телекáмера Férnsehkamera *f*
телекер|óваний férnbedient; **~увáння** Férnsteuerung *f*, Férnlenkung *f*, Férnbedienung *f*
телекомпáнія Férnsehgesellschaft *f*
тéлекс Télex *m*; по ~у über [durch] Télex
телемíст Férnsehbrucke *f*
телемóвлення Férnsehfunk *m*
теле|об'єктúв *фото* Téleobjektiv *n*; **~передáча** Férnsehsendung *f*; **~програ́ма** Férnsehprogramm *n*; **~сеáнс** *косм.* Zeit der Férnsehverbindung
телескóп Férnrohr *n*
телестýдія Férnsehstudio *n*
телетáйп Férnschreiber *m*; по ~у férnschriftlich; **~ний** Férnschreib-; ~на лíнія Férnschreibleitung *f*; ~на стрíчка Férnschreibstreifen *m*
телефíльм Férnsehfilm *m*
телефóн 1) Telefón *n*; говорúти з кúмось по ~у mit j-m telefoníeren; подзвонúти комýсь по ~у j-n án|rufen*; замóвити щось по ~у etw. telefónisch bestéllen; вúкликати лíкаря по ~у nach dem Arzt telefoníeren; 2) (*апарат*) Télefón *n*, Férnsprecher *m*; вас до ~у! bítte ans Télefón!; 3) *розм.* (*номер*) Telefónnummer *f*, Númmer *f*; домáшній ~ Privatnummer [-'vat-] *f*; дзвонúти по ~у 01 (die Númmer) 01 wählen; ~ зáйнятий die Númmer ist besétzt
телефóн-автомáт Férnsprechautomat *m*, Münzfernsprecher *m*; öffentliche Férnsprechzelle (*бýдка*)
телефонíстка Telefonístin *f*
телефóнн|ий Telefón-, Férnsprech-; ~а бýдка Telefónzelle *f*; ~а трýбка Hörer *m*; ~а розмóва Telefóngespräch *n*; ~а стáнція Férnsprechzentrale *f*
телефоногрáма Férnspruch *m*
телецéнтр Férnsehzentrum *n*, Férnsehstudio *n*
телúця Färse *f*
телá Kalb *n*
телáтина Kálbfleisch *n*
тéм|а Théma *n*; на ~у дня zum Théma des Táges
темáтика Thematík *f*
тембр Klángfarbe *f*, Timbre [tɛ̃brə / 'tɛ̃bər] *n*
тéмний dúnkel
темнí|ти 1) dúnkel wérden, dún- keln *vi*, (*про небо - тж*) sich verdúnkeln; 2) (*виділятися темною плямою*) sich dúnkel [schwarz] áb|heben*; 3) *безос.*: ~є es wird dúnkel, es dämmert
тéмно *присл.* es ist dúnkel; стáло зóвсім ~ es wúrde ganz dúnkel; менí ~, увімкнú свíтло es ist mir dúnkel, mach Licht
темно- (*в складн.словах*) dúnkel-; темноволóсий dúnkelhaarig; темно-червóний dúnkelrot
темп Témpo *n тж муз.*; ~и зростáння Wáchstumstempo *n*; набирáти ~ im Témpo zú|legen
темперáмент Temperamént *n*; **~ний** temperaméntvoll
температýр|а 1) Temperatúr *f*; максимáльна ~ Höchsttemperatur *f*; Höchsttemperaturen *pl*; при ~і сто грáдусів bei éiner Temperatúr von húndert Grad; ~ замерзáння Gefríerpunkt *m*; ~ кипíння Síedepunkt *m*; 2) (*у хворого*) Temperatúr *f*; Fíeber *n* (*жар*); якá у ньóго ~? wieviel Temperatúr hat er?; змíряти хвóрому ~у dem Kránken die Temperatúr [das Fíeber] méssen; у ньóго (підвúщена) ~ er hat Fíeber [erhöhte Temperatúr]
тéмряв|а Dúnkelheit *f*, Fínsternis *f*; в ~і im Dúnkeln; до (настáння) ~и vor dem Dúnkelwerden
тенденцíйн|ий tendenziös; **~ість** der tendenziöse Charákter [ka]
тендéнція Tendénz *f* (*до чогось* zu *D*); Trend *m* (*напрям розвитку*); Néigung *f* (*схильність*)
тенéта Netz; розстáвити ~ Nétze áus|legen [spánnen]
тéніс Ténnis *n*, (*матч, гра - тж*) Ténnisspiel *n*; настíльний ~ Tíschten- nis *n*; грáти в ~, займáтися ~ом Ténnis spíelen; **~úст** Ténnisspieler *m*; **~ний** Ténnis-; ~ний корт Ténnisplatz *m*; ~ний матч Ténnisspiel *n*
тéнор 1) (*голос*) Tenór *m*; 2) (*співак*) Tenór *m*, Tenórsänger *m*
тент Sónnendach *n*; Régenschutzdach *n*
теорéм|а *мат.* Theorém *n*, Léhrsatz *m*; довестú ~у ein Theorém beweisen*
теорéтик Theorétiker *m*
теоретúчн|ий theorétisch; ~і знаннá theorétische Kénntnisse

теóрія Theorie *f*
тепéр *присл.* jetzt, nun; gégenwärtig (*зараз*); ~ (нам) час ітú nun müssen wir géhen; ~, колú... jetzt, wo..
тепéрішній 1) jétzig, gégenwärtig; в ~ час jetzt, zur Zeit; в ~ момéнт áugenblicklich, im Áugenblick; 2): ~ час *грам.* Präsens *n*
тéпл|ий warm, *перен.* *тж* hérzlich (*щирий*); ~і почуттá ínnige Gefühle
теплú|ця Tréibhaus *n*, **~чний** Tréibhaus-
теплíша|ти 1) warm [wärmer] wérden; 2) *безос.*: на вýлиці ~є es wird warm dráußen
тéпло *присл.* 1) warm; ~ одягáтися sich warm án|ziehen* [kléiden]; 2) (*щиро*) hérzlich; 3) *безос.* es ist warm; сьогóдні на вýлиці ~ héute ist es warm dráußen; тобí ~? ist (es) dir warm?
тепл|ó Wärme *f*, дéсять грáдусів ~á zehn Grad Wärme; тримáти щось в ~í etw. warm hálten*
теплóвóз *тех.* Díesellokomotive [-va] *f*, Díesellok *f*
тепловтрáти *мн.* Wärmeverluste *pl*
теплоелектроцентрáль (ТЕÓ) Fernheizkraftwerk *n*
теплоізоляцíйн|ий Wärmedämm-; ~і матеріáли Wärmedämmstoffe *pl*
теплоізоляція Wärmedämmung *f*, Wärmeschutz *m*, Wärme isolierung *f*
теплолюбний (*про рослини*) wärmeliebend
тепломерéжа Héizungsnetz *n*, Wärmeversorgungsnetz *n*, Férnheizsystem *n*
теплонепроникнúй wärmedicht
теплопостачáння Wärmeversorgung *f*
теплостійкúй thermostabil, wärmebeständig
теплотá Wärme *f*, *перен.* *тж* Hérzlichkeit *f* (*щирість*)
тепло|тéхніка Wärmetechnik *f*, **~фікáція** Férnheizung *f*, **~хíд** Mótórschiff *n*, **~централь** Férnheizung *f*, Férnheizwerk *n*
теплувáтий láuwarm, lau
терапéвт Therapéut *m*
терапíя Therapíe *f*
терáса Terásse *f*, Veránda [ve-] *f*
терезú *мн* Wáage *f*
територіáльн|ий territoriál, Territoriál-; ~а цíлісність territoriále Integrität; ~ прúнцип Territoriálprinzip *n*, ~і вóди Territoriálgewässer *pl*, Hóheitsgewässer *pl*
терит́óрія 1) (*óбласть*) Territórium *n*, Gebiet *n*, 2) (*ділянка*) Gelände *n*, ~ завóду Wérkgelände *n*
тéрмін Términus *m*, (*слово - тж*) Fáchwort *n*, (*вираз - тж*) Fáchausdruck *m*
термінóв|ий 1) éilig (*спішний*); dríngend, dringlich (*нагальний*); ~а телегрáма dríngendes Telegrámm; 2) (*який здійснюється швидко*) Sofórt-; Schnell-; ~і зáходи Sofórtmaßnahmen *pl*; ~а допомóга Sofórthilfe *f*, ~ ремóнт Schnellreparatur *f*, **~о** 1) (*квапливо*) éilig; 2) (*невідкладно*) dríngend, únverzüglich
термінолóгія Terminologíe *f*
термíчн|ий thérmisch, Wärme-; ~а обрóбка Wärmebehandlung *f*
термодинáміка Thérmodynámik *f*
термóметр Thermométer *n*, *мед.* *тж* Fieberthermometer *n*
тéрмос Thérmosflasche *f*
термоя́дерн|ий thérmonukleár; ~а збрóя thérmonukleáre Wáffen *pl*
терóр Térror *m*
терорúзм Terrorísmus *m*, держáвний ~ Stáatsterrorismus *m*
тероризувáти terrorisíeren *vt* (*чимось* durch *A*)
терорúст Terroríst *m*
терор|истúчний Térror-; terrorístisch; ~ акт Térrorakt *m*, Térroraktion *f*, **~úстський** terrorístisch, Terrorísten-, Térror-; ~úстська організáція terrorístische Organisatión
терпúм|ий 1) (*поблажливий — про людину*) toleránt, dúldsam; 2) (*стерпний — про явище*) erträglich, léidlich; **~ість** Dúldsamkeit *f*, Toleránz *f*, виявля́ти ~ Toleránz üben
терпúмо toleránt
терпíння Gedúld *f*, це вимагáє велúкого ~ dazú gehört viel Gedúld; вúвести когóсь з ~ j-n aus der Fássung bríngen*; вúйти з ~, втрáтити ~ die Gedúld verlíeren*
терпíти 1) (*виявляти терпіння*) gedúldig sein, Gedúld háben, sich gedúlden; 2) (*переносити*) ertrágen* *vt*, léiden* *vt*, лéдве ~ біль den Schmerz kaum ertrágen können*; ~ нуждý Not léiden*; не ~ когóсь/щось j-n/etw. nicht léiden können*; 3) (*зазнавати*) erléiden* *vt*, ~ порáзку éine Níederlage erléiden*; 4) (*миритися з чимось, допускати щось*) dúlden *vt*, sich (*D*) etw. gefállen lássen*; він не тéрпить заперéчень er dúldet kéinen Wíderspruch; ◊ час тéрпить es hat Zeit; час не тéрпить die Zeit drängt
терпíтися: менí не тéрпиться (*зробити щось*) ich brénne daráuf, es drängt mich (zu + *inf*)
терпкúй herb
терпля́чий gedúldig
тéрпнути (*втрачати чутливість*) erstárren *vi* (s)
тéрти 1) réiben* *vt* (*тж на тертці*); ~ óчі sich (*D*) die Áugen réiben*; 2) (*муляти — про взуття і т. п.*) réiben* *vi* (an *D*) *або vt*, кóмір тре (шúю) der Krágen réibt (am Hals); черевúк тре у п'я́тці der Schuh reibt an der Férse; черевúки труть die Schúhe réiben die Füße wund; **~ся** (*об щось*) sich réiben* (an *D*)
тéрт|ка Réibeisen *n*, тéрти щось на ~ці etw. auf Réibeisen réiben*
тертя́ Réibung *f*, Friktión *f*, сúла ~ *фіз.* Réibungskraft *f*
тесля́р Zímmermann *m* (*pl* -leute)
тест Test *m*, Prüfung *f*

Т

тесть Schwíegervater *m*, ~ і тéща Schwíegereltern *pl*
тетéр|ка Bírkhenne *f*, **~ýк** Bírkhahn *m*
тéхнік Ingenieur [-ʒe'njø:r] *m*, Téchniker *m*, інженéри і ~и Diplóm ingenieure und Ingeniéure; ~-будівéльник Báuingenieur *m*, зубни́й ~ Záhntechniker *m*
тéхнік|а 1) Téchnik *f*, обчи́слювальна ~ Réchentechnik *f*, освóювати нову́ ~у die néue Téchnik méistern; 2) (*прийоми виконання*) Téchnik *f*, Fértigkeit *f*, Téchniken *pl*, Fértigkeiten *pl*; володíти ~ою чогóсь Fértigkeit(en) in etw. (*D*) háben, die Téchnik (*G*) behérrschen; ◊ ~ безпéки Árbeitsschutz *m*
тéхнікум (téchnische) Fáchschule *f*, Ingeniéurschule [-ʒe'njø:r-] *f*, будівéльний ~ Ingeniéurschule für Báuwesen; бібліотéчний ~ Fáchschule für Bibliothekáre; лісни́й ~ Fórstschule *f*
техні́чн|ий 1) téchnisch; ~ прогрéс der téchnische Fórtschritt; ~ вуз téchnische Hóchschule; з ~их причи́н aus téchnischen Gründen; 2) *спорт.* téchnisch hervórragend, (téchnisch) perfékt
технол|огíчний technológisch; ~ процéс Árbeitsablauf *m*, **~óгія** Technologíe *f*, передовá [прогреси́вна] ~óгія fórtgeschrittene Technologíe, Höchsttechnologie *f*, Spítzentechnologie *f*
техóгляд (техні́чний óгляд) téchnische Inspektión (Dúrchsicht)
техумóви *мн.* (техні́чні умóви) Gütevorschriften *pl*
тéч|а 1) (*пробóїна*) Leck *n*, 2): дáти ~у leck wérden, lécken *vi*
течі|я́ 1) Strömung *f*, морські тéчії Méeresströmungen *pl*, за ~єю mit dem Strom; прóти тéчії gégen den Strom; увéрх прóти тéчії stromáufwärts; униз за ~єю stromábwärts; 2) (*напрям*) Strömung *f*, Richtung *f*
тéща Schwíegermutter *f*
ти (тебé, тобí, тобóю) du (*G* déiner, *D* dir, *A* dich); де ~ був? wo warst du?; тебé не булó вдóма du warst nicht zu Háuse; у тéбе є годи́нник? hast du éine Uhr?; ◊ бýти з ки́мось на "ти" *zu j-m* du ságen, *j-n* dúzen [mit du án|reden]; ми з ним на "ти" wir sind mit ihm per du, wir dúzen uns; запропонувáти комýсь перейти́ на "ти" *j-m* das Du án|bieten*
тигр Tiger *m*
ти́ждень Wóche *f*, ~ томý vor éiner Wóche; двічі на ~ zwéimal pro Wóche [wöchentlich]; минýлого ти́жня vórige Wóche; чéрез ~ in éiner Wóche, (héute) in acht Tágen
тижнéвий wöchentlich, Wóchen-
ти́кати *див.* ткнýти
тил 1) (*територія*) Hínterland *n*, на фрóнті і в ~ý an der Front und im Hínterland; 2) (*задня частина, сторона чогось*) Rücken *m*, напáсти на кóгось з ~у j-m in den Rücken fállen* *vi* (s)
тим 1. *займ.* 1) *орудн. в. від* той *і* те; ~ сáмим dadúrch; з ~, щоб um... zu (+ *inf*) (*при одному суб'єкті дії*); damít (*при різних суб'єктах дії*); 2) *дав. в. мн. від* те; **2.** *спол.* 1) um so; ~ гíрше um so schlímmer; 2): чим ... ~ je... désto; чим ранíше, ~ крáще je früher, désto bésser; ◊ ~ пáче, що ... um so mehr [wéniger] als...; ~ чáсом inzwíschen, mittlerwéile
тимчасóвий zéitweilig; vorübergehend (*минущий*); provisórisch [-vi:-] (*про уряд, заходи і т. п.*)
тиня́тися (umhér)schléndern *vi* (s); umhér|irren *vi* (s); sich herúmtreiben*
тип Typ *m*, Art *f* (*вид*); **~óвий** týpisch; kénnzeichnend, charakterístisch [ka-] (*характерний*); **~ови́й** typisíert, Týpen-; ~овé будівни́цтво Týpenbau *m*
тир Schíeßstand *m*
ти́раж I (*позики*) Zíehung *f*
тирáж II (*друкованого видання*) Áuflage *f*, мáсовий ~ Mássenauflage *f*, вели́ким ~éм in hóher Áuflage
тирáн Tyránn *m*, **~ити** tyrannisíeren *vt*; **~ічний** tyránnisch; **~íя** Tyrannéi *f*, Gewált|herrschaft *f*
тирé Gedánkenstrich *m*
ти́рса Sägemehl *n*, Hólzmehl *n*
тиск *у різн. знач.* Druck *m*, атмосфéрний ~ Lúftdruck *m*, кров'яни́й ~ Blútdruck *m*, під ~ом обстáвин únter den Druck der Verhältnisse
ти́снути 1) (*давити*) drücken *vt*; 2) (*бути тісним*) zu eng sein; drücken *vt* (*про взуття*)
ти́сяч|а 1. *числ.* 1) táusend; ~ кіломéтрів táusend Kilométer; дві ~і рóків zwéitáusend Jáhre; бли́зько ~і людéй an die táusend Ménschen; 2) *розм.* (*невизначена велика кількість чогось*) táusend; ~ бажáнь táusend Wünsche; розби́тися на ~у части́н in táusend Stücke zerbréchen* *vi* (s); **2.** *імен.* 1) (*тисяча штук*) Táusend *n*, дéкілька ти́сяч жи́телів éinige Táusende Éinwohner; 2) *мн.* ~і *розм.* (*велика кількість когось/чогось*) Táusende *pl*, ~і людéй Táusende von Ménschen
ти́сячн|ий 1. *числ.* 1) táusendste(r); 2): ~а части́на Táusendstel *n*, **2.** *прикм.* (*який нараховує тисячі*): ~ нáтовп táusendköpfige Ménge
тисячокрáтний táusendfach
тисячолі́т|ній táusendjährig; **~тя** 1) (*період*) Jahrtáusend *n*, 2) (*річниця*) Táusendjahrfeier *f*, táusendjähriges Jubiläum
титані́чний titánisch
ти́три *мн.* *кіно* Títel *pl*, Úntertitel *pl* (*субтитри*): заголóвні ~ Vórspann *m*, закля́чні ~ Ábspann *m*
ти́тул I (*звання*) Títel *m*, почéсний ~ Éhrentitel *m*, ~ чемпіóна Méistertitel *m*
ти́тул II (*книги*) 1) (*заголовок*) Tí- tel *m*
ти́тульн|ий ~а сторíнка Títelblatt *n*
тиф Týphus *m*

ти́хий 1) (*про звуки*) léise; gedämpft (*приглушений*); 2) (*спокійний*) still, rúhig; 3) (*повільний*) lángsam
ти́хо *присл.* 1) (*неголосно*) léise, still; ~! Rúhe!, nicht so laut bítte!; 2) (*спокійно*) rúhig, still; 3) (*повільно*) lángsam; 4) *безос.* es ist still; ра́птом ста́ло зо́всім ~ es wúrde plötzlich ganz still
тихоокеа́нський pazífisch, Pazífik-
тичи́нка *бот.* Stáubfaden *m*
ти́ш|а Stílle *f*, Rúhe *f* (*спокій*); в кла́сі була́ ~ in der Klásse war es still; при по́вній ~і bei völliger Rúhe; про́шу дотри́муватися ~і! ich bítte um Rúhe!; ◊ ме́ртва ~ Tótenstille *f*
ті *мн. від* той
тік *с.-г.* Ténne *f*, Dréschboden *m*
тіка́ти flíehen* *vi* (s)
тіле́сн|ий kö́rperlich; Kö́rper-, Léibes-; ~і пошко́дження Kö́rperverletzungen *pl*
ті́л|о 1) Kö́rper *m*; рідкі́, тверді́ ~а́ *фіз.* flüssige, féste Kö́rper; небе́сні ~а́ *астр.* Hímmelskö́rper *pl*, геометри́чне ~ geométrischer Kö́rper; 2) (*живе*) Kö́rper *m*, части́ни ~а Kö́rperteile *pl*; ◊ òðåìòіти усі́м ~ом am gánzen Léibe zíttern
ті́льки 1. *частка* 1) nur; ~ він nur er, er alléin; 2) (*не раніше ніж*) erst; ~ че́рез де́кілька хвили́н erst nach éinigen Minúten; **2.** *спол.*: як ~ kaum, sobáld; ◊ ~ б wenn ... nur (+ *дієсл. в Konj*); ~ б він прийшо́в! wenn er nur käme! ~ б не nur nicht; ~ б не запізни́тися nur nicht zu spät kómmen!; ~ б не було́ дощу́! daß es nur nicht régnet!
тільня́шка *розм.* Matrósenhemd *n*
ті́м'я *анат.* Schéitel *m*
тіни́стий scháttig
ті́н|ь Schátten *m*; в ~і́ im Schátten
тіньови́й Schátten-; ~ бік scháttige Séite; Schláttenseite *f тж перен*
тісн|и́й 1) (*вузький*) eng, schmal; ~ прохі́д schmáler Gang; ~е́ взуття́ énge Schúhe; череви́ки мені́ ~і́ die Schúhe sind mir zu eng [zu klein]; 2) (*згуртований*) eng, geschlóssen; 3) (*близький, безпосередній*) eng, ínnig, intím; ~і́ конта́кти énge Kontákte; ~а́ дру́жба ínnige [énge] Fréundschaft
тісни́ти (*примушувати відходити*) zurǘck|drängen *vt*; **~ся** 1) (*товпитися*) sich drängen; 2) (*стояти, сидіти в тісноті*) eng [gedrängt] stéhen* [sítzen*] *vi*
ті́сно *присл.* 1) eng, gedrängt (*щільно*); 2) *перен.* eng, ínnig, intím; 3) *безос.* es ist eng; нам ~ сиді́ти wir sítzen zu eng; **~та́** 2) Énge *f*, Ráummangel *m* (*брак місця*); 2) (*давка*) Gedränge *n*
ті́стечко Törtchen *n*, мигда́льне ~ Mándelkuchen *m*
ті́сто Teig *m*
ті́тка Tánte *f*
ті́шити: ~ себе́ наді́єю sich in der Hóffnung wíegen*
тка́ля Wéberin *f*
ткани́н|а 1) Stoff *m*, Gewébe *n*; ~и *збірн.* Textílien *pl*; пальто́ва ~ Mántelstoff *m*; 2) *біол.* Gewébe *n*, му́скульна ~ Múskelgewebe *n*
ткати wében *vt*, *vi*
тка́цький Web-; ~ верста́т Wébstuhl *m*
ткну́ти: ~ па́льцем в ко́гось/щось auf j-n/etw. mit dem Fínger zéigen
тлін die stérblichen Überreste
тлі́нний vergänglich
тлі́|ння 1) (*гниття*) Fäulnis *f*, Verwésung *f*, 2) (*слабке горіння*) Glímmen *n*, **~ти** 1) (*гнити*) fáulen *vi*, verwésen *vi* (s); 2) (*слабо горіти*) glímmen* *vi*
тлума́ч|ення 1) (*дія*) Erklärung *f*, Áuslegung *f*, Déutung *f*, 2) (*пояснювальний текст*) Erläuterung *f*, Kommentár *m*, **~ити** 1) erklären *vt*, erläutern *vt*; 2) áus|legen *vt*, déuten *vt*
тлума́чний: ~ словни́к erklärendes Wörterbuch
то I *частка* (*тоді, в цьому разі*) so, dann; якщо́ це так, то я прийду́ wenn das stimmt, so kómme ich
то II *спол.*: то... то... bald... bald..., mal... mal...; то тут, то там bald hier, bald dort; то так, то сяк mal so, mal ánders
то́бто *спол.* d. h. (das heißt)
това́р Wáre *f*, Artíkel *m* (*виріб*); ~и *збірн.* Güter *pl*, промислóві ~и Industríewaren *pl*; продово́льчі ~и Lébensmittel *pl*; спорти́вні ~и Spórtartikel *pl*, ~ [~и] висо́кої я́кості Qualitätswaren *pl*, ~и широ́кого спожива́ння Konsúmgüter *pl*
товари́ство 1) (*об'єднання, організація*) Genóssenschaft *f* (*кооперативне*); Geséllschaft *f* (*комерційне*); Veréinigung *f*, Veréin *m*, акціоне́рне ~ Áktiengeselschaft *f*, спорти́вне ~ Spórtverein *m*, Spórtgemeinschaft *f*, 2) (*компанія, коло людей*) Geséll-schaft *f*, Kreis *m*
товари́ськ|ий fréundschaftlich (*дружній*); kamerádschaftlich (*приятельський*); kollegiál (*колегіальний*); *спорт.* Fréundschafts-; ~а зу́стріч Fréundschaftstreffen *n*, Fréundschaftsspiel *n*
това́риш 1) Freund *m* (*друг*); Kame-rád *m* (*приятель*); ~ по шко́лі, шкі́льний ~ Mitschüler *m*, Schúlkame-rad *m*, ~ по навча́нні (*у вузі*) Stúdienfreund *m*, Kommilitóne *m*, ~ по робо́ті Kollége *m*, 2) (*при зверненні*) Genósse *m*, Genóssin *f*, Kollége *m*, Kollégin *f* (*до колеги по роботі*)
товаришува́ння Kamerádschaft *f*, Kollegialität *f* (*колегіальність*)
това́рн|ий 1) Wáren-; ~ знак Wárenzeichen *n*, Schútzmarke *f*, 2) *зал.* Güter-; ~ поїзд Güterzug *m*, ~а ста́нція Güterbahnhof *m*, ◊ ~е виробни́цтво Wárenproduktion *f*
товаро|зна́вство Wárenkunde *f*, **~о́біг** Wárenumsatz *m*, зо́внішній ~о́біг Áußenhandelsumsatz *m*, **~о́бмін** Wárenaustausch *m*
товкти́ (zer)stóßen* *vt*

Т

товпи́тися sich (zusámmen)drängen, sich häufen
товсти́й dick; (*про предмети - тж*) stark
товсті́ти dick [dícker] wérden; zú|nehmen* *vi*
товсту́н *розм.* der Dícke
товщи́на Dícke *f*, Stärke *f* (*стіни, плити і т. п.*)
тоді́ 1) (*в той час, не тепер*) dámals; 2) (*в такому разі*) dann, da; 3) (*після того*) dann, so; ◊ ~ як 1) (*хоча*) obwóhl; 2) (*навпаки*) dagégen
той (та, те, ті *мн.*) **1.** *займ.* 1) (*цей*) jéner *m*, jénes *n*, jéne *f*, *pl*; díeser *m*, díeses *n*, díese *f*, *pl*; der *m*, das *n*, die *f*, *pl*; ~ хло́пчик jéner Júnge, dér Júnge; в ту ніч in jéner [in díeser] Nacht; са́ме ~ genáu [ében] dér; ~ же dersélbe; одне́ і те́ ж ein und dassélbe; 2) (*інший*) jéner *m*, jénes *n*, jéne *f*, *pl*; на то́му бе́резі an jénem [am ánderen] Úfer; 3) (*минулий*) der vórige (die vórige, das vórige; die vórigen); на то́му ти́жні in der vórigen Wóche, vórige Wóche; **2.** *імен.* der éine (die éine, das éine; die éinen); і ~ і і́нший der éine wie der ándere; як ті, так і і́нші sowóhl die éinen, als auch die ánderen
то́кар Dréher *m* (*по металу*); Dréchsler *m* (*по дереву*)
тока́рний: ~ верста́т Dréhbank *f* (*по металу*); Dréchslerbank *f* (*по дереву*)
токси́|н Toxín *n*, Gíftstoff *m*; **~чний** tóxisch, gíftig; **~чність** Gíftigkeit *f*, Toxizität *f*
толк Sinn *m* (*смисл*); Nútzen *m* (*користь, пуття*); без ~у sínnlos, nútzlos, vergébens; ◊ зби́ти кого́сь з ~у *j-n* írre|machen [verwírren], *j-n* aus dem Konzépt bríngen*
том Band *m*; в п'яти́ ~а́х in fünf Bänden
тома́ти *мн.* Tomáten *pl*
тома́тний Tomáten-; ~ сік Tomátensaft *m*
тому́ 1. *присл.* déshalb, déswégen, darúm; **2.** *спол.* ~ що weil, da
тон 1) Ton *m*, Klang *m*, Laut *m* (*голосу*); споки́йним ~ом in rúhigem Ton; 2) (*фарби, кольору*) Ton *m*, Tö-nung *f* (*відтінок*); Fárbe *f* (*колір*); сві́тлі ~и hélle Töne, líchte Fár- ben
тонки́й 1) dünn, fein; schlank (*про фігуру*); 2) (*про слух, розум*) scharf; 3) (*витончений*) fein, verféinert
то́нкість Féinheit *f*, стилісти́чна ~ éine stilístische Féinheit
тонкосльо́зий 1) (*схильний до сліз*) wéinerlich; 2) (*сентиментальний*) rührselig
то́нкощі (*подробиці*) Éinzelheiten *pl*, Details [-'tais] *pl*; вдава́тися в ~ощі auf Éinzelheiten [Detáils] éin|ge-hen* *vi* (s); зна́ти щось (*розбиратися в чомусь*) до ~ощів sich in etw. (*D*) bis ins kléinste Detail [-'tai] áus|kennen*
то́нна Tónne *f*
тонна́ж *мор.* Tónnengehalt *m*, Tonnáge [-зе] *f*
тону́ти 1) (*про людину*) ertrínken* *vi* (s); 2) (*про судно*) únter|gehen* *vi* (s), sínken* *vi* (s)
топ|и́ти I 1) (*опалювати* héizen *vi*; ~ ву́гіллям mit Kóhlen héizen; у нас уже́ ~лять bei uns wird schon gehéizt; 2) (*піч камін*) héizen *vt*
топи́ти II (*віск, жир і т. п.*) áuslassen* *vt*, schmélzen *vt*
топи́ти III 1) (*утопити когось*) ertränken *vt*; 2) (*потопити судно і т. п.*) versénken *vt*
топи́тися I (*про піч*) brénnen* *vi*
топи́тися II (*плавитися — про віск, жир і т. п.*) schmélzen* *vi* (s)
топи́тися III (*утопитися*) sich ertränken
то́пка (*частина печі, котла*) Féuerung *f*
то́плен|ий: ~е ма́сло Schmélzbutter *f*, ~е са́ло Talg *m*, Schmalz *n*; ~е молоко́ (im Ófen) gedämpfte Milch
топо́|граф Topográph *m* **~графі́чний** topográphisch; ~графі́чна зйо́мка topográphische Áufnahme **~гра́фія** Topographíe *f*, Geländekunde *f*
топо́ля Páppel *f*, *збірн. тж* Páp-peln *pl*
топори́ще Áxt|stiel *m*, Béilstiel *m*
топта́ти (*при ходінні, бігу*) zertré-ten* *vt*, zerstámpfen *vt*, zerdrücken *vt* (*м'яти*); ~ щось нога́ми etw. mit den Füßen tréten*
то́рба Sack *m*
торг Händel; закулі́сний ~ *перен.* Kúhhandel *m*; ~и́ *мн.* Auktión *f*, Versteigerung *f*, публі́чні ~и́ öffentliche Verstéigerung; про́даж з ~ів Verstéigerung *f*, Verauktioníerung *f*
торгі́вля Händel *m*; оптова ~ Gróßhandel *m*; роздрібна́ ~ Éinzelhan- del *m*, Kléinhandel *m*; прива́тна ~ Privathandel [-'va:t-] *m*; кооперати́вна ~ Genóssenschaftshandel *m*; зо́внішня ~ Áußenhandel *m*
торго́вець Händler *m*
торго́в|ий Händels-; ~і відно́сини Hándelsbeziehungen *pl*; ~е емба́рго Hándelsembargo *n*; ◊ ~ центр Éinkaufszentrum *n*
торго́вка (*на ринку*) Márktfrau *f*
торгпре́д Händelsvertreter *m*; **~ство** (торго́ве представни́цтво) Hándelsvertretung *f*
торг|ува́ти 1) (*вести торгівлю з кимось*) händeln *vi*, Händel tréiben* (mit *D*); 2) (*займатися торгівлею*) Händel tréiben*, händeln *vi* (mit *D*); verkáufen *vt* (*продавати*); 3) (*бути відкритим — про магазин і т. п.*) geöffnet sein; сього́дні магази́ни не ~у́ють héute sind die Geschäfte geschlóssen
торжеств|о́ 1) (*свято*) Féier *f*, Fest *n*; сіме́йне ~ Famíli enfeier *f*, Famíli enfest *n*; 2) *мн.* ~а́ (*святкування видатних історичних дат*) Féierlichkeiten *pl*; 3) (*повна перемога*) Tríumph *m*, Sieg *m*
торжествува́ти 1) (*брати верх*) triumphíeren *vi*, die Óberhand gewínnen*, síegen *vi* (*над чимось* über *A*); 2) (*тріумфувати*) triumphíeren *vi*, júbeln *vi*
торі́шній vórjährig

Т

торка́тися 1) (*когось/чогось*) berühren *vt*, stréifen *vt*; 2) (*чогось*) *перен.* berühren *vt*, erwähnen *vt* (*згадувати*)
торкну́ти(ся) berühren *vt*, án|fassen *vt*; ~ когóсь за щось j-n an etw. (*D*) berühren
торóс Packeis *n*, Éisblock *m*
торóчити: ~ одне́ і те ж *розм.* ímmer das gléiche wiederhólen
торпе́д|а Torpédo *m*; запусти́ти ~у éinen Torpédo áb|feuern [áb|schießen*]
торпедува́ти torpedíeren *vt тж перен*
торс 1) (*тулуб*) Rumpf *m*; 2) (*статуя*) Tórso *m*
торт Tórte *f*, горíховий ~ Nußtorte *f*; ~ з крéмом Cremetorte ['kre:m-] *f*
торту́ри Fólter *f*, Márter *f*
торф Torf *m*; **~óвий** Torf-; ~óве болóто Tórfmoor *n*
торшéр Stéhlampe *f*
тóскно *розм.*: мені́ від цьóго ~ mir wird übel davón, das wídert mich an; мені́ ~ диви́тися на це ich kann das nicht mítansehen
тост I Toast [to:st] *m*, Trínkspruch *m*; ви́голосити ~ éinen Trínkspruch áus|bringen*; підня́ти [ви́голосити] ~ за кóгось auf j-s Wohl trínken*
тост II (*підсмажений шматочок хліба*) Toast [to:st] *m*, Tóastbrot *n*
тоталіта́рний totalitär
тота́льн|ий totál; ~а війнá totáler Krieg
тотóжн|ий idéntisch, gleich; **~ість** Identität *f*, Gléichheit *f*
точи́ти I (*на токарному верстаті*) dréhen *vt* (*метал*); drechseln *vt* (*дерево*)
точи́ти II (*про черв'яків і т. п.*) zerfréssen* *vt*, nágen *vt* (*гризти*)
тóчка Punkt *m*; ви́ща ~ Höhepunkt *m*; ~ опóри Stützpunkt *m*; ◊ ~ зóру Gesíchtspunkt *m*, Stándpunkt *m*
тóчн|ий 1) genáu, exákt, präzís(e); ~ час genáue Zéit(angabe); ~і нау́ки exákte Wíssenschaften; ~ діáгноз éine präzíse Diagnóse; 2) (*пунктуальний*) pünktlich; **~ість** 1) Genáuigkeit *f*, Exáktheit *f* (*про дані і т. п.*); Präzisión *f* (*приладу, вимірювання*); 2) (*пунктуальність*) Pünktlichkeit *f*
тóчно *присл.* 1) genáu, exákt, präzís(e); 2) (*про час*) genáu, pünktlich; ~ о дру́гій годи́ні genáu um zwei Uhr, Punkt zwéi (Uhr)
тóщо und ähnliches (u. ä.), und dergléichen (u. dgl.)
травá Gras *n*, Kraut *n*; лікáрські трáви Héilkräuter *pl*
трáвень Mai *m*; Пéрше трáвня der Érste Mai
трáвлення Verdáuung *f*
трáвма Verlétzung *f*, Tráuma *n* (*психічна*)
травнéвий Mái-
травоїдний grásfressend
трагéдія *у різн. знач.* Tragödi e *f*
трагíзм Trágik *f*, das Trágische
трáгік (*актор*) Tragöde *m*
трагíчний trágisch
традиці́йний traditionéll
тради́ці|я Traditión *f*; за ~єю traditiónsgemäß
траєктóрія Bahn *f*, Flúgbahn *f*
трактáт (*науковий*) Ábhandlung *f*, Traktát *m*
трáктор Tráktor *m*; працювáти на ~і éinen Tráktor fáhren*; **~и́ст** Traktoríst *m*; **~ний** Traktóren-
тракторобудувáння Traktórenbau *m*
трактувá|ння (*тлумачення*) Áusle-gung *f*, Déutung *f*, Interpretatión *f* (*інтерпретація*); **~ти** (*тлумачити*) déuten *vt*, áuf|fassen *vt*, interpretíeren *vt* (*інтерпретувати*)
трал (*риболовний*) Schléppnetz *n*; (*гідрографічний*) Bágger *m*; (*протимінний*) Mínenräumgerät *n*
трáлити *мор.* mit dem Schléppnetz físchen; ~ мíни Mínen súchen (räumen)
трáльщик (*риболовний*) Schléppnetzboot *n*; (*мінний*) Mínensucher *m*
трамбувáти (*землю*) fést|stampfen *vt*
трамвáй Stráßenbahn *f*; **~ний** Stráßenbahn-
трамплíн (*лижний*) Sprúngschanze *f*
транзи́стор (*радіоприймач*) Transístorradio *n*, Kófferradio *n*
транзи́т Tránsit *m*; **~ний** Tránsit-; ~на вíза Tránsítvisum [-vi-] *n*
транквілізáтор *мед.* Tranquilizer ['trɛŋkvilaizər] *m*
трансконтинентáльн|ий transkontinentál; ~а балісти́чна ракéта transkontinentále ballístische Rakéte
транскр|ибувáти *лінгв.* transkribíe- ren *vt*; **~и́пція** *лінгв.* Transkrip- tión *f*
трансл|ювáти *радіо, тб.* übertrá- gen* *vt*, sénden *vt*; **~я́ція** *радіо, тб.* Übertrágung *f*, Séndung *f*; прямá ~я́ція Diréktübertragung *f*, Diréktsendung *f*
транснаціонáльний transnationál
трансокеáнський transozeánisch, übersee isch, Übersee-
трансплантáція *мед.* Transplantatión *f*, Gewébeverpflanzung *f*
трáнспорт 1) (*перевезення*) Trans-pórt *m*, Befórderung *f*; 2) (*галузь*) Verkéhrwesen *n*; вóдний ~ Wássertransport *m*; повíтряний ~ Lúftverkehr *m*; міськи́й ~ Städtver- kehr *m*; 3) (*транспортні засоби*) Verkéhrsmittel *pl*, Befórderungsmittel *pl*; громáдський ~ öffentliche Verkéhrsmittel; **~ний** Transpórt-; ~ні зáсоби Verkéhrsmittel *pl*, Transpórtmittel *pl* (*вантажні*); **~увáти** transportíeren *vt*, befördern *vt*
трансформáтор Transformátor *m*
траншéя Gráben *n*
трап Gangway ['gɛŋwe:] *f*, *мор. тж* Schíffstreppe *f*, Láufsteg *m* (*сходні*)
трапéція *геом., спорт.* Trapéz *n*
трáпитися, **трапля́тися** 1) geschéhen* *vi* (s), passíeren *vi* (*з кимось D*), (*про*

Т

якийсь незвичайний випадок - тж) sich eréignen; vór|kommen* *vi* (s); що тра́пилось was ist los?, was ist geschéhen?; з ним тра́пилось нещастя ihm ist ein Únglück passiert; 2) (*від чогось або з-за чогось виникнути як наслідок чогось*) kómmen* *vi*(s), entstéhen* *vi*(s) (von *D*); 3) (*виникнути*) sich bíeten*; мені ~лася наго́да ... es bot sich mir die Gelégenheit ...

тра́са 1) (*лінія напряму чогось*) Trásse *f*, ~ нафтопрово́ду Érdöltrasse *f*, 2) (*дорога, шлях*) Bahn *f*, Strécke *f*, автомобільна ~ Áutobahn *f*, повітряна ~ Flúgstrecke *f*, 3) *спорт.* ли́жна ~ Skipiste ['ʃi:-] *f*, са́нна ~ (*бобслей*) Bóbbahn *f*, велосипе́дна ~ Rádrennstrecke *f*

тра́улер Trawler ['trɔ:lər] *m*

трафаре́т (*модель, шаблон*) Schablóne *f*

тре́ба: так йому́ й ~! das geschíeht ihm recht! ~ ж! nein, so was!

трек *спорт.* Rénnbahn *f*, (*велотрек - тж*) Rádrennbahn *f*

трел|ь Tríller *m*, Tríllern *n*, ~ солов'я́ Náchtigallenschlag *m*, виводи́ти ~і tríllern *vi*, Tríller schlágen*

тремті́ння Zíttern *n*, Frösteln *n* (*озноб*); Schäuer *m* (*від жаху*)

тремті́ти zíttern *vi*, bében *vi* (*перен. від чогось* vor *D*)

тренаже́р Trainer ['tre:- / 'trɛ:-] *m*, Tráinergerät *n*, *косм.* Simulátor *m*

тре́нер Trainer ['tre:- / 'trɛ:-] *m*, ~ з футбо́лу Fúßballtrainer *m*, **~ський** Trainer- ['tre- / 'trɛ:-]; ~ська ра́да Tráinerrat *m*

тренува́льний 1) *який проводиться з метою тренування*) Übungs-; *спорт.* Trainings- ['tre- / 'trɛ:-]; ~ полі́т *ав.* Übungsflug *m*, ~ забі́г [заї́зд] *спорт.* Tráiningslauf *m*, 2) (*для занять спортом*) Trainings- ['tre- / 'trɛ:-]; ~ костю́м Tráiningsanzug *m*

тренува́нн|я 1) (*дія*) Training ['tre- / 'trɛ:-] *n*, Trainíeren ['tre- / 'trɛ:-] *n*, Übung *f*, автоге́нне ~ autogénes Tráining; домогти́ся чого́сь ~ям etw. durch Tráining erlángen; 2) *спорт.* (*заняття*) Training ['tre- / 'trɛ:-] *n*, ~ з пла́вання Schwímmtraining *n*, на ~і beim Tráining; на ~ zum Tráining

тренува́ти (*когось*) *спорт.* trainíeren ['tre- / 'trɛ:-] *vt*, ~ кома́нду éine Mánnschaft trainíeren; 2) (*щось*) trainíeren ['tre- / 'trɛ:-] *vt*, sich üben (in *D*), éin|üben *vt* (*відпрацьовувати прийоми, навички і т. п.*); ~ пам'я́ть sein Gedächtnis trainíeren; **~ся** 1) *спорт.* trainíeren ['tre- / 'trɛ:-] *vi*, ~ся у ко́гось bei j-m trainíeren, von j-m trainíert wérden; 2) (*в чомусь*) üben *vt*, sich üben (in *D*)

тре́пет Bében *n*, Zíttern *n*, з ~ом mit Zíttern und Bében; привести́ ко́гось в ~ j-n zíttern [erbében] máchen

трест 1) (*монополія*) Trust [trast] *m*, 2) (*об'єднання підприємств*) Veréinigung *f*, будіве́льний ~ Báukombinat *n*, Báuleitung *f*

тре́тє (*страва*) Náchspeise *f*, Dessért *n* [-'sɛ:r / -'sert]; на ~ був компо́т als Náchspeise gab es Kompótt

трети́на Dríttel *n*

тре́т|ій der drítte; ~є тра́вня der drítte Mai; ~я сторі́нка Séite drei; ~я годи́на es geht auf drei; ~ього числа́ am drítten

третьо|ря́дний bedéutungslos; dríttrangig; **~со́ртний** (*низькосортний*) dritter Wahl, schléchter Qualität

три 1) drei; 2) *див.* трі́йка 1

трибо́рство *спорт.* Dréikampf *m*

трибу́на Tribüne *f*

трибуна́л Geríchtshof *m*

трива́л|ий lang, lángwierig, dáuernd; ándauernd, ánhaltend (*про дощ, мороз і т. п.*); lángwierig (*про хворобу*); на ~ час auf längere Zeit; **~ість** Dáuer *f*, Zeit *f*, ~ будівни́цтва Báuzeit *f*

трива́ти dáuern *vi*, sich hín|ziehen*

триво́г|а 1) (*занепокоєння*) Únruhe *f*, Besórgnis *f*, Áufregung *f* (*хвилювання*); Angst *f* (*страх*); 2) (*сигнал небезпеки*) Alárm *m*, підня́ти ~у alarmíeren *vi*

триво́жити 1) (*хвилювати*) beúnruhigen *vt*, Sórgen máchen (*D*) (*викликати занепокоєння*); 2) (*порушувати спокій*) stören *vt*, **~ся** 1) (*про когось/щось, за когось/щось*) sich beúnruhigen (um *A*), sich (*D*) Sórgen máchen (um *A або* über *A*); 2) (*хвилюватися з-за чогось*) sich áuf|regen (wégen *G*)

триво́жн|ий 1) (*стривожений*) áufgeregt, beúnruhigt; ~ стан nervöse [-vø:-] Stímmung; 2) (*який викликає тривогу*) beúnruhigend; 3) (*неспокійний*) únruhig; ~е передчуття́ bánge Áhnung

тригономе́трія Trigonometríe *f*

тригра́нний dréikantig; dréiflächig (*трипло́щинний*)

триде́нний dréitägig; в ~ строк in drei Tágen

тридобови́й dréitägig

тридця́тий *числ. порядк.* der dréißigste

три́дцять *числ.* dréißig

тризу́бець Dréizack *m*

трикі́мна́тний Dréizimmer-

трико́ 1) (*тканина*) Trikot [-'ko:] *m*, 2) (*одяг*) Trikot [-'ko:] *n*, 3) (*жіночі панталони*) Schlüpfer *m*

трико́лірний dréifarbig

трикота́ж 1) (*тканина*) Trikot [-'ko:] *m*, Trikóstoff *m*, 2) (*вироби*) Wírkwaren *pl*, Strickwaren *pl*, Trikotágen [-ʒən] *pl*, ве́рхній ~ Óbertrikotagen *pl*

трикра́тний dréifach

трику́тн|ий dréieckig; **~ик** Dréieck *n*

трило́гія Trilogíe *f*

трима́ти 1) hálten* *vt*, 2) (*зберігати – десь*) áuf|bewahren *vt*, 3) (*підтримувати в якомусь стані*) hálten* *vt*, ~ щось в поря́дку etw. in Órdnung hálten*; ~ щось в чистоті́ etw. sáuber hálten*; ◊ ~ сло́во;

sein Wort hálten*; ~ себе́ в рука́х sich behérrschen, sich in der Hand háben*
трима́тися 1) (*за когось/щось – утримуватися*) sich fést|halten* (an *D*); 2) (*про предмети — не падати і т. п.*) hálten* *vi*; 3) (*поводитися*) sich hálten*, sich benéhmen*, áuf|treten* *vi* (s); 4) (*чогось – притримуватися*) sich hálten* (an *D*); 5) (*зберігатися деякий час — про погоду і т. п.*) án|halten* *vi*
трима́ч *тех.* Hálter *m*; Träger
тримі́сний dréisitzig
тримі́сячний dréimonatig
трина́дцятий der dréizehnte
трина́дцять dréizehn
трипа́лубн|ий Dréideck-; ~е судно́ ein Schiff mit drei Decks, Dréidecker *m*
триповерхо́вий dréigeschossig, dreistöckig
трипроце́нтний dréiprozentig
триразо́вий dréimalig (*який повторюється тричі*); dréifach (*збільшений втричі*); ~ чемпіо́н dréifacher Méister
трирі́чний dréijährig, von drei Jáhren
три́ста dréihundert
тристоро́нній dréiseitig
тристу́лковий (*про вікно*) dréiflügelig
триступі́нчаст|ий dréistufig; ~а переда́ча *авт.* Dréiganggetriebe *n*
тритижне́вий dréiwöchig
трито́мник dréibändige Áusgabe
трито́нка *розм.* Dréitonner *m*
три́чі *присл.* 1) dréimal; подзвони́ти ~ dréimal klíngeln *vi*; 2) dréifach; перев'яза́ти [обмота́ти] щось ~ etw. dréifach verschnüren; 3): ~ по три — де́в'ять drei mal drei ist neun
тришаро́вий dréischichtig
трі́йка 1) (*цифра і оцінка*) Drei *f*; 2) (*коней*) Dréigespann *n*; 3): костя́м-~ dréiteiliger Ánzug; 4) *розм.* (*третій номер*) Dréier *m* (*автобуса, тролейбуса*); Drei *f* (*трамвая*)
трійни́к *ел.*, *тех.* T-Stück *n*, T-Glied *n*, Ábzweigsstück *n*
трійня́та *розм.* Drílllinge *pl*
трі́о Trio *n*
тріск Knall *m*; Kráchen *n* (*гуркіт*); Knístern *n* (*потріскування*)
трі́ска Span *m*
тріска́ Dorsch *m*, Kábeljau *m*
трі́скатися *див.* трі́снути
тріску́чий: ~ моро́з *розм.* grímmige Kälte, klírrender Frost
трі́снути bérsten* *vi* (s), (zer)plátzen *vi* (s), springen* *vi* (s)
тріу́мф Triúmph *m*, **~а́льний** Triúmph-, triumphál; ~альна проце́сія Triúmphzug *m*; ~а́льний у́спіх triumpháler Erfólg
тріумфува́|ння Júbel *m*, **~ти** júbeln *vi*, frohlócken *vi*
тріща́ти 1) kráchen *vi*; knístern *vi* (*потріскувати*); 2) (*цвіркотіти*) zírpen *vi*; 3) *розм.* (*розмовляти без угаву*) schwátzen *vi*, pläppern *vi*
трі́щина Riß *m*, Spalt *m*; Sprung *m* (*на посуді*); Rítze *f* (*щілина*)
тро́є *числ.* drei; нас було́ ~ wir wáren dréi, es wáren únserer drei
троле́йбус Trólleybus *m*, Óbus *m*; **~ний** Óbus-
тромбо́н Posáune *f*, гра́ти на ~і Posáune blásen* [spíelen], posáunen *vi*; **~і́ст** Posáunenbläser *m*
трон Thron *m*
тро́піки *мн. геогр.* Trópen *pl*
тропі́чний trópisch, Trópen-
трос Tau *n*, Seil *n*
трости́на 1) Schílfrohr *n*; 2) Spazíerstock *m* (*для прогулянок*); ◊ цукро́ва ~ Zúckerrohr *n*
тротуа́р Fúßweg *m*, Géhweg *m*, Géhsteig *m*; іти́ по ~у auf dem Fúßweg géhen* *vi* (s)
трофе́|й 1) Trophäe *f*, 2) *мн.* ~ї *військ.* Béute *f*, **~йний** Béute-, erbéutet
тро́хи (*деякою мірою, злегка*) ein wénig, ein bíßchen, ein klein bíßchen; étwas; ~ рані́ше étwas früher; зачека́й ~ wárte ein bíßchen; у ме́не є ~ ві́льного ча́су ich hábe ein bíßchen Zeit; ~ голосні́ше étwas [ein bíßchen] láuter; ~ кра́ще ein klein wénig bésser; ще ~, і все бу́де гото́во noch éine Kléinigkeit — und álles ist fértig
троя́рідн|ий: ~ брат Vétter zwéiten Grádes; ~а сестра́ Kusíne zwéiten Grádes
троя́нда Róse *f*
троя́ндовий Rósen-
труб|а́ 1) Rohr *n*; водопрові́дна ~ Wasser(leitungs)rohr *n*; по ~ах durch die Róhre; 2) (*димова, фабрична і т. п.*) Schórnstein *m*; з ~и́ йде дим der Schórnstein raucht; 3) (*музичний інструмент*) Trompéte *f*, гра́ти на ~і́ (die) Trompéte blásen*
труба́ч Trompéter *m*; Horníst *m* (*сурмач*)
труби́ти trompéten *vi*, blásen* *vi*; ~ в трубу́ trompéten *vi*, (die) Trompéte blásen*; ◊ ~ триво́гу Alárm blásen*
тру́бк|а 1) Röhre *f*, 2) (*телефонна*) Hörer *m*; зня́ти [взя́ти], покла́сти [опусти́ти] ~у den Hörer áb|nehmen*, áuf|legen *vt*; 3) (*згорток, рулон*) Rólle *f*, згорну́ти щось у ~у etw. zu éiner Rólle dréhen
трубопрові́д Róhrleitung *f*
труд (*зусилля*) Mühe *f*, без ~а́ mühelos; з ~о́м mühsam, mit Mühe
труди́тися 1) (*працювати*) árbeiten *vi* (*над чимось* an *D*); 2) *розм.* (*намагатися зробити щось*) sich bemühen, sich (*D*) Mühe gében* (zu + *inf*)
тру́дність Schwíerigkeit *f*
труднопрохі́дний schwer passíerbar
тру́днощі *мн.* Schwíerigkeiten *pl*; Verwícklungen *pl*, Komplikatiónen *pl* (*ускладнення*)
трудов|и́й Árbeits-; ~а́ дисциплі́на Árbeitsdisziplin *f*, ~ колекти́в Árbeitskollektiv *n*; ~а́ ва́хта Produktiónsaufgebot *n*; ~і́ у́спіхи Produktiónserfolge *pl*, Árbeitsleistungen *pl*; ~і́ дохо́ди Árbeitsein-

У

у (*див.* *тж* в) 1) (*когось — бути, знаходитися*) bei (*D*); жи́ти у ко́гось bei j-m wóhnen *vi*; бу́ти в ко́гось у гостя́х bei j-m zu Besúch sein; 2) (*у когось/чогось — є*): у ньо́го бага́то дру́зів er hat víele Fréunde; у ме́не немає часу ich hábe kéine Zeit; у буди́нку два під'їзди das Haus hat zwei Áufgänge
убезпе́чити síchern *vt* (*становище*); in Sícherheit [áußer Gefáhr] bríngen* *vt* (*когось*)
уберіга́ти, **уберегти́** 1) (*від чогось захистити*) bewáhren *vt*, schützen *vt* (vor *D*); 2) (*зберегти*) áuf|bewahren *vt*, behüten *vt*, únversehrt erhálten* *vt*; **~ся** (*від чогось*) sich schützen (vor *D*); verméiden *vt* (*уникнути чогось*)
убива́ти *див.* уби́ти
уби́в|ство Mord *m*, Ermórdung *f*, Tótschlag *m* (*ненавмисне*); скоїти ~ éinen Mord [éinen Tótschlag] begéhen*; **~ця** Mörder *m*, Mörderin *f*
убира́льня 1) (*туалет*) Toilétte [toa-] *f*, Klosétt *n*; 2) *театр.* Garderóbe *f*, Ánkleideraum *m*
уби́ти töten *vt*, tót|schlagen* *vt* (*напр., комаху*); úm|bringen* *vt* (*із застосуванням насильства*); ermórden *vt*, éinen Mord begéhen* (an *D*) (*скоїти убивство*)
уби́тий 1. *прикм.* getötet, ermórdet; níedergeschlagen; ~ го́рем vom Kúmmer gebróchen; **2.** *імен.* der Ermórdete, der Erschlágene, der Tóte; der Gefállene (*на війні*)
убі́к zur Séite, beiséite
убі́р: головни́й ~ Kópfbedeckung *f*
убо́гий béttelarm, ármselig; élend; dürftig, ärmlich; spärlich, kärglich (*недостатній*)
убо́гість Ármut *f*, Dürftigkeit *f*, Knáppheit *f* (*недостатність*)
убо́зтво Élend *n*, Ármut *f*
уболіва́льник *розм.* Spórtfan [-fɛn] *m*, Fan *m*, léidenschaftlicher Anhänger éiner Mánnschaft (*якоїсь команди*)
уболіва́ти (*за якусь команду*) Anhängen von éiner Mánnschaft sein
убра́ння (*одяг*) Kléidung *f*, Tracht *f* (*національне*)
убрі́д: перехо́дити щось ~, йти ~ че́рез щось etw. durchwáten, durch etw. (*A*) dúrch|waten *vi*; перехо́дити рі́чку ~ den Fluß durchwáten; переїхати рі́чку ~ den Fluß durchfáhren
убува́ти áb|nehmen* *vi*; sich vermíndern, sich verríngern (*зменшуватися*); wéniger wérden (*про кількість чогось*)
ува́г|а *у різн. знач.* Áufmerksamkeit *f*, зверну́ти ~у на ко́гось/щось j-n/etw. beáchten; зверну́ти чию́сь ~у на щось j-n auf etw. (*A*) áufmerksam máchen, j-s Áufmerksamkeit auf etw. (*A*) lénken [ríchten]; приверну́ти чию́сь ~у j-s Áufmerksamkeit auf sich zíehen*; лиши́ти щось без ~и etw. áußer acht lássen*; беручи́ до ~и mit Rücksicht auf (*A*), únter Berücksichtigung (*G*); гі́дний ~и beáchtenswert ◊ ~! Áchtung!
ува́жний 1) (*зосереджений*) áufmerksam; 2) (*чуйний*) áufmerksam; zuvórkommend (*люб'язний*)
уверну́ти, **уверта́ти** éin|schrauben *vt*
увертю́ра *муз.* Ouvertüre [uvɛr-] *f*
уве́сь *див.* весь
уве́чері am Ábend, ábends; пі́зно ~ spät am Ábend; сього́дні ~ héute ábend; я́кось ~ éines Ábends
увижа́|тися: мені́ ~ється *розм.* es scheint mir, mir scheint, es kommt mir vor
увібра́ти *див.* вбира́ти
увігну́ти (hin)éinbigen* *vt*
уві́гнутий konkáv, hohl
увігну́тися sich éinbiegen*
уві́йти 1) éin|treten* *vi* (s) (in *A*), betréten* *vt*, heréin|kommen* *vi* (s), (hinéin)géhen* *vi* (s) (in *A — в приміщення*); (éin)stéigen* *vi* (s) (in *A — у вагон, автобус і т. п.*); ~ в во́ду ins Wásser géhen* *vi* (s); (*корабель заходить в порт*) das Schiff läuft in den Háfen ein; 2) (*уміститися*) hinéin|gehen* *vi* (s), hinéin|passen *vi* (in *A*); ◊ ~ в дові́ру (*до когось*) *j-s* Vertráuen erwérben*; ~ в істо́рію in die Geschíchte éin|gehen* *vi* (s); ~ в аза́рт in Eifer gerâten* *vi* (s); ~ в мо́ду in Móde kómmen *vi* (s), Móde wérden
уві́мкнення Scháltung *f*, Éinschaltung *f*, ~ стру́му Strómschaltung *f*, дистанці́йне ~ Férnschaltung *f*, Férnbetätigung *f*
увімкну́ти in Gang sétzen *vt* (*мотор і т. п.*); éin|schalten *vt* (*радіо і т. п.*);

áuf|drehen *vt* (*газ*); ~ світло das Licht éin|schalten, Licht máchen
увінчáтися: ~ ýспіхом von Erfólg gekrönt sein
увірвáтися éin|dringen* *vi* (s) (*до когось* bei *D*); hinéin|stürmen *vi* (s) (*кудись* in *A*)
увíчнення Veréwigung *f*
увíчнювати, **увíчнити** veréwigen *vt*
ув'язáти 1) (*в пакет і т. п.*) éin|packen *vt*, verschnüren *vt* (*мотузкою*); zusámmen|binden* *vt* (*зв'язати*); 2) (*погодити*) koordiníeren *vt*, in Éinklang bríngen* *vt* (*з чимось* mit *D*)
ув'язнення Inhaftíerung *f*, Haft *f*, Gefängnishaft *f* (*тюремне*)
ув'язувати *див.* ув'язáти
угадáти, **угáдувати** (er)ráten* *vt*; угадáй! ráte mal!; я вгадáв! geráten!, ich hábe es geráten!
угамóвувати(ся) *див.* угамувáти(ся)
угамувáння Stíllung *f*, Línderung *f*
угамувáти 1) (*заспокоїти*) berúhigen *vt*, zur Rúhe bríngen* *vt*; 2) (*кров, біль*) stíllen *vt*; **~ся** 1) (*заспокоїтися*) sich berúhigen; 2) (*про біль, вітер і перен.*) nách|lassen* *vi*, sich légen
угандí|єць Ugánder *m*, **~йський** ugándisch
угнáтися (*за кимось*) 1) (*наздогнати*) éin|holen *vt*; 2) *перен.* gléich|kommen* *vi* (s) (*D*)
угóд|а Geschäft *n*, Ábmachung *f*, Ábkommen *n*; торгóва ~ Hándelsabkommen *n*; уклáсти ~у ein Geschäft schlíeßen*; ein Ábkommen tréffen*; міжурядóва ~ Regíerungsabkommen *n*; багатостoрóнні ~и múltilateràle Ábkommen
угодóван|ий wóhlgenährt; gemästet (*про тварину*); **~ість** Wóhlgenährtheit *f*
угóрець Ungar *m*
угóрський úngarisch
угрупувáння Gruppíerung *f*
удáв Ríesenschlange *f*
удавáльник Héuchler *m*
удáван|ий vórgetäuscht, falsch; erhéuchelt (*лицемірний*); **~ість** Verstéllung *f*, Heuchelé*i f* (*лицемірство*)
удавáти: ~ з сéбе хвóрого sich krank stéllen, éinen Kránken spíelen
удавáтися: ~ до чиєїсь допомóги j-s Hílfe in Ánspruch néhmen*; ~ до сúли Gewált án|wenden*; ~ до збрóї zu den Wáffen gréifen*
удавúти erdrósseln *vt*, erwürgen *vt*, strangulíeren *vt*, erhängen, *vt* (*повісити*); **~ся** sich erdrósseln, sich erwürgen, sich erhängen (*повіситися*)
удалинí in der Féme; ~ від чóгось weit (weg) von (*D*)
удáр 1) Schlag *m*, Hieb *m*, однúм ~ом mit éinem Schlag; завдáти комýсь ~у j-m éinen Schlag versétzen; ~ грóму Dónnerschlag *m*, 2) *спорт.* Stoß *m*, вíльний ~ Fréistoß *m*, признáчити штрафнúй ~ éinen Stráfstoß (*футбол*) [Stráfschlag *хокей*] verhängen; пробúти кутовúй ~ éinen Éckball áus|führen; 3) (*поштовх, зіткнення*) Stoß *m*, Ánstoß *m*, Ánprall *m*, 4): сóнячний ~ Sónnenstich *m*, 5) (*потрясіння*) Schlag *m*, Erschütterung *f*, ~и дóлі Schícksals|schläge *pl*, ◊ áути в ~і in Fahrt sein
удáри|ти 1) (*когось*) schlágen* *vt*, éinen Schlag versétzen (*D*); 2) (*по чомусь*) schlágen* *vi*, ~ по столý auf den Tisch schlágen*; ~ ногóю по чóмусь mit dem Fuß gégen etw. (*A*) tréten* *vi*, блúскавка ~ла в дéрево der Blitz hat in den Baum éingeschlagen; ◊ ~в грім es gab éinen Dónnerschlag; ~ли морóзи der Frost sétzte ein
удáритися 1) (*об щось*) stóßen* *vi* (gégen *A*); prállen *vi* (gégen *A або* an *A* — *налетіти*); 2) (*забитися*) sich stóßen* (*об щось* an *D*); ~ колíном sich am Knie stóßen*; ~ ногóю об кáмінь sich mit dem Fuß an éinem Stein stóßen*
удáрн|ий I *муз.* Schlag-; ~і інструмéнти Schlágzeug *n*
удáрн|ий II (*передовий*) führend, Spítzen-; ~а бригáда Spítzenbrigade *f*
удáрн|ий III *військ.* Stoß-, Ángriffs-, ~а грýпа Stóßgruppe *f*, ~і військá Ángriffstruppen *pl*
удáрник I (*музикант*) Schlágzeuger *m*
удáрник II (*передовий робітник*) Béstarbeiter *m*, Aktivist [-'vist] *m*
ударя́ти *див.* удáрити; **~ся** *див.* удáритися
удá|тися 1) (*завершитися вдало*) gelíngen* *vi* (s); glücken *vi* (s) (*пощастити*); дóслід ~вся das Experimént ist gelúngen; йомý все ~ється ihm gelíngt [glückt] álles; не ~ mißlíngen* *vi* (s), mißglücken *vi* (s); 2) *безос.* (*виявитися можливим для когось*): мені ~лóсь умóвити йогó es ist mir gelúngen, ihn zu überréden; 3) (*виходити вдалим*) (gut) gerá-ten* *vi* (s); пирíг ~вся (їй) на слáву der Kúchen ist (ihr) áusgezeichnet geráten
удáч|а Gelíngen *n*, Erfólg *m* (*успіх*); Glück *n* (*щастя*); Léistung *f* (*творчий успіх*); бажáю ~і! viel Glück [Erfólg]!
удвíчі 1) (*з порівн. ст.*) dóppelt zwéimal; halb; ~ бíльше dóppelt so viel (*за кількістю*); dóppelt so groß (*за розміром*); ~ мéнше halb so viel (*за кількістю*); halb so groß (*за розміром*); ~ стáрший dóppelt so alt; ~ молóдший halb so alt; 2) *з дієсл.* um das Dóppelte, um das Zwéifache
удвóх zu zweit
удéнь am Táge, tágsüber; зáвтра ~ mórgen vórmittag (*в першій половині дня*), mórgen náchmittag (*у другій половині дня*); ~ та вночí (*цілодобово*) Tag und Nacht
удивúтися, **удивля́тися** (*у щось*) áufmerksam [genáu] betráchten *vt*
удівéць Wítwer *m*

У

удíй Mílchertrag *m*; добовúй ~ Tágesertrag an Milch; **~ність** Mílchergiebigkeit *f*, Mílchleistung *f*
удмýхувати *див.* вдýти
удóбрення 1) Düngung *f*, Düngen *n*
удóбрювати, **удóбрити** düngen *vt*
удовá Wítwe *f*
удóма zu Háuse
удосконáлення 1) Vervóllkommnung *f*, 2): кýрси ~ Wéiterbildungskurse *pl*
удосконáлювати vervóllkommnen *vt*; **~ся** sich vervóllkommnen
удóсталь in Hülle und Fülle, im Überfluß; ~ товáрів Überfluß an Wáren
удостóїти würdigen *vt*, für würdig (wert) erächten; ~ звання j-m éinen Titel verléihen*; ~ когóсь нагорóди j-n éiner Áuszeichnung würdigen
ужалúти stéchen* *vt* (*про комах*); béißen* *vt* (*про змію*)
ужé schon, beréits; ~ не nicht mehr, kein... mehr
ужúваний gebräuchlich, geläufig
уживáння Gebráuch *m*; Ánwendung *f*, Verwéndung *f* (*застосування*)
уживáти gebráuchen *vt*; án|wenden* *vt*, verwénden* *vt* (*застосувати*)
уживáтися *див.* ужúтися
ужúти *див.* уживáти
ужúтися 1) (*десь*) sich éin|leben (in *A*); sich gewöhnen (an *A* — *звикнути*); 2) (*з кимось*) sich vertrágen*; gut áus|kommen* (mit *D* — *порозумітися*)
ужúт|ок: предмéти (домáшнього) ~ку Gebráuchsgegenstände *pl*; для домáшнього ~ку für den Háusgebrauch; увійтú в ~ in den Álltagsgebrauch éin|gehen* *vi* (s); вúйти з ~ку áußer Gebráuch kómmen* *vi* (s)
узагáльнення 1) (*дія*) Verallgeméinerung *f*, 2) (*висновок*) Schlúßfolgerung *f*
узагáльнити 1) verallgeméinern *vt*; 2) (*підсумувати*) zusámmen|fassen *vt*
узагáльнювати *див.* узагáльнити
узакóнити 1) zum Gesétz má- chen *vt*; 2) (*оформити за законом*) legitimíeren *vt*
узбéк Usbéke *m*
узберéжжя Küste *f*, Strand *m* (*мóря*); Úfer *n* (*річки, озера*)
узбéцький usbékisch
узгóдити 1) (*привести у відповідність*) koordiníeren *vt*; áb|stimmen *vt*, in Übereinstimmung [in Éinklang] bríngen* *vt* (*з чимось* mit *D*); 2) *грам.* in Kongruénz [in Übereinstimmung] bríngen* *vt* (mit *D*); **~ся** 1) (*бути у відповідності*) übereínstimmen *vi*, in Éinklang stéhen* (mit *D*); 2) *грам.* kongruíeren *vi*, überéin|stimmen *vi* (in *D*)
узгóджен|ий übereinstimmend; ábgestimmt, koordiníert; **~ість** (*між чимось*) Ábgestimmtheit *f*, Koordinatión *f*, **~ня** 1) Ábstimmung *f*, Veréinbarung *f* (*з кимось* mit *D* — *домовленість*); Koordiníerung *f* (*з чимось* mit *D* — *інтересів, цілей і т. п.*); 2) *грам.* Kongruénz *f*, ~ часів Zéitenfolge *f*, **~о** übereinstimmend (*з кимось* mit *D*); (aufeinánder) ábgestimmt, koordiníert (*з чи- мось*)
узгóджувати *див.* узгóдити
уздовж I *прийм.* (*чогось*) entláng (*A*), an etw. (*D*) entláng, längs (*G*); йти ~ бéрега das Úfer entláng [am Úfer entláng] géhen* *vi* (s) (*про людину*); am Úfer entláng láufen* *vi* (s) (*про дорогу*); ~ дорóги рослú дерéва längs der Stráße wúchsen Baüme; ~ стінú an der Wand
уздóвж II *нареч.* der Länge nach ◊ ~ і впóперек kreuz und quer
ýзи *мн.*: ~ дрýжби Fréundschaftsbande *pl*
узúмку im Wínter
узлíсся Wáldrand *m*, Wáldsaum *m*
узмóр'я Strand *m*, Küste *f*
узóр Múster *n* (*малюнок*); Orna-mént *n* (*орнамент*)
узóрний, **узóрчастий** gemústert
узурп|áтор Usurpátor *m*; **~áція** Usurpíerung *f*, **~увáти** usurpíeren *vt*
уї́дливий béißend, höhnisch
укáз Erláß *m*, Verórdnung *f* (*постанова*); вúдати ~ éinen Erláß verábschieden
укáзаний genánnt; erwähnt (*згаданий*); vórgeschrieben (*прописаний*)
указáти 1) (*показати щось або на щось*) wéisen* *vt*, zéigen *vt або vi* (auf *A*); 2) (*навести, назвати*) án|geben* *vt*, nénnen* *vt*; 3) (*звернути чиюсь увагу на щось*) hín|wei- sen* *vt* (auf *A*)
укáзка Zéigestock *m*
укáзу|вати 1) *див.* указáти; 2) (*свідчити про щось*) zéugen *vi* (von *D*), spréchen* *vi* (für *A*); це вкáзує на те, що ... das weist daráuf hin, daß ...
укíс Ábhang *m*, Hang *m* (*рову, насипу і т. п.*); *зал.*, *буд.* Böschung *f*, берегóвий ~ Úferböschung *f*
уклáд: ~ життя́ Lébensweise *f*, суспíльний ~ Geséllschaftsform *f*
укладáння 1) (*упакування речей*) Éinpacken *n*, Verpácken *n*; 2) (*рейок, кабеля*) Légen *n*, Verlégen *n*; 3) (*договору і т. п.*) Ábschluß *m*, ~ мúру Friedensschluß *m*
укладáти *див.* уклáсти; **~ся** 1) *див.* уклáстися; 2) *див.* улягтúся 1
уклáсти 1) (*угоду і т. п.*) (áb-) schlíeßen* *vt*, ~ угóду éinen Vertrág áb|schließen*; ~ мир Frieden schlíeßen*; 2) (*покласти*) légen *vt*, ~ когóсь на дивáн, в лíжко j-n auf das Sófa, ins Bett légen; ~ щось в шáфу etw. in den Schrank légen; 3) (*щось у щось*) pácken *vt* (in *A*); ~ рéчі (*в дорогу*) die Sáchen éin|packen [in den Kóffer pácken], (éin)pácken *vi*; ◊ ~ когóсь спáти j-n zu Bett bríngen*
уклáстися 1) *розм.* (*укласти речі в дорогу*) (éin)pácken *vi*, die Sáchen (éin)pácken; 2) (*в певний час, в певну суму*) áus|kommen* *vi* (mit *D*)
уклóн *зал.* Gefälle *n*, ітú під ~ bergáb géhen* *vi* (s) (*про дорогу і т. п.*), bergáb fáhren* *vi* (s) (*їхати*)

уко́л 1) Stich *m*; 2) *мед.* Sprítze *f*, Injektión *f*; зроби́ти кому́сь ~ j-m éine Sprítze gében*

уколо́ти 1) (*когось/щось*) stéchen* *vt*; 2) (*себе*) sich (*D*) etw. stéchen* (*об щось* an *D*, *чимось* mit *D*); **~ся** (*чимось або об щось*) sich stéchen* (an *D або* mit *D*)

укорени́тися, **укорі́нюватися** 1) (*про рослини*) éin|wurzeln *vi* (s), Wúrzeln tréiben* [schlágen*]; 2) (*про звички, традиції і т. п.*) Wúrzeln fássen [schlágen*], éin|wurzeln *vi* (s)

укороти́ти, **укоро́чувати** 1) (*довжину*) kürzer máchen *vt*, kürzen *vt*, verkürzen *vt* (*на скількись* um *A*); áb|kürzen *vt* (*шлях*); 2) (*строк*) (ver)kürzen *vt* (*на скількись* um *A*)

украда́тися sich éin|schleichen*

укра́дливий éinschmeichelnd

украї́н|ець Ukraíner *m*; **~ський** ukraínisch

укра́й *розм.* gänzlich, ganz und gar, vóllends

укра́сти *див.* кра́сти

укра́стися *див.* украда́тися

укрива́ти, **укри́ти** (*прикрити*) (be)décken *vt*, zú|decken *vt* (*чимось* mit *D*); **~ся** 1) (*прикритися*) sich bedécken, sich zú|decken (*чимось* mit *D*); 2) (*заховатися*) sich verstécken, sich verbérgen*; 3) (*залишитися непоміченим*) verbórgen bléiben* *vi* (s); entgéhen* *vi* (s) (*від когось/чогось D*)

укриття́ Déckung *f*, Schutz *m*

укріпи́ти 1) (*прикріпити*) fést|ma-chen *vt*, beféstigen *vt* (*на чомусь* an *D*); 2) (*здоров'я і т. п.*) stärken *vt*, kräftigen *vt*; 3) (*дружбу, владу*) féstigen *vt*, sichern *vt*; **~ся** 1) (*про здоров'я*) erstárken *vi* (s); 2) (*про дружбу, господарство*) sich féstigen

укрі́плення *військ.* Beféstigung *f*; берегове́ ~ Küstenbefestigung *f*

укрі́плювати(ся) *див.* укріпи́ти(ся)

укру́пнення Vergrößerung *f*, Zusámmenlegung *f* (*об'єднання*)

укрупни́ти, **укру́пнювати** vergrößern *vt*, zusámmen|legen *vt* (*об'єднати*)

уку́с Biß *m*, Stich *m* (*комахи*); **~и́ти** béißen* *vt*, stéchen* (*ужалити*)

уку́тати, **уку́тувати** (*чимось або у щось*) verhüllen *vt* (mit *D*), éin|hül-len *vt* (in *A*); **~ся** (*чимось або у щось*) sich verhüllen (mit *D*), sich éin|hüllen (in *A*)

ула́годити, **ула́годжувати** 1) (*влаштувати*) régeln *vt*, órdnen *vt*, in Órdnung bríngen* *vt*; 2) (*суперечку і т. п.*) schlíchten *vt*, béi|legen *vt*; **~ся** sich régeln, in Órdnung kómmen* *vi* (s)

ула́м|ок 1) Brúchstück *n*; 2) *мн.* ~ки (*корабля, літака*) Wrack *n*

улашто́вувати, **улаштува́ти** *див.* влашто́вувати, влаштува́ти

улашто́вуватися, **улаштува́тися**, 1) sich éin|richten; 2) (*оселитися*) sich níeder|lassen*

уло́в Béute *f тж перен.*; Fang *m* (*риби*)

улови́ти 1) (*сприйняти*) wáhr|nehmen* *vt*, bemérken *vt* (*помітити*); (herá-us)hören *vt* (*почути*); spüren *vt* (*відчути*); 2) (*зрозуміти*) erfássen *vt*; ~ смисл den Sinn erfássen

уло́го́вина Tálkessel *m*, Gebíergskes- sel *m*; Níederung *f* (*низина*)

ультимати́вний ultimatív

ультима́тум Ultimátum *n*; пред'яви́ти кому́сь ~ j-m ein Ultimátum stéllen

ультразву́к Últraschall *m*

ультрасуча́сний súpermodern

уля́блен|ець Líebling *m*; **~ий** belíebt, Líeblings-

улягти́ся 1) (*лягти*) sich hín|legen, sich níeder|legen; ~ спа́ти zu Bett géhen* *vi* (s); 2) (*утихнути*) sich légen, nách|lassen* *vi*

умеблюва́ння *див.* ме́блі

умеблюва́ти (*квартиру*) éin|richten *vt*, áus|statten *vt*

умертви́ти töten *vt*; áb|töten *vt* (*нерв*)

умертві́ння Tötung *f*, Ábtötung *f* (*нерва*)

умертвля́ти *див.* умертви́ти

уме́рти stérben* *vi* (s)

умива́ння Wáschen *n*

умива́ти(ся) *див.* уми́ти(ся)

умира́ти 1) *див.* уме́рти; 2) *перен.*: ~ з нудьги́ vor Lánge(r)wéile stérben*, sich zu Tóde lángweilen; ~ зі смі́ху sich tót|lachen

уми́сний vórsätzlich, vórbedacht, ábsichtlich, beábsichtigt

уми́ти wáschen* *vt*; **~ся** sich wáschen*

уми́ть im Nu, blítzschnell; in éinem Áugenblick

умишля́ти: ~ зле Ränke schmíeden

умі́лець Méister *m*, Könner *m*

умі́|лий gewándt, geschíckt, geübt; erfáhren (*досвідчений*); ~ле керівни́цтво sáchkundige Léitungstätigkeit; **~ння** Fértigkeit *f*, Können *n* (*майстерність*); Fähigkeit *f* (zu *D або* zu + *inf* — *здібність до чогось*)

умісти́ти únter|bringen* *vt*, Platz finden* (für *A*); **~ся** hinéin|gehen* *vi* (s) (*про речі*); Platz finden* (*про людей*)

умі́ти können* *vt* (+ *inf*), verstéhen* *vt* (zu + *inf*)

уміща́ти(ся) *див.* умісти́ти(ся)

умо́в|а 1) Bedíngung *f*, поста́вити яку́сь ~у etw. zur Bedíngung máchen; з ті́єю ~ою, що ... únter der Bedíngung, daß ...; 2) *мн.* ~и (*вимоги договору*) Bedíngungen *pl*; ~и переми́р'я Wáffenstillstandsbedingungen *pl*; ~и догово́ру die Bedíngungen des Vertrágs, Vertrágsbedingungen *pl*; за ~ами догово́ру nach [laut] Vertrág; на взаємовиги́дних ~ах zu gégenseitig vórteilhaften Bedíngungen; 3) *мн.* ~и (*обставини*) Bedíngungen *pl*, Verhältnisse *pl*; приро́дні ~и die natürlichen Bedíngungen; житлові́ ~и Wóhnverhältnisse *pl*; ~и пра́ці Árbeitsbedingungen

У

pl, в ~ах капіталíзму im Kapitalísmus; 4) (*передумова*) Bedíngung *f*, Voráussetzung *f* (für *A*); важлúва ~ (для) подáльшого рóзвитку éine wíchtige Voráussetzung für die wéitere Entwícklung
умóвити ermáhnen *vt*, überréden *vt*, zu überréden súchen *vt*, zú|reden *vi* (*D*), éin|reden *vt* (auf *A*)
умóви|тися (*про щось*) verábreden *vt*, veréinbaren *vt*, sich verábreden (zu + *inf*); ~ про час den Termín verábreden; ~ пітú в кінó sich verábreden, ins Kíno zu géhen; ми ~лися зустрíтися [про зýстріч] wir háben uns verábredet, wir háben ein Tréffen verábredet
умовкáти, **умóвкнути** verstúmmen *vi* (s), (*про людину - тж*) (stíll)schwéigen* *vi*
умóвлений veréinbart, verábredet
умовлáти *див.* умóвити
умовлáтися *див.* умóвитися
умóвн|ий 1) (*умовлений*) veréinbart, verábredet; за ~им знáком auf verábredetes Zéichen; ~ знак (*на карті*) Kártenzeichen *n*; ~і познáчення (*напис на карті, в атласі*) Zéichenerklärung *f*; 2) (*обмежений умовою*) bedíngt; ~а згóда bedíngte Zústimmung; 3): ~ рефлéкс *фізіол.* bedíngter Refléx; 4): ~ спóсіб *грам.* Kónjunktiv *m*
умóвн|ість 1) (*умовний характер чогось*) Bedíngtheit *f*, Relativität [-vi:-] *f* (*відносність*); 2) (*формальність*) Formalität *f*; 3) *мн.* ~ості (*система правил поведінки*) Konventión [-vɛn-] *f*
умóвно bedíngt, bedíngungsweise, únter Vórbehalt
умóвчáння Verschwéigen *n*
умóвчати, **умóвчувати** (*про щось*) verschwéigen* *vt*
уморúти *розм.*: ~ когóсь гóлодом j-n verhúngern lássen*
умочáти, **умочúти** túnken *vt*, éin|tauchen *vt*
умчáти davón|eilen *vi* (s), davón|jagen *vi* (s)
уникáти (*когось/чогось*) méiden* *vt*, verméiden *vt*, áus|weichen* *vi* (s) (*D*); щоб унúкнути чогóсь um etw. zu verméiden
унúкнути 1) *див.* уникáти; 2) (*чогось - позбавитися, врятуватися*) entgéhen* *vi* (s), entrínnen* *vi* (s), sich entzíehen* (*D*)
універмáг (універсáльний магазúн) Wárenhaus *n*, Káufhaus *n*
універсáл (*автомобіль*) Kómbi *m*
універсáльний universéll [-vɛr-], universál [-vɛr-], Universál [-vɛr-]
універсáм (універсáльний магазúн самообслугóвування) Káufhalle *f*, Súpermarkt *m*
університéт Universität [-vɛr-] *f*, учúтися в ~і an der Universität studíeren *vi*; **~ський** Universitäts-
універсіáда *спорт.* Universiáde [-vɛr-] *f*, Studéntenolympiade *f*
унікáльний éinzigartig; éinmalig

У

унітáз Kloséttbecken *n*
уніфік|áція Veréinheitlichung *f*, Unifizíerung *f*, **~увáти** veréinheitlichen *vt*, unifizíeren *vt*
уночí in der Nacht, nachts; сьогóдні ~ héute Nacht [nacht]
усосóбити *див.* усосóблювати
усосóблен|ий personifiziert; verkörpert (*втілений*); **~ня** 1) (*дія*) Personifizíerung *f*, 2) (*втілення*) Personifikatión *f*, Verkörperung *f*
усосóблювати personifizíeren *vt*, verkörpern *vt* (*втілювати*)
упакувáти, **упакóвувати** (éin)packen *vt*, verpácken *vt*, **~ся** séine Sáchen (éin)pácken, (éin)pácken *vi*
упáсти *див.* пáдати
упéвнен|ий 1) sícher, fest; 2) (*переконаний в чомусь*) sícher (*G*), überzeugt (von *D*), ти в цьóму ~? bist du déssen sícher?, bist du davón überzéugt?; **~ість** 1) Sícherheit *f* (*в чомусь*); Vertráuen *n* (*довіра до когось*); ~ість в собí Sélbstvertrauen *n*, 2) Überzéugung *f*, Zúversicht *f* (*щодо майбутнього*); ~ість у перемóзі Síegeszuversicht *f*, **~о** sícher; überzéugt (*переконано*)
уперéджен|ий vóreingenommen, vórgefaßt; befángen; partéi|isch (*небезсторонній*); ~а дýмка vórgefaßte Méinung; **~ість** Vóreingenommen-heit *f*, Befángenheit *f*
уперéдження Vórurteil *n*, vórgefaßte Méinung
уперéміж ábwechselnd
уперéміш durcheinánder
упéрт|ий éigensinnig, stárrsinnig, trótzig; ~а людúна éigensinniger Mensch, Stárrkopf *m*, Dickkopf *m*
упéртися 1) (*об щось*) sich stémmen (an *A або* gégen *A*), sich stützen (auf *A*) (*чимось* mit *D*); 2) *розм.* (*зноровитися*) sich sträuben; 3) (*наштовхнутися на щось*) stóßen* *vi* (s) (auf *A*)
упéрт|ість Éigensinn *m*, Stárrsinn *m*, Trotz *m*, з ~ості aus Trotz
упирáтися 1) *див.* упéртися; 2) (*уперто стояти на своєму*) éigensinnig [stárrsinnig, trótzig] sein
упізнавáти, **упізнáти** 1) erkénnen* *vt*, 2) *юр.* identifizíeren *vt*
упливáти, **упливтú** fórt|schwimmen* *vi* (s) (*про плавця*); mit dem Boot wég|fahren* *vi* (s) (*на човні*)
уплутатися, **уплутуватися** sich éin|mischen (*у щось* in *A*)
уповíльнення (*ходу*) Verlángsamung *f*
уповновáжений Bevóllmächtigte *m*, Beáufragte *m*, спеціáльний ~ Sónderbeauftragte *m*
уповновáжити bevóllmächtigen *vt*, Vóllmacht ertéilen (*D*)
уподíбнити, **уподíбнювати** (*чомусь*) gléich|stellen *vt*, gléich|setzen *vt* (*D*); **~ся** (*комусь/чомусь*) gléichen* *vi* (*D*)
упокóрення Bändigung *f*, Zähmung *f*

упокóрити bändigen *vt*, bezwíngen *vt*, unterwérfen*, *vt* (*підкорити*); **~ся** sich unterwérfen*, sich ergében* (*з чимось*. in *A*)
упóр: стріля́ти в ~ aus nächster Nähe schíeßen* *vi*
упоря́джений gut éingerichtet
упоря́дкóваний gerégelt, geórdnet
упорядкóвувати, régeln *vt*, órdnen *vt*, in Órdnung bríngen* *vt*
упорядкувáння Régelung *f*, Órdnen *n*, Órdnung *f*
упорядкувáти *див.* упорядкóвувати
упоря́дник (*автор*) Verfásser *m*
управлíння 1) (*дія*) Verwáltung *f*, Léitung *f* (*країною, справами і т. п.*); *тех.* Lénkung *f*, Stéuerung *f*, 2) (*адміністративний орган*) Verwáltung *f*, Léitung *f*, Direktión *f*, Amt *n* (*установа*); 3) (*технічний пристрій*) Stéuerung *f*
управля́ти (*чимось*) 1) (*керувати*) verwálten *vt*, léiten *vt*; regíeren *vt* (*країною*); 2) (*регулювати рух, роботу чогось*) stéuern *vt*, (*машиною - тж*) lénken *vt*, fáhren* *vt*
управля́ючий Verwálter *m*, Léiter *m*
упроси́ти durch Bítten bewégen* *vt* (zu *D*)
упускáти, **упусти́ти** 1) (*дати комусь піти*) entkómmen [entwíschen] lássen* *vt*, 2) (*не скористатися чимось*) versäumen *vt*, verpássen *vt*; ~ нагóду [можли́вість] éine Gelégenheit verpássen; ◊ ~ щось з дýмки etw. außer acht lássen*
уп'ятеро fünffach; ~ більше fünfmal sovíel
уп'ятьóх zu fünft
урá 1. *вигук.* hurrá; кричáти ~ hurrá rúfen*; **2.** *імен.* Hurrá *n*, троєкрáтне ~ ein dréifaches Hurrá
ураґáн Orkán *m*, **~ний** stürmisch, orkánartig
уражáти kränken *vt*, verlétzen *vt*
урáження *мед.* Vergíftung *f* (*отруйними речовинами*); Kontaminatión *f*, radioaktíve [-və] Verséuchung (*радіоактивними речовинами*); Infektión *f* (*інфекція*); збрóя мáсового ~ Mássenvernichtungswaffen *pl*
урази́ти *див.* уражáти
урáзливий empfíndlich, leicht gekränkt; verwúndbar, verlétzbar
урáн *хім.* Urán *n*
урáнці *див.* врáнці
урегулювáння Régelung *f*, Béilegung *f* (*конфлікту і т. п.*); ~ міжнарóдних віднóсин Régelung der internationálen Bezíehungen
урегулювáти régeln *vt*, erlédigen *vt*, béi|legen *vt* (*конфлікт і т. п.*)
ури́вками zwíschendurch, in der Zwíschenzeit
ури́вок Brúchstück *n*, Fragmént *n*, Áuszug *m*, Zitát *n* (*з книги і т. - п.*)
ури́вчастий abrúpt, ábgehackt; (*про відомості і т. п.*) fragmentárisch; lückenhaft (*з пропусками*); (*про думки, фрази*) ábgerissen, ábgebrochen
урíвень (*з чимось*) in gléicher Höhe mit (*D*); ~ з краями bis an den Rand
урізáти 1) (*робити коротше*) áb|schneiden* *vt*, (ver)kürzen *vt*; 2) (*скоротити*) verríngern *vt*, éin|schränken *vt*, kürzen *vt*
урізноманíтнювати Ábwechslung bríngen* (in *A*), ábwechslungsreich gestálten *vt*
урíзувати *див.* урізáти
ýрна 1) Úrne *f*, (*виборча - тж*) Wáhlurne *f*, 2) (*для сміття*) Müllkasten *m*
урóджений ángeboren
урóди|тися (*про зерно, плоди*) gedéihen* *vi* (s); хліб ~вся das Korn steht gut
урожáй 1) Érnte *f*, ~ картóплі Kartóffelernte *f*, Érnte an Kartóffeln; збирáти ~ die Érnte éin|bringen*; 2) (*урожайність*) Érnteertrag *m*, Ertrág *m*, ~ зернови́х Getréideertrag *m*, добивáтися висóких врожаїв hóne Erträge erzíelen; **~ність** 1) (*родючість*) Frúchtbarkeit *f*, Ergíebigkeit *f*, 2) (*рівень урожаю*) *див.* урожáй 2; **~ний** 1) (*родючий*) frúchtbar, ergíebig; 2) (*який відрізняється високою урожайністю*) erträgreich; ~ний сорт erträgreiche Sórte; 3): ~ний рік gútes Érntejahr
урó|к 1) (*навчальний час*) Stúnde *f*, Únterrichtsstunde *f*, Únterricht *m* (*заняття*); *m*, на ~ці in der Stúnde, im Únterricht; 2) (*частіше мн.*) ~ки (*завдання*) Schúlaufgaben *pl*, Háusaufgaben *pl*, Áufgaben *pl*, роби́ти ~ки die Áufgaben máchen; відповідáти ~ Áufgabe hér|sagen [áuf|sagen]; 3) *перен.* Léhre *f*, ~ки істóрії Léhren der Geschíchte; це бýде тобі ~ком das wird dir éine Léhre sein
урочи́ст|ий 1) Fést-; ~і збóри Féstsitzung *f*, Féstakt *m*, в ~і дні an Fésttagen; 2) (*піднесений*) féierlich; féstlich (*святковий*); ~ момéнт féierlicher Áugenblick; ~ нáстрій féierliche [féstliche] Stímmung; **~ість** Féierlichkeit *f*, **~о** *присл.* féier- lich
уругвá|єць Uruguáyer *m*, **~йський** uruguáyisch
ýряд Regíerung *f*, **~óвий** Regíerungs-; на ~óвому рівні auf Regíerungsebene
усади́ти, усáджувати 1) (*посадити когось*) sétzen *vt*, hínsetzen *vt*, Platz néhmen lássen* *vt*; 2) (*примусити когось зайнятися чимось*) sétzen *vt* (an *A*); ~ когóсь за робóту j-n an die Árbeit sétzen
усамíтнюватися sich (in die Éinsamkeit) zurück|ziehen*
усвідóмл|ення Bewúßtsein *n*, ~ прови́ни Schúldbewußtsein *n*, **~ювати** 1) sich (*D*) bewúßt sein (*G*); verstéhen* *vt* (*розуміти*); 2) (*визнавати*) (án)erkénnen* *vt*, éin|sehen* *vt*
усерéдині 1. *нареч.* drínnen, ínnerhalb; ~ та зóвні ínnerhalb und áußerhalb; **2.** *предл.* (*чогось*) ínnerhalb (*G*), in (*D*)
усерéдину 1. *нареч.* nach ínnen; hinéin-; заглянýти ~ hinéin|blicken *vi*; **2.** *предл.* (*чогось*) in (*A*); увійти́ ~ дóму ins Haus hinéin|treten* *vi* (s)

У

учепи́тися (*за щось*) sich án|klammern (an *A* — *зачепитися*); sich fést|halten* (an *D* — *міцно триматися*)

учи́лище Schúle *f*, військо́ве ~ Offizíersschule *f*, Militärschule *f*, педагогі́чне ~ Institút für Léhrerbildung

учи́тель Léhrer *m*

учи́ти 1) (*навчати когось чогось*) léhren *vt* (*A або* + *inf*), béi|bringen* *vt* (*когось D*); unterríchten *vt* (in *D*) (*викладати*); 2) (*наставляти, виховувати*) erzíehen* *vt* (zu *D*); 3) (*запам'ятовувати, засвоювати*) lérnen *vt*; **~ся** 1) (*набувати знання, уміння*) lérnen *vt або vi* (+ *inf*); ~ся спі́ву síngen lérnen; ~ся на слю́саря *розм.* Schlósser lérnen; 2) (*навчатися десь*): ~ся в шко́лі die Schúle besúchen; ~ся в університе́ті an der Universität [-vər-] studíeren *vi*; ~ся на ку́рсах an éinem Léhrgang téil|nehmen*; ~ся в пе́ршому кла́сі in die érste Klásse géhen*, die érste Klásse besúchen; ~ся на дру́гому ку́рсі im zwéiten Stúdi enjahr sein [stéhen*] *vi* (s)

ушано́вува|ння Éhrung *f*, **~ти** éhren *vt*, féiern *vt*

ушанува́ння Féstakt *m*, Jubiléum *n*

ушанува́ти éhren *vt*, ~ чия́сь па́м'ять встава́нням j-s Ándenken durch Erhében (von den Plätzen) éhren

ушко́дження Beschädigung *f*, Verlétzung *f* (*тілесне*)

ушко́джувати *див.* ушко́дити

ушко́дити beschädigen *vt*, kapútt|machen *vt* (*розбити*); verlétzen *vt* (*поранити*); ~ собі́ па́лець sich (*D*) den Fínger verlétzen

уще́лина Schlucht *f*, Kluft *f*, Hóhlweg *m*

ущеми́ти, **ущемля́ти** 1) (*образити*) kränken *vt*, verlétzen *vt*, ~ чиєсь само́лю́бство j-s Éigenliebe verwúnden [verlétzen]; 2) (*інтереси, права і т. п.*) schmälern *vt*, beéinträchtigen *vt*

уще́нт: розби́тися ~ in Schérben géhen* [zerspríngen*] *vi* (s)

ущи́пливість Sticheléi *f*

ущипну́ти knéifen* *vt*, zwícken *vt*, ~ ко́гось за щось j-n [j-m] in etw. (*A*) knéifen*

ущі́льн|ення Verdíchtung *f*, Díchtung *f*, **~и́ти** verdíchten *vt*, ábdichten *vt*, **~и́тися** sich verdíchten, díchter wérden

ущуха́ти (*про біль, вітер і перен.*) nách|lassen* *vi*, sich légen

уя́ва 1) Éinbildung *f*, 2) (*творча фантазія*) Phantasíe *f*, Éinbildungskraft *f*

уяви́ти 1) sich (*D*) etw. vór|stellen; 2) (*видумати*) sich (*D*) etw. éin|bilden

уя́влення (*поняття*) Vórstellung *f*, Begríff *m*; скла́сти собі́ ~ про щось sich (*D*) éine Vórstellung [éinen Begriff] von etw. (*D*) máchen; я не ма́ю про це ні найме́ншого ~ ich hábe kéine blásse Áhnung davón

уя́влюваний schéinbar, éingebildet, imaginär

уявля́|ти *див.* уяви́ти: ~ю! ich kann mir schon dénken!

уя́вний Schéin-, schéinbar, imaginär

Ф

фа́бри|ка Fabrík *f*, Betríeb *m* (*підприємство*); тексти́льна ~ Textílfabrik *f*, тка́цька ~ Weberéi *f*, шве́йна ~ Konfektiónsbetrieb *m*, конди́терська ~ Süßwarenkombinat *n*
фабри́чн|ий Fabrík-; ~а ма́рка, ~е клеймо́ Fabríkmarke *f*
фа́була Fábel *f*, Hándlung *f*
фаго́т Fagótt *n*, гра́ти на ~і Fagótt blásen*; **~и́ст** Fagottíst *m*
фа́за Pháse *f*, Entwícklungsstufe *f* (*стадія розвитку*)
фаза́н Fasán *m*
фа́кел Fáckel *f*, **~ьний**: ~ьний похі́д Fáckelzug *m*
факт Tátsache *f*, Fakt *m*, **~и́чний** tátsächlich, fáktisch; wírklich (*дійсний*); **~и́чно** *присл.* tatsächlich, in der Tat, in wírklichkeit, fáktisch
фа́ктор Fáktor *m*; людськи́й ~ ménschlicher [subjektíver] Fáktor
факультати́вний fakultatív, wáhlfrei; ~ предме́т Wáhlfach *n*, fakultatíves [-vəs] Únterrichtsfach
факульте́т Fakultät *f*, учи́тися на філологі́чному ~і an der philológischen Fakultät studíeren *vi*, Philologíe studíeren
фальсифік|а́ція Fälschung *f*, **~о́ваний** gefälscht; **~ува́ти** fälschen *vt*
фальш Fálschheit *f*, Verlógenheit *f*, Betrúg *m* (*обман*); Únaufrichtigkeit *f* (*нещирість*); Heucheléi *f* (*лицемірство*)
фальши́в|ий 1) (*підроблений*) falsch, gefälscht; únwahr (*який не відповідає істині*); ~ со́ром fálsche Scham; ~і чутки́ únwahre Gerüchte; 2) (*нещирий*) únaufrichtig; héuchlerisch (*лицемірний*); 3) *муз.* falsch; **~ити** 1) (*бути нещирим*) únaufrichtig sein, héucheln *vi*; 2) *муз.* falsch spíelen *vi* (*про гру*); falsch síngen* *vi* (*про спів*)
фанати́зм Fanatísmus *m*
фана́т|ик Fanátiker *m*, **~и́чний** fanátisch
фане́р|а Furníer *n*, Furníerholz *n*, клеє́на ~ Spérrholz *n*, **~ний** Furníer-
фант Pfand *n*; гра в ~и Pfänderspiel *n*
фантазе́р Phantást *m*, Träumer *m*
фанта́зія 1) (*уява*) Phantasíe *f*, Éinbildungskraft *f*, 2) (*ілюзія*) Phantasíe *f*, Phantasíegebilde *n*, Trúgbild *n*; 3) *розм.* (*примха*) Phantasteréi *f*, Éinfall *m*, Grílle *f*, Láune *f* (*каприз*); 4) *муз.* Fantasíe *f*, Improvisatión [-vi-] *f* (*імпровізація*)
фантазува́ти 1) (*мріяти про щось*) phantasíeren *vi*, träumen *vi* (von *D*); 2) *розм.* (*вигадувати*) phantasíeren *vi*, erdíchten *vt*; 3) *муз.* phantasíeren *vi*, improvisíeren [-vi-] *vi* (*імпровізувати*)
фанта́ст 1) (*мрійник*) Phantást *m*, Träumer *m*; 2) (*письменник*) Sciencefiction--Autor ['saiəns'fikʃən-] *m*, utópischer Schríftsteller
фанта́ст|ика: науко́ва ~ Sciencefiction [saiəns'fikʃən] *f* wíssenschaftlich-utópische Literatúr; **~и́чний** 1) (*нереальний*) phantástisch, únwirklich; wúnderlich (*химерний*); 2) *розм.* (*чудовий*) phantástisch, gróßartig
фанфа́ри *мн.* (*одн.* фанфа́ра) (*сигнал*) Fanfáren *pl*, Fanfárenstöße *pl* (*sg* Fanfáre *f*, Fanfárenstoß *m*)
фа́ра Schéinwerfer *m*
фа́рба Fárbe *f*, писа́ти [малюва́ти] ~ми málen *vi*
фарбо́ваний (án)gestríchen (*про стіни*); gefärbt (*про тканину, про волосся*)
фарбува́ння Färben *n* (*просочування фарбою*); Ánstreichen *n* (*покриття фарбою*)
фарбува́ти (án)stréichen* *vt* (*покривати фарбою*); färben *vt* (*просочувати фарбою*); schmínken *vt*, án|malen *vt* (*губи і т. п.*); túschen *vt*, färben *vt* (*вії*); ~ щось у бі́лий ко́лір etw. weiß stréichen*
фарва́тер *мор.* Fáhrwasser *n*
фармаце́вт Pharmazéut *m*, **~и́чний** pharmazéutisch
фарс Fárce [-sə] *f*, Pósse *f*, *перен.* Fárce *f*, Verspóttung
фа́ртух Schürze *f*, наді́ти ~ sich (*D*) éine Schürze úm|binden*
фа́рфо́р Porzellán *n*, **~овий** Porzellán-, aus Porzellán
фарш 1) (*м'ясо, подрібнене в м'ясорубці*) das Gehäckte, Háckfleisch *n*, 2) (*начинка*) Füllung *f*
фарширо́ваний gefüllt; ~ пе́рець gefüllte Páprikaschoten
фаршируви́ти füllen *vt*

фас Vórderansicht *f*, у ~, ~ом in Vórderansicht
фаса́д Fassáde *f*, Front *f*, Vórderseite *f*
фасо́н Fasson [-'soŋ] *f*, Schnitt *m* (*крій*)
фасува́ти ábpacken *vt* (*сипучий, штучний товар*); abfüllen *vt* (*рідину*)
фата́ Bráutschleier *m*
фат|алі́зм Fatalísmus *m*, **~а́льний** fatál; verhängnisvoll; únausweichlich (*невідворотний*); fólgenschwer (*про катастрофу і т. п.*)
фа́уна Fáuna *f*, Tíerwelt *f*
фах Berúf *m*
фаши́|зм Faschísmus *m*, **~ст** Faschíst *m*, **~стський** faschístisch
фая́нс 1) (*матеріал*) Stéingut *n*, 2) *збірн.* (*вироби*) Fayence [fa'jaŋs] *f*, **~овий** Stéingut-; ~ова ча́шка Stéinguttasse *f*
федера́льн|ий Búndes-; ~ ка́нцлер (*в Німеччині та Австрії*) Búndeskanzler *m*, ~ парла́мент (*в Німеччині*) Búndestag *m*, ~а земля́ (*в Німеччині*) Búndesland *n*
федерати́вн|ий föderatív, Búndes-; ~а держа́ва Búndesstaat *m*, ~а респу́бліка föderative [-və] Republík
федера́ція (*об'єднання*) Föderatión *f*, Bund *m*, Verbánd *m*, Всесві́тня ~ профспіло́к Wéltgewerkschaftsbund *m*, Всесві́тня ~ демократи́чної мо́лоді Wéltbund der Demokrátischen Júgend; Міжнаро́дна демократи́чна ~ жіно́к Internationále Demokrátische Fráuenföderation; спорти́вна ~ Spórtverband *m*
феєрве́рк Féuerwerk *n*
фейлето́н Feuilleton [fø:jə'tɔŋ] *n*
фельдма́ршал *військ.* Féldmarschall *m*
фе́льдшер Árzthelfer *m*, Féldscher *m*, ветерина́рний ~ Veterinärhelfer *m*, **~и́ця** Árzthelferin *f*
фемін|і́зм Feminísmus *m*, Fráuenrechtsbewegung *f*, **~і́ст** Feminit *m*, Fráuenrechtler *m*, **~і́стка** Feministin *f*, Fráuenrechtlerin *f*
фен Fön *m*, Háartrockner *m*
фено́мен Phänomén; **~а́льний** phänomenál
феод|алі́зм Feudalísmus *m*, **~а́льний** feudál, Feudál-
ферзь *шах.* Dáme *f*, Königin *f*
фе́рма Farm *f*, моло́чна ~ Mílchfarm *f*
ферме́нт *біол.* Fermént *n*
фе́рмер Fármer *m*
фестива́ль Festival [-'va:l] *n*, Féstspiele *pl*, Всесві́тній ~ мо́лоді та студе́нтів die Wéltfestspiele der Júgend und Studénten; музи́чний ~ Musíkfestival *n*
фети́ш Fétisch *m*
фетр Filz *m*, **~овий** Filz-
фехтува́|льник Féchter *m*, **~ння** Féchten *n*, **~ти** féchten* *vi*
фешене́бельн|ий fein, schick, módisch, elegánt; **~ість** Schick *m*, módische Elegánz
фе́я *міф.* Fee *f*
фіа́лка Véilchen *n*
фіа́ско Fiásko *n*, Míßerfolg *m*, зазна́ти ~ Fiásko erléiden*
фігу́р|а *у різн. знач.* Figúr *f*, (*особистість - тж*) Persönlichkeit *f*, жіно́ча ~ wéibliche Figúr; геометри́чна ~ geométrische Figúr; ша́хові ~и Scháchfiguren *pl*
фігура́льний bíldlich; übertrágen (*переносний*)
фігури́ст *спорт.* Éiskunstläufer *m*, Kúnstläufer *m*
фігу́рн|ий: ~е ката́ння (на ковзана́х) Éiskunstlauf *m*, Kúnstlaufen *n*
фігурува́ти figuríeren *vi*, erschéinen* *vi* (s), áuf|treten* *vi* (s)
фі́зик Phýsiker *m*, **~-я́дерник** Kérnphysiker *m*
фі́зика Physík *f*
фізи́чн|ий 1) (*який відноситься до фізики*) physikálisch, Physík-; 2) (*тілесний, мускульний*) körperlich, phýsisch, Körper-; ~а пра́ця körperliche Árbeit; ~і впра́ви gymnástische Übungen; ~а си́ла Körperkraft *f*
фізіо́|лог Physiológe *m*, **~логі́чний** physiológisch; **~ло́гія** Physiologíe *f*
фізіотерапі́я Physiotheraphíe *f*
фізкульту́р|а (фізи́чна культу́ра) Körperkultur *f*, Sport *m*, Túrnen *n*, Túrnunterricht *m* (*шкільний предмет*); лікува́льна ~ Héilgymnastik *f*, **~ник** Spórtler *m*
фіксува́ти *у різн. знач.* fixíeren *vt*
фікти́вний fiktív, fingíert
фікти́вність Fingíertheit *f*, Fiktivität [-vi-] *f*
фі́кція Fiktión *f*
філармо́нія Philharmoníe *f*
філателі́|ст Philatelíst *m*, Bríefmarkensammler *m*, **~я** Philatelíe *f*
філе́ *кул.* Filet [-'le:] *n*, Lénden- stück *n*, Físchfilet *n* (*рибне*)
філіа́л Filiále *f*, Zwéigstelle *f*, ~ ба́нку Bánkfiliale *f*, ~ підпри́ємства Zwéigbetrieb *m*
філіппі́н|ець Philippíner *m*, **~ський** philippínisch
філо́|лог Philológe *m*, **~логі́чний** philológisch; **~ло́гія** Philologíe *f*
філо́|соф Philosóph *m*, **~со́фія** Philosophíe *f*, **~со́фський** philosóphisch
фільм Film *m*, кольоро́вий ~ Fárbfilm *m*, документа́льний ~ Dokumentárfilm *m*, худо́жній ~ Spíelfilm *m*, комеді́йний ~ Filmkomödi e *f*, ~ жа́хів Hórrorfilm *m*, зніма́ти ~ éinen Film dréhen; цей ~ іде́ в ... díeser Film läuft in ..
фільтр Fílter *m*, *n*, **~ува́ти** filtríeren *vt*, filtern *vt*
фін Fínne *m*
фіна́л 1) Finále *n*, Schluß *m*, 2) *спорт.* Finále *n*, Éndspiel *n* (*фінальний матч*); ви́йти у ~ ins Finále kómmen* *vi* (s); **~і́ст** Finalíst *m*
фіна́льн|ий 1) Schluß-; ~а сце́на Schlúßszene *f*, ~ ако́рд Schlúßakkord *m*, 2) *спорт.* End-; ~а зу́стріч, ~ матч Éndspiel *n*, ~ свисто́к Ábpfiff *m*

Ф

фiнáнси *мн.* Finánzen *pl*
фiнáнсов|ий Finánz-, finanziéll; ~ рiк Finánzjahr *n*, Réchnungsjahr *m*; ~i кóшти finanziélle Mittel, Finánzen *pl*
фiнансувá|ння Finanzíerung *f*, **~ти** finanzíeren *vt*
фíнiк Dáttel *f*
фíнiш 1) (*пункт*) Ziel *n*, прийтú до ~у *див.* фiнiшувáти; суддя́ на ~i Zíelrichter *m*; 2) (*момент*) Zíelanlauf *m*, Éndspurt *m* (*ривóк*); **~ний** 1) Ziel-; ~на стрíчка Zíelband *n*; ~на прямá Zíelgerade *f*; 2): ~ний ривóк Éndspurt *m*; **~увáти** das Ziel erréichen, durch das Ziel géhen* *vi* (s)
фiолéтовий violétt [vi-], líla
фiрáнка Vórhang *m*, Gardíne *f*
фíрм|а Fírma *f*, торгóва ~ Hándelsfirma *f*; **~овий** Fírmen-; ~овий знак Fírmenzeichen *n*; ~ова стрáва Spezialität *f*
фíшка Spíelmarke *f*
флагштóк Flággenstock *m*, Fáhnenmast *m*
флакóн Flakón [-'kɔŋ *и* 'kɜ:] *m*, *n*; ~ парфýмiв ein Flakón Parfüm
фланг Flánke *f* (*розташування вiйськ*); Flügel *m* (*строю*)
фланéль Flanéll *m*
флегмáт|ик Phlegmátiker *m*; **~íчний** phlegmátisch
флéйт|а Flöte *f*, грáти на ~i 1) (die) Flöte spíelen (*володiти грою на флейтi*); 2) die Flöte [auf der Flöte] blásen* (*виконувати щось на флейтi*); **~íст** Flötenspieler *m*, Flötenbläser *m*
флíгель Flügel *m*, Séitengebäude *n*
флiрт Flirt *m*, Liebeléi *f*; **~увáти** flírten *vi*
фломáстер Fílzstift *m*
флóра Flóra *f*, Pflánzenwelt *f*
флот 1) (*сукупнiсть суден*) Flótte *f*, риболóвний ~ Fischeréiflotte *f*, торгóвий ~ Hándelsflotte *f*, рiчковúй ~ Bínnenflotte *f*, вiйськóво-морськúй ~ Séestreitkräfte *pl*; 2) *розм.* (*вiйськово-морський*) Maríne *f*, служúти у [на *розм.*] ~i bei der Maríne [bei den Séestreitkräften] díenen *vi*; ◊ пiвiтряний ~ Lúftflotte *f*
флотúлiя Flottílle *f*
флóтський 1. *прикм.* Flótten-; Maríne-; **2.** *iмен.* Séemann *n*
флю́гер Wíndfahne *f*, Wétterhahn *m*
флюорогрáфiя Léuchtfotografie *f*
флюс *мед.* Záhngeschwür *n*
фля́га, **фля́жка** (fláche) Flásche *f*, Féldflasche *f*, Réiseflasche *f*, Táschenflasche *f*
фойє́ Foyer [foa'je:] *n*
фóкус I *фiз.* Fókus *m*, Brénnpunkt *m*
фóкус II 1) (*трюк*) Trick *m*, картя́рський ~ Kártentrick *m*, покáзувати ~ éinen Trick vór|führen; 2) (*хитрощi*) Kniff *m*, Kúnstgriff *m*; 3) (*примха, каприз*) Láune *f*, Schrúlle *f*; **~ник** Záuberkünstler *m*
фолiáнт Foliánt *m*, Fólioband *m*
фольгá Fólie [-ljə] *f*, Sílberpapier *n*
фольклóр Folklóre *f*, Vólkskunst *f*; **~ний** Folklóre-
фон 1) Grund *m*, по тéмному ~у auf dem dúnklen Grund; 2) (*заднiй план*) Híntergrund *m*, на ~i чогóсь vor dem Híntergrund (*G*)
фонд 1) (*кошти або матерiальнi цiнностi*) Fonds [fɔŋ /fɜ] *m*, Géldfonds *m*, резéрвний ~ Resérvefonds [-və-] *m*, валю́тний ~ Valútafonds [va-] *m*, Devisenbestand [-'vi:-] *m*; ~ заробíтної плáти Lóhnfonds *m*; 2) (*ресурси, запаси*) Fonds [fɔŋ / fɜ] *m*, Bestánd *m*, житловúй ~ Wóhnraumbestand *m*, бiблiотéчний ~ Bücherbestand *m*; 3): Худóжнiй ~ Kúnstfonds [-fɔŋ / -fɜ] *m*; Фонд мúру Fríedensfonds *m*
фонéма *лiнгв.* Phoném *n*
фонéт|ика Phonétik *f*, Láutlehre *f*; **~íчний** phonétisch
фонограмá Phonográmm *n*
фонтáн Spríngbrunnen *m*, Fontäne *f*
форéль Forélle *f*, *збiрн.* Foréllen *pl*
фóрм|а 1) *у рiзн. знач.* Form *f*; 2) (*одяг*) Unifórm *f*, шкiльнá ~ Schúlkleidung *f*; ◊ бýти у ~i in Form sein; бýти не у ~i nicht in Form sein
формалíзм Formalísmus *m*
формáльний formál, forméll
формáльнiсть Formalität *f*, Förmlichkeit *f*
формáльно forméll, der Form nach; der Form hálber (*заради форми*)
формáт Formát *n*
формáцiя Formatión *f*, суспíльно-економíчна ~ ökonómische Geséllschaftsformation, sozialökonómische Formatión
фóрмений (*установленого зразка*): ~ óдяг Unifórm *f*, ~ кашкéт Díenstmütze *f*
формувáння 1) (*утворення*) Bíldung *f*, Formíerung *f*, ~ ýряду Regíerungsbildung *f*; 2) (*розвиток, створення*) Heráusbildung *f*, ~ свiдóмостi Bewúßtseinsbildung *f*; 3) (*управлiння чимось*) Lénkung *f*, ~ пóпиту Lénkung des Bedárfs
формувáти 1) (*утворювати*) bílden *vt*, formíeren *vt*, zusámmen|setzen *vt*; 2) (*виробляти, виховувати*) bílden *vt*, fórmen *vt*, prägen *vt*; **~ся** sich heráus|bilden, sich entwíckeln
фóрмула Fórmel *f*
формулювá|ння *у рiзн. знач.* Formulíerung *f*, **~ти** formulíeren *vt*
формуля́р (*форма*) Vórdruck *m*, Formulár *n*, читáцький ~ (*у бiблiотецi*) Lésekarte *f*
форс-мажóр höhere Gewált
форсувáння Forcíeren ['si:] *n*, Beschleúnigung *f* (*прискорення*); ~ вóдної перешкóди gewáltsames Überwinden (Forcíeren) éines Wásserhindernisses
форсувáти 1) (*прискорювати*) beschléunigen *vt*, forcíeren [-'si:-] *vt*; 2) *вiйськ.* erzwíngen* *vt*, überwínden* *vt*
фортепiáно Klavíer [-'vi:r] *n*, грáти на ~ Klavíer spíelen
фортéця *вiйськ.* Féstung *f*
фортéчний *вiйськ.* Féstungs-

Ф

фортýна Glück *n*, (glückliches) Schícksal *n*
фóрум Fórum *m*; політúчний ~ polítisches Fórum; Фóрум на зáхист мúру Fríedensforum *m*; Міжнарóдний ~ "За без'ядерний світ, за виживáння лю́дства" Internationáles Fórum "Für éine kérnwaffenfreie Welt, für das Überlében der Ménschheit"
фосфáт *хім., мін.* Phosphát *n*
фóсфор *хім.* Phósphor *m*; **~úчний** Phósphor-, phósphorig; **~ний** Phósphor-
фóто *розм.* (*фотознíмок*) Fóto *n*, Bild *n*
фото|апарáт Fótoapparat *m*, Kámera *f*; **~ательє́** Fótoatelier [-lje:] *n*; **~вúставка** Fótoausstellung *f*
фотóграф Fotográf *m*
фотографíчний fotográfisch, Fóto
фотографі|я 1) Fotografíe *f*, Fotografíeren *n* (*фотографування*); худóжня ~ künstlerische Fotografíe; займáтися ~єю fotografíeren *vi*, sich mit Fotografíe beschäftigen; 2) (*знíмок*) Fotografíe *f*, Áufnahme *f*, Fóto *n*; 3) (*майстерня*) Fótoatelier [-lje:] *n*; пітú у ~ю zum Fotográfen géhen* *vi*
фотографувáти 1) (*займатися фотографією*) fotografíeren *vi*, sich mit Fotografíe beschäftigen; 2) (*когось/щось*) fotografíeren *vt*, áuf|nehmen* *vt*, ein Fóto [éine Áufnahme] máchen (von *D*); **~ся** sich fotografíeren lássen*
фотоелемéнт *ел.* Fótozelle *f*
фото|зйóмка Líchtbildaufnahme *f*, Fotografíeren *n*; **~знíмок** Áufnahme *f*, Líchtbild *n*
фото|кóпія Fotokopíe *f*; **~кореспондéнт** Bíldberichterstatter *m*; **~любúтель** Amateurfotograf [-'tø:r-] *m*, Fótoamateur ['tø:r-] *m*; **~плíвка** (fotográfischer) Film *m*; **~репортáж** Fotoreportáge [-ʒə] *f*; **~репортéр** Fótoreporter *m*
фрагмéнт Fragmént *n*, Brúchstück *n*
фрáз|а 1) (*речення*) Satz *m*; 2) *мн.* ~и (*набір слів*) Phrásen *pl*; говорúти пустúми ~ами in léeren Phrásen réden *vi*; 3) *муз.* Phráse *f*
фразеол|огíчний phraseológisch; **~óгія** *лінгв.* Phraseologíe *f*

Ф

фрак Frack *m*
фракцíйний *політ.* Fraktións-
фракціонéр Fraktiónsmacher *m*
фрáкція *політ.* Fraktión *f*
франт Módenarr *m*; Módeaffe *m*; Geck *m*
фрахт *ком.* (*плата*) Fracht *f*, Fráchtkosten *pl*, Fráchtgebür *f*, Fráchtsatz *m*, (*вантаж*) Fracht *f*, Ládung *f*; **~óвий** *ком.* Fracht-; ~óва стáвка Fráchtgebühr *f*; **~увáльник** *ком.* Befráchter, Verfráchter *m*; **~увáти** *ком.* (*судно*) befráchten *vt*, verfráchten *vt*; míeten *vt*; charten [ʃar- / 'tʃar-] *vt* (*літак*)
францу́з Franzóse *m*; **~ький** französisch
фрезерувáльник Fräser *m*
фрéска Frésko *n*
ФРН (Федератúвна Респу́бліка Німéччина) BDR ['be:ɛ:r'de:] *f* (Búndesrepublik Déutschland)
фронт *у різн. знач.* Front *f*, на ~і an der Front; ідеологíчний ~ ideológische Front
фронтов|úй Front-; ~ товáриш Fróntkamerad *m*; **~úк** Fróntkämpfer *m*, Fróntsoldat *m*
фрукт Frucht *f*, ~и *збірн.* Obst *n*, Früchte *pl*; свíжі ~и Fríschobst *n*; консервóвані ~и konservíerte Früchte, Óbstkonserven *pl*; сушéні ~и Tróckenobst *n*; заморóжені ~и Gefríerobst *n*
фруктóв|ий 1) (*плодовий*) Obst-; ~і дерéва Óbstbäume *pl*; ~ сад Óbstgarten *m*; 2) (*приготовлений з фруктів*) Frucht-, Obst-; ~е морóзиво Frúchteis *n*; ~ сік Frúchtsaft *m*, Óbstsaft *m*; ~ салáт Óbstsalat *m*
фруктóза Fruktóse *f*, Frúchtzucker *m*
фужéр großes Wéinglas; Séktglas *n* (*для шампанського*)
фундáмент Fundamént *n*, *перен.* — (*основа - тж*) Grúndlage *f*, Básis *f*; **~áльний** 1) fundamentál, (*грунтовний - тж*) gründlich, (*основоположний - тж*) grúndlegend; 2) (*міцний — про будівлю*) solíde
фунікулéр Dráhtseilbahn *f*
функціонувáти funktioníeren *vi*, (*про механізм - тж*) géhen* *vi* (s), láufen* *vi* (s), árbeiten *vi*
фу́нкці|я *у різн. знач.* Funktión *f*; викóнувати ~ї когóсь als j-d fungíeren
фургóн Plánwagen *m*
фурнітýра Zúbehör *n*, Furnitúr *f*
фурóр Furóre *f*, *n*, rásender Béifall; вúкликати ~ Furóre máchen
фурýнкул Furúnkel *m*
фут Fuß *m*
футбóл (*спортивна гра і матч*) Fúßball *m*, Fúßballspiel *n*; грáти у ~ Fúßball spíelen; дивúтися ~ sich ein Fúßballspiel án|sehen*; пітú на ~ zum Fúßball géhen* *vi* (s); **~íст** Fúßballspieler *m*, Fúßballer *m розм*
футбóлка Trikot [-'ko:] *n*, Tríkóthemd *n*, Spórthemd *n*, T-Shirt ['ti:ʃø:(r)t] *n*
футбóльн|ий Fúßball-; ~ матч Fúßballspiel *n*, Fúßball *m*; ~а комáнда Fúßballmannschaft *f*, Fúßballelf *f*, Elf *f*; ~ м'яч Fúßball *m*; ~е пóле Fúßballplatz *m*
футля́р Futterál *n*, Etui [ɛt'vi:] *n*; Hülle *f*, Bezúg *m* (*чохол*)
футурúзм Futurísmus *m*
фуфáйка Stíckjacke *f*, (gestíckte) Únterziehjacke *f*
фюзеля́ж *ав.* Rumpf *m*

Х

хабáр Bestéchung *f* Schmíergeld *n*, дáти ~á комýсь j-n bestéchen*

хабáр|ник bestéchlicher Mensch; **~ництво** Bestéchlichkeit *f*, Korruptión *f*

хазя́їн 1) (*власник*) Besítzer *m*, *собаки тж* Herr *m*; ~ квартúри Wóhnungsinhaber *m*; 2) (*дому — стосовно гостей*) der Herr des Háuses, Gástgeber *m*; 3) (*який веде господарство*): він хорóший ~ er ist sehr háushälterisch, er kann gut wírtschaften

хазя́йка 1) (*власниця*) Besítzerin *f*, ~ квартúри Wóhnungsinhaberin *f*; 2) (*дóму — стосовно гостей*) die Frau des Háuses, Gástgeberin *f*; 3) (*яка веде домашнє господарство*) Háusfrau *f*, вонá хорóша ~ sie ist éine gúte Háusfrau, sie kann gut wírtschaften

хазяйновúтий háushälterisch, wírtschaftlich

хазяйнувáти 1) (*поратися по господарству*) mit dem Háushalt beschäftigt sein; 2) (*безцеремонно розпоряджатися*) herúm|kommandieren *vi*

хай *див.* нехáй

хáкі (*колір*) khakifarben ['ka:-]; бря́ки кóльору ~ Khákihose *f*

хáла Zópfbrot *n*

халáт 1) Háusmantel *m*, Mórgenrock *m* (*домашній*); Bádemantel *m* (*купальний*); 2) (*робочий*) Árbeitskittel *m*; Árztkittel *m* (*лікаря*)

халáтн|ий fáhrlässig, náchlässig; ~е стáвлення до своїх обóв'язків Pflíchtvergessenheit *f*, **~ість** Náchlässigkeit *f*, Fáhrlässigkeit *f*, Schlamperéi *f розм*

халвá Halwá *n*

халéпа (*неприємність*) Árger *m*; якá ~! so ein Árger!

халтýра 1) (*погана робота*) Stümperéi *f*, Pfuscheréi *f*; 2) (*про літературний або художній твір*) Schund *m*

халýпа *розм.* Káte *f*

хам Flégel *m*, Róhling *m*, Gróbian *m*

хáмство Gróbheit *f*, Róheit *f*

хáмський grob, roh; flégelhaft

хандр|á Schwérmut *f*, Trübsal *f*, **~úти** schwérmütig sein

ханжá *розм.* der Schéinheilige, die Schéinheilige

хáос Chaos ['ka-] *n*, Wírrwarr *n*

хаотúчний chaótisch [ka-], verwórren

хапáти 1) (*щось*) ergréifen* *vt*, gréifen* *vi* (nach *D*); 2) (*когось за щось*) fássen *vt*, pácken *vt* (an *D або* bei *D*)

хапáтися (*за щось*) 1) gréifen* *vi* (nach *D*); 2) (*завзято братися за щось*) gréifen* *vi* (zu *D*)

харáктер *у різн. знач.* Charákter [ka-] *m*; мáти твердúй ~ charákterfest [ka-] sein; розмóва носúла офіцíйний ~ das Gespräch trug offiziéllen Charákter

характеризувáти charakterisíeren [ka-] *vt*, kénnzeichnen *vt*

характерúстика Charakterístik [ka-] *f*, Béurteilung *f* (*документ*)

характéрн|ий 1) (*виразний*) charákter-voll [ka-]; 2) (*відмітний, показовий*) charakterístisch [ka-], kénnzeichnend, bezéichnend (*для когось/ чогось* für *A*); ~а рúса charakterístischer Zug; ~а ознáка kénnzeichnendes Mérkmal

харчéвня Spéisewirtschaft *f*, Gárküche *f*

харчí *мн. розм.* Kost *f*, Bekóstung *f*

харчов|úй Náhrungs-; ~í продýкти Lébensmittel *pl*, Náhrungsmittel *pl*; ~á промислóвість Náhrungsmittelindustrie *f*

харчувáння 1) (*дія*) Ernährung *f*, штýчне ~ künstliche Ernährung; триразóве ~ Verpflégung mit drei Máhlzeiten; 2) (*їжа*) Náhrung *f*, Kost *f*, дієтúчне ~ Diätkost *f*, посúлене ~ kräftige Náhrung

харчувáтися 1) (*чимось*) sich ernähren (vor *D*); дóбре ~ sich gut ernähren; 2) (*десь*) éssen* *vt*

хáта Báuernhaus *n*, Hütte *f*

хатúна Hütte *f*, Häus chen *n*

хатúнка (kléine) Hütte *f*

хáща Díckicht *n*

хвал|á Lóbpreisung *f*, **~éбний** Lob-, lóbend

хвалúти lóben *vt*, préisen* *vi* (*за щось* für *A або* wégen *G*); **~ся** (*чимось*) sich rühmen (*G*), prótzen *vi* (mit *D*); práhlen *vi*, áufschneiden *vi*, gróßtun* *vi*

хвалькó Áufschneider *m*, Ángeber *m*, Práhlhans *n*, Práhler *m*, Gróßmaul *n*

хвалькувáтий práhlerisch

хвáстати(ся) práhlen *vi*, sich brüsten (*чимось* mit *D*)

хвáстощі Prahleréi *f*

холоди́льник Kühlschrank *m* (*шафа*); Kühlraum *m* (*приміщення*); Kühlwagen *m* (*вагон*)
холодне́ча *розм.* (stárke) Kälte *f*, (grímmiger) Frost *m*
холо́дн|ий 1) kalt; 2) (*про одяг*) leicht; 3) *перен.* kühl, kalt; ◊ ~а збро́я blánke Wáffe; ~і заку́ски Vórspeisen *pl*
хо́лодно 1) kühl, kalt; ~ прийня́ти [зустрі́ти] когось j-n kühl empfángen*; 2) *безос.*: (на ву́лиці) ~ es ist kalt (dráußen); мені́ ~ mir ist kalt, ich fríere, mich friert; рука́м ~ ich fríere an den Händen; мені́ ста́ло ~ mir wúrde (es) kalt, ich begánn zu fríeren
холоднокро́вн|ий káltblütig; gelássen (*незворушний*); **~ість** Káltblütigkeit *f*, Gelássenheit *f* (*незворушність*)
холодостійки́й kältebeständig
холо́ну|ти 1) (*остигати*) kalt wérden, erkálten *vi* (s), áb|kühlen *vi* (s); 2) *розм.* (*мерзнути*) fríeren* *vi*; у ме́не ~ть но́ги mir fríeren die Fuße, ich fríere an den Füßen
холост|и́й 1) (*неодружений*) únverheiratet, lédig; Junggesellen- (*про життя*); 2): ~ по́стріл Blíndschuß *m*; ~ хід Léerlauf *m*; **~я́к** Júnggeselle *m*; стари́й ~я́к Hágestolz *m*
хом'я́к *зоол.* Hámster *m*
хор Chor [ko:r] *m*
хореогра́фія Choreographíe [ko-] *f*, Tánzkunst *f*
хоро́бр|ий tápfer; **~ість** Tápferkeit *f*
хо́ром im Chor [ko:r]
хоро́ш|ий gut, schön; ~а пора́да gúter Rat; ~а пого́да schönes Wétter, він мій ~ знайо́мий er ist ein gúter Bekánnter von mir
хоті́ти wóllen* *vt* (*або* + *inf*), Lust háben (zu *D* *або* zu + *inf*), mögen* *vt* (*або* + *inf*); я давно́ цьо́го хоті́в ich hábe das lánge gewóllt; я хо́чу ча́ю ich möchte Tee; що ти хо́чеш цим сказа́ти? was willst du damít ságen?, was meinst du damít?; я хо́чу спа́ти ich will schláfen; я хо́чу ї́сти, пи́ти ich hábe Húnger, Durst; я хо́чу його́ попроси́ти ich will [möchte] ihn bítten
хоті́тися: мені́ хо́четься прогуля́тися ich möchte spazíerengehen, ich hábe Lust zu éinem Spazíergang; мені́ не хо́четься говори́ти про це ich will [möchte] darüber nicht spréchen, ich hábe kéine Lust, darüber zu spréchen; мені́ хо́четься ча́ю ich möchte Tee; мені́ хоті́лося б ... ich möchte gérn(e) ...
хоч **1.** *спол.* obwóhl, wenn auch, zwar; ~ було́ вже пі́зно ... obwóhl es schon spät war ...; він ~ і молоди́й, але́ ... er ist zwar jung, áber ...; **2.** *частка* 1) (*принаймні, тільки*) wénigstens; скажи́ ~ сло́во sag wénigstens ein Wort; 2) (*навіть*) ~ за́раз wann du willst; ~ сього́дні, ~ за́втра ob héute, ob mórgen, mir ist es gleich
хо́ч-не-хо́ч wohl oder über, ob man will óder nicht

храбрува́ти *розм.* den Tápferen spíelen, mútig tun*
храм Témpel *m*, Kírche *f* (*церква*)
храп *розм.* Schnárchen *n*, Schnáuben *n* (*коня*)
хребе́т 1) *анат.* Rückgrat *n*, Wírbelsäule *f*, 2) *геол.* Gebírgskette *f*, Gebírgsrücken *m*
хребе́тні *мн. зоол.* Wírbeltiere *pl*
хребе́ць *анат.* Wírbel *m*
хрест Kreuz *n*
хрести́ти (*про релігійний обряд*) táufen *vt*; **~ся** *рел.* (*перехреститися*) sich bekréuzigen
хрестома́тія Lésebuch *n*
хре́щений *рел.* getáuft
хре́щення *рел.* (*обряд*) Táufe *f*, ◊ бойове́ ~ Féuertaufe *f*
хрип 1) Röcheln *n*, 2) *мн.* ~и (*в легенях*) Geräusch *n*, Rásseln *n*
хрипі́ти 1) (*задихатися*) röcheln *vi*; 2) (*від застуди*) héiser sein
хри́п|лий héiser; **~ота́** Héiserkeit *f*, крича́ти до ~оти́ sich héiser schréien*
христи|яни́н Christ [k-] *m*, **~я́нський** chrístlich [k-]; **~я́нство** Chrístentum [k-] *n*
Христо́с Christus ['kri-] *m* / Chrísti
хрін Méerrettich *m*
хро́ніка Chronik ['kro:-] *f*, Táges chronik *f* (in der Zéitung), Tágesbe- richt *m* (*газетна*); Méldungen des Táges (*радіо*); Wóchenschau *f* (*кіно*)
хроніка́льний: ~ фільм Dokumentárfilm *m*
хроні́чний chronisch ['kro:-]
хроно|логі́чний chronológisch [kro-], zéitlich geórdnet; **~ло́гія** Chronologíe [kro-] *f*, Zéitfolge *f*
хроно́метр Chronométer [kro-] *n*, Zéitmesser *m*
хропі́ння Schnárchen *n*, Schnáuben *n*
хропти́ schnárchen *vi*, schnáuben *vi* (*про коня*)
хру́снути knírschen *vi*
хруст Knírschen *n*, Geknírsche *n*
хру́станці Knäckebrot *n*
хрущ Máikäfer *m*
хря́кати, **хря́кнути** grúnzen *vi*
хрящ *анат.* Knórpel *m*
хто wer (*G* wéssen, *D* wem, *A* wen); ~ там? wer ist da?; ◊ не ~ і́нший як kein ánderer als
хто-не́будь (írgend)jémand, írgendwer
хтось jémand
худи́й máger, háger; dünn (*про ноги, руки*)
ху́днути áb|magern *vi* (s), máger wérden; áb|nehmen* *vi* (*втрачати вагу*)
худо́ба *збірн.* Vieh *n*, моло́чна ~ Mílchkühe *pl*
худо́жник 1) (*живописець*) Máler *m*, Kúnstmaler *m*, 2) (*діяч мистецтва*) Künstler *m*
худо́жн|ій Kunst-, künstlerisch; ~ твір Kúnstwerk *n*, ~я літерату́ра die schöne Literatúr; ~ фільм Spíel- film *m*, ~я

Х

гімнáстика künstlerische Gymnástik; ◊ ~ салóн Geschäft für Kúnstgewerbe; ~я самодіяльність Láienkunst *f*, Láienschaffen *n*

худорля́вий máger, háger

хулігáн Rowdy ['raudi] *m*, Flégel *m*; **~ство** gróber Únfug, Rowdytum ['raudi-] *n*; **~ський** Rowdy ('raudi-]

хýнта Júnta [x-] *f*; військóва ~ Militärjunta *f*

хурмá (*плід*) Dáttelpflaume *f*; (*дерево*) Dáttelpflaumenbaum *m*

хуртови́на Schnéesturm *m*, Schnéegestöber *n*

хýстка Tuch *n*

хýсточка: носовá ~ Táschentuch *n*

хýтір Vórwerk *n*, Éinzelhof *m*

хýтр|о 1) (*шерсть тварини*) Fell *n*, (*більш грубе*) Pelz *m*; 2) (*вичинена шкура*) Pelz *m*; пальтó на ~і pélzgefütterter Mántel; штýчне ~ Pélzimitation *f*, Wébpelz *m*; 3) *збірн.* Pélzwerk *n*, Pélzwaren *pl* (*вироби, одяг*); Ráuchwaren *pl* (*хутровий товар*)

хутрови́й: ~ звір Pélztier *n*; ~ прóмисел Pélztierjagd *f*

хутрян|и́й Pelz-; ~á шýба Pélzmantel *m*, Pelz *m*; ~í ви́роби Pélzwaren *pl*

Х

Ц

цап Zíegenbock *m*
цар Zar *m*, König *m*
цари́зм Zarísmus *m*
ца́рственний majestätisch, würdevoll
ца́рство (*держава*) Reich *n тж. перен.*; Zarenreich *n*, Königreich *n*
ца́рський König-, königlich
царюва́ння Hérrschaft *f*, Regíerung *f*
царюва́ти hérrschen *vi тж перен.*, regíeren *vi*
цвірі́нькати zwítschern *vi*
цвірку́н Héimchen *n*
цвісти́ blühen *vi*, (*про дерева - тж*) in Blüte stéhen* *vi*
цвіт (*цвітіння*) Blühen *n*, Blüte *f*
цвіті́ння Blüte *f*, Blühen *n*; час ~ Blütezeit *f*
цвітн|и́й: ~á капу́ста Blúmenkohl *m*
цвях Nágel *m*; приби́ти щось ~áми etw. án|nageln; заби́ти щось ~áми etw. vernágeln
це 1. *від* цей; **2.** (*цей предмет, річ або явище*) das, es; das da, díes da (*ось це*); da(r)- (*у поєднанні з прийменниками*); ~ до́бре das ist gut; ~ що?, що ~? was ist das?; про ~ davon, darüber
це́бер Kübel *m*, Zúber *m*, Éimer *m*
цеге́льний Zíegel-; ~ заво́д Ziegeléi *f*, Zíegelbrennerei *f*
це́гл|а *збірн.* (*будівельний матеріал*) Zíegel *pl*; вогнетривка́ ~ féuerfeste Zíegel; ку́па ~и ein Háufen Zíegel; **~ина** Zíegel *m*, Zíegelstein *m*; ку́па ~ин ein Háufen von Zíegeln; **~яни́й** 1) Zíegel-; ~яни́й буди́нок Zíegelhaus *n*; 2): ~я́ного ко́льору zíegelrot, zíegelfarben
цей (ця, це, *мн.* ці) díeser *m*, díe-ses *n*, díese *f*, *pl*
целофа́н Zellophán *n*; **~овий** Zellophán-
целюло́за Zellulóse *f*, Zéllstoff *m*
цеме́нт Zemént *m*; **~ний** Zemént-; **~ува́ти** zementíeren *vt*
ценз Zénsus *m*; осві́тній ~ Bíldungsgrad *m*, Bíldungsstufe *f*; ви́борчий ~ Wáhlzensus *m*; майнови́й ~ Vermögenszensus *m*; віко́вий ~ Áltersgrenze *f*
ценз|ор Zénsor *m*; **~у́ра** Zensúr *f*
це́нтнер Dóppelzentner *m*, Dézitonne *f*
центр 1) (*середина*) Míttelpunkt *m* (*тж перен.*); ~ ко́ла Míttelpunkt des Kréises; у ~і кімна́ти in der Mítte des Zímmers; mítten im Zímmer; знахо́дитися у ~і ува́ги im Míttelpunkt des Interésses stéhen* *vi*; 2): ~ мі́ста Stádtzentrum *n*, Stádtmitte *f*, das Zéntrum der Stadt; жи́ти у ~і im Zéntrum wóhnen *vi*; 3) (*місто, тж перен. — осередя чогось*) Zéntrum *n*; обласни́й ~ Gebíetshauptstadt *f*, Gebíetszentrum *n*; адміністрати́вний ~ Verwáltungszentrum *n*; промисло́вий~ Industríezentrum *n*; торго́вий ~, ~ торгі́влі Hándelszentrum *n*; культу́рні ~и краї́ни Kultúrzentren des Lándes; 4) (*установа, відділ*) Zéntrum *n*; науко́во-до́слідний ~ Fórschungszentrum *n*; телевізі́йний ~ Férnsehzentrale *f*, Férnsehzentrum *n*; Óентр управлі́ння польо́том *косм.* Flúgleitzentrale *f*, Flúgleitzentrum *n*; торго́вий ~ Éinkaufszentrum *n*; ◊ ~ на́паду *спорт.* Míttelstürmer *m*
централіза́ція Zentralisatión *f*, Zentralisíerung *f*
централі́зм *політ.* Zentralísmus *m*; демократи́чний ~ demokrátischer Zentralísmus
централізо́ван|ий 1) (*зосереджений в руках держави*) Stáatsplan-; 2) (*який виходить з одного центра*) zentrál; ~е планува́ння zentrále Plánung; ~е управлі́ння zentrále Lénkung
централізува́ти zentralisíeren *vt*
центра́льн|ий *у різн. знач.* zentrál, Zentrál-; ~і ву́лиці zentrále Stráßen; ~е опа́лення Zentrálheizung *f*, ~а телефо́нна ста́нція Telefónzentrale *f*, ~а пробле́ма zentráles Problém; ~ напада́ючий *спорт.* Míttelstürmer *m*
цеп Kétte *f*
цепни́й Kétten-; ~ соба́ка Kéttenhund *m*
церемо́нитися (*з кимось/чимось*) viel Úmstände máchen (mit *D*)
церемоні́альний zeremoniéll; ~ марш Parádemarsch *m*
церемо́ні|я 1) Zeremoníe *f*, ~ зу́стрічі Begrüßungszeremonie *f*, 2) *мн. перен.*: без ~й óhne Úmstände
церемо́нн|ий zeremoniéll, zeremoniös, förmlich, gezíert (*манірний*); **~ість** Féierlichkeit *f*, Förmlichkeit *f*, Gezíertheit *f* (*манірність*)
це́рква Kírche *f*

церкóвн|ий kírchlich, Kírchen-; пáм'ятник ~ої архітектýри ein sakráles (kírchliches) Báudenkmal

цех (*на заводі*) Ábteilung *f*, Wérkhalle *f*, механоскладáльний ~ Montágeabteilung [-ʒə-] *f*, Montáge *f*, ливáрний ~ Gießeréi *f*

цехкóм (цеховúй профспілкóвий комітéт) Ábteilungsgewerkschaftsleitung *f*

цеховúй (*на заводі*) Werk-, Ábteilungs-; ~ профспілкóвий комітéт *див.* цехкóм

цибулúна Zwíebel *f*

цибýля Zwíebeln *pl*, ріпчáста ~ Knóllenzwiebeln *pl*, зеленá ~ Lauch *m*

цивіліз|áція Zivilisatión [-vi-] *f*, **~óваний** zivilisíert [-vi-]

цивíльн|ий 1) Zivíl- [-'vi:l], zivíl; ~е насéлення Zivílbevölkerung *f*, ~а промислóвість zivíle Industríe; 2) *юр.* Zivíl- [-'vi:l]; ~е прáво Zivílrecht *n*, ~ кóдекс bürgerliches Gesétzbuch

цúган Zigéuner *m*

цигáнський zigéunerisch, Zigéuner-

цигáрка Zigarétte *f*

цикл 1) (*сукупність процесів*) Zýklus *m*, виробнúчий ~ Produktiónszyklus *m*, 2) (*серія*) Zýklus *m*, Réihe *f*, Fólge *f*, ~ віршíв Gedíchtzyklus *m*, ~ лéкцій Vórlesungsreihe *f*

циклíчн|ий zýklisch; **~ість** Zyklizität *f*

циклóн 1) (*вітер*) Zyklón *m*, Wírbelsturm *m* (*вихор, ураган*); 2) (*область низького тиску*) Zyklóne *f*, Tíefdruckgebiet *n*, Tief *n*

цикóрій Zichóri e *f*

цилíндр *у різн. знач.* Zylínder *m*, **~ úчний** zylíndrisch, wálzenförmig

цингá Skorbút *m*

цинíзм Zynísmus *m*

цúн|ік Zýniker *m*, **~íчний** zýnisch

цинк Zink *n*, **~овий** Zink-; ~ові білúла Zínkweiß *n*

цинóвка Bástmatte *f*

цирк Zírkus *m*, **~овúй** Zírkus-; ~овé мистéцтво Zírkuskunst *f*, Artístik *f*, ~овúй наíзник Kúnstreiter *m*

цúркуль Zírkel *m*

циркулювáти zirkulíeren *vi*, im Úmlauf sein (*про гроші*); úm|laufen* *vi* (s) (*про кров*)

циркуля́р Zirkulár *n*, Rúndschreiben *n*

циркуля́ція Zirkulatión *f*, Kréislauf *m* (*крові*); Géldumlauf *m* (*грошей*)

цистéрна Zistérne *f*, Tank *m*

цит|áта Zitát *n*, **~увáти** zitíeren *vt*, án|führen *vt*

цúтрусові *мн. бот.* Zítrusfrüchte *pl*

циферблáт Zífferblatt *n*

цúфр|а 1) (*знак*) Zíffer *f*, ~ п'ять die Zíffer 5; написáти числó ~ами éine Zahl in Zíffern schréiben*; 2) (*число, сума*) Zahl *f*, серéдня ~ Dúrchschnittszahl *f*, 3) *мн.* ~и (*показники*) Zíffern *pl*, Záhlen *pl*, плáнові ~и Plánzahlen *pl*, Plánziffern *pl*, контрóльні ~и Kontróllziffern *pl*

цíвка Rínnsal *n*, Strahl *m*, ~ молокá Mílchstrahl *m*

цідúлко Séihe *f*, Sieb *n*

цідúти séihen *vt*

цікáвий 1) ánregend, amüsánt, interessánt; 2) (*що виявляє цікавість*) néugierig

цікáвити interessíeren *vt*, **~ся** (*кимось/чимось*) 1) (*виявляти інтерес*) sich interessíeren, Interésse háben [zéigen] (für *A*); 2) (*питати*) sich erkúndigen, frágen *vi* (nach *D*)

цікáвіст|ь Néugier *f*, Néugierde *f*, з ~ю vóller Néugier, néugierig

цікáво 1) interessánt; 2) *безос.* es ist interessánt; менí це ~ das interessíert mich; менí ~, що з цьóго вúйде ich bin gespánnt, was daráus wird

цíле 1) Gánze *n*, 2) *мат.* gánze Zahl

цілеспрямóваний zíelbewußt, zíelstrebig, zíelgerichtet

цíл|ий 1) (*увесь, повний*) ganz, (*про термін - тж*) voll; з ~ого шматкá дéрева aus gánzem Stück Holz; він працювáв ~ день er hat den gánzen [éinen vóllen] Tag geárbeitet; ~ими дня́ми tágelang; 2) (*не пошкоджений, не зруйнований*) heil, únversehrt

цілинá Néuland *n*

цíлити(ся) zíelen *vi* (*у щось* nach *D*, *в когось* auf *A*); ~ся з рушнúці das Gewéhr án|legen

цíлісний ganz, aus éinem Guß; éinheitlich, úngeteilt

цíлісність 1) Gánzheit *f*, 2): територіáльна ~ держáви territoriále Integrität

цíлість: у пóвній цíлості heil und ganz, únversehrt

цілковúт|ий dúrchgängig, dúrchgehend, voll, vóllständig, umfássend, komplétt; vollkómmen, ganz, völlig; ◊ ~а дурнúця réinster [kompléttter] Blödsinn; **~о** 1) (*повністю*) gänzlich, völlig; 2) (*без винятку*) láuter; nichts als (*нічого крім*)

цілкóм 1) (*у цілому вигляді*) ganz; vóllständig (*без скорочень*); 2) (*повністю*) ganz, vollkómmen, vóllständig, völlig, voll und ganz; ~ прáвильно ganz ríchtig; ви ~ праві Sie háben völlig recht

цілувáти küssen *vt*, ~ когóсь в щíчку, в гýби j-n auf die Wánge, auf den Mund küssen; **~ся** sich küssen

цíл|ь Ziel *n*, Zíelscheibe *f*, Zweck *m*, стріля́ти в ~ ins Ziel schíeßen*; влучáти в ~ das Ziel tréffen*; в мúрних ~ях zu fríedlichen Zwécken

цільовúй Ziel-; zwéckbestimmt; speziéll

цілю́щ|ий héilsam; ~а травá, ~а рослúна Héilpflanze *f*, ~і трáви Héilkräuter *pl*, **~ість** Héilsamkeit *f*

цін|á 1) (*вартість*) Preis *m*, за висóку ~ý zu éinem hóhen Preis; 2) (*цінність, значимість*) Wert *m*, знáти ~ý чомýсь etw. zu schätzen wíssen*; знáти собí ~ý sich (*D*) séines Wértes bewúßt sein; ◊ за

Ц

всякy ~ý um jéden Preis; цьомý ~ú немáє das ist nicht mit Geld zu bezáhlen

цінúти (*дорожити чимось/кимось*) schätzen *vt*, würdigen *vt*, zu schätzen [zu würdigen] wíssen* *vt*

цінн|ий 1) (*про поштові відправлення*) Wert-; ~ лист Wértbrief *m*; ~а посúлка [бандерóль] Wértpaket *n*, Pakét mit Wértangabe; 2) (*дорогий*) Wert-, wértvoll, kóstbar; ~і péчі Wértsachen *pl*, Wértgegenstände *pl*; 3) (*який має важливе значення*) wértvoll, wíchtig; ~а пропозúція wértvoller Vórschlag

ціннúк Préisliste *f*

ціннісн|ий: в ~ому вúраженні *ек.* wértmäßig

цінн|ість 1) (*вартість*) Wert *m*; реáльна ~ reáler Wert, Sáchwert *m*; з оголóшеною ~істю mit Wértangabe; 2) (*значимість, важливість*) Wert *m*; худóжня, виховнá ~ фíльму der künstlerische, erzíeherische Wert éines Films; це являє собóю велúку ~ das ist von gróßem Wert; 3) (*цінний предмет*) Wértsache *f*, Wértgegenstand *m*, Kóstbarkeit *f* (*коштовність*); ◇ матеріáльні і духóвні ~ості materiélle und géistige Wérte

ціноутвóрення Préisbildung *f*

ціпеніти erstárren *vi* (s), steif wérden

ціпóк Stock *m*

цнотлúв|ий keusch; **~ість** Kéuschheit *f*

цóка|ння Tícken *n*, Tícktack *m*; **~ти** tícken *vi*

цóкатися, **цóкнутися** án|stoßen* *vi* (*з кимось* mit *D*)

цóколь Sóckel *m*, Únterbau *m*; **~ний** Sockel-; ~ний пóверх Sóckelgeschoß *n*

цукáт Súkkáde *f*, kandíerte Früchte

цукéрк|а 1) Konfékt *n* (*помадка або шоколадна*); Bonbon [bɔŋ'bɔŋ] *m*, *n* (*карамель, льодяник*); Praline *f* (*шоколадна*); 2) *мн.* ~и *збірн.* Konfékt *n*, Pralínen *pl*, Bonbons [bɔŋ'bɔŋ] *pl*

цýкор Zúcker *m*; ~-пісóк Raffináde *f*, Wéißzucker *m*; **~нúця** Zúckerdose *f*

цукрóв|ий Zúcker-; ~а пýдра Púderzucker *m*

цурáтися (*когось/чогось*) sich férn|halten* (von *D*); méiden* *vt* (*уникати когось*), áus|weichen* *vi* (s), aus dem Weg géhen* *vi* (s) (*D*)

цькувá|ння 1) (*на полюванні*) Hétzjagd *f*, 2) *перен.* Hétze *f*, Verfólgung *f* (*переслідування*); **~ти** 1) (*на полюванні*) hétzen *vt*; 2) *перен.* hétzen *vt*; verfólgen *vt* (*переслідувати*)

цятóчк|а: в ~у getüpfelt, gesprenkelt

Ц

Ч

чабáн Hirt *m*
чави́ти préssen *vt*
чаву́н Róh eisen *m*, Gúßeisen *n* (*ливарний*); **~ний** gúßeisern
чавуноливáрний: ~ завóд Éisengießerei *f*
чагарни́к Gebüsch *n*
чад Dunst *m*, Qualm *m*, (*дурман*) Rausch *m*, Verbléndung *f*
чади́ти dúnsten *vi*, quálmen *vi*
чаді́ти quálmen *vi*, bláken *vi*
чáдний dúnstig, quálmig
чаївни́цтво Téeanbau *m*
чаї́нка Téeblättchen *n*
чай *у різн. знач.* Tee *m*, запроси́ти когóсь на ~ j-n zum Tee éin|laden*
чáйка Möwe *f*
чáйник 1) (*для кип'ятіння води*) Téekessel *m*, постáвити [закип'яти́ти] ~ Téewasser áuf|setzen; 2) (*для заварювання чаю*) Téekanne *f*
чайові́ *мн.* Trínkgeld *n*
чаклу́н Záuberer *m*, **~ка** Záuberin *f*, Héxe *f* (*відьма*)
чаклу́нство 1) Zauberéi *f*, Hexeréi *f*, 2) *перен.* Záuber *m*
чан Kübel *m*, Bóttich *m*
чáпля Réiher *m*
чáри *мн.* Záuberkünste *pl*, Záuberei *f*, *перен.* Záuber *m*, Réize *pl*
чарі́вний bezáubernd, réizend, fésselnd, Wúnder-, záuberhaft, charmánt [ʃar-]; beráuschend, hérrlich, entzückend (*прекрасний*)
чарівни́к Záuberer *m*
чарівни́цтво Zauberéi *f*, Hexeréi *f*
чарівни́ця Záuberin *f*, Wúndertäterin *f*
чарі́вність Záuber *m*, Reiz *m*, Charme [ʃarm] *m*
чáрка Glas *n*, Wéinglas *n*, Schnápsglas *n*, ~ винá ein Glas Wein
чарувáти (*полонити*) (*чарувати*) fésseln *vt*, bezáubern *vt*, berücken *vt* (*спокушати*)
час 1) *у різн. знач.* Zeit *f*, місцéвий ~ Órtszeit *f*, ми́рний ~ Fríedenszeit *f*, в бу́дь-який ~ zu jedér Zeit, jéder Zeit; в наш ~ héutzutage, héute; 2) *грам.* Zéitform *f*, ◊ óáéсь ~ die gánze Zeit, fórtwährend, dáuernd (в); пéрший ~ in der érsten Zeit, zunächst; ~ від ~у von Zeit zu Zeit, mánchmal, hin und wíeder; найбли́жчим ~ом in der nächsten Zeit, bald; на ~ für éinige Zeit; з ~ом mit der Zeit; з пли́ном ~у mit der Zeit, im Láufe der Zeit; nach und nach (*поступово*); тим ~ом indéssen, unterdéssen, inzwíschen; 3) ~и́ *мн.* Zéiten *pl*, важкí ~и́ schwére Zéiten
часни́к Knóblauch *m*
чáсом 1) mánchmal, von Zeit zu Zeit, hin und wíeder, biswéilen; zuwéilen, mitúnter; 2) *розм.* (*між іншим, до речі*) zúfällig, übrigens; ти, ~, не знáєш...? weißt du zúfällig...?
чáстий häufig; wiederhólt (*який повторюється*)
части́н|а 1) (*частка цілого, складовий елемент*) Teil *m*, четвéрта ~ der víerte Teil, (*як частина цілого - тж*) ein Víertel; складовá ~ Bestándteil *m*, бíльша ~ *когось/чогось* der größte Teil (*G*), die méisten (*N*); ~ами téilweise, in Téilen; in Ráten (*про платежі*); 2) (*відділ установи*) Ábteilung *f*, 3) *військ.* Éinheit *f*, Trúppenteil *m*, *мн.* ~и Trúppen *pl*, 4): ~ мóви Rédeteil *m*, Wórtart *f* ~и свíту Érdteile *pl*
частíвка Tschastúschka *f*, víerzeiliges Schérzlied
чáстка 1) Téilchen *n тж фіз.*; kléiner Teil (*чогось* von *D*); 2) *грам.* Partíkel *f*
часткóвий téilweise, Teil-
чáсто oft, häufig, öfters; ◊ найчастíше méistens
частотá 1) Häufigkeit *f*, 2) *фіз.* Frequénz *f*
частувáти: ~ когóсь чи́мось j-n mit etw. bewírten, j-m etw. án|bieten*
чатувáти Wache stéhen*; áuf|lauern *vi* (*на когось D*)
чáхлий 1) (*про людину*) siech, kränklich, ábgezehrt; 2) (*про рослину*) verkümmert
чáхнути dahínsiechen *vi* (*s*); dahinschwinden* *vi* (*s*); verkümmern *vi* (s)
чáша Bécher *m*, Schále *f*
чáшка Tásse *f*, ~ чáю éine Tásse Tee
чаювáння Téetrinken *n*
чвáнство Dünkel *m*, Hóchnäsigkeit *f*
чвáри *мн. перен.* Differénzen *pl*, Réibungen *pl* (*розходження*)

Ч

Famíli enmitglieder *pl*, die Famíli enangehörigen; ~ гуртка́ Zírkelteilnehmer *m*; 3) *грам.*: ~ ре́чення Sátzglied *n*; головні́ ~и ре́чення háuptrangige [primäre] Sátzglieder; другоря́дні ~и ре́чення nébenrangige [sekundäre] Sátzglieder
членоро́зді́льний artikuliert; déutlich (*ясний*)
чле́нство Mítgliedschaft *f*
чле́нський Mitglieds-; ~ квито́к Mítgliedskarte *f*, ~ вне́сок Mítgliedsbeitrag *m*
чо́боти *мн.* (*одн.* чо́біт) Stíefel *pl* (*sg* Stíefel *m*)
чо́в|ен Boot *n*, плисти́ [їхати] на ~ні́ mit dem Boot fáhren* *vi* (s); ката́тися на ~ні́ Boot fáhren* *vi*
чолові́к 1) (*людина*) Mensch *m*, Persón *f*, п'ять ~ fünf Ménschen; нас було́ п'ять ~ wir wáren fünf (Persónen); сім'я́ з трьох ~ éine Famíli e aus drei Persónen; гру́па з десяти́ ~ éine Gráppe von zehn Mann; 2) (*особа чоловічої статі*) Mann *m*; 3) (*одружена особа стосовно до своєї дружини*) Mann *m*, Éhemann *m*; ~ і дружи́на Éhepaar *n*
чолові́чий 1) Männer-; Hérren- (*призначений для чоловіків*); männlich (*характерний для чоловіків*); 2): ~ рід *грам.* männliches Geschlécht, Máskulinum *n*
чому́ wéshálb, weswégen, warám
чому́сь aus írgendéinem Grund
чо́рн|ий schwarz; ~ ко́лір schwárze Fárbe, das Schwárze; ◊ ~ хліб Schwárzbrot *n*, Róggenbrot *n* ~а ка́ва schwárzer Káffee, Káffee schwarz ~ ри́нок Schwárzmarkt *m*; на ~ день für den Nótfall
чорни́ло Tínte *f*
чорни́ця Héidelbeeren *pl*
чорні́ти 1) (*ставати чорним*) schwarz wérden; 2) (*виднітися*) sich schwarz áb|heben*
чо́рно-бур|ий: ~а лиси́ця Sílberfuchs *m*
чорнов|и́й: написа́ти щось у ~ому варіа́нті etw. erst éinmal in Kládde [ins Unreine, ins Konzépt] schréiben*
чорноволо́сий schwárzhaarig
чорно́з|ем Schwárzerde *f* **~е́мний** Schwárzerde-
чорноо́кий schwárzäugig
чорноро́б Hílfsarbeiter *m*, ángelernter Arbeiter
чорно́слив Dörrpflaumen *pl*, Báckpflaumen *pl*
чорт Téufel *m*, ◊ ~ його́ бери́! Dónnerwetter!; іди́ під три ~и́! scher dich zum Téufel!
чоти́ри 1) vier; 2) *див.* четві́рка 2
чотириві́рш víerzeilige Stróphe; víerzeiliges Gedícht; Víerzeiler *m*
чотириде́нний víertägig
чотириколі́сний víerräd(e)rig
чотирику́тни|й viereckig; **~к** Víereck *n*
чотирилі́тній víerjährig
чотиримі́сний víersitzig
чотиримі́сячний víermonatig
чотиримото́рний víermotorig
чотирино́гий víerfüig
чотириповерхо́вий vierstöckig, víergeschossig
чотирирі́чний víerjährig
чоти́риста víerhándert
чотирна́дця|тий der Víerzehnte; **~ть** víerzehn
чохо́л 1) (*футляр*) Futterál *n*; 2) (*для меблів*) Uberzug *m*
чува́ш Tschuwásche *m*
чуда́цтво Schrálle *f*
чуderна́цький wánderlich, bizárr
чуде́сний (*прекрасний*) wánderbar, wánderschön, wándervoll, hérrlich
чу́до Wánder *n*
чудо́вий vortréfflich, áusgezeichnet, hérrlich, wánderbar, wánderschön, vórzüglich; entzückend, réizend, bezáubernd
чудо́висько Schéusal *n*, Unge heuer *n*, (*про людину - тж*) Unmensch *m*
чудоді́йний wándertätig
чу́дом *присл.* (wie) durch ein Wánder; він уціліВ ~ wie durch ein Wánder blieb er ánverletzt
чужи́й fremd
чужин|а́ Frémde *f*, на ~і́ in der Frémde
чужи́нець Frémdling *m*, Frémde *m*
чужозе́м|ець Frémdling *m*, Auslän- der *m*, **~ний** frémdländisch; áusländisch
чу́йн|ий zártfühlend, féinfühlig, téilnahmsvoll; **~ість** Zártgefühl *n* -(e)s, Féingefühl *n*, Táktgefühl *n*
чума́ Pest *f*
чу́ти hören *vi*, *vt*; ~ дзвіно́к das Klíngeln hören [vernéhmen*]; ~ чийсь плач j-n wéinen hören; я чув про це ich hábe davón gehört; мені́ ~ му́зику ich höre Musík; тут (все) до́бре ~ hier kann man álles gut hören; було́ ~, як вона́ співа́ла man hörte sie síngen; мені́ ні́чо́го не ~ ich höre nichts; про нього ні́чо́го не ~ von ihm ist nichts zu hören; ◊ що ~ (ново́го)? was ist zu hören?, was gibt's Néues?; ~ чийсь го́лос éine Stímme ist zu hören
чу́тк|а Gerücht *n*, хо́дять ~и́ es geht das Gerücht; пуска́ти ~и́ Gerüchte verbreiten; з чуто́к ... nach den Gerüchten zu árteilen ..
чутки́й (*про слух, нюх*) scharf, fein; ◊ ~ сон léiser Schlaf
чутли́вий empfíndlich, féinfühlig
чу́тний: ле́две ~ kaum hörbar [vernéhmbar]
чу́тність Hörbarkeit *f*, Verständi- gung *f* (*по телефону*)
чуття́ 1) (*тварин*) Spürsinn *m*, Wítterung *f*, 2) (*людини*) Féingefühl *n*, Instínkt *m* (*інстинкт*); худо́жнє ~ Kánstgefühl *n*, 3) Sinn *m*, ~ ново́го, прекра́сного Sinn für das Néue, für das Schöne; ~ **мо́ви** Sprachgefühl *n*, 4) Sinn *m*, Besínnung *f*, о́ргани чуттів Sínnesorgane *pl*
чу́хати krátzen *vt*, **~ся** sich krátzen

чу́чело áusgestopftes Tier (*опудало*); ausgestopfter Vógel (*птаха*)

чха́ти, **чхну́ти** níesen *vi*

Ш

шабло́нний schablónenhaft
ша́бля Säbel *m*
ша́влія *бот.* Sálbei *m*
ша́йба 1) (*хокейна*) Puck *m*, 2) *тех.* Schéibe *f*
шале́н|ий rásend, wütend, ángestüm; на ~ій швидкості in rásendem Témpo; ~і ціни wáhnsinnige Préise
шалені́ти rásen *vi*, wüten *vi*
шале́нство Raseréi *f*
шаль Schal *m*, ьmschlagtuch *n*, Tuch *n*
шампа́нське Champagner [-ʃam'panjər] *m*, Sekt *m*
шампу́нь Shampoo [ʃam'pu:] *n*, Shampoon [ʃam'po:n *i* ʃɛm'pu:n] *n*, Háarwaschmittel *n*, Háarwäsche *f*
ша́н|а Éhrenbezeigung *f*, віддава́ти ко-му́сь ~у j-m Éhren bezéigen [erwéisen*]
шано́ваний ángesehen, geáchtet; усіма́ ~ állgemein geáchtet
шано́вн|ий (*при звертанні*): ~і го́сті! wérte Gäste!; ~а пу́бліка! veréhrtes Públikum!; ~ коле́га! (*в листі*) Sehr géehrter Kollége!
шанс Chance [ʃaŋsə] *f*, Aussicht *f*, ~и на перемо́гу Síeges chancen *pl*, ма́ти усі́ ~и die bésten Chäncen háben
шанта́ж Erpréssung *f*, **~и́ст** Erprésser *m*, **~ува́ти** erpréssen *vt*
шануваа́льни|к Veréhrer *m*, Bewánd(e)rer *m*, Líebhaber *m*, **~ця** Veréhrerin *f*
шанува́ння 1) (*повага*) Achtung *f*, 2) (*культ*) Veréhrung *f*, Anbetung *f*
шанува́ти (*поважати*) áchten *vt*, éhren *vt*, respektíeren *vt*, (hóch)áchten *vt*, veréhren *vt*, ánbeten *vt* (*як святиню*); ~ чия́сь па́м'ять j-s in Éhren gedénken*
ша́пк|а Mütze *f*, Káppe *f*, без ~и óhne Kópfbedeckung, bárhaupt
шар Schicht *f*, тонки́й ~ dünne [fláche] Schicht; товсти́й ~ пи́лу éine dícke Schicht Staub; ~ фа́рби Fárbschicht *f*
шара́да Sílbenrätsel *n*
шарж Karikatár *f*, Grotéske *f*
шарлата́н Schárlatan *m*
шарова́ри *мн.* Pámphosen *pl*
шаруді́|ння Ráuschen *n*, Geráschel *n*, Rа́scheln *n* (*листя*); Knístern *n* (*шовку*); **~ти** ráuschen *vi*, rа́scheln *vi* (*про листя*); knístern *vi* (*про шовк*)
шарф Schal *m*, Hálstuch *n*, наді́ти ~ éinen Schal ám|binden*
шасі́ Fáhrwerk *n* (*літака*); Fáhrgestell *n*, Chassis [ʃa'si *и* ʃasi] *n* (*автомобіля*)
шате́н Bráunhaarige *m*
шаткува́ти schnítzeln *vt*, hóbeln *vt*
шатро́ Zelt *n*
ша́фа Schrank *m*
шах I (*титул*) Schah *m*
шах II *шах.* Schach *n*, оголоси́ти ~ Schach bíeten*
ша́хи *мн.* 1) (*гра*) Schach *n*, Scháchspiel *n*, гра́ти в ~ Schach spíelen; 2) (*комплект фігур з шахівницею*) Scháchspiel *n*, 3) (*фігури*) Scháchfiguren *pl*
шахі́ст Scháchspieler *m*
ша́хов|ий Schach-; ~і фігу́ри Scháchfiguren *pl*, ~ турні́р Schachwettkampf *m*, Schachturnier *n*, ◊ о́ ~ому поря́дку scháchbrettartig
шахра́й Schelm *m*, Spítzbube *m*, Gáuner *m*, Schwíndler *m*, Díeb (*злодій*); **~ство** Gaunеréi *f*, Schwíndel *m* (*обман*)
шахра́йський schélmisch
шахраюва́тий *розм.* spítzbübisch
ша́хта 1) Bérgwerk *n*, Grábe *f* (*підприємство*); кам'янову́гільна ~ Kóhlengrube *f*, 2) (*вертикальний хід*) Schacht *m*, ~ ліфта Fáhrstuhlschacht *m*
шахта́р Bérgmann *m* (*pl* -leute), Grábenarbeiter *m*, Kámpel *m*
ша́шка Dámestein *m*
ша́шк|и *мн.* 1) (*гра*) Dáme *f*, Dámespiel *n*, гра́ти в ~ Dáme spíelen; чемпіо́н краї́ни з ша́шок Lándesmeister im Dámespiel; 2) (*комплект фігур з шахівницею*) Dámespiel *n*, 3) (*фігури*) Dámesteine *pl*
шашкі́ст Dámespieler *m*
ша́шковий Dáme-
шашли́к *кул.* Scháschlyk *m*
шва́цьк|ий Schnéider-, Näh-; ~а маши́на Nähmaschine *f*, ~а го́лка Nähnadel *f*
шва́чка Näherin *f*
швед Schwéde *m*, **~ський** schwédisch
шве́йн|ий 1) Schnéider-, Näh-; ~а маши́на Nähmaschine *f*, 2) Konfektións-; ~а фа́брика Konfektiónsbetrieb *m*, ~а промисло́вість Konfektiónsindustrie *f*